NOUVELLE COLLECTION

DES

MÉMOIRES

POUR SERVIR

A L'HISTOIRE DE FRANCE,

DEPUIS LE XIIIe SIÈCLE JUSQU'A LA FIN DU XVIIIe;

Précédés

DE NOTICES POUR CARACTÉRISER CHAQUE AUTEUR DES MÉMOIRES ET SON ÉPOQUE;

SUIVIS DE L'ANALYSE DES DOCUMENTS HISTORIQUES QUI S'Y RAPPORTENT;

PAR MM. **MICHAUD** DE L'ACADÉMIE FRANÇAISE ET **POUJOULAT**.

TOME SEPTIÈME.

MÉMOIRES DU CARDINAL DE RICHELIEU.

A PARIS,

CHEZ L'ÉDITEUR DU COMMENTAIRE ANALYTIQUE DU CODE CIVIL,
RUE DES PETITS-AUGUSTINS, N° 24.

IMPRIMERIE DE FIRMIN DIDOT FRÈRES, RUE JACOB, N° 56.

1837.

8.524O2(F)

MÉMOIRES

DU

CARDINAL DE RICHELIEU,

SUR LE RÈGNE DE LOUIS XIII,

DEPUIS 1610 JUSQU'A 1638.

NOTICE

SUR

LE CARDINAL DE RICHELIEU

ET

SUR SES MÉMOIRES.

Lorsque le duc de Sully, dans le long chagrin d'une vieillesse inutile, ramassait à loisir les souvenirs d'un règne où il avait tenu si grande place, il écrivait bien véritablement des Mémoires; il était tout à fait dans les conditions du genre; il avait la préoccupation personnelle, le regret, la rancune, peu de ménagements à garder, entière facilité d'exagération, de blâme, de vanterie, suivant l'intérêt toujours dominant de sa propre gloire, entée fort habilement sur celle de son maître. Il n'en a pas été ainsi d'un autre ministre qui, vingt-quatre ans après la retraite du surintendant, vint mettre un terme à ce qu'on pourrait appeler l'anarchie du pouvoir absolu.

Richelieu ne survécut pas à son autorité; il mourut en pleine possession de la puissance qu'il exerçait sur le royaume et sur son roi. Pour lui, il n'y eut pas d'autre passé que celui qui avait précédé son administration. Jusqu'au dernier jour de sa vie, le présent fut à lui, soumis à sa volonté forte et active. Dès lors on pourrait croire, et il se trouverait aisément une phrase pour dire qu'il ne fut jamais en posture d'écrire ce qu'il avait fait, ce qu'il faisait encore en mourant.

Or, ce qui serait une déduction parfaitement logique se trouverait, comme il se voit souvent, un fait complétement faux. Il est certain au contraire que cet infatigable esprit, logé par la Providence dans un corps faible et délicat, ne se contentait pas de l'immense travail des affaires, et n'avait pas sa pensée seulement fixée sur le monde de son temps qu'il embrassait tout entier, mais qu'il songeait aussi à l'avenir de sa renommée, et s'occupait avec un soin jaloux de la figure que les actions de son ministère, nous allions dire de son règne, pourraient avoir dans l'histoire. Cette vérité n'était pourtant pas difficile à découvrir; car on en trouvait l'indication dans plus d'un livre contemporain du cardinal. Dès l'année 1635, quand son autorité n'avait encore duré que dix ou onze ans, comme s'il eût craint déjà soit l'oubli, soit la disgrâce, il s'empressait de faire enregistrer ses actes et de marquer le point du progrès où il était parvenu, dans un ouvrage que l'auteur, Scipion Dupleix, passait pour avoir écrit sur ses mémoires et par son ordre; ainsi du moins l'in-folio de l'historiographe était-il annoncé, attendu, jugé par les curieux et les habiles. Dans le même temps il faisait recueillir par Paul Hay du Châtelet tous les pamphlets publiés pour la défense du gouvernement contre les libelles venus de Flandre et d'Espagne, et cette collection, imprimée avec luxe, avait en tête un discours d'État qui formait une apologie générale de toute sa conduite. La part directe du cardinal dans la rédaction de l'un et de l'autre volume ne saurait être bien appréciée. Cependant, comme Richelieu se piquait d'éloquence et de bon style, comme on sait qu'il trouvait du temps pour faire des plans de comédie, pour ajuster des scènes et corriger des vers, on peut penser qu'il ne laissait pas circuler dans les mains du public les pages auxquelles il avait confié sa réputation, sans y mettre du sien. Le cardinal se plaisait d'ailleurs singulièrement à la dispute de plume; « divertissement fort agréable, comme l'a dit un « de nos amis, lorsqu'on a la Bastille et le Châte- « let de son côté. » Cependant il est juste de dire qu'on ne trouve sous son règne aucune condamnation pour offenses par la voie de la presse. Les châtiments de Richelieu frappaient plus haut.

La même attention à ne rien perdre de ce qu'il faisait, paraît encore aussi clairement dans la création de la *Gazette de France*, fondée en 1631 par un protégé du cardinal, et toujours placée sous sa direction. Outre ce premier de nos journaux, dont la postérité s'est multipliée si fort, il existait alors un recueil annuel s'appelant le *Mercure François*, et qu'il ne faut pas nommer le *Mercure de France*, quand on veut faire semblant de connaître ce dont on parle. Cette compilation, bien que déjà suffisamment laudative, ne parut pas au cardinal lui appartenir assez. En 1639, la vingt et unième continuation du recueil, qui s'appliquait aux années 1635, 1636 et 1637, parut chez un autre libraire que celui qui avait publié les vingt premiers tomes; et l'an suivant, le nouveau rédacteur se nomma au public: c'était l'auteur de la *Gazette*, Renaudot, qui s'était emparé de cette autre publicité au profit de son maître.

Tout cela pourtant, même en y joignant l'*Histoire enrichie de réflexions politiques* qu'écrivait dans le même temps, sur le ministère de Richelieu,

1.

le P. Vialart, supérieur des Feuillants, lequel y gagna un évêché, ne pouvait se dire justement l'œuvre du cardinal, pas plus que ne l'étaient les tragédies des cinq auteurs auxquels il fournissait un salaire, des sujets, des avis, une scène, des approbateurs, et malheureusement des vers. Mais d'autres preuves existaient pour établir que, dans le service intime de rédaction placé auprès de lui, se préparait un document plus entier, plus personnel. Les matériaux trahissaient en quelque sorte l'ouvrage. C'était bien en effet pour être employé par le cardinal au récit des premières années de la régence, que le maréchal d'Estrées, mêlé, sous le nom de marquis de Cœuvres, à toutes les intrigues de ce temps, avait écrit en cinq ou six jours le sommaire des événements remarquables arrivés depuis la mort de Henri IV jusqu'à celle du maréchal d'Ancre. C'était aussi pour la même destination qu'un agent plus obscur de cabales, un confident du connétable de Luynes, Déageant, recueillait ses souvenirs, au fond de la Bastille où le cardinal l'avait fait mettre, et payait de cette monnaie sa rançon.

Mais le cardinal de Richelieu était mort sans avoir passé par les jours de repos. Il était entré dans sa tombe tenant encore en main la plus grande autorité qu'un sujet ait jamais possédée (1); il n'avait donc pu ni achever sa propre histoire, ni apercevoir ce moment où les hommes d'action se recueillent pour paraître devant la postérité. Son travail commencé, dont tous les gens approchant de la cour savaient bien l'existence, était sans doute ce qu'il y avait de moins important pour la duchesse d'Aiguillon dans la succession de son oncle. D'ailleurs le temps n'était pas favorable pour publier un texte où bien des gens, alors pourvus de la puissance, pouvaient se trouver offensés. Quoiqu'il n'y eût pas, à proprement parler, de réaction contre la mémoire du cardinal, il y avait pourtant une disposition complaisante pour beaucoup de choses et de personnes qu'il avait assez rudement traitées. Le livre dont nous avons parlé, celui du P. Vialart, mort évêque d'Avranches, en fit l'épreuve. Imprimé après la mort du cardinal et après celle de l'auteur, il fut supprimé presque aussitôt, en 1650, par arrêt du parlement; et il aurait fort bien pu se faire que cette compagnie s'enhardît à pareil traitement contre l'ouvrage même du puissant ministre.

Les précieux cahiers restèrent donc ensevelis dans une obscurité prudente ou dans un oubli dédaigneux. Cependant il s'en était détaché une partie confiée à l'historiographe de France, Eudes de Mezeray, qui commença par être pamphlétaire sous les ordres du cardinal. On n'a pu savoir quand, par qui et pourquoi cette remise avait eu lieu, toutes les conjectures émises sur ce point ayant toujours été repoussantes d'absurdité. La grande histoire de cet écrivain, publiée en 1643, 1646 et 1651, finis-

(1) Il avait fait peindre sur la porte de son cabinet, au château de Limours, des lys surmontés d'un chapeau de cardinal et fait écrire au bas : *Ils croissent à son ombre*.

sait la paix de Vervins; l'abrégé chronologique, qui fut, sans aucun doute, composé plus tard, vers 1665, n'allait pas plus loin que la mort de Henri IV. La pensée et l'espoir de continuer soit l'un, soit l'autre, et d'y employer le document venu du cabinet du cardinal, devaient donc être encore assez éloignés de l'exécution quand le cardinal mourut.

Quoi qu'il en soit, Mezeray avait entre les mains un manuscrit pour servir à l'histoire des premières années du règne de Louis XIII. Après sa mort, advenue en 1683, ce manuscrit fut remis à la bibliothèque du roi, où Daniel de Laroque, qui a fait la vie de Mezeray, put le parcourir. Plus tard il disparut de ce dépôt pour reparaître imprimé en 1730, par les presses d'Amsterdam, sous le titre d'*Histoire de la Mère et du Fils*. Comme il y avait, sans aucun doute, une soustraction à confesser dans cette restitution faite au public, l'éditeur ne s'avouait pas. Il en agissait même assez lestement avec le biographe de Mezeray, qui peut-être lui avait indiqué sa proie; mais il attribuait, sans balancer, la rédaction de l'ouvrage à celui dans les papiers duquel on l'avait trouvé, encore bien qu'il fût forcé de n'y reconnaître ni son style, ni sa manière, ni son esprit, ni son jugement. Malgré l'espèce d'habitude où l'on est chez nous de croire tout ce qui s'annonce hardiment dans un prospectus ou dans une préface, il s'éleva cependant quelques doutes sur la paternité attribuée à Mezeray; et de fait il fallait, pour s'y prêter, commencer par démentir la forme même du récit, placé presque tout entier dans la bouche du cardinal, dont le rédacteur aurait voulu ainsi jouer le personnage, ce qui eût été vraiment par trop hardi. Ensuite le langage appartenait évidemment à une époque plus ancienne que celle où Mezeray avait écrit. Pour le lui attribuer, il fallait ou faire remonter ce travail aux premières années de sa jeunesse, ce que toutes les circonstances démentaient, ou supposer encore un effort d'imitation auquel un écrivain, qui avait assez bonne opinion de lui, aurait eu peine à se soumettre. Bref, il était beaucoup plus naturel de reconnaître pour auteur du livre celui qui s'y nommait à chaque page, que celui qu'un éditeur obscur avait inscrit sur le titre.

La seule objection peut-être qu'on pouvait faire, était l'espèce d'incompatibilité supposée par quelques-uns entre les vastes occupations d'un ministre et la chétive besogne d'un écrivain. Bien des gens auraient cru rabaisser le génie de Richelieu en se l'imaginant courbé sur le papier, dans l'occupation de polir des phrases, d'arrondir des périodes et de peser des épithètes. Or, c'était là encore une complète erreur. Richelieu se croyait assez sûr d'être grand seigneur et grand homme d'État, pour aspirer surtout avec obstination à la gloire, qu'on pouvait lui contester, de grand écrivain et de grand orateur. Dans tout ce qu'il a laissé de lettres, de relations, de rapports, d'instructions, on trouve une attention délicate pour l'arrangement des mots, une recherche de la pompe et des figures, une certaine coquetterie de style, qui sentent l'homme de lettres et le bel esprit. Aussi cette qualité fut-elle toujours en grand honneur auprès de lui. Cet homme, fier de son pouvoir et de son rang, qui ne cédait qu'aux rois, et encore pour leur imposer ses volontés, qui refusait les avances de simple politesse aux princes du sang et aux princes souverains, traitait sur le pied d'une respectueuse égalité les écrivains de profession. Les personnages qu'il admettait à lui parler la tête couverte, qu'il faisait asseoir dans un fauteuil, dont il voulait être salué par le terme de civilité le plus vulgaire, n'étaient ni le prince de Condé, ni le duc de Saxe-Weimar, mais bien Gombauld ou Desmarets.

L'Histoire de la Mère et du Fils avait pourtant fait son chemin dans le monde où elle se répandit beaucoup, mais sans être appréciée comme elle devait l'être, parce qu'on refusait de se mettre au point de vue d'où on pouvait la bien juger. Le dix-huitième siècle n'aimait pas les livres à étudier; il voulait des livres à lire, faciles, élégants, agréablement écrits. Voltaire lui-même, qui eût tiré si grand parti d'un tel document, s'il l'avait découvert, s'était, à ce qu'il paraît, dispensé de l'achever, et ne l'en jugeait pas moins avec un de ces mépris capricieux qu'il défendait ensuite d'une façon si spirituelle. Suivant lui, cette histoire, « faible et tronquée, » était probablement de Mezeray; c'était une erreur commune qu'il lui plaisait d'adopter. Mais il ajoutait qu'on y trouvait seulement « un récit infidèle des malheureux démêlés de Louis XIII avec sa mère. » Or ce qu'on peut appeler les malheureux démêlés de la mère et du fils sont bien certainement les querelles qui chassèrent Marie de Médicis du royaume en 1631, et le récit dont il s'agit finissait en 1619. La première rupture, qui date de la mort du maréchal d'Ancre en 1617, et se termine par une réconciliation en 1619, ne tient pas dans le livre la sixième partie du volume. On ne pouvait donc, en ayant cet ouvrage à la main, le réduire au moindre des événements qu'il raconte.

Mais, par un hasard singulier, Voltaire fut celui qui contribua le plus, bien malgré lui, à faire retrouver l'origine et le complément de cet ouvrage qu'il dédaignait. Il lui avoit pris envie, dans le même temps, de contester l'authenticité du « Testament politique de Richelieu, » depuis plus de cinquante ans imprimé en Hollande; un savant académicien, Foncemagne, entreprit de défendre l'assertion du premier éditeur. Contre un jouteur pareil, si fécond en ressources de plaisanterie, échappant sans cesse à l'argument par la dérision, au fait par l'épigramme, il fallait avoir vingt fois raison et se munir de toutes pièces. Foncemagne, sentant que la discussion l'écrasait, se mit à la poursuite des témoignages. Il faut bien remarquer qu'il voulait seulement une chose, un texte du testament politique, portant les traces de la main du cardinal. A peu près comme Cristophe Colomb qui, en cherchant un passage plus court vers le monde ancien, découvrit un nouveau monde, Foncemagne, toujours en quête de sa preuve pour l'authenticité d'un livre connu, en découvrit un qu'on soupçonnait à peine. Il ne demandait à tous les dépôts publics et privés qu'un cahier de mince épaisseur, il se heurta contre huit gros volumes in-folio. Ce manuscrit était celui des Mémoires rédigés par les ordres, sous les yeux, sous la dictée du cardinal, d'où l'on avait extrait la première partie, remise à Mezeray, et qui, depuis la mort de Richelieu, étaient restés d'abord chez sa nièce, puis chez l'héritière de sa nièce, et enfin dans le dépôt des affaires étrangères, fondé en 1710 par le marquis de Torcy. C'était là que Foncemagne eut le bonheur de les voir et de les toucher en 1764. Mais, comme Cristophe aussi, l'infatigable érudit n'avait pu s'établir dans sa conquête, et la livrer sous son nom au commerce des hommes. Il ne lui avait pas même été permis d'indiquer le coin obscur de l'espace administratif où il l'avait saluée. Elle existait; c'était tout ce qu'il pouvait dire. Plus tard, en 1769, un autre savant fut admis encore à la contempler, et la libéralité du pouvoir alla jusqu'à souffrir qu'il indiquât le degré de latitude où elle était placée, savoir dans le donjon au-dessus de la chapelle du vieux Louvre, sous la garde d'un commis de la diplomatie.

De longues années et une révolution profonde passèrent sur cette révélation tout au moins curieuse, et après plus d'un demi-siècle, le manuscrit se retrouva encore, avec sa reliure, ses armoiries, dans le même dépôt, qui seulement avait changé de logis; tant on est à l'abri au fond d'un ministère. M. Petitot en sollicita la communication pour l'insérer dans sa collection des Mémoires sur l'histoire de France. Par une singularité fort remarquable, un héritier du nom de Richelieu, alors assez près du pouvoir, n'eut pas, malgré toute sa bonne volonté, le crédit suffisant pour obtenir que l'œuvre de son grand-oncle sortît des secrets de l'État et allât jusqu'au public; ce fut un héritier du nom de Montmorency qui laissa fouiller ce livre où sa maison trouvait une page sanglante. Fermé en 1638, il se rouvrit pour tout le monde en 1823.

Après M. Petitot, nous avons été admis comme lui à en parcourir l'original. Outre qu'il ne nous convenait pas d'accepter un travail, même de copiste, fait par un autre, une foule de fautes et d'inexactitudes qui se trouvaient dans la première impression nous commandaient de recourir au texte. Mais nous avons peu gagné à la communication du manuscrit; nous y avons retrouvé toutes les fautes qui nous avaient frappés dans le texte publié par M. Petitot. Ces inexactitudes, qu'il ne faut pas attribuer au cardinal de Richelieu, mais à l'ignorance de ses copistes, empêchent souvent qu'on ne saisisse le sens des phrases et la marche du récit. Les Mémoires de Richelieu ne sont pas de leur nature très-faciles à lire d'un bout à l'autre, et si on y ajoute les embarras et les ténèbres causés par l'infidélité ou le manque d'intelligence des gens qui ont écrit sous la dictée ou transcrit des feuillets qu'ils déchiffraient mal, on rend impossible la lecture de ces Mémoires. Nous avons donc fait un grand nombre de rectifications exigés par le bon sens et par la critique; les vérifications portent sur des mots oubliés, des mots mal écrits, des dates inexactes; quelquefois même nous avons précisé des dates laissées en blanc dans le manuscrit. Nous pouvons dire que les Mémoires de Richelieu seront publiés pour la première fois dans toute leur vérité historique. Un de nos amis (1), que de longues études ont familiarisé avec le règne de Louis XIII, et qui s'est servi constamment, nous a-t-il dit, des Mémoires de Richelieu, comme du guide le plus sûr, le plus fidèle, et, ce qui paraîtra surprenant, le moins passionné, pour écrire l'histoire de ce temps, a bien voulu éclaircir par quelques notes les obscurités assez fréquentes de la rédaction. Son opinion, fondée sur dix ans d'habitude avec ce livre, est, que la pensée, la parole même du cardinal s'y trouve partout, que le récit des années qui ont précédé l'entrée du cardinal au ministère (de 1610 à 1624) est tout à fait de sa composition, qu'il l'a écrit pour la reine mère dans le temps de son union avec elle, qu'il a voulu y mettre tout le talent de style dont il était capable, que plus tard il a fait continuer cet ouvrage par une autre plume, mais sans en détacher sa vue, tantôt dictant, tantôt corrigeant, mais ayant toujours soin d'y faire transcrire tout au long ce qu'il écrivait pour le conseil, ou pour les ambassadeurs, ou pour les généraux, ses entretiens avec le roi, et ces comptes rendus d'affaires à décider, dans lesquels, plaçant habilement le pour et le contre, il forçait le roi à choisir ce qu'il n'aurait pas peut-être osé conseiller. S'il était bien intéressant de savoir quelle main il employait à cet office, on serait, suivant toutes les probabilités, dans le vrai, en y reconnaissant celle du père Joseph du Tremblay, dont la mort, arrivée en décembre 1638, expliquerait fort bien pourquoi le dernier événement raconté dans les Mémoires est la naissance du dauphin, Louis XIV, qui eut lieu au mois de septembre précédent. Après les mémoires qui contiennent le récit des faits, depuis l'année 1600, en ce qui concerne la reine Marie Médicis, et depuis 1610, pour la généralité des événements historiques, jusqu'à la fin de l'an 1638, nous avons cru devoir reproduire un morceau qui forme le résumé de l'administration du cardinal jusqu'en 1641. C'est la « Succincte Narration de toutes les grandes actions du Roi » qui sert d'avant-propos au testament politique de Richelieu. Quelle que puisse être l'opinion sur l'authenticité du testament lui-même, tout le monde, et Voltaire lui-même, s'est accordé à reconnaître, dans ce tableau rapide de dix-sept années, la main du cardinal, attestée d'ailleurs par une note écrite sur la plus ample des copies qu'on en retrouva. Ce morceau ajoute quelques événements de plus à la suite de ceux que contiennent les Mémoires; mais surtout il les ramasse avec une remarquable précision, et il a encore aujourd'hui ce mérite de plus, que le parfait rapport qui existe entre la récapitulation déjà connue et les Mémoires récemment découverts, confirme et consacre en quelque sorte le caractère, désormais incontestable, de ce précieux document.

---

(1) Cet ami est M. Bazin. Il publie en ce moment une *Histoire de France sous Louis XIII*, que nous avons eu déjà occasion d'annoncer, et qui ne pourra manquer de frapper vivement l'attention.

MÉMOIRES
DU
CARDINAL DE RICHELIEU.

LIVRE PREMIER (1600 A 1610).

Mariage de Henri IV avec Marie de Médicis. — Qualités de cette princesse. — Son arrivée en France. — Cause des querelles domestiques des deux époux. — Éléonore Galigaï et son mari Conchini partagent les bonnes grâces de la Reine. — Marie de Médicis implore en vain la clémence du Roi en faveur du maréchal de Biron. — Demande inutilement la place de Saint-Maixent pour le duc de Sully. — Opinion du Roi sur le caractère de la Reine. — Il lui fait part de ses projets sur l'Italie et sur le duché de Juliers. — Préparatifs pour les mettre à exécution. — Conseils du Roi à la Reine sur la conduite qu'elle aura à tenir pendant la régence qu'il doit lui confier. — Ses vues pour l'établissement de ses enfans. — Préparatifs pour le sacre de la Reine. — Le Roi est assassiné par Ravaillac. — Consternation dans Paris. — Douleur de la Reine. — Elle est déclarée régente par le parlement. — Le comte de Soissons veut s'opposer à cette déclaration. — Il est gagné et se soumet. — Procès et supplice de Ravaillac. — Prédictions sur la mort du Roi. — La Reine-mère fait renouveler l'édit de Nantes en faveur des protestans. — Le parlement condamne un livre de Mariana, auteur espagnol, et un autre de Barclay. — Le prince de Condé résiste aux sollicitations des Espagnols, et revient en France. — Le duc d'Epernon se rend maître de la citadelle de Metz. — Quatre aspects différens que présente l'administration de la régence. — La Reine-mère poursuit le projet de Henri IV, et envoie une armée dans le duché de Juliers. — Funérailles du Roi. — La Reine-mère décharge le peuple de quelques impôts. — Ses largesses aux princes et seigneurs. — Le maréchal de Bouillon travaille à réunir M. le prince et le comte de Soissons. — Projet de mariage entre les enfans de France et d'Espagne. — La Reine-mère fait sacrer le jeune Roi à Reims. — Union des princes du sang. — Les ministres projettent de se débarrasser de Sully. — Union du comte de Soissons avec le marquis d'Ancre. — Les Maurisques sont chassés d'Espagne. — Humanité du gouvernement français envers eux.

En l'an 1600, le grand Henri, qui étoit digne de vivre autant que sa gloire, ayant affermi sa couronne sur sa tête, calmé son État, acquis par son sang la paix et le repos de ses sujets, vaincu par les vœux de la France et par la considération du bien de son peuple, qui pouvoit tout sur lui, se résolut, chargé de victoires, de se vaincre soi-même sous les lois du mariage, pour avoir lieu de laisser à cet État des héritiers de sa couronne et de sa vertu.

Pour cet effet, il jeta les yeux sur toute l'Europe pour chercher une digne compagne de sa gloire : et, après en avoir fait le circuit, sans omettre aucune partie où il pût trouver l'accomplissement de ses désirs, il s'arrêta à Florence, qui contenoit un sujet digne de borner le cours de sa recherche.

Il est touché de la réputation d'une princesse qui étoit en ce lieu, princesse petite-fille de l'Empereur à cause de sa mère, et, à raison de son père, sortie d'une maison qui a presque autant d'hommes illustres que de princes (1).

Cette princesse, en la fleur de ses ans, faisoit voir en elle les fruits les plus mûrs de sa vertu, et il sembloit que Dieu l'eût rendue si accomplie, que l'art, qui porte envie à la nature, eût eu peine à beaucoup ajouter à son avantage.

L'amour étant impatient, ce grand prince envoie promptement offrir sa couronne à cette princesse; et Dieu, qui ordonne souvent les mariages au ciel avant qu'on en ait connoissance en terre, fait que, bien qu'elle eût refusé la couronne impériale, elle accepte avec contentement celle qui lui étoit présentée ; faisant voir par cette action qu'il faut avoir plus d'égard au mérite qu'à la qualité des personnes, et qu'une dignité inférieure en un prince de singulière recommandation, surpasse la plus grande du monde en un sujet de moindre prix.

Le traité de ce mariage n'est pas plutôt commencé par le sieur de Sillery, qui depuis a été chancelier de France, qu'il se conclut et s'accomplit à Florence, en vertu de la procuration du Roi portée au Grand-Duc par le duc de Bellegarde (2), le tout avec des magnificences dignes de ceux entre qui il se contracte.

Le passage de cette grande princesse se prépare : elle part du lieu de sa naissance ; la mer et

(1) Marie, née le 26 avril 1573, fille de François II, duc de Florence, et de Jeanne d'Autriche, dont était père l'empereur Ferdinand Ier.
(2) Roger de Saint-Lary, baron de Thermes, duc de Bellegarde. Comme il ne fut duc qu'en 1620, ceci a dû être écrit plus tard.

les vents lui sont contraires, mais son courage, sa fortune et son bonheur sont plus forts.

Elle arrive à Marseille, qui lui fait connoître que les cœurs des Français lui sont aussi ouverts que les portes de la France.

Aux instantes prières de celui qui l'attend avec impatience, sans s'arrêter en ce lieu, elle passe outre pour aller à Lyon, où ce grand prince, vrai lion en guerre et agneau en paix, la reçoit avec une joie incroyable, et des témoignages d'amour correspondans à ceux du respect qu'elle lui rendoit (1).

D'abord il tâche de la voir sans être connu d'elle : à cette fin il paroît dans la foule; mais, bien que d'ordinaire ce qui se loge au cœur y prenne entrée par les yeux, l'amour que le ciel lui avoit mis au cœur pour ce grand prince le fit discerner à ses yeux.

Dieu, vrai auteur de ce mariage, unit leurs cœurs de telle sorte, que d'abord ils vécurent avec autant de liberté et de franchise, que s'ils eussent été toute leur vie ensemble.

Toute la cour n'ouvre les yeux que pour la voir et l'admirer, et ne se sert de sa langue que pour louer et publier la France heureuse par celle qu'on prévoyoit y apporter toutes les bénédictions.

La paix, qui fut faite au même temps avec le duc de Savoie, fut reçue comme prémices du bonheur qu'elle apportoit avec elle.

Elle vint à Paris, cœur de ce grand royaume, qui lui offre le sien pour hommage.

Dans la première année de son arrivée en France, Dieu, bénissant son mariage, lui donna un dauphin, non pour signe de tempête, mais, au contraire, pour marque assurée qu'il n'en peut plus venir qui ne soit calmée par sa présence.

Un an après, accouchant d'une fille, elle donne lieu à la France de se fortifier par alliance.

Ensuite, Dieu voulant donner de chaque sexe autant de princes et princesses à ce royaume qu'il a de fleurs de lis, il lui donna trois fils et trois filles (2).

En diverses occasions elle reçoit des preuves de l'affection du Roi, qui la contentant en beaucoup d'autres, elle lui rend des témoignages de son amour qu'il satisfait.

Un jour allant à Saint-Germain avec le Roi (3), le cocher qui les menoit ayant été si malheureux que de les verser, au passage d'un bac, dans la rivière, du côté de la portière où elle étoit, elle se trouve en si grand péril de sa vie, que si le sieur de La Châtaigneraie ne se fût promptement jeté dans l'eau, du fond de laquelle il la retira par les cheveux, elle se fût noyée. Mais cet accident lui fut extrêmement heureux, en ce qu'il lui donna lieu de faire paroître que les eaux qui l'avoient presque suffoquée, n'eurent pas la force d'éteindre son affection pour le Roi, dont elle demanda soigneusement des nouvelles au premier instant qu'elle eut de respirer.

Ses premières pensées n'ayant autre but que de lui plaire, elle se fait force pour se rendre patiente en ce en quoi non-seulement l'impatience est pardonnable aux femmes les plus retenues, mais bienséante.

Les affections de ce grand prince, qui lui étoient dues entières, sont partagées par beaucoup d'autres.

Plusieurs esprits malins ou craintifs lui représentent les suites de ce partage périlleuses pour elle ; mais, bien qu'on ébranlât la confiance qu'elle a en lui, on ne peut tout-à-fait la lui faire perdre : sans considérer les accidens qui lui pouvoient arriver de l'excès des passions où souvent le Roi se laissoit transporter, la jalousie lui étoit un mal assez cuisant pour la porter à beaucoup de mauvais conseils qui lui étoient suggérés sur ce sujet.

Elle parle plusieurs fois au Roi pour le détourner de ce qui lui étoit désagréable ; elle tâche de l'émouvoir par la considération de sa santé qu'il ruinoit, par celle de sa réputation qui d'ailleurs étoit si entière, par celle enfin de sa conscience, lui représentant qu'elle souffriroit volontiers ce qui le contente s'il ne désagréoit à Dieu. Mais toutes ces raisons, si puissantes qu'il n'y en a point au monde qui le puissent être davantage, étoient trop foibles pour retirer ce prince, qui pour être aveuglé de passions n'en connoissoit pas le poids.

D'autres fois elle se sert d'autres moyens ; elle proteste qu'elle fera faire affront à ses maîtresses, que, si même la passion qu'elle a pour lui la porte à leur faire ôter la vie, cet excès, pardonnable en tel cas à toute femme qui aime son mari fidèlement, ne sera blâmé en elle de personne.

Elle lui fait donner divers avis sur ce sujet par des personnes confidentes.

Ces moyens, quoique plus foibles que les premiers, font plus d'effet parce qu'ils tirent leur force des intérêts de ses maîtresses, auxquels il étoit aussi sensible qu'il étoit insensible aux siens.

Il fit une fois sortir de Paris la marquise de Verneuil bien accompagnée, sur un avis qui lui fut donné par Conchine que la Reine s'assuroit de personnes affidées pour lui procurer un mauvais

---

(1) Le 9 décembre 1600.
(2) Louis XIII, le duc d'Orléans, mort en 1611, et Jean-Baptiste Gaston, qui fut plus tard duc d'Orléans ; Élisabeth, mariée à Philippe IV, roi d'Espagne ; Christine, mariée à Victor-Amédée, prince de Piémont, depuis duc de Savoie ; Henriette-Marie, mariée à Charles Ier, roi d'Angleterre.
(3) En 1606.

traitement; ce qui toutefois n'étoit qu'une feinte, étant certain qu'elle n'avoit dessein, en cette occasion, que de lui faire peur d'un mal qu'elle ne lui vouloit pas faire.

Il eut diverses alarmes de pareille nature, mais elles furent toutes sans effet.

Comme la jalousie rendoit la Reine industrieuse en inventions propres à ses fins, l'excès de la passion du Roi le rendoit si foible en telle occasion, qu'encore qu'il eût bien témoigné en toutes rencontres être prince d'esprit et de grand cœur, il paroissoit dénué de jugement et de force en celle-là.

En tout autre sujet que celui-ci, le mariage de Leurs Majestés étoit exempt de division; mais il est vrai que les amours de ce prince, et la jalousie de cette princesse, jointe à la fermeté de son esprit, en causèrent de si grandes et si fréquentes entre eux, que, outre que le duc de Sully m'a dit plusieurs fois qu'il ne les avoit jamais vus huit jours sans querelle, il m'a dit aussi qu'une fois entre autres la colère de la Reine la transporta jusqu'à tel point, étant proche du Roi, que, levant le bras, il eut si grande peur qu'elle passât outre, qu'il le rabattit avec moins de respect qu'il n'eût désiré, et si rudement qu'elle disoit par après qu'il l'avoit frappée; ce qui n'empêcha pas qu'elle ne se louât de son procédé au lieu de s'en plaindre, reconnoissant que son soin et sa prévoyance n'avoient pas été inutiles.

J'ai aussi appris du comte de Grammont qu'une fois le Roi étant outré des mauvaises humeurs qu'elle avoit sur pareils sujets, après avoir été contraint de la quitter à Paris, et s'en aller à Fontainebleau, il envoya vers elle pour lui dire, si elle ne vouloit vivre plus doucement avec lui et changer sa conduite, il seroit contraint de la renvoyer à Florence avec tout ce qu'elle avoit emmené de ce pays, désignant la maréchale d'Ancre et son mari.

Et j'ai su de ceux qui avoient en ce temps grande part au maniement des affaires, que l'excès de la mauvaise intelligence qui étoit quelquefois entre Leurs Majestés, étoit venu jusques à tel point, que le Roi leur a dit plusieurs fois qu'il se résoudroit enfin de la prier de vivre dans une de ses maisons séparée; mais la colère fait si souvent dire ce que pour rien du monde on ne voudroit faire, qu'il y a grande apparence que cette passion tiroit ses paroles de sa bouche, bien qu'en effet il n'en eût pas le sentiment au cœur.

Il est difficile de ne croire pas que la Reine fût échauffée en ses jalousies par certaines personnes qui ne lui donnoient pas seulement mauvais conseil en ce sujet, mais en beaucoup d'autres. Et de fait, le même duc de Sully, dont elle faisoit grand cas en ce temps-là où il étoit considéré comme le plus puissant en l'esprit de son maître, m'a dit qu'un jour elle l'envoya querir pour lui communiquer une résolution que Conchine lui avoit fait prendre, d'avertir le Roi de certaines personnes de la cour qui lui parloient d'amour. Conchine, qui étoit présent, soutenoit que, par ce moyen, la Reine feroit connoître au Roi qu'elle n'étoit pas capable de rien savoir sans le lui communiquer. Le duc lui répondit d'abord, avec sa façon aussi brusque que peu civile, que cette affaire étoit si différente de celles dont il avoit le soin, qu'il ne pouvoit lui donner aucun avis; mais qu'ayant aussitôt changé ce discours après que Conchine, devant qui il ne vouloit point parler, se fut retiré, il lui dit qu'il étoit trop son serviteur pour ne l'avertir pas qu'elle prenoit la plus mauvaise résolution qui se pût prendre en telles matières, et qu'elle alloit donner au Roi le plus grand et le plus juste soupçon qu'un mari de sa qualité pût avoir de sa femme, attendu qu'il n'y avoit point d'homme de jugement qui ne sût fort bien qu'on ne parloit point d'amour à une personne de sa condition, sans avoir premièrement reconnu qu'elle l'auroit agréable, et sans qu'elle fît la moitié du chemin, et que le Roi pourroit penser que les motifs qui l'auroient portée à faire cette découverte, seroient ou la crainte qu'elle auroit qu'elle ne fût connue par autre voie, ou le dégoût qu'elle auroit pris de ceux qu'elle vouloit accuser, par la rencontre de quelques autres plus agréables à ses yeux, ou enfin la persuasion d'autres assez puissantes sur son esprit pour la porter à cette résolution.

Ces considérations pressèrent sa raison de telle sorte qu'elle suivit, pour cette fois, les avis du duc de Sully, bien qu'en d'autres occasions elle l'eût souvent trouvé peu capable de conseil, et que, dès le temps de sa jeunesse, elle fût si attachée à ses propres volontés que la grande-duchesse, sa tante, qui avoit le soin de sa conduite, se plaignoit d'ordinaire souvent de la fermeté qu'elle avoit en ses résolutions.

Il arrivoit souvent beaucoup de divisions semblables entre Leurs Majestés; mais l'orage n'étoit pas plus tôt cessé, que le Roi, jouissant du beau temps, vivoit avec tant de douceur avec elle, que je l'ai vue souvent depuis la mort de ce grand prince, se louer du temps qu'elle a passé avec lui, et relever la bonté dont il usoit en son endroit, autant qu'il lui étoit possible.

Si elle lui demande quelque chose qui se puisse accorder, elle n'en est jamais refusée; s'il la refuse, c'est en faisant cesser ses demandes par la connoissance qu'il lui donne qu'elles tournent à son préjudice.

Un jour elle le prie d'accorder la survivance d'une charge pour quelqu'un de ses serviteurs; il la refuse avec ces paroles : *Le cours de la nature vous doit donner la mienne; et lors vous apprendrez par expérience que qui donne une survivance ne donne rien en l'imagination de celui qui la reçoit, n'estimant pas que ce qui tient encore lui puisse être donné.*

La prise du maréchal de Biron (1), dont le mérite et la vertu émurent la compassion de tout le monde, lui donna lieu d'en parler au Roi, plutôt pour apprendre son sentiment, que le duc de Sully, qui étoit fort bien avec elle, désiroit savoir, que pour le porter à aucune fin déterminée (2).

Le Roi lui dit que ses crimes étoient trop avérés et de trop grande conséquence pour l'État, pour qu'il le pût sauver; que s'il eût été assuré de vivre autant que ce maréchal, il lui eût volontiers donné sa grâce, parce qu'il eût pensé à se garantir de ses mauvais desseins; mais qu'il avoit trop d'affection pour elle et pour ses enfans pour leur laisser une telle épine au pied, dont il les pouvoit délivrer avec justice; que s'il avoit osé conspirer contre lui, dont il connoissoit le courage et la puissance, il le feroit bien plus volontiers contre ses enfans.

Il ajouta qu'il savoit bien qu'en pardonnant au maréchal plusieurs loueroient hautement sa clémence, et qu'on répandroit faussement par le peuple que l'appréhension de ce personnage faisoit plus contre lui que ses crimes; mais qu'il falloit se moquer des faux bruits en matière d'État, que la clémence en certaines occasions étoit cruauté, et qu'outre que ce seroit chose répugnante à son courage que de faire mal sans l'avoir mérité, s'il le faisoit il appréhendoit les châtimens de Dieu, qui ne bénit jamais les princes qui usent de telle violence.

En cela la Reine, qui déféroit beaucoup en toutes occasions à son autorité, déféra en celle-là tout à sa raison, qui, ne pouvant être contredite par personne, le devoit être moins par une princesse de sa naissance et de sa maison, qui ne laisse jamais impuni aucun crime qui concerne l'État.

Une autre fois le duc de Sully lui ayant fait connoître que la puissance et l'humeur du duc de Bouillon devoient être suspectes à la sûreté de ses enfans, si le Roi venoit à lui manquer, elle en parla au Roi lorsqu'il fut tombé dans sa disgrâce, et que Sa Majesté entreprit expressément le voyage de Sedan pour châtier sa rebel-

(1) En 1602.
(2) Voyez Sully, t. I, p. 398 de notre édition.

lion. Le Roi lui répondit, avec sa promptitude ordinaire, qu'il étoit vrai que le parti et l'humeur de cet homme étoient ennemis du repos de la France, qu'il s'en alloit d'autant plus volontiers pour le châtier, qu'il étoit si malaisé que de croire qu'il n'oseroit l'entreprendre, et qu'il le mettroit assurément en état de ne lui pouvoir nuire à l'avenir.

Il partit en cette résolution, et comme il fut résolu à faire le contraire, il dit à la Reine qu'il en usoit ainsi parce qu'il pouvoit ne le faire pas; que le duc de Bouillon n'étoit pas en état de lui résister, et que chacun connoîtroit que la grâce qu'il recevroit n'auroit autre motif que sa clémence;

Qu'au reste, comme c'étoit grande prudence de considérer quelquefois l'avenir, et prévenir les maux prévus par précaution, celle qui portoit quelquefois les princes à ne rien émouvoir de peur d'ébranler le repos dont ils jouissoient, n'étoit pas moindre.

Peu de temps après elle lui demanda avec instance une place pour le duc de Sully, qui avoit l'honneur de sa confiance : ne voulant pas la lui accorder, il lui répond qu'il savoit bien que Saint-Maixent étoit la plus mauvaise placé de son royaume; mais que, tandis que le parti des huguenots subsisteroit, les moindres de la France seroient importantes, et que si un jour il étoit par terre, les meilleures ne seroient d'aucune considération; qu'il ne vouloit pas la lui donner, parce qu'il n'y avoit quasi dans un État que celui qui manioit les finances à qui il ne falloit pas consigner de retraite assurée pendant qu'il étoit en cette administration, d'autant que lui donner un lieu où il pût sûrement retirer de l'argent étoit quasi honnêtement le convier à en prendre;

Qu'au reste, un établissement parmi les huguenots étoit capable de l'empêcher de se faire catholique, et de le porter à les favoriser en ce qu'il pourroit, pour rendre son appui plus considérable;

Qu'il vouloit le détacher, autant qu'il pouvoit, de ce parti, et le mettre par ce moyen en état d'être par là facilement détrompé de l'erreur de leur créance.

A ce propos, il confessa à la Reine qu'au commencement qu'il fit profession d'être catholique, il n'embrassa qu'en apparence la vérité de la religion pour s'assurer en effet sa couronne, mais que, depuis la conférence qu'eut à Fontainebleau le cardinal du Perron avec du Plessis-Mornay, il détestoit autant par raison de conscience la créance des huguenots, comme leur parti par raison d'État.

En cette occasion et plusieurs autres il lui dit que les huguenots étoient ennemis de l'État, que leur parti feroit un jour du mal à son fils s'il ne leur en faisoit;

Que d'autre part elle avoit aussi à prendre garde à certaines personnes, qui, faisant profession de piété, par un zèle indiscret, pourroient un jour favoriser l'Espagne, si ces deux couronnes venoient en rupture, d'autant que la prudence des rois catholiques avoit été telle jusqu'alors, qu'ils avoient toujours couvert leurs intérêts les plus injustes d'un spécieux prétexte de piété et de religion;

Qu'il étoit bien aise qu'elle sût que, comme la malice des uns lui devoit être perpétuellement suspecte, elle ne devoit pas être sans soupçon du scrupule des autres en certaines occasions.

Lorsqu'il avoit quelque affliction il s'en déchargeoit souvent avec elle; et quoiqu'il n'y trouvât pas toute la consolation qu'il eût pu recevoir d'un esprit qui eût eu de la complaisance et l'expérience des affaires, il le faisoit volontiers parce qu'il la trouvoit capable de secret.

La considération de son âge (1) fit qu'il la pressa souvent de prendre connoissance des affaires, d'assister au conseil pour tenir avec lui le timon de ce grand vaisseau; mais, soit que lors son ambition ne fût pas grande, soit qu'elle fût fondée en ce principe, qu'il sied bien aux femmes de faire les femmes, tandis que les hommes font les hommes comme ils doivent, elle ne suivit pas en cela son intention.

Il la mène en tous ses voyages, et, contre la coutume des rois, ils ne font deux chambres pour avoir lieu d'être le jour séparément.

Il la trouve tellement à son gré, qu'il dit souvent à ses confidens que, si elle n'étoit point sa femme, il donneroit tout son bien pour l'avoir pour maîtresse.

Deux fois en sa vie il la dépeint des couleurs qu'il estime lui être convenables. Une fois, touché d'affection, après qu'il eut évité le péril qu'ils avoient couru de se noyer ensemble, et l'autre, piqué de colère sur le sujet de quelque passion qu'il avoit en la fantaisie. La première, il loua grandement son naturel, parce qu'elle l'avoit demandé en ce péril, son courage, parce qu'elle ne s'étoit point étonnée, sa reconnoissance, parce qu'elle le pria instamment de faire du bien à celui qui avoit exposé sa vie pour les garantir de ce péril.

Et, prenant là-dessus occasion de rapporter les autres qualités qu'il avoit remarquées en elle, il la loua d'être secrète, parce que souvent il l'avoit pressée, jusque même à se fâcher contre

(1) A lui.

elle, pour savoir les auteurs de quelques avis qu'on lui donnoit sans qu'elle voulût les découvrir. En riant il ajouta qu'elle étoit désireuse d'honneur, magnifique et somptueuse en ses dépenses, et glorieuse par excès de courage, et que si elle ne prenoit garde à réprimer ses sentimens, elle seroit vindicative: ce qu'il disoit pour l'avoir vue plusieurs fois si piquée de la passion qu'il avoit pour quelques femmes, qu'il n'y a rien qu'elle n'eût fait pour s'en venger. Il l'accuse en outre de paresse, ou pour le moins de fuir la peine, si elle n'est poussée à l'embrasser par passion. Il lui fait la guerre d'être moins caressante que personne du monde, grandement défiante; enfin il conclut ses défauts de prendre plutôt de ses oreilles et de sa langue que d'autres choses, en ce qu'il ne lui déplaisoit pas d'ouïr faire quelques contes aux dépens d'autrui, ni même d'en médire sans grand fondement.

L'autre fois qu'il étoit animé contre elle, il tourna son courage en gloire, et sa fermeté en opiniâtreté, et disoit souvent à ses confidens qu'il n'avoit jamais vu femme plus entière, et qui plus difficilement se relâchât de ses résolutions.

Un jour, ayant témoigné au Roi de la douleur de ce qu'il l'appeloit madame la Régente:
« Vous avez raison, dit-il, de désirer que nos ans
« soient égaux; car la fin de ma vie sera le com-
« mencement de vos peines: vous avez pleuré
« de ce que je fouettois votre fils avec un peu de
« sévérité, mais quelque jour vous pleurerez
« beaucoup plus du mal qu'il aura, ou de celui
« que vous recevrez vous-même.

« Mes maîtresses souvent vous ont déplu, mais
« difficilement éviterez-vous d'être un jour mal-
« traitée par celles qui posséderont son esprit.

« D'une chose vous puis-je assurer, qu'étant
« de l'humeur que je vous connois, et prévoyant
« celle dont il sera, vous entière, pour ne pas
« dire têtue, madame, et lui opiniâtre, vous au-
« rez assurément maille à départir ensemble. »

Il lui tint ce langage ensuite de ce que M. le dauphin ne voulut jamais, quoi qu'il dît, sauter un petit ruisseau qui est dans le parc de Fontainebleau, ce qui le mit, à la vue de la cour, en telle colère, que si on ne l'eût empêché il vouloit le tremper dedans.

En un mot, dix ans se passent avec grande satisfaction pour cette princesse, les traverses qu'elle y rencontre étant si légères qu'il semble que Dieu les ait plutôt permises pour réveiller que pour travailler son esprit.

Ses véritables douleurs commencèrent en l'an 1610, auquel temps le Roi s'ouvrit à elle de la résolution qu'il avoit prise de réduire à son obéissance Milan, Montferrat, Gênes et Naples;

donner au duc de Savoie la plus grande partie du Milanais et du Montferrat, en échange du comté de Nice et de la Savoie; ériger le Piémont et le Milanais en royaume; faire appeler le duc de Savoie roi des Alpes; et, à la séparation de la Savoie et du Piémont, faire une forteresse pour borner ces royaumes et se conserver l'entrée d'Italie.

Son intention étoit d'intéresser tous les princes d'Italie en ses conquêtes, la république de Venise par quelque augmentation contiguë à ses Etats, le grand-duc de Florence en le mettant en possession des places qu'il prétend lui être usurpées par les Espagnols, les ducs de Parme et de Modène en les accroissant en leur voisinage, et Mantoue en le récompensant grassement du Montferrat par le Crémonais.

Pour plus facilement exécuter ce grand dessein, il vouloit passer en Flandre, donner ordre aux troubles arrivés à Clèves et à Juliers par la mort du prince qui en étoit duc, allumer la guerre en Allemagne, non à dessein d'y chercher quelque établissement au-delà du Rhin, mais pour occuper et divertir les forces de ses ennemis.

Peut-être que l'appétit lui fût venu en mangeant, et qu'outre le dessein qu'il faisoit pour l'Italie il se fût résolu d'attaquer la Flandre, où ses pensées se portoient quelquefois, aussi bien qu'à rendre le Rhin la borne de la France, y fortifiant trois ou quatre places. Mais, pour lors, son vrai dessein étoit d'envoyer le maréchal de Lesdiguières, avec quinze mille hommes de pied et deux mille chevaux, en Italie, dont l'amas étoit déjà presque fait dans le Dauphiné, pour joindre avec le duc de Savoie, qui devoit envoyer dix mille hommes de pied et mille chevaux, commencer l'exécution de son dessein en Italie au même temps qu'il passeroit actuellement en Flandre et à Juliers avec l'armée qu'il avoit en Champagne, qui eût été de vingt-cinq mille hommes de pied et trois mille chevaux.

Le sujet de Juliers étoit assez glorieux pour être le seul motif et l'unique cause de son entreprise; car, en effet, le duc de Clèves étant mort, et n'ayant laissé que deux filles héritières de ses Etats, l'aînée desquelles étoit mariée à l'électeur de Brandebourg, et l'autre au duc de Neubourg, l'Empereur, selon la coutume ordinaire de la maison d'Autriche, qui ne perd aucune occasion de s'agrandir sous des prétextes spécieux, envoya si promptement, après la mort du duc de Juliers, l'archiduc Léopold avec ses armes, qu'il se saisit de la place dont il portoit le nom (1),

comme si tout ce qui relève de l'Empire y devoit être réuni faute d'héritiers masculins.

S'agissant en cette rencontre de protéger le foible contre la puissance qui étoit lors la plus redoutée dans l'Europe, de maintenir une cause dont le droit étoit si clair que les prétentions au contraire n'avoient pas même d'apparence, ce n'est pas sans raison que je dis que cette occasion étoit assez importante pour être seule la cause du préparatif de si grandes armées que le Roi mettoit sur pied. Mais cependant la sincérité que l'histoire requiert m'oblige à ajouter que non-seulement estimé-je que les autres desseins que j'ai rapportés ci-dessus, fondés en la justice qui donne droit à tout prince de reconquérir ce qui lui appartient, doivent être joints aux motifs de ses armes, mais encore que l'amour n'étoit pas la dernière cause de ce célèbre voyage; car il est vrai qu'il vouloit se servir de cette occasion à contraindre l'archiduc à lui remettre madame la Princesse (2) entre les mains. Sur quoi il est impossible de ne considérer pas en ce lieu combien cette passion, ordinaire presque à tous les hommes, est dangereuse aux princes, quand elle les porte à l'excès d'un aveuglement dont les suites sont fort périlleuses et pour leurs personnes et pour leurs Etats.

Ainsi l'amour lui fermant les yeux lui avoit servi d'aiguillon en tout ce grand dessein. Il y a grande apparence qu'après qu'il eût terminé le différend de Juliers, et retiré des mains des étrangers madame la Princesse, elle lui eût servi de bride pour l'arrêter et le divertir du reste. Qui se laisse guider à un aveugle se fourvoie bien souvent de son chemin, et ne va jamais bien sûrement au lieu où il veut arriver.

La Reine, peu préparée à la perte d'une si douce et heureuse compagnie, se trouve surprise de cette nouvelle. Outre le regret qu'elle a de son éloignement, elle entre en appréhension du succès d'une si haute entreprise; elle essaie de l'en divertir, lui remettant devant les yeux la jeunesse de son fils, le peu d'expérience qu'elle avoit dans les affaires, et le nombre de ses années, qui le convioient à jouir paisiblement du fruit des victoires qu'il avoit si chèrement acquises; mais en vain, y ayant peu de princes, et même d'hommes, qui défèrent assez à la raison pour ne se laisser pas emporter aux efforts de l'amour et de la gloire, les deux plus puissantes et pressantes passions dont l'esprit humain souffre quelquefois violence.

Il continue sa résolution, met sur pied une armée royale si puissante qu'elle étonne ses en-

---

(1) Le duc de Juliers.

(2) Henriette-Charlotte de Montmorency, princesse de Condé.

nemis, met en admiration ses amis, tient toute l'Europe en crainte, et même l'Orient, où le Grand-Seigneur fait la paix avec le Persan, pour, en cas d'invasion, être prêt à se défendre et arrêter le cours de ses armes.

Je ne dois pas oublier à remarquer, en cette occasion, quelques particularités importantes connues de peu de gens, mais que j'assure être véritables, pour les avoir apprises de la Reine et du président Jeannin, qui les savoient de la bouche du Roi (1).

Ce grand prince méditoit de notables changemens en l'administration de ses affaires, et ne savoit cependant comment les mettre en exécution.

Il étoit peu satisfait de la personne du sieur de Sully, il pensoit à lui ôter le maniement de ses finances, et vouloit en commettre le soin à Arnaud. Il avoit dit plusieurs fois à la Reine qu'il ne pouvoit plus souffrir ses mauvaises humeurs, et que, s'il ne changeoit de conduite, il lui apprendroit à ses dépens combien la juste indignation d'un maître étoit à craindre. Son mécontentement étoit formé, sa résolution prise de le dépouiller de sa charge, mais le temps en étoit incertain. Le grand dessein qu'il avoit en tête lui faisoit penser que peut-être il n'étoit pas à propos de le commencer par un tel changement : d'autre part, les contradictions du duc de Sully, et le soupçon qu'il avoit, non de la fidélité de son cœur, mais de la netteté de ses mains, faisoient qu'il avoit peine à se résoudre de le supporter davantage.

S'il étoit mécontent de ce personnage, il n'étoit pas satisfait du chancelier de Sillery : bien qu'il eût de bonnes parties, qu'il eût beaucoup d'expérience, et qu'il ne manquât pas d'esprit et d'adresse aux affaires de la cour, il avoit ce malheur, qu'il n'étoit pas cru entier en sa charge, et qu'on le connoissoit peu capable d'une résolution où il eût été besoin d'autant de cœur que d'industrie.

Il avoit eu plusieurs fois envie de l'ôter de sa charge et de l'éloigner de la cour; il persistoit au dégoût qu'il avoit de lui, ce qu'il lui eût témoigné sans la nécessité de l'occasion présente, qui l'obligea à prendre ce tempérament de le laisser auprès de la Reine pour la soulager au maniement des affaires qui se présenteroient en son absence, et donner les sceaux au président Jeannin, qu'il vouloit mener avec lui, comme un homme dont la probité étoit connue d'un chacun, et qu'il savoit être fort et solide en ses pensées, et constant en l'exécution de ses conseils.

(1) Il est évident ici que Richelieu met sur le compte du feu roi ses propres idées.

Ces changemens, la passion qu'il avoit en la tête, et la grandeur de l'entreprise qu'il méditoit, inquiétoient grandement son esprit, mais ne le détournoient pas de son dessein.

Ne sachant pas comme il plairoit à Dieu de disposer de lui, il se résolut de laisser la régence à la Reine pour assurer son Etat et sa couronne à ses enfans. Il entretint plusieurs fois cette princesse de ce dessein, et, entre plusieurs choses générales qu'il faut observer pour régner heureusement, dont il lui parloit souvent à diverses reprises, il lui donna quelques préceptes particuliers nécessaires au gouvernement de cet Etat.

Le premier fut d'être fort retenue et réservée au changement des ministres, lui disant que, comme on ne doit les appeler au maniement des affaires qu'avec grande connoissance de leur mérite, aussi ne faut-il les en éloigner qu'après être certainement informé de leurs mauvais déportemens.

Non-seulement, lui dit-il, les derniers venus sont-ils moins nourris aux affaires, mais souvent ils prennent des résolutions contraires à ceux qui les ont précédés, pour décrier leurs personnes, ce qui apporte un changement notable à l'Etat, et qui plus est, le malheur de leurs prédécesseurs leur donnant lieu de croire qu'il y a peu de sûreté dans l'esprit de leur maître, il est à craindre qu'ils ne fassent des cabales pour trouver en icelles la protection qu'ils doivent attendre de sa bonté et de leurs services (2).

Le second, qu'elle ne se laissât pas gouverner à des étrangers, et surtout qu'elle ne leur donnât point de part à la conduite de ses Etats, parce que tel procédé lui aliéneroit les cœurs des Français, vu que, quand même telles gens seroient capables de connoître les vrais intérêts de la France, et assez gens de bien pour les procurer, ils ne seroient jamais estimés tels.

Le troisième, qu'elle maintînt les parlement en l'autorité qui leur appartenoit de rendre la justice au tiers et au quart; mais qu'elle se donnât bien garde de leur laisser prendre connoissance du gouvernement de l'Etat, ni faire aucune action par laquelle ils pussent apparemment autoriser la prétention imaginaire qu'ils avoient d'être tuteurs des rois; qu'il avoit eu plusieurs disputes avec eux, qu'en cela il n'avoit pas été plus heureux que ses prédécesseurs, et qu'elle ni son fils ne le seroient pas davantage.

Le quatrième, qu'elle ne prît point conseil de ses passions, ni ne formât aucune résolution pendant qu'elle en seroit préoccupée, parce que jamais personne ne s'en est bien trouvé, ce qu'il savoit par sa propre expérience.

(2) Ce conseil est bien d'un ministre.

Le cinquième, qu'elle traitât bien les jésuites, mais en empêchât, autant qu'elle pourroit, l'accroissement sans qu'ils s'en aperçussent, et surtout leur établissement ès places frontières. Il estimoit ces bons religieux utiles pour l'instruction de la jeunesse, mais faciles à s'emporter, sous prétexte de piété, contre l'obéissance des princes : surtout ès occasions où Rome prendroit intérêt, il ne doutoit nullement qu'ils ne fussent toujours prêts d'exciter les communautés à rebellion, et dispenser ses sujets de la fidélité qu'ils lui avoient promise.

Ces impressions étoient encore un reste de la teinture qu'il avoit reçue pendant qu'il étoit séparé de l'Eglise, vu que les ministres n'ont pas de plus grand soin que de publier et persuader, autant qu'ils peuvent, que ces bons religieux, qu'ils haïssent plus que tous les autres, sont ennemis des rois, et tiennent des maximes contraires à leur sûreté et celle de leurs Etats.

La cause de la haine qu'ils leur portent est parce que leur institut les oblige à une particulière profession des lettres, et, leur donnant toutes les commodités nécessaires pour s'y rendre excellens, ils sont d'ordinaire plus capables que les autres de confondre leurs erreurs.

Les moyens dont ils se servent, la malice dont ils usent pour rendre odieux ces grands serviteurs de Dieu sous le prétexte des rois, est de dire qu'ils enseignent que les princes ne possèdent leur temporel qu'avec dépendance des papes, ce qu'ils ne pensèrent jamais, et dont toutefois ils tâchent de donner impression, leur imputant comme un crime la doctrine de saint Thomas et de tous les théologiens, et même de leurs propres auteurs, qui enseignent que les sujets sont dispensés d'obéir à leur prince lorsqu'il les veut empêcher de professer la vraie religion.

Le sixième, de ne point avantager les grands en ce en quoi le service du Roi peut recevoir préjudice, et son autorité diminution; mais qu'ès choses indifférentes et qui ne peuvent être de cette conséquence, elle fût soigneuse de les contenter, de crainte que ses refus peu nécessaires n'altérassent leur affection, et que, quand ils verroient qu'il n'y auroit rien à espérer pour eux, il n'y eût beaucoup à craindre pour l'État.

Enfin que tôt ou tard elle seroit contrainte d'en venir aux mains avec les huguenots, mais qu'il ne falloit pas leur donner de légers mécontentemens, de crainte qu'ils ne commençassent la guerre avant qu'elle fût en état de l'achever. Que pour lui il en avoit beaucoup souffert parce qu'ils l'avoient un peu servi, mais que son fils châtieroit quelque jour leur insolence.

Lorsqu'il parloit du mariage du Roi son fils, il estimoit toujours que le plus avantageux qu'on pût faire étoit l'héritière de Lorraine (1), si le duc n'avoit point d'autres enfans; ajoutant que ce lui seroit un grand contentement de voir que ce royaume fût agrandi des dépouilles dont il avoit reçu des maux indicibles.

Il témoignoit souvent être du tout éloigné de marier sa fille aînée au roi d'Espagne (2), qui depuis l'a épousée; alléguant pour raison que la disposition de ces deux États étoit telle, que la grandeur de l'un étoit l'abaissement de l'autre; ce qui rendant l'entretien d'une bonne intelligence entre eux du tout impossible, les alliances étoient inutiles à cette fin entre les deux couronnes, qui considèrent toujours plus leurs intérêts que leurs liaisons. Pour preuve de quoi il alléguoit d'ordinaire l'exemple du mariage d'Élisabeth avec Philippe II, qui ne produisit autre fruit qu'une misérable mort à cette innocente et vertueuse princesse.

Il ajoutoit à ce discours que, s'il eût désiré marier une de ses filles en Espagne, c'eût été avec un des puînés déclaré duc de Flandre, et non avec l'héritier de la couronne. Et il y a lieu de croire qu'il se proposoit, s'il eût vécu encore dix ans, tellement travailler l'Espagne par la guerre des Hollandais, que, pour se priver des dépenses indicibles qu'il lui falloit faire pour conserver la Flandre, elle se fût enfin résolue d'en donner la souveraineté à un de ses cadets, à condition qu'épousant une de ses filles il eût moyenné avec les États une bonne paix, dont il eût été d'autant plus volontiers le ciment qu'il s'y fût trouvé obligé par les intérêts de son gendre et de sa fille, et par la plus haute considération d'État que la France puisse avoir devant les yeux sur ce sujet, étant certain que voir diviser les provinces de Flandre du corps de la monarchie d'Espagne, est un des plus grands avantages qu'elle et toute la chrétienté puissent acquérir.

Sept mois avant sa mort, étant à Fontainebleau, le dessein qu'il avoit de marier mademoiselle de Verneuil avec le petit-fils du duc de Lesdiguières, lui donna lieu, en traitant cette affaire, d'entretenir le duc, en présence du sieur de Bullion, de la plupart de tout ce que dessus, et ensuite des principaux desseins qu'il avoit pour l'établissement de tous ses enfans.

Il lui dit, entre autres choses, qu'il se proposoit de faire comme un architecte, qui, entreprenant un grand édifice, regarde principalement à en assurer le fondement, et qui veut

(1) Le duc de Lorraine eut deux filles qui épousèrent leurs deux cousins.
(2) Au fils du roi d'Espagne.

appuyer son bâtiment de divers arcs-boutans puissans en eux-mêmes, et d'autant plus utiles à sa fin qu'ils ne sont faits qu'en cette considération.

Qu'il vouloit établir le règne de M. le Dauphin, en sorte que toute la puissance de ses autres enfans légitimes et naturels fût soumise à son autorité, et destinée à servir de soutien et d'appui à sa grandeur contre la maison de Lorraine, qui de tout temps s'étoit proposé d'affoiblir l'État pour s'emparer plus aisément de quelqu'une de ses parties;

Qu'en cette considération il auroit marié son second fils, qui portoit le titre de duc d'Orléans, avec mademoiselle de Montpensier, tant parce que c'étoit une riche héritière, qu'afin d'empêcher qu'il ne prît un jour quelque alliance étrangère qui pût être préjudiciable au repos du royaume.

Qu'il avoit tellement le bien de l'État devant ses yeux, qu'il étoit en doute s'il lui donneroit en propre le duché d'Orléans; mais que s'il lui destinoit cet apanage il le priveroit de la nomination des bénéfices et offices, parce qu'il ne savoit en user autrement sans énerver l'autorité royale, et communiquer la puissance du maître à ceux qui doivent obéir comme sujets;

Qu'il ne parloit point de partager le second, vu que, si Dieu lui laissoit la vie quelques années, il prétendoit le jeter au dehors en lieu utile à la France, et dont ses alliés ne pourroient prendre jalousie;

Qu'il avoit toujours destiné sa fille aînée pour la Savoie, estimant qu'il étoit plus utile à un grand roi de prendre des alliances avec des princes ses inférieurs, capables de s'attacher à ses intérêts, qu'avec d'autres qui fussent en prétention d'égalité;

Qu'il n'avoit point encore de dessein pour ses deux autres filles, mais qu'il ne doutoit pas qu'avec le temps Dieu ne fît naître des occasions qu'il étoit impossible de prévoir;

Que, par souhait, il en eût bien voulu mettre une en Flandre aux conditions exprimées ci-dessus, et l'autre en Angleterre, en sorte qu'elle y pût apporter quelque avantage à la religion.

Il ajouta ensuite qu'il se promettoit que ses enfans naturels ne manqueroient jamais au Roi son fils, vu les liens par lesquels il prétendoit les attacher à leur devoir;

Qu'il les vouloit opposer à tous les princes de Lorraine, qui avoient toujours l'image du roi de Sicile devant les yeux, aux branches des maisons de Savoie et de Gonzague, qui avoient fait souches en cet État, et à toutes les autres des grands de ce royaume, qui pouvoient avoir l'audace de résister aux justes volontés du Roi;

Que le duc de Vendôme (1) étoit de fort bon naturel, et que sa nourriture étoit si bonne qu'il osoit se promettre que sa conduite ne seroit jamais mauvaise; qu'il l'avoit marié avec la plus riche héritière du royaume (2); qu'il lui avoit donné le gouvernement de Bretagne pour le rendre plus puissant à servir le Roi; qu'il le vouloit rendre capable d'affaires, à ce qu'il pût servir l'État aussi bien de sa tête que de son épée; qu'il le faisoit marcher devant les ducs de Nemours, de Guise, de Nevers et de Longueville (3), afin de l'obliger à être plus attaché à son souverain; qu'il le feroit marcher après tous ces princes du jour qu'il se méconnoîtroit envers lui.

Il s'étendit à ce propos sur l'opinion qu'il avoit de ces quatre maisons de princes, qui seuls ont été reconnus en cette qualité par ses prédécesseurs et par lui-même.

Il lui dit qu'il en comptoit la première, tant parce qu'elle ne subsistoit qu'en la seule personne du duc de Nemours, qui apparemment n'auroit point d'enfans, que parce qu'aussi il n'y avoit rien à craindre de son humeur, la musique, des carrousels et des ballets étant capables de le divertir des pensées qui pourroient être préjudiciables à l'État;

Qu'il ne faisoit pas grand cas de celle de Mantoue, attendu que le duc de Nevers, qui en étoit le chef, feroit plus de châteaux, non en Espagne, mais en Orient, où il prétendoit renverser l'empire du Grand-Turc, et le remettre en la famille des Paléologue, dont il soutenoit être descendu par sa mère, que de desseins qui pussent réussir en ce royaume;

Que le duc de Longueville étoit fils d'un père en la foi duquel il y avoit peu d'assurance, et qui avoit souvent au cœur le contraire de ce qu'il avoit en la bouche. Sur quoi il ajouta en riant, selon sa coutume qui le portoit souvent à faire des rencontres aussi promptes que pleines de bon sens, qu'étant petit comme il étoit, il ne pouvoit croire qu'il pût jamais frapper un grand coup contre l'État; que son oncle, le comte de Saint-Paul, avoit l'esprit aussi bouché que ses oreilles, et que sa grande surdité le rendoit presque incapable d'entendre autre chose que les trompes et les cors de chasse, où il s'occupoit continuellement;

Qu'il falloit plus prendre garde à la maison de

(1) César, duc de Vendôme, fils de Henri IV et de Gabrielle.
(2) La fille du duc de Mercœur.
(3) Louis, duc de Nemours, de la maison de Savoie, mort en 1641 au siège d'Aire; Charles, duc de Guise, mort en Italie en 1640; Charles de Gonzague, duc de Nevers, duc de Mantoue, en 1627; Henri, duc de Longueville, mort en 1663.

Guise qu'à aucune autre, tant à cause du grand nombre de têtes qu'elle avoit, qu'à raison de la proximité des états de Lorraine dont ils étoient sortis, et des mauvais desseins qu'ils avoient toujours eus contre la France sur les folles prétentions du comté de Provence, desquelles ils se flattoient, bien que sans fondement, lorsqu'ils étoient enfermés en leurs cabinets;

Que de tous ceux qui portoient le nom de Lorraine en France, les ducs de Guise et de Mayenne, son oncle, étoient les plus considérables; que le premier avoit plus de montre que d'effet, qu'il avoit quelque éclat et quelque agrément dans les compagnies, qu'il sembloit capable de grandes choses à qui n'en connoissoit pas le fond; mais que sa paresse et sa fainéantise étoient telles qu'il ne songeoit qu'à ses plaisirs, et qu'en effet son esprit n'étoit pas plus grand que son nez;

Que le duc de Mayenne étoit homme d'esprit, d'expérience et de jugement; mais qu'encore que par le passé il eût eu tous les mauvais desseins que peut avoir un sujet contre son roi et l'État auquel il est né, il ne croyoit pas qu'à l'avenir il fût capable de telles pensées, les malheurs auxquels il s'étoit vu étant plus que suffisans de le détourner de s'exposer de nouveau à de semblables inconvéniens, et qu'il y avoit lieu de croire que les folies de ses jeunes ans le rendroient sage en sa vieillesse;

Qu'encore que tous ces princes ne fussent pas fort considérables si on les regardoit séparément, ils ne laissoient pas de l'être tous ensemble;

Qu'il ne vouloit point s'allier avec eux par ses enfans naturels, mais à des gentilshommes qui s'en tiendroient bien honorés, au lieu que l'orgueil de ces princes étoit assez grand pour qu'ils pensassent obliger ses enfans par leurs alliances, qui ne leur apporteroient autre chose qu'un hôpital, vu le mauvais état où étoient leurs affaires, et qu'en effet il n'eût pas fait le mariage du duc de Vendôme sans la qualité d'héritière qu'avoit la femme qu'il lui avoit donnée.

Poursuivant son discours, il lui dit encore que, reconnoissant que le chevalier de Vendôme (1) avoit l'esprit gentil, agréable et complaisant à tout le monde, il le vouloit avancer autant qu'il lui seroit possible; qu'outre le grand-prieuré de France qu'il avoit, il lui seroit aisé de le rendre riche et puissant en bénéfices;

Qu'il lui vouloit donner la charge d'amiral et de général des galères, le gouvernement de Lyonnais et celui de Provence, afin qu'étant ainsi établi il fût plus utile au Roi son fils.

Il lui dit encore le dessein qu'il avoit d'attacher à l'Eglise le fils (2) de madame de Verneuil, et le rendre grand et considérable cardinal; qu'ayant cent mille écus de rente en bénéfices, il pourroit servir utilement à Rome, où il falloit une personne de cette qualité pour y maintenir les affaires de France avec éclat, et y soutenir dignement la qualité de protecteur, dont il vouloit qu'il fît les fonctions.

Il ajouta aussi que son dessein étoit de marier mademoiselle de Vendôme (3) avec le duc de Montmorency; que ses premières pensées avoient été de la donner au marquis de Rosny sur la proposition que lui en avoit faite le cardinal du Perron, l'assurant que, par ce moyen, il se feroit catholique; mais que Dieu en avoit disposé autrement. Qu'il avoit eu autrefois quelque envie de la donner au duc de Longueville; qu'il en avoit été passé un contrat entre sa mère et la duchesse de Beaufort; mais qu'ils témoignoient en cette maison faire si peu d'état de cette alliance, qu'il n'y pensoit plus en aucune façon; que le duc de Montmorency, à qui il la destinoit, étoit bien fait et témoignoit avoir beaucoup de cœur; qu'il avoit en horreur l'héritière de Chemilly (4), tant il désiroit avoir l'honneur d'être son beau-fils.

Qu'il ne lui parloit point de sa fille de Verneuil (5), parce qu'il savoit bien qu'il la destinoit au fils aîné de Créqui, son petit-fils, auquel il vouloit faire tomber le gouvernement de Dauphiné, s'assurant qu'il seroit bien aise de le voir gouverneur en chef d'une province dont il n'avoit été que lieutenant de roi.

Après tout ce discours, il lui fit connoître qu'il en avoit souvent entretenu la Reine, qu'il se promettoit qu'elle suivroit ses intentions, mais qu'il s'en tiendroit bien plus assuré si elle étoit défaite de la princesse de Conti (6), dont les artifices étoient incroyables, qu'elle et sa mère empoisonnoient son esprit, en sorte que, bien qu'il eût pris soin de lui faire connoître leurs malices, elle ne pouvoit toutefois s'en garantir.

Il lui conta à ce propos qu'un jour, pour détromper la Reine, il l'avoit disposée, lorsqu'elles l'animoient le plus contre la marquise de Ver-

---

(1) Alexandre, dit le chevalier de Vendôme, fils naturel de Henri IV et de Gabrielle d'Estrées, grand-prieur de l'ordre de Malte en France. Il est ordinairement désigné sous le titre de grand-prieur.

(2) Henri, évêque de Metz, puis duc de Verneuil, mort en 1682.
(3) Catherine-Henriette, mariée plus tard à Charles de Lorraine, duc d'Elbeuf.
(4) A qui on l'avait marié et dont il se fit séparer.
(5) Gabrielle-Angélique, fille naturelle de Henri IV et de madame de Verneuil, mariée au fils du duc d'Épernon.
(6) Louise-Marguerite de Lorraine, sœur du duc de Guise.

neuil, de feindre quelques desseins contre elle, et les leur communiquer, pour voir si aussitôt elles n'en avertiroient pas la marquise, bien que devant la Reine elles jetassent feu et flamme contre elle ; que la Reine, ayant en cela suivi son conseil, leur communiqua une entreprise qu'elle feignoit avoir de la faire enlever, passant au bac d'Argenteuil ; ce que les bonnes dames ne surent pas plutôt qu'elles se servirent du duc de Guise pour en donner avis à la marquise : ce qu'il fit avec tant de circonstances, que, sur la plainte qu'elle en fit au Roi, la Reine fut contrainte de reconnoître l'esprit et le génie de ces femmes, et d'avouer qu'elles n'aimoient rien dans la cour que les intrigues, ésquelles elles n'étoient pas peu industrieuses.

Par tout ce que dessus, il paroit que le sens et la ratiocination de ce prince avoient des racines profondes ; mais la plupart des événemens ayant été tout autres qu'il se le promettoit, il paroit aussi combien est véritable le dire commun qui nous apprend que la proposition des choses dépend bien de l'esprit des hommes, mais que sa disposition est tellement en la main de Dieu, qu'il ordonne souvent par sa providence le contraire de ce qui est désiré par l'appétit humain, et prévu par la prudence des créatures.

Bien que ce prince eût tant d'expérience qu'il pût être dit avec raison le plus grand de son siècle, il est vrai qu'il étoit si aveuglé de la passion de père, qu'il ne connoissoit point les défauts de ses enfans, et raisonnoit si foiblement en ce qui les touchoit, qu'il prenoit souvent le contre-pied de ce qu'il devoit faire.

Il se loue de la nourriture du duc de Vendôme et de son bon naturel ; et toutefois, dès ses premières années, sa mauvaise éducation étoit visible à tout le monde, et sa malice si connue, que peu de gens en évitoient la piqûre.

Il estime que le grand établissement qu'il donne à ce prince, et celui auquel il se proposoit d'établir son frère, étoient les vrais moyens d'assurer l'autorité du Roi son fils ; et cependant on peut dire avec vérité que tous deux ont beaucoup contribué aux plus puissans efforts qui se soient faits pour l'ébranler ; et, sans la prudence et le bonheur de ce règne, ces deux esprits eussent fait des maux irréparables à ce royaume.

Les mariages qu'il ne vouloit pas ont été faits, ceux qu'il proposoit ne l'ont pu être ; ce qu'il estimoit devoir être le ciment d'un grand repos a été la semence de beaucoup de troubles ; et Dieu a permis que sa prudence ait été confondue, pour nous apprendre qu'il n'y a point de sûreté aux ratiocinations qui suivent les passions des hommes, et qu'on se trompe souvent lorsqu'on se propose ce qu'on désire, plus par le déréglement de ses passions que par le vrai discours d'une juste raison.

En un mot, il semble que la sapience qui n'a point de fond, a voulu faire voir combien les bornes de la sagesse humaine ont peu d'étendue, et que la perfection des hommes est si imparfaite, que les bonnes qualités des plus accomplis sont contre-pesées par beaucoup de mauvaises qui les accompagnent toujours.

Comme roi, ce prince avoit de très-grandes qualités ; comme père, de grandes foiblesses, et, comme sujet aux plus grands déréglemens des passions illicites de l'amour, un grand aveuglement.

Quiconque considérera l'entreprise qu'il fait sur la fin de ses jours, ne doutera pas du bandeau qu'il a sur les yeux, puisqu'il s'embarquoit en une guerre qui sembloit présupposer qu'il fût au printemps de son âge ; au lieu qu'approchant de soixante ans, qui est au moins l'automne des plus forts, le cours ordinaire de la vie des hommes lui devoit faire penser à sa fin, causée peu après par un funeste accident.

Pendant les grands préparatifs qu'il faisoit pour la guerre, il témoignoit souvent que la charge de connétable et celle de colonel de l'infanterie lui étoient grandement à charge, et disoit qu'en la division en laquelle le royaume étoit entretenu par le parti des huguenots, si on les souffroit en toute l'étendue que la négligence des rois leur avoit laissé prendre, on rendroit ceux qui les possédoient trop puissans pour que leur pouvoir ne dût pas être suspect.

Il ne céloit point à ceux à qui il estimoit pouvoir ouvrir son cœur avec franchise, que si Dieu appeloit le duc de Montmorency (1) de ce monde (ce qu'il croyoit devoir arriver bientôt à cause du grand âge de ce duc), il supprimeroit pour jamais la première de ces charges dont il étoit possesseur, et que, parce qu'il croyoit que le duc d'Epernon n'étoit pas pour mourir sitôt, et que, comme sa charge lui étoit odieuse, sa personne ne lui étoit pas fort agréable, sans attendre sa mort il ne perdroit aucune occasion de réduire cet office à tel point qu'il pût être supporté jusqu'à ce qu'on eût lieu de l'éteindre tout-à-fait.

Il désiroit, sur toutes choses, priver ledit duc de la possession en laquelle il s'étoit mis pendant la grande faveur qu'il avoit eue auprès de Henri III, de pourvoir à toutes les charges de l'infanterie ; ce qui, à la vérité, étoit de très-dangereuse conséquence et du tout insupportable.

Après tant de sages et importans avis que la

(1) Le connétable.

Reine reçut de lui en diverses occasions, afin que la dignité fût jointe à la suffisance il voulut la faire sacrer, en intention de la laisser en France comme une seconde Blanche pendant son voyage.

Jamais assemblée de noblesse ne fut si grande qu'en ce sacre, jamais de princes mieux parés, jamais les dames et les princesses plus riches en pierreries; les cardinaux et les évêques en troupe honorent l'assemblée, divers concerts remplissent les oreilles et les charment; on fait largesses de pièces d'or et d'argent, avec la satisfaction de tout le monde.

Cependant on prépare son entrée pour le dimanche suivant avec une grande magnificence; on ne voit qu'arcs triomphaux, que devises, que figures, que trophées, que théâtres qui doivent retentir de concerts.

Partout on trouve des fontaines artificielles pour marque de grâces représentées par les eaux; grand nombre de harangues se préparent, les cœurs se disposent à parler plus que les langues; tout Paris se met en armes; nul n'épargne la dépense pour se rendre digne de paroître devant cette grande princesse, qui, vraiment triomphante pour être femme d'un roi révéré et redouté de tout le monde, doit entrer en un char de triomphe.

Tous ces préparatifs se font, mais un coup funeste en arrête le cours; une parricide main ôte la vie à ce grand Roi, sous les lois duquel toute la France vivoit heureuse.

Comme le feu Roi ne prévoyoit pas assurément sa mort, il ne donna pas une instruction entière et parfaite à la Reine, ainsi qu'il eût pu faire s'il eût eu déterminément sa fin devant les yeux.

Tout ce que dessus a été ramassé de plusieurs discours qu'il lui a faits, et à des princes et autres grands de ce royaume, en différentes occasions sur divers sujets; ce qui fait que le lecteur ne trouvera pas étrange s'il reste beaucoup de choses à dire sur un sujet si important, parce que, comme j'ai protesté, je ne fais pas état d'écrire ce qui se pourroit penser de mieux sur les matières dont je traite, mais seulement la vérité de ce qui s'est passé.

Ce grand prince (1) est mis par terre comme à la veille du jour qui lui préparoit des triomphes; lorsqu'il meurt (2) d'impatience de se voir

(1) Ici commence le manuscrit original des Mémoires de Richelieu. Ce qui précède se trouvait en tête de la copie d'après laquelle on a imprimé l'histoire de la Mère et du Fils. Nous avons conservé ce morceau qui paraît de la même main que les Mémoires, et qui offre une récapitulation intéressante des dernières années du règne de Henri IV.

(2) Le 14 mai 1610.

à la tête de son armée, il meurt en effet, et le cours de ses desseins et celui de sa vie sont retranchés d'un même coup, qui, le mettant au tombeau, semble en tirer ses ennemis, qui se tenoient déjà vaincus.

A cette triste nouvelle, les plus assurés sont surpris d'une telle frayeur que chacun ferme ses portes dans Paris, l'étonnement ferme aussi d'abord la bouche à tout le monde, l'air retentit ensuite de gémissemens et de plaintes, les plus endurcis fondent en larmes, et, quelque témoignage qu'on rende de deuil et de douleur, les ressentimens intérieurs sont plus violens qu'ils ne paroissent au dehors.

Les cris publics et la tristesse du visage des ministres qui se présentent au Louvre, apprennent cette déplorable nouvelle à la Reine; elle est blessée à mort du coup qui tue celui avec qui elle n'est qu'une même chose, son cœur est percé de douleur; elle fond en larmes, mais de sang, larmes plus capables de la suffoquer que de noyer ses ressentimens, si excessifs que rien ne la soulage et ne la peut consoler.

En cette extrémité, les ministres lui représentent que, les rois ne mourant pas, ce seroit une action digne de son courage de donner autant de trève à sa douleur que le requéroit le bien du Roi son fils, qui ne pouvoit subsister que par son soin. Ils ajoutent que les plaintes sont non-seulement inutiles, mais préjudiciables aux maux qui ont besoin de prompts remèdes.

Elle cède à ces considérations, et, bien qu'elle fût hors d'elle-même, elle s'y retrouve, et pour mettre ordre aux intérêts du Roi son fils, et pour faire une exacte perquisition des auteurs d'un si abominable crime que celui qui venoit d'être commis.

Chacun court au Louvre, en cette occasion, pour l'assurer de sa fidélité et de son service; le duc de Sully, qui devoit plus à la mémoire du feu Roi, y rend le moins, et manque à son devoir en ce rencontre.

Son esprit fut saisi d'une telle appréhension à la première nouvelle de la mort de son maître, qu'au lieu d'aller trouver la Reine à l'heure même, il s'enferma dans son Arsenal, et se contenta d'y envoyer sa femme pour reconnoître comme il seroit reçu, et la supplier d'excuser un serviteur qui n'avoit pu souffrir la perte de son maître sans être outré de douleur et perdre quasi l'usage de la raison.

La connoissance du grand nombre de gens qu'il avoit mécontentés, le peu d'assurance qu'il avoit des ministres dont le feu Roi s'étoit servi dans ses conseils avec lui, et la défiance ouverte en laquelle il étoit de Conchine, qu'il estimoit avoir grand pouvoir auprès de la Reine, et qu'il croyoit avoir maltraité pendant sa puissance, lui firent faire cette faute.

Quelques-uns de ses amis n'oublièrent rien de ce qu'ils purent pour le conjurer de satisfaire à son devoir, passant par-dessus ces appréhensions et ces craintes ; mais, comme les esprits les plus audacieux sont souvent les moins hardis et les moins assurés, il fut d'abord impossible de lui donner la résolution nécessaire à cet effet.

Il se représentoit que, quelque temps auparavant, il avoit parlé ouvertement contre Conchine, sur ce que n'ayant pas voulu laisser ses éperons, entrant au palais, les clercs s'en étoient tellement offensés qu'animés sous main par quelques personnes qui ne croyoient pas déplaire au Roi, ils s'attroupoient par la ville et faisoient contenance de chercher Conchine, pour tirer raison de l'injure qu'ils estimoient leur avoir été faite. Les images qu'il avoit présentes de ce qui s'étoit passé en ce rencontre, et le souvenir qu'en toutes les brouilleries qui avoient été entre don Joan, oncle naturel de la Reine, et ledit Conchine, il avoit, au moins de paroles, suivant l'exemple du feu Roi et son inclination, favorisé le premier contre le dernier, le troubloient de telle sorte, qu'encore que pendant la vie du feu Roi il eût toujours eu particulière intelligence avec la Reine, il fut long-temps sans pouvoir s'assurer.

Sur le soir, Saint-Géran qu'il avoit obligé, et qui témoignoit être fort de ses amis, l'étant venu trouver, il le fit résoudre à quitter son Arsenal et aller au Louvre.

Comme il fut à la Croix du Trahoir, ses appréhensions le saisirent de nouveau, et si pressamment, sur quelque avis qu'il reçut en ce lieu, qu'il s'en retourna, avec cinquante ou soixante chevaux qui l'accompagnoient, à la Bastille, dont il étoit capitaine, et pria le sieur de Saint-Géran d'aller faire ses excuses à la Reine, et l'assurer de sa fidélité et de son service.

Pendant ces incertitudes du duc de Sully, le chancelier (1), le sieur de Villeroy et le président Jeannin, travailloient au Louvre à penser ce qui étoit le plus nécessaire en un tel accident.

Aussitôt qu'ils eurent un peu affermi l'esprit de la Reine, ils se retirèrent dans le cabinet aux livres, où les secrétaires d'État et le sieur de Bullion, qui dès lors étoit employé par le Roi en diverses occasions, se trouvèrent aussi.

On proposa tout ce qui se pouvoit faire pour assurer l'État en un tel changement, et si inopiné qu'il surprenoit tout le monde.

(1) Brulart de Sillery.

Tous demeurèrent d'accord que la régence de la Reine étoit le moyen le plus assuré d'empêcher la perte du Roi et du royaume, et que, pour l'établir, il n'étoit question que de mettre en effet, après la mort de ce grand Roi, ce qu'il vouloit pratiquer durant sa vie.

Il n'y avoit pas un de ces messieurs qui n'eût certaine connoissance de l'intention qu'avoit ce prince de laisser la régence à la Reine pendant son voyage.

Ils savoient tous semblablement qu'il n'eût pas oublié, dans le pouvoir qu'il lui en eût laissé, de la déclarer telle au cas qu'il plût à Dieu l'appeler de ce monde pendant son voyage.

La pratique ordinaire le requéroit ainsi, et la raison ne lui eût pas permis d'en user autrement, étant certain que, s'il jugeoit son gouvernement utile pendant sa vie, il l'eût assurément jugé nécessaire après sa mort.

Il connoissoit trop bien la différence qu'il y a entre la liaison que la nature met entre une mère et ses enfans lorsqu'ils sont en bas âge, et celle qui se trouve entre un roi enfant et les princes qui, étant ses héritiers, pensent avoir autant d'intérêt en sa perte qu'une mère en sa conservation.

En un mot, le Roi avoit si souvent appelé la Reine madame la régente, lui avoit tant de fois témoigné publiquement que le commencement de son gouvernement seroit celui de sa misère, qu'il étoit impossible de ne savoir pas qu'il la destinoit pour gouverner le royaume après sa vie, si Dieu l'appeloit auparavant que M. le Dauphin (2) eût assez d'âge pour le faire lui-même. Il n'étoit question que de justifier la volonté de ce grand prince au public, par la déclaration que chacun savoit qu'il devoit faire en faveur de la Reine avant que d'entreprendre son voyage.

Tous convinrent que c'étoit le meilleur expédient. Les sieurs de Villeroy et président Jeannin soutinrent qu'il s'en falloit servir, Villeroy offrit de dresser la déclaration et de la signer ; le chancelier, qui avoit le cœur de cire, ne voulut jamais la sceller (3). Il connoissoit aussi bien que les autres ce qui étoit nécessaire, mais il n'avoit ni bras ni mains pour le mettre en exécution. Il dit ouvertement à ceux qu'il pouvoit rendre confidens de sa crainte, qu'il lui étoit impossible de s'ôter de la fantaisie que, s'il scelloit cette déclaration, le comte de Soissons (4) s'en prendroit à lui et le tueroit. Il falloit en cette occasion mépriser sa vie pour le salut de l'État ;

(2) Né en 1601.
(3) Cette pointe est tout à fait dans le goût de Richelieu.
(4) Charles de Bourbon, comte de Soissons, troisième fils de Louis 1er, prince de Condé.

2.

mais Dieu ne fait pas cette grâce à tout le monde. La chose étoit juste; tout ce qu'il falloit faire avoit pour fondement la raison et la vérité, nul péril ne devoit détourner d'une si bonne fin; et qui eût eu cœur et jugement tout ensemble, eût bien connu qu'il n'y avoit rien à craindre.

Mais ce vieillard aima mieux exposer l'État en péril que de manquer à ce qu'il estimoit pouvoir servir à la sûreté de sa personne; pour avoir trop de soin de ses intérêts, il méprisa ceux de son maître et du public tout ensemble.

Le parlement n'en fit pas de même : au contraire, l'intérêt public lui fit passer par-dessus les bornes de son pouvoir pour assurer la régence à la Reine, bien que les parlemens ne se fussent jamais mêlés de pareilles affaires.

Pendant l'agitation et les difficultés qui se trouvoient aux premiers momens d'un si grand changement, comme ceux qui se noient se prennent, durant le trouble où ils sont, à tout ce qu'ils estiment les pouvoir sauver, la Reine envoya sous main, par l'avis qui lui en fut donné, avertir le premier président de Harlay, homme de tête et de courage, et qui lui étoit affectionné, d'assembler promptement la cour, pour faire ce qu'ils pourroient en cette occasion pour assurer la régence.

Ce personnage, travaillé de ses gouttes, n'eut pas plutôt cet avis qu'il sortit du lit, et se fit porter aux Augustins, où lors on tenoit le parlement parce que l'on préparoit la grande salle du Palais pour y faire le festin de l'entrée de la Reine. Les chambres ne furent pas plutôt assemblées que le duc d'Épernon s'y présente, et leur témoigne comme le Roi avoit toujours eu intention de faire la Reine régente.

Les plus sages représentoient les maux qui pouvoient arriver si l'on apercevoit un seul moment d'interruption en l'autorité royale, et si l'on pouvoit croire que Dieu, nous privant du feu Roi, nous eût privés de la règle et discipline nécessaire à la subsistance de l'État.

Ils conclurent tous qu'il valoit mieux faire trop que trop peu en cette occasion, où il étoit dangereux d'avoir les bras croisés, et qu'ils ne sauroient être blâmés de déclarer la volonté du Roi, puisqu'elle étoit connue de tous ceux qui avoient l'honneur de l'approcher.

Sur ce fondement et autres semblables, ils passèrent en ce rencontre très-utilement les bornes de leur pouvoir; ce qu'ils firent plutôt pour donner l'exemple de reconnoître la Reine régente, que pour autorité qu'ils eussent d'y obliger le royaume, en vertu de leur arrêt qu'ils prononcèrent dès le soir même.

Le lendemain 15 de mai, la Reine vint en cet auguste sénat, où elle conduisit le Roi son fils, qui, séant en son lit de justice, par l'avis de tous les princes, ducs, pairs et officiers de la couronne, suivant les intentions du feu Roi son père, dont il fut assuré par ses ministres, commit et l'éducation de sa personne et l'administration de son État à la Reine sa mère, et approuva l'arrêt que le parlement avoit donné sur ce sujet le jour auparavant.

En cette occasion la Reine parla plus par ses larmes que par ses paroles; ses soupirs et ses sanglots témoignèrent son deuil, et peu de mots entrecoupés une extrême passion de mère envers son fils et son État. Elle alla du Palais droit à l'église cathédrale, pour consigner le dépôt qu'elle avoit reçu, entre les mains de Dieu et de la Vierge, et réclamer leur protection.

M. le comte de Soissons (1), qui s'étoit retiré en une de ses maisons avant la mort du feu Roi, pour ne vouloir pas consentir que la femme du duc de Vendôme, fils naturel du Roi, portât au couronnement de la Reine une robe semée de fleurs de lis, comme les princesses du sang, ce que le Roi désiroit avec une passion déréglée, s'étoit mis en chemin pour retourner à la cour dès qu'il eut reçu la triste nouvelle de la mort du Roi.

Il ne fit pas si grande diligence à revenir, que celle des bons Français à faire déclarer la Reine régente ne le prévînt; il apprit à Saint-Cloud que c'en étoit fait. Cet avis l'étonne et le fâche, il ne laisse pas pourtant d'arriver à Paris le lendemain.

D'abord il jette feu et flamme; premièrement il se plaint de ce que cette résolution avoit été prise et exécutée en son absence; il dit que par cette précipitation on lui a ôté le gré du consentement qu'il eût, disoit-il, apporté, ainsi qu'il avoit promis à la Reine dès long-temps.

Passant outre, il soutient en ses discours que la régence est nulle, qu'il n'appartient point au parlement de se mêler du gouvernement et de la direction du royaume, moins encore de l'établissement d'une régence, qui ne pouvoit être établie que par le testament des rois, par déclaration faite de leur vivant, ou par assemblée des états-généraux. Il ajoute que, quand même le parlement pourroit prétendre le pouvoir de délibérer et ordonner de la régence, ce ne pourroit être qu'après avoir dûment averti et appelé les princes du sang, ducs, pairs et grands du royaume, comme étant la plus importante affaire de l'État; ce qui n'avoit pas été pratiqué en cette occasion.

Poursuivant sa pointe, il dit que, depuis que

(1) Le comte de Soissons arriva à Paris le 17 mai.

la monarchie française est établie, il ne se trouve aucun exemple d'une pareille entreprise; que le pouvoir du parlement est restreint dans les bornes de l'administration de la justice, qui ne s'étend point à la direction générale de l'Etat; qu'au reste la pratique ordinaire étoit que les mères des rois avoient l'éducation de leurs enfans, et que le gouvernement en appartenoit aux princes du sang, à l'exclusion de tous autres.

Les ministres s'opposoient le plus doucement qu'il leur étoit possible à ses prétentions; ils jugeoient bien que, s'il avoit son compte, la Reine n'auroit pas le sien ni eux aussi; mais, d'autre part, ils appréhendoient l'indignation d'un homme de sa qualité, et désiroient le contenter.

Ils se déchargeoient, autant qu'il leur étoit possible, sur le parlement, qu'ils soutenoient, à cet effet, avoir fait la déclaration de la régence de son propre mouvement, sans y être suscité de personne.

Ils excusoient ensuite cette célèbre compagnie, disant qu'en une action si importante elle n'avoit pas dû tant considérer son pouvoir, comme la nécessité de prévenir les maux qui pouvoient arriver dans l'incertitude de l'établissement d'une régence; que voyant M. le prince (1) hors du royaume, M. le comte hors de la cour mécontent, le prince de Conti (2) seul présent, mais comme absent par sa surdité, et par l'incapacité de son esprit, qui étoit connue de tout le monde, on n'avoit pu faire autre chose que ce qui s'étoit fait, étant impossible d'attendre le retour de ces princes sans un aussi manifeste péril pour l'Etat que celui d'un vaisseau qui seroit long-temps à la mer sans gouvernail.

Ils ajoutoient en outre que le bien de l'Etat, préférable à toutes choses, avoit requis qu'on prévînt les diverses contentions qui fussent nées sans doute, entre les princes du sang sur ce sujet, si on les eût attendus;

Que le parlement n'avoit point tant prétendu établir la régence de la Reine par son autorité, comme déclarer que la volonté du feu Roi avoit toujours été que le gouvernement fût entre ses mains, non-seulement en son absence pendant son voyage, mais en cas qu'il plût à Dieu disposer de lui ; que l'action du parlement, ainsi interprétée, étoit dans l'ordre et les formes accoutumées à telles compagnies, qui ont toujours enregistré les déclarations des régences que les rois ont faites quand ils se sont absentés de leur royaume, ou lorsque la mort les en a privés en les tirant du monde ;

(1) Henri II, prince de Condé, réfugié alors à Milan.
(2) Le prince de Conti, oncle de Henri II, prince de Condé; il était sourd et presque muet.

Que les rois mêmes à qui la couronne tomboit sur la tête en bas âge, ne se déclaroient jamais majeurs qu'en faisant la première action de leur majorité dans le parlement;

Enfin que le Roi, accompagné de la Reine sa mère et de tous les grands qui étoient lors auprès de lui, ayant été, le lendemain du malheur qui lui étoit arrivé, en son parlement, pour y déclarer, comme il avoit fait séant en son lit de justice, que, suivant l'intention du feu Roi son père, sa volonté étoit que la Reine sa mère eût la régence de son royaume, il n'y avoit rien à redire à ce qui s'étoit passé.

Cependant, sans s'amuser au mécontentement et aux plaintes de M. le comte, la Reine fait voir que, si jusques alors elle ne s'étoit mêlée des affaires, ce n'étoit pas qu'elle n'en eût la capacité, puisqu'elle prend en main le gouvernement de l'Etat pour conduire ce grand vaisseau, jusques à ce que le Roi son fils pût ajouter le titre et l'effet de pilote à celui que sa naissance lui donnoit d'en être le maître. Considérant que la force du prince est autant en son conseil qu'en ses armes, pour suivre en tout ce qui lui seroit possible les pas du feu Roi son seigneur, elle se sert de ceux qu'elle trouve avoir été employés par lui au maniement des affaires, et continue auprès de la personne du Roi son fils tous ceux qui avoient été choisis pour son institution par le Roi son père.

Les prières publiques sont faites par toute la France pour celui qu'elle avoit perdu ; on en fait de particulières au Louvre; la Reine y vaque si assidument, que ce sujet, sa douleur, et les soins qu'elle prend de l'avenir, la privent de repos presque neuf nuits consécutives.

Elle s'emploie à la perquisition des complices de celui qui, donnant la mort au Roi, l'avoit privée de la douceur de sa vie. On avoit expressément garanti ce misérable de la fureur du peuple, afin qu'en lui arrachant le cœur on découvrît la source de son entreprise détestable.

Ce monstre fut interrogé par le président Jeannin et le sieur de Bullion, personnages du conseil des plus affidés à ce grand prince, qui les avoit toujours employés ès plus importantes affaires de l'Etat.

Par après il fut mis entre les mains du parlement de Paris, ce qu'il suffit de rapporter pour faire connoître qu'on n'oublia rien de ce qui se pouvoit pour savoir l'origine de ce forfait exécrable. On ne put tirer de lui autre chose, sinon que le Roi souffroit deux religions en son Etat, et qu'il vouloit faire la guerre au Pape, en considération de quoi il avoit cru faire une œuvre agréable à Dieu de le tuer ; mais que depuis avoir commis cette maudite action il avoit reconnu la grandeur de son crime.

Il est interrogé à diverses fois; on l'induit par espérance, on l'intimide par menaces, on lui représente que le Roi n'est pas mort; on se sert de tourmens et de peines pour arracher de lui la vérité; il est appliqué à la question extraordinaire la plus rigoureuse qui se donne.

D'autant qu'on juge que, sur le point qu'on doit partir de ce monde, rien n'est plus fort que les considérations de la vie ou de la mort de l'ame immortelle, Le Clerc et Gamache, deux des lecteurs de la Sorbonne, docteurs de singulière érudition et de probité du tout exemplaire, sont appelés : ils lui représentent l'horreur de son crime, lui font voir qu'ayant tué le Roi il a blessé à mort toute la France, qu'il s'est tué lui-même devant Dieu, duquel il ne peut espérer aucune grâce si son cœur n'est pressé de l'horreur de sa faute, et s'il ne déclare hautement ses complices et ses adhérens.

Ils lui font voir le paradis fermé, l'enfer ouvert, la grandeur des peines qui lui sont préparées; ils l'assurent de deux choses fort contraires, de la rémission de sa faute devant Dieu s'il s'en repent comme il doit, et en déclare les auteurs comme il est tenu en sa conscience; d'autre part de la damnation éternelle s'il cèle la moindre circonstance importante en un fait de telle conséquence, et lui dénient l'absolution s'il ne satisfait à ce qu'ils lui ordonnent de la part de Dieu.

Il dit hautement, au milieu des tourmens et hors d'iceux, qu'il est content d'être privé d'absolution, et demeurer coupable de l'exécrable attentat dont il se repentoit, s'il cèle quelque chose qu'on veuille savoir de lui.

Il se déclare entre les hommes le seul criminel du forfait qu'il avoit commis; il reconnoît bien, en l'état auquel il étoit, que ce damnable dessein lui avoit été suggéré par le malin esprit, en ce qu'un homme noir s'étant une fois apparu à lui, il lui avoit dit et persuadé qu'il devoit entreprendre cette action abominable (1).

Que depuis, il s'étoit plusieurs fois repenti d'une si détestable résolution, qui lui étoit toujours revenue en l'esprit jusqu'à ce qu'il l'eût exécutée. En suite de ce que dessus, il permit que sa confession fût révélée à tout le monde, pour donner plus de connoissance de la vérité de ce fait.

En un mot, toutes ses réponses et toutes ses actions font que cet auguste sénat, qui avoit examiné sa vie pour condamner son corps, et ces deux docteurs, qui l'avoient épluchée pour sauver son ame, conviennent en cette croyance, qu'autre n'est auteur de cet acte que ce misérable, et que ses seuls conseillers ont été sa folie et le diable.

Il y eut, à mon avis, quelque chose d'extraordinaire en la mort de ce grand prince; plusieurs circonstances, qui ne doivent pas être passées sous silence, donnent lieu de le croire. La misérable condition de ce maudit assassin, qui étoit si vile que son père et sa mère vivoient d'aumônes, et lui de ce qu'il pouvoit gagner à apprendre à lire et à écrire aux petits enfans d'Angoulême, doit être considérée en ce sujet; la bassesse de son esprit, qui étoit blessé de mélancolie, et ne se repaissoit que de chimères et de visions fantastiques, rend la disgrâce du Roi d'autant plus grande, qu'il n'y avoit pas apparence de croire qu'un homme si abject eût pu se rendre maître de la vie d'un si grand prince, qui, ayant une armée puissante sur sa frontière pour attaquer ses ennemis au dehors, a, dans le cœur de son royaume, le cœur percé par le plus vil de ses sujets.

Dieu l'avoit jusques alors miraculeusement défendu de semblables attentats, comme la prunelle de son œil.

Dès l'an 1584, le capitaine Michau vint expressément des Pays-Bas pour l'assassiner.

Rougemont fut sollicité pour le même effet, et en eut dessein en l'an 1589.

Barrière, en 1593, osa bien entreprendre sur sa personne.

Jean Châtel, en 1594, le blessa d'un coup de couteau.

En 1597, Davennes, flamand, et un laquais lorrain, furent exécutés pour un semblable dessein, que plusieurs autres ont encore eu, tous sans effet par la spéciale protection de Dieu; et maintenant, après tant de dangers heureusement évités, après tant d'entreprises contre sa personne, lorsqu'il est florissant et victorieux, et qu'il semble être au-dessus de toute puissance humaine, Dieu, tout à coup, par un conseil secret l'abandonne, et permet qu'un misérable ver de terre, un insensé sans conduite et sans jugement, le mette à mort.

Cinquante-six ans auparavant ce funeste accident, à pareil jour que celui auquel il arriva, le 14 de mai 1554, le roi Henri II, ayant trouvé de l'embarras en la rue de la Ferronnerie, qui l'avoit empêché de passer, fit une ordonnance par laquelle il enjoignoit de faire abattre toutes les boutiques qui sont du côté du cimetière des Saints-Innocens, afin que le chemin fût plus ouvert pour le passage des rois; mais un mauvais démon empêcha l'effet de cette prévoyance.

Camerarius, mathématicien allemand, et de

---

(1) On ne trouve pas cette circonstance dans les interrogatoires de Ravaillac.

réputation, fit imprimer un livre, plusieurs années avant la mort du Roi, dans lequel, entre plusieurs nativités, il mit la sienne, en laquelle il lui prédisoit une mort violente par attentat des siens.

Cinq ans avant ce parricide coup, les habitans de Montargis envoyèrent au Roi un billet qu'un prêtre avoit trouvé sous la nappe de l'autel en disant la messe, qui désignoit l'an, le mois, le jour et la rue où cet assassinat devoit être commis.

On imprima dans Madrid, en 1609, un pronostic de l'an 1610, qui contenoit divers effets qui devoient arriver en diverses parties du monde, et particulièrement en l'horizon de Barcelone et Valence. Ce livre, composé par Jérôme Oller, astrologue et docteur en théologie, dédié au roi Philippe III, imprimé à Valence avec permission des officiers royaux et approbation des docteurs, porte exprès en la page 5 : *Dichos daños, empeçaran los primeros de henero el presente anno 1610, y durara toda la quarta hyemal y parte del verano señal la muerte d'un principe o rey el qual nacio en el anno 1553, a 14 decembre a t. hora 52 minutes de media noche : qui rex, anno 19 œtatis suæ fuit detentus sub custodiá, deinde relictus fuit : tiene este rey 24 grados de libra por ascendente y viene en quadrado preciso del grado y signo donde se hizo eclipse que le causara muerte o enfermedad de grande consideracion.*

Cinq ou six mois avant la mort du Roi, on manda d'Allemagne à M. de Villeroy qu'il couroit très-grande fortune le 14 de mai, jour auquel il fut tué.

De Flandre on écrivit, du 12 de mai, à Roger, orfévre et valet de chambre de la Reine, une lettre par laquelle on déploroit la mort du Roi, qui n'arriva que le 14.

Plusieurs semblables lettres de même date furent écrites à Cologne et en d'autres endroits d'Allemagne, de Bruxelles, d'Anvers et de Malines.

Et, plusieurs jours avant sa mort, on disoit à Cologne qu'il avoit été tué d'un coup de couteau ; les Espagnols, à Bruxelles, se le disoient à l'oreille l'un de l'autre ; à Maestricht, un d'entre eux assura que s'il ne l'étoit encore il le seroit infailliblement.

Le premier jour du mois de mai, le Roi voyant planter le mai, il tomba par trois fois ; sur quoi il dit au maréchal de Bassompierre et à quelques autres qui étoient avec lui : « Un prince d'Allemagne feroit de mauvais présages de cette chute, et ses sujets tiendroient sa mort assurée ; mais je ne m'amuse pas à ces superstitions. »

Quelques jours auparavant, La Brosse, médecin du comte de Soissons, qui se mêloit de mathématiques et d'astrologie, donna avis qu'il se donnât de garde du 14 de mai, et que s'il vouloit il tâcheroit de remarquer l'heure particulière qui lui étoit plus dangereuse, et lui désigneroit la façon, le visage et la taille de celui qui attenteroit sur sa personne. Le Roi, croyant que ce qu'il lui disoit n'étoit que pour lui demander de l'argent, méprisa cet avis, et n'y ajouta pas de foi.

Un mois auparavant sa mort, en plusieurs occasions, il appela sept ou huit fois la Reine, *madame la Régente*.

Environ ce temps, la Reine étant couchée auprès du Roi, elle s'éveilla en cris et se trouva baignée de larmes. Le Roi lui demanda ce qu'elle avoit ; après avoir long-temps refusé de le lui dire, elle lui confessa qu'elle avoit songé qu'on le tuoit ; ce dont il se moqua, lui disant que songes étoient mensonges.

Cinq ou six jours auparavant le couronnement de la Reine, cette princesse allant d'elle-même à Saint-Denis voir les préparatifs qui se faisoient pour cette cérémonie, elle se trouva, entrant dans l'église, saisie d'une si grande tristesse, qu'elle ne put contenir ses larmes, sans en savoir aucun sujet.

Le jour du couronnement, il prit M. le Dauphin entre ses bras, et le montrant à tous ceux qui étoient présens, il leur dit : *Messieurs, voilà votre roi* ; et cependant on peut dire qu'il n'y avoit prince au monde qui prît moins de plaisir à penser ce que l'avenir devoit apparemment produire sur ce sujet, que ce grand roi.

Pendant la cérémonie du couronnement, la pierre qui couvre l'entrée du sépulcre des rois se cassa d'elle-même.

Le duc de Vendôme le pria, le matin même dont il fut tué le soir, de prendre garde à lui cette journée-là, qui étoit celle que La Brosse lui avoit désignée ; mais il s'en moqua, et lui dit que La Brosse étoit un vieux fou.

Le jour qu'il fut tué, avant que de partir du Louvre pour aller à l'Arsenal, par trois fois il dit adieu à la Reine, sortant et rentrant en sa chambre avec beaucoup d'inquiétude ; sur quoi la Reine lui dit : *Vous ne pouvez partir d'ici ; demeurez, je vous supplie ; vous parlerez demain à M. de Sully.* A quoi il répondit qu'il ne dormiroit point en repos s'il ne lui avoit parlé, et ne s'étoit déchargé de tout plein de choses qu'il avoit sur le cœur.

Le même jour et la même heure de sa mort, environ sur les quatre heures, le prévôt des maréchaux de Pithiviers, jouant à la courte boule dans Pithiviers, s'arrêta tout court, et, après avoir un peu pensé, dit à ceux avec qui il jouoit : *Le Roi vient d'être tué.*

Et comme, depuis ce funeste accident, on voulut éclaircir comme il avoit pu savoir cette nouvelle, le prévôt, ayant été amené prisonnier à Paris, fut un jour trouvé pendu et étranglé dans la prison.

Une religieuse de l'abbaye de Saint-Paul, près Beauvais, ordre de Saint-Benoît, âgée de quarante-deux ans, sœur de Villars-Houdan, gentilhomme assez connu du temps du feu Roi pour l'avoir servi en toutes ses guerres, étant demeurée dans sa chambre à l'heure du dîner, une de ses sœurs l'alla chercher en sa chambre, selon la coutume de tous les monastères, où elle la trouva tout éplorée; lui demandant pourquoi elle n'étoit pas venue dîner, elle lui répondit que, si elle prévoyoit comme elle le mal qui leur alloit arriver, elle n'auroit pas envie de manger, et qu'elle étoit hors d'elle-même d'une vision qu'elle avoit eue de la mort du Roi, qui seroit bientôt tué. La religieuse, la voyant opiniâtrée à ne point quitter sa solitude, s'en retourna sans s'imaginer qu'une telle pensée eût autre fondement que la mélancolie de cette bonne religieuse; cependant, pour s'acquitter de son devoir, elle fit rapport de ce qui s'étoit passé à l'abbesse, qui commanda qu'on laissât cette fille en sa chambre, et pensa plutôt à la faire purger qu'à croire ce qu'elle estimoit une pure imagination.

L'heure de vêpres étant venue, et cette religieuse se présentant aussi peu à l'office qu'à dîner, l'abbesse y envoya deux de ses filles, qui la trouvèrent encore en larmes, et leur dit affirmativement qu'elle voyoit que l'on tuoit le Roi à coups de couteau; ce qui se trouva véritable.

Le même jour de ce funeste accident, une capucine, fondant en pleurs, demanda à ses sœurs si elles n'entendoient pas qu'on sonnoit pour les avertir de la fin du Roi. Incontinent après, le son de leurs cloches frappa les oreilles de toute la troupe à heure indue; elles coururent à l'église, où elles trouvèrent la cloche sonnant sans que ame vivante y touchât.

Le même jour, une jeune bergère, âgée de quatorze ou quinze ans, nommée Simonne, native d'un village nommé Patay, qui est entre Orléans et Châteaudun, fille d'un boucher dudit lieu, ayant le soir ramené ses troupeaux à la maison, demanda à son père ce que c'étoit que le Roi. Son père lui ayant répondu que c'étoit celui qui commandoit à tous les Français, elle s'écria : *Bon Dieu! j'ai tantôt entendu une voix qui m'a dit qu'il avoit été tué;* ce qui se trouva véritable.

Cette fille étoit dès lors si dévote, que son père l'ayant promise en mariage à un homme fort riche de naissance, elle se coupa les cheveux pour se rendre difforme, et fit vœu d'être religieuse; ce qu'elle accomplit après en la maison des Petites Hospitalières de Paris, dont elle fut, peu de temps après, supérieure.

Le christianisme nous apprenant à mépriser les superstitions qui étoient en grande religion parmi les païens, je ne rapporte pas ces circonstances pour croire qu'il y faille avoir égard en d'autres occasions; mais l'événement ayant justifié la vérité de ces présages, prédictions et vues extraordinaires, il faut confesser qu'en ce que dessus il y a beaucoup de choses étranges dont nous voyons les effets et en ignorons la cause. Vrai est que, si la fin nous en est inconnue, nous savons bien que Dieu, qui tient en main le cœur des rois, n'en laisse jamais la mort impunie. *Qui fait ses volontés a part à sa gloire; mais qui abuse de sa permission n'échappe jamais sa justice*, comme il appert en la personne de ce malheureux, qui meurt par un genre de supplice le plus rigoureux que le parlement ait pu inventer, mais trop doux pour la grandeur du délit qu'il a commis.

(1) Tant de pronostics divers de la mort de ce prince, que j'assure être véritables pour avoir eu le soin de les éclaircir et justifier moi-même, et la misérable et funeste fin qui a terminé le cours d'une si glorieuse vie, doivent bien donner à penser à tout le monde.

Il est certain que l'histoire nous fait voir que la naissance et la mort des grands personnages est souvent marquée par des signes extraordinaires, par lesquels il semble que Dieu veuille, ou donner des avant-coureurs au monde de la grâce qu'il leur veut faire par la naissance de ceux qui les doivent aider extraordinairement, ou avertir les hommes qui doivent bientôt finir leur course d'avoir recours à sa miséricorde lorsqu'ils en ont plus de besoin.

Je m'étendrois au long sur ce sujet, digne d'un livre entier, si les lois de l'histoire ne me défendoient d'y faire le théologien autrement qu'en passant. Il est raisonnable de se resserrer dans la multitude des considérations que ce sujet fournit, mais non pas de passer sans considérer et dire que ceux qui reçoivent les plus grandes grâces de Dieu en reçoivent souvent les plus grands châtimens quand ils en abusent.

Beaucoup croient que le peu de soin que ce prince a eu d'accomplir la pénitence qui lui fut donnée lorsqu'il reçut l'absolution de l'hérésie, n'est pas la moindre cause de son malheur.

Aucuns estiment que la coutume qu'il avoit

(1) Il est évident que ce qui suit est une variante du paragraphe précédent.

de favoriser sous main les duels, contre lesquels il faisoit des lois et des ordonnances, en est une plus légitime cause.

D'autres ont pensé que, bien qu'il pût faire une juste guerre pour l'intérêt de ses alliés, qu'encore que ravoir le sien soit un sujet légitime à un prince de prendre les armes, les prendre sous ce prétexte, sans autre fin que d'assouvir ses sensualités au scandale de tout le monde, ne fut pas un foible sujet d'exciter le courroux du Tout-Puissant.

Quelques autres ont eu opinion que n'avoir pas ruiné l'hérésie en ses Etats a été la cause de sa ruine.

Pour moi, je dirois volontiers que ne se contenter pas de faire un mal s'il n'est aggravé par des circonstances pires que le mal même, ne se plaire pas aux paillardises et adultères s'ils ne sont accompagnés de sacriléges, faire et rompre des mariages pour, à l'ombre des plus saints mystères, satisfaire à ses appétits déréglés, et, par ce moyen, introduire une coutume de violer les sacremens, et mépriser ce qui est de plus saint en notre religion, est un crime qui, à mon avis, attire autant la main vengeresse du grand Dieu, que les fautes passagères de légèreté sont dignes de miséricorde.

Mais ce n'est pas à nous à vouloir pénétrer les conseils de la sagesse infinie; ils sont impénétrables aux plus clairvoyans : c'est pourquoi, s'humiliant en la considération de leur hautesse, et confessant que les plus grands esprits de ce monde y sont aveugles, il vaut mieux en quitter la contemplation et suivre le cours de notre histoire, disant que le monde fut délivré le 27 de mai de ce misérable parricide, qui, après avoir eu le poing coupé, été tenaillé en divers lieux de la ville, souffert les douleurs du plomb fondu et de l'huile bouillante jetés dans ses plaies, fut tiré vif à quatre chevaux, brûlé, et ses cendres jetées au vent.

Lors la maladie de penser à la mort des rois étoit si pestilentielle, que plusieurs esprits furent, à l'égard du fils, touchés et saisis d'une fureur semblable à celle de Ravaillac au respect du père. Un enfant même de douze ans osa bien dire qu'il seroit assez hardi pour tuer le jeune prince. Ses premiers juges le condamnèrent à la mort, dont ayant appelé, la nature fut assez clémente pour venger elle-même l'outrage qu'elle avoit reçu de ce monstre, en prévenant les châtimens qu'il devoit attendre de la justice des lois.

La Reine n'eut pas plus tôt satisfait à ce que sa douleur et les ressentimens de toute la France exigeoient d'elle, qu'elle fit renouveler l'édit de Nantes dès le 22 de mai, pour assurer les huguenots et les retenir dans les bornes de leur devoir.

Et parce que, dans l'étonnement que la nouvelle de la mort du Roi porta dans toutes les provinces, quelques-uns, croyant, non sans apparence, que la perte de ce grand prince causeroit celle de l'Etat, s'étoient saisis des places fortes qui étoient dans leur bienséance, elle fit publier, le 27 de mai, une déclaration qui, portant abolition de ce qui s'étoit fait, portoit aussi commandement de remettre les places saisies en l'état qu'elles étoient, sur peine de crime de lèse-majesté.

Il ne se trouva personne qui ne rendit une prompte obéissance aux volontés du Roi.

Au même temps le parlement, voulant empêcher qu'à l'avenir les pernicieuses maximes qui avoient séduit l'esprit de Ravaillac ne pussent produire le même effet en d'autres, enjoignit, par arrêt du 27 de mai, à la Faculté de théologie de délibérer de nouveau sur le sujet du décret émané de ladite Faculté le 13 de décembre 1413, par lequel cent quarante-un docteurs assemblés censurèrent et condamnèrent la folie et la témérité de ceux qui avoient osé mettre en avant qu'il étoit loisible aux sujets d'attenter à la vie d'un tyran, sans attendre à cet effet la sentence ou le mandement des juges. Ensuite de quoi le concile de Constance confirma ce décret deux ans après, en 1415, et déclara que ladite proposition étoit erronée en la foi et aux bonnes mœurs, qu'elle ouvroit le chemin à fraude, trahison et parjure, et étoit telle enfin qu'on ne pouvoit la tenir et la défendre avec opiniâtreté sans hérésie.

La Faculté s'assembla, au désir de l'arrêt de la cour, le 4 de juin, renouvela et confirma son ancien décret, auquel, de plus, elle ajouta que dorénavant les docteurs et bacheliers d'icelle jureroient d'enseigner la vérité de cette doctrine en leurs leçons, et d'en instruire les peuples par leurs prédications.

En conséquence de ce décret, la cour condamna le 8 juin un livre de Mariana, jésuite espagnol, livre intitulé *de Rege et Regis institutione*, à être brûlé par la main du bourreau, et défendit, sous grandes peines, de l'imprimer et le vendre en ce royaume, attendu qu'il contenoit une doctrine formellement contraire audit décret, et louoit l'assassin du roi Henri III, disant, en termes exprès, que telles gens que l'on punit justement pour ces exécrables attentats, ne laissent pas d'être des hosties agréables à Dieu.

Les ennemis des pères jésuites leur mettoient à sus que la doctrine de Mariana étoit commune à toute leur société ; mais le père Cotton éclaircit fort bien la Reine et le conseil du contraire, leur faisant voir qu'en l'an 1606 ils l'avoient condamnée en une de leurs congrégations provinciales ; que leur général Aquaviva avoit commandé que tous les exemplaires de ce livre fussent supprimés comme très-pernicieux ; qu'au reste ils reconnoissoient la vérité de la doctrine du décret du concile de Constance porté en la session XV, et soutenoient partout que la déclaration faite en la Sorbonne en l'an 1413, et celle du 4 de juin de la présente année, devoient être reçues et tenues inviolables de tous les chrétiens.

Cette secousse, qui pouvoit ébranler les esprits plus affermis, n'abattit point tellement le courage des jésuites qu'ils n'entreprissent incontinent d'ouvrir leurs colléges, et faire leçons publiques dans Paris.

Il y avoit long-temps qu'ils avoient ce dessein, mais ils n'avoient osé s'en découvrir ; ils avoient, dès l'an 1609, obtenu des lettres du Roi, par lesquelles il leur étoit permis de faire une leçon de théologie en leur collége.

Ils n'avoient lors demandé que la permission de cette leçon qui sembloit ne blesser pas l'Université, à qui tout l'exercice des lettres humaines et de la philosophie demeuroit libre. Néanmoins, s'y étant opposée sur la croyance qu'elle avoit que ces bons pères aspiroient à plus, ils se désistèrent de leur poursuite.

Maintenant que le Roi est décédé, et que sa mort a tout mis en trouble, ils n'ont pas plutôt surmonté les tempêtes qui s'étoient excitées contre eux, qu'ils poursuivent non-seulement ce qu'ils avoient demandé du temps du feu Roi, mais la permission pure et simple d'enseigner publiquement dans leur collége de Clermont, et en obtiennent des lettres patentes du 26 d'août.

L'Université s'y oppose derechef ; mais nonobstant que par divers moyens ils eussent gagné une partie des suppôts d'icelle, ils furent contraints de caler voile pour cette année, à cause d'un orage qui s'émut de nouveau contre eux, sur le sujet d'un livre que le cardinal Bellarmin fit pour réponse à celui de Barclay, *de Potestate Papæ*.

Le parlement prétendoit que ce livre contenoit des propositions contraires à l'indépendance que l'autorité royale a de toute autre puissance que de celle de Dieu ; en considération de quoi, par arrêt du 26 de novembre, il fit défense, sous peine de crime de lèse-majesté, de recevoir, tenir, imprimer ni exposer en vente ledit livre.

Le nonce du Pape en fit de grandes plaintes, qui portèrent le Roi, suivant la piété de ses prédécesseurs vers le Saint-Siége, d'en faire surseoir l'exécution.

En ce même temps, le roi d'Espagne ayant fait, par édit public, le 3 d'octobre, des défenses très-expresses d'imprimer, vendre et tenir en ses Etats le onzième tome des *Annales* de Baronius, si premièrement on n'y avoit retranché ce qu'il estimoit y être au préjudice de son autorité et de ses droits sur la Sicile, ses volontés furent rigoureusement exécutées, sans considération des instances du nonce.

La Chrétienté eut, en cette occasion, lieu de reconnoître la différence qu'il y a entre les véritables sentimens que les Français ont de la religion, et l'extérieure ostentation que les Espagnols en affectent ; mais beaucoup estimèrent aussi, non sans raison, que notre légèreté nous fait relâcher en certaines rencontres où la fermeté nous seroit souvent bienséante, et quelquefois nécessaire.

Mais je ne considère pas que la condamnation du livre de Mariana, qui fut faite incontinent après la mort du Roi, m'a emporté au discours des autres choses qui arrivèrent aux jésuites cette année, et qu'il est temps que nous retournions à la cour, où nous avons laissé la Reine en peine de faire agréer à M. le comte la déclaration de sa régence.

Après lui avoir fait entendre toutes les raisons qui avoient obligé à se conduire ainsi qu'on avoit fait, n'étant plus question de convaincre l'esprit, mais de gagner la volonté, un jour le sieur de Bullion étant allé voir M. le comte, après qu'il eut fait de nouveau toutes ses plaintes, lesquelles ledit sieur de Bullion adoucit et détourna avec industrie, il lui dit : *Si au moins on faisoit quelque chose de notable pour moi, je pourrois fermer les yeux à ce que l'on désire*. Sur quoi le sieur de Bullion, poussant l'affaire plus avant, le pria de lui faire connoître ce qui pouvoit le satisfaire. Il demanda cinquante mille écus de pension, le gouvernement de Normandie, qui étoit lors vacant par la mort du duc de Montpensier, décédé dès le temps du feu Roi ; la survivance du gouvernement du Dauphiné, et de la charge de grand-maître pour son fils, qui n'avoit lors que quatre ou cinq ans ; et, de plus, qu'on l'acquittât de deux cent mille écus qu'il devoit à M. de Savoie, à cause du duché de Montafia appartenant à sa femme, qui étoit dans le Piémont. Ces demandes étoient grandes, mais elles sembloient petites au chancelier, aux sieurs de Villeroy, président Jeannin, et à la Reine, qui n'en furent pas plutôt avertis par Bullion, que Sa Majesté envoya quérir ledit sieur comte pour les lui accorder de sa propre bouche.

Ainsi M. le comte fut content et entra dans les intérêts de la Reine, auxquels il fut attaché quelque temps.

Ce prince ne fut pas plutôt en cet état, que les ministres résolurent avec lui le traité d'un double mariage entre les Enfans de France et ceux d'Espagne.

Au même temps il se mit en tête d'empêcher que M. le prince, qui étoit à Milan, ne revînt à la cour. La Reine et les ministres l'eussent désiré aussi bien que lui ; mais il étoit difficile d'en venir à bout par adresse, d'autant que ledit sieur prince se disposoit à revenir : il n'y avoit pas aussi d'apparence de le faire par autorité, la foiblesse du temps ne permettant pas d'en user ainsi.

Le comte de Fuentes, gouverneur de Milan, se promettoit qu'il ne seroit pas plutôt à la cour qu'il ne brouillât les affaires.

En cette considération, il le porta, autant qu'il put, à prétendre la royauté, et lui promit à cette fin l'assistance de son maître. Mais ledit sieur prince lui témoignant qu'il aimeroit mieux mourir que d'avoir cette prétention, et qu'il n'avoit autre dessein que de se rendre auprès du Roi, à qui la couronne appartenoit légitimement, pour le servir, lors le comte lui déconseilla ce voyage, et lui fit connoître honnêtement qu'il ne pouvoit le laisser partir qu'il n'en eût eu auparavant ordre d'Espagne, qu'il fallut attendre en effet, quelque instance que ledit sieur prince fît au contraire.

Cet ordre étant venu, M. le prince prit de Milan son chemin en Flandre, où il avoit laissé sa femme. Il dépêcha en partant un gentilhomme au Roi, que la Reine lui renvoya en diligence avec beaucoup de témoignages de sa bonne volonté, et assurance qu'il auroit auprès du Roi son fils, et auprès d'elle, le rang et le crédit que sa naissance et sa bonne conduite lui devoient faire espérer.

Il ne fut pas plutôt à Bruxelles qu'on lui fît les mêmes sollicitations qui lui avoient été faites à Milan ; mais il ne voulut jamais y prêter l'oreille, ce qui dégoûta fort les Espagnols, qui désiroient si passionnément l'embarquer à ce dessein, que leur ambassadeur qui étoit à Rome avoit déjà voulu pénétrer de Sa Sainteté s'il se porteroit à le reconnoître en cette qualité.

Auparavant l'arrivée de M. le prince, la Reine ne se trouva pas peu en peine pour l'établissement des conseils nécessaires à la conduite de l'Etat. Si le petit nombre de conseillers lui étoit utile pour pouvoir secrètement ménager les affaires importantes, le grand lui étoit nécessaire pour contenter tous les grands, qui désiroient tous y avoir entrée, la condition du temps ne permettant pas d'en exclure aucun qui pût servir ou nuire.

Les ministres, pour ne mécontenter personne, prenoient des heures particulières pour parler séparément les uns après les autres à la Reine, et l'instruire de ce qui devoit venir à la connoissance de tous ceux qui étoient admis au conseil du Roi.

Quelques-uns proposèrent d'abord, par ignorance ou par flatterie, que toutes les expéditions de la régence, les lettres patentes, les édits et déclarations, devoient être faites sous le nom de la Reine, et que son effigie devoit être dans la monnoie qui se battroit pendant son administration.

Cette question fut agitée au conseil, où les ministres n'eurent pas plutôt représenté à la Reine que, par la loi du royaume, en quelque âge que les rois viennent à la couronne, quand ils seroient même au berceau, l'administration de l'Etat doit être faite sous leur nom, qu'elle résolut qu'on suivroit la forme qui avoit été gardée du temps de la reine Catherine de Médicis, pendant la régence de laquelle les lettres patentes et brevets étoient expédiés sous le nom du Roi, avec expression : *de l'avis de la Reine sa mère*; et pour les dépêches qui se faisoient dedans et dehors le royaume, le secrétaire d'Etat qui avoit contre-signé les lettres de Roi, écrivoit aussi : *de la part de la Reine*, qu'il contre-signoit semblablement.

En ce temps, le duc d'Epernon, jugeant que la foiblesse de la minorité étoit une couverture favorable pour se tirer une épine du pied qui l'incommodoit fort, et rendoit son autorité au gouvernement de Metz moins absolue qu'il ne la désiroit, résolut d'ôter de la citadelle le sieur d'Arquien, que le feu Roi y avoit mis.

A cette fin, il obtint de la Reine, par surprise ou autrement, un commandement audit sieur d'Arquien de remettre entre ses mains ladite citadelle.

D'Arquien n'eut pas plutôt reçu ce commandement qu'il obéit, et n'eut pas plutôt obéi que la Reine, reconnoissant la faute qu'elle avoit faite, lui témoigna qu'elle eût bien désiré qu'il n'eût pas été si religieux et si prompt à suivre les ordres qu'il avoit reçus.

Ce gentilhomme fut fâché d'avoir mal fait en faisant bien, et cependant la Reine lui sut tant de gré de son aveugle obéissance, qu'elle lui confia le gouvernement de Calais, qui vaqua en ce temps-là par la mort du feu sieur de Vic, que les siens disoient être mort du regret qu'il avoit eu de la perte du feu Roi son bon maître.

Ledit sieur de Vic étoit d'assez basse naissance, mais d'une haute valeur, et qui par la noblesse de son courage releva glorieusement celle de son extraction.

Il fut long-temps capitaine au régiment des Gardes, où il se signala en tant d'occasions, que le Roi, en la journée d'Ivry, voulut qu'il fît la fonction de sergent de bataille, où il correspondit à l'attente de Sa Majesté, qui ne fut pas plutôt maître de Saint-Denis qu'il lui en donna le gouvernement, parce que cette place, ouverte de tous côtés, dans le voisinage de Paris, ne pouvoit être conservée que par un homme vigilant et de grand cœur. La foiblesse de la place faisant croire aux ligueurs qu'elle ne pouvoit être défendue, ils y firent entreprise dès le second jour qu'il en eut la charge. Le chevalier d'Aumale y entra la nuit avec toutes ses troupes (1). Au premier bruit de l'alarme, le sieur de Vic monta à cheval, nu en chemise, avec quatorze des siens, va droit à l'ennemi, l'attaque si vivement qu'il l'étonne; et, fortifié des siens qui venoient à la file, il les chasse hors de la ville avec tant de confusion et de perte, que le chevalier d'Aumale y fut tué.

Ce qui lui donna tant de réputation que Paris n'osa plus attaquer Saint-Denis, dont le Roi le retira aussitôt qu'il fut entré dans Paris, pour lui donner le gouvernement de la Bastille. Depuis, ayant repris Amiens, il ne jugea pas pouvoir mieux confier cette grande place qu'à sa vertu et sa vigilance, qui obligea le Roi à l'en tirer pour le mettre à Calais, aussitôt que les Espagnols l'eurent remis entre ses mains par la paix de Vervins. Il s'y gouverna avec tant d'ordre, et fit observer une si exacte discipline entre les gens de guerre, que les meilleures maisons du royaume n'estimoient pas que leurs enfans eussent été nourris en bonne école, s'ils n'avoient porté l'arquebuse sous sa charge.

A sa mort, le sieur de Valençai, qui avoit épousé la fille de sa femme, se rendit maître de la citadelle, et dépêcha à la Reine pour l'assurer qu'il la garderoit aussi fidèlement qu'avoit fait son beau-père.

Cette façon de demander un gouvernement fut trouvée si mauvaise, que non-seulement l'obligea-t-elle d'en sortir, mais ne le voulut pas envoyer ambassadeur en Angleterre, où il avoit été destiné.

Le duc d'Epernon, ayant fait retirer d'Arquien de Metz, et mis en sa place Bonouvrier, l'une de ses créatures, pour garder la citadelle comme son lieutenant et non celui du Roi, ainsi qu'étoit d'Arquien, se mit par ce moyen en plus

(1) Le 3 janvier 1591.

grande considération qu'il n'étoit auparavant.

Il sembloit lors que la régence fût autant affermie qu'elle le pouvoit être; le parlement de Paris et tous les autres ensuite étoient intéressés à sa subsistance; toutes les villes et communautés du royaume avoient juré fidélité au Roi, et s'étoient aussi volontairement soumises à l'obéissance de la Reine qu'ils y étoient obligés par les dernières volontés du feu Roi; tous les gouverneurs des provinces et des places avoient fait de même; tous les grands de la cour, par divers motifs, témoignoient n'avoir autre but que de conspirer au repos de ce royaume, en servant le Roi sous la conduite de la Reine. La maison de Guise affectoit de paroître inviolablement attachée à ses volontés; le duc d'Epernon, fort considéré en ce temps-là, ne respiroit que les commandemens du Roi et de la Reine, et ne regardoit que leur autorité. Tous les ministres étoient unis à cette fin. Conchine et sa femme, qui avoient la faveur de la Reine, promettoient de se gouverner sagement, et n'avoir autre but que les intérêts de leur maîtresse. Les expédiens ci-dessus rapportés avoient contenté le comte de Soissons. On se promettoit, par mêmes moyens, de satisfaire le prince de Condé, qui étoit en chemin pour venir à la cour: la connoissance que l'on avoit de son esprit faisoit croire qu'on en viendroit à bout, vu principalement qu'il trouveroit les choses si bien affermies, qu'il ne pourroit juger par raison avoir avantage à entreprendre de les ébranler. On espéroit aussi contenir les huguenots par l'entretènement de leurs édits, et l'intérêt des ducs de Bouillon, de Rohan et de Lesdiguières, qui étoient les principaux chefs de leur parti.

Et cependant le cours de la régence de la Reine nous fera voir le vrai tableau de l'inconstance des Français, même de ceux qui devroient être les plus retenus et les plus sages, et les diverses faces de la fidélité des grands, qui d'ordinaire n'est inviolable qu'à leurs intérêts, et qui changent souvent sur la moindre espérance qu'ils ont d'en tirer avantage; puisqu'en effet nous verrons tous ceux qui sont maintenant attachés au Roi et à la Reine, les quitter tour à tour l'un après l'autre, selon que leurs passions et leurs intérêts les y portent.

Les princes du sang seront divisés et unis, et, en quelque état qu'ils soient, manqueront à ce qu'ils doivent. La maison de Guise sera unie et séparée de la cour, et ne fera jamais ce qu'on doit attendre ni de la fidélité qu'ils ont promise, ni du cœur de ses prédécesseurs. Les parlemens favoriseront les troubles à leur tour. Les ministres se diviseront, et, épousant divers partis, se rendront artisans de leur perte.

Le maréchal d'Ancre, qui doit être inséparable des intérêts de celle qui l'a élevé au plus haut point où étranger puisse aspirer raisonnablement, sera si aveuglé, qu'il agira contre les volontés de sa maîtresse pour suivre un parti qu'il estime capable de le maintenir. Les divers caprices de sa femme nuiront encore beaucoup à sa maîtresse. Tant qu'il y aura de l'argent dans l'épargne pour satisfaire à l'appétit déréglé d'un chacun, les divisions demeureront dans le cabinet et dans la cour, et le repos de la France ne sera pas ouvertement troublé; mais, lorsque les coffres de l'épargne seront épuisés, la discorde s'étendra dans les provinces, et partagera la France, en sorte que, bien que l'autorité royale ne puisse être qu'en un lieu, son ombre paroîtra en diverses parties du royaume, où ceux qui prendront les armes protesteront ne les avoir en main que pour le service du Roi, contre qui ils agiront.

Jamais on ne vit plus de mutations sur un théâtre qu'on en verra en ces occasions : la paix et la guerre se feront plusieurs fois; et, bien que la cour et la France soient toujours en trouble, on peut toutefois dire avec vérité que jamais minorité n'a été plus paisible ni plus heureuse.

Pour distinguer et mieux connoître les changemens désignés ci-dessus, il faut noter que l'administration que la Reine a eue de cet État pendant sa régence, et quelque temps après, a eu quatre faces différentes.

La première conserva pour un temps des marques de la majesté que la vertu du grand Henri avoit attachée à sa conduite, en tant que les mêmes ministres qui avoient sous son autorité supporté les charges de l'État durant sa vie, en continuèrent l'administration sans se séparer ouvertement les uns des autres, ce qui dura jusqu'à la défaveur et la chute du duc de Sully.

La seconde retint encore quelque apparence de force en sa foiblesse, en ce que l'union qui demeura entre le chancelier, le président Jeannin et Villeroy, et la profusion des finances qui fut introduite sous l'administration qu'en eut le président Jeannin, aussi homme de bien que peu propre à résister aux importunes et injustes demandes du tiers et du quart, firent que les grands, arrêtés par des gratifications extraordinaires, demeurèrent en quelque règle et obéissance, ce qui dura jusqu'à ce que les coffres fussent épuisés, et que la femme du sieur de Puisieux, petite-fille (1) de Villeroy, fût décédée.

La troisième fut pleine de désordre et de confusion, qui tirèrent leur origine de la division

(1) Le mot *petite* est oublié dans le manuscrit.

ouverte des ministres, qui fut causée par la dissolution de l'alliance qui étoit entre le chancelier et Villeroy, qui ne fut pas plutôt arrivée, que l'imprudence et l'ambition du chancelier et de son frère les portèrent à complaire au maréchal d'Ancre et adhérer au déréglement de ses passions, à beaucoup desquelles ils avoient résisté auparavant, et l'eussent toujours pu faire si leurs divisions ne les en eussent rendus incapables. En ce divorce, tous les grands prirent le dessus, Villeroy déchut de sa faveur, le chancelier subsista pour un temps, en suivant les volontés de ceux qui auparavant étoient contraints de s'accommoder à beaucoup des siennes.

Enfin le mariage du Roi étant accompli, au retour du voyage entrepris à cette fin, après que les uns et les autres eurent eu le dessus et le dessous, chacun à son tour, ils furent disgraciés et éloignés, plus par leur mauvaise conduite que par la puissance du maréchal d'Ancre et de sa femme.

La quatrième n'eut quasi autre règle que les volontés du maréchal et de sa femme, qui renversèrent souvent les meilleurs conseils par leur puissance (2).

Cette saison fut agitée de divers mouvemens estimés du vulgaire beaucoup plus violens qu'ils ne l'étoient, si l'on en considère la justice, et qui en effet étoient aussi utiles à l'État qu'ils sembloient rigoureux à ceux qui les souffroient les ayant mérités.

Entre les affaires de poids qui se présentèrent au commencement de cette régence, celle de la continuation ou du changement des desseins du feu Roi pour la protection des états de Juliers et de Clèves, fut la plus importante. La mort de ce duc, arrivée avant celle du Roi, ayant été suivie d'une grande dispute pour sa succession, les parties qui la prétendent s'y échauffent jusqu'aux armes; les princes catholiques d'Allemagne favorisent une part, les protestans une autre; les Hollandais et les Espagnols se mêlent en ce différend; l'Anglais y soutient ceux de sa croyance; plusieurs villes sont prises; on craint que la trève de Flandre se rompe, et que le feu se mette en toute la chrétienté. Les uns conseilloient à la Reine d'abandonner cette affaire, le dessein de laquelle sembloit être rompu par la mort du feu Roi. Ils représentoient qu'il n'étoit pas à propos d'irriter l'Espagne à l'avénement du Roi à sa couronne, ains qu'il valoit mieux, pour fortifier la jeunesse de Sa Majesté, s'allier avec elle par le nœud d'une double alliance. Les autres disoient au

(2) C'est l'époque où Richelieu fut fait secrétaire d'État, en 1616.

contraire que, si l'on ne suivoit les desseins du feu Roi, nos alliés auroient grand lieu de soupçonner que nous voulussions nous séparer d'eux et les abandonner; qu'il étoit dangereux de montrer de la foiblesse en ce commencement; qu'un tel procédé donneroit hardiesse aux Espagnols de nous attaquer; que le vrai moyen de parvenir à cette double alliance étoit de conserver la réputation de la France.

Qu'au reste, si nous voulions délivrer l'Espagne de la jalousie de nos armes, il valoit mieux licencier l'armée de Dauphiné, qui leur en donnoit beaucoup plus que celle de Champagne. Outre que désarmant par ce moyen le maréchal de Lesdiguières, huguenot, le Roi en tireroit un autre avantage bien nécessaire en ce temps où la puissance de ce personnage devoit être suspecte.

Cet avis fut suivi; mais il n'y eut pas peu de peine à choisir pour cette armée un chef. Le maréchal de Bouillon eût bien désiré l'être, mais sa religion et son humeur inquiète et remuante empêchèrent avec raison qu'on ne lui donnât le commandement des armées du Roi, qui se devoient joindre à celle des États-généraux et des protestans d'Allemagne, et le maréchal de La Châtre fut honoré de cette charge.

Ainsi la Reine exécute généreusement la résolution que le feu Roi avoit prise de s'y interposer; elle envoie des forces pour rendre les raisons avec lesquelles elle veut composer ce différend, plus fortes et plus puissantes.

L'Empereur, l'Espagne et la Flandre font mine de s'opposer à leur passage; mais, connoissant que l'armée du Roi étoit résolue de prendre d'elle-même ce qu'on ne pouvoit lui dénier avec raison, ils changèrent d'avis, et donnèrent passage aux troupes françaises, qui contribuoient tout ce qu'on pouvoit attendre d'elles pour conserver à cette glorieuse couronne le titre d'arbitre de la chrétienté, que ce grand monarque lui avoit acquis. Au reste, la Reine reçut beaucoup de louanges de tous les gens de bien, de ce qu'elle eut le soin de conserver la religion catholique en tous les lieux où elle étoit auparavant.

Le duc de Bouillon fit de grandes plaintes de ce qu'en cette occasion on avoit préféré le maréchal de La Châtre à sa personne. Le soupçon qu'il eut que le comte de Soissons, le cardinal de Joyeuse, et le duc d'Épernon, étroitement unis ensemble, n'avoient pas peu contribué à son mécontentement, fit qu'il attendoit avec grande impatience la venue de M. le prince, afin de former avec lui un parti dans la cour par l'union de la maison de Guise, du duc de Sully, et de plusieurs autres grands.

Cependant la Reine, en la mémoire de laquelle le feu Roi est toujours vivant, se résout de le faire porter à Saint-Denis, pour lui rendre les derniers devoirs. Jugeant que ceux qui l'avoient précédé au règne devoient faire le même en la sépulture, elle envoya querir les corps de Henri III son prédécesseur, et de la reine Catherine de Médicis sa mère, et les fit porter au lieu destiné pour leur sépulture, à Saint-Denis.

Je ne veux pas omettre en ce lieu une prédiction faite au feu Roi, qui l'avoit empêché de faire enterrer son prédécesseur. On lui avoit dit, depuis qu'il fut venu à la couronne, que peu de jours après que le corps de Henri III seroit porté en terre, le sien y seroit mis aussi; il s'imaginoit volontiers que différer l'enterrement de ce prince prolongeoit le cours de sa vie, et ne s'apercevoit pas que la seule crainte et la superstition qui l'empêchoient de s'acquitter du dernier office qu'il pouvoit rendre à celui qui lui avoit laissé la couronne, donneroit lieu à la vérité de ce qui lui avoit été prédit; ce qui fut si véritable, que le Roi Henri III ayant été mis en terre le 23 juin (1), le feu Roi y fut mis ensuite le premier jour de juillet, avec les cérémonies et les pompes funèbres dues aux personnes de sa qualité.

Les louanges qui furent données à ce grand prince en diverses oraisons funèbres qui furent faites par toute la France, et en beaucoup de lieux même de la chrétienté, seroient trop longues à rapporter. Il fut pleuré et regretté de tous les gens de bien, et loué de ses propres ennemis, qui trouvèrent encore plus de sujet de l'estimer en sa vertu que de le craindre en sa puissance.

Il étoit d'un port vénérable, vaillant et hardi, fort et robuste, heureux en ses entreprises, débonnaire, doux et agréable en sa conversation, prompt et vif en ses reparties, et clément à l'égard même de ses propres ennemis.

Ces derniers devoirs étant rendus à la mémoire de ce grand prince, la Reine pense sérieusement à s'acquitter de ceux qu'elle doit au Roi son fils et à son État. Elle décharge le peuple, et par déclaration du 22 de juillet fait surseoir quatorze commissions extraordinaires dont il n'eût pas reçu peu de foule. Elle en révoque cinquante-huit, toutes vérifiées au parlement, et diminue d'un quart le prix du sel. Elle continue les bâtimens du feu Roi, commence ceux du bois de Vincennes, pour pouvoir toujours tenir le Roi avec sûreté ès environs de Paris, et, par le conseil du grand cardinal du Perron, elle fait travailler à ceux des collèges royaux.

(1) Cette date manque dans le manuscrit.

Tandis que ces choses se passent, M. le prince part de Bruxelles et s'achemine à la cour. La Reine lui dépêche le sieur de Barault, qui le rencontre à la frontière, et l'assure de la part de Leurs Majestés qu'il y seroit reçu comme il le pouvoit désirer.

La maison de Lorraine, les ducs de Bouillon et de Sully, qui avoient dessein de s'unir à lui, vont au devant jusques à Senlis : le comte de Soissons et ses adhérens assemblent au même temps tous leurs amis. La Reine, craignant qu'il n'arrivât du désordre de telles assemblées, fut conseillée de faire armer le peuple. M. le prince entra dans Paris le 15 de juillet, accompagné de plus de quinze cents gentilshommes; ce qui donna quelque alarme à la Reine, qui considéroit que, ayant les canons, la Bastille et l'argent du feu Roi en sa puissance par le duc de Sully, si le parlement et le peuple n'eussent été fidèles, il pouvoit entreprendre des choses de très-dangereuse conséquence pour le service du Roi. M. le prince n'étoit pas en moindre méfiance que celle qu'on avoit de lui. Il reçut trois ou quatre avis en arrivant, que la Reine, à la suscitation du comte de Soissons, avoit dessein de se saisir de sa personne et de celle du duc de Bouillon; ce qui fit que, nonobstant la bonne chère qu'il reçut de Leurs Majestés, il fut trois nuits alerte, en état de sortir de Paris au premier bruit qu'il entendroit de quelque entreprise contre lui. Aussitôt qu'il fut rassuré de ses premières appréhensions, il fit connoître ses prétentions à son tour, ainsi qu'avoit fait M. le comte.

Il eût bien voulu contester la régence s'il eût osé, mais il en fut diverti par le bon traitement qui lui fut fait; on lui donna deux cent mille livres de pension, l'hôtel de Gondi au faubourg Saint-Germain, qui fut acheté deux cent mille francs, le comté de Clermont, et beaucoup d'autres gratifications.

La Reine, par le conseil des vieux ministres, ouvrit au même temps sa main fort largement à tous les autres princes et seigneurs; elle leur départ de grandes sommes de deniers pour s'acquérir leurs cœurs et le repos de ses peuples par un même moyen.

Beaucoup ont pensé qu'elle eût mieux fait de n'en user pas ainsi, et que la sévérité eût été meilleure, parce que l'on perd plutôt la mémoire des bienfaits que des châtimens, et que la crainte retient plus que l'amour. Mais ce n'est pas un mauvais conseil de retenir en certaines occasions, semblables à celles de la régence, les esprits remuans avec des chaînes d'or; il y a quelquefois du gain à perdre en cette sorte, et il ne se trouve point de rentes plus assurées aux rois, que celles que leur libéralité se constitue sur les affections de leurs sujets; les gratifications portent leurs intérêts en temps et lieu, et l'on peut dire qu'il est des mains du prince comme des artères du corps, qui s'emplissent en se dilatant.

Cependant M. le prince et le comte de Soissons vivoient toujours appointés contraires. Cette division n'étoit pas désagréable à la Reine et aux ministres; mais elle l'étoit bien au maréchal de Bouillon, qui, par l'habitude qu'il avoit aux brouilleries, et par la malice de son naturel, ne pouvoit souffrir le repos de l'Etat. Les bienfaits qu'il avoit reçus de la Reine avoient plutôt ouvert que rassasié l'appétit qu'il avoit de profiter de la minorité du Roi. Il se servit du marquis de Cœuvres, en qui le comte de Soissons avoit grande confiance, pour former l'union qu'il désiroit; il l'engagea d'autant plus aisément à son dessein, qu'il lui protesta d'abord n'en avoir point d'autre que le service du Roi, qu'il détestoit et avoit en horreur les troubles et les guerres civiles.

Ensuite de cette première couche, il lui représenta que les divisions qui paroissoient entre M. le prince et M. le comte, et les serviteurs de l'un et de l'autre, ne pouvoient être utiles qu'aux ministres, qui seroient d'autant plus fidèlement attachés au Roi, qu'il y auroit un contre-poids dans la cour capable de les contenir en leur devoir; qu'autrement ils rendroient de bons et de mauvais offices à qui il leur plairoit auprès de la Reine, avanceroient les leurs, et éloigneroient les plus gens de bien.

Qu'il croyoit que M. le comte avoit contribué à l'aversion que la Reine témoignoit avoir de lui, mais que cela n'empêchoit pas qu'il ne portât M. le prince à vivre en bonne intelligence avec lui; ce qu'il estimoit si utile et si nécessaire à l'Etat, qu'il ne craignoit point que la Reine en eût connoissance, ains au contraire désiroit la parachever avec son consentement.

Le marquis de Cœuvres n'eut pas plutôt fait cette ouverture à M. le comte qu'il la lui fit goûter; au même temps M. le comte en avertit la Reine, et lui en fit faire si délicatement la proposition, que, la croyant impossible, elle témoigna ne l'avoir pas désagréable.

Le cardinal de Joyeuse et les plus entendus des deux partis estimèrent qu'il falloit tirer un consentement plus exprès et plus formel de la Reine, et que lui en parlant en présence des ministres, ils n'oseroient s'y opposer, de peur de s'attirer par ce moyen la haine des princes du sang et de tous les grands.

Ce dessein réussit ainsi qu'il avoit été projeté; les ministres approuvèrent cette réconciliation devant le monde, et en exagérèrent tellement par après la conséquence à la Reine, à Conchine et à sa femme, qu'on n'oublia rien de ce qui se put pour l'empêcher.

On assura, à cette fin, M. de Guise du mariage de madame de Montpensier (1), qu'on avoit traversé jusqu'alors, et on entretint M. le prince de beaucoup d'espérances imaginaires, qui différèrent pour un temps l'exécution de cette union sans la rompre, comme nous verrons sur la fin de l'année.

Cependant les ambassadeurs que la plupart des princes de la chrétienté envoyèrent au Roi, pour se condouloir de la mort du feu Roi son père, et se réjouir de son avénement à la couronne, arrivèrent à Paris. Le duc de Feria y vint de la part du Roi d'Espagne, et, après que le comte de Fuentes et les ministres de Flandre eurent sollicité, comme nous avons vu, M. le prince d'entreprendre contre le repos de l'Etat, il offrit toutes les forces de son maître contre ceux qui voudroient troubler la régence de la Reine.

Il fit aussi l'ouverture du double mariage qui fut depuis contracté entre les enfans de France et d'Espagne; et, par accord secret entre les ministres de l'Etat et lui, il fut arrêté que le Roi son maître n'assisteroit point les esprits brouillons de ce royaume, et que nous ne les troublerions point aussi dans leurs affaires d'Allemagne, qui n'étoient pas en petite confusion entre l'empereur Rodolphe et Mathias son frère, qui s'étoit élevé contre lui, et l'avoit dépouillé d'une partie de ses provinces héréditaires et de ses autres États.

Cet attentat de Mathias contre son frère, si âgé qu'il sembloit être à la veille de recueillir sa succession, fait bien paroître que l'ambition n'a point de bornes, et qu'il n'y a point de respects si saints et si sacrés qu'elle ne soit capable de violer pour venir à ses fins.

Il justifie encore la pratique d'Espagne, qui tient les frères des rois en tel état, que, s'ils ont tant soit peu de jugement, ils ne sauroient avoir la volonté de nuire, connoissant qu'on leur en a retranché tout pouvoir.

Le duc de Savoie, sachant la proposition du mariage d'Espagne, donna charge à ses ambassadeurs d'en faire de grandes plaintes; il n'oublia pas de représenter que le feu Roi disoit que, pour la grandeur de son fils, il étoit beaucoup meilleur qu'il eût des beaux-pères inférieurs que égaux; mais on eut peu d'égard à ses plaintes, bien lui envoya-t-on un ambassadeur, pour essayer de le contenter de paroles lorsqu'on ne pouvoit le satisfaire par les effets qu'il désiroit.

En ce temps la Reine se résolut de faire sacrer

(1) Veuve du dernier duc de ce nom, mort en 1608.

le Roi son fils à Reims, où elle le mena à cette fin. Pendant ce voyage le duc de Guise demeura dans Paris à cause de la dispute qu'il avoit pour les rangs avec le duc de Nevers, qui, étant en son gouvernement, sembloit le devoir précéder en cette occasion.

Le Roi fut sacré le 17 d'octobre, et le 18 il reçut l'ordre du Saint-Esprit. M. le cardinal de Joyeuse et M. le prince le devoient aussi recevoir; mais le cardinal s'en excusa, parce que l'état présent des affaires rendant M. le prince plus considérable que lui, il ne voulut pas faire juger la dispute qui étoit entre eux pour la préséance, ce dont l'événement n'eût pu être que mauvais au service du Roi, pour le mécontentement de M. le prince s'il eût perdu sa cause, ou à l'Eglise si le cardinal de Joyeuse fût déchu de la possession où les cardinaux sont de tout temps de précéder tous les souverains, excepté les rois.

Pendant le voyage du Roi, qui fut de retour à Paris le 30 du mois, le duc de Bouillon, qui, pour n'avoir pas parachevé l'union qu'il avoit commencée entre les princes du sang et les grands du royaume attachés à leurs intérêts, n'en avoit pas perdu le dessein, renoua cette affaire durant le séjour que le Roi fit à Reims, à l'insu de la Reine et des ministres, qui en furent fort fâchés.

Pour mieux confirmer cette union, lorsque le Roi partit de Reims pour venir à Paris, il mena lesdits princes, les ducs de Longueville, de Nevers, le marquis de Cœuvres et quelques autres à Sedan, où il étreignit la nouvelle liaison qu'il avoit faite, par un second nœud pour la rendre indissoluble.

Ensuite, pour avoir plus de lieu de faire ses affaires et troubler le repos du gouvernement, il porta les huguenots à demander une assemblée générale; ce qui lui fut fort aisé, leur représentant qu'il falloit qu'ils profitassent du bas âge du Roi et de l'ébranlement que l'Etat avoit reçu par la perte du feu Roi. Ils se résolurent d'autant plus volontiers à ce qu'il désiroit, que le temps auquel, par l'édit de 1597, ils pouvoient en demander échoit cette année.

La Reine, qui jugea bien qu'ils ne manqueroient de faire des demandes si extraordinaires et si injustes, que, ne pouvant être accordées, elles pourroient porter aux extrémités, essaya de gagner temps et différer cette assemblée; mais leurs instances furent si pressantes, qu'il fut impossible de s'exempter de leur permettre, par brevet, de s'assembler l'année suivante en la ville de Saumur.

Un différend intervenu au voyage de Reims entre le marquis d'Ancre et le sieur de Bellegarde, grand-écuyer de France, pour leurs rangs, donna lieu au duc d'Epernon de témoigner son aigreur ordinaire contre ledit marquis, qui, en cette considération, se résolut de se mettre bien avec M. le comte, pour empêcher qu'il ne favorisât à son préjudice ledit duc, qui étoit joint avec lui.

M. le comte lui témoigna avoir grand sujet de se plaindre de lui, à cause du mariage de madame de Montpensier avec le duc de Guise, qui avoit été résolu peu de temps auparavant par son seul avis, les ministres lui ayant fait sentir adroitement qu'ils n'y avoient eu aucune part. Il ajouta qu'il ne pouvoit être son ami s'il ne réparoit cette faute, faisant agréer à la Reine le mariage de mademoiselle de Montpensier avec le prince d'Enghien son fils; qu'aussi bien étoit-il croyable que madame de Guise la privant de son bien, qu'elle donneroit sans doute aux enfans qu'elle auroit du second lit, Monsieur ne penseroit jamais à sa fille lorsqu'il seroit en âge de se marier. Il représentoit encore qu'il étoit à craindre qu'elle eût dessein de marier cette héritière, princesse du sang, à quelqu'un des cadets de la maison de Guise; et, pour conclusion, qu'il ne vouloit point d'accommodement avec lui s'il ne se faisoit par le commandement de la Reine, et à la connoissance des ministres.

En ces entrefaites il arriva, en présence de la Reine, une grande dispute entre le duc de Sully et Villeroy, sur le sujet de trois cents Suisses que le dernier demandoit pour la garde de Lyon, dont Alincour son fils avoit depuis peu acheté le gouvernement du duc de Vendôme, vendant par même moyen la lieutenance de roi qu'il en avoit à Saint-Chamont. Le duc de Sully lui dit sur ce sujet des paroles si piquantes, que l'autre en demeura mortellement offensé.

Il faut remarquer en cet endroit que pendant le sacre du Roi, auquel le duc de Sully ne s'étoit pas trouvé à cause de sa religion, mais étoit allé se promener en sa maison, Villeroy, qui désiroit de l'ordre dans les affaires, considérant que tout le monde étoit déjà tout accoutumé aux refus du duc de Sully, n'oublia rien de ce qu'il put pour persuader à la Reine qu'il étoit de son service de conserver ledit duc en sa charge, et lui donner toute l'autorité qu'elle pourroit, eu égard au temps de la minorité du Roi, auquel il ne pouvoit et ne devoit pas espérer la même qu'il avoit du temps du feu Roi.

Bullion eut ordre de s'avancer pour le trouver à Paris à son retour de ses maisons, et lui faire entendre la bonne volonté de la Reine, qui vouloit avoir en lui pareille confiance qu'avoit eue le feu Roi.

Il accepta l'offre de la Reine avec autant de civilité que son naturel rude et grossier lui permit d'en faire. Cependant il ne demeura pas satisfait, parce qu'il prétendit une commission scellée pour l'exercice de la charge des finances, ce qu'on ne voulut pas lui accorder, attendu que, du temps du feu Roi, il n'en avoit pas eu seulement un brevet. Ce refus mit cet homme en de grandes méfiances du chancelier, de Villeroy et de Conchine qu'il tenoit pour son ennemi.

Il continua néanmoins, depuis le retour du sacre, l'exercice de sa charge environ quinze jours ou trois semaines, après lequel temps le différend des Suisses de Lyon, dont j'ai déjà parlé, se renouvela sur ce que Villeroy vouloit en assurer le paiement sur la recette générale dudit lieu. Le duc de Sully s'aigrit tellement sur cette affaire que, non content de soutenir qu'il n'étoit pas raisonnable de charger le Roi d'une telle dépense, les habitans pouvant faire la garde de Lyon, comme ils avoient toujours accoutumé, il se prit au chancelier, qui favorisoit Villeroy, et lui dit qu'ils s'entendoient ensemble à la ruine des affaires du Roi. Comme cette offense étoit commune à tous les ministres, ils s'accordèrent tous de ruiner ce personnage, dont l'humeur ne pouvoit être adoucie.

Alincour, intéressé au sujet dont il s'agissoit, s'adressa pour cet effet au marquis de Cœuvres, qu'il savoit être fort mal affectionné au duc de Sully à cause de la charge de grand-maître de l'artillerie qu'il avoit obtenue du feu Roi nonobstant que ledit marquis en eût la survivance; il lui proposa l'éloignement dudit duc de la cour, auquel il lui fit sentir que tous les ministres contribueroient volontiers si M. le comte y vouloit porter le marquis d'Ancre.

Cette ouverture ne fut pas plutôt faite au marquis de Cœuvres, qu'il proposa cette affaire à M. le comte, et lui représenta que cette occasion lui serviroit à faire consentir les ministres au mariage de son fils avec mademoiselle de Montpensier; il se résolut aussitôt de parler au marquis d'Ancre, qui lui promit d'assister les ministres en cette rencontre, pourvu qu'il voulût faire de même.

Il fut question ensuite de s'assurer des ministres sur le sujet du mariage désiré par M. le comte. Le marquis de Cœuvres, adroit et entendu en affaires de la cour, le leur fit consentir, soit qu'ils le voulussent en effet, soit que le bas âge des parties leur fît croire qu'ils ne manqueroient pas d'occasions d'empêcher l'accomplissement de cette proposition.

Par ce moyen M. le comte et le marquis

d'Ancre se lièrent ensemble, et les ministres se joignirent à eux pour le fait particulier du duc de Sully, dont l'éloignement fut différé par l'occasion suivante.

Le comte de Soissons étant gouverneur de Normandie, il fut obligé d'en aller tenir les Etats, pendant lesquels le duc de Sully recommença, la veille de Noël, une nouvelle querelle dans le conseil avec Villeroy sur le même sujet, qui le porta à des paroles si pleines d'aigreur, que Villeroy fut contraint de se retirer à Conflans jusqu'au retour de M. le comte, après lequel nous parachèverons l'histoire de la disgrâce du duc de Sully.

Cependant, avant que clore cette année, je ne puis que je ne rapporte qu'elle produisit en Espagne le plus hardi et le plus barbare conseil dont l'histoire de tous les siècles précédens fasse mention; ce qui donna occasion à la France de rendre un témoignage de son humanité et de sa piété tout ensemble.

L'Espagne étoit remplie de Morisques, qui étoient ainsi appelés, parce que de père en fils ils descendoient des Maures, qui l'avoient autrefois subjuguée et commandée sept cents ans durant.

Le mauvais traitement qu'ils recevoient du Roi, et le mépris qu'ils souffroient des vieux chrétiens, firent que la plus grande part d'entre eux conservèrent secrètement l'impiété et fausse religion de leurs ancêtres contre Dieu, pour la haine particulière qu'ils avoient contre les hommes.

Etant traités comme esclaves, ils cherchèrent les moyens de se mettre en liberté; le soupçon qu'on en a, fait qu'on leur ôte toutes leurs armes, et particulièrement aux royaumes de Grenade et de Valence, où tout le peuple étoit presque infecté de ce venin; il ne leur étoit même pas permis de porter de couteaux s'ils n'étoient épointés.

Le conseil d'Espagne, considérant que le feu Roi s'engageoit en une grande entreprise contre eux, eut en même temps appréhension que ces peuples prissent cette occasion d'allumer une guerre civile dans le cœur de leur Etat. Pour prévenir ce dessein, qui n'étoit pas sans fondement, le roi Catholique fit, au commencement de cette année, un commandement à tous ces gens-là de sortir d'Espagne, avec leurs femmes et leurs enfans, dans trente jours pour tout délai, pendant lesquels il leur étoit permis de vendre tous leurs meubles, et en emporter avec eux le prix, non en argent, mais en marchandises du pays non défendues, tous leurs immeubles demeurant confisqués au Roi et réunis à son domaine.

Ceux qui étoient près de la marine s'embarquèrent pour passer en Barbarie, et, pour ce sujet, tous les vaisseaux étrangers qui étoient dans leurs ports furent arrêtés; les autres prirent le chemin de la frontière de la France pour passer par les Etats du Roi.

Il est impossible de représenter la pitié que faisoit ce pauvre peuple, dépouillé de tous ses biens, banni du pays de sa naissance: ceux qui étoient chrétiens, qui n'étoient pas en petit nombre, étoient encore dignes d'une plus grande compassion, pour être envoyés comme les autres en Barbarie, où ils ne pouvoient qu'être en péril évident de reprendre contre leur gré la religion mahométane.

On voyoit les femmes, avec leurs enfans à la mamelle, les chapelets en leur main, qui fondoient en larmes et s'arrachoient les cheveux de désespoir de leurs misères, et appeler Jésus-Christ et la Vierge, qu'on les contraignoit d'abandonner, à leur aide.

Le duc de Medina, amiral de la côte d'Andalousie, donna avis au conseil d'Espagne de cette déplorable désolation; mais il reçut un nouveau commandement de n'épargner âge, sexe, ni condition, la raison d'Etat contraignant à faire pâtir les bons pour les méchans: ce qui obligea le duc à obéir contre son gré, disant hautement qu'il étoit bien aisé de commander de loin ce qu'il étoit impossible d'exécuter sans compassion extrême.

On fait compte de plus de huit cent mille de ces habitans; de sorte que cette transmigration ne fut pas moindre que celle des Juifs hors de l'Egypte; y ayant toutefois ces deux différences entre les deux, qu'en celle-là les Hébreux contraignoient les Egyptiens de les laisser aller, en celle-ci les Morisques sont contraints de sortir; en celle-là les Hébreux s'en vont d'une terre étrangère pour sacrifier à Dieu, et passer en une abondante qui leur est promise; en celle-ci les Morisques sortent de leur pays natal pour passer en une terre inconnue, où ils doivent vivre comme étrangers, non sans grand hasard d'abandonner le vrai culte de Dieu.

Le roi Henri-le-Grand, ayant avis que plusieurs de ces pauvres gens s'acheminoient en son royaume, qui est réputé par tout le monde l'asile des affligés, touché de compassion de leur misère, fit publier, au mois de février, une ordonnance qui obligeoit ses lieutenans et officiers à leur faire entendre, sur la frontière, que ceux qui voudroient vivre en la religion catholique, en faisant profession devant l'évêque de Bayonne, auroient ensuite permission de demeurer dans ses Etats, au-deçà des rivières de Garonne et de Dordogne, où ils seroient reçus faisant apparoître à l'évêque du diocèse où ils voudroient s'habituer, de l'acte de leur profession de foi.

Et quant aux autres qui voudroient vivre en la secte de Mahomet, on leur pourvoiroit de vaisseaux nécessaires pour les faire passer en Barbarie.

La mort de ce grand prince prévint l'exécution de son ordonnance, mais la Reine la fit exécuter avec soin.

Il y eut quelques officiers qui, abusant de l'autorité qui leur étoit donnée pour l'accomplissement de cette bonne œuvre, commirent force larcins, et souffrirent même quelques meurtres sur ceux d'entre ces misérables qui vouloient passer en Barbarie; mais on fit faire un châtiment si exemplaire des coupables, qu'il empêcha les autres de se porter à de semblables violences.

En cette année décéda l'électeur Palatin, dont la mort mérite d'être remarquée comme un présage de beaucoup de maux qui arrivèrent ès années suivantes par l'ambition de son fils, qui, suivant les conseils du duc de Bouillon et de quelques autres de ses alliés, fut, au jugement de beaucoup de personnes dépouillées de passion, justement privé de ses Etats pour en avoir voulu trop injustement envahir d'autres.

L'ambition de ce prince a allumé un feu dans la chrétienté, qui dure encore, et Dieu seul sait quand on le pourra éteindre (1).

LIVRE II (1611).

Sully remet la charge de surintendant des finances et le gouvernement de la Bastille. — Le duc de Savoie s'arrange avec l'Espagne, et entreprend d'assiéger Genève. — La Reine-mère négocie auprès de lui et le fait renoncer à son projet. — Assemblée générale des huguenots à Saumur. — Intrigues de M. de Bouillon à cette occasion. — Comment elles échouent. — Comment se termine l'assemblée de Saumur. — La Sorbonne condamne le livre intitulé: *Histoire de la papauté*. — La Reine-mère pardonne à l'auteur d'un autre livre intitulé: *De la monarchie aristocratique*. — Dissension à la faculté de Théologie au sujet du livre d'Edmond Richer. — Tumulte à Troyes contre les jésuites. — Arrêt contre les académies de jeu et contre les duels. — La demoiselle Descouman est condamnée par le parlement pour avoir accusé le duc d'Epernon d'avoir trempé dans l'assassinat de Henri IV. — Ambition du marquis d'Ancre. — Il obtient le gouvernement d'Amiens. — Se brouille avec les ministres. — Le chevalier de Guise attaque en plein jour le marquis de Cœuvres. — Mort du duc du Maine ou Mayenne. — Sa fidélité depuis sa soumission au roi Henri. — Mort du duc d'Orléans, frère de Louis XIII. — Mécontentemens qu'elle occasionne à la cour. — La Reine-mère apaise le tumulte survenu à Aix-la-Chapelle. — Les jésuites reçoivent défense d'enseigner. — Mort de Charles XI, roi de Suède. — Mort d'Antonio Perez, ancien ministre du roi d'Espagne; son histoire.

[1611] Au lieu que la première année de la régence de la Reine, que nous avons vue au livre précédent, conserva aucunement la majesté avec laquelle Henri-le-Grand avoit gouverné son Etat, celle-ci commence à en déchoir par la désunion des ministres, qui se font la guerre les uns aux autres, en sorte que trois réunis ensemble chassent le quatrième.

Nous avons déjà dit le sujet pour lequel on entreprit d'éloigner le duc de Sully. Le comte de Soissons, sollicité par les ministres plus que par l'ancienne animosité qu'il avoit eue contre lui, se rendit chef de ce parti, auquel il attira M. le prince.

Mais il marchoit si lentement en cette affaire, qu'il ne désiroit avancer qu'à mesure qu'on effectueroit les promesses qu'on lui avoit faites sur le sujet de ses intérêts, et particulièrement en ce qui étoit du mariage du prince d'Enghien, son fils, avec mademoiselle de Montpensier, qui, en vertu de ce complot, devoit être, à la sollicitation des ministres, agréé de la Reine.

Dès qu'il fut de retour du voyage qu'il avoit fait en Normandie, les ministres le pressèrent de parachever ce qui étoit projeté entre eux: il s'y portoit assez froidement; mais deux querelles qui arrivèrent, donnant lieu à une plus étroite liaison entre M. le comte et Conchine, qui étoit de la partie, lui firent entreprendre cette affaire avec plus de chaleur.

La première arriva le 3 de janvier, entre M. de Bellegarde et le marquis d'Ancre, ce dernier voulant, outre le logement que sa femme avoit au Louvre, avoir cette année-là, qu'il étoit en exercice de premier gentilhomme de la chambre, celui qui étoit destiné à cette charge, comme la raison le requéroit. Bellegarde le refusa avec tant d'obstination qu'ils en vinrent aux grosses paroles. Le marquis d'Ancre, reconnoissant que son adverse partie avoit beaucoup plus d'amis que lui dans la cour, estima se devoir appuyer du comte de Soissons; il emploie à cet effet le marquis de Cœuvres, en qui le prince avoit beaucoup de confiance; il lui dit qu'encore que M. le prince et le duc d'Epernon lui eussent envoyé offrir leur entremise pour accommoder cette affaire, néanmoins il n'en vouloit sortir que par celle de M. le comte, entre les mains duquel il remettoit ses intérêts et son honneur, ce qu'il faisoit d'autant plus volontiers, qu'il étoit résolu de faire plus d'état de ceux dudit comte que des siens propres.

(1) La guerre de trente ans, commencée en 1619. Ceci montre encore que ces Mémoires n'ont pu être écrits qu'après ce temps.

3.

Le comte de Soissons, sachant que la plus grande finesse de la cour consiste à ne perdre pas les occasions de faire ses affaires quand elles se présentent favorablement, bien aise d'obliger le marquis pour qu'il se mît en ses intérêts, s'employa de telle sorte en cette affaire, que, nonobstant les artifices du duc d'Epernon, qui, piqué du déplaisir qu'il avoit de n'y être pas employé, n'oublia rien de ce qu'il put pour la brouiller, il la termina selon que la raison le requéroit, sans que le duc de Bellegarde en fût mécontent.

Le marquis en eut tant de satisfaction, qu'il lui promit de porter les ministres à ce qu'il désiroit pour le mariage; et en effet, pour avoir leur consentement, il s'obligea à faire résoudre M. le comte de parachever, conjointement avec eux, le dessein projeté contre le duc de Sully.

Ainsi les ministres, qui ne vouloient que prêter l'épaule au temps, et gouverner doucement jusques à la majorité du Roi, conseillèrent à la Reine de consentir au mariage désiré par le comte de Soissons pour son fils; en quoi ils ne se donnèrent pas de garde qu'ils offensèrent le cardinal de Joyeuse et le duc d'Epernon, alliés à ladite princesse, qui, lorsque cette affaire fut publiée, firent de grandes plaintes à la Reine de ce qu'elle l'avoit conclue sans leur en donner part.

Le comte de Soissons s'excusa, disant que par discrétion il en avoit usé ainsi, d'autant qu'étant une affaire qui regardoit Monsieur et la Reine, il avoit cru être obligé de tirer le consentement de Sa Majesté avant que de former aucun dessein; mais ils ne se payèrent point de ces excuses, et demeurèrent mal avec lui jusques à sa mort.

Peu de jours après il survint une seconde querelle, qui fut entre lui-même (1) et le prince de Conti, et ensuite la maison de Guise. Les carrosses des deux premiers s'étant rencontrés dans la rue parmi un embarras de charrettes, dans lequel il étoit nécessaire que l'on s'arrêtât pour laisser passer l'autre, l'écuyer du comte de Soissons, ne reconnoissant pas le carrosse du prince de Conti, l'arrêta avec menaces, et fit passer celui de son maître; lequel, s'en étant aperçu, envoya incontinent faire ses excuses au prince de Conti, l'assurant que ce qu'il avoit fait n'avoit été avec aucun dessein de l'offenser, mais par mégarde, et qu'il étoit son très-humble serviteur.

Il croyoit par là que la chose fût assoupie; mais le lendemain M. de Guise montant à cheval, accompagné de plus de cent gentilshommes, et passant assez près de l'hôtel de Soissons, alla voir M. le prince de Conti.

(1) Le comte de Soissons.

Le comte de Soissons, qui crut avec raison que cela avoit été fait pour le braver, voulut monter à cheval pour les aller rencontrer; quantité de ses amis se joignent à lui, M. le prince le vient trouver avec grande compagnie. La Reine en ayant avis, et craignant l'inconvénient qui en pourroit arriver, envoya prier M. le comte de ne pas sortir, et manda à M. de Guise qu'il se retirât chez lui : ce qu'il fit sans voir la Reine, que M. le comte alla trouver au Louvre.

M. de Guise trouva, du commencement, bonne la proposition que la Reine fit, qu'il allât trouver M. le comte, comme par visite, pour lui faire ses excuses, et l'assurer qu'il étoit son serviteur : mais quand il en eut parlé à M. du Maine, le vieux levain de la maison de Guise contre celle de Bourbon parut encore; car il l'en dissuada, lui fit retirer la parole qu'il en avoit donnée à la Reine; et enfin, pour tout accommodement, M. du Maine (2) vint le lendemain trouver la Reine, et, en présence des plus grands de la cour, lui fit des excuses pour son neveu, assurant Sa Majesté que toute la maison de Guise demeureroit toujours avec M. le comte dans les termes de civilité, d'honneur et de bienséance qu'ils devoient, et qu'ils l'honoreroient et seroient ses serviteurs s'il vouloit bien vivre avec eux.

A quoi la Reine répondit qu'elle le feroit entendre à M. le comte, et le prieroit d'oublier ce qui s'étoit passé, et de recevoir cette satisfaction.

Ce peu de respect dont la Reine souffrit que le duc de Guise usât envers elle, manquant à la parole qu'il lui avoit donnée, sentoit déjà bien la désunion du conseil, la foiblesse de la Reine, et la diminution de son autorité, laquelle ne peut être si petite qu'elle ne soit de grande conséquence, l'expérience nous apprenant qu'il est beaucoup plus aisé de la maintenir inviolable, qu'il n'est pas d'empêcher son entière ruine quand elle a reçu la moindre atteinte.

La Reine accorda aussi presque en ce même temps, par sa prudence, une querelle importante, qui eût attiré une dangereuse suite si elle n'eût été promptement assoupie.

Un jour, étant à table, un grand bruit s'émut dans la chambre; on lui rapporta qu'on y étoit aux mains, ce qui n'étoit pas vrai, mais bien en étoit-on venu aux paroles rudes et atroces. Le baron de La Châtaigneraie, son capitaine des gardes, homme hardi, mais brutal, ayant cru que les ducs d'Epernon et de Bellegarde lui rendoient de mauvais offices sur la prétention qu'il avoit d'obtenir un gouvernement de la Reine,

(2) Charles, duc de Mayenne, célèbre pendant les guerres de la Ligue. Dans les Mémoires on le nomme indifféremment duc de Mayenne ou du Maine.

les trouvant au sortir du cabinet de Sa Majesté, les entreprit de paroles, qui vinrent jusques à tel point, qu'il étoit impossible de ne connoître pas qu'elles intéressoient grandement le duc d'Epernon, et outrageoient tout-à-fait le duc de Bellegarde. Ces seigneurs, pleins de ressentiment, professoient vouloir tirer raison de cette offense; Châtaigneraie, d'autre part, ne demandoit pas mieux que de la leur faire.

Cette querelle eût été capable de faire beaucoup de mal dans la cour, qu'elle eût partagée indubitablement, si la Reine n'eût été conseillée d'y prendre intérêt, comme en effet elle y en avoit beaucoup, vu que ce désordre étant arrivé en sa chambre, le respect qui lui étoit dû avoit été violé.

Elle eût volontiers remis ce qui la touchoit à Châtaigneraie, qui une fois lui avoit sauvé la vie (1); mais il valoit mieux pour lui-même qu'elle le châtiât en apparence, pour satisfaire les grands en effet, que de laisser sa faute impunie : ce qui fit qu'elle se porta sans peine à l'envoyer à la Bastille, où il ne fit qu'entrer et sortir, pour se retirer d'un mauvais pas où il s'étoit mis inconsidérément.

Incontinent après on mit les fers au feu pour éloigner le duc de Sully ; le comte de Soissons y disposa M. le prince; le marquis de Cœuvres eut charge de savoir le sentiment du duc de Bouillon sur ce sujet, qui lui dit qu'il ne pouvoit rien arriver au duc de Sully qu'il n'eût mérité; mais qu'il n'y vouloit en rien contribuer, tant pource qu'il jugeoit bien qu'il n'étoit pas nécessaire, que pource qu'il ne vouloit pas que les huguenots lui pussent reprocher qu'il eût éloigné un des frères du ministériat.

M. le prince et M. le comte de Soissons en parlèrent les premiers à la Reine, les ministres suivirent, et le marquis d'Ancre lui donna le dernier coup.

Ainsi il se vit contraint de se retirer au commencement de février, chargé de biens que le temps auquel il avoit servi lui avoit acquis, mais d'envie pour la grande autorité avec laquelle il avoit fait sa charge, et de haine pour son humeur farouche. On peut dire avec vérité que les premières années de ses services furent excellentes, et si quelqu'un ajoute que les dernières furent moins austères, il ne sauroit soutenir qu'elles lui aient été utiles sans l'être beaucoup à l'Etat.

Sa retraite n'est pas plutôt faite, que plusieurs se mettent en devoir de poursuivre la victoire contre lui pour avoir ses dépouilles.

Pour parvenir à cette fin, on essaya de rompre le mariage du marquis de Rosny avec la fille

(1) Lorsqu'elle faillit se noyer en 1606.

du maréchal de Créqui, pour n'avoir pas en tête le maréchal de Lesdiguières, et on fit proposer par le marquis de Cœuvres à M. le duc de Bouillon, de lui donner le gouvernement de Poitou qu'il avoit : à quoi ledit duc témoignant incliner, le marquis d'Ancre lui en alla porter parole expresse de la part de la Reine ; mais enfin elle changea d'avis avec grand sujet, n'étant pas raisonnable de maltraiter un personnage dont les services avoient été avantageux à la France, sans autre prétexte que parce qu'étant utile au public il l'avoit été à lui-même.

La charge de surintendant fut divisée entre le président Jeannin, les sieurs de Châteauneuf et de Thou, qui furent nommés directeurs des finances, le dernier y ayant été mis pour le faire départir de la prétention qu'il avoit en la charge de premier président, qu'il désiroit avoir du président de Harlay son beau-frère; à quoi le nonce du Pape s'opposoit tant qu'il pouvoit, pour le soupçon qu'il avoit donné par son *Histoire* de n'avoir pas les sentiments tels qu'un vrai catholique doit avoir pour la foi (2).

Pour obtenir l'éloignement de ce personnage, les ministres représentèrent à la Reine que la rudesse de son esprit lui en faisoit perdre beaucoup d'autres; que, outre son propre naturel qui le portoit à traiter incivilement avec tous ceux qui étoient au-dessus de lui, il en usoit ainsi pour avoir droit d'être peu civil avec elle; qu'il avoit vécu de cette sorte avec le feu Roi, qui le souffroit, tant par une bonté extraordinaire, que parce qu'il estimoit que cette humeur barbare effarouchoit ceux qui autrement l'eussent accablé d'importunités et de demandes ; mais que la saison ne permettoit plus ni les contestations d'un tel esprit envers son maître, ni les offenses que chacun recevoit, plus de l'aigreur de ses refus que des refus mêmes; que, bien qu'il agit avec peu de prudence dans les affaires, il ne laissoit pas néanmoins de s'attribuer la gloire et les effets des bons conseils qui ne venoient pas de lui.

Qu'au reste, s'il avoit bien fait les affaires du Roi en son administration, il n'avoit pas oublié les siennes, ce qui paroissoit d'autant plus clairement, qu'étant entré avec six mille livres de rente en la charge, il en sortoit avec plus de cent cinquante mille ; ce qui l'avoit obligé à retirer de la chambre des comptes la déclaration de son bien, qu'il avoit mise au greffe quand il entra dans les finances, afin qu'on n'eût pas de quoi justifier par son propre seing qu'il eût tant profité des deniers du Roi.

Ils ajoutèrent qu'il étoit à propos d'éteindre la

(2) Ce qui suit est évidemment une autre version du fait qui vient d'être raconté.

qualité de surintendant des finances, qui donnoit trop d'autorité à celui qui en étoit pourvu, et qu'il valoit mieux diviser cette charge à plusieurs personnes de robe longue, dont la Reine disposeroit avec plus de facilité, que de la laisser à un homme seul et particulièrement d'épée, dont la condition rendoit d'ordinaire les hommes insolens.

Mais ils ne disoient pas qu'en s'ôtant de dessus les bras un ennemi puissant leur intention étoit de se réserver toute l'autorité de sa charge : ils prétendoient tous y avoir part; et le but du chancelier étoit de la réunir à la sienne, ainsi qu'en effet il arriva, le président Jeannin, qui fut créé contrôleur général, et tous les autres directeurs des finances, dépendant absolument de lui, en tant qu'ils ne pouvoient rien conclure sans sa voix.

La maison de Guise fut la seule qui assista le duc de Sully; elle essaya d'empêcher ou retarder sa chute, non pour l'affection qu'elle lui portât, mais par opposition au comte de Soissons et à la maison de Bourbon. Entre les seigneurs de la cour, Bellegarde fut aussi le seul qui parla pour lui, à cause de l'étroite liaison qu'il avoit avec ceux de Guise; de son chef il étoit son ennemi plus qu'aucun autre, pour en avoir reçu de très-mauvais offices du temps du feu Roi.

Si la foiblesse avec laquelle nous avons remarqué, au livre précédent, que le duc de Sully se gouverna quand il perdit son maître, et l'étonnement et l'irrésolution en laquelle il se trouva lors, témoignant clairement que les esprits présomptueux et farouches ne sont pas souvent les plus courageux, sa conduite en ce nouvel accident fait voir que ceux qui sont timides dans les périls où ils croient avoir à craindre pour leur vie, ne le sont pas moins aux occasions où ils voient bien que le plus qu'ils peuvent appréhender est la diminution de leur fortune.

La Reine, lui redemandant sa charge, lui demanda aussi le gouvernement de la Bastille, dans laquelle étoient les finances du Roi.

Bien que ce coup ne le surprît pas à l'imprévu, et qu'il le vit venir de loin, il ne put toutefois composer son esprit en sorte qu'il ne le reçût avec foiblesse.

Il céda parce qu'il falloit obéir, mais ce fut avec plaintes; et sur ce que la Reine lui fit dire qu'il lui avoit plusieurs fois offert de se démettre de ses charges, il répondit qu'il l'avoit fait ne croyant pas qu'on le dût prendre au mot. Il demanda d'abord d'être récompensé; puis, revenant à soi et s'apercevant de sa faute, il se plaignit des offres qu'on lui fit sur ce sujet, comme s'il n'y eût pas donné lieu par ses demandes.

Il est vrai qu'on n'avoit autre intention que de lui faire un pont d'or, que les grandes ames souvent méprisent lorsqu'en leur retraite ils peuvent eux-mêmes s'en faire un de gloire.

On a vu peu de grands hommes déchoir du haut degré de la fortune sans tirer après eux beaucoup de gens; mais la chute de ce colosse n'ayant été suivie d'aucune autre, je ne puis que je ne remarque la différence qu'il y a entre ceux qui possèdent les cœurs des hommes par un procédé obligeant et leur mérite, et ceux qui les contraignent par leur autorité.

Les premiers s'attachent tellement leurs amis, qu'ils les suivent en leur bonne et mauvaise fortune, ce qui n'arrive pas aux autres.

Pendant que ces choses se passent à la cour, le duc de Savoie, qui à la mort du feu Roi étoit armé pour son service contre les Espagnols, s'étant accommodé avec eux, fait passer ses troupes de Piémont en Savoie, avec dessein de se servir du temps pour assiéger Genève.

Il est à noter à ce propos que cette place est de long-temps en la protection du feu Roi; feu Sancy, étant ambassadeur en Suisse en 1579, traita le premier une alliance perpétuelle de cette ville avec le Roi.

Henri III, la recevant et comprenant dans le traité qui est entre la couronne de France et les Ligues, fit qu'aucuns cantons s'obligèrent à fournir un certain nombre d'hommes pour sa défense, au cas qu'elle fût attaquée par quelqu'un de ses voisins; elle fut ensuite comprise dans la paix de Vervins sous le nom des alliés et confédérés des seigneurs des Ligues.

D'où vient que le duc de Savoie, qui a toujours muguetté cette ville qui est à sa bienséance, n'a jamais osé l'attaquer à force ouverte; mais seulement il a tâché de la surprendre auparavant qu'elle pût être secourue du Roi, qui témoigna toujours la vouloir défendre, et leur donna avis de la dernière entreprise que Le Terrail avoit sur elle; dont elle se donna si bien de garde, qu'elle l'attrapa au pays de Vaux et lui fit trancher la tête.

Au premier bruit des desseins du duc de Savoie, force huguenots de qualité s'y rendent, et, d'autre part, la Reine envoie le sieur de Barault audit duc pour le convier de désarmer, lui remontrant qu'il tenoit ses voisins en jalousie, et qu'elle ne pouvoit souffrir l'entreprise qu'on disoit qu'il vouloit faire contre les alliés de cette couronne.

Barault étant revenu avec réponse qui ne contentoit pas Sa Majesté, elle lui renvoya La Varenne, qui lui parla de sorte qu'il licencia ses troupes, voyant bien que ses desseins ne lui réussiroient pas pour lors.

Bellegarde, qui sur la nouvelle de ce siége avoit été envoyé en son gouvernement, voulant en visiter toutes les places, ne fut pas bien reçu à Bourg en Bresse, où il fut tiré des mousquetades à quelques-uns des siens qui en approchèrent de trop près.

Le sieur d'Alincour, à qui cette place faisoit ombre pour être trop proche de Lyon, qui par ce moyen n'étant plus frontière étoit de moindre considération, prit cette occasion de faire conseiller à la Reine d'en ôter Boesse et la faire démanteler, sous ombre que Boesse étoit huguenot, et que les Suisses, Genève, Bourg et M. de Lesdiguières étoient trop proches, tous d'un même parti. On pouvoit récompenser Boesse, y mettre un catholique affidé au Roi, et conserver la place; mais on fit trouver meilleur de donner à Boesse cent mille écus qu'il voulut avoir avant que d'en sortir, puis la raser. On devoit par raison d'Etat la conserver; mais le mal de tous les Etats est que souvent l'intérêt des particuliers est préféré au public.

Le prince de Condé, qui dès le temps du feu Roi avoit eu le gouvernement de Guienne, témoigna désirer en vouloir aller prendre possession; cela donna quelque soupçon à la Reine. Néanmoins, comme elle le vit affermi en cette résolution, elle ne crut pas devoir s'y opposer formellement; mais elle donna si bon ordre à tout, que quand il eût eu intention de mal faire il n'eût su l'effectuer.

Le duc d'Epernon profita de ce soupçon; car, étant sur le point de partir malcontent de la cour, on lui donna charge de veiller aux actions de M. le prince, et on lui fit force caresses en partant.

Le temps de l'assemblée de Saumur étant arrivé, chacun la considéroit comme un orage qui menaçoit la France; mais la bonace fut bientôt assurée, et les mauvais desseins des esprits factieux, qui pour profiter de nos malheurs avoient entrepris en cette assemblée de prendre les armes, furent dissipés.

Pour mieux comprendre ce qui se passa en cette assemblée, il faut remarquer qu'aussitôt que le feu Roi fut mort, ceux de la religion prétendue réformée commencèrent à considérer les moyens qu'il y auroit de profiter du bas âge du Roi, et de l'étonnement auquel tout l'Etat étoit par la perte d'un si grand prince. Pour parvenir à leurs desseins, ils poursuivirent une assemblée générale, et en firent d'autant plus d'instance, que le temps auquel il leur étoit permis par l'édit de 1597 de la demander pour nommer leurs députés généraux, échéoit cette année.

La Reine-mère, qui avoit été déclarée régente, et le conseil qui étoit auprès d'elle, jugèrent bien qu'ils ne manqueroient point de faire des cahiers, par la difficulté ou impossibilité desquels ils réduiroient les choses aux extrémités; tellement qu'afin de gagner temps on ne leur bailla point de brevet pour s'assembler cette année-là, mais seulement pour la suivante, que l'on comptoit 1611, et ce en la ville de Saumur.

Or il est à remarquer que le malheur de la mort du Roi trouva M. de Sully dans l'emploi, et M. de Bouillon éloigné de la cour. Ainsi celui-là favorisoit les intentions de Sa Majesté, et celui-ci se vouloit autoriser par le parti des huguenots; ce qui fit qu'en l'intervalle du brevet et de la tenue de l'assemblée, ledit sieur de Bouillon envoya dans les provinces gens exprès vers les ministres avec des mémoires, pour charger les cahiers des assemblées provinciales qui devoient précéder la générale. Ces mémoires ne contenoient que plaintes et requêtes de choses irréparables et impossibles, afin que, par ces difficultés et sous le prétexte de ne pouvoir obtenir leurs demandes, l'assemblée générale demeurât toujours sur pied, et que, cela ne pouvant être supporté par raison, les choses allassent à ce point, ou que l'on commençât la guerre pour les faire cesser, ou qu'on les tolérât par impuissance, et par ce moyen mettre Etat contre Etat.

Les ministres (1), susceptibles de toutes les choses qui choquoient l'autorité royale, font des colloques chacun en leur détroit, communiquent lesdits mémoires, et se préparent de les faire passer aux assemblées provinciales.

Pendant qu'on travaille de cette façon dans leurs églises particulières, les faces changent à la cour, la Reine commandant à M. de Sully de se retirer, et à M. de Bouillon de s'approcher de Leurs Majestés.

En ce changement, le duc de Rohan s'intéressa dans la disgrâce du duc de Sully son beau-père; et, ayant concerté avec lui de ce qu'ils avoient à faire, ils trouvèrent, par l'avis de leurs amis, qu'il n'y avoit point de meilleur remède pour eux que d'appuyer et faire valoir les avis que M. de Bouillon avoit envoyés. Ce dernier au contraire eût bien désiré de les ravoir, ou en tout cas de faire connoître que les affaires n'étoient plus aux termes où elles étoient auparavant, et qu'il avoit trouvé la cour bien disposée à l'avantage de leurs églises, ce qu'il fit entendre le mieux qu'il put aux ministres. Mais il ne fut pas malaisé aux autres de persuader à tous les prétendus réformés, de quelque qualité qu'ils se trouvassent, que son intérêt le faisoit parler ainsi; que c'étoit un membre gâté,

(1) Du culte réformé.

et qu'il y avoit plus d'apparence de le retrancher que de le croire. Il promet néanmoins à la cour qu'il a assez de puissance pour se faire élire président à l'assemblée, et qu'il y aura assez d'amis pour empêcher qu'elle ne grossisse le cahier de ses demandes d'articles qui puissent fâcher.

Surtout il assure que Le Plessis-Mornay, gouverneur de Saumur, le secondera comme son ami, et comme celui duquel il disoit avoir la parole.

Enfin les mois de mars et d'avril arrivèrent, destinés à tenir les assemblées provinciales qui devoient précéder la générale, et auxquelles on devoit nommer les députés qui s'y devoient trouver.

C'est là où tout le pouvoir du duc de Bouillon, qui vouloit défaire ce qu'il avoit fait, fut vain, le parti contraire ayant tellement prévalu, qu'il fit résoudre tous les articles et demandes qu'il voulut, et députer ceux qu'il estimoit les plus séditieux et les plus éloignés du repos et de leur devoir.

Les provinces avoient grande raison de ne croire pas le duc de Bouillon, lors plus intéressé dans la cour qu'à leur cause; mais ils ne devoient pas suivre les autres, qu'ils connoissoient préoccupés de passion pour avoir été maltraités de la cour.

Tous se trouvèrent à Saumur au mois de mai, où le duc de Bouillon fut bien étonné lorsqu'il apprit de ses amis que Le Plessis avoit changé de note; qu'il avoit été ménagé par les ducs de Sully et de Rohan, arrivés quelques jours auparavant, et qu'au lieu de le porter à la présidence, on savoit avec certitude qu'il étoit résolu de la briguer pour soi : ce qui parut le lendemain, en ce que de cent soixante suffrages qu'il y avoit, il n'y en eut pas dix pour lui (1). On lui (2) donne pour adjoint le ministre Chamier, et pour scribe Desbordes-Mercier, deux des plus séditieux qui fussent en France, comme ils témoignèrent pendant tout le cours de l'assemblée, où celui-là ne fit que prêcher feu et sang, et celui-ci porter les esprits autant qu'il lui fut possible à des résolutions extrêmes.

Le duc de Bouillon ne fut pas seulement tondu en ce commencement, mais en toute la suite de l'assemblée, en laquelle il ne put jamais s'assurer plus de vingt-deux voix de la noblesse et de celle d'un ministre; encore peut-on dire avec vérité qu'ils n'étoient pas attachés à sa personne, mais à la raison et au bien de l'Etat, qu'il tâchoit de procurer par son intérêt : le nombre des bons étant du tout inférieur à celui des malintentionnés, il fut impossible d'empêcher que les cahiers fussent composés de façon que, quand le conseil même eût été huguenot, il n'eût su leur donner contentement.

Boissise et Bullion (3), députés du Roi en cette assemblée, n'oublièrent rien de ce qu'ils purent, dès son commencement jusqu'à sa fin, pour les porter à la raison; mais leur peine fut inutile.

Leurs demandes, portées à la cour par deux députés, y furent répondues, non avec autant d'autorité que la raison le requéroit, mais selon que le temps le pouvoit permettre. Bullion les reporte, il harangue cette compagnie le 5 de juin, pour l'exhorter à demeurer dans les bornes de leur devoir; il leur représente que le temps de la minorité du Roi requéroit plus d'humilité et d'obéissance qu'aucun autre.

Il les assure que, par ce moyen, ils auroient juste satisfaction sur leurs cahiers; ensuite de quoi il leur déclara que l'assemblée n'étant permise par le Roi qu'aux fins de nommer les députés, et représenter leurs plaintes, ainsi qu'ils avoient accoutumé, et que l'édit de pacification le requéroit, il avoit charge de Sa Majesté de leur commander de sa part de procéder à la nomination de leurs députés, se séparer ensuite, après toutefois qu'il leur auroit donné les réponses qu'il avoit apportées de la cour.

Ce discours surprit ces mutins, qui n'estimoient pas qu'en un temps si foible on dût prendre une résolution si hardie et si contraire à leurs desseins; ils résistèrent aux volontés du Roi, le parti des factieux étant beaucoup plus fort que celui des pacifiques.

Comme les uns disoient que la pratique ordinaire et la raison les obligeoient à obéir, les autres soutenoient ouvertement qu'il ne falloit pas perdre un temps propre à avantager leurs églises; à quoi le sieur du Plessis, président, ajouta que lorsque le prince étoit mineur il falloit qu'ils se rendissent majeurs.

Après beaucoup de contestations, l'assemblée rendit réponse au sieur de Bullion qu'ils ne pouvoient ni nommer leurs députés ni se séparer, sans, premièrement, avoir la satisfaction qu'il leur faisoit attendre.

Le duc de Bouillon, après plusieurs assemblées qui se faisoient de part et d'autre, estima que le seul remède qui se pouvoit trouver en un tel désordre, étoit qu'il plût au Roi envoyer pouvoir à ceux de son parti, dont les principaux étoient Châtillon, Parabère, Brassac, Villemade, Guitry, Bertichères, jusqu'au nombre de vingt-trois, de recevoir les cahiers répondus par Sa Majesté, et nommer leurs députés en cas que les autres ne le voulussent faire.

(1) Le duc de Bouillon.
(2) A du Plessis-Mornay.
(3) Tous deux conseillers d'État.

Cette dépêche étant venue de la cour, ceux du parti contraire furent tellement transportés de colère et de rage contre ce nombre de gentilshommes, qu'à la séance où il faut dire absolument oui ou non, le gouverneur, qui étoit président, fit cacher des mousquetaires au-dessus de sa chambre où l'on étoit, pour mettre main basse si le petit nombre ne s'accordoit au plus grand. Mais celui-là, composé de personnes de qualité, se résolut à se bien défendre, et ceux qui en étoient, étant non-seulement entrés avec hardiesse en l'assemblée, mais ayant fait mettre tous leurs amis dans la basse-cour pour courir à eux au premier bruit qu'ils entendroient, firent que les autres se rattiédirent en leur chaleur, et finalement consentirent le 3 de septembre à la nomination des députés, et ensuite à la séparation de l'assemblée, avec tel mal de cœur toutefois, qu'ils résolurent ensemble que chaque député de ceux qui étoient à leur dévotion s'en iroit en sa province, et y feroit trouver mauvais, autant qu'il lui seroit possible, le procédé du parti contraire et celui de la cour, afin qu'on renouât une assemblée, ou qu'on cherchât, par le moyen des cercles qu'ils avoient introduits (1), quelque nouveau moyen pour troubler le repos de l'Etat, et tâcher de pêcher en eau trouble.

Pendant que ces infidèles sujets du Roi essayoient de saper par leurs menées les fondemens de l'autorité royale, ces mêmes, non moins infidèles serviteurs de Dieu, firent un nouvel effort pour tâcher de faire le semblable de la monarchie de l'Eglise, mettant au jour un détestable livre sous le nom du Plessis-Mornay, qui avoit pour titre : *Le Mystère de l'iniquité, ou Histoire de la papauté*, par lequel ils s'efforçoient de faire croire aux simples que le Pape s'attribuoit plus de puissance en la terre que Dieu ne lui en avoit concédé.

Pour étouffer ce monstre en sa naissance, la Sorbonne le condamna aussitôt qu'il vit le jour, et supplia tous les prélats d'avertir les ames que Dieu leur a commises de rejeter ce livre, pour n'être infectées du poison dont il étoit rempli.

En même temps Mayenne fit imprimer un livre séditieux pour le temps, intitulé : *De la Monarchie aristocratique*, par lequel il mettoit en avant, entre autres choses, que les femmes ne devoient être admises au gouvernement de l'Etat. La Reine le fit supprimer, et en confisquer tous les exemplaires; mais elle jugea à propos, pour n'offenser pas les huguenots, de pardonner à l'auteur.

L'assemblée dont nous venons de parler fut la source de beaucoup de troubles que nous verrons ci-après.

Villeroy, qui avoit été toujours nourri dans les guerres civiles, et qui avoit une particulière expérience de celles qui étoient arrivées sous le règne du roi Charles IX et de la reine Catherine de Médicis, soutenoit qu'y ayant deux partis dans le royaume, l'un de catholiques, l'autre de huguenots, il falloit s'attacher à l'un ou l'autre. Au contraire, ceux qui avoient été nourris dans les conseils du feu Roi estimoient cette proposition dangereuse, et conseilloient à la Reine de ne se lier à aucune faction, mais d'être la maîtresse des uns et des autres au nom du Roi, et, par ce moyen, reine et non partiale.

La foiblesse avec laquelle on souffrit que les huguenots commençassent leurs brigues et leurs factions, leur donna lieu de croire que la suite en seroit impunie. L'audace dont usa Chamier en demandant la permission de s'assembler peu après la mort du feu Roi, n'ayant point été châtiée, ils estimèrent pouvoir tout entreprendre. Ce ministre impudent osa dire hautement, parlant au chancelier, que si on ne leur accordoit la permission qu'ils demandoient, ils sauroient bien la prendre; ce que le chancelier souffrit avec autant de bassesse que ce mauvais Français le dit avec une impudence insupportable.

Il falloit arrêter et prendre la personne de cet insolent; l'on eût pu ensuite l'élargir pour témoigner la bonté du Roi, après avoir fait paroître son autorité et sa puissance.

On eût pu aussi permettre l'assemblée, comme on fit, puisque raisonnablement on ne pouvoit la refuser au temps qu'elle devoit être tenue par les édits; mais, tirant profit de la faute de cet impudent, il falloit l'en exclure, vu qu'il étoit impossible de ne prévoir pas que, s'il avoit été assez hardi pour parler comme il avoit fait dans la cour, il oseroit tout faire dans l'assemblée, où, en effet, il ne fut pas seulement greffier, mais un des principaux instrumens des mouvemens déréglés qui l'agitèrent. Qui soutient la magistrature avec foiblesse donne lieu au mépris, qui engendre enfin la désobéissance et la rebellion ouverte.

En un mot, la plus grande part des esprits de cette assemblée conspirèrent tous à se servir du temps; mais, ne s'accordant pas des moyens propres pour venir à leurs fins, la division qui se trouva entre ceux qui étoient seulement unis au dessein de mal faire en général, donna lieu à Bullion, commissaire du Roi, de profiter des envies et jalousies qui étoient entre eux, pour porter les plus mauvais aux intérêts publics par les leurs particuliers, dont il les rendit capables.

(1) Les cercles étoient composés de quatre ou cinq provinces voisines.

Et ainsi de plusieurs demandes que faisoit l'assemblée, préjudiciables à l'Eglise et à l'Etat, ils n'en obtinrent aucune de considération, outre ce dont ils jouissoient du temps du feu Roi.

On fut fort content du duc de Bouillon, auquel, à son retour, on donna l'hôtel qui depuis a porté son nom, au faubourg Saint-Germain; mais il ne le fut pas de la cour, car, bien qu'il ne servît pas en cette occasion sans en recevoir grande utilité, il en espéroit davantage.

Il croyoit si bien qu'on le mettroit dans le ministère de l'Etat, que, se voyant frustré à son retour de cette attente, il dit à Bullion qu'on l'avoit trompé, mais qu'il brûleroit ses livres ou qu'il en auroit revanche; et dès lors il se résolut d'empiéter sur l'esprit du prince de Condé, pour lui faire faire tout ce que nous verrons par après.

Le duc de Bouillon avoit tort, à mon avis, de dire que l'on l'avoit trompé; car je tiens les ministres qui gouvernoient lors, trop sages pour lui avoir promis de le faire appeler au ministère de l'Etat, étant de l'humeur qu'il étoit et de la croyance qu'il professoit. Il devoit plutôt dire qu'il s'étoit trompé, se flattant lui-même par vaines espérances de ce qu'il désiroit.

En effet, promettre et tenir à ceux qui ne se conduisent que par leurs intérêts ce qu'ils peuvent justement attendre de leurs services, et leur laisser espérer d'eux-mêmes ce qu'ils souhaitent outre la raison, sans qu'ils puissent croire qu'on leur ait rien promis, n'est pas un mauvais art de cour dont on puisse blâmer ceux qui le pratiquent; mais jamais il ne faut promettre ce qu'on ne veut pas tenir; et si quelqu'un gagne quelquefois en ce faisant, il se peut assurer que son mauvais procédé étant connu, il perdra bien davantage.

Tandis que les huguenots se mutinoient en leur assemblée contre l'Etat, nos théologiens n'étoient pas en paix à Paris entre eux.

Il arriva, le dimanche de la Trinité, une grande dissension en la Faculté de théologie, sur ce qu'un dominicain espagnol soutint, en des thèses qu'il mit en avant au chapitre général que son ordre tenoit lors à Paris, que le concile n'est en aucun cas au-dessus du Pape.

Richer, syndic de la Faculté, s'adresse à Coeffeteau, prieur des jacobins, et le reprend d'avoir souffert que cette proposition fût insérée dans la thèse. L'autre s'excuse sur ce qu'au temps du chapitre général il n'a plus d'autorité; qu'au reste il n'en a pas plus tôt été averti qu'il en a donné avis à messieurs les gens du Roi, qui ont estimé que le meilleur remède qu'on pouvoit apporter à cette entreprise imprévue, étoit d'empêcher qu'on agitât cette proposition en l'acte qui se devoit faire.

Le syndic, au contraire, craignant que le silence de la Faculté pût être un jour imputé à consentement, commande à Bertin, bachelier, de l'impugner. Celui-ci, pour satisfaire à l'ordre qu'il avoit reçu, proposa que tout ce qui est contre la détermination d'un concile œcuménique, légitime et approuvé, est hérétique; que ladite proposition est contre la détermination du concile de Constance, qui est œcuménique, légitime et approuvé, et par conséquent hérétique.

A ce mot d'hérétique, le nonce qui y étoit présent s'émut; le président, qui étoit espagnol, dit qu'il n'avoit mis cette assertion aux thèses de son répondant que comme problématique; le cardinal du Perron dit que la question se pouvoit débattre de part et d'autre, et ainsi la dispute se termina.

Deux jours après, un autre dominicain proposa d'autres thèses, dans lesquelles il disoit qu'il appartient au Pape seul de définir les vérités de la foi, et qu'en telles définitions il ne peut errer. Cette proposition étant une preuve de la précédente, on estima qu'il en falloit arrêter le cours; pour cet effet on ferma les écoles pour quelques jours, et ces thèses ne furent point disputées.

Au même temps il s'éleva un tumulte à Troyes, qui ne fut pas petit, contre les jésuites, qui, prenant l'occasion d'un maire qui leur étoit affectionné, crurent devoir, au temps de sa mairie, faire ce qu'ils pourroient pour s'y établir. Ils sondèrent le gué, et en firent faire la proposition au commencement de juillet.

Il y en avoit dans la ville qui les désiroient, le plus grand nombre n'en vouloit point; il y eut entre eux de grandes contestations en une assemblée qu'ils firent sur ce sujet, à l'issue de laquelle ceux qui tenoient leur parti dépêchèrent à la cour, pour faire entendre à la Reine que les habitans les demandoient; les autres envoyèrent un désaveu, remontrant que, dès l'an 1604, ces bons pères avoient demandé permission au feu Roi de s'installer en leur ville, sous prétexte qu'elle les demandoit; ce qui ne se trouva pas; qu'ensuite la compagnie avoit obtenu des lettres par lesquelles Sa Majesté faisoit connoître au corps de ville qu'ils lui feroient plaisir de les recevoir.

Cette grâce leur ayant été refusée, ils obtinrent des lettres patentes, avec clause au premier maître des requêtes, bailli de Troyes, ou son lieutenant, de les mettre à exécution. Par ce moyen, voulant emporter d'autorité ce qu'on avoit premièrement présupposé être désiré des habitans, ils furent de nouveau déboutés de leurs prétentions; ce dont les habitans se prévaloient, disant que les mêmes raisons qui empêchèrent leur établissement du temps du feu Roi étoient encore en leur vigueur; que leur ville ne subsiste que par leurs manufactures et la marchandise; que deux ou trois métiers lui valent mieux que dix mille écoliers; qu'ils n'ont point, grâce à Dieu, de huguenots en la conversion desquels les jésuites aient lieu de s'employer, et qu'ayant jusqu'alors vécu en paix, ils craignoient qu'on jetât entre eux des semences de division, à quoi le naturel du pays, et particulièrement ceux de la ville, sont assez sujets.

Ces raisons ayant été pesées au conseil, la Reine n'estima pas devoir contraindre cette ville à souffrir cet établissement contre leur gré; elle leur manda qu'elle n'avoit eu volonté de les y mettre que sur la prière qui lui en avoit été faite en leur nom, et n'y vouloit penser qu'en tant qu'ils le désiroient.

Si elle s'occupe à remédier aux désordres de cette ville particulière, elle n'étend pas moins sa pensée au soulagement de tout le peuple en général; elle décharge par une déclaration du mois de juillet du reste des arrérages des tailles, qui n'avoient pu être payées depuis l'an 1597 jusqu'en 1603.

D'autre part, le jeu excessif où elle apprend que les sujets du Roi se laissent aller, à la ruine des meilleures familles du royaume, lui donne lieu de défendre, par arrêt, les académies publiques.

Et sachant que l'édit des duels qui avoit été publié du temps du feu Roi, étoit éludé sous le nom de rencontres, ceux qui avoient querelle se donnant des rendez-vous si couverts qu'il étoit impossible de justifier qu'ils contrevinssent à la défense des appels, elle fit faire une déclaration qui portoit que, s'il avenoit que ceux qui auroient le moindre différend ensemble, pour eux ou pour leurs amis, par après vinssent aux mains en quelque rencontre, ils encourroient les peines ordonnées par l'édit des duels contre les appelans, lesdites rencontres étant réputées comme faites de guet-apens. Cette déclaration fut vérifiée au parlement le 11 de juillet.

Elle eut aussi un très-grand soin de faire éclaircir par le parlement l'affaire de la demoiselle Descouman, qui accusoit le duc d'Epernon d'avoir trempé à l'exécrable parricide commis en la personne de Henri-le-Grand. Le parlement ayant examiné soigneusement cette accusation, en avéra la fausseté si clairement, que, pour arrêter le cours de semblables calomnies, il condamna cette misérable à finir sa vie entre quatre murailles. Cet arrêt est du 30 de juillet.

Cette auguste compagnie l'eût fait mourir par le feu, à la vue de tout le monde, si sa fausse accusation eût été d'un autre genre; mais où il s'agit de la vie des rois, la crainte qu'on a de fermer la porte aux avis qu'on peut donner sur ce sujet, fait qu'on se dispense de la rigueur des lois.

En ce même temps la Reine estima à propos, par l'avis des ministres, de décharger le sieur des Yvetaux de l'instruction du Roi, sur la réputation qu'il avoit d'être libre en ses mœurs et indifférent en sa croyance: elle mit en sa place Le Fèvre, homme d'insigne réputation pour sa doctrine et pour sa piété, qui avoit été choisi par le feu Roi pour instruire le prince de Condé. Mais, tandis que toutes ces choses se font, et que la Reine a l'œil ouvert à mettre un si bon ordre en cet Etat, Conchine, correspondant peu à cette bonne intention et à ce soin de la Reine, se laisse emporter à la vanité de sa présomption, et prend des visées peu convenables à sa naissance et à sa condition étrangère, et par son ambition commence à épandre les semences de beaucoup de divisions que nous verrons bientôt éclore.

Dès le premier mois de la régence de la Reine il acheta le marquisat d'Ancre; tôt après il récompensa le gouvernement de Péronne, Roye, Montdidier, la lieutenance de roi qu'avoit Créqui en Picardie.

Tregny, gouverneur de la ville et citadelle d'Amiens, étant mort durant l'assemblée de Saumur, il eut tant de crédit qu'il emporta ce gouvernement nonobstant les traverses que lui donnèrent les ministres, qui favorisoient d'autant plus hardiment La Curée en la même prétention, qu'ils croyoient lors le pouvoir de ce favori dépendre plus de sa femme que de lui-même, et qu'ils savoient ensuite qu'elle le reconnoissoit si présomptueux, qu'appréhendant d'en être méprisée si toutes choses lui réussissoient à souhait, elle étoit bien aise quelquefois de traverser ses desseins, pour qu'il eût besoin d'elle et ne se méconnût pas en son endroit.

Sur ce fondement ils s'opposèrent vertement au dessein du marquis; mais leurs instances furent inutiles, parce que sa femme, désireuse d'honneurs, considérant qu'elle n'en pouvoit avoir sans le nom de son mari, n'oublia rien de ce qu'elle put auprès de la Reine pour obtenir ce gouvernement.

Cette opposition que les ministres firent en cette occasion contre le marquis d'Ancre commença à le dégoûter d'eux, et lui fit résoudre d'en prendre revanche lorsqu'il en auroit l'occasion. Il en falloit moins de sujet à un Italien pour le porter à leur ruine.

Son outrecuidance lui donna bientôt un plus vif et sensible sujet de leur vouloir mal; car, ayant bien osé concevoir en son esprit l'espérance du mariage d'une des filles du comte de Soissons avec son fils, ce qu'il faisoit traiter par le marquis de Cœuvres, l'opposition ouverte que les ministres firent à ce dessein, qui leur fut découvert par le marquis de Rambouillet, les mit aux couteaux tirés.

Une hardiesse de favori qu'il commit à Amiens leur donna beau jeu de venir à leurs fins. Il ne fut pas plus tôt en cette place qu'il traita avec les sieurs de Prouville (1) et de Fleury, lieutenant et enseigne de la citadelle, et établit ses créatures en leur place, sans en avertir la Reine.

Peu de jours après, ayant besoin de quelque argent pour sa garnison, il emprunta du receveur général douze mille livres sur sa promesse.

Ces deux actions furent représentées à la Reine comme des entreprises de mauvais exemple: ils exagérèrent la seconde comme une violence commise en la personne d'un officier du Roi, et lui remontrèrent ensuite qu'il en feroit bien d'autres si le mariage de son fils avec la fille du comte se parachevoit.

Le marquis d'Ancre, trouvant à son retour l'esprit de la Reine altéré, s'excusa le mieux qu'il put envers le comte, qui, jugeant bien que les ministres étoient cause de ce changement, craignit, non sans raison, que, pensant l'avoir offensé, ils n'en demeurassent pas là, mais recherchassent tous moyens de le mettre dans les mauvaises grâces de la Reine.

La première preuve qu'il en ressentit fut le refus de l'acquisition du domaine d'Alençon, lequel il avoit retiré du duc de Wurtemberg sur l'espérance qu'on lui avoit donnée qu'on ne l'auroit pas désagréable; pour l'exclure avec prétexte de cette prétention, la Reine fit cet acquêt pour elle-même.

Il s'en sentit tellement piqué, qu'il se résolut de s'unir avec M. le prince, et s'acquérir le plus d'amis qu'il pourroit; les ministres, en ayant eu le vent, firent dépêcher, à son insu, un courrier à M. d'Epernon, et un autre à M. le prince, pour les faire revenir.

Messieurs de Guise, marris de l'union qu'ils voyoient entre M. le comte et le marquis d'Ancre, étant en ce point de même sentiment que les ministres, bien que par intérêts divers, se résolurent de contribuer ce qu'ils pourroient pour la rompre.

(1) Ce doit être une erreur de nom. Prouville resta dans Amiens, où il fut tué en 1616.

Considérant le marquis de Cœuvres comme le lien de cette alliance, qui leur étoit aussi odieuse pour la haine qu'ils portoient au comte de Soissons, qu'elle étoit désagréable aux ministres pour la crainte qu'ils avoient de l'avancement du marquis, ils crurent qu'un des meilleurs moyens de la rompre étoit de se défaire de celui qui en étoit le ciment.

Pour colorer et couvrir la mauvaise action qu'ils se résolurent de faire pour venir à leurs fins, de quelque prétexte qui la déguisât aux yeux des plus grossiers, le chevalier de Guise, rencontrant de guet-apens le marquis de Cœuvres au sortir du Louvre, comme si c'eût été par hasard, fit arrêter son carrosse, et le convia de mettre pied à terre pour qu'il lui pût dire deux mots. Le marquis de Cœuvres, qui étoit sans épée et sans soupçon, tant parce qu'il n'avoit rien à démêler avec ce prince, que parce qu'il l'avoit entretenu le soir auparavant fort long-temps dans le cabinet de la Reine, et que le duc de Guise avoit soupé le jour précédent chez lui, mit tout aussitôt pied à terre; mais il fut bien étonné lorsque, saluant le chevalier de Guise, il lui dit qu'il avoit mal parlé de lui chez une dame, et qu'il étoit là pour le faire mourir. Il le fut encore davantage voyant qu'il mettoit l'épée à la main pour effectuer ses paroles, mais non pas tant que, bien qu'il eût mauvaise vue, il ne vît la porte d'un notaire, nommé Briquet, ouverte, et ne s'y jetât avec telle diligence, que le chevalier, qui étoit accompagné de Montplaisir et de cinq ou six laquais avec épées, ne le pût attraper.

Ce dessein, qui fut blâmé de tout le monde, n'ayant pas réussi, les amis des uns et des autres moyennèrent un accommodement entre le chevalier et le marquis; mais comme le sujet de la querelle qui fut mis en avant étoit simulé, l'accord qui fut fait fut semblable.

En ces entrefaites M. le prince arrivant à la cour, le comte de Soissons, qui étoit sur le point de s'en aller tenir les États de Normandie, n'ayant pu se raccommoder avec la Reine à cause des ministres qui l'empêchoient, désira, devant que de partir, s'aboucher avec M. le prince.

Beaumont, fils du premier président de Harlay, qui prenoit soin des intérêts de M. le prince, ménagea cette entrevue en sa maison près de Fontainebleau. Le marquis d'Ancre fut convié d'y être; les ministres s'y opposèrent, mais il en obtint la permission de la Reine, lui persuadant qu'il prendroit bien garde qu'il ne se passât rien entre ces princes au préjudice de son autorité.

Cette entrevue produisit l'effet qu'avoit désiré M. le comte, qui entra en une si étroite union avec M. le prince, qu'ils se promirent réciproquement de ne recevoir aucun contentement de la cour l'un sans l'autre, et que si l'un d'eux étoit forcé par quelque mauvais événement à s'en retirer, l'autre en partiroit au même temps, et n'y retourneroient qu'ensemble. Ils voyoient bien que les ministres n'avoient autre but que de les séparer, pour se servir de l'un contre l'autre à la ruine de tous deux.

Cette association fut si bien liée, que jamais, pour quelque promesse qu'on leur pût faire, ils ne se laissèrent décevoir, mais se gardèrent la foi qu'ils s'étoient jurée, et ce jusques à la mort de M. le comte, qui arriva un an après.

Le crédit des ministres fut d'autant plus affermi auprès de la Reine par cette union, que Sa Majesté n'en recevoit pas peu d'ombrage. Pour se fortifier contre les princes, ils envoyèrent quérir, de la part de la Reine, le maréchal de Lesdiguières, qui vint aussitôt sous espérance qu'on feroit vérifier ses lettres de duché et pairie, que le Roi lui avoit accordées il y avoit quelque temps.

Mais cette affaire n'ayant pas réussi à son contentement, il se résolut de s'en venger, et prêta pour cet effet l'oreille à beaucoup de cabales et de desseins qui se formèrent avant son partement, et pour éclore et éclater les années suivantes. La mort du duc du Maine, qui par son autorité retenoit les princes en quelque devoir, étant arrivée en ce temps, les esprits des grands s'altérèrent d'autant plus aisément qu'il n'y avoit plus personne dans la cour capable de les retenir. J'interromprai un peu le fil de mon discours, pour dire que depuis que ce prince se fut remis en l'obéissance du feu Roi, il le servit toujours fidèlement. Il rendit preuve au siége d'Amiens de son affection et de sa capacité, lorsque le Roi voulant par son courage donner bataille aux Espagnols, il le lui déconseilla sagement, disant que, puisqu'il n'étoit question que de la prise d'Amiens qu'ils lui abandonnoient en s'en retournant, il mériteroit d'être blâmé si, par le hasard d'un combat, il mettoit en compromis sa victoire, qui autrement lui étoit entièrement assurée.

Il voyoit peu le Roi, tant à cause des choses qui s'étoient passées, que de son âge et de la pesanteur de son corps, étant fort gros; cependant Sa Majesté l'avoit en telle estime, qu'étant malade à Fontainebleau d'une carnosité qui le pensa faire mourir en 1608, elle le nomma à la Reine pour être un des principaux de ceux par le conseil desquels elle se devoit gouverner.

Il ne trompa point le Roi au jugement qu'il fit de lui; car, en voyant après sa mort les princes et les grands qui demandoient augmentation de pensions, il leur dit franchement en plein conseil qu'il leur étoit fort malséant de vouloir rançonner la minorité du Roi, et qu'ils devoient s'estimer assez récompensés de faire leur devoir en un temps où il sembloit qu'on ne pût les y contraindre. Étant à l'extrémité, il donna la bénédiction à son fils à deux conditions : la première, qu'il demeureroit toujours en la religion catholique; la seconde, qu'il ne se sépareroit jamais de l'obéissance du Roi. Il mourut au commencement d'octobre (1).

Sa femme le voyant malade se mit au lit aussi, et mourut sitôt après lui qu'ils n'eurent tous deux qu'une cérémonie funèbre.

M. d'Orléans (2) mourut le mois suivant : la Reine en eut grande affliction; mais si ses larmes la firent reconnoître mère, sa résolution fit voir qu'elle n'avoit pas moins de puissance sur elle que sa dignité lui en donnoit sur les peuples qu'elle gouvernoit lors.

J'ai ouï dire au sieur de Béthune qu'en un autre temps elle fut si peu touchée d'une extrême maladie qu'eut ce prince, que le feu Roi qui vivoit lors le trouva fort étrange, et l'accusa de peu de sentiment vers ses enfans. Mais qui distinguera les temps connoîtra la cause de cette différence, qui consista, à mon avis, en ce qu'elle avoit lors plus d'intérêt à la conservation de son fils que durant la vie du feu Roi, pendant laquelle elle en pouvoit avoir d'autres.

La mort de ce prince causa plusieurs mécontentemens dans la cour, en ce que ses principaux officiers prétendoient tous entrer dans la maison de M. le duc d'Anjou, qui par cette mort demeura frère unique du Roi, et que quelques-uns en furent exclus. Béthune (3), destiné gouverneur du feu duc, n'eut pas la même charge auprès de l'autre; la défaveur de son frère l'en devoit exclure par raison, et la considération de Villeroy, dont Brèves étoit allié, le maintint en l'élection que le feu Roi avoit faite de sa personne pour l'éducation du duc d'Anjou.

Le marquis de Cœuvres fut aussi exclu de la charge de maître de la garde-robe, dont il étoit pourvu du vivant du défunt. Les ministres, craignant son humeur, et se ressouvenant qu'il avoit été entremetteur de l'alliance projetée entre M. le comte et le marquis d'Ancre, firent connoître à la Reine qu'un tel esprit seroit très-

---

(1) Le 3 de ce mois.
(2) Second fils du roi, mort le 17 novembre 1611.
(3) Frère du duc de Sully.

dangereux auprès d'un héritier présomptif de la couronne.

Le marquis d'Ancre ne l'ayant pas assisté en cette occasion comme il le désiroit, il en eut un tel ressentiment, qu'il le quitta et se joignit tout-à-fait au comte de Soissons.

Tandis que la Reine applique son esprit à défendre l'autorité royale de beaucoup de menées qui se firent lors à la cour, elle ne perd pas le soin de la conservation des alliés du Roi.

Un grand tumulte s'étant élevé à Aix-la-Chapelle, premièrement des catholiques contre les protestans, puis des uns et des autres contre le magistrat, tout l'orage tomboit sur les jésuites, qui étoient perdus sans la protection du nom de Sa Majesté.

La source de ce tumulte fut que l'Empereur, en l'an 1598, avoit mis cette ville au ban de l'Empire, parce que les protestans en avoient chassé le magistrat catholique, lequel étant rétabli en son autorité par l'archevêque de Cologne, pour revanche de l'injure qu'il avoit reçue, empêcha qu'aucun autre exercice fût fait dans la ville et dans son territoire, que celui de la religion catholique.

Les protestans, qui supportoient impatiemment cette interdiction, ne virent pas plutôt, en 1610, la ville de Juliers prise et mise en la puissance des princes de Brandebourg et de Neubourg, qu'ils allèrent publiquement au prêche sur les frontières de Juliers.

Le magistrat s'y opposa, et fit défenses de continuer cette pratique commencée, sur peine de prison et d'amende, ou de bannissement à faute de paiement d'icelle. Cette ordonnance fut exécutée avec tant de rigueur, que les catholiques et les huguenots se bandèrent contre le magistrat, les uns par piété et les autres par intérêt : tous coururent aux armes ; ils se saisirent des portes, tendirent les chaînes, et se rendirent maîtres de la ville. Attribuant la cause de ce rude procédé aux jésuites, ils s'animèrent contre eux jusqu'à tel point, qu'ils pillèrent leur maison et leur église, et les conduisirent à l'Hôtel-de-Ville, où ils couroient danger d'être mis à mort, si l'on n'eût publié que le père Jacquinot, qui par bonheur se trouva lors entre eux, étoit domestique de la Reine.

Ce bruit ne fut pas plutôt répandu que la sédition s'apaisa, et que ces bons religieux furent délivrés de la main de ces mutins, qui n'étoient leurs ennemis que parce qu'ils étoient serviteurs de Dieu. Cet accident faisant craindre qu'en un autre temps il en pût arriver quelque chose de semblable, qui fît le mal dont celui-ci n'avoit fait que la peur, la Reine fut conseillée d'envoyer des ambassadeurs pour calmer cet orage en sorte qu'on n'eût pas à le craindre par après ; La Vieuville et Villiers-Hotman furent choisis à cet effet.

Ils ne furent pas plus tôt arrivés, qu'étant assistés des ambassadeurs des princes de Juliers, ils composèrent tout le différend, en sorte que l'exercice de la religion catholique demeura seul dans l'ancienne ville de Charlemagne, celui des différentes religions permises dans l'Empire pouvant être fait hors l'enceinte d'icelle ; le tout jusqu'à ce que l'Empereur et les électeurs en eussent autrement ordonné.

Les pères jésuites furent rétablis, comme aussi les magistrats catholiques qui avoient été démis en ce tumulte. Il fut arrêté qu'à l'avenir les habitans ne pourroient plus recourir aux armes ni procéder par voie de fait. Toutes ces conditions furent reçues et jurées de tous, tant catholiques qu'autres, et la paix par voie amiable rétablie en ce lieu, dont elle avoit été bannie avec grande violence. Cet accord fut fait le 12 d'octobre.

En ce même temps les jésuites n'eurent pas grand contentement, n'osant pas ouvertement reprendre la poursuite de la cause qu'ils avoient intentée l'année précédente, pour l'enregistrement des lettres patentes portant permission d'enseigner publiquement en leur collège de Paris. Ils faisoient enseigner par des maîtres gagés les pensionnaires qu'ils avoient permission de tenir en leur maison ; l'Université s'y opposa, et n'oublia pas de renouveler contre eux les vieilles querelles, qu'ils étoient ennemis des rois, qu'en l'usurpation du royaume de Portugal faite par le Roi Philippe II d'Espagne, tous les autres ordres étant demeurés fermes en la fidélité qu'ils devoient à leur roi, ils en avoient été seuls déserteurs, et s'étoient mis du parti dudit Philippe ; que plusieurs de leur société avoient écrit contre le Roi ; qu'il y en avoit d'entre eux qui avoient justifié l'attentat de Jacques Clément ; que si on avoit pardonné à d'autres compagnies qui avoient failli, leur faute n'étoit pas universelle, comme les fautes des particuliers d'entre eux sont suivant les maximes de tout leur ordre ; que si l'assassinat du cardinal Borromée ayant été machiné par un des frères humiliés, tout l'ordre, pour l'expiation d'icelui, avoit été aboli, ceux-ci mériteroient bien le même châtiment en un crime non moins exécrable ; enfin que si l'Université de Paris a besoin d'être réformée, elle ne le doit pas être par la ruine de tout l'Etat que cette société apporte, et par la désolation de l'Université même, qui s'ensuivra par tant de collèges de jésuites qui s'établissent par tout le royaume, et principalement à Paris.

Ils ne manquèrent pas de se défendre et de représenter qu'ils se soumettroient aux lois de l'Université, et en la doctrine concernant les rois enseignée par la Faculté de théologie à Paris ; que la justice ne permet pas que tout le corps de leur société pâtisse pour la faute d'un particulier dont ils détestent les maximes ; que si les Espagnols d'entre eux ont servi le roi d'Espagne, leurs religieux français serviront le Roi avec la même fidélité.

L'affaire étant contestée de part et d'autre avec beaucoup de raisons ne put être terminée ; mais seulement on donna un arrêt le 22 de décembre, par lequel les parties furent appointées au conseil, et cependant défenses aux jésuites d'enseigner.

Nous avons, l'année passée, touché un mot des dissensions qui étoient entre l'Empereur et son frère Mathias; elles paroissoient assoupies, mais le temps a fait voir qu'elles ne l'étoient pas, soit que les querelles dont l'ambition de régner est le fondement ne s'accordent jamais, et principalement entre les frères, ou que, quand l'une des parties est notoirement lésée, l'accord ne dure que jusques à ce qu'elle ait moyen de s'en relever.

L'Empereur, ayant été en effet dépouillé de ses Etats par son frère, et ne demeurant plus que l'ombre de ce qu'il avoit été, essaie avec adresse de se remettre en autorité. Pour y parvenir, il fait sous divers prétextes venir Léopold à Prague avec une armée, feignant que c'étoit contre sa volonté; mais Mathias et ses adhérens prévalurent, et ce dessein ne servit qu'à affermir ledit Mathias en son usurpation; et l'Empereur fut contraint, par l'accord qu'il fit avec lui, de le faire de son vivant couronner roi de son royaume de Bohême, et dispenser ses sujets du serment de fidélité qu'ils lui devoient.

Cette année est remarquable par la mort de Charles (1), roi de Suède, qui avoit usurpé le royaume sur son neveu Sigismond, roi de Pologne, qui, s'en allant prendre possession de ce royaume électif, le laissa régent du sien héréditaire, duquel il s'empara peu de temps après, faisant voir combien il est dangereux de donner en un Etat la première puissance à celui qui est le plus proche successeur de celui qui la lui donne.

Ce prince en son infidélité se comporta avec une merveilleuse prudence pour bien conduire le royaume qu'il avoit usurpé.

Le fils qu'il laissa son successeur, appelé Gustave, ajouta à la sagesse de son père le courage et la vertu militaire d'un Alexandre. La suite de l'histoire donnera tant de preuves de son mérite, que j'estimerois mal terminer cette année si je la finissois sans remarquer le temps auquel ce prince est venu à la couronne.

La mort d'Antonio Perez, arrivée en novembre, me donne lieu de vous faire voir un exemple de la fragilité de la faveur et de la confiance des rois, de l'instabilité de la fortune, de la haine implacable d'Espagne, et de l'humanité de la France envers les étrangers. Il avoit gouverné le roi Philippe II son maître, prince estimé sage et constant en ses résolutions; il déchut néanmoins de son crédit, sans être coupable d'aucun crime par l'opinion commune.

Il se trouve souvent, dans les intrigues des cabinets des rois, des écueils beaucoup plus dangereux que dans les affaires d'Etat les plus difficiles ; et en effet, il y a plus de péril à se mêler de celles où les femmes ont part et où la passion des rois intervient, que des plus grands desseins que les princes puissent faire en autre nature d'affaires.

Antonio Perez l'expérimenta bien, les dames ayant été cause de tous ses malheurs. Son maître, qui ne conserva pas sa fermeté ordinaire en sa bienveillance, la conserva en la haine qu'il lui porta jusques à la mort. Il étoit comblé de biens et de grandeurs ; il les perdit en un instant en perdant les bonnes grâces de son maître, qui en priva même ses enfans de peur qu'ils eussent moyens de l'assister.

Il se retire en France au plus fort des guerres civiles, qui n'empêchèrent pas que le Roi ne le reçût humainement. Il lui accorda une pension de quatre mille écus, qui lui fut toujours bien payée, et lui donna moyen de vivre commodément.

L'Espagne ne pouvoit souffrir le bonheur dont ce personnage jouissoit en son affliction ; elle attenta de lui ôter la vie, et envoya expressément deux hommes à ce dessein, lesquels étant reconnus furent exécutés à mort dans Paris. Le Roi, pour garantir à l'avenir ce pauvre réfugié de tels attentats, lui donna deux Suisses de la garde de son corps qui l'accompagnoient par la ville aux deux portières de son carrosse, et avoient soin que personne inconnu n'entrât chez lui.

Les Espagnols, ne pouvant plus attenter couvertement à sa personne, et ne l'osant faire ouvertement, se résolurent de le perdre par d'autres moyens. On lui fait promettre par un gentilhomme de l'ambassadeur d'Espagne résidant en cette cour, que le Roi son maître le rétabliroit en ses biens, pourvu qu'il voulût quitter la France et la pension qu'il recevoit du Roi. Le connétable de Castille lui confirmant la même

(1) Charles XI.

chose au passage qu'il fît en France, l'espérance, qui flatte un chacun en ce qu'il désire, l'aveugla de telle sorte, qu'il remit au Roi sa pension, se résolut de sortir de la France, et pour cet effet prit congé de Sa Majesté, qui prévit bien et lui prédit qu'il se repentiroit de la résolution qu'il prenoit. Nonobstant les avertissemens du Roi il passe en Angleterre, lieu qui lui étoit destiné pour recevoir la grâce qu'on lui faisoit espérer; mais à peine fut-il arrivé à Douvres, qu'il reçut défenses de passer plus avant, l'ambassadeur d'Espagne ayant supplié le roi d'Angleterre de le faire sortir de ses Etats, et déclaré que s'il ne le faisoit il s'en retireroit lui-même. Ce pauvre homme revint en France, où il n'osa quasi paroître devant le Roi, parce qu'il sembloit avoir méprisé sa grâce et ses avis; néanmoins ce prince, touché de compassion de sa misère, ne laissa pas de lui faire donner quelque chose pour subvenir à ses nécessités plus pressantes; mais il ne le traita plus comme auparavant, de sorte que de là en avant il ne subsista pas sans de grandes incommodités, s'entretenant en partie par la vente des meubles qu'il avoit achetés durant qu'il recevoit un meilleur traitement.

Il avoit été tenu en Espagne homme de tête et de grand jugement; il y avoit fait la charge de secrétaire d'Etat avec grande réputation. On n'en fit pas toutefois en France tant d'estime, à cause de la présomption ordinaire à cette nation, qui semble à toutes les autres tenir quelque chose de la folie quand elle va jusques à l'excès.

LIVRE III (1612).

Tentatives pour désunir M. le prince et le comte de Soissons. — La Reine-mère conclut les mariages de France et d'Espagne. — Elle se refuse aux demandes que lui font le marquis d'Ancre et le duc de Bouillon. — M. le prince et le comte de Soissons reviennent à la cour avec l'intention d'abaisser l'autorité des ministres. — Ils donnent leur consentement aux articles des deux mariages. — Affaire d'Edmond Richer. — Le comte de Soissons obtient le gouvernement de Quillebœuf. — Le duc de Bellegarde a recours à des moyens illicites pour supplanter le marquis d'Ancre. — Affaire de Moysset. — Mort du comte de Soissons. — Le marquis d'Ancre cherche à s'appuyer de M. le prince. — Révolte de Vatan apaisée. — Révolte de Saint-Jean-d'Angely suscitée par le duc de Rohan. — Comment la Reine-mère parvient à l'étouffer. — Orage formé contre les jésuites à l'occasion du livre de *Becanus*. — Mort de l'empereur Rodolphe. — Gustave, roi de Suède, contraint le roi de Danemarck à faire la paix. — Mort du duc de Mantoue. — Le roi d'Angleterre marie sa fille à Frédéric, comte Palatin.

[1612] En cette année les orages s'assemblent, qui doivent éclater en tonnerres et en foudres les années suivantes. L'union qui fut faite entre MM. le prince et le comte, avant le partement du dernier pour aller aux Etats en Normandie, tend à la division et à la ruine de ceux dont la conservation est la plus nécessaire pour la paix publique (1), et il n'y a moyen injuste qu'elle ne tente pour parvenir à cette fin.

Le comte de Soissons revient des Etats avec la même volonté contre les ministres qu'il y avoit portée, et elle s'accrut lorsqu'il trouva à son retour que le marquis d'Ancre, qui s'étoit vu déchu des bonnes grâces de la Reine, s'étoit rangé avec eux pour s'y raffermir, et lui faisoit paroître quelque refroidissement, qui, passant jusqu'à ne le vouloir plus voir, se termina enfin par une rupture entière.

Le marquis de Cœuvres, qui se tenoit offensé de la froideur avec laquelle le marquis d'Ancre s'étoit porté en l'affaire de la charge qu'il prétendoit auprès de Monsieur, se mit du côté de M. le comte, et, étant recherché du marquis d'Ancre, témoigna qu'il désiroit plutôt servir à le remettre bien avec M. le comte que non pas penser à son intérêt particulier.

Ensuite Dolé (2), s'étant abouché avec lui chez le sieur de Harancourt, voulut renouer la négociation du mariage dont nous avons parlé; mais il proposoit que, sans en parler à la Reine, M. le comte et le marquis d'Ancre s'y engageassent seulement entre eux : à quoi le marquis de Cœuvres répondit qu'il n'étoit pas raisonnable que M. le comte se mît au hasard de recevoir un nouveau déplaisir, rentrant au traité d'une affaire de laquelle il avoit déjà reçu tant de mécontentement, mais que si le marquis d'Ancre et sa femme pouvoient prévaloir aux mauvais offices que les ministres lui avoient rendus, le remettre bien auprès de la Reine, et lui faire agréer cette proposition, on le trouveroit toujours tel qu'il avoit été par le passé. Le marquis d'Ancre, ne se tenant pas assez fort pour tirer ce consentement de la Reine, ne passa pas plus outre en cette négociation, mais, changeant de batterie, fit entendre à M. le comte qu'il recevroit de la Reine tous les bons traitemens qu'il pourroit désirer, mais qu'il eût bien voulu que la liaison d'entre lui et M. le prince n'eût pas été si délicate; ce qu'il ne put pas lui faire sentir si délicatement que M. le comte ne jugeât bien qu'on ne pensoit qu'à les désunir.

On fit tenter la même chose du côté de M. le prince par le sieur Vignier et autres; mais tout cela réussit au contraire de ce qu'on désiroit, car leur union s'en fit plus grande, et ils en prirent occasion d'avancer leur partement de la cour, l'un allant à Valery et l'autre à Dreux.

(1) Les ministres.
(2) Avocat, procureur général de la reine, qui devint ensuite conseiller d'État.

La Reine, lassée du tourment qu'elle avoit des nouvelles prétentions qui naissoient tous les jours en l'esprit de ces princes et autres grands, se résout, pour se fortifier contre eux et assurer la couronne au Roi son fils, de faire, nonobstant leur absence, la publication des mariages de France et d'Espagne (1), que dès le commencement de sa régence elle avoit désirés ardemment, ayant dès lors mis cette affaire en délibération avec les princes et les grands du royaume, qui firent paroître en cette occasion-là que la diversité des jugemens vient d'ordinaire des passions dont les hommes sont agités; car, la plus grande part le jugeant nécessaire, quelques-uns essayèrent de l'en divertir; mais elle, qui, ouvrant les yeux pour en connoître la cause, jugea que l'intérêt particulier faisoit improuver à peu d'esprits ce que l'utilité publique faisoit souhaiter à beaucoup, par l'avis de son conseil se résolut d'y donner l'accomplissement.

Pour cet effet, elle envoya dès lors des princes et seigneurs découvrir les sentimens du Pape, de l'Empereur, du roi d'Angleterre, et de tous les autres princes et alliés. Après une approbation générale, elle conclut le double mariage, donnant une fille et en prenant une autre, et ce à même condition, n'y ayant autre changement que ce que la nature du pays change soi-même.

Maintenant ces mariages devant être publiés, et le jour en étant pris au 25 de mars, messieurs le prince et le comte de Soissons, quoiqu'ils eussent opiné à ces mariages, se retirent, et n'y veulent pas assister.

Le duc de Maine (2) ne laissa pas d'aller au jour nommé trouver l'ambassadeur d'Espagne, et le mener au Louvre, où le chancelier ayant fait tout haut la déclaration de Leurs Majestés touchant l'accord desdits mariages, l'ambassadeur confirma le consentement et la volonté du Roi son maître; puis, allant saluer Madame, parla à elle à genoux, suivant la coutume des Espagnols quand ils parlent à leurs princes.

En témoignage de l'extrême réjouissance qu'on en reçoit, il se fait des fêtes si magnifiques, que les nuits sont changées en jours, les ténèbres en lumières, les rues en amphithéâtres (3).

On n'est pas si occupé en ces réjouissances publiques, qu'on ne pense à rappeler à la cour les princes qui s'en étoient éloignés, la pratique du temps portant qu'on couroit toujours après les

(1) Du roi avec l'infante Anne, et d'Élisabeth avec le prince d'Espagne.
(2) Henri de Lorraine, fils du duc de Mayenne, mort l'année précédente.
(3) Le carrousel de la place Royale, exécuté les 5, 6 et 7 avril.

mécontens pour les satisfaire, joint que la maison de Guise et le duc d'Epernon se croyoient alors si nécessaires, qu'ils concevoient déjà espérance de tirer de grands avantages de cet éloignement; ce que le marquis d'Ancre ne pouvoit aucunement souffrir, et les ministres d'autre côté ne croyoient pas que ces mariages se pussent sûrement avancer en leur absence.

On dépêcha à M. le comte le sieur d'Aligre, qui étoit intendant de sa maison, avec des offres avantageuses pour le ramener; mais il le renvoya avec défenses de se mêler jamais de telles affaires.

Cependant le marquis de Cœuvres, qui avoit commencé, comme nous avons dit, de traiter avec Dolé pour le raccommodement de M. le comte et du marquis d'Ancre, lui mit en avant le gouvernement de Quillebeuf en Normandie (4). Le marquis d'Ancre se fait fort de le faire agréer à la Reine; il lui en parle, il s'enferme avec elle dans son cabinet pour l'en prier; elle le refusa ouvertement, sachant bien que cette place ne le contenteroit que pour trois mois, et lui donneroit par après une nouvelle audace.

Le duc de Bouillon et ses sectateurs lui représentèrent là-dessus qu'elle devoit obliger les princes durant sa régence, afin que, quand elle en seroit sortie, elle se trouvât considérable par beaucoup de serviteurs puissans et affectionnés; que le Roi pouvant un jour oublier ses services, et trouver à redire à sa conduite, elle pouvoit y apporter des précautions, et prévenir le mal, faisant des créatures intéressées à sa défense.

Mais ces raisons n'apportèrent aucun changement en son esprit, que les ministres fortifioient comme ils devoient contre tels avis.

Le marquis d'Ancre ne perdoit point courage pour cela, et espéroit enfin l'emporter sur l'esprit de la Reine. Il s'offrit d'aller trouver ces princes de la part de Leurs Majestés, et qu'il diroit à M. le comte qu'il avoit laissé Leurs Majestés bien disposées en sa faveur pour la demande dudit gouvernement, dont il espéroit qu'enfin il auroit contentement, mais qu'il n'avoit pu en tirer parole plus expresse.

Les ministres, qui eurent peur que, outre la négociation publique, il se traitât quelque chose en particulier contre eux, désirèrent que quelqu'un d'entre eux accompagnât le marquis d'Ancre. M. de Villeroy fut choisi. On eut peine à y faire consentir M. le comte, qui jusque-là n'avoit point voulu ouïr parler d'aucune réconciliation avec les ministres, mais seulement avec le marquis d'Ancre.

Ce voyage ne fut pas sans fruit : messieurs le

(4) Pour le comte de Soissons.

prince et le comte reviennent par cette entremise, bien que le marquis d'Ancre et M. de Villeroy eussent travaillé bien diversement en leur légation, puisque, à l'insu dudit sieur de Villeroy, il fut résolu avec les princes que celui qui avoit la faveur n'oublieroit rien de ce qu'il pourroit pour rabattre l'autorité des ministres et élever les princes, dont ils se promettoient beaucoup.

La première affaire qui fut mise sur le tapis à leur retour, fut celle des articles des deux mariages. Quelques-uns conseillèrent à M. le comte de ne pas donner son consentement, et d'empêcher aussi celui de M. le prince, jusques à ce qu'il eut Quillebeuf qu'on lui avoit fait espérer. Il avoit quelque inclination à ce faire; mais il en fut empêché par les caresses qui lui furent faites à son arrivée, et le conseil que lui en donna le maréchal de Lesdiguières, qui n'étoit pas encore détrompé de l'espérance qu'on lui donnoit de le faire duc et pair.

Y ayant donné leur consentement, on fait et on reçoit en même temps de célèbres ambassades; le duc de Pastrane vient en France, le duc du Maine va en Espagne, les contrats sont passés avec solennité de part et d'autre; le roi d'Espagne, pour favoriser la France, ordonne que la fête de ce grand saint que nous avons eu pour roi (1) sera solennisée dans ses Etats.

Il y avoit en ce temps un grand différend entre les ecclésiastiques de ce royaume et le parlement, sur un livre intitulé *De ecclesiasticâ et politicâ potestate*, que Richer, syndic de la Faculté de théologie, fit imprimer sans y mettre son nom, dans lequel il parloit fort mal de la puissance du Pape en l'Eglise.

Plusieurs s'en scandalisèrent. L'auteur fut incontinent reconnu; la Faculté étoit prête de s'assembler pour en délibérer; le parlement la retient, fait, par arrêt du premier de février, commandement au syndic d'apporter tous les exemplaires au greffe, et à la Faculté de surseoir toute délibération jusqu'à ce que la cour soit éclaircie du mérite ou du démérite du livre.

Le cardinal du Perron, archevêque de Sens, et ses évêques suffragans provincialement assemblés, firent le 13 de mars la censure que la Faculté de théologie avoit été empêchée de faire par le parlement, et le condamnèrent comme contenant plusieurs propositions scandaleuses et erronées, et comme elles sonnent, schismatiques et hérétiques, sans toucher néanmoins aux droits du Roi et de la couronne, et aux droits, immunités et libertés de l'Eglise gallicane.

Richer fut si téméraire qu'il en appela comme

(1) Saint Louis.

d'abus, disant que les évêques s'étoient assemblés sans la permission du Roi, et sans indiction et convocation préalablement requise par les ordonnances, sans l'avoir appelé ni ouï, contre l'autorité de la cour; qui, ayant défendu à la Sorbonne de délibérer sur ce sujet, avoit lié les mains à tous autres d'en connoître, et enfin que la censure étoit générale et vague, sans coter aucune proposition particulière, et la réservation semblablement.

Son relief d'appel lui ayant été refusé au sceau, il s'adressa à la cour pour obtenir arrêt afin de le faire sceller; mais le parlement, plus religieux que lui, ne jugeant pas devoir se mêler de cette affaire, ne lui en donna pas le contentement qu'il s'étoit promis. La Faculté le voulut déposséder de son syndicat, ne pouvant souffrir qu'étant homme de si mauvaise réputation en sa doctrine, il fût honoré de cette charge première.

Ils s'assemblèrent le premier de juin pour ce sujet; mais il déclara qu'il s'opposoit formellement à ce qu'il fût délibéré sur ladite proposition; et voyant qu'on passoit outre, il fit venir deux notaires, et appela comme d'abus du refus que l'on faisoit de déférer à son opposition.

Cette assemblée s'étant passée ainsi, en la suivante, qui fut le 3 de juillet, la cour envoya Voisin faire défenses aux docteurs de traiter de cette affaire. Le différend étant rapporté à Leurs Majestés, le chancelier, qui étoit long à résoudre et chanceloit long-temps avant que de s'arrêter à un avis certain, envoya à leur assemblée du premier d'août leur faire, de la part du Roi, la même défense qui leur avoit été faite au nom de la cour; mais en la suivante, qui fut le premier de septembre, il leur envoya des lettres patentes du Roi, par lesquelles il leur étoit ordonné de procéder à l'élection d'un nouveau syndic.

Richer fit plusieurs contestations au contraire (2), nonobstant lesquelles on ne laissa pas de passer outre, et on élut le docteur Filsac, curé de Saint-Jean en Grève; et, pour ne plus tomber en semblables fautes et inconvéniens que celui dont on venoit de sortir, la Faculté ordonna qu'à l'avenir le syndic n'exerceroit plus sa charge que deux ans durant, et que même, à la fin de la première année, il demanderoit à la Faculté si elle avoit agréable qu'il continuât l'autre.

Peu après, une prébende de l'église cathédrale de Paris ayant vaqué au mois des gradués nommés, et lui devant appartenir de droit comme au

(2) L'affaire de Richer ne fut terminée qu'en 1629, sous le ministère de Richelieu.

plus ancien, elle lui fut refusée, étant réputé indigne d'être admis en une si célèbre compagnie.

Cependant à la cour, M. le comte continuoit toujours sa poursuite pour Quillebeuf; la Reine dilayoit et essayoit par ce moyen faire ralentir la sollicitation qu'il lui en faisoit, puis enfin cesser tout-à-fait de l'en presser; mais quand elle vit que cela ne servoit de rien, et qu'il étoit si attaché à ce dessein qu'il n'en pouvoit être diverti que sur la créance absolue de ne le pouvoir emporter, elle le lui refusa ouvertement, dont M. le prince et lui témoignèrent tant de mécontentement qu'il ne se peut dire davantage.

La maison de Guise et M. d'Epernon n'étoient pas plus satisfaits de leur côté, recevant un témoignage de leur peu de faveur en la défense qui fut faite à M. de Vendôme, qui étoit uni à eux, avec le consentement de la Reine, d'aller tenir les Etats en Bretagne, dont on donna la charge au maréchal de Brissac, que M. de Vendôme ayant fait appeler, il lui fut fait commandement de se retirer à Anet, et à l'autre d'aller tenir les Etats.

Messieurs le prince et le comte, jugeant, du peu de satisfaction que l'un et l'autre parti recevoient, que le crédit des ministres auprès de la Reine, et leur union entre eux leur étoient un obstacle invincible à tous les avantages qu'ils espéroient tirer de l'Etat, se résolurent, avec le marquis d'Ancre, de tenter les voies les plus extrêmes pour les ruiner; à quoi messieurs de Bouillon et de Lesdiguières s'accordèrent, le premier ayant porté M. le comte jusqu'à l'engager à faire un mauvais parti au chancelier, l'autre s'étant obligé envers eux, en cas de nécessité, de leur amener jusqu'aux portes de Paris dix mille hommes de pied et cinq cents chevaux.

Le terme qu'avoit pris M. le comte étoit au retour d'un petit voyage qu'il alloit faire en Normandie; mais, auparavant qu'il arrivât, il changea de volonté par l'avis du marquis de Cœuvres, qui lui conseilla de n'exécuter pas de sang-froid ce qu'il avoit entrepris dans l'ardeur et la promptitude de la colère.

En ce voyage de Normandie, le maréchal de Fervaques, qui étoit gouverneur de Quillebeuf, en fortifia la garnison de quantité de gens de guerre extraordinaire. M. le comte s'en offense, envoie vers la Reine pour s'éclaircir si c'étoit de son commandement qu'il en eût usé de la sorte; la Reine, à l'insu de laquelle cela s'étoit fait, commanda au maréchal de Fervaques de venir trouver le Roi, d'ôter la garnison de Quillebeuf, et y recevoir quelques compagnies de Suisses, en attendant que M. le comte fût retourné à la cour.

M. le comte n'est pas satisfait; il prétend que, comme gouverneur, il est de son honneur que ce changement de garnison soit fait par lui, et non par aucun autre à qui Sa Majesté en donne charge.

A ce bruit, M. de Rohan, qui étoit à Saint-Jean-d'Angely, lui envoie faire offre de sa personne et de son crédit dans le parti des huguenots; toute la ligue de la maison de Guise, excepté M. d'Epernon, prit ce temps pour essayer de s'accommoder avec lui.

Mais ce différend fut incontinent assoupi parce qu'on lui accorda tout ce qu'il demandoit, sous la parole qu'il donna à Leurs Majestés que deux heures après qu'il auroit fait cet établissement de la garnison de Quillebeuf il en sortiroit, pour assurance de quoi le marquis de Cœuvres demeura près de Leurs Majestés durant que ce changement se faisoit.

Cette longue demeure de M. le comte en Normandie ennuyoit fort au marquis d'Ancre, qui étoit si passionné de perdre le chancelier, selon qu'il en étoit convenu avec M. le comte, qu'il lui sembloit qu'il n'y avoit aucune affaire de conséquence égale à celle-là qui le pût retenir en Normandie; et ce qui augmentoit son impatience étoit qu'en ce temps se fit la découverte d'un dessein, qui sembla d'autant plus étrange qu'il est peu ordinaire d'en pratiquer de semblables dans ce royaume.

Le duc de Bellegarde étoit si jaloux de la faveur que le maréchal et la maréchale sa femme avoient auprès de la Reine, et si désireux d'occuper leur place, que, ne pouvant, par moyens humains, parvenir à ses fins, il se laissa aller à la curiosité de voir si, par voies diaboliques, il pourroit satisfaire le déréglement de sa passion. Moysset, qui de simple tailleur étoit devenu riche partisan, homme fort déréglé en ses lubricités et curiosités illicites tout ensemble, lui proposa que s'il vouloit il lui mettroit des gens en main qui, par le moyen d'un miroir enchanté, lui feroient voir jusqu'à quel point étoit la faveur du maréchal et de la maréchale, et lui donneroient moyen d'avoir autant de part qu'eux à la bienveillance de la Reine. Le duc n'entend pas plutôt cette proposition, qui flattoit ses sentimens, qu'il lui adhère.

Le peu de fidélité qu'il y a dans le monde, jointe à la bonté de Dieu, qui permet souvent que tels desseins soient découverts pour en détourner les hommes par la crainte des peines temporelles, dont ils devroient être divertis par l'amour de Dieu, fit que le maréchal et la maréchale eurent connoissance de ce qui se faisoit non-seulement à leur préjudice, mais à celui de leur maîtresse, et ce, par le moyen de ceux-mêmes qui vouloient tromper Moysset et Bellegarde.

4.

Ils animent la Reine sur ce sujet avec grande raison, et, pource que le chancelier, selon sa coutume de ne pousser jamais une affaire jusqu'au bout, apportoit beaucoup de longueur à sceller les commissions nécessaires pour cette affaire, ils font que la Reine lui témoigne avoir du mécontentement de son procédé trop lent et irrésolu en un sujet de telle conséquence.

Et, afin de s'appuyer davantage en cette poursuite, à laquelle il s'affectionnoit d'autant plus qu'il avoit toujours été, même avant la régence, ennemi du duc de Bellegarde, il (1) dépêcha un courrier exprès vers M. du Maine, qui étoit déjà sur les frontières d'Espagne, revenant de son ambassade, afin qu'il lui vînt aider à défaire leur commun ennemi.

L'action est intentée au parlement contre Moysset; il est poursuivi à toute outrance; de sa condamnation s'ensuivoit la perte du duc de Bellegarde, qui ressentoit d'autant plus le poids de cette affaire, qu'il craignoit que, sous ce prétexte, on n'en voulût et au bien de Moysset qui étoit grand, et à son gouvernement de Bourgogne, et à sa charge de grand-écuyer.

Comme il n'oublioit rien de ce qu'il pouvoit adroitement pour se défendre au parlement, il ne s'endormoit pas pour trouver du secours dans la cour pour s'aider à se purger de ce qu'il n'estimoit qu'une galanterie; mais jamais le maréchal et la maréchale sa femme ne voulurent arrêter le cours du procès, quelque instance que leur en pussent faire les ducs de Guise et d'Epernon, jusqu'à ce que, reconnoissant que la cour de parlement, qui, comme tout le reste du royaume, envioit la faveur de lui et de sa femme, étoit inclinée à l'absoudre par la mauvaise volonté qu'elle leur portoit, et jugeroit que, sous le prétexte de ces affronteurs, ils en vouloient aux biens de Moysset et aux charges du duc de Bellegarde, comme nous avons dit ci-dessus; ce qui fit que, pour tirer quelque avantage de cette affaire, ils intervinrent auprès de la Reine pour la supplier de l'assoupir, et firent en sorte que le procès fut ôté du greffe et brûlé.

M. le comte étant revenu à la cour, ne voulut pas exécuter contre le chancelier ce qui avoit été arrêté, mais continua sa poursuite pour le gouvernement de Quillebeuf. Les ministres se résolvoient à porter la Reine à lui donner contentement; M. de Villeroy même s'avança jusque-là de dire que non-seulement il en étoit d'avis, mais le signeroit s'il en étoit besoin. La maison de Guise essayoit de se remettre bien avec M. le comte, le marquis d'Ancre faisoit le froid, parce qu'il eût désiré que la ruine des ministres eût précédé; mais

(1) Le marquis d'Ancre.

la mort dudit sieur comte trancha avec le fil de sa vie le cours de ses desseins et de ses espérances. Il étoit allé à Blandy, pensant y demeurer peu de jours; il y demeura malade d'une fièvre pourprée qui l'emporta le onzième jour, premier de novembre.

La Reine, reconnoissant la perte que fait la France en la personne de M. le comte, s'en afflige, et témoigne par effet à son fils l'affection qu'elle a au nom qu'il porte, lui conservant sa charge de grand-maître de la maison du Roi, et, des deux gouvernemens de Dauphiné et de Normandie qu'il avoit, celui de Dauphiné.

Quant à celui de Normandie, ayant dessein de le retenir sous son nom, elle le lui refusa, et depuis au prince de Conti, qu'elle contenta par celui d'Auvergne qu'avoit lors M. d'Angoulême qui étoit dans la Bastille (2).

Je ne veux pas oublier de dire en ce lieu qu'un père cordelier portugais, qui prêchoit lors avec grande réputation à Paris, et faisoit état d'être grand astrologue, lui avoit prédit la mort de ce prince six mois auparavant qu'elle fût arrivée.

M. le comte étant mort, le marquis d'Ancre qui en vouloit aux ministres, pour se fortifier contre eux, se voulut appuyer de M. le prince, et, afin de se lier d'autant plus étroitement avec lui et les siens, fait dessein de moyenner le mariage de M. du Maine avec mademoiselle d'Elbeuf, et de M. d'Elbeuf avec la fille dudit marquis, moyennant quoi l'on ôteroit la Bourgogne à M. de Bellegarde pour la donner à M. du Maine. M. de Bellegarde est mandé pour ce sujet; mais, apprenant sur le chemin qu'on en vouloit à son gouvernement, il s'en retourna à Dijon, offensé principalement contre le baron de Luz, d'autant qu'à la mort de M. le comte, le marquis de Cœuvres se réunit au marquis d'Ancre, et le baron de Luz prit sa place dans les intrigues du marquis d'Ancre et de M. le prince, et de ceux qui l'assistoient. C'est pourquoi M. de Bellegarde lui voulut mal, et lui attribua la cause de ce mauvais conseil qui avoit été pris contre lui.

La maison de Guise se joint à cette mauvaise volonté, tant pour l'amour de M. de Bellegarde que pour le déplaisir qu'ils ont de voir que le baron de Luz, qui avoit été des leurs et savoit tous leurs secrets, étoit passé dans la confiance de l'autre parti; et leur haine lui coûta cher, comme nous verrons dans l'année suivante.

Voilà ce qui se passa cette année dans la cour, et la peine que l'ambition des princes et des grands donna à la Reine, mais dont elle se tira heureusement pource qu'elle donna toujours au

(2) Charles de Valois, comte d'Auvergne, depuis duc d'Angoulême.

conseil des ministres le crédit qu'elle devoit. Elle n'eut pas moins de peine aux affaires qui survinrent hors de la cour dans les provinces.

Vatan, homme de qualité, qui s'étoit fait huguenot de nouveau, croyant que si tout crime pendant la minorité du Roi n'étoit permis, au moins seroit-il impuni, ému de divers mécontentemens qu'il entendoit dire qui étoient à la cour, et des mouvemens qu'il croyoit que produiroit l'assemblée des huguenots qui étoit lors sur pied, s'abandonna soi-même jusqu'à ce point, après avoir abandonné Dieu, qu'au milieu de la Sologne, où tout son bien étoit situé, à vingt-cinq lieues de Paris, il bat la campagne et fortifie sa maison, sur l'espérance qu'il avoit que ces commencemens seroient suivis de ses confrères, dont il seroit bientôt secondé et secouru. Mais il ne se méconnut pas sitôt qu'il se vit assiégé dans Vatan, pris et exécuté le 2 de janvier, pour arrêter, par la punition de son crime, le cours de la rebellion qu'il avoit voulu exciter. Son exemple n'ayant pas peu servi à calmer l'orage dont il sembla que nous étions menacés, on peut dire avec vérité que sa mort fut avantageuse au public, utile à lui-même et aux siens, à lui parce qu'il revint au giron de l'Église en mourant, et aux siens parce que sa sœur recueillit toute sa succession, dont la Reine la gratifia.

Sa Majesté eut bien plus de difficulté à apaiser le trouble que le duc de Rohan suscita à Saint-Jean-d'Angely, dans lequel il essayoit d'engager tout le parti huguenot, et une assemblée qui ensuite se tint à La Rochelle, contre son autorité.

Chacun s'étant, comme nous avons dit l'année passée, séparé de l'assemblée de Saumur avec dessein d'aller empoisonner les provinces dont ils étoient partis, le duc de Rohan s'en alla à ces fins à Saint-Jean-d'Angely, place dont il avoit été fait gouverneur après la mort du sieur de Sainte-Mesme; mais, parce que le feu Roi ne vouloit point qu'il y demeurât, il avoit mis dans la ville un vieux cavalier, nommé M. Desageaux, en qualité de lieutenant de roi: celui-ci étant mort, il donna cette lieutenance à M. de Brassac, de laquelle à l'arrivée de M. de Rohan en cette place il étoit en possession et exercice.

La Reine-mère, qui ne croyoit pas les desseins du duc de Rohan bons, et qui étoit assurée de l'intention du sieur de Brassac à bien servir, lui manda qu'il gardât soigneusement que le duc de Rohan ne se saisît de la place, évitant néanmoins d'en venir aux extrémités, de peur que cela ne fît émotion par toute la France, et ne servît de prétexte à ceux qui étoient prêts de brouiller.

Ils demeurèrent huit mois en cet état-là, M. de Brassac le plus fort dans la ville, et l'autre tâchant d'y gagner le dessus; ce qui lui étant impossible, il eut recours à une autre voie, et, par le moyen de ses amis qu'il avoit à la cour, s'accommoda avec la Reine, promit de l'aller trouver pourvu que Brassac y allât aussi: l'accord fut fait, ils furent mandés tous deux, et s'y acheminèrent ensemble.

Quinze jours après, le sieur de Rohan feignit une maladie arrivée à son frère, demande congé à la Reine pour l'aller voir: il part, s'achemine en Bretagne où l'autre étoit, puis s'en va dans Saint-Jean-d'Angely, où d'abord, ayant étonné les habitans, qui ne voyoient plus le sieur de Brassac, il chassa le sergent-major de la garnison, nommé Grateloup, natif de la ville, mais bien serviteur du Roi; mit aussi dehors le lieutenant de la compagnie de M. de Brassac, qui étoit un fort vieux homme, que le feu Roi lui avoit baillé, et encore quelques autres habitans. Ce qui ayant été su à la cour, on assemble le conseil, où messieurs les maréchaux de Lesdiguières et de Bouillon se trouvèrent; là on mit en délibération si l'on devoit renvoyer ledit sieur de Brassac pour essayer à ce coup de mettre l'autre dehors, tout le monde jugeant la chose encore assez facile. Enfin la timidité du conseil de ce temps l'emporta, et il fut résolu d'écouter ceux du cercle qui étoient à La Rochelle, et le sieur de Rohan: là-dessus leurs propositions furent que derechef l'on s'accommoderoit, pourvu qu'on donnât récompense audit sieur de Brassac de la lieutenance de roi de Saint-Jean.

Et, d'autant qu'en même temps le sieur de Préaux, gouverneur de Châtellerault, mourut, la Reine voulut qu'on fît sa démission de la lieutenance en faveur de celui que nomma ledit sieur de Rohan, et qu'il eût le gouvernement de Châtellerault, ce qui fut exécuté.

Cette assemblée de La Rochelle fut prévue long-temps auparavant, et, sur les avis que Leurs Majestés eurent que les séditieux et mécontens de l'assemblée de Saumur la vouloient tenir sans son autorité et permission, Le Coudray, conseiller au parlement de Paris, qui avoit accoutumé d'aller tous les ans à La Rochelle pour ses affaires particulières, y fut envoyé par Leurs Majestés avec commission d'intendant de la justice, et avec charge d'avoir l'œil aux mouvemens qui se pourroient élever à La Rochelle, empêcher que l'assemblée ne se fît si on la vouloit entreprendre, et donner avis à Leurs Majestés de ce qui seroit nécessaire de faire pour leur service en cette occasion.

Le peuple en eut quelque avis, mais non selon la vérité, qui n'est jamais naïve ni nue dans les bruits, mais déguisée et enveloppée de faussetés, selon la passion de ceux qui les font courir parmi les peuples. Ils disent que Le Coudray est envoyé pour avoir soin de la police, qui leur appartient par leurs priviléges, et pour les faire séparer de l'union qu'ils ont avec leurs autres frères, et qu'il a mendié cette commission de Leurs Majestés, leur donnant faussement à entendre qu'ils n'étoient pas serviteurs du Roi.

Là-dessus ils s'émeuvent, s'attroupent, prennent les armes; Le Coudray saisi de peur demande sûreté au maire pour se retirer; c'est ce qu'ils vouloient : sa peur les assure; il n'est pas plutôt hors leur ville qu'il tiennent assemblée (1).

La Reine en ayant avis, et craignant cette émeute, à laquelle elle ne peut se résoudre de s'opposer avec vigueur, fait appeler Le Rouvray et Militière, députés ordinaires des huguenots à la suite de Leurs Majestés, leur témoigne le juste sujet de mécontentement qu'elle reçoit, écoute les plaintes qu'ils lui font, leur fait espérer une partie de ce qu'ils désirent, et commande au Rouvray d'aller promptement à La Rochelle leur faire commandement de sa part de se séparer, que Sa Majesté oubliera tout ce qui s'est passé, et fera cesser toutes les poursuites qui pourroient avoir été commencées contre eux, et lui met en main une déclaration de Sa Majesté, portant confirmation de l'édit de pacification, et oubli de tout ce qui s'étoit fait au contraire.

Un orage s'éleva au même temps contre les jésuites pour un livre composé par un des leurs, nommé *Becanus*, et intitulé : *la Controverse d'Angleterre touchant la puissance du Roi et du Pape*.

Ce livre fut vu en France en novembre, et accusé par aucuns docteurs en leur assemblée du premier décembre, comme proposant le parricide des rois et des princes pour une action digne de gloire. Ils se mirent en devoir de le censurer, et s'adressèrent au cardinal de Bonzy pour en avoir permission de Sa Majesté; à laquelle représentant qu'il étoit à propos d'en donner avis à Sa Sainteté, afin que, s'il lui plaisoit d'en faire faire la censure, elle fût de plus de poids et eût cours par toute la chrétienté, Sa Majesté eut agréable qu'il leur commandât de sa part de différer jusqu'à quelque temps, qu'elle leur feroit savoir sa volonté sur ce sujet, et que cependant il en donnât avis à Rome, afin qu'on y mit l'ordre qu'on jugeroit être de raison.

Les Vénitiens, d'autre côté, avoient aussi, dès le commencement de l'année, renouvelé tous les décrets qu'ils avoient faits contre leur société, de sorte qu'ils reçurent de l'affliction de toute part.

Nous finirons cette année par quatre accidens remarquables qui y arrivèrent.

(1) En septembre 1612.

L'empereur Rodolphe, non tant cassé d'années que lassé des afflictions qu'il recevoit de se voir dépouillé de ses Etats par son frère et méprisé de tous les siens, mourut la soixante-unième année de son âge (2), un lion et deux aigles qu'il nourrissoit chèrement ayant, par leur mort arrivée peu auparavant, donné un présage de la sienne.

Son frère Mathias, dont il avoit sans cesse en sa maladie prononcé le nom par forme de plainte, comme l'accusant d'être cause de sa mort, lui succéda à l'Empire; mais il ne jouira ni heureusement ni longuement de cette dignité, à laquelle il a violemment et injustement aspiré, violant les lois de la piété fraternelle.

Gustave, nouveau roi de Suède, que nous avons dit l'année passée avoir succédé à Charles son père, qui mourut de déplaisir des mauvais succès qu'il eut en la guerre qu'il avoit contre le roi de Danemarck, rappela si bien, par son adresse et son courage, la fortune de son côté, qu'il contraignit le roi de Danemarck à le rechercher de paix, à laquelle il consentit pour tourner ses armes vers la Pologne et la Moscovie.

En Italie, François, duc de Mantoue, mourut le 22 décembre, laissant enceinte la duchesse sa femme, fille du duc de Savoie, qui en prendra occasion d'allumer la guerre, en laquelle le Roi se trouvera diversement engagé; premièrement contre lui, comme injuste agresseur, puis en sa défense, de peur que les armes d'Espagne ne s'emparent de ses Etats, et n'étendent trop avant leurs frontières vers nous.

Et le roi d'Angleterre, pour étreindre d'un nouveau nœud son alliance avec les princes protestans d'Allemagne, préféra l'alliance de Frédéric, comte Palatin, futur électeur, à celle des têtes couronnées, et lui promet sa fille unique en mariage. Le comte passe en Angleterre en novembre, les fiançailles s'y font, mais leurs réjouissances sont troublées par la mort du prince de Galles, arrivée en décembre : ce prince étoit gentil, et promettoit beaucoup de soi; et sa mort semble présager les malheureux succès que ces noces ont eu pour l'Angleterre.

LIVRE IV (1613).

Le chevalier de Guise tue en duel le baron de Luz; chagrin de la Reine-mère.—Son mécontentement envers le chancelier. — Le marquis d'Ancre empêche qu'il soit congédié. — Il appuie les prétentions de M. le prince. — Court risque de perdre la faveur de la Reine-mère. — Le fils du baron de Luz est tué en duel par le chevalier de Guise. — Le marquis d'Ancre propose aux princes de se retirer tous de la cour. — Les princes s'éloignent; cet éloignement produit peu d'effet. — Affaire du livre

(2) Le 20 janvier 1613.

de *Becanus*. — Projet de mariage du marquis de Villeroy avec la fille du marquis d'Ancre. — Le duc de Savoie renouvelle les vieilles querelles et ses prétentions sur le Montferrat. — Il entre en armes dans ce pays qu'il met à feu et à sang. — Le marquis d'Ancre fait revenir les princes à la cour. — Sujets de refroidissement entre lui et le duc de Bouillon. — La Reine-mère se décide à défendre le duc de Mantoue. — Le duc de Savoie remet toutes les places qu'il a prises dans le Montferrat. — Le mariage de Frédéric, comte Palatin, avec la fille du roi d'Angleterre, est célébré à Londres. — Sigismond Battory perd ses États, sa gloire et sa liberté pour s'être fié à l'Empereur. — Le mariage de M. de Villeroy avec la fille du marquis d'Ancre est publié et signé à Fontainebleau. — Le duc d'Épernon se retire à Metz. — Soulèvement du peuple à Nîmes. — Le siége présidial de cette ville est transféré à Beaucaire. — Établissement de plusieurs congrégations religieuses. — Constructions et jardins du Luxembourg. — Projet de réunir les deux mers par les rivières d'Ouche et d'Armançon. — Froideur entre le marquis d'Ancre et M. de Villeroy. — Le marquis de Cœuvres est envoyé en Italie auprès du duc de Mantoue. — Mort de Gabriel Battory, prince de Transylvanie. — Gabriel Bethelin lui succède.

[1613] Monsieur le prince étant, par la mort du comte de Soissons, demeuré seul, sans plus avoir de compagnon en sa puissance, ni craindre que son autorité pût être divisée ni combattue, comme elle étoit auparavant lorsque M. le comte se pouvoit faire chef d'un parti contre lui, on estimoit que la France recevroit cet avantage en la perte qu'elle avoit faite en cette mort, qu'il en seroit plus modéré en ses demandes; mais l'expérience fit voir au contraire qu'il jugea qu'étant seul il en devoit être plus considérable.

Il ne donna pas sitôt des témoignages de son dessein, mais attendit l'occasion qui lui en fut offerte par la défaveur des ministres, à cause de la lâcheté du chancelier de Sillery, qui ôta le moyen à la Reine de tirer raison de la mort du baron de Luz, qui fut tué mal à propos, le 5 de janvier, par le chevalier de Guise, qui fut enhardi à cette mauvaise action par l'impunité avec laquelle il avoit attenté l'année précédente la même chose contre le marquis de Cœuvres.

Ce baron de Luz s'étoit trouvé par hasard à Saint-Cloud durant une grande maladie qu'eut le duc d'Épernon, chez lequel se tint une conférence d'une entreprise violente qu'on vouloit faire pour changer le gouvernement.

Le duc de Guise et ceux qui en étoient, voyant qu'incontinent après il prit grande habitude avec la Reine, soupçonnèrent qu'il les avoit découverts, ou qu'il le pouvoit faire, et pour cet effet le firent quereller par le chevalier de Guise qui le tua, sous prétexte de la mort de son père, où il s'étoit vanté d'avoir eu quelque part. Jamais on ne vit tant de larmes que celles qu'épandit la Reine.

Des personnes peu affectionnées à la maison de Guise, se voulurent servir de cette occasion pour aigrir l'esprit de cette princesse contre eux : il fut fait diverses propositions sur ce sujet; Dolé alla jusques à ce point, que de proposer de faire venger un tel outrage par les Suisses en la personne des ducs de Guise et d'Épernon, lorsqu'ils entreroient en la salle des Gardes du Roi.

Ce conseil fut rejeté de ceux qui étoient les plus sages, et la Reine se résolut, de son mouvement, à poursuivre le chevalier de Guise par justice. En effet, elle en eût usé ainsi, si le chancelier, qui craignoit tout, n'eût cherché tous les délais qu'il lui fut possible pour différer l'expédition de la commission dont il avoit reçu commandement sur ce sujet.

La foiblesse du chancelier fut cause que Sa Majesté, en l'effort de sa colère, qui n'étoit pas petite, tant pour l'horreur du sang qui avoit été légèrement épandu, que parce que le baron de Luz n'avoit été tué que sur l'opinion et la crainte qu'on avoit qu'il l'eût servie, se rendit capable de l'avis que les ministres lui donnèrent d'accorder quelque chose au temps, et trouva qu'elle devoit, en cette occasion, se servir d'un des conseils que le feu roi lui avoit donnés, de n'en prendre point de sa passion, quoiqu'en ce sujet elle fût aussi juste qu'elle étoit grande. Ainsi elle pardonna, en cette rencontre, une action qui en toute autre eût été d'autant moins pardonnable, que bien que le chevalier de Guise mît seul des siens l'épée à la main contre le baron de Luz, il ne laissa pas de l'attaquer avec avantage, en ce qu'il étoit déjà vieux et cassé, qu'il le surprit de telle sorte qu'il n'eut pas le loisir de sortir de carrosse, sans pouvoir mettre à la main une petite épée qu'il avoit au côté, et qu'outre que le chevalier en avoit une bonne, qu'il étoit jeune et vigoureux, et cherchoit de propos délibéré le baron de Luz pour faire cette action, deux gentilshommes étoient avec lui, qui, à la vérité, ne firent autre chose qu'être spectateurs du combat; qui fut fait en si peu de temps que beaucoup de ceux qui étoient présens ne s'aperçurent que le baron de Luz n'eut pas le loisir de tirer tout-à-fait son épée du fourreau.

La Reine fut tellement offensée contre le chancelier de l'avoir vu si mal procéder en cette affaire, qu'elle eut dessein de s'en défaire et consigner les sceaux de France à une personne qui les gardât avec plus de générosité. Elle fit venir secrètement au Louvre M. le prince, M. de Bouillon, le marquis d'Ancre et Dolé. Cette affaire est mise sur le tapis; elle est trouvée bonne de tous; M. le prince est prié de prendre la charge d'aller chez le chancelier lui demander les sceaux, et lui commander, de la part de Leurs Majestés, de se retirer dans une de ses maisons.

Mais de plus il fut aussi arrêté que la Reine, sous couleur d'aller dîner chez Zamet, passeroit devant la Bastille pour entrer dans l'Arsenal, où elle feroit arrêter M. d'Épernon, qui n'étoit de retour que depuis quelques jours.

Cette résolution, prise à la chaude, devoit être promptement exécutée; l'ambition du marquis d'Ancre la retarda et la perdit. Il ne vouloit pas chasser le chancelier sans en mettre un autre à sa place qui fût à sa dévotion : sa femme lui proposoit le sieur de Roissy. Il ne l'eût pas eu désagréable, mais Dolé l'en dissuadoit, et M. de Bouillon aussi, qui le haïssoit, se souvenant qu'autrefois il s'étoit chargé de la commission de saisir ses terres de Limosin.

Pendant ce différend, sa femme et lui ne se pouvant accorder du choix de la personne, la Reine changea de volonté, et y fut portée par l'imprudence du parti de M. le prince et du marquis d'Ancre. A peine se virent-ils en cette nouvelle autorité, que M. le prince, aspirant à un pouvoir déraisonnable en l'État, demande le gouvernement de la ville de Bordeaux et du Château-Trompette.

Le marquis d'Ancre et sa femme, qu'on estimoit avoir grand pouvoir sur son esprit, se chargent de le servir en cette occasion : ils appuient ses prétentions, et font tous leurs efforts pour gagner l'esprit de Leurs Majestés, mais ils ne peuvent rien obtenir par la force de leurs persuasions; et, si leur travail est vain pour celui qu'ils favorisent, il est grandement préjudiciable pour eux-mêmes; car les ministres, qui étoient quasi tous ruinés, et à l'insu desquels la Reine résolvoit beaucoup d'affaires avec M. le prince, desquelles elle leur parloit seulement puis après, prirent cette occasion à propos pour commencer à se remettre bien dans son esprit. Ils la font supplier de leur donner audience en particulier, et qu'ils ont choses de grande importance à lui dire, qu'ils ne veulent communiquer qu'à elle seule; elle donne heure, ils s'y trouvent. Sauveterre a défense de laisser entrer qui que ce soit. Tandis qu'ils sont avec Sa Majesté, le marquis d'Ancre et sa femme, qui ne manquoient pas d'espions auprès de la Reine pour savoir tout ce qu'elle faisoit et ceux qui lui parloient, sont incontinent avertis que les ministres sont avec elle et lui parlent en secret. Le marquis monte aussitôt au cabinet de la Reine, frappe à la porte; Sauveterre en avertit la Reine, et reçoit un nouvel ordre de ne laisser entrer ni lui ni autres.

Les ministres disent à la Reine les avis qu'ils ont reçus de la poursuite que le marquis d'Ancre fait auprès d'elle pour M. le prince, le blâment lui et sa femme, les accusent de beaucoup d'imprudences préjudiciables à son autorité et au service du Roi, et lui remontrent la conséquence que ce seroit de donner des places à un premier prince du sang dans son gouvernement, et une place importante comme est la ville de Bordeaux, située au milieu de ceux de la religion.

Ils n'eurent pas beaucoup de peine à persuader la Reine, à laquelle le feu Roi avoit dit plusieurs fois, parlant de ce qui s'étoit passé en sa jeunesse, que si, pendant qu'il étoit en guerre avec Henri III, il eût eu le Château-Trompette, il se fût fait duc de Guienne.

Quand ils se furent retirés, le marquis voulant parler à la Reine, elle lui fit mauvais visage, tant que, peu de jours après, voyant qu'il continuoit de la presser de cette affaire, elle se mit en telle colère contre lui, qu'il n'osa plus lui en parler davantage.

Les princes, qui le croyoient tout puissant auprès d'elle, se prenoient à lui de ce refus, et en attribuoient à sa mauvaise volonté la cause, qui ne le devoit être qu'à son impuissance. Sa femme, craignant qu'ils lui fissent du déplaisir si la Reine ne leur accordoit ce qu'ils demandoient, se mêla aussi de lui en parler, mais avec aussi peu de succès que son mari; et, voulant continuer à lui en faire instance, la Reine conçut tant de dégoût contre eux, que peu s'en fallut qu'ils ne déchussent de sa grâce pour toujours.

Elle fut quelques jours qu'elle n'osoit plus monter en la chambre de la Reine. Son mari, désespéré, ne sachant plus comment renouer sa bonne intelligence avec M. le prince, pour lui témoigner que ce n'est pas de lui que vient l'empêchement à son désir, lui fait proposer qu'il se dépouillera lui-même d'un de ses gouvernemens pour l'en accommoder, et qu'il remettra, s'il veut, la ville de Péronne entre les mains de Rochefort son favori.

Cependant le fils du baron de Luz, porté d'un juste regret de la mort de son père, fit appeler le chevalier de Guise qui l'avoit tué (1). Ils se battent à cheval à la porte Saint-Antoine, avec chacun un second. Bien qu'il n'y eût rien plus juste que la douleur du jeune baron, Dieu permit qu'il eût du malheur en ce combat, pour apprendre aux hommes qu'il s'est réservé la vengeance, que cette voie de satisfaction n'est pas légitime, et que la justice ne se fait que par une autorité publique.

La Reine, touchée de cette perte, dont l'exemple en eût attiré d'autres s'il n'y eût été pourvu avec sévérité, fit défendre les duels sous des peines très-rigoureuses, afin d'arrêter cette fureur par la crainte des supplices.

(1) Le 31 janvier.

Deux lieutenances de roi en Bourgogne étant vacantes par la mort du baron de Luz, M. du Maine en fit demander une pour le vicomte de Tavannes, l'autre pour le baron de Thiange : mais, parce que M. le prince et ceux qui le suivoient étoient mal avec la Reine, elles lui furent toutes deux refusées; et pour montrer le changement de la cour, M. de Bellegarde, l'honneur et les charges duquel avoient couru fortune peu auparavant, les obtint pour deux de ses amis.

M. du Maine, qui n'étoit pas beaucoup endurant, se sentit piqué au vif de cette action, et, ne pouvant croire que la défaveur du marquis d'Ancre fût telle qu'elle étoit, mais soupçonnant qu'il y eût de la feinte, en vivoit avec froideur avec lui; de sorte que le marquis voulant faire presser par le marquis de Cœuvres l'affaire des deux mariages dont nous avons parlé l'année passée, que le baron de Luz s'étoit entremis de faire entre ledit duc du Maine et mademoiselle d'Elbeuf, et M. d'Elbeuf et sa fille, M. du Maine dit qu'il n'avoit jamais eu intention de se marier, et que si le baron de Luz avoit parlé autrement, il l'avoit trompé.

M. le prince, d'autre côté, voyant qu'il ne pouvoit obtenir le Château-Trompette, écouta la proposition que lui avoit faite le marquis d'Ancre de lui donner Péronne, et lui en demanda l'effet. Le marquis, n'ayant plus d'accès auprès de la Reine, prie sa femme de lui obtenir cette grâce de Sa Majesté; elle y étoit elle-même en si mauvaise posture qu'elle n'en osoit quasi parler, car la Reine ne lui donnoit plus moyen de l'entretenir seule; mais si aux heures qu'elle étoit, comme après son dîner, dans son grand cabinet, elle se vouloit approcher d'elle, elle se retiroit dans son petit cabinet et faisoit fermer la porte; si elle pensoit prendre l'heure de son coucher, la princesse de Conti s'opiniâtroit tellement de demeurer la dernière, qu'elle étoit contrainte de s'en aller. Néanmoins la crainte qu'elle eut que ces princes fissent un mauvais parti à son mari, la fit résoudre d'en parler à la Reine, nonobstant le mauvais état auquel elle étoit près d'elle.

Ce qu'elle en dit fut sans effet. Elle n'en fit pas aussi grande instance, car Plainville, gentilhomme de Picardie, et qui étoit affidé à son mari et à elle, et regrettoit de leur voir quitter Péronne, et plus encore que cette place fût en la puissance de M. le prince, lui représenta la faute que lui feroit cette place, au pied de laquelle étoit son marquisat d'Ancre, dont le revenu diminueroit de plus de moitié. Cette femme avare préféra ce qu'elle crut être de son intérêt domestique à toutes les raisons de son mari, et fut bien aise de conserver cette place.

Durant le temps de ses poursuites du Château-Trompette et de Péronne pour M. le prince, le maréchal d'Ancre se vantoit partout d'avoir dit à la Reine qu'il étoit sa créature, qu'elle pouvoit tout sur lui, mais qu'il ne la pouvoit flatter en la passion qu'elle avoit de quitter ses amis, qui étoient messieurs le prince, du Maine, de Nevers, de Longueville, de Bouillon, lesquels ledit maréchal disoit être serviteurs de la Reine, et que l'amitié que ledit maréchal leur portoit n'étoit fondée que sur son service, qu'il estimoit que le côté des princes étoit le parti le plus légitime. Il s'emportoit jusqu'à tel point que de dire à la personne de la Reine qu'elle étoit ingrate et légère.

On redisoit tout cela à la Reine, ce qui ne l'offensoit pas peu contre lui; et, entre autres choses, on lui représentoit qu'il vouloit établir M. de Bouillon huguenot, ce qui ne pouvoit être qu'au préjudice du service du Roi.

Ce temps étoit si misérable, que ceux-là étoient les plus habiles parmi les grands qui étoient les plus industrieux à faire des brouilleries; et les brouilleries étoient telles, et y avoit si peu de sûreté en l'établissement des choses, que les ministres étoient plus occupés aux moyens nécessaires pour leur conservation, qu'à ceux qui étoient nécessaires pour l'Etat.

Le duc de Bouillon, voyant que le marquis d'Ancre ne pouvoit faire réussir pas une de leurs demandes, s'avisa d'une ruse digne de son esprit. Il envoya prier le sieur de Bullion de le voir, et lui dit qu'il le vouloit avertir, comme ami de messieurs les ministres d'Etat, que la Reine étoit résolue de gratifier M. le prince de Péronne, mais qu'elle seroit bien aise d'avoir leur approbation; ce dont il les avertissoit afin qu'étant sages mondains comme ils étoient, ils allassent au-devant de ses désirs.

La Reine, étant avertie de ce discours, s'aperçut incontinent que les princes vouloient profiter de la division qu'ils croyoient être entre elle et ses ministres; elle avoua, en cette occasion, au sieur de Bullion qu'il étoit vrai qu'elle avoit eu beaucoup de dégoût de la foiblesse que le chancelier avoit témoignée en l'affaire du baron de Luz, que l'intelligence en laquelle les autres ministres vivoient avec le chancelier lui avoit grandement déplu, mais qu'elle vouloit se raccommoder avec eux pour empêcher que les grands, dont les intérêts ne pouvoient être contraires aux siens et à ceux de ses enfans, ne vinssent à une insolence insupportable. Et de fait, Sa Majesté avoit tellement en l'esprit ce qu'elle témoigna à Bullion, que, feignant d'aller promener à son palais qu'elle bâtissoit au faubourg Saint-Germain, elle envoya commander au président Jeannin de s'y trouver, auquel elle tint même langage, lui commandant de le faire entendre à ses confrères.

Cette réunion, qui ne dura pas long-temps, et qui étoit plus apparente que réelle, ne fut pas plutôt faite, que les ministres conseillèrent à la Reine d'offrir à M. le prince, pour lui ôter tout prétexte de mécontentement, de grandes sommes pour acheter quelque terre notable, estimant qu'il falloit gagner temps par argent, et non pas affoiblir l'État par des places qui eussent pu causer en ce temps de fâcheuses suites.

Les libéralités de la Reine ne firent pas une profonde impression dans l'esprit de M. le prince; le refus du Château-Trompette et de Péronne tenoit trop dans son esprit et dans celui du duc de Bouillon, pour qu'ils ne tâchassent pas de faire quelque nouvel édifice préjudiciable à l'État sur ce fondement. Le marquis d'Ancre leur en ouvrit le moyen ; car, se voyant décrédité auprès de la Reine, et ne sachant comment s'y remettre, les affaires demeurant en l'état auquel elles étoient, il leur conseilla à tous de témoigner ouvertement leur mécontentement, et se retirer de la cour : en quoi il lui sembloit n'y avoir point de danger, étant chose infaillible que messieurs de Guise et d'Epernon se gouverneroient si insolemment auprès de la Reine, qu'ils l'obligeroient de les rappeler, comme elle avoit déjà fait auparavant M. le prince et le comte de Soissons.

Le duc de Bouillon, jugeant bien qu'il leur donnoit cet avis pour son intérêt plutôt que pour le leur, s'en défia du commencement, représenta que la sortie de la cour de tant de princes et seigneurs n'étoit pas une chose de petite considération, et qu'ils ne s'y devoient résoudre qu'après y avoir bien pensé ; que, d'une part, il étoit bien dangereux, quelques bornes et règles qu'on se pût prescrire en cet éloignement, qu'on ne passât trop avant contre l'autorité et service de Leurs Majestés, et, d'autre part, qu'ils devoient craindre que ceux qui restoient à la cour ne fissent passer pour grands crimes les moindres choses qu'ils feroient, et même ne prissent occasion de les rendre odieux à la Reine par la seule considération de leur éloignement, et de les opprimer sous ce prétexte. Mais enfin, néanmoins ils s'y résolurent tous, après que le duc de Bouillon eut vu le marquis d'Ancre, et fut convenu avec lui, au nom de tous, qu'il veilleroit pour eux auprès de la Reine, leur donneroit avis de toutes choses et de ce qu'ils auroient à faire pour leur bien commun, et qu'eux aussi prendroient créance en lui de revenir sur sa parole quand il le jugeroit à propos, et que cependant ils ne feroient aucune émotion dans les provinces, et se contiendroient de telle sorte dans leur devoir, qu'ils ne donneroient aucun notable sujet de se plaindre d'eux.

M. le prince s'en alla en Berri, le duc de Nevers en Italie, y conduire mademoiselle du Maine à son mari ; M. du Maine s'en va en Provence avec sa sœur qui y alloit voir ses maisons ; le duc de Bouillon s'en alla à Sedan (1).

Le luxe, en ce temps, étoit si grand, à raison des profusions de l'argent du Roi qui étoient faites aux grands, et de l'inclination de la Reine, qui de son naturel est magnifique, qu'il ne se reconnoissoit plus rien de la modestie du temps du feu Roi ; d'où il arrivoit que la noblesse importunoit la Reine d'accroître leurs pensions, ou soupiroit après des changemens, espérant d'en tirer de secours dans leurs nécessités ; ce qui obligea Sa Majesté de faire, par édit, expresses défenses de plus porter de broderies d'or ni d'argent sur les habits, ni plus dorer les planchers des maisons ni le dehors des carrosses ; mais cet édit servit de peu, pource que l'exemple des grands ne fraya pas le chemin de l'observer.

Bien que ces princes mécontens, séparés et dispersés par tout le royaume, donnassent quelque crainte de le troubler de séditions et rebellions en toutes ses provinces, l'appréhension néanmoins en fut moindre en ce que les huguenots étoient apaisés, et que leur assemblée de La Rochelle étoit dissipée, s'étant un chacun d'eux retiré à l'arrivée de Rouvray, que le Roi y avoit envoyé à la fin de l'année passée ; car le Rouvray leur ayant porté et fait lire, en pleine Maison-de-Ville, la déclaration du Roi qui portoit défense de continuer leur assemblée, oubli de ce qui s'étoit passé, et confirmation de l'édit de pacification, ils se résolurent d'obéir ; qu'ils continueroient néanmoins d'user du nom de cercles, parole, bien qu'inusitée en France, en usage toutefois en Allemagne, où ils distinguent les provinces par cercles.

Quelques-uns des plus mutins, et qui étoient sortis mécontens de leur assemblée de Saumur, ne laissoient pas de faire entre eux quelques conventicules avec de mauvais desseins ; mais le maire en étant averti leur fit défense, le 11 de janvier, de se plus assembler sur peine de la vie, à laquelle les députés du cercle déférèrent, suppliant le maire seulement de les laisser demeurer dans la ville, jusqu'à ce que la déclaration du Roi fût vérifiée par les parlemens auxquels leurs provinces ressortissoient.

La contestation qui commença aussi à la fin

(1) En mars 1613.

de l'année précédente sur le sujet du livre de Becanus, qu'on vouloit censurer, avoit été résolue en même temps. Les docteurs, non contens de la réponse que le cardinal de Bonzy leur avoit faite de la part de la Reine, leur défendant de procéder à la censure de ce livre pour quelque temps, allèrent trouver M. le chancelier le 7 de janvier, lui représentant l'importance de cette mauvaise doctrine, la créance ancienne de la Faculté contraire à icelle, l'obligation qu'ils avoient d'y pourvoir. Le chancelier les mena au Louvre, les présenta à la Reine, qui les remettant à leur faire savoir le lendemain sa volonté par lui, il leur fit réponse que Sa Majesté leur permettoit d'examiner cette matière.

Mais, auparavant que le premier jour de février, auquel se devoit tenir leur première assemblée, fût venu, le nonce leur envoya la censure qui en avoit été faite à Rome le 3 de janvier, par laquelle on mettoit ce livre en la seconde classe des livres défendus. Cette censure leur étant présentée en leur assemblée le premier jour de février, ils ne passèrent pas outre à en faire une nouvelle; et ainsi toutes choses étoient en paix dans le royaume : ni les huguenots ne nous donnoient occasion de crainte, ni ne restoit entre nous aucune contention sur le sujet de la doctrine qui nous pût agiter.

Ce grand repos donna lieu aux ministres de penser seulement à unir la faveur du marquis d'Ancre à leur autorité, sans se soucier de rappeler les princes, ou, pour mieux dire, sans leur vouloir témoigner qu'on eût besoin d'eux.

A cette fin, peu de jours après leur départ, un des amis du sieur de Villeroy vint sonder le marquis de Cœuvres, pour savoir si le marquis d'Ancre voudroit prêter l'oreille à s'accommoder avec les ministres, et lui représenta que c'étoit son avantage, tant pour la sûreté de sa personne que pour la facilité de s'accroître en honneur, et pour le repos d'esprit et contentement de la Reine, qui, l'aimant et sa femme comme ses créatures, ne pouvoit qu'avec déplaisir les voir appointés contraires avec ceux du conseil desquels elle se servoit en la conduite de l'État.

Pour assurance de cette réconciliation, on lui propose le mariage du marquis de Villeroy avec la fille du marquis d'Ancre. Le marquis de Cœuvres ne rejette pas cette proposition, et lui en parle en présence de Dolé. De prime abord il la refuse, de crainte qu'elle ne lui soit faite que pour le mettre en mauvaise intelligence avec ses amis. Puis, venant peu à peu au joindre, il dit qu'une seule chose l'y pourroit faire condescendre, qui est que cela servît à les faire rappeler à leur contentement; qu'il ne vouloit néanmoins se résoudre qu'il n'eût l'avis de M. de Bouillon, qu'il lui sembloit difficile d'avoir de si loin, les choses ne se pouvant écrire comme elles se pouvoient dire; toutefois qu'il lui en écriroit, non lui découvrant encore l'affaire tout entière, de peur qu'il en pût faire part à M. le prince, qu'il ne vouloit pas qui en sût rien, mais lui donnant simplement avis de la recherche que les ministres faisoient de son amitié, lui demandant le sien sur ce sujet, et le priant de tenir l'un et l'autre secret.

Quant à celui qui avoit porté la parole au marquis de Cœuvres, il lui fit réponse qu'il ne pouvoit entendre à cette ouverture sans être premièrement assuré que la Reine l'auroit agréable; cela étant, qu'il l'agréeroit volontiers; mais qu'il avoit si peu de crédit auprès d'elle, qu'il n'osoit pas lui en donner parole, et qu'il se remettoit à eux de lui en parler.

Le président Jeannin se chargea de le faire trouver bon à la Reine, lui en parla, et lui fit agréer; et ensuite le marquis de Cœuvres et lui commencèrent à en traiter. Il est incertain si ce traité se faisoit avec participation du chancelier, ou si M. de Villeroy le lui cachoit. Le premier a témoigné n'en avoir rien su; l'autre au contraire a toujours protesté lui en avoir fait part, comme n'ayant eu en cette affaire autre dessein que de leur conservation commune. Mais, soit qu'il le lui eût célé, ou que le chancelier lui en portât envie, craignant de le voir, par cette alliance, élevé au-dessus de lui, la jalousie et méfiance commença dès lors à se mettre entre eux, et alla depuis toujours croissant, jusqu'à ce qu'elle vînt à une inimitié formée.

Tandis que ce mariage se traite en très-grand secret, il s'ouvre une occasion de laquelle le marquis d'Ancre se servit en faveur des princes, qui est que le duc de Savoie entre en armes dans le Montferrat.

Nous avons dit l'année passée que François, duc de Mantoue, étoit mort dès le 22 de décembre, laissant sa femme, fille du duc de Savoie, enceinte. Il avoit deux frères, dont le plus âgé, nommé Ferdinand, étoit cardinal, l'autre s'appeloit Vincent; le cardinal succède au défunt.

Le duc de Savoie, qui ne perd jamais aucune occasion de brouiller, redemande sa fille; le duc de Mantoue la refuse, disant qu'il est raisonnable qu'elle se délivre de sa grossesse auparavant. Elle accouche d'une fille; le duc de Savoie les redemande toutes deux; le duc de Mantoue laisse aller la mère et retient sa nièce, comme étant raisonnable qu'elle demeure en la maison de son père où elle est née, ce que l'Empereur par son décret confirma, le chargeant de la garde de sadite nièce.

Le duc de Savoie ne se contente pas, mais, sous ombre de la consolation de la mère, demande que l'une et l'autre soient envoyées à Modène, où le duc les gardera pour rendre la dernière à qui l'Empereur l'ordonnera.

Le duc de Mantoue s'y accorde, le duc de Modène refuse de vouloir prendre ce soin; le marquis Linochosa, gouverneur de Milan, affectionné au Savoyard, duquel il avoit été autrefois gratifié du marquisat de Saint-Germain, premier titre qui lui donna entrée aux autres plus grands, et aux honneurs et charges qu'il reçut depuis du roi d'Espagne son maître, s'offre de recevoir les deux princesses, à quoi le duc de Mantoue ne voulut pas consentir.

Lors le duc de Savoie fait de grandes plaintes, auxquelles il ajoute les vieilles querelles et le renouvellement de ses prétentions sur le Montferrat, tant à raison de l'extraction qu'il tire des Paléologues et de la donation et convention faite, l'an 1435, entre le marquis Jean-Jacques de Montferrat et le marquis de Ferrare, que des conventions matrimoniales de 90,000 ducats adjugés par l'empereur Charles-Quint à Charles, duc de Savoie, pour la dot de Blanche de Montferrat sa femme.

Le duc de Mantoue le prie que, s'il a quelques prétentions, il en diffère la demande à un autre temps; que leur différend a été jugé en la personne du duc de Savoie son aïeul, au procès qui fut intenté par-devant Charles-Quint, qui jugea en faveur du duc de Mantoue; et que, si quelques prétentions de reste ont été réservées au pétitoire en la maison de Savoie, il les peut maintenant poursuivre par-devant l'Empereur.

Quant à la donation et convention faite par le marquis Jean-Jacques de Monferrat, elle a été annulée par jugement de l'Empereur l'an 1464, comme ayant été extorquée par violence dudit marquis, lequel, ayant été convié sous prétexte de quelque fête solennelle, fut, contre la foi publique, arrêté par le duc de Savoie, et ne s'en put délivrer qu'en lui promettant tout ce qu'il voulut.

Quant à la dot de madame Blanche, il ne la dénie pas; mais aussi a-t-il des prétentions contre lui à raison de l'indue occupation, faite par les ducs de Savoie sur ses prédécesseurs, des villes de Trin, Yvrée, Mondovi et autres, qui furent redemandées à l'Empereur par le même procès, et dont il poursuivra le droit en temps et lieu.

Le duc de Savoie, foible de raisons, a recours aux ruses et aux armes, fait lever des gens de guerre sous couleur de la défense de ses États contre quelque entreprise qu'il sait feindre, pratique tous ceux qu'il peut dans le Montferrat; et, tandis qu'il traite à l'amiable avec le duc de Mantoue, et a près de soi l'évêque de Diocésarée son ambassadeur, il lui fait accroire, le 22 d'avril, qu'il part pour aller au rendez-vous qu'il a donné à ses troupes, les mène dans le Montferrat, pétarde Trin, escalade Albe, et met tout à feu et à sang, sans excepter les filles ni les prêtres, ni épargner les églises. Pour s'excuser, il fait courir un manifeste dans lequel, colorant le mieux qu'il peut son infidélité, il supplie le Pape et l'Empereur son seigneur d'agréer ce qu'il a fait, et Sa Majesté Catholique, oncle de sa fille, et l'électeur de Saxe son parent, et tous les princes chrétiens, de lui être favorables.

Le duc de Nevers, qui arrivoit à Savone avec sa belle-sœur, apprenant ces nouvelles, l'envoie seule à Florence où le mariage se devoit faire, et avec ce qu'il put ramasser de gens s'alla jeter dans Casal, où Vincent, frère du duc, se rendit incontinent.

A ce bruit de guerre, tous les princes d'Italie arment, mais aucuns d'eux en faveur du duc de Savoie. Le marquis Linochosa même, quoiqu'il favorise le duc, est obligé, par le commandement du Roi son maître, d'armer et s'opposer à ses desseins; il fait des troupes avec lesquelles il lui fait lever le siége de Nice. Dès que le Savoyard vit paroître les armes d'Espagne, il lui manda qu'il ne vouloit pas employer les siennes contre celles-là, et se retire.

La nouvelle de ces mouvemens en Italie met la Reine en peine; cette affaire ne lui semble pas de peu de conséquence; elle la juge la plus grande de toutes celles qui sont survenues au dehors depuis le commencement de sa régence jusqu'en ce temps, et ne voulant pas se hasarder d'y prendre aucune résolution d'elle-même sans l'avis et consentement de tous les grands du royaume, le marquis d'Ancre, qui épioit l'occasion, prend celle-là à propos pour faire revenir les princes, qui furent tous bien aises de retourner, excepté M. de Nevers qui étoit engagé en Italie.

M. de Bouillon est à peine de retour à la cour, que le marquis d'Ancre envoie chez lui le visiter, et lui faire part de tout ce qui se traitoit entre lui et M. de Villeroy, dont il n'avoit encore rien su, la chose s'étant tenue fort secrète entre ceux qui la traitoient. Tant s'en faut qu'il l'en dissuadât, qu'au contraire il le confirma en cette volonté, et lui promit de lui garder le secret fidèlement, ce qu'il fit; en sorte qu'il ne fut rien su de cette affaire qu'elle ne fût parachevée.

Il arriva néanmoins deux sujets de refroidissement qui la retardèrent. Un nommé Magnas, qui suivoit toujours le conseil, fut pris prisonnier à Fontainebleau au mois de mai; il avoit été accusé d'avoir été gagné par un nommé La Roche de Dauphiné de donner au duc de Savoie avis de tout ce qui se passoit; il hantoit fort chez Dolé, que le marquis d'Ancre crut que les ministres vouloient envelopper en cette accusation, dont il se tint offensé jusqu'à ce qu'au dernier du mois Magnas fut exécuté à mort, sans qu'il fût fait mention que Dolé eût aucune intelligence avec lui.

D'autre côté, M. de Villeroy faisoit instance qu'auparavant que le contrat de mariage fût signé entre eux, la charge de premier gentilhomme de la chambre qu'avoit M. de Souvré, fût par avance donnée au sieur de Courtenvaux son fils, qui avoit épousé une des petites-filles de M. de Villeroy; à quoi le marquis d'Ancre ne vouloit consentir, ayant dessein de la faire tomber à un autre après la mort du sieur de Souvré, qui étoit fort âgé. Et il n'étoit pas si mal auprès de la Reine, que, par divers faux donnés à entendre, il ne l'empêchât, par le moyen de sa femme, de l'agréer : d'où il arriva que les ministres qui étoient lors en considération, représentant à la Reine sa trop grande union avec M. le prince et ses adhérens, et leurs visites trop fréquentes, lui firent faire commandement de s'absenter de la cour, et se retirer en son gouvernement d'Amiens.

Cependant la Reine, par l'avis de tous les grands, se résout de défendre le duc de Mantoue, fait lever quelques troupes, et destine de les faire passer en Italie en sa faveur.

L'Espagne, qui veut avoir seule intérêt en Italie et en être arbitre, prévient la Reine, et commande au marquis Linochosa de faire la paix; ce qu'il fit avec une telle précipitation, que l'agent du duc de Mantoue, qui étoit à Milan, n'eut pas loisir d'avertir son maître du traité pour recevoir pouvoir de lui de l'accepter, bien que par après ledit duc l'eût agréable.

Ce qu'ils convinrent, fut qu'à la semonce de Sa Sainteté, et pour obéir aux commandemens de l'Empereur et de Sa Majesté Catholique, le duc de Savoie dans six jours remettroit, entre les mains des commissaires de l'Empereur et du roi d'Espagne, les places qu'il avoit prises dans le Monferrat, afin qu'ils les rendissent au duc de Mantoue; ce qui fut exécuté.

En même temps qu'en Italie ils en étoient aux armes, ils étoient en Angleterre dans les réjouissances du mariage de leur princesse avec le prince Frédéric, devenu depuis peu, par la mort de son père, électeur Palatin. Ils se fiancèrent, comme nous avons dit, sur la fin de l'année passée; ils accomplissent le mariage le 18 de février de la présente, et, après toutes les solennités accoutumées en semblables occasions, ils partent de Londres, s'en vont en Hollande, où ils sont reçus magnifiquement, arrivent à La Haye le 28 de mai; de là ils s'en vont prendre possession de leur État, où ils seroient heureux si, renfermant leurs désirs dans les bornes de leur condition, et la princesse se souvenant d'être descendue de celle de sa naissance en celle de la naissance de son mari, ils ne concevoient des espérances injustes et peu modérées, lesquelles enfin se termineront à leur honte et à la perte et à l'anéantissement même de ce qu'ils sont.

Il leur eût été à désirer de mourir alors, et de ne pas attendre les années suivantes, auxquelles tant de disgrâces leur arrivèrent. Il ne l'eût pas été moins à Sigismond Battory d'être parti de ce monde auparavant que de s'être fié à l'Empereur, et avoir, en punition de sa crédulité, perdu non-seulement la possession de ses États, très-grands et très-beaux, mais de sa gloire qui n'étoit pas moindre, et enfin de sa liberté.

Ce prince, ayant été élu en sa jeunesse prince de la Transylvanie, fit la guerre au Turc, et remporta de grandes et signalées victoires sur lui; mais à la longue, ses forces n'étant pas suffisantes pour empêcher que, nonobstant ses victoires, les armées que le Grand-Seigneur envoyoit les unes après les autres contre lui ne fissent beaucoup de dégât en son pays, il se laissa persuader de remettre son Etat entre les mains de l'empereur Rodolphe, qui s'en serviroit plus avantageusement comme d'un boulevart pour la chrétienté, de laquelle il emploieroit les forces pour le garder, et endommager l'ennemi commun. On lui promet en récompense une grande principauté en Allemagne; il y va, il se voit trompé. A peine lui donne-t-on de quoi s'entretenir comme un simple seigneur de quelque qualité; encore veille-t-on sur ses actions, et le tient-on en quelque sorte de garde. Il se repent de sa faute, il s'évade, il gagne la Transylvanie, où il est reçu à bras ouverts, l'Empereur y étant haï à cause de la rudesse inaccoutumée de son gouvernement. Georges Battory est envoyé contre lui; il se défend courageusement, et a l'avantage en beaucoup de rencontres; a une armée aussi puissante que la sienne et l'amour des peuples, aidé de la réputation de ses premiers exploits. Mais des religieux lui remontrant le dommage qu'il apporte à toute la chrétienté par l'effusion de tant de sang chrétien en une province si proche du Turc, qui ne se rend maître des pays qu'en les dépeuplant, et celui-ci ayant perdu plus des trois quarts de ses hommes depuis le commencement de la guerre du Turc en Hongrie, il se remet de nouveau en la puissance de l'Empereur, avec promesse de meilleur traitement, qu'il reçut néanmoins pire qu'il n'avoit jamais eu. On le tient prisonnier à Prague en sa maison, on l'accuse d'avoir intelligence avec le Turc, on saisit tous ses papiers; et, ne trouvant rien qui le pût convaincre d'être criminel, on ne lui donne pas plus de liberté pour cela. En ce misérable état il demeure toute sa vie, qui finit à Prague le 27 de mars de la présente année par une apoplexie.

Exemple mémorable qu'il n'y a point d'issue de l'autorité souveraine que le précipice; qu'on ne la doit déposer qu'avec la vie, et que c'est folie de se laisser persuader à quelque apparence qu'il y ait pour se remettre en la puissance d'autrui, quelque espérance qu'il donne de bon traitement, ni sujet qu'il ait de la donner. L'inhumanité qui a été exercée contre ce prince n'en est pourtant pas plus excusable, soit que nous la voulions attribuer à la nation ou à la maison de l'Empereur. Maroboduus, roi allemand, pressé de ses ennemis, se fia à Tibère, qui le reçut et le traita toujours royalement; et Sigismond, qui fia volontairement sa personne et un grand Etat à un empereur chrétien, en reçoit un pire traitement que ne feroit un ennemi envers celui que le sort de la guerre auroit mis entre ses mains.

Nous avons laissé le marquis d'Ancre à Amiens, où il se vit envoyé de la Reine avec déplaisir. Il sent bien d'où le mal lui vient, et, au lieu de s'en piquer inutilement, recherche plus que devant M. de Villeroy, et se sert de son absence pour, avec plus de facilité et de secret (et partant moins d'empêchement), parachever l'affaire du mariage proposé. Etant résolue, et lui sur le point de revenir, craignant que l'intelligence qu'il vouloit toujours entretenir avec M. le prince et ceux qui le suivoient ne donnât à ses ennemis un nouveau sujet de lui nuire, il tira parole d'eux que toutes cérémonies et témoignages extérieurs de particulière amitié cesseroient de part et d'autre, jusqu'à ce que le contrat fût signé, et qu'il tint M. de Villeroy obligé de ne le plus abandonner. M. de Bouillon est rendu capable de ce procédé, et lui conseille de s'aboucher avec M. du Maine, qui étoit à Soissons, afin de le lui faire trouver bon; ce qu'il fit, et de là vint à Paris, où, peu après la Reine s'en allant vers le mois de septembre à Fontainebleau, le mariage fut divulgué et signé en sa présence, dont les ducs de Guise et d'Epernon, qui désiroient et croyoient la ruine du marquis d'Ancre, furent au désespoir, étonnés de voir l'accomplissement de cette affaire sans qu'ils en eussent eu le vent, ni eussent le temps de chercher les moyens de le pouvoir empêcher.

Leur déplaisir accrut encore lorsqu'à peu de jours de là le marquis de Noirmoutier étant mort, M. le prince, qui étoit revenu à la cour et se tenoit toujours avec le marquis d'Ancre, se trouva avoir assez de crédit, avec l'aide de M. de Villeroy, pour faire tomber entre les mains de Rochefort son favori, la lieutenance de roi en Poitou que le défunt avoit. Tous ces messieurs qui étoient liés à lui se ressentirent en même temps, et en diverses occasions, de sa faveur, et reçurent plusieurs gratifications.

Le maréchal de Fervaques mourut en ce temps-là; le marquis d'Ancre succéda à cette charge (1), et fit avoir au sieur de Courtenvaux la charge de premier gentilhomme de la chambre qu'avoit M. de Souvré, lequel jusques alors n'avoit pu obtenir permission de la Reine de s'en démettre entre ses mains.

M. d'Epernon voulut prendre ce temps pour faire revivre celle qu'il avoit eue du temps du roi Henri III, et qu'il avoit perdue sans en avoir eu récompense; mais sa faveur n'entroit pas en comparaison avec celle des autres, joint que sa cause n'étoit pas si favorable ni si juste. Son humeur altière toutefois, à laquelle non-seulement les choses un peu rudes, mais les équitables mêmes, sont inaccoutumées et difficiles à supporter, le fit offenser du refus qui lui en fut fait avec raison, et prendre résolution de s'absenter et s'en aller à Metz.

Le duc de Longueville eut, à son retour du voyage qu'il étoit allé faire en Italie, une brouillerie avec le comte de Saint-Paul son oncle, sur le sujet du gouvernement de Picardie, duquel le feu Roi l'avoit pourvu à la mort du père dudit duc, pour le garder et le rendre à son fils quand il seroit en âge. Il demanda qu'il satisfît à ce à quoi il étoit obligé; mais l'ambition qui est aveugle, et ne reconnoissoit point la raison, faisoit que le comte estimoit sien ce que dès long-temps il possédoit d'autrui, et dénioit le dépôt qu'il tenoit à son neveu, en faveur duquel la Reine jugea ce différend, et pour contenter le comte lui donna le gouvernement d'Orléans et du pays Blaisois.

Ce jeune gouverneur ne fut pas plutôt établi en Picardie, que, ne se souvenant plus de l'étroite confédération qu'il avoit avec le marquis d'Ancre et de la faveur qu'il en venoit tout fraî-

(1) De maréchal.

chement de recevoir, il entra en pointille avec lui sur le fait de leur charge, laquelle augmentant de jour en jour, leurs différends vinrent jusques à tel excès, qu'ils furent une des principales causes de la sortie que feront les princes hors de la cour au commencement de l'année suivante.

Toutes ces divisions entre les grands de notre cour, rendoient plus hardis nos huguenots dans les provinces, et principalement dans celle de Languedoc, où ils soulevèrent le peuple en la ville de Nîmes contre Ferrière, peu auparavant un de leurs ministres de grande réputation, lequel, ayant été déposé en une petite assemblée qu'ils tinrent à Privas de leur autorité privée, pource qu'il n'avoit pas été assez séditieux en l'assemblée de Saumur, le Roi honora d'une charge de conseiller au présidial de Nîmes. Ce peuple, offensé de le voir élevé en honneur pour le mal qu'il leur avoit fait, lui courent sus au sortir du présidial, le poursuivent à coups de pierres, et, s'étant sauvé, vont abattre sa maison, brûler ses livres, et arracher ses vignes. Les magistrats voulant faire justice de cet excès, ces mutins les violentent et leur font rendre les clefs des prisons, disent par dérision : *Le Roi est à Paris, et nous à Nîmes.* La Reine ne pouvant souffrir une action si préjudiciable à l'autorité royale sans en prendre quelque punition exemplaire, et lui semblant n'en pouvoir prendre une plus grande de cette ville que d'en ôter le siège présidial, fit expédier à la fin d'août lettres patentes par lesquelles Sa Majesté commande qu'il soit transféré de Nîmes en la ville de Beaucaire ; ce qui fut exécuté.

Cependant, comme elle s'emploie à tenir les hérétiques dans les bornes de leur devoir, elle fortifioit la religion et le culte de Dieu par l'établissement de plusieurs congrégations et religions réformées dans la ville de Paris. Les carmes déchaussés furent établis au faubourg Saint-Germain, les jacobins réformés au faubourg Saint-Honoré, le noviciat des capucins et un monastère d'ursulines au faubourg Saint-Jacques ; de sorte qu'on pouvoit dire que le vrai siècle de saint Louis étoit revenu, qui commença à peupler ce royaume de maisons religieuses.

Et comme la vraie piété envers Dieu est suivie de celle envers les pauvres, elle a soin d'eux, et, pour attirer la bénédiction de Dieu sur ce royaume, elle fonde aux faubourgs Saint-Marceau, Saint-Victor et Saint-Germain, trois hôpitaux pour les pauvres invalides, et établit une chambre pour leur réformation.

Ces hautes occupations ne l'empêchent pas de penser aux ornements publics. Elle achète l'hôtel de Luxembourg, au faubourg Saint-Germain, et plusieurs jardins et maisons voisines, pour y commencer un superbe palais, duquel par avance elle commença à faire planter les arbres des jardins, qui, ne venant à leur croissance qu'avec le temps qui leur est limité par la nature, sont ordinairement devancés par les bâtimens, le temps de l'accomplissement desquels est mesuré à la dépense, et hâté selon la magnificence et la richesse de celui qui les entreprend. Et pour donner de l'eau à ce palais, elle y fit conduire les fontaines de Rongy, à quatre lieues de Paris ; œuvre vraiment royale, et ce d'autant plus, que, n'en retenant que la moindre part pour elle, elle donne tout le reste de ses eaux au public, les divisant au collége Royal et en plusieurs autres lieux de l'Université.

On fit aussi en même temps, dans le conseil, une proposition de conjoindre les deux mers par les rivières d'Ouche et d'Armançon, qui ont toutes deux leurs sources en Bourgogne. Celle d'Ouche porte des bateaux assez près de Dijon, et va descendre dans la Saône, puis au Rhône, et dans la mer Méditerranée ; l'autre, qui est navigable vers Montbard, tombe dans l'Yonne, qui descend dans la Seine, et de là en l'Océan. Cette entreprise étoit trop grande pour le temps, n'y ayant personne qui eût soin du commerce et de la richesse de la France pour l'appuyer ; aussi fut-elle seulement mise en avant et non résolue.

Tandis que toutes ces choses se font, il naît de la froideur entre le marquis d'Ancre et M. de Villeroy, le premier commençant à mépriser l'alliance du dernier, et ne l'estimer pas sortable à ce qu'il pouvoit espérer. Dolé aidoit à ce dégoût, offensé de se voir trompé en l'espérance qu'il prétendoit que le sieur d'Alincour lui avoit donnée, de lui faire avoir le contrôle général des finances qu'avoit le président Jeannin. M. de Villeroy n'en avoit jamais ouï parler ; mais le chancelier par mauvaise volonté feignant le contraire, faisoit offrir à Dolé sous main de l'y assister ; ce qui augmentoit encore son mécontentement contre Villeroy, duquel il s'estimoit d'autant plus indignement traité, que, lui ayant rendu service, il en étoit, ce lui sembloit, abandonné, et au contraire recevoit assistance du chancelier, dont il devoit espérer le moins.

Peu après, environ le mois de novembre, madame de Puisieux mourut d'un cholera-morbus : cette mort ne sépara pas seulement tout-à-fait le peu d'union qui restoit encore, au moins en apparence, entre les deux beaux-pères, mais les mit en division pour les intérêts de la succession de ladite dame ; ce qui fut cause de la ruine de tous deux et de beaucoup de maux pour l'État.

Les affaires d'Italie ayant été accommodées avec la précipitation que nous avons dit par le gouverneur de Milan, il se pouvoit plutôt dire que les actes d'hostilité étoient cessés entre les ducs de Savoie et de Mantoue, que non pas qu'il y eût une véritable paix entre eux. Le premier, après qu'il eut rendu les places qu'il avoit prises sur le duc de Mantoue, étoit demeuré armé, sous prétexte, disoit-il, que cela rendroit ledit duc plus facile à se soumettre à ce qui seroit ordonné de leurs différends, joint qu'il prétendoit que le gouverneur de Milan lui avoit promis que la princesse Marie seroit mise en la puissance de sa mère.

Ces raisons étoient bonnes pour lui, mais le duc de Mantoue ne les recevoit pas pour telles, et, non content de ravoir le sien, désiroit s'affranchir de la crainte qu'il lui fût ravi une autre fois par le même ennemi, et faisoit instance vers le gouverneur de Milan pour lui faire licencier ses troupes.

Lui, au contraire, s'en défendoit, envoya ses enfans en Espagne pour obtenir de Sa Majesté Catholique ce qu'il désiroit en cela, ou au moins pour gagner autant de temps.

Enfin toutes ces longueurs obligèrent Sa Majesté de dépêcher en Italie, vers l'un et vers l'autre de ces princes, le marquis de Cœuvres, qui partit le 22 de décembre, avec un ordre particulier de faire en sorte que le duc de Mantoue voulût remettre au sieur de Galigaï, frère de la marquise d'Ancre, son chapeau de cardinal.

Avant que de passer en l'année suivante, il est à propos que nous remarquions ici la mort de Gabriel Battory, prince de Transylvanie, et l'élection de Gabriel Bethelin en sa place, prince qui fera parler glorieusement de lui ci-après.

Gabriel Battory fut d'une force de corps prodigieuse, de laquelle on raconte en Transylvanie des choses qui surpassent toute créance : il n'avoit pas un courage moindre, et le témoigna en plusieurs guerres contre ses voisins; mais il étoit accompagné d'une outrecuidance barbare, et, esclave de ses vices, s'abandonnoit à toutes sortes de voluptés. Il se rendit amoureux de la femme de Gabriel Bethelin, et voulut faire mauvais traitement au mari, qui se retira en Turquie, d'où il entra en Transylvanie avec deux armées, l'une par la Valachie, l'autre par le Pont de Trajan, chassa Battory, et se fit élire prince au lieu de lui. Battory s'enfuit à Waradin, recourt à l'Empereur, qui lui envoie quelque foible secours commandé par le sieur Abafy, gouverneur de Tokai, auquel il donna charge de se défaire de lui, de peur que se voyant si foiblement assisté il ne se tournât du côté du Turc, et ne lui mît ce qui lui restoit de places en sa puissance. Abafy exécute son commandement, et, n'osant entreprendre de le faire tuer à coups de main à cause qu'il craignoit sa grande force, il prit l'occasion d'un jour qu'il s'alloit promener peu accompagné, ne se doutant de rien, et envoya deux cents chevaux, qui le tuèrent dans son carrosse à coups d'arquebuses.

Ainsi Gabriel Bethelin se trouva confirmé en sa principauté par la mort de son ennemi, à laquelle il n'avoit rien contribué; et la maison d'Autriche, comme si elle étoit avide de mauvaise renommée, se chargea de tout le crime, ayant témoigné, par le traitement qu'elle a fait à ces deux princes de Transylvanie de la maison de Battory, combien son assistance est dangereuse, puisqu'elle a, contre tout devoir de reconnoissance, tenu en servitude et fait traîner une vie misérable à Sigismond, qui avoit de son bon gré donné à l'empereur Rodolphe la principauté dont il étoit revêtu, et que maintenant son frère Mathias, au préjudice de son propre honneur et du droit des gens, qui l'obligeoient à protéger celui qui s'étoit jeté à ses genoux, le fait cruellement massacrer par ceux mêmes qu'il feignoit envoyer à son secours.

LIVRE V (1614).

Les princes s'éloignent de la cour. — Livres séditieux répandus dans le public. — La Reine-mère fait revenir le duc d'Epernon. — M. de Vendôme se sauve du Louvre où il étoit gardé. — Le duc de Nevers s'empare du château de Mézières. — La Reine-mère veut se démettre de la régence. — Division dans le conseil à ce sujet. — Elle se décide à arranger les affaires par la douceur. — Manifeste de M. le prince. — Réponse victorieuse faite par le conseil aux plaintes qu'il renferme. — Mort du vieux connétable de Montmorency. — Négociations entamées à Soissons. — Comment la Reine-mère s'arrange avec les princes. — La paix est signée à Sainte-Menehould. — Résultat de la mission du marquis de Cœuvres en Italie. — Mort du chevalier de Guise. — Le parlement fait brûler un livre du jésuite Suarez. — La ville de Poitiers refuse l'entrée à M. le prince. — La Reine-mère se décide à mener le Roi dans cette ville et en Bretagne. — Opiniâtreté de M. de Vendôme. — Le Roi tient les états à Nantes; pacifie le Poitou et la Bretagne. — Est déclaré majeur. — Il pose la première pierre du Pont Marie. — M. le prince propose secrètement à la Reine-mère de ne point convoquer les états dont les princes avoient demandé la réunion. — Cette assemblée s'ouvre le 27 octobre aux Augustins à Paris. — Le château d'Amboise est donné à M. de Luynes. — Détails sur la famille de ce favori du Roi. — Le maréchal d'Ancre contribue à son élévation. — Le duc d'Epernon fait sortir de force un soldat mis dans les prisons de Saint-Germain. — Sa conduite insolente envers le parlement. — Le maréchal d'Ancre fait créer des offices de trésoriers des pensions. — Le duc de Savoie refuse de désarmer, malgré les instances que lui ont faites les Espagnols. — Troubles en Italie. — Le marquis de Spinola prend Aix-la-Chapelle, au nom de l'Empereur. — Les Hollandais s'emparent de Juliers et d'Emmerick.

[164] Les présens que la Reine fit aux grands

au commencement de sa régence, par le conseil du président Jeannin, étourdirent la grosse faim de leur avarice et de leur ambition, mais elle ne fut pas pour cela éteinte; il falloit toujours faire de même si on vouloit les contenter: de continuer à leur faire des gratifications semblables à celles qu'ils avoient reçues, c'étoit chose impossible, l'épargne et les coffres de la Bastille étoient épuisés; et quand on l'eût pu faire, encore n'eût-il pas été suffisant, d'autant que les premiers dons immenses qui leur avoient été faits les ayant élevés en plus de richesses et d'honneurs qu'ils n'eussent osé se promettre, ce qui du commencement eût été le comble de ce qu'ils pouvoient désirer leur sembloit maintenant petit, et ils aspiroient à choses si grandes, que l'autorité royale ne pouvoit souffrir qu'on leur donnât le surcroît de puissance qu'ils demandoient. Ce qui étoit le pis, c'est que la pudeur de manquer au respect dû à la majesté sacrée du prince étoit évanouie. Il ne se parloit plus que de se vendre au Roi le plus chèrement que l'on pouvoit, et ce n'étoit pas de merveille; car si, à grande peine, on peut par tous moyens honnêtes retenir la modestie et sincérité entre les hommes, comment le pourroit-on faire au milieu de l'émulation des vices, et la porte ayant été si publiquement ouverte aux corruptions, qu'il sembloit qu'on fît le plus d'estime de ceux qui prostituoient leur fidélité à plus haut prix? Cela donne juste sujet de douter si c'est un bon moyen d'avoir la paix de l'acheter avec telles profusions de charges et de dépenses, puisqu'elle ôte le pouvoir de continuer, fortifie la mauvaise volonté des grands, et augmente le mal par le propre remède et la précaution que l'on y a voulu apporter.

On dira peut-être que cela a différé la guerre quelques années; mais, si elle l'a différée, elle a donné moyen de la faire plus dangereuse par après. Il est vrai que la Reine en a tiré cet avantage, qu'elle a quasi gagné le temps de la majorité du Roi, en laquelle, agissant par lui-même, il lui sera plus aisé de mettre à la raison ceux qui s'en voudront éloigner.

Les princes et les grands, voyant que le temps s'approchoit auquel le Roi devoit sortir de sa minorité, craignirent qu'il s'écoulât sans qu'ils fissent leurs affaires, et, ne les ayant pu faire à leur souhait dans la cour par négociations, nonobstant les libéralités et les prodigalités qui leur avoient été faites, ils se résolurent de les faire au dehors par les armes. A ce dessein, et pour chercher noise, ils se retirèrent de la cour dès le commencement de l'année. M. le prince part le premier, et va à Châteauroux après avoir pris congé du Roi, promettant à Sa Majesté de revenir toutes fois et quantes qu'il le manderoit.

Autant en fit M. du Maine, qui s'en alla à Soissons, et M. de Nevers en son gouvernement de Champagne.

Le duc de Bouillon demeura quelque temps après eux à la cour, et assura les ministres et la Reine qu'ils avoient intention de demeurer dans la fidélité qu'ils devoient à Sa Majesté, et que la cause de leur mécontentement étoit la confusion qu'ils voyoient dans les affaires, de laquelle ils croyoient être obligés de représenter les inconvéniens qui en pourroient arriver à Sa Majesté, et avoient quelque pensée de s'assembler sur ce sujet à Mézières avec leur train seulement.

Le cardinal de Joyeuse fut employé vers lui pour aviser à assoupir cette émotion en sa naissance; mais ledit duc, connoissant qu'il n'avoit aucun pouvoir de procurer les avantages qu'ils désiroient, n'y voulut pas entendre. A peu de temps de là, il partit pour aller trouver les princes, sous prétexte de les ranger à leur devoir, mais à dessein en effet de les en éloigner davantage: ce qui parut bien par le bruit qu'il fit courir en partant, qu'il se retiroit parce qu'on avoit eu dessein de l'arrêter.

M. de Longueville partit incontinent après, sans prendre congé de Leurs Majestés, qui, ayant eu avis que le duc de Vendôme, qui étoit encore à Paris, étoit aussi de la partie, le firent arrêter au Louvre le 11 de février.

En même temps force livrets séditieux couroient entre les mains d'un chacun; les almanachs, dès le commencement de l'année, ne parloient que de guerre; il s'en étoit vu un, d'un nommé Morgard, qui étoit si pernicieux que l'auteur en fut condamné aux galères. C'étoit un homme aussi ignorant en la science qu'il professoit faussement, que dépravé en ses mœurs, ayant pour cet effet été repris de justice, ce qui fit juger qu'il n'avoit été porté à prédire les maux dont il menaçoit, que par ceux-là mêmes qui les vouloient faire; c'est pourquoi il mérita justement le châtiment qui lui fut ordonné.

La Reine envoya lors le duc de Ventadour et le sieur de Boissise vers M. le prince à Châteauroux; mais ne l'y trouvant pas, pource qu'il étoit parti pour se rendre à Mézières, et ne pouvant avoir aucune réponse des lettres qu'ils lui écrivirent, ils retournèrent à Paris.

Dès le commencement de ces mouvemens, elle se résolut de faire revenir M. d'Epernon de Metz, où il étoit allé mécontent sur la fin de l'année dernière; et pour le contenter fit revivre, en la personne de M. de Candale, la prétendue charge de premier gentilhomme de la chambre, qu'il avoit eue du temps du roi Henri III. Et accorda aussi au sieur de Thermes la survivance de la charge de premier gentilhomme de la chambre, qu'avoit M. de Bellegarde, et flatta M. de Guise de l'espérance de lui donner la conduite de ses armées.

Tout cela ne plaisoit point au maréchal d'Ancre, qui n'avoit nulle inclination pour ces messieurs-là, et au contraire la conservoit pour M. le prince et ceux de son parti, quoique, pour cette fois, ils fussent sortis de la cour sans lui donner aucune participation de leur dessein.

Cependant M. de Vendôme, mal gardé au Louvre, se sauve, le 19 de février, par une des portes de sa chambre qu'on avoit condamnée, va en Bretagne, où le duc de Retz se joignit à lui et lui amassa quelques troupes, commence à faire fortifier Blavet, et se rend maître de Lamballe.

La Reine envoie défendre à tous les gouverneurs des places de le recevoir plus fort, et commande au parlement d'empêcher qu'il se lève des gens de guerre en la province.

Le même jour qu'il se sauva, la Reine eut avis que le château de Mézières avoit été remis en la puissance du duc de Nevers, lequel voyant que Descuroles, lieutenant de La Vieuville, qui en étoit gouverneur, ne lui en vouloit pas ouvrir les portes, et sachant, d'autre part, que la place étoit mal munie de tout ce qui étoit nécessaire pour sa défense, envoya querir deux canons à La Cassine, et en fit venir deux autres de Sedan, à la vue desquels Descuroles se rendit le 18.

Le duc de Nevers, qui en donna avis à la Reine, fut si effronté que de lui mander que son devoir l'avoit obligé de se saisir de cette place, d'autant que Descuroles n'avoit pu lui en refuser l'entrée qu'ensuite de quelque conspiration qu'il tramoit contre l'État, attendu qu'en lui, comme gouverneur de la province, résidoit l'autorité du Roi, et que Mézières étoit de son patrimoine. Il demandoit aussi que le marquis de La Vieuville fût puni pour avoir donné à Descuroles un tel commandement.

La Reine, n'osant pas blâmer ouvertement l'action qu'il avoit faite, se contenta de lui envoyer M. de Praslin avec une lettre de sa part, par laquelle elle lui commandoit de recevoir en ladite citadelle un lieutenant des gardes qu'elle lui envoyoit.

La Reine, agitée par tant de factions qu'elle voyoit dans le royaume, eut quelque pensée de se démettre de la régence, et aller au parlement pour cet effet. Le maréchal et sa femme étoient si étonnés des menaces que les princes et autres grands leur faisoient, qu'ils n'osoient lui déconseiller. Le seul Barbin, auquel la Reine avoit quelque confiance pource qu'il étoit intendant de sa maison, et étoit homme de bon sens, insista au contraire, lui apportant pour principale raison le péril auquel en ce faisant elle mettroit le Roi.

Elle dit qu'on lui avoit donné avis de Bretagne que quelques-uns faisoient courir le bruit qu'elle vouloit faire empoisonner le Roi pour avoir continuellement et à toujours la régence; que c'étoit chose horrible de lui imputer telle calomnie, jurant qu'elle éliroit plutôt la mort que la continuation d'une si pesante charge; dit de plus qu'elle savoit tous les mauvais bruits qu'on faisoit courir contre elle-même, contre sa réputation, et que ce n'étoit la première fois qu'on avoit dit que le marquis d'Ancre la servoit, et que, quand les factieux n'en peuvent plus, ils publient divers discours et contre sa personne et contre le gouvernement de l'État. Néanmoins, qu'elle est résolue d'achever l'administration pendant le temps de sa régence, ayant pour principal but de bien servir le Roi, et se tenir bien auprès de lui, et qu'elle pouvoit dire assurément que cela alloit le mieux du monde entre le Roi et elle, et qu'elle prendroit courage, voyant le temps de la majorité approcher, et qu'elle avoit su et appris de bon lieu que la reine Catherine de Médicis avoit fait déclarer le roi Charles majeur de bonne heure, pour se décharger d'envie, et avoir l'autorité plus absolue sous le nom du Roi son fils.

Il y avoit dans le conseil une grande division pour résoudre lequel des deux partis la Reine devoit suivre, ou aller droit à ces princes avec ce que le Roi avoit de gens de guerre, ou mettre cette affaire en négociation.

Le cardinal de Joyeuse, M. de Villeroy et le président Jeannin, étoient d'avis qu'on courût promptement sus aux princes, sans leur donner temps de faire assemblée de gens de guerre, attendu qu'ils n'étoient pas en état de se défendre, mais si foibles, que le seul régiment des Gardes et une partie de la cavalerie entretenue, étoient suffisans de les réduire à la raison.

Qu'au moins la Reine leur devoit-elle faire peur, et partir de Paris pour aller jusqu'à Reims; ce que faisant, elle les contraindroit ou de venir absolument, sans aucune condition, trouver Leurs Majestés, ou de se retirer, avec désordre et à leur confusion, hors du royaume, qui, par ce moyen, demeureroit paisible et en état que chacun seroit bien aise d'abandonner le parti des princes et se remettre en son devoir, et que, par ce moyen, elle retireroit Mézières surpris sur les siens, et toute la Champagne et l'Ile-de-France, qui étoient possédées par ceux qui leur devoient être suspects.

M. de Villeroy ajoutoit que si la Reine faisoit autrement, elle tomberoit en la même faute que l'on avoit commise en la première prise des armes de la ligue; auquel temps, si on eût pu prendre un conseil généreux d'aller droit à M. de Guise et à ses partisans, qui étoient plus armés de mauvaise volonté qu'ils ne l'étoient de gens de guerre, dont ils avoient fort petit nombre près d'eux, on eût mis les affaires en état de ne les voir plus réduites à l'extrémité où elles furent depuis.

Le chancelier, qui avoit accoutumé en toutes occurrences de chercher des voies d'accommodement, et prendre des conseils moyens, que César disoit n'être pas moyens mais nuls dans les grandes affaires, fut de différente opinion, et estima qu'on devoit donner aux princes toutes sortes de contentemens. Il représentoit que tous les grands du royaume, sans presque en excepter aucun, étoient unis avec M. le prince contre l'autorité royale; que la Reine n'avoit que messieurs de Guise et d'Épernon de son côté, et qu'encore étoient-ils en telle jalousie l'un de l'autre, prétendant tous deux à la charge de connétable, qu'ils se haïssoient de mort. Que le parti des huguenots étoit lors très-puissant, qu'ils ne demandoient que le trouble du royaume, expressément pour en profiter, disant ouvertement qu'il falloit qu'ils se fissent majeurs pendant la minorité du Roi, s'ils ne vouloient consentir à se voir un jour absolument ruinés, quand il auroit connu ses forces. Que le gouvernement étant entre les mains d'une femme, et le Roi âgé seulement de douze à treize ans, la prudence requéroit qu'on ne commit rien au hasard, et obligeoit à préférer les moyens de conserver la paix à une guerre, quelque avantageuse qu'elle semblât de prime face.

Le maréchal d'Ancre, qui étoit à Amiens, et en quelque disgrâce, ce lui sembloit, de la Reine, dépêchoit continuellement courriers sur courriers à sa femme, pour la presser de se joindre à l'avis du chancelier, et faire tout ce qu'elle pourroit pour moyenner la paix. Elle le fit; et trouvant pendant ces contestations, qui tenoient l'esprit de la Reine divisé entre l'estime qu'elle devoit faire du conseil des uns ou des autres, plus d'accès auprès d'elle et plus de lieu en sa bonne grâce, elle lui fit mal juger de toutes les raisons de M. de Villeroy, les interprétant à dessein qu'il eût d'obliger M. de Guise, lui faisant avoir le commandement des armées, et à son animosité contre le chancelier et le maréchal d'Ancre, qu'il espéroit de ruiner par la guerre;

et ensuite lui fit prendre la résolution d'accommoder les affaires par la douceur; ce qui n'empêcha pas, néanmoins, d'envoyer en Suisse faire une levée de six mille hommes.

On présenta à la Reine, le 21 de février, de la part de M. le prince, un manifeste en forme de lettre, par lequel il essayoit de justifier le crime de la rebellion que lui et les siens commettoient, et vouloit faire passer pour criminelle l'innocence de la Reine et de son gouvernement. Il n'avoit dessein, disoit-il, que de procurer la réformation des désordres de l'État, à laquelle il ne prétendoit parvenir que par remontrances et supplications, lesquelles, pour ce sujet, il commençoit à faire sans armes, auxquelles il ne vouloit avoir recours qu'au cas qu'il fût forcé à repousser les injures faites au Roi par une naturelle, juste et nécessaire défense.

Ses plaintes étoient de tous les maux imaginaires en un État, non d'aucune faute réelle dont la régence de la Reine fût coupable. Il se plaignoit que l'Eglise n'étoit pas assez honorée, qu'on ne l'employoit plus aux ambassades (1), qu'on semoit des divisions dans la Sorbonne, la noblesse étoit pauvre, le peuple étoit surchargé, les offices de judicature étoient à trop haut prix, les parlemens n'avoient pas la fonction libre de leurs charges, les ministres étoient ambitieux, qui, pour se conserver en autorité, ne se soucioient pas de perdre l'Etat. Et ce qui étoit le meilleur, est qu'il se plaignoit des profusions et prodigalités qui se faisoient des finances du Roi, comme si ce n'étoit pas lui et les siens qui les eussent toutes reçues, et que, pour gagner temps avec eux, la Reine n'y eût pas été forcée. Pour conclusion, il demandoit qu'on tînt une assemblée des Etats, sûre et libre, que les mariages du Roi et de Madame fussent différés jusqu'alors.

Ceux qui répondirent de la part de la Reine à ce manifeste, y eurent plus d'honneur que de peine; car les raisons qu'ils avoient sur ce sujet étoient convaincantes et aisées à trouver. Que M. le prince avoit tort de ne lui avoir pas depuis quatre ans remonté toutes ces choses lui-même, et ne l'avoit pas avertie des malversations prétendues sur lesquelles il fondoit ses mécontentemens. Qu'il ne falloit point s'éloigner pour cela de la cour, et prendre prétexte sur les mariages que lui-même avoit approuvés et signés. Que ni l'Eglise, ni la noblesse, ni le peuple, ne se plaignent d'être maltraités, ni n'en ont point de

(1) Cette première plainte contre un gouvernement qu'on accusait d'être trop exclusivement catholique, doit être remarquée; elle est dans le manifeste du prince en tête des griefs.

sujet, aussi peu la Sorbonne, en laquelle Sa Majesté a tâché de maintenir la bonne intelligence, laquelle ceux qui se plaignent d'elle ont essayé et essaient journellement de troubler par mauvais desseins, au préjudice du service du Roi et du repos de l'Etat. Que tant s'en faut qu'elle eût appauvri la noblesse, elle leur avoit plus libéralement départi des biens et des honneurs qu'ils n'en avoient du temps du feu Roi. Que ce n'étoit pas de son temps que les offices de judicature avoient été rendus vénaux, ni qu'elle n'avoit donné occasion à les hausser de prix. Que le peuple a été soulagé, et les levées ordinaires diminuées, nonobstant les grandes dépenses qu'il étoit nécessaire de faire. Que les parlemens avoient toute liberté en l'exercice de la justice. Que c'est l'ordinaire de ceux qui entreprenoient contre leurs souverains, de faire semblant de ne se prendre pas à eux, mais à leurs ministres, et, par ce moyen, épargnant en papier leur nom, faire néanmoins tomber sur eux en effet tous les reproches dont on charge leurs serviteurs. Que ceux dont elle se sert sont vieillis dans les affaires publiques et dans les charges qu'ils exercent, lesquelles ils sont tous prêts de lui remettre s'il est jugé expédient pour le bien de l'Etat; mais qu'elle sait qu'ils méritent plutôt récompense que punition. Que les profusions qu'il appelle n'ont été faites que pour contenir en leur devoir ceux qui s'en plaignent maintenant, et en ont eu tout le profit. Que si telles gratifications n'ont produit l'effet qu'on en avoit attendu, on ne peut que louer la bonté de la Reine, et accuser l'ingratitude de ceux qui les ont reçues. Quant aux Etats-Généraux, elle a toujours eu dessein de les assembler à la majorité du Roi, pour rendre compte de son administration; mais que la demande qu'il fait qu'on les rende sûrs et libres, témoigne qu'il projette déjà des difficultés pour les éluder, et en faire avorter le fruit avant la naissance. Et enfin que la protestation qu'il fait de vouloir procéder à la réformation prétendue de l'Etat par moyens légitimes et non par armes, est plutôt à désirer qu'à espérer, vu que la liaison des seigneurs mécontens avec lui est un parti, lequel sans l'autorité du Roi ne peut être légitime, va le grand chemin à la guerre, est un son de trompette qui appelle les perturbateurs du repos public, et force le Roi à s'y opposer par toutes voies.

M. le prince envoya à tous les parlemens de France la copie du manifeste qu'il envoyoit à la Reine, avec une lettre particulière qu'il leur écrivoit pour les convier de lui aider; mais nul d'eux ne lui fit réponse. Il écrivit à plusieurs cardinaux, princes et seigneurs particuliers, la plupart desquels envoyèrent au Roi leurs paquets fermés.

La Reine, pour n'oublier aucune voie de douceur, envoya à Mézières le président de Thou, pour le trouver et convenir d'un lieu pour conférer avec lui. Le président alla jusqu'à Sedan, où il étoit allé voir le duc de Bouillon, où, après lui avoir fait ouïr une comédie, ou plutôt une satire contre le gouvernement, ils s'accordèrent de la ville de Soissons, où la conférence fut assignée pour le commencement d'avril.

En ce temps mourut le connétable de Montmorency, chargé d'années; il fut le plus bel homme de cheval et le meilleur gendarme de son temps, et en réputation d'homme de grand sens, nonobstant qu'il n'eût aucunes lettres, et à peine sût-il écrire son nom.

La persécution que sa maison reçut de celle de Guise le porta, pour sa conservation, de s'unir avec les huguenots de Languedoc, auxquels le service du Roi l'obligeoit de s'opposer, sans que néanmoins il leur laissât tant prendre de pied qu'ils fussent maîtres des catholiques, tenant les choses en un équilibre qui, continuant la guerre, lui donnoit prétexte de demeurer toujours armé. Le roi Henri-le-Grand, pour le retirer avec honneur de cette province, où il avoit vécu presque en souverain, lui donna la charge de connétable, que trois de ses prédécesseurs avoient possédée. Sa présence diminua sa réputation, soit que son âge déjà fort avancé eût perdu quelque chose de la vigueur de son esprit, soit que les hommes concevant d'ordinaire les choses absentes plus grandes qu'elles ne sont quand nous les voyons, elles ne correspondent pas à notre attente, ou soit enfin que le peu de satisfaction que le Roi avoit de ses actions passées, l'envie qu'on lui portoit, et la faveur de Sa Majesté, la bienveillance de tous les gens de guerre vers le maréchal de Biron, qui étoit un soleil levant, obscurcissent l'éclat de ce bon homme, qui étoit déjà bien fort en son déclin. A la mort du Roi, sa vieillesse ne le laissant que l'ombre de ce qu'il avoit été, il désira retourner en son gouvernement, où il mourut au commencement d'avril de la présente année, s'étant, quelque temps auparavant, séquestré des choses temporelles pour vaquer à la considération de celles du ciel et penser à son salut.

Le 6 d'avril, la Reine fit partir de Paris le duc de Ventadour, les présidens Jeannin et de Thou, les sieurs de Boissise et de Bullion, pour se rendre à Soissons au temps dont ils étoient convenus avec M. le prince. Après plusieurs conférences avec tous, dont la première fut le 14 du mois, et plusieurs autres particulières avec le duc de Bouillon, qui étoit l'ame de cette assemblée, on convint de trois choses. La première fut celle du mariage qu'ils vouloient qui fût sursis jusqu'à la fin des Etats, qu'on leur accorda de l'être jusqu'à la majorité du Roi; la seconde, les Etats libres, demandés en apparence pour réformer l'Etat, mais en effet pour offenser la Reine et les ministres; la troisième, le désarmement du Roi, qu'ils vouloient être fait en même temps qu'ils désarmeroient, mais qu'on ne leur accorda qu'après qu'ils auroient désarmé les premiers.

Durant plusieurs allées et venues qui se firent de Paris à Soissons pendant cette conférence, l'armée du Roi se faisoit toujours plus forte en Champagne, et la levée des six mille Suisses y arriva, dont M. le prince prit ombrage; et, écrivant à la Reine qu'il laissoit MM. du Maine et de Bouillon pour parachever le traité, il s'en alla avec le duc de Nevers et le peu de troupes qu'il avoit à Sainte-Menehould, où le gouverneur et les habitans, lui ayant du commencement refusé les portes, le laissèrent entrer dès le lendemain.

Cette nouvelle arrivée à la cour fortifia l'opinion de ceux qui déconseilloient à la Reine d'entendre aux conditions de paix qu'on lui avoit apportées. On parla d'assembler les troupes du Roi en un corps d'armée, et en donner la conduite à M. de Guise. La Reine néanmoins voulut encore une fois dépêcher vers M. le prince, et choisit le sieur Vignier, intendant de ses affaires, qui lui rapportant le désir qu'avoit M. le prince que les députés s'avançassent à Rethel, la Reine leur en fit expédier la commission le 5 de mai; ensuite de laquelle y étant allé, le tout se termina en divers intérêts particuliers, qui passèrent à l'ombre des trois concessions générales prétendues pour le bien public, lesquelles avoient été accordées à Soissons.

Les intérêts particuliers avoient plusieurs chefs. M. le prince eut Amboise; il en demandoit le gouvernement pour toujours, prétendant qu'il lui fût nécessaire pour sa sûreté. On le lui accorda en dépôt seulement, et ce jusqu'à la tenue des Etats; mais, outre cela, on lui promit et paya quatre cent cinquante mille livres en argent comptant.

M. du Maine, trois cent mille livres en argent pour se marier, et la survivance du gouvernement de Paris, pour se rendre plus considérable en l'Ile-de-France, dont il étoit gouverneur. M. de Nevers, le gouvernement de Mézières et la coadjutorerie de l'archevêché d'Auch.

M. de Longueville, cent mille livres de pension. Messieurs de Rohan et de Vendôme comparoissoient par procureurs. M. de Bouillon eut le doublement de ses gendarmes, et l'attribution de la connoissance du taillon, comme premier maréchal de France. Toutes ces conditions étant accordées entre les commissaires du Roi et les princes, M. de Bullion fut député pour les porter à la Reine, où il trouva les choses bien autrement qu'il n'eût pensé.

Car le cardinal de Joyeuse, les ducs de Guise et d'Epernon, et le sieur de Villeroy, qui étoient réunis ensemble pour empêcher la paix, agirent de telle sorte vers l'esprit de la Reine par la princesse de Conti, passionnée aux intérêts du duc de Guise, qui prétendoit être connétable par la guerre, que, bien que le chancelier, le maréchal et la maréchale, et le commandeur de Sillery, fissent tous leurs efforts pour la paix, ils n'y pouvoient porter l'esprit de la Reine.

M. de Villeroy et le président Jeannin s'opposoient particulièrement à livrer Amboise à M. le prince, remontrant de quelle conséquence étoit cette place, à cause de sa situation sur une grande rivière proche de ceux de la religion.

Cette contestation dura quelque temps entre les plus puissans de la cour. Le duc d'Epernon voulut même faire une querelle d'Allemand au sieur de Bullion, à qui il tint des paroles fort aigres pour le détourner de favoriser la paix; mais tant s'en faut qu'il s'en abstînt pour ce sujet, que, s'étant plaint à la Reine de son procédé, il prit occasion de lui faire connoître que le duc et ses adhérens agissoient avec d'autant plus d'artifice et de violence qu'ils ne le pouvoient faire par raison.

Enfin le sieur de Villeroy, qui d'abord se portoit à la guerre, ayant vu que la proposition qu'il avoit faite à la Reine de chasser le chancelier, duquel il étoit séparé depuis la mort de la dame de Puisieux, qui étoit sa petite-fille, ne réussissoit pas, se porta à la paix en se réunissant avec le maréchal d'Ancre qui la désiroit.

D'autre part, la princesse de Conti et la maréchale d'Ancre étant venues aux grosses paroles sur le sujet des affaires présentes, la dernière, outrée de l'insolence de la princesse, fit si bien connoître à la Reine que si la guerre étoit elle seroit tout-à-fait sous la tyrannie de la maison de Guise, qu'elle se résolut à la paix.

Pour la conclure avec les formalités requises, on assembla les premiers présidens et gens du Roi des compagnies souveraines de Paris, prévôt de ladite ville, grands du royaume et ministres, qui tous ensemble approuvèrent les conditions portées ci-dessus. Le sieur de Bullion retourna à Sainte-Menehould où étoient les princes, où la paix fût signée le 15 de mai.

Cependant le marquis de Cœuvres revint d'Italie où l'on l'avoit dépêché l'année passée, et arriva à la cour le 10 de mai. Passant par Milan, il vit le gouverneur, pour lequel il avoit des lettres, et reçut de lui un bon traitement en apparence, et témoignage de confiance sur le sujet pour lequel il avoit été dépêché; mais il ne fut pas sitôt arrivé à Mantoue, qu'il reconnut bien, par effet, la jalousie qu'il avoit que Leurs Majestés prissent part aux affaires d'Italie, et voulussent employer leur autorité pour les accorder; car il dépêcha en même temps secrètement un cordelier, pour persuader au duc de Mantoue qu'il ne devoit entendre aux propositions que ledit marquis lui feroit de la part du Roi; et, de peur que les raisons du cordelier ne fussent suffisantes, il envoya encore le prince de Castillon, qui étoit commissaire impérial, pour lui faire la même instance au nom de l'Empereur; et, afin que cela ne parût point, le commissaire se tint caché en une des maisons du duc près de Mantoue. Mais tous ces artifices n'eurent pas assez de pouvoir sur l'esprit du duc pour le faire entrer en soupçon d'aucun conseil qui lui fût donné de la part de Sa Majesté; à quoi déférant entièrement, il pardonna au comte Gui de Saint-Georges et à tous ses autres sujets rebelles du Montferrat, renonça à toutes les prétentions que lui et ses sujets pouvoient justement avoir, à cause des ruines et dégâts de la guerre injuste que le duc de Savoie lui avoit faite, promit de se marier avec la princesse Marguerite, et se soumettre à des arbitres qui jugeroient tous leurs différends avant la consommation du mariage. Il dépêcha à la cour un courrier avec tous ces articles, avec ordre, si Leurs Majestés les agréoient, de le faire passer en Espagne, ou de se remettre à la Reine si elle le vouloit, pour, par ses offices, y faire consentir les Espagnols.

Cela fait, le marquis de Cœuvres ayant exécuté ce qui lui avoit été commis, se remet en chemin pour retourner. Le duc de Savoie, quand il passa à Turin, lui témoigna agréer tout ce qui avoit été traité, mais craindre que les Espagnols traverseroient l'accommodement entier entre lui et le duc de Mantoue, et se serviroit de ce prétexte pour ne pas désarmer.

Il arriva à Paris le 10 de mai, où il vint à propos pour être peu après envoyé à M. de Vendôme, lui conseiller de revenir en son devoir. Car, en cette paix qui avoit été faite, les ennemis du Roi ayant obtenu pardon sans réparer leur faute, et reçu des bienfaits, sinon à cause, au moins à l'occasion du mal qu'ils avoient fait, et de peur qu'ils en fissent davantage, tant s'en faut qu'ils perdissent la mauvaise volonté qu'ils avoient au service du Roi, qu'ils s'y affermirent davantage par l'impunité avec laquelle ils voyoient qu'ils la pouvoient exécuter. Nonobstant toutes les promesses qu'avec serment messieurs le prince et de Bouillon firent au président Jeannin de demeurer à l'avenir dans une fidélité exacte au service du Roi, ni l'un ni l'autre ne revint à la cour, comme ils avoient donné à entendre qu'ils feroient; mais M. de Bouillon alla à Sedan, et M. le prince n'approcha pas plus près que Valery, d'où il écrit à la Reine, qui lui envoya Descures, gouverneur d'Amboise, qui lui remit la place en ses mains, de laquelle il alla incontinent après prendre possession. Le duc de Nevers s'en alla à Nevers; le duc de Vendôme étoit en Bretagne; M. de Longueville vint saluer le Roi, mais demeura peu de jours près de sa personne; M. du Maine y vint, qui y demeura davantage, et étoit très-bien vu de Leurs Majestés.

Le seul duc de Vendôme témoignoit ouvertement n'être pas content de la paix; le duc de Retz et lui, prétendant qu'on n'y avoit pas eu assez d'égard à leurs intérêts, voulurent essayer de s'avantager, et gagner quelque chose de plus pour eux-mêmes; de sorte que non-seulement ledit duc de Vendôme ne se mettoit en devoir de raser Lamballe et Quimper, selon qu'il étoit obligé, mais surprit encore la ville et château de Vannes par l'intelligence d'Aradon, qui en étoit gouverneur, et faisoit beaucoup d'actes d'hostilité en cette province.

La Reine ne crut pas pouvoir envoyer vers lui personne qui pût gagner davantage sur son esprit que le marquis de Cœuvres (1), qui n'en rapporta néanmoins pas grand fruit; ce qui obligea la Reine à le lui envoyer encore une fois, avec menaces que le Roi useroit de remèdes extrêmes, si volontairement il ne se mettoit à la raison.

Elle changea seulement l'ordre du rasement de Blavet en un commandement de faire sortir la garnison qui y étoit pour y en faire entrer une des Suisses. La crainte obligea M. de Vendôme à signer toutes les conditions que l'on désiroit de lui; mais, pour les avoir signées, il ne se hâtoit néanmoins pas encore de les exécuter.

Tandis que la maison de Guise tenoit le haut du pavé, et que le mauvais gouvernement des autres princes la rendoit recommandable, elle reçut une grande perte en la mort du chevalier de Guise, qui arriva le premier jour de juin. Il étoit prince généreux, et qui donnoit beaucoup à espérer de lui; mais le duc de Guise, qui en faisoit son épée, le nourrissoit au sang, et lui

(1) Il était l'oncle du duc de Vendôme.

avoit fait entreprendre deux mauvaises actions : l'une contre le marquis de Cœuvres, l'autre contre le baron de Luz, la dernière desquelles il exécuta à son malheur; car Dieu, qui hait le meurtre et le sang innocent répandu, le punit, et fit qu'il répandît le sien même par sa propre main; car, étant à Baux en Provence, il voulut, par galanterie, mettre le feu à un canon, qui creva et le blessa d'un de ses éclats, dont il mourut deux heures après, non sans reconnoître qu'il méritoit ce genre de mort cruelle et avancée.

Environ ce temps, le parlement fit brûler, par la main d'un bourreau, un livre de Suarez, jésuite, intitulé : *La Défense de la foi catholique, apostolique, contre les erreurs de la secte d'Angleterre;* comme enseignant qu'il est loisible aux sujets et aux étrangers d'attenter à la personne des souverains. Et, pource que ce livre étoit nouvellement imprimé et apporté en France, nonobstant la déclaration des pères et le décret de leur général, de l'an 1610, la cour fit venir les pères jésuites Ignace, Armand Fronton, Leduc, Jacques Sirmond, et fit prononcer ledit arrêt en leur présence, leur enjoignant de faire en sorte vers leur général qu'il renouvelât ledit décret, et qu'il fût publié, et d'exhorter le peuple en leurs prédications à une doctrine contraire. Cet arrêt de la cour fut si mal reçu à Rome par les faux donnés à entendre de ceux qui y étoient intéressés, que Sa Sainteté fut sur le point d'excommunier le parlement, et de traiter leur arrêt comme ils avoient fait le livre de Suarez. Mais quand l'ambassadeur du Roi l'eut informé de la procédure et du fait, Sa Sainteté, bien loin de condamner ledit arrêt, donna un bref et décret confirmatif de la détermination du concile de Constance en ce sujet, laquelle le parlement avoit suivie en son arrêt.

Tandis que le parlement travailloit à Paris contre les pères jésuites, M. le prince en avoit à Poitiers contre l'évêque(1). On s'aperçut en cette ville, au temps que l'on a accoutumé d'élire un maire, qui est le lendemain de la Saint-Jean, de quelques menées de sa part; on y découvrit un parti formé pour lui, duquel Sainte-Marthe, lieutenant général, et quelques autres des principaux officiers étoient. Le 22 du mois, un nommé Latrie, qui étoit à M. le prince, fut attaqué dans la ville, et blessé d'un coup de carabine par quelques habitans, qui se retirèrent dans l'Evêché. M. le prince part d'Amboise, se présente aux portes, que l'évêque (auquel la Reine, dès le commencement de ces mouvemens, avoit écrit et commandé de ne laisser entrer aucun des grands en ladite ville) lui fit refuser. M. le prince

(1) De la Roche-Pozay.

demandant à parler à quelqu'un, un nommé Berland se présenta, qui lui dit qu'on ne le laisseroit point entrer; et, sur ce qu'il l'interrogea de la part de qui il lui faisoit cette réponse, il lui dit que c'étoit de la part de dix mille hommes armés qui étoient dans la ville, qui mourroient plutôt que de l'y laisser entrer, et qu'il le prioit de se retirer, ou qu'on tireroit sur lui.

Le duc de Rouanais, gouverneur de la ville, affidé à M. le prince, y alla le 25; mais il fut contraint de prendre le logis de l'évêque pour asile, et ceux de la ville refusant de lui obéir, et protestant qu'ils ne reconnoissoient lors personne que l'évêque, il en sortit deux jours après. M. le prince se retira à Châtellerault, d'où il écrivit à la Reine une lettre pleine de plaintes, lui demandant justice de l'évêque et de ceux qui avoient été contre lui; puis, ayant amassé quelque noblesse, et le marquis de Bonnivet lui ayant amené un régiment, il alla loger à Dissé, maison épiscopale, et autres lieux à l'entour de Poitiers, qui envoya demander assistance à la Reine, et la supplier de les dégager de M. le prince.

La Reine lui manda qu'elle lui feroit faire justice, et qu'elle attribuoit au parlement la connoissance de ce qui s'étoit passé en cette affaire, pour en juger selon les lois; et, afin qu'on ne pût prendre aucun prétexte pour ne pas exécuter le traité de Sainte-Menehould, la Reine fit vérifier, le 4 de juillet, une déclaration du Roi, portant que Sa Majesté avoit été bien informée que le sieur prince et tous ceux de son parti n'avoient eu aucune mauvaise intention contre son service, et partant avouoit tout ce qu'ils avoient fait, et ne vouloit pas qu'ils en pussent être jamais recherchés. Tout cela ne put pas faire retirer M. le prince, qui muguettoit cette ville, et auquel la lâcheté du gouvernement passé faisoit peu appréhender l'avenir.

M. de Villeroy persistoit au conseil généreux qu'il avoit toujours donné, qui étoit que le Roi et la Reine s'acheminassent en ces quartiers-là; joint que M. de Vendôme, qui étoit en Bretagne, n'obéissoit non plus que s'il n'eût point signé le traité.

M. le chancelier étoit d'un avis contraire, auquel le maréchal d'Ancre et sa femme se joignoient; et la chose se traitoit avec tant d'animosité de part et d'autre, qu'il y eut beaucoup de paroles d'aigreur entre eux et ceux qui étoient d'avis du voyage.

Mais enfin la Reine, s'étant mal trouvée des premiers conseils de M. le chancelier, et d'avoir voulu éviter le naufrage en cédant aux ondes, suivit pour cette fois le conseil de M. de Villeroy, nonobstant tous les offices du maréchal et de sa femme, et se résolut de résister au temps, faire force à la tempête, et mener le Roi à Poitiers et en Bretagne. Elle le fit partir le 5 de juillet. Le maréchal et sa femme, s'estimant ruinés, n'osèrent accompagner Leurs Majestés en ce voyage, mais demeurèrent à Paris.

La Reine étant arrivée à Orléans, dépêcha M. du Maine vers M. le prince, croyant qu'ayant été de son parti il avoit de pouvoir de le faire retirer; mais son voyage n'eut autre fin, sinon que M. le prince, voyant le Roi s'approcher de lui, dit qu'il s'en alloit à Châteauroux, où il attendroit la satisfaction de l'offense qu'il avoit reçue, et fut voir en passant M. de Sully, sous prétexte de le ramener en son devoir, mais en intention toute contraire.

Elle renvoya aussi d'Orléans, pour la troisième fois, au duc de Vendôme le marquis de Cœuvres, et fit expédier en ladite ville, le 14 de juillet, une déclaration en faveur dudit duc, par laquelle le Roi le rétablissoit dans les fonctions de sa charge de gouverneur de Bretagne, et commandoit aux villes de le laisser entrer comme elles avoient accoutumé auparavant ces mouvemens.

M. le prince éprouva lors combien peu de chose étoit le gouvernement d'Amboise, qu'il avoit désiré avec tant de passion, vu que ceux qui y commandoient en apportèrent les clefs à Leurs Majestés à leur passage, lesquelles elles laissèrent néanmoins entre leurs mains.

A leur arrivée à Tours, la nouvelle leur ayant été apportée de l'éloignement de M. le prince, ceux qui avoient déconseillé le voyage voulurent persuader la Reine de retourner à Paris; mais la venue de l'évêque de Poitiers avec deux cents habitants, qui représentèrent la ville en péril à cause de l'absence des principaux magistrats d'icelle, qui, ayant été soupçonnés d'être contre le service du Roi, avoient été obligés de se retirer, Leurs Majestés s'y acheminèrent, furent reçues avec applaudissement de tout ce peuple, y mirent l'ordre nécessaire, et firent résigner à Rochefort sa charge de lieutenant de roi en Poitou, en faveur du comte de La Rochefoucault.

Toutes choses succédant si heureusement en ce voyage, messieurs de Guise, d'Epernon et de Villeroy, étoient en faveur et gouvernoient tout, et on ne faisoit qu'attendre l'heure que le chancelier seroit chassé, ce que si le sieur de Villeroy eût fait alors, il se fût garanti de beaucoup de maux que le chancelier lui fit depuis.

Le commandeur de Sillery croyoit tellement son frère et lui ruinés, qu'il traita et tomba quasi d'accord de sa charge de premier écuyer de la Reine, avec le sieur de La Trousse; Barbin seul l'empêcha, lui représentant que l'honneur l'obligeoit à ne s'en point défaire sans en parler au maréchal d'Ancre, par la faveur duquel il la tenoit.

Le duc de Vendôme, nonobstant l'approche du Roi, demeura toujours dans son opiniâtreté, ne désarmant ni rasant les fortifications de Lamballe et de Quimper, ni ne recevant la garnison de Suisses dans Blavet, jusques à ce qu'il sût que Leurs Majestés fussent arrivées à Nantes, où, pour sa sûreté, on lui fit expédier, le 13 d'août, une déclaration semblable à celle qui lui avoit été envoyée d'Orléans; et lors seulement il se rendit à son devoir.

Le Roi tenant ses Etats à Nantes, il fut étonné des excès et violences dont avoient usé les troupes de M. de Vendôme, desquelles les Etats lui firent des plaintes, suppliant Sa Majesté qu'il lui plût ne point comprendre dans l'abolition qu'on leur donnoit de leurs crimes, ceux qui avoient fait racheter les femmes aux maris, les filles et les enfans aux pères et mères, les champs ensemencés aux propriétaires, et ceux qui, pour exiger de l'argent, avoient donné la gêne ordinaire et extraordinaire, et pendu ou autrement fait mourir les hommes, ou les avoient rançonnés pour ne pas brûler les maisons, ou mettre le feu à leurs titres et enseignemens; ce qui fit tant d'horreur à Leurs Majestés et à leur conseil, qu'elles déclarèrent qu'ayant mieux aimé oublier que venger les injures faites à leur particulier, elles entendoient que les crimes susnommés qui concernent le public, fussent sévèrement punis selon la rigueur des ordonnances. Le Roi ayant pacifié ces deux provinces, le Poitou et la Bretagne, retourna à Paris, et y arriva le 16 de septembre.

Durant ce voyage, le prince de Conti mourut à Paris le 13 d'août, sans enfans, n'ayant eu qu'une fille de son second mariage avec mademoiselle de Guise. Il étoit prince courageux, et qui s'étoit trouvé auprès de Henri-le-Grand à la bataille d'Ivry, et en plusieurs autres occasions où il avoit très-bien fait; mais il étoit si bègue qu'il étoit quasi muet, et n'avoit pas plus de sens que de parole.

M. le prince arriva treize jours après le Roi à Paris, pour accompagner Sa Majesté au parlement, où il devoit être déclaré majeur le 2 d'octobre, suivant l'ordonnance du Roi Charles V, par laquelle les rois de France entrent en majorité après treize ans accomplis.

Le jour précédent, Sa Majesté fit expédier une déclaration par laquelle elle confirmoit de nouveau l'édit de pacification, renouveloit la défense des duels et celle des blasphèmes.

Le lendemain, cette cérémonie se passa avec un grand applaudissement de tout le monde. La Reine y ayant remis au Roi l'administration de son gouvernement, Sa Majesté, après l'avoir remerciée de l'assistance qu'il avoit reçue d'elle en sa minorité, la pria de vouloir prendre le même soin de la conduite de son royaume, et fit vérifier la déclaration susdite qu'il avoit fait expédier le jour auparavant.

Le 13 du mois, il mit avec la Reine sa mère la première pierre au pont que Leurs Majestés, pour la décoration et commodité de la ville, trouvèrent bon de faire construire pour passer de la Tournelle à Saint-Paul, et en donnèrent la charge à Christophe Marie, bourgeois de Paris, moyennant les deux îles de Notre-Dame que Leurs Majestés achetèrent, et lui donnèrent en propre pour subvenir aux dépenses dudit pont.

Lors il ne fut plus question que de la tenue des Etats, que dès le 9 de juin l'on avoit convoqués au 10 de septembre en la ville de Sens; mais les affaires du Poitou et de la Bretagne les firent remettre au 10 d'octobre ensuivant, puis, à quelques jours de là, le Roi les fit assigner à Paris et non à Sens.

M. le prince ne vit pas plutôt la Reine résolue de les assembler, qu'il lui fit dire sous main que, si elle vouloit, il ne s'en tiendroit point, et qu'eux-mêmes, qui les avoient demandés, y consentiroient les premiers. Mais le conseil, prévoyant très-prudemment que, quoi que dissent ces princes, ce seroit le premier sujet de leurs plaintes au premier mécontentement qu'ils prendroient, et que ce prétexte seroit spécieux pour animer le peuple contre son gouvernement, et pour justifier leur première rebellion et la seconde qu'ils recommenceroient encore, s'affermit à les tenir, d'autant plus qu'il la sollicitoit de ne le pas faire. A quoi l'exemple de Blanche, mère de saint Louis, la fortifioit, qui fit tenir à l'entrée de la majorité de son fils une semblable assemblée; par le conseil de laquelle elle pourvut si bien aux affaires de son royaume, que la suite de son règne fut pleine de bénédictions.

Quand les princes la virent en cette résolution, ils remplirent de brigues toutes les provinces, pour avoir des députés à leur dévotion, et faire grossir leurs cahiers de plaintes imaginaires; ce qui leur réussit toutefois au contraire de ce qu'ils pensoient, nonobstant que, durant lesdits Etats, tous les esprits factieux vinssent à Paris pour fortifier M. le prince qui y étoit en personne, et qu'on ne vît jamais tant de brigues et factions, jusque-là que M. le prince même voulut aller se plaindre ouvertement du gouvernement de la Reine, et l'eût fait si Saint-Geran ne l'eût été trouver à son lever, et ne lui en eût fait défenses expresses de la part de Sa Majesté.

L'ouverture de cette célèbre compagnie fut le 27 du mois d'octobre aux Augustins. Il s'émut en l'ordre ecclésiastique une dispute pour les rangs, les abbés prétendant devoir précéder les doyens et autres dignités de chapitres. Il fut ordonné qu'ils se rangeroient et opineroient tous confusément, mais que les abbés de Citeaux et de Clairvaux, comme étant chefs d'ordre et titulaires, auroient néanmoins la préférence.

Les hérauts ayant imposé silence, le Roi dit à l'assemblée qu'il avoit convoqué les Etats pour recevoir leurs plaintes et y pourvoir. Ensuite le chancelier prit la parole, et conclut que Sa Majesté permettoit aux trois ordres de dresser leurs cahiers, et leur y promettoit une réponse favorable.

L'archevêque de Lyon, le baron de Pont-Saint-Pierre, et le président Miron, firent, l'un après l'autre, pour l'Église, la noblesse et le tiers-état, les très-humbles remercîmens au Roi de sa bonté et du soin qu'il témoignoit avoir de ses sujets, de l'obéissance et fidélité inviolable desquels ils assuroient Sa Majesté, à laquelle ils présenteroient leurs cahiers de remontrances le plus tôt qu'ils pourroient. Cela fait on se sépara, et, durant le reste de l'année, chacune des trois chambres travailla à la confection desdits cahiers.

M. le prince ayant su que les Etats, jusqu'à l'assemblée desquels seulement il avoit reçu en dépôt la ville et château d'Amboise, avoient résolu de faire instance qu'il les remît entre les mains du Roi, les prévint, au grand regret du maréchal d'Ancre, qui soupçonna qu'il avoit rendu cette place pour l'obliger par son exemple à rendre celles qu'il avoit. Le château d'Amboise fut donné à Luynes, qui commença à entrer dans les bonnes grâces du Roi parce qu'il se rendit agréable en ses plaisirs.

Le maréchal d'Ancre, qui de long-temps regardoit de mauvais œil messieurs de Souvré père (1) et fils, leur portant envie pour la crainte qu'il avoit qu'ils gagnassent trop de crédit dans l'esprit du Roi, eut dessein d'élever celui-ci pour le leur opposer, et fit office auprès de la Reine pour lui donner ce gouvernement, lui représentant qu'elle feroit chose qui contenteroit fort le Roi, et que ce seroit une créature qu'elle auroit près de lui.

Mais, pource que ce jour est le premier auquel commence à poindre la grandeur à laquelle on

(1) Gouverneur du roi. Son fils était le marquis de Courtauvaux.

l'a vu depuis élevé, il est bon de remarquer ici de quel foible commencement il est parvenu jusques à cette journée, qu'on peut dire être l'aurore d'une fortune si prodigieuse.

Son père, nommé le capitaine Lúynes, étoit fils de maître Guillaume Ségur, chanoine de l'église cathédrale de Marseille. Il s'appela Luynes, d'une petite maison qu'avoit ledit chanoine, entre Aix et Marseille, sur le bord d'une rivière nommée Luynes, et prit le surnom d'Albert, qui étoit celui de sa mère, qui fut chambrière de ce chanoine (1).

Ayant un frère aîné auquel son père laissa le peu de bien qu'il avoit, et n'ayant en sa part que quelque argent comptant, il se fit soldat, et s'en alla à la cour, où il fut archer de la garde du corps, fut estimé homme de courage, fit un duel dans le bois de Vincennes avec réputation, et enfin obtint le gouvernement du Pont-Saint-Esprit, où il se maria à une demoiselle de la maison de Saint-Paulet, qui avoit son bien dans Mornas. Ils y acquirent une petite maison du président d'Ardaillon, d'Aix en Provence, qu'on appeloit autrement M. de Montmiral, une métairie chétive, nommée Brante, assise sur une roche, où il fit planter une vigne, et une île que le Rhône a quasi toute mangée, appelée Cadenet, au lieu de laquelle, pource qu'elle ne paroît quasi plus, on montre une autre nommée Limen. Tous leurs biens et leurs acquets pouvoient valoir environ 1,200 livres de rente. A peu de temps de là, il leur fallut quitter le Pont-Saint-Esprit, pource que sa femme devant beaucoup à un boucher qui les fournissoit, ayant un jour envoyé pour continuer à prendre sa provision, le boucher ne se contenta pas de la refuser simplement, mais le fit avec telle insolence, qu'il lui manda que, n'ayant jusqu'alors reçu aucun paiement de la viande qu'il lui avoit vendue, il n'en avoit plus qu'une à son service, dont, se conservant la propriété, il lui donneroit, si bon lui sembloit, l'usage, sans lui en rien demander. Cette femme hautaine et courageuse reçut cette injure avec tant d'indignation, qu'elle alla tuer celui de qui elle l'avoit reçue, en pleine boucherie, de quatre ou cinq coups de poignard. Après quoi ils se retirèrent à Tarascon.

Ils eurent trois fils et quatre filles de ce mariage : l'aîné fut appelé Luynes, le deuxième Cadenet, et le troisième Brante.

L'aîné fut page du comte du Lude ; à son hors de page il demeura avec lui, et le suivit quelque temps avec ses deux frères, qu'il y appela. Ils étoient assez adroits aux exercices, jouoient bien à la longue et courte paume et au ballon. M. de La Varenne, qui les connoissoit à cause que la maison du Lude est en Anjou, province d'où il est natif, et avoit le gouvernement de la capitale ville, les mit auprès du feu Roi, et fit donner à l'aîné quatre cents écus de pension, dont ils s'entretenoient tous trois : depuis il la leur fit augmenter jusqu'à douze cents écus. L'union étroite qui étoit entre eux les faisoit aimer et estimer ; le Roi les mit auprès de M. le Dauphin, en la bonne grâce duquel ils s'insinuèrent par une assiduité continuelle, et par l'adresse qu'ils avoient à dresser des oiseaux.

Le Roi, à mesure qu'il croissoit en âge, augmentant sa bienveillance envers l'aîné, il commença à se rendre considérable. Le maréchal d'Ancre, voyant l'inclination du Roi à l'aimer, pour se l'obliger et plaire à Sa Majesté tout ensemble, lui fit donner ledit gouvernement d'Amboise, que M. le prince remettoit entre les mains de Sa Majesté, espérant que, reconnoissant le bien qu'il avoit reçu de lui, il lui seroit un puissant instrument pour dissiper les mauvaises impressions qu'on donneroit au Roi à son désavantage. En quoi paroît combien est grand l'aveuglement de l'esprit de l'homme, qui fonde son espérance en ce qui doit être le sujet de sa crainte ; car le maréchal ne recevra mal que de celui de qui il attend tout le contraire, et Luynes, qu'il regardoit comme un des principaux appuis de sa grandeur, non-seulement le mettra par terre, mais ne bâtira sa fortune que sur les ruines de la sienne.

Il eut quelque peine à y faire consentir la Reine ; mais lui ayant représenté que le Roi avoit quelque inclination vers ledit de Luynes, et qu'entre ceux qui la suivoient il avoit meilleure part en son jeune esprit, elle crut faire bien de se l'acquérir pour serviteur, et lui acheta la ville et château d'Amboise plus de cent mille écus. En quoi elle commit une erreur assez ordinaire entre les hommes, d'aider ceux qu'ils voient s'élever plus qu'ils ne désireroient, n'osant ouvertement s'opposer à eux, et espérant de les pouvoir gagner par leurs bienfaits, sans prendre garde que cette considération-là n'aura pas un jour tant de force pour nous en leur esprit, qu'en aura contre nous le propre intérêt de leur ambition démesurée, qui ne peut souffrir de partager l'autorité qu'elle désire avoir seule, ni moins la posséder avec dépendance d'autrui.

Le respect dont M. le prince usa en cette occasion, de rendre au Roi cette place, suivant la condition avec laquelle il l'avoit reçue, sans attendre qu'on la lui demandât, ne fut pas suivi du duc d'Epernon, qui, à la face des Etats, usa

---

(1) Il est presque inutile de dire que cette généalogie ne ressemble pas à celle qu'on fit pour la famille de Luynes.

d'une violence inouïe contre l'honneur dû au parlement.

Un soldat du régiment des Gardes fut mis prisonnier au faubourg Saint-Germain, pour avoir tué en duel un de ses camarades. Le duc d'Epernon prétendant, comme colonel général de l'infanterie française, en devoir être le juge, l'envoya demander. Sur le refus qui lui en fut fait, il tire quelques soldats d'une des compagnies qui étoient en garde au Louvre, fait briser les prisons et enlever le soldat.

Le bailli de Saint-Germain en fait sa plainte à la cour le 15 de novembre; elle commet deux conseillers pour en informer. Le duc d'Epernon, offensé de ce qu'on y travailloit, va, le 19 du mois, au Palais, si bien accompagné qu'il ne craignoit point qu'on lui pût faire mal, et, à la levée de la cour, les siens se tenant en la grande salle et en la galerie des Merciers, se moquoient de messieurs du parlement à mesure qu'ils sortoient, et aux paroles et gestes de mépris ajoutèrent quelques coups d'éperons, dont ils perçoient et embarrassoient leurs robes; de sorte que aucuns furent contraints de retourner, et ceux qui n'étoient pas encore sortis se tinrent enfermés jusqu'à ce que cet orage fût passé.

Cette action sembla si atroce que chacun prit part à l'offense. La cour s'assembla le 24 de novembre, qui étoit le jour de l'ouverture du parlement, pour délibérer quelle punition elle prendroit de ce crime, où, non-seulement la justice avoit été violée au brisement de la prison du faubourg Saint-Germain, la sûreté de la personne du Roi méprisée par l'abandonnement de ses gardes, qui ont été tirés de leur faction pour employer à cet attentat, mais la majesté royale même foulée aux pieds en l'injure faite à son parlement, et tout cela à la vue des Etats.

La Reine n'étoit pas en état de prendre aucune résolution généreuse sur ce sujet, pource qu'elle n'avoit entière confiance en aucun des ministres, ni aucun d'eux aussi assez d'assurance de sa protection, pour lui oser donner un conseil qui le chargeât de la haine d'un grand, joint qu'elle étoit en défiance de M. le prince et de tous ceux de son parti, et partant avoit quelque créance aux ducs de Guise et d'Epernon; ce qui fit qu'elle envoya au parlement le sieur de Praslin avec une lettre du Roi, par laquelle il leur commandoit de surseoir pour deux jours la poursuite de cette affaire, et que cependant il aviseroit de donner contentement à la cour. Ils en étoient déjà aux opinions quand il arriva; néanmoins, ils ne passèrent pas outre, mais ordonnèrent que le parlement ne seroit point ouvert jusques alors.

Toute la satisfaction que le parlement en reçut, fut que le soldat fut remis dans la prison de Saint-Germain. Le duc d'Epernon alla trouver la cour le 29, où, sans faire aucune mention de l'affront qu'il lui avoit fait dans la grande salle et la galerie des Merciers, il dit simplement qu'il étoit venu au Palais ledit jour, pensant venir rendre compte à la cour de l'enlèvement du soldat; mais que le malheur s'étoit rencontré qu'elle étoit levée, ce que les maveillans avoient mal interprété; qu'il supplioit la cour de perdre à jamais la mémoire ce qui s'étoit passé; qu'il les honoroit et étoit en volonté de les servir en général et en particulier.

Si le duc d'Epernon fit peu de compte du Roi et de son parlement, le maréchal d'Ancre n'en fit pas davantage de l'assemblée des Etats, que l'on publioit être pour mettre ordre aux confusions qui étoient dans le royaume, et principalement à celle qui étoit dans les finances, dont la plupart des autres tiroient leur origine; car, lorsque l'on parloit de modérer l'excès des dépenses du Roi, il fit impudemment créer des offices de trésoriers des pensions, dont il tira dix-huit cent mille livres.

Les huguenots aussi, en la ville de Milhaud, se soulevèrent la veille de Noël contre les catholiques, les chassèrent de la ville, entrèrent dans l'église, y brisèrent le crucifix, les croix et les autels, rompirent les reliquaires, et, ce qui ne se peut écrire sans horreur, foulèrent le Saint-Sacrement aux pieds, duquel excès et sacrilège il ne fut pas tiré grande raison.

Tandis qu'en France nos affaires étoient en cet état, et que la Reine, d'un côté, étoit occupée à garantir le royaume de la mauvaise volonté des grands, et d'autre part s'y comportoit avec tant de foiblesse, la puissance d'Espagne se faisoit craindre en Italie, et se fortifioit en Allemagne. En Italie, nonobstant que le marquis de Cœuvres y eût laissé les affaires en train d'accommodement, l'ambition néanmoins du duc de Savoie en continua non-seulement le trouble, mais l'augmenta, en ce que les Espagnols agréant les articles qui avoient été concertés, et dont nous avons parlé ci-dessus, et faisant instance audit duc de désarmer, il le refusa. Davantage, il commença à se plaindre d'eux, demandant le paiement de soixante mille livres par an que Philippe II, son beau-père, avoit par contrat de mariage données à l'Infante sa femme, dont il lui étoit dû huit années d'arrérages, et d'autres huit mille écus par an de ce qui lui avoit été semblablement promis, et dont il lui étoit dû aussi des arrérages. Le roi d'Espagne employant le nom de l'Empereur pour mieux colorer son procédé, lui fit faire, le 8 de juillet un commandement de la part de Sa Majesté impériale de licencier ses troupes ; à quoi ne voulant obéir, le gouverneur de Milan entra dans le Piémont avec une armée, et fit bâtir un fort près de Verceil.

D'autre côté, le marquis de Sainte-Croix, assisté des Génois, descendit avec une armée navale sur la rivière de Gênes, entra dans les Etats du duc de Savoie, et prit Oneille et Pierrelatte.

L'avis en étant venu en France, Sa Majesté ne voulant pas laisser perdre ce prince, dépêcha, le 20 de septembre, le marquis de Rambouillet en ambassade extraordinaire en Italie, pour composer ces différends, dont toutefois il ne put pas venir à bout pour cette année, le nonce de Sa Sainteté et lui étant convenus d'un traité à Verceil, qui fut signé du duc de Savoie, mais que le gouverneur de Milan refusa ; et depuis étant aussi convenus d'un autre à Ast, que ledit gouverneur agréa, mais que le roi d'Espagne refusa de ratifier, ne voulant entendre à aucune autre proposition d'accommodement qu'aux premières qu'il avoit accordées, et voulant absolument, pour sa réputation en Italie, que ledit duc obéît à ce qu'il avoit désiré de lui ; dont il se défendoit par l'espérance qu'il avoit que la France, pour son propre intérêt, le prendroit en sa protection. En Allemagne, la maison d'Autriche se saisit d'une partie des pays héréditaires de Juliers, sur le sujet de la contention qui naquit entre les princes possédans.

Le duc de Neubourg s'étant marié à une fille de Bavière, l'électeur de Brandebourg entra en soupçon de lui ; d'où vint que ledit Neubourg voulant, vers le mois de mars de cette année, entrer dans le château de Juliers, la porte lui en fut refusée par le gouverneur, et Brandebourg, croyant que le duc s'en étoit voulu rendre maître, fit une entreprise sur Dusseldorf.

Cette mésintelligence fut cause que Neubourg se résolut d'abjurer son hérésie, et faire profession de la religion catholique, et l'un et l'autre de faire quelques levées de gens de guerre pour leur défense. L'archiduc Albert et les Etats se voulurent mêler de les accorder ; mais, comme leur principal dessein étoit de profiter de leur division, les uns et les autres s'emparèrent des places qui étoient le plus en leur bienséance, les Hollandais de Juliers et d'Emmerick, qui étoit une belle et grande ville sur le bord du Rhin, de Rees, qui est située entre Wesel et Emmerick, et de plusieurs autres places.

Le marquis de Spinola commença par la prise d'Aix-la-Chapelle, qui, pour les divisions qui avoient continué entre eux, avoit été mise au ban de l'Empire, et, pour l'exécution d'icelui, l'électeur de Cologne et l'archiduc avoient été commis. Spinola, en qualité de lieutenant du commissaire de l'Empereur, attaqua cette place le 21 d'août, et la prit le 24. De là il passa outre, et s'empara de Mulheim dont il fit démolir les fortifications, prit Wesel en la basse Westphalie, située sur le Rhin, et très-bien fortifiée, et diverses autres places moindres.

Les rois d'Angleterre et de Danemarck, et plusieurs autres princes, craignant que de cette étincelle il naquit un grand embrasement, envoyèrent des ambassadeurs pour tâcher à composer ce différend. On tint, pour ce sujet, une conférence en la ville de Santen qui étoit demeurée neutre, où enfin les princes possédans firent une transaction entre eux, qui devoit être par provision observée jusqu'à un accord final, mais dont Spinola empêcha l'effet, sous prétexte qu'il vouloit que les Hollandais promissent de ne s'ingérer plus à l'avenir aux affaires de l'Empire, et que lui de son côté ne pouvoit faire sortir la garnison qu'il avoit mise dans Wesel, jusqu'à ce qu'il en eût commandement exprès de Leurs Majestés impériale et catholique. Ainsi les Hollandais et les Espagnols divisèrent entre eux les États dont les princes perdirent l'effet de possédans, et en gardèrent le titre en vain. Le Roi étoit lors si occupé à pacifier les troubles de son royaume, qu'il ne put leur départir son assistance, comme il avoit fait incontinent après la mort du feu Roi.

LIVRE VI (1615).

Délibérations des trois chambres des états. — Discussions au sujet de la paulette, de la vénalité des offices, de la commission pour les recherches du sel, du concile de Trente, d'un projet de loi fondamentale proposé par la chambre du tiers. — Discours du cardinal du Perron dans cette chambre à cette occasion. — La chambre du clergé demande au Roi un édit contre les duels. — Le parlement condamne par contumace un député de la noblesse qui a donné des coups de bâton à un député du tiers. — Il décrète de prise de corps un agent de M. le prince pour avoir donné des coups de bâton à Marsillac. — Le maréchal d'Ancre fait attaquer en plein jour Riberpré, du parti de M. de Longueville. — Les trois chambres présentent au Roi leurs cahiers de doléances. — Réponse que leur fait Sa Majesté. — Les députés sont congédiés. — Résultat de cette assemblée. — Mort de Marguerite de Valois, première femme de Henri IV. — Son éloge. — Le Roi casse un arrêt du parlement portant convocation de toutes les chambres pour délibérer sur les affaires de l'Etat. — Le parlement présente au Roi des remontrances. — Nouvel arrêt du conseil qui annule ces remontrances. — M. le prince se retire à Creil et refuse d'accompagner le Roi en Guienne. — Le maréchal d'Ancre incline toujours à la paix. — Plaintes de la Reine-mère contre M. de Villeroy. — M. le prince refuse une troisième fois d'accompagner le Roi. — M. de Longueville essaie en vain de soulever le peuple d'Amiens et de s'emparer de la citadelle. — Le duc de Savoie est contraint de signer les articles concertés entre la France et l'Espagne par le marquis de Rambouillet. — Substance de ces articles. — Punition d'une religieuse de Naples, nommée Julia. — Lettre de M. le prince au Roi, en forme de manifeste. — Plaintes du duc de Bouillon contre le duc d'Epernon, le chancelier, et nommément contre le maréchal d'Ancre. — Quel est le genre de crédit dont ce maréchal jouit auprès de la Reine. — Il reçoit l'ordre de se retirer à Amiens. — L'abbé de Saint-Victor, coadjuteur de Rouen, vient supplier le Roi, au nom du clergé, de recevoir le concile de Trente. — Sa harangue est mal reçue. — Les remontrances de l'ambassadeur d'Angleterre sont aussi mal accueillies. — Leurs Majestés partent pour la Guienne. — Le président Le Jay est conduit au château d'Amboise. — Le duc d'Epernon, en crédit auprès de la Reine, accompagne Leurs Majestés. — La maréchale d'Ancre est du voyage. — Lettre de l'assemblée des huguenots tenue à Grenoble, adressée au Roi; demandes qu'elle contient. — Le Roi étant à Poitiers déclare le prince de Condé et ses adhérens criminels de lèse-majesté. — Déclaration de M. le prince en réponse à celle du Roi. — Le maréchal Bois-Dauphin rassemble à Paris une armée pour l'opposer à celle des princes. — Comment la maréchale d'Ancre rentre dans sa familiarité première avec la Reine. — L'armée des princes s'empare de Château-Thierry et passe la Seine à Bray. — Leurs Majestés arrivent à Bordeaux où se font les fiançailles de Madame et du prince d'Espagne, et le mariage du Roi avec l'Infante. — Le cardinal de Sourdis délivre des prisons, à main armée, un huguenot condamné pour plusieurs crimes par le parlement de Bordeaux. — L'assemblée de Grenoble se transporte à Nîmes contre l'avis du maréchal de Lesdiguières. — Elle avoue la prise d'armes du duc de Rohan, et exhorte toutes les provinces à le seconder. — Le Roi déclare criminels de lèse-majesté tous les huguenots qui, dans un mois, ne se soumettront pas. — M. le prince ravage avec son armée le Berri, la Touraine et le Poitou. — Convention passée à Parthenay entre lui et les députés de l'assemblée de Nîmes. — Le Roi nomme le duc de Guise général de ses deux armées. — La Reine consent à négocier avec M. le prince. — Le duc de Nevers offre de s'entremettre pour la paix. — Mort du cardinal de Joyeuse.

[1615] Les Etats, qui furent ouverts le 27 d'octobre de l'année précédente, continuèrent jusqu'au 23 de février de celle-ci.

La première contention qui s'émut entre eux, fut du rang auquel chacun des députés devoit opiner dans les chambres. Sur quoi le Roi ordonna qu'ils opineroient par gouvernemens, tout le royaume étant partagé en douze, sous lesquels toutes les provinces particulières sont comprises.

Quand on vint à délibérer de la réformation des abus qui étoient en l'Etat, il s'éleva d'autres contentions dont l'accommodement n'étoit pas si facile.

La chambre de la noblesse envoya prier celle de l'Eglise qu'elle se voulût joindre à elle, pour supplier Sa Majesté qu'attendant que l'assemblée eût pu délibérer sur la continuation ou la révocation de la paulette (1), qui rendoit les offices héréditaires en France, il plût à Sa Majesté surseoir le paiement du droit annuel pour l'année suivante, lequel on tâchoit de hâter, et faire révoquer les commissions qui obligeoient les ecclésiastiques et nobles à montrer les quittances du scel qu'ils auroient pris depuis deux ans, ce qui étoit en effet les traiter en roturiers.

Le clergé, considérant que par la paulette la justice, qui est la plus intime propriété de la royauté, est séparée du Roi, transférée et faite domaniale à des personnes particulières; que par elle la porte de la judicature est ouverte aux enfans, desquels nos biens, nos vies et nos honneurs dépendent; que de là provient la vénalité du détail de la justice, qui monte à si haut prix qu'on ne peut conserver son bien contre celui qui le veut envahir qu'en le perdant, et pour le paiement de celui qui le doit défendre; qu'il n'y a plus d'accès à la vertu pour les charges; qu'elles sont rendues propres à certaines familles, desquelles vous ne les sauriez tirer qu'en les payant à leur mort, d'autant qu'elles sont assurées de ne les pouvoir perdre : ce qui établit une merveilleuse tyrannie en elles, et principalement en celles de lieutenans généraux des provinces, les charges desquels ne furent jamais, du vivant du feu Roi, comprises au droit annuel : pour toutes ces considérations, elle trouva bon de se joindre à cette première proposition de la noblesse. Quant à la seconde, elle s'y joignit pour son propre intérêt.

La chambre du tiers-état, les députés de laquelle étoient, par un des principaux articles de leur instruction, chargés de demander l'extinction de ladite paulette, députa vers le clergé, et consentit à se joindre auxdites demandes. Mais, pour ce que la plupart desdits députés étoient officiers, et partant intéressés à faire le contraire de ce qui leur étoit ordonné, ils ajoutèrent, pour éluder cette résolution, qu'ils prioient aussi le clergé et la noblesse de se joindre à eux en deux supplications qu'ils avoient à faire à Sa Majesté : la première, qu'il lui plût, attendu la pauvreté du peuple, surseoir l'envoi de la commission des tailles jusqu'à ce que Sa Majesté eût ouï leurs remontrances sur ce sujet, ou, dès à présent, leur en eût diminué le quart; la seconde, qu'attendu que par ce moyen et par la surséance du droit annuel, ses finances seroient beaucoup amoindries, il lui plût aussi faire surseoir le paiement des pensions et gratifications qui étoient couchées sur son état.

(1) On appelait ainsi une prestation annuelle payée par les officiers de justice, finances, et autres, pour conserver à leurs héritiers, la propriété de leurs charges, s'ils mouraient avant de les avoir vendues. Cette somme devait être originairement payée à Charles Paulet, qui en avait traité avec Henri IV, en 1604.

Les chambres du clergé et de la noblesse, jugeant bien que cette réponse du tiers-état étoit un déni en effet, sous un apparent prétexte, de consentir à leurs avis, délibéroient de faire leurs supplications au Roi sans l'adjonction de ladite chambre, lorsque Savaron et cinq autres députés d'icelle vinrent trouver celle du clergé, leur remontrer que, par la surséance du droit annuel, on faisoit courir fortune à tous les officiers dont il y avoit grand nombre en leur chambre; que le Roi retiroit par ce droit un grand argent; que si on l'ôtoit, c'étoit retomber en la confusion qui étoit auparavant la ligue, quand le Roi donnoit les offices à la recommandation des grands, auxquels les officiers demeuroient affidés et non pas au Roi; que, si on vouloit retrancher le mal par la racine, il falloit ôter toute la vénalité. Puis ils firent une particulière plainte de l'ordonnance des quarante jours (1), priant messieurs du clergé de se joindre à eux pour en tirer la révocation.

La chambre ecclésiastisque fut confirmée, par cette seconde députation, au jugement qu'elle fit de la première, et n'estima pas bonnes les raisons alléguées en faveur de la paulette : la première, d'autant que c'étoit une mauvaise maxime de croire que tout ce qui est utile aux finances du Roi le soit au bien et à la conservation de l'État; que ce n'est pas tant la recette qui enrichit comme la modération de la mise, laquelle, si elle n'est réglée comme il faut, le revenu du monde entier ne seroit pas suffisant; la seconde, d'autant que l'expérience du passé rendroit sage pour l'avenir, et que Sa Majesté donneroit à la vertu et au mérite les charges, non à la recommandation des grands.

Quant à la proposition d'éteindre la vénalité, il n'y avoit personne qui ne l'agréât. Premièrement, parce que c'étoit ce qui augmentoit le nombre des officiers (2) au préjudice du pauvre peuple, aux dépens duquel ils vivent, et s'exemptant de la part qu'ils devoient porter de leurs charges, le laissent tellement opprimer, qu'il ne peut plus payer les tailles et subvenir aux nécessités de l'État.

Secondement, parce que cela donne lieu non-seulement à l'augmentation des épices, ce qui va à la ruine des oppressés, mais à l'anéantissement de la justice même, ceux qui les achètent semblant avoir quelque raison de ne penser qu'à chercher de la pratique, pour gagner et vendre en détail à la foule des particuliers ce qu'ils ont acheté en gros.

Et en troisième lieu, parce que, par ce moyen, l'or et l'argent ravit à la vertu tout ce qui lui est dû, savoir est l'honneur, qui est l'unique récompense qu'elle demande. Et l'exemple qu'on apporte qu'en la république de Carthage toutes les charges se vendoient, et que la monarchie romaine n'en étoit pas entièrement exempte, n'est pas tant une raison qu'un témoignage de l'ancienneté de cette corruption dans l'État, laquelle Aristote, en sa *Politique*, blâme en la république de Carthage, et les plus sages et vertueux empereurs romains ne l'ont pas voulu souffrir. Et nous n'avons pas besoin d'autre preuve pour montrer qu'elle est contraire aux lois fondamentales de cette monarchie, que le serment que les juges, de coutume immémoriale, faisoient de n'être point entrés en leurs charges par argent, ce que saint Louis appeloit du nom de simonie, et l'introduction de cette vénalité, laquelle fut faite, non parce qu'on l'estimât juste, ni qu'il en provînt du bien à l'État, mais seulement par pure nécessité et pour mettre de l'argent aux coffres du Roi, que les guerres avoient épuisés.

Louis XII commença à l'imitation des Vénitiens. François Ier, qui fut encore plus oppressé de guerre, érigea le bureau des parties casuelles; et Henri IV, qui le fut plus que tous, la confirma si manifestement, qu'il ordonna que les juges ne feroient plus le serment ancien, et ajouta encore la paulette à la vénalité. Car, quant à la raison que l'on apporte que, par ce moyen, il n'entre dans les offices que des personnes riches, lesquelles partant sont moins sujettes à corruption, et qu'il n'y a point lieu de craindre qu'ils ne soient de vertu et probité requise, puisqu'on ne reçoit point que l'on n'ait auparavant informé de leurs vies et mœurs, qu'ils sont destituables s'ils s'y comportent autrement qu'ils doivent, et que, pour ce sujet, il falloit avoir entre les Romains un certain revenu pour être admis aux charges, ce n'est pas une raison qui oblige à ladite vénalité, attendu que le Roi, qui auroit le choix d'y commettre qui il lui plairoit, ne choisiroit que des personnes qui pourroient soutenir la dignité des charges, seroient d'autant plus obligées à y bien vivre qu'ils n'en auroient rien payé, et d'une vertu si connue qu'on en seroit plus assuré qu'on ne peut être par quelque information de leurs vies et mœurs qu'on puisse faire; et n'y auroit point sujet de craindre qu'ils ne correspondissent à l'estime qu'on feroit d'eux.

Mais, bien que cette proposition leur fût agréable, néanmoins la chambre ne crut pas y

---

(1) Celle qui vouloit, pour rendre valable une transmission d'office, que le titulaire survécût quarante jours à la vente. C'était pour en dispenser les officiers que la paulette avait été créée.

(2) Le mot *officiers* est oublié dans le manuscrit.

devoir alors avoir égard, d'autant que le temps pressoit de faire leurs remontrances au Roi sur la surséance du paiement du droit annuel.

Ensuite de cela, les députés du clergé et de la noblesse allèrent ensemble trouver le Roi, lui faire ladite remontrance, et celle touchant la révocation de la commission pour la recherche du scel, dont ils reçurent réponse et promesse de Sa Majesté à leur contentement.

Les députés du tiers-état allèrent aussi faire la leur, où ils s'emportèrent en quelques paroles offensantes contre la noblesse, ce qui augmenta encore la division qui étoit déjà entre eux.

Depuis on fit une autre proposition pour l'extinction de la vénalité des offices, offrant de faire, en douze années, le remboursement actuel de la finance qui auroit été payée ès coffres du Roi, tant pour les offices que taxations et droits; et à la fin de ce temps, ces offices étant tous remis en la main du Roi, Sa Majesté les réduiroit au nombre ancien, et ce sans payer finance, ains, au contraire, augmentant les gages des officiers afin qu'ils ne prissent plus d'épices.

Le clergé et la noblesse agréèrent cette proposition, à laquelle le tiers-état ne voulut pas se joindre; mais tous s'accordèrent de demander au Roi l'établissement d'une chambre de justice pour la recherche des financiers, suppliant Sa Majesté que les deniers qui en proviendroient fussent employés au remboursement des offices supernuméraires, ou du rachat du domaine; ce que Sa Majesté leur accorda pour la recherche de ce qui n'auroit pas été aboli par le feu Roi, ou des malversations commises depuis.

Il y eut une seconde contention entre eux sur le sujet du concile de Trente, dont la chambre du clergé et celle de la noblesse demandèrent la publication, sans préjudice des droits du Roi et priviléges de l'Église gallicane. A quoi la chambre du tiers-état ne voulut jamais consentir, prétendant qu'il y avoit dans ledit concile beaucoup de choses qui étoient de la discipline et police extérieure, qui méritoient une plus grande discussion que le temps ne permettoit pas de faire pour lors; qu'il y avoit des choses où l'autorité du Roi étoit intéressée, et le repos même des particuliers.

Qu'entre les ecclésiastiques les réguliers y perdoient leurs exemptions, les chapitres étoient assujétis aux évêques, les fiefs de ceux qui mouroient en duel étoient acquis à l'Église, les indults du parlement étoient cassés, la juridiction des juges subalternes à l'endroit du clergé étoit éclipsée, et l'inquisition d'Espagne introduite en France; enfin, que c'étoit une chose inouïe en ce royaume qu'aucun concile y eût jamais été publié, et qu'il n'étoit pas bon d'y rien innover maintenant.

Le plus grand différend qui survint entre eux fut sur le sujet d'un article que le tiers-état mit dans son cahier, par lequel il faisoit instance que Sa Majesté fût suppliée de faire arrêter, dans l'assemblée de ses Etats, pour loi fondamentale du royaume, qu'il n'y a puissance sur terre, soit spirituelle ou temporelle, qui ait aucun droit sur son royaume, pour en priver la personne sacrée de nos rois, ni dispenser leurs sujets de l'obéissance qu'ils leur doivent, pour quelque cause ou prétexte que ce soit; que tous les bénéficiers, docteurs et prédicateurs seroient obligés de l'enseigner et publier, et que l'opinion contraire seroit tenue de tous pour impie, détestable et contre-vérité, et que, s'il se trouve aucun livre ou discours écrit qui contienne une doctrine contraire, directement ou indirectement, les ecclésiastiques seroient obligés de l'impugner et contredire.

Messieurs du clergé, en ayant eu avis, envoyèrent en la chambre du tiers-état les prier de leur vouloir communiquer ce qu'ils auroient à représenter au Roi touchant les choses qui concerneroient la foi, la religion, la hiérarchie et la discipline ecclésiastique; comme aussi ils feroient de leur part ce qu'ils auroient à représenter à Sa Majesté touchant ce qui les regarderoit. A quoi ladite chambre ne voulant acquiescer, et le clergé jugeant que cette proposition tendoit à exciter un schisme, voulant faire un article de foi d'une chose qui étoit problématique, elle dépêcha en ladite chambre l'évêque de Montpellier pour la prier de lui communiquer l'article susdit; ce qu'elle fit, mais témoignant qu'elle n'y vouloit changer aucune parole.

Le clergé l'ayant examiné, résolut qu'il ne seroit reçu ni mis au cahier, ains rejeté. A quoi la noblesse s'accorda, et députa douze gentilshommes pour accompagner le cardinal du Perron, qui fut envoyé par la chambre ecclésiastique vers celle du tiers-état.

Il les remercia premièrement du zèle qu'ils avoient eu de pourvoir avec tant de soin à la sûreté de la vie et de la personne de nos rois, les assurant que le clergé conspiroit également en cette passion avec eux.

Mais il les pria de considérer que les seules lois ecclésiastiques étoient capables d'arrêter la perfidie des monstres qui osent commettre ces abominables attentats, et que les appréhensions des peines temporelles étoient un trop foible remède à ces maux, qui procèdent d'une fausse persuasion de religion, d'autant que ces malheureux se baignent dans les tourmens, pensant courir aux triomphes et couronnes du martyre, et partant ne sont retenus que par les défenses de l'Église, dont la rigueur et la sévérité s'exécute après la mort.

Mais il faut, pour cet effet, que ces lois et défenses sortent d'une autorité ecclésiastique certaine et infaillible, c'est-à-dire universelle, et ne comprennent rien que ce dont toute l'Eglise catholique est d'accord; car, si elles procèdent d'une autorité douteuse et partagée, et contiennent des choses en la proposition desquelles une partie de l'Eglise croie d'une sorte, et le chef et les autres parties d'icelle enseignent de l'autre, ceux en l'esprit desquels on veut qu'elle fasse impression, au lieu d'être épouvantés et détournés par leurs menaces, s'en moqueront et les tourneront en mépris.

Puis il leur dit qu'en leur article dont il s'agit, et lequel ils baptisent du nom de loi fondamentale, il y a trois points :

Le premier, que, pour quelque cause que ce soit, il n'est pas permis d'assassiner les rois ; qu'à cela toute l'Eglise souscrit, voire elle prononce anathème contre ceux qui tiennent le contraire.

Le deuxième, que nos rois sont souverains de toute sorte de souveraineté temporelle dans leur royaume; que ce deuxième point-là encore est tenu pour certain et indubitable, bien qu'il ne le soit pas d'une même certitude que le premier, qui est un article de foi.

Le troisième, qu'il n'y a nul cas auquel les sujets puissent être absous du serment de fidélité qu'ils ont fait à leur prince ; que ce troisième point est contentieux et disputé en l'Eglise, d'autant que toutes les autres parties de l'Eglise gallicane, et toute la gallicane même, depuis que les écoles de théologie y ont été instituées jusqu'à la venue de Calvin, ont tenu qu'il y a quelques cas auxquels les sujets en peuvent être absous : savoir est que, quand un prince vient à violer le serment qu'il a fait à Dieu et à ses sujets de vivre et mourir en la religion catholique, par exemple, non-seulement se rend arien ou mahométan, mais passe jusqu'à forcer ses sujets en leurs consciences, et les contraindre d'embrasser son erreur et infidélité, il peut être déclaré déchu de ses droits, comme coupable de félonie envers celui à qui il a fait le serment de son royaume, c'est-à-dire envers Jésus-Christ, et ses sujets peuvent être absous au tribunal ecclésiastique du serment de fidélité qu'ils lui ont prêté.

D'où il s'ensuit que ledit article en ce point est inutile et de nul effet pour la sûreté de la vie de nos rois, puisque les lois d'anathème et défenses ecclésiastiques ne font point d'impression dans les ames, si elles ne sont crues parties d'une autorité infaillible, et de laquelle toute l'Eglise convienne; et que ce n'est pas encore assez de dire qu'il est inutile pour elle, mais qu'il lui est même préjudiciable, d'autant qu'étant tenu pour constant par toute l'Eglise que, pour quelque cause que ce soit, il n'est permis de les assassiner, si on mêle cette proposition avec celle-ci, qui est problématique, on lui fait perdre sa force en l'esprit de ces perfides assassins, infirmant par le mélange d'une chose contredite ce qui est tenu pour article de foi.

Que le titre même qu'ils donnent à cet article de loi fondamentale est injurieux à l'État, duquel ce seroit avouer que les fondemens seroient bien mal assurés, si on les appuyoit sur une proposition incertaine et problématique. Davantage, que cet article, couché comme il est, fait un schisme en l'Eglise de Dieu; car nous ne pouvons tenir et jurer que le Pape et toutes les autres parties de l'Eglise catholique, que nous savons avoir une créance contraire, tiennent une doctrine opposée à la parole de Dieu, et impie, et partant hérétique, sans faire schisme et nous départir de leur communion, et enfin qu'il attribue aux personnes laïques l'autorité de juger des choses de la religion, et décider quelle doctrine est conforme à la parole de Dieu, et leur attribue même l'autorité d'imposer nécessité aux personnes ecclésiastiques de jurer, prêcher et annoncer l'une, et impugner par sermons et par écrits l'autre; ce qui est un sacrilége, fouler aux pieds le respect de Jésus-Christ et de son ministère, et renverser l'autorité de son Eglise.

Et partant, il conclut que messieurs du tiers-état devoient ôter cet article de leur cahier, et se remettre à messieurs du clergé de le changer, réformer, et en ordonner ce qu'ils jugeroient à propos.

L'opiniâtreté ne donna pas lieu de céder à la raison : comme ils s'étoient animés dès le commencement contre les deux chambres de l'Eglise et de la noblesse, ils ne voulurent pas se relâcher de ce qu'ils avoient mis en avant, principalement se laissant emporter à la vanité du spécieux prétexte du soin qu'ils prenoient de la défense des droits du royaume et de la sûreté de la personne des rois, sans ouvrir les yeux pour reconnoître qu'au lieu de la conservation de l'État ils le mettoient en division, et, au lieu d'assurer les vies de nos rois, ils les mettoient en hasard, et leur ôtoient la vraie sûreté que leur donne la parole de Dieu.

La cour de parlement intervint, et, au lieu de mettre ordre à ce tumulte, l'augmentoit davantage ; mais le Roi y mit la dernière main et le termina, évoquant la connoissance de cette affaire, non à son conseil seulement, mais à sa propre personne, et retirant cet article du cahier du tiers-état.

Durant la tenue des Etats il se fit tant de duels, que la chambre ecclésiastique se sentit obligée de députer vers le Roi l'évêque de Montpellier (1), pour lui représenter qu'ils voyoient à regret que le sang de ses sujets étant épandu par les querelles, leurs ames, rachetées par le sang innocent de Jésus-Christ, descendissent aux enfers ; que c'étoit proprement renouveler la coutume barbare du sacrifice des païens, qui immoloient les hommes au malin esprit ; que la France en étoit le temple, la place du combat en étoit l'autel, l'honneur en étoit l'idole, les duellistes en étoient les prêtres et l'hostie ; qu'il étoit à craindre que ce fût un présage de malheur pour le royaume, puisque les simples plaies de sang qui tombent de l'air sans aucun crime des hommes, ne laissent pas de présager des calamités horribles qui les suivent de près ; qu'ils sont obligés d'en avertir Sa Majesté, à ce que, par sa prudence et l'observation rigoureuse de ses édits, elle y porte remède, afin que Dieu ne retire pas d'elle ses bénédictions, attendu que non-seulement tous les droits des peuples sont transférés en la personne de leurs princes, mais aussi leurs fautes publiques quand elles sont dissimulées ou tolérées.

Sa Majesté ayant eu agréable leur requête, et témoigné de vouloir prendre un grand soin de remédier à un désordre si important, ils en mirent un article dans leur cahier.

Il survint un nouveau sujet de mécontentement entre les chambres de la noblesse et du tiers-état, qui leur fut bien plus sensible que tous ceux qu'ils avoient eus auparavant ; car un député de la noblesse du haut Limosin donna des coups de bâton au lieutenant d'Uzerche, député du tiers-état du bas Limosin. Ladite chambre en fit plaintes au Roi, qui renvoya cette affaire au parlement ; et, quelque instance que pussent faire le clergé et la noblesse vers Sa Majesté, à ce qu'il lui plût évoquer à sa personne la connoissance de ce différend, ou la renvoyer aux Etats, elle ne s'y voulut pas relâcher, d'autant que tous les officiers s'estimoient intéressés en cette injure. Le parlement condamna le gentilhomme, par contumace, à avoir la tête tranchée ; ce qui fut exécuté en effigie. Et comme si à la face des Etats chacun se plaisoit à faire plus d'insolence et montrer plus de mépris des lois, Rochefort (2) donna des coups de bâton à Marsillac, sous prétexte qu'il avoit médit de M. le prince, et déclaré la mauvaise volonté qu'il avoit pour la Reine, et dit plusieurs particularités de ses desseins contre la Reine, qu'il lui avoit confiés. Saint-Geran et quelques autres offrirent à la Reine d'en donner à Rochefort ; M. de Bullion l'en détourna, et lui proposa de poursuivre cette affaire par la forme de la justice, ce qu'elle refusa d'abord, disant que M. le chancelier l'abandonneroit, comme il avoit fait en l'affaire du baron de Luz ; et, pour cet effet, fut envoyé commission au parlement, en vertu de laquelle le procureur général fit informer.

(3) Nonobstant tout ce que fit M. le prince, M. de Bullion, poursuivant l'affaire pour la Reine, eut décret de prise de corps. Il est à noter que M. le prince avoit présenté sa requête au parlement, par laquelle il avoit soutenu la violence faite par Rochefort, prétendant que les princes du sang peuvent faire impunément telles violences. Mais depuis, ayant eu avis que tant s'en faut que son aveu pût garantir Rochefort, que le parlement eût procédé contre lui pour l'aveu qu'il en avoit fait, étant vrai que les princes du sang ne peuvent user de telle violence sans en être repris par la justice, il retira sa requête.

Pour cela, il alla en la grand'chambre, et depuis, en toutes celles des enquêtes, faire sa plainte ainsi qu'il s'ensuit :

Qu'il avoit, suivant ce qu'il avoit promis à la cour, fait tout son possible pour satisfaire au Roi par toutes sortes de soumissions, et à la Reine semblablement, reconnoissant le pouvoir qu'elle a et qui lui a été commis par le Roi, voulant rendre ce qu'il doit à Leurs Majestés, pour donner exemple à tous autres d'obéir ; qu'à cette fin il avoit commencé par envoyer vers M. le chancelier, afin de tenir les moyens qui seroient avisés pour se raccommoder avec Leurs Majestés, en leur rendant ce qui est de son devoir ; que, depuis, la reine Marguerite avoit été employée pour cet effet, et que madame la comtesse s'en étoit entremise ; que par les conseils de ceux qui lui vouloient mal, le Roi et la Reine, desquels il ne se plaignoit point, avoient été portés contre lui, et qu'il n'avoit trouvé la porte ouverte auprès de Leurs Majestés ; qu'il savoit ce qui s'étoit passé le jour de devant au cabinet ; qu'il n'étoit de qualité pour être jugé en un conseil de cabinet, où il savoit ceux qui s'y étoient trouvés, et ce qui s'y étoit passé ; qu'il n'avoit espéré du Roi et de la Reine que toute bonté, s'ils n'en étoient

(1) Pierre de Fenouillet.
(2) Gentilhomme favori du prince de Condé.

(3) Nous transposons ici un paragraphe dans l'intérêt du récit.

divertis par la violence de ses ennemis; qu'il étoit de qualité pour être jugé en la cour des pairs, le Roi y étant assisté des ducs et pairs; mais que la faveur, l'ire et la violence empêchoient qu'il n'eût contentement, étant cause de toutes les injustices qui se font en l'Etat. Et, puisqu'il ne pouvoit avoir justice, et qu'elle lui étoit déniée, que sa juste douleur, conjointe à l'intérêt de ceux qui étoient accusés, apporteroit, comme il espéroit, envers eux, et comme il les en supplioit, quelque considération pour adoucir et amollir l'aigreur et la dureté de la chose; qu'il vouloit retirer ses requêtes (comme il fit, et lui furent données par le rapporteur); qu'il épioit l'occasion pour leur dire, toutes les chambres assemblées, ce qu'il avoit à leur dire pour le bien de l'Etat.

Messieurs du parlement lui firent réponse qu'ils ne devoient ouïr parler des affaires d'Etat sans le commandement du Roi, ni ouïr des plaintes de ses serviteurs particuliers.

L'affaire se termina en sorte qu'après le décret de Rochefort M. le prince demanda son abolition.

Un autre attentat fut commis en la personne du sieur de Riberpré, qui ne fit pas tant de bruit, mais ne fut pas moins étrange. Le maréchal d'Ancre, qui étoit fort mal avec M. de Longueville sur le sujet de leurs charges, comme nous avons dit en l'année précédente, se défiant de Riberpré qu'il avoit mis dans la citadelle d'Amiens, récompensa le gouvernement de Corbie pour le lui donner et se défaire de lui.

Riberpré, offensé de cette défiance, se mit, avec ladite place, du parti de M. de Longueville; peu après étant allé à Paris, les Etats y tenant encore, il fut attaqué seul, en plein jour, par trois ou quatre personnes inconnues, d'entre lesquelles il se démêla bravement, non sans une opinion commune que c'étoit une partie qui lui avoit été dressée par le maréchal d'Ancre; ce qui indigna d'autant plus les Etats contre lui, que les assassinats sont inusités et en horreur en ce royaume.

Quand on approcha du temps de la clôture des Etats, les trois chambres appréhendant que, si tous les conseillers d'Etat du Roi jugeoient des choses demandées par les Etats, ou si après la présentation des cahiers on n'avoit plus de pouvoir de s'assembler en corps d'États, la faveur des personnes intéressées dans les articles desdits cahiers ne les fît demeurer sans effet, l'Eglise et la noblesse résolurent de supplier Sa Majesté d'avoir agréable que les princes et officiers de la couronne jugeassent seuls de leurs cahiers, ou, s'il lui plaisoit qu'ils fussent assistés de quelques autres de son conseil, ce ne fût que cinq ou six qu'ils lui nommeroient; que trois ou quatre des députés de chaque chambre fussent au conseil lorsqu'il s'agiroit de leurs affaires, et que les Etats ne fussent rompus qu'après que Sa Majesté auroit répondu à leurs demandes.

Sa Majesté, ayant eu avis de cette résolution, leur témoigna qu'elle ne l'avoit pas agréable, ce qui fit qu'ils se restreignirent à la dernière demande, et à ce que six des plus anciens de son conseil seulement, avec les princes et officiers de sa couronne, fussent employés à donner avis à Sa Majesté sur leurs cahiers.

Le Roi leur manda, par le duc de Ventadour, que ce seroit une nouveauté trop préjudiciable que la présentation de leurs cahiers fût différée jusqu'après la résolution de leurs demandes, comme aussi que les Etats continuassent à s'assembler après que leurs cahiers auroient été présentés; que ce qu'elle leur pouvoit accorder étoit qu'ils députassent d'entre eux ceux qu'ils voudroient pour déduire les raisons de leurs articles devant Sa Majesté et son conseil, et que les réponses de Sa Majesté seroient mises ès mains des trois ordres, qui demeureroient à Paris et ne seroient point obligés de se séparer jusques alors.

Après cette réponse, toutes les trois chambres firent une seconde instance au Roi que Sa Majesté eût agréable qu'après avoir présenté leurs cahiers ils se pussent encore assembler, jusqu'à ce qu'ils eussent été répondus.

Sa Majesté refusa leur requête pour la seconde fois, leur mandant néanmoins que si, après la présentation de leurs cahiers, il survenoit quelque occasion pour laquelle ils dussent s'assembler de nouveau, elle y pourvoiroit. Lors, se soumettant entièrement à la volonté du Roi, ils présentèrent leurs cahiers le 23 de février. Les principaux points qui y étoient contenus étoient: le rétablissement de la religion catholique en Gex et en Béarn, et particulièrement que le revenu des évêchés de Béarn, qui avoit été mis entre les mains des officiers royaux depuis le temps de la reine Jeanne, mère du feu Roi, fût rendu aux évêques, au lieu des pensions que le Roi leur donnoit pour entretenir leur dignité, attendu que cette promesse leur avoit toujours été faite par le feu Roi, et depuis sa mort leur avoit été confirmée par la Reine régente, et le temps de l'exécution remis à la majorité du Roi; l'union de la Navarre et du Béarn à la couronne; la supplication qu'ils faisoient à Sa Majesté d'accomplir le mariage du Roi avec l'infante d'Espagne; qu'elle eût agréable de composer son conseil de quatre prélats, quatre gentilshommes et quatre officiers, par chacun des quartiers de l'année, outre les princes et officiers de la couronne ; d'interdire au parlement toute connoissance des choses spirituelles, tant de matière de foi que sacremens de l'Eglise, règles monastiques et autres choses semblables ; de commettre quelques-uns pour régler les cas des appellations comme d'abus, réformer l'Université et y rétablir les jésuites ; ne donner plus de bénéfices ni pensions sur Iceux qu'à personnes ecclésiastiques, et n'en donner plus aucune survivance ; députer des commissaires de deux ans en deux ans, pour aller par les provinces y recevoir les plaintes de ses sujets, et en faire procès-verbal, sans faire pour cela aucune levée sur le peuple ; d'ôter la vénalité des offices, gouvernemens et autres charges ; supprimer le droit annuel, abolir les pensions, régler les finances, et établir une chambre de justice pour la recherche des financiers.

Je fus choisi par le clergé pour porter la parole au Roi, et présenter à Sa Majesté le cahier de son ordre, et déduisis les raisons des choses desquelles il étoit composé, en la harangue suivante, laquelle je n'eusse volontiers non plus rapportée ici que celles des députés de la noblesse et du tiers-état, n'eût été que, pource qu'elles sont toutes trois sur un même sujet, et que j'ai essayé d'y traiter, le plus brièvement et nettement qu'il m'a été possible, tous les points résolus dans les Etats, il m'a semblé ne les pouvoir mieux représenter que par ce que j'en ai dit ; outre que s'il y a quelque faute de l'insérer tout entière et non les principaux chefs seulement, un équitable lecteur excusera, à mon avis, facilement si j'ai voulu rapporter en historien tout ce que j'en ai prononcé en orateur (1).

Harangue pour la présentation des cahiers, ou clôture de l'assemblée, aux Etats, prononcée par l'évêque de Luçon, depuis cardinal de Richelieu, orateur du clergé.

SIRE,

On célébroit autrefois à Rome une fête annuelle, en laquelle, par l'espace de plusieurs jours, il étoit permis aux serviteurs de parler librement de toutes choses à leurs maîtres, jusqu'à leur reprocher, sans crainte, le mauvais traitement qu'ils auroient reçu d'eux, et les peines qu'ils avoient souffertes pendant toute l'année.

Votre Majesté ayant assemblé tous ses sujets en la ville capitale de son royaume, Rome de la France, siége ordinaire de ses rois, et ne leur

(1) La harangue nous a paru devoir être placée dans le texte au lieu d'être renvoyée à la fin des Mémoires.

permettant pas seulement, mais leur commandant de déposer aujourd'hui toute crainte, et prendre une honnête hardiesse, pour lui déclarer les maux qui les pressent et les accablent, il semble que son intention soit d'introduire une fête semblable en son Etat.

Il le semble de prime face ; mais son dessein va plus avant, et cette journée surpasse de beaucoup la fête des Romains.

Cette fête étoit accordée aux serviteurs pour relâcher, et non pour la délivrance de leurs peines, puisque, la solennité passée, ils retournoient en leur première servitude. Elle leur donnoit lieu de se plaindre, mais non d'espérer guérison, là où cette célèbre journée n'a autre fin que la délivrance absolue de nos misères. Ensuite de nos plaintes vous nous commandez de proposer des remèdes à nos maux ; vous conseiller pour notre guérison, et qui plus est, vous vous obligez à recevoir nos conseils, les embrasser et les suivre, en tant que vous les connoîtrez utiles à notre soulagement, et au bien général de cette monarchie.

Ces avantages sont fort grands ; aussi y a-t-il grande différence entre les maîtres et serviteurs romains, et votre Majesté, qui seule est notre maître, et nous ses serviteurs.

Ces maîtres étoient païens ; et votre Majesté est premier Roi des rois chrétiens.

Leurs serviteurs étoient esclaves ; et ceux qui naissent vos sujets ne le sont pas : leur nom témoigne leur franchise.

Ils ne le sont pas, Sire, et le sont toutefois : ils sont libres et exempts de fers, mais esclaves par des liens libres, puisque leur affection leur tient lieu de ceps, qui les lient indissolublement à votre service.

Cette différence, qui fait que nous sommes aujourd'hui traités de votre Majesté plus favorablement que les serviteurs romains ne l'étoient de leurs maîtres, nous oblige à nous gouverner, en la liberté que vous nous donnez, tout autrement qu'ils ne faisoient en celle qu'on leur accordoit. Ils se plaignoient et se louoient de leurs maîtres en même temps ; s'en plaignoient, leur imputant une partie des maux qu'ils avoient reçus toute l'année, et s'en louoient à cause du relâche dont ils jouissoient pour quelques jours.

Et, parlant aujourd'hui de votre Majesté, on n'ouïra sortir de nos bouches que louanges et bénédictions ; et, lorsque l'excès de nos douleurs donnera lieu à nos plaintes, nous ne vous mettrons en avant que pour rechercher en votre autorité et mendier de votre bonté des remèdes à nos maux, desquels nous imputons la cause aux malheurs du temps, à nos péchés et à nos fautes,

6.

et non pas à vous, Sire, que nous reconnoissons en conscience n'en pouvoir être dit auteur.

Voilà, sans fard et sans déguisement de paroles (èsquelles nous voulons être fort simples pour être exquis en nos effets), comme nous userons de la liberté que vous nous donnez : voilà le respect avec lequel nous nous gouvernerons en cette action et en toute autre.

Maintenant, pour ne point perdre temps, sans différer davantage, nous viendrons à nos plaintes, et vous découvrirons nos maux, afin de donner lieu à votre Majesté d'accomplir ses desseins, y apportant remède.

Et, d'autant qu'on ne parvient à une fin que par des moyens qui y conduisent, et qu'entre ceux qui sont convenables pour guérir un mal, un des principaux est de connoître sa cause, nous vous représenterons d'abord d'où procèdent les nôtres, afin que, le sachant, vous puissiez entièrement arracher leurs racines, et tarir toutes leurs sources.

Il n'y a rien plus séant, plus utile et plus nécessaire à un prince, que d'être libéral, puisque les dons sont les armes plus propres à conquérir les cœurs, dont les rois ont tant de besoin, qu'un grand homme d'État ne craint point de dire que ceux qui viennent à déchoir de leur trône royal, se perdent plutôt par défaut de personnes dont ils possèdent les affections, que par manque d'argent. Mais il faut qu'il y ait de la proportion entre ce qui se donne et ce qu'on peut donner légitimement ; autrement les dons nuisent au lieu de profiter. Et il faut avouer que la plupart des maux de toutes les communautés du monde, et particulièrement de cet État, tirent leur origine des excessives dépenses, et des dons immenses qui se distribuent sans règle et sans mesure.

Si nous jetons premièrement les yeux sur le peuple, dont l'Église, qui est mère des pauvres et des affligés, doit avoir soin, nous connoîtrons aussitôt que sa misère procède principalement de cette cause, puisqu'il est clair que l'augmentation des mises fait par nécessité croître les recettes ; et que plus on dépense, plus est-on contraint de tirer des peuples, qui sont les seules mines de la France.

S'il faut rechercher la cause originaire des défauts qui se remarquent en la justice, des grands frais qu'on est contraint de faire pour obtenir ce que les princes devroient libéralement départir à leurs sujets, n'est-il pas certain que la source principale de ces maux est la vénalité des charges et des offices, qui n'ont été mis en commerce que pour subvenir aux nécessités où l'État a été réduit par les profusions et l'excès des dépenses ?

Et comme on a vu que vendant les offices, plus il y en auroit, plus pourroit-on avoir d'argent, on les a multipliés par une infinité de nouvelles créations. Et ainsi, les maux s'entresuivant et se prêtant la main, la vénalité des charges en a apporté la multiplicité, qui achève d'accabler le peuple, augmentant le faix qu'on lui impose, à raison des gages attribués à tous offices, et diminuant les forces qui lui sont nécessaires pour porter tel fardeau ; attendu que plus il y a d'officiers exempts de subsides et de tailles, moins reste-t-il de sujets pour les payer ; et, ce qui est à noter, ceux qui demeurent sont tous pauvres, les riches se tirant du pair par le moyen de leur argent qui leur donne des charges.

On penseroit peut-être que les grandes dépenses, les dons immenses et profusions des rois fussent utiles à la noblesse, comme étant la plus proche pour recevoir ce qui tombe de leurs mains ; mais pour peu qui s'en enrichissent, tout le commun des nobles en pâtit, et participe aux maux qui en arrivent, particulièrement à celui de la vénalité, vu qu'étant aussi pauvres d'argent que riches en honneur et en courage, ils ne peuvent avoir ni charges en la maison du Roi, ni offices en la justice, puisqu'on ne parvient plus à tels honneurs que par des moyens dont ils sont dépourvus.

De là vient la ruine de l'Église ; car la noblesse ne pouvant plus être obligée par les voies ordinaires et sortables à leur profession, on s'est relâché jusque-là, que de leur départir les biens de Dieu, et les récompenser au préjudice de l'Église, aux maux de laquelle je m'arrêterai davantage, y étant obligé par ma profession, et parce que, ayant plusieurs plaies en un corps, la raison veut qu'on s'attache plus à la guérison de celles qui sont aux parties nobles, d'autant qu'elles sont plus dangereuses que les autres.

C'est chose assurée qu'ès siècles passés, en toutes les nations du monde, soit pendant qu'elles ont été attachées au culte des fausses déités, soit depuis qu'elles n'ont servi ni adoré que le vrai Dieu, les personnes consacrées au ministère de la religion ont auprès des princes souverains (si eux-mêmes ne l'ont été) tenu les premiers rangs, non-seulement en ce qui concerne le spirituel, mais en outre en ce qui regarde le gouvernement civil et politique ; ce que je pourrois montrer aisément par la suite de toute l'histoire, si, pour n'abuser de la patience de votre Majesté, et de l'honneur de son audience, je ne me restreignois à notre France, me contentant de faire voir en peu de mots comme on s'y est gouverné par le passé.

Tandis que l'erreur des païens a sillé les yeux de ce royaume, il a tant déféré aux druides, qui étoient dédiés au service de ses dieux, que rien ne se faisoit sans leur avis.

Depuis qu'il a reçu les trésors de la foi, ceux à qui il appartient d'en dispenser les mystères, ont été en telle considération jusqu'à certain temps, que rien ne s'est passé sans leurs conseils et leur approbation ; ce qui paroît par l'ancienne forme des patentes de nos rois, où leur consentement étoit inséré comme pour leur donner force (1).

S'il étoit question de traiter du mariage des rois, de la paix entre eux, ou de quelque autre affaire des plus importantes et épineuses, telles charges leur étoient données. Le maniement des finances, et l'intendance des affaires leur sont mis en main. Nous trouvons en l'histoire plusieurs chanceliers de leur ordre : un seul auteur en remarque trente-cinq. Nous les voyons parrains des rois ; on leur en commet l'éducation, la tutelle de leurs personnes, et la régence de leur Etat. La croyance qu'on a que la religion qui les lie à Dieu, rend leur foi inviolable, fait qu'on désire leur parole pour caution des promesses de leurs maîtres : on les demande, et les accepte-t-on pour otages des rois, conjointement avec leurs enfans, comme si leur dignité rendoit aucunement leurs personnes royales. Enfin, ils sont honorés jusques à ce point que leurs propres princes les rendent arbitres de leurs différends, et se soumettent à leur jugement, quoiqu'ils soient sous leur puissance. Et, ce qui est grandement considérable, est que les plus grands de nos rois sont ceux qui s'en sont servis davantage ; ce qui se justifie clairement, en ce que ce grand prince qui, le premier, joignit en sa personne le diadème de l'Empire à la couronne de France, ne faisoit rien, ni en paix, ni en guerre, sans l'avis des évêques, dont, pour cet effet et plusieurs autres, on assembloit des synodes presque tous les ans.

Lors les prélats étoient employés de leurs princes ; l'église gallicane étoit pleine de majesté ; au lieu que maintenant elle est tellement déchue de cette ancienne splendeur, qu'elle n'est pas reconnoissable ; car, tant s'en faut qu'on recherche les conseils des ecclésiastiques en ce qui regarde l'Etat, qu'au contraire il semble que l'honneur qu'ils ont de servir Dieu, les rende incapables de servir leur Roi, qui en est la plus vive image.

(1) Les preuves de ces charges et honneurs déférés à l'Église, ne sont pas ici employées, parce que les Français ne sont pas étrangers en France, et qu'il faudrait un discours plus grand que cette harangue pour les rapporter toutes.

S'il leur est libre d'entrer au conseil, c'est seulement par forme : ce qui paroît assez, puisqu'ils y sont reçus avec tel mépris, qu'il suffit d'être laïque pour avoir lieu de préséance par-dessus eux, là où anciennement leur ordre, qui les rend préférables à tous autres, les y rendoit aussi préférés.

Ainsi l'on avilit la dignité de ceux qui servent aux saints autels ; et de plus, bien qu'ils rendent au Roi ce que chacun rend à son Dieu, lui donnant volontairement la dîme de leurs biens, on ne laisse de les dépouiller de tout le reste, pour en favoriser des personnes du tout incapables de le posséder, ou pour s'être dédiés au monde et non à Dieu, ou pour être dépourvus de la foi et ennemis de l'Eglise, des biens temporels de laquelle on ne peut jouir que sacrilègement, si on ne participe aux spirituels.

Encore qu'ils soient exempts de tous impôts, il y en a peu à quoi on ne les veuille assujétir. On les prive de leur juridiction, on souffre que les ennemis de la foi polluent tous les jours impunément les lieux les plus sacrés par leurs profanes sépultures. De plus, que contre les édits et la raison, ils retiennent par force et violence leurs églises, empêchant d'y publier la parole de Dieu, pour y annoncer celle des hommes.

Et partant, on peut dire avec vérité, que l'Eglise se trouve en même temps privée d'honneurs, dépouillée de biens, frustrée d'autorité, profanée, et tellement abattue, qu'il ne lui resteroit pas des forces pour se plaindre, si, se ressentant aux derniers abois, et voyant devant elle le médecin de qui seul elle peut recevoir guérison, elle ne faisoit un dernier effort pour lui toucher le cœur de telle sorte, qu'il soit mu par pitié, convié par religion, et forcé par raison, à lui rendre la vie, le bien et l'honneur tout ensemble.

Or, afin que votre Majesté connoisse la justice de ses plaintes et de ses très-humbles remontrances, elle considérera, s'il lui plaît, quelle raison il peut y avoir d'éloigner les ecclésiastiques de l'honneur de ses conseils, et de la connoissance de ses affaires, puisque leur profession sert beaucoup à les rendre propres à y être employés, en tant qu'elle les oblige particulièrement à acquérir de la capacité, être pleins de probité, se gouverner avec prudence, qui sont les seules conditions nécessaires pour dignement servir un Etat ; et qu'ils sont en effet, ainsi qu'ils doivent être par raison, plus dépouillés que tous autres d'intérêts particuliers, qui perdent souvent les affaires publiques, attendu que gardant le célibat, comme ils font, rien ne les survit après cette vie que leurs ames, qui ne pouvant thésauriser en terre, les obligent à ne penser ici bas, en servant leur roi et leur patrie, qu'à s'acquérir pour jamais, là haut au ciel, une glorieuse et du tout parfaite récompense.

En vain les anciens conciles, aux mêmes lieux où ils condamnent la licence des évêques qui abandonnent leurs troupeaux pour suivre la cour des princes et des rois, en auroient-ils permis le séjour à ceux qui y sont appelés par leurs commandemens, et par la nécessité des affaires publiques, s'ils n'y étoient employés lorsque les occurrences le requièrent.

Quelle apparence y a-t-il de disposer des biens qui appartiennent à l'Eglise en faveur des personnes profanes? N'est-ce pas contre les règles de la justice de donner au monde ce qui appartient à Dieu, au lieu de sacrifier à Dieu ce qui est au monde.

Il semble que donner une abbaye à un gentilhomme laïque, ou la mettre ès mains de quelqu'un qui soit de religion contraire à la nôtre, soit chose qui porte peu de préjudice à l'Eglise. Cependant il est vrai, et est aisé à connoître, que sa perte et sa ruine viennent de là, en tant principalement que la présentation de la plus grande part des cures de la France est annexée aux abbayes. Ce qui fait qu'étant possédées par personnes de ces conditions, il est presque impossible d'avoir de bons pasteurs (qui toutefois sont les vraies bases qui soutiennent l'Eglise, et la maintiennent en son honneur), étant clair qu'un courtisan, ou autre plus lié à la terre qu'au ciel, aura peu de soin d'en choisir qui vivent selon Dieu, et qu'un ennemi de notre créance se plaira à la décrier, en nous donnant des hommes ignorans et de vie scandaleuse.

En cela l'événement condamne le conseil; que votre Majesté y pense, et qu'elle sache, s'il lui plaît, que non-seulement il y a abus à départir le bien de Dieu à telles gens, mais, en outre, à personnes de notre profession, indignes de le posséder pour leurs mauvaises mœurs et leur ignorance. Oui, Sire, c'est un grand abus; abus qui tire après soi la perte d'un nombre infini d'ames, dont la vôtre répondra un jour devant le souverain juge des humains.

On pense, dans le monde, que pourvoir aux bénéfices soit un droit fort avantageux aux princes; mais ce grand Saint d'entre nos rois, dont votre Majesté porte le nom, n'eut pas cette pensée, puisqu'il ne voulut point se servir de la bulle par laquelle le Pape lui accordoit le pouvoir. Et si celui de ses successeurs qui, ne suivant pas son exemple, accepta ce qu'il avoit refusé, eut cette créance pour un temps, il la perdit, lorsque étant au lit de la mort, prêt à comparoître devant Dieu, qui juge les rois comme leurs sujets, il déclara à son fils que rien ne le travailloit davantage que le compte qu'il avoit à rendre de la nomination des bénéfices dont il étoit chargé, abolissant les élections. Si saint Grégoire reprend aigrement une de nos reines, pour seulement tolérer des abus en la distribution des bénéfices; si plusieurs princes ont été notablement punis à cette occasion, que doit-on craindre si on autorise tels abus? Et que devons-nous faire en ce sujet? On doit craindre la main de Dieu qui ne laisse rien impuni. Et nous sommes obligés, en conscience, d'en avertir, comme nous faisons, ceux qui peuvent arrêter le cours de tels désordres.

Bien qu'il y ait plus d'apparence d'accorder aux laïques des pensions sur les bénéfices, que de leur en donner le titre pour jouir, ou sous leurs noms, ou sous celui d'un tiers par confidence, il n'y a toutefois aucune raison, puisque c'est contre l'équité, de faire part des fruits à ceux qui ne participent pas aux peines; qu'il est impossible en de grandes charges de s'acquitter de son devoir sans grandes dépenses; et qu'une expérience très-honteuse nous fait connoître que priver un homme de ce qui lui appartient légitimement, le porte quelquefois à prendre injustement ce qui ne lui est pas dû.

Si des pensions nous venons aux réserves, qui peut trouver juste de donner un successeur à un homme vivant, duquel, par ce moyen, on met la vie à la merci de celui qui doit profiter de sa mort? Les conciles ont condamné cette pratique comme très-dangereuse; aussi le roi Henri III, en ses derniers Etats, s'obligea-t-il par serment solennel de l'abolir, et révoqua toutes les réserves et survivances obtenues sous son règne. Et il est vrai de dire qu'il est à propos et comme nécessaire de faire le même maintenant, non-seulement pour ce qui est des bénéfices, mais, en outre, pour toutes les charges et offices de ce royaume, tant parce que autrement votre Majesté, Sire, ayant, par ce moyen, les mains liées, seroit long-temps roi sans le pouvoir faire paroître, que parce aussi qu'étant impossible en un Etat de contenter un chacun par bienfaits, il est important de laisser au moins l'espérance à ceux à qui on ne peut donner mieux. Ce qui ne se peut faire, si les charges, offices et bénéfices demeurent promis et assurés à des enfans, qui, au comble de leur mérite et de leur âge, n'oseroient peut-être penser à parvenir aux honneurs et aux grades qu'on leur a donnés au berceau.

Quant aux vexations que quelques-uns des nôtres ont reçues (1) par les recherches du sel, et

(1) Ceci est dit pour quelques prêtres du Maine, qui

les impôts de la taille, auxquels on a voulu les assujétir indirectement, à raison des biens roturiers qu'ils possèdent, n'est-ce pas une honte d'exiger de personnes consacrées au vrai Dieu ce que les païens n'ont jamais désiré de ceux qui étoient dédiés au service de leurs idoles? Les constitutions des empereurs et des conciles sont expresses pour nos exemptions. On a toujours reconnu, par le passé, que le vrai tribut qu'on doit tirer des ecclésiastiques, est la prière, et même quelques-uns ont été religieux jusqu'à ce point, que d'estimer qu'il faut avoir plus de confiance en leurs oraisons et en leurs larmes qu'en l'argent qu'on tire du peuple, et aux armes que la noblesse porte. Nonobstant tout cela, nous payons une taille volontaire, et cependant on ne laisse pas de nous en imposer d'autres, au paiement desquelles on nous veut contraindre, comme si nous étions sujets à telles charges.

Pour ce qui est du trouble qu'on nous fait en notre juridiction, il est aisé de reconnoître qu'il est impossible que nous fassions nos charges, si de juges à tous coups on nous rend parties, et qu'on borne tellement l'autorité que Dieu nous a commise, que si nous avons de bonnes intentions elles demeurent sans effet, faute de puissance.

Si le concile de Chalcédoine, l'un des quatre premiers œcuméniques, auxquels l'église gallicane soumet ses libertés, ce qui est à noter; si le troisième de Carthage, auquel assista cette grande lumière de l'Eglise, saint Augustin; si le premier de Mâcon tenu en France il y a plus de mille ans; si le troisième de Tolède, célébré presque au même temps dans le sixième siècle; si plusieurs autres enfin interdisent aux laïques la connoissance de ce qui concerne les clercs et l'Eglise; si tous les empereurs chrétiens ont tenu pour sacré ce qui étoit ordonné par les évêques; si le grand Constantin ne voulut pas connoître de leurs différends; si, en outre, il ordonne que ce qui est jugé et décidé par eux soit exécuté et inviolablement gardé par tous les autres juges; si Charlemagne renouvelle cette ordonnance en ses capitulaires; s'il a fait grand nombre de constitutions pour la conservation de nos immunités; quelle raison, mais quelle apparence y auroit-il de souffrir maintenant que ceux qui sont obligés d'obéir à l'Eglise commandent, et décident des points dont ils doivent recevoir la résolution de sa bouche?

L'autorité ecclésiastique est tellement distincte de celle qu'ont ès mains les magistrats laïques, que saint Cyprien ose témoigner que les entre-

ayant été, il y a deux ans, imposés à la taille, en ont depuis peu de temps été déchargés par arrêts.

prises sur l'Eglise et le mépris du tribunal des évêques donnent naissance et entrée aux schismes, et rompent le lien qui unit tous les enfans de Jésus-Christ en son épouse. Ce n'est pas, dit saint Grégoire de Nazianze, aux brebis à paître les pasteurs, aux parties à juger les juges, à ceux qui sont sujets aux lois à en prescrire aux législateurs: Dieu n'est pas un Dieu de confusion, mais de paix et d'ordre.

En ce qui concerne la foi et l'Eglise, celui seul doit juger qui est de profession ecclésiastique, dit saint Ambroise. Aussi reprend-il aigrement quelques prêtres qui, au lieu de se pourvoir et s'arrêter aux tribunaux de l'Eglise, avoient recours à l'autorité des empereurs, auxquels il résista courageusement, lorsque, de son temps, ils voulurent entreprendre ce qui n'appartient qu'à ceux à qui Dieu a commis la conduite des âmes.

L'Eglise exerçoit si pleinement sa juridiction en ses premiers siècles, que ce grand saint Martin, riche ornement de la France, parlant à l'empereur Maximus, dit absolument que c'est un crime nouveau et inouï, qu'un juge séculier connoisse des causes de l'Eglise.

Les bons empereurs, les bons rois, Sire, ont toujours été curieux de maintenir et servir cette sainte épouse du souverain monarque du monde en son autorité; et votre Majesté remarquera soigneusement que tous les souverains y sont étroitement obligés, et par conscience, ce qui est manifeste, et par raison d'Etat, puisque c'est chose très-certaine qu'un prince ne sauroit mieux enseigner à ses sujets à mépriser sa puissance, qu'en tolérant qu'ils entreprennent sur celle du grand Dieu, de qui il tient la sienne. Ce mot comprend beaucoup, je n'en dirai pas davantage.

Le deuil de la profanation des lieux saints et le juste ressentiment de l'usurpation des églises m'appellent à leur rang, et m'obligent à ne me taire pas de ces sacriléges.

Jésus-Christ, assignant pour marque de la fin du monde, la désolation que Daniel prédit qu'on verra dans le temple, nous avons grand sujet de craindre que celle qui se voit tous les jours dans les nôtres, soit un signe de la fin de cette monarchie!

Quelle pitié qu'on prêche le mensonge où on doit annoncer la vérité; que des pays entiers de votre obéissance, comme le Béarn, soient troublés au saint exercice de leur religion; que les temples consacrés au service de Dieu soient détournés de cette fin à une autre du tout contraire!

C'est une chose lamentable d'ouïr que les lieux

saints soient ainsi souillés ; mais les cheveux me hérissent, l'horreur me saisit, la voix me manque quand je pense à exprimer l'indignité d'un forfait si exécrable, qu'à peine pourroit-on croire qu'il eût été commis en la plus cruelle barbarie du monde.

Cependant c'est la France, autrefois exempte de monstres, qui a produit les auteurs d'un crime si horrible (1) ; je pâlis, je frémis en le disant, ô patience indicible du Ciel ! Que la terre ne s'est-elle ouverte pour les engloutir en leur naissance ! En votre État, Sire, en pleine paix, on foule aux pieds ce précieux et sacré corps qui purifie les nôtres, et qui sauve nos ames ; le corps de ce grand Dieu, qui de soi-même s'est abaissé jusqu'à la croix, pour nous élever jusqu'à sa gloire.

Cela s'est fait, depuis peu de jours, je le dis hardiment ; et si je m'en taisois, je serois coupable devant Dieu, comme fauteur et complice d'une exécration si abominable.

Nous avons grand sujet de dire avec Jérémie que notre face est couverte de honte et d'ignominie, parce que les étrangers souillent et polluent les saints et sacrés temples du grand Dieu, et plus grande occasion d'appréhender pour ce royaume l'horrible punition dont il menace ceux qui remplissent d'abomination ce que Dieu s'est particulièrement affecté pour son héritage.

Si ceux qui autrefois exposèrent aux chiens le pain des anges, furent déchirés par eux ; que les monstres qui, l'abandonnant depuis peu de jours à leur rage, l'ont exposé à des bêtes pires que des chiens, que ces monstres sachent que si en ce monde ils ne sont mis en pièces par les chiens, brisés sur les roues, réduits en poudre par les flammes ; qu'ils sachent qu'ils seront en l'autre dévorés par les furies d'enfer, cruciés à jamais par toutes sortes de tourmens et de tortures, sans cesse et sans fin consommés par les feux qui y sont allumés pour toujours.

Je ne parle, Sire, que de ceux qui ont commis un acte si barbare ; car pour les autres qui, aveuglés de l'erreur, vivent paisiblement sous votre autorité, nous ne pensons en eux que pour désirer leur conversion, et l'avancer par nos exemples, nos instructions et nos prières, qui sont les seules armes avec lesquelles nous les voulons combattre, et nous ne doutons point qu'ils ne détestent eux-mêmes une impiété si étrange, que je dirai librement à votre Majesté devoir être promptement suivie de châtimens,

(1) Ce crime fut commis à Millau en Rouergue, la nuit de Noël dernier passé, par quelques-uns de la religion prétendue réformée.

étant à craindre que notre connivence en telles occasions n'oblige enfin le Tout-Puissant à s'élever, prendre sa cause en main, venger ses injures, en sorte qu'on reconnoisse, par effets rigoureux pour ceux qui les ressentiront, que s'il diffère ses supplices, il en augmente les peines.

Voilà, Sire, pour ce qui est de nos maux et de nos plaintes, ce que nous aurons à mettre ici devant les yeux de votre Majesté, que j'ai réduit au moins de chefs, et traité le plus succinctement qu'il m'a été possible, pour n'être pas importun à vos oreilles, pour donner lieu à ceux qui doivent parler après moi de s'étendre sur certains points qui les touchent de près, que je n'ai qu'effleurés, et parce enfin que, même en ce qui concerne l'Eglise, il suffit et est à propos de ne représenter ici qu'en général les désordres qui sont particulièrement déduits en nos cahiers, avec leurs remèdes : désordres, Sire, qui ne peuvent être négligés qu'on n'ait juste sujet d'appréhender, pour votre Majesté et pour son Etat, des événemens du tout contraires à ceux que nous leur souhaitons : puisque, comme la piété et la religion sont cause de la prospérité des princes et de la durée des républiques, ainsi le mépris des choses saintes est-il occasion de leur malheur et de leur fin (2). Les menaces que Dieu fait à ceux qui ne feront compte de sa loi et de ses saints commandemens, et les funestes châtimens dont elles ont été suivies, nous apprennent cette vérité. La chute de l'empire d'Orient, la ruine des anciennes Gaules, l'anéantissement de plusieurs Etats, qui ont vu leur fin peu éloignée de leur commencement, nous le confirment ; et si nous avons du sentiment, plusieurs punitions exemplaires que notre France a reçues par le passé, en la première et seconde race de ses rois, ne nous peuvent permettre d'en douter.

Or, d'autant qu'en une maladie en vain un médecin ordonne-t-il ce qui est déjà prescrit par un autre, nous vous supplions de considérer que, pour nous soulager de nos misères, il n'est pas tant question de faire de nouvelles ordonnances, comme de tenir la main à l'observation des anciennes, desquelles, si les François remportent cet avantage que de faire paroître leur esprit à reconnoître leurs défauts et les moyens de les régler, ils reçoivent aussi cette honte, qu'on s'aperçoit du peu de conscience qu'ils ont, par le mépris irréligieux qu'ils font de leurs saints établissemens. Ce qui fait qu'on dit d'eux,

(2) Éginhard, en la vie de Charlemagne, attribue la ruine de cet empire au déréglement et à l'irréligion. Salvian, évêque de Marseille, fait le même des Gaules, rapportant pour raison de leur fin, le mépris des choses saintes. Paul Diacre imputa la perte et la ruine du royaume des Lombards à la même cause.

et à juste titre, ce qu'on disoit anciennement des Athéniens, qu'ils savent bien les choses bonnes, mais qu'ils ne les pratiquent pas.

Votre Majesté, Sire, faisant religieusement exécuter ce qui a été saintement ordonné par ses prédécesseurs, les surpassera d'autant en ce point, que les effets surmontent les paroles, et l'exécution des choses bonnes, la proposition qui s'en fait; et, qui plus est, elle remettra, par ce moyen, tous les ordres de ce royaume, puisque le rétablissement des monarchies dépend de l'observation et accomplissement des lois : à raison de quoi nous vous supplions très-humblement d'avoir agréable qu'avec liberté pleine de respect, nous déclarions maintenant, en votre présence, que nous ne pouvons recevoir aucun contentement sur nos plaintes, quelques nouvelles ordonnances, ou renouvellement des anciennes qui se puissent faire, qu'en tant que tels établissemens seront suivis d'exécution, non pour un jour, mais pour toujours.

Que si on en vient là, toutes choses se feront avec poids et juste mesure. On verra le règne de la raison puissamment établi; la justice recouvrera l'intégrité qui lui est due; les dictatures ne seront plus perpétuelles en des familles; les Etats, héréditaires par cette invention pernicieuse du droit annuel; la vénalité des offices, qui en rend l'administration vénale, et que l'antiquité a remarquée pour signe de la décadence et chute des empires, sera abolie selon nos désirs, les charges supernuméraires supprimées : le mérite aura prix; et si la faveur a quelque cours, ce ne sera plus à son préjudice; le mal recevant punition, le bien ne sera pas sans récompense; les lettres et les arts fleuriront; les finances, vrais nerfs de l'Etat, seront ménagées avec épargne ; les dépenses retranchées; les pensions réduites, ainsi que nous les demandons, aux termes où ce grand Henri les avoit établies, la raison voulant qu'en ce point sa prudence nous serve de règle, et l'équité ne pouvant permettre qu'on donne plus par cette voie que les levées qui se faisoient anciennement sur ce royaume ne montoient, et qu'ainsi l'on ruine la plus grande part des sujets de la France, pour enrichir quelques-uns.

La religion fleurira de nouveau. Ceux qui sont obligés d'en instruire les peuples, étant à l'avenir, aussi soigneux de paître de leurs propres mains les âmes qui leur sont commises, qu'ils ont été négligens, par le passé, à s'acquitter de ce devoir, au détriment et au scandale de l'Eglise, au préjudice de leurs consciences, et à leur honte. L'Eglise reprendra son lustre, étant rétablie en son autorité, ses biens et ses honneurs. Les simonies, les confidences, toutes saletés et vices en seront bannis, et la seule vertu y aura son règne.

La noblesse rentrera en jouissance des prérogatives et des honneurs qu'elle s'est acquis par ses services. Les duels étant abolis, son sang (qu'elle est toujours prête de répandre pour le service de son Dieu, de son Roi et de son pays) sera épargné; et, par ce moyen, son salut facilité, et le Roi soulagé d'une grande charge de conscience, étant certain que les princes sont responsables devant Dieu, de toutes les âmes qui se perdent par cette voie inhumaine, et que rien n'est plus capable d'empêcher que le mérite du sang de Jésus-Christ leur soit appliqué, que celui qui, en telles occasions, s'épand tous les jours par leur faute.

Le peuple sera délivré des oppressions qu'il souffre par la corruption de quelques officiers, préservé des outrages qu'il reçoit de plus puissans que lui, et soulagé en ses impôts, à mesure que les nécessités de l'Etat le pourront permettre. En un mot, toute la France sera remise au meilleur état où nos vœux puissent porter, et, ce qui est à noter, avec autant de facilité que je puis dire sa réformation autant aisée qu'elle est juste, nécessaire, et pleine de gloire pour votre Majesté.

Elle est aisée, Sire, puisqu'en la plupart des choses bonnes il est des rois comme de Dieu, auquel le vouloir est le faire.

Juste, puisque la raison et l'équité requièrent que toutes choses déréglées soient remises en leur point.

Nécessaire, puisque de là dépend la durée de l'Etat, qui, comme un corps plein de pourriture et de mauvaises humeurs, ne peut subsister si on ne le purge.

Glorieuse, car si Josias, pour avoir commencé son règne par le rétablissement du temple et la restauration des saints autels, mérita un honneur qui surpasse la portée de ma langue, quelle gloire n'acquerrez-vous point, Sire, si, au commencement de votre majorité, vous relevez le règne du grand Dieu, redressez ses autels, rendez la vie (s'il faut ainsi parler de l'Eglise, qui ne peut mourir) à celle de qui vous l'aurez reçue; si, enfin, vous rétablissez de tous points cet Etat ?

La gloire étant un aiguillon qui pique vivement les généreux esprits, nous ne pouvons douter que vous n'entrepreniez cette réformation tant glorieuse. Les marques évidentes de votre inclination aux choses bonnes, de votre piété envers Dieu, de votre affection envers vos sujets nous en assurent; et, qui plus est, nous sommes confirmés en cette assurance par la digne action que fit votre Majesté, lorsqu'en sa majorité, après avoir reçu et pris en main les rênes de ce grand empire, elle les remit en celle de la Reine sa mère, afin que, sous son autorité, elle eût, pour quelques ans, la conduite de son Etat. Car, encore que nous puissions dire de nos rois ce qu'on a remarqué d'un certain peuple des Indes dont les enfans naissent tous chenus, et que particulièrement l'esprit de votre Majesté produise des traits de sagesse et de prudence qui surpassent son âge, si est-ce toutefois que le gouvernement d'un grand royaume étant plein d'un monde de difficultés qui naissent tous les jours des diverses occurrences et rencontres des choses humaines, la science ne s'en peut acquérir par le temps, pendant lequel, heureux le Roi à qui Dieu donne une mère pleine d'amour envers sa personne, de zèle envers son Etat, et d'expérience pour la conduite de ses affaires.

Entre une infinité de grâces que votre Majesté a reçues du ciel, une des plus grandes dont vous lui soyez redevable, est le don et la conservation d'une telle mère; et entre toutes vos actions, la plus digne et la plus utile au rétablissement de votre Etat, est celle que vous aurez faite, lui en commettant la charge.

Car que ne devez-vous attendre, et que ne devons-nous espérer d'elle, sous les heureux auspices de votre majorité, après qu'en la foiblesse d'une minorité, à la merci de mille orages et d'autant d'écueils, elle a heureusement conduit le vaisseau de l'Etat dans le port de la paix, où elle l'a fait voir à votre Majesté, avant que lui remettre entre les mains?

Toute la France se reconnoît, Madame, obligée à vous départir tous les honneurs qui s'accordoient anciennement aux conservateurs de la paix, du repos et de la tranquillité publique.

Elle s'y reconnoît obligée, non-seulement à cause qu'avec tant de merveilles vous nous avez jusqu'à cette heure conservés au repos que les armes invincibles de ce grand Henri nous ont acquis; mais, en outre, parce que vous avez voulu comme attacher pour jamais la paix à cet Etat, du plus doux et du plus fort lien qui se puisse imaginer, étreignant par les nœuds sacrés d'un double mariage (dont nous souhaitons et requérons l'accomplissement) les deux plus grands royaumes du monde, qui n'ont rien à craindre étant unis, puisque, étant séparés, ils ne peuvent recevoir de mal que par eux-mêmes.

Vous avez beaucoup fait, Madame; mais il n'en faut pas demeurer là : en la voie de l'honneur et de la gloire, ne s'avancer et ne s'élever pas, c'est reculer et déchoir. Que si après tant d'heureux succès vous daignez encore vous employer courageusement à ce que ce royaume recueille les fruits qu'il se promet, et qu'il doit recevoir de cette assemblée, vous étendrez jusqu'à l'infini les obligations qu'il vous a, attirerez mille bénédictions sur le Roi pour vous avoir commis la conduite de ses affaires; sur vous, pour vous en être si dignement acquittée; sur nous, pour la supplication très-humble et très-ardente que nous faisons à Sa Majesté de vous continuer cette administration. Et lors vos mérites ajoutant mille couronnes de gloire à celle qui entoure votre chef, pour comble de récompense, le Roi ajoutera aussi au titre glorieux que vous avez d'être sa mère celui de mère de son royaume, afin que la postérité, qui lira ou entendra proférer votre nom, y aperçoive et reconnoisse des marques de votre piété envers son Etat, et de la sienne envers vous, voyant que votre zèle envers la France ne vous aura pas plutôt fait mériter un titre de gloire immortelle, que l'amour filial qu'il vous porte ne vous l'ait donné.

Nous croyons, Madame, que vous n'oublierez rien pour faire que cette assemblée, mise en pied par vos conseils, réussisse à notre avantage: les maux qui nous pressent vous y convient; votre affection envers nous vous y porte; votre honneur et celui du Roi (qui vous est si cher) le requièrent, et l'intérêt de vos consciences vous y oblige tous deux.

C'est, Sire, ce qui fait que plus hardiment nous conjurons votre Majesté de ne nous point licencier d'auprès d'elle, que nous ne remportions à nos provinces de quoi contenter leur attente, et les consoler en leurs misères.

Mais, que fais-je? Je demande ce qui nous est très-assuré, puisque par plusieurs fois vous nous l'avez promis, et que vos paroles sont ainsi qu'elles doivent être, inviolables et sacrées comme votre personne.

Vous l'avez promis; et qui plus est, vous nous permettez à cette fin de député quelques-uns des nôtres pour assister ceux qui, dès demain, sans perdre de temps, travailleront de votre part à la réponse de nos cahiers, dont par ce moyen l'expédition sera fort prompte, et d'autant plus fructueuse, que, par une douce conférence de vos commissaires et des députés de vos Etats, votre Majesté sera mieux instruite de nos intérêts et de la justice de nos plaintes.

Toutes saisons n'étant pas propres aux guérisons des maladies, les rois peuvent innocemment souffrir, pour un temps, le déréglement de leur Etat, à l'exemple de Dieu, qui permet en cette façon le cours du mal; mais si on ne peut les accuser pour telles tolérances, il est impossible de les excuser, si enfin ils ne mettent la main à l'œuvre pour procurer sa guérison.

Votre Majesté, Sire, y est étroitement obligée : qu'elle y pense et repense plusieurs fois ; le temps permet qu'elle y travaille dès cette heure, particulièrement en ce qui concerne l'Eglise, le rétablissement de laquelle ne heurte en aucune façon les nécessités présentes des affaires. Ce qui fait que sans délai on le doit entreprendre, principalement puisque c'est chose très-certaine, que l'unique moyen de régner heureusement en terre est d'y faire fleurir le règne de ce grand monarque qui habite le ciel.

Je sais bien qu'on peut dire que le déréglement de nos mœurs est la principale cause de nos maux, et que, par conséquent, notre guérison dépend plus de nous que de tout autre : nous le confessons avec larmes ; mais il faut considérer que les maux de l'Eglise sont divers, qu'il y en a de deux natures : les uns qui tirent leur être de nos fautes, et les autres qui viennent d'autrui. A ceux-ci, votre Majesté seule peut apporter remède ; et c'est à nous principalement de travailler à la guérison des autres. Aussi sommes-nous résolus de reprendre notre première pureté ; et le désir que nous en avons, fait que nous supplions très-humblement votre Majesté de nous donner un aiguillon nouveau pour nous porter plus fortement à cette fin, et une règle pour y conduire : un aiguillon, faisant telle estime de ceux qui s'acquitteront de leur devoir, et méprisant en sorte ceux qui le négligeant feront gloire de leur honte, qu'au lieu d'un seul motif que nous avons maintenant pour nous porter au bien, nous en ayons deux, la gloire de Dieu et l'honneur du monde ; une règle, nous accordant le saint et sacré concile de Trente, tant utile pour la réformation des mœurs.

Je pourrois m'étendre sur ce sujet, et mon dessein étoit de le faire ; mais, pressé du temps, je me contenterai de faire voir, en peu de mots, à votre Majesté, que toutes sortes de considérations la convient à recevoir et faire publier ce saint concile : la bonté de la chose, l'autorité de sa cause, la sainteté de sa fin, le fruit que produisent ses constitutions, le mal que nous cause le délai de sa réception, l'exemption des princes chrétiens, et la parole du feu Roi son père.

La bonté de la chose nous offrant à justifier qu'il n'y a rien en ce concile qui ne soit très-saint.

L'autorité de sa cause, puisqu'il est fait par l'Eglise universelle dont l'autorité est si grande que, sans elle, saint Augustin ne veut pas croire à l'Evangile.

La sainteté de sa fin, puisqu'elle n'est autre que la conservation de la religion, et l'établissement d'une vraie discipline en l'Eglise.

Le fruit que produisent ses constitutions, puisqu'en tous les pays qui l'observent, l'Eglise subsiste avec règle.

Le mal que nous cause le délai de sa réception, puisqu'à ce sujet beaucoup font mauvais jugement de notre créance, estimant que, n'admettant pas ce concile, nous en rejetons la doctrine que nous sommes obligés de professer sur peine d'hérésie.

L'exemple des princes chrétiens, puisque l'Espagne, l'Italie, la Pologne, la Flandre et la plus grande partie de l'Allemagne l'ont reçue.

La parole du feu Roi son père, puisque c'est une des conditions auxquelles il s'obligea solonnellement, lorsque l'Eglise le reçut entres ses bras.

La moindre de ces considérations est suffisante pour porter votre Majesté à nous accorder cette requête, d'autant plus raisonnable, que s'il y a quelques articles en ce concile, qui bons en eux-mêmes semblent moins utiles à ce royaume, pour être répugnant à ses anciennes usances, nous nous soumettons très-volontiers à en demander modification.

Nous espérons, Sire, de votre bonté cette grâce, et plusieurs autres nécessaires pour la guérison de nos maux ; et qui plus est, devant que de finir, j'ose dire que, si l'on peut mériter par affection, nous le méritons pour l'extrême passion que nous avons à son service : passion, Sire, dont toutes nos actions seront autant de témoignages ; protestant devant Dieu, en présence de votre Majesté, à la face de toute la France, qu'avec l'avancement de la gloire du Tout-Puissant, le plus grand soin que nous veuillons avoir, est d'imprimer plus par exemple qu'autrement aux cœurs de vos sujets, qui reçoivent instruction de nous, le respect et l'obéissance qu'ils vous doivent ; mendier du ciel, par vœux continuels, une abondante effusion de bénédictions sur votre Majesté ; supplier celui qui en est le maître, de détourner son ire de dessus cet Etat ; et, au cas qu'il le voulût punir, nous offrir à supporter en ce monde le feu de ses foudres, pour en garantir votre personne, à qui nos souhaits sont si avantageux, que, quelques maux qui nous pressent, jamais nous ne serons touchés d'aucun désir qui égale celui que nous avons, de voir la dignité royale tellement affermie en elle, qu'elle y soit comme un ferme rocher qui brise tout ce qui le heurte.

Ce sont, Sire, les désirs de vos très-humbles et très-fidèles sujets et serviteurs les ecclésiastiques de votre royaume, et les vœux qu'ils présentent à Dieu ; le suppliant qu'il ouvre en sorte l'œil de sa Providence pour la direction de votre Majesté, échauffe sa bonté pour sa conservation, arme son bras pour sa défense, qu'elle puisse régner sagement, longuement et glorieusement, étant la règle de son Etat, la consolation de ses sujets, et la terreur de tous ses ennemis.

Après que j'eus ainsi parlé au Roi, le baron de Senecé présenta le cahier de la noblesse, et le président Miron celui du tiers-état. Sa Majesté, pour plus promptement donner ses réponses aux cahiers des Etats, commanda que sur chaque matière on fit extrait de ce qui en étoit demandé dans les trois cahiers, et ordonna quelques-uns des plus anciens de son conseil pour examiner les choses qui regarderoient l'Eglise, les maréchaux de France et le sieur de Villeroy pour celles qui concerneroient la noblesse et la guerre, les présidens Jeannin et de Thou, et les intendans pour celles des finances, et autres personnes pour les autres matières contenues dans leurs cahiers.

Cependant, pource que quelques députés des Etats, qui étoient de la religion prétendue, s'étoient émus sur la proposition que quelques-uns des catholiques avoient faite, que le Roi seroit supplié de conserver la religion catholique selon le serment qu'il en avoit prêté à son sacre, Sa Majesté fit, le 12 de mars, une déclaration par laquelle elle renouvelle les édits de pacification ; et pource que le temps étoit venu que l'assemblée de ceux de ladite religion prétendue se devoit tenir pour élire de nouveaux agens, le Roi la leur accorda à Gergeau, bien qu'il changeât depuis ce lieu en la ville de Grenoble.

Quelque presse que l'on apportât à l'examen des cahiers des Etats, les choses tirant plus de longue qu'on ne s'étoit imaginé, Sa Majesté jugea à propos de congédier les députés des Etats, et les renvoyer dans leurs provinces ; et, afin que ce fût avec quelque satisfaction, elle leur manda que les chefs des gouvernemens des trois ordres la vinssent trouver, le 24 de mars, au Louvre, où Sa Majesté leur dit qu'elle étoit résolue d'ôter la vénalité des charges et offices, de régler tout ce qui en dépendroit, rétablir la chambre de justice et retrancher les pensions. Quant au surplus des demandes, Sa Majesté y pourvoiroit aussi au plus tôt qu'elle pourroit.

Par cette réponse la paulette étoit éteinte ; mais elle ne demeura pas long-temps à revivre ; car le tiers-état, qui y étoit intéressé, en fit une si grande plainte, que le 13 mai ensuivant, le Roi, par arrêt de son conseil, rétablit le droit annuel, déclarant que la résolution que Sa Majesté avoit prise pour la réduction des officiers au nombre porté par l'ordonnance de Blois, la révocation du droit annuel et la défense de vendre les offices, seroient exécutées dans le premier jour de l'an 1618, et cependant pour bonnes causes seroient sursises jusques alors.

Ainsi ces Etats se terminèrent comme ils avoient commencé. La proposition en avoit été faite sous de spécieux prétextes, sans aucune intention d'en tirer avantage pour le service du Roi et du public, et la conclusion en fut sans fruit, toute cette assemblée n'ayant eu d'autre effet sinon que de surcharger les provinces de la taxe qu'il fallut payer à leurs députés, et de faire voir à tout le monde que ce n'est pas assez de connoître les maux si on n'a la volonté d'y remédier, laquelle Dieu donne quand il lui plaît faire prospérer le royaume, et que la trop grande corruption des siècles n'y apporte pas d'empêchement.

Le 27 de mars, trois jours après que le Roi eut congédié les députés des Etats, la reine Marguerite passa de cette vie en l'autre. Elle se vit la plus grande princesse de son temps, fille, sœur et femme de grands rois, et, nonobstant cet avantage, elle fut depuis le jouet de la fortune, le mépris des peuples qui lui devoient être soumis, et vit une autre tenir la place qui lui avoit été destinée. Elle étoit fille de Henri II et de Catherine de Médicis, fut, par raison d'Etat, mariée au feu Roi, qui lors étoit roi de Navarre, lequel, à cause de la religion prétendue dont il faisoit profession, elle n'aimoit pas. Ses noces, qui sembloient apporter une réjouissance publique, et être cause de la réunion des deux partis qui divisoient le royaume, furent au contraire l'occasion d'un deuil général et d'un renouvellement d'une guerre plus cruelle que celle qui avoit été auparavant ; la fête en fut la Saint-Barthélemy, les cris et les gémissemens de laquelle retentirent par toute l'Europe, le vin du festin le sang des massacrés, la viande les corps meurtris des innocens pêle-mêle avec les coupables ; toute cette solennité n'ayant été chômée avec joie que par la seule maison de Guise, qui y immola pour victimes à sa vengeance et à sa gloire, sous couleur de piété, ceux dont ils ne pouvoient espérer avoir raison par la force des armes.

Si ces noces furent si funestes à toute la France, elles ne le furent pas moins à elle en son particulier. Elle voit son mari en danger de perdre la vie, on délibère si on le doit faire mourir, elle le sauve. Est-il hors de ce péril, la crainte qu'il a d'y rentrer fait qu'il la quitte et se retire en ses Etats ; il se fait ennemi du Roi son frère ; elle ne sait auquel des deux adhérer : si le respect de son mari l'appelle, celui de son frère et de son Roi et celui de la religion la retiennent. L'amour enfin a l'avantage sur son cœur; elle suit celui duquel elle ne peut être séparée qu'elle ne le soit d'elle-même. Cette guerre finit quelquefois, mais recommence incontinent après, comme une fièvre qui a ses relâches et ses redoublemens. Il est difficile qu'en tant de mauvaises rencontres il n'y ait entre eux quelque mauvaise intelligence; les soupçons, nés des mauvais rapports, fort ordinaires à la cour, et de quelques occasions qu'elle lui en donne, séparent l'union de leurs cœurs, comme la nécessité du temps fait celle de leurs corps. Cependant ses trois frères meurent, l'un après l'autre, dans la misère de ces guerres : son mari succède à la couronne; mais comme elle n'a point de part en son amitié, il ne lui en donne point en son bonheur. La raison d'Etat le persuade facilement à prendre une autre femme pour avoir des enfans, qu'il ne pouvoit plus avoir de celle-ci. Elle, non si touchée de se voir déchoir de la qualité de grande reine de France en celle d'une simple duchesse de Valois, qu'ardente et pleine de désir du bien de l'Etat et du contentement de son mari, n'apporte aucune résistance à ce qu'il lui plaît, étant, ce dit-elle, bien raisonnable qu'elle cède de son bon gré à celui qui avoit rendu la fortune esclave de sa valeur. Et, au lieu que les moindres femmes brûlent tellement d'envie et de haine contre celles qui tiennent le lieu qu'elles estiment leur appartenir, qu'elles ne les peuvent voir, ni moins encore le fruit dont Dieu bénit leurs mariages, elle, au contraire, fait donation de tout son bien au dauphin que Dieu donne à la Reine, et l'institue son héritier comme si c'étoit son fils propre, vient à la cour, se loge vis-à-vis du Louvre, et non-seulement va voir souvent la Reine, mais lui rend jusqu'à la fin de ses jours tous les honneurs et devoirs d'amitié qu'elle pouvoit attendre de la moindre princesse. L'abaissement de sa condition étoit si relevé par la bonté et les vertus royales qui étoient en elle, qu'elle n'en étoit point en mépris. Vraie héritière de la maison de Valois, elle ne fit jamais don à personne sans excuse de donner si peu, et le présent ne fut jamais si grand qu'il ne lui restât toujours un désir de donner davantage si elle en eût eu le pouvoir; et, s'il sembloit quelquefois qu'elle départit ses libéralités sans beaucoup de discernement, c'étoit qu'elle aimoit mieux donner à une personne indigne que manquer de donner à quelqu'un qui l'eût mérité. Elle étoit le refuge des hommes de lettres, aimoit à les entendre parler, sa table en étoit toujours environnée, et elle apprit tant en leur conversation, qu'elle parloit mieux que femme de son temps, et écrivoit plus élégamment que la condition ordinaire de son sexe ne portoit. Enfin, comme la charité est la reine des vertus, cette grande Reine couronnoit les siennes par celle de l'aumône, qu'elle départoit si abondamment à tous les nécessiteux, qu'il n'y avoit maison religieuse dans Paris qui ne s'en sentît, ni pauvre qui eût recours à elle sans en tirer assistance. Aussi Dieu récompensa avec usure, par sa miséricorde, celle qu'elle exerçoit envers les siens, lui donnant la grâce de faire une fin si chrétienne, que, si elle eut sujet de porter envie à d'autres durant sa vie, on en eut davantage de lui en porter à sa mort.

Quand M. le prince et ceux de son parti demandèrent les Etats, ce ne fut que pour dresser un piége à la Reine, espérant d'y faire naître beaucoup de difficultés et de divisions qui mettroient le royaume en combustion. Mais, lorsqu'ils virent qu'au contraire toutes choses alloient au contentement de la Reine, et que s'il y avoit quelquefois de la diversité dans les opinions des députés, leur intention n'étoit qu'une, et, conspirant tous au bien de l'Etat, qu'ils n'étoient en différend que du choix des moyens pour y parvenir, ils se tournèrent alors vers le parlement et essayèrent d'y produire l'effet qu'ils n'avoient pu aux Etats. Ils semèrent en ce corps de la jalousie contre le gouvernement, les persuadant qu'après s'être servi d'eux en la déclaration de la régence on les méprisoit, ne leur donnant pas la part que l'on devoit dans les grandes affaires que l'on traitoit lors. Ces paroles n'étoient pas sans leur promettre de les assister à maintenir leur autorité, et appuyer les instances qu'ils en feroient près de Leurs Majestés.

Ces inductions à des personnes qui d'eux-mêmes n'ont pas peu d'opinion de l'estime qu'on doit faire d'eux, eurent assez de pouvoir pour faire que le 24 de mars, quatre jours après que les députés des Etats furent congédiés, la cour assemblât toutes ses chambres; et sur ce que le Roi avoit répondu aux cahiers des Etats sans avoir ouï la cour et entendu ce qu'elle avoit à lui remontrer, nonobstant la promesse que quelque temps auparavant il leur avoit faite au contraire, elle arrêta que, sous le bon plaisir du Roi, les princes, ducs, pairs et officiers de la couronne, seroient invités de se trouver en ladite cour, pour, avec le chancelier, les chambres assemblées, aviser sur les propositions qui seroient faites pour le service du Roi, le soulagement de ses sujets et le bien de son Etat.

Cet arrêt fut incontinent cassé par un arrêt du conseil, et le Roi envoya quérir ses procureurs et avocats généraux, leur témoigne le mécontentement qu'il a de cet attentat : que lui présent à Paris, le parlement ait osé, sans son commandement, s'assembler pour délibérer des affaires d'Etat; lui majeur et en plein exercice de son autorité royale, ils aient convoqué les princes pour lui donner conseil; ce qui, nonobstant que le chancelier fût requis de s'y trouver, ne se pouvoit faire que par exprès commandement de Sa Majesté. Ils disent pour excuse que ce qu'ils en ont fait n'est que sous le bon plaisir du Roi, et non par entreprise sur son autorité; mais elle n'est reçue pour valable. On leur dit qu'on sait bien les mauvais propos qu'ils ont tenus en leurs opinions; que ces mots n'y furent pas mis par résolution de la compagnie, mais seulement par le greffier qui dressa l'arrêt, outre qu'ils n'étoient pas suffisans pour les exempter de coulpe; et partant, Sa Majesté leur commande de lui apporter l'arrêt de la cour, à laquelle il défend de passer outre à l'exécution d'icelui. Ce qui ayant été fait, le Roi, le 9 d'avril, manda les présidens et quelques-uns des plus anciens conseillers de la cour, auxquels il fit une réprimande de l'entreprise qu'ils avoient faite; qu'ils se devoient ressouvenir des offenses et ressentimens contre eux des rois ses prédécesseurs en pareilles occasions; qu'ils devoient, comme son premier parlement, employer l'autorité qu'ils tenoient de Sa Majesté à faire valoir la sienne, non à la déprimer et en sa présence, et qu'il leur défendoit de délibérer davantage sur ce sujet.

Ils ne délaissèrent pas de le faire le lendemain, arrêtant entre eux de dresser des remontrances. Sa Majesté les appelle, les reprend, et leur renouvelle les défenses, nonobstant lesquelles ils dressent leurs remontrances, qu'ils apportent au Roi le 22 de mai.

Ils commencèrent par excuser et justifier leur arrêt du 28 de mars, puis apportèrent quelques raisons et exemples peu solides pour prouver que de tout temps le parlement prend part aux affaires d'État, et que les rois ont même accoutumé de leur envoyer les traités de paix pour lui en donner leur avis.

De là ils passèrent à improuver ce que le cardinal du Perron avoit dit touchant l'article du tiers-état, supplier Sa Majesté d'entretenir les anciennes alliances, ne retenir en son conseil que des personnes expérimentées, ne permettre la vénalité des charges de sa maison, n'admettre les étrangers aux charges, défendre toute communication avec les princes étrangers, ni prendre aucune pension d'eux; ne permettre qu'il soit entrepris sur les libertés de l'Eglise gallicane, réduire les dons et pensions au même état qu'elles étoient du temps du feu Roi, remédier aux désordres et larcins de ses finances, ne souffrir que ceux qui en ordonnent achètent à bon marché de vieilles dettes notables dont ils se fassent payer entièrement; ne permettre qu'ils accordent de grands rabais et dédommagemens frauduleux, ni qu'on fasse des créations d'offices dont les deniers soient convertis au profit des particuliers, et les finances du Roi demeurent à perpétuité chargées des gages qui y sont attribués; établir une chambre de justice; défendre la vaisselle d'or et la profanation de celle d'argent, jusqu'aux moindres ustensiles de feu et de cuisine; ne casser ou surseoir sur requête les arrêts du parlement, ni faire exécuter aucuns édits, déclarations et commissions qui ne soient vérifiés aux cours souveraines, et surtout permettre l'exécution de leur arrêt du 28 de mars; se promettant que, par ce moyen, Sa Majesté connoîtroit beaucoup de choses importantes à son Etat, lesquelles on lui cache. Ce que si Sa Majesté ne leur accorde, ils protestent qu'il nommeront ci-après les auteurs des désordres de l'Etat.

Ces remontrances furent mal reçues; le Roi leur dit qu'il en étoit très-malcontent; la Reine, avec quelque chaleur, ajouta qu'elle voyoit bien qu'ils attaquoient sa régence, qu'elle vouloit que chacun sût qu'il n'y en avoit jamais eu de si heureuse que la sienne.

Le chancelier leur dit de la part du Roi qu'il ne leur appartenoit pas de contrôler le gouvernement de Sa Majesté; que les rois prenoient quelquefois avis du parlement aux grandes affaires, mais que c'étoit quand il leur plaisoit, non qu'ils s'y pussent ingérer d'eux-mêmes; que les traités de paix ne se délibéroient point au parlement, mais que l'accord étant fait, on le faisoit publier à son de trompe, puis on l'envoyoit enregistrer au parlement; que le feu Roi en avoit encore ainsi usé en la paix de Vervins. Davantage, qu'outre qu'ils s'étoient mal comportés en ces remontrances, qu'ils avoient délibérées contre le commandement du Roi, ils les avoient faites à contre-temps, vu que s'ils eussent attendu que le Roi eût achevé de faire la réponse aux cahiers des Etats, et la leur eût envoyée pour la vérifier, ils eussent pu lors faire leurs remontrances s'ils eussent eu lieu de le faire, et que le Roi eût oublié quelque chose de ce qu'ils avoient à lui représenter.

Dès le lendemain, qui fut le 23 de mai, le Roi donna un arrêt en son conseil, par lequel il cassoit derechef leur arrêt du 28 de mars, et leurs remontrances présentées le jour précédent; déclara qu'ils avoient en cela outrepassé le pouvoir à eux attribué par les lois de leur institution, et commanda que, pour effacer la mémoire de cette entreprise et désobéissance, ledit arrêt et remontrances fussent biffés et ôtés des registres, et qu'à cet effet le greffier fût tenu les apporter à Sa Majesté, incontinent après la signification qui lui seroit faite du présent arrêt.

Ensuite les gens du Roi sont appelés au Louvre le 27 de mai ; la lecture leur en est faite, et leur est commandé de les porter, faire lire et enregistrer au parlement. Après plusieurs refus, ils sont contraints de s'en charger, et le parlement, après diverses délibérations, d'en ouïr la lecture ; mais ils ne se purent jamais résoudre d'en faire l'enregistrement, ni apporter au Roi leurs registres pour en voir biffer leur arrêt du 28 de mars, et leurs remontrances. Mais ils donnèrent un autre arrêt le 23 de juin, par lequel il fut arrêté que le premier président et autres de la cour iroient trouver le Roi pour l'assurer de leurs très-humbles services, et supplier Sa Majesté de considérer le préjudice que le dernier arrêt de son conseil apporte à son autorité, et que leurs remontrances sont très-véritables. L'affaire en demeura là ; l'opiniâtreté du parlement l'emporta sur la volonté du Roi.

Durant toutes ces brouilleries du parlement, M. le prince ne se trouva point à Paris, afin de ne point donner de sujet de les lui imputer, mais étoit à Saint-Maur, d'où néanmoins étant revenu sur la fin de mai, lorsque le dernier arrêt du conseil fut donné, la Reine craignant qu'il voulût assister au parlement lorsqu'il délibéreroit là-dessus, envoya Saint-Geran à son lever lui en faire défenses de la part du Roi ; d'où il prit le prétexte, qu'il cherchoit il y avoit longtemps, de se retirer de la cour, sous couleur qu'il n'y avoit pas d'assurance pour lui.

Il s'en alla à Creil, place dépendante de son comté de Clermont, dont le château est assez fort pour se défendre de surprise.

Leurs Majestés, qui, dès lors que les Etats se tenoient, se disposoient à partir le plus tôt qu'ils pourroient pour faire le voyage de Guienne, et recevoir et donner mutuellement les deux princesses de France et d'Espagne, avoient souvent sollicité M. le prince et autres grands de se tenir prêts pour les y accompagner. Ils en avoient redoublé leurs instances depuis que les Etats eurent demandé l'exécution desdits mariages ; laquelle il sembloit qu'il fût préjudiciable à l'honneur du Roi de retarder, d'autant que cela feroit croire au roi d'Espagne, ou qu'on n'eût pas la volonté de les accomplir, ou que l'on n'osât pas l'entreprendre ; ce qui le rendroit notre ennemi, ou lui donneroit lieu de nous mépriser.

M. le prince, du commencement, ne se laissant pas encore entendre de ne vouloir pas suivre Leurs Majestés, essayoit néanmoins de leur faire trouver bon de différer quelque temps leur résolution, en laquelle, comme étant importante, il disoit n'être à propos d'user de précipitation. Mais, quand il fut une fois parti de la cour et les autres princes aussi, et qu'il fut à Creil, il dit tout hautement qu'il ne consentoit point à ce voyage, et qu'il n'y suivroit point le Roi si on ne le différoit en un temps où il pût être maître de ses volontés, ses sujets fussent plus contens, ses voisins plus assurés, et toutes choses avec sa personne disposées au mariage.

Les ministres furent divisés en leur opinion. M. de Villeroy et M. le président Jeannin sont d'avis qu'on diffère, et qu'on défère à M. le prince ; le chancelier, au contraire, presse fort le partement. Ledit sieur de Villeroy n'étoit pas si bien avec la Reine qu'il étoit l'année précédente, d'autant que la maréchale d'Ancre s'étoit remise en la bonne grâce de Sa Majesté à son retour du voyage de Nantes, et avoit remis en son esprit le chancelier. Ce qui faisoit que M. de Villeroy conseilloit de retarder le voyage, c'étoit le regret qu'il avoit que la Reine eût donné, durant les Etats, au commandeur de Sillery la commission de porter, de la part du Roi, le bracelet que Sa Majesté envoyoit à l'Infante, dont ledit sieur de Villeroy désiroit que le sieur de Puisieux fût le porteur.

Le maréchal d'Ancre, qui étoit en froideur avec ledit sieur de Villeroy, et principalement depuis la paix de Mézières, à laquelle il s'étoit ardemment opposé, et que plusieurs occasions dans les Etats augmentèrent encore, lui fit recevoir ce déplaisir, ne lui en pouvant faire davantage ; car, voyant qu'aux Etats il se faisoit beaucoup de propositions contre lui, auxquelles les amis dudit sieur de Villeroy ne s'opposoient point, et que lui-même sollicitoit, s'entendant pour cet effet avec Ribier, et sachant d'autre part qu'il étoit déchu de crédit dans l'esprit de la Reine par les artifices du chancelier, qui lui avoit persuadé qu'il s'entendoit avec M. le prince, et le voyoit en cachette à l'insu de Sa Majesté, n'ayant plus de peur qu'il lui pût nuire, eut volonté, pour se venger, de lui faire l'affront de rompre le contrat de mariage passé entre eux.

Mais le marquis de Cœuvres le lui déconseilla, de peur qu'il lui fût imputé à lâcheté ; au moins lui voulut-il faire ce déplaisir de préférer le commandeur de Sillery, qu'il savoit qu'il haïssoit, au sieur de Puisieux à qui il avoit de l'affection.

Cela le piqua de telle sorte, qu'il faisoit tout

ce qu'il pouvoit pour retarder l'exécution de cette alliance, jusques à faire intervenir même don Ignigo de Cardenas, ambassadeur d'Espagne, qui supposa à la Reine que le Roi son maître en désiroit le retardement.

Le maréchal d'Ancre, pour éviter que l'on vînt à la guerre, qu'il craignoit et croyoit être le moyen de sa ruine, se joignit à M. de Villeroy, et d'ami du chancelier devint le sien, fortifiant son avis auprès de la Reine par son autorité; ce qu'il a toujours fait jusques ici, n'ayant jamais opiné qu'à la paix, et s'étant toujours rendu ennemi de celui qui conseilloit la guerre, se souciant peu duquel des deux avis, ou la paix ou la guerre, étoit le plus avantageux pour l'Etat, mais ayant l'œil seulement à sa sûreté et conservation.

Maintenant un nouveau sujet l'obligeoit à être de l'avis de la paix, et différer le partement de Sa Majesté, d'autant qu'il espéroit que messieurs le prince et de Bouillon porteroient M. de Longueville à l'accommoder du gouvernement de Picardie qu'il désiroit, et recevoir en échange celui de Normandie qui étoit en sa puissance. Mais ni toutes les raisons du sieur de Villeroy et du président Jeannin, ni la faveur du maréchal, ne purent faire incliner l'esprit de la Reine à leur avis, tant elle avoit le mariage à cœur, et lui sembloit qu'il y alloit de son honneur et de l'autorité du Roi à l'accomplir; joint que M. le chancelier trouva moyen d'arrêter l'opposition dudit maréchal d'Ancre, M. d'Epernon et lui lui promettant que la Reine lui donneroit le commandement de l'armée qu'elle laisseroit ès provinces de deçà pour s'opposer à celle des princes.

Elle commença lors à se plaindre tout ouvertement dudit sieur de Villeroy, de ce qu'au lieu d'avancer cette affaire selon son intention, il traitoit avec l'ambassadeur d'Espagne pour la reculer, et tout cela pour son propre intérêt, ayant dessein de gagner temps pour se pouvoir auparavant établir en créance auprès du Roi, et y affermir les sieurs de Souvré et le marquis de Courtenvaux (1), afin que les mariages s'achevant, ils en reçussent seuls tout le gré de Sa Majesté.

Ces plaintes de la Reine, et la presse que de jour en jour le roi d'Espagne faisoit d'autant plus grande, pour l'exécution de ces mariages, qu'il se doutoit qu'on les voulût rompre, firent que ledit sieur de Villeroy, pour éviter la mauvaise grâce d'Espagne, y écrivit que ce n'étoit pas lui qui retardoit l'exécution de ce dessein, mais la Reine, vers qui le maréchal et la maréchale

(1) Le père et le fils.

avoient tout pouvoir. Mais, comme rien d'écrit n'est secret, cet artifice fut depuis découvert par le comte Orso, principal ministre de Florence, à qui on envoya d'Espagne la copie de l'article de la lettre dudit sieur de Villeroy, qui, le sachant, demanda pardon à la Reine, la suppliant qu'en considération des bons services qu'il avoit rendus, il lui plût oublier cette méprise; ajoutant que s'il s'étoit voulu décharger d'envie, ce n'étoit pas à ses dépens, mais à ceux du maréchal et de la maréchale, qu'il ne tenoit pas ses amis jusques au point qu'il estimoit le mériter.

Leurs Majestés, auparavant que partir, crurent ne devoir oublier aucun moyen qu'elles pussent apporter pour persuader aux princes mécontens de les accompagner en ce voyage, leur remontrer leur devoir, et leur faire voir la faute signalée qu'ils commettoient s'y opposant. Elle envoya à Creil, vers M. le prince, le sieur de Villeroy, qu'elle jugea ne lui devoir pas être désagréable. N'ayant rien pu gagner sur l'esprit dudit sieur prince, la Reine le renvoya vers lui à Clermont, où il s'étoit avancé, et enfin, pour la troisième fois, avec le président Jeannin (2) à Coucy, où il s'étoit assemblé avec les princes de son parti, pour prendre, ce disoient-ils, avis ensemble sur le sujet des remontrances du parlement.

En ce troisième voyage, les affaires ne semblant pas s'acheminer à un plus prompt accommodement qu'aux deux premiers, la Reine se lassa de tant attendre, étant avertie aussi que cependant ils s'armoient de tous côtés, pour arracher de force ce qu'ils ne pouvoient obtenir par leurs remontrances. Le chancelier, pour achever de perdre le sieur de Villeroy, rendant sa négociation inutile, poussoit à la roue tant qu'il pouvoit, remontrant à la Reine que le président Jeannin et lui entretenoient exprès cette négociation pour retarder son départ, et qu'ils l'engageroient enfin insensiblement à promettre des choses dont elle auroit de la peine à se dédire, ce qui serviroit aux prince de prétextes d'entreprendre avec plus de couleur; joint qu'il étoit assuré que le sieur de Villeroy s'étoit uni avec les princes, et leur servoit de conseil au lieu de les détourner de leur dessein: cela fit que la Reine envoya le sieur de Pontchartrain, le 26 de juillet, avec lettres du Roi à M. le prince, par lesquelles il lui mandoit qu'il étoit résolu de partir le premier jour d'août; qu'il le prioit de l'accompagner, ou de dire en présence dudit Pontchartrain si, contre ce qu'il lui en avoit

(2) Voici la première erreur de fait que nous ayons trouvée. Jeannin n'y était pas.

fait espérer, il lui vouloit dénier ce contentement.

M. le prince répond à Sa Majesté que son voyage étoit trop précipité ; qu'il devoit auparavant avoir donné ordre aux affaires de son Etat, et pourvu aux désordres qui lui avoient été représentés par les Etats et par son parlement, desquels désordres le maréchal d'Ancre, le chancelier, le commandeur de Sillery, Bullion et Dolé étoient les principales causes ; que jusque-là il supplioit Sa Majesté de l'excuser s'il ne pouvoit l'accompagner.

Tandis qu'il se plaignoit des désordres, il essayoit de s'en prévaloir d'un contre le service du Roi, qui étoit arrivé en la ville d'Amiens.

Prouville, sergent-major de ladite ville, n'étoit pas fort serviteur du maréchal d'Ancre, non plus que beaucoup d'autres d'icelle, et étoit pour ce sujet mal voulu de lui et des siens. Le jour de la Madeleine, se promenant sur le fossé, un soldat italien de la citadelle le rencontra, et, l'ayant tué de deux ou trois coups de poignard, se retira dans la citadelle, où celui qui y commandoit, non-seulement le reçut et refusa de le rendre à la justice, mais monta à cheval avec lui, et le conduisit en Flandre jusques en lieu de sûreté.

Tout le peuple en fut merveilleusement ému ; les princes, espérant qu'il le pourroit être jusques à les vouloir aider à s'emparer de la citadelle, sous couleur d'en chasser le maréchal d'Ancre, envoient des gens de guerre tout autour de la ville, et y font venir de la noblesse de leurs amis, et M. de Longueville va dans la ville même pour les y animer. Mais les lettres de cachet du Roi, par lesquelles on leur défendoit de laisser entrer M. de Longueville le plus fort dans la ville, ayant été montrées à quelques-uns des principaux, il ne trouva pas un seul bourgeois de son côté, et fut contraint de se retirer et s'en aller à Corbie, de peur que ceux de la citadelle se saisissent de sa personne.

Durant ces brouilleries, le feu de la guerre, qui avoit été au commencement de cette année plus allumé que jamais en Italie, s'assoupit pour quelque temps par l'entremise de Sa Majesté. Les Espagnols, pour contraindre le duc de Savoie à désarmer, étoient entrés avec une grande armée en Piémont ; le duc de Savoie se défendoit avec une armée non moindre que la leur, en laquelle les Français accouroient de toutes parts, nonobstant les défenses que le Roi pût faire au contraire. Les offices du marquis de Rambouillet ne faisoient pas grand effet auprès du duc, qui disoit n'oser désarmer le premier, de peur que les ministres d'Espagne, en la parole desquels il ne se fioit pas, prissent ce temps d'envahir ses Etats ; mais il reconnut que ce n'étoit qu'un prétexte pour continuer la guerre, d'autant que, pour découvrir son intention qu'il tenoit cachée, lui ayant proposé exprès des conditions fort avantageuses pour lui à la charge qu'il désarmât le premier, il y consentit ; ce dont le marquis avertit Leurs Majestés, afin que, puisque ledit sieur duc agissoit avec fraude, elles convinssent avec le roi d'Espagne des conditions justes et raisonnables avec lesquelles elles le contraignissent de désarmer le premier. Le commandeur de Sillery en traita à Madrid, et en demeura d'accord avec les ministres d'Espagne. Le duc en ayant avis se résolut de ne pas obéir ; à quoi il étoit fortifié par les ambassadeurs d'Angleterre et de Venise qui étoient près de lui, et beaucoup de grands qui lui écrivoient de France que, quoi que lui dît le marquis de Rambouillet, le Roi ne l'abandonneroit point.

Le marquis y remédia, faisant que Leurs Majestés écrivissent en Angleterre et à Venise, pour savoir s'ils vouloient assister le duc de Savoie, en cas qu'il refusât des conditions justes et raisonnables sous lesquelles il pût sûrement désarmer le premier, Sa Majesté lui promettant de le secourir de toutes ses forces, si ayant désarmé on lui vouloit courre sus ; car le roi d'Angleterre et la République répondirent que non, et mandèrent à leurs ambassadeurs qu'ils eussent à le déclarer au duc de Savoie. D'autre part il fit que le maréchal de Lesdiguières manda aux troupes françaises, la plupart desquelles dépendoient de lui, qu'elles eussent créance audit marquis, qui leur conseilla de se tenir toutes ensemble, et ne permettre que le duc de Savoie les séparât, comme il avoit dessein, afin de les rendre par ce moyen à sa merci, ne se soucier de leur payer leur solde, et leur faire aussi mauvais traitement qu'ils pourroient recevoir de leurs ennemis. Le duc de Savoie, qui, à peu de temps, les voulut séparer et n'en put venir à bout, reconnoissant par là qu'il n'en étoit pas le maître contre la volonté du Roi, joint qu'il se voyoit abandonné des autres princes ses alliés s'il persistoit en une opiniâtreté déraisonnable, fut contraint de recevoir et signer au camp près d'Ast, le 21 de juin, les articles concertés entre les deux couronnes par le marquis de Rambouillet.

La substance de ce traité étoit que dans un mois il désarmeroit, et ne retiendroit des gens de guerre que le nombre qui étoit nécessaire pour la sûreté de son pays ; n'offenseroit les Etats du duc de Mantoue, n'agiroit contre lui que civilement devant la justice ordinaire de l'Empereur ; que les places et prisonniers pris durant cette guerre seroient restitués de part et d'autre ; que le duc de Mantoue pardonneroit à tous ses sujets qui en ces mouvemens ont servi contre lui ; que Sa Majesté pardonne à tous les siens qui, contre ses défenses, sont venus assister le duc de Savoie, et qu'en cas que les Espagnols, contre la parole donnée à Sa Majesté, voulussent troubler, directement ou indirectement, le duc de Savoie en sa personne ou en ses Etats, Sa Majesté le protégera et assistera de ses forces, et commandera au maréchal de Lesdiguières, et à tous les gouverneurs desdites provinces voisines dudit duc, de le secourir en ce cas de toutes leurs troupes, non-seulement sans attendre pour cela nouveau commandement de la cour, mais même contre celui qu'ils pourroient recevoir au contraire.

Mêmes promesses furent faites au duc de Savoie par les ambassadeurs d'Angleterre et de Venise, au nom de leurs maîtres.

Par ce traité, la paix d'Italie sembloit être bien cimentée, et n'y avoir rien qui la pût ébranler ; mais l'inadvertance qui fut apportée en ce traité, de n'obliger pas le roi d'Espagne à désarmer aussi bien que le duc de Savoie, sera cause de nouveaux et plus dangereux mouvemens, comme nous verrons ci-après.

Puisque nous sommes sur le discours de ce qui se passa en Italie, il ne sera pas hors de propos d'ajouter ici une chose bien étrange qui arriva à Naples. Une religieuse, nommée Julia, qui étoit en telle réputation de sainteté qu'on l'appeloit béate, ayant une plus étroite familiarité avec un moine de l'ordre de la Charité que la condition religieuse ne porte, changea enfin son amitié spirituelle en amour ; elle ne s'arrêta pas simplement à pécher avec lui, mais passa jusques à la créance que c'étoit une chose licite. Et comme l'estime de piété dans laquelle elle étoit, faisoit que les plus honnêtes femmes et filles la visitoient, elle eut moyen d'épandre en leur esprit les semences de cette opinion, et l'inclination naturelle que nous avons au péché, et la facilité d'y consentir, en persuada un grand nombre à suivre son exemple. Ce mal alloit toujours croissant, jusqu'à ce qu'étant découvert par un confesseur, l'inquisition en fut avertie, et la béate et son moine envoyés à Rome, où ils furent châtiés.

En même temps, un autre Italien, nommé Côme (1), abbé de Saint-Mahé en Bretagne, à qui la reine Catherine de Médicis avoit fait du bien, lequel étoit aimé du maréchal d'Ancre, qui se servoit de lui en plusieurs choses, ayant vécu toute sa vie en un grand libertinage, mourut sans vouloir reconnoître pour rédempteur celui devant lequel il alloit comparoître pour être jugé. Le maréchal d'Ancre fit de grandes instances afin qu'on l'inhumât en terre sainte ; mais l'évêque de Paris y résista courageusement, et le fit jeter à la voirie.

Ce prodige fit que le Roi, par un édit nouveau, bannit tous les Juifs, qui depuis quelques années, à la faveur de la maréchale d'Ancre, se glissoient à Paris (2).

Mais la hâte que le Roi a de partir pour son voyage nous rappelle, et ne nous permet pas de faire une plus longue digression.

M. le prince ayant, comme nous avons dit ci-dessus, écrit au Roi, par M. de Pontchartrain, qu'il ne l'y pouvoit accompagner, Sa Majesté ensuite manda par toutes les villes de son royaume, qu'elles se tinssent sur leurs gardes, ne donnassent entrée à aucun des princes et seigneurs unis à M. le prince.

Ce que ledit seigneur prince ayant su, il envoya au Roi, le 9 août, un manifeste en forme de lettre, par lequel il se plaint que quelques mauvais esprits, desquels Sa Majesté est prévenue et environnée, lui ont jusqu'ici fait mal recevoir toutes les remontrances qu'il avoit faites désarmé, et néanmoins ont fait lever à Sa Majesté des gens de guerre pour lui courre sus et l'opprimer, ce qui l'a obligé d'amasser ses amis et faire quelques troupes pour se défendre ; qu'il a montré la bonne intention qu'il avoit, en ce qu'incontinent qu'on lui a accordé, à Sainte-Menehould, la convocation des Etats du royaume pour remédier aux désordres qui s'y font, il a posé les armes ; mais qu'à peine les a-t-on promis qu'on les a voulu éluder ; puis, quand on s'est vu par honneur obligé de tenir la parole qu'on avoit donnée, on a usé de tant d'artifice, qu'on a mandé en la plupart des lieux ce qu'on vouloit qu'on mît dans les cahiers, sans qu'en plusieurs villes les communautés aient eu connoissance de ce qui y étoit ; et depuis encore, nonobstant toutes ces fraudes, les Etats étant clos et leurs cahiers présentés, on n'a pas répondu à tous leurs articles, et on n'observe rien de ce qui a été accordé en aucuns (3).

On a rejeté la proposition du tiers-état, si nécessaire pour la sûreté de la vie de nos rois ; on a fait rayer des cahiers l'article qui porte la recherche du parricide détestable commis en la personne du feu Roi. On lui a envoyé défendre d'assister aux Etats, pour y proposer ce qu'il jugeroit nécessaire pour le service du Roi ; on s'est moqué des remontrances du parlement. On a en-

---

(1) Côme Ruggieri, l'astrologue.

(2) Lettres patentes du 23 avril, enregistrées le 18 mai.
(3) Ici, dans l'Histoire de la Mère et du Fils, imprimée en 1730, se termine l'histoire de l'année 1615. Les détails qui suivent ne sont que dans le manuscrit original.

trepris contre sa vie et celle des autres princes : on reçoit toutes sortes d'avis, dont l'argent entre en la bourse du maréchal d'Ancre, qui, depuis la mort du feu Roi, a tiré 6,000,000 de livres; qu'il n'y a accès aux charges que par lui, qui ordonne de toutes choses à sa discrétion; qu'il a, durant les Etats, voulu faire assassiner Riberpré; qu'il a depuis peu fait tuer Prouville, sergent-major d'Amiens; que ceux de la religion prétendue se plaignent qu'on avance ces mariages afin de les exterminer pendant le bas âge du Roi; qu'on voit courir des livres qui attribuent les malheurs de la France à la liberté de conscience que l'on y a accordée, et à la protection que l'on y a prise de Genève et de Sedan; que le clergé, assemblé à Paris à la face du Roi, a solennellement juré l'observation du concile de Trente sans la permission de Sa Majesté : ce qui fait qu'il la supplie de vouloir différer son partement jusqu'à ce que ses peuples aient reçu le soulagement qu'ils espèrent de l'assemblée des Etats, de faire cependant vérifier son contrat de mariage au parlement, ainsi que par les termes d'icelui elle y est obligée, et déclarer qu'aucuns étrangers ne seront admis aux charges du royaume, ni même aux offices domestiques de la Reine future; enfin qu'il proteste que, si on continue à lui refuser tous les moyens propres et convenables à la réformation des désordres, il sera contraint d'en venir aux extrémités par la violence du mal.

M. le prince accompagna cette lettre ou manifeste, qu'il envoya au Roi, d'autres lettres au parlement de semblable teneur, toutes lesquelles, n'étant pas jugées provenir d'un cœur sincère au service du Roi et bien de l'Etat, demeurèrent sans effet.

Incontinent que ce manifeste eut été envoyé à Leurs Majestés par M. le prince, le duc de Bouillon s'en alla loger dans les faubourgs de Laon, et pria le marquis de Cœuvres, qui étoit dans la ville et en étoit gouverneur, de lui faire la faveur de le venir voir, d'autant qu'il n'osoit s'enfermer dans la ville. Il fit de grandes plaintes audit marquis de la violence du duc d'Epernon et du chancelier, qui étoient ceux desquels la Reine suivoit maintenant les conseils; qu'on les avoit forcés de se défendre par le manifeste qu'il avoit vu; que contre son sens on s'étoit plaint nommément du maréchal d'Ancre, mais que M. de Longueville avoit refusé de le signer sans cela, et que ledit maréchal avoit tort de se laisser aller aux persuasions de personnes qui ne l'avoient jamais aimé, et de l'affection nouvelle desquelles il ne se pouvoit guère assurer.

La commune créance étoit si grande que ledit maréchal et sa femme faisoient tout ce que bon leur sembloit auprès de la Reine, qu'on ne pouvoit croire que rien se passât contre leur opinion. Il étoit bien vrai qu'en ce qui regardoit leur établissement et leur grandeur Sa Majesté ne leur refusoit rien, mais en ce qui touchoit les affaires générales, le peu de connoissance qu'y avoit la Reine, le peu d'application de son esprit qui refuit la peine en toutes choses, et ensuite l'irrésolution perpétuelle en laquelle elle étoit, lui faisoit prendre créance en ceux qu'elle pensoit lui pouvoir donner meilleur conseil; et, soit qu'elle n'eût pas assez de lumières pour reconnoître celui qui étoit le plus habile à la conseiller, ou que, par une condition ordinaire à celles de son sexe, elle fût facile à soupçonner et à croire ce qu'on imposoit aux uns et aux autres, elle se laissoit conduire tantôt à l'un, tantôt à l'autre des ministres, selon qu'il lui sembloit s'être bien ou mal trouvée du dernier conseil qui lui avoit été donné : d'où venoit que sa conduite n'étoit pas uniforme et d'une suite assurée; ce qui est un grand manquement, et le pire qui soit en la politique, où l'unité d'un même esprit et la suite des mêmes desseins et moyens, conservent la réputation, assurent ceux qui travaillent dans les affaires, donnent terreur à l'ennemi, et atteignent bien plus certainement et promptement à la fin, que non pas quand la conduite générale n'est pas correspondante à toutes ses parties, mais comme d'une personne qui erre et qui, prenant tantôt un chemin, tantôt un autre, travaille beaucoup sans s'avancer au lieu où elle tend. La Reine donc se gouvernant ainsi, le maréchal d'Ancre avoit ce déplaisir, qu'elle ne suivoit pas son avis aux affaires qui concernoient l'Etat, et néanmoins toute l'envie en retomboit sur lui, et ceux qui étoient offensés du gouvernement lui attribuoient la cause du mauvais traitement qu'ils croyoient recevoir; à quoi néanmoins il aidoit bien par sa faute, d'autant que, par vanité ou autrement, il essayoit de faire croire à tout le monde que rien ne se passoit que par son avis.

Quand le marquis de Cœuvres eut vu M. de Bouillon, il dépêcha un courrier exprès au maréchal d'Ancre, pour l'informer de tout ce que ledit sieur de Bouillon lui avoit dit; mais il trouva le maréchal d'Ancre en assez mauvaise posture auprès de la Reine, qui étoit tellement offensée contre lui de ce qu'il insistoit à ce qu'elle retardât le voyage, qu'elle lui commanda de se retirer à Amiens. Il y alla outré de colère contre le chancelier et M. d'Epernon, d'autant que lui ayant, dès le commencement, comme nous avons dit, fait espérer qu'il auroit le commandement de l'armée que le Roi assembloit

7.

auprès de Paris pour s'opposer aux princes, il l'avoit depuis, sous couleur de la haine que les Parisiens portoient audit maréchal, déconseillé à la Reine qui y condescendit, leur disant que, comme elle n'avoit eu pensée de lui donner cette charge que par eux, elle la quittoit volontiers puisqu'ils avoient changé d'opinion.

Le commandeur de Sillery, à quelques jours de là, soit pour se moquer dudit maréchal, ou pour faire bonne mine, comme s'il ne l'avoit point offensé, ayant prié Monglat, qui l'alloit visiter à Amiens, de le saluer de sa part, ledit maréchal donna charge à Monglat de lui dire pour réponse qu'il ne retourneroit point à la cour que lui et son frère ne fussent pendus.

Avant le partement de Leurs Majestés, l'abbé de Saint-Victor, coadjuteur de Rouen, les vint supplier, au nom du clergé de France, d'avoir agréable la réception du concile de Trente, qui avoit, disoit-il, été faite en l'assemblée des Etats, signée et jurée par ledit clergé, qui le devoit être en peu de temps encore par les conciles provinciaux, et Sa Sainteté suppliée de s'accommoder aux raisons qu'on lui représenteroit pour ce qui regarderoit les droits de la France.

La harangue qu'il fit à Leurs Majestés sur ce sujet fut fort mal reçue d'elles, et M. le chancelier lui témoigna que Sa Majesté ayant intérêt à la réception dudit concile pour les choses qui concernoient la discipline extérieure de l'Eglise, elle ne se pouvoit ni ne se devoit faire sans elle.

Ledit sieur abbé ayant fait imprimer sa harangue, elle fut supprimée par sentence du Châtelet, l'imprimeur condamné à 400 livres d'amende et banni, et ordonné que ledit abbé seroit ouï sur le contenu en icelle.

Aussi mal fut reçue la remontrance qu'au même temps l'ambassadeur d'Angleterre vint faire au Roi, de la part du Roi son maître, sur le sujet de son partement, lequel disoit devoir être retardé à raison du mécontentement des grands, des mouvemens qui s'en ensuivroient, du peu de satisfaction qu'avoit le parlement, et de la disposition du peuple à suivre leurs sentimens, joint que si cette double alliance avec l'Espagne avoit mis en quelque jalousie les anciens alliés de la couronne, l'exécution qui en seroit faite si à contre-temps et si à la hâte les y confirmeroit bien davantage.

Que ce qui lui faisoit représenter ces choses à Leurs Majestés étoit la promesse mutuelle qui étoit entre le feu Roi et le Roi son maître, que le dernier vivant des deux prendroit en sa protection les enfans de l'autre; car, au demeurant,

il étoit avantageux à son maître que le Roi fît ce qu'il faisoit, d'autant qu'il recueilleroit toutes les bonnes volontés des anciens amis de cette couronne, qui s'en estimeroient abandonnés; mais que le Roi son maître ne pouvoit manquer à rendre ce devoir à l'étroite union qu'il avoit toujours entretenue avec la France, de laquelle il ne se separeroit jamais si le changement de deçà ne l'y contraignoit.

Tout cela ne fit pas changer à la Reine de résolution ni retarder un seul jour son partement. Après avoir fait la fête de la mi-août à Paris, Leurs Majestés en partirent le 17, font mettre force canons dans le bois de Vincennes, sous prétexte qu'ils seront plus près pour empêcher les désordres d'autour de Paris, mais en effet pour s'en servir en cas qu'il arrivât une émeute dans Paris même, à la suscitation des princes, et mandent par toutes les villes qu'on fasse garde, et qu'on n'y laisse entrer personne le plus fort.

Le jour même qu'elles partirent, elles envoyèrent prendre le président Le Jay en sa maison par deux exempts des gardes et quinze archers du corps, qui le firent mettre dans un carrosse, les portières abattues, et le firent suivre Sa Majesté jusqu'à Amboise, où il fut mis dans le château.

La cour en écrivit au chancelier, duquel n'ayant pas reçu la satisfaction qu'ils désiroient, ils envoyèrent quelques conseillers d'entre eux vers le Roi même; mais ils n'eurent de Sa Majesté autre réponse, sinon qu'à son retour la cour sauroit la raison pour laquelle il avoit été amené. La cause pour laquelle Leurs Majestés ne le voulurent pas laisser à Paris pendant leur absence, fut qu'elles l'estimoient homme de créance parmi le peuple, à raison de la charge de lieutenant civil qu'il avoit eue, et croyoient qu'il eût intelligence particulière avec M. le prince, à cause des fréquentes visites qu'il en avoit reçues à Charonne, et qu'il lui avoit rendues à Saint-Maur.

Avec le Roi partirent M. de Guise, le chancelier et M. d'Epernon, qui avoit lors tel crédit auprès de la Reine, qu'elle se reposoit entièrement sur lui, tant pour la conduite du Roi et d'elle en ce voyage, que pour la disposition des armes qu'il falloit opposer aux princes.

Les ducs de Nevers et de Vendôme accompagnèrent seulement le Roi hors de Paris, où ils revinrent le même jour (1); le premier desquels étoit demeuré d'accord avec les princes qu'ils devoient prendre les armes, les assurant qu'é-

(1) Nous avons transposé ces quatre lignes pour rendre le récit intelligible.

tant auprès de la Reine il les assisteroit en ce qu'il pourroit, et le dernier pour aller faire quelques troupes et les conduire à Sa Majesté; ce qu'il ne fit pas néanmoins, mais tout le contraire, comme nous verrons ci-après.

La maréchale d'Ancre, dont l'esprit mélancolique étoit tout abattu de courage pour la résolution du voyage que la Reine avoit prise contre son gré, et la mauvaise chère qu'il lui sembloit qu'elle lui faisoit, et pour l'indisposition perpétuelle en laquelle les personnes de son humeur pensent être, étoit résolue de demeurer à Paris; mais le sieur de Villeroy et le président Jeannin, et les lettres continuelles qu'elle recevoit de son mari, lui remontrèrent si bien qu'elle donnoit elle-même le dernier coup à sa ruine, si elle n'accompagnoit la Reine en ce voyage, et que l'absence, qui éteint les amitiés, principalement celle des grands, l'éloigneroit tellement de l'esprit de la Reine, et donneroit un si long temps à ses ennemis pour s'y affermir, qu'elle ne trouveroit plus de lieu de s'y remettre, qu'enfin elle changea de résolution, et suivit Sa Majesté; se raccommodant avec ledit sieur de Villeroy à l'italienne, c'est-à-dire pour s'en servir et agir en temps et lieu tous deux ensemble contre le chancelier et sa cabale.

Leurs Majestés, en partant, donnèrent le commandement de l'armée qui devoit demeurer aux environs de Paris, au maréchal de Bois-Dauphin, qui commença à l'assembler auprès de Dammartin, et Leurs Majestés, en partant, firent raser les citadelles de Mantes et de Melun, pour obliger la ville de Paris.

Elles arrivèrent à Orléans le 20, et le 30 à Tours, où les députés de l'assemblée de Grenoble lui présentèrent une lettre de l'assemblée, et quelques articles des choses qu'ils demandoient à Sa Majesté, les principaux desquels étoient qu'il lui plût accorder le premier article demandé par le tiers-état, touchant l'indépendance de la couronne et conservation de la personne royale, et la condamnation de la doctrine contraire, suivant les remontrances du parlement; approfondir la recherche de l'assassinat du feu Roi, refuser absolument, en la réponse aux cahiers du clergé et de la noblesse, la réception du concile de Trente, déclarer que le serment de son sacre ne doit préjudicier à l'observation des édits de pacification faits en leur faveur, entretenir la protection de la ville de Sedan, et faire payer les appointemens accordés pour icelle; et enfin, à cause, disoient-ils, que M. le prince leur avoit écrit, les priant de se joindre à ses justes ressentimens, ils supplioient Sa Majesté avoir agréable de surseoir son voyage pour l'accomplissement de son mariage, ainsi que la cour de parlement l'en avoit suppliée; mais ceux de ladite assemblée ayant appris qu'auparavant que leurs députés fussent arrivés à Paris le Roi en étoit parti, ils lui dépêchèrent le conseiller du Buisson, par lequel ils mandèrent à Sa Majesté, avec plus d'insolence que devant, qu'ils la supplioient de ne passer pas outre en son voyage. A quoi ils prenoient intérêt, non-seulement comme de la religion prétendue réformée, mais comme bons Français; ce qu'ils espéroient que Sa Majesté leur accorderoit, attendu que le même dieu qui commande aux sujets la fidélité envers leur prince, commande aussi au prince l'amour envers ses sujets.

Sur quoi Sa Majesté, pour opposer les derniers remèdes à l'extrémité de ces maux et à la rebellion manifeste du prince de Condé et à ses adhérens, les déclara à Poitiers criminels de lèse-majesté le 17; la déclaration en fut enregistrée au parlement de Paris le 18.

Ce qu'ayant été rapporté à M. le prince, il en fit une autre par laquelle il déclaroit ladite déclaration du Roi être nulle, comme étant faite sans aucun légitime pouvoir, et par gens qui faussement usurpoient le titre de conseillers du Roi. Autant en disoit-il de l'arrêt de la cour portant l'enregistrement d'icelle, lequel il disoit être faux et contraire à la délibération de ladite cour; exhortoit tous ceux qui disoient servir le Roi sous autre autorité que celle dudit sieur prince, à revenir à résipiscence dedans le mois, à faute de quoi il les déclaroit atteints et convaincus du crime de lèse-majesté.

Tandis que ces choses se passoient, le maréchal de Bois-Dauphin avoit assemblé une armée de dix mille hommes de pied et deux mille chevaux, avec laquelle il avoit charge de s'opposer à celle des princes, et leur empêcher le passage des rivières.

Si la Reine eût voulu, selon le bon avis qu'on lui donnoit, différer au moins quinze ou vingt jours son voyage, et faire un tour à Laon et à Saint-Quentin, elle eût assuré toutes ces provinces au Roi, et les eût nettoyées de tous les partisans des princes, qu'elle eût empêchés de joindre leurs levées si facilement qu'ils firent et mettre leur armée sur pied; mais l'opiniâtreté ordinaire à la grandeur, la fermeté à faire ce qu'elle veut, l'impatience de voir sa volonté combattue et retardée, la firent partir à la hâte, et son éloignement leur donna la liberté de faire tout ce qu'ils voulurent.

Le maréchal de Bois-Dauphin, au lieu de prendre pour sa place d'armes Crécy-sur-Serre, qui est en telle situation qu'il ôtoit la communication des provinces de la Normandie et de la Picardie avec la Champagne, et, attendu que M. de Nevers n'étoit pas encore déclaré pour les princes, les obligeoit de se retirer loin vers Sedan pour mettre toutes leurs troupes ensemble, amassa son armée autour de Dammartin, peut-être à bon dessein, et craignant, s'il s'éloignoit de Paris, qu'il s'y fît quelque soulèvement; mais les princes, à son défaut, ne manquèrent pas de prendre pour place d'armes ledit Crécy, lieu très-favorable pour leur dessein, et qui l'avança beaucoup.

Le duc de Bouillon envoya incontinent Justel, son secrétaire, à Laon, pour tâcher à gagner le marquis de Cœuvres; ce que ne pouvant faire, il fit quelques propositions d'accommodement au maréchal de Bois-Dauphin, qui, n'ayant aucun pouvoir d'y entendre, les envoya à la cour qu'il trouva à Poitiers, où elle étoit arrivée le 4 septembre; mais s'étant adressé à M. de Villeroy, il n'en eut autre réponse, sinon qu'il dit à celui qui les lui apportoit que jusqu'ici on avoit gouverné par finance et par finesse, mais qu'il ne savoit ce qui arriveroit maintenant que l'on étoit à bout de l'une et de l'autre. Il étoit en une extrême défaveur, et la maréchale d'Ancre aussi, qui, étant venue contre son propre gré, avoit volonté de s'en retourner, tant le traitement qu'elle recevoit de la Reine lui étoit insupportable.

Barbin, intendant de la maison de la Reine, la retira de ce dessein plus qu'aucun autre, lui remontrant qu'il connoissoit en toutes occasions où il y alloit du bien particulier de ladite maréchale, que la Reine l'aimoit autant qu'elle avoit jamais fait, et qu'il n'y avoit de l'éloignement d'elle en son esprit, qu'en ce qui regardoit la conduite des affaires.

La Reine fut contrainte de faire un plus long séjour à Poitiers qu'elle ne pensoit, d'où elle ne partit que le 27 septembre, tant à cause que Madame y eut la petite vérole, que parce que Sa Majesté y fut malade elle-même d'une défluxion sur un bras, et d'une gratelle universelle.

Cette maladie fut cause de la santé de la maréchale, car par ce moyen, étant obligée d'être tous les jours en la chambre de la Reine, elle y rentra insensiblement en sa familiarité première. Un médecin juif (1) qu'elle avoit, et en qui la Reine n'avoit pas peu de créance, la servit à ces fins, lui persuadant que le commandeur de Sillery l'avoit ensorcelée. Elle n'étoit pas aussi peu aidée des instructions que lui donnoient M. de Villeroy et le président Jeannin, desquelles s'étant bien trouvée, elle disposa par après la Reine à prendre plus de créance en eux; à quoi ne donna

(1) Élien de Montalto.

pas peu de facilité le mauvais ordre qu'apportèrent ceux auxquels on avoit donné charge de s'opposer aux princes, qui, avec une misérable armée qui ne montoit pas au tiers de celle du Roi, prirent à leur barbe Château-Thierry le 29 septembre, et, par le moyen de cette place, s'ouvrirent un passage sur la rivière de Marne, et de là passèrent la rivière de Seine à Bray, ne leur restant plus que la Loire pour passer en Poitou, et se joindre à ceux de la religion prétendue qui les attendoient.

La Reine, partant de Poitiers, alla à Angoulême, où elle arriva le premier octobre. La comtesse de Saint-Paul la vint assurer de la fidélité de son mari, et des places de Fronsac et de Caumont; mais le duc de Candale en partit pour s'aller joindre à M. de Rohan contre le service du Roi, et faire profession de la religion prétendue; ce qu'il fit bientôt après, ayant dessein de mettre Angoulême entre les mains des huguenots, et prendre la Reine et le conseil.

Ces mauvais desseins n'empêchèrent pas que Leurs Majestés n'arrivassent sûrement à Bordeaux le 7 octobre, où les fiançailles de Madame et du prince d'Espagne se firent le 28, celles du Roi et de l'Infante se devant faire le même jour à Burgos.

Il fut remarqué qu'en ce jour on lisoit en l'église l'évangile d'un roi qui faisoit les noces de son fils, auxquelles les invités refusèrent de venir, et aucuns d'eux firent violence à ceux qui les en étoient venus semondre, et les tuèrent, ce qui obligea ce grand roi à les perdre tous malheureusement. Cela sembloit n'être pas tant arrivé par hasard que par un ordre secret de la Providence divine, qui désignoit la ruine de ces sujets infidèles qui s'opposoient au mariage de Sa Majesté.

Le Roi, sachant que le duc de Rohan, le sieur de La Force, et les autres huguenots de ce côté-là, avoient armé, leur envoya La Brosse, lieutenant de ses gardes, pour savoir d'eux à quel dessein et avec quelle autorité ils le faisoient.

Ils répondirent que l'assemblée de Grenoble leur avoit mandé qu'ils se tinssent en état de se pouvoir défendre en cas que leurs députés ne reçussent contentement, lequel ils savoient bien qu'ils n'avoient pas reçu, Sa Majesté n'ayant point eu d'égard aux remontrances de M. le prince ni du parlement.

Cette réponse insolente obligea le Roi à envoyer tout ce qu'il avoit de troupes pour accompagner Madame en Espagne, et lui amener sûrement la Reine sa future épouse.

Madame se mit en chemin le 21. Le duc de Rohan n'osa entreprendre de s'opposer à son passage; elle arriva heureusement à Bayonne le dernier octobre. Elle en partit le 6 novembre pour aller à Saint-Jean-de-Luz, en même temps que le roi d'Espagne arrivoit à Fontarabie, et au 9 on fit l'échange des deux princesses au milieu de Bidache ou d'Irun, avec toute l'égalité qui se put entre les deux nations.

La Reine entra à Bayonne le 11 novembre, où le sieur de Luynes arriva le jour même de la part du Roi, avec une lettre de Sa Majesté, par laquelle il lui offroit et donnoit en son royaume le même pouvoir qu'il y avoit, et lui témoignoit l'attendre avec impatience à Bordeaux, où elle arriva le 21; et dès le lendemain se fit la bénédiction nuptiale, avec un contentement indicible du Roi et de tout le peuple.

Quatre jours auparavant, le cardinal de Sourdis fit une action qui témoignoit, ou le peu d'estime en laquelle étoit en ce temps-là l'autorité royale, ou la hardiesse inconsidérée de celui qui l'entreprit impunément.

Un huguenot nommé Hautcastel, coupable de mort par plusieurs crimes, s'étant rendu dans les prisons sur la parole dudit cardinal, qui croyoit avoir tiré promesse de la Reine de lui faire donner sa grâce, ayant été promptement condamné par le parlement à être exécuté dans la prison même auparavant qu'elle fût expédiée, le cardinal, sur l'avis qu'il en eut, s'y en alla comme pour l'exhorter à se convertir, et y étant entré le délivra par force, étant assisté de plusieurs hommes armés qu'il avoit amenés avec lui pour cet effet; mais le geôlier, qui étoit gagné et avoit concerté avec ledit cardinal qu'il feindroit, pour sa décharge, de vouloir faire quelque résistance, fut tué par les siens qui n'en avoient pas été avertis.

Cette action d'un cardinal et archevêque, faite en plein midi, non-seulement à la face de la cour, mais du Roi même, en laquelle un meurtrier hérétique avoit été délivré, et un catholique non condamné meurtri, fut trouvée si mauvaise, que le Roi, sur la plainte du parlement, trouva bon qu'il donnât un arrêt pour en informer, et un autre de prise de corps contre ceux qui étoient accusés de ce crime; mais l'affaire ne passa pas plus avant, Sa Majesté, par sa piété, donnant son intérêt à l'Eglise.

Cependant l'assemblée de ceux de la religion prétendue à Grenoble, ayant su que le Roi avoit déclaré, passant à Poitiers, M. le prince et ses adhérens criminels de lèse-majesté, voyant que les affaires s'échauffoient, et que l'armée de M. le prince avoit déjà passé une partie des rivières, et s'approchoit du Poitou, eurent volonté de transporter leur assemblée à Nîmes, où ils seroient en lieu plus commode pour délibérer et résoudre librement ce qu'ils voudroient.

Le maréchal de Lesdiguières, auquel ils en demandèrent avis, le leur déconseilla, leur représentant qu'ils ne pouvoient, de leur autorité privée, transférer ladite assemblée sans préjudicier à l'édit de Nantes, et qu'ils ne devoient même le faire sans le communiquer premièrement aux provinces; qu'il n'est plus temps de penser au retardement du mariage, qu'on en est trop avant; que le Roi ayant gagné ce point, comme on ne l'en pouvoit empêcher, il s'accorderoit facilement avec M. le prince.

Mais ces remontrances ne produisirent autre effet, sinon qu'ils le soupçonnèrent d'être faux frère, et de prendre plus d'intérêt en la volonté du Roi qu'au bien de leur parti.

Ils s'en allèrent à Nîmes où ils attendoient les nouvelles de ce que deviendroit l'armée de M. le prince, qui, après avoir eu et failli une entreprise sur Sens le 20 octobre, passa la Loire à Bony le 29.

Le maréchal de Bois-Dauphin fut blâmé de ne l'avoir pas combattue; mais il s'excusoit sur ce qu'il avoit défense expresse de combattre.

Incontinent que les nouvelles de ce passage furent arrivées à Nîmes, l'assemblée écrivit à toutes leurs prétendues Eglises qu'elle avouoit la prise des armes du duc de Rohan et des autres huguenots de ces quartiers-là, exhortant toutes les provinces de les assister, et qu'elle avoit jugé à propos de répondre aux semonces de M. le prince et se joindre à lui, avec mutuelle promesse de ne point traiter les uns sans les autres.

Ce que Sa Majesté sachant, elle fit une déclaration le 20 novembre, par laquelle elle déclaroit tous lesdits huguenots qui avoient pris les armes contre elle, criminels de lèse-majesté, si dans un mois ils ne revenoient à résipiscence.

M. le prince, ayant passé la Loire, s'en vint, à petites journées, avec son armée, par le Berri et la Touraine, en Poitou, pillant et saccageant tous les lieux où il passoit.

Les députés de l'assemblée le vinrent rencontrer le 27 à Parthenay, où ils convinrent ensemble de plusieurs articles qui se rapportoient à prendre soin et sûreté de la conservation de la personne et de la vie du Roi, comme si eux seuls, par leur rebellion, ne mettoient pas en compromis et l'une et l'autre;

Qu'ils empêcheroient la réception du concile de Trente, préviendroient les mouvemens qui pourroient naître des mutuels mariages, pourvoiroient à faire maintenir l'édit de Nantes, établir un bon conseil selon les remontrances du parlement, ne s'abandonner les uns les autres, et n'entendre à aucun traité sans un mutuel consentement.

Le Roi, de sa part, pour s'opposer à eux, déclara le même jour le duc de Guise général de l'une et de l'autre de ses armées qu'il vouloit être jointes en une.

Tous ces progrès de l'armée de M. le prince, qui, nonobstant celle du Roi qui étoit plus forte, étoit passé en Poitou, et avoit donné lieu à tous les huguenots du royaume de faire des levées et se joindre à lui, donnèrent le dernier coup pour remettre en grâce M. de Villeroy et décréditer le chancelier, et ce d'autant plus, que ledit sieur chancelier avoit célé à la Reine le passage de la rivière de Loire par l'armée de M. le prince; ce que ces messieurs ne manquoient pas de représenter à la Reine, et lui faisoient le mal plus grand qu'il n'étoit, protestant que si elle n'éloignoit le chancelier de la cour elle perdroit l'Etat, d'autant qu'il avoit coutume de céler, en la même manière, beaucoup de choses importantes au service du Roi.

Le chancelier, se reconnoissant affoibli, les rechercha d'accommodement. Ils y consentirent, comme bons courtisans qu'ils étoient, n'ayant pas crainte de se laisser tromper par celui auquel ils ne vouloient avoir aucune créance. La maréchale d'Ancre ne s'y voulut jamais réconcilier, disant qu'il l'avoit si souvent trompée, qu'elle ne savoit plus quelle assurance y pouvoir prendre. Le comte Orso, agent du Grand-Duc près le roi d'Espagne, et qui étoit venu accompagner la Reine régnante à Bordeaux, découvrit à la Reine-mère beaucoup de choses qui s'étoient passées en l'ambassade extraordinaire du commandeur de Sillery en Espagne, desquelles la Reine avoit grand sujet d'être mécontente de lui. La maréchale prit cette occasion pour décréditer son frère et lui encore davantage, et le sieur de Villeroy et le président Jeannin n'en firent pas moins de leur part, quelque raccommodement qu'il y eût entre eux; de sorte que le chancelier demeurant sans aucun pouvoir, il fut aisé audit sieur de Villeroy de faire qu'elle entrât en traité avec M. le prince.

Le duc de Nevers en donna l'occasion. Il avoit sous main favorisé le passage de Loire à M. le prince, mais ne s'étoit pas ouvertement déclaré pour lui. Il vint à Bordeaux au commencement de décembre, s'offrit à Sa Majesté de s'entremettre pour la paix; autant en fit l'ambassadeur d'Angleterre de la part du Roi son maître, lequel il dit avoir refusé à M. le prince l'assistance d'hommes et d'argent qu'il lui avoit envoyé demander par le marquis de Bonnivet. Sa Majesté l'ayant agréé, ils partirent l'un et l'autre pour aller trouver M. le prince à Saint-Jean-d'Angely.

En même temps Sauveterre se sentit de la défaveur du chancelier, ou plutôt reçut l'effet de l'envie du sieur de Luynes, qui, ayant jalousie de la bonne volonté que le Roi lui témoignoit, ne le put souffrir plus long-temps auprès de Sa Majesté. Luynes se tenoit pour lors fort bien avec la maréchale, par la faveur de laquelle et de son mari, comme nous avons déjà dit, il avoit eu le gouvernement d'Amboise, et depuis avoit encore eu, par ce même moyen, en ce voyage, la charge de capitaine des gardes pour Brantes, son troisième frère, et avec diverses gratifications que la maréchale sollicitoit avec grand soin pour eux.

Il la vint avertir, comme son serviteur obligé, que ledit Sauveterre avoit une étroite intelligence avec le chancelier, et à heures secrètes l'avertissoit de ce qui se passoit chez la Reine, et lui dit encore que ledit Sauveterre parloit de la Reine au Roi, et la mettoit mal en son esprit. Il fit en sorte que le Roi même dit à la Reine qu'il lui disoit souvent qu'elle aimoit mieux Monsieur, son frère, que lui, et qu'il étoit aisé à juger de son visage quand l'un ou l'autre entroit en sa chambre, et qu'on avoit mille peines à obtenir d'elle tout ce qu'on demandoit pour Sa Majesté.

La Reine envoya quérir Sauveterre, et le lui reprocha avec grande colère. Il se défendit jusqu'à ce que la Reine lui dit que c'étoit le Roi même qui l'en avoit avertie; mais lors il avoua sa faute, et supplia seulement la Reine de lui faire donner récompense de la charge de premier valet de la garde-robe du Roi qu'il avoit; ce qu'elle fit.

Leurs Majestés partirent enfin de Bordeaux le 17 décembre, et arrivèrent le 29 à La Rochefoucauld, où ils passèrent le premier jour de l'an.

Cette année le cardinal de Joyeuse mourut en Avignon chez monsignor de Bagny, vice-légat d'Avignon, ayant long-temps devant été averti qu'il se donnât de garde des bains; ce qu'il ne devina jamais devoir être entendu du nom de l'hôte chez lequel il devoit mourir.

Il vit en sa jeunesse son frère en si haute faveur auprès du Roi, qu'il le fit son beau-frère; fut cardinal jeune et plein de biens; eut bonne part à l'élection de deux papes; fut doyen des cardinaux, protecteur de France; eut l'honneur de nommer, comme légat, et au nom du Pape, le Roi à présent régnant, et au sien Monsieur, frère unique du Roi; fut le principal entremetteur pour la composition des différends d'entre Sa Sainteté et la république de Venise; sacra la Reine à Saint-Denis et le Roi à Reims, et vit sa nièce, héritière de toute sa maison, mariée à un prince du sang (1), et une fille unique, provenant de ce mariage, promise à M. d'Orléans, à la mort duquel elle fut destinée à M. d'Anjou, devenu, par cette mort, frère unique du Roi, qui l'a depuis épousée en 1626. Mais toutes ces félicités ne l'ont pas rendu si illustre qu'il a été remarquable par la vanité et instabilité de la grandeur qui a paru en toute sa maison; car de cinq frères qu'ils étoient, dont lui seul étoit d'église, les trois autres sont morts en batailles et rencontres où ils ont été vaincus; le quatrième est mort capucin, et tous quatre sans laisser après eux aucun de leur nom, qui est demeuré dans le point même de son élèvement éteint en la maison de Guise (2).

LIVRE VII (1616).

Opinions diverses dans le conseil du Roi. — Sentimens divers parmi les princes. — M. le prince se résout à la paix. — Sa lettre au Roi qui accorde que l'assemblée de Nîmes soit transférée à La Rochelle. — Sa Majesté arrive à Poitiers. — Suspension d'armes. — Conférences de Loudun. — Le Roi envoie l'ordre au duc de Vendôme de poser les armes. — Il consent à toutes les demandes des princes. — Le commandement de la citadelle d'Amiens est ôté au maréchal d'Ancre. — Les princes reçoivent de grands dons et des récompenses du Roi. — Les sceaux sont donnés au sieur du Vair, premier président de Provence. — Le président Le Jay est remis en liberté, de même que M. le comte d'Auvergne. — Le maréchal d'Ancre est dédommagé de la perte d'Amiens. — Mécontentement des princes les uns envers les autres. — Changement dans le ministère. — Du Vair fait congédier Villeroy à qui il doit son élévation. — La Reine-mère demande au Roi à quitter les soins de l'administration; le Roi s'y refuse. — Elle commence à se défier des sentimens de Luynes. — Envoie l'évêque de Luçon auprès de M. le prince pour l'engager à venir à la cour. — Le duc de Bouillon et M. de Mayenne conçoivent le dessein de se défaire du maréchal d'Ancre. — Ils rallient tous les ennemis du maréchal. — Imprudences de ce dernier. — M. le prince arrive à Paris et y est reçu avec joie. — Le maréchal d'Ancre et sa femme se livrent entièrement à lui. — M. le prince partage l'autorité de la Reine et devient tout-puissant. — Il se joint au dessein de perdre le maréchal. — Conseils secrets tenus pour en hâter l'exécution. — Projet du duc de Nevers de séparer l'ordre du Saint-Sépulcre de celui de Saint-Jean de Jérusalem, et de se faire empereur d'Orient. — Représentations du grand-maître de Malte contre ce projet. — M. de Longueville enlève Péronne au maréchal d'Ancre. — La Reine envoie M. le comte d'Auvergne investir cette place. — Moyen qu'elle prend pour s'attacher M. de Luynes. — Diversité d'opinions dans le conseil des princes sur la manière de ruiner le maréchal d'Ancre. — Proposition de M. le prince contre la Reine-mère; le duc de Guise s'y montre tout contraire. — M. de Sully instruit le Roi et la Reine des mauvais desseins des princes. — Conférence de M. le prince avec le ministre Barbin. — Le duc de Bouillon fait changer

(1) Madame de Montpensier.
(2) Allusion au mariage de cette dame, devenue veuve, avec le duc de Guise.

de résolution à M. le prince, qui envoie dire au maréchal d'Ancre qu'il n'est plus son ami. — Frayeur du maréchal et de sa femme. — Le maréchal quitte Paris. — Le Roi et la Reine-mère font arrêter M. le prince au Louvre. — Les autres princes se rendent à Soissons. — La maison du maréchal d'Ancre à Paris est pillée par le peuple. — La Reine-mère fait rétablir l'ordre dans la ville. — M. de Vendôme s'enfuit à La Fère. — Le duc d'Epernon arrête les mauvais desseins des huguenots de La Rochelle. — Foiblesse de M. le prince; ses agitations. — Le Roi se rend au parlement où il fait connoître les motifs qui ont provoqué les mesures qu'il a prises. — Ordre donné à tous les domestiques et suivans des princes de sortir de Paris dans les vingt-quatre heures s'ils ne viennent déclarer qu'ils veulent vivre et mourir dans l'obéissance du Roi. — Conférence tenue à Coucy; résolution prise par les princes de marcher sur Paris. — M. de Longueville traite avec le Roi et lui remet Péronne. — M. de Guise propose divers projets. — M. de Nevers se joint aux princes. — Conférence à Cravausson entre les députés du Roi et les princes. — L'armée du Roi s'avance jusques à Villers-Cotterets. — M. de Guise se rend à la cour. — Le Roi consent à quelques-unes des demandes des princes. — Le duc de Nevers excite de nouveaux troubles, et résiste aux sollicitations de la Reine. — Essaie de s'emparer de Reims; fait occuper le château de Sy appartenant au marquis de La Vieuville. — Son insolence envers Barenton, exempt des gardes, envoyé par le Roi. — Le garde des sceaux du Vair est congédié, et Richelieu fait secrétaire d'Etat. — Celui-ci refuse de se démettre de son évêché. — Le maréchal d'Ancre revient à la cour et continue à se mêler des affaires. — M. de Luynes s'attache à le perdre dans l'esprit du Roi. — Le duc de Nevers surprend Sainte-Menehould et met garnison dans le château. — Le maréchal de Praslin l'en fait sortir peu après. — Lettre hardie du duc de Bouillon au Roi; réponse ferme et vigoureuse de Sa Majesté. — M. le prince est gardé de plus près. — Boursier, de ses chevau-légers, est condamné à mort pour avoir voulu tuer la Reine-mère. — M. le prince est conduit à la Bastille. — Affaires d'Italie. — Le maréchal de Lesdiguières va au secours du duc de Savoie. — Le duc de Nemours fait des levées contre lui. — Ses troupes sont mises en déroute. — Il termine par un accord ses différends avec le duc de Savoie. — Mort du président de Harlay. — Son caractère ferme, son intégrité. — Mort du cardinal de Gondy, ancienne créature de Catherine de Médicis.

[1616] Cette année bissextile, qui a été remarquable par les mutations extraordinaires de l'air, l'a été davantage par les effets prodigieux que nous verrons en ce royaume durant son cours, pendant lequel les cœurs seront si acharnés à la rebellion, que nonobstant une paix en laquelle on se relâchera jusqu'au-delà de leurs désirs, ils conserveront encore leur malignité, osant se porter à des entreprises si pernicieuses, que l'on sera contraint, avec très-grand regret, de les mettre, non sans péril, en état auquel ils ne les puissent exécuter.

Quelques-uns conseilloient au Roi de poursuivre à outrance les princes, lui représentant de la facilité à les ruiner, leurs troupes n'étant ni égales en nombre ni si bien armées que celles de Sa Majesté, outre qu'elle avoit déjà plusieurs fois éprouvé que leur malice étoit telle, qu'elle s'irritoit par la douceur des remèdes, et que sa bonté royale ne servoit qu'à les rendre plus audacieux.

Mais les plus foibles conseils étant quelquefois les plus agréables, pour éviter la peine qu'il y avoit d'exécuter les plus forts, ceux qui lui conseillèrent de ne poursuivre pas les princes jusqu'à l'extrémité, et qu'il valoit mieux au Roi, en ce temps, avoir patience (1) que faire la guerre contre ses sujets, prévalurent, sous couleur qu'il étoit plus glorieux de vaincre par équité que par sang répandu, et par justice et bon droit que par armes.

Du côté des princes aussi il y avoit divers sentimens. M. le prince, les ducs de Mayenne et de Bouillon vouloient la paix; le premier espérant de s'établir dans les conseils de sorte qu'il en demeureroit le chef, et que, toutes choses passant par son avis, il auroit moyen de faire ses affaires.

Le duc de Mayenne craignoit que le parti des huguenots, qui étoit fort en son gouvernement, prît trop d'avantage et profitât le plus de cette division.

Le troisième se voyoit vieux, vouloit conserver Sedan à son fils, craignoit de le mettre en hasard, et avoit aussi quelque espérance qu'aidant à la paix, cela obligeroit le Roi à lui donner part dans les affaires. En quoi il montroit la foiblesse de l'esprit de l'homme, qui, quelque grand et expérimenté qu'il soit, ne peut empêcher d'espérer ce qu'il désire; car il avoit eu assez de sujet, depuis la régence, de se détromper de cette prétention.

Le duc de Longueville étoit d'opinion contraire, par la seule crainte qu'il avoit que le maréchal d'Ancre en la paix lui fît perdre le crédit qu'il avoit en son gouvernement.

Mais les ducs de Sully, de Rohan et de Vendôme, et tout le parti huguenot, ne vouloient ouïr parler de paix en aucune façon, si ce n'étoit avec des conditions si indignes, que nul de ceux du conseil n'eût osé proposer à Sa Majesté de les accepter.

Il n'y eut artifice dont ils ne se servissent, ni raisons qu'ils ne représentassent à M. le prince pour le tirer à leur avis. Ils lui représentoient qu'il partageoit avec le Roi l'autorité en ce royaume tandis qu'il avoit les armes à la main; et qu'il pouvoit facilement conserver sa puissance, demeurant dans son gouvernement, où il étoit environné de tout le corps des huguenots. Ils n'oublièrent pas de lui faire connoître qu'il n'y avoit pas beaucoup de sûreté pour lui à retourner dans la cour; qu'à un homme comme lui, il ne falloit ou jamais prendre les armes, ou jamais les poser contre son maître; et qu'après les avoir deux fois prises, il n'y avoit pas grande apparence de faire un assuré fondement sur quelques promesses que lui pussent faire Leurs Majestés; qu'en chose de si grande importance on ne faisoit jamais qu'une faute, et qu'il seroit blâmé si, sur quelque petite espérance de profiter dans les finances, il se désunissoit d'avec tous ceux qui lui étoient associés, et se mettoit en danger de se perdre, et eux avec lui.

Mais si leurs remontrances étoient fortes en elles-mêmes, sa propre passion l'étoit davantage envers lui; joint que ses serviteurs, qui n'espéroient pas pouvoir ailleurs si bien faire leurs affaires qu'à la cour, le fortifioient en son inclination. En quoi le maréchal de Bouillon, qui consideroit ne pouvoir être tout à la fois en Guienne auprès dudit sieur prince, et à Sedan dont son propre intérêt l'obligeoit de s'approcher, l'appuyoit par toutes les raisons que la fertilité de son esprit lui pouvoit suggérer.

Ainsi M. le prince, charmé par les trompeuses apparences de la cour, et attiré par sa passion et par les conseils que ses serviteurs et ses amis lui donnèrent pour leur propre utilité, se résolut à la paix, à laquelle aussi Sa Majesté, nonobstant les conseils qu'on lui avoit donnés au contraire, avoit eu agréable d'entendre.

Dès le premier jour de cette année, le duc de Nevers et Edmond, ambassadeur d'Angleterre, revinrent d'auprès de M. le prince où ils étoient allés, avec permission de Sa Majesté, pour le convier de revenir à son devoir. Ils amenèrent le baron de Thianges, qui apporta au Roi une lettre de lui, par laquelle, faisant bouclier des remontrances des Etats et du parlement, il témoignoit ne désirer sinon que Sa Majesté y eût égard pour le bien propre de sa sacrée personne et de son Etat. Il supplioit Sa Majesté de donner la paix à ses sujets, puis ensuite qu'il se tînt une conférence en laquelle elle envoyât ses députés pour traiter avec lui et ceux de l'assemblée de Nîmes, laquelle, pour plus de facilité, il supplioit le Roi de trouver bon qu'elle s'avançât en quelque lieu plus proche de la cour, qu'il daignât lui faire savoir le nom de ceux qu'elle y vouloit envoyer, et que l'ambassadeur d'Angleterre y pût intervenir comme témoin.

Sa Majesté accorda que l'assemblée de Nîmes fût transférée à La Rochelle, et renvoya, dès le lendemain 2 de janvier, M. de Nevers pour convenir de toutes les circonstances de la conférence.

Le même jour, Sa Majesté partit de La Rochefoucault, et arriva le 7 à Poitiers, ayant

(1) Le mot *patience* manque au manuscrit.

failli une entreprise que l'on avoit faite d'enlever tous les princes à Saint-Maixent où ils se devoient assembler, et s'ils n'en eussent été avertis, comme on croit qu'ils le furent par le duc de Guise même, ils fussent tous tombés en la puissance du Roi.

Le 8 Sa Majesté renvoya vers M. le prince le baron de Thianges, qui l'étoit venu trouver de sa part, et le maréchal de Brissac et M. de Villeroy, qui convinrent avec lui de la ville de Loudun pour le lieu de la conférence, qu'elle commenceroit le 10 de février, et cependant qu'il y auroit suspension d'armes de part et d'autre jusqu'au premier jour de mars. L'ordonnance de Sa Majesté pour cette suspension fut publiée le 23 de janvier.

Leurs Majestés arrivèrent à Tours le 25, où il survint un accident bien étrange et d'un mauvais présage; car, le 29 du mois, le plancher de la chambre où la Reine étoit logée à l'hôtel de La Bourdaisière fondit, et la plupart des grands et des officiers qui y étoient tombèrent; la Reine seule et ceux qui étoient auprès d'elle ne furent point enveloppés en cette ruine. Et à Paris, la nuit de ce jour même, la glace de la rivière de Seine, qui étoit prise, venant à se rompre, fit périr plusieurs bateaux qui étoient chargés de provisions nécessaires pour la vie, et emporta une partie du pont Saint-Michel; l'autre qui ne fut pas emportée fut tellement ébranlée, qu'elle tomba à quelque temps de là.

Le duc de Vendôme, qui avoit eu commandement et reçu de l'argent du Roi pour faire des troupes, et les avoit levées, étant jusqu'alors toujours demeuré sans se venir joindre en l'armée du Roi, ni aussi se déclarer contre son service, faisoit, nonobstant la suspension d'armes, tant d'actes d'hostilité, qu'on fut contraint de lui commander de désarmer; à quoi au lieu d'obéir, il se retira vers la Bretagne, où le parlement de Rennes ordonna, par arrêt du 26 de janvier, aux habitans des villes et bourgades de courir sus à ses troupes à son de tocsin, et le Roi lui envoya par un héraut commander de poser les armes, sous peine d'être déclaré criminel de lèse-majesté.

Lors il leva le masque, et déclara le 18 de février être du parti de M. le prince, qu'il vint trouver à Loudun; ce qui retint Sa Majesté de le poursuivre plus avant.

Les propositions des princes furent à leur ordinaire colorées du spécieux prétexte du service du Roi et du bien de l'Etat. Ils demandent qu'il soit fait une exacte recherche de ceux qui ont participé à la mort du feu Roi, et que Sa Majesté en veuille faire expédier une commission au parlement; que les libertés et autorités de l'Eglise gallicane soient maintenues; que le concile de Trente ne soit point reçu; que l'autorité et dignité des cours souveraines ne soient point affoiblies; que les édits de pacification soient entièrement observés; qu'il soit pourvu dans quelque temps aux remontrances du parlement et aux cahiers des Etats; que les anciennes alliances soient conservées; retrancher l'excès des dons et pensions, et principalement aux personnes de nul mérite. Tout cela ne reçut point de difficulté à être admis et accordé par le Roi. Ils demandèrent que le premier article du cahier du tiers-état fût accordé. A quoi Sa Majesté ne put consentir, mais promit seulement qu'elle y pourvoiroit avec l'avis des principaux de son conseil, lorsqu'il seroit répondu aux cahiers des Etats.

Ils insistèrent que l'arrêt du conseil sur le sujet des remontrances du parlement fût révoqué. Sa Majesté fut, par leur importunité, obligée de consentir qu'il demeurât sans effet.

Ce qui apporta plus de préjudice à son autorité royale, fut que Sa Majesté accorda que tous édits, lettres patentes, déclarations, arrêts, sentences, jugemens et décrets donnés contre les princes et tous ceux qui les ont suivis, seroient révoqués et tirés des registres, et qu'ainsi en seroit-il fait de la déclaration faite à Poitiers en septembre dernier, sans qu'elle pût être tirée en exemple pour l'avenir, en ce qui regarde la dignité des princes du sang. Car, par là, Sa Majesté sembloit avouer que ladite déclaration donnée à Poitiers, avoit été contre la justice et les formes ordinaires. Elle promet aussi de faire réparer l'offense que M. le prince prétendoit lui avoir été faite par l'évêque et habitans de Poitiers, et que tous ceux qui, pour avoir eu intelligence avec lui, s'étoient retirés et absentés de la ville y seroient rétablis, et toutes les informations et procédures faites contre eux déclarées de nul effet et valeur; et d'autre côté, à l'instance dudit sieur prince, Sa Majesté promit qu'elle seule pourvoiroit aux charges du régiment des Gardes; ce qui, encore que juste, ne devoit néanmoins être accordé à la requête dudit sieur prince, qui sembloit le proposer en haine du service que le duc d'Epernon en cette occasion avoit rendu au Roi : ce qui donnoit sujet à leurs partisans de publier que ceux qui servoient le Roi en recevoient du mal, et ceux qui le desservoient en servant les princes en tiroient récompense.

La Reine eut de la peine à accorder une chose que M. le prince demandoit instamment, qui étoit qu'il seroit chef du conseil de Sa Majesté, et signeroit tous les arrêts qui s'expédieroient. Mais elle ne voyoit pas tant de jour à la refuser que la demande qu'avec plus de chaleur les princes firent au Roi, et à laquelle ils s'affermirent avec plus d'opiniâtreté, qui fut celle de la citadelle d'Amiens. Cet article, long-temps débattu, obligea à prolonger la trève jusqu'au 5 de mai.

Leurs Majestés, sachant qu'ils n'en vouloient qu'à la personne du maréchal d'Ancre, aimèrent mieux lui ôter cette place que permettre qu'elle fût rasée, étant de l'importance qu'elle est à l'Etat, à la charge, toutefois, que M. de Longueville demeureroit en sa maison de Trie en attendant que Sa Majesté eût pourvu au gouvernement de ladite place.

M. de Villeroy, ayant eu le vent que la Reine étoit mécontente de lui pour ces deux derniers articles, comme s'il n'eût pas fait tout ce qui étoit en lui pour empêcher les princes de les lui proposer, ou en affaiblir leurs poursuites, la vint trouver à Tours, et pour se justifier lui représenta qu'il étoit avantageux pour le service du Roi de donner à M. le prince toute la satisfaction qui se pouvoit pour l'attirer à la cour; qu'il lui étoit préjudiciable de permettre qu'il demeurât éloigné dans son gouvernement, où de nouveaux boutefeu seroient tous les jours à l'entour de lui pour l'exciter à rallumer la guerre; qu'au reste l'autorité qu'on lui donneroit de signer les arrêts ne diminueroit en rien celle de la Reine, vu que, s'il y servoit bien, les choses que Sa Majesté y feroit ordonner en seroient d'autant plus autorisées, et s'il faisoit mal on y pouvoit facilement remédier, sa personne étant en la puissance de Leurs Majestés. Quant à ce qui regardoit le maréchal d'Ancre, il lui avoit semblé être obligé, pour le service qu'il devoit à la Reine, et pour la considération dudit maréchal même, de ne pas attirer sur lui, et ensuite sur elle, cette envie, que l'on crût et publiât par tout le royaume que son intérêt particulier, qui seroit réputé à une vanité très-dommageable, empêchât la pacification de ces troubles, le repos des peuples et le bien public; et qu'à l'extrémité, si la Reine lui vouloit conserver cette place, elle la lui pourroit remettre par après en ses mains, quand les princes seroient séparés et leur armée licenciée, et ce d'autant plus facilement que l'échange seroit aisé à faire avec M. de Longueville de la Picardie avec la Normandie, et ledit duc, hors d'intérêt, ne penseroit plus à la citadelle d'Amiens.

La Reine fut contente ou feignit de l'être de ces raisons. Cependant le Roi s'avança à Blois, où peu de jours après la Reine se rendit, et en même temps M. le prince tomba malade d'une fièvre continue, ce qui fut cause que la paix ne put être signée qu'au commencement de mai.

Le 4 de mai, Sa Majesté fit publier deux ordonnances : l'une pour la retraite des gens de guerre qui avoient suivi M. le prince, l'autre pour la pacification des troubles présens, attendant que l'édit qu'elle en avoit fait expédier fût publié au parlement, ce qui fut le 8 de juin ensuivant.

Voilà ce qui fut publié de l'édit de Loudun; mais les articles secrets, qui étoient les principaux, et ceux auxquels les princes avoient buté, furent que chacun d'eux reçut, en son particulier, de grands dons et récompenses du Roi, au lieu de la punition qu'ils avoient méritée. Aussi ne livrèrent-ils pas à Sa Majesté la foi qu'ils lui vendoient si chèrement, ou, s'ils la lui livrèrent, ce ne fut pas pour long-temps.

On donna à M. le prince la ville et château de Chinon, et, pour son gouvernement de Guienne qu'en apparence il offrit pour montrer qu'il vouloit se déporter de toute occasion de remuement, mais duquel, en effet, il se défaisoit à la suscitation de son favori (1), qui avoit son bien éloigné de la Guienne, et préféroit son intérêt à ceux de son maître, on lui donna celui de la province de Berri, de la tour et ville de Bourges, et plusieurs autres places en icelle, la plus grande part du domaine et quinze cent mille livres d'argent comptant, pour les frais qu'il prétendoit avoir faits en cette guerre, outre les levées qu'il avoit faites en ce royaume et les deniers du Roi qu'il avoit pris.

Tous les autres princes et seigneurs qui l'avoient suivi reçurent aussi, chacun en son particulier, des gratifications, le Roi achetant cette paix plus de six millions de livres.

Le Roi donnant la paix à son peuple, la donna encore à la cour à tous ceux qui étoient mécontens du chancelier; car il lui fit rendre les sceaux et les donna au sieur du Vair, premier président de Provence, la réputation duquel fit estimer d'un chacun le choix que Sa Majesté en avoit fait.

Il y avoit long-temps que M. de Villeroy disoit à la Reine et à la maréchale que, si Sa Majesté ne chassoit le chancelier de la cour, tout étoit perdu, et leur avoit souvent répété ce discours durant le voyage, en toutes les occasions qui se présentoient de satisfaire à la mauvaise volonté qu'il avoit contre lui, et lui donner à dos. Il disoit aussi à la Reine que le parlement et le peuple recevroient grande satisfaction de son

(1) Le comte de Rochefort.

éloignement, étant certain que ce personnage, ayant beaucoup de bonnes qualités, avoit ce malheur de n'être pas bien dans la réputation publique (1). Et, sur la difficulté que faisoit la Reine d'éloigner un vieux ministre auquel naturellement elle avoit quelque inclination, disant que c'étoit un bon homme qui n'avoit pas de mauvais desseins, il lui avoit mis le président du Vair en avant comme un homme la créance de la vertu duquel feroit perdre le regret que quelques-uns pourroient avoir de son éloignement.

Mais le chancelier s'étant aperçu que le sieur de Villeroy et le président Jeannin commençoient à prévaloir contre lui en l'esprit de la Reine, il n'y eut sorte d'adresse dont il ne se servît, ni de soumissions qu'il ne leur fît pour se réconcilier avec eux; ce qui fit que le sieur de Villeroy, qui avoit une particulière connoissance de M. du Vair, et savoit qu'outre que c'étoit un esprit rude et moins poli que la vie de la cour et le grand rang qu'il y tiendroit ne pouvoient souffrir, il étoit si présomptueux, que, sans déférer à l'avis de personne, il voudroit usurper toute l'autorité du gouvernement, essaya de ramener l'esprit de la Reine, et faire que, continuant à se servir du chancelier, elle se contentât d'éloigner de la cour le commandeur de Sillery (2), et le sieur de Bullion qui avoit épousé sa nièce.

La Reine chassa de Tours les deux susdits, mais elle continua toujours en la volonté de faire de même du chancelier; à quoi la maréchale la confortoit, mécontente de voir que le sieur de Villeroy et le président Jeannin eussent sitôt changé d'avis.

Le sieur de Villeroy reconnoissant cela, tâcha d'arrêter ce dessein par un autre moyen, et écrivit au président du Vair, avec lequel il avoit une ancienne amitié, qu'il ne lui conseilloit pas en ce temps orageux, auquel les affaires avoient peu de fermeté, d'accepter les sceaux si on les lui offroit; qu'il penseroit manquer à l'affection qu'il lui portoit s'il ne lui donnoit ce conseil; qu'il y avoit peu de sûreté dans cet emploi, grande difficulté à y bien faire, et plus encore à y contenter tout le monde, grand nombre d'ennemis à y acquérir, et peu ou point de protection à y attendre de ceux qui avoient le principal crédit dans le gouvernement.

Le président du Vair, intimidé, refusa l'offre qu'on lui en fit. La maréchale, étonnée de ce refus, et soupçonnant qu'il y avoit en cela quelque tromperie, envoya quérir Ribier son neveu, qui lui dit que ce que son oncle en avoit fait

(1) Les libelles du temps sont en effet fort violents contre le chancelier, sans rien fournir de positif.
(2) Frère du chancelier.

étoit sur les lettres qu'il en avoit reçues de M. de Villeroy qui l'en dissuadoit, et s'offrit, si elle l'avoit agréable, de l'aller quérir lui-même, ce qu'il fit incontinent.

Le partement de M. du Vair fut si public, par le grand nombre de personnes de toutes qualités qui voulurent aller prendre congé de lui et l'accompagner, que le chancelier en eut promptement avis. Il se résolut, pour n'être prévenu avec honte à la face de toute la cour, de partir de Tours où il étoit encore, et aller à Blois trouver la Reine pour lui demander congé de se retirer. Le président du Vair avoit la même volonté que lui, et ne désiroit pas, à son arrivée, le trouver encore à la cour, soit pour le respect de la bienveillance qui étoit entre eux de long-temps, soit qu'il ne s'estimât point assuré qu'il ne le vît actuellement dépossédé, et avoit fait supplier la maréchale, par son neveu Ribier, de lui vouloir procurer cette satisfaction.

Le chancelier, étant en chemin, communiqua son dessein au président Jeannin, et, comme l'espérance meurt toujours la dernière en nos esprits, et principalement à la cour, il pria le président Jeannin (parce que M. de Villeroy étoit alors à la conférence de Loudun) d'aller devant trouver la Reine, et savoir d'elle si le bruit que l'on faisoit courir de la venue du sieur du Vair étoit véritable, et lui rendre, en cette occasion, les derniers bons offices que son péril présent, qui leur pouvoit être commun bientôt après, lui devoit faire espérer de lui.

Le président Jeannin va trouver la Reine, elle lui dit ce qui en étoit. Il lui parla de différer ce changement : la Reine se montrant tout émue de ses paroles, il lui dit que M. de Villeroy et lui autrefois lui en avoient donné le conseil, mais qu'ils ne le jugeoient plus nécessaire depuis les protestations qu'il leur avoit faites de vouloir suivre leur avis, et leur être tellement soumis qu'il ne feroit plus rien que ce qu'ils voudroient, dont ils avoient sujet d'être assurés, puisqu'il n'avoit plus auprès de lui le commandeur de Sillery et Bullion. A quoi la Reine, pour toute réponse, lui demanda si c'étoit ainsi qu'il gouvernoit les affaires du Roi par ses intérêts particuliers, et, dès le lendemain, fit faire commandement au chancelier de rapporter les sceaux au Roi; ce qu'il fit, et se retira de la cour.

L'éloignement du président Jeannin et de M. de Villeroy étoit aussi déjà résolu, mais ce dessein n'éclatoit pas encore, Barbin, à qui la Reine avoit donné la charge du premier, ayant cru devoir différer à la recevoir jusqu'à ce que Leurs Majestés fussent de retour à Paris, et la paix bien assurée.

Leurs Majestés y arrivèrent le 16 de mai, et y donnèrent les sceaux à M. du Vair; le président Le Jay fut remis en liberté, et rentra en l'exercice de sa charge au parlement. Mais une liberté plus chère et moins espérée fut rendue, et plus volontiers, au comte d'Auvergne, que Leurs Majestés, ne sachant plus à qui des princes avoir une confiance entière, délivrèrent comme une créature anéantie à laquelle ils auroient donné l'être de nouveau. Il avoit été mis deux fois à la Bastille par le feu Roi, pour crime de rebellion et entreprises contre Sa Majesté, au service de laquelle il ne s'étoit jamais comporté de la sorte qu'il étoit obligé par sa condition. Son premier arrêt ne l'ayant rendu sage, il n'y avoit point d'espérance que celui-ci dût prendre fin; mais ce que son propre mérite lui dénioit, la malice des autres le lui fit obtenir, sous espérance que la grandeur de cette obligation dernière surmonteroit les mauvaises inclinations qui avoient paru en lui auparavant; et, afin que la grâce fût tout entière, Sa Majesté lui fit rendre, par le duc de Nevers, l'état de colonel de la cavalerie légère, dont il étoit honoré avant sa prison.

Leurs Majestés récompensèrent aussi ceux qui avoient des places fortes et le domaine du Roi en Berri, afin de satisfaire à la promesse qui avoit été faite à M. le prince.

Le maréchal d'Ancre remit la citadelle d'Amiens entre les mains du duc de Montbazon, à qui, en outre, le Roi donna la lieutenance en Picardie, au lieu de celle de Normandie qu'il avoit. Et, afin que le maréchal d'Ancre ne perdît point en cet échange, ains au contraire trouvât son élèvement en l'abaissement qu'on lui avoit voulu procurer, on lui donna la lieutenance de roi en Normandie, le gouvernement de la ville et château de Caën dont on retira Bellefond, celui du Pont-de-l'Arche, et peu après Quillebeuf.

Les princes, nonobstant que Leurs Majestés témoignassent, par ces commencemens, vouloir exécuter ponctuellement ce qui avoit été promis, ne se hâtoient point de venir à Paris, chacun d'eux désirant laisser écouler davantage de temps pour voir plus assurément quel train prendroient les affaires.

Ils s'étoient néanmoins séparés avec assez mauvaise intelligence les uns d'avec les autres, ce qui arrive ordinairement entre personnes desquelles chacun estimant plus mériter qu'il ne vaut, nul n'est content de la part qui lui est donnée en la récompense commune. Ils se plaignoient tous que M. le prince avoit pris tout l'avantage pour lui. Les ducs de Rohan et de Sully, qui prétendoient être seuls qui avoient joint à ses armes le parti des huguenots, estimoient qu'il avoit eu trop peu d'égard à leurs intérêts. M. de Longueville n'étoit pas plus satisfait que les autres, se voyant retiré en sa maison, et n'osant retourner en Picardie, nonobstant que le maréchal d'Ancre se fût démis de la citadelle d'Amiens, pource qu'il jugeoit bien qu'il n'y auroit pas plus de crédit étant entre les mains de M. le duc de Montbazon, qu'il y en auroit eu étant entre les mains du maréchal d'Ancre. Et entre M. de Bouillon et M. le prince il y avoit si peu de confiance, que le dernier, qui étoit désiré à la cour avec impatience de la part de la Reine, lui faisoit paroître qu'il eût bien souhaité, quand il y arriveroit, en trouver le premier éloigné: tant cette union si étroite de ces princes contre le Roi, et qui ne se maintenoit que par les avantages que chacun d'eux en espéroit par la guerre, fut promptement dissipée par ce traité de paix.

Les seuls ducs de Mayenne et de Bouillon se maintinrent en intelligence l'un avec l'autre. Le dernier, ayant volonté de s'en aller en Limosin et à Negrepelisse, que depuis peu il avoit acquis, changea de dessein à la semonce de la Reine, qui lui fit l'honneur de lui écrire de sa main propre pour le convier de se rendre au plus tôt auprès de Sa Majesté; ce qu'il fit, et amena le duc de Mayenne avec lui; mais, encore que la Reine les reçût très-bien, ils ne furent pas sitôt arrivés qu'ils se repentirent de s'être hâtés plus que les autres, d'autant qu'ils virent un changement universel que la Reine fit bientôt après de tous les ministres.

M. de Villeroy et le président Jeannin étoient déjà à leur arrivée sans crédit, et ne se passa guère de temps que le premier ne se retirât en sa maison de Conflans; la charge du second fut donnée à Barbin, et celle de secrétaire d'Etat que M. de Puisieux exerçoit, au sieur Mangot. La raison dictoit assez qu'ayant ôté les sceaux à M. le chancelier, il n'étoit pas à propos de laisser son fils premier secrétaire d'Etat en un temps si orageux que celui auquel on étoit alors; mais la bonté de la Reine, qui n'avoit éloigné le père qu'y étant contrainte par son mauvais gouvernement, faisoit qu'elle avoit difficulté d'éloigner le fils, qui n'avoit point commis de faute particulière qui semblât le mériter. Le sieur du Vair, qui ne croyoit être assuré tandis qu'il verroit une personne à la cour si proche à celui dont il tenoit la place, oubliant toute l'obligation qu'il avoit à M. de Villeroy, qui seul l'avoit proposé au feu Roi pour être premier président de Provence, lui avoit fait valoir ses services, et l'avoit maintenu envers et contre tous, fit tant d'instances à la Reine de le congédier, qu'il lui en fit enfin prendre résolution, non toutefois tant à son contentement qu'il espéroit; car, au lieu qu'il se promettoit de faire entrer en cette charge Ribier son neveu, qui s'en étoit déjà vanté, la Reine la donna au sieur Mangot, à qui elle avoit, peu auparavant, accordé la charge de premier président de Bordeaux. C'est ainsi que les honneurs changent les mœurs en un moment. Le sieur du Vair, qui, peu de jours avant, faisoit profession d'être un philosophe stoïque, et en écrivoit des livres, n'est pas sitôt à la cour que, changeant d'esprit en faisant paroître les qualités qui y étoient cachées, non-seulement il devient ambitieux, mais noie dans son ambition tous les devoirs de bienséance et d'amitié, commettant une ingratitude qu'un homme qui n'eût jamais été courtisan eût eu honte qu'on lui eût pu reprocher.

En ce temps la Reine ayant été avertie par ses serviteurs de l'adresse et des artifices dont le sieur de Luynes usoit auprès du Roi pour lui rendre sa conduite odieuse, lui en représentant les manquemens plus grands qu'ils n'étoient, et amoindrissant ce qui étoit à louer, se résolut de lui offrir de se démettre de l'autorité qu'il lui avoit donnée, et la consigner en ses mains, jugeant bien qu'il ne la recevroit pas, et que cette offre, néanmoins, feroit en son esprit l'effet qu'elle désiroit, qui étoit de lui ôter la créance qu'elle eût un désir démesuré de continuer son gouvernement, auquel elle étoit portée par ambition particulière, non pour le bien de son service, ni que la nécessité publique le requît.

Elle le supplia pour ce sujet d'avoir agréable de prendre jour pour aller au parlement, où, après lui avoir justifié combien elle étoit éloignée de ces sentimens, elle désiroit se décharger du soin de ses affaires; qu'il trouveroit que par le passé on n'avoit pu conduire les choses plus heureusement, et qu'ayant fait tout ce qu'elle avoit dû pour lui assurer la couronne, il étoit bien raisonnable qu'il prît cette peine pour lui de procurer son repos; qu'il lui fâchoit, après tant de glorieuses preuves qu'elle avoit données de sa passion au bien de cet Etat, de se voir en peine de défendre ses intentions contre des calomnies secrètes.

Comme elle n'avoit rien à craindre de son naturel, aussi voyoit-elle qu'elle avoit juste sujet de se défier de son âge; qu'elle prévoyoit que, si on avoit eu l'audace de l'attaquer en un lieu si saint, il pourroit avec le temps être emporté par force, et se laisser vaincre à la violence de leurs poursuites;

Qu'elle jugeoit bien que, quand l'on est parvenu par beaucoup de peines et de périls au comble d'une grande réputation, la prudence veut qu'on pense à une favorable retraite, de peur qu'on ne perde par la révolution des choses humaines ce qu'on a si chèrement acquis;

Qu'elle savoit que les offices les plus mal reconnus sont ceux qu'on rend au public, et qu'un mauvais événement pouvoit ternir la gloire de ses actions passées.

Mais, quelque instance qu'elle pût faire, le Roi ne lui voulut jamais accorder de quitter le gouvernement de ses affaires. En quoi elle ne fut pas trompée; car elle ne le désiroit ni ne craignoit que le Roi la prît au mot; mais les raisons qu'elle lui avoit apportées lui sembloient être si recherchées, qu'il crut qu'elles lui avoient été plutôt insinuées qu'elle ne les avoit conçues en son esprit, et pour ce ne s'ouvrit pas avec elle des mécontentemens qu'il commençoit à recevoir du prodigieux élèvement du maréchal d'Ancre, ne jugeant pas qu'elle eût volonté d'y remédier, mais l'assura qu'il étoit très-satisfait de son administration, que personne ne lui parloit d'elle qu'en des termes convenables à sa dignité.

Le sieur de Luynes ne lui en dit pas moins, et accompagna ses paroles de gestes et de sermens, et de toutes autres circonstances qui peuvent servir à cacher un cœur double, et qui a une intention toute contraire à ce qu'il promet. Il ne put néanmoins si bien feindre, que la Reine, qui n'étoit pas inexperte en ces artifices, n'en aperçût quelque chose. Elle ne s'en douta pas tant qu'elle en prît dessein de le chasser d'auprès de la personne du Roi, ni si peu aussi qu'elle ne commençât à penser à quelque retraite honorable, si le Roi prenoit de lui-même quelque jour la résolution qu'il avoit refusé de prendre à sa requête. Et, pource qu'elle avoit commencé à gouverner ce royaume avec autorité souveraine en la minorité du Roi, ne désirant pas retourner à vivre sous la puissance d'autrui, elle fit traiter de la principauté de la Mirandole, et envoya exprès André Lumagne en Italie pour convenir du prix. Mais le roi d'Espagne traversa l'exécution de ce traité, et ne voulut plus que les Français remissent le pied, en quelque manière que ce fût, en un lieu d'où il les avoit chassés avec tant de peines, de périls et d'années.

M. de Bouillon, qui savoit bien se servir de tout à son avantage, essaya de profiter de l'absence de M. le prince, et convertit en artifices de prudence la disgrâce en laquelle, par fortune, se rencontroit alors M. de Villeroy : car jugeant que ledit sieur de Villeroy, pour, par l'appréhension de nouvelles brouilleries, se rendre nécessaire, favoriseroit toutes les demandes qu'il pourroit faire, pour peu raisonnables qu'elles fussent, et représenteroit que le refus qu'on lui en feroit seroit une infraction au traité de Loudun, ne fit point de difficulté de désirer de la Reine plusieurs choses frivoles et impertinentes, et qui, en vérité, étoient au-delà des choses qui avoient été accordées par ledit traité, mais que néanmoins il disoit être nécessaires, tant pour la sûreté de M. le prince que de ceux qui avoient été joints avec lui.

Entre autres choses, ils faisoient grande instance sur le réglement du conseil, lequel ils vouloient être réduit à un certain nombre de personnes choisies, le choix desquelles étoit très-difficile à faire, tant pour n'encourir l'envie de ceux qu'on rebutoit, que pource qu'ils eussent formé difficulté sur beaucoup de ceux qu'on eût retenus, s'ils n'eussent été de leur intelligence.

Cela mettoit la Reine bien en peine; car le garde des sceaux du Vair étoit si nouveau dans les affaires qu'elle n'en étoit aucunement assistée, étant étonné en toutes rencontres, ne sachant se démêler d'aucune, et M. de Bouillon ayant tel ascendant sur son esprit, qu'il en faisoit ce qu'il vouloit, de sorte qu'il se laissa aller jusque-là que de dire à la Reine, en présence dudit sieur de Bouillon, qu'elle n'étoit pas bien conseillée de prendre si peu de confiance qu'elle faisoit à lui et à M. de Mayenne; ce que la Reine, qui sur-le-champ ne lui voulut rien répondre, lui reprocha par après, lui remontrant les sujets qu'elle avoit de se méfier d'eux, et que, quand bien cela ne seroit pas ainsi, il ne devoit pas lui en parler en leur présence.

Toutes ces choses faisoient désirer à la Reine d'autant plus ardemment la venue de M. le prince, qui étoit allé en Berri prendre possession du gouvernement, et avoit de sa part bonne volonté de se rendre à la cour, espérant d'y disposer de toutes choses dans le conseil; mais les ducs de Bouillon et de Mayenne faisoient tous les offices qu'ils pouvoient auprès de lui pour retarder son partement; ce qui fit que la Reine lui dépêcha plusieurs personnes l'une après l'autre, et lui aussi lui en dépêcha de même, chacun desquels se vantoit avoir le plus de créance auprès de lui. Et de fait, toutes les lettres qu'il écrivoit par eux étoient en une créance fort particulière, et la plupart contraires les unes aux autres : ce qui fit que, pour démêler ces fusées, la Reine me dépêcha vers lui (1), croyant que j'aurois assez de fidélité et d'adresse pour dissiper les nuages de

(1) C'est ici la première apparition de Richelieu dans les affaires. Il était alors aumônier de la reine régnante, et il ne paraît pas que depuis les états généraux il fût retourné dans son diocèse.

la défiance que les mauvais esprits lui donnoient d'elle contre la vérité : ce qui me réussit, non sans peine, assez heureusement, l'ayant en peu de temps rendu capable de l'avantage que la Reine recevroit de sa présence, de l'affermissement qu'elle donneroit à la paix, de l'autorité qu'elle apporteroit aux résolutions du conseil, de l'espérance qu'elle ôteroit aux brouillons de voir leurs mauvaises volontés appuyées, et du repos qu'elle donneroit à l'esprit de Sa Majesté, qui ne pouvoit plus davantage supporter les soins et les craintes perpétuelles où ces divisions passées l'avoient tenue si long-temps ; pour toutes lesquelles raisons il ne pouvoit raisonnablement douter qu'elle n'eût sa présence très-agréable, et lui donnât toutes les satisfactions qu'elle pourroit pour le retenir auprès du Roi, en la dignité et au crédit que sa qualité et son affection au service de Sa Majesté lui faisoient mériter; outre que je lui donnai assurance, de la part de la maréchale, qu'elle emploieroit ce que son mari et elle auroient de pouvoir auprès d'elle, pour le maintenir en l'honneur de ses bonnes grâces, et que, si jusqu'ici ils l'avoient fait, comme il en pouvoit lui-même être bon témoin, ils n'y manqueroient pas à l'avenir, après s'y être obligés par une solennelle promesse.

On lui avoit donné jalousie du baron de La Châtre, qui étoit à Bourges, lequel on lui mandoit y avoir été envoyé pour épier ses actions, et de ce qu'on ne lui faisoit point encore de raison de ce qui s'étoit passé à Poitiers, ces deux choses témoignant assez le peu de sincérité avec laquelle on désiroit son retour, quoiqu'on fît semblant du contraire.

J'en donnai avis à la Reine, qui fit venir incontinent le baron de La Châtre à Paris, auquel elle donna 60,000 livres et le brevet de maréchal de France pour sa démission du gouvernement de Berri, qui, par ce moyen, demeureroit sans dispute à M. le prince, et dépêcha à Poitiers le maréchal de Brissac pour y faire exécuter ce qui avoit été promis par le traité de Loudun. Il approuva aussi le changement des ministres, et l'élection de Mangot et de Barbin, insistant seulement que l'on contentât M. de Villeroy, s'il avoit intérêt en la charge du sieur de Puiseux. Il promit de sa part que, la Reine lui faisant l'honneur d'avoir confiance en lui, il ne communiqueroit rien de ses conseils secrets qu'à qui elle voudroit en être communiqué, et trouva bon aussi que, si on vouloit, on se servît de son nom pour avancer ou retarder le réglement du conseil qui étoit poursuivi par les princes.

Ce voyage, que la Reine me fit faire au déçu de messieurs de Mayenne et de Bouillon, les mit en si grande jalousie qu'ils dépêchèrent incontinent vers M. le prince, pour savoir ce que j'avois traité avec lui et le détourner de venir en cour : mais ce fut en vain. Le maréchal de Bouillon m'ayant, soudain après mon retour, enquis si je n'avois pas trouvé M. le prince tout disposé au service de Leurs Majestés, je lui répondis que non-seulement il protestoit de leur demeurer inviolablement obéissant, mais, en outre, qu'il leur donnoit la même assurance pour M. de Mayenne et pour lui, afin de lui donner sujet de désirer aussi son retour, le croyant en bonne intelligence avec eux.

Mais il y avoit un sujet particulier et bien important, qui, outre les raisons générales, les empêchoit de pouvoir avoir agréable qu'il revînt sitôt. C'étoit un dessein qu'ils avoient formé de se défaire du maréchal d'Ancre, dont ils craignoient que la langue ou la timidité de M. le prince, s'il étoit présent, les pût empêcher.

Peu après leur arrivée à Paris, le maréchal d'Ancre, se fondant sur l'ancienne mésintelligence de ces deux ducs avec les ducs d'Epernon et de Bellegarde, qui faisoient un parti contraire à eux, leur proposa de les ruiner tout-à-fait. Mais eux, qui n'avoient pas tant d'aversion des deux qu'ils en avoient de lui, étranger, homme de peu, élevé sans mérite en cette grande fortune à laquelle ils portoient envie, et auquel ils attribuoient tous les mauvais contentemens qu'ils avoient ci-devant reçus à la cour, et pour lesquels ils avoient pris les armes, prirent, de ce dessein, occasion de faire une entreprise toute nouvelle, et, au lieu d'entendre à la ruine de ces deux-là, entreprendre la sienne, et délivrer le royaume de sa personne.

Ils en firent part à M. de Guise, qui entra dans ce dessein, y étant induit par le sieur du Perron, frère du cardinal, qui étoit de long-temps affectionné aux ducs d'Epernon et de Bellegarde, et parce que de soi-même il n'aimoit pas le maréchal, qui lui avoit semblé ne tenir pas de lui le compte qu'il devoit. Lors ils commencèrent à rallier tous les ennemis du maréchal d'Ancre, non dans la cour seulement, mais dans le parlement et dans le peuple même qui l'avoient en horreur.

Il les aidoit par ses imprudences à se fortifier, ne se retenant en aucune de ses passions, quoi qu'il lui en pût arriver.

Durant la conférence de Loudun, ayant été fait à Paris une expresse défense à ceux qui gardoient les portes de laisser passer aucun sans passeport, un cordonnier Picard, sergent du quartier de la rue de la Harpe, l'arrêta le samedi de Pâques à la porte de Bussy, dans son carrosse, refusant de le laisser sortir s'il ne montroit son passeport, à faute de quoi il le contraindroit de rebrousser chemin. En ce contrast il se passa plusieurs choses et se dit plusieurs paroles, qu'un seigneur françois, né en un climat plus bénin, eût oubliées, mais qui tenoient à cœur au maréchal, qui, s'en voulant venger, remit à le faire quand le Roi seroit de retour à Paris, auquel temps il y auroit plus de sûreté pour lui. Pour cet effet il commanda à un de ses écuyers d'épier l'occasion de rencontrer ce cordonnier hors des murailles de la ville, pour le châtier de l'affront qu'il estimoit avoir reçu de lui. Il le rencontre, le 19 de juin, au faubourg Saint-Germain, et le fait battre si outrageusement par deux valets qu'il avoit avec lui, qu'il le laissa pour mort.

Cette action renouvela la mémoire de celle de Riberpré, qu'il avoit voulu faire assassiner l'année de devant, et celle du sergent-major Prouville, qu'il avoit fait tuer à Amiens; de sorte qu'elle fut poursuivie avec tant de chaleur qu'il n'osa l'avouer, et ses valets, par arrêt de la cour, furent pendus le 2 de juillet, devant la maison du Picard, et son écuyer se garantit par sa fuite. Mais ces punitions, au lieu d'apaiser la haine du peuple, ne faisoient que l'animer davantage contre lui, qu'il eût voulu être pendu avec le siens.

En même temps M. de Longueville, qui étoit mécontent en sa maison de Trie, s'imaginant que tandis qu'il demeureroit chez lui on n'avanceroit rien en ses affaires, se résolut d'aller en Picardie et y faire quelque remuement. Il en donne avis à messieurs de Mayenne et de Bouillon, qui agréent son voyage comme faisant à leur dessein contre ledit maréchal, et lui offrent leur assistance et celle de M. de Guise. Il part, il va à Abbeville, il y est reçu avec grande démonstration d'amitié par les habitans.

M. le prince cependant s'achemine à la cour. Passant à Vilbon, chez M. de Sully, il apprend quelque chose de la conspiration qui se tramoit contre le maréchal d'Ancre, et ne voulant ni offenser la Reine et rentrer en nouvelle brouillerie, ni abandonner les princes, il fut sur le point de prendre quelque prétexte pour s'en retourner et remettre son arrivée à quelque temps de là ; mais la crainte qu'il eut de donner soupçon à la Reine fit qu'enfin il passa outre, et arriva à Paris le 20 de juillet, allant droit descendre au Louvre, où il reçut de Leurs Majestés toute la bonne chère qu'il eût su désirer ; mais les Parisiens témoignèrent de sa venue plus de contentement qu'on n'eût voulu et qu'il n'eût été à propos pour lui-même.

Le lendemain de sa venue, Barbin parlant au marquis de Cœuvres combien il seroit à désirer que M. le prince et M. de Bouillon fussent en bonne intelligence avec la Reine et en un ferme désir de servir l'Etat, oubliant tous les mécontentemens et prétextes passés, il lui dit que de M. le prince on ne pouvoit douter qu'il n'eût une intention véritable de complaire, puisqu'il étoit venu, et que c'étoit une chose certaine qu'il n'y avoit qualité, puissance, ni crédit qui pût garantir un homme qui entroit dans le Louvre de faire ce qu'il plairoit à Leurs Majestés, et d'être absolument soumis à tout ce qu'elles commanderoient.

Quant à M. de Bouillon, il lui étoit aisé de recevoir satisfaction, et tout tel traitement qu'il lui plairoit, pourvu qu'il cessât de vouloir, par un conseil nouveau dont il poursuivoit l'établissement, contrecarrer l'autorité du Roi, et qu'il lui feroit plaisir de lui représenter ce qu'il lui en disoit.

Le marquis de Cœuvres, qui étoit tout à ce parti-là, ne manqua pas de le lui redire (1), et non-seulement ce qui le regardoit en son particulier, mais encore ce qui touchoit à M. le prince. Il fit peu de réflexion sur ce qui le regardoit, pource qu'il étoit dans le dessein de se défaire du maréchal d'Ancre, ce qui eût changé la face des affaires; mais il fut étonné de la hardiesse de la parole qu'il avoit avancée sur le sujet de M. le prince, et cela lui fit croire plus facilement qu'elle avoit été dite plutôt par inconsidération que par aucune intention qu'on eût de lui faire mal.

M. le prince aussi n'en conçut aucune crainte, pource qu'il se tenoit assuré du maréchal et de sa femme, qui, dès incontinent après la paix de Loudun, lui avoient témoigné se vouloir lier avec lui d'une étroite intelligence, qu'ils avoient toujours recherchée auparavant, ainsi que l'on peut voir par le cours de cette histoire, s'étant portés, autant qu'ils avoient pu, à toutes les choses qui étoient de son contentement.

Le maréchal et sa femme l'avoient vu si puissant en ces mouvemens passés, qu'ils croyoient que, l'ayant pour ami, il ne leur pouvoit mésavenir; et M. le prince, qui savoit que leur entremise auprès de la Reine lui étoit avantageuse, feignit de les recevoir entre ses bras, et agréer leur bonne volonté : ce dont ils étoient si transportés d'aise, que non-seulement ils tenoient peu de compte de messieurs de Guise et d'Epernon, avec lesquels, durant cette dernière guerre, ils avoient contracté amitié, mais ils les abandonnèrent entièrement, et tous ceux qui avec eux

(1) Au duc de Bouillon.

avoient servi le Roi en cette dernière occasion. En quoi ils agissoient en favoris aveugles, que la fortune plutôt que le mérite avoit élevés, lesquels, se voyant en un degré si inespéré et disproportionné à ce qu'ils valent, sont si éperdus et hors d'eux-mêmes, qu'ils ne voient pas les choses les plus visibles et palpables qui sont à l'entour d'eux.

Car, premièrement, ils ruinoient le service de Leurs Majestés, qui étoit néanmoins le fondement de toute leur subsistance; d'autant que, un chacun voyant qu'on n'avoit aucun gré, honneur, ni récompense d'avoir servi le Roi, mais, au contraire, que ceux qui avoient desservi étoient caressés et gratifiés, l'offense du mauvais traitement que l'on recevoit, augmentée par l'exemple du bon traitement des autres, faisoit perdre la fidélité à ceux que l'intérêt ni l'espérance des biens n'avoient pu jusques alors faire éloigner de leur devoir; joint que les plus prudens ne vouloient plus encourir pour néant la mauvaise grâce de ces princes, lesquels étoient pleins de ressentimens contre ceux qui n'avoient pas été de leur parti, et du côté du Roi on n'avoit point de soin de ceux qui avoient servi.

En second lieu, ils n'étoient pas bien avisés de croire que M. le prince les pût aimer, sinon en tant que ses affaires et les occasions, qui en la cour changent tous les jours, le pourroient requérir, et de ne pas considérer que cette liaison si étroite feroit qu'ils l'auroient continuellement sur leurs épaules en toutes les choses qu'il auroit, pour lui et pour les siens, à demander à la Reine, quelque impertinentes qu'elles fussent; et qu'outre que ces demandes leur pourroient quelquefois causer quelque refroidissement de la Reine, qui s'en sentiroit importunée, comme ils avoient déjà avec grand péril expérimenté, quand ils lui auroient aujourd'hui obtenu une chose, il leur en demanderoit demain une autre; et, quelque service qu'ils lui eussent rendu auparavant, s'ils manquoient une seule fois à faire ce qu'il désireroit, tout seroit oublié, et ils l'auroient pour ennemi, comme ils l'avoient déjà éprouvé ès affaires du Château Trompette et de Péronne, où, n'ayant pu surmonter l'opposition des ministres en l'esprit de la Reine, M. le prince s'étoit déclaré leur ennemi, nonobstant tous les bons offices qu'il avoit reçus d'eux; outre que la posture en laquelle ils étoient d'étrangers et favoris de la Reine, noms qui sont d'ordinaire l'objet de la haine des peuples, les rendoit à M. le prince le plus spécieux et presque l'unique prétexte de prendre les armes contre l'autorité du Roi, sous couleur de la vouloir maintenir.

Mais, soit qu'ils eussent peu de jugement,

qu'ils fussent prévenus, ou que leur mauvaise fortune les entraînât dans la ruine, ils ne s'aperçurent point de leur faute; et au lieu de demeurer entre M. le prince et l'autre parti, l'obligeant en choses justes sans desservir les autres, et demeurant par leur faveur comme le lien de tous les deux sans prendre parti et se joindre ni à l'un ni à l'autre, ils se donnèrent à M. le prince, qui ne se donna pas à eux, et perdirent les autres, qui, pour leur foiblesse, ayant besoin d'eux, s'y désiroient plus fidèlement tenir unis. Ils allèrent même jusques à cet excès vers M. le prince, qu'ils crurent tellement qu'il leur suffisoit de l'avoir pour ami, qu'ils méprisoient même ceux qui étoient de son parti, et dédaignoient de les entretenir; dont le duc de Bouillon ne se put tenir de se plaindre à Barbin, qui, étant homme de bon jugement, leur en dit son avis, mais en vain.

Cependant M. le prince avoit tout à souhait : il partageoit l'autorité que la Reine, sous le bon plaisir du Roi son fils, avoit aux affaires, et quasi l'en dépouilloit pour s'en revêtir. Le Louvre étoit une solitude, sa maison étoit le Louvre ancien; on ne pouvoit approcher de la porte pour la multitude du monde qui y abordoit. Tous ceux qui avoient des affaires s'adressoient à lui; il n'entroit jamais au conseil que les mains pleines de requêtes et mémoires qu'on lui présentoit, et qu'il faisoit expédier à sa volonté : tant il avoit ou peu tenu de compte, ou peu conservé de mémoire de l'avertissement que je lui avois donné, d'user de modération en la part que la Reine, par sa facilité, lui avoit donnée au gouvernement.

Aussi étoit-il très-content de sa condition, et, quelque ambition qu'il eût, il avoit sujet de l'être. Mais messieurs de Mayenne et de Bouillon ne l'étoient pas, d'autant qu'ils vouloient avoir part aux avantages qu'il recueilloit seul, et étoient fâchés de voir que tout le profit des mouvemens derniers fût arrêté en sa seule personne. Cela faisoit que, mécontens de l'état présent, ils lui faisoient tous les jours des propositions nouvelles de choses qu'ils le pressoient de demander à la Reine, comme étant nécessaires pour l'observation du dernier traité; mais, quand ils virent qu'on ne leur refusoit rien de ce qui pouvoit avoir quelque apparence de leur avoir été promis, ils s'arrêtèrent à une demande qu'ils crurent la plus difficile : c'étoit la réformation du conseil.

Cette affaire tenoit la Reine en perplexité; le choix de ceux qui devoient être du conseil étoit difficile, et n'étoit pas plus aisé de le faire de personnes qui fussent agréables à tous, que de personnes en qui le Roi dût avoir une entière confiance, outre qu'il en falloit rejeter un grand nombre qu'il étoit fâcheux d'offenser par ce rebut. Barbin ouvrit un expédient qui ne fut pas trouvé mal à propos, et dont la Reine se trouva bien, qui fut de remettre à ces messieurs d'en faire le choix eux-mêmes, et que la Reine agréeroit ceux qu'ils éliroient; car par ce moyen ils se chargeroient de l'envie, chacun jugeant bien que Leurs Majestés auroient été violentées en cette occasion.

M. le prince et M. de Mayenne étant assemblés chez M. de Bouillon, pour attendre la résolution de la Reine sur ce sujet, Barbin même la leur porta, dont ils furent si étonnés qu'ils commencèrent à se regarder l'un l'autre. M. le prince, selon la promptitude ordinaire de son naturel, se leva de sa chaise, et se prenant à rire, et se frottant les mains, s'adressa à M. de Bouillon, et lui dit : « Il n'y a plus rien à dire à « cela, nous avons sujets d'être contens; » par où il paroissoit bien que c'avoit été à son instigation qu'on avoit fait cette poursuite. M. de Bouillon, se grattant la tête, ne répondit un seul mot; mais Barbin étant sorti, il dit à ces messieurs qui étoient assemblés, qu'il voyoit bien que cet homme-là leur donneroit trente en trois cartes, et prendroit trente et un pour lui, c'est-à-dire qu'il feroit, par son artifice, qu'ils auroient toutes les apparences de contentement, et qu'il en garderoit la réalité pour lui-même. Cela leur faisoit d'autant plus presser l'exécution de leur dessein contre le maréchal d'Ancre, auquel M. le prince, quelque promesse d'amitié qu'il eût faite au maréchal, se joignit, bien que froidement et quasi contre sa volonté; mais la crainte de perdre ces messieurs pour amis prévalut à toute autre considération.

Pour arrêter les moyens qu'il falloit tenir pour cela, ils résolurent de s'assembler, et choisirent la nuit pour le pouvoir faire plus secrètement, bien que ces assemblées nocturnes ne laissèrent pas d'être remarquées et soupçonnées; mais l'arrivée à la cour de milord Hay, ambassadeur extraordinaire d'Angleterre, leur vint tout à propos; car, sous ombre de lui faire des festins, ils s'assembloient et traitoient de cette affaire.

M. le prince, les ducs de Guise, de Mayenne et de Bouillon, étoient ceux qui en avoient le principal soin. Le duc de Nevers en avoit une générale connoissance, car ils n'osèrent pas la lui ôter tout-à-fait; mais ils ne lui faisoient pas néanmoins part des conseils secrets, d'autant qu'ils avoient peur qu'il les découvrît, sous espérance d'être assisté plus fortement de l'autorité de la Reine, pour faire réussir son affaire de l'institution des chevaliers du Saint-Sépulcre, par laquelle il se promettoit de se faire empereur de tout le Levant.

8.

Il vouloit démembrer de l'ordre de Saint-Jean de Jérusalem celui du Saint-Sépulcre, s'en faire grand-maître, et espéroit, en se faisant aider de quelques intelligences qu'il avoit en Grèce, et de l'affection que tous les Grecs lui portoient, pource qu'il disoit être descendu d'une fille des Paléologues, mettre un nombre assez suffisant de vaisseaux sur mer pour s'emparer de quelques places fortes dans le Péloponèse, et les défendre assez long-temps pour attendre le secours des chrétiens, et pousser avec leur faveur ses progrès plus avant.

Bien que cette entreprise fût mal fondée et sans apparence à ceux qui étoient tant soit peu versés en la connoissance des affaires du Levant, néanmoins, comme les choses les moins raisonnables réussissent quelquefois, et que le peu d'attention qu'on a souvent dans le conseil des grands rois à une affaire particulière, pour la multitude des autres qui tiennent les esprits occupés, le grand-maître de Malte eut crainte qu'il obtînt du Roi ce qu'il désiroit, et envoya une ambassade solennelle en France pour remontrer au Roi l'injustice de cette demande.

Il représenta à Sa Majesté que cet ordre étoit depuis cent vingt ans annexé au leur; que, si Sa Majesté favorisoit en cela le duc de Nevers, les ordres militaires d'Espagne et d'Italie renouvelleroient leurs poursuites anciennes, pour leur ôter semblablement les biens du Saint-Sépulcre qu'ils possèdent en leurs terres; que, bien que l'offre que faisoit le duc de Nevers fût sincère, ce qu'il ne croyoit pas néanmoins qui fût à l'avenir, qu'il se contentât du seul titre de sa grande-maîtrise dudit ordre, sans rien prétendre aux biens qui en sont unis à Saint-Jean de Jérusalem, cela n'étoit pas raisonnable, vu qu'elle fait partie de la dignité de leur grand-maître, à la conservation de laquelle Sa Majesté a intérêt, vu que des sept langues qui composent le corps de l'ordre de Malte, trois sont françaises, et la plupart des grands-maîtres sont de leur nation; et que non-seulement le grand-maître en recevroit diminution en sa dignité, mais tout l'ordre y seroit intéressé, en ce que la noblesse française ayant un grand-maître dans le royaume, auquel elle se pourroit engager de vœu, même sans exercice de la guerre, aimeroit mieux prendre cette condition que d'aller à Malte avec tant de difficulté et de dépense; dont ils voient l'expérience en l'ordre Teutonique, qui avoit ruiné la langue allemande, autrefois la plus belle des sept; joint qu'il ne seroit peut-être pas expédient au service du Roi qu'un prince, son sujet, eût un si grand moyen de lier avec lui et s'obliger un grand nombre de noblesse, laquelle considération a fait que les rois d'Espagne, qui sont savans en matière de gouvernement, ont réuni à leur couronne toutes les grandes-maîtrises qu'ils ont dans leurs États.

Sa Majesté donna de bonnes paroles à l'ambassadeur, et lui promit de ne point préjudicier à leur ordre, ains au contraire de commander à son ambassadeur à Rome de leur faire tous bons offices sur ce sujet auprès de Sa Sainteté.

En ce temps-là arrivèrent au Roi les nouvelles de la prise de Péronne, que M. de Longueville enleva au maréchal d'Ancre sur un faux donné à entendre que ledit maréchal y vouloit mettre garnison, ce qui émut ce peuple de telle sorte qu'ils résolurent d'envoyer au Roi pour supplier Sa Majesté de leur vouloir entretenir ce que le feu Roi son père leur avoit accordé, lorsque, du temps de la ligue, ils se remirent en son obéissance, qu'ils n'auroient point de gouverneur étranger. Tandis qu'ils envoyèrent à Sa Majesté pour cela, M. de Longueville paroissant aux portes, elles lui furent ouvertes, et peu de temps après, ceux qui étoient dans le château de la part du maréchal d'Ancre le remirent en la puissance du duc (1).

Cette nouvelle affligea la Reine tout ce qui se pouvoit, pource qu'elle vit bien que les princes ne donnoient point de bornes à leur mauvaise volonté, que la douceur dont elle avoit usé jusques alors étoit inutile, qu'ils en abusoient, qu'ils tiroient avantage d'avoir profité de leurs brouilleries passées, que l'espérance qu'elle avoit eue que sa patience les rameneroit à la raison, et que le bon traitement qu'ils recevoient les gagneroit, étoit vaine, et qu'enfin elle seroit contrainte de repousser leurs mauvais desseins par la force des armes, dont la pensée seule lui faisoit horreur.

M. le prince ayant eu avis de cette affaire avant la Reine, d'autant qu'elle ne s'étoit pas faite sans son consentement, s'en alla à l'heure même en une terre qu'il avoit achetée auprès de Melun, soit afin que son absence retardât le conseil que l'on avoit à prendre en cet accident, et en fît le remède plus difficile, soit afin de laisser évaporer le premier feu de la colère que la Reine en avoit, et ne laisser lui-même échapper aucune parole qui pût donner soupçon qu'il eût part en cette action; mais la Reine ayant dépêché vers lui en diligence pour le convier de venir, il ne s'en put excuser. Toutefois il ne laissa pas en venant de faire une nouvelle faute; car, quelqu'un des siens l'étant venu avertir que M. de Bouillon l'attendoit chez M. de Mayenne, il passa par là avant que d'aller au Louvre, quoique les

(1) 12 et 14 août.

plus sages lui conseillassent d'aller vers la Reine auparavant.

Les siens parloient si insolemment de cette affaire, qu'ils témoignoient assez y avoir eu part. La Reine crut que, selon la maxime commune, ceux qui ont fait les fautes étant les plus propres à les réparer, il étoit bon d'envoyer à M. de Longueville M. de Bouillon, qui étoit l'oracle du parti, pour lui faire reconnoître l'offense qu'il avoit commise, et l'obliger à satisfaire à Sa Majesté en remettant la chose en son entier. Il sembla partir si peu volontiers et avec si peu d'espérance de son voyage, que, quoique Leurs Majestés lui dissent, quand il prit congé d'elles, des paroles qui pouvoient gagner un autre cœur que le sien, ceux qui le connoissoient ne crurent pas en devoir attendre aucun fruit, et ne furent pas trompés en leur opinion. Car le duc de Mayenne y ayant, par son avis, envoyé, tambour battant et enseignes déployées, des gens de guerre des garnisons de Soissons, Noyon et Chauny, il y mena aussi des capitaines et des ingénieurs pour défendre la place, qui étoit une action bien éloignée de la charge qu'il avoit prise de la remettre en l'obéissance du Roi. Ce qui contraignit enfin la Reine d'y envoyer le comte d'Auvergne, avec une partie du régiment des Gardes et quelques compagnies de cavalerie, pour investir cette place.

On savoit bien que ce n'étoit pas des forces suffisantes pour la prendre, mais on le faisoit à dessein, premièrement de reconnoître si les princes avoient résolu de faire la guerre, puis de leur faire paroître que le Roi étoit délibéré de s'y opposer avec plus de vigueur que par le passé, comme aussi de leur ôter le sujet d'être à Paris en alarme du Roi, lequel, par ce moyen, étoit destitué d'une bonne partie des forces dont il avoit accoutumé d'être accompagné, et de leur donner lieu de faire éclore plutôt leurs mauvais desseins, s'ils en avoient, contre lesquels Sa Majesté s'étoit sous main préparée sans qu'ils s'en donnassent de garde, d'autant qu'ils l'avoient en mépris par la foiblesse qu'ils avoient éprouvée en ses conseils jusqu'alors.

La Reine, ayant reconnu ès mouvemens passés qu'en matière de soulèvement de peuples, les bruits les plus faux sont bien souvent plus vraisemblables que les véritables, et particulièrement que ce qui se dit en faveur des séditieux est plus facilement cru que la vérité qui est rapportée en faveur du prince, vouloit patienter jusqu'à l'extrémité, pour ne leur donner aucun jour à publier, avec la moindre apparence du monde, qu'ils eussent été obligés, pour leur défense, à prendre les armes contre le Roi.

Si cela portoit d'un côté quelque préjudice à l'opinion qu'on devoit avoir de la puissance royale, qui en étoit moins estimée, de sorte que plusieurs parloient mal des affaires du Roi et en désespéroient, cela lui apportoit d'autre part un avantage bien plus considérable, qui étoit que les princes prenoient une telle assurance en leurs forces, qu'ils ne pensoient plus à sortir de la cour, et croyoient pouvoir exécuter tout ce qu'ils voudroient entreprendre contre Sa Majesté, ne sachant pas ni que sous main elle eût mis ordre à la sûreté de ses affaires, ni que ceux-là mêmes d'entre eux à qui ils se fioient le plus jouoient à la fausse compagnie, et l'avertissoient d'heure à autre de tout ce qu'ils faisoient.

La Reine, voyant cette grande cabale des princes, qui étonnoit tout le monde, voulut prendre cette occasion de reparler encore au Roi comme elle avoit fait auparavant, et dit à Barbin qu'elle voyoit les choses si désespérées, qu'elle croyoit qu'il seroit de son honneur d'en remettre entièrement la conduite entre les mains du Roi. Mais ledit Barbin lui fit toucher au doigt qu'elle ne devoit pas seulement penser à sortir volontairement des affaires, mais employer tout son soin à empêcher que le Roi en fût chassé avec force et infamie; qu'elle étoit plus obligée à maintenir la succession de ses enfans qu'à chercher son repos; que toute l'Europe l'accuseroit d'avoir manqué de naturel et de courage, quittant le gouvernement en un temps où on prévoyoit une si grande tempête.

Ces considérations la persuadèrent, mais à condition qu'elle en parleroit encore une fois au Roi; ce qu'elle fit en présence des sieurs Barbin, Mangot et de Luynes, où elle le conjura de reprendre en main la conduite de ses affaires; qu'il étoit déjà grand, et pourvu des qualités nécessaires pour régner heureusement; qu'il avoit un conseil composé de personnes portées avec passion à l'affermissement de son autorité, ou, en cas qu'il désirât y apporter quelque changement, un État abondant en hommes; que ce lui seroit une gloire immortelle si, à la sortie de son enfance, il s'occupoit à commander à des hommes, si, en l'âge où les autres suivent les plaisirs défendus, il s'abstenoit même de ceux qui sont honnêtes et permis pour faire valoir sa puissance, que Dieu lui avoit commise.

Luynes, en qui le Roi avoit déjà une entière confiance, la supplia de laisser une pensée si contraire au bien public et à la sûreté de son maître; qu'elle avoit trop d'intérêt en la conservation de ces deux choses pour en abandonner le soin en une saison où rien n'empêchoit de faire mal, que le respect de son nom et la générosité de ses conseils.

Peut-être que les maux qui sembloient se préparer dans l'Etat lui faisoient croire la subsistance de la Reine nécessaire, principalement dans le peu d'expérience qu'il avoit des affaires ; peut-être aussi qu'il ne désiroit pas qu'elle s'éloignât de la sorte, parce qu'en demeurant près du Roi, elle auroit toujours plus d'autorité que son ambition et ses desseins ne pouvoient pas souffrir qu'elle eût.

A quelque fin qu'il lui parlât, elle se soumit à ce que le Roi désira d'elle par sa bouche, et lui dit qu'elle ne pouvoit dissimuler que, bien qu'il y eût beaucoup de peine au maniement des affaires, beaucoup d'ennemis à acquérir pour son service, rien ne l'avoit dégoûtée de cet emploi que la jalousie qu'on lui avoit voulu donner de son gouvernement, et les inventions dont on usoit pour lui rendre ses actions moins agréables ; mais que s'il vouloit qu'elle fît avec contentement ce qu'elle n'entreprenoit que par obéissance, elle désiroit à l'avenir partager avec lui les fonctions de la charge, en prendre la peine et lui en laisser la gloire, se charger des refus et lui donner l'honneur des grâces ; qu'elle le prioit, à cette fin, de disposer de son mouvement des charges qui viendroient à vaquer, et d'en gratifier les personnes dont la fidélité et l'affection lui étoient connues ; que si, entre autres, il vouloit récompenser les soins que M. de Luynes apportoit auprès de lui par de nouveaux bienfaits, il n'avoit qu'à commander, et ce avec d'autant plus de liberté que la franchise dont il useroit lui seroit une preuve qu'il avoit satisfaction de sa conduite ; que, quelque opinion qu'on lui veuille donner de ses déportemens, elle ne manquera jamais à ce que doit une reine à ses sujets, une sujette à son roi, et une mère au bien de ses enfans.

Luynes, faisant semblant de croire ses paroles au Roi pleines de sincérité, vint en particulier lui en faire des remercîmens, avec des protestations de vouloir dépendre absolument de ses volontés ; ou, s'il les crut, les faveurs qu'il venoit de recevoir ne le rendirent pas meilleur, mais bien celle qui les avoit faites moins prévoyante. Au lieu de veiller sur ses actions elle se fia sur ses promesses, elle crut l'avoir gagné par bonté au lieu de l'éloigner par prudence. En un mot, elle pensa l'avoir attaché par l'intérêt à son devoir, l'avoir rendu homme de bien par la maxime des méchans ; mais elle n'eut pas le loisir de vieillir en cette créance, comme nous verrons ci-après.

Pour revenir aux princes, ils n'étoient pas d'accord en leurs opinions dans les assemblées qu'ils faisoient de nuit contre Sa Majesté ; car, selon que les uns et les autres étoient plus ou moins violens en leurs passions, et avoient plus ou moins perdu la crainte de Dieu et le respect dû à la majesté royale, les propositions qu'ils faisoient étoient différentes.

Les uns, qui étoient les plus modérés, étoient d'avis que l'on se saisît de la personne du maréchal d'Ancre pour le livrer au parlement, auquel on présenteroit requête pour lui faire faire son procès.

Les autres passoient plus avant, et, se défiant que quelque aversion que le parlement eût de lui, le Roi y seroit le plus fort et le retireroit de leurs mains, vouloient qu'étant pris on l'enlevât de Paris, et qu'on le mît en garde en quelqu'une de leurs maisons fortes, ou des places dont ils étoient gouverneurs. Mais il y en eut qui allèrent jusque-là d'opiner qu'il n'en falloit point faire à deux fois, qu'un homme mort ne pouvoit plus leur nuire, et qu'il étoit plus sûr de s'en défaire tout d'un coup.

Cela se traitoit entre eux, nonobstant l'assurance que M. le prince lui donnoit de le défendre contre toutes des entreprises que l'on pourroit avoir contre sa personne : en quoi se voit le peu de foi qu'on doit avoir à ceux qui ne sont pas maîtres d'eux-mêmes, mais esclaves de leur ambition. Il avoit néanmoins raison de lui avoir promis, car il l'en garantit par foiblesse et par crainte d'exécuter ce qu'il vouloit et avoit résolu.

Un jour qu'il fit un festin solennel à l'ambassadeur extraordinaire d'Angleterre, le maréchal d'Ancre ne se doutant de rien le vint visiter ; tous ces princes y étoient, et en si grande compagnie, qu'ils se pouvoient rendre maîtres de sa personne pour en faire ce que bon leur sembleroit. Ils en pressèrent M. le prince, lui représentant que l'occasion ne s'offriroit pas toujours si belle ; mais ils ne l'y surent jamais faire résoudre, et il remit la partie à une autre fois.

Barbin, qui avoit lors crédit dans l'esprit de la Reine, voyant cette grande liaison de tous les princes, qui étoit si publique qu'on ne s'en cachoit plus, conseilla à la Reine d'essayer à retirer M. de Guise d'avec eux, et le conserver au service du Roi, duquel il croyoit avoir sujet de mécontentement par l'abandon que le maréchal avoit fait de son amitié pour rechercher celle de M. le prince.

Il l'alla trouver de sa part, lui dit que Sa Majesté se ressouvenoit des services qu'il lui avoit rendus en l'occasion dernière ; que, si elle oublioit les desservices de ceux qui s'étoient dévoyés du droit chemin pour le bien de la paix, qu'elle vouloit conserver à quelque prix que ce fût, elle se souviendroit à jamais qu'il étoit quasi le seul des princes qui étoit demeuré dans le devoir ; qu'elle savoit qu'il avoit des différends pour divers sujets avec aucuns d'eux ; qu'elle le prioit de passer les choses le plus doucement qu'il pourroit, mais que s'il étoit question d'en venir à rupture, il fût assuré qu'elle ne l'abandonneroit point.

Le duc de Guise reçut cet office avec un grand témoignage de ressentiment, après avoir fait quelque plainte de ce que, les autres princes ayant pris les armes contre le Roi, on s'étoit servi de lui, et la paix faite on ne l'avoit plus regardé, et eux, au contraire, avoient toute autorité, et ayant différend avec lui pour les rangs, lui feroient un de ces jours une querelle d'Allemand, et lui joueroient un mauvais tour. Le lendemain il alla trouver la Reine, et lui fit mille protestations de sa fidélité envers et contre tous.

Cela ne le retira pas de la mauvaise volonté qu'il avoit contre le maréchal d'Ancre, ni peut-être de tout le mécontentement qu'il avoit de la Reine, à laquelle il ne pouvoit attribuer les actions du maréchal et de sa femme ; mais au moins lui fit-il perdre une partie de l'aigreur qu'il avoit.

Étant assemblé à quelques jours de là avec les conjurés, M. le prince proposa qu'il se falloit hâter de faire ce qu'ils avoient entrepris, et se chargea de l'exécuter lui-même ; mais il ajouta que, comme c'étoit une action qui auroit beaucoup de suites, il falloit penser plus avant, et prévoir à ce qu'ils feroient pour se défendre de la Reine, laquelle demeureroit si mortellement offensée qu'infailliblement elle se vengeroit d'eux, et le pourroit faire sans difficulté, ayant toute l'autorité royale en sa puissance, et ne manquant pas de serviteurs qui le lui conseilleroient et l'enhardiroient s'il en étoit besoin ; que, quant à lui, il n'y voyoit qu'un remède, qui étoit de l'éloigner d'auprès du Roi quand ils auroient fait le coup. Tel eût bien été de son avis qui n'osa pas lâcher la parole contre lui ; d'autres trouvèrent la proposition étrange, et tous ne répondirent que du silence et du chapeau. Le duc de Guise seul prit la parole, et dit qu'il y avoit grande différence de se prendre au maréchal d'Ancre, homme de néant, l'opprobre et la haine de la France et la ruine des affaires du Roi, ou perdre le respect qu'on devoit à la Reine mère du Roi, et faire entreprise contre sa personne ; quant à lui, qu'il haïssoit le maréchal, mais qu'il étoit très-humble serviteur de Sa Majesté.

Cette réponse faisoit assez paroître que M. de Guise étoit serviteur de la Reine ; mais la haine qu'il témoigna avoir du maréchal fit que les autres ne se cachèrent pas de lui. M. le prince seulement s'en refroidit un peu, craignant que, quand ils se seroient défaits du maréchal, le duc de Guise en recueillît seul tout l'avantage et le profit, et entrât seul dans la confiance de la Reine, dans l'aversion et haine de laquelle ils demeureroient tous. Il ne laissa pas de poursuivre néanmoins, et l'audace de lui et des siens croissoit de jour en jour ; de sorte que la Reine recevoit souvent des paroles trop hardies de ceux de son parti, jusqu'à lui oser dire de sa part une fois qu'elle avoit fait bon visage à quelques seigneurs de la cour, qu'il ne trouvoit pas bon qu'elle lui débauchât ses amis ; et une autre fois il lui manda, sur le sujet de M. de Guise, qu'il vouloit bien qu'elle sût que lui et ses frères étoient si étroitement liés à lui, qu'il n'étoit pas en sa puissance de les en séparer.

Mais, si les serviteurs de M. le prince lui parloient si insolemment, il y en avoit assez d'autres, de ceux auxquels il se fioit le plus, qui lui venoient donner avis de tout ce qui se passoit ; et, entre les autres, messieurs l'archevêque de Bourges et de Guise l'en faisoient avertir très-soigneusement, et ce à heures particulières et de nuit, afin de n'être point reconnus. Enfin, ils commencèrent à dire à la Reine qu'ils jugeoient les affaires en tel point et en tel péril pour le Roi, qu'ils ne croyoient plus qu'il fût possible d'y donner remède.

M. de Sully demanda audience à la Reine pour lui parler seul d'affaires qu'il disoit importer à la vie de Leurs Majestés. Elle avoit pris médecine ; mais, sur un sujet si important, elle ne jugea pas devoir différer à le voir : le Roi s'y trouva par hasard ; les sieurs Mangot et Barbin y furent aussi. Lors il fit un long discours des mauvais desseins que ces princes avoient et du mal inévitable qu'il en prévoyoit pour le Roi. Les sieurs Mangot et Barbin lui dirent que ce n'étoit pas assez, mais qu'il étoit besoin qu'il dît les remèdes plus propres à y apporter ; à quoi il ne fit autre réponse, sinon que le hasard étoit grand, et qu'infailliblement on en verroit bientôt de funestes effets. S'étant retiré du cabinet, il y remit une jambe avec la moitié de son corps, disant ces mêmes paroles : « Sire, et vous, Ma-« dame, je supplie vos Majestés de penser à ce « que je vous viens de dire ; j'en décharge ma « conscience. Plût à Dieu que vous fussiez au « milieu de douze cents chevaux, je n'y vois au-« tre remède ; » puis s'en alla.

La Reine, qui ne vouloit venir qu'à l'extrémité aux derniers remèdes, après avoir jeté plusieurs larmes de s'y voir quasi contrainte, voulut encore auparavant essayer un remède de douceur, par lequel elle fit voir à tous les peuples le désir qu'elle avoit que les affaires pussent souffrir une conduite bénigne, et à tous les princes qu'ils n'en étoient pas encore où ils pensoient, et que la plupart de ceux qui leur promettoient étoient en leurs cœurs serviteurs du Roi, et les abandonneroient quand ce viendroit au point d'exécuter l'entreprise qu'ils avoient faite.

Elle parla à tous les seigneurs de la cour l'un après l'autre, et leur fit voir le procédé qu'elle avoit tenu dans son gouvernement jusques alors, combien elle avoit relâché de l'autorité du Roi pour maintenir les choses en paix, le mésusage que de mauvais esprits en avoient fait. Il n'y en eut quasi un seul de tous ceux à qui elle parla qui ne revînt de bon cœur à vouloir servir le Roi, et ne l'assurât de sa fidélité envers et contre tous.

Ces choses qui étoient publiques ne pouvoient pas être célées à M. le prince et aux siens; mais les choses en étoient venues si avant, et ils croyoient leur parti si fort, qu'ils ne désistèrent point pour cela, et la résolution et le courage que la Reine montra ne leur fit point de peur.

Comme néanmoins la difficulté des entreprises paroît plus grande quand on est sur le point de les exécuter, qu'elle ne paroissoit à la première pensée que l'on a eue, et que d'abondant l'esprit de M. le prince étoit irrésolu et avoit peu de fermeté, il se trouva en telle perplexité, quand le temps arriva de faire ce qu'il avoit promis aux siens, que s'étant retiré à Saint-Martin seul, il envoya querir Barbin, et lui dit qu'il étoit en la plus grande peine où il s'étoit jamais trouvé, et qu'il y avoit trois heures qu'il ne cessoit d'épandre des larmes, d'autant que ces princes le pressoient de conclure, ou le menaçoient de l'abandonner, ce que s'ils faisoient, il savoit bien que la Reine le mépriseroit incontinent; qu'à la vérité, il étoit en un tel état qu'il ne lui restoit plus qu'à ôter le Roi de son trône, et se mettre en sa place; que c'étoit trop, mais aussi que d'être abaissé jusqu'au mépris, il ne le pouvoit souffrir, joint qu'il voyoit les affaires à un tel point, et une si grande conjuration de tous les princes contre le Roi, qu'il ne croyoit pas, quand même il se mettroit du parti de Sa Majesté, qu'il fût le plus fort.

Barbin lui répondit que sa qualité et sa naissance le garantissoient d'être méprisé, que la Reine lui avoit témoigné l'estime qu'elle faisoit de lui, qu'elle auroit toujours volonté de lui augmenter plutôt que de diminuer sa puissance.

Quant au parti du Roi, qu'il n'étoit point si foible qu'il s'imaginoit, que tous ceux qu'il pensoit être liés avec les princes ne l'étoient pas, que le seul nom de roi étoit extrêmement puissant, que tout ce qu'on entreprendroit contre son autorité seroit un feu de paille qui ne dureroit point.

Lors M. le prince, revenant un peu à soi, lui dit que la Reine chassât le duc de Bouillon hors de la cour, qu'il le brouilloit et tourmentoit son esprit, qu'il lui falloit avouer qu'il avoit un grand ascendant sur lui, que, lui dehors, il tourneroit les autres princes comme bon lui sembleroit. Barbin, qui ne savoit s'il lui parloit à dessein pour découvrir son sentiment, lui répondit que la Reine les affectionnoit tous, qu'elle désiroit les contenter, et maintenir la paix en son royaume. Quant à M. de Bouillon, s'il y avoit quelque commission honorable et digne de lui donner hors de la cour, elle le feroit volontiers, et qu'il falloit qu'en cela M. le prince lui aidât.

Cet entretien fini ils se séparèrent. M. le prince retournant en son logis y trouva M. de Bouillon qui l'attendoit, et qui sut si bien l'ensorceler par ses discours, qu'il lui fit prendre des pensées et des résolutions toutes nouvelles : à quoi son esprit, en l'état où il se trouvoit, n'étoit pas mal disposé; car l'ordinaire de ceux qui sont éperdus de crainte, c'est de croire que les nouveaux conseils sont toujours les meilleurs, qu'il y a plus d'assurance autre part que là où ils se trouvent, et que tout ce qu'on leur propose est plus assuré que ce qu'ils avoient pensé. Il le fit résoudre de pousser les choses jusqu'à l'extrémité; et, rompant avec le maréchal d'Ancre, lui envoie dire, comme une parole de défi, qu'il ne vouloit plus être son ami. Une des principales raisons par lesquelles le duc de Bouillon l'y anima, fut qu'il lui dit que le maréchal s'étoit moqué de lui sur le sujet du démariage d'avec madame la princesse, qu'il lui avoit fait espérer d'obtenir de Rome, et ne le faisoit pas néanmoins.

M. le prince donna cette commission à M. l'archevêque de Bourges, qui, trop hâté valet, s'en alla de ce pas chez le maréchal d'Ancre, où il trouva Barbin que ledit maréchal avoit envoyé querir, et l'abbé d'Aumale. Il dit à l'un et à l'autre qu'ils pouvoient être présens à ce qu'il diroit : dès qu'ils furent assis, il adressa la parole au maréchal, et lui dit qu'il lui venoit dire de la part de M. le prince qu'il n'étoit plus son ami, parce qu'il lui avoit manqué à ce qu'il lui avoit promis. Il en dit autant à Barbin, qui ne répondit sinon : « Qu'ai-je donc fait depuis deux heures « qu'il m'a tant assuré du contraire ? » Quant au maréchal, il lui dit que ce lui étoit un grand malheur d'avoir perdu ses bonnes grâces, mais que sa consolation étoit qu'il ne lui en avoit point donné de sujet.

L'abbé d'Aumale prenant la parole dit aussi à

l'archevêque : « Je vois bien que vous voulez dire « que j'ai porté parole à M. le prince de la part « de M. le maréchal qu'il l'assisteroit en son dé-« mariage ; mais tant s'en faut que cela soit, que « je lui ai dit que cela ne se pouvoit faire, et y « ai toujours insisté contre vos conseils, que je « lui ai soutenu n'être pas bons. »

L'archevêque demeura tout confus, et, se tournant vers Barbin, le convia de venir trouver M. le prince, ce qu'il refusa de faire ; mais il lui promit d'attendre ledit sieur archevêque le lendemain chez lui, auparavant que d'aller au conseil.

Lors le maréchal mena Barbin chez sa femme qui étoit malade, et dit à Barbin qu'ils étoient désespérés, et vouloient l'un et l'autre se retirer à Caen, et de là par mer s'en aller en Italie ; qu'ils voyoient bien que tout étoit perdu et pour le Roi et pour eux ; que plût à Dieu fussent-ils dans une barque au milieu de la mer pour retourner à Florence. Il leur dit que le temps étoit bien orageux, mais que les choses n'étoient pas si désespérées qu'ils croyoient ; qu'il espéroit que l'autorité de Leurs Majestés seroit bientôt plus grande qu'elle n'avoit été durant la régence ; mais que cependant ils ne prenoient pas un mauvais conseil de s'absenter pour quelque temps, afin que les princes ni les peuples ne pussent prendre leur prétexte accoutumé sur eux.

Ils firent lors mille protestations que, quand bien ils reviendroient à la cour, ils ne se mêleroient jamais d'aucune affaire, et se contenteroient d'avoir assez de pouvoir pour établir la sûreté de leur fortune, sans chercher les apparences d'une autorité si grande, qui ne faisoit que leur engendrer la haine de tout le monde.

Ils pensoient partir tous deux le lendemain matin ; mais le mauvais génie qui les persécutoit retint la maréchale à son malheur ; car, pensant entrer en sa litière, elle se trouva si foible qu'elle s'évanouit deux fois entre les bras des siens. Ne pouvant partir, elle voulut retenir son mari à toute force : il envoie querir Barbin à la pointe du jour, il les trouve tous deux si effrayés qu'ils ne savoient ce qu'ils faisoient. Le mari lui dit qu'il étoit perdu s'il ne persuadoit sa femme de le laisser aller ; ce qu'il fit, lui remontrant qu'il n'y avoit point de péril pour elle, son mari étant absent, et principalement se faisant porter au Louvre, où elle seroit plus assurée que si elle étoit en Italie.

Le maréchal étant parti, Barbin retourne en son logis, où, peu après, l'archevêque de Bourges arrive selon qu'ils étoient convenus le jour précédent, et lui dit, de la part de M. le prince, que ce qu'il avoit mandé au maréchal et à lui avoit été pour se dépêtrer de M. de Bouillon qui l'y contraignoit, et qu'il ne croyoit pas qu'il dût sitôt exécuter ce commandement, qu'il avoit dessein de contre-mander aussitôt qu'il eût été hors de la présence dudit duc.

Barbin lui répondit que le maréchal étoit parti, et que ce n'étoit point pource que M. le prince lui avoit mandé, d'autant qu'il en avoit le dessein auparavant.

Dès qu'il fut retiré, Virey, premier secrétaire de M. le prince, entra, qui lui dit la même chose et beaucoup de mauvaises paroles contre l'archevêque, qui avoit eu si peu de jugement que d'exécuter si inconsidérément une chose qui lui avoit été commandée par M. le prince, en présence d'un homme qu'il savoit bien qui violentoit son esprit. Quand il lui eut dit aussi que le maréchal étoit parti, il fit de grandes exclamations, soit parce que le maréchal leur fût échappé, soit pource que son maître fût en effet marri de l'avoir offensé jusqu'à ce point ; mais il en devoit être marri pour autre cause qui étoit plus essentielle et lui importoit davantage que celle-là, qui étoit que s'il fût demeuré à Paris on n'eût rien osé exécuter contre M. le prince, pource que la crainte du péril auquel il eût cru ensuite être exposé, et la fureur du peuple qui eût forcené contre lui, l'eût empêché d'y consentir, comme il avoua depuis à Barbin.

Les choses étant donc venues en cet état, l'union de ces princes se maintenant et publiant toujours de plus en plus, la Reine ayant eu avis certain qu'ils faisoient des pratiques par la ville pour débaucher le peuple et pour gagner les colonels et capitaines des quartiers qui y ont la charge des armes, qu'ils cabalent tous les corps, et tâchent de s'acquérir toutes les compagnies de Paris, qu'on sollicite les curés et les prédicateurs contre le Roi et elle, que déjà tout haut leurs partisans se vantoient que rien que Dieu ne les pouvoit empêcher de changer le gouvernement ; M. le prince même lui ayant avoué qu'il s'étoit trouvé en un de ces conseils-là où l'on parloit de se cantonner, et qu'à la vérité Leurs Majestés avoient occasion d'avoir soupçon de lui, mais néanmoins elles lui étoient plus obligées qu'aux pères qui leur avoient donné la vie, nonobstant laquelle déclaration qu'il n'a faite que des lèvres, il ne laissa pas d'adhérer à ces mauvais esprits, et pousser en avant ses mauvais desseins, jusque-là que de proposer d'aller au parlement, poursuivant l'arrêt par lequel, en l'année précédente, la cour avoit ordonné que les princes, pairs et officiers de la couronne, seroient convoqués pour délibérer du gouvernement et y pourvoir, parler de mettre la conduite de l'État en autres mains que celles de Sa Majesté.

Ces choses étoient si publiques, que les ambassadeurs des princes étrangers qui étoient à la cour, en donnoient des avis signés de leur main, et que, dans les festins publics qui se faisoient, ils disoient tout haut pour terme d'alégresse : *Barre à bas* (1).

Etant tout manifeste que, d'autre part, on faisoit des levées de gens de guerre en toutes les provinces, et qu'enfin ils avoient fait tirer de Paris des armes pour armer trois mille hommes, ce qu'ils ne purent pas faire si secrètement que Leurs Majestés n'en eussent avis certain, la Reine jugeant que si elle attend davantage il ne sera plus temps d'y apporter le remède qui est encore de saison; étant avertie si assurément qu'elle n'en pût douter par M. de Guise, madame de Longueville, les ducs de Sully et de Rohan de ce qui se machine; l'archevêque de Bourges même, qui étoit le principal instrument de M. le prince, lui avoit déclaré tout ce qu'il en savoit; et tous ces avis qu'elle recevoit de toutes parts aboutissant à ce point, que le dessein des conjurés est de la mettre en un monastère, pour, ayant ôté au Roi sa protection et sa défense, s'emparer de son esprit et de sa personne pour la faire agir à leur mode, et se cantonner par toutes les provinces du royaume, nonobstant toutes leurs belles paroles, qui, ne sonnant autre chose que le service de Sa Majesté et le bien de l'Etat, prétextes accoutumés en toutes les guerres civiles, n'ont pour fin que la ruine de l'un et de l'autre; elle crut qu'elle manqueroit au Roi et à soi-même, et seroit plus coupable que les coupables de sa perte, si elle n'y apportoit promptement l'unique remède qui lui restoit pour dissiper ce grand corps de rebellion, qui étoit d'arrêter M. le prince qui en étoit le chef, et avec lui ceux qu'elle pourroit des principaux d'entre eux. Elle communiqua son dessein au maréchal de Thémines, sur lequel elle jeta les yeux à cause de sa fidélité et de son courage, pour l'assister en l'exécution d'icelui.

Il n'eut pas plutôt connoissance de son dessein qu'il s'y porta fort franchement. Sa Majesté le choisit parce que plusieurs fois le feu Roi son seigneur, qui prenoit plaisir à l'instruire des diverses humeurs des seigneurs de son royaume, lui avoit dit qu'il étoit homme à ne reconnoître jamais que le caractère de la royauté; ce qu'il témoigna bien en cette occasion, qui devoit sembler fort périlleuse, non-seulement à cause de la qualité de M. le prince, mais principalement à raison du grand nombre de princes et de seigneurs qui étoient de son parti. Mais, s'il servit bien, aussi crut-il bien l'avoir fait; car depuis il ne put être content, quelques récompenses qu'il eût reçues de la Reine. Elle le fit maréchal de France, lui donna comptant cent et tant de mille écus, fit son fils aîné capitaine de ses gardes, donna à Lauzières, son second fils, la charge de premier écuyer de Monsieur, et avec tout cela il crioit et se plaignoit encore : tant les hommes vendent cher le peu de bien qui est en eux, et font peu d'estime des bienfaits qu'ils reçoivent de leurs maîtres.

Barbin, qui étoit et celui qui avoit le plus animé la Reine à ce conseil, et le principal conducteur de cette affaire, lui demanda de la part de la Reine combien de gens il avoit dont il se pût assurer en un effet si important. Il lui dit qu'il avoit ses deux fils et sept ou huit gentilshommes des siens, du courage et de la fidélité desquels il répondoit. Et, pource que cela lui sembloit peu en cette affaire, qui devoit être exécutée avec un tel ordre et prévoyance qu'il n'y eût rien à douter, il pensa en son esprit s'il y avoit encore quelqu'un en qui la Reine se pût entièrement confier; il se souvint d'Elbène, italien, et partant plus assuré à la Reine qu'aucun autre, et du courage duquel le feu Roi faisoit cas. Il l'envoya quérir, et lui demanda, de la part de la Reine, s'il étoit homme à faire ce qui lui seroit commandé contre qui que ce fût; s'en étant assuré, et lui ayant donné charge d'être de là en avant pour quelques jours à toutes heures auprès de lui avec sept ou huit de ses compagnons, pour recevoir le commandement qu'on lui voudroit donner, il ne resta plus que d'avoir des armes; mais la difficulté étoit de les faire entrer dans le Louvre secrètement. M. de Thémines se chargea de l'achat de pertuisanes, qu'il estima les armes les plus propres, et les envoya dans une caisse, en guise d'étoffes de soie d'Italie, chez Barbin, qui les fit le lendemain conduire au Louvre par un des siens, ayant fait tenir à la porte un des valets de chambre de la Reine, pour assurer les archers que c'étoit des étoffes de soie d'Italie pour Sa Majesté, pource qu'autrement ils eussent voulu savoir ce qui étoit dedans.

Le jour de l'exécution ayant été pris au lendemain, qui étoit un mercredi, dernier jour d'août, et toutes choses étant bien disposées pour cela, la Reine se trouva si étonnée, que le soir elle commanda qu'on laissât encore écouler cette journée, ce qui pensa faire perdre l'entreprise. Car comme ces grandes affaires ne se peuvent pas traiter si secrètement qu'on ne fasse plusieurs

---

(1) Ce mot annonçait, disait-on, l'intention de faire le prince roi, puisqu'en supprimant la barre de ses armes il n'y restait que les trois fleurs de lis. Ses amis prétendaient que c'était tout uniment une plaisanterie contre Barbin.

choses qui donnent à penser et à soupçonner, bien qu'on ne découvre pas précisément à beaucoup de personnes ce qu'on a à faire, néanmoins on ne peut que l'on ne soit contraint de leur faire des commandemens, et dire des choses dont ils infèrent la fin à laquelle on tend. D'Elbène, qui, outre son ordinaire, étoit vu depuis quelques jours assidument au Louvre avec quelques-uns de ses compagnons; la compagnie de gendarmes de la Reine, qui étoit retournée à Louvres en Parisis de l'armée de Péronne où elle étoit; un nouveau serment de fidélité que la Reine avoit fait prendre des sieurs de Créqui, de Bassompierre, de Saint-Geran, de La Curée, et des autres principaux, qu'on appeloit les dix-sept seigneurs, et plusieurs autres conjectures, donnèrent une telle lumière aux plus clairvoyans, que l'après-dînée de ce jour, que la Reine avoit fait différer, d'Elbène vint dire à Barbin qu'il ne savoit pas ce qu'il vouloit faire, mais que Lignier, son beau-fils, lieutenant de la compagnie des chevau-légers de M. de Mayenne, lui étoit venu dire de sa part qu'il le tenoit pour homme de bien, et qu'il le prioit de ne rien faire mal à propos.

Le duc de Mayenne étant allé voir M. de Bouillon, qui, quelques jours auparavant, avoit gardé le logis, soit qu'il s'y trouvât mal, ou qu'il s'y estimât plus assuré, ils résolurent ensemble que ledit duc de Mayenne prieroit M. le prince de ne point aller au conseil le lendemain. Mais sa prière fut en vain, pource qu'il lui sembloit qu'on n'eût osé entreprendre contre lui une telle chose, et croyoit assurément que s'il y avoit quelque entreprise, c'étoit plutôt contre M. de Bouillon que contre lui. La nuit venue, les sieurs de Thémines, Mangot et Barbin étant avec la Reine pour résoudre cette affaire, ce dernier, pour l'empêcher de la différer encore une fois, lui remontra le péril où ce premier délai l'avoit mise d'être découverte, et que l'on avoit perdu une belle occasion, pource que tous les princes, hormis M. de Bouillon, étoient le matin venus au Louvre.

Il lui représenta aussi que, pour ne se trouver étonnée, quoi qu'il arrivât de cette entreprise, elle se devoit résoudre au pis; qu'il ne croyoit pas que la ville de Paris se voulût révolter pour M. le prince; que M. Miron, prévôt des marchands, et le chevalier du guet, lui avoient apporté l'état des capitaines de la ville; que le nombre de ceux dont l'on devoit avoir crainte étoit petit. Néanmoins que, comme toutes choses sont possibles, il étoit à propos que la Reine pensât en elle-même lequel elle aimoit mieux, ou abandonner son entreprise et laisser les affaires dans le péril dans lequel elles étoient pour le Roi, ou arrêter M. le prince qui ne lui pouvoit manquer, et l'emmener avec elle hors de la ville de Paris qui se seroit révoltée. Elle prit le dernier parti, et le jour de l'exécution en fut arrêté au lendemain matin (1).

M. le prince arriva de bonne heure au Louvre, et vint à un conseil qui se tenoit trois heures avant le conseil des affaires; et, ayant su que Barbin étoit au Louvre il y avoit long-temps, il appela Feydeau, et lui dit qu'il falloit qu'il y eût quelque chose puisqu'il y étoit de si bon matin, et lui donna charge d'aller savoir où il étoit. Barbin lui dit qu'il le laissât en paix, qu'il étoit en une grande peine, pource que la maréchale rendoit l'esprit : cela ôta pour lors le soupçon à M. le prince.

Leurs Majestés envoyèrent quérir M. de Créqui, mestre de camp du régiment des Gardes, et M. de Bassompierre, colonel général des Suisses et mestre de camp du régiment des Gardes-Suisses de Sa Majesté. La Reine les ayant avertis du dessein que le Roi et elle avoient pris, afin qu'ils se tinssent à la porte du Louvre avec leurs régimens en bataille, pour empêcher tout désordre et arrêter M. le prince si par hasard il vouloit sortir; après avoir fait ce qu'ils purent pour empêcher la Reine de son dessein, en exagérant les inconvéniens qui en pourroient arriver, ils demandèrent des lettres patentes scellées du grand scel, pour exécuter le commandement qui leur étoit fait.

Sur quoi la Reine leur demandant s'il leur falloit d'autre commandement que celui de la propre bouche du Roi, en une occasion si pressée que celle-là, et en laquelle il ne leur pouvoit donner l'assurance qu'ils vouloient, ils la supplièrent d'envoyer au moins avec eux quelque exempt des gardes du corps du Roi, et que, moyennant qu'il y fût, ils feroient ce qu'il leur commanderoit de la part de Sa Majesté. Le Roi, après avoir long-temps pensé qui il pourroit nommer, dit à la Reine qu'il falloit prendre Launay, qui étoit celui qui avoit pris le président Le Jay, et étoit brave homme. On l'envoya quérir aussitôt. Dès qu'il fut venu, Sa Majesté lui commanda d'aller avec lesdits sieurs de Créqui et de Bassompierre en leurs corps-de-garde, et que lorsque les princes et seigneurs qu'il lui nomma voudroient sortir du Louvre, il fît commandement auxdits sieurs de Créqui et de Bassompierre de les en empêcher. Lors ils partirent ensemble, et s'y en allèrent.

M. de Créqui, en partant, demanda à la Reine si on empêcheroit aussi M. de Guise de sortir.

---

(1) Le 1ᵉʳ septembre.

Elle lui répondit que non, et qu'elle étoit assurée de ses frères et de lui.

Les gardes étoient en bataille devant le Louvre, et, afin que ce fût sans soupçon, le carrosse du Roi étoit au pied du degré, comme s'il vouloit sortir.

Tout cela n'empêcha pas néanmoins que les partisans des princes, que leurs consciences accusoient, n'entrassent en quelque peur. Thianges, lieutenant de la compagnie des gendarmes de M. de Mayenne, dit à La Ferté, qui étoit au duc de Rohan, qu'il y avoit quelque chose, qu'il avoit vu les sieurs de Créqui et de Bassompierre passer en leurs corps-de-garde avec un exempt des gardes du corps, fort pâles, que les gardes étoient en bataille, qu'il voyoit bien le carrosse du Roi, mais qu'il craignoit qu'il y eût quelque mystère caché qu'on n'entendoit point, et appela incontinent un gentilhomme qui étoit à lui, et l'envoya avertir M. de Mayenne, qui étoit ce matin-là aller visiter M. le nonce. Un autre entra au conseil, qui parla à M. le prince, qui changea un peu de couleur, et rompit tout aussitôt le conseil.

Cependant le Roi et Monsieur étoient avec la Reine dans son cabinet : Sa Majesté étoit peu auparavant entrée dans sa chambre, et avoit parlé aux gentilshommes qui assistoient messieurs de Thémines et d'Elbène, les assurant qu'il se souviendroit du service qu'ils lui rendoient cette journée-là. Saint-Geran vint à demander à parler à Leurs Majestés, et leur dit qu'il venoit de rencontrer sur le pont Notre-Dame M. de Bouillon, qui se retiroit en grande diligence dans un carrosse à six chevaux, avec nombre de cavalerie qui avoient tous le pistolet, et que M. de La Trimouille galopoit après lui. Il ne l'avoit pas vu, mais on lui avoit rapporté qu'on l'avoit vu passer : car le duc de Bouillon ne voulant pas aller au Louvre, et faire la faute qu'il voyoit bien que M. le prince commettoit, avoit pris occasion d'aller dès le matin à Charenton, avec bon nombre de ses amis, et quelques soldats de ses gardes.

On vint aussi dire à Leurs Majestés que M. de Mayenne s'étoit retiré, ce qui n'étoit toutefois pas, car il ne partit de plus d'une heure après. Néanmoins cela fut cause qu'on n'attendit pas davantage, croyant qu'ils ne viendroient pas.

Au sortir du conseil, Thianges se jeta à l'oreille de M. le prince, et lui dit ce qu'il avoit charge de M. de Mayenne, et qu'il n'avoit pu lui dire plus tôt parce qu'il n'étoit arrivé que lorsque le conseil étoit déjà commencé. M. le prince pâlit entièrement à cette nouvelle, et lui dit que si on avoit quelque dessein contre lui, il n'y avoit plus moyen de s'en garantir, et continua son chemin par la salle basse des Suisses, pour gagner le petit degré et monter en la chambre de la Reine, pour entrer au conseil des affaires, qui se tenoit d'ordinaire à onze heures. Il trouva à la porte deux gardes du corps, dont il s'étonna, et crut alors assurément, mais trop tard, ce qu'il ne s'étoit pas jusque-là voulu persuader. Dès qu'il fut entré il demanda plusieurs fois le Roi et la Reine, qui étoient là auprès, en un lieu qui pour lors servoit de cabinet à la Reine (1). Leurs Majestés, sachant qu'il étoit venu, et croyant que tous les autres étoient évadés, estimèrent qu'il ne falloit plus différer, et commandèrent au sieur de Thémines de l'arrêter, ce qu'il fit sans aucune résistance de la part de M. le prince, qui étoit tout seul; seulement fit-il quelque peu de refus de donner son épée, et appela M. de Rohan qu'il vit là, et qui demeura muet sans lui répondre.

Comme on le menoit en la chambre qu'on lui avoit préparée, il aperçut d'Elbène, et le voyant avec quelques-uns de ses compagnons, tous la pertuisane en la main, il dit qu'il étoit mort; mais l'autre lui répondit qu'ils n'avoient nul commandement de lui méfaire, et qu'ils étoient gentilshommes.

Il ne fut pas plutôt arrêté qu'il fut su par toute la ville, car on le vit incontinent sortir tout le monde du Louvre. Les premières nouvelles en furent portées aux princes de son parti par ceux qui y étoient intéressés, dont les uns se retirèrent chez M. de Guise, les autres chez le duc de Mayenne, qui ne faisoit que de retourner de chez le nonce, qu'il étoit allé visiter. Le marquis de Cœuvres fut le premier qui y arriva : peu après, Argencour le vint trouver de la part de M. de Guise, qui, n'ayant point eu avis de ce dessein du Roi, craignoit d'y être enveloppé avec les autres, auxquels le péril commun le sembloit obliger de se tenir uni, et lui envoyant demander s'il vouloit qu'il l'allât trouver, ou s'il lui feroit l'honneur de passer par l'hôtel de Guise, pour prendre ensemble une même résolution, le duc de Mayenne, qui avoit avec lui cent ou deux cents gentilshommes, lui manda qu'il l'attendît, et qu'ils passeroient tous incontinent chez lui.

Dès que le marquis de Cœuvres lui eut porté la nouvelle, trois ou quatre gentilshommes partirent pour en aller avertir le duc de Bouillon qui étoit allé à Charenton, et sans perdre temps reprit droit le premier chemin de la porte Saint-Antoine, et envoya Chambret à M. de Mayenne, le prier de lui vouloir venir dire un mot à deux

(1) Il paraît certain que le roi alla au contraire au-devant de lui et lui proposa de l'accompagner à la chasse, puis le laissa dans la salle où on vint l'arrêter.

cents pas de ladite porte où il l'attendoit. M. de Mayenne y alla tout à l'heure, et lui dit qu'il avoit prié M. de Guise de l'attendre chez lui. Ils se résolurent de l'aller trouver tous deux, à dessein d'amasser avec lui tout ce qu'ils pourroient de noblesse de leurs amis, et se faire voir par les rues de Paris, essayant d'émouvoir le peuple et y faire de secondes barricades. Mais comme ils furent sur le point d'entrer dans la ville, ils considérèrent qu'ils ne se pourroient pas facilement rendre maîtres de la porte Saint-Antoine, pour, si leur dessein manquoit, avoir la retraite libre, et que la porte du Temple étoit plus aisée et à s'en saisir et à la garder. S'y étant acheminés, Argencour les y vint trouver de la part de M. de Guise pour les en empêcher, et leur dit que M. de Praslin l'étoit venu trouver de la part de Leurs Majestés pour lui commander de les venir trouver, dont néanmoins il s'excuseroit et s'échapperoit, s'il pouvoit, dès le soir même, pour les aller trouver à Soissons, qu'il jugeoit devoir être le lieu de leur retraite.

Cette nouvelle refroidit toute la compagnie, qui crut pis de M. de Guise qu'il n'y en avoit, et, se voyant divisés, n'osèrent entrer dans la ville, mais prirent le chemin de Bondy, envoyèrent à Paris pour savoir ce qui s'y passoit, et particulièrement de M. de Vendôme; mandèrent au cordonnier Picard qu'ils étoient prêts d'entrer dans la ville avec cinq cents chevaux, et que, de son côté, il essayât de les assister, émouvant le plus de peuple qu'il pourroit.

Incontinent après que M. le prince fut arrêté, une grande foule de noblesse vint au Louvre pour se montrer et donner assurance de sa fidélité. Tel le faisoit sincèrement, tel avec intention et désir tout contraire; mais il n'y en avoit pas un qui n'approuvât ce que Sa Majesté avoit fait; beaucoup même témoignoient envier la fortune du sieur de Thémines, qui avoit eu le bonheur d'être employé en cette entreprise; mais, en effet, la cour étoit si corrompue pour lors, qu'à peine s'en fût-il trouvé un autre capable de sauver l'État par sa fidélité et son courage.

Le duc de Guise, ni le cardinal son frère, n'y osèrent venir, mais y envoyèrent le prince de Joinville, pour faire bonne mine et découvrir s'ils étoient ou non de ceux qu'on devoit arrêter. Il ne manqua pas de donner de grandes assurances à Leurs Majestés de ses frères et de lui. La Reine, assez grave de son naturel et peu caressante, et alors encore lassée de la presse qui étoit au Louvre et de la chaleur qu'elle causoit, lui répondit peu de chose, et lui fit assez froide mine. Ce qui lui ayant été remontré, et que cela peut-être leur donneroit l'alarme, elle fit appeler M. de Praslin, qu'elle savoit être des amis particuliers de M. de Guise, et lui commanda de l'aller trouver, et l'assurer, lui et ses frères, que le Roi avoit confiance en eux et les estimoit ses fidèles serviteurs. Cet envoi tint le duc de Guise en son irrésolution ordinaire, et l'empêcha de prendre déterminément parti avec les autres princes et les laisser venir chez lui, où il eût fallu lier la partie avec eux, qu'il eût bien voulu laisser agir sans y paroître. Mais ce qu'il leur manda les empêcha de pousser plus avant le dessein qu'ils avoient d'entrer dans Paris, où, s'ils fussent venus, il y a beaucoup d'apparence qu'ils eussent pu chaudement émouvoir le peuple, qui ne manquoit que de chef et de quelqu'un qui osât commencer le premier.

Madame la princesse de Condé la mère eut bien le cœur de sortir de sa maison et de s'en aller jusques sur le pont Notre-Dame, criant partout aux armes, et que le maréchal d'Ancre avoit fait tuer le prince de Condé son fils. Chacun l'écoutoit avec étonnement et pitié; mais, comme elle étoit seule, elle ne les encourageoit pas à ce qu'ils eussent bien désiré s'ils eussent été assistés. Le cordonnier Picard, excité par ce que lui avoient mandé les princes, fit seul quelque effet, et commença une émotion en son quartier; mais, pource qu'il n'y avoit aucun homme de qualité pour conduire cette multitude, l'orage qu'il émut ne tomba que sur la maison du maréchal d'Ancre et celle de son secrétaire Corbinelli, qui, avec une extraordinaire furie, furent pillées sans qu'il y restât que les pierres et le bois, le pillage continuant encore le lendemain tout le jour; outre que le bon ordre qui fut mis dans Paris modéra le feu en la plupart des esprits judicieux; car, premièrement, la Reine fit donner avis au parlement de ce qui s'étoit passé, envoya quelques seigneurs de la part du Roi par les rues de la ville pour empêcher le désordre, et fit désabuser le peuple par le lieutenant civil, leur mandant que M. le prince étoit en sûreté, qu'on ne lui avoit point fait de mal, et qu'on s'étoit seulement assuré de sa personne pour quelques raisons nécessaires qu'ils sauroient par après.

Mais, nonobstant que M. de Guise n'eût pas voulu que messieurs de Mayenne et de Bouillon le fussent venus trouver en sa maison, pour suivre leur dessein, il ne s'assura néanmoins pas tant dans Paris qu'il n'en sortît dès le jour même, et ne s'en allât à Soissons avec telle diligence qu'il y arriva le premier d'eux tous.

On crut à la cour que le sieur de Praslin avoit fait un office tout au contraire de celui qu'on lui avoit commandé, et l'avoit conseillé de se retirer au lieu de lui donner des assurances de la part de Leurs Majestés, étant indigné de ce qu'on s'étoit plutôt fié en M. de Thémines pour prendre M. le prince qu'à lui. Ce qui donna plus de fondement à cette créance, fut, outre la malice ordinaire des courtisans où il y a peu de fidélité, que messieurs de Guise partirent incontinent après qu'il leur eut parlé, et que mesdames de Guise, mère et femme, et la princesse de Conti, assuroient qu'ils ne s'étoient retirés que sur la crainte qu'on leur avoit donnée qu'il y avoit dessein contre eux, et quelqu'une d'elles dit à Barbin qu'elle lui nommeroit un jour celui qui leur avoit donné le conseil de s'éloigner, et qu'il l'eût cru de tout autre plutôt que de celui-là.

M. de Vendôme s'étoit esquivé dès auparavant. On dit à la Reine, dès que M. le prince fut arrêté, qu'il étoit chez lui, où il faisoit quelques assemblées. Saint-Geran étoit un de ceux qui le lui dirent, et quelques autres encore qui étoient de ses plus confidens, lesquels s'offrirent eux-mêmes à s'aller saisir de sa personne; on leur en donna la commission, mais il les prévint, sortit par une porte de derrière, et s'en alla en diligence. On le poursuivit quelque peu; mais l'envie qu'il avoit de se sauver étant plus grande que n'étoit pas à le prendre celle de ceux qu'on y avoit envoyés, ils ne le purent attraper; il gagna Verneuil au Perche, place qui étoit entre ses mains, et de là passa à La Fère. Quelques-uns soupçonnèrent qu'au même temps que Saint-Geran, qui fut envoyé pour le prendre, investissoit le devant de sa maison, il le fit avertir de sortir par un autre côté.

Il fut le seul après qui la Reine envoya, ayant cru que messieurs de Mayenne et de Bouillon s'étoient sauvés trop tôt pour pouvoir être atteints. Et quant à M. de Guise, comme elle n'avoit eu aucun dessein de le faire arrêter, elle ne l'eut aussi de le faire poursuivre, tant parce qu'il avoit été de ceux qui avoient découvert le péril où étoient Leurs Majestés, que parce qu'elle ne se vouloit pas attaquer à tant de gens, et qu'elle et le conseil connoissoient bien que si la légèreté de ce prince l'avoit rendu capable de prêter l'oreille aux mauvais desseins des autres, cette même raison empêcheroit qu'il ne pût demeurer dans leur union; joint que ses intérêts, dont la plupart des grands sont fort curieux, se trouvoient à servir le Roi.

Madame la comtesse (1) fit aussi sortir son fils, et ainsi la cour se trouva vide de beaucoup de grands, et le Roi presque sans aucun prince auprès de lui.

Rochefort, favori de M. le prince, s'en alla à Chinon, et y mena Le Menillet pour s'y enfermer avec ceux qu'il pourroit amasser des serviteur de M. le prince, et défendre cette place contre le Roi. Les huguenots de Sancerre prirent cette occasion de se saisir de leur château, dans lequel, depuis quelques années, le comte de Sancerre étoit rentré par le moyen du curé et des catholiques, et le gardèrent depuis avec permission du Roi, qui ne leur voulut pas donner prétexte de se soulever contre son service pour cela. Ceux de La Rochelle se saisirent de Rochefort sur Charente; mais le duc d'Epernon amassa aussitôt des troupes, et mit garnison dans Surgères et Tonney-Charente, pour arrêter leurs mauvais desseins.

Mais pour retourner à M. le prince, que nous avons laissé entre les mains de M. de Thémines, qui le mena en la chambre qui lui avoit été préparée pour le garder, il fit difficulté de manger quand l'heure de dîner fut venue, et demanda que les siens lui appêtassent ses viandes; ce qui lui fut accordé. Le sieur de Luynes lui fut envoyé de la part du Roi, pour le consoler et l'assurer qu'il recevroit tout bon traitement; la Reine-mère lui envoya aussi un autre de sa part. Il fit telle instance de voir Barbin, que la Reine lui commanda d'y aller. Dès qu'il le vit, il lui parla de plusieurs choses tout à la fois, tant il étoit hors de lui et transporté de passions différentes, qui aboutissoient néanmoins au désir de sa liberté. Il lui demanda si M. de Bouillon étoit pris; et, sachant qu'il ne l'étoit pas, il dit plusieurs fois qu'on avoit tort de ne l'avoir pas arrêté, et qu'en vingt-quatre heures il lui eût fait trancher la tête; soit qu'ayant été cause de le mettre en cet état, le regret du mal qu'il en avoit reçu le portât à en parler ainsi; soit que la malice de la nature de l'homme se fît voir en ses paroles, laquelle fait que nous voudrions que tout le monde pérît pour nous, et que nous portons envie à ceux qui ne sont pas participans à notre mal.

Il le pria en même temps de supplier la Reine de le mettre en liberté, et la maréchale de se jeter à ses pieds pour l'obtenir : tant les grands croient que tout leur est dû, quelque mauvais traitement qu'ils fassent aux hommes, et que leurs offenses ne désobligent point.

Il lui dit que si on lui pensoit faire son procès il ne répondroit point; et une autre fois encore qu'il désira parler à lui, il lui répéta la même chose; mais que si la Reine lui vouloit faire donner parole de sa délivrance par le maréchal d'Ancre et le sieur de Thémines, il découvriroit toutes les cabales que lui et ceux de son parti avoient faites contre le Roi : ce qui ne témoignoit

(1) De Soissons.

pas tant de générosité et de courage qu'une personne de sa condition devoit avoir.

La Reine fit une réponse sage et digne d'elle : qu'elle n'en vouloit pas apprendre davantage qu'elle en savoit, et qu'elle aimoit mieux oublier le passé que de s'en rafraîchir la mémoire.

Il dit une autre fois au maréchal de Thémines, qui le rapporta à la Reine, qu'elle ne l'avoit prévenu que de trois jours, et que, si elle eût attendu davantage, le Roi n'auroit plus la couronne sur la tête : ce qui, dit en l'état auquel il se trouvoit, témoignoit assez l'audace qu'il avoit conçue en celui auquel il étoit auparavant, et les pernicieux desseins qu'avoient ceux de son parti ; et toutes ces paroles ensemble montroient les diverses passions qui agitent l'esprit des grands, quand ils se voient réduits en une extrémité à laquelle ils ne s'étoient pas attendus, et le peu de générosité qu'ont en leur adversité ceux qui n'ont pas eu la force de se contenir, quand ils ont été en meilleure fortune.

Le même jour qu'il fut pris, les sieurs du Vair, garde des sceaux, Villeroy et le président Jeannin, vinrent trouver la Reine, où se trouva M. de Sully, et lui dirent que les choses étoient en telle extrémité, que l'Etat s'en alloit perdu si elle ne faisoit relâcher M. le prince ; soit qu'ils en parlassent ainsi par inexpérience, comme le sieur du Vair, ou par timidité naturelle de leur esprit, comme le sieur de Villeroy, qui avoit toujours gouverné de sorte que, cédant aux orages, il s'étoit laissé plutôt conduire aux affaires qu'il ne les avoit conduites, ou pour ce qu'ils affectionnoient les princes, comme le président Jeannin, qui espéroit toujours bien d'un chacun, et croyoit qu'il pouvoit être ramené à son devoir. M. de Sully, violent et peu considéré, le feu de l'esprit duquel ne s'appliquoit qu'au présent, sans rappeler le passé, ni considérer de bien loin l'avenir, ajouta à ce que les autres avoient dit, que quiconque avoit donné ce mauvais conseil à la Reine avoit perdu l'Etat. La Reine, animée de se voir reprise d'une chose qu'elle avoit résolue et exécutée après une si mûre délibération, lui répondit qu'elle s'étonnoit qu'il lui osât parler ainsi, et qu'il falloit bien qu'il eût perdu l'esprit, puisqu'il ne se souvenoit plus de ce qu'il avoit dit au Roi et à elle il n'y avoit que trois jours ; dont il resta si confus qu'il se retira incontinent, au grand étonnement de tous les seigneurs qui étoient là présens. Sa femme, puis après, essaya de l'excuser, disant que le transport de crainte dans lequel il étoit lui avoit fait parler ainsi, d'autant qu'on lui venoit de dire présentement que les princes et seigneurs du parti de M. le prince étoient résolus de le faire tuer, le croyant être auteur de l'arrêt dudit sieur prince, par les avis qu'il avoit donnés de leurs desseins.

La Reine, assurée par autres de ses serviteurs èsquels elle avoit confiance, et par la grande foule de noblesse qu'elle voyoit venir au Louvre faire protestation de leur fidèle service au Roi, ne pensa pas à changer de dessein, mais seulement aux moyens convenables pour affermir celui qu'elle avoit pris, et remédier à tous les inconvéniens qui en pourroient survenir.

Elle fit changer M. le prince de chambre, et le fit mettre dans une plus assurée et grillée, dans le Louvre, le 3 septembre. Le 6 le Roi alla au parlement pour y faire vérifier une déclaration qu'il avoit faite sur la détention de M. le prince, par laquelle il représentoit que pour acheter la paix il avoit, par le traité de Loudun, accordé audit sieur prince le domaine et le gouvernement de la province et des places de Berri, grande somme d'argent à l'un des grands qui suivoient son parti, le taillon à l'autre, et de grands et injustes avantages à tous les particuliers, sans lesquels on n'eût pu convenir d'aucun accord avec eux ; ce qui étoit bien un évident témoignage qu'ils n'avoient pris les armes qu'à cette fin.

Que, nonobstant toutes ces choses, ils avoient enfreint ledit traité, et, non contens d'avoir en toutes façons foulé son autorité aux pieds, avoient encore attenté sur la liberté de sa royale personne. Que tous ces actes de rebellion l'avoient obligé, non-seulement pour sa conservation, mais pour celle de son Etat, d'arrêter M. le prince, pour, par ce moyen, le retirer de la puissance de ceux qui l'eussent achevé de perdre s'il y fût davantage demeuré, ne retranchant pas tant sa liberté qu'ôtant aux mauvais esprits qui l'environnoient la commodité d'abuser de sa facilité et de son nom.

Sa Majesté déclaroit néanmoins qu'elle pardonnoit à tous ceux qui avoient eu part et adhéré à ses mauvais desseins, conseils et actions, pourvu qu'ils revinssent dans quinzaine en demander pardon à Sa Majesté ; comme aussi elle vouloit que, persévérant outre ce temps en leur mauvaise volonté, il fût procédé contre eux selon la rigueur de ses ordonnances, comme contre des criminels de lèse-majesté.

Peu de jours après elle fit publier à son de trompe que tous les domestiques et suivans desdits princes eussent à sortir dans vingt-quatre heures de Paris, s'ils ne venoient, selon sa déclaration susdite, faire protestation de vivre et mourir en son obéissance. Et, pour ne rien oublier de ce qui se pouvoit pour pacifier toutes choses, elle dépêcha, au même temps qu'ils étoient assemblés à Soissons, les sieurs de Chanvalon, de Boissise et le marquis de Villars, beau-frère de M. de Mayenne, pour traiter avec eux et leur offrir tout ce que l'autorité royale pouvoit souffrir leur être concédé pour les ramener à leur devoir.

Ces princes étoient arrivés à Soissons dès le 2 de septembre. Messieurs de Guise et de Chevreuse y étant arrivés les premiers, le sieur de Fresne, gouverneur de la ville sous M. de Mayenne, leur refusa les portes jusqu'à l'arrivée dudit sieur de Mayenne, et, quoique M. de Guise s'en voulût offenser, il en fut néanmoins loué de tout le monde.

Dès le jour même ils s'assemblèrent, et avisèrent d'envoyer vers le duc de Vendôme qui étoit à La Fère, et celui de Longueville qui étoit à Péronne, pour les prier de se trouver, à trois jours de là, à Coucy, où ils se rendroient tous pour prendre conseil en leurs affaires. Le cardinal de Guise, qui arriva à Soissons le 3, se trouva à Coucy à ladite conférence avec les autres. M. de Guise y étoit fort triste et décontenancé, soit que l'exemple de feu son père lui fît peur, et que, sans y penser, il se trouvât plus engagé avec eux qu'il n'avoit eu désir de l'être; soit que ce fût la première fois qu'ouvertement il avoit été du parti contraire à Sa Majesté, et qu'il perdroit la gloire de laquelle il se vantoit, d'être toujours demeuré attaché à ses commandemens; soit qu'il ne jugeât pas leur ligue, M. le prince étant pris, pouvoir subsister; soit qu'il regrettât de voir qu'il perdroit l'honneur de commander les armées de Sa Majesté, et se vît réduit dans un moindre parti à l'égalité avec beaucoup d'autres princes qui lui contestoient le rang.

Cela mettoit ces princes en peine, et les faisoit méfier de lui. Pour essayer de le gagner tout-à-fait à eux, ils lui rendoient tout l'honneur qu'ils pouvoient, et lui déféroient davantage qu'ils n'eussent fait sans cela, lui donnant lieu d'espérer qu'ils le reconnoitroient tous pour leur chef, fors M. de Longueville qui y montra de la répugnance. Cela n'empêcha pas qu'ils ne prissent tous ensemble une résolution commune de faire, chacun de son côté, le plus de levées qu'ils pourroient, pour, dans douze jours après, se trouver aux environs de Noyon, où ils avoient assigné leur rendez-vous général, en dessein d'aller avec ces forces, qu'ils n'espéroient pas devoir être moindres de huit à neuf mille hommes de pied, et quinze cents ou deux mille chevaux, droit aux portes de Paris, pour combattre les troupes du Roi si elles s'opposoient à leur chemin, et voir quel mouvement leur venue pourroit causer dans les esprits mécontens à Paris.

Ce conseil si bien pris n'eut pas le succès qu'ils espéroient; car, bien qu'ils se fussent tous séparés pour faire leurs levées, M. de Guise étant allé à Guise, M. de Mayenne à Soissons, M. de Bouillon à Sedan, M. de Longueville à Péronne, le marquis de Cœuvres à Laon, et M. de Vendôme à La Fère, plusieurs d'entre eux jouèrent à la fausse compagnie, comme on fait en toutes ligues, où chacun pensant à son intérêt particulier, qui ne dépend pas de celui des autres, se détache du lien commun qui leur sert de prétexte plutôt que de véritable sujet de ce qu'ils font.

M. de Guise fut le premier qui manqua à ce qu'il avoit promis. Dès qu'il fut arrivé à Guise, il dépêcha un gentilhomme à M. de Lorraine, pour le prier d'être de la partie, et un autre vers messieurs d'Epernon et de Bellegarde; car, quant au maréchal de Lesdiguières, il étoit assez empêché en Italie, sans se mêler des affaires de deçà. Mais ayant, dans trois jours après, avis de sa femme, par l'abbé de Foix qu'elle lui envoya, que le Roi avoit résolu de leur envoyer les commissaires que nous avons dit ci-dessus, pour traiter avec eux, et qu'elle espéroit faire son accommodement à son avantage et avec sûreté, il laissa là toutes ces levées, et s'en alla à Liesse, où il manda au marquis de Cœuvres qu'il le prioit de faire savoir à M. de Mayenne qu'il seroit le lendemain à Soissons.

M. de Mayenne trouva fort mauvais qu'il eût intermis ses levées. Néanmoins, sur l'avis des commissaires, ils envoyèrent avertir tous les ligués de se trouver à Soissons; ce qu'ils firent, hormis M. de Longueville, qui, par l'entremise du sieur Mangot, qui avoit été autrefois de son conseil, traita à part avec le Roi, nonobstant qu'il eût été et le premier de tous, et le plus animé et intéressé contre le maréchal d'Ancre, et se détacha d'avec les autres, qui néanmoins s'étoient, presque pour son seul sujet, engagés dès le commencement en ces brouilleries, et remit, à peu de temps de là, Péronne entre les mains du Roi, qui en donna le gouvernement au sieur de Blerancour, et à lui celui de Ham. Tandis qu'ils étoient là, M. de Thermes vint, de la part de M. de Bellegarde, trouver M. de Guise sur le sujet de ce qu'il lui avoit mandé par le gentilhomme qu'il lui avoit envoyé.

Il avoit eu à Liesse réponse de M. de Lorraine par le comte de Boulay qui l'étoit venu trouver de sa part, et le gentilhomme qu'il avoit envoyé à M. d'Epernon revint aussi, et ne rapporta que de belles paroles, étant échappé audit sieur d'Epernon de dire en sa présence que si M. de Guise étoit parti promptement de la cour, il y retourneroit encore plus vite.

M. de Guise, soit qu'il ne fût pas encore résolu, ou qu'il ne voulût pas faire semblant de l'être, fît diverses propositions, tantôt de s'en aller à Joinville, comme étant un lieu qui est plus proche de Lorraine, pour y faire de plus grandes levées, et essayer de retirer sa femme de la cour, qui l'assisteroit de bagues et d'argent ; tantôt il proposoit d'aller en Provence pour y faire une plus puissante diversion ; mais les princes, connoissant son humeur peu arrêtée en ses paroles et en ses pensées, ne faisoient ni mise ni recette de tout ce qu'il disoit.

Le cardinal de Guise blâmant la conduite de son frère, ils lui promirent tous de lui obéir, ayant une qualité qui les ôtoit de jalousie pour les rangs.

M. de Nevers n'étoit pas à Paris quand M. le prince fut arrêté, ni n'avoit aucun sujet de se lier avec eux en leurs menées, ni eux ne l'espéroient aussi, quand ils sont étonnés qu'un gentilhomme arrive de sa part pour leur faire entendre qu'il veut être de la partie, tant il étoit léger et peu considéré.

Il avait témoigné à la Reine, après le traité de Loudun, être dégoûté des brouilleries qu'il voyoit entre les grands, et avoir désir de s'employer hors du royaume en un dessein qu'il avoit dès long-temps contre le Turc, pour lequel il supplia la Reine d'écrire au Pape et au roi d'Espagne. Et, pource qu'il espéroit aussi de disposer les princes d'Allemagne à y contribuer, il désira d'aller en ambassade extraordinaire vers l'Empereur, sous couleur de se réjouir, de la part de Sa Majesté, de sa nouvelle assomption à l'Empire ; et, avant partir, il porta à la Reine un livre où il espéroit de faire signer tous ceux qui voudroient contribuer en cette affaire, et la supplia d'y vouloir signer en tête pour quatre cent mille écus. Après avoir reçu d'elle toutes les satisfactions qu'il avoit désirées, il partit au commencement d'août pour son voyage.

Étant sur les frontières de Champagne, il reçut la nouvelle de la prise de M. le prince, et non-seulement s'arrêta, mais eut bien l'audace d'écrire au Roi, sur ce sujet, des lettres qui étoient bien au-delà du respect que lui et autres plus relevés que lui devoient à Sa Majesté. La Reine dissimula pour lors le mécontentement qu'elle en devoit recevoir ; mais néanmoins, voyant sa mauvaise volonté, donna ordre qu'on ne le reçût en aucune des villes fortes de son gouvernement. Ensuite de quoi, voulant entrer dans Châlons avec dessein de s'en saisir, on lui en ferma les portes, dont il fut tellement outré de déplaisir, que, sans plus de retenue, il se déclara tout ouvertement, et manda aux princes assemblés à Soissons qu'il vouloit être des leurs.

Cependant les députés du Roi arrivèrent à Villers-Coterets, et, n'ayant pas charge d'aller jusqu'à Soissons, convinrent, avec les princes, d'une ferme nommée Cravausson, distante d'une lieue de Soissons, où ils se trouvèrent ensemble la première fois.

Ils commencèrent par essayer de détacher tout-à-fait M. de Guise d'avec eux, croyant qu'ils en auroient plus aisément la raison des autres. Le sieur de Chanvalon, comme ayant charge des affaires et résidant pour le service de M. de Lorraine auprès de Sa Majesté, avoit beaucoup de crédit en son esprit ; mais le secrétaire du duc de Montéléon, ambassadeur d'Espagne, y en eut davantage pour le persuader, lui faisant entendre, de la part de son maître, qu'il se rendoit caution de la parole qu'on lui donneroit, sachant bien qu'il lui étoit difficile de prendre assurance sur celle du maréchal d'Ancre, lequel étoit bien averti de ce qu'avec les autres il avoit tramé contre lui.

A toutes ces choses aidoit bien l'armée du Roi, qui étoit forte et avancée auprès de Villers-Coterets, et prête à les mettre en état de ne pouvoir plus long-temps contester ni prétendre de recevoir de grands avantages. Ils proposèrent néanmoins beaucoup d'articles, plus pour la forme et faire bonne mine, que pour espérance de les obtenir ; mais ce qu'ils recherchèrent le plus, fut de n'être point obligés de tout l'hiver d'aller à la cour, et d'avoir du Roi de quoi entretenir leurs garnisons.

Ils demandoient que le traité de Loudun fût entretenu, que les sièges mis devant le château de Chinon et la tour de Bourges fussent levés, et ceux qui commandoient en ces places maintenus en leurs charges ; que les garnisons des places du duc de Mayenne fussent augmentées de deux cents hommes de pied ; que le paiement de ses pensions, garnisons, compagnies de cavalerie, et autres gratifications qu'il plaisoit à Sa Majesté de lui accorder, fût assigné sur la recette générale de Soissons ; qu'on envoyât au duc de Vendôme la commission pour tenir les Etats en Bretagne ; que sa compagnie de chevau-légers servît où il seroit par lui ordonné ; qu'il lui fût entretenu cent hommes de pied pour tenir garnison à La Fère ; que Sa Majesté fît raser les fortifications de Blavet, et ôtât les garnisons des places où elle en avoit envoyé depuis la détention de M. le prince, et considérât s'il étoit expédient qu'elle tînt sur pied son armée.

M. de Guise, qui ne désiroit plus que de retourner trouver Leurs Majestés, prit sujet de leur demander qu'ils approuvassent qu'il y fît un voyage, sur l'espérance qu'il faciliteroit la concession des demandes qu'ils faisoient. Il arriva à la cour le 24 (1) avec ses frères, fut très-bien reçu, fit en-

(1) De septembre.

core un voyage vers eux pour leur faire savoir la volonté du Roi ; et, étant de retour le 29, Sa Majesté accorda les deux cents hommes de surcroît de garnison qu'ils demandoient pour M. de Mayenne à Soissons, et les cent hommes pour M. de Vendôme à La Fère, mais ne voulut affecter aucune recette au paiement d'icelles.

Quant au traité de Loudun, elle déclara le vouloir observer de bonne foi et n'y contrevenir. Pour le reste, il ne leur fut rien accordé, mais Sa Majesté voulut qu'il demeurât en sa puissance d'en faire ce qu'il lui plairoit.

Le sieur de Boissise seul leur porta cette réponse à leurs articles, à laquelle ils ne voulurent consentir, mais seulement signèrent, le 6 d'octobre, qu'ils l'avoient reçue par exprès commandement de Sa Majesté, et pour obéir à ses volontés.

Ensuite Sa Majesté fit une déclaration le 16 d'octobre, par laquelle elle fit savoir qu'en celle qu'elle avoit faite sur la détention de M. le prince, elle n'entendoit comprendre sous le nom des coupables des cas mentionnés en icelle, les princes, seigneurs et autres officiers de Sa Majesté, qui étoient partis de Paris le premier de septembre ; mais qu'elle les tenoit tous pour ses bons serviteurs, et vouloit qu'ils jouissent de ses grâces et faveurs, et exerçassent leurs charges ainsi qu'ils avoient fait auparavant. Elle en fit une autre particulière sur le sujet de M. de Longueville, qu'elle dit être assurée n'avoir eu aucune mauvaise intention contre son service, et ne l'avoir non plus entendu comprendre en sa susdite première déclaration.

Toutes choses, par ce moyen, sembloient être pacifiées, au moins pour quelque temps Les places que tenoit M. le prince en Berri étoient toutes rendues à M. de Montigny, qui avoit été fait maréchal de France avec M. de Thémines peu après la détention de M. le prince ; Chinon, où Rochefort étoit allé pour s'enfermer, étoit aussi remis en l'obéissance du Roi, ledit Rochefort en étant sorti, non tant sur les lettres de M. le prince, que sur l'appréhension de l'événement du siége que le maréchal de Souvré avoit mis devant cette place, le gouvernement de laquelle fut donné à d'Elbène. Toutes choses étoient aussi rétablies en leur premier état à l'entour de La Rochelle, ceux de la ville ayant remis entre les mains d'un exempt du Roi le château de Rochefort dont ils s'étoient saisis, et le duc d'Epernon retiré ses garnisons de Surgères et Tonnay-Charente. Les princes et seigneurs unis étoient retenus dans leur devoir, au moins en apparence, par ce dernier traité. M. de Nevers seul apporta de nouveaux troubles, fit des levées de gens de guerre, s'assuroit de ses amis, alla plusieurs fois consulter à Sedan le démon des rebellions (1) et mit des gens de guerre dans Mézières, Rethel, La Cassine ; Château-Portien, Richecourt, et autres places de son gouvernement, sans permission du Roi, dont les plus sages, qui ne considéroient pas son esprit, étoient étonnés, attendu les forces que le Roi avoient prêtes, auxquelles il ne pouvoit faire aucune résistance s'il les eût voulu employer contre lui.

La Reine employa tous les moyens qu'elle put pour lui faire connoître sa faute ; elle dépêcha vers lui M. Marescot, maître des requêtes, lequel n'ayant rien avancé, elle me fit l'honneur de me choisir pour y faire un voyage de la part de Sa Majesté, croyant que j'avois quelque dextérité par laquelle je pourrois ménager son esprit et le ramener à la raison ; mais tout cela fut en vain, car il n'en étoit pas capable. Il continuoit en ses mauvais desseins ; on en avoit avis par les gouverneurs des places de la province, qui demandoient qu'on renforçât leurs garnisons, et protestoient qu'ils ne seroient pas responsables de la perte desdites places s'il en mésavenoit.

La Reine, pour ne donner occasion à leur prétexte ordinaire qu'ils étoient opprimés et n'armoient que pour se défendre, étoit résolue de le laisser commencer ; et, s'étant contentée d'envoyer des commissaires en Champagne pour informer de ce qui s'y passoit, elle ne voulut pas même envoyer renfort de garnisons dans les places, mais se contenta de mander aux gouverneurs et aux villes qu'ils se tinssent sur leurs gardes, afin que, sous ombre de ce renfort de garnisons, on ne pût dire qu'on eût dessein contre lui.

Il n'en faisoit pas de même, mais eut dessein de se saisir de la ville de Reims. Le Roi y envoya le marquis de La Vieuville, qui étoit son lieutenant général en ce quartier de Champagne, mais lui commanda de ne s'accompagner que de ceux de sa maison. Madame de Nevers, à peu de jours de là, qui fut le 14 de novembre, se présenta aux portes de la ville pour y entrer : le marquis, qui avoit reconnu l'état de la ville et les grandes intelligences qu'elle y avoit, joint que son mari étoit proche de là, lui refusa l'entrée avec toutes les soumissions qu'il lui fut possible, et la contraignit de se loger, pour cette nuit-là, au faubourg. Le duc de Nevers, irrité de ce refus, envoya quantité de gens de guerre se saisir du château de Sij, appartenant au marquis de La Vieuville, situé en Rethelois, et peu après manda à son procureur fiscal au duché de Rethelois, qu'il reçût une saisie féodale de ladite terre, à faute d'honneurs (2), droits et devoirs non faits et

(1) Le duc de Bouillon.
(2) Le manuscrit porte *hommes*; c'est *honneurs* qu'il faut lire. C'est une faute de copiste.

non payés par ledit marquis depuis le décès de son père.

Le marquis de La Vieuville s'en étant plaint au Roi, Sa Majesté lui envoya Barenton, exempt de ses gardes du corps, qui, le 21 dudit mois, lui fit commandement de sa part de faire sortir du château dudit marquis les gens de guerre qu'il y avoit envoyés, et que ce qu'il avoit fait à Reims étoit par son commandement. M. de Nevers lui répondit fort insolemment, et, entre autres choses, que ceux qui étoient à la cour étoient sous la baguette, mais qu'il n'y étoit plus, et que dans trois mois tous auroient la même franchise, et qu'il iroit avec vingt mille hommes au-devant du sieur de Praslin, qui commandoit les armées de Sa Majesté en la province; et néanmoins il n'avoit pas effectivement en ses troupes pour garder la moindre place de son gouvernement. Barenton en dressa son procès-verbal, qu'il apporta à Sa Majesté, laquelle commanda au garde des sceaux que, sur icelui et sur le rapport des sieurs de Caumartin et d'Ormesson, conseillers d'Etat, qui lui avoient été aussi envoyés pour informer des levées des gens de guerre et entreprises dudit duc, et sur les avis des gouverneurs des villes de cette province et protestations qu'ils faisoient, il avisât, en son conseil, à ce qui étoit à faire pour le bien de son service et le repos de son Etat.

La chose étant mise en délibération, le garde des sceaux fut d'avis qu'il falloit renvoyer l'affaire au parlement. M. de Villeroy, quoiqu'il fût soupçonné de favoriser les princes, dit que ce n'étoit point une affaire du parlement; et le président Jeannin donnant un conseil moyen de diviser l'affaire et renvoyer au parlement la saisie féodale, il lui répondit courageusement que ce seroit mettre un gentilhomme en procès avec un prince pour avoir servi le Roi. Le sieur Mangot, secrétaire d'Etat, prenant la parole et l'affirmative pour la défense du marquis de La Vieuville, le sieur Barbin lui dit qu'il oublioit une chose, laquelle mettoit tout-à-fait M. de Nevers en son tort, qui étoit que la saisie féodale n'avoit été faite que plusieurs jours après la prise de sa maison.

Le garde des sceaux, que l'on voyoit bien qui ne faisoit qu'à regret délibérer de cette affaire, et qui montroit dans son visage la peine de son esprit, éclata alors, et dit à Barbin qu'il se trompoit s'il pensoit le rendre ministre de ses conseils violens. L'autre lui répondit assez modestement qu'il étoit homme de bien, qu'il disoit son avis, qu'ils étoient tous assemblés pour cela, et qu'il falloit prendre les opinions. A quoi le garde des sceaux dit qu'il n'en feroit rien, jusqu'à ce qu'il fût avec des gens qui entendissent les affaires. Barbin se leva et lui dit : « Je suis seul qui peut-« être ne les entends pas; tous ces messieurs qui « restent ici les entendent, et il y en a plusieurs « entre ceux qui les entendoient très-bien lorsque « vous n'en aviez jamais ouï parler : » et cela dit, il s'en alla au Louvre, où il raconta ce qui s'étoit passé à Leurs Majestés.

Cependant l'heure du conseil des affaires arrivant, le garde des sceaux vint au Louvre. La Reine lui demande si on avoit eu le procès-verbal de l'exempt, et s'il étoit à propos de le lire devant tous les princes et seigneurs qui étoient là. Le garde des sceaux n'en étant pas d'opinion, Barbin fit instance qu'on le lût, afin que chacun connût l'insolent procédé du duc de Nevers. Etant lu, il n'y eut personne qui ne le blâmât, et qui n'avouât que Leurs Majestés en devoient témoigner du ressentiment. La Reine demanda au garde des sceaux ce qu'il lui en sembloit; il recula un pas en arrière sans rien dire : elle, étonnée, le lui redemanda encore jusqu'à trois fois, sans qu'il lui répondît aux deux suivantes autrement qu'à la première. Ce que le Roi trouva si mauvais, outre qu'il étoit déjà mécontent de la rudesse de son esprit, de son peu d'expérience dans les affaires, de voir que la plus saine partie du clergé se plaignoit de lui et qu'il étoit en réputation d'être peu affectionné à la religion, que Sa Majesté, de son propre mouvement, se porta à dire à la Reine qu'il le falloit éloigner, lui envoya, dès le soir, redemander les sceaux, et les donna au sieur Mangot, et m'honora de la charge de secrétaire d'Etat, que ledit sieur Mangot exerçoit lors (1). Peu de jours auparavant j'avois été nommé pour aller en Espagne ambassadeur extraordinaire, pour terminer plusieurs affaires, auxquelles le comte de La Rochefoucauld fut désigné après moi. Par mon inclination je désirois plutôt la continuation de cet emploi, qui n'étoit que pour un temps, que celui-ci, la fonction duquel étoit ordinaire. Mais, outre qu'il ne m'étoit pas honnêtement permis de délibérer en cette occasion, où la volonté d'une puissance supérieure me paroissoit absolue, j'avoue qu'il y a peu de jeunes gens qui puissent refuser l'éclat d'une charge qui promet faveur et emploi tout ensemble. J'acceptai donc ce qui me fut proposé en ce sujet par le maréchal d'Ancre de la part de la Reine, et ce d'autant plus volontiers que le sieur Barbin, qui étoit mon ami particulier, me sollicitoit et m'y poussoit extraordinairement.

Incontinent que je fus en cette charge, le ma-

(1) La commission est du 30 novembre.

réchal me pressa fort de me défaire de mon évêché, qu'il vouloit donner au sieur du Vair. Mais, considérant les changemens qui pouvoient arriver, tant par l'humeur changeante de ce personnage, que par les accidens qui pouvoient arriver à sa fortune, jamais je n'y voulus condescendre, ce dont il eut du mécontentement, quoique sans raison. Je lui représentois qu'il étoit bien raisonnable que, quoi qu'il arrivât, je me trouvasse en l'état où j'étois entré en cette charge, où, ne voulant rien profiter, il étoit plus que juste que je ne me misse en hasard de perdre tout.

Je lui représentois encore que, si je me défaisois de mon évêché, il sembleroit que j'eusse acheté et me fusse acquis l'emploi de la charge où il me mettoit, au prix d'un bénéfice, ce qui ne se pouvoit en conscience, et ne seroit pas honorable ni pour lui ni pour moi. Mais toutes ces raisons ne le contentèrent point, et le sieur Barbin, qui étoit plus pratique de son humeur que moi, me dit que, quoi que je pusse faire, il ne seroit pas satisfait s'il ne venoit à ses fins, parce que son intention étoit, en me dépouillant de ce que j'avois, de me rendre plus nécessairement dépendant de ses volontés. En quoi il témoigna être véritablement mon ami, en me fortifiant sous main dans la résolution que j'avois prise de ne me défaire pas de mon évêché.

Quant au sieur du Vair, jamais homme ne vint en cette charge avec plus de réputation, et ne s'en acquitta avec moins d'estime; si bien que le choix qu'on fit de sa personne ne servit qu'à faire connoître la différence qu'il y a entre le palais et la cour, entre rendre la justice aux particuliers et la conduite des affaires publiques. Il étoit rude en sa conversation, irrésolu ès moindres difficultés, et sans sentiment des obligations reçues.

Messieurs de Bouillon et de Mayenne avoient un tel pouvoir sur son esprit, qu'il ne pouvoit s'empêcher d'en embrasser ouvertement les intérêts. Un jour il reprocha à la Reine, en leur présence, comme nous avons dit ci-dessus, le peu de confiance qu'elle avoit en eux, et que si elle continuoit ses soupçons, elle leur donneroit occasion de chercher ailleurs leur appui, sans considérer les sujets qu'elle avoit de se défier d'eux, qui n'avoient rien oublié à faire, durant la minorité, pour changer le gouvernement des affaires, et décrier sa conduite; qu'ayant doublé leurs appointemens dès le commencement de sa régence, et les ayant gratifiés de pensions excessives, pensant les retenir par leur intérêt en leur devoir, ils s'étoient servis du bien qu'elle leur avoit fait pour lui faire mal, avoient gagné les uns par argent, les autres par espérance, fait cabales dans la cour, pris les armes à la campagne, perdu le respect qu'ils devoient à leur souverain, troublé la tranquillité publique; que tous les gens de bien désiroient voir leur insolence châtiée, et cependant, contre leurs vœux, ils avoient profité de la rebellion qui les devoit ruiner, et la Reine avoit porté le Roi à récompenser leurs fautes; que sa bonté ne les avoit pas rendus meilleurs, et la paix n'avoit pas été plutôt conçue, qu'ils ne méditassent une nouvelle guerre. On parla du mariage du Roi, ils menacèrent de s'y opposer; le Roi l'entreprit, ils arment aussitôt pour en troubler l'exécution. Leur crime ayant donné au Roi sujet de les punir, et leur foiblesse le moyen, la Reine s'étoit contentée de le pouvoir faire. On avoit traité avec eux, le Roi les avoit reçus en père au lieu de les châtier en maitre; et qu'après tout cela, ils n'avoient pas plutôt été de retour dans la cour, qu'ils s'étoient proposé de s'en éloigner. Toutes lesquelles choses étant, c'eût été à la Reine une aussi grande imprudence de s'y fier, que c'étoit à lui une grande indiscrétion de le lui conseiller.

Cependant le trouble et l'étonnement de l'arrêt de M. le prince ne fut pas plutôt cessé que le maréchal d'Ancre revint à la cour. S'il en étoit parti avec un grand désespoir, il n'y revint pas avec une moindre présomption et espérance de recommencer à gouverner pis que jamais. Sa femme étoit si abattue de l'effroi où elle s'étoit trouvée, duquel nous avons parlé ci-devant, et de son humeur mélancolique que cette crainte avoit irritée, qu'elle en étoit en quelque manière sortie hors de son bon sens, ne sortant plus de sa chambre, et ne voulant voir personne, croyant que tous ceux qui la regardoient l'ensorceloient, et elle avoit étendu ce soupçon jusques à la personne de Barbin, qu'elle avoit pour ce sujet prié de ne la plus aller voir.

Le maréchal, à son arrivée, demanda audit Barbin s'il n'y auroit plus de danger qu'il se mêlât des affaires. L'autre, qui savoit qu'il étoit déjà résolu de faire ce qu'il lui demandoit, et qu'il ne s'en abstiendroit pas, quoi qu'il lui conseillât, mais prendroit sujet de croire que l'ambition le porteroit à lui donner ce conseil, lui dit que à son avis il le pouvoit faire, et qu'il ne voyoit point de raison qui l'en dût empêcher. Mais cela, néanmoins, fut l'entrée de sa ruine, ce qui le confirma en la haine de tout le monde, et donna un des principaux moyens à Luynes de médire de lui à la Reine et au Roi, et préparer l'orage que nous verrons tomber sur sa personne l'année suivante. Luynes commença à représenter au Roi que l'autorité royale étoit en la personne dudit maréchal, qu'elle ne résidoit en Sa Majesté que de nom, et que, pour se fortifier en ses mauvais desseins, il éloignoit la Reine sa mère de la bienveillance qu'elle lui devoit.

Le Roi étant tombé malade à la Toussaint d'une espèce d'évanouissement, la Reine, qui étoit aux Feuillans, accourt incontinent au Louvre, tout effrayée : le Roi, qui se portoit mieux, ne fut néanmoins entièrement guéri que trois ou quatre jours après. La Reine parlant souvent de cette maladie, du Vair, qui étoit encore lors garde des sceaux, et soupçonnoit que ce fût un autre mal que ce n'étoit, dit qu'il étoit à craindre qu'il ne recommençât au printemps. Cela fit que plusieurs fois la Reine, parlant au sieur Hérouard, premier médecin du Roi, lui disoit qu'elle avoit peur que Sa Majesté ne retombât malade au printemps. Luynes prit occasion de là de dire au Roi que l'on tramoit quelque chose contre lui, qui devoit s'exécuter au printemps, et que l'on disoit qu'il lui pourroit bien mésavenir en ce temps-là. Il donnoit quant et quant à entendre au Roi que tous ces princes n'étoient persécutés que pour l'amour du maréchal d'Ancre, qu'ils étoient passionnés pour Sa Majesté, et qu'ils avoient témoigné un déplaisir indicible de sa maladie.

Ces choses firent effet en l'esprit du Roi, et tel que M. de Gesvres dépêcha exprès à Soissons à M. de Mayenne, pour lui faire savoir, non de la part du Roi, mais comme de lui-même, la bonne volonté que Sa Majesté lui portoit, et qu'elle avoit eu quelque pensée de se retirer d'avec la Reine sa mère, et s'en aller à Compiègne, où il savoit bien que tous les autres princes et lui n'auroient pas manqué de le venir trouver.

Cet avis encouragea fort les princes, qui donnèrent ordre au cardinal de Guise de ménager auprès de M. de Luynes tout ce qu'ils pourroient en cette occasion. L'affaire fut si bien suivie que La Chesnaie, gentilhomme ordinaire du Roi, qui avoit grande part auprès dudit sieur de Luynes, leur envoya Génié, par lequel il leur fit savoir la mauvaise volonté que le Roi portoit au maréchal d'Ancre, et le mécontentement qu'il avoit de ses comportemens, les conviant tous de se maintenir bien unis ensemble, et, quoi qu'on leur pût dire, n'entendre à aucune réconciliation avec lui.

Nonobstant toutes ces choses, le changement des ministres les étonnoit; car ils crurent que, n'ayant plus personne de leur intelligence dans le ministère, leurs actions seroient reconnues pour ce qu'elles étoient, et plusieurs détrompés de ce qu'on en avoit fait accroire à leur avantage contre la vérité. Ils ne se rapprochèrent pas néanmoins de leur devoir; mais, au contraire, s'affermissoient dans leur rebellion, le duc de Nevers tout ouvertement, M. de Bouillon couvertement et sous main, décriant le gouvernement aux pays étrangers, et envoyant exprès en Hollande, à Liége et en divers lieux d'Allemagne pour en parler mal; entre lesquels le sieur du Pesché étant à Liége, et se laissant aller, selon qu'il lui étoit commandé, à parler autrement du Roi qu'il ne devoit, un gentilhomme liégeois, abhorrant cette infidélité, le blâma de sa trahison, et, des paroles étant venus aux mains, le tua sur-le-champ. Il faisoit plusieurs autres pratiques au préjudice de l'autorité royale, faisant enlever quantité d'armes, et passer à petites troupes nombre de gens de guerre, par Sedan, en Champagne, où le duc de Nevers les recueilloit et les faisoit couler dans les places qui ne lui pouvoient faire de résistance. Le Roi en étant averti, fut contraint de faire avancer des gens de guerre en cette province, sous le commandement du maréchal de Praslin, tant pour tenir la main à l'exécution des jugemens des commissaires de Sa Majesté qu'elle avoit envoyés sur les lieux pour informer des contraventions à ses ordonnances, et en faire le procès à ceux qui se trouveroient coupables, que pour être prêt à toute occasion qui se pourroit présenter pour son service.

Il ne se passa guère de temps qu'il n'eût sujet de les employer, car M. de Nevers, de nuit et par surprise, entra le premier jour de décembre dans la ville de Sainte-Menehould, s'en saisit, et mit dans le château cinq cents hommes de garnison. Cette ville étoit importante, couvroit Sedan et Mézières, et fermoit le passage pour aller à Verdun. Le maréchal de Praslin y alla avec les troupes du Roi qu'il avoit, avec lesquelles et la promesse qu'il fit de dix mille écus à Bouconville, gouverneur du château, il se rendit maître de la place, et en chassa la garnison du duc de Nevers le 26 de décembre, et la fit conduire à Rethel.

Nonobstant tout ce mauvais procédé des ducs de Nevers et de Bouillon, le dernier, qui s'étoit tenu un peu plus couvert, eut bien la hardiesse d'écrire au Roi, en se plaignant de ce que les troupes que Sa Majesté avoit en Champagne lui donnoient jalousie, et que l'ambassadeur du Roi à Bruxelles empêchoit la liberté du commerce avec Sedan, duquel il sembloit que Sa Majesté ne voulût plus embrasser la protection; ce qui l'obligeroit à s'aider des remèdes que la nature permet à un chacun pour sa propre défense.

Sa Majesté lui fit réponse, le 27, avec plus de vigueur que l'on n'avoit pas accoutumé du temps des autres ministres (1), lui remontra son

---

(1) Cette réponse fut évidemment de la main de Richelieu; elle était en même temps ferme et moqueuse.

mauvais procédé, que la plainte qu'il lui faisoit n'étoit que pour prévenir celles que le Roi avoit sujet de faire de lui, ou tenir les peuples en une fausse créance qu'ils étoient maltraités; que ce qu'il disoit du commerce qui n'étoit pas laissé libre à Sedan du côté de la Flandre, n'étoit que par l'empêchement qu'y avoit fait l'ambassadeur du Roi au passage des armes qu'il en vouloit faire venir contre son service, et que s'il étoit sage, au lieu des remèdes dont il menaçoit qu'il se serviroit pour sa juste défense, et que Sa Majesté n'entendoit pas, et seroit bien aise d'en être éclaircie par lui, il n'en rechercheroit point d'autre que la bonne grâce de Sa Majesté, à laquelle il étoit obligé de tout le bien qu'il avoit. Ce procédé vigoureux du Roi sentant plus sa majesté royale que la conduite passée, n'étoit pas néanmoins bien reçu à cause du maréchal d'Ancre, l'audace duquel et la haine qu'on lui portoit étoient telles, qu'elles faisoient prendre en mauvaise part, et du peuple et des grands et du Roi, tout ce qui autrement étoit de soi et eût été reconnu le plus avantageux au service de Sa Majesté et au bien de l'Etat.

Nous avons dit que M. le prince fut trois jours après sa détention changé de la chambre où il étoit, et mis en une autre plus assurée qu'on lui avoit fait préparer, en laquelle tandis qu'il demeura il avoit quelque espérance d'être bientôt mis en liberté; mais les choses furent changées bientôt après, sur la méfiance qu'on eut de lui et de ceux qui tenoient son parti à Paris.

Un de ses chevau-légers, nommé Boursier, fut accusé, sur la fin d'octobre, par une femme de mauvais bruit, d'avoir dit, en un lieu assez malhonnête, qu'il eût, quelques jours auparavant, tué la Reine-mère en son bâtiment de Luxembourg qu'elle étoit allée voir, si le cardinal de Guise un jour, et Bassompierre un autre, ne se fussent mis entre Sa Majesté et lui. Barbin fit incontinent envoyer cette femme au garde des sceaux du Vair pour l'interroger; le rapport qu'il en fit fut que c'étoit une garce, aux paroles de laquelle on ne pouvoit pas prendre assurance. Il sembla à Barbin que c'étoit un peu trop négliger cette affaire, qui importoit à la vie de la Reine, et fit que Sa Majesté commanda audit sieur du Vair de sceller, toutes affaires cessantes, une commission adressante au sieur de Mesmes, lieutenant civil, portant pouvoir à lui et aux conseillers du Châtelet de juger cette affaire souverainement: ce qu'il fit, craignant la diversité des jugemens, et peut-être des affections de ceux du parlement. Boursier fut condamné quasi d'une voix à la mort le 4 de novembre, et à être appliqué auparavant à la question ordinaire et extraordinaire, pour savoir ses complices. Tous les conseillers y voulurent assister, contre ce qui a accoutumé d'être fait, soit pour complaire et paroître zélés, soit que, les preuves n'étant pas si entières qu'elles eussent dû être, ils désiroient tous savoir si à la question il diroit quelque chose qui confirmât la justice de leur jugement. Ce que l'on dit qu'il fit, et reconnut son crime, confessant la chose s'être passée selon qu'on l'avoit accusé.

Deux autres, qui avoient été des gardes de M. le prince, furent pris avec lui pour ce qu'ils le hantoient, mais n'ayant été trouvés coupables furent relâchés. Un des deux, nommé Vaugré, s'en alla à Soissons, espérant y être bien reçu, et là il fut pratiqué pour dire qu'on l'y avoit envoyé pour tuer le duc de Mayenne, comme nous verrons l'année suivante.

Cette accusation de Boursier fit qu'on se méfia davantage de M. le prince, et que, sur quelques soupçons que l'on eut que ses officiers, qui jusqu'alors lui avoient apprêté son manger et l'avoient servi, lui avoient mis quelques lettres dans un pâté, on les congédia tous, et ne fut plus servi que par ceux du Roi. Ensuite, le 24 de novembre, il fut mis dans un carrosse et mené à la Bastille, pour être plus assurément; et, le 19 de décembre, le comte de Lauzières, fils du maréchal de Thémines, en la garde duquel il étoit, fut changé, et du Thiers, qui commandoit à la compagnie des chevau-légers de la Reine-mère, eut ordre de le garder avec quelques-uns de ses compagnons.

Avant finir cette année il est raisonnable que nous disions ce qui s'est passé en Italie depuis le traité d'Ast, pourquoi il ne fut point exécuté, l'assistance que le duc de Savoie eut du côté de la France, et ce que Leurs Majestés firent pour acheminer les affaires à un accommodement.

Après le traité d'Ast, l'Espagne retira le marquis d'Inochosa de l'Etat de Milan, et y envoya don Pedro de Tolède; lequel, fondé sur ce que par ledit traité le Roi son maître n'étoit point obligé formellement à désarmer, non-seulement ne désarma point, quoique le duc de Savoie eût licencié son armée, mais leva de nouvelles troupes, donnant une juste jalousie audit duc de se vouloir prévaloir de ce qu'il étoit sans défense, et envahir ses Etats.

En ce même temps les Vénitiens étoient en guerre avec l'archiduc Ferdinand, à raison de quelques-uns de ses sujets de Croatie qui avoient, sur la fin de l'année précédente, fait quelques voleries, pour lesquelles les Vénitiens, n'en pouvant tirer raison dudit archiduc, étoient entrés en guerre avec lui.

L'armée de don Pedro de Tolède pouvant être employée contre eux comme contre le duc de Savoie, ils entrèrent en traité ensemble. Ils se promirent une mutuelle assistance contre les Espagnols, ensuite de laquelle les uns et les autres firent nouvelles levées de gens de guerre.

Le Roi, ayant avis de ce nouvel embrasement en Italie, y envoya M. de Béthune en qualité de son ambassadeur extraordinaire, au lieu du marquis de Rambouillet, pour essayer de les faire venir à un accommodement.

Les esprits sont irrités, l'orgueil est grand du côté d'Espagne et la présomption de ses forces; le courage ne manque point du côté du duc, ni la prudence de faire paroître d'en avoir du côté des Vénitiens. Diverses propositions sont faites; ils ne peuvent convenir, mais s'arrêtent sur des pointilles; le Roi est convié d'être de la partie, le duc de Savoie le semond de le défendre, selon qu'il y est obligé par le traité d'Ast, et dépêche au maréchal de Lesdiguières, afin que, sans attendre autre commandement de Sa Majesté, il lui envoie des troupes, comme il lui a été promis. Le maréchal de Lesdiguières passe à Turin, fait lever quantité de gens de guerre, leur fait passer les Monts, de sorte que le duc de Savoie se vit avec une armée de treize à quatorze mille hommes de pied, dont il y avoit dix mille Français, en état de se défendre contre celle de don Pedro de Tolède, bien qu'elle fût plus forte de la moitié. Ce qui lui fait plus de peine est le duc de Nemours, qui, s'étant, du commencement, chargé de faire quelques levées pour son service dans le Faussigny et le Génevois, tourna ses armes contre lui-même, non tant pour quelque nouveau sujet de mécontentement qu'il eût reçu, que pour l'ulcère que de long-temps il avoit dans le cœur, de ce qu'espérant hériter de ses biens il l'avoit premièrement, dès l'année 1611, empêché d'épouser mademoiselle d'Aumale, puis, sous une fausse amorce de lui faire épouser une de ses filles, lui faisoit couler les années les unes après les autres pour le faire vieillir sans se marier. Il fit alliance avec l'Espagne, passa en Franche-Comté où il leva des troupes, demanda passage par la France pour entrer en Savoie, ce qu'on ne lui voulut pas souffrir, sinon que ses gens passassent un à un comme faisoient ceux qui alloient au service du duc de Savoie : ce qui étoit ne rien promettre; car ceux qui alloient trouver le duc de Savoie passoient sûrement un à un, d'autant que partant de France ils entroient immédiatement en Savoie, qui étoit terre amie, au lieu que les autres entroient de France en Savoie comme en terre ennemie, et partant n'y pouvoient passer un à un sans rencontrer la mort au même passage. Le duc de Montéléon fit tant d'instances, et sut si bien représenter que les troupes du duc de Nemours étoient quasi toutes dissipées, et que cette permission, qu'il demandoit au nom de son maître, n'étoit que pour la réputation de leur alliance, qu'enfin il obtint ce qu'il désiroit. Un nommé Lassé, trésorier de France à Bourges, fut choisi pour porter le commandement au duc de Bellegarde de leur laisser le passage libre par la Bresse, et lui dire à l'oreille qu'on savoit très-bien que cela ne pouvoit porter préjudice au duc de Savoie, d'autant que ces troupes prétendues étoient si foibles qu'elles n'oseroient passer. Mais Lassé, qui fut gagné par l'ambassadeur de Savoie, ne dit pas le mot à l'oreille au duc de Bellegarde, lequel, pour ce sujet, n'obéit pas au commandement qui lui étoit fait; ce qui obligea le duc de Nemours de tenter le passage par la vallée de Cizery, où à peine il se présenta, que ses troupes s'enfuirent à la présence du régiment du baron de Sancy et de quelques autres régimens français, que le duc de Savoie envoya pour s'opposer à elles. Cette déroute fut suivie d'un traité entre les ducs de Nemours et de Savoie, le 14 de décembre, par lequel ils convinrent de tous leurs différends.

Le roi d'Espagne cependant faisoit faire plainte en France de l'assistance qu'on donnoit au duc de Savoie. Son ambassadeur représente qu'il est raisonnable de lui faire reconnoître qu'il doit quelque déférence aux deux couronnes, et qu'il ne va pas avec elles du pair; qu'il est prêt de lui accorder toutes les conditions qu'il plaira au Roi, pourvu qu'il paroisse que ce qu'il en fait est en considération de Sa Majesté, non qu'il y ait été contraint par l'audace dudit duc; et partant qu'il désiroit que Sa Majesté envoyât à Madrid un ambassadeur extraordinaire, lequel y recevroit incontinent entière satisfaction.

Leurs Majestés ne trouvèrent pas cette proposition déraisonnable, et jetèrent les yeux sur moi pour m'y envoyer. J'étois prêt à partir pour faire ce voyage, j'avois fait provision de beaucoup de gentillesses qui se trouvent en France pour donner, et mon équipage étoit déjà emballé, lorsqu'il plut au Roi m'appeler en la charge de secrétaire d'État qu'avoit M. Mangot.

Le comte de La Rochefoucauld fut destiné pour aller en ma place; mais les galanteries de la cour, qui possèdent l'esprit de ces messieurs, l'empêchant de partir au temps que la Reine désiroit, d'autant qu'il étoit engagé dans un ballet qu'il voulut danser, l'empêchèrent de partir du tout; car les brouilleries des princes s'échauffèrent contre le Roi, et nos propres affaires nous firent perdre pour lors la pensée de celles d'autrui.

En cette année mourut le premier président de Harlay, qui, étant né d'une maison qui est la première des quatre anciennes baronnies de la Franche-Comté, ne fut pas moins illustre par sa vertu, pour laquelle il fut premièrement choisi par Henri III pour aller présider aux grands jours de Poitiers, puis fut par lui-même honoré de la charge de premier président en sa cour de parlement de Paris, en laquelle il vécut de sorte que son nom y est encore en vénération. Il étoit si grave, que par son seul regard il retenoit chacun en son devoir. Lorsqu'une cause lui étoit recommandée par une personne puissante, il l'examinoit plus soigneusement, craignant qu'elle fût mauvaise puisqu'on y apportoit tant de précaution ; et dès qu'en une visite de civilité on lui parloit d'une affaire, il reprenoit son visage austère, et ne retournoit plus à parler familièrement. M. de Guise l'étant venu voir le jour des Barricades pour s'excuser de ce qui se passoit, il lui dit franchement qu'il ne savoit ce qui en étoit, mais qu'il étoit bien difficile qu'on en crût rien à son avantage, et que c'étoit une chose déplorable que le valet chassât le maître de sa maison. Quand Le Clerc, durant la confusion de la ligue, le mena avec le reste de la cour dans la Bastille, les uns et les autres faisant diverses plaintes, il ne proféra jamais une parole, mais s'en alla dans la prison avec la même gravité avec laquelle il avoit accoutumé d'aller au parlement, portant les menaces sur le front, et une courageuse fierté en la tristesse de son visage, qui le rendoit immobile contre le mépris et les injures de ces mutins.

Entre plusieurs exemples de son intégrité et de son courage inflexible en la justice, celui-là est remarquable, que le Roi ayant envoyé vérifier au parlement un édit qui ne lui sembloit pas juste, il s'y opposa de tout son pouvoir, et le Roi lui reprochant un don qu'il lui venoit de faire d'une grande place dans l'île du Palais pour y faire bâtir, il lui en rendit le brevet ; mais le Roi admirant sa vertu le lui renvoya peu après. A soixante-quinze ans étant devenu aveugle, le Roi lui permit de se défaire de sa charge, et d'en tirer 200,000 francs de récompense du président de Verdun. A quatre-vingts ans il mourut, plus plein d'années et d'honneur que de biens, que sa façon de vivre ne lui avoit pas donné lieu de laisser à ses enfans beaucoup plus abondans qu'il les avoit reçus de son père.

En la même année mourut aussi le cardinal de Gondy, frère du duc de Retz, créatures de la reine Catherine de Médicis, qui les éleva d'une très-basse naissance aux premières dignités de l'Eglise et de l'Etat. Il fut premièrement évêque de Langres, puis de Paris, et ensuite cardinal ; homme de peu de lettres, mais de bon sens, qui montra néanmoins combien il est difficile qu'un cœur étranger s'unisse avec la fidélité qu'il doit au prince auquel il est redevable de tout ce qu'il est, en ce que le roi Henri III, son bienfaiteur, étant blessé à mort, il l'abandonna à l'heure même, et se retira en sa maison de Noisy, sans l'assister en ce besoin, ni lui rendre les derniers devoirs auxquels il étoit obligé, quand bien il n'eût point reçu de lui tant de grâces dont il l'avoit rempli au-dessus de son mérite ; montrant bien la vérité de l'ancien proverbe, qu'il ne faut pas aimer les étrangers pour les éprouver, mais les éprouver avant que de les aimer. Il décéda âgé de quatre-vingt-quatre ans, et fut enseveli en l'église de Notre-Dame de Paris, en la chapelle où l'on voit les tombeaux de son frère et le sien, avec des inscriptions plus pleines de faste que de vérité.

LIVRE VIII (1617).

Le Roi envoie des ambassadeurs en Angleterre, en Hollande et en Allemagne, pour éclairer ces puissances sur la conduite des princes révoltés. — Le duc de Nevers continue ses préparatifs de guerre. — Messieurs du Maine et de Bouillon adressent au Roi des lettres où ils témoignent leur mécontentement. — Réponse du Roi à M. du Maine. — Déclaration du Roi contre M. de Nevers. — Réponse des princes au nom de M. de Nevers. — Nouvelle déclaration du Roi contre eux. — Armées levées pour les soumettre. — Le comte d'Auvergne assure au Roi plusieurs places du Perche et du Maine. — Les huguenots s'assemblent à La Rochelle malgré le refus qui leur en a été fait. — Déclaration des princes contre le maréchal d'Ancre et ses adhérens. — Peu d'effet qu'elle produit dans l'esprit des peuples. — Un arrêt du conseil réunit tous les biens des princes au domaine du Roi. — Succès du duc de Guise contre les révoltés. — Pareils succès obtenus en Berri et au Nivernais par le maréchal de Montigny, et dans l'Ile de France par le comte d'Auvergne. — Caractère du maréchal d'Ancre. — Comment il s'attira tant d'ennemis. — Son imprudence égale à son ambition. — Pourquoi il devient l'ennemi de Richelieu. — Celui-ci veut par deux fois se retirer des affaires ; la Reine-mère le retient. — Le maréchal d'Ancre forme le dessein de se remettre en possession de la citadelle d'Amiens. — Par quels moyens M. de Luynes aigrit l'esprit du Roi contre le maréchal, et le porte enfin à le faire arrêter. — Le baron de Vitry tue le maréchal. — Le Roi écrit dans les provinces pour calmer les esprits et annoncer qu'il veut prendre en main l'administration de ses Etats, à l'exclusion de tout autre. — Richelieu paroît au Louvre devant le Roi, en reçoit des paroles obligeantes, et par son ordre assiste au conseil. — Barbin est gardé chez lui. — La maréchale d'Ancre est arrêtée. — Le baron de Vitry est fait maréchal de France. — Opinion de l'auteur sur l'assassinat du maréchal d'Ancre. — Le corps du maréchal est exhumé par la populace qui l'accable d'outrages. — Présence d'esprit de Richelieu qui le sauve du danger qu'il court en passant le Pont-Neuf. — Le baron de Vitry est pourvu de l'office de conseiller au parlement. — Le Roi remet en charge tous les anciens officiers chassés par la Reine-mère. — Richelieu refuse de rester au conseil et veut suivre la fortune de la Reine. — Les nouveaux ministres se conduisent tout autrement que ceux qu'ils ont remplacés. — Les princes sont appelés et bien accueillis à la cour. — La Reine-mère est reléguée à Blois. — Le prêtre Travail projette d'assassiner M. de Luynes. Il est condamné à mort comme coupable d'avoir voulu assassiner la Reine. — Discours de cette princesse au Roi avant son départ. — Détails sur ce départ. — La maréchale d'Ancre est traduite devant le parlement. — Le Roi fait publier une déclaration en faveur des princes. — Pardonne à l'assemblée de La Rochelle et la congédie. — Remontrances de l'assemblée générale du clergé sur la situation malheureuse de l'Eglise du Béarn. — Un arrêt du conseil ordonne que l'exercice de la religion catholique sera rétabli dans ce pays, et que les biens du clergé seront rendus aux ecclésiastiques. — Les édits contre les duels sont remis en vigueur. — Arrêt du parlement contre la maréchale d'Ancre. — Principaux chefs sur lesquels elle est condamnée. — Sa résignation, son courage. — Naissance de Conchini. — Son élévation, son caractère. — Naissance de Léonore Galigaï. — Comment elle parvient à gagner la confiance de Marie de Médicis. — Sa santé et son esprit s'altèrent. — Causes de ses querelles avec son mari. — Richelieu est fait chef du conseil de la Reine-mère. — Sa prudence dans cet emploi. — Sa correspondance avec M. de Luynes. — Le Roi lui écrit qu'il est bien aise de la résolution qu'il a prise d'aller en son évêché, et lui commande d'y rester jusqu'à nouvel ordre. — Réponse soumise de Richelieu. — La Reine-mère se plaint au Roi de cet ordre. — Elle en écrit à M. de Luynes. — Presse Richelieu de revenir auprès d'elle. — Richelieu s'y refuse. — Il est relégué dans son évêché. — Pourquoi le maréchal de Vitry devient son ennemi. — Il compose un écrit contre la lettre des quatre ministres de Charenton. — Mortifications dont la Reine-mère devient l'objet. — On veut lui arracher l'aveu qu'elle s'est mal gouvernée dans l'administration des affaires de l'Etat. — M. le prince est transféré à Vincennes. — M. de Luynes se marie avec la fille du duc de Montbazon ; est fait lieutenant général au gouvernement de Normandie. — La correspondance entre Barbin et la Reine-mère passe sous les yeux de M. de Luynes. — Assemblée des princes protestans d'Allemagne à Hailbronn. — Le duc de Saxe fait célébrer les cent ans révolus depuis la première publication des hérésies de Luther. — Affaires d'Italie. — Succès du maréchal de Lesdiguières. — Traité de Pavie. — Assemblée des notables à Rouen. — Mort de M. de Villeroy. — Son caractère. — Mort de l'historien de Thou. — Son incapacité dans les affaires.

[1617] Le duc de Nevers étoit de gaîté de cœur entré si avant dans la rebellion toute ouverte l'année passée, et les princes et seigneurs ligués, qui, s'étant éloignés de la cour, eussent bien voulu procéder pour quelque temps avec plus de déguisement, lui étoient néanmoins si étroitement unis, et l'assistoient avec tant de passion, qu'ils ne se donnèrent pas le loisir d'attendre le printemps pour faire la guerre, mais la commencèrent avec l'année, au milieu de la rigueur de l'hiver.

Le Roi, pour prévenir les maux qui autrefois, en semblables occasions, étoient arrivés en ce royaume par l'assistance que les rebelles avoient reçue des princes étrangers, par les fausses impressions qu'ils leur avoient données contre les rois ses prédécesseurs qui régnoient lors, envoya en ambassade extraordinaire le baron du Tour vers le roi de la Grande-Bretagne, qui l'aimoit très-particulièrement pour avoir été ambassadeur près de lui lorsqu'il étoit roi d'Écosse, et qu'il vint à recueillir la succession du royaume d'Angleterre ; M. de La Noue en Hollande, où son nom et sa religion le rendoient agréable ; et le comte de Schomberg en Allemagne, où son père, qui en étoit et qui y avoit été en plusieurs ambassades par le feu Roi, lui donnoit plus de créance et de moyen de bien servir Sa Majesté.

Leur commission fut de dissiper les faux bruits qu'on faisoit courir contre le service du Roi dans les Etats et cours des princes où on les envoyoit, les informer de la vérité de ses actions, de la justice de la détention du prince de Condé, et de la patience de Sa Majesté, qui avoit été poussée jusqu'à l'extrémité par l'opiniâtreté et insolence des grands de son royaume, qui, abusant de sa clémence, ne pouvoient recevoir tant de grâces d'elle qu'ils ne commissent de nouveaux crimes ; et, bien que ces derniers les rendissent indignes du pardon qu'ils avoient reçu de leurs fautes premières, ils prétendoient néanmoins être maltraités si on ne les leur remettoit encore, en sorte qu'on leur laissât toujours le moyen de pouvoir récidiver, comme ils en avoient la volonté, et tenoient à sujet d'offense et de plainte les précautions dont Sa Majesté, en leur pardonnant, vouloit user afin de les retenir en leur devoir à l'avenir.

Et, d'autant que l'instruction que je dressai pour le comte de Schomberg explique fort particulièrement l'ordre qui lui fut donné, et justifie le mieux qu'il se peut toute la conduite du gouvernement de l'Etat depuis la mort du feu Roi jusqu'alors, joint que les princes d'Allemagne étoient ceux que principalement on considéroit, et du secours desquels le Roi avoit plus de sujet de craindre, j'ai cru la devoir mettre, non ici où elle pourroit être ennuyeuse, mais en note, pour la commodité du lecteur (1).

(1) *Instruction de M. de Schomberg, comte de Nanteuil, conseiller du Roi en son conseil d'Etat, lieutenant-général de Sa Majesté ès pays de Limosin, haute et basse Marche, pour son voyage d'Allemagne, 1617, signé de Richelieu.*

La première chose que M. le comte de Schomberg doit avoir devant les yeux est, que la fin de son voyage d'Allemagne est de dissiper les factions qu'on y pourroit faire au préjudice de la France, d'y porter le nom du Roi le plus avant que faire se pourra, et d'y établir puissamment son autorité.

Le duc de Nevers cependant donna des commissions pour faire des compagnies de chevau-légers dans son gouvernement, fait d'autres levées dans le Nivernais; il fait entrer des gens de guerre étrangers dans le royaume, les loge dans Mézières; il met dans Rethel jusqu'à mille

Cette fin posée, il faut voir quels moyens sont les plus prompts et les plus propres pour y parvenir.

En cet examen on trouvera les moyens proportionnés à cette fin de divers genres, les uns généraux, les autres particuliers : généraux, ceux qui peuvent servir pour toute l'Allemagne; particuliers, ceux qui, pour divers princes, doivent être divers. Les généraux doivent être encore de diverse nature, ou propres à détruire les mauvaises impressions qu'on a données en ces quartiers de la représentation des affaires de France, ou propres à établir une honorable et avantageuse créance; ou tels enfin qui seroient capables de produire tous les deux ensemble.

Les premiers consistent à faire perdre l'opinion que ceux qui sont du parti de M. le prince leur ont donnée, que sa capture a été faite sans légitime cause.

Ils consistent encore à faire connoître que c'est une pure calomnie, qui n'a autre fondement que la passion et l'imposture de nos ennemis, de dire que nous soyons tellement Romains et Espagnols, que nous voulions embrasser les intérêts, soit de Rome, soit d'Espagne, au préjudice de nos anciennes alliances, au préjudice de nous-mêmes, c'est-à-dire, ou de ceux qui font profession de la religion prétendue réformée en France, ou de ceux qui haïssent l'Espagne, et font particulièrement état de se dire bons Français.

Les seconds moyens généraux consistent à leur donner une bonne impression de notre gouvernement, leur justifier nos actions, quoique nous ne leur en devions aucun compte; et tout cela se fera facilement par la connoissance que l'on prendra de tout ce qui s'est passé en France depuis la mort du grand Henri, de glorieuse mémoire, par le discours qui en est fait ci-après.

Les troisièmes moyens généraux consistent en visites, complimens, civilités, assurances et témoignages d'affection, qui, d'ordinaire, sont du tout propres à dissiper les mécontentemens, faire perdre les mauvaises volontés, lier les gens de bonnes tout ensemble. Et, sur ce point, il ne faut instruction que celle que la courtoisie naturelle, la dextérité et l'esprit de celui qui les doit pratiquer lui donneront.

Seulement remarquera-t-on que, pour éviter toute jalousie, il ne faut apporter autre ordre aux visites qui se feront des princes et villes impériales, que celui que le chemin prescrira; et qu'une des choses les plus importantes à leur persuader, est que nous faisons un extrême cas de leur alliance, que nous avons un soin indicible de la conserver, et qu'en toutes occasions ils recouvreront notre assistance. Ce qui coulera dans leurs esprits, étant dextrement inséré dans les complimens qui leur seront faits, avec grand fruit, si, pour leur donner lieu de croire ce que nous leur promettons à l'avenir, on leur met en avant ce qu'en leur faveur nous avons fait par le passé; comme le roi Henri II a porté les armes en Allemagne pour la défense des princes, poursuivis à toute extrémité, Henri-le-Grand les a toujours protégés et favorisés, s'est étroitement uni avec eux par le traité de Hall, et de plus mettoit à sa mort une puissante armée sur pied, à la supplication d'aucuns de ces princes.

Quant aux moyens particuliers, ils sont divers, selon les divers intérêts des princes qui ont quelque chose à démêler avec nous. Les Mémoires présentés par leurs agens, instruiront de leurs prétentions, et les réponses que nous y avons apposées feront connoître ce que, pour les traiter favorablement, nous pouvons maintenant faire sur leurs demandes.

Après le parricide exécrable commis en la personne du grand Henri, d'immortelle mémoire, le 14 mai 1610, la Reine ayant été déclarée régente par le Roi son fils, séant en son lit de justice en son parlement, et aussitôt reconnue par un vœu commun des princes et seigneurs, des cours souveraines du royaume, en un mot de toute la France, le premier objet qu'elle se mit devant les yeux fut d'y maintenir la paix, et tenir tous les sujets du Roi attachés à sa personne, par les liens des faveurs et des bienfaits.

Pour parvenir à ces fins, elle fait renouveler l'édit de Nantes, ôte par ce moyen tout ombrage à ses sujets; elle rappelle M. le prince de Condé, et le retire d'entre les bras du roi d'Espagne, où, quelque temps auparavant, il s'étoit jeté, lui augmente ses pensions à son arrivée, lui fait de grands présens et le comble de biens; ouvre la main fort largement envers tous les autres princes et seigneurs, leur départ de grandes sommes de deniers.

Considérant que la force du prince est autant en son conseil qu'en ses armes, et voulant, en tout ce qui lui seroit possible, suivre les pas du feu Roi son seigneur, elle se sert de ceux qu'elle trouve avoir été par lui employés au maniement des affaires.

Cet établissement fait, comme elle pense jouir du repos dont jouissoit la France, repos si entier qu'on peut dire avec vérité qu'elle n'avoit aucun trouble que celui de son ennui et de ses larmes, il faut qu'elle prenne soin des affaires étrangères. La mort du duc de Clèves et de Juliers ayant été suivie d'une grande dispute pour sa succession, les parties qui la prétendent ont recours aux armes; elle exécute la résolution que le feu Roi avoit prise d'y interposer son autorité; elle y renvoie des forces, pour rendre les raisons avec lesquelles elle veut composer ce différend plus fortes et plus puissantes.

Venant à bout de son dessein, elle conserve, avec réputation à cette couronne, le glorieux titre que le grand monarque son époux lui avoit acquis, d'arbitre de la chrétienté.

Cette tempête étrangère n'est pas plutôt calmée, qu'un orage menace la France; mais incontinent elle assure la bonace, dissipant les mauvais desseins de plusieurs esprits factieux qui, pour profiter de nos malheurs, vouloient, en l'assemblée de Saumur, se porter à la guerre.

Ayant rompu ce coup, elle maintient toutes choses en paix, jusqu'au trouble commencé à Mézières, en la quatrième année de sa régence, trouble qu'elle étouffe en sa naissance par le traité de Sainte-Menehould.

Suivant son inclination qui la porte à la clémence, elle pardonne aux ennemis du Roi son fils; le dépouille de quelques-unes de ses places pour les en vêtir eux-mêmes; ouvre ses trésors, faisant en cela comme cet ancien, qui estimoit qu'on devoit donner pour le bien du peuple ce qu'on avoit amassé pour la même cause. Elle tâche de retenir ces esprits remuans avec des chaînes d'or; mais les mains ne sont plutôt vides des biens donnés pour acheter la paix, que le temps se couvrant de nouveau, présage encore la tempête. L'orage étant venu, elle ne perd point courage, ains, parce qu'elle s'étoit mal trouvée d'éviter le naufrage en cédant aux ondes, elle se résout de faire force, résister au temps, et s'opposer à la tourmente; et de fait, sa résolution fut suivie de tant de bonheur, que, marchant vers ses ennemis, elle les réduit par autorité à ce à quoi elle n'avoit pu les ranger par raison.

Le Poitou et la Bretagne nettoyés, elle ramène glorieusement le Roi son fils en sa ville de Paris.

La paix de la France étant de plus en plus affermie par ce voyage, la guerre s'allume en Italie; elle envoie pour l'éteindre, et elle est si heureuse qu'elle vient à bout de ce qu'elle entreprend.

Au même temps elle fait déclarer le Roi, son fils, majeur, fait republier les édits de pacification; et, ayant, peu auparavant, convoqué les Etats du royaume, pour régler les désordres de l'Etat, et remédier aux maux de ses sujets, elle travaille avec soin pour rendre le fruit de cette assemblée conforme à ses désirs : on la trouble en ce dessein par brigues, factions et menées, qu'elle rompit en tout ce qu'elle put.

Cette compagnie loue et remercie le Roi de ce qu'après sa majorité, il se déchargea encore de ses affaires sur sa vigilance; pour conserver la dignité du Roi, redemande la ville et château d'Amboise accordés à M. le prince, et les retire. Elle fait instance à Sa Majesté sur l'accomplissement du mariage projeté pour lui par le feu Roi son père, arrêté par la Reine sa mère, et tous les princes et seigneurs de son conseil. Le Roi agrée cette demande, et se résout de l'accomplir; tous les malveillans s'y opposent, et, pour venir à leurs fins, ils usent de toutes sortes d'artifices.

Le Roi part pour exécuter ce qu'il avoit résolu par l'una-

hommes de garnison, leur fait faire montre publiquement, fait travailler par corvées et contraintes aux fortifications de Château-Portien et Richecourt, fait provisions d'échelles, cordages, pics, pétards et autres choses nécessaires pour surprendre des places, fait levées de pionniers;

nime consentement de tout son royaume. M. le prince prend les armes; quelques huguenots et plusieurs catholiques, méconnoissans de leur devoir, se joignent à lui. On introduit les étrangers à main armée en France; on n'ouït plus parler que d'actes d'hostilités, de brûlemens de maisons, de violemens et de toutes autres inhumanités.

Le voyage du Roi est traversé par la maladie de madame sa sœur, qui donna loisir à ses ennemis de se grossir en telle sorte, qu'ils ont l'audace de se rencontrer au retour de Sa Majesté sur son passage.

Cependant elle vient à ses fins, son mariage s'effectue. Il passe à la vue de ses ennemis, qui subsistèrent, parce que, plein de clémence, il ne voulut pas les défaire, pour leur donner temps de revenir à résipiscence. Il s'arrête à Poitiers, il donne à Saint-Maixent, chasse ses ennemis, qui, pour éviter la rigueur de ses armes, ne trouvent sûreté qu'en leur fuite et à l'ombre des ténèbres. Etant matés et réduits à l'extrémité, il a pitié d'eux; il les reçoit à traiter avec lui; il achète leur foi plus de six millions qu'il leur donne pour les ranger à leur devoir; il donne, en outre, à M. le prince de Condé la ville et le château de Chinon, la ville et la tour de Bourges, le gouvernement et plusieurs autres places du Berry, le plus grande part du domaine par engagement. Ainsi il termine la guerre, conclut la paix, donne repos à son peuple, travaillé à outrance et mangé jusqu'aux os.

Les bonnes intentions de ces réformateurs paroissent, puisqu'au lieu de la décharge du peuple, qui servoit de prétexte à leurs mécontentemens, leurs appétits insatiables obligent à le surcharger; qu'au lieu de la remise de leurs pensions, qu'ils offroient pour le bien des affaires du Roi, ils en demandent augmentation, et exigent plus de six millions des plus clairs deniers de ses coffres.

Le Roi s'en revient à Paris; la Reine lui conseille de rappeler M. le prince auprès de soi, et ainsi approche près de Sa Majesté ceux qui avoient voulu s'en éloigner.

M. le prince revient, elle partage avec lui l'autorité que, sous le bon plaisir du Roi son fils, elle avoit aux affaires. Mais elle fait plus; elle s'en dépouille tout-à-fait pour l'en vêtir, se départant des conseils, et lui laissant l'entière direction des finances; chose aussi extraordinaire qu'inouïe. Cette obligation n'est pas plutôt reçue de M. le prince que méconnue.

A peine un mois se passe-t-il qu'on s'aperçoit qu'il est possédé par les mauvais esprits qui l'ont toujours porté à la ruine de la France; on s'aperçoit qu'il rend du mal pour le bien qu'il a reçu, désirant le gouvernement, semant mille bruits parmi le peuple, au désavantage de la Reine. Il passe outre; il se jette dans les premières factions, cabale tous les corps, tâche de s'acquérir toutes les compagnies de Paris.

A ces fins plusieurs assemblées se font de nuit, les ténèbres étant propres à couvrir la honte que les conspirations impriment sur le front de leurs auteurs : on pratique les curés et les prédicateurs; la foi publique est violée; Péronne est pris par les armes du sieur de Longueville, mais par les conseils de M. le prince et de ses adhérens.

Cette occasion ouvre les yeux à tout le monde. Lors l'apostume crève; la boue en paroît; plusieurs déchargent leurs consciences, s'accusent et témoignent leur reconnoissance. Un prince dépose, une princesse parle, deux ducs interviennent, un prélat déclare ce qu'il sait, plusieurs découvrent ce dont ils avoient connoissance, et tous concourent unanimement à faire connoître un pernicieux dessein contre le Roi, son Etat et sa couronne. On est assuré qu'on s'assure de gens de guerre. Enfin M. le prince parle, croyant sa faute découverte; il la confesse à la Reine, en la palliant le plus qu'il peut, dit que le Roi et elle lui doivent la vie, lui promet de ne faire aucune assemblée, et de rompre ce commerce factieux.

La Reine lui pardonne, se résout d'oublier tout ce qui s'est passé. Mais comme elle apprend, par preuves si certaines qu'il est impossible d'en douter, que sa reconnoissance n'étoit que des lèvres, qu'il faisoit de nouvelles assemblées nocturnes, qu'il étoit résolu, comme auparavant, de s'emparer de la personne du Roi son fils et d'elle, la nature ne lui peut permettre de souffrir davantage; elle montre qu'elle est mère, elle montre qu'elle est reine, se résolvant d'un courage royal de garantir son fils, en s'assurant de ceux qui le veulent perdre.

Elle arrête M. le prince à ce sujet, et, sans faire injure à sa personne, procure un bien à tout l'Etat, rompant par ce moyen ces pernicieux desseins.

A cet arrêt, quelques autres princes et seigneurs, conseillés par la crainte ou par leurs consciences, se retirent de la cour, s'émeuvent, font rumeur. La Reine, sans s'éperdre, conseille au Roi son fils de se mettre en état de les pouvoir ranger par force, puis de leur tendre les bras, et les recevoir à reconnoissance, si, innocens, ils se justifient, ou si, coupables, ils ont recours à sa miséricorde. Pour cet effet, le Roi va en son parlement, fait sa déclaration sur tout ce qui s'étoit passé; donne part à tout le monde, quoiqu'il ne dût point, des raisons qui l'avoient forcé à cette résolution; promet d'entretenir le traité de Londun absolument, offre sa grâce à tous ceux qui s'étant rendus coupables par leur fuite, la mériteroient par un prompt retour.

Plusieurs personnes s'interposent; eux se plaignent de ce procédé, blâment cet arrêt, quoique loué de tous les bons, estimé de tous les étrangers, et même approuvé de M. le prince, personne plus intéressée, qui, touchée de sa conscience, confesse ingénument qu'on s'assurant de sa personne, on assure la personne du Roi.

On leur offre toutes sûretés, ils les acceptent; le Roi oublie leur retraite, et tout ce qui s'étoit passé; Leurs Majestés les reçoivent en leurs grâces, comme si elles n'avoient reçu aucun sujet d'offense.

Tout étant apaisé, on est étonné que M. de Nevers, qu'on n'avoit point connu tremper à ces factions, mécontent de quelque rencontre entre un gouverneur et lui, se licencie en paroles peu respectueuses envers la Reine, désavantageuses pour le Roi.

On est étonné qu'il se laisse aller à des actions qui excèdent les bornes de ce que peut un sujet en un Etat souverain, de ce qu'il doit envers son prince; il fait provision d'armes, s'assure de gens de guerre, en met sur pied quelques-uns, grossit ses garnisons, munit ses villes.

On apprend de toutes parts qu'on répand des bruits séditieux parmi les peuples.

Sur cela on ouvre les yeux de nouveau; le Roi se résout, par l'avis de tout son conseil, d'envoyer des forces sur les lieux où les désordres se commettent, non tant pour faire mal à personne, comme pour empêcher qu'il n'en arrive. Il envoie des commissaires en ses provinces émues, pour, informant de ceux qui se dévoient de leur devoir, après une exacte connoissance, y apporter les remèdes requis.

Voilà un simple récit, et comme un tableau raccourci du gouvernement avec lequel cet Etat a subsisté depuis six ans.

Ceux qui n'ont rien devant les yeux qui leur empêche de voir et discerner les choses telles qu'elles sont, ni à la volonté qui les porte contre leur connoissance, y trouvent fort peu à redire, si ce n'est en ce que le malheur du temps, ordinaire à la foiblesse des minorités, y a introduit, sans qu'on y pût apporter remède.

Mais quelques malaffectionnés, semblables aux estomacs empoisonnés qui convertissent en leurs meilleures substances, y remarquent beaucoup de choses qui, bien considérées, méritent louange, au lieu d'être imputées à blâme.

La première action qu'ils censurent est le mariage d'Espagne, qu'ils mettent en avant comme une hydre à plusieurs têtes, puisque de là s'ensuit, à leur compte, la division de la France, la rupture des anciennes amitiés, le mépris des alliances étrangères de l'Angleterre, de l'Italie et de l'Allemagne.

La deuxième est la profusion des finances.

La troisième, où ils trouvent à reprendre, est la fortune de quelques étrangers.

La quatrième, et la dernière, est la capture de M. le prince de Condé, si clairement justifiée par ce que nous avons dit, que ce seroit chose superflue d'en reparler encore ci-après.

le tout sans ordre ni permission du Roi. Il écrit des lettres aux villes qui décrient le gouvernement, fait ruiner un des faubourgs de Mé-

> Par ces chefs artificieusement déguisés et publiés, ils décrient le gouvernement, qui toutefois bien considéré, paroîtra aussi digne qu'ils se rendent infâmes, après que nous aurons coupé toutes les têtes de l'hydre proposée.
> Pour faire approuver l'alliance entre la France et l'Espagne, je ne mettrai point en avant que c'est chose ordinaire à ces deux États de s'unir par mariage, l'histoire en contenant quantité d'exemples dont les plus signalés sont : celui de Charlemagne, marié avec Galliene, fille du roi de Tolède; de Louis VII avec Constance, fille du Roi d'Espagne et de Gallice Alphonse; de Louis VIII avec Blanche, fille du roi de Castille, auquel mariage nous devons la naissance de Saint-Louis et de tout le bien de la régence de sa mère; de Philippe-le-Hardi, fils aîné de Saint-Louis, avec Isabelle, fille du roi d'Arragon; de François I avec Eléonore, sœur de l'empereur Charles V; de Charles IX avec Elisabeth d'Autriche, fille de l'empereur Maximilien et petite-fille de Ferdinand, roi d'Espagne.
> Je ne dirai point que l'inimitié des grands se pacifiant le plus souvent par alliance, ce mariage étoit utile pour affermir la paix entre ces deux États. Je ne produirai point qu'il restoit à cette monarchie, assurée de tous ses voisins, de s'assurer par alliances à cette couronne, afin que , n'ayant rien à craindre du dehors, elle eût plus de moyens de venir à bout de ceux qui la voudroient troubler dans le royaume.
> Je ne représenterai point que déjà nous avons tiré ce bien des mariages, qu'ils ont, pour le moins, ôté à ceux qui ont troublé le repos de la France, les moyens de se prévaloir d'Espagne, qui auparavant s'étoit souvent portée à fomenter nos divisions, et même à les faire naître.
> Il suffit, pour fermer la bouche à tous ceux qui les condamnent, pour les justifier et faire approuver de tout le monde, de faire connoître qu'ils avoient été projetés et désirés par le feu Roi; qu'ils ont été agréés par les princes, seigneurs et officiers de la couronne, traités par M. le duc de Mayenne, loués et requis par les trois ordres du royaume, communiqués au roi d'Angleterre par M. le duc de Bouillon, et aux autres princes, républiques et alliés de cette couronne, par les ambassadeurs résidens près de leurs personnes, et enfin heureusement accomplis; et qu'au lieu de la guerre sanglante à laquelle on disoit qu'ils étoient destinés, ils ont été suivis d'une paix générale par toute la France; laquelle Leurs Majestés désirant sur toutes choses, conserver à leurs peuples, comme elles font assez connoître, il n'y a point d'occasion de craindre qu'elles se portent, contre leur parole et les édits du feu roi Henri-le-Grand, à aucune chose qui la puisse altérer.
> Et ne sert de rien de mettre en avant l'humeur entreprenante de l'Espagnol, puisque, sans approfondir leurs intentions et leurs desseins, c'est nous faire tort de croire que nous ne puissions conserver la nôtre, et nous garantir de ceux qui justement nous doivent craindre.
> Au reste, c'est avec terreur panique qu'on appréhende que l'alliance de ces deux couronnes sourde la division de la France; nul ne croira aisément qu'un homme brûle sa maison pour faire plaisir à son voisin; que pour aimer autrui, on veuille se haïr et se perdre soi-même.
> Les diverses créances ne nous rendent pas de divers États divisés en foi; nous demeurons unis en un prince, au service duquel nul catholique ne s'aveugle d'estimer, en matière d'État, un Espagnol meilleur qu'un Français huguenot. Il se trouvera véritablement division non en ce monde, mais en l'autre, non produite par le mariage de France et d'Espagne, mais par la diversité de nos religions. Si ce mariage contenoit aucun article contraire aux édits de pacification, on auroit sujet de le craindre; mais cela n'étant pas, au contraire depuis que les articles en sont signés et arrêtés, depuis qu'il est fait et accompli, les édits ayant été renouvelés par quatre fois, à la mort du feu Roi, à la majorité, à Bordeaux et à Loudun, quoique ceux de la religion eussent grandement offensé le Roi, joignant leurs armes contre Sa Majesté à celles des rebelles, quel sujet a-t-on d'appréhender qu'il apporte du trouble en ce que le feu roi Henri-le-Grand a établi pour l'union de ses sujets?

zières pour se préparer à se défendre si on l'assiège, fait prendre le prévôt provincial de Rethelois avec quelque-uns de ses archers pri-

> quelle occasion ceux de la religion prétendue réformée ont-ils de se plaindre, leurs édits étant, sous ce règne, renouvelés et confirmés plusieurs fois, leurs pensions augmentées et payées, nonobstant toutes nécessités? eux assistés même contre les plus ardens et pressans catholiques, comme le différend des Rochelois et de M. d'Epernon le justifie, enfin favorisés jusqu'à ce point, qu'on peut dire à leur occasion beaucoup d'entreprises être impunies?
> Il ne faut pas oublier d'insinuer comme nous renvoyons les Espagnols qui sont auprès de la Reine; ce qui justifie clairement le dessein que nous avons de nous rendre Espagnols en France.
> Au reste, il faut prendre occasion de leur témoigner, à notre profit, que nous ne désirons point l'avancement d'Espagne; nous offrons, quoique discrètement, à les assister contre les pratiques que le Roi d'Espagne fait pour faire tomber, avec le temps, les couronnes de Hongrie et de Bohême, celle du Roi des Romains, et l'impériale, sur la tête d'un de ses enfans. Et pour leur rendre preuve de notre affection, et leur faire voir que nous n'avons aucun dessein que le bien de l'Empire, il sera bon de leur déclarer que nous ne prétendons autre chose que de concourir avec eux pour faire tomber ces couronnes à celui qu'ils estimeront plus agréable à Sa Majesté Impériale, et plus utile à la chrétienté.
> Ce mariage ne pouvant donner d'ombrage par aucune condition qui soit insérée en ses articles, y a-t-il sans doute que si on a sujet d'en prendre, c'est à cause que l'alliance d'Espagne est d'elle-même odieuse et préjudiciable à la chrétienté. En ce cas, l'Angleterre, qui nous blâme tant, mérite d'être condamnée à bien plus juste titre que nous, puisqu'elle recherche avec passion la même alliance que nous avons reçue. Ce mariage doit aussi peu donner d'ombrages aux protestans étrangers comme aux français, puisqu'autres sont les intérêts d'État qui lient les princes, et autres les intérêts du salut de nos âmes, qui, nous obligeant pour nous-mêmes à vivre et mourir en l'Église en laquelle nous sommes nés, ne nous astreignent au respect d'autrui qu'à les y désirer, mais non pas à les y amener par force et les contraindre.
> Plusieurs chrétiens ont été tellement unis avec des mécréans, que leurs armes n'ont jamais été séparées aux conquêtes de ce monde, bien qu'en celles qu'ils prétendent au ciel ils fussent divisés.
> Depuis que l'erreur est glissée en l'Europe, en Angleterre, et même parmi nous, ces couronnes ont été étreintes d'un même lien. Philippe, roi d'Espagne, ayant épousé Elisabeth, fille du roi Henri II; ces deux Rois étant grandement puissans, Henri belliqueux de sa nature, et ennemi des huguenots ; la couronne d'Angleterre possédée par une femme, les catholiques puissans en son pays; l'Ecosse étoit à la France par le mariage de François, dauphin, et Marie Stuart; les huguenots étoient foibles partout, n'occupoient nulle province en Flandre, nulle en France, la liberté des consciences étoit interdite; et cependant tant s'en faut que ces deux couronnes se servissent de leur union contre la Reine d'Angleterre et autres pays voisins, qu'au contraire les huguenots en France se rebellèrent contre leur Roi, et en Flandres contre leur prince, et en l'Ecosse contre la Reine.
> Tout ce que nous désirons est de nous conserver en sorte qu'on ne fasse point d'entreprises sur nous. En ce cas, nous ferons voir que nul ne nous passe à désirer entretenir les anciennes alliances dont nous avons toujours fait un extrême cas.
> N'apparoit-il point en ce que nous avons désiré de nous unir de nouveau à l'Angleterre par le nœud qui étreint l'Espagne avec nous? Il paroit, par les conditions que nous avons affectées pour cette fin, que nous désirons véritablement cette alliance, et par le procédé des Anglais, qui se sont retirés de leur poursuite pour en commencer de nouvelles en Espagne, comme ils font, qu'il y a de l'artifice, pour ne dire malice, en leur fait, de nous vouloir rendre odieux, par ce qu'ils recherchent avec instance pour se rendre recommandables.

sonniers, en fait autant à un appelé Charlot, habitant de Mézières, et lui fait écrire à son fils, qui étoit un des juges de Mondejous, prisonnier pour avoir porté les armes contre le service de Sa Majesté, qu'il recevroit le même traitement dans la citadelle de Mézières qui seroit fait audit Mondejous.

Est-ce mépriser les anciennes alliances pour l'Espagne, que d'entretenir aux Etats, pour leur conservation, quatre mille hommes de pied, quoique nous ne fussions obligés par le traité de les entretenir que pour deux ans? Ne pouvons-nous pas nous contenter de savoir que l'une des dernières marques de bienveillance du feu Roi étoit de leur avoir fait don de dix-sept millions tout d'une fois?

Est-ce mépriser les anciennes alliances, que de penser à la continuation des trêves qui sont entre eux et l'archiduc d'Autriche? de donner à la république de Genève vingt-quatre mille écus de pension payés en toutes nos nécessités, et pour l'entretenement de leur garnison nécessaire à leur conservation?

Est-ce mépriser nos anciennes alliances d'Allemagne, que de mettre une armée sur pied pour composer le différend survenu sur le sujet de Clèves et Juliers? Le traité intervenu à Kempen, à la poursuite et par l'autorité de la France, témoigne-t-il le mépris? S'il n'est exécuté, à qui en est la faute, qu'à ceux qui, possédant comme en dépôt ce qui est contesté, ne veulent point s'en désemparer pour convertir à succession de temps leur possession en titre? N'ont-ils pas forgé les difficultés eux-mêmes pour venir à leurs fins? La France n'a-t-elle pas offert de se rendre garante du traité avec l'Angleterre? N'en a-t-elle pas renouvelé souvent les poursuites, comme elle fait encore maintenant?

Est-ce mépriser nos anciennes alliances en Italie, que de prendre les armes pour empêcher que le duc de Savoie n'opprime celui de Mantoue; que d'intervenir par après pour empêcher que l'Espagne, qui se met en jeu, ne perde le duc de Savoie?

La conclusion du traité d'Ast témoigne-t-elle peu de soin au bien de nos voisins? Si le traité n'est suivi de fruits, les entremetteurs en sont-ils la cause? Si les parties ne sont pas si libres à tenir les conditions auxquelles elles s'obligent, comme à les promettre, ceux qui auront reçu les paroles seront-ils réputés coupables, si, depuis, ils coulent quelque article obscur en leurs traités, pour, les interprétant à leur mode, avoir fait de ne s'en dédire honnêtement quand ils voudront, comme il est arrivé en cette occasion, à qui s'en doit-on prendre? L'Espagnol s'oblige à lever au duc de Savoie l'ombre des ses armes; le duc prétend cet article un désarmement entier; l'Espagnol soutient son intention n'avoir jamais été de s'obliger à cette condition, devons-nous être responsables de tels artifices? N'est-ce pas assez que Sa Majesté s'entremette de nouveau, comme elle fait, pour accorder cette contestation? Ne satisfait-elle pas en ce qu'on estime qu'elle doive au duc par amitié, en permettant à ses sujets de l'assister librement, que toute son armée en est composée? Vingt mille hommes, est-ce un foible secours à un prince? Qu'avons-nous fait, ce que l'on estime qu'envers ce prince nous contrevenions aux lois de notre alliance? Permis un passage au duc de Nemours, mais comment? avec telle manière, que notre permission lui seroit inutile; quand l'ambassadeur de Savoie le consent, jugeant avant nous qu'en cela nous obligerons l'Espagne sans bourse délier, son maître n'en pouvant recevoir aucun préjudice.

On remarque bien ce qu'en apparence on peut bien dire contre nous, mais non ce qui nous justifie en effet; on n'a pas des sujets de plainte, et passe-t-on sous silence ce pourquoi légitimement on nous doit bien action de grâces.

Au reste, où est l'Anglais, l'Allemand, le Hollandais et le reitre qui se trouve en l'armée du duc de Savoie? Cependant ce sont ces nations qui nous blâment faisiblement, la vérité faisant en cela comme celui qui, étant sur le bord d'une rivière, assiste de paroles son ami qui se noie, et blâmeroit grandement celui qui, pour le sauver, se met en péril de se noyer avec lui.

Est-ce mépriser nos anciennes alliances en faveur de l'Espagne, que d'accorder aux Vénitiens le passage des Grisons, qu'ils ne peuvent avoir sans nous, et sans lequel l'archiduc de Grets auroit contre eux de très-grands avantages?

Est-ce maltraiter cette république, de non-seulement lui rendre ce passage libre, mais encore de lui permettre alliance avec les Grisons, afin que, par après, sans notre entremise, elle puisse jouir de ce passage, qu'ils ne peuvent avoir sans nous, en l'état où nous l'avons mis maintenant? Si souffrir préjudice pour favoriser autrui est mépris, nous méprisons nos alliances; et, qui plus est, nous sommes résolus de les mépriser toujours ainsi, pour leur donner, par ces mépris, non sujet de plainte, mais de satisfaction et de contentement. Il paroit par là que nos alliés ont tout sujet d'être contens de nous; maintenant il faut voir si nous pourrons contenter ceux qui sont mécontens de nos dépenses.

Le bon ménage de l'épargne du feu Roi nous laissa, lorsqu'il nous fut ôté, cinq millions dans la Bastille, et entre les mains du trésorier de l'épargne, sept à huit autres millions qu'il destinoit pour la solde de l'armée qu'il avoit mise sur pied, en intention d'augmenter les bornes de sa gloire, qui n'en pouvoit recevoir d'autres que celles de tout l'univers.

L'incertitude en laquelle ce funeste accident nous laissa, requérant qu'on assurât les affaires par le contrepoids de quelques forces, on fut contraint d'employer une partie de ces finances à maintenir, pour quelques mois, grand nombre de gens de guerre qui, auparavant, avoient été levés; de telle sorte que cette dépense, les funérailles du Roi et le couronnement de la Reine, dont les frais n'étoient payés, amoindrirent d'abord de beaucoup ces réserves.

Après la mort de ce grand prince, qui étoit la vraie règle de l'Etat, il fut impossible d'empêcher que le déréglement ne vînt jusqu'au point que plusieurs, mesurant leurs mérites par leur ambition, n'eurent point de honte de demander et poursuivre instamment ce qu'ils n'eussent osé souhaiter de son vivant. Ils se servent de la nécessité du temps, ils s'offrent à servir, mettent en avant qu'ils peuvent desservir, font enfin clairement connoître qu'ils ne se porteront point à leur devoir qu'à condition avantageuse, enfin ce gouvernement en telle sorte, que ceux même qui avoient assisté le Roi en l'amas de ses finances, conseillent la Reine de s'accommoder au temps, ouvrant ses mains et donnant largement à tout le monde.

Suivant ces conseils, elle augmente les pensions et les entretenemens des princes, des seigneurs, des vieux serviteurs; elle en donne de nouvelles; elle grossit les garnisons de ses places, tant pour le contentement de ceux qui les gardent que pour la sûreté de son Etat; entretient beaucoup plus de troupes qu'elle n'avoit accoutumé: l'augmentation de ces pensions monte chaque année à trois millions, l'une portant l'autre. L'état des chevau-légers et régimens entretenus est maintenant à trois mille trois cent mille livres, au lieu qu'en l'année 1610, ils n'étoient que de quinze cent mille livres. Elle fait quantité de dons; et ainsi par avis et conseil, sans accroître sa recette, ains la diminuant de deux millions cinq cent mille livres sur le sel par chacun an, elle augmente tellement sa dépense, que si on prend une exacte connoissance, on nous louera plutôt de voir l'Etat auquel nous sommes, après tant de dépenses nécessaires, qu'on nous blâmera de les avoir faites.

M. le prince reçut, en six ans, trois millions six cent soixante mille livres; M. et madame la princesse de Conti, plus d'un million quatre cent mille livres; M. de Guise, près d'un million sept cent mille livres; M. de Nevers, un million six cent mille livres; M. de Longueville, un million deux cent mille livres; messieurs de Mayenne père et fils, deux millions tant de mille livres; M. de Vendôme, près de six cent mille livres; M. d'Epernon et ses enfans, près de sept cent mille livres; M. de Bouillon, près d'un million de livres.

Tous les maréchaux de France, dont le nombre fut accru de la moitié, reçurent quatre fois autant qu'ils avoient auparavant, leurs pensions étant augmentées à chacun de vingt-quatre mille livres, qui, en six ans, disent pour chacun cent quarante-quatre mille livres, et pour huit qu'ils ont toujours été, l'un portant l'autre, un million cent cinquante-deux mille livres.

Messieurs du Maine et de Bouillon, pour donner à connoître qu'ils sont unis avec lui, témoignent au Roi leur mécontentement par des lettres qu'ils écrivent à Sa Majesté. Le duc de Bouillon fait semblant d'avoir crainte que Sa Majesté veuille abandonner sa protection, et proteste d'employer pour sa défense ce que lui et ses parens ont de bien et de crédit. Le duc de Mayenne ayant fait solliciter Vaugré, dont nous avons parlé ci-devant, de dire qu'on l'avoit envoyé de Paris exprès pour attenter à sa vie, se plaint qu'on envoie des assassins pour le faire tuer, et exagère sa misère, disant qu'on le veut bannir hors du royaume sous prétexte d'une charge honorable dont l'on fait semblant de le vouloir honorer en Italie; représente les services de son père, d'avoir, durant les guerres civiles, conservé l'Etat en son entier, et sa fidélité, qu'il veut faire passer pour être sans tache et ne mériter une telle punition qu'il reçoit. Le Roi lui fit réponse, par le baron de Lignières qui lui avoit porté la lettre, qu'il ne tiendroit qu'à lui qu'il n'eût raison du crime de celui qu'il disoit avoir attenté à sa vie, puisqu'il avoit fait ordonner par son parlement que le procès seroit fait à Vaugré dans Soissons, où il le tenoit entre ses mains, et par après mené à Paris pour y recevoir la peine due à l'énormité de cet attentat s'il en étoit trouvé coupable. Pour la charge dont il parloit, qui est celle de général d'armée des Vénitiens, qu'il sait bien, en sa conscience, que c'est à son instante supplication qu'il a employé son nom pour la lui faire obtenir, et que son autorité royale est telle que personne ne sera jamais persécuté en son royaume pour en sortir, Sa Majesté étant assez puissante pour empêcher qu'aucun de ses sujets n'en persécute d'autres.

Quant aux actions de son père, que l'intégrité de ses dernières fait perdre à Sa Majesté la mémoire des premières qu'il a souvent condamnées lui-même; et quant aux siennes, qu'il ne sait pas comme il peut appeler innocente celle du refus qu'il a fait au lieutenant général de Soissons de le recevoir en la ville de sa résidence pour exercer la justice, non plus que les levées des gens de guerre qu'il a faites depuis peu pour grossir ses garnisons, non-seulement sans la permission de Sa Majesté, mais contre son commandement; que Sa Majesté ne sait pas ce qu'il peut tenir pour crime s'il appelle ces deux actions innocentes, et qu'il n'y a personne dépouillé d'intérêt et de passion, qui ne les juge du tout contraires aux lois divines et humaines,

Six autres ducs ou officiers de la couronne reçurent même gratification, augmentant en six ans la dépense de huit cent soixante-quatre mille livres.

Par là il est aisé de voir comment on a épuisé les trésors de la France, puisque onze ou douze articles en faveur des grands de l'Etat emportent près de dix-sept millions, sans y comprendre ce qui leur a été payé de gages et appointemens de leurs charges, des deniers du taillon pour leurs compagnies de gens d'armes, de l'extraordinaire des guerres pour les garnisons de leurs places, sans y comprendre, enfin, les troubles causés par aucuns d'eux; troubles qui nous ayant contraint à prendre par trois fois les armes, nous ont apporté, de compte fait, plus de vingt millions de dépense extraordinaire.

Cela considéré, accusera-t-on Leurs Majestés d'avoir dissipé leurs deniers? Ne reconnoîtra-t-on pas clairement que si la France est engagée, c'est pour les dépenses qu'on a été contraint de faire pour ses propres enfans? Si ceux qui sont spécifiés ont reçu tant de bienfaits, qu'ont fait les autres? Ils ne se sont pas endormis à demander, ni à obtenir; par conséquent les nécessités n'ayant pas permis de donner seulement à ceux qui ont servi, mais, en outre, contraint Leurs Majestés d'accorder à la plupart de ceux qui leur ont demandé, comme il paroit en ce que la crue des pensions dont nous avons parlé en général, celle des princes et seigneurs étant défalquée, reviennent, pour les six ans passés depuis la mort du feu Roi, à dix-sept millions; celle des gens de guerre entretenus à plus de neuf millions, et les dons départis aux uns et aux autres, sans parler des ceux des grands ci-dessus mentionnés, à des sommes qu'à peine les pourroit-on croire.

Si le feu Roi, à qui il étoit libre d'être retenu en ses dépenses, à cause de son absolue autorité, n'a pas pu, en dix ans de pleine paix, amasser, outre le paiement de quelques dettes, que treize ou quatorze millions, est-ce merveille si, en dix ans, agités de plusieurs troubles, où la foiblesse et le malheur du temps nous ont obligés à avoir continuellement les mains ouvertes, nous nous sommes engagés de quelque chose?

Nul ne fera jamais tant avec si peu qu'on a fait en ce temps; jamais vaisseau ne résistera à si grande tempête, avec moins de bris qu'on a remarqué au nôtre.

Après ce compte exact de nos dépenses, qui ne connoîtra l'aveuglement et la passion de ceux qui imputent les misères et les nécessités de cet Etat à l'avancement de quelques personnes étrangères? Qui ne reconnoîtra que le blâme le gouvernement, qui doit être blâmé; tel se plaint à cette occasion, de qui on doit se plaindre; que tel improuve les dépenses, qui sait en sa conscience qu'elles sont faites pour lui. Enfin, que beaucoup savent en ce sujet ce qu'ils ne disent pas, et disent, qui plus est, ce dont ils savent le contraire.

Ce n'est pas chose étrange qu'un étranger fasse fortune hors de son pays; qu'en cet état telles personnes puissent être élevées aux honneurs et aux charges. L'histoire en produit tant d'exemples, qu'au lieu d'avoir peine à en trouver, on en fournira à faire choix de ceux dont on veut se servir. Celui dont on parle est bien loin du degré de l'avancement où beaucoup d'autres sont parvenus. Il est seul étranger élevé; étranger tellement Français, qu'il ne fait part de sa fortune à aucun autre que Français. Combien des meilleures maisons de ce royaume avancées par son entremise? Où est celui qu'on ne voit point chargé des bienfaits de son maitre, qui n'est point obligé de Leurs Majestés?

En Angleterre tous les Ecossais sont avancés, et nul Anglais; en France un seul étranger l'est, et tous les Français. Quel sujet y a-t-il en cela de plainte? S'il y en a, c'est de ceux qui les font, et non de ceux qui elles sont faites; pouvant dire avec vérité, pour clore ce discours en trois mots, le gouvernement avoir été tel, que si on le considère sans passion, on ne trouvera rien à répondre à cet article, ni de plus en aucune autre chose, si ce n'est pour y voir trop de clémence sans rigueur, et trop de bienfaits sans châtiment. RICHELIEU.

L'instruction baillée à M. Miron, allant en Suisse, 1617, signée pareillement de Richelieu, étoit toute semblable, à la réserve qu'elle ne commençoit qu'à ces mots: *Après le parricide exécrable commis en la personne*, etc; et que l'on avoit retranché quelques lignes vers le milieu, à savoir depuis ces mots: *Il ne faut pas oublier d'insinuer comme nous envoyons*, etc., jusqu'à ceux-ci exclusivement: *Ce mariage ne pouvant donner d'ombrage*, etc.

qu'elle sera aussi soigneuse d'observer comme de les faire garder aux autres.

Mais toutes ces lettres du Roi étant inutiles, pource qu'il n'avoit pas affaire à personnes qui manquassent de connoissance de leur faute, mais de volonté de s'amender, Leurs Majestés se résolurent d'apporter des remèdes assez puissans à ces maux, qui étoient à l'extrémité. Elles considérèrent que c'étoit la quatrième fois qu'ils se soulevoient et excitoient des tempêtes dans l'Etat, qu'ils n'avoient reçu nul sujet de mécontentement depuis le traité de Loudun quand ils recommencèrent leurs pratiques, qu'ils n'en ont eu non plus depuis le dernier accommodement de Soissons, qu'il est aisé de le voir aux prétextes qu'ils prennent, lesquels sont imaginaires, que ses finances sont épuisées des grands dons qui leur ont été faits depuis la mort du feu Roi jusqu'à présent;

Que M. le prince a reçu depuis six ans 3,665,990 l.; M. le comte de Soissons, et, après sa mort, M. son fils et madame sa femme, plus de 1,600,000 livres; M. et madame la princesse de Conti, plus de 1,400,000 livres; M. de Longueville, 1,200 tant de mille livres; messieurs de Mayenne père et fils, 2,000,000 tant de mille livres; M. de Vendôme, près de 600,000 livres; M. d'Epernon et ses enfans, près de 700,000 livres; M. de Bouillon, près de 1,000,000, sans y comprendre ce qui leur a été payé des gages et appointemens de leurs charges, des deniers du taillon pour leurs compagnies de gens d'armes, de l'extraordinaire des guerres pour les garnisons de leurs places, outre les pensions et autres dons qu'ils ont fait accorder à leurs amis et domestiques;

Que toutes ces gratifications immenses n'ont de rien servi, au contraire semblent avoir donné occasion à leur malice de recommencer les mêmes soulèvemens, espérant d'en tirer toujours, par ce moyen, les mêmes avantages; outre que les dépenses extraordinaires qu'il a fallu faire pour s'opposer à leurs rebellions, ayant coûté de compte fait plus de vingt millions, ils espèrent enfin tellement épuiser les finances du Roi, qu'il n'ait plus le moyen de les empêcher de partager entre eux son royaume;

Que les dissimulations et déguisemens de paroles qu'ils apportent sont pour le surprendre, et encore pour faire croire aux simples que ce n'est qu'à l'extrémité et par force qu'ils entrent en guerre; que Sa Majesté, par sa prudence, s'est garantie de la surprise; quant aux peuples, qu'ils sont tous détrompés, et n'y a plus personne en ce royaume qui ne connoisse que ces princes, ne respirant en apparence que le bien de l'Etat, par leurs effets lui procurent tout le mal qu'ils peuvent (1).

Leurs Majestés ayant considéré toutes ces choses, crurent qu'étant dans un temps où le malheur du siècle et de la nation porte les sujets à mépriser l'autorité du prince, qui ne peut être assez respectée, et la prudence d'un prince débonnaire l'obligeant à faire montre de plus de sévérité qu'en effet il n'en vouloit exercer, elles devoient, sans différer davantage, les déclarer, eux et leurs adhérens, criminels de lèze-majesté. Le Roi fit premièrement une déclaration particulière contre M. de Nevers et tous ceux qui étoient joints à lui, les déclarant atteints et convaincus dudit crime, si, dans quinze jours après la publication d'icelle, ledit duc, reconnoissant sa faute, ne venoit en personne trouver Sa Majesté pour lui en demander pardon, ne faisoit retirer hors du royaume les étrangers qu'il y avoit introduits, ne licencioit ses gens de guerre qu'il avoit levés, et n'ôtoit les garnisons qui avoient été établies par lui et ses adhérens sans ordre ni commission de Sa Majesté, et, pour le regard de ceux qui lui avoient adhéré, si, dans ledit temps, ils ne se présentoient aux sièges des bailliages au ressort desquels ils faisoient leur résidence, pour en faire protestation enregistrée aux greffes d'iceux.

Cette déclaration fut vérifiée au parlement le 17 de janvier. Le duc de Mayenne, en ayant avis, fit défenses en tous les lieux qu'il tenoit qu'on eût à l'avoir, l'imprimer ni la vendre, et la fit ôter de violence des mains des officiers du Roi qui la devoient publier. Et, à peu de jours de là, les ducs de Nevers, de Vendôme, de Bouillon, le marquis de Cœuvres, le président Le Jay et autres de leur parti, le vinrent trouver à Soissons, où, tenant une forme d'assemblée, ils dressèrent premièrement une lettre sous le nom du duc de Nevers au Roi, en date du dernier de janvier; par laquelle, n'ayant point de honte de soutenir à Sa Majesté qu'il lui étoit fidèle, il disoit les causes portées par la déclaration de Sa Majesté être fausses, le sujet de son éloignement être bien fondé sur la puissance démesurée du maréchal d'Ancre, qui a chassé les anciens conseillers d'Etat et le garde des sceaux du Vair, et qu'il étoit prêt d'aller en personne faire les protestations à Sa Majesté de son très-humble service, pourvu qu'elle lui donnât pour juges les princes, ducs et pairs, et anciens officiers de la couronne, et les conseillers d'Etat dont le feu Roi son père s'étoit servi durant son règne.

(1) Il faut remarquer avec quelle exactitude sont rapportés les actes du gouvernement depuis que l'évêque de Luçon est au conseil.

Ces prétextes, qui avoient quelque apparence, n'avoient point de solidité devant ceux qui savoient les affaires; car, premièrement, il s'offroit de venir et ne venoit pas en effet, continuant cependant et augmentant toujours ses hostilités et actes de rebellion : aussi disoit-il qu'il ne trouvoit pas de sûreté auprès de Sa Majesté, ce qui montroit qu'il ne vouloit pas effectuer ce qu'il promettoit. Davantage, il se plaignoit de l'éloignement des anciens conseillers, contre lesquels il avoit le premier fait plainte en sa première rebellion, les appelant tyrans, et disant qu'ils vouloient régner dans la confusion. Et, en troisième lieu, il se soumet à la volonté du Roi pourvu qu'il le fasse juger par les princes qui lui adhèrent, et trempent dans le même crime que lui.

Après que les princes et autres de l'assemblée eurent dressé cette lettre pour le duc de Nevers au Roi, ils arrêtèrent de faire ouvertement la guerre, se fortifier en leurs places, se saisir des deniers royaux; et, cela fait, dépêchèrent en plusieurs endroits, tant dedans que dehors du royaume.

Ce qui obligea le Roi à faire une déclaration contre eux, semblable à celle qu'il avoit faite contre le duc de Nevers, laquelle fut vérifiée au parlement le 13 de février.

Sur cela, ayant fait des remontrances au Roi, par lesquelles ils rejetoient la cause de tous les maux de l'Etat sur le maréchal d'Ancre et sa femme, et continuoient à faire les mêmes plaintes imaginaires qu'ils avoient accoutumé, Sa Majesté, pour faire voir à toute la chrétienté son juste procédé, sa clémence et sa patience envers eux, et leur opiniâtreté en leurs crimes, fit publier une déclaration sur le sujet des nouveaux troubles de son royaume, laquelle étant un peu longue, mais contenant par le menu la preuve évidente de la vérité de ces choses, toutes les raisons y étant déduites par le menu, je n'ai pas voulu l'insérer ici pour n'interrompre le fil de l'histoire, mais l'ai ajoutée à la fin de ce livre (1).

Mais, pource que les paroles sont trop foibles

---

(1) *Déclaration du Roi sur le sujet des nouveaux remuemens de son royaume.*

Bien que la rebellion des ducs de Nevers, de Vendôme, de Mayenne et de Bouillon, auteurs des lettres qui ont été apportées de Soissons à Sa Majesté, le septième et quatorzième de ce mois, les rende indignes de réponse, si est-ce toutefois que le désir qu'elle a de satisfaire soi-même en satisfaisant le public, l'a fait résoudre de détromper ceux qui pourroient avoir reçu quelques mauvaises impressions par leurs artifices, et faire voir à tout le monde que, sous prétexte de leur conservation particulière et du bien de ce royaume, ils n'ont autre but que de chercher leur accroissement en sa ruine.

Ces deux lettres, qui contiennent plusieurs points, se peuvent réduire à deux principaux : l'un est de persuader qu'il n'y a point de sûreté auprès du Roi, d'où ceux qui les écrivent infèrent qu'ils ne peuvent obéir aux commandemens que Sa Majesté leur fait de se rendre près d'elle; l'autre est de décrier le gouvernement de son Etat : ce qu'ils font, l'accusant de violence et d'injustice, et menaçant cette monarchie d'une subversion inévitable, pour, sous ombre de l'en garantir, émouvoir les peuples à favoriser la résolution qu'ils ont prise de faire la guerre à leur prince.

Sa Majesté examinera ces deux points particulièrement, et fera, par ce moyen, aussi clairement paroître la sûreté de ses intentions et la justice de ses actions, comme la malice de ceux qui s'en plaignent et les blâment.

Comment osent-ils dire qu'on ne peut trouver sûreté auprès du Roi? Ne savent-ils pas que quiconque fait son devoir la doit prendre en son innocence; que les rois sont des asiles assurés pour ceux qui se reconnoissent et se repentent de leurs fautes; que leur parole est inviolable, et leur foi la marque la plus assurée de la royauté; que de le penser autrement c'est un crime?

Sa Majesté n'a-t-elle pas fait dire plusieurs fois à ceux qui se sont entremis de leurs affaires, que lorsqu'ils se rangeroient à ce qu'ils doivent, elle auroit les bras ouverts pour les recevoir? Leurs proches et plusieurs personnes de probité n'ont pas manqué de le leur faire savoir. Quel état ont-ils fait de ces offres? quels effets ont-ils donnés? en quel devoir se sont-ils mis de reconnoître leurs fautes? ont-ils licencié leurs garnisons extraordinaires? ont-ils prié Sa Majesté de leur pardonner? S'ils l'eussent fait, ils eussent trouvé toute sûreté auprès d'elle. Et en effet rien ne peut empêcher qu'ils ne l'y trouvent entière, que le désir qu'ils ont de la prendre en eux-mêmes, où jamais ils ne la peuvent avoir, puisqu'en la monarchie elle ne réside qu'en l'autorité du souverain, qui tient tous ses sujets sous sa protection aussi bien que sous sa puissance.

Les paroles étant inutiles où les effets sont du tout contraires, que sert-il au duc de Nevers de dire qu'il se veut justifier devant le Roi, ou en la cour des pairs de son royaume, puisqu'il estime et reconnoît la sûreté qu'il demande pour ce faire, ne se pouvoir trouver auprès de Sa Majesté? Demander une chose avec des conditions impossibles, c'est la demander pour ne l'avoir pas; et partant il paroit qu'il se veut contenter de parler de sa justification, sans la faire voir par les preuves irréprochables dont il se vante : ce qu'il montre assez ouvertement lorsqu'il dit que, pour cette heure, le témoignage de sa conscience lui suffit.

S'il vouloit se justifier en effet comme en apparence, pourquoi ne s'est-il servi du moyen que Sa Majesté lui en a donné, dont il l'a remerciée par sa lettre? Pouvoit-il mieux témoigner le désir qu'en l'acceptant? Pourquoi a-t-il refusé ce qu'il demande maintenant après s'être mis en état? ou, quoiqu'il soit foible, se persuaderoit-il volontiers pouvoir obtenir par force ce qu'il ne doit et ne peut espérer que de la bonté de son prince? S'il eût eu ce dessein, à quelle fin eût-il laissé passer le temps qui lui a été donné pour se reconnoître, sans le faire en aucune façon, ni témoigner en avoir envie? à quelle fin écrire à Sa Majesté, le terme étant expiré, et non auparavant, si ce n'est en intention de l'offenser au lieu de la satisfaire? Et, en effet, que contient sa lettre qui puisse contenter? elle ne remarque aucuns bons effets, et est pleine de paroles indignes d'être écrites par un sujet à son prince. Mendier une grâce avec paroles indécentes, est-ce une voie convenable pour parvenir à ses fins? demander à son Roi justice à main armée, est-ce chose supportable? Cependant voilà les moyens dont il se sert, et ce sous prétexte de n'avoir point de sûreté, quoiqu'il ne puisse alléguer aucune légitime cause de défiance.

L'entrée que, depuis sa désobéissance, Sa Majesté a faite en une de ses villes pour délivrer ses sujets des oppressions insupportables qu'on leur faisoit souffrir, ne lui en peut donner. Et véritablement elle ne peut dire que ni lui ni ses adhérens n'en ont aucun sujet, s'il n'est caché en leur conscience, qui ne leur permet pas de prendre sûreté en autres lieux qu'en ceux où ils s'estiment maîtres. Ainsi, pour être en assurance dans Paris, ils voudroient et pouvoir autant que dans Sedan, Mézières et Soissons, être les plus forts à la cour, et en état de disposer à leur volonté de toutes choses : lors ils seroient contens; mais c'est à savoir si, en ce cas, Sa Majesté auroit sujet de l'être, et si elle seroit en sûreté.

Pour colorer la défiance qu'ils feignent avoir pour servir.

contre la violence d'une rebellion si elles ne sont fortifiées des armes, sans lesquelles les lois et la justice sont de vaines menaces, sans puissance et de couverture à leurs entreprises, ils mettent avant qu'on a violé la foi publique en faisant arrêter M. le prince de Condé.

Quelle insolence de dire que Sa Majesté ait violé sa foi? Punir un nouveau crime après en avoir pardonné plusieurs, est-ce violer sa foi? qui a jamais ouï parler qu'une abolition des fautes passées couvrit celles qui arrivent par après? oublier une faute, est-ce donner liberté de la commettre derechef? Il n'est pas des grâces en matière de crime, comme en autres choses, où les unes appellent les autres, puisqu'au contraire la grâce d'un délit oblige non-seulement celui qui l'a reçue à n'en plus mériter, mais, en outre, celui qui l'a donnée à n'en plus accorder. Si les grâces portoient à nouvelles fautes, elles perdroient le nom de grâce, et mériteroient celui de crime. Aussi une des conditions de celles qu'on donne pour le passé est de ne retourner plus à l'avenir à son péché, et le pardon que Dieu fait d'une faute le convie à la punir plus sévèrement au cas qu'on y retourne.

Sa Majesté a fait ce qu'elle a dû sans violer sa foi, ni user de violence, ces défauts lui étant si odieux que, pour les bannir de son royaume, elle a pris résolution de les réprimer en ceux qui les lui veulent imputer.

C'est en vain qu'ils tâchent de persuader que Sa Majesté a manqué à sa parole en arrêtant M. le prince de Condé : chacun connoissant tellement sa faute, que la forme et la suite de son arrêt font paroître la clémence de Sa Majesté, non-seulement plutôt que sa rigueur, mais que sa justice.

Et il ne faut pas s'étonner s'ils tiennent ce langage, puisque, ayant trempé en ses conspirations, ce leur seroit un grand avantage de le faire croire innocent, pour ensuite se prétendre exempts de crime.

Sa Majesté n'a rien fait, en cette occasion, qui ne soit approuvé de tous les gens de bien ; elle s'est portée volontairement en cette action, comme en toute autre, étant du tout éloignée de la vérité qu'elle l'ait fait par violence, comme dit le duc de Nevers, pour, en faisant semblant de l'excuser, lui mettre double tache sur le front, et celle du violement de sa foi, et celle d'une si grande facilité, qu'on fût maître de ses volontés pour les porter à toute injustice.

Sa Majesté est en âge de connoître le bien et le mal, désire avec telle passion se porter à l'un, et éviter l'autre, qu'elle fera, sans doute, avouer à tout le monde que la justice est la règle de ses actions, qu'on ne remarquera jamais accompagnées d'aucunes violences.

Et qui peut dire qu'elle en ait usé en arrêtant celui dont la liberté mettoit sa personne et son État en éminent péril ? Il n'y a homme au monde bien sensé qui puisse avoir cette pensée.

Le courage de Sa Majesté ne peut aussi permettre à personne de croire qu'on la porte par force à quelque chose, nul n'ayant pouvoir en son royaume de la contraindre qu'elle, qui fait état de l'avoir comme ne l'ayant pas, si ce n'est pour ranger à leur devoir ceux qui s'en trouveront éloignés au préjudice de leur honneur et de leur conscience.

Par là il paroît que Sa Majesté étant du tout portée à la justice, et n'en pouvant être divertie par personne du monde, ceux qui ont de bons desseins n'ont qu'à espérer auprès d'elle, et rien à craindre ; et que partant dire qu'il n'y a point de sûreté près de sa personne, c'est un pur prétexte dont ceux qui s'en sont volontairement retirés se veulent servir pour couvrir la prise de leurs armes, comme si elle étoit fondée au droit de nature qui oblige un chacun à se conserver et se défendre.

Outre cette considération de leur conservation, par laquelle ils tâchent de justifier leurs armes pour faire croire qu'ils n'ont pas seulement devant les yeux ce qui touche leur particulier, mais, en outre, qu'ils sont meus du bien public, ils mettent encore en jeu la restauration de l'État, et de là prennent occasion de décrier les affaires du Roi, et d'en représenter la face toute autre qu'elle n'est.

Pour cet effet, ils vomissent mille injures contre ceux qu'ils estiment puissans en la cour auprès de Sa Majesté, et décrient ceux qui, sous son autorité, manient ses affaires ; mais ces artifices sont si grossiers qu'il n'y a personne qui ne

sans effet, Sa Majesté voulut accompagner ses raisons de ce qui leur étoit nécessaire. Et, pource que le délai donnoit de la hardiesse à ses ennemies connoisse, et qui ne s'étonne grandement comment ils osent s'en servir après l'avoir déjà fait par le passé.

En cela il paroît clairement que leur conseil, qui est expérimenté en matières de crimes, leur a mieux appris à les commettre qu'à s'en justifier, étant chose claire que, pour se purger d'un délit, accuser un tiers n'est pas un moyen recevable.

Ceux qui, pour venger leurs passions, ont, en pleine paix, enlevé par force, et inhumainement outragé les sujets de Sa Majesté; qui chassent, de leur propre autorité, ses officiers de leur siège, empêchent le cours de la justice, sont-ils recevables à accuser les autres de l'opprimer injustement.

Ceux qui en s'élevant en armes contre leur Roi, en surprenant ses villes, et s'emparant de ses forteresses, ont fait paroître leur ambition insupportable, doivent-ils être reçus à en taxer ceux qui ayant reçu de Sa Majesté les plus fortes places de son royaume, les ont remises en ses mains pour faciliter la paix qu'elle vouloit donner à son peuple?

Quelle ambition peut-on s'imaginer plus dangereuse que celle qu'on voit en leurs actions, par lesquelles publiquement, à force ouverte, ils usurpent l'autorité royale, et entreprennent ce qui n'appartient qu'au souverain ?

Sera-t-il loisible à ceux qui ont mangé le peuple jusqu'aux os, et exercé sur lui les cruautés les plus barbares qui se peuvent penser, de parler de son soulagement pour en rejeter l'oppression et la ruine sur les autres?

Enfin, permettra-t-on à ceux qui n'ont jamais gardé aucunes des paroles qu'ils ont données à leur Roi, attribuant les autres de perfidie, leur attribuant le violement de la foi publique ?

L'envie les fait parler et se plaindre de l'avancement de ceux en la place desquels ils voudroient être. Ils leur imputent leur naissance, comme si être étranger étoit un crime, et qu'on n'en eût jamais vu d'avancés hors de leur pays.

Ils font semblant d'être bons Français, blâmant les étrangers ; mais, en effet, il paroit bien qu'ils ne sont, puisqu'en demandant l'éloignement de quelques-uns dont les intérêts sont attachés à la France, ils n'oublient rien de ce qu'ils peuvent pour en attirer de toutes parts à la ruine de ce royaume.

Les rois font du bien à qui bon leur semble, sans qu'on s'en puisse plaindre, principalement quand les faveurs qu'ils départent aux uns n'empêchent pas qu'ils n'en fassent aux autres, ni ne rendent la justice à tout le monde.

Que Sa Majesté soit en ces termes, ayant les mains ouvertes pour tous ses sujets, plus de cinq millions que ceux même qui se plaignent ont reçus d'elle, le justifient ; qu'elle rende la justice à tout le monde, c'est chose claire ; et Dieu veuille qu'ils ne la contraignent point de le leur faire avouer à leurs dépens.

Quant à ceux sur le soin desquels Sa Majesté se repose d'une partie de ses affaires, elle eût été trompée si ceux qui les blâment eussent parlé d'eux autrement qu'ils ne font, n'y ayant point d'apparence que ceux qui la desservent rendent des témoignages avantageux de ses serviteurs, dont elle connoît si bien la candeur et la sincérité, qu'elle s'assure que ceux qui les taxent les reconnoissent tels en leur conscience ; que s'ils y trouvent quelque chose à redire, c'est le choix qu'elle en a fait, et leur fidélité.

Ils les publient incapables de la servir, parce qu'ils ne sont pas capables de se laisser aller, au préjudice de leur maître, à leurs passions, qui les guident de telle sorte, que celui qu'ils disent un jour homme de bien, est, le lendemain, tenu d'eux pour méchant, si Sa Majesté s'en sert, et qu'il se porte courageusement à l'affermissement de son autorité, et au rétablissement de ses affaires. Ce qui paroît assez, en ce qu'ils louent et désirent maintenant ceux qu'ils blâmoient étant près de Sa Majesté, et de l'éloignement desquels ils savent bien eux-mêmes être la cause.

Pour faire pitié à tout le monde ils se représentent opprimés, et en servitude. Cependant on peut dire avec vérité que si on les opprime, c'est seulement en ce qu'on leur empêche de faire ce que bon leur semble ; que si on les tient en

mis, et au contraire la diligence leur donneroit de la terreur, elle fit promptement lever des troupes en son royaume, manda au comte de servitude, c'est en ce qu'on ne leur laisse pas la liberté qu'ils désirent de mal faire.

Ils passent plus avant. Osant entreprendre de faire naître de la défiance en l'esprit de Sa Majesté, comme si sa personne étoit en péril, et si ceux qui ont le plus d'intérêt à sa conservation avoient dessein de précipiter son Etat en une entière ruine.

Ils tâchent même de lui rendre la Reine sa mère, et l'assistance qu'elle lui départ, du tout suspectes. Les langages que tiennent ouvertement leurs partisans le font connoître : et quoiqu'on ne le voie pas en termes exprès en leurs lettres, il paroit assez que, sous d'autres prétextes, c'est le vrai but auquel ils tendent.

Ils représentent enfin Sa Majesté comme captive, privée d'autorité, sans liberté de disposer d'aucune chose : comme si elle ne connoissoit pas qu'il n'y a aucun mal à craindre ni pour elle, ni pour son royaume, que celui de la continuation de leurs pratiques et de leurs menées ; comme si elle ne voyoit pas que les misères qu'ils disent être arrivées depuis son règne doivent être attribuées à leur rebellion et ingratitude insupportable ; comme si elle ne savoit pas que la Reine sa mère n'a ni ne prétend autre autorité que la sienne ; qu'elle ne prend connoissance de ses affaires qu'à son instante prière et supplication ; qu'outre le bonheur de sa naissance, elle lui doit la conservation de son Etat, en l'administration duquel sa conduite a été telle qu'on n'y sauroit trouver à redire, s'il n'est en ce que le malheur du temps y a introduit, sans qu'on y pût apporter remède.

Enfin, comme si elle ne savoit pas que, sous couleur de l'autoriser davantage, leur dessein n'est autre que de la tenir en captivité, et lui ôter la liberté qu'elle a de disposer de ce que bon lui semble.

En cela, il faut qu'ils reconnoissent que le mécontentement qu'ils ont de n'avoir pas telle part qu'ils désirent au maniement des affaires du Roi, les fait parler contre leur propre sentiment ; étant chose certaine et notoire que Sa Majesté n'eût pu s'en confier plus sûrement qu'à celle qui, après lui avoir donné la vie, lui a rendu toute sorte de preuves de son affection envers sa personne et son Etat. Aussi, après avoir pris cette résolution, en fut-elle grandement louée par les trois ordres de son royaume, au jugement desquels elle doit, par raison, plus déférer, qu'à ce que la passion suggère à quelques esprits mal affectionnés.

Ils ont recours à toute sorte d'artifice, veulent persuader aux villes que Sa Majesté veut y bâtir des citadelles pour les tenir en sujétion, bien qu'ils sachent qu'elle n'en estime point de plus fortes, et n'en veuille pas d'autres que le cœur de ses bons et fidèles sujets.

Ils tâchent de faire croire aux officiers de Sa Majesté qu'elle a dessein de changer l'ordre établi pour la sûreté de leurs offices ; à quoi elle n'a aucunement pensé.

Ils espandent parmi le peuple qu'on le veut surcharger, et qu'un autre gouvernement lui seroit plus avantageux, bien que les plus grossiers connoissent que rien n'a empêché Sa Majesté de le soulager, que la nécessité où leur rebellion l'a réduite, et que jamais il n'a souffert davantage que lorsque ces réformateurs d'Etat ont voulu introduire du changement.

Ils publient que Sa Majesté abaisse les grands, bien qu'il soit notoire à tout le monde que l'Etat n'est maintenant troublé que par ceux de cette qualité, qu'elle et ses prédécesseurs ont élevés.

Ils mettent en jeu le parlement sur le sujet de ses remontrances, comme s'il n'avoit pas bien montré par le passé qu'il détestoit le dessein qu'on avoit pris d'en poursuivre l'exécution par les armes.

Ils s'efforcent de donner jalousie aux catholiques des gratifications qu'on fait à ceux de la religion prétendue réformée ; à ceux-ci du bon traitement qu'on fait aux autres : comme si tout le monde ne reconnoissoit pas qu'étant tous sujets de Sa Majesté, elles les chérit, sans aucune différence, d'une affection égale et vraiment paternelle, et qu'elle veut religieusement faire observer ce qu'elle a promis aux uns et aux autres.

Schomberg qu'au lieu d'achever sa commission il levât quatre cents reitres et quatre mille lansquenets, et se résolut de faire trois armées pour.

Ayant tâché de remuer tout ce qu'ils peuvent en cet Etat, leurs artifices passent aux pays étrangers, publiant que Sa Majesté méprise ses anciennes alliances, comme si ces bruits pouvoient faire impression en ceux qui, par expérience, savent le contraire.

Ainsi, ils essaient d'intéresser toutes sortes de gens en leur cause, bien qu'étant fondée sur leur crime particulier, elle ne puisse être commune.

Par tous moyens ils veulent faire croire que tout est perdu en ce royaume, afin qu'il leur soit loisible de tout perdre. Ce qui se justifie clairement par les armes qu'ils ont prises, et ce qu'ils ne demandent autre chose par leurs lettres, sinon que le Roi chasse ceux qui le servent fidèlement, en rappelle d'autres dont ils ont demandé l'éloignement avec tant de passion, que ce sujet a été le prétexte de leur guerre ; enfin, qu'on délivre monsieur le prince de Condé, qu'on a été contraint d'arrêter pour le bien commun de l'Etat, et pour la sûreté des personnes de Leurs Majestés.

Cependant, afin d'attirer les peuples, qui ne respirent autre chose que le repos, ils publient artificieusement qu'ils désirent la paix, et que Sa Majesté veut la guerre ; que, recherchant le salut de l'Etat, on n'a pour but que leur crime. Mais que sera-t-il clair que Sa Majesté n'a autre objet devant les yeux que la tranquillité de son Etat ; que ce sont eux qui la forcent à prendre les armes ; et que s'ils sont menacés de quelque mal, c'est de celui qu'ils cherchent en procurant la subversion de cette monarchie.

Est-ce désirer la paix, que de s'assurer (comme ils font) de tous côtés de gens de guerre ; que de faire publiquement des levées de soldats de leur propre autorité ; que de fortifier les places dont Sa Majesté leur a donné la garde et le gouvernement ; que d'entreprendre sur ses villes, d'arrêter et saisir ses deniers, de mendier leur protection de toutes parts, de vouloir introduire des armées étrangères en ce royaume ; enfin, que de s'approcher avec forces de Sa Majesté, et non-seulement commettre tous actes d'hostilité, mais permettre les voleries ?

Des sujets désirent-ils la paix lorsqu'ils la demandent à main armée ? Les rois la procurent quelquefois ainsi, mais non pas les sujets, qui, n'ayant autres armes envers leur prince que les prières, sortent des termes de leur devoir toutefois et quantes qu'ils ont recours à d'autres.

Ce procédé ne justifie-t-il pas clairement que, s'ils désirent la paix, c'est pour avoir plus de temps de se préparer à la guerre, pour se donner plus de loisir d'éclore leurs conspirations, et d'avancer les effets de leurs mauvais desseins ?

A quels propos feindre des entreprises sur leurs vies, sinon pour se donner quelque apparent sujet d'attenter sur celle des autres ?

Est-ce désirer la paix, que d'avoir recours à tels artifices, qui ne peuvent avoir autre effet que de la rompre ?

Quant à Sa Majesté, qui peut dire qu'elle désire la guerre, après avoir vu qu'en peu de temps elle a fait trois traités pour donner et conserver la paix à son peuple ; après avoir vu les sommes immenses avec lesquelles elle l'a rachetée plusieurs fois ; après avoir vu l'excessive clémence dont elle a usé envers ceux qui l'ont troublée, pour les faire rentrer en eux-mêmes et les ramener à leur devoir ; après avoir su qu'en cette dernière occasion elle a tenté toutes les voies de douceur avant d'avoir recours aux armes, pour faire tomber des mains de ses ennemis celles qu'ils ont prises au préjudice de son autorité ?

Qui ne voit que Sa Majesté, après avoir éprouvé que les remèdes doux et bénins n'ont fait qu'aigrir le mal, est obligée d'avoir recours aux autres que Dieu lui a mis en main ?

Qui ne voit qu'après avoir expérimenté que tous les traités qu'elle a faits lui ont été non-seulement inutiles, mais préjudiciables, traiter de nouveau seroit donner occasion de nouvelle entreprise, comme si les révoltes devoient toujours être impunies ?

Qui ne voit enfin que le seul moyen qui reste maintenant à Sa Majesté pour empêcher les rebellions trop fréquentes en

attaquer ses ennemis, tout à la fois, en tous les lieux où ils avoient de la puissance, envoyant l'une en Champagne où M. de Nevers étoit, l'autre en Berri et en Nivernais où il avoit plusieurs places et adhérens fortifiés par la présence de madame sa femme, et l'autre en l'Ile de France contre M. de Mayenne. Elle donna le commandement de celle de Champagne à M. de Guise, sous lequel M. de Thémines commandoit, et le sieur de Praslin étoit seul maréchal de camp; celle de Nivernais étoit commandée par le maréchal de Montigny, ayant pour maréchal de camp le sieur de Richelieu mon frère; et l'autre par le comte d'Auvergne, qui alla premièrement au Perche et au Maine pour nettoyer ces deux provinces, où il assura au service du Roi Senonches qui appartenoit au duc de Nevers, La Ferté qui étoit au vidame de Chartres, Verneuil dont Médavy, qui avoit été de toutes les rebellions, étoit gouverneur, Nogent-le-Rotrou qui étoit à M. le prince, La Ferté-Bernard qui étoit à M. de Mayenne, et Le Mans dont le château étoit à la discrétion des princes, lequel il ruina et mit garnison dans les autres places, et dans les châteaux qui étoient de quelque considération et appartenoient à ceux qui favorisoient les princes, et dans leurs esprits en mit une plus puissante de l'appréhension qu'ils eurent des armes du Roi.

Les huguenots, qui ne manquoient jamais à se soulever contre le Roi quand ils ont vu naître quelque trouble en ce royaume, et à se mettre du parti de ceux qui levoient les armes contre Sa Majesté, en firent de même en cette occasion, en laquelle, pratiqués par madame de Bouillon en la Marche et au bas Limosin, ils demandèrent au Roi permission de s'assembler à La Rochelle, et leur étant refusée, ils la prirent d'eux-mêmes, et firent courir une déclaration en laquelle ils déduisoient les prétendues raisons qu'ils avoient d'en user ainsi. Mais le duc de Rohan et du Plessis-Mornay ralentirent dans ces commencemens la violence de ces mauvais desseins, et ne leur laissèrent pas lieu de faire beaucoup de mal; joint que le maréchal de Lesdiguières demeura fidèle au Roi, demandant néanmoins en même temps quelque gouvernement de province, et que ce ne fût point de celles qui étoient sous la charge d'aucun des princes et seigneurs ligués contre le service du Roi, donnant quasi à connoître qu'il eût bien désiré la

son Etat, est de punir sévèrement ceux qui en sont auteurs, et reconnoître ses fidèles sujets, qui demeurent en l'obéissance qu'ils lui doivent.

Pourquoi Sa Majesté se porteroit-elle à la guerre, si, conservant la paix, elle pouvoit contenir ses sujets aux termes que la nature, la raison et la loi de Dieu leur prescrivent?

Ne sait-on pas qu'il est des rois comme des pères, qui, contraints de châtier leurs enfans, en reçoivent plus de déplaisir, que les propres enfans du châtiment?

Si ceux qui se sont maintenant soulevés étoient tels qu'ils doivent être, les ruiner ne seroit-ce pas affoiblir Sa Majesté? répandre leur sang, ne seroit-ce pas épancher le sien propre? Et, par conséquent, il est aisé de connoître qu'elle ne peut avoir dessein de dissiper leurs forces, qu'en tant qu'ils en veulent abuser contre leur devoir, son autorité et son service; et, pour leur en rendre témoignage, s'ils ont encore quelque racine du respect et de l'obéissance qu'ils doivent à leur Roi, s'ils ont quelque affection à la conservation de cette monarchie à laquelle ils doivent leur naissance et leur avancement, s'il leur demeure quelque compassion des misères et calamités qu'ils ont vu et fait souffrir au pauvre peuple, s'ils ont quelque sentiment des lois divines et humaines qu'ils font état d'embrasser, qu'ils quittent les armes, se remettent en leur devoir, et lors ils recevront des effets de la clémence de Sa Majesté, au lieu de la rigueur qu'ils doivent attendre de la justice de ses armes.

C'est ce que désire Sa Majesté, qui proteste devant Dieu et devant les hommes que rien ne lui met les armes en main que celles qu'ils ont déjà prises; qu'elle ne les reprend point son gré, grandement déplaisante de s'en servir pour châtier les mauvais comportemens de ceux qui devroient exposer leur vie pour son service; que ses larmes accompagneroient le sang qu'ils la contraindront de répandre; qu'en conservant la dignité de sa couronne, il n'y a rien qu'elle ne voulût faire pour éviter les malheurs qu'ils veulent renouveler en son royaume.

Mais si la douceur dont elle a usé jusques à cette heure, ne fait autre chose que les endurcir, si l'oubliance de leurs fautes ne sert qu'à leur faire oublier leur devoir, si ses bienfaits n'ont eu autre effet que de les rendre plus puissans à mal faire, et que leur ingratitude soit la seule reconnoissance dont ils les paient, si les menaces portées par ses déclarations sont inutiles pour les contenir, si enfin ils ne peuvent être ramenés à leur devoir par aucunes considérations; et que d'ailleurs ils continuent à faire paroître, par leurs actions, qu'ils n'ont autre dessein que d'abattre l'autorité de Sa Majesté, démembrer et dissiper son Etat, se cantonner en son royaume, pour, au lieu de sa puissance légitime, introduire autant de tyrannies qu'il contient de provinces, à la ruine de ses pauvres sujets, qui, en peu de temps, se verroient réduits sous la plus cruelle servitude qui ait jamais été au monde; en ce cas, Sa Majesté, touchée des sentimens d'un vrai père, animée du courage d'un grand Roi, sera contrainte, quoiqu'à regret, de châtier ces perturbateurs de son Etat, et punir leur rebellion.

En quoi elle ose se promettre que Dieu, qui protège les rois et les royaumes, et qui a déjà fait tant de merveilles pour la France, leur imputant tous les malheurs que la guerre civile traîne après soi, favorisera ses justes armes de telle sorte que, après leur avoir en peu de temps fait recevoir la peine de leurs crimes, elle rendra pour toujours à son Etat une paix si tranquille, que si le commencement de son règne est agité de troubles, la suite et la fin seront accompagnées d'un parfait repos.

C'est le but que Sa Majesté se propose, la grâce qu'elle mendie du ciel, et qu'elle espère avec d'autant plus de confiance, qu'elle ne doute point que tous ses sujets ne contribuent tout ce qu'ils pourront pour la lui faire obtenir:

Les ecclésiastiques, en redoublant les saintes prières qu'ils font à Dieu avec tant de soin, et les bonnes exhortations dont ils se sont si dignement acquittés envers son peuple.

Sa noblesse, en prenant les armes, et montrant qu'elle est vraiment héritière de la valeur et du courage que ses ancêtres ont toujours fait paroître au service de leur Roi.

Les communautés et les peuples, en se conservant la gloire qu'ils ont acquise par l'obéissance et la fidélité inviolable qu'ils ont particulièrement témoignées en ces derniers mouvemens.

Tous enfin conspirant par tous moyens au repos de cet Etat, à la prospérité de leur Roi, à la grandeur de cette monarchie.

Fait à Paris, le 18 février 1617.

LOUIS.

Et plus bas: DE RICHELIEU.

10.

Guienne, sans la nommer : néanmoins il témoigna depuis qu'il recevroit la Champagne. Cependant l'ombre de son nom servoit pour empêcher les levées qu'on vouloit faire pour les princes dans les Cevennes, dont ils eussent tiré quantité de bons hommes.

Le Pape ne s'étoit point ému d'une lettre que le duc de Nevers lui écrivit le 10 de mars, par laquelle, comme s'il eût été quelque grand prince et non simple sujet du Roi, il lui rendoit un compte déguisé de ses actions, où il lui représentoit, avec des faussetés artificieuses, toutes choses s'être passées au désavantage de la sincérité de Sa Majesté. Une déclaration et protestation de lui et de tous les princes unis, faite à Rethel le 5 dudit mois, avoit été inutile dans l'esprit des peuples, par laquelle, renouvelant toutes les vieilles querelles, ils remettoient en avant le fantôme des remontrances de la cour méprisées et réputées à crime, et le traité de Loudun, prétendu violé par la détention, qu'ils qualifioient injuste, de M. le prince; les assassins, disoient-ils, et les empoisonneurs envoyés pour faire mourir les princes, après avoir failli de les arrêter; comme, contre tout droit, on vouloit faire la surprise qu'on avoit faite de leurs places, et entre autres Sainte-Menehould; la déclaration par laquelle ils étoient dénoncés criminels de lèse-majesté, vérifiée, disoient-ils, par un faux et supposé arrêt de la cour. Pour toutes lesquelles causes, et autres semblables, frivoles et vaines, ils appeloient de toutes les choses faites contre eux par injustice sous le nom de Sa Majesté à sa justice et équité, lorsqu'elle seroit libre et non forcée par les ennemis de l'Etat: ainsi appeloient-ils les ministres qui s'étoient emparés de sa personne, et la tenoient en leur puissance.

A raison de quoi ils prioient tous ceux qui se trouveroient dans les places occupées par le maréchal d'Ancre ou ses adhérens, ou dans leurs troupes, par lesquels ils entendoient tous les serviteurs du Roi étant dans ses armées ou dans les places de son obéissance, de s'en retirer incontinent pour n'être enveloppés avec les coupables dans la punition qu'ils prendroient d'eux, et dénonçant à toutes les provinces, villes, communautés, et toutes sortes de personnes, qu'ils eussent à se retirer de la communication et société avec le maréchal d'Ancre et ses adhérens, sinon qu'ils protestoient de tout le mal qui leur arriveroit par la rigueur de leurs armes.

La connoissance et l'épreuve de leurs actions passées dissipoit les ténèbres de ces artificieuses palliations de leurs crimes, et aigrissoit encore les peuples plutôt qu'elle ne les émouvoit à pitié vers eux: et Sa Majesté fit prononcer contre eux la dernière condamnation, qui jusques alors avoit été différée, de la réunion de tous leurs biens à son domaine.

Au dehors la réputation du Roi ne recevoit aucune atteinte de leurs impostures. Les étrangers, opprimés par la violence de leurs voisins, avoient recours à l'abri de son autorité royale: le baron de Bueil, dont les terres étoient situées auprès de Nice en Provence, se mit sous sa protection, et Sa Majesté lui en accorda lettres patentes au mois de mars.

Le baron du Tour, que le Roi avoit envoyé en Angleterre pour s'assurer de ce côté-là, reçut de bonnes paroles de ce Roi, et, bien qu'il donnât avis qu'il armoit quantité de vaisseaux, il ne jugeoit néanmoins pas que ce fût contre la France.

Le comte de Schomberg assuroit du côté d'Allemagne que l'électeur Palatin, qui étoit celui de qui ils avoient plus de sujet d'espérer du secours, promettoit de ne rien entreprendre contre le service du Roi.

Du côté de la Hollande tout alloit comme on pouvoit désirer; de sorte que le Roi n'avoit affaire qu'aux forces que ces rebelles pourroient lever dans son royaume, lesquelles n'étoient pas suffisantes à faire tête aux siennes. Le duc de Guise partit le 17 de février, investit le château de Richecourt sur Aisne le premier de mars, y entra par composition le 15, et le rasa. De là, il alla à Rosoy, qui est à trois lieues de Vervins. Les ducs de Vendôme, de Mayenne, et le marquis de Cœuvres, s'étant mis en devoir de le secourir, et venus pour cet effet avec leurs troupes jusqu'à Sissone, le duc de Guise et le maréchal de Thémines vinrent au-devant d'eux et les firent retirer à Laon, et Rosoy se rendit le 10 mars.

Le Roi, ce même jour, fit une déclaration par laquelle il réunit à son domaine et confisqua tous les biens des rebelles.

Le duc de Guise, poursuivant sa pointe, alla investir Château-Portien le 15 de mars. M. de Nevers, qui étoit à Rethel, distant seulement de là de deux lieues, le secourut de ce qu'il put, mais ne put empêcher qu'il n'entrât dans la ville le 29, et dans le château le 31; et passant outre, il prit Cisigny le 3 d'avril. Le 8, il assiégea Rethel, d'où M. de Nevers, qui étoit si brave en paroles, se retira et alla à Mézières, fuyant toujours devant les armées du Roi: et, voyant Rethel à la veille d'être pris par force et pillé, envoya Marolles au duc de Guise, qui lui permit d'entrer dans la ville, et lui donna terme jusqu'au lendemain midi 16 d'avril, dans lequel temps il le lui fit rendre par composition.

De là, le duc de Guise avoit commandement du Roi d'aller mettre le siége devant Mézières, et en étoit près, quand Sa Majesté, sur l'avis qu'elle reçut que douze cents reitres et huit cents carabins, qui avoient été levés en Allemagne pour les princes sur le crédit de M. de Bouillon, étoient entrés dans la Lorraine, lui commanda de s'aller opposer à leur entrée, et quant et quant favoriser celle des reitres et lansquenets que le comte de Schomberg avoit levés pour Sa Majesté.

Tandis que l'armée du Roi, commandée par le duc de Guise, étoit si heureusement employée pour son service contre le duc de Nevers en Champagne, l'autre, qui étoit commandée par le maréchal de Montigny au Berri et au Nivernais contre le même, ne faisoit pas moins d'effet. Il prit Cuffy, puis Clamecy, Donzy et Antrains, et en l'une de ces places prit prisonnier le second fils du duc de Nevers, fit lever le siége de devant Saint-Pierre-le-Moûtier, et, passant jusqu'à la ville de Nevers, l'assiégea et la pressa de telle sorte, que madame de Nevers, qui y étoit enfermée, avoit commencé à capituler. Le Roi lui avoit mandé ne lui vouloir accorder autre capitulation, sinon qu'il lui donnoit la liberté de le venir trouver pour lui demander pardon, auquel cas il vouloit oublier tout le passé, se réservant à user de sa clémence envers ceux qui avoient adhéré à son parti, selon qu'il le jugeroit équitable, et que la moindre énormité de leur crime le permettroit.

Le comte d'Auvergne, qui commandoit l'armée du Roi en l'Ile-de-France, avoit aussi réduit de sa part à l'extrémité le duc de Mayenne et ceux qui lui adhéroient. Il assembla ladite armée aux environs de Crépy en Valois, assiégea Pierrefons le 24 de mars, et le prit le 2 d'avril.

De là il s'avança pour assiéger Soissons, s'attaquant à celle-là la première comme celle qui incommodoit plus Paris, jusqu'aux portes de laquelle il faisoit des courses, et comme la plus forte, et laquelle prise, Noyon, Coucy et Chauny, qui étoient les trois villes de son gouvernement qu'il tenoit encore au-delà de la rivière d'Aisne, n'eussent pas été non-seulement suffisantes de se defendre, mais d'attendre les troupes de Sa Majesté.

Le duc de Mayenne s'enferma dans ladite place avec douze cents hommes de pied et trois cents chevaux. Elle fut investie le 12, saluée du canon le 13, et si bien assaillie, que, quelque défense que le duc de Mayenne y pût faire, il n'avoit plus d'espérance que de mourir plutôt que de se rendre.

Les affaires étant en cet état, le parti des princes étant si bas de tous côtés qu'il n'avoit plus moyen de subsister, elles changèrent toutes en un instant par la mort du maréchal d'Ancre, qui fut tué le 24 d'avril par le commandement du Roi.

Il y avoit long-temps que ledit maréchal lui-même ourdissoit sa ruine, et se faisoit plus de mal que ses ennemis, s'il ne leur eût donné les armes, ne lui en eussent pu faire.

Il étoit si vain que, ne se contentant pas de la faveur et du pouvoir de faire ses affaires, il affectoit d'être maître de l'esprit de la Reine et son principal conseiller en toutes ses actions, dont le roi Henri-le-Grand conçut quelque mauvaise volonté contre lui et eut dessein de le renvoyer en Italie. Mais ce fut bien pis après sa mort; car, comme l'autorité de la Reine augmenta, son insolence crut à même mesure, et il voulut que tout le monde eût opinion que le gouvernement universel du royaume dépendoit de sa volonté.

La Reine, qui reconnoissoit ce manquement, et qui néanmoins ne le voulut pas abandonner, soit pour la réputation de fermeté en ses affections envers ses serviteurs, soit pour la consideration de sa femme qui avoit été nourrie avec elle en sa jeunesse, l'en reprenoit souvent et de paroles et de visage, le rabrouant et lui faisant mauvaise chère devant un chacun quand il lui faisoit quelque demande qu'elle ne croyoit pas être du bien de l'Etat. Il est vrai qu'il s'y prenoit de si mauvaise grâce, et avec si peu d'adresse, que les premières pensées qui lui venoient en l'esprit, il les proposoit à la Reine sans les avoir auparavant digérées. Il en faisoit tout de même aux demandes qu'il avoit à lui faire pour ses amis, sans préparer son esprit par les moyens ordinaires et connus à ceux qui ont quelque prudence.

Mais quand il eût fait autrement, comme il arrivoit lorsque sa femme, qui étoit plus adroite que lui, étoit de la partie, l'esprit de la Reine néanmoins ne pouvoit jamais être si préoccupé de leurs conseils, qu'elle ne fût toujours prête de recevoir et suivre les avis de ceux qu'elle avoit choisis pour l'assister dans l'administration des affaires.

Le commandeur de Sillery m'a confessé qu'il avoit reçu plusieurs commandemens d'elle d'avertir les grands de la cour qu'il n'ajoutassent point de foi à ce que leur diroit ledit maréchal sur les affaires publiques, mais aux ministres par qui elle leur feroit savoir ses volontés; mais que M. de Villeroy l'empêchoit par jalousie qu'il avoit de lui et de son frère, aimant mieux partager la puissance avec un étranger que de la laisser entière à ses proches.

La créance qu'il vouloit donner de son pouvoir ne nuisoit pas peu à sa fortune; elle lui engendroit l'envie et la haine de tous les grands, qui le regardoient comme tenant le lieu qui leur étoit dû par leur naissance. S'il leur départoit quelques grâces et faveurs, elles lui étoient inutiles, à cause qu'ils estimoient le tort qu'il leur faisoit beaucoup plus grand que le plaisir qu'ils recevoient de lui, outre que l'offense descend bien plus avant dans le cœur que n'y fait pas l'impression du bienfait, l'homme étant naturellement plus enclin à vouloir rendre l'échange de l'injure que de la grâce, d'autant que par l'un il satisfait seulement à autrui, et par l'autre il se satisfait à soi-même. S'il faisoit quelque chose pour des personnes de moindre étoffe, elles pensoient qu'il étoit en lui de rendre leur condition beaucoup meilleure qu'il n'avoit fait, et partant lui en savoient peu de gré; et généralement tous ceux qui n'obtenoient pas ce qu'ils désiroient, qui sont toujours en plus grand nombre dans les cours, rejetoient sur lui la cause du refus qui étoit fait à leurs désirs, et le haïssoient.

Mignieux l'avoit prié de faire donner des bénéfices à ses enfans; il y fit tout ce qu'il put, mais ceux qu'il demandoit, ou étoient donnés, ou destinés à d'autres, et ainsi Mignieux mourut en créance qu'il n'avoit rien fait pour lui. Il sollicita pour le marquis d'Aneval, plusieurs années, la charge de premier écuyer de Monsieur; ledit marquis s'en tenoit assuré à cause du pouvoir dudit maréchal, néanmoins il ne la put jamais obtenir, et la Reine la donna à Lauzières; ce qu'ayant su, il témoigna un extrême regret, disant à ses familiers que la Reine l'avoit ruiné, et que d'Aneval croiroit qu'il l'auroit trompé. Autant lui en pensa-t-il arriver pour la charge de premier maître d'hôtel de la Reine régnante, laquelle il vouloit poursuivie avec grande instance pour le sieur d'Hocquincourt; et lorsque l'on alla au voyage pour le mariage, il en envoya supplier la Reine par Barbin, auquel elle répondit qu'elle ne le pouvoit faire parce que le duc d'Epernon, qui lui étoit si nécessaire pour la sûreté du Roi en ce voyage, la lui demandoit pour le marquis de Rouillac. Enfin néanmoins, Barbin continua tant à l'importuner durant le voyage, qu'elle l'accorda avec beaucoup de colère; outre que bien souvent sa femme l'empêchoit d'obtenir ce qu'il demandoit, pour rabattre, disoit-elle, l'orgueil qu'il avoit trop grand, et lui donner un frein pour le retenir et l'empêcher de la mépriser; mais il ne vouloit pas faire reconnoître qu'il dépendît d'autrui en la puissance qu'il avoit.

Au lieu que les sages, pour éviter l'envie, se contentent d'un pouvoir modéré, ou le cachent s'il est extrême, il vouloit pouvoir tout, et faire croire qu'il pouvoit ce qu'il n'eût pu vouloir sans crime ni l'espérer sans punition. Il étoit homme de bon esprit, mais violent en ses entreprises, qui prétendoit à toutes ses fins sans moyens, et passoit d'une extrémité à l'autre sans milieu.

Il étoit soupçonneux, léger et changeant, tant par son humeur que sur la créance qu'il avoit que, quelque liaison que l'on pût avoir avec un étranger, sa domination est toujours désagréable: outre que, comme il étoit de sa nature peu reconnoissant par l'excès de son ambition, qui lui faisoit avouer avec déplaisir qu'il fût obligé à personne, il croyoit que dès qu'il avoit obtenu quelque chose d'importance pour quelqu'un de ses amis, ceux pour qui il l'avoit fait désiroient sa ruine pour être dégagés de la reconnoissance des services qu'ils lui devoient pour les biens qu'ils en avoient reçus. Et l'état auquel il se trouvoit, lequel il pensoit être au-dessus de la condition de pouvoir recevoir déplaisir de personne, faisoit qu'il cachoit si peu ses défiances et les montroit si manifestement, qu'il désobligeoit entièrement ses amis, ce qui étoit cause de grands maux; car les cours étant pleines de flatteurs, et la grandeur n'en étant jamais désaccompagnée, il ne manquoit point de personnes qui, pour lui faire plaisir, lui donnoient des ombrages et des défiances, desquelles étant de son naturel trop susceptible, il prenoit sujet de haïr ses amis.

Mais un autre mal bien grand naissoit de ses soupçons, qui consistoit en ce que, pensant n'être pas aimé, il vouloit régner par la crainte; moyen très-mauvais pour retenir cette nation aussi ennemie de la servitude qu'elle est portée à une honnête obéissance; cet appui qu'il cherchoit à sa fortune fut la cause de sa ruine, rien ne l'ayant perdu que ce qu'il pensoit devoir affermir son autorité.

On peut dire qu'il n'eut jamais intention qui n'eût pour but l'avantage de l'Etat et le service du Roi, aussi bien que l'établissement de sa fortune, mais que ses desseins étant bons ils étoient tous mal conduits, et que, quoique son imprudence fût son seul crime, ceux qui n'avoient pas connoissance de ses intentions avoient lieu de redouter son pouvoir.

Il n'y a point de prince qui prenne plaisir de voir dans son Etat une grande puissance qu'il pense n'avoir pas élevée et qu'il croit être indépendante de la sienne; beaucoup moins s'il est jeune, c'est-à-dire en âge où la foiblesse et le peu d'expérience que l'on a des affaires rendent les moindres établissemens suspects.

A la vérité, il eût été à désirer que ce personnage eût modéré davantage ses désirs, non tant par son intérêt que pour le bien de sa maîtresse; car on peut dire que s'il eût été moins ambitieux elle eût été plus heureuse.

Mais Dieu a voulu que celle qui n'avoit aucune part dans sa faute l'eût très-grande dans sa disgrâce, pour nous apprendre que la vertu a ses peines, comme le soleil ses éclipses. Si elle eût été moins affligée elle n'eût pas été si glorieuse; car, comme il y a des vertus qui ne se remarquent que dans les grands emplois, aussi y en a-t-il qui ne s'exercent que dans la misère.

Or, bien que cet homme désirât donner à un chacun grande opinion de sa faveur, si est-ce que sa fin principale étoit d'étonner les ministres par les apparences de son crédit, pour disposer absolument de leurs volontés, et faire qu'ils déférassent plus à ses désirs qu'aux commandemens de la Reine leur maîtresse. Mais on peut dire qu'en ces épines ils marchèrent à pas de plomb, qu'ils cheminèrent par la voie de leur conscience, mais avec le plus grand tempérament qu'ils purent pour empêcher la connoissance et l'éclat de ses désordres. S'ils crurent quelquefois sa puissance être telle qu'il y avoit plus à perdre qu'à gagner à faire des actions hardies, ils ne la conçurent jamais assez grande pour les contraindre à en faire de lâches et contraires à leur devoir.

Un jour M. de Villeroy, qui avoit plus part dans son alliance par le mariage que l'on projetoit de son petit-fils avec sa fille, que dans son affection, ayant obtenu de la Reine, qui n'a jamais refusé de grâces si elles n'ont été préjudiciables à l'Etat, une gratification importante, le maréchal d'Ancre vint trouver le secrétaire de ses commandemens pour le prier de deux choses : de n'en point délivrer d'expédition, et de rejeter sur la Reine la haine du refus.

J'exerçois lors cette charge, et le priai de m'excuser si je ne pouvois satisfaire à son désir, vu que la Reine ne pouvoit avec honneur révoquer une grâce qu'elle avoit accordée, ni lui en sa conscience donner à sa maîtresse le blâme d'une faute qu'elle n'avoit point commise.

Le maréchal ne se voulant point contenter de ces raisons, je ne laissai point, contre les ordres qu'il m'avoit prescrits, d'en délivrer les brevets, aimant mieux perdre ses bonnes grâces sans honte, que les conserver avec foiblesse au préjudice de la Reine. Cette action de courage me rendit tellement son ennemi qu'il ne pensa plus qu'aux moyens de s'en venger. Il est fâcheux à un homme de cœur d'avoir à répondre à des personnes qui veulent des flatteurs et non pas des amis, qu'on ne peut bien servir sans les tromper, et qui aiment mieux les choses agréables qu'utiles; mais si ce mal est extrême il ne laisse point d'être ordinaire. Sous le règne des favoris il n'y en a point à qui la tête ne tourne en montant si haut, qui d'un serviteur n'en veuille faire un esclave, d'un conseiller d'Etat un ministre de leurs passions, et qui n'entreprenne de disposer aussi bien de l'honneur que des cœurs de ceux que la fortune leur a soumis.

Or, comme la vengeance se fait des armes de tout ce qui se présente à elle, il tâcha de persuader à la Reine que j'étois partial de la Reine sa fille, ma première maîtresse (1), que j'étois en secrète intelligence avec les princes, que je lui avois dit une fois, sur le sujet de la rebellion des grands qui étoient unis à M. le prince, que, le Roi ayant témoigné qu'il étoit maître en réduisant à l'extrémité ceux qui d'eux-mêmes ne s'étoient pas rangés à leur devoir, il étoit à propos qu'il témoignât qu'il étoit père, recevant à miséricorde ceux qui avoient failli.

Au milieu de ces mauvais offices, il ne laissa pas de se vouloir servir de Barbin et de moi, pour demander en sa faveur le gouvernement de Soissons, si proche de sa perte qu'il l'estimoit déjà pris. Ces messieurs (2) firent pour son bien quelque difficulté, de crainte qu'on lui reprochât qu'il eût porté la Reine à conseiller le Roi de prendre les armes contre ses sujets pour l'enrichir de leurs dépouilles.

Pour leur ôter le moyen de prévenir Leurs Majestés, il en parla précipitamment à la Reine, qui, jugeant sa demande indiscrète, l'en refusa de son propre mouvement, et lui parla en leur présence avec tant d'autorité et de sentiment du déréglement de ses désirs, qu'il ne put cacher, dans son visage et par ses paroles, qu'il n'en fût extrêmement touché. Mais, pour ne point céler la cause de son déplaisir, il ne se piqua pas tant de l'action que des circonstances, et le refus ne l'offensa pas tant que les témoins.

Il lui fâchoit qu'on s'aperçût qu'il eût plus de réputation que de force, qu'il subsistoit plutôt par son audace que par une véritable confiance. Pour preuve de quoi, la Reine s'étant retirée en colère dans son cabinet, il fit mine de la suivre; et, ressortant incontinent, bien qu'il n'eût point parlé de cette affaire, les assura qu'il avoit obtenu la gratification qu'il désiroit; ce qu'ils jugèrent plus mystérieux que véritable, et le reconnurent clairement l'après-dînée, la Reine

(1) Comme l'ayant eu pour aumônier.
(2) Au lieu de nous fîmes.

nous témoignant une extrême indignation de ses insolentes procédures, et que, pour rien du monde, elle ne lui accorderoit ce qu'il demandoit. Mais, au lieu d'en profiter, il s'affermit de plus en plus dans le dessein de changer les ministres.

L'unique péché qu'ils avoient commis étoit qu'ils avoient la réputation de bien servir le Roi, dont quelques flatteurs prirent occasion de lui dire qu'on ne parloit plus de lui par la France, mais qu'ils avoient l'honneur de tout : ce qui étoit le prendre par son foible; car comme en l'adversité il étoit découragé et protestoit ne se vouloir plus mêler d'affaires, quand les choses alloient mieux il les vouloit faire seul; joint qu'il se fâchoit de n'en pouvoir disposer à sa volonté, laquelle ils ne prenoient pas pour leur règle au-dessus de la raison.

Sa femme étoit si malade d'esprit qu'elle se défioit de tous, de sorte qu'elle aidoit au dessein qu'il avoit de les changer, et de mettre en leur place Russelay, de Mesmes et Barentin.

J'en eus le premier avis par le moyen d'un homme d'église qui étoit à moi, auquel l'abbé de Marmoutier (1) dit confidemment le dessein qu'on avoit contre Barbin; et par autre voie je sus que M. Mangot étoit de la partie, et moi aussi. Je dis à Barbin qu'à la longue le maréchal le gagneroit sur l'esprit de Leurs Majestés par ses continuels artifices, et que mon avis étoit que nous le devions prévenir et nous retirer volontairement des affaires. Nous allâmes ensemble trouver la Reine à cette fin; je lui parlai et lui représentai que, les affaires du Roi étant en tel état que tous les princes qui avoient pris les armes contre lui, tendoient les bras et imploroient sa miséricorde, nous ne pouvions être blâmés de lâcheté de demander notre congé dans cette prospérité, qui étoit chose que nous avions déjà désiré faire il y a quelque temps, mais que nous ne l'avions pas jugé convenable pendant que l'Etat étoit en quelque péril (2).

La Reine se trouva surprise, et demanda quel mécontentement nous avions d'elle. Barbin lui répondit que le maréchal et sa femme n'étoient pas contens de nous, dont elle se fâcha, disant qu'elle ne se gouvernoit pas par leur fantaisie. Je repris la parole, et fis de nouvelles instances, auxquelles elle ne se rendit point néanmoins, et continua à nous assurer du contentement qu'elle recevoit du service que nous rendions au Roi.

Le maréchal fut averti par sa femme de ce qui s'étoit passé, et vint incontinent à Paris trouver la Reine, qui le gourmanda; de sorte qu'au sortir de là il alla prendre Barbin chez lui et l'amena en mon logis, où, adressant la parole à Barbin, il se plaignit de ce que, demandant notre congé, nous faisions paroître qu'il étoit incompatible et ne pouvoit durer avec personne. Après que je lui eus déduit les raisons que nous avions eues de faire ce que nous avions fait, il ne nous sut répondre autre chose, sinon qu'il étoit de nos amis, et qu'il nous prioit de dire à la Reine que nous ne pensions plus à nous retirer.

Mais il continuoit toujours en sa mauvaise volonté, et inventoit plusieurs calomnies, qu'il essayoit de rendre les plus vraisemblables qu'il pouvoit à la Reine pour décevoir son esprit; jusque-là qu'il la voulut persuader que messieurs Mangot, Barbin et moi la trahissions, et avions envie de la faire empoisonner, s'offrant de lui donner des témoins qui le soutiendroient en notre présence. Ces méchancetés noires qu'il avoit dans le cœur le rendoient inquiet, de sorte qu'il paroissoit bien qu'il avoit quelque chose dont il avoit grand désir de venir à bout, et en laquelle il rencontroit difficulté : il ne faisoit qu'aller et venir de lieu à autre, étoit toujours en voyage de Caen à Paris et de Paris à Caen, ce qui avança sa mort, comme nous verrons bientôt.

La dernière fois qu'il revint de Caen, ce fut sur une lettre que la Reine lui avoit écrite, par laquelle elle lui défendoit de poursuivre davantage M. de Montbazon, dont il tenoit une terre en criée pour le paiement de quelques armes qu'il lui avoit laissées dans la citadelle d'Amiens, lesquelles il lui avoit vendues pour le prix de 50,000 écus, sous la promesse dudit duc de les faire payer par le Roi. Il vint de Caen, jetant feu et flamme contre Barbin, qu'il croyoit être cause que la Reine lui avoit écrit cette lettre, et en résolution d'exécuter promptement ce qu'il avoit projeté contre lui, Mangot et moi, auquel il écrivit, arrivant à Paris, en termes si étranges, que j'ai cru en devoir rapporter ici une partie. La lettre commençoit en ces mots :

« Par Dieu, Monsieur, je me plains de vous, « vous me traitez trop mal; vous traitez la paix « sans moi; vous avez fait que la Reine m'a « écrit que, pour l'amour d'elle, je laisse la « poursuite que j'ai commencée contre M. de « Montbazon pour me faire payer ce qu'il « me doit. Que tous les diables, la Reine et vous « pensiez-vous que je fasse ? La rage me mange « jusqu'aux os. » Tout le reste étoit du même style (3).

(1) Le frère de la maréchale.
(2) Le lecteur n'est nullement obligé de croire à la réalité de cette démarche.
(3) Une lettre de l'évêque de Luçon, trouvée dans les

Il nous fit néanmoins, durant le peu de temps qu'il demeura à Paris, si bon visage devant le monde, et dissimuloit tellement, que jamais personne n'eût cru qu'il eût été refroidi vers nous. Mais sa trop bonne chère ne me trompa point, car je fus averti qu'il avoit quasi persuadé l'esprit de la Reine contre nous, et fus d'avis de demander pour la dernière fois mon congé, et, si la Reine ne me le vouloit donner, de le prendre moi-même. Barbin me vint aussi prier de demander congé pour lui, craignant, ce disoit-il, de n'avoir pas assez de courage de le prendre de lui-même si la Reine le pressoit de demeurer.

M. Mangot étoit aussi assuré qu'on lui en vouloit, et savoit bien que le bruit commun étoit qu'on destinoit Barentin en sa place, et il le croyoit véritable, d'autant que l'ayant voulu envoyer en commission, la maréchale l'avoit prié de le laisser à Paris parce qu'on y avoit affaire de lui; mais la considération de ses enfans et de sa famille l'empêcha de prendre la même résolution, et le fit résoudre d'attendre ce que le temps apporteroit.

J'allai au Louvre, je parlai à la Reine, lui fis instance de permettre à Barbin et à moi de nous retirer. La Reine me répondit qu'il étoit vrai qu'elle avoit quelque chose en l'esprit qu'on lui avoit dit contre nous, qu'elle me promettoit et juroit de me le dire dans huit jours, et me prioit que nous eussions patience jusque-là. Cela m'arrêta, et m'empêcha d'aller parler au Roi que ces huit jours ne fussent expirés, avant lesquels le maréchal fut tué.

En cette poursuite si envenimée du maréchal contre les ministres, et aux moyens si injustes qu'il y employoit, se voit la malignité de son esprit, de laquelle il semble que la principale origine soit son ambition, à laquelle il n'avoit jamais pu prescrire de terme. Et la Reine, ou lasse de ses actions qu'elle ne pouvoit plus défendre, ou craignant qu'il lui mésavînt, lui faisant instance de s'en aller en Italie, comme déjà sa femme étoit résolue d'y aller, il n'y put jamais condescendre, disant à quelqu'un des siens qu'il vouloit expérimenter jusques où la fortune d'un homme peut aller (1). Il avoit quitté le gouvernement d'Amiens à la réquisition de tout le royaume; il voyoit que les manifestes des princes et les plaintes du peuple étoient toutes fondées sur lui; et, néanmoins, quelques-uns de la citadelle lui ayant, un mois avant sa mort, donné espérance qu'ils s'en pourroient saisir et la lui remettre entre les mains, il en fit incontinent le dessein, et en parla à Barbin, lequel lui remontra que cette action seroit la ruine entière des affaires du Roi et de la réputation de la Reine; que cela seroit justifier les armes des princes, et imprimer dans l'esprit des peuples tout ce qu'ils vouloient, et même dans l'esprit du Roi. Mais, au lieu de prendre ses raisons en bonne part, il les reçut comme un témoignage de la mauvaise volonté de Barbin en son endroit, et continua à se vouloir précipiter en ce dessein; dont la Reine étant avertie par Barbin, elle envoya querir le duc de Montbazon, et lui commanda d'aller veiller à la garde de sa place, sur laquelle elle avoit avis qu'il y avoit des entreprises. Ce seul moyen fut suffisant de l'arrêter, pource qu'il opposa l'impossibilité à son désir.

Le maréchal, étant tel en son humeur et en sa conduite, donna de grands sujets de prise contre lui. Luynes, qui étoit auprès du Roi, et qui étoit ennemi, non de sa personne, de laquelle il avoit reçu assistance, mais de sa fortune, lui portoit une haine d'envie, qui est la plus maligne et la plus cruelle de toutes, et observoit toutes ses actions pour les tourner en crimes auprès du Roi, n'en oublia aucune qu'il ne lui fît paroître noire, procéder d'un mauvais principe, et tendre à une mauvaise fin. Il lui représente qu'il fait le roi, a un pouvoir absolu dans le royaume, se fortifie contre l'autorité de Sa Majesté, et ne veut ruiner les princes que pour recueillir en lui seul toute la puissance qu'ils avoient, et disposer de sa couronne à sa discrétion lorsqu'il n'y aura plus de personnes assez hardies pour contrevenir à ses volontés; qu'il possède l'esprit de la Reine sa mère, qu'il incline son cœur vers Monsieur, son frère, plus que vers lui; qu'il consulte sur sa vie les astrologues et les devins; que le conseil est tout à sa dévotion, et n'a autre but que son avancement; que, quand on demande de l'argent pour les menus-plaisirs du Roi, il ne s'en trouve point. Il aposte un des siens qui feignit avoir demandé six mille livres pour meubler une maison que le Roi avoit achetée sous le nom de du Buisson, et qu'il en avoit été honteusement refusé. Il n'eut même point de honte de supposer par le ministère de Déageant (2) des lettres de Barbin pleines de desseins contre sa personne sacrée, et enfin ajouta qu'il étoit venu en diligence de Normandie, et que ce retour précipité n'étoit pas sans dessein périlleux contre Sa Majesté et préjudiciable à son Etat, et fait entretenir le Roi de ces choses

papiers du maréchal, était bien assez humble pour autoriser envers lui pareil langage.

(1) Ce mot, vrai ou faux, fut reproché au maréchal par tous les libelles.

(2) Commis des finances et confident de Luynes.

les nuits entières par Tronçon et Marsillac (1).

En même temps qu'il donnoit au Roi de mauvaises impressions contre le maréchal d'Ancre, il faisoit le même contre la Reine, donnant jalousie au Roi du pouvoir absolu qu'elle auroit lorsqu'elle seroit venue à bout des grands du royaume, qui étoient réduits jusqu'à l'extrémité. Et, comme si ce n'eût pas été assez pour ce perfide d'arriver au souverain gouvernement, il entreprit de s'y faire chemin et de s'y élever par ses propres ruines (2), sans entrer en considération qu'elle avoit jeté les premiers fondemens de sa fortune, avoit depuis comblé de biens ses frères et lui, et qu'à peine avoient-ils les mains vides de la charge de grand-fauconnier qu'elle leur avoit donnée.

Ceux qui ont le moins de mérite ont d'ordinaire le plus d'ambition, et, pource qu'ils n'ont aucune part en la vertu, pour en avoir les apparences ils veulent usurper entièrement la récompense qui lui est due, et ne peuvent souffrir les puissances établies ou exercées par ses règles. Or, comme ceux qui ont écrit de l'art de bien tromper, nous apprennent que pour y bien réussir il faut donner quelquefois de véritables et salutaires avis, cet infidèle ne manqua point d'apporter cette industrie à la conduite de son fatal dessein.

Pour prendre ses sûretés il lui avoua souvent (3), durant qu'il faisoit ces trames, que force gens portoient le Roi à secouer le joug de son obéissance; mais qu'il se falloit rire de leurs entreprises, parce que son maître avoit trop de confiance en lui pour lui en cacher les auteurs, et qu'elle l'avoit trop obligé pour n'en point empêcher l'effet. Il lui découvrit que M. de Lesdiguières avoit écrit et offert au Roi des forces pour le mettre hors de tutelle, pour le tirer de ses mains, c'est-à-dire pour renverser les lois de la piété naturelle et chrétienne. Sur les bruits qui couroient que le Roi n'étoit point satisfait d'elle, il la vint trouver avec Tronçon et Marsillac pour l'assurer du contraire, et lui protester qu'il ne se passeroit rien auprès de lui dont elle ne fût ponctuellement informée; qu'il lui amenoit Tronçon et Marsillac, ses intimes amis, pour être cautions de sa fidélité, et lui faire reproche devant Dieu et le monde s'il manquoit à ses promesses.

Elle eut en ces témoins la croyance que leurs actions passées pouvoient mériter. L'un d'eux avoit vendu son maître, et l'autre déshonoré sa maison pour s'enrichir; l'un portoit sur ses épaules des marques de sa trahison (4), et l'autre en la prostitution de ses sœurs des preuves de son infamie.

Enfin ce choix de deux cautions si mauvaises ayant fait connoître qu'elle étoit trompée, elle se résolut de prévenir le mal par une retraite volontaire, de laisser à d'autres la gloire du gouvernement.

N'ayant pu, quelque temps auparavant, venir à bout du traité de la Mirandole, comme nous avons dit ci-dessus, elle voulut essayer d'avoir du pape Paul V l'usufruit du duché de Ferrare sa vie durant; mais sa chute arriva avant que sa négociation fût achevée; car l'ardeur avec laquelle le maréchal d'Ancre se portoit à ruiner les ministres fut cause de hâter sa mort, et peut-être donna la résolution à Luynes de l'entreprendre.

Encore que nous sussions que cette inquiétude qu'il avoit étoit pour notre sujet et pour nous malfaire, nous usions néanmoins de telle discrétion et secret, qu'étant résolus de nous retirer jamais personne n'en sut rien. D'où il arriva que Luynes, qui étoit de son naturel fort timide et soupçonneux, qui sont deux conditions d'esprit qui s'accompagnent l'une et l'autre, fut aisé à persuader que c'étoit à lui à qui le maréchal en vouloit; et tous ceux qui espéroient profiter dans ce changement poussoient à la roue, et augmentoient ses soupçons et ses craintes.

Il chercha premièrement toutes sortes de moyens pour s'assurer contre cet orage. Il fit proposer au maréchal qu'il lui donnât en mariage une de ses nièces qu'il avoit à Florence; mais sa femme, qui étoit bien aise qu'il n'eût pas cet appui auprès du Roi afin qu'il dépendît toujours d'elle, n'y voulut jamais consentir; et lui, qui savoit bien que c'étoit perdre temps de l'entreprendre contre son gré, et qui ne vouloit pas paroître dépendre d'elle, témoigna ne le désirer pas.

Se voyant refusé, il se tourna du côté de Barbin, et lui fit semblablement demander, par Marsilly, une de ses nièces en mariage pour le sieur de Brantes son frère; et, sur ce qu'il répondit n'avoir rien pour donner à sa nièce, il lui dit qu'ils n'avoient que faire de bien ni l'un ni l'autre, que c'étoit le Roi qui vouloit ce mariage, et qu'il leur en donneroit assez à tous deux. Barbin le désiroit, et je le lui conseillois; mais il s'arrêta sur ce qu'il n'en osoit parler à la Reine, s'assurant que le maréchal et sa femme ne manqueroient pas de se servir incontinent de ce moyen pour faire croire à Sa Majesté qu'il la

---

(1) Domestiques du roi tout à fait subalternes.
(2) De la reine mère.
(3) A la reine.

(4) Marsillac était celui que le prince de Condé avait fait bâtonner en 1615.

trompoit. Se voyant, ce lui sembloit, rebuté de tous côtés, il crut que c'étoit par résolution prise de le chasser, et fit croire au Roi qu'on en vouloit à sa personne, que cela en étoit une preuve manifeste, qu'à cela tendoient les pensées du maréchal, et que l'impatience d'exécuter bientôt ce dessein lui donnoit ces inquiétudes qu'il avoit si extraordinaires.

Il tire en calomnie une action de la Reine et de son conseil, qui avoit été faite innocemment et prudemment sans aucun mauvais dessein contre le Roi, et avec une très-bonne raison pour le bien de son service. Au commencement du remuement des princes à Soissons, la Reine envoya toutes les forces que le Roi avoit auprès de sa personne à l'entour de ladite ville, et, entre autres, ses compagnies de gendarmes et de chevau-légers; ce qu'elle faisoit pour empêcher ceux de Soissons de venir courir aux portes de Paris et l'incommoder, et pour empêcher aussi qu'ils ne pussent recevoir secours du dehors cependant que l'armée du Roi s'assembloit pour l'assiéger. Le Roi n'ayant plus de cavalerie auprès de lui, et néanmoins ne laissant pas d'aller à la chasse près de Paris, la Reine eut crainte que l'on pût faire quelque entreprise sur sa personne, et arrêta sa compagnie de chevau-légers qui passoit aux portes de Paris pour aller à l'armée, afin de garder la personne du Roi et la sienne, en attendant que, l'armée étant arrivée à Soissons, on pût renvoyer au Roi sesdites compagnies. Luynes prit sujet sur cela de jeter une défiance dans l'esprit du Roi contre la Reine, comme si elle eût eu dessein de tenir sa personne en sa puissance, la faisant garder par des gens qui étoient à elle, et ayant éloigné ceux qui étoient à lui. Il ajouta que le maréchal d'Ancre avoit dessein de s'assurer des personnes de Monsieur et de M. le comte.

Le Roi, dès long-temps mécontent du maréchal d'Ancre, se résolut sur toutes ces choses de le faire arrêter prisonnier. Luynes, qui ne croit pas pouvoir trouver sûreté que dans sa mort, et qui croit que l'accommodement entre le fils et la mère, le Roi et la Reine, seroit facile si l'offense étoit légère, fait instance de le faire tuer : à quoi le Roi ne voulut point consentir, qu'en cas qu'il se mît en devoir de résister à ses volontés.

Pour exécuter ce dessein, Luynes et ceux qui étoient de son parti jetèrent les yeux sur le baron de Vitry pour le rendre ministre et exécuteur de leurs passions. Pour l'y disposer, ils portèrent le Roi à lui faire des caresses extraordinaires; ensuite Luynes lui témoigna que Sa Majesté avoit une grande confiance en lui, et qu'en son particulier il le vouloit servir auprès d'elle comme s'il étoit son frère. Par après, une autre fois il lui dit que le Roi avoit si bonne opinion de lui, qu'il lui avoit dit en particulier qu'il étoit capable de grandes entreprises, et qu'il s'y fieroit de sa vie.

Le baron de Vitry, sans se douter de ce à quoi on le vouloit employer, témoignant se sentir obligé de cette confiance, le pria d'assurer le Roi qu'il ne seroit pas trompé, et qu'en toutes occasions il suivroit aveuglément ses volontés. Par après, une autre fois Luynes lui dit qu'il avoit dit au Roi les assurances qu'il lui avoit données de son service, ce qu'il avoit eu si agréable qu'il lui avoit commandé de lui témoigner le gré qu'il lui en savoit, et que, pour preuve de sa confiance, il lui avoit ordonné de tirer parole et serment de lui de ne parler à qui que ce pût être au monde d'une affaire qu'il lui vouloit découvrir, et savoir déterminément s'il n'exécuteroit pas tout ce que Sa Majesté lui commanderoit.

Le sieur de Vitry le lui ayant promis, le sieur de Luynes, qui appréhendoit qu'on prît soupçon si on les voyoit souvent parler ensemble, lui donna rendez-vous pour se trouver la nuit, avec ordre de la part du Roi de recevoir ce qui lui seroit dit par ceux qu'il trouveroit audit lieu, comme si c'étoit de la bouche du Roi. L'heure de l'assignation étant venue, le sieur de Vitry fut étonné que s'étant trouvé au lieu prescrit, il vît les sieurs Tronçon et Marsillac, dont il connoissoit la réputation, Déageant et un jardinier des Tuileries. Si jamais homme a été étonné, il a dit franchement depuis que c'étoit lui, entendant l'importance de la proposition qui lui fut faite par des gens tels que ceux qu'il voyoit.

Il le fut bien encore davantage quand, par discours, il apprit qu'ils n'étoient pas seuls qui avoient connoissance de ce dessein. Cependant l'espérance de faire une grande fortune, et l'engagement auquel il étoit déjà, le portèrent à entreprendre l'exécution, et Dieu permit qu'ainsi que l'expérience fait connoître que souvent le secret et la fidélité que les larrons se gardent, surpasse celle que les gens de bien ont aux meilleurs desseins, celle qui fut gardée en cette occasion fut si entière, que, bien que beaucoup de personnes sussent ce dessein, il fut conservé secret plus de trois semaines, en attendant une heure propre pour son exécution, qui arriva le 24 d'avril, que le sieur de Vitry, accompagné de quelque vingt gentilshommes qui le suivoient négligemment en apparence, aborda le maréchal d'Ancre comme il entroit dans le Louvre et étoit encore sur le pont. Il étoit si échauffé ou si étonné, qu'il le passoit sans l'apercevoir : un de ceux qui l'accompagnoient l'en ayant averti, il retourna, et lui dit qu'il le faisoit prisonnier de par le Roi ; et tout en même temps, l'autre n'ayant eu loisir que de lui dire, *moi prisonnier !* ils lui tirèrent trois coups de pistolet, dont il tomba tout roide mort. Un des siens voulut mettre l'épée à la main ; on cria que c'étoit la volonté du Roi, il se retint. En même temps le Roi parut à la fenêtre, et tout le Louvre retentit du cri de *vive le Roi.*

Le sieur de Vitry monta en la chambre de Sa Majesté, et lui dit qu'il ne l'avoit pu arrêter vif, et avoit été contraint de le tuer. Son corps fut traîné dans la petite salle des portiers, et de là mis dans le petit jeu de paume du Louvre, et, sur les neuf heures du soir, enseveli dans Saint-Germain-l'Auxerrois, sous les orgues. Il avoit eu, durant sa vie, quelque aversion dudit Vitry, et quand il fut fait capitaine des gardes au lieu de son père, il disoit : « *Per Dio*, il ne me plaît « point que ce Vitry soit maître du Louvre. » Vitry aussi ne le saluoit point, et s'en vantoit ; et, comme on remarque que les loups connoissent et craignent les lévriers qui les doivent mordre, il appréhendoit l'audace dudit sieur de Vitry, et disoit souvent qu'il étoit capable d'un coup hardi.

En même temps on fit retirer du Louvre les gardes de la Reine-mère, jugeant qu'elle seroit aussi bien gardée par ceux du Roi que par les siens, et qu'il étoit expédient qu'il n'y eût qu'une marque d'autorité dans la maison royale. On lui donna des gardes du Roi, et on fit murer quelques-unes de ses portes, pour empêcher les diverses avenues de sa chambre.

Il courut un bruit par la ville que le Roi avoit été blessé dans le Louvre, et autres disoient que c'avoit été par le maréchal d'Ancre. Sur cette rumeur on ferme les boutiques, on court au Palais et au Louvre : Liancourt fut envoyé par la ville dire que le Roi se portoit bien, et que le maréchal d'Ancre étoit mort. Le colonel d'Ornano en alla aussi avertir le parlement ; et, afin que ces faux bruits ne fussent portés dans les provinces, le Roi y écrivit ce qui c'étoit passé, que l'abus que l'on faisoit de son autorité qu'on avoit toute usurpée, sans lui en laisser quasi que le nom, de sorte qu'on tenoit à crime si quelqu'un le voyoit en particulier et l'entretenoit de ses affaires, l'avoit obligé de s'assurer de la personne du maréchal d'Ancre, lequel, ayant voulu faire quelque résistance, auroit été tué, et que désormais Sa Majesté vouloit prendre en main le gouvernement de son Etat ; et partant qu'un chacun eût à s'adresser à lui-même ès demandes et plaintes qu'ils auroient à faire, et non à la Reine sa mère, laquelle il avoit priée de le trouver bon ainsi.

Lorsque cet accident arriva j'étois chez un des recteurs de Sorbonne (1), où la nouvelle en fut apportée par un de ses confrères qui venoit du Palais ; j'en fus d'autant plus surpris, que je n'avois jamais prévu que ceux qui étoient auprès du Roi eussent assez de force pour machiner une telle entreprise. Je quittai incontinent la compagnie de ce docteur célèbre, tant pour sa doctrine que pour sa vertu, qui n'oublia de me dire fort à propos ce que je devois attendre d'un homme de son érudition sur l'inconstance de la fortune, et le peu de sûreté qu'il y a aux choses qui semblent être plus assurées en la condition humaine.

En m'en venant, comme j'étois sur le Pont-Neuf, je rencontrai Le Tremblay (2), qui, après m'avoir conté ce qu'il avoit appris au Louvre de l'accident qui étoit arrivé, me dit que le Roi me faisoit chercher, et qu'il s'étoit même chargé de me le faire savoir s'il me rencontroit. Comme je fus proche du Louvre, je sus que les sieurs Mangot et Barbin étoient chez le sieur de Bressieux, premier écuyer de la Reine : je montai où ils étoient, où je sus qu'ils avoient déjà appris ce que du Tremblay m'avoit dit, et qui plus est qu'on parloit de Barbin auprès du Roi avec une grande animosité, qui ne lui donnoit pas peu de crainte.

Nous mîmes en délibération s'ils viendroient au Louvre avec moi, et, tous ceux qui en venoient nous confirmant ce qui avoit été dit des uns et des autres, il fut résolu que nous n'irions au Louvre que les uns après les autres, et qu'eux demeurant encore là pour quelque temps, je m'en irois devant pour recevoir les commandemens du Roi. Continuant mon chemin, je rencontrai divers visages qui m'ayant fait caresses deux heures auparavant ne me reconnoissoient plus, plusieurs aussi qui ne me firent point connoître de changer pour le changement de la fortune.

D'abord que j'entrai dans la galerie du Louvre, le Roi étoit élevé sur un jeu de billard pour être mieux vu de tout le monde. Il m'appela, et me dit qu'il savoit bien que je n'avois pas été des mauvais conseils du maréchal d'Ancre, et que je l'avois toujours aimé (il usa de ces mots), et été pour lui aux occasions qui s'en étoient présentées, en considération de quoi il me vouloit bien traiter.

Le sieur de Luynes, qui étoit auprès de lui, prit la parole, et dit au Roi qu'il savoit bien que j'avois plusieurs fois pressé la Reine de me donner mon congé, et qu'en diverses occasions j'avois eu brouillerie avec le maréchal sur des sujets qui

(1) Des mémoires récemment publiés ont voulu reprocher à Richelieu une sorte de complicité dans le meurtre de son bienfaiteur, dont il aurait été averti avant l'événement. Aucune probabilité n'appuie cette révélation.

(2) Du Tremblay, frère du célèbre père Joseph.

concernoient particulièrement Sa Majesté. Il me fit ensuite beaucoup de protestations d'amitié. Je repartis à ce qu'il lui avoit plu de me dire à la vue de tout le monde, qu'assurément il ne seroit jamais trompé en la bonne opinion qu'il avoit de moi, qui mourrois plutôt que manquer jamais à son service; que je confessois ingénument avoir toujours remarqué peu de prudence au maréchal d'Ancre et beaucoup d'inconsidération; mais que je devois cet hommage à la vérité, de dire, en cette occasion, que je n'avois jamais connu qu'il eût mauvaise volonté contre la personne de Sa Majesté, ni aucun dessein qui fût directement contre son service; que je louois Dieu, s'il en avoit eu, de ce qu'il n'avoit pas eu assez de confiance en moi pour me les découvrir; qu'il étoit vrai que j'avois plusieurs fois pressé la Reine de me donner mon congé; mais que ce n'étoit point pour aucun mauvais traitement que j'eusse reçu d'elle, dont, tout au contraire, j'avois toute occasion de me louer, mais bien pour le peu de conduite qu'avoit le maréchal, les soupçons perpétuels qu'il avoit de ceux qui l'approchoient, et les mauvaises impressions que je craignois qu'il donnât de moi à la Reine. J'ajoutai que je devois dire, avec la même vérité, que les sieurs Mangot et Barbin avoient eu les mêmes sentimens de s'en retirer, que j'en avois fait instance pour l'un et pour l'autre, et particulièrement pour le dernier.

Après cela je m'approchai plus près du sieur de Luynes, le remerciai en particulier des bons offices qu'il m'avoit rendus auprès du Roi, et l'assurai de mon affection et de mon service.

Ensuite je lui voulus donner même assurance du sieur Barbin, dont je lui dis tout le bien qu'il me fut possible, conformément à la sincérité que j'avois reconnue en ses actions. Il me témoigna par son visage, son geste et ses paroles, avoir fort désagréable ce que je lui disois sur ce sujet. Lors je lui dis avec le plus d'adresse qu'il me fut possible, qu'il seroit loué de tout le monde s'il ne lui faisoit point de mal, et qu'en effet je pouvois répondre qu'il ne l'avoit point mérité, ni pour le respect du Roi ni de son particulier. A quoi il me répondit : « Au nom de Dieu, ne vous « mêlez point de parler pour lui, le Roi le trou- « veroit très-mauvais; mais allez-vous-en au lieu « où sont assemblés tous ces messieurs du con- « seil, afin qu'on voie la différence avec laquelle « le Roi traite ceux qui vous ressemblent, et les « autres qui ont été employés en même temps. » Il ajouta ensuite : « Il faut que quelqu'un vous y « conduise, autrement on ne vous laisseroit pas « entrer; » et appela le sieur de Vignoles, qui étoit là présent, et lui dit qu'il m'accompagnât au conseil, et dit à ces messieurs que le Roi m'avoit commandé d'y descendre et vouloit que j'y eusse entrée. Je balançai en moi-même si je devois recevoir cet honneur; mais j'estimai qu'en cette grande mutation les marques de la bonne grâce du Roi me devoient être chères, vu que, par après, mes actions feroient connoître que je les recevois par la pure estime que le Roi faisoit de moi, et non par aucune connivence que j'eusse eue avec ceux qui avoient machiné la mort du maréchal d'Ancre.

Prenant congé du sieur de Luynes, je lui demandai le plus adroitement qu'il me fut possible pour ne lui déplaire pas, s'il ne me seroit point permis de voir la Reine, et que s'il lui plaisoit me faire accorder cette grâce j'en userois assurément, non pour aigrir, mais pour adoucir son esprit. Il me répondit qu'il n'étoit pas temps de penser à obtenir cette permission du Roi, que si on l'accordoit à d'autres il se souviendroit de la demande que je lui faisois.

Lors je sortis avec le sieur de Vignoles, qui n'eut pas plutôt fait sa commission envers ces messieurs qui étoient assemblés au conseil, où étoient messieurs du Vair, Villeroy, le président Jeannin, Déageant, et les secrétaires d'Etat, et plusieurs autres confusément, que le sieur de Villeroy, que j'avois servi jusqu'à ce point de n'avoir point fait difficulté, dans l'emploi où j'avois été des affaires, de me mettre mal à son occasion avec le maréchal d'Ancre, eut dessein de s'opposer à mon entrée en ce lieu, et demanda en quelle qualité je m'y présentois. M. de Vignoles ne pouvant répondre, et me faisant savoir cette difficulté, je le priai de lui dire que je m'y présentois par pure obéissance, sans dessein de m'y conserver l'entrée qu'il avoit plu au Roi de m'y donner, beaucoup moins l'emploi de sa charge où j'avois été, et où je l'avois servi notablement.

Après cette réponse, ces messieurs continuèrent à mettre les ordres qu'ils estimoient nécessaires, pour faire savoir dans toutes les provinces et hors le royaume la résolution que le Roi avoit prise; ce qui leur fut fort aisé, vu que pour cet effet ils n'eurent qu'à suivre les mémoires et les dépêches que le sieur Déageant avoit dressés il y avoit long-temps.

Tandis que je fus en ce lieu, je parlai toujours à diverses personnes qui s'y rencontrèrent n'être pas des plus empêchées, et ne m'approchai point de ces messieurs qui faisoient l'âme du conseil. Après avoir été assez en ce lieu pour dire que j'y étois entré, je me retirai doucement (1). Je rencontrai dans la cour le sieur Mangot qui montoit pour aller trouver le Roi; lui ayant dit suc-

(1) Toute cette scène, dont on ne trouve nulle part le démenti, est certainement du plus vif intérêt.

cinctement ce qui s'étoit passé, je continuai mon voyage, et lui le sien. Je n'eus pas demeuré demi-heure dans mon logis, que j'appris qu'il avoit été arrêté dans l'antichambre du Roi, qu'on lui avoit demandé les sceaux, et que par après on l'avoit renvoyé chez lui, sans user d'autre rigueur en son endroit. J'appris ensuite que le sieur Barbin avoit des gardes en son logis, et que personne ne parloit à lui.

Il avoit appris cette nouvelle sur les onze heures, comme il étoit descendu de son cabinet pour aller au Louvre au conseil des affaires. Desportes Baudouin, secrétaire du conseil, le vint trouver là, et lui dit premièrement qu'il y avoit du bruit au Louvre, et, voyant qu'il s'avançoit pour y aller, lui dit que c'étoit le maréchal d'Ancre qui y avoit été tué; puis ajouta que c'étoit le Roi qui l'avoit fait faire, pensant par cet avis le détourner d'y aller. Mais il lui dit que s'il étoit absent de Paris il y viendroit en poste à cette nouvelle, et qu'il n'avoit point fait d'actions qui demandassent les ténèbres; et en parlant ainsi s'avança vers le Louvre. Mais, voyant qu'il n'y pouvoit entrer à cause que la porte étoit fermée, il entra chez le premier écuyer de la Reine, où j'ai dit que je l'avois trouvé, et ne voulut pas retourner chez lui, quoique ledit Desportes l'en pressât pour mettre ordre à ses papiers : à quoi il répondit qu'il avoit servi le Roi de sorte qu'il vouloit que non-seulement on vît ses papiers, mais son cœur. Quelqu'un lui vint dire alors qu'il y avoit un carrosse à six chevaux de l'autre côté de l'eau, qui l'attendoit pour l'emmener où il voudroit; mais il fit réponse qu'il ne vouloit aller autre part qu'au Louvre; et, se voulant mettre en état d'y aller à son tour, un exempt des gardes du corps vint avec des archers, et le ramena chez lui, où il vit incontinent entrer deux commissaires pour saisir ses papiers, savoir est Castille, intendant des finances, et Aubry, maître des requêtes et président du grand conseil, dont l'un ne savoit point le pouvoir de l'autre. Ils entrèrent en contestation dès la porte du logis, et se donnèrent quelques coups de poing à qui entreroit le premier, soit d'affection qu'ils avoient à faire leur charge, ou par la vanité de leur rang. Ils trouvèrent force lettres du maréchal d'Ancre, bien éloignées du style qu'ils pensoient, et d'autres papiers desquels il n'y avoit aucun qui servît à leur dessein, mais au contraire étoient tous à l'honneur dudit Barbin.

Incontinent après que le maréchal fut tué, M. de Vitry alla à la chambre de la maréchale, qui étoit proche de celle de la Reine, l'arrêta prisonnière, et se saisit de tout ce qu'elle avoit dans la chambre, or, argent, bagues (1) et meu-

(1) Bijoux.

bles. Elle portoit sur elle les bagues de la couronne, tant elle étoit en crainte perpétuelle qu'il ne lui arrivât quelque désastre, qu'elle ne pensoit pas être en sûreté si elle n'avoit sur soi des trésors pour se racheter : elle ne pouvoit néanmoins porter ceux-là sans faute; car, outre qu'elle sembloit se les vouloir approprier, les choses de cette nature doivent être toujours gardées en un lieu stable et sûr, et non sur une personne où elles couroient plusieurs sortes de hasards.

Le baron de Vitry se saisit desdites bagues, et mena la maréchale en la même chambre où M. le prince avoit été mis prisonnier. A l'instant on envoya aussi au logis dudit maréchal se saisir de ses meubles et papiers; mais le plus de bien qu'il avoit fut trouvé sur sa personne, ayant sur lui des promesses pour 1,900,000 l. Une partie de sa maison fut pillée, et entre autres la chambre du fils dudit maréchal, que Vitry mit en la garde de quelques soldats jusques à ce que le Roi en eût ordonné. Son père le faisoit appeler comte de La Pene, qui est une bonne maison d'Italie, de laquelle il disoit être descendu. C'étoit un jeune garçon de douze ans, bien nourri, qui promettoit quelque chose de bon, et qui méritoit une meilleure fortune; car, quant à sa fille dont nous avons tantôt parlé ès années précédentes, de laquelle il espéroit faire une grande alliance, elle étoit morte le premier jour de janvier de la présente année. Dieu, ayant pitié de l'infirmité de son sexe, la voulut soustraire aux désastres qui la menaçoient si elle eût vécu jusqu'alors.

Le baron de Vitry fut fait à l'instant maréchal de France pour récompense de l'exécution qu'il avoit faite. Sa charge de capitaine des gardes fut donnée au sieur du Hallier son frère, qui, ayant étudié pour être homme d'église et porté l'habit de religieux dans l'abbaye de Sainte-Geneviève, en espérance de succéder à l'abbé qui étoit son parent, avoit quitté cette profession à la mort de l'un de ses frères; et nonobstant que cela lui fît tort en la vie du monde, en laquelle il entroit, néanmoins son courage et sa vertu, aidés de ce qu'étoit son père dans la cour, et de son frère, lui firent acquérir la réputation de brave et sage gentilhomme, et il fut estimé d'un chacun bien digne de la charge importante qui lui fut confiée.

Persen, beau-frère de Vitry, eut la lieutenance de la Bastille, et la charge de garder M. le prince au lieu du chevalier Conchine, frère du défunt (2).

(2) Le chevalier Concini, dont il est à peine question dans tous les mémoires, et qui ne paraît avoir eu que peu d'emploi, était alors en Italie, d'où il ne revint plus.

L'après-dînée de ce jour tous les ordres et toutes les compagnies de la ville vinrent saluer le Roi, et lui applaudirent de l'action qu'il avoit faite. Ils trouvèrent Sa Majesté sur un jeu de billard, où le sieur de Luynes l'avoit fait mettre exprès pour être vu plus aisément de tout le monde. On lui dit depuis que c'étoit comme un renouvellement de la coutume ancienne des Français, qui portoient leurs rois, à leur avénement à la couronne, sur leurs pavois à l'entour du camp, pour être vus et recevoir plus aisément les acclamations de joie de toute l'armée, dont on voit même quelque exemple en l'Ecriture-Sainte à l'avénement d'un des rois du peuple de Dieu. Il fut bien aise de se servir de cela, et faire croire qu'il l'avoit fait à dessein. Mais le Roi étant au bas âge qu'il étoit, et lui n'ayant jusqu'à cette dernière journée fait autre métier auprès de lui que de le servir en ses passe-temps, et lui siffler des linottes, il semble qu'il eût été à propos qu'il eût choisi un autre lieu pour l'élever, principalement ayant volonté de suivre la piste du maréchal d'Ancre; l'insolence duquel parut bientôt après avoir plutôt changé de sujet, passant dudit maréchal en lui, que non pas cessé d'être; la taverne, comme dit peu après le maréchal de Bouillon, étant toujours demeurée la même, n'y ayant eu autre changement que de bouchon (1).

On a parlé diversement de ce conseil qu'il donna au Roi : les uns le louant comme un conseil extrême en un mal extrême, et l'estimant juste, nonobstant qu'il soit contre les formes, à cause que toutes les lois et les formes de la justice résidant comme en leur source en la personne du Roi, il les peut changer et en dispenser comme il lui plaît, selon qu'il le juge à propos pour le bien de l'Etat et la sûreté de sa personne, en laquelle tout le public est contenu. Mais cette opinion n'est guère dissemblable à celle du flatteur Anaxarque, qui disoit à Alexandre qu'on peignoit la justice et l'équité aux deux côtés de Jupiter, pour montrer que tout ce que les rois vouloient étoit juste ; et à celle des conseillers de Perse à leur roi barbare, auquel ils dirent qu'il n'y avoit point de lois qui permissent un inceste qu'il vouloit commettre, mais bien y en avoit-il une par laquelle il étoit permis aux rois de faire ce qu'ils vouloient. Mais elle est bien éloignée, et de tout ce que les hommes sages de l'antiquité ont dit, que les actions des rois ne sont pas justes pource qu'ils les font, mais pource que leur vie étant l'exemplaire de leurs peuples, ils la règlent selon la justice et l'équité, et, pour bien commander aux hommes qui leur sont sujets, obéissent à la raison, qui est un rayon ou une impres-

(1) C'est-à-dire d'enseigne.

sion que nous avons de la Divinité, et à la loi de Jésus-Christ, qui nous enseigne que Dieu est le roi primitif, et que les rois ne sont que les ministres de son royaume, de l'administration duquel ils lui doivent rendre compte, et être jugés de lui avec plus de rigueur et de sévérité que ne seront pas les peuples qui leur sont sujets. Joint qu'il étoit aussi aisé au Roi de le faire prendre prisonnier dans le Louvre, qu'il lui avoit été d'y faire arrêter M. le prince, qui avoit toute la cour et tout le peuple et tous les parlemens en sa faveur, ce que celui-ci n'avoit pas (2) ; joint que la Reine sa mère, qui dès long-temps avoit volonté de le renvoyer en Italie, eût tenu à grande faveur du Roi qu'il l'y eût renvoyé s'il eût été arrêté prisonnier. Et partant ce fut un conseil précipité, injuste et de mauvais exemple, indigne de la majesté royale et de la vertu du Roi, qui n'eut point aussi de part en cette action, car il commanda simplement qu'on l'arrêtât prisonnier ; et qu'on ne lui méfît point, si ce n'étoit qu'il mît le premier la main aux armes, de sorte qu'on ne pût l'arrêter qu'en le blessant.

Dès le jour même je fis savoir à la Reine, par Roger, son valet de chambre, la douleur que je ressentois de son malheur, auquel certainement je la servirois selon toute l'étendue de mon pouvoir.

Le lendemain, le corps du maréchal d'Ancre, qui avoit été enterré sans cérémonie sous les orgues de Saint-Germain-l'Auxerrois, fut déterré par la populace, et, avec grands cris et paroles insolentes, traîné jusque sur le Pont-Neuf, et pendu par les pieds à une potence qu'il y avoit fait planter pour faire peur à ceux qui parloient mal de lui (3). Là ils lui coupèrent le nez, les oreilles et les parties honteuses, et jetèrent les entrailles dans l'eau, et faisoient à ce cadavre toutes les indignités qui se pouvoient imaginer. A même temps je passai par là pour aller voir M. le nonce, qui étoit lors le seigneur Ubaldin, et ne me trouvai pas en une petite peine ; car, passant par-dessus le Pont-Neuf, je trouvai le peuple assemblé qui avoit traîné par la ville quelque partie de son corps, et qui s'étoit laissé emporter à de grands excès d'insolence devant la statue du feu Roi. Le Pont-Neuf étoit si plein de cette populace, et cette foule si attentive à ce qu'ils faisoient, et si enivrés de leur fureur, qu'il n'y avoit pas moyen de leur faire faire place pour le passage des carrosses. Les cochers étant peu discrets, le mien en choqua quelqu'un qui

(2) Voilà certes la meilleure raison pour condamner l'action lâche et cruelle que Luynes conseilla au roi.
(3) Faire peur est la stricte vérité, car les mémoires du temps ne parlent d'aucune exécution.

commença à vouloir émouvoir noise sur ce sujet; au même instant je reconnus le péril où j'étois, en ce que si quelqu'un eût crié que j'étois un des partisans du maréchal d'Ancre, leur rage étoit capable de les porter aussi bien contre ceux qui, aimant sa personne, avoient improuvé sa conduite, comme s'ils l'eussent autorisée.

Pour me tirer de ce mauvais pas, je leur demandai, après avoir menacé mon cocher extraordinairement, ce qu'ils faisoient; et m'ayant répondu selon leur passion contre le maréchal d'Ancre, je leur dis : « Voilà des gens qui mour-
« roient au service du Roi; criez tous *Vive le Roi!* » Je commençai le premier, et ainsi j'eus passage, et me donnai bien de garde de revenir par le même chemin; je repassai par le pont Notre-Dame.

Du Pont-Neuf ils le traînèrent par les rues jusqu'à la Bastille, et de là par toutes les autres places de la ville, jusqu'à ce qu'ils le fissent brûler devant sa porte, au faubourg Saint-Germain, et traînèrent ce qui en restoit encore sur le Pont-Neuf, où ils le brûlèrent derechef, puis enfin en jetèrent les os dans la rivière.

Ces choses avoient été prédites au maréchal d'Ancre par plusieurs devins et astrologues qu'il voyoit volontiers, mais lui avoient été prédites par eux en leur manière ordinaire, c'est-à-dire de sorte qu'il n'en pouvoit faire son profit; car les uns lui disoient qu'il mourroit d'un coup de pistolet, les autres qu'il seroit brûlé, les autres qu'il seroit jeté dans l'eau, les autres qu'il seroit pendu, et toutes ces choses furent véritables; mais, comme il ne les pouvoit comprendre, il croyoit qu'ils se trompassent tous, et les en avoit à mépris.

La Reine sut les excès qui avoient été commis contre le corps mort; et, encore que cette princesse se fût toujours montrée fort constante contre les médisances, si est-ce que les insolentes paroles qu'ils dirent la touchèrent au vif : et à la vérité, s'il faut une grande vertu pour supporter la calomnie, il en faut une héroïque et divine pour la supporter quand elle est conjointe avec mépris et risée publique.

Le même jour on fit publier à son de trompe que tous les serviteurs du maréchal eussent à sortir hors de Paris. Le frère de la maréchale, qui étoit logé au collège de Marmoutier, s'enfuit dans un monastère, craignant la fureur du peuple, et le comte de La Pene fut mené au Louvre, où on lui donna des gardes; et Sa Majesté fit expédier des lettres au parlement, par lesquelles elle déclara que l'action que le sieur de Vitry avoit faite étoit par son commandement, et d'autres qui portoient une provision d'office de conseiller au parlement pour lui; ce qu'il avoit désiré afin qu'on ne lui pût faire son procès que toutes les chambres assemblées, ne considérant pas qu'il venoit de donner un exemple de le traiter avec moins de cérémonie quand on se voudroit défaire de lui.

Cependant le Roi avoit remis en charge tous les anciens officiers qui avoient été chassés par la Reine. Le président Jeannin retourna à la surintendance des finances; Déageant, commis de Barbin, contrôleur général, fut fait intendant en récompense de son infidélité; les sceaux furent rendus à du Vair avec tant d'honneur, que le Roi passa une déclaration qu'il envoya au parlement, par laquelle il fit savoir qu'ils lui avoient été ôtés contre son gré, et partant qu'il vouloit que les anciennes lettres de provision qui lui avoient été expédiées lui servissent maintenant pour rentrer dans l'exercice de sa charge, sans qu'il en eût besoin d'autres; et M. de Villeroy rentra dans la fonction de la sienne de secrétaire d'Etat, par indivis avec M. de Puisieux (1).

Les ministres qui servoient actuellement sous l'autorité de la Reine furent tous décrédités : comme en ces bâtimens qu'on mine par le pied rien ne demeure, ainsi l'autorité de la Reine étant ruinée, tous ceux qui subsistoient en elle tombèrent par sa chute. Je fus le seul auquel Luynes eut quelque égard, car il m'offrit de demeurer au conseil avec tous mes appointemens; mais, voyant le mauvais traitement qu'on commençoit à faire à la Reine, je ne le voulus jamais, et préférai l'honneur de la suivre en son affliction à toute la fortune qu'on me faisoit espérer.

Ces messieurs les nouveaux ministres, ou plutôt le sieur de Luynes, commencèrent leur gouvernement par prendre tout le contre-pied de ce que faisoient ceux qui avoient gouverné devant eux, et firent dessein de rappeler auprès du Roi tous ceux qu'ils croyoient être ennemis de la Reine. Ils envoyèrent querir Sauveterre jusques au fond de la Gascogne, espérant s'en servir comme d'un puissant instrument pour insinuer dans l'esprit du Roi ce qu'ils voudroient, bien que ce fût Luynes même qui, par ses artifices secrets, l'eût fait chasser. Mais cela n'importoit pas tant comme ce qu'ils mirent en la bonne grâce du Roi tous les princes qui avoient pris les armes contre lui et étoient à l'extrémité; et dépêchèrent au nom du Roi, incontinent après la mort du maréchal, vers le duc de Longueville à Amiens, et celui de Vendôme qui étoit à La Fère, et à Soissons vers M. de Mayenne, pour

(1) Cette charge était précisément celle de Richelieu.

les venir faire trouver Sa Majesté incontinent, les assurant qu'ils seroient très-bienvenus et reçus d'elle.

M. du Maine envoya le comte de La Suse, son beau-frère, porter les clefs de Soissons au Roi, qui le reçut le 27 d'avril comme s'il eût tenu son parti, et le comte d'Auvergne (1) le parti contraire. Le même jour arriva le duc de Longueville, qui fut reçu de même. Le duc de Nevers fit un peu plus de cérémonie que les autres, et vouloit traiter avec le Roi, ayant toujours eu des fantaisies qui l'ont fait aller dans les affaires par un chemin particulier à lui seul; mais néanmoins, voyant qu'on ne se vouloit pas relâcher jusque-là, il se rendit en son devoir, et vint avec M. du Maine et le duc de Vendôme trouver Sa Majesté le jour de l'Ascension.

Mais ces messieurs (2) s'aperçurent bientôt de leur faute, et s'en repentirent; M. de Villeroy ayant témoigné plusieurs fois que, s'ils eussent suivi la pointe de ceux qui servoient sous l'autorité de la Reine contre les princes, ils eussent établi la paix en ce royaume pour cent ans; que nous avions été bien hardis de faire une telle entreprise, et eux peu sages de ne la continuer pas. Et en effet, le changement dont ils usèrent, passant du blanc au noir, n'eut autre fondement que la pratique ordinaire que ceux qui changent un établissement ont de prendre le contre-pied de ceux en la place desquels ils se mettent, aimant mieux faire une faute signalée pour donner à penser que les résolutions contraires que l'on avoit prises étoient défectueuses, qu'en continuant ce qui avoit été fait, faire connoître qu'on avoit bien fait.

Cependant Luynes ayant résolu qu'il falloit éloigner la Reine, ils confirmèrent tous le Roi en cette résolution; et, bien qu'entre eux ils fussent de divers avis sur le lieu où ils estimeroient qu'elle devoit être envoyée, ils convinrent enfin que, pour l'heure, elle n'iroit qu'à Blois. La Reine l'ayant songé quelques jours auparavant sa chute, et dit à ses chirurgiens et médecins, ce songe l'y fit résoudre plus facilement lorsqu'ils lui firent savoir leur dessein, et croire que c'eût été se perdre que vouloir résister à la furie des torrens.

Le jour de son départ étant arrêté au 2 de mai, comme elle veut partir on la conjure de s'arrêter cette journée pour éviter un mauvais dessein qui s'étoit formé et découvert contre sa personne. Elle crut au commencement que cet avis étoit faux; mais elle changea d'opinion, ayant appris par le sieur de Bressieux, son premier écuyer, qu'un de ceux qui avoient conspiré la mort du maréchal étoit auteur d'une si détestable entreprise. Cependant sa première pensée étoit véritable; il n'y avoit rien à craindre pour elle, mais beaucoup pour Luynes, qui avoit violé sa foi donnée solennellement à ses complices.

C'est la coutume des larrons de partager les choses qu'ils n'ont pas encore prises. Luynes, à leur imitation, n'avoit pas encore épandu le sang du maréchal qu'il avoit déjà ordonné de sa dépouille, où, s'étant réservé ce qu'il y avoit de meilleur, il avoit fait espérer à Travail l'archevêché de Tours. Ce malheureux, sur l'attente de ce bien imaginaire, ne contribua pas peu à sa mort, faisant connoître à ses ennemis le gain qu'ils avoient en sa perte, le peu de péril à l'entreprendre, et les moyens qu'il falloit tenir à l'exécuter avec succès. Mais comme il arrive d'ordinaire, pour la confusion des méchans, que d'autres profitent de leur malice, Dieu permit que l'évêque de Bayonne tirât la récompense promise à sa faute.

Je ne veux pas m'étendre sur la violence dont on usa pour arracher cette pièce; il me suffit de dire qu'on dépouilla un homme vivant sans l'accuser d'aucun crime, qu'on le contraignit par diverses menaces de s'en démettre contre les lois divines et humaines, contre tout droit ecclésiastique et civil.

Travail voyant ès mains d'autrui le salaire de son iniquité, que la part qu'il avoit eue dans le crime ne lui étoit pas conservée dans la dépouille, que Luynes avoit payé ses services d'un parjure, se résolut de passer jusqu'au mépris de la vie pour se rendre maître de la sienne. Il pensoit par cette dernière action couvrir la honte que la première lui avoit attirée; il croyoit réparer par la mort de ce second tyran le tort qu'il avoit fait au public, offensant dans la mère du Roi, une vertu si éminente, et une puissance si légitime.

Pour parvenir à ce but il se propose de dissimuler son juste mécontentement, de lui donner des conseils sur la suite de son gouvernement, avec la même sincérité qu'il avoit fait au commencement de sa conspiration du temps du maréchal, où les moindres choses donnoient de l'ombrage, où les conversations les moins sérieuses étoient suspectes. Il avoit accoutumé de s'entretenir avec Luynes chez le concierge des Tuileries, et dans un lieu dérobé où eux seuls faisoient le nombre des espions et des traîtres; il y reprend les mêmes assignations avec lui, y porte le même visage, mais un cœur fort différent; lui donne, pour augmenter sa confiance,

(1) Commandant les troupes du roi.
(2) Les ministres.

des avis importans à sa réputation et à l'établissement de sa fortune. Comme il vit son esprit assuré et hors de soupçon qu'il eût aucun sentiment de l'offense qu'il avoit reçue, il fait provision d'un cheval qu'il recouvre par l'entremise de Bréauté et de Montpinçon, achète une épée large de quatre doigts et fort courte pour qu'il la pût aisément cacher sous sa soutane, résolu de lui ôter la vie au lieu même où la mort du maréchal avoit été conclue.

Son dessein étant en état d'être exécuté, afin que la Reine lui sût gré de ce service, il désira de lui faire entendre qu'il ne s'étoit porté à cette extrémité que pour la compassion de la misère où elle étoit réduite. Pour cet effet, il s'adresse et se découvre au sieur de Bressieux, premier écuyer de Sa Majesté, gentilhomme de bonne maison, et que souvent il avoit sondé et ouï plaindre son malheur.

Bressieux s'engage de faire valoir cette action, lui hausse le courage, lui promet une entière assistance; mais, au lieu de lui tenir promesse, s'imaginant qu'il avoit en main une occasion de faire sa fortune, il en avertit le sieur de Luynes, qui lui en témoigna telle obligation, qu'il appréhendoit n'avoir pas assez de puissance pour reconnoître dignement cet office.

C'est le style des Provençaux d'être faciles à promettre et difficiles à tenir; mais, sur les preuves que Luynes a données de son infidélité, on peut dire que sa personne l'a enchéri au-dessus de sa nation. Luynes consulte cette affaire avec Déageant et autres personnes intéressées en son établissement; le résultat de la conférence fut de le faire mourir en changeant l'espèce de son crime.

A même temps il est pris et accusé d'avoir attenté sur la vie de la Reine, prétexte honorable pour se défaire d'un dangereux ennemi, pour apaiser le peuple irrité des inhumanités commises contre les vivans et les morts, et qui donnoit à connoître qu'on n'en vouloit pas au gouvernement de la Reine, mais à ceux qui, au préjudice de l'Etat, avoient abusé de sa bonté et de sa patience.

Luynes et Bressieux, contre la vérité et leur conscience, s'offrirent à servir de témoins contre lui, tous deux pour leur intérêt; l'un pour la sûreté de sa vie, l'autre sur la croyance qu'il eut que, pour la perte d'une personne, il en acquerroit deux, les bonnes grâces du favori et celles de sa maîtresse.

Sur le sang de ce misérable, à l'exemple des païens qui juroient leurs alliances sur les victimes, ces messieurs se protestèrent une éternelle fidélité. Luynes disposoit entièrement de l'esprit du Roi, Bressieux prétendoit se rendre maître de celui de sa maîtresse, et tous deux, par une commune correspondance, se jouer de la fortune de cet Etat.

Il seroit difficile d'exprimer les sentimens de cette princesse affligée, quand elle apprit qu'un de ceux qui avoient contribué à sa ruine l'avoit voulu délivrer; qu'un de ses domestiques par sa perfidie en avoit empêché l'effet; que son ennemi capital avoit abusé du respect de son nom pour venger ses querelles propres et particulières. On ne peut douter qu'elle n'eût reçu avec plaisir la liberté dont elle étoit privée, mais la recevoir d'une si mauvaise main n'eût pas peu modéré sa joie; elle n'avoit pu voir sans étonnement que trois personnes de peu eussent été cause de sa chute; mais qu'un de ses serviteurs l'eût empêchée de se relever, elle ne le put ouïr sans une extrême douleur.

La mort de Travail, vu le mal qu'il lui avoit fait, ne pouvoit être qu'agréable à une grande princesse et italienne, offensée jusqu'au point qu'elle étoit; mais quand elle sut qu'il étoit mort pour l'avenir et non pour le passé, par vengeance et non par justice, qu'elle en étoit le prétexte et Luynes le sujet, elle cessa de s'en réjouir, et ne put souffrir sans regret que son nom eût servi à une si mauvaise cause. Mais il y a des temps où tout conspire à augmenter le mal et diminuer le plaisir des remèdes, où la fortune commence et ne peut achever son ouvrage, où, si on donne quelque espérance de liberté, c'est pour rendre la prison plus amère.

Ce misérable avoit fait profession des armes, et étoit huguenot en sa jeunesse; depuis, s'étant rendu catholique, il se fit capucin, où l'austérité de la religion n'ayant pas eu la force de dompter la rudesse de son esprit, que le feu de la première ferveur avoit amolli durant le temps du noviciat, il commença à leur faire tant de peine qu'ils furent enfin obligés d'en venir aux remèdes de la sévérité, par lesquels effarouché et aigri encore davantage, il s'en alla à Rome, l'an 1607, faire des plaintes de ses supérieurs à Sa Sainteté; où ayant le cardinal Monopoli contraire, pource qu'il aimoit la religion des capucins, de laquelle il avoit été tiré et promu au cardinalat, il fit des accusations atroces contre lui-même à Sa Sainteté, et les soutenoit avec tant d'impudence, que ce bon prélat, qui mourut en même temps, fut jugé en être mort de regret. Il obtint enfin de Sa Sainteté absolution de son vœu et permission de vivre en prêtre séculier; il prit bien l'habit de prêtre, mais non pas l'esprit de la prêtrise, ains plutôt celui de la profession qu'il avoit faite auparavant, jusqu'à ce qu'enfin Dieu, juste juge, permit que, comme par ses calomnies il avoit procuré la mort à un autre, il fût, par une fausse accusation, conduit honteusement sur l'échafaud, et, coupable d'autres crimes, rompu vif sur la roue (1) pour des péchés qu'il n'avoit pas commis, et son corps et son procès brûlés après sa mort comme étant indigne qu'il fût jamais mention de lui. Il mourut repentant, mais si peu ému des peines présentes, et du péril de celles de l'autre siècle, qu'ayant ouï lire son dictum dans la chapelle, il présenta son bras à quelqu'un des assistans pour tâter son pouls, et voir qu'il n'avoit aucun étonnement.

Mais laissons là ce misérable pour revenir à la Reine, qui, après avoir été enfermée l'espace de neuf jours, partit de Paris le 3 de mai pour être derechef enfermée dans une autre demeure, mais d'un espace un peu plus ample que celui où elle l'avoit été à Paris. Toute la matinée se passa en visites : les larmes de ceux qui la viennent voir parlent plus que leurs langues ; on plaint sa condition, on admire sa prudence, qui fut telle, que jamais les soupirs des princes ou princesses ne purent tirer une larme de ses yeux, ni autres paroles de sa bouche que celles-ci. « Si mes ac-
« tions ont déplu au Roi mon fils, elles me dé-
« plaisent à moi-même ; mais il connoîtra, je
« m'assure, un jour qu'elles lui ont été utiles.
« Pour ce qui regarde le maréchal d'Ancre, je
« plains son ame, et la forme qu'on a fait pren-
« dre au Roi pour l'en délivrer. Vous vous fâchez
« de me perdre, en cela vous vous cherchez, y
« ayant assez long-temps que j'ai plusieurs fois
« prié le Roi de me décharger du soin de ses af-
« faires. »

L'après-dinée le Roi lui vint dire adieu. D'abord qu'elle le vit, son cœur, qui n'avoit point été ému, fut tellement touché qu'elle fondit en larmes ; puis, avec des paroles entrecoupées de sanglots, lui tint ce langage :

« Monsieur mon fils, le tendre soin avec le-
« quel je vous ai élevé en votre bas âge, les pei-
« nes que j'ai eues pour conserver votre Etat,
« les hasards où je me suis mise, et que j'eusse
« aisément évités si j'eusse voulu relâcher quel-
« que chose de votre autorité, justifieront tou-
« jours, devant Dieu et les hommes, que je n'ai
« jamais eu autre but que vos propres intérêts.
« Souvent je vous ai prié de prendre en main
« l'administration et la conduite de vos affaires,
« et de me décharger de ce soin ; vous avez cru
« que mes services ne vous étoient pas inutiles, et
« vous m'avez commandé de les continuer ; je
« vous ai obéi pour le respect que je dois à vos
« volontés, et pource que c'eût été lâcheté de

(1) Le 10 mai.

« vous abandonner dans le péril. Si vous con-
« sidérez qu'au sortir de ce maniement je me
« trouve sans aucune place où je puisse hono-
« rablement me retirer, vous verrez que je n'ai ja-
« mais recherché ma sûreté qu'en votre cœur et
« en la gloire de mes actions. Je vois bien que
« mes ennemis vous ont mal interprété mes in-
« tentions et pensées ; mais Dieu veuille qu'après
« avoir abusé de votre jeunesse à ma ruine, ils
« ne se servent point de mon éloignement pour
« avancer la vôtre. Pourvu qu'ils ne vous fassent
« point de mal, j'oublierai toujours volontiers ce-
« lui qu'ils m'ont fait. »

Le Roi, qui avoit été informé autrement que la Reine ne disoit, et reçu instruction de Luynes de ce qu'il lui devoit répondre, lui dit seulement qu'il vouloit commencer à gouverner seul son Etat, qu'il en étoit temps, et qu'en tous lieux il lui témoigneroit qu'il étoit bon fils.

Il fut lors donné permission à un chacun de voir la Reine pour prendre congé d'elle ; les portes furent ouvertes à tous ceux qui la voulurent visiter ; le visage et la façon qu'avoient tous ceux qui la voulurent visiter, quand ils parlèrent à elle, furent remarqués. Il y en eut peu néanmoins qui, par bienséance, manquassent à ce devoir ; tous les corps de la ville y furent ; elle montroit à tous un même visage, une constance immobile, semblant plutôt se promener en une de ses maisons qu'y être reléguée.

Elle part le 3, accompagnée de mesdames ses filles et de toutes les princesses qui la vinrent conduire hors de la ville, sans qu'elles lui fissent jamais répandre une larme au dernier adieu qu'elles lui dirent. On en fit divers jugemens, selon les différentes passions dont on étoit porté vers elle : les uns l'attribuoient à l'ébahissement et à l'horreur du coup qu'elle avoit reçu, qui lioit en elle le sentiment de la douleur, et tarissoit la source de ses larmes ; les autres l'interprétoient à dissimulation assez accoutumée à celles de sa nation ; ceux qui la favorisoient davantage l'imputoient à vertu et à force d'esprit.

Quelques-uns disoient que c'étoit une vraie insensibilité ; mais Luynes crut qu'un désir si enflammé de vengeance maîtrisoit son cœur qu'elle en perdoit le sentiment de pitié, même d'elle, dans le désastre où elle se voyoit : ce qui, ainsi qu'il fortifia en l'opinion que la grandeur de son offense lui avoit donnée, que jamais elle ne lui pardonneroit, le confirma aussi au dessein qu'il avoit déjà pris d'employer tous les artifices possibles pour l'empêcher de revenir jamais auprès de Sa Majesté.

Si elle faisoit semblant de s'en aller sans regret, la plupart la voyoient partir avec un véri-

11.

table contentement, l'orgueil et les violences du maréchal d'Ancre ayant rejeté sur elle un si grand dégoût des peuples, que, bien qu'il fût un peu modéré, il n'étoit pas néanmoins changé par la misère présente de sa condition, qui n'étoit guère au-dessous de l'extrémité de l'infortune. Elle sortit du Louvre, simplement vêtue, accompagnée de tous ses domestiques, qui portoient la tristesse peinte en leur visage; et il n'y avoit guère personne qui eût si peu de sentiment des choses humaines, que la face de cette pompe quasi funèbre (1) n'émût à compassion. Voir une grande princesse, peu de jours auparavant commandant absolument à ce grand royaume, abandonner son trône et passer, non secrètement et à la faveur des ténèbres de la nuit cachant son désastre, mais publiquement, en plein jour, à la vue de tout son peuple, par le milieu de sa ville capitale, comme on montre pour sortir de son empire, étoit une chose si étrange qu'elle ne pouvoit être vue sans étonnement. Mais l'aversion qu'on avoit contre son gouvernement étoit si obstinée, que le peuple ne s'abstint néanmoins pas de plusieurs paroles irrespectueuses en la voyant passer, qui lui étoient d'autant plus sensibles que c'étoient des traits qui rouvroient et ensanglantoient la blessure dont son cœur étoit entamé.

Quatre jours auparavant on mena la maréchale d'Ancre du Louvre à la Bastille; et peu de jours après qu'elle fut partie, on l'en tira, par arrêt du parlement, pour la conduire à la conciergerie du Palais, en vertu des lettres patentes du Roi adressées à la cour, pour lui faire son procès, à ses complices et à la mémoire de son mari. Quand elle entra dans la Bastille la nuit, ce fut avec tant de bruit que M. le prince s'en éveilla, et, sachant ce que c'étoit, sentit une grande consolation de la voir en ce lieu, et d'être délivré d'une telle ennemie. Mais quand elle fut tirée de là pour être exposée au jugement des hommes, il eut lieu de craindre le commencement si sanguinaire de ce nouveau gouvernement.

Le Roi fit, dès le 12 de mai, publier une déclaration par laquelle il étoit bien aisé de voir que les ministres qui donnoient ce conseil à Sa Majesté, le faisoient contre leur propre conscience, y ayant des choses qui se contrarioient en elle. Car, d'une part, elle avouoit la fidélité des princes, et disoit qu'ils n'avoient rien fait que pour le seul désir d'empêcher la ruine qui leur étoit procurée par les pernicieux desseins du maréchal d'Ancre, qui se servoit des armes de Sa Majesté contre son intention pour les opprimer; et de l'autre, elle qualifioit leurs armes avoir été illicites, d'autant qu'ils n'y devoient pas avoir recours, mais à la justice de Sa Majesté.

Par ladite déclaration, Sa Majesté oublioit toutes les actions qu'ils avoient faites contre son autorité en cette guerre, les tenoit, eux et tous ceux qui les avoient assistés, pour ses bons sujets, rétractoit toutes les déclarations qui avoient été faites contre eux depuis le traité de Loudun, et les rétablissoit en leurs charges et honneurs.

Sa Majesté manda aussi à l'assemblée de La Rochelle qu'elle leur pardonnoit ce qu'ils avoient fait, et qu'un chacun d'eux eût à retourner en sa province.

Les députés du synode national de Vitré vinrent trouver le Roi le 27 de mai, et lui témoignèrent la joie qu'ils avoient de la mort du maréchal d'Ancre, et que Sa Majesté commençoit à régner. Mais leur contentement ne dura guère; car, dès le 2 de juin, l'évêque de Mâcon fit au Roi, à l'ouverture de l'assemblée générale du clergé de France qui se tenoit aux Augustins, une remontrance sur les misères de l'église de Béarn, et lui représenta que la justice et la piété ne pouvant subsister l'une sans l'autre, puisque Sa Majesté avoit commencé son règne par une action de justice qui lui faisoit mériter le nom de *Juste*, elle devoit maintenant avoir pitié de cette pauvre province, en laquelle il y avoit encore plus de cent, tant villes que bourgades et paroisses, desquelles la plupart du peuple étoit catholique, et n'avoient néanmoins aucun prêtre pour leur administrer les sacremens, tous les biens ecclésiastiques et leurs dîmes étant tenus par les huguenots, et employés à la nourriture des ministres et à l'entretènement de leurs colléges (2).

Cette remontrance mit en peine ceux de la religion prétendue, qui représentèrent tout ce qu'ils purent au Roi pour le supplier de laisser les choses en l'état qu'il les avoit trouvées, et appuyèrent leurs raisons de la présence du marquis de La Force, gouverneur de Béarn. Mais tout cela n'empêcha point que Sa Majesté, par un arrêt du 25 de juin, n'ordonnât que l'exercice de la religion catholique seroit rétabli en tous les lieux de son pays de Béarn, et ne donnât mainlevée aux ecclésiastiques d'icelui de tous leurs biens; assignant néanmoins d'autre part, sur le plus clair revenu de son domaine, le paiement de l'entretènement des ministres, régens, écoliers, disciplines, et autres choses qu'ils pre-

---

(1) Expression noble et vraie.

(2) Les biens du clergé en Béarn avaient été confisqués par Jeanne d'Albret et attribués au nouveau culte. Henri IV n'osa en effectuer la restitution.

noient sur lesdits biens ecclésiastiques; pour l'exécution duquel arrêt, Sa Majesté manda aux églises prétendues de Béarn qu'elles lui envoyassent leurs députés pour voir procéder au remplacement desdits deniers.

Ils s'assemblèrent à Orthez, envoyèrent vers le Roi pour lui faire remontrance sur ce sujet, mais en vain; car, nonobstant toutes leurs oppositions, le Roi fit un édit, en septembre suivant, pour la main-levée des biens des ecclésiastiques en Béarn, pour l'exécution duquel nous verrons l'année suivante de si grandes difficultés, qu'elles ont été le commencement de la ruine du parti huguenot en France.

Si l'évêque de Mâcon fit ladite remontrance avec effet, l'évêque d'Aire, à la clôture d'icelle, en fit une à Sa Majesté sur le sujet des duels avec non moindre succès; car il lui sut si bien remontrer l'énormité de ce péché, et la vengeance sévère que Dieu en prendroit de ceux qui les toléroient, que Sa Majesté commanda si efficacement que la rigueur de ses édits fût observée, que les corps morts de quelques gentilshommes qui se battirent depuis furent traînés à Montfaucon.

Cependant on faisoit le procès à la maréchale d'Ancre, avec une ferme résolution de la faire condamner en quelque manière que ce fût. On eut premièrement volonté de lui confronter Barbin, espérant en tirer quelque avantage; car, lorsque la Reine à son partement fit instance au Roi et au sieur de Luynes qu'on le délivrât, ce dernier ne fit autre réponse sinon qu'il le falloit encore retenir pour le confronter avec la maréchale. Mais Modène (1) l'ayant été visiter à la Bastille, et après force honnêtes paroles assuré qu'il ne le retenoit qu'à ce dessein, Barbin lui répondit là-dessus que, quelque mauvaise volonté que cette dame eût eue contre lui, et quelque mal qu'elle eût voulu lui faire, il se sentoit si fort son obligé, qu'il eût voulu par son sang la pouvoir racheter de la peine où elle étoit; mais puisqu'ils étoient tous deux dans ce malheur qu'ils ne pouvoient éviter, il auroit un grand désir de se voir devant elle, pour lui demander quels témoins elle vouloit produire contre lui pour soutenir qu'il vouloit empoisonner la Reine, comme nous avons dit ci-dessus.

Cette réponse, qui témoignoit une affection sincère de Barbin vers elle (2), leur fit craindre que leur confrontation servît plutôt à faire paroître l'innocence de l'accusée, qu'à aggraver les crimes qu'on lui mettoit à sus; de sorte que, sans en venir là, ils poursuivirent son procès : ce que Barbin sachant, avec beaucoup d'aigreur il dit à Modène, qui le venoit voir bien souvent pour essayer à découvrir toujours quelque chose de ses discours, qu'on avoit raison de ne le point confronter à elle, d'autant que, hormis les fantaisies qu'elle avoit eues contre lui, il ne pourroit jamais rendre qu'un témoignage fort honorable d'elle. Enfin son sexe et sa condition ne l'ayant pu garantir de la rage de ceux qui, pour s'approprier son bien, se vouloient défaire de sa personne, par arrêt du 8 de juillet ils déclarèrent son mari et elle criminels de lèse-majesté divine et humaine, pour réparation de quoi condamnèrent la mémoire du défunt à perpétuité, et elle à avoir la tête tranchée sur un échafaud, et son corps et sa tête brûlés et réduits en cendres, leur maison près du Louvre rasée, leurs biens féodaux tenus et mouvans de la couronne réunis au domaine d'icelle, et tous leurs autres biens étant dans le royaume confisqués au Roi; déclarant ceux qu'ils avoient, tant à Rome qu'à Florence, appartenir à Sa Majesté comme provenus de ses deniers; déclarant, en outre, les étrangers incapables de dignités, offices, charges et gouvernemens en ce royaume. Mais cet arrêt ne fut exécuté que contre la personne de la maréchale d'Ancre; car leurs maisons et leurs biens passèrent tout à la fois en la puissance de leurs ennemis, qui, pour le premier degré de leur avancement, s'élevèrent d'un seul pas sur tous les biens que, avec tant de mécontentement des peuples, de jalousie des grands, de désavantage du service du Roi, d'intérêt de l'honneur de la Reine, et de plaintes de Luynes même envers le Roi, ils avoient amassés durant les sept années du gouvernement de la Reine. Tant ou l'avarice les aveugla, et leur fit perdre la mémoire des prétextes qu'ils avoient pris du bien dudit maréchal pour lui nuire, ou leur imprudence fut extrême, ne se souciant pas qu'on reconnût leur fourbe pourvu qu'ils en eussent le profit.

Cela fit voir à tout le monde qu'ils n'avoient poursuivi cette pauvre affligée que pour couvrir leur pauvreté de ses biens, mais bien plus aux juges mêmes, dont plusieurs furent trompés, et apprirent, à leur dam et au préjudice de leur conscience, qu'il ne faut point, sous la promesse d'un favori, outrepasser la ligne de la droiture dans les jugemens (3); car l'avocat général Le Bret m'a dit que les imputations qu'on faisoit à la défunte étoient si frivoles, et les preuves si foibles, que, quelques sollicitations qu'on lui fît

---

(1) Le comte de Modène, ami de Luynes.
(2) Il faut qu'il y ait ici une omission ou une transposition; car la fin du paragraphe précédent est loin d'être favorable à la maréchale.

(3) Il est bon de noter cette morale; on ne la retrouvera plus.

qu'il étoit nécessaire pour l'honneur et la sûreté de la vie du Roi qu'elle mourût, il ne voulut jamais donner ses conclusions à la mort que sur l'assurance qu'il eut, par la propre bouche de Luynes, qu'étant condamnée le Roi lui donneroit sa grâce; et si Le Bret a été trompé sur cette fausse promesse, il est bien croyable que plusieurs autres juges l'ont été par la même voie. Mais le bon homme Deslandes, qui étoit l'un des rapporteurs, ne se laissa point surprendre à ce ramage, mais demeura dans l'intégrité de la justice, et refusa même de s'abstenir de se trouver au jugement, quelque instance qui lui en fût faite de la part de Luynes.

Les principaux chefs sur lesquels ils la condamnèrent, furent qu'elle étoit juive et sorcière, dont la principale preuve étoit l'oblation qu'ils prétendoient qu'elle avoit faite d'un coq; et les nativités du Roi et de messieurs ses frères qu'ils trouvèrent dans ses cassettes.

Il est vrai qu'elle se trouve saisie de la nativité de sa maîtresse et de celle des enfans que Dieu lui a donnés. Il se vérifie contre elle qu'au milieu de ses douleurs elle a fait bénir des coqs et des pigeonneaux, et appliquer sur sa tête pour trouver quelque allégement à ses peines.

On a raison de dire qu'il n'y a point d'innocence assurée en un temps où on veut faire des coupables; car, quoique de ces deux choses la dernière mérite louange, puisqu'elle a son fondement et ses exemples dans l'Ecriture, et la première compassion pour être plutôt un vice de sa nation que de sa personne, elle ne délaisse pas d'être déclarée criminelle de lèse-majesté, d'être convaincue de sortilège.

On sait assez que peu de grands naissent en Italie dont on ne tire l'horoscope, dont la vie et les actions ne soient étudiées dans les astres avec autant de soin que si Dieu avoit écrit dans les cieux les noms des personnes sur qui il veut se reposer de la conduite du monde. Cette doctrine, que nous estimons plus curieuse que nécessaire, ils ne la croient pas inutile ni à leur fortune ni à la sûreté des princes; car, comme ce n'est pas un mauvais commencement pour entrer dans les bonnes grâces de son maître que d'en connoître les inclinations, aussi n'est-ce pas peu pour sa santé que d'en savoir le tempérament et les humeurs : la connoissance du mal est en effet la première partie de la médecine. À la vérité, il est défendu, par les anciennes lois impériales, de faire des consultations sur la vie des princes; mais la défense n'étoit que pour ceux qui avoient droit à la succession, ou contre ceux qui, rendant leurs observations publiques, détachoient les peuples, par l'opinion d'un changement à venir, du respect qui étoit dû aux puissances légitimement établies. Mais quand elles auroient eu force indifféremment contre ceux qui les tirent et les reçoivent, contre ceux qui les rendent publiques ou secrètes, telles fautes ayant été communes en notre temps et sans aucun exemple de châtiment, puisqu'il y a prescription contre les lois les plus saintes lorsque l'usage ordinaire en autorise les contraventions, elle ne pouvoit être justement condamnée.

Pour les remèdes dont elle ne s'est voulu servir qu'après être sanctifiés de la main du prêtre, je soutiens que c'est plutôt une preuve de sa piété que de ses crimes. Dieu ayant fait le monde pour l'usage de l'homme, il fait bien de chercher en la nature ce qui peut soulager sa santé (1) ; mais le chrétien ayant appris que ce qui est consacré par la bénédiction est plus souverain que ce qui est formé par la nature, fait encore mieux de rechercher sa guérison dans les œuvres de la grâce.

Où est la loi qui commande aux saints de bénir les alimens, et défende aux malades de consacrer les médicamens ? On arme de ce signe les vaisseaux pour les rendre plus propres à combattre les ennemis et les orages; on bénit les eaux pour en ôter le venin; on fait des processions dans les campagnes pour les rendre plus fertiles; et il ne sera point permis de fortifier la vertu des remèdes par des cérémonies si saintes ! A la vérité, qui béniroit les animaux pour les purifier tomberoit en l'erreur des manichéens, qui les estimoient immondes comme procédant d'un mauvais principe; mais les sanctifier pour les rendre meilleurs, cela demeure dans les maximes de la théologie, qui nous apprend que la grâce accomplit la nature.

Aussi ne fut-elle recherchée pour ces crimes imaginaires qu'en apparence, mais en effet pour n'avoir pas refusé les libéralités de sa maîtresse. Si elle eût été moins riche elle eût été plus à couvert en sa mauvaise fortune; elle eût vécu plus long-temps si elle eût servi une princesse moins libérale: ses biens lui attirèrent pour ennemis et pires parties, des personnes dont le pouvoir n'étoit pas moindre que l'avarice; qui, disposant absolument des volontés du Roi, mandèrent aux juges par le duc de Bellegarde, qui les visita tous les uns après les autres pour leur donner cette impression, qu'ils n'estimoient pas que la Reine pût posséder sûrement sa vie si elle n'en étoit privée, et qui, contre le sentiment des plus gens de bien, pour une faute étrangère, une action de

(1) Le manuscrit porte *la sienne*; erreur de copiste; il faut lire *sa santé*.

piété et la vertu de sa maîtresse, la firent condamner à la mort par arrêt.

Quand on lui prononça sa sentence, elle fut surprise et s'écria : *Oime poveretta!* car, s'assurant sur son innocence, elle n'attendoit rien moins que la mort, et ne savoit pas encore que toute personne qui est en la mauvaise grâce de son prince est en ce point-là seule atteinte et convaincue de tous crimes dans le jugement des hommes. Elle se résolut néanmoins incontinent à la mort, avec une grande constance et résignation à la volonté de Dieu.

Dès qu'elle entra en la prison, son esprit, qui étoit déjà blessé auparavant de tant d'imaginations mélancoliques, que non-seulement personne ne pouvoit souffrir son humeur, mais elle étoit insupportable à elle-même, revint à soi si parfaitement qu'elle n'eut jamais le sens meilleur qu'elle l'eut alors, et le conserva jusqu'à la fin, tant elle ressentit parfaitement véritable cette parole de l'Écriture, que l'affliction est le plus salutaire remède de l'esprit. Mais à le point, qui fut la catastrophe de toute sa mauvaise fortune, une grâce si particulière de Dieu lui fut donnée, que, surmontant l'impression naturelle de l'impatience qu'elle avoit eue toute sa vie, elle se montra d'un courage aussi constant et ferme comme si la mort lui eût été une récompense agréable, et que la vie lui eût tenu lieu d'un supplice cruel.

Sortant de sa prison, et voyant une grande multitude de peuple qui étoit amassé pour la voir passer : « Que de personnes, dit-elle, sont assem- « blées pour voir passer une pauvre affligée ! » Et à quelque temps de là, voyant quelqu'un auquel elle avoit fait un mauvais office auprès de la Reine, elle lui en demanda pardon, tant la véritable et humble honte qu'elle avoit devant Dieu de l'avoir offensé, lui ôtoit parfaitement celle des hommes. Aussi y eut-il un si merveilleux effet de bénédiction de Dieu envers elle, que, par un subit changement, tous ceux qui assistèrent au triste spectacle de sa mort devinrent tout autres hommes, noyèrent leurs yeux de larmes de pitié de cette désolée, au lieu d'assouvir leurs cœurs de son supplice qu'ils avoient tant désiré ; et au lieu qu'ils étoient accourus pour la voir comme une lionne, qui après avoir fait beaucoup de carnage étoit prise dans les rets, et prête à subir la vengeance des maux qu'elle avoit faits, elle leur parut comme une brebis qu'on menoit à la boucherie, et l'eussent voulu racheter de leur propre sang. Madame de Nevers même, qui, pour son courage hautain et pour s'être vue, elle et son mari, poussés jusque sur le bord de leur ruine par elle, avoit le cœur le plus envenimé, ne se put tenir de fondre en larmes : de sorte qu'il est vrai de dire qu'elle fut autant regrettée à sa mort qu'elle avoit été enviée durant sa vie. La seule vérité m'oblige à faire cette remarque, et non aucun désir de favoriser cette femme aussi malheureuse qu'innocente, vu qu'il n'y a personne si odieuse qui, finissant ses jours en public avec résolution et modestie, ne change la haine en pitié, et ne tire des larmes de ceux mêmes qui auparavant eussent désiré voir répandre son sang.

La part que son mari et elle ont eue aux biens, aux grandeurs, au gouvernement de l'État, et aux bonnes grâces de la Reine, la montre pompeuse que la fortune a faite d'eux sur le théâtre de ce royaume, la passionnée et différente affection des peuples vers eux, et les divers jugemens qu'en a faits toute l'Europe, nous obligent, ce me semble, à dire quelque chose en bref de leur naissance, de leur fortune, de leurs mœurs, de leurs défauts, de leurs vertus, de leur vie et de leur mort ; répétant le moins qu'il se pourra les choses qui se trouveront dites d'eux au cours de cette histoire.

Le mari s'appeloit Conchino Conchini (1), étoit gentilhomme des meilleures maisons de Florence, comme en fait foi Scipio Aminirato, dans son livre des Maisons illustres. Son père avoit été gouverneur de don François de Médicis, père de la Reine mère, et seul ministre sous Côme, estimé pour le premier homme d'État d'Italie, au rapport de M. de Thou.

La jeunesse de Conchino fut agitée de plusieurs accidens, de prison, de bannissement, jusqu'à être réduit à être échanson du cardinal de Lorraine.

Peu de mois avant le mariage du Roi il retourna à Florence, où se trouvant peu de bien, troisième cadet d'une maison de dix mille ducats de rente, il fut aisé à persuader de venir avec la princesse Marie. Leonora Galigaï le regardoit déjà de bon œil, et l'aida de quelques deniers avant son partement, dont il acheta un cheval qu'ils appellent *di rispeto*, qui coûta deux mille ducats, duquel il fit présent au Roi.

Peu après son arrivée il épousa ladite Leonora, et en même temps eut crédit de mari de la favorite de Sa Majesté. Il fut premier maître d'hôtel de la Reine, et puis son premier écuyer. Après plusieurs fâcheuses rencontres, tant de l'aigreur de l'esprit de sa femme, qui ne se pouvoit rendre à parler au Roi avec le respect qu'elle devoit sur le sujet de ses amourettes, que de l'envie de don Joan (2), qui essaya de persuader

(1) Suivant la prononciation française de Concino-Corcini.

(2) De Médicis, bâtard de la maison ducale.

au Roi qu'il seroit mieux en Italie que proche de la Reine, il gagna enfin crédit en l'esprit de Sa Majesté (1), tant parce qu'il étoit adroit aux exercices, aimoit le jeu, étoit d'humeur agréable, railleur et divertissant, que principalement pource qu'il le servoit à déguiser et à cacher ses amours à la Reine, et à divertir et à apaiser les orages de la jalousie, que le Roi ne pouvoit supporter.

Après la mort du Roi, sa fortune haussa et s'accrut avec l'emploi; mais sa faveur commença à aller de soi-même, et vint à tel point, que, durant la dernière année de son pouvoir, sa femme y eut la moindre part.

Il étoit naturellement soupçonneux, comme Italien et Florentin, moins charlatan que le commun de sa nation ne porte, entreprenant, courageux, quoique la médisance, qui attaque toujours ceux qui ont la première puissance, ait voulu dire : ceux qui virent tuer des gens auprès de lui, à l'entreprise du Catelet et au siége de Clermont (2), sont encore en vie, et témoins dignes de foi qu'il ne se peut pas faire meilleure mine en lieu périlleux.

Ses railleries ordinaires de traiter ceux de sa nation et ses domestiques de *coglioni*, donnèrent prise au monde, qui la recherche volontiers sur ceux qui tiennent son poste, pour l'en faire traiter lui-même (3).

Il avoit pour principal but d'élever sa fortune aux plus hautes dignités où puisse venir un gentilhomme, pour second désir, la grandeur du Roi et de l'État, et en troisième lieu, l'abaissement des grands du royaume, et surtout de la maison de Lorraine; car, encore que partie en fût attachée aux intérêts de sa maîtresse, il disoit néanmoins souvent à ses confidens que les princes du sang faisoient moins de mal par leur rebellion ouverte, que les autres dans leurs intrigues de cour.

Il avoit reconnu l'imbécillité d'esprit de sa femme deux ans avant sa mort, et n'ignoroit pas ce qu'on disoit de ses autres imperfections. Il avoit été sur le point de l'envoyer enfermer au château de Caen comme folle; mais Montalto, le médecin qui gouvernoit la santé de l'un et de l'autre, détourna ce dessein, et fut plutôt d'avis qu'on tâchât de la ramener par douceur, en satisfaisant son avarice par petits, mais ordinaires présens et autres soins étudiés, que d'en venir à cette extrémité.

Il avoit passion d'épouser mademoiselle de Vendôme (4), qui en eut connoissance par personne confidente du maréchal, et reçut ses vœux avec témoignage de singulière approbation.

Les anciens ministres lui étant en extrême dégoût, le chancelier, M. de Villeroy, et le commandeur de Sillery par-dessus tous, le président Jeannin lui eût agréé détaché des autres; mais il n'en put venir à bout, et en reçut de rudes rebuffades. Il eut peu ou nulle satisfaction du garde des sceaux du Vair; il l'accusa d'ignorance et d'ingratitude en parlant à sa barbe.

Je lui gagnai le cœur, et il fit quelque estime de moi dès la première fois qu'il m'aboucha. Il dit à quelques-uns de ses familiers qu'il avoit un jeune homme en main, capable de faire leçon à *tutti barboni*. L'estime dura toujours, mais sa bienveillance diminua entièrement, premièrement parce qu'il me trouva avec des contradictions qu'il n'attendoit pas, secondement parce qu'il remarquoit que la confiance de la Reine penchoit toute de mon côté, troisièmement par les mauvais offices de Russelay (5), qui n'omettoit aucun artifice pour m'abattre et Barbin.

Il reconnut la distinction du passé dans l'esprit de la Reine, par deux propositions qu'il fit faire par Russelay, qu'il croyoit qu'elle refuseroit toutes deux, mais au contraire les approuva. La première, qu'il fût ambassadeur à vie auprès de Sa Sainteté; la seconde, qu'il fît faire pour éluder la première, qu'on lui procurât auprès du Pape l'investiture de Ferrare, moyennant grande somme de deniers délivrée aux neveux.

L'acceptation de ces deux partis l'aigrit tout-à-fait contre Sa Majesté, et lui fit projeter mon éloignement, et du garde des sceaux Mangot et de Barbin.

L'aigreur s'augmenta en ce même temps contre sa femme, qui, n'ayant plus le juif Montalto, mort quelque temps auparavant, pour modérer ses fantaisies, s'échappoit jusqu'aux injures, et leurs dernières visites eurent besoin de l'intervention de la Reine pour empêcher les dernières extrémités.

Elle vouloit s'en aller hors le royaume; il n'en vouloit point partir, disant souvent qu'après avoir été ce qu'il étoit en France, il n'y avoit que *la casa di domino* meilleure, et où il pût vivre à son goût. Il ne fit quasi aucun bien à ses parens (6) ni à ceux de sa nation, afin qu'on vît

---

(1) Henri IV.
(2) En 1615.
(3) Pour le faire appeler c.....

(4) Fille naturelle de Henri IV, celle qui devait épouser le duc de Montmorency.
(5) Abbé italien, confident du maréchal d'Ancre; les autres mémoires écrivent Ruccelaï.
(6) Cela est parfaitement vrai pour sa propre famille; il avait des neveux et des nièces.

que tous ses sentimens naturels étoient étouffés par ceux qu'il avoit pour la France.

Le médecin juif avoit préoccupé son esprit, mais moins que celui de la Reine et de sa femme, qu'on les vouloit assassiner par la vue et empoisonner par des regards. Leur manie en vint à tel point, qu'ils ne regardoient que peu de gens, et vouloient encore être regardés de moins.

La passion du jeu étoit son seul divertissement les dernières années de sa vie, celle de l'amour n'y paroissoit point ; il étoit rompu par deux hernies, de telle façon que la vertu ne faisoit aucune partie de sa chasteté. Il étoit naturellement libéral, d'agréable conversation, recevant à manque d'affection en ses particuliers amis si le respect bornoit la familiarité ; ses domestiques ne le voyoient jamais que maître, et peut-être plus aigre qu'il ne convient pour en être aimé ; mais il a eu cette bonne fortune que ses gens l'ont toujours aimé avec grande fidélité.

Les vices de sa nation n'ont point paru en lui ; l'assassinat de Prouville fut plutôt toléré que permis, et puis ce ne seroit pas une question peu problématique de disputer qu'un sergent-major d'une place comme la citadelle d'Amiens, qui a intelligence avec les ennemis de celui qui l'a mis en charge, peut être justement traité du poignard.

Quant à la maréchale, elle s'appeloit Leonora Gay, et changea de surnom pour déguiser la bassesse de son extraction, laquelle étant obscure facilita ce changement sans qu'on s'en aperçut. Elle étoit fille d'un menuisier ; sa mère fut nourrice de la Reine, de laquelle partant elle fut sœur de lait, plus âgée qu'elle de quinze ou vingt mois, et nourrie dans le palais auprès d'elle. Avec l'âge crut leur amitié : la fidélité, le soin, l'assiduité de Leonora à servir sa jeune maîtresse n'avoit point de semblable ; la tendresse de la reconnoissance de la princesse vers sa servante en avoit encore moins ; aussi se rendit-elle si adroite et si savante en toutes les propretés et gentillesses dont la jeunesse des filles se pare et orne ses beautés, qu'il sembloit à sa maîtresse qu'elle étoit seule au monde, et qu'elle n'en pourroit jamais recouvrer une telle si elle la perdoit.

Ce besoin que sa maîtresse ressentoit plutôt qu'elle ne pensoit avoir d'elle, lui fit donner une telle part en sa confiance, qu'il n'y avoit point pour elle de secret dans son cœur. Le Grand-Duc n'étoit pas marri qu'une fille de sa condition, des volontés de laquelle il étoit toujours le maître, gouvernât sa nièce ; les réponses de laquelle aux princes qui la recherchoient étoient telles que lui insinuoit Leonora, et Leonora ne manquoit pas à les lui donner telles que le Grand-Duc vouloit, qui, par ce moyen, sans paroître s'en mêler, gouvernoit l'esprit de sa nièce, et en faisoit ce qu'il vouloit. Enfin, après l'avoir beaucoup de temps gardée comme un trésor qu'il faisoit espérer à tous et ne laissoit néanmoins enlever de personne, comme il la vit avoir atteint l'âge de vingt-sept ans accomplis, et ne la pouvoir plus longtemps retenir sans la faire beaucoup déchoir d'estime, et s'offrant l'occasion la plus avantageuse que la bonne fortune lui pût offrir de la colloquer utilement pour lui, glorieusement pour sa maison, heureusement pour elle, il l'accorda à la recherche qu'en fit Henri IV après avoir donné par ses victoires une paix assurée à son Etat. Leonora a part à cette grande aventure de sa maîtresse, puisque si elle est élevée à la haute majesté de reine de France, celle-ci l'est à la dignité de reine de son cœur : pauvre papillon, qui ne savoit pas que le feu qui la consumeroit étoit inséparablement uni à l'éclat de cette vive lumière, qu'elle suivoit transportée d'aise et de contentement.

Arrivée qu'elle est en France, elle est incontinent reconnue pour la favorite de la Reine, qui, sans beaucoup de difficulté, la fait agréer au Roi. L'inclination qui déjà dès Florence étoit née en son cœur en faveur de Conchino, joint à ce que, naturellement défiante et se reconnoissant mal partagée de beauté, elle eut crainte de n'être pas si bien traitée d'un Français, la portèrent à épouser Conchino, qui fut fait premier maître d'hôtel de la Reine, dont elle étoit dame d'atour.

Dans les mécontentemens que la Reine reçut par les diverses amours du Roi, elle demeura si inséparablement unie aux intérêts de sa maîtresse, que jamais ni le Roi ni son mari ne la purent gagner pour les lui pouvoir faire dissimuler, ou l'empêcher d'en parler avec l'aigreur que méritoit le ressentiment de l'offense qu'elle prétendoit être faite à la Reine ; d'où elle se vit plusieurs fois en danger d'être renvoyée en Italie, elle et son mari. Cela ne lui nuisoit pas auprès de sa maîtresse, qui, à la mort du feu Roi, étant devenue dame absolue de ce grand royaume sous le titre de régente, lui fit telle part de sa puissance, et pour l'amour d'elle à son mari, qu'ils se virent élevés au plus haut point de grandeur où jamais étrangers le furent en cet Etat.

Elle se gouvernoit avec cette modestie en sa faveur, qu'elle ne se soucioit pas que l'on crût que le principe en fût en son mari ou en elle, bien qu'elle en fût l'ame et le lien, tant pour ce que c'étoit elle que la Reine aimoit, que pource que le feu de l'ambition de son mari le faisoit aller si vite et avec si peu de précaution en sa conduite envers la Reine, qu'il manquoit de l'adresse nécessaire pour en obtenir quelque chose, où elle au contraire, par la sienne, venoit à bout de ce que la Reine par son inclination ne vouloit pas; ne lui parlant jamais d'une affaire qu'elle n'y eût premièrement fait disposer son esprit par plusieurs choses qu'elle lui faisoit dire de loin par les uns et les autres, et après tous ces préparatifs seulement lui en parloit, et d'abondant encore avoit toujours quelqu'un des ministres de son côté, et souvent pour les ruiner les uns par les autres.

Dès le commencement, mais plutôt par la bassesse de son esprit qui suivoit celle de sa naissance, que par modération de vertu, elle témoigna avoir plus de désir de richesses que d'honneurs, et résista quelque temps aux appétits immodérés de la vanité de son mari, tant pour la susdite raison que pource qu'elle craignoit qu'il s'emportât d'orgueil envers elle-même et la méprisât. Mais la magnificence de la Reine, qui vouloit que la grandeur de ses créatures fût proportionnée à la puissance et à la libéralité de celle qui les élevoit de la poussière, ou leur mauvaise fortune, qui, pour les tromper plus facilement, jonchoit de roses le chemin qui conduisoit à leur ruine, firent qu'enfin les désirs de l'un et de l'autre furent assouvis, les principales richesses, dignités et charges de cet Etat étant accumulées en eux.

Si leurs prospérités furent extraordinaires, leurs traverses ne le furent pas moins : les grands, les princes, les ministres, les peuples, les avoient pour but d'envie ou de haine. Le courage manqua premièrement à Leonora, elle pensa à faire retraite en Italie; son mari ne le voulut pas sitôt, et ne se rendit à ce désir qu'à l'extrémité, quand il se vit abandonné de M. le prince; mais il le quitta quand il le vit arrêté, ce que sa femme ne fit pas, qui continua en ce dessein et y disposa ses affaires.

Toutes ces traverses, et domestiques avec son mari dont les désirs étoient si contraires aux siens, et publiques, donnèrent une telle atteinte à son corps qu'il en perdit toute santé, et à son esprit qu'il s'en troubla en quelque façon : de sorte qu'elle se mit en imagination que tous ceux qui la regardoient l'avoient ensorcelée; dont elle devint si chagrine, que non-seulement elle se tiroit de la conversation de tout le monde, mais même elle ne voyoit quasi plus sa bonne maîtresse; et quand elle la voyoit ce n'étoit que paroles d'injures, l'appelant *despietata*, *ingrata*, et quand elle parloit d'elle, l'épithète ordinaire qu'elle lui donnoit étoit celle de balourde.

L'opinion qu'elle eut que son mari eût voulu être défait d'elle, et pensoit déjà à une nouvelle épouse, jetant les yeux sur mademoiselle de Vendôme, n'apportoit pas peu de coup à tous les troubles de son esprit. Il dissimuloit néanmoins du commencement avec elle le mieux qu'il lui étoit possible, ne la voyant que les soirs seulement, faisant ses visites de peu de durée, lui apportant toujours quelque petit présent, et permettant même, à ce que l'on disoit, qu'un seigneur Andrea, napolitain, qui étoit à lui, demeurât avec elle pour la réjouir de la musique de sa voix et de ses instrumens. Mais enfin il cessa de la voir plus que fort rarement, lorsque tant de fâcheuses humeurs de sa femme lui donnèrent lieu de prendre crédit de soi-même en l'esprit de la Reine, dont elle pensa désespérer, et vint à tel point de fureur vers lui et lui vers elle, qu'ils ne se parloient plus qu'avec des imprécations mutuelles : pronostics secrets du malheur prochain qui leur devoit arriver.

Heureux l'un et l'autre s'ils eussent vécu en l'amour et la confiance qu'ils se devoient, et que ou le mari eût, par une déférence bienséante, déféré aux conseils de sa femme lorsqu'elle lui faisoit dire qu'il levoit trop de voiles pour un si petit vaisseau, et se fût résolu de descendre de ce haut ciel de faveur où il étoit élevé en une sphère plus basse, et y fournir la carrière de sa fortune en restreignant sa course en des cercles de moindre grandeur, ou qu'elle, de sa part, interprétant avec simplicité les désirs de son mari, et n'y prévoyant pas à l'avenir de mauvais desseins contre elle, eût consenti que sa nièce eût épousé Luynes, attachant par cette ancre sacrée sa fortune flottante dans le port de salut. Mais Dieu, qui vit qu'au lieu du service de leur maîtresse leur seul intérêt les conduisoit en toutes choses, voulut que ce même intérêt d'un chacun d'eux en particulier fût enfin cause de la perte du bien commun et de la vie de tous les deux.

On croyoit que la persécution devoit finir avec la vie de cette pauvre misérable; mais, comme il est malaisé de modérer une puissance injustement acquise, elle n'est pas sitôt morte qu'elle passe de la servante à la maîtresse. La nouvelle de sa mort donna une grande affliction à la Reine qui étoit à Blois, et du mal qu'on faisoit à la favorite on jugeoit bien qu'on ne faisoit pas passer dans l'esprit du Roi la maîtresse pour exempte de manquement. Tous les autres serviteurs qui lui restoient à la cour, ou pour mieux dire ceux qui avoient fait profession de l'être, et qui ne parloient pas maintenant contre elle assez impudemment, recevoient tous, chacun à leur condition, peu favorable traitement. De sorte que s'il y avoit autrefois presse à mendier ses bienfaits, il y en avoit maintenant davantage à dénier qu'on en eût reçu ; et si quelqu'un, touché de compassion du changement qu'on voyoit en elle, lâchoit quelque parole à son avantage, le bruit n'en venoit pas sitôt aux oreilles de ceux qui la craignoient, qu'ils imputoient tels sentimens à crime, et l'accusoient de ne pas approuver les actions du Roi, donnant ainsi à entendre qu'elle gagnoit par faction et cabale secrètes les langues et les cœurs des personnes qui se portoient à la plaindre par raison.

Au sortir de Paris je l'accompagnai, recevant plus de consolation en la part que je prenois en son affliction, que je n'en eusse pu recevoir en la communication que ses ennemis me voulurent faire de leurs biens. J'en voulus avoir une permission expresse du Roi par écrit, de peur qu'ils ne me rendissent puis après coupable de l'avoir suivie, et soutinssent que je l'avois fait de mon mouvement. Je savois bien l'épineuse charge que ce m'étoit de demeurer auprès de la Reine, mais j'espérois me conduire avec tant de candeur et de sincérité que je dissiperois toutes les ténèbres de la malice conjurée contre moi ; et pour m'aider à y parvenir, je conseillai incontinent à la Reine d'envoyer quérir le père Suffren, personnage de grande piété et de simplicité, éloigné de menées et d'artifices, et qui n'en laisseroit pas prendre la pensée seulement à la Reine jusqu'à l'extrême nécessité. Le bon père néanmoins ne vint pas trop tôt, comme il avoit été mandé, mais seulement quelques mois après.

Je ne manquai point aussi, dès que nous fûmes arrivés à Blois, en donnant avis au sieur de Luynes, de lui mander que je prévoyois assurément qu'il auroit tout contentement d'elle, et que ses actions n'avoient autre but que le bien des affaires de Sa Majesté ; que la mémoire des choses passées n'a plus de lieu en son esprit, et que je n'eusse pas cru que si peu de temps l'eût entièrement guérie comme elle étoit. Puis, de temps en temps, je lui rendois un compte exact des actions de la Reine, afin qu'il ne lui pût rester aucun doute qui le fît entrer en soupçon.

La Reine m'ayant fait chef de son conseil, je ne voulus pas accepter cette charge sans l'en avertir et en avoir permission du Roi, assurant Sa Majesté, et le sieur de Luynes particulièrement, que toutes mes actions feroient connoître que l'envie et la rage de tous ceux qui me traversoient ne peuvent en rien altérer un homme de bien comme j'étois ; que si Dieu m'a donné quelque esprit, il ne doit pas m'être imputé à crime en usant bien, comme les bons et les méchans seront contraints par mes actions de le reconnoître.

J'appelai M. de La Curée à témoin si je ne lui avois pas dit qu'ayant à honneur de servir la Reine, je n'accepterois aucune charge que le Roi ne l'agréât, ce que le sieur de Luynes voyoit maintenant par effet ; que, s'il considéroit mon procédé par lui-même et non dans les artifices des personnes mal affectionnées, il ne me condamneroit pas ; que les actions de la Reine étoient toutes si saintes, que s'il arrivoit quelque mauvais événement en sa conduite, il le faudroit attribuer, non à elle, mais à ceux à qui elle a quelque créance ; que j'étois sûr que le Roi auroit contentement de ses actions et de ceux qui sont auprès d'elle ; que, pour mon particulier, je ne désirois autre chose, sinon qu'on ne prît pas l'ombre pour le corps, et qu'ouvrant les yeux pour voir clairement quelles sont les actions de Sa Majesté et de ceux qui en servant le Roi la servent, on ferme l'oreille à tous mauvais rapports.

Mais toutes ces précautions ne purent empêcher les effets de leur mauvaise volonté contre moi, d'autant que le défaut de sincérité n'étoit pas ce qu'ils craignoient en moi : ce qui les travailloit étoit leur propre crime, et ce qu'ils craignoient étoit le peu d'esprit que Dieu m'avoit donné. Je recevois par toutes leurs lettres des nouvelles des avis qu'on donnoit, disoient-ils, au Roi contre moi ; ils me mandoient qu'à toute heure ils avoient les oreilles battues de ne se pouvoir pas assurer en moi, d'autant que j'étois du tout porté à cabaler ; que le sieur de Luynes essayoit de faire voir la fausseté de ces beaux avis, et faire fermer la bouche aux inventeurs et porteurs de ces bruits, mais qu'il n'en pouvoit venir à bout ; une autre fois, qu'on avoit avis des brouilleries et menées de plusieurs, sous le nom et en faveur de la Reine, dont le Roi et Luynes ne croyoient rien, mais qu'il falloit que j'y veillasse, de peur que si cela étoit il en arrivât du malheur. Bref, toutes leurs lettres ne chantoient autre chose.

Je leur mandois que je m'obligeois au Roi, sur ma tête, d'empêcher toutes cabales, menées et monopoles, ou, si je ne pouvois, que je m'engageois non-seulement de lui en donner avis, mais du temps pour y apporter remède ; que tout ce que je désirois d'eux étoit qu'ils prissent une entière confiance en moi, comme je l'avois auprès de la Reine, afin que mes ennemis ne me pussent faire aucun mauvais office ; que j'étois sûr qu'il ne se faisoit ni ne se feroit rien contre le Roi ; que je rendrois ma vie caution de mes paroles ; que je ne pouvois empêcher les calomnies, mais que mes actions confirmeroient le sieur de Luynes au bon jugement qu'il faisoit de moi, et feroient honte à ceux qui, contre leur conscience, tenoient des langages à mon préjudice ; que j'étois combattu de toutes parts, mais qu'armé de mon innocence je supportois tout avec patience ; que j'étois bien empêché, ayant à me défendre en divers lieux, présent et absent, de diverses personnes puissantes ; qu'il fâche véritablement à un homme de bien, qui n'a autre but devant les yeux que le service de son prince, de voir qu'on veuille mettre tous les jours son honneur en compromis ; mais ce qui me consoloit, étoit que je savois l'opinion que Sa Majesté et le sieur de Luynes ont de moi, et que j'étois sûr que la fin couronneroit l'œuvre ; que la créance qu'il avoit plu à la Reine prendre en moi m'avoit donné des envieux et des ennemis ; que les intentions qu'on savoit que j'avois toutes portées au service du Roi m'en donneroient d'autres, y ayant force gens qui voudroient avoir l'honneur que j'avois par la confiance de la Reine, pour en user autrement que je ne ferois jamais, quoiqu'il leur fût impossible, l'esprit de Sa Majesté étant tellement retenu dans les bornes du contentement et du service du Roi, que nul ne sauroit le porter à en sortir (1).

La maréchale d'Ancre envoya à la Reine le capitaine Benche, qui avoit été autrefois à son mari ; mais la crainte que l'on eut de déplaire à ces messieurs fit que Sa Majesté ne fit point de réponse. Depuis, le duc de Montéléon désira que l'ambassadeur de l'Empereur, qui avoit vu le Roi, vît la Reine à Blois, et en écrivit sur ce sujet : la Reine, pour s'en exempter, fit la malade et ne le vit point.

Toutes ces choses ne les contentoient point encore ; à quelque prix que ce fût, ils ne me vouloient point voir auprès de cette princesse : ils eussent bien désiré m'éloigner d'auprès d'elle ; mais leur timidité et leur inexpérience qui leur faisoient tout craindre, les empêchoient d'oser prendre résolution de me faire commander par Sa Majesté de m'en retirer. Leur ruse suppléa à leur défaut de hardiesse ; ils firent que quelqu'un donna avis à mon frère qu'on me dépêcheroit bientôt un courrier pour ce sujet. Incontinent il me le manda ; je le crus, et jugeant qu'il m'étoit mieux séant de les prévenir, je demandai congé à la Reine de m'en aller pour quelque temps à Coursay, qui est un prieuré que j'ai auprès de Mirebeau, où dès que je fus arrivé, ils prirent occasion de m'envoyer une lettre du Roi du 15 juin, par laquelle Sa Majesté me témoignoit être bien aise de la résolution que j'avois prise de m'en aller à mon évêché, et que j'y demeurasse, ou en mes bénéfices, jusqu'à ce que j'eusse autre commandement d'elle.

(1) Tout ce passage était si bien copié sur une lettre, qu'on avait négligé de mettre au passé une partie des verbes. Pour être intelligible, il a fallu être un peu inexact.

Je fis réponse que, n'ayant jamais eu ni ne pouvant avoir autre intention que de servir Sa Majesté et d'obéir à ses commandemens, je n'avois rien à répondre à la lettre que Sa Majesté m'avoit fait l'honneur de m'écrire, sinon que j'observerois religieusement ce qui étoit de ses volontés ; qu'en quelque part que je fusse Sa Majesté recevroit des preuves de mon affection et fidélité, n'ayant jamais eu et ne pouvant avoir autre but que son service ; que je savois bien que quelques-uns tâchoient de lui persuader le contraire, mais que Sa Majesté daignant considérer mes actions, ils ne viendroient pas à bout de leur dessein ; que je croyois qu'en me gouvernant de la façon que j'avois fait, non-seulement je demeurerois exempt de blâme en la bouche de tout le monde, mais aussi que mes actions seroient approuvées de ceux qui me voudroient le moins de bien ; que n'ayant pas eu ce bonheur je tâcherois de l'acquérir, continuant à si bien faire que ceux qui me rendroient de mauvais offices se fermeroient la bouche d'eux-mêmes ; suppliant Dieu de ne me faire point de miséricorde, si j'avois jamais eu aucune pratique ni pensée contraire à son service.

Dès que la Reine le sut, elle dépêcha au Roi l'évêque de Béziers, et lui manda qu'elle ne pouvoit supporter ce dessein qu'elle voyoit qu'on avoit pris de m'éloigner d'auprès d'elle pour lui faire déplaisir, et au préjudice de la permission qui lui avoit été donnée de me retenir ; ce dont elle étoit d'autant plus étonnée, qu'elle savoit très-certainement que depuis ce temps-là je ne pouvois lui en avoir donné aucun sujet ; que soupçonnant ceux qui sont auprès d'elle, c'est vouloir croire qu'il soit possible de lui mettre en l'esprit quelque chose contre le devoir d'une mère envers son fils ; que s'il désire faire paroître qu'il n'ajoute point de foi à ces calomnies, elle supplie Sa Majesté de ne lui pas dénier la continuation de la faveur qui lui est faite de me retenir près d'elle ; que c'est une des plus grandes obligations qu'elle lui puisse avoir : que lui ayant une fois accordé quelque chose, ses ennemis n'auroient pas le pouvoir de lui faire des affronts qu'elle aimeroit mieux mourir qu'endurer, et son esprit pourroit être en repos : ce qu'elle désire avec telle passion, qu'après le bien de son service elle ne souhaitoit autre chose en ce monde (2).

Elle mande quant et quant au sieur de Luynes que cette action lui fait croire qu'on ne se méfie pas de moi, mais d'elle ; que c'est faire tort à son intégrité que de s'imaginer qu'elle veuille se servir de moi pour brouiller, vu que, quand elle et moi aurions ce dessein, mon absence y

(2) Même remarque que ci-dessus.

seroit plus propre que ma présence ; que voulant mettre ordre en ses affaires particulières, elle désire se servir de moi, me connoissant capable de ce faire, et ne voyant rien en moi qui puisse donner de l'ombrage qu'à ceux qui, poussés d'une grande animosité, se veulent forger en l'esprit ces imaginations, quoique en conscience ils reconnoissent le contraire ; quand il seroit vrai que j'aurois de mauvais desseins étant auprès d'elle, sa personne répondroit de mes actions, étant entre les mains du Roi quand il voudroit ; que c'est faire tort à une personne de juger de ses intentions à l'avenir, et de l'en punir avant la faute ; qu'il ne doit pas préférer l'animosité de quelques particuliers à son contentement, autrement elle auroit occasion de croire qu'elle ne pourroit rien espérer que ce que la pure rigueur de la justice lui donneroit ; que ce lui est un préjugé que tous les jours, sous de faux donnés à entendre, on lui donnera de semblables mécontentemens, ce qui la feroit enfin résoudre de supplier le Roi de lui permettre de sortir hors du royaume, pour ne donner sujet de croire qu'elle fît des cabales, comme on la vouloit calomnier ; que, puisque le Roi lui fait l'honneur de le croire, il est obligé, en conscience, de lui remontrer qu'il ne doit point craindre de déplaire à quelques particuliers pour donner du contentement à sa mère, qui consiste au repos et tranquillité d'esprit qu'elle désire par-dessus toutes les choses du monde, et ne le peut avoir pendant que le Roi continuera de changer si soudainement ce qu'il lui a une fois accordé ; et qu'enfin, s'il ne peut quitter le doute qu'il a que je voulusse brouiller, elle lui répondoit de moi-même, et que la réponse d'une reine étoit suffisante pour un criminel, et que cependant, puisqu'elle ne m'avoit point renvoyé en ma maison, comme elle voyoit qu'on en vouloit prendre le prétexte, mais m'avoit seulement donné congé pour huit jours, elle m'avoit déjà mandé de la revenir trouver, et que le lendemain je serois auprès d'elle.

Ces lettres si affectionnées et si pleines de raisons ne servirent à autre chose qu'à faire qu'elle ne reçut pas un refus déterminé de ce qu'elle demandoit, mais seulement un délai, Luynes lui mandant qu'on avoit tant dit de choses au Roi contre moi, qu'il ne pouvoit pas sitôt lui faire agréer mon retour ; que tous les diables étoient déchaînés, ce n'étoit que médisances atroces, chacun parloit contre moi ; qu'il n'en croyoit rien, mais néanmoins que cela faisoit impression en l'esprit de plusieurs, et qu'il falloit lui donner loisir de prendre son temps.

Il me payoit de semblable monnoie en réponse des lettres que je lui écrivois, s'avouoit mon obligé, promettoit de m'assister, se plaignoit des ennemis que j'avois qui me faisoient tout ce mal, disoit être marri de ne pouvoir pas sitôt dissiper ces nuages, promettoit de le faire et de m'envoyer la permission du Roi de retourner. Autant m'en écrivoient Déageant et ceux de sa cabale, et que, dès qu'ils verroient le temps à propos, il enverroit vers la Reine l'avertir de me demander au Roi ; mais surtout qu'il ne falloit pas témoigner dans sa maison qu'elle désirât ardemment me faire retourner, car on feroit contre moi comme on avoit fait jusqu'alors.

La Reine, d'autre côté, me pressoit de la retourner trouver, d'autant que le sujet sur lequel étoit fondée la lettre du Roi étoit faux ; mais je ne le voulus pas faire, parce que je savois que cela eût été préjudiciable à son service, et voulus montrer l'exemple d'une obéissance parfaite, pour leur faire juger par elle la sincérité de mes actions précédentes.

Les six mois restans de l'année, je les passai en perpétuelles attaques de calomnies et fausses suppositions contre moi, tant qu'enfin ils restreignirent mon exil dans mon évêché.

J'espérois, en cette rencontre, recevoir de l'assistance du maréchal de Vitry, que j'avois obligé fraîchement quinze jours avant la mort du maréchal d'Ancre, et il me l'avoit promis. Mais il arriva que le sieur de Luynes ayant eu volonté d'avoir la capitainerie de la Bastille, qui étoit à la Reine, mais que Vitry désiroit, comme y ayant déjà un pied par la lieutenance qu'il y avoit, je crus qu'il étoit pour le service de la Reine que, cédant au temps, elle donnât contentement à Luynes. Vitry eut tant de ressentiment contre moi de ce qu'il sut que j'y avois contribué quelque chose, que non-seulement par après il ne fut plus mon ami, mais, comme si je lui avois fait une grande offense, il s'intéressa dans tous les moyens qui s'offrirent d'avancer ma ruine.

Tandis que j'étois à Coursay, il arriva que le père Arnoux ayant fait un sermon devant le Roi contre la confession de foi des huguenots, les quatre ministres de Charenton firent un écrit qu'ils adressèrent au Roi, par lequel, sous ombre de se défendre de ce que le père Arnoux avoit dit contre leur hérésie, ils parloient au Roi avec des paroles bien éloignées de ce qu'un prince catholique peut souffrir de ses sujets, et disoient beaucoup d'injures et faussetés contre l'Eglise de Dieu. La justice séculière en prit quelque connoissance, et le Roi, par arrêt de son conseil du 5 d'août, supprima cet écrit(1),

(1) La suppression ne porte que sur la préface adressée au roi.

et fit défense aux ministres de lui en adresser jamais aucun à l'avenir sans sa permission.

Mais, parce que je ne voyois pas que de la part de l'Eglise il fût apporté aucun remède au mal qui se glissoit dans les ames par la lecture de ce livre pernicieux, dont les huguenots faisoient leur coryphée, se vantant que les catholiques ne s'en pouvoient défendre, j'employai le loisir de ma solitude à y répondre, et le long temps qu'il y avoit que j'étois diverti de l'exercice de ma profession m'y fit travailler avec tant d'ardeur, que dans six semaines j'achevai cet ouvrage (1), dont, pour ne rien dire de moi-même, je laisse le jugement à ceux entre les mains desquels il est parvenu.

Plus cette action me donna de réputation, plus elle me chargea d'envie; et, bien qu'il fût aisé à connoître par-là qu'aucuns desseins de la Reine n'occupoient point mon esprit, mes ennemis ne laissèrent pas néanmoins de le craindre, et ne me firent pas donner permission de la retourner trouver.

Ce qui étoit plus déplorable en la misère de la Reine, c'est que la plupart de ceux dont elle devoit recevoir plus d'assistance pour les grands biens, charges, dignités et honneurs qu'elle leur avoit départis pendant sa puissance, étoient ceux qui se portoient plus hardiment contre elle, de peur qu'on ne les privât de ce qu'ils tenoient de sa bonté: chose ordinaire aux ames basses, mais du tout indigne de bon courage.

On la prive de la jouissance d'une partie de son bien; s'il vaque quelque bénéfice, il ne lui est pas permis d'en gratifier un de ses serviteurs; si quelque capitainerie qui dépend de ses domaines est à donner, celui qu'elle aime le moins en est pourvu par les personnes qui la haïssent pour l'avoir offensée.

On fit davantage: on lui envoie le sieur de Roissy en ma place, introduisant près d'elle des personnes dont on se veut servir à sa ruine en la place de ses principaux ministres qu'on avoit chassés. Elle ne le veut souffrir, on l'établit contre son gré proche d'elle, pour épier toutes ses actions.

Nul n'entre chez elle qu'il n'en veuille avoir connoissance; nul ne lui parle qu'il ne s'enquière du sujet; si elle a quelque domestique qu'elle affectionne peu, c'est celui qui a part en leur faveur; ceux qu'on estime les plus capables de faire faux bond à leur conscience pour servir aux passions injustes sont ceux qu'on trouve les meilleurs. On ne veut près d'elle que des personnes qui en aient le cœur éloigné; ceux qui retiennent dans leur éloignement l'affection que par naissance et par obligation ils doivent avoir à son service, sont criminels, en quelque lieu qu'ils soient. Le désir que beaucoup ont de profiter par quelque voie que ce puisse être, porte diverses personnes à donner des avis contre elle; on reçoit tout, on fomente tout; on en invente non-seulement pour la décrier, mais même pour la rendre criminelle; on trouve mauvais que ses domestiques, obligés à sa bonté, satisfassent à ce à quoi leur honneur et leur conscience les obligent; s'enquérir de ses nouvelles, ne point quitter une si bonne et grande princesse d'affection comme de lieu, est un crime qui ne mérite pas de pardon; si un de ses serviteurs se vouloit défaire de quelque charge qu'il eût auprès de sa personne, ils ne le vouloient pas souffrir, si ce n'étoit entre les mains de quelqu'un qui fût à eux.

Le baron de Témines eut volonté de se défaire de la charge de capitaine de ses gardes; le baron du Tour, homme de cœur et de fidélité, étoit d'accord avec lui de la récompense: ils n'osèrent pas lui dire ouvertement qu'ils ne le vouloient pas, mais ils l'arrêtèrent sur l'incident d'une pension de deux mille écus qui étoit attachée à ladite charge, laquelle ils ne lui voulurent jamais accorder, et lui firent dire nettement par le président Jeannin, qui le pria de le venir trouver sur ce sujet, qu'il étoit trop serviteur de la Reine-mère: ledit baron lui répondit courageusement qu'il l'étoit et le seroit jusques à la mort, bien qu'il sût que l'être étoit être coupable de tous les crimes qu'on eût su s'imaginer.

On ôte Monsieur d'entre les mains de M. de Brèves, non pour autre considération que pource qu'il témoignoit affectionner la Reine, qui lui avoit conservé l'éducation de Monsieur, que le feu Roi lui avoit destinée. Le sieur du Vair, témoignant la volonté du Roi à M. de Brèves sur ce sujet, lui dit qu'on lui ôte ce dépôt de la personne de Monsieur, non pour aucun desservice qu'il eût rendu, le Roi étant très-content de ses actions, mais pour des raisons qu'il n'est pas obligé de dire. Il est vrai que les rois ne sont pas toujours obligés de dire les causes des résolutions qu'ils prennent; mais en ce temps on se servoit grandement de ce privilége, d'autant qu'ils avoient ou de mauvaises raisons de ce qui se faisoit, ou qu'ils n'en avoient point du tout.

La Reine apprend ce changement; elle juge incontinent que sa considération faisoit éloigner de son fils celui que la prévoyance du feu Roi y avoit mis; elle en appréhende les conséquences, et en parle néanmoins avec tant de modération, que la réponse qu'elle fit au sieur de Brèves, qui

---

(1) Ce livre est intitulé : *La défense des principaux points de la foi catholique contre la lettre des quatre ministres de Charenton*. Poitiers, 1617, in-8°.

lui en avoit donné l'avis pour s'acquitter de son devoir, ne tendoit qu'à lui faire connoître que le Roi l'avoit voulu soulager en son âge caduc de la peine et de la sujétion qui est nécessaire auprès d'un prince de cet âge. Mais ce n'est pas assez qu'elle approuve les actions des autres, on lui veut faire confesser qu'elle s'est mal gouvernée en l'administration des affaires de l'Etat, qu'elle a gâté ce qu'elle a conservé.

Divers ambassadeurs vont vers elle pour la persuader d'écrire au Roi des lettres de cette teneur. Modène est choisi pour y employer son éloquence; il va trouver Barbin avant que de partir, et lui dit premièrement que Luynes a volonté de se réconcilier avec la Reine; et, pour commencer à lui en donner quelque témoignage, le veut envoyer de la part du Roi vers elle pour la visiter, mais qu'il n'ose entreprendre ce voyage, pource que depuis peu la Reine avoit dit qu'il y avoit quatre personnes auxquelles elle ne pardonneroit jamais : Luynes, Vitry, Ornano et lui.

Barbin, croyant qu'il lui dit vérité, l'encouragea à faire ce voyage, lui représentant la facilité que la Reine avoit à pardonner par l'inclination bénigne de son naturel, et l'obligation que le sieur de Luynes avoit, pour son propre bien, de l'en rechercher, attendu la piété du Roi, qui nécessairement le feroit enfin ennuyer du mauvais traitement que recevoit sa mère, et qu'il devoit craindre un changement de l'état présent de la Reine, ce qui pouvoit arriver par plusieurs accidens auxquels les affaires du monde sont sujettes; que si cela arrivoit dans le mauvais traitement qu'elle recevoit, il n'y avoit lieu de la terre où il pût être assuré; car, quand bien lors la Reine ne seroit pas sensible aux injures qu'elle avoit reçues, on le forceroit d'en avoir du ressentiment; ou au contraire, si ce changement arrivoit après la réconciliation, quand bien elle auroit mauvaise volonté contre eux, elle ne leur oseroit malfaire, de peur de se perdre de réputation devant tout le monde.

Modène fit semblant de goûter ses raisons. A quelques jours de là il lui dit qu'il est résolu de partir, et lui demanda une lettre de recommandation à la Reine, laquelle il lui donna. La Reine le reçut avec toute sorte de bonne chère, et de visage et de présence, et lui en récompense lui débaucha autant qu'il put de ses serviteurs, et fit de la plupart d'eux autant de pensionnaires de Luynes et d'espions de la Reine, à laquelle, quoiqu'il déployât toutes les voiles de son bien dire, il ne put persuader de faire chose indigne de son courage, ni d'avouer avoir failli en ce qu'elle avoit bien servi le Roi, estimant trompeuse une réconciliation le commencement de laquelle tendoit à la rendre coupable contre la vérité.

Au retour de cet ambassadeur, quelque petit rayon d'espérance de liberté parut à M. le prince, lequel ils transférèrent, le 15 de septembre, de la Bastille au bois de Vincennes, dont il estimoit l'air meilleur et la demeure moins resserrée, et ressentant son élargissement de prison; mais son désir le trompoit, car ils n'avoient nulle pensée qui tendît à sa liberté; au contraire, ils estimoient n'avoir assurance qu'en la détention de la Reine et de lui, et croyoient qu'en les tenant tous deux en leur puissance, ils ne pourroient recevoir aucune secousse en l'assiette de leur fortune.

Modène dit un jour à Barbin, en la Bastille, que M. le prince lui avoit dit que la Reine l'avoit voulu délivrer peu après son arrêt, mais avec des conditions si honteuses qu'il ne les avoit pas voulu recevoir. Barbin lui ayant lors soutenu le contraire, et dit la réponse généreuse que la Reine lui fit, et que nous avons dit ci-devant, et qu'encore qu'il pût maintenant rejeter la prise de sa personne sur le maréchal d'Ancre qui étoit mort, il ne le vouloit pas faire, sachant qu'en cela il avoit rendu un service signalé, Modène lui dit franchement qu'entre les choses qu'on approuvoit du gouvernement de la Reine celle-là étoit la principale, et qu'on n'avoit nul dessein de la laisser aller. Le sujet pour lequel on le changeoit maintenant de demeure étoit, au contraire de la pensée du prince, pour le garder avec plus de sûreté, car ce ne fut que pour réparer la faute qu'ils avoient faite au commencement, quand, cheminant avec grande timidité et comme n'étant pas encore leur autorité affermie, ils en donnèrent la garde à Persen, au lieu de l'avoir eux-mêmes.

Ils laissèrent bien encore lors l'apparence de la garde de sa personne au baron de Persen, lequel ils logèrent dans le donjon du bois de Vincennes, mais en effet ils l'avoient eux-mêmes par le régiment du sieur de Cadenet (1), qui y fut mis pour le garder.

Madame la princesse, qui, avec la permission du Roi, s'étoit, dès le commencement de juin, enfermée avec lui, l'accompagna aussi audit lieu, où elle espéroit faire ses couches avec plus de facilité; mais sa mauvaise fortune ajouta encore au déplaisir qu'elle avoit de l'état où il se trouvoit, celui de se voir accoucher avant terme.

En même temps que les uns étoient mis en de nouvelles prisons, les autres étoient élevés à contentement aux dignités et grandeurs nouvelles; car, en ce même mois, le sieur de Luynes

(1) Ce régiment avait appartenu au maréchal d'Ancre.

se maria avec la fille du duc de Montbazon, et fut pourvu de la lieutenance générale au gouvernement de Normandie qu'avoit le maréchal d'Ancre, et eut le don de tous ses immeubles, la réunion desquels au domaine du Roi ne servit que de passage pour les faire tomber entre ses mains.

Tout résonnoit d'éloges à sa gloire; mais comme il n'y avoit rien en lui à dire pour fonder ces louanges, il se remarqua que tout ce qu'on put avancer en sa faveur fut de le comparer au roi juif Agrippa, qui fut favori de l'empereur Caligula, qui succéda à Tibère; ne considérant pas qu'il avoit eu une si malheureuse fin pour sa vanité, que Dieu punit exemplairement, qu'ils faisoient quasi un pronostic de la courte durée de sa fortune.

Cependant Barbin, qui étoit à la Bastille, resserré dans sa chambre, sous ombre que si on lui donnoit plus grande liberté M. le prince demanderoit le semblable, demanda lors celle de se pouvoir promener. On la lui accorda, et permit on encore à son valet de chambre de le venir voir toutes fois et quantes il voudroit. Persen, et Bournonville qui commandoit en son absence, le traitant avec toute douceur, espérant par ce moyen diminuer quelque chose de l'aigreur de la Reine, qu'ils croyoient enflammée contre eux de colère pour l'offense qu'elle en avoit reçue, ce peu de courtoisie lui coûta bien cher, et fut un piége que sa mauvaise fortune lui dressa pour le rendre misérable, et le porter jusque sur le bord du précipice, d'où la seule miséricorde de Dieu, comme par miracle, le garantit, ainsi que nous verrons l'année suivante.

Car, se voyant en cette petite liberté, et ayant appris que la Reine faisoit toujours instance vers le Roi en sa faveur, il demanda congé de lui pouvoir écrire pour lui rendre très-humbles grâces d'une si grande bonté.

Ils furent bien aises de cette demande, et lui en donnèrent plus de liberté qu'il ne vouloit, pour trouver occasion de lui ôter ce peu qui lui en restoit encore; car ils eurent soin de découvrir ceux qui iroient de sa part et de les gagner, et de se faire avertir par ceux qui étoient déjà à eux auprès de la Reine, de ce qui se passeroit à l'arrivée de ses lettres, et, s'il se pouvoit, de ce qu'elle lui récriroit.

Barbin envoyoit ses lettres par son valet de chambre; mais, de peur qu'ils prissent ombrage de l'y voir aller trop souvent, il les lui envoyoit le plus souvent par un sien parent chez qui il logeoit. Ils gagnèrent cet homme; et, dès qu'il avoit ses lettres, il les portoit au sieur de Luynes, qui en prenoit copie, les fermoit et les envoyoit à la Reine, des réponses de laquelle il faisoit le semblable, et les lui renvoyoit par cet homme à la Bastille, par lequel il savoit aussi beaucoup de choses dont la Reine s'ouvroit à lui pour les dire à Barbin. La première lettre qu'il lui envoya fut portée par son valet de chambre même, et rendue fidèlement. Elle lui dit en particulier qu'elle ne pouvoit plus demeurer en la misère où elle se trouvoit; qu'elle étoit résolue de supplier le Roi de la retirer de là; mais qu'elle eût bien désiré savoir son avis auparavant, car elle n'avoit plus personne auprès d'elle en qui elle se fiât. Mais il ne lui conseilla pas de le faire pour lors, d'autant qu'en ce temps-là ils firent expédier des lettres patentes du 4 d'octobre pour la convocation d'une assemblée des notables au 24 de novembre à Rouen, en laquelle, bien que la plupart de ceux qui y étoient appelés fussent personnes choisies par eux, néanmoins, si elle eût fait en ce temps quelque demande, ils auroient dit qu'elle auroit pris exprès la conjoncture de cette assemblée pour exciter quelque remuement dans l'Etat.

Tandis que ces choses se passent en France, l'empereur Mathias fait élire, au mois de juin, son beau-frère l'archiduc Ferdinand, son successeur au royaume de Bohême, dont les protestans d'Allemagne entrèrent en une grande crainte, à cause que Ferdinand avoit chassé tous ceux de leur secte hors de son Etat. Cela fut cause que tous les princes tinrent une assemblée à Hailbronn, par laquelle ils se liguèrent ensemble, et se promirent une mutuelle assistance contre les catholiques, quoique l'empereur Mathias dépêchât vers eux pour les en dissuader.

Le Pape fait publier à Rome un jubilé pour les nécessités de l'Eglise, l'extirpation des hérésies, la concorde et l'union des princes chrétiens. L'électeur de Saxe, ou excité par ce jubilé, ou ayant déjà eu cette pensée dès long-temps, fit commandement partout son Etat de célébrer les cent ans révolus au 31 d'octobre des premières thèses que Luther fit afficher à Wurtemberg contre les indulgences de Sa Sainteté, et commanda de commencer cette fête depuis la veille dudit jour jusqu'au 2 de novembre, et fit faire quantité de pièces d'or et d'argent avec des inscriptions particulières, pour conserver la mémoire de ce prétendu jubilé. Autant en firent les villes luthériennes d'Allemagne, et les calvinistes mêmes à Heildelberg firent aussi quelque fête particulière ce jour-là.

Mais, tandis que ce jubilé et ces fêtes se faisoient, la guerre continuoit très-cruelle entre le roi d'Espagne et le duc de Savoie en Italie, et les Vénitiens et l'archiduc Ferdinand en Dalmatie. Au commencement de cette année, le maréchal de Lesdiguières passa en Piémont avec force troupes, quelques défenses qu'on lui eût pu faire de la cour, et son arrivée fut si heureuse que du côté du Montferrat il prit d'abord les villes de Saint-Damien et Albe, et de l'autre côté, vers Novarre, le prince de Piémont prit sur le prince de Majeran, partisan d'Espagne, les villes de Majeran et de Crevecœur, dans la dernière desquelles il y avoit grand secours d'Espagnols. En ces rencontres fut tué don Sanche de Luna, gouverneur du château de Milan, et toute l'armée espagnole fut étonnée, et leurs partisans en Italie ne le furent pas moins. Mais nos troubles de France, qui contraignirent le maréchal de Lesdiguières de repasser diligemment en Dauphiné, coupèrent les ailes de cette bonne fortune, et non-seulement l'empêchèrent de se porter plus avant, mais réduisirent premièrement le prince de Piémont à se mettre sur la défensive, puis encore à se défendre si malheureusement, que sa ville de Verceil, qui fut assiégée sur la fin de mai par don Pédro de Tolède, fut contrainte de se rendre le 25 de juillet, ouvrant une porte aux Espagnols pour se promener à leur aise dans le Piémont.

Bien que cette ville fût bientôt prise, et ne durât que deux mois, on l'eût pourtant facilement secourue de France, si le duc de Montéléon n'eût donné à entendre qu'il étoit expédient aux deux couronnes qu'elle fût prise, afin de rabattre l'orgueil du duc de Savoie qui vouloit aller du pair avec elles, promettant que le Roi son maître la rendroit par la paix à l'intercession du Roi. Mais quand on vit qu'au lieu de la rendre ils vouloient encore étendre leurs conquêtes, et faisoient contenance de vouloir assiéger Ast, le Roi commanda au maréchal de Lesdiguières de repasser les monts en diligence; il y envoya aussi le duc de Rohan et le comte de Schomberg avec un régiment de lansquenets qu'il avoit levé contre les princes; et quantité de noblesse française y accourut de toutes parts, faisant, avec ce qu'avoit de troupes le duc de Savoie, dix mille hommes de pied et deux mille chevaux. Dès qu'ils furent passés ils s'en allèrent à Ast, en résolution de déloger l'armée espagnole des postes qu'elle avoit à l'entour.

Le premier de septembre il attaquèrent Felizan, où deux mille Trentins de ladite armée étoient logés, et, nonobstant le secours qui y fut envoyé, le prirent de force le lendemain par le courage des nôtres, qui, craignant qu'on les voulût recevoir à composition, sans attendre le commandement de donner franchirent le fossé, montèrent sur le rempart, taillèrent en pièces ce qui se rencontra devant eux, et se rendirent maîtres de la place, en laquelle ils gagnèrent onze enseignes des ennemis. Le lendemain ils suprirent un autre petit quartier où étoient deux enseignes de Trentins, et, le 4 de septembre, ils assiégèrent None, où les ennemis avoient logé deux mille hommes, et le prirent le 7; de sorte qu'ils rechassèrent par ce moyen l'armée des ennemis des environs d'Ast jusqu'au-delà du Tanaro.

Tous ces exploits refroidirent un peu les espérances hardies de don Pedro, et donnèrent lieu au traité de Pavie du 9 d'octobre, selon les articles proposés à Madrid et résolus à Paris. Par ce traité, la restitution des prisonniers et places prises devant et après le traité d'Ast étoit promise de part et d'autre, et le duc de Savoie obligé à désarmer; et, ledit duc ayant restitué et désarmé, don Pedro devoit disposer son armée dans le mois de novembre, ainsi que le vouloit le traité d'Ast. Ensuite fut publiée une suspension d'armes en Piémont et au Milanais. Mais l'exécution entière et pacification de toutes choses ne s'ensuivit que bien avant dans l'année suivante, comme nous le dirons en son lieu.

Le différend aussi entre les Vénitiens et l'archiduc Ferdinand fut terminé, ledit archiduc promettant de chasser de ses Etats ceux des Uskoques qui alloient en courses durant ces derniers mouvemens, et les autres encore qui vivoient en pirates, et de mettre dans Segna, ville de leur demeure, un gouverneur allemand, homme de qualité, pour les tenir en devoir, et que leurs navires de courses seroient brûlés. Il se trouva des difficultés à l'exécution de cet accord, pour lesquelles la guerre continua encore jusqu'à l'année prochaine.

Cependant le temps venu de l'assemblée des notables, le Roi et tous les députés se trouvèrent à Rouen. L'ouverture en fut faite le 4 de décembre, et elle fut close le 26. Il y fut fait beaucoup de belles propositions pour le bien de l'Etat; mais, comme ce n'étoit pas la fin pour laquelle se tenoit l'assemblée, il n'en fut tiré aucun fruit pource qu'on n'en avoit pas le dessein: joint que la façon de délibérer ne le souffroit pas; car on leur envoyoit de la part du Roi, en toutes les séances, lorsqu'ils s'assembloient, les articles sur lesquels on vouloit avoir leur avis, de sorte qu'ils ne savoient pas le matin ce dont ils devoient délibérer l'après-dînée, ce qui n'étoit pas pour faire une sage et mûre délibération. Le principal dessein de Luynes étoit de faire trouver bon ce qu'il avoit conseillé au Roi sur le sujet de la mort du maréchal d'Ancre, et de l'éloignement de la Reine-mère. Cela fait, son soin ne s'étendit pas plus avant.

Une chose remarquable se passa en cette assemblée, qui est que les parlemens prétendirent avoir rang devant la noblesse dans la compagnie du conseil d'Etat, pour, avec les princes, ducs, pairs et officiers de la couronne, donner au Roi les conseils nécessaires pour le bien de son Etat, et qu'ayant juridiction souveraine sur la noblesse, il n'étoit pas raisonnable qu'elle les précédât. M. de Luynes, qui ne les vouloit pas offenser, trouva une voie d'accommodement, qui fut de faire mettre la noblesse à l'entour de la personne du Roi et de Monsieur; ce qui étoit proprement leur faire céder leurs places, et donner gagné au parlement.

Durant cette assemblée, M. de Villeroy mourut âgé de soixante-quatorze ans, que la fortune plusieurs fois voulut chasser de la cour, et la réputation de sa sagesse y a toujours rappelé, et que la piété sur les dernières années de sa vie en voulut éloigner pour le faire vaquer à Dieu, mais ne le put gagner sur l'ambition qui lui faisoit remettre de jour à autre l'exécution d'un si louable dessein. Il fut enfin surpris d'une maladie qui l'emporta en trente heures, lâchant incessamment ces paroles de sa bouche, qui témoignoient plutôt son erreur que sa sagesse : *O monde, que tu es trompeur!*

Il fut fait secrétaire d'Etat en l'an 1566, sous le roi Charles IX, et demeura en faveur jusqu'aux Barricades, après lesquelles le roi Henri III l'éloigna. Henri IV le rappela par le conseil de M. de Sancy, qui lors étoit en crédit et avoit beaucoup de part aux bonnes grâces de Sa Majesté, et, pour plus d'assurance de sa fidélité, donna une de ses filles en mariage au sieur d'Alincour son fils, et fut en grande estime auprès du Roi jusqu'à sa mort, nonobstant la disgrâce qui lui arriva de L'Hoste, un de ses commis, à qui il confioit le secret de ses dépêches, lequel se trouva avoir intelligence avec l'Espagne; et le sieur de Villeroy le voulant faire prendre, il se noya dans la rivière de Marne; ce qui ôta le moyen à son maître de se justifier; mais le Roi avoit conçu une si bonne opinion de lui, qu'il le consola en cette affliction, et ne lui voulut pas permettre de se retirer, comme il le désiroit, mais l'obligea à continuer de prendre soin de ses affaires.

Il approcha du Roi M. de Sillery et le président Jeannin, qui vivoient avec lui avec un grand respect et déférence. Le premier y étoit retenu par l'alliance du sieur de Puisieux son fils avec la fille aînée du sieur d'Alincour, qui lui apporta en dot, outre son bien qui étoit grand, la charge de secrétaire d'Etat qu'avoit M. de Villeroy, laquelle il exerçoit par indivis avec lui.

Incontinent après la mort du Roi, le chancelier s'en fit accroire : lors M. de Villeroy, pour se maintenir, commença à ployer sous lui. A ce commencement eux deux et le président Jeannin demeurant bien ensemble, et le favori, qui étoit le maréchal d'Ancre, n'osant pas encore les attaquer, et eux aussi n'ayant pas sujet de faire le même à son égard, ils subsistèrent tous ensemble, et résistèrent sans aucune difficulté aux efforts des grands du royaume, qui ne se soucient pas que les affaires publiques aillent bien pourvu que les leurs particulières soient en bon état. Ils le firent encore, bien qu'avec beaucoup de peine, tandis qu'il n'y eut point de cour contre eux trois, nonobstant que le favori et eux se fussent déclaré la guerre; car ils se maintinrent, et résistèrent aux divers mouvemens et de lui et des grands, avec lesquels il s'étoit ligué contre eux. Mais, lorsque le chancelier eut perdu le lien de leur alliance en la mort de sa belle-fille, et, se voyant élevé par l'autorité de sa charge, et par celle du commandeur son frère auprès de la Reine, et son crédit près de la maréchale, ne voulut plus dépendre de compagnon, mais vivre en supérieur, le sieur de Villeroy s'aigrit aussi de son côté, et ils se mangèrent les uns les autres, donnant lieu au favori de se venger d'eux, et de les disgracier un à un, et à des personnes de misérable condition, de médiocre esprit, et de peu de cœur, de machiner la ruine des favoris et de la Reine même, dont ils vinrent à bout.

En tous ces troubles néanmoins, M. de Villeroy demeura toujours en quelque considération, et, à la mort du maréchal d'Ancre, étant remis en la fonction de sa charge, y servit jusqu'à la fin, bien que non plus avec tant d'autorité qu'il avoit accoutumé, ni avec la première vigueur de son esprit.

Il fut homme de grand jugement, non aidé d'aucunes lettres, et ne les aimoit pas parce qu'il ne les connoissoit pas, et présumoit beaucoup de soi, ne considérant pas qu'il n'avoit atteint que par une longue expérience la connoissance qu'il avoit, que les lettres, par un chemin abrégé, lui eussent donnée et plus parfaite et plus facilement. Il cachoit néanmoins avec artifice ce défaut par son peu de paroles, qui aida beaucoup à lui donner la réputation qu'il acquit; car, ne parlant dans le conseil que par monosyllabes, il donnoit plutôt lieu de dire qu'il ne se montroit pas être savant, que non pas qu'il parût être destitué de savoir. Il étoit timide de son naturel et par la nourriture qu'il avoit eue dans la cour en des temps èsquels la foiblesse de l'autorité royale, dans les divisions des troubles de la religion et de la ligue, interrompit le cours de la générosité ordinaire des conseils de cette monarchie. Il fut estimé sincère et homme de parole, laquelle il donnoit aussi très-difficilement. Plus mémoratif des injures que des obligations auxquelles il avoit peu d'égard, jaloux et soupçonneux, mais qui eut toujours les mains nettes, et après cinquante-un ans de services, et quasi toujours de faveur envers ses maîtres, mourut avec le même bien qu'il avoit eu de ses pères, ne l'ayant accru que de deux mille livres de rente.

En la même année mourut M. de Thou, l'histoire duquel témoigne qu'il étoit plus versé ès bonnes lettres qu'il n'étoit louable pour sa piété, et son emploi dans la cour sur la fin de sa vie; que savoir est toute autre chose qu'agir, et que la science spéculative du gouvernement a besoin de qualités d'esprit qui ne l'accompagnent pas toujours, M. de Villeroy sans science s'y étant trouvé aussi propre que lui inhabile avec toute son étude.

LIVRE IX (1618).

La Reine-mère projette d'aller trouver le Roi. — Les mauvais traitemens qu'elle endure lui regagnent les esprits. — Richelieu, son frère et son beau-frère, reçoivent ordre d'aller à Avignon. — Barbin est plus étroitement gardé et interrogé sur ses lettres à la Reine. — M. de Luynes fait supprimer la paulette et permettre aux jésuites d'ouvrir un collége à Clermont. — Le Roi tient ferme à l'exécution de son arrêt en faveur des ecclésiastiques du Béarn. — Déclare criminels de lèse-majesté tous ceux qui se trouveront à l'assemblée d'Orthez. — Fait rendre Verceil par les Espagnols. — M. de Luynes travaille à l'établissement de sa maison, et fait poursuivre le procès de Barbin. — Condamnations. — Emprisonnemens. — Barbin obtient d'être ouï au grand conseil. — Il est condamné au bannissement. — Cette peine est changée en une prison rigoureuse. — La Reine-mère reçoit défense de sortir de Blois. — Ses promenades sont bornées. — Déclaration qu'on la force de signer. — Le cardinal de Savoie vient en France demander en mariage Madame, sœur du Roi, pour le prince de Piémont. — Soulèvement en Bohême. — Le roi Ferdinand et l'archiduc Maximilien font arrêter le cardinal Klezel. — Mort du cardinal du Perron ; son éloge.

[1618] Nous avons vu, l'année passée, l'indignation qu'une grandeur que l'on tient d'autrui, et qu'on n'exerce pas avec toute la retenue qu'on pourroit désirer, mais en laquelle on s'abandonne à une licence absolue, a accoutumé d'engendrer dans le cœur des peuples : nous verrons au contraire, dans l'année présente, combien la même grandeur, humiliée et maltraitée par des personnes abjectes, change les cœurs des hommes en une commisération plus grande que n'étoit leur indignation.

Quand la Reine partit de Paris, personne ne compatissoit à son malheur que ceux qui y étoient intéressés : mais le mauvais traitement qu'elle reçoit à Blois croît tous les jours de telle sorte, qu'enfin il vint jusqu'à tel point de rigueur et d'indignité, que la faveur de tout le monde se tourne vers elle, sa majesté s'accroît par sa calamité, et les grands qui lui avoient été le plus contraires, et ceux-là mêmes qui touchoient de plus près le sieur de Luynes, soit d'intérêt, soit d'alliance, ont pitié d'elle, et font dessein de la faire retourner auprès du Roi pour y tenir le même rang qu'elle y avoit auparavant.

J'ai dit au livre précédent qu'elle avoit eu quelque dessein de venir trouver le Roi à cause des mécontentemens qu'elle recevoit de se voir assiégée de personnes qu'on envoyoit demeurer auprès d'elle contre sa volonté, épiée en toutes ses actions, et la plupart de ses serviteurs gagnés par argent contre son propre service. Barbin le lui déconseilla à cause de l'assemblée des notables, ne jugeant pas à propos qu'elle parlât de venir en cette rencontre, de peur qu'il semblât qu'elle prît exprès ce temps-là pour faire éclater ses plaintes par tout le royaume. Mais l'assemblée étant terminée à la fin de l'année, dès le commencement de celle-ci, elle pensa exécuter son dessein, et en écrivoit à Barbin, et Barbin à elle.

Elle avoit envie d'attendre quelque temps, soit par l'irrésolution ordinaire aux femmes, que la peur retient lorsqu'elles sont sur le point d'exécuter ce qu'elles ont entrepris, soit pource que le sieur de Luynes parlant d'envoyer le sieur de Cadenet pour la voir au nom du Roi, elle espéroit de recevoir de lui quelque remède. Le désir extrême qu'elle en avoit donnoit lieu à la tromperie de cette espérance, quoiqu'elle sût, d'autre côté, que Déageant n'avoit point de honte de dire qu'il se perdroit plutôt que de permettre qu'elle revînt auprès du Roi.

Barbin lui manda qu'elle ne devoit point différer davantage, ni attendre la venue de Cadenet, telles gens faisant parler de Sa Majesté comme ils vouloient, ne lui disant rien de la part du Roi que ce que bon leur sembloit, et ne rapportant rien au Roi de ce qu'elle leur disoit que ce qui faisoit à leurs desseins; que les lettres qu'elle écriroit à Sa Majesté ne pourroient pas être déguisées comme leurs paroles; que difficilement l'empêcheroient-ils de les lire, et que ce que disoit Déageant lui faisoit connoître qu'il étoit temps qu'elle agît.

M. de Rohan la servoit en cela avec grande affection, et communiquoit avec M. de Montbazon, beau-père de Luynes, qui se chargeoit d'ôter de son esprit les méfiances qu'on lui avoit données de la Reine, et le porter à condescendre à se vouloir réconcilier avec elle, ce qu'il faisoit en partie parce qu'il étoit mécontent dudit sieur de Luynes, qui étoit si resserré en la propre vue de soi-même, qu'il n'avoit point d'égard au bien de son beau-père comme il l'eût désiré; et l'un et l'autre donnoient avis à Barbin de tout ce qu'ils faisoient. Le premier le pressoit qu'il sollicitât la Reine d'agir promptement, ou sinon qu'elle étoit en danger de demeurer long-temps en son exil.

Le duc d'Épernon et M. de Bellegarde se montraient aussi fort affectionnés à la Reine, et faisoient état de parler eux-mêmes au Roi pour lui remontrer l'injustice avec laquelle on la traitoit. Ils avoient été fort maltraités d'elle, qui les avoit éloignés par les menées du maréchal d'Ancre, à la mort duquel ils n'étoient pas à la cour: mais ils se trouvoient aussi maltraités de ceux-ci, et l'injure présente étant plus sensible que celle qui est passée, et celle qui nous est faite par une personne d'éminente qualité moins que celle que nous recevons d'une personne plus vile, ils devinrent favorables à la Reine par la mauvaise volonté qu'ils avoient contre l'état présent.

Ces quatre étoient les principaux qui s'entremettoient pour la Reine, et les uns ne savoient rien des autres; tous se rapportoient à Barbin, qui donnoit avis à la Reine des choses qui se passoient. Tous ces desseins étant connus au sieur Luynes, à qui on portoit toutes les lettres et les réponses qui s'écrivoient, et lui semblant qu'il en avoit assez pour prendre prétexte contre Barbin, Persen et son frère, et d'autre part ne voulant pas que les choses passassent plus avant, et étant étonné de voir les siens propres inclinés pour la Reine, il voulut rompre ce commerce, et ôter à la Reine toute espérance de se pouvoir rapprocher du Roi.

Il crut devoir commencer par m'ôter toute communication avec elle, laquelle croyant ne pouvoir me retrancher qu'en m'envoyant bien loin, ils m'adressèrent une lettre du Roi, du 7 d'avril, par laquelle il m'écrivoit que sur les avis qu'il recevoit des allées et venues et diverses menées qui se faisoient aux lieux où j'étois, dont l'on prenoit des ombrages et soupçons qui pourroient apporter de l'altération au repos et tranquillité de ses sujets et au bien de son service, il me commandoit de partir au plutôt, et me retirer dans Avignon, pour y demeurer jusqu'à ce que j'eusse autre commandement de sa part; à quoi satisfaisant promptement, je lui donnerois occasion de demeurer toujours dans la bonne impression qu'il avoit eue de moi; mais, si j'y manquois, il seroit obligé d'y pourvoir par autre voie.

Je ne fus pas surpris à la réception de cette dépêche, ayant toujours attendu de la lâcheté de ceux qui gouvernoient, toute sorte d'injuste, barbare et déraisonnable traitement. Mais quand je l'eusse été, le temps auquel je la reçus m'eût consolé, étant le propre jour du Mercredi-Saint. Je mandai à Sa Majesté que, si j'avois beaucoup de déplaisir de reconnoître la continuation des mauvais offices qu'on me rendoit auprès d'elle, j'avois un extrême contentement d'avoir occasion de lui témoigner mon obéissance; que je partirois dès le vendredi pour satisfaire au commandement qu'il lui plaisoit me faire d'aller en Avignon, où je serois très-content si ceux qui m'en vouloient me laissoient vivre aussi exempt de soupçon que je le serois de coulpe. Cependant, puisqu'on m'accusoit d'avoir fait des menées en ces quartiers contre le service de Sa Majesté, je la suppliois très-humblement de vouloir envoyer quelqu'un sur les lieux, qui, dépouillé de passion, pût prendre connoissance de la vérité, étant sûr que par ce moyen Sa Majesté reconnoîtroit mon innocence.

Le sieur de Richelieu mon frère, et le sieur de Pont-de-Courlay mon beau-frère, reçurent le même commandement et le même exil que moi: encore nous fut-ce une grande consolation de ne nous voir pas séparés, bien qu'ils ne le fissent pas à cette fin, mais pour pouvoir prendre garde à nous tout d'une même vue.

La Reine se plaignit bien haut de mon bannissement; mais elle reçut des réponses absolues de refus, et en même temps tant de sujets de plainte pour elle-même, qu'elle eut sujet d'oublier celui-là. Je puis dire de moi avec vérité, et sans blesser la modestie, que, quelque animosité qu'ils me portassent, ils me trouvèrent aussi peu dans les papiers de ceux qui manioient les affaires, comme convaincu d'avoir mal fait, que dans la chambre des comptes, comme ayant reçu des bienfaits en servant.

J'obéis à la Reine dans sa régence; mais de qui tout le monde recevoit-il les volontés du Roi que de sa bouche? Il n'y a personne qui ne doive connoître que le vrai serviteur doit redresser les volontés de son maître à une fin avantageuse pour lui, mais que lorsqu'il ne les peut conduire où il veut, il les doit suivre où elles vont. J'ai eu habitude avec le maréchal; mais qui a jamais ouï parler que des civilités fussent des crimes? Si c'est un crime, qui en est exempt? Qui est celui dans l'état d'éminente condition qui ne soit coupable de cette faute? Le sieur de Villeroy ne refusa pas d'entrer dans son alliance; ce personnage n'a eu pour ennemis que ceux qu'il n'a pas voulu avoir pour serviteurs, ou qui, après l'avoir été, ont bien voulu conserver ses bienfaits, mais en perdre la mémoire.

Si on considère le temps, on trouvera que celui auquel il s'est enrichi est celui où les sieurs Brulart, de Villeroy et Jeannin étoient employés aux affaires, et qu'il n'a eu nulle dignité, ni office, ni nulle charge depuis leur éloignement. Ceux qui avoient pris racine du temps du feu Roi, qui tenoient le timon des affaires, pouvoient aucunement empêcher l'accroissement de cette plante; il leur étoit aisé, vu qu'ils étoient en autorité dès long-temps, et qu'il n'y étoit pas encore, le feu Roi l'ayant contenu dans la simplicité de sa condition.

Si c'est un crime que d'être appelé de son temps aux affaires, où est l'innocence du sieur du Vair? Si être sorti de charge contre son gré lui donne cet avantage d'être innocent, avoir voulu sortir par cinq fois avec instance et de mon propre mouvement, ne me doit-il pas donner la même qualité?

Si c'a été une violence que de prendre les armes pour empêcher les mauvais desseins des princes qui s'étoient unis contre l'Etat, pourquoi ceux qui les ont conseillés au dernier mouvement n'en sont-ils pas taxés? N'est-ce pas le garde des sceaux du Vair qui a fait la première déclaration sur l'emprisonnement de M. le prince contre lui et ses adhérens?

M. de Villeroy n'a-t-il pas dit souvent à la Reine, sur le progrès des armes du Roi, qu'il ne restoit autre chose qu'à les poursuivre, qu'il ne manquoit à ses conseils que de les faire exécuter? Depuis la chute même de la Reine, il n'a pu dissimuler qu'on lui avoit cette obligation, et à ses nouveaux ministres, d'avoir ouvert le chemin de conserver l'Etat, et empêcher les troubles, ne trouvant rien à redire en leur conduite, mais seulement en l'introduction, n'estimant pas leur autorité légitime pource qu'elle lui étoit préjudiciable.

De m'accuser moi et mes compagnons d'être espagnols, pource que nous avons ménagé l'intelligence, comment le peut-on sans en convaincre ceux qui en ont fait et conseillé l'alliance; qui, aux oppositions des princes contre ce dessein, ont toujours répondu qu'elle étoit nécessaire au bien de cet Etat et au repos de nos voisins?

Mais avec quelle franchise ai-je dit mes sentimens au maréchal quand le service du Roi l'a requis? Lors même qu'il s'agissoit des Espagnols, ne trouva-t-on pas une de mes lettres dans les papiers du maréchal d'Ancre, par laquelle, ledit maréchal m'ayant écrit, sur l'occasion de l'union que les princes firent à Soissons, qu'il étoit d'avis, puisqu'il se trouvoit tant de mauvais Français, qu'on eût recours aux étrangers pour maintenir l'autorité du Roi, et qu'il étoit temps à ces fins de se servir des Espagnols, qui seroient bien aises en cela de nous faire ressentir un effet avantageux de l'alliance de ces deux couronnes, je lui répondis qu'il se falloit bien donner de garde de se servir de cet expédient qui le rendroit odieux à tous les Français, qui prendroient ce prétexte pour dire qu'étant étranger il en voudroit introduire en France pour se rendre maître de l'autorité et de la personne du Roi; que les bons Français étoient en assez bon nombre pour résister à ceux qui s'étoient éloignés de leur devoir; qu'au reste tous les secours d'Espagne étoient toujours plus en apparence qu'en effet, ce qui faisoit que, outre qu'il n'étoit point nécessaire et qu'il n'étoit pas à propos pour s'en servir, quand on le feroit on n'en tireroit pas grand fruit? Le sieur Servin, animé de la passion du temps et de ce que je n'avois pu satisfaire à quelques intérêts qu'il avoit prétendus pendant que j'étois au maniement des affaires, n'oublia rien de ce qu'il put pour faire prendre cette lettre et quelques autres en mauvais sens. Mais l'équité de messieurs de la cour, qui trouvèrent fort mauvais qu'il requît, en ces occasions, un ajournement personnel contre moi, et qui se moquèrent de ses conclusions, me fut un authentique témoignage de l'approbation qu'ils voulurent donner à ma conduite.

Qui ne sait la querelle que j'eus avec lui (1), pour le détourner de la résolution qu'il avoit prise d'envoyer les gardes à Soissons, et laisser le Roi désarmé en un temps si difficile, lui représentant que ce procédé pourroit irriter le Roi contre lui, et donner pensée au peuple qu'il le vouloit avoir absolument entre ses mains, ce qui pourroit lui apporter beaucoup de préjudice? Comme les princes furent réduits à l'extrémité, je maintins toujours, contre ses avis, que le Roi les avoit assez châtiés en faisant voir qu'il le pouvoit faire.

Quels conseils donnai-je à la Reine depuis que je fus hors de la cour, si ce n'est qu'elle ne devoit avoir aucun sentiment des choses passées, et que le maréchal et sa femme s'étoient attirés leurs malheurs et leurs peines par leur mauvaise conduite, bien que non par leur crime; que tout ce qu'elle avoit à faire étoit de se gouverner si modérément que ses actions présentes justifiassent celles du passé, faisant paroître une si grande différence entre elle possédée par la maréchale d'Ancre, et non possédée, qu'on jugeât clairement que tout ce qu'on pourroit remarquer d'odieux au passé venoit de ses conseils?

Mais tout cela n'empêcha pas que, par une haine qui est toujours aveugle, et partant à l'égard de laquelle toutes les raisons sont inutiles,

(1) Le maréchal d'Ancre.

et pour s'assurer dans l'anxiété de la crainte en laquelle ils vivoient, ils ne voulussent, à quelque prix que ce fût, me voir hors du royaume, au préjudice du service que j'étois obligé de rendre au peuple que Dieu m'avoit commis, comme ils m'empêchoient déjà de rendre au Roi celui auquel j'étois tenu.

Je passai toute l'année en cet exil (1), quoique, mon frère étant devenu veuf durant ce temps, je les suppliasse de lui permettre de faire un petit voyage en sa maison pour mettre ordre à ses affaires, et de me prescrire un lieu proche d'eux tel qu'ils voudroient, n'en exceptant aucun, où je pusse demeurer pour caution de ses actions et des miennes, me soumettant encore, outre cette assurance, à recevoir de la part de Sa Majesté telle personne qu'elle auroit agréable, pour avoir égard à nos comportemens. Mais cela fut en vain.

En même temps qu'ils m'envoyèrent en Avignon, ils resserrèrent Barbin, et lui ôtèrent cette ombre de liberté qu'ils lui avoient donnée dans la Bastille, disant qu'il en abusoit, et qu'au lieu d'écrire des lettres de simples complimens à la Reine, il tramoit avec elle des menées préjudiciables au service du Roi. Dès le lendemain qu'ils l'eurent resserré, ils lui envoyèrent le sieur de Bailleul et un autre conseiller d'Etat pour l'interroger. Il refusa de répondre, pource qu'il croyoit que le sieur de Bailleul étoit encore maître des requêtes, et se défioit que les commissaires alloient bien vite en des procès criminels; mais, lui ayant dit qu'ils étoient conseillers d'Etat, lesquels ne font le procès à personne, et qu'ils étoient seulement venus pour ouïr et faire écrire par le sieur d'Andilly, qui étoit commis pour cet effet, ce qu'il auroit à dire sur quelques lettres et mémoires qu'ils lui présenteroient, et que ce n'étoit qu'une affaire domestique dont le Roi vouloit avoir la connoissance, il consentit de répondre.

Lors ils lui représentèrent les copies des lettres qu'il avoit écrites à la Reine, et celles que la Reine lui avoit envoyées, et le vouloient rendre grandement criminel par ses lettres, les prenant en sens qu'ils vouloient, non au sens des paroles auquel elles étoient conçues; et, entre autres choses, interprétoient ce que nous avons dit qu'il lui avoit mandé, que ce qu'elle savoit qu'avoit dit Déageant lui montroit qu'il étoit temps qu'elle agît, qu'ils vouloient entendre par là qu'il falloit qu'elle fît tuer Déageant, comme s'il n'y avoit point d'autres moyens que de tuer Déageant, et que sa mort servît beaucoup aux affaires de la Reine. Enfin, quand il eut expliqué cette affaire, il les éclaircit de ce doute, comme il fit de tous autres, leur remontrant que le dessein de la Reine

(1) D'Avignon.

étoit de voir le Roi par le moyen et les bonnes grâces de Luynes, et que, pour ce sujet, elle y employoit M. de Montbazon son beau-père et M. de Rohan son parent.

Ils vinrent plusieurs jours de suite l'interroger, et, au sortir d'avec lui, s'en alloient chez le chancelier et le garde des sceaux du Vair, où quelques-uns, choisis du conseil, les attendoient et délibéroient sur sa déposition. Les accusations étoient frivoles, les défenses étoient fort solides : le chancelier et le garde des sceaux, quoiqu'ils fussent ses ennemis, ne furent pas d'avis, non plus que le président Jeannin, qu'on passât plus outre en cette affaire, laquelle ils jugeoient ne pouvoir réussir qu'à son honneur. Luynes, qui espéroit avoir des moyens de la faire passer pour bonne, et venir à bout de faire porter le jugement selon sa passion, voulut qu'on continuât le procès. Il est vrai qu'il le pressoit quand il pensoit avoir assez de juges gagnés, et l'arrêtoit quand le jugement lui paroissoit incertain.

Tandis qu'il se comportoit si violemment en sa conduite, il essayoit de gagner une bonne réputation par autre moyen. Il fit révoquer la paulette, par arrêt du conseil du Roi, dès le commencement de l'année, continuant néanmoins la vénalité, pour gratifier, disoit-il, les officiers, et leur donner le moyen d'accommoder leurs affaires.

En février, il fit donner un autre arrêt au conseil en faveur des pères jésuites, par lequel il leur fut permis d'ouvrir leurs écoles au collége de Clermont, selon le désir qu'ils en avoient depuis leur rétablissement, et la poursuite que, depuis la mort du feu Roi, ils en avoient continuellement faite, sans avoir néanmoins pu jusqu'alors surmonter les grandes difficultés qui s'y étoient rencontrées, et principalement l'opposition de l'Université, laquelle ne se rendit pas, et, voyant que c'étoit une résolution prise, et qu'ils ne gagneroient rien au conseil, fit deux décrets, par lesquels elle empêchoit qu'aucuns écoliers ne pussent aller en leur collége. Mais les jésuites en ayant fait plainte, par un autre arrêt du 26 d'avril lesdits décrets furent cassés (2).

Le Roi, d'autre côté, demeura ferme pour l'exécution de l'arrêt qu'il avoit donné en son conseil en faveur des ecclésiastiques de Béarn, les rétablissant en leurs bénéfices, et remplaçant aux ministres le revenu d'iceux sur son domaine du pays, de proche en proche; car ceux de la religion prétendue réformée, qui avoient reçu com-

(2) Ainsi les jésuites obtinrent sans difficulté, après l'éloignement de la Reine-mère, ce qu'elle n'avait pu leur donner.

mandement d'envoyer des députés pour voir procéder au remplacement desdits biens ecclésiastiques, ne pouvant goûter de se voir dessaisir du bien réel qu'ils avoient, et être remis sur la bourse du Roi, voulurent tenir en Béarn une assemblée pour cela, composée des trois Etats dudit pays et des députés des églises prétendues du haut Languedoc et de la basse Guienne, afin d'intéresser tout le parti huguenot en cette affaire. Ce que Sa Majesté sachant, elle commanda à Lescun, qui étoit venu vers elle pour la lui faire agréer, de se retirer, et leur dire qu'il la leur défendoit : ce qui fit qu'ils résolurent de la faire en la ville de Castel-Jaloux au premier de mai. Mais le Roi ayant donné commandement au parlement de Bordeaux et chambre de l'édit à Nérac, de procéder contre ceux qui y assisteroient, comme contre perturbateurs du repos public, les consuls de ladite ville, et ceux qui avoient charge des autres places de la Guienne tenues par les huguenots, refusèrent de l'y recevoir : autant en firent ceux de la ville de Tonneins, où, au refus de ceux de Castel-Jaloux, ils pensoient aller. De sorte qu'ils furent contraints de retourner en Béarn pour être hors du ressort de Bordeaux, et choisirent Orthez pour leur assemblée, qu'ils convoquèrent au 15 de mai. Le Roi fit une déclaration, par laquelle il déclaroit criminels de lèse-majesté tous ceux qui s'y trouveroient; mais, nonobstant cela, ils ne laissèrent pas de la tenir, parce qu'ils avoient le parlement du pays à leur dévotion.

Le commissaire du Roi y arriva pour l'exécution dudit édit de la main-levée et remplacement; il y fut traité comme en terre ennemie; il reçut mille outrages de paroles par les écoliers d'Orthez qu'on suscita contre lui, sans que le parlement ni le sieur de La Force, gouverneur, y missent aucun ordre; et ledit parlement, par l'arrêt du 29 de juin, refusa de procéder à la vérification dudit édit, et ordonna que très-humbles remontrances seroient faites à Sa Majesté, pour la supplier de laisser les choses en l'état qu'elles étoient. Le Roi, en ayant eu avis, envoya une jussion audit parlement, sur laquelle ils donnèrent seulement un arrêt interlocutoire, suppliant Sa Majesté de pourvoir à la conservation des droits de ses sujets de la religion prétendue réformée.

Il prit aussi soin des affaires d'Italie, de peur que l'accusation qu'il faisoit contre la Reine et les ministres qui avoient gouverné sous son autorité, d'avoir trop incliné vers l'Espagne, ne fût rétorquée contre lui-même. Il envoya Modène pour aider à M. de Béthune à poursuivre l'exécution des traités de Pavie et d'Ast; et pource qu'il fâchoit aux Espagnols de rendre Verceil contre leur coutume, et que don Pedro retardoit de jour en jour, le Roi fut contraint de parler hautement à l'ambassadeur d'Espagne, et lui dire que, quelques troubles qu'il eût en son royaume, il ne laisseroit pas de passer les monts pour faire tenir la parole qui lui avoit été donnée : ce qui fit tel effet, que le 15 de juin Verceil fut rendu, et les choses promises exécutées de part et d'autre.

Semblablement aussi furent exécutées toutes les choses promises par le traité qui avoit été fait entre les Vénitiens et l'archiduc Ferdinand, pour la pacification des troubles qui avoient été entre eux.

Toutes ces choses, qui témoignoient un soin et du zèle pour la justice, la religion et la gloire du Roi, donnoient aux peuples, et à ceux qui ne savoient pas le secret du cabinet, bonne estime du gouvernement, et leur faisoient désirer qu'il demeurât en la main de ceux qui l'avoient.

Luynes ne perdoit pas ce temps favorable à l'avancement de sa grandeur et à l'établissement de sa maison. Il échangea la lieutenance générale du gouvernement de Normandie, qu'il n'avoit prise, l'année passée, que pour être avec plus d'autorité en l'assemblée des notables à Rouen, pour le gouvernement de l'Ile-de-France et des villes de Soissons, Noyon, Chauny, Coucy et autres, qu'avoit le duc de Mayenne, auquel il fit donner le gouvernement de Guienne avec celui du Château-Trompette (1), et de quelques autres places dans le Bordelais que le colonel d'Ornano tenoit, lequel on récompensa d'une charge de maréchal de France et de ladite lieutenance générale de Normandie.

Il eut encore La Fère et Laon, par la remise que lui en firent le duc de Vendôme et le marquis de Cœuvres, qui en étoient gouverneurs. Comme il s'élevoit et se fortifioit d'un côté, il parachevoit de ruiner, tant qu'il pouvoit, le parti qui lui étoit contraire, à opprimer Barbin et à lui faire condamner toute la conduite de la Reine. Ce procès faisoit un grand bruit à la cour, et sembloit qu'il y eût eu des menées capables de renverser toute la France : on sollicitoit, de la part du Roi, les juges avec instance, comme on avoit fait ceux de la maréchale d'Ancre; on demandoit gain de cause et non justice.

On mêla en cette affaire quelques personnes qui, par leur imprudence, avoient fait quelques écrits mal digérés sur le sujet de Luynes et des affaires du temps. Durand (2) fut mis prison-

(1) Qu'on avait toujours refusé au prince de Condé.
(2) « L'un des gentils poëtes de son temps, dit le Mer-

nier pour ce sujet, et un nommé Sity, florentin, qui avoit été secrétaire de l'archevêque de Tours, frère de la maréchale d'Ancre. Un même livre fut imputé à tous deux, et même peine leur fut ordonnée d'être rompus et brûlés avec leurs écrits en la Grève, et un frère dudit Sity, qui n'avoit fait simplement qu'en transcrire une copie, fut pendu. Ils essayoient, par ces condamnations, de souiller Barbin et quelques autres particuliers qu'ils mêloient avec lui par leur sang, confondant leurs accusations qui sont entièrement différentes. Plusieurs autres sont pris prisonniers ; les uns sont mis à la Bastille, les autres au Fort-l'Evêque, et tous à dessein d'être conduits à la mort. Bournonville et Persen sont du nombre, et au lieu de geôliers qu'ils étoient gardant les autres, ils deviennent prisonniers eux-mêmes. Les Luynes avoient un vieux dessein d'ôter Bournonville de la Bastille, et à Persen la garde de M. le prince. Depuis ils avoient conçu quelque mauvaise volonté contre eux, parce qu'ils avoient vu des lettres de Barbin et de la Reine, par lesquelles il paroissoit que Bournonville lui étoit favorable, et que la Reine en avoit du ressentiment de bonne volonté vers lui.

Ils essayèrent premièrement de tirer de gré Persen du bois de Vincennes, et lui firent offrir de l'argent pour cela, lui représentant qu'y ayant apparence qu'il fût coupable de toute la menée de Barbin, ils ne vouloient pas enfoncer cette affaire, mais qu'ayant soupçon de lui, il n'étoit pas raisonnable aussi qu'ils lui confiassent la garde de M. le prince. Il répondit des paroles assez hautaines, sur lesquelles ils le firent mettre à la Bastille, et Bournonville aussi, et établirent en sa place le sieur du Vernet, parent de M. de Luynes. On feint qu'ils ont voulu mettre en liberté M. le prince, et, par ce moyen, renverser l'Etat, tenant sa sortie la perte du royaume. Quoiqu'ils n'eussent peu contribué à la chute de la Reine, on les accuse de désirer son rétablissement auprès du Roi, et on les traite comme criminels.

L'on arrête madame du Tillet, femme de condition, sur de simples soupçons ; on mène des religieux à la Bastille aussi librement qu'en leur couvent ; on la remplit de toutes sortes de personnes, nulle condition ni qualité n'étant capable de mettre à couvert ceux qui étoient jugés avoir quelque empreinte d'affection pour la Reine dans le cœur ; on s'attaque à tout le monde. Ceux de la faveur soupçonnent le duc de Montbazon, beau-père du sieur de Luynes, et avec raison si la plupart de ceux qui sont maltraités sont coupables, puisqu'ils ne sont chargés d'au- « cure françois, et surtout inventif à créer des ballets. »

tres crimes que d'avoir discouru avec lui des moyens de faire faire, par l'intervention de son gendre, une action glorieuse au Roi, en rappelant sa mère au grand avantage de son Etat et de ses favoris.

Déageant prit toutes les réponses que Barbin, Bournonville, La Ferté qui étoit au duc de Rohan, les deux hommes de Barbin et un sergent de la Bastille avoient faites, et les communiqua au sieur Lasnier, conseiller au grand-conseil, qui, après les avoir vues et communiquées à quelques-uns de ses amis, lui promit qu'il feroit donner un arrêt de mort contre eux. Luynes, ayant su cette bonne volonté, fit dresser une commission au grand-conseil pour leur faire leur procès. Lasnier et La Grélière sont les rapporteurs de cette affaire ; Barbin demande, comme secrétaire du Roi, d'être renvoyé au parlement ; il en est débouté, et est ordonné qu'il procédera devant le grand-conseil. Luynes en envoya quérir tous les juges l'un après l'autre, et leur recommanda cette affaire. Lasnier tous les soirs alloit chez lui lui rendre compte de ce qui se passoit, et, pour s'acquitter promptement de sa promesse en laquelle il étoit engagé, il le vouloit juger sur les réponses qu'il avoit faites aux conseillers d'Etat dont nous avons parlé, quelques protestations qu'il fît qu'il leur avoit répondu comme devant personnes qui ne venoient point là pour lui faire son procès, et partant qu'il ne s'étoit pas expliqué autant qu'il devoit faire quand il étoit question de le juger. Mais il insista si fort à ce que la demande qu'il faisoit d'être ouï plus amplement là-dessus fût rapportée au grand-conseil, qu'ils le firent, et on lui accorda ce qu'il désiroit.

Il se plaignoit incessamment de ce qu'on ne lui parloit point du sujet pour lequel on l'avoit mis prisonnier ; qu'il avoit été dans le conseil du Roi sous le gouvernement de la Reine, et avoit eu la charge des finances dont il avoit disposé absolument ; qu'on l'accusât là-dessus, et qu'on l'interrogeât s'il y avoit délinqué ; que c'étoit une grande honte de l'avoir emprisonné et ne lui parler pas du sujet pour lequel on lui avoit fait ce traitement, mais lui faire son procès seulement pour ce qu'il avoit fait depuis qu'il étoit détenu à la Bastille, qui n'étoit que ce que le plus religieux capucin eût pu faire, de moyenner la réconciliation du Roi et de la Reine, laquelle il ne savoit pas avec quelle conscience on lui pouvoit imputer à crime de lèse-majesté.

Cependant on donnoit, d'autre côté, ajournement personnel à plusieurs domestiques de la Reine, à Chanteloube, à Codony et à Selvage, dont les deux derniers étoient des plus nécessaires auprès de sa personne. Il est vrai que la cour, ayant honte du peu de fondement avec lequel on les avoit accusés, les renvoya absous. Ils venoient néanmoins aux fins qu'ils prétendoient, puisqu'ils ne vouloient qu'étourdir le peuple et lui donner une impression apparente de quelque grand crime, puisque tant de gens de condition, et ceux-mêmes qui approchoient le plus près de la Reine, y étoient embarrassés.

On ne châtie pas seulement les actions, on examine les paroles, on devine les pensées, on suppose des desseins. Si on parle, on prend pied sur des mots innocens, on donne un sens préfix à des paroles indifférentes. Si on se tait, on impute le silence à crime, estimant qu'on couvre quelque chose qui ne se dit point. Temps déplorable où il y a égal péril à parler et à se taire ! Si on va, tout voyage est mal interprété, et on suscite des traîtres et des espions qui suivent à la piste pour découvrir des nouvelles. Tous ceux qui sont pris sont interrogés, et, ce qui est une chose inouïe et qui fait horreur à y penser seulement, on force les dépositions le plus qu'on peut pour mettre le nom de la Reine en des procès, ayant pour but de l'envelopper en la perte des autres.

A la contenance des juges, il est aisé de voir qu'ils sont assis, non pour ouïr ceux qui comparoissent devant eux, mais pour les condamner, non pour instruire leur procès, mais pour ordonner de leur supplice. Enfin ils sont tous jugés. Ceux qui avoient écrit des choses qui leur déplaisoient sont condamnés, comme nous avons dit des autres qui sont accusés pour être serviteurs de la Reine ; ceux à qui ils en veulent le moins sont déclarés innocens et remis en liberté ; les autres passent pour coupables.

Le fait de Barbin est remarquable. Ils lui en vouloient avec une grande animosité, à cause de la passion qu'ils voyoient qu'il avoit au service de la Reine, et sa fidélité qu'ils n'avoient jamais su ébranler. Ils firent tout ce qu'ils purent pour le faire condamner : il n'y eut juge à qui ils ne parlassent ; mais Dieu fut le plus fort : les plus gens de bien de la compagnie, reconnoissant son innocence et désirant le délivrer, ne crurent pas en avoir un meilleur moyen que de le condamner à un simple bannissement, craignant quelque autre violence plus grande de la part de Luynes. Mais le nombre des autres qui étoient gagnés étoit si grand, qu'il ne laissoit pas de passer d'une voix à la mort si un des juges qui opinoient ne se fût évanoui ; car on l'emporta hors de l'assemblée, et on attendit que ses esprits fussent revenus. Peut-être avoient-ils opinion que celui-là dût opiner contre lui ; revenu qu'il fut et rentré en la compagnie, il commença à opiner en ces mots : « Messieurs, « vous voyez en quel état j'ai été. Dieu m'a fait « voir la mort, qui est une chose si terrible et « effroyable, que je ne me puis porter à con- « damner un innocent, comme celui-ci de qui il « s'agit. J'ai ouï quelques opinions qui vont au « bannissement ; s'il y en a quelqu'une plus douce, « je prie le conseil de me le dire afin que j'en « sois. » Et à l'heure même quasi tous les jeunes conseillers furent d'avis de son bannissement. Tous les présidens, hormis le sieur de Bercy, et quasi tous les anciens conseillers à qui on avoit parlé et que l'on avoit mandés au Louvre pour cet effet, se prêtèrent à la passion de ses ennemis.

Par le même arrêt, qui fut du 30 août, Bournonville fut condamné, comme criminel de lèse-majesté, à avoir la tête tranchée ; Persen et madame du Tillet à s'abstenir de la suite de la cour et de la prévôté de Paris pour l'espace de cinq ans. On bannit hors du royaume, pour le même temps, le sieur de La Ferté et un des serviteurs de Barbin, l'autre étant renvoyé absous, et le sergent de la Bastille, qui avoit servi Barbin à faire porter ses lettres, fut condamné à être pendu. Ils ne tirèrent cet arrêt à conséquence que pour Barbin, faisant donner grâce aux autres, d'autant qu'ils avoient ce qu'ils vouloient, qui étoit la Bastille, la garde de M. le prince et la condamnation de Barbin, par laquelle ils prétendoient justifier sa prison, et couvrir les injustices et violences avec lesquelles ils avoient procédé contre lui.

Néanmoins, sa condamnation leur sembla trop douce. Il fut banni par ses juges, plus pour l'ôter de la main de ses ennemis qu'en intention de leur plaire. Mais cette peine ne satisfait pas leur passion ; la crainte qu'ils ont de ce pauvre infortuné fait qu'ils lui commuent son bannissement en une prison rigoureuse : chose du tout contraire à la nature des grâces, qui remettent de la peine au lieu de l'augmenter.

Ce bruit venant aux oreilles de la Reine lui perça le cœur d'une douleur très-sensible ; joint qu'elle sut que, comme on étoit sur le jugement de ce procès, le chancelier, le garde des sceaux et le président Jeannin s'étant accordés à témoigner qu'il falloit étouffer cette affaire et ne la pas poursuivre à l'extrémité comme on faisoit, Luynes dit qu'il n'eût jamais cru que M. le chancelier, premier ministre de l'Etat, eût favorisé une personne qu'on pouvoit dire l'unique ennemi de l'Etat. L'autre lui répliquant qu'il désiroit savoir de quelle personne il parloit, il dit qu'il étoit bien aisé de l'entendre, et qu'il parloit de la Reine-mère, qui devoit être considérée comme la plus puissante, voire la seule cause des désordres.

Ces injures atroces qui blessoient Sa Majesté, et tant d'infâmes artifices desquels on se servoit pour divertir d'elle l'affection du Roi, lui redoublèrent l'ennui qu'elle ressentoit de son absence, et l'obligèrent de se servir des copies de lettres que Barbin lui avoit envoyées, il y avoit longtemps, pour le Roi, M. de Luynes et le duc de Montbazon, par lesquelles, se plaignant à Sa Majesté des déplaisirs qu'elle recevoit, elle la supplioit qu'elle pût aller à Paris pour, étant plus proche d'elle, lui rendre plus facilement compte de ses actions, et prioit Luynes de l'assister en ce juste désir, et de la délivrer de servitude, et le duc de Montbazon d'y porter l'esprit de son beau-fils. Le Roi fut touché de ces lettres; mais ils le détournèrent de lui donner contentement par mille artifices, ne lui représentant pas seulement que, si elle vient, il n'aura plus d'autorité, mais qu'ils appréhendent même que sa vie ne soit pas en sûreté, le désir de régner étant tel en eux, qu'il n'y a lien de sang, de raison ni de justice, qui puisse arrêter leur fureur.

D'un côté ils mesurent le péril qui leur pourroit arriver de la présence de la Reine à l'atrocité des injures qu'ils lui avoient faites, et ne peuvent prendre d'elle assurance, quelque promesse qu'elle leur fît; d'autre part, demeurant leur ennemie, ils vouloient avoir lieu de la faire paroître tout autre qu'elle n'étoit, et, pour ce sujet, essayoient de la tenir éloignée, d'autant que les objets sont peu souvent et difficilement vus de loin tels qu'ils sont en effet. Ainsi ils représentent au Roi important à sa vie, à sa gloire et au bien de son Etat, ce qui ne l'est qu'à leur fortune, et lui font passer leurs propres intérêts pour siens; et d'abondant encore, craignant que tous leurs artifices ne fussent pas assez forts pour arrêter les vrais sentimens de la nature, et que la Reine, assurée du bon naturel du Roi, ne vînt à l'imprévu, ils envoyèrent des troupes à l'entour de Blois pour lui boucher le passage.

Davantage, on lui défendit de plus sortir de Blois. Les promenades lui sont désormais limitées, les conversations bornées à certaines personnes qu'ils tenoient tout à eux; nul ne la peut voir, quoique son chemin soit au lieu de son séjour, sans permission expresse; celui qui la demande se rend suspect de crime; celui qui fait gloire de ne la voir pas, quoiqu'en passant, est estimé d'une fidélité éprouvée, digne de récompense.

On envoie diverses personnes vers elle pour lui détacher de l'esprit la pensée qu'elle avoit de voir le Roi, et ainsi l'en empêcher non-seulement par force, mais encore volontairement. Modène et le père Arnoux lui sont envoyés pour cet effet, tous deux séparément; ils y travaillent puissamment à divers voyages qu'ils y font: comme l'un met en avant les considérations d'Etat pour l'en détourner, l'autre lui propose qu'elle ne le pouvoit entreprendre avec conscience, vu le mal qui en arriveroit au public. Entre autres raisons, on ne craignoit point de lui dire que si cela arrivoit la France étoit perdue, parce que son arrivée contraindroit de mettre M. le prince en liberté pour la contrecarrer, et que de cette opposition naîtroit la ruine de l'Etat. Ils la menacent de pire traitement; on parle de la chasser hors de France; enfin on l'intimide de sorte que sa bouche fut contrainte de proférer ce dont son cœur étoit bien éloigné, et de promettre par serment, sur les saints évangiles, qui à cet effet lui furent présentés par le père Arnoux, qu'elle n'iroit jamais vers le Roi si on ne l'envoyoit quérir premièrement, et, en cas qu'elle y vînt, ne lui donneroit point de conseils, ni ne se mêleroit d'aucune affaire.

Bien que ces choses outre-passassent tout devoir et tout exemple, et que ces assurances fussent telles, que, jointes à la force qu'ils avoient en main, il semblât qu'il fût superflu d'en demander davantage, néanmoins la connoissance de leur crime, qui est toujours craintive, et ne peut trouver de sûreté, les fît passer plus avant, et désirer d'elle la déclaration suivante, qu'elle donna au père Arnoux, écrite et signée de sa main, en un autre voyage qu'il y fit exprès pour ce sujet.

« Marie, par la grâce de Dieu, reine de France
« et de Navarre, mère du Roi. Dieu qui sait l'in-
« térieur de nos pensées, ayant par sa divine pro-
« vidence voulu, pour faire voir à un chacun la
« pureté des nôtres, et pour nous relever du doute
« auquel nous étions que des gens mal affection-
« nés n'eussent rendu par leurs calomnies ordi-
« naires le Roi mal satisfait de nous, qu'il plût au
« Roi, notredit sieur et fils, touché de son bon
« naturel, nous faire pleinement entendre et con-
« firmer par ses lettres, et de la bouche du ré-
« vérend père Arnoux, de la compagnie de Jésus,
« et son confesseur ordinaire, la pureté de son
« ame, sa prudente conduite au gouvernement
« de son Etat, et son amour singulier en notre
« endroit: nous qui, conformément à nos sou-
« haits, avons ressenti, par sa venue, des preu-
« ves de cette affection qui nous fait espérer toute
« sorte de bon traitement, le Roi notre seigneur
« et fils étant inviolable en ses promesses, pour

« reconnoissance de la joie que nous en avons, et
« pour en rendre un chacun bien informé, et de
« nos bonnes et sincères intentions à y corres-
« pondre par une bonne conscience et union de
« volonté, avons fait et faisons au Roi, notredit
« seigneur et fils, devant Dieu et ses anges, les
« soumissions, protestations et promesses ci-après
« déclarées : de n'avoir pour maintenant ni pour
« l'avenir, non plus que j'ai eu par le passé, désir
« ni pensée qui ne tendent à la prospérité et avan-
« cement de ses affaires, au bien, repos et gran-
« deur de son Etat, et de lui vouloir rendre les
« devoirs et obéissance qui lui sont dus comme
« à notre Roi et souverain seigneur, résignant
« toutes nos volontés en ses mains. De n'avoir
« aucune correspondance dedans ni dehors le
« royaume, en chose quelconque qui puisse pré-
« judicier à son service, désavouant toutes per-
« sonnes, de quelque état et qualité qu'elles
« soient, qui, sous notre nom et autorité, se
« voudroient ingérer d'aucunes pratiques et me-
« nées, ou feroient aucune chose contre la vo-
« lonté du Roi, notredit seigneur et fils, et la
« nôtre. D'avertir aussitôt le Roi, notredit sei-
« gneur et fils, des rapports et ouvertures con-
« traires à son service, et de ceux qui nous les
« auroient faits, au cas qu'il y en eût de si témé-
« raires ; de déférer et faire connoître ceux qui
« seront ainsi mal affectionnés, même de nous
« joindre, si besoin est, à la poursuite qui sera
« faite contre eux, pour en ordonner ensuite la
« punition exemplaire. De n'avoir aucune volonté
« de retourner à la cour, que lorsque le Roi, no-
« tredit seigneur et fils, nous l'ordonnera, dési-
« rant, non-seulement en cela, mais en toutes
« autres choses, observer religieusement ses com-
« mandemens. Que si nous avons souhaité avec
« passion ce voyage, c'a été pour avoir l'honneur
« de le voir, et pour lui faire connoître, par nos
« déportemens pleins de respect et d'obéissance,
« que l'on nous avoit blâmée sans sujet, n'ayant
« eu aucun désir de nous mêler d'affaires, comme
« l'on l'avoit voulu faire accroire au Roi, no-
« tredit seigneur et fils, qui doit régner seul,
« et qui peut, par sa prudence mieux que par
« l'entremise de qui que ce soit, gouverner son
« Etat avec la justice et réputation qui y est re-
« quise, reconnoissant que les bonnes qualités et
« inclinations qu'il y avoit dès son jeune âge,
« nous avoient été autant de promesses des effets
« qu'il y fait reluire de sa prudente conduite.
« Nous finirons par une vérité tirée de notre cœur,
« qui est que si la conservation du Roi, notredit
« seigneur et fils, dépendoit de notre perte, nous
« y consentirions, pour lui témoigner que nous
« l'honorons plus que nous ne nous aimons nous-
« même. Et afin que cette déclaration puisse être
« notoire à un chacun, nous avons convenu qu'il
« en soit expédié plusieurs copies, pour être pu-
« bliées si notredit seigneur et fils le désire.
« Fait à Blois le troisième jour de novembre
« 1618. »

Tout cela ne suffit pas encore ; ils la veulent
resserrer davantage, et font dessein de la mettre
dans le château d'Amboise. Ils demandent le
gouvernement de Normandie dont elle étoit
pourvue ; on parle même de la faire entrer dans
un monastère, et le sieur de Villesavin, qui étoit
un des siens, mais affidé à la faveur, lui propose
d'y entrer de son mouvement.

Tant de mauvais traitemens qu'elle n'eût jamais
pensé, lui en font encore attendre d'autres pires
qu'elle ne se pouvoit imaginer, croyant que leur
malice trouveroit tous les jours de nouveaux
moyens de lui faire du mal, puisqu'ils lui en
avoient déjà tant fait, dont il n'y en avoit point
d'exemple en personne devant elle. En ces tristes
attentes, sans espoir de mieux, elle passa le reste
de l'année sans autre compagnie que de ses larmes et soupirs.

Sur la fin de l'année, le cardinal de Savoie
vint en France pour remercier le Roi de l'assistance royale que le duc son père avoit reçue de
Sa Majesté, et lui demander Madame, sa seconde
sœur, en mariage pour le prince de Piémont,
laquelle lui fut accordée sans qu'on en envoyât
demander le consentement à la Reine sa mère,
qui tint ce traitement plus cruel qu'aucun qu'elle
eût reçu jusqu'alors, lui étant fait en une chose
si intime comme lui étoit Madame, sa fille.

Durant cette année, l'empereur Mathias, qui
avoit, il y avoit un an, fait élire l'archiduc Ferdinand roi de Bohême, à la charge qu'il ne se
mêleroit des affaires du royaume qu'après sa
mort, fit le même du royaume de Hongrie en sa
faveur. Mais, incontinent après, Ferdinand se
saisit de la personne du cardinal Klezel, chef du
conseil dudit Empereur, en haine, ce disoit-on,
de ce qu'il s'étoit opposé tant qu'il avoit pu aux
susdites démissions de l'Empereur, mais sous prétexte qu'il fomentoit un soulèvement très-grand
qui étoit survenu en Bohême, où tout le peuple
s'étoit révolté contre l'Empereur, sous la conduite du comte de Thurn, à raison de quelques
temples que ceux qu'ils appellent évangéliques,
c'est-à-dire communiant sous les deux espèces,
avoient voulu faire bâtir en quelques terres ecclésiastiques, qui ne les avoient pas voulu souffrir,
et avoient été soutenues de l'Empereur.

Ce soulèvement vint si avant qu'ils tinrent en
mai les Etats contre la volonté de Sa Majesté
Impériale, jetèrent ses conseillers du haut en bas

par les fenêtres du château de Prague (1), ensuite prirent les armes, firent une armée, se défendirent contre celle que l'Empereur envoya contre eux, se rendirent maîtres de la Bohême, Silésie et Moravie, et reçurent promesse d'assistance des protestans d'Allemagne et des États de Hollande.

Le roi Ferdinand et l'archiduc Maximilien, supposant que le cardinal Klezel, comme nous avons dit, connivoit avec eux, le firent arrêter à Vienne, le 20 de juillet, au retour de Presbourg où il avoit servi ledit Roi en son assomption au royaume de Hongrie. Et afin de conserver, au moins en apparence, selon ce qui se pouvoit en telles rencontres, l'honneur dû à sa dignité en l'arrêtant, ils lui firent prendre un bonnet et un vêtement noir, le firent monter en un carrosse, et l'envoyèrent par relais de carrosses jusqu'en Tyrol. De ce pas ils allèrent trouver l'Empereur, qui ne savoit rien de ce dessein, et aimoit uniquement ledit cardinal, et lui dirent qu'ils l'avoient fait arrêter parce qu'il vouloit troubler l'union qui étoit entre eux, ce qu'il reçut avec autant de déplaisir que la foiblesse et la maladie en laquelle il se trouvoit l'obligèrent à témoigner le contraire. Ce lui fut un bien petit échange des maux qu'il avoit faits à l'empereur Rodolphe son frère, du ressentiment desquels il étoit mort.

La mort du cardinal du Perron, qui arriva en septembre, est bien digne de clore cette année, et sa mort et sa vie méritent d'être remarquées. Il étoit d'une maison noble de la basse Normandie, né toutefois en Suisse, dont il se glorifioit à cause de la fidélité de la nation. Son père fut ministre, et mourut le laissant jeune. Il vint à la connoissance de la vérité peu de temps après, et eut cette bénédiction de ramener sa mère au giron de l'Eglise. Dès l'âge de vingt ans il parut comme un prodige d'esprit et de science, et fut choisi par le roi Henri III pour un de ses lecteurs, et de ceux qui faisoient devant lui des discours sur les matières qu'il leur proposoit, où il excella tellement qu'il n'y avoit personne qui osât se comparer à lui. Après sa mort, le roi Henri IV venant à la couronne, et l'hérésie tenant le dessus, il la confondit en une conférence qu'il eut à Mantes, l'an 1592, avec le ministre Rotan, qui étoit un homme insigne entre les hérétiques ; depuis lequel temps ils fuirent toujours la lice avec lui, et n'osèrent se comparoître où il étoit ; ce qui ne donna pas peu de branle à l'esprit du Roi pour l'incliner à se ranger à la religion catholique. Il fut depuis envoyé à Rome par Sa Majesté pour obtenir de Sa Sainteté l'absolution de son hérésie. A son retour il fut fait

(1) Le 23 mai.

évêque d'Evreux; l'an 1601 se fit la célèbre conférence de Fontainebleau, en laquelle il emporta une telle victoire contre l'hérésie, que le Roi, qui jusques alors étoit chancelant, se confirma en la foi, et le pernicieux livre de du Plessis-Mornay contre la messe perdit toute créance, même envers les hérétiques. Peu après il fut fait cardinal, et envoyé à Rome pour y servir le Roi, où étant il fut fait archevêque de Sens et grand-aumônier de France. De là revenant en France l'an 1607, il composa les œuvres que depuis sa mort nous avons vues en lumière. C'étoit un homme doux et sans fiel, facile, bienfaisant et libéral, froid de son naturel, et difficile de mettre en train de parler ; mais, quand il étoit échauffé, il ne pouvoit être épuisé ni se taire ; tenant en cela, ce semble, de la France de laquelle il avoit tiré sa première origine, et de la Suisse en laquelle il étoit né. Il mourut très-chrétiennement d'une suppression d'urine, assisté de l'évêque de Nantes et du père Bérule, supérieur général des prêtres de l'Oratoire, n'ayant autre regret en sa mort que de n'avoir pas résidé en son archevêché.

LIVRE X (1619).

La Reine-mère songe à sortir de sa captivité. — Chanteloube travaille auprès des princes pour les intéresser à sa liberté. — Les ducs de Bouillon et d'Epernon s'engagent à la délivrer. — Le dernier part de Metz pour aller à Loches recevoir la Reine-mère et la conduire à Angoulême. — Comment la Reine sort du château de Blois pendant la nuit. — Elle se rend à Montrichard, où le cardinal de La Valette la reçoit et la conduit au duc d'Epernon son père. — Lettre qu'elle écrit au Roi pour lui annoncer les motifs qui l'ont forcée à quitter Blois. — Réponse du Roi. — Nouvelle lettre de la Reine. — Autre réponse du Roi. — Richelieu reçoit ordre du Roi d'aller trouver la Reine-mère et de calmer son esprit. — Il part, est arrêté à Vienne, puis relâché, et arrive à Angoulême. — Détails sur ce qui s'y passe à son sujet. — Situation dans laquelle s'y trouve la Reine-mère. — Traité qui s'y conclut. — Le Roi l'approuve et part pour aller en Touraine. — Propositions extravagantes de Russelay à la Reine. — Russelay quitte la Reine et se rend à la cour. — Le frère de Richelieu est tué par le marquis de Thémines. — Lettre de protestations de M. de Luynes à la Reine. — Réponse. — Autre lettre pour l'inviter à venir à la cour. — M. de Luynes prend en même temps pour surprendre les places qui sont au pouvoir des serviteurs de la Reine. — Barneveldt est condamné à mort et exécuté. — Le Roi s'intéresse vainement à lui. — Richelieu est envoyé à Tours ; sa conférence avec M. de Luynes. — Entrevue du Roi et de la Reine. — Nouveaux sujets de plaintes de la Reine-mère. — Elle se rend à Angers. — M. le prince est délivré. — Barbin sort de la Bastille et du royaume. — Déclaration du Roi en faveur de M. le prince. — Lettre de la Reine-mère au Roi sur le tort que lui fait cette déclaration. — Richelieu conseille à la Reine de se rendre à la cour. — Chanteloube l'en détourne. — Nouvelles plaintes de la Reine-mère sur l'inexécution du traité d'Angoulême. — Suite du soulèvement de la Bohême. — Le roi Ferdinand est élu empereur. — L'électeur Palatin est couronné roi de Bohême. — Le Roi envoie une ambassade solennelle en Allemagne, pour travailler à un accommodement entre les princes.

[1609] La continuation des maux, qui non-seulement rompt les chaînes les plus fortes de la patience, mais donne du sentiment aux plus insensibles, força enfin la Reine, nonobstant la résolution qu'elle avoit prise de supprimer ses maux par la souffrance, à chercher les moyens les plus puissans de sortir hors de la servitude en laquelle elle étoit injustement détenue, après avoir tenté en vain tous les autres plus doux.

Elle ne vouloit pas croire, au commencement, toutes les menaces qui lui étoient faites de l'envoyer hors du royaume, ou l'enserrer dans un monastère, croyant que son éloignement étoit un assez fâcheux exil; et le château de Blois, dans lequel elle étoit arrêtée non-seulement au milieu des gens de guerre qui étoient autour d'elle, mais de ceux qui se disoient être ses serviteurs et étoient ses ennemis, lui sembloit une prison assez étroite pour assouvir la mauvaise volonté de ceux qui la haïssoient. Mais enfin, considérant par l'expérience du passé que ceux qui lui en vouloient ne trouvoient aucune violence difficile pour se maintenir en l'état où ils s'étoient établis par la même voie, elle n'en fait plus de doute, et se résout de sortir de Blois, et de se délivrer de la misère en laquelle elle étoit, qu'elle eût volontiers supportée, selon que je lui ai ouï dire plusieurs fois, si elle n'en eût appréhendé une plus grande.

Chanteloube, qui étoit venu auprès d'elle quinze jours après que je fus parti de Blois, commença à travailler à cette fin. Tous les grands de la cour qui étoient mécontens, ne manquoient pas de faire diverses propositions à ces fins : tous parloient selon leur passion, et peu faisoient des ouvertures raisonnables; beaucoup échauffoient l'esprit de la Reine et des siens, et peu lui donnoient des remèdes. Enfin, après que l'on eut long-temps écouté ceux qui parloient sur ce sujet, entre autres le duc de Mayenne, le prince de Joinville, le cardinal de Guise, le duc de Bellegarde et autres particuliers; après même qu'on eut consulté le duc de Bouillon, qui étoit tenu pour un oracle en telles affaires, on estima que le plus propre pour servir la Reine en cette occasion étoit le duc d'Epernon, tant à cause de son gouvernement qui étoit en lieu où il la pouvoit retirer aisément, qu'à cause de son humeur audacieuse, plus tenante (1) que celle de tous les autres.

(1) Persévérante.

Chanteloube faisoit de Blois à Paris plusieurs voyages, inconnu, pour conférer avec tous ceux qui étoient plus propres à animer la Reine qu'à la secourir. Russelay, qui, quelque temps après la mort du maréchal d'Ancre, avoit obtenu permission de demeurer à la cour, sur la découverte qu'il fit à Luynes des deniers que le feu maréchal avoit à Rome sous son nom, et le service qu'il promit de lui rendre pour les lui faire toucher, travailloit aussi de son côté, quoique sans commission et sans aveu, et avec si peu de discrétion, que les favoris, outrés de son insolence, le firent chasser de la cour; ce qui l'anima, non-seulement à travailler plus que jamais à cette fin, mais lui donna commodité de le faire, vu qu'il se retira dans une abbaye qu'il avoit en Champagne, assez proche des ducs d'Epernon qui étoit à Metz, et de Bouillon qui étoit à Sedan, pour avoir communication avec eux.

Le duc de Bouillon estima toujours que personne ne pouvoit mieux servir la Reine en cette occasion que le duc d'Epernon; que comme il pouvoit plus commodément que personne la retirer de Blois pour la recevoir à Loches, qui n'en est qu'à treize lieues, et de là la conduire à Angoulême, personne ne pouvoit aussi mieux que lui faire une puissante diversion du côté de Champagne, à cause de l'excellente place qu'il avoit, et la commodité qu'il avoit d'avoir des étrangers, soit de Hollande, soit d'Allemagne, où il avoit l'alliance qu'on sait qu'il a avec l'électeur Palatin et le prince d'Orange, soit de Liége, dont les terres sont contiguës à celles de sa principauté.

Mais il se rencontroit de grands obstacles en ce projet qui se faisoit pour la liberté de la Reine. Les ducs d'Epernon et de Bouillon étoient si mal ensemble qu'ils ne pouvoient prendre confiance l'un à l'autre : ils avoient si mauvaise opinion de Russelay, tant parce qu'il étoit étranger qu'à cause de la légèreté, vanité et mauvaise conduite qu'il avoit témoignées en tous les lieux et en toutes sortes d'occasions, qu'ils ne vouloient prendre aucune confiance en lui. D'autre part, le duc de Bouillon ne faisoit jamais rien sans argent, et, qui plus est, le duc d'Epernon et lui en avoient besoin pour une telle entreprise : la Reine n'en avoit point, tant parce que, pendant sa régence, elle n'avoit pas été fort soigneuse d'en amasser, que pource qu'elle avoit confié ce qu'elle en avoit mis à part, entre les mains de la grande-duchesse de Florence, qui gouvernoit alors l'État de son fils qui étoit mineur; qu'elle, bien éloignée de la secourir du sien en une telle occasion, ne voulut jamais lui rendre deux cent mille écus qu'elle lui gardoit pour s'en servir à temps.

Si les ducs de Bouillon et d'Epernon étoient en défiance de Russelay, la Reine l'étoit encore davantage : ce qui l'obligea à les faire avertir qu'ils n'eussent aucune créance en ce personnage. Sa Majesté en usa ainsi, non-seulement pour éviter le dégoût de ces seigneurs, mais en outre parce que le duc de Bellegarde, qui étoit à la cour, lui avoit écrit que cet homme se gouvernoit si imprudemment dans la cour, et se faisoit de fête si indiscrètement ès affaires de la Reine, que, s'il continuoit, il les perdroit tous ; ce qui donna lieu à Sa Majesté de faire dire au prince de Joinville, et à ceux à qui elle avoit confiance dans Paris, de n'en prendre aucune en cet esprit chaud et bouillant.

Nonobstant l'aversion que le duc d'Epernon avoit de cet esprit, et les avis qu'il avoit reçus de la Reine, il n'eut pas plutôt vu ce personnage dans Metz, où il l'alla trouver de son mouvement, que, passant d'une extrémité à l'autre, il s'ouvrit entièrement à lui du dessein qu'il avoit de servir la Reine au désir qu'elle avoit de sortir de Blois (1). Au bout de quelques jours il fit un voyage en secret à Sedan, avec aussi peu de commission que celle qu'il avoit quand il fut à Metz, où il gagna aussi, sinon la confiance du duc de Bouillon qu'il n'étoit pas aisé à avoir, au moins la souffrance qu'il s'entremît en toutes ces affaires, qui enfin, par d'autres négociations, et entre autres d'un nommé Vincence, secrétaire du feu maréchal d'Ancre, que la Reine envoya au duc d'Epernon, réussirent au contentement de Sa Majesté.

Il arriva beaucoup de traverses en cette négociation. Ce Vincence allant trouver le duc d'Epernon, chargé d'une lettre qu'il avoit désirée, par laquelle la Reine le conjuroit, par la mémoire du feu Roi, de l'assister en sa sortie, lettre qui contenoit tous les motifs qu'on pouvoit prendre pour colorer son action, fut arrêté à Troyes, et étant reconnu, fouillé si exactement qu'on décousit tout son habit, hormis au lieu où il l'avoit cachée ; après n'avoir rien trouvé, la fermeté avec laquelle il soutint qu'il s'en alloit en Allemagne par les Grisons, fit qu'en lui donnant la liberté on lui donna lieu d'achever son voyage.

Il arriva ensuite que, lorsque le duc d'Epernon fut résolu à partir de Metz pour aller trouver la Reine, Russelay fut si impudent que de dépêcher un page qu'il avoit, au comte de Brenne qui étoit à Blois, pour lui donner avis, par une lettre, du jour du partement du duc d'Epernon, et assurer la Reine de la résolution qu'il avoit de la tirer du lieu où elle étoit. Ce page infidèle et traître, sachant bien qu'il portoit quelque chose d'important, fut expressément à Paris pour rendre la dépêche au duc de Luynes ; mais le sieur Ollier, conseiller de la cour, qui étoit serviteur de la Reine, étant averti de son arrivée, et lui ayant tiré les vers du nez, lui donna trois cents écus pour tirer sa dépêche, et le tint quelque temps à couvert chez lui.

Le duc de Bellegarde, sachant obscurément qu'il se faisoit quelque dessein pour la sortie de la Reine, et que le duc d'Epernon y étoit mêlé, écrivit une lettre de six feuilles à Sa Majesté, par laquelle, après avoir dépeint le duc d'Epernon de vives couleurs, il concluoit que si elle se mettoit entre ses mains, elle seroit plus prisonnière qu'elle n'étoit au lieu où elle étoit ; que son humeur tyrannique lui devoit assez faire connoître la vérité de son avis, sans qu'il fallut de grandes raisons pour le prouver. Pour la détourner même de ce dessein, il lui offrit de la retirer en Bourgogne, dont Sa Majesté ne fit pas de cas : elle connoissoit trop la jalousie en laquelle ce personnage s'est nourri toute sa vie, et l'envie qu'il a de la gloire d'autrui, voire même de celle à laquelle il n'est pas capable d'aspirer, pour ajouter foi à ses avis. Il est bien vrai qu'elle appréhendoit l'humeur du duc d'Epernon ; mais elle étoit dans un tel état, qu'elle savoit bien que tout autre lui seroit meilleur : elle savoit, en outre, très-bien qu'encore que le duc de Bellegarde fût capable de lui offrir retraite, il ne l'étoit pas de se résoudre à la lui donner, beaucoup moins de soutenir une telle action, quand même il la voudroit faire.

Comme rien ne la détourna du traité qu'elle avoit fait pour se retirer à Angoulême, rien ne put divertir aussi le duc d'Epernon de partir de Metz pour la venir servir en cette occasion. Il y étoit allé dès l'année précédente sur des mécontentemens imaginaires, mais en effet par la seule inquiétude de son naturel, qui ne peut supporter de voir personne au-dessus de lui, comme il témoigna assez, en ce que, peu auparavant son partement, rencontrant Luynes sur le degré du Louvre, il lui dit : *Vous autres, messieurs, vous montez, et nous, nous descendons.*

Il ne fut pas plutôt à Metz qu'il y fit des siennes, et se comporta si violemment envers la justice, que le président même fut contraint de s'en absenter. Le sieur Favier, maître des requêtes, fut envoyé pour remédier à ces désordres, et quant et quant porter au duc d'Epernon commandement de ne point sortir de Metz jusqu'à ce qu'il eut ordre exprès de Sa Majesté, qui

---

(1) L'histoire du duc d'Epernon explique comment il fut forcé à cette confiance, par un tour adroit de Ruccelaï, qui avait fait commencer la négociation par un autre, et se montra, maître du secret, quand le duc fut engagé.

prenoit le sujet des mouvemens de Bohême pour prétexte d'avoir besoin de sa présence sur cette frontière pour son service.

Ledit duc écrivit à Sa Majesté, et la supplia de trouver bon qu'il s'en allât chez lui, où la nécessité de ses affaires le rappeloit; disant qu'il ne s'estimoit pas être si misérable ni si peu estimé de Sa Majesté, qu'elle voulût se servir de lui en son âge pour faire passer plus sûrement des paquets en Allemagne (1). D'abord on lui accorda sa demande, puis on la lui refusa, puis après il l'obtint, par l'entremise de quelqu'un de ses amis puissans à la cour, qu'on le lui accorderoit après un mois de délai.

Ce temps expiré, après avoir pourvu la citadelle de Metz de tout ce qui y étoit nécessaire, il y laissa le duc de La Valette (2) en sa place, et en partit ayant fait tenir quelques jours auparavant les portes de la ville fermées, et semblablement aussi quelques jours après qu'il en fut sorti; de sorte qu'on n'en eut point avis à la cour, que par la lettre qu'il en écrivit au Roi du pont de Vichy le 7 de février (3), ayant déjà traversé la Lorraine et la Bourgogne, passé la Loire entre Decize et Roanne, et la rivière d'Allier audit pont de Vichy.

Son partement de Metz étonna grandement les favoris, qui se rassurèrent aucunement quand ils surent qu'au lieu d'aller à Blois, comme ils le croyoient, il tira droit à Angoulême. Ce que le duc fit expressément pour leur ôter l'imagination de ce qu'il vouloit faire, et l'exécuter plus sûrement, ainsi qu'il fit, en ce que, comme il fut à l'entrée de l'Angoumois, il retourna droit à Loches pour y recevoir la Reine, que M. de Toulouse (4), maintenant cardinal de La Valette, et le sieur du Plessis, sergent de bataille, domestique et confident du duc d'Epernon, étoient allés querir à Blois pour la rendre à Loches au même temps que ledit duc y arriveroit.

Etant résolue à sa sortie, et considérant que, d'un côté, on avoit mis des forces à l'entour de Blois, qui servoient de rempart contre sa liberté; que le comte de Cheverny, gouverneur du Blaisois, avoit promis de s'opposer à tous ses justes desseins; que quelques-uns même de ses domestiques étoient gagnés à cet effet, elle se trouve contrainte de se servir de la nuit pour couvrir sa retraite, et de ne point rechercher d'autres portes que des fenêtres, d'autres degrés qu'une échelle. Elle descend donc de la hauteur de plus de six vingts pieds, et, passant seule avec une de ses femmes, le comte de Brennes, son premier écuyer, deux exempts de ses gardes, elle gagne un carrosse qui étoit au-delà du pont, avec lequel, accompagnée de huit personnes, elle se rendit à Montrichard, à six grandes lieues de là, où elle rencontra le cardinal de La Valette, lors archevêque de Toulouse, avec trente ou quarante gentilshommes qui l'accompagnèrent jusqu'à Loches, sur le chemin duquel elle fut reçue du duc d'Epernon, assisté de deux cents chevaux.

Le sieur de Luynes, après avoir reçu les lettres du duc d'Epernon, par lesquelles il sut son partement de Metz, ne tarda guère à recevoir celles que la Reine lui écrivit de Loches, par lesquelles il apprit la sortie de Sa Majesté hors de Blois; ce qui lui fut une nouvelle qui tempéra bien la joie qu'il recevoit du mariage du prince de Piémont, qui avoit été accompli le 10 de février, avec madame Christine, et lequel il avoit traité sans en donner aucune part à la Reine-mère, espérant par cette alliance se fortifier contre elle.

La lettre que la Reine écrivit au Roi étoit datée de Loches du 23 de février, par laquelle elle lui représentoit premièrement la nécessité qui l'avoit obligée à ce qu'elle avoit fait, laquelle elle disoit être la longue oppression de son honneur et de sa liberté, et la raisonnable appréhension de sa vie, mais plus que tout encore la mauvaise conduite de ses affaires (5), et le péril auquel se trouvoit son Etat, dont elle le vouloit informer, se mettant premièrement en lieu sûr afin d'en avoir plus de liberté, le péril étant si présent que le délai eût apporté de l'impossibilité aux remèdes, qui étoient encore lors sûrs et honorables. En quoi elle avoit choisi le duc d'Epernon pour l'assister, suivant ce que le feu Roi, sur ses derniers jours, lui avoit commandé de se confier entièrement en sa probité ès plus importantes affaires; suppliant Sa Majesté de lui prescrire le moyen et la forme qu'il lui plaît qu'elle tienne pour l'informer des choses dont elle a à l'avertir; ce qu'elle veut faire sans haine et sans ambition, protestant ne vouloir prendre aucune part au gouvernement, auquel elle a éprouvé trop de péril et de déplaisir, lorsqu'en son bas âge elle s'en est mêlée selon l'obligation qu'elle y avoit, et n'en désiroit aucune autre que la gloire de le bien voir gouverner son royaume par lui-même, et entendre un chacun, content de son règne, louer ses vertus en tel lieu qu'il voudra qu'elle achève ses jours.

---

(1) Le Roi était en correspondance avec les princes allemands, sur le sujet des troubles de Bohême.
(2) Alors marquis.
(3) Cette lettre était écrite par le jeune Balzac.
(4) L'archevêque Louis, 3ᵉ fils du duc d'Epernon, cardinal en 1620.

(5) Des affaires du Roi.

Elle en écrivit une autre à peu près de pareil style au prince de Piémont.

Le duc de Luynes et ses adhérens surent par ces lettres la sortie de la Reine avec un grand étonnement. Sur les divers avis que l'on leur avoit donnés de ce dont ils virent l'événement, ils avoient pris résolution, à ce que le duc de Chaulnes (1) m'a dit plusieurs fois depuis, de mener le Roi à Blois, sous prétexte de visiter la Reine, pour en effet la mener honnêtement au château d'Amboise, où il étoit arrêté qu'elle demeureroit à l'avenir sous bonne et sûre garde, ou l'envoyer à Moulins s'ils n'eussent pu se garantir des jalousies que Loches et l'Angoumois leur donnoient, quelque soin qu'ils pussent avoir de sa personne.

La Reine ne fut pas sitôt sortie de Blois, que le conseil du Roi, étonné, ne songeât à tous les expédiens par lesquels ils pourroient se garantir de l'orage qu'ils prévoyoient devoir être beaucoup plus grand qu'il ne fut pas. Dès lors les favoris commencèrent à jeter feu et flamme contre Russelay, qu'ils estimèrent auteur de la négociation qui avoit produit la délivrance de la Reine, envoyèrent, sous le nom du Roi, par toutes les provinces commander aux gouverneurs et aux villes de se tenir sur leurs gardes, donnèrent force commissions pour lever des gens de guerre, et se résolurent de terminer cette affaire par voie des armes.

Le Roi, cependant, pour découvrir les sentimens du duc de Bouillon, et l'obliger en quelque façon, lui écrivit pour lui demander son conseil en cette occurrence; lequel, avec dextérité, lui manda d'assoupir ce mécontentement par remèdes doux et benins, et ne troubler la paix de son royaume en un temps où elle étoit si bien établie et si chérie de ses sujets, sachant qu'il y en a beaucoup qui offrent leurs services pour avoir de quoi desservir; qu'il vît paisiblement ce que la Reine a à lui remontrer pour le bien de son Etat; qu'il seroit juge et de la sincérité et de l'importance de ses avis, et départiroit la récompense ou la punition selon qu'un chacun l'auroit mérité. Après avoir gardé la lettre de la Reine quinze jours entiers pour la tenir d'autant plus long-temps en suspens et en incertitude de la volonté du Roi, et bien concerté ce qui étoit à propos d'y répondre, le Roi lui manda, le 12 de mars, qu'il étoit sur le point de partir pour l'aller voir quand ses lettres lui arrivèrent; qu'il châtieroit l'injure qui avoit été faite à Leurs Majestés en l'action de son enlèvement de Blois par ceux qui cherchoient leur avantage dans la ruine des peuples et dans la diminution de son autorité; qu'il voit bien que la lettre qu'elle lui a écrite lui a été dictée par le duc d'Epernon, et que ce qu'elle lui mande de l'opinion en laquelle l'avoit confirmée le feu Roi est tout contraire à ce qu'elle lui en avoit dit plusieurs fois, et qu'elle avoit souvent éprouvé elle-même; au reste, que blâmer ceux qui sont auprès de lui c'est le blâmer lui-même, pour ce que les résolutions de son conseil partent de son jugement, après avoir ouï ceux-là mêmes qui conseilloient le feu Roi; qu'aussi lui avoit-elle souvent mandé qu'elle louoit Dieu de la sage et heureuse conduite de son Etat, et qu'elle étoit même contente du traitement qu'elle recevoit; que si, pour quelque occasion que ce fût, elle n'avoit point la demeure de Blois agréable, elle choisît quelque autre de ses maisons ou de celles de Sa Majesté qu'il lui plairoit, et que de là tous les avis qu'elle lui voudroit donner seroient bien reçus, mais non du lieu où elle étoit, qui lui étoit suspect. Le sieur de Béthune fut porteur de cette lettre, avec charge d'adoucir son esprit et essayer de la ramener à la volonté du Roi.

Le prince de Piémont lui écrivit le même jour, du même style, ajoutant que le duc son père et lui serviroient le Roi de toutes leurs forces, pour ranger à la raison les ennemis du repos de sa couronne, et redonner à Sa Majesté la liberté qu'on lui avoit ôtée en la retirant de Blois.

Auparavant que ces lettres lui fussent arrivées, elle écrivit le 10 de mars au Roi, se plaignant de l'incertitude en laquelle on la tenoit si longtemps de sa volonté, et protestant qu'elle feroit retentir ses plaintes par toute l'Europe; qu'elle n'avoit commis aucune action qui pût être blâmée, n'y ayant loi au monde qui défende aux prisonniers de chercher leur liberté et d'assurer leur vie, et principalement encore n'ayant fait cette action que pour le bien de l'Etat, et pour faire entendre au Roi des choses qu'il étoit nécessaire qu'il sût; néanmoins, qu'elle voyoit de toutes parts des préparatifs de gens de guerre contre elle, et qu'elle étoit marrie de se voir réduite à la nécessité de la défense.

Cette lettre fut accompagnée de trois autres au chancelier, au garde des sceaux et au président Jeannin. Le Roi lui répondit le 16 que, comme il avoit mandé par sa précédente, elle n'étoit pas en lieu d'où elle lui pût écrire les vrais sentimens de son ame touchant le gouvernement de son Etat, qu'on ne peut accuser que le blâme n'en tombe principalement sur lui; qu'on ne s'est pas contenté d'avoir tâché de lui imprimer une mauvaise créance de ses affaires, on s'efforce même de lui donner appréhension de ses armes, qu'il ne veut employer que pour maintenir son autorité et la tranquillité publique, et pour s'op-

(1) Frère de Luynes, appelé autrefois Cadenet.

poser aux desseins de ceux qui, sous le nom de la Reine, ont levé des gens de guerre, tant dedans que dehors le royaume; qu'il saura toujours distinguer l'intérêt de la Reine d'avec le leur, n'ayant autre résolution que de l'aimer et l'honorer comme sa mère, et de les punir comme sujets rebelles et ennemis de son Etat; que les services que ceux qui approchent de sa personne lui ont rendus et continuent de lui rendre, sont si signalés qu'ils l'obligent à les protéger avec raison et justice; que si elle croit qu'il y ait quelque chose à désirer en son royaume, elle lui peut dire quand elle voudra ce qu'elle en croit en son âme, sans en faire éclater les plaintes en public, parce que cette voie n'a jamais été pratiquée que par ceux qui ont plus désiré de décrier le gouvernement que d'en procurer la réformation; qu'il lui a écrit et fait dire par le sieur de Béthune qu'elle peut choisir telle qu'il lui plaira de ses maisons ou celles du Roi, pour y vivre avec une entière liberté.

M. le chancelier, le garde des sceaux et le président Jeannin accompagnèrent cette lettre des leurs tendantes à même fin, et lui conseillèrent de se remettre entre les mains de Sa Majesté, et qu'elle recevroit tout le bon traitement qu'elle pourroit désirer.

Pendant ces allées et venues, un des Bouthillier, simple ecclésiastique pour lors, qui est depuis mort évêque d'Aire (1), homme de cœur et d'esprit tout ensemble, dont l'adresse et la fidélité étoient égales, et le père Joseph, capucin, qui avoient beaucoup de déplaisir de mon exil et grande passion au rétablissement de mes affaires dans le service de la Reine, parlant avec Déageant de tous les maux qui étoient arrivés, firent en sorte que tous, d'un commun accord, estimèrent qu'un des meilleurs moyens que le Roi pourroit pratiquer, ce seroit de m'envoyer vers Sa Majesté pour adoucir son esprit, et la retirer des violences où ils craignoient que celui de Russelay et quelques autres ne la portassent.

Cet avis étant goûté du sieur de Luynes et de Sa Majesté, le sieur du Tremblay (2) me fut dépêché avec ordre de sadite Majesté d'aller trouver la Reine, sur l'assurance qu'elle prenoit qu'en la servant fidèlement je ne voudrois pas lui donner aucun conseil contre le bien public et son service particulier.

Aussitôt que j'eus reçu la dépêche de Sa Majesté, bien que le temps fût extraordinairement mauvais, que les neiges fussent grandes et le froid extrême, je partis en poste d'Avignon, pour obéir à ce qui m'étoit prescrit et à ce à quoi j'étois porté par mon inclination et mon devoir. Mais ma diligence fut bientôt interrompue, en ce qu'étant auprès de Vienne je trouvai dans un petit bois trente gardes du sieur d'Alincour (3), conduits par son capitaine des gardes, qui viennent à moi les armes basses, et me dirent avoir commandement de m'arrêter. Je priai ce capitaine de me faire voir le pouvoir qu'il en avoit, ce dont il se trouva dégarni. Il me répondit qu'il exécutoit les ordres du sieur d'Alincour, qui avoit ceux du Roi; je lui dis que j'obéissois volontiers parce qu'ils avoient la force en main, et non par aucune connoissance que j'eusse qu'il eût juste pouvoir d'entreprendre ce que son maître lui avoit commandé.

Au même temps le sieur du Tremblay partit pour aller trouver le sieur d'Alincour, lui justifier qu'il étoit venu par l'ordre de Sa Majesté pour me quérir, voir ceux (4) qu'il disoit avoir reçus de la cour pour m'arrêter, et voir ceux qui étoient les plus récens. Il se trouva en effet que le sieur d'Alincour n'en avoit aucun, mais que son fils lui avoit mandé, au premier instant que la nouvelle de la sortie de la Reine arriva à Paris, que le sieur de Luynes, étant auprès du Roi, lui avoit dit: « Si votre père pouvoit arrêter l'é« vêque de Luçon il nous feroit grand plaisir. » Et sur cette parole il avoit envoyé dans Avignon des espions pour savoir quand j'en partirois, et faire une entreprise qui n'étoit pas fort difficile, puisqu'il n'étoit question que d'arrêter un homme qui venoit seul en poste.

Aussitôt que ledit sieur d'Alincour eut vu les ordres du Roi que ledit sieur du Tremblay m'avoit apportés, il changea ses rigueurs en civilités, et fut bien fâché de s'être trop hâté en cette occasion, où sa passion avoit bien plus paru que son obéissance, puisqu'il n'avoit point d'ordre. Il m'envoya un carrosse qui me rencontra à trois lieues de Lyon, écrivant à son capitaine des gardes, qui fut bien honteux de la façon avec laquelle il m'avoit traité dans Vienne, faisant voir à tout le monde, et la mauvaise volonté de son maître et sa malice et son peu d'esprit tout ensemble, en ce que, non content de m'avoir fait entrer dans Vienne comme un criminel, avec autant d'apparat qu'il le devoit éviter s'il eût été habile homme, je vis, sur les dix heures du soir, étant à l'hôtellerie prêt à me coucher, l'effet d'une partie qu'il avoit dressée en passant lorsqu'il me vint arrêter.

Vingt ou trente hommes apostés vinrent devant ma porte, où ils mirent l'épée à la main,

---

(1) Aire, sur l'Adour, en Gascogne.
(2) Frère du capucin.

(3) Gouverneur de Lyon.
(4) Les ordres.

et firent semblant de se battre contre les gardes dudit sieur d'Alincour; le chamaillis des épées étoit si grand, et le nombre des coups de carabine que tirèrent lesdits gardes tel, que je croyois qu'il y en eût vingt ou trente morts sur la place. Je fis appeler le capitaine, et le priai de me dire ce que c'étoit; à quoi d'abord il me répondit que je le devois mieux savoir que lui-même, et que c'étoient des gens qui me vouloient sauver. Je lui dis qu'il en auroit bien aisément connoissance, puisque dans une ville obéissante au Roi, comme étoit celle où j'étois, il ne se pouvoit que tous ceux qui restoient d'un si grand combat ne fussent pris; que je le priois d'envoyer promptement quérir les chefs de la justice pour informer d'une telle action, en laquelle moi-même je me rendois partie. Il me dit qu'il n'étoit point besoin de faire cette information, qu'il lui suffisoit de connoître le dessein qu'on avoit eu et l'avoir empêché. Je le priai alors qu'au moins, en sa présence, je pusse parler aux blessés, afin que tous deux ensemble nous découvrissions l'origine de cette affaire : il me répondit qu'il n'y avoit personne de blessé, parce que ses compagnons avoient eu cette discrétion qu'ils avoient tiré haut pour faire peur seulement. Je répliquai : « Et tant de coups d'épée que nous avons enten- « dus, ont-ils été sans effet? » Il me dit que, par la grâce de Dieu, il n'y avoit personne de blessé. Je confesse que l'état auquel j'étois alors ne me put empêcher de lui dire : « Je pensois, lorsque « vous m'avez arrêté sans pouvoir, que vous fis- « siez votre charge avec ignorance, mais je re- « connois maintenant qu'il y a bien autant de « malice pour le moins. »

La nuit se passa, et le lendemain cet honnête homme fut bien étonné quand il vit que son maître s'étoit mécompté. Lors, au lieu de recevoir de moi des paroles qui lui pussent déplaire, je lui parlai avec toute la civilité qu'il me fut possible, et ne pensai qu'à me tirer de ses mains et de celles de son maître.

Le sieur d'Alincour me fit force excuses que je reçus en paiement, et aussitôt que j'eus dîné avec lui, je partis pour continuer mon voyage en poste comme j'avois commencé. J'allai jusqu'à Limoges avec toute liberté; mais le sieur de Schomberg y arrivant le même jour que j'y passai, j'eusse été au hasard d'un pareil accident, si l'appréhension que j'en eus ne m'eût fait changer mon chemin : ce qui fut si à propos, que ledit sieur de Schomberg m'a dit plusieurs fois depuis qu'il m'avoit fait courre toute la nuit, pensant que je fusse M. de Toulouse.

J'arrivai le lendemain à Angoulême, le mercredi de la Semaine-Sainte (1). Comme je pensois être arrivé à bon port, c'est là où je trouvai plus de tempête; le duc d'Epernon, Russelay, Chanteloube et plusieurs autres, peu unis, s'accordèrent tous en ce point de s'opposer à moi. Je ne trouvai quasi personne en la maison qui m'osât regarder de bon œil, que madame de Guercheville.

D'abord je trouvai la Reine en conseil, où, bien qu'elle sût que je fusse en sa chambre, elle étoit tellement obsédée des esprits qui étoient lors auprès d'elle, qu'elle n'osa me faire entrer. Ces messieurs enfin avertirent la Reine de mon arrivée, qu'elle savoit mieux qu'eux, lui donnèrent avis que j'étois venu par l'ordre du Roi, sur des lettres du sieur de Luynes; ce qu'elle n'ignoroit pas aussi, vu que le sieur Bouthillier étoit parti de Paris pour la venir trouver, au même temps que les ordres du Roi me furent envoyés par le sieur du Tremblay, pour lui rendre compte de tout ce qui s'étoit passé. Ils tâchèrent de découvrir en quel état j'étois en l'esprit de Sa Majesté, mais sans effet, sachant parfaitement dissimuler quand elle croit qu'il y va de son service.

La retenue avec laquelle elle agissoit sur mon sujet, leur faisant croire que je n'avois pas grande part en sa bienveillance, leur donna l'audace de lui dire qu'elle devoit se garder de moi; ce qu'elle écouta sans les croire. Ils ajoutèrent qu'il seroit très-dangereux que j'entrasse dans son conseil présentement, parce que, s'il s'y faisoit quelque accommodement, ceux de la cour croiroient que j'en serois auteur.

A cette proposition Sa Majesté témoigna de la répugnance, jusqu'à ce que, m'ayant fait l'honneur de me dire tout ce qui s'étoit passé, je la suppliai de leur dire le lendemain qu'en me demandant la façon avec laquelle je désirois la servir, je lui avois témoigné que je n'avois autre volonté que les siennes; mais si elle me permettoit de lui dire mes pensées, je ne devois point me mêler des affaires qui étoient lors sur le tapis, parce qu'il étoit raisonnable que ceux qui les avoient commencées les missent en leur perfection.

Aussitôt que cette cabale entendit cette réponse, jamais gens ne furent si étonnés. Après avoir tenu conseil entre eux, ils dirent à la Reine qu'il paroissoit bien que j'avois mauvaise opinion de ses affaires, puisque je n'avois pas désir d'entrer dans leurs conseils. Sa Majesté repartit qu'ils se trompoient, que je ferois volontiers ce qu'elle désireroit, mais qu'elle avoit connu que je ne

(1) On se rappelle que l'ordre d'exil lui était arrivé le même jour de l'année précédente.

voulois donner ombrage à personne. Lors ils supplièrent la Reine de me donner le lendemain entrée en son conseil, et me commander de dire mon avis sur les affaires; ils estimoient que la crainte de la cour m'empêcheroit de parler hardiment à l'avantage de la Reine, et qu'ainsi ils me décréditeroient auprès d'elle.

La Reine m'ayant fait l'honneur de m'avertir du changement de leur désir, je résolus avec elle de suivre le lendemain leur intention. Je parle ainsi, parce que comme alors j'avois l'honneur de servir la Reine en ses affaires, elle prenoit telle part en mes intérêts qu'elle trouvoit bon de m'y donner conseil.

Le lendemain, l'heure du conseil étant venue, j'y entrai comme les autres, et, pour montrer ma modestie, je faisois état d'y parler fort peu. Enfin ces messieurs faisant trop connoître l'extrême désir qu'ils avoient de savoir mes sentimens sur les affaires qui étoient sur le bureau, je pris la parole, et leur dis qu'ils ne devoient point trouver étrange si j'opinois mal en l'affaire présente, parce que je ne savois ni les particularités de ce qui s'étoit passé, ni quelles intelligences Sa Majesté avoit au dedans et au dehors du royaume, mais que je leur ferois voir ingénument ma franchise en leur disant que je pensois avoir assez de connoissance pour leur dire que, pour bien faire aller les affaires de Sa Majesté, je voudrois faire tout le contraire de ce qu'ils avoient fait jusqu'alors; que j'avois vu diverses lettres que la Reine avoit écrites à la cour, fort piquantes et fort aigres, que je voyois autour d'elle fort peu de gens de guerre pour la défendre, et apprenois qu'on n'avoit pas fait grands préparatifs pour en avoir davantage; qu'à mon avis il falloit écrire civilement sans bassesse pour adoucir les esprits de la cour, et s'armer puissamment pour se mettre en état de se garantir de quelque mauvaise humeur qu'ils pussent prendre.

Cet avis, qu'ils ne pouvoient condamner avec raison, leur ôta tout moyen de me contredire, mais non pas la volonté de me mal faire. Deux jours après, le duc d'Epernon vint trouver la Reine pour lui dire que Russelay, ayant su que Sa Majesté m'avoit donné ses sceaux (ce qui n'étoit pas vrai, bien qu'elle me les eût destinés dès Blois), étoit résolu de la quitter si elle continuoit en cette volonté. La Reine lui répondit que cette pensée qu'elle avoit eue n'étoit point nouvelle, puisqu'elle avoit pris cette résolution dès Blois, à laquelle Russelay n'avoit aucun intérêt, parce qu'aussi bien ne vouloit-elle pas les lui donner. Sachant ce qui s'étoit passé en ce sujet, je suppliai la Reine de ne découvrir pas encore tant la bonne volonté qu'il lui plaisoit avoir pour moi, et dire à ces messieurs qu'ayant su ce qui s'étoit passé sur le sujet des sceaux, je l'avois suppliée de n'en disposer point en ma faveur.

Aussitôt qu'ils surent cette réponse ils crurent que j'avois quelque appréhension, et le duc d'Epernon, par personnes interposées, me fit dire que je serois bien mieux en mon évêché que de demeurer auprès de la Reine, pour m'y attirer tant d'ennemis comme je faisois. Je répondis à celui qui me faisoit ce discours, avec autant de civilité comme en apparence il en avoit assaisonné le sien, que je croyois que, en quelque lieu que seroit la Reine, elle seroit la maîtresse; qu'il étoit important au duc d'Epernon de le faire voir; que j'étois venu la trouver à Angoulême sans y désirer autre aveu que le sien, que je prétendois y demeurer de la sorte, si elle l'avoit l'agréable; que, sans vouloir contraindre ceux qui ne me voudroient pas aimer à forcer leur humeur, j'estimois pouvoir n'être pas inutile à ceux qui me départiroient leur bienveillance.

Deux jours se passent sans que j'entendisse aucune nouvelle des nouveaux complots qui se faisoient; mais le troisième ne s'écoula pas sans que la Reine reçût une nouvelle proposition de m'exclure de son conseil. Elle s'en défendit fortement, témoignant trouver d'autant plus mauvaise cette ouverture, que je n'y étois entré qu'à leur prière; mais j'estimai qu'il falloit encore suivre le nouveau changement de leur humeur, à quoi Sa Majesté condescendit enfin, quoique avec grande peine.

Pendant ces divisions de cabinet, le comte de Schomberg, qui étoit arrivé, comme j'ai dit ci-dessus, à Limoges, se préparoit puissamment, assemblant tout ce qu'il pouvoit de gens de guerre pour aller attaquer Uzerche, où le duc d'Epernon avoit mis garnison. Il estimoit lui-même que ce poste étoit si nécessaire à Angoulême qu'il le falloit conserver assurément. Il conseilla à la Reine d'écrire au Roi, ce qu'elle fit, pour le supplier de ne point faire attaquer cette place, qui lui étoit nécessaire pour sa sûreté, jusqu'à ce qu'elle lui eût pu faire entendre les choses qu'elle avoit à lui représenter, ainsi qu'elle lui avoit mandé auparavant.

Le Breuil, capitaine du régiment de Piémont, homme de grand cœur et de fidélité égale, étoit dans l'abbaye qui tient lieu de château, avec trente ou quarante hommes seulement. Plusieurs s'offrirent à se jeter dans la ville. Chambret, entre autres, huguenot assez connu par les bonnes actions qu'il avoit faites du temps du feu Roi, homme déterminé, et qui savoit le métier de la guerre parfaitement, demande cinq cents hommes de pied et cent chevaux, pour se jeter dans cette place et la garder contre de bien plus grands efforts que ceux du comte de Schomberg.

Le duc d'Epernon, aussi jaloux qu'irrésolu en ce qu'il vouloit faire, ne put se résoudre ni à laisser faire cette action à autrui, ni aussi à y aller lui-même assez à temps pour faire l'effet qui étoit désiré. Il différa tant, que le jour qu'il partit avec cinq cents chevaux et deux mille hommes de pied, en résolution de combattre le comte de Schomberg, le même jour ledit comte étoit arrivé à Uzerche, avoit emporté la ville par l'intelligence des habitants, et l'abbaye par la hardiesse d'un curé voisin qui lui donna l'invention de l'écheler par un côté par où ledit curé passa lui-même, et faire jouer une mine par un autre, qui fit ouverture dans une cave par laquelle trois hommes de front entroient dans la cour.

Le Breuil fit merveille en cette occasion, et se défendit jusqu'à ce point que, tous les ennemis étant dans la place, il se retira dans une petite voûte avec onze de ses compagnons, où, sans autres armes que des piques et leurs épées, ils firent leur capitulation, la vie sauve, le onzième jour d'avril.

Par ce moyen le duc d'Epernon, s'approchant d'Uzerche, n'eut autre conseil à prendre que de s'en revenir, et ramener Le Breuil avec autant d'honneur comme il avoit de déplaisir d'avoir manqué son entreprise.

En même temps on reçut la nouvelle de la réduction de la haute ville de Boulogne en l'obéissance du Roi, ceux de la basse ville ayant contraint le lieutenant de M. d'Epernon et les gens de guerre qui y étoient de se retirer, dont ils firent encore écrire à la Reine le onzième d'avril pour se plaindre de ce que, pendant que M. de Béthune lui donnoit de bonnes paroles, on procédoit par voie de fait contre les villes qu'elle tenoit.

Le Roi répondit à l'une et à l'autre de ses lettres le 23 d'avril, lui mandant qu'il reconnoissoit bien que ce qu'elle écrivoit n'étoit pas d'elle, à la sincérité et vérité qu'il savoit bien être en elle, et qui n'étoient pas dans ses lettres, attendu qu'elles étoient pleines d'assurances de son affection au bien de son Etat et conservation de son autorité, et qu'elle vouloit être la première à recevoir et observer ses volontés, et néanmoins on avoit, sous son nom, dès long-temps auparavant son partement de Blois, commencé, et on continuoit encore à faire soulever tout ce que l'on pouvoit contre lui, tant dedans que dehors le royaume, y ayant non-seulement armé et levé force gens de guerre, mais mis la main sur ses finances, imposé sur ses sujets, fait entreprises sur ses places pour courir sus au comte de Schomberg, son lieutenant général en Limosin; que la ville d'Uzerche n'appartenoit point au duc d'Epernon, qu'il s'en étoit emparé sur l'Eglise et les habitants, contre son autorité et la justice.

Pour le regard de la ville de Boulogne, que les habitants, voyant qu'il y appeloit nombre de gens de guerre, s'y étoient justement opposés, et que ces places ni aucune autre n'avoient été destinées pour sa sûreté, n'en ayant point besoin dans son Etat où elle seroit toujours assurée; qu'au reste il étoit prêt d'entendre les avis qu'elle lui vouloit donner, que le sieur de Béthune étoit tout exprès auprès d'elle pour les recevoir et les lui mander, mais qu'il n'en avoit pu tirer un seul mot, quelque soin qu'il y eût apporté, ce qui lui étoit une assez évidente preuve du mauvais dessein de ceux qui lui dictoient les lettres qu'elle lui envoyoit.

Cependant la Reine est avertie d'une entreprise sur la citadelle d'Angoulême, où le sieur Danton qui y commandoit avoit ouvert les oreilles à quelque pourparler de la part du comte de La Rochefoucauld, sans toutefois avoir dessein de rien exécuter.

On évente encore une conspiration formée par le comte de Schomberg, qui gagna le poudrier d'Angoulême pour faire sauter les poudres de la citadelle d'Angoulême, ce qui lui étoit fort aisé, parce qu'il entroit quand il vouloit dans les magasins pour voir si les poudres étoient en bon état, mais qui ne se pouvoit exécuter sans la perte de sa personne, pour la proximité du lieu de sa demeure.

La Reine se plaint de ce procédé, demande, mais en vain, avec quelle justice, lorsqu'on traite ouvertement d'accord avec elle, on agit par force à couvert, contre la foi des paroles qui lui sont données.

D'autre part, le duc d'Epernon n'avoit pas été plutôt de retour d'Uzerche à Angoulême qu'il apprit que, du côté de la Guienne, le duc de Mayenne étoit arrivé à Châteauneuf, gros bourg à trois lieues d'Angoulême, qu'au commencement ledit duc avoit fait dessein de défendre.

Ainsi le traité de la Reine n'étant point fait avec le Roi, chacun commençoit à connoître que les affaires de la Reine étoient fort mal conduites. Russelay parloit ouvertement contre le duc, ce qui émut tellement de nouveau la bile dudit duc, qu'ils vinrent à telle extrémité que Russelay un jour, mettant la main sur le côté, lui présenta le coude comme il entroit dans le cabinet de la Reine. Je ne croirois pas cette insolence si le duc ne me l'avoit dit, n'y ayant personne qui pût entreprendre une telle effronterie sans être fou ou se vouloir perdre en même temps, vu que le duc étoit dans son gouvernement, avoit la plus grande partie des forces qui étoient à sa dévotion, et que toute sa vie étoit une preuve bien authentique qu'il n'étoit pas bien endurant.

Cependant cet étranger étoit si présomptueux, qu'il se fondoit en ce que la principale noblesse qui accompagnoit la Reine pour l'amour d'elle étoit de son parti, et en ce que le marquis de Mosny, son ami intime, commandoit le régiment de la Reine, dont quelques compagnies étoient dans la ville. Il est vrai, soit qu'il fît cette action ou non, qu'il tenoit des discours fort offensans contre le duc d'Epernon.

Cette division, et la connoissance que chacun avoit que les affaires de la Reine alloient fort mal, firent que le duc d'Epernon proposa de nouveau à la Reine de me rappeler dans ses conseils, et prendre confiance en moi en ses affaires, disant que, quand on verroit qu'un homme qui avoit réputation en prendroit le soin au lieu de Russelay, homme peu avisé, qui les avoit conduites jusqu'alors, on croiroit qu'elles changeroient de face.

Lors M. le cardinal de la Rochefoucauld, qui étoit arrivé quelques jours auparavant à Angoulême pour voir s'il pourroit conclure l'accommodement que le sieur de Béthune avoit commencé auparavant, trouva plus de facilité en cette affaire qu'il n'avoit fait jusqu'alors; ce qui fit qu'en trois jours on conclut le traité pour lequel le sieur de Bérule avoit fait divers voyages en poste sur les difficultés qui se présentoient de part et d'autre.

La substance de ce traité consistoit premièrement en l'oubli de tout le passé, à la sûreté que le Roi donnoit et pour les personnes et pour les charges de ceux qui avoient servi la Reine, en 50,000 écus de récompense qui furent accordés au duc d'Epernon pour Boulogne, en l'échange du gouvernement de Normandie que la Reine avoit en celui d'Anjou, château d'Angers, le Pont-de-Cé et Chinon, et en 600,000 écus qui furent accordés à Sa Majesté pour les frais qu'elle avoit faits en cette occasion.

Ce traité fut conclu le dernier d'avril; le Roi le reçut à Saint-Germain-en-Laye le 2 de mai, et cinq jours après partit pour aller en Touraine, afin d'être plus proche d'Angoulême et faciliter l'exécution de ce qui avoit été promis.

Le gouvernement de Normandie, qu'avoit la Reine, fut absolument désiré, parce que le sieur de Luynes avoit dessein de le faire donner au duc de Guise pour celui de Provence; mais, ne le pouvant, il tâcha de l'échanger pour celui de Bretagne, dont ne pouvant encore venir à bout, enfin il en eut la Picardie, où il avoit déjà quantité de places : et ce grand établissement ne semblera étrange, quand on saura qu'en même temps il offrit de tirer plus d'un million et demi de livres des coffres du Roi, pour avoir certaines places de telle considération qu'on les peut dire les portes de la France à tous les étrangers.

Jamais accord ne fut conclu plus à propos, car Annibal étoit aux portes, puisque les troupes du Roi étoient déjà proche d'elle, et que s'il eût passé outre, la Reine eût été contrainte, pour éviter de s'enfermer dans une ville dont on devoit prévoir le siége, de se retirer à Xaintes, ou pour y demeurer, ou au moins pour passer de là en Brouage; ce qui eût causé sa perte indubitable, ayant su depuis certainement qu'un avis qui dès lors lui fut donné de l'infidélité du gouverneur de Xaintes étoit très-véritable : il y avoit si peu d'apparence de le croire (vu que ledit gouverneur avoit été nourri du duc d'Epernon, qu'il étoit neveu du sieur du Plessis son confident, que par sa seule faveur il avoit trouvé un mariage très-avantageux, qu'il n'étoit dans cette place, au respect du duc d'Epernon, que comme une créature pour son maître), que quelque avis qu'on eût pu avoir on n'eût pas évité ce piége, lequel cependant étoit si certain, que le sieur de Béthune avoit les ordres nécessaires pour lui faire exécuter la promesse qu'il avoit faite d'arrêter la Reine et le duc d'Epernon s'ils alloient à Xaintes, moyennant ce dont on étoit convenu avec lui pour son intérêt, et que les adhérens du sieur de Luynes, qui avoient machiné ce complot, ne me l'ont pas nié depuis.

Pendant cette négociation, Russelay traversoit, en ce qu'il lui étoit possible, le traité qui se faisoit; mais, comme il étoit sans crédit, ses efforts étoient vains. Il fit diverses propositions à la Reine, fort extravagantes, et qui n'avoient autre fin que sa vengeance et sa passion. Un jour, après lui avoir fort exagéré ses services et exigé d'elle plusieurs sermens de secret, il lui dit qu'il savoit un moyen fort avantageux de la tirer du mauvais état où elle étoit; ensuite il lui représenta qu'elle n'étoit pas trop contente du duc d'Epernon, et que la haine que le Roi et les favoris lui portoient étoit telle, que si elle vouloit leur donner lieu de se venger de lui, il n'y a rien qu'ils ne fissent en sa faveur; qu'il lui seroit déshonorable de le faire en sorte qu'on pût apercevoir qu'elle contribuât à son malheur, mais qu'il lui donneroit un expédient où les plus clairvoyans ne verroient goutte, et où elle trouveroit son compte.

Cet expédient étoit que la Reine fît semblant de vouloir aller voir faire la montre, à une lieue d'Angoulême, au régiment de ses gardes qui étoit commandé par le marquis de Mosny. Là se trouveroient trois ou quatre compagnies de chevau-légers, qui étoient assurées à Russelay, pour être vues de la Reine, qui, au même temps, prieroit le duc d'Epernon de ne point trouver mauvais si elle se retiroit d'Angoulême pour s'en aller à Brouage, où le sieur de Saint-Luc la devoit retirer; qu'incontinent après la retraite de la Reine, le Roi s'avanceroit avec ses forces, et déposséderoit sans difficulté le duc d'Epernon, d'Angoulême et de Xaintes, et traiteroit d'autant mieux la Reine, qu'il sauroit qu'elle auroit favorisé le châtiment d'une personne qui avoit desservi Sa Majesté.

Cette proposition sembla non-seulement si extravagante, mais si méchante à la Reine, qu'elle la rejeta de son propre mouvement : ce en quoi je la fortifiai autant qu'il me fut possible après qu'elle m'eut fait l'honneur de me là communiquer, lui faisant voir que toute la malice d'enfer n'eût su lui en suggérer une plus propre de la perdre en toutes façons. Cet esprit désespéré, se voyant débouté de ses prétentions, corrigea sa proposition, suppliant seulement la Reine de se tirer des mains du duc d'Epernon, avec son consentement, pour se mettre à Brouage. La Reine prit temps de penser à cette ouverture, laquelle on lui fit voir très-mauvaise; premièrement, pource que Brouage étoit lors en si mauvais état que la place n'eût su soutenir quinze jours l'effort de la puissance du Roi; secondement, pource que la fidélité du sieur de Saint-Luc lui étoit fort peu assurée, Comminges étant déjà venu en divers voyages de Paris vers lui pour le regagner pour la faveur; ce qui fit telle impression dans son esprit, que peu de temps après il fit son accord sans la Reine, moyennant 20,000 écus et quelques autres conditions, qui, à mon avis, n'eussent produit autre effet que de lui faire éviter de recevoir la Reine en sa place, mais non pas la tromper au cas qu'elle y eût été; troisièmement, parce que si la Reine entendoit à ce conseil, quoiqu'elle ne fût pas d'accord avec les favoris de la perte du duc d'Epernon, ainsi que Russelay la désiroit par sa première proposition, elle s'ensuivroit indubitablement, étant certain que sa personne et le respect de la Reine ne seroient pas plutôt séparés d'Angoulême, que la ville ne fût en proie et prise dans quinze jours; enfin, parce que si elle étoit pressée dans Brouage, il ne lui resteroit plus que de se mettre à la merci des vents dans quelque méchante barque, n'ayant point de vaisseau de considération. Sa Majesté goûta tout-à-fait ces raisons, et, représentant à Russelay la dernière ci-dessus exprimée, il fut si impudent que de dire que Rome lui resteroit pour retraite, et qu'il se tiendroit fort heureux de la loger dans le palais qu'il y avoit.

Ces extravagances, qui faisoient de plus en plus connoître et la folie de cet esprit et sa malice tout ensemble, furent suivies d'une autre non moins impertinente. Il proposa à la Reine d'épouser le roi d'Angleterre (1); qu'il feroit la négociation de ce mariage pendant qu'elle seroit à Brouage; que de là on pourroit faire venir des vaisseaux propres à la faire passer sans péril le trajet qu'il falloit faire; qu'il savoit bien qu'il y avoit quelque chose à dire pour la religion; mais qu'en matière si importante il ne falloit pas regarder de si près, vu principalement qu'elle ne seroit pas forcée en sa créance, et auroit la liberté de la religion catholique en son particulier.

Par cette dernière proposition la Reine se trouve si importunée des impertinences de cet homme, que lui étant insupportable elle résolut de le chasser, ce dont je la détournai, non sans peine. Je lui représentai qu'elle savoit bien que je n'aimois pas Russelay, que je connoissois son extravagance, et le préjudice qu'elle pouvoit recevoir de l'avoir auprès d'elle, qu'il n'étoit pas question de savoir s'il l'en falloit ôter, mais seulement des moyens qu'il falloit tenir pour parvenir à cette fin.

Que si elle le chassoit, beaucoup blâmeroient Sa Majesté, et l'accuseroient d'ingratitude, parce qu'au lieu qu'il l'avoit desservie les apparences feroient croire qu'il lui avoit rendu des services fort signalés; que cet homme étoit en des termes où il ne pouvoit demeurer; qu'il étoit si immodéré qu'il ne demeureroit jamais auprès d'elle s'il ne croyoit y avoir la principale confiance, et que partant, si la Reine continuoit à lui témoigner qu'elle se méfioit de lui, indubitablement il s'en iroit de lui-même; auquel cas mon avis étoit qu'il lui falloit faire un pont d'or, lui donnant récompense de ses services prétendus, afin que Sa Majesté eût autant les apparences d'un bon procédé de son côté comme elle en avoit l'effet.

Le duc d'Epernon étoit fort contraire à cet avis, qui disoit souvent à la Reine qu'il ne falloit point nourrir un serpent dans son sein, et qu'il n'y avoit rien tel que de s'en défaire le plus promptement qu'on pourroit. Au même temps il s'anime jusqu'à ce point qu'il veut battre Russelay. Je l'en détournai autant qu'il me fut possible; mais enfin les langages que Russelay tenoit de lui étoient si insolens, qu'un jour il m'envoya

(1) Jacques Ier devenu veuf.

M. de Toulouse pour me dire qu'il ne demandoit plus que j'approuvasse l'action qu'il vouloit faire contre Russelay, mais seulement qu'après qu'elle seroit faite j'adoucisse la Reine, et portasse son esprit à ne le condamner pas.

Je représentai audit sieur de Toulouse que si le duc d'Epernon commettoit cette violence il étoit perdu; que les favoris, qui le haïssoient au dernier point, ne demandoient pas mieux que de prendre ce prétexte de le maltraiter, faisant croire au monde que les intérêts de la Reine les y porteroient autant que ceux du Roi; qu'ils publieroient qu'elle ne seroit pas libre entre ses mains, et le prouveroient en l'imagination de ceux qui ne sauroient pas l'état auquel Russelay étoit auprès d'elle, par la violence dont il auroit usé en son endroit contre son gré; qu'ils refuseroient peut-être, sur ce sujet, d'achever le traité qui étoit commencé, ou au moins de l'y comprendre; qu'il acquerroit la réputation d'être incompatible, avec d'autant plus de facilité que déjà beaucoup croyoient sa société un peu épineuse; qu'ainsi il perdroit les affaires de la Reine et les siennes tout ensemble, sans autre fruit que de précipiter la sortie de Russelay, qui arriveroit indubitablement dans peu de jours.

Ces raisons furent si bien représentées au duc par le sieur archevêque de Toulouse son fils, qu'il y déféra par son avis et celui du sieur du Plessis, en qui il n'avoit pas peu de confiance. Cependant Russelay continuoit toujours à parler, non-seulement mal à propos dudit duc, mais de la Reine. Il veut pratiquer une de ses femmes plus confidentes contre son service, et lui offre 30,000 livres pour être averti par elle de toutes les paroles et actions de la Reine qu'elle jugeroit dignes de remarque. Il l'accuse d'ingratitude en son endroit, représente que sans lui elle seroit encore à Blois; que le duc de Bouillon, le cardinal de Guise, le prince de Joinville, n'étoient ses serviteurs qu'en sa considération. Il se laisse aller jusqu'à cet excès d'insolence, parlant à Chanteloube, que de lui dire qu'autrefois le domaine de Toscane, possédé par ceux de la maison de la Reine, étoit à ses prédécesseurs.

Chanteloube fait ce rapport à la Reine; les mécontentemens croissent de toutes parts; enfin Russelay étant assuré d'être bien reçu à la cour, par les négociations qu'il y avoit fait faire, un jour, comme j'étois à une lieue d'Angoulême, on me vint dire que Russelay avoit demandé son congé, et que la Reine le lui avoit accordé. Je vins aussitôt à Angoulême, et n'y fus pas plutôt arrivé, que je trouvai Sardini en mon logis, qui me vint proposer de raccommoder Russelay avec la Reine, par le moyen de quoi je l'acquerrois ami pour jamais, au lieu que jusqu'à présent il avoit été mon ennemi. Je lui répondis que je tiendrois à faveur de le servir, mais non pas aux dépens de mon maître; que, pour son amitié, j'avois bien connu que je n'étois pas assez heureux pour la pouvoir avoir à conditions raisonnables, et que je n'étois pas aussi assez fou pour la vouloir acheter à un prix injuste, comme celui de la perte des bonnes grâces de la Reine; mais que je m'emploierois auprès d'elle pour qu'elle le traitât en sorte que chacun reconnût qu'il auroit sujet de se louer d'elle.

Et de fait, je m'en allai de ce pas proposer à la Reine de lui donner 100,000 liv. pour reconnaissance de ce qu'il pensoit avoir contribué à son service : ce que Sa Majesté trouva bon, et lui envoya le sieur de Sardini pour l'assurer qu'à Paris il les toucheroit. Russelay se trouva si surpris de cette libéralité, qu'il n'attendoit pas, que sur-le-champ il ne put se résoudre ni à l'accepter, ni à la refuser; mais il pria Sardini, et quelques autres qui lui en parlèrent, qu'il lui fût libre de faire l'un ou l'autre quand il seroit à Paris.

Incontinent que sa réponse fut sue, nous jugeâmes bien qu'il en usoit ainsi pour ne rien faire que ce qui lui seroit conseillé en ce sujet par le sieur de Luynes, vers lequel il appréhendoit que cette gratification de la Reine ne lui pût nuire. Ainsi Russelay se sépara de la Reine, et, au lieu de se retirer chez lui, ce qu'il devoit faire s'il eût eu de l'honneur, il se retira à la cour, comme s'il eût voulu justifier à tout le monde l'intelligence qu'il avoit eue de tout temps avec Luynes, qui lors étoit ennemi de la Reine.

Sa retraite, qui avoit été précédée du marquis de Mosny, qui, quinze jours auparavant, s'étoit retiré par complot fait avec lui, sous prétexte du refus que la Reine lui fit du gouvernement d'Angers (1), fut suivie de quelques autres personnes de peu de considération.

Jamais esprit n'eut tant de divers desseins, tous mal fondés, dans la tête, que ce pauvre homme témoigna en cette occasion. Il exerça la charge de secrétaire de la Reine, il eut dessein d'être son chancelier; depuis, convertissant sa plume en une épée, il voulut être son chevalier d'honneur, ce qui l'exposa à la risée de tous ceux qui en eurent connoissance. Il n'oublia rien de ce qu'il put pour faire que la ville et gouvernement d'Angers tombassent entre les mains du marquis de Mosny, qui étoit un corps dont il étoit l'ame, afin que, la Reine y faisant son séjour, il eût les principales forces du lieu de sa

(1) Ville principale du gouvernement donné à la Reine mère.

demeure pour s'autoriser davantage en sa maison, et disposer de la conduite de cette princesse, en sorte qu'en lui faisant faire tout ce que désireroient les favoris, il pût recevoir d'eux ce qu'il désireroit de leur puissance. La Reine connut trop clairement son dessein pour le pouvoir souffrir davantage : et en effet, s'il n'eût pris son congé comme il fit, on n'eût pu en aucune façon la divertir davantage de le lui donner.

Comme Russelay emmena quelques-uns de ceux qui étoient de sa cabale, pour nuire à la Reine en lui soustrayant des serviteurs, il en laissa d'autres à Angoulême pour la même fin, pour nuire à Sa Majesté, comme serpens dans son sein. Entre autres, la confiance qu'il avoit en la dame de Montandre, et à un certain abbé de Moreilles, qui, dans la confusion des occasions passées, s'étoit donné à la Reine sans qu'on le reçût, lui donna lieu d'établir entre eux une correspondance pour découvrir tout ce qu'ils pourroient, et le lui faire savoir soigneusement ; ce qu'ils firent, mais non pas long-temps sans être découverts par la surprise de quelques lettres de cet abbé, si détestables, qu'outre qu'elles étoient pleines de médisances de la Reine, elles contenoient des paroles qui violoient au moins le respect dû aux sacremens, si elles ne contenoient un manifeste abus de celui de la confession, vu que ce personnage étoit si effronté, qu'il lui écrivoit qu'il ne pouvoit qu'il ne lui donnât beaucoup de nouvelles, puisqu'il confessoit la plupart des femmes de la Reine.

Le marquis de Thémines (1), capitaine des gardes de la Reine, imbu des humeurs et des impressions de Russelay, ne vit pas plutôt le marquis de Mosny, qui s'en étoit allé, hors de la prétention du gouvernement d'Angers, qu'il ne se le mit en tête. Ce qui fit que la Reine ayant donné ledit gouvernement à feu mon frère, celui de Chinon à Chanteloube, celui du Pont-de-Cé à Bétancourt, la passion lui fit mal parler de ce choix, et dire qu'il méritoit mieux que ceux qui l'avoient eu, ce qui produisit plusieurs querelles. La première fut de Chanteloube, qui fit appeler ledit marquis, et furent séparés sur le pré. Cette querelle ayant appris à mon frère les mauvais discours dudit marquis, il lui fit savoir qu'il le vouloit voir l'épée à la main. Ils se retirèrent tous deux hors de la ville à cette fin, mais sans effet, à cause de la pluralité des seconds qui se trouvèrent de part et d'autre ; ce qui donna lieu de remettre la partie à une autre fois.

La Reine ayant su ce qui s'étoit passé, prit grand soin de les faire accorder ; mais, comme il y a peu de maladies dont on sort bien nettement, l'accord de cette querelle ne fut pas si net qu'il n'en restât des semences qui donnèrent lieu à mon frère de le chercher autant qu'il put. Il alloit, pour cet effet, toujours seul avec un petit page, avec lequel trois jours ne se passèrent pas qu'il ne le rencontrât devant la citadelle. Aussitôt qu'ils se virent ils mirent pied à terre, et, après s'être tiré trois ou quatre estocades, le marquis de Thémines recula, jusqu'à ce que se couvrant de son cheval, il en avança une qui, coupant le nœud de la queue de son cheval, lui donna dans le cœur ; ce qui n'empêcha pas qu'avec le reste de la vie qui demeure à un homme blessé à mort, il ne se jetât à son collet, d'où il fut dépris par quelques personnes qui y arrivèrent, et par la mort qui le surprit, mais non si subitement, que le sieur de Bérule, qui se trouva par cas fortuit en cette occasion, n'eût loisir de lui donner l'absolution sur les signes de douleur qu'il put tirer de lui.

Je ne voudrois ni ne saurois dire que ce combat se fût passé avec aucune supercherie, et ne crois pas, en vérité, que Thémines en eût voulu user ainsi ; mais il est vrai que, tandis que mon frère et lui furent aux mains, deux gentilshommes qui le suivoient eurent toujours l'épée haute dans le fourreau, ce qui ne laisse pas d'être un très-grand avantage. Je ne saurois représenter l'état auquel me mit cet accident, et l'extrême affliction que j'en reçus, qui fut telle qu'elle surpasse la portée de ma plume, et que dès lors j'eusse quitté la partie, si je n'eusse autant considéré les intérêts de la Reine que les miens m'étoient indifférens.

Ceux qui restoient dans la maison de la Reine de plus grande considération, voyant mon frère mort, et le marquis de Thémines éloigné de Sa Majesté par cet accident, se mirent en tête d'avoir le gouvernement d'Angers. Mais la Reine, jugeant bien que si dans la malice du siècle elle ne m'autorisoit auprès d'elle, non-seulement par son crédit, mais par la force du lieu de sa demeure, et par celle qu'elle pouvoit donner en sa maison, je ne pouvois lui rendre le service que je devois, elle voulut, de son mouvement, donner le gouvernement d'Angers à mon oncle le commandeur de La Porte, et quelque temps après la charge de capitaine de ses gardes au marquis de Brezé, mon beau-frère, moyennant 30,000 écus que je payai au marquis de Thémines, qui avoit été fort bien reçu du Roi.

Tous ces malheurs passés, la Reine m'envoya à Tours pour préparer son entrevue avec le Roi. Elle n'eut pas peu de peine à se résoudre à ce voyage ; le traitement qu'elle avoit reçu, la continuation qu'il lui sembloit voir de mauvaise vo-

(1) Fils du maréchal.

lonté envers elle, la crainte de s'aller mettre en la puissance de ses ennemis, la tenoient en une grande irrésolution si elle devoit aller trouver le Roi.

Luynes, incontinent que le Roi fut arrivé à Tours, lui écrivit (1) par le prince de Piémont, qui alloit trouver à Angoulême, que, sur la parole du père Bérule, il hasardoit la très-humble supplication qu'il lui faisoit de vouloir prendre assurance en son très-humble service, et en recevoir les offres qui lui étoient dues, et que le Roi lui avoit non-seulement permis, mais commandé de lui faire; et que si elle les avoit agréables, il exposeroit sa vie pour elle, tant à raison de ce qu'elle est, que pour avoir commencé et beaucoup avancé sa fortune, qui l'obligent à ne l'oublier jamais, laissant le plus important à ce bon père pour le lui faire entendre.

La Reine ne manqua pas de correspondre à ces honnêtes offres, lui mandant qu'elle recevoit d'autant plus volontiers les assurances qu'il lui donnoit de son affection, qu'il les lui faisoit en intention de les confirmer par effet auprès du Roi; qu'elle étoit bien aise qu'il reconnût l'inclination qu'elle avoit eue dès long-temps à son bien, de laquelle il se pouvoit promettre la continuation, et faire état de sa bienveillance, qu'elle lui promettoit de nouveau; qu'il devoit vivre en cette croyance très-véritable, puisqu'elle lui étoit assurée par une princesse dont la parole est inviolable, et qu'elle faisoit état d'aimer toujours ce que le Roi honorera de son affection.

Quelque temps après le Roi lui écrivit, la priant de le venir voir, et lui envoie le duc de Montbazon pour ce sujet. Le sieur de Luynes l'assure qu'elle sera très-bien traitée. Elle remercie le Roi de la faveur qu'il lui plaît lui faire de désirer la voir, et lui mande le désir qu'elle a aussi de jouir de sa vue, mais le supplie de trouver bonne la prière qu'elle a faite à M. de Montbazon, qu'auparavant que de penser à ses contentemens elle procure qu'il plaise au Roi pourvoir à ce qui concerne ceux qui l'ont assistée, ainsi qu'il lui a plu lui promettre, et que sa conscience et son honneur l'y obligent.

Cette réponse est non-seulement jugée équitable, mais louée d'un chacun. Le sieur de Luynes lui témoigne l'extrême contentement qu'il a d'avoir reçu de M. de Montbazon nouvelles assurances de la confiance qu'elle veut avoir en lui, et de l'honneur qu'elle lui fait de prendre créance aux protestations qu'il lui a faites de la servir, la joie que lui apporte la résolution qu'elle a prise d'aller à la cour sur la parole qu'il lui a donnée qu'elle y recevra toute satisfaction;

(1) A la Reine.

qu'outre l'aise du Roi et le bien général il y considère encore le sien particulier, en l'honneur qu'il se promet de la bienveillance de Sa Majesté, et en celui qu'il aura de la servir fidèlement, ce qu'il fera en exécution de ce qui lui a été promis par l'intervention de M. le cardinal de La Rochefoucauld et de M. de Béthune, touchant le bon traitement de ceux qui l'ont servie en ces dernières occasions; la libre disposition de sa maison et de sa demeure qui lui sera conservée, sachant si bien les intentions du Roi, qu'il ne craint point de l'assurer, au péril de son honneur, de tout ce que dessus; et que, tant au voyage qu'elle vient faire à la cour qu'aux autres qu'elle y pourra faire à l'avenir, elle n'y demeurera que tant et si peu qu'elle voudra; qu'il lui en donne sa parole comme aussi de la servir en toute autre occurrence; qu'elle n'appréhende point, comme M. de Montbazon lui a dit qu'elle faisoit, qu'on lui puisse rendre de mauvais offices auprès du Roi, lui jurant que si quelqu'un lui fait quelque mauvais rapport, il en avérera la fausseté avec elle.

Et, afin de lui faire avoir davantage de foi à ses paroles, il lui fait confirmer, par le père Arnoux, tout ce qu'il lui avoit mandé, et la convier efficacement d'aller à la cour, l'assurant qu'elle y recevra tout contentement; qu'il lui donne d'autant plus volontiers cette assurance, qu'il reconnoît qu'on ne sauroit manquer à ce qui lui a été promis en tout cela, et à ce qu'elle désire, sans un notable préjudice de conscience; et engage sa foi, son honneur et son ame, qu'en cela et en toute autre chose elle aura contentement.

Enfin ils s'obligèrent à toutes ces choses par toutes sortes de sermens, et le donnèrent même par écrit. Sur cela la Reine leur promet son amitié inviolable; elle dépose cette parole entre les mains de M. de Montbazon.

On ne laisse pas, nonobstant tout cela, de traiter pour surprendre les places qui sont en la puissance des serviteurs de la Reine. On voit à Metz du jour pour en chasser le marquis de La Valette par la mauvaise volonté des habitans, qui ont bien le courage d'oser entreprendre de se rendre maîtres de lui. On agrée leur entreprise, quoique de mauvais exemple, et on fait acheminer quelques troupes vers eux pour leur prêter main forte; mais le marquis de La Valette les prévient, fait entrer dans la ville des gens de guerre qui sont à la dévotion de son père, désarme les habitans, et les met en état de ne lui pouvoir faire de mal.

On sollicite le gouverneur de Xaintes; on fait des offres à celui de Loches; on trame des menées pour Angers, avant même qu'on l'ait livré ; on donne absolution de plusieurs crimes aux huguenots en récompense d'une fidélité imaginaire, en vertu de laquelle on supposoit qu'ils avoient refusé de servir la Reine, qui bien loin de les en avoir sollicités, avoit aussi généreusement refusé l'offre qu'ils lui avoient faite de l'assister, qu'infidèlement et pour s'avantager au désavantage du service du Roi ils lui avoient faite sans en être requis. Il n'y eut pas même jusqu'à Déageant, qui étoit un de leurs plus affidés ministres, qui ne ressentît les effets de la mauvaise volonté qu'ils couvoient encore contre la Reine, car ils l'éloignèrent, sur l'imagination qu'ils eurent qu'il se repentoit de sa faute.

Tandis qu'ils étoient si attentifs à ôter à la Reine toute l'autorité auprès du Roi que la qualité qu'elle avoit lui donne, ils avoient peu de souci ou peu de moyens de maintenir l'autorité royale envers ses alliés.

Barneveldt, le plus ancien officier des états des Provinces-Unies, celui qui avoit le plus travaillé à l'établissement de leur république, et qui avec plus d'affection s'étoit toujours porté à maintenir la bonne intelligence entre Sa Majesté Très-Chrétienne et lesdits Etats, fut condamné à mort et exécuté au mépris des offices que Sa Majesté fit plusieurs fois par ses ambassadeurs pour le sauver. La première cause apparente de sa disgrâce fut une division qui commença à éclater, l'an 1611, en Hollande, entre les ministres, sur le fait de la prédestination, de laquelle un ministre nommé Arminius, qui étoit mort quelques années auparavant, avoit commencé à prêcher une doctrine qui n'étoit pas conforme à ce que Luther et Calvin en avoient tenu, et approchoit davantage de la vérité qui est enseignée en l'Eglise catholique.

Un ministre, nommé Vorstius, commença, ladite année 1611, de prêcher suivant cette nouvelle doctrine, avec grande chaleur. La nouveauté, qui est amie des peuples, fit qu'il eut dans peu de temps grand nombre de sectateurs. Le roi d'Angleterre, qui prétend, par le titre de défenseur de la foi, et par celui qu'il se donne de chef de l'Eglise anglicane, devoir être comme une sentinelle qui donne avis des erreurs naissantes parmi les protestans, écrivit incontinent à messieurs des Etats, leur remontre l'importance de cette nouveauté, qui séparera les cœurs de leurs peuples aussi bien que leur créance. Mais, nonobstant tous ses efforts, la négligence que messieurs les Etats apportèrent en ce sujet, fit que cette opinion gagna en peu de temps presque toute la Hollande, Utrecht, West-Frise et Over-Yssel, et ce par l'autorité de Barneveldt,

avocat général des états de Hollande et West-Frise, qui avoit été imbu de cette opinion à Heidelberg, il y avoit plus de trente ans. Sous son autorité ils prirent tel courage, qu'ils levèrent des gens de guerre dans les villes pour leur sûreté, lesquels ils appelèrent *Attendans*, comme étant en attente pour les défendre si on les vouloit attaquer.

Leurs ennemis firent trouver cette action mauvaise, particulièrement au comte Maurice, comme étant un attentat contre son autorité qui devoit être absolue au fait des armes, prenant un de leurs prétextes sur ce qu'ils ne portoient pas ses livrées, qui étoient l'orangé. Le comte Maurice, qui jusqu'alors n'avoit point eu la puissance de Barneveldt suspecte, ni n'en avoit point eu de jalousie, d'autant qu'il l'employoit toute à maintenir et à augmenter son crédit et autorité dans les Etats, commença à l'envier dès qu'il vit qu'il se soustrayoit de sa dépendance, et agissoit à part, non-seulement sans son avis, mais contre sa volonté.

Des libelles commencèrent à courir parmi le peuple contre Barneveldt, qu'on accusoit d'être étranger de la province de Hollande, et de s'être enrichi dans sa charge, ce qui ne pouvoit être que par mauvais moyens. Il fait son apologie, mais elle n'est pas reçue avec la même grâce que son accusation, tant la faveur du peuple est prompte à changer envers celui qu'il a plus estimé, dès que la fortune commence à lui être moins favorable. Les Etats-Généraux et le comte Maurice commandent aux villes de casser ces gens de guerre qu'elles appellent *Attendans*; elles refusent de le faire : le comte y va courageusement en personne, non sans péril, parle aux soldats, les gagne, leur fait poser les armes, et dépose tous les magistrats. Les Arminiens se plaignent, présentent requête pour vider devant les magistrats le différend de leur religion ; les autres demandent un synode, et soutiennent que le magistrat ne se doit mêler de ce fait.

Barneveldt, déchu d'autorité avec son parti, est averti qu'on veut mettre la main sur sa personne ; il ne se retire pas néanmoins, mais, assuré sur ses longs services et sur son innocence, paroît toujours en public, et va au conseil comme il a accoutumé. Enfin on l'arrête le 24 d'août 1618, et on le met en prison. On convoque un synode, qui se termina sans qu'ils prissent aucune résolution sur le fait de leur créance, et tôt après ils donnèrent des juges à Barneveldt pour lui faire son procès.

C'étoit une chose pitoyable de voir un vieillard de soixante-onze ans, le plus ancien ministre de leur république, qui avoit été trente-trois ans avocat général de leurs principales provinces, qui avoit la principale part à leur établissement, et, ce qui est le plus à remarquer, avoit, par son adresse, renvoyé en Angleterre le comte de Leycester, établi en 1585 gouverneur général des Provinces-Unies, et avoit mis en avant le prince Maurice, et été la principale cause de sa grandeur, le maintenant toujours bien avec messieurs les Etats en toutes rencontres èsquelles il y avoit eu entre eux quelque mésintelligence, ayant été jusqu'à trente-deux fois député de leur part vers lui dans leurs armées, après tant de services rendus, et y avoir employé tout le temps de sa vie, être, pour récompense, mis prisonnier par celui qui lui étoit plus redevable, au milieu de l'Etat qui lui étoit obligé de la meilleure partie de sa prospérité.

Le Roi s'y intéressa, et pour l'honneur des Etats et pour l'amour de Barneveldt, et pource aussi qu'entre les crimes qu'on lui mettoit à sus, celui d'avoir eu quelque intelligence avec les ambassadeurs de Sa Majesté en étoit un. Le sieur de Boissise fut envoyé ambassadeur extraordinaire pour ce sujet, et exposa aux Etats, le 12 de décembre, le motif et les raisons de son envoi, leur représentant que si Barneveldt et les autres prisonniers étoient véritablement coupables du crime de trahison et d'intelligence avec les ennemis, il étoit raisonnable qu'ils fussent punis selon la rigueur des lois; mais qu'il étoit juste aussi de considérer que ces crimes étoient si atroces en eux-mêmes, que les Etats bien policés les jugeoient réduits à certains faits outre lesquels on ne les devoit pas étendre, ni les tirer par des conséquences à d'autres actes qui ne sont pas de cette qualité-là; et partant, que les contentions, les jalousies et l'ambition entre les personnes d'autorité, desquelles naissent souvent plusieurs inconvéniens aux Etats, ne sont néanmoins pas imputés à crime de trahison contre l'Etat, pource qu'on la doit juger par la volonté, non par l'événement; que Barneveldt avoit rendu tant de témoignages de sa fidélité, qu'il étoit difficile de croire qu'après cela il eût conspiré la ruine de sa patrie; qu'il étoit important qu'on lui donnât des juges non suspects, et qu'ils ne le jugeassent pas sur de simples conjectures, étant chose certaine qu'il y a beaucoup de choses apparentes qui ne sont pas véritables, et beaucoup de véritables qui n'ont pas de vraisemblance; enfin que le conseil de Sa Majesté étoit qu'on le traitât favorablement, selon la bonne coutume des républiques libres, qui, même ès plus grands méfaits, ont fait difficulté d'épandre le sang des citoyens, conservant pour une des principales marques de liberté de ne toucher pas facilement à leur vie; que si les Etats choisissoient la voie de la douceur en ce fait-ci, Sa Majesté leur en sauroit un gré particulier, comme elle tiendroit à offense le peu de respect qu'ils lui auroient rendu s'ils faisoient le contraire.

Les Etats firent réponse, le 19 de décembre, qu'ils suivroient en ce jugement la voie de la douceur et de la clémence, à laquelle la condition de leur république les porte, tant que la sûreté de leur Etat leur pourra permettre, ne croyant pas néanmoins que, quel que pût être l'événement de ce procès, Sa Majesté en puisse être offensée, préférant les sollicitations de quelques particuliers à la conservation de leurs provinces. Ils y ajoutèrent une plainte non légère, que Sa Majesté avoit défendu aux huguenots de son Etat de se trouver au synode qu'ils avoient assemblé; et sans perdre temps ils continuèrent, à la Haye, à faire le procès audit Barneveldt et aux autres prisonniers qui étoient avec lui, et ce par vingt-six juges qu'ils choisirent dans les sept Provinces-Unies, et le condamnèrent à mort au commencement de mai de la présente année, par la plus signalée ingratitude qui fut jamais commise, car ils n'eussent osé penser autrefois à le perdre; mais après que par ses sages conseils il les eut mis en état de n'avoir plus besoin de lui, et eut ouvert un chemin si ample et si large à la prospérité de leurs affaires, qu'ils n'avoient point affaire ni nécessité de guide pour les conduire, au lieu de la récompense qu'il méritoit, ils le payèrent d'envie, et lui donnèrent la mort.

L'ambassadeur du Roi, ayant eu avis de ce jugement, et qu'il devoit être exécuté le 13, demanda audience aux Etats, et ne l'ayant pu obtenir leur manda, par écrit, qu'il avoit charge de Sa Majesté de leur représenter que Sadite Majesté, sans entrer plus avant en connoissance des causes motives de ce jugement, persistoit à les exhorter encore, pour le lieu qu'elle tenoit entre leurs amis et alliés, d'épargner la vie du plus ancien officier de leur république, attendu que, s'il défaut quelque chose à la sûreté de leur Etat, il ne sera pas suppléé par le peu de sang qui reste à un pauvre vieillard, qui, sans violence, ne peut éviter de mourir bientôt par le cours de la nature, et ils recevroient de l'honneur d'user de clémence pour celui qui a usé sa vie en les servant; que s'ils ont volonté de lui faire souffrir quelque sorte de peine, il leur est aisé de lui commuer celle de la vie en une moindre, le confinant à demeurer le reste de ses jours en une de ses maisons.

Ces remontrances ne servirent de rien, tant ce peuple étoit animé contre lui, donnant une preuve certaine que, dans les Etats qui sont sujets aux lois populaires, la grandeur et l'autorité est le plus souvent dommageable à celui qui la possède, et nourrit d'ordinaire son propre malheur, d'autant que, comme ils ne reçoivent leurs charges qu'en faisant la cour au peuple, l'envie de ceux qui les ont données les soulève contre eux, et ce avec tant d'iniquité qu'ils ne sont pas contens de les abaisser et les remettre dans l'état auquel ils étoient quand ils les ont élevés en la magistrature; mais, usant cruellement de la puissance qu'ils ont, ils les condamnent aux peines les plus grièves qu'ils peuvent, dès que la mauvaise fortune leur en présente l'occasion. Les obligations qu'ils avoient au Roi furent peu considérées par eux, dont le prince Maurice fut la principale cause, d'autant que, cette querelle étant, en quelque manière, particulière entre lui et Barneveldt, il se sentit offensé que le Roi entreprît sa défense.

Messieurs de Luynes, qui gouvernoient, eurent peu d'égard à ce mauvais procédé, ne pensant qu'à se conserver en leur particulier, et tenir, par tous les artifices qu'ils pouvoient, la Reine éloignée, de peur que la splendeur de Sa Majesté n'obscurcît la fausse lumière dont ils éclatoient à la cour.

Quoique toutes leurs actions lui donnassent lieu de douter de la sincérité des promesses qu'ils lui faisoient, elle ferme les yeux à ses justes pensées, et attribue la chaleur de ces cendres au feu qui y avoit été un peu auparavant, et qu'elle veut croire qui n'y est plus, et ainsi elle me commande de m'avancer vers Tours pour préparer son entrevue avec le Roi, où je ne manquai pas d'assurer le sieur de Luynes que, pour conserver la bienveillance de la Reine, qu'il trouvera sincère en son endroit, il n'étoit question qu'à lui donner des effets de son affection aux occasions qui se présenteront; que je savois certainement ses intentions être entières pour le Roi, et que ses désirs n'avoient autre but que la paix et le repos de cet Etat; qu'il pouvoit être certain d'avoir une vraie part en son affection, et que si d'autres lui persuadoient le contraire, c'étoient artifices de personnes qui, sous couleur de l'aimer, lui vouloient porter préjudice.

Cinq jours après que je fus parti, la Reine suivit, et vint trouver le Roi (1). Toute la France est ravie de voir la réunion de deux personnes qui, unies par nature, ne peuvent être séparées que par des horribles artifices. Couziers ôte à Tours le bonheur de cette entrevue. La Reine y étant arrivée le soir, le Roi s'y rendit le matin; si grande affluence de peuple s'y rencontre, que le logis ne la pouvant contenir, le jardin fut le lieu de cette première vue. Une joie paroît très-grande au visage du Roi, les larmes de la Reine parlent à son fils, elle l'embrasse tant de fois qu'elle lui baigna le visage; peu de personnes purent contraindre les leurs; tout est en alégresse, vraie cause de ces larmes. La Reine arrive peu après avec les princesses vers la Reine sa mère. L'après-dînée on va à Tours, où quelques jours se passent avec grands témoignages d'amour entre la mère et le fils. Cela ne plaît pas trop aux favoris, qui, pour leur intérêt particulier, estiment à propos de rompre cette intelligence nécessaire au bien de l'Etat. Ils ont l'œil au Roi autant qu'ils peuvent : s'il va chez la Reine, un d'entre eux y est toujours présent; s'il s'approche d'elle, ils y accourent incontinent sous quelque prétexte qu'ils forment sur-le-champ. Toute la cour remarque cette procédure, s'en offense et la blâme, chacun connoissant bien qu'elle n'avoit autre but que d'empêcher les effets de la nature. On tâche de la séparer des intérêts du duc d'Epernon, on lui propose force conditions avantageuses à cette fin; mais l'intérêt de l'honneur l'arrête, et les lui fait rejeter avec courage.

Leurs Majestés se séparent. Le Roi va à Compiègne, et la Reine sa mère va passer à Chinon, pour de là aller à Angers prendre possession de son gouvernement, avec intention de rejoindre le Roi à son arrivée à Paris. Mais elle n'est pas sitôt éloignée qu'elle voit de nouveaux effets de mauvaise volonté contre elle : ceux qui l'ont assistée et servie ne sont point remis dans les charges dont ils avoient été dépossédés à son sujet; et davantage, le comte du Lude étant mort du pourpre à Tours, incontinent après son départ on donne la charge qu'il avoit de gouverneur de Monsieur au maréchal d'Ornano, sans lui en donner avis. Elle se tient offensée et du choix de la personne et de la forme qu'on y a tenue; mais ce qui la fâche davantage est que l'on résout de la délivrance de M. le prince, dont on lui avoit parlé de loin comme d'une chose non arrêtée.

Toutes ces choses l'arrêtent à Chinon, et lui donnent sujet d'écrire au Roi pour se plaindre. On la presse d'aller à Angers, ne s'assurant pas que les troubles dont on venoit de sortir soient pacifiés si elle ne prend possession de son gouvernement. Elle s'excuse, et, n'osant mettre en avant les causes qui l'offensent le plus, elle dit que la principale raison qui l'arrête est que ceux qui l'ont servie ne sont point rétablis dans leurs charges, et que son honneur et sa conscience l'obligent de ne partir du lieu où elle est jusques à ce que cela soit, étant obligée de penser à leur

(1) Le 5 septembre.

repos premièrement qu'au sien. Néanmoins enfin, le sieur de Brantes l'étant venu trouver de la part du Roi, elle se résolut de partir, ce qu'elle fit le 14, et arriva le 16 à Angers, non contente des raisons que Brantes lui avoit apportées de la liberté qu'ils avoient résolu de donner à M. le prince ; car elle savoit bien qu'ils ne la lui rendoient que pour le lui opposer, et que leur premier dessein avoit été de les arrêter tous deux, espérant que, les tenant l'un et l'autre en leur puissance, il n'y avoit personne dans le royaume qui osât entreprendre quelque chose contre leur contentement. Et dès qu'ils eurent nouvelle de sa sortie de Blois, et qu'ils perdirent espérance de la pouvoir tenir arrêtée, ainsi qu'ils eussent désiré, lors, craignant que les partisans de M. le prince se missent du côté d'elle, pour éviter ce péril ils l'envoyèrent incontinent assurer (1) qu'aussitôt que les affaires seroient accommodées avec elle ils l'ôteroient de prison, et firent publier ce dessein par tout le royaume ; ce qui étoit proprement armer M. le prince de haine contre elle, et sembler l'obliger non-seulement à les aimer, mais à les servir avec animosité en tous leurs injustes intérêts contre elle. Elle ne témoigna néanmoins pas avoir désagréable cette action-là, mais se remit à eux et au conseil qui étoit auprès du Roi à juger de cette affaire, reconnoissant que ce n'étoit pas aux personnes éloignées comme elle étoit à donner son avis en une chose si importante, pour laquelle délibérer il falloit être averti ponctuellement de l'état de toutes les affaires du dedans et du dehors du royaume, ce qu'elle n'étoit pas.

Au reste, qu'elle ne fait point de doute qu'on ne puisse en un temps changer avec prudence les conseils qu'on a pris en un autre avec juste considération.

M. le prince est ensuite délivré le 20 d'octobre, et vient saluer le Roi à Chantilly. Si messieurs de Luynes lui procurèrent avec affection la liberté, la Reine la sollicita non moins justement pour Barbin, que depuis un an ils avoient resserré dans la Bastille avec des rigueurs incroyables, nonobstant l'arrêt donné contre lui un an auparavant à leur poursuite, par lequel il avoit été condamné à être banni. Ils reconnoissoient en cet homme une si forte passion au service de la Reine, une si grande intégrité en son procédé durant le temps de son administration, un courage si ferme et une si grande liberté de parler, avec un si vif ressentiment des injustices qu'ils lui avoient faites, qu'ils avoient résolu de le laisser mourir en la Bastille. Mais la Reine fit tant d'instances pour lui qu'ils ne s'en purent enfin dégager, et commandèrent qu'après lui avoir encore une fois lu son arrêt où lui ouvrît les portes de la Bastille.

Barbin se plaignant du mauvais traitement qu'il avoit reçu, et Maillac, lieutenant de la Bastille, lui montrant une lettre du sieur de Brantes, par laquelle il lui donnoit charge de lui faire ses recommandations, et lui dire que c'étoit tout ce que le sieur de Luynes et lui avoient pu faire jusqu'alors en sa faveur, et que bientôt il ressentiroit les effets de leur amitié, cette lâcheté emporta Barbin à lui dire, sans considération du lieu où il étoit encore, que, quelque misérable qu'il fût, il renonçoit à leur amitié, qui ne pouvoit être guère grande en une cruauté si barbare qu'étoit la leur; que c'étoit agir avec bien peu de courage de flatter de paroles celui dont ils machinoient la mort; qu'ils l'avoient ainsi traité, et que, tandis qu'ils faisoient solliciter tous les juges contre lui, ledit Brantes lui disoit plusieurs fois qu'il n'auroit point de mal, et qu'on ne l'interrogeoit et faisoit son procès que pour avoir des lumières pour les procès qu'on vouloit parfaire aux autres.

On le mena le jour même chez le chevalier du guet, chez lequel il demeura deux jours seulement, durant lesquels il reçut plusieurs courriers du sieur de Luynes qui le pressoient de le faire sortir sans délai hors du royaume, tant ils étoient et de peu de courage et de peu de connoissance, qu'ils avoient peur de lui en ce misérable état où il étoit. J'avois donné ordre à un homme de lui bailler de la part de la Reine l'argent qui lui étoit nécessaire pour faire son voyage; mais son départ fut si pressé qu'il fut contraint d'emprunter de l'argent, lequel fut rendu incontinent après.

La Reine cependant se prépare à satisfaire au désir qu'elle avoit dès long-temps de se voir avec le Roi son fils : elle l'avertit du dessein de son voyage, et convie le sieur de Montbazon, qui la devoit venir quérir, de s'avancer. Luynes, de sa part, la sollicite en apparence de venir, et lui dépêche, au nom du Roi, le sieur de Marossan pour la prier de se trouver à Paris au retour du voyage du Roi à Compiègne, pour renouer une étroite et entière intelligence. Mais ce n'étoit rien au prix de la croyance et des lettres que le sieur évêque d'Aire lui portoit, pleines d'amour et d'impatience de la voir. Ces deux ambassadeurs, aussi différens dans le cœur que semblables en langage, et dont l'un trompoit autant que l'autre étoit trompé, firent ce qu'ils purent, l'un en apparence, l'autre en effet, pour y disposer son esprit.

---

(1) Le prince de Condé.

L'évêque de Luçon (1), prévoyant bien que Luynes prométtoit ce qu'il ne vouloit pas tenir, et que, sur le refus, il vouloit tirer avantage de ses offres, porta la Reine à recevoir les prières de son fils pour de très-agréables commandemens. Mais comme elle s'y disposoit, on lui témoigne sous main qu'elle feroit chose désagréable au Roi, et qu'elle en devoit perdre le désir.

Mais en même temps, M. le prince, délivré, tient des langages qui lui sont désavantageux, lui écrit quelques lettres dont les termes sont du tout éloignés du respect qu'il doit au Roi et à elle. Il fait passer une déclaration du 9 de novembre, aussi avantageuse pour lui comme elle étoit contraire à l'honneur de ceux qui ont conseillé son emprisonnement, et désavantageuse à l'honneur et au service de Sa Majesté : car, par icelle, le Roi attribuoit la détention faite dudit prince à ceux lesquels, pour l'honneur qu'ils avoient lors d'approcher Sa Majesté, et de tenir de grandes charges et pouvoirs en son royaume, avoient tellement abusé de son nom et autorité, que, si Dieu ne lui eût donné la force et le courage de les châtier, ils eussent enfin porté toutes choses en une grande et déplorable confusion : et Sa Majesté disoit que, s'étant soigneusement informée des raisons sur lesquelles on avoit prétexté sadite détention, elle avoit trouvé qu'il n'y en avoit eu autres que les mauvais desseins de ceux qui vouloient joindre à la ruine de cet Etat celle dudit sieur prince, les actions et déportemens duquel avoient toujours tendu à l'affermissement de son autorité et sa grandeur. Pour raison de quoi Sa Majesté le déclaroit innocent des choses qu'on lui avoit imposées, et dont on avoit voulu charger son honneur et sa réputation, et sur lesquelles on avoit pris prétexte de le faire arrêter : et Sa Majesté, ce faisant, cassoit, révoquoit, et annulloit toutes lettres, déclarations, édits, arrêts, sentences et jugemens, si aucuns se trouvoient à son préjudice, depuis sa détention jusqu'alors.

Cette déclaration n'est pas plutôt expédiée que, par surprise, on la fait vérifier au parlement, les chambres non assemblées. On l'envoie par les provinces.

La Reine en écrit au Roi, lui représentant avec modestie le préjudice qu'il recevoit de cette déclaration, non-seulement par la part qu'il prend dans ses intérêts par son bon naturel, mais principalement en ce que la continuation de la détention de M. le prince, qu'il avoit fait faire par l'espace de deux ans, ne pouvoit être qu'injuste si le premier arrêt de sa personne étoit digne de blâme; que même on ne pouvoit condamner cette action sans le condamner lui-même, puisqu'elle avoit été faite avec sa connoissance peu auparavant qu'il prît le maniement de ses affaires.

Le Roi lui mande qu'il est fâché du déplaisir qu'elle a reçu des termes qui lui ont déplu dans ladite déclaration ; qu'elle doit être fort éloignée de s'en croire offensée, puisque lui étant obligé, comme il est, du soin et des peines qu'elle a pris en l'administration de ses affaires, et en faisant profession publique de le reconnoître, l'ayant toujours louée, et la louant encore aux occasions de son affection au bien de son Etat, il est certain qu'il n'y a personne en ce royaume qui en puisse avoir autre impression ; ce qui lui donne juste sujet de croire que M. le prince n'a nul dessein de lui déplaire; qu'il sait trop bien l'honneur et le respect qui lui est dû, et combien il aura toujours agréable de le voir dans les mêmes sentimens que les siens.

En cette réponse les intentions du Roi lui sont si favorablement représentées, qu'il ne lui restoit rien à souhaiter, sinon qu'elles fussent aussi publiques qu'elles lui étoient particulières. Mais, bien que la réparation ne fût pas égale à l'offense, elle ne laisse pas de voir que le cœur du Roi est bon pour elle.

De ce déplaisir je pris occasion de lui faire connoître combien sa présence étoit nécessaire dans la cour, les avantages que tiroient ses ennemis de son éloignement, et que les inclinations du Roi étant bonnes pour elle, si elle avoit la liberté de le voir, ceux qui lui veulent mal seroient contraints de céder aux efforts de la nature. Mais bien que cette opinion fût la meilleure, elle fut peu suivie (2).

Chanteloube, qui ne m'étoit pas ami, et qui étoit ennemi découvert de ce conseil, ne perdit point de temps à me donner de l'exercice. Chez lui étoit le bureau des nouvelles, dont les moindres figuroient à la Reine le Roi irréconciliable, mettoient sa liberté en compromis, et ne lui faisoient voir que mépris pour elle dans sa cour, et salut dans les armes.

Ces raisons, qui ne manquoient pas d'apparence, n'eurent pas faute d'appui ; elles furent soutenues des grands, qui espéroient profiter des divisions publiques, et de mes ennemis, qui pensoient, par ce moyen, me dérober la confiance de ma maîtresse ; si bien que je fus, par prudence, contraint de revenir à leurs pensées, et, à l'imitation des sages pilotes, de céder à la tempête : n'y ayant point de conseil si judicieux

---

(1) Cette forme de récit n'est qu'un accident qui tient peut-être à l'insertion d'une note.

(2) On voit ici l'empressement de l'évêque à retourner vers le centre du pouvoir.

qui ne puisse avoir une mauvaise issue, on est souvent obligé de suivre les opinions qu'on approuve le moins. Je voyois bien qu'il y avoit beaucoup à espérer pour la Reine dans la cour, et rien dehors : mais, parce qu'il y avoit beaucoup à craindre dans la puissance des favoris, j'aimai mieux suivre les sentimens de ceux qui la détournoient d'aller trouver le Roi, que de faire valoir mes raisons; ce que je fis cependant avec ce tempérament, que je suppliai la Reine d'envoyer recevoir les avis des personnes affectionnées à son service, avant que de prendre une dernière résolution.

Au même temps on fait des chevaliers du Saint-Esprit sans lui en donner aucune communication que le nombre n'en soit arrêté : on lui envoie M. de Tarajet, le 7 de décembre, pour lui en porter les noms; non-seulement n'en reçoit-on aucun à sa recommandation, mais ceux qui n'ont pas perdu entièrement le respect dû à la mère de leur maître en sont éloignés; on en rejette même qui ont été nommés du feu Roi, parce qu'on ne les croit pas ses ennemis : avoir juré sa ruine, c'est la meilleure preuve de noblesse, c'est avoir les conditions requises (1).

A l'instant qu'on a commis cette action de mépris, on lui en fait des excuses; mais il parut incontinent qu'elles étoient faites avec plus d'artifice que de regret; car deux de ceux qui étoient nommés s'étant trouvés malades, on en choisit deux autres, savoir est le sieur de Valençay et le sieur de Saint-Chaumont, sans lui en donner avis ni liberté de remplir leur place.

Elle se plaint de ce traitement à ceux qui ont la meilleure part au maniement des affaires, se fâche qu'après leur avoir promis amitié ils ne lui donnent pas sujet de la continuer. Elle leur représente par diverses fois ses mécontentemens, afin qu'ils y apportent des remèdes : elle leur remontre qu'on ne se souvient point de l'argent qui lui a été promis pour le paiement de ses dettes; que pour vivre elle est réduite aux emprunts; que ceux qui l'ont suivie sont maltraités; que Mignieux est dépouillé de la place de Montreuil pour être affectionné à son service; que le marquis de La Valette est troublé ès fonctions de son gouvernement, sa place (2) investie de gens de guerre; que l'on n'effectue point ce qu'on lui a promis en sa faveur, qui ne consiste qu'au rétablissement de sa charge, et au paiement de ses états et pensions; qu'il suffit de l'avoir (3) mal en la bouche pour être bien en leur cœur et en

(1) Les trois frères de Luynes et le favori du prince de Condé étaient des élus.
(2) Metz.
(3) La Reine-mère.

ses affaires; qu'on a donné un gouverneur à son fils à son desçu; qu'elle approuve la personne, mais improuve la forme de son établissement; que la déclaration faite pour l'élargissement de M. le prince lui est d'autant plus sensible que l'honneur du Roi y est intéressé; qu'il est en ses mains de lui faire donner contentement par une déclaration nouvelle, qui, sans préjudicier à personne, fasse connoître à tout le monde que, par la déclaration faite en faveur de M. le prince, le Roi n'avoit pas entendu donner lieu de blâmer ses actions en l'administration de ses affaires, en étant très-content, et reconnoissant combien elle lui avoit été utile et avantageuse.

Au lieu de pourvoir à son contentement par ce moyen si raisonnable, on lui fait connoître clairement, par le refus, qu'on veut agrandir pour sa ruine celui qu'elle avoit abaissé pour la grandeur de l'Etat. On lui envoie le sieur de Brantes pour l'avertir que le Roi veut achever le mariage de Monsieur avec mademoiselle de Montpensier, et faire celui de madame Henriette (4) avec M. le comte de Soissons.

La Reine répond qu'elle n'avoit rien à dire aux volontés du Roi; mais que, puisqu'il étoit question du mariage de ses enfans, où la nature lui donnoit un notable intérêt, elle savoit qu'il ne voudroit rien conclure qu'elle n'y fût présente.

Il l'avertit encore de trois mariages qu'on propose : de mademoiselle de Bourbon avec le fils aîné du duc de Guise, de mademoiselle de Luynes avec son second, et de M. de Mercœur, fils du duc de Vendôme, avec la fille du duc de Guise.

La Reine écoute toutes ces propositions avec patience, et se porte volontairement à souffrir ce qu'elle ne peut empêcher.

Elle le prie à son tour de tenir la main à ce qu'elle touche le paiement des deniers qui lui ont été promis, à ce que les pensions que le Roi a accordées, à sa recommandation, à ses domestiques soient acquittées, à ce qu'au gouvernement de Metz il ne soit rien innové au préjudice du marquis de La Valette, et la création de la justice; mais surtout à ce qu'on lui accorde une déclaration qui fasse voir que, pour celle qui a été faite sur la délivrance de M. le prince, on n'a point entendu blâmer sa conduite.

Parmi tant de preuves de mauvaise volonté, M. de Luynes ne laisse pas de lui continuer ses sermens de fidélité et protestations de services.

En ce temps arriva à Paris le comte de Furstemberg, ambassadeur extraordinaire de l'empereur Ferdinand, de nouveau élu à cette dignité,

(4) Depuis reine d'Angleterre.

pour supplier Sa Majesté de l'assister au soulèvement de la plupart de ses sujets, non tant contre lui que contre la religion catholique. Après le décès de l'empereur Mathias, qui mourut le 10 de mars, ledit Ferdinand prit l'administration des deux royaumes de Bohême et de Hongrie, dont il avoit été, les deux années précédentes, élu roi, et semblablement aussi de l'Autriche, au nom et sous l'autorité de l'archiduc Albert qui en étoit héritier et lui en donna le pouvoir. Incontinent, pour apaiser les mouvemens qui étoient en Bohême, il fit publier une suspension d'armes en son armée, commandée par le comte de Buquoy, et tôt après leur envoya la confirmation de leurs priviléges, promettant de faire observer tous les édits qui avoient été faits en Bohême touchant la religion. Mais tout cela n'adoucit point leurs esprits, ni ne les persuada de se mettre à la raison; mais, au contraire, continuant toujours à lui faire la guerre, ils envoyèrent solliciter le duc de Saxe et le marquis de Brandebourg de les assister. Ceux de la haute Autriche s'y mirent avec eux, autant en firent les Etats de Silésie et de Moravie, qui prirent prisonnier le cardinal Diefristein qui en étoit gouverneur, et en chassèrent tous les jésuites, pillèrent les biens des ecclésiastiques, et maltraitèrent tous les catholiques.

Le comte de La Tour fut si hardi qu'il vint jusqu'à Vienne, le 2 de juin, pour donner courage aux Luthériens, qui y sont en grand nombre, de se révolter, à quoi l'Empereur remédia, les désarmant; et peu de jours après le comte de La Tour fut contraint de se retirer, et s'en retourner à Prague, sur la nouvelle qu'il eut de la défaite de quelques troupes de cavalerie que conduisoit Mansfeld.

Cependant l'électeur de Mayence convoqua l'assemblée des Electeurs à Francfort, au 23 de juillet, pour élire un empereur. Les Bohêmes y envoyèrent des ambassadeurs pour empêcher que le roi Ferdinand fût élu, se plaignant de ce qu'on l'avoit cité à l'assemblée, attendu qu'il n'y avoit point de droit, vu qu'il n'étoit pas en l'actuelle possession de l'électorat de Bohême. Mais, nonobstant toutes leurs oppositions, il fut élu le 8 d'août, selon le style ancien, et couronné le 30, nonobstant que d'autres pour les Etats de Bohême eussent conclu, le 19 d'août, de ne le reconnoître jamais, et de procéder à l'élection d'un nouveau roi; et ensuite, le 26, élurent l'électeur palatin Frédéric V.

En ces entrefaites Gabriel Betlem, prince de Transylvanie, voyant le jeu trop beau pour n'en être point, se rendit maître de tout ce que la maison d'Autriche possédoit en Hongrie, depuis la rivière de la Teysse jusqu'à Presbourg, qu'il prit le 26 d'octobre.

L'électeur Palatin ayant été élu roi de Bohême, comme nous avons dit, ne voulut pas accepter la dignité qui lui étoit offerte, sans en prendre l'avis des princes et Etats protestans d'Allemagne, qu'il pria de se rendre, pour ce sujet, en personne, ou par leurs ambassadeurs, à Rotembourg, où il en délibéreroit avec eux. Saxe lui déconseilla cette entreprise; mais il crut les autres qui le lui conseillèrent tous, et partit de Heidelberg avec sa femme le 17 d'octobre, fit son entrée à Prague le 31, et fut couronné le 4 de novembre.

Le nouveau roi de Bohême, les princes et les Etats protestans d'Allemagne, tinrent en ce mois une assemblée à Nuremberg, en laquelle ils lièrent une plus étroite union entre eux, renvoyèrent le comte de Hohenzollern que l'Empereur leur avoit député, avec peu de satisfaction, et députèrent au duc de Bavière, le prièrent de désarmer, et faire faire le semblable aux princes et Etats catholiques, de faire qu'on leur accordât une chambre mi-partie en l'Empire, et plusieurs autres choses déraisonnables qu'ils y mêloient avec des menaces, auxquelles le duc de Bavière répondit courageusement, et leur manda qu'ils s'adressassent à l'assemblée des princes catholiques qui se tenoit au même temps à Wurtzbourg.

L'Empereur se trouvant en ces altères, envoya au Roi le comte de Furstemberg en ambassade extraordinaire, lui demander assistance contre tant d'ennemis.

Le duc de Bouillon, qui étoit intéressé en cette affaire, et par les conseils trop hâtés qu'il avoit donnés au Palatin, et par l'alliance qui étoit entre eux, écrivit incontinent à Sa Majesté, que, selon qu'elle lui a commandé de lui donner ses avis sur les affaires importantes qui se présenteroient en son royaume, il se sentoit obligé de la supplier de ne pas ajouter foi à ce que lui diroit l'ambassadeur de l'Empereur, qui voudroit bien convertir l'intérêt particulier de son maître en une cause publique de religion, pour obliger Sa Majesté à l'assister contre le bien de son Etat, qui a toujours été, et est encore de maintenir tous ceux que la maison d'Autriche veut opprimer, comme elle veut faire maintenant les Etats de Bohême et le roi Frédéric, et que Sa Majesté prendra un sage conseil s'il lui plaît moyenner la tenue d'une diète, où les rois et Etats non intéressés soient conviés d'intervenir par leurs ambassadeurs, pour, d'un commun consentement, juger les moyens qui seront les plus convenables pour ôter tous les prétextes des armes.

Mais Sa Majesté, ayant pitié de la religion,

qui couroit fortune de se perdre en toute l'Allemagne, ne jugea pas à propos d'user d'un si long circuit en cette affaire, mais trouva bon d'envoyer promptement une ambassade solennelle, pour, par son entremise et autorité envers les princes et Etats intéressés, acheminer plus facilement toutes choses à un juste accommodement.

En cette année (1) mourut la reine de la Grande-Bretagne, qui faisoit profession secrète de la religion catholique, entendoit souvent la messe et fréquentoit les sacremens, sans que le Roi son mari, qui en étoit bien averti, y apportât aucun empêchement. Dieu ne lui fit pas néanmoins la grâce d'avoir un prêtre pour se réconcilier avec lui en cette heure dernière, bien qu'elle en fût avertie et en eût la commodité; mais, s'estimant assez forte pour aller dans quelques jours à Londres de Greenwich où elle étoit, la mort la prévint. Elle étoit princesse courageuse; si elle eût vécu elle eût reçu avec grand contentement la nouvelle de l'assomption de sa fille à la dignité royale (2), mais avec un bien plus vif ressentiment de douleur celle de la mauvaise issue de sa prétendue royauté (3).

LIVRE XI (1620).

La Reine-mère, retirée à Angers, se plaint de l'inexécution du traité d'Angoulême. — Des négociations s'entament entre elle et Louis XIII. — Elle refuse les offres de service que lui font les huguenots. — Pendant les négociations le Roi envoie des ambassadeurs en Allemagne. — Il vient à Orléans pour se rapprocher de la Reine-mère. — Le duc de Luynes le fait retourner à Fontainebleau. — Richelieu veut dissuader la Reine-mère de prendre la voie des armes pour obtenir satisfaction. — La guerre est décidée dans son conseil. — Le Roi marche sur Rouen où il fait son entrée; il pacifie la Normandie et part pour le Pont-de-Cé. — Les seigneurs du parti de la Reine n'opposent qu'une foible résistance et se dispersent. — Traité de paix entre le Roi et sa mère. — Modération du duc de Luynes. — Le Roi se rend à Bordeaux, soumet les protestans du Béarn, fait rendre aux évêques les biens dont ils étoient privés. — Il revient à Paris. — Les protestans du Béarn excitent de nouveaux troubles. — Affaires d'Allemagne. — Bataille de Prague. — L'Empereur soumet la Bohême.

[1620] Si le traitement que la Reine reçut l'année dernière de messieurs de Luynes fut peu convenable à eux et à elle, à ce qu'ils lui dévoient et à sa qualité, et peu soutenable, quelques raisons ou prétextes qu'ils pussent apporter pour excuser ou déguiser leur procédé, celui qu'ils continuèrent à lui faire en celle-ci ne fut

(1) Au mois de mars; de là l'idée singulière de marier le roi veuf à la veuve de Henri IV.
(2) Femme de l'électeur palatin, élu roi de Bohême.
(3) Ici finit la partie des Mémoires dont une copie tronquée avait été remise à Mezeray et fut publiée en 1630, sous le titre d'*Histoire de la Mère et du Fils*.

pas plus raisonnable, devenoit de jour en jour d'autant plus insupportable à Sa Majesté, que la continuelle succession de ses maux augmentoit le poids de sa douleur et diminuoit la force de sa patience.

Ils en firent tant, qu'à la fin nous la verrons contrainte de recourir à un remède qu'elle abhorroit le plus, et auquel nulle autre chose qu'une extrême nécessité ne l'eût pu persuader.

Après le traité d'Angoulême, elle espéroit commencer à vivre en repos, croyant que le cœur du favori se conformeroit à celui de son maître, et ne prendroit pas une voie toute contraire à sa sincérité; mais qui offense ne pardonne jamais. Leurs paroles étoient dorées, et il ne paroissoit rien que fiel en toutes leurs actions. Dès qu'elle fut à Angers, ils firent semblant de désirer qu'elle vînt à la cour; quand ils la voyoient sur le point de vouloir partir, ils l'en détournoient et lui firent savoir qu'elle n'y seroit pas la bienvenue. Et cependant ne lui tenoient rien de tout ce qu'ils lui avoient promis, soit pour elle, soit pour ses serviteurs, comme si les promesses d'un roi, et encore faites à sa mère, étoient des pièges pour la décevoir, et non des assurances de la fermeté desquelles on ne peut douter sans crime. Tous ceux qui la révéroient furent persécutés, ses actions plus sincères et plus utiles au Roi et à l'Etat, qui ne peuvent être blâmées ouvertement avec aucune vraisemblance, le furent par conséquence et indirectement, comme il parut par la déclaration qu'ils firent faire, sous le nom du Roi, sur la liberté de M. le prince (4).

Elle en fit diverses plaintes, ils s'excusèrent vers elle avec force belles paroles aussi infidèles que leurs actions. On lui écrivoit des lettres de soumissions et pleines de sermens d'affection à son service, comme s'il n'y avoit point au ciel de Dieu qui punît les parjures. Et continuèrent de ce même train à vivre avec elle, quoiqu'elle remontrât continuellement l'indignité de ces façons de faire, qu'elle savoit bien être contre le sentiment du Roi, et qu'elle se plaignit que, selon qu'on lui avoit promis, ou on ne faisoit point changer la susdite déclaration touchant M. le prince, ou on n'en faisoit point une nouvelle, par laquelle on mit l'honneur de son gouvernement à couvert.

Elle leur dépêche Chanteloube le 13 janvier, avec ordre de représenter audit sieur de Luynes qu'elle n'a pas voulu s'acheminer à Paris, que premièrement elle ne jugeât qu'on fût disposé à lui donner contentement; ce qu'elle n'a pas eu occasion de croire par la déclaration, les lettres

(4) Le 25 octobre 1619.

de M. le prince, les chevaliers, et autres actions; qu'elle souhaite qu'il prenne confiance en elle, ne désirant point être à la cour si cela n'est, jugeant bien qu'elle n'y auroit point de satisfaction; qu'elle a été extrêmement fâchée des bruits qu'elle a su qui courent, qu'elle avoit intelligence avec les huguenots, quoiqu'elle ait plusieurs fois mandé ce qu'elle estimoit sur ce sujet; qu'elle reçoit grand déplaisir des deux commandemens faits au sieur marquis de La Valette de la part du Roi : l'un, de faire transporter à Verdun tous les salpêtres qui sont dans Metz; l'autre, de surseoir la création de la justice qui a accoutumé de se faire tous les ans, dont le gouverneur en est possesseur, depuis que Metz est en l'obéissance du Roi.

Elle lui donna ordre aussi de demander l'accomplissement de ce qui lui avoit été promis pour elle et pour les siens, savoir est de tirer assignation, pour le paiement des garnisons d'Angers, Chinon et le Pont-de-Cé, sur la généralité de Touraine; de solliciter le paiement des parties dont les sieurs de La Cochère et d'Argouges poursuivent les assignations il y a long-temps; prier le sieur de Luynes de tenir la parole qu'il lui a donnée de la faire payer des six cent mille livres pour la tirer des dettes qu'elle a été contrainte de faire depuis sa sortie de Blois; de faire mettre sa compagnie de chevau-légers sur pied, selon qu'il l'a promis; de faire payer les pensions des sieurs de Pont-Courlay, Sardini, Charmel, et autres; de faire donner contentement au sieur de Marillac pour sa pension et pour la charge que Sa Majesté, étant dans les affaires, lui a donnée pour le bien du service du Roi. Le duc de Luynes lui dépêcha le sieur de Brantes, son frère, avec force belles paroles. La Reine le pria, en partant d'auprès d'elle, qui fut le 26 janvier, de prier son frère de lui donner des effets et non point des paroles, exécuter quelque chose de ce dont elle l'avoit prié par Chanteloube, et dont il lui faisoit espérer l'effet par lui.

Tout cela fut en vain : c'étoit une suite continuelle de tromperies. Enfin, sur la réitération si fréquente des plaintes de la Reine, ils lui dépêchèrent, au nom du Roi, Marossan, avec une lettre de Sa Majesté, du 26 février, par laquelle il lui mande qu'il est fâché d'apprendre que les premières impressions faites en son esprit sur la déclaration de M. le prince, ne soient point encore effacées par les raisons et considérations très-fortes qu'il lui a déjà représentées; que s'il se fût seulement imaginé qu'il y eût eu quelques termes douteux et capables de porter les esprits plus subtils à une interprétation qui lui pût être préjudiciable, il la lui eût plutôt déniée absolument que de lui accorder en laissant quelque sinistre soupçon à la Reine; que s'il jugeoit que la déclaration qu'elle désire en sa faveur sur celle de M. le prince lui fût non-seulement nécessaire, mais en quelque égard utile, il seroit très-prompt à lui octroyer; qu'il n'y a personne au monde qui soit plus intéressé que lui aux actions qui la regardent, ni qui soit plus désireux de les relever avec toute la gloire et tout l'honneur qui lui est dû, mais qu'il la supplie de considérer combien elle lui est dommageable : elle exciteroit des pensées qui n'ont à présent aucun sujet de s'émouvoir; car toute déclaration publique présuppose une intention douteuse, et par cette voie ce seroit l'approcher plutôt que l'éloigner des mauvais jugemens qu'elle veut fuir; la postérité même en conserveroit une mémoire contraire aux intentions du Roi; que la Reine les a connues, tout le monde les sait, et de plus il lui envoie encore des lignes de sa main, qui sont les marques les plus certaines qu'elle sauroit recevoir de ses sentimens, qui l'assureront, comme il a déjà fait, qu'elle n'est nullement intéressée en ladite déclaration, la suppliant d'avoir ce repos en son esprit.

Mais s'ils usent de ce mépris envers la Reine, ils en usent bien encore davantage envers les grands, les princes, les compagnies souveraines, le peuple et tout l'Etat.

Encore se trouveroit-il quelques méchans devant lesquels ils seroient excusables du mal qu'ils font à la Reine-mère, pource qu'ils la tiennent irréconciliable avec eux, jugeant de sa colère par la grandeur de leur crime : mais il n'y a ame si barbare qui pût approuver le mal qu'ils font à la Reine régnante, divertissant le Roi des familiarités que le mariage apporte avec soi, au grand préjudice de cette couronne. On vit avec tant d'audace avec elle, qu'il n'y a personne qui ne juge que le dessein de la femme de Luynes, qui étoit sa surintendante, est de l'être non-seulement de sa maison, mais aussi de sa personne.

Si elle reçoit une lettre, elle la veut voir la première; si elle en écrit, elle en veut savoir le sujet, lui défend même d'écrire à son père sans y apporter ces précautions. Quoi qu'elle veuille acheter, si madame ne le trouve bon, l'argent qui se trouve en abondance pour elle manque à son dessein. Si elle veut prendre l'air, et que madame ne l'ait pas agréable, il faut qu'elle demeure au logis pour complaisance. L'insolence de ces personnes est venue jusques à ce point, que, non contente de perdre le respect qu'ils lui doivent, ils ne le peuvent souffrir en d'autres; la Luynes prenant à partie la femme de Cadenet, sa belle-sœur, parce qu'elle rendoit à la Reine l'honneur qui lui étoit dû, ainsi qu'elle avoit appris en l'école de vertu dont elle étoit sortie. Telles procédures lui rendent l'esprit si chagrin, qu'un déplaisir qui lui arrive de nouveau, par l'appréhension qu'elle a qu'on veuille chasser son médecin, nécessaire à sa personne, la porte, par excès d'une mélancolie couvée de longue main, à une maladie si extrême, que ceux qui ont soin de sa santé jugent que sa vie est en péril.

Pour avoir de l'argent, ils entreprennent de faire passer des édits à la honte du Roi, et à la foule de ses peuples. Les sieurs de Villeroy et président Jeannin essaient d'en empêcher l'effet. On leur ferme la bouche en leur disant que le Roi les avoit envoyés quérir pour leur dire ses volontés, et non pas pour prendre leur avis. On les mène, par surprise, au parlement, de crainte que, s'ils ont loisir de reconnoître ce qu'on désire d'eux, ils perdent la volonté de le faire. Le Roi s'y porte en personne pour lever, par le respect de sa présence, les difficultés que ce grand sénat y vouloit apporter. Le parlement, quoiqu'il doive une entière obéissance aux volontés du Roi, néanmoins la devant raisonnable (1), et reconnoissant le tort qu'il faisoit à son autorité, conçoit une juste douleur de ce procédé, en parle librement à Sa Majesté, supplie Dieu de lui inspirer la connoissance de la perversité de ses conseils, et verser son ire sur ceux qui en sont les auteurs. Ils conjurent Sa Majesté d'avoir agréable qu'ainsi que leurs noms sont en horreur dans le cœur des gens de bien, ainsi le soient-ils dans leurs registres pour en rendre la mémoire exécrable à la postérité. Ceux à qui le fait touche, au lieu de profiter de ces avis, portent le Roi à les improuver et en bafouer les auteurs. Le premier président et les gens du Roi sont appelés au Louvre, où ils sont reçus avec aigreur. Mais ils persistent, en particulier devant le Roi, dans ces mêmes pensées qu'ils ont découvertes en public, et l'assurent n'avoir été induits à parler comme ils ont fait que par la force de la vérité, et le penchant au précipice auquel ils voient son Etat.

Quant aux ministres, ils ne sont pas plus épargnés; la plupart des choses d'importance se font sans en prendre leur avis. Elle apprend qu'on leur dit souvent qu'on les envoie quérir pour exécuter ce qu'on a résolu, et non pour délibérer ce qu'il faut résoudre. Elle sait de plus qu'on passe par-dessus leurs avis en toute occasion, quoiqu'en plusieurs leur sagesse ait paru à l'avantage de l'Etat. Si le président Jeannin, dont le jugement n'est pas moindre que la prud'homie, touché de la perte de l'Etat, témoigne quelque sentiment libre, on le traite de rêveur. S'ils se plaignent des profusions qui se font pour la faveur, on menace de les dépouiller de leurs charges. Schomberg se plaint de ce qu'on le contraint souvent, dans les fermes du Roi, d'accepter, de deux partis qui se présentent, le moindre pour Sa Majesté, parce qu'il est plus avantageux aux favoris.

Bref, on diroit qu'ils ont pris à tâche de ne faire paroître de la grandeur que la licence, qui est celle qui a meilleure grâce d'être retenue, d'autant plus qu'on en a de pouvoir. Vous diriez que la France n'est que pour eux seuls; que pour eux elle est abondante de toute sorte de richesses, et que ce ne soit que pour assouvir leur avarice que Dieu lui a rendu l'Espagne tributaire de tout l'or de ses Indes. Les gouvernemens et les places dont nous avons parlé l'année précédente, leur semblent maintenant peu proportionnés à ce qui leur est dû; il n'y en a aucune qu'ils ne marchandent, qu'aux dépens du Roi ne mettent au double prix de sa valeur; si elles ne sont pas à prix d'argent, ils les ravissent par violence, jusques-là qu'ils en prennent par ces voies jusqu'au nombre de dix-huit des plus importantes. Ils y entretiennent, en pleine paix, de très-fortes garnisons, en redoublent les arsenaux, les remplissent de munitions de guerre, et en avancent les fortifications. Ils se fortifient de gens de guerre entretenus dans la cour, tiennent le régiment de Normandie, commandé par le sieur de Chaulnes, et créé en sa faveur, sur pied dans le bois de Vincennes, acquièrent le plus de compagnies qu'ils peuvent dans le régiment des gardes. Achètent la compagnie de chevau-légers du Roi, et, au nom du sieur de Brantes, marchandent la compagnie de ses gens d'armes. On détourne à ces traités particuliers les deniers qui se lèvent sur les peuples pour le bien public. En un mot, si la France étoit tout entière à vendre, ils achèteroient la France de la France même.

En toutes ces excessives et dommageables dépenses, on ne paie les pensions accordées par le feu Roi à la noblesse, et acquises par leur sang. Aussi sont-ils si hardis, que Luynes ose dire à Marillac qu'il étoit offensé du bruit qui couroit qu'il vouloit prendre appui en M. le prince; qu'il n'avoit besoin de personne, et que, quand le Roi lui viendroit à manquer, il subsisteroit par son propre poids. Et son cadet, sur ce que la Reine ne voulut pas souffrir, sans repartie, qu'il épandît partout, contre la vérité, qu'il étoit venu à Angers lui offrir la carte blanche pour son retour auprès du Roi, dit publiquement, à ses propres domestiques, qu'il vouloit bien qu'on sût qu'il

---

(1) Ceci est encore une maxime à oublier.

n'étoit pas son serviteur, et qu'il avoit son amitié fort indifférente.

La Reine-mère, qui avoit l'esprit lassé des mauvais traitemens qu'elle recevoit, mais les souffroit avec patience, savoit tous ces désordres qui se passoient dans l'Etat, et les plaintes universelles de la France venoient à ses oreilles. Enfin, le naturel de mère la presse, le devoir de Reine touche son cœur, elle craint pour le Roi, elle pleure la désolation de l'Etat. Mais quand on a bien considéré le mécontentement général de tous les endroits du royaume, de tous les grands, et principalement du parlement de Paris, qui avoit parlé avec courage, l'espérance commence à renaître aux gens de bien ; on lui conseille de prendre ce temps pour parler.

Mais, afin qu'on ne pensât pas que ce qu'elle feroit par raison se fît par faction, elle différa ses sentimens en un temps où elle jugeroit qu'on ne pût interpréter ses paroles contre ses intentions. Elle consulte si elle doit aller à Paris, et si elle peut prendre sûreté dans la mauvaise volonté de ceux qu'elle avoit pensé s'acquérir en oubliant leurs fautes. Sur cette question les esprits se partagent ; les uns estimant ce voyage nécessaire, d'autres le croient inutile, et le publient dangereux pour elle ; son sens la porte au sentiment des derniers. La connoissance qu'elle a de l'aveuglement auquel ceux qui lui en veulent sont, lui fait croire qu'elle n'y fera rien par raison, et leur puissance lui fait juger qu'elle n'y peut être sans péril. Ces considérations la font résoudre à se tenir éloignée du lieu où elle se désiroit le plus.

On l'avertit qu'on a dessein sur Metz, qu'on veut, pour la décréditer, opprimer ses amis. Elle sait bien que la défense est juste quand elle est nécessaire. Elle n'ignore pas le pouvoir qu'en telles rencontres lui donne l'honneur qu'elle a d'être mère du Roi, et l'assistance qu'en cette considération on lui offre de toutes parts ; mais, comme elle hait toute violence, elle a peur d'être contrainte, par quelqu'une dont on veuille user contre sa personne, de s'en garantir par les mêmes voies. Elle s'arrête encore en son gouvernement. La France voit avec regret les justes raisons qui la retiennent hors de la cour. Les huguenots s'offrent à la servir. Le vidame de Chartres, qui présidoit à l'assemblée générale qu'ils tenoient lors, envoie expressément madame de Maintenon, qui étoit sa cousine, pour insensiblement la gagner ; mais en vain, car elle aime mieux souffrir le mal que s'en garantir par leur moyen.

Les favoris, qui virent le danger où leur mauvaise conduite les avoit jetés, se résolurent d'y apporter un dernier remède, en se saisissant de ceux dont ils redoutent le courage.

M. du Maine fut averti qu'on avoit résolu de s'assurer de sa personne. Il se rit de cette nouvelle, se moqua de cette menace, jusques à ce qu'on lui rapporta qu'un de leur conseil *lescrit*(1) vomit par la vertu du vin cette vérité, avec les raisons, les moyens et le lieu où se devoit exécuter cette violence. La cause étoit qu'il avoit dit publiquement que c'étoit une honte de donner la charge de connétable au sieur de Luynes, homme qui n'avoit jamais tiré l'épée ; le lieu c'étoit allant à vêpres à Picpus, d'où on le devoit mener au bois de Vincennes. Cet avis, donné avec toutes ces circonstances, fît que, sans prendre congé du Roi, il se retira, vers la mi-mars, en son gouvernement, d'où il lui fit excuse de son subit partement sur le droit que chacun a de pourvoir à sa sûreté. Ce prince, en son passage chez le marquis de Villars, fait savoir à la Reine que la réputation d'être son serviteur lui avoit pensé coûter la liberté, et qu'elle devoit donner ordre à se garantir elle-même ; à quoi et à tout ce qui seroit de ses desseins il offrit sa vie et celle de ses amis ; que de ce pas il les alloit rallier pour se mettre en état de lui être utile : sur quoi il la supplioit lui faire savoir ses volontés. Chanteloube, qui avoit intelligence particulière avec lui, y fut envoyé, qui en reçut les offres et lui fît promesse de protection contre la violence de Luynes.

On écrivit lors en tous les gouvernemens voisins dudit duc qu'on prenne garde à ses actions ; mais on envoie quant et quant dans plusieurs places du gouvernement de la Reine les mêmes dépêches, sans lui en donner communication ; quelques-unes prennent les armes et font garde sans attendre ses ordres. Cette procédure ne fut approuvée de personne, et fut jugée pleine d'un extrême mépris. Cela se convia de se plaindre au Roi des mauvais conseils qu'on lui donnoit. Luynes donna charge, quand il l'eut ouï, de ne point faire éclater cette plainte ; n'ayant pas à payer d'une meilleure excuse, rejeta toute la faute sur le secrétaire d'État ; et quant et quant fait partir le Roi de Fontainebleau sans prendre l'avis du conseil, et le mène à Orléans à la sollicitation de M. le prince, par le seul conseil de ses ennemis ; d'où il dépêcha M. de Montbazon à la Reine, sans lui en avoir auparavant mandé aucune chose, pour la convier de venir se rendre auprès du Roi.

Ce changement si précipité lui fît croire qu'ils désiroient, pour sa perte, ce à quoi ils se sont toujours opposés au désavantage de l'État. On parloit sourdement de la mener à Bourges ou en Picardie. Elle étoit avertie, de très-bonne part, de leur mauvais dessein. Cependant elle offre

---

(1) Nous avons transcrit ce mot tel qu'il est dans le manuscrit ; nous n'en comprenons pas le sens.

d'aller, pourvu que ce soit en lieu non suspect, et où plusieurs puissent être témoins de la netteté de sa conduite. Elle propose Paris, le cœur de la France ; on la refusa, et dit-on ouvertement que Luynes étoit si fort dans la haine de ce peuple, qu'il ne s'y pouvoit fier. L'instruction du duc de Montbazon, qu'il montra ou par simplicité ou par industrie, portoit sur le front l'appréhension que le sieur de Luynes avoit de la Reine, et le désir qu'ensuite il avoit de s'en assurer une bonne fois pour toutes. Il étoit aussi chargé de menaces contre moi qui avois le soin de ses affaires.

Tout cela, néanmoins, étoit déguisé sous de belles paroles. Il devoit dire à la Reine que le Roi ne pouvoit plus patienter sans la voir ; vouloit toutefois que ce fût sans la contraindre en quoi que ce pût être. Et afin qu'elle le vît clairement, et ne pût prendre ni ombrage ni fâcherie du désir de Sa Majesté, elle lui offroit de s'avancer, s'il lui plaisoit, ou à Blois ou à Tours où elle le verroit ; que là il sauroit d'elle en la voyant si sa volonté n'étoit pas de s'en retourner avec lui à Paris, et ne se plus séparer l'un de l'autre. Si elle le vouloit, ce seroit contentement au Roi ; si aussi elle n'étoit pas disposée de l'accompagner si promptement, il lui seroit permis de retourner à Angers ; d'où même, si elle ne vouloit pas encore, pour quelque raison, partir de quelque temps et qu'elle fût en peine de voir le Roi s'approcher, il s'en retourneroit incontinent à Fontainebleau, pour faire connoître à un chacun que ce n'étoit que pour la voir de son bon gré qu'il étoit parti, et que pour rien du monde il ne la contraindroit en ce qu'elle ne voudroit pas.

Quant à moi, il avoit charge de me dire, en paroles expresses, que le Roi trouvoit fort étrange le procédé de la Reine ; qu'on étoit averti des mauvaises impressions que la Reine donnoit de la conduite du Roi envers elle ; ce que Sa Majesté ne pouvoit souffrir, ni qu'on fâchât son bon naturel en une chose si sainte, et de laquelle il est aussi innocent que ceux qui sèment ces mauvais discours peu reconnoissans envers lui, qui enfin, si cela continue, sera obligé d'en venir à la cause ; qu'elle n'a que deux moyens de se justifier vers le Roi, ou de venir promptement à sa cour, ou, n'y venant point, de publier dedans et dehors le royaume le contraire de ce qu'on y a fait entendre en son nom ; qu'elle ne doit trouver mauvais que le duc de Montbazon soit parti sans lui en avoir donné avis auparavant, pource que, si son voyage eût été su, on lui eût donné de vaines appréhensions, tout aussi bien que du partement du Roi pour aller à Orléans ; dont les méchans sont autant marris qu'ils craignent le parfait accommodement de Leurs Majestés ; qu'elle ne devoit s'arrêter à demander aucune chose auparavant que de voir le Roi, pour ce qu'en une heure, en le voyant, elle en obtiendra davantage qu'elle ne fera en son absence en dix années entières ; que c'étoit à moi à lui représenter toutes ces choses, et lui persuader d'ajouter foi à la parole du sieur de Luynes, l'intérêt duquel étant au repos de l'Etat, son plus grand désir ne pouvoit être que d'une bonne et sincère intelligence entre Leurs Majestés ; que je pouvois, ce faisant, tout espérer de Sa Majesté, et qu'il n'y avoit degré d'honneur en ma profession auquel je ne pusse et aspirer et atteindre ; que si aussi les choses alloient autrement qu'on ne désiroit, on m'imputeroit le tout, sachant bien la créance que la Reine avoit en moi ; à laquelle ledit Luynes avoit contribué ce qu'il avoit pu, faisant agréer au Roi que je retournasse d'Avignon pour l'aller servir : et pour fin qu'on savoit bien que la Reine étoit bonne, et ne pouvoit partant avoir autres volontés que celles du Roi, et si elle en avoit d'autres, ce seroit que ceux en qui elle a confiance les lui feroient avoir, interprétant malicieusement à mal les bonnes et justes intentions de Sa Majesté.

Je ne lui fis autre réponse, sinon que j'étois assuré qu'en servant la Reine je ne mériterois jamais que la louange qui est due à ceux qui font leur devoir ; que je ne savois pas si je me pourrois garantir du mal en bien faisant, mais que je le pouvois assurer que ses menaces ne me feroient aucune peur et ne produiroient autre effet en moi que de me redoubler le courage à bien faire.

La Reine lui dit aussi que c'étoit un mauvais moyen pour la persuader d'aller trouver le Roi de venir au-devant d'elle à main armée ; que si on passoit outre, elle seroit obligée de rechercher d'autres moyens légitimes pour se garantir des mauvaises volontés de son gendre (1), en la parole duquel elle ne se pouvoit fier, vu qu'il l'avoit trompée en toutes celles qu'il lui avoit données, bien même que le prince de Piémont en fût répondant.

M. de Montbazon lui offrit lors faire retourner le Roi à Fontainebleau pour lui ôter les ombrages.

Elle accepte le parti ; et, de crainte qu'il ne rapporte assez fidèlement ses volontés, envoie le sieur Bouthillier en cour pour les faire exécuter ; la charge de demander l'exécution du traité d'Angoulême, de faire plainte au Roi, de sa part, des avis qu'on a donnés ès places de son gouvernement sans lui en donner connoissance ; de lui représenter que son but va à deux choses,

(1) C'est-à-dire Luynes, gendre du duc de Montbazon.

ou à être à Paris avec honneur près de lui, ou à demeurer chez elle sans mépris et sans persécution; que, sur le bruit qui court de la sortie de M. du Maine, elle ne se portera à chose qui lui puisse déplaire, pourvu qu'on ne lui veuille point faire de mal; qu'elle s'est proposé, premièrement d'avoir M. de Luynes pour ami; depuis, de ne l'avoir pas pour ennemi; que, demeurant en ce dernier point, elle prendra patience et vivra en son particulier, mais qu'elle seroit satisfaite ayant son amitié. M. de Luynes, qui ne chérissoit que les apparences de faire croire qu'il contribuoit ce qu'il pouvoit à faciliter leur entrevue, conseille au Roi de retourner à Paris, d'où il dépêche vers elle le sieur de Blainville à la mi-mai, la priant d'ajouter une même croyance aux choses qu'il avoit traitées de sa part, qu'elle feroit à lui-même.

En même temps il fait partir les ambassadeurs que le Roi envoie en Allemagne pour moyenner, par son autorité, l'accommodement des troubles dont nous avons parlé l'année précédente. Les ambassadeurs étoient M. d'Angoulême, accompagné des sieurs de Béthune et de Préaux-Châteauneuf. La guerre y étoit cruellement allumée, tous les princes d'Allemagne avoient armé; Cologne et Trèves levèrent bon nombre de gens de guerre, qu'ils envoyèrent au duc de Bavière qui servoit l'Empereur, mais qui ne purent passer le long du Palatinat, que par une mutuelle promesse qui fut faite par les évêques de Wutzbourg et de Bamberg, de laisser semblablement passer les troupes qui seroient envoyées de Hollande et ailleurs au parti protestant.

Le duc de Saxe, voyant tout en armes autour de lui, arma aussi; ce dont les Bohêmes lui ayant envoyé demander la cause et son assistance, il leur répondit que, d'assistance ni de conseil en leurs affaires, il ne leur en donneroit point, vu qu'ils avoient entrepris ce qu'ils avoient fait sans son avis, et contre l'Empereur qui étoit leur Roi, et qu'ils avoient reconnu pour tel; qu'il ne rendroit aussi raison de ce qu'il faisoit qu'à l'Empereur; néanmoins qu'il vouloit bien leur dire, pour les ôter de peine, qu'il n'armoit que pour défendre son pays contre ceux qui voudroient entreprendre contre lui.

Sa Majesté impériale fit un édit le 17 février, par lequel elle cassa le couronnement de l'électeur palatin en Bohême, le convia de se désister de cet attentat, ses sujets de revenir à lui, les princes électeurs de lui prêter main-forte, et les rois et princes étrangers de l'assister en une cause si juste et qui, par exemple, regardoit un chacun d'eux en particulier.

Au mois suivant on tint à Mulhausen une assemblée des électeurs et princes de l'Empire, tant catholiques que de la confession d'Augsbourg, qui étoient demeurés en l'obéissance de l'Empereur; lesquels, après avoir considéré non plus tant les périls que toutes sortes de maux qui les environnoient, et dans lesquels ils étoient plongés pour la rébellion de Bohême, et la folle et ambitieuse entreprise de l'électeur palatin, ils écrivirent audit électeur sans lui donner le titre de roi, aux Etats de Bohême, et à tous les princes, Etats et noblesse qui étoient de leur ligue, et leur représentèrent à tous l'injustice de leur procédé; les conviant de revenir à leur devoir, tant pour leur honneur que pource qu'ils ouvroient la porte au Turc, qui, s'il prenoit ce temps, pouvoit envahir l'Allemagne sans résistance, et, particulièrement, mandèrent au palatin qu'il se souvînt que, contre leur avis, il avoit accepté la couronne qui n'étoit point vacante, y ayant lors un roi élu et couronné; ce qui étoit à lui d'autant plus mauvaise grâce, qu'il l'avoit reconnu lui-même pour vrai roi; qu'enfin l'Empereur en viendroit aux remèdes extrêmes, qui lui pourroient importer plus qu'il ne pensoit. Il répondit à ces lettres qu'il avoit procédé avec justice en ce qu'il avoit fait, et qu'il se sauroit bien défendre.

Les princes et Etats protestans, qui en même temps s'étoient assemblés à Ulm, répondirent aussi de la même teneur. Ensuite de quoi l'Empereur fit publier des lettres monitoriales contre le prétendu roi de Bohême, lui enjoignant de poser les armes et se départir de toutes prétentions au royaume de Bohême dans le premier jour de juin, ou, s'il ne le faisoit, Sa Majesté impériale procéderoit contre lui par la rigueur des ordonnances et constitutions de l'Empire. Semblables lettres, portant les mêmes menaces, furent expédiées et adressées à tous les princes, seigneurs et Etats de l'Empire qui suivoient son parti.

Les affaires d'Allemagne étoient en cet état quand nos ambassadeurs partirent, lesquels s'acheminèrent en diligence à Ulm, tandis que l'assemblée des princes protestans s'y tenoit.

Le duc de Luynes se servit de ce voyage pour représenter à la Reine la glorieuse conduite des affaires du Roi, qui en étoit en telle estime en la chrétienté, que si on savoit qu'il y eût de la mésintelligence entre Leurs Majestés, le blâme en seroit tout entier attribué à la Reine.

Blainville ne manqua pas de le bien faire valoir à son arrivée à Brisac, où il trouva la Reine, à laquelle il donna une lettre du Roi, qui lui mandoit que le désir qu'il avoit de la voir l'ayant fait acheminer vers elle, il a pris résolution de s'en retourner ainsi qu'elle l'a souhaité; qu'il y séjournera encore (1) attendant sa résolution; que le sieur de Blainville l'assurât de son affection, la priant d'ajouter la même foi à ce qu'il lui dira, tant sur ce sujet que sur autre dont il lui a donné charge de lui parler de sa part, qu'elle feroit à lui-même.

Il fit à la Reine plusieurs propositions générales et particulières pour essayer, par la considération de ses propres intérêts, à la faire départir de la protection de ses amis. Les particulières furent que le Roi donneroit tout contentement à la Reine pour le paiement des arrérages de ses appointemens, et autres deniers qui lui étoient dus ; qu'il accordoit que sa compagnie de chevau-légers fût mise sur pied; que les pensions de ceux qui l'avoient servie fussent continuées ; qu'il trouvoit bon que les avocats d'Angers fussent exceptés de la rigueur de l'édit des procureurs, après lui avoir fait connoître le droit de cette exemption. Les générales, qu'il falloit travailler à faire un accommodement entier, et nouer une parfaite intelligence entre le Roi, la Reine sa mère, et M. de Luynes; qu'elle avoit sujet de désirer la conservation de M. d'Epernon qui l'avoit servie, mais qu'elle devoit abandonner M. du Maine et autres qui voudroient suivre le chemin qu'il avoit pris. Il offrit encore le gouvernement de Nantes, et proposoit à l'évêque de Luçon qu'il l'auroit en son nom pour faciliter les affaires, ce qui fut refusé.

La Reine fit réponse sur ces particularités, que, lui donnant ces contentemens, le Roi faisoit beaucoup plus pour lui que pour elle, parce qu'en lui déniant il souffroit en sa réputation, et elle seulement en ses biens; qu'elle n'avoit jamais rien tant désiré que cet accord et parfaite intelligence; qu'il n'y avoit rien qu'elle ne fît pour y parvenir; que deux choses lui ont apporté de grandes défiances; l'une, qu'ayant poursuivi instamment son retour près du Roi, et prié plusieurs fois qu'on lui envoyât M. de Montbazon, pour cet effet, non-seulement on ne lui avoit pas envoyé, mais qu'on fait tout ce qu'on peut pour la détourner de ce dessein, entreprenant toutes les choses importantes sans qu'elle en eût aucune connoissance, et souffrant que M. le prince lui rende des témoignages de mauvaise volonté sans aucun sujet.

L'autre chose est qu'après lui avoir long-temps refusé le bien qu'elle désiroit avec tant d'ardeur, il lui a été offert en apparence tout d'un coup, sur des occurrences et avec des circonstances capables de donner de l'ombrage, et d'apporter de l'étonnement aux esprits les plus fermes et les plus solides.

(1) A Orléans.

Quant à M. du Maine, qu'elle n'a su aucune chose du dessein qu'il avoit de partir de la cour; mais en l'état où il est à présent, outre qu'il n'y a personne qui, sur l'appréhension qu'il a eue, ne se fût sauvé par la même voie, il lui est impossible de voir entreprendre sa ruine sans appréhender que ceux qui lui sont mal affectionnés ne procurent par après la sienne; que les choses étant au point où elles sont, il est bien plus à propos de ne laisser rien en arrière, et de venir à un accord entier avec des sûretés raisonnables; que pour montrer que de sa part elle veut observer inviolablement sa parole, elle en rendroit volontiers dépositaires, si le Roi l'a agréable, les parlemens de son royaume; qu'elle désire aussi que, par le commandement du Roi, ils lui répondent de celle de M. de Luynes; en sorte qu'ils aient charge, sans recevoir de nouveaux ordres, de faire ce qu'ils estimeront raisonnable, au cas qu'on contrevienne aux paroles données (2); que si on trouve d'autres meilleures voies, elle est disposée à les embrasser, suppliant le Roi de considérer qu'elle ne demande autre chose que pouvoir être près de lui avec la sûreté que doit avoir une mère près de son fils.

Après le départ de Blainville, la Reine dépêcha au Roi le sieur de Breauté, son premier écuyer, pour représenter à Sa Majesté les mêmes choses qu'elle avoit dites audit sieur de Blainville, avec cette différence que, là où le sieur de Blainville avoit commencé par les choses particulières, il eut charge de commencer par les générales; témoignant au Roi le désir extrême qu'elle avoit de le voir et se rendre auprès de lui, et ce qu'elle a fait à cette fin sans y pouvoir parvenir; que Sa Majesté avoit fait des ouvertures au sieur de Blainville des moyens qui peuvent lever les ombrages que les différens procédés lui ont apportés; si l'on en trouve de meilleurs et raisonnables, elle étoit prête de les embrasser; ne désirant rien avec plus de passion que d'être près de lui avec autant de sûreté contre ceux qui lui pouvoient être mal affectionnés, qu'elle s'assure en avoir dans le bon naturel du Roi son fils.

Elle lui commanda aussi de faire voir à un chacun le peu d'apparence qu'il y avoit en la nouvelle que l'on a fait courir, que la Reine désiroit la guerre, et faisoit armer publiquement. Longueval, que l'on a envoyé à Angers sur ce sujet, a reconnu la fausseté de ce bruit; que Sa Majesté a assez fait connoître combien elle est désireuse du repos public, l'ayant maintenu pendant qu'elle a gouverné; que ce sont artifices de

(2) Cette intervention des parlemens, proposée par la Reine, est certainement remarquable.

ceux qui, désirant la guerre, font tout ce qu'ils peuvent pour obliger Sa Majesté, non-seulement à une défense nécessaire, mais même à entreprendre quelque chose pour l'appréhension du mal qu'ils lui veulent faire paroître inévitable, et par ce moyen rejeter sur la Reine le mal dont ils sont les auteurs; que si on lui parloit de ceux qui prenoient part à ses intérêts, il répondît suivant ce qui s'en étoit dit à M. de Blainville, que la Reine ne feroit jamais rien sans eux. Pour les choses particulières, si les promesses qu'avoit apportées M. de Blainville étoient effectuées, il fit connoître que la Reine prendroit cela comme un bon commencement pour bien espérer du reste; si elles ne le sont pas, il pressât pour faire qu'elles le fussent comme chose très-juste.

Breauté ayant fait ce qui lui avoit été ordonné, Blainville revint avec une lettre du Roi qui mandoit à la Reine que le voyage dudit Blainville ayant réussi autant à son contentement que la disposition en laquelle il l'a trouvée lui pouvoit faire espérer, il le renvoie vers elle avec une pareille croyance que la précédente, qui sera telle qu'elle auroit à lui-même; qu'il lui mande le temps qu'elle désire pour lui faire savoir sa résolution, lui promettant de contribuer une entière affection pour son contentement.

En effet, il rapporta à la Reine quelque contentement sur une partie de ses affaires domestiques, comme le paiement de cinquante et tant de mille écus dus du temps d'Angoulême, et la permission de mettre sa compagnie de chevau-légers sur pied. Pour les garnisons d'Angers et du Pont-de-Cé, et pour les pensions de la noblesse qui étoit auprès d'elle, il donna du papier et point d'argent; mais il fit entendre à la Reine que le Roi trouvoit très-mauvaise l'ouverture des parlemens, comme préjudiciable à son autorité. Il avoit pensé une chose plus convenable et plus sûre : que le Roi lui-même s'engageroit à lui faire rendre par M. de Luynes le respect et le service qui lui étoient dus.

La Reine repartit que les parlemens tenant leur autorité du Roi, elle n'a pas cru, en faisant cette ouverture, blesser celle de Sa Majesté particulièrement, vu qu'elle ne prétend qu'ils agissent en cette occasion par le droit de leurs charges, qui ne s'étend pas jusque-là, mais par commandement et par commission particulière du Roi; qu'elle ne peut abandonner ses amis, tant parce qu'elle aimeroit mieux mourir que de commettre une action si peu honorable, que parce qu'aucuns ne sont mieux attachés au service du Roi que ceux qui ont quelque affection pour elle; que pource que quelques particuliers ne lui voulant du bien, ce seroit une grande imprudence à elle de se séparer de ses amis, pour se fier tout-à-fait en leur parole.

Blainville, néanmoins, la pressa si puissamment de se confier en la parole du Roi et en la résolution forte que Luynes avoit prise de la servir, qu'elle demanda trois semaines pour en prendre avis de ses amis, et voir avec eux si cette sûreté seroit suffisante.

Depuis, le sieur de Blainville ayant encore séjourné trois ou quatre jours, pour lui faire connoître qu'on ne vouloit point rompre la négociation, on lui proposa que si le Roi avoit agréable que la Reine demeurât en son gouvernement, et ses amis et serviteurs aux leurs, jusqu'à ce qu'elle eût les effets que l'on lui promet, tant pour elle que pour eux, elle y demeureroit, pourvu qu'elle demeurât liée avec sesdits amis et serviteurs; en sorte que si on lui manquoit, le Roi eût agréable qu'ils se joignissent pour sa défense; ce que le sieur de Blainville se chargea de proposer.

La mauvaise volonté que les Luynes portoient au duc d'Epernon pour l'amour de la Reine, leur avoit fait assembler une armée en Champagne pour favoriser une entreprise qu'ils avoient sur la ville de Metz, les habitans de laquelle se faisoient forts de se rendre maîtres de la ville et de la citadelle, et en chasser le sieur de La Valette ; mais ils furent prévenus de lui et désarmés, et, l'armée passant assez proche de la ville, dix-sept compagnies de gens de pied se détachèrent de la troupe, et, enseignes déployées, s'y allèrent rendre pour le service du duc d'Epernon.

Blainville en fit plainte à la Reine, qui lui répondit qu'elle en écriroit au sieur de La Valette, pour apprendre les particularités de ce fait et en informer le Roi; qu'elle s'assuroit cependant qu'en cela il n'avoit eu aucune mauvaise intention contre le service du Roi, auquel elle l'avoit toujours cru extrêmement porté; qu'il y a très-grande différence entre ce qu'on fait à mauvais dessein pour troubler le repos de l'Etat, et ce qu'on fait pour sa sûreté et pour se garantir d'oppression; l'un étant criminel et punissable en tout temps, et l'autre, sinon innocent, au moins excusable en quelques occasions où la violence de quelques particuliers prévaut.

Elle dépêche au Roi le vicomte de Charmel pour lui dire les mêmes choses de sa part, et le supplier de ne se pas laisser persuader à des personnes mal affectionnées, qui, interprétant sinistrement les actions d'autrui, veulent, sous ce prétexte, porter les choses à la guerre, laquelle surtout elle prie Dieu de détourner et ne permettre que le royaume se divise et se désole soi-même.

Durant ce temps elle est plusieurs fois sollicitée d'aller en cour ; mais n'ayant pu, au voyage qu'elle fit à Tours, parler une seule fois au Roi en particulier, pour le soin que ceux qui abusent de son oreille avoient d'être toujours près de lui, non-seulement ne prévoit-elle pas que sa présence sera inutile aux désordres, mais, qui plus est, elle tient pour chose assurée qu'il lui sera impossible de les représenter sans éclat.

Elle craint que beaucoup de gens qui jugent des choses plus par les événemens que par la raison, voyant que là sa présence n'apportera aucun tempérament aux déréglemens connus de tout le monde ; sans considérer le sanglant déplaisir qu'elle en aura, perdent la bonne opinion qu'ils ont d'elle, et lui donnent part au blâme seulement mérité par les auteurs de si détestables actions.

En un mot, les Luynes convioient la Reine d'aller à la cour, et l'appréhendoient extrêmement. La Reine témoignoit y vouloir aller, et avoit une fin contraire. Luynes croyoit que la Reine le pourroit perdre aisément étant dans la cour ; et elle ne jugeoit pas y pouvoir avoir sûreté, ses ennemis y étant si puissans : ainsi chacun étaloit de belles apparences et avoit des desseins tout contraires.

Elle craint qu'étant à la cour on ne prenne des ombrages d'elle sans sujet, qu'on suppose qu'elle fasse des cabales avec ceux qui la verront, qu'on impute des crimes aux siens, comme on a fait par le passé, pour, en les perdant méchamment, prendre prétexte de la perdre elle-même. L'armée de Champagne lui fait appréhender qu'on exécute d'autant plus volontiers l'entreprise qu'on a sur Metz, que, la tenant en main, on tiendra celle qui devoit et pouvoit en avoir du ressentiment. Toutes ces considérations lui font différer son voyage, et envoyer au prince de Piémont, pour le prier d'intervenir comme caution de Luynes.

A lettre vue, il envoie le comte de Verue en cour, pour représenter au sieur de Luynes, de sa part, les contraventions faites aux traités dont par le commandement du Roi, et pour son service, il s'est rendu garant, le presse de ne permettre pas que ce qu'il a fait pour l'établissement de sa fortune puisse tourner au préjudice de sa réputation et de sa parole, dont il est si jaloux qu'il perdroit plutôt la vie que de souffrir qu'elle fût violée.

La Reine se délibère, durant cette négociation, de penser tout de bon à sa sûreté, me commande d'y songer mûrement, comme au coup décisif de son bonheur ou de sa misère.

Je lui représente qu'il faudroit être aveugle pour ne voir pas le préjudice que reçoit la France des déportemens des favoris ; la haine que leur audace attiroit sur la personne du Roi, et comme, en son particulier, elle ne jouissoit pas des honneurs de la liberté et du rang que sa naissance et les services qu'elle avoit rendus à l'Etat lui avoient justement acquis ; que la difficulté ne gisoit pas à connoître le mal, mais à y trouver un remède moins dangereux que la maladie ; que ce n'étoit pas assez en une affaire de se proposer une bonne fin, mais qu'il falloit encore ne prendre que des moyens honorables et utiles ; qu'il n'y en avoit que deux, qui n'étoient pas seulement différens, mais du tout contraires ; que l'un requéroit sa présence en cour, et l'autre son éloignement ; que le premier consistoit à s'approcher du Roi, parler hautement au connétable (1), et utilement pour le bien de l'Etat ; se déclarer ennemie, non des favoris, mais de leurs actions ; dire en toute occasion la vérité, quoiqu'elle fût désagréable ; n'épouser aucun intérêt particulier pour soi, et représenter au Roi la conduite que son bien et la nécessité de ses affaires l'obligent de tenir. Le deuxième consistoit à se fortifier d'amis, d'argent et de gens de guerre, et demander, après ces précautions, l'éloignement du connétable comme ennemi de l'Etat.

Que le premier lui (2) sembloit d'autant meilleur que l'autre, qu'il ne requéroit autre force que celle du courage et de l'esprit de Sa Majesté, et qu'il étoit capable de produire tout bien par voies justes et légitimes, et incapable de produire du mal ; qu'à la vérité il y avoit quelque danger en l'événement de ce conseil, mais qu'il sembloit être plus grand pour ses serviteurs, qui pour son bien en prendroient volontiers le péril, que pour elle-même, dont la qualité sembloit la mettre à couvert ; étant infaillible que les pierres s'élèveroient pour accabler ceux qui voudroient ôter la liberté ou la vie à celle qui l'a si souvent hasardée pour la conserver à l'Etat. Pour le deuxième, qu'il y avoit beaucoup d'inconvéniens, celui de la guerre, qui est très-grand en soi et plus grand en l'esprit des peuples, qui l'ont en telle horreur, que, sans examiner qui a le droit, ils veulent autant de mal à ceux qui en sont l'occasion, comme s'ils en étoient la cause ; que Luynes, en sa conduite, a cet avantage d'être à l'ombre de l'autorité royale, qui feroit paroître les armes que ledit connétable prendroit contre la Reine aussi raisonnables qu'elles seroient injustes ; que la raison est inutile sans la puissance ; que la puissance dépend de trois choses, de deniers, de

(1) Au sieur de Luynes, qui fut plus tard connétable.
(2) Pour *me*.

places et d'hommes. Pour les deniers, que ce qui étoit beaucoup en affaires particulières devoit être estimé pour rien, en considération des frais extraordinaires qu'il faut faire dans une si haute entreprise. Pour les places, que toutes étoient bonnes en temps de paix, mais peu en temps de guerre, et nulles munies de sorte qu'elles puissent résister à une armée royale. Pour les hommes, qu'ils seroient ou Français ou étrangers; si Français, légers et sujets à quitter les partis où ils se mettent; si étrangers, qu'ils n'auroient autre fin que faire leurs affaires en France, et déchirer et diviser, s'ils pouvoient, l'Etat auquel ils n'auroient point de part; qu'on suivra sa fortune, ou par vertu ou par intérêt; que des uns le nombre en est petit, des autres fort grand, mais peu de moyens de les retenir, le déréglement des esprits étant tel, qu'un avantage qui eût autrefois contenté un prince ne satisferoit pas maintenant un suivant.

Qu'ainsi il arriveroit qu'on n'auroit pas seulement à combattre ceux qui seroient ouvertement ses ennemis, mais encore ceux qui seront du même parti; que les huguenots, nonobstant ses continuels refus, prendroient les armes en sa faveur, ou qu'ils lui seroient contraires; que s'ils les prenoient, elle auroit réputation d'avoir fait un parti avec eux, et d'avoir contribué à leur accroissement : ce qui est incompatible et avec le zèle qu'elle a à la vraie religion, et l'intérêt qu'elle prend en leur affoiblissement, et en la grandeur du Roi son fils; que s'ils sont contraires, après l'avoir souvent sollicitée de faire mal, ils ne laisseroient pas de tirer vanité d'avoir suivi les volontés du Roi, et combattre ses armes; que Luynes avoit la haine, et elle l'amour de tous les peuples; qu'il étoit à craindre que la guerre ne tournât la chance, et partant elle n'y eût beaucoup plus de perte que de profit, puisqu'en cela consistoit sa principale force; que l'on lui pourroit ménager de grands avantages dans l'opinion qu'on avoit de ses forces, où les armes étant journalières, si le succès des siennes étoit malheureux, comme il est à craindre, elle seroit à jamais destituée de tout crédit; que c'étoit souvent une grande prudence de n'user pas de l'excès de sa puissance, principalement quand les effets en sont douteux; que sa force dépendoit de ses amis, qui étoient liés à elle, ou par les mécontentemens qu'ils avoient reçus des favoris, ou par l'amour qu'ils portoient à sa personne; que de ce dernier genre il y en avoit peu, la vertu nue étant rarement suivie; que du premier il n'en falloit pas faire grand fondement, puisque ôtant la cause l'effet cesseroit, et que le connétable qui pouvoit tout, et n'avoit autre but que la ruine de Sa Majesté, n'épargneroit rien pour les soustraire de son service; que la guerre ne pouvoit avoir que deux issues, ou la perte ou le gain; que si on perdoit on étoit perdu pour jamais, étant impossible de modérer la victoire de personnes dont le courage est si bas et si animé; que si on gagnoit, et que l'avantage des armes donnât moyen d'obtenir la perte de Luynes par les voies de justice, il étoit à craindre que le Roi n'en eût du ressentiment, et que le malheur qui lui seroit arrivé ne couvrît à jamais en son esprit la grandeur de ses crimes; que si, les forces étant égales, on venoit à faire une paix, que cette paix auroit pour sûreté, ou la seule parole du Roi, ou des places et des forces; si sa parole, le peuple auroit beaucoup enduré, et la Reine fait de grandes dépenses sans améliorer sa condition; si des places, on seroit réduit à se cantonner, et, en cherchant sûreté contre Luynes, faire en apparence contre le respect qu'on doit à son souverain; que beaucoup de ceux qui s'étoient rendus auprès d'elle ne pouvoient demeurer en paix ni faire la guerre; qu'ils faisoient les mauvais, éloignés des ennemis, et perdroient cœur quand on en viendroit aux lances baissées; que malheureux étoit le chef d'un parti quand son autorité n'étoit que précaire; que, pour éviter un tyran en la personne de Luynes, elle en rencontreroit vingt, étant certain que tous ceux qui la serviroient, elle ne les auroit pas seulement pour compagnons, mais pour maîtres; qu'en toute affaire, avant d'y entrer, il falloit considérer comment on pourroit en sortir.

La Reine fut touchée de ces raisons, et en eut l'esprit fort partagé; mais, voyant que le premier moyen n'eut que deux ou trois défenseurs, qui furent Marillac, le père Suffren et moi, et que tout le monde concluoit au second à cause de l'apparente force dont elle étoit accompagnée, elle se résolut de s'en servir (1). Sur cela elle fut conseillée de le faire avec la modération suivante: savoir est de faire armer ses amis et elle de tous côtés, pour faire montre de ses forces; donner au Roi les conseils qu'elle juge nécessaires; étonner ses ennemis par la crainte de ses armes; et, à l'extrémité, souffrir plutôt le mal que d'en venir aux mains. Cette résolution fut prise, mais il fut impossible de l'exécuter, à cause des malheurs qui arrivèrent coup sur coup précipitamment en cette affaire.

Les ducs de Vendôme et de Longueville, craignant être arrêtés, s'étoient retirés de la cour; l'un prit le chemin d'Anet, et de là à Vendôme;

---

(1) Il n'est pas douteux qu'on lise ici, comme dans tout ce qui précède, une transcription exacte de ce qui fut alors adressé à la Reine ou par elle.

l'autre prit celui de Normandie. Le duc de Nemours fit le semblable, le comte de Soissons et madame sa mère suivirent bientôt après, et s'en allèrent à Dreux. Le dernier qui s'échappa fut le chevalier de Vendôme.

La principale cause qui le jeta (1) dans le parti de la Reine fut, outre la vieille querelle entre M. le prince et feu M. le comte de Soissons, l'intime intelligence de M. le prince avec le duc de Luynes, qu'il regardoit comme l'auteur de sa liberté, et son allié, à cause du mariage projeté entre la fille du duc de Luynes et le second fils du duc de Guise, l'aîné duquel devoit épouser mademoiselle de Bourbon, et, d'abondant, une nouvelle querelle qui s'émut entre eux sur le sujet de présenter au Roi la serviette à son dîner; M. le prince prétendant que cet honneur étoit dû à sa qualité, et l'autre à sa charge de grand-maître, se rencontrant en un prince du sang. Le Roi, qui ne voulut juger ni pour l'un ni pour l'autre, se la fit présenter par Monsieur (son frère). En cette querelle, M. le prince fut assisté par le duc de Guise et tous les amis du duc de Luynes; le comte de Soissons par M. du Maine et tous ceux qui étoient mécontens de la faveur. Cette querelle donna M. le comte à la Reine-mère, le parti de laquelle n'en fut pas néanmoins beaucoup fortifié.

Mais tout cela, hormis le duc de Longueville seul, alla fondre à Angers par une imprudence extrême, et faute de conseil, qui est un manquement assez ordinaire à la jeunesse de nos princes et de notre noblesse. Leur venue chargea et incommoda la Reine à Angers, et fut contraire au bien de son service et à son intention; car, ne voulant pas la guerre, mais bien la modération de Luynes, elle désiroit qu'ils allassent en Normandie, afin de faire d'autant plus appréhender une grande puissance, qu'on la verroit séparée et bien établie en divers lieux. Etant venus, la division se mit dans les conseils; ils en vouloient être les maîtres. Le duc de Vendôme poussa M. le comte à désirer en être le chef, et persuada madame la comtesse à avoir la même prétention pour lui. Ils s'opposèrent tous à ce qu'on fît venir M. du Maine, à la réputation duquel ils seroient obligés de céder. Les uns vouloient qu'on écrivît un manifeste sanglant, sans s'armer, afin de rendre l'affaire irréconciliable; les autres ne vouloient point signer le manifeste, prétextant leur dessein du respect qu'ils devoient à la Reine, la voulant laisser signer seule, mais en effet pour rendre, en cas de désordre, leur accommodement plus facile. Tous vouloient de l'argent, et promettoient des merveilles; ils pri-

(1) Se rapporte au jeune comte de Soissons.

rent l'un, manquèrent à l'autre, et ne trompèrent personne, parce qu'on n'avoit rien attendu d'eux.

Le duc de Florence trompa la Reine plus honteusement qu'aucun; car, lui ayant été envoyé par elle le capitaine Gamozino, pour, après lui avoir représenté ses justes sujets de plaintes contre Luynes, et l'assistance qu'elle avoit des princes et seigneurs, qui lui donnoient espérance de pouvoir parvenir à un raisonnable accommodement, le prier de lui remettre l'argent qu'il avoit à elle, il donna avis de tout à M. de Luynes, et ne se voulut dessaisir que d'une partie de l'argent qu'il avoit en dépôt. Cependant la Reine se trouvoit bien empêchée, vu que la venue de tous les princes lui attira les forces que Luynes avoit fait préparer, sous le nom du Roi, sur les bras, ne lui en apporta point pour se défendre, ains l'affoiblit par la cherté des vivres et la dissipation de ses propres finances.

Depuis leur arrivée je n'eus pas grand'part dans les résolutions publiques, non que ma créance diminuât auprès de ma maîtresse, mais elle-même fut contrainte de s'accommoder aux opinions de M. de Vendôme, qui avoit formé une cabale pour emporter par le nombre des voix ce qu'il ne pouvoit espérer par la force de ses raisons. M. le prince, averti de ces divisions, qui avoit éprouvé la puissance du nom et de la présence du Roi contre les soulèvemens, sachant la difficulté qu'il y a d'assembler des troupes sous des commissions particulières, conseille au Roi d'avancer promptement ses armes, dit à M. de Luynes qu'il y a péril dans le retardement et sûreté dans la diligence. Mais ses raisons ne firent pas sitôt impression dans son esprit, parce qu'il craignoit ses ennemis et se défioit de ses amis.

Il voyoit que tout le monde favorisoit la Reine, que chacun se déclaroit contre lui, que jamais parti n'avoit été si grand, que ce n'étoit pas l'argent qu'elle pouvoit donner, moyen par lequel il lui eût été impossible de contenter la moindre partie de ceux qui l'assistoient, mais la seule commisération de voir une personne de sa qualité si maltraitée, et l'aversion qu'on avoit de sa personne et de ses comportemens. Le consentement universel des grands et des petits conspirant à même dessein, le reproche de sa conscience, l'Etat qui par sa mauvaise conduite étoit menacé d'une entière subversion, lui faisoient appréhender un changement de fortune.

Comme il étoit en ces irrésolutions, plus préparé à fuir et mener le Roi à Amiens (ce que ses pères m'ont depuis déclaré) qu'à se défendre, on lui donne avis que M. de Longueville, qui étoit en Normandie, alloit abandonner Rouen sur le seul bruit de la venue du Roi en ces quartiers. Le sieur de Rouville, qui étoit homme de cœur, ne lui put jamais faire prendre aucune résolution courageuse, ou, pour mieux dire, aucune résolution quelle qu'elle fût. Il lui proposa qu'il falloit qu'il s'assurât de la personne du premier président de Rouen, qui ne lui étoit pas affectionné, et l'autorité de la charge duquel lui donnoit grande puissance dans la ville; que le vieux château étoit en sa main, le gouverneur étant à la dévotion de la Reine-mère; qu'étant assuré de cette place et de cette personne il étoit maître de la ville; que s'il n'avoit pas assez de hardiesse pour cela il se retirât de bonne heure et se fortifiât bien à Caen, où le chevalier de Vendôme n'avoit envoyé qu'un pédant, ayant plutôt considéré la fidélité de Prudent, qui avoit été son précepteur, que sa suffisance en la charge qu'il lui donnoit, de laquelle il étoit entièrement dépourvu; mais le duc de Longueville ne se put jamais résoudre à aucun de ces deux partis, et, au premier bruit de la venue du Roi, il résolut de quitter Rouen.

Cette résolution de se retirer donna courage à Luynes d'y faire aller Sa Majesté, qu'il mena premièrement au parlement, où il déguisa tous les mauvais traitemens qu'il faisoit recevoir à la Reine à l'insu du Roi, et feignit qu'il ne tenoit qu'à elle d'être à la cour avec tout contentement; lui fit écrire par le nonce, supposant toujours qu'elle avoit tort, la conjurant de ne point donner une si grande occasion aux hérétiques de s'avantager en France au préjudice de la religion, et envoya M. du Perron, archevêque de Sens (1), les ducs de Montbazon, de Bellegarde et le président Jeannin comme députés de Sa Majesté, qui écrivit à la Reine, par eux, qu'il avoit reçu du déplaisir de ce qu'au lieu de lui donner satisfaction, dans le temps qu'elle lui avoit demandé par le sieur de Blainville, il apprend les menées et pratiques qui se font dans les provinces sous son nom; la conjure de ne suivre point la passion de ceux qui veulent profiter dans ces factions, ains contribuer à la tranquillité publique; que pour l'y convier, affermir les promesses qu'il lui a faites, dissiper les soupçons qu'on lui a voulu donner, il lui envoie les ducs de Montbazon et de Bellegarde, et les sieurs archevêque de Sens et président Jeannin, avec pouvoir de la contenter, la suppliant d'ajouter foi à eux comme à lui-même. Ils partirent le 3 juillet, après que M. Le Grand (2) eut été, le jour auparavant, reçu duc et pair au parlement.

(1) Frère du cardinal.
(2) Duc de Bellegarde.

Cet envoi, qui étoit fait sous prétexte d'accommodement et de traité, étoit en effet pour donner de la jalousie aux amis de la Reine qui étoient éloignés, pour la surprendre par l'apparence des promesses, ou bien pour éloigner du Roi, avec fondement, des personnes de qui la probité et l'affection au bien de l'Etat lui (3) étoient suspects. La nouvelle de leur acheminement étant venue à Angers, il y eut diverses opinions sur les recevoir ou les refuser. L'évêque de Luçon tenoit à grande faute de ne les pas laisser venir, M. de Vendôme à crime de leur ouvrir les portes, et à grande imprudence de ne les point arrêter prisonniers : les voix prises et comptées, le courrier fut dépêché pour les renvoyer, mais aussitôt contre-mandé par l'autorité absolue de la Reine, qui ne voulut donner ce mécontentement à des personnes de leur considération, et moins encore au Roi son fils, qui les avoit choisis pour cet effet. Leur arrivée fut suivie du retour du grand-prieur (4), et de nombre de courriers qui apportoient la prise de Caen, et du dangereux état où les affaires étoient réduites.

Le Roi partit de Paris le 7 pour aller à Rouen, et coucha à Pontoise, où les députés de Caen le vinrent trouver, qui l'assurèrent de la fidélité de ceux de la ville, et s'excusèrent de ce qu'ils n'avoient pas voulu entrer en dissension ouverte contre le château, selon que le sieur de Bellefond, que Sa Majesté leur avoit envoyé, avoit désiré, d'autant qu'ils pouvoient être foudroyés par le canon qui étoit déjà pointé contre eux, et qu'il valoit mieux qu'ils dissimulassent jusqu'à ce qu'ils eussent des gens de guerre qui les pussent garantir des injures dudit château; cependant qu'ils avoient gagné cet avantage, que les clefs de la ville étoient en leur puissance, avec le gré de Prudent, et qu'ils avoient eux-mêmes soin des portes.

Sa Majesté les remercia de leur fidélité, et leur dépêcha le marquis de Mosny, qui se rendit à eux le lendemain 8 juillet, les assurant que le maréchal de Praslin se rendroit dans six jours auprès de leur ville avec deux mille hommes de pied français et cinq cents Suisses, pour s'opposer au gouverneur.

Ledit 8 juillet, le roi partit de Pontoise et alla coucher à Magny; mais ses maréchaux des logis allèrent jusqu'à Rouen, dont le duc de Longueville fut si interdit qu'il sortit incontinent et alla à Dieppe, ayant à peine pris le loisir d'aller au parlement l'après-dînée leur faire quelque discours tendant à les émouvoir, avec prétexte néanmoins d'excuse de ce qu'il avoit fait, mettant

(3) A Luynes.
(4) De Vendôme.

en avant qu'on l'avoit mis mal auprès du Roi par mauvais artifice, et obligé de se retirer de la cour pour se garantir de prison.

Le même jour, le colonel d'Ornano y arriva et fut reçu avec grand contentement. Son premier soin, après avoir vu le parlement et les échevins, fut de donner parole au gouverneur du vieux palais que le Roi le tenoit pour son serviteur, et pour n'avoir eu nulle sorte d'intelligence avec le mauvais dessein du président Bouteronde et Saint-Aubin, ses parens, qui s'étoient retirés de la ville, et n'avoient obéi aux commandemens que Sa Majesté leur avoit faits de le venir trouver. Le susdit gouverneur donna sa foi de servir le Roi, et le lendemain 9, sans être ni pressé ni violenté que par sa conscience, s'en alla sans être aperçu de personne; qui fut cause que ledit sieur colonel s'assura dudit vieux palais par le commandement de M. le prince qui y étoit arrivé deux heures auparavant, d'où sortirent cent cinquante hommes sans la garnison ordinaire.

Le Roi reçut cette nouvelle à Ecouis, et lors, étant assuré que Rouen étoit entièrement en son obéissance, et la rivière de Seine toute libre, il commanda au maréchal de Praslin et au sieur de Créqui de s'avancer jusques à Caen avec le plus de troupes qu'ils pourroient, et s'y rendre en diligence.

Cependant, dès le lendemain 10, le Roi arriva à Rouen et y fit son entrée sans nulle solennité, néanmoins très-remarquable par la clameur universelle de tout le peuple qui ne se pouvoit lasser de bénir son arrivée. Le parlement vint saluer Sa Majesté, et toutes les compagnies souveraines. Le samedi Sa Majesté alla au parlement, et établit, à la requête dudit parlement, des échevins nouveaux et capitaines de la ville, qui furent tirés du parlement, de la chambre des comptes, de la cour des aides, qui prêtèrent serment de fidélité entre les mains de Sa Majesté. Depuis le vendredi que le Roi arriva jusques au dimanche qu'il partit, il eut plusieurs avis des habitans de Caen pour le faire avancer. Semblables instances lui furent faites par le parlement et par la province; de sorte que Sa Majesté fut obligée de se hâter d'y aller, et principalement sur la nouvelle qu'il reçut que le grand-prieur, ayant eu avis de Prudent que les troupes de Sa Majesté s'avançoient pour l'investir, que la ville étoit déjà toute perdue, et qu'il en seroit bientôt de même du château s'il n'étoit promptement secouru, s'étoit résolu de se jeter dans la place, et, y étant arrivé, ne l'avoit osé faire et s'en étoit retourné.

A la vérité ce fut une action bien honteuse; car le grand-prieur, qui jugeoit assez combien la conservation de cette place étoit importante au service de la Reine, part du lieu même où il en avoit reçu le courrier pour s'y jeter; mais il ne fut pas arrivé aux portes, que Senecterre, qu'on estimoit chercher plutôt du profit dans la guerre que le péril, lui persuada que ce n'étoit pas à un prince d'engager sa liberté, ni de s'opiniâtrer à un siége. Le marquis de Beuvron, voyant que c'étoit une occasion à se signaler, s'offrit de s'y jeter avec ses amis, mais en vain : le même qui l'en avoit détourné (1) par lâcheté le porta à en refuser à d'autres l'emploi par jalousie.

Sa Majesté partit de Rouen le 22, et apprit que le cardinal de Guise étoit allé trouver la Reine; le prince de Joinville lui porta cette nouvelle, témoignant en avoir un extrême regret.

Dès que la Reine sut que le cœur avoit manqué au duc de Longueville et qu'il n'osoit défendre Rouen, elle se résolut d'écrire au Roi pour arrêter le progrès des armes de ses ennemis, ou pour faire voir à tout le monde la justice des siennes. Deux lettres se dressent par son commandement; l'une ne contenoit simplement qu'un avis qui ne tendoit pas à la ruine du sieur de Luynes, mais à modérer son pouvoir de telle sorte qu'il ne fût plus si préjudiciable au bien de ce royaume, et n'étoit en effet que pour donner quelque lieu à entrer en traité et accommoder les affaires. La Reine y représentoit au Roi que, voyant la continuation des désordres de l'Etat, et y prenant intérêt pour l'amour de Sa Majesté, comme ayant l'honneur d'être sa mère, elle le supplioit très-humblement avoir agréable qu'elle lui représente les moyens qu'elle juge les plus convenables pour y pourvoir; que l'origine des maux consistant en ce que le Roi ne les sait pas, elle le supplioit non-seulement de permettre, mais de commander aux grands du royaume, à ses anciens serviteurs et aux communautés, de lui représenter ce qu'ils croient être de son service. Et pource que les choses ne se peuvent bien faire que par conseil, elle estime qu'il seroit à propos d'en établir quatre : le premier, pour les affaires concernant l'Etat et la police de l'ordre ecclésiastique; le second pour les affaires de la guerre; le troisième pour celles de la direction et maniement des finances, à condition toutefois que les affaires résolues en ces trois conseils, se rapporteront au Roi pour les autoriser; le quatrième pour les affaires qui concernent les parties.

Et pource que ce n'est pas assez d'établir un conseil, si tous les ordres de l'Etat n'en reçoivent les réglemens nécessaires, Sa Majesté sera suppliée d'arrêter en son conseil, que le premier ar-

(1) Le grand prieur.

ticle de l'ordonnance de Blois sera observé pour la nomination aux bénéfices, comme aussi les bulles des papes Pie cinquième et Sixte cinquième sur le sujet des simonies, les réserves et coadjutoreries révoquées, et les évêques obligés à la résidence.

Pour la noblesse, qu'il lui plaise la pourvoir des grandes charges de son royaume, la plupart de celles de sa maison, et en ôter la vénalité et les survivances, et faire passer en loi fondamentale que les personnes élevées par la grâce et l'inclination de leurs maîtres, non par leurs mérites et leurs vertus excellentes ou les grands services qu'ils ont rendus, ne pourront avoir de forces et de places, sinon en si petit nombre et de si petite conséquence, qu'elles ne puissent être fondement de puissance redoutable à leurs maîtres et à l'Etat, puisque ce ne sont que simples effets de faveur.

Pour ce qui regarde la justice, que Sa Majesté ait agréable de faire observer les ordonnances sur le réglement d'icelle; trouver bon que nulle commission ne puisse être envoyée pour exécuter dans les provinces, sans être premièrement vérifiée aux parlemens, et ne les obliger, par sa présence, à vérifier aucuns édits que lorsque tout délai seroit dangereux.

Pour ce qui est des finances, que l'usage des comptans soit retranché; les pensions et dons modérés à l'avenir; ceux qui excéderont la somme de trois mille livres seront vérifiés en la chambre des comptes; une exacte recherche soit faite des malversations commises auxdites finances, et que les officiers d'icelles ne pourront plus faire d'avances et prêts à Sadite Majesté, sinon en vérifiant premièrement, en ladite chambre des comptes, l'emploi du fonds qu'ils doivent avoir en leurs mains.

Et pour le soulagement du peuple, qu'il soit fait quelque réglement pour empêcher les vexations qui sont faites par les prévôts, archers et autres officiers du sel; que les fermiers, de quelques subsides que ce soit, ne puissent faire aucune recherche pour l'exécution de leurs baux, six mois après qu'ils seront expirés; et que tous donneurs d'avis à la foule du peuple seront rejetés et punis.

Que, moyennant l'effet de ce réglement, tous les bons serviteurs du Roi seront contens, et la Reine louera la bonté divine de voir Sa Majesté régir son Etat avec bénédiction de Dieu, amour de son peuple, estime des étrangers et crainte de ses ennemis.

L'autre écrit qui fut dressé étoit en forme de manifeste, où étoit représenté l'indigne traitement qu'elle a reçu depuis qu'elle est sortie de la cour et du maniement des affaires; la condition déplorable où la France est réduite par l'ambition déréglée des personnes qui semblent estimer sa ruine nécessaire à l'établissement de leur fortune; l'obligation qu'elle a de pourvoir promptement à ces désordres par l'éloignement des auteurs, ou d'agréer que, pour en empêcher l'accroissement, elle se joigne avec ceux qui, par la dignité de leur naissance, ont un intérêt notable en la conservation de ses États.

[Cette pièce étant trop longue pour être mise ici, et ne pouvant pas bien être rapportée par extrait, parce qu'elle est d'un style fort pressé, nous nous contenterons de l'insérer à la fin de cette année (1)].

De ces deux écrits, je n'estimai pas à propos pour le service de la Reine d'envoyer sitôt le second, qui étoit un manifeste formé, et dont la liberté et l'aigreur avoient besoin d'une puissance plus grande que la nôtre pour être soutenue. Je savois trop que les armes les plus justes ne sont pas toujours les plus heureuses, pour souffrir que la Reine se rendît irréconciliable avec des gens que je tenois impitoyables, sans des forces suffisantes pour les terrasser et les offenser. Je n'ignorois pas qu'on avoit affaire à des personnes de qui l'autorité n'étoit pas moindre que leur mauvaise volonté; qui, n'ayant pu oublier les injures qu'ils avoient faites sans raison, pardonneroient encore moins celles qu'ils auroient justement reçues.

Quoique cette lettre ne fût qu'une simple description des maux qu'elle avoit soufferts et de ceux qu'elle prenoit pour l'Etat, la Reine trouva bon, à ma persuasion, contre l'avis de tous ceux qui étoient auprès d'elle, hormis Marillac qui fut de mon avis, de ne la pas envoyer, de crainte de rendre, par une plainte si publique, l'accommodement plus difficile. On lui représentoit que le nombre de ceux qui étoient liés avec elle étoit si grand, qu'il devoit faire trembler ses persécuteurs. Mais d'ailleurs il eût fallu être aveugle de passion, pour ne voir pas qu'il n'y pouvoit avoir de si mauvaise paix qui ne valût mieux qu'une guerre civile dont l'événement étoit incertain. On lui mettoit devant les yeux que l'intérêt qu'elle avoit dans la conservation du Roi et de sa couronne, empêcheroit toujours que ses armes fussent suspectes à la plupart des Français, qui partant approuveroient son dessein; qu'elles seroient même jugées justes de ceux qui les reconnoîtroient nécessaires, comme elles l'étoient apparemment pour sa conservation et celle de l'Etat. On lui disoit de plus que le service du Roi n'est pas toujours où est sa personne; que, quand un

(1) Cette pièce ne s'est pas retrouvée.

prince est tombé entre les mains de ses ennemis, on peut combattre contre sa volonté pour le remettre en liberté, sans être pour cela rebelle.

On mettoit encore en avant qu'en telle occasion on ne devoit pas attendre ses commissions et ses ordres, puisqu'il avoit les mains liées, ni s'épouvanter en cette occasion de son nom, puisqu'au lieu d'être la marque de sa volonté, il n'étoit plus que l'instrument des passions de ceux qui s'étoient emparés de son autorité. On la flattoit, lui représentant qu'elle ne seroit pas moins glorieuse d'avoir délivré la France de ceux qui en étoient reconnus tyrans par les gens de bien, que de lui avoir donné des rois légitimes.

Mais à cela on (1) opposoit que, quand même on supposeroit pour véritable tout ce qu'on mettoit en avant, et qu'ainsi elle eût eu assez de sûretés particulières pour le repos de sa conscience, qu'elle ne pouvoit quitter les règles générales sans mettre l'État en péril, et par conséquent ne le pouvoit justement entreprendre. On ajoutoit que tous ceux qui se joindroient à sa cause n'auroient pas un même dessein; que si le succès en étoit favorable, après avoir ruiné les valets, leur ambition pourroit aller à cet excès que de troubler la succession de ses enfans, entre lesquels le Roi, quoique son fils, étoit son maître; que son exemple pourroit à l'avenir servir à ceux qui ne cherchent que les prétextes pour faire mal, et couvrir leur désobéissance. Si bien qu'il valoit mieux écrire sans fiel, et adoucir l'aigreur des mots, pour éviter d'être contraint de venir à la rigueur des armes.

La charge de porter cette lettre fut donnée à Sardini, qui la reçut d'autant plus volontiers, qu'outre que le style en étoit doux et respectueux, elle étoit encore accompagnée d'une autre par laquelle la Reine rendoit raison de celle-là, mandant à Sa Majesté que, puisqu'elle ne pouvoit lors espérer d'avoir l'honneur de le voir pour lui parler elle-même, attendu que ceux qui pouvoient le plus auprès de lui l'animoient contre elle, l'avoient fait partir précipitamment de Paris, et auparavant mené au parlement, où ils avoient malicieusement déguisé ses actions et ses conseils, elle le supplioit de trouver bon qu'elle lui représentât, par l'écrit qu'elle lui envoyoit, ce qu'elle eût désiré lui dire de vive voix pour sa gloire et le soulagement de son peuple, qui étoit tout son intérêt, le suppliant de ne vouloir en ce fait si important dénier à lui-même la justice qu'il rendoit à tout le monde.

Le Roi, dès le jour de son partement de Rouen, reçut l'avis de l'envoi dudit Sardini, tant il étoit exactement averti de toutes choses par les traî-

(1) Richelieu et Marillac.

tres qui étoient entre nous; et sur cette nouvelle plusieurs dépêches furent faites aux provinces; commissions furent délivrées jusqu'à vingt mille hommes de pied et deux mille chevaux. Le duc d'Elbeuf fut mandé pour commander en Normandie, avec sept mille hommes de pied et mille chevaux; les troupes de Champagne reçurent ordre de se rendre auprès du Roi, et M. le prince autorité de commander aux armées. Ainsi celui que la Reine avoit abattu pour sauver le Roi, est maintenant relevé pour le perdre, et sous le nom du Roi même.

Sardini arriva auprès du Roi le 14 à Dive; il lui fut fait défenses de donner aucune lettre à Sa Majesté, de la vue duquel même il fut privé, quoiqu'il dît qu'il ne portoit rien qui offensât le sieur de Luynes. On lui fit passer pour grande grâce de ce qu'on ne le privoit point de liberté, et qu'on lui permettoit de retourner trouver la Reine. Ainsi le sieur de Luynes, au lieu d'écouter ses plaintes, sollicita le Roi de la presser, et oppresser elle et les siens par ses armes.

Si le sieur de Sardini eût porté le vrai manifeste dressé contre Luynes, il eût eu raison de l'empêcher de se présenter; mais ayant été assuré de bon lieu que ce qu'il portoit étoit plutôt pour ouvrir une négociation que pour se déclarer irréconciliable, il n'y a personne qui ne juge que son procédé mérite grand blâme.

Sardini ne fut pas plutôt de retour, que l'on apprit que la suite des armes du Roi étoit semblable à leur commencement. Luynes trouva peu de résistance à Caen, celui qui avoit entrepris de la défendre étant plus accoutumé, comme fils d'un maçon, à ouïr le bruit des marteaux que celui des canons, dont la seule ombre l'étonna de telle sorte qu'il se rendit lâchement le 17. Ce qui fit dire à tout le monde que la prudence (2) ne valoit rien à garder les places, mais que les fous y étoient meilleurs que la prudence.

La Reine, ayant appris que les troupes du Roi s'avançoient vers Le Mans, fut conseillée par ceux qui avoient soin de pourvoir à sa défense de s'avancer à La Flèche, à dessein d'empêcher par bonne mine que les troupes du Roi ne s'avançassent si vite que messieurs du Maine et d'Epernon n'eussent pas loisir de venir au secours.

On croyoit que la marche qu'elle feroit vers ses ennemis leur ôteroit l'audace que la fuite de ses amis leur avoit donnée; que se tenir à Angers, c'étoit abandonner les villes avancées dans la Normandie et le Maine, et ôter le moyen au grand nombre des serviteurs qu'elle avoit dans l'une et l'autre province de se rallier à elle et

(2) Allusion au nom de Prudent, qui commandoit dans la ville.

joindre ses forces ; que si elle battoit une fois la campagne, l'apparence du péril qu'elle chercheroit attireroit promptement ses serviteurs à son secours ; au bout du compte qu'en ce voyage il n'y avoit rien à craindre, parce que si elle étoit obligée par des raisons pressantes de passer en Poitou, le chemin de La Flèche n'en étoit pas moins facile.

Mais, quoique cette résolution fût très-judicieuse, le succès en fut peu favorable. Verneuil, Vendôme et Dreux ne furent pas sitôt sommées que rendues, quoiqu'elles fussent fournies de vivres nécessaires pour leur défense, et que ceux qui commandoient se fussent fait fort de donner du temps assez pour faire l'accommodement qu'on désiroit à l'avantage de l'Etat. Il n'y eut jamais de moyens de tirer M. du Maine hors de son gouvernement ; il pensoit n'en pouvoir sortir sans le perdre, et ne prévoyoit pas que, s'il n'en sortoit, la Reine étoit perdue. M. d'Epernon n'étoit pas encore prêt. Les forces que M. le comte et M. de Vendôme avoient promises ne manquèrent pas à prendre de l'argent, mais à venir ; si bien qu'elle se trouva sur les bras les armes que Luynes avoit fait lever, sans autre défense que de quinze cents hommes que le duc de Retz avoit, et quelques troupes que ses serviteurs particuliers avoient faites en son gouvernement. De sorte qu'elle fut contrainte par sa foiblesse de laisser La Flèche pour revenir à Angers, et chercher sa sûreté au lieu qu'elle avoit quitté pour celle de ses amis.

Le Roi, dans le cours de ses heureux succès, passant par Mortagne, fit faire une déclaration le 28 juillet, par laquelle il déclaroit criminels de lèse-majesté tous ceux qui servoient la Reine, si dans un mois ils ne quittoient son parti et ne le revenoient trouver.

On avoit entrepris au Pont-de-Cé une fortification imaginaire pour arrêter les armes de Luynes, et assurer le passage aux troupes qu'on attendoit de Saintonge et de Guienne. Ceux qui en avoient fait le dessein se proposoient des merveilles ; mais ils ne se virent pas sitôt pressés que le cœur leur manqua à l'exécution de leurs promesses. La nouvelle arrive que l'armée étoit entre le Pont-de-Cé et Angers. On vit force résolution des capitaines et soldats particuliers, désireux de faire leur devoir pour garantir la Reine de l'oppression dont elle étoit menacée ; mais, entre les grands, plusieurs témoignent un grand étonnement. Et cet étonnement fut suivi d'un succès conforme ; car, presque sans aucune résistance, le 7 (1) tous les retranchemens furent emportés, les barricades forcées et la ville prise, fors le châ-

(1) Août.

teau, jusqu'au lendemain matin qu'il se rendit par capitulation.

Tout le monde favorisoit la Reine dans le cœur ; et tant de personnes de considération étoient déclarées pour elle, qu'on auroit plutôt fait de nommer ceux qui n'étoient pas de son côté que ceux qui l'assistoient ouvertement. Cependant tant de vœux furent inutiles, et ce grand concours ne produisit pas l'effet que la prudence humaine eût fait espérer. Dieu le permit ainsi, à mon avis, pour faire voir que le repos des Etats lui est en si grande recommandation, qu'il prive souvent de succès les entreprises qui le pourroient troubler, quoique justes et légitimes. La Reine tomba quasi entre les mains de ses ennemis, et cependant elle peut dire avec vérité que, si elle n'eût été perdue, elle l'eût véritablement été.

Tout le mauvais succès et le blâme de cette action fut imputé à Marillac, qui étoit maréchal de camp ; mais, à dire le vrai, il ne le méritoit pas ; car tant s'en faut qu'il y fît plus mal que les autres qui étoient en pareille charge ou plus grande, qu'au contraire il fit mieux, en ce qu'il eut beaucoup plus de soin des préparatifs, et ne fit pas pis en l'occasion. La déroute vint de plusieurs causes. Premièrement du peu d'union qui se trouve d'ordinaire en tels partis, où chacun veut être le maître et tirer les affaires à son avantage, sans regarder l'intérêt commun. On avoit toujours jugé que la Reine n'avoit personne auprès d'elle qui fût capable de commander une armée, ni qui eût réputation parmi les gens de guerre. A la vérité, la qualité de M. le comte étoit telle qu'on le pouvoit désirer ; son courage correspondoit à sa naissance, mais le peu d'expérience que son âge lui donnoit, n'ayant lors que dix-sept à dix-huit ans, et le soin qu'on devoit avoir de conserver sa personne, faisoit qu'étant bon pour autoriser les armes de la Reine, on ne pouvoit le blâmer s'il n'étoit encore bien propre à ordonner ce qu'il falloit faire ; joint qu'il n'eût pas été raisonnable de le laisser exposer aux périls où assurément son ambition et son courage l'eussent voulu porter. Sous lui commandoient les ducs de Vendôme et de Nemours ; ensuite le maréchal de Boisdauphin et Senneterre, le comte de Saint-Aignan et Marillac pour maréchaux de camp.

Le duc de Vendôme avoit beaucoup d'esprit, mais si peu de cœur, que nul ne jugeoit que la fertilité de l'un pût suppléer au défaut de l'autre. Le duc de Nemours ne manquoit pas, à mon avis, de cœur, ordinaire à ceux de sa maison (2) ; mais la foiblesse de son corps maladif et de son esprit peu capable, étoit si connue de tout le

(2) De Savoie.

monde, qu'il étoit, et sans action et sans réputation parmi les gens de guerre, pour pouvoir conduire une telle affaire. Bien que le maréchal de Boisdauphin, durant la ligue, eût témoigné quelque vigueur, il étoit lors du tout abattu d'esprit et de corps, et peut-être d'affection; outre qu'ayant laissé passer plusieurs rivières à M. le prince pendant la régence (1), quoiqu'il eût une puissante armée du Roi pour s'y opposer, personne ne croyoit qu'il fût propre à empêcher le passage des rivières d'Anjou aux forces du Roi et de sa propre personne. Le grand-prieur de France, frère du duc de Vendôme, qui commandoit la cavalerie, ne manquoit ni d'esprit ni de cœur ni d'affection, à ce que je pouvois juger; mais il fut si mal conduit en toute cette affaire qu'il ne le pouvoit être davantage. Il fit une notable faute, laissant perdre Caen sans le secourir; et, le jour de la déroute du Pont-de-Cé, il demeura vingt-quatre heures en bataille avec toute la cavalerie proche de la contrescarpe du fossé d'Angers, attendant l'ordre de ce qu'il avoit à faire, sans que le duc de Vendôme, qui étoit en fonction ce jour-là, et ledit sieur de Boisdauphin, qui étoit avec ledit grand-prieur, lui fissent jamais rien savoir. On ne croyoit pas que Senneterre, qui étoit un des maréchaux de camp, eût autant d'expérience que de bonne volonté en ces occasions, ni que celle du comte de Saint-Aignan qui étoit en la même charge, ni son activité, égalassent son courage. On ne pouvoit nier que Marillac avoit quelque capacité; mais chacun pensoit savoir que s'il étoit beau parleur, les actions n'en étoient pas bonnes (2).

On avoit désiré, prévoyant ce qui arriva, faire venir M. du Maine pour agir sous M. le comte. Mais la jalousie du duc de Vendôme, qui gouvernoit M. le comte et sa mère, ne le put souffrir. Il chercha cent artifices pour l'empêcher. Au reste, le duc de Vendôme et Marillac, qui se chargèrent des fortifications qu'il falloit faire, prirent conjointement un fort mauvais dessein; car, au lieu de s'amuser à fortifier aucunement l'entrée des faubourgs d'Angers, pour les mettre en état d'y rendre au moins quelque résistance, et se garantir par ce moyen d'une subite invasion; au lieu de faire faire à la tête du Pont-de-Cé un bon retranchement, capable de défendre le passage, ce qui étoit aisé, ils entreprirent un retranchement pour conjoindre la ville d'Angers avec le Pont-de-Cé; lequel se trouva si grand qu'ayant deux lieues de long,

(1) Dans la petite guerre de 1615.
(2) Richelieu détruit ici le peu de bien qu'il vient de dire sur le compte de ce capitaine, qui fut plus tard une de ses victimes.

non-seulement ne le purent-ils parachever avant que le Roi vînt, qu'en ce temps même il ne se trouva pas tracé partout; joint que, quand il eût été fait, il eût été inutile, vu qu'il eût fallu vingt mille hommes à bien garder deux lieues de long qu'il contenoit, lesquels on n'avoit pas.

Je puis dire, avec vérité, que je leur représentai plusieurs fois l'inconvénient qui leur pouvoit arriver d'une telle entreprise; mais leur présomption, et la méfiance que je devois avoir de moi-même, étoient telles, que je n'osai pas m'opiniâtrer en mon opinion, quoique je fusse fortifié par le jugement de plusieurs capitaines particuliers qui étoient de même avis. Je n'oubliai pas à leur représenter qu'il falloit vingt mille hommes pour défendre ce retranchement; que je ne jugeois pas que la Reine les pût avoir à temps pour s'opposer aux forces du Roi, vu que les troupes des ducs d'Epernon et du Maine, qui en devoient faire dix ou douze, n'étoient pas prêtes ni eux en volonté de s'avancer; qu'au reste, si on avoit ce nombre de gens, il n'étoit pas question de les enfermer là-dedans où l'on auroit de la peine à les nourrir, la bourse de la Reine ayant été épuisée pour faire les grandes levées que chacun avoit désirées, mais bien de tenir la campagne. Mais, comme chacun est amoureux de ses pensées, rien ne les put divertir de leur entreprise.

Cependant le Roi s'avançoit toujours, et ce d'autant plus, que, n'ayant trouvé nulle résistance à Rouen et si peu à Caen qu'il la falloit compter pour rien, il fut incontinent au Mans, et ensuite dans la prée du Pont-de-Cé, où les ordres de Sa Majesté étoient seulement de faire un logement à demi-lieue de nous sans s'avancer davantage, pour donner lieu au duc de Bellegarde, archevêque de Sens, et au président Jeannin, d'achever le traité qu'ils avoient commencé.

Tout ce qu'on put faire fut de mettre en bataille à un bout du Pont-de-Cé, dans ce grand retranchement non achevé, huit ou dix compagnies du régiment de la Reine qui étoient arrivées, le régiment du duc de Retz, celui de La Jousselinière, celui du Bellay et celui du baron de La Flosselière. Toutes ces troupes faisoient environ quatre mille hommes, qui étoient capables, s'ils eussent été bien retranchés, d'arrêter quinze jours durant une grande armée; et cependant ils ne le furent pas de soutenir un moment l'éclat de l'avant-garde qu'ils ne voyoient que de fort loin. Aussitôt qu'on vint dire que les troupes du Roi s'approchoient, le duc de Retz fit contenance de se vouloir grandement signaler cette journée. Il emprunta un cheval du premier qu'il rencontra, pour aller reconnoître les ennemis, comme il fît ; et au retour, de courageux qu'il paroissoit auparavant, il parut furieux, jurant et tempêtant qu'on les vouloit sacrifier pendant qu'on traitoit la paix, et qu'il s'en alloit.

On croyoit au commencement qu'il se moquât ; mais il fit bien paroître, par effet, qu'il parloit tout de bon, faisant tourner tête à son régiment et à celui de La Jousselinière qui étoit à lui ; passa tout au travers de la ville du Pont-de-Cé avec une grande diligence, comme si le canal eût été la seule barrière suffisante pour le garantir de mal. Plusieurs de ses amis, étonnés de l'action de ce seigneur, firent tout ce qu'ils purent pour remettre son esprit ; mais il fut du tout impossible. Il se résolut une fois de revenir ; mais comme il fut à mi-chemin, sa maladie le reprit, et il retourna encore.

La défection de ce personnage, et de quinze cents hommes qu'il tira après lui, sans qu'elle eût été prévue, fut de telle conséquence, qu'il n'y a personne sensée qui ne juge qu'il n'y a point d'armée au monde qui ne fût ébranlée et en état de se perdre par un pareil accident. Quelques officiers des troupes du Roi, voyant de loin de la confusion parmi les nôtres, s'avancèrent diligemment pour tâcher de découvrir ce que c'étoit. Ils virent une partie de la tête du retranchement, qu'ils avoient vue auparavant couverte de soldats, toute dégarnie. Ils virent, de plus, ce corps d'infanterie qui s'en alloit. Ils jugèrent qu'on avoit résolu de quitter ce poste, et qu'en cette retraite ils auroient bien de l'avantage. Ils firent avertir le maréchal de Créqui, qui ne pensoit qu'à se loger, de s'avancer diligemment avec les troupes, lesquelles ne parurent pas plutôt, que l'étonnement surprit le duc de Vendôme qui commandoit ce jour-là ; en telle sorte que son esprit disparut comme son courage.

Au lieu de rallier ses gens, et reborder le retranchement qui étoit dégarni, et qui pouvoit encore arrêter les troupes du Roi, il ne pensa qu'à la retraite, qu'il fît en si grande diligence que ce fut le premier qui vint avertir la Reine de sa déroute. Il entra chez elle avec un épouvantement épouvantable, disant : « Madame, je voudrois être mort. » Sur quoi une de ses filles qui ne manquoit pas d'esprit lui répondit fort à propos : « Si vous eussiez eu cette volonté, vous n'eussiez pas quitté le lieu où il le falloit faire. » Le duc de Vendôme fut promptement suivi de tous les autres chefs, fors du comte de Saint-Aignan qui fut pris prisonnier. Sur quoi le président Jeannin, outré de douleur de quoi une telle lâcheté ôtoit à lui et à ses collègues le moyen de parachever une bonne paix, ne se put tenir de dire à quelques-uns qu'il avoit bien lu et ouï dire que des maréchaux de camp tâchoient à réparer des déroutes, mais non pas qu'ils eussent plus de soin d'en apporter les nouvelles que d'en maintenir le débris.

Voir et vaincre en cette occasion fut une même chose ; car, en effet, les accidens susdits imprimèrent une telle terreur aux troupes de la Reine-mère, qu'elles ne firent aucune résistance ; tous les soldats prirent la fuite, et beaucoup d'officiers se retirèrent honnêtement. Le comte de Saint-Aignan, qui n'en voulut pas faire autant, y fut pris prisonnier, après avoir rendu combat à la tête de quelques-uns de la compagnie des gardes de la Reine, qui étoient commandés en cette occasion par La Mazure qui étoit enseigne. Le marquis de La Flosselière, qui fit fort bien en cette occasion, s'étant toujours maintenu en un poste avancé qu'on avoit donné à partie de sa mousqueterie dans des haies, dont il n'incommodoit pas peu les ennemis, fut aussi pris. Bois-Guérin, qui avoit aussi un régiment, témoigna qu'il étoit soldat en cette occasion, mais n'eut pas meilleure fortune. Le baron de Pont-Château, qui y étoit avec vingt-cinq maîtres d'une compagnie de chevau-légers qu'il commandoit, y fît ce qu'on devoit attendre d'un homme de bien, et, après y avoir perdu dix ou douze de ses compagnons, qui furent tués, se retira dans Angers avec le reste et tous ceux qui se purent rallier à cette fin. Le vicomte de Bettancourt, qui étoit gouverneur du Pont-de-Cé, y fît fort bien. Après avoir reçu un coup de pique à la cuisse, à l'entrée du pont, il se retira dans le château, qui ne vaut rien du tout, où lui, onzième, le défendit jusqu'au lendemain qu'il fît sa capitulation. Il mourut en cette occasion quarante ou cinquante gentilshommes ou officiers, trois à quatre cents soldats du côté de la Reine, quelques-uns desquels se noyèrent, et les autres se laissoient tuer en fuyant sans se défendre, tant ils étoient prévenus de la peur.

Du côté du Roi, quelques soldats y perdirent la vie, mais en petit nombre. Le sieur de Nérestan, maréchal de camp, y eut une cuisse cassée, dont il mourut quelque temps après. Le sieur Desmarets, beau-fils du duc de Sully, y fut tué. Malici, lieutenant de la mestre de camp du régiment des gardes, y fut fort blessé. Quelques autres emportèrent des marques d'avoir été à la mêlée ; mais la résistance fut si médiocre, et la déroute si grande, que ce n'est pas de merveille si le nombre des morts et des blessés du côté du Roi fut fort petit.

Je reconnus en cette occasion que tout parti composé de plusieurs corps qui n'ont aucune liaison que celle que leur donne la légèreté de leurs esprits, qui, leur faisant toujours improuver le gouvernement présent, leur fait désirer du changement sans savoir pourquoi, n'a pas grande subsistance; que ce qui ne se maintient que par une autorité précaire n'est pas de grande durée; que ceux qui combattent contre une puissance légitime sont à demi défaits par leur imagination; que les pensées qui leur viennent, qu'ils ne sont pas seulement exposés au hasard de perdre la vie par les armes, mais, qui plus est, par les voies de la justice s'ils sont pris, leur représentant des bourreaux au même temps qu'ils affrontent les ennemis, rend la partie fort inégale, y ayant peu de courages assez serrés pour passer par-dessus ces considérations avec autant de résolution que s'ils ne les connoissoient pas (1).

M. de Vendôme et plusieurs autres chefs en donnèrent à la Reine la première nouvelle. Ils se souvinrent lors que je leur avois bien représenté que les ligues et unions sont d'autant plus caduques qu'elles sont grandes; que, bien qu'il n'y ait pas de feu sans fumée, telles unions ont beaucoup plus de fumée que de feu; qu'elles ne sont bonnes qu'à faire peur; que leur effet consiste en l'apparence. Mais ils ne m'avoient pas cru, et le torrent m'emportoit de telle sorte, que vouloir persuader mon opinion, ne servoit à autre chose qu'à me perdre sans avancer le service de la Reine et le bien public, qui étoient une même chose. Mais l'événement me fit lors bien reconnoître véritable; car tous les grands préparatifs ne servirent à autre chose qu'à manger, en huit jours, deux millions de livres à la Reine, sans être en état de conserver sa personne.

Lors on avouoit hautement qu'on devoit m'avoir cru; chacun se blâmoit de n'avoir pas consenti à un bon accord. Quelques-uns des plus hupés fondoient en larmes, au lieu de chercher les expédiens pour se tirer de ce bourbier. Je dis à la Reine qu'il ne falloit pas tant s'amuser à écouter ce qui s'étoit passé comme à prévoir ce qu'il falloit faire et s'y résoudre; qu'il n'y avoit qu'un conseil à prendre, qui étoit de passer la rivière avec les bateaux qu'on avoit pour gagner Angoulême; qu'il étoit aisé de le faire, parce que le Roi étoit foible de cavalerie, et la Reine forte; celle du Roi harassée, et celle de la Reine fraîche, et en état de servir, d'autant qu'elle demeura toujours sur la contrescarpe d'Angers, au lieu d'aller au combat du Pont-de-Cé, dont le grand-prieur qui la commandoit fut détourné par le maréchal de Boisdauphin.

(1) Richelieu aurait pu ajouter : et je me promis bien d'en faire plus tard mon profit.

La Reine s'y résout incontinent, prend des pierreries sur elle, en distribue à ceux en qui elle se confioit le plus, en laisse au commandeur de La Porte qui commandoit pour elle dans Angers, pour trouver de l'argent, et ainsi mit tout l'ordre qui étoit nécessaire pour passer la nuit. On se prépare à ce passage; deux heures devant, toutes choses étoient prêtes, quand madame la comtesse et M. de Vendôme viennent dire à la Reine qu'il valoit mieux prendre la paix, telle qu'elle pourroit être, que de s'exposer à ce hasard.

Je les priai, devant la Reine, de considérer qu'il n'y avoit nul péril en l'exécution de ce dessein; que le passage étoit assuré et facile; que la Reine seroit à dix lieues de là avant qu'on en eût nouvelle; qu'elle avoit six cents chevaux lestes, et qui n'avoient autre fatigue que d'être demeurés tout le jour au soleil, attendant ses commandemens qu'ils n'avoient point reçus; que l'on avoit des retraites en bonne distance pour ne pouvoir être pressés aux repues qu'il falloit faire; qu'au-delà la rivière il y avoit plusieurs troupes qui n'avoient pu joindre la Reine avant son malheur, qui serviroient à la conduire, entre autres celle de M. de Rouanez; que le moyen de faire la paix étoit de faire voir à Luynes qu'on n'étoit pas contraint de l'accepter; que la seule nouvelle qu'il auroit du passage de la rivière, lui feroit envoyer en poste des conditions très-avantageuses; au lieu que si on demeuroit on auroit de la peine à en avoir de médiocres. Quelques raisons qu'on apportât, quelques résolutions qu'ils vissent en la Reine, il n'y eut pas moyen de leur faire changer d'avis (2).

La peur étoit si absolument maîtresse des cœurs, que la raison n'y avoit point de lieu. Madame la comtesse appréhendoit, à ce qu'elle témoigna, que M. du Maine, qui se flattoit en l'espérance de l'épouser, l'y contraignît étant entre ses mains, et M. de Vendôme ne pouvoit souffrir qu'un autre eût la gloire de lui commander. Ces instances arrêtèrent la Reine, et lui firent prendre résolution d'accepter la paix à moindres conditions qu'elle auroit pu l'obtenir. Messieurs de Bellegarde, de Sens, et président Jeannin, la conclurent; car M. de Montbazon n'y étoit plus; il s'en étoit allé auparavant par une terreur panique, qui ne laissoit d'avoir quelque fondement dans l'esprit de M. de Vendôme. Et ainsi il ne restoit que messieurs de Bellegarde, de Sens, et

(2) Il est fort douteux que Richelieu ait appuyé vivement ce conseil, qui pouvait retarder la paix. Mais il avait intérêt à le faire croire, parce qu'on lui reprocha plus tard d'avoir brusqué l'arrangement.

le président Jeannin, qui allèrent conclure la paix. En quoi il faut dire, à l'honneur de M. de Luynes, que la façon avec laquelle il se porta en cette action, fut du tout dissemblable à lui-même, ne se prévalant pas injustement en cette occasion de l'avantage qu'il avoit, ains offrant les mêmes conditions que peu de jours auparavant il avoit faites.

Le cardinal de Sourdis et moi fûmes députés pour en aller signer les articles. Le Roi nous reçut fort bien; grandes caresses de M. de Luynes; M. le prince tout de même. Mais, comme en ces affaires les plus éclaircies, il est difficile qu'il ne s'y trouve quelque difficulté, quoique nous eussions tout pouvoir, nous estimâmes qu'il n'étoit pas à propos que nous arrêtassions définitivement les articles qui nous furent proposés; mais que nous devions prendre temps de les communiquer à Sa Majesté et à ceux qui étoient auprès d'elle; assurant cependant que ce que nous en faisions n'étoit pas à dessein qu'il en arrivât aucune rupture, mais seulement pour n'abuser pas du pouvoir qui nous avoit été donné. Ces messieurs jugèrent ce procédé raisonnable, la Reine l'approuva; mais ceux qui étoient auprès d'elle, non encore assurés, nous blâmèrent de grande imprudence. Ayant rendu compte de tout ce qui s'étoit passé, la Reine arrêta de nous renvoyer le lendemain. Nous eûmes charge très-expresse de conclure, non-seulement au plus de voix, mais unanimement. Cependant étant sur les lieux, nous ne jugeâmes pas le devoir faire encore, pour pouvoir emporter plus aisément quelques conditions que nous requérions pour la forme; joint aussi que nous avions reconnu les dispositions telles, qu'il n'y avoit aucun sujet de craindre la rupture. Nous revînmes sans conclure; ce qui fut trouvé fort bon de la Reine, mais non pas de la compagnie. Le lendemain nous retournâmes et conclûmes. Le traité fut signé le 10 août, sans autres conditions pour la Reine, que de maintenir ceux qui l'avoient servie dans leurs charges et dignités, et elle dans la liberté d'approcher du Roi son fils.

La paix faite, l'entrevue est résolue entre Leurs Majestés à Brisac, et six jours après heureusement accomplie. Le Roi y fit expédier une déclaration, le 26 août, par laquelle il reconnoissoit l'innocence de la Reine et la sincérité de ses intentions et actions. Au reste, le peu de séjour qu'elle y fit se passa en civilités continuelles, le Roi ne perdant aucun moment de lui rendre les preuves de son amour, et elle de se réjouir du malheur de ses armes qui avoient eu une si heureuse fin. Là, M. de Luynes fit force protestations de service à la Reine. Pour preuve de la bonne volonté qu'il avoit toujours eue pour elle, il lui confirma ce que Blainville lui avoit dit de sa part, et lui en fit rendre témoignage encore par l'archevêque de Sens.

Comme la cour se réjouissoit de voir la réunion de ces deux personnes qui avoient été si long-temps séparées au grand préjudice de cet État, le Roi se voit obligé d'avancer en Poitou pour dissiper par sa présence les remuemens qui y étoient préparés. La Reine convient avec lui du jour qu'elle s'y devoit rendre, désirant auparavant de pourvoir au désarmement de ses troupes, à la récompense de ceux qui l'avoient servie, et à la réparation des ruines que la guerre avoit attirées sur quelques particuliers. Elle se rend à Poitiers précisément au temps qu'elle avoit pris, où je puis dire que, dans ces commencemens, Luynes fut combattu de faire quelque liaison avec la Reine, et en témoigna diverses envies, dont il fut aisé de le détourner à ceux qui lui faisoient mesurer le ressentiment de la Reine par la grandeur des offenses qu'elle avoit reçues. Pour l'affermir en cette pensée, je lui dis plusieurs fois que, pourvu qu'il vécût avec la Reine en l'intelligence que sa qualité et bonne conduite mériteroient, il n'y avoit rien que je ne fisse pour son service; que le contentement de la Reine ne dépendoit de chose qui pût préjudicier ni à sa faveur ni à sa fortune; qu'en intelligence désirée il y trouveroit honneur et sûreté; qu'afin qu'un corps fût de durée, il importoit que chaque partie fût en sa place naturelle; que le contentement des peuples seroit grand, quand ils verroient que ceux qui doivent tenir le rang principal dans l'État l'occupent; que ce n'étoit pas prudence de ne penser qu'au présent, où sa fortune dépendoit de la bonne volonté du Roi et de sa puissance; mais que la future dépendoit de sa bonne conduite présente, qui requéroit qu'il obligeât tellement les grands et les petits que sa force principale fût en leurs cœurs; que quand il traiteroit la Reine avec mépris, elle prendroit patience, plus résolue de souffrir le mal que d'en faire; mais que d'autres pourroient abuser de ce prétexte pour décrier son gouvernement.

Par ces réponses, j'eus occasion de croire qu'il en avoit le désir; mais par ses actions suivantes, je vis bientôt qu'il en falloit perdre l'espérance.

Pour donner, néanmoins, quelque opinion qu'il pensoit à cet accommodement, il me fit proposer de faire alliance de son neveu de Combalet avec mademoiselle de Pont ma nièce (1).

(1) Fille de Vignerot du Pont-Courlay et de Françoise de Richelieu.

La Reine en agréa la proposition, estimant que ce seroit un moyen d'entrer en quelque confiance. Mais prévoyant bien que ce mariage m'attireroit des ennemis, je fis ce que je pus pour m'en défendre dans le respect que je devois aux volontés de ma maîtresse.

Je lui représentai que M. de Luynes ne vouloit que les apparences de son amitié, et non pas les effets; que par l'union de nos familles, il donneroit de la jalousie à mes amis, rendroit ma personne suspecte à ses anciens serviteurs, et odieuse à l'Etat; que si, durant mon séjour à Angers, il avoit supposé des intelligences secrètes avec lui pour détourner les grands de se confier en elle, il auroit bien mieux de quoi faire valoir ses artifices à l'ombre de cette alliance; que pour moi je me confiois assez en mon innocence et au jugement de Sa Majesté; que je savois bien que toutes ses calomnies ne feroient pas impression dans son esprit et ne rendroient pas douteuse ma fidélité; mais qu'elles pourroient faire impression dans les esprits foibles, et que j'aurois peine à entretenir une croyance conforme à la sincérité de mes intentions.

Quoique la Reine approuvât ces raisons, elle me commanda néanmoins d'entendre à cette recherche, de crainte que, si on s'en éloignoit, Luynes ne conçût quelque opinion de nos mauvaises volontés, et que la crainte ne le portât à de nouvelles violences. Sur quoi, comme ses volontés furent exécutées, aussi en arriva-t-il comme je l'avois prévu; car la recherche n'en fut pas sitôt promise, qu'il essaya de me faire passer pour une personne gagnée et attachée à ses intérêts. Mais la puissance de Luynes étoit si grande, qu'ainsi qu'il n'étoit pas permis de se défendre durant sa vie, j'estime qu'on ne doit pas parler de mes justifications qu'après sa mort.

Comme l'exécution de ce mariage fut différée jusqu'au retour à Paris, aussi veux-je remettre à ce temps-là à parler des avantages qu'il en voulut malicieusement tirer, pour suivre le Roi, qui va de Poitiers en Guienne, afin de faire vérifier au parlement de Pau un arrêt du conseil donné en faveur des évêques desdits lieux. Et pource que de là ont pris commencement les maux que les huguenots se sont attirés par une juste punition de Dieu, il ne sera pas mal à propos d'en donner quelque lumière pour faire voir, avec le courage du Roi, la justice de ses armes.

Le roi Henri-le-Grand ayant rétabli, par l'édit de Nantes, les huguenots en possession de leurs biens, crut aussi qu'il étoit obligé de rétablir la religion catholique au pays de Béarn, et eut l'absolution de Rome à cette condition. Il y envoya des évêques, et leur assigna des pensions sur son domaine de Navarre, en attendant l'occasion de faire mieux. Les Etats tenus à Paris depuis son décès, demandèrent la restitution des biens aux catholiques, par Dinet, évêque de Mâcon : parties ouïes à Fontainebleau, le Roi, ainsi que nous avons dit ès années précédentes, prononça l'arrêt en faveur des ecclésiastiques, ordonna pour deniers de remplacement aux ministres 7,800 livres, sur les plus clairs deniers de son domaine. Au lieu d'acquiescer à l'arrêt, ils délibèrent sur les lieux, en pleins Etats, d'en empêcher l'exécution et proposent des assemblées. Défense leur est faite de la cour de s'assembler : ils l'avoient indiquée à Castel-Jaloux, de là à Tonneins. Le parlement de Bordeaux les contraint de se retirer. Ils allèrent à Orthez en Béarn, d'où ils envoyèrent lettres au Roi, qu'on ne veut pas voir comme procédantes d'une assemblée factieuse. Le sieur Renard est envoyé pour y faire vérifier cet édit de main-levée : on lui suscite les écoliers d'Orthez et la populace, qui vient devant son logis à Pau lui faire mille insolences. Au lieu de le vérifier, le parlement de Pau s'y oppose, ordonne que remontrances seront faites au Roi. Envoient de tous côtés pour émouvoir les frères à sédition; on surprend les lettres ès mains d'un avocat déguisé, qui est pris prisonnier à Bordeaux. Le Roi y envoie une, deux jussions; aussi peu d'obéissance qu'à la première.

Enfin l'année dernière, au temps qu'il faut nommer leurs députés, ils demandent permission de s'assembler à Loudun. On leur permet : le premier article dont il se traite est de cette mainlevée. Ils envoient divers articles au Roi, et entre autres la continuation de leurs places de sûreté, se plaignent de l'inexécution des autres édits, et prennent résolution de ne se point séparer qu'ils n'en voient l'exécution. On ne veut pas recevoir leurs avant-cahiers, mais bien toutes leurs résolutions en un seul acte. Cette assemblée fait défense, en toutes leurs villes de sûreté, aux jésuites d'y prêcher, ou autres religieux envoyés des évêques. Le parlement s'y oppose; fait défense, dès le commencement de la présente année, à tous gouverneurs, maires et officiers, d'empêcher la mission des évêques diocésains, sous peine d'être criminels de lèse-majesté.

En même temps le Roi envoie vers eux Chaban et Marescot, pour solliciter la rupture de cette assemblée, et témoigner qu'il étoit offensé de leur subsistance; demande qu'ils nomment six députés pour en choisir deux à l'accoutumée; commande de se séparer dans quinzaine.

Ils envoient de nouveaux députés, écrivent par les provinces qu'ils ne se sépareront pas que justice ne leur ait été rendue. Le temps expiré avec peu d'obéissance, le parlement les déclara criminels de lèse-majesté, si dans trois semaines, lettres lues, ils ne se séparoient; temps accordé pour faire leurs députés. Le duc de Lesdiguières et le maréchal de Châtillon en traitent avec Luynes. Leurs demandes alloient à quatre points : à la continuation des places de sûreté; à retirer le gouvernement de Lectoure qu'ils avoient perdu par la conversion de Fontrailles (1); la réception de deux conseillers dans le parlement; la révocation de la main-levée de Béarn.

Le Roi consent que, se séparant dans la fin du mois de février, on leur fera, dans trois mois, justice sur ces trois premiers points; qu'il leur sera expédié brevet de quatre années pour leurs places de sûreté, Lectoure remis entre les mains d'un gentilhomme de la religion qui auroit attestation du colloque de la province, les conseillers reçus, et, pour l'affaire de Béarn, qu'on y pourvoira dans un mois après.

L'assemblée avertie s'y conforme, demandant faculté de se rassembler, en cas d'inexécution. On refuse l'écrit, et on exécute présentement les trois premières conditions, avec dessein de faire obéir le Roi en la dernière. A cette fin le Roi, incontinent après son entrevue avec la Reine, s'achemina à Poitiers où la Reine se trouva incontinent.

Elle avoit envoyé en Guienne pour en avertir et faire désarmer M. du Maine, lequel avoit quasi toute la province, ou en effet, ou en promesse (au moins à ce qu'il croyoit). Cette nouvelle lui arriva bientôt après les rendez-vous de ses troupes, qu'il avoit donnés, à quatre lieues d'Agen, dans la terre de Brassac; et pource qu'il n'avoit eu nulles nouvelles que celle-là de ce qui s'étoit passé au Pont-de-Cé, il resta merveilleusement étonné de voir un commandement de désarmer, au lieu de celui qu'il attendoit de marcher. Il assemble son conseil, où étoient Boesse de Pardaillan et Panissau, comme maréchaux de camp de son armée, et autres personnes de qualité. Là fut mis en délibération s'il désarmeroit : les avis furent divers; mais enfin ceux qui avoient de quoi perdre, se voyant en sûreté par les articles passés audit Pont-de-Cé, l'emportèrent sur les autres, qui eussent bien voulu les troubles, afin d'y pêcher leurs commodités.

Presque à l'instant arriva le sieur de La Saludie, qui portoit, de la part du Roi, même commandement de désarmer, et ordre audit sieur du Maine de l'aller trouver. S'il y avoit eu grand conseil sur le désarmement, il y en eut bien un plus long pour savoir s'il obéiroit au dernier envoi; et sans que ledit La Saludie fît sa charge avec dextérité, et avec une façon qui paroissoit pleine d'ingénuité, il s'y fût avec peine résolu. Il part, même avec lui le marquis d'Aubeterre qui étoit de son parti, et qui avoit eu les mêmes ordres. Ils trouvent le Roi encore dans Poitiers; les rencontres y furent assez froides, ce leur sembla, et ne falloit guère être savant en physionomie afin de juger qu'ils eussent bien voulu n'être pas venus : aussi pensèrent-ils s'en retourner de deux postes de là, et l'eussent ainsi fait, sans que M. du Maine y reçut une lettre de M. de Luynes assez courtoise.

Le Roi, étant à Poitiers, reçut nouvelles que Fontrailles, auquel il avoit commandé de remettre Lectoure entre les mains d'un exempt qu'il y envoyoit, avoit refusé de le faire, dont Favas, qui étoit un des députés des huguenots, parloit fort hautement, disant que le parti huguenot hasarderoit plutôt tout que de perdre cette pièce. Ces instances donnent un nouveau et favorable prétexte au Roi d'aller en Guienne. A la première journée, messieurs de Rohan et de Soubise se rendirent à La Mothe-Saint-Héraye; là saluèrent Sa Majesté, et furent vus comme avoit été M. du Maine. Le Roi passa par Saint-Jean-d'Angely, où les habitans le reçurent avec tant d'applaudissement que M. de Soubise, qui l'y avoit suivi, n'en eut pas peu d'appréhension. Ce qui succéda tôt après fit croire que Blaye étoit bien autant le sujet du voyage que Lectoure; car, dès le soir que le Roi y arriva, toute la cour et les gardes étant dans la place, l'on propose au marquis d'Aubeterre de prendre 100,000 écus et une charge de maréchal de France, pour la démission de ce gouvernement. Il n'y avoit lieu ni de conseil ni de contestation; tellement que, sans marchander, il accepta les offres. L'on change la garnison, et on met la place ès mains de M. de Luxembourg, frère de M. de Luynes (2).

Là fut mis en délibération si l'on arrêteroit M. du Maine; mais le Roi, voyant sa parole engagée, rejeta ces propositions.

Favas cependant ne cessoit de crier; on se hâte de se rendre à Bordeaux. Fontrailles, y voyant le Roi, se résout d'obéir, et pour cet effet le vint trouver. Sa Majesté, qui voulut satisfaire aux prétendus réformés, donne le gouvernement de Lectoure au sieur de Blainville l'aîné, qui étoit de la profession requise. Il est

(1) Gouverneur de cette place, qui se fit catholique.

(2) Le troisième des frères, celui qui s'appelait d'abord Brantes.

à noter que lorsque les ecclésiastiques de Béarn virent à Poitiers Sa Majesté résolue de passer outre en l'affaire de Lectoure, ils prirent dextrement l'occasion de supplier très-humblement le Roi que, comme il satisfaisoit à ses édits de pacification en ce qui regardoit ceux de la religion prétendue réformée, qu'il plût aussi à Sa Majesté faire accomplir les mêmes édits en la restitution de leurs biens, dans lesquels ils n'avoient jamais pu entrer depuis la paix de 1597, bien que c'en fût un des principaux articles, ratifié par quantité d'arrêts du conseil.

La requête étoit trop juste pour être éconduite. On dépêcha le sieur de La Saludie vers M. de La Force, lequel étoit gouverneur de Béarn, afin de lui porter ordre de venir trouver le Roi à Bordeaux, et faire que le parlement de Pau députât des personnages de son corps, capables de recevoir les commandemens du Roi sur la restitution desdits biens ecclésiastiques. Il est vrai que l'on se trouva troublé de cette occasion, d'autant que l'on s'imaginoit que, pour remettre ce bien ès mains des justes possesseurs, il falloit conquérir le Béarn et commencer la guerre, ou, refusant, découvrir l'avantage que les huguenots avoient à faire réparer leurs intérêts, faire voir encore de la foiblesse à n'oser pas passer plus outre, et une injustice manifeste de laisser les évêques dépouillés de tout leur bien.

M. de La Force arriva à Bordeaux, mais sans les députés qu'on lui avoit mandé d'amener; protestant qu'il avoit fait ce qu'il avoit pu afin que le parlement les nommât; ce qu'il n'avoit voulu accorder. En cette perplexité on se résout de faire bonne mine et d'envoyer commandement au parlement de Béarn de vérifier à ce coup l'édit de pacification, et de mettre ensuite les ecclésiastiques en vraie et effective possession de leurs biens, ou autrement (y ajoutoit-on) que le Roi s'y en iroit en personne pour se faire obéir.

Le peu de forces que Sa Majesté avoit, et les affaires qui n'étoient pas trop disposées à commencer une guerre, étoient considérations qui faisoient croire que cette alternative étoit prononcée avec grande contrainte; et, pour le témoigner, il se sut, mais de peu, qu'un soir M. de Luynes appela dans sa chambre messieurs de Parabère le bon homme et de Brassac, et leur dit qu'il les prioit de voir M. de La Force, et, sans faire paroître que ce fût par son induction, lui remontrer combien il pouvoit en cette occasion se rendre agréable au Roi, et faire rentrer ses enfans dans la maison de Sa Majesté en l'exercice des charges desquels il y avoit eu deux ans d'intermission, lui faire connoître que ce qu'on désiroit de lui n'étoit point au fond une chose qui lui dût apporter mauvaise opinion dans son parti; au contraire qu'il verroit, selon ce qu'ils avoient à lui dire, qu'on le vouloit faire instrument, afin de donner contentement à l'autorité du Roi, sans apporter de préjudice aux résolutions que les assemblées avoient toujours eues pour ce qui regardoit le Béarn. Ils exécutent cette charge, et continuent que, pour le faire court, ce qu'ils avoient à lui dire étoit qu'ils savoient de bon lieu que le Roi recevant ce contentement en l'acceptation et vérification de sa volonté par le parlement de Béarn, il se contenteroit de cette obéissance, et s'en retourneroit après cela à Paris, remettant l'exécution aux commissaires qui seroient ordonnés. Et enfin le bonhomme M. de Parabère ajouta qu'il ne craignoit pas de lui dire qu'il n'y avoit rien plus aisé à s'apercevoir, sinon que le Roi vouloit simplement pour le maintien de son autorité cette apparence de respect, bien que l'on jugeât assez que ce n'étoit que du plâtre, et que la restitution effective des biens n'étant pas faite, il ne réussiroit pas plus davantage aux évêques d'avoir cette vérification que de ne l'avoir pas; que si l'on refusoit absolument, le Roi étant résolu, à quelque prix que ce fût, de passer outre, et le Béarn n'étant point armé, Sa Majesté pourroit, avec plus de facilité que peut-être on ne pensoit, entrer dans cette province, et réduire en effet ce que maintenant il ne vouloit qu'en apparence.

M. de La Force témoigne de goûter ses raisons, fait sentir sa bonne volonté, sur laquelle on le dépêche. Et afin de faire voir que le Roi ne se relâchoit point au dessein d'aller s'il n'étoit obéi, Sa Majesté s'avance à dix lieues de Bordeaux, se loge dans un bourg, nommé Prignac, sur le grand chemin de Pau, mais le long de la mer, afin qu'elle s'acheminât plus avant par terre, ou s'en retournât par eau, selon qu'il seroit nécessaire. La Chesnaye, gentilhomme ordinaire du Roi, de la religion prétendue réformée, mais très-fidèle et affectionné au service de Sa Majesté, fut dépêché en Béarn, afin de tenir d'heure en autre le Roi averti de ce qui se passeroit.

Il est à présupposer que ledit sieur de La Force, étant arrivé à Pau, n'oublia aucune raison pour induire le parlement à cette vérification tant différée; d'autant que, deux jours après, ledit La Chesnaye fit partir un courrier, par lequel il mande à Sa Majesté que les choses sont bien acheminées, et que bientôt on se devoit assembler pour lui donner satisfaction. Ceux qui approchoient M. de Luynes en ce temps-là savent combien il avoit d'amour pour madame sa femme, et quelle impatience le pressoit de retourner la revoir à Paris, où elle avoit accompagné la Reine (1). Ce désir extrême se fit voir à la réception de la nouvelle de La Chesnaye, non-seulement en son discours, mais aussi en l'ordre qu'il donna que les troupes de gendarmes et de chevau-légers du Roi, le régiment des gardes, et même jusqu'à la première chambre, s'en retournassent droit à Blaye, afin que, tout aussitôt la nouvelle reçue de l'acceptation, il conseillât au Roi de reprendre son chemin, et s'en retourner à Paris.

Favas, qui étoit bien averti que le parlement n'avoit point encore exécuté, et qui voyoit néanmoins cet ordre, ne s'alla jamais imaginer la vraie cause de ce précipité départ; ains, au contraire, ne se figurant rien moins, et jugeant toujours par les anciennes règles des vieux huguenots, conclut incontinent qu'il y avoit quelque chose d'altéré ou à Paris ou aux provinces frontières de la France : tellement que, résolu dans cette opinion, il dépêche en diligence à quelques particuliers amis qu'il avoit au parlement de Pau, leur donne sa pensée pour une vérité très-certaine, les exhorte à demeurer fermes, et ne se laisser pas seulement aller à cette lâcheté, de confirmer des articles qu'il savoit bien qu'ils aimeroient mieux mille fois mourir que de les voir réduire à exécution. Aussi étoit-ce, ajoutoit-il, sur ce revenu des biens d'Eglise que se prenoit l'entretien de leurs pasteurs et de leurs séminaires, principal fondement de leur religion.

Cet avis fut reçu comme venant à des personnes qui n'avoient pas grande envie d'obéir; ce qui parut en ce qu'ils s'assemblèrent, et refusèrent l'acte que l'on requéroit d'eux. Soudain M. de La Force et ledit sieur de La Chesnaye dépêchent au Roi, et lui mandent qu'au contraire de ce qu'ils avoient espéré, la cour de parlement avoit absolument dénié cette vérification; mais, comme ils n'en savoient pas la cause (au moins le dernier), ils ne mandoient que l'effet avec étonnement. On reconnut évidemment que cette nouvelle attrista M. de Luynes, et vit-on que, comme M. de La Ville-aux-Clers eut achevé de lire les lettres, le Roi se tourna vers ledit sieur de Luynes et lui dit : « Il faut aller à eux. »

Toute la nuit fut employée à donner les ordres afin de faire retourner les troupes, et cependant le Roi s'achemine à petites journées vers Grenade, où elles se devoient rendre. S'il y avoit eu de l'étonnement en la cour en la nouvelle du refus qui arriva, il y en eut bien autant à Pau lorsque l'acheminement de Sa Majesté y fut su.

(1) La reine régnante, dont le roi s'était séparé à Poitiers.

Les plus séditieux tâchent à raccommoder l'affaire; le parlement s'assemble en diligence, vérifie ce qu'on avoit désiré, et dépêche des députés pour le porter au Roi. Ils lui dirent qu'ils avoient fait un arrêt mental; mais qu'ils ne l'avoient pu réduire par écrit à cause du bruit des armes : c'étoit un arrêt menteur.

Sa Majesté étoit si près, et avoit tellement appris, en s'approchant, la confusion en laquelle on étoit en cette province par cette venue inopinée, qu'il n'y avoit plus lieu de reculer ni de craindre. Le Roi se résout d'y aller en personne; arrivé à Grenade, éloigné de deux journées, envoie la vérification. M. de La Force vint pour divertir le Roi de passer outre; mais il ne put.

Ceux de Pau lui présentèrent entrée; le Roi répond qu'il y entreroit comme souverain s'il y avoit une église pour y aller prier; mais s'il n'y en avoit point qu'il n'y vouloit ni poêle ni entrée, n'estimant pas qu'il fût bienséant à sa piété de recevoir des honneurs en un lieu où il n'avoit jamais été, sans en rendre grâces publiques à Dieu de qui il tenoit l'héritage.

Le Roi fit le lendemain raccommoder la grande église, et la rendit à ses légitimes possesseurs. Comme il avoit été reçu à Pau avec acclamations de joie, toutes les autres villes y envoyèrent aussi les principaux de leurs corps pour se réjouir de son heureux avénement en cette province.

Tout cela n'étoit rien si l'on ne tenoit la ville de Navarreins, laquelle est la citadelle du Béarn, et où tous les canons et magasins étoient gardés. C'est pourquoi, sans donner autre temps au sieur de Salles qui y commandoit, l'on envoie vers lui, on le presse; il traite, et finalement met la place ès mains du Roi : à quoi le sieur de La Ville-aux-Clers servit avec grande dextérité et affection. Sa Majesté s'y en va, change la garnison, donne le gouvernement au sieur de Poyenne, retourne à Pau, et là, avec assurance et fermeté, rend justice à ses sujets catholiques; ne troublant néanmoins les autres en aucune des concessions portées par l'édit du feu Roi son père.

Elle y rétablit les évêques et abbés de Béarn au conseil de Pau, pour y avoir l'entrée comme ils avoient eue autrefois; remit tous les ecclésiastiques en leurs biens et prérogatives, et les catholiques en la possession de la grande église. Et, après avoir eu soin de l'Eglise de Dieu, il le voulut aussi avoir de l'Etat, et fit un édit de réunion de la basse Navarre et de la souveraineté de Béarn à la couronne de France, et une union des deux conseils desdites deux provinces pour en composer un corps de parlement, à l'instar des autres parlemens de France. Le sieur Aubry, conseiller d'État, présenta, le 20 octobre, ledit édit au conseil de Pau, et fut enregistré le même jour. Mais, étant allé de là à Saint-Palais, et l'ayant présenté en la chancellerie et cour souveraine de la basse Navarre, il y eut arrêt de partage, non sur le fait de l'union de la couronne de Navarre à celle de France, mais sur l'union des deux couronnes; et, pour juger ledit arrêt, les uns et les autres envoyèrent des députés au conseil pour être réglés, ce qui ne sera que l'année suivante. Cela fait, Sa Majesté laisse M. de La Force en sa charge, et ses enfans, qui avoient interm's les leurs (comme a été dit ci-dessus), en recommencent l'exercice.

Les choses étant ainsi bien établies, le Roi s'en retourne à Paris en diligence; et peu de temps après ledit sieur de Salles, qui avoit été gouverneur de Navarreins, sur quelque prétexte assez mal inventé, se saisit d'un lieu, nommé Montgiscard, qui en étoit proche, fort d'assiette, et important. Soudain, ledit sieur de Poyenne en entre en jalousie, en avertit la cour, et se prépare d'aller attaquer l'autre; lequel à son mandement n'avoit point voulu cesser les fortifications qu'il avoit commencées. Il envoie en même temps à M. de La Force, qui étoit à Pau, et le prie de l'assister de gens au dessein qu'il avoit.

Celui-ci reçoit cet avis de bonne grâce, et, comme se traitant d'un lieu qui étoit dans sa charge, fait réponse qu'il donnera assistance, et qu'il ne désire pas qu'aucune exécution se fasse sans y servir le Roi en personne. Sur ce prétexte, il arme ce qu'il peut, et de telle façon, que Poyenne estima que c'étoit trop pour n'avoir d'objet sinon Montgiscard; et de fait, Poyenne presse Salles, traite avec lui, et se fait rendre Montgiscard: après quoi néanmoins ledit sieur de La Force ne fait point mine de désarmer. Poyenne en donne avis au Roi, qui aussitôt prend résolution d'envoyer vers ledit sieur de La Force, afin de le faire désarmer. La Saludie est encore dépêché à cet effet; et d'autant qu'on douta que ledit sieur de La Force ne fît difficulté en la prompte obéissance qu'on requéroit de lui, on donna au même La Saludie une dépêche pour M. d'Epernon, portant commission d'armer en diligence, et d'aller droit en Béarn.

Cette alternative ne fut point mal à propos, pource qu'après plusieurs raisons déduites par ledit sieur de La Force, sa conclusion ne fut pas ce qu'on désiroit de lui. Ainsi La Saludie revint à M. d'Epernon, qui reçut ce commandement à bras ouverts, et avec les diligences requises, arme et s'achemine. Ledit sieur de La Force, voyant cet orage venir fondre sur lui, cède,
congédie le mieux qu'il peut ses troupes, et avec quelques-uns de ses plus particuliers amis, qui faisoient environ deux cents maîtres, se retire vers Bergerac, Sainte-Foy et Clérac, et en ces lieux-là donne les principes aux progrès que nous verrons ensuite.

On disoit publiquement que le Roi ne seroit pas sitôt parti, que l'ordre qu'il y avoit établi seroit changé par le moyen de Navarreins; le Roi fut conseillé de prévenir ces maux, et s'en rendre le maître, comme il fit en y allant en personne.

Ceci exécuté, le Roi revient à Paris en poste le 7 novembre, plein de gloire et de trophées, ayant, par la paix du Pont-de-Cé, réuni les esprits qui s'en étoient séparés à son service, et à la suite de cette victoire rétabli la religion ès lieux dont il y avoit soixante ans qu'elle étoit bannie. La Reine-mère y arriva quasi en même temps. Quant à l'armée du Roi, elle fut mise en garnison dans les provinces du Poitou et de la Guienne.

Incontinent que Sa Majesté eut remis le Béarn en son devoir, il ne se parla plus que d'assemblées de huguenots en plusieurs lieux de ce royaume. Ils s'assemblèrent à Alais, à Milhaud et à Montauban, et résolurent une assemblée générale à La Rochelle au 26 novembre.

Sa Majesté en étant avertie, fit à Grenade, le 22 octobre, une déclaration contre ceux qui s'y trouveroient, les déclarant criminels de lèse-majesté, et commandant qu'il fût procédé contre eux comme tels; mais, pource que c'étoit durant le temps des vacations du parlement, elle ne put être vérifiée que le 14 novembre. Le maire de La Rochelle, auquel elle fut signifiée, dit, pour toute réponse au sergent, qu'il avoit fait sa charge, et qu'il s'en allât quand il voudroit.

Cependant, à Montauban, le 17 novembre, ils prirent tous les catholiques prisonniers, puis les laissèrent aller, avec commandement de sortir de la ville sans délai. Le parlement de Toulouse jugea très-sagement que les catholiques ne devoient pas user de représailles, et fit assurer ceux de ladite religion qui demeuroient dans Toulouse.

Ils firent plusieurs semblables équipées dans d'autres villes de la prétendue religion; mais la plus hardie et séditieuse fut l'entreprise qu'ils firent, par délibération de l'assemblée de Milhaud, de s'emparer de la ville de Navarreins, et en chasser le gouverneur qui y commandoit pour le Roi. Mais Dieu, qui bénissoit sa cause et les armes de Sa Majesté, fit qu'ils furent découverts le 8 décembre par le soin du sieur de Poyenne, qui, sachant que plusieurs huguenots s'étoient à ce dessein glissés secrètement dans ladite ville, reçus et cachés par les habitans qui étoient tous huguenots, en fit une si exacte recherche, qu'il en fit prendre quelques-uns qui furent pendus; les autres se sauvèrent la nuit par-dessus les murailles.

Comme les affaires des huguenots alloient mal en France, elles alloient encore plus mal en Allemagne, la vengeance de Dieu les poursuivant de tous côtés.

Nous avons dit que les ambassadeurs du Roi dressèrent leur chemin vers Ulm, où les princes protestans étoient assemblés. Leur arrivée ne fut point inutile; car, par l'intervention et autorité du Roi, il y fut arrêté le 3 juillet, entre tous les princes et Etats catholiques d'Allemagne, le duc de Bavière qui avoit envoyé son député à Ulm faisant pour eux, et tous les protestans pour lesquels l'électeur de Brandebourg se faisoit fort, que nul desdits princes et Etats de l'un et l'autre parti n'envahiroit, ne molesteroit ni n'entreprendroit d'envahir ni molester les Etats les uns des autres, mais demeureroient en bonne paix les uns avec les autres, sans faire passer leurs gens de guerre dans les Etats de leurs voisins qu'avec leur permission, excepté seulement le royaume de Bohême et les provinces incorporées à icelui.

Cet accord fut d'une grande conséquence; car tout le poids de la guerre demeuroit entre le roi de Bohême et l'Empereur; en quoi ledit Empereur y avoit cet avantage, que les protestans, qui étoient lors les plus forts en Allemagne et eussent empêché, ou par jalousie, ou par hostilité, que les princes catholiques ne lui eussent prêté secours, lui donnèrent lieu par ce moyen de le recevoir, et d'assembler une si puissante armée qu'elle pût faire et crainte et mal à son ennemi.

Lorsque cet accord fut fait, le duc de Bavière avoit une armée de vingt-cinq mille hommes à Veidin, et le marquis d'Anspach, qui étoit général de celle des protestans, en avoit une de quinze mille hommes à l'Angenau près d'Ulm. L'accord fait, ils décampèrent; l'électeur tira droit en Autriche, le marquis au Palatinat, pour le défendre contre Spinola, qui avoit levé une armée pour l'attaquer.

L'armée de Bavière fit beaucoup de progrès, contraignit toute la haute Autriche de renoncer à la confédération des Bohêmes, et défit les paysans qui s'étoient soulevés.

Le duc de Saxe, qui avoit toujours eu crainte d'une mauvaise issue en ce dessein pour les protestans, en eut lors plus que jamais; reçut la charge que l'Empereur lui donna de mettre en exécution le ban impérial contre ses sujets rebelles de Bohême, aux ambassadeurs desquels il témoigna ne pouvoir être neutre, et que, puisque contre son avis ils avoient entrepris ce qu'ils avoient fait, il étoit hors de propos d'avoir maintenant recours à lui.

L'archiduc Albert reçut d'autre part la charge d'exécuter le ban impérial contre le Palatinat. Tous les protestans en écrivirent au duc de Saxe, qui ne s'en voulut pas mêler. Le Roi de la Grande-Bretagne envoya exprès un ambassadeur à l'archiduc; mais il n'eut autre réponse de Spinola, sinon que la commission qu'il avoit d'Espagne étoit close, et qu'il ne l'ouvriroit qu'à la place d'armes qui lui étoit assignée.

Il partit le 8 août, avec une armée de vingt-six mille hommes de pied et quatre mille chevaux, quarante canons, trois cent cinquante chariots chargés de toute sorte de munitions, de moulins, et de bateaux à passer rivières; et avec cette armée, quelque opposition que lui pût faire celle des ennemis, à laquelle se joignit le renfort des troupes hollandaises conduites par le comte Henri, fit, dès cette année, un grand progrès, et se rendit maître de beaucoup de places du Palatinat deçà et delà le Rhin.

Cependant le duc de Saxe entra avec son armée dans la Lusace, et s'en rendit maître. Les deux armées de l'Empereur, l'une conduite par le duc de Bavière, et l'autre par le comte de Buquoy, s'étant jointes ensemble, tirèrent vers la Bohême, et envoyèrent devant leur signifier qu'ils eussent à accepter la grâce que l'Empereur leur offroit, ou qu'il mettroit tout à feu et à sang.

Leur offre ayant été refusée le 30 août, ils entrèrent dans la Bohême, prirent les villes de Horn, Vortsmits, Badenac, Pisca, et allèrent droit à Prague, prenant toutes les places qu'ils rencontroient en leur chemin, les ennemis n'étant pas assez forts pour les oser attendre: ils ne voulurent mettre le siége devant Pilsen, mais allèrent droit à une demi-lieue de Prague, et donnèrent bataille le 8 novembre, en laquelle le prétendu roi de Bohême fut défait entièrement, s'enfuit de Prague à Brandeis, et de là en Silésie. En quoi est à remarquer que le lieu où la bataille fut perdue, fut le même où ils avoient été recevoir l'année précédente leur nouveau Roi à leur arrivée. Le nombre des morts et des prisonniers fut grand; mais, ce qui est le plus remarquable, est que cette bataille décida la querelle de l'Empereur, et rappela en son obéissance tous ses sujets de Bohême.

LIVRE XII (1621).

Projet de mariage entre madame Henriette, troisième sœur du Roi, et le prince de Galles; pourquoi il échoue. — Assemblée des huguenots à La Rochelle; ils font de vaines protestations de fidélité, et se révoltent en plusieurs provinces ; ordres donnés et mesures prises pour les réprimer. — Réunion de la Navarre à la couronne. — Le Roi se prépare à la guerre contre les rebelles. — Le duc de Luynes est fait connétable. — Conduite de ce dernier envers la Reine-mère ; bruits calomnieux répandus contre elle ; affronts qu'elle reçoit. — Elle refuse de recourir à la voie des armes. — Différend survenu entre le cardinal de Guise et M. de Nevers ; comment la Reine-mère s'y trouve compromise. — Ses plaintes et ses conseils au Roi. — Insolence de l'assemblée de La Rochelle. — Sédition à Tours apaisée. — Le Roi se rend à Saumur, dont il ôte le gouvernement à du Plessis-Mornay. — Organisation politique des églises protestantes. — Prise de plusieurs places sur les huguenots. — Siége et capitulation de Saint-Jean-d'Angely. — Prise de Nérac et autres villes. — Mort du garde des sceaux du Vair ; son caractère. — Siége de Montauban ; le duc du Maine y est tué. — Son portrait. — Le Roi convertit le siége de Montauban en blocus. — La Reine-mère est accusée d'être à la tête d'un tiers parti qui n'existe pas. — Forfanterie et hauteur du duc de Luynes. — Le Roi se rend à Toulouse. — Le père Arnoult fait ombrage au connétable. — Mort de ce dernier ; prédictions sur sa mort ; son ambition désordonnée et extravagante ; son caractère, ses procédés envers la Reine-mère. — Situation de cette princesse au moment de la mort du connétable. — Lettre du Roi en lui annonçant cette mort. — Affaires d'Allemagne. — Mort du pape Paul V et de Philippe III, roi d'Espagne. — Leur caractère. — Du duc de Lerme et de son fils le duc d'Uzède.

[1621] Le premier jour de cette année, le sieur de Cadenet, frère du duc de Luynes, s'en alla en ambassade extraordinaire en Angleterre, sous un simple prétexte de confirmer le roi de la Grande-Bretagne en la créance de la bonne et étroite intelligence que le Roi vouloit entretenir avec lui, mais en effet pour essayer, s'il y voyoit jour, de porter l'esprit de ce prince à demander en mariage, pour le prince de Galles, madame Henriette, troisième sœur du Roi ; et tout cela en intention d'empêcher le Roi de s'intéresser dans les affaires de ceux de la religion prétendue en France, que l'on voyoit bien qui prenoient le grand chemin de se rebeller contre le Roi, et qui l'alloient contraindre ou de laisser entièrement mettre son autorité sous le pied, ou de la maintenir par la force de ses armes.

Le dessein de ce mariage fut vain : le roi de la Grande-Bretagne en étoit trop avant du traité avec le roi d'Espagne ; son intérêt, à cause du prince palatin, son beau-fils (1), y étoit trop grand, et son inclination timide, qui ne tendoit qu'à la paix, et qui ne craignoit la guerre que du côté d'Espagne, le portoient trop à faire choix de cette alliance plutôt que de la nôtre. Puis, Dieu, qui dans le ciel fait les mariages, avoit destiné autre temps et autres personnes pour moyenner celui-ci (2).

(1) Son gendre.
(2) Ce fut Richelieu lui-même qui le mit à fin.

Le sieur de Cadenet fut reçu et traité magnifiquement et convenablement à la dignité du Roi qui l'envoyoit et de celui vers lequel il étoit envoyé, et s'en revint, ne rapportant au Roi que des paroles de compliment pour le fruit de son ambassade.

Nos huguenots, qui s'étoient émus, dès l'année passée, de ce que le Roi avoit rendu en Béarn justice à l'Eglise, poussèrent, dès le commencement de cette année, leurs mouvemens bien plus avant. Ils tinrent une assemblée à La Rochelle nonobstant les défenses du Roi, et furent assez effrontés pour couvrir du nom d'innocence et de justice leur manifeste rébellion ; se plaignant de ce que le Roi avoit fait exécuter, en Béarn, l'arrêt donné en son conseil pour la main-levée des biens ecclésiastiques, sans leur avoir donné loisir de lui présenter encore une fois leurs remontrances sur ce sujet, comme si le délai de plus d'un an qu'il leur avoit donné, n'eût pas été suffisant pour cela.

Le maréchal de Bouillon en écrivit de Sedan au Roi dès le second jour de l'an, et lui manda qu'il étoit obligé par la religion qu'il professoit, d'y envoyer quelqu'un de sa part, mais seulement pour se joindre à eux en leurs très-humbles remontrances, èsquelles il supplioit Sa Majesté avoir agréable de les entendre, et ne souffrir que, par une trompeuse espérance de réunir tous ses sujets à une même foi, on engageât son autorité en de fâcheux mouvemens ; mais on ne crut pas que, comme il excitoit le Roi à prendre les voies de la douceur, il conseillât aux huguenots de prendre celle de la fidélité et de l'obéissance qu'ils devoient à Sa Majesté.

Le maréchal de Lesdiguières leur écrivit, le premier février, une lettre par laquelle il les condamnoit, et justifioit le procédé du Roi ; jugeant frivoles tous leurs sujets de plaintes, et le Roi véritablement offensé en ce qu'ils tenoient cette assemblée sans sa permission. Mais leur crime n'en diminua pas à la simple tenue de l'assemblée, car ils n'y proposoient que la rébellion et n'y résolvoient que crimes contre l'autorité royale. Ils donnent des commissions d'armer et de faire des impositions sur le peuple, et ce sous leur grand sceau, qui étoit une Religion appuyée sur une croix, ayant en la main un livre de l'Evangile, foulant aux pieds un vieux squelette qu'ils disoient être l'Eglise romaine. Le Roi, averti de toutes ces choses, fit, en février, expédier ses lettres-patentes, par lesquelles il défend de faire lesdites levées sous peine de crime de lèse-majesté ; mais, en plusieurs lieux, ils ne laissent pas de se faire obéir, et se saisissent même des deniers de Sa Majesté ; et, au milieu de ces crimes, ne laissent pas d'avoir la hardiesse d'envoyer en cour, et tâcher de faire voir au Roi, par leurs députés généraux, leurs remontrances remplies de protestations de fidélité et d'obéissance.

En même temps et par ordre de cette assemblée, ils se soulevèrent à Privas, prenant prétexte de ce que le sieur de Chambaut, leur seigneur, qui étoit de la religion prétendue, étant décédé, sa fille avoit épousé le vicomte de Cheylane, catholique, fils du vicomte de L'Estrange, et ensuite il avoit mis dans le château et dans la Tour-du-Lac des capitaines et des soldats catholiques. Les huguenots de la ville prétendirent que la garde dudit château et de la ville leur appartenoit, d'autant qu'encore que ce ne fût pas une place de sûreté, ils s'en étoient néanmoins rendus maîtres durant les troubles précédens, s'y étoient maintenus avec leurs seigneurs qui étoient de ladite religion prétendue, et avoient toujours conservé ladite garde.

Ensuite de cette prétention, ils se saisirent de la Tour-du-Lac; dès le 24 janvier, commencèrent à construire une citadelle et une place élevée pour battre le château, et écrivirent des lettres à plusieurs gentilshommes pour leur amener des gens de guerre.

Le duc de Ventadour, lieutenant du Roi en Languedoc, essaya en vain de les mettre à la raison; ils méprisèrent ses remontrances, maltraitèrent ceux qu'il y envoya, et contraignirent enfin le duc de Montmorency de se disposer à les aller assiéger.

Le cercle du bas Languedoc donna ordre à M. de Châtillon d'armer aussi, ce qu'il fit en grande diligence. Le duc de Montmorency, s'avançant néanmoins avec son armée vers ledit Privas, le maréchal de Lesdiguières, qui alloit en cour, le pria, sur la fin de février, de vouloir conférer avec lui, et en ce pourparler obtint de lui qu'il ne pousseroit plus outre les affaires, sans avoir un ordre particulier de Sa Majesté, de la part de laquelle le sieur de Réaux arriva le 6 mars, avec ordre de les faire tous désarmer: ce qu'ils firent plus en apparence qu'en vérité; fit sortir de Vallon une garnison nouvelle que les huguenots y avoient mise, et y mit un exempt et s'en retourna. Mais à peine eut-il le dos tourné, que les huguenots de Vals, place qui appartient au colonel d'Ornano, ayant été assignée pour le département du régiment de Mazargue, son frère refusa de le recevoir. Le duc de Montmorency y tourne tête, l'assiége et la prend. A cette nouvelle, le cercle envoie des gens de guerre à Vallon, ils en chassent l'exempt au préjudice de l'autorité du Roi, et y établissent garnison. Le duc de Montmorency le reprit;

mais ceux de Privas, dont Brison étoit gouverneur, avec douze cents hommes de garnison, faisoient plusieurs courses et prises sur les sujets du Roi d'alentour, assistés et encouragés par l'assemblée qui se tint au même temps au Poussin, en laquelle ils nommèrent Blascons gouverneur du Vivarais, et Brison son lieutenant.

En Béarn ils ne faisoient pas mieux, mais ils trouvèrent M. de Poyenne en tête, qui empêcha l'effet de tous leurs desseins. Le Roi n'en fut pas plutôt parti, qu'ils commencèrent à découvrir la désobéissance qu'ils couvoient en leur esprit. Ils refusèrent à Pau de délivrer les canons que le Roi avoit commandé qu'on menât à Navarreins, et travaillèrent à de nouvelles fortifications en leur ville. Ils reçurent garnison en la ville d'Orthez, mais refusèrent de lui ouvrir le château. L'entreprise de Navarreins, qui leur réussit fort mal, comme nous l'avons dit, suivit incontinent après, et tout cela fut couronné par l'inexécution de l'arrêt du conseil du Roi sur le rétablissement des églises, et par l'imposition et levée des deniers qu'ils firent sans la permission du Roi. Ils firent aussi une assemblée en la ville de Pau, en laquelle le capitaine Bensins, qui avoit fait l'entreprise sur Navarreins, fut bien reçu, et particulièrement de M. de La Force, et reçut deux commissions secrètes de se jeter dedans les tours de Montgiscard près le pont de Bérinx, sur la fin de février. Ces tours sont en une situation inaccessible, les murailles bien terrassées, et toute la place environnée de grands fossés, et étoit en un lieu important, comme étant située entre Navarreins et Acqs, et en lieu qui empêchoit à M. de Poyenne l'assistance qu'il pouvoit recevoir de son gouvernement Deslannes. Il n'y fut pas plutôt, qu'il commença bientôt à faire voir qu'il y étoit à dessein de commencer la noise, faisant arrêter, le premier mars, l'abbé de Cagnotte, et un gendarme dudit sieur de Poyenne, en passant sur le pont de Bérinx pour aller à Navarreins. Le sieur de Poyenne en avertit M. de La Force, et que l'autorité du Roi y étoit offensée; ledit sieur lui répond force complimens, et qu'il se remettroit à ce que ledit sieur de Poyenne en feroit, estimant qu'il n'auroit pas moyen de les dénicher de là. Ledit sieur de Poyenne, ayant ouï cette réponse, assemble ce qu'il put de ses amis et de gens de guerre, et les va, le 5 mars, investir, après l'avoir premièrement fait semondre de sortir de la place. A quoi il fait réponse qu'il y étoit de la part de l'assemblée de Pau, et qu'il n'en sortiroit point que par son commandement.

L'assemblée, ayant nouvelle que le sieur de Poyenne y alloit si vite, et avec tant de courage, qu'il forceroit bientôt la place, lui manda premièrement que cette entreprise pourroit altérer le service du Roi ; puis enfin fit donner arrêt au parlement de Pau, par lequel il étoit enjoint, sous peine de crime de lèse-majesté, à ceux qui étoient dans lesdites tours d'en sortir, et défendu au sieur de Poyenne de faire aucune assemblée de gens de guerre dans le Béarn, sans l'exprès commandement du lieutenant du Roi.

Celui qui étoit porteur de cet arrêt s'adressant audit sieur de Poyenne, celui-ci lui dit qu'il parlât premièrement à ceux qui étoient dans lesdites tours de Montgiscard et les fît obéir, puis qu'il parleroit à lui, sinon qu'il les auroit bientôt rangés à la raison et fait quitter la place. Lors le sieur de La Force, voyant que toutes ses ruses lui étoient inutiles, assembla tous les gens de guerre qu'il put, et dans le Béarn et dans les provinces voisines, pour essayer de défendre lesdites tours. Il y fit entrer quelques secours, mais ne put néanmoins faire lever le siége, ni empêcher que la place fût remise en l'obéissance du Roi et aussitôt démolie. Ce qui les étonna, pour ce qu'ils étoient bien avertis que le Roi savoit que c'étoit une chose faite par ordre de l'assemblée de La Rochelle et de la leur.

Aussi, incontinent après, Sa Majesté envoya le sieur de La Saludie en Béarn vers le sieur de La Force, pour lui porter commandement de mettre les armes bas sans aucun délai, et, à faute de ce faire, délivrer à M. d'Epernon une commission, dont il étoit porteur, pour lever des gens de guerre et le faire obéir par force, et vivre en paix dans le Béarn ceux de l'une et l'autre religion. Ledit sieur de La Force, ayant fait une réponse ambiguë à La Saludie pour gagner temps, il délivre ladite commission au duc d'Epernon, qui, étant entré dans le Béarn le 21 avril, le sieur de Poyenne, s'étant joint à lui avec ses troupes, chassa hors du pays ledit sieur de La Force et tous ceux qui l'assistoient. Cet acte de rébellion dernière, ajouté à tous les autres, obligea Sa Majesté à lui ôter la charge de gouverneur de Béarn, et la donner au sieur de Thémines, et celle de capitaine des gardes du corps de Sa Majesté, que le marquis de La Force, son fils, exerçoit en survivance, de laquelle le Roi honora le marquis de Mosny, non tant pour son courage, qui devoit être néanmoins la principale cause qui y eût dû mouvoir le sieur de Luynes, que pour la mésintelligence qu'il avoit avec la Reine, tous les mécontens de laquelle étoient favorisés de lui. Un autre des fils dudit sieur de La Force, nommé Montpouillan, qui étoit très-bien auprès du Roi, reçut commandement de Sa Majesté de sortir de la cour.

Le conseil du Roi prit ce temps-là pour achever l'affaire de la réunion de la couronne de Navarre à celle de France, sur laquelle il y avoit eu, l'année précédente, un arrêt de partage à Saint-Palais ; Sa Majesté ordonnant, par son arrêt du 27 avril, à la chancellerie et cour souveraine de Saint-Palais de publier l'édit qu'elle leur en avoit envoyé l'année précédente, y surséant néanmoins ce qui concernoit l'union des officiers dudit Saint-Palais à ceux de Pau, jusqu'à ce qu'autrement il en fût par elle ordonné.

Tandis que ces choses se faisoient, le Roi se préparoit, à bon escient, à la guerre, en laquelle les deux plus grandes et premières nécessités étant celles de l'argent pour faire et entretenir les armées, et celle d'un bon chef pour les commander, pourvut à la première par des édits, qu'on présenta au parlement, un des principaux desquels fut le rétablissement de la paulette, qui avoit été fait par une déclaration du Roi, du 2 février ; mais les conditions en ayant été trouvées trop rigoureuses, et les officiers reculant, ou feignant ne les vouloir accepter, on fut contraint de les adoucir par un arrêt du conseil du premier mars ; le Roi se contentant d'une partie de l'argent qu'il avoit fait état de recevoir, plutôt que, ou de n'en rien retirer du tout, ou de ne l'avoir pas à temps. En cette affaire on attribua à la Reine le mécontentement du parlement, qui se plaignoit de la rudesse des premières conditions, et on vouloit qu'elle y eût trempé. Il étoit évident que cela étoit faux, mais n'importe, on désiroit qu'elle fût comme une partie malade, sur laquelle toutes les humeurs tombent et se déchargent.

Un autre fut de l'aliénation de 400,000 livres de rente sur les gabelles, qui fut un moyen assez ordinaire depuis quelque temps, mais assez préjudiciable, de diminuer le revenu du Roi à l'avenir, pour avoir de l'argent comptant, qui n'est pas toujours si fidèlement administré que tout le profit en revienne à Sa Majesté pour le secours de ses affaires pressantes.

Un troisième, plus raisonnable, fut de demander secours au clergé ; l'assemblée duquel, qui se tenoit à Paris au commencement de juin, fut transférée à Poitiers et de là à Bordeaux, et accorda au Roi un million d'or, pourvu qu'il fût employé au siége de La Rochelle.

Quant au chef, le duc de Luynes fit proposer dans le conseil, par ses affidés, qu'à ces entreprises des huguenots il falloit opposer un personnage vertueux, recommandable pour ses services et pour sa fidélité ; qu'il lui falloit mettre en main les armes, le commandement des gens de guerre, et rétablir, en un mot, l'état de connétable.

Quelques-uns désignent le maréchal de Lesdiguières, âgé de soixante ans (1), vieilli dans les armées, élevé dans le service du feu Roi, homme d'exécution et de grande créance parmi ceux de la religion prétendue réformée, qui tenoit beaucoup de places entre ses mains, et avoit beaucoup d'amis dont le parti du Roi seroit fortifié et celui des ennemis affoibli d'autant.

On proposoit ce personnage pour faire trouver bon le rétablissement de la charge, et on estimoit, par après, faire trouver tant de difficultés en sa promotion à cause de sa religion, qu'on pourroit élever insensiblement le sieur de Luynes à cette dignité, de laquelle, bien qu'il fût très-indigne pour n'avoir ni l'expérience requise ni le courage, il avoit néanmoins tant de présomption que d'y oser aspirer, et espéra qu'après avoir fait ses frères ducs et pairs il n'auroit pas difficulté de faire cela pour lui-même, auquel ce seul degré d'honneur restoit pour s'élever au-dessus d'eux, chacun, favorisant d'ordinaire la faveur, contribue au dessein du sieur de Luynes. On fit feinte néanmoins d'en donner le brevet audit sieur de Lesdiguières, sous condition d'être catholique. Bullion le lui porta; mais la fin de son voyage étoit plutôt pour le faire venir en cour que pour le convertir, et le faire connétable. Arrivé qu'il est, il en remercie le Roi, et, par une harangue concertée, à laquelle M. de Bullion l'avoit disposé, selon qu'il l'avoit promis au sieur de Luynes, lui fit connoître que le duc de Luynes seul méritoit cette charge : conclusion fut prise de le récompenser des offres de maréchal de camp général des armées.

Cette épée donnée au sieur de Luynes fit croire la guerre, mais ne donna pas grande crainte aux ennemis. L'assemblée de La Rochelle se montre plus mutinée que jamais; on ne voit qu'écrits séditieux et pleins d'aigreur, que manifestes, libelles diffamatoires, ligues, associations avec les étrangers. Rien ne faisoit espérer aux dévots bonne issue de cette guerre, que parce que Dieu choisit d'ordinaire les choses les plus basses pour confondre les plus fortes, de foibles instrumens pour faire de grandes merveilles.

Cependant la Reine demeuroit en un extrême mépris et mécontentement. Après la paix d'Angers, elle n'avoit fait autre chose, durant le voyage du Roi, que de louer Dieu du bonheur qui accompagnoit ses desseins. Mais, durant ce voyage, le retour de Sa Majesté, et, depuis lors jusques à maintenant, l'innocence de sa conduite n'empêche pas que les beaux esprits, qui travaillent toujours dans les cours, n'interprètent mal ses volontés et n'en donnent divers ombrages.

(1) Lisez : soixante-dix-huit ans.

Les uns, connoissant le naturel de M. de Luynes timide et défiant, essaient de lui persuader, pour les rendre irréconciliables, que, les voies publiques lui ayant manqué, elle étoit résolue d'employer les secrètes pour se défaire de lui. D'autres, qu'elle exhortoit les huguenots à la rébellion, par l'assurance qu'elle leur donnoit de sa protection et de celle de ses amis. On dit même au Roi qu'elle étoit Florentine, et ne lui pardonneroit jamais le mauvais traitement qu'elle avoit reçu de lui; déguisant, par le vice de sa nation, les bonnes qualités de sa personne. Tous ces mauvais offices lui furent rendus en son absence. Venons aux calomnies et au mépris qu'elle reçut dans la cour.

On estimoit, au retour du Roi, qu'elle auroit entrée dans ses conseils. Il étoit favorable au Roi et avantageux à M. de Luynes; car, outre qu'elle l'eût aidé à soutenir le poids des affaires, elle eût autorisé ses résolutions par sa présence. Non-seulement on ne lui donna point cette place, qui ne lui pouvoit être justement disputée, mais on l'en éloigna par des moyens qui l'offensoient plus que le refus. On dit au Roi qu'elle n'y vouloit avoir part que pour en découvrir les secrets; qu'elle n'y auroit pas sitôt mis le pied qu'elle voudroit partager avec lui son autorité; qu'elle se donneroit la gloire des bons conseils, et rejetteroit le blâme des mauvais événemens sur la violence de ses principaux ministres.

Elle ne se vit pas seulement privée de cet honneur, mais, ce qui lui est plus sensible, de la conversation libre de ses enfans. On divertit la forte inclination que le Roi a pour elle, par l'appréhension que l'on lui donne de ses desseins. Le gouverneur de Monsieur a pour principale instruction de le mener rarement chez elle, rapporter exactement le sujet de leurs entretiens. Si la Reine lui parle avec franchise, on dit qu'elle fait la complaisante pour gagner son esprit; si elle est réservée, que sa conduite est pleine d'artifice. La visiter est un crime. Si les grands lui rendent les honneurs qui lui sont dus, on tourne les respects en cabales. Il n'y a charge dans la cour que pour ceux qui ont contribué à sa ruine, que pour ceux qui ont lâchement abandonné son service. Parmi ces mécontentemens, les réconciliations ne laissent pas d'être fréquentes et faciles; il n'y a jour que M. de Luynes ne proteste d'y mieux vivre à l'avenir, qu'il n'avoue qu'elle a sujet de n'être pas satisfaite, mais qu'elle se donne un peu de patience, et qu'elle verra bientôt l'effet de ses promesses.

Le mariage conclu et exécuté entre Combalet et mademoiselle de Pont-Courlay, on espère que la liaison de ces deux personnes mettra la confiance entre les oncles (1). Mais il en arrive autrement : l'animosité qu'il a contre moi pource que je sers fidèlement ma maîtresse, prévaut l'amour qu'il a pour ses proches. C'étoit être heureux que de lui appartenir; mieux valoit pour parvenir aux charges être le dernier de sa race que d'avoir vieilli dans les armées pour la défense de l'Etat; et néanmoins son propre neveu, pour aversion qu'il a de l'alliance où il l'a jeté, n'a point de part en sa fortune. Son cœur étant ainsi disposé pour lui, son esprit s'occupe à en ôter la croyance, à en donner une contraire. Il publie partout que je suis son confident, que mes intérêts lui sont aussi chers que les siens; dit à quelque grand que je lui ai donné parole de le servir, au préjudice même de ma maîtresse; que la reine ne peut plus avoir de secret dont il n'ait, par mon moyen, une pleine connoissance.

J'apprends ces artifices, je m'en plains à la Reine; elle me commande de souffrir pour un peu de temps en ma réputation, plutôt que de faire un éclat qui préjudiciât au bien de ses affaires. Je me plains à lui de lui-même; lui dis que, comme je n'en voulois point l'effet, je n'en voulois point l'apparence; que plus il essaieroit de donner cette impression, plus je m'étudierois à faire voir le contraire par la fidélité de mes actions envers la Reine; que ces artifices me porteroient au désespoir, si le service de ma maîtresse le requéroit, mais la puissance de Luynes étoit si grande, qu'elle ne permettoit pas une ouverte défense.

Les grands, voyant la Reine si maltraitée, et ses serviteurs en tel mépris, lui conseillent d'en venir à la cause; offrent leurs vies pour assurer la sienne, leurs forces pour la garantir de celles dont elle est opprimée. La Reine refuse d'entrer en ce commerce; elle juge bien qu'elle ne peut parvenir à cette fin que par deux voies, ou par les publiques en prenant les armes, ou par des secrètes contre celui qui en est l'auteur.

L'intérêt qu'elle a, comme mère, à ne point diviser les Etats de son fils, fait que la première ne lui semble pas juste, et la seconde est indigne de son courage. On lui représente que, pour les injures particulières, la plus grande gloire que puisse avoir un prince c'est de pardonner; et que de venger une injure reçue reçoit excuses, lorsque l'on fait profession de le vouloir faire, la venger, lorsque l'on fait profession publique ne le vouloir pas, est se faire injure à soi-même, la réputation d'une personne consistant en l'observation de sa parole. Elle sait que celui-là se venge plus qu'il ne peut et ne le veut pas, que celui qui

(1) Richelieu et Luynes.

pour le faire use de l'extrémité de son pouvoir. A son refus la plupart s'adressent à moi, afin que je me serve de la confiance qu'elle a en moi pour y porter son esprit. J'essaie, en les détournant de ce dessein, d'éviter l'impression qu'on pourroit prendre que je ne le fasse comme prévenu des intérêts de Luynes, et non pour la seule considération du service que je dois à ma maîtresse. Pour se garantir du mal, il se faut servir de la droiture de la volonté, et, pour éviter les soupçons, de la dextérité de l'entendement.

Je dis à ceux qui proposent des choses faisables, que la Reine ne les veut pas; je fais connoître aux autres, qui, prenant l'ombre pour le corps à raison de leur passion, mettent en avant des choses sans fondement, que, quand la Reine consentiroit à ce qu'ils proposent, l'exécution en seroit impossible.

La première procédure, qui consiste en la résistance de la volonté, est capable de faire soupçonner ou croire que j'ai intelligence avec ceux qui approchent le Roi de plus près. La deuxième, qui consiste en l'examen de l'impossibilité des choses, est capable de faire concevoir aux favoris que rien ne m'empêche de leur faire mal que l'impuissance; et néanmoins, en l'assiette où je me vois, sans autre support que celui de la bonne volonté de la Reine, qui n'a autre puissance que celle de sa qualité, ce genre de conduite m'est nécessaire pour ne point porter d'ombrage à ceux qui peuvent ce qu'ils veulent, et ne pas laisser une impression contraire à la fidélité que je dois à ma maîtresse.

Il n'est pas de la France comme des autres pays. En France, le meilleur remède qu'on puisse avoir est la patience; d'autant que nous sommes si légers, qu'il est impossible que les établissemens que nous faisons soient de durée, principalement quand ils sont violens et mauvais; les autres nations ayant plus d'aplomb que nous, elles demeurent plus fixement en l'assiette en laquelle elles se mettent; de façon que le temps ne change pas leur conduite (2).

Au reste, s'opposer aux maux qui proviennent de l'excès de la faveur des rois, c'est le vrai moyen de les accroître, vu qu'ils sont si jaloux de leur autorité, qu'ils ne peuvent même souffrir qu'on veuille diminuer les effets de leur puissance, en ce même en quoi ils leur sont préjudiciables.

Perdre Luynes par violence étoit un si mauvais moyen pour gagner le cœur du Roi, que la Reine fut toujours déconseillée d'entendre aux propositions qui lui furent faites sur ce sujet. Au reste, par un tel procédé elle eût souillé la jus-

(2) Deux siècles de plus nous ont appris si ce jugement est vrai.

tice de sa cause, et, diminuant la compassion qu'un chacun avoit d'elle sans se délivrer de la misère où elle étoit, elle se fût rendue criminelle en l'esprit de tout le monde. En cette considération, elle rompt toutes les parties qui se forment contre lui, ce qui n'empêche pas qu'il ne persuade au Roi qu'elle fait tout le contraire; représentant tous ses sentimens tels qu'il estime qu'ils devroient être, par la connoissance qu'il a des sujets de mécontentemens qu'il lui a donnés.

Durant ces contentions, il naît un différend entre M. le cardinal de Guise et M. de Nevers, pour raison de la collation du prieuré de La Charité, que M. de Nevers prétendoit par bienséance, d'autant que le prieur est seigneur de La Charité, qui est une place proche et importante à Nevers, comme ayant un pont sur la rivière de Loire, et, d'abondant, que le dernier possesseur avoit été mis à sa dévotion, et en jouissoit sous son nom. Le cardinal de Guise, au contraire, en vouloit disposer en faveur d'un des fils de madame des Essarts (1), avec laquelle, transporté d'une passion plus convenable à son âge qu'à sa dignité, il s'étoit marié clandestinement.

Dans la poursuite de ce procès, les parties s'échappent jusques aux injures. La Reine voit ces esprits si altérés, qu'elle prévoit, si on ne prévient ce malheur, qu'il sera malaisé par après d'y apporter remède; on interprète si mal ses actions qu'elle n'ose y interposer son crédit. La Reine, qui étoit à Paris, en écrit au Roi, le prie de leur envoyer des défenses de visiter leurs juges, de crainte qu'en se rencontrant ils n'en viennent aux mains. On néglige ses avis : ce qu'elle fait par sincérité on le fait passer pour artifice. Luynes dit au Roi qu'elle ne prend soin de cette querelle que de crainte de voir ses amis hors de la cour; que ces deux princes étant liés à ses intérêts, elle appréhende, s'ils se brouillent, de perdre l'un des deux. Il en arriva comme elle avoit prévu. Ils se trouvent chez le rapporteur, et se frappent sans se marchander. M. de Nevers, qui se croyoit offensé, se mit en état de chercher son contentement, et M. le cardinal de le lui donner. Toute la cour se partage; la campagne est couverte de noblesse, les amis s'assemblent dans les provinces.

A cette division si grande on ne met aucun ordre : il semble que Luynes, aveuglé de sa nouvelle qualité, n'y prenne point garde. La Reine, bien que très-maltraitée, ne peut laisser passer sous silence ce qu'elle croit si préjudiciable, et particulièrement en ce temps, au service du Roi;

(1) Comtesse de Romorantin, ancienne maîtresse de Henri IV. Le cardinal de Guise en eut plusieurs enfants.

et prenant cette occasion à propos de parler à Sa Majesté, qui ne lui communiquoit d'aucune affaire, lui voulut dire son avis de toutes, sachant que comme mère elle étoit obligée de lui dire ce qu'elle croyoit être pour le bien de son Etat. Elle tombe d'accord avec lui, ou qu'il faut que les huguenots se mettent en leur devoir, ou qu'il les y faut mettre; que s'ils s'y mettent à conditions favorables et sûres pour le Roi c'est le meilleur, mais que ces deux conditions contenoient beaucoup de choses; que s'ils ne le font pas il les y falloit ranger par force; que pour cet effet il se falloit disposer à la guerre, amassant de l'argent et force troupes, parce que par ce moyen il ne seroit pas surpris, et que c'est la meilleure invention de faire la paix; mais surtout qu'il étoit à propos de rappeler auprès de lui les grands que la querelle du cardinal de Guise et de Nevers avoit éloignés de sa cour; qu'elle ne doute pas de la netteté de leurs intentions, ni du zèle qu'ils avoient au bien de ses affaires; mais que ses armes en seroient plus redoutables, quand on verroit les esprits unis et portés à même fin.

Bien qu'elle fût écoutée avec assez de froideur, on ne laissa pas de peser ses conseils. M. de Nevers est satisfait en quelque manière, en tant que le Roi ayant envoyé de la cavalerie à la campagne pour chercher le cardinal et lui, le cardinal ayant été trouvé et amené, fut mis à la Bastille, et de là au bois de Vincennes pour quelques jours; mais le duc de Nevers n'eut pas une satisfaction entière pour cela, comme il paroîtra ci-après.

Le nouveau connétable, étant parvenu au comble de ses désirs, promet à la Reine de lui faire donner contentement; elle le croit d'autant qu'elle ne doute point qu'il ne sache que tout le monde a le poignard dans le sein, n'y ayant personne qui n'ait horreur de le voir en cette dignité; joint que dans une conjoncture si difficile il avoit intérêt, pour sa décharge, que la France la crût participante de ses conseils. Sa créance la trompe; la mauvaise volonté et la crainte qu'il a d'elle lui font mépriser toutes les raisons qu'il a au contraire, pour demeurer ferme en la maxime qu'il a prise de la persécuter. De Paris on la remet à Fontainebleau, où elle ne gagne pas davantage qu'elle avoit fait à Paris.

Cependant les affaires vont toujours de plus en plus à la guerre contre les huguenots. M. de Lesdiguières, avec permission du Roi, envoie Saint-Bonnet à l'assemblée de La Rochelle, pour la conjurer de se séparer, ou, s'ils ne le font, leur reprocher leur désobéissance, et les menacer d'un rude traitement. L'assemblée lui écrit, du 2 avril, avec insolence. Les députés généraux néanmoins le prient de mettre fin pour une bonne fois à ces troubles. Il traite avec le Roi; puis, pour réponse, il dit à Favas que le Roi ne veut souffrir qu'on tienne une assemblée contre sa volonté, veut qu'ils se séparent au plus tôt, et que les députés d'icelle lui demandent pardon; ce qu'étant fait, il leur donnera contentement raisonnable sur toutes leurs demandes. Favas porte cette réponse à l'assemblée; ils ne l'ont pas agréable, et osent bien mander que le Roi leur a l'obligation d'avoir mis Henri-le-Grand son père dans son trône. Sa Majesté, voyant cette opiniâtre rébellion, se résout d'aller à eux; mais, afin de montrer qu'elle en veut aux rebelles seulement, elle fit une déclaration, le 24 avril, en faveur de ses sujets de la religion prétendue réformée qui demeurent fidèles à leur devoir.

Il arriva en même temps à Tours une action bien contraire à l'intention de Sa Majesté de tenir en assurance ceux de la religion prétendue; car ceux de ladite religion, ayant porté en terre un dimanche de meilleure heure qu'à l'accoutumée un de leurs morts, le peuple sortant de vêpres à cette heure-là, en fit quelque murmure avec risée, on en vint aux injures, et des injures aux mains; les enfans et quelque populace les suivent jusqu'au cimetière, et, après beaucoup de paroles et d'injures de part et d'autre, enfin ils déterrent ce corps pour le brûler; la justice y accourt qui les en empêche; mais le lendemain la populace se rassemble, abat le cimetière et brûle le temple.

Le Roi, en ayant eu avis, envoie un maître des requêtes, et l'accompagne de forces suffisantes, pour en informer. Le peuple s'émeut et fait courre fortune aux juges : de sorte que Sa Majesté, qui étoit déjà partie de Fontainebleau le 23 mai et avancée jusqu'à Blois, fut contrainte d'y envoyer des compagnies de ses gardes, à la faveur desquelles les juges firent prendre quelques-uns des plus coupables, et en firent pendre cinq.

Là lui viennent les nouvelles de la mort d'Annibal Grimaldi, comte de Bueil, et de son fils; les terres desquels étoient situées entre le comté de Nice et la Provence, et que le duc de Savoie prit son temps de faire prendre prisonnier et mourir, à raison de la protection de la France sous laquelle le père s'étoit mis en l'année 1617; sachant bien que les affaires de Sa Majesté y étoient en tel état qu'elle ne s'en pouvoit ressentir, comme aussi ne fit-elle pas, ni même semblant d'en être offensée; mais on laissa passer la chose sans en parler.

Le Roi, étant à Tours, eut avis certain que l'assemblée de La Rochelle avoit écrit au sieur du Plessis qu'il ne donnât aucune jalousie au Roi en son passage et qu'il lui laissât croire qu'il se contiendroit dans l'obéissance, afin que Sa Majesté passât sans s'y arrêter, et quand elle seroit passée, on pût donner ordre aux fortifications et munitions de la place; et que le même ordre avoit été donné à Armagnac, gouverneur de Loudun. Cet avis fit partir Sa Majesté promptement de Tours pour aller à Saumur, et profiter de cette occasion; elle le dit à Villarnoul, gendre de du Plessis-Mornay, qui l'étoit venu saluer de sa part, s'excusant sur son grand âge s'il n'y étoit venu en personne, et le duc de Luynes l'assura qu'on ne toucheroit point à la place. Villarnoul crut que le Roi ne logeroit que dans la ville; mais, dès que les maréchaux (1) furent arrivés, ils s'en allèrent droit au château. Les gardes, qui étoient déjà dans les faubourgs, et les Suisses, qui étoient logés de l'autre côté de l'eau, firent prendre résolution au sieur du Plessis de ne pas s'y opposer; ce que, sans cela, il eût fait indubitablement. Sa Majesté, auparavant que de partir de Saumur, tint conseil sur ce qu'elle avoit à faire de cette place; si elle en ôteroit le sieur du Plessis, ou si elle l'y continueroit en la charge de son gouvernement.

La connoissance qu'elle avoit de l'artifice de ces rebelles à colorer leurs mauvaises intentions et tirer l'avantage de toutes choses, faisoit craindre qu'ils ne prissent occasion de tromper ceux de leur secte qui demeuroient encore dans la fidélité du Roi; leur représentant faussement que cette action étoit un effet tout contraire à la promesse que le Roi leur avoit faite en sa déclaration, et que c'étoit une suite de la maxime qu'il ne falloit point garder de foi aux hérétiques. Mais, d'autre part, la grande importance de cette place au parti dans lequel elle demeuroit, le grand dessein qu'y fondoit l'assemblée de La Rochelle, le peu d'assurance que le Roi avoit en la personne de du Plessis-Mornay que l'on savoit s'entendre, bien que secrètement, avec ladite assemblée, joint que son âge eût été facilement circonvenu par les siens, quand il n'eût pas été de leur faction; mais principalement que cette ville n'étoit point une place de sûreté, mais avoit été simplement donnée pour assurance par le Roi Henri III à Henri IV, lors roi de Navarre, quand il le vint servir à Tours, firent résoudre le Roi à lui en ôter le gouvernement, et la mettre en la garde du comte de Sault, qui faisoit lors profession de la religion prétendue, en laquelle le maréchal de Lesdiguières son grand'père l'avoit nourri (2).

(1) Des logis.
(2) Le roi n'ôta pas le gouvernement de Saumur à du

Le Roi, étant à Saumur, sut qu'il y avoit ordre de l'assemblée de La Rochelle de lui refuser les portes de Saint-Jean-d'Angely, et qu'ils avoient fait entre eux un département de toutes les provinces de la France dans lesquelles ils étoient dispersés, lequel faisoit le partage, non-seulement des villes qu'ils appeloient de sûreté, mais de tout le royaume qu'ils avoient divisé en dix-huit églises, subdivisées, les unes en d'autres églises simples, les autres en colloques qui avoient nombre d'églises simples sous eux. En chacune de ces églises, ils avoient nommé et ordonné des chefs pour commander les armées, avec des conseillers qui les devoient assister, et pouvoir d'établir un ou plusieurs lieutenans sous eux, et donner toutes les autres charges, à condition toutefois qu'on prendroit provisions de l'assemblée générale. Ils avoient aussi ordonné des gouverneurs de toutes les places particulières, et fait des lois de police et de gouvernement, tant en paix qu'en guerre, lesquelles ils vouloient être observées parmi eux. Ils ordonnoient le duc de Bouillon pour leur chef général, avec pouvoir de commander et exploiter leur armée générale; mais il se garda de se méprendre, et n'y voulut point entendre; la charge enfin demeura au duc de Rohan et à son frère, qui n'en eurent pas l'issue qu'ils espéroient. Cet acte de rébellion et dessein formé d'établissement d'une république dans le royaume, anima le Roi davantage contre eux au lieu de l'étonner, et l'affermit en la résolution de se faire obéir par la voie de ses armes (1).

Il part de Saumur le 17 mai, s'en va droit à Saint-Jean-d'Angely; le duc de Rohan, n'osant s'y enfermer, y laisse son frère; les villes de Saint-Maixent, Fontenay, Maillezais, Marans, font joug à Sa Majesté. Parabère, gouverneur de Niort, quoique de la religion prétendue, lui demeura fidèle. On s'assura aussi de Loudun, et on envoya La Chesnaye dans le château, bien qu'on ne se défiât pas de la personne d'Armagnac, premier valet de chambre du Roi, qui y commandoit, mais seulement de la religion prétendue qu'il professoit. Le comte de Saint-Paul prit Gergeau par composition, M. le prince, Sancerre; on s'assura en Bretagne de Châtillon et de Vitré; on récompensa Pontorson de 100,000 écus; on désarma les huguenots à Blois, à Tours, à Rouen, au Havre, à Caen, à Dieppe, à Saint-Quentin, à Vitry et en plusieurs autres places dans les provinces; on les défit lorsqu'ils commençoient à s'assembler en Beauce, Vendomois et Dunois; on usa de semblable diligence dans les autres lieux où ils vouloient faire le même. Ce qui fit que le Roi, avec plus de sûreté, entreprit le siège de Saint-Jean, après avoir, au préalable, par ses lettres-patentes données à Niort le 27 mai, déclaré les villes de La Rochelle, de Saint-Jean et tous leurs adhérens de l'assemblée, criminels de lèse-majesté.

Le sieur de Créqui prit d'emblée, le dernier mai, le faubourg de Taillebourg, environné de la rivière de Boutonne, qu'ils avoient seul gardé, ayant brûlé tous les autres; le comte de Montrevel y fut tué. Cela fait, on fit sommer Soubise de rendre la place au Roi. Il répondit qu'il étoit là de la part de l'assemblée, et que l'exécution des commandemens du Roi n'étoit pas en son pouvoir. On commença à ouvrir les tranchées, on dressa les batteries; le Roi avoit envoyé quérir des Liégeois, qui commencèrent, le 13 juin, à miner le ravelin de la tour Caniot; la mine ayant joué le 17, on ne put empêcher la noblesse d'aller à l'assaut, où le baron Descry et celui de Lavardin furent tués, et quelques autres de blessés; mais du côté de l'ennemi, Hautefontaine fut tué, qui étoit l'ame de Soubise, auquel il donnoit le mouvement : ce qui parut bientôt après; car la ville se rendit la veille de la Saint-Jean sans aucune capitulation formée, mais sous une simple promesse en forme de grâce que le Roi leur fit, de les laisser en liberté de leurs consciences et en la jouissance de leurs biens; leur remettant tous les crimes qu'ils auroient commis pendant le siège et à l'occasion d'icelui, pourvu qu'ils demandassent pardon à Sa Majesté, et jurassent de lui demeurer fidèles à l'avenir. Cette capitulation fut fidèlement observée par le Roi, mais non par Soubise, qui ne laissa pas de continuer en sa rébellion contre Sa Majesté.

Cette place ayant été la première qui avoit osé fermer les portes au Roi, on jugea que, pour punition qui portât exemple, et en ces mouvemens présens et en tous autres à l'avenir, elle méritoit justement être démantelée, et perdre ses priviléges que le roi Charles IX leur avoit laissés en l'an 1569. Cette juste vengeance, au lieu d'épouvanter les rebelles et les ramener en leur devoir, anima leur courage d'une nouvelle fureur. Ils mirent garnison dans Pons, s'assemblèrent dans le Poitou; mais Pons fut repris dès le dernier jour de juin, et tout le reste incontinent dissipé. Et d'autant que la source du mal venoit de La Rochelle, le Roi y envoya le duc d'Epernon pour la bloquer, et se disposa d'aller en personne en Guienne, où le duc de Rohan et le sieur

Plessis, mais le lui emprunta par contrat en bonne forme, qu'il se dispensa d'exécuter.

(1) Cette constitution était faite sur le modèle de celle des Provinces-Unies.

de La Force soulevoient tout ce qu'ils pouvoient contre son service.

Ils s'étoient, au même instant du siége de Saint-Jean, saisis de la ville de Nérac le 3 juin, en avoient chassé les serviteurs du Roi et y avoient mis garnison; mais M. du Maine s'y rendit incontinent avec ce qu'il put lever de troupes, et y mit le siége; auquel tandis qu'il étoit empêché, le sieur de La Force surprit la ville de Caumont, le 23 juin, par la trahison d'un consul qui fut depuis rompu sur la roue, mais faillit son entreprise sur le château. Ce que le duc du Maine sachant, partit de Nérac la nuit avec une partie de ses troupes, jeta quelques soldats et des munitions dans le château, et attaqua si vivement la ville, qu'il contraignit ledit sieur de La Force à se retirer; de là retourna à Nérac, le prit par composition le 9 juillet. Ensuite de cette victoire, plusieurs petites villes, comme Castel-Jaloux, et tout le duché d'Albret, se réduisirent à l'obéissance du Roi. Boesse, qui étoit gouverneur de Monheur, se tint dans le service qu'il devoit à Sa Majesté; laquelle, ayant le temps cher, partit si tôt de Saint-Jean, après l'avoir remis en son obéissance, qu'il arriva dès le 11 juillet à Castillon, ville de sûreté qui lui ouvrit les portes; de là, il alla coucher à Sainte-Foy le 12, à Bergerac le 13; arrive le 20 à Tonneins, et là, prit résolution d'assiéger Clérac, qu'il espéroit emporter en peu de jours, à la faveur d'une intelligence qu'on croyoit y avoir, réservant Montauban après la prise de cette place.

Ils envoyèrent quelques-uns d'entre eux demander au Roi qu'il promît de leur laisser leurs murailles en l'état qu'elles étoient, et qu'ils se soumettroient en son obéissance. Lesdiguières et Boesse s'avancèrent vers eux pour leur parler et essayer de leur faire reconnoître leur devoir; mais ils furent reçus comme ennemis, et apportèrent réponse au Roi qu'il n'en falloit rien espérer que par la force. Le siége commença le 23 juillet, par une attaque que les nôtres firent par une ardeur de courage et sans commandement, et en laquelle ils chassèrent les ennemis hors de leurs retranchemens plus avancés jusques à ceux qui étoient les plus proches de la ville; mais beaucoup de noblesse y perdit la vie, et entre autres le sieur de Termes (1) y fut tué, gentilhomme courageux et la perte duquel fut grandement regrettée.

Le 25, les assiégés firent une sortie, en laquelle ils furent repoussés avec grande perte, et tous les jours on avoit tant d'avantage sur eux,

(1) Frère du comte, depuis duc de Bellegarde.

que le 4 août ils se rendirent à composition. Le Roi n'en fit punir que quatre seulement des plus séditieux; la garnison fut maltraitée, non à dessein, mais par sa mauvaise fortune; car le Roi, craignant ne pouvoir empêcher les soldats de lui méfaire si elle passoit parmi eux, ordonna qu'on lui fît passer la rivière du côté d'Aiguillon. On tint de grands bateaux tout prêts pour cela; mais sur quelque débat qui arriva entre eux et nos gens de guerre, sur ce qu'aucuns d'eux emportoient leurs armes, outre ce qui leur avoit été permis, ils se pressèrent si fort entrant dans leurs bateaux, qu'ils enfoncèrent ou tournèrent dans la rivière et en noyèrent beaucoup, comme si la vengeance de Dieu les eût poursuivis au défaut de celle du Roi.

Durant ce siége mourut le garde des sceaux du Vair, âgé de soixante-cinq ans, homme austère de sa nature, et tenant quelque chose du philosophe stoïque, comme il paroît par ses écrits. Il étoit versé aux bonnes lettres, et principalement à l'éloquence française, de laquelle il avoit fait une particulière profession. Il demeura fidèle dans le service du Roi au temps de la ligue, étant conseiller au parlement; et depuis Sa Majesté le fit premier président de Provence, à la recommandation de M. de Villeroy, vers lequel néanmoins il ne témoigna pas ensuite toute la reconnoissance qu'il eût été à désirer, sollicitant, en l'an 1616, la Reine-mère d'ôter la charge de secrétaire d'État au sieur de Puisieux, sous espérance, mais qui fut vaine, de la faire tomber entre les mains de son neveu Ribier. Il vécut en Provence avec une réputation de si grande intégrité, que la Reine crut ne pouvoir remplir que par lui seul la charge de garde des sceaux, qu'elle vouloit ôter au chancelier de Sillery. Sa présence diminua sa réputation: son austérité, qui, accompagnée de la science du droit, le faisoit estimer en sa première charge, accompagnée d'ignorance et d'inexpérience ès affaires d'État, le fit mépriser, et le rendit insupportable en celle-ci, en laquelle la disgrâce qu'il reçut d'être chassé par le maréchal d'Ancre fut son bonheur; car la constance avec laquelle il supporta cette défaveur, releva son estime abattue par ses comportemens moindres qu'on n'avoit espéré de lui. On trouva quelque chose à redire en ce qu'il reçut l'évêché de Lisieux, étant en une charge qui lui ôtoit le moyen de la résidence; mais, s'il ne rendit service à son église particulière, il le rendit à toute l'église de France en la grâce qu'il reçut de Dieu d'être l'organe de tout le rétablissement de l'église de Béarn, en faisant résoudre l'arrêt nécessaire à cette fin, et portant courageusement le Roi à en poursui-

16.

vre l'exécution ; qui a donné le premier coup mortel à l'hydre de la rébellion, et fait voir, à ceux qui ne le vouloient pas croire auparavant, qu'elle n'étoit pas invincible aux armes du Roi.

Le Roi, après la prise de Clérac, alla à Agen où il arriva le 10 août. Il reçut là des nouvelles de toutes parts, que la terreur de Dieu et de ses armes étoit tombée sur les ennemis ; que M. du Maine, qui étoit parti du siége de Nérac, avec assez bon nombre de gens de guerre, pour aller faire le dégât de Montauban, non-seulement l'avoit fait, mais que plusieurs villes d'alentour lui avoient apporté les clefs et s'étoient mises en l'obéissance de Sa Majesté. Albiac, ayant voulu lui manquer de parole et lui refuser l'entrée sur l'assurance d'une garnison qu'elle avoit reçue depuis, fut prise de force, pillée et brûlée, tout ayant été mis au fil de l'épée, hormis les femmes et les filles tant seulement ; qu'un vaisseau hollandais, qui venoit chargé de quantité de munitions de guerre et armes pour les hérétiques du bas Languedoc, avoit été arrêté et pris à Cette le 4 août ; que M. d'Epernon avoit empêché ceux de La Rochelle de faire leur moisson, et que de tous côtés ses ennemis fléchissoient sous le bonheur de ses armes. Toutes ces nouvelles l'encouragèrent à entreprendre le siége de Montauban, qui fut investi le 18 du côté de Ville-Bourbon.

Le connétable avoit pratiqué en la prise de Clérac un soldat nommé Sauvage, qui avoit quelque réputation dans le parti ; si bien que, sans prévoir la potence où il fut attaché, il fit avancer le Roi, et hasarder, sur la parole d'un coquin, l'honneur de ses armes. Il est bon de ne pas négliger ces petits avantages ; mais il est dangereux de s'y assurer, principalement à un grand prince, qui doit plutôt emporter que dérober les victoires.

Le duc de Sully y vint trouver le Roi avec quelques députés des petites villes d'alentour, qu'il mena assurer Sa Majesté de la fidélité desdites villes. Et pour l'autorité qu'il avoit dans le parti, à raison de ses alliances, de ses grands biens, et de ses assistances qu'ils avoient reçues de lui au temps de sa faveur, se promettant d'avoir quelque pouvoir sur ce peuple pour le persuader de se remettre en son devoir, demanda congé au Roi d'entrer en cette ville pour travailler à cette fin ; mais son voyage y fut inutile, parce qu'il trouva que la noblesse qui y étoit n'avoit pas toute l'autorité, laquelle les zélés avoient donnée à Chamier, ministre, aux consuls et à six les plus zélés d'entre eux, lesquels tous n'étoient pas gens dont les courages fussent faciles à être mus par le vent de la cour.

Le premier septembre on commença à battre la ville de quarante-cinq canons, qu'on divisa en neuf batteries, trois pour chaque attaque. Le 4, le duc du Maine, qui avoit trop d'ardeur et de courage pour être muni de la prudence et de la considération requises à un capitaine, après avoir continué deux jours sa batterie contre une demi-lune qui étoit au devant de la porte de Ville-Bourbon, sans avoir assez bien fait reconnoître si la brèche étoit raisonnable et les défenses bien abattues, jugeant seulement que cela devoit être par la quantité de coups de canon qu'il y avoit fait tirer, entreprit d'y faire donner l'assaut. Il n'y eut pas presse à lui dire que l'entreprise n'étoit pas faisable ; l'honneur est en un trop haut point entre les gens de guerre pour, quand ils ont reçu commandement de donner, oser représenter la moindre difficulté qui fasse croire qu'ils ont peur ; chacun s'apprête et se met en devoir de bien faire. Le marquis de Thémines, à la sortie des tranchées, ayant fait à peine dix pas, fut tué d'un coup de mousquet ; ce qui étonna tellement les mousquetaires qui le suivoient, qu'on ne les put faire avancer ; la noblesse seule, qui s'étoit mise à pied, donna et avec tant de courage, que, nonobstant que les courtines fussent toutes en feu, ils ne laissèrent pas d'entrer dans le fossé, où, trouvant quelques coffres d'où les ennemis leur tiroient, ils les en chassèrent, montèrent sur la demi-lune et s'en rendirent les maîtres, et du bastion qui étoit vis-à-vis, auquel ils montèrent avec des échelles ; mais y ayant demeuré quelque temps, et l'infanterie ne les suivant point pour les soutenir, les ennemis se reconnurent, et vinrent en si grand nombre sur eux, qu'ils furent contraints de se retirer en désordre et avec grande perte.

Ce mauvais succès affligea si fort le duc du Maine qu'il ne s'en pouvoit consoler, et se résolut lors de ne plus hasarder si témérairement la noblesse, dont la vie lui étoit plus chère que la sienne ; mais il ne survécut guère long-temps à cette résolution ; car il fut tué d'un coup de mousquet le 17, en faisant voir ses tranchées au duc de Guise.

Il étoit prince de foi et de courage. En toutes les brouilleries de l'Etat qui ont été de son temps, chaque parti a tenu à grand avantage de l'avoir de son côté. Il servit fidèlement le Roi contre la Reine au mouvement d'Angoulême, et la servit aussi fidèlement en celui d'Angers. On pouvoit dire de lui à bon droit ce qui a été dit d'un des rois les plus renommés de l'antiquité, qu'il étoit le plus grand capitaine que la France eût de long-temps porté, pourvu qu'il vieillît : ce qui semble que Dieu n'a pas permis, et pour les péchés de son père en la faction de la ligue dont il étoit le chef, et pour sa propre faute, de n'avoir pas observé le commandement si exprès que, sous sa malédiction, il lui donna à l'heure de sa mort, de demeurer fidèle dans le service du Roi, quelque prétexte ou occasion qu'il pût avoir du contraire. La grandeur de son courage l'éloigna toujours de l'amitié des favoris, n'ayant jamais su fléchir sous le maréchal d'Ancre, et aussi peu sous celui-ci, qu'il ne pouvoit souffrir de voir en la charge de connétable, de laquelle il croyoit avoir seul le mérite, et l'autre en porter le nom à son préjudice. Aussi Luynes reçut-il autant de contentement de sa mort que tous les serviteurs du Roi en reçurent de déplaisir : les soldats de l'armée du Roi ne trouvoient dans cette perte autre consolation que dans leurs larmes. Le connétable, au lieu d'honorer la mémoire d'un si grand homme qui avoit perdu la vie pour le salut de l'Etat, essaie de lui ôter l'honneur qu'il avoit si chèrement acquis; il dit publiquement qu'on croyoit que plusieurs villes avoient été prises par la valeur de M. du Maine, mais en effet qu'elles avoient été rendues par ses intelligences. Il parle de sa mort comme d'une juste punition de ses offenses.

Le parlement de Bordeaux, touché de cette perte, fit au Roi une harangue aussi hardie qui en ait été faite de ce siècle. Elle contenoit, en substance, que la perte qu'ils avoient faite étoit telle, qu'il lui étoit impossible de leur donner un gouverneur qui l'égalât en mérite; qu'ils le prioient de leur en donner un qui fût de cette qualité, et qu'ils n'en recevroient de moindre naissance; qu'ils le conjuroient de gouverner ses affaires lui-même, et considérer par Montauban combien les places fortes étoient préjudiciables en d'autres mains que les siennes. Ce libre discours ne plut pas fort à messieurs de la faveur, qui avoient déjà désigné cette place à un cadet de leur maison, savoir est au duc de Chaulnes, qui s'étoit saisi de toutes les places qui avoient été prises.

A Paris on s'affligea de sorte à la nouvelle de cette mort, que, chacun s'animant contre les huguenots qui en étoient la cause, il s'émut contre eux une sédition le 26 septembre, en laquelle le temple de Charenton fut brûlé, comme si ce défunt les poursuivoit et leur faisoit encore la guerre après sa mort, de laquelle le peuple n'avoit pu sécher ses larmes que par cet embrasement. Le parlement, de peur que les hérétiques prissent occasion de cet incendie de soulever ceux d'entre eux qui étoient demeurés dans l'obéissance du Roi, leur représentant qu'il n'y avoit point de sûreté pour eux, fît prendre quelques-uns de cette populace et en fit pendre deux; faisant publier un arrêt par lequel il leur étoit défendu, sous grandes peines, aux catholiques, de médire ni méfaire à ceux de ladite religion prétendue réformée (1).

Le mois suivant un autre embrasement arriva qui les pensa faire tous tuer. Le pont Marchant et celui au Change, ayant été tout consumés en une nuit, la haine qu'on portoit aux huguenots les en fit soupçonner, et ils en furent en danger d'être massacrés, si on n'eût avec prudence et force retenu la fureur du peuple.

Le siège de Montauban avoit été si mal commencé et fut si mal continué, qu'enfin on perdit toute espérance de le prendre. Ils étoient presque aussi grand nombre de combattans dans la ville que l'on étoit dehors, et les assiégés eurent toujours la porte de Saint-Antonin libre, pour entrer et sortir comme bon leur sembloit; de sorte qu'ils faisoient savoir au duc de Rohan, et lui à eux tout ce qu'ils vouloient : et d'autre part l'envoi de leurs espions en l'armée du Roi, et les messages des traîtres de Sa Majesté vers eux étoient libres. Beaufort, gentilhomme des Cevennes, entreprit d'y faire entrer un secours de quinze cents hommes, qu'il mena sûrement jusqu'à Saint-Antonin; duquel y ayant deux chemins pour aller à Montauban, l'un par une forêt, qui étoit le meilleur pour l'infanterie, l'autre par une plaine découverte, il choisit celui de la plaine, jugeant que, pource qu'il étoit le plus dangereux et qu'on ne jugeroit jamais qu'il l'eût pris, il y seroit aussi moins attendu. Cela lui réussit assez bien; car, de trois troupes èsquelles il divisa le secours, l'une entra saine et sauve dans la ville; les deux autres ayant été taillées en pièces, il y fut pris prisonnier et envoyé à Paris à la Bastille. Ce renfort entré, ils firent des sorties avantageuses sur les nôtres, qui diminuoient de courage et de nombre par les maladies qui avoient quasi infecté tous les quartiers.

Le connétable eut recours aux ruses, et rechercha une entrevue entre lui et le duc de Rohan, afin d'aviser aux moyens de la paix; mais il n'eut pas assez de raison ni d'éloquence pour le porter à aucune condition que Sa Majesté pût recevoir avec son honneur. Il y eut depuis plusieurs autres pourparlers qui réussirent aussi mal, et ôtoient le courage à notre armée. Le duc de Montmorency, arrivant à l'armée en octobre, y amena cinq ou six mille hommes; mais étant

(1) Cette émeute, pour la mort du fils du duc de Mayenne, 27 ans après la réduction de Paris, montre bien quel était l'esprit de cette grande ville au temps de la Ligue.

incontinent après tombé malade, tout cela se dissipa et revint à néant.

Il vint en même temps avis au Roi qu'à Monheur et à Sainte-Foy, où Boesse avoit laissé son fils et son gendre, on retiroit les ennemis et faisoit beaucoup de choses contre son service. Il y envoie ledit Boesse, qui fît telle diligence qu'il entra dans Monheur auparavant qu'on eût eu avis de son partement. De là voulant aller à Sainte-Foy, il est tué en chemin à Gensac, après souper, par quarante mousquetaires qui l'assassinèrent, et furent depuis bien reçus dans Sainte-Foy, où étoit sondit beau-fils.

C'étoit un brave gentilhomme, mais cruel, qui avoit fait dix-sept duels, au premier desquels n'ayant pas voulu tuer celui contre qui il se battoit, et ayant été depuis contraint de remettre l'épée à la main contre lui pour la même querelle, il prit résolution de ne jamais donner la vie à son ennemi, ce qu'il observa avec grande inhumanité. Dieu, qui est ennemi des hommes de sang, lui fît payer par le sien, répandu par ses propres enfants, celui de ses ennemis dont il n'avoit point eu de pitié lorsqu'il les avoit eus en sa puissance.

Il vint aussi, d'autre côté, avis au Roi que Montbrun s'étoit soulevé dans le Dauphiné et avoit entrepris sur la ville de Grenoble. Le comte de La Suze, esprit inquiet et factieux, huguenot, s'allant joindre à lui, fut pris par les paysans de Dauphiné, avec quinze ou vingt des siens, auxquels on trouva le plan de ladite ville et le côté par lequel ils la devoient assaillir, l'exécution s'en devant faire le jour de Saint-Luc. Ils découvrirent encore une seconde entreprise, qu'ils devoient exécuter le 7 novembre.

Toutes ces choses obligèrent Sa Majesté à renvoyer le maréchal de Lesdiguières en Dauphiné, pour, par sa présence, contenir Montbrun en son devoir, et donnèrent occasion d'excuse au connétable de lever, au commencement de novembre, le siége de Montauban, que le désespoir de le prendre, le peu de troupes du Roi, le mauvais état de l'armée, les maladies, les pluies continuelles et la saison de l'hiver, en laquelle on entroit, obligeoient d'abandonner; le Roi y laissa seulement le maréchal de Saint-Géran avec six mille hommes de pied et mille chevaux, pour tenir ladite ville bloquée, et empêcher que les commodités nécessaires y entrassent librement.

Il avoit, de long-temps, préparé une excuse plus plausible encore, qui étoit un prétendu tiers-parti, qu'il disoit que la Reine-mère, mécontente, formoit; et, pour le faire croire, il ne donna jamais, pendant ledit siége, audience au nonce, qui l'a depuis redit à ladite dame Reine, qu'il ne fît intervenir des courriers avec des lettres de personnes supposées, qui lui donnoient avis qu'elle se vouloit prévaloir des occupations que le Roi avoit dans son Etat, et ne le chargeât d'en écrire en cour de Rome, pour, en cas qu'il fût pressé d'en venir à un accommodement, avoir ses décharges; car il est certain qu'il n'en eut jamais ni la crainte ni la créance. Et Contades même a avoué, depuis sa mort, qu'il n'eut oncques opinion qu'on pensât à un tiers-parti, mais qu'il le publioit pour rejeter sur la Reine ce blâme de la paix, laquelle il prévoyoit bien que le Roi seroit contraint de faire par sa mauvaise conduite, d'autant qu'il s'y engageoit fort mal à propos, se fiant beaucoup plus en ses espions qu'en ses forces.

A la vérité, il y avoit peu d'apparence de la continuer davantage; il n'y eut jamais plus de douze mille hommes où trente mille n'eussent pas été trop pour ce dessein. Le Roi ne laissoit pas de faire une excessive dépense; mais elle vient au profit des particuliers qui s'avantagent du dommage public.

Pour le paiement et entretènement des troupes qui furent mises sur pied, depuis le 25 d'avril jusqu'au premier décembre, il ne falloit pas plus de deux millions, et néanmoins quinze furent employés à cet effet. Sur quoi on ne peut apporter autre excuse que l'exemple du duc d'Albe, qui, lui étant demandé compte de l'argent qu'il avoit reçu, mit vingt millions en espions; ce qui se pourroit dire semblablement, puisqu'en ce temps-là le monde en étoit rempli, non de ceux qui épiassent ce qui étoit, mais qui cherchoient en eux-mêmes les choses qu'ils avoient à dire.

Le connétable n'approcha jamais la ville de la portée du canon. Ceux de la ville appeloient une montagne dont il regardoit faire les attaques, *la Connétable*, et une autre petite élévation de terre où sont fortes murailles, *le Plastron du connétable*. Il s'amusoit à sceller (1) pendant que les autres étoient aux mains. Ce qui fît dire à M. le prince que, si on vouloit distinguer le temps, il étoit propre à toutes les charges: bon garde des sceaux en temps de guerre, et connétable en temps de paix.

Au fort de ses lâchetés il ne laissoit pas de parler comme s'il étoit percé de plaies, tout couvert du sang des ennemis. Modène lui écrit que les Toulousains murmurent contre lui, que le parlement n'a point de satisfaction de sa conduite; il répond, par lettres qu'on fît expressément courir par le monde, qu'il cherche sa gloire

(1) Depuis la mort de du Vair, le connétable de Luynes remplissoit les fonctions de garde des sceaux.

dans ses actions et non pas dans la croyance des peuples ; que douter de ses services, c'est un effet qu'il reçoit de leurs mauvais jugemens, vu que les choses qu'il a faites ont passé, d'une voix, comme pour des miracles ; que c'est la coutume des fainéans de parler avec licence de ceux qui sont toujours dans les périls; que, s'ils continuent à le blâmer, ils lui ôteront la volonté de les obliger, et qu'il leur fera sentir les effets de sa puissance.

Il n'écrit pas à M. le prince, qui s'étoit retiré à Châteauroux, avec moins d'audace. Il lui mande comme il est bien averti qu'il essaie de décrier ses actions, mais qu'il est permis d'en douter à ceux qui ne les ont pas vues ; qu'il trouve fort bon qu'au milieu de ses plaisirs il parle avec liberté d'une personne qui couche tous les jours de son reste pour le salut de l'Etat, mais qu'il espère d'être quelque jour assez heureux pour faire sentir à ses ennemis l'injustice de leurs plaintes.

Le Roi même ne put s'exempter de ses outrages ; car un jour, ledit connétable parlant à un courrier en présence de Marillac, le Roi ayant désir de savoir ce qu'il lui disoit, il lui témoigna qu'il le trouvoit mauvais, et blâma sa curiosité, laquelle il fut si outrecuidé de qualifier du nom d'indiscrétion. Une autre fois, le Roi ayant donné une compagnie vacante dans les vieux régimens à un gentilhomme qui l'avoit bien servi, ledit connétable, qui ne lui avoit pas procuré cette charge, s'y opposa, et dit hautement qu'il vouloit bien que l'on sût que c'est à lui et non pas au Roi d'en disposer : tant son esprit étoit foible pour porter une si grande fortune que celle à laquelle il étoit élevé.

Le Roi, n'étant pas encore parti de Montauban, y reçut avis de la prise des deux plus grands vaisseaux de son armée de mer par les Rochelois. M. de Saint-Luc fut ordonné par le Roi pour commander en son armée navale, en qualité de son lieutenant général. Il reçut nouvelles, le 6 octobre, que Razilly, avec quatorze vaisseaux équipés en Bretagne, s'étoit arrêté à battre Saint-Martin en l'île de Ré, et qu'il avoit pris jusqu'à trente vaisseaux marchands à l'environ de ladite île, et les avoit envoyés en la rivière de Marans. Ledit sieur de Saint-Luc s'embarque, et, accompagné de trois vaisseaux, va rejoindre Razilly, où il sut que les Rochelois avoient repris tous lesdits vaisseaux et un navire de ceux du Roi que ledit commandeur avoit envoyé pour le mener. Lors, ayant pris résolution avec ledit chevalier de les combattre, les Rochelois se retirèrent près de la terre, d'où, les vaisseaux du Roi ne pouvant approcher, ils prirent conseil de s'en aller en Brouage pour se munir, tant d'hommes que de toutes sortes de munitions qui leur commençoient à manquer. Les trois grands vaisseaux et la patache du duc de Nevers, qui avoient été armés en Normandie, se joignirent à eux ; mais, au lieu de se rendre tous devant Brouage, plusieurs, et, entre autres, deux navires du duc de Nevers, mouillèrent l'ancre loin de là, sur l'espérance qu'ils eurent de prendre quelques vaisseaux rochelois qui étoient entrés en la rivière de Seudre. Le 6 novembre, l'armée rocheloise, composée de vingt-cinq vaisseaux, les vinrent attaquer, et prirent les deux plus grands navires de M. de Nevers, qui étoient échoués, et les menèrent à La Rochelle ; et, ne se contentant pas de cela, essayèrent de boucher le port de Brouage, y faisant enfoncer quelques vaisseaux, ce qui ne réussit pas. Ils demeurèrent néanmoins toute l'année maîtres de la mer, et firent beaucoup de prises de vaisseaux marchands, qui apportoient une grande incommodité au commerce.

Au partir de Montauban, sur la fin de novembre, le Roi alla droit à Toulouse, où on lui fit une magnifique entrée.

Ce peuple, affligé de ce que Montauban n'étoit pas pris, au siége duquel néanmoins ils avoient contribué avec beaucoup d'incommodité tout ce qui étoit de leur puissance, voyant le Roi s'en retourner en ses provinces de deçà, croyant se voir abandonnés à la fureur de leurs ennemis qui étoit devenue plus envenimée par ce siége, rapportant, comme c'est la coutume des peuples, la cause de leurs maux à celui qui gouverne, et y ayant tant de sujet de les attribuer à celui-ci, étoient portés d'une très-mauvaise volonté contre lui.

Le parlement, en la harangue qu'il fit au Roi, après avoir remercié Dieu de l'avoir conservé dans les périls, lui dit qu'il ne pouvoit s'affliger de ce que Montauban n'étoit pas pris, puisque ses armes ne combattoient pas pour leur liberté, mais pour la mettre en possession du connétable, dont la domination est pire que la première, et qu'ils n'auroient nul déplaisir de voir leurs bourses et leurs vies épuisées, s'ils ne connoissoient que le siége n'aboutit que pour le bâtiment d'une citadelle pour M. le connétable, comme il en faisoit faire une à Bergerac. Aussi étoit-il vrai qu'il avoit déjà fait prendre le plan dudit Montauban, et que le gouvernement en étoit donné au duc de Chaulnes. Ledit connétable dit tout haut qu'il se vengeroit de cette offense, envoya querir celui qui en avoit porté la parole, lui veut faire chanter la palinodie; mais il persiste toujours dans cette résolution, qu'il ne pouvoit changer de son autorité privée ce dont ont délibéré les chambres assemblées. Il sollicite instamment un des conseillers; mais la réponse qu'il eut lui fut aussi peu favorable que sa requête étoit incivile.

Se voyant décrédité parmi les gens de guerre, en mépris dans les corps, et en haine parmi les peuples, il se résolut de faire un nouveau siège; espérant, par là, effacer la mémoire des choses passées, éluder la honte du dernier par la gloire d'une nouvelle prise. Le château de Monheur, proche de Toulouse, qui, après la mort de Boesse, s'étoit ouvertement révolté contre le Roi, fut jugé par lui être une place qui ne feroit pas beaucoup de résistance, et la prise de laquelle donneroit contentement à la ville de Toulouse. Le maréchal de Roquelaure eut ordre de l'aller investir, et Sa Majesté, après avoir demeuré peu de jours dans Toulouse, s'y achemina, y laissant le père Arnoux pour les gages, qui, quelque résolution qu'un homme de sa profession dût avoir, se trouva surpris et étonné en cette rencontre.

Il y avoit quelque temps que lui et le sieur de Puisieux, par accord, ou rendoient de mauvais offices au connétable envers le Roi, ou en faisoient de bons à l'Etat; faisant connoître au Roi son incapacité à son service, le peu de droiture de son intention, qui n'alloit qu'à sa propre grandeur, le mauvais emploi des finances, et le désordre universel en tout le royaume, qui donnoit un mécontentement commun à tous. Il prenoit le temps de la messe du Roi, où, faisant semblant de lui parler de dévotion, il l'entretenoit de ces choses, et le sieur de Puisieux, feignant les matins de lui lire des dépêches, lui tenoit de semblables discours; ce dont on s'aperçut, d'autant qu'il demeuroit, sans tourner le feuillet, beaucoup plus à parler qu'une page ne pouvoit contenir d'écriture.

Le connétable, se voulant ôter ces épines du pied, commença par celle qui étoit la plus dangereuse, à cause de la condition de la personne et de la dévotion du Roi, et la plus facile, à cause du rang qu'il tenoit en sa profession d'ecclésiastique. Il dit premièrement au Roi qu'il avoit su qu'il lui faisoit de mauvais offices près de Sa Majesté, et le supplia de lui dire les calomnies qu'il lui avoit inventées contre lui, afin qu'il les fit paroître à Sa Majesté controuvées et fausses, comme elles étoient. Il eut peine à faire rien avouer au Roi; dès qu'il lui eut découvert la vérité de tout, il ne fut pas difficile à recevoir et agréer ses excuses, et ensuite abandonner le père Arnoux à sa volonté pour le faire retirer de la cour (1).

Lors il l'envoya querir, lui reprocha les biens qu'il lui avoit faits et son ingratitude. L'autre tâcha par des paroles soumises, et plus basses que sa condition ne portoit (2), à adoucir son esprit, mais en vain. Au sortir de là, il voulut encore essayer de voir le Roi une fois; mais le cardinal de Retz, qui étoit son ami et le vint voir, le lui déconseilla, comme étant chose dont il ne tireroit aucun fruit, et recevroit beaucoup de honte s'il l'entreprenoit. Son retour (3) étoit également craint de ses amis et de ses ennemis, les uns et les autres appréhendant sa violence et l'audace de son esprit; joint que c'est une chose difficile à supporter, aux ames même les plus modérées, de voir une personne de basse étoffe et hors des charges publiques s'arroger l'autorité du gouvernement. Et sa méconnoissance vers le sieur de Luynes fait connoître par expérience que celui-là fut le plus sage politique des sept sages de la Grèce, qui donna à un grand, pour première maxime de gouverner heureusement, de ne se fier facilement à personne de ceux qui sont autour de lui, puisque l'habit même de la piété est capable de feinte et de dissimulation.

Ce procédé du père Arnoux, qui l'avoit mis en péril (4), joint à la mauvaise volonté qu'il voyoit qu'on lui portoit de toutes parts, aigrit son esprit jusqu'à l'extrémité; de sorte qu'il ne méditoit que proscriptions et emprisonnemens contre tous ceux qu'il jugeoit être en état et pouvoir de lui faire du mal. Le sieur de Vic, qui succéda au sieur du Vair en la charge de garde des sceaux, dit qu'il étoit résolu de me faire mourir à son retour. Le père Arnoux manda à la Reine qu'il n'y avoit plus pour elle aucune espérance de salut. Le prince de Joinville dit qu'il s'étoit ouvert à lui d'un dessein qu'il avoit de mettre la main sur le collet de quelque grand; il l'avoit prié de jouer le même jeu qu'avoit fait le maréchal de Thémines (5).

C'est un ennemi bien dangereux en un État, qu'un homme puissant en forces, en biens, en argent, et en faveur, qui, ne voulant bien à personne, veut mal à tous en général, en tant qu'il veut s'accroître aux dépens du public.

Avec cet esprit il partit pour aller à Monheur, qui, par l'incommodité du temps, et l'opiniâtreté des ennemis, qui bien que peu en nombre étoient enflés de la dernière prospérité, résista plus lon-

(1) On voit que Richelieu avait de quoi connaître d'avance le caractère du roi.
(2) Sa condition d'ecclésiastique.
(3) Du jésuite.
(4) Luynes.
(5) C'est-à-dire, sans doute, d'arrêter le prince de Condé.

guement qu'il ne pensoit; car, quelque diligence que l'on y apportât, on ne put gagner le fossé que le 8 décembre.

Cependant ceux de Sainte-Foy osèrent entreprendre de le venir secourir; mais en ayant trouvé les passages bien gardés, et d'autre part ayant eu avis que la compagnie des gendarmes du connétable, qui étoit logée à Gontaut, s'assurant sur les murailles de la ville qui n'étoient pas mauvaises, dormoient la nuit sans faire aucune garde, ils les allèrent réveiller au matin avec un pétard, entrèrent dans la place, tuèrent quelques-uns d'eux, et pillèrent tout leur bagage. Le connétable, affligé de cette nouvelle, dit à Contades : « Voilà ma compagnie défaite, Montauban que nous avons failli, Monheur que nous ne pouvons prendre, les huguenots qui ne sont rien en effet et résistent à la puissance d'un Roi. Qu'est-ce que cela ? » Contades lui répond que c'étoit la saison, les maladies et les pluies; à quoi l'autre réplique : « Contades, mon ami, il y a autre chose que je ne puis dire, » lui insinuant que Dieu n'étoit pas de son côté.

Sur ces entrefaites il tombe malade : à peine est-il alité que Monheur est pris le 12. Deux mines ayant déjà joué à leurs bastions, Mirambeau, fils aîné de Boesse, se présenta sur la brèche et demanda à capituler, ce qui lui fut refusé; seulement fut-il donné la vie sauve tant à la garnison qu'à tous ceux de la ville, permis aux gentilshommes de s'en aller l'épée au côté, et aux soldats le bâton en la main. La place fut pillée et brûlée entièrement. Ce succès si désiré fut à peine ressenti du connétable, que la maladie avoit déjà réduit jusques à l'extrémité, et l'emporta deux jours après, qui fut le quatorzième jour de décembre.

Il ne fut pas sitôt frappé qu'il se crut mort; il recommanda au Roi fortement le cardinal de Retz et M. de Schomberg, se leva au fort de sa maladie pour brûler une cassette pleine de papiers, qu'on soupçonna être des charmes, ou des traités avec les huguenots, ou les uns et les autres. De charmes il y a grande apparence par les diverses communications qu'il avoit eues avec les magiciens, car on sait qu'un nommé Bois-Gaudri fut envoyé par lui à Turin, avec La Blèche, quérir La Bastie, gentilhomme d'auprès d'Ast, et dom Diégo, religieux piémontois, tous deux renommés magiciens, qui lui donnèrent des herbes pour mettre dans les souliers du Roi, et de la poudre pour mettre dans ses habits. Bois-Gaudri l'a avoué au cardinal de Retz et à l'évêque d'Aire; et depuis, en ayant donné avis à un gentilhomme nommé Longueraie pour en informer la Reine, il fut mis par ordre dudit connétable dans la Bastille, d'où il n'étoit pas encore élargi quand il mourut. Un autre magicien italien, nommé Grand-Coste, n'y fut pas si favorablement traité, y ayant été étranglé par ses ordres. Ceux qui sont travaillés de l'ambition des sceptres et des couronnes se laissent facilement aller à cette impiété, d'autant qu'ils ne pensent au salut de leur ame qu'en tant que le requiert le prétexte qu'ils prennent pour parvenir à leur dessein, l'apparence seule de la religion leur étant en singulière recommandation, pource que l'effet en est très-cher et très-recommandable aux peuples.

Des traités, non-seulement il appert par l'apparence qu'en donnèrent les voyages qu'il fit vers M. de Rohan, mais par l'assurance certaine qui se collige du billet que l'abbé de Foix trouva dans sa chambre, qui portoit qu'il avoit fait une forte liaison avec ses proches; par les discours qu'il en tint à Contades, lui disant qu'il se vouloit accommoder avec les huguenots pour sa fortune; qu'il voyoit bien le dégoût du Roi; qu'il traitoit la Reine de sorte qu'elle seroit insensible si elle n'en avoit du sentiment, et partant qu'il croyoit que son seul refuge pouvoit être avec les huguenots, parmi lesquels il seroit fort considérable par le nombre des places et des deniers qu'il avoit en main. Sa mort avoit été prédite, et à lui et au public, par beaucoup de personnes, et en beaucoup de manières; mais il n'est pas en la puissance d'un homme d'allonger d'un seul moment la trame des jours que Dieu lui a ordonnés. M. de Luxembourg (1) m'a dit que, comme le Roi passoit pour aller au siége de Clérac, un homme l'étoit venu trouver, qui lui avoit dit qu'il prioit le connétable de n'aller point à Monheur, parce qu'il étoit là menacé d'un malheur, et qu'il courroit la fortune de sa personne; que quand à Monheur il prit congé de lui pour aller au devant du secours qu'on craignoit de Sainte-Foy, il s'en sépara comme d'une personne qu'il ne devoit jamais voir, et que, sur la première nouvelle de son indisposition, il dit à Deageant que c'étoit fait de sa vie. Le Roi passant à Agen, un capucin tenu en réputation de grande sainteté, et à qui Dieu faisoit des grâces particulières en ses extases qui étoient fréquentes, étant interrogé des événemens de cette guerre, dit à son gardien que Dieu mettroit une grande confusion dans l'armée, que plusieurs mourroient par le fer et par maladie, et que celui à qui on donnoit l'honneur de cette entreprise n'en verroit pas la fin; la cour en riant interpréta sa prophétie du père Arnoux quand elle le vit éloigné; mais l'événement

(1) Le plus jeune frère du connétable.

fit connoître que c'étoit du connétable. L'almanach du curé de Millemont en ses prédictions portoit en termes exprès que, depuis le mois d'août jusques à la fin de l'année, un grand *Philocomée* auroit bien mal à la tête, et seroit contraint de se ranger au lit, avec danger de sa personne ; que ce ne seroit pas du tout sa maladie qui lui causeroit cette fâcherie, mais des nouvelles qui lui viendroient de la perte de quelques siennes troupes qui auroient été mises en fuite ; et le même almanach en la fin, où il mettoit les jours heureux de l'année, remarqua particulièrement le jour de sa mort, jour heureux pour le Roi et son Etat.

Renouart me dit, la veille de la Saint-Martin, qu'un homme avoit assuré le président Jeannin qu'il ne reviendroit jamais à Paris. La Reine régnante lui dit, lorsqu'elle vit arriver le duc de Chaulnes : « Voilà le frère venu pour avant-coureur, votre prédiction n'aura pas d'effet. » Il ne laissa pas de persister en son dire avec assurance. Une-ame sainte et religieuse dit à un prélat et à un religieux, plus de quatre mois avant sa mort, qu'il seroit enlevé du monde devant deux ans ; et, peu de temps avant qu'il mourût, elle écrivit que le terme en seroit bien abrégé.

Le père de Bérulle dit toujours qu'il ne croyoit pas que Dieu voulût exterminer les hérétiques par un si mauvais instrument ; et comme la Reine appréhendoit qu'à son retour il ne lui fît plus de mal qu'il n'en avoit fait par le passé, il s'en moqua, disant que Dieu ne le permettroit pas, et que cette année étoit un an de miracles. Il est bien certain que si Dieu n'en eût disposé on alloit voir mener une vie bien sanglante, et traiter cruellement tous ceux qui lui sembloient porter obstacle à sa grandeur, à laquelle il ne mettoit point de bornes. Il me dit un jour que le Roi l'avoit fait connétable pour les services qu'il lui avoit rendus, et qu'il espéroit lui en rendre d'autres pour lesquels il l'élèveroit encore plus haut. Et Contades a confessé depuis sa mort, qu'il étoit si emporté de son ambition, qu'encore qu'il l'eût souvent averti que le Roi commençoit à avoir du dégoût de sa conduite, cet avis ne touchoit son esprit ni de près ni de loin, ni ne le rappeloit en la pensée de vivre avec plus de modération.

Le père de Bérulle, qui le voyoit fort familièrement, lui dit un jour qu'il commençoit d'être temps qu'il appliquât son esprit au bien du royaume, sans plus le tenir dans le seul dessein de son intérêt, et qu'il lui conseilloit de se prescrire à lui-même un terme auquel il voulût borner sa fortune, afin qu'étant arrivé il se donnât tout entier au public. Il lui répondit avec larmes qu'il savoit bien que c'étoit un conseil de sagesse et de piété, mais qu'il n'étoit pas en sa puissance de le faire. Tant il est vrai que, lorsque l'ambition s'est entièrement emparée d'un esprit, le mal est sans remède ; il n'y a plus de place pour les conseils des amis, qui ne font autre effet, s'ils y veulent insister, qu'attirer la colère et la haine de celui qui les écoute sans les recevoir, encore que la plus grande imprudence que puisse avoir un homme de faveur en sa conduite, soit de s'élever jusques à tel point qu'un chacun estime que sa conservation en cette grandeur prodigieuse soit la ruine de l'Etat, et sa ruine le rétablissement et salut du public, d'autant que beaucoup de gens, qui voudroient se sauver pour eux-mêmes, ne craignent point de s'exposer à se perdre pour le prix d'un Etat.

Il eut dessein de se faire roi d'Austrasie, en érigeant Toul, Metz et Verdun en royaume. Il n'y a ruse dont il ne se soit avisé pour se rendre maître d'Orange, quoique celui qui en est prince fût chef des Etats (1), et en alliance particulière avec cette couronne. Il envoya le colonel (2) avec une entreprise sur la place ; ne l'ayant pu exécuter, il laissa charge à un habitant d'Avignon, nommé Dauriac, esprit qui se faisoit de fête et capable d'intelligence, de mener une trame secrète pour l'emporter par la trahison des soldats, ou par la corruption du capitaine. La composition en fut faite à vingt-quatre mille écus ; mais la longueur qu'il apporta à faire délivrer les deniers, donna loisir au prince d'Orange d'en découvrir la trame et d'y apporter remède. Il prenoit en ce temps-là le prétexte de religion ; mais il fit voir tôt après que, comme grand politique, il savoit accorder le bien de l'Eglise et celui des huguenots ; car il traita d'Avignon, ce qui fit dire à des personnes qui eurent connoissance de ses pensées, qu'Avignon étoit une perdrix, mais qu'il étoit si délicat qu'il ne la vouloit pas manger sans orange.

Pour faciliter ce dernier traité, il envoya Marossan à Rome, pour juger sur les lieux qui pourroit parvenir au pontificat après Paul V, afin que, du temps qu'il ne seroit qu'en espérance fort éloignée de cette souveraine dignité, il promît, moyennant l'assistance que la France lui donneroit et notable somme de deniers qui pourroit être employée en autre domaine pour l'Eglise, de lui vendre le comté d'Avignon, ou, au cas que cela ne se pût faire, au moins l'en rendre gouverneur, et qu'on lui donnât la qualité des armes à perpétuité.

Marossan promit force pensions, mit ses chi-

(1) Des Provinces-Unies.
(2) D'Ornano sans doute.

mères en avant en un lieu où les esprits sont aussi retenus pour ne pas faire ce qui leur sera préjudiciable, comme ils sont pénétrans à le découvrir et adroits à l'éviter. On cabale à cet effet avec le cardinal Borghèse, qui lors étoit Espagnol de faction; on fait le cardinal Bentivoglio, confident dudit cardinal, comprocteur des Français au préjudice du cardinal de Savoie. On a découvert ceci après la mort de Marossan, une cassette ayant été saisie à Lyon par ses créanciers et mise ès-mains de M. Ollier, intendant de la justice, pour voir s'il n'y avoit point de papiers importans au service du Roi, à cause des charges publiques qu'il avoit eues. Outre son ambition, qui étoit bien extraordinaire, il y a de quoi s'étonner de son aveuglement, qui le portoit à croire que le Pape eût voulu faire ce préjudice au Saint-Siége, de retrancher un Etat qui a toujours été leur refuge (1) en leurs misères, et l'unique asile en leurs maux.

Ceux qui sont en grande faveur doivent, entre plusieurs autres choses, prendre principalement garde à celle-ci, de ne penser pas que leur sens suive leurs fortunes, c'est-à-dire qu'il demeure autant élevé au-dessus de ceux des autres que leur condition; car, depuis qu'ils se sont rendus incapables d'avis, ils sont capables de toutes fautes, surtout quand ils sont venus comme celui-ci à la faveur sans avoir passé par les charges, d'autant qu'ils se sont plutôt vus au-dessus que dans les affaires, et ont été maîtres des conseils avant que d'y être entrés.

Il étoit d'un esprit médiocre et timide, peu de foi, point de générosité, trop foible pour demeurer ferme à l'assaut d'une si grande fortune, en laquelle il se perdit incontinent, s'y laissant emporter comme en un torrent sans aucune retenue, ne pouvant prescrire de bornes à son ambition, incapable de l'arrêter et ne se reconnoissant plus lui-même, comme un homme qui est au haut d'une tour, à qui la tête tourne et n'a plus de discernement. Il voulut être prince d'Orange, comte d'Avignon, duc d'Albret, roi d'Austrasie, et n'eût pas refusé davantage s'il y eût vu jour. Les flatteries l'emportèrent jusques-là qu'il crut que toutes les louanges qu'on lui donnoit étoient véritables, et que la grandeur qu'il possédoit étoit moindre que son mérite; de sorte qu'il laissoit échapper plusieurs paroles qui étoient mal reçues des personnes d'entendement, comme, entre autres, que sa faveur n'étoit pas, comme celle des autres favoris, fondée en la seule volonté de leur maître, mais que la sienne étoit en la nécessité, comme ayant sauvé le Roi et l'Etat de divers périls qui les menaçoient de

(1) Des papes.

ruine s'il n'y eût pourvu. Ensuite de quoi il fut si outrecuidé qu'à Saumur, la Reine-mère y étant, il fit commandement aux maréchaux des logis de le loger immédiatement après le Roi et la Reine sa femme, et leur dit : « Vous voyez ce que le Roi vous commande, si vous y manquez je vous ferai châtier. » Il étoit insolent en son gouvernement, et ne vouloit souffrir que ceux qui étoient dans les principales charges lui apportassent aucune raison pour se défendre de faire ce qu'il leur ordonnoit; et il usoit d'une autorité si absolue, et avec si peu de marques de dépendance d'un souverain, qu'il donnoit occasion à ses ennemis de dire que celui qui en trois ans avoit fait un chemin qu'on ne pouvoit prévoir, pouvoit bien en un instant faire celui qu'il étoit impossible de ne prévoir pas au train qu'il prenoit; et aux personnes qui étoient sans intérêt que de la bienséance et du bien de l'Etat, qu'il faisoit plusieurs actions de roi, mais que plus il en pratiquoit plus montroit-il le desir passionné qu'il avoit de l'être, et tout ensemble l'incapacité qu'il avoit à l'être, car, écrivant à l'assemblée de Loudun, qui ne se vouloit pas assurer de ce qu'on lui promettoit que sur la parole du Roi, il leur manda que sa parole valoit bien des brevets, et se scandalisa contre le marquis de Cœuvres de ce que, sur une affaire qui concernoit le cardinal Bentivoglio, il s'excusoit de n'avoir pas fait ce qu'il lui avoit mandé, d'autant, ajoutoit-il, qu'il n'en avoit point eu des lettres du Roi ;« comme si mes lettres, dit lors le connétable, n'étoient pas meilleures qu'aucunes autres qu'on lui pût écrire.» Il en étoit venu jusqu'à ce point, que, sans plus parler de la personne du Roi, il disoit : « Je vous ferai donner une charge de maréchal de France; je vous ferai ceci, je vous ferai cela; » au lieu de dire : Je vous moyennerai ces grâces de Sa Majesté. Et ce lui étoit une chose si ordinaire, que le duc de Chaulnes dit à la Reine-mère, parlant d'une compagnie des gardes qu'on disoit être vacante, que le connétable avoit dit au Roi qu'il y mît qui il voudroit, d'autant que quant à lui il le laissoit disposer de ces choses-là, et ne s'en mêloit point.

A la fin même il franchit tout le respect qu'il devoit à Sa Majesté, et ne lui rendoit pas les soumissions d'un sujet, et tant obligé comme il étoit à son maître. Lorsque le Roi fut à Amiens, la garnison ne sortit point comme on a accoutumé quand le Roi entre en une place, ainsi ses gardes n'entrèrent point avec lui dans la citadelle, où il fut seul à la merci de celui qui peut vouloir mal à sa personne, puisqu'il veut bien à son Etat, et que son ambition est déréglée; et non-seulement ne parloit pas du Roi avec la dignité convenable, mais osoit même le taxer quelquefois de manquement et d'imperfection ; disant assez haut, à qui vouloit l'entendre, qu'il rendoit un roi qui n'agissoit point égal au plus grand monarque du monde.

La timidité, qui suivoit la foiblesse de son esprit, étoit accompagnée de soupçons, de ruses et d'artifices èsquels la naissance que la nature lui avoit donnée, en un pays qui est assez coutumier d'en user, la fortifioit. Il n'y avoit finesse dont il ne s'avisât pour décevoir l'esprit du Roi en sa faveur et au désavantage de tous les autres, soit en l'environnant de toutes ses créatures, ne permettant qu'aucun autre en approchât, se faisant rendre un compte exact de toutes ses actions, de ses gestes et ses paroles, de tous ceux qui l'avoient vu et de ce qu'ils lui avoient dit; soit en lui faisant de faux rapports et supposant des calomnies contre ceux qu'il vouloit éloigner de ses bonnes grâces, ne manquant pas d'avoir de faux témoins apostés pour cela; et généralement le tenant en défiance de tous ceux qui n'étoient pas tout-à-fait à lui, sans permettre que personne prît part si avant en sa bienveillance, qu'il n'eût déjà préparé dans l'esprit du Roi des semences de défaveur, pour s'en servir quand il voudroit.

Ses plus grands soupçons et ses artifices avoient la Reine pour principal objet, comme étant celle qui pouvoit seule le ruiner, et qu'il croyoit avoir obligée à le vouloir. Il jette mille soupçons d'elle dans l'esprit du Roi, qu'il essaie, par un conseil d'Achitophel, d'obliger à ne se réconcilier jamais nettement avec elle, par les affronts et injures qu'il lui fait, ce semble, par sa permission. Il l'a fait représenter en une comédie ; il fait le semblable au ballet même du Roi auquel ledit connétable, comme dompteur des monstres, la fait mettre à genoux devant lui pour l'affaire d'Angoulême, et ensuite le ventre en terre pour celle du Pont-de-Cé; puis, comme si cela étoit peu, on amena encore pour la représenter un géant traîné par deux nains. Si elle veut venir à Paris on l'en empêche; si elle ne veut pas on s'en plaint. Quand elle y est on fait trouver mauvaises toutes ses actions. Si elle y pense demeurer, on veut qu'elle vienne avec le Roi, et on interprète à quelque mauvais dessein celui de sa demeure. Si elle y vient, on témoigne avoir toutes sortes de méfiances d'elle, et on l'y traite si mal qu'elle est enfin contrainte de quitter; car, à Saumur, les siens se plaignant qu'on ne lui donnoit pas un logement tel qui lui appartènoit, elle n'en eut point du tout. Si elle se tait des déplaisirs qu'elle reçoit, on interprète son silence à ce qu'elle en veut avoir du ressentiment. Si elle en parle, on s'en moque et s'en fâche-t-on quelquefois, et, qui pis est, quand on demande de l'argent pour elle, il ne s'en trouve point, disant pour excuses que les ducs de Chaulnes et de Luxembourg ne sont pas payés, et, puisque cela est, nul ne se doit plaindre; et, en un mot, lui fait faire un si mauvais traitement en toutes choses, qu'il semble obliger par ce moyen le Roi à ne se réconcilier point avec elle, croyant qu'elle ne se réconciliera point de sa part avec lui, et après avoir reçu tant de peines et de déplaisirs, qu'elle ne peut ne lui pas attribuer en quelque façon, puisqu'il avoit le pouvoir de les empêcher s'il eût voulu, il ne laissoit pas néanmoins d'en demeurer toujours en crainte et en une perpétuelle inquiétude, et n'eût jamais été content qu'il ne l'eût tenue resserrée en quelque lieu éloigné de la cour, ayant, au préalable, éloigné d'elle de tous ceux dont la suffisance étoit au-dessus de ses ruses, et la fidélité à l'épreuve de ses présens (1).

Cette continuelle appréhension et soupçon inquiet dans lequel il vécut toujours durant le cours de sa fortune, ne fut pas un petit contrepoids à la grandeur de sa félicité, laquelle autrement étoit au-delà de toute celle qu'on pouvoit s'imaginer, s'étant vu agrandir sans aucun mérite, et en un instant, et de la bassesse de sa condition élevé du premier pas au comble de la hautesse de celui qui l'avoit devancé, si ce n'est que cela le fit follement évanouir et se perdre dans les espérances immodérées de grandeurs imaginaires, auxquelles, s'il eût été sage, il n'eût pas pensé.

Il avoit deux frères qui prenoient le même intérêt à son bien que lui-même, par le moyen desquels il étoit présent partout, un des trois ne perdant jamais le Roi de vue, et partageant avec moins d'envie entre eux trois les plus grandes charges du royaume, qu'on ne lui en eût porté s'il les eût toutes réunies en sa personne. Et pour affermir son établissement la fortune l'avoit fait arriver en l'état où il se trouvoit, par la crainte que, non-seulement lui, mais la voix publique de tout le royaume avoit mise dans l'esprit de son maître, de la puissance de laquelle seule il pouvoit recevoir le coup de sa défaveur (2), et l'avoit fait venir après un homme si haï, qu'on fut long-temps à s'apercevoir qu'il avoit tous ses vices, et étoit encore plus digne de haine que lui.

Au reste, il étoit plein de belles paroles et de promesses qu'il ne tenoit pas fidèlement; mais, lorsqu'il donnoit des paroles plus absolues, c'est lors qu'on étoit plus assuré de n'avoir pas ce qu'il promettoit; et lorsqu'il promettoit le plus son

(1) Il faut garder mémoire de tous ces reproches faits à Luynes, sur le sujet de la Reine mère.
(2) Celle du maréchal d'Ancre.

affection, c'étoit lors qu'on avoit plus de sujet d'en être en doute; tant il manquoit de foi sans en avoir honte, mesurant tout l'honneur à son utilité.

Il étoit d'esprit assez humain; mais étant ambitieux et voulant se conserver en l'état où il se voyoit élevé, auquel il avoit plusieurs ennemis, sa timidité naturelle lui fit choisir pour sa conservation la voie d'une rigueur excessive, et mépriser celle de la débonnaireté, en quoi il fut confirmé par un Italien qui, ignorant ce qui est de la France, ne lui pouvoit donner que des conseils ruineux (1). Il mesuroit ce grand Etat par le gouvernement des petites provinces d'Italie; en quoi il se trompoit du tout, vu qu'il y a toute différence, étant aisé de tenir par rigueur un petit nombre de sujets en un pays si peu étendu que les plus éloignés sont proches de celui qu'ils doivent craindre, gens accoutumés de longue main à l'obéissance, qui n'ont aucune forteresse en main. Mais il n'est pas de même de la France, grand et vague pays séparé de diverses rivières, où il y a des provinces si éloignées du siége du prince, qu'on n'y peut aller qu'on n'ait temps d'être à cheval, où plusieurs forteresses sont ès mains des sujets, où les rébellions sont fréquentes et dangereuses, et où on a plus accoutumé de porter par douceur à ce qu'on veut, qu'y contraindre par force.

Mais lui, au contraire, ayant la force en main, méprisoit de contenter aucun, estimant qu'il lui suffisoit de tenir leurs personnes par force, et qu'il n'importoit de les tenir attachées par le cœur; mais en cela il se trompoit bien, car il est impossible qu'un gouvernement subsiste où nul n'a satisfaction et chacun est traité avec violence. La rigueur est très-dangereuse où personne n'est content; la mollesse, où il n'y a point de satisfaction, l'est aussi; mais le seul moyen de subsister est de marier la rigueur avec une juste satisfaction de ceux qu'on gouverne, qui aboutit à punition des mauvais et récompense des bons.

Il n'avoit qu'une seule vertu qu'on puisse opposer à toutes ses mauvaises qualités, c'est qu'il fit du bien à tous ses parens et à tous ses serviteurs, estimant une partie de ses richesses consister en celles de ceux qui lui appartenoient, et ne comptant pas escharement (2) les biens qu'ils devoient raisonnablement avoir pour leur suffire, mais prenant plaisir à leur en donner à mesure, non à compte, comme Cyrus faisoit aux siens. Sa mort fut heureuse en ce qu'elle le prit au milieu de sa prospérité contre laquelle se formoient de grands orages, qui n'eussent pas été sans péril pour lui à l'avenir; mais elle lui sembla d'autant plus rude, qu'outre qu'elle est amère, comme dit le sage, à ceux qui sont dans la bonne fortune, il prenoit plaisir à savourer les douceurs de la vie et jouissoit avec volupté de ses contentemens. Il en étoit encore en la fleur et au temps que la jouissance en est plus agréable; et, quant à sa fortune, elle ne faisoit encore que de le saluer, et n'avoit pas eu loisir de se reposer auprès de lui, étant plus vrai de dire qu'elle avoit paru que non pas qu'elle eût eu subsistance, ainsi qu'un éclair qui paroît et disparoît en même temps; mais elle sert d'exemple de la vanité des hommes et des grandeurs qui périssent, ou avec ceux qui les possèdent ou devant eux, et en toute façon bien promptement. Comme sa faveur n'avoit point eu de fondement solide, ni tous les grands biens et les charges qu'il avoit amassés autre appui que sa présomption et les inventions artificieuses dont il avoit trompé le Roi, elles n'eurent pas de subsistance après sa mort. Les fortifications qu'il avoit fait faire à Quillebeuf, par lesquelles il étoit maître de Rouen, furent ruinées. Le gouvernement de Calais qu'il avoit fut donné au sieur de Palaiseau, celui du Boulonnais au sieur d'Aumont, celui de La Fère au sieur de Beaumont, premier maître d'hôtel du Roi, le gouvernement de Picardie au duc d'Elbeuf, et celui d'Amiens couroit fortune si le duc de Chaulnes n'eût donné 50,000 écus à M. le prince, qui le lui conserva.

La Reine n'eut pas sujet d'avoir beaucoup d'affliction de sa mort, car elle étoit hors d'espérance de voir finir les persécutions qu'il lui faisoit, ne pouvant prendre aucun si bon conseil en son gouvernement qu'il n'y trouvât quelque chose à redire envers le Roi; de sorte qu'elle étoit réduite à tel point, que, nonobstant qu'elle attendît tous les jours un pire traitement, elle étoit résolue, quoi qu'il arrivât, à la patience, et à ne faire aucune lâcheté ni action indigne, mais attendre de Dieu et du temps ce qui plairoit à sa divine Majesté. Elle s'y confirma, non-seulement parce que cette vertu apporte quasi toujours une favorable issue aux affaires qui se conduisent par elle, donnant une disposition à un acheminement à la réconciliation des esprits à laquelle la force et la violence est contraire, que pource que la haine qu'on portoit au connétable étant publique et le sujet du mécontentement universel, les bons attendoient, et les judicieux avoient lieu d'espérer qu'une si grande fortune ne pouvoit pas toujours continuer contre raison.

---

(1) Ruccelaï sans doute.
(2) Chichement, d'une façon avare; excellent mot perdu.

Tandis qu'elle fut au siége de Saint-Jean elle n'osoit parler. Si elle disoit que le Roi viendroit à bout de la guerre qu'il entreprenoit, on croyoit qu'elle l'y vouloit embarquer plus aisément; si elle demandoit mille ou douze cents hommes au nom de ses serviteurs, afin qu'on vît ouvertement qu'elle veut être toujours du parti du Roi et non d'autre, on pensoit que c'étoit pour avoir main-forte; si elle disoit qu'elle y contribueroit volontiers de si peu de pierreries qu'elle avoit, on feignoit que c'étoit pour tirer vanité de cette offre; si, de plus, elle témoignoit qu'elle prendroit part en apparence à tous les conseils dont on vouloit que la France la crût participante, on pensoit que c'étoit pour prendre pied aux affaires. Il fit défense à Monsieur, frère du Roi, de la visiter.

Enfin le siége fait, lassée de tant de mépris, ayant demandé congé au Roi de s'en venir en son gouvernement et de là se rendre à Paris, passant par Tours, Blois et Chartres où elle avoit fait un vœu pour le bon succès de son voyage, Sa Majesté ayant approuvé le dessein qu'elle avoit fait par l'avis de M. le connétable qui l'empêcha néanmoins de lui venir dire adieu, la Reine pensant exécuter en paix ce qu'elle avoit proposé, elle ne fut pas plutôt partie d'auprès du Roi qu'incontinent ceux qui ne l'affectionnoient pas voulurent, à son préjudice, faire croire qu'elle faisoit fortifier extraordinairement la ville et château d'Angers, sans autre prétexte que celui d'une petite muraille de six pieds d'épais, qu'elle faisoit faire aux dépens du Roi, qui lui avoit donné 3,000 écus pour y faire les réparations nécessaires. Sur ce bruit elle envoie en cour le sieur de Marillac supplier le Roi d'envoyer sur les lieux avérer la fausseté de cette accusation. Marillac est pris en chemin par les huguenots. On fait soupçonner au Roi qu'on l'a fait prendre à dessein pour, avec plus de sûreté, traiter avec eux de la part de la Reine.

La Reine, non contente de se garantir de toutes ces choses dont elle puisse être reprise, désireuse encore d'ôter tout soupçon, au lieu d'aller à Angers s'en va à Tours; mais, pensant y être en assurance de la malice de ses ennemis, elle trouve qu'au contraire elle n'est pas sitôt arrivée que l'on sème le bruit d'un tiers parti que M. le prince, qui étoit lors retiré en son gouvernement, et autres princes et grands formoient avec elle. Elle s'en moque jusqu'à ce que ceux qui la venoient trouver de la part du Roi, ou ceux qui étoient de la sienne près de Sa Majesté à l'armée, lui font connoître que, quoiqu'on n'y ajoute pas une entière foi, on n'en méprise pas toutefois les avis.

En ce temps l'abbaye de Redon, qui étoit en Bretagne en la nomination de la Reine, ayant vaqué, le connétable lui envoie Bourg-le-Roi pour lui en ôter la disposition. Cet homme, dès qu'il est arrivé, répand de mauvais bruits de tous côtés contre la Reine; qu'on étoit à la cour en grande méfiance d'elle; qu'il en avoit ouï parler au connétable. Tantôt il disoit que les troupes de M. de Vendôme étoient suspectes au Roi, si proches de l'Anjou comme elles étoient; tantôt que la Reine, qui ne leur vouloit donner passage sans voir leurs commissions, le faisoit pour tarder le service du Roi. Toutes ces choses la firent résoudre de quitter Tours et s'acheminer à Paris, afin qu'étant comme sur le théâtre de la France, ses actions y fussent mieux vues et examinées de tout le monde.

Mais arrivant à Blois elle s'y arrêta tout court, d'autant qu'elle y reçut la nouvelle de la sédition que la mort de M. du Maine avoit apportée à Paris, jugeant que, puisqu'elle alloit à Paris pour y chercher son repos, il n'étoit pas raisonnable d'y arriver lorsqu'il étoit en trouble. Elle accomplit son vœu à Chartres, et, après avoir allongé son voyage le plus qu'il lui étoit possible, elle se rend à Paris.

Le duc de Montbazon, pour sa bienvenue, défendit aux prédicateurs de parler d'elle, de crainte que, par ce moyen, on ne lui conciliât les affections des peuples; dit à un gentilhomme de M. de Bouillon que ce n'est pas merveille si on avoit soupçon de lui, puisque la Reine étoit à Paris, où elle tenoit tout le monde en échec; bien qu'il fût vrai qu'elle n'y étoit allée que pour rendre cette grande ville témoin de son innocence, et faire voir que, si elle étoit accusée, c'étoit une preuve de son malheur et non pas de sa mauvaise conduite. Aussi le connétable n'en eut-il jamais ni la crainte ni la croyance. A même temps que Marillac arriva dans l'armée, il lui dit que la Reine se conduisoit de sorte qu'il n'y avoit rien à redire en ses déportemens.

Il n'y avoit remède que nous n'apportassions à ces maux, mais inutilement; d'autant qu'ils avoient leur fondement en la mauvaise volonté et en la timidité du connétable; et le procédé de la Reine, pour innocent qu'il fût, ne pouvoit changer, ni nos raisons, pour bonnes qu'elles fussent et bien données à entendre. Mais, quoiqu'on ne puisse avec effet remédier à certains maux, il ne faut pas laisser d'y travailler, vu qu'en certaines choses on ne satisfait point à ce qu'on doit si on ne fait tout ce qu'on peut, quoiqu'on prévoie que le travail soit inutile. Une des plus grandes difficultés que j'eusse, étoit à supporter les calomnies de trahison qu'il m'imposoit; car pour s'excuser envers les peuples du mauvais traitement qu'il faisoit à la Reine, il essayoit de faire croire qu'il agissoit de concert avec moi, et publioit une étroite intelligence entre nous deux. Je m'en plaignois à lui, et lui disois que, comme je n'en voulois point l'effet, je n'en voulois point l'apparence; que d'autant plus il donneroit cette impression-là aux grands, d'autant plus m'étudierois-je à faire voir le contraire, et que tels artifices étoient capables de me porter au désespoir, si le service de ma maîtresse le permettoit. D'autres fois, par la persuasion de la Reine, je dissimulois tous ces artifices, et étois bien aise qu'il pensât donner cette mauvaise impression de moi, afin qu'à l'ombre de cette précaution diabolique qu'il pensoit avoir, je pusse gagner le temps qu'il falloit couler avec telles gens.

En ces misères et en ces appréhensions, sans y prévoir aucun accommodement, la Reine demeura durant tout le règne du connétable, la mort duquel lui sembla être une délivrance que Dieu lui envoyoit de tous ses maux, et ce d'autant plus que le Roi, qui lui en manda la nouvelle le 15 décembre, qui fut le lendemain de sa mort, par le courrier Desouches, lui mandoit que l'affection qu'il avoit vers elle, plus forte que tout autre sentiment, ne permettoit pas à son esprit de demeurer davantage dans les tristes pensées de cette mort, sans lui donner l'allégement qu'il recevoit en lui faisant part de tout ce qui lui arrivoit, et que le déplaisir qu'il avoit d'être éloigné d'elle lui donnoit une extrême envie de retourner à Paris.

Cette lettre, écrite tout soudain après la mort du connétable, fit respirer la Reine, et la confirma en la créance que tout son mal avoit eu son origine dans cet homme, et en l'espérance certaine que ses malheurs avoient pris fin avec lui. Elle se fortifia encore en cette pensée, quand, à peu de jours de là, elle reçut une autre lettre du Roi, du 23 décembre, par laquelle il lui donnoit avis de l'élection qu'il avoit faite du sieur de Vic pour la charge de garde des sceaux, ajoutant, comme il savoit qu'elle l'aimoit plus que tout autre, il feroit qu'elle en recevroit plus de contentement.

Le jour même de la prise de Monheur, le Roi reçut avis que le sieur de Soubise s'étoit rendu maître de Royan par l'infidélité des habitans, qui étant quasi tous de la religion prétendue l'y appelèrent, firent pour la forme poser des échelles aux murailles pour donner créance qu'ils avoient été surpris, et lui ouvrirent les portes du château. Cette nouvelle lui fut désagréable pour l'importance de la place, que le temps trop avancé dans l'hiver ne lui permettoit pas d'assiéger pour lors. La Chesnaye, qui en étoit gouverneur, et n'étoit pas de l'intelligence, alla trouver le Roi, après cette action, pour lui répondre de sa personne. Il fut arrêté entre les mains du grand-prévôt, puis relâché après que son innocence fut connue.

On reçut aussi avis qu'à Montpellier ils avoient arrêté prisonniers les principaux des catholiques qu'ils trouvèrent en leur ville, chassèrent tous les prêtres, avec beaucoup d'insolences qu'ils commirent dans les églises. Ils reçurent le duc de Rohan avec acclamations, vive Rohan! vivent les Eglises! et le cercle du bas Languedoc, enflé du mauvais succès du siége de Montauban, osa bien déclarer M. de Châtillon privé de ses gouvernemens de Montpellier et d'Aigues-Mortes, et de toutes les charges qu'ils lui avoient données parmi eux, déclarant criminels tous ceux qui lui adhéreroient et rendroient obéissance.

Le duc de Lesdiguières leur envoya le sieur du Cros, président au parlement de Dauphiné, qui, du temps du feu Roi, avoit été agent général des églises prétendues réformées, pour traiter avec eux des voies d'accommodement avec le Roi; mais ils l'assassinèrent malheureusement. Le duc de Rohan en fit quelque raison, faisant pendre quatre des plus viles personnes coupables de son assassinat.

Toutes ces choses étoient des nuages de guerre qui se dissiperont l'année suivante, après beaucoup d'éclairs et de tempêtes. Le Roi cependant se mit en chemin pour s'en retourner à Paris, après avoir laissé le duc d'Elbeuf avec quelques troupes dans le pays pour tenir les ennemis en crainte, et empêcher de rien entreprendre sur les places qu'il avoit acquises sur eux.

Tandis que le Roi mettoit à la raison ses hérétiques rebelles, l'Empereur faisoit le même des siens en Allemagne, que l'effroi de la bataille de Prague, qu'ils perdirent, fit désunir incontinent et remettre en son obéissance. Les provinces incorporées à la Bohême, savoir est la Lusace, la Moravie et la Silésie, comme plus proches du péril, commencèrent les premières; plusieurs villes impériales suivirent après. Le seul Betlem Gabor, prince de Transylvanie, demeura ferme, fit tête à l'Empereur, et eut cette gloire, qu'il tua ses deux principaux chefs d'armée : le comte de Dampierre, Français, qui mourut en une entreprise sur Presbourg, et le comte de Buquoy, qui, ayant assiégé Newhaussen, que ledit Betlem vint secourir, y fut tué en un combat.

Le palatin fut contraint de quitter l'Allemagne et se retirer à La Haye, abandonnant lâchement le bas Palatinat aux armes des Espagnols qui l'attaquoient sous le nom de l'archiduc Albert, et le haut à celles de Bavière auxquelles Mansfeld, avec quelques troupes qu'il avoit sauvées de la Bohême et quelques autres que Halberstadt avoit levées, s'étant joint aux deux princes Weimar de Saxe, faisoient une faible résistance.

Le roi de la Grande-Bretagne intervenoit, comme amiable compositeur ou suppliant, par son ambassadeur extraordinaire Digby qu'il avoit envoyé vers l'Empereur, mais avec d'autant moins d'effet qu'on jugeoit bien de ce procédé qu'il n'y avoit rien à craindre de lui par la voie des armes; et, ainsi, toute l'Allemagne faisoit joug à l'Empereur, qui, ayant été puissamment assisté du roi d'Espagne, l'investit à la fin de novembre de Milan, Final, Senes et Piombino, Etats lesquels il possède en Italie.

Ce mauvais état des protestans en Allemagne n'étonna point les Hollandais, qui non-seulement reçurent courageusement le palatin fugitif, sa femme et ses enfans; mais, le temps de la trève qu'ils avoient faite en 1609 venant à expirer alors, refusèrent les offres qui leur furent faites de la renouveler, et, après l'avoir seulement prolongée pour six semaines, recommencèrent la guerre. L'archiduc Albert mourut auparavant que de voir sa conquête achevée, le cours de laquelle ne fut pas interrompu pour cela, d'autant que c'étoient les armées d'Espagne qui la faisoient et non les siennes, qui n'eussent pas été suffisantes.

Cette année fut signalée par la mort du pape Paul V, et du roi d'Espagne, Philippe III.

Le premier fut un saint père et un bon prince, qui, dès ses plus jeunes ans, vécut en une grande continence, extraordinaire en son âge et en son pays, et avec beaucoup de réputation de piété, et que l'assomption à cette souveraine dignité ne changea pas. Il fut, du commencement, fort ardent à la conservation des droits de l'Eglise, et jeta un interdit un peu promptement contre la république de Venise, duquel étant avec grande peine, par l'entremise et autorité du Roi, sorti enfin avec son honneur, il fut depuis un vrai père de paix. Le cardinal Ludovisio, qui avoit été employé par lui à la pacification des troubles d'entre Mantoue et Savoie, pour le Montferrat, lui succéda au pontificat.

Le roi d'Espagne, Philippe III, mourut à Madrid, le dernier mars, en l'an quarante-unième de son âge, non sans étonnement, ni sans se plaindre d'être sitôt appelé hors de ce monde, n'ayant encore à peine fourni que la moitié de la course de ses années. Il s'étoit un long temps remis de la conduite de son Etat sur le duc de Lerme, sans vouloir prendre aucune connoissance particulière des affaires plus importantes. Il l'avoit néanmoins depuis disgracié; mais il donna le même lieu et la même autorité auprès de soi au duc d'Uzède, son fils, qui montra combien l'ambition a plus de force en un esprit que la piété, ayant donné le dernier coup plus important à la défaveur et au bannissement de son père.

Ce Roi, à l'heure de la mort, considérant le grand compte qu'il avoit à rendre à Dieu, et le peu de soin qu'il avoit pris du gouvernement des Etats qu'il lui avoit mis en main, entra en une si grande crainte des jugemens divins, qu'il désespéra de guérir dès le commencement de sa maladie, que les médecins ne jugeoient pas mortelle, et disoit souvent qu'il étoit bien misérable, qu'il trembloit à la pensée des péchés de roi qu'il avoit commis, et qu'il craignoit que Dieu ne lui fît point de miséricorde. Il recommanda à son fils de ne faire pas ce qu'il avoit fait, dont il s'étoit repenti, qui étoit de changer les ministres qu'il trouveroit en charge et en établir de nouveaux (1), en quoi il fut mal obéi; car, à peine eut-il les yeux fermés, que son fils, Philippe IV, nouveau roi, manda en poste au cardinal duc de Lerme qu'il lui défendoit de venir à la cour; lui fit saisir la plupart de ses biens, lui ôta la jouissance d'un don que le feu Roi son père lui avoit fait de quinze mille charges de blé qu'il lui étoit permis de faire sortir de Sicile, qui lui valoit 72,000 ducats par an; ôta au duc d'Uzède les charges qu'il avoit, le fit arrêter prisonnier en une maison d'où il se sauva; fit prendre prisonnier le duc d'Ossonne et ses principaux serviteurs, pource que ledit duc étoit une de leurs créatures, et don Rodrigo Calderone, qui étoit celui qui avoit plus eu leur confiance; chassa de la cour le confesseur du feu Roi, son père, qui étoit inquisiteur mayor et conseiller d'Etat, le renvoyant en son couvent; fit faire de grandes recherches de l'argent qu'il croyoit que le duc de Lerme avoit, et arrêter ce qu'il en trouva entre les mains d'Augustin Fiesque; donnant toutes les charges des exilés à ceux qu'il savoit être leurs ennemis.

Cette persécution n'en demeura pas là; le comte d'Olivarès, nouveau favori, la poussa jusques au bout, faisant faire le procès et exécuter Calderone, le duc d'Ossonne et quelques autres. Le duc d'Uzède mourut de regret, ce que ne fit pas le duc de Lerme, qui lui manda qu'il avoit ouï dire qu'il mouroit en fou, puisqu'il mouroit de déplaisir, qu'il lui conseilloit de prendre la patience à laquelle il avoit autrefois obligé les au-

(1) Conseil tout à fait curieux.

tres ; quant à lui, que ses années lui faisoient beaucoup plus de peine que ses ennemis, qu'il n'aimoit pas tant qu'il leur voulût donner la consolation de mourir pour le mal qu'ils lui faisoient. Ce commencement de faveur et de règne si peu humain, pour ne pas dire si austère et cruel, n'est pas pour attirer beaucoup de bénédictions du ciel sur sa conduite, comme on verra par les années suivantes.

LIVRE XIII (1622).

La Reine-mère offre au Roi Angers, Chinon et le Pont-de-Cé, pour récompenser ceux qui l'ont servi. — Efforts de M. le prince et des ministres pour empêcher le Roi de revoir sa mère. — Elle envoie Richelieu à son fils pour lui exprimer toute sa tendresse et les bons sentiments qui l'animent. — Les ministres ne veulent pas qu'elle entre au conseil. — Moyens qu'ils emploient pour l'en écarter, ou au moins pour prévenir l'influence qu'elle pourroit y prendre. — Conversation de la Reine-mère avec son fils à ce sujet et à l'occasion d'une insulte de Russelay. — Son explication avec M. le prince. — Son opinion dans le conseil du Roi sur le parti à prendre envers les huguenots. — M. le prince fait décider la guerre. — La Reine-mère déclare qu'elle suivra le Roi. — Nouvelle explication avec M. le prince sur cette résolution. — Entreprises des huguenots. — Le Roi part de Paris pour marcher contre eux. — Il reçoit à Orléans la nouvelle de la soumission de plusieurs places sur le Rhône. — Il se rend à Nantes d'où il veut aller en bas Poitou à la poursuite du duc de Soubise. — La Reine-mère essaie de s'opposer à cette résolution. — Le duc de Soubise se sauve le long des dunes. — Le Roi le poursuit et déploie un grand courage. — La Reine-mère tombe malade et va aux eaux de Pougues. — Ses ennemis essaient de profiter de cette circonstance pour calomnier ses intentions. — Le Roi assiége et prend Royan, s'achemine vers le Languedoc, prend Négrepelisse, soumet Saint-Antonin, se rend à Toulouse. — Il fait vérifier au parlement les lettres patentes qui déclarent le duc de Rohan criminel de lèse-majesté. — Il nomme le maréchal de Lesdiguières connétable. — Soumission de plusieurs petites villes aux environs de Montpellier. — Les frontières de la Champagne menacées par le comte de Mansfeld. — Gonzalès poursuit Mansfeld qui se retire en Westphalie. — Siége de Montpellier entrepris par M. le prince. — Russelay vient auprès de lui. — Mort du cardinal de Retz; son caractère. — Richelieu est nommé cardinal. — Capitulation de Montpellier; M. le prince ne pouvant empêcher cette capitulation se rend en Italie. — Conseils de la Reine-mère au Roi sur les moyens de terminer la guerre. — Mort de Russelay; son histoire. — Bataille navale où les Rochelois sont défaits. — Richelieu vient à Tarascon remercier le Roi du chapeau de cardinal. — Le Roi revoit les Reines à Lyon; il entretient sa mère des desseins de M. le prince. — Conseils de la Reine-mère à l'égard de la Valteline. — Le Roi retourne à Paris. — Rétractation du jésuite Antonio de Dominis.

[1622] Aussitôt que la Reine eut nouvelle de la mort du connétable, qui arriva le 14 décembre de l'année dernière, elle envoya le sieur de Marillac vers le Roi pour lui témoigner la douleur qu'elle avoit de cette perte, à cause de l'affliction qu'il en recevoit, mais grand contentement de voir qu'il avoit pris les rênes de son Etat, qui étoit la seule chose qu'elle avoit désiré voir, et de ce qu'il les tenoit si heureusement, que la réputation commençoit à s'épandre par toute la France de la prudence avec laquelle il agissoit en son conseil et force en son armée; qu'elle le conseilloit de continuer pour sa gloire, le bien de son peuple et son contentement particulier, puisqu'elle ne désiroit autre chose que de le voir gouverner ses affaires lui-même; qu'elle lui offroit Angers, Chinon et le Pont-de-Cé, s'il n'avoit pas de quoi présentement récompenser ceux qui l'avoient dignement servi.

Il lui témoigna qu'il connoissoit bien l'insolence de cet homme et le tort qu'il lui faisoit; que s'il ne fût mort la patience lui échappoit; qu'il y avoit long-temps qu'il lui tardoit d'être délivré de cette servitude; qu'il la remercioit de la patience qu'elle avoit eue; qu'il n'auroit jamais connétable ni favori; mais que son principal soin seroit de lui faire connoître qu'il l'avoit toujours tendrement aimée.

Ces devoirs si respectueux, et rendus à la vue de la cour, firent croire à beaucoup de gens qu'elle auroit plus de crédit à l'avenir qu'elle n'en avoit eu par le passé; mais bien que la fin du connétable eût fait finir le règne d'une malice ouverte, celui de l'artifice ne le fut pas. On tendit toujours aux mêmes fins, mais par diverses voies.

M. le prince, qui, appelé des ministres, fut trouver le Roi aussitôt qu'il sut la mort de Luynes, n'oublia point les inventions que la fertilité de son esprit lui suggéroit contre elle. Les ministres pensèrent établir leur affermissement à son préjudice; on vouloit embarquer le Roi dans trois ou quatre siéges, pour empêcher son retour, de crainte que sa vue (1) ne touchât son bon naturel; mais, quelque raison qu'on lui donnât pour l'engager à faire un plus long séjour en Guienne, il ne voulut différer davantage le contentement de la voir.

La Reine ayant appris par ses lettres comme, toute affaire cessante, il s'acheminoit à Paris, elle m'envoya le rencontrer à Orléans, le remercier de tant de démonstrations de bon naturel qu'il lui rend, l'assurer qu'ainsi qu'il fait paroître n'avoir pas plus grand soin que de se faire voir très-bon fils, elle n'en veut avoir aucun autre que de lui complaire, et faire connoître à un chacun que jamais passion de mère n'a égalé celle qu'elle a pour lui; qu'elle le prie de continuer à agir lui-même avec un bon conseil; qu'il y est d'autant plus obligé qu'il est important qu'il fasse voir que si, par le passé, il ne l'a pas fait, c'est

(1) De sa mère.

qu'on l'en divertissoit et non qu'il ne le peut faire ; qu'elle ne prétend aucune part à son autorité, reconnoissant si dangereux que personne du monde la partage, comme le passé l'a fait voir par une très-mauvaise expérience ; qu'elle le conjure de n'en donner l'effet ni même l'apparence à qui que ce puisse être ; qu'elle doit résider en sa seule personne ; mais qu'il y a certains degrés d'honneur qui doivent être départis aux grands, selon la différence de leurs qualités ; que tous admirent déjà sa façon d'agir par lui-même, et que, s'il la changeoit, cela diminueroit l'estime qu'on fait de son jugement ; que tous les princes les plus avisés ont toujours tenu le timon du vaisseau, mais se sont servis de bons pilotes pour les aider à le conduire ; que toutes ses prétentions n'ont autre but que de recevoir de lui des témoignages qui fassent voir au public la bienveillance qu'il lui porte, la confiance qu'il a en elle ; qu'elle souhaite créance auprès de lui, mais qu'elle la veut acquérir par bonne conduite, lui complaisant en tout ce qu'elle pensera lui devoir être agréable, épousant toutes ses volontés et tous ses intérêts, qui sont les seuls qu'elle peut avoir pour elle-même. Au reste, que le crédit qu'elle désire avoir n'est pas pour l'importuner, ne voulant jamais lui faire aucune demande qui vienne à la connoissance du monde qu'auparavant elle n'ait su en particulier ses sentimens, voulant être aussi prompte à se désister de ce à quoi il aura répugnance, comme tardive à s'engager à ce qu'elle ne saura pas assurément être approuvé de lui.

Le Roi reçut ses complimens avec un visage si ouvert, que la Reine en ayant la nouvelle, elle dit publiquement qu'elle se tenoit maintenant heureuse, puisqu'elle lui pouvoit faire paroître sa passion, et que rien ne l'empêcheroit plus de lui témoigner l'amour qu'elle lui avoit toujours porté.

Mais il ne fut pas sitôt arrivé à Paris, ce qui fut le 28 janvier, que les ministres reprirent leurs premières erres. Le chancelier, qui, ne sachant de quel côté tourneroient les affaires, avoit fait force protestations à la Reine de s'unir avec elle, jusqu'à lui témoigner ne vouloir pas s'en mêler si la principale conduite n'étoit mise entre ses mains, s'unit cependant avec les autres : aussi la Reine les avoit-elle reçues en y ajoutant autant de foi que l'expérience qu'elle avoit du passé le requéroit.

Tous ensemble, après avoir considéré qu'il falloit ou que le Roi se servît de la Reine sa mère, ou de M. le prince, ou qu'eux seuls eussent pouvoir dans l'administration de l'Etat, connoissant leurs bonnes intentions mieux que personne, ils estimèrent qu'ils pouvoient en conscience faire résoudre le Roi a en donner quelque apparence à la Reine et à M. le prince, et qu'eux auroient tout le crédit sans leur en faire part. Ils considéroient la Reine pour sa seule qualité, et M. le prince pour celles de son esprit, et le mal qu'il leur pouvoit faire par son humeur agissante ; ce qui fut cause que leur intérêt étant ce qui les touchoit le plus, ils donnèrent plus de part à ses affaires audit sieur prince qu'à la Reine.

On propose à l'abord si elle auroit entrée dans les conseils ; on dit au Roi qu'il étoit à propos qu'il eût confiance en elle, mais qu'il ne devoit pas l'appeler au maniement de ses affaires, parce que l'amour qu'on avoit pour elle feroit que bientôt elle partageroit avec lui l'autorité ; pour M. le prince, qu'il y pouvoit être employé sans jalousie, son nom étant si odieux parmi les peuples, qu'il faudroit qu'il fît de grands miracles pour se mettre en crédit.

Cette résolution ayant été communiquée à la Reine, je me chargeai de faire entendre aux ministres que, s'ils désiroient la gloire du Roi, la satisfaction publique et leur utilité particulière, ils devoient porter le Roi à lui donner cette place due à sa qualité, et à l'honneur du Roi, parce qu'il étoit important que Sa Majesté fît connoître que rien ne lui avoit fait souffrir le mauvais traitement que la Reine sa mère avoit reçu par le passé que les inventions du connétable, qui lui cachoit l'état véritable des affaires ; ce qui ne se pouvoit faire que par un traitement du tout contraire à celui qu'elle avoit reçu durant sa vie, à faute de quoi on imputeroit à son naturel la conduite passée, qui en effet n'étoit due qu'aux artifices de Luynes : la satisfaction publique, chacun attendant avec impatience la réunion des cœurs, qui ne pouvoit être connue que par des preuves apparentes d'une entière confiance : leur intérêt, parce que la Reine ne pouvoit être éloignée des conseils, que tout le monde ne crût que le Roi, qui avoit témoigné de bons sentimens pour elle à la mort du connétable, n'en fût détourné par des personnes qui, en condamnant publiquement les actions du défunt, suivent cependant sa conduite, et se servent en secret des mêmes artifices.

Mais rien ne les put émouvoir à lui donner un contentement si raisonnable. Il est vrai qu'ils ne s'y opposoient pas tant par aversion qu'ils eussent contre elle, que par la crainte qu'y étant une fois établie, elle ne m'y voulût introduire. Ils connoissoient en moi (1) quelque force de ju-

___
(1) Cette phrase, corrigée de la main de Richelieu, portait d'abord : *Ils connoissoient la force de son jugement, ils en redoutoient l'esprit, craignant que, etc.*

gement; ils redoutoient mon esprit, craignant que, si le Roi venoit à prendre quelque connoissance particulière de moi, il me vînt à commettre le principal soin de ses affaires. A cet effet ils se servoient de plusieurs personnes qui vomissoient mille calomnies contre moi, afin qu'ayant prévenu le jugement de Sa Majesté par une mauvaise impression qu'on lui donnoit de ma personne, toutes mes actions lui fussent suspectes et odieuses.

Ce qu'ayant appris, et ne désirant pas que l'ombrage qu'on avoit de ma personne portât préjudice à ma maîtresse, je les priai de ne pas faire une offense véritable à la Reine sur un soupçon si léger et si faux; que non-seulement je ne prétendois pas de m'y faire admettre, mais que je souffrirois volontairement d'en être exclu pour jamais. Mais toutes mes poursuites ne servirent qu'à leur donner moyen de jeter dans l'esprit du Roi de nouvelles défiances, dont la Reine s'étant aperçue, elle lui dit un jour qu'elle le supplioit de trouver bon qu'elle le délivrât d'une peine en laquelle elle avoit peur qu'il fût sans sujet à son occasion; que peut-être lui avoit-on voulu persuader qu'elle avoit grand dessein d'entrer dans ses conseils, sur quoi elle seroit bien aise de lui dire la pensée qu'elle en avoit eue et à quelle fin : qu'il étoit vrai que sa gloire et son honneur lui avoient fait désirer la liberté d'y entrer, non pour y aller assidûment, mais pour faire voir à tout le monde que la mauvaise volonté que lui portoit le connétable, ou la crainte qu'il avoit d'elle à cause des offenses qu'elle en avoit reçues, étoient cause des mépris qu'elle avoit soufferts par le passé, et que maintenant elle étoit tout autrement traitée par la bonté de son naturel; qu'elle n'avoit jamais eu autre intention; que, si on y trouvoit quelque difficulté, elle le prioit de croire que ce n'étoit pas de là que dépendoit son contentement, mais de ses bonnes grâces; et que partant, en cet article comme en tous autres, ses volontés seroient toujours les siennes; qu'en particulier elle lui diroit franchement ce qu'elle estimeroit importer à sa personne et au bien de son service.

Sur cela la Reine y entra (1), où elle se conduisit en sorte qu'elle s'accommoda toujours à l'avis d'un des ministres, et évita de les contredire s'ils n'étoient entièrement contraires au bien de l'Etat. Elle essayoit de découvrir les sentimens du Roi et de les suivre, s'offrant à lui de faire les ouvertures des choses qui sembloient odieuses aux particuliers, pour le décharger de cette peine. M. le prince, qui parloit fort librement et ne peut taire ce qu'il a dans la pensée, se

(1) Au conseil.

laissa aller à dire qu'on l'y avoit reçue pour deux raisons : l'une qu'on ne lui donneroit connoissance que de ce qu'on voudroit, et l'autre, qu'encore qu'on ne lui communiquât que partie des affaires, elle serviroit à les autoriser toutes dans l'esprit des peuples. Elle reconnoît bien d'abord qu'on est en garde d'elle, qu'on ne lui fait voir que la montre de la boutique, et qu'elle n'entre point au magasin ; mais elle ne fit pas mine de le reconnoître, espérant de surmonter ces difficultés par sa bonne conduite, ce qui lui réussit, de sorte que le Roi fut conseillé de vivre plus librement avec elle, et elle par M. de Schomberg d'agir plus puissamment dans les conseils, ce qui ne vint pas, à la vérité, de l'affection que les ministres eussent à son service, mais pource qu'ils ne pouvoient souffrir que M. le prince disposât si pleinement des choses publiques, et que le Roi en avoit déjà quelque petite jalousie, et par intervalle en faisoit des plaintes à la Reine. M. le prince, prévoyant que ces libres entretiens de la mère et du fils engendreroient à la fin quelque confiance, s'étudia avec ardeur à en détourner le cours par ses actions, et d'apporter du refroidissement en leurs entrevues.

Il se servoit de Rucelaï et de beaucoup de jeunes gens qui étoient auprès du Roi, pour lui faire dire ce que bon lui sembloit. Entre autres choses, le Roi ayant accoutumé de voir la Reine tous les matins cinq ou six fois, ceux qu'il envoyoit pour savoir l'état auquel elle étoit, lui rapportoient toujours qu'elle n'étoit pas éveillée, bien qu'il ne fût pas vrai. La Reine lui en fit plainte et lui dit que, ne désirant rien tant que l'honneur de sa compagnie, elle seroit toujours éveillée aux heures qu'il lui voudroit donner ce contentement, et qu'elle tiendroit à grande grâce qu'il fît rompre les portes, si par la négligence des siens elles n'étoient ouvertes. Au retour du Roi il avoit été arrêté, entre le Roi et la Reine, que Rucelaï (qu'elle avoit juste sujet de n'aimer pas) ne se trouveroit pas en sa présence à cause des insolences qu'il lui avoit faites, et qu'elle avoit souffertes du temps du connétable à cause de la protection qu'il lui donnoit. Nonobstant les ordres qu'il avoit reçus, il se trouva chez la Reine régnante, et se planta devant elle avec un visage plein de mépris; elle lui commanda de se retirer. Il n'y avoit rien de si juste que sa colère, et ne se pouvoit tirer une satisfaction plus légère que celle qu'elle prenoit de cette offense; néanmoins M. le prince et les ministres le soutinrent, et ne laissèrent pas de blâmer sa procédure, disant au Roi qu'elle vouloit usurper la souveraine puissance et commander partout avec autorité.

17.

Elle déclara à Sa Majesté ses douleurs, avouant que, si elle eût été maîtresse d'elle-même, elle eût prié la Reine sa fille de le faire sortir, mais que ses premiers mouvemens ne furent pas en sa puissance ; qu'elle n'eût jamais pensé qu'on eût trouvé mauvais qu'une mère en usât librement chez sa fille, principalement étant offensée ; que si, néanmoins, il y avoit quelque chose à désirer en cette action, il n'y avoit pas eu de faute dans sa volonté, n'ayant jamais eu autre but que de lui rendre l'honneur qui lui est dû.

Elle parla au Roi avec ce respect, mais à M. le prince avec plus de force ; elle lui dit qu'elle recevoit tous les jours des effets contraires à ses promesses ; qu'elle désiroit savoir s'il vouloit protéger Rucelaï contre elle, parce qu'en ce cas elle prendroit une procédure tout autre qu'elle n'avoit fait jusqu'à présent ; qu'il ne recevroit aucun mal d'elle lorsqu'elle paroîtroit assez puissante pour lui en faire ; mais que, s'il vouloit faire croire que sa protection fût capable de le mettre à couvert contre elle, elle tâcheroit de faire voir qu'il se tromperoit en son calcul ; qu'elle connoissoit bien qu'on continuoit toujours à lui rendre de mauvais offices auprès du Roi ; qu'elle avoit assez d'esprit pour en connoître les auteurs, et assez de cœur pour leur en témoigner le sentiment qu'elle en devoit avoir ; elle rendroit une obéissance aveugle au Roi, et sauroit bien se maintenir en dépit des autres.

Elle ajouta qu'elle voyoit bien qu'il vouloit prendre le chemin du connétable, gardant Rucelaï pour être une pierre d'achoppement ; que la visite qu'il lui avoit rendue chez lui ne peut avoir d'autre fin que de lui faire connoître qu'il est son ami contre elle ; que, s'il vouloit être bien avec elle (ce qu'elle ne croiroit que par les effets), elle en seroit bien aise et y correspondroit avec sincérité ; mais qu'elle aimoit beaucoup mieux qu'il lui fît la guerre à découvert qu'à cachette, et qu'il lui seroit plus honorable d'agir en lion qu'en renard. M. le prince lui témoigna un extrême regret de la croyance qu'elle prenoit de lui, qu'il essaieroit de lui ôter ses soupçons par une continuelle fidélité ; que s'il avoit été voir Rucelaï, c'avoit été pour lui reprocher sa faute, et non pas pour lui offrir son crédit ; qu'il déféroit trop et à ses sentimens et à son autorité pour se vouloir opposer à son contentement.

Mais, quelque protestation qu'il lui fît, il n'en devint pas meilleur, mais plus fin ; il ne pensa pas à la servir avec plus d'affection, mais à la tromper avec plus d'adresse. Il entreprit de porter les choses à la guerre, sous prétexte d'affermir l'autorité du Roi parmi ses sujets, mais en effet sous l'espérance que, comme elle ne pourroit suivre le Roi partout où sa personne seroit nécessaire, il auroit un bon moyen d'empêcher qu'elle ne prît part au maniement des affaires.

L'affaire (1) est proposée, on prend jour d'en délibérer dans le conseil. Je conseille à la Reine d'en dire ses véritables sentimens avec courage ; usant de cette précaution, que comme ses intentions n'avoient autre fin, ses paroles n'eussent autre visée que celui de l'intérêt du Roi, du bien de l'Etat et du soulagement de ses peuples.

Son opinion fut qu'avant de s'engager en une guerre contre les huguenots, il falloit considérer si elle étoit juste, si elle étoit possible, et l'avantage qu'on en peut tirer (2).

Que pour la justice, elle y est tout entière, un souverain ne pouvant être blâmé de ramener ses sujets à son obéissance, de les réduire par contrainte dans leur devoir ; que les moyens par lesquels on la soutient sont les hommes et l'argent ; que d'hommes on n'en peut manquer, la France en ayant si grande abondance que les villes étrangères, comparées aux nôtres, passent pour des déserts ; que l'argent à la vérité étoit un peu court, mais que le gain des partisans qui entrent en avances est si grand, et la foi du prince si assurée, qu'on peut avec raison espérer d'en recouvrer ; que la dernière, si elle est utile, et si la crainte du danger ne passe point l'espérance du profit, n'est pas sans difficulté ;

Que pour en juger sainement, il faut considérer le dedans et le dehors du royaume : pour le dedans, il semble que la misère des peuples est si grande, que de les surcharger de gens de guerre, c'est aliéner entièrement les cœurs et perdre la force principale du prince, qui consiste en l'affection de ses sujets. Car de croire qu'on puisse sitôt apporter remède à ces désordres, c'est un abus ; les maux sont certains et les remèdes douteux ; les maladies viennent en un instant, mais la santé ne se recouvre que par degrés. L'on ne se doit pas fier sur les avantages qu'on a eus sur eux (3) au commencement, ni conjecturer de l'avenir par le passé, parce qu'ils ne s'étoient pas reconnus, qu'ils étoient enivrés d'une longue paix, sans intelligence parmi les étrangers, divisés en leurs propres forces, où maintenant la nécessité d'une commune défense les a réunis, et le temps de leurs afflictions leur a donné la volonté et le loisir de pratiquer des intelligences avec nos voisins au préjudice de cet

(1) De la guerre contre les réformés.
(2) On retrouvera partout cette forme méthodique dans les avis de Richelieu.
(3) Les réformés.

Etat. Que si on jette les yeux au dehors, il y a beaucoup à craindre. La paix faite en Allemagne leur donnera facilité de nous jeter ses forces sur les bras; la trêve se propose en Flandre; les parties la désirent, les Hollandais pour secourir leurs frères, et les Espagnols pour s'agrandir en Italie en notre division; que le mariage d'Angleterre avec l'Espagne n'est pas moins considérable; car qui empêchera ces deux princes unis, l'un pour l'intérêt qu'il a en la cause, l'autre par l'exemple que nous lui en avons donné ès guerres de Flandre, de les assister à couvert sous main, de l'entreprendre à découvert si un mauvais événement leur en donne lieu? Que l'on doit soigneusement penser à faire tenir la parole qui a été donnée pour la Valteline, étant très-important et à la grandeur et à la réputation du Roi, de n'être pas si enfermé dans son royaume qu'il n'ait une porte pour en sortir. D'entrer dans une guerre civile n'est pas le chemin pour y arriver, comme il a paru durant le siége de Montauban, où, au lieu de mettre en exécution le traité de Madrid, ils (1) ont poussé leurs armes plus loin, et avancé de beaucoup le dessein qu'ils ont d'arriver à la monarchie de l'Europe; qu'à la vérité il faut plutôt périr que de rien relâcher de la dignité royale; mais qu'il lui semble qu'elle est sauvée si on leur donne la paix et abolition de leurs crimes, sans rien rendre des places qui leur ont été prises (2).

La Reine se servit puissamment de ces raisons, et y en ajouta d'autres que son esprit lui put suggérer. Mais M. le prince eut assez de crédit, non-seulement pour en empêcher l'effet, mais pour faire conclure que le Roi iroit en personne pour remédier aux insolences que les huguenots commettoient en Poitou.

Au même temps elle résolut de le suivre pour le détourner des occasions de se mettre en péril. Elle prévoit bien que, si elle en étoit éloignée, elle n'auroit part ni dans la paix ni dans la guerre; que si on se passoit d'elle dix mois, on s'accoutumeroit à s'en passer toujours; l'on lui susciteroit tous les jours de nouvelles calomnies, d'autant plus hardies qu'elle ne seroit pas sur les lieux pour se défendre; mais comme elle pensoit aux raisons qui l'obligeoient à le suivre, M. le prince méditoit les moyens de l'en empêcher.

Le chancelier lui vint proposer de la part du Roi, mais à la poursuite de M. le prince, qu'on

(1) Les Espagnols.
(2) Un livret de ce temps intitulé : *Petit avis d'un franc catholique*, offre une singulière ressemblance avec ce qu'on vient de lire; il pourrait bien être de la même main.

estime sa présence nécessaire à Paris, pour empêcher par son autorité les cabales qui se pourroient former dans l'éloignement de la cour, et que pour cet effet il lui veut mettre en main le commandement des troupes de deçà la rivière de Loire, comme à une personne intéressée dans l'avantage de ses affaires; qu'aussi bien, si elle suivoit, n'y auroit-elle pas grand contentement, n'étant pas possible au Roi de la visiter comme il faisoit ici, à cause des grandes et hautes occupations qu'il rencontreroit en ce voyage; que si elle n'y vouloit pas demeurer, on seroit contraint d'y laisser la Reine sa fille avec autorité, commandant aux armées de deçà, et en la place qu'on lui avoit destinée.

La Reine lui répondit qu'elle ne prétendoit pas assujétir le Roi à la voir, et que quand il ne lui pourroit faire cet honneur, elle l'iroit chercher; que pour la Reine, elle seroit très-aise de son avantage; mais qu'elle ne croyoit pas qu'on voulût donner conseil au Roi, qui n'avoit point d'enfans, de se priver de sa femme dans un si long voyage, vu que de là dépendoit l'affermissement de son autorité; que pour elle, sachant les divers hasards où le Roi se jetteroit par générosité, elle désiroit, autant que son sexe lui pourroit permettre, d'être compagne de ses travaux; que n'ayant rien au monde de plus cher que lui, elle vouloit imiter les marchands qui, ayant mis tout leur bien sur mer, s'embarquent dans le vaisseau pour que le bien ne leur manque qu'avec la vie; qu'étant avec lui, ou elle le garantiroit du naufrage, ou elle se perdroit avec lui afin de ne pas survivre à son malheur.

Cette résolution étonna M. le prince, qui employa tout artifice pour la changer, mais en vain; car, tant plus qu'il travailloit à ses fins, Sa Majesté s'affermissoit au conseil qu'elle avoit pris, pour le bien de l'Etat et de la maison royale.

Le Roi lui ayant permis, il survint une seconde difficulté, qui ne fut pas moindre que la première, savoir si on mèneroit Monsieur au voyage. M. le prince le désiroit, et on avoit lieu de soupçonner qu'il n'eût pas été fâché d'exposer les deux frères aux périls des tempêtes qu'on alloit chercher, et la Reine buttoit à les séparer pour les conserver tous deux. Elle dit au Roi que, s'il le menoit avec lui, sa sûreté propre en seroit beaucoup moindre, parce que si on avoit quelque mauvais dessein, les voyant tous deux ensemble, il y auroit d'autant plus de facilité de l'exécuter qu'il y avoit moins de péril; qu'il n'y avoit personne qui ne fût beaucoup plus retenu à mettre en effet une entreprise faite contre lui, quand il verroit un frère en pied pour châtier son crime; que les événemens de la guerre étoient incertains, et que les ennemis se rendroient d'autant plus enragés en une extrémité, qu'ils connoîtront avoir moyen de se défaire, tout en un coup, de ceux dont ils recevroient le mal, quoique avec justice; qu'elle ne doutoit pas que M. le prince n'eût de très-bonnes inclinations, mais qu'il n'étoit pas raisonnable de mettre les affaires en état qu'il pût penser parvenir à la couronne par un seul accident; que jamais prince sage ne se met entièrement au pouvoir de celui qui lui doit succéder. Ces raisons firent que Monsieur demeura à Paris, et que le Roi se contenta d'être suivi de la Reine sa mère.

La Reine ayant été pleinement informée de toutes les brigues qu'avoit faites M. le prince pour rompre son voyage, elle se résolut de s'en éclaircir avec lui, et de lui en faire des reproches. Elle lui dit donc que, contre ses promesses, il ne laissoit pas de continuer à lui faire mal; qu'il détournoit le Roi souvent de la voir; qu'il l'avoit voulu empêcher de la suivre; qu'il s'étoit vanté qu'elle ne le verroit que de bonne sorte; qu'on l'avoit appelée au conseil, non pour délibérer des affaires avec elle, mais pour les autoriser de son nom; qu'on lui rapportoit ces choses de si divers endroits qu'elle étoit obligée de les croire; que s'il vouloit être véritablement son ami elle désireroit son avancement dans le service du Roi; mais que s'il ne le vouloit pas, ce qu'elle jugeroit par ses actions et non par ses paroles, elle ne l'assuroit pas de son amitié; qu'elle n'étoit pas insensible, et que, par la grâce de Dieu, elle ne manquoit pas d'esprit pour connoître les choses qui se passoient; qu'elle savoit de lui assez de choses qui lui pourroient nuire auprès du Roi, si elles venoient à ses oreilles; qu'il décrioit sa conduite; que souvent il avoit dit qu'il falloit que les choses fussent encore en plus grand désordre pour y apporter réglement; qu'il ne s'étoit pas trompé au chemin qu'il avoit tenu pour perdre le connétable, qu'il ne se tromperoit pas encore en ses pensées; qu'elle ne lui dit pas ces choses-là pour lui faire peine, mais pour le changer, et lui montrer que, si elle étoit vindicative, elle pourroit autant dire de vérités à l'encontre de lui, comme on inventoit contre elle de calomnies. M. le prince la pria d'oublier le passé, et de croire qu'à l'avenir elle auroit en lui un serviteur très-fidèle.

Cependant le Roi eut avis de beaucoup d'attentats que les huguenots faisoient de tous côtés contre son service. D'une part, il fut averti que ceux de Montauban et de Saint-Antonin, pour se rendre les passages libres, avoient fait entreprise sur les villes de Caussade, Bourniquel et Négrepelisse, qui sont sur le chemin de l'une à l'autre; que le duc de Rohan, après avoir employé inutilement ses secrètes pratiques sur la première, l'a voulu attaquer par surprise, qui ne réussit pas à son contentement; que ceux de Moutauban s'étoient rendus maîtres de la seconde, mais avec si peu de profit pour eux, que peu de jours après elle fut reprise par M. de Thémines. Mais la troisième, qui étoit la plus importante, leur avoit ouvert les portes et égorgé quatre cents hommes de Vaillac qui étoient en garnison; que, semblablement, le marquis de Lusignan, mécontent de ce que le feu connétable ne lui avoit pas tenu parole en la promesse qu'il lui avoit faite de lui faire avoir quelque récompense du gouvernement de Pimerol, qu'il avoit volontairement remis entre les mains de Sa Majesté, et qu'il avoit fait démolir, cherchant de s'en venger par toutes voies, et ne pouvant trouver retraite parmi les rebelles qu'en leur apportant avec soi quelque place, avoit fait entreprise, s'étoit rendu maître de Clérac à la mi-février, et tué toute la garnison qui y étoit. Laquelle prise donna lieu au sieur de La Force de s'emparer de Tonneins, où il fut reçu sans résistance, et avec connivence des habitans; et la garnison s'étant retirée au château, et rendue à composition, avoit été égorgée, contre la foi qui lui avoit été donnée.

Sa Majesté reçut aussi avis que les Rochelois, enorgueillis de se voir maîtres de la mer, et tenir enfermés dans le port de Brouage le peu de vaisseaux qui y restoient à Sa Majesté, avoient eu l'audace de faire deux descentes aux embouchures des rivières de Loire et de Garonne; donnant charge de celle de Loire à Soubise, à cause du bien et de l'intelligence qu'il avoit en Bretagne et en Poitou, et de celle de la Garonne à Favas; que ledit Favas avoit fait la sienne en l'île d'Argenton le 22 janvier, et à Soulac le 5 février, et y avoit bâti deux forts; et Soubise la sienne le 14 février, auprès de Saint-Benoît au bas Poitou, avec trois mille cinq cents hommes de pied et cinq cents chevaux; s'assurant qu'il grossiroit bientôt ses troupes par ceux qui se joindroient à lui. Ce qui ne lui ayant pas manqué, il avoit pris les Sables, l'île d'Olonne et le château de La Chaume qu'il avoit fortifié. Et nonobstant que les Sables se fussent rendus à composition, et lui eussent payé 20,000 écus pour n'être point pillés, il n'avoit laissé de permettre le pillage, s'excusant qu'il l'avoit promis à ses soldats auparavant la composition faite avec eux.

Nonobstant toutes ces nouvelles, la Reine eût volontiers conseillé au Roi d'essayer plutôt de pacifier tous ces mouvemens que d'en venir à une guerre ouverte. Néanmoins, comme elle le vit résolu de se faire obéir, elle lui conseilla d'armer puissamment avant de partir de Paris, de crainte que son départ ne fît courir les huguenots aux armes avec plus de violence encore qu'ils n'avoient fait, et qu'il ne fût pas en état, à cause de sa foiblesse, d'en arrêter les progrès.

Il accorda, le 19 mars, la vieille querelle de M. de Nevers, qui avoit été offensé et frappé par le cardinal de Guise l'année précédente. Ledit cardinal étoit mort de maladie au siége de Saint-Jean; et, comme à la mort les pensées sont bien différentes, et éloignées de celles que nous avons en pleine santé, il demanda lors, avec un grand ressentiment de douleur, pardon au duc de Nevers de l'outrage qu'il lui avoit fait, et pria quelqu'un de ceux qui l'assistoient de lui dire de sa part. Mais, pource que le prince de Joinville l'avoit accompagné en cette action, et qu'il s'en estimoit presque autant offensé que de son frère, le Roi fit dresser, pour les accorder, un écrit contenant les paroles de satisfaction dont ils devoient user l'un envers l'autre, ce qui fut exécuté.

A deux jours de là, qui fut le 21 mars, Sa Majesté, *contre l'avis de la Reine sa mère, qui désiroit prudemment qu'il se préparât avec plus de loisir, fut emporté par l'impatience qu'avoit M. le prince de voir les affaires promptement engagées, et* (1) partit de Paris, plutôt en équipage de chasseur que de conquérant, et non encore résolu de la route qu'il devoit prendre vers le Poitou ou le Languedoc.

Il reçut à Orléans la nouvelle de la reddition du Pouzin et de Baye-sur-Baye, places situées sur le Rhône, qui furent remises en son obéissance, le 17 mars, par le moyen du maréchal de Lesdiguières, lequel ayant été, comme nous avons dit l'année précédente, renvoyé de Montauban en Dauphiné, où Montbrun s'étoit soulevé contre le Roi, remit incontinent, par sa présence, toutes choses en paix, et Montbrun en son devoir; mais ces deux places n'étant pas en Dauphiné, mais dans le Vivarais, ne lui rendirent pas semblable obéissance, ce qui l'obligea à assembler une armée de dix mille hommes de pied et quelque cavalerie, avec laquelle il les assiégea et les prit.

Cette bonne nouvelle, arrivée au Roi au commencement de son voyage, lui sembla être un heureux présage du succès d'icelui. Étant à Blois il se résout d'aller en Poitou, et, en partant le 30 mars, il se rend le 10 avril à Nantes, où il ne fut pas sitôt arrivé, qu'il eut nouvelle que les troupes de Soubise étoient si fortes, que celles du comte de La Rochefoucauld n'étoient pas suffisantes de lui résister, et qu'elles ne le pouvoient empêcher de faire beaucoup de ravages dans le bas Poitou. La Reine étant éloignée du Roi de quelques journées, n'ayant pas pu arriver à Nantes sitôt que lui, on prit le temps de son absence pour persuader au Roi qu'il falloit promptement aller à lui, qu'il y avoit péril dans le retardement : son courage et le désir de soulager ses peuples l'y portent. On communique à la Reine sa résolution; elle la trouve étrange, vu le peu de forces qu'il avoit avec lui : elle en écrit au Roi, le conjure de considérer qu'il n'étoit pas raisonnable de commettre si facilement sa personne; que, par raison, il devoit attendre, ou que ses forces fussent assemblées, ou confier la conduite de ce qu'il avoit à une personne moins importante au public.

Elle en écrit aux ministres, les prie de peser mûrement cette affaire, les accidens qui en peuvent survenir, le blâme qu'ils auront de l'avoir souffert; car, pour dire vrai, elle appréhendoit que le courage du Roi et la ruse d'autrui le portassent à se perdre, là où la prudence de quelques autres leur feroit trouver leur salut. Les ministres firent état de cet avis, témoignèrent à Marillac, qui en étoit le porteur, qu'ils le trouvoient très-considérable; mais que la violence de M. le prince étoit un premier mobile qui, par sa rapidité, emportoit tout autre mouvement. Cette réponse augmenta l'appréhension de la Reine lorsqu'elle la sut, et véritablement elle en avoit sujet; car, si bien son voyage réussit, il fit l'entreprise avec témérité.

Le Roi ayant envoyé savoir la route que prenoit Soubise, il eut avis qu'il tiroit vers l'île de Ré; il le suivit incontinent, et, partant de Nantes le 12, arriva proche de là le 15 avril, résolu de passer par des gués qui étoient fort difficiles, et de l'attaquer dans le bourg de Rié, où il s'étoit retranché et avoit placé son canon en lieu avantageux, l'armée de Sa Majesté n'étant pas si forte que la sienne et n'ayant point de canon. Mais le Roi l'ayant déjà mise en bataille le 16, et commencé à marcher, il eut avis que Soubise ne l'avoit osé attendre, et étoit allé avec ses troupes vers Saint-Gilles et Croix-de-Vie, pour s'embarquer dans des vaisseaux qu'il y avoit fait venir.

A cette nouvelle Sa Majesté commanda à sa cavalerie de les suivre en diligence pour les surprendre en chemin; mais ils trouvèrent que Soubise, s'étant sauvé avec la sienne le long des

---

(1) Les mots italiques de cette phrase sont écrits de la main du cardinal, en marge du manuscrit original.

dunes, avoit laissé son infanterie derrière lui, laquelle s'étant pour la plupart embarquée, mais ne pouvant faire voile pource que la mer étoit basse, fut exposée à la merci de nos gens. Ceux qui n'étoient pas encore embarqués, partie furent tués par les nôtres, partie noyés dans les achenaux en fuyant, et partie furent pris et amenés à Nantes, entre lesquels il en fut pendu treize, et cinq cent soixante-quinze condamnés et envoyés aux galères le 27 avril. Sa cavalerie même n'eut guère meilleure fortune, car, de six à sept cents hommes qu'il avoit, il n'en ramena que sept ou huit vingts qui étoient avec lui. Les autres troupes qui le suivoient furent défaites, partie par les troupes du comte de La Rochefoucauld, partie par les paysans mêmes; une peur si aveugle s'étant mise parmi eux, qu'ils prioient ceux qu'ils rencontroient de les prendre prisonniers, jusque-là qu'il y en eut cent d'entre eux qui se rendirent à des femmes.

Cette victoire fut glorieuse au Roi, mais elle lui fut bien périlleuse; car il passa la mer à gué pour aller à eux, et s'y porta avec tant de courage et si peu de considération de ceux qui étoient auprès de lui, qu'après la victoire, obtenue par la fuite des ennemis, il n'y eut personne qui ne reconnût que dans l'avantage de la situation du lieu, dont les canaux et retranchemens naturels faisoient pour eux; qu'étant beaucoup plus forts d'hommes et de canons, si Dieu ne les eût aveuglés en punition de leurs crimes, le moindre succès qu'ils pouvoient avoir du combat étoit de défaire absolument ceux qui étoient auprès du Roi, et prendre sa personne prisonnière; attendu que, outre que les rois semblables à celui-ci ne fuient jamais, le flux de la mer étant revenu où il avoit passé, il lui étoit impossible de le faire.

La Reine, après avoir fait rendre grâces à Dieu de ce bon succès, ne perdit pas temps pour faire connoître ce qui en pouvoit arriver; et, pour prévenir semblables inconvéniens à l'avenir, elle voulut en diligence joindre le Roi pour ne plus l'abandonner; mais elle tomba malade à Nantes.

Son mal fut si long et si fâcheux, qu'il lui fut impossible, à son regret, de penser à autre voyage qu'à celui des eaux de Pougues, que le genre de son indisposition requéroit par l'avis des médecins, où elle s'achemina, les chaleurs étant passées. Ceux qui travailloient auprès du Roi à lui en donner des ombrages, au désavantage de l'Etat, mais à leurs fins, tâchèrent de faire croire à Sa Majesté que sa maladie étoit feinte pour demeurer vers le Poitou, et former quelque cabale avec les huguenots, ou qu'elle méditoit les eaux de Pougues pour s'approcher de Monsieur, qu'à leur compte elle aimoit mieux que le Roi, et le vouloit élever à son préjudice.

Il se servirent finement de ce soupçon pour poursuivre leur pointe et attirer Monsieur à l'armée; et rien ne les en put empêcher que l'avis des médecins, qui reconnurent ce voyage lui être si préjudiciable, vu son inconstante et foible santé, qu'ils ne craignoient pas de témoigner qu'on ne le lui pouvoit faire entreprendre sans commettre sa vie à un très-éminent péril. Cependant le temps et la netteté des actions de la Reine la garantirent de tous les artifices et inventions dont on se servoit pour rendre sa personne suspecte et odieuse; et Dieu, par sa bonté et pour le bien de la France, préserva le Roi des dangers où ses ennemis l'auroient voulu précipiter pour profiter des confusions publiques.

Quant à Monsieur, quelque indisposition qu'il eût, on ne vouloit pas lui accorder le moindre repos, et, sans son médecin, affectionné à sa personne, qui protesta qu'il ne pouvoit passer outre sans péril, sous prétexte d'avancer ses affaires on eût volontiers arrêté le cours de sa vie.

Le Roi, au sortir de Rié, alla droit assiéger Royan, recevant en chemin les troupes qu'il avoit fait amasser de diverses parts; et, au lieu que les rebelles se vantoient que cette place soutiendroit un siège de six mois, elle fut si bien attaquée qu'elle fut rendue en six jours (1), peu avant la fête de la Pentecôte, que le Roi alla passer à Châtelard.

Durant ce siège, arrivèrent à Sa Majesté deux nouvelles différentes, l'une que la ville de Tonneins, qui étoit assiégée dès long-temps, avoit été prise et remise en son obéissance le 4 mai. L'autre, de la révolte du Mont-de-Marsan contre son service, le 2 de mai, avec le marquis de Castelnau qui en étoit gouverneur. La perte de cette place étoit d'une grande importance; ce qui fit que le premier président de Toulouse, sans perdre temps, envoya traiter avec ledit marquis, et convint avec lui de lui faire délivrer vingt mille écus, moyennant lesquels il remit cette place entre les mains de Sa Majesté, qui la fit raser incontinent.

Le Roi, après avoir ordonné le comte de Soissons pour commander l'armée qu'il laissa en Poitou et Aunis pour tenir La Rochelle bloquée et retenir les huguenots du plat pays dans les termes de l'obéissance qu'ils devoient, s'achemina en Languedoc, par la Dordogne et l'Agénois, pour attaquer Sainte-Foy, où le sieur de La Force s'étoit retiré. Dès que son armée y fut

(1) Le 11 mai.

arrivée, ledit sieur de La Force commença à parlementer, et rendit le 24 mai ladite place et celle de Montflanquin. Le fort de Soulac près de Blaye fut, d'autre côté, aussi rendu le 29, ayant été assiégé le 24 sur la nouvelle que l'on eut que Favas, qui en étoit la plus forte pièce, en étoit absent étant allé à La Rochelle. Le marquis de Lusignan, qui avoit surpris la ville de Clérac, traita aussi avec le Roi, et rendit ladite place, en laquelle le duc de Vendôme, de la part de Sa Majesté, entra le 29 mai. De Sainte-Foy le Roi alla à Agen, où il demeura le 1er et le 2 juin, et fut assuré des places que le duc de Sully avoit en Quercy.

De là Sa Majesté s'en alla droit vers Négrepelisse qu'elle fit investir le 7 juin, envoyant quant et quant le duc de Vendôme, avec partie de ses troupes, investir Saint-Antonin. En trois jours étant faite une brèche raisonnable à Négrepelisse, le régiment des gardes qui eut la pointe alla à l'assaut avec un tel courage, que, ceux qui étoient sur la brèche ne pouvant résister, la ville fut prise, où tout fut mis à feu et à sang, sans exception de femmes ni d'enfans. Ceux qui se purent sauver dans le château se rendirent le lendemain à discrétion, et furent presque tous pendus, pource que la plupart d'eux avoient servi en d'autres places contre le Roi, et juré de ne plus porter les armes contre lui. Toute la ville fut brûlée et le seul château conservé, lequel appartenoit au duc de Bouillon.

De là Sa Majesté tourna tête droit à Saint-Antonin, qu'elle trouva déjà investi et attaqué par les troupes qu'elle y avoit envoyées. Elle fit à son arrivée, qui fut le 14, sommer la ville de se rendre; ce qu'ils refusèrent de faire, et tirèrent sur le trompette qui leur faisoit la sommation de la part du Roi, tant ils étoient acharnés. Le canon commença à jouer le 16 ; le 20 le Roi fit donner l'assaut à deux cornes qu'ils avoient relevées entre deux grands bastions revêtus qui regardoient la seule avenue par laquelle on pouvoit aller à eux. Le combat y fut si sanglant que tous leurs ennemis y furent tués, entre lesquels on y trouva des femmes que l'on avoit vues les jours précédens armées de faux et de hallebardes. Le 22 ils furent contraints de se rendre à discrétion. Le Roi en fit pendre onze des plus séditieux, et pardonna au reste. La nuit de ce même jour arrivèrent deux cents hommes que ceux de Montauban envoyoient pour leur secours, ne sachant pas qu'ils fussent encore rendus. Il en retourna peu d'entre eux à Montauban, et furent quasi tous tués par les gens du Roi.

Sa Majesté reçut avis en ce lieu que dix de ses galères, que dès l'année précédente elle avoit fait partir de Marseille pour aller à La Rochelle, mais qui pour le mauvais temps avoient été obligées d'hiverner à Lisbonne, étoient arrivées à l'embouchure de la Garonne où, attendant le reste de la flotte, elles avoient sommé de se rendre ceux qui étoient dans le fort d'Argenton, et les y avoit contraints deux jours après, de sorte qu'il ne restoit plus rien aux Rochelois dans l'embouchure de cette rivière.

Sa Majesté s'en alla à Toulouse, où elle arriva le 27 juin, pour passer au bas Languedoc où l'opiniâtreté des hérétiques étoit plus enragée qu'en nulle autre part. Elle laissa le duc de Vendôme aux environs de Montauban avec une armée de huit mille hommes de pied et six cents chevaux, et nettoya Toulouse de plusieurs petites places huguenottes qui les incommodoient, se rendant maître de Carmaing, Le Mas-Sainte-Puelle, Le Bec-de-Riez, Carlus, Ladirac, le château de La Trêne sur Dordogne, places que Sa Majesté fit toutes démolir. De là Sa Majesté s'avança à Castelnaudary et à Carcassonne, où le duc de Sully avec un député du duc de Rohan vint saluer Sa Majesté, faisant quelques propositions pour la paix ; mais le Roi ne les jugea pas raisonnables, non plus que celles que ledit duc de Rohan avoit faites au maréchal de Lesdiguières en une entrevue qu'ils avoient eue quelque temps auparavant au Pont-Saint-Esprit sur ce sujet.

Cette opiniâtreté du duc de Rohan fut cause que le Roi fit vérifier au parlement le 4 juillet des lettres-patentes que Sa Majesté avoit fait expédier l'année précédente, mais surseoir jusques alors, par lesquelles elle déclaroit ledit duc de Rohan criminel de lèse-majesté. Elle fit en même temps une semblable déclaration contre Soubise, sur l'avis qu'elle reçut qu'après avoir été depuis sa fuite quinze jours à La Rochelle, augmentant sa rébellion, il étoit passé en Angleterre pour solliciter le roi de la Grande-Bretagne de leur donner secours contre Sa Majesté.

On eut avis en ce lieu que le maréchal de Lesdiguières pensoit à sa conversion et avoit volonté de se faire instruire. Le Roi tint chapitre des commandeurs du Saint-Esprit qu'il avoit en sa cour, et résolut avec eux de lui envoyer l'Ordre dès qu'il seroit converti (1), et, pour l'y induire encore davantage, de l'honorer de l'épée de connétable de France. Ce choix la remit en l'honneur dont l'avoit fait déchoir le dernier qui l'avoit possédée ; car, lui donnant l'épée, le Roi commanda qu'on lui dît que c'étoit pour les

---

(1) Sa conversion eut lieu le 25 juillet, jour anniversaire de celle de Henri IV.

grands services qu'il avoit rendus à l'Etat, et que Dieu lui avoit fait la grâce d'être, dans tous les combats où il s'étoit trouvé, toujours vainqueur et jamais vaincu.

De Carcassonne, le Roi passa à Narbonne et de là à Béziers, d'où il envoya M. le prince et le comte de Schomberg, avec la meilleure partie de son armée, pour réduire en son obéissance les villes de Monginot, Lunel et Sommières; ôtant, par ce moyen, la communication de Montpellier avec ceux des Cevennes. Durant son séjour en ce lieu, Villemagne, Gignac, Pignan, Montferrier, Alsas, se vinrent remettre en son obéissance.

Le duc de Montmorency, après avoir fait le dégât à Montpellier, et y avoir tué, en une sortie qu'ils firent, plus de deux cents hommes et fait quantité de prisonniers, vint trouver le Roi qui le renvoya incontinent, lui donnant à commander, avec ses troupes, trois mille Allemands que le duc d'Alluin avoit amenés. Il alla droit attaquer Aymargues, qui se rendit à ses premières approches; Massilhargues ne tint que trois jours devant lui. De là il alla joindre M. le prince qui mettoit le siége devant Lunel, où, bien qu'il y eût douze cents hommes de guerre, on fit une telle diligence, qu'en trois jours, ayant tiré plus de douze cents coups de canon et fait brèche raisonnable, la ville se rendit à composition le 8 d'août.

De là, sans perdre temps, on alla assiéger Sommières, place qui, s'étant autrefois longtemps défendue contre l'armée du connétable de Montmorency, qui ne l'avoit pu prendre, espéroit encore maintenant échapper aux armes du Roi, mais n'y put résister que quelques jours, et se rendit, les vies et les biens sauves seulement. M. de Châtillon revint lors au service de Sa Majesté, remit Aigues-Mortes en ses mains, et fut honoré de la charge de maréchal de France (1).

Du côté de la Champagne, un orage s'éleva et se dissipa en même temps. Le comte de Mansfeld, que nous avons vu faire une courageuse, mais foible résistance aux armes plus puissantes de ses ennemis dans le Palatinat, parut à l'improviste sur cette frontière avec une grande armée et étonnement de toute la province. L'électeur palatin, entendant les progrès qu'il avoit faits en l'Alsace, l'étoit allé joindre et repasser avec lui le Rhin, espérant se joindre à l'armée que le marquis de Dourlac avoit levée en sa faveur, outre celle que le duc Christiern de Brunswick, évêque d'Halberstadt, levoit encore. Mais,

(1) Cela faisait, avec le marquis de la Force, deux réformés faits maréchaux dans une campagne entreprise contre eux.

à ces trois armées, il y en avoit trois autres pour s'y opposer : celle de l'Empereur, commandée par le prince d'Anhalt; de la ligue catholique, par Tilly; des Espagnols, par Cordoua. A peine le palatin et Mansfeld eurent passé le Rhin, que l'armée du marquis de Dourlac fut défaite, le 6 mai, en la bataille de Wimpfen par celles de Tilly et Cordoua. Celle du palatin et de Mansfeld fut maltraitée par les mêmes le 22 dudit mois; mais celle d'Halberstadt, qui étoit la plus puissante, fut défaite, le 17 juin, au passage de la rivière du Mein, par toutes les trois armées ennemies jointes ensemble. Lors le palatin fut contraint d'abandonner son Etat, confiant Heidelberg, Manheim et Franckendal, les trois seules places qui lui restoient, au colonel Weer, Anglais, qu'il y laissa avec ce qu'il put d'argent et de gens de guerre.

Mansfeld, qui avoit encore osé, depuis toutes ses déroutes, assiéger Saverne, ne l'ayant pu prendre dans le temps qu'il espéroit, et se voyant poursuivi des armées ennemies, et principalement de Cordoua, passa avec Halberstadt en Lorraine, où il exerça beaucoup de cruautés, et s'en vint droit à la Meuse, sur les frontières de Champagne, à la ville de Mouzon. Cette arrivée imprévue en ce temps de guerre contre les religionnaires, et d'un éloignement du Roi de plus de deux cents lieues, donna quelque lieu de douter à ceux qui ne pénétroient pas les afres, qu'il vînt à dessein de faire un gros, auquel les huguenots malintentionnés se pussent unir, pour entreprendre quelque chose, et obliger le Roi à une honteuse paix. Mais les disgrâces qu'il avoit reçues, et la chasse qu'on lui avoit donnée de tous les lieux où il s'étoit arrêté, faisoient assez connoître qu'il n'avoit but que de se défendre et de s'assurer, passant en Hollande pour se joindre à eux, non pas s'opposer à un nouveau et plus grand péril, comme eût été celui d'entrer en France. Néanmoins la peur, qui facilement se glisse dans les cœurs des peuples qui sont ignorans et inexpérimentés, fut si grande à Paris, que plusieurs, craignant d'être assiégés, faisoient provision de blé, et d'autres, pour se mettre en lieu de sûreté, s'enfuyoient à Orléans.

Le conseil que le Roi avoit établi à Paris fit une telle diligence à lever des troupes pour s'opposer à cette armée, qu'en quinze jours le duc de Nevers se trouva avoir douze mille hommes de pied et quinze cents chevaux. Jusque-là il avoit entretenu Mansfeld par divers pourparlers, lui proposant de se faire serviteur du Roi, qui prendroit une partie de ses troupes à son service, et lui donneroit de l'argent pour licencier le reste. Mais, quand il se vit assez fort, n'ayant encore rien résolu, il ne tint plus ce langage; de sorte que Mansfeld, voyant l'armée du Roi se faire puissante, la sienne se diminuer de jour à autre, et celle de Gonzalès proche de lui, fut contraint de partir le 25 août, après avoir brûlé ses chariots pour monter son infanterie, et de laisser à la fureur des paysans tous ceux qui étoient en état de ne le pouvoir suivre; et, prenant le chemin de Thiérache, il arriva le lendemain à la frontière de Hainaut, avec cinq mille hommes de pied et cinq mille chevaux pour, traversant le Hainaut et passant aux frontières de Liége et de Brabant, se rendre à Bréda à sauveté.

Gonzalès le suivit, et, l'ayant atteint le 28, Mansfeld lui présenta la bataille, en laquelle ayant perdu beaucoup de ses gens, il passa néanmoins, en dépit de Cordoua, et se rendit au lieu qu'il désiroit. D'où, puis après, se joignant aux troupes du prince d'Orange, il fit lever le siége de Berg-op-Zoom, qui étoit perdu sans le surcroît de ses forces, et de là mena son armée en Westphalie.

L'armée du Roi, après la prise de Sommières, et tant d'autres siéges qui l'avoient diminuée et ruinée, étoit fort petite. On étoit déjà sur la fin du mois d'août, les habitans de Montpellier opiniâtres, la ville forte; ce qui faisoit qu'on suivoit avec quelque peine le dessein qu'on avoit de l'assiéger.

Le connétable de Lesdiguières, qui traitoit toujours avec le duc de Rohan, vint trouver le Roi, et obtint passe-port de Sa Majesté pour ledit duc, pour aller à Montpellier essayer à les rendre capables de raison et ouvrir leurs portes à Sa Majesté. Mais n'en ayant pu venir à bout, le connétable s'étant retiré en Dauphiné sur la jalousie que M. le prince eut de lui pour le commandement de l'armée, on entreprit ce siége contre l'avis de la plupart du conseil, qui n'estimoient pas qu'on dût entreprendre une telle pièce qui requéroit le printemps et non l'automne, une armée fraîche et non ruinée par divers siéges. M. le prince, qui ne se soucioit pas quel en fût l'événement, pourvu qu'il pût engager les affaires, fait ouvrir les tranchées et commencer les attaques; proteste contre tous ceux qui désirent la paix; les déclare partisans des huguenots et de la Reine, qui, après l'usage des eaux, s'étoit avancée à Lyon pour s'approcher du Roi.

Bien qu'elle fût là, pensant beaucoup plus sur l'état des affaires présentes que ce qu'elle vouloit en témoigner, on la fait parler à toute heure et contre ses intentions. Rucelaï, qui, pour la satisfaction de la Reine, s'étoit absenté quelque temps de la cour, s'y rendit au commencement du siége. M. le prince estima que ce lui étoit un renfort contre elle et pour ses desseins. Il n'y avoit marchandise qu'il ne débitât par cet emballeur. Il n'y avoit trahison qu'il ne brassât par cet Italien. Il n'y avoit calomnie dont l'innocence de la Reine ne fût souillée; tout leur étoit bon pourvu qu'il lui nuisît; toutes les fictions, pourvu que ce fût contre elle, passoient pour des histoires.

Le cardinal de Retz, étant tombé malade à Lunel, mourut le 16 août d'une fièvre d'armée; il fut regretté parce qu'il avoit l'esprit doux, mais étoit foible, de nulles lettres et de peu de résolution. Il ne fut pas appelé à la dignité de cardinal par extraordinaire mérite qui fût en lui, mais par la faveur de ses alliances; et le sieur de Luynes l'établit chef du conseil pour autoriser les choses qu'il vouloit, sachant bien que la condition de son esprit n'étoit pas pour s'opposer en aucune chose qu'il désirât. Peu de jours après le sieur de Vic, garde des sceaux, mourut aussi.

Le cardinal de Retz, lui(1) et le comte de Schomberg, dès que le connétable de Luynes fut mort, craignant que ma promotion au cardinalat ne me facilitât l'entrée dans les affaires, dirent au nonce que le plus grand plaisir qu'il pourroit faire au Roi, seroit d'empêcher que je parvinsse à cette dignité. Ce qui se découvrit par Sa Sainteté, qui le fit connoître au marquis de Cœuvres, lors ambassadeur à Rome. Ce mauvais office ne porta point de coup; car Sa Sainteté reconnut bien que c'étoit un trait d'envie plutôt qu'une parole de vérité; de sorte que cela n'empêcha pas qu'elle ne m'élevât à cet honneur, dont je reçus la nouvelle à La Pacaudière au mois de septembre (2). Le comte de Schomberg, qui restoit lors seul des trois qui m'avoient voulu donner cet empêchement, se joignit à M. le prince et au sieur de Puisieux, pour disposer de la place du cardinal de Retz dans le conseil en faveur de celui de La Rochefoucauld, non par estime de sa personne, mais pour m'ôter l'espérance de l'occuper, et à la Reine l'honneur d'avoir part dans ce choix.

Cependant ce siége, qui s'étoit commencé le premier septembre, succédoit fort mal; le 2 septembre, les nôtres avoient pris le fort Saint-Denis que les assiégés avoient hors la ville; mais y ayant mis fort peu de garde par le mépris qu'ils faisoient des assiégés, le lendemain

(1) De Vic.
(2) La nomination est du 5 septembre.

ils en furent rechassés avec perte de quantité d'hommes, entre lesquels il y avoit beaucoup de personnes de qualité. M. de Montmorency y fut blessé, le duc de Fronsac, le marquis de Beuvron, Hoctot, le baron de Canillac, Montbrun, L'Estrange, Lussan, Comballet (2) et plusieurs hommes de commandement furent tués.

Ils firent quelques travaux et attaques durant six semaines, mais il n'y avoit point d'espérance de prendre la ville. Il n'y avoit point d'ordre dans l'armée, le mécontentement étoit universel et les maladies extraordinaires; ces malheurs touchèrent l'esprit du Roi, et lui firent agréer les propositions de paix que le connétable de Lesdiguières fit de la part de M. de Rohan, qui promettoit de rendre la ville de Montpellier à l'obéissance de Sa Majesté, faire soumettre toutes les villes rebelles, et abattre leurs nouvelles fortifications, moyennant deux cent mille écus que Sa Majesté lui donneroit comptant, et quelques autres gratifications à lui et à son frère.

Elle fut toute résolue auparavant qu'on en dit rien à M. le prince, qui, lorsqu'il en eut avis, fit des efforts incroyables pour la rompre, et, n'en pouvant venir à bout, demanda congé de s'en aller à Notre-Dame de Lorette et visiter l'Italie.

Le Roi entra dans Montpellier le 20, ayant fait une déclaration nouvelle portant une confirmation des édits de pacification, que toutes les fortifications de Montpellier seroient rasées, que La Rochelle et Montauban demeureroient seules villes de sûreté, n'y en ayant plus d'autres, ni de sûreté, ni d'otage, ni de mariage, et que rien ne seroit démoli en ces deux places; les fortifications nouvelles seroient rasées aux autres places, mais celles de Ré et d'Oleron seroient démolies entièrement.

Le Roi donna avis à la Reine sa mère du voyage de M. le prince, et de la résolution qu'il avoit à la paix, ses affaires ne lui permettant pas de prendre un autre parti : elle s'en réjouit, et ce d'autant plus volontiers qu'elle voit par cet accommodement sa personne hors des périls de la guerre et des maladies contagieuses qui étoient dans les armées. Elle lui conseille néanmoins, pour terminer une guerre qui lui avoit été heureuse par une paix honorable, de faire démolir les places, comme il étoit accordé par les articles de la paix, de mettre en Dauphiné des gouverneurs catholiques, de conserver le fort de La Rochelle et la garnison de Montpellier, jusqu'à tant que tous les articles promis par les huguenots fussent exécutés. Le Roi reçoit ces avis de très-bonne part et se résout de les pratiquer, ayant

(1) Le mari de la nièce de Richelieu.

donné la paix à ses sujets, la grâce aux coupables, et le repos à ses armées.

La nouvelle de cette paix, celle du départ inopiné de M. le prince et de ma promotion au cardinalat, qui étoit arrivée aux quatre-temps de septembre, touchèrent tellement Rucelaï, qu'il ne put survivre à tant de bonheur. On peut dire de lui, comme on disoit de saint Jérome, qu'il a trop vécu pour le bien de cette nation, mais trop peu si on considère le temps qui lui eût été nécessaire pour expier les crimes qu'il a commis. A la vérité, ce n'est pas merveille si cet homme-là est mort dans la paix, qui ne se plaisoit que dans les divisions. Rucelaï étoit fils d'un banquier de Florence qui vint en France du temps de la Reine Catherine de Médicis, et, s'étant enrichi en cet exercice, s'en retourna en son pays, comme les banquiers ont accoutumé de faire. Durant sa demeure en France, il eut quelques abbayes, lesquelles il mit au nom de celui-ci, qui, après avoir vécu à Rome et à Florence quelque temps, avec beaucoup de défaveur du Pape et du grand-duc, à cause de la vanité et légèreté de son esprit, eut recours au maréchal d'Ancre, qui lors étoit en crédit, le vint trouver et obtint, par son moyen, des lettres de la Reine-mère au grand-duc, pour le remettre en grâce auprès de lui. Il vint avec éclat et pompe, faisant une très-grande dépense. Il étoit jeune, assez bien fait, propre en sa personne, et en outre riche et libéral; deux conditions qui ne donnent pas peu de vogue à un étranger dont la nouveauté plaît à beaucoup d'esprits, et particulièrement à ceux des dames, à qui ensuite les présens de diverses galanteries ne sont pas désagréables. Il fut aussi incontinent bien reçu dans toutes les meilleures compagnies, les dames et les plus grands le voyant de bon œil, et en faisant compte comme s'il eût été de plus haute naissance.

Il étoit hardi et impudent, jusqu'à ce point que lui refuser deux fois l'entrée d'une porte n'empêchoit pas qu'il ne se présentât la troisième, où les présens qu'il faisoit aux huissiers la lui faisoient enfin trouver ouverte, lors même qu'elle étoit fermée aux autres. Avoir bonne bourse à la cour et point de front, sert bien souvent autant et plus qu'avoir beaucoup de mérite. Mais il étoit si avantageux en paroles, parloit tant et mentoit si librement, et montra une si grande infidélité d'esprit, qu'il se vit bientôt déchoir de l'estime que, sans mérite, on avoit conçue de lui.

A peine le maréchal d'Ancre fut mort, que, trahissant la Reine, il se mit en la bonne grâce de Luynes, lui découvrant l'argent que le défunt avoit en Italie, et promettant de s'entremettre pour lui faire toucher ; puis il le quitta, et se mit du parti de la Reine qui étoit à Blois, s'entremettant avec effronterie de sa délivrance non-seulement sans son ordre, mais contre sa volonté. Il l'accompagna à Angoulême, où, après beaucoup d'extravagances et d'impudences insupportables, comme il se voit en cette histoire, il abandonna Sa Majesté, et retourna à Luynes, qui le reçut non pour estime qu'il fit de lui, mais croyant faire déplaisir à la Reine.

Sa vanité et sa présomption étoient d'autant plus insupportables que son ignorance n'étoit pas moindre que sa gloire, qui étoit si excessive, que, bien qu'il fût d'une médiocre condition, il alloit de pair avec les plus grands, dont il se trouva mauvais marchand ; car le marquis de Rouillac lui donna des coups de bâton en pleine foire Saint-Germain, et le duc d'Epernon lui en eût fait autant si la Reine ne l'eût empêché. Par ce moyen se conservant en France, par sa mauvaise conduite, la réputation qu'il avoit eue en tous les lieux où il avoit été, il se trouva qu'il n'y fit enfin autre acquêt qu'un grand nombre de puissans ennemis, et beaucoup de disgrâces qui, ayant été jusqu'aux bastonnades, le rendirent le jouet et la fable de toute la cour, pource qu'après un tel affront un homme, pour impudent qu'il soit, ne peut éviter d'être ridicule, et méprisé de ceux-là mêmes dont l'affection lui étoit la plus assurée. Son dernier malheur fut qu'ayant consommé la plupart de son bien, ses mauvaises qualités parurent clairement après que, sa bourse étant épuisée, le bandeau que sa libéralité mettoit sur les yeux de beaucoup de personnes fut ôté ; dont vint qu'outre le mépris il eut encore la haine de tout le monde.

La paix de Montpellier étant conclue, le Roi alla passer la Toussaint à Arles, où il eut nouvelle de la défaite des Rochelois. Nous avons vu l'année passée que le Roi ayant fait armer quelques vaisseaux en Normandie et en Bretagne, qui étoient plus que suffisans pour boucher le port de La Rochelle, et empêcher que l'on y pût entrer et sortir, il arriva que par disgrâce, mauvaise conduite et témérité, les Rochelois se rendirent maîtres de deux grands navires de M. de Nevers qui étoient dans l'armée du Roi, et dissipèrent le reste de l'armée, de sorte qu'ils la tenoient assiégée dans le port de Brouage. Dès le commencement de cette année, ils firent dessein de fermer ce port par une palissade de vaisseaux enfoncés, mais en furent par deux fois empêchés par la vigilance du sieur de Saint-Luc, qui y fut courageusement servi par Le Chalard, qui commandoit le vaisseau de l'amirauté de Guienne. Néanmoins les vaisseaux du Roi n'osoient sortir, et la mer étoit libre aux Rochelois. Le Roi, pour les mettre à la raison, fut contraint d'assembler une grande armée, composée de vingt-deux vaisseaux qu'il fit armer en diligence à Saint-Malo, des deux vaisseaux qui restoient de M. de Nevers, d'un vaisseau de la religion de Malte, qui étoit de huit cents tonneaux, d'un grand galion qui étoit à M. de Guise, et de quatre autres grands vaisseaux de Marseille, le moindre desquels étoit de trois cents tonneaux ; de huit vaisseaux de la côte de Guienne, et de huit qui restoient dans le port de Brouage, avec dix de ses galères, qu'il fit venir de Marseille. Le général de l'armée étoit M. de Guise, et M. de Saint-Luc vice-amiral.

Le rendez-vous fut au Port-Louis en Bretagne, où ils se joignirent tous sur la fin de septembre ; mais pour l'incommodité du port, duquel on ne peut pas sortir de tous vents, il ne leur fut pas possible d'en partir devant le 19 octobre, et vinrent le 27 en vue de l'armée rocheloise, composée de septante vaisseaux, qui étoient à l'ancre à la rade de l'île de Ré, au-dessous de Saint-Martin. Ils avoient plus grand nombre de vaisseaux que le Roi, mais ils n'étoient pas si grands ni si bien équipés ; aussi se tenoient-ils sur la défensive, et M. de Guise fut contraint de les attaquer ; ce qu'il fit avec désavantage du vent et de la marée. Ils vinrent avec cet avantage à la rencontre courageusement, et fondirent sur l'avant-garde de l'armée royale, commandée par M. de Saint-Luc, et la malmenoient, si M. de Guise avec son amiral, qui étoit le grand vaisseau de Malte, ne l'eût été secourir seul, ne pouvant être suivi du reste des vaisseaux du corps de sa bataille, pource qu'ils étoient trop au-dessous du vent, et de lui et des Rochelois, lesquels, dès qu'ils le virent, abandonnèrent l'avant-garde, et vinrent fondre sur lui, conduisant devant eux deux brûlots enchaînés l'un à l'autre, pour leur faire embrasser le corps de son galion et l'embraser.

Rien ne les put empêcher qu'ils n'attachassent avec des grappins lesdits brûlots aux hauts bancs de son mât, qui incontinent furent tout en feu et le mirent audit galion. Le duc de Guise s'y comporta courageusement, refusa de se sauver dans sa chaloupe comme on lui conseilloit, et fit détacher lesdits grappins ; mais les brûlots ne laissèrent pas de mettre le feu en sa galerie et dans la chambre des pilotes, et l'eussent consumé, si deux coups de canon qu'il fit tirer à fleur d'eau n'eussent si à propos donné dans les brûlots, qu'ils les écartèrent un peu de son vaisseau, et lui donnèrent loisir d'éteindre le feu qu'ils y avoient mis.

Le combat fut rude; l'avantage en demeura au Roi; les Rochelois se retirèrent en divers endroits, avec perte de plusieurs de leurs vaisseaux et hommes. L'amiral étant demeuré seul, et ayant allumé trois fanaux, quelques-uns de ses vaisseaux s'y joignirent dès la nuit, les autres le lendemain. Les Rochelois se retirant, ils les suivirent; en cette poursuite ils perdirent La Vierge, qui étoit le plus beau vaisseau de M. de Nevers, qu'ils avoient pris l'année précédente sur le Roi. Quelques-uns de leurs vaisseaux s'étant retirés en l'île de Loye, on les y poursuivit encore; mais ils mandèrent à M. de Guise qu'ils avoient nouvelles de la paix que le Roi leur avoit donnée, laquelle ils recevoient, et supplioit ledit duc de Guise de les en faire jouir.

Quant à l'armée de terre que le Roi avoit laissée sous la conduite de M. le comte de Soissons, elle fit ce bien, qu'elle mit en défense le Fort-Louis, qui leur fut les années suivantes une bride pour les retenir en quelque devoir. Un ingénieur italien, nommé Pompée Targon, entreprit d'y faire une chaîne pour boucher le canal et empêcher l'entrée et la sortie des vaisseaux; mais ce fut une invention qui ne réussit qu'en papier, et dont la fureur de la mer, qui en ces lieux-là est très-grande, ne peut pas souffrir l'exécution (1).

Le Roi ayant reçu ces bonnes nouvelles à Arles, en partit le 2 novembre avec contentement, passant en Dauphiné pour donner ordre au gouvernement de cette province. Je le vins remercier à Tarascon de l'honneur qu'il m'avoit fait de me nommer à cette dignité, et l'assurer que, comme elle étoit au-delà de mes espérances et de mes mérites, aussi les ressentimens de l'obligation que je lui en avois étoient au-dessus de mes paroles.

Le Roi me dit que si le connétable eût vécu je ne l'eusse jamais été; que s'il écrivoit une lettre de recommandation en ma faveur il en écrivoit quatre pour m'en éloigner; mais que cela ne se faisoit plus de son temps. A quoi je répliquai que je tenois à autant de bonheur de ne l'avoir pas été du temps de M. de Luynes, que je tenois à gloire de l'être maintenant. Il n'y eut que M. de Puisieux à qui un témoignage si glorieux ne plut pas beaucoup; lui et son père (2) n'en pouvoient souffrir les justes louanges, non tant pour la haine du vieux temps comme par la jalousie qu'ils avoient du présent.

J'ai eu ce malheur, que ceux qui ont pu beaucoup dans l'Etat m'en ont toujours voulu, non pour aucun mal que je leur eusse fait, mais pour le bien qu'on croyoit être en moi. Ce n'est pas d'aujourd'hui que la vertu nuit à la fortune et les bonnes qualités tiennent lieu de crimes. On a remarqué de tout temps que, sous de foibles ministres, la trop grande réputation est aussi dangereuse que la mauvaise, et que les hommes illustres ont été en pire condition que les coupables; mais, dans mon affliction, j'ai eu ce bonheur, que si mes ennemis m'ont ôté quelquefois les bonnes grâces de mon maître, ils n'ont jamais pu faire qu'il ne m'eût en estime. Déageant même a confessé que toutes les fois qu'il avoit été besoin de me mettre en bonne intelligence avec le Roi, il avoit trouvé de la facilité en son esprit, et qu'il disoit souvent que je ne trahirois jamais la Reine sa mère, mais que je ne ferois rien contre son service, et qu'il se souvenoit qu'étant secrétaire d'Etat, il m'avoit commandé certaines choses que j'avois fidèlement exécutées.

Il partit de Tarascon le 16 novembre, et alla à Avignon, où le duc de Savoie le vint voir; de là passant à Valence et à Grenoble, arriva à Lyon le 6 décembre, où les Reines allèrent au devant de lui, et, peu de jours après, le prince et la princesse de Piémont le vinrent voir. Il fit de grandes caresses à la Reine sa mère, vécut avec elle avec familiarité, lui témoigna confiance, s'ouvrit à elle des desseins qu'il avoit reconnus en M. le prince, comme il buttoit à sa couronne, tous les mauvais offices qu'il lui avoit rendus et pour l'éloigner de sa personne et de sa bienveillance; qu'il n'avoit rien oublié pour faire qu'elle demeurât à Paris au commencement du voyage, et ensuite pour faire croire que sa maladie étoit feinte, qu'elle ne vouloit pas s'éloigner de Monsieur, qu'elle avoit intelligence avec les huguenots; que, lorsqu'il la voyoit entrer en son cabinet, il lui avoit dit plusieurs fois qu'il demeureroit désormais à la porte, afin que si elle entreprenoit contre sa personne il fût en état de le secourir; que depuis qu'il étoit en Italie il ne s'étoit occupé qu'à décrier son gouvernement, qu'à mépriser sa personne et divulguer sa mauvaise santé.

La Reine lui témoigna se ressentir très-obligée de la franchise avec laquelle il lui parloit; que, s'il veut qu'elle lui parle librement, elle tâchera d'établir un secret avec lui; lui disant que M. le prince avoit tout su ce qu'elle lui avoit dit autrefois, par voies qui lui sont inconnues (3); qu'elle ne s'étonnoit pas des artifices de M. le prince,

---

(1) Ceci a été certainement écrit avant le siége de la Rochelle en 1628.

(2) Le chancelier.

(3) Après ce que le roi venait de dire, on peut deviner de qui était l'indiscrétion.

mais bien de ce que le Roi n'avoit pas laissé d'avoir quelque créance en lui; qu'il falloit juger des sentimens des personnes, non par leurs paroles, mais par leurs véritables intérêts; comme les siens étoient dans sa conservation, ceux de M. le prince, dans sa ruine; que sa grandeur dépendoit de sa vie, celle de M. le prince de sa mort; en un mot, qu'une Reine-mère n'est rien que par la grandeur de son fils, sans la perte duquel un premier prince ne peut rien être; qu'il lui suffisoit maintenant qu'il connût son dessein; que, pour elle, elle lui rendroit toujours le bien pour le mal, pourvu que sa mauvaise volonté ne pût avoir effet que contre elle et non pas contre lui; qu'elle avoit su, en énigme, la plupart des choses qu'il lui avoit plu lui dire des mauvais offices qu'il lui rendoit, mais que maintenant elle les savoit certainement par sa bouche; que le connétable, Rucelaï et lui s'étoient proposé sa perte pour fin; que Dieu ayant appelé les deux premiers, elle avoit lieu d'espérer qu'il toucheroit le cœur du troisième; que les bruits qu'il faisoit courir en Italie étoient très-dangereux; que le plus sûr moyen de lui ôter ses espérances étoit d'avoir des enfans, qui assureroient sa personne et son État; en un mot, que ledit sieur prince, ayant essayé de décrier ses affaires et faire que le mal retombât sur lui, il devoit avoir une fin contraire, qui étoit de lui imputer le succès qui n'étoit arrivé que par ses précipitations.

Elle prit, sur ce sujet, occasion de lui parler de quelque mauvaise satisfaction qu'on lui avoit voulu donner de la Reine sa femme; louant avec dextérité l'intelligence qui étoit entre M. et madame de Piémont qui les étoient venus voir, afin de le convier par cet exemple à n'écouter pas ceux qui voudroient diviser ce que Dieu vouloit être conjoint d'affection comme de lien.

Elle prit occasion de lui parler d'affaires, et le pria de penser sérieusement à l'usurpation que le roi d'Espagne faisoit sur les Grisons en la Valteline, et combien il lui étoit important d'empêcher qu'il se rendît maître absolu de l'Italie. Les catholiques de la Valteline, sujets aux Grisons, avoient mis à mort, l'an 1620, tous les protestans, tant étrangers que du pays, et ce par les pratiques d'Espagne, en suite d'une alliance qu'en 1617 don Pedro de Tolède contracta, au nom du roi d'Espagne, comme duc de Milan, avec les Grisons. Le massacre fut suivi de grands troubles entre les Grisons et les Valtelins, les derniers desquels appelèrent à leur secours le gouverneur de Milan, qui leur envoya des troupes et se saisit de leurs passages. Le Roi en fit plainte au roi d'Espagne par ses ambassadeurs, et enfin envoya le sieur de Bassompierre, en mars 1621,

extraordinaire à Madrid, pour moyenner que les choses fussent remises en leur entier. Il fit un traité en avril qui fut agréé par Sa Majesté, et auquel le duc de Feria, qui lors étoit à Milan, promit obéir. Néanmoins il resta sans effet; les uns prétendant que les Grisons, les autres que les Valtelins y avoient contrevenu. Léopold (1) prit ce temps et surprit les Engadines, mit garnison en plusieurs lieux, et obligea les Grisons à recourir au gouverneur de Milan qui passa un traité avec eux le 29 janvier de la présente année; nonobstant lequel les Grisons, qui ne s'y étoient soumis que par force, eurent recours au Roi, et lui envoyèrent des ambassadeurs pour requérir son assistance, et, s'aidant aussi eux-mêmes, ils se soulevèrent et chassèrent les Léopold et les Espagnols de leurs terres, excepté de la Valteline. Mais ce bon succès ne dura pas long-temps en son entier: aucuns des Grisons, partisans d'Espagne, firent nouvelles séditions, tant qu'enfin ils furent contraints de s'assembler à Lindau, où, pour pacifier tous les différends, ils firent un nouveau traité, par lequel la plupart des députés accordèrent la distraction de presque toute la ligue des Dix-Droitures en faveur du comté de Tyrol, et plusieurs autres choses ruineuses à cet État, auxquelles un petit nombre de députés ne se voulurent pas accorder.

Les choses étant en tel état, les uns conseilloient au Roi de négliger entièrement cette affaire, les autres le portoient à entreprendre la guerre contre l'Espagne. La Reine prit le milieu, n'estimant pas qu'il fallût aller si vite que d'agresser ouvertement un si puissant ennemi, ni aussi l'appréhender de telle sorte que laisser aller les intérêts de l'État pour cette crainte. Elle estime qu'il falloit continuer le traité qu'on avoit commencé sur cette affaire, témoigner aux Espagnols qu'on désire avec passion de continuer la bonne intelligence qui dès long-temps avoit été entre ces deux couronnes, leur représenter le tort qu'ils avoient d'entreprendre sur nos alliés, et, au même temps qu'on useroit de cette procédure civile, leur déclarer qu'on est résolu de ne le pas souffrir. Laisser, pour montrer qu'on y pense fortement, dix mille hommes effectifs sur la frontière d'Italie, dans la Bourgogne, le bailliage de Bugey et Veromey; ce qui n'apportoit pas de nouvelle dépense au Roi, vu qu'on étoit obligé d'y entretenir des gens de guerre, pour obliger les huguenots du Languedoc et du Dauphiné à l'exécution de la paix; en mettre autant en garnison en toute la Picardie sur la frontière de Flandre. Que, par ce moyen, les Espagnols, voyant les

(1) D'Autriche, souverain du Tyrol.

préparatifs et entendant parler civilement, en appréhenderoient plutôt des effets désavantageux pour eux que par des menaces; que par là le Roi ne s'engageoit à rien, lui restant toujours en sa liberté de prendre quelle résolution il voudroit sur leurs réponses; au lieu que si on les menaçoit ouvertement et qu'on ne fît rien, ils auroient les paroles du Roi et ses forces en grand mépris. Elle jugea aussi nécessaire de renouveler les alliances de Hollande, les secourir sur les exemples du feu Roi, troubler le mariage d'Espagne et d'Angleterre, comme très-préjudiciable à cet État; faire une union avec les princes d'Italie, desquels il falloit espérer plus d'effets quand on en seroit aux mains que de promesses, d'autant que tous craignoient d'acquérir l'indignation d'Espagne sans se voir en état de leur faire mal, et qu'ils avoient peu de sujet de se fier en nos paroles, sur le mépris que nous avons fait jusqu'ici de nos alliances.

Tous ces conseils furent bien reçus, mais peu ou point suivis. La vieillesse des ministres étoit si grande, que, appréhendant la longueur des voyages où tels desseins pourroient les embarquer, ils donnèrent des conseils conformes à la foiblesse de leur âge. Comme la chose est grandement importante, la Reine ne désiste pas de sa poursuite; elle représente au Roi continuellement qu'étant le premier roi quant à la dignité, il doit empêcher que le roi d'Espagne ne le soit quant à la puissance, la crainte faisant plus considérer les rois que l'amour; que s'il temporise davantage, les Espagnols n'auront plus rien à redouter que leur propre force, qui n'est jamais à son période qu'elle n'excite la haine et l'envie de tous ses voisins. Mais toutes ces raisons profitent de fort peu; les ministres pensent à leurs affaires et non pas à celles du Roi, qui, sans rien résoudre, partit de Lyon vers la fin de décembre, et s'achemina à Paris, où son peuple l'attendoit avec un extrême désir.

En cette année, Antonio de Dominis, qui avoit été long-temps jésuite, puis les avoit quittés, de là avoit été fait évêque de Seigna, puis archevêque de Spalatro, et enfin avoit abandonné et son archevêché et la religion catholique, et étoit passé en Angleterre, où il composa le livre hérétique de *la République chrétienne* et plusieurs autres de semblable farine; se repentant enfin de tant de crimes, se dédit publiquement en Angleterre, en pleine chaire, de tout ce qu'il avoit écrit et prêché contre l'Église et le Pape, et se retira à Rome où il abjura ses hérésies, et en fit imprimer, le 24 novembre, une ample déclaration, afin que, comme ses erreurs avoient été publiées, sa repentance le fût aussi.

LIVRE XIV (1623).

Le Roi envoie des commissaires dans toutes les provinces pour rétablir l'exercice de la religion catholique. — Les Rochelois font de vaines instances pour la démolition du fort Louis. — Le chancelier Sillery et son fils de Puisieux entreprennent de faire éloigner du ministère M. de Schomberg. — Il est congédié; se bat en duel avec le comte de Candale. — Le chancelier obtient les sceaux par le crédit de la Reine-mère. — Le duc de Rohan reçoit ordre de se retirer de Montpellier. — Déclaration du Roi qui défend aux huguenots de tenir aucune assemblée. — Conduite du chancelier et de son fils envers la Reine-mère. — Ils essaient de brouiller le Roi et la Reine. — La Reine-mère s'offre de parler à la Reine sur la légèreté qu'elle met dans quelques-unes de ses actions. — Elle réconcilie les deux époux. — Le Roi envoie assurer M. le prince, de retour d'Italie, de sa bonne volonté et du désir qu'il a de le voir. — D'après les avis de la Reine-mère, le Roi se décide à ne point rompre le projet de mariage de Monsieur, mais d'en différer l'exécution. — Comment elle empêche l'entrée au conseil du prince de Joinville et de Bassompierre. — Le prince de Galles passe *incognito* en France pour se rendre en Espagne, afin d'accélérer son mariage avec l'Infante. — Remontrances de la Reine-mère au Roi à cette occasion. — Intrigues des ministres auprès d'elle. — Mort du président Jeannin; son caractère. — Mort du duc de Bouillon; son ambition, son esprit turbulent. — Remontrances du parlement. — La Reine-mère est accusée d'avoir sollicité le gouvernement de Saumur. — Sa conduite dans cette affaire; le Roi lui donne pleine satisfaction. — Elle se charge de nouveau de parler à la Reine sur sa conduite. — Nouvelles intrigues des ministres. — La Reine-mère projette d'aller aux eaux de Pougues; raisons qui l'y font renoncer. — Elle se rend à Monceaux où le Roi va la visiter, puis la Reine. — Madame de Chevreuse est éloignée de la cour. — La Reine-mère se justifie d'être la cause de cet éloignement. — Ses avis au Roi sur la formation d'un conseil que lui proposent les ministres, et sur l'offre du roi d'Espagne d'assister Louis XIII d'une armée navale pour prendre La Rochelle. — Intrigue de Puisieux découverte. — Les habitans de Montpellier obtiennent la construction d'une citadelle. — Mort du pape Grégoire XV; son caractère. — Mort de du Plessis-Mornay; son portrait. — Confrérie de *los Alumbrados*. — Les Roses-Croix et les Invisibles.

[1623] Le Roi étant arrivé à Paris de son voyage de Languedoc le 10 de janvier, désirant affermir la paix en son royaume, envoya promptement des commissaires par toutes les provinces pour rétablir l'exercice de la religion catholique, où il avoit été discontinué par les troubles, et faire jouir aussi ses sujets de la religion prétendue du privilége de ses édits, afin qu'il n'y eût ni véritable ni supposé sujet de plainte d'aucune part.

Les Rochelois cependant faisoient de grandes instances au sieur Arnauld, que le Roi avoit laissé gouverneur du Fort-Louis, qu'il le fît démolir, suivant ce qui avoit été promis par le traité de paix dont ils lui envoyèrent la copie. A quoi il fit des réponses pour gagner temps, et cependant travailloit sans cesse pour se mettre en état de ne pouvoir être forcé. Ils saisirent une de ses barques pleine de deux mille pieux qu'il avoit fait faire pour se clore et fortifier ; mais, dans huit jours, il eut tant pris de prisonniers et de bestiaux sur eux, qu'il les contraignit de la lui rendre. Enfin les commissaires étant arrivés à La Rochelle, ils leur firent de grandes plaintes de son refus, auxquelles il répondit qu'il étoit bien raisonnable qu'ils s'acquittassent les premiers de ce à quoi ils étoient obligés, et rendissent les vaisseaux de M. de Nevers qu'ils tenoient encore ; rappelassent les prêtres qu'ils avoient chassés ; ôtassent de dessus leurs murailles les têtes de ceux qu'ils avoient fait exécuter pour être serviteurs du Roi ; cessassent de faire un si grand amas de poudre et de toutes munitions de guerre qu'ils faisoient venir de Hollande, et de blés qu'ils amassoient dans tout le Poitou : et lors, qu'il cesseroit aussi de se fortifier. Ils envoyèrent les uns et les autres vers le Roi, et enfin le courage d'Arnauld prévalut à la foiblesse des ministres, qui de prime abord lui avoient mandé qu'il fît démolir cette place.

Leur esprit étoit moins attentif au bien de l'Etat et du service du Roi qu'à la manutention de leur grandeur, et ils ne pensoient pas tant à réprimer les Rochelois qu'à s'entrechasser du conseil. Le chancelier et M. de Puisieux entreprennent de faire éloigner M. de Schomberg. On dit au Roi qu'il tenoit le parti de M. le prince contre lui-même, qu'il a malversé aux finances, que toutes les dépenses procédoient de son mauvais ménage ou de son ignorance en cette charge. On lui promet que, la cause ôtée, l'effet cesseroit ; qu'on remettroit même par le bon ordre qu'on y établiroit ce qu'il avoit gâté par sa mauvaise conduite. De savoir la vérité de ce qui lui étoit imposé, il est difficile ; mais il est vrai qu'on n'a rien vu qui doive faire croire qu'il n'en soit sorti les mains nettes. Il faut être aveuglé de passion ou d'ignorance en ce sujet pour le dire autrement.

Le Roi, ayant cette résolution, vint à la chambre de la Reine avec le chancelier et Puisieux, lui en donner avis, lui parlant de ce personnage comme clairement convaincu de crime. Elle connoît assez que c'étoit un artifice du chancelier, qui vouloit faire cette action odieuse à son ombre ; mais elle estima qu'il n'en falloit rien témoigner, de peur qu'ils ne persuadassent au Roi qu'elle ne se vouloit point mêler de ses affaires. Il fut donc arrêté qu'il seroit licencié, et que Tronçon lui porteroit son billet. Ce congé donné, le Roi croyoit revoir un âge d'or ; mais incontinent les mêmes désordres s'aperçurent. Le chancelier se délibère de ne point faire de surintendant des finances, mais faire une direction nouvelle pour l'administration d'icelles, à laquelle il présideroit.

Le sieur de Schomberg fut d'autant plus surpris dans cet accident, que le chancelier et le sieur de Puisieux faisoient profession d'une particulière amitié avec lui ; et le matin du jour que Tronçon lui porta le billet de son congé, il avoit reçu un message de la part dudit chancelier, par lequel il lui envoyoit demander de ses nouvelles, et comme il avoit passé la nuit. Il obéit néanmoins à l'heure même au commandement du Roi, et se retira à Nanteuil, d'où il écrivit à Sa Majesté que, considérant la fidélité avec laquelle il l'avoit servie et le bon succès que Dieu avoit donné à ses travaux, il ne pouvoit comprendre comment il étoit possible que, par ces chemins qui doivent conduire aux bonnes grâces d'un maître, il fût tombé en sa disgrâce. Peu de jours après, le comte de Candale l'envoya appeler sur le sujet du gouvernement d'Angoulême, dont il avoit été pourvu par la démission du duc d'Epernon, que le Roi avoit fait gouverneur de Guienne ; en quoi le comte de Candale prétendit avoir été offensé, pource qu'il avoit la survivance dudit gouvernement. Le sieur de Schomberg se trouva au lieu assigné, et eut avantage en ce combat, le second du comte de Candale, qui l'étoit venu appeler, y ayant été tué.

Le bannissement de M. de Schomberg suivi de la mort du garde des sceaux de Caumartin, le chancelier regarde cette charge pour la réunir à la sienne. Il s'estimoit encore assez fort pour faire seul les affaires de l'Etat. Il semble, à son procédé, que les médecins l'aient assuré que l'huile de cire (1), bonne pour les nerfs, lui remettra les jambes. Le Roi est informé de toutes parts que les prétentions de ce personnage étoient grandes, mais qu'elles ne seroient pas utiles à son service ; de façon que le chancelier ni son fils ne trouvent pas la facilité qu'il s'étoient promise en l'accomplissement de ce dessein.

La cause principale de cet empêchement fut le sieur de La Vieuville, qui, ayant fort aidé à la ruine de Schomberg par beaucoup de faux avis qu'il avoit donnés au Roi de longue main, désiroit avoir l'administration des finances, où voyant que le chancelier lui étoit contraire, il agit contre lui ; de sorte que le Roi se trouve fort aliéné de lui rendre les sceaux. Le chancelier et Puisieux, qui ont toujours fait profession de se servir de la Reine sans la servir jamais, la prièrent de parler en leur faveur, avec promesse de rendre les sceaux au moindre commandement, comme s'ils n'en eussent voulu que l'honneur et non pas l'exercice. La Reine en parle deux fois au Roi, la première sans effet ; à la deuxième

(1) Nouvelle plaisanterie sur les fonctions de chancelier, scellant les actes de l'État.

elle a de bonnes paroles; mais en effet parce que La Vieuville ayant dit ouvertement au chancelier que, s'il l'empêchoit d'entrer dans les finances, il l'empêcheroit d'avoir les sceaux, ils s'étoient accordés de se favoriser en leurs prétentions, à une condition néanmoins que le chancelier désira de La Vieuville, qu'il n'auroit point de séance au conseil, et qu'il ne se mêleroit que des finances.

Cet établissement étant fait, chacun attend ce siècle heureux qui avoit été promis. Beaucoup désespèrent, considérant ces personnes; mais ceux qui savent que Dieu fait les choses les plus grandes par les moindres, et que les rois en sont les vives images, se consolent en cette attente. On s'aperçoit incontinent que les affaires vont en un aussi grand désordre que jamais : chacun en murmure; les compagnies souveraines et réglées ne sont pas satisfaites; on les dépeint dans un livre satirique de leurs véritables couleurs. On en parle au Roi aussi librement qu'on en écrit; la réputation de ces désordres les augmente, en donnant espérance aux ennemis du Roi de pouvoir exécuter leurs mauvais desseins. La religion catholique, quoi qu'on fasse, ne se rétablit point à La Rochelle; on va lâchement à la démolition des nouvelles fortifications des villes huguenottes; les habitans mêmes de Montpellier, qui n'ont pas accoutumé d'avoir d'autres lois que leur volonté, ni être forcés à se tenir dans le devoir de la justice, sont las de la garnison qui les y oblige, cherchent et croient voir jour et occasion de s'en délivrer; ils sollicitent, à cet effet, le duc de Rohan de venir dans leur ville vers la fin de février, qui étoit le temps de la création de leurs conseils. M. de Valençai, qui est gouverneur de la place, l'envoya prier de s'en absenter; à quoi ledit duc de Rohan n'ayant voulu déférer, mais y étant venu, il s'assura de sa personne. Le Roi en est incontinent averti de la part de l'un et de l'autre; mais, pour ne rien émouvoir, il commanda au sieur de Valençai de le relâcher, avec ordre audit duc de Rohan de se retirer, et ne retourner plus en ladite ville sans le commandement ou permission de Sa Majesté. Incontinent, pource que les huguenots en leurs assemblées concernant les réglemens de leur discipline, se licencioient d'y traiter des affaires politiques, au préjudice du repos de l'Etat, Sa Majesté fit une déclaration, le 17 d'avril, par laquelle elle défendoit qu'à l'avenir ceux de la religion prétendue réformée fissent aucune assemblée, sans qu'au préalable Sa Majesté eût commis quelqu'un de ladite religion pour y assister de sa part.

Cependant le chancelier et Puisieux, qui se gouvernoient à la cour selon leurs passions, ne faisoient les affaires du Roi que par accident, et avoient les leurs pour but principal; sachant qu'un chacun s'en apercevoit et en faisoit plainte, craignirent qu'on en donnât avis à Sa Majesté et eurent recours à la Reine, la suppliant de témoigner au Roi que ceux qui faisoient le mieux, sont le plus souvent sujets aux calomnies; qu'il ne faut pas s'étonner s'il y a licence d'écrire où il y a liberté de faire mal. La Reine satisfait à leurs prières en la présence du fils (1), qui, nonobstant ces bons effets, ne laisse pas de mettre une barre entre le fils (2) et la mère, et lui donner l'endosse des mauvaises affaires en la privant de la communication des bonnes. Jamais les Brulards (3) n'ont eu affliction qu'ils n'aient eu recours à elle par des personnes interposées; mais ils n'étoient pas sitôt délivrés d'appréhension, qu'ils ne la connoissoient plus. Voire, afin que ces offices qu'elle leur rendoit ne fussent pas suspects au Roi, ils lui en rendoient en même temps de très-mauvais pour donner lieu à Sa Majesté de croire que si elle disoit du bien d'eux, c'étoit la force de la vérité qui l'y contraignoit. Connoissant que Luynes, qui n'a jamais eu autre but que de la ruiner dans l'esprit du Roi, y avoit si heureusement travaillé qu'il demeuroit toujours quelque grain de cette ivraie aisée à rafraîchir et à faire pulluler de nouveau, leur principale conduite fut toujours de faire croire à Sa Majesté, non par les services qu'ils lui rendent, mais en desservant sa mère, qu'ils étoient entièrement à lui. Le Roi souvent l'en avertit par sa bonté; plus souvent La Vieuville, qui avoit quelque part en leurs secrets, mais grande jalousie de leur puissance. La Reine, désireuse de vivre en quelque repos, les pria de vivre avec elle avec plus de franchise, leur représentant qu'ils avoient pu voir que quand il leur arrivoit quelque affliction, elle les considéroit plus qu'en prospérité; qu'elle n'alloit pas si vite que M. le prince, mais qu'elle étoit plus fidèle; qu'ils avoient un avantage, qui étoit qu'elle ne pouvoit désirer leur amitié que pour le bien du service du Roi, ses intérêts ne pouvant être autres que les siens, où toute autre liaison pouvoit être suspecte, comme ayant des fins différentes. Ils reçurent ces complimens avec grande civilité et protestations de services; mais elle ne tarda pas beaucoup à voir des effets contraires à leurs promesses.

On fait naître au Roi une grande appréhension de quelques brigues entre les grands; on donne à la Reine, selon son bonheur accoutumé,

---

(1) Puisieux.
(2) Le roi.
(3) Nom de famille du chancelier de Sillery et de Puisieux son fils.

la meilleure part en ce dessein. Le Roi en parle à M. de Montmorency pour découvrir les associés par son moyen; il reconnoît la vérité de l'imposture. Elle se plaint au Roi, civilement, de ceux qui usent de ces artifices pour la mettre mal avec lui, et le remercie de n'en avoir rien cru. Elle savoit que le chancelier et Puisieux en étoient les auteurs; néanmoins elle le voulut dissimuler pour des considérations du temps.

Mais il ne leur suffit pas de séparer le fils d'avec la mère, ils essaient de jeter le divorce dans le mariage. On donne au Roi de mauvaises impressions de sa femme. Il vient un matin, avec un visage tout interdit, éveiller la Reine sa mère, pour lui conter ses douleurs. La Reine (1), ne sachant d'où pouvoit venir cette nouvelle, ni quel en étoit le fondement, se tient en état de dissiper la croyance que le Roi en avoit, et lui représenter que, s'il y avoit quelque chose qui lui déplût en ses actions, c'étoit plutôt facilité que malice, un défaut qu'un crime. Le lendemain il lui parle encore (2) de la même affaire, et témoigne l'avoir à cœur, jusque-là qu'il déclara en vouloir faire parler à sa femme par sa première femme de chambre. La Reine-mère, le voyant ému, le pria de ne la point communiquer à personne, que peut-être ne la tiendroit-on point secrète, et qu'elle aimoit mieux se charger elle-même d'en dire ses sentimens. Le Roi en témoigna une joie extraordinaire, et confessa que tout ce qu'il avoit fait étoit pour la porter d'elle-même à s'offrir de lui faire cet office. Elle le pria, sur cet avis, de prendre garde que ce ne fût un dessein de l'empêcher d'avoir des enfans; ce qui étoit entièrement nécessaire, et pour la sûreté de sa personne, et pour la sûreté de ses Etats. Elle parle, selon sa commission, à la Reine sa fille, qui la remercie de ses avis, et lui promet de régler ses actions sur ses conseils. Elle les fait parler tous deux ensemble; l'affaire se termine heureusement et au gré des parties. Elle leur témoigne à tous deux qu'elle ne souhaite rien plus infiniment que de voir leurs cœurs aussi étroitement unis que leurs personnes.

Sur ces entrefaites M. le prince arrive d'Italie. Le chancelier et Puisieux entreprennent de le faire venir en cour; lui écrivent, sous main, qu'ils le désirent, et pour l'amour qu'ils lui portent, et de crainte que la Reine ne prenne trop d'autorité dans les affaires, méditent sourdement une alliance secrète avec Bassompierre, et lui font espérer, sous prétexte de fortifier le Roi contre M. le prince, qu'ils le jetteront dans le conseil. Le Roi, à leurs poursuites, envoie l'assurer de ses bonnes volontés et du désir qu'il a de le voir. M. le prince écrit qu'il est prêt de venir en cour; mais, sous main, qu'il désire être éclairci de quatre choses : comme il sera payé de ses gratifications et pensions; pourquoi Schomberg a été chassé; si ce n'a pas été en sa considération, ou si c'est simplement pour n'entendre pas les finances; quelle place il tiendra au conseil; s'il peut faire amitié très-étroite avec le chancelier et Puisieux. On lui envoie le vieux Deshayes (3), gouverneur de Montargis, pour lui donner satisfaction en tout et partout, et l'assurer d'une étroite intelligence.

Comme la chose est sur le point d'être exécutée, arrive que madame de Guise poursuit le mariage de sa fille (4) avec Monsieur avec grande instance; elle en parle au Roi, à la Reine et aux ministres. Madame la comtesse de Soissons, informée de son dessein, s'y oppose de tout son pouvoir, tendant à deux fins : ou qu'à même temps celui de Madame (5) et de son fils s'achevât, ou que, ne se faisant point, ou lui donnât mademoiselle de Montpensier. Puisieux favorise madame de Guise, La Vieuville fait pour la comtesse de Soissons. La Reine, prévoyant que le dernier feroit divers efforts en cachette dans l'esprit du Roi, se résolut de lui représenter les raisons qui devoient empêcher le changement en cette affaire, où elle étoit savante pour en avoir ouï souvent parler au feu Roi : sachant que le Roi son père l'ayant fait, qui étoit un prince si sage et si judicieux, il n'y avoit point d'apparence de le rompre sans grande considération; que toutes les raisons pour lesquelles il l'avoit fait subsistoient (pour l'attacher en France par un mariage, et l'empêcher de prendre une alliance étrangère qui lui donnât moyen de troubler l'Etat, pour empêcher que M. le prince ne devînt trop puissant et trop riche); qu'il étoit à craindre que ceux qui sollicitoient cette rupture voulussent empêcher que sa maison n'eût point d'enfans, n'y en ayant plus pour lui, ni en Espagne, ni en Angleterre; qu'elle savoit bien qu'on avoit parlé de la fille de l'Empereur, ou de Florence, mais que cela lui confirmoit la même opinion, parce qu'elles étoient si jeunes, que de nécessité l'exécution en seroit remise à de longues années; que lui-même lui avoit dit que M. le prince avoit dessein à la couronne, avoit parlé en Italie de la courte vie qu'il s'imaginoit que lui et son frère devoient avoir; que cela l'obligeoit d'autant plus à lui en ôter l'espé-

(1) Femme du roi.
(2) A sa mère.

(3) De Courmenin.
(4) Mademoiselle de Montpensier.
(5) Henriette de France.

18.

rance par un mariage dont les fruits pussent être présens ; qu'elle ne lui conseilloit pas encore de marier son frère; que la première chose à laquelle il devoit penser, étoit d'avoir lui-même des enfans; que cela étant, il différeroit l'exécution du mariage de son frère au temps qu'il le jugeroit le plus convenable, vu que la couronne seroit assurée à sa maison et les ruines levées; mais que s'il n'en avoit bientôt, il étoit à propos qu'il le mariât, pour prévenir les inconvéniens qui étoient arrivés à Henri III, le parti de la ligue n'ayant pris fondement que pour le voir hors d'espérance d'avoir des enfans, et ainsi n'appréhender pas qu'ils pussent, après sa mort, venger les crimes qu'ils commettroient contre lui.

Le Roi écouta ce discours et en conçut la force, quoique le colonel (1), qui étoit gouverneur de Monsieur, eût été auparavant prévenu, jusques à ce point que de lui dire que la Reine n'affectionnoit point cette affaire que pour l'amour qu'elle portoit à Monsieur, qui seroit trop considérable s'il avoit des enfans; quoique M. de Vendôme lui eût dit que ce mariage mettoit sa vie en péril, vu que messieurs de Guise avoient bien déjà fait mourir un roi, et qu'étant alliés à Monsieur par mademoiselle de Montpensier, ils pouvoient jouer de pareilles tragédies.

La Reine n'ignoroit pas les artifices dont on avoit préoccupé son esprit. Elle avoit appris le premier par un des confidens du colonel, le deuxième par La Vieuville; mais elle aima mieux se mettre au hasard de quelque soupçon mal fondé, que de laisser perdre ceux à qui elle avoit donné la vie. Le lecteur jugera qu'en telles occasions il ne falloit pas un moindre courage que celui de la Reine, ni un moindre naturel que celui d'une mère passionnée, pour passer par-dessus des difficultés si épineuses. La Vieuville, qui poursuivoit cette affaire avec beaucoup d'ardeur et peu de raison, dit à la Reine que madame la comtesse entreprenoit cette rupture avec tant de violence, qu'elle avoit usé de menaces contre M. de Puisieux, s'il ne portoit le Roi à lui donner contentement. La Reine lui dit que, si cette raison avoit force, il seroit aisé à tout le monde de faire ses affaires, n'y ayant personne qui ne sût faire une bravade; mais que telle procédure étoit tellement préjudiciable à l'Etat, qu'elle diroit hardiment au Roi qu'il y va de sa dignité de ne le point souffrir; qu'elle aimoit grandement madame la comtesse et son fils, mais non point à l'égal de l'intérêt de ses enfans; qu'ainsi qu'elle seroit très-aise de les assister en leurs affaires particulières, ainsi elle protégeroit, en ce qu'elle pourroit, sous l'autorité du Roi, les ministres aux haines et envies qu'ils s'attireroient en donnant de bons conseils. Il arriva, de toutes ces contestations, que le Roi résolut de ne pas rompre le mariage de Monsieur, mais en différer l'exécution en un temps plus favorable.

Au même temps qu'on parloit du mariage de Monsieur et de mademoiselle de Montpensier, la Reine jugea, par la conférence qu'elle eut avec La Vieuville, que le chancelier avoit dessein de se fortifier de deux créatures dans le conseil et de s'unir avec les princes. On parloit de donner les galères à M. de Guise, mettre le prince de Joinville et Bassompierre au conseil, lui (2) donner le gouvernement de Picardie, rappeler M. le prince, marier sa fille avec le fils de M. de Guise : c'est-à-dire unir ensemble les gouvernemens de Berri, Bourbonnais, Auvergne, Dauphiné et Provence, et mettre ces personnes en état de se soutenir par leurs propres forces. Elle crut que ce lui seroit un crime de se taire dans une occasion importante; qu'elle doit trop au Roi et au public pour souffrir patiemment une chose qui leur est si contraire.

Les ministres avoient fait dessein de n'en parler au Roi qu'aux petites chasses, afin qu'elle ne pût interposer ses avis. Elle envoya Marillac lui dire que le bruit couroit qu'on se vouloit servir du temps qu'il étoit absent de Paris, pour le faire résoudre à mettre des personnes dans son conseil; que cette affaire étoit la plus importante qu'il feroit jamais, puisque du bon ou mauvais choix des conseils dépend le bien ou le mal de son État; qu'on étoit résolu de prendre expressément le temps de lui en parler, pour empêcher qu'étant auprès de lui elle ne lui dît ce qu'elle pensoit utile à son service; mais qu'elle ne s'est pu empêcher de lui représenter que s'il n'y met des gens qui soient en grande opinion dans le public, et dont la prudence et la force d'esprit soient reconnues, son gouvernement tournera dans un grand mépris; que jamais les affaires publiques ne furent en état plus difficile, ni n'ont été en plus grande nécessité ; de façon que si elles tombent entre les mains de personnes qui songent à faire les leurs, et non pas leurs charges, il lui sera malaisé de se relever de cette chute; que pour elle, elle n'a personne à lui nommer, mais que c'est à lui d'y bien penser, s'étant toujours aperçue que quand il se veut donner le loisir d'agir de lui-même, il n'y a rien à redire dans ses choix; qu'elle lui mande ceci en particulier; mais que, s'il le trouve bon, elle lui dira publiquement en son conseil à son

(1) D'Ornano.

(2) Probablement au dernier ; le prince de Joinville avoit l'Auvergne.

retour, afin qu'il prenne de là occasion de se défaire de ceux qui veulent arracher par importunité des emplois qui ne se doivent donner qu'avec jugement et au mérite.

Comme il fut arrivé, elle ajouta à ce que dessus qu'il lui avoit dit autrefois qu'il vouloit fortifier son conseil contre M. le prince; qu'elle avoit connu aux ministres un dessein tout contraire, de se lier entièrement avec lui et de jeter de ses confidens dans les affaires; qu'on les vouloit tous deux intimider des monopoles de M. le prince pour faciliter son retour, et lui faire du bien pour éviter le mal qu'il pourroit faire aux ministres; qu'on l'avoit priée de lui en faire l'ouverture, mais qu'elle en avoit refusé la commission, la jugeant préjudiciable à son service; qu'elle n'improuvoit pas la présence de M. le prince dans la cour, mais bien sa puissance dans les conseils. Le Roi lui avoua qu'on l'avoit sondé pour donner les sceaux à Bellièvre, fait de grands efforts pour jeter Bassompierre dans le conseil; que le prince de Joinville lui avoit été proposé de la part du connétable et de Bullion; qu'ils lui avoient voulu faire croire qu'elle vouloit tenir M. le prince éloigné, pour, sur les moindres mécontentemens, faire avec lui des factions dans l'État.

Un peu après on est étonné que le prince de Galles passe inconnu en France, allant en poste en Espagne pour accomplir le mariage projeté de lui et de l'infante. Le roi d'Angleterre, qui étoit prince ami de la paix, ne pouvoit souffrir avec son honneur de voir son beau-fils et sa fille dépossédés du Palatinat; et, ne voulant pas entreprendre de le remettre en sondit Etat par la force des armes, essaya d'y parvenir par l'alliance qu'il rechercha du roi d'Espagne, demandant l'infante en mariage pour son fils; et lui semblant que les affaires tiroient trop en longueur, et ses sujets, qui savoient que l'Empereur avoit, en janvier de l'année présente, déclaré le duc de Bavière électeur palatin, le sollicitant importunément de ne permettre pas que cet affront fût fait à l'Anglais, trouva bon que son fils partît à l'impourvu, et, passant inconnu par la France, allât demander lui-même celle qui lui pouvoit difficilement être refusée, étant recherchée avec tant d'amour. Il arriva à Paris au commencement de mars, vit danser le grand ballet de la Reine le 5, et, poursuivant son voyage, arriva à Madrid le 17, où, ayant été très-bien reçu, après y avoir demeuré quelques mois, et que le bref du Pape pour la dispense fut prêt d'être accordé à Rome, il retourna en Angleterre avec le mécontentement ordinaire que les rois rapportent de leurs entrevues, desquelles il n'arrive quasi jamais qu'ils partent aussi bons amis qu'ils étoient venus.

Le Roi fut si mal averti, qu'il n'eut point d'avis de son passage par la France qu'il ne fût déjà près des frontières d'Espagne. Chacun prit ce voyage diversement : les ministres en parlent comme d'une chose de nulle conséquence, plus propre à faire blâmer les entrepreneurs que leur en faire recevoir avantage en leurs affaires. La Reine prend son passage tout autrement, reçoit un déplaisir sanglant de voir que notre négligence et mauvaise conduite font perdre à la France l'occasion de se fortifier par ce mariage, et donnent lieu à l'Espagne de s'accroître à nos dépens. Elle remontre au Roi, comme on étoit investi de la puissance d'Espagne de tous côtés, que les affaires d'Allemagne nous étoient indifférentes, quoique la maison d'Autriche l'eût, par notre négligence, presque toute réduite à son obéissance; qu'on méprisoit la Valteline; qu'on mécontentoit les Suisses; qu'il étoit à craindre, si nous ne donnions aux Hollandais une véritable et prompte assistance, que le mariage d'Angleterre ne produisît de deux choses l'une pour l'Espagne, ou que le Roi d'Angleterre abandonnât les Etats pour rétablir son gendre, ou qu'il moyennât la trève entre le roi d'Espagne et les Etats qui s'y disposoient à sa prière, de peur d'être abandonnés de lui; ce qui se feroit d'autant plus aisément qu'ils ont peu de confiance en nous, et que, bien que l'humeur de ce prince ne leur en fît pas espérer grand support, ils ne laissent d'avoir quelque créance en lui, comme professant la religion en laquelle ils vivent; qu'on savoit bien que Spinola avoit envoyé plusieurs fois en Espagne donner avis qu'il feroit plus de progrès en trois mois en France qu'en dix ans en Hollande, et qu'il conseilloit la trève à ce dessein; qu'elle ne se pouvoit taire en affaires si pressées, et ce d'autant moins qu'elle avoit toujours vu le feu roi prendre des maximes contraires à celles qui se pratiquent maintenant, par lesquelles il sembloit que nous fussions aux gages d'Espagne pour procurer leur grandeur et avancer notre ruine.

Elle eût pu ajouter : là la source et l'origine d'où vient que les affaires vont bien en Espagne et mal en France; mais la connoissance qu'elle avoit que passer jusque-là lui eût nui et n'eût pas servi le Roi, vu le pouvoir qu'avoient ceux qui étoient auprès de lui, l'empêcha d'aller plus avant. Cette différence vient qu'en Espagne les ministres semblent n'avoir autre soin que d'avancer les affaires publiques, et ceux de France mettre les affaires du Roi sous les pieds, et les leurs seules devant les yeux; que ces conseils d'Espagne sont composés de nombre de personnes qui se contragnent, en s'éclairant les uns les autres, à bien faire, où ici les affaires sont entre les mains d'un ou deux de même intelligence, qui disposent de leurs charges avec aussi peu de résistance que du revenu de leurs maisons ; qu'en Espagne les services y sont soigneusement récompensés, au lieu qu'en France on les méprise souvent quand ils sont passés. Un vrai ministre ne doit penser qu'aux intérêts de son maître, mais le maître doit penser aux siens.

De tout ce que dessus il arriva qu'on se résolut de donner de l'argent aux Etats, ce qui avoit été interrompu depuis que la Reine étoit sortie des affaires.

Après lui avoir parlé du dehors, elle le pria de penser au dedans sérieusement et non par boutades ; exécuter les résolutions sans se contenter de les avoir prises ; amasser de l'argent, fortifier les frontières, régler les dépenses ; qu'elle consentoit d'elle-même la cassation de sa compagnie de chevau-légers, pour servir d'exemple à l'ordre et à la diminution de ses garnisons. Elle eût volontiers ajouté de former un bon conseil dont il se fût rendu le chef ; car, en effet, il ne l'étoit que par naissance et non par exercice. Les affaires étoient en tel désordre que les affaires dépendoient du père et du fils (1) ; le Roi s'adonnoit à la chasse, sembloit faire beaucoup quand il s'exemptoit des corvées du conseil ; rien ne s'y faisoit que par leur mouvement ; il n'y avoit point d'ordre à la fonction, point de gré à bien faire, point de stabilité en la condition, point de discernement au choix des personnes. Tout ce qu'ils font par dessein n'a pour but que leur profit ; s'ils font quelque bien au public, c'est par occasion et quand leurs avantages se rencontrent dans celui du royaume. On souffre des gens qui, faisant bien au public, s'en procurent beaucoup à eux-mêmes ; on tolère encore, quoiqu'à regret, des personnes qui, étant peu utiles à l'Etat, ne le sont pas beaucoup à leurs maisons ; mais ceux-là sont du tout insupportables qui ne s'agrandissent que par la perte de l'Etat, et qui ne trouvent leur accroissement que dans les confusions publiques.

Non-seulement personne n'a plus d'entrée dans les conseils que par leurs mains, mais ils ne veulent souffrir près du Roi que de leurs créatures, que personnes qui soient à leurs gages. Ils prient instamment la Reine de se joindre avec eux pour faire chasser le colonel (2), madame de La Valette (3) et Boneuil ; ils l'assurent que le colonel est son ennemi, et lui répondent de l'événement.

(1) Du chancelier et de son fils.
(2) D'Ornano.
(3) La marquise, fille naturelle de Henri IV.

Elle en a trop de preuves pour douter de la mauvaise volonté de ce personnage, mais trop de prudence pour se venger à l'avantage du chancelier et de son fils, dont elle étoit bien aise de contrebalancer la puissance par personnes qui leur fussent contraires. Elle leur témoigne qu'elle est comme certaine religieuse d'Athènes, qu'elle bénit et ne maudit jamais personne ; qu'elle sait servir ses amis, et ne veut point faire mal à ses ennemis.

Ils ont jalousie de Toiras (4) ; ils appréhendent qu'il ne s'avance dans l'esprit du Roi à leur préjudice ; ils disent à la Reine qu'il se pique de favori, la pressent d'en avertir le Roi comme d'une chose très-importante au bien de son service. Elle conseille le Roi, à leur prière, de faire du bien à ses serviteurs, mais de ne pas souffrir qu'ils se donnent la vanité d'être maîtres de son esprit ; que, comme il a trop bon jugement pour en donner l'effet, il y va aussi de sa réputation que personne n'en ait les apparences. A peine eut-elle ainsi parlé en leur faveur qu'ils en informent Toiras, qui impute à la Reine ce qu'elle avoit fait à leur persuasion, voulant profiter d'une faute qu'ils avoient malicieusement commise.

On peut dire néanmoins en leur louange, qu'ils avoient fait revenir l'âge d'or, n'y ayant rien de si difficile qui n'ait passé à la faveur de ce métal. Quelque rhétorique qu'eût le président de Chevry (5) pour se maintenir, on voulut voir le fond de sa bourse. La Vieuville ne peut entrer dans les finances qu'en promettant de s'accommoder avec le chevalier de Valençai (6) de la charge de capitaine des gardes à vil prix. M. de Brèves (7) ne leur eut pas sitôt offert une somme notable de deniers, qu'ils goûtèrent son rétablissement auprès de Monsieur, et voulurent entreprendre l'éloignement du colonel. L'évêque de Chartres (8) fut souvent chez La Houssaye, qui avoit été mis hors de sa charge d'intendant, avec M. de Schomberg, pour savoir ce qu'il lui donneroit pour parler en sa faveur. Pour rétablir Castille (9), on veut sa fille pour d'Estiac (10), 2,000 pistoles pour l'évêque de Chartres. Ce qui eût été fait sans que le bonhomme président Jeannin dit à Bullion que le chancelier et son fils étoient des méchans et des voleurs, qui lui vouloient faire acheter la liberté de son beau-fils par la perte de sa petite-fille.

(4) Jean de Saint-Bonnet.
(5) Ancien gouverneur de Monsieur.
(6) Intendant des finances.
(7) Beau-frère de Puisieux.
(8) Valançay.
(9) Gendre du président Jeannin ; il mourut le 31 octobre 1622. Le fait est donc de l'année précédente.
(10) Autre Valançay.

Ce bonhomme fut si touché de ce mauvais traitement, qu'il ne survécut à ce déplaisir que fort peu de jours.

On ne sauroit assez dire de ses louanges; mais il faut faire comme les cosmographes, qui dépeignent, dans leurs cartes, les régions tout entières par un seul trait de plume. Jamais il n'embrassa plus d'affaires qu'il n'en pouvoit expédier, ne ressemblant pas aux estomacs avides, qui, pour se charger de trop de viandes, ne les digèrent pas, et les rendent le plus souvent telles qu'ils les ont prises. Jamais il ne flatta son maître; s'est toujours plus étudié à servir qu'à plaire; ne mêla jamais ses intérêts parmi les affaires publiques. Ce prud'homme étoit digne d'un siècle moins corrompu que le nôtre, où sa vertu n'a pas été estimée selon son prix. Il fut le premier de sa maison, laquelle (s'il eût eu des enfans semblables à lui) il eût été glorieux à la France qu'elle n'eût jamais fini.

A même temps le duc de Bouillon, d'esprit bien dissemblable au président Jeannin, finit ses jours (1); la naissance duquel fut aussi préjudiciable à la France que celle de l'autre lui a apporté d'utilité. Ce fut un homme sans religion, et de plus d'extérieur et d'apparence que de réalité de foi; d'une ambition démesurée, factieux et inquiet, qui ne pouvoit vivre ni laisser vivre aucun en repos. Il étoit né et fut nourri catholique; mais, dès qu'il eut atteint l'âge auquel l'amour de la grandeur commence à poindre le courage, il changea de religion, pour avoir plus de matière de brouiller et de moyen de s'agrandir. Il n'y eut depuis aucun mouvement en cet Etat dont il ne fût la principale partie ou la cause par ses pernicieux conseils. Il servit aussi constamment le feu Roi auparavant qu'il fût venu à la couronne, et tandis qu'il eut la guerre contre le roi Henri III, comme il lui fut infidèle depuis qu'il fut parvenu à la royauté. En récompense de ses services, il lui fit épouser l'héritière de la principauté de Sedan, qui étant morte sans enfans, il ne laissa pas, par la volonté de Sa Majesté, de demeurer maître de cette place, au préjudice de messieurs de La Marck, auxquels elle appartenoit; ce que la nécessité que le Roi eut depuis de l'y assiéger, et les maux que du temps du Roi d'aujourd'hui il a faits en cet Etat, montrent que Dieu n'a pas eu agréable. Il étoit courageux, mais malheureux en ses combats, et si envieux de la gloire d'autrui, que, par pure jalousie, il laissa tailler en pièces l'amiral de Villars avec huit cents chevaux, ne le voulant point secourir, le devant et lui ayant promis de le faire; s'étant retiré à Sedan lorsque M. le prince fut mis à la Bastille, et n'ayant osé hasarder de plus venir à la cour, ne pouvant plus en personne assister à nos brouilleries, il en étoit le consultant; et enfin, n'ayant pu perdre l'Etat dans lequel il étoit né, qui, par le poids de sa grandeur et la bénédiction de Dieu, sortit heureusement de toutes les rébellions qu'il y avoit tramées, il perdit ses plus proches alliés, conseillant imprudemment au prince palatin d'entreprendre l'usurpation du royaume de Bohême, et se vantant vainement entre les siens que, tandis que le Roi faisoit en France des rois de la fève, il faisoit des rois effectifs en Allemagne. Mais cette entreprise étant toute réussie au contraire de son espérance, il mourut avec ce déplaisir d'avoir fait perdre son Etat à celui à qui il avoit conseillé de prendre celui d'autrui, et d'être connu de tout le monde pour un aussi infortuné conseiller que capitaine, dont la prudence étoit plus grande en paroles qu'en effets, et avoit plus de montre que de solidité.

Mais revenons d'où nous sommes partis. Le parlement, voyant que, sous l'administration des ministres, les affaires étoient dans un si honteux abaissement, crut être obligé, par le devoir de leurs charges, d'en dire leurs sentimens au Roi. Leurs députés arrivèrent à Fontainebleau le 3 mai, avec commission de représenter à Sa Majesté la misère du peuple, la mauvaise conduite de ceux qui avoient la meilleure part au gouvernement, le peu d'espérance de voir sa dignité relevée sous leur ministère, et l'intérêt qu'il avoit de retrancher plutôt ses dépenses que de les soutenir par l'oppression de ses peuples. Le Roi, par l'avis de son conseil, qui étoit accoutumé de se servir de son maître plutôt que de le servir, leur dit que leurs remontrances tendoient plutôt à desservir son gouvernement que le réformer; qu'elles étoient plutôt faites par faction que par zèle, et que ce n'étoit pas à eux de prendre connoissance des affaires de son Etat.

Nous lisons bien, à la vérité, dans nos histoires, que Charles IX, sur ce que le parlement ne vouloit pas reconnoître sa majorité, qu'il avoit fait faire au parlement de Normandie, y étant en personne, leur dit qu'il ne les prenoit pas pour ses tuteurs. Nous savons qu'un prince du sang s'étant plaint au parlement des désordres publics, le président de La Vacquerie dit qu'ils ne se mêloient que de rendre la justice aux particuliers. Nous savons qu'ayant parlé une fois au feu Roi avec trop de fermeté, il leur dit que ses prédécesseurs les craignoient et ne les aimoient pas; que pour lui il les aimoit et ne les craignoit pas. Mais quand ils se sont mêlés, non de com-

---

(1) Le 25 mars 1623.

battre les volontés des rois, mais de faire voir comme on abusoit de leur nom, non de recevoir des plaintes des particuliers contre les rois, mais de faire plainte au roi contre les particuliers, non-seulement ils n'ont jamais été repris de l'avoir fait, mais plutôt blâmés de ne l'avoir pas assez souvent entrepris.

Mais ce n'est pas merveille si ces messieurs se prévalent de l'autorité de leur maître contre sa justice. Ceux qui ont mauvaise cause tendent toujours aux fins de non recevoir; ils aiment mieux accrocher leur procès que l'éclaircir, récuser leurs juges que de se fier en leur droit.

La Reine prit un chemin tempéré; elle leur dit qu'elle s'assuroit que le Roi leur sauroit bon gré du zèle qu'ils avoient au bien de son royaume; mais qu'il étoit nécessaire qu'ils apportassent tout le soin qu'ils pourroient pour empêcher l'avantage qu'en voudroient prendre ceux qui n'avoient pas, comme eux, les intentions nettes. Le chancelier avoit conseillé au Roi d'aller passer la matinée dans la chambre de la Reine avec tout son conseil, pour faire mine de délibérer de la réponse qu'il lui avoit déjà donnée, et se décharger sur elle de ce dont il méritoit du blâme. Il y va dès le matin y attendre le Roi; mais la Reine s'étant trouvée mal la nuit, elle ne fut pas assez tôt éveillée pour lui donner ce contentement. Ils firent croire au Roi que c'étoit une maladie feinte pour leur donner à connoître qu'elle n'avoit point de part à ce conseil, et lui suscita une nouvelle et lourde querelle pour en tirer raison.

Comme elle vivoit à Fontainebleau en grande familiarité avec le Roi, elle est tout étonnée qu'un grand bruit s'épand par toute la cour qu'on lui a donné le gouvernement de Saumur: ce bruit la surprend d'autant plus qu'elle ne l'avoit jamais ni prétendu ni demandé; seulement avoit-elle supplié Sa Majesté, sur ce que plusieurs l'importunoient de ce gouvernement, de n'y mettre personne à son préjudice, le sieur du Plessis-Mornay ayant toujours contesté, quoique sans apparence, que cette place n'étoit pas dans l'étendue de l'Anjou. La nouvelle de cette gratification se rend si publique, que les ambassadeurs s'en réjouissent avec elle, comme d'une marque assurée que le Roi lui avoit donnée de sa confiance. Madame de Puisieux n'en parle comme d'une chose résolue; M. de Puisieux tint au sieur de Fossé le même langage pour en avertir la Reine. La Reine ne voyant pas, d'un côté, à quoi ces bruits pouvoient aboutir, et craignant, de l'autre, qu'on ne lui en rendît de mauvais offices auprès du Roi, comme si elle eût cherché quelque établissement dans l'Etat, elle en parle au Roi, lui témoigne qu'elle ne sait ni la source ni la fin de ces bruits, qu'elle ne pensoit pas au gouvernement de Saumur, mais seulement qu'il lui plût y pourvoir avec la réserve de ce qui lui appartenoit, à cause de l'Anjou; que son avis seroit qu'il fît raser cette place, ou qu'il mît un exempt pour la garder. Le Roi approuve cet avis, nomme à la Reine l'exempt des gardes qu'il y veut envoyer; plusieurs s'opposent à celui-là. Le capitaine des gardes qui est en quartier prétend que c'est à lui d'y nommer. Cette difficulté, vidée par l'autorité du Roi, qui persiste au choix qu'il en avoit fait, on en forme d'autres; on y veut envoyer un exempt gouverneur, avec une compagnie qui ne soit pas à lui. Il proteste ne pouvoir répondre de la place s'il n'a la liberté d'y pourvoir : sa demande est jugée raisonnable. Enfin, on fait difficulté sur la commission, savoir si on mettroit sous l'autorité de la Reine ou non. La Reine témoigne n'affectionner rien en cela de nouveau. On cherche et trouve-t-on plusieurs exemples d'autres qui avoient été expédiées sous le nom des gouverneurs particuliers; on en délivre une portant cette clause; le chancelier la refuse au sceau.

La Reine, sur cet achoppement, envoie Marillac trouver le Roi pour savoir sa volonté; donne, par raison, les exemples qu'elle en avoit donnés devoient avoir levé ces empêchemens, mais qu'elle estimoit tant son jugement, qu'elle aimoit mieux s'en remettre à ses avis qu'à la coutume. Le Roi répond (1) qu'il la vouloit traiter, non-seulement comme *l'avoient été les gouverneurs d'Anjou*, mais mieux que les autres, et que si elle justifioit qu'un seul eût eu *cette place dans son gouvernement*, qu'il vouloit que ses lettres fussent expédiées en cette teneur. La Reine lui envoie l'exempt, se contente de sa bonne volonté sans en vouloir l'effet, le prie de le vouloir dépêcher, de crainte que son secours ne retarde le bien de son service. Il répond absolument qu'il n'en feroit rien, et qu'il le vouloit en la forme qui témoignât la confiance qu'il avoit en elle. La Reine apprend, sur ces entrefaites, que Puisieux avoit envoyé Barat vers le Roi sur ce sujet. Elle envoie Marillac pour découvrir le sujet de sa négociation; le Roi lui dit qu'on l'embarrassoit sur cette affaire, mais qu'il vouloit que la Reine sa mère eût contentement. Comme il arrive de la chasse, Puisieux l'entretint; on est étonné qu'à la sortie de cette conférence le Roi change de volonté et l'affaire de visage. Puisieux envoie quérir Bouthillier, fait mine d'ignorer l'état de cette affaire, lui dit la colère où il avoit trouvé le Roi à son retour. Bouthillier lui té-

(1) Les mots italiques de cette phrase sont de la main de Richelieu.

moigne qu'il n'en peut rien croire, vu la réponse favorable qu'il avoit faite à la Reine sa mère, et par l'exempt, et par Marillac : celui-ci réplique, ou qu'ils n'ont pas ouï la réponse du Roi, ou qu'ils ne l'ont pas rapportée fidèlement : arrive Marillac qui lui confirme la vérité, et le convainc sur-le-champ.

On reconnoît par là sa mauvaise volonté, de laquelle on étoit déjà plus qu'assuré par deux autres voies : l'une, que le Roi même avoit reconnu, à un grand du royaume, qu'ils avoient embarqué la Reine sa mère en cette affaire, et qu'ils la traversoient en ce qu'ils pouvoient ; l'autre, que le Roi témoigna au père Séguiran être averti que sa mère prenoit part en Saumur, pour fortifier Monsieur, son frère. La Reine, touchée d'une juste colère, dit à Puisieux qu'elle trouve sa procédure du tout extraordinaire, pour un homme de sa condition, envers elle, et d'un ministre envers le Roi ; ou qu'il falloit qu'il eût dessein de faire paroître une mauvaise intelligence entre Leurs Majestés, ce qui n'étoit pas, ou qu'on ne devoit rien espérer du Roi que par lui, et qu'il portoit ses volontés selon ses passions ; en quoi, ou il avoit peu de prudence, ou bien qu'il la voulût mettre mal avec le Roi, ce qu'elle étoit résolue de ne pas souffrir. Qu'elle ne lui pouvoit dissimuler que puisqu'elle y étoit engagée, qu'elle auroit du ressentiment de la conduite qu'il prendroit en cette affaire. J'en parlai, par son commandement, au commandeur de Valençai, en mêmes termes. Deux jours après, la commission fut délivrée à l'enseigne des gardes, conformément à ce que la Reine avoit pu désirer. Le Roi le fit de très-bonne grâce ; témoigna joie extrême de l'avoir fait ; dit à la Reine qu'il y avoit plusieurs personnes qui disoient d'une façon à l'un et tout le contraire aux autres ; qu'il falloit à l'avenir qu'ils s'entreparlassent plus par eux que par autrui. Sur ce discours Puisieux entra ; le Roi le voyant entrer dit à la Reine : « Taisons-nous ; » ce qui donne lieu de conjecturer qu'il étoit de ceux dont il avoit parlé, quoique depuis il lui nomma Daucaize.

La Reine, ayant été interrompue, aborda le Roi deux jours après, et lui dit que le sujet de sa douleur avoit été qu'on lui avoit voulu persuader qu'elle cherchoit de l'établissement dans l'Etat, et qu'elle vouloit fortifier M. d'Anjou de ces places ; que, bien qu'à telles inventions il ne fallût répondre que par la punition des auteurs, elle le supplioit pourtant, pour y remédier à l'avenir, qu'il eût agréable qu'elle lui remît l'Anjou et les places qu'elle y tenoit, afin qu'il connût clairement qu'elle n'avoit autre prétention que celle de son cœur. Elle eût pu ajouter que ceux qui sont auprès de lui pourroient bien justifier qu'elle n'avoit pas grande pensée pour M. d'Anjou, vu que Puisieux l'avoit plusieurs fois poursuivie d'entreprendre avec lui de faire chasser le colonel, qui étoit son ennemi irréconciliable, et y mettre M. de Brèves ; ce qu'elle n'avoit jamais voulu faire, quoiqu'on l'assurât de l'événement, de crainte que ledit sieur, qui y avoit été autrefois mis de sa main, y étant remis, ne donnât jalousie et lieu de croire qu'elle se voulût fortifier de sa personne. Le Roi reçut ces offres avec tendresse et n'en voulut pas la démission, l'assurant qu'il ne tenoit rien plus à lui que ce qu'elle avoit entre ses mains.

Elle n'est pas sitôt accommodée avec le Roi, qu'ils essaient de la brouiller avec la Reine sa fille. Puisieux donne au Roi quelque jalousie de la conduite de la Reine sa femme, lui fait trouver mauvais la liberté que tout le monde prend d'entrer dans sa chambre, qu'il seroit à propos pour son honneur d'en faire la défense, et à désirer que la Reine sa mère en voulût porter la parole. Elle prie le Roi de vouloir terminer cette affaire sans éclat, qu'elle se promet que sa fille ne saura pas plutôt ses intentions, qu'elle se portera d'elle-même, par des voies douces et amiables, à lui donner satisfaction ; que son âge excuse sa facilité, et qu'on doit pourvoir aux divisions domestiques avec secret. Quelque raison qu'elle apporte, elle ne peut changer la résolution, elle ne peut s'exempter de cette corvée. Elle dit au Roi qu'elle prévoit bien qu'on se veut décharger sur elle de ce conseil, mais qu'elle aime mieux en porter le blâme que de ne point faire ses volontés.

Elle ne se fut pas sitôt acquittée de ce commandement, que Puisieux et sa femme ne l'accusent d'en être la cause, qu'ils ne la condamnent d'injustice, qu'ils ne s'offrent à le faire changer. On anime la fille contre la mère ; on divise ce que Dieu veut être si étroitement uni. Puisieux sollicite le Roi de révoquer cette défense ; ne l'ayant pu obtenir, non plus que la Reine de se joindre à sa prière, elle lui dit qu'il eût été bon de ne le pas faire, mais encore pis de la changer ; que, comme elle ne le put conseiller pour ce qu'il y va de la dignité du Roi, aussi elle n'y apportera pas d'empêchement, puisqu'il y va du contentement de sa fille. Comme dans la cour les esprits sont toujours partagés, les uns échauffent la Reine contre sa mère, d'autres lui font connoître la vérité du fait. Le Roi lui en parle de son propre mouvement, lui commande de vivre avec elle dans le respect qu'elle lui doit, l'assurant qu'elle n'a contribué à ce conseil que ce que doit une mère aux prières de son fils. Elle la vint incontinent trouver, lui demander pardon si elle avoit cru quelque chose à son préjudice, qu'elle reconnoissoit bien que d'autres s'étoient voulu attirer le gré du mal qu'ils avoient conseillé de lui faire.

Ce n'étoit pas la première fois qu'ils avoient fait prendre et détourner des conseils, qu'ils avoient fait changer des résolutions, pour justifier, contre la vérité, qu'ils n'y avoient point de part, pour donner aux autres le blâme et s'attirer l'honneur de la grâce. A Lyon il fut résolu de chasser madame du Vernet, à cause de sa mauvaise réputation et d'un accident qui lui arriva, sans avoir égard à l'honneur de la maison royale. Elle ne fut pas sitôt accommodée à Paris avec madame de Puisieux, que la sentence de son bannissement fut révoquée. On veut chasser madame de Chevreuse (1) : s'il y a faute en ce conseil, c'est de ne l'avoir pas assez tôt pris ; elle a recours à madame de Puisieux, lui promet de ne s'attacher pas moins à ses intérêts qu'à ses humeurs : sa paix se fait, elle est mieux dans le cabinet que jamais à la vue de la France, à la honte du Roi, à la perte de la Reine, dont le bon naturel est forcé par ses mauvais exemples.

On anime le Roi contre M. de Bellegarde sur le sujet du monde le plus chatouilleux (2) ; il lui est commandé deux ou trois fois de se retirer en son gouvernement ; ses amis lui conseillent de s'accommoder avec ceux qui gouvernent. Il n'est pas sitôt réconcilié avec le Père et le Fils, que le Saint-Esprit touche le cœur du Roi, en sorte qu'il change le bannissement en grâces. Il est vrai que M. de Bellegarde désirant savoir du Roi s'il approuvoit cet accommodement, parce qu'il vouloit dépendre entièrement de lui, Sa Majesté trouva bon qu'il ne le fît qu'en apparence et non pas en effet ; ce qui justifie qu'il se servoit d'eux, et qu'il ne s'y fioit pas beaucoup, que s'il en suivoit par facilité les conseils, il ne laissoit pas d'en connoître les défauts.

Mais le bonheur de ces messieurs étoit que, si le Roi en connoissoit les artifices, il ne s'en gardoit pas toujours. La Reine voyant les affaires en cet état, le peu de part qu'on lui en donnoit, le peu d'avantage qu'il y avoit de s'en mêler, conseillée d'ailleurs par ses médecins de pourvoir à sa santé, se propose d'aller à Pougues, pour s'en être bien parfaitement trouvée l'année précédente. Selon son bonheur accoutumé, on ne manque pas de donner de la jalousie au Roi de ce dessein, de lui imputer qu'elle promouvoit un accommodement avec M. le prince et le comte de Soissons.

Considérant cette malice, et que si elle alloit à Pougues M. le prince la viendroit voir pour n'en être éloigné que de douze lieues, que M. le comte en même temps demandoit liberté d'aller en son gouvernement, elle jugea que les rencontres de ce voyage n'étoient pas bonnes, dit au Roi qu'elle préféreroit toujours ses affaires à sa santé, que, bien qu'elle ne voulût être liée qu'avec lui, elle ne doutoit pas que, si elle alloit à Pougues, M. le prince ne la vînt souvent visiter pour faire croire qu'il étoit en intelligence avec elle, et s'avantager à ses dépens ; que pour ces considérations elle s'étoit résolue d'aller à Monceaux prendre les eaux. Le Roi témoigne lui avoir obligation de ce procédé, et avoir très-agréable ce changement de lieux ; mais, bien qu'il lui fît l'honneur de l'assurer qu'il ne pouvoit avoir aucune méfiance de ses actions, elle jugea qu'il avoit l'esprit blessé, de ce que (3), à la sortie de ce discours, M. le comte eut congé d'aller en son gouvernement, que jusque-là il n'avoit pu obtenir.

On donne à ce prince dans ce voyage plusieurs dégoûts aussi peu nécessaires que raisonnables. Elle en parle franchement, concluant qu'il étoit bon de n'avantager pas les princes en ce en quoi le service du Roi pût recevoir préjudice et son autorité diminution ; mais qu'en choses indifférentes et qui ne sont pas de cette conséquence, il les falloit contenter avec soin.

La Reine étant à Monceaux, le Roi la vint voir deux fois, et y fût venu la troisième si les ministres, par jalousie, ne l'en eussent ouvertement détourné. Il s'en plaignit à quelques-uns de ses confidens, dit à M. de Bellegarde : « Ils sont « plaisans, ils veulent que je ne bouge d'ici d'au- « près d'eux, ou que je n'aille qu'aux lieux qu'ils « me prescriront. Ils me veulent faire croire qu'il « s'est fait dans ces voyages de Monceaux des « monopoles ; mais je m'en moque, car, de moi- « même, ils me veulent persuader que j'y ai eu « des desseins auxquels je n'ai point pensé. » Il n'ignoroit pas leurs artifices, mais il avoit peine à s'en défendre. Ces deux voyages réussirent si bien, que Leurs Majestés en demeurèrent parfaitement satisfaites. Le Roi ne se pouvoit taire de la bonne réception que la Reine sa mère lui avoit faite, du plaisir qu'il prenoit en sa compagnie, ni la Reine en exprimer sa joie. Il commande à Toiras qu'il aimoit de s'accommoder avec elle, parce qu'il ne pouvoit lui faire du bien si sa mère ne lui en vouloit. Les lettres qu'il lui écrivoit étoient si pleines d'affection, qu'on jugeoit bien que, si ce n'eût été l'artifice des ministres, elle eût eu toute autre place qu'elle n'avoit et dans son cœur et dans ses affaires.

(1) Veuve du duc de Luynes, remariée au frère du duc de Guise, autrefois prince de Joinville.
(2) On le disait amoureux de la reine Anne d'Autriche.
(3) Puisque.

Le Roi envoya la Reine sa femme la voir; conseillée de quelques femmes malintentionnées, elle eût bien voulu s'en excuser; mais il le voulut si expressément qu'elle ne put s'en défendre. Elle y fut si bien reçue, que d'elle-même elle y vint une seconde fois pour assister à une comédie que Madame y devoit jouer. Les artifices de la cour sont incroyables; le prince de Joinville dit, au retour de Monceaux, à La Vieuville, qu'il falloit qu'ils entreprissent de débusquer Puisieux, que la Reine seroit de la partie, qu'il avoit charge de lui en parler; à quoi elle ne pensa jamais. La Vieuville avéra que, le même jour qu'il lui avoit parlé de ruiner Puisieux, il avoit parlé à Puisieux pour le perdre; et à la Reine, au même jour qu'il l'avoit avertie que La Vieuville étoit son ennemi, et qu'elle s'en devoit garder, il avoit donné avis à La Vieuville de ne se pas confier en elle, et qu'elle souhaitoit sa perte. Le plus grand mal qu'on ait dans la cour n'est pas à bien faire, car il n'y en a point, mais à reconnoître les personnes et à discerner les nouvelles.

Après avoir fait quelque séjour à Monceaux, le Roi lui témoigna qu'il désiroit passionnément qu'elle revînt auprès de lui. Beaucoup pensoient que c'étoit pour l'avancer entièrement dans le maniement des affaires; mais elle ni les siens ne le crurent jamais, mais bien que c'étoit pour vider sous son nom les prétentions de la duchesse de Chevreuse et de la connétable de Montmorency (1), dont on ne pouvoit davantage reculer le jugement; ou bien que La Vieuville, qui avoit une particulière intelligence avec le Roi au desçu de Puisieux, désiroit se fortifier d'elle en certaines choses où il en avoit besoin; ou que tous deux la voulussent employer pour demander au Roi des gratifications en leur faveur. Car, en effet, quelque crédit qu'ils aient eu, jamais le Roi n'eut en eux une entière confiance; jamais Puisieux ne put emporter la citadelle de Montpellier pour son beau-frère; et La Vieuville, ayant voulu sonder l'esprit du Roi pour un de ses proches, n'y vit point de jour.

La Reine ne fut pas sitôt arrivée, qu'elle vit l'accomplissement de sa prophétie. On met le différend de madame de Chevreuse sur le tapis; ayant différé six semaines à le régler, et jusques à son retour, elle prévoit bien que ce jugement en devoit être mauvais, et qu'on se veut décharger sur elle.

La Vieuville, qui la croit (2) dans la cabale de M. de Puisieux, la fait chasser sous prétexte de l'honneur de la maison du Roi. Incontinent après ce jugement, Préaux alla trouver Bassompierre,

(1) Pour leurs charges dans la maison de la reine.
(2) La duchesse de Chevreuse.

intime ami de M. de Guise, pour lui dire que c'étoit la Reine qui avoit gâté son affaire, et qu'au conseil elle avoit fait ouvertement contre eux. Messieurs de Guise s'en voulurent éclaircir avec Roissy et Bullion; ils trouvèrent qu'elle n'en avoit parlé ni de près ni de loin. La Vieuville dit à M. de Guise que le comte de Soissons, à son départ, avoit prié les ministres d'assister madame de Montmorency, et avec telle instance, qu'au cas qu'ils le fissent, d'être content d'abandonner ses intérêts : ce qui étoit faux et ne tendoit qu'à se décharger sur les autres.

La Reine, sachant que le prince de Joinville, la princesse de Conti et sa femme, croyoient que c'étoit elle qui étoit cause de leur mécontentement, voyant qu'elles lui en faisoient la mine, ne voulut rien dire jusques à ce que le Roi fût de retour de la chasse où il étoit allé; mais depuis, ayant su que le Roi disoit que quiconque attribuoit ce conseil à la Reine en avoit menti, elle témoigna à tout le monde qu'elle auroit toujours à honneur qu'on lui imputât des conseils que prendroit le Roi, parce qu'elle savoit bien qu'ils seroient bons; que quand même elle n'auroit pas été d'un avis, le Roi lui feroit grand honneur de se servir de son nom; qu'à la vérité elle ne trouveroit pas bon que d'autres en usassent ainsi; puisqu'il avoit plu au Roi de dire que c'étoit lui qui étoit auteur du conseil qu'il avoit pris, elle n'avoit rien à faire qu'à le confirmer; que si après cela ils estimoient que ce fût elle, qu'elle ne devoit rendre compte de ses actions qu'à Dieu et au Roi, pour le bien duquel elle se soucioit fort peu qu'on lui imputât des calomnies; que par là elle croyoit qu'ils la vouloient offenser; en quoi elle prenoit patience, croyant qu'elle se passeroit bien de ceux qui méprisoient son amitié; que cela n'empêcheroit pas que, s'ils vivoient avec elle comme ils devoient, ils n'en reçussent toute sorte de bons offices.

Après le mécontentement des Guisards pour l'éloignement de madame de Chevreuse, et celui du comte de Soissons pour les dégoûts donnés en son voyage, et la sédition que le peuple excita à Rouen, les ministres, voyant un universel mécontentement, en furent étonnés, particulièrement le sieur de La Vieuville, qui vint trouver la Reine, et lui proposa, pour remède de ces maux, qu'il avoit pensé que Sa Majesté devoit faire un conseil auquel tous les principaux princes eussent entrée, et qu'ainsi ils seroient contens et contiendroient ceux qui sont au-dessous d'eux en leur devoir; qu'il l'avertissoit de ces désordres, afin qu'elle pensât d'elle-même aux remèdes, et que celui qu'elle trouveroit le plus convenable seroit suivi; qu'il la prioit de m'en communiquer, comme très-capable de secourir l'État, et dont les autres ministres appréhendoient extraordinairement la suffisance.

La Reine reconnut bien que ce changement de procédés ne procédoit que de la crainte qu'il avoit, et qu'il ne dureroit guère en cette humeur ; elle lui dit qu'elle trouvoit le remède qu'il proposoit très-dangereux, qu'elle l'avoit pratiqué et estimé salutaire durant la minorité du Roi, parce que l'âge de son fils ne permettant pas qu'il pût gouverner, il étoit de sa modestie, à elle qui en avoit la charge, d'en faire part, par sa bonté, aux plus grands du royaume, joint que par ce moyen elle rendroit compte de ses actions au public ; que son gouvernement, sa régence et son administration étant expirés, le Roi, par le conseil de ses ministres, avoit changé cette forme d'agir, ne donnant plus de part aux grands dans son conseil, pour témoigner qu'il étoit assez fort pour agir de lui-même ; que si maintenant on reprenoit ce qu'elle avoit pratiqué en sa régence, il sembleroit qu'il retombât en minorité ; que le vrai remède étoit de faire tout le contraire de tout ce qu'on avoit fait jusqu'à présent ; qu'il falloit que le Roi agît davantage en apparence et en effet ; que son conseil fût plus fort ; que deux seules personnes y faisoient tout, et qu'il en falloit plus de cinq agissant fortement pour soutenir le faix des affaires ; que le principal motif de toutes choses étoit les intérêts particuliers, et qu'on laissoit périr tous les publics ; que les affaires périssoient, ou parce que souvent on ne les entendoit pas, d'autres fois on ne les résolvoit pas, ou, étant entendues et résolues, on ne les exécutoit pas ; qu'il falloit que ceux du conseil fussent gens d'esprit, de résolution et d'exécution tout ensemble ; qu'elle ne se mêloit pas de les nommer, parce que ce seroit le moyen de les exclure ; que depuis qu'elle y étoit entrée, elle avoit toujours reconnu les conseils avoient suivi les personnes et non pas la nature des choses ; qu'il falloit penser sérieusement dans la Valteline ; qu'il ne falloit pas négliger l'offre du pays de Liége, qui, ennuyé des trames d'Espagne, se vouloit donner à la France, ce qui sembleroit réparer l'injure de la Valteline ; qu'il falloit se lier plus étroitement que jamais avec les Hollandais ; penser au mariage d'Angleterre, à sauver la liberté de la Germanie ; que l'état des affaires du dedans de la France dépendoit de celui auquel étoient les affaires du dehors ; étant certain que nulle guerre civile ne peut subsister sans le secours des étrangers, qui ne s'embarqueront jamais à assister des rebelles contre leur Roi, tant qu'il sera en grande réputation parmi eux.

Le lendemain, le sieur de La Vieuville vint retrouver la Reine et lui dire qu'il lui avoit tenu ce langage sur la crainte qu'il avoit que les princes ne fissent quelque brouillerie ; que, depuis, il avoit regagné M. de Guise, moyennant la charge de gentilhomme de la chambre pour son frère ; que, cela étant, il falloit laisser les choses à l'accoutumée. Sur ce mot de gentilhomme de la chambre, elle lui dit que le feu Roi avoit pour maxime d'en éloigner les princes, mais y mettoit des gentilshommes exprès, afin d'y être plus libre, et les pouvoir casser s'ils ne lui étoient propres, et qu'on les appeloit, pour cet effet, premiers gentilshommes. Il la pria de n'en dire mot au Roi et de ne s'y point opposer : l'affaire ayant passé au conseil, le 26 novembre, contre l'avis du chancelier et de Puisieux, le Roi dit le lendemain à la Reine que Puisieux lui étoit venu dire en secret, pour rompre ce coup, qu'il devoit bien se garder de l'acheminer, parce que c'étoit la Reine qui l'entreprenoit, et l'avoit promis aux Guisards pour se les acquérir par ce moyen ; à quoi il ajouta (1) que, s'il (2) eût été bien averti, il auroit su que c'est moi (3) qui vous ai prié d'être de mon avis. D'où la Reine prit occasion de le faire souvenir quel fondement avoient les mauvais offices qu'on lui rendoit auprès de lui ; qu'elle le prioit, par là, de juger de ceux dont la vérité ne lui étoit pas si clairement connue.

Le jour auparavant, Puisieux dit au Roi, en présence de la Reine, que le roi d'Espagne avoit envoyé un homme expressément ici pour lui offrir de l'assister, par une armée navale, à prendre La Rochelle, à la charge qu'il abandonneroit les Hollandais. La Reine, voyant que Puisieux appuyoit cette proposition, prit la parole et maintint que cette proposition du roi d'Espagne étoit captieuse, pour l'embarquer dans une guerre dont il n'avoit pas de besoin, tant parce qu'il n'avoit pas encore eu lieu depuis qu'il en étoit sorti de la refaire, que parce qu'il pouvoit mieux ruiner La Rochelle par la paix que par la guerre. Le Roi en approuva les raisons, et inclina à ses sages conseils. Mais, bien que cet homme ne pût en goûter la protection (4), si est-ce qu'il n'en haïssoit point l'argent. Il reçut 20,000 écus de leur part pour leur en faire toucher 200,000 qui leur avoient été accordés la présente année ; ce qui s'est découvert d'une étrange façon. Le Maurier (5), qui réside en Hollande pour le Roi, étant fâché de ce qu'on

(1) Le roi.
(2) Puisieux.
(3) Le roi.
(4) Des Hollandais.
(5) Aubery du Maurier.

n'avoit pas passé ces deniers par ses mains comme on avoit accoutumé, eut soin de s'enquérir bien soigneusement comme toute cette affaire s'étoit passée, trouva que de là on n'avoit touché que 180,000 écus. Il l'écrivit au sieur de La Vieuville, qui alla trouver l'ambassadeur de Hollande pour en être éclairci, y allant de l'honneur de sa charge; auquel, après ne l'avoir pu obtenir par plusieurs prières, il témoigna qu'il en alloit faire l'éclat qu'il devoit auprès de Sa Majesté pour en être justifié; de quoi l'ambassadeur étant demeuré fort confus, après lui avoir dit plusieurs fois s'il le vouloit ruiner, il lui dit, l'obligeant par de grands sermens au secret, qu'il avoit donné cette somme à Puisieux pour avoir le reste.

Il reçut l'année précédente un diamant de même valeur du prince de Piémont. Quand Villiers-cul-de-sac revint de ramener les chevaux que la Reine avoit envoyés au duc de Savoie, il dit, à son retour, qu'il avoit découvert que le duc avoit acheté un diamant de 20,000 écus pour envoyer en France, mais qu'il ne savoit pas pour qui. Sur ce doute Sa Majesté s'en étant voulu éclaircir à Lyon, elle trouva qu'il étoit tombé entre ses mains (1). La Vieuville, qui avoit entrepris son éloignement, ne manqua pas de faire valoir ces tours de souplesse.

Cette année se passa en toutes ces intrigues et débats des ministres les uns contre les autres, tandis que, par toute la chrétienté, les ennemis du Roi s'avançoient en leurs affaires, et ses alliés n'étoient ni assistés et défendus, ni conseillés et encouragés à se défendre. Le peu de places qui restoient au Palatinat se perdoient. Le roi de la Grande-Bretagne se laissoit décevoir ou aux Espagnols, ou à soi-même, ou à leurs artifices, ou à son désir, ou à tous les deux ensemble; avoit remis, le 25 avril, Frankenthal avec tous les forts qui en dépendent, sous le nom de dépôt, pour l'espace de dix-huit mois, entre les mains de l'archiduchesse de Flandre, et fait sortir la garnison anglaise, le tout avec espérance certaine qu'on lui donneroit et qu'il recevroit, qu'auparavant que ce terme fût échu l'Empereur auroit remis son beau-fils en sa grâce, et lui auroit rendu ses Etats. Depuis encore il avoit fait, au mois de mai, une suspension générale d'armes en l'Empire entre lui, son beau-fils et tous ses alliés d'une part, et l'Empereur et tous les siens de l'autre; ce qui lui fut d'un grand préjudice, attendu que Halberstadt levoit une grande armée qui, composée de seize mille hommes de pied et six mille chevaux, fut depuis défaite, au mois d'août, par les armées de Tilly

(1) De Puisieux.

et d'Anhalt jointes ensemble; d'où s'ensuivit encore la ruine de Mansfeld, qui fut contraint de quitter la Westphalie, et se retirer en la Frise orientale; et en Hongrie Betlem Gabor s'éleva contre l'Empereur, et lui donna tant d'affaires qu'il le contraignit de rappeler la plupart de ses forces pour les employer à se défendre de lui.

Une seule chose arriva, non par leur adresse, mais par bonne fortune, qui fut un grand avantage au service du Roi; c'est que ceux de Montpellier, commençant à perdre espérance de se voir jamais délivrer de la grande garnison qu'ils avoient dans leur ville, attendu qu'elle étoit commandée par le sieur de Valençai qui en étoit gouverneur, beau-frère du sieur de Puisieux, et ne pouvant continuer à loger, sans une grande incommodité, un si grand nombre de gens de guerre, entrèrent dans une pensée dont, jusque-là, ils avoient été bien éloignés, de demander au Roi qu'ils fissent faire une citadelle dans laquelle il les logeât. Le sieur de Valençai cultiva ce désir, et l'accrut encore par l'espérance qu'il leur donna de faire rendre leurs biens, dont le Roi avoit fait don aux catholiques pour représailles de ceux qui leur avoient été pris dans ladite ville; de sorte qu'enfin il ménagea si bien cette ouverture, qu'il leur fit envoyer des députés vers le Roi pour lui en faire la demande, laquelle leur fut accordée; et sans perdre temps y fut promptement donné commencement.

En cette année mourut le pape Grégoire XV, le 8 juillet, prince doux et bénin, et qui fut meilleur homme que bon pape; ayant eu trop de facilité, et s'étant relâché en beaucoup de choses pour l'amour de ses parens, qui, le voyant vieux, non-seulement prenoient avec avidité toutes les occasions de s'en servir, mais les tiroient avec force, abusant de la bonté de Sa Sainteté. A la prière de son neveu, qui vouloit avoir le prieuré de Saint-Martin, qui en quelque manière dépendoit de M. le prince, pour ce qu'il vaquoit par la mort du sieur Vignier à qui il l'avoit donné, il sécularisa, par un pernicieux exemple, deux grandes abbayes, le Bourg-Dieu et ...., permit que le bien en fût incorporé au duché de Châteauroux, et que tous les bénéfices qui en dépendoient fussent à l'avenir en patronage lai, à la nomination dudit sieur le prince, et ses descendans ducs de Châteauroux; et tout cela moyennant une bien inégale et très-petite compensation à l'Eglise. Cette action fut jugée bien étrange d'un chacun, comme provenant d'une autorité plus prétendue des papes qu'accordée de l'Eglise, et plutôt fondée sur l'abus de la cour romaine que sur le mérite de la chaire de saint Pierre. Une seule fois il résista à la volonté de son neveu, qui, le voyant proche de la mort, le sollicita de faire quelques cardinaux; mais il lui répondit qu'il étoit marri d'en avoir tant fait en sa considération, et qu'il étoit temps qu'il demandât pardon à Dieu des fautes qu'il avoit commises, et non pas qu'il en fît de nouvelles. En sa place fut élu le cardinal Barberin, qui avoit toujours été jusque-là de faction française, et fut appelé Urbain VIII.

Le Plessis-Mornay mourut aussi en cette année (1) en âge décrépit, jusqu'auquel Dieu l'avoit attendu à pénitence; mais l'orgueil d'hérésiarque tint son cœur fermé à cette grâce. Il étoit médiocrement lettré, mais avoit un style facile et aigu; les hérétiques se servirent et de la qualité de sa personne et de la bonté de son style pour vomir contre l'Eglise les livres pleins d'abomination qu'il a écrits. Il entreprit, avec tant de hardiesse, la conférence qu'il fit à Fontainebleau (2), qu'il est croyable qu'il étoit lors trompé en sa créance; mais il y fut si manifestement convaincu de faux par le cardinal du Perron, en tous les points qui y furent agités, qu'il n'y a pas d'apparence qu'il ne vît la vérité de la religion catholique et la fausseté de son erreur, si ce n'est que l'aveuglement de son cœur eût entièrement éteint la lumière de son entendement. Il eut été heureux, et plus encore le royaume, s'il fût Mornay d'effet (3), comme il en portoit le nom, et que, du ventre de sa mère, il eût été porté à la sépulture.

En la même année parut en Espagne une confrérie de *los Alumbrados*, qui, parmi des préceptes et maximes d'une apparente, mais fausse piété, insinuoient dans les esprits l'incontinence qu'ils déguisoient et honoroient du nom de perfection, disant qu'elle étoit un témoignage et un moyen d'union à Dieu. L'Eglise y pourvut incontinent, les condamnant et punissant avec la rigueur qu'ils méritoient. Quasi en même temps en France on commença à découvrir une autre compagnie, appelée les Rose-croix et les Invisibles, qui commencèrent en Allemagne, des perverses opinions desquels le père Gautier et plusieurs autres ont écrit, auxquels j'aime mieux me remettre que de parler ici de leurs impertinences.

LIVRE XV (1624).

La Vieuville, qui dirige le ministère, fait résoudre le Roi à admettre le cardinal de Richelieu en ses conseils. — Le cardinal s'en défend par plusieurs raisons. — Le Roi le lui ordonne; il obéit, en présentant diverses considérations politiques et personnelles. — Le roi d'Angleterre demande madame Henriette pour le prince de Galles. — Opinion du cardinal dans le conseil du Roi sur ce mariage; conditions d'après lesquelles il conclut qu'il se fasse. — Négociations et débats entre les ambassadeurs d'Angleterre et le conseil. — Le mariage est arrêté. — Négociations avec la cour de Rome à ce sujet. — Les Hollandais demandent secours au Roi contre la maison d'Autriche. — Opinion du cardinal dans le conseil, tendante à contracter avec eux une amitié aussi étroite que du temps du feu Roi. — Articles importans pour l'Etat et la religion ajoutés à l'ancien traité. — Menées et intrigues de La Vieuville; raisons qui déterminent le Roi à le renvoyer. — Le cardinal et le garde des sceaux essaient de l'excuser. — Il est congédié. — Discours du cardinal au Roi avant ce renvoi. — D'après ses conseils Schomberg est rappelé au ministère. — La Vieuville est arrêté et envoyé prisonnier à Amboise. — Le cardinal loue le Roi de s'être défait de ce ministre; il lui conseille de gouverner d'après un autre plan. — On écrit aux provinces, aux gouverneurs, aux parlemens, aux ambassadeurs, pour les informer des résolutions du Roi et du changement qui vient de se faire. — Le colonel Ornano est rappelé auprès de Monsieur. — Le cardinal propose l'établissement d'une chambre de justice pour poursuivre ceux qui ont malversé dans les finances; développemens dans lesquels il entre à cet égard; moyens qu'il offre. — Le Roi ordonne l'érection de cette chambre; plusieurs financiers sont emprisonnés, d'autres prennent la fuite. — Affaire de la Valteline; détails historiques à ce sujet; le cardinal fait rejeter le projet de traité proposé par le Pape; exposé des motifs qu'il en donne; ses conclusions sont adoptées par le Roi. — Négociations entre l'ambassadeur de France et la cour de Rome. — Le cardinal prouve la nécessité et la justice de recourir à la voie des armes; il fait approuver les mesures qu'il propose. — Le maréchal de La Force est envoyé avec quelques troupes en Picardie, le duc d'Angoulême en Champagne, le connétable de Lesdiguières en Bresse. — Le marquis de Cœuvres, secondé par les ligues grises, occupe la Valteline, et renvoie au marquis de Bagny, commandant pour Sa Sainteté, les officiers et les soldats qu'il a faits prisonniers.

[1624] (4).... Le sieur de La Vieuville, estimant ne pouvoir éviter sa chute, chercha diverses inventions pour se maintenir. Il voulut premièrement faire entrer le président Le Jay (qu'il n'avoit su faire garde des sceaux) dans les conseils; puis il se proposa de faire un conseil des dépêches, composé de personnes qui n'entrassent point dans le conseil, et n'approchassent point de la personne du Roi, dont il vouloit que le cardinal de Richelieu (5) fût le chef, et que le comte d'Auvergne y eût entrée. Enfin il fit résoudre le Roi à mettre le cardinal en ses conseils.

Le cardinal s'en défendit autant qu'il lui fut

---

(1) Le 11 novembre.
(2) En 1600.
(3) Mort-né.

(4) Il y a certainement ici une lacune. La Vieuville commença l'année par faire disgrâcier le chancelier et son fils, ce qui eut lieu au mois de février. Ce qui suit est du mois d'avril.

(5) C'est ici que Richelieu cesse de parler à la première personne, et l'époque est remarquable. On va le voir ministre.

possible, pour plusieurs considérations et par plusieurs raisons. Il lui représenta qu'il avouoit que Dieu lui avoit donné quelques qualités et force d'esprit, mais avec tant de débilité de corps, que cette dernière qualité l'empêche de se pouvoir servir des autres dans le bruit et désordre du monde. Pour lui témoigner qu'il lui dit vrai, il s'offre de faire tout ce qu'il peut désirer de lui, soit pour le public, soit en particulier, pour le servir sans être du conseil. Par exemple, toutes les semaines, il se trouvera, s'il veut, en sa maison ou en celle de M. le garde des sceaux (1), pour aviser avec ces messieurs à tout ce qui sera à propos pour les affaires; et ainsi, lui faisant l'honneur de lui communiquer ce qui se passera, il aura tout le loisir de digérer et penser beaucoup de choses qu'il (2) admettra, ou rejettera selon qu'il le trouvera bon. Cela se faisant par l'ordre secret du Roi, il aura lieu quand il lui plaira de le mener avec ces autres messieurs parler à Sa Majesté, pour le fortifier aux conseils qu'ils auront arrêtés, et lui dire pour son service les choses qu'ils ne voudroient pas lui dire eux-mêmes. Ainsi il fera les mêmes effets qu'il désire, et n'aura point l'incommodité qu'il ne peut supporter. Il voudroit de bon cœur mettre sa vie pour l'État et ses amis; mais de le faire sans fruit, il ne le juge pas à propos.

Pour être publiquement du conseil, il lui faudroit tant de conditions pour la foiblesse de sa complexion, laquelle n'est pas connue à tout le monde, qu'il sembleroit que ce seroit pure délicatesse qui les lui feroit désirer. Premièrement quantité de visites le tuent, et il voudroit que personne ne lui pût parler d'affaires particulières; qu'un chacun sût qu'il a défenses d'en parler à Sa Majesté, soit pour lui demander une grâce, pension ou autre chose de pareille nature; qu'il dise (3) qu'il veut seulement se servir de lui, concurremment avec eux deux (4), en certaines affaires publiques qui ne requièrent la conférence de personne, et auxquelles on a d'autant plus loisir de penser que moins en est-on détourné par les importunités des particuliers. Il désireroit qu'on ne fît pas trouver mauvais au Roi si souvent il n'étoit à son lever; mais qu'il sût et crût que rien ne l'en empêcheroit, que le malheur qu'il a de ne pouvoir long-temps être debout ou en une presse, et que partant il se contentât qu'il se trouvât en son conseil aux heures réglées, qu'aucun ne le vît chez lui, et qu'on ne lui parlât point d'affaires particulières.

Cela n'empêcheroit point que, quand pour le bien des affaires publiques, le Roi prendroit résolution de dénier à quelque prince quelque prétention, il ne le lui dît fort fermement; car ce qu'il propose est sans fard, proportionné à ses infirmités, et non à aucun dessein qu'il ait de s'exempter de la mauvaise volonté du tiers et du quart, quand ce sera pour le bien public. Qu'il juge si ces conditions peuvent être observées en France, dans le désordre de la cour, et, ne le pouvant être, il verra s'il a juste sujet de se restreindre à la première proposition qu'il lui a faite.

Mais toutes ces raisons furent inutiles; car, comme cet homme étoit violent en ses passions, il poussa cette affaire si vivement qu'il n'y eut pas moyen de résister aux mouvemens du Roi et de la Reine-mère, qu'il fît intervenir en cette occasion.

Pour y tâcher néanmoins, il leur mit en avant les considérations suivantes: qu'il ne sauroit assez remercier M. de La Vieuville de l'estime qu'il fait de lui, et de la bonne volonté qu'il lui porte, et tâchera en toutes occasions d'en prendre revanche; en sorte qu'il connoîtra que ses intérêts lui seront aussi chers que les siens propres. Mais jugera que la proposition faite, en ce qui regarde ledit sieur cardinal, ne seroit ni utile au service du Roi, ni bonne pour entretenir l'intelligence qui doit être entre Sa Majesté et la Reine sa mère, et qu'elle seroit périlleuse pour ledit sieur cardinal: non utile pour le service du Roi, pour le peu de connoissance que ledit sieur cardinal a des affaires étrangères passées depuis quelques années, lesquelles doivent régler les subséquentes, et pour la foible complexion de sa personne; ce qui lui fait préférer une vie plus particulière à un si grand emploi: non bonne pour la Reine, attendu que puisque maintenant on essaie de donner tous les jours à Sa Majesté des ombrages d'elle, auxquels ledit sieur cardinal est mêlé quelquefois, on interpréteroit souvent ses pensées et les avis qu'il donneroit selon sa conscience, à des desseins sur lesquels on prendroit sujet de donner, si on pouvoit, des impressions contraires à la sincérité des intentions de la Reine et dudit sieur cardinal, quoiqu'il n'eût autre but que le service du Roi et le bien de son État, et qu'il y voulût employer jusqu'à la dernière goutte de son sang: périlleuse pour ledit sieur cardinal, qui appréhende avec grande raison cet emploi, étant certain que la conduite des affaires étrangères est la chose la plus importante de ce royaume, particulièrement en l'état où ceux qui l'ont eue par le passé l'ont

---

(1) Le garde des sceaux, nommé depuis le mois de janvier, était Étienne d'Aligre.
(2) La Vieuville.
(3) Le roi.
(4) La Vieuville et d'Aligre.

mise et laissée : l'affaire de la Valteline, celle d'Allemagne, la liaison d'Espagne et d'Angleterre, la nécessité des Pays-Bas, le mauvais traitement que reçoivent les Suisses, l'extrémité où sont les Liégeois, étant choses de si grand prix à la France et en état si avantageux pour l'Espagne, qu'il est plus aisé de dire ce qui seroit à désirer que de faire aucune chose qui les fasse changer de face. Au reste, pour y travailler, il faut prendre des résolutions si généreuses et prudentes, qu'elles ne peuvent être attendues que du Roi et du conseil qui est auprès de Sa Majesté; étant du tout impossible que d'autres personnes le puissent faire; d'autant qu'autrement, pendant qu'on prendroit une résolution au conseil des dépêches, on en pourroit prendre une autre contraire au conseil en la présence du Roi, et que celles qu'il faut prendre sur les affaires du dehors dépendent de la disposition en laquelle on est pour le dedans; ce qui fait que, par nécessité, il faut que ce soit eux et non autres qui aient le soin de ces affaires.

Le Roi réitérant son commandement après ce que dessus, le cardinal se résolut d'obéir, et lui dit ce qui s'ensuit : le cardinal de Richelieu, étant prêt d'obéir aveuglément à tous les commandemens de Sa Majesté, quand même il iroit de sa vie, la supplie très-humblement, avant que s'affermir au dessein qu'elle a de lui faire l'honneur de l'appeler en ses affaires, de considérer si les raisons qui le contraignent de se reconnoître moins digne de cet honneur sont recevables. Bien qu'il y ait plusieurs personnes en France dont la capacité est reconnue, il ne veut pas nier que Dieu ne lui ait donné quelques lumières et force d'esprit pour servir au genre d'affaires où Sa Majesté le veut appeler; mais il est vrai que c'est avec une si grande débilité de corps, que c'est avec raison qu'il appréhende qu'elle ne lui permette pas d'employer, comme il désireroit, à l'avantage du service du Roi, les qualités que Dieu lui a départies. En cette considération, bien que la conduite de la maison de la Reine sa mère ne soit pas grandement pénible (1), elle peut témoigner à Sa Majesté qu'il y a six mois que ledit cardinal la supplie instamment d'avoir agréable d'y mettre quelqu'un qui en eût la charge, sans toutefois que ledit cardinal se dispensât de contribuer le soin principal qu'il lui plaira qu'il en ait. Un chacun sait de plus qu'aux occupations particulières qu'il a eues jusqu'à présent, il lui auroit été impossible de subsister avec une médiocre santé, si souvent il ne se divertissoit à la campagne.

Il sait bien que toutes ces raisons sont particulières, et que, par conséquent, elles doivent avoir peu de poids au respect de la volonté d'un maître; aussi ne craint-il pas tant les maladies que l'occupation des affaires lui pourroit apporter, comme que ses infirmités le rendent inutile au service du Roi. Qui plus est, il ne voit point de raisons d'Etat qui rendent l'élection que Sa Majesté veut faire de sa personne, si importante, qu'on ne doive avoir égard à certains inconvéniens qui en peuvent arriver. Y ayant eu des gens par le passé qui ont essayé de donner des ombrages au Roi de la Reine sa mère (quoique ses intentions n'aient d'autre but que son service), il est à craindre que quelques-uns, jaloux de la bonne intelligence qui est et qui doit être pour le bien de l'Etat entre Leurs Majestés, ne tâchassent de nouveau de l'altérer, interprétant, sous prétexte des obligations que ledit cardinal reconnoît avoir à la Reine, les pensées et les avis qu'il donneroit selon sa conscience, à des desseins contraires à la sincérité des intentions de la Reine et dudit cardinal, quoiqu'il aimât mieux mourir que de penser à chose qui ne fût avantageuse à l'Etat, pour le bien duquel il voudroit employer jusqu'à la dernière goutte de son sang (2).

Le service du Roi requerra souvent, contre son gré, que le cardinal déplaise au tiers et au quart; ceux à qui il n'aura pas plu seront les premiers à rechercher ces artifices pour le mettre hors des bonnes grâces de Sa Majesté, qu'il veut conserver plus que sa vie, et qu'il sait bien que ses actions mériteront toujours. Sa promotion aux affaires peut servir à faire voir à tout le monde l'étroite intelligence qui est entre Leurs Majestés, chose, à la vérité, qu'il est avantageux pour son service qui soit et qui paroisse. Mais le Roi peut faire ce même effet par d'autres voies, et son bon naturel le rend tous les jours de plus en plus si soigneux de les rechercher, qu'avec la suite de telles actions il est impossible qu'à l'avenir les plus malins puissent penser que les apparences y soient sans les effets. Au lieu que l'expédient qu'on prend maintenant n'est pas de succès assuré; qu'il peut arriver que les philosophes de la cour jugeront (quoique sans fondement) que ledit cardinal sera mis aux affaires plus pour contenter l'imagination publique et éblouir la vue du monde, que pour avoir en effet une vraie connoissance des affaires, èsquelles ils penseront que l'on aille avec lui avec retenue; et en ce cas ils parleront plus désavantageusement que jamais du conseil, et auront plus

(1) Richelieu était surintendant de la maison de la reine mère.

(2) Pareille phrase est déjà plus haut, dans sa réponse à La Vieuville.

mauvaise opinion de l'intelligence de Leurs Majestés.

Si l'on dit qu'il est question de fortifier le conseil quant au nombre, une autre personne le peut faire aussi bien que ledit cardinal, qui sait fort bien que tous les meilleurs expédiens qui se peuvent prendre aux affaires de Sa Majesté sont dans l'esprit de ceux qui la servent à présent. Si la grande quantité d'affaires les surcharge trop, le cardinal s'offre, par la volonté du Roi, de se trouver toutes les semaines avec eux en lieu particulier, pour aviser à ce qui sera à propos pour le bien du service de Sa Majesté; et ainsi, ayant communication de ce qui se passera, il aura d'autant plus le loisir de digérer et penser aux expédiens qui se devront prendre que plus il sera particulier, et ces messieurs pourront admettre ou rejeter en un instant ce qu'il aura pensé tout à loisir (1).

Ainsi il paroîtra que ce ne sera pas pour éviter le travail qu'on met les considérations susdites en avant, aussi peu l'envie et la haine qui accompagnent d'ordinaire ceux qui ont part en l'administration des affaires publiques, puisque le cardinal s'offre de bon cœur, quand Sa Majesté aura pris une résolution utile à son État, mais désagréable à quelques particuliers, de la leur dire franchement, et qui plus est la soutenir avec raison.

Si, nonobstant ces considérations, Sa Majesté s'affermit en sa résolution, le cardinal ne peut avoir autre réplique que l'obéissance. Seulement il supplie Sa Majesté d'avoir agréable que, vaquant concurremment avec ceux de son conseil aux affaires qui concernent le général de son État, il soit délivré des visites et sollicitations des particuliers, qui, faisant consommer inutilement le temps que l'on doit employer à son service, achèveroient de ruiner entièrement sa santé; et de plus, que, comme il entre en cette fonction sans la rechercher ni désirer, mais par pure obéissance, Sa Majesté sache qu'il n'aura ni ne peut avoir autres desseins que la prospérité de sa personne et la grandeur de son État, et soit si ferme en cette croyance véritable, que le cardinal soit assuré que tous les artifices des malins ne pourront avoir aucune force auprès de Sa Majesté au préjudice de sa sincérité.

La Vieuville ne le faisant pas mettre au conseil pour servir le Roi, mais pour se maintenir, et pensant se servir de lui comme d'une marotte, il l'y vouloit faire entrer avec honte, cédant au connétable et au chancelier. Il défendit sa cause et la gagna, par plusieurs raisons qui seront déduites en un autre lieu (2), et particulièrement

(1) Même observation que tout à l'heure.
(2) Sans doute dans le mémoire qu'on trouve parmi les

par un extrait des registres du conseil, par lequel il appert que les cardinaux précèdent les princes du sang et autres princes, après tous lesquels le connétable et le chancelier prennent place. Sur quoi La Vieuville usa d'une autre malice, faisant faire en cachette un brevet (3) par lequel, à son compte, il auroit moyen de le chasser du conseil quand il voudroit. Ce brevet portoit que, pour le différend mû entre le connétable et le cardinal sur le sujet de leur séance au conseil, le Roi, à la prière de la Reine sa mère, commandoit audit connétable de céder la sienne, sans conséquence pour l'avenir, à un desdits cardinaux seulement; mais ce brevet, fait à l'obscurité, ne vit point le jour et fut sans effet.

En ce temps-là, le Roi étant à Compiègne, les comtes de Carlisle et de Holland, ambassadeurs extraordinaires du roi de la Grande-Bretagne, l'y vinrent trouver pour demander à Sa Majesté, de la part de leur maître, madame Henriette, sa sœur, en mariage pour le prince de Galles. Ils y furent reçus avec grande magnificence, selon que le méritoit le sujet pour lequel ils venoient. Mais, avant que de leur faire réponse, il y eut beaucoup de choses à considérer (4) : quel avantage eût eu le roi d'Espagne en cette alliance pour sa sœur; le sujet qu'avoient les Anglais de souhaiter plutôt la nôtre que celle-là; enfin, s'il étoit utile à la France de l'accepter.

Sur ces trois points, le cardinal représenta au Roi, en son conseil, ce qui s'ensuit : que le roi d'Espagne avoit grand sujet de désirer le mariage de ce prince avec sa sœur, pour plusieurs raisons. La première pource que la principale force des Hollandais consiste en six régimens anglais et écossais, lesquels leur sont plus propres que nuls autres, pour être plus adroits, servant à meilleur marché, et étant mieux choisis pour le grand nombre qui leur en vient (car les Allemands ne les servent à si bon prix, ne sont si hardis ni obéissans, et les Français ne sont si bons soldats d'infanterie, ni disciplinés à la coutume de Hollande en beaucoup d'années); de façon que quand le roi d'Angleterre leur voudra ôter ce secours, ils seront fort dépourvus de capitaines et de soldats. La deuxième, que le roi d'Angleterre peut empêcher les desseins et trafics des Hollandais par mer, leur ôtant l'entrée de ses havres, sans lesquels ils ne peuvent aller ni venir en leurs navigations des Indes, ni à la mer Océane ni Méditerranée; ce qui lui seroit un grand avantage,

pièces de l'histoire de Louis XIII, par Lecointe; t. II, page 353.
(3) Du 9 mai 1624, même recueil.
(4) On retrouve ici ce qu'on avait vu en 1616, une transcription exacte des rapports, notes et instructions.

non-seulement pour ce qu'il tient en Barbarie et en toute la côte d'Afrique, mais dans les Indes mêmes ; car les places qu'il possède en Barbarie lui sont de plus de dépense que de profit, n'étant pas de telle conséquence qu'elles incommodent beaucoup les Maures ou Arabes, ou leur empêchent le passage du détroit de Gibraltar, ou diminuent le nombre de leurs corsaires; et il est en danger de perdre celles qu'il a en Guinée, Congo et Angola, ou au moins la plupart de l'utilité qu'en tirent ses sujets, à cause de la puissance des Hollandais, qui s'en rendront enfin les maîtres, tant ils augmentent tous les jours de force sur la mer; et le trafic de ses Indes mêmes court fortune, à cause du peu de forces qu'il a en ces mers-là, de la grande puissance que les Anglais et Hollandais y ont, et de la haine que tous les princes indiens portent à la superbe tyrannie des Portugais, qui leur fait rechercher toutes les autres nations, lesquelles, jointes ensemble, portent un péril présent à ses affaires, l'unique remède desquelles est de se rendre seul seigneur entre les chrétiens en ce pays-là. La troisième, que le roi d'Angleterre est le chef des protestans, arbitre des affaires d'Allemagne, Pologne et Suède, et beau-frère du roi de Danemarck, qui est voisin des Hollandais, et qui, étant duc d'Holstein, emportera une partie de la correspondance que lesdits Hollandais ont avec les villes anséatiques, ce qui est un point de grande considération : outre que, par les parentés et intelligences que ces deux rois ont en Allemagne, le roi d'Espagne s'aplaniroit le chemin à maintenir l'Empire en sa maison, et arrêteroit les mouvemens qui se pourroient élever en France et en ladite Allemagne contre lui. Que, pour ces raisons-là, l'alliance d'Angleterre étoit souhaitable et avantageuse à l'Espagne; mais que l'avantage ne seroit pas mutuel pour les Anglais, qui, au contraire, devoient beaucoup plus désirer la nôtre que la leur.

Premièrement, pource qu'il arriveroit au roi d'Angleterre et à son royaume de grands inconvéniens de l'alliance d'Espagne; en ce que, comme le roi d'Espagne se dit chef des catholiques, et, par je ne sais quelle rencontre d'affaires et artifices, non par piété, se trouve en effet avoir ses intérêts le plus souvent liés avec les leurs; le roi d'Angleterre, d'autre part, l'étant des protestans, ses alliés et vassaux prendront jalousie de lui à raison de ce mariage, d'autant qu'il sera bien plus vraisemblable que le roi d'Espagne, qui est sans comparaison beaucoup plus puissant, le fasse condescendre à partie de ce qu'il désirera de lui, que non pas qu'il puisse gagner quelque chose sur le roi d'Espagne; d'où il arrivera que ses alliés et voisins se défieront de lui, et ne le tiendront plus pour leur chef sur qui ils se fient et appuient entièrement. En second lieu, que cette alliance lui préjudicieroit encore, en ce qui concerne les négociations secrètes et publiques avec ceux de sondit parti, chacun desquels, estimant avoir fait en son particulier la même perte en lui que tout leur parti en général, ne pourroit plus entretenir avec lui la même confiance qu'il y avoit auparavant; ce qui même pourroit aboutir en son royaume à une division dangereuse, et causer les accidens lamentables que l'on a vus en France et en Allemagne. De plus, que les Anglais perdront les frais qu'ils ont faits pour les équipages des Indes, que leurs profits du trafic diminueront, en quoi ledit Roi et son royaume seroient beaucoup intéressés.

Davantage, le roi d'Angleterre s'appuie d'une amitié nouvelle, sans autre fondement que la volonté de celui qui l'accepte, et laisse ses propres ligues, encore qu'obligatoires, pour la défense et union des protestans et alliés dont il est chef, et amoindrit son autorité dedans sa propre monarchie, où à présent il est suprême en toutes choses ; de sorte qu'il s'expose à tout ce qui peut succéder des volontés d'autrui en des points essentiels et vitaux, comme sont ceux-ci, qui semblent révoquer tous les Etats à nouveaux principes, remettant les choses en pareils termes qu'elles étoient auparavant la désobéissance de Henri VIII, auteur des nouveautés qui succédèrent en sa nation et en sa religion. Qui plus est, il n'y a personne qui ne sache que l'Espagnol est comme le chancre, qui ronge et mange tout le corps où il s'attache; personne qui ne sache qu'il le fait d'ordinaire sous prétexte de la religion, qui, se trouvant plus grand en Angleterre qu'en autre lieu, pour la division des catholiques et protestans, fait voir clairement que le roi d'Espagne n'aura point de pied en Angleterre sans dessein et sans péril pour l'Etat.

Or est-il que cet inconvénient n'aura point de lieu en l'alliance de la France, étant certain que les Français trouvent leur pays si gras, si abondant et si puissant, qu'ils n'ont autre dessein que de s'y conserver, sans prétendre en conquérir d'autres, particulièrement sur l'Angleterre, sur laquelle ils n'ont jamais prétendu aucun droit comme sur l'Italie, etc. Ce doit être, en outre, un motif très-puissant, que les Anglais ont très-grande aversion au mariage d'Espagne, et très-grande inclination à celui de la France, et ce avec raison; non-seulement pour le dessein général de l'invasion qu'a le roi d'Espagne, mais en outre pour ce que la France a toutes les mêmes alliances et considérations que l'Angleterre, et que les Espagnols les ont toutes contraires.

Quant à juger si, ainsi que le roi d'Angleterre faisoit bien de rechercher notre alliance, nous ferions bien de l'accepter, en cela consistoit tout le point de la difficulté, pour laquelle résoudre il falloit premièrement peser avec loisir et jugement diverses considérations qui se présentoient en ce sujet : la première est de savoir si licitement il se peut faire, dont il n'y a lieu de douter, pourvu qu'il apparoisse un fruit notable pour l'Eglise, et que l'ame de celle (1) qui sera mise en un tel vaisseau ne soit exposée à aucun péril de naufrage. La seconde dépend de cette première, et consiste à savoir s'il nous est fructueux, soit pour la religion, soit pour l'Etat. Sur quoi il n'y a rien à dire, sinon que, au cas qu'on le fasse avec telles conditions que notre princesse conserve sa religion, et obtienne liberté de conscience, ou au moins fasse cesser la persécution, il est honorable et fructueux à l'Eglise et à l'Etat. Fructueux à l'Eglise, puisque en cela elle seroit délivrée des persécutions qu'elle souffre en ce royaume-là; fructueux à l'Etat, attendu que cette princesse étant catholique, non-seulement sera en état d'empêcher que les huguenots français ne reçoivent aucun secours d'Angleterre, mais en outre d'en donner aux catholiques français, à cause du pouvoir absolu qu'elle aura parmi les siens : ce qui feroit qu'en tel cas il seroit clair que l'on le pourroit et devroit faire (2).

Mais si on le faisoit à telle condition que, les catholiques n'ayant aucune liberté ou soulagement, la religion même de la princesse que nous donnerions fût hasardée, il seroit non-seulement infructueux, mais honteux et préjudiciable en tous points. Premièrement, en ce qu'on ne peut mettre une ame en péril éminent de sa perte sans horrible péché, en péril éminent de telle perte sans perdre notre honneur et réputation, sans offenser le Pape, perdre la bienveillance non-seulement de lui, mais de tous les catholiques de la chrétienté; ce qui n'est pas de petite considération. Secondement, en ce que si cette princesse étoit huguenotte, étant sœur de notre Roi, tous nos huguenots auroient à gloire de dépendre d'elle, et elle à honneur et décharge de conscience de les protéger en tout et partout où il iroit de la religion, ou en effet ou par prétexte. Et quand même, ayant perdu sa religion, elle se conserveroit le cœur français, et voudroit nous secourir en quelques occasions, elle seroit impuissante pour ce faire, étant bien certain que perdant la religion elle perdra le cœur des catholiques, mais non pas qu'elle acquière celui des huguenots. Ce qui fai-

(1) La princesse française.
(2) Le mariage.

soit résoudre feu M. le duc d'Alençon, lorsqu'il traitoit du mariage d'Angleterre (3), de conserver sa religion, disant qu'il ne gagneroit autre chose au changement d'icelle, que perdre les catholiques sans acquérir les huguenots; et partant il est très-clair que, supposé qu'elle fût en péril de sa religion, on ne peut légitimement, et ne doit-on, par raison d'Etat, entendre en ce mariage.

Que nous puissions, à juste titre, demander la liberté de conscience, c'est chose claire; puisqu'en France nous la donnons à une secte nouvelle, on la peut bien donner en Angleterre à un corps ancien comme le nôtre, duquel ils sont contraints de confesser être sortis. Au moins est-il bien raisonnable qu'au lieu que la France donne liberté aux calvinistes, l'Angleterre donne assurance de ne persécuter point les prêtres et les catholiques, en faisant une perpétuelle boucherie d'eux. Bien que les catholiques anglais soient affligés, il nous importe de ne les offenser pas, devant juger, par la durée de toutes les hérésies, que celle d'Angleterre ne doit plus avoir grand cours, et appréhender qu'ayant maltraité les catholiques en leur affliction, ils nous méprisent en leur prospérité; ce qui fait que le roi d'Espagne en fait un extrême cas.

On pourra demander si en nul cas, hors celui de la liberté ou soulagement des catholiques, on ne peut traiter ce mariage. En quoi il faut confesser que les théologiens et les gens d'Etat se trouvent fort empêchés, n'y ayant, en autre cas, aucun fruit apparent, ains beaucoup de mal à craindre. Toutefois, si on assuroit tellement sa religion qu'elle ne pût courir aucun hasard en sa personne; si elle avoit auprès d'elle des dames saintes et de grande vertu; s'il lui étoit permis d'avoir un évêque en qualité de grand-aumônier, et plusieurs autres personnes doctes et de sainte vie; qu'elle eût une église où le service de Dieu fût fait avec liberté, on pourroit, sinon conseiller, au moins ne déconseiller pas ce mariage, attendu qu'il semble que ce seroit donner lieu aux catholiques anglais d'avoir consolation par espérance en leurs peines. Et cela est bien la moindre chose qu'on nous puisse accorder, puisqu'autrefois un roi de France donnant sa fille à Ethelbert, roi d'Angleterre, encore payen, obtint de lui les mêmes conditions, sans y en ajouter aucune, selon que Bède le rapporte; ce qui devroit combler de honte les Anglais, si nous ne pouvions obtenir de leur Roi chrétien ce que l'on obtint autrefois d'un roi païen.

Surtout, pour l'honneur de la France, il faut rechercher en cette alliance tous les avantages qu'il se pourra pour la religion, se souvenant de

(3) Avec Elisabeth.

ce qui se passa il y a huit ou neuf ans en pareil sujet. L'ambassadeur de Savoie, traitant du mariage du prince de Savoie avec la fille d'Angleterre, et se portant un peu froidement pour l'article de la religion, les Anglais publièrent, par moquerie, que le duc de Savoie étoit content que leur princesse retînt sa religion. En même temps Pierre de Zuniga, ambassadeur d'Espagne en Angleterre, disoit tout haut que si le prince de Galles vouloit se faire catholique, le Roi son maître lui enverroit sa fille sur un pont d'or; mais, s'il y persistoit, qu'il ne lui voudroit pas donner en mariage la plus chétive chambrière de son royaume. Le zèle de l'Espagnol fut estimé, et la froideur du Savoyard blâmée. Faisant ce mariage mal à propos et illicitement, il seroit grandement à craindre de provoquer l'ire de Dieu sur nous, comme fit Josaphat, qui, quoique pieux roi, sentit rigoureusement la main de Dieu, pour s'être joint avec Achab, roi d'Israël, qui persécutoit cruellement les serviteurs de Dieu.

Le roi d'Angleterre publie, et l'a dit ouvertement au sieur de Bisseaux, qu'il ne se soucie pas que l'on dise des messes en Angleterre, pourvu que son Etat demeure paisible; s'il est ainsi, on le peut assurer de ses fins et le mettre hors d'intérêt, les catholiques se soumettant, en recevant la grâce qu'il leur fera, à s'astreindre de garder fidélité au Roi, par le serment le plus obligeant qu'il se pourra faire, et qu'il sera jugé à propos par le clergé de France. Ce qui lui doit donner toute assurance, si les ministres ne veulent dire que la vraie religion ne permet pas à un catholique d'astreindre sa foi à un prince d'autre croyance : ce que je puis dire être un blasphème, et qui devroit mettre grandement notre Roi en soupçon, vu que par ce moyen il ne peut s'assurer de la fidélité des huguenots. Que si le roi d'Angleterre représente qu'en ce faisant son fisc diminuera, d'autant qu'il tire beaucoup des catholiques; après avoir représenté qu'il semble plus décent à un grand prince de relâcher quelque chose de ses droits, que de continuer à persécuter ses sujets pour tirer avantage d'eux, les catholiques s'offrent de lui donner autant comme on tire d'eux par leur persécution.

Après toutes ces raisons succinctement déduites, selon que l'importance du sujet le pouvoit permettre, le cardinal conclut qu'il étoit d'avis de recevoir l'offre qui nous étoit faite de ladite alliance, pourvu qu'on la pût obtenir aux conditions susdites, et que tant s'en faut qu'il la fallût rejeter, qu'au contraire il la falloit poursuivre avec soin, pource que toujours l'alliance d'Angleterre nous a été avantageuse, cette île étant située comme un boulevard sur ce royaume; ce qui convia les ducs de Bourgogne de faire grand état de l'amitié desdits Rois, pour donner un frein puissant aux forces de la France. L'Espagnol ne conquit le royaume de Navarre, sous Louis XII, qu'après avoir fait ligue avec l'Anglais contre nous, et s'étant unis pour nous attaquer des deux côtés. Davantage, si nous nous allions avec le roi d'Angleterre, l'Espagne perdra le moyen qu'elle avoit d'arrêter nos mouvemens sur le sujet de nos prétentions contre elle, si elle avoit de son parti ledit Roi, qui nous est si proche voisin et a des prétentions contre nous, qu'il s'imagine n'être pas moins clairement justifiées que les nôtres contre le roi d'Espagne; en quoi nous recevrons un double avantage, et que l'Espagnol perd, en ce faisant, l'assistance de ce royaume-là, et que nous nous en fortifions contre lui.

Le Roi suivit l'avis du cardinal, et arrêta de ne pas rejeter l'offre qui lui étoit faite par lesdits ambassadeurs : on commence à traiter avec eux. La plus grande difficulté qui se rencontra fut sur le sujet de la liberté de conscience en Angleterre, ou publique, ou tolérée secrètement. Quant à la liberté publique, ils n'en voulurent pas seulement entendre parler, témoignant que c'étoit avoir dessein, sous ombre d'alliance, de détruire leur Etat que de leur faire telle demande. Quant à la secrète, ils avoient encore grand'peine à l'accorder. Néanmoins le cardinal leur faisant voir clairement que le Roi ne pouvoit faire ce tort à sa qualité de fils aîné de l'Eglise, que de n'obtenir pas en cette occasion tout ce que les catholiques anglais pouvoient raisonnablement attendre de soulagement par le moyen de cette alliance, et ne prendre pas les assurances raisonnables qui pouvoient être prises pour l'exécution de ce qui seroit promis, ils s'y relâchèrent, avec cette condition qu'il n'en parût rien par écrit, et que le Roi se contentât seulement d'une promesse verbale du roi d'Angleterre et du prince de Galles.

Ils apportoient pour raisons que c'étoit vouloir mettre mal le roi d'Angleterre avec son peuple, qui étoit protestant, que de faire paroître au public qu'il eût promis aucune chose pour les catholiques, au préjudice des lois du royaume; que cela lui feroit perdre le moyen de tirer du secours de son parlement, qui étoit fort zélé à leur religion; que c'étoit même lui ôter le pouvoir de bien traiter les catholiques, que de faire connoître publiquement qu'il eût ce dessein, et s'y fût obligé, pource qu'un chacun prendroit garde à ce qu'il feroit pour eux, et que la moindre grâce qu'il leur départiroit seroit considérée, pesée et enviée, au lieu que si ses peuples n'en avoient point de soupçon, il auroit plus de liberté de les favoriser, et on ne s'en apercevroit pas si facilement, ni ne lui feroit-on pas tant d'instance d'observer les rigueurs des lois entre eux. Et enfin que la Reine à son arrivée en seroit mal vue, au contraire du désir qu'ils avoient qu'elle fût reçue avec une joie universelle de tous.

Le cardinal, au contraire, persistoit à ce qu'il en fût fait une promesse par écrit, pource qu'il lui sembloit qu'on ne pouvoit prendre trop d'assurance en une chose si importante, et qu'il étoit à croire que si les Anglais, animés du faux zèle de leur religion, faisoient, ci-après, peu de compte de leur parole en ce point, et vouloient prendre résolution d'y manquer, ils en seroient retenus par la force d'un contrat écrit et signé de leur main, dont ils auroient honte de violer la foi.

Il répondoit aux ambassadeurs que les raisons par eux apportées pour excuses n'étoient qu'un prétexte; que le roi de la Grande-Bretagne étoit assez puissant dans la bonne volonté de son peuple pour tirer d'eux ce qu'il voudroit; qu'on en avoit vu l'expérience au temps de la recherche de l'alliance d'Espagne, durant laquelle il avoit plusieurs fois donné une grande liberté à tous les catholiques de ses Etats, sans que néanmoins son peuple eût témoigné lui en être moins affectionné, ni moins prompt à le servir de ses moyens; que cet écrit ne donneroit pas au Roi leur maître plus d'empêchement de la part de ses peuples pour l'exécuter, que la simple promesse verbale qu'ils offroient; pource que toujours les protestans se douteroient-ils bien qu'il l'auroit promis, et le simple soupçon en matière de religion est si violent, qu'il feroit le même effet que s'ils en avoient une preuve certaine. Quant à la Reine, que ce lui seroit un si grand déshonneur en toute la chrétienté d'entrer en Angleterre sans apporter aucun soulagement à ceux de sa religion, qu'elle ne voudroit pas acheter à ce prix la bienveillance d'une partie du peuple d'Angleterre, et que ce lui étoit assez d'avoir les bonnes grâces du Roi son mari. Au reste, que le Roi Très-Chrétien y avoit un très-grand intérêt, pource qu'il ne pouvoit autrement assurer le Pape que ce que l'on promettroit seroit exécuté, qu'en lui témoignant qu'on ne s'étoit pas contenté d'une simple obligation de parole, mais on l'avoit voulu stipuler par écrit qui peut être exposé à la vue de tout le monde. Davantage, que la bonne intelligence du Roi avec les princes catholiques, qui est si nécessaire non-seulement au bien de son service, mais encore à celui de tous ses alliés, sembloit ne pouvoir être maintenue que par ce seul moyen; qu'on ne pouvoit autrement détourner les mauvaises impressions que les ennemis de cette couronne essaient tous les jours de leur donner d'elle (aux États et peuples catholiques), si Sa Majesté, assistant, comme elle fait, d'argent et d'hommes les Hollandais et les autres princes protestans ses confédérés, prenoit encore alliance en Angleterre sans tirer une promesse précise, solennelle et publique à un chacun, de faire cesser la persécution des catholiques qui gémissent oppressés sous la rigueur des lois qu'on exerce contre eux.

Les ambassadeurs demeurèrent fermes en ce point et ne le voulurent jamais passer; ce qui fit que le Roi fut obligé d'envoyer pour ce sujet le marquis d'Effiat ambassadeur en Angleterre, au lieu du comte de Tillières qui fut rappelé. Ledit marquis eut charge de représenter au roi d'Angleterre l'importance de cet article, et que le Roi ne le demandoit ni pour vanité ni pour crainte qu'il lui manquât de parole, mais par nécessité pour les raisons ci-dessus déduites, et d'abondant pour faciliter la dispense de Sa Sainteté, sans laquelle Sa Majesté ne pouvoit consentir à ce mariage. Ce Roi y apporta un long temps beaucoup de difficultés. Enfin, toutefois après plusieurs instances, et principalement pource qu'il apprenoit par toutes les dépêches de ses ambassadeurs qu'on ne vouloit rien ici conclure autrement, il leur donna ordre de s'y accorder. Tout le différend qui resta fut sur la forme de l'écrit, ledit Roi ne le voulant donner que sous seing privé, l'ambassadeur au contraire ayant ordre de demander qu'il en fût couché un article exprès dans le contrat de mariage.

Les ambassadeurs d'Angleterre s'étonnoient de l'instance qu'on en faisoit, d'autant que La Vieuville leur disoit que le Roi avoit pour indifférent le traitement que le Roi de la Grande-Bretagne feroit aux catholiques, et que ce qu'il en parloit n'étoit que pour la forme et pour contenter le Pape et les catholiques de France; de sorte que le cardinal, qui leur tenoit tout un autre langage, eut peine de leur faire croire que le Roi avoit, pour sa piété et pour son honneur, un si grand désir que les catholiques anglais fussent soulagés en suite de cette alliance, qu'il n'y avoit point de condition pour y parvenir plus essentielle que celle-là, sans laquelle il ne le concluroit jamais.

Or il sembloit nous être plus avantageux d'en avoir un article dans le contrat, pource que ce seroit une obligation plus solennelle et publique à tous les catholiques anglais qui s'en sentiroient plus obligés à la France, et à toute la chrétienté, qui en honoreroit davantage le Roi. Mais les ambassadeurs anglais représentoient que, si nous faisions plus grande instance en notre demande, le Roi leur maître auroit occasion de se défier de la sincérité de notre intention, pource que ce lui seroit un juste sujet de jalousie, si ses sujets catholiques avoient lieu d'estimer qu'ils seroient dispensés des rigueurs ci-devant exercées contre eux, par le soin et l'intervention du roi Très-Chrétien, et non par le propre mouvement et la bonté naturelle de leur prince. D'autre part, qu'il étoit nécessaire, pour la sûreté de Madame, que son contrat de mariage fût vu et arrêté au parlement; mais qu'il étoit du tout impossible au roi de la Grande-Bretagne d'y faire passer cet article-là, à cause de leur opiniâtreté à leurs lois, qui y sont toutes contraires; qu'en Espagne on s'é-toit toujours contenté d'un article secret, jusqu'à ce que, voyant leur traité sur le point d'être rompu, ils feignirent de se vouloir affermir à demander qu'il fût inséré dans le contrat; ce qu'on refusa en Angleterre avec opiniâtreté, s'y étant enfin seulement laissé aller pour délivrer leur prince qui étoit en Espagne en une honnête captivité, et pour essayer si on pourroit cependant, sous cette apparence, retirer le Palatinat, mais résolus de ne rien tenir de cette promesse; ce qui parut assez en ce que le prince ayant, en Espagne, promis ledit article avant son partement, il ne fut pas sitôt embarqué qu'il manda à son ambassadeur qu'il ne donnât point les procurations qu'il lui avoit laissées, et n'exécutât aucune chose jusqu'à ce qu'il eût nouvel ordre du Roi son père. D'abondant, qu'après que le Roi et le prince eurent fait connoître au dernier parlement que ce qu'ils avoient accordé sur ce fait en Espagne n'étoit que pour les raisons susdites, ils s'obligèrent par serment de ne s'engager plus à semblables promesses, à quelque fin et intention que ce fût.

Pour toutes ces raisons, très-fortes et capables de convaincre tout homme non préoccupé de passion, le cardinal conseilla au Roi de condescendre à un article particulier (1), jugeant que la religion en recevroit un solide avantage, et que disputer plus opiniâtrément ce point ne seroit que rechercher une vaine réputation de promouvoir l'utilité de l'Eglise sans effet, vu que moins il y auroit d'opposition de la part des protestans à ce qui seroit promis, plus le roi de la Grande-Bretagne auroit-il facilité à le faire observer; que la difficulté que le Roi faisoit de donner cet article public à cause de ses peuples, montroit bien qu'il avoit volonté de le garder étroitement étant secret; enfin que la sûreté de cet article, comme de tous les autres, en quelque manière qu'ils soient stipulés, dépend de la foi et de la parole dudit Roi et du prince son fils, qu'ils tiendroient d'autant plus religieusement que

(1) Hors du contrat.

moins ils verroient qu'on en auroit douté par des précautions plus capables de faire connoître des soupçons que d'assurer la chose.

Il conseilla néanmoins au Roi de ne donner pas son consentement sans essayer auparavant d'en profiter pour le bien des catholiques; ce qui lui réussit en sorte qu'au lieu d'une seule église qu'on promettoit jusqu'alors à Madame en la ville de Londres, ils consentirent qu'elle feroit bâtir, dans tous les châteaux et maisons où elle demeureroit, de grandes chapelles, capables de tenir tant de gens qu'il lui plairoit; ce qui n'étoit pas un petit gain pour la religion, les catholiques étant bien plus assurés de venir dans ces chapelles encloses dans les maisons royales qui sont des asiles sacrés, que non pas en une église publique, et y pouvant encore d'autant plus hardiment venir qu'elles sont plus retirées et moins à la vue du peuple; joint que les fruits qu'on pouvoit recueillir d'une seule église pourroient être bien plus avantageusement tirés de plusieurs chapelles partout où la Reine seroit.

Après cela il ne restoit plus que d'envoyer à Rome pour obtenir la dispense. Le père de Bérulle, général des pères de la Congrégation de l'Oratoire de Jésus, fut proposé par le cardinal au Roi, pour y aller travailler avec le sieur de Béthune, qui y étoit lors ambassadeur extraordinaire. Il eut charge de représenter à Sa Sainteté le soin avec lequel le Roi avoit pourvu à la sûreté de la conscience de Madame et de ceux de sa maison, et au soulagement des catholiques, par tous les moyens les plus forts qu'il avoit pu s'imaginer, et de l'assurer que, qui connoîtroit l'esprit et la dévotion avec laquelle Madame a été nourrie, ne douteroit point qu'elle ne fût capable de gagner autant sur son mari que fit autrefois une fille de France sur Ethelbert, roi d'Angleterre, qu'elle rendit si bon chrétien de païen qu'il étoit, que depuis il a été canonisé : qu'outre le bien qu'on devoit attendre pour l'Angleterre de la conduite et du zèle de cette princesse, elle ne serviroit pas peu à dissiper l'hérésie en France, affoiblissant ceux qui en font profession, en ce qu'elle empêcheroit non-seulement que les huguenots français ne reçussent du secours de ceux qui sont en Angleterre, ce qu'ils feroient autrement, mais en outre fortifieroit les catholiques français par les catholiques d'Angleterre; que ceux qui sont un peu versés en la suite du cours de l'Eglise, savent que les progrès de la foi se font plus par le temps, par la raison et la douceur, que par traité, convention et espèce de contrainte; que quelquefois, lorsqu'on pense plus assurer des événemens qu'on désire, c'est lors qu'on les rend plus douteux; que Valerius, évêque d'Hippone, ayant autrefois proposé d'envoyer Félix, un de ses diacres, pour travailler à la conversion des donatistes, on lui opposa, pour retarder son dessein, que c'étoit tenter Dieu de le jeter en ce péril; mais il ne laissa pourtant de passer outre, disant qu'il n'est pas permis de faire un mal évident pour en tirer du bien, mais que l'on peut donner quelque chose à la fortune quand le gain est plus apparent que la perte; qu'Hippolyte, évêque de Tyr, ayant, par l'artifice des ariens, perdu Sidonius, qu'il avoit envoyé pour leur conversion, dit qu'il regrettoit sa chute et non pas la commission qu'il lui avoit donnée; car, s'il avoit perdu un homme, il pouvoit gagner un peuple; que ces deux exemples faisoient reconnoître clairement qu'on devoit marcher confidemment en cette affaire, puisque, n'y ayant rien à craindre, il y avoit beaucoup à gagner, et qu'aux entreprises faites par ces deux évêques, s'il y avoit quelque avantage à attendre, ce n'étoit pas sans péril évident d'une notable perte; que le fruit que l'Église se devoit promettre de ce mariage étoit manifeste, puisqu'il la délivroit en partie des persécutions qu'elle souffroit en Angleterre; que s'il vient à se rompre, les catholiques anglais ne pouvoient éviter d'en recevoir un notable dommage, par l'exécution de la rigueur des lois contre eux, qui auroit lieu d'autant plus aisément que le prince épouseroit quelque Allemande protestante; que si on vouloit passer aux raisons d'Etat, il n'y avoit personne qui ne reconnût qu'il étoit utile à toute la chrétienté que l'orgueil d'Espagne fût abaissé par toutes sortes de moyens, entre lesquels ce mariage ne seroit pas un des moindres; que la puissance spirituelle du Saint-Siège auroit d'autant plus de poids que son autorité temporelle seroit plus considérable, et qu'elle ne pouvoit avoir grande force que dans l'égalité qui devoit être entre les premières et principales couronnes de la chrétienté. Par là il paroissoit que Sa Sainteté, qui est un des plus religieux papes qui ait jamais été, et des plus grands politiques qui puissent être, n'avoit pas peu de sujet d'accorder promptement la dispense qui lui étoit demandée par Sa Majesté, qui estimoit satisfaire à la dignité de roi Très-Chrétien si, pour procurer solidement un avantage du tout signalé à l'Église, elle se relâchoit de certaines apparences, qui ne sont bonnes que pour se mettre en réputation auprès de ceux qui ne connoissent pas qu'on les a seulement demandées pource qu'on savoit bien qu'on n'en pouvoit avoir l'effet.

Avec ces ordres, le père de Bérulle s'en va à Rome; mais, tandis qu'il y négocie, retournons à Compiègne voir ce qui s'y passe. Pendant le séjour que le Roi y fait, peu après que le cardinal y fût entré dans le conseil, arrivent des ambassadeurs extraordinaires de Hollande, pour demander secours au Roi contre la maison d'Autriche, qui ne les peut opprimer sans la ruine universelle de toute la chrétienté. On avoit depuis quelque temps, à l'avantage de l'Espagne et au grand préjudice de cet Etat (1), négligé cette alliance contre les instructions du feu Roi. Le voile de la religion servoit d'excuse à ceux que l'intérêt de leurs affaires particulières tenoit si occupés qu'ils perdoient le soin des publiques. Ils mettoient en avant la considération de Rome, comme un épouvantail pour faire abandonner les Etats. Le cardinal soutint courageusement que, bien que de prime abord il semblât qu'à Rome on pût trouver à redire à une union plus adroite que le Roi voudroit reprendre avec eux, il pensoit toutefois pouvoir assurer qu'on ne l'improuveroit pas; étant certain qu'à Rome, plus qu'en tous les lieux du monde, on juge autant les choses par la puissance et l'autorité, que par la raison ecclésiastique; le Pape même sachant que les princes sont souvent contraints de faire, par raison d'Etat, des choses du tout contraires à leurs sentimens. Il disoit aussi que témoigner une si grande crainte de Rome seroit nous faire tort, parce qu'en matière de princes on interprète souvent à foiblesse la déférence que les uns rendent aux autres; ce qui fait qu'il n'y a rien de tel aux princes que de prendre des conseils hauts et généreux.

Quant aux inconvéniens qu'on pourroit dire qui nous en arriveroient de la part d'Espagne, le feu Roi les a toujours méprisés, et estimé l'alliance de Hollande n'apportoit pas une petite sûreté à son Etat, pource qu'elle étoit capable d'empêcher la maison d'Autriche de lui faire une querelle d'Allemand, qui est plus à craindre que jamais, maintenant que l'Empereur s'est rendu maître de l'Allemagne. Et au cas que, par quelque disgrâce, les deux maisons de France et d'Autriche se vinssent à heurter, la crainte que les Espagnols auroient des Hollandais nous assureroit la frontière des Pays-Bas, qui est la porte la plus commode aux ennemis de la France, et par laquelle nous avons reçu plus de dommage d'eux. D'autre part, la guerre des Hollandais affoiblit notre ennemi sans que nous entrions en aucun péril; et, en la concurrence des affaires présentes, elle nous est plus nécessaire que jamais. Les Hollandais sont plus foibles qu'ils n'ont encore été jusques ici; leurs dettes croissent de jour à autre; leurs secours ayant été diminués et les efforts du roi d'Espagne étant plus grands, ils pourroient bien facilement incliner à recher-

(1) La France.

cher le renouvellement de la trève, ou le traité d'une bonne et éternelle paix; ce qui ne semble pas être impossible aux termes où les choses sont. Car, pour la trève, il n'y a point de doute que le roi d'Espagne ne la voulût faire aux conditions de la précédente : quant à la paix, il y a une voie ouverte pour y parvenir, qui sera au contentement des deux parties, et peut-être du roi d'Angleterre, mais à notre seul dommage et à la ruine de cet Etat.

Autrefois, du temps de Henri-le-Grand, de glorieuse mémoire, en l'an 1608, lorsque, par l'entremise de ses ambassadeurs et de ceux du roi de la Grande-Bretagne, la trève se traita entre les Etats et l'archiduc, entre plusieurs propositions d'accommodement qui furent faites, celle-ci fut mise en avant : que le roi d'Espagne déclareroit, ainsi qu'il avoit déjà fait par la première trève, qu'il ne prétend plus rien sur les Etats des Provinces-Unies; qu'il les tient pour une république, peuple libre, et consent qu'ils soient à l'avenir réputés membres de l'Empire, et en dépendans, avec mêmes priviléges, autorité et pouvoir que les princes et villes franches qui sont de cette qualité, et reconnoissent l'Empereur avec des charges si peu onéreuses qu'elles n'entament aucunement leur liberté; déclarant, en outre, qu'il ne demande rien d'eux, sinon qu'ils se promettent l'un à l'autre un mutuel secours, Espagne et tous les Pays-Bas, y compris ce que les Etats possèdent, et de n'avoir aussi pour l'avenir que mêmes amis et ennemis, en quoi ils entendoient comprendre le roi d'Angleterre, sans l'exprimer, de crainte d'offenser le feu Roi qu'ils voyoient bien n'être pas disposé à le souffrir. Ce qui seroit proprement le renouvellement de l'ancienne alliance des Pays-Bas avec la maison de Bourgogne, toujours désirée et poursuivie par les rois d'Angleterre, et jugée utile aussi par les rois d'Espagne, pour se fortifier contre nous. Aussi cette proposition fut-elle approuvée par les Anglais, mais rejetée par nous et par les Etats, lesquels, bien qu'ils y vissent quelque apparence de sûreté pour eux, ne jugèrent pas toutefois qu'elle fût vraie et entière en effet, joint que les inimitiés étoient trop récentes, et que tout ce qui provenoit de la part d'Espagne leur étoit suspect.

Mais aujourd'hui les choses ont pris une autre face, et il y a tel changement en leurs affaires, qu'ils pourroient bien approuver ce qu'ils ont autrefois rejeté. Ils ne se sentent plus si forts qu'ils étoient lors; ils sont désunis et divisés en eux-mêmes. Le schisme des arminiens les déchire et les envenime de haine les uns contre les autres. Rien ne rend la division dans les Etats plus dangereuse que quand elle est fondée non-seulement sur un prétexte, mais sur un sujet de religion.

Arminius étoit un homme né de peu, en l'an 1560, qui, ayant perdu son père, fut élevé, en sa jeunesse, par un bon homme qui avoit été prêtre, nommé Théodore Emilius, lequel lui ayant manqué, il alla à Leyde, où il paracheva ses études. Il succéda à François Junius en la chaire qu'ils appellent de théologie, en laquelle il commença à acquérir grande autorité. Il prit amitié avec Barneveldt, et, peu après, se voyant porté par les plus puissans, il mit en avant quelques opinions nouvelles qu'il avoit touchant la prédestination. La Hollande, qui est tellement la principale des provinces qui sont associées pour la commune défense, qu'elle seule contribue beaucoup plus à cet effet que toutes les autres ensemble, reçut, plus que toutes, l'impression de cette opinion. Barneveldt, qui y avoit engagé le prince Henri, fit qu'en l'an 1618 on enjoignit aux prédicans d'enseigner les peuples simplement à bien croire et à bien vivre, et s'abstenir d'embrouiller les esprits de ces questions difficiles et curieuses. A quoi les calvinistes ne voulurent acquiescer. Les magistrats de quelques villes, ne s'y pouvant opposer sans péril de leurs personnes, furent contraints, pour leur sûreté, suivant leurs priviléges, de prendre quelque petit nombre de soldats pour garder leurs hôtels de ville et leurs magistrats. La partie contraire donna une si mauvaise interprétation à ce bon dessein, que lors on éclata en invectives, de bouche et par écrit; pour à quoi remédier le Roi envoya, en juillet de ladite année, le feu sieur de Boissise vers messieurs des Etats; son intervention, quoique puissante, ne le fut pas assez pour apaiser ce tumulte; ils eurent recours à la force, emprisonnèrent l'avocat général de Hollande, Barneveldt, et quelques autres, et destituèrent tous les magistrats des villes qui avoient pris lesdits soldats pour leur défense; chose non jamais pratiquée auparavant, non pas même par les princes souverains auxquels ils ont été sujets, d'autant que lesdits magistrats sont, par leur institution, perpétuels, et ne peuvent être déposés que par mort ou forfaiture. A quelque temps de là ils firent mourir Barneveldt, et condamnèrent la plupart des autres à prison perpétuelle; ce que plusieurs d'entre eux tiennent plutôt être une vengeance qu'une sincère justice.

Cette division, comme un chancre, les ronge au dedans, et les affaiblit davantage que ne font pas toutes les ruines que la guerre apporte avec soi. Outre cette foiblesse qu'ils reconnoissent en eux, et leur fait désirer de se voir en repos, ils n'ont plus cette haine si vive qu'ils avoient contre l'Espagnol, à cause des avantages qu'ils ont ressentis de la trève passée. Joint que le roi d'Angleterre, qui désire ardemment le recouvrement du Palatinat pour son honneur, l'affection qu'il porte à sa fille et la sûreté de son Etat, sera toujours bien aise de regagner l'amitié d'Espagne, sous quelque assurance apparente qu'elle lui donnera de vouloir, à quelques conditions raisonnables, lui rendre ledit Palatinat, duquel ledit Roi croit pouvoir difficilement venir à bout par la voie des armes, quelque effort qu'il fasse pour cela.

Si le roi d'Angleterre est persuadé, il sera un puissant motif pour faire consentir ladite paix aux Hollandais, principalement ne se voyant plus lors appuyés que du Roi, les secours duquel sont incertains, à cause des fréquens mouvemens que jusques ici nous avons toujours eus en ce royaume. Il ne leur sera pas difficile de penser y trouver suffisamment leur sûreté, comme étant, par ce moyen, conjoints en amitié avec le roi d'Angleterre, et n'ayant plus sujet de craindre l'Espagne, qui vraisemblablement ne voudra plus entrer en guerre contre eux, pour y faire les mêmes dépenses, encourir les mêmes dangers qu'elle a soufferts au passé. Et pource que le prince d'Orange est à présent celui qui a plus de pouvoir dans les Etats, le roi d'Espagne pourra consentir qu'il soit gouverneur perpétuel desdites provinces, lui donner de grands Etats et appointemens, et de l'honneur et commandement en ses armées, s'il entre en confiance avec lui.

De dire que le roi d'Espagne n'y voudra pas consentir, il n'y a point de vraisemblance ; car c'est son avantage. Si l'obligation est mutuelle entre eux tous de se secourir l'un l'autre, et de n'avoir plus à l'avenir que mêmes amis et ennemis, il en tirera autant de profit que s'ils demeuroient ses sujets ; étant bien certain que les pays que les Etats possèdent à présent, n'ont contribué en argent à leurs anciens seigneurs que fort peu ; et même quand ils étoient en la sujétion des Empereurs romains, ils n'étoient obligés à autre charge qu'à fournir armes, chevaux et le service de leurs personnes en guerre, sans contribuer aucune chose en argent. Aussi a-t-on vu que l'une des premières causes de leur rébellion contre l'Espagne a été les impositions qu'on vouloit lever sur eux. Aussi le roi d'Espagne en eut-il la proposition agréable, quand on la lui fit, entre les autres, ainsi que nous avons dit ci-dessus. Que si jamais les Hollandais en sont réduits à ce point, nous avons beaucoup à craindre d'eux, tant parce que c'est un peuple aguerri, proche de nous, puissant en soi-même, et beaucoup plus lorsque les pays possédés par l'archiduc seroient unis avec eux et à même fin, que parce aussi qu'ils seront plus animés contre nous qu'aucuns autres ; l'expérience nous faisant connoître qu'un ami abandonné se fait ennemi plus irréconciliable que ceux qui de tout temps ont été nos ennemis.

Pour toutes ces raisons, le cardinal estima qu'il falloit contracter avec eux une amitié aussi étroite que du temps du feu Roi, ne les abandonner point en leur besoin, et faire un nouveau traité avec eux, qui nous obligeât réciproquement à une sincère et mutuelle correspondance ; ce qui leur seroit avantageux, d'autant qu'en ce faisant Sa Majesté fera paroître, aux yeux de toute l'Europe, qu'elle s'intéresse, autant qu'elle le peut, à leur conservation. Et, pour ne manquer à rien de ce qui étoit du service du Roi et de l'avantage de la France en ce traité, il lui sembla qu'il falloit ajouter, à ceux qui avoient été faits ci-devant, quelques articles importants à l'Etat et à la religion. Premièrement, que non-seulement ils ne donneront point d'empêchement, mais toute assistance à nos marchands, trafiquans aux Indes orientales et occidentales ; leur laisseront le choix des côtes pour y trafiquer en toute sûreté et liberté, et les associeront avec eux en leurs navigations esdits pays. En second lieu, qu'ils révoqueront tous traités d'alliance faits avec les pirates d'Alger, sous l'ombre desquels plusieurs particuliers déprédent les marchandises et vaisseaux des sujets de Sa Majesté, et leurs propres personnes, et les transportent ès terres des infidèles. En troisième lieu, le cardinal, reconnoissant que jusques alors la messe n'avoit point, depuis nos alliances, été dite en Hollande, ni chez l'ambassadeur qui avoit toujours été huguenot, ni dans les troupes françaises quoiqu'elles fussent presque toutes catholiques, d'où s'ensuivoient de grands inconvéniens, tant pour la réputation du Roi que pour le salut des ames, conseilla au Roi deux choses : la première, d'y envoyer un ambassadeur catholique qui fît dire la messe en sa maison ; la seconde, de ne leur accorder le secours qu'ils demandoient, qu'à condition qu'il seroit permis aux gens de guerre français d'avoir aussi des aumôniers, pour leur célébrer la messe et administrer les sacremens. Les ambassadeurs contestèrent long-temps ce second point ; mais la fermeté du Roi à ne s'en vouloir relâcher les contraignit enfin de s'y accorder. Il en fut couché un article exprès dans le traité qu'on fit depuis avec eux, à Compiègne, le 20 juillet 1624.

Tandis que ces choses se passoient, La Vieuville se gouvernoit si mal, qu'il ne pouvoit pas subsister davantage. Le cardinal ne fut pas plutôt dans les conseils, qu'il ne vit par effet ce qu'il avoit prévu, qui est qu'il n'avoit pas dessein d'amender ses procédures. Il songeoit peu aux affaires publiques; son esprit n'étoit occupé qu'aux moyens de se maintenir, et le pauvre homme prenoit des voies du tout capables de le perdre; il prenoit jalousie de son ombre. Tantôt, sous prétexte de la foible complexion du cardinal, il lui disoit qu'il pouvoit faire la charge sans incommodité, puisqu'il suffisoit qu'il allât au conseil deux ou trois fois la semaine, sans aller chez le Roi pour lui parler en particulier. Puis il lui proposa un expédient, qui est que, quand au conseil, lui, qui opine le premier, ouvriroit un avis qu'on n'estimeroit pas devoir être suivi, au lieu de le dire ouvertement, il seroit meilleur de dire seulement : « Cette affaire est de conséquence, il vaut mieux la remettre à une autre fois, » et qu'étant remise, on conviendroit, en particulier, de ce qu'on estimeroit devoir être fait; après quoi ouverture nouvelle en seroit faite au premier conseil : de sorte qu'on entend et reçoit cet avis et le pratique-t-on.

Depuis, étant au conseil, et arrivant l'occasion de parler du rasement de quelques places et de la dépense des garnisons, le cardinal fit une ouverture qui fut applaudie de tout le monde, qui étoit d'ôter toutes les garnisons particulières des places, augmenter les troupes que le Roi avoit sur pied, et tour à tour en envoyer dans les places et châteaux particuliers, en les changeant de temps en temps, ce qui feroit que, bien que les gouvernemens fussent à des grands, ils y seroient plus de nom que d'effet. Cette affaire ayant été exagérée par le cardinal, qui offrit, de la part de la Reine-mère, de commencer à pratiquer cet ordre par Angers, La Vieuville, qui étoit près le cardinal, étant fâché qu'il eût mis en avant cette proposition, reconnue utile au service de Sa Majesté, lui dit tout bas : « Ne parlez plus de cela, je le ferai valoir, en particulier, comme il faut. » Etant proposé que le Roi se doit fortifier au Liége, parce que c'est le cardinal, il rejette cette proposition. Enfin il y prête l'oreille pour faire avoir au beau-frère de Joyeuse trois mille Liégeois en commandement. Parce que l'agent de Bavière n'avoit pas, en quelque rencontre, traité avec lui comme il désiroit, il fit soudain faire une lettre au duc de Bavière, par M. de Nevers, pour rappeler son agent. De là à peu de temps, l'agent, en ayant avis, tâcha de lui faire le plus de civilités qu'il lui est possible; aussitôt il fait écrire, par le duc de Nevers, au duc de Bavière qu'il ne prît pas garde à ce qu'il lui avoit mandé.

Tant qu'il voit que les ambassadeurs d'Angleterre disent du bien du cardinal de Richelieu, il est mal avec eux; et pour leur faire connoître que c'est par lui qu'il faut passer, lorsque le cardinal et le garde des sceaux demeurent dans les termes prescrits par Sa Majesté, non-seulement sous main il leur promet, de sa propre autorité, qu'on se contentera d'une simple lettre pour assurance que les catholiques ne seront point persécutés, mais encore de plus dit qu'en effet on ne s'en soucie pas, sinon que parce qu'il faut, sous ce prétexte, obtenir la dispense; ce qui est bien croyable, puisqu'il est certain qu'en parlant de ce mariage il dit : « Morbleu, ces prêtres-ci me gâtent tout. » Et il renvoya le milord Riche en Angleterre sur ces propositions-là, sans qu'on en sût rien, l'assurant que le mariage se feroit aux conditions qui avoient, peu après la mort du feu Roi, été proposées par le sieur de Villeroy, sans qu'on s'arrêtât à en demander d'autres. Le comte de Carlisle, un des ambassadeurs extraordinaires d'Angleterre, avoua au comte de Tillières qu'au commencement il n'estimoit point cet homme, pour les extravagances qu'il savoit qu'il faisoit; mais qu'enfin il leur avoit fait dire que, s'ils vouloient avoir confiance en lui, et ne traiter qu'avec lui, il feroit leur affaire; à quoi ils s'étoient résolus, ayant su qu'il faisoit auprès du Roi ce qu'il vouloit, d'où il arriva ce mal-là, que depuis ce temps la négociation fut cachée et se faisoit sous main : ce que l'honneur du Roi, le bien des catholiques et la nature de l'affaire ne pouvoient souffrir.

Mais il n'étoit pas seulement vain et jaloux de tout ce qui étoit mis en avant ou traité par autre que par lui; il faisoit, pour ses intérêts particuliers, des propositions dommageables au service du Roi, ou, s'il les faisoit bonnes, il tramoit sous main tout le contraire, selon ses passions. Vers la Saint-Jean, sur quelque alarme, il prend résolution de faire venir M. le prince pour agir contre la Reine-mère. Six jours après il change de résolution, vient à elle pour savoir si elle ne voudroit pas s'y opposer; et comme elle lui répondit que non, et qu'il lui étoit indifférent qu'il vînt ou non, pourvu que le Roi en fût content, qu'elle seroit bien et mal avec lui, selon qu'il seroit bien ou mal avec le Roi, il lui dit qu'il étoit raisonnable que la Reine, sa fille, eût sa part des fardeaux qu'il falloit porter, par conséquent qu'il prendroit prétexte de ne le point faire venir sur ce que la Reine l'appréhendoit; que, pour cet effet, il feroit qu'elle en parleroit au Roi et à elle-même pour la prier de s'y opposer. A quoi la Reine dit qu'il n'étoit point besoin de cela, parce qu'en cette affaire elle ne vouloit que suivre la volonté du Roi. Cependant, pour se mettre bien avec ledit seigneur le prince, il dit à ses agens qu'il désiroit ardemment son retour, mais que la Reine-mère l'empêchoit; et la Reine disant au Roi que, s'il veut que M. le prince revienne, elle le veut bien encore, il lui dit qu'il ne faut point qu'elle découvre son sentiment sur ce sujet, afin qu'étant couvert il le puisse faire croire tel qu'il voudra.

Une autre fois, pour s'insinuer en la bonne grâce de Monsieur, il lui fait dire que c'étoit le cardinal de Richelieu qui avoit fait chasser le colonel (1); que, pour témoignage de cela, il n'avoit été chassé que depuis qu'il étoit entré aux affaires. Il fait profession d'être bien avec M. le comte, pour lui donner témoignage qu'il est son serviteur; il dit à Barentin qu'il avoit proposé devant le Roi et les ministres M. le comte pour général d'armée, et que ceux que madame la comtesse pensoit qui aimassent M. le comte, n'avoient fait autre chose que secouer la tête. Il veut être amiral; pour venir à ses fins de l'amirauté, il propose au conseil, trente fois pour le moins, qu'il est besoin de penser aux affaires de la mer; il feint qu'il ne peut plus empêcher messieurs de Guise et de Montmorency d'avoir querelle sur leurs prétentions (2); il propose de la part de M. Guise ce qu'il désire, ce que ledit sieur de Guise ne consent que par force, qui est qu'on connoisse ses droits; il dit que Montmorency, avec qui il est d'accord, ne le consent pas, et ainsi il dit les menteries aussi hardiment que les vérités.

Il représenta au Roi qu'il étoit périlleux de faire le mariage de mademoiselle de Montpensier avec Monsieur. Cependant en même temps le comte d'Auvergne, son affidé, traitoit sous main ce qui s'ensuit: savoir est de marier le fils dudit comte avec la fille de M. de Guise, le comte d'Harcourt avec la fille dudit sieur de La Vieuville; donner les galères à M. de Guise, la charge d'amiral audit sieur de La Vieuville, celle de maréchal de camp général à M. le comte d'Auvergne, moyennant quoi le marquis de La Vieuville se charge de faire faire le mariage de Monsieur avec mademoiselle de Montpensier.

Il tâche de mettre ses créatures en la maison de Monsieur; voyant que cela ne peut réussir, lors il y fait introduire le sieur de Brèves, afin que le monde croie que la Reine fait chasser le colonel, et afin de donner plus facilement soupçon au Roi de la mère et du fils, et que Monsieur eût plus la Reine suspecte. Mais la Reine dit au Roi et à La Vieuville qu'elle les prioit de se ressouvenir qu'elle ne leur avoit jamais parlé de lui en aucune façon, et qu'elle ne l'avoit point désiré.

Au commencement on ne veut pas régler les rangs entre les grands; cependant, en un instant, parce qu'on fait voir que M. de Nevers est la moindre maison et M. d'Angoulême n'est pas légitime, on fait un règlement qui les rend tous égaux. On préfère un marché de la citadelle de Montpellier (3) à 100,000 écus plus qu'un autre, parce que c'est M. de Valençai qui fait offrir le moindre prix, et M. de Montmorency qui porte ceux qui offrent (4) le plus.

Or non-seulement ses intérêts, mais encore ses passions, sont la règle de sa conduite. Il est mal avec Bassompierre, il le prive de ses appointemens, et propose de le mettre à la Bastille; ensuite le comte de Tillières est rappelé, à cause de lui, au hasard de rompre le traité du mariage. Châtelet dit au cardinal que, plusieurs fois, il lui avoit voulu faire dire contre le chancelier plusieurs choses qui n'étoient point en son procès. Et ledit Châtelet lui avoua encore qu'une certaine lettre d'un nommé Lavau, qu'on disoit parler contre la Reine-mère, n'en contenoit aucune chose. Il voulut aussi faire mettre Laffemas à la Bastille, sous prétexte d'un bruit inventé par lui-même, pour brouiller le cardinal et le garde des sceaux. Ledit garde des sceaux, interrogeant Laffemas sur cela, trouva que ledit La Vieuville lui vouloit mal, pource qu'il avoit découvert une volerie qu'il vouloit faire aux monnaies, par l'introduction d'un moulin propre à faciliter la fabrication de la fausse monnaie; dont il y eut information, où il se trouva enveloppé.

Aussi étoit-il si haï qu'à la cour, partout on l'appeloit la véronique de Judas, et si méprisé que Beaumont, premier maître-d'hôtel du Roi, ayant dit au connétable que La Vieuville, ayant fait mettre son régiment en un lieu où il n'étoit pas bien, il venoit savoir de lui ce qu'il auroit agréable qu'il en fît; l'autre lui répondit : « Dites au Roi, mais dites-lui, que La Vieuville, instruit par son beau-père, est capable de faire ses affaires aux finances, mais que, seul ou avec quelque autre que ce puisse être, il n'entend rien à la guerre, et que si le Roi ne veut agir de lui-même, y ayant tant de gens capables, qu'il en prenne. » Depuis, ou afin de se défaire dudit connétable et s'éloigner de lui, ou par inconsidération, il lui fît permettre de s'en aller, chose de

(1) D'Ornano. Les mémoires n'ont pas encore parlé de cette disgrâce, qui eut lieu au mois de juin, Richelieu étant déjà du conseil.

(2) L'un amiral de France, l'autre gouverneur de Provence.

(3) Sans doute pour la construire.

(4) Ce doit être qui demandent.

telle conséquence qu'elle pouvoit apporter la guerre en France.

Mais sa folie passa bien outre; car il se mêloit de vouloir faire signer aux secrétaires d'État des choses non-seulement sans le su du Roi, mais contre ses ordres mêmes. Le Roi fait en l'état des garnisons de Champagne l'apostille de sa main; on le donne au secrétaire d'État : La Vieuville en refait un autre sans en parler au Roi; le secrétaire lui dit qu'il ne peut changer l'état apostillé du Roi sans lui en parler, et que si cela étoit su il lui nuiroit; il l'en remercie et reprit l'état qu'il avoit fait. Au bout de deux jours, il renvoie au secrétaire un état refait de nouvelle façon, où il y avoit huit ou dix officiers que le Roi y avoit employés, ôtés pour faire le fonds de six mille livres que lui-même s'applique comme lieutenant du Roi à Reims, en ces termes : « Au sieur « de La Vieuville, jusqu'à tant qu'on lui ait « donné un gouvernement pour le récompenser « de celui de Mézières dont il a été privé. » Une autre fois il pria le même secrétaire d'expédier un acquit patent pour le sieur de Joyeuse, de quatre mille écus à prendre sur des bois de Champagne, de la vente desquels on feroit porter l'argent à l'épargne. Le secrétaire refusa de faire cette affaire sans en parler au Roi. Après qu'il vit ne pouvoir le disposer à cela, il consentit qu'il en parlât; le Roi refusa tout à plat, et, quoique le secrétaire le pressât, il ne voulut jamais. Ayant su cette réponse, Joyeuse pressa derechef le secrétaire de l'expédier, nonobstant tout ce qui s'étoit passé, l'autre ne le voulut pas; sur cela il le fit expédier par un autre. Il voulut faire changer toutes les garnisons de Champagne pour augmenter celle de Mouzon, où Longpré son parent étoit. Le secrétaire le refuse; nonobstant tout cela, de sa propre main il augmente, et lui donne augmentation de cinq cents hommes. Enfin ces extravagances vinrent si grandes, que toutes ses entreprises se contredisoient les unes les autres, et, comme un ivrogne, il ne faisoit plus un pas sans broncher.

Il promet aux Espagnols que Mansfeld ne viendra point; que le mariage d'Angleterre ni le traité avec la Hollande ne se feront point; de se contenter que le roi d'Espagne ait les passages par la Valteline, pourvu qu'il les demande, ce qui fit incontinent son effet, car le Pape en voulut prier. Il les assure aussi qu'il n'y auroit point de guerre; ensuite de quoi l'ambassadeur de Venise, passant par la frontière de Flandre, trouva qu'en toute la frontière il n'y avoit pas un soldat, ce qui étoit très-préjudiciable aux affaires du Roi, vu qu'on faisoit un armement pour étonner qui ne produisit aucun effet, attendu qu'ils furent avertis qu'on ne feroit rien. Il manda à Mayence qu'on feroit venir le Turc contre l'Empereur avec cinquante mille hommes, ce qui lui fit faire la paix avec Betlem Gabor. L'article de la religion, obtenu par le traité de Hollande, étant public autant pour les troupes françaises comme pour l'ambassadeur, par précipitation ou autrement, on s'engagea à le rendre particulier seulement pour l'ambassadeur. Desplan, Bautru, Toiras sont chassés par proposition non approuvée; il en parla seul au Roi, après l'avoir proposé au cardinal qui ne l'avoit voulu consentir. Il tint l'emploi de M. de Longueville si peu secret qu'il fut su de tout le monde, comme aussi la levée de six mille Suisses, d'où pouvoit arriver la ruine des peuples dont étoit question.

Toutes ces choses et plusieurs autres, qui témoignoient son ambition démesurée à vouloir seul gouverner, et son incapacité à s'en bien acquitter, son audace à ordonner de tout sans le su et contre les ordres de Sa Majesté, sa légèreté en ses avis, son peu de sincérité à les donner, son défaut de secret aux choses résolues au conseil, sa témérité à les changer de soi-même, sa malice en ses négociations vers les ambassadeurs, son mépris de Dieu et de la religion, sa vengeance par de fausses accusations contre les serviteurs du Roi, son peu d'affection vers Sa Majesté sur laquelle il rejette la haine que le public lui porte, et généralement toute la mauvaise conduite dudit sieur de La Vieuville, tant ès affaires principales du royaume qu'ès finances mêmes, ayant donné un extrême mécontentement à Sa Majesté, elle s'en ouvrit au cardinal de Richelieu et au garde des sceaux, qui, au commencement, l'excusèrent autant qu'il leur fut possible, et avertirent ledit sieur de La Vieuville, non du dégoût du Roi, mais de modérer sa conduite. Mais comme cet esprit n'étoit point capable de règle, il continua à donner plus de mécontentement de ses actions au Roi et au public que jamais, lequel vint jusqu'à ce point, qu'ayant su ce qu'il avoit fait contre son ordre au mariage d'Angleterre et en la Valteline, et appris particulièrement par le père Séguiran les extrêmes médisances qu'il faisoit de sa personne, il se résolut de l'éloigner. Il le communiqua encore auxdits cardinal et garde des sceaux, qui ne l'en détournèrent pas. Mais le cardinal étant revenu trouver le soir Sa Majesté chez la Reine sa femme, selon qu'il lui avoit commandé, Sa Majesté s'étant retirée dans un cabinet à part, il supplia le Roi de regarder bien à ce qu'il alloit faire; et après avoir fait une énumération, la plus entière qui lui fut possible, des désordres passés au gouvernement de son État, lui représente que si, à l'avenir, en l'établissement de son conseil il faisoit encore une pareille faute, elle seroit sans remède; qu'il étoit aisé de détruire, mais difficile d'édifier; que l'un étoit du diable et l'autre de Dieu; partant qu'il falloit premièrement penser à l'établissement qu'il vouloit faire, que se résoudre tout-à-fait à la ruine de celui qui l'avoit méritée. Le cardinal lui protesta ne lui vouloir nommer aucune personne, ains au contraire le vouloir avertir seulement d'y penser de bonne heure, de peur de s'y tromper par précipitation. Il lui représenta savoir certainement que ceux qui étoient demeurés auprès de lui, quand il avoit éloigné quelqu'un des ministres, l'avoient toujours porté à chasser ceux qu'ils vouloient perdre devant que penser à établir personne, afin que la difficulté du choix qu'il feroit ne l'empêchât pas d'éloigner ceux qu'il vouloit perdre, mais qu'il vouloit se comporter tout autrement; qu'il désireroit avec passion qu'il pût conserver La Vieuville, mais que, ne le pouvant pas, il seroit très méchant et penseroit à ses intérêts particuliers, comme avoient fait les autres, s'il ne l'avertissoit qu'en vain changeroit-il quelque chose en son conseil, si ce n'étoit pour y faire un si bon établissement que le choix des personnes qu'il prendroit fît approuver l'éloignement de La Vieuville. Sur cela le Roi commanda au cardinal de lui nommer ceux qu'il estimoit capables de le servir; il s'en excusa autant qu'il lui fut possible, allant avec grande retenue en telles matières; mais Sa Majesté lui commanda tant de fois de lui dire son avis, que lui ayant nommé quatre personnes capables de le servir, et ayant conclu que le sieur de Schomberg étoit le plus propre, le Roi lui témoigna qu'il faisoit grande estime de sa personne, mais qu'il n'étoit pas propre aux finances, et qu'une chose le fâchoit, qu'il étoit lié avec M. le prince. Le cardinal répondit que, pour M. le prince, il croyoit bien que du temps que Puisieux et Schomberg étoient aux affaires, parce qu'ils étoient ennemis et que Puisieux étoit lié avec le prince de Joinville et ses amis, Schomberg avoit été soigneux de s'attacher à M. le prince pour se fortifier contre les autres, mais qu'il n'y avoit point d'apparence de croire que cette liaison eût été contre le service du Roi, étant impossible qu'un homme d'esprit, de jugement et de probité, pût être contre son maître, la conscience ne le pouvant permettre, et nulle utilité ne s'y pouvant trouver.

Il ajouta que, pour ce qui étoit des finances, il étoit aisé d'y apporter remède en ne lui en commettant pas le soin; joint qu'il étoit meilleur que ceux qui les manieroient dorénavant n'eussent point de séance au conseil secret et ne fussent admis au nombre de ses ministres, d'autant que ces qualités conjointes à une seule personne lui donnent tant de pouvoir dans l'État qu'au lieu de rendre compte au conseil de l'administration des finances, comme il est de justice et du bien du service du Roi, il faut, au contraire, que tous les ministres dépendent du surintendant, lequel, par le maniement absolu de la bourse, gagne des gens, tant auprès de Sa Majesté qu'ailleurs, pour faire réussir toutes choses qu'il se les a proposées, en quoi les affaires du Roi reçoivent un notable intérêt. C'est pourquoi il semble plus à propos que le Roi nomme trois personnes, qui ne soient ni de trop haute ni de trop basse condition, qui s'appellent chefs ou administrateurs des finances, qui feront la charge que faisoit le surintendant, sans néanmoins pouvoir rien ordonner qu'il ne soit arrêté au conseil, et ne soient pas gens d'épée, d'autant que telles gens ont trop d'ambition et de vanité, et prétendent incontinent des charges et des gouvernemens au préjudice de l'État; qu'il valoit beaucoup mieux y mettre des gens de robe longue, dont les prétentions ne pensent à aller à des offices de la couronne ou gouvernemens comme les autres. Il n'oublia pas à représenter que peut-être telles gens n'avoient pas assez d'audace pour supporter la haine des refus qu'il falloit faire; mais il conclut qu'il seroit bon d'éprouver. Au reste, qu'il étoit bon de ne donner point une telle puissance à un homme seul, mais à diverses personnes qui s'éclaircissent l'un l'autre, surtout choisir des gens qui, outre leur profession, fussent modérés de réputation publique, telle que leur probité donnât bonne odeur au gouvernement futur.

Le Roi commanda au cardinal d'en nommer; il s'en excusa. Enfin, après avoir dit à Sa Majesté qu'il seroit difficile de trouver des gens tels qu'il seroit à souhaiter, il lui dit que le sieur de Champigny (1), qui étoit contrôleur général des finances, demeurant, par la retraite du sieur de La Vieuville, le premier aux finances, comme d'ailleurs il étoit le plus ancien du conseil, il n'y avoit point d'apparence de le changer, étant reconnu de tout le monde pour homme de probité tout entière. Il dit, en outre, que la réputation de M. de Marillac étoit si entière, et sa capacité si grande, qu'il croyoit que son emploi ne serviroit pas peu à faire croire que les finances seroient administrées avec ménage. Il nomma aussi le sieur Molé, procureur général du parlement, comme personne de singulière probité, et dont les mains innocentes aideroient beaucoup au des-

(1) Bochart, depuis premier président.

sein qu'on avoit de bien administrer les finances et le faire connoître, outre que les communautés verroient qu'on choisissoit dans les corps des gens pour l'administration de l'Etat.

Le Roi approuva toutes ces propositions; ce qui n'étonna pas peu le cardinal, vu que, lorsqu'il avoit été question de semblables affaires, il avoit toujours fait le choix des ministres qu'il établissoit, sans le su de ceux qui l'étoient. Le cardinal ne manque pas de témoigner au Roi son étonnement, et le ressentiment qu'il avoit du procédé qu'il plaisoit à Sa Majesté garder en son endroit, lui faisant connoître que, s'il le continuoit, il n'oseroit plus lui dire ses pensées, qu'il avançoit pour être commises au changement que Sa Majesté, par sa prudence, y voudroit apporter. Ensuite le roi résolut d'appeler Schomberg au conseil, sur la proposition que le cardinal lui en fit, après lui avoir représenté qu'il étoit important de jeter les yeux sur quelque personne de bon sens, de ferme jugement, de haut courage, non sujet à ses passions et intérêts, et qui eût bonne réputation dans le public.

Le Roi étant résolu de ceux dont il se devoit servir, résolut d'ôter de ses affaires La Vieuville. Il y avoit déjà cinq ou six jours qu'il en étoit si alarmé, que son soupçon augmentoit d'heure à autre; les conférences particulières que le Roi avoit avec le cardinal et le garde des sceaux lui faisoient bien croire que le mécontentement de Sa Majesté ne diminuoit pas, d'autant qu'il n'y avoit aucune part; la haine et le mépris de tout le monde lui étoient un augure certain de sa ruine, et plus que tout sa conscience lui faisoit craindre ce qu'il savoit bien qu'il méritoit : au lieu qu'il avoit gourmandé et méprisé tout le monde en sa fortune, il n'y avoit personne qu'il ne recherchât; et, comme un chacun l'avoit recherché lorsqu'il les pouvoit obliger sans en pouvoir recevoir aucun office, la chance étant tournée, il mendioit le secours de tout le monde sans qu'aucun lui voulût donner. Le Roi étant allé voir la Reine sa mère à Ruel, il fut chez M. le garde des sceaux, duquel il fit tout ce qui lui fut possible pour découvrir s'il devoit être éloigné; mais il s'y gouverna avec tant de discrétion et de retenue qu'il n'y reconnut aucune chose. De là il vint chez le cardinal, qu'il pressoit si vivement de l'assurer qu'il ne seroit point éloigné, que ledit cardinal, qui savoit bien taire la vérité, mais jamais la violer, ne lui put jamais répondre avec telles précautions qu'il n'odorât quelque chose de ce qui lui devoit arriver. Sur cela il se résolut d'aller demander son congé au Roi; il monta en carrosse et l'alla trouver à Ruel, où il étoit allé voir la Reine. Etant arrivé, il dit à Sa Majesté qu'il connoissoit bien qu'il ne se vouloit plus servir de lui; cela étant qu'il le prioit de lui faire cet honneur, qu'il pût sortir sans cette infamie d'être éloigné par autre voie que par celle qu'il faisoit de se retirer. Le Roi étoit dès lors résolu de l'arrêter, tant pour les grandes charges qui étoient contre lui, que parce qu'il étoit à craindre que sa légèreté à parler, jointe à sa mauvaise volonté qui augmenteroit par sa disgrâce, ne lui fît découvrir les affaires très-importantes qui lors se traitoient; cela lui donna de la peine à trouver un expédient par lequel, sans contrevenir à aucune parole qu'il lui donnât, il pût demeurer dans la suite du dessein qu'il avoit déjà fait. Mais La Vieuville, qui reprenoit quelque espérance par la prudence avec laquelle Sa Majesté lui parloit, donna bientôt lieu à Sa Majesté de le trouver, en ce que lui, qui avoit vu que ceux qui étoient éloignés auparavant n'avoient jamais eu permission de lui parler depuis qu'ils avoient eu leur congé, estimoit que si le Roi lui promettoit de ne lui donner congé que de sa bouche, qu'assurément il éviteroit de l'avoir en effet. En cette considération il dit au Roi qu'il retourneroit à Saint-Germain très-volontiers, pourvu qu'il plût à Sa Majesté lui promettre que, si jamais il étoit las de son service, il lui donneroit congé de sa propre bouche. Sa Majesté lui promit volontiers, se résolvant sur-le-champ de le faire venir le lendemain au matin en sa chambre, pour lui dire lui-même que ses actions l'avoient obligé à ne plus se servir de lui, et le faire arrêter au sortir de là. Cela fut exécuté (1). Le sieur de La Vieuville répondit au Roi, avec force extravagances, selon qu'il avoit accoutumé de parler, qu'il le supplioit de considérer les services que ses prédécesseurs, aïeux et bisaïeux, avoient rendus à ceux de sa personne de Navarre, s'expliquant qu'il entendoit, non tant aux rois de France ses prédécesseurs, comme aux rois de Navarre prédécesseurs de sa personne. Sur cela il se retira, et fut arrêté dans la cour du château par M. de Tresmes, et de là envoyé prisonnier à Amboise.

Incontinent le Roi envoya querir tout le conseil, auquel, après que Sa Majesté eut fait part des principaux desservices que La Vieuville lui avoit rendus, et des mécontentemens qu'elle avoit sujet d'avoir de sa conduite, dont tout le monde avoit assez de connoissance, et s'étonnoit de ce qu'on ne l'avoit plus tôt chassé, le cardinal parla ainsi :

« On ne sauroit assez louer votre Majesté de s'être défaite d'une personne qu'elle nous fait

(1) Le 12 août, 3 mois après l'entrée de Richelieu au conseil.

connoître avoir commis tant de manquemens à votre service. Ainsi qu'il n'y avoit aucun qui ne fût étonné quand vous l'aviez appelé à votre conseil, il n'y a personne qui n'estime qu'en l'en éloignant il ne reçoive ce qu'il mérite. Chacun connoît les qualités qui sont en lui, qu'il n'agissoit que par passion et par intérêt; jamais ne donnoit aucun conseil que sur ces principes, changeoit tous les jours de résolution, et, pour dire en un mot, n'avoit aucune des parties nécessaires pour le lieu qu'il tenoit. Toutes ses mauvaises qualités et comportemens ne feront point tant approuver sa chute, comme le bon choix que vous ferez de ceux qui lui succéderont. La mémoire de ses fautes s'oubliera, mais les actions de ceux qui entreront en sa place dureront autant qu'ils y seront. Si votre Majesté faisoit encore un choix pareil à celui de La Vieuville, vos affaires seroient perdues, en sorte qu'il seroit impossible de les remettre jamais sur pied; car celui-ci les a mises en tel état qu'on n'oseroit vous promettre assurément de les rétablir comme on peut désirer. Le mariage d'Angleterre est en mauvais termes par un traité particulier qu'il a fait sans le su de votre Majesté, et contre ce que nous avions arrêté tous ensemble. L'affaire de la Valteline a été conduite avec tant d'extravagance et de contrariétés, qu'il est à craindre que vous y perdiez et votre réputation et vos finances, vu qu'au même temps que vous avez armé, au même temps La Vieuville a fait envoyer en Espagne et en Italie, par le nonce Corsini et le marquis de Mirabel, pour assurer qu'enfin vous consentiriez les passages secrètement, qui est la seule chose que vous disputez. Si par malheur nous tombions encore en ces inconvéniens, votre Majesté jugeroit bien que les affaires de l'Etat seroient sans remède; elles se doivent faire par concert, et non par un seul à l'oreille.

« Votre Majesté ne doit pas confier ses affaires publiques à un seul de ses conseillers et les cacher aux autres; ceux que vous avez choisis doivent vivre en société et amitié dans votre service, et non en partialités et divisions. Toutefois et quantes qu'un seul voudra tout faire, il voudra se perdre; mais, en se perdant, il perdra votre Etat et vous-même; et toutes les fois qu'un seul voudra posséder votre oreille, et faire en cachette ce qui doit être résolu publiquement, il faut nécessairement que ce soit pour cacher à votre Majesté, ou son ignorance, ou sa malice. Quand l'un médit de ses compagnons, s'il ne le prouve clairement, vous le devez tenir pour ennemi de votre repos et de votre Etat. Comme entre les ministres il ne faut point d'amitié que dans les bornes du service de votre Majesté, aussi est-elle du tout nécessaire jusqu'à ce point, étant certain qu'autrement il arriveroit que la passion feroit qu'on ne s'accorderoit pas en beaucoup de choses bonnes, utiles et nécessaires.

« Bien que jusques ici on ait trouvé quelque chose à redire que votre Majesté écoute trop facilement ceux qui lui veulent parler contre les ministres, pour moi, j'ai toujours estimé que votre Majesté doit ouvrir les oreilles à tous ceux qui lui en voudroient parler, à condition de les récompenser s'ils prouvent quelque chose contre eux, et les punir rigoureusement s'ils leur imposent calomnieusement quelque faute non commise; car, recevoir leurs inventions pour vérités, cela dégoûte, et tient en telle crainte ceux qui vous servent, qu'appréhendant de mauvais événemens des meilleurs conseils, ils n'agissent pas librement. »

Ensuite, il conseilla d'entretenir les grands et faire caresses à tout le monde; de pratiquer en effet un conseil trivial, d'autant plus nécessaire qu'il est dans la bouche et sentiment d'un chacun : récompense au bien, punition au mal. Il s'étendit aussi sur une chose qu'on a quasi toujours pratiquée : qui est d'avoir pour maxime d'abaisser les grands, quand même ils se gouverneroient bien, comme si leur puissance les rendoit si suspects que leurs actions ne dussent point être considérées. Sur quoi il représenta que d'autant plus ils étoient grands plus leur falloit-il faire de bien; mais qu'aussi ne falloit-il pas qu'en leurs personnes toute faute fût impunie; que c'étoit chose injuste que de vouloir donner exemple par la punition des petits, qui sont arbres qui ne portent point d'ombre, et qu'ainsi qu'il falloit bien traiter les grands faisant bien, c'étoient eux aussi qu'il falloit plutôt tenir en discipline.

Il lui dit, en outre, que le plus de familiarité que Sa Majesté pouvoit avoir avec la Reine sa femme (1) étoit le meilleur; car, outre que Dieu bénit ceux qui vivent bien, comme Sa Majesté faisoit, en mariage, un Dauphin étoit nécessaire à la France et à la sûreté de sa personne.

Ensuite il lui dit qu'il garderoit cet ordre en toutes les demandes qu'on lui voudroit faire : qu'il en avertiroit Sa Majesté, et se chargeroit, en sa personne, du refus de celles qu'elle ne pourroit accorder, et pour celles qu'elle voudroit donner il feroit semblant de n'en vouloir parler; cependant il conseilleroit les parties de faire leurs demandes eux-mêmes au Roi, afin que la grâce vienne purement de lui, et qu'ils en aient obligation à lui seul. Il finit par les supplications qu'il fit au Roi de se gouverner en sorte que tout le

(1) Notez que ceci est dit en plein conseil.

monde reconnût qu'il pensoit à ses affaires comme il étoit à désirer.

Il s'y disposa volontiers, et lui fit l'honneur de lui dire, en plein conseil, qu'il verroit dorénavant ses affaires, et avec plaisir, puisqu'elles seroient conduites avec ordre; que jusques alors il n'avoit rencontré pour ses ministres que des gens si intéressés et passionnés, qu'au temps qu'ils lui demandoient pour lui parler de ses affaires, ils lui parloient de leurs intérêts et le pressoient de choses injustes, en considération de quoi il les fuyoit; que par le passé on avoit voulu dire qu'il étoit, de son naturel, rigoureux; mais que c'étoient le connétable (1), Puisieux et La Vieuville qui le portoient à l'être, et se déchargeoient sur lui de leurs mauvaises humeurs, faisant par ce moyen croire, à ses dépens, qu'on leur avoit beaucoup d'obligation; qu'on avoit aussi voulu donner impression qu'il n'aimoit pas à donner; mais que les mêmes en étoient la cause, pource que perpétuellement ils lui disoient, en particulier, que les nécessités de l'Etat ne permettoient pas qu'il donnât, et par ce moyen s'excusoient malicieusement envers tout le monde des choses mêmes qu'ils lui déconseilloient de donner; et quand il faisoit du bien à quelqu'un ils en tiroient toute l'obligation à eux, disant qu'ils avoient eu beaucoup de peine à l'obtenir de lui; que La Vieuville se plaignoit qu'il se méfioit de lui, qu'ainsi il n'étoit pas possible de le servir; qu'il s'en méfioit pource qu'il n'estimoit pas sa tête, et voyoit qu'il ne buttoit qu'à ses intérêts et ses passions; ce qu'il connut dès le commencement par le président Le Jay, qu'il vouloit faire garde des sceaux; mais que, s'il n'eût point été tel, il n'eût point fait cette plainte de lui. Quant à l'estime qu'il devoit faire des grands, le connétable, Puisieux et La Vieuville l'avoient détourné de prendre grande familiarité avec eux: ce qu'il reconnoissoit bien maintenant qu'ils faisoient de peur qu'ils ne prissent crédit auprès de lui à leur préjudice, mais qu'à l'avenir on verroit s'il les aimeroit.

Le cardinal l'en loua autant qu'il lui fut possible, et le convia de garder cet ordre-là (2).

Cela fait, on écrivit aux provinces, gouverneurs et parlemens, et aux ambassadeurs du Roi résidant ès cours des rois et princes nos voisins, pour les informer des mouvemens du Roi sur le fait dudit changement. On envoya aussi messieurs les secrétaires d'Etat, le même jour que le sieur de La Vieuville fut démis, vers les ambassadeurs résidant en cette cour, pour les rendre capables de cette action; leur faisant entendre, en termes généraux, que Sa Majesté s'étoit plus portée à ce changement en considération de l'avancement de leurs affaires particulières et des étrangères en général, que pour aucune autre raison, dont le temps les éclairciroit plus amplement: cependant qu'ils savoient eux-mêmes que, les choses étant en l'état où elles étoient, il étoit comme impossible à Sa Majesté de rien faire avec mûre délibération, d'autant que le surintendant faisoit toujours sous main quelque négociation à part, au préjudice de la réputation de Sa Majesté et bien de ses affaires.

Ensuite le cardinal conseilla au Roi de rappeler le colonel, et lui dit qu'on mesuroit toujours les conseils en deux façons: ou par la raison pour laquelle on les avoit donnés, ou par leur événement; qu'en quelque façon qu'on considérât celui de l'éloignement du colonel, on le trouveroit avoir été mauvais; que La Vieuville l'avoit donné purement et simplement pour ses intérêts, pour introduire en sa place, comme l'expérience l'avoit fait voir par les efforts qu'il avoit faits à cette fin, des personnes du tout à sa dévotion, ses alliés et ses parens; qu'il s'étoit servi de fausses accusations contre lui pour venir à ses fins; ce qui montroit que la fin et les moyens qu'il avoit tenus pour y parvenir n'étoient pas justes; que l'événement avoit été mauvais en toutes façons, Monsieur s'étant licencié, depuis qu'il ne l'avoit plus eu auprès de lui, et en ce qui est de sa santé et en ses mœurs, et, de plus, au respect qu'il devoit au Roi et à la Reine sa mère; qu'il y avoit péril que ces licences passassent plus avant, étant à craindre que ses excès, innocens devant Dieu, le portassent à quelque fièvre ou maladie violente, et que ceux dont il devoit rendre compte à son confesseur, lui en apportassent quelques autres aussi dangereux que malhonnêtes; et de plus, qu'il étoit à craindre que les jeunes gens qui prenoient créance auprès de lui, en adhérant à ses plaisirs, le portassent à des cabales et factions préjudiciables à l'Etat. Partant, il conclut qu'il étoit nécessaire de remettre le colonel auprès de lui, particulièrement en cette conjoncture de la disgrâce de La Vieuville, qu'il verroit bien par sa délivrance, faite en ce temps, avoir été le seul qui lui avoit causé son malheur.

Comme il eut justifié l'éloignement du colonel, mauvais par raison du conseil et de l'événement, il justifioit encore, par les mêmes voies, que celui qu'on prenoit de le remettre ne pouvoit être que bon. Par raison, en ce que, par nécessité, il falloit quelqu'un pour retenir l'ardeur de l'âge de Monsieur; ce qui ne pouvoit être fait que par

---

(1) De Luynes.
(2) Ces deux discours peuvent être regardés comme le contrat entre le roi et Richelieu.

lui, vu qu'il n'étoit plus temps d'y bâtir une nouvelle créance; joint aussi que si on y eût mis quelqu'un des grands du royaume, il eût été à craindre qu'il y en eût pris au préjudice de l'Etat. Par l'événement, en ce qu'outre qu'on vouloit croire le colonel être homme de bien, quand il eût été autre et intéressé comme le Roi le croyoit, il étoit certain qu'il ne pouvoit trouver un solide avantage qu'en portant Monsieur à son devoir; et quand il voudroit faire autrement, toujours donneroit-il deux ans à tenter si ses desseins pourroient réussir par bonne voie, devant que d'en chercher une capable de le ruiner. Et, en matière d'Etat, gagner le temps est gagner beaucoup : qu'au reste Sa Majesté désirant le bien traiter en ses intérêts, il n'y avoit point d'apparence qu'il voulût s'éloigner de son service.

Le Roi, ayant approuvé ces raisons, le rappela et le rétablit auprès de Monsieur en la charge qu'il y avoit auparavant; fit revenir le comte de Schomberg pour le servir dans son conseil, et donna la direction de ses finances aux sieurs de Champigny et de Marillac, anciens conseillers d'Etat.

Les malversations que La Vieuville avoit commises dans les finances, et les plaintes qui furent faites au Roi par plusieurs personnes des voleries des financiers, firent qu'incontinent après son éloignement l'on proposa, dans le conseil, d'établir pour leur recherche une chambre de réformation, à l'instar de celle de justice que le feu roi Henri-le-Grand avoit établie à la même fin durant son règne, et principalement vu la promesse que le Roi avoit déjà faite à son peuple en l'assemblée des Etats généraux de son royaume, en l'an 1614. Cette affaire ayant été agitée au conseil par plusieurs jours, le cardinal dit au Roi qu'il y avoit trois choses principales à examiner : s'il falloit faire cette recherche, les diverses issues qu'elle pouvoit avoir, et les moyens de la conduire à bonne fin; qu'il n'estimoit pas qu'il y eût à douter de l'entreprendre, que plusieurs raisons y obligeoient, et celles qui sembloient en pouvoir détourner n'avoient point de proportion avec les autres; que les peuples, chargés à l'extrémité, estimeroient être soulagés par la saignée de telles gens; qu'il n'y a que la réputation qui soutienne les actions du prince et son gouvernement; que maintenant on attendoit beaucoup de la conduite qu'on avoit commencé à prendre; si on voyoit d'abord qu'on se démentit l'on ne feroit plus d'état du conseil du Roi, qu'on accuseroit de foiblesse ou de pis encore, estimant qu'il auroit diverti Sa Majesté par diverses considérations toutes calomnieuses; que chacun croiroit qu'il n'y aura plus qu'à faire résistance aux résolutions qu'on prendroit pour en divertir l'effet; que les financiers voleroient plus hardiment que jamais, et leur exemple faisant croire que les punitions ne seroient pas à craindre, beaucoup entreprendroient, même en choses concernant l'Etat, ce que bon leur sembleroit, sous espérance d'impunité; ou au contraire, si les voleurs étoient punis, outre que les peuples seroient satisfaits, chacun en sa condition estimeroit être obligé de demeurer dans les règles de son devoir, de peur de châtiment.

Quant à ce qu'on pourroit objecter, que le temps et l'occasion font d'ordinaire les affaires, qu'il n'est pas bon d'en entreprendre trop à la fois, et par conséquent qu'il étoit à craindre qu'en ce temps auquel on avoit plusieurs affaires étrangères, cette recherche ne fût pas de saison, vu principalement qu'on avoit besoin d'argent, et que les financiers possédoient tout celui de la France; qu'il répondoit à cela qu'on avoit assuré de l'argent pour le courant des affaires présentes, et que celle-ci sera sitôt faite par les moyens qu'on y prendroit, que telles gens n'auront pas lieu d'arrêter le cours des affaires du Roi, et témoigner par effets leur mauvaise volonté. Partant, qu'il estimoit que non-seulement falloit-il entreprendre la recherche, mais que toutes ces raisons y contraignoient, et qu'en effet, en tous Etats et en tout temps, telles gens avoient été quelquefois pressés comme des éponges; d'autres fois punis non-seulement par la privation de leurs états, mais de leur vie.

Quant au second point, que ladite recherche aboutiroit indubitablement à de quatre fins l'une : ou qu'ils sortiroient comme innocens, sans punition quelconque ni marque de leurs crimes; ou qu'ils se rédimeroient par une taxe générale portée par tous ceux qui ont des offices de finances en ce royaume; ou que les coupables, pressés par leur conscience, appréhendant la punition méritée par eux, connoissant bien la bonté trop grande du Roi pour souffrir la taxe des innocens, consentiroient d'être taxés par son conseil, pour éviter la perte de l'honneur et celle de leur vie; ou qu'ils seroient condamnés rigoureusement et justement à perdre la vie et le bien tout ensemble. Qu'il falloit éviter les deux premières issues de cette affaire. La première perdroit tout-à-fait la réputation du gouvernement, et les voleurs, s'étant sauvés sans être punis, prendroient licence de faire encore pis à l'avenir. La seconde crieroit vengeance devant Dieu, en tant que les innocens paieroient pour les coupables; qu'il restoit donc de sortir de cette entreprise par l'une des deux dernières voies; savoir est, ou par taxe particulière sur les seuls coupables, ou par punition corporelle et confiscation de leurs biens.

Bien que les peuples tirassent grande satisfaction de la punition exemplaire et corporelle de ceux qui sucent leur substance, qu'il avoit grande répugnance à voir terminer cette affaire par cette voie, si ce n'étoit à toute extrémité. Joint qu'il se falloit donner garde de les porter dans le dernier désespoir; que nous en avions un mauvais exemple arrivé en ce royaume du temps du roi Henri III, auquel Videville, poursuivi vivement, se retira en Lorraine, d'où il disposa ses compagnons à donner de l'argent à M. de Guise pour commencer à acheminer les desseins de la ligue; qu'il était donc à craindre que beaucoup de méchans esprits et inventifs, comme sont d'ordinaire ceux des hommes de finances, et tant de seigneurs qui leur sont alliés ou qu'ils peuvent intéresser, ne se jetassent dans quelque résolution semblable; et encore que le temps n'y semblât pas être beaucoup disposé, si est-ce qu'il falloit appréhender l'esprit avaricieux de M. le prince, et de la plupart des officiers de la couronne et seigneurs qui étoient privés des pensions qu'ils étoient accoutumés d'avoir.

Et partant, qu'il falloit tâcher de conduire cette affaire en sorte que les coupables se portassent à se taxer eux-mêmes, mais si notablement, que les communautés et les peuples eussent sujet de croire qu'on n'auroit pas tiré plus d'eux par quelque rigueur que l'on eût pu exercer en leur endroit. Par ce moyen, on éviteroit les grands frais d'une chambre réglée, les longueurs incroyables à quoi les formes astreignent. On loueroit d'une part la clémence du gouvernement, et de l'autre sa justice; les financiers ne se pourroient plaindre, les communautés seroient satisfaites, le Roi secouru et le peuple déchargé, vu qu'il faudroit qu'il subvînt aux nécessités de l'Etat par d'autres moyens; que si l'on pratiquoit cet expédient, de sorte que, sans donner une définitive absolution aux voleurs, quelques-uns de ceux qui seroient les plus coupables fussent dépossédés de leurs charges pour marque de leur faute, il pensoit qu'il seroit parfait de tout point, et qu'en effet il se trouveroit tel, pourvu que la taxe des financiers fût faite sur la déclaration qu'ils donneroient de leurs biens, signée de leur main, à condition que, s'il se trouvoit qu'ils en eussent d'autres que ceux qu'ils auroient déclarés, ils seroient confisqués au Roi, et pourroient de nouveau être poursuivis. Et si, en outre, on prenoit les offices des plus coupables sur le pied de la finance qu'ils auroient mise aux coffres du Roi pour le prix de leurs taxes, qu'il étoit certain qu'on trouveroit toujours à redire en cette recherche, si quelques-uns des plus coupables n'étoient punis pour servir d'exemple aux autres, ou si, au moins, ils n'étoient privés des charges desquelles ils auroient tant abusé, au préjudice du Roi, de l'Etat et du peuple; qu'il n'y avoit financier qui ne fût associé avec des partisans pour prêter de l'argent à Sa Majesté; ce qui est contre l'ordonnance de Charles IX, aux Etats tenus à Blois, l'an 1560, qui leur défend de s'associer avec marchands ou banquiers, à peine de privation de leurs états.

Quant au troisième point, qui étoit des moyens de faire réussir cette recherche à cette fin-là, qui sembloit être la plus juste et la plus avantageuse au service de Sa Majesté, il estimoit l'établissement d'une chambre de justice être nécessaire, tant pource qu'elle condamneroit les coupables, que d'autant que l'appréhension qu'ils auroient d'elle feroit qu'ils se taxeroient eux-mêmes, ou se soumettroient à la taxe du conseil; et partant qu'il falloit publier l'édit, lequel néanmoins, avant que de faire, il seroit bon de travailler plus que jamais à informer et saisir papiers, et ce en vertu d'une nouvelle commission qui porteroit que Sa Majesté, en attendant, auroit été contrainte de faire user de telle procédure, sur la connoissance qu'elle auroit que les financiers, leurs commis et entremetteurs, détourneroient tous papiers et les preuves qu'ils prévoient être à l'encontre d'eux; que, si cette poursuite ne donnoit une si grande alarme à ceux qui se sentiroient coupables en leur conscience, qu'ils vinssent aux pieds de Sa Majesté rédimer leur vie par leur bourse, il faudroit, dans huit jours actuellement, établir ladite chambre et prendre les juges dans tous les parlemens, et de telle réputation, que les noms seuls leur donnassent de l'étonnement, et qu'on fît courir le bruit que l'intention du Roi seroit de les loger tous dans le bois de Vincennes, où ils oiroient et examineroient les charges et informations, sans qu'il fût permis à personne de leur parler, fors ceux qui en auroient la permission du conseil. Et afin d'éviter les longueurs qui seroient à craindre à raison des privilégiés qui pourroient demander leur recours au parlement, il faudroit déclarer dans ladite commission qu'ils répondront tous devant lesdits commissaires, les rois n'ayant jamais entendu donner des privilèges contre eux; et partant, ne se pouvant étendre en une cause générale où ils ont le Roi pour partie, et le chancelier ou garde des sceaux, avec les maîtres des requêtes, pour juges, quand ils veulent prendre connoissance de leurs différends.

Qu'outre cela il faudroit en même temps faire une injonction à tous les financiers de n'abandonner leur domicile, à peine de perte de leurs états, et commandement à ceux qui l'auroient fait, de revenir dans huitaine et rapporter tous les papiers qu'ils auroient détournés, sur les mêmes peines; et qu'assurément la plupart, au lieu de témoigner leur innocence par leur demeure, prouveroient leur crime par leur fuite; ce qui seroit avantageux pour l'affaire; qu'il faudroit, outre cela encore, faire une autre déclaration, et la publier à son de trompe et cri public en tous les siéges, à ce que nul n'en prétendît cause d'ignorance; que tous les notaires eussent à rechercher dans leurs minutes tous les contrats d'acquisition passés sous le nom et au profit desdits financiers, depuis vingt ans; ce qui est conforme à l'ordonnance de François 1er, l'an 1532; que lorsqu'ils seront véhémentement soupçonnés on les mette prisonniers, et fasse-t-on saisir leurs biens jusqu'à ce qu'ils soient purgés, sauf à ordonner quelque provision à leurs femmes et enfans. Et que la même déclaration portât que tous ceux qui auroient prêté leurs noms, soit pour promesses simples ou contrats d'acquisition, ou recélé des biens desdits financiers, en auroient la sixième partie en le venant déclarer aux commissaires; s'ils y manquoient et que le recélé fût découvert à l'encontre d'eux, ils perdroient leurs biens propres, qui demeureront confisqués au Roi; ce qui est selon l'ordonnance de Charles IX à Gaillon, l'an 1566; qu'on pourroit aussi faire publier monitoires aux prônes des paroisses de Paris, et lieux où ils auroient du bien, à ce que ceux qui en auroient connoissance eussent à le révéler; remettant la même portion des biens qui seroient découverts à ceux qui en donneroient avis.

Mais surtout qu'il seroit besoin de commettre, en l'exercice de leurs charges, autres personnes, n'étant raisonnable qu'ils les exercent; car, par ce moyen, ils tiendroient en sujétion et crainte tous ceux qui ont eu ci-devant affaire avec eux, et pourroient déposer des péculats et exactions par eux commises; qu'au reste il n'étoit juste que, pendant que l'on travailleroit à leur procès, ils fussent payés de leurs gages, fors et excepté quelque modéré appointement pour les commis qui exerceroient, outre les droits et taxations appartenant pour l'exercice des offices; qu'il ne falloit pas craindre que les affaires demeurassent, pource que Charlot prendroit volontiers l'épargne, pour tant et si peu de temps qu'on voudroit; que Faideau seroit bien aise d'en faire autant, telles gens pensant par là se mettre à couvert; que plusieurs bourgeois de Paris même ne refuseroient pas de servir, et que cet expédient fût pratiqué par le chancelier de L'Hôpital ès années 1561 et 1562; l'exercice de telle commission ayant lors demeuré dix-huit mois, pendant lesquels on ne voulut jamais se résoudre de les remettre, ne semblant pas chose raisonnable de rétablir en leurs charges ceux qui par elles ont desservi le Roi et le public; qu'il seroit aussi à propos d'accorder abolition à quelques-uns de ceux qui auroient fait des compositions pour lesdits financiers, à la charge qu'ils déclareroient ce qu'ils savent; telle chose ayant toujours été pratiquée, et les lois le permettant, vu qu'autrement difficilement pourroit-on avoir connoissance de tels crimes, qui, soupçonnés de beaucoup, ne sont connus et ne peuvent être prouvés que par ceux qui y ont trempé; qu'on ne présume jamais qu'une personne veuille se mettre une marque perpétuelle sur le front pour ruiner un autre; vu que telles accusations ont toujours des suites et des circonstances infaillibles qui servent à la conviction des accusés; que les Romains émancipoient tous les jours les esclaves de la servitude de leurs maîtres particuliers, et les mettoient en la sujétion d'autres, pour tirer la connoissance de certains crimes où ils avoient trempé.

Mais surtout que Sa Majesté eût agréable de faire entendre à sa cour qu'elle tiendroit à crime qu'aucun, de quelque qualité qu'il pût être, la vînt supplier ni lui parler en faveur de ceux qui se trouveroient accusés de malversations; que, par telles voies, ils viendroient indubitablement à subir une taxe, et promptement, selon que déjà ils en faisoient ouverture, et, au cas qu'ils ne le fissent pas, qu'il falloit hâter la chambre à la faire travailler incessamment par certaines maximes particulières, justes et raisonnables, qu'elle s'établiroit elle-même et jugeroit nécessaires, pour ne demeurer pas dans les formes des autres affaires qui porteroient dans des longueurs que le bien public, dont il s'agissoit, ne pouvoit souffrir; qu'une de ces principales maximes pourroit être d'examiner les biens desdits financiers, et voir la proportion de ceux qu'ils ont avec ceux de leur naissance; ce qui n'est point si étrange qu'il n'ait été pratiqué en la personne d'Enguerrand de Marigny, qui fut condamné sur l'immensité de son bien, comme nous le lisons en Paul Emile, qui rapporte qu'un de ses principaux interrogats fut: *undè tam immensæ et tam repentinæ divitiæ*. Que, si les lois ne veulent pas qu'on soit obligé de rendre raison d'où vient le bien qu'on possède, elles s'entendent de ceux qui n'ont pas manié les finances publiques; car ceux-là doivent déclarer d'où sont venus leurs biens, quelles sont les donations qui leur ont été faites, les successions qui leur sont échues, et combien se montoient les partages de leurs biens paternels et maternels. Et, au reste, que le moyen le plus certain de les convaincre de s'être enrichis aux dépens du Roi, est de voir que les gages et émolumens légitimes de leurs offices, et la multiplication des profits qu'ils en peuvent faire, ne sauroient de bien loin monter au prix de leurs richesses. Qu'en usant ainsi, on auroit sans doute raison desdits financiers, qui déjà s'offroient, et Morant entre les autres, de demander pardon et dépendre de la grâce du Roi, et avouoient que, si on les jugeoit par la rigueur des ordonnances, les plus innocens d'entre eux, sans qu'ils s'en puissent plaindre, seroient condamnés à perdre leurs offices. En quoi Sa Majesté gagneroit pour plus de 12,000,000 de charges, et un grand réglement pour l'avenir, réduisant tous ces offices en commissions.

Mais qu'il étoit absolument nécessaire que Sa Majesté persévérât en la résolution qu'elle prendroit; étant certain que, nonobstant les défenses qu'elle auroit faites d'intercéder pour les financiers, elle aura à combattre les sollicitations de plusieurs personnes intéressées, ou par parenté, ou par utilité secrète, ou touchées de compassion, quoique sans sujet; et qu'elle fût aussi à l'épreuve de certains mauvais succès qui pourroient arriver en la poursuite de quelque particulier, au procès duquel quelque juge se rendroit peut-être favorable, ou un témoin seroit corrompu, ou une preuve seroit altérée, ou on prolongeroit le temps pour empêcher la condamnation; étant chose assurée qu'ès grandes affaires, et particulièrement de cette nature, il se trouve de grandes difficultés, et qu'il est presque impossible de faire, contre l'intérêt de plusieurs particuliers, l'établissement d'un bien notable pour le public sans une peine indicible, qui enfin rend les succès de ce qu'on a entrepris plus glorieux.

Et pource que toutes les affaires de France n'ont rien de chaud que les commencemens, si celle-ci n'étoit poursuivie avec même vigueur, et que les financiers aperçussent qu'on s'alentit, ils diroient qu'on ne trouveroit point de sujet de leur faire du mal, ou qu'on n'auroit pas le courage: ce qui les feroit passer pour être aussi innocens qu'ils sont coupables, les rendroit plus insolens, et feroit que la composition qu'on leur pourroit demander à la fin, ne seroit pas si avantageuse pour le Roi.

Le cardinal conclut que de toutes ces raisons on pouvoit tirer cette résolution, que, puisqu'il étoit périlleux de porter la recherche des finances jusqu'aux extrémités, il étoit honteux de la quitter; que les affaires présentes requéroient qu'on la fît, et qu'il étoit expédient pour l'avenir qu'elle fût; il la falloit faire jusqu'à une grande saignée de leur bourse, et donner ordre que dorénavant elle ne se remplît point tant. Suivant cet avis, le Roi fit une déclaration pour l'érection de ladite chambre, datée à Saint-Germain-en-Laye au mois d'octobre 1624, et une autre pour l'ordre qu'il entendoit qui y fût observé. En suite de cet établissement, plusieurs financiers furent accusés, et aucuns emprisonnés; ce qui fit prendre la fuite à d'autres, entre lesquels Beaumarchais (1), beau-père de La Vieuville, fut des premiers à se sauver dans l'île de Noirmoutier. Les charges contre lui furent si grandes, qu'il fut enfin condamné à être pendu et étranglé, et fut exécuté en effigie.

Dans ces charges La Vieuville se trouva tellement mêlé, que la chambre de justice, reconnoissant pleinement qu'il trempoit par complicité en tous les crimes de son beau-père, décréta tacitement (2) contre lui, ordonnant, par le décret qu'elle décerna contre Beaumarchais, que La Vieuville seroit ouï et interrogé sur les faits résultant desdites charges et informations, et décréta prise de corps contre Bardin son premier commis. La Vieuville, par bonnes preuves, se trouva coupable, 1° d'avoir donné moyen à son beau-père de dérober plusieurs millions au Roi; 2° d'avoir changé de son autorité privée les états faits et arrêtés par son prédécesseur en sa charge; 3° d'avoir, au préjudice des finances de Sa Majesté et des ordonnances, favorisé et porté des partisans pour des transports de deniers hors du royaume; 4° d'avoir fait, par lui et par les siens, des compositions illégitimes de rescriptions et acquits patens; 5° d'avoir pris de grands pots-de-vin; 6° d'avoir dégradé à son profit les forêts du Roi en Champagne, proche de ses maisons; 7° d'avoir voulu, depuis sa prison, lier amitié avec des étrangers. Il y eut encore des charges contre lui d'avoir trempé en l'assassinat de Potrincourt. Nonobstant tout cela, la grande bonté du Roi, surpassant la malignité de ses crimes, fit que Sa Majesté se contenta de le tenir en état de ne pouvoir nuire, et ne voulut pas faire poursuivre son jugement et sa condamnation.

Auparavant que le Roi partît de Compiègne, il reçut le second traité de l'accommodement que Sa Sainteté avoit dressé pour les affaires de la Valteline.

Mais, parce que le fait en toutes choses est le fondement du droit et de la justice, et qu'il faut savoir ce qui est et a été fait en une affaire pour porter jugement de sa suite à l'avenir, et de ce qui s'y est dû et pu faire pour la bien terminer, reprenons celle-ci dès sa source, et faisons un

(1) Beaumarchais avait pour nom de famille Bouhier.
(2) Le mot est bien trouvé.

abrégé de tout ce qui s'y est passé jusqu'à maintenant, pour connoître la prudence avec laquelle d'ici en avant on s'y sera gouverné.

La Valteline est une vallée qui contient environ trente mille ames ; sa longueur est de vingt heures de chemin à cheval ; sa largeur d'une petite lieue française. Elle appartient aux Grisons, qui sont peuples qui en partie ont été possédés autrefois par plusieurs seigneurs, la postérité desquels étant faillie, ils embrassèrent la liberté qui s'offrit à eux ; partie se sont rachetés, autres se sont soustraits, il y a long-temps, de l'obéissance des évêques de Coire, et partie de la maison d'Autriche, comme ont fait les Suisses. De plusieurs villages qui étoient unis sous une même juridiction, ils composèrent des communes, et plusieurs communes, usant d'une même coutume, formèrent une province, laquelle ils appelèrent ligue, c'est-à-dire association. Ils sont divisés en trois ligues : la première, et plus ancienne desquelles, est appelée ligue Grise, d'autant qu'elle porte en ses armes et devise la couleur grise mêlée avec la blanche; la seconde, la Cadée, qui a été autrefois sujette à l'évêque de Coire, de qui elle a secoué le joug, bien qu'elle lui laisse encore le droit de battre la monnoie, les péages et quelques autres priviléges; la troisième, les Droitures, qui se sont révoltées de la maison d'Autriche, qui y jouit encore de quelques droits. Toutes trois ensemble font un corps d'État qui, empruntant le nom de la première, s'appelle Grisons ou ligues Grises. Ils se gouvernent en communauté, et ont même administration de justice, même ordre et discipline militaire, et le peuple en chacune a le souverain pouvoir en toutes choses. Ils s'allièrent avec les Suisses en l'an 1498, de sorte qu'ils font partie de la république helvétique, qui est composée de treize cantons, et aucuns peuples libres qui sont sous leur protection, des dizaines de Valais et des trois ligues grises.

Le roi Louis XII, pour le recouvrement de Milan, fit alliance avec eux l'an 1509, par laquelle ils lui permettoient de faire levée en leurs Etats de tel nombre d'hommes qu'il auroit besoin, et étoient tenus, toutefois et quantes que le Roi feroit levée de Suisses, de laisser leurs passages ouverts, et ne permettre que les ennemis de Sa Majesté y puissent passer. Cette alliance a depuis été inviolablement observée et renouvelée par tous les rois qui ont succédé à Louis XII, et la France en a joui paisiblement toute seule jusqu'à l'an 1603. Durant tout ce temps-là, les Grisons ont, à l'abri de cette alliance, vécu en repos et tranquillité entre eux et avec leurs voisins. Mais les biens que nous possédons de long-temps nous semblant ne dépendre que de nous et nous appartenir par nous-mêmes, la cause à laquelle nous en sommes redevables étant trop éloignée, les Grisons, oubliant les biens qu'ils recevoient de si long-temps de l'alliance qu'ils avoient avec la France seule, après avoir sagement, durant les premières années, résisté aux sollicitations que leur faisoient les Vénitiens et le gouverneur de Milan, enfin leur prêtèrent l'oreille ; et en l'an 1603, méprisant l'alliance de la France, s'allièrent à la république de Venise. L'Espagne, qui désiroit cette alliance pour soi, et en avoit toujours été refusée, et qui, ès années 1578 et 1592, durant nos troubles, leur avoit en vain envoyé des ambassadeurs pour cela, enfin, en l'an 1603, avoit poussé ses pratiques si avant, qu'elle pensoit l'avoir conclue, et les articles mêmes en ayant été rédigés par écrit, ne pouvant souffrir que les Vénitiens leur fussent préférés, essayèrent, par menaces et par interdiction de commerce, de les obliger par force à s'allier à eux aussi bien qu'à Venise.

Le Roi assista les Grisons à soutenir l'opposition qu'ils firent à l'Espagnol ; mais il dissimula en l'alliance des Vénitiens à cause de l'ancienne et bonne intelligence qu'il a avec eux, quoiqu'elle fût préjudiciable à la sienne, en ce qu'ils leur donnoient les passages contre qui que ce fût sans aucune exception ; ce qui pouvoit pourtant être contre lui-même. Et quoiqu'il prévît bien les malheurs qui en devoient survenir, et que les Vénitiens mêmes avoient procédé en cette affaire par artifices peu louables, entre lesquels est celui-là, qu'ils employèrent à faux titre le nom et l'autorité du Roi à l'endroit des communes, pour par ce moyen les induire à recevoir cette alliance, comme si non-seulement il y eût consenti, mais l'eût désirée, il ne voulut pas leur faire cet affront que son ambassadeur les désavouât.

Les Espagnols commencèrent pour leurs derniers efforts, dès le mois de septembre de la même année, la construction du fort de Fuentes, sur un tertre qui est presque dans le pays des Grisons, pour se saisir de leur passage en la Valteline, et s'en rendre les maîtres en la première occasion de mésintelligence. Au pied de ce tertre ils firent un autre petit fort sur l'embouchure du lac de Côme, où ils mirent une garnison d'Espagnols pour visiter les marchandises qui entrent ou sortent par là de l'Etat de Milan. Les Grisons, se voyant aux fers par ces deux forts, commencèrent, bien que tard, à se repentir de la faute qu'ils venoient de faire, d'avoir ajouté une autre alliance à celle qu'ils avoient avec la France; s'étant départis de la maxime salutaire à leur Etat, qui étoit l'exacte observation de la neutralité à l'endroit de leurs voisins, par le moyen de laquelle ils se les conservoient tous bons amis.

Se voyant sur le penchant de leur ruine, ils députèrent, en l'année 1604, vers le feu roi Henri-le-Grand, pour le supplier de les délivrer de la servitude qui les menaçoit. Sa Majesté leur répondit que si les Vénitiens, leurs nouveaux alliés, l'y vouloient assister selon qu'ils y étoient obligés, il ne leur dénieroit pas aussi son assistance; mais qu'il n'étoit pas raisonnable que, n'étant plus seul confédéré, il portât seul le poids de la guerre pour leur protection. Les Vénitiens, pour éviter d'entrer en cette dépense, dirent qu'ils ne jugeoient pas à propos de demander ou poursuivre par armes la destruction d'une place que les Espagnols avoient bâtie sur leur propre terre, non sur celle d'autrui, mais promirent qu'au cas que le gouverneur de Milan s'en voulût servir contre les Grisons, ils ne leur refuseroient pas alors le secours qu'ils leur avoient promis. Ainsi les forts demeurèrent sur pied avec bonne garnison dedans, et les Espagnols continuèrent toujours leurs pratiques pour venir à bout de cette alliance; tant qu'enfin, en l'an 1606 et 1607, quelques articles en furent dressés, à la suscitation des principaux du pays, nommés Belly et Balzelga, partisans d'Espagne, qui, incontinent après, en furent punis, et les articles dressés à Milan lacérés. Tous ces maux, survenus aux Grisons à cause de l'alliance de Venise, joints à quelques mécontentemens encore qu'ils reçurent de la république, firent que l'an 1611, le terme de cette alliance étant expiré, ils mandèrent à Venise qu'ils ne la vouloient plus renouveler, et désiroient seulement vivre en bons amis et voisins avec eux.

Ils apportèrent pour raison qu'ils leur avoient promis plus grand nombre d'hommes que leur pays ne pouvoit porter, si en même temps le Roi et les Suisses leur demandoient ceux qu'ils étoient obligés de leur fournir par leurs alliances; qu'ils n'avoient autre meilleur moyen de faire cesser, ou au moins diminuer la jalousie de la maison d'Autriche dont ils avoient reçu tant d'incommodités; et qu'ils ne laisseroient pas à l'avenir, quand la république les en requerroit, de les assister de leurs hommes; et ce avec d'autant plus de bonne volonté que ce seroit sans obligation.

La république, ne se rebutant pas par ce refus, y envoya le secrétaire qui y avoit résidé auparavant, qui reçut encore une seconde renonciation. Elle y en envoya plusieurs autres consécutivement, et un ambassadeur même destiné pour aller en Angleterre, qui n'oublia aucune sorte d'artifices pour y parvenir.

Ils firent tant qu'au mois de mars 1617 il y eut un traité d'alliance entre eux. Les articles duquel ayant été communiqués au sieur Gueffier, ambassadeur du Roi aux Grisons, il s'y opposa, les jugeant préjudiciables à l'alliance de Sa Majesté, pource que les déclarations et réserves que Padavin, qui traitoit pour la république, avoit promis sur son seing audit Gueffier de faire insérer dans les articles de ladite alliance, n'y étoient pas. Ces déclarations étoient qu'ils ne pouvoient faire de levées pour Venise que celles du Roi, s'il en avoit besoin, ne fussent faites auparavant; qu'à l'article où ils obligeoient leurs hommes à servir la république contre qui que ce fût, il seroit ajouté, « fors contre le Roi, ses amis et confédérés. » Et qu'en l'endroit où ils promettoient de fermer leurs passages, il seroit dit, « hormis aux forces du Roi, auxquelles ils seroient ouverts contre qui que ce fût, voire contre la république de Venise même; » et qu'outre tout cela, il seroit encore ajouté à la fin un article à part, par lequel il seroit dit qu'en tout ce qui auroit été promis aux articles précédens, ils entendoient que l'alliance avec la couronne de France demeurât en son entier, sans qu'il y fût dérogé ni préjudicié en aucun point. En la même année, ils en firent une autre avec l'Espagne, à laquelle, et à celle de Venise, ils renoncèrent incontinent après. Et pour être dorénavant en plus de paix et d'union, et empêcher qu'aucun d'entre eux ne fît plus de secrètes menées pour l'une et l'autre alliance, qui leur causoient tant de troubles et d'inconvéniens, ils dressèrent enfin, en l'an 1619, certains articles qu'ils promirent entre eux d'observer.

On ne laissa pas de recommencer encore de nouvelles poursuites, et avec tant de violence, que ce n'étoient plus que meurtres et brigandages; l'un et l'autre parti qui favorisoient Espagne ou Venise, selon qu'il avoit le dessus, exerçant à son tour beaucoup de cruautés. Tant qu'enfin, au commencement de juillet, l'an 1620, Pompée Planta, chef des mutins du parti d'Espagne, qui avoit l'année précédente été condamné d'être mis en quatre quartiers, se mit aux champs avec seize mille hommes levés aux dépens du roi d'Espagne sur les petits cantons, et entreprit de se saisir de la basse Engadine, de laquelle toutefois il ne put se rendre maître. Les Grisons, se voyant ainsi attaqués par les rebelles, en donnent avis à l'ambassadeur de Venise résidant à Zurich, le priant que, nonobstant le décret qu'ils avoient fait de ne permettre à aucun ambassadeur de prince étranger d'entrer en leur Etat, il lui plût, au danger éminent qui les menaçoit, venir à Coire les assister de ses bons avis. Il prend cette occasion au poil pour renouer son alliance, qui étoit toute prête d'être conclue lorsque le gouverneur de Milan, n'ayant plus d'autre moyen de l'empêcher, convie les Valtelins de se rébeller contre les Grisons.

Depuis l'alliance que les Grisons firent avec Venise en l'an 1603, comme on a vu ci-dessus, ce ne furent que troubles et divisions en cet Etat-là, où les divers partis, de France, Venise et Milan, exercèrent les uns contre les autres beaucoup d'injustices et cruautés, selon que chacun d'eux venoit à avoir la puissance en main. Et comme il arrive qu'au temps des dissensions civiles les plus méchans ont lieu d'autorité, les juges et les officiers établis par les Grisons commettoient plusieurs extorsions sur le peuple, principalement sur les catholiques qui sont les plus foibles d'entre eux, et en la Valteline où il y en a le plus grand nombre. Ce mauvais traitement donna une grande disposition aux Valtelins à secouer le joug des Grisons; mais, comme ils n'avoient pour cela autre appui que celui d'Espagne, ils ne l'osèrent entreprendre qu'en ce temps auquel le gouverneur de Milan, pour donner l'exclusion à la ligue de Venise, qu'il voyoit déjà conclue, le leur conseilla avec promesse de les y assister. Ensuite de quoi, le 19 juillet 1620, Robustely, gentilhomme valtelin, y entra avec des troupes catholiques, prit plusieurs places, où il fit passer tous les protestans au fil de l'épée, favorisé des rebelles bannis, qui y entrèrent quant et quant du côté du Tyrol, prirent les passages plus proches par où les Grisons pouvoient être secourus du côté de Venise et de Zurich; de sorte que les troupes dudit Zurich et de Berne, qu'on y envoya, furent contraintes de prendre un long chemin. A leur arrivée elles gagnèrent le dessus et reprirent, en huit jours, toute la Valteline; mais le gouverneur de Milan y envoya des forces qui les rechassèrent sans coup férir, et pour assurer sa conquête y fit bâtir quatre forts, à Morbegno, Sondrio, Nova et Riva.

Les Grisons, abattus de courage par ce mauvais succès, ne sachant plus de quel bois faire flèche, recoururent au Roi, leur bon et ancien allié, et le supplièrent de ne les abandonner pas en l'extrémité où ils étoient réduits. Sa Majesté, déplaisante de voir souffrir ces peuples libres, croyant, pour plusieurs considérations, être intéressée à leur conservation, et à remédier à une telle invasion, qui se faisoit au préjudice de l'alliance qu'elle avoit avec eux, leur promit de les assister de ses armes, si par la voie de la douceur elle ne pouvoit faire réparer le tort qui leur étoit fait. Ensuite elle intervint vers le roi d'Espagne à ce que les choses fussent remises en leur premier état, et y envoya pour ce sujet, en ambassade extraordinaire, le sieur de Bassompierre, qui, ne pouvant exécuter sa commission de vive voix vers le roi Philippe III, à cause de la maladie en laquelle il étoit détenu, donna sa lettre de créance et mit par écrit ce qu'il avoit à lui dire.

Ledit Roi, trouvant juste le sujet de son envoi, se résolut de faire exécuter ce qui lui étoit proposé de la part de Sa Majesté, y étant encore convié par l'instance fort expresse qu'en ce même temps le Pape lui en faisoit par un bref particulier. Mais la mort le prévenant, il fut contraint de remettre l'accomplissement de son désir à Philippe IV son fils, auquel il en laissa un commandement précis par son testament, en exécution duquel se fit le traité de Madrid, le 25 avril 1621, par lequel les forts devoient être rasés, et toutes choses incontinent remises comme elles étoient auparavant.

On attendoit l'exécution de ce traité; mais les troubles des huguenots en France la faisoient différer de jour en jour, car nos hérétiques firent, le 26 novembre 1620, une assemblée générale à La Rochelle contre la volonté du Roi, et une autre de l'abrégé à Montauban, lesquelles ils ne voulurent rompre, quelque commandement exprès qu'ils en reçussent de Sa Majesté, sous peine d'être déclarés criminels de lèse-majesté. Ce qui fit acheminer le Roi à Saumur, dont il s'assura, de là à Saint-Jean qu'il assiégea et prit, et à Montauban qu'il assiégea, mais avec un moins heureux succès. Les Espagnols, qui espéroient que ces mouvemens prendroient un long trait de temps, sursoient l'exécution promise; en sorte que, durant le siége de Montauban, on disoit publiquement que la restitution de la Valteline dépendoit de la prise de cette place.

Cependant ils tramoient, en tous lieux, toutes sortes de ruses pour favoriser leur mauvais dessein. Premièrement, à Rome, le duc de Sela força les Valtelins à recourir au pape Grégoire XV, pour le supplier de faire suspendre l'exécution du traité. Le président d'Ascoli, sous prétexte d'aller à Notre-Dame-de-Lorette, passa à Rome pour y animer Sa Sainteté. En Espagne ils firent qu'on leur dépêcha de Milan le chancelier chargé des griefs de l'archiduc Léopold, de la clameur des Valtelins et des raisons de conscience, d'honneur et d'Etat, pour n'exécuter ledit traité de Madrid. Et tout publiquement, à la nouvelle du siége de Saint-Jean-d'Angely, ils représentèrent en plein conseil leurs intérêts de conserver la Valteline; l'empêchement que le Roi avoit dans son royaume pour ne s'y opposer; que le roi d'Espagne n'auroit jamais une saison si favorable pour avoir les armes spirituelles et temporelles à son pouvoir, et demeurer le seul arbitre du monde; représentèrent l'importance d'avoir des papes à sa dévotion, et la faute que Philippe II fit de ne subjuguer pas l'Italie durant la guerre de la ligue, parce qu'y étant absolu et l'empire en la maison d'Autriche, il pouvoit prétendre légitimement d'arriver où Charles V n'avoit pu parvenir. Ensuite, en l'an 1622, ils mirent de nouvelles et captieuses propositions en avant à Aranjuez exprès, et à dessein que l'ambassadeur de France les ayant seulement écoutées, bien que ce fût sans les agréer ni s'y arrêter, ils pussent néanmoins prétendre, comme ils firent depuis, que ce traité postérieur avoit annulé et anéanti le premier.

A Milan, le gouverneur, sans aucun égard aux promesses du Roi son maître, et contre les protestations journellement réitérées à Sa Majesté d'y satisfaire de bonne foi, envoyoit continuellement vers les Grisons les solliciter d'abandonner le Roi, et faire un nouveau traité avec lui, à l'exclusion de l'alliance de France; interdisant le commerce avec eux pour les contraindre par la nécessité à ce à quoi il ne les pouvoit induire de leur bon gré. En France, ils y travaillèrent directement et indirectement: directement, en ce que le roi d'Espagne ayant envoyé au marquis de Mirabel, son ambassadeur, commission de convenir avec les ministres du Roi, au contentement de Sa Majesté, sur les manquemens du traité de Madrid, et les moyens en ayant été trouvés tels en avril 1622, qu'assurément l'accord s'en fût ensuivi à la satisfaction des intéressés, ledit marquis fut aussitôt désavoué de son maître de ce qu'il avoit fait; indirectement, en ce que les Espagnols n'oublièrent rien de ce qu'ils purent pour nous troubler au dedans et au dehors du royaume, et nous ôter les moyens de les contraindre par la force d'armes à nous tenir la foi. En Angleterre étant venu l'avis d'une émotion qui arriva à Tours, par la démolition du temple des huguenots, l'ambassadeur d'Espagne fit tellement exagérer cette affaire par les pensionnaires d'Espagne aux deux chambres du parlement, qu'il s'en fallut peu que le départ du Roi pour aller en Poitou, conjoint avec cette nouvelle, ne fit résoudre les puritains à se déclarer ouvertement en faveur des rebelles. Le parlement ayant donné deux subsides au roi d'Angleterre de 800,000 livres pour en secourir le Palatin, l'ambassadeur d'Espagne représenta que, par le moyen du mariage de l'Infante et du prince de Galles, les prétentions de Bourgogne et d'Angleterre devoient être conjointes, et que le Roi s'en allant faire la guerre en Guienne à ceux de la religion prétendue, ils devoient assister les Rochelois, afin qu'ils lui gardassent une porte pour entrer en France.

Le Roi eût suivi le conseil de l'ambassadeur susnommé, si le parlement ne s'y fût ouvertement opposé, disant que l'argent qu'ils avoient donné étoit destiné pour le secours de ses enfans, qui lui devoient être plus proches que les Rochelois.

Ledit ambassadeur persécuta tellement le roi de la Grande-Bretagne, qu'il le fit résoudre d'envoyer vingt vaisseaux aux Rochelois pour favoriser leurs desseins. Il n'en put être détourné que par l'avis qui lui fut donné d'envoyer premièrement un ambassadeur au Roi, pour le convier à donner la paix à ces rebelles. Ce que l'ambassadeur d'Espagne ayant su, il en donna avis au marquis de Mirabel, lequel fit animer par quelque prélat le nonce de Sa Sainteté, jusqu'à s'opposer à l'arrivée du susdit ambassadeur. Il donna plusieurs mémoriaux au Roi sur ce sujet, et persévéra jusqu'à ce qu'on lui dit qu'il ne gagneroit rien de faire cette instance, et quand il verroit le succès de ce voyage, il béniroit Dieu de ce qu'on l'auroit laissé venir. Ledit ambassadeur étant arrivé, tant s'en faut qu'il obtint rien à l'avantage des rebelles, qu'il n'eut pas la permission de conférer avec personne de ce parti; et, par ce moyen, sans empêchement du côté d'Angleterre, le Roi eut le loisir de faire ce grand progrès qu'il fit en six mois en Poitou et en Guienne. Alors le nonce avoua que Sa Majesté avoit usé d'une grande prudence de l'avoir laissé venir, nonobstant l'avis plus zélé que sage de ses ecclésiastiques, qui faisoient scrupule d'approuver ce voyage et beaucoup d'efforts pour le rompre.

Ils travailloient aussi soigneusement pour les diviser entre eux, et trouvèrent une invention pour colorer plus apparemment leur perfidie; il leur sembla pouvoir légitimement retarder l'exécution du traité, si lesdits Suisses étoient capables d'être persuadés de refuser à promettre, conjointement avec les Grisons, ce qui étoit arrêté dans ledit traité en faveur des catholiques de la Valteline. Ils dépêchèrent vers eux à cette fin; et, pour se donner loisir de les induire par menaces, par promesses et par corruption, à ce qu'ils désireroient d'eux, le président de Dole, qui étoit envoyé à Lucerne de la part d'Espagne, pour traiter avec l'ambassadeur du Roi et le nonce sur ces affaires, voulut prendre la qualité d'ambassadeur, nonobstant que, dans le traité de Madrid, pour éviter la compétence des couronnes, il eût été résolu qu'il ne prendroit que la qualité d'ambassadeur de l'archiduc. Ce qui fit consommer six mois de temps inutilement, sans pouvoir entrer en aucune conférence. Durant ce temps, les Espagnols travaillèrent en sorte avec les cantons d'Uri, Schwitz, Underwald, Zug, Lucerne et Fribourg, qu'ils les firent résoudre à ne point ratifier le traité de Madrid, sous prétexte que les Valtelins disoient qu'ils seroient opprimés en leur religion.

Quoique les ambassadeurs du Roi leur représentassent qu'en ce cas le Roi demeureroit conjoint avec le Pape et les susdits cantons pour la conservation de la religion, et les assisteroit de forces et d'argent pour empêcher d'être opprimés, néanmoins l'artifice et la distribution d'argent que les Espagnols firent parmi les susdits cantons fut si grande, qu'il n'y eut pas moyen de leur faire ratifier le susdit traité. Les cantons de Soleure, de Berne, Zurich, Bâle, Schaffouse, de Glaris, et les protestans d'Appenzel, offrirent de faire la promesse de demeurer inséparablement attachés à l'exécution du traité avec le Roi. Sa Majesté, pour ne mettre pas la division dans leur république, continua à poursuivre en Espagne nouvel ordre pour réprimer l'audace du duc de Féria, et faire exécuter de bonne foi ce qui avoit été conclu. Le temps défaudroit si l'on vouloit particulariser les artifices, les violences et le peu de sincérité qui se pratiqua durant sept ou huit mois que l'on traita inutilement à Lucerne de cette affaire. Il suffit de dire que M. de Montholon mourut sans avoir pu apercevoir en l'archiduc Léopold, au duc de Féria et au président de Dole, une seule action qui lui pût faire espérer de pouvoir, par la négociation, vaincre leur obstination à troubler la paix de la chrétienté.

Que ce soit eux qui, exprès à ce dessein, sollicitèrent les cantons catholiques de ne pas donner leur consentement, il appert assez manifestement par les remercîmens que le sieur Cazaty, envoyé à Bade, où se tenoit l'assemblée générale de toute la Suisse l'an 1623, en fit aux cantons catholiques, au nom du gouverneur de Milan; et la traite du blé qu'il leur accorda en récompense en est encore un autre témoignage assez suffisant. D'autre part, l'archiduc Léopold et le duc de Féria, qui donnoient toute sorte de jalousie aux Grisons pour les rendre agresseurs, et faisoient travailler jour et nuit aux forts de la Valteline, firent avancer le comte de Loderon avec ses lansquenets à la frontière du Tyrol, et le duc de Féria, le terzo de don Juan Brano et celui de Naples. Il dépêcha aussi dans la Valteline à Julio César Césari, sous prétexte de demander justice aux trois Ligues de quelque prétention qu'il avoit dans Coire, qui dit à ce peuple qu'ils n'espérassent aucun confort ni assistance du Roi, qui avoit une guerre civile en son royaume; qu'il leur offroit de la part de son maître liberté de conscience, commerce et toute sorte d'avantages en leur condition, moyennant qu'ils ne voulussent avoir d'autre ami ni protecteur que la maison de Milan; que, par ce moyen, ils pouvoient vivre opulemment; car Sa Majesté Catholique, sans avoir égard à la religion, feroit une grande distribution d'argent parmi les communes, et se serviroit de leur nation par préférence.

Outre ce discours qu'il tenoit publiquement, il donna de l'argent à quelques factionnaires (1) d'Espagne qui avoient approuvé le traité avec le duc de Féria au mois d'avril, afin qu'ils portassent les Grisons à confirmer unanimement le traité de Milan, ou d'entreprendre sur la Valteline à force ouverte. Les susdits factionnaires représentèrent, ou qu'il se falloit soumettre au duc de Féria, ou à l'archiduc Léopold, vu les armes dont ils étoient environnés, ou essayer pour le dernier coup de recouvrer généreusement avec les armes ce que les Espagnols avoient usurpé et fortifié dans la Valteline, et qu'ils seroient des premiers à y employer leur vie, tant ils étoient jaloux de la liberté et réputation de leur patrie; que tout le pis qui leur en pourroit arriver seroit d'être reçus à bras ouverts du duc de Féria. Ce dernier avis fut suivi, et Julio César Césari en eut soudain la nouvelle, qui la fit entendre au duc de Féria qui s'en prévalut heureusement; car les Grisons croyant avoir quelque intelligence dans Bormio qui étoit double, sans chef, sans ordre et nulle correspondance, ils entrèrent dans la Valteline pour l'attaquer, d'où ils furent repoussés avec perte de deux cents hommes, et le reste se retira avec toute sorte de confusion, ne laissant à leurs étendards que quarante hommes à chacun pour tenir corps aux environs de leurs communautés.

L'archiduc Léopold et le duc de Féria les attaquèrent si vivement après cette entreprise, que la vallée de Pragalia fut brûlée, la haute et la basse Engadine conquise, Chiavenne pris; tous les passages qui étoient aux montagnes, dont les Grisons pouvoient être secourus ou la Valteline reconquise, furent saisis, et le reste de la Réthie à la discrétion de la maison d'Autriche; les bannières de Berne et de Zurich, qui gardoient quelques passages, se retirèrent; et soudain l'archiduc Léopold usurpa Meyenfeld et toute la ligue des Droitures. La ville de Coire reçut, quelques mois après, garnison; ce qui abattit tellement de courage les Gri-

(1) Partisans.

sons, qu'ils résolurent, en un *pittag* (1) qu'ils tinrent, d'envoyer demander ignominieusement la paix au duc de Féria, et dépêchèrent particulièrement le docteur Beily et Jean Borgonnet à Rodolphe Pianta, ennemi de la patrie, et réfugié à Milan, quoiqu'il fût luthérien, afin qu'il intercédât pour eux.

Voilà les artifices avec lesquels l'Espagne, manquant à sa foi, éludoit par continuelles remises l'exécution de ce traité, de laquelle dépendoit la tranquillité de l'Europe. En quoi l'excès de leur mauvaise volonté contre la France paroît d'autant plus, qu'elle les aveugloit en leur propre intérêt, pource que, vu les affaires qu'ils avoient en toute la chrétienté, ce n'étoit pas leur bien que ne pas apaiser les mouvemens de la Valteline; car ils se mettoient en hasard de perdre leurs Etats propres, s'ils contraignoient le Roi à leur faire la guerre puissamment avec ses alliés, pour la restitution de ce qu'ils retenoient injustement.

Don Balthazar Zuniga, homme consommé dans les ambassades, et estimé le plus habile du conseil d'Espagne, leur en dit librement son opinion, et représenta l'impossibilité d'entreprendre, comme ils vouloient faire, la conquête d'Italie, la rupture avec la France et la guerre en Allemagne pour le Palatinat; qu'aussitôt qu'on s'apercevroit qu'on voudroit garder la Valteline, la paix se feroit en France indubitablement, et que les catholiques et les hérétiques s'en iroient en Allemagne assister le Palatin, et mettroient en péril l'Empire et les Etats patrimoniaux de la maison d'Autriche; que, si cela survenoit, l'Italie seroit perdue; car elle ne sauroit subsister que par la paix et les secours d'Allemagne; que le pape et toute l'adhérence d'Espagne en Italie entreroit en jalousie de l'usurpation de la Valteline; que la France, se trouvant en paix et ne pouvant demeurer en repos, feroit une ligue en Italie; et cela étant, les bannières de France arborées delà les monts, moyennant qu'on connût que la guerre civile ne pouvoit être suscitée dans le royaume, préjudicieroient plus à la maison d'Autriche que la Valteline, les Grisons et les cinq cantons catholiques ne lui pouvoient porter d'avantage, quand ils seroient entièrement subjugués; que c'étoit une grande ignorance de soutenir que l'exécution du traité de Madrid pût exclure le roi d'Espagne des passages des Grisons; que tant que le comté de Tyrol, les cantons qui sont dans les Alpes et la maison de Milan seroient conjointes d'alliances, les Grisons ne se pouvoient passer de blé, de sel, et de la communication des susdits lieux, et en al-

(1) Conseil.

légua plusieurs exemples; qu'outre cela Sa Majesté Catholique avoit garnison dans Bellinzone, encore que la ville fût aux cantons d'Uri, Zug et Underwald, qui lui gardoient le passage du mont Saint-Gothard; qu'il avoit encore le mont Simplon pour entrer et sortir de l'Italie quand bon lui sembleroit, et, du côté du Tyrol, un passage pour entrer en la duché de Milan, que les Vénitiens ne lui pouvoient jamais faire perdre quoiqu'il fallût passer une lieue dans leurs terres; que c'étoit à Sa Majesté de considérer ce qui lui étoit plus honorable et moins périlleux, ou d'exécuter un traité dont il ne lui pouvoit jamais arriver de reproches ni de préjudice à son autorité, ou se jeter la guerre sur les bras en Italie, où la seule réputation d'y vouloir entretenir la paix étoit le plus assuré fondement de sa conservation; que ses prédécesseurs avoient sagement considéré qu'il ne falloit pas accroître leur puissance, pour mettre en hasard et perdre ce qu'ils y possédoient.

Tout ce discours fut inutile, et le mauvais génie d'Espagne ne permit pas qu'ils écoutassent un si salutaire conseil, mais leur fit prendre une résolution toute contraire à se prévaloir de nos guerres civiles pour ce qui étoit de retenir la Valteline, éludant par continuelles remises l'effet du traité de Madrid.

Cela dura si long-temps, qu'enfin les Grisons perdirent l'espérance du secours qu'ils avoient attendu du Roi, et se laissèrent aller à faire, en janvier 1622, deux traités fort désavantageux avec le duc de Féria, gouverneur de Milan; par l'un desquels ils promettoient de donner passage aux gens de guerre du roi Catholique; par l'autre, ils renonçoient entièrement à la Valteline, laquelle, pour ne leur être sujette, s'obligeoit à leur donner une pension annuelle de vingt-cinq mille écus. En même temps ils en firent un troisième avec l'archiduc Léopold, par lequel lesdites ligues s'obligeoient à recevoir garnison aux dépens dudit archiduc. Ces traités si honteux, qui sembloient témoigner autant de foiblesse aux princes leurs alliés qu'en eux-mêmes, et l'offense des excuses vaines, ou plutôt refus continuels d'accomplir ce qui avoit été promis, obligèrent le Roi de traiter à son retour de Montpellier, en l'an 1622, et enfin arrêter, le septième février 1623, une ligue avec la république de Venise et M. de Savoie, pour contraindre l'Espagnol à rendre ce qu'il avoit usurpé et effectuer sa parole.

Au bruit de cette ligue, les Espagnols étonnés, et Sa Sainteté même appréhendant la guerre qu'elle allumeroit en Italie, et la conséquence d'une guerre générale en toute la chrétienté, convinrent, pour en arrêter le cours, que la Valteline, avec tous les forts, seroit baillée en dépôt au Saint-Siége, en attendant que, par son entremise, le différend se pût accommoder à la satisfaction des deux couronnes. Les raisons de ce dépôt apportées par le roi d'Espagne furent qu'attendu qu'il n'avoit été mû à se saisir du pays, faire faire et défendre ces forts que pour le seul zèle de religion, et appelé par les catholiques de cette vallée, il condescendoit volontiers à les mettre entre les mains de Sa Sainteté pour lui donner satisfaction et entretenir bonne correspondance avec le Roi, puisque Sa Sainteté croyoit que de là dépendoient la paix et le repos d'Italie, et encore pour faire connoître à tout le monde, et principalement aux Italiens, combien Sa Majesté Catholique étoit désintéressée et avoit cheminé avec droiture en cette affaire, jugeant satisfaire assez à son zèle envers la cause catholique, puisqu'il ne s'agissoit ici que de la religion, en remettant le tout entre les mains de Sa Sainteté, comme du père universel ; à la charge néanmoins que les capitaines, officiers et soldats qu'elle y mettroit, fussent tous vassaux du Saint-Siége, et que la conclusion de l'affaire se fît à la satisfaction de Sa Sainteté et des deux couronnes ; et que si cependant le repos public de l'Italie venoit à être troublé sans que la cause en provînt de la part d'Espagne, Sa Sainteté y mettroit promptement remède effectif, ou restitueroit les forts au roi d'Espagne, en la même manière qu'elle les auroit reçus. Cet écrit fut signé à Madrid le 4 février 1623, et de là envoyé à Rome.

Le Roi, qui a toujours désiré un juste et honorable accommodement plutôt qu'une rupture ouverte, en étant averti, y consentit, et manda à Sa Sainteté que, bien qu'il se fût promis que Sa Sainteté, avant que de prendre la résolution de se charger du dépôt de ces forts, eût voulu rechercher son consentement et son avis, toutefois il vouloit croire qu'elle avoit été induite à ce faire comme père universel, et par un pur zèle qu'elle avoit eu au bien public et au repos général de toute la chrétienté ; et que sur la confiance qu'il avoit que sa béatitude, comme prince sage et prévoyant, auroit eu soin de tirer du côté d'Espagne toute sorte d'assurance pour l'entière restitution de toutes les places retenues en la Valteline et autres lieux et pays des trois ligues, il n'entendoit pas contredire en rien de ce qui étoit de sa volonté. Au contraire, après avoir assuré Sa Sainteté de la singulière estime qu'il feroit de ses bons et paternels avis et conseils, et de la profession qu'il faisoit aussi d'entretenir une bonne intelligence avec le roi Catholique son frère, il consentit que le dépôt eût lieu, mais avec ces conditions : que ce seroit pour l'entière exécution des choses accordées par le traité de Madrid, et non autrement ; que dans trois mois seroient vidées toutes les choses qui étoient en différend en cette affaire, et que cependant Sa Majesté et ses colligués continueroient à faire leurs préparatifs, suivant la délibération prise entre eux, et que, pour des raisons très-importantes qui seroient représentées à Sa Sainteté par l'ambassadeur de France résidant à Rome, Sa Sainteté seroit tenue d'assurer que dans un mois tous les forts de la Valteline et des Grisons, tant ceux qui étoient possédés par les ministres de Sa Majesté Catholique, que ceux qui étoient en la puissance de l'archiduc Léopold, seroient entièrement démolis, et le pays des Grisons et toute la vallée rétablis en sa première liberté. Et parce que Sa Majesté Très-Chrétienne n'entendoit pas que ce fût avec aucune sorte de préjudice, ni au moindre désavantage de la religion catholique, elle offroit et promettoit à Sa Sainteté de l'assister en tout ce qui seroit nécessaire pour l'avancement de la religion, et pour l'assurance des catholiques ; Sa Majesté ne cédant à qui que ce fût en zèle et en piété à l'endroit de la même religion et de Sa Sainteté, laquelle, pour un témoignage authentique du soin qu'elle auroit de se montrer père commun, seroit tenue de faire apparoir l'amour qu'elle a pour la justice et pour la liberté de l'Italie, comme grand prince qu'il est en cette province-là ; et partant qu'au cas que l'on vînt à découvrir en ceux qui lors occupoient et qui étoient en possession de la Valteline et autres lieux des Grisons, des desseins différens des bonnes intentions qu'ils publient, Sa Sainteté seroit obligée de se joindre à Sa Majesté Très-Chrétienne, pour y apporter les remèdes qu'on jugeroit convenables et nécessaires pour la liberté de l'Italie et pour l'accomplissement des promesses qui ont été faites. Ensuite le dépôt fut exécuté au mois de mai en ladite année.

La mort du pape Grégoire XV arrivant incontinent après, son successeur, Urbain VIII, se chargea du même dépôt, estimant ne pouvoir mieux employer les premières fonctions de son pontificat qu'à la recherche des moyens de cet accommodement. Ces places ayant été rendues au marquis de Bagny, qui y fut envoyé de Sa Sainteté pour les recevoir, plusieurs mois se passent sans exécution. Le Roi et les confédérés s'en plaignent à Sa Sainteté, qui, par sa bonté, espérant toujours que les Espagnols se mettroient à la raison, n'exécute rien de son autorité. Enfin se voyant pressée, et après s'être entièrement éclaircie des droits des parties, elle fait dresser, en novembre de ladite année, des articles d'accommodement, qu'elle juge être tels pour la satisfaction des intéressés, que chacun d'eux, et l'Espagne entre les autres, s'en devoient raisonnablement contenter, et que tout ce qui se pourroit désirer à l'avantage de la religion y étoit ordonné, spécifié et assuré.

Mais l'ambassadeur d'Espagne résidant à Rome, se voyant pris, ne sachant plus par quelle raison vraisemblable il se pouvoit opposer à la conclusion de cette affaire, s'avise de déclarer qu'il n'avoit pas un pouvoir assez ample pour la terminer, ni recevoir les propositions de Sa Sainteté, lesquelles il étoit besoin d'envoyer en Espagne, bien qu'auparavant il eût souventes fois témoigné le contraire. Sur cette réponse, non prévue ni attendue de Sa Sainteté, elle dépêcha en diligence, le 6 dudit mois, un courrier exprès en Espagne, pour se plaindre de ce refus; et après y avoir fait remontrer, par son nonce, les raisons et la justice du traité qu'elle avoit projeté, protester audit Roi que si, sans plus de remises, il ne le vouloit accepter; elle ne devroit ni ne pourroit s'abstenir de lui donner le tort et la coulpe des maux et des ruines qui en arriveroient, et penseroit, avec les autres intéressés, au moyen de leur commune conservation et sûreté. Lors ils levèrent le masque, et se voyant réduits à l'extrémité d'être obligés de parler franchement, ils changèrent le langage déguisé dont ils avoient usé jusqu'alors; et au lieu qu'ils n'avoient jamais mis en avant, ni dans le dépôt même, que le prétexte de la religion, et qu'ils publioient n'avoir autre intérêt en ces mouvemens, sinon que la foi fût conservée et les catholiques eussent pleine et entière liberté de servir Dieu, ils découvrirent lors les vraies causes qui les avoient portés à allumer et entretenir cette guerre, et déclarèrent au nonce fort impérieusement qu'ils avoient en cela des intérêts d'Etat et de réputation si importans, qu'ils ne pouvoient ni ne vouloient en façon quelconque consentir audit traité; qu'outre le fait de la religion, ils avoient promis aux Valtelins que jamais plus ils ne retourneroient sous la domination des Grisons; que le roi d'Espagne ayant en plusieurs lieux de la chrétienté les armes en main contre les hérétiques, il n'y auroit point d'apparence qu'ils rendissent aux Grisons, qui le sont, des pays et des passages de si grande conséquence; que la guerre qu'il y avoit faite pour la religion, lui avoit acquis droit sur ledit pays, quand il n'en auroit point d'ailleurs; qu'outre ce droit-là, l'Etat de Milan y en avoit de toute ancienneté d'autres encore bien plus considérables, et la maison d'Autriche semblablement; que la maison d'Autriche avoit droit de souveraineté sur la ligue des Droitures; que lesdits Valtelins avoient des titres sur lesquels ils pouvoient de droit prétendre être libres de toute sujétion; que pour toutes ces raisons ils n'étoient point obligés de la rendre, et qu'à l'extrémité, quand il seroit de besoin d'en venir là, il faudroit, auparavant que d'en parler, les dédommager de leurs dépenses, ou, en tout cas, leur laisser pour cela à tout le moins la liberté des passages.

Ces raisons sans raison, qu'ils apportèrent pour colorer le refus qu'ils faisoient de consentir à ce que le Pape avait trouvé raisonnable en ce sujet, font bien voir à tout le monde qu'ils sont aussi injustes en leurs intérêts d'Etat qu'ils sont hypocrites au masque de la religion dont ils se couvrent toujours le visage; car rien de ce qu'ils mettoient ici en avant ne pouvoit subsister. En la promesse qu'ils disoient avoir faite aux Valtelins, ils avoient compté sans leurs hôtes; ils avoient promis ce qui n'étoit ni juste ni en leur puissance : ils n'ont aucun droit au bien d'autrui; et l'ayant pris, ils étoient obligés de le rendre, et les princes intéressés étoient sur le point de les y contraindre. De dire qu'il n'étoit pas raisonnable qu'ils rendissent aux hérétiques, qui étoient leurs ennemis, les places qu'ils avoient prises sur eux, les hérétiques ne sont pas, en qualité d'hérétiques, les ennemis d'Espagne; elle a alliance avec les uns, et recherche de l'avoir avec les autres. Les Grisons sont de tout temps en alliance avec la maison d'Autriche, et alliance qu'ils appellent *erbeinung*, c'est-à-dire alliance héréditaire, et les Milanais et eux ont toujours vécu avant ces mouvemens en bons amis et voisins. C'est une chose bien injuste de dépouiller ses amis; puis, pour ce que l'on les a déjà dépouillés, les appeler ennemis, afin d'avoir prétexte de s'exempter de leur rendre ce qu'on leur a ravi, et en cette manière les traiter comme s'ils avoient fait des actes d'hostilité et ne les avoient pas simplement endurés, cédant à la force et injustice du plus puissant. De mettre en avant qu'ils avoient entrepris cette guerre pour la religion, ils montroient bien que c'étoit une feinte, puisqu'ils s'accordoient à tout ce que vouloient les Grisons, pourvu qu'ils eussent la liberté de leurs passages. C'étoit ce qui les blessoit, et le seul intérêt qui les avoit portés à tramer tous ces soulèvemens.

Pour ce qu'ils disoient qu'il y avoit des titres en vertu desquels les Valtelins prétendoient être libres de la sujétion des Grisons, une seule réponse suffit à cela, qui est que depuis plus d'un siècle les Grisons sont en possession de leur souveraineté sur les Valtelins, et ont été depuis ce temps-là, sans interruption, reconnus de tous les princes, et entre autres des rois de France, seigneurs dudit pays; ce qui se prouve de ce que lesdits rois ayant recherché, l'an 1509 et depuis, la disposition des passages de la Valteline, n'ont jamais traité avec les habitans d'icelle, mais seulement avec les Grisons; ce que les autres n'eussent pas souffert s'ils en eussent été les maîtres: aussi chacun écrit que les Grisons, dès le commencement de leur domination, départirent la Valteline, du consentement de ceux du pays, en trois parts, établissant en chacune deux officiers qu'ils appellent podestats, qui ont toujours depuis gouverné le pays, chacun en sa juridiction, avec pleine puissance de mort et de vie sur les Valtelins, qui ne l'auroient pas si long-temps enduré s'ils ne se fussent reconnus véritablement sujets. Ils n'ont jamais manqué de leur prêter serment de fidélité d'année en année aux *bundstagz*, qui sont leurs assemblées générales, et de réitérer ledit serment de deux en deux ans, qui est le terme auquel se fait la mutation des officiers, sans y faire aucunes protestations ni réserves, que de quelques priviléges qui leur furent accordés dès le commencement; et dans la convention qu'ils firent avec l'évêque de Coire et les trois ligues, en l'an 1513, ils s'obligent précisément à leur obéir, et à leur payer tous les ans mille tarmins qui sont levés sur les biens de tous les habitans de ladite vallée, exempts et non exempts.

Quant au droit prétendu par l'État de Milan sur ladite vallée, il ne peut non plus être mis en considération, attendu la longue possession des Grisons; et même qu'après que le pape Jules et Maximilien Sforce eurent à leur aide, en l'an 1512, chassé les Français d'Italie, ledit Maximilien leur donna en récompense la Valteline, en tant qu'à lui appartenoit. Le gouverneur de Milan témoigna bien, en l'an 1621, que le Roi son maître n'y avoit point de droit, attendu qu'en l'alliance qu'il fit avec lesdits Grisons il les accorda avec les Valtelins, à la charge que lesdits Valtelins, pour se racheter de leur sujétion aux Grisons et demeurer libres, leur paieroient par forme de tribut vingt-cinq mille écus par an. En quoi il reconnoissoit que les Grisons étoient leurs souverains, et que l'État de Milan n'avoit nul droit sur la Valteline, puisqu'elle demeuroit libre, s'étant rachetée des Grisons.

Pour la prétention de la maison d'Autriche sur la ligue des Droitures et la basse Engadine, elle est mal fondée, puisque la maison d'Autriche, en faisant avec les Grisons la paix perpétuelle qu'ils appellent *erbeinung*, avoit elle-même traité avec cette ligue-là, qui s'appelle des Dix Droitures, comme la reconnoissant souveraine aussi bien que les deux autres; depuis laquelle paix elle lui a payé jusqu'à présent la troisième partie de l'annuelle distribution d'argent qu'elle a promis aux trois ligues.

Enfin la conclusion qu'ils apportoient, qu'il étoit raisonnable qu'ils eussent quelque chose pour le dédommagement des dépenses qu'ils avoient faites en cette guerre, et qu'ils méritoient au moins la liberté des passages, nous étoit bien une évidente preuve qu'ils n'avoient pas eu la religion pour principe en ces mouvemens; car, en ce cas, Dieu seul devoit être le prix de leur travail; que, s'ils y ont été portés pour leurs intérêts, c'est injustice d'en demander récompense de personne. Que devroit demander le Roi pour les frais qu'il a faits en cette guerre pour la conservation du pays, si le roi d'Espagne en demande une très-grande pour les frais qu'il a faits pour leur faire du mal?

Quant aux passages, c'est chose si importante, que les Grisons ne sont en nulle considération que pour cela, et ils ne peuvent être accordés que par la volonté du Roi, qui seul les a pour lui et pour ses alliés et amis, et ce par un article exprès de l'alliance qu'il a avec les Grisons depuis l'an 1509.

Aussi cette réponse, que Sa Sainteté reçut le 25 décembre audit an, la désabusa, et lui fit voir manifestement la mauvaise foi d'Espagne en ses procédures, son dessein de s'agrandir à quelque prix que ce soit, et de ne pas rendre ce qu'elle avoit usurpé, et que c'étoit folie de rien espérer d'elle, en ce fait-ci, que par la voie de la force. Néanmoins, pour empêcher que l'on en vînt aux armes, elle ne laissa pas de projeter un autre accommodement en février 1624, qu'elle proposa au commandeur de Sillery, lors ambassadeur du Roi auprès d'elle, pour l'accepter. N'ayant pas pouvoir de ce faire, il consentit seulement qu'il fût envoyé en France pour voir si Sa Majesté l'agréeroit: c'étoit lorsque le chancelier de Sillery son frère et le sieur de Puisieux son neveu furent éloignés de la cour, et le cardinal fut appelé au conseil.

Par ce traité les passages étoient accordés au roi d'Espagne, et les Grisons prioient les deux rois de soutenir, par armes ou autrement, les Valtelins contre eux, s'ils manquoient à tenir auxdits Valtelins ce à quoi ils étoient obligés vers eux dans ledit traité. Le jugement de ce manquement étoit entièrement remis à Sa Sainteté; et, quatre mois après qu'elle l'auroit déclaré, si le Roi n'y apportoit remède, il étoit permis au roi d'Espagne d'entrer en armes en la Valteline, ainsi que la même permission lui étoit encore donnée si les Grisons entroient armés en la Valteline, bien que ce fût pour une cause particulière.

Le cardinal dit au Roi que ce second traité n'étoit pas recevable, et à cause des articles politiques qui étoient en icelui, et à cause des circonstances qui étoient ajoutées à ceux qui concernoient la religion. Quant aux articles politiques, d'autant qu'ils donnent la liberté des passages au roi d'Espagne, et que la raison pour laquelle il lui est important de les avoir est celle-là même pour laquelle il nous l'est, et à toute la chrétienté, qu'il ne les ait pas. Que la Valteline confine vers le levant avec le pays d'Autriche au comté de Tyrol; vers le midi, elle joint les montagnes de Bresse et de Bergame, qui sont aux Vénitiens. Vers le couchant, elle est bornée du Milanais, aboutissant au lac de Côme. Et du côté du septentrion, elle confronte les Alpes habitées par les Grisons, de manière que toutes les vallées et passages desdites Alpes, pour aller en Italie, se viennent rendre dans la Valteline. Que la situation de cette vallée étant telle, ce n'est pas de merveille si les Espagnols tentent depuis un si long temps tous les moyens qu'ils peuvent de se l'approprier, et l'ayant envahie, essaient, par les artifices qui leur sont ordinaires, d'en différer et esquiver totalement s'ils peuvent la restitution. Par le moyen de ce passage ils unissent les terres d'Autriche à celles de Milan, et partant leurs Etats d'Italie à ceux de Flandre, qui sont unis par le Palatinat à l'Allemagne; et ce chemin est si court qu'ils peuvent conduire des forces de Milan jusqu'à Vienne en dix journées d'armée, et de Milan en Flandre en quinze, passant de la Valteline dans le Tyrol, de là dans l'Alsace, et de là dans la Lorraine et la Franche-Comté. Ils auroient un autre chemin par les Grisons, qui seroit aussi court, mais non aussi aisé, allant de Coire dans la gorge de Ster, de là passant à Felchir, ville qui appartient à l'archiduc Léopold, puis s'allant embarquer à Shaffhouse sur le Rhin, et descendant à Bâle, Strasbourg, Cologne et le Liége où ils prennent terre.

On ne peut douter qu'ils n'aspirent à la monarchie, et que jusqu'à présent les deux plus grands, pour ne dire les deux seuls obstacles qu'ils y ont rencontrés, sont la séparation de leurs Etats, et la faute d'hommes : or, par l'acquisition de ces passages, ils remédient à l'un et à l'autre. Le roi d'Espagne, jusqu'ici, pour faire passer ses armées d'Italie en Flandre, étoit contraint de prendre un long et pénible chemin par les Suisses, et de leur demander passage, ou au duc de Savoie, qui demeuroient libres de l'octroyer ou non, selon qu'ils le jugeoient à propos pour le bien de l'Italie et de la chrétienté. Mais ayant la Valteline et les Grisons à leur commandement, qu'il n'auroit plus de besoin du consentement de ces deux puissances; il couvriroit ses desseins, et feroit passer, sous les prétextes qu'il voudroit, de puissantes armées d'Allemagne à l'oppression de l'Italie, qui, divisée et mal armée comme elle est, ne pourroit qu'en recevoir beaucoup de dommage. Autant en pourroit-il faire, au préjudice de cette couronne, par le transport de grand nombre de gens de guerre d'Italie, sous prétexte de conserver la Flandre et l'Allemagne, et ainsi il n'y auroit plus de repos et d'assurance en la chrétienté.

Davantage, que l'octroi de ce passage seroit un partage de l'autorité de la couronne de France, qui en recevroit la récompense qu'elle fit d'avoir divisé avec eux le royaume de Naples (1). Que si, par la cession que le Roi a faite du marquisat de Saluces, la France a tant perdu de réputation et d'estime en Italie, comme ne pouvant plus désormais lui faire ni bien ni mal, quel préjudice recevroit-elle encore si elle méprisoit ce qui lui reste d'union avec elle; que ce seroit la forcer à s'assujettir à la maison d'Autriche, et la livrer entre les griffes de l'aigle, au lieu qu'à notre gloire elle a toujours respiré ci-devant à l'ombre des fleurs de lys.

De penser apporter un tempérament à cet octroi, le restreignant à la seule défensive, c'étoit se tromper soi-même. Car, l'accorder pour la défensive, c'est encore l'accorder contre nous, vu que les Espagnols ne peuvent être attaqués de qui que ce soit, que par l'intelligence avec la France; de sorte que se seroit leur donner des forces contre nous que de leur donner moyen d'être secourus en cette occasion. Leur accordant le passage, il le falloit accorder à tout le monde, vu qu'il n'y auroit pas d'apparence de le refuser à nos amis, l'accordant à ceux avec qui nous avons jalousie d'Etat. Et le leur accordant, nous le perdrions pour nous-mêmes; car, étant plus voisins que nous, plus agissans, et ayant besoin d'y faire passer tous les jours leurs troupes par le commerce et la hantise qu'ils prendroient avec eux, ils diminueroient l'estime de la France, dont s'ensuivroit enfin l'abandonnement de notre alliance, pour la conservation de laquelle nous avons dépensé jusqu'à ce jourd'hui des millions, et qui nous est nécessaire pour être seuls, ou, aussi bien que les Espagnols, arbitres de l'Italie. Que, par ces passages, nous empêchions que l'Italie fût inondée du déluge d'hommes qu'ils y feroient descendre, et en France même, de leurs Etats de Flandre et d'Allemagne, et qu'ils ne fermas-

(1) En 1501.

sent les portes de l'Italie à tout secours, contraignant le Pape d'être leur chapelain, et faisant plier le cou à tous les autres potentats de l'Italie sous le joug de leur servitude; qu'il n'y avoit nul danger ni crainte pour la chrétienté que la France eût ces passages, en étant éloignée comme elle est. Au contraire, étant entre les mains de l'Espagne, ils peuvent être dits à aussi bonne raison les fers et les ceps de la chrétienté, que le roi Philippe de Macédoine appeloit le fort d'Acrocorinthe, qui étoit à l'entrée du Péloponèse, les fers dont il tenoit la Grèce captive.

Que, pour toutes ces raisons, l'article qui étoit en ce traité, donnant la liberté de ces passages au roi d'Espagne, ne pouvoit être accordé par le Roi. Quant à ceux qui concernoient la religion, il y en avoit de si rudes pour les Grisons, entre autres celui-là qui leur défendoit, s'ils étoient hérétiques, de pouvoir demeurer en leurs maisons et héritages plus de deux mois l'année, et ce encore en plusieurs termes, qu'il n'y avoit point d'apparence qu'une convention si rigoureuse pût être de durée; car comme Alexandre demandoit aux Scythes s'ils garderoient fidèlement quelques ordonnances qu'il leur avoit données, ils lui répondirent qu'ils les observeroient à jamais si elles étoient équitables, sinon les observeroient seulement jusqu'à ce qu'ils eussent moyen de se délivrer de cette charge. D'autre part les circonstances qui y étoient apportées ne serviroient qu'à favoriser les usurpations d'Espagne, et leur donner lieu de recommencer et publier qu'ils retiendroient justement ce que les plus grossiers reconnoissent qu'ils envahissent par injustice. Que bien qu'il soit juste de prendre toutes les sûretés possibles pour obliger les Grisons, qui sont un peuple assez barbare et infidèle, à tenir de bonne foi ce qu'en faveur de la religion ils promettront aux Valtelins, néanmoins, en tant de cas, donner pouvoir au roi d'Espagne d'entrer à main armée en la Valteline, n'étoit autre chose que favoriser le dessein des Espagnols, qui étoit de pouvoir toujours trouver l'occasion de faire leurs affaires sous prétexte de l'avancement ou conservation de la religion, de laquelle néanmoins ils ont peu de souci; que nonobstant toutes ces choses, il se falloit gouverner si dextrement en cette affaire, que, par le refus que Sa Majesté feroit de ce traité, le Pape connût que son intérêt et celui de l'Église étoient les principales considérations qui empêchoient Sa Majesté de l'accepter.

Pour cela il ne falloit point mettre en avant qu'on trouvoit quelque chose à redire ès articles dressés pour la religion, de peur que les Espagnols tournassent à mal la sincérité de notre intention, et, prenant de la main gauche ce que nous donnons de la droite, prissent occasion de nous calomnier et mettre de la division entre nous, le Pape et les catholiques, qui ne considéroient peut-être pas que nous n'y trouverions rien de mauvais, que l'avantage qu'en peuvent prendre les Espagnols sans que la religion en reçût aucun. Mais il falloit seulement nous arrêter sur cette raison, que nous savions que ce qui fait que le Pape désire la conclusion de ce traité, est pour empêcher la rupture ouverte entre ces deux couronnes, et que le même désir que le Roi a que l'union y soit entretenue inviolable, fait qu'il ne peut accepter ce traité comme il est, vu que les articles en sont tels qu'il est impossible que d'iceux, dans peu de temps, il ne naisse nouveau sujet de division plus grande que ceux qui s'y rencontrent maintenant. Que cette considération-là seule suffit pour retenir le Roi de recevoir ce traité qu'il désire tant être conduit à sa fin, qu'il le prie d'apporter remède à tous les inconvéniens d'icelui; qu'en ce qu'il s'arrête à la liberté du passage donnée aux Espagnols, ce n'est pas pour la conséquence d'icelui, ne prévoyant pas qu'il puisse arriver aucune rupture entre l'Espagne et lui, mais pour deux autres raisons.

La première, que le roi d'Espagne n'y a plus de prétention, parce qu'au traité de Madrid, tant s'en faut qu'il fît grande instance ni des passages ni de l'alliance des Grisons, qu'il aima mieux, pour en exclure les Vénitiens, se priver lui-même de la prétention qu'il en avoit, ainsi qu'il paroît par une promesse du 25 avril 1621, qu'il voulut avoir des ambassadeurs extraordinaires et ordinaires du Roi, signée Bassompierre et Rochefort, et ratifiée de Sa Majesté, qui porte qu'en exécution dudit traité elle empêchera qu'à l'avenir nul autre qu'elle, sans exception, la puisse obtenir. La seconde, pource que, si entre les particuliers même le droit veut que, lorsque par voie de fait on se met en possession d'une chose où on a même un droit coloré, elle soit remise en l'état qu'elle étoit auparavant qu'on vienne à juger le fond, à plus forte raison se doit-il faire entre les rois, auxquels la réputation est et doit être beaucoup plus chère qu'aux autres; que si le Roi se relâchoit en cela, il manqueroit à la protection que ceux qui sont en son alliance attendent de lui, et laquelle il leur doit; que le roi d'Espagne lui a promis, par le traité de Madrid, le rétablissement des choses contestées en leur premier état; ce qui fait que, s'il ne lui tenoit, il sembleroit qu'il fait moins d'état et de son pouvoir et de son amitié qu'il ne doit par raison; qu'outre ces intérêts-là, celui du roi d'Espagne, puisque sa parole y est engagée, s'y trouve aussi; qu'au reste, pour ce qui est du passage, il doit plus attendre de sa courtoisie que par traité, et qu'il n'y a personne qui veuille être contraint à ce qui dépend de sa pure liberté.

Pour ce qui est du Pape, que Sa Majesté se sent extrêmement obligée à Sa Sainteté du soin paternel qu'elle prend en cette occasion, particulièrement de ce qu'elle sait que Sa Sainteté a bien jugé qu'accorder le passage n'étoit chose convenable à sa dignité et à sa réputation, en ce qu'il y a trois mois qu'il avoit envoyé une autre capitulation en Espagne, où il n'étoit point inséré; que Sa Majesté est très-fâchée que les Espagnols ne l'acceptèrent, et que cette considération lui est et doit être de très-grand poids, pour ne rien faire contre les premières pensées d'une personne qu'il honore, comme le doit un vrai fils, et qu'en effet, s'il acceptoit maintenant le traité tel qu'il est, ce seroit céder aux sentimens et intérêts des Espagnols, et non aux avis et résolutions du Pape qu'ils n'ont pas voulu suivre.

Qu'outre ce que dessus, il étoit nécessaire de remontrer les intérêts qu'a l'Eglise à ne point donner tant de pied au roi d'Espagne en Italie, et que les restrictions qu'on avoit mises aux passages sont toutes nulles, et telles que, bien qu'en apparence elles garantissent l'Italie de péril, elles ne le font pas en effet. Le Roi, ayant approuvé l'avis du cardinal, déclare au nonce qu'il ne pouvoit accepter ledit traité; le cardinal lui en rapporta les raisons susdites.

Le commandeur de Sillery fut rappelé de Rome, pour n'avoir pas représenté à Sa Sainteté que ce traité n'étoit pas recevable, et n'avoir pas empêché qu'il fût envoyé à Sa Majesté. M. de Béthune fut envoyé en sa place, en qualité d'ambassadeur extraordinaire, avec charge de supplier Sa Sainteté de terminer cette affaire conformément au traité de Madrid; faisant instance pour la restitution de la Valteline aux Grisons, comme aussi des autres lieux occupés aux ligues Grises par l'archiduc Léopold, suivant et conformément audit traité. Quant à la religion, qu'il y fît tel établissement qu'il estimeroit plus à propos.

Sa Sainteté, du commencement, lui répondit que c'étoit une affaire terminée par le consentement dudit commandeur, et qu'elle ne pouvoit rien altérer à ce qu'elle avoit concerté avec lui. Puis, voyant que Béthune faisoit instance au contraire, selon qu'il lui étoit ordonné, elle lui dit qu'il falloit que lui et l'ambassadeur d'Espagne trouvassent quelque tempérament pour composer ce différend au contentement des deux couronnes; ou que si les choses venoient à se brouiller davantage, elle seroit obligée, en vertu du dépôt qu'elle avoit de la Valteline, de la remettre, et les forts qui y sont, entre les mains des Espagnols. Sur cela il fut donné ordre à Béthune de représenter à Sa Sainteté l'inconvénient qui se pourroit ensuivre, si elle remettoit ces forts entre les mains des Espagnols, à cause de la rupture qui seroit à craindre, comme aussi si elle les rendoit aux Grisons, à cause du peu de sûreté pour la religion catholique, et de proposer, comme de lui-même, un parti moyen entre ces deux, qui est de remettre lesdits forts entre les mains des Valtelins.

Il lui fut quant et quant commandé de représenter à Sa Sainteté que, jusqu'à présent, elle ne s'étoit mêlée d'accorder les deux rois sur le sujet de la Valteline, que comme arbitre amiable qui vouloit pacifier ce différend au contentement des deux parties. Qu'en cette qualité il avoit envoyé un projet d'accord en Espagne qui fut refusé. Depuis, il en avoit envoyé un en France qui n'avoit pas aussi été agréé; que sans doute, n'ayant pu faire réussir ce traité comme arbitre amiable, il étoit de sa dignité et piété paternelle de l'entreprendre comme père et souverain chef de l'Église, qui ne peut souffrir que ceux qui en sont les premiers enfans viennent à une guerre inévitable, s'il n'interpose son autorité. Partant que Sa Sainteté, pour éviter ces malheurs, devoit prononcer un dernier jugement en cette affaire, et l'effectuer tout ensemble, la moindre dilation qui y arriveroit étant capable d'allumer un feu qui ne se pourroit plus éteindre. Que ce jugement devoit porter le rasement des forts et le rétablissement des Valtelins et Grisons au même état que les choses étoient auparavant toutes les contentions émues sur ce sujet, auquel temps les passages n'étoient point au roi d'Espagne. Quant à ce qui est de la religion, Sa Sainteté s'en réserveroit la disposition. Que le roi d'Espagne ne se sauroit plaindre, ni de la substance de ce jugement, ni de la forme et procédure; non de la substance pour deux raisons:

La première, que par le traité de Madrid, fait par lui-même, il étoit obligé à davantage; la seconde, qu'il a toujours protesté ne prétendre autre intérêt en cette affaire que celui de la religion, qui sera soigneusement conservé par Sa Sainteté.

Qu'il ne sauroit aussi se plaindre de la forme et procédure, puisque, par le testament du feu Roi son père, il étoit obligé de suivre ce que le Pape prononceroit. Par ce moyen, les Espagnols, dont les affaires ne requéroient pas la guerre, se sentiroient grandement redevables à Sa Sainteté s'il leur tire cette épine du pied, qui à la fin pourroit monter jusqu'au cœur. Qu'ils en seront délivrés honorablement, en ce qu'ils diroient que l'obéissance qu'ils doivent au Pape, spécialement en ce fait particulier, vu le testament du feu roi Philippe III, les fait subir son jugement, prononcé absolument sans avoir pris leur avis ni cherché leur consentement; qu'au reste ils auroient lieu de prétendre avoir l'avantage en ce qu'outre que la religion demeureroit en la disposition du Pape (ce qu'ils ont toujours apparemment désiré), Sa Sainteté ordonnant que les choses soient rétablies comme elles étoient auparavant, il s'ensuit qu'il n'y auroit que la France qui eût alliance avec les Grisons, et que les Vénitiens n'y en auroient point, qui est ce que les Espagnols ont toujours prétendu, comme il appert par la lettre reversale qu'ils voulurent avoir de M. de Bassompierre; que Sa Sainteté même, pour contenter davantage les Espagnols, ordonnant que les choses soient rétablies comme auparavant, pourroit ajouter « sans que lesdits Grisons et Valtelins puissent, outre l'alliance de la France en laquelle ils demeureront, en faire aucune autre particulière avec les Vénitiens, sans la faire conjointement avec le roi d'Espagne, à cause du duché de Milan et ceux de la maison d'Autriche. »

Ils penseront que la France et leurs colligués auront difficulté de consentir à cette proposition, pource qu'on croit qu'ils ont un dessein de guerre résolu à d'autres fins, et que les préparatifs à cet effet sont trop avancés, et qu'en cette affaire même ils n'auront pas leur compte, puisqu'ils veulent non-seulement que le Pape remette les choses comme elles étoient, mais prononce en outre que le roi d'Espagne n'a aucun sujet de prétendre les passages; qu'il n'y a qu'une seule chose qui pût empêcher que cette salutaire proposition ne réussît, le tempérament que Sa Sainteté peut apporter à se résoudre, étant certain qu'elle ne peut produire l'effet qu'on en espère qu'en surprenant les parties et prévenant toutes les considérations qu'on pourroit mettre en avant pour l'exécuter.

Sur la difficulté que le Saint-Père fit d'agréer cet avis, et remettre les forts entre les mains des Valtelins, il fut délibéré au conseil s'il étoit expédient pour le service du Roi de tenter, par la voie des armes, le rétablissement de la Valteline en l'état qu'elle étoit auparavant, et, pour cet effet, prier Sa Sainteté de remettre les forts entre les mains des Espagnols; ou bien s'il valoit mieux différer encore, et voir ce que le temps et les instances continuelles de notre ambassadeur nous produiroient.

Les ruses et la mauvaise volonté d'Espagne en cette affaire étoient manifestes durant tout le cours d'icelle; ils se fortifioient tous les jours dans les places qu'ils tenoient aux Grisons, et un des commissaires du duc de Féria et de l'archiduc Léopold avoit dit peu auparavant, à des personnes dignes de foi, que, s'ils pouvoient gagner six mois de temps, tous les monarques de la terre ne pourroient pas leur faire quitter prise. Par là il se voyoit que le délai, non-seulement ne nous servoit de rien, mais nous étoit beaucoup dommageable. De tenter la voie de la force, il y auroit beaucoup de choses à penser : s'il étoit juste; si nous le devions; et les moyens que nous devions tenir pour conduire cette entreprise à une heureuse fin; le cardinal sur ce sujet dit : que de la justice on n'en pouvoit douter; le pays des alliés de la couronne est envahi, le Roi par une ancienne alliance est obligé de les défendre; il a tenté la voie de la douceur, on manque à la parole qu'on lui a donnée; l'intervention du Pape a été inutile. Il ne reste plus que le moyen de la force pour tirer raison de cette injure. Que le Roi ne le doive pour son honneur, et l'intérêt de son État, il est aussi sans difficulté. Les Grisons ne le méritent pas, ils ne se sont pas comportés avec le respect qu'ils devoient vers le Roi et son ambassadeur; ils ont traité de mauvaise foi avec lui, ils ont écouté les Vénitiens et les Milanais à son préjudice, et ils ont mis leur alliance et leurs passages au plus offrant et dernier enchérisseur; de là est venu la division entre eux, qui a appelé les armes d'Espagne, et les a réduits à l'état où ils sont maintenant. Mais, puisqu'ils ont recours au Roi et implorent sa miséricorde, il est de son honneur de les protéger; le seul nom d'alliés, sans aucun mérite de leur part, leur acquiert ce bien-là. Leur oppression est injuste; cela suffit pour obliger la bonté du Roi de les assister en leur légitime besoin. La puissance royale doit être si prompte et si prête à faire bien à ceux qui ont recours à elle, qu'aux affligés il suffit, pour remède, qu'ils lui fassent savoir qu'ils le sont; le terme de leur mal ne devant pas passer, s'il se pouvoit, outre le moment qu'il en est averti.

L'intérêt de son État et de toute l'Europe est grand; l'union des États de la maison d'Autriche séparés, ôte le contre-poids de la puissance de France qui donne la liberté à la chrétienté. Les Suisses, autrefois sujets de la maison d'Autriche, ne demeureront guère à être divisés par pratiques secrètes, et par là rappelés à l'ancienne sujétion. Davantage, l'Espagne avoit grand sujet de croire que nous la craignions; elle n'ignore pas nous avoir fait injure, et que le Français, de son naturel, ne souffre pas volontiers; elle sait, et par nos intérêts qui lui sont connus comme à nous, et par les instances que nous en avons faites, combien nous désirons le rétablissement des choses en leur premier état; et partant elle fera tous les jours de nouvelles entreprises contre nous et nos alliés, d'autant plus hardiment qu'elle aura éprouvé que ce sera impunément. Et si nous y voulons résister, nous serons d'autant moins en état de le faire, que nous serons déjà affoiblis par la perte de ces trois ligues, et eux fortifiés d'autant.

La réputation de la France l'y oblige; tous les autres princes se départiroient de son alliance, qu'ils estimeroient inutile si elle n'avoit pu défendre ses anciens alliés. L'Espagnol, au contraire, en prendroit avantage, comme il fait déjà assez, d'avoir tant gardé cette injuste conquête. Il reste à voir les moyens que nous devons tenir, et en cela gît toute la difficulté. Les maladies les plus dangereuses sont celles que les médecins appellent compliquées, c'est-à-dire, maladies composées de plusieurs jointes ensemble, pource que les remèdes qui sont bons aux unes aigrissent les autres et leur sont contraires. L'affaire de la Valteline n'est pas seule entre les affaires étrangères, il y en a d'autres en Suisse, en Flandre et en Allemagne. Il y en a aussi au dedans; savoir est les mauvais desseins des huguenots, la recherche des financiers : ce qui est bon à un de ces maux est mauvais pour les autres; car, qui enverroit aux pays étrangers de puissantes armées, viendroit à bout des Espagnols et des incommodités qu'ont les Espagnols; mais le mal est que l'on dégarniroit le dedans, et c'est ce qu'attendent les financiers, les huguenots et les Espagnols mêmes, qui voient bien ne pouvoir pourvoir à leurs maux que par diversion. Il faut trouver des expédiens qui pourvoient à tout le mieux que faire se pourra, et ne hasarder rien. Il est difficile d'en trouver de si assurés qu'on pourroit désirer. Le meilleur est celui qui a le moins d'inconvéniens. Le premier remède est la fermeté aux choses entreprises; car la résistance accroît la grandeur de celui à qui l'on résiste, si elle n'est forte et constante jusqu'à la fin de ce qu'on a entrepris. Le second, il faut pourvoir au cœur, c'est-à-dire au dedans, renvoyer tous les grands en leurs gouvernemens, fortifier les frontières, et lever quelque notable nombre de gens de guerre pour les y tenir; étant certain que les huguenots ne peuvent entreprendre par force ouverte, ains par seule surprise. Quand donc ils verront un corps d'armée non occupé, ils ne se hâteront pas d'exécuter leurs mauvais desseins. Il sera bien à propos encore de faire connoître à M. le connétable que, si les huguenots remuent, le Roi ne peut exécuter les entreprises qu'il feroit sans cela, étant certain que, désirant être employé en Italie, comme il fait, s'il lui reste quelque ancienne intelligence parmi les frères, il s'en servira pour favoriser les desseins d'Italie, ou au moins veillera-t-il sur eux fidèlement. Cela fait, il faut sommer la république de Venise et le duc de Savoie, paresseux à l'exécution, d'accomplir le traité de la ligue fait avec eux, et leur déclarer, sans délibération nouvelle, que, suivant ce qui a été arrêté, le Roi va armer. Il faut prendre garde de ne pas faire un grand armement qui épuisât, cette année en laquelle apparemment nous ne ferions rien, les finances de Sa Majesté, et nous mît en nécessité d'accorder avec nos financiers comme ils voudroient, et fît croire à tout le monde, au préjudice de la réputation de la France, que nos forces ne seroient pas beaucoup à craindre. Il est nécessaire de savoir si nous pouvons forcer les forts, et si les fortifications n'en sont pas telles que nous ne les puissions emporter. Il faudra laisser la liberté au Pape de les remettre entre les mains des Espagnols, et, s'il ne le fait, l'en solliciter, afin de les attaquer sur eux de vive force. Il conviendra aussi de solliciter les Grisons de se soulever, et commencer d'attaquer eux-mêmes la Valteline et les autres parties de leur État que les Espagnols et l'archiduc Léopold leur ont occupées, et convier les Suisses, qui sont intéressés en leur cause, de les assister.

Pour arrêter le secours qu'on leur pourroit envoyer de Milan, une diversion est nécessaire en Italie, en laquelle les armes de sa Majesté ne paroissent pas : celle qui semble être le plus à propos, c'est l'attaque de Gênes au nom du duc de Savoie, sous prétexte de l'injure qu'il a reçue de cette république sur le sujet de Zucarel qu'elle lui détient. Le fief de Zucarel appartient pour trois quarts à Scipion Caretta, et pour un quart à Octavio Caretta. M. de Savoie a acheté ces trois quarts de Scipion sans le consentement de l'Empereur, de qui ils dépendent, et contre un contrat que ledit Scipion avoit passé avec la république de Gênes, par lequel il s'obligeoit à ne rendre point Zucarel de vingt ans, qui n'étoient pas expirés. Il en poursuivit l'investiture, laquelle lui est toujours déniée. Octavio Caretta cependant vend son quart à la république de Gênes, qui obtint l'investiture de l'Empereur; ledit Empereur confisque ensuite les trois quarts qui appartenoient à M. de Savoie, parce qu'il n'avoit pas observé ce qui étoit dû à l'Empire, en ce qu'il avoit acheté Zucarel *inscio domino*. Ensuite de cette confiscation, la république achète ces trois quarts de l'Empereur, bien cher auprès de ce qu'ils avoient coûté à M. de Savoie; de là M. de Savoie vient aux armes. Voilà le plus juste prétexte que nous eussions pu désirer. L'Etat de Gênes, étant proche de Milan, tiendra en jalousie et arrêtera ses armes pour sa propre défense, s'il étoit attaqué. D'autre part, cette république, qui fournit l'argent à l'Espagne pour l'entretènement de ses armées, ne lui en fournira qu'écharcement, de crainte d'en avoir affaire pour elle-même.

Il faut retarder ou empêcher, si nous pouvons, la prise de Bréda, et exhorter les Provinces-Unies de faire un effort extraordinaire pour arrêter en Flandre toutes les forces d'Espagne qui y sont. Et, afin que celles de la ligue catholique en Allemagne soient encore occupées, il faut solliciter le roi d'Angleterre de s'employer vigoureusement au recouvrement du Palatinat, et s'efforcer de donner un grand secours d'argent pour cela au roi de Danemarck. Il y faut encore envoyer Mansfeld pour fortifier ladite diversion, mais prendre garde néanmoins de ne désespérer pas ladite ligue, qui n'est point encore déclarée, et la contraindre de se mettre contre nous. Dans les engagements dans lesquels on est, il est difficile d'en trouver un moyen assuré. Le seul remède, non absolument curatif, mais palliatif pour quelque temps, est de leur faire connoître que l'on a voulu plutôt rompre le mariage d'Angleterre que de se liguer contre eux pour le Palatinat; que l'intérêt de la Valteline requiert qu'on s'oppose aux Espagnols en Flandre, et partout ailleurs, pour les affoiblir; que nous les assurons qu'entre ci et le mois de janvier Mansfeld ne passera point en Allemagne; qu'entre ci et ce temps nous traiterons pour le Palatinat, priant le duc de Bavière de faire de meilleures conditions pour gagner le roi de la Grande-Bretagne; que si dans ce temps l'accord ne se peut faire, et que ce Roi le refuse à conditions raisonnables, Sa Majesté n'assistera point Mansfeld, aimant mieux en user ainsi que de manquer à témoigner à la ligue catholique l'affection qu'elle lui porte. Par cet expédient, si Bavière s'en peut contenter, comme il le doit, on empêcheroit que Spinola ne reçoive secours de Tilly; que les intérêts d'Espagne et ceux de la ligue d'Allemagne ne se conjoignent ensemble, ce qu'il faut éviter; et, d'autre part, on ne manquera point aux Anglais, auxquels nous ne sommes obligés que de donner de l'argent pour Mansfeld; ce que nous ferions toujours pendant six mois, et non pas des hommes. Pour induire Bavière à cette condition, il lui faut représenter que, s'il ne l'accepte, il n'aura pas seulement le Mansfeld sur le bras, mais l'armée de Champagne; étant certain que si le Roi le voit se liguer ouvertement avec les Espagnols il ne pourra pas moins faire; et d'autant que le Pape est le père commun des chrétiens, l'autorité duquel donne grand poids au parti qu'il favorise, outre la raison de conscience, il est du tout nécessaire d'être étroitement lié avec lui, et par conséquent de lui faire approuver toutes nos actions. Ce que nous pouvons par deux moyens : l'un de religion, lui faisant voir, en tous nos desseins, l'avancement de la religion que nous voulons procurer; l'autre, d'Etat, n'y ayant personne qui ne connoisse que l'intérêt du Pape et de tous les princes requiert qu'il y ait balance entre les deux couronnes.

Il ne faut pas aussi entrer en rupture avec les Espagnols, et venir avec eux à une guerre déclarée, y ayant, en ce cas, beaucoup d'inconvéniens à craindre, qui pourroient être à la ruine de toute la chrétienté. Nous pouvons faire tout ce que dessus avec dextérité, sans rompre les traités que nous avons avec eux, si nous prenons simplement le prétexte d'aider, par nos armes, les alliés en Italie, en la Valteline et en Flandre. Celui donc qu'il faut prendre n'est pas l'inexécution du traité de Madrid, qui est l'accessoire problématique et peut-être mal fondé; mais, revenant au fait principal et à la source, il faut dire que le Roi donne aux Grisons, contre leurs sujets rebelles, le secours qu'ils ont demandé, ce qui est un sujet très-légitime de prendre les armes, et à quoi l'alliance oblige le Roi, sans que l'Espagne, Autriche ni aucun autre prince s'en puissent raisonnablement offenser; que, s'ils le faisoient, ce seroit avec une manifeste injustice, et lors les armes de Sa Majesté seroient si clairement justifiées et agréables à un chacun, que toute la chrétienté se joindroit avec elle, et on en devroit espérer un bon et glorieux succès.

Ensuite de cet avis du cardinal, le Roi manda au sieur de Béthune qu'il continuât ses poursuites envers Sa Sainteté, et qu'il le laissât en sa liberté de remettre, s'il vouloit, les forts entre les mains des Espagnols.

Cependant Sa Majesté envoya quelques troupes en Picardie sous le commandement de M. le maréchal de La Force, d'autres en Champagne sous le duc d'Angoulême, et fit lever six mille hommes de pied pour envoyer en Bresse, où le connétable de Lesdiguières eut charge de s'acheminer. Ledit connétable envoya en son nom le sieur de Bellujon vers messieurs des Etats pour faire un traité avec eux de vingt navires bien équipés, qu'ils devoient fournir pour l'armée d'Italie et rendre prêts le mois de mars 1625. Le traité fut passé à La Haye le 24 décembre 1624.

21.

Marescot, maître des requêtes, fut envoyé en Allemagne pour reconnoître particulièrement l'état où étoient les affaires, afin que Sa Majesté y pût prendre une solide résolution.

Et le marquis de Cœuvres, qui avoit été, de la part du Roi, en l'assemblée générale des Suisses à Bade, pour obtenir des cantons catholiques leur acquiescement à être cautions de ce qui avoit été promis au traité de Madrid, et faire accorder par les Grisons le pardon général qu'ils étoient obligés de donner aux Valtelins pour les choses passées, ayant obtenu des uns et des autres ce qu'il désiroit, non sans grande difficulté, pour les factions contraires qui s'y étoient toujours opposées, Sa Majesté lui donna commandement de solliciter les Grisons de se tenir prêts pour lors qu'il leur seroit ordonné, et prendre les armes contre ceux qui les tenoient en oppression.

Ils s'y accordèrent tous, mais avec grande crainte. Tous les bannis des pays que l'archiduc Léopold avoit occupés, qui sont les deux Engadines, la seigneurie de Meyenfeld et les Dix-Droitures, promirent plus courageusement de commencer quand on voudroit, et mettre leurs vies et leurs biens pour leur liberté, espérant d'en avoir une bonne issue, pourvu que le Roi les assistât d'un peu d'argent et d'armes. Autant en firent les habitans de la vallée de Mesot, tant contre Léopold que le Milanais, et n'avoient pu être occupés par eux, ni contraints de renoncer à l'alliance de France. Ceux de Valais se montrèrent aussi très-prompts à secourir leurs frères. Et le canton de Berne et quelques autres offrirent de fournir les hommes qui leur seroient demandés. Le Roi, pour les assister, fit arrêt des armes à Zurich; Sa Sainteté continuant toujours en ses remises ordinaires, parce qu'elle voyoit les Espagnols aheurtés à ne point vouloir tenir le traité de Madrid, le sieur de Béthune eut ordre du Roi d'en presser l'exécution, avec cette alternative que, si elle n'y mettoit une fin, Sa Majesté la supplioit à ce défaut de remettre les places entre les mains des Espagnols, vu que le long temps que cette négociation traînoit sans effet, étoit préjudiciable à sa réputation et à ses affaires, et que rien ne devoit retenir Sa Sainteté, puisque le Roi et ses confédérés s'obligeoient volontiers à l'entretènement de ce qui lui plairoit établir pour la religion. Sa Sainteté refusa cette promesse absolument, dit seulement qu'elle apporteroit ce qu'elle pourroit pour le bien des couronnes. Sur cela Béthune supplie absolument Sa Sainteté de remettre les forts entre les mains des Espagnols, puisqu'aussi bien il y avoit long-temps qu'ils n'é-toient plus comme déposés entre les mains de Sa Sainteté.

Le Roi, ne voyant plus aucune espérance que cette affaire se pût accommoder, pressé par l'intérêt de sa réputation et celui de tous ceux qui en avoient en cette affaire, commanda au marquis de Cœuvres de faire une levée de quatre mille Suisses et Grisons, et fit couler encore par les Suisses jusqu'aux Grisons cinq cents chevaux et trois mille hommes français, afin qu'ils eussent des forces suffisantes pour assister les Grisons au soulèvement qu'ils feroient pour le recouvrement de leur liberté. Cependant le marquis de Cœuvres, qui avoit, au *pittag* du 25 novembre 1624, réuni aux ligues Grises celle des Droitures que l'archiduc Léopold, comte de Tyrol, avoit envahies, et, par ce moyen, rétabli les trois ligues en leur premier et ancien corps de la république des Grisons, fait la confirmation de leur alliance avec la couronne de France seulement, à la réserve de la paix éternelle et héréditaire avec la maison d'Autriche et leur confédération avec les Suisses, et ensuite fait résoudre et accorder, par lesdits Grisons, un pardon général à tous leurs sujets rebelles de la Valteline, Chiavenne et Bormio, partit le 26 dudit mois de la ville de Coire, avec cinq ou six mille hommes de pied et trois cents chevaux, laissant autres deux mille hommes de pied et cent chevaux sous la charge de M. d'Haraucourt, maréchal de camp, pour la garde et conservation, tant dudit Coire que des lieux et passages occupés du côté des Etats de l'archiduc Léopold. Avec ces forces il se saisit du passage du Sterch, et fit fortifier le pont du Rhin, pour servir de barrière entre les Grisons et le Tyrol.

Puis, pour s'avancer vers la Valteline, il prit le chemin des Engadines pource que, marchant en cette sorte dans le milieu du pays, c'étoit tenir en jalousie en même temps toutes les places qu'il eût pu ou voulu attaquer, à savoir Chiavenne, Tirano, Bormio et le val Monastère. La garnison de cette dernière, ci-devant bâtie par l'archiduc en une vallée servant de communication à ses Etats du Tyrol en la Valteline, sur l'avis de la démarche dudit sieur marquis, abandonna et brûla la place, ayant auparavant renvoyé leur artillerie et munitions de guerre. Cet avis étant donné aux Grisons qui étoient avec le marquis, ils ne le pouvoient croire, parce que sans canon il n'étoit pas en état d'attaquer cette place, ni aucune autre qui eût voulu tenir; cela le fit résoudre de continuer son chemin dans la Valteline, afin de reconnoître si cette même bonne fortune y accompagneroit la justice des armes de Sa Majesté.

Pour cet effet, ayant pourvu à la garde et défense des passages des haute et basse Engadines et du val Bregaglia, èsquels lieux il distribua un régiment de mille hommes de pied, il ordonna au sieur de Vaubecourt, qui conduisoit avec soi le régiment de Sâlis, de quinze cents hommes, deux compagnies du sien et celle de carabins de Mauhuisson, de s'avancer et se saisir de Poschiave, de crainte qu'on ne le vînt brûler. Ils trouvèrent des gens de guerre que le marquis de Bagny y avoit envoyés pour s'en saisir, lesquels faisoient main basse à tous ceux du pays qu'ils rencontroient, et en se retirant se saisirent de la tour de Cusachio, où ils mirent le feu le lendemain.

Telles entreprises sur les Grisons, de la part du marquis de Bagny, semblèrent au marquis de Cœuvres autant d'actes d'hostilité contre les armes du Roi. Arrivant à Poschiave, il reçut Bormio en la protection du Roi, et ayant appris que le marquis de Bagny avoit fait emprisonner pour cela cent ou six vingts hommes, au lieu qu'il fortifioit toutes les places de la Valteline et faisoit prendre les armes à tous les habitans des villages, il se résolut de s'y acheminer. L'entrée de la Valteline étoit fermée par une forteresse, appelée Platemaille, ci-devant bâtie sur un roc, en un passage fort étroit, par le roi Louis XII, qui se rendit d'effroi aux armes de Sa Majesté. L'armée entra lors dans la Valteline et se logea en plusieurs villages deçà et delà la rivière Piave, ayant la communication toute ouverte avec les Vénitiens, d'où doivent venir les canons et autres munitions de guerre. Le marquis de Bagny fit rompre tous les ponts à l'entour de la ville de Tirano, et mit le feu aux faubourgs. Le marquis de Cœuvres offrit et écouta toutes sortes de propositions d'accommodement; mais ledit Bagny, qui ne les faisoit que pour l'amuser attendant le secours de Milan, prit au milieu de la négociation les chefs de la ville, se saisit des armes des habitans et fit tirer plusieurs volées de canon sur l'armée du Roi, qui paroissoit en bataille assez proche de là.

Le marquis de Cœuvres, qui jusqu'alors n'avoit fait approcher aucuns gens de guerre de la ville, se sentant offensé de ce procédé, se résolut de l'attaquer, et dans deux jours l'emporta, les habitans qui l'avoient vu agir de bonne foi n'ayant voulu se défendre contre lui. Le château où le marquis de Bagny s'étoit retiré se rendit peu de jours après. De là le marquis de Cœuvres s'avança vers Sondrio qui se rendit à lui. Le château seul, où le marquis de Bagny avoit en se retirant laissé bon nombre de soldats sortis de Tirano au préjudice de la capitulation, tint trois jours après; et bien que notre armée l'emportât de force, le marquis néanmoins, pour témoigner le respect et la révérence que Sa Majesté vouloit qui fût rendue à Sa Sainteté, renvoya les enseignes de Sa Sainteté à Morbegno au marquis de Bagny, et le gouverneur, et les officiers, et les soldats pris prisonniers, au nombre de cent quarante. Il eut soin de faire panser les blessés et pourvoir d'habits aux dévalisés. Ensuite il prit Bormio, Morbegno, villes et châteaux et autres places de la Valteline, laquelle ayant toute réduite, il passa outre à Chiavenne et à Ripa qui ne sont pas de cette vallée, prit Chiavenne et assiégea Ripa en janvier 1625.

LIVRE XVI (1625).

Révolte des ducs de Soubise et de Rohan. — Soubise s'empare de six vaisseaux du Roi; le duc de Vendôme lui fait quitter la ville de Blavet. — Le Roi demande des vaisseaux au roi d'Angleterre et en obtient. — Nouveaux obstacles à la conclusion du mariage de madame Henriette avec le prince de Galles; comment ils sont enfin levés. — Cérémonie des fiançailles; fête que donne le cardinal en cette occasion. — La Rochelle, Castres et Montauban se déclarent pour Soubise. — Opinion du cardinal sur le parti à prendre dans ces circonstances. — Le sieur de Toiras force Soubise à quitter la rivière de Bordeaux. — Le Roi demande aux Hollandais un secours de vingt vaisseaux, et obtient que ces vaisseaux soient montés et commandés par des Français; il en est de même des vaisseaux anglais. — Comment les huguenots sont amenés à envoyer des députés à Fontainebleau pour solliciter la paix. — Ils obtiennent la plupart des choses qu'ils demandent, à l'exception de la démolition du Fort-Louis. — Conduite perfide de Soubise envers l'amiral hollandais Haustein. — Moyens dont se sert le cardinal pour gagner les Rochelois. — La flotte du Roi reprend l'île de Ré sur les troupes de Soubise qui se retire à Oleron; huit de ses vaisseaux sont pris à la suite d'un combat opiniâtre. — Soubise s'enfuit en Angleterre. — Affaires de la Valteline; siège de Vérue; le sieur de Vignoles bat les Espagnols devant cette place. — Le cardinal fait faire de nouvelles levées. — D'après ses conseils le Roi envoie des troupes en Hollande pour la défense de Bréda. — Mansfeld rentre en Westphalie, et les Français dans leur pays. — Le Pape envoie en France le cardinal Barberin pour se plaindre de ce qu'on lui a enlevé les forts de la Valteline. — Lord Buckingham vient proposer au nom du roi d'Angleterre une ligue offensive; réponse du conseil à cette proposition. — Opinion du cardinal sur la conduite à tenir avec l'Angleterre; le Roi se rend à son avis. — Madame Henriette part pour l'Angleterre. — Débats entre le légat Barberin et le conseil du Roi au sujet des forts de la Valteline. — Lettre du cardinal au Roi, dans laquelle il lui conseille de convoquer une assemblée de notables pour prendre leur avis sur cette affaire. — L'assemblée est convoquée; résolutions qui y sont prises d'après l'avis du cardinal. — Bassompierre est envoyé ambassadeur extraordinaire en Suisse; instructions dont il est chargé. — L'Espagne fait faire des ouvertures de paix; réponse qu'y fait le Roi. — Comment madame Henriette est reçue et traitée en Angleterre. — L'ambassadeur de France en fait le rapport au Roi, et lui demande des instructions. — Le sieur de Blainville est envoyé ambassadeur extraordinaire pour se plaindre des contraventions faites au traité d'alliance; instructions que lui adresse le cardinal. — Lord Buckingham fait un traité d'alliance avec les Hollandais et le roi de Danemarck. — Comment le cardinal prévient une rupture avec l'Angleterre. — Les Rochelois et les huguenots du Languedoc envoient demander la paix au Roi; à quelles conditions le cardinal propose de la leur accorder. — Le livre intitulé *Mystères politiques* est censuré par l'assemblée générale du clergé.

[1625] Cette année vit dès son commencement éclore une infâme rébellion de nos hérétiques, qui fut tramée par Soubise, lorsqu'on n'attendoit point de lui une semblable infidélité. Il étoit signalé entre les rebelles, de ce qu'il avoit été le premier de tous qui s'étoit osé présenter pour défendre au Roi l'entrée en une de ses villes. Sortant de Saint-Jean-d'Angely par composition, il jura de ne plus porter les armes contre Sa Majesté. Au préjudice de son serment, il ne laissa pas, à quelque temps de là, de se saisir des Sables d'Olonne, où, voyant le Roi fondre sur lui, il se retira à La Rochelle, comme les oiseaux craintifs se cachent dans les creux des rochers quand l'aigle les poursuit. Là il reçut encore grâce pour la seconde fois de Sa Majesté. Mais comme la reconnoissance des infidèles est aussi infidèle qu'eux, ces grâces descendirent si peu avant dans son cœur, que, ne lui en demeurant aucun sentiment ni mémoire, sa rébellion, aussi féconde que l'hydre, renaît de nouveau. Il met le feu dans le royaume tandis que le Roi est employé en la défense de ses alliés, ainsi qu'Erostrate embrasa le temple de Diane tandis qu'elle étoit attentive à promouvoir la naissance d'Alexandre.

Dès l'automne de l'année précédente, machinant en son esprit cette méchante entreprise, il alla en Languedoc trouver le duc de Rohan son frère pour la concerter avec lui. Il lui dit que les grands vaisseaux de Sa Majesté sont au port de Blavet, sans garde, en assurance et en belle prise. Il feint de vouloir faire un voyage de long cours, et sous ce prétexte arme quelques vaisseaux pour s'aller saisir de ceux-là, et quant et quant tenter de surprendre le château, qui est une place qu'il seroit difficile au Roi de reprendre sur eux s'ils l'avoient entre les mains. Il n'est point besoin de rapporter ici les raisons qu'il lui mit en avant pour lui faire trouver bon ce dessein; car, à des infidèles, le seul pouvoir de nuire suffit à les y persuader. Le duc de Rohan envoya incontinent sa femme au bas Languedoc, pour solliciter les villes à se soulever pendant qu'il travailloit au haut Languedoc à la même fin. Soubise, après avoir demeuré quelques journées avec lui, sous prétexte d'aller consoler sa mère sur la mort de sa fille, s'en alla en Aunis pour exécuter son entreprise. Dès qu'il fut à la mer, il se saisit de l'île de Ré. Les Rochelois, qui ne vouloient pas encore paroître de la partie jusqu'à ce qu'ils la vissent plus assurée, le prièrent de s'éloigner afin qu'il ne fît point tomber l'orage sur eux. Pour contenter leur désir, il fit voile plus tôt qu'il n'avoit pensé, et arriva, le 6 de janvier 1625, à Blavet avec douze navires, force barques et chaloupes.

Il se saisit, sans coup férir, de six vaisseaux qui étoient au port, entre lesquels étoit celui de *la Vierge*, artillé de quatre-vingts canons de fonte verte, se rendit maître de la ville de Blavet, et bloqua le château, qu'il pouvoit prendre s'il eût osé l'attaquer, vu qu'il n'y avoit que seize hommes dedans lorsqu'il y arriva. Mais, quelques jours après, Querolin, lieutenant dans la place, s'y rendit avec des soldats. Le duc de Vendôme, qui en reçut la nouvelle à Nantes, y alla promptement avec toute la noblesse qu'il put amasser, et lui fit quitter la ville et rentrer dans ses vaisseaux. Le Roi avoit eu avis plus d'un mois auparavant de cette entreprise, et avoit commandé à Manty et au chevalier de Saint-Julien d'y aller en diligence, et se jeter dans les vaisseaux avec nombre de soldats et matelots nécessaires pour les défendre; mais le retardement que les surintendans apportèrent à leur faire délivrer l'argent qui avoit été ordonné à cette fin, fut cause qu'ils n'y purent arriver que trois jours après. Par là voit-on clairement combien les plus petits manquemens produisent de grands inconvéniens; avec quelle exacte diligence il faut, en matière d'Etat, exécuter ce qui est commandé, et que les maux, pour légers qu'ils soient en leurs commencemens, ne doivent pas être méprisés. Le point est le commencement d'une ligue infinie s'il y en a quelqu'une; et les plus grands fleuves ne sont pas plus considérables en leur source que les moindres ruisseaux.

Le duc de Vendôme, nonobstant toutes les troupes et le canon qu'il avoit, ne put où ne voulut empêcher, durant dix ou douze jours, Soubise de calfater et équiper à sa vue les navires qu'il avoit pris; après quoi il fit voile et s'en alla le long de la côte, prenant dans les ports les vaisseaux qu'il rencontroit pour grossir sa flotte.

Le Roi, incontinent qu'il sut que ses vaisseaux étoient pris, en envoya demander au roi d'Angleterre, qui lui promit de l'en assister de huit, ne pouvant lui en bailler davantage à cause de la grande flotte qu'il préparoit pour envoyer en Espagne. Il manda au Roi que, s'il avoit besoin de sa propre personne, il iroit le trouver, bien qu'il eût sujet de se plaindre de Madame (1), qui n'avoit pas voulu recevoir ses lettres ni celles de

(1) Henriette de France.

son fils, sans en avoir eu auparavant la permission de la Reine sa mère. Elle l'avoit satisfait après en avoir eu la licence, mettant sa lettre, après qu'elle l'eut lue, sous son chevet, et celle de son fils en son sein, voulant par là donner à connoître qu'elle vouloit avoir son appui en lui, et loger son fils en son cœur.

En ce temps-là, qui étoit le mois de février, le père de Bérulle, qui avoit été envoyé à Rome pour la dispense du mariage d'Angleterre, après avoir surmonté toutes les traverses que l'Espagne apporta pour l'empêcher, l'obtint enfin de Sa Sainteté, qui l'envoya à son nonce avec ordre de ne la point délivrer que les articles, qu'elle avoit dressés en langue latine, ne fussent signés de la main des deux rois. Cela apporta un grand trouble en cette affaire, le roi de la Grande-Bretagne faisant difficulté de signer rien de nouveau outre ce qu'il avoit déjà signé, pource que la substance des articles latins étant la même de ceux qu'il avoit signés en français, il sembloit que ce qu'on lui demandoit maintenant n'étoit qu'en dessein de le faire intervenir en un acte qui parlât en catholique ; ce qu'il ne vouloit pas, estimant que Sa Majesté Très-Chrétienne ne l'y pouvoit raisonnablement astreindre et obliger, et qu'il suffisoit qu'ils fussent signés par elle, qui seule traite avec le Pape, et non pas lui. Le Roi dépêcha pour cet effet un courrier en diligence à Rome, rendant par cet envoi un nouvel acte d'obéissance et de respect à Sa Sainteté et au Saint-Siége, nonobstant l'empêchement de ses affaires et l'avis de la plupart de ses conseillers, qui lui disoient qu'il pouvoit et devoit passer outre ; ce qu'il fut néanmoins retenu de faire par la grande révérence qu'il a toujours rendue et vouloit rendre au Saint-Père. Sa Majesté commanda par le courrier au sieur de Béthune, son ambassadeur, de supplier Sa Sainteté, de sa part, de ne s'arrêter point en cette affaire, si importante à la chrétienté, sur de simples formalités sans substance et sans réalité ; que le principal point, qui étoit l'article secret demandé en faveur des catholiques, étoit déjà obtenu, et le roi Très-Chrétien en avoit livré l'original ès mains de M. le nonce pour assurer davantage Sa Sainteté. Il n'y avoit que cette différence, qu'on le lui donnoit en français, et il le désiroit en latin. Il donna encore à M. le nonce, en latin et en la même forme que Sa Sainteté l'avoit prescrite, toutes les obligations particulières qui avoient été ordonnées par Sa Sainteté.

Tellement que tout étoit accompli, hors cette seule différence, que quelques articles latins n'étoient pas signés du roi de la Grande-Bretagne, mais la substance en étoit signée en français, et la garantie de tous les articles latins étoit donnée par Sa Majesté ; qu'il ne falloit pas que cette affaire, si grande et importante à la France et à l'Angleterre, et peut-être à la chrétienté, fût réduite en extrémité, non par aucun point de substance et de considération particulière, mais par une simple formalité, et qu'il n'étoit pas à présumer que Sa Sainteté fît plus d'état de cette simple formalité que des grands périls et inconvéniens qui suivroient la rupture de cette affaire dans l'Angleterre, dans la France, et peut-être dans l'Europe ; que, si ce mariage se rompoit, la religion huguenotte étoit fortifiée en France par le secours des Anglais, lequel eût été empêché par ce mariage, et la religion catholique étoit perdue en Angleterre ; car, très-assurément, le prince seroit marié à une hérétique s'il n'épousoit la sœur du roi Très-Chrétien, et le dessein en étoit tout formé. C'avoit toujours été le but des puritains, lesquels ont toujours tramé la rupture de tout mariage catholique, et de celui d'Espagne comme de celui-ci. Au contraire, si ce mariage se faisoit, la religion catholique recevroit un très-grand appui en Angleterre, et la religion huguenotte seroit ruinée en France ; car, les huguenots ayant donné lieu au Roi par leur rébellion de les châtier et les perdre, Sa Majesté les vouloit pousser jusqu'au bout, et le feroit d'autant plus facilement qu'ils ne pourroient être si ouvertement secourus, ni de Hollande ni d'Angleterre ; que le Roi, pressé de ces considérations si puissantes, et voyant qu'il n'y avoit rien d'important et essentiel dans les articles latins envoyés de Rome, qui ne fût compris virtuellement, quoiqu'avec moins d'étendue, dans les articles français signés du roi de la Grande-Bretagne, avoit cru devoir absolument empêcher la rupture de ce mariage ; et ayant une parfaite confiance en l'affection paternelle de Sa Sainteté vers sa personne, et au grand jugement qu'elle a de ce qui peut arriver dans les affaires présentes, par l'expérience du passé, ne lui restant aucun autre moyen d'empêcher cette rupture, avoit pensé devoir promettre dans un mois l'accomplissement du mariage dont il avoit plu déjà à Sa Sainteté accorder la dispense ; se réservant ce temps pour obtenir de Sa Sainteté ordre exprès à son nonce de la délivrer sans autre condition que les pièces qui lui seroient délivrées par son ambassadeur, et celles qu'il devoit mettre ès mains du nonce, selon les formes prescrites par Sa Sainteté, hors ces articles latins, signés par le roi de la Grande-Bretagne ; que si Sa Sainteté, après que toutes ces choses lui auroient été représentées, n'étoit pas encore entièrement satisfaite, il la supplioit de donner plein pouvoir à messieurs les cardinaux, conjointement avec M. le nonce, pour délivrer ladite dispense, aux conditions qu'ils estimeroient en conscience le pouvoir et devoir faire; et, d'autant que d'ordinaire l'opinion des hommes se trouve différente, qu'il seroit bon que le pouvoir portât, ce qui est commun en toute délibération, que les deux emportent la troisième. Si, d'aventure, Sa Sainteté vouloit que, pour plus grande lumière et pour plus grande décharge en cette affaire, messieurs les cardinaux appelassent en cette délibération un des premiers professeurs de théologie en la Sorbonne, avec le confesseur du Roi et le père de Bérulle qui a connoissance de toute cette affaire, Sa Majesté se contenteroit de cet expédient, pourvu que Sa Sainteté leur commandât de terminer cette affaire sans délai. Ces choses étant ainsi représentées au Saint-Père, il se résolut de donner au Roi le contentement qu'il désireroit.

Cependant Jacques, roi d'Angleterre, mourut en mars 1625 : le prince son fils lui succéda. Dès qu'il est venu à la couronne, il écrit au Roi et le supplie de hâter ses fiançailles avec Madame, sa sœur. Elles furent célébrées le 11 de mai sur un échafaud dressé à la porte de l'église cathédrale de Notre-Dame de Paris, tout ainsi et avec les mêmes cérémonies dont on avoit usé au mariage du feu roi Henri-le-Grand, lors roi de Navarre, avec la reine Marguerite. Cette cérémonie fut suivie d'un festin royal en la salle de l'archevêché, de feux de joie par toutes les rues de Paris, et de lumières aux fenêtres, qui sembloient faire d'une nuit un beau jour. Le cardinal, qui avoit avec tant de peine et de prudence conduit cette alliance à une heureuse fin, se sentant comme obligé de témoigner son contentement, qui excédoit celui de tous les autres, fit à Leurs Majestés et à toute la cour une collation et un feu d'artifice qui étoient dignes de la magnificence de la France. Mais ne nous y arrêtons point davantage; retournons trouver Soubise, qui est à la mer avec les vaisseaux du Roi qu'il a enlevés. Il n'eut pas plutôt fait cette infidèle équipée, que La Rochelle et les huguenots qui lui avoient donné le conseil et les moyens de la faire, La Rochelle lui ayant fourni l'argent, le corps et l'équipage de ses vaisseaux, désavouèrent par écrit public et par les députés généraux en cour ce qu'il avoit fait. Mais dès qu'ils virent que la flotte étoit grossie, et que, par l'enlèvement des vaisseaux qu'il alloit ravissant de port en port, elle s'étoit rendue puissante et considérable, ils se déclarèrent en sa faveur, nonobstant les désaveux passés. Castres et Montauban commencèrent. Le duc de Rohan prit ouvertement les armes, et déclara de bonne prise tous les serviteurs du Roi qu'il put attraper. Le Roi, pour leur faire sentir sa colère, et appréhender d'être assiégés, envoya le duc d'Epernon faire le dégât autour de Montauban, et le sieur de Thémines à Castres. Cette révolte venoit si à contre-temps au Roi en cette saison où il avoit tant d'affaires au dehors, que la plupart de ceux de son conseil étoient si éperdus, que tantôt ils vouloient qu'on fît une paix honteuse avec l'Espagne, tantôt qu'on accordât aux huguenots plus qu'ils ne demandoient. Le cardinal, au contraire, regardant d'un cœur assuré toute cette tempête, dit au Roi : que pour bien juger quelle résolution il devoit prendre, il falloit voir et considérer mûrement quelle étoit la face des affaires présentes en toute la chrétienté; qu'il sembloit que toutes choses conspirassent maintenant à rabattre l'orgueil d'Espagne; qu'il n'y avoit personne qui ne sût l'état des armes du Roi en Italie, qui étoit tel qu'en un mot il étoit maître de la Valteline, et que difficilement Gênes pouvoit-il éviter d'être pris. Celui des Pays-Bas étoit aussi connu d'un chacun; le siége de Bréda (1), dont l'événement à la vérité étoit incertain, au moins portoit-il ce préjudice aux Espagnols, que quand même ils l'auroient pris, leur armée seroit tellement ruinée, qu'il leur seroit impossible de faire aucun effet notable de tout l'été, vu, principalement, que les États avoient, outre leur armée ordinaire, celle de Mansfeld, capable d'empêcher pour cette année que l'armée de Spinola ne fît en leur pays ou ailleurs autre progrès que celui de Bréda, quand même ils ne pourroient secourir la place à cause que de long-temps les assiégeans s'étoient retranchés et fortifiés; qu'en Allemagne, les princes et Etats de la basse Saxe avoient élu capitaine-général de leur cercle le roi de Danemarck, qui est membre de leur corps à cause de son duché de Holstein; que ce Roi, avec celui de Suède et le marquis de Brandebourg, mettoient une armée très-puissante sur pied, pour rétablir les princes dépouillés par la maison d'Autriche et ses adhérens; que déjà ils avoient assemblé plus de vingt-cinq mille hommes de pied et quatre mille chevaux; qu'on avoit aussi nouvelle que Gabor étoit armé et vouloit entrer en la Hongrie; Mansfeld, ayant fait ce qu'il prétendoit faire en Hollande, entreroit aussi en Allemagne de ce côté, et tous les princes de deçà Wurtemberg et autres se joindroient à lui avec leurs forces; qu'aux Indes, un chacun savoit les pertes qu'y avoient faites les Espagnols, tant à la baie de Todos los Santos qu'à la dernière flotte, qui fut défaite par celle de l'Hermite, et que les Hol-

(1) Par les Espagnols.

landais seuls étoient capables d'occuper tous les armemens de mer qu'ils sauroient faire; qu'il se préparoit un grand armement de cent voiles en Angleterre, tel que de deux cents ans on n'en avoit vu un pareil, qui n'avoit autre fin que l'abaissement d'Espagne, tant le roi d'Angleterre se tenoit offensé en ce qui s'étoit passé sur le fait de son mariage; que les Espagnols n'avoient point d'argent, ni en Espagne, ni en Flandre, ni en Italie; tous leurs peuples étoient extrêmement mécontens de leur gouvernement, harassés et ruinés des gens de guerre qui, n'ayant point été payés, ont vécu à discrétion et à la foule du pays, particulièrement en Flandre et en Italie.

Quelque effort qu'ils pussent faire pour défendre l'Italie, il étoit difficile qu'ils la pussent garantir, vu, principalement, que l'Italie avoit toujours tiré son secours de Gênes quant à l'argent, et d'Allemagne pour les hommes; ce qu'elle ne sauroit faire, supposé la prise de Gênes et les troubles qu'on voyoit naître en Allemagne; que le Roi avoit force argent devant lui, et, sans hyperbole, pouvoit faire état de douze millions de livres pour le fonds de la guerre; que ses armes étoient victorieuses en la Valteline, et du côté de Gênes sa réputation très-grande; il avoit, sur ses frontières de Champagne et Picardie, des armées considérables et considérées de ses ennemis, qui les regardoient avec crainte; que le roi d'Angleterre avec qui il contractoit une nouvelle alliance, en la naissance desquelles on en tire toujours quelque profit, désiroit la guerre avec Espagne, et ne pouvoit aisément s'y réconcilier à cause de ses intérêts; que le duc de Savoie, qui avoit un cœur de roi et ne l'étoit pas de naissance, n'avoit autre but que la guerre, comme le seul moyen par lequel il le pouvoit devenir, aux dépens d'Espagne ou de ses alliés; que Venise, qui craint et hait la puissance d'Espagne, estimant le temps propre à la diminuer, désiroit passionnément qu'on le fît, et craignoit que, si on perdoit cette occasion, l'Espagne attendit son temps pour en prendre revanche à leurs dépens, puisqu'elle le pouvoit faire plus aisément sur eux que sur aucuns autres; que tous les princes d'Italie qui étoient attachés à l'Espagne, l'étant plus par crainte que par amour, n'attendoient autre chose qu'à voir qui sera le plus fort pour s'y joindre, et que c'étoit chose sans doute qu'ils suivroient la fortune du victorieux, de peur qu'en voulant s'y opposer ils en fussent la proie; que le Pape même voudroit que les Espagnols fussent hors de l'Italie, et ne prendroit nul intérêt en cette affaire, sans celui qu'il y prétend avoir, en ce que ses gens ont été délogés de la Valteline.

Que tous les protestans d'Allemagne étoient obligés de jouer leur reste en cette occasion, et s'y préparoient; le duc de Bavière même ne s'intéresseroit pas en la diminution de la maison d'Autriche, pourvu qu'il fût assuré qu'on ne le voulût point priver de la qualité d'électeur, ni de quelques autres avantages dont il étoit aisé de s'accorder avec lui; que le roi de la Grande-Bretagne vouloit se servir de cette occasion pour le rétablissement de son beau-frère, en considération duquel il préparoit l'armement de mer mentionné ci-dessus; que, par toutes ces considérations, il sembloit qu'il n'y eût une si belle occasion au Roi d'augmenter sa puissance et rogner les ailes à ses ennemis; mais qu'il falloit tourner le feuillet, et voir quelles autres considérations pouvoient contre-peser celles qui sont ci-dessus déduites.

Qu'il ne mettroit point en avant qu'il semble qu'il étoit difficile de prendre tous les avantages qu'on peut ès occasions présentes, sans diminution de la religion en quelque chose, d'autant que, bien que cela fût en apparence au commencement, le zèle et la piété du Roi feroient qu'à la fin elle y trouveroit son avantage; qu'il ne diroit point que nous avons toujours été assez heureux à conquérir en Italie, mais si malheureux à conserver, que les lauriers qu'on y avoit cueillis avoient promptement été changés en cyprès, d'autant qu'étant devenus sages à nos dépens, nous avions appris que le vrai secret des affaires d'Italie étoit de dépouiller le roi d'Espagne de ce qu'il y tenoit, pour en revêtir les princes et potentats d'Italie, qui, par l'intérêt de leur propre conservation, seroient tous unis ensemble pour conserver ce qui leur auroit été donné; et que, bien que nous n'eussions pas été assez forts pour maintenir ce que nous avions conquis, notre force et leur prudence seroient plus que suffisantes pour produire infailliblement cet effet. Et le seul partage que devoit désirer la France en toute cette conquête, ne devoit être que la diminution de l'Espagne, qui prétendoit égalité avec elle, et qui nous vouloit affoiblir, et l'avoit fait depuis quelque temps; qu'il ne mettroit point encore en avant qu'on pouvoit craindre que l'Espagne, pressée à l'extrémité par nous, pût entrer à force ouverte en France, soit du côté d'Espagne ou de la Flandre, tant parce qu'il étoit aisé de l'en garantir du côté d'Espagne avec de médiocres forces, à cause de la situation du pays, que parce que le Roi avoit une armée fraîche et puissante sur la frontière de Picardie et Champagne, laquelle, sans nouvelle dépense, il fortifieroit toujours de six mille hommes de pied et de mille chevaux, en y portant sa personne, que parce que le Roi, contribuant aux frais de Mansfeld, il pouvoit faire en sorte que, au cas que Spinola tournât tête vers la France, cette armée le suivroit en queue.

Mais qu'il falloit considérer que les rébellions sont si ordinaires en France, qu'il étoit à craindre que tandis que nous penserions à humilier autrui, nous ne reçussions plus de mal de nous-mêmes que nous n'en saurions faire à nos propres ennemis; que ces rébellions ne pouvoient venir que des grands du royaume mécontens, ou des huguenots. Des grands il n'y avoit rien à craindre maintenant, tant à cause de leur impuissance que parce, aussi véritablement, que bien qu'il y en eût beaucoup qui désireroient qu'il arrivât quelque remuement, pour cependant faire mieux leurs affaires, il n'y en avoit aucun qui en voulût être auteur, pour la connoissance que tous ont que ce n'est plus le temps d'en tirer avantage. Quant aux huguenots, qu'ils étoient si accoutumés à faire leurs affaires aux dépens de l'Etat, et d'en prendre le temps lorsqu'ils nous voient occupés contre ceux qui en sont ennemis déclarés, ainsi qu'ils firent pendant le siége d'Amiens (1), que nous devons appréhender qu'ils ne fissent de même en cette occasion, la prise des armes et les insolentes demandes qu'ils font, ôtant tout lieu d'en douter. Partant, qu'il falloit voir si leur puissance étoit assez considérable pour arrêter le Roi de poursuivre le dessein qu'il avoit de faire la guerre au dehors; qu'il étoit certain que d'eux-mêmes ils n'étoient pas puissans, mais qu'ils le pouvoient être par accident, parce que l'Espagne les pouvoit favoriser d'argent et de vaisseaux, comme nous en avions déjà quelque connoissance; que si par hasard ils avoient quelque bon succès, ce qui pouvoit arriver par la trahison de quelque gouverneur qui, par quelque surprise volontaire, leur vendroit sa place, et maintenant qui ne les favorisoit que de volonté se déclareroit pour eux en effet, et pourroit mettre les affaires en compromis; qu'il falloit considérer davantage que les affaires sont comme les corps humains, qui ont leur croissance, leur perfection et leur déclin; que toute la prudence politique ne consiste qu'à prendre l'occasion la plus avantageuse qu'il se peut de faire ce qu'on veut; que maintenant tout trembloit sous la terreur des armes de la France; jusqu'ici tout avoit succédé à souhait; on ne s'étoit point aperçu des divisions qui se mettent d'ordinaire dans les armées des ligues, bien que nous ne puissions ignorer que la semence en étoit déjà germée en celle de Piémont; que quoique le Roi eût de l'argent, comme il l'avoit dit ci-dessus, et qu'il n'eût point encore manqué aux armées, les dépenses étoient si excessives en France, qu'il n'y avoit personne qui pût répondre qu'on pût toujours fournir à si grands frais, vu principalement qu'en matière de guerres on sait bien comment et quand elles commencent, mais nul ne peut prévoir le temps et la qualité de leur fin, d'autant que l'appétit vient quelquefois en mangeant, et que les armes sont journalières; partant, qu'il croyoit qu'il n'y avoit personne qui n'estimât qu'il falloit par nécessité donner la paix à soi-même, en l'assurant au dedans de l'Etat, ou la donner à ses ennemis étrangers; étant certain que tout homme qui aura du jugement avouera que c'est trop d'avoir deux affaires à la fois, dont l'une seule est capable d'occuper; que les médecins tiennent pour aphorisme assuré qu'un mal interne, quoique petit en soi-même, est plus à craindre qu'un externe beaucoup plus grand et douloureux; que cela nous devoit faire connoître qu'il falloit abandonner le dehors pour pourvoir au dedans, s'il se pouvoit, par remèdes simples et purgations légères, qui ne meuvent ni n'altèrent point le corps; qu'il se falloit bien donner de garde d'avoir recours à d'autres; mais que si la maladie étoit si grande que tel remède ne fît qu'aigrir le mal au lieu de le guérir, il falloit se servir de ceux qui étoient capables d'en couper les racines; pourvoyant non-seulement au présent, mais à l'avenir qu'il falloit prévoir; que tant que les huguenots auroient le pied en France, le Roi ne seroit jamais le maître au dedans, ni ne pourroit entreprendre aucune action glorieuse au dehors; que la difficulté étoit de faire la paix avec l'Espagne en sorte qu'elle fût sûre, honorable, et que tous nos alliés y pussent avoir l'avantage que raisonnablement ils pouvoient désirer, vu qu'autrement, pour spécieuse qu'elle fût, elle seroit très-dommageable; qu'il étoit certain que quand une fois nous aurions posé les armes, si l'établissement de la paix n'étoit sûr, nous aurions de la peine à porter nos colligués à les reprendre de nouveau, et à nous y résoudre nous-mêmes, étant des Etats comme des hommes, qui ont un certain feu hors lequel on ne peut attendre d'eux ce que pendant icelui on n'eût su empêcher. Que c'étoit chose aussi très-assurée que, s'il y avoit quelque condition foible dans le traité que l'on feroit, toute la gloire et réputation qu'on avoit eue jusques alors se convertiroit en honte; qu'au reste, si nous manquions à procurer l'avantage de nos alliés, nous n'en pourrions plus faire état à l'a-

(1) Sous Henri IV.

venir; ce qui feroit que nous aurions beaucoup plus perdu en cette affaire que gagné.

La question étoit donc de faire la paix de la Valteline, de Gênes, et, s'il se pouvoit, du Palatinat, en sorte que chacun eût raisonnablement son compte, et que nous demeurassions plus liés que jamais; qu'il falloit voir promptement la fin des négociations qu'on proposoit sur ce sujet, afin que, si elles ne pouvoient réussir, Sa Majesté contentât les huguenots, et se disposât de toutes parts fortement à la guerre contre les Espagnols, étant certain que les Espagnols ne la pourroient soutenir long-temps, si en même instant on les attaquoit puissamment de divers côtés; au lieu que si l'effort qu'on feroit étoit foible, ils la supporteroient aisément, ce qui nous mettroit en une guerre de durée, en laquelle ils auroient autant d'avantage, par l'habitude qu'ils ont à pâtir, comme nous en avons aux entreprises dont le bon succès dépend de la furie française.

Cependant Soubise entra le 11 juin en la rivière de Bordeaux avec soixante-quatorze voiles, descendit à Castillon en Médoc, et le prit; mit du canon en terre, fit quelques courses pour épouvanter le pays et voir si quelques-uns se voudroient joindre à lui; mais le maréchal de Praslin, qui étoit à l'entour de La Rochelle, y envoya le sieur de Toiras avec des forces, qui le fit retirer en ses vaisseaux et quitter la rivière. Le Roi, ne pouvant pas assez promptement faire équiper en son royaume nombre suffisant de navires pour s'opposer à la flotte de Soubise, et ne tenant l'assistance des huit vaisseaux anglais qui lui avoient été promis suffisante, demanda secours de vingt vaisseaux aux Hollandais, selon qu'ils étoient obligés par l'alliance renouvelée avec eux en juin 1624, et plus particulièrement par le contrat qu'avoit fait avec eux Bellujon au nom du connétable, bien que ce fût pour employer à la guerre de Gênes. Ils l'eussent volontiers refusé contre leurs frères s'ils eussent pu; mais au moins s'opposèrent-ils à une condition avec laquelle le cardinal vouloit absolument qu'on les leur demandât : c'est que, prévoyant bien que si on en venoit aux mains avec Soubise ils eussent fait un faux-bond au Roi et n'eussent pas voulu combattre, ou l'eussent fait foiblement, si les vaisseaux eussent été en leur puissance et commandés par eux, il leur fit dire que le Roi vouloit mettre sur douze de leurs vaisseaux des capitaines et des soldats français. Ils y firent grande résistance, et le refusèrent entièrement. En l'absence du cardinal on se relâcha de cette condition; mais le cardinal la reprit, et montra que, bien que le corps des Etats eût bonne intention, la malice d'un seul capitaine particulier pouvoit ruiner une armée, et donner victoire aux ennemis, dont jamais on ne relèveroit; étant certain que si une fois ils avoient du succès, les huguenots et catholiques mal affectionnés y courroient tous. Partant, qu'il falloit avoir des vaisseaux absolument et sans condition, et soutint qu'ils n'étoient point en état de le refuser, vu le secours qu'ils tiroient de nous en argent, en hommes, et en l'occasion présente de Mansfeld. Pour cet effet, qu'il falloit faire une forte dépêche qui témoignât combien le Roi trouvoit étrange, vu les obligations qu'ils lui avoient, qu'ils lui voulussent donner un secours qui lui seroit à plus de préjudice qu'à avantage. Un mousse peut ruiner toute une armée, et un capitaine de navire, étant assuré par les ennemis du paiement de son vaisseau, peut entreprendre de brûler toute l'armée, et ce d'autant plus facilement qu'il penseroit faire un grand sacrifice à Dieu à cause de sa religion.

En cela le cardinal se mettoit en grand hasard auprès du Roi; car il soutint absolument qu'en tenant ferme et menaçant les Hollandais de les priver du secours que le Roi leur donnoit, s'ils manquoient à faire en cela ce que Sa Majesté désireroit, assurément ils accorderoient ce qu'on demandoit. En quoi on eut ce bonheur que la chose réussit comme on l'avoit prédite, et le Roi eut pouvoir de mettre, non-seulement sur les vaisseaux des capitaines français, mais, qui plus est, sur chaque vaisseau cent Français.

Mais le malheur du temps étoit tel, qu'il sembloit qu'on fût responsable de tous les événemens, tant parce que la cour étoit pleine de gens qui n'attendoient autre chose qu'un mauvais succès pour se servir du talent qu'ils avoient acquis à faire du mal à ceux qui servoient le public, que parce que les princes d'ordinaire jettent sur ceux qui sont auprès d'eux les mauvais succès des choses qui leur ont été bien conseillées. Qui se fût considéré soi-même n'eût peut-être pas pris ce chemin, qui, étant le meilleur pour les affaires, n'étoit pas le plus sûr pour ceux qui les traitoient; mais sachant que la première condition de celui qui a part au gouvernement des Etats, est de se donner du tout au public et ne penser pas à soi-même, on passa par dessus toutes considérations qui pouvoient arrêter, aimant mieux se perdre que manquer à aucune chose nécessaire pour sauver l'Etat, duquel on peut dire que les procédures basses et lâches des ministres passés avoient changé et terni toute la face. Il eut la même difficulté avec les vaisseaux anglais. Sans lui on les eût reçus pour ruiner les affaires du Roi, et non pour y servir; car les matelots, soldats et capitaines anglais, disoient ouvertement qu'ils ne tireroient pas un coup de canon contre les huguenots, qu'on savoit d'ailleurs s'en tenir tout assurés. La nécessité qu'on avoit de vaisseaux étoit si grande, que tout le conseil étoit d'avis qu'on les devoit prendre à ces conditions plutôt que de ne les avoir point; le cardinal seul soutint le contraire, dit qu'il valoit mieux ne les prendre point que de les prendre ainsi, pour plusieurs raisons aisées à concevoir, et trop longues à déduire; qu'au reste il ne doutoit point que, si l'on s'opiniâtroit à les avoir sans matelots, officiers et soldats anglais, le roi de la Grande-Bretagne ne les dénieroit pas à l'extrémité, quoi qu'il eût fait et dit jusqu'ici; que la chaleur d'une alliance fraîchement faite, et la nécessité qu'il avoit de la France en beaucoup d'autres choses, ne lui permettoient pas de faire ce refus; que pour parvenir à ce qu'on désiroit, il n'y avoit qu'à renvoyer les vaisseaux, et faire entendre clairement que le Roi aimoit mieux ne les avoir point, que de les avoir en sorte qu'il n'en fût pas le maître.

Tout le monde fut d'avis contraire, et cependant le Roi déférant par sa bonté à celui du cardinal, il succéda en sorte que le roi d'Angleterre envoya les vaisseaux au Roi avec plein pouvoir d'en user comme bon lui sembleroit. Le temps justifia bien l'utilité de ce conseil, non-seulement par le gain de la bataille navale (1), où les Anglais ne se fussent pas trouvés s'ils eussent été sur les vaisseaux, et où il fallut que le chevalier de Saint-Julien portât l'épée à la gorge d'un capitaine hollandais sur le vaisseau duquel il commandoit, parce qu'il ne vouloit pas aborder un vaisseau ennemi; mais, en outre, par les instances et poursuites pressantes que les Anglais et Hollandais, touchés du déplaisir du gain de cette bataille, firent plusieurs fois depuis pour ravoir leurs vaisseaux; ce qu'on empêcha par les mêmes façons qu'on avoit obtenu contre leur gré ledit secours. Les légèretés et inégalités ordinaires des Anglais feront assez juger la peine qu'il y eut d'obtenir d'eux leurs vaisseaux, et résister aux importunités avec lesquelles ils les redemandoient. Il est impossible de les concevoir toutes, si l'on ne sait qu'en même temps le parlement d'Angleterre, animé contre le duc de Buckingham, lui imputa à crime ce secours de vaisseaux, ce qui le rendoit d'autant plus soigneux de les ravoir.

Durant les peines qu'on avoit à obtenir ces vaisseaux anglais et hollandais en la manière que le Roi les demandoit, et qu'il savoit être seule utile à son service, on traitoit avec les huguenots par l'entremise du connétable de Lesdi-

(1) Dont il sera parlé ci-après.

guières, qui, voyant bien que ce soulèvement retranchoit toute l'espérance de la gloire qu'il avoit conçue de son voyage d'Italie, obligeant le Roi d'y employer les vaisseaux qu'il avoit destinés pour le secourir, employa tous ses efforts pour le terminer par une bonne paix. Il envoya, pour cet effet, avec la permission du Roi, le sieur de Bellujon, en qui il avoit beaucoup de confiance, vers les sieurs de Rohan et de Soubise, les villes du Languedoc et de La Rochelle; et fit tant, par remontrances et par menaces, qu'il les fit condescendre à quelques conditions de celles que Sa Majesté pouvoit désirer. Mais comme leur esprit étoit dans la fureur de la rébellion, ils faisoient incontinent de nouvelles demandes outre les choses qu'ils avoient premièrement proposées, et y avoit une extrême peine pour les faire joindre et mettre à la raison. Le Roi, qui ne vouloit pas leur faire croire qu'il n'y avoit qu'à demander pour obtenir, ce qui eût augmenté leur audace à l'infini, demeura ferme à ce dont il étoit convenu.

Sur quoi Bellujon répondant de leur part que les nouvelles demandes ne se faisoient pas par capitulation, mais étoient seulement prétendues de grâce, le Roi lui donna charge de mander à Soubise, et à ceux de La Rochelle, qu'à cette condition ils pouvoient envoyer au plus tôt leurs députés bien intentionnés et autorisés, et leur faire savoir, comme de lui-même, qu'étant auprès de Sa Majesté ils pouvoient bientôt résoudre ce qui étoit à polir et éclaircir, pour ajuster entièrement leurs demandes avec l'intention de Sadite Majesté. Que pour faciliter le moyen de l'envoi de leursdits députés, et faire voir comme même le Roi les convioit derechef à la paix sûre et perpétuelle qu'il vouloit donner à tous ses sujets, ledit sieur de Bellujon obtint de Sa Majesté tous les passe-ports nécessaires qui leur étoient envoyés; que le sieur de Soubise n'avoit déjà dépêché au duc de Rohan, avec le passe-port du sieur de Praslin, pour le faire convenir à même intention que lui, et faire cesser tous actes d'hostilité de sa part, il lui seroit envoyé passe-port du Roi pour un des siens, afin qu'il le dépêchât en diligence vers ledit sieur de Rohan, et fît que son député, bien autorisé, se trouvât à la cour au même temps que les autres; que Sa Majesté croyant que le sieur de Faye-Saint-Orse étoit bien intentionné, et informé de ce qui étoit à faire, selon la volonté du Roi, pour cet accommodement, Sa Majesté trouvoit bon qu'il retournât diligemment vers M. de Rohan, avec les lettres dudit sieur de Bellujon et des députés généraux, pour l'informer des réponses rapportées de La Rochelle par ledit sieur de Bellujon, et de ce que le conseil du Roi avoit répondu sur icelles ; qu'il procureroit que les députés de Montauban, Castres, Nîmes, Uzès et Milhaud, vinssent en même temps que celui de M. de Rohan faire leurs protestations au Roi, suivant ce qui étoit porté par lesdits articles du 7 mai ; et procureroit aussi de faire retirer de la campagne les gens de guerre que M. de Rohan y avoit mis, afin que les troupes du Roi ne fussent point obligées à agir contre eux, dont il arriveroit des effets tout contraires à l'accommodement que Sa Majesté désiroit voir en ces affaires ; par le moyen duquel elle auroit le contentement de voir ses sujets délivrés des appréhensions et malheurs que les guerres civiles apportent. Et que cependant il seroit mandé auxdits sieurs de Praslin et de La Rochefoucauld de contenir les troupes du Roi sans rien altérer, afin que, par mésintelligence, cette affaire, qui étoit en très-bon état, ne se gâtât ; pourvu aussi que les vaisseaux du sieur de Soubise et des Rochelois ne fissent aucun préjudice durant ce temps-là aux sujets de Sa Majesté. Que l'on ménageroit au plus tôt aussi l'amiral Haustein (1), pour le disposer à l'échange de cinq vaisseaux, pour convenir de la qualité d'iceux, de ce qu'il fera des hommes qui sont dedans, et autres particularités à démêler avec lui, s'il n'étoit trouvé plus à propos de le] mander de venir en cour en diligence, puisqu'il est aux côtes de la France, de peur que l'on ne se trouve avoir compté sans son hôte au fait du change desdits vaisseaux.

Par les ordres susdits, il se voit qu'on n'oublioit précaution, industrie, ni diligence quelconque, pour rassurer ces esprits dévoyés et les faire rentrer en leur devoir. La plus grande difficulté de la part des villes étoit le rasement du Fort-Louis ; de la part des sieurs de Rohan et de Soubise, le paiement de ce qu'ils prétendoient leur avoir été promis par le traité de Montpellier. Le premier, outre cela, demandoit de commander un petit corps d'armée pour aller joindre par terre le connétable de Lesdiguières ; et le dernier demandoit être fait duc et pair, et employé par le Roi avec des vaisseaux pour son service en Italie. Moyennant cela, Soubise promettoit de démolir ce qu'il avoit fortifié de nouveau ès îles de Ré et d'Oleron. Selon ces propositions, les huguenots envoyèrent, en juillet, des députés à Fontainebleau, pour demander la paix au Roi. Sa Majesté leur accorda la plupart de ce qu'ils demandoient, mais demeura ferme sur le refus du rasement du Fort-Louis, le cardinal y insistant absolument, bien que le duc de Guise fût ouvertement d'opinion contraire,

(1) Hollandais.

fondé sur quelques raisons apparentes, lesquelles furent détruites, quoique non sans hasard pour le cardinal, vu que, si l'événement eût été mauvais, il en eût été responsable.

Il représenta au Roi que, bien que l'audace et le crime du sieur de Soubise fussent tels qu'ils méritassent un châtiment exemplaire, et non aucun pardon, Sa Majesté, néanmoins, devoit considérer que le secret du gouvernement des Etats consistoit à prendre les occasions les plus propres aux actions qu'on veut faire, et que les grandes et diverses affaires qu'elle avoit lors sur les bras requéroient que Sa Majesté ne regardât pas présentement l'excès de cette faute, ains la couvrît de sa prudence, et se contentât de recevoir, pour le présent, des satisfactions qui fussent suffisantes au public, et n'arrêtassent le cours des desseins de Sa Majesté, qui pourvoiroit puis après aisément à tous ces désordres ; que les demandes des sieurs de Rohan et Soubise étoient diverses, les unes regardoient leur particulier et les autres le général de leurs églises prétendues : l'aîné désiroit être employé par terre avec six mille hommes et cinq cents chevaux en Italie, et être payé de 150,000 écus qui lui avoient été promis par le traité fait à Montpellier ; le second demandoit être employé en Italie par mer, avec les vaisseaux qu'il avoit pris, ceux qu'il avoit et ceux qu'il pourroit mener de La Rochelle. Pour l'intérêt général des huguenots, ils demandoient tous deux le rasement du fort de La Rochelle. Que le Roi pouvoit donner emploi à M. de Rohan en Italie, pourvu qu'on ne lui donnât point plus grand nombre de troupes qu'un régiment et une compagnie de gendarmes. Cela le pouvoit contenter et ne pourroit lui donner le moyen de desservir le Roi ; mais que le nombre plus grand des troupes qu'il demandoit, lui donneroit un corps dans lequel il s'autoriseroit, et avec lequel il pourroit revenir en France, au préjudice de la tranquillité publique et du service de Sa Majesté. Quant à l'argent, Sa Majesté lui pouvoit accorder sans faire brèche à sa réputation, puisqu'il lui étoit dû, et que, s'il n'avoit été payé, ce n'étoit que par la faute de ceux qui avoient l'administration de ses finances ; que le sieur de Soubise devoit rendre à Sa Majesté les vaisseaux de M. de Nevers qu'il avoit pris, et lors Sa Majesté, après avoir mis sur lesdits vaisseaux les mêmes capitaines et soldats qu'elle avoit destinés devant qu'ils fussent pris, pouvoit bien les prêter à son altesse de Savoie, et approuver qu'ils fussent joints à une escadre que le sieur de Soubise commanderoit ; mais qu'on ne pouvoit permettre qu'il les emmenât autrement, et il ne le devoit pas désirer, vu que ce seroit lui donner lieu de faire voir aux pays étrangers les marques de la honte de la France, et les trophées d'une victoire qu'il n'avoit acquise que par surprise et trahison. Sur les prétentions de La Rochelle, il falloit considérer qu'il n'y avoit personne qui ne vît que Sa Majesté ne pouvoit maintenant ni raser le fort ni le permettre, ou en donner espérance pour sa réputation, tant à cause qu'il sembleroit qu'on extorqueroit par force cet avantage qui devoit être reconnu de la pure bonté du Roi, que parce aussi que ceux qui en recevroient le fruit en sauroient le gré aux sieurs de Soubise et Rohan, qui, par ce moyen, feroient réussir que prétentions qu'ils avoient toujours eues de se rendre chefs de parti : mais que Sa Majesté pouvoit bien permettre au connétable de dire aux Rochelois qu'il avoit toujours connu la volonté du Roi être de satisfaire à ce qui avoit été ci-devant promis en son nom, dont il avoit été diverti jusqu'à présent par diverses rencontres ; qu'il s'en présentoit une maintenant plus considérable qu'aucune autre passée, ce qui faisoit qu'il n'y avoit point de lieu maintenant de demander l'exécution qu'ils souhaitoient ; qu'il falloit laisser passer ces occasions présentes, qui justement devoient arrêter le cours de la bonne volonté du Roi ; mais qu'étant passées, il leur promettoit de s'en venir en cour, et se faisoit fort d'obtenir ce qu'ils désiroient, pourvu que, pour donner sujet au Roi de l'accorder, s'il restoit quelque chose à exécuter de ce qui avoit été promis de leur part, ils le fissent premièrement.

Cet avis étoit sans péril pour deux raisons : la première, que l'exécution qui étoit préalablement désirée de la part des Rochelois, tireroit de longue des années entières. La seconde, que le grand âge du connétable donnoit lieu de prévoir plutôt sa fin que celle de cette affaire, dont l'exécution ne se pouvoit faire en peu de temps. En tout cas il n'étoit question que de laisser perdre aux mutins de La Rochelle cette occasion de témoigner leur mauvaise volonté ; étant certain que, quand par après ils continueroient leurs desseins, ils ne pourroient entreprendre de les exécuter qu'avec leur ruine totale. Mais qu'on ne pouvoit, en façon quelconque, faire intervenir M. de Savoie, parce qu'étant prince étranger, cela lui donneroit liaison et autorité avec un corps formé dans le royaume ; ce qui, en certain temps et certaines occasions, lui pourroit donner lieu d'entrer en divers desseins, vu principalement les prétentions qu'il avoit eues sur la France, et la condition de son esprit, qui, à quelque prix que ce fût, vouloit s'agrandir aux dépens de ses voisins, et même des deux principaux, bien qu'ils fussent plus puissans que lui.

Les députés généraux de la religion prétendue réformée dirent qu'ils ne pouvoient recevoir ni approuver d'eux-mêmes ce que le Roi leur faisoit l'honneur de leur offrir, si le duc de Rohan et La Rochelle ne l'agréoient. Ils dépêchèrent vers eux : le duc ne voulut rien agréer qu'il n'eût fait auparavant une assemblée de colloques des prétendues églises du haut et du bas Languedoc, et n'eût eu leur avis. Et ceux de La Rochelle demeurèrent en doute de ce qu'ils devoient faire, à cause qu'ils n'avoient pas le contentement qu'ils se promettoient du rasement de leur fort.

En ces entrefaites, le bruit étoit incertain de la paix ou de la continuation de la guerre ; et, comme on espère d'ordinaire ce que l'on désire le plus, l'opinion la plus commune étant de la paix, le duc de Montmorency, qui devoit commander l'armée navale du Roi, demeura à Fontainebleau, et ne se hâta pas d'aller en sa charge. L'armée du Roi, composée de trente grands vaisseaux français et hollandais, s'étant avancée jusqu'aux côtes de Poitou, où vingt-six vaisseaux olonnais la devoient joindre, Soubise envoya prier l'amiral des Hollandais, nommé Haustein, de n'entreprendre point sur lui ni sur ses vaisseaux, jusqu'à ce que le traité de paix fût entièrement fait ou failli, et qu'il feroit le même envers lui. Manty, vice-amiral français, qui n'aimoit pas voir tant d'intelligence entre Haustein et Soubise, l'en dissuada tant qu'il put, mais en vain. Ils firent ledit accord et se donnèrent des otages.

Mais ceux qui manquent de foi à Dieu et à leur prince ne la pouvant garder à des particuliers, ni à eux-mêmes, ni à leur propre bien, Soubise prit de sa promesse occasion de faire à Haustein une insigne perfidie : il se mit à la voile peu de jours après, qui fut le 16 juillet, avec trente-neuf vaisseaux, tant petits que grands, et, arrivant à l'amiral hollandais, le fit aborder par deux pataches jointes ensemble, qui, étant pleines d'artifices de feu, consumèrent et brûlèrent ledit vaisseau en moins d'un quart-d'heure. Haustein, avec soixante des siens, se sauva à l'Equilon ; il en voulut faire autant à Manty, qui s'en garantit. Soubise voulant se retirer après cet effet, Manty le suivit avec toute sa flotte quatre heures durant ; mais le vent contraire le fit retourner par le pertuis d'Antioche, où il joignit les vingt-deux vaisseaux olonnais, et se retira à la rade d'Olonne, et Soubise à Saint-Martin-de-Ré et à Chef-de-Bois. Haustein, restant blessé au vif de l'affront qu'il avoit reçu, se résout de faire payer à Soubise la peine de son infidélité.

Nonobstant toutes ces choses on ne discontinue point le pourparler de la paix, on fait des allées et des venues de part et d'autre sur ce sujet. Il importe au service du Roi qu'on croie qu'elle soit faite, encore qu'elle ne le soit pas, à cause que cette opinion facilite, en Angleterre, l'octroi des vaisseaux qu'on leur demande, espérant qu'ils contenteront le Roi et ne désobligeront point le parti huguenot, duquel il fut dit, en plein conseil d'Angleterre, qu'ils devoient faire plus de compte que de l'Irlande, tant pour se faire rechercher d'Espagne que pour affoiblir le Roi en cas de guerre contre eux. On est contraint d'user de merveilleux artifices pour cela; les Rochelois demeurent fermes à vouloir que le fort fût présentement rasé, sans cela ils disent tout haut qu'ils veulent faire la guerre. On leur envoya Pescharnant et Nouaillan pour les adoucir et persuader au contraire. Ils demeurèrent longtemps à traiter avec eux. Sur le retardement de leur retour on fait à la cour divers jugemens, et tous au désavantage du service du Roi. Le cardinal, qui craint encore qu'enfin Sa Majesté ne se dégoûte de donner la paix à ses sujets, par leur trop opiniâtre continuation en leur désobéissance, pour éluder la curiosité des ennemis de la paix, conseille d'envoyer secrètement Bellujon au devant d'eux, pour les aller rencontrer où il pourra; s'ils rapportent de bonnes nouvelles, revenir avec eux, ou sinon les faire arrêter en autre lieu qu'en la cour; et quant à lui, écrire à tous qu'il a lieu d'espérer tout contentement pour le Roi, et cependant continuer diligemment son voyage vers La Rochelle pour y faire le dernier effort, assurer les Rochelois, de la part du connétable, que véritablement le Roi veut raser le fort; et, pour les délivrer de l'appréhension qu'ils avoient qu'il n'y fût pas satisfait, leur proposer que la Reine-mère et les ministres, par le commandement du Roi, promettroient solennellement de procurer par effet, auprès de Sa Majesté, le rasement du fort dans quelque temps; que pour faciliter d'autant plus son dessein d'amener ce peuple effarouché à la confiance et à l'obéissance, donnant quelque satisfaction à Loudrières, au comte de Laval et autres tribuns et boute-feu, il eût pouvoir de leur assurer la distribution de quarante mille livres. Enfin il prit pour ceux de La Rochelle de bonnes lettres du connétable, dont il avoit des blancs, excitatives à leur devoir, et pour Soubise aussi des blancs pour les remplir, sur les difficultés que lesdits Pescharnant et Nouaillan pourroient rapporter.

Durant ces allées et venues, le duc de Montmorency va à sa charge, les vaisseaux d'Angleterre arrivent, on les fait équiper de matelots et soldats français, ils joignent la flotte du Roi. Dès qu'ils l'ont jointe, ledit duc va le 14 septembre chercher l'armée ennemie qui est à la Fosse-de-l'Oye; il la canonne, elle se retire à l'accul de ladite Fosse, où, la marée se retirant peu à peu, ils échouèrent leurs vaisseaux. A la faveur de son armée, les sieurs de Saint-Luc, de La Rochefoucauld, Toiras et autres, descendent en l'île de Ré et s'en rendent maîtres, quelque résistance que leur puissent faire les troupes de Soubise, qui, durant le combat, se tenoit avec cinq ou six chevaux derrière les bataillons pour voir quelle en seroit l'issue. Dès qu'il vit quelque apparence qu'elle ne seroit pas bonne pour lui, et que la victoire commençoit à incliner du côté du Roi, il se retira, laissant pour gage son épée et son chapeau qui lui tombèrent en fuyant, et se retira dans une chaloupe en Oleron. Ses vaisseaux étant échoués en la Fosse-de-l'Oye, la plupart de l'armée du Roi croyoient qu'ils étoient amortis, et qu'il n'y avoit point de marée, pour grande qu'elle fût, qui les pût remettre à flot. Sur cette pensée, ils prirent résolution d'aller à Chef-de-Bois pour l'affamer, empêchant la communication de La Rochelle avec lui. Mais ils furent étonnés que dès le lendemain matin Soubise, voyant le vent bon, s'en servit, et vint avec tous ses vaisseaux droit à eux. L'amiral du Roi ne perd point temps, et fit si bien qu'il reprit le vent sur les rebelles. Le combat fut âpre, les ennemis eurent du pire, et se voulurent retirer; la nuit qui survint favorisa leur dessein; néanmoins ils furent si vivement poursuivis, que le lendemain, au point du jour, on prit huit de leurs vaisseaux. La marée se retirant, *la Vierge* et *Saint-Michel* touchèrent et ne purent gagner Oleron où une partie du reste de leurs vaisseaux s'étoit retirée. On prit ledit *Saint-Michel*, et *la Vierge* se défendit et se brûla avec quatre vaisseaux du Roi qui étoient attachés à elle. Haustein se signala en cette journée, et combattit courageusement, contre sa première intention, pour avoir revanche de l'injure du vaisseau que Soubise lui avoit méchamment brûlé au préjudice de l'accord fait entre eux. Ensuite le fort de Saint-Martin-de-Ré se rendit à composition. De là le duc de Montmorency fit voile en Brouage pour chasser les rebelles de l'île d'Oleron et du fort qu'ils y faisoient. Soubise s'enfuit avec deux ou trois vaisseaux en Angleterre; Manty l'y suit, assisté de quelques vaisseaux que Haustein commandoit.

Cette grande diversion des armes du Roi contre ses sujets rebelles affoiblit bien celle qu'il faisoit en Italie des armes d'Espagne, pour faciliter le recouvrement de la Valteline dont ils s'étoient emparés. L'armée du connétable et de M. de Savoie, composée de vingt-six mille hommes, fut, dès le mois de mars, en campagne aux environs d'Ast; ils en partirent le 9. Le connétable menoit l'avant-garde, et le duc de Savoie le corps de l'armée. Ils allèrent attaquer Acqui, qu'ils prirent, Novi, et plusieurs autres petites places, qui ne durèrent point devant eux. Gavi leur fit quelque résistance et ne se rendit que le dernier avril. Cependant le duc de Savoie prit ses troupes, tira du côté de la rivière du Ponant pour préparer le chemin au siége de Savone. Tout cède à ses armes, et, entre plusieurs places, prend Pièvre et Etage, où il fit quantité de prisonniers et de grande qualité; il prit trente drapeaux qu'il envoya à Sa Majesté, et lui furent présentés le 24 mai. Les Génois prirent Oneille sur lui, mais il les en chassa bientôt après. Les armes du Roi ne passèrent pas jusqu'à Gênes, faute de l'armée de mer qui leur devoit servir pour avoir des vivres, laquelle fut divertie et employée contre Soubise. Ce retardement donna loisir à la république d'assembler jusqu'à quarante galères et faire une armée de dix mille hommes de pied, cinq mille chevaux et quatorze canons. Avec cette armée elle vint droit à Acqui, où les Valaisans que le duc de Savoie y avoit mis en garnison, ne voulant point combattre, le gouverneur fut contraint de se rendre. Cette nouvelle fit retourner le connétable qui s'acheminoit vers Savone pour l'assiéger.

Bien que son armée fût inégale, il tourna tête droit à l'armée ennemie et la vouloit combattre; mais il la trouva logée si avantageusement qu'il se retira à Cannes en Piémont. Le duc de Féria, en même temps, s'en alla à Nice-de-la-Paille; de là il passa par Gavi, qui ne se voulut pas rendre à lui, mais se rendit peu après à l'armée de Gênes; puis il prit sa brisée vers Asti, et se vint loger à une canonnade de la ville à la fin de juillet. Le connétable, qui y étoit demeuré malade, il y avoit trois semaines, en sortit, et le sieur de Créqui y entra en sa place, avec quatre mille hommes des troupes du Roi, le 3 août. Il y avoit déjà six jours que l'armée ennemie étoit campée à l'entour de la ville, et se retranchoit lorsque le sieur de Créqui y arriva.

Dès le lendemain, 4 août, il sortit de la ville du côté des ennemis, et leur fit quitter un pont qu'ils gardoient sur une petite rivière nommée la Verse, qui passe près des murailles de ladite ville; le duc de Féria désespérant de la prendre leva le siége. Pour mettre son armée en curée, il alla assiéger Vérue, le long du Pô, assise sur un roc. Le château n'est qu'une maison ancienne composée d'une tour et d'un corps de logis sans fossés ni boulevart, et la ville et le faubourg qui en est détaché ne font ensemble que quarante ou cinquante feux. On délibéra si on pouvoit défendre le faubourg; enfin le courage français résolut qu'il ne falloit pas laisser prendre l'avantage d'une seule maison à l'armée espagnole. Pour la facilité du secours, nos gens firent un pont sur le Pô entre Crescentin et Vérue, et logèrent leurs troupes, partie deçà et partie delà le Pô. Le siége, qui commença vers la mi-août, dura jusqu'au 7 novembre, auquel le connétable étant allé de Turin à l'armée, où étoit arrivé un nouveau renfort de six régimens que Vignoles commandoit, il considéra et remarqua d'un lieu haut les forts des ennemis, et, les faisant attaquer courageusement, les emporta tous en moins d'un quart-d'heure; ce qui leur donna un tel effroi, qu'ils firent mettre toute l'armée en bataille pour regagner ce qu'ils avoient perdu; mais ils furent si bien reçus et soutenus par les troupes du Roi, qu'ils ne purent reprendre qu'un de leurs forts qui étoit par trop commandé.

La nuit même les Espagnols se retirèrent et laissèrent dans leur camp les morts, les blessés et une partie du bagage.

Cette déroute releva l'honneur des armes du Roi qui étoient décriées en Italie pour avoir en un long temps fait si peu de chose, qu'en quatre jours les ennemis regagnèrent sur eux ce qu'en trois mois ils leur avoient pris. Cette action fut si glorieuse qu'elle effaça tout le blâme qu'on leur pouvoit donner. On peut dire, avec vérité et sans vanterie, qu'elle est due à la seule prudence et à la fermeté du courage du cardinal; car le Roi étant embarqué dans les affaires d'Italie, mais quant et quant diverti par la rébellion des huguenots, il ne pouvoit pas facilement maintenir ses armées en l'état auquel elles devoient être.

Cependant on voyoit qu'il se formoit une nuée d'hommes en Allemagne pour passer au Milanais, et faire cette armée de trente mille combattans pour le service d'Espagne, qui, depuis, fut celle qui descendit en Piémont et assiégea Vérue. Le cardinal crut qu'à cette occasion il falloit, pour l'honneur des armes du Roi, faire un grand effort. Il représentoit sans cesse que ce n'étoit rien de bien commencer et d'avoir de bons desseins, si on ne préparoit les moyens proportionnés à cette fin; que la guerre qui ne se fait d'un courage délibéré et avec toutes les forces et l'industrie qui se peut, n'a jamais un heureux succès ; que le défaut d'une résolution courageuse fait qu'on obtient toujours moins qu'on ne s'est proposé ; et partant, qu'il faut que les préparatifs soient toujours plus grands que ce qui semble qui doit suffire pour ce que l'on entreprend ; que rien n'emporte les Espagnols qu'une fermeté continue ; que c'est par là qu'ils ont eu avantage sur nous jusqu'aujourd'hui, et partant, qu'il faut faire de nouvelles levées de gens de guerre pour rafraîchir l'armée du Roi.

Il avoit beau dire, on n'y prenoit point de résolution, soit manque de prévoyance, manque d'affection au service du Roi, ou manque d'argent. Enfin, il fit telle instance qu'on tira de l'armée de Champagne six mille hommes et mille chevaux, qui furent envoyés promptement en Italie sous la conduite du sieur de Vignoles, maréchal de camp, et quant et quant fut commandé de faire nouvelles levées en diligence du même nombre d'hommes, pour remplacer les troupes qu'on avoit ôtées de ladite armée, lesquelles on jugeoit bien devoir être assez à temps pour s'opposer à ce qu'on voudroit entreprendre sur cette frontière. Cette levée vint si à propos, qu'aussitôt qu'elle arriva au siége de Vérue, le connétable s'en servit si heureusement qu'il en fit l'effet que nous avons dit ci-dessus, faisant succomber les Espagnols sous le poids des armes du Roi, démentant leur maxime qu'il n'appartient qu'à eux d'assiéger et prendre les places, puisqu'une méchante bicoque comme Vérue leur a fait tête. Par ce moyen le Roi fut garanti de l'opprobre qu'eût apporté à sa réputation la foiblesse de nos armes en Italie, causée par la diversion de la rébellion de l'hérésie en France.

Si ce soulèvement de nos hérétiques empêcha que le Roi ne s'appliquât avec tant d'affection aux affaires d'Italie qu'il eût désiré, et pour son honneur et pour le secours de ses alliés, il ne fut pas moins dommageable à la défense de Bréda, laquelle néanmoins le Roi n'abandonna pas entièrement, mais bien n'eut-il pas moyen d'y faire tout ce qu'il eût fait sans cela. Le Roi avoit résolu avec le roi d'Angleterre d'y envoyer Mansfeld avec des troupes ; l'infanterie devoit être anglaise, et la cavalerie française. Il y en eût envoyé davantage s'il n'en eût eu besoin contre ses propres sujets. Il y avoit diversité d'opinions sur le moyen qu'il falloit tenir pour l'y faire passer. Le comte Maurice sollicitoit fort le Roi de l'y envoyer par terre, et proposoit quatre divers chemins qu'il devoit tenir : le premier, marchant dans la Flandre tout du long de la côte jusqu'à Dunkerque, se rendant maître, en passant, de deux forts qui y ont été faits, assez incapables de résister à une si puissante armée, et toutefois si bien situés, qu'étant entre les mains de Mansfeld ils se pourroient aisément garder, et donneroient moyen d'avoir par mer autant de vivres et commodités qu'on voudroit, par le bénéfice du canal appelé le Scheurken ou la Tente ; le second, faisant marcher son armée plus haut dans la Flandre, entre les rivières de Laye et de l'Escaut, ou bien vers les villes d'Ypres et Bruges, où il y a plusieurs places ouvertes et fort riches, lesquelles, sans aucun doute, eussent bien pressé Spinola de leur donner une vigoureuse assistance ; le troisième, attaquant le pays d'Artois et Hainaut, lesquels consistant en une puissante noblesse et bonnes villes, les Espagnols eussent assurément fait tout devoir pour ne les point abandonner, et les assister promptement, de crainte d'une plus grande conséquence et du soulèvement général de ce pays-là, glorieux et non accoutumé d'être laissé en proie aux ennemis ; le quatrième, allant droit vers le Cambresis et poussant jusques à Bruxelles, là où et aux environs il demeureroit campé, faisant contribuer Brandtschatter, brûler et piller tout le pays sans distinction ; ce qu'il faudroit faire aussi tenant les autres trois chemins ci-dessus spécifiés ; et si, nonobstant cela, l'ennemi ne vouloit point encore déloger de devant Bréda, qu'il faudroit alors marcher plus avant vers les villes de Lumen, Thienen, Hasselt et les pays circonvoisins qu'on trouveroit abondans en fourrages, vivres et autres commodités pour nourrir long-temps l'armée, joint que les deux armées se pourroient aider d'armes et de conseil, selon les besoins qu'ils en pourroient avoir.

Le premier chemin de Dunkerque lui sembloit le plus sûr et profitable, pource qu'il étoit le plus court, qu'il n'y falloit pas grand attirail de chariots, de chevaux et autres choses nécessaires pour le train d'une grande armée ; que cette entreprise se pouvoit faire, sans crainte de résistance, en tout temps et en toutes les marées basses, à la faveur du fort que Sa Majesté avoit fait faire sur la frontière près de Gravelines ; qu'on se pouvoit aisément emparer des villes de Dunkerque, Bourbourg et autres places voisines, lesquelles prises, tout le pays d'alentour, qui est fort riche, seroit mis en contribution ; et enfin que, par le moyen de la prise des deux forts qui sont sur le canal, l'armée pourroit être rafraîchie de vivres et d'autres commodités, sans les tirer de la France par terre, et donner aux Espagnols prétexte de faire plainte de nous.

Le second chemin lui sembloit aussi facile à entreprendre et sans beaucoup de danger ; mais il craignoit qu'il fût de peu d'effet, tant pource que Spinola n'auroit pas d'appréhension que les grandes villes bien munies, comme elles étoient, pussent être prises sitôt qu'il n'eût loisir de prendre Bréda auparavant, que pource qu'il redouteroit peu notre armée, sachant qu'il étoit bien difficile qu'en ces lieux-là elle pût recevoir aucun secours d'Angleterre ni des Provinces-Unies, et qu'il avoit moyen d'y envoyer les troupes du baron d'Anhalt et les nouvelles levées faites en Artois et en Hainaut, sans diminuer ses troupes devant Bréda, où il seroit encore assuré de ne pouvoir être attaqué que de l'armée des États.

Le troisième chemin, par l'Artois et le Hainaut, lui sembloit avoir quelque difficulté, pource que la plupart de ces villes-là sont bien fortifiées, tout le plat pays y porteroit ses commodités, et s'y retireroit. La noblesse y est en grand nombre et courageuse, et tout le peuple adroit aux armes, qui, avec les bandes d'ordonnance qui étoient déjà sur pied, s'opposeroient si puissamment à notre armée dès son entrée dans le pays, que difficilement s'y pourroit-elle avancer si elle n'étoit assistée d'un bon nombre de cavalerie française pour combattre celle de l'ennemi; et quand bien elle ne trouveroit point de résistance à son passage, cette diversion ne seroit pas assez puissante de faire lever le siége de devant Bréda, que Spinola croyoit être si pressé qu'il ne pouvoit résister long-temps; et que cependant l'Artois et le Hainaut ne recevroient pas de dommage si considérable qu'il ne réparât en peu de jours, y allant avec toute son armée incontinent après la prise de la place. Néanmoins, que cela n'empêcheroit pas les clameurs du pays, qui presseroit d'être secouru avec protestation contre le gouvernement étranger des Espagnols, auxquels le siége de Bréda auroit été plus considérable que leur protection; ce qui feroit peine aux Espagnols, outre la crainte qu'ils pourroient avoir que Sa Majesté, en cas de quelque bon succès, voulût ouvertement seconder ledit sieur de Mansfeld.

Le quatrième chemin lui sembloit être le plus hasardeux, mais aussi, après le premier, le plus expédient, pourvu que ledit Mansfeld pût être renforcé de plus de troupes, et principalement de cavalerie, afin de pouvoir rompre le premier effort et rencontre des ennemis. Car toutes les villes et le plat pays seroient en confusion, se voyant surpris d'un orage si inopiné; et chacun, appréhendant un plus grand et général saccagement, enverroit à foule à Spinola demander assistance, et lui-même seroit réduit à tel point qu'il faudroit qu'il se résolût, ou d'être affamé devant Bréda, ou de faire sa retraite entre deux puissantes armées ennemies, non sans danger de grands accidens, son armée étant fort affoiblie et matée par les incommodités d'un si long siége; que, pour exécuter cela, il étoit besoin d'user de diligence et de secret, et d'une correspondance parfaite avec l'armée hollandaise, afin que toute l'affaire fût conduite d'un même esprit, et n'eût qu'un même mouvement, et qu'assurément cet exploit se feroit avec réputation et fruit, si les affaires du Roi pouvoient porter qu'il voulût fortifier les troupes de Mansfeld de mille chevaux français, ou au moins envoyer quelque cavalerie et infanterie sur les frontières, loin du lieu par où ledit Mansfeld devroit faire entrer dans le pays, afin de faire diviser les forces de l'ennemi par incertitude et jalousie.

Cet avis des Hollandais étoit bon pour leur Etat, mais préjudiciable au Roi, pource qu'il ne pouvoit être exécuté sans rompre avec le roi d'Espagne, puisque cette armée, en partie composée de Français, fût partie de France pour entrer en ses Etats et les ravager.

C'est pourquoi le cardinal proposa à Sa Majesté qu'il étoit expédient de faire passer cette armée dans des vaisseaux en Hollande; ce qui fut exécuté dès le mois de mars. Son infanterie fit sa descente près de Languestrate, au-dessus de Gertruydenberg, et partie de la cavalerie française s'embarqua en cinquante-deux vaisseaux le 7 mars, et le reste en cinquante-cinq le 13, qui furent jetés en divers havres de Hollande et de Zélande. Toute son infanterie consistoit en treize mille Anglais, mille Allemands, et sa cavalerie en deux mille Français, deux cents Anglais et trois cents Allemands.

En avril (1), le comte Maurice mourut après avoir tenté une entreprise sur Anvers, qui étoit infaillible si on eût eu le courage de la poursuivre comme il falloit. Ce déplaisir lui avança ses jours. Les Etats firent héritier de ses charges son frère Henri, qui partit le second jour de mai avec leur armée, pour aller faire le dernier effort de secourir Bréda, plus pour satisfaire au désir des Etats que pour espérance qu'il eût d'en venir à bout. Le lendemain Mansfeld partit avec la sienne. Le prince d'Orange attaqua un des forts du marquis de Spinola; mais en étant repoussé, il retourna dans ses retranchemens, et manda aux assiégés la mort du comte Maurice son frère, l'attaque qu'il avoit faite en vain, pensant les secourir, le peu d'espérance qui lui restoit de le pouvoir faire, et partant qu'ils fissent le mieux qu'ils pourroient. Ils ne voulurent néanmoins penser à capituler, qu'ils n'en eussent auparavant un ordre signé de lui, lequel il leur envoya incontinent, leur mandant qu'ils eussent

(1) Le 23.

à se rendre sans attendre davantage, et qu'ils n'avoient pas seulement à répondre de la place, mais encore de leurs personnes et des soldats qui leur avoient été donnés. Suivant ce commandement, ils capitulèrent, et la ville fut rendue le 25 ensuivant. Mansfeld ayant perdu de maladie la plupart de son infanterie anglaise, les Français aussi se débandant, étant chacun revenu en France par où il avoit pu, il reprit le chemin du Rhin avec ce qui lui restoit de troupes et cinq mille lansquenets qui lui arrivèrent de renfort, et rentra en la Westphalie pour aller joindre le roi de Danemarck, qui, ayant été, par le cercle de la basse Saxe dont il est membre à cause de son duché de Holstein, élu capitaine général, avoit fait une grande armée, et étoit lors campée sur le Weser, où Tilly d'un côté, avec l'armée de la ligue catholique, et Fridland (1) de l'autre, avec ses troupes, s'étoient venus opposer à lui.

Tandis que Bréda se défend et est réduit à l'extrémité de se rendre, le marquis de Cœuvres en la Valteline et ès comtés de Chiavenne et de Bormio, ayant pris tous les forts, assiége celui de Rive, qui seul restoit en la puissance des ennemis. Le Pape, voyant que les Espagnols n'avoient pas de forces suffisantes pour résister audit marquis, se résout d'envoyer le cardinal Barberin son neveu légat en France, pour se plaindre du tort qu'il prétendoit lui avoir été fait en la prise des forts qui avoient été déposés entre ses mains, en demander la restitution, et faire instance particulière que la souveraineté de la Valteline fût ôtée aux Grisons. Le Roi, ayant eu avis de sa résolution, commanda au sieur de Béthune d'en empêcher l'exécution, attendu qu'elle n'alloit qu'à la diminution de sa gloire et au dommage de ses alliés. Il travailla en vain. Le légat part de Rome, arrive à Paris le 21 mai, où il est reçu avec toutes les magnificences dues à sa qualité, dit à Fontainebleau la messe à la mi-août, où il communia le Roi et les Reines ; le 19 dîne avec Sa Majesté, aux dépens de laquelle il fut toujours traité et défrayé, lui et sa suite, avec une dépense convenable à la grandeur de cet Etat.

A peine le légat étoit-il arrivé, que Buckingham, qui avoit été favori du roi Jacques d'Angleterre, et par une fortune peu ordinaire l'étoit encore du Roi son fils, vint le 24 mai en France, son ambassadeur extraordinaire, sous couleur de témoigner la joie du Roi son maître sur le sujet de son mariage, mais en effet pour deux autres fins : la première pour empêcher la paix entre nous et l'Espagne, dont la venue du légat leur donnoit appréhension ; la seconde, pour avancer le dessein que les Anglais avoient toujours eu, depuis la perte du Palatinat, de faire une ligue offensive avec nous. Il n'oublia rien de ce qui se pouvoit imaginer pour l'effet qu'il désiroit ; mais le Roi ne fut pas conseillé de se relâcher ni en l'un ni en l'autre, n'y ayant apparence de faire une ligue offensive et défensive, ni se lier les mains pour ne pas faire la paix.

On lui fit connoître que l'on vouloit bien promouvoir la restitution du Palatinat, mais qu'il n'étoit pas raisonnable de nous y engager jusques à ce point de faire ligue offensive et défensive ; que trois sortes d'intérêts doivent joindre et pousser ceux qui pensoient à rétablir le Palatin ; que le premier étoit de ceux qui perdent leurs Etats, et sont intéressés en cette affaire pour l'intérêt utile ; le second étoit de ceux à qui c'est honte de souffrir l'injure qui est faite au prince dépouillé, qui sont intéressés en son rétablissement par intérêt d'honneur ; le troisième étoit un intérêt plus général, qui est de tous ceux qui doivent désirer que les affaires de la chrétienté soient en balance, une puissance n'étant pas si grande qu'elle puisse engloutir les autres, et cet intérêt est d'Etat et concerne tous les princes.

Que le roi d'Angleterre se devoit porter en cette affaire, pour la considération de ces trois intérêts : par celle du premier, puisque c'étoit son frère, qui étoit un autre soi-même, qui étoit dépouillé ; par celle du second, puisqu'à proprement parler il ne touchoit que lui, en tant qu'il étoit le seul proche du Palatin dépouillé qui eût puissance de le remettre ; par celle du troisième, puisqu'il étoit commun à tous les princes ; que la France n'y avoit que ce dernier intérêt d'Etat, et étoit par conséquent moins obligée à y contribuer que l'Angleterre.

De plus, on lui représenta que ladite ligue seroit préjudiciable aux deux couronnes, parce que de là on donneroit lieu à tous les princes catholiques d'Allemagne de s'unir avec le roi d'Espagne, et faire une ligue catholique, qui, sous prétexte de procurer l'avantage de la religion, n'auroit d'autre effet que la grandeur d'Espagne et la ruine de la chrétienté ; que l'on n'espéroit point la paix avec l'Espagne, mais qu'il n'étoit pas raisonnable de s'engager à ne la faire pas.

De là il descendit à des propositions plus douces en apparence, disant qu'il ne vouloit plus parler du nom de ligue, mais désiroit qu'il se passât quelque chose entre les deux couronnes qui eût le même effet ; qu'il sembloit au moins raisonnable de joindre l'affaire du Palatinat avec celle de la Valteline et de Gênes, en sorte que l'on ne terminât point l'une par accord, que par la même

(1) Albert Walstein, duc de Fridland.

voie on n'eût satisfaction pour les autres. On lui dit franchement que ces propositions ne pouvoient être reçues; que retrancher le nom de ligue et en retenir la substance, ne remédioit pas aux inconvéniens susdits, vu que les noms ne changent point la nature des choses; qu'au reste, il n'étoit pas raisonnable de joindre les affaires d'Allemagne avec celles d'Italie, puisque les unes étoient quasi finies, et que les autres étoient encore à commencer, et que le Roi ne le pouvoit faire, vu que, ès affaires d'Italie, il avoit Venise et Savoie pour colligués, qui, s'étant unis à lui par intérêt qu'ils y avoient, ne voudroient pas faire le même pour le Palatinat où ils n'en ont point.

Après cela, il proposoit de faire la paix avec les huguenots, pour faire plus fortement la guerre à l'Espagne. On lui représenta que le Roi désiroit passionnément le repos de son royaume, mais que l'intérêt du Roi son maître le devoit empêcher d'en parler, nul prince ne devant assister, même de paroles, les sujets rebelles d'un autre; que si cette maxime générale étoit vraie, moins devroit-on aider les huguenots, pour le genre particulier de leur rébellion, faite en une occasion où ils devoient épandre jusqu'à la dernière goutte de leur sang, puisqu'il s'agissoit non-seulement de l'abaissement des étrangers, qui sont particulièrement leurs ennemis, mais en outre de rendre la liberté à nos confédérés, qui sont particulièrement leurs amis communs, professant une même créance.

Il reçut fort bien ces raisons, et n'insista pas davantage. Mais, pour nous porter à ce qu'il désiroit, plus par intérêt que par persuasion, il fit entendre que, la France n'agréant pas ces propositions, le Roi son maître seroit contraint de rechercher l'amitié d'Espagne et procurer la restitution du Palatinat par traité; au lieu qu'au contraire si on y condescendoit, il enverroit la flotte qu'il avoit préparée de cent voiles descendre en Espagne, brûler tous les vaisseaux qui seroient dans les ports, se saisir de Cadix, faire descendre une armée de 15,000 Anglais en Flandre, pourvu qu'il plût au Roi y joindre 6,000 chevaux; que cette armée, jointe à celle de Mansfeld, conquerroit l'Artois; qu'il consentoit que le Roi le prît pour lui, etc.

A cela on répondit que c'étoit à eux de considérer si le bien de leurs affaires requéroit qu'ils envoyassent leur flotte en Espagne, et fissent descendre une armée en Flandre; que le Roi leur conseilloit de bien penser, devant que l'entreprendre, si par ce moyen ils pourroient ravoir le Palatinat; que s'ils pouvoient faire le même effet par traité, il leur conseilloit de prendre cette dernière voie, préférable à toute autre; que, pour l'offre qu'ils lui faisoient de la conquête d'Artois, il les pouvoit assurer qu'au mariage qui s'étoit fait, il n'avoit désiré faire autre acquêt que l'alliance et l'amitié du Roi son frère; qu'il n'avoit pas pris les armes en Italie et aux Grisons pour y faire aucune conquête, mais seulement pour délivrer ses alliés de l'oppression, et leur rendre la liberté; mais que si le Roi son frère, après avoir tenté les voies de douceur, ne pouvoit ravoir le Palatinat, Sa Majesté, qui affectionnoit ses intérêts comme les siens propres, verroit quelle aide elle lui pourroit donner.

Ce fut sur ce point que Sa Majesté, par une ferme et forte délibération avec son conseil, eut à prendre une résolution définitive pour ce qui est du bien de la chrétienté. Il y eut diversité d'opinions; les uns furent d'avis qu'il falloit refuser toutes les offres des Anglais, de peur qu'ils n'empêchassent la paix qu'on vouloit faire avec Espagne, et n'embarquassent le Roi à la guerre. Ils alléguoient que la dépense de la cavalerie seroit très-grande, que le Roi en faisoit déjà beaucoup, sans s'engager à davantage, et plusieurs autres considérations. En ces pensées, ils passèrent jusques à ce point de croire qu'il valoit mieux que les Anglais s'en allassent mécontens que de leur laisser aucune espérance.

Le cardinal, désirant la paix autant qu'eux, ne put néanmoins être de leur avis, et n'estimoit pas que la voie qu'ils prenoient fût propre à mener à une telle fin; ains au contraire, le Roi lui commandant de proposer ses raisons, il dit qu'en cette affaire il y avoit trois choses à désirer et une principale à éviter; que les trois qu'on devoit désirer étoient de demeurer en bonne intelligence avec les Anglais, de les embarquer à la guerre avec les Espagnols, et conserver une pleine liberté de faire la paix entre nous et lesdits Espagnols; que la première étoit nécessaire, parce qu'en vain aurions-nous contracté alliance entre la France et l'Angleterre, si ces deux couronnes ne demeuroient en état d'en tirer quelque profit mutuel; que si nous nous séparions mal, on nous accuseroit d'une légèreté bien inconsidérée, de laquelle nous pourrions bien nous ressentir les premiers, en ce qu'il leur étoit aisé d'assister les huguenots, dont le Roi vouloit châtier la rébellion, et qu'il étoit croyable qu'ils le feroient au moins sous main, lorsque, n'ayant rien à espérer de nous, ils penseroient ne gagner pas peu en nous laissant cette épine au pied. La seconde, parce que si nous avions la guerre avec l'Espagne, celle qu'y auroient les Anglais empêcheroit que nous n'aurions l'effort de toute leur puissance sur les bras, et les contraindroit de diviser leurs forces déjà occupées en divers lieux. Si aussi nous faisions la paix avec eux, la même chose nous étoit nécessaire, afin que l'occupation qu'ils auroient ailleurs les obligeât à garder les conditions qu'ils auroient arrêtées avec nous; ce qu'autrement ils ne feroient pas. La troisième, parce que rien ne nous devoit empêcher de retirer, par une paix honorable et glorieuse, le fruit des armes du Roi qui, jusqu'alors, avoient été victorieuses en Italie; ce qui faisoit qu'on n'eût pu prendre un temps plus commode de se retirer sur son avantage, vu principalement que la Valteline, qui étoit le sujet du différend, étoit reconquise.

Il ajouta que celle qu'il falloit éviter, étoit d'entrer ouvertement en cause pour raison des affaires d'Allemagne, parce que, si on faisoit autrement, il seroit à craindre que cela empêchât qu'on ne pût faire la paix pour l'Italie séparément; qu'on romproit tout-à-fait avec la ligue catholique d'Allemagne, avec laquelle, bien qu'il fût bien difficile de demeurer en bonne intelligence en assistant sous main l'Angleterre contre eux, si est-ce toutefois qu'en ne faisant pas davantage on ne seroit pas hors d'état de réconciliation, ni privé du moyen de se rendre arbitre amiable de leur différend.

Sur ces considérations, il conclut que Sa Majesté ne devoit faire aucune difficulté de s'engager à la continuation du paiement de Mansfeld pour autant de temps qu'elle avoit déjà promis; qu'elle devoit assurer aussi l'exécution du traité secret fait pour l'entretien de l'armée de Danemarck en Allemagne; qu'elle pouvoit davantage accorder une levée de cavalerie de deux mille chevaux, et suffisante à l'effet désiré des Anglais, et qu'il n'en pouvoit arriver aucun inconvénient, pourvu que l'embarquement s'en fît à Dieppe et non en Picardie, de peur que la proximité de la frontière ne donnât lieu aux Anglais d'entrer en Artois par la France, et que la levée ni l'entretien de ces troupes ne se fît aux dépens du Roi ; ce que les Anglais consentiroient indubitablement, vu qu'il ne seroit pas juste de leur donner ce secours autrement qu'ils nous prêtent leurs vaisseaux, savoir est aux frais de ceux qui les emploient.

Il dit que, par ce moyen, nous demeurerions en parfaite intelligence avec les Anglais, nous les embarquerions à la guerre, puisqu'ils ne pouvoient recevoir notre assistance qu'à cette condition, et que nous nous réserverions le pouvoir de faire la paix en Italie, puisque nous ne nous obligerions point envers eux à ne le faire pas, et qu'en effet nous ne faisions rien qui dût empêcher l'Espagne de traiter avec nous pour ce qui est de l'Italie, vu que les affaires le requéroient, et qu'ils ne devoient pas trouver étrange si, lorsque nous étions mal avec eux, nous nous étions engagés à ce que dessus, puisque ce n'étoit qu'un échange du secours que nous avions reçu des vaisseaux anglais contre nos rebelles.

Il dit davantage, en rebattant ce qu'il avoit déjà touché, que si, au commencement de notre alliance, les Anglais ne pouvoient espérer le secours qu'ils désiroient de nous, la France ne devoit jamais attendre aucun fruit de ce mariage, et que si on laissoit ralentir l'ardeur qu'ils avoient à la guerre, dans le commencement du règne de ce roi, où d'ordinaire on se veut signaler, et dans l'occasion du Palatinat, où il alloit de l'intérêt de tout le bien de son beau-frère, jamais on ne pourroit les y échauffer en autre occasion; étant clair qu'en certains temps on fait beaucoup pour peu de chose, et lorsqu'ils sont passés on n'y peut plus revenir, quoiqu'on veuille y travailler et dépendre beaucoup davantage.

Il représenta, de plus, qu'étant incertain si nous aurions la paix avec l'Espagne, puisque le légat ne faisoit nulle ouverture par laquelle on vît qu'elle se pût faire, quoiqu'on lui eût fait témoigner par voie secrète, mais suffisamment autorisée pour qu'il y ajoutât foi, qu'en considération du Pape et du bien de la chrétienté on s'y porteroit, pour après embrasser des desseins très-avantageux à la religion catholique; et le sieur de Béthune nous ayant donné avis de l'incertitude et du changement qui arrivoit souvent ès résolutions de Sa Sainteté, par les divers artifices et intimidations des partisans d'Espagne ; nul ne pouvant douter encore de l'humeur des Espagnols, dont la principale maxime et prudence consiste à attendre leur temps et ne le perdre pas, n'ayant autre foi que celle à laquelle la nécessité de leurs affaires les oblige, et n'étant jamais portés à la raison que par contrainte ; l'expérience faisant, de plus, connoître qu'en matière de ligue on doit être grandement soigneux d'ôter tout sujet d'appréhension aux colligués les plus foibles, d'autant que, quand elle les surprend, ils se portent facilement à y chercher remède par des traités secrets : il n'y avoit personne qui, avec jugement, pût être assez hardi pour donner conseil au Roi de se séparer des Anglais, en sorte que, n'espérant pas de lui ce qu'ils en pourroient désirer pour le Palatinat, ils eussent lieu d'entrer en quelque traité avec l'Espagne, ou au moins ils se déportassent à la vue de tout le monde d'entreprendre contre elle; d'où il arriveroit indubitablement que la paix entre nous et elle seroit impossible, ou au moins plus difficile ; que nos ennemis prendroient courage et ne perdroient pas leur temps, et que nos colligués se dégoûteroient et nous seroient peu assurés.

Sa Majesté n'eût pas plutôt entendu cet avis qu'elle n'estimât qu'il le falloit suivre, et qu'en cette conjoncture la vraie prudence et toutes sortes de raisons la devoient porter à faire la paix entre lui et Espagne pour ce qui est de l'Italie, et laisser la guerre d'Allemagne entre la maison d'Autriche, ses partisans et les Anglais. Partant, elle commanda de rendre cette réponse au duc de Buckingham, que par après elle confirma de sa bouche; le priant de faire en sorte, envers le Roi son frère, qu'il n'acceptât point le secours qu'il lui offroit, s'il n'étoit résolu de faire quelque grand effort capable de produire l'effet qu'il désiroit pour la restitution du Palatinat, et qu'il lui donnât parole qu'il ne se feroit rien en Allemagne, soit en paix, soit en guerre, sans son consentement.

Il arriva aussi un ambassadeur extraordinaire de Hollande pour la même fin; mais le Roi, pour les mêmes raisons d'Etat, n'y put pas condescendre.

Buckingham, qui étoit venu sous le prétexte de hâter le partement de la reine d'Angleterre, le sollicita avec tant de soin, qu'elle partit de Paris le 2 juin pour aller s'embarquer à Boulogne, où les vaisseaux du roi d'Angleterre la vinrent recevoir. Le Roi l'accompagna jusqu'à Compiègne, les Reines jusques à Amiens, et Monsieur jusqu'à Boulogne. Par ordre du Roi, on lui fit des entrées superbes par toutes les villes où elle passa, et elle donna liberté aux prisonniers. Le cardinal, qui jugea que cette princesse, qui alloit en un pays étranger et de religion différente à la sienne, avoit besoin de bons et sages conseils pour se savoir conduire parmi les périls dont elle seroit environnée, et qu'il étoit bien besoin que ces salutaires avis lui fussent donnés par une personne le respect de laquelle les lui fit graver dans le cœur et les observer religieusement, dressa une instruction ample, pleine de piété et de prudence, qu'il mit entre les mains de la Reine sa mère pour la lui donner, comme le plus précieux et le dernier gage de son amour. Cette instruction est si pleine d'enseignemens qui peuvent utilement servir en semblables occasions, que ce seroit ravir un trésor au public de ne la pas exposer à la vue de tout le monde. C'est pourquoi nous la mettrons à la fin de ce volume (1). Elle fut donnée et reçue avec larmes. La reine d'Angleterre l'emporte, s'embarque le 24 juin, arrive dès le soir à Douvres, où le roi d'Angleterre la vient trouver le lendemain. Laissons-les-y pour quelque temps en repos goûter les plaisirs de leur première entrevue, mais en sorte, toutefois, que nous ayons toujours l'œil tourné vers eux pour les revenir trouver ci-après.

Maintenant retournons au légat et à sa négociation si importante, qui dès long-temps nous appelle, et, comme un gouffre, entraîne notre discours. Incontinent après l'arrivée du légat auprès de Sa Majesté, avant que d'entrer en négociation avec lui, il lui fut demandé, de la part du Roi, s'il avoit pouvoir valable du roi d'Espagne pour l'accomplissement de ce qui seroit convenu avec lui. Sur quoi il assura qu'il seroit bien avoué de la part d'Espagne de ce qu'il traiteroit avec Sa Majesté. D'ailleurs le pape ayant donné parole semblable au sieur de Béthune, son ambassadeur à Rome, Sa Majesté ne voulut différer de faire traiter avec ledit légat, pour témoigner la particulière confiance qu'elle prenoit en la parole de Sa Sainteté et en la sienne, et pour montrer plus clairement ses bonnes intentions au bien de la paix.

La première proposition dudit légat fut une suspension d'armes. Sa Majesté ne la put ni ne la dut recevoir et accepter, parce que cette surséance ne pouvoit produire aucun effet que de donner loisir aux adversaires d'assembler leurs forces et de se fortifier contre celles de Sa Majesté et de ses alliés; joint qu'il étoit nécessaire d'avoir convenu des articles de la paix auparavant que traiter une trêve, suivant l'ordre et l'usage accoutumé, et qu'il étoit évident que les conditions n'en seroient pas moins difficiles à établir que celles du principal différend, qui pouvoit être terminé en peu de temps, sur le fondement du traité de Madrid, y ajoutant ce qui seroit jugé convenable pour la religion catholique.

La seconde proposition fut sur le sujet de la satisfaction du Pape pour ce qui s'étoit passé en la Valteline. On lui dit que le Roi n'avoit jamais consenti le dépôt des forts qu'à condition d'un temps limité, dans lequel Sa Sainteté devoit faire exécuter le traité de Madrid; que les longues négociations qui s'en sont ensuivies, sans venir à l'effet du rasement desdits forts, les déclarations faites au nom de Sa Majesté au Pape par ledit sieur de Béthune, et les divers partis par lui proposés, immédiatement avant la soulevation des Grisons, pour disposer Sa Sainteté d'apporter le remède effectif au trouble qui menaçoit l'Italie, pouvoient justifier suffisamment devant tout le monde l'action qui s'y étoit faite; joint à ce le respect rendu par le marquis de

---

(1) Elle ne s'y trouve pas, mais on peut la lire dans l'histoire du cardinal de Bérulle, à qui M. Tabaraud l'attribue; t. I, pag. 359.

Cœuvres à tout ce qui s'étoit couvert du nom de Sa Sainteté, bien que les forces du Pape le fussent venues attaquer jusques à Poschiave, lorsqu'il ne pensoit seulement qu'à prendre son passage dans la Valteline, sans toucher aux forts, pour se joindre aux Vénitiens, et n'être pas réduit à nécessité de vivres, les pouvant tirer du Bressan. Néanmoins la révérence de Sa Majesté envers le Saint-Siége étoit si grande, qu'elle offrit audit légat la satisfaction telle, pour ce sujet, qui seroit jugée convenable à la dignité de Sa Sainteté et à celle de Sa Majesté.

La troisième fut pour le regard de la sûreté de la religion catholique en la Valteline, comtés de Bormio et Chiavenne, avec laquelle il joignoit ce qui touchoit la souveraineté desdits lieux. On lui répondit que, outre que les actions passées de Sa Majesté l'avoient fait connoître autant zélée à la gloire de Dieu et à l'accroissement de la religion catholique que prince qui l'eût devancé ou qui fût à présent en la chrétienté, il faisoit encore clairement voir, en l'affaire qui se traitoit, qu'il étoit roi très-chrétien et premier fils de la sainte Eglise, puisqu'il consentoit à des conditions plus favorables que celles mêmes qui avoient été proposées par les Valtelins; que, comme en cet intérêt de religion sa piété le faisoit reluire, il ne pouvoit aussi, en l'intérêt politique, approuver ni souffrir le déni et refus absolu que l'on faisoit de rendre la souveraineté de la Valteline aux Grisons ses alliés, qui en sont les légitimes seigneurs; que le droit divin et humain ordonnoit de faire rendre à un chacun ce qui lui appartient; que ce refus étoit fondé sur une opinion nouvelle, contraire aux premières qui avoient été tenues à Rome, concertées du commandement du Pape, et qui ne pouvoit être ouvertement soutenue ni par les théologiens, ni par les jurisconsultes; que l'intérêt général des princes étoit de ne favoriser, sous quelque prétexte que ce fût, la révolte des sujets contre leur souverain, ni de permettre que des sujets, pour cause de religion, fussent soustraits de la domination de leur vrai et légitime seigneur; que l'exemple et la conséquence en étoient périlleux pour les rois dans les Etats desquels il avoit plu à Dieu (de qui seuls ils tiennent le sceptre) de permettre, pour certaines causes secrètes, la diversité de religions, parce que ce seroit donner argument aux sujets qui sont ou pourroient être imbus d'opinions contraires à la religion de leur prince, de croire qu'ils seroient déchargés envers eux de la sujétion. Mais quant au particulier de Sa Majesté, qui agissoit en ce sujet comme prince allié et protecteur des Grisons, qu'il ne pouvoit avec justice, honneur et réputation, consentir qu'ils fussent dépouillés de leur souveraineté, et étoit obligé, par les mêmes considérations, d'employer les forces de son royaume pour les y maintenir et protéger.

Quant à ce qui concernoit l'article de l'alliance et des passages par les Grisons et la Valteline, on lui dit que cet intérêt étoit reconnu si important à la France, qui avoit consommé tant de millions d'or pour les conserver en leur entier, depuis cent ans que l'alliance étoit établie, que le Roi devoit être soigneux et jaloux de n'y laisser apporter aucune altération, et que toutes raisons d'Etat et de réputation l'obligeoient de maintenir cette couronne en la possession en laquelle elle étoit seule desdits passages, vu que son intention étoit semblable à celle des rois ses prédécesseurs, d'user desdits passages pour le bien de la religion catholique, le secours et assistance des princes d'Italie, et surtout du Saint-Siége, en cas que, par une puissance supérieure, ils vinssent à être assaillis et opprimés.

Le légat s'arrêta opiniâtrément à ne pouvoir conseiller à Sa Sainteté d'autoriser un traité par lequel les Valtelins fussent remis sous la sujétion des Grisons, disant que, comme chef de l'Eglise, il ne le pouvoit en conscience, et que ce qui avoit été ci-devant traité l'avoit été entre les deux Rois, Sa Sainteté promettant seulement ce qui s'arrêtoit entre eux, et y fermant les yeux, comme elle feroit encore, si l'Espagne intervenoit avec le Roi au traité. Et, sur ce qu'on lui répondit que Sa Sainteté laissât accorder les Grisons et les Valtelins ensemble, sans y intervenir, et que par après elle toléreroit ce qu'ils auroient fait, qui est le propre de l'Eglise, non-seulement aux choses indifférentes, mais mauvaises, il y consentiroit facilement au nom du Pape, mais demanda qu'afin que ce traité se pût faire librement, tous les forts de la Valteline, sans condition aucune, fussent remis entre les mains de Sa Sainteté, afin que l'on ne pût dire que les Valtelins l'eussent fait par force.

On lui dit premièrement que si, en un tel traité, il pouvoit y avoir présomption de force, ce seroit les seuls Grisons, qui se relâcheroient de quelques grâces envers les Valtelins, qui le pourroient alléguer, mais non les Valtelins qui recevroient faveur en ce traité; n'y ayant personne qui ne connût que celui qui reçoit grâce en un traité, et y perd rien, ne peut prétendre en être relevé sous prétexte de force. Secondement, que la restitution des forts ne se devoit faire, attendu que Sa Sainteté ne pouvoit donner de sûreté; que (au cas qu'on la fît) la souveraineté, qu'il ne vouloit pas accorder aux Grisons, leur demeureroit par le traité qu'ils feroient entre eux ; que les Espagnols fussent déboutés du passage, et que les forts fussent rasés.

Il ne laissa pas d'en continuer l'instance, assurant que Sa Sainteté n'empêcheroit pas que les Valtelins consentissent de demeurer en la sujétion des Grisons, et qu'il n'y avoit pas de doute qu'ils ne s'en contentassent; qu'elle raseroit les forts, et qu'il avoit paroles des Espagnols que, moyennant la restitution des forts, ils consentiroient à ce que la France demandoit pour les passages; mais qu'il ne l'avoit pas par écrit, parce qu'ils ne vouloient pas se déclarer que les forts ne fussent entre les mains du Pape.

A tout cela, on lui dit qu'en matière de traités il falloit des assurances réelles; que celles-là n'étoient que de paroles bien incertaines ; que, s'il ne s'agissoit que de la parole du Pape, le Roi s'y confieroit absolument; mais que les Valtelins le pouvoient faire manquer, bien plus les Espagnols, qui sont sujets à n'exécuter pas ce qu'ils promettent. Il répliqua que cela n'arriveroit pas, mais que s'il arrivoit contre la volonté de Sa Sainteté, elle ne rendroit les forts, ni aux Espagnols, ni aux Français, mais les garderoit.

Sa Majesté ne jugea pas que, s'étant, par une ligue, obligé avec ses colligués à faire que les Grisons fussent remis en l'état qu'ils étoient auparavant, elle pût ni dût, après avoir beaucoup dépendu et pris la Valteline, remettre les choses en plus grand hasard qu'elles n'étoient auparavant la prise des armes; vu que, de tout ce qui se proposoit, on ne donnoit aucune sûreté que la parole du Pape, l'exécution de laquelle dépendoit de la volonté des Valtelins et de celle des Espagnols, qui seroient sans doute bien aises de tirer les affaires en longueur, sans exécution, comme ils ont fait au traité de Madrid, et qui feroient jouer tel jeu qu'ils voudroient aux Valtelins qui n'agissent que par leur mouvement. Si, au cas que les Valtelins et les Espagnols voulussent manquer, le Pape avoit moyen de s'en garantir, il n'y auroit rien à dire; mais, outre que Sa Sainteté est mortelle, on ne proposoit autre expédient en tel cas, que de conserver les forts, qui étoit un remède égal au mal même, puisque tous les deux privoient les Grisons de leur liberté. Elle fit représenter au légat que, pour un scrupule imaginaire et sans fondement, ils alloient mettre toute la chrétienté en feu. A quoi il répondit que, s'il ne tenoit qu'à son sang pour éteindre le feu, il le donneroit volontiers, mais qu'il n'avoit point de pouvoir de faire autres propositions.

Le cardinal l'y voyant toujours arrêté, quelques ouvertures qu'on se pût aviser de lui faire pour le faire condescendre à quelque chose raisonnable que Sa Majesté pût accorder, sans préjudice de sa réputation et de l'intérêt de ses alliés, il écrivit de Limours au Roi, le 3 septembre, et lui manda qu'il lui conseilloit de se servir, en cette affaire de très-grande importance, en laquelle il alloit de la paix de la chrétienté, de la réputation de la France et de la conservation de ses alliés, d'une précaution dont ses prédécesseurs et la Reine sa mère, en sa minorité, avoient souvent usé en semblables occasions, qui étoit d'assembler un conseil extraordinaire des premiers de son royaume et personnes plus qualifiées qui se trouveroient près de la sienne, leur faire voir l'état de cette affaire, les difficultés qui s'y rencontroient, les moyens qu'il avoit tenus pour la conduire à bonne fin, et leur demander leur avis sur ce sujet, avant qu'en former sa résolution; qu'il la supplioit de se ressouvenir qu'il avoit souvent pris la liberté de lui dire, quand, par hasard, il s'étoit trouvé seul auprès d'elle, et qu'il se présentoit des affaires, bien qu'ordinaires, qu'elle eût agréable de ne s'en reposer pas sur l'avis de lui seul, mais de prendre encore celui de ceux qui avoient l'honneur de la servir comme lui en ses affaires; maintenant, qu'il la supplioit, au nom de tous ceux de son conseil, qu'en une rencontre si importante à toute la chrétienté, il prît l'avis des principaux de son royaume qui étoient auprès d'elle; commandât à tous les princes, ducs, pairs, officiers de la couronne, aux premiers présidens et procureurs généraux des cours de parlement, des aides et chambre des comptes, et prévôt des marchands de Paris, de se trouver, à tel jour, au lieu que Sa Majesté ordonneroit; mandât aussi à l'assemblée du clergé d'y envoyer quatre prélats pour entendre ce qu'il lui plairoit leur déclarer touchant le traité de paix proposé par M. le légat, et, sur ce, donner leurs bons avis. Que Sa Majesté tireroit pour son service de notables avantages de cette assemblée; qu'elle justifieroit le conseil de Sa Majesté, faisant reconnoître la vérité des choses, et feroit qu'on rejetteroit le blâme des malheurs que la guerre apporte sur ceux seulement qui en seront cause, et préviendroit les calomnies que les ennemis de la couronne, par leurs artifices ordinaires, pourroient publier, qu'il ne tiendroit qu'à Sa Majesté et son conseil que la chrétienté ne fût remise en paix et ne jouît d'un parfait repos; qu'elle apporteroit à Sa Majesté un grand repos de conscience d'avoir fait mûrement examiner, par le jugement de diverses personnes capables que Sa Majesté appelleroit, si les considérations qui arrêtent Sa

Majesté en ce traité de paix, touchent tellement sa réputation et celle de son État, qu'elles doivent empêcher l'effet d'un si grand bien, pour lequel procurer il donneroit volontiers son sang et n'y plaindroit pas sa vie; mais que faire mal une paix, c'étoit préparer une nouvelle guerre, et quelquefois pire que celle que l'on vouloit finir; que tous les sujets de Sa Majesté, ayant eu l'honneur d'y avoir donné leur avis en la personne des principaux qui seroient appelés en ce conseil, et étant par eux rendus capables de ses saintes intentions et généreuses résolutions, seroient d'autant plus affectionnés et obligés d'y contribuer et leur bien et leur vie, s'il en étoit besoin, pour le service de Sa Majesté; et les principales compagnies du royaume, connaissant ses justes raisons, se porteroient plus volontiers, les uns à la servir de leurs personnes, les autres à favoriser les moyens extraordinaires dont elle auroit besoin en telle occasion, en laquelle, par ce moyen, on auroit lieu de porter messieurs du clergé à subvenir en cette guerre à ses nécessités; au moins en recevroit-on ce profit, que, s'ils ne donnoient de l'argent, ils condamneroient les prétentions et le procédé de ceux qui conseillent M. le légat, et conseilleroient à Sa Majesté, en tel cas, de donner la paix à son royaume : ce qui remédieroit fortement aux mauvais bruits que quelques personnes assez connues épandent tous les jours, que Sa Majesté et son conseil protègent ouvertement les hérétiques.

On gagneroit temps avec M. le légat, auquel on feroit comprendre que Sa Majesté ne pourroit rendre une dernière réponse sur ces propositions, qu'après avoir tenu cette assemblée, qu'elle différeroit jusqu'à lundi, ou tel autre jour qu'il plairoit à Sa Majesté; que toutes ces choses feroient penser audit sieur le légat à ne partir pas sans conclure la paix; que l'intérêt du Saint-Siége et le sien, auquel les Italiens sont fort sensibles, le devoient faire croire; étant certain que l'autorité du Pape et de la religion ne pouvoient que beaucoup pâtir pour la continuation des guerres qu'il pourroit apaiser, et qu'au particulier dudit sieur légat, c'étoit le plus perdu homme du monde s'il s'en retournoit comme il étoit venu. En tout cas qu'il avoit trouvé deux ou trois façons nouvelles de coucher les articles contestés, au contentement de Sa Majesté, dans les termes, à son avis, que ces messieurs avoient témoigné désirer : et quand ils ne voudroient rien faire, ce qui ne pouvoit être, s'il étoit question d'arrêter davantage M. le légat, comme en effet il le jugeoit nécessaire pour conclure la paix des huguenots, et attendre que les recrues et nouvelles troupes de Sa Majesté fussent sur pied, devant que les Espagnols perdissent l'espérance de la paix, on pourroit faire venir en jeu le traité de la ligue fait avec Venise et Savoie, qui obligeoit Sa Majesté de ne rien faire sans leur avis; ce qui faisoit que leurs ambassadeurs ne sachant pas les résolutions de leurs maîtres, elle ne pouvoit leur dénier du temps d'envoyer vers eux pour l'apprendre. Ainsi Sa Majesté auroit fait tout ce qui se pouvoit imaginer au monde pour donner la paix à la chrétienté, et malheur arriveroit à qui troubleroit un si bon dessein.

Après cette lettre écrite, il ajouta encore un billet à Sa Majesté, par lequel il la supplia de tenir ce conseil secret, d'autant qu'il venoit d'apprendre, par un homme qui avoit de bonnes habitudes chez le légat, que le fondement de leur obstination venoit de ce qu'ils jugeoient qu'on leur accorderoit tout ce qu'ils voudroient, parce que, à quelque prix que ce fût, on vouloit la paix; que ce qui lui faisoit croire cet avis étoit que celui qui le savoit l'avoit appris par voie très-secrète; qu'ils disoient que Sa Majesté n'avoit point d'argent, que les huguenots la pressoient, et que tous ses sujets catholiques étoient mal affectionnés à cette guerre; ce qui le confirmoit de plus en plus en l'assemblée ci-dessus, vu que par là le contraire paroîtroit indubitablement, et surtout qu'il étoit important qu'on ne crût point que Sa Majesté se souciât que le légat s'en allât. Le Roi, trouvant cet avis très-utile à son service, commanda que l'on convoquât cette assemblée au plus tôt.

Le légat, sans vouloir attendre, partit dès le lendemain (1) de la nouvelle que le Roi reçut de la victoire que son armée navale avoit remportée sur Soubise et les hérétiques; mais il promit de séjourner en Avignon jusqu'à ce qu'il eût su la dernière volonté de Sa Majesté, qui, en partant, lui bailla une lettre pour Sa Sainteté, en laquelle elle lui mandoit que ce qui avoit empêché que la paix, selon son désir, n'avoit pu être conclue, c'étoit que Sa Sainteté ne lui avoit pas proposé les conditions auxquelles Sa Majesté la pût consentir, n'y ayant personne qui ne jugeât bien qu'elle ne pouvoit ni devoit en façon quelconque permettre que les Grisons, ses anciens alliés, fussent dépouillés de ce qui leur appartenoit; qu'elle étoit et seroit toujours d'autant plus ferme en cette résolution, qu'elle n'empêchoit point de vouloir procurer toutes les sûretés qu'on sauroit raisonnablement souhaiter pour la religion; que Sa Sainteté ne voudroit pas lui conseiller d'en user autrement, et elle se pouvoit assurer qu'elle ne feroit jamais rien qui ne fût digne

(1) Le 19 septembre; la victoire est du 15.

du bonheur qu'elle avoit d'être successeur de plusieurs rois qui ont servi et secouru le Saint-Siége lorsqu'il étoit opprimé par d'autres; qu'elle prioit Dieu de n'avoir jamais occasion de faire connoître, par effet, à toute la chrétienté que leur zèle n'avoit point passé le sien; mais, quoi qu'il arrivât, elle auroit toujours la volonté de lui faire paroître qu'il n'y a personne au monde qui l'égalât au respect et en la vraie affection qu'elle lui portoit.

En cette assemblée (1), après que le Roi eut remis au chancelier à faire entendre le sujet pour lequel il les avoit fait appeler, et que ledit chancelier y eut satisfait, le cardinal parla à la recommandation de la paix, mais qu'il falloit qu'elle se fît honorablement pour Sa Majesté et utilement pour son royaume; que la négociation du légat avoit témoigné un tout contraire dessein, n'ayant été rien proposé par lui qu'à l'avantage d'Espagne, se réglant toujours sur les événemens de la guerre d'Italie; que, lorsque les succès nous étoient favorables, ils nous demandoient la paix, mais néanmoins à des conditions honteuses; s'il nous fût arrivé quelque disgrâce ils nous eussent méprisés d'effets et de paroles; qu'on pouvoit alléguer trois choses pour nous dissuader la guerre : la dissipation d'une partie de nos troupes en Italie, de nos finances, et la rébellion de nos hérétiques. Qu'à ces trois raisons il y avoit une réponse générale : que la réputation de l'Etat est préférable à toutes choses; que, sans elle, tous les hommes et tout l'or du monde ne nous serviroient de rien, et nos vies et nos biens seroient exposés en proie à l'étranger; que le Roi faisoit des recrues qui rendroient son armée très-redoutable; que les surintendans assuroient qu'il y avoit fonds suffisant pour quatre montres entières sans toucher au courant, et quand il en faudroit venir à quelques moyens extraordinaires, les compagnies et les bons sujets du Roi ne voudroient rien épargner en une si juste occasion; quant aux huguenots, que la signalée victoire que le Roi avoit obtenue sur eux, les avoient mis si bas qu'ils ne sauroient s'en relever; et que les grandes offres que faisoit le clergé suffiroient pour les subjuguer entièrement, sans toucher aux finances du Roi, qui seroient réservées pour la guerre étrangère, à laquelle le cardinal conclut (2).

Le légat ayant reçu cette dernière résolution, en donne avis à Sa Sainteté, qui ensuite écrivit au Roi, l'exhortant à la paix, remettant le surplus en créance sur son nonce, qui, en vertu d'icelle, déclara que Sa Sainteté vouloit envoyer six mille hommes en la Valteline. Le Roi, pour réponse, assura le Saint-Père qu'il n'avoit jamais eu autre intention que de procurer de tout son possible la paix en la chrétienté; que Sa Sainteté savoit bien que le vrai moyen de l'établir et de la maintenir, étoit d'empêcher que le fort n'opprimât le foible, qui étoit la seule raison pour laquelle il avoit entrepris de défendre ses alliés, en quoi l'Italie n'avoit pas peu d'intérêt; que Sa Majesté se promettoit que, comme Sa Sainteté le convioit à la paix, elle ne feroit aucune action qui l'en dût détourner, l'assurant qu'honorant particulièrement sa personne comme elle faisoit, elle seroit extrêmement fâchée qu'elle le contraignît à prendre une résolution contraire à celle qu'elle avoit toujours eue jusqu'à présent, que le sieur de Béthune lui en diroit davantage.

Cependant, pource que le Roi se voyoit être peu assuré des Suisses en cette occasion, attendu que le duc de Féria avoit, depuis peu, levé aux cantons catholiques trois régimens qui font sept mille hommes, dont il se servoit en son armée d'Italie contre le Roi, afin de voir quel secours il pouvoit attendre d'eux en l'affaire de la Valteline, les choses ne venant pas à être terminées si promptement, et pour les exciter à s'employer de tout leur pouvoir en une occasion si importante, Sa Majesté se résolut d'envoyer en Suisse le maréchal de Bassompierre, en qualité de son ambassadeur extraordinaire. Il lui donna charge de représenter ce qui s'étoit passé en la négociation de M. le légat, et comme le Roi n'avoit rien oublié de tout ce qu'il avoit jugé convenable à sa cordiale affection vers la république helvétique, et à sa dignité royale qui doit procurer le bien et le repos de ses alliés, pour induire Sa Sainteté, avec tout le respect qu'elle lui vouloit rendre, à moyenner, comme père commun, le rétablissement de toutes choses en la Valteline, comme elles étoient par le passé, et la paix en Italie; qu'il en avoit fait de grandes instances, mais que tout cela ne s'étant pas terminé à la fin qu'il eût désiré, Sa Majesté, voyant que les choses prenoient le chemin de tirer en longueur, l'avoit dépêché vers eux pour les disposer, ou d'entrer en ligue avec elle, la république de Venise et M. le duc de Savoie, pour procurer la restitution entière de la Valteline et desdits comtés aux Grisons, ou, sans entrer en ligue, de continuer leurs instances particulières au Pape et au roi d'Espagne de remettre les Grisons en ce qui leur appartient, ou de faire un accord par lequel la France, Venise et eux, contribueroient à la garde des forts tenus à présent par Sa Majesté en la Valteline et aux Grisons, pour la conservation desdits pays; qu'ils

---

(1) Elle se tint le jour même du départ du légat.
(2) Les autres avis ne sont pas rapportés ici; ils étaient tous pour la guerre, sauf celui du cardinal de Sourdis, et la résolution fut conforme.

devoient considérer qu'il y avoit grande différence des intentions de cette couronne à celles d'Espagne en leur endroit; que la France n'avoit travaillé qu'à leur repos et conservation, à l'affermissement d'une bonne union et correspondance entre les uns et les autres; au contraire les Espagnols travailloient incessamment à les diviser et désunir par les jalousies qu'ils jetoient entre les catholiques et les protestans, en dessein, lorsqu'ils les auroient affoiblis, de les assaillir et les assujétir les uns après les autres, sous divers prétextes de religion ou de prétentions anciennes de la maison d'Autriche sur leurs États, de laquelle ils disoient que lesdits cantons s'étoient soustraits, et que de ce dessein lesdits cantons en devoient avoir d'autant plus de défiance, qu'outre les avantages qu'avoient les Espagnols de les environner et enfermer par les États de Milan, de Bourgogne et d'Allemagne, il étoit évident que leur ambition n'avoit point de bornes, et qu'ils aspiroient à l'invasion entière de l'Italie, de l'Allemagne, et de tout leur pays; que le Roi n'avoit entrepris cette affaire de la Valteline que pour l'intérêt qu'ils avoient de ne pas permettre le démembrement que l'on vouloit commencer de l'État des Grisons; que la bonne ou mauvaise issue de cette affaire leur pouvoit causer du trouble ou du repos pour l'avenir; qu'ils déclarassent à Sa Majesté quels remèdes ils estimoient plus convenables pour terminer les maux présens, tous lui étant indifférens, pourvu qu'ils fussent bons et utiles pour eux et pour leurs alliés; que la proposition d'entrer en ligue avec Sa Majesté, Venise et Savoie, n'étoit point hors de raison, pource qu'ils ne sauroient jamais s'engager en une affaire avec plus d'honneur, de sûreté et de justice que celle-là. Et outre cela, que cette union produiroit incontinent la paix et le rétablissement des Grisons en leur pays, tel qu'il se pouvoit désirer, vu que, lorsque les Espagnols verroient que tout le corps seroit joint en cette ligue, et que l'on offriroit de pourvoir suffisamment à la sûreté de la religion catholique, ils seroient contraints d'acquiescer et consentir à un accord raisonnable, parce que, outre qu'ils ne pourroient pas s'opposer à telles puissances, le prétexte de religion dont ils s'étoient servis jusques à présent leur seroit ôté, et cette résolution ne seroit pas improuvée par le Pape qui désiroit la paix; au contraire l'on devoit juger qu'il l'auroit bien agréable, afin d'avoir plus de force sur les Espagnols pour les induire à lui faire instance de cette restitution de la Valteline aux Grisons, à quoi depuis quelque temps ils avoient résisté; que le second expédient, qui étoit de continuer leurs instances pour la restitution de la Valteline aux Grisons, étoit sans péril, et ne pouvoit être rejeté si lesdits Suisses ne se vouloient abandonner eux-mêmes sur ce sujet; que les cantons catholiques étoient entrés d'eux-mêmes en cette instance, ayant, en l'assemblée qu'ils avoient tenue à Lucerne le mois de septembre dernier, déclaré que le seul remède pour terminer les différends de la Valteline étoit de la rendre aux Grisons, leurs légitimes maîtres, avec suffisantes assurances pour la religion catholique, et ensuite avoient écrit au Pape, à Sa Majesté et au roi d'Espagne, pour les exhorter à la paix, ainsi qu'il se voyoit plus particulièrement par l'*abschaid* de l'assemblée, et par les lettres desdits cantons;

Que la troisième proposition qu'on leur mettoit en avant, touchant la garde des forts de la Valteline et conservation du pays des Grisons, étoit aussi du tout nécessaire si les affaires ne se terminoient promptement, étant certain qu'autrement les Suisses et les Grisons se trouveroient enfin incommodés des grandes armées qui passeroient et séjourneroient sur leurs États; au lieu que, la garde des forts ayant été bien établie, le différend de la Valteline ne les empêcheroit pas de vivre comme s'ils étoient en bonne paix, et, de plus, ils se rendroient maîtres des lieux que l'on vouloit usurper et des passages dont les Espagnols ne se pouvoient servir que pour se rendre maîtres de l'Italie et de l'Allemagne; ce qui, par suite infaillible, rejailliroit enfin à eux;

Que s'ils ne vouloient entendre à contribuer à la dépense, mais à fournir seulement d'hommes, pour tenir, avec les Français, garnison èsdits forts, à la solde de Sa Majesté et de Venise, il seroit au moins de besoin qu'ils entrassent en accord avec eux pour la sûreté et conservation d'iceux envers et contre tous, et pour la manutention des Grisons en leurs États et pays, jusques à ce que le principal différend entre lesdits Grisons et Valtelins fût terminé, et que les choses fussent rétablies entre eux dans un bon ordre, pour leur repos commun, et que Sa Majesté auroit à plaisir que les cantons protestans, conjointement avec les catholiques, intervinssent à cet accord par un mutuel désir et consentement.

Ledit maréchal, ayant reçu ce commandement de Sa Majesté, s'y achemina au mois de novembre de ladite année, peu après le partement de M. le légat. Les Espagnols, que leurs affaires pressoient de faire la paix en Italie, et qui avoient espéré que, sans qu'ils fissent mine de s'en mêler, elle se feroit avec plus grande réputation par l'entremise du légat, qui ne parloit qu'au nom de Sa Sainteté, sans qu'ils y intervinssent aucunement, se voyant trompés en leurs espérances, cherchèrent d'autres moyens pour renouer le traité de la paix. Pour cet effet, ils écrivirent à Rome et sollicitèrent qu'on leur envoyât le légat en Espagne, et donnèrent charge au marquis de Mirabel, leur ambassadeur en France, de voir si dextrement il pourroit, avec la réputation de son maître, en entrer en propos avec les ministres de l'Etat.

Il vit le maréchal de Schomberg, et commença son discours par le déplaisir qu'il avoit de ce que le légat étoit parti de la cour sans rien faire, et qu'il sembloit qu'il en voulût rejeter la cause sur l'Espagne; qu'il avoit charge de son maître de déclarer ici que les difficultés ne procédoient point de lui, et le prioit de dire à Sa Majesté et à son conseil que le roi d'Espagne lui avoit donné charge de dire qu'il désiroit la paix, et ne s'arrêtoit point à cette vanité qui parleroit le premier; qu'il traiteroit ici par ledit marquis de Mirabel, ou bien enverroit, pour cet effet, quelque autre vers le Roi, et le prioit qu'il lui voulût faire prompte réponse, d'autant que les affaires pressoient. Après cela, il voulut rentrer dans la négociation de M. le légat et dans le traité du commandeur de Sillery, disant qu'il falloit avoir égard à contenter le Pape. Puis après il parla des passages; et insista qu'il en fût fait quelque petite mention, en telle forme que le Roi ne fût pas blessé en sa réputation. Et cela en termes si honnêtes, qu'il étoit aisé à juger qu'il s'en départiroit, moyennant que Sa Majesté ne demandât en iceux que les mêmes choses qu'elle avoit eues au passé. Il ne fit point d'autre difficulté audit maréchal, reconnoissant même qu'il ne seroit juste que les Grisons perdissent leur souveraineté sur les Valtelins.

Le maréchal lui répondit que l'état des affaires ne permettoit pas de faire un nouveau traité; que, si la négociation duroit plus d'un mois, les choses seroient engagées entre les deux couronnes; qu'il en falloit demeurer au premier article du traité de Madrid, et que, pour parvenir à un accommodement, il étoit nécessaire que les deux Rois ne prétendissent tirer aucun avantage sur l'honneur, les Etats et les alliés l'un à l'autre; que de rentrer dans les difficultés de M. le légat et celles du traité de Rome, ce ne seroit jamais fait, et qu'il falloit voir quelles difficultés se pourroient rencontrer entre les deux couronnes pour cet accommodement; et puis, si les parties convenoient ensemble, qu'elles trouveroient bien aisément après les moyens de contenter le Pape. Ils demeurèrent d'accord que leur entretien devoit être fort secret.

Sa Majesté, ayant su ce discours, commanda qu'on dît, de sa part, au marquis de Mirabel: qu'il avoit eu fort agréable la proposition qui avoit été faite par ledit marquis, avec la candeur et franchise dont il avoit usé, qui faisoit connoître l'affection du roi d'Espagne envers Sa Majesté, laquelle de sa part contribueroit ce que l'on pouvoit justement désirer d'elle pour le maintien de cette bonne intelligence; que le vrai moyen de faire la paix étoit que les deux Rois ne voulussent pas en icelle tirer avantage l'un sur l'autre, parce que, désirant tous deux conserver leur honneur plus que leur vie, ils hasarderoient de la perdre plutôt que de laisser entamer leur réputation; que le roi d'Espagne ne pouvoit rien prétendre dans les Grisons et sur les Valtelins qui ne fût préjudiciable à l'honneur du Roi, puisque ce seroit une nouveauté et un accroissement à l'Espagne sur les alliés de Sa Majesté; que le seul moyen donc de faire la paix seroit que ledit Roi, de bonne foi, se départît de la prétention des passages, qui sont toute la cause de ce différend. Et pour le regard du Pape, Sa Majesté procureroit avec effet tous les avantages que Sa Sainteté pourroit raisonnablement désirer pour la religion catholique, et les deux Rois, en l'exécution de ce traité, observeroient tout ce que des enfans très-affectionnés au Saint-Père doivent et peuvent faire pour sa satisfaction.

En même temps Fargis (1), ambassadeur du Roi en Espagne, mandoit de deçà qu'il voyoit bien que les Espagnols désiroient bien passionnément la paix, pressés par l'état présent de leurs affaires en Italie et en Allemagne, et que le comte d'Olivarès lui avoit deux ou trois fois tenu des discours par lesquels il montroit qu'il la désiroit absolument. Sur ces avis, le Roi lui fit réponse, le 29 octobre, qu'il prît bien garde à conserver tellement la dignité de Sa Majesté, qu'il ne fît rien dont ceux qui raffinent le point d'honneur pussent tirer avantage; qu'il y a tant de différence entre ce que les Espagnols disent et ce qu'ils font, voire même en ce qu'ils disent un jour et ce qu'ils disent l'autre, qu'on ne sauroit faire un jugement certain des intentions et desseins de telles gens. Il sauroit donc que, si la paix se pouvoit faire à conditions honorables et sûres, en sorte que la chrétienté n'y trouve rien à redire, et que ce qui seroit arrêté fût réel et effectif, Sa Majesté ne s'en éloigneroit pas, ains au contraire y entendroit volontiers, n'ayant point entrepris cette guerre par aversion qu'il eût à l'Espagne, mais par la nécessité qu'il avoit de conserver ses alliés; que les conditions que le Roi demandoit n'aboutissoient qu'à deux principales : l'une à l'exclusion des passages, l'autre à la conservation de la souveraineté des Grisons; que le légat n'a jamais fait difficulté in-

(1) Charles d'Angennes, comte de Fargis.

vincible que pour la souveraineté, croyant bien que sur les passages l'Espagne s'accommoderoit à ce que la France désire raisonnablement, et de la souveraineté encore il ne faisoit difficulté que sur ce que c'étoit le Pape seul qui faisoit le traité, sans qu'aucune des deux couronnes y intervînt; et il lui sembloit honteux que le Saint-Père soumît, par un acte qui provint purement de lui, les catholiques à la domination des hérétiques, d'où il se voit manifestement que si l'Espagne intervenoit avec la France en un traité, Sa Sainteté n'auroit peine quelconque d'adjuger ladite souveraineté à qui elle appartient; que la question donc consisteroit à ce que les deux Rois y intervinssent ensemble; que puisque le comte d'Olivarès n'en fait pas difficulté, mais seulement de savoir qui commencera à témoigner désirer que son compagnon intervienne, ledit Fargis, s'il est assuré que la paix s'en ensuive, pourroit dire au comte d'Olivarès : que le légat étant venu en France, et ayant presque tout ajusté, fors ce qui est de la souveraineté, faute de l'intervention d'Espagne, le Roi sera bien aise de savoir si ce sont eux qui font cette difficulté; qu'ils pourront répondre que ce n'est point eux, et sur cette demande et réponse il faudra convenir et intervenir pour lever cet empêchement.

Et d'autant que le comte d'Olivarès pourroit, sur l'ouverture de cette intervention, répondre, selon les termes qui ont été tenus vers le Pape, que le Roi d'Espagne est prêt d'entrer en traité, pourvu que les forts soient remis, avant toutes choses, ès mains de Sa Sainteté, que Sa Majesté entend que cette difficulté soit vidée avant que faire la proposition qu'elle lui a ordonné, et que si ledit comte insiste sur cette formalité, qu'il essaie de le rendre capable des raisons pour lesquelles elle n'y peut entendre, ajoutant que, s'il désire la paix, il ne doit pas s'arrêter aux choses qui ne regardent pas l'intérêt de son maître; que Sa Majesté conviendra aisément de ce qui s'est passé en la Valteline avec le Pape, lorsque les autres points auront été arrêtés, et qu'elle est résolue de donner à Sa Sainteté toute la satisfaction raisonnable qu'elle pourra désirer; mais que si, au préjudice de ces raisons, ledit comte s'affermit à prétendre cette restitution préalable des forts, comme ce sera une preuve évidente qu'il ne désirera pas la paix, ledit Fargis, après qu'il aura fait tout ce qui lui sera possible pour surmonter cette difficulté, s'il n'y peut parvenir, ne passeroit pas outre à la proposition susdite de l'intervention, et demeureroit sur la réserve plus qu'auparavant.

Que si on traitoit, il falloit conclure directement la paix sans passer par une surséance d'armes, laquelle si on proposoit il devoit rejeter, faisant connoître qu'elle ne pouvoit avoir lieu qu'après que les choses auroient été ajustées, et que la paix ne seroit pas plus difficile à établir qu'une trève. Pour fin, Sa Majesté lui recommanda le secret, et de couvrir les conférences qu'il pourroit avoir avec ledit comte du prétexte des saisies des biens des sujets des deux couronnes (1), afin que les ministres des autres princes n'y puissent rien pénétrer ni apporter obstacle; qu'il en pouvoit donner part au nonce s'il le jugeoit à propos et croyoit que le comte fût pour lui en parler.

Quelques jours après que le marquis de Mirabel eut tenu au maréchal de Schomberg le discours que nous avons dit ci-devant, il se rétracta et parla tout d'un autre air et avec beaucoup de froideur, ce qui fit que le Roi commanda au Fargis de faire le même, et d'aller plus retenu aux offices qu'il lui avoit commandés par sa lettre susdite. Ledit comte d'Olivarès dressa une forme d'écrit pour le commencement du traité, dans laquelle il s'efforçoit de faire voir que Le Fargis avoit parlé le premier, et fait offre de contentement pour le roi d'Espagne, essayant de faire voir qu'il étoit dû quelque chose à la satisfaction de son maître. Le Roi la rejeta, et manda, le 6 décembre, audit Fargis qu'il ne vouloit pas souffrir que ledit comte emportât, pour son maître, le dessus au point de la réputation, non plus qu'en l'essence de la chose; qu'il ne devoit rien à la satisfaction du roi d'Espagne, qui avoit eu tout le tort et n'en avoit point reçu, et, partant, qu'il montrât dorénavant plus de retenue envers ledit comte, comme ayant occasion de se douloir de l'artifice de son procédé; néanmoins qu'il observât ses mouvemens le plus qu'il pourroit, pour en donner avis ponctuellement à Sadite Majesté. Nous ajouterions ici la suite de ces entretiens; mais parce que la fin de cette négociation ne fut qu'en l'année suivante, nous la remettrons en ce temps-là, joint que la reine de la Grande-Bretagne, que nous avons seulement conduite jusqu'à Douvres, nous convie de la retourner trouver, et laisser maintenant ces choses, qui sont de moindre considération qu'elle.

Elle s'étoit imaginé de rencontrer en Angleterre une magnificence au moins égale à celle de la cour de France, vu que les ambassadeurs lui en avoient parlé; en sorte que de leurs paroles elle avoit lieu de croire qu'elle la surmontoit de beaucoup. Elle s'attendoit aussi d'être reçue du Roi avec des témoignages d'une extrême bienveillance, et de voir un prince qui l'aimât autant

(1) Ordonnées en mai 1616, de part et d'autre, par suite d'une contestation sur la prise d'un vaisseau génois.

qu'elle avoit d'amour pour lui, et qui ne lui voulût refuser aucune des grâces que raisonnablement elle lui pouvoit demander. Mais elle fut étonnée qu'arrivant à Douvres elle est logée dans un château mal meublé, toute sa cour mal reçue, pour un jour d'entrée au royaume dont elle venoit prendre possession. Le lendemain le Roi la vint trouver, sur son dîner, assez mal accompagné, n'ayant pas l'ombre seulement de la grandeur avec laquelle le roi de France vit. Tout ce qui l'étonne le plus, c'est que dès le soir de son arrivée on met les prêtres et les catholiques en prison, comme si on vouloit à sa vue les affliger, au lieu qu'elle espéroit les soulager par sa présence, bien qu'on les relâchât depuis à l'instante prière qu'elle en fit.

Au partir de Douvres, le Roi la mit en un carrosse plein de dames anglaises, afin d'éloigner les dames françaises qu'elle avoit amenées avec elle. Elle ne put souffrir sans larmes de se voir, jeune princesse, quasi comme étrangère (puisque c'est le jour de son arrivée), toute seule parmi des personnes de langue et de religion différentes, séparée de celles en qui elle avoit créance. Ses larmes ne purent obtenir qu'on donnât au moins place en son carrosse à sa dame d'honneur; mais les instances des ambassadeurs du Roi l'obtinrent. Le refus qu'on lui en avoit fait lui fut moins sensible que de voir que l'autorité desdits ambassadeurs eût eu plus de crédit envers le Roi son mari que ses prières. Tout le voyage jusqu'à Londres alla du même air; y arrivant, elle n'y reçut aucuns honneurs, et ne vit nulle des galanteries qu'on a accoutumé de voir en occasions semblables. Dans la maison du Roi, elle trouva pour son lit de parade un de ceux de la reine Elisabeth, qui étoit si antique que les plus vieux ne se souvenoient point d'en avoir jamais vu la mode de leur temps.

A peine est-elle arrivée que l'on recommence les cruautés contre les catholiques; on remplit les prisons de leurs personnes, les encans de leurs meubles et le fisc de leurs biens. Dieu, qui vouloit montrer qu'il voyoit de l'œil de sa colère une telle injustice, les frappa d'une peste si furieuse, qu'en une semaine, en la ville de Londres seule, il en mourut plus de sept mille. Pour fuir le mal le Roi la mena à la campagne, continuant toujours envers elle le même traitement qu'il avoit commencé; ce qui lui causoit un tel déplaisir, qu'une personne bien plus âgée qu'elle n'eût pas eu assez de force pour s'empêcher d'en donner quelque connoissance au dehors. Elle n'en donnoit point d'autre néanmoins, sinon qu'il paroissoit bien qu'elle avoit quelque ennui qui la travailloit au dedans.

Buckingham prit cette occasion pour lui rendre de mauvais offices auprès du Roi, et s'échapper encore, contre le respect qu'il lui devoit, en de fâcheuses paroles. Il la menaça qu'elle seroit la plus malheureuse princesse de la terre, si elle ne vouloit vivre avec plus de gaîté avec le Roi; que ce n'étoit pas lui témoigner qu'elle l'aimât, que d'être triste en sa présence. Quant à lui, qu'il savoit bien qu'elle lui vouloit mal; mais que cela lui étoit indifférent, pourvu qu'il fût en la bonne grâce de son maître. Tout le mal qu'il disoit qu'elle lui vouloit, n'étoit autre chose sinon qu'elle avoit fait instance que ses dames, au moins celles d'honneur, demeurassent en son carrosse, et ne fussent point chassées pour celles qu'on lui vouloit donner par force, qui étoient la femme, la sœur et la nièce de Buckingham.

Nonobstant l'effronterie avec laquelle il avoit parlé à la Reine, comme si, par excès de présomption ou de folie, il estimoit les offenses être courtoisies, il ne laissa pas, dès le lendemain, de la venir supplier de recevoir ces trois dames pour ses dames de lit. La Reine répondit très-sagement que la feue reine d'Angleterre n'en avoit que deux; qu'elle en avoit amené trois de France et se contentoit bien de ce nombre. Cette affaire fut poursuivie avec chaleur; il en fut fait instance aux ambassadeurs, qui étoient le duc de Chevreuse et les sieurs de La Ville-aux-Clercs et d'Effiat. Il y avoit raisons pour et contre; mais enfin celle du péril de la religion de la Reine, si on les admettoit sitôt, l'emporta.

La peste de Londres avoit fait remettre le parlement à Oxford. Il témoignoit une grande animosité contre Buckingham, qui, pensant faire chose qui lui fût agréable, ne se contenta pas de remettre en vigueur les anciennes lois contre les catholiques, mais en fit encore proposer de nouvelles plus rigoureuses, et quant et quant offrit de faire chasser tous les François qui étoient auprès de la Reine. Mais Dieu, qui confond les desseins des méchans, fit que le parlement répondit qu'il falloit garder les promesses que le roi d'Angleterre avoit faites à Sa Majesté Très-Chrétienne; mais que s'il y avoit en elles quelques choses qui fussent contre le droit et les lois du royaume, il falloit châtier ceux qui les avoient accordées. Le comte de Carlisle, avec cet esprit de mensonge qui ne le quitte jamais, dit impudemment tout haut, devant toute la compagnie, que Sa Majesté très-Chrétienne et ses ministres lui avoient dit qu'ils n'entendoient pas que les articles concernant les catholiques fussent observés, et qu'ils n'en faisoient mention que pour contenter le Pape. Mais cette fausseté étoit si évidente, et il étoit si hors d'apparence qu'un grand prince comme le Roi eût pu traiter avec tant d'indignité et si peu de respect de la religion qu'il professe, que le parlement, n'y ayant point d'égard, continua avec le même courage de procéder avec Buckingham, qui fût enfin contraint de le rompre (1), mais avec dessein de le remettre à peu de temps de là; se réservant à tirer une si rude vengeance de tous ceux qui lui avoient été contraires en ce parlement-ci, que ceux qui seroient élus en l'autre appréhenderoient de recevoir le même traitement.

En ce temps, le comte de Tillières reçut ordre du Roi de traiter avec ledit duc de quelque chose concernant les affaires d'Allemagne, lui dire forces paroles honnêtes de sa part, et lui recommander instamment l'affaire des catholiques, qui étoient extraordinairement persécutés, au préjudice des promesses et des sermens qu'il avoit faits au contraire en faveur du mariage. Mais, comme s'il eût été mû par ses instances de faire encore pis, il poussa le roi de la Grande-Bretagne, dès le lendemain, à faire une proclamation contre eux plus rigoureuse et plus inhumaine encore que toutes celles qui avoient été auparavant.

Après cette action, ils menèrent la Reine à Titchfil, maison du comté de Southampton; vers la mi-août, le Roi s'en alla à la Forêt-Neuve, qui en est distante de trois ou quatre lieues. Buckingham, pour la combler de tristesse, lui dit que le temps de l'affliction pour elle étoit venu, qu'elle ne seroit plus traitée en Reine, mais comme elle méritoit. A quoi elle lui répondit fort sagement et modestement.

A quelque temps de là on reçut nouvelle que le sieur de Blainville devoit bientôt être envoyé, de la part du Roi, ambassadeur extraordinaire pour se plaindre de tant de contraventions qu'ils faisoient à ce qu'ils avoient promis, et informer Sa Majesté de la vérité des déportemens de la Reine, dont les Anglais, pour excuser leur barbarie envers elle, se plaignoient. On jugea à propos de dépêcher le père de Bérulle en France, pour faire entendre la vérité de toutes choses au Roi et au cardinal, afin d'avoir plus de lumière pour donner instruction à l'ambassadeur de ce qu'il avoit à faire. Il arriva à temps pour cela. Le duc de Chevreuse et sa cabale, qui n'étoit pas bien aise qu'il parût qu'il n'avoit pas mis en Angleterre les affaires au point qu'il devoit, et qu'un autre ambassadeur fût envoyé pour corriger les fautes qu'il avoit faites et donner un meilleur établissement aux choses, manda en Angleterre qu'on se devoit bien donner garde de rien faire en faveur dudit ambassadeur; qu'il n'étoit pas de si grande considération pour sa personne, qu'on dût beaucoup se soucier en France du traitement qu'on lui auroit fait; qu'on l'envoyoit comme un homme habile et le plus rusé qui fût en la cour; qu'il feroit gloire de les avoir trompés s'il obtenoit quelque changement d'eux au procédé qu'ils avoient tenu jusqu'ici.

L'ambassadeur, dès son arrivée, éprouva un effet de cette instruction. On n'envoya au-devant de lui qu'un vicomte; on ne lui donna point de dais en sa chambre. En sa seconde audience, on ne le fit accompagner que par un baron. Exposant au Roi son ambassade, qui consistoit en deux points : savoir, et le repos des catholiques, et l'établissement de la maison de la Reine, le Roi lui répondit qu'il ne s'étoit rien fait contre les catholiques que pour le bien de son Etat; que, pour la maison de sa femme, il en vouloit être le maître et en disposer à son gré; qu'il a accordé à son parent le duc de Chevreuse tout ce qui se peut accorder, et que si d'autres en espèrent davantage ils se trompent. Le sieur de Blainville lui repart que ce qu'il demande est au nom de son maître, et qu'il parle en qualité de son ambassadeur, et non comme Blainville, et que le duc de Chevreuse n'avoit rien dû ni pu obtenir qu'en cette même qualité. Le Roi ajouta alors que Sa Majesté avoit fait un tour d'Espagnol d'avoir surpris Soubise au temps que l'on croyoit la paix être assurée. Cette parole offensa Blainville. Il répondit néanmoins civilement que le Roi son maître ne se servoit point de l'exemple de personne, mais le donnoit à ceux qui vouloient agir généreusement.

Si les paroles du Roi furent mauvaises, les effets furent encore pires. Il envoya, dès le jour même, querir le comte de Tillières, et lui commanda de faire prêter le serment à deux Anglais huguenots qu'il vouloit faire recevoir en la maison de la Reine. Ledit comte, Blainville et la Reine, eurent grande peine à esquiver ce coup.

Buckingham étoit encore à Plemur (2), où il étoit allé pour donner ordre au partement de l'armée navale pour Cadix, laquelle étoit commandée par le comte d'Inby, son beau-frère, homme de peu de sens et de nulle expérience en la mer. Il revint, à quelques jours de là, à Salisbury où étoient Leurs Majestés, vit Blainville, le paya de grands complimens, ne voulant venir avec lui à rien en particulier, espérant peut-être aller en France, de Hollande où son maître l'envoyoit en ambassade extraordinaire. Blainville crut être obligé de donner avis particulier au Roi

(1) Le dissoudre.

(2) Plymouth.

de tout ce qui se passoit, et lui envoya son secrétaire, le 2 de novembre, pour l'informer de toutes choses.

Le cardinal, pour réponse, lui donna charge de dire à Buckingham qu'on n'auroit pas sujet d'ajouter foi aux promesses qu'il faisoit en les entreprises qu'il proposoit, s'il manquoit non-seulement aux paroles qu'il avoit données par le passé, mais à des articles d'un contrat de mariage, entre lesquels un desquels est que tous les domestiques de la Reine seront catholiques; que, si on vouloit avec violence la contraindre à en recevoir d'autres, elle craindroit qu'on la voulût enfin passer jusqu'à sa personne et la forcer en sa religion. Quant à ce qu'ils prétendoient être aussi bien fondés à se mêler de nos huguenots, comme le Roi l'étoit à agir pour les catholiques d'Angleterre, il leur devoit répondre qu'il ne demandoit pour lesdits catholiques que ce qui avoit été promis par le roi d'Angleterre même, et eux demandent pour les huguenots, non une chose due comme promise, ni une grâce pour des innocents, mais impunité et récompense pour des rebelles, et ce contre les règles de tout État. En ce qui regardoit la demande des vaisseaux que Soubise avoit pris au Roi et volés à ses sujets, que les Anglois ne se pouvoient exempter d'y répondre favorablement, vu qu'il s'agissoit non de grâce, mais de justice, qui en pareil cas ne pourroit être déniée ni par le Pape au Turc, ni par les Anglois au Pape, et qu'en effet la détention de ces vaisseaux ne pouvoit être continuée sans manifeste hostilité; ce qu'il leur devoit dire fortement. Et que Sa Majesté en useroit bien autrement envers le Roi son frère; car, puisqu'il désiroit la roberge qu'il lui avoit prêtée, quoiqu'on n'eût jamais cru que ce fût pour un temps si court, le Roi étoit tout prêt de la lui renvoyer. Pour les six vaisseaux loués des marchands anglois, le marché étant fait pour autant de temps qu'on s'en voudroit servir, Sa Majesté devoit présupposer que le Roi son frère étoit bien aise qu'en faisant gagner ses sujets il se servît de leurs vaisseaux.

Le cardinal ajouta qu'il étoit nécessaire qu'il remerciât le Roi de la Grande-Bretagne de ce qu'il n'avoit pas voulu voir Soubise, et qu'ainsi que par art il devoit agir avec humilité en semblables occasions, il falloit qu'à l'opposite il agît par raison avec fermeté aux autres, pource qu'en un mot il verroit, par expérience, que l'humeur des Anglois est telle que nous ferions toujours concert de musique avec eux: si nous parlons bas, ils parleront haut; et parce qu'il y a avantage à tenir le dessus, il seroit bon qu'il prît, en certaine occasion, un ton si haut qu'ils ne puissent le renvier;

que l'extraordinaire insolence et rébellion de La Rochelle faisoit que le Roi, voulant donner la paix à tous les bons huguenots de son royaume, étoit résolu d'humilier et mettre à raison cette ville: partant il jugeroit bien qu'il n'étoit pas à propos de rompre avec les Anglois; mais que, pour éviter cet inconvénient, le meilleur moyen étoit de leur témoigner qu'on ne l'appréhendoit pas; que la froideur avec laquelle ils se portoient aux actions dont l'utilité est commune à toute la chrétienté, et la chaleur avec laquelle ils témoignoient vouloir embrasser celles qui nous sont préjudiciables en faveur des huguenots, n'avanceroient ni ne retarderoient le Roi en ses desseins; qu'on ne pouvoit croire le roi d'Angleterre si mal conseillé, qu'il se voulût porter à une action dont toute la chrétienté lui donneroit du blâme, en un temps où le Roi n'avoit les armes en la main contre les étrangers que pour libérer d'oppression ses alliés, et que l'occupation qu'il donne à l'Espagne favorise ses intérêts particuliers en Allemagne, au lieu que ceux de Sa Majesté sont seulement dans le bien commun.

Pour conclusion, que, si Buckingham continuoit le dessein de son voyage de France, il lui dit franchement qu'il avoit reçu des nouvelles de France, par lesquelles il avoit appris une chose dont il n'étoit point en doute, qui étoit que, s'il y vouloit aller comme ami de l'État et affectionné au Roi, il y seroit le très-bien venu; mais que, s'il y alloit après avoir refusé au Roi tous les contentemens qui ne lui pouvoient être déniés avec justice, comme sont ceux des articles promis par le traité de mariage, tant en faveur des catholiques que pour la maison de la Reine, et la restitution des vaisseaux du Roi, il pouvoit bien juger qu'il ne pourroit ni ne devroit y être bien reçu; que, pour lui montrer que ce n'étoit que la nature des affaires qui oblige les princes à certaines choses, desquelles il ne faut jamais qu'ils se relâchent, et qui, en ce cas, empêcheroit sa bonne réception, il le pouvoit bien assurer qu'ayant mis ordre aux choses susdites, et ajusté avec lui les affaires d'Allemagne en sorte qu'il n'y eût plus qu'à les signer en France, il seroit très-bien reçu par le Roi, qui l'affectionneroit toujours s'il ne le forçoit à faire le contraire.

De plus, il donna pouvoir audit Blainville de parler et d'agir selon qu'il verroit être de la dignité du Roi; et le cardinal lui manda que ce seroit à lui d'en user en sorte que le succès en revînt au compte de Sa Majesté, s'avançant ou se retenant, selon qu'il verroit que le temps et les occurrences lui en donneroient lieu; qu'on ne jugeoit pas que, si Buckingham étoit sage, il voulût porter les affaires à l'extrémité, vu le peu de créance que l'Allemagne et tous les étrangers avoient de leurs forces, et la connoissance qu'eux-mêmes devoient avoir que, sans la France ils ne pouvoient rien faire contre l'Espagne, et que, s'ils nous fâchoient, on pourroit facilement s'accommoder avec elle, et entrer en intelligence avec Bavière, jusqu'à un point qu'ils seroient à jamais frustrés du Palatinat; mais néanmoins, que, nonobstant tout cela, il falloit craindre l'aveuglement et la brutalité des Anglais et la passion de Buckingham, qui les pourroit faire passer par dessus la considération de leur bien; principalement le Roi son maître n'ayant point d'yeux que les siens, et partant que c'étoit à lui à avoir l'œil ouvert à tout, et tenir le Roi bien averti.

Blainville, ayant reçu cette dépêche, s'en servit avec toute l'adresse qu'on pouvoit désirer; mais quoi qu'il fît, si ne put-il retenir Buckingham qu'il ne partît, sans rien conclure avec lui, pour aller en Hollande faire alliance entre les Etats, le roi de Danemarck et le Roi son maître, pour le rétablissement du Palatin, sous le prétexte général de la liberté de Germanie. Il y fit, le 9 décembre, une alliance avec eux et le roi de Danemarck, mais non pas offensive et défensive, comme il eût bien désiré, et comme ils en avoient, le 12 juin de la même année, fait une avec les Etats, qui devoit durer jusqu'à ce que le Palatin fût rétabli, et que la maison d'Autriche cessât de rien prétendre sur les Provinces-Unies. Par cette dernière, les Hollandais s'obligeoient de payer 50,000 florins par mois au roi de Danemarck, et les Anglais 100,000, pour l'entretènement de son armée, et de faire encore une autre armée navale pour l'envoyer en Espagne. Ils avoient arrêté qu'ils prieroient le Roi d'y vouloir entrer; mais notre ambassadeur s'en démêla, leur remontrant que leur demande leur étoit préjudiciable, pource qu'ils pourroient maintenant se servir de la puissance entière du Roi, et que c'étoit la partager de l'obliger à la garde de son propre Etat.

Après qu'il eut achevé sa négociation en Hollande, il désira passer en France; mais ledit ambassadeur du Roi lui témoigna que, sur l'inexécution des traités Sa Majesté ne pouvoit approuver son dessein qu'on ne lui eût premièrement donné contentement sur les articles qu'on lui avoit promis. Cela le fâcha si fort, que, pour s'en venger, il fit que les Hollandais rappelèrent l'amiral Haustein, avec les vaisseaux hollandais qu'il commandoit, un desquels étoit avec Manty à l'entrée du havre de Porchemut (1), où ils tenoient Soubise assiégé. Ils prirent leur prétexte sur ce que le Roi, disoient-ils, n'avoient plus d'ennemis puisque Sa Majesté les avoit vaincus, et partant, qu'ils n'étoient pas obligés de lui prêter davantage leurs vaisseaux.

Le Roi en ayant avis, tous ceux de son conseil pensoient qu'il n'y avoit nul remède à ce mal: le cardinal seul tint bon, et dit au Roi que les Anglais et les Hollandais le vouloient, par ce moyen, contraindre de faire la paix avec les huguenots, ce qu'il ne falloit jamais qu'il fît par contrainte, mais avec la gloire et la réputation qui étoient dues à Sa Majesté; qu'il étoit assuré que, menaçant les Hollandais de dénier le secours annuel qu'on leur donne en argent, au cas qu'ils voulussent dénier la continuation de leur flotte au service du Roi, ils seroient contraints de la donner. Lui-même prit la commission d'en parler au sieur Arseus, leur ambassadeur, et lui dit que si messieurs les Etats persistoient à la résolution du refus de leurs vaisseaux, Sa Majesté auroit lieu de croire qu'ils ne voudroient pas contribuer à la prospérité de ses affaires, et qu'ils seroient capables des impressions que ceux qui voudroient traverser son service leur pourroient donner; que la ligue qu'ils avoient signée à La Haye n'auroit pas pour but la liberté de l'Empire et l'abaissement d'Espagne, mais bien celui (2) de la religion catholique de tous les princes qui la professent, et particulièrement le sien; qu'il ne pouvoit assez s'étonner de ce refus; que ce qui l'en fâchoit le plus étoit que, s'ils y persistoient, ils feroient, par ce moyen, connoître à tout le monde que, bien que la France les ait toujours protégés, ils feroient difficulté de l'assister contre des rebelles, parce qu'ils seroient protestans comme eux, bien qu'ils ne se fussent soulevés que lorsqu'ils auroient vu le Roi puissamment armé pour assister ceux qui professent leur même créance; ce qui feroit que Sa Majesté ne pourroit avec honneur leur continuer son assistance contre un prince catholique, aussi peu entrer directement ou indirectement en la ligue faite à La Haye, ains au contraire seroit contraint de prendre des pensées opposées; que le Roi seroit bien fâché d'être réduit, contre sa volonté, à cette extrémité; qu'il savoit bien que messieurs les Etats considéreroient son affection, et témoigneroient par effet l'avoir en la considération qu'il méritoit et qu'il désiroit; qu'en ce cas, il abandonneroit plutôt tous ses intérêts que les leurs.

(1) Portsmouth.
(2) L'abaissement.

Pour conclusion, il lui fit connoître qu'il désiroit particulièrement deux choses de lui : l'une, qu'il écrivît à messieurs les Etats par un courrier que Sa Majesté dépêcheroit, et qu'il n'omît aucune chose de ce qui pouvoit les porter à le contenter ; l'autre, qu'il mandât à l'amiral Haustein qu'il attendît avec patience un nouvel ordre de messieurs les Etats. Il promet et fait le premier. Il ne voulut pas s'engager au second ; mais on y suppléa, car on sut si bien traiter avec Haustein, qu'on lui persuada d'attendre un nouvel ordre, lequel vint peu de temps après, en vertu de la lettre d'Arsens et de la poursuite qu'en fit l'ambassadeur du Roi en Hollande, selon les ordres qui lui en furent donnés.

Mais le cardinal, qui savoit qu'il ne faut jamais, en affaire d'importance, prendre assurance en la foi d'autrui, mais en sa propre puissance, et qui prévoyoit bien que, quoi que les Hollandais dissent, ils n'étoient pas contens de voir leurs vaisseaux employés contre leurs frères, et ne les laisseroient pas long-temps au service du Roi, donna charge quant et quant à Launay Rassily d'amener, en toute diligence, six des plus grands vaisseaux qu'il pourroit trouver à Saint-Malo, en payant le nolis ; ce qui réussit si à propos, que ces vaisseaux arrivèrent à La Rochelle trois jours après que les Hollandais, par un secret ordre qu'ils reçurent de Hollande, s'étoient retirés. Le seul dommage que le Roi en reçut, fut que Manty, demeurant plus foible que Soubise à Portsmouth, fut contraint de le laisser là, et de s'en revenir.

Si Buckingham montra un cœur si envenimé contre nous en Hollande, il ne revint pas en Angleterre avec dessein ne nous y faire mieux. Il avoit donné charge au comte de Carlisle, en partant, de faire tous les mauvais offices qu'il pourroit à la Reine et à tous ceux de sa suite, pour préparer la voie à un bannissement général de tous les Français, dont on parloit assez ouvertement en la maison du Roi. Il ne manqua pas d'en faire naître plusieurs occasions, et ne laissa perdre aucune de celles qui se présentèrent. Blainville faisant grande instance qu'on lui remît entre les mains les vaisseaux de Soubise, l'un desquels il avoit volé au Port-Louis, les autres aux sujets du Roi, on éluda toujours sa poursuite par diverses excuses hors de toute raison. Les ports furent fermés ; Blainville voulant envoyer son secrétaire en France, ils l'arrêtèrent prisonnier, et le maltraitèrent. Davantage, le Roi ayant donné congé à un des principaux officiers de la Reine, elle ne put jamais le détourner de ce dessein, qu'elle ne se fût mise à genoux pour l'en supplier. Le comte de Carlisle,

peu de jours après, comme si c'eût été avoir gagné un Empire que d'avoir ainsi, hors de sujet, fait humilier cette jeune princesse, poussa le Roi son maître à faire une nouvelle proclamation d'une cruauté inouïe contre les catholiques.

Leur flotte, qui ne fit nul effet en Espagne, retourna, en ce temps-là, maltraitée en Angleterre, rencontra trois ou quatre de nos vaisseaux, dont aucuns venoient d'Espagne. Ils prirent les uns, sous couleur qu'ils n'avoient voulu amener les voiles, et les autres, sous prétexte qu'ils étoient chargés de marchandises appartenant aux Espagnols. On les redemanda avec grande instance. On prouva que le bien appartenoit aux sujets du Roi. L'un d'eux qui étoit du Havre, fut relâché parce que le gouverneur de la place avoit, par représailles, arrêté quelques Anglais. Les marchandises des autres furent vendues à vil prix, à la vue de Blainville, et ne fut pas permis aux marchands à qui elles étoient, de les retirer à l'encan pour le prix auquel les autres les achetoient.

Buckingham arrive là-dessus, fait semblant d'être marri qu'en son absence on ait fait ces choses, met la faute sur Blainville, la présence duquel il dit être nuisible aux affaires ; qu'il adouciroit l'esprit du Roi tant qu'il pourroit, bien qu'il eût été traité en Hollande un peu rudement de la part de la France. Au lieu de le faire, il s'en alla aux champs pour laisser plus facilement, en son absence, traiter mal la Reine et les catholiques, sans en pouvoir être apparemment accusé. Bien que toutes ces choses se fissent en suite du dessein qu'ils avoient pris dès le commencement de chasser les Français, il n'osa pas néanmoins se porter alors à cette extrémité, et pendant qu'il fut éloigné, les affaires demeurèrent au même état qu'elles étoient ; mais celles qui concernoient l'ambassadeur alloient toujours en empirant.

Le cardinal, averti de toutes ces choses, en prévoit encore de pires à l'avenir, si elles n'étoient prévenues par un sage conseil. Il considère que l'ambassadeur du Roi en Hollande a commis une grande faute au refus absolu qu'il a fait, de la part du Roi, au duc de Buckingham de venir en France, ayant pensé que la dépêche qu'il avoit reçue de sa cour l'obligeoit de parler ainsi ; au lieu que l'ordre du conseil avoit été simplement qu'il tînt au duc un langage qui le conviât, en venant en France, d'apporter contentement au Roi ; que cette faute avoit produit sur-le-champ le rappel des vaisseaux des Hollandais, et, ayant animé Buckingham contre la France, lui faisoit promettre tout secours aux huguenots de la part du Roi son maître ; qu'en matière d'Etat, quoiqu'il n'y ait rien de plus facile que de faillir, si est-il plus difficile encore de réparer une faute qu'il n'est aisé de la commettre; mais que pour réparer celle-ci, le meilleur moyen étoit d'y employer le crédit particulier que M. et madame de Chevreuse y avoient.

Ce qui lui donnoit peine, étoit qu'il jugeoit bien que la jalousie de Blainville, qui étoit en Angleterre, lui feroit, s'il se pouvoit, mesurer ce conseil par l'événement. Mais enfin, après y avoir long-temps pensé, prévoyant qu'il falloit nécessairement ou chercher quelque voie d'accommodement, ou venir à une rupture ouverte, laquelle, quoique ledit Blainville, passionné, pensât tout le contraire, ne pouvoit être jugée de saison, il passa par dessus cette considération. Et pour exécuter son dessein de l'entremise desdits sieur et dame de Chevreuse, usa de cette dextérité : il fit que le Roi, comme lassé de toutes les plaintes qui lui venoient d'Angleterre, fit reproche au duc de Chevreuse que les secrètes intelligences, que lui et sa femme y entretenoient, étoient préjudiciables à son service et au bien de la religion, et qu'ayant fait le mal il vouloit qu'il y apportât le remède. Le duc, pour sa justification, consentit que Bautru (1) allât en son nom en Angleterre, pour dire de sa part, au Roi et à Buckingham, ce que Sa Majesté trouveroit bon.

Il partit avec charge de dire ingénument qu'il étoit envoyé dudit sieur de Chevreuse, à qui on imputoit en France tout ce qui arrivoit de mal en Angleterre. Ce qui avoit fait qu'y voyant les affaires prêtes d'en venir à l'extrémité, il avoit désiré voir s'il y avoit lieu de remède, pour prendre ses mesures sur cela. Que sa femme étoit celle qui avoit fait naître le voyage, étant au désespoir de se voir réduite à quitter pour jamais la cour si les choses n'alloient bien; que, pour son intérêt particulier, elle ne voudroit pas donner conseil qui leur fût contraire; mais que si les affaires le leur pouvoient permettre, ils l'obligeroient grandement de faire en sorte que toutes choses s'accommodassent, afin qu'elle eût triple contentement : l'un, de n'être point maltraitée de ses proches, de qui elle recevoit mille mauvais offices en cette occasion; l'autre, de n'être point soupçonnée de tout le monde universellement qui la maudissoit; le troisième, de pouvoir ce qu'elle affectionnoit; que ledit duc avoit parlé aux ministres, de tous lesquels il a appris qu'ils ne pouvoient croire qu'il (2) vînt en France sans apporter tout contentement au Roi; qu'y venant ainsi il seroit

(1) Guillaume Bautru, de l'Académie française.
(2) Buckingham.

bien venu et bien reçu. Ce qui paroissoit bien, en ce que, quand il viendroit autrement, le Roi seroit très-fâché de ne pouvoir, par considération de sa dignité et par raison d'État, le recevoir comme Sa Majesté le désireroit.

Et sur ce qu'il s'étoit plaint que d'Epesses, ambassadeur du Roi en Hollande, lui avoit bien tenu un autre langage, il eut charge de lui dire que l'intention du Roi n'avoit jamais été autre que ce qu'il lui disoit, et que M. de Chevreuse s'en étoit fort bien éclairci ; mais que, s'il se met sur les rodomontades, il lui fît connoître vertement qu'il trouveroit qu'on ne les appréhendoit point, et qu'il étoit à craindre que par là ils ne nous portassent à faire la paix avec l'Espagne. S'il disoit qu'il secourroit la religion, qu'il argumentât avec lui-même en cette sorte : qu'en premier lieu, ils seroient blâmés de tout le monde en le faisant, nul ne pouvant approuver qu'un prince secourût des rebelles à l'État d'autrui ; que, comme l'exemple en est mauvais, la conséquence pourroit n'en être pas bonne ; que pour le faire, il le faudroit faire fortement ou foiblement ; si foiblement et à couvert, ils seroient battus ; si fortement, il faudroit qu'ils le fissent par rupture ouverte : action dont ils seroient blâmés de tout le monde, et qui les rendroit irréconciliables pour jamais.

Le duc de Chevreuse lui bailla une lettre pour le duc de Buckingham, par laquelle, outre partie des choses susdites qu'il lui mandoit, il ajouta encore qu'il lui conseilloit de venir si son voyage étoit avec dessein et matière pour contenter la France sur le sujet des vaisseaux du Roi, tant marchands qu'autres, qu'ils retenoient, et ce qui concernoit la Reine et son mariage. Si aussi il avoit un autre dessein, il ne le lui conseilloit pas, prévoyant bien que son séjour à la cour seroit fort mélancolique. Que cependant on se préparoit fortement en France, tant pour la guerre du dedans que du dehors, et qu'à dire vrai il ne voyoit pas qu'on y appréhendât l'événement ni de l'une ni de l'autre ; ce qui lui faisoit croire qu'on avoit volontiers deux cordes à son arc.

Bautru arriva avec ces ordres en Angleterre au mois de décembre. Sa négociation eut une heureuse fin ; car il emmena avec lui des ambassadeurs extraordinaires, qui furent le comte de Holland et Carleton : le premier desquels le roi d'Angleterre croyoit être agréable en France, et tenoit le second pour homme entendu à traiter avec les princes étrangers. Leur voyage pensa être rompu par un fâcheux accident. Un bénédictin et un jésuite anglais, qui servoient d'aumôniers à Blainville, se promenant par la ville furent pris. Blainville les demanda, on les lui refuse plusieurs fois; la chose va si avant, qu'il proteste de se retirer de la cour si on ne les lui rend. Ce qu'étant prêt d'exécuter on les lui renvoie; de quoi il se sent peu obligé; car, bien qu'au fond il soit content, la façon dont ils se sont portés l'offense.

Quand il sut la résolution qu'avoit prise le roi d'Angleterre d'envoyer, avec Bautru, des ambassadeurs extraordinaires en France, sans qu'on lui en eût donné aucune communication; ne pénétrant pas la cause de leur envoi, et craignant qu'ils informassent le Roi à son désavantage, lui faisant croire de lui, et du procédé de la Reine, ce qui n'étoit pas véritable, il pria l'évêque de Mende (1) de vouloir, pour la défense de la cause commune, aller en France et les prévenir. Il prit pour prétexte de son voyage d'aller informer le Roi de la cérémonie du couronnement du roi d'Angleterre, qui devoit être faite en l'année suivante, et en laquelle ledit Roi vouloit joindre celle du couronnement de la Reine sa femme, laquelle y avoit aversion parce qu'elle se devoit faire par un évêque protestant; mais elle étoit bien aise que la France se chargeât de ce refus, afin qu'elle n'offensât point le Roi son mari, lui refusant aucune chose de ce qu'il désiroit d'elle. L'évêque de Mende dit au roi de la Grande-Bretagne que cette action étoit importante, et qu'il étoit besoin qu'il en allât informer le Roi et le cardinal. Buckingham fut étonné de ce conseil si soudain, et lui fit néanmoins au départ mille civilités, et le roi d'Angleterre l'honora d'un beau diamant. Il partit sur la fin de décembre, un jour auparavant les ambassadeurs et Bautru. Le Roi lui dit, en partant, qu'il fît entendre au Roi et à la Reine sa mère qu'il entendoit pourvoir à toutes les charges de la maison de la Reine sa femme; et quelques remontrances que lui fît ledit évêque que cela étoit contraire à ses promesses, tant verbales que part écrit, il n'en put tirer autre chose.

Tout ce mauvais traitement de la Reine, de tous les siens, des catholiques anglais et de l'ambassadeur du Roi, l'offense qui étoit faite à Sa Majesté, non-seulement en l'inexécution des choses si solennellement promises, mais ès injures actuelles que ses sujets recevoient, et en celles qui étoient faites à la personne de son ambassadeur; tout cela provenoit de la bizarrerie de l'humeur de Buckingham, du désir qu'il avoit de faire perdre à la Reine sa religion, pour acquérir la réputation de zélé protestant dans le parlement, et de la mettre mal avec le Roi; de peur que, jeune, belle et sage princesse comme elle étoit,

(1) Grand aumônier de la reine Henriette; il était, de son nom, Lamothe-Houdancourt.

elle ne gagnât son esprit à son désavantage, et pour s'ouvrir le chemin de renvoyer en France tous les serviteurs français de Sa Majesté et y établir des Anglais en leur place, pour environner la Reine de ses créatures. Il ne considéroit pas que les affaires de son maître en pâtissoient, et que le Roi, offensé comme il étoit du mauvais procédé de l'Angleterre, ne secourroit pas avec tant de franchise Danemarck pour son affaire du Palatinat, et pourroit être porté à la paix avec Espagne, pour se délivrer de la nécessité de souffrir tant d'algarades d'un mauvais allié, et prendre volonté d'exterminer le parti huguenot en France; la considération duquel seul leur donnoit hardiesse de mépriser les forces de Sa Majesté.

Après la bataille navale en laquelle les Rochelois furent défaits, les rebelles du Languedoc et les habitans de La Rochelle envoyèrent au Roi leurs députés pour le supplier très-humblement de leur donner la paix, avouant la faute qu'ils avoient faite de prendre les armes contre Sa Majesté, et lui en demandant pardon. Il fut lors diversement agité au conseil du Roi si Sa Majesté, vu la guerre qu'elle avoit en Italie, se devoit accommoder avec les Rochelois, à quelques conditions que ce fût, ou avec l'Espagne, pour les réduire après plus aisément par la force à leur devoir.

Après qu'un chacun eut dit son avis, le cardinal, parlant le dernier, dit au Roi: que c'étoit chose certaine que tant que le parti des huguenots subsisteroit en France, le Roi ne seroit point absolu dans son royaume; qu'il ne pourroit y établir l'ordre et la règle à quoi sa conscience l'obligeoit, et que la nécessité de ses peuples requéroit; aussi peu rabattre l'orgueil des grands, qui, se gouvernant mal, regarderoient toujours La Rochelle comme une citadelle à l'ombre de de laquelle ils pourroient témoigner et faire valoir impunément leur mécontentement; qu'il étoit certain, en outre, que pendant ce temps on n'oseroit rien entreprendre de glorieux, pas même s'opposer aux entreprises étrangères, parce qu'au même temps ce parti ne manqueroit pas, comme il avoit paru par deux expériences, d'Amiens et de la guerre dernière, de vouloir profiter de l'occasion. Partant, qu'il n'y avoit point à douter que le premier et principal dessein que Sa Majesté devoit avoir, ne fût de ruiner ce parti. Mais qu'il falloit voir si le temps et l'occasion y étoient aussi propres, maintenant que l'on avoit de l'occupation au dehors, comme le sujet qu'ils en avoient donné par leur insigne rébellion en étoit grand et odieux à tout le monde; que, pour le bien juger, il falloit voir les raisons qui pouvoient donner lieu de continuer sans délai cette entreprise, et celles aussi qui pouvoient convier à remettre la partie à une autre fois;

Que tous les peuples et communautés, et la plupart des compagnies souveraines de ce royaume, étoient tellement prévenues en l'opinion que l'on devoit faire présentement la guerre aux huguenots, et que leur ruine étoit aisée, qu'ils tenoient et publioient pour mauvais catholiques ceux qui parloient seulement contre ce sentiment, étant fomentés en cette pensée par plusieurs grands mécontens; qu'il étoit à craindre que, si l'on arrêtoit le cours des armes contre les huguenots, l'on ne commençât à jeter dans le cœur des peuples des impressions capables de produire une ligue, comme autrefois l'on avoit fait sur pareil sujet; que le malheur du siècle vouloit que les zélés, levant les épaules avec un soupir entrecoupé, feroient plus de mal à la réputation des hommes avec les grains de leur chapelet, que les plus puissans monarques du monde, avec les boulets de leurs canons, à la vie de ceux qui y sont exposés; qu'on ne devoit pas, si l'on n'y étoit contraint par la nécessité des affaires, mépriser la calomnie que telles gens savoient vomir contre ceux qui, ayant les mêmes fins qu'ils ont, prenoient d'autres voies pour y parvenir que celles qu'ils estiment les meilleures; qu'il étoit à craindre que le clergé, qui vouloit maintenant contribuer à cette entreprise, n'y fût pas disposé, ou ne fût pas en pied pour le faire une autre fois; qu'il sembloit que l'occasion ne fût jamais plus belle, en ce que La Rochelle étoit fort incommodée d'elle-même; que tous les huguenots de France étoient étonnés et du tout abattus, et que ceux qui, du dehors, les pourroient aider, comme les Hollandais, et particulièrement les Anglais, ne le sauroient faire, pour être occupés ailleurs, et avoir besoin de nous. Au lieu que si on attendoit une autre conjoncture où ces deux considérations n'eussent plus de lieu, il y avoit grande apparence qu'ils mettroient à effet la bonne volonté qu'ils avoient de tout temps pour cette ville-là; que la saison de l'hiver faisoit qu'il n'y avoit pas grand lieu de craindre qu'une attaque étrangère des Espagnols pût détourner Sa Majesté présentement d'une telle entreprise, et il étoit certain que si l'on avoit deux mois de temps pour faire la digue dans le port de La Rochelle, tous les princes du monde ne la sauroient secourir. Ce temps étoit très-propre à l'exécution de diverses entreprises projetées contre le parti, lesquelles seroient toutes perdues si l'on les différoit à une autre fois, comme l'on feroit si l'on faisoit la paix; et, si elles réussissoient, La Rochelle seroit tellement affoiblie, qu'elle ne sauroit s'exempter de revenir à son devoir. Le lèvement du siége de Vérue devoit empêcher que l'on ne se précipitât en cette paix, y ayant grande apparence que ce succès feroit penser les Espagnols à leur conscience et se rendre faciles à la paix. Ce qui faisoit qu'il étoit de la prudence d'attendre ce que produiroit cet accident, comme aussi la surprise de Cadix, laquelle ne pouvoit succéder sans changer la face de leurs affaires; que les divers avis que ceux qui commandoient les armées qui étoient en Piémont et en la Valteline donnoient au Roi, d'avoir des entreprises avantageuses contre ses ennemis, faisoient que, par raison, il étoit bon d'en attendre le succès devant que de prendre une résolution définitive pour les affaires du dedans; que la passion que le zèle de M. le légat lui donnoit à faire la paix, outre que ses intérêts l'y portoient, sembloit requérir que l'on se donnât la patience de voir ce que produiroit son arrivée à Rome, s'il y alloit, vu, principalement, qu'elle seroit au même temps de la déroute de Vérue et des avantages que l'on attendoit en Italie, si les desseins réussissoient selon les projets; que toutes les raisons susdites nous convioient à poursuivre notre pointe contre nos huguenots.

Mais que de l'autre part aussi il falloit considérer: que la prudence ne permet pas d'entreprendre deux guerres à la fois; que l'on ne sauroit, quand on voudroit, terminer celle d'Italie, et partant qu'il sembloit que la raison voulût que l'on pacifiât les affaires du dedans, puisque l'on recouvreroit, quand l'on voudroit, l'occasion des huguenots; au lieu que si l'on perdoit celle de résister aux entreprises des étrangers, il ne seroit plus licite d'y revenir une autre fois; que l'on devoit d'autant plus se porter à pacifier les affaires du dedans, que l'on avoit même des expédiens pour ruiner par la paix le parti huguenot; que telle paix feroit faire indubitablement celle d'Espagne, qui, ayant eu des désavantages avec nous, lors même que nous avions une guerre intestine, ne voudroit point nous avoir sur les bras quand nous pourrions employer toutes nos forces contre eux; que les armes du Roi alloient entrer dans le Milanais, tant du côté du Piémont que de la Valteline; partant il étoit à craindre que les Espagnols, qui ne sont pas insensibles, n'en voulussent prendre revanche dans nos frontières, qui étoit le seul moyen par lequel ils se pouvoient garantir; que, si nous avions la paix au dedans, il n'y avoit rien à craindre quand ils le feroient, et que, apparemment et par raison, ils ne l'entreprendroient pas; mais si l'on étoit bien embarqué au siége de La Rochelle, la connoissance qu'ils auroient qu'ils pourroient faire cette entreprise sans qu'il leur en pût arriver inconvénient, feroit qu'ils l'entreprendroient, et en tel cas il faudroit quitter prise; qu'on ne pourroit plus faire la paix avec les huguenots qu'en perdant tous les avantages que l'on avoit sur eux maintenant, et qui sans doute avec le temps causeroient la ruine de ce parti; qu'ils deviendroient plus orgueilleux que jamais, factionnaires d'Espagne par force; et comme ils se résoudroient alors de servir l'Espagne pour leur intérêt, l'Espagne se résoudroit aussi d'exécuter les pensées qu'elle a eues plusieurs fois de leur donner de l'argent pour nourrir la guerre dans nos entrailles. Au reste, qu'il seroit à craindre que Spinola d'un premier effort emportât quelque place, laquelle on auroit bien de la peine à reconquérir, et qui seroit capable de faire perdre tous les progrès que l'on auroit faits en Italie; que si l'on joignoit à cette raison cette autre-là, que, par les lettres prises à Picolimini, il apparoissoit que Spinola avoit ordre de faire quelques entreprises sur la France, et que c'étoit du jeu d'une armée harassée et ruinée comme la sienne par le siége de Bréda, de se mettre pendant l'hiver en garnison pour agir puissamment au printemps, elle seroit de très-grand poids;

Que les divers et récens avis que le connétable, Bullion et les autres qui étoient auprès de lui, donnoient de faire la paix avec les huguenots, devoient donner à penser et à craindre que, lorsque ce bon homme peu zélé, et catholique, comme tout le monde croit, de légère teinture, verroit la guerre intestine bien allumée, il ne ralentît le cours des armes du Roi en Italie, lesquelles, jusqu'à présent, il n'avoit pas menées trop vite, expressément pour contraindre le Roi à ce à quoi il le convioit maintenant par cet avis; que la crainte qu'il y avoit d'employer en cette guerre des personnes aussi négligentes à faire leur devoir, comme l'on rapportoit que M. de Praslin étoit soigneux, non-seulement de ne faire pas de mal à ceux de La Rochelle, mais, en outre, de leur permettre d'en faire au sujet du Roi et s'avantager au préjudice de sa propre réputation, devoit bien mûrement faire penser à ne s'embarquer pas en un dessein dont il ne revient que préjudice et honte; que les divers discours de M. de Montmorency, qui promettoit tantôt de faire des merveilles, et disoit par après ouvertement, à la première piqûre de mouche, qu'il serviroit mal, joint ses inégalités ordinaires, devoient être bien considérés en cette occasion, quoique les Français fissent souvent bien, lors même qu'ils parloient mal; que le peu de sûreté qu'il y a aux grands, parmi lesquels se trouve peu de capitaines pour faire tête à une armée réglée, composée de vieux soldats, commandée par un tel chef (1), devoit faire penser mûrement à cet inconvénient;

Qu'il étoit aisé de remédier à l'appréhension que l'on avoit que les Anglais et les Hollandais assistassent La Rochelle en une autre occasion, et qu'en faisant la paix on les pouvoit obliger à seconder le Roi une autre fois à ce dessein, étant certain qu'ils désiroient avec grande passion que les troubles du dedans du royaume s'apaisassent maintenant, et que si l'on leur faisoit connoître que le Roi, mettant sous les pieds ses propres intérêts, vouloit donner la paix à son royaume, pour vaquer plus puissamment aux affaires qu'ils ont contre les étrangers, pourvu qu'ils s'obligent d'en prendre revanche, en assistant ouvertement Sa Majesté, lorsque, par après, il voudra avoir raison de ses rebelles, indubitablement ils s'y porteroient : ou si, au contraire, l'on continuoit la guerre, s'il étoit vrai que Buckingham agît par boutades et non par raison, il étoit à craindre qu'il ne leur fît donner quelque secours sous main, qui rendît cette entreprise de longue haleine et par conséquent de douteux événement, vu qu'outre que les Français ne demeurent pas long-temps en même résolution, il pouvoit arriver beaucoup d'accidens qui la feroient changer. Au reste, quand même la paix seroit faite avec Espagne, elle ne sauroit être exécutée de six mois, et que c'étoit chose ordinaire aux Espagnols de ne tenir ce qu'ils promettent, et dont ils conviennent par traité, que lorsqu'ils ne s'en peuvent empêcher et que l'on les peut contraindre. Ce qui montroit bien que la paix étoit nécessaire au dedans, vu que, si elle n'y étoit pas, on seroit si empêché à y vaquer à la guerre, que l'on n'auroit pas lieu de faire exécuter la paix du dehors; et sans doute les Espagnols n'oublieroient rien de ce qui leur seroit possible pour fomenter nos divisions intestines, pource que le traité fait avec eux demeureroit sans effet;

Que les affaires d'Allemagne étoient en tel état, que, si le Roi les abandonnoit, la maison d'Autriche se rendroit maîtresse de toute l'Allemagne, et ainsi assiégeroit la France de tous côtés. Or est-il que, si le Roi avoit la guerre en France, il ne pourroit secourir les princes de la Germanie opprimés; ou, au contraire, s'il avoit la paix dans son royaume, sans entreprendre la guerre de son chef, il pouvoit, en assistant les princes d'argent sous main, et les Anglais de quelque cavalerie, aider à rendre la liberté à ses anciens alliés, restituer la paix à l'Allemagne et y remettre les choses en une juste balance; que,

(1) Spinola.

si l'on n'y pourvoyoit présentement, la maison d'Autriche dans six mois au plus tard, lorsqu'elle n'auroit plus rien à conquérir en Allemagne, tâcheroit de s'occuper en France à nos dépens; et s'il est vrai que l'on tient une place perdue quand tous les dehors en sont gagnés, il seroit à craindre qu'elle nous feroit bien du mal; que la calomnie ne dureroit qu'un mois; le bon succès que l'on pourroit avoir au dehors l'étoufferoit incontinent, ceux qui sont capables de raison considérant bien qu'ainsi que si le Roi rasoit le fort (1) par la paix, l'on pourroit dire qu'elle seroit honteuse; aussi pour la faire honorable c'étoit assez, pendant que l'on est occupé au dehors, de maintenir les choses au dedans ainsi qu'elles étoient auparavant; de façon que si, passant plus avant, le Roi donnoit la paix après avoir gagné une bataille, conservant les îles qui en sont le fruit et les dépouilles, et réduisant les huguenots à des conditions beaucoup pires qu'ils n'avoient jamais été, elle seroit glorieuse et telle qu'elle ne pourroit être improuvée que de ceux qui seroient aveugles par passion ou par un zèle inconsidéré; n'y ayant homme de jugement qui ne connoisse que quiconque entreprend deux grandes guerres à la fois, se confie plus à son bonheur et à sa fortune qu'à sa conduite et à sa prudence; que jamais le Turc, pour puissant qu'il soit, n'a guerre avec le Persan qu'il ne fasse la paix avec les Chrétiens. L'Empereur, ayant maintenant la guerre en Allemagne, n'a rien oublié pour faire la paix avec lui, et a tous les jours des agens à sa Porte pour empêcher qu'elle ne se rompe;

Que si le Roi étoit contraint de faire la paix pour ces raisons, Dieu, qui pénètre les cœurs, connoissant la sainteté de ses intentions, les feroit connoître au monde, et donneroit bon succès à la première entreprise pour faire réussir la seconde; que le secours que messieurs du clergé donneroient au Roi ne seroit pas perdu, Sa Majesté en pouvant conserver le fonds, et acquérir une grande réputation et probité de foi du tout nécessaire dans les affaires publiques, si, au cas que pour le présent il ne faisoit point la guerre au dedans, il disoit à ces messieurs qu'il ne vouloit pas toucher leur argent maintenant, mais qu'il désireroit qu'ils le conservassent avec leur bonne volonté, pour s'en aider lorsque les mauvais déportemens des huguenots lui donneroient lieu de s'en servir à propos; que, pour conclusion, après avoir considéré tout ce que dessus, toutes raisons de prudence sembloient convenir à n'avoir pas deux guerres à la fois; mais que

(1) Le fort Louis, contre la Rochelle, objet du soulèvement actuel.

d'autant que Dieu fait souvent des miracles pour la France, qu'il les falloit particulièrement attendre en ce sujet. Et afin qu'en outre nul ne pût dire qu'on se seroit précipité sur des ombres, il estimoit que le vrai conseil qu'on devoit prendre, étoit de tenir les affaires en état que l'on pût avoir la paix au dedans quand l'on voudroit, et cependant ne la conclure pas pour les considérations suivantes :

Qu'il étoit à propos d'attendre des nouvelles d'Italie, pour savoir comme les affaires auroient succédé, et quelles espérances auroient ceux qui servoient le Roi; d'en attendre aussi de diverses entreprises que l'on avoit en Languedoc, lesquelles il falloit hâter le plus qu'il seroit possible; de savoir ce qu'auroit produit la dernière dépêche que l'on avoit envoyée à Blainville, laquelle lui donnoit pouvoir de parler hautement, s'il jugeoit que les Anglais demeurassent en l'obstination de ne donner point de contentement au Roi, et s'ils étoient disposés à secourir La Rochelle comme il avoit déjà mandé; d'attendre des nouvelles de M. de Montmorency, pour voir si les Hollandais étoient résolus de servir le Roi fidèlement contre La Rochelle, ou si, comme disoit M. de Toiras, ils ne le feroient pas; de voir aussi ce que diroient sur ce sujet les sieurs Arsens et Buckingham, avant la venue duquel, s'il avoit à venir, il étoit du tout nécessaire de faire parler les députés qui iroient en Languedoc et à La Rochelle pour éviter les importunités et sollicitations qu'il feroit en leur faveur; et, en outre, de faire auparavant séparer l'assemblée du clergé. Que si l'on avoit de bonnes nouvelles de toutes parts, l'on pourroit continuer la guerre, entretenant toujours quelque pratique secrète de paix; si aussi l'on en avoit de mauvaises, il faudroit faire la paix en effet.

Et pour ce qu'il seroit fort difficile de tenir les affaires en tel tempérament, que présentement l'on s'exemptât de conclure paix ou guerre avec les huguenots, d'autant qu'étant soupçonneux comme ils sont, ils presseroient fortement une conclusion, toutefois l'on pourroit s'exempter de conclure par le moyen qui s'ensuit : qu'il faudroit dire aux députés du Languedoc que le Roi vouloit leur donner la paix, s'ils la savoient prendre; mais que, pour l'honneur et réputation, Sa Majesté ne vouloit pas ouïr parler de la jonction qu'ils prétendoient faire avec ceux de La Rochelle, parce qu'elle témoignoit faction et parti : partant, que c'étoit à eux d'accepter la paix sans jonction, ou, s'ils n'en avoient le pouvoir, envoyer quelqu'un d'entre eux pour y disposer leurs provinces : que pour porter à ce que dessus les plus mauvais, il faudroit leur faire connoître bonnement que cette séparation d'union désirée par le Roi ne faisoit pas qu'il ne voulût en effet donner la paix à La Rochelle, pourvu qu'ils la reçussent à des conditions qui pussent compatir avec la dignité et réputation du Roi, qui, autrement, recevroit grand préjudice par la calomnie et le zèle inconsidéré de plusieurs catholiques; qu'il faudroit même, pour mieux jouer ce personnage, que quelques-uns des ministres parlassent, non de la part du Roi, mais comme d'eux-mêmes en grand secret; leur donnassent part de quelques-unes des conditions que l'on désiroit en la paix, avec la plus douce sauce qu'ils pourroient, leur disant que l'on désiroit celles qui sembloient les plus rudes, plus pour l'apparence et pour éviter le bruit des catholiques qu'autrement, pourvu qu'au même temps que l'on joueroit ce personnage avec Bellujon et quelques autres qu'on choisiroit, l'on parlât hautement de guerre; qu'il y avoit grande apparence que l'on obtiendroit d'eux qu'un de leurs députés de La Rochelle demeurant en cour, l'autre s'en retournât pour faire agréer lesdites conditions, et que Médiane et du Cros iroient pareillement en Languedoc, la Miletière et le baron Laubez demeureroient ici. Cela étant, si l'on faisoit connoître auxdits Miletière et du Cros que l'on voulût donner la paix à La Rochelle à conditions supportables, desquelles même on leur donneroit en grand secret quelque connoissance, mais que le Roi la leur vouloit donner sans union avec le Languedoc pour éviter la faction et agir avec réputation, sans doute ils rapporteroient contentement.

Tel fut l'avis du cardinal, qui fut agréé du Roi; et il arriva que le peuple mutin de La Rochelle, nonobstant sa foiblesse et l'extrémité en laquelle il étoit réduit, ne voulut pas recevoir la paix à ces conditions, ce qui fit que l'année se passa avant qu'elle fût résolue, et que les ambassadeurs d'Angleterre eurent loisir d'arriver pour servir à les y faire condescendre, espérant par ce moyen fortifier l'effort qu'ils faisoient en Allemagne pour le recouvrement du palatinat.

Il se fit en Italie, sur la guerre de la Valteline, deux méchans livres, sans nom d'auteur, lesquels, pour déguiser le lieu d'où ils venoient, on fit premièrement distribuer en Flandre, les attribuant sous main à Boucher (1), qui, par lettre qu'il écrivit à ses amis, s'en excusa. Le premier étoit intitulé *Mystères politiques*, et le dernier portoit pour titre : *Admonition, par laquelle brièvement et fortement on démontre que la France a vilainement et honteusement fait une ligue impie, et mû une guerre injuste,*

(1) Le prédicateur du temps de la Ligue.

en ce temps, contre les catholiques, qu'elle ne sauroit poursuivre sans préjudicier à la religion. Le dedans du livre (2) étoit conforme à la calomnieuse et fausse inscription; on y déduisoit au long, avec un style envenimé, qu'assister les Hollandais contre Espagne, le Palatin contre Bavière, Savoie contre Gênes, Venise contre la Valteline, étoit faire la guerre directement contre les catholiques, violant tout droit divin et humain. L'auteur, parmi son discours, mêloit des injures atroces contre le cardinal, qu'il appeloit le boute-feu de cette guerre, le promoteur du mariage d'Angleterre, et l'auteur de la dernière ligue avec les potentats et autres mauvais catholiques.

Par la suite de la guerre de la Valteline que nous avons représentée, la justice des armes du Roi est aisée à juger; la pureté du dessein du mariage d'Angleterre paroît assez par la dispense que Sa Sainteté en a accordée. Quant à l'équité de la guerre du Palatinat, elle est assez évidente, en ce que les princes catholiques d'Allemagne mêmes en désirent le rétablissement, et ne se sont jamais arrêtés que sur les conditions de l'accommodement. L'alliance de Hollande, dont la justice n'est pas moindre, mais qui est la première qui a été calomniée, et en laquelle ils ont eu un prétexte plus trompeur et plus apparent pour décevoir les peuples, mérite bien que nous nous y arrêtions pour les désabuser; mais parce que le discours qui prouve la justice de cette alliance est un peu plus long que la brièveté de cette histoire ne requiert, nous nous contenterons de l'insérer à la fin de cette année (3), laissant à inférer à ceux qui le liront, que les libelles pleins de blâme de la conduite du Roi en la guerre de la Valteline, en l'alliance de Hollande, au mariage d'Angleterre, et ligue avec Venise et Savoie, procédoient, non de la sincérité d'un cœur chrétien, mais de la passion d'une ame intéressée en la faction d'Espagne.

C'est pourquoi, ayant été envoyés et épandus en France, et étant estimés être autant de comètes qui présagent et excitent les orages dans les Etats, comme nous en avons vu en celui-ci plusieurs exemples en nos brouilleries passées, ils émurent les docteurs de la faculté de théologie de Paris à les faire lire par quelques-uns d'entre eux, députés à cet effet, pour, leur en ayant été fait le rapport, procéder au jugement qu'ils auroient à en faire de la doctrine. Un mois après, qui fut le 26 novembre, ils déclarent que ce livre étoit rempli de termes très-séditieux, et que, sous le masque de conserver la religion ca-

(2) Du second.
(3) Cette pièce manque.

tholique, il exhortoit les grands de ce royaume à une déloyale désertion, et tout le peuple à une rébellion générale; divertissoit tous les sujets de l'obéissance due aux puissances séculières; abusoit malicieusement des Saintes-Écritures, les interprétant à contre-sens, contre l'intention du Saint-Esprit; enfin contenoit beaucoup de choses contraires à la vraie doctrine de l'Eglise. Pour lesquelles raisons ils supplioient messieurs les prélats et juges séculiers d'interposer leur autorité pour arrêter le cours de la vente de ce livre, et en châtier les auteurs. L'assemblée générale du clergé, qui se tenoit lors, trouva bon de censurer ce méchant livre, et donna charge à l'évêque de Chartres de rédiger cette censure par écrit. Il en fit imprimer une le 3 décembre de ladite année, dont il y eut beaucoup de bruit, ainsi que nous verrons ci-après.

LIVRE XVII (1626).

L'ambassadeur de France en Espagne signe, avec le comte d'Olivarès, un traité de paix qui n'obtient pas l'assentiment du Roi. — Opinion du cardinal dans cette occasion. — Instructions envoyées à l'ambassadeur. — Les ambassadeurs d'Angleterre recherchent une alliance défensive avec le Roi, et sollicitent les huguenots à s'accommoder. — Le Roi accorde la paix aux huguenots; conditions de cette paix. — Prudence et courage du cardinal dans la conduite de cette affaire. — Arrêt du parlement au sujet de la censure du livre intitulé *Mystères politiques*. — Le Roi, de l'avis du cardinal, évoque cette affaire à son conseil et la termine. — Orage formé contre les jésuites à l'occasion d'un livre du père Santarel; comment le cardinal parvient à l'apaiser. — L'ambassadeur de France signe un nouveau traité de paix avec l'Espagne qui est ratifié. — M. de Bullion est envoyé auprès du duc de Savoie pour le lui faire agréer, et le sieur de Châteauneuf à Venise et auprès des Grisons pour le même sujet; instructions dont ils sont chargés. — Promesses du Roi aux ambassadeurs d'Angleterre de concourir avec eux à procurer la liberté de l'Empire. — Nouvelles mesures proposées par le cardinal et adoptées par le Roi pour arrêter la fureur des duels. — Succès qu'elles obtiennent. — Conspiration du maréchal d'Ornano; combien elle est étendue; rangs et qualités des personnes qui y trempent; preuves et détails. — D'Ornano est arrêté avec plusieurs complices; il est enfermé à Vincennes. — Le cardinal conseille au Roi de diviser la faction. — Entrevue de M. le prince avec le cardinal; son heureuse issue. — Entrevue de Monsieur avec le même; ses protestations de fidélité. — Déclaration écrite et signée du Roi, de la Reine-mère et de Monsieur. — Le duc de Vendôme et son frère sont arrêtés. — Voyage du Roi à Nantes. — Chalais est arrêté. — Le Roi fait l'ouverture des Etats de Bretagne. — Inquiétudes de Monsieur sur l'arrestation de Chalais; ses résolutions aussitôt abandonnées que prises; ses aveux; il demande un apanage. — Discours du cardinal au Roi sur la nécessité de terminer le mariage de Monsieur; quelles personnes s'y opposent. — Par le conseil du cardinal, madame de Chevreuse est éloignée de la cour; sa colère en recevant l'ordre de la quitter. — Lettres patentes du Roi concernant l'apanage de Monsieur. — Son mariage est célébré par le cardinal. — Instruction du procès de Chalais; il est condamné et exécuté. — Lit de justice du Roi au parlement de Rennes. — Le comte de Soissons reçoit ordre du Roi de rester à Paris. — D'Ornano meurt de chagrin en prison; preuves de ses crimes; aveux de Monsieur contre lui. — Desseins des conjurés contre le Roi et contre le cardinal. — Difficultés apportées à l'exécution du traité de paix conclu avec l'Espagne de la part de quelques puissances intéressées. — Traité entre les rois de France et d'Espagne sur la démolition des forts de la Valteline. — Détails sur les mauvais procédés des Anglais envers leur reine, madame Henriette. — Menées et intrigues de Buckingham; son portrait. — Discours de Richelieu au Roi sur les moyens de rétablir la balance politique en Allemagne. — Ce projet échoue par les fautes que commettent les Anglais. — Après quelques succès Mansfeld et le roi de Danemarck sont vaincus et entièrement défaits. — Le cardinal met le Roi et son conseil en garde contre des ouvertures spécieuses faites par la cour d'Espagne. — Le maréchal de Bassompierre est envoyé en Angleterre pour se plaindre de la conduite tenue envers la Reine. — Sa première audience auprès du Roi. — Le cardinal fait supprimer les charges de connétable et d'amiral. — Le Roi, sur son avis, ôte à Liancourt ses charges pour avoir provoqué en duel le duc d'Halluin. — Baradas est disgracié. — Le maréchal de Bassompierre obtient en partie satisfaction de la cour d'Angleterre.

[1626] Le commencement de cette année fut signalé par deux actions importantes et peu attendues, qui donnèrent au Roi le repos au dehors et au dedans de son royaume, et lui ouvrirent le chemin pour exterminer le parti huguenot, qui, depuis cent ans, divisoit son Etat. Ces deux affaires furent la conclusion de la paix avec l'Espagne, et celle avec les huguenots. L'Espagne, qui jugeoit bien que le Roi feroit la paix avec les huguenots si la guerre d'Italie tiroit de longue, et qui ne croyoit pas qu'il la voulût faire s'il n'y étoit forcé d'ailleurs, désirant de lui donner occasion de continuer la guerre, hâta, tant qu'elle put, l'accommodement de l'affaire d'Italie. Les Anglais, d'autre côté, que l'acheminement du légat en Espagne mettoit en crainte qu'il ne terminât, en ce second voyage, ce qu'il n'avoit pu faire au premier, envoyèrent leurs ambassadeurs en France, avec charge de solliciter les Rochelois de recevoir la paix que le Roi leur avoit offerte, et n'oublièrent ni raisons ni menaces pour parvenir à cette fin; d'où il arriva que, par une conduite pleine d'industrie inaccoutumée, on porta les huguenots à consentir à la paix de peur de celle d'Espagne, et les Espagnols à faire la paix de peur de celle des huguenots.

En cela on peut voir clairement combien un bon conseil, donné à propos, produit d'effets salutaires; car tout ce bien arriva à la France en suite des ambassadeurs extraordinaires que, par invention, on fit que le roi d'Angleterre envoya. Ces ambassadeurs donnèrent jalousie aux Espagnols, et les firent hâter à condescendre à beaucoup d'articles qu'ils n'eussent jamais accordés sans cela, et, d'autre part, firent mettre nos huguenots à la raison.

La plus grande difficulté que le cardinal eut à surmonter fut dans le conseil du Roi, où les principaux, par un trop ardent et précipité désir de ruiner les huguenots, ou par foiblesse, ou par une trop bonne et fausse opinion qu'ils avoient d'Espagne, vouloient à quelques prix et conditions que ce fût, qu'on s'accommodât avec elle, sans se soucier de se relâcher à des choses désavantageuses à la réputation du Roi, lesquelles ils estimoient assez récompensées par le moyen que cette paix donneroit au Roi d'employer toutes ses forces pour nettoyer le dedans de son royaume. Le garde des sceaux de Marillac (1) étoit de cet avis, et représenta, en plein conseil du Roi, qu'il falloit terminer le différend de la Valteline, en quelque manière que ce fût, sinon en celle que l'on voudroit, en celle que l'on pourroit, ne refusant aucun parti honnête plutôt que de rompre; que cette guerre étoit, à l'extérieur, entreprise pour la défense de nos alliés, mais en effet pour notre intérêt en la conservation des passages; que l'une ni l'autre raison n'étoit considérable au prix de la ruine de l'hérésie, que nous pouvions extirper en France si nous faisions cette paix; que le Roi ne devoit pas abandonner ses amis, mais qu'il ne devoit pas aussi se ruiner pour l'amour d'eux; que les huguenots ne se soumettroient qu'à des conditions honteuses pour le Roi, s'ils le voyoient engagé contre le roi d'Espagne; que les princes protestans qui resteroient nos principaux alliés nous obligeroient à les recevoir; que le Roi n'avoit pas d'argent pour supporter les dépenses des deux guerres à la fois, qu'il en faudroit venir à de grandes exactions sur les peuples; qu'il falloit avoir quelque soin de la réputation des principaux du conseil du Roi, qui seroient diffamés comme peu soucieux de la religion, si on s'affermissoit à vouloir conserver aux Grisons la souveraineté sur la Valteline; que cela n'étoit pas juste, que Dieu y étoit offensé, et qu'il étoit à craindre que ce ne fût l'heure que plusieurs ames très-saintes prévoyoient de la punition de cet Etat, si on négligeoit les moyens que Dieu présentoit de ruiner l'hérésie.

Tels avis fondés sur des raisons de piété, pleins de doutes raisonnables et de craintes de toutes parts, font voir manifestement quelle force et fermeté de courage il a fallu avoir pour soutenir la réputation du Roi en cette affaire, et la terminer aux conditions glorieuses à la France que nous vous déduirons maintenant. Ce qui étoit le plus fâcheux au Roi, étoit que le Pape se déclaroit pour le roi d'Espagne, envoyoit à la Valteline les six mille hommes dont il nous avoit menacés par son nonce; sur quoi le Roi lui fit dire par son ambassadeur, qu'il n'eût jamais cru que de père commun il eût voulu devenir partial et sectateur d'Espagne; que rien ne lui feroit perdre le respect et la révérence qu'il doit à Sa Sainteté, mais qu'il étoit prêt à faire connoître à tout le monde qu'obéissant religieusement à un pape ès choses spirituelles, on peut s'opposer justement ès desseins temporels qu'ils prennent pour favoriser ceux mêmes qui opprimoient l'autorité de l'Eglise, quand ses prédécesseurs avoient les armes en main pour la défendre; qu'elle se défendroit bien de tous ceux qui voudroient faire contre elle, et s'y prépareroit d'autant plus puissamment, que peut-être, lorsque Sa Sainteté penseroit à l'attaquer, auroit-elle besoin de ses armes pour la servir contre ceux qui, sous prétexte de lui nuire, vouloient perdre tout-à-fait le Saint-Siège.

Mais tandis que Sa Sainteté et ses ministres faisoient courir le bruit qu'il étoit offensé que le voyage du légat en France n'y eût produit aucun fruit, et qu'il envoyoit lesdits six mille hommes en la Valteline en faveur des Espagnols, et d'autre part, que sous ombre de tenir sur les fonts de baptême l'infante nouvellement née, il se préparoit à envoyer le même légat en Espagne, afin qu'en quelque manière que ce fût l'accommodement des deux couronnes ne se fît point sans son intervention; Le Fargis, ensuite des pourparlers qu'il avoit eus par permission du Roi avec le comte Olivarès sur ce sujet, signa, sans avoir charge de Sa Majesté, un traité (2) qui lui sembloit n'être pas éloigné des intentions de Sadite Majesté, et le lui envoya par une dépêche du 7 janvier, en laquelle, pour toute raison, il allègue qu'il n'a pu se conformer aux ordres que lui prescrivoit Sa Majesté par sa dernière dépêche, pource que cela eût donné beaucoup d'ombrage par delà, et qu'il se console en ce que le roi Henri-le-Grand, en même sujet, se contenta à beaucoup moins que ce qu'il avoit obtenu du comte Olivarès, et qu'il lui sembloit qu'il n'avoit rien oublié d'essentiel, puisque les Espagnols laissoient aux Grisons la souveraineté sur les Valtelins, et ne prétendoient aucun droit ni usage de leurs passages.

Le Roi et tout son conseil furent fort surpris à l'arrivée de cette dépêche, qui leur donnoit avis d'une chose qu'ils n'attendoient point, et le furent encore davantage quand ils eurent vu le

---

(1) Ici commence la mésintelligence entre le cardinal et la portion du conseil plus exclusivement catholique. Du reste, Marillac n'était pas encore garde des sceaux, mais l'un des directeurs des finances.

(2) Ce traité fut signé le 1er janvier de cette année.

traité qui l'accompagnoit. Il étoit défectueux en beaucoup de points très-importans, comme ayant été fait à trois cents lieues du Roi, sans son su et sa communication, et, au contraire, dans le cabinet du roi d'Espagne, au milieu de son conseil. Au préambule de ce traité, les Espagnols gardoient cet avantage, que la proposition de la paix étoit faite par Le Fargis, étant dit : *il proposa et proposèrent ensemble.* En second lieu, la porte étoit ouverte aux Espagnols de prendre occasion de brouiller quand ils voudroient, étant dit *qu'en cas que les Grisons contrevinssent à ce traité, ils seroient privés de leur souveraineté.* En troisième lieu, il n'avoit pas eu égard aux intérêts des alliés du Roi, comme il devoit.

Le cardinal, appréhendant plus que personne les inconvéniens qui pouvoient arriver de ce traité, l'impossibilité pour l'honneur du Roi à le recevoir, la difficulté qu'il y auroit à le raccommoder, le sujet de plainte que nos alliés penseroient avoir de nous, estimant en avoir été délaissés et méprisés; et enfin cet accident aigrissant plutôt les esprits que de les disposer à un bon accord, après avoir mûrement considéré en lui-même tous les moyens qu'il y avoit pour sortir de cette affaire, dit au Roi : qu'il falloit proposer à l'ambassadeur d'Espagne deux partis : ou de raccommoder maintenant le traité, ou de le tenir secret jusqu'à tant qu'on eût fait venir l'ambassadeur, pour être informé plus particulièrement des motifs de son action; qu'en ce cas on pourroit mander à l'ambassadeur qu'il vît à raccommoder l'affaire avec Olivarès, s'il pouvoit : s'il pouvoit, à la bonne heure; sinon il falloit se servir du temps qu'il lui falloit à arriver pour faire la paix avec les huguenots.

Si l'affaire se divulguoit, ou que l'ambassadeur n'approuvât pas de la tenir secrète jusqu'au retour de Fargis, qu'il la falloit dire en grand secret aux ambassadeurs de Savoie et de Venise, les assurer que le Roi y vouloit remédier et en avoir raison, les rendant capables que la France se servit d'une telle faute pour porter les huguenots à une paix honorable; qu'il avoit peur que, quand Venise et Savoie sauroient le traité, ils ne pussent plus prendre confiance au Roi; qu'il étoit à craindre aussi qu'au même instant ils regardassent à traiter avec le Pape; et qu'il ne voyoit point de moyen de remédier à ces maux, si on ne se lioit de nouveau à la guerre avec eux, ce qui seroit s'embarquer plus que jamais lorsqu'il y avoit lieu de sortir d'affaires; que le Roi pourroit déclarer par écrit le traité avoir été fait sans son pouvoir et consentement, promettre à ses colligués de faire voir cette vérité si claire qu'ils n'en pourront douter, et, de plus, déclarer de tenir pour nul ledit traité; que tous ces remèdes empiroient le mal; mais il étoit tel qu'il n'y en avoit point qui le pût guérir.

Qu'il sembloit qu'il fallût donner permission à du Fargis d'aller prendre congé du roi d'Espagne, afin de voir avec Olivarès s'il pouvoit raccommoder sa faute, lui faisant connoître que le Roi avoit trouvé son action si mauvaise qu'elle ne pouvoit subsister; qu'il le conjurât de lui donner lieu de garantir sa réputation, et le décharger du blâme que tout le monde lui donneroit, et, au reste, que, puisqu'il désiroit la paix, il devoit consentir à des tempéramens qui la pussent établir; que Sa Majesté eût agréable de dire à l'ambassadeur d'Espagne qu'elle écriroit au Fargis qu'il la vînt trouver pour lui rendre compte de sa faute; qu'outre que le traité qu'il avoit envoyé étoit défectueux en la forme, il l'étoit encore en la matière, y ayant à désirer plusieurs choses pour la satisfaction de ses alliés; qu'elle ne refuse point la paix; au contraire, que, n'ayant jamais eu d'autre dessein que de conserver à ses alliés ce qui leur appartient, elle seroit bien aise que le Roi, son frère, lui donnât contentement en ce que dessus.

Que Sa Majesté mandât au duc de Rohan qu'il se tînt prêt pour passer en Italie avec les troupes du Languedoc; qu'on feroit aussi marcher le régiment de Normandie et d'Aquebonnes en la Valteline; on manderoit à M. de Vignoles qu'il eût à border toute la frontière des Etats de M. de Savoie, du côté du Milanais, selon que Son Altesse le désiroit, pour donner lieu à Sadite Altesse de mettre toutes ses troupes en corps s'il en avoit besoin, et qu'on enverroit pour faire faire montre à l'armée de Sa Majesté. Que si l'Espagne refusoit à donner contentement sur ce qui étoit en ce traité justement désiré d'elle, l'armée du Roi seroit en état de faire grand effet dans le duché de Milan.

Sa Majesté ensuite écrivit à Fargis qu'il essayât de raccommoder cette affaire avec le comte d'Olivarès, et, s'il ne le pouvoit, qu'il prît congé et revînt en France pour rendre compte de ses actions, et qu'avant partir il fît entendre au nonce et aux ambassadeurs de ses confédérés qu'il avoit, sans charge et au hasard de sa tête, fait, conclu et signé ce traité, qu'il estime avantageux pour ses collègues, puisque les passages disputés, et la souveraineté des Grisons, demeurent comme ils sauroient souhaiter.

Les principaux points que le Roi demandoit, étoient qu'à l'entrée du traité la proposition en fût faite de la part des deux rois ensemble, et que les peines qui seroient imposées aux contraventions qui pourroient arriver de la part des Grisons, n'allassent pas jusqu'à la privation de leur souveraineté sur la Valteline, parce qu'il se feroit toujours en cela de la fraude de la part du roi d'Espagne; mais qu'il suffisoit qu'ils fussent privés de la somme d'argent qu'il étoit accordé que les Valtelins leur donneroient tous les ans pour le droit qu'ils leur relâchoient d'élire leurs juges et magistrats d'entre eux, ou qu'à l'extrémité ils se soumissent encore à perdre le droit qu'ils s'étoient réservé de les confirmer, et à telles autres peines que les deux rois arbitreroient ensemble. Néanmoins, afin de ne rien oublier qui pût amener une bonne paix, le Roi fit mander au Fargis qu'en cas qu'il ne pût réduire les choses pleinement au point qu'il étoit désiré, il pouvoit condescendre à faire un article secret qui portât qu'en cas que les Grisons, par résolution publique, dérogeassent aux présentes capitulations et ne voulussent s'en désister en l'instance qui leur seroit faite par les deux rois, les deux rois les déclareroient privés de leur autorité et prérogatives sur les Valtelins, comtés de Bormio et de Chiavenne. Auquel cas les Valtelins et comtés auroient toujours les mêmes obligations à la couronne de France que les Grisons, en ce qui touche les alliances et passages, en feroient serment solennel et en passeroient patentes authentiques, sur peine de déchoir des priviléges qui leur étoient accordés par le présent traité.

On lui manda aussi qu'il essayât avec dextérité à ménager un point qui n'importoit point à l'Espagne, et donneroit contentement au Roi : c'étoit que dans l'un des articles, au lieu qu'il étoit porté absolument que les Valtelins auroient pouvoir d'élire leurs juges, gouverneurs et magistrats, on désireroit qu'ils eussent pouvoir de nommer trois Valtelins ou Grisons, tous catholiques, et non autres, dont les Grisons en pourroient choisir un ; ou, s'il se pouvoit faire, que ce fussent les Grisons qui nommassent les trois susdits, pour que les Valtelins en choisissent un; ce qui seroit encore le meilleur; et qu'en ce dernier cas on pourroit exempter les Valtelins de payer la somme de deniers stipulée pour cela. Et enfin, que pour vider tout différend et épuiser les sources qui en pourroient faire naître à l'avenir, il seroit bon de mettre un article par lequel les deux rois s'obligeroient de vider à l'amiable le différend qui étoit entre les Grisons et l'archiduc Léopold; que cet article pourroit se mettre dans le corps du traité ou être secret, et le Roi pourroit se faire fort pour les Grisons, et le roi d'Espagne pour l'archiduc Léopold.

Tandis que ces choses se passoient avec le roi d'Espagne, et que tout s'acheminoit à la paix, les ambassadeurs d'Angleterre, qui n'en savoient rien, arrivèrent à Paris pour rechercher une alliance défensive avec le Roi, traiter des affaires d'Allemagne, et se plaindre de Blainville, rejetant sur lui toutes les fautes qu'ils avoient faites, et solliciter les huguenots de s'accommoder, à quelque prix ce fût, avec le Roi. Pour l'alliance défensive, le Roi demanda que la restitution des vaisseaux qu'ils avoient pris seroit préalablement faite; mais que si leur humeur n'étoit pas qu'elle y fût mise, comme ils chicanent en toutes choses, il n'étoit pas honorable à Sa Majesté de renouveler cette alliance sans cela. Sur les propositions qu'ils firent touchant les affaires d'Allemagne, on ne s'y arrêta guère, étant reconnus pour gens qui disent toujours beaucoup de choses, et ne proposent rien qui se puisse ou qu'ils veulent exécuter. On donna ordre de leur faire ramener les vaisseaux anglais qui avoient servi à l'armée navale, lesquels ils redemandoient. Et pour le regard de Blainville, le Roi leur fit sentir, auparavant que de les voir, qu'il étoit offensé du mauvais traitement qu'il avoit reçu, et que tout le tort étoit de leur côté.

Ce qui leur fit changer le langage qu'ils avoient prémédité, et dire au Roi, en leur première audience, qu'ils avoient ordre de continuer à Sa Majesté les plaintes que le Roi leur maître lui avoit déjà faites de la mauvaise conduite de Blainville; mais qu'ayant su depuis que Sa Majesté avoit été autrement informée, et qu'on lui avoit voulu persuader que sa dignité avoit été blessée en la qualité qu'il portoit de son ambassadeur, ils venoient pour l'assurer que cela étoit tellement éloigné des intentions du Roi leur maître, qu'il recevroit des honneurs et des respects si publics, que personne ne pourroit douter du dessein qu'il avoit de conserver par toutes voies son amitié et bonne intelligence, si nécessaire au bien de ces deux Etats; et que pour cet effet ils déclaroient à Sa Majesté que le Roi leur maître n'avoit jamais entendu lui défendre les libertés permises et dues aux ambassadeurs. Et quant au secrétaire qui avoit été retenu, ils assuroient Sa Majesté qu'il n'avoit point été reconnu; que le Roi leur maître étoit très-fâché de cette méprise, et qu'il mettroit si bon ordre, que tels inconvéniens n'arriveroient plus; et que, bien que les maires des lieux où il avoit été arrêté l'eussent fait innocemment, ils recevroient telle peine que voudroit Sa Majesté.

Ils demandèrent après la main-levée de toutes les marchandises et navires appartenant aux Anglais, qui avoient été arrêtés en cet état; et, pour empêcher semblables maux à l'avenir, que Sa Majesté eût agréable de renouveler le traité fait en l'an 1610, l'assurant par ordre exprès qu'ils disoient en avoir reçu du Roi leur maître, que l'on restituerait dans trois semaines pour tout délai, les marchandises et navires détenus en Angleterre, et qui seroient justifiés appartenir aux sujets de Sa Majesté. Le Roi la leur accorda, mais à telle condition que, si en Angleterre on n'exécutoit pas fidèlement ce qu'ils promettoient si solennellement, et que son ambassadeur, ou l'évêque de Mende, qui, par le traité, pouvoient assister au jugement, lui écrivoient que l'on retînt quelque chose à ses sujets, le Roi son frère trouveroit bon qu'il en fît de même.

Le Roi donna avis à Blainville de tout ce qui s'étoit passé avec eux sur son sujet, et lui commanda de demander audience au roi d'Angleterre pour recevoir de lui les bonnes paroles qu'il lui diroit comme ambassadeur, conformément au langage tenu ici par les siens ; après laquelle il demeureroit deux ou trois jours, plus ou moins, tant qu'il estimeroit à propos, puis demanderoit son audience de congé, et s'en viendroit. Si en partant il pouvoit obtenir la délivrance des marchandises françaises, ou de partie, il seroit bon, sinon qu'il ne s'y arrêtât pas. S'il revenoit ayant été satisfait pour le Roi, Sa Majesté enverroit, peu après, le sieur de Fossé pour y être son ambassadeur ordinaire, sinon le partement dudit sieur Fossé seroit fort différé, Sa Majesté laissant à penser si elle voudroit envoyer un ambassadeur en lieu où les siens seroient si maltraités.

On traitoit la paix en Espagne avec un si grand secret, que non-seulement on ne le savoit, mais on ne s'en doutoit pas ; et le Roi se préparoit si fortement à la guerre, qu'il n'y avoit aucun qui ne crût que ce ne fût un dessein arrêté. Le prince de Piémont même vint en cour, quelque artifice dont on pût user pour l'en empêcher, et sollicitoit incessamment la charge de lieutenant général des armées du Roi en Italie. Les ambassadeurs d'Angleterre, pour ne laisser refroidir l'ardeur avec laquelle ils voient poursuivre ce dessein, menaçoient les huguenots de les abandonner entièrement, si par la continuation de leur rébellion ils divertissoient les armes de Sa Majesté. Le connétable de Lesdiguières y ajoutoit ses offices, et craignoit que l'esprit du Roi fût si ulcéré contre eux, qu'il eût peine à se résoudre de leur pardonner l'atrocité de tant de crimes qu'ils avoient commis contre Sa Majesté. D'autre côté le maréchal de Thémines, qu'on avoit envoyé à La Rochelle au lieu du maréchal de Praslin, les resserra de si près, dès qu'il fut arrivé, qu'ils abaissèrent leur orgueil, et se soumirent à de plus équitables conditions qu'ils n'avoient fait jusques alors.

Par ces moyens les choses furent si bien conduites, et si chaudement poursuivies, que la paix fut conclue et signée le 5 février, avec les conditions avantageuses qui suivent. Le Roi, désirant donner la paix à ses sujets de la ville de La Rochelle, de la religion prétendue réformée, qui la lui ont demandée avec toutes sortes d'instances, de soumissions et de respects, la leur accorde aux conditions qui s'ensuivent :

1. Que le conseil et gouvernement de ladite ville sera remis et rétabli ès mains de ceux qui sont du corps d'icelle, en la forme qu'il étoit en l'année 1610.

2. Qu'ils recevront un commissaire pour y faire exécuter les choses qui seront arrêtées pour l'exécution de la paix, et y demeurer tant qu'il plaira à Sa Majesté.

3. Qu'ils n'auront aucuns vaisseaux armés en guerre dans leur ville, et observeront, pour le trafic, les formes établies et usitées au royaume, sans déroger, pour ce qui concerne ledit trafic, à leurs priviléges.

4. Qu'ils restitueront tous les biens ecclésiastiques qui se trouveront par eux possédés, conformément à l'édit de 1598, et exécution d'icelui.

5. Qu'ils laisseront jouir pleinement et paisiblement aux catholiques de l'exercice et fonction de la religion catholique, apostolique et romaine, et des biens qui leur appartiennent en ladite ville, et leur restitueront ce qui se trouvera être en nature, et raseront le fort de Tadon par eux nouvellement construit.

6. Et Sa Majesté, ne pouvant accorder le rasement du Fort-Louis, dont ceux de ladite ville de La Rochelle faisoient instance, promettoit, par sa bonté, de faire établir un tel ordre dans les garnisons qu'il lui plairoit laisser audit fort, comme dans les îles de Ré et d'Oleron, que les Rochelois ne recevroient aucun trouble ni empêchement qu'ils voudroient faire, suivant les lois, ordonnances et coutumes du royaume, non plus qu'en la jouissance des biens et perception des fruits qu'ils ont dans lesdites îles.

Fait et arrêté à Paris, le 5 février 1626.

Il est bien juste de s'arrêter un peu ici à considérer la prudence et le courage que le cardinal a apportés en la conduite de cette affaire. Il n'ignoroit point que, faisant faire la paix avec les huguenots, et leur témoignant quelque inclination à les favoriser auprès du Roi, il ne s'exposât à se mettre en mauvaise réputation à Rome. Mais il ne pouvoit venir par autre voie aux fins de Sa Majesté. Sa robe le rendoit suspect aux huguenots. Il étoit donc nécessaire qu'il se conduisît en sorte qu'ils crussent qu'il leur étoit favorable; car, ce faisant, il avoit moyen d'attendre plus commodément le temps de les réduire aux termes où tous sujets devoient être en un Etat, c'est-à-dire de ne pouvoir faire aucun corps séparé, et dépendre des volontés de leur souverain. Ce lui étoit une chose fâcheuse à supporter, de se voir si injustement suspect à la cour romaine et à ceux qui affectent autant le nom de zélés catholiques que l'effet; mais il se résolvoit de prendre patience aux bruits qu'on faisoit courir de lui, d'autant que s'il eût voulu s'en purger par effet, il n'eût pas trouvé le compte de son maître ni celui du public. Il ménagea, par ce moyen, si sagement cette affaire, que la paix se fît avec l'entremise des ambassadeurs d'Angleterre, sans toutefois qu'ils s'en mêlassent autrement qu'en témoignant aux huguenots que, quoi qu'on leur eût dit par le passé, ils ne devoient attendre aucun secours du Roi leur maître, qui, au contraire, assisteroit le Roi de de toutes ses forces en cette occasion. De sorte qu'ils agirent en cette affaire, non comme arbitres, mais comme parties seulement.

L'on surprit un avis que le duc de Rohan envoyoit à Soubise, par lequel il reconnoissoit que, sans la sollicitation desdits ambassadeurs, ils n'eussent jamais reçu la paix, mais qu'ils avoient peur, les refusant, d'offenser celui duquel seul La Rochelle avoit espéré assistance; mais que lesdits ambassadeurs, bien qu'avisés, se laissèrent décevoir par la prudence du cardinal, pource qu'ils espéroient que le Roi, ayant la paix chez lui, se résoudroit plus facilement d'entrer en ligue offensive avec l'Angleterre, et d'embrasser la protection des Hollandais et des Allemands contre la maison d'Autriche, et qu'après on pourroit obtenir, par l'intercession du roi d'Angleterre, le rasement du Fort-Louis, et faire remettre les îles de Ré et d'Oleron en leur premier état, ce qui ne seroit pas. Cette paix, si désavantageuse pour eux, les met en tel désespoir, que madame de Rohan, leur mère, ne sachant plus quel conseil donner à Soubise, le persuade, par une lettre interceptée du 23 mai, de se joindre aux corsaires morisques, et se retirer en Barbarie. Et, pour pallier son impiété, elle lui use de ces paroles : « C'est une chose approuvée en cas de nécessité. Ils ne sont point Turcs; mais les catholiques les nomment tels parce qu'ils ne reconnoissent point le Pape. Mais, au reste, leur religion est plus semblable à celle de ceux de la religion qu'à celle des catholiques. Ils n'ont aussi que le nom de Turc, car ils sont chrétiens, et négocient avec les Hollandais avec qui ils ont alliance. On ne vous propose pas de les aller trouver, mais de se trouver ensemble sur mer pour y chasser de compagnie. » Mère indigne du nom de mère, dont la nature et le devoir est de procurer du bien à ses enfans, elle, non contente d'avoir élevé le sien au mal, voyant qu'il n'en peut plus faire à la France, le porte à nuire à toute la chrétienté; essayant néanmoins, pour sa consolation, de faire croire que les Turcs ne sont point Turcs, et qu'il n'est point jour en plein midi; disant seulement vérité en une chose, que la religion huguenotte a de la conformité avec celle des Morisques, car l'une et l'autre vient d'un même principe, qui est le malin esprit.

Si le Roi avoit donné la paix à ses sujets rebelles, il n'étoit pas moins nécessaire de la mettre entre le clergé et le parlement, qui étoient aux prises, bien avant, sur la censure que l'évêque de Chartres avoit fait imprimer. Il s'étoit ému quelques paroles, le 17 janvier, entre les évêques de Soissons et de Langres sur le sujet de cette censure, laquelle celui de Langres improuvoit aux termes auxquels elle étoit couchée. Le parlement, craignant que l'on y changeât quelque chose d'essentiel, et que les droits du Roi reçussent quelque préjudice, fit défenses, par arrêt du 21 janvier, à messieurs les prélats de s'assembler pour faire autre censure des libelles intitulés : *Mystères politiques*, et *Admonition*, que celle du 13 décembre, ni d'en publier aucune autre que celle-là. Les prélats, n'ayant pas cru devoir en cela déférer au parlement, étant assurés de la piété du Roi, qui veut que sous son règne l'Eglise soit conservée en ses priviléges et libertés, ne laissèrent pas de s'assembler chez le cardinal de La Rochefoucauld les 26 et 27 février, et d'un unanime consentement désavouèrent la censure de l'évêque de Chartres, et en firent une autre selon leur intention (1).

Le parlement l'ayant su donna un arrêt, le 3 mars, par lequel il cassoit et annuloit ladite assemblée faite au préjudice de leur défense, qu'elle réitéroit de nouveau pour l'avenir, et enjoignoit à tous les prélats de se retirer dans quinze jours en leurs diocèses, sur peine de saisie de leur temporel. Cet arrêt leur ayant été signifié le 7 mars, le sieur Miron, évêque d'Angers, fit au nom d'icelle une réponse par écrit, avec tant de liberté et d'assurance, que le parlement, les chambres assemblées, condamna ladite réponse à être brûlée par l'exécuteur de haute justice, et décréta ajournement personnel contre ledit évêque. L'évêque de Chartres, d'autre part, qui

(1) On peut croire que cette chaleur du clergé venait de la paix faite avec les huguenots.

étoit en l'assemblée où on désavoua sa censure, ne se voulut pas rendre à la voix commune, mais dit seulement qu'il souscriroit à leur avis, pourvu qu'ils demeurassent pareillement d'accord avec lui des trois propositions qui s'ensuivent : la première, que, pour quelque cause et occasion que ce puisse être, il n'est permis de se rébeller et prendre les armes contre le Roi. La deuxième, que tous sujets doivent obéir au Roi, et que personne ne les peut dispenser du serment de fidélité. La troisième, que le Roi ne peut être déposé par quelque puissance que ce soit, ni sous quelque prétexte et occasion que ce puisse être. Les évêques d'Avranches et de Soissons signèrent cette réponse avec l'évêque de Chartres.

Ce différend causoit un grand bruit. Le clergé étoit divisé; le parlement s'animoit contre l'Eglise, et la matière de la dispute touchoit l'autorité et la personne du Roi. Il falloit empêcher le schisme, réunir le clergé, maintenir l'autorité de l'Eglise, et ne pas violer celle du parlement, qui, en beaucoup d'occasions importantes, est nécessaire à la manutention de l'Etat. Le cardinal, intéressé en ces deux corps par la dignité qu'il a en l'Eglise et par la qualité de premier ministre de l'Etat (1), sans blesser les droits d'aucune des parties, par un sage tempérament les mit d'accord. Il conseilla au Roi d'évoquer à sa propre personne la connoissance de cette affaire; ce qui fut fait par arrêt du conseil du 6 mars. A quoi le parlement ne déférant pas absolument, comme il eût dû, le cardinal crut devoir conseiller au Roi de mener cette affaire avec grande douceur et force tout ensemble. Il lui remontra que ce n'étoit pas d'aujourd'hui que les parlemens veulent prendre connoissance des affaires générales; qu'ils ne considèrent point qu'ils ne sont pas institués pour cela, et que les grandes compagnies sont bonnes à faire exécuter sévèrement ce qui est délibéré et résolu par peu, étant de la multitude des conseillers au respect d'un Etat comme il est de celle des médecins au regard d'un malade, où le grand nombre est nuisible, comme disoit un empereur en mourant, que la multitude des médecins l'avoient tué; et partant, qu'il étoit à propos que Sa Majesté, au conseil qui se tiendroit sur ce sujet, témoignât son indignation être grande contre eux (2). Ce qu'elle fit; et peu de jours après envoya quérir quelques-uns du parlement qu'elle reprit de leur faute, puis messieurs du clergé, auxquels elle dit qu'elle les maintiendroit toujours en leurs immunités, n'approuvoit pas les arrêts du parlement contre eux; mais aussi qu'ils se devoient abstenir en leurs réponses de termes qui piquassent cette compagnie.

Cela mit bien une fin à la dispute du clergé avec le parlement; mais dans le clergé l'émotion s'augmentoit contre ce qu'avoit fait l'évêque de Chartres, d'autant qu'il sembloit qu'en la censure qu'il avoit fait imprimer, il blâmoit d'hésésie quelques opinions qui sont tenues et suivies pour bonnes en plusieurs lieux de la chrétienté, et particulièrement à Rome. Le cardinal étendit encore son soin sur ce sujet, et y trouva plus de difficulté qu'il n'avoit fait en tout le reste de l'affaire; car il étoit question de faire rétracter un homme constitué en dignité, et qui se voyoit appuyé de personnes puissantes qui eussent bien voulu que la dispute fût allée plus avant. Néanmoins, à la fin, moitié par douceur et moitié par autorité, il obligea l'évêque de Chartres à donner la déclaration suivante, écrite et signée de sa main : « Nous soussigné, évêque de Char« tres, déclarons qu'en la déclaration que nous « avons faite, par le commandement du clergé, « pour réfuter et condamner les livres *Admonitio* « *ad Regem*, et *Mystica Politica*, souscrite de « nous, en date du 3 de décembre dernier, nous « n'avons eu autre intention que de suivre la doc« trine qui a toujours été tenue en ce royaume, « tant pour la sûreté de la personne de nos rois « que de leur Etat, sans avoir voulu ni entendu, « en aucune façon, condamner ni l'opinion con« traire ni aucune autre d'hérésie. Fait à Paris, « ce 29 de février 1626. L. d'Estampes, évêque « de Chartres (3). »

Il s'éleva en même temps une dangereuse tempête contre les pères jésuites, les libelles dont nous avons parlé ci-dessus leur étant attribués, comme étant la pernicieuse doctrine qu'ils contiennent, la doctrine particulière de leur Ordre. On prit le sujet de cette accusation sur le plus méchant de tous les livres de cette sorte, qui fut envoyé de Rome en France, composé par un d'entre eux, nommé Sanctarellus, et approuvé de Vitelleschi, leur général. Entre plusieurs fausses maximes que l'esprit de flatterie, non de vérité, lui fait écrire à Rome, sont celles-ci : « que le Pape peut donner des curateurs aux empereurs et aux princes, quand ils sont inutiles à bien gouverner; qu'il peut punir et déposer quelque prince de la terre que ce soit, quelque exempté qu'il puisse être; qu'il a pouvoir de déposer les rois, non-seulement pour hérésie et pour schisme, mais pour quelque crime intolérable, ou pour leur insuffisance, ou pour leur négligence; qu'il a pouvoir d'admonester les rois

---

(1) Le titre est un peu anticipé.
(2) Notez qu'alors le parlement était dans l'intérêt du cardinal.
(3) Frère de Valençay, gouverneur de Montpellier.

et les punir de peine de mort; qu'il peut non-seulement tout ce que les princes séculiers peuvent, mais en faire de nouveaux, déposer les autres et diviser les Empires; qu'il est serviteur des serviteurs de Dieu quant à l'humilité; mais quant à la puissance, il est seigneur des seigneurs, et quelque puissance qui soit sous le ciel est en lui; qu'il a une puissance temporelle très-ample sur tous les princes, rois et empereurs; que tous les princes qui gouvernent les Etats les gouvernent comme en ayant commission de Sa Sainteté, qui les pourroit gouverner par elle-même. »

Ces maximes sont capables de ruiner toute l'Eglise de Dieu, à laquelle les puissances temporelles doivent être soumises par amour, qui est la soumission de la grâce, non par force et contrainte, qui est la soumission de l'enfer. Il y auroit peu d'assurance dans les Etats si elles avoient lieu. Qui est le prince à qui on ne puisse faussement imputer des crimes, plus facilement de l'insuffisance à gouverner, et davantage encore de la négligence à s'en acquitter comme il doit? Qui seroit le juge de ces choses? qui les considéreroit sans passion et sans intérêt? Ce ne seroit pas le Pape, qui est prince temporel, et n'a pas tellement renoncé aux grandeurs de la terre qu'il y soit indifférent. Il n'y a que Dieu seul qui en puisse être juge; aussi les rois ne pèchent-ils qu'envers lui, à qui seul appartient la connoissance de leurs actions. Comment les souverains pontifes auroient-ils autorité de punir les princes de peine de mort, puisqu'ils sont vicaires de Jésus-Christ et pasteurs sous celui qui est venu au monde afin de donner vie et abondance de vie, et pour subir la mort plutôt que de la donner?

Quant à l'appeler seigneur des seigneurs, c'est vouloir faire d'un pape un roi de Perse, et d'un vicaire de Jésus-Christ un lieutenant de Mahomet. Il est croyable que le Pape établiroit mieux son autorité légitime s'il arrêtoit le cours des écrivains qui ne lui prescrivent point de bornes, d'autant que cela donne lieu à beaucoup de gens mal affectionnés au Saint-Siége, de ravaler sa puissance au-delà de ce qu'elle doit être en effet. C'est ce que dit saint Bernard en termes exprès, lorsque, parlant au Pape, il fait comparaison d'un créancier qui, pour demander plus qu'il ne lui est dû, oblige celui qui lui doit légitimement à nier la dette, et montre au Pape que souvent les prétentions de celui qui veut tout sont réduites à rien. Il est utile dans les Etats d'empêcher le cours des livres qui détruisent la légitime autorité des princes, et contiennent de pernicieuses maximes pour leurs personnes en faveur des papes; mais il le faut faire avec le moins de bruit et d'éclat qu'il est possible, de peur qu'il ne se trouve des furieux qui, sous prétexte de défendre les droits de l'Eglise mal entendus par eux, ne se portent à attaquer et opprimer les droits et les personnes des princes les meilleurs du monde.

Ce méchant livre, composé par un jésuite, fit émouvoir l'université contre eux, taxant leur doctrine, et soulever plusieurs autres qui déjà leur étoient mal affectionnés, par la lassitude que chacun a de voir qu'ils se mêlent de trop d'affaires. La cour de parlement fit brûler ce livre par arrêt du 13 mars. La Sorbonne le censura comme contenant une doctrine nouvelle, fausse, erronée, contraire à la parole de Dieu, et qui rend la dignité du Souverain Pontife odieuse; ouvre le chemin au schisme, déroge à l'autorité souveraine des rois qui ne dépend que de Dieu seul, et empêche la conversion des princes infidèles et hérétiques; trouble la paix publique, renverse les États, royaumes et républiques, détourne les sujets de l'obéissance qu'ils doivent à leurs souverains, et les induit à des factions, rébellions et séditions, et à attenter à la vie de leurs princes. Cette censure fut faite le 1er avril et revue le 4. Le parlement envoya quérir les jésuites et les voulut contraindre à soussigner quatre propositions qu'il leur présenta, concernant l'autorité indépendante du Roi. Ils s'en excusèrent, s'offrant d'y souscrire si le clergé de France et la Sorbonne faisoient de même.

On vouloit passer outre à leur vouloir défendre de plus enseigner et ouvrir leurs écoles, ou à les chasser même de France. Le cardinal dit au Roi qu'il y a certains abus qu'on abolit plus aisément en les tolérant qu'en les voulant détruire ouvertement; que bien qu'aucunes fois on sache des opinions être mauvaises, il est dangereux de s'y opposer, principalement quand elles sont colorées du prétexte de religion; qu'il estimoit qu'il étoit bon que Sa Majesté louât le parlement de l'action qu'il avoit faite en faisant brûler le livre, et empêchant que telle pernicieuse doctrine n'eût cours en ce royaume, mais qu'il falloit mettre ordre qu'ils ne passassent jusqu'à un point qui pouvoit être aussi préjudiciable à son service comme leur action y avoit été utile. La raison de ce conseil aboutissoit à ce, qu'il falloit réduire les jésuites en un état qu'ils ne puissent nuire par puissance, mais tel aussi qu'ils ne se portassent pas à le faire par désespoir; auquel cas il se pourroit trouver mille ames furieuses et endiablées qui, sous le prétexte d'un faux zèle, seroient capables de prendre de mauvaises résolutions qui ne se répriment ni par le feu ni par autres peines.

Ensuite de quoi la cour se contenta d'une déclaration du 16 mars, que les jésuites donnèrent par écrit, par laquelle ils reconnoissoient que les rois relèvent immédiatement de Dieu, détestoient la mauvaise doctrine de Santarel, en ce qui concerne la personne des rois, leur autorité et leurs États, et promettoient souscrire à la censure qui en pourroit être faite par le clergé et la Sorbonne, et ne professer jamais aucune doctrine contraire à celle qui seroit tenue en cette matière par le clergé, les universités du royaume et ladite Sorbonne. Ainsi on empêcha la ruine des jésuites, et on arrêta le cours de cette mauvaise doctrine sans nuire à aucun.

C'est assez parler de la guerre entre ceux que la robe et leur profession obligent à la paix; parlons de la paix entre ceux que la conservation de leur grandeur oblige souvent à la guerre. Le Fargis ayant reçu le désaveu de son traité, qu'il avoit fait sans le su et consentement du Roi, les corrections que Sa Majesté désiroit y être apportées, et le commandement absolu de prendre congé si on n'y vouloit pas condescendre, part de Madrid, s'en va en Aragon, en la ville de Monçon, où lors étoit la cour, donne part au comte d'Olivarès de ses ordres, et ayant obtenu de lui, sans beaucoup de difficulté, de crainte de la continuation de la guerre, une partie de ce que Sa Majesté désiroit, se relâche encore, par une légèreté d'esprit et hardiesse non excusable, à quelques conditions contraires à la volonté et aux ordres qu'il avoit de Sa Majesté; et ayant signé ce nouveau traité le 5 mars, l'envoie à Sa Majesté, s'excusant sur ce qu'il lui sembloit que ce qui y manquoit au désir du Roi, étoit en choses légères et de peu de considération, et accompagna sa dépêche de deux lettres de la reine d'Espagne à la Reine-mère et au cardinal, par lesquelles elle leur témoignoit un extrême désir de la paix, et un grand ressentiment de ce qu'ils l'avoient facilitée, et prioit Sa Majesté qu'elle eût agréable de lui renvoyer M. du Fargis.

Le Roi fut si offensé de ce procédé, qu'il eut volonté de punir Le Fargis de sa présomption, et dit à l'ambassadeur d'Espagne, qui lui parloit de ce traité comme s'il eût été tel que Sa Majesté désiroit, qu'elle eût voulu que Le Fargis eût été aussi habile homme que lui, qui étoit fort sage, mais Le Fargis étoit un fou parfait; que, la première fois, il avoit fait une chose de sa tête sans son su; la seconde, il n'avoit pas suivi ses ordres, qu'elle le châtieroit exemplairement. Cependant le profit que les deux Rois tiroient de sa folie, étoit que maintenant ils connoissoient tous deux qu'il n'y avoit plus d'aigreur en leurs esprits, et qu'ils vouloient bien la paix; et qu'afin de le lui témoigner de sa part par effet, bien qu'elle ne pût recevoir le traité qu'avoit fait ledit Fargis, elle en renverroit un autre en Espagne, signé d'elle, où elle apporteroit le moins de changement qu'elle pourroit; mais comme elle y ajouteroit le moins qu'il lui seroit possible, ce seroit aussi au Roi son frère de n'en faire aucune difficulté. Ce traité, ainsi corrigé, fut enfin reçu et ratifié en Espagne où ils avoient bien préjugé que le Roi ne l'accepteroit pas nûment, tel qu'ils le lui avoient envoyé.

Là la plus grande difficulté qui se rencontra en cette affaire, fut de trouver le moyen de faire croire la vérité de ce qui s'étoit passé aux ambassadeurs des princes alliés de Sa Majesté que la nouvelle de ce traité avoit surpris, pour ce qu'ils ne se doutoient aucunement de cette négociation, et l'imputoient au peu de compte que le Roi avoit fait d'eux, ayant traité sans leur en donner avis. On n'oublie rien pour leur faire connoître la sincérité du procédé de Sa Majesté, qui avoit, la première, été surprise par la précipitation du Fargis, et on leur remontra que leurs intérêts y avoient été conservés, bien que les choses ne fussent pas, en toutes leurs circonstances, au point que Sa Majesté les eût désirées, et les y eût amenées sans l'inconsidération de son ambassadeur; néanmoins qu'il y avoit plus de faute en la personne qui avoit traité qu'au traité; que la souveraineté étoit conservée aux Grisons, qui étoit le principal point; que les Espagnols étoient exclus des passages auxquels ils avoient prétendu depuis si long-temps, qui étoit tout ce en quoi consiste l'intérêt des Vénitiens, qui n'en avoient point d'autre que celui-là; qu'on avoit pourvu au différend de Zucarel (1), en sorte qu'il ne tiendroit qu'au duc de Savoie qu'il n'eût contentement.

Le prince de Piémont, qui étoit à la cour, reconnoît bien que les choses étoient passées en la manière qu'on lui disoit, et demeuroit son cœur satisfait de la sincérité du Roi. Mais le duc de Savoie, pour l'espérance qu'il avoit eue que la guerre se porteroit dans le Milanais, de laquelle il se voyoit frustré, ne vouloit pas reconnoître la vérité; mais, prenant divers prétextes, faisoit paroître être offensé, et principalement de ce qu'au temps même que la paix arriva, on donnoit audit prince son fils la commission de lieutenant général pour le Roi en son armée de Piémont, laquelle il recherchoit très-instamment. Sa Majesté, pour n'oublier aucun moyen de le gagner, lui envoya en ambassade extraordinaire M. de Bullion, pour lui représenter que, puis-

(1) L'affaire qui avait mis la guerre entre Gênes et la Savoie.

qu'elle avoit obtenu les principales fins pour lesquelles l'union étoit faite avec les collégues, il ne se pouvoit dire que, faisant la paix, il eût contrevenu à l'article qui porte que l'un ne fasse rien sans l'autre, vu que cela se doit entendre lorsqu'il est question de déroger aux fins générales qu'on s'est proposé de remporter, mais non pas quand on les obtient tout entières; qu'il n'avoit point de prétexte de mécontentement des conditions dudit traité, mais seulement de la forme; que son ambassadeur avoit assez librement avoué que toutes les précautions qu'on pourroit prendre pour la sûreté de la Valteline ne pourroient pas empêcher que les Espagnols ne s'en rendissent toujours les maîtres quand ils voudroient; mais que, pour y apporter un assuré remède, il falloit embrasser l'opportunité qui se présentoit de les chasser de l'État de Milan. Or le défaut des formes, en une conjoncture si importante, ne devoit pas être la cause d'un si grand trouble dans le public, et empêcher le fruit que Sa Majesté est assurée qu'elle et ses alliés recueilleront de cette paix; qu'en choses grandes il ne faut pas s'arrêter à des formalités, qu'on ne rend jamais raison d'un heureux événement, non plus que d'une victoire et d'une conquête, le bien de l'Etat étant la loi souveraine; et partant, que, n'ayant pas occasion de se douloir de la conclusion dudit traité, il ne devoit faire aucune difficulté d'y donner son approbation.

Sa Majesté donna aussi charge audit sieur de Bullion de prier quant et quant, de sa part, ledit duc de choisir des arbitres pour le différend de Zucarel avec les Génois, et de lui dire franchement ses prétentions et intérêts, afin que Sa Majesté les soutînt et protégeât avec la même affection qu'elle faisoit les siens propres, comme aussi de le disposer à la suspension d'armes avec lesdits Génois; Sa Majesté faisant donner charge au sieur de Vignoles, maréchal en ses camps et armées, et autres chefs et capitaines commandans, de garder la suspension promise par le traité, et de veiller à la garde et sûreté des Etats dudit duc, mais de ne rien entreprendre, hors d'iceux, contre qui et pour quelque chose et prétexte que ce pût être; qu'enfin, pour le contenter, il le flattât de l'espérance de la qualité de roi, que Sa Majesté lui promettoit de favoriser à la cour de Rome. Ce qu'elle fit aussi, et manda au sieur de Béthune, son ambassadeur à Rome, qu'après s'être plaint au Pape des 6,000 hommes qu'il avoit envoyés à la Valteline, et lui avoir fait connoître comme les Espagnols l'ont traité en ce fait, extorquant de lui ce secours, lorsque, traitant de paix, il savoit bien n'en avoir plus affaire, il lui donnât avis comme toutes choses s'étoient passées; puis lui fit connoître que, pour humilier l'Espagne en Italie, et y rendre le Saint-Siége, et particulièrement la personne de Sa Sainteté, plus puissant, le meilleur moyen étoit d'y élever le duc de Savoie, qu'elle s'attacheroit par ce moyen, pour dépendre absolument de ses volontés.

Sa Majesté, en même temps, dépêcha le sieur de Châteauneuf ambassadeur extraordinaire à Venise, et de là aux Grisons, et lui donna charge de représenter à la république que, pour réparer le défaut (s'il y en avoit eu) de quelque formalité en ce traité de paix, qui avoit été conclu sans qu'il en eût été préalablement averti, Sa Majesté avoit voulu les honorer de cette ambassade extraordinaire pour faire une démonstration plus honorable vers la république, et donner à connoître en quelle estime et considération elle la tient; qu'elle avoit voulu que ledit Châteauneuf passât vers elle avant qu'il allât aux Grisons, afin de lui faire voir et agréer le traité, auparavant que de le porter aux autres pour en commencer l'exécution; ce qui montre assez que la paix ne s'est point faite sans le consentement de la seigneurie. Et pource que la république trouvoit quelque chose à dire en deux articles de ce traité, l'un concernant les juges de la Valteline, qui, à l'avenir, ne pouvoient plus être élus que par les Valtelins, les Grisons étant exclus de les élire; l'autre concernant la démolition des forts, en la conservation desquels la république croyoit que consistoit la sûreté de la Valteline, il fut donné charge audit Châteauneuf de dire, quant au premier, que la considération de la religion catholique avoit obligé le Roi d'y condescendre, étant certain que tous les désordres et troubles de la Valteline n'ont été excités que par les juges hérétiques grisons qui leur étoient donnés; mais, néanmoins, que la confirmation leur en étoit donnée, ce qui étoit un grand droit qui témoignoit leur souveraineté; quant au second, qu'au contraire de leur opinion le Roi croyoit que la sûreté de la Valteline consistoit en la démolition desdits forts; que la conservation en étoit onéreuse, non-seulement à raison de la dépense, mais de la perte des hommes qui se fussent consommés en ces lieux si malsains, qu'il n'eût pas été assuré qu'ils eussent pu suffire à fermer et empêcher le passage de la Vallée. Davantage, les forts eussent été sujets à être surpris par les habitans, dont le naturel est rude et ennemi de toute contrainte. Les Espagnols eussent incessamment travaillé à même fin, et, quand l'opportunité se fût rencontrée, ils les eussent attaqués à force ouverte; et les Grisons mêmes se fussent enfin ennuyés de voir leur pays tenu et gardé par des forces étrangères, dont l'envie, tant d'eux que du public, eût tourné sur Sa Majesté et la république. Enfin, que c'étoit laisser un sujet de trouble qui eût tenu la république en perpétuelles jalousies et inquiétudes, l'eût obligée à se tenir armée, et à être incessamment sur ses gardes contre les entreprises et vengeances des Espagnols, et lui eût fait, après plusieurs dépenses, désirer de venir au tempérament dont on est à présent convenu.

Il lui fut, en outre, donné charge de prier la république de déclarer franchement les choses qu'elle désiroit pour ses intérêts, sûreté et contentement; et que, s'ils ne se vouloient pas laisser entendre, il leur dît que ce que Sa Majesté vouloit accorder à la république consistoit en trois choses: la première, employer l'autorité de son nom envers les Suisses, pour leur faire confirmer la résolution qu'ils ont prise de fermer leurs passages aux troupes allemandes qui se pouvoient présenter pour passer en Italie, et faire les mêmes offices, au temps du renouvellement de l'alliance de Milan, pour essayer au moins de faire que les cantons catholiques ne permettent le passage que pour la défense de l'Etat de Milan, lorsqu'il serait assailli; la seconde, que le Roi entrera volontiers en une ligue défensive avec la république, et obligation d'assistance pour la défense de ses Etats; la troisième, que l'alliance du Roi avec les Grisons, lui donnant faculté de faire passer ses amis et alliés par les Grisons et la Valteline, Sa Majesté donne pouvoir audit Châteauneuf de promettre, par un écrit particulier et secret entre Sa Majesté et eux, que, durant dix ans, elle leur moyennera la liberté du passage en vertu de son alliance, sans que cela préjudicie au traité de paix fait en Espagne, les alliances de France avec les Grisons y demeurant, comme elles ont été par le passé, en leur entier; de sorte que, comme elle a toujours eu droit de faire accorder les passages à ses amis et alliés, elle en peut disposer sans contrevenir au traité.

Enfin, pource que Sa Majesté désiroit établir une union très-étroite avec ladite république, elle commanda audit Châteauneuf de les disposer à s'unir avec Sa Majesté pour la défense des Grisons et observation de ce traité de paix; faisant aussi entrer en cette ligue, s'il y trouvoit jour, les Suisses et les Grisons.

De là il eut charge de passer aux Grisons et de procurer, par lui-même, que la république donnât ordre aux ministres qu'elle tenoit auxdits pays, de s'unir avec lui pour faire approuver ledit traité, régler équitablement la somme qui doit être payée par les Valtelins par chacun an, pour la faveur qu'ils reçoivent d'avoir à l'avenir le choix de leurs juges, et réformer leur gouvernement en une manière plus ordonnée que celle qu'ils ont tenue par le passé, étant si tumultuaire qu'il est impossible d'y prendre assurance; enfin les disposer à se tenir bien unis avec Sa Majesté et les cantons des Suisses, pour le repos et la tranquillité de leur Etat des Grisons. Il eut ordre d'aller en Suisse pour leur proposer l'approbation dudit traité, que les cantons catholiques ne faisoient pas difficulté d'agréer, mais bien les protestans, à cause que l'élection des juges de la Valteline et des comtés de Chiavenne et de Bormio étoit ôtée aux Grisons.

Il eut commandement de leur représenter que Sa Majesté avoit trouvé cet article bien plus tolérable que celui qui étoit proposé par les cantons catholiques, que lesdits officiers fussent Grisons, et choisis par eux, pourvu qu'ils fussent catholiques; d'autant que cette distinction et différence des catholiques d'avec les protestans, pour être admis aux charges, eût pu causer du trouble parmi les Grisons; que leur souveraineté est assurée par la confirmation qui leur doit être demandée de l'élection des juges. Au reste, que ce tempérament rend l'établissement de la paix plus durable, mettant les Valtelins en état de subsister avec quelque contentement, et les Grisons ne sont pas exclus de pouvoir être élus par les Valtelins; joint que, s'ils y reçoivent quelque perte, ils en sont récompensés par la somme raisonnable que les Valtelins sont obligés leur payer annuellement; ce qui est plus cher aux Grisons que leur juridiction, puisque, moyennant de l'argent, ils avoient renoncé à leur souveraineté même par le traité qu'ils avoient fait avec le duc de Féria à Milan. Enfin, il eut charge de moyenner en faveur de Venise sur le fait du passage des Suisses, ce que ci-dessus il leur a offert de la part de Sa Majesté.

Mais le partement de l'un et de l'autre ne fut qu'à quelques mois de là, après que le second traité, renvoyé en Espagne pour y réformer ce qui y avoit encore été consenti par le Fargis contre les ordres de Sa Majesté, fut corrigé à peu près selon tout ce que Sa Majesté désiroit.

Voilà comme le Roi se gouverna pour donner contentement à la plus grande partie de ses alliés, et leur faire agréer le traité de Monçon. Les ambassadeurs d'Angleterre, qui étoient à Paris lorsque le traité fut fait, en furent plus surpris que tous les autres; car ils avoient fait de puissans offices pour la conclusion de la paix avec les huguenots, et se voyoient frustrés de la fin pour laquelle ils les avoient faits, qui étoit la continuation de la guerre en Italie. Mais on leur remontra qu'ils n'avoient point de sujet de se douloir du Roi, et qu'il leur devoit suffire que Sa Majesté leur promit de ne discontinuer point le dessein d'Allemagne, auquel on agiroit d'autant plus puissamment qu'on en seroit moins engagé ailleurs; que Sa Majesté y concourroit par bons effets avec tous ceux qui voudroient procurer la liberté de l'Empire, sans entrer néanmoins ouvertement en la ligue faite en Hollande à cette fin; qu'il y avoit même nécessité de le faire, parce qu'à faute de son secours la perte d'Allemagne étoit assurée; et si l'Espagne en étoit maîtresse, elle auroit beaucoup avancé le dessein qu'elle a à la monarchie universelle. Mais que pour faire réussir ce dessein, il falloit attaquer les forces ennemies des deux parts : l'une du côté du nord par une armée puissante, composée des forces de Danemarck, Suède, Brandebourg, Brunswick et autres princes associés et voisins; l'autre du côté de deçà par les forces de France, Angleterre, Hollande, et de tous ceux qui voudront prendre part en cette cause commune; que ces deux armées doivent agir à même temps par un dessein commun, et avec certitude d'une fidèle exécution des choses convenues; que chacune d'icelles devoit être composée de vingt-cinq mille hommes de pied et trois mille chevaux. Celle de Danemarck seroit entretenue aux dépens des rois de Danemarck et de Suède, Brandebourg, Brunswick, villes unies, et de la contribution qu'ils recevront d'Angleterre; celle de deçà aux dépens de la France, Angleterre et Hollande; que la France soudoieroit dix mille hommes de pied et treize cents chevaux, l'Angleterre autant, et la Hollande cinq mille hommes de pied et quatre cents chevaux; que Venise et Savoie porteroient partie de cette dépense, ou par nouvelles troupes renforceroient cette armée, si on les peut faire entrer en ce dessein; que ceux qui sont les plus intéressés en cette affaire y devoient aussi contribuer plus fortement que les autres; et partant les Anglais, qui, outre l'intérêt commun, ont le particulier du Palatinat, dont ils sont obligés, par honneur et par sang, de poursuivre la restitution, devoient faire davantage que la France; qu'en cette considération, ce n'étoit pas merveille si par ce traité les Anglais demeuroient obligés de continuer le secours qu'ils donnoient à Danemarck, quoique la France n'en fît pas autant; que la difficulté seroit à convenir du lieu par où cette armée passeroit en Allemagne, où elle se mettroit ensemble, qui en auroit la conduite : si on pouvoit convenir d'un chef allemand qu'on pût juger n'avoir autre principal intérêt que la liberté de l'Empire, on en tireroit de grands avantages; que les Anglais pourroient passer par la Hollande, venir à Juliers, le laisser à main droite, passant entre Cologne qui est sur le Rhin et Lunebourg; de là ils entreroient dans l'évêché de Trèves, passeroient la Moselle vers Coblentz, et viendroient joindre les troupes françaises entre Metz et Worms sur le Rhin, dans le bas Palatinat; qu'il sembloit que le marquis de Baden fût le meilleur qu'on pût prendre maintenant en Allemagne, et pour son expérience, et pour la créance qu'il a parmi les gens de guerre; qu'une des choses à quoi il falloit autant veiller étoit à ôter le soupçon aux princes catholiques, qu'en procurant la liberté de l'Allemagne on n'établît l'hérésie, attendu que cette appréhension avoit jusqu'ici empêché les princes catholiques de s'unir à ce dessein; ou, si une fois on le levoit, on pourroit gagner en peu de temps quelques électeurs catholiques, ecclésiastiques ou séculiers.

Ce qui sembloit nécessaire à cette fin, étoit de ne changer en aucun lieu la religion qui s'y trouveroit établie, et ne point contrevenir, durant cette conquête, à la bulle d'or qui exclut les calvinistes de beaucoup de lieux où le luthéranisme est toléré. Quelque traité qu'on fît, il falloit que ceux qui y entreroient donnassent chacun un banquier solvable qui répondît et s'obligeât de faire tenir à tous les lieux où seroit l'armée les montres de chaque prince. Il étoit bon aussi, pour éviter les dépenses inutiles, de ne s'engager qu'à des conditions exécutables, au temps seulement que les intéressés feroient de leur part les choses qui auroient été stipulées. Que s'ils pouvoient porter le Roi leur maître à prendre quelque tempérament avec Bavière, par lequel il eût contentement sur l'Électorat, sans doute le dessein qu'on avoit réussiroit, étant certain ou que lui-même y aideroit, ou qu'il n'y seroit pas contraire; qu'il falloit aussi lever le soupçon que les Allemands pourroient prendre, qu'en chassant les Espagnols on voulût introduire une autre domination qui leur seroit également redoutable; et partant, qu'il seroit bon de déclarer ouvertement que la liberté de l'Empire, pour laquelle on prenoit les armes, consistoit à remettre les choses en l'état qu'elles devoient être, sans qu'aucun étranger y pût prendre part.

Quant à ce qui étoit des affaires de la reine

d'Angleterre, tant de celle de son domaine que des autres avantages qui concernoient sa maison, on ne leur en parla point, le cardinal estimant qu'il étoit bon de ne les procurer qu'à mesure qu'on pourroit obtenir du soulagement pour les catholiques, afin qu'ils vissent que quand ils souffrent elle est maltraitée, et ainsi qu'elle est en une cause commune avec eux, et fait marcher leurs intérêts premiers que les siens particuliers. Si on faisoit autrement, ils croiroient être abandonnés.

Le Roi, ayant ainsi pacifié tous les troubles de son Etat, suscités au dedans par la rébellion des hérétiques, et au dehors par l'entreprise des Espagnols en la Valteline, tourna les yeux de sa bonté sur sa noblesse, pour trouver moyen d'arrêter l'effusion qui se faisoit journellement de leur sang dans les duels, où ils exposoient, sans crainte ni de Dieu ni des hommes, et pour de causes légères, leur vie et leur salut. Les duels étoient devenus si communs, si ordinaires en France, que les rues commençoient à servir de champ de combat, et, comme si le jour n'étoit pas assez long pour exercer leur furie, ils se battoient à la faveur des astres, ou à la lumière des flambeaux qui leur servoit d'un funeste soleil. La multitude de ceux qui se battoient étoit si grande, et les peines ordonnées par les édits précédens si rigoureuses, que le Roi avoit peine de les faire punir, d'autant que ce n'eût plus été un effet de justice, qui est d'en châtier un petit nombre pour en rendre sages beaucoup, mais plutôt un effet d'une rigueur barbare, qui est d'étendre la punition à tant de personnes, qu'il semble n'en rester plus qui puissent s'amender par l'exemple.

Cependant on n'entendoit retentir toutes les églises d'autre chose que des plaintes que les prédicateurs faisoient sur ce sujet, et des justes menaces de la part de Dieu sur ce royaume, si le Roi, qui avoit en main sa puissance, n'y apportoit le remède qui y étoit nécessaire. A quoi il étoit particulièrement obligé par l'exemple du feu Roi, la manière de la mort duquel étoit quasi attribuée à punition de Dieu pour avoir toléré les duels. Outre les larmes et les soupirs de toutes les familles desquelles les uns pleuroient leurs proches que le sort des armes, les autres que la rigueur de la loi leur avoit ravis, les uns conseilloient au Roi d'arrêter, par une inflexible sévérité, le cours de ce mal, et qu'il n'y a rien qu'enfin la prévoyance d'une punition de mort inévitable n'emporte sur les esprits des hommes. Les autres proposoient au Roi de permettre les duels en certains cas, et ne punir que ceux qui les commettroient pour causes légères, ou qui auroient pu facilement tomber en accord, et ne se seroient adressés à ceux que Sa Majesté auroit ordonnés pour cet effet. Ils apportoient pour raison que la rigueur, qui aigrit et désespère les esprits, seroit par ce moyen adoucie, et qu'un chacun, voyant que tout lieu de tirer raison de l'injure reçue ne lui seroit pas fermé, se remettroit facilement au moyen que le Roi lui en auroit donné. Et pour montrer que Sa Majesté en pouvoit justement user ainsi, et qu'il s'en ensuivroit ce que nous disons, ils produisoient l'exemple des siècles passés, èsquels l'histoire nous enseigne que lorsqu'on ne pouvoit savoir la vérité d'un méfait, on en remettoit le jugement au combat entre l'accusant et l'accusé, auquel celui qui étoit vaincu souffroit la peine. Et nos théologiens disent qu'ils appeloient cette décision-là le jugement de Dieu, et tandis que cette coutume a été observée, il ne se voyoit point de duels d'autorité privée.

Le cardinal trouva un tempérament entre ces deux avis opposés l'un à l'autre. Punir de mort tous ceux qui se seroient battus, ou auroient appelé, lui sembloit chose trop rigoureuse. D'autre part aussi permettre les duels pour quelque occasion que ce soit, lui sembloit être trop se relâcher de la droiture de la justice, laquelle ne permet point au Roi d'en pouvoir user ainsi; joint que cela ne guériroit pas le mal à l'avenir; car l'usage de ces permissions peu à peu si rendroit si commun, qu'il en faudroit bientôt arrêter le cours, comme firent autrefois les évêques de France, qui furent contraints, en l'an 855, de s'assembler à Valence pour défendre ces combats-là, et sollicitèrent ardemment le Roi de ne les permettre jamais, et les rois saint Louis, Philippe-le-Bel et autres, firent plusieurs édits pour retrancher ces abus. Tous les théologiens, disoit-il, conviennent que le duel, pour cause singulière, ne peut être permis selon la loi de Dieu; mais je n'en ai vu aucun qui en exprime bien clairement la vraie raison. Quelques-uns estiment qu'elle tire son origine de ces mots : *mihi vindictam et ego retribuam;* mais ils montrent bien que les particuliers de leur autorité ne peuvent chercher par cette voie la vengeance des injures qu'ils ont reçues, mais non pas qu'un prince ne la puisse ordonner, ainsi qu'il peut commander à un exécuteur de justice de mettre à mort celui qui aura violé la propre fille du même exécuteur. Auquel cas ledit ministre de justice venge, non de soi-même, mais par autorité du prince, l'injure que le public a reçue en sa famille, et ce sans péché, pourvu qu'il rectifie son intention; ce qui fait que si les duels n'étoient défendus qu'en vertu de ce principe, ou les pourroit pratiquer, par commandement du prince, avec les mêmes circonstances qu'un exécuteur de justice doit garder en sa conscience.

La vraie, primitive et fondamentale raison est parce que les rois ne sont point maîtres absolus de la vie des hommes (1), et, par conséquent, ne peuvent les condamner à la mort sans crime ; ce qui fait que la plupart des sujets des querelles n'étant pas dignes de mort, ils ne peuvent, en ce cas, permettre le duel qui expose à ce genre de peine. Qui plus est, quand même une offense seroit telle que l'offensant mériteroit la mort, le prince ne peut pour cela permettre le combat, puisque le sort des armes étant douteux, il expose, par ce moyen, l'innocent à la peine qui n'est méritée que du coupable : ce qui est de toutes les injustices la plus grande qui puisse être faite. Les rois doivent la justice déterminément, et, par conséquent, ils sont obligés de punir les coupables, sans péril et hasard pour l'innocent. Si Dieu s'étoit obligé de faire que le sort des armes tombât toujours sur le coupable, on pourroit pratiquer cette voie ; mais, puisqu'il n'est pas ainsi, elle est plus que brutale pour la raison susdite.

Il est vrai que cette raison montre bien que, pour une cause particulière, on ne peut permettre le duel, mais non pas pour un sujet public, comme pour éviter une bataille, puisque de deux maux on doit toujours choisir le moindre ; que le sort des armes est aussi douteux entre deux armées comme entre deux particuliers, et qu'il vaut mieux exposer deux hommes au péril de la mort, que vingt mille ames dans le nombre desquelles ils eussent été compris.

Il conseilla donc au Roi de ne permettre jamais les duels pour quelque cause que ce soit, de ne les laisser pas impunis, mais de les punir d'une autre façon que l'on avoit fait par le passé, savoir est d'une peine plus douce, puisque la rigueur des peines des autres édits les avoit rendus inobservables. Suivant ce conseil l'édit fut dressé, qui portoit que, pardonnant, en considération du mariage de la reine de la Grande-Bretagne, à tous ceux qui avoient appelé, ou s'étoient battus jusqu'alors, ayant, au préalable, satisfait à la partie civile, le Roi ordonnoit qu'à l'avenir ceux qui appelleroient ou se battroient demeureroient dès lors privés de toutes leurs charges s'ils en avoient, auxquelles à l'instant il seroit pourvu, et pareillement déchus de toutes les pensions et autres grâces qu'ils tiendroient de Sa Majesté, sans espérance de les recouvrer jamais. Outre cela, il étoit remis à la conscience des juges de les punir selon la rigueur des édits précédens, ainsi qu'ils verroient que l'atrocité des crimes et circonstances d'iceux le pourroient mériter, hormis s'ils avoient tué, auquel cas Sa Majesté entendoit qu'absolument la rigueur de ses édits précédens eût lieu. Et en cas que ceux qui seroient, par ce moyen, déchus des gratifications qu'ils auroient de Sa Majesté, se voulussent ressentir et se battre avec ceux à qui elle les auroit données, elle les déclaroit dégradés de noblesse, infâmes et punis de mort, encore qu'ils ne se fussent battus que par rencontre seulement. Sa Majesté déclaroit aussi le tiers du bien des appelans et des appelés confisqué, et les bannissoit pour trois ans hors du royaume.

La cour de parlement ordonna la vérification de l'édit en ce qui concernoit l'abolition des crimes commis contre les précédens édits des duels et rencontres ; et que, quant au reste, qui consistoit en la modification des peines, remontrances seroient faites à Sa Majesté pour la supplier de ne rien relâcher de la rigueur des précédens édits. Sur quoi le cardinal dit au Roi : Que le parlement refusoit l'édit parce que les peines y étoient trop douces ; et cependant il vérifioit le même édit quant au seul article qui étoit le plus doux, en tant qu'il abolissoit tous les crimes passés ; qu'il ne vouloit pas vérifier l'édit, s'il ne portoit en termes exprès la peine de la mort aux délinquans ; et cependant il vérifioit au même édit l'article qui absolvoit de la même peine tous ceux qui avoient délinqué ; que menacer de la mort tous ceux qui se battroient à l'avenir, et en absoudre tous ceux qui s'étoient battus par le passé, donnoit lieu, ce sembloit, de ne croire pas que ces menaces eussent autre effet que celles qui les avoient précédées ; qu'un médecin, qui, par plusieurs expériences, avoit reconnu un remède inutile, ne pouvoit être blâmé s'il en cherchoit et s'il en prescrivoit un nouveau, particulièrement s'il ne détruisoit point le premier, mais qu'il le laissât en sa propre force ; que celui à qui on demandoit un écu, et qui en donnoit deux, ne donnoit aucun sujet de plainte ; que le Roi s'obligeoit à ne dispenser jamais de certaines peines qu'il établissoit de nouveau ; qu'il ne s'obligeoit pas à donner grâce des premières ; il laissoit son parlement en pleine liberté de les faire exécuter, et, partant, que ce nouveau remède étoit plus fort, et sembloit être plus proportionné au mal qu'on vouloit guérir que les premiers ; qu'on considéroit cet édit comme doux envers ceux qui se battoient ; mais les raisons ci-dessus montroient qu'il ne l'étoit pas ; mais, quand il le seroit, une augmentation de sévérité en l'exécution d'une moindre peine rendoit une loi plus rigoureuse et plus pro-

---

(1) Certes, cette raison est la plus belle qu'on puisse donner.

pre aux fins pour lesquelles elle étoit faite. Faire une loi, et ne la pas faire exécuter, c'étoit autoriser la chose qu'on vouloit défendre; partant, il valoit beaucoup mieux réduire l'édit en un point où il pût être infailliblement observé, que le rendre plus terrible en apparence, pour n'être pas suivi d'effet; ce qui arriveroit si l'édit demeuroit tel qu'il étoit, puisque ce royaume étoit le même qu'il avoit été par le passé; que les conseils de prudence devoient venir de peu de gens, et que les grandes compagnies n'étoient bonnes qu'à faire observer une règle écrite, mais non pas à la faire (1). La raison étoit que, comme les bons esprits sont beaucoup moindres en nombre que les médiocres ou les mauvais, la multitude de ceux de ces deux derniers genres étouffoit les sentimens des premiers dans une grande compagnie.

Le Roi, ayant entendu ces raisons, envoya au parlement une jussion en vertu de laquelle l'édit fut vérifié, selon sa forme et teneur, le 24 mars. L'effet a montré combien, d'une part, la modération de la peine, et de l'autre, l'inflexible fermeté à n'en exempter aucun, ont été profitables, vu que, depuis ce temps, cette fureur, qui étoit si ardente, s'est ralentie, et il ne s'est quasi plus entendu parler de duels. Praslin (2), le premier infracteur de l'édit, quoiqu'il fût homme de considération pour les services de son père, et particulièrement en la bonne grâce du Roi, subit toutes les peines ordonnées, sans qu'on lui en relâchât aucune. Il fut banni, perdit sa lieutenance de roi en Champagne, sa charge de bailli de Troyes, et le gouvernement de Marans, auxquelles charges le Roi pourvut incontinent. Cette exacte observation de l'édit en sa personne, en fit sages plusieurs autres, qui croyoient que le pardon seroit aussi facile à obtenir qu'auparavant.

Mais tandis que le Roi, croyant avoir apaisé toutes les tempêtes étrangères qui étoient émues contre le repos de la France, s'appliquoit aux remèdes des maux internes qui la travailloient, et des duels qui éloignoient d'elle la bénédiction de Dieu, qui n'est jamais donnée à ceux qui, au milieu de la paix, versent le sang qui ne doit être épandu qu'en la guerre, voici qu'un orage se forme de nouveau, d'autant plus à craindre que c'est dans le cœur même de l'Etat, et qu'il enveloppe la personne qui y est la plus considérable après celle du Roi. L'auteur et le conducteur étoit le maréchal d'Ornano, que le cardinal avoit conseillé au Roi de délivrer de prison,
et le mettre auprès de Monsieur, et de plus, l'honorer encore de la charge de maréchal de France (3). Cet homme, n'ayant pas un cœur sensible aux grâces qu'il avoit reçues du Roi, ou en surmontant le ressentiment par une ambition démesurée, osa bien secrètement s'élever contre Sa Majesté, et tramer une faction, la plus étrange qui fut jamais vue dans l'Etat.

Cette faction étoit si grande, que non-seulement les princes, les grands du royaume, les officiers de la maison du Roi, les princesses et les dames de la cour de la Reine, et le parti huguenot, mais les Hollandais, le duc de Savoie, l'Angleterre et l'Espagne en étoient. Son dessein alloit à faire sortir Monsieur hors de la cour, non-seulement afin que, les armes à la main, il obtînt du Roi de grands avantages; mais s'il pouvoit, pour passer encore plus avant contre la personne même du Roi. Et, de peur que Monsieur ne fût retenu par le mariage, ils le dissuadoient de se marier, et principalement avec mademoiselle de Montpensier, laquelle, après la mort de M. d'Orléans, lui fut destinée; attirant à eux, par ce moyen, M. le comte, à qui ils disoient qu'elle devoit être laissée pour l'épouser. Tous les grands se joignoient à eux par la légèreté ordinaire des Français, le désir de changement, et le déplaisir de voir établir l'autorité royale, et que la liberté leur fût ôtée de la violer impunément, comme ils avoient fait depuis long-temps. Les huguenots leur adhéroient par l'expérience passée d'avoir toujours profité de nos troubles; les Hollandais, par le déplaisir qu'ils avoient de la paix d'Espagne, et de ce qu'on avoit refusé de faire une ligue offensive et défensive avec eux; le duc de Savoie, par le désir de se venger de l'offense qu'il prétendoit avoir reçue au traité de la paix qui avoit été fait sans lui; l'Angleterre, par son infidélité seulement, et l'Espagne, par l'inimitié qu'elle nous porte, et les intérêts de son ambition; et tous ensemble, par la créance qu'un chacun d'eux avoit que cette faction étoit si puissante au dedans, et si appuyée au dehors, qu'elle étoit capable de renverser l'Etat.

Et, pource qu'ils savoient bien qu'ils ne pourroient jamais venir à bout de ces malheureux desseins tandis que le cardinal vivroit, ils étoient résolus de le perdre. Ceux qui conspirèrent contre César délibérèrent quant et quant de se défaire de Marc-Antoine, qu'ils savoient être homme de cœur et lui être fidèle : leur cruauté n'alla pas jusque-là; mais ils se contentèrent de l'amuser cependant qu'ils exécutoient leur exécrable dessein, dont mal leur prit, car Antoine

---

(1) Cette pensée se trouve ici pour la seconde fois.
(2) Ce n'était pas le maréchal, car il mourut de maladie le 1ᵉʳ février.
(3) Dans les premiers jours de janvier.

vengea la mort de César. Ceux-ci, qui croient bien ne pouvoir amuser le cardinal, qui avoit l'œil trop ouvert pour se laisser endormir, firent complot de s'en défaire, soit en le disgraciant, soit en usant de violence en son endroit.

Dès le commencement de l'année, c'étoit un bruit commun qui couroit par la cour et dans tout l'Etat, qu'il s'y formoit une grande cabale, ce que l'on méprisa d'abord; mais quand on vit qu'il s'augmentoit de jour à autre, que l'on considéra qu'en telles matières tels bruits sont d'ordinaire avant-coureurs des vérités, et que celui-ci étoit accompagné de divers avis, tant du dehors que du dedans le royaume, on jugea qu'on ne les pouvoit négliger sans péril pour la personne du Roi et son Etat, et sans crime à ceux qui se tairoient en une occasion si importante. Universellement tout le monde croit cabale, et blâmoit les ministres comme ne voyant goutte; on dit qu'on va emmener Monsieur à Amiens, à Metz, à Bourges, en Bretagne, en Angleterre. Le cardinal n'y voit point d'apparence, et il tient que ceux qui ont ces pensées cherchent plutôt ce qui se peut que ce qui est. D'Andilly et du Verger disoient souvent qu'ils pensoient qu'on méditât quelque chose de grand, qu'ils avoient peur qu'on fût prévenu. Verger dit, devant Pâques, que si, dans la fête, on ne mettoit la main sur le collet du maréchal, il craignoit qu'il ne fût plus temps. Marcheville et Passart disoient qu'il perdoit Monsieur, et qu'il lui mettoit de dangereuses impressions en la tête. Passart rapportoit qu'il lui avoit ouï dire que messieurs de Villeroy et le chancelier avoient chassé M. de Sully, le maréchal d'Ancre les avoit chassés, le chancelier avoit chassé Schomberg, La Vieuville le chancelier, et La Vieuville avoit été chassé par le cardinal, et qu'ainsi, en un jour, il chasseroit ceux qui servoient maintenant. Un homme, qui donnoit d'ordinaire des avis d'Espagne, disoit, depuis quatre mois persévéramment, qu'il se faisoit une union forte des princes ensemble et de Monsieur, par le moyen dudit maréchal. Bassompierre dit souvent à Bautru, pour le dire au cardinal, qu'il étoit aveuglé, qu'on cabaloit impunément de son temps, parce, disoient tous les cabalistes, qu'il n'étoit pas dangereux ennemi, et qu'il n'y avoit rien à craindre de lui. Il dit à la Reine, le jour de la prise du colonel, qu'il venoit lui décharger sa conscience, qu'Obazine avoit été envoyé faire un voyage vers Saint-Gery, pour aller trouver des grands, et que le Roi ne pourroit plus remédier aux cabales, quand il voudroit. Turgot, les fêtes de Pâques, dit au cardinal qu'il avoit quelque chose à lui dire d'important; il ne le put écouter pour lors. Trois ou quatre jours après, le rencontrant, il lui demanda ce que c'étoit; il lui répondit que c'étoient diverses conférences et cabales que le colonel faisoit avec plusieurs grands. Ledit Turgot parla au Roi conformément à cela contre le colonel, et le Roi en ayant averti le colonel, il répondit que c'étoit un méchant homme, d'autant qu'il faisoit grande profession d'amitié avec lui, ce qu'il dit pour empêcher qu'il ne fût cru.

On mit le colonel auprès de Monsieur, pour le corriger des mauvaises habitudes qu'il sembloit contracter lorsqu'il étoit sur sa foi, et empêcher qu'il se portât dans les cabales avec les grands. Au lieu de le porter à ces fins, lui-même adhère à toutes ses débauches et saletés pour lui plaire, jusque-là que Monsieur avoua au Roi et à la Reine que peu s'en étoit fallu qu'il n'eût pris la vérole avec une femme que le frère du colonel lui avoit produite, femme abandonnée non-seulement à toute la cour, mais à leurs valets. Monsieur vivoit fort bien avec le Roi et la Reine sa mère auparavant sa délivrance (1); depuis il lui fit non-seulement perdre l'affection pour eux, mais le respect; et le bruit commun étoit, entre les grands et les petits, que Monsieur devoit sortir de la cour, qu'il se devoit plaindre de ce qu'on le traitoit en enfant, qu'on ne lui donnoit aucun emploi ni dans les conseils, ni dans la guerre, où il en avoit demandé, qu'il étoit sans apanage, dans une nécessité extraordinaire. Depuis quatre ou cinq mois le colonel avoit rompu d'amitié avec tous ceux qu'il savoit avoir les sentimens au repos et à la paix, et avoit pris habitude avec Déageant et Modène, contraires au Roi et à la Reine sa mère, et aux ministres; esprits de division et de cabale. Ils s'enfermoient deux ou trois fois la semaine régulièrement chez sa femme pour tenir des conseils, ce qu'on ne pouvoit ni devoit juger être fait à autre fin que pour tramer un dessein semblable à celui qu'ils avoient fait par le passé; sur quoi il plut au Roi faire connoître, de son mouvement, à la Reine sa mère et à ses serviteurs, qu'il en prenoit un grand ombrage, d'autant, disoit-il, que Déageant et Modène étoient les mêmes qui avoient travaillé à lui donner de mauvaises impressions contre elle, que c'étoient eux qui avoient porté Luynes, pendant le siége de Soissons (2), à le faire résoudre à s'en aller à Meaux, ce qui lui faisoit croire le bruit qu'on faisoit courre de la retraite de Monsieur.

Après la mort de Luynes, Déageant et Mo-

(1) Du colonel.
(2) En 1617.

dène n'avoient point levé la tête. Depuis quatre mois ils se montroient ouvertement, agissoient fortement, comme étant appuyés, et Déageant ne craignoit point de dire, parlant de Monsieur, qu'il disoit qu'on altéroit quelquefois contre le Roi et la Reine : « Je le réduirai bien ; il ne veut pas aller à Fontainebleau, je le ferai partir dans deux jours. » Sur l'opinion qu'il eut qu'on vouloit refuser l'entrée du conseil à Monsieur, il dit à M. d'Effiat : « Il faut qu'il vienne à Paris pour huit jours, et je le réduirai. » Il dit au même : « Il faut faire venir M. le prince ; quand il sera ici nous en viendrons bien à bout. Il faut établir des diverses classes de conseils pour les princes ; » et plusieurs autres discours semblables, faits à M. d'Effiat et au cardinal. Le président Le Jay, qui étoit souvent vu par Déageant, dit à M. d'Effiat qu'il avoit soupçon de quelque grand dessein, qu'il craignoit pour la Reine, qu'il sembloit que quelque malheur menaçât cet État. Déageant écrivit une lettre à madame la connétable quinze jours avant la prise du colonel, par laquelle il lui mandoit qu'on ne faisoit pas cas de lui, qu'on le tenoit pour inutile ; mais qu'on verroit que dans peu de temps il seroit aussi utile qu'il avoit jamais été.

Le colonel dit au père Joseph qu'il ne pouvoit répondre de Monsieur, qu'il étoit maître de ses volontés, qu'on le conseilloit de s'en aller hors la cour, qu'il ne seroit pas responsable de quoi qu'il arrivât. Le colonel, parlant au cardinal dix ou douze jours avant sa prison, fit semblant de s'ouvrir à lui, et pour toute ouverture lui dit que Desouches conseilloit à Monsieur de ne venir point où étoit le Roi, ains s'éloigner de la cour. Le colonel dit audit père qu'on donnoit conseil à Monsieur, sans dire qui. Déageant, venu pour assurer le Roi du colonel, lui dit qu'on donnoit ce conseil à Monsieur ; mais au lieu de dire que c'étoit Desouches, il dit que c'étoient les grands et madame la princesse : d'où il étoit clair que l'on donnoit ces conseils-là et qu'on méditoit là-dessus, ce qui étoit si notoirement crime, que pour la même chose Coconas et La Mole furent exécutés à mort du temps de Henri III. En ce temps le cardinal donna divers avis au colonel : que la hantise de la princesse (1) lui faisoit tort ; que les familiarités qu'il avoit avec la Reine donnoient quelque ombrage. On le conseilla de se familiariser avec le Roi ; jamais il ne s'est voulu séparer des conversations qu'on lui faisoit connoître lui être préjudiciables, ni prendre intelligence particulière avec le Roi, tant il avoit peur que ceux avec qui il cabaloit en eussent du soupçon. Et de fait, quand il fut fait maréchal de France, tous les grands furent étonnés, pensant qu'on l'avoit gagné, jusqu'à ce que trois jours après cet honneur reçu il les assura du contraire.

Qui plus est, trois jours avant sa prise, comme on lui disoit encore la même chose, qu'il devoit s'éclaircir avec le Roi de tout ce qu'il entendroit dire, il répondit qu'il le feroit dans un mois ; ce qui donna occasion de croire que, pendant ce temps, il vouloit voir si ses cabales réussiroient, sinon s'accommoder avec Sa Majesté. Le père Joseph avertit plusieurs fois le colonel que les pratiques de madame la princesse lui faisoient tort, qu'il s'en corrigeât, que cela perdroit sa fortune. Si cette pratique eût été sans dessein, la conservation de sa fortune la lui eût fait quitter. Mais, tant s'en faut, il continuoit toujours, et disoit pour ses excuses qu'il en étoit amoureux, prétexte qui n'est bon à prendre sur le sujet d'une personne de cette qualité que pour couvrir un plus grand crime. Il dit au même temps à la Reine, sur l'imagination qu'il eut qu'on faisoit difficulté de mettre Monsieur au conseil, que si on ne le faisoit Monsieur feroit une escapade. Si telles menaces ne sont crimes en matière d'État, rien ne le peut être que l'effet des conspirations, étant certain que par là il exprimoit son désir, et non celui de Monsieur, sur qui il avoit un tel pouvoir, qu'il a souvent dit que si Monsieur faisoit mal, c'étoit à lui à qui il s'en falloit prendre, qu'il avoit une entière créance en lui, et qu'il répondoit de ses comportemens. Il proposa au Roi, quant et quant, de mettre Monsieur au conseil, de lui donner son apanage, un don de 500,000 livres, de rétablir vingt-huit capitaines corses qu'on lui avoit retranchés en son particulier, et le faire payer de toutes ses anciennes pensions : demandes faites hors de temps, expressément pour engager, par raison, le Roi à un refus, ou pour, en obtenant cela de lui, se faire planche à tout ce que le déréglement de son ambition pourroit mettre en la tête de son maître.

Monsieur, d'autre part, devant que d'être du conseil, dit au cardinal de La Valette et Bassompierre, le jour du festin qu'il fit pour sa naissance (2) : « Je suis du conseil ; je vous avois bien dit, il y a trois mois, que je me ferois valoir. Ceci ne sera qu'un degré pour monter à d'autres choses. » Au même temps Escalurbes ouït Billard disant à Monsieur : « Peu de temps après que vous serez au conseil, il y faut introduire le colonel ; il en faut venir là. » Sur quoi une voix répondit : « Il n'est pas temps d'en parler. »

Et pour faire voir qu'il y avoit quantité de personnes de qualité qui en étoient, et particulière-

(1) De Condé, qui le laissait être amoureux d'elle.

(2) Il était né le 25 avril 1608.

ment M. le prince, Cornillan, L'Affemas, et plusieurs autres semblables, disoient tous les jours que le colonel tramoit quelque chose de grand, et voyoit madame la princesse, et lioit Monsieur avec M. le prince. Saintoul dit au Tremblay que le cardinal refusoit l'amitié dudit prince son maître, et que, dans trois mois, il seroit bien étonné, qu'il le verroit en cour plus puissant que lui. Madame la princesse la mère, et l'évêque d'Albi, dirent souvent à diverses personnes que, quand on ne voudroit donner congé à M. le prince de venir à la cour (1), il ne laisseroit pas d'y venir, ayant assez d'amis pour cela. Déageant dit de plus que ledit sieur prince ne se fioit point en sa femme, mais bien en sa mère; que, pour cet effet, il avoit fait naître l'occasion du voyage de sa mère vers lui, sous prétexte du baptême de son fils, pour être informé de toutes choses par elle et lui dire ses volontés; qu'à son retour il la verroit et apprendroit toutes nouvelles qu'il promettoit de dire au cardinal. D'où il est constant qu'il y avoit quelque secret entre eux, et de grande importance, puisqu'on feint un voyage exprès pour les faire savoir; et on estime que Déageant tenoit tel langage pour amuser le monde, sur l'appréhension qu'il pouvoit avoir qu'on découvrît leurs affaires. Du Plessis, témoin irréprochable, avertit le cardinal, lorsqu'on commençoit à parler de la paix d'Espagne et de celle des huguenots, que ledit sieur le prince lui avoit envoyé un gentilhomme, nommé Saintoul, le prier de le voir en cachette, à six lieues de chez lui, où il se trouveroit dans un bois, afin que de là il pût aller vers quelque grand avec qui il étoit besoin de faire union pour s'opposer au gouvernement présent. Du Plessis dit à Saintoul qu'il ne le pouvoit faire, n'ayant point d'ordre; qu'au bout du compte il ne voyoit pas qu'on pût rien faire d'assez fort pour le dessein qu'il témoignoit avoir, si Monsieur n'en étoit. L'autre lui dit deux ou trois fois qu'il ne se mit point en peine, et enfin, pressé par ledit du Plessis, lui déclara qu'ils étoient assurés du colonel par madame la princesse, que M. le comte en étoit moyennant un mariage en sa faveur, et qu'il y porteroit tous ses amis. Saintoul le pria que puisqu'il ne vouloit pas aller trouver M. le prince, qu'il s'en retournât au moins en diligence vers le duc d'Epernon, parce que son maître l'y enverroit, et qu'il seroit bien aise, quand il y arriveroit, d'y être introduit par lui. Cette preuve étoit évidente.

Il étoit aussi à noter, sur le sujet d'Obazine, que deux jours avant la prise du colonel, Mar-

(1) Il n'y étoit pas revenu depuis la paix de Montpellier, en 1622.

sillac vit Saint-Géry, beau-frère dudit Obazine, en Gascogne, qui lui dit que M. le prince l'envoyoit quérir, et qu'il étoit nécessaire pour le service du Roi qu'il le vît. De plus, L'Affemas dit avoir su de du Vouldy, partisan, qu'un peu auparavant la prise du colonel il avoit vu M. le prince, lui sixième, en un faubourg de Troyes. Voici encore une chose plus remarquable : Le duc de Guise, revenant de Provence, raconta au cardinal, à Fontainebleau, qu'ayant vu M. le prince en s'en allant, il lui avoit dit, sur ce qu'il croyoit qu'il fût mécontent, que, s'il ne pouvoit rentrer en grâce du Roi et de la Reine pour revenir en cour, il feroit contre eux ce qu'il pourroit; qu'il ne désiroit point que Monsieur épousât mademoiselle de Montpensier, non qu'il voulût que M. le comte l'épousât, mais parce que c'étoit un mariage présent pour Monsieur; qu'il étoit bien aise qu'il n'eût point d'enfans à son préjudice; que, s'il voyoit que Monsieur eût une autre femme prête, il aimeroit mieux que Monsieur épousât mademoiselle de Montpensier que M. le comte, parce que, si M. le comte l'épousoit, il se fortifieroit par ce moyen pour lui disputer un jour la couronne, si le Roi et Monsieur n'avoient point d'enfans. Il lui a dit, de plus, que ledit sieur le prince l'avoit assuré que le maréchal étoit à lui. Toutes lesquelles choses ledit sieur de Guise rapporta aussi au Roi et à la Reine sa mère.

Un conseiller de la cour, nommé Grasseteau, intime ami du Coigneux, qui buvoit et mangeoit avec lui quasi tous les jours, dit au (2) Tremblay, qu'il savoit avoir été autrefois à M. le prince, qu'il falloit avouer que Le Coigneux étoit le plus généreux homme du monde; que, bien que M. le prince n'eût pas bien reconnu ses services passés, personne ne l'avoit servi plus utilement qu'il avoit fait depuis peu. Le Tremblay lui demandant comment, l'autre lui répondit : « En ce que c'est lui qui a fait rompre le mariage de mademoiselle de Montpensier, et fait connoître au colonel qu'au lieu de celui-là il falloit faire celui de Monsieur et de mademoiselle de Bourbon. » Ce qui rendoit cela plus croyable, étoit le mécontentement que M. le prince avoit d'être éloigné de la cour, l'instance pressante qu'il faisoit d'y retourner, et les mémoires que, depuis peu, il avoit fait, par sa femme, présenter au Roi sur ce sujet.

Quant à M. le comte, nous avons déjà vu ci-devant que Saintoul dit à du Plessis qu'il étoit à eux. Davantage, madame de Longueville la douairière avoit dit, il y avoit plus de trois mois, que madame la comtesse vouloit faire sortir son

(2) Au sieur du Tremblay ; cette locution s'employoit souvent dans la familiarité.

fils de la cour, à quelque prix que ce fût, pour aller en Savoie; et que, s'y opposant à cause des mauvais bruits qui couroient qu'il se formoit une cabale, elle lui répondit que si, son fils étant dehors, l'effet de ces bruits arrivoit, on diroit qu'il seroit du parti. Mademoiselle de Seneterre répondit que cette raison-là devoit convier à le faire sortir, d'autant qu'en ce cas il vaudroit mieux qu'il fût dehors que de le faire par après. Voilà quant à Monsieur, M. le prince et M. le comte; voyons les autres qui étoient encore liés avec eux contre le Roi; voyons les autres princes et grands du royaume.

M. de Cussé, premier président du parlement de Bretagne, et l'évêque de Rennes, vinrent exprès en cour pour avertir que M. de Vendôme se fortifioit en Bretagne; gagnoit le tiers et le quart par brigues et argent, pour être en état de s'en rendre maître à la première occasion qu'il attendoit; qu'ils savoient même, par un ministre confident, qu'il animoit les huguenots à la guerre, et leur faisoit espérer qu'il arriveroit des mouvemens en l'État qui les favoriseroient. Le premier dit aussi plusieurs fois qu'on faisoit un grand parti pour Monsieur. De la maison de Guise, madame de Chevreuse dit en même temps, avec joie, chez la Reine, qu'il falloit que le colonel fût du conseil, qu'il en seroit, et qu'il avertiroit de tout. Quant aux seigneurs particuliers, premièrement pour messieurs d'Epernon et La Valette, Desouches dit à M. de Schomberg avoir ouï dire à Monsieur qu'il avoit une porte de derrière, savoir Metz. Marillac (1), sans savoir ce discours, rapporta que La Valette étoit tout pensif depuis deux mois, qu'il avoit ôté de Metz tous ceux qui lui étoient suspects, tenoit deux mille hommes prêts et arrhés par deux chefs en Lorraine. M. de Lorraine manda à Marillac, qu'il avertît qu'il ne se mêloit point de l'intelligence du gouverneur de Metz et du prince de Phalsbourg, ce qui montroit qu'il falloit qu'il sût qu'il y avoit quelque chose de grand et de mauvais, puisqu'il s'en purgeoit. Ajoutez que le gouverneur de Metz voulut gagner un capitaine qui étoit dans Verdun, pour le mettre dans la citadelle de Verdun quand il le voudroit. De la maison du Roi plusieurs en étoient; Chalais (2), dont nous verrons les preuves ci-après, nous en est un évident témoignage. De celle de Monsieur quasi tous y trempoient; le colonel, Déageant, Modène, Puylaurens, Boisdannemes, Le Coigneux même, et Chaudebonne, que Modène dit qui étoient ceux qui avoient mis le colonel dans les cabales et étoient cause de son malheur.

(1) Frère de Michel et servant aux armées.
(2) Henri de Talleyrand, maître de la garde-robe.

Quant au parti huguenot, soit le Languedoc, soit La Rochelle, il avoit été gagné; on n'y avoit pas eu grand'peine. Toiras manda par son frère qu'il avoit vu des lettres qu'on écrivoit de Paris à La Rochelle, par lesquelles on mandoit qu'ils prissent courage, et qu'ils devoient avoir espérance en une grande brouillerie de cour qui arriveroit bientôt. Marsillac, de M. le prince, vint de Languedoc donner le même avis que cette espérance étoit en ces quartiers-là, que M. de Rohan attendoit cette occasion, et que la plupart des grands étoient du dessein.

Et comme si la France n'eût pas été suffisante, tournant ses armes contre soi-même, de se détruire entièrement, ils appeloient encore tous les étrangers pour être de la partie. 1° Le duc de Savoie; son ambassadeur, étant dans le dégoût de la paix d'Espagne, dit à plusieurs personnes, et au cardinal même, qu'il avoit dit à son maître pour sa consolation que dans peu de temps nous aurions tant d'affaires en France, que nous aurions besoin de lui. 2° L'Espagne; le Rhingrave dit souvent à M. de Schomberg, non (celui) de France, mais d'Allemagne, qu'il y avoit un grand parti qui remueroit bientôt, et qu'il savoit que l'Espagne interviendroit par argent. Autant en disoit sans cesse un homme qui servoit le Roi à lui donner des avis d'Espagne; il ne lui sauroit rien particulariser, sinon qu'une grande cabale se formoit, que l'Espagne fomentoit et aidoit par argent. 3° L'Angleterre; le colonel alla en ce temps la visiter. M. de Chevreuse s'enquit soigneusement s'il n'étoit pas vrai que les Anglais (3) s'en étoient allés malcontens, et s'ils ne feroient pas remuer les huguenots dans trois ou quatre mois. L'autre lui disant que non, il répliqua qu'il parloit contre sa créance, et qu'indubitablement ils le feroient. Chevreuse lui disant sur ce sujet : « Dites-moi ce que fera Monsieur dans quatre mois, et je vous dirai ce que feront les Anglais avec les huguenots, » il se prit à rire. M. de Mende, qui étoit lors en Angleterre grand-aumônier de la Reine, écrivit lors plusieurs fois que le dessein du roi d'Angleterre étoit de mettre la guerre en France. Blainville écrivit que Buckingham lui ayant proposé de faire union avec la France, afin qu'elle lui aidât à ruiner les parlemens d'Angleterre, et qu'il aideroit aussi à la France à ruiner La Rochelle, il le trouva le lendemain refroidi, et lui dit qu'il le prioit d'attendre à une autre saison, et qu'il continueroit à faire ces ouvertures. Au même temps ceux du parlement, par gens affidés, envoyèrent savoir de Blainville s'il ne savoit point quelles nouvelles Buckingham pouvoit

(3) Les derniers ambassadeurs.

avoir reçues de France, parce qu'il leur avoit fait dire tout fraîchement qu'ils verroient dans peu de temps qu'ils ne devoient faire nul état des forces de France, qu'elles étoient à mépriser, que bientôt il y arriveroit quelque changement notable, occasion en laquelle il auroit lieu de se signaler de telle sorte à l'avantage de l'Angleterre, qu'elle auroit sujet de l'adorer; et tout cela fut dit huit ou dix jours avant la prise du colonel. 4° La Hollande; on n'en étoit pas encore si assuré, mais on avoit de grandes présomptions : on voyoit Aersens s'être refroidi de la recherche d'une ligue qu'il avoit au commencement poursuivie avec grande ardeur, et leur procédé avec le Roi n'étoit pas avec l'observance accoutumée.

Voilà la plus effroyable conspiration dont jamais les histoires aient fait mention; que si elle l'étoit en la multitude des conjurés, elle l'étoit encore davantage en l'horreur de son dessein, car leur dessein alloit non simplement à élever leur maître au-dessus de sa condition, mais à abaisser et à perdre la personne sacrée du Roi. Le jour qu'on en avoit été le mépris avec lequel on savoit qu'ils en parloient, particulièrement madame de Chevreuse. Deux personnes de qualité vinrent supplier le Roi de leur pardonner une faute qu'ils avoient commise en un dessein qu'ils découvriroient, pourvu qu'on ne les alléguât jamais. Le Roi leur ayant donné sa parole, ils découvrirent qu'on vouloit l'abaisser pour élever Monsieur. Des confesseurs du jubilé (1) disent des personnes s'être adressées à eux, et s'être accusées, comme d'un grand crime, d'un grand dessein et parti qu'il y avoit pour élever Monsieur au préjudice du Roi; ils en avertirent avec permission, sans vouloir être nommés. On fit un procès-verbal à Moulins, qu'on mit entre les mains de M. le garde des sceaux, d'un homme qui, venant de Paris, passant par là, découvrit que la partie des princes étoit si bien faite, qu'il y avoit cinquante mille hommes unis pour mettre le Roi dans un monastère. Ils vouloient commencer par faire sortir Monsieur de la cour, qui étoit comme le signal pour allumer le feu chacun de son côté.

Le colonel, comme nous avons dit ci-dessus, en menaçoit déjà, et disoit qu'on donnoit le conseil à Monsieur, et qu'il n'en pouvoit pas répondre. Et encore Passart a dit plusieurs fois que Monsieur lui avoit dit qu'il n'avoit rien plus à contre-cœur que coucher hors de chez lui, aimant ses aises, et cependant qu'on le vouloit accoutumer à ce faire, faisant semblant d'être surpris la nuit aux chasses, afin qu'il fût prêt, quand on voudroit, de faire un trou à la nuit (ou à la lune). Le colonel, quinze jours devant que d'être emprisonné, demanda à M. d'Herbaut un passe-port, pour faire venir de Flandre des armes pour armer quatre mille hommes, en suite, disoit-il, d'un marché qu'il avoit fait, et il y avoit trois ou quatre jours, de ce nombre d'armes, sur un vieux passe-port de M. de Puisieux : il en écrivit à Baugy, résident pour le Roi à Bruxelles. Ce qui est à remarquer en cela, est pourquoi il avoit laissé écouler tant de temps pour faire venir ces armes, et les vouloit faire venir maintenant.

Or, pour faire réussir leur dessein, faire sortir Monsieur hors de la cour, et prendre les armes avec effet, il falloit premièrement venir à bout du cardinal, dragon veillant incessamment au salut de son maître. Ils s'en vouloient défaire en le disgraciant ou le faisant tuer; en le disgraciant, nous avons vu ci-devant (2) les embûches qu'ils lui dressoient pour cela, et comme Tronçon, Sauveterre et Baradas y travailloient et tenoient quasi la chose pour assurée, parce que Sa Majesté ayant une ou deux fois prêté l'oreille sans rejeter ce qu'ils disoient, ils tiroient de là une conséquence que le cardinal étoit perdu, tenant pour maxime qu'entre écouter et être persuadé il y a peu de différence, et que qui peut être attaqué, quoique par de fausses apparences, est assurément ruiné. Quant à la violence, Monpinson avoit donné avis à l'abbé de Foix qu'il y avoit deux hommes qui cherchoient l'occasion d'attenter contre la personne du cardinal. Plusieurs autres avis semblables étoient donnés de diverses parts, et les dépositions de Chalais et du grand-prieur, que nous verrons ci-après, les avertissemens du Coigneux, et ce qui plut à Monsieur en dire au Roi et à la Reine sa mère, n'ont pas dû depuis donner lieu d'en pouvoir douter.

Sur tout cela, et plusieurs autres circonstances, le Roi prit résolution d'y pourvoir. Il envoya quérir le cardinal de Richelieu, et le sieur de Schomberg pour avoir leur avis. Tous deux, ayant eu connoissance de ce qui est ci-dessus, estimèrent qu'il étoit difficile en affaire pareille à celle-ci d'avoir des preuves plus concluantes que les susdites; qu'en matière de conspirations il est presque impossible d'en avoir de mathématiques; que quand les conjectures sont pressantes, elles en doivent tenir lieu, lorsqu'on les juge telles, considérées sans passion, car souvent on n'a l'entier éclaircissement d'une conspiration dans un État que par l'événement, qui est incapable de remède. Ils représentèrent au Roi qu'en telle

---

(1) Il y avait alors un jubilé pour le premier quart du 17ᵉ siècle; on l'avait commencé à Rome l'année précédente, et cette année on le continuait ailleurs.

(2) Il y a ici préoccupation; on n'en a pas encore parlé.

nature d'affaires c'étoit à lui, de son propre mouvement, à voir ce qu'il lui plaisoit faire, et à ses serviteurs à l'y servir, quoique par cette voie ils s'exposassent aveuglément à de très-grands inconvéniens pour eux, et quasi assurément à leur perte. Ils dirent que les remèdes pouvoient être différens; le premier seroit de tâcher de gagner les malfaisans en les comblant de bienfaits : ce remède étoit celui que volontiers on conseilleroit au Roi. Ils ajoutèrent qu'ils savoient bien qu'on répondroit peut-être que puisque la liberté, le rétablissement, les honneurs, dignités et bienfaits, n'avoient pu contenir le maréchal d'Ornano en son devoir, rien ne pourroit le faire à l'avenir. Qu'ils n'ignoroient pas qu'il seroit à craindre que la connoissance que ce personnage prendroit du seul remède dont on voudroit user en son endroit, lui fît tous les jours entreprendre quelque chose de nouveau, pour obtenir par ce moyen tout ce que bon lui sembleroit. Qu'ils craignoient que, se servant de ce seul remède, le Roi n'osât à l'avenir rien entreprendre d'important en son État, parce qu'il auroit toujours lieu d'appréhender que cet homme ne remît sus la cabale qu'il avoit déjà formée, au préjudice de son service; mais que Sa Majesté voulant pour un temps se contenter de ne rien entreprendre dans l'État, il pouvoit se servir de ce remède, qui amolliroit le cœur du maréchal, ou au moins le rendroit-il d'autant plus condamnable que plus auroit-il reçu de bienfaits de Sa Majesté. Qu'ils savoient bien que si l'Espagne ou les huguenots faisoient quelque entreprise contre cet État, on ne pourroit plus leur résister, et empêcher en même temps l'effet des cabales qu'on auroit tramées à loisir, vu qu'en ce cas, au lieu d'avoir rien à craindre, on espéreroit par la rébellion, en tant qu'on auroit comblé de bienfaits les auteurs de celle-ci au lieu de les châtier; ils avouèrent qu'on pouvoit faire une telle cabale, qu'en une occasion favorable pour eux ils pourroient révolter la moitié de la France, vu les mécontentemens ordinaires en ce royaume.

Qu'il étoit à craindre que par cette voie il fallût dépendre de la miséricorde du maréchal, qui sans doute deviendroit absolu par ce moyen, et le plus puissant homme de l'Etat, puisque, quand on penseroit avoir contenté Monsieur en le mettant du conseil et lui donnant son apanage, on n'auroit fait autre chose que de donner des forces au maréchal, pour le rendre en son particulier plus insolent; qu'il y avoit certaines personnes à qui on ne pouvoit jamais faire autre chose que battre le chien devant le loup, et d'autres qui étoient bons sujets pour exemple, et qu'en matière de cabales il étoit nécessaire d'ôter à ceux qu'on reconnoissoit être les boute-feu le moyen de l'allumer; qu'il y avoit des maux qu'on guérissoit sans hasard, et d'autres où les remèdes avançoient la mort; mais qu'il en falloit prendre le hasard quand on jugeoit qu'autrement la même mort arriveroit indubitablement, au lieu qu'il se pouvoit faire qu'on s'en garantiroit par le remède dont on se vouloit servir; que, depuis que les cabales ont pris racine dans les esprits, si on ne les arrache tout-à-fait elles repoussent toujours; partant, qu'il semble y avoir grand péril à ne déraciner pas celle-ci; péril pour le Roi, péril pour l'État, au bien duquel on est obligé en conscience de pourvoir; péril pour la Reine, péril pour Monsieur, qu'on vouloit perdre par ce moyen.

Que, si ce remède ne sembloit bon, le meilleur étoit d'ôter ceux qui donnoient de mauvais conseils à Monsieur, le traiter parfaitement bien en son particulier, afin que son esprit fût content, ou qu'au moins tout le monde eût lieu de juger qu'on n'oublioit rien de ce qu'on devoit à cette fin.

Ensuite ils dirent au Roi que, si Sa Majesté vouloit user de rigueur envers le maréchal, il falloit, auparavant de s'y résoudre, bien considérer les suites que cette affaire pourroit avoir : qu'il pourroit arriver que Monsieur, préparé par le maréchal aux événemens qu'il pourroit prévoir lui devoir arriver de ses mauvais desseins, ou mal conseillé par des personnes de sa cabale et de son dessein, sortiroit de la cour avec plusieurs grands, qui, considérant plus le futur que le présent, se joindroient à lui, ce qui pourroit apporter beaucoup de mal; que la paix d'Espagne n'étant pas encore conclue, ni celle des huguenots bien affermie, il étoit à craindre qu'une escapade de Monsieur rompît l'une et l'autre; qu'aussi pouvoit-il arriver que la prise du maréchal rompant ces factions, ôteroit toute espérance à ceux, tant du dedans que du dehors du royaume, qui désiroient le feu dans la France; que, comme il y avoit plusieurs personnes intéressées en cette faction, on n'oublieroit rien à dire contre ceux qui auroient servi à la rompre en servant le Roi; qu'ils tâcheroient de faire croire que la Reine seroit cause de l'éloignement du maréchal, par ressentiment du passé, ou pour porter Monsieur au mariage dont il le détournoit, ou pour s'assurer de sa personne et se fortifier de son affection, en ce qu'il étoit probable qu'il oublieroit le maréchal quand il ne l'auroit plus; qu'ils savoient bien que la conduite que Leurs Majestés avoient eue jusqu'à présent, les garantiroit eux et son conseil de tout blâme, puisqu'ils n'avoient rien oublié pour détourner le maréchal de mal faire, par toutes sortes de bienfaits, qui n'avoient servi qu'à le rendre plus hardi et insolent; qu'il y avoit peu de gens dans la maison de son maître qui ne fussent contre lui, qui n'improuvassent sa conduite, et à qui sa tyrannie ne fût insupportable.

On examina par après si, devant que faire cette action, il seroit bon de faire revenir M. le prince auprès du Roi. On disoit que s'il y étoit il entreroit en la garantie de l'action qu'on vouloit faire; que, par ce moyen, Monsieur seroit privé de la retraite qu'il pourroit avoir en son gouvernement, et qu'on seroit exempt de la calomnie qu'il feroit courir qu'on éloignoit les princes du sang; qu'on s'exempteroit par ce moyen du péril qu'il y avoit que M. le prince et M. le comte s'unissent avec Monsieur en cabale hors la cour, ce qui renverseroit tout le royaume, M. le prince étant le seul capable de conduire l'esprit de Monsieur dans une rébellion; que, s'il demeuroit éloigné, le coup que l'on vouloit faire faire lui donneroit le cœur et les volontés de tous les autres cabalans qui s'entendroient avec lui; qu'il décrieroit cette action par manifestes comme violente, puisqu'il avoit eu la hardiesse maintenant d'en faire un (1), et profiteroit du mal que les ministres du Roi recevroient pour l'avoir servi; enfin que sa venue ôteroit toute espérance aux brouillons, et que Monsieur ne seroit plus, ce semble, en hasard de s'en aller, tant parce qu'il n'auroit pas de retraite assurée, que parce qu'il craindroit que M. le prince prît sa place.

Le Roi n'estima point ces raisons, son aversion étant telle contre M. le prince, qu'il ne voulut point entendre parler de son retour; qu'étant brouillon de son naturel et fort actif, il y feroit plus de mal cent fois qu'à la campagne, où il n'oseroit rien entreprendre à cause de son peu de courage; qu'il empoisonneroit toute la cour de ses vices; qu'il n'y auroit plus de secret au conseil; qu'il n'oublieroit rien de ce qu'il pourroit pour le brouiller avec la Reine; que tous les jours il feroit faire mille mauvais offices au tiers et au quart, par des petites gens qu'il possédoit par ses débauches; enfin, qu'il étoit aussi à craindre qu'étant à la cour il fît faire une escapade à Monsieur, que s'il en étoit dehors. Partant Sa Majesté résolut que, sans faire venir M. le prince, il falloit s'assurer de la personne du maréchal d'Ornano.

Ensuite de quoi, le 4 mai, Sa Majesté, étant à Fontainebleau, envoya quérir, à dix heures du soir, ledit maréchal, lequel étant arrivé dans la chambre de l'ovale, fut arrêté par le sieur du Hallier, capitaine des gardes qui étoit lors en quartier et mené en la chambre où fut aussi arrêté le maréchal de Biron. En même temps on envoya se saisir de la personne de Chaudebonne (2), qui fut mené en la chambre de du Hallier; et le lendemain ils furent tous deux conduits au bois de Vincennes. On commanda à la maréchale d'Ornano de se retirer de Paris; ce qu'elle fit, et elle alla à Gentilly, où, à quelques mois de là, il lui fut enjoint d'aller en une de ses maisons en Dauphiné ou en Provence; mais, étant tombée malade, Monsieur obtint du Roi qu'elle se retirât seulement à trente lieues de Paris. Modène et Déagéant, confidens dudit maréchal, furent mis en la Bastille, comme aussi Mazargues et d'Ornano ses frères. On s'assura du Pont-Saint-Esprit, Tarascon, Saint-André, du Pont-de-l'Arche et Honfleur, places dont ledit maréchal avoit le gouvernement.

Ledit maréchal, étant dans le bateau dans lequel on le conduisit au bois de Vincennes, dit qu'il eût bien voulu que les cardinaux et les princes, qui étoient cause qu'il étoit là, fussent en sa place. Il manda à sa femme qu'elle n'eût point de peur, qu'il n'avoit fait que ce qu'elle savoit: mais elle, ayant appris la nouvelle de sa prise, dit: « Mon mari est mort. » Il dit à Chaudebonne: « Vous témoignerez que je suis innocent, je sais que vous l'êtes aussi. » Puis il dit: « Je n'ai jamais que bien servi; si j'avois voulu faire ce à quoi on m'a convié, je mériterois être ici; » ce dont il est coupable pour n'avoir pas averti du dessein qu'il savoit qu'on tramoit au préjudice du Roi et de l'Etat. M. le prince dit à Tronçon: « Le colonel est un fourbe et méchant; le Roi a bien fait de tâcher à le gagner par bienfaits; mais il n'eût jamais su le faire, et, ne le pouvant, il a eu raison, c'est un méchant; vous verrez que, dans un mois, il accusera le tiers et le quart, qui n'étoit point de cette affaire. » La douleur de M. de Vendôme en Bretagne fut visible; celle de madame la comtesse (3) ne se put cacher. Ayant été trouvée une lettre de la colonelle à Monsieur, avec deux mémoires d'instructions, l'un comme il devoit vivre avec la Reine sa mère, l'autre avec le cardinal, d'abord que l'on montra la lettre à Monsieur, il s'écria qu'elle étoit fausse, qu'il connoissoit bien l'écriture, que ce n'étoit point d'elle, et en jura; que si on vouloit condamner le colonel sur des lettres et témoins, cela étoit bien aisé, vu qu'il avoit quantité d'ennemis et qu'on pouvoit feindre des

---

(1) Il s'agit d'une remontrance du prince, en date du 21 mars, envoyée à sa femme pour demander son retour; *Mercure français*, t. XII, pag. 285.

(2) Grand maréchal des logis du prince.
(3) De Soissons.

lettres. Il redit tant de fois cela, que cela donna toute occasion de croire qu'il savoit bien qu'ils avoient écrit et parlé autrement qu'ils ne devoient. Modène dit que, trois mois avant la prise du maréchal, il avoit prévu cet orage, et le lui avoit dit, ce qui est une assez bonne preuve qu'il y en avoit sujet.

Monsieur témoigna avoir un grand ressentiment de la prise du colonel. Il alla trouver le chancelier d'Aligre, qui s'excusa et dit que cela n'avoit pas été fait par son conseil; mais quand il fut vers le cardinal pour lui en faire ses plaintes, il lui répondit courageusement que, non-seulement il ne nioit pas que le Roi ne lui en eût demandé son avis auparavant, mais que, s'il ne l'eût fait en une chose si importante, il eût cru avoir sujet de le supplier de lui permettre de se retirer, puisqu'il n'eût pas témoigné avoir une entière confiance en lui; que Sa Majesté lui ayant fait l'honneur de lui en parler, il le lui avoit conseillé, comme une chose non-seulement utile, mais absolument nécessaire à sa personne, au repos de son Etat et au bien particulier même de Monsieur. Il ne le mésestima pas de cette réponse, mais sa mauvaise volonté contre lui s'augmenta, le croyant avoir été seul cause de cette action.

Nous avons vu ci-dessus que cette cabale étoit si grande, que non-seulement les princes, les grands du royaume, les officiers de la maison du Roi, les princesses et les dames de la cour de la Reine, et le parti huguenot, mais les Hollandais, le duc de Savoie, l'Angleterre et l'Espagne en étoient; son dessein à faire sortir Monsieur de la cour, non-seulement afin que, les armes à la main, il obtînt du Roi de grands avantages, mais, s'il pouvoit, pour passer encore plus avant contre la personne du Roi; et de peur que Monsieur ne fût retenu par le mariage, il le dissuadoit de se marier, et principalement avec mademoiselle de Montpensier, laquelle après la mort de M. d'Orléans lui fut destinée.

Il s'opposoit au mariage de Monsieur avec mademoiselle de Montpensier, et y intéressoit M. le prince, feignant que Monsieur se marieroit avec sa fille, et M. le comte, par l'espérance qui lui restoit d'épouser mademoiselle de Montpensier.

Tous les grands se joignoient facilement à eux par la légèreté ordinaire des Français, le désir de changement et le déplaisir de voir l'autorité royale s'établir, et leur ôter la liberté de la violer impunément, comme ils avoient fait long-temps auparavant.

Les huguenots, par l'expérience passée d'avoir toujours profité dans nos troubles.

Les Hollandais, par le déplaisir qu'ils avoient de la paix d'Espagne, et de ce qu'on avoit refusé de faire une ligue offensive et défensive avec eux.

Le duc de Savoie, par le désir de se venger de l'offense qu'il prétendoit avoir reçue au traité de la paix, qui avoit été faite sans lui.

L'Angleterre, par son infidélité seulement.

Et l'Espagne, par l'inimitié qu'elle nous porte et les intérêts de son ambition.

Et tous ensemble, par la créance qu'un chacun d'eux avoit que cette faction étoit si puissante au dedans et si appuyée au dehors, qu'elle étoit capable de renverser l'État.

Entre plusieurs avis que le cardinal donna au Roi pour anéantir cette épouvantable faction, un des principaux fut qu'il falloit diviser ceux qui étoient liés ensemble, et, quand ils seroient séparés, diminuer la puissance d'un chacun. Le premier point fut le sage conseil que le duc de Milan donna à Louis XI, qu'à quelque prix que ce fût il devoit séparer les princes conjurés contre lui en la ligue du Bien Public; que cette division se pouvoit faire, ou en réunissant quelques-uns véritablement au service du Roi, ou les mettant tous en jalousie et soupçon les uns des autres. Et parce que la personne la plus importante qu'ils avoient ou pouvoient avoir étoit celle de M. le prince, il conseilla au Roi de lui permettre une entrevue avec mondit sieur le prince qui la demandoit, laquelle seroit capable de produire l'effet désiré. Sa Majesté l'eut agréable, et lui manda à Limours, où il étoit lors, qu'il eût à entendre ledit seigneur le prince en tout ce qu'il lui voudroit dire, excepté pour ce qui concerneroit son retour.

M. le prince ensuite vint à Limours, lui parla avec grand témoignage d'affection au service du Roi et soumission à sa volonté. Le cardinal lui donna des assurances de l'amitié du Roi et de la Reine en son endroit; qu'il n'avoit rien à craindre de Leurs Majestés, mais beaucoup à espérer; que, quant à lui, il n'osoit proposer son retour de peur de jalousie; qu'il y avoit des ministres dont l'humeur, par excès d'amitié et de bonté, étoit jalouse de ceux en qui il se confioit; que le temps apporte les choses que l'on désire souventefois lorsqu'on y pense le moins. Il répondit qu'il étoit content d'être où le Roi voudroit; de là entrant sur les affaires, il dit son avis de tous ceux qui servoient le Roi en son conseil, les uns desquels il estimoit intéressés et les autres bien foibles. Il conseilla fortement d'achever le procès du maréchal d'Ornano; que c'étoit un coup de maître; qu'il lui falloit donner des commissaires; qu'il ne falloit point laisser un mal si grand impuni ; qu'il falloit bien traiter Monsieur, mais d'autre part aussi faire tout ce qui étoit de besoin, afin qu'il n'y eût aucune faction en l'État, les rois devant la paix à leurs sujets. Enfin il lui dit qu'il le mésestimoit d'une seule chose, qui étoit qu'il offensoit pour le service du Roi force gens puissans, sans penser aux moyens de se garantir à l'avenir ; qu'il devoit avoir soin de s'établir, autrement il seroit, vieux, misérable et persécuté. Ou s'il ne vouloit cela, qu'il ne devait choquer le monde. Et sur ce qu'il lui dit qu'après que le Roi seroit hors de cette affaire il vouloit se retirer, il lui répondit que l'État seroit perdu s'il se retiroit ; qu'il avoit mis les affaires en un point si glorieux, qu'il étoit nécessaire pour les y conserver et leur y donner un ferme établissement.

Il demeura à coucher à Limours et le lendemain à dîner ; et ne se pouvant lasser de louer publiquement devant un chacun le cardinal, s'il lui est permis de dire la vérité en ce sujet auquel il est intéressé (1), il disoit qu'il y avoit longtemps qu'il avoit désiré son amitié, qu'enfin il étoit venu là afin qu'un chacun le connût, et que ses glorieuses actions, qui étoient si connues d'un chacun que ses ennemis ne les pouvoient nier, et étoient au-dessus de toute envie, l'y avoient obligé ; qu'il ne fut jamais un si grand ministre que lui dans cet État, ni si désintéressé ; qu'il en parloit sans flatterie, et pour l'avoir lui-même éprouvé : car, depuis sa conduite (2), le Roi l'avoit tenu bas comme il avoit voulu ; qu'il étoit en état qu'on ne sauroit penser qu'il en parlât autrement qu'il ne croyoit ; qu'il avoit vu, dès l'entrée de son ministère dans l'État, qu'en l'affaire d'Italie et des Grisons il avoit préféré la gloire du Roi et la grandeur de l'État aux intérêts de Rome, lesquels sa propre dignité l'obligeoit d'affectionner. Il pouvoit appréhender en cette action le blâme des zélés inconsidérés, les calomnies des écrivains ; il avoit généreusement tout méprisé pour effacer la honte des autres traités, et en poursuivre un qui fût honorable au Roi. Il avoit fait le mariage d'Angleterre, nonobstant toutes sortes de contradictions, pour donner un contre-poids à la grandeur d'Espagne. Quand les Anglais avoient voulu s'échapper et faire la mine de favoriser les huguenots, pour obliger le Roi à faire une ligue offensive pour le recouvrement du Palatinat, il les avoit si heureusement maniés qu'il s'étoit servi d'eux pour faire que le Roi donnât la paix aux huguenots, comme de maître à valet, et qu'il retint des avantages que nul n'eût osé espérer. Dès que les Anglais avoient voulu abuser du bon accueil qu'on leur avoit fait pour se servir d'eux (3), il avoit fait glorieusement la paix d'Espagne, où il avoit retenu les avantages que les Espagnols nous avoient ôtés, et les avoit fait renoncer à ceux qu'ils avoient poursuivis, et sans lesquels ils avoient toujours dit qu'ils ne concluroient jamais la paix. Il avoit fait monter l'affaire des financiers au double de ce qu'on s'étoit promis, et si, avec tout cela, il n'avoit point de soin de sa fortune, et ne regardoit qu'au Roi. Si Monsieur avoit été ébranlé par quelques mauvais conseils, aussitôt il y avoit pourvu courageusement, et n'avoit été retenu d'aucune considération de ses intérêts présens ou à venir, qu'il n'eût fait tout ce qu'un grand et fidèle ministre pouvoit faire, et partant qu'il étoit résolu de l'aimer quand même il ne le voudroit pas.

Il écrivit au Roi conformément à tout cela, et particulièrement qu'il ne pouvoit prendre un meilleur conseil que de s'assurer de la personne du maréchal d'Ornano, et qu'assurément l'affaire finiroit par un témoignage de sa bonté ou par une ouverte justice, bien qu'il n'ait besoin de justifier ses actions qu'à Dieu ; qu'il ne doute point aussi qu'il ne sache bien empêcher toutes factions contraires à son service, comme il y est obligé devant Dieu, dans lesquelles son nom ne sera jamais trouvé ; car il demeurera à jamais à lui envers tous et contre tous, absolument et sans condition. Il l'offre, et lui jure sur la damnation de son ame, aujourd'hui qu'il a communié, et le supplie d'en prendre créance, et à toutes les autres choses que le cardinal lui a communiquées, desquelles il lui dira qu'il s'en remet sur lui, et lui dira que ses avis se sont trouvés fort conformes aux siens, ne désirant rien tant que de voir régner Sa Majesté absolument, et que chacun sous lui tienne sa partie. Il ne veut aussi oublier de témoigner à Sa Majesté qu'en quelque lieu qu'il soit il sera toujours très-content, pourvu qu'il soit assuré de ses bonnes grâces, comme il est maintenant, assurant Sa Majesté que, quand il voudroit, il lui seroit impossible d'en douter ; le lieu où il lui sera le plus utile est celui où il souhaitera toujours plus être, lui avouant pourtant que, plus de près il pourra faire voir ses actions à Sa Majesté, plus aura-t-il de contentement.

Si l'entrevue de M. le prince avec le cardinal eut une si heureuse fin, le voyage que Monsieur fit le même jour vers ledit cardinal, ne fut pas d'un moindre fruit pour le service et le contentement du Roi ; car il sut si bien dissiper les nuages des mauvais conseils que les factions lui avoient

---

(1) Ceci indique assez la part du cardinal à la rédaction des mémoires.

(2) C'est-à-dire son ministère.

(3) Des huguenots.

donnés, et si bien remettre et gagner son esprit, que, dès le jour suivant, 31 mai, jour de la Pentecôte, il alla trouver le Roi et la Reine sa mère, et, leur ouvrant son cœur, leur fit la déclaration suivante, que, pour gage perpétuel de sa fidélité, il désira être signée de la main de Leurs Majestés et de la sienne.

« Sur les divers artifices et desseins de plusieurs mal affectionnés à la paix, à la grandeur et à la prospérité de la maison royale, qui désireroient la troubler par ombrages, soupçons et défiances, et voudroient donner lieu, par ce moyen, à ceux qui prennent les espérances d'une imaginaire grandeur sur sa ruine, singulièrement à l'occasion des mauvais bruits qu'on a fait courir du mécontentement de Monsieur pour ce qui s'est passé depuis peu en l'affaire du sieur maréchal d'Ornano.

« Monsieur, désirant faire voir au Roi la sincérité de ses actions, et ouvrir franchement son cœur devant Sa Majesté, ayant une pleine confiance de sa bonté, de laquelle dépend le comble de toute sa grandeur et félicité, a promis à Sa Majesté, non-seulement de l'aimer, mais le révérer comme son père, son roi et souverain seigneur; le supplie très-humblement de croire qu'il n'ignore pas le mauvais dessein de ceux qui aspirent à s'agrandir par leur division et ruine; mais qu'il aimeroit mieux mourir que d'y contribuer jamais par un seul désir et consentement, directement ou indirectement, en quelque manière que ce soit; qu'il est tout résolu de ne se séparer jamais de sa personne, de ses intérêts, ni de ceux de l'État, n'avoir aucune intelligence ni union qui puisse être préjudiciable à l'État, ni donner ombrage à Sa Majesté; qu'il veut soumettre de bon cœur ses volontés et ses affections à celles de Sa Majesté, qu'il aura toujours pour règle et pour loi de ses actions; qu'il ne lui sera jamais dit, proposé, ou suggéré aucun conseil de la part de qui que ce soit, dont il ne donne avis à Sa Majesté, jusques à ne lui taire point les moindres discours qu'on tiendra pour lui donner des ombrages du Roi et de ses conseils, afin que n'étant entre eux qu'un cœur et une ame, n'ayant qu'un même secret, et vivant ensemble avec une telle confiance que nulle sorte d'artifice ne la puisse rompre, ils puissent franchement dissiper les desseins de ceux qui voudroient s'élever par leur ruine. De quoi il prie la Reine sa mère de vouloir répondre pour lui, la suppliant très-humblement de croire qu'il accomplira de bonne foi ce qu'il promet en ses mains et en sa présence, comme devant un autel où il voit l'image vivante de celui qui punit éternellement les parjures, où il a devant les yeux la mémoire très-glorieuse du feu Roi, son très-honoré seigneur et père, et qu'il n'a ni ne veut avoir pensée, mouvement ni dessein aucun, qui ne tende à l'aimer, honorer et révérer comme une bonne mère; qu'il y est obligé par toutes les lois et principalement par le ressentiment naturel qu'il a dans le cœur, qu'il exprimera toujours plus par effets que par paroles.

« Pour faire encore voir à Leurs Majestés comme il désire leur complaire en toutes choses, il leur promet d'aimer et affectionner sincèrement ceux qu'ils aimeront, et se conduire en sorte qu'on connoîtra qu'il les tient pour ses serviteurs, et qu'il ne met point de différence entre ses propres intérêts et ceux du Roi qu'il veut être servi par ceux qui sont auprès de lui, autant et plus que lui-même, leur commandant à tous d'avertir Sa Majesté si jamais il pensoit à faire le contraire de ce qu'il promet, et l'abandonner en ce cas; remettant, au surplus, à la bonté du Roi de traiter favorablement ledit sieur maréchal d'Ornano, en considération de la supplication qu'il en a faite à Sa Majesté.

« Sur quoi il a plu au Roi de donner sa foi et parole royale à Monsieur, son frère, qu'il le tient et veut tenir, non-seulement comme son frère, mais comme son propre fils; qu'il sait et reconnoît très-bien que sa sûreté gît principalement en sa personne, qu'il tient, par inclination et par raison, comme la moitié de soi-même : protestant devant Dieu qu'il consentiroit plutôt à recevoir du mal que de souffrir jamais qu'il lui en fût fait; qu'il connoît bien le dessein de ceux qui les voudroient voir en division ne tendre qu'à profiter de leur perte; à quoi il sait n'avoir pas de plus assuré remède que d'aimer, chérir et affectionner Monsieur, son frère, comme celui sur lequel il veut appuyer sa maison et la conservation de sa propre personne; qu'il ne saura jamais, par rapport ou autrement, aucune chose qui le regarde, dont il ne lui donne avis, et qu'il ne lui dise franchement, afin qu'il ne puisse arriver entre eux aucune mauvaise intelligence; qu'il ne prendra jamais ni ne souffrira qu'on lui donne aucun conseil contre le bien, l'avantage et la sûreté de Monsieur, qu'il veut aimer et chérir plus que jamais, sans que, par aucune voie que ce soit, il puisse changer de cœur ni d'affection envers lui.

« Et pour étreindre cette union si sainte, si nécessaire à l'État et à la maison royale, il prie, de toute son affection, la Reine sa mère d'intervenir, pour demeurer entre eux comme le vrai et l'unique bien de leur amitié indissoluble, et répondre, en qualité de mère, de la sincérité avec laquelle Sa Majesté gardera ce qu'il lui plaît promettre;

« Désire en outre Sa Majesté, et commande à ceux desquels elle se sert en ses plus importantes affaires, et sur lesquels elle a toute confiance, qu'ils l'avertissent franchement s'ils s'aperçoivent que, par quelque malheur, il vînt à se départir d'une si sainte résolution; leur commandant de n'avoir en cela autre but que de servir à l'amitié et très-étroite union avec Monsieur, son frère, laquelle Sa Majesté dépose entre leurs mains, pour avoir un soin très-exact de l'entretenir, et contribuer tout ce qui leur sera possible pour l'accroître.

« Après ces promesses, la Reine, joignant avec larmes ses mains au ciel, et priant Dieu pour l'union, grandeur et félicité de ses deux enfans, les a conjurés, au nom de Dieu, et par les plus tendres affections de la nature, de vouloir être toujours bien unis, sans donner lieu à aucun soupçon ni défiance, et de vouloir s'entr'aimer cordialement et avec sincérité; leur protestant que c'est la plus grande joie qu'elle puisse jamais recevoir au monde, sans laquelle elle ne sauroit passer sa vie qu'avec toute sorte de misère et de déplaisir; qu'au contraire ils la combleront de bonheur, qui leur apportera toute sorte de bénédictions, s'ils sont soigneux de garder inviolablement leur foi et leur parole, dont, comme mère, elle se charge, et en répond à tous les deux réciproquement, désirant passionnément qu'ils croient que celui d'entre eux qui viendroit à manquer lui abrégeroit ses jours, desquels elle ne désire l'usage que pour les voir heureux et contens.

« Leurs Majestés et Monsieur ayant juré ce que dessus sur les saints Evangiles, il leur a plu de signer l'écrit en témoignage de leur étroite union, et pour assurance qu'ils veulent inviolablement observer ce qui est porté en icelui. Fait à Paris, ce dernier de mai, fête de Pentecôte 1626. Ainsi signé, LOUIS, MARIE, GASTON. »

Le lendemain, qui étoit le premier jour de juin, le Roi envoya demander les sceaux au chancelier d'Aligre, qui n'avoit pas osé soutenir à Monsieur la justice du conseil de Sa Majesté sur l'arrêt du maréchal d'Ornano, et les bailla à Marillac, qui avoit la charge de ses finances, le cardinal le lui ayant conseillé pour la réputation de probité où il étoit, et son ancienneté dans le conseil.

Cela fait, parce que le duc de Vendôme se trouvoit bien avant et des premiers dans la cabale dudit maréchal, et essayoit de se fortifier en Bretagne et la soustraire du service du Roi, Sa Majesté se résolut de partir de Paris pour y aller, et là se saisir de sa personne, au cas qu'il ne vînt point la trouver sur le chemin. Sa Majesté étoit déjà partie, et le cardinal étoit allé, quelques jours auparavant, prendre les eaux en sa maison de Limours. Le grand-prieur, qui connoissoit sa conscience chargée, et soupçonnoit sa perte et celle de son frère, se résolut d'aller le querir en poste et l'amener par le chemin. Il passa par Limours pour voir s'il connoîtroit point le dessein du Roi; mais le cardinal prit une conduite qui lui étoit ordinaire, et telle qu'il lui fut impossible de rien connoître; car il ne fit point semblant de reconnoître qu'il eût peur, aussi peu de s'apercevoir que, par une fausse hardiesse, il voulût prétexter une innocence pour son frère et pour lui, en venant franchement trouver le Roi.

Le grand-prieur lui disant qu'il alloit querir son frère, il ne lui dit jamais qu'il faisoit bien ou mal, parce qu'il voyoit bien qu'ils ne pouvoient se sauver, ou résister à la puissance du Roi, quand ils fussent demeurés en Bretagne, et qu'il estimoit beaucoup meilleur que Sa Majesté eût cette peine de les aller querir jusque-là, où aussi bien falloit-il qu'elle allât quand elle les prendroit par chemin, que de leur donner prétexte de dire qu'on les eût attirés par de belles paroles, trompés et pris sur de belles espérances. Est à noter que, dès qu'on commença à s'apercevoir de la faction dont il étoit question, Sa Majesté se résolvant de la dissiper fut conseillée de dire au grand-prieur un discours que le duc de Vendôme son frère avoit fait en Bretagne, qui aboutissoit à dire qu'il ne verroit jamais le Roi qu'en peinture. On prévit bien que le grand-prieur, entendant ces paroles en un temps où la faction n'étoit pas prête à jouer son jeu, seroit contraint de supplier le Roi de trouver bon que son frère se justifiât de ce discours, et que, pour cet effet, Sa Majesté trouvât bon qu'il le vînt trouver. Il arriva ainsi qu'on l'avoit jugé; et non-seulement le grand-prieur fit-il cette supplication au Roi, mais le duc de Vendôme, en ayant eu avis par lui, dépêcha un courrier, et écrivit une lettre pleine de belles protestations, et conforme aux discours de son frère. Le Roi fit une réponse au grand-prieur, par laquelle son frère ne pouvoit éviter de le venir trouver, si ouvertement il ne se déclaroit coupable; car Sa Majesté lui dit qu'il demandoit permission que ledit sieur de Vendôme vînt se justifier; que cela étoit inutile, que Sa Majesté ne le désiroit point, étant tel qu'elle ne vouloit pas honorer de sa vue ceux qui ne désiroient pas de la voir.

Tant plus le Roi témoignoit ne désirer pas la venue du duc de Vendôme, plus son frère en pressoit-il la permission. Sur quoi Sa Majesté lui dit enfin que, s'il avoit dit ce qu'on lui avoit rapporté, il lui mandât qu'elle ne désiroit point qu'il vînt, puisqu'en ce cas il ne la vouloit pas voir; s'il ne l'avoit point dit, qu'il fît ce qu'il voudroit. Tel discours l'obligeoit à venir par nécessité, puisqu'autrement il se fût déclaré coupable, au lieu qu'il se tenoit fort innocent. Le duc de Vendôme, ayant vu la prise du colonel, se trouva fort en peine de s'être engagé à venir trouver le Roi, tant par ses lettres que par la réponse de Sa Majesté à son frère. Il commença à s'en excuser par lettres, et prendre prétexte de demeurer en la province sur l'accident arrivé pour empêcher qu'il n'y arrivât aucun trouble; mais, comme ils virent le Roi parti pour aller à Blois, ils se doutèrent bien que le Roi alloit plus loin, et se résolurent à faire de nécessité vertu.

Ils arrivèrent le 11 du mois, et furent arrêtés dès le 12. Le cardinal n'avoit pu encore joindre le Roi; mais il arriva le même jour de leur prise. M. de Vendôme, aussitôt qu'il fut pris, dit au marquis de Mauny : « En quel état est Monsieur? Est-il arrêté ou non ? » Demande qui faisoit bien connoître qu'il y avoit quelque intelligence entre eux, qu'ils reconnoissoient de leur part être criminelle.

En l'absence du cardinal, on avoit conseillé à Sa Majesté de mander à M. le comte qu'il sortît de Paris, et à madame la comtesse qu'elle se retirât en l'une de ses maisons. Le cardinal fit changer ce conseil, pour ce qu'il estima que ce commandement donneroit lieu à M. le comte de faire ce qu'il désiroit le plus, qui étoit de s'éloigner de la cour, en laquelle il appréhendoit de se trouver, par la connoissance qu'il avoit de l'union qu'ils avoient tous faite au préjudice de leur devoir; que les ennemis du repos public diroient qu'on prenoit certains princes, qu'on éloignoit ceux du sang, et par là tâcheroient de faire croire aux plus grossiers que ce qui étoit justice étoit pure violence; qu'il valoit beaucoup mieux donner sujet à M. le comte de demeurer avec honneur à Paris, où il ne pourroit mal faire quand il le voudroit, que de l'en éloigner, vu que, par là, tout le monde reconnoîtroit la bonté extraordinaire du Roi et le respect qu'il portoit à son sang, en ce qu'il dissimuleroit la faute de M. le comte, et ne chercheroit autre voie pour le remettre en son devoir que celle de l'honneur et des bienfaits. Le Roi agréa cette proposition, qui fut exécutée avec tant d'heur que le conseil de M. le comte en fut surpris et étonné, et ceux mêmes qui étoient les plus aigres avouèrent la conduite de Sa Majesté aussi pleine de bonté que de prudence.

Sa Majesté continua son voyage; le maréchal de Schomberg demeura malade à Blois de la goutte; le cardinal s'en alla à Richelieu (1), et M. le garde des sceaux visita messieurs de Vendôme, pour voir s'ils voudroient décharger leur conscience, et reconnoître si le Roi leur devroit pardonner, par leur ingénue confession, les fautes qu'il savoit assez d'ailleurs. Ils refusèrent au commencement de répondre; mais enfin ils répondirent, pour cacher avec d'autant plus d'artifice ce qu'ils savoient, qu'ils protestoient ne rien oublier en leurs réponses.

Le Roi poursuivit son voyage; et ayant appris, par le chemin, diverses nouvelles des mauvais desseins auxquels certains esprits vouloient porter Monsieur contre son propre bien, il manda par trois fois au cardinal qu'il se hâtât de le venir trouver. Sa Majesté étant arrivée à Nantes, et ses serviteurs (2) l'y ayant jointe, elle leur dit le mécontentement qu'elle avoit de Chalais et les avis qu'elle avoit de ses menées. Dès Paris, Chalais s'étoit offert au cardinal de Richelieu de servir le Roi auprès de Monsieur; le commandeur de Valençai lui avoit porté parole de sa part, et depuis il l'avoit confirmée de vive voix. Il promettoit donner avis des mauvais conseils qu'on donneroit à Monsieur, et le temps et les moyens qu'il faudroit suivre pour y remédier. Il avoit eu d'abord cette intention; mais il en fut détourné de telle sorte, par un amour auquel il s'embarqua (3), qu'au lieu de satisfaire à ses promesses il faisoit le contraire; il servoit lui-même de conseil et d'instrument pour porter Monsieur à se séparer de la cour, et troubler le repos de la France au lieu d'en conserver la paix. Le cardinal, ayant connu cela, le fit sommer plusieurs fois de sa parole; mais, voyant que ses effets n'y correspondoient pas, il le fit avertir par le chevalier de Valençai, qui étoit le premier qui lui avoit parlé de sa part, de n'estimer plus avoir sûreté à la cour sur la parole dudit cardinal; que le Roi étoit fort mal content de lui, et qu'indubitablement, s'il ne changeoit de procédé, il étoit au chemin de se perdre. Rien ne put détourner ce pauvre gentilhomme : aussi étoit-il trop embarqué; car déjà il avoit envoyé La Louvière, un sien domestique, vers M. de La Valette, et le sieur d'Obazine étoit parti pour aller vers M. d'Epernon pour le même effet.

Le Roi, voyant son obstination à faire tout le contraire de ce qu'il lui avoit promis, le fit arrê-

(1) Il était venu joindre le roi à Blois.
(2) Le cardinal et les ministres.
(3) Pour la duchesse de Chevreuse.

ter, et incontinent après fit expédier une commission du grand-sceau, le 8 juillet, par laquelle il commit le garde des sceaux Marillac pour informer des faits de conjuration, faction et soulèvement d'Etat, et autres crimes de lèse-majesté dont il étoit accusé, prenant avec lui Beauclerc, secrétaire d'Etat, pour faire et parfaire le procès aux coupables, pour, les procès instruits et en état de juger, être pourvu de tels juges que Sa Majesté verroit bon être. Ensuite de cela Sa Majesté fit expédier des lettres, audit mois, contenant l'érection d'une chambre de justice criminelle pour le jugement desdits procès, lesquelles furent enregistrées au parlement de Rennes le 5 août, et le 10 autres lettres encore, contenant la commission et pouvoir des juges de ladite chambre, lesquels elle choisit de la plus grande réputation de probité qui fussent en sa cour de parlement de Bretagne et en son conseil, pour vaquer avec le garde des sceaux à ladite commission. Elle choisit de sa cour de parlement les sieurs de Cussé et de Bry, premier et second présidens, Descartes et Hay, doyen et sous-doyen, et autres conseillers; de son conseil d'Etat, les sieurs Fouquet, Machault et de Criqueville.

Attendons ce que feront les juges travaillant au procès de Chalais, et voyons cependant ce qui se passe aux Etats de Bretagne, dont le Roi fit l'ouverture le lendemain 11 juillet. Après que le Roi eut dit trois ou quatre paroles, il se remit à ce que le garde des sceaux leur déduiroit particulièrement de sa part. Il leur dit que deux sujets menoient le Roi en cette province : l'un pour les voir, qui lui étoit chose très-agréable, l'autre, qui lui étoit plein de douleur, qui étoit pour prévenir les orages qui sembloient menacer cette province de désolation. Il conclut en demandant une assistance extraordinaire pour le Roi en ses besoins extraordinaires. Le lendemain de l'ouverture des Etats, les lettres de provision du gouvernement de Bretagne en faveur du maréchal de Thémines furent présentées et enregistrées; ils accordèrent libéralement au Roi une subvention extraordinaire. Et pource qu'à cause de la maison de Penthièvre dont madame de Vendôme est descendue, ledit sieur de Vendôme avoit des prétentions, bien que clairement fausses et injustes, sur la Bretagne, à raison desquelles il s'étoit laissé emporter à l'exemple de M. de Mercœur, son beau-père, à s'y vouloir fortifier contre le Roi, les Etats supplièrent Sa Majesté qu'elle commandât que les fortifications non nécessaires de plusieurs villes et châteaux qui lui appartenoient en Bretagne fussent démolies; ce que Sa Majesté leur accorda, et fit ensuite depuis raser Ancenis, Lamballe, et quelques autres places.

Pendant sa prison (1), Monsieur, qui étoit continuellement sollicité, de la part de ceux qui étoient à Paris, de sortir de la cour, méditoit sa retraite. On lui proposoit que, pourvu qu'il sortît de la cour, c'étoit assez à un homme de sa qualité pour faire un parti. Le déplaisir qu'il avoit de la poursuite de Chalais et de la découverte qu'on avoit faite de ses desseins, lui faisoit prêter l'oreille à tout ce qu'en un autre temps il eût bien jugé n'être pas faisable. Enfin, pressé de ceux qui, sous prétexte de le vouloir servir, cherchoient leur salut dans sa perte, il se résolut de sortir.

Le cardinal étoit retiré, pour ses incommodités, à deux lieues de Nantes, en une maison nommée La Haye, où, la veille de son partement, il l'alla voir pour tâcher de découvrir de lui s'il étoit vrai qu'on eût quelque dessein de passer en l'affaire de Chalais plus avant que sa personne. Le cardinal, jugeant son dessein par ses inquiétudes, prit la hardiesse de lui dire qu'assurément il avoit quelque chose en la tête, et prit occasion, sur ce sujet, de lui faire voir le dessein que plusieurs, par cette voie, prenoient pour le perdre; qu'il n'y avoit salut pour lui qu'auprès du Roi; que sa personne étoit si nécessaire au Roi, qu'il étoit impossible qu'il pût penser à chose qui lui pût être préjudiciable; que l'intérêt de la Reine sa mère, qui alloit à les conserver tous deux, le devoit assurer; qu'il n'y avoit homme au monde qui dût ni pût, par raison, donner aucun conseil contre lui, ni qui pût être assez hardi pour le pouvoir faire. Sur cela, sans rien dire, il changea de dessein, comme il confessa depuis.

Cependant Monsieur fit nouvelles instances pour son apanage, à même fin encore qu'il les faisoit à Blois; car son esprit avoit été si débauché par le colonel, Chalais, le grand-prieur et les autres de la cabale, que, quelque bon dessein qu'il fît de vivre avec le Roi comme il devoit, lui venoit toujours quelque pensée contraire à une heure de là; et Puylaurens et Boisdannemets l'y fortifioient, jusque-là que le président Le Coigneux avertit le cardinal qu'ils s'engageoient à faire un manifeste contre lui; que l'esprit de Monsieur ne se guérissoit point, et qu'il témoignoit toujours en particulier lui vouloir grand mal, et qu'il ne lui pardonneroit jamais. Monsieur, étant en cette disposition-là, en faisant paroître une tout contraire, vint, le 23 juillet, voir le cardinal en l'évêché de Nantes où étoit logé, et après lui avoir fait plusieurs protestations de vouloir honorer et obéir à la Reine sa mère, lui dit que c'étoit maintenant tout de bon; qu'il étoit vrai que celle qu'il avoit faite par

(1) Du comte de Chalais.

le passé n'avoit été que pour gagner du temps, et que même, la dernière fois qu'il lui avoit parlé, il avoit fait semblant d'avoir du mal (1), et le lui avoit dit en grande confiance, encore qu'il ne fût pas, parce qu'il avoit une extrême aversion du mariage, non à cause de la personne de mademoiselle de Montpensier, mais, en général, parce qu'il appréhendoit de se lier. Ensuite il prioit le cardinal d'assurer qu'il se marieroit quand on voudroit, pourvu qu'on lui donnât son apanage en même temps. Sur quoi il dit que feu M. d'Alençon avoit eu trois apanages, savoir est le premier qui valoit cent mille livres de revenu; le second, celui du roi de Pologne, quand la couronne de France lui échut par la mort du roi Charles, et le troisième, une augmentation qui lui fut donnée pour lui faire poser les armes.

Sur cela le cardinal lui dit qu'il ne falloit pas prendre pied sur ces apanages, et qu'il y avoit une considération particulière en son fait, qui n'empêcheroit pas le Roi de lui en donner un bon, bien qu'elle pût porter à ne le faire pas. S'enquérant soigneusement de ce que c'étoit; le cardinal lui dit que l'intention du feu Roi étoit qu'on lui donnât de grosses pensions, mais non pas un apanage, comme on avoit donné aux autres enfans de France. Il demanda si cette volonté du feu Roi étoit signée; le cardinal lui répondit que non, et que le Roi ne s'en vouloit servir. Ensuite de cela il lui dit force belles paroles pour l'assurer de son amitié, auxquelles le cardinal répondit avec le respect qu'il devoit. Etant parti d'avec lui, Le Coigneux le vint trouver, et lui demander de sa part, pour apanage, l'Orléanais, le pays Chartrain, le Blaisois et la Touraine. Sur quoi le cardinal lui répondit qu'il ne falloit point qu'il espérât cela, la raison ne permettant pas un si grand apanage; que s'il le proposoit il se ruineroit auprès du Roi; qu'il estimoit que si Monsieur avoit l'Orléanais et le pays Chartrain il devoit être content; toutefois qu'il ne rendroit autre réponse, sinon qu'il parleroit au Roi de ce que Monsieur lui commandoit. Le cardinal en traita avec le Roi, qui eut agréable d'avantager Monsieur en son apanage tant qu'il pourroit.

Mais sur le fait du mariage, le cardinal n'en voulut pas donner son avis; il représenta seulement à Sa Majesté, en son conseil, toutes les raisons pour et contre, et lui fit le discours qui s'ensuit : Pour ne faire pas ce mariage, on peut considérer l'intérêt du Roi, celui de Monsieur ou celui des princes du sang. Pour le Roi, on peut dire que si Monsieur a des enfans il sera plus considéré que Sa Majesté; qu'il prendra une forte liaison avec les princes qui entreront en

(1) Mal qui empêche mariage.

l'honneur de son alliance; ce qui lui donneroit diverses pensées dans le royaume, préjudiciables au repos de l'Etat et au bien du service de Sa Majesté. Pour Monsieur, on peut considérer l'imagination, quoique vaine, d'une meilleure fortune, dans laquelle on pourroit avoir pour lui des pensées d'une alliance plus haute. Pour l'intérêt des autres princes du sang, il est évident à ne le faire pas, tant, parce que moins y auroit-il d'espérance que le Roi ou Monsieur aient des enfans, plus en auront-ils à la couronne, que parce aussi que, ce mariage rompu, il va directement à M. le comte, qui, par ce moyen, augmentera beaucoup en autorité, en biens et en liaisons d'hommes et de gouvernemens considérables.

Pour le faire, il faut considérer à l'opposite l'intérêt du Roi, celui de Monsieur, celui des princes et, de plus, celui de la France.

On a ouï dire à M. d'Epernon que le feu Henri III n'ayant point d'enfans, c'étoit une question du temps, savoir s'il devoit laisser marier M. le duc d'Alençon ou non. La plupart estimoient qu'un tel mariage étoit désavantageux au Roi, pour les mêmes raisons qui étoient appuyées, alors par les uns à bonne intention, et par les autres comme partisans de ceux qui vouloient la ruine de la maison royale. Lui, au contraire, disoit au Roi qu'un tel mariage lui étoit nécessaire, parce que si Monsieur avoit des enfans, cela ôteroit tout lieu aux étrangers de penser à la couronne, et par conséquent de faire aucun attentat sur les personnes royales. Cependant le conseil de la plus grande part prévalut; et, comme l'on sait, les deux frères finirent sans enfans, Monsieur le premier, après quoi fut commis le misérable attentat contre le feu Henri III.

Lorsque M. le prince voulut faire aller Monsieur aux armées de Languedoc conjointement avec Sa Majesté, elle en fut divertie par cette considération, que l'assurance de l'un dépendoit de la conservation de l'autre. Qui plus est, si le mariage ne se fait pas, on laisse Monsieur en l'état de pouvoir écouter et entretenir des négociations en pays étrangers sous prétexte de mariage : ce qui pourroit être avantageux pour lui, mais non pour le Roi ni pour l'Etat. On le laisse en outre en état de penser au mariage de la fille de M. le prince, qui seroit de bien plus périlleuse conséquence que celui qu'on veut faire à présent. L'intérêt de Monsieur se trouve en ce mariage, à raison de la sûreté qu'il lui apporte par les enfans qu'il en peut avoir; mais autrement il semble n'y être pas, vu qu'il le prive de plus grande espérance de liaison tendante à négociations qui pourroient diminuer le repos et la tranquillité du Roi et de l'Etat. L'intérêt des princes du sang ne s'y rencontre pas, d'autant qu'il les éloigne de la ligne royale et empêche qu'ils ne se fortifient par des liaisons préjudiciables. L'intérêt de la France y est évident, parce que, si l'exemple de ce qui est arrivé au roi Henri III a lieu, ce mariage assure la personne du Roi, ôte le sujet de craindre apparemment que cette couronne passe en une autre main que celle de la ligne royale, arrête les desseins des uns, affoiblit les pensées des autres, et, ôtant toute occasion d'entreprise, conserve et affermit la paix.

Le Roi a besoin de grande prudence pour se résoudre sur ces diverses considérations ; car tel lui dissuadera le mariage, sous prétexte de l'intérêt de Sa Majesté représenté ci-dessus, qui le fera pour favoriser Monsieur, son frère, lui donnant lieu de penser à une alliance étrangère, ou à celle de M. le prince, ou l'en dissuadera aussi peut-être pour favoriser M. le prince, ou par haine de la maison de Guise ; tel aussi le fera innocemment et sans mauvais dessein. Il se pourra faire aussi que, comme quelques-uns le conseilleront sincèrement pour assurer la personne du Roi et pour le salut de l'État, d'autres encore le conseilleront pour rendre Monsieur plus considérable pour l'alliance qu'il prendra, et par les enfans s'il vient à en avoir. Ceux qui seront dépouillés de passion, et n'auront devant les yeux que l'intérêt du Roi, appréhenderont tellement les calomnies ordinaires et les événemens incertains, qu'on ne doit pas trouver mauvais si, en une affaire si délicate, ils suspendent leurs jugemens. Sa Majesté sait que, pour ces considérations, je n'ai jamais voulu lui donner aucun conseil en cette affaire, parce que, à vrai dire, il y a des inconvéniens à craindre, soit à faire le mariage, soit à ne le faire pas.

Cependant il y a deux raisons pour lesquelles on peut juger que le Roi tirera avantage du mariage. Tandis que Sa Majesté n'aura point d'enfans, elle ne peut être assurée en son Etat contre les diverses pensées de ceux qui voudroient voir la fin de la maison royale, que par la conservation de la vie de Monsieur ; et d'autant que la vie d'une personne est incertaine, cette assurance ne sera point entière que lorsque Monsieur aura des enfans, puisque, en ce cas, il est difficile qu'on puisse faire des desseins pour venir à une succession où il y a plusieurs têtes. Outre cela, tant que le Roi et Monsieur n'auront point d'enfans, Sa Majesté sera contrainte de souffrir de Monsieur tout ce qu'il voudroit faire, vu que de sa conservation dépend la sûreté du Roi, au lieu que s'il a une fois des enfans, quoique au berceau, ils assurent Sa Majesté, et lui donnent lieu de retenir sans crainte Monsieur dans les termes de son devoir, au cas qu'il s'en éloignât ; ce qui n'est pas un petit avantage, puisque, en ce cas, Sa Majesté pourra vivre en maître, sans qu'aucune considération l'en empêche. Il y a encore une raison considérable entre plusieurs autres, que j'ai ouï plusieurs fois dire à Sa Majesté lui avoir fait prendre la résolution de faire ce mariage ; c'est qu'il y a eu d'assez méchantes ames pour porter aux oreilles de la Reine que les rois, non plus que les autres hommes, n'étant pas assurés de vivre longuement, elle devoit considérer Monsieur comme une personne qu'elle pourroit épouser, si le malheur de la France nous privoit de celle du Roi, et devoit par conséquent empêcher qu'il ne se mariât. Bien qu'il n'y ait personne qui ne croie que la Reine n'a pas plutôt ouï cette proposition qu'elle ne l'ait condamnée comme diabolique, si est-ce toutefois que j'ai souvent ouï dire au Roi qu'il seroit bien aise de fermer la porte à telles imaginations par le mariage de Monsieur, son frère, auquel il témoignoit aussi se porter pour les considérations suivantes :

Que ce mariage sépare Monsieur et M. le comte, qui espère maintenant épouser mademoiselle de Montpensier par le moyen de Monsieur, qui lui a promis de la refuser exprès pour la lui faire avoir ; qu'il ôte à M. le prince l'espérance de la couronne, laquelle il regarde ouvertement, ayant témoigné plusieurs fois croire et espérer certainement qu'il la posséderoit un jour ; que Sa Majesté aime beaucoup mieux, s'il ne doit point avoir d'enfans, que la couronne aille un jour aux enfans de Monsieur qu'à ceux de M. le prince ; que, si Monsieur en a le premier, le Roi les fera nourrir auprès de sa personne, ce qui lui donnera quelques sûretés des comportemens de Monsieur ; que mademoiselle de Montpensier se sentira tellement obligée au Roi, qui aura vaincu toutes les difficultés qui auront été faites de la part de Monsieur en ce mariage, qu'elle n'oubliera rien de ce qu'elle pourra pour faire que Monsieur se gouverne bien avec lui.

Tout ce que je crains (1) est que, bien que M. le comte espère le mariage pour fruit de l'union qu'il a avec Monsieur, je ne juge pas toutefois que, quand il sera privé de son attente en ce point, il se sépare tout-à-fait de Monsieur, vu qu'il n'y est pas attaché par cette seule considération, mais encore par les intérêts de M. de Vendôme, et particulièrement du grand-prieur : ce qui fera que, bien que dans son cœur il se tienne offensé de Monsieur à raison du mariage, il n'en fera pas semblant, et ne laissera pas de

(1) Ici le rédacteur a copié trop exactement.

porter Monsieur aux extravagances qu'il pourra, pour montrer que c'est l'intérêt de ses amis et non le sien qui le pique. Or, si Monsieur s'en va, étant marié, bien que son mariage ne soit pas cause de cette faute, et, au contraire, qu'il fût plus capable de la commettre n'étant pas marié, beaucoup de gens le croiront et le publieront ainsi, et estimeront que la résolution que le Roi aura prise touchant son mariage sera mauvaise, le vulgaire voulant que les événemens et les succès justifient les conseils. Les judicieux auront beau voir que, si le mariage ne se fait point, Monsieur ne fera pas moins une escapade, et n'en sera pas moins puissant et moins fort; cette raison ne répondra pas à l'opinion commune du vulgaire, dont les jugemens sont appuyés sur ce qui paroît et sur les sens, et non sur la raison. Partant, ceux qui auront publié le mariage mauvais, soit selon leur conscience ou par malice, auront sujet de calomnier, non-seulement ceux qui l'auront conseillé, mais aussi ceux qui ne s'y seront pas opposés. Après tout cela, il ne reste rien qu'à espérer que Dieu, qui seul ne se peut tromper en ses lumières, inspirera dans l'esprit du Roi ce qui est le plus expédient pour sa personne et pour son Etat.

Après ce discours, le cardinal en ayant reçu un autre qui lui étoit adressé, contenant les raisons qui en devoient détourner le Roi, il le donna à Sa Majesté, et le lui fit lire par le sieur d'Herbaut, secrétaire d'Etat, et en prit acte signé dudit d'Herbaut. Le Roi, après l'avoir ouï lire (1), se résolut, pour l'affection qu'il avoit à Monsieur, de faire ce mariage, nonobstant tout ce qu'on pouvoit dissuader.

Mais, pource qu'à ce mariage, comme nous avons vu ci-devant, il y avoit beaucoup d'oppositions de la part de plusieurs personnes intéressées, et toutes avec mauvais dessein, il y falloit mettre ordre particulièrement. Aucunes de ces personnes-là étoient auprès du Roi, qui l'en dissuadoient d'heure à heure. Les autres étoient auprès de Monsieur, qui l'en éloignoient aussi. Les principaux de ceux qui agissoient vers Monsieur étoient déjà arrêtés; savoir est le maréchal d'Ornano, messieurs de Vendôme et le grand-prieur et Chalais. Il restoit encore madame de Chevreuse, M. le comte et autres princes, mais il n'y avoit que madame de Chevreuse à la cour; car, quant à Puylaurens et Boisdannemets, ils étoient trop foibles pour agir sans être appuyés de puissances plus grandes.

Ceux qui, gagnés par la faction, trompèrent le Roi, et, par toutes sortes d'artifices et de faux rapports, essayèrent de lui donner des ombrages de ce mariage, étoient principalement Tronçon, Marsillac et Sauveterre, qui étoient d'autant plus dangereux instrumens, qu'ils étoient continuellement proches de la personne du Roi, et qu'ils avoient attiré Baradas à leur cordelle. Il fut jugé absolument nécessaire, pour achever ce mariage, d'éloigner ces petites gens-là d'auprès Sa Majesté, qui abusoient si insolemment de son oreille, et travailloient son esprit sur les choses qu'il avoit résolues. Dès Blois, le cardinal s'aperçut de leurs menées et envoya au Roi un avis qu'on lui avoit donné de Paris, par lequel on lui mandoit que Tronçon et Marsillac, pour parvenir à leur fin, agissoient contre lui, et vouloient gagner Baradas. Le Roi, se fiant en Baradas, lui montra le billet; Baradas, au lieu de faire profit de cet avis qu'on avoit donné ingénument, tel qu'on l'avoit reçu, dit à Tronçon que le cardinal lui avoit fait un mauvais office; ensuite de quoi Tronçon travailloit contre le cardinal avec plus de soin. Or, que Baradas ait commis cette infidélité envers le Roi, de découvrir à Tronçon ce que le Roi avoit communiqué touchant ce billet, il est bien évident par la méprise que fit ledit Baradas; car, croyant que ce Marsillac, qui étoit nommé dans le billet, fût Marsillac qui étoit au cardinal (2), il l'envoya quérir; et, après avoir tiré serment de lui qu'il n'en parleroit jamais de ce qu'il lui diroit, il le voulut piquer contre son maître, et lui dit qu'il se méfioit de lui comme d'un homme qui le trahissoit auprès du Roi. Baradas n'avoit pas toujours été bien avec Tronçon, contre lequel le Roi fut une fois en grande colère, pource que Baradas lui avoit rapporté qu'il lui avoit voulu faire faire des affaires sans le su de Sa Majesté; mais cette cabale les réunit, et Buhy étoit l'instrument entre eux qui portoit les paroles de l'un à l'autre.

Depuis ce billet ils se tinrent encore plus étroitement liés, et poussèrent davantage à la roue, et crurent en être venus si avant qu'ils n'attendoient plus que le temps commode à faire éclore leur malice, et s'en tenoient si assurés que presque ils ne s'en cachoient plus. Ropré, ordinaire du Roi, ouït Sauveterre chez Tronçon lui dire qu'il leur falloit courageusement poursuivre leur pointe contre le cardinal, et le faire chasser; et Louvigny dit clairement à Bernard qu'il le feroit chasser dans trois jours. L'official de Sens, nommé Marc, dit à Paris au Terac, conseiller au présidial de Lyon, que, s'il avoit des affaires avec le cardinal, il en sortît bientôt, parce que, dans

---

(1) Cet esprit de contradiction paraît avoir été ordinaire chez le roi, et bien connu du cardinal.

(2) Il paraît que le roi, le prince de Condé et le cardinal, avaient chacun un domestique de ce nom; celui du cardinal était abbé.

peu, on l'enverroit à Rome et la Reine-mère en Italie. Cet homme étoit toujours chez madame la princesse la mère, qui l'envoyoit querir souvent la nuit même pour traiter avec lui sur les avis qui lui arrivoient. Le commandeur de Valençai dit à Nantes au cardinal qu'ils tenoient sa ruine assurée, ce qu'il savoit de la part de Puisieux (1), dont il avoit toujours été confident, pource qu'il lui avoit mandé fraîchement qu'ils avoient trouvé moyen d'ouvrir l'oreille du Roi contre le cardinal; ensuite de quoi ils le pousseroient vivement et la Reine-mère aussi, laquelle ils ne pensoient rien moins que d'éloigner et faire aller en Italie : ce qui étoit bien aisé à croire de telles gens, qui n'ont jamais fait autre chose que de penser à telles conspirations, témoins celle du maréchal d'Ancre, et celle, plus pleine d'infidélité encore, que ledit Tronçon, le père Arnoux et Puisieux, faisoient contre le connétable de Luynes quand il chassa le père Arnoux.

Au même temps le cardinal fut encore averti à Nantes, d'une autre part bien assurée, qu'ils avoient dépêché vers M. le prince pour lui donner quelques avis sur le sujet de leur cabale. Et, de fait, Saintoul, confident de M. le prince, partit de Nantes en si grande diligence qu'il revint quatre jours après; et le père Arnoux, qui est l'ame de Tronçon, étoit lors près de mondit sieur le prince, où Desplan mandoit qu'il étoit venu exprès pour quelque grande affaire, d'autant qu'ils étoient cinq heures par jour en grande conférence. De fait, le Roi reconnut bien que tous ceux qui étoient liés audit sieur le prince étoient tous contre le mariage, et prenoient ce sujet pour dire mal du cardinal, comme s'il le conseilloit. Tronçon étoit si hardi qu'il dit tout hautement à Ropré qu'il étoit marri de n'avoir pas parlé comme il devoit contre le conseil que le cardinal donnoit de ce mariage. Et Baradas osa bien dire à Bouthillier que le conseil du mariage étoit très-mauvais pour le Roi, et qu'on avoit tort de le lui donner, qu'il étoit à l'avantage de la Reine-mère et non du Roi. Marsillac fut si malavisé de dire à Ropré que le Roi devoit prendre une garce pour voir s'il la pourroit engrosser, et, cela étant, répudier la Reine et épouser mademoiselle de Montpensier. Tronçon avoit deux déplaisirs sensibles qui l'animoient en ce mauvais dessein : l'un, du procès de Modène et de Déageant, dans lequel il craignoit d'être enveloppé, à cause de leur ancienne conspiration contre la Reine-mère et la mort du maréchal d'Ancre; l'autre, du bruit qu'on faisoit courir d'un cinquième secrétaire (2) autre que lui : ce qui lui donnoit la mort, d'autant qu'il avoit toujours aspiré si avidement à cette charge, depuis que le père Arnoux la lui avoit voulu faire tomber entre les mains, que d'Auguerre (3) disoit avoir de quoi vérifier qu'il donnoit de faux avis au Roi contre la fidélité de lui et des autres secrétaires d'Etat.

Pour toutes les choses ci-dessus le Roi fit arrêter Marsillac le premier août et mener prisonnier à Ancenis, d'où il fut délivré quelque temps après, et commanda à Tronçon et Sauveterre de se retirer en leurs maisons, et donna la charge de secrétaire du cabinet, qu'avoit Tronçon, à Lucas, premier commis du sieur de Beaulieu Ruzé, et depuis du sieur de Loménie, secrétaire d'Etat.

Il restoit madame de Chevreuse, qui, comme femme, faisoit plus de mal qu'aucun, avoit un grand pouvoir sur l'esprit de Monsieur, et faisoit encore agir la Reine en cet endroit. Elle avoit confessé au cardinal, le 21 juin, à Beauregard, être vrai qu'il y avoit une union entre les princes pour empêcher ce mariage. Chalais l'avoit accusée pour être celle qui avoit dessein d'empêcher ce mariage, et faire que M. le comte épousât mademoiselle de Montpensier; elle faisoit l'union de tous les princes et des huguenots même par madame de Rohan, et étoit la principale qui avoit porté Monsieur d'aller, depuis la prise du colonel, et avant le départ du Roi, à Fleury, où étoit le cardinal, pour lui faire un mauvais parti, et, depuis, avoir toujours sollicité Monsieur pour le grand-prieur, ou de sortir de la cour ou d'exécuter cette violence. Aussi Chalais, du commencement qu'il fut prisonnier, avoit-il tout son recours à elle; lui écrivit plusieurs lettres, qui furent surprises et mises entre les mains des juges, auxquels le Basque qui les portoit dit qu'elle avoit répondu ne vouloir récrire, pource qu'il y alloit de sa vie et de son honneur; mais qu'elle feroit merveilles pour sa délivrance. Il dit, en son interrogatoire du 11 août, que c'étoit elle qui l'avoit engagé en cette méchante affaire, et le grand-prieur avec elle, après que les Anglais s'en furent allés, disant qu'il falloit que cette femme fût occupée, et empêcher qu'un homme de cabale contraire ne prît la place des Anglais. Monsieur dit à la Reine sa mère, le dernier juillet, que la Reine l'avoit prié deux fois, depuis trois jours, de ne pas achever ce mariage que le maréchal d'Ornano ne fût mis en liberté. Depuis, il déclara que, lorsque madame de Chevreuse et elle le virent résolu à consentir à ce mariage, elles se mirent à genoux

---
(1) Beau-frère de Valençai, l'ancien secrétaire d'État.
(2) Des maison et couronne de France.
(3) Potier, seigneur d'Ocquerre, fait secrétaire d'État en 1622.

devant lui pour l'en détourner, à quelque prix que ce fût, et lui dire que ce qu'autrefois elles mettoient une condition à leurs prières, lui disant qu'il ne fît point ce mariage que premièrement il n'eût délivré le colonel, c'étoit qu'elles l'estimoient impossible, et que, partant, leur intention avoit toujours été de le détourner de ce mariage absolument. Le dessein de madame de Chevreuse, qu'elle ne découvroit pas à la Reine, étoit, à ce que dit Monsieur à Nantes, afin que, le Roi venant à mourir, la Reine pût épouser Monsieur.

Ladite dame de Chevreuse avoit une telle passion à cela, qu'autrefois, par le grand-prieur, par Chalais, et maintenant par elle-même, elle incitoit Monsieur à user de violence contre le cardinal, ayant, comme dit Chalais à son interrogatoire, accoutumé avec Monsieur et les siens de lui dire : « Ne vous souviendrez-vous jamais du colonel ? » pour donner à entendre : Ne vous déferez-vous jamais du cardinal ? Outre ce furieux conseil, elle lui en donnoit encore un autre, qui étoit de se dérober du Roi et s'en aller à Paris; de sorte que l'esprit de Monsieur étoit toujours en incertitude s'il devoit s'en aller ou non, comme il avoua, le 25 juillet, dans le cabinet de la Reine sa mère, où il dit, en présence du cardinal et du maréchal de Schomberg, que depuis qu'il étoit à Nantes il s'étoit résolu diverses fois avec son petit conseil de s'en aller. Une fois, il s'en vouloit aller avec cinq ou six gentilshommes sur des coureurs, mais il eut crainte qu'il pouvoit facilement être arrêté. Une autre fois, il s'en vouloit aller avec toute sa maison, et, étant à Ingrande, dépêcher vers le Roi pour lui faire savoir que, lui ayant été dit qu'il n'y avoit point de sûreté pour lui à Nantes, il s'en alloit à Blois, où il attendroit le retour de Sa Majesté; mais que son dessein étoit, après avoir passé Angers, de prendre le chemin du Perche, droit à Chartres, et s'en aller à Paris en grande diligence; et qu'afin qu'il fût plus secret, celui qu'il enverroit d'Ingrande vers le Roi n'en devoit rien savoir; qu'une fois il fut tout près de s'en aller, sans qu'on lui vint dire que ses maîtres-d'hôtel n'avoient pas dîné. Et comme M. le cardinal et le maréchal de Schomberg blâmoient les conseils qu'on lui donnoit, il dit : « C'étoient conseils de jeunes gens; mais assurément, si on ne m'eût donné avis qu'il y avoit des compagnies de chevau-légers sur tous les chemins que je pourrois tenir en m'en allant, et si je n'eusse eu crainte d'être arrêté par lesdites troupes, je m'en fusse allé. » Monsieur dit de plus que, quand il fut voir le cardinal à La Haye, il étoit résolu de partir l'après-dînée; mais le cardinal lui dit tant de choses, et l'embrassa tellement, qu'il revint tenir son conseil, où Le Coigneux lui dit qu'il falloit voir s'il n'y auroit point moyen de le contenter plutôt que de se résoudre à s'en aller; et, comme cela, le dessein fut rompu. Or, si Monsieur s'en fût allé, difficilement eût-on renoué le mariage.

Le Coigneux le dit franchement au cardinal, quand il l'alla voir, le 23 juillet, pource, lui dit-il, que M. le comte et autres personnes intéressées, qui avoient pouvoir sur l'esprit de Monsieur, l'en empêcheroient. Il ajouta que le Roi devoit vider l'affaire de Modène avant que retourner à Paris; renvoyer la colonelle et sa sœur en leurs maisons; ôter Canau, secrétaire de Monsieur, qui prenoit le parti de Modène tout-à-fait; et, avant toutes choses, éloigner Baradas, qui étoit si animé, qu'il excitoit tous les jours Monsieur à se ressentir de l'affaire de Modène, et avoit pour fin de lui persuader que la principale chose à quoi un grand prince devoit penser étoit de se venger. Après quoi il proposoit le cardinal pour objet de sa vengeance, et l'excitoit contre lui; ce que Monsieur avoua, et qu'il avoit répondu qu'au contraire un grand prince devoit penser à faire ses affaires par toutes sortes de voies, même par le moyen de ceux qu'il n'aime pas; que le cardinal étoit celui qui le pouvoit autant servir auprès du Roi; partant qu'il se devoit prévaloir maintenant de lui, et qu'après qu'il auroit fait ses affaires, il verroit s'il se devroit venger ou non. « Enfin, dit-il, ce coquin (1) aiguise tellement son esprit, qu'il faut se servir de tous moyens pour défaire ce qu'il a fait. » La remarque qui se doit faire sur ce discours, est qu'il faut que la haine de Monsieur et son désir de vengeance fût bien enraciné, puisqu'on ne pouvoit en arrêter l'effet et le cours présent que lui en laissant l'espérance pour l'avenir.

Pour ces menées, il fut nécessaire d'éloigner madame de Chevreuse de la cour; ce qu'elle porta si impatiemment, que, transportée de fureur, elle dit à Bautru que, du même pied qu'on la traitoit en France, elle feroit traiter les Français en Angleterre; qu'il étoit en sa puissance de faire venir en France des armées anglaises quand elle voudroit; qu'on ne la connoissoit pas; qu'on pensoit qu'elle n'avoit l'esprit qu'à des coquetteries, qu'elle feroit voir avec le temps qu'elle étoit bonne à autre chose ; qu'il n'y avoit rien qu'elle ne fît pour se venger, et qu'elle s'abandonneroit plutôt à un soldat des gardes qu'elle ne tirât raison de ses ennemis. Une de ses demoiselles, qu'elle a chassée depuis, dit en grand secret à la Reine-mère qu'étant piquée

(1) Toujours Baradas.

elle disoit quelquefois à Chalais que c'étoit une honte que le Roi étant idiot et incapable de gouverner, ce faquin de cardinal gouvernât, qu'il ne le falloit pas souffrir ; qu'ils avoient des rois pour eux, et qu'ils n'en devoient pas demeurer là ; que, lors de la maladie du Roi à Villeroy (1), elle disoit qu'il mourroit, et que lors on enverroit la Reine-mère en une maison, et qu'on dépêcheroit le cardinal, et ce avec des paroles outrageuses, tant contre le Roi que contre ledit cardinal ; même elle disoit qu'il falloit poursuivre sa pointe, et toujours hasarder, qu'enfin on rencontreroit. Elle avoit tellement animé la Reine en partant d'avec elle, que cette princesse, sage et modeste comme elle est, ne laissoit pas de jeter feu et flamme, disant à Nogent qu'elle imputoit au cardinal l'éloignement de cette femme, pource qu'il pouvoit bien l'empêcher s'il l'eût voulu. Elle lui tint force mauvais discours, par lesquels elle témoignoit aimer mieux n'avoir jamais d'enfans que d'être séparée de cette créature, et menaçoit le cardinal de s'en venger à quelque prix que ce fût.

Ces personnes, les plus puissantes à empêcher le bien du service du Roi et de l'État, étant éloignées, on pardonna aux autres, bien qu'ils fussent en grand nombre et de bonnes qualités. M. d'Angoulême, particulier ami de Tronçon, avoit délicatement parlé au Roi contre ce mariage. M. de Montmorency, le jour même du mariage, vouloit gager qu'il ne se feroit point, à ce que dit Monsieur. Un nommé Lucante, son domestique, et d'autres encore, à ce que rapporta Desplan, allèrent trouver Brison, qui tenoit encore Le Pousin nonobstant la paix faite avec les huguenots, et lui promirent de lui faire avoir des conditions beaucoup plus avantageuses que celles qu'on lui offroit de la part du Roi, s'il avoit courage de tenir un peu plus long-temps. Aussi Chalais, en ses interrogatoires, avoit-il dit que les dames avoient un pouvoir absolu sur ledit duc, et que par lui elles faisoient l'union de Monsieur avec M. le prince. M. le prince étoit assez évidemment de cette cabale, ainsi que nous avons dit. Aussi Le Coigneux dit-il au cardinal, à Nantes, que, pour étonner Monsieur, il lui falloit dire qu'on avoit découvert les négociations du mariage de lui avec la fille de M. le prince, où Le Coigneux avouoit indirectement que cette négociation étoit véritable. M. le comte étoit un des principaux chefs de la ligue, puisque Monsieur lui quittoit mademoiselle de Montpensier,

(1) Le roi ne fut malade à Villeroy que l'année suivante. Il y a donc eu ici confusion dans la mémoire de celui qui ramassait les griefs contre madame de Chevreuse. Celui-ci a dû servir plus tard.

et Monsieur dit à la Reine-mère, le dernier juillet, qu'il lui offroit 400,000 écus à prêter pour sortir de la cour si on ne le contentoit. Le Coigneux, le 19 juillet, dit qu'on avoit conseillé à Monsieur, de la part de M. le comte, de se retirer à La Rochelle ; et Chalais dit que, de la part de M. le comte, il fut donné conseil à Monsieur, à Saumur, de s'en aller, et que Sauveterre le savoit. Monsieur, étant déjà résolu de se marier, dit à la Reine sa mère que M. le comte en seroit bien fâché, mais qu'il n'osoit se séparer de lui pour cela, de peur qu'on ne crût qu'il se fût uni seulement avec lui pour épouser mademoiselle de Montpensier.

Pour M. de Longueville, la considération de M. le comte l'y obligeoit. Monsieur dit au Roi, le 12 juillet, que tandis qu'il seroit bien avec Sa Majesté, il lui répondoit desdits sieurs le comte et de Longueville, lequel il disoit, parlant du dernier, qu'il mourroit de peur qu'on le prît peu de jours auparavant à Blois, où il n'avoit osé parler de lui, mais lui avoit laissé Montigny, son lieutenant au gouvernement de Dieppe, pour lui parler quand il seroit parti ; ce qu'il avoit fait. Et quand Monsieur alla à Limours voir le cardinal, ledit sieur de Longueville lui dit, en se moquant, qu'il voudroit bien savoir si les affaires du colonel en alloient mieux. Aussi, lorsque Sa Majesté, le 2 août, tira parole de Monsieur de ne plus jamais donner lieu à aucune pensée contre son service, il voulut qu'il promît, quant et quant, que si jamais ledit sieur de Longueville lui donnoit aucun mauvais conseil, il l'en détourneroit, ou, s'il ne pouvoit, en avertiroit Sa Majesté.

Schomberg même, au préjudice des obligations qu'il avoit au cardinal, sembloit tremper en leurs entreprises. Le maréchal de Créqui fit avertir le cardinal par Bullion qu'il y avoit en la cour une grande cabale pour le ruiner en l'esprit du Roi, laquelle devoit produire son effet par le moyen des sieurs de Schomberg, Nevers, Longueville et autres. Ledit sieur de Schomberg dit en ce temps-là au sieur de Fossé, comme s'en réjouissant, que le cardinal étoit fort empêché et étonné, et qu'il y avoit quelque chose de la part du Roi. D'Ocquerre, secrétaire d'État, participoit à leurs desseins : voyant Le Coigneux réduit dans les sentimens de Sa Majesté, il lui dit qu'il avoit tort de prendre un chemin contraire à celui qu'il avoit fait par le passé ; qu'il ne devoit pas abandonner ses vrais amis, qui étoient M. le prince et sa cabale ; que dans trois mois la face de la cour changeroit assurément, et que s'il continuoit dans le chemin qu'il tenoit, et ne reprenoit ses anciennes habitudes, il se perdroit.

Pour témoignage qu'il se feroit une révolution en la cour, il lui dit qu'on avoit bien su que la disgrâce de Tronçon et de Sauveterre ne provenoit d'autre chose, que parce qu'on trouva un jour le Roi refroidi du mariage, que l'on crut qu'ils en étoient la cause, et qu'on avoit pris de là sujet de leur faire mauvais office; par où il montroit assez clairement qu'il espéroit que le changement arriveroit par le dégoût que le Roi prendroit du mariage après qu'il seroit achevé, et que ce dégoût tomberoit sur ceux qu'il croyoit qui l'avoient conseillé à Sa Majesté, au préjudice de M. le prince, dans l'habitude duquel il vouloit porter Le Coigneux. Tresmes, capitaine des gardes, cousin germain dudit d'Ocquerre, étoit dans le même dessein avec eux, et disoit à Sa Majesté tout ce qui le pouvoit dégoûter de ce mariage, dont elle daigna faire l'honneur au cardinal de l'avertir. Buhy, guidon de la compagnie de gendarmes du Roi, qui avoit conçu espérance que Baradas avoit quelque bonne volonté pour sa fille, et pourroit l'épouser, se mélant aussi avec eux, dit à Ropré, quand Tronçon eut commandement de se retirer, qu'il avoit envie de dire au Roi des merveilles du cardinal s'il n'avoit peur de perdre sa charge, et qu'il feroit bien voir à Sa Majesté qu'il étoit trompé.

Depuis il dit à Rancé que Tronçon étoit homme de bien, que le Roi l'avoit ôté d'auprès de lui contre son gré, pour plaire à Monsieur, mais qu'il espéroit de le voir bientôt rétabli.

La conspiration étoit si générale, que le connétable de Lesdiguières, étant au lit de la mort (1), dit à Bullion qu'il avertît le cardinal qu'il avoit su une grande entreprise sur sa personne; qu'il avoit attendu jusque-là d'en mander les particularités, parce que Bohier lui avoit promis de retourner après qu'il auroit reçu un courrier de Monsieur, et un autre de M. le comte, qu'il attendoit. L'affaire alloit, en effet, à tuer le cardinal, pour venir à bout de leurs mauvais desseins, estimant être le seul qui y apportoit obstacle.

Mais le cardinal, ayant pour maxime que tous les hommes, en tant que créatures, sont sujets à faillir, et que leur malignité bien souvent n'est pas si opiniâtre qu'elle ne puisse être corrigée, conseilla au Roi de n'étendre pas généralement la punition sur tous les coupables, et d'essayer de les rectifier et ramener au droit chemin par bienfaits, puisqu'aussi bien, demeurant en leur malice, ne pourroient-ils pas, destitués du secours des autres, produire aucun effet, joint qu'un bon prince ne doit jamais punir que quand la nécessité l'y oblige, et qu'on ne peut autrement éviter un grand mal. Donc, après avoir arrêté ou éloigné les personnes seulement que nous avons dit ci-dessus, et par ce moyen dissipé cette puissante cabale, le mariage étant tout résolu, on commença à travailler à l'apanage de Monsieur, où le Roi le voulut gratifier en sorte que jamais fils de France avant lui n'eût reçu un si favorable traitement que celui qu'il auroit reçu de Sa Majesté.

Depuis que les rois donnent des apanages à leurs frères, il a toujours été pratiqué qu'ils les leur ont donnés tels qu'il leur a plu, et leurs frères n'ont eu aucun droit de s'en plaindre; et la dernière loi qui a été établie pour les apanages, l'a été par Charles IX à cent mille livres de rentes en terres; et si le duc d'Alençon, à diverses reprises, en a extorqué davantage, sa vie, sa réputation et sa mort, sont telles qu'on ne le peut tirer en exemple. Les clauses sont clairement déduites et prouvées en un discours que le lecteur pourra voir à la fin de cette année (2). Cela étant ainsi, il sera aisé à voir avec quelle grâce et faveur le Roi a traité Monsieur en son apanage, et comme il a su avec dextérité, sans violer les lois et coutumes de son royaume en ce fait-là, user magnifiquement de sa libéralité royale vers mondit sieur son frère. Sa Majesté, par ses lettres expédiées en juillet, lui donna pour son apanage les duchés d'Orléans, de Chartres et comté de Blois, jusques à la concurrence de 100,000 livres de rente, selon l'ordonnance de Charles IX, avec tous droits, sans en rien retenir, fors seulement les foi et hommage lige, droits de ressorts et de souveraineté, la garde des églises cathédrales, et autres qui sont de fondation royale, ou autrement privilégiées, la connoissance des cas royaux, et de ceux dont, par prévention, les officiers du Roi doivent et ont accoutumé de connoître. Par autres lettres du dernier juillet, le Roi lui accorde, sa vie durant, de nommer et présenter à Sa Majesté à tous bénéfices consistoriaux, excepté aux évêchés; et semblablement aussi la nomination des offices et commissions des juges, des exempts, présidens, conseillers et autres officiers des présidiaux établis dans les terres de son apanage, et même aux offices et commissions dépendant des aides, tailles, gabelles et autres extraordinaires, le Roi ne se réservant de nommer qu'aux états des prévôts, des maréchaux, leurs lieutenans, greffiers et archers; et, par autres lettres du même jour, 100,000 livres de pension à prendre sur la recette générale d'Orléans; et, outre

---

(1) Il mourut le 28 septembre 1626.

(2) Cette pièce ne s'y trouve pas.

tout cela, lui fit encore, le 5 août, expédier un brevet de 560,000 livres de pension annuelle à prendre sur son épargne.

Le Roi, après avoir fait toutes ces choses, envoya querir Monsieur en son conseil, pour lui dire la résolution qu'il avoit prise de l'apanage qu'il lui vouloit donner, et approuver son mariage; et les divers avis qu'on lui avoit donnés pour ne le faire pas, dont même Sa Majesté en montra un qu'on avoit adressé au cardinal de Richelieu pour lui faire voir, duquel Monsieur lut la plus grande part. Mondit sieur témoigna au Roi un extrême ressentiment de la bonté dont il usoit en son endroit, protesta avoir un extrême déplaisir de toutes les pensées qu'il avoit eues, jura qu'il ne se sépareroit jamais du service du Roi, auquel il reconnoissoit être extraordinairement obligé. Et sur ce que Sa Majesté lui dit : « Parlez-vous sans les équivoques dont vous avez plusieurs fois usé? » il jura solennellement que oui, qu'il donnoit sa parole nettement de tout ce qu'il disoit, et qu'on se pouvoit fier à lui quand il déclaroit donner sa parole sans aucune intelligence. « Et pour témoignage que je dis vrai, dit-il, c'est que je vous promets nettement que si M. le comte, M. de Longueville et autres qui sont de mes amis, me donnent jamais de mauvais conseils, je les en détournerai si je puis, et, si je ne le puis faire, je vous en avertirai. » Il promit et jura le contenu ci-dessus devant le Roi, la Reine sa mère, le garde des sceaux, le duc de Bellegarde, le maréchal de Schomberg et le président Le Coigneux. Ensuite de quoi le mariage se fit sans plus de difficulté de la part de Monsieur.

Le cardinal les épousa le 5 août en la chapelle de la maison des pères de l'Oratoire à Nantes, où étoit logée la Reine-mère. Le lendemain 6, il dit la messe au couvent des Minimes, où l'on fit les cérémonies accoutumées, auxquelles assistèrent le Roi, les Reines et toute la cour.

On commanda d'en dire la nouvelle à Chalais, qui, tout surpris, s'écria : « Voilà une action de haut biseau, d'avoir non-seulement dissipé une grande faction, mais, en ôtant le sujet, avoir anéanti l'espérance de la rallier. Il n'appartenoit qu'à la prudence du Roi et de son ministre d'avoir fait ce coup-là; il est bien employé qu'ils aient pris Monsieur entre bond et volée. O Roi trois fois heureux de se servir d'un si grand ministre! O grand ministre digne d'un si grand Roi! M. le prince, quand il saura ceci, en sera bien marri, bien qu'il ne le dise pas, et M. le comte en pleurera avec sa mère. » Lamont, exempt qui le gardoit, a déposé cette réponse devant le garde des sceaux et Beauclerc, et l'ont signée tous trois.

Tandis qu'on travailloit à l'apanage et au mariage de Monsieur, on instruisoit le procès de Chalais, que, de jour à autre, on trouvoit plus coupable. Par information du 27 juillet, il appert qu'il envoya d'Obazine à M. d'Epernon, pour avoir retraite dans Metz pour Monsieur. Par l'interrogatoire de Chalais, du 11 août, il confessa avoir envoyé La Louvière, qui étoit à lui, à M. de La Valette, pour recevoir Monsieur à Metz, qui lui dit que la place étoit à M. d'Epernon, puis enfin, que si tout le monde étoit de cette cabale, il en seroit aussi. Qu'après la prise du grand-prieur, il écrivit à M. le comte par un gentilhomme des siens, pour l'avertir qu'il ne vînt point à la cour, lequel arriva devant le courrier du Roi. Monsieur déclara depuis au Roi que c'étoit de peur que, s'il venoit, on les prît tous deux ensemble, étant certain qu'on y penseroit bien auparavant que de les prendre l'un sans l'autre, de peur que celui qui demeureroit libre ne fît un soulèvement dans ce royaume.

Le 12 juillet, Monsieur dit au Roi et à la Reine sa mère qu'il avoit eu, depuis Blois, un dessein perpétuel de s'en aller, lequel étoit connu audit Chalais, et que ce dessein étoit pour aller à Paris tâcher de révolter le peuple, publiant qu'on l'avoit voulu prendre prisonnier et M. le comte, et essayer de surprendre le bois de Vincennes, en faire, par artifice, sortir le bonhomme Hécour, puis, le présentant à la porte avec le poignard à la gorge, essayer d'obliger ses enfans d'ouvrir pour lui sauver la vie. Le jour de devant, mondit seigneur déclara que Chalais lui avoit donné avis à Nantes qu'on avoit mis des chevau-légers de tous côtés pour l'empêcher de sortir. M. de Vendôme dit à Châteauneuf-Préaux que Chalais lui avoit donné avis que la Reine-mère, l'ayant vu arriver, avoit dit au Roi : « Le voilà venu, mais nous ne laisserons pas de le dénicher de son gouvernement; » ce qui étoit absolument faux. Louvigny (1) déposa contre lui qu'il se levoit souvent la nuit pour parler à Puylaurens et Boisdannemets en lieu tiers, et avoit des rendez-vous avec eux, trois ou quatre fois la semaine. Louvigny lui étant confronté, Chalais avoua sa déposition.

Monsieur, dès le 11 juillet, avoua au Roi et à la Reine-mère, en présence du cardinal, du garde des sceaux de Marillac et de Beauclerc, secrétaire d'Etat, qu'il étoit vrai que Chalais lui avoit dit, dès Paris, qu'on le vouloit prendre prisonnier, et qu'il avoit fait une grande faute de souffrir qu'on mît des exempts dans le Pont-de-l'Arche et Honfleur, pource qu'il se fût retiré

(1) Autrefois son meilleur ami et compagnon de ses duels; il était fils du comte de Grammont.

dans l'une de ces deux places et que le Havre se fût joint à lui ; que lui, Monsieur, devoit empêcher M. le comte de Soissons de venir à la cour, de peur qu'on ne les prît tous ensemble ; que ledit Chalais l'avoit convié à demander le marquis de Cœuvres pour premier gentilhomme de sa chambre, parce qu'il est parent de messieurs de Vendôme et grand-prieur ; que ledit Chalais vouloit vendre sa charge pour être plus attaché à lui, plus libre de le servir, et qu'étant en cette ville de Nantes il lui avoit dit qu'on avoit mis des compagnies de tous côtés pour l'empêcher de sortir. Et Leurs Majestés, pour s'en souvenir mieux, le firent mettre par écrit qu'ils signèrent, et les susnommés qui étoient présens. Et le dernier juillet, Monsieur déclara à la Reine qu'il falloit sauver Chalais, et qu'on lui mandoit de Paris que, s'il en laissoit faire justice, il n'auroit jamais plus de serviteurs. Lamont, exempt des gardes écossaises, et plusieurs autres, déposent qu'il parloit de se tuer, de s'empoisonner et de se fendre la tête contre la muraille. Ceux qui étoient présens lui remettant Dieu devant les yeux, il dit force blasphèmes, et lui parlant de la clémence du Roi, il répondit qu'il étoit trop malheureux et trop coupable pour y espérer.

Il pria le cardinal, le 3 août, de le venir voir en la chambre en laquelle il étoit arrêté, au château de Nantes ; lui avouant qu'il étoit coupable, qu'il avoit su les menées qu'on brassoient contre le Roi en son royaume, et ne l'en avoit averti, comme le dépose Lamont en une information du 6 août. Et, non content de se condamner par sa bouche, il se condamna encore par sa propre main, en deux lettres qu'il écrivit au Roi, l'une du 2 août, et l'autre du 8, dont j'ai pensé devoir mettre les copies ici.

« Sire, l'extrême désir que j'ai de me rendre digne de servir votre Majesté, m'a fait supplier très-humblement monseigneur le cardinal d'obtenir d'elle la permission de venir ouïr les derniers sacremens de mon ingénuité, desquels je lui demande mille pardons si j'ai été si tardif, espérant que votre Majesté ne me condamnera pas tout-à-fait, puisque cela importe aux dames. Mais, ne pouvant souhaiter pardon qu'en me vouant du tout à son service, je proteste à votre Majesté me tenir pour tout jamais indigne de ses bonnes grâces, si je fais nulle réserve dont il me souvienne. Permettez-moi donc, Sire, cela étant, d'avoir recours à votre Majesté, les larmes aux yeux et le plus repentant des hommes, pour obtenir de son extrême bonté ma grâce. Et bien que j'en sois indigne, pour n'avoir pas su mettre la différence qu'il y a entre votre Majesté et tous les hommes de son royaume, et entre les bons et sages conseils de monseigneur le cardinal et ceux de M. de Boisdannemets, qu'il vous plaise vous souvenir que je n'ai été de la faction que treize jours, laquelle étoit plutôt pour prendre le Grand-Seigneur à la barbe que pour troubler l'État du plus grand roi du monde, et que ces raisons avec ma franchise, avec les services que je puis rendre, me fait espérer d'un maître tout clément et tout pieux, la plus grande charité qu'il pourra jamais exercer sur le très-humble et très-obéissant serviteur et sujet,

« Chalais. »

« Sire, après avoir rendu mille grâces à votre Majesté de ce qu'elle m'a traité plus favorablement que ne fut jamais misérable en ma condition, je lui dirai qu'il y a dans sa maison un sauvage aussi bien que du bonhomme Lansac. Il ne reste plus qu'à le montrer. Si c'est selon ses démérites, messieurs de La Rocheguyon et chevalier de Souvré passeront fort bien le temps. Si c'est selon la bonté de votre Majesté, j'espère qu'elle en tirera plus de service que d'aucun que mérite la qualité de votre Majesté. Le très-humble et très-obéissant et très-fidèle serviteur et sujet,

« Chalais. »

Le Roi permit à ses parens, et particulièrement à sa mère, de solliciter pour lui. Sa Majesté ne voulut jamais qu'aucun parlât aux juges de sa part ; mais toutes ses bontés n'empêchèrent pas que, le 18 août, ils ne le déclarassent atteint et convaincu du crime de lèse-majesté, pour réparation duquel ils le condamnèrent à avoir la tête tranchée en la place du Bouffe à Nantes ; sa tête mise au bout d'une pique sur la porte du Sauvetour ; son corps mis en quatre quartiers ; chaque quartier attaché à des potences aux quatre principales avenues de la ville ; et, auparavant l'exécution, mis à la torture ; tous ses biens confisqués ; sa postérité déchue de noblesse. L'arrêt lui fut seulement prononcé le lendemain, parce que le Roi, sachant sa condamnation, lui voulut, hormis la mort, remettre toutes les autres peines, en considération de sa mère et de plusieurs personnes de qualité, serviteurs de Sa Majesté, auxquelles il appartenoit. Incontinent que Chalais fut exécuté, le Roi partit de Nantes le 24 août pour aller à Rennes, où il voulut entrer en son parlement et s'asseoir en son lit de justice.

Le garde des sceaux eut commandement du Roi de leur dire que Sa Majesté venoit en son parlement, parce qu'il ne penseroit point avoir fait un voyage complet s'il ne voyoit sa bonne ville de Rennes, capitale de la province qui l'avoit amené en ces quartiers, et s'il ne paroissoit au milieu de ceux qui en son absence administrent la justice, qu'il a prise de tout temps pour son partage; que, bien que la peste le pût divertir de ce contentement, il a mieux aimé se priver des honneurs dus à sa personne que de manquer à les voir; qu'il y vient, non pour faire passer, par son autorité, des édits préjudiciables à la province, mais pour les remercier de ce que, de leur mouvement, ils en ont vérifié deux pour subvenir à ses nécessités; qu'il y vient pour éteindre l'amirauté, dont les droits leur ont été quelquefois onéreux, et pour rétablir tout-à-fait leur commerce, dont eux-mêmes lui ont représenté l'anéantissement être un de leurs plus grands maux; qu'il y vient pour leur faire connoître qu'il recherche leur soulagement et leur sûreté tout ensemble; que leur sûreté l'oblige à laisser cette province fournie de gens de guerre pour garder leurs côtes par bonnes garnisons; qu'il avoit résolu à cet effet de lever des troupes en cette province, pour ne se servir pour eux-mêmes que d'eux-mêmes; mais qu'ayant vu que le fond du paiement étoit difficile à trouver, et que, sans être bien payés et disciplinés, ils pourroient être à charge du peuple, il a changé de dessein pour leur bien, aimant mieux prendre de ses vieux régimens payés de l'épargne et bien disciplinés, que de manquer à pourvoir à leur sûreté sans oppression pour eux. Que la difficulté en laquelle il se trouve est de pourvoir de vaisseaux gardes-côtes qui rendent leur commerce libre et assurer leurs mers. Que s'il en avoit d'entretenus comme des gens de guerre, il pratiqueroit le même remède qu'il fait pour les garnisons des ports de la province; mais que, cela n'étant point, il se trouve réduit à deux choses l'une : ou à n'établir point de vaisseaux gardes-côtes, ce que le bien général de son royaume, et particulièrement de la province, et l'état présent auquel il est avec ses voisins puissans en la mer, ne lui permettent pas, ou à rechercher de nouveaux moyens pour fournir aux frais d'une dépense si nécessaire. Que c'est à son grand regret qu'il y est contraint, vu le dessein général qu'il a pris de soulager son peuple de la plus grande partie des tailles, ce qu'il a commencé dès cette année, et qu'il veut continuer à l'avenir. Que si le retranchement de sa maison, de la Reine sa mère, et d'autres personnes qui lui sont si proches et si unies, étoit suffisant de fournir à cette dépense du tout nécessaire à l'Etat, il ne rechercheroit point d'autre expédient, ce qu'ils verront par expérience, trois semaines après son arrivée à Paris; mais que ce moyen ne suffisant pas, il est contraint de faire pour eux, par son autorité, ce que par leur bonne volonté ils ont fait depuis trois jours pour son service par celle qu'il leur a donnée, c'est-à-dire de vérifier trois édits pour l'entretien des vaisseaux qu'il veut établir, pour les garantir non-seulement de tout mal, mais de toute appréhension et alarme. Le Roi veut vérifier deux édits, mais à quelles conditions ? A condition que les deniers n'en soient employés que par eux, ce qui montre bien qu'il ne passe pas les édits comme roi, mais comme leur père, que ce n'est pas lui, mais leur bien et leur nécessité qui les fait. Il en passe deux, et supprime plusieurs autres; au moins leur laisse-t-il temps pour les examiner à loisir, les passer s'ils les estiment utiles, ou les supprimer s'ils le trouvent meilleur.

Il y a un troisième édit, qui est celui de Morbihan, que l'on n'estime pas qui fasse nombre, parce que c'est un édit que toute la France recherche, que tous les étrangers craignent, et dont l'exécution seule est capable de remettre le royaume en sa première splendeur. Cet édit étoit pour l'établissement d'une compagnie de cent associés pour le commerce de toutes sortes de marchandises, tant par mer que par terre, en Ponent, Levant et voyages de long cours, pour lequel ils faisoient fonds de seize cent mille livres, avec la moitié des profits de ladite somme pour l'augmenter continuellement. Ils devoient faire le siége de leur compagnie à Morbihan, qui est un des plus beaux ports du monde, où le Roi leur permettoit de bâtir une ville avec beaucoup de priviléges, le principal desquels, qu'absolument la compagnie demandoit, étoit qu'ils établiroient eux-mêmes leurs juges, l'appel desquels ne ressortiroit à la cour de parlement de la province, craignant les longueurs de la chicane, mais au conseil privé du Roi, où la justice est plus promptement administrée. Le bruit de cet établissement alarmoit déjà les Anglais et les Hollandais, qui craignirent que le Roi, par ce moyen, se rendît bientôt maître de la mer; l'Espagne n'avoit pas moins de peur pour ses Indes.

Le parlement, qui, selon les priviléges de la province, ne doit vérifier aucun édit que les États ne l'aient approuvé, leur renvoya celui-ci, pensant qu'ils le refuseroient. Mais eux, qui sont composés de trois corps, les deux principaux desquels sont l'église et la noblesse, qui n'ont point d'intérêt que celui du public et la grandeur de l'État, trouvèrent cet édit si avantageux, que non-seulement ils le reçurent, mais députèrent vers le Roi pour lui en rendre grâces. Le parlement en fut si offensé qu'il leur témoigna que, dorénavant, il ne leur enverroit plus demander leur avis, puisque, ne s'étant pas voulu contenter de le leur mander, ils s'étoient avancés jusque-là que de l'avoir approuvé, et envoyé en remercier le Roi ; et, en effet, ne le voulurent jamais vérifier, empêchant seuls un si grand bien, pour le dommage qu'il leur sembloit recevoir de la distraction des causes de cette compagnie, qui leur eussent apporté de grands profits.

Le Roi étant en chemin pour revenir de Bretagne à Paris, et sachant que M. le comte se sentant coupable, et présumant que les prisonniers l'auroient accusé, pourroit prendre conseil de n'attendre pas son retour, lui envoya le père de Bérulle pour l'assurer de sa part qu'il pouvoit demeurer à la cour et à Paris en toute sûreté ; mais deux jours auparavant qu'il fut arrivé, il étoit parti dès le 27 août pour aller en son château de Louhans, frontière de la Bresse, avec dessein de passer à Neufchâtel. Ce fut un effet du conseil que Monsieur avoua au Roi à Nantes qu'il lui avoit donné, que les princes ne se trouvassent pas ensemble à la cour, afin qu'on ne se saisit d'eux tous, ce que, étant séparés, on n'osoit pas faire des uns pour la crainte des autres. Chalais l'avoit beaucoup chargé, outre ce que Monsieur en avoit dit; mais M. d'Alincourt avoit, dès le 23 juillet, envoyé au Roi, par courrier, avis des mauvais desseins qu'il avoit sur le Dauphiné. L'avis contenoit ce qui s'ensuit : « Il a été ici cinq gentilshommes passés l'un après l'autre, qui tous vont dans les provinces de la part de Monsieur, frère du Roi, et envoyés par M. le comte pour arrher tous ceux qu'ils peuvent. L'un de ceux-là s'est découvert à moi, et m'a dit que la résolution étoit prise que Monsieur se sauveroit d'auprès du Roi en même temps que Sa Majesté partiroit de Nantes, et qu'il s'en iroit à La Rochelle et se saisiroit des îles de Ré ; mais qu'il essaieroit, avant que de se résoudre à s'en aller, de poignarder M. le cardinal dans le conseil, et, s'il y failloit, qu'il partiroit et s'en iroit à La Rochelle, et qu'en même temps M. le comte partiroit de Paris pour aller trouver Monsieur, comme devoient faire beaucoup d'autres; qu'il y avoit à Paris en une maison 800,000 écus prêts pour employer à leurs desseins; que ceux qui étoient les entremetteurs de ses affaires à Paris étoient Seneterre et Sardini, et que Chalais, qui est pris, savoit tout et étoit du dessein, et que les huguenots s'y joindront, et que M. de Soubise en même temps se rendra à La Rochelle avec cinquante vaisseaux, et que les ambassadeurs de Venise et de Savoie assurent de leurs maîtres, et qu'ils sont aussi assurés d'Angleterre. L'un de ceux qui sont passés a chargé de voir Brison, lui communiquer le dessein, afin qu'il retarde la redition du Pousin. Tout cela se traite avec Monsieur par deux jeunes hommes qui sont près de lui, auxquels l'on envoie tous les jours des mémoires de Paris, et y a sur le chemin quatre ou cinq hommes exprès pour cela, sur des coureurs qui portent ses avis. Il a été estimé à propos de faire savoir celui-ci par courrier exprès, comme important au service du Roi et à la personne de M. le cardinal. »

Le maréchal d'Ornano, qui étoit au bois de Vincennes, mourut le 2 septembre. La tristesse qu'il eut de sa prison, augmentée par l'accomplissement du mariage de Monsieur, fut cause de sa mort. Le vertigo dont il étoit travaillé tourna en haut mal, et sa gravelle lui apporta une suppression d'urine. Il fut assisté avec un grand soin par les sieurs Carré, médecin de Paris, Letellier, médecin du Roi, et Brayer, médecin du comte de Soissons; et le père Gibieu, prêtre de l'Oratoire, docteur de Sorbonne, fut toujours auprès de lui pour le consoler jusqu'au dernier soupir (1). Le Roi fut marri que la justice de Dieu eût prévenu la sienne, et qu'il fût mort avant le jugement de son procès, qui eût justifié à toute la France sa détention, que les personnes conjurées contre le Roi et son Etat publioient avoir été injuste.

Mais, afin de montrer combien ses crimes étoient énormes et les preuves évidentes, nous ajouterons ici les lumières que le Roi en eut encore depuis sa prise, outre celles qu'il en avoit eues auparavant, comme aussi du grand nombre de ceux qui trempoient en cette faction, et de la fin pernicieuse à laquelle elle tendoit. Chalais par sa confession l'avoit beaucoup chargé, comme il avoit fait encore messieurs de Vendôme et le grand-prieur, qui, de leur part aussi, l'avoient accusé, et de tous côtés le Roi avoit confirmation de leurs pernicieux desseins et de ceux qui y étoient intéressés. Bullion, revenant de Savoie, rapporta au Roi qu'il ne devoit point douter que Monsieur ne fût de toutes les brouilleries et desseins qui se sont passés depuis six mois en France. Que le colonel en fût le principal agent, M. de Vendôme, aussitôt qu'il fut pris, le témoigna assez. Il dit au sieur de Tresmes que le colonel méritoit la mort, et qu'il n'en avoit point douté. Monsieur le témoigna aussi le vendredi 18 juillet 1626, quand, étant en bonne humeur, après avoir fait force protestations à la Reine sa mère qui étoit en son lit, il lui avoua, le cardinal de Richelieu présent, qu'il étoit vrai que le colonel l'avoit porté à prendre habitude et liaison avec le plus de grands qu'il pouvoit dans le royaume,

(1) On crut qu'il avait été empoisonné, et cela explique avec quel soin sont nommés ici les témoins de sa fin.

et même avec les princes étrangers. Étant lors demandé à Monsieur avec quelle foi il pouvoit jurer que le colonel étoit innocent, comme il avoit fait plusieurs fois, il répondit qu'il l'entendoit, quand il juroit cela, qu'il étoit innocent envers lui, parce qu'il le servoit, et non pas le Roi. Le 23 juillet 1626, venant de discours en discours à parler du maréchal d'Ornano, il dit que la plus grande faute qu'il eût commise étoit de traiter avec les étrangers sans le su du Roi; qu'il étoit vrai qu'il avoit écrit en Piémont, Angleterre, et par Aersens en Hollande, et que, si on avoit de ses lettres (1) comme il témoignoit le croire, on trouveroit en la plupart d'icelles qu'il avoit écrit une ligne ou deux de recommandations particulières, ou autres choses semblables, pour donner croyance. Sur cela, le cardinal lui disant que cette faute du colonel étoit capitale, il témoigna ingénument le savoir bien, mais qu'il le faisoit pour lui acquérir plus d'amis, et le rendre plus considérable. Monsieur dit encore qu'une des mauvaises lettres qu'eût écrites le colonel, étoit à madame la princesse, à laquelle il mandoit : « Assurez-vous que je vous tiendrai ce que je vous ai promis. »

Ensuite de cela Monsieur dit : « Je fus un soir bien embarrassé à Fontainebleau; le Roi avoit donné le bon soir à tout le monde et étoit au lit; j'entrai dans sa chambre avec le maréchal d'Ornano, et incontinent après je vis venir M. du Hallier, et le Roi demander son habillement; cela me mit bien en cervelle, et eusse voulu être hors de là, car nous savions bien que nous faisions mal, et ceux qui font mal sont toujours en crainte et ont peur. » Comme Monsieur faisoit ce conte, le Roi entra, et Monsieur lui dit : « Monsieur, vous souvient-il quand vous donnâtes un soir à Fontainebleau une sérénade à la Reine? Je disois ici que cela me mit bien en peine; » et commença à dire quasi les mêmes choses qu'il avoit dites. Le dernier juillet 1626, Monsieur demanda à la Reine si on feroit le procès au maréchal d'Ornano, et lui dit que tout ce qu'il avoit fait avoit été par son commandement, et que même il avoit des lettres écrites de sa main, par lesquelles il avouoit tout ce qu'il avoit fait. Chalais confessa que toutes les intelligences de Monsieur avec les étrangers étoient par le maréchal, qui étoit coupable de tout; que si, depuis la prise du maréchal, on a traité avec eux, on n'a fait que suivre sa piste, et qu'il empêchoit le mariage de Monsieur avec mademoiselle de Montpensier. Le Coigneux dit qu'il étoit vrai que si le maréchal fût demeuré près de Monsieur, le Roi et la France étoient perdus.

(1) D'Aersens.]

Quant à messieurs de Vendôme et le grand-prieur, Monsieur, dès le 11 juillet, avoua au Roi et à la Reine sa mère qu'il avoit été conseillé de demander le marquis de Cœuvres pour premier gentilhomme de sa chambre, parce qu'il est parent de M. de Vendôme et du grand-prieur. Monsieur dit aussi le même jour au cardinal que, lorsque messieurs de Vendôme et le grand-prieur arrivèrent à Blois, pendant que le Roi parloit à M. de Vendôme, il disoit au grand-prieur que M. de Vendôme avoit grand tort d'être venu trouver le Roi, et que s'il eût tenu bon en Bretagne, lui s'en fût allé à Paris, et de là tâché de se jeter en quelque place de Picardie, où il n'y avoit point de citadelle, comme Saint-Quentin ou Compiègne, qu'il eût aisément surprise s'il n'en eût eu d'autre assurée, et que, par ce moyen, le Roi ne pouvant aller à tous les deux à la fois, ils se fussent sauvés les uns les autres; « en tous cas, dit-il au cardinal, je croyois bien que M. de Longueville ne me dénieroit pas retraite dans Dieppe. » M. de Vendôme ne put cacher sa douleur à la prise du colonel; elle fut si visible que chacun le connut. Dès qu'il fut pris, il demanda au marquis de Mouny si Monsieur étoit arrêté; ce qui montroit bien la secrète intelligence qui étoit entre eux. Mais M. de Vendôme fut accusé et convaincu de tant de choses, qu'il vaut mieux que nous réservions à parler de lui au commencement de l'année prochaine, lorsque la syndérèse (2) lui fait avouer ses crimes, et en demander au Roi l'abolition.

Quant au grand-prieur, il étoit convaincu d'avoir conseillé à Monsieur de sortir de la cour. Le 13 de juin, le Roi étant à Blois, madame de Rohan dit au cardinal que c'étoit le grand-prieur en propre personne et La Valette qui lui avoient parlé, à Fontainebleau, de faire que La Rochelle donnât retraite à Monsieur; que ledit La Valette avoit envoyé un nommé Veltour pour en parler au duc d'Epernon, et promit d'en découvrir davantage. Chalais l'en avoit chargé en ses interrogatoires; Lamont et Loustelnau disent lui avoir ouï dire, qu'à la prise du colonel il avoit conseillé à Monsieur de sortir de la cour, et aller en quelque place forte, et là prendre les armes. Le dimanche, 12 de juillet 1626, Monsieur dit au Roi que le grand-prieur savoit l'affaire de Metz et du Havre. Monsieur, le 12 de juin, dit au Roi qu'il lui avoit donné conseil d'aller à Fleury menacer le cardinal du poignard s'il ne moyennoit la liberté du colonel; à quoi il avoit été résolu. Le 20 de juin, Monsieur avoua à la Reine-mère, le cardinal présent, que le grand-prieur l'avoit conseillé d'imputer au cardinal tout ce qui

(2) Le remords

arriveroit, commencer par les prières, puis en venir aux menaces et aux violences. Aussi s'enquéroit-il souvent pourquoi on l'avoit pris, et témoignoit bien, par ses appréhensions, qu'il y avoit quelque chose de particulier entre eux. Chalais l'accusa, le 6 d'août, de lui avoir parlé de deux moyens pour délivrer le colonel : l'un qui étoit en faisant sortir Monsieur, l'autre, en attentant sur la personne du cardinal, leur créance étant que, si on s'étoit défait de lui, il n'en viendroit jamais un autre qui portât l'autorité du Roi à un si haut point comme il faisoit; que le jargon qu'il avoit avec Monsieur pour le solliciter à exécuter un si méchant dessein, étoit : « Ne vous souviendrez-vous jamais du colonel ? » Lamont et Loustelnau déposèrent lui avoir ouï dire qu'il avoit eu grand déplaisir de la prise du maréchal d'Ornano, et qu'il avoit conseillé à Monsieur d'user de menaces et violences envers le cardinal; qu'il avoit un grand déplaisir de n'avoir pu avoir l'amirauté.

Dunault, secrétaire du grand-prieur, s'adressa à madame d'Elbeuf pour la prier d'intercéder envers le Roi pour ses frères, et demander leur grâce et miséricorde, à la charge qu'ils confesseroient leur faute, et demanderoient pardon au Roi, et même à M. le cardinal, des entreprises qu'ils ont faites contre sa personne. Madame d'Elbeuf envoie quérir M. de Fossé, comme serviteur affidé au Roi et leur ami particulier, lui fait voir ledit Dunault, lequel, en la présence de madame d'Elbeuf, dudit sieur de Fossé et du sieur de Chamlecy, a reconnu que ce que madame d'Elbeuf a dit étoit véritable, que son maître n'étoit plus dans la prétention d'innocence, mais dans le désir d'obtenir pardon et grâce par la reconnoissance et confession de son crime. Sur quoi il usa de ces propres mots : qu'il ne falloit plus entrer pour son maître en prétention d'innocence, la chose ayant été jusqu'à ce point que d'entreprendre contre la personne du Roi et de l'État séparément. Sur quoi lui étant demandé comme il pouvoit savoir que son maître fût en intention de ce que dessus, il dit qu'il abandonnoit sa vie si son maître ne disoit la même chose audit sieur de Fossé, s'il pouvoit avoir permission de le voir avec lui, et s'il ne confessoit tout ce qu'il disoit; et le confirma plusieurs fois en diverses paroles, avec grande appréhension pour son maître et grand désir de son salut, témoignant ouvertement savoir ce qu'il disoit de la part de son maître. A quoi se rapporte ce que Laforêt avoua au cardinal, qu'on avoit vu un soldat, nommé La Planche, recevoir un papier dans sa pochette par un valet de chambre; ce qu'il n'avoit su que par le valet de chambre du grand-prieur.

Madame d'Elbeuf en écrivit au Roi la lettre suivante :

« Sire, Votre Majesté me pardonnera bien si « l'affection que j'ai pour mon frère, le grand-« prieur, m'oblige de l'importuner par cette lettre, « puisque je ne le fais que sur une occasion qui « se présente, dans laquelle j'estime, en servant « votre Majesté, pouvoir soulager mondit frère. « Il y a environ cinq ou six jours que Dunault, « son secrétaire, en qui il a grande confiance, « m'est venu prier de me mêler de ses affaires et « tâcher d'obtenir son pardon. Quoique j'aime « grandement mondit frère, et que je désire pas-« sionnément sa délivrance, je n'aurois pas « accepté cette condition, s'il ne m'avoit dit « ensuite que mon frère reconnoissoit en avoir « grand besoin; qu'il feroit, pour l'obtenir, une « vraie confession des fautes qu'il avoit commises, « tant contre votre État que contre votre per-« sonne; qu'il ne parloit pas de lui-même, mais « de la part de mondit frère, dont il avoit su des « nouvelles par voie qu'il ne me vouloit pas dire. « Quand j'ai ouï parler de la personne de votre « Majesté, la passion et obligation que je lui ai « m'ont fait résoudre à faire l'office que désiroit « ledit Dunault, pensant que peut-être vous vau-« droit-il mieux découvrir tous les desseins qui « avoient été contre vous, et pardonner à une « personne que vous connoissez avoir l'honneur « de vous appartenir, que d'en user autrement. « Je vous supplie, Sire, d'user de votre bonté « en cette occasion : mon frère, le grand-prieur, « est jeune; c'est la première faute qu'il a com-« mise; il fera mieux à l'avenir. Dunault de-« mande qu'il vous plaise envoyer quelqu'un avec « lui pour voir mondit frère. Je pense que M. de « Fossé y seroit bien propre; je l'ai prié à cet « effet, comme notre ami, de vous porter cette « lettre, qui vous assurera que, quand tout le « monde manqueroit à vous servir, je serai « toute ma vie, comme j'y suis obligée, Sire, « votre très-humble et très-obéissante sujette et « servante.

« Signé X. L. de France. »

Ensuite le Roi permit audit sieur de Fossé d'y aller. Le grand-prieur dit encore à M. de Tresmes, en présence de M. de Loustelnau, qu'il ne demandoit point de justice au Roi, mais le supplioit de lui pardonner et lui faire grâce; le suppliant aussi que ses ennemis ne pussent prendre avantage de tels termes, qu'il choisiroit encore plus humbles pour le Roi, s'il en savoit. Parlant à M. de Tresmes en particulier, il lui dit que, quand M. d'Angoulême (1) faillit la première fois, le Roi lui pardonna; la deuxième même qu'il fut condamné, le Roi lui donna la vie, le laissant en prison. Ensuite de quoi il témoigna être résolu à tous événemens, espérant toutefois grâce de Sa Majesté. Le grand-prieur reconnut, devant lui, qu'il s'étoit opposé avec plusieurs autres au mariage de Monsieur; qu'il avoit conseillé Monsieur, depuis la prise du colonel, de traiter rudement les ministres, pour le ravoir par ce moyen; que si cela manquoit, il lui avoit conseillé de sortir de la cour et de prendre les armes pour la même fin. Après avoir dit tout ce que dessus, il dit à M. de Fossé : « Je ne crois pas que vous voulussiez redire tout ce que je vous dis. » Sur quoi M. de Fossé lui repartant que n'étant venu là que pour savoir ce qu'il vouloit dire, pour le rapporter au Roi qui l'y avoit envoyé exprès, il étoit obligé de ne le céler pas, il répliqua : « Pour mon secrétaire, j'ai de quoi le récuser; pour vous, je vous tiens si homme de bien que je n'ai rien à dire, sinon que je n'en ai point parlé. » Sur cela M. de Fossé appela le sieur de Loustelnau, qui étoit dans un petit retranchement qui est dans la chambre, et lui dit : « Monsieur de Loustelnau, je suis bien aise que vous sachiez, en peu de mots, ce que le grand-prieur nous vient de dire, à son secrétaire et à moi, parce qu'il dit qu'il me niera me l'avoir dit, et donnera des causes de récusation contre son secrétaire. Je suis bien aise cependant que vous sachiez, en sa présence, qu'il m'a dit formellement qu'il avoit conseillé ce que dessus, » que ledit sieur de Fossé répéta tout au long. Pendant quoi, ledit sieur grand-prieur dit d'abord : « Vous direz ce que vous voudrez. » Et, après que le rapport fut fini, ledit sieur de Fossé lui disant : « Monsieur, est-il pas vrai que vous m'avez dit tout ce que je viens de dire ? » il dit oui. Sur quoi il dit audit sieur de Loustelnau : « Vous vous en souviendrez s'il vous plaît, et je m'en vais le dire au Roi. » Il dit encore, parlant de Chalais, qu'il étoit mort pour n'avoir point eu d'esprit, et que si on vouloit s'en servir contre lui, il falloit le garder pour le lui confronter; d'avoir voulu empêcher le mariage de Monsieur, il le vient de confesser lui-même; de mauvais dessein contre la personne du Roi, Lamont dit avoir ouï dire à Chalais que le grand-prieur avoit grande aversion du Roi. Dunault dit à madame d'Elbeuf, comme nous avons vu ci-dessus, qu'il vouloit confesser ses crimes, et demander pardon d'avoir attenté contre la personne du Roi et l'État séparément. M. de Fossé dit qu'il ne lui voulut pas avouer avoir parlé audit Dunault

(1) Le comte d'Auvergne.

contre la personne du Roi, et dit à Dunault : « Mon ami, vous avez là dit une chose qui vous donnera bien de la peine et à moi. » Paroles qui témoignent qu'il le lui avoit dit, mais s'en repentoit.

Touchant M. le prince, on avoit appris de nouveau que l'official de Sens, nommé La Mare, confident de madame la princesse de Condé la douairière, parloit comme d'une chose assurée du bannissement de la Reine-mère et du cardinal; conseillant à un sien ami nommé Terac, conseiller au présidial de Lyon, que, s'il avoit quelques affaires, il les fît promptement, pource que l'état présent étoit prêt à changer. La même chose de l'éloignement de la Reine en Italie et du cardinal à Rome, fut découverte à Nantes par Valençai, comme projetée par M. le prince, Trónçon, Marsillac et autres, et ce au même temps que Saintoul faisoit tous les voyages que nous avons dits ci-devant.

Quant à M. le comte, la douleur que madame sa mère eut à la prise du colonel ne se put cacher. Chalais attribuoit audit sieur le comte le conseil donné à Monsieur de s'enfuir de Saumur à La Rochelle. Le grand-prieur, au commencement d'octobre, l'accusa d'être de la même intelligence que lui avec Monsieur. Monsieur dit aussi au Roi que M. le comte lui avoit fait dire à Paris qu'il ne lui parloit point, parce qu'il diroit toutes choses et ne gardoit pas secret, et qu'après qu'il eût été à Limours voir le cardinal de Richelieu, M. de Longueville lui dit en se moquant qu'il voudroit bien savoir si les affaires du colonel en alloient mieux; le dimanche 12 de juillet 1626, que M. le comte et M. de Longueville étoient tout à lui, et que maintenant qu'il étoit bien avec le Roi, il répondoit d'eux à Sa Majesté. M. de Vendôme dit à Chateauneuf-Préaux que Chalais lui avoit donné avis que la Reine-mère, l'ayant vu arriver, avoit dit au Roi : « Le voilà venu, mais nous ne laisserons pas de le dénicher de son gouvernement; » chose fausse encore.

Je ne rapporte point ici ceux qui sont nommés aux accusations que nous avons rapportées ci-dessus, pour n'user de redites. Monsieur, dès le dimanche 12 de juillet 1626, déclara que sa résolution étoit de ne point partir de Paris que quand le Roi reviendroit, auquel cas il en fût sorti pour aller à Metz, à Dieppe ou Havre, desquelles places on lui avoit parlé pour se retirer dès avant que le Roi partît de Paris; que, pour cet effet, le Roi se souviendroit qu'il lui avoit demandé cent mille écus plusieurs fois dès Fontainebleau, et que c'étoit en intention de gagner madame de Villars par ce moyen, ne se souciant pas du mari pourvu qu'il eût gagné la femme. Chalais a rapporté que M. de La Valette étoit à Monsieur; que lui Chalais lui écrivoit souvent sans mettre son nom. Le même a confessé que plusieurs promettoient à Monsieur de la cavalerie en Normandie. Le Roi étoit averti de tous côtés que le Havre étoit assuré à Monsieur. M. l'évêque d'Orange, par lettre à M. d'Herbaut, du 6 septembre 1626, avoit mandé que Bellujon avoit été en cette ville-là, y avoit vu le gouverneur plusieurs fois, lui avoit dit qu'il avoit charge des églises de le prier de les protéger et défendre de l'oppression dont elles étoient menacées, et que le connétable et M. de Rohan tiendroient la main et lui donneroient, dans leur parti, un rang très-honorable et tel qu'il demanderoit.

Quant aux Rochelois, Monsieur dit à la Reine sa mère qu'eux et Soubise lui avoient fait offrir retraite à La Rochelle, et que Boisdannemets et Puylaurens lui avoient dit qu'ils le suivroient partout, excepté en ce lieu-là. Un gentilhomme de la religion prétendue réformée donna avis qu'un ministre de La Rochelle, nommé Salebert, étant revenu d'Angleterre au temps que le Roi étoit à Blois, le sieur de Londrières partit de La Rochelle et vint jusques en Touraine, où ayant conféré avec quelques-uns, ledit Londrières s'en alla à La Rochelle et y porta des nouvelles qui réjouissoit extrêmement la ville. Aussitôt après ceux de La Rochelle ont dépêché le ministre Chapelières en Angleterre. M. de Soubise a écrit à La Rochelle que si la ville n'avoit besoin de son service, il s'alloit embarquer avec l'armée anglaise; mais que si on désiroit se servir de lui, il étoit tout prêt à les aller trouver. Un ministre de La Rochelle a écrit à un ancien de l'église de La Rochefoucauld qu'il croyoit que l'on verroit bientôt quelque chose; mais que c'étoit des affaires qu'il n'osoit pas écrire. Foularton, Écossais réfugié à Paris, et caché de peur d'être pris des Anglais, vu qu'il a tué le cousin du milord Maxiel pour avoir couché avec sa sœur, a découvert à Dieppe d'un son secrétaire de Soubise, nommé Smith, a pris d'un banquier dudit Dieppe, Ecossais nommé Mel, huguenot, trois mille pistoles.

Monsieur dit devant le Roi, la Reine et le cardinal de Richelieu, que l'intelligence qu'il avoit en Angleterre étoit particulièrement avec le comte de Carlile qui étoit lié de grande affection avec lui, et que quand il entendoit parler des poursuites qu'on faisoit contre Buckingham, il n'en étoit pas fâché, espérant que, s'il venoit à être ruiné, Carlile viendroit en faveur, et qu'il pourroit beaucoup en son endroit. Monsieur confessa à La Ferté à M. de Mende, revenant d'Angleterre, que Montagu, au voyage de Nantes, lui avoit dit de la part du comte de Carlile, qui est celui avec lequel Monsieur a reconnu plusieurs fois que le colonel avoit formé étroite liaison, que ledit comte de Carlile l'avoit chargé de lui témoigner le déplaisir qu'il avoit de le voir maltraité, savoir ses sentimens sur ce sujet, et l'assurer que, pourvu qu'ils sussent ses intentions, il seroit servi du côté d'Angleterre comme il pourroit désirer. Toiras donnoit plusieurs avis qu'assurément les Anglais étoient à eux, et que ceux de La Rochelle attendoient toujours un mouvement à la cour.

Un jeune gentilhomme nommé La Motte-Fénélon est parti d'auprès de Monsieur depuis la prison du maréchal d'Ornano, et a visité beaucoup de noblesse du Limosin, pour la convier à monter à cheval et prendre parti à la première occasion. Il disoit même devoir avoir un régiment, et a offert une compagnie à un gentilhomme de la Marche. Monsieur avoit dit plusieurs fois qu'il avoit fait des tentatives dans toutes les provinces du royaume, pour voir si on lui voudroit donner quelque sûre retraite; que jusques ici il n'avoit osé écrire, mais qu'il se résolvoit de le faire dès qu'il seroit parti de Nantes pour aller à Paris. On avoit avis de Savoie par Bachelier, qui y avoit été depuis un an de la part du Roi auprès du duc, à la poursuite de l'affaire du comte de Sommerive pour M. de Nevers, qu'ayant été le premier la nouvelle de la détention du colonel et en donnant aussitôt l'avis au secrétaire d'État du duc, qui ne l'eut que cinq jours après, cela mit cette cour en grande confusion; ce qu'ayant remarqué, cela le fit mieux veiller pour en connoître le sujet. Le jeune Rothelin a témoigné à M. de Schomberg qu'au même temps de cette grande conspiration du colonel, M. de Savoie retira ses troupes du côté de Gênes, et les faisoit déjà marcher vers France, et quelques-uns de ses capitaines et colonels ne se purent tenir de dire le dessein que M. de Savoie avoit d'entrer en France; le marquis de Vignoles le sait. Le nonce avertit, sur la fin de septembre, que l'ambassadeur de Savoie traite en Espagne pour faire la paix des Anglais, et ce par le moyen de l'ambassadeur. Bullion dit au cardinal avoir découvert par Tabouret et le secrétaire Pazé, que l'ambassadeur Scaglia écrivoit lettres sanglantes à son maître, qui ne promettoient rien moins qu'un changement absolu, et entre autres qu'il y en avoit une qui demandoit s'il ne pouvoit pas assurer ceux qui entreprenoient telles choses d'une retraite en Savoie, au cas qu'ils faillissent leurs entreprises. Par une autre il mandoit à son maître que le grand-prieur étoit le seul esprit de courage et de jugement. Le duc confessa à Bullion que les choses avoient réussi plus par forme de conduite que par moyen de force et d'autorité, et que, se voyant privé des avantages qu'il espéroit dans la guerre, il avoit été réduit à cette extrémité de vouloir rechercher et pratiquer contre le cardinal tous les moyens par lesquels on se peut venger d'une personne, insinuant toutes voies violentes et cachées. Cependant il loue infiniment hors de sa passion le cardinal, et lui fait l'honneur de dire que c'est le plus grand des ministres que la France ait jamais eus, et que nul que lui ne pouvoit démêler cette affaire. Le prince lui a dit le même plusieurs fois. M. de Savoie a reconnu à M. de Bullion que le mariage de Monsieur étoit utile au Roi et à la France.

Le vendredi 18 juillet 1626, Monsieur dit au Roi qu'après que le prince de Piémont s'en fut allé mal content de la cour, ils avoient envoyé Valins, sous prétexte d'aller au Saint-Esprit, en Savoie pour former une étroite ligue et union avec M. le prince de Piémont, et que ses paquets furent portés par un homme qui partit trois jours après de peur qu'on ne dévalisât Valins. Monsieur, sur la fin de septembre, dit que le Roi faisoit très-bien de désirer que l'ambassadeur de Savoie s'en allât; que c'étoit un très-mauvais homme, qu'il en parloit comme savant, qu'il étoit passé en Angleterre au mois de décembre de l'année précédente et s'étoit fort mal comporté envers Blainville, se rangeant avec les Anglais contre lui. Il envoya à son arrivée visiter Blainville et incontinent s'en repentit; il ne voulut pas l'aller visiter qu'il n'eût été visité de lui, ce que Blainville ne voulut pas faire, disant qu'il y avoit de la différence entre eux deux, et qu'il ne vouloit ni l'aller visiter le premier, ni lui donner la main droite chez lui, pource qu'ils ne devoient pas aller de pair ensemble. Blainville fut maintenu du Roi, ayant agréable qu'il se fût comporté de la sorte. Scaglia vivoit en Angleterre, non comme ecclésiastique, mais vêtu de cour; ni comme catholique, mais refusant absolument de s'employer à faire plaisir à aucun d'eux, et en ses discours les scandalisa beaucoup. Chalais, étant sur la sellette, confirma l'intelligence de Monsieur avec le prince de Piémont, lequel promettoit dix mille hommes, et les Anglais donnoient de belles espérances et de faire mouvoir La Rochelle. Il dit aussi avoir ouï dire à Monsieur qu'il devoit venir d'Angleterre des vaisseaux à La Rochelle et en Normandie.

Monsieur, au même temps, étant au conseil à Saint-Germain, un jour que la Reine avoit été saignée et étoit au lit, avoua franchement que Beaufort, qui est dans la Bastille, faisoit des levées, sous prétexte de l'Empereur, pour lui en Picardie. Le comte d'Egmont a dit à son retour d'Espagne que le roi avoit obligation à son beau-frère qui avoit refusé retraite à plusieurs grands qui la lui avoient demandée en ces occasions dernières; ce qui ne devoit pas faire croire qu'il fût vrai, mais bien étoit un témoignage que les conjurés avoient intelligence avec l'Espagne. Par information du 26 août, faite par le président de Monrave à Béziers, il est avéré que le sieur de Rohan avoit dit à plusieurs que La Rousselière étoit arrivé d'Espagne, et que tout étoit en bon état; que si les désordres qui étoient à la cour continuoient, il faudroit prendre son temps et faire sa condition; qu'il leur commandoit de reconnoître et faire reconnoître des places pendant que le temps le permettoit, et qu'il sauroit bien prendre l'occasion et ne la manqueroit pas; que les affaires seroient bientôt en état de prendre les armes; que le mariage de Monsieur ne faisoit que retarder un peu les choses; que la ligue se renforceroit toujours en crédit, en amis et en argent; qu'ils ne pouvoient rien faire sans lui; qu'ils lui donneroient quelque bonne place, et qu'ainsi il essaieroit à se remettre. Plusieurs autres déposoient que La Rousselière, leur parlant de son voyage d'Espagne, leur dit qu'il avoit mis les affaires en tel état qu'il n'y faudroit plus retourner; que tout étoit fait, qu'on auroit de l'argent en abondance, et que la ligue qui paroissoit en France, avoit pris son commencement en Espagne, à ce qu'il avoit appris.

Leur dessein contre le cardinal est mêlé en toutes les choses que nous avons déduites, joint que Le Coigneux disoit souvent qu'il ne voyoit point que l'esprit de Monsieur se guérît; mais qu'il témoignoit, quand il étoit en son particulier, qu'il vouloit un grand mal au cardinal et qu'il ne lui pardonneroit jamais. Par divers avis de toutes parts, on étoit assuré qu'ils avoient dessein de donner ombrage à Sa Majesté du crédit qu'avoit le cardinal auprès d'elle, disant que c'étoit par une semblable jalousie qu'on avoit autrefois perdu la Reine-mère auprès d'elle, et que ce qui avoit réussi envers elle pouvoit bien réussir une seconde fois en une autre personne, bien qu'ils reconnussent en leur conscience que les choses n'allassent jamais si bien comme elles alloient, et qu'elles fussent comme elles devoient être.

L'exécrable attentat contre la personne du Roi fut encore confirmé : premièrement par Chalais, qui avoua formellement que madame de Chevreuse avoit une haine particulière contre Sa Majesté. Dunault, secrétaire du grand-prieur, dit au sieur de Fossé, en présence de madame d'Elbeuf, que son maître demandoit grâce, reconnoissant avoir entrepris contre la personne du Roi et l'État séparément. Un homme qui donnoit des avis d'Espagne avertit plusieurs fois qu'il y avoit une cabale contre la personne du Roi. La Lande, prévôt de Saumur, ouït dire au cocher de M. de Vendôme, en passant, lorsqu'il venoit : « N'a-t-on pas bien rasé Louis-le-Fainéant ? » Ce qui montre qu'il falloit qu'il y eût quelque dessein bien épandu dans la maison, ou au moins qu'on y faisoit librement des discours criminels, puisque cela venoit jusques aux cochers. Et Bullion rapporta au Roi le 17 octobre qu'on n'attendoit en Savoie autre chose, sinon un changement absolu de l'État au préjudice de la personne du Roi qu'on parloit de reclure. A quoi on peut ajouter ce que nous avons dit ci-dessus sur un autre sujet, qu'on n'avoit point honte de parler ouvertement de marier Monsieur avec la Reine, en cas de mort du Roi ; ce que Monsieur, trois ou quatre jours avant la mort de Chalais, avoua quand, oyant dire devant la Reine-mère que Chalais avoit dit que le fondement de l'opposition que les dames faisoient à son mariage étoit ce sujet, il confessa qu'il y avoit long-temps que madame de Chevreuse lui en avoit parlé.

Voilà les preuves de l'effroyable faction de laquelle le maréchal d'Ornano étoit le chef. De sa mort, que nous avons dit être arrivée au 2 de septembre, les conjurés prirent occasion d'animer Monsieur contre le cardinal encore davantage qu'il n'étoit auparavant ; de sorte que, par leurs discours, ils témoignoient avoir dessein de s'assembler, et lui faire un mauvais parti en quelque logement sur le chemin, où il étoit peu accompagné, ne pouvant pas aller si vite que le Roi à cause de ses incommodités ; ce qui fit que quelque noblesse l'accompagna deux ou trois journées depuis Le Mans. Le Roi en fut si en peine, qu'il lui écrivit de sa main le 9 septembre, qu'il le prioit de prendre garde à lui et de se mettre en état qu'ils ne lui pussent faire un mauvais tour ; que s'il avoit affaire de ses compagnies et de tout ce qu'il avoit, il le lui enverroit au moindre avis qu'il auroit de lui.

Madame de Chevreuse qui se sentoit trop coupable pour attendre à Paris la venue du Roi, en partit peu de jours auparavant, et s'en alla en Lorraine.

Sa Majesté arrivant à Paris le 14 septembre trouva que son absence n'avoit pas avancé l'exécution de la paix en Italie. S'il y eut beaucoup de peine et de longueur à convenir des articles d'icelle, il y en eut bien encore davantage à l'exécution de ce qui avoit été promis. La paix fut secrètement traitée entre les deux couronnes ; il ne pouvoit y avoir empêchement de dehors, parce qu'on ne le savoit pas : mais à l'exécution, outre les deux couronnes, Sa Sainteté, Venise, le duc de Savoie, Gênes, les Grisons, les Valtelins et les Suisses devoient intervenir ; joint que, naturellement, il y a moins de difficulté à promettre qu'à tenir, et que les Espagnols cherchent toujours l'avantage en l'exécution des choses, au concert desquelles ils n'ont pas reçu tous les avantages qu'ils eussent bien désirés.

La première peine fut à faire recevoir le traité au duc de Savoie, et lui faire accorder une suspension d'armes avec Gênes, et embrasser la voie d'arbitrage pour terminer leur différend. Il met en avant qu'il n'est pas formellement compris en ce traité ; que les Espagnols sont hostilement entrés en son État, violant ouvertement la paix qu'ils lui avoient jurée avec approbation de Sa Majesté ; qu'il ne sait quelle sûreté il peut avoir avec eux, et que, les choses étant en ces termes, la suspension d'armes avec Gênes lui seroit dommageable ; joint qu'il lui semble qu'il faudroit commencer à rendre, de part et d'autre, les places prises, et remettre toutes choses au même état qu'elles étoient auparavant la guerre. Bullion lui remontra qu'il étoit compris au traité comme l'un des colligués, les États duquel Sa Majesté veut conserver comme les siens propres, et les assurer contre qui que ce soit ; et partant, qu'il peut faire la suspension d'armes avec toute assurance ; néanmoins que s'il veut une déclaration particulière par laquelle le roi Catholique déclare qu'il est compris en la paix, il n'y aura point de peine à l'obtenir. Quant à son différend avec Gênes, il ne se peut traiter d'accord, et particulièrement de la restitution des places et des prisonniers, que la raison veut qui soit préalable, que la suspension d'armes ne soit accordée par article secret ou autrement, et que Son Altesse ne nomme des arbitres pour terminer cette affaire par un juste et honorable accommodement. Enfin la résolution fut que le Roi écrivît au roi d'Espagne pour avoir assurance de la continuation de la paix, l'ayant rompue par actes d'hostilité du côté d'Ast et siége de Vérue, et que Bullion écriroit à Milan pour être éclairci s'ils ont ordre de ne rien innover contre les États dudit duc ; comme aussi de savoir de la part de Gênes, par le moyen de l'ambassadeur d'Espagne qui y réside, leur volonté sur le fait de la suspension d'armes et des moyens pour parvenir à un bon accommodement. Du côté de l'Espagne et de Milan on eut les réponses qu'on désira.

Pour le fait de Gênes, il y eut de la difficulté sur le point de la restitution préalable de toutes choses comme elles étoient auparavant les premiers mouvements. Venise accepte avec contentement le traité. Elle se contenta de laisser ses troupes dans la Valteline sous la charge du marquis de Cœuvres; savoir, les auxiliaires jusqu'à la démolition des nouveaux forts, et celles de la ligue jusqu'à l'entière exécution du traité; et ordonna à ses ambassadeurs de joindre leurs offices avec ceux du sieur de Châteauneuf envers les cantons des Suisses, pour les disposer à la clôture des passages dans l'État de Milan, ou du moins à faire qu'ils apportent telle restriction que lesdits passages ne soient ouverts qu'au cas que ledit État fût assailli. A quoi ils furent facilement persuadés (1), moyennant la promesse portée par un écrit particulier et secret entre Sa Majesté et eux, que Châteauneuf leur accorda que Sa Majesté leur moyenneroit la liberté des passages des Grisons en vertu de son alliance. Mais ledit Châteauneuf fit la promesse pour tout le temps de la vie de Sa Majesté, quoiqu'il n'eût ordre de la faire que pour dix ans; Sa Majesté se voulant réserver cet avantage, que, de dix en dix ans, la république fût obligée de la lui redemander, et fût, sous cette espérance, retenue en plus de respect envers Sa Majesté. De plus encore, il avoit ordre d'exprimer en la promesse ces paroles, *sans que cela préjudicie au traité de paix avec Espagne du 6 de mars dernier*, tant pour montrer que Sa Majesté le pouvoit sans déroger audit traité, attendu que, par icelui, les choses étoient remises en l'état qu'elles étoient auparavant les derniers mouvemens de la Valteline, et que lors elle avoit cette faculté-là, qu'afin de décharger par cette clause Sa Majesté envers les Espagnols du prétexte qu'ils pourroient prendre, que, sans fondement de se plaindre, par cette nouvelle concession Sa Majesté eût altéré ledit traité de paix; et néanmoins il consentit que cette clause fût ôtée. En troisième lieu, la promesse étoit absolue, sans aucune détermination et restriction au temps et aux occasions où la république en auroit besoin; ce qui fit que Sa Majesté lui donna ordre de la faire réformer. Néanmoins, pour ne donner en cela aucun dégoût à la république, elle ratifia ladite promesse en forme qui suppléoit en partie seulement aux choses susdites.

De là le sieur de Châteauneuf passa aux Grisons, où lui et le maréchal d'Estrées convoquèrent une assemblée à Poschiave le 12 de septembre, et leur représentèrent les articles du traité, lesquels, après avoir rendu très-humbles grâces au Roi de la protection qu'il avoit daigné prendre d'eux, ils dirent qu'ils les présenteroient à leurs seigneurs auxquels ils rapportèrent ce qui leur avoit été dit. Il se forma entre eux plusieurs difficultés qui enfin se terminèrent à envoyer des ambassadeurs vers le Roi, pour l'informer du préjudice qu'ils croyoient leur être fait par ledit traité. La première chose qui les arrêtoit étoit que l'archiduc Léopold n'avoit encore donné aucun consentement sur les articles de paix, et partant qu'il ne se trouvoit aucune sûreté pour eux de ce côté-là. Les autres difficultés étoient qu'ils ne pouvoient goûter que les Valtelins leurs sujets élussent des juges, et, s'ils manquoient auxdits Valtelins en ce qui étoit convenu par la paix sur le fait de la religion, Sa Sainteté en prendroit connoissance pour s'en plaindre aux deux Rois qui y mettroient le remède nécessaire. Sur quoi ils disoient qu'ils étoient libres et ne vouloient point qu'aucun prince eût l'autorité de se mêler de leurs affaires. Quant à la profession de la seule religion catholique, apostolique et romaine, ils s'y accordoient, pourvu qu'il n'y eût point d'inquisition. Le sieur de Châteauneuf, étant retourné à Coire, y fit, au mois de novembre, une grande conférence avec les députés du conseil secret des trois ligues, sans qu'il en pût remporter autre chose. En quoi il étoit aisé à voir qu'ils ne se portoient pas par leur propre jugement, mais par le conseil d'autrui qui étoit ennemi du bien de la paix, vu qu'ils avoient, les années auparavant, fait un traité à Milan et un à Lindau, auxquels ils condescendoient à bien davantage; car, au premier, ils abandonnoient la souveraineté de la Valteline, et en l'autre celle d'une partie de leur propre pays.

Mais le duc de Savoie, d'un côté, leur faisoit entendre que, s'ils vouloient tenir bon, ils obligeroient le Roi à leur faire accorder tout ce qu'ils demanderoient. D'autre part, les Anglais avoient expressément, par l'avis du duc de Savoie, fait passer le milord Walke, leur ambassadeur, de Turin à Venise par les Suisses et les Grisons, pour, sous prétexte d'un simple passage, faire des cabales avec eux et les détourner de la sincérité avec laquelle ils devoient embrasser ce qui leur étoit proposé de la part du Roi. Ensuite de cet ordre, par les villes où il passoit, il faisoit appeler chez soi jusqu'à sept ou huit des principaux bourgeois de la ville, et leur remontroit que le duc de Savoie avoit con-

(1) Les Vénitiens.

tribué ce qu'il avoit pu, avec la ruine de ses États, pour empêcher le progrès de l'Espagnol; mais que, contre son espérance, les affaires avoient été réduites en autres termes, et partant qu'ils étoient à louer de la disposition en laquelle on les estimoit être de contredire à ce traité, étant assuré que tous les cantons protestans, bien unis avec les Grisons, Venise et Savoie, étoient suffisans d'empêcher ce traité, de tailler de la besogne à l'Espagnol et à ses adhérens. Il fit ces offices avec si grande passion, passant à Berne, et de là aux autres cantons protestans et aux Grisons, qu'il empêcha le sieur de Châteauneuf de rien obtenir d'eux; ce qui l'obligea d'aller à Soleure pour y convoquer une assemblée générale de tous les cantons.

Cependant, auparavant la fin de l'année, le Roi, pour les obliger à consentir à leur propre bien, donna charge aux principaux ministres de son conseil de traiter avec le marquis de Mirabel, ambassadeur d'Espagne, pour la détermination de la somme que les Valtelins seroient obligés de payer par chacun an aux Grisons, pour le dédommagement du profit que le général et le particulier desdits Grisons recevoient de l'administration et magistrature en la Valteline, et ès comtés de Chiavenne et Bormio, et convinrent à la somme de 25,000 écus par an, qui étoit plus que ce qu'ils recevoient par le traité de Milan pour l'absolue renonciation à la souveraineté de la Valteline.

Quant à la démolition des forts de la Valteline et l'accord entre Savoie et Gênes, il se rencontroit de grandes difficultés de la part d'Espagne et du duc. Le Pape, entre les mains de qui on étoit convenu de rendre tous les forts de part et d'autre, et que, les ayant reçus, il les feroit démolir incontinent, refusa de le faire, et, quelque instance que le Roi en pût faire, ne voulut jamais se charger de la démolition. Le Fargis, qui s'étoit accoutumé de traiter sans ordre, et, n'en ayant reçu aucune punition, croyoit que la licence lui en étoit donnée, s'avança de convenir avec le comte d'Olivarès que la charge de les démolir seroit commise au roi d'Espagne et aux Valtelins. Le Roi, fort offensé de cette présomption, le désavoue, ne jugeant pas raisonnable que les uns et les autres, qui sont parties en ce sujet, opposées à l'intérêt de Sa Majesté et des Grisons ses alliés, deviennent dépositaires des forts, et que la démolition en soit remise à leur discrétion; joint que la réputation de Sa Majesté ne pourroit pas permettre qu'elle se démît des forts pour les voir, par après, entre les mains des Valtelins ou des Espagnols, chose toute contraire à l'intention du traité. Mais Sa Majesté, ne voulant aussi en ce fait-là s'avantager aucunement, proposa, pour le plus juste et meilleur expédient, qu'après que les forts auroient été mis ès mains du Pape pour sa satisfaction, qu'ils fussent, par Sa Sainteté, rendus aux ministres des deux couronnes pour faire la démolition, chacun de ceux qui sont à présent en leurs mains, selon l'ordre, le temps et les circonstances qui seroient arrêtés de concert entre leurs ambassadeurs à Rome ou en la Valteline, lesquelles Sa Majesté auroit toutes agréables, pourvu que la sûreté de la démolition des forts et la décharge du Pape s'y trouvât comprise, et que la dignité des deux couronnes y fût également conservée, suivant l'intention du traité et celle que doivent avoir les deux Rois. Le marquis de Mirabel, ambassadeur d'Espagne, en témoigna du mécontentement, et représenta que, puisque le Roi son maître avoit fait le dépôt desdits forts entre les mains de Sa Sainteté, à laquelle il en devoit donner la décharge, il étoit convenable que Sa Sainteté les lui rendît, puisqu'elle ne le vouloit pas faire elle-même. Au moins le Roi ne devoit-il, ce semble, refuser que les forts fussent remis un à un, par Sa Sainteté, entre les mains des Valtelins pour les démolir; que cela étoit à l'avantage de la France, puisque les Valtelins étant un corps avec les Grisons, et, pour ce respect, alliés de Sa Majesté, sous sa protection, il sembloit que cette démolition se fît plutôt par le commandement de Sa Majesté que par un accord entre les deux, et que cela donneroit plus de facilité en l'exécution, à cause que ce seroit un moyen proposé par les ministres de Sa Sainteté, en quoi il n'y pourroit avoir aucune opposition. Sa Majesté demeura ferme en son premier avis, ne jugeant pas raisonnable que ladite démolition fût commise à l'une des parties à l'exclusion de l'autre.

Ledit ambassadeur présenta en même temps au roi, le 26 septembre, une lettre de la république de Gênes, pleine de soumissions et de respects que ledit ambassadeur rendoit, par laquelle il supplia le Roi, en son nom, de recevoir en bonne part, et avoir agréable de croire qu'en toutes les procédures qui avoient été faites contre Claudio Marini, la république y avoit été forcée pour obéir aux lois; mais que le respect de Sa Majesté et l'emploi dudit Marini l'avoient retenue de plusieurs autres poursuites, n'ayant jamais pensé, comme le bruit en avoit couru, de mettre prix à sa tête; et que, pour marque plus assurée du respect très-humble de la république vers Sa Majesté, elle avoit cassé et révoqué toutes sentences et déclarations faites contre la personne dudit Marini, le remettant en ses anciens honneurs. Comme ils croyoient avoir fait de leur part tout leur possible, ils espéroient aussi que Sa Majesté y correspondroit de son côté par son accoutumée grandeur et bonté, favorisant ladite république, et lui faisant la grâce de casser et révoquer les édits qu'on avoit envoyé publier contre la liberté des personnes et facultés de ses sujets, lesquels, sous la parole de roi et la foi publique, résidoient en son royaume. Sa Majesté ne voulut pas que la cassation de la susdite sentence contre Claudio Marini fût en forme de grâce et d'abolition, mais une révocation par forme de désaveu, qui confirmât, en termes honorables, ledit sieur Marini en ses biens, honneurs et dignités en la république, ensemble ses descendans, tout ainsi que si ladite sentence ne fût point avenue; en suite de laquelle déclaration Sa Majesté forma la révocation de l'ordonnance et bans publics contre ladite république de Gênes, et donna main-levée de tous les biens, à 50,000 écus près qui furent arrêtés pour le dédommagement des pertes dudit sieur Marini.

Pour le regard du différend d'entre ladite république et M. de Savoie, ledit marquis, ambassadeur d'Espagne, proposoit que l'arbitre de part et d'autre fût de robe longue, et que, jusques à ce qu'ils eussent jugé, les choses demeurassent en l'état qu'elles étoient. Le Roi, au contraire, jugea raisonnable qu'avant toutes choses les parties acceptassent la paix, qu'ensuite ils nommeroient et comprometroient de la qualité des arbitres; mais qu'avant que d'entrer en négociation sur le fond du différend les choses soient rétablies en leur premier état, ainsi qu'il est ordinaire et accoutumé dans tous traités; savoir, que la restitution des places seroit effectuée de part et d'autre, ce que Sa Majesté auroit à plaisir de proposer à M. de Savoie, si le roi Catholique demeuroit d'accord de faire le semblable à la république de Gênes.

Et sur le sujet des saisies qui avoient été faites réciproquement des biens et marchandises appartenantes aux sujets des deux couronnes, on proposa de s'accorder d'un jour préfixe, dans lequel on restitueroit de bonne foi la galizabre de Calais avec tous les deniers qui étoient dedans, et qu'à même jour seroit donnée pleine et entière main-levée en Espagne de tous les biens, vaisseaux et marchandises des Français, sans aucune réserve. Quant aux landes de Marseille, quoique les Espagnols ne fussent point en droit d'en demander la restitution, puisqu'elles ne leur appartenoient pas, ni à leurs sujets, néanmoins Sa Majesté trouva bon de donner assurance de faire payer, dans un an, les sommes qui se trouveroient avoir été prises dans lesdites landes, suivant la liquidation qui en seroit faite, compensation et déduction préalablement faite sur icelles des sommes qui se trouveroient avoir été prises par ceux de Gênes aux habitans de Marseille, comme aussi de celles qui auroient été retenues par les ministres d'Espagne en tous les Etats dudit Roi sur les biens par eux saisis aux sujets de Sa Majesté.

Le Roi n'avoit point encore envoyé en Espagne pour se conjouir de la naissance de l'Infante dont la Reine étoit accouchée au mois de novembre, en l'année précédente. Le marquis de Rambouillet avoit été dès lors destiné pour y aller ambassadeur extraordinaire à cet effet; mais la guerre et les mésintelligences survenues entre les deux couronnes ayant différé son voyage, le Roi se résolut de l'y envoyer maintenant; et, quant et quant, lui donna ordre de travailler à ajuster tous les différends qui se rencontroient en l'exécution du traité de la paix. Il eut charge, si les Espagnols ne vouloient accepter la proposition que le Roi leur faisoit sur la démolition des forts, qui étoit qu'ils fussent rasés par les ministres des deux couronnes, et insistoient qu'ils le fussent par leurs seuls ou les Valtelins, de proposer, à l'extrémité, un troisième parti, qui étoit, que lesdits forts seroient l'un après l'autre remis, pour les démolir, entre les mains des Suisses catholiques, non suspects des cantons, dont il pourroit être convenu par le marquis de Cœuvres avec les ministres d'Espagne. Et qu'enfin, s'il ne pouvoit convenir avec eux de la forme de la démolition, il procurât au moins qu'il fût envoyé tout pouvoir aux ministres d'Espagne résidans à Rome ou à Milan, pour convenir de quelques bons, justes et raisonnables moyens avec le sieur de Béthune, ou ledit sieur marquis de Cœuvres, pour exécuter promptement la paix, sans en attendre autre ordre d'Espagne, Sa Majesté étant résolue de donner le même pouvoir auxdits ambassadeurs ; et, principalement, que les ministres d'Espagne eussent pouvoir exprès de donner telle décharge au Pape qui seroit requise par Sa Sainteté, pour raison du dépôt des forts ci-devant fait ès mains de son prédécesseur, ensemble des canons, munitions de guerre et autres choses qui étoient dans les forts, en sorte que Sa Sainteté s'en contentât, et que, moyennant icelle décharge, elle pût remettre les forts ès mains des ministres des deux couronnes, ou autres qu'il seroit avisé, pour en faire l'actuelle démolition sans aucun délai.

Surtout, il eut ordre de faire instance que le Roi d'Espagne fît en sorte que l'archiduc Léopold déclarât qu'il se conformoit audit traité de paix, en expliquant la clause du premier article d'icelui, qui portoit cassation et annulation de tous traités faits depuis l'année 1617 avec les Grisons par qui que ce pût être : ce qui s'entendoit, non-seulement des traités faits à Milan, mais aussi des autres faits par l'archiduc Léopold avec les Grisons, et particulièrement de celui de Lindau, dont il étoit nécessaire que ledit archiduc, en conformité du traité, déclarât la cassation, ou du moins que le roi d'Espagne fît ladite déclaration, avec promesse de la faire ratifier audit archiduc. Enfin, il eut commandement de traiter avec le comte d'Olivarès avec les mêmes titres que l'ambassadeur de l'Empereur, et que s'il pouvoit encore ménager quelque chose de plus pour la dignité du nom de Sa Majesté, elle lui en sauroit gré, et tiendroit ce service digne de recommandation. Il partit avec cette instruction sur la fin d'octobre. Devant qu'il eut commencé à traiter en Espagne, les ministres des deux couronnes convinrent à Rome de la forme de la démolition des forts, par un traité qu'ils passèrent le 11 novembre, bien que l'exécution ne s'en soit ensuivie que l'année d'après, comme nous dirons en son lieu.

Mais nos affaires n'alloient pas d'un même pied en Angleterre. Cette grande faction, que l'unique prudence du Roi, assistée d'une manifeste bénédiction de Dieu, étoit capable de dissiper, et que tous les étrangers croyoient devoir produire la ruine et la dissipation de l'Etat, donnoit courage aux Anglais de continuer leur mauvais procédé envers la Reine, et le pousser jusques au dernier point d'infidélité. Ce Roi (1), ayant rigoureusement traité tous ceux qui avoient été contraires à Buckingham au parlement passé, en avoit convoqué un autre dès le commencement de cette année, ayant pris soin d'y faire élire des députés à sa dévotion, espérant qu'il conserveroit, par ce moyen, Buckingham, et qu'il se feroit accorder tous les subsides dont il avoit nécessité pour la guerre d'Espagne. Peu de jours auparavant l'ouverture on fit la cérémonie de son couronnement avec fort peu de magnificence, à cause de la pauvreté de l'Etat. La Reine ne fut pas conseillée de se faire couronner avec lui, n'y trouvant pas la sûreté de sa conscience. Au couronnement des rois, ils ont accoutumé de faire en Angleterre des chevaliers qu'ils appellent du Bain; Buckingham pria la Reine d'y assister. Elle, qui ne sait pas s'il s'y fait des cérémonies protestantes, s'en excuse et

(1) Charles Ier.

s'en va prier Dieu en son église de Saint-James; Buckingham fit trouver cela si mauvais au Roi, qu'il ne se put tenir de lui en parler comme si elle lui eût fait une grande offense. A deux jours de là on fit une cérémonie digne d'être vue, qui est l'entrée du parlement, qui se fait à cheval. La Reine la désira voir de chez elle; le Roi lui témoigna qu'il eût été bien aise qu'elle l'eût été voir chez la comtesse de Buckingham. Elle se met en chemin tout à l'heure; mais, la pluie survenant, elle pria le Roi de la dispenser de ce voyage, de peur que sa coiffure ne gâtât. Il dit du commencement qu'il ne pleuvoit pas; mais enfin, voyant le contraire, il lui permit de demeurer, sans lui témoigner en aucune façon d'être marri. Buckingham, qui avoit dressé cette partie pour faire que le parlement pensât qu'il étoit bien avec la Reine et toute sa maison, vint de colère trouver le Roi, lui faisant croire que ce lui étoit une grande honte que tout son parlement vît qu'il n'avoit pas assez de vigueur pour se faire obéir de sa femme; ce qui seroit cause aussi de les faire porter insolemment contre leur devoir. Ce bon prince le crut, et donna à Buckingham la commission de lui aller témoigner son mécontentement; ce qu'il fit avec des paroles très-aigres, auxquelles elle répondit fort civilement. Après avoir parlé seul quelque temps à elle, ils appelèrent Blainville, qui dit à la Reine qu'il étoit encore assez temps d'y aller, et qu'il étoit bienséant qu'elle y allât, puisque le Roi lui témoignoit le désirer, ce qu'elle fit incontinent.

Il n'y a barbare qui non-seulement n'eût été satisfait de cette action-là, mais qui ne se fût senti obligé de la promptitude de son obéissance. Mais la rage de Buckingham alla plus avant : il persuada au Roi qu'il feroit un acte généreux si, à la face de son parlement, il faisoit un affront à sa femme. Carlile met de l'huile dans le feu pour l'y animer. Il n'y avoit rien à reprendre ni en son action, ayant obéi, ni en ses paroles, ayant répondu modestement; ils prirent un autre biais, et dirent qu'elle avoit en cela plus fait pour l'ambassadeur que pour le Roi, qui, se piquant de cette pensée, renvoya Buckingham lui dire qu'elle sortît du lieu où elle étoit. Elle répondit qu'elle s'y trouvoit bien, qu'elle supplioit le Roi de lui permettre d'y demeurer; néanmoins que, s'il lui plaisoit, elle en partiroit tout à l'heure. Buckingham et Carlile font passer au Roi cette réponse pour une seconde désobéissance, et font si bien qu'ils lui envoient derechef commander, de la part du Roi, qu'elle se retire, et que si elle ne le fait, il remettra à un autre jour l'entrée de son parlement. Elle s'étonne de cette rudesse, obéit néanmoins, et s'en retourna en sa maison.

Buckingham ne fut pas satisfait, il s'imagina que c'étoit Blainville et non la pluie qui avoit empêché la Reine d'aller chez sa mère, et s'en veut venger, et par la Reine même; tant la passion l'aveugle, qu'à l'entrée d'un parlement dont il a beaucoup à craindre, il veut désobliger et la France et la Reine sa maîtresse, qu'il fait servir d'instrument pour l'offenser. Il la va trouver de la part du Roi, et lui dit que Sa Majesté désire qu'elle fasse fermer sa porte à Blainville s'il la veut venir voir. Elle répond fort sagement qu'elle auroit mauvaise grâce à faire affront à une personne qui lui représentoit le Roi son frère, et qu'elle ne le pouvoit faire. Puis s'adressant à lui, lui dit qu'elle s'étonnoit comme il se chargeoit de telles commissions; que les princes se raccommodoient toujours, mais que souvent on payoit ceux qui avoient contribué à leur mésintelligence. Nonobstant tout cela il la menace si souvent du Roi son mari, qu'enfin elle fut contrainte de dire qu'elle feroit prier Blainville de ne venir plus; que si après cela il entreprenoit de venir, elle lui feroit fermer la porte, mais qu'il étoit trop discret pour cela. Leur folie ne s'arrêta pas encore en ce point. Le roi d'Angleterre envoya Conoé, secrétaire d'Etat, dire à Blainville qu'il ne vouloit plus qu'il vînt en sa cour. Il lui répondit que c'étoit une parole qu'il ne pouvoit recevoir que de la bouche du Roi même, qu'il lui enverroit demander audience, et que sur ce qu'il diroit il se gouverneroit comme il le jugeroit à propos. Ils tinrent conseil pour résoudre s'ils la donneroient; mais, craignant la dextérité de son esprit, ils eurent peur de demeurer confus de ce qu'il leur diroit, et aimèrent mieux la lui refuser. Sur quoi il donna congé aux officiers du roi d'Angleterre qui le traitoient, quitta son logement, se retira aux champs, et dépêcha un courrier en France.

Buckingham, non content de toutes ces extravagances, vint voir le comte de Tillières, lui demandant de la part du Roi son maître si, en cas que Blainville vînt voir la Reine, il ne lui feroit pas fermer la porte. Il lui répondit plusieurs fois que Blainville après ce qui s'étoit passé, n'entreprendroit pas semblable chose. Mais enfin il le pressa si fort de parler franchement, qu'il fut contraint de lui répondre qu'il ne seroit jamais dit qu'il eût fait fermer la porte à l'ambassadeur du Roi son maître.

Cependant le Roi ne voit plus la Reine, veut qu'elle lui demande pardon : elle se défend, disant ne l'avoir jamais offensé; enfin elle le va trouver en sa chambre, où il la reçut fort froidement. Elle lui dit n'avoir jamais eu intention de lui déplaire, que s'il l'avoit cru autrement, elle le conjureroit de l'oublier. Il persista qu'il vouloit qu'elle lui demandât pardon. « Ce seroit m'accuser, répondit-elle; dites-moi donc en quoi je vous ai offensé. » Il lui répliqua que c'étoit quand elle l'avoit assuré qu'il pleuvoit, lorsqu'il disoit qu'il ne pleuvoit pas. A quoi elle lui repartit qu'elle n'auroit jamais pensé qu'il eût pris cela pour une offense, et qu'elle le supplioit de ne vouloir plus s'en souvenir.

Cependant ils continuoient, de jour à autre, à amener dans leurs ports les vaisseaux français qu'ils rencontroient, sous ombre qu'ils étoient chargés, disoient-ils, des marchandises des Espagnols. Blainville n'en pouvoit avoir justice, il n'étoit pas en état de la demander; il le mande en France à l'extrémité; on s'en offense, et on fait arrêter les marchandises des Anglais dans plusieurs ports, et même dans la foire de Saint-Germain à la vue des ambassadeurs, qui n'osent quasi s'en formaliser, sachant qu'ils ont tort, et promettent faire cesser tous les sujets de plainte. Le Roi y envoie Lafolaine pour voir l'effet de leurs promesses, il s'en revient comme il y étoit allé. Mais le parlement, partie de haine contre Buckingham, partie aussi craignant la perte de leurs marchandises en France, fait ajourner le juge de l'amirauté qui avoit arrêté les vaisseaux français, en fait relâcher la plus grande partie, et entre les charges qu'ils mettent sus à Buckingham, ajoutent celle-là : qu'après les avoir mis en rupture avec l'Espagne, il veut encore les mettre en rupture avec la France.

Dès qu'on eut commencé à l'attaquer, quantité de personnes de toutes qualités s'élevèrent contre lui, qui l'accusoient, tant de la perte du Palatinat que de la mort du Roi son maître. Du commencement, il faisoit honteusement parler le Roi à tous ceux du parlement, les envoyant quérir un à un et les priant ne le poursuivre point. Quand il vit que ce moyen étoit inutile il usa de menaces, et enfin porta le Roi jusqu'à cette extrémité, d'aller en plein parlement avouer toutes les actions de Buckingham et se charger de toute la haine publique pour lui. Cela ne servant de rien, il fait, contre la foi publique, emprisonner quelques-uns du parlement, qui en font un si grand bruit, qu'il est contraint de les rendre. Après quoi ils le poussent avec encore plus d'animosité. Le Roi, le voyant sur le bord du précipice, aime mieux n'avoir aucun secours de son peuple, et rompre le parlement, que d'abandonner Buckingham.

Sur la fin du parlement, Buckingham vécut un peu mieux avec la Reine qu'à l'ordinaire, et, feignant y vouloir bien vivre à l'avenir, pria la dame de Saint-Georges qu'elle voulût s'entendre avec lui, et qu'ils feroient, chacun de son côté, que Leurs Majestés seroient dorénavant en bonne intelligence. Ladite dame, qui étoit avisée, lui répondit que la Reine n'avoit point besoin de son conseil pour bien vivre avec le Roi, parce qu'elle en avoit l'intention tout entière, mais que si quelquefois sa jeunesse faisoit qu'elle ne prît pas garde si exactement à ce qui lui étoit agréable, elle auroit soin de l'en avertir, qu'elle le supplioit que de son côté il lui rendît service auprès du Roi. S'il s'en acquitta fidèlement il est difficile de le savoir; mais durant quelques jours le Roi fit meilleure chère à la Reine, qui, pensant en avoir obligation à Buckingham, lui faisoit meilleur visage que par le passé, ce qui le rendit si présomptueux, que, violant le respect qu'il lui devoit, il osa lui parler d'amour. Reconnoissant à sa façon qu'elle s'en tenoit offensée, et qu'elle n'avoit osé lui répondre ce qu'elle eût bien voulu, de peur du Roi son mari, il changea de langage, et lui tint quelques propos au mépris de la religion catholique. Ce discours lui réussissant aussi mal que le premier, enfin il s'attaqua aux Français, et lui voulut prouver par raisons qu'elle les devoit chasser, et prendre des Anglais en leur place; ce qu'elle écouta aussi peu favorablement que le reste.

Par ces impertinens discours, leur bonne intelligence fut rompue, et Buckingham recommença à faire pis que jamais contre elle et toute sa maison. Il fit croire au Roi qu'il n'avoit point d'obligation à la Reine de l'amitié qu'elle lui témoignoit, pource que c'étoit à la persuasion de madame de Saint-Georges, et qu'il devoit trouver mauvais qu'autre que lui eût tant de pouvoir sur l'esprit de sa femme. D'autre côté, il venoit dire à ladite dame qu'elle étoit mal en l'esprit du Roi; qu'il ne pouvoit la souffrir, pource que si la Reine lui faisoit bonne chère, il croyoit que cela venoit de ladite dame, ce qui le fâchoit, et si elle lui faisoit froid il lui en attribuoit la cause. Il disoit tout cela afin qu'elle se dégoûtât de conseiller la Reine, et qu'il la pût gouverner à sa mode; mais ses finesses étant aperçues ne lui servirent de rien. Enfin, ne pouvant rien trouver à redire en tout ce qui se faisoit à la face du monde, il tâcha à trouver à redire à ce qui se fait sous le voile des ténèbres.

Il vient voir madame de Saint-Georges, et lui dit que le Roi se plaignoit de ce que la Reine sa femme vivoit avec lui, quand ils étoient couchés ensemble, avec trop de retenue; qu'il désireroit des caresses plus grandes d'elle. Elle lui répondit qu'elle ne se mêloit point des choses qui se faisoient dans le silence de la nuit. Il alla dire au Roi qu'elle lui avoit promis d'y remédier. A quelques jours de là, le Roi s'imaginant que la Reine lui avoit fait des caresses outre l'ordinaire, envoya quérir le duc à son lever et le lui dit. Ce méchant prit occasion de là de faire mauvais office à madame de Saint-Georges, lui représentant qu'il n'étoit pas à propos de garder auprès de la Reine sa femme une personne en qui elle eût une si absolue créance.

En ce temps-là, l'évêque de Mende revint de France avec ordre et dessein de justifier, par la douceur de sa conduite, les actions des Français, qui ne manqueroient d'être blâmés, bien qu'injustement, quand on en viendroit à une rupture, laquelle on jugeoit bien que Buckingham vouloit faire, et qu'il l'avoit projetée dès le commencement. Il avoit ordre aussi d'accepter ses parentes pour dames du lit, et de lui offrir toute assistance de la part de la France, et auprès de la Reine sa maîtresse. Ledit sieur évêque croyoit qu'il tiendroit ses offres à obligation, vu l'état où il se trouvoit; mais il se trompa en sa pensée, parce qu'il jugeoit de lui par la raison, et les Anglais bien souvent en ont peu. Il croyoit que le consentement pour les dames du lit étoit dû, et ne le tenoit pas à faveur; que la ligue qu'il avoit faite avec la Hollande lui suffisoit contre la France et l'Espagne. Quant au parlement, qu'il s'en démêleroit en le faisant rompre. Néanmoins il remercia ledit évêque, l'employa auprès du Roi son maître en certaines rencontres où il ne pouvoit pour son intérêt agir si librement, demanda l'intercession de la Reine, ce qu'elle fit avec grande dextérité. Il l'en remercia et s'en témoigna obligé, pource que le parlement duroit encore; mais dès qu'il fut rompu il fit paroître la même fureur qu'auparavant.

La nouvelle de la paix d'Italie arrivant, leurs ambassadeurs en France en furent surpris, la mandèrent à leur maître, qui se tenant offensé de ce qu'on les avoit employés en celle des huguenots, les redemande en diligence; ils partent. La Reine-mère leur fait de grandes plaintes, et leur dit qu'elle voudroit avoir perdu un doigt de la main et n'avoir jamais marié sa fille en Angleterre. Ils s'excusent le moins mal qu'ils peuvent, et assurent que la Reine sa fille auroit plus de contentement à l'avenir qu'elle n'avoit eu par le passé, et particulièrement qu'on remédieroit aux plaintes que faisoit Blainville du mauvais traitement que lui et les sujets du Roi avoient reçu. Après leur arrivée, Blainville demande et obtient audience du roi d'Angleterre, où il est reçu avec des honneurs extraordinaires pour réparer le passé. A huit jours de là il demande une autre audience pour prendre congé. Il part caressé et honoré de présens de la part du Roi et de son favori. Il est regretté des catholiques autant que Buckingham se réjouit d'en être délivré. Les moins intéressés jugèrent sa conduite pleine de vigueur, et de personne d'esprit et de jugement.

Après son départ, Buckingham se résout d'exécuter son dessein de renvoyer en France tous les officiers de la Reine. Il en avoit été retenu jusqu'alors, partie par la crainte du parlement, partie par l'appréhension de la paix d'Italie; maintenant tout cela est vidé, il ne craint plus rien. Il s'étoit déjà vengé de ceux du parlement; il avoit emprisonné les uns, banni les autres, et donné à la plupart des charges ruineuses, lesquelles il n'est pas licite en Angleterre de refuser; il ne lui reste plus qu'à assouvir sa vengeance sur les Français. Pour parvenir à son dessein, il ne lui manque plus que deux choses : l'une de trouver quelque prétexte apparent pour les chasser; l'autre, attendre qu'il y ait quelque conjoncture d'affaires en France qui l'empêche de s'en ressentir. Cependant il commence à épandre un bruit en la cour qu'on ne peut plus souffrir les Français; ce ne sont que plaintes contre eux, mais sans rien particulariser. On demanda au duc qu'il dît ce que c'est; il répondit seulement qu'il ne peut plus ramener l'esprit du Roi : il dresse force petites parties dont la Reine se démêle sagement. On lui veut donner des dames du lit, elle s'y résout, mais elle désire qu'entre les autres soit la duchesse de Buckingham, qui étoit une fort honnête dame et catholique en l'ame. Le Roi lui veut donner la comtesse de Carlile; elle supplie de l'en excuser, parce qu'elle a aversion à cette femme-là. Sur quoi le Roi lui répond que ce n'étoit à elle à avoir des aversions, qu'elle l'auroit puisqu'elle ne la vouloit point, et n'auroit pas la duchesse de Buckingham qu'elle demandoit. Elle témoigna son déplaisir par ses larmes, et son obéissance par son silence.

Cette invention ne leur ayant pas réussi, ils en cherchent une autre. On doit donner des domaines à la Reine; elle doit pourvoir à tous ses officiers, fondée en son contrat de mariage, en une loi expresse d'Angleterre et en l'exemple de la feue Reine sa belle-mère. Buckingham fait prétendre au Roi y devoir pourvoir. La Reine, un soir étant couchée, lui en parle et lui apporte l'exemple de sa mère, et qu'elle croyoit qu'une fille de France valoit bien une fille de Danemarck. Sur quoi il lui dit qu'elle n'étoit point à comparer à sa mère, et qu'une fille de France étoit peu de chose. Sur l'effet de cette comparaison, elle repartit adroitement qu'elle seroit bien marrie de lui être comparée, ce qu'elle disoit pource que sa mère avoit eu très-mauvaise réputation. Depuis il demeura fort long-temps sans la voir; elle fut malade d'une fluxion sur le visage. Quand il la visitoit, quoique rarement, il se moquoit de son mal, et toujours lui reprochoit qu'elle avoit des conseillers, mais qu'il y mettroit bientôt ordre.

En ces entrefaites, Montaigu, que Buckingham avoit envoyé en France, en apparence pour s'excuser envers la Reine-mère de ne lui avoir pu donner satisfaction sur une prière qu'elle lui avoit faite pour un nommé Beinsfield, qui étoit un bien maigre sujet pour l'envoi d'un ambassadeur, mais en effet pour apprendre particulièrement des nouvelles de la cabale et rébellion qui se couvoit, et de laquelle ils étoient, revint en Angleterre, et les assura que les cartes étoient brouillées; qu'il ne falloit point qu'ils eussent peur de ce côté-là.

Il ne lui reste qu'un prétexte en Angleterre, il ne le peut trouver; car la Reine s'accorde à toutes les volontés du Roi. Elle reçoit les dames du lit, elle consent qu'il nomme à tous les officiers de domaine; néanmoins il aime mieux, contre toute apparence de raison, accomplir son dessein que d'en prendre le temps favorable qu'il en a du côté de la France. Ils renvoient Carleton, ambassadeur extraordinaire, sous prétexte de traiter des affaires d'Allemagne, mais en effet pour fomenter nos divisions, auxquelles l'histoire des siècles passés ne leur donne point d'exemple qu'il y eût en France des esprits capables de pouvoir remédier. Quant et quant on lui donne charge de demander qu'on rappelle les Français, et insinuer doucement que si on ne le fait, on les renverra tous. Ses mémoires sont remplis de sujets de plaintes imaginaires contre eux, et on remet à son invention d'en fournir encore davantage. Les Français ne sont pas si aveugles qu'ils ne s'aperçoivent de leur dessein. Le comte de Tillières, sous prétexte de s'aller conjouir de la part de la Reine avec Monsieur, sur le sujet de son mariage, partit pour dissiper les nuages de ces frivoles accusations, et représenter au vrai le procédé des uns et des autres.

Il étoit parti le samedi, et le lundi ensuivant, 9 août, ils exécutèrent ce qu'ils avoient résolu y avoit longtemps, et ce avec tant de dureté et de barbarie, et envers la Reine et envers ses serviteurs, que bien que l'action de soi fût pleine d'infidélité et d'inhumanité, la façon dont ils s'y portèrent l'étoit encore davantage. Le matin, Buckingham fit tenir le conseil, auquel le Roi proposa ce dessein en peu de paroles; le duc les exagéra, disant qu'on devoit cela au contentement du Roi, au bien de l'Etat et à la satisfaction du peuple. Carlile enchérit au dessus, et dit qu'il ne falloit craindre la France, qu'elle étoit en état de ne point faire de mal à ses voisins; et quand cela ne seroit point, que l'Angleterre n'en pouvoit jamais recevoir, pour ce qu'il falloit un dessein de grande haleine pour cela, dont les Français, qui n'agissent que par boutades, ne sont pas capables; qu'il savoit qu'en France tout se passeroit en risée et qu'on se moqueroit de ceux qui auroient été chassés. Quelques autres du conseil dirent franchement leur avis, qui étoit tout contraire; mais ils furent emportés par la violence de Buckingham.

Cela étant résolu, le Roi, incontinent après son dîner, vint trouver la Reine sa femme, ferme les portes sur lui, et lui prononça l'arrêt du bannissement de ses serviteurs. Elle fut si surprise qu'elle tomba par terre, et fut long-temps sans parler. Revenant à soi, elle éclata en cris qui étoient capables de faire fendre les rochers. Elle se jette en terre, lui embrasse les genoux, lui baise les pieds, lui demande pardon pour les siens s'ils l'ont offensé, le fait souvenir des promesses portées par son contrat de mariage, et de ses sermens dont Dieu est le vengeur; mais tout cela en vain. On commanda en même temps à tous ceux de sa maison de se retirer en l'hôtel de Sommerset à l'heure même. On n'oyoit que cris, que plaintes, et principalement des filles de la Reine, qui, malgré ceux qui les en empêchoient, entrèrent en une petite cour qui répondoit à la chambre de la Reine leur maîtresse, et lui crièrent adieu. A leur voix, cette pauvre princesse s'élance à la fenêtre, et, rompant les vitres de la tête, se prend des mains aux grilles pour se montrer à elles, et les voir pour la dernière fois. Le Roi indigné, la retira avec un si grand effort, qu'il écorcha toutes ses mains. Quand le commandement fut donné à l'évêque de Mende de ramener toute la famille (1) de la Reine, il répondit qu'il étoit venu là par le commandement du Roi son maître, et qu'il ne pouvoit en partir avec les autres que par le même ordre; néanmoins il fallut céder à la force et se retirer à Sommerset.

La Reine, environnée d'Anglaises qu'elle ne connoissoit pas, et privée de toutes ses dames françaises, proteste qu'elle ne mangera ni ne se couchera qu'on ne les lui ait rendues. Cette nécessité força l'opiniâtreté de ces gens-là, qui en renvoyèrent quérir quelques-unes, et entre autres sa nourrice et une de ses femmes de chambre nommée Vantelet. Elle avoit, dès le commencement, demandé son confesseur (2) avec beaucoup d'instances pour la consoler; il lui fut opiniâtrément refusé. Le lendemain on lui offre deux prêtres, l'un Écossais, nommé Potel, l'autre religieux anglais, nommé Godefroy, tous deux mal sentant de la foi, qu'on lui avoit dit souvent que le Roi d'Angleterre gardoit expressément auprès de lui, pour les lui donner quand on chasseroit ceux qui la servoient; mais qu'elle se donnât de garde de les recevoir. Elle s'en ressouvint, et refusa d'en accepter aucun, qu'il ne lui fût donné de la part de son confesseur; ce qui fit que le Roi envoya le lendemain un nommé Dromont, pour lui commander de lui nommer trois prêtres, dont il en choisiroit un pour confesseur de la Reine. Il les nomma en sorte qu'il fît tomber le choix sur son compagnon (3), qui étoit un prêtre de l'Oratoire, Écossais fort savant, et qui avoit autrefois été prisonnier, mis à la question, condamné et banni hors des Etats du roi d'Angleterre, pour le nom de Jésus-Christ. L'évêque de Mende dépêcha, par deux diverses voies, deux courriers en France, pour donner avis de cette violence; mais les Anglais avoient si bien fait fermer les passages qu'ils les arrêtèrent et les retinrent cinq ou six jours, afin de donner temps à Carleton, leur ambassadeur, d'arriver à la cour, et avoir sa première audience auparavant qu'on eût reçu cet avis.

Carleton fut bien reçu à son arrivée; mais, quand on eut appris que le mal dont il menaçoit étoit déjà arrivé, on ne le voulut recevoir à traiter aucune chose de sa légation, que l'offense reçue de Sa Majesté au bannissement des Français ne fût auparavant réparée. Et, d'autant que sa commission sur ce fait-là étoit de justifier par foibles raisons la violence qui avoit été faite, on ne voulut pas traiter avec lui de la réparation qu'on en désiroit; mais on remit toute l'affaire sur un ambassadeur extraordinaire qu'on vouloit envoyer exprès en Angleterre sur ce sujet. Incontinent après qu'ils eurent laissé passer lesdits courriers de l'évêque de Mende, ils envoyèrent en France Montaigu, qui avoit intelligence particulière avec les dames qui étoient de la partie, et lui donnèrent charge de seconder Carleton, et le fortifier des avis qu'il recevroit d'elles. Mais le voyage précédent qu'il avoit fait, où l'on avoit reconnu qu'il étoit un espion plutôt qu'ambassadeur, et au retour duquel il avoit fait prendre à Buckingham la résolution à laquelle il n'avoit osé de lui-même se déterminer, fit que le Roi lui envoya chez Carleton faire un commandement exprès de sortir incontinent de Paris, et retourner en Angleterre; à quoi il obéit.

(1) Maison.
(2) Le P. de Sancy, de l'Oratoire.
(3) Robert Philips.

Toute la maison de la Reine étant à Sommerset, le Roi mal conseillé par Buckingham, alla lui-même leur déclarer qu'il vouloit qu'ils se retirassent en France, et qu'il leur pardonneroit les offenses qu'ils avoient commises contre lui. A quoi ils répondirent qu'ils n'avoient point besoin de ce pardon puisqu'ils n'avoient point failli. Le lendemain, il envoya par Conway, secrétaire d'État, des présens aux principaux de la maison, qu'ils prirent à crédit sur la caution du comte de Pembrock. Ces messieurs du commencement en firent refus; mais enfin ils les acceptèrent, avec protestation que ce n'étoit point en qualité de gratification, mais en déduction de ce qu'ils avoient avancé à la Reine d'Angleterre pour subvenir à ses nécessités, qui avoient été telles, que bien souvent elle n'avoit pas de quoi faire acheter ce dont elle avoit nécessairement besoin. Cette réponse les offensa infiniment; mais, parce qu'elle étoit vraie, ils ne surent quelle réplique y faire.

Sur ce qu'ils pressoient de jour en jour et d'heure en heure que l'on partit, on leur dit qu'on ne le pouvoit, sans avoir reçu le commandement de Sa Majesté à qui l'on avoit écrit, et davantage qu'il étoit raisonnable que les menus officiers de la Reine, que l'on chassoit, fussent au moins auparavant payés de leurs gages. Ils avoient honte de refuser cette seconde demande. Et après avoir en vain cherché de l'argent à emprunter, ils envoyèrent faire une quête en l'Église, et trouvèrent ce qu'il leur falloit, le leur distribuèrent et les pressèrent davantage de partir. Ils leur dirent qu'ils n'avoient point besoin d'attendre l'ordre du Roi, et quand ils virent qu'ils s'y affermissoient, ils envoyèrent des gardes pour les contraindre par la force de s'en aller. M. de Mende et les autres ne jugèrent pas à propos d'attendre à recevoir cet affront, et crurent que c'étoit assez d'en avoir eu la menace pour obéir. Un officier du Roi d'Angleterre les conduisit jusqu'à Douvres, où il les fit embarquer sans aucun délai, et ne partit point qu'il ne les vît dans les vaisseaux et à la voile.

Le Roi, au premier avis qu'il reçut par le courrier que lui envoya M. de Mende du commandement qu'ils avoient eu de se retirer, prit incontinent résolution d'envoyer le maréchal de Bassompierre ambassadeur extraordinaire au roi d'Angleterre, vers lequel il devoit s'acheminer en poste, pour arrêter le cours de cette violence. Et, afin de donner plus promptement consolation à la Reine, la Reine-mère lui dépêcha La Barre, avec charge de l'assurer qu'elle ne l'abandonneroit point en son déplaisir; qu'elle avoit une grande passion de la voir, et iroit, pour cet effet, jusque sur le bord de la mer, et là passeroit même s'il en étoit besoin. Elle la louoit d'avoir eu, en ce fâcheux accident, recours à Dieu pour prendre force en lui, la prioit de ne recevoir aucun prêtre de la main des Anglais; de témoigner son juste ressentiment à ceux qui avoient trahi les siens, et sa bienveillance vers ceux qui s'étoient, dès le commencement, comportés avec elle avec le respect qu'ils devoient. La reine d'Angleterre avoit écrit à Leurs Majestés avec tant de douleur, qu'ils en avoient été sensiblement touchés. Mais, quelque presse que le Roi fît au maréchal de partir, et quelque volonté qu'il eût d'obéir promptement, les Français arrivèrent en France avant qu'il fût en chemin.

Ces extravagances d'Angleterre coûtèrent cher à toute la chrétienté; car tandis que Buckingham s'occupoit à faire mal, y suscitant des menées et trahisons contre le Roi, et faisant violer toutes les choses promises par le Roi son maître au contrat de mariage avec Madame, il ne pensoit point au recouvrement du Palatinat, ni à faire payer au roi de Danemarck ce qu'ils s'étoient, en leur ligue, obligés de lui payer tous les mois pour l'entretènement de son armée. En quoi il vérifioit bien cet ancien dire d'un sage, que du même principe duquel les plus grands biens nous viennent, s'il est infecté, nous en recevons les plus grands maux. Le bon conseil est une chose divine, mais le mauvais conseil est la mort de celui qui le reçoit; et si le sage conseiller est un trésor que le prince doit chérir comme sa propre vie, il doit fuir un mauvais conseiller comme la perte inévitable de son honneur, et la ruine de son État. Néanmoins, par un malheur fatal aux grands, il arrive d'ordinaire que le prince, en une chose importante, se gouverne avec si peu de prudence, qu'il prend pour son conseil celui qui a moins de capacité de le donner. La cause de cette erreur est que tout homme, et principalement un grand, est désireux d'amour et d'honneur, et n'aime que celui qui le lui porte. Ce désir lui fait prêter facilement l'oreille à la flatterie, et donner entrée en sa bonne grâce au flatteur qui, avec beaucoup d'artifices, feint l'honorer et l'aimer. Or, dès qu'il y est entré, il devient son conseiller, pource que l'homme ayant un naturel instinct que ne s'estimer pas inférieur à un autre et demander conseil étant se soumettre à autrui, d'autant qu'on ne se conseille qu'à celui qu'on estime plus sage que soi, s'il pouvoit il ne demanderoit conseil à aucun, et feroit toutes choses par son sens; et lorsque le poids des affaires lui fait ressentir et reconnoître, malgré lui, qu'il lui faut nécessairement recourir au conseil de quelqu'un, il incline toujours à choisir celui qu'il aime le mieux, pource qu'il le répute comme un autre lui-même. Semblablement, non-seulement nous sommes nés libres, maîtres de nous et ennemis de reconnoître qu'un autre nous est supérieur en quelque chose, mais nous voudrions encore être suffisans à nous-mêmes, et n'avoir besoin de nous associer aucun en ce que nous faisons, si nous le pouvions faire seuls avec facilité. Quand donc la grandeur des choses que nous avons à faire surmonte nos forces seules, nous convainc de notre foiblesse, et nous oblige à nous associer quelqu'un pour entrer en part du travail et nous soulager, nous jetons incontinent les yeux, par la même raison, sur celui qui a plus de part en notre cœur. D'où il arrive que le flatteur, qui, par ses feintes et ses artifices, a dérobé la bonne grâce de son maître, devient ensuite son conseiller. Et c'est la plus ordinaire cause des ruines des Etats, pource que d'un côté il ne se rencontre jamais qu'un flatteur ait la prud'homie et la fidélité requises pour un bon conseiller; et, d'autre part, comment pourroit réussir le choix que le prince fait d'un homme, lequel il estime capable de le bien conseiller, pource qu'il a de l'inclination vers lui, au lieu que son amour et son estime doit être fondé sur l'espérance et assurance qu'il a de sa capacité?

Buckingham étoit de cet ordre-là de conseillers et favoris. C'étoit un homme de peu de noblesse de race, mais de moindre noblesse encore d'esprit, sans vertu et sans étude, mal né et plus mal nourri. Son père avoit eu l'esprit égaré; son frère aîné étoit si fou qu'il le falloit lier. Quant à lui, il étoit entre le bon sens et la folie, plein d'extravagances, furieux, et sans bornes en ses passions. Sa jeunesse, sa taille et la beauté de son visage, le rendirent agréable au roi Jacques, et le mirent en sa faveur plus avant qu'aucun autre qui fût en la cour. Il s'y entretint depuis par toutes sortes de mauvais moyens, flattant, mentant, feignant des crimes aux uns et aux autres, les soutenant impudemment; et, quand il ne pouvoit trouver invention de leur rien imputer avec apparence, il avoit recours au poison, avec lequel il se défit du duc de Lenox et du marquis d'Hamilton, de la naissance et de l'autorité desquels il avoit jalousie. Etant tel, et le roi d'Angleterre abandonnant son Etat à sa conduite, ce n'est pas de merveille s'il le portoit à sa ruine contre toute raison.

Le cardinal, par l'autorité du Roi et la sagesse de ses conseils, essayoit de soutenir les affaires, et avoit pitié de cet homme comme d'un furieux qui se déchire soi-même; mais il ne put pas tellement remédier à tout que la chrétienté n'en reçût un notable dommage. Quand le cardinal vit la paix d'Italie conclue, n'y ayant que peu de choses à raccommoder, à quoi il jugeoit bien que les Espagnols ne s'arrêteroient pas, mais donneroient à Sa Majesté le contentement qu'elle désiroit, il jugea à propos de ne pas discontinuer les autres desseins de Sa Majesté, et se servir de cette paix pour le bien de ses affaires et de toute la chrétienté, sans souffrir qu'elle produisît de mauvais effets, ni en Angleterre, ni en Hollande, ni en Allemagne, ni envers les protestans, ni les princes catholiques ses alliés. Pour cet effet, il dit au Roi dans son conseil : qu'il étoit à craindre que la paix d'Italie n'ébranlât grandement les esprits et les cœurs de ceux qui faisoient tête en Allemagne aux forces d'Espagne et de la maison d'Autriche, et partant qu'ils ne vinssent à suivre l'exemple de la France en ce qu'elle avoit fait la paix, mais non en ce qu'elle ne l'avoit jamais voulu faire qu'elle n'eût eu à l'avantage de ses alliés tout contentement sur le sujet de la guerre qu'elle avoit entreprise; que le but qu'on devoit avoir étoit de remettre l'Allemagne en la juste balance en laquelle elle devoit être, et partant, que les princes dépouillés fussent rétablis en leurs Etats; qu'il étoit à souhaiter que la guerre se finît par une négociation qui produisît cet effet; mais que si la guerre cessoit en laissant le mal auquel on avoit voulu remédier, il empireroit de beaucoup, non-seulement au préjudice de ceux qui seroient dépossédés, mais de toute la chrétienté et particulièrement de la France, qui devoit craindre que l'Espagne ne demeurât maîtresse absolue d'un si grand pays, capable de lui faire augmenter ses conquêtes à nos dépens, en ce qu'il joignoit la plupart de ses Etats, et que c'étoit une pépinière de soldats; que jusques ici le Roi avoit eu la prudence et le bonheur de démêler les affaires de ses alliés, sans venir à une rupture ouverte avec ceux qui les opprimoient, qu'il falloit tâcher de faire le même; qu'il y avoit deux choses à faire : l'une faire voir à tout le monde qu'il ne tenoit point au Roi qu'on ne secourût bien plus puissamment qu'on ne faisoit l'Allemagne. Et cela étoit justifié à tous les ambassadeurs, pour les offres qu'on avoit faites à l'Angleterre d'entrer avec une armée de vingt-cinq mille hommes du côté de l'Alsace, pourvu qu'ils en fissent autant du côté de la Flandre avec les Hollandais; l'autre étoit de faire réellement, et de fait, quelque chose qui produisît l'effet qu'on désiroit, pour remettre les affaires d'Allemagne en balance. Que le plus sûr moyen étoit de donner un tel secours d'argent à Danemarck et à Mansfeld, qu'avec ce qu'ils recevoient d'Angleterre ils se portassent à continuer la guerre. Mais il étoit à craindre que ce moyen seul ne fût pas suffisant, ni pour l'embarquer à la continuation de son dessein, ni de produire l'effet qu'on désiroit quand il le continueroit; qu'il falloit traiter avec Bavière, le porter par son propre intérêt à un accommodement raisonnable. Son principal dessein étoit de se conserver l'électorat à sa personne, assurer la religion catholique dans tout le Palatinat, et retirer une somme de deniers pour la restitution du Palatinat supérieur qu'il tenoit. Qu'il y avoit trois mois qu'il demandoit beaucoup davantage; maintenant qu'il avoit peur que la France lui tombât sur les bras, il se relâchoit à de plus raisonnables conditions. La somme qu'il demandoit étoit indécise; il l'avoit prétendue de dix millions, maintenant il se réduisoit à quatre. Qu'il falloit, d'une autre part, faire voir aux Anglais, qui le devoient connoître s'ils se connoissoient eux-mêmes, que les rodomontades qu'ils faisoient sans grand effet contre l'Espagne, ne recouvroient pas le Palatinat; qu'on ne voyoit pas qu'ils fussent en état de le faire par force, leur volonté n'étant pas suivie des moyens suffisans pour produire cet effet; qu'il valoit mieux tâcher de ménager un accommodement raisonnable qui rétablît le Palatin avec quelque perte, que non pas vouloir toujours le rétablir absolument sans le pouvoir faire; que la France leur montroit bien le dessein qu'elle avoit d'entreprendre cette affaire par force, s'ils étoient en état de la seconder, comme il est dit ci-dessus; que sans elle ils ne pouvoient venir à bout de cette affaire; que puisqu'ils ne pouvoient entretenir une armée pour entrer en Allemagne par la Flandre, comme on leur avoit proposé, il ne leur restoit aucun moyen de porter le Roi à entreprendre cette affaire, qu'en se relâchant à des conditions d'accord modérées et si raisonnables, que le Roi se résolût de les envoyer proposer à Bavière, demander la paix à l'Empereur, se tenant cependant avec une armée puissante sur la frontière, pour rendre par la considération de ses forces les offres qu'il feroit plus considérables, et disposer à les accepter plus volontiers; qu'on avoit déjà fait ces propositions au comte de Holland et Carleton, qui les avoient trouvées raisonnables, et avoient promis d'en rendre réponse huit jours après leur arrivée; témoignant ne douter point qu'ils ne la rendissent conforme à ce qu'on pouvoit désirer.

En ce cas, on estimoit que le Roi devoit penser à ce dessein pour plusieurs raisons; que la nécessité des affaires présentes l'y convioit, étant certain que l'exécution de la paix de la Valteline ne se feroit point si les Espagnols n'étoient occupés d'ailleurs; que la considération du temps à venir l'y devoit porter, puisqu'il étoit indubitable que, si on laissoit perdre l'Allemagne et qu'on n'y rétablît les alliés de cette couronne, la puissance d'Espagne surpasseroit tellement celle des autres princes, que, n'y ayant plus de contre-poids, ils entreprendroient, sans péril pour eux, tout ce que bon leur sembleroit au préjudice de ceux qui ne seroient pas liés avec eux; ce qui nous feroit perdre tous nos alliés, de gré ou de force, et enfin peut-être nous perdroit nous-mêmes; que la gloire que le Roi pouvoit acquérir par cette action sembloit l'obliger à l'entreprendre, principalement si on pouvoit la mettre en un point qu'il le pût faire sans péril et sans s'embarquer en grande dépense; ce qui se pouvoit en ajustant les choses, comme est dit ci-dessus, avec Bavière et les Anglais; que, pour les réduire à ce point, il falloit envoyer promptement à Bavière pour empêcher qu'il ne se liât avec Espagne, en l'assemblée qu'on faisoit à Bruxelles à cet effet.

Pour ce faire, il falloit assurer qu'on n'entreroit jamais avec les Anglais en aucun dessein pour faire restituer le Palatinat, qu'on n'eût parole d'eux qu'ils consentiroient à un accord aux conditions spécifiées ci-dessus, qui sont celles que raisonnablement Bavière pouvoit désirer; qu'il faudroit faire voir aussi Cologne, Trèves et Mayence, pour les rendre capables de ce dessein, et tirer parole d'eux qu'aux conditions susdites ils obligeroient l'Empereur de venir à la paix. Cela fait, on estimoit qu'il falloit envoyer deux ambassadeurs de France et d'Angleterre, pour demander la paix à l'Empereur, et faire connoître à toute l'Allemagne qu'on n'avoit autre intérêt, en cette affaire, que le rétablissement des princes dépouillés, à conditions justes et raisonnables. Pour animer Danemarck, il falloit dès cette heure l'avertir qu'on enverroit pour demander la paix, et que le Roi se tiendroit sur sa frontière avec une armée suffisante pour, au cas qu'on la déniât à conditions justes et raisonnables, faire ce qu'il estimeroit plus à propos pour l'y contraindre.

Au même temps, la paix d'Espagne étant acceptée, on feroit connoître au roi Catholique que c'étoit son avantage d'avoir la paix partout, et, qu'étant faite en Italie, le Roi étoit tout prêt, pour témoigner la bonne intelligence qu'il vouloit avoir avec lui, de contribuer avec lui tout ce qu'il pourroit pour la mettre en Allemagne, et, de plus, la faire entre l'Angleterre et lui; que, si on goûtoit ce dessein, il falloit ajuster les affaires en sorte qu'au même instant que la flotte anglaise sortiroit de ses ports on stipulât avec les Hollandais, moyennant le traité qu'on faisoit avec eux, qu'ils tiendroient cet été leur armée plus puissante et plus forte, feroient quelque entreprise si considérable, qu'elle arrêteroit et occuperoit entièrement les armes de Spinola; en considération de quoi, les Anglais font état de leur donner six mille hommes d'augmentation. Qu'il sembloit qu'il y eût des considérations internes qui devroient empêcher ce dessein; et les mêmes obligeoient aussi le Roi d'avoir une armée puissante en Champagne (1), et, par conséquent, il sembloit qu'on s'en pourroit servir à l'une et à l'autre fin.

Le Roi, ensuite de cet avis, qu'il trouva très-judicieux et très-utile, fit lever de nouvelles troupes qu'il mit avec celles qu'il avoit déjà en ses frontières de Champagne et Picardie, et dépêcha secrètement le sieur de Marcheville au duc de Bavière, auquel, faisant entendre ses bonnes intentions, il proposa les articles suivans pour l'accommodement du Palatinat : Que la France voudroit que le duc de Bavière eût des conditions beaucoup meilleures que l'on ne peut obtenir d'Angleterre, et elle juge les suivantes raisonnables; que le Palatin s'humilieroit et supplieroit l'Empereur, par homme exprès, d'être rétabli en ses États, ce qui se feroit selon les conditions suivantes; que la religion catholique seroit établie dans tous les États du Palatin; les maisons religieuses et tous les ecclésiastiques qui y étoient lors y demeureroient; le luthéranisme y auroit cours selon les lois de l'Empire; le calvinisme y seroit toléré au lieu de la résidence du Palatin; que les biens des ecclésiastiques non contentieux seroient restitués, et les contentieux seroient jugés à la chambre impériale de Spire, qui est composée de catholiques et de protestans; l'électorat demeureroit au duc de Bavière durant sa vie et à sa maison, si le Palatin ou ses successeurs ne se faisoient catholiques, auquel cas l'électorat leur retourneroit après la mort du duc de Bavière; que le Palatin paieroit 3,000,000 de livres pour le dégagement du Palatinat supérieur; que le Roi entreroit caution du traité, s'unissant pour cet effet avec la ligue catholique, à laquelle il promettroit, en cas d'inexécution, secours par armes tel qu'il seroit avisé; que la France ne savoit pas assurément si l'Angleterre voudroit consentir à toutes ces conditions, mais bien avoit-elle connoissance qu'elle ne s'éloigneroit des principales; mais au cas que le duc de Bavière entendît à la raison et ne se liât point avec Espagne, mais voulût conspirer au dessein que le Roi avoit de procurer une paix assurée en Allemagne, le Roi lui promettoit de ne s'unir pas à l'Angleterre qu'elle ne consentît à un traité de paix qui assurât l'électorat en la personne du duc de Bavière; la religion catholique par tous les Etats du Palatin; la restitution des biens ecclésiastiques non contentieux; le paiement d'une somme raisonnable pour le dégagement du Palatinat supérieur; et la France se rendroit caution du traité.

Le duc de Bavière, sur la réputation de la justice du Roi et de la droiture de ses conseils, ne s'éloigna pas de la proposition qui lui fut faite de sa part, et jugea à peu près tous les articles recevables de sa part. Il ajoutoit seulement au premier, que le Palatin s'obligeroit de ne s'allier jamais aux ennemis de l'Empereur, ni à ceux de la ligue catholique. Au second, il désiroit qu'il ne fût point fait mention de la permission du luthéranisme dans le Palatinat, attendu qu'il n'y avoit point de luthériens, et que la profession du calvinisme fût changée à une simple permission de prêcher aux lieux de la résidence du Palatin et durant icelle. Au quatrième, il représenta qu'il avoit beaucoup de raisons très-considérables de retenir l'électorat en la maison de Bavière; néanmoins, qu'il ne vouloit pas qu'il tînt à cela que la paix ne se conclût, pourvu toutefois que le Palatin catholique ne seroit admis à l'électorat qu'alternativement avec la maison de Bavière, comme autrefois il avoit été arrêté à Passau par les électeurs, et confirmé par actes authentiques, mais empêché par la puissance des palatins. Il désiroit aussi, afin que, si le Palatin se convertissoit, sa conversion fût plus assurée, qu'il fût déterminé un certain nombre d'années durant lequel l'électorat demeureroit à Bavière, l'alternative ne devant commencer qu'après ce terme-là, et enfin que tout cela fût à la charge que si à l'avenir un d'eux tomboit en hérésie, l'électorat retourneroit entièrement à celui qui auroit gardé la foi.

Et, pour donner un bon acheminement à cette fin, il proposa que le Roi moyennât un désarmement de part et d'autre; et qu'au lieu de donner secours au roi de Danemarck, il le conviât de désarmer, avec cette condition, que désormais aucun différend ne fût plus vidé par la voie des armes, mais remis à la décision des états de l'Empire, ou par la justice, ou par amiable composition; qu'il fît semblablement désarmer les catholiques sous la même condition, Sa Majesté promettant se joindre à celui des deux partis qui satisferoit au traité, contre celui qui manqueroit après s'être engagé; qu'en cela ledit duc pouvoit plus servir, et de soi-même, qu'en quelque autre proposition que l'on fasse, étant quasi, maintenant, la seule ligue catholique armée, les troupes de l'Empereur étant occupées en Hongrie. Joint qu'il seroit maintenant

(1) Sans doute les soupçons qu'on avait de Metz.

plus facile à la ligue de faire condescendre l'Empereur à poser les armes et se remettre, par un accord, par un traité amiable, que si on attendoit que l'Empereur eût envoyé partie de son armée dans le Brunswick, comme il avoit projeté de le faire à cette heure qu'il ne se pouvoit plus rien faire en Hongrie. Car, cela étant, il se pourroit faire de tels progrès contre le roi de Danemarck, et les Espagnols pourroient offrir tel parti aux catholiques, n'étant pas encore séparés, qu'il y auroit puis après fort à faire à les persuader de ne pas poursuivre leur pointe; et enfin que le Roi ne trouveroit pas même, peut-être, beaucoup de difficulté de la part des protestans, pour ce que Saxe, qui avoit toujours été neutre, appuieroit cette proposition, comme étant selon son dessein, et y apporteroit beaucoup de poids; que si Sa Majesté désiroit que cet expédient réussît, il y falloit observer le secret et la diligence, pource que la plupart des religieux vouloient la guerre, en laquelle ils voyoient que les catholiques avoient remporté tant d'avantages sur les protestans, qu'ils croyoient que c'étoit le seul moyen de les exterminer entièrement, et que Dieu le leur présentoit et le favorisoit.

Sa Majesté trouva bon cet avis, tant pource que les protestans, qui avoient été ceux qui toujours avoient voulu éprouver la voie de la guerre contre les catholiques, avoient néanmoins toujours empiré leur condition, et ce à l'avantage de la maison d'Autriche, que pource que, d'autant plus la France les soutiendroit et fomenteroit cette guerre, d'autant plus éloignoit-elle les catholiques de soi, lesquels, se tenant plus unis avec les Espagnols, font leurs intérêts communs avec eux, de sorte qu'il pouvoit arriver qu'enfin ils entreroient en une union indissoluble. Davantage ce moyen obligeoit au Roi les princes de l'Empire, qui ne souhaitoient rien plus passionnément que la paix, les tenoit toujours plus prêts et plus prompts à entrer en la voie d'accord, qui seule restoit après la déposition des armes; et que si les catholiques, en la seule contemplation de la paix, déféroient la déposition de leurs armes à l'entremise de Sa Majesté, il étoit bien certain qu'en la manière, forme et moyens des traités, ils auroient grand égard à Sa Majesté; qu'ils entreroient en confiance avec elle par ce désarmement, et, invités par ce commencement d'un effet si souhaitable et agréable, seroient plus prompts et plus résolus dans les conditions d'un accord, cesseroient aussi les soupçons qu'ils avoient toujours eus que la France ne mettoit en avant un traité que pour gagner temps et les endormir, pour les entretenir et ne les aider pas; et l'Angleterre en entrant en jalousie s'en rendroit plus conforme et docile aux intentions, volontés et desseins du Roi. Joint que, tandis que les armées demeureroient de part et d'autre sur pied, quelques propositions de paix qu'on pût mettre en avant, elles seroient toujours plus difficiles à traiter et plus longues à résoudre et à exécuter, chacun ayant toujours l'œil sur les progrès et succès de ses armes, et sur ce qu'elles font ou peuvent avancer, et les uns et les autres s'embarrassant toujours mutuellement dans des différens soupçons qui empêchent qu'ils ne viennent si aisément à une conclusion; ou, au contraire, les catholiques se trouvant tout d'un coup, par ce désarmement, séparés des Espagnols, les seuls arbitres de leurs affaires, s'accorderoient bien plus facilement et plus promptement à ce qui seroit proposé d'équitable et de juste.

Mais les folies, ou plutôt les furies des Anglais empêchèrent ce bon dessein; car d'une part faisant tout ce qu'ils pouvoient pour nuire au Roi, et fomentant en son Etat les divisions qui y étoient tramées par l'infidélité des grands, et d'autre part s'imaginant des chimères de leur puissance, et que comme ils sont seigneurs d'un bien petit monde de leur île, ils le sont en puissance de tout l'univers; et de plus, croyant que leur ligue avec Hollande et Danemarck étoit invincible, et que le Roi, quelque mal qu'ils se comportassent envers lui, ne les voudroit jamais abandonner, ne voulurent point ouïr parler de ce désarmement, quoique le Roi leur fît voir combien en icelui la ligue catholique recevoit de désavantage au prix d'eux et se relâchoit de ce qu'elle pouvoit prétendre justement; que les catholiques pouvoient, comme victorieux jusque-là et comme possesseurs, demeurer sur leurs avantages et se remettre aux traités par les voies de droit, et néanmoins, pour l'amour du Roi, ils se contentoient d'une amiable composition dans laquelle Sa Majesté auroit telle part qu'il lui plairoit. Qu'ils pourroient prétendre l'exécution de la sentence pour la restitution de plusieurs biens ecclésiastiques qui leur avoient été ôtés depuis la paix générale, et néanmoins ils se contentoient des derniers, qui n'étoient rien ou fort peu en comparaison des susdits. Les catholiques pouvoient, en la restitution d'autres biens qu'ils promettoient, prétendre plusieurs avantages par précaution; mais pour le respect de Sa Majesté ils n'en parloient point. Ils pouvoient prétendre des protestans, comme de ceux qui avoient toujours commencé les premiers à remuer, de grandes sûretés; mais ils se contentoient d'avoir Sa Majesté pour caution. Ils pouvoient dire: « Si vous voulez traiter, proposez; mais cependant nous demeurerons armés, et continuerons nos progrès. » Au contraire, pour l'amour du Roi, au point de leurs victoires et de leurs prospérités, ils s'arrêtoient et désarmoient pour sortir de leurs différends par voies amiables. Mais toutes ces raisons ne servirent de rien; ils (1) s'aheurtèrent au contraire, interprétant ces bons offices du Roi à une volonté qu'il avoit de les abandonner, et ne les voulurent recevoir en bonne part.

Le duc de Bavière manda que si le Roi vouloit poursuivre sa bonne intention, on empêcheroit le dessein qu'avoient les Espagnols de se rendre maîtres de Heidelberg et Manheim, et par conséquent de tout le bas Palatinat, et que s'il étoit promptement averti de la résolution de Sa Majesté, il donneroit ordre que ses députés à Bruxelles tinssent en suspens la conclusion du traité qui s'y faisoit d'une ligue des princes catholiques d'Allemagne avec Espagne, pour s'opposer à celle d'Angleterre, de Hollande et de Danemarck; mais que l'affaire requéroit promptitude, pource qu'elle pouvoit recevoir en un instant un grand changement, à cause des armées proches les unes des autres, et par les résolutions des assemblées de Bruxelles. Mais tout cela ne put persuader les Anglais, ni faire entendre raison, dont malheur leur en prit, et à toute la ligue protestante, car Danemarck fut défait, et toute leur espérance de la restitution du Palatinat perdue.

Le roi de Danemarck, sur la fin de février, partit de l'évêché de Warden et entra dans l'évêché de Hildesheim, et s'y empara de plusieurs places. Le duc Bernard de Veimar passa le Weser, entra dans l'évêché d'Osnabruck, prit la ville le 14 mars, et s'empara de tout l'évêché. Il pouvoit passer outre jusqu'à Munster, et la prendre en cet effroi que donnoit l'exploit qu'il venoit de faire, ce qui eût ouvert le chemin au roi de Danemarck d'aller dans le Palatinat. Mais 80,000 risdales dont ils se rachetèrent, l'arrêtèrent et le firent retourner auprès du roi de Danemarck. En même temps, Mansfeld ayant passé l'Elbe, alla jusqu'à Zerbst, qu'il emporta par escalade le 5 mars, et mit au fil de l'épée toute la garnison impériale. Le roi de Danemarck, en même temps, surprit Tangermund sur l'Elbe, où il fit dresser un pont de bateaux pour avoir communication avec Brandebourg. Jusque-là leurs affaires alloient bien, mais elles ne durèrent guères en ce bon état. Mansfeld, pour avoir l'une et l'autre rive de l'Elbe libres, assiégea le port Dessau. Friedland assembla toutes ses troupes qu'il avoit logées là à l'entour, et le 24 avril lui donna la bataille, mit toute son infanterie au fil de l'épée, poursuivit les fuyards jusques à Zerbst qu'il reprit, et tua tout ce qui étoit là-dedans. Mansfeld avec sa cavalerie s'enfuit, et se sauva en la Marche de Brandebourg. Là il rassemble en diligence quelques forces, et ayant, avec le secours que le roi de Danemarck lui envoya, et trois mille Ecossais qui se joignirent à lui, ramassé neuf à dix mille hommes, il s'achemine vers la Silésie. Friedland le suit; il passe en Hongrie, où Betlem Gabor le reçoit. A peu de temps de là, ses troupes étant quasi dissipées, il laisse ce qui lui en restoit et son canon audit Betlem Gabor, et pensant se retirer à Venise, meurt de maladie à Seraïo, qui est la ville capitale de la Bosnie. D'autre côté, Tilly, ayant grossi son armée de six mille hommes des Pays-Bas, donne bataille au roi de Danemarck le 27 août, en la plaine de Lutter, taille son infanterie en pièces, prend son canon, soixante drapeaux, force prisonniers, et entre autres le prince Maurice, fils du landgrave Maurice. Maurice de Hesse fut tué de sang-froid. Le roi de Danemarck s'enfuit avec sa cavalerie au-delà de l'Elbe, où il ramassa quelques gens de guerre, et eut bientôt refait une nouvelle armée. La cause de sa défaite fut que ses gens de guerre n'étoient point payés, et se débandoient tous les jours, à cause que les Anglais manquoient à leurs promesses, et ne tenoient rien de ce qu'ils lui avoient promis.

Les Hollandais firent aussi peu de choses durant cet été. Le 26 juillet, ils assiégèrent Holdenzell, et le prirent le premier jour d'août, par composition. Un des quartiers de leur armée fut enlevé par le comte Henri de Bergues, et ils firent une entreprise sur le fort de Calderec, près de Houlst, qui ne réussit pas.

Ainsi tous les bons conseils qu'on avoit pris pour mettre la paix en Allemagne, et y empêcher les progrès de la maison d'Autriche, au préjudice de la liberté de l'Empire, furent détournés par les orages que causèrent les passions particulières d'un infidèle favori.

Au temps que le mauvais procédé des Anglais vint à l'extrémité, et qu'ils prirent la résolution de renvoyer en France tous les domestiques français de la reine d'Angleterre, le comte d'Olivarès, pour amuser le Roi et lui témoigner une sincère et cordiale affection de la part de son maître, espérant de faire, par ce moyen, relâcher Sa Majesté de quelqu'une des conditions desquelles, pour sa dignité, elle faisoit instance, et d'autre côté la porter à refuser toute voie d'accord avec l'Angleterre, fit connoître à du Fargis que le Roi son maître avoit une grande indignation contre les Anglais, et particulièrement

(1) Les Anglais.

contre l'insolence du duc de Buckingham. Le cardinal fit écrire au Fargis qu'il pouvoit répondre de bonnes paroles, sans s'engager déterminément à aucune chose. Depuis, ledit comte avoit encore continué à lui en parler, et d'une descente que le Roi son maître désignoit faire en Irlande. Le Roi dépêcha de Nantes un courrier, le 15 août, à du Fargis, et lui manda que les propositions qu'il avoit écrites de la part dudit comte, sont bien reçues de la sienne; que ce qui a fait différer la réponse a été le nuage domestique qu'on a voulu éclaircir auparavant; que maintenant que Monsieur est content et marié, on est très-désireux d'y entendre; qu'il faut entrer dans l'éclaircissement des conditions de cette entreprise pour laquelle la France a, de son côté, des expédiens et des pays favorables, comme l'Espagne en peut avoir; qu'on est près de se joindre avec l'Espagne, comme elle le désire, pour le bien et avantage de la religion, qui reçoit de nouvelles persécutions en ce pays-là; que le fruit qui en est désiré ne se peut espérer, si cette liaison qui se propose maintenant, et ce qui s'en doit ensuivre jusques à l'exécution, n'est prompt et fort secret. C'est pourquoi cette dépêche ne passe point par les voies ordinaires du secrétaire d'État; et il est bon que, du côté d'Espagne, ils observent la conduite qui leur est usitée aux plus grands secrets de leurs affaires; que sitôt que l'on aura réponse claire et assurée par le retour de ce courrier et de leurs volontés, et des conditions nécessaires à cette entreprise, on se résoudra deçà sans aucun délai; qu'il témoignât fort à l'Espagne qu'on a autant de volonté qu'ils en peuvent avoir à l'avancement de cette affaire, pour l'heureux succès de la religion, et que, pour faciliter et avancer cette exécution, tant du côté de France que d'Espagne, il est très à propos que les deux rois renouvellent leurs ordres aux ministres qui les servent en la Valteline et Italie, pour diligenter l'exécution du traité de Monçon.

Depuis, le marquis de Mirabel, parlant au père de Bérulle d'autre chose, tomba sur le sujet d'Angleterre, et lui dit qu'il n'y avoit aucune intelligence entre l'Espagne et elle, qu'au contraire il y avoit guerre ouverte, et même que l'Espagne étoit en dessein d'intenter quelque chose contre l'Angleterre, et qu'il vouloit parler de cette affaire au Roi et au cardinal. Ils s'abouchèrent au Louvre, où, après que Mirabel eut fait sa proposition, le cardinal lui répondit qu'il approuvoit le dessein que le roi d'Espagne avoit de se ressentir du mauvais procédé des Anglais; qu'on disoit qu'il vouloit faire une descente en Irlande pour l'intérêt de la religion; qu'il ne pouvoit assez louer son zèle, et croyoit que Dieu demandoit quelque chose des deux couronnes en tel sujet, et pouvoit assurer que le Roi son maître y entendroit volontiers, et qu'il sembloit que les Anglais y vouloient forcer la France et l'Espagne; que si le Roi avoit des vaisseaux, on pourroit faire conjointement un beau dessein pour la religion, qui étoit qu'au même temps que l'Espagne entreprendroit l'Irlande, la France entreprendroit l'île de Wight, et par ce moyen on contraindroit l'Angleterre à rétablir la religion. Il ajouta qu'il ne voyoit pas que cela se pût faire promptement, faute desdits vaisseaux que le Roi n'avoit pas, mais qu'il vouloit s'en pourvoir; que le Roi ne vouloit pas aussi prier le roi d'Espagne son frère de retarder le cours de son dessein, ni aussi précipiter son entreprise contre le bien de ses affaires; mais que, s'il étoit prêt à faire un effet, il se pouvoit assurer de n'avoir nulle opposition de la part de la France, ains assistance de victuailles et autres choses dont un tel armement peut avoir besoin, aux conditions requises et accoutumées; que si on faisoit un traité entre les deux couronnes à cette fin, la première chose qu'il faudroit faire étoit de se lier à ne faire aucun accord sans le consentement l'une de l'autre. Et que dès à présent on donnoit parole que, quand l'Angleterre satisferoit maintenant la France, on ne s'opposeroit pas pour cela à la descente projetée par l'Espagne.

Le Fargis dépêcha, le 7 de septembre, un courrier au Roi, et lui manda l'extrême contentement que le roi d'Espagne et le comte d'Olivarès avoient eu, que Sa Majesté voulût entendre aux propositions qui lui avoient été faites sur le sujet d'Angleterre; que, pour y garder un plus grand secret, qui est tout-à-fait nécessaire, il n'en seroit fait part qu'au seul comte d'Olivarès, non pas même au marquis de Mirabel en France; et, pour ce sujet, qu'il étoit à propos que le Roi envoyât au Fargis instruction, avec autorité et pouvoir de conclure les affaires, afin qu'elles ne tirassent pas en longueur, et qu'on pût attaquer l'ennemi au dépourvu; ce qui ne se pouvoit pas faire si on gagnoit le temps : joint que le marquis de Mirabel, avec les instructions qu'on lui pouvoit envoyer du conseil, ne pourroit pas se relâcher en beaucoup de choses, comme ledit comte pourroit faire étant proche du Roi son maître; que, dès cette année, le roi d'Espagne, si on le jugeoit à propos, enverroit une puissante armée de mer, pourvu que la France s'engageât à faire le semblable d'un autre côté, et si elle n'avoit des vaisseaux qu'ils en fourniroient; qu'il seroit bon, au temps qu'on amasseroit les troupes, de faire naître, pour couvrir ce dessein, un prétexte de division entre la France et l'Espagne; que, s'il survenoit en France quelques mouvemens, ils y assisteroient Sa Majesté de tout leur pouvoir. Il dit aussi qu'il avoit commencé quelque pratique en Angleterre pour l'amuser; mais qu'il la conduiroit avec tant d'art, qu'elle ne donneroit au Roi son maître ni à lui aucune sorte d'engagement, afin que, lorsque les Anglais auroient refusé de faire raison au Roi du violement de leur foi aux articles du mariage de la reine d'Angleterre, ce qui sans doute arriveroit parce que les mêmes raisons qui leur ont fait faire la folie les obligeroient à la continuer, on mît lors sans délai les forces de l'une et l'autre couronne dans le pays d'Angleterre. Pour s'assurer mieux les uns des autres durant cette entreprise, il proposa que la France et l'Espagne fissent ligue offensive et défensive pour dix ans, ou tel autre temps qu'il seroit avisé, tenant les amis et ennemis pour communs entre elles, à la réserve des plus anciennes alliances, comme celles des Suisses, des Vénitiens, de Savoie, et enfin ce qui regarde l'Italie, sauf à déclarer ses amis et ennemis aux occurrences qu'il conviendroit, tenant jusque-là très-secrète ladite ligue. Pour lequel secret il jugeoit à propos de n'y convier ni le Pape ni l'Empereur, jusqu'à ce que, par le progrès, ladite union et ligue se publiât d'elle-même; et d'autant que cette proposition et union doit être ainsi secrète, il jugeoit à propos de la traiter ainsi, sans en faire aucune apparence, et sans en faire passer aucun office extraordinaire vers le Roi. Il voudroit bien que cette ligue s'étendît en Allemagne contre les rois d'Angleterre, Suède, Betlem Gabor et contre les Hollandais par cessation d'assistance; offrant d'égaler, en autres choses, les avantages qui se tireroient de cette ligue par toutes voies possibles, soit qu'on prit nouvelles terres en Allemagne, soit qu'on demeurât en possession des usurpées, soit même qu'on fît conquête considérable en Angleterre, ou qu'on entrât en traité du Palatinat pour Monsieur frère du Roi. Qu'une seule chose mettoit en peine le comte d'Olivarès, que l'on ne voulût en France se servir de ce qui se traitoit que pour en faire peur aux Anglais, et, après avoir tiré d'eux la satisfaction qu'on en désiroit, se réunir avec eux contre l'Espagne même.

Il y en eut qui, sur ces propositions d'Espagne, vouloient que le Roi quittât toute autre pensée pour s'y attacher, et étoient d'avis qu'on ne leur refusât rien de ce qu'ils voudroient, mettant en avant que l'Espagne étoit moins offensée que nous par l'Angleterre, qui d'autre part la rechercheroit de paix; qu'ils faisoient attendre un courrier en Espagne, et en avoient ici un exprès, pour porter et rapporter toute résolution, laquelle ils demandoient formelle; que ne la leur donner pas, c'étoit tacitement la refuser et les obliger à prendre autre parti; que l'offre qu'ils faisoient de leurs vaisseaux, sembloit ne pouvoir être refusée sans leur donner sujet de croire qu'on se méfioit d'eux, et qu'on avoit peu de dessein de conclure avec eux en cette entreprise, en laquelle seule consistoit le remède des désordres d'Angleterre, et l'assistance principale qu'on pouvoit rendre à la Reine, pour la délivrer des maux et des périls qui la menaçoient.

Mais le cardinal, qui connoissoit l'Espagne et qui craignoit leurs ruses, et savoit qu'il s'en falloit lors principalement défier qu'ils faisoient des offres plus spécieuses, fut d'avis d'aller avec eux la sonde en main, et, par son conseil, il fut mandé au Fargis le 19 octobre, pour réponse à sa lettre du 7 septembre : que le Roi ne vouloit plus tomber dans les inconvéniens passés, se mettant en nouvelles peines de le désavouer; et partant qu'il ne lui vouloit point donner sujet de traiter, sans y spécifier et déterminer les choses qu'on vouloit faire, avec défenses de passer outre à celui qui auroit ce pouvoir; que, si l'Espagne trouvoit bon de commettre un pouvoir ainsi absolu et non limité à son ambassadeur, elle le pouvoit faire, et on traiteroit pleinement avec lui; que ni le temps ni l'état des affaires n'avoient rien changé ni diminué de la résolution et diligence qui lui avoit été mandée le 15 d'août; mais que la France, à son grand déplaisir, ne pouvoit faire aucune entreprise cette année, pour n'avoir point de vaisseaux; qu'elle en faisoit faire en France qui ne pouvoient être achevés que vers la fin de février, quelque diligence qu'on y apportât : elle en avoit en Hollande, qui étoient presque parachevés; mais qu'elle étoit obligée à se conduire fort délicatement avec les Anglais et Hollandais pour les pouvoir retirer, ce qu'on ne pouvoit faire qu'en mars; que l'offre que les Espagnols faisoient de leurs vaisseaux n'étoit pas suffisante pour une telle entreprise, en laquelle il étoit absolument nécessaire que le Roi en eût à lui, et grande quantité, étant la provision la plus nécessaire de toutes celles qu'il falloit faire pour un tel dessein; que la bonne volonté que le roi d'Espagne avoit témoignée audit Fargis à assister le Roi son frère contre ses mouvemens domestiques, avoit été reçue avec beaucoup de sentiment et de contentement; que cette intention étoit digne de son zèle, de sa franchise, de sa magnanimité, et que ces qualités, jointes à la conduite et au pouvoir du comte d'Olivarès dans les affaires, y faisoient prendre une entière assurance; qu'il en fît les remercîmens et les offres de pareille faveur, avec le soin, le choix et l'étendue de paroles dignes de la grandeur, de la bonté et de l'amitié réciproque de ces deux rois; qu'on eût désiré pouvoir retarder le voyage de M. le maréchal de Bassompierre, pour s'accommoder à la conduite du comte d'Olivarès; mais qu'il avoit été impossible : ce voyage étoit déjà publié et lui prêt à partir; mais qu'il fît connoître que cela ne portoit aucun préjudice au dessein proposé d'unir ces deux couronnes à l'encontre d'Angleterre; car il n'étoit envoyé que pour mettre à la vue de toute la chrétienté, les Anglais plus en leur tort, leur demandant, sans aigreur et sans menaces, le rétablissement des Français et l'accomplissement des choses auxquelles ils étoient obligés par les contrats; qu'on savoit bien qu'ils ne le feroient pas, mais cela donnoit plus de droit d'entreprendre contre eux; et cette sorte d'instance et de cérémonie publique étoit nécessaire pour gagner temps, afin de tirer nos vaisseaux et pouvoir faire notre armement; que la crainte du comte Olivarès, qu'on voulût ne faire que peur aux Anglais pour tirer raison d'eux, et puis s'unir avec eux contre l'Espagne et la maison d'Autriche, n'avoit ni n'auroit jamais aucun fondement; et partant, qu'il lui fît perdre cette appréhension par toutes sortes de voies et industries, étant certain, quelque traité qu'on fît, qu'on le garderoit fidèlement; qu'il étoit d'autant plus nécessaire que l'on ne pût entrer présentement dans les voies proposées, en la manière qu'il les représentoit de leur part, que la ligue offensive et défensive dont ils parloient n'étoit pas utile aux deux couronnes. Il falloit, sans la faire et sans en parler, en tirer les effets en certains temps et en certaines rencontres, autrement elle ruinoit au lieu d'aider. Elle donnoit lieu à plusieurs princes de faire une ligue contre celle des deux couronnes; elle arrêtoit le cours des affaires qu'il sembloit que Dieu alloit préparant et disposant en la chrétienté; elle retardoit plusieurs bons desseins, les uns encommencés et les autres projetés; elle apportoit un trop grand et trop soudain changement en la face des affaires présentes dont la chrétienté étoit occupée; elle recevoit en elle-même beaucoup plus de difficultés que l'affaire présente d'Angleterre, à laquelle il sembloit toutefois que Dieu liât et obligeât les deux couronnes; et cette proposition, si elle n'étoit bien conduite et tempérée, étoit pour anéantir cette affaire par ses propres difficultés et faire perdre de belles occasions présentes. Qu'il ne falloit donc pas attacher cette affaire d'Angleterre à cette ligue, ni la rejeter aussi, mais en traiter séparément, sans rendre l'une dépendante de l'autre, prendre des expédiens par lesquels on la préparerait et on la tempéreroit en sorte qu'elle seroit utile, et ainsi on conviendroit de l'affaire; qu'il ne falloit pas rompre maintenant avec les Hollandais; que tandis qu'on agiroit contre les Anglais il se falloit donner garde qu'ils ne se portassent pour eux, comme aussi qu'ils ne réveillassent et n'assistassent nos huguenots : si on n'avoit ce mal domestique, on entreroit en d'autres pensées; mais que c'étoit un ulcère dans l'Etat qui l'affoiblissoit en ses mouvemens, et obligeoit à une autre conduite que celle qu'on voudroit prendre, et nous rendoit plus retenus et considérés, spécialement au respect de telles gens forts et puissans en la mer; de sorte qu'il faudroit trouver un tempérament qui ne nous obligeât point à rompre maintenant avec eux, et soulageât les dépenses des Espagnols, pour ne point affoiblir ni troubler notre dessein, à quoi peut-être serviroit si nous nous employions puissamment à procurer la trève de Hollande avec Espagne; que si on pouvoit trouver un tempérament pour les affaires d'Allemagne, et que la ligue se traitât en sorte que les alliances de France comme aussi d'Espagne réciproquement, fussent mises à couvert, il n'y auroit pas grande difficulté à la faire, et ce seroit un dispositif à plus grande chose; car, Dieu est un grand ouvrier, et sait bien acheminer les Etats, les esprits, les affaires à ses fins sans qu'on s'en aperçoive, et qu'il sembloit que la bénédiction de ce siècle fût en la ruine de l'hérésie, et que Dieu vouloit ruiner l'hérésie par ses propres desseins, conseils et prudence, comme il avoit fait en Béarn et en Allemagne, et peut-être commençoit-il en Angleterre, et feroit le même ailleurs en son temps qu'il falloit attendre, et par ses voies qu'il falloit suivre; que l'Espagne devoit considérer cette vérité et avoir cette prudence, et ne pas refuser ce qui se pouvoit maintenant parce qu'on ne lui donnoit pas ce qu'elle voudroit (bien qu'on le désirât), et ce qui n'étoit pas encore en la disposition présente des choses; qu'enfin, pour conclure ce point de la ligue si elle se faisoit, qu'elle se fît, non-seulement à la réserve des anciennes alliances des Suisses, Venise, Savoie et ce qui regarde l'Italie, mais encore n'en excepter pas Hollande ni l'Allemagne maintenant, et que Dieu en feroit l'exception peut-être en un autre temps, et par les voies de sa prudence; et que, tandis que la France et l'Espagne se prépareroient au dessein commun, sans l'altérer ni réparer en rien, on penseroit à la trève de Hollande et à la tranquillité d'Allemagne, ou par une paix si elle se pouvoit, ou par une surséance de part et d'autre, sans toutefois que la longueur et la difficulté qui se pouvoit rencontrer à moyenner ou cette trève, ou cette paix ou surséance, intéressât ni retardât en rien la liaison et les effets qu'on projetoit au regard d'Angleterre ; que si l'Espagne s'accommodoit à ces conditions-là, qu'il le mandât par homme exprès, afin qu'on envoyât un pouvoir avec les limitations nécessaires. Quant aux propositions qu'il a envoyées, des offres que l'Espagne fait de donner part aux conquêtes d'Allemagne, et particulièrement au Palatinat, qu'elles ne sont pas assez éclaircies, et qu'on ne lui peut mander là-dessus rien de particulier. En général, on lui dira que la première pensée qu'on a eue sur icelle est de chercher voie d'accommodement, en conservant les avantages qui doivent être ménagés pour la religion catholique qu'il faut établir publiquement partout ; et si, par la faute d'Angleterre et du Palatin, cela ne peut être promptement exécuté, la France se laisseroit aller à recevoir une partie du Palatinat, la maison d'Autriche et la ligue catholique s'accommodant du reste ; et de là on pourroit venir à tel point, que si Dieu nous fait la grâce de prévoir la fin du parti de ceux qui sont rebelles à l'État et à l'Église, comme nous espérons, on entendroit volontiers à ce que l'Espagne peut désirer pour autre chose.

Cela n'empêcha pas qu'en même temps le maréchal de Bassompierre ne reçût commandement du Roi de partir promptement pour aller trouver le roi de la Grande-Bretagne et se plaindre de l'inobservation de ses promesses, et en ce qui regardoit les catholiques, et en ce qui concernoit la Reine et sa maison ; lui dire que le Roi étoit certain qu'un tel procédé ne venoit pas de son mouvement, pource qu'ayant déclaré la guerre aux Espagnols, et étant obligé par honneur, réputation et intérêt, de procurer en quelque manière que ce fût le rétablissement de son beau-frère, le comte Palatin, en ses États, et ayant fait ligue avec le roi de Danemarck et les états de Hollande pour ce sujet, il étoit peu croyable qu'il eût de gaîté de cœur voulu aliéner ou refroidir l'affection du Roi, qui étoit le plus puissant et cordial ami qu'il eût, et cela au préjudice de la foi d'un traité, de ses paroles, écrits et sermens. De dire qu'ils feroient la paix avec Espagne quand ils voudroient, c'étoit chose qui ne pouvoit réussir avec honneur aux Anglais, n'y ayant point d'apparence que les Espagnols voulussent entendre à la restitution du Palatinat, tant qu'ils auront l'avantage qu'ils avoient maintenant sur les protestans d'Allemagne, et particulièrement les voyant destitués de l'assistance conjointe de ces deux couronnes, par les divisions que les violences susdites mettoient entre elles ; et partant, qu'il ne faisoit point de doute qu'il ne commandât que toutes les contraventions susdites fussent rétablies, tant pour le contentement de Sa Majesté que pour sa propre réputation.

Sa Majesté lui commanda aussi que, s'il voyoit ledit roi d'Angleterre résolu à ladite paix, il n'en montrât aucun souci ni jalousie, mais au contraire y offrît l'entremise de Sa Majesté, laquelle, en cas que ladite paix ne se fît, pourroit conjointement avec ledit Roi donner assistance aux princes d'Allemagne et aux Hollandais, pour réduire les Espagnols aux termes d'un honorable accord, et procurer le rétablissement du Palatin en ses États. Et sur ce qu'ils se pourroient plaindre que le Roi avoit refusé d'entrer dans le traité de La Haye avec eux, Danemarck et les États, il leur dît que le Roi n'avoit pas jugé à propos d'y entrer, sachant que cette démonstration, peu convenable au rang et titre qu'il tenoit en l'Église catholique, pouvoit produire plus de préjudice que d'avantage à ce parti, en ce que Sa Majesté eût indubitablement induit les princes catholiques d'Allemagne à faire une contre-ligue avec les Espagnols, sous prétexte de leur défense commune, dont les derniers avoient toujours recherché les autres, comme ils faisoient encore ceux-ci, n'en étant détournés que par les offices de Sa Majesté ; et d'ailleurs qu'elle s'étoit mise en état de faire les mêmes effets du traité, ayant proposé de faire une offre d'un million de livres de secours annuels auxdits États durant le temps de la durée de la guerre, renouveler le traité de la ligue défensive entre la France et l'Angleterre, et fait proposer au comte de Holland et chevalier Carleton, ambassadeurs extraordinaires, toutes sortes de partis pour secourir les princes de la Germanie, conjointement ou séparément, soit en hommes ou en argent. De quoi lesdits ambassadeurs ayant promis de faire rapport à leur maître à leur retour, au mois d'avril dernier, Sa Majesté n'en avoit reçu depuis aucune réponse, n'ayant pas laissé toutefois d'envoyer de notables sommes d'argent au roi de Danemarck et au comte de Mansfeld, quoiqu'elle fût bien avertie, par les plaintes mêmes desdits intéressés, que le roi d'Angleterre avoit discontinué depuis un long temps à les assister comme il étoit obligé. De manière qu'il étoit aisé à juger quel des deux rois avoit en effet pris meilleure part au secours des princes d'Allemagne, quoique ledit roi de la Grande-Bretagne eût en cette cause, outre l'intérêt d'Etat, celui de la réputation et de parenté étroite; et que, pour toutes ces raisons, il étoit obligé de donner contentement à Sa Majesté, et réparer les contraventions par lui faites au traité de mariage avec la Reine sa femme. Ledit maréchal partit le 27 septembre, et arriva à Douvres le 2 octobre.

Par la mort du connétable de Lesdiguières, qui décéda en septembre, vaqua cette grande charge autrefois si utile à la France, lorsqu'elle étoit dans la nouveauté de son établissement, mais qui depuis a été très-dommageable, par l'abus de l'absolue autorité qu'elle donnoit des armes du Roi. Le roi Henri-le-Grand, reconnoissant bien le préjudice que cette charge portoit à son Etat, ne l'eût jamais fait revivre si la nécessité de ses affaires ne l'y eût obligé, n'ayant autre moyen de retirer M. de Montmorency du Languedoc, où il vivoit avec une licence qui étoit hors des bornes d'un sujet. Depuis sa mort, la vanité de Luynes fit renouveler cette charge en lui, bien que toute la France sache qu'il n'eut jamais vu ennemi l'épée à la main. Lesdiguières lui succéda, dont l'expérience au fait de la guerre, le grand nombre des combats et les heureux services que durant tout le cours de sa vie il avoit rendus à l'Etat, faisoient approuver le choix. A sa mort le cardinal fit agréer au Roi qu'il fût le dernier des connétables de France, et que cette charge fût supprimée à l'avenir.

Il donna le même conseil pour la charge d'amiral, dont le pouvoir sur la mer étoit égal à celui de connétable sur la terre, et toutes deux partageoient l'autorité royale, qui sembloit tellement résider en ces deux seules personnes-là, que le Roi en étoit comme dépouillé, et ce d'autant plus qu'étant charges de la couronne, il ne les leur pouvoit ôter que pour crime et avec la vie. Elles portoient un second désavantage, non si grand que le premier, mais très-considérable pourtant : c'est qu'elles mettoient une confusion sans remède dans les finances du Roi. La dépense de l'ordinaire de la guerre n'étoit connue que par le connétable et par le secrétaire d'Etat qui en a le département; et celle de la marine étoit si grande, que l'année 1622 et les suivantes encore montoient à un million d'or chacune, et cela dépendoit de l'amiral seul qui en usoit comme bon lui sembloit. D'où venoit que ces charges demeurant en leur entier, le surintendant ne pouvoit faire aucun règlement parmi les gens de guerre, de terre ou de mer, d'autant que ledit surintendant voulant, dans les comptes des trésoriers et receveurs, entrer en la connoissance du détail de ce qu'ils avoient fourni, ils renvoyoient à ces chefs de charge, desquels la naissance et l'autorité étoient si grandes, qu'ils lui fermoient la bouche, lui disant qu'ils ne rendoient compte à personne qu'au Roi. De l'abus de ces puissances sont arrivés les désordres qui ont mis en arrière les finances du Roi; mais la charge d'amiral n'étant pas vacante comme celle de connétable, on convint avec M. de Montmorency à la somme de douze cent mille livres pour son remboursement; somme qui, bien qu'elle parût grande, non-seulement a été bien petite, mais un grand gain au Roi pour les glorieux succès des années suivantes, qui ne fussent pas arrivés sans cela. L'une et l'autre donc de ces charges étant vacantes, le Roi les supprima toutes deux, et par un édit solennel, qui fut enregistré en la cour de parlement, comme nous dirons ci-après, en l'année suivante.

Parcourons maintenant ce qui se fit en ce petit reste d'année, premièrement à la cour, puis en Angleterre où Bassompierre est arrivé. Le Roi étant à Versailles où il traitoit les Reines, le jour Saint-Hubert, le duc d'Halluin et Crésias (1) eurent quelques paroles dans la chambre de Sa Majesté, sur lesquelles Liancourt (2) l'appela. Le cardinal n'eut jamais en aucune affaire l'esprit si combattu qu'en celle-ci, pour l'affection qu'il portoit à M. de Schomberg, et pour plusieurs conséquences capables de le ruiner quoiqu'il fît mieux que jamais, et qu'il espérât rendre des services dans peu de temps, qui n'ont pas seulement été pensés par ceux qui ci-devant ont été au ministère. Mais, considérant l'intérêt et la réputation du Roi, il n'eut point de peine à fermer les yeux à quoi qui lui pût arriver, puisqu'il y avoit appel, que toute la cour le croyoit et le savoit; qu'elle savoit, de plus, que le Roi en avoit connoissance; qu'elle savoit qu'il avoit été fait dans la propre chambre de Sa Majesté par l'un de ses principaux officiers, et en sa présence. Il étoit certain que si cette action demeuroit impunie, non-seulement la licence des duels reviendroit-elle, mais on se moqueroit à l'avenir de tous les établissemens qu'on sauroit faire; il ne faudroit plus parler d'obéissance, et y avoit crainte que la personne du Roi vînt à mépris. Comme il importoit à Sa Majesté de témoigner fermeté en l'exécution de ses volontés, il lui importoit aussi de justifier toutes ses actions, afin qu'on vît que nulle passion ne l'avoit portée à faire ce qu'elle faisoit seulement pour la légitime jalousie que tous les

(1) Le premier fils du comte de Schomberg; le second, gentilhomme attaché à la maison du roi.
(2) Beau-frère du duc chargé de porter son appel à Crésias.

grands rois doivent avoir de leur autorité. Pour cet effet, il conseilla Sa Majesté de dire à diverses personnes qu'il avoit fait un édit nouveau, par icelui il s'obligeoit par serment de le faire exécuter, qu'il l'avoit promis à Dieu entre les mains de son confesseur, qu'il ne le pouvoit violer, que beaucoup croyoient que Dieu avoit permis la malheureuse mort du feu Roi son père, parce qu'il n'avoit pas fait ce qu'il avoit pu pour empêcher les duels. Que, prévoyant la peine qu'il y avoit à prouver une chose véritable, et comme, faute de témoins qui voulussent déposer, tous les édits passés avoient été sans effet, il avoit mis exprès dans l'édit des punitions qui dépendoient de lui, savoir est la privation des charges, afin que quand un duel ou un appel lui seroient connus, bien qu'il n'y eût point de témoins qui voulussent déposer, il pût punir les contrevenans. Que quand le petit Praslin se battit à Blois, on ne pouvoit trouver de preuves, bien qu'il y eût eu combat; on lui avoit couvert le visage tandis qu'un chirurgien l'avoit pansé. Que sur cela tout son conseil, le cardinal, le garde des sceaux, M. de Schomberg, lui dirent que, quand une chose étoit connue et notoire, encore qu'on ne pût avoir de preuves, lesquelles on divertissoit toujours en tels cas, il étoit obligé en conscience de faire exécuter l'édit, quant à ce qui dépendoit de lui; et que de fait, sans qu'il y eût information, on lui conseilla de donner la charge de Praslin, et le fît. Qu'aussi, maintenant qu'il savoit l'appel fait en sa chambre, comment ne feroit-il pas ce qu'on lui avoit conseillé de faire une autre fois? Qu'il n'y avoit personne au monde qui pût répondre à ces raisons.

Il dit aussi à Sa Majesté qu'il étoit nécessaire qu'il en parlât au cardinal de La Rochefoucauld et au père Suffren (1), qu'il falloit par nécessité faire venir, cette affaire le méritant. Qu'il seroit aussi bon qu'il vît le procureur général, ou qu'en tout cas il envoyât Aumont vers lui, et le premier président, pour savoir si, sachant un appel fait par l'un de ses domestiques, en sa propre chambre, lui présent, et fait avec tant d'éclat qu'il ne le pût ignorer, il n'étoit pas obligé de faire exécuter l'édit, en privant celui qui avoit fait l'appel des charges qu'il avoit en sa maison; et si, au cas qu'il n'en usât pas ainsi, tout le monde ne penseroit pas avoir la licence de violer l'édit impunément. Que cela fait, Sa Majesté exécuteroit ce qu'elle avoit résolu, faisant donner congé à Liancourt, et rayant la charge dont il étoit question. Que si on disoit à Sa Majesté qu'elle pratiquoit ce qu'elle n'avoit point encore fait, elle pourroit répondre que l'exemple du petit Praslin justifioit le contraire. Qu'il n'y avoit point eu d'information, bien qu'il y eût eu combat; que cet appel fait en sa chambre et en sa présence l'offensoit plus. Si l'on disoit qu'il avoit ignoré quelques appels par le passé, Sa Majesté pourroit répondre que s'il en avoit ignoré c'avoit été quand il ne les avoit pas connus ouvertement, et quand la chose avoit été douteuse; mais maintenant elle ne pouvoit ignorer ce qui s'étoit fait en sa présence, et que plusieurs avoient ouï et vu; et de plus, que son plus grand déplaisir étoit que, pour avoir dissimulé l'appel que Liancourt avoit fait au Pont-de-Cé, il en avoit abusé en sorte que d'en venir faire un dans sa chambre. Quant au fait de Louvigny et du sieur de Candale à Nantes, qu'il ne se trouva jamais personne qui dit avoir connoissance de l'appel, mais qu'en ce fait-ci plusieurs l'avoient ouï et vu, et qu'il le savoit.

Sa Majesté suivit cet avis, dont il fut loué de tout le monde, et par ce moyen retint la fureur ordinaire des duels, et empêcha, par la crainte de cet exemple, que la noblesse ne s'y abandonnât comme elle avoit fait auparavant.

Peu après, Baradas, qui avoit commencé à desservir le Roi dès Nantes, prenant intelligence avec ses mauvais serviteurs pour empêcher le mariage de Monsieur et perdre le cardinal, ayant toujours continué de mal en pis, reçut enfin le 2 décembre commandement du Roi de se retirer. C'est une chose étrange que ce jeune homme de nul mérite, venu en une nuit comme un potiron, non élu, mais, par une bonne fortune, reçu du Roi en l'honneur de sa bonne grâce, étoit si méconnoissant de soi-même qu'il pensoit mériter être mieux aimé du Roi que le cardinal. Et ce qui est le dernier terme de la folie, il l'osoit dire même à Sa Majesté, et portoit envie au cardinal comme s'il tenoit le lieu qui lui étoit dû, et dit impudemment à Sa Majesté que s'il eût été en sa place il l'eût aussi bien servi que lui. Sa Majesté, dès Nantes, dit au cardinal que Baradas étoit insatiable et croyoit que c'étoit lui qui l'empêchoit de s'agrandir selon sa fantaisie, et pour ce sujet lui vouloit mal; qu'il lui avoit dit souvent que le cardinal étoit son favori et son ministre tout ensemble, et que s'il savoit que le Roi l'aimât mieux que lui, il enrageroit contre lui. A quoi Sa Majesté lui répondant qu'il étoit bien juste qu'il l'aimât mieux puisqu'il le servoit si bien, il lui repartit qu'il commettoit en cela un grand défaut, pource qu'en son amitié il considéroit son propre intérêt et ne se soucioit pas de la personne. Qu'il avoit essayé de faire plusieurs mauvais offices audit cardinal, s'allioit et faisoit amitié avec tous ceux qu'il savoit qui ne l'aimoient point, et

(1) Jésuite, confesseur de la reine mère.

qu'ayant porté autrefois grande envie à Bautru et Toiras, il l'avoit maintenant toute déposée, et n'avoit plus d'autre but d'envie et de haine que contre le cardinal.

Il dit à Sourdis que le cardinal lui étoit beaucoup plus obligé qu'il ne lui étoit, parce que quand il avoit eu brouillerie avec Monsieur, il lui avoit offert deux cents chevaux pour l'assister, comme si une offre imaginaire étoit une grande obligation. Le Plessis dit au cardinal que le cardinal de La Valette avoit su de M. de Bellegarde que ledit Baradas avoit dit à la Reine, lorsqu'elle pensoit être grosse (1) : « Maintenant que vous êtes grosse, souffrirez-vous que le cardinal vous fasse maltraiter comme vous êtes? » Il dit à madame de Sénecai au même temps : « Le Roi verra maintenant le mauvais conseil que le cardinal lui a donné de marier son frère ; » en quoi paroissoit son peu de jugement, vu que si le conseil du mariage étoit mauvais, la grossesse de la Reine empêcheroit que l'événement le pût être. Il disoit souvent au cardinal que Sa Majesté étoit un étrange homme, qu'il n'aimoit rien, qu'il falloit par nécessité qu'il changeât souvent de serviteurs, et n'avoit rien agréable que le changement. Il dit à la Reine-mère, à Fontainebleau, que lorsqu'il s'étoit adressé à elle et au cardinal pour le réconcilier avec le Roi lorsqu'il étoit brouillé, Sa Majesté lui avoit dit que c'étoit un mauvais moyen de se raccommoder avec lui que d'avoir recours à cette intervention. Il dit aussi, à Nantes, à la dite Reine-mère que le Roi disoit que s'il croyoit que le cardinal ne l'aimât pas mieux qu'elle, il ne l'aimeroit jamais. Il accusoit le Roi d'ingratitude et d'avarice extraordinaire, comme si lui avoir donné en deux ans plus de 300,000 écus vaillant, n'étoit pas plutôt une marque de prodigalité que d'avarice. Il disoit que le cardinal avoit trouvé le foible du Roi en ne lui demandant rien, qu'il prétendoit user pour un temps de même expédient pour avoir sa revanche. Le Roi même dit à la Reine-mère que Baradas ne l'aimoit pas, et étoit venu à tel excès contre lui qu'il l'avoit appelé tyran. Quant à la Reine-mère, il lui vouloit mal aussi ; le Roi lui en donna avis, lequel elle avoit reçu d'autres endroits, et particulièrement depuis que, pour l'honneur de sa maison, elle avoit, par le conseil du Roi, fait défense de laisser entrer ledit Baradas en la chambre de ses filles. Sur quoi le Roi avertit la Reine sa mère que Baradas lui avoit dit que, s'il aimoit La Crésias (2) comme elle pensoit, il ne se soucieroit guère de ses défenses, et y entreroit au préjudice d'icelles.

Bref, il étoit si hors du sens qu'il estimoit que ceux qui étoient bien auprès du Roi, sans exception même de ceux que la nature excepte, lui faisoient tort, cette place lui étant uniquement due ; et le déplaisir qu'il en avoit étoit si grand qu'il ne pouvoit cacher sa rage, et eût perdu s'il eût pu tous ceux qui étoient bien auprès de Sa Majesté. Puisqu'il étoit si insolent que de porter si peu de respect et d'affection à Leurs Majestés, ce n'étoit pas chose étrange qu'il voulût mal au cardinal. Il étoit si présomptueux en la possession des bonnes grâces du Roi, qu'il osa écrire à un de ses amis qu'il avoit tels avantages, lesquels il ne lui avoit jamais dits, sur l'esprit du Roi, qu'il ne sauroit jamais l'éloigner de sa présence, et qu'il espéroit que, jouant d'esprit comme il feroit, il ruineroit absolument la Reine-mère et le cardinal en l'esprit de Sa Majesté. La raison pour laquelle il haïssoit le cardinal étoit la présomption de ce jeune écuyer, qui, n'estimant rien de trop grand pour soi, vouloit monter au plus haut degré de grandeur, où ne pouvant parvenir, parce que le Roi ne le vouloit pas, il imputoit la disproportion qui se trouvoit entre son ambition déréglée et l'état où il demeuroit aux conseils du cardinal, qui avoit plusieurs fois proposé au Roi de l'avancer à certaines charges non disproportionnées ; ce que Sa Majesté n'avoit pas voulu.

Le Roi dit plusieurs fois au cardinal qu'il connoissoit tellement le naturel et la portée de ceux qui étoient le mieux auprès de lui, qu'il ne vouloit pas trop les élever, d'autant qu'assurément ils en abuseroient et se rendroient insupportables à lui-même. Auparavant que d'avoir cette connoissance et savoir la volonté de Sa Majesté, il faisoit quelquefois des propositions à leur avantage ; depuis qu'il sut le dessein du Roi, il s'y conforma ; les volontés du maître devant servir de loi et de raison aux bons serviteurs aux choses indifférentes. Cependant si telles gens ne s'agrandissoient à leur gré, ils croyoient qu'il les en empêchoit, et lui imputoient le retardement de leur fortune, bien qu'en cela il ne fît autre chose que complaire à son maître, et le servir selon son goût. Ainsi, en faisant son devoir, il s'exposoit à recevoir de mauvais offices de ceux à qui non-seulement il ne faisoit point de mal, mais à la fortune desquels il contribuoit autant qu'il lui étoit possible et qu'il le devoit. Cependant leur mécontentement lui pouvoit être d'autant plus préjudiciable, que c'étoient ceux qui avoient plus d'accès et de familiarité auprès du Roi,

---

(1) C'était la seconde fois qu'elle en avait l'espérance.
(2) Fille d'honneur de la reine, sœur du gentilhomme dont il a été parlé.

Il dit à M. de Bellegarde, étant en colère et pestant contre sa mauvaise fortune, que c'étoit le cardinal qui l'empêchoit; que, s'il étoit au conseil, il serviroit aussi bien que lui; et au chevalier de Souvré, que, sans le cardinal, il auroit un gouvernement; qu'il avoit parlé de Saumur au Roi, qui lui avoit fait froide réponse; que ce méchant prêtre l'en empêchoit, le Roi se laissant toujours aller à ses avis par foiblesse. Il menaçoit de dire au Roi que le cardinal faisoit tout, qu'il avoit fait avoir la Bastille au Tremblay et Montpellier à Fossé, comme si Fossé étoit parent ou allié du cardinal, et comme s'il avoit été mis là par autre considération que d'y être jugé propre. Ainsi, à un homme comme celui-là, qui n'est pas content, les meilleurs services sont des crimes, n'y ayant rien de si blanc qu'on ne puisse faire paroître noir par un faux jour à ceux qui ne prennent pas la peine d'y regarder de près. Cependant il étoit impossible au cardinal de remédier à semblables mécontentemens.

Sa Majesté dit au cardinal une fourbe qu'avoit faite ledit Baradas sur le sujet de La Crésias. Il vint dire au cardinal que ce n'étoit pas lui, mais le Roi qui en étoit amoureux; mais qu'il n'en fît pas semblant à Sa Majesté, parce qu'elle lui voudroit mal si elle perçoit qu'il le sût : c'étoit recommander le secret au cardinal par une voie infaillible, que le lui recommander sous la crainte de la disgrâce du Roi. Il alla incontinent après donner avis à Sa Majesté de ce qu'il avoit dit au cardinal, et ce afin de montrer à Sa Majesté que le cardinal, qui ne lui en oseroit parler, ne lui disoit pas tout, et, qui plus est, bien qu'il ne lui en eût parlé qu'un jour auparavant que le Roi découvrit au cardinal ce beau tour, il lui avoit rapporté qu'il le lui avoit dit plus de quinze jours auparavant. Et il avoua au Roi, la veille de la Toussaint, que Tronçon et Sauveterre avoient commencé à lui parler à Blois, quand on alla en Bretagne, pour le disposer à parler à Sa Majesté contre le gouvernement, ou pour faire qu'il les introduisît au Roi pour lui parler eux-mêmes : reconnoissance bien importante, puisqu'elle faIt voir que les avis que Sa Majesté avoit d'ailleurs des négociations que ces personnes faisoient étoient véritables. Chose étrange que deux personnes de cette basse condition entreprissent de vouloir aborder le Roi, pour lui faire changer la face de la cour s'ils eussent pu, au propre temps que Sa Majesté recevoit de ceux à qui ils en vouloient les plus signalés services que ministres aient rendus de long-temps.

Le même jour il reconnut aussi au Roi que Blainville étoit enragé contre le gouvernement; qu'il l'avoit sondé pour savoir s'il seroit sûr à lui parler sur ce sujet, lui disant qu'on lui communiqueroit beaucoup d'affaires, si on pouvoit s'assurer qu'il ne dît au Roi que ce qu'il faudroit; mais qu'on lui taisoit beaucoup de choses importantes, parce qu'il disoit tout au Roi, et le Roi tout à la Reine et au cardinal. Ledit Blainville dit à Sourdis que quand il voudroit rendre de mauvais offices au cardinal, les sujets ne lui en manqueroient pas; qu'il pourroit dire que les mauvaises intelligences qu'il paroît avoir avec Monsieur ne sont que feintes; qu'il prend des places de sûreté pour s'en prévaloir quelque jour contre le service de son maître; que, sous le titre du commerce, il s'étoit approprié le commandement sur la mer. Il ajouta : « Quand je dirai ces choses au Roi, vraies ou non, je lui partirai l'esprit; » qu'il lui étoit honteux qu'un homme de sa naissance et qualité en fût demeuré où il étoit, et que, sans les artifices du cardinal, il seroit duc et pair; que le traité du duché de Fronsac n'avoit été rompu que par ses inventions, et jamais le cardinal n'en avoit ouï parler : ce qui montroit clairement qu'il avoit dessein de faire valoir en l'esprit du Roi les maux que les ennemis que le cardinal acqueroit en servant le Roi disoient de lui, et faire passer pour gens apostés ceux qui, parlant sans passion, et regardant ses actions sincèrement, en disoient du bien à Sa Majesté.

Le maréchal de Schomberg dit au cardinal, le 14 novembre, qu'il y avoit trois mois que Chaban et Buy, le croyant mal content de l'affaire de ses enfans, l'avoient tous deux abordé séparément et commencé à parler assez librement; que Buy lui avoit fait reconnoître clairement que le cardinal empêchoit Monsieur le premier de faire sa fortune, que c'étoit lui qui détournoit le Roi de lui faire du bien; que Chaban passa plus avant, et lui dit clairement que le premier (1) vouloit un extrêmement grand mal au cardinal; qu'il croyoit qu'il empêchoit sa fortune, et que, pour cet effet, il étoit résolu de faire tout ce qu'il pourroit contre lui; qu'il avoit parlé au Roi, et lui vouloit encore parler pour mettre le cardinal en soupçon; qu'il avoit un mémoire pour montrer au Roi contre ledit cardinal, lequel lui avoit été donné par Crésias (2), qui vouloit mal au cardinal pour deux raisons : l'une que ledit Crésias et le premier croyoient embarquer le Roi, à Blois, en l'amour de Crésias sa fille, ce dont il pensoit qu'il avoit été détourné par le cardinal; l'autre, qu'il

---

(1) Le premier écuyer, Baradas.
(2) Le père.

croyoit qu'il eût eu le Pont-de-l'Arche sans ledit cardinal. Il dit que le mémoire portoit que le Roi devoit prendre garde au cardinal, vu qu'outre le Havre il vouloit avoir Brest, Brouage et autres places maritimes, et qu'il vouloit, par le moyen de la charge qu'il avoit au commerce et ces places, brider la France.

Toutes ces choses mettoient l'esprit du cardinal en inquiétude. S'il pensoit au dessein de la mer, ils essayoient de le faire passer pour un crime; cela faisoit qu'il n'y osoit travailler si fortement qu'il l'eût fait. Ils disoient qu'il falloit dire au Roi qu'il se vouloit faire connétable en se moquant. « Nous dirons, disoient-ils, qu'il se veut fortifier, puis dans trois mois nous dirons qu'il se veut appuyer des grands, même de Monsieur, maintenant qu'il veut ruiner les princes du sang, une autre fois qu'il veut relever la Reine. » Cependant tout cela arrêtoit, et il est vrai qu'à ne faire les choses qu'à demi, il vaudroit mieux ne les point faire du tout, et à les faire tout-à-fait, la malice de ceux qui veulent faire leurs affaires aux dépens du Roi met en grand hasard. Il faut agir fortement, se préparer à des choses de loin, dont il ne faut pas dire les fins, et quand les méchans esprits les sauroient bonnes comme elles sont, ils les cacheroient au Roi, et les découvriroient à tout le monde pour ruiner les desseins. Sans argent on ne fait rien : proposez de grands moyens extraordinaires, les parlemens s'y opposent, ils font crier les peuples; cependant il faut pour un temps mépriser cela, et se laisser calomnier passant outre. De la puissance de la mer dépend l'abaissement de l'orgueil d'Angleterre et de Hollande contre nous, et la ruine des huguenots. Cependant on n'osoit y travailler fortement à cause des calomnies.

Baradas dit à Marsillac, en jurant plusieurs fois, qu'on ne l'aidoit pas, mais qu'il viendroit un temps auquel on auroit affaire à lui, que chacun auroit son tour, qu'il viendroit une maladie au cardinal, qu'il étoit mieux avec le Roi que jamais, que le Roi lui disoit tout, et ceux mêmes qui parloient de lui. Il dit la même chose quasi en pleine table, où étoit Blainville, qui le rapporta à l'évêque de Mende, disant publiquement que chacun auroit son tour. Sur quoi M. d'Elbeuf lui parlant en particulier, et lui disant qu'il reconnoissoit mal les bons offices qui lui avoient été rendus par le cardinal et par la Reine même, il lui parla encore plus insolemment, disant que si on l'avoit aidé ce n'avoit pas été pour l'amour de lui, mais pour l'amour du Roi, et partant qu'il n'en avoit point d'obligation, comme si la considération du Roi rendoit les offices qu'on lui rendoit moins recommandables; que le Roi l'écoutoit sur toute chose; qu'il défioit qu'on le pût mettre mal avec lui, à quoi le Roi savoit bien qu'on n'avoit jamais tâché, ains au contraire qu'on lui avoit fait plusieurs fois des propositions avantageuses pour lui, qu'il avoit refusées. Il dit, en jurant, à Buy que le Roi auroit la guerre, qu'il ne la pouvoit éviter, que les choses ne pouvoient demeurer comme elles étoient : toutes paroles dont le ton faisoit voir clairement qu'elles ne signifioient pas tant ce qu'il jugeoit, comme ce que sa passion lui faisoit désirer, si ce n'étoit que son jugement et sa passion ne fussent qu'une même chose. Un de ses parens fut si impudent que de dire : « Voici un étrange siècle; nous n'oserions parler du pauvre Tronçon; on n'oseroit parler des serviteurs du Roi; » estimant par là seuls serviteurs du Roi ceux qui méditoient des cabales dans sa maison. Enfin tous les siens trouvoient à redire à tout ce qui se faisoit; et tout ce qui étoit approuvé de toute la France, et admiré de toute la chrétienté, étoit blâmé d'eux parce qu'ils n'y trouvoient pas leur compte, et ne partageoient pas tout ce qui venoit à vaquer, comme leur étant dû.

Le Roi commanda à Bautru, le 26 octobre, d'écrire au cardinal qu'il avoit dit à Baradas qu'il y avoit trois ou quatre jours que Blainville avoit dit, en pleine table, qu'il avoit réduit les choses à tel point, qu'il falloit que le cardinal ou le premier prît congé de la compagnie. Sur quoi le premier lui dit que c'étoit un fourbe, qu'il ne savoit pourquoi il disoit cela; que ce n'étoit pas de son consentement, et que Blainville haïssoit le cardinal plus que le diable; que s'il falloit que l'un des deux délogeât, il reconnoissoit que ce seroit à lui à déloger, et qu'il s'en iroit, en ce cas, sans dire adieu à Sa Majesté, parce que le cardinal est si nécessaire à son service et à l'État, qu'après lui tout le conseil ne seroit plus rien; qu'il ne disoit pas cela pour l'amour de lui, parce qu'il en étoit mal satisfait, mais parce que la chose étoit véritable. Et, sur ce que le Roi lui demanda pourquoi il étoit mal satisfait du cardinal, il lui dit que c'étoit à cause de la manière dont il avoit répondu l'autre jour aux complimens qu'il lui faisoit sur le fait de son frère, d'autant qu'il avoit vu par là qu'il le tenoit pour un stupide, croyant qu'il ne pouvoit rien faire qu'étant sifflé; que c'étoit ce qui le fâchoit, et non la considération de son frère, pour qui il avoit été, à la vérité, obligé d'essayer de faire quelque chose, mais que chacun ayant reconnu qu'il n'avoit manqué de bon naturel, et que le mal de son frère venoit de ce qu'il étoit une bête, il en étoit quitte, et qu'il voudroit qu'il fût au diable.

Le cardinal enfin, voyant la continuation de toutes ces menées, qui étoient préjudiciables au repos de l'État, dit au Roi qu'il étoit nécessaire qu'il arrêtât le cours de tels mécontentemens, afin que cette personne, laquelle, à cause de l'amitié que Sa Majesté lui portoit, il falloit conserver, ne se perdît pas soi-même et nuisît par même moyen aux affaires publiques; que le remède de ce mal consistoit à faire de grands biens, non-seulement à sa personne, mais encore à celles de ses parens, parce qu'il témoignoit clairement que leur donner des charges médiocres, c'étoit plutôt l'irriter que le contenter. Si la disgrâce du cardinal le satisfaisoit aussi pleinement comme la grande croyance que le Roi témoignoit avoir en lui le blessoit, le désir qu'il avoit que l'esprit du Roi ne fût point agité au préjudice de sa santé, qu'il avoit déjà cru deux ou trois fois ébranlée par celle voie, le porteroit à proposer, sous le bon plaisir de Sa Majesté, cet expédient pour sa satisfaction, pourvu que cette disgrâce ne consistât qu'en un retranchement d'apparences extérieures, ou un éloignement local qui ne le privât pas d'avoir au cœur du Roi la place qu'il mériteroit toujours par ses services. Le cardinal avoit toujours dit à Sa Majesté que, bien qu'il y eût dedans et dehors l'État plusieurs ennemis de sa grandeur, de sa prospérité et de sa personne, il se promettoit qu'on en viendroit à bout, la force, son autorité et la conduite de ses serviteurs, étant suffisantes pour cela; mais qu'il craignoit extrêmement les cabales de son cabinet; qu'en telles menées les artifices et les mensonges y peuvent beaucoup plus que la raison et la vérité, qui en effet se trouvent souvent n'y avoir point de lieu. Il dit encore, et il est vrai, que si en acquérant force ennemis pour le bien de l'Etat, des mauvaises volontés desquels on se défendroit volontiers, quelque péril qu'il s'y pût rencontrer, il falloit encore se défendre des artifices de ceux qui, dans le cabinet, ne seroient pas contens, quoiqu'ils le dussent être, il vaudroit beaucoup mieux quitter la partie que d'entrer en cette lice; que plusieurs raisons lui devoient donner ce conseil, et son naturel l'y portoit. Il étoit des mécontens comme des pourceaux, qui se réunissoient et crioient tous ensemble quand un d'entre eux commençoit. Puisqu'Aristote enseigne qu'il y a des faussetés qui ont plus de vraisemblance que des vérités, il est aisé à juger quel péril on court parmi plusieurs esprits qui n'ont d'autre but que de faire paroître les plus signalés services des crimes, principalement quand ils ont l'oreille de leur maître. On s'unit volontiers pour mal faire, et ceux qui font bien trouvent d'ordinaire plus d'envieux que de protecteurs. Les renards de Samson s'accordèrent jusques au nombre de deux cents pour brûler les blés des Philistins, et jamais deux ne s'accordèrent pour garder une poule. Le Roi, qui depuis long-temps désiroit congédier Baradas, ce que le cardinal seul avoit empêché, représentant à Sa Majesté, lorsqu'elle lui disoit ces paroles à pensées malicieuses et extravagantes, qu'il falloit pardonner quelque chose à la jeunesse, se résolut de l'éloigner de lui. Et un soir qu'il s'emporta encore en quelques fous discours, lui commanda de se retirer de sa présence : ce qu'il ne fit pas sans repartir selon les caprices de son esprit. Etant arrivé au Petit-Bourbon il eut commandement de s'en aller hors de la cour en une de ses maisons; lors il eut recours aux soumissions et aux larmes, et à toutes sortes de recherches, mais en vain; car il n'y a point d'autre sortie de la bonne grâce de son maître que le précipice, duquel il n'y a plus d'espérance de revenir.

Mais il y a long-temps que la reine d'Angleterre, affligée, attend la venue du maréchal de Bassompierre, qu'elle espère, par l'autorité du Roi et de la Reine sa mère, devoir apporter le remède à ses déplaisirs. Il arriva à Boulogne le dernier septembre; il n'y trouve point de vaisseaux d'Angleterre pour l'y passer, bien que Carleton, ambassadeur d'Angleterre, le lui eût promis en partant de la cour. Il fut reçu à Douvres comme un simple passager; et Dumoulin, qui avoit été secrétaire du comte de Tillières lorsqu'il y étoit ambassadeur, se trouva à son débarquement, qui lui dit qu'on avoit résolu au conseil de ne le point envoyer recevoir, et qu'il ne seroit logé ni défrayé à Londres. Arrivant à Gravesande, Lucnar, conducteur des ambassadeurs, le vint trouver de la part du Roi d'Angleterre. Ledit maréchal avoit avec lui le père de Sancy, qui, au départ du père de Bérulle, fut établi confesseur de la Reine, et depuis chassé avec les autres, auquel le Roi avoit commandé de l'accompagner pour, sur les impostures qu'ils lui pourroient mettre en avant sur le sujet des choses passées, l'instruire de la vérité du fait comme témoin oculaire. Lucnar lui fit commandement très-exprès de la part du Roi son maître de l'envoyer incontinent hors de ses Etats : ce que le maréchal refusa absolument de faire, et dit que si Carleton avoit enduré qu'on fit un semblable commandement en son logis à Montaigu, il n'étoit pas résolu de souffrir le même.

Arrivant à Londres, on ne lui donna point de

logis. Il s'en fit apprêter un par ses gens, où on lui offrit de le défrayer jusqu'à la première audience, mais il le refusa. En sa première audience, il trouva le roi d'Angleterre fort rude, et d'un esprit arrêté à ne donner point de contentement à Sa Majesté, disant qu'il étoit le maître chez soi ; que le Roi n'avoit que faire de se mêler de la maison de la Reine sa sœur, et que, quant à sa religion, elle étoit assurée, et qu'il ne lui en parleroit jamais. Le maréchal lui répondit que le Roi ne se mêloit de la maison de la Reine sa sœur, qu'en tant que son contrat de mariage l'obligeoit de le faire, et lui de le trouver bon. Buckingham, qui avoit toujours désir d'aller en France, dit audit maréchal que le Roi son maître enverroit quelque homme de créance en France qui accommoderoit toutes choses. Sur quoi le maréchal répliqua qu'il croyoit qu'il ne seroit pas le bien venu, si on ne savoit qu'il eût ordre absolu de donner au Roi la satisfaction que justement il demandoit.

L'ambassadeur de Danemarck faisoit, en même temps, de grandes poursuites pour être payé de 1,700,000 risdales qui étoient dues au Roi son maître pour la contribution de dix-sept mois pour l'entretènement de son armée, et protestoit que le Roi son maître, qui étoit sollicité par le duc de Saxe de s'accommoder avec l'Empereur, s'y porteroit si on ne lui donnoit contentement. On avoit avis que le colonel Beringuestein, favori dudit Roi, à la déroute duquel il avoit été pris prisonnier, et renvoyé par Tilly honorablement sans rançon, étoit depuis quelque temps revenu trouver Tilly, ce qu'ils savoient bien ne pouvoir être que par ordre de son maître, et les mettoit en grand soupçon que ce fût pour traiter d'accommodement. Il faisoit de grandes plaintes aussi des voleries que les Anglais faisoient sur ses sujets, dont ils emmenoient les vaisseaux comme s'ils étoient ennemis. Les Hollandais et les Français faisoient les mêmes plaintes : ce qui montroit et la misère en laquelle étoit réduit cet Etat, qui ne pouvoit subsister que par les brigandages qu'ils exerçoient envers tous leurs alliés, et leur mauvaise foi, traitant leurs amis comme leurs ennemis, et leur aveuglement, courant sus à ceux-là mêmes par les armes desquels ils étoient protégés, se faisant par ce moyen plus de dommage qu'à eux. Une nouvelle flotte qu'ils avoient faite pour aller en Espagne partit en ce temps-là. Elle n'y fit autre effet que de prendre trois riches vaisseaux normands qui revenoient d'Espagne, chargés d'argent et marchandises subtiles, et quelques autres vaisseaux olonais de moindre considération, lesquels ils amenèrent tous en leurs ports à la vue dudit maréchal, qu'ils entretenoient de belles paroles, tandis que leurs effets étoient contraires.

Cependant ils traitoient secrètement avec Espagne pour faire la paix. Le comte d'Arcueil, qui avoit un régiment d'Irlandais au service de l'Infante, envoya un gentilhomme à Londres, qui traita secrètement avec le duc. Incontinent après, un autre gentilhomme irlandais partit d'Angleterre avec un passe-port pour aller trouver ledit comte, sous prétexte d'affaires particulières.

Le maréchal de Bassompierre ayant, selon son instruction, dit à Buckingham et autres du conseil, qu'il ne recevoit pas ce que le roi d'Angleterre lui avoit dit pour une réponse absolue, et qu'il croyoit qu'après y avoir mieux pensé il donneroit plus de contentement au Roi ; enfin, après plusieurs conférences, ceux du conseil lui donnant espérance de quelque contentement, le prièrent de donner par écrit ce qu'il avoit à demander de la part du Roi, et établirent des commissaires pour le considérer et examiner. Il le leur donna ; trois semaines après ils lui vinrent apporter la réponse par écrit et la lui lurent. Ils s'excusoient, bien que sans aucune apparence de vérité, avec hardiesse pourtant, imposoient beaucoup de fautes aux Français qu'ils avoient éloignés, se plaignoient des manquemens qu'ils prétendoient que la France avoit faits en ce qui avoit été convenu, du secours qui devoit être donné au roi de Danemarck, à quoi elle n'avoit pas satisfait, et principalement de ce que le Roi n'avoit pas voulu ouïr parler d'une ligue offensive et défensive avec eux, à laquelle ils prétendoient qu'il avoit promis d'entendre lorsque le traité de mariage seroit fait et parfait. Ils promettoient généralement de donner au Roi, néanmoins, toute la satisfaction possible, espérant que nous vivrions à l'avenir ensemble avec meilleure intelligence que jamais. Comme tout ce qu'ils disoient contre nous étoit faux, il fut aisé à Bassompierre d'y répondre au long et sur-le-champ, et leur montrer qu'ils avoient tort en tout, concluant à leur demander une réponse déterminée et précise à ce qu'il leur avoit justement demandé de la part du Roi.

Le lendemain Carleton vint trouver le maréchal de la part des commissaires du Roi son maître, et lui dit qu'il étoit supplié de faire trouver bon à Sa Majesté Très-Chrétienne que la Reine n'eût point d'évêque, qu'elle n'eût que huit prêtres, qu'ils fussent séculiers et nommés par le roi d'Angleterre, qui les choisiroit gens de bien, et qu'entre eux il mettroit Potier et Godefroy, qui étoient, ce dit-il, personnes sans reproche, et non de l'Eglise romaine, mais bien de la catholique gallicane et sorbonique. Le maréchal remontra la nécessité d'un évêque pour avoir autorité sur les prêtres, et qu'il falloit pour le moins douze prêtres; mais qu'ils ne pouvoient être au choix du roi de la Grande-Bretagne, que cette proposition étoit hors de sens commun : un roi protestant nommer des prêtres, c'étoit comme si le Pape envoyoit des ministres pour instruire et catéchiser en Angleterre; que de faux ecclésiastiques, qui avoient trahi et abandonné l'Eglise, pourroient plus faire de mal sous ce faux masque et dissimulation, que les ministres mêmes par leurs disputes et inductions; que Potier et Godefroy étoient des premiers de ce nombre, comme il paroissoit par la profession de foi qu'ils avoient faite, par la bouche de Carleton, de n'être pas de l'Eglise romaine, mais bien de la gallicane et sorbonique; que la France n'avoit point eu depuis mille ans, ni la Sorbonne depuis qu'elle étoit établie, une autre religion que la catholique, apostolique et romaine.

Quant à nos vaisseaux qu'ils avoient pris, ils promettoient de les rendre, et entretenoient de paroles ledit maréchal, le remettant de jour à autre sans effet.

Enfin ils passèrent, sous le bon plaisir du Roi, le 21 novembre, un écrit par lequel ils accordoient qu'on envoyât, pour le service de la chapelle de la Reine douze prêtres, et un évêque pour son grand aumônier, et qu'on lui envoyât ou qu'elle choisît encore un certain nombre d'officiers français pour la servir, et deux dames de lit et quelques filles de chambre. Des autres sujets de plainte, ni du soulagement des catholiques, il n'en fut pas fait mention. Bassompierre partit peu de jours après, et reçut du roi d'Angleterre un présent estimé 30,000 écus, avec promesse qu'on délivreroit tous les prêtres des prisons, ce que l'on exécuta en partie. Le duc de Buckingham se laissa entendre de devoir bientôt partir en qualité d'ambassadeur extraordinaire en France, pour apporter la perfection à cet accommodement, et à la bonne intelligence entre ces deux couronnes.

Il fut contraint (1) de séjourner trois semaines à Douvres à cause du mauvais temps, où il vit prendre par deux pinasses qui y étoient quantité de vaisseaux français. Cette longue demeure donna loisir au duc de Buckingham de prendre un prétexte pour s'aller aboucher avec ledit maréchal, qu'il alla rencontrer à Cantorbéry. Le duc lui dit que, sur l'avis qu'il avoit eu que l'on avoit arrêté à Blaye quelques vaisseaux anglais chargés de vin, pour représailles des vaisseaux français que leur flotte avoit pris, il s'étoit résolu,

(1) Bassompierre.

pour remédier à ces désordres, desquels il craignoit qu'on ne vînt à une rupture entière, d'accepter la charge d'ambassadeur extraordinaire, et passer en France avec ledit maréchal. Il lui répondit qu'il ne croyoit pas qu'il fût de la bienséance qu'il y allât sans être assuré qu'il y seroit très-bien venu; que cela dépendroit de la façon avec laquelle le Roi recevroit le traité qu'il avoit fait en Angleterre; qu'il iroit devant, et, incontinent après qu'il seroit arrivé à la cour, lui manderoit son avis sur son voyage. Ainsi se sépara de lui le 20 décembre, et retourna à Douvres, où peu après il s'embarqua pour passer en France et retourner trouver sa Majesté.

LIVRE XVIII (1627).

Résultat de l'ambassade extraordinaire du sieur de Châteauneuf auprès des Grisons. — Le Roi consent à la révocation et cassation des traités de Lindau, de Coire et de Milan, en ce qu'ils ont de contraire au traité de Monçon. — Dissensions à l'occasion du livre de Santarel; le Roi y met fin par deux arrêts. — L'évêque de Verdun essaie par des excommunications d'empêcher la construction de la citadelle de cette ville; puni de son audace, il se retire en Allemagne. — Le duc de Vendôme reconnoît et avoue ses fautes, et implore la clémence du Roi; à quelles conditions le Roi lui pardonne. — Le cardinal est nommé grand-maître et surintendant général de la navigation et commerce de France. — Il fait approuver par une assemblée de notables son projet de rétablissement de la marine française. — Eloge que fait M. le prince des grandes vues d'administration du cardinal; il demande au Roi de reparoître à la cour et de le servir, protestant de sa fidélité et de son dévouement; il donne son avis sur Monsieur, sur le duc de Vendôme et sur le grand-prieur. — Représentations au Roi de la part du cardinal sur l'ambassade extraordinaire du maréchal de Bassompierre et sur la politique peu loyale des Anglais. — Le Roi empêche le duc de Buckingham de venir en ambassade auprès de lui. — Les Anglais prennent tous les vaisseaux français qu'ils rencontrent en mer; favorisent Soubise et Rohan qui cherchent à brouiller en France. — L'ambassadeur du Fargis signe à Madrid un traité d'alliance défensive avec l'Espagne. — Le roi de France l'approuve et l'exécute de bonne foi; l'Espagne n'agit qu'avec lenteur. — Duel de Bouteville et de Deschapelles; rapport du cardinal au Roi sur cette affaire; ils sont condamnés et exécutés; en quoi le parlement de Paris manque à ses devoirs dans l'arrêt qu'il rend contre eux. — Mort de Madame. — Supplice du libelliste Fancan. — Le roi d'Angleterre envoie Montaigu en Lorraine pour gagner le duc, puis en Savoie et à Venise dans le même but. — Buckingham descend sur la côte de France avec une armée de mer et menace l'île de Ré; il publie un manifeste, s'empare de Saint-Martin sans résistance. — Le cardinal, pendant la maladie du Roi, pourvoit à ses dépens à l'approvisionnement et à la défense de l'île de Ré. — Il accepte les propositions de l'ambassadeur d'Espagne sans trop se fier à ses promesses. — Opérations de Buckingham dans l'île de Saint-Martin; efforts du cardinal pour conserver l'île de Ré; il y fait introduire des vivres, des provisions et des hommes. — Le Roi, d'après son avis, rejette la proposition honteuse que fait Buckingham de se retirer à condition que le fort Louis sera rasé. — La citadelle de l'île de Ré est ravitaillée. — Armement de l'empereur d'Allemagne contre la France. — Six mille hommes débarquent dans l'île de Ré malgré la flotte anglaise ; le maréchal de Schomberg bat les Anglais, et les force à se retirer avec une perte considérable. — Le comte de Tilly enlève au roi de Danemarck tout ce qu'il possédoit en Allemagne. — Montaigu est arrêté en Lorraine. — Détails à ce sujet. — Le Pape autorise le clergé de France à donner au Roi les secours d'argent dont il a besoin. — Le duc de Rohan publie un manifeste en Languedoc ; le prince de Condé est envoyé contre lui. — Entrevue de ce prince avec le cardinal. — Le duc de Rohan est déclaré ennemi de l'Etat ; il est enjoint au parlement de Toulouse de lui faire son procès. — Le Roi, sur l'avis du cardinal, se décide à faire le siége de La Rochelle. — Mort du duc de Mantoue.

[1627] Cette année est, pour le bonheur de la France, une des plus remarquables, non-seulement de ce siècle, mais de tous les siècles passés. Des tempêtes dangereuses s'élevèrent contre elle, que la bénédiction de Dieu, se servant du courage du Roi et de la prudence de son conseil, non-seulement calma, mais les fît servir d'affermissement à cette couronne, et de preuve manifeste que toutes les puissances de la terre conjurées ensemble sont trop foibles pour l'ébranler.

Mais auparavant que d'entrer en la narration de ces choses, qui ne commencèrent qu'assez avant dans l'année, racontons premièrement le fruit que produisit l'ambassade extraordinaire du sieur de Châteauneuf aux Grisons, où il fut envoyé l'année précédente pour leur faire agréer le traité de Monçon ; l'ordre que le Roi mit pour terminer le différend qui s'étoit mû entre les ecclésiastiques sur le sujet de la censure de Santarel, et qui étoit venu si avant qu'il y avoit danger de schisme ; l'empêchement que l'évêque de Verdun, suscité par les ennemis du Roi, tâcha par ses prétendues excommunications, de donner à la construction de la citadelle de Verdun ; et la justification de l'emprisonnement de M. de Vendôme, laquelle il fait par sa propre déclaration.

Le sieur de Châteauneuf n'ayant pu obtenir des Grisons qu'ils acceptassent le traité de Monçon, convoqua à Soleure une assemblée générale de tous les cantons, tant catholiques que protestans, le 17 janvier, en laquelle il déclara ce que de la part du Roi il avoit proposé aux Grisons pour leur accommodement avec les Valtelins, qui étoit : que par le traité accordé sur ce sujet entre les deux couronnes à Monçon, les affaires des Grisons, de la Valteline et des comtés devoient être remises au même état qu'elles étoient l'an 1617, entendant manifestement lesdites deux couronnes que toute l'autorité convenable et souveraine des Grisons sur la Valteline et lesdits comtés, laquelle, de ce temps-là et toujours, les Grisons ont eue en ce lieu-là, leur demeureroit propre et assurée en la même manière, sans aucun changement, fors ce qui ensuit : qu'il n'y auroit exercice que de la seule religion catholique, et que l'élection des juges de la Valteline appartiendroit aux Valtelins, qui seroient obligés d'en demander la confirmation aux Grisons, ce qui fait connoître que l'entière supériorité et souveraineté est réservée auxdits Grisons, sans y comprendre les Valtelins, tout ainsi qu'elle étoit ci-devant, puisque les exceptions qui y sont faites ne touchent aucunement ladite souveraineté. Car, quant à la différence de la religion, plusieurs cantons ont des sujets qui ne se conforment pas à eux en icelle, ce qui n'affoiblit aucunement leur souveraineté. Quant à l'élection, elle ne leur fait non plus de préjudice, puisque la confirmation se doit faire par eux et la justice être rendue en leur nom, ce qui tant s'en faut qui diminue le droit de souveraineté, qu'au contraire il l'amplifie par le droit annuel que les Valtelins sont obligés de leur en payer par chacun an. Davantage, qu'il est dit par le premier article que, tous et chacun les traités faits depuis l'année 1617 avec les Grisons, par qui que ce puisse être, sont annulés ; et partant, sans qu'il soit besoin de déclaration nouvelle, il est certain que le traité de Lindau fait avec l'archiduc Léopold demeure nul, puisqu'il est fait depuis. Toutefois qu'il avoit offert aux Grisons, comme il faisoit encore de nouveau, au nom de Sa Majesté, d'obtenir du roi d'Espagne toute nécessaire et convenable ratification de l'archiduc Léopold.

Les sept cantons catholiques, avec les catholiques de Glaris, Appenzel, abbaye de Saint-Gall et pays de Valais, répondirent qu'ils ne doutoient point que si leurs seigneurs et supérieurs eussent été informés de ces choses, et de la déclaration qu'on venoit de leur faire sur ledit traité, ils ne leur eussent donné tout pouvoir de déclarer qu'ils en demeureroient satisfaits. Pour eux, qu'ils ne jugeoient pas que ledit traité pût être désagréable aux Grisons, ni à leurs seigneurs supérieurs. Quant aux députés des cantons protestans, ils remirent à donner leur déclaration après une assemblée qu'ils devoient tenir pour ce sujet en la ville d'Arau.

Ensuite de ces choses, les forts furent, au commencement de mars, remis entre les mains de Sa Sainteté, pour être démolis à la diligence des deux Rois, leurs officiers ayant charge de faire démolir chacun celui qu'il occupoit, commençant partout en même jour ; ce qui ayant été exécuté, les troupes de Sa Majesté et des princes alliés se retirèrent et celles de Sa Sainteté aussi.

Le marquis de Cœuvres, passant par Coire en

son retour le 10 de mars, convoqua messieurs des trois ligues pour les exhorter à accepter ledit traité de Monçon; mais ils demeurèrent fermes à vouloir envoyer leurs ambassadeurs au Roi pour lui représenter leurs intérêts. Ils eurent audience le 15 avril, et représentèrent au long à Sa Majesté tout ce qu'ils croyoient leur faire préjudice dans ledit traité, s'arrêtant particulièrement sur ce qu'ils désiroient que ledit traité fût ratifié par l'Empereur et l'archiduc Léopold, et qu'ils renonçassent au traité de Lindau, et leur rendissent les lettres et les sceaux qu'ils en avoient d'eux. Ces difficultés obligèrent le Roi de mander aux Valtelins qu'ils lui députassent quelques-uns d'entre eux, afin que, par leurs réponses à ce que les Grisons mettoient en avant, Sa Majesté fût amplement informée de la vérité. Mais ceux qui furent envoyés n'ayant pas les pouvoirs nécessaires, Sa Majesté se contenta de donner satisfaction aux Grisons au point principal qu'ils demandoient, leur accordant une déclaration du grand sceau en date du 14 septembre, par laquelle elle faisoit savoir que, par le premier article du traité de Monçon, étoit entendue la révocation et cassation des traités faits à Lindau et à Coire par l'archiduc Léopold, et de ceux qui ont été faits à Milan avec les trois ligues grises depuis l'an 1617 jusques au jour dudit traité de Monçon; et promettoit Sa Majesté de faire jouir les Grisons de l'effet de ladite révocation, et de les protéger par toutes voies raisonnables, même par armes, contre qui que ce fût qui voulût entreprendre de les molester, au préjudice de la révocation susdite. Conformément à quoi Sadite Majesté fit demander par ses ambassadeurs en Espagne, un écrit signé de don Juan de Billela, secrétaire d'Etat, en date du 9 juillet, par lequel il déclaroit auxdits ambassadeurs du Roi, de la part du Roi son maître, qu'il consentoit à la révocation et cassation de tous les traités qui ont été faits depuis l'année 1617, tant par les ministres que par les autres princes ses alliés et confédérés, en tant qu'ils pourroient être contraires au traité de Monçon, et que l'intention de Sa Majesté étoit de comprendre en la susdite révocation le traité de Lindau fait par l'archiduc Léopold, comme aussi quelque autre traité que ce pût être, fait par lui ou par qui que ce fût, s'il se trouvoit contraire aux articles de Monçon. Voilà la fin que cette affaire eut pour lors; venons à celle de Santarel.

Nous avons rapporté, en l'année précédente, que le livre du jésuite Santarel, approuvé par leur général, avoit été, au mois de mars, par arrêt du parlement, brûlé par l'exécuteur de la haute justice, et en avril censuré par la Sorbonne. Tous les docteurs étoient d'accord de la censure, mais non des termes esquels elle étoit conçue. Un mois après ils voulurent encore censurer la Somme théologique du père Garasse du même ordre, de laquelle ils avoient commis la lecture à deux docteurs, pour leur en faire le rapport deux mois après, lesquels étant échus en mai, ils furent tous d'opinion qu'elle fût censurée. Néanmoins ceux qui l'avoient approuvée, demandant encore du temps pour se préparer à la défendre, on leur donna deux autres mois. Ce terme échu, qui étoit en juillet, il se trouva si grand nombre de docteurs religieux qui prenoient tous part à cette affaire, qu'ils emportèrent à la pluralité des voix qu'on donneroit encore deux mois de délai. Cela donna sujet aux docteurs séculiers de présenter requête au parlement, à ce que dorénavant, en chaque assemblée de la faculté de théologie, il ne pût y avoir de chaque maison de religieux que deux docteurs pour y assister et y avoir voix délibérative. Les religieux mendians se pourvoient au conseil du Roi, qui étoit à Nantes, contre cette requête, obtiennent lettres d'évocation, au préjudice desquelles le parlement donne arrêt le 24 juillet, conformément à la requête. En l'assemblée suivante, qui fut en août, les religieux ne laissèrent pas de s'y trouver en plus grand nombre. La cour ordonne que deux conseillers s'y transporteront l'après-dînée, pour faire procès-verbal de ce qui s'y est passé le matin. Sur leur rapport, elle réitère ses défenses le premier août.

Le premier septembre, la Somme théologique dudit Garasse est condamnée, comme contenant plusieurs propositions hérétiques, erronées, scandaleuses, téméraires, et plusieurs passages de l'Ecriture-Sainte et des saints pères mal cités, corrompus et détournés de leur vrai sens, et des bouffonneries sans nombre qui sont indignes d'être écrites et lues par des chrétiens et par des théologiens. Cette condamnation est revue et confirmée le 16 dudit mois. Si les docteurs séculiers avoient obtenu du parlement deux arrêts en leur faveur, les docteurs mendians en obtinrent aussi deux autres en la leur du conseil du Roi, l'un du 18 juillet, par lequel le Roi évoquoit à sa personne la connoissance de tous ces différends, qu'elle interdisoit à sa cour de parlement et autres juges; l'autre, du 2 novembre, par lequel Sa Majesté ordonne que les docteurs mendians iront à l'ordinaire, comme ils ont accoutumé de tout temps, aux assemblées de la faculté de théologie. Mais, pource que toutes ces disputes venoient ensuite du livre de Santarel, Sa Majesté fit défense, par ledit arrêt, de composer, traiter ni disputer de l'affirmative ou négative des propositions concernant le pouvoir et l'autorité souveraine de Sa Majesté et des autres rois et souverains, sans expresse permission de Sa Majesté par ses lettres-patentes en commandement, à peine d'être punis comme séditieux et perturbateurs du repos public.

La faculté reçut avec respect cet arrêt du conseil, mais elle différa de l'enregistrer, ordonnant que la cour de parlement en seroit premièrement avertie pour les décharger d'un autre arrêt donné en ladite cour. Cet arrêt du conseil ne mettoit pas encore la dernière main à la composition de ce différend ; les évêques se plaignoient toujours des termes de la censure de Santarel, et ne les pouvoient approuver pource qu'il sembloit qu'ils portassent au schisme. Par cette censure ils condamnoient comme hérétiques beaucoup de propositions ensemble, de l'avis d'aucunes desquelles plusieurs et la plupart des docteurs de l'Eglise ont été, et aucuns saints et doctes personnages sont maintenant. Et si bien cette opinion est mauvaise et non recevable en France, il est permis de n'être pas d'une opinion sans condamner l'autre d'hérésie, qui divise la robe de Jésus-Christ, qui est son Eglise. Le nonce en étoit en une grande peine, et craignoit l'ardeur avec laquelle il voyoit qu'aucuns des docteurs vouloient défendre ce qu'ils avoient fait, étant soutenus de la cour qui croyoit en les défendant maintenir l'autorité royale. Le plus grand nombre et les mieux sensés des docteurs, d'autre côté, gémissoient et se plaignoient que la faculté avoit été surprise en cela par la violence et l'astuce de quelques-uns, et demandoient liberté de se pouvoir assembler pour mûrement délibérer sur ce sujet, et censurer ce détestable livre en la manière qu'il mériteroit de l'être.

Pource que le parlement maintenoit la première censure, ils avoient recours au Roi et lui demandoient l'appui de son autorité pour, sous son ombre, agir en ce fait à la décharge de leur conscience. Il en écrivit au cardinal, qui, ne voulant en cette affaire agir que par l'expresse volonté du Roi, ne put pas sitôt, à cause de l'éloignement de Sa Majesté, leur procurer ce qu'ils désiroient, mais les remit à quand Sa Majesté seroit de retour à Paris. Quand elle y fut arrivée, il l'informa de l'importance de cette affaire, qui étoit telle que de ces étincelles il pouvoit naître un grand embrasement, ce qui fit que Sa Majesté, sur un nouveau sujet qui se présenta, envoya, le 2 janvier, l'évêque de Nantes à l'assemblée de la faculté pour remédier à tous ces désordres en une fois. Ce nouveau sujet qui survint fut qu'un jacobin, nommé Têtefort, avoit inséré en une thèse que la Sainte-Ecriture étoit celle qui étoit contenue en partie dans les bibles sacrées, en partie dans les épîtres décrétales des souverains pontifes, en tant qu'elles expliquoient la Sainte-Ecriture. La faculté de théologie le fit appeler, il s'expliqua et essaya de donner quelque satisfaction ; néanmoins on trouva sa proposition rude et non recevable. L'université en ayant avis s'assemble, condamne ledit Têtefort à rétracter ladite proposition de paroles et par écrit, comme étant éloignée de la vérité, et à déclarer que les épîtres décrétales ne sont point l'Ecriture-Sainte ou partie d'icelle, et que le vrai sens et explication de l'Ecriture n'y est point contenu. Les évêques, qui étoient lors en cour, en firent plainte au conseil du Roi, comme d'une entreprise de dangereux exemple, n'appartenant à l'université à résoudre des points de théologie. Sa Majesté, par arrêt du 13 décembre, casse et annule ledit décret, défend au recteur et tous autres d'en poursuivre l'exécution, fait défense de l'imprimer et publier, à peine de la vie, et aux recteurs et assemblées de l'université, présens et à venir, d'agiter, disputer et résoudre aucune proposition ni question concernant la théologie, à peine d'être punis comme séditieux ; renouvelle encore ses premières défenses de proposer ni traiter aucune chose concernant le pouvoir et autorité souveraine de la couronne de France sous les mêmes peines ; et envoie l'évêque de Nantes à la faculté, avec une lettre de sa part, par laquelle elle leur commande de faire un réglement pour la publication et impression des thèses à l'avenir, afin que les choses étant dorénavant conduites avec plus de prudence, on ne tombât plus en pareils inconvéniens. Leur enjoignit, sous peine d'encourir son indignation, d'enregistrer, à leur première assemblée, l'arrêt de son conseil donné le 2 novembre, dont ils avoient différé l'enregistrement, et de toutes ces choses et autres se remit à ce que leur en diroit plus amplement ledit évêque de Nantes, auquel il leur commandoit de croire en tout ce qu'il leur diroit de sa part.

Ledit évêque, après la lecture de ladite lettre, dit à l'assemblée qu'il avoit commandement de Sa Majesté de savoir l'opinion de tous les docteurs, touchant les termes ésquels étoit conçue la censure du livre de Santarel. De soixante-huit qu'ils étoient, cinquante n'approuvèrent pas les termes. La délibération ayant été dressée selon le plus grand nombre des voix, ledit évêque demanda au doyen de la faculté l'original d'icelle pour la porter au Roi, ce qu'il fit. La cour de parlement, dès le 24 janvier, ordonne que le décret de la faculté de théologie des premier et 4 avril sera enregistré au greffe d'icelle, fait défenses à toutes personnes d'écrire ou mettre en dispute proposition contraire à ladite censure, sous peine de crime de lèse-majesté, et annule la délibération du 2 janvier, ordonnant que la minute sera rapportée. Le Roi, pour imposer silence à la cour et mettre fin à toutes ces disputes, donne un arrêt en son conseil le 13 janvier, par lequel il défend à la faculté de traiter dorénavant de ladite matière en quelque sorte et manière que ce soit, ni publier aucuns actes de leurs délibérations des premier et 4 avril dernier, et autres faits sur ce sujet, ni en délivrer aucuns extraits ou copies à qui que ce soit, et quelque commandement qui leur en puisse être fait, sans l'expresse et particulière permission de Sa Majesté, et jusques à tant qu'ils en aient d'autres commandemens d'elle, à peine de nullité et de désobéissance, et d'encourir son indignation. Et par un autre du 29 janvier, évoque à soi et à son conseil tous les différends concernant cette matière, défend à la cour d'en plus connoître, et ordonne qu'il sera décidé et jugé par les cardinaux, prélats et autres qu'il députera à cet effet, en quels termes sera conçue la censure de la détestable et pernicieuse doctrine contenue au livre de Santarel, pour ce fait être par Sa Majesté ordonné ce qu'il appartiendra par raison. Ainsi fut terminée cette longue dissension, en laquelle on se portoit de part et d'autre avec une animosité si grande, qu'il y avoit à craindre qu'elle ne produisît quelque mauvais effet.

Venons maintenant à celle que l'évêque de Verdun suscita contre le Roi en la ville de Verdun; celle-là, ne consistant pas en simples interprétations de paroles comme l'autre, mais en faits et attentats contre l'autorité de Sa Majesté, fut de plus dangereuse suite et de plus difficile accommodement. L'an 1517, l'évêque de Verdun qui étoit lors mit cette ville et tout l'évêché en la protection du Roi, à cause des troubles qui lui étoient suscités par les habitans et par son chapitre. Cette protection fut souvent et de temps en temps demandée au Roi par les successeurs évêques, et renouvelée sur le sujet des oppressions qu'ils recevoient des Lorrains et des Allemands, et des divisions dudit chapitre et habitans avec l'évêque. Le nom du Roi y a toujours été honoré et aimé, jusqu'à ce que, depuis l'an 1508, cet évêché, venant à être possédé par un de la maison de Lorraine nommé Louis, a toujours été conservé par continuelles résignations de l'un à l'autre à ceux de ladite maison. Depuis ce temps, ils ont essayé de gagner le cœur des sujets dudit évêché, et l'éloigner du Roi, à cause de la grande importance dont il est à leur Etat, dans lequel il est bien avancé, et sur la Meuse, les seuls environs et de la ville pouvant nourrir une armée de dix ou douze mille hommes, et la prée seule étant capable de nourrir huit mille chevaux.

Pour y mieux parvenir, les évêques de ladite maison ont de temps en temps fait des aliénations des places et seigneuries plus importantes, dépendantes dudit évêché, aux ducs de Lorraine, ce que partie la négligence ordinaire de France a souffert, partie aussi les grandes guerres qu'elle a eues sur les bras. L'évêque d'à présent, voyant qu'en son temps le Roi étoit mieux servi, et son autorité plus respectée, et qu'on veilloit soigneusement sur les droits de sa couronne, sans qu'aucuns intérêts particuliers en pussent détourner celui à qui la charge en étoit commise, et principalement voyant que, pour assurer entièrement à l'avenir cette ville en l'obéissance et protection de Sa Majesté, on y faisoit parachever une citadelle commencée il y a près d'un siècle, pour l'accomplissement de laquelle feu M. de Guise avoit touché 100,000 écus de Henri III, en l'an 1585, dont les troubles de la ligue empêchèrent l'effet, chercha des apparences de zèle et de justice pour y apporter des obstacles, prit prétexte que le bâtiment de la citadelle ruinoit plusieurs maisons et lieux dépendant de l'église, et qu'on restreignoit la demeure des religieux en une clôture plus étroite qu'ils ne la pouvoient souffrir, lesquelles choses il appeloit entreprises et nouveautés, ne sachant ou ne voulant pas savoir que déjà dès long-temps cette citadelle étoit commencée, et partant que la construction d'icelle n'étoit point une nouveauté, et semblablement faisant semblant d'ignorer que, par un contrat du 25 septembre 1574, l'évêque, lors abbé de Saint-Vanes (dont l'église est enfermée dans la citadelle), promet à tout le clergé, et s'oblige, lui et tous ses successeurs, qu'en cas que la citadelle soit achevée, et que les religieux non-seulement soient enclos en trop petit espace, mais contraints par le trop grand nombre de gens de guerre, ou autre légitime occasion, d'aller faire leur résidence ailleurs, de leur fournir de lieu, et les accommoder d'église et manoirs pour y faire leur résidence et continuel service divin, et exercer leur communauté à ses dépens et de ses successeurs, ensuite duquel autres contrats semblables ont été faits depuis, et confirmés par le Saint-Siège.

Mais, nonobstant toutes ces choses, ledit évêque, mû d'une mauvaise volonté contre le bien de cet Etat, et par les intérêts de sa maison, ne pouvant inventer autre prétexte, prit celui-là pour décerner un monitoire portant inhibitions

28.

et défenses, sous peine d'excommunication, contre tous ceux qui travailloient à ladite citadelle, et y donnoient aide, conseil et faveur, publiquement ou en cachette, directement ou indirectement, et, le dernier décembre, le fit attacher à la porte de la grande église et aux places publiques. Le substitut du procureur du Roi à Verdun le fit arracher de la porte de l'église, et en appelle comme d'abus ; l'évêque le déclare excommunié ; le substitut en fait sa plainte au sieur Charpentier, président pour le Roi aux trois évêchés de Metz, Toul et Verdun, lequel, après avoir considéré l'importance de l'affaire, l'entreprise séditieuse contre l'autorité royale, la légèreté et nullité du prétexte pris par l'évêque, prononça, le 3 février, un arrêt pour contenir le peuple en son devoir, et empêcher la sédition qui en pouvoit naître, par lequel il ordonne que le monitoire et excommunication seront lacérés et brûlés en la place publique de Verdun par l'exécuteur de la haute justice, défenses faites à toutes personnes, de quelque qualité qu'elles soient, d'en retenir aucunes copies, aux curés et ecclésiastiques de les publier, ou souffrir être publiés, sous peine de crime de lèse-majesté ; ordonne que, pour réparation de cet attentat, l'évêque sera mené, sous bonne et sûre garde, en la ville de Paris, le revenu temporel de ses bénéfices mis sous la main du Roi, et le condamne en 10,000 livres d'amende envers Sa Majesté, ordonnant de plus qu'il sera amplement informé contre les complices, fauteurs et adhérens audit attentat, pour être procédé extraordinairement contre eux, selon la rigueur des ordonnances, comme perturbateurs du repos public. L'évêque, ayant reçu cet affront pour juste punition de son audace, se retire à Nancy, et de là passe à Cologne et en Allemagne, cherchant d'intéresser l'Empereur en sa cause, et le faire entrer en guerre avec le Roi.

M. de Vendôme cependant fit tout au contraire ; car, étant arrêté pour avoir desservi le Roi, et ayant toujours jusqu'alors soutenu son innocence, il reconnut sa faute, et recourut à la clémence de Sa Majesté. Depuis sa prise, on avoit eu de grandes preuves des accusations qui étoient faites contre lui, tant des prétentions qu'il publioit avoir sur la Bretagne, et dessein de s'en emparer à la première occasion, que des paroles de mépris que lui et les siens disoient de Sa Majesté et du gouvernement, des violences qu'il exerçoit en Bretagne pour s'y faire craindre, des entreprises qu'il faisoit sur l'autorité du Roi, y établissant la sienne par actions contraires aux lois du royaume, des pensions qu'il donnoit à quantité de noblesse, des deux entreprises sur la ville de Saint-Malo, d'un dessein de s'emparer de Brest, du château de Nantes et de Blavet, des levées des gens de guerre qu'il faisoit sourdement, de l'intelligence qu'il avoit eue avec Soubise pour le faire descendre à Blavet, de l'empêchement qu'il apporta à ce que les forces du Roi ne lui fissent, et à ses vaisseaux, le dommage qu'elles eussent pu, et de la facilité qu'il lui donna d'en enlever les vaisseaux de Sa Majesté. Ledit duc, sachant en partie que tout cela avoit été déposé contre lui par plusieurs témoins, commença à rentrer en lui-même ; et, descendant de l'audacieuse prétention d'innocence qu'il avoit auparavant professée, avoua, dès le mois de décembre de l'année 1626, que justement le Roi l'avoit arrêté comme coupable, et qu'il avoit recours à sa clémence pour en recevoir le pardon.

Il s'adressa aux sieurs de Loustelnau et Lamont pour le faire entendre à Sa Majesté, qui, sur ce qu'ils lui rapportèrent de sa part, lui écrivit une lettre du 28 décembre, par laquelle il lui manda que les dessusdits lui ayant dit qu'il avoit volonté de déclarer à Sa Majesté, à la décharge de sa conscience, les desseins qu'il avoit eus contre son service, il lui promettoit de lui pardonner ce qui se seroit passé, sans le vouloir tirer à conséquence, contre sa vie ou ses biens, pourvu qu'il n'oubliât rien de tout ce qu'il savoit avoir commis et avoir été fait, projeté ou entrepris contre son service, le repos de l'État et le devoir de tout sujet. Mais puisqu'elle lui accordoit ce qu'il désiroit en cela, elle le prioit aussi, pour l'amour de lui-même, de n'oublier ni déguiser aucune chose ; car, si elle le pouvoit convaincre juridiquement de dissimulation, elle ne s'obligeoit à aucune chose envers lui. Ayant reçu cette lettre de Sa Majesté, il demanda à parler au père Eustache, feuillant, son confesseur ; Sa Majesté l'eut agréable, et lui en envoya une permission par écrit, du 15 juin 1627, en laquelle elle lui protesta que, comme elle désiroit que ledit sieur de Vendôme lui déclarât tout absolument, sans réserve, aussi ne voudroit-elle qu'il dît aucune chose contre qui que ce pût être qui ne fût véritable.

Après cette permission donnée, ledit sieur de Vendôme forma une nouvelle difficulté, et dit qu'en vain confesseroit-il ses fautes, s'il n'étoit assuré d'en recevoir le pardon ; que toujours, en ne s'accusant point soi-même, seroit-il moins coupable d'une preuve qui seule équipolle toutes les autres ; mais que si Sa Majesté l'assuroit qu'en lui avouant la vérité il lui feroit grâce, il la lui diroit sans en rien déguiser. Madame d'Elbeuf et M. de Bellegarde portèrent cette parole au Roi, et ladite dame lui fit si grande instance de lui accorder sa demande, que la bonté de Sa Majesté ne l'en put refuser, et écrivit audit duc une lettre, signée de sa main, par laquelle elle lui promettoit de lui pardonner, et lui feroit expédier sa grâce de tout ce qu'il avoueroit avoir méfait contre le service de Sa Majesté. La lettre fut donnée à ladite dame pour lui porter, avec ordre de lui dire expressément qu'elle n'avoit la permission du Roi de le voir, qu'à condition de rapporter fidèlement à Sa Majesté, et faire voir, par un mémoire bien exact, ce qu'il lui aura dit, dont elle l'avertissoit, afin que, s'il vouloit prendre le chemin de la rigueur, il ne lui dît aucune chose qui lui pût préjudicier; comme aussi, s'il vouloit prendre la voie de la clémence, il dît ingénument tout ce qu'il sauroit sans réserve; que son salut ou sa perte dépendoient de lui, et que le Roi vouloit qu'il choisît librement le chemin qu'il vouloit prendre; Sa Majesté estimant meilleur de lui faire faire son procès, s'il estimoit cette voie plus avantageuse pour lui, et d'autre part ne lui déniant pas sa clémence, s'il se mettoit en état auquel elle pût lui en faire recevoir les effets.

Ladite dame, accompagnée du sieur de Bellegarde, lui porta la lettre du Roi et lui dit, en présence des sieurs de Loustelnau et Lamont, ce qui lui avoit été enchargé. A quoi, après avoir bien pensé, le sieur de Vendôme fit une déclaration, signée de sa main, par laquelle il avouoit à Sa Majesté tout ce qu'il avoit fait et dessein de faire contre son service et le bien de l'Etat; ce qui fit que Sa Majesté, selon sa promesse, ne poursuivit pas aussi à lui faire son procès, mais commanda qu'on lui fît expédier lettres d'abolition générale, au mois de février ensuivant (1). Il présenta requête à la cour de parlement, le 30 mars, pour les faire entériner. Diverses difficultés qui se présentèrent sur les formes, firent différer cette affaire jusqu'au commencement de l'année 1629, où nous en parlerons.

Mais laissons-là les grands, qui, abusant des biens que le Roi leur a faits, et de la puissance qu'ils tiennent de Sa Majesté, ne s'en sont servis que pour se rendre criminels, au lieu d'en avoir un perpétuel ressentiment, et parlons des bienfaits du Roi envers une personne plus reconnaissante. Nous avons dit, à la fin de l'année dernière, que le Roi récompensa la charge d'amiral afin de la supprimer, pour les raisons que nous y avons déduites. Mais parce que, n'y ayant point d'amiral, il étoit nécessaire que quelqu'un eût le soin de la marine, tant pour le trafic que pour les vaisseaux de guerre, le Roi fit choix de la personne du cardinal pour s'en fier en lui, lui donnant le même pouvoir que celui d'amiral, hormis en ce qui étoit préjudiciable à son service; qui est qu'il n'étoit plus chef des armées navales, comme étoit l'amiral, le Roi en pouvant désormais donner le commandement à qui il lui plairoit, et que tous les grands appointemens qui étoient attachés à cette charge retournèrent au profit de Sa Majesté. En conséquence de quoi, ce titre d'amiral fut changé en celui de grand-maître, chef et surintendant général de la navigation et commerce de France. A peine étoit-il quasi entré en charge, que, dès le commencement de cette année, la mer lui porta rompre aux rivages de la Guienne deux grandes carraques portugaises, qui remplirent toute la côte de dépouilles et de richesses si grandes, qu'on lui en offrit, pour son droit, 200,000 livres. Mais lui, reconnoissant que cet accident, arrivé à son entrée en cette charge, étoit comme un témoignage que la puissance maritime d'Espagne venoit rendre hommage à celle qui commençoit à naître en France, voulut que tout ce qui lui en appartenoit en son particulier fût employé en l'établissement de cette puissance-là; et quoique Sa Majesté, très-libérale en son endroit, voulût qu'il fît son profit de ses droits, si est-ce que, par les continuels refus qu'il en fit, elle se sentit obligée de condescendre en cela à son désir.

Le cardinal ne reçut cet emploi que pour s'adonner tout à y servir le Roi. Plusieurs autres se cherchent dans les charges, il y perd la considération de soi-même et n'a autre but que l'avantage de son maître, lequel, quand il l'a procuré, il est content. Comme un capitaine mis dans une place pour la garder la visite incontinent, et reconnoît soigneusement sa force et sa foiblesse, et à ce en quoi elle est bonne, ce en quoi elle manque, et ce qu'il faut faire pour la rendre parfaitement bonne, ainsi le cardinal regarde les fautes que les autres ont faites qui l'ont précédé, ce qu'ils ont fait de bien, ce qu'ils eussent pu faire davantage, leur soin, leur négligence, et ce qu'il faut apporter pour mettre en France la marine à son dernier point. Cette grande connoissance qu'il avoit prise de la mer fit qu'il représenta, en l'assemblée des notables qui se tenoit lors (2), plusieurs propositions nécessaires, utiles et glorieuses, non tant pour remettre en France la marine en sa première dignité, que par la marine la France en son ancienne splendeur. Il leur remontra que l'Espagne n'est redoutable, et n'a étendu sa monarchie au levant, et ne reçoit ses richesses d'occident que par sa puissance sur mer; que le petit Etat de messieurs des états des Pays-Bas ne fait résistance à ce grand royaume que par ce moyen; que l'Angleterre ne

(1) 1628.

(2) Cette assemblée des notables s'ouvrit le 2 décembre 1626, aux Tuileries, et dura jusqu'au 24 février 1627.

suppléé à ce qui lui défaut, et n'est considérable que par cette voie; que ce royaume étant destitué comme il est de toutes forces de mer, en est impunément offensé par nos voisins, qui tous les jours font des lois et ordonnances nouvelles contre nos marchands, les assujettissant de jour en jour à des impositions et à des conditions inouïes et injustes; pillent nos vaisseaux et prennent nos hommes sous divers vains prétextes; l'Angleterre, sous celui qu'ils portent du blé en Espagne; les Dunkerquois, qu'ils en portent en Hollande; les Hollandais plus audacieusement encore s'entendent avec les infidèles, et souvent, après nous avoir volés, prennent des turbans pour feindre qu'ils sont Turcs; outre que nos voisins, qui sont foulés sur mer, peuvent quand ils voudront porter la guerre en quelque partie qu'il leur plaira de cet Etat; qu'il n'y a royaume si bien situé que la France, et si riche de tous les moyens nécessaires pour se rendre maître de la mer; que pour y parvenir il faut voir comme nos voisins s'y gouvernent, faire de grandes compagnies, obliger les marchands d'y entrer, leur donner de grands priviléges comme ils font (1); que faute de ces compagnies, et pource que chaque petit marchand trafique à part et de son bien, et partant pour la plupart en des petits vaisseaux et assez mal équipés, ils sont la proie des corsaires et des princes nos alliés, parce qu'ils n'ont pas les reins assez forts, comme auroit une grande compagnie, de poursuivre leur justice jusques au bout; que ces compagnies seules ne se voient pas néanmoins suffisantes, si le Roi de son côté n'étoit armé d'un bon nombre de vaisseaux pour les maintenir puissamment en cas qu'on s'opposât par force ouverte à leurs desseins; outre que le Roi en tireroit cet avantage, qu'en un besoin de guerre il ne lui soit pas nécessaire d'avoir recours à mendier l'assistance de ses voisins; que pour cela il faudroit, entre autres choses, bannir les changes simulés et supposés dont le gain injuste est si grand, qu'en moins de cinq ans, si on ne souffre point de banqueroutes, on double son bien ; ce qui a fait quitter la marchandise à plusieurs pour s'y employer : aussi sont-ils défendus, sous peine de confiscation, en Espagne, Portugal, Angleterre et Hollande; qu'il suffiroit que le Roi eût quarante-cinq vaisseaux, l'entretien desquels ne lui reviendroit pas, les douze mois de l'an, à ce que cinquante voiles ont coûté à Sa Majesté pour six mois seulement, sans compter l'avantage que Sa Majesté en recevroit de l'augmentation de ses fermes pour la liberté du commerce et les ri-

(1) Les étrangers.

chesses que les sujets de Sa Majesté acquerroient par ce moyen; ce qui seroit encore d'autant plus aisé à faire, que les dépenses de l'amirauté n'étoient plus si grandes que par le passé, et qu'au lieu que l'état ancien des officiers de ladite amirauté montoit à cent cinquante tant de mille livres, celui que le cardinal avoit dressé pour l'année présente ne montoit qu'à soixante-deux mille cinq cent quatre-vingt-deux livres, ce qui provenoit, tant de la quantité des officiers inutiles qu'il avoit retranchés, que des grands gages que tiroit l'amiral, au lieu qu'il n'y en a point d'attribués à la charge qu'il possède, comme aussi de ce que dans les précédens états on employoit force personnes qui ne servoient point, là où on ne couchoit maintenant dans l'état que ceux qui étoient nécessaires pour servir actuellement.

Ces choses ainsi représentées, on proposa à l'assemblée à résoudre, savoir si le Roi devoit souffrir les déprédations continuelles qui se faisoient sur ses sujets, et les impôts que les étrangers mettoient tous les jours sur nos marchandises, ou si nous leur en devions faire le même sur celles qu'ils nous apporteroient, et si, pour nous garantir de ces maux, il n'étoit pas expédient que Sa Majesté entretînt perpétuellement à l'avenir une flotte telle qu'elle paroissoit par l'état qui en avoit été présenté, et s'il n'étoit pas utile et nécessaire d'établir de fortes compagnies en ce royaume, avec les priviléges et avantages qu'elles avoient dans les mêmes états : à quoi l'assemblée, après avoir approuvé et loué le bon ordre et le ménage notable que le cardinal avoit déjà commencé d'apporter en la dépense de l'amirauté, fut d'avis de la proposition en toutes ses parties, en la résolution de laquelle elle supplie Sa Majesté d'autant plus instamment de demeurer ferme, que les étrangers en montroient déjà une extrême jalousie.

Voilà ce qui s'y passa pour la marine. Quant à toutes les autres choses qui y furent proposées de la part du Roi, et la harangue même que le cardinal y fit pour chercher les moyens de soulager le peuple, et augmenter néanmoins les revenus de Sa Majesté, les avis des notables sur toutes les choses proposées, toute la déduction entière que fit le cardinal du fait de la marine, et la même réponse des notables, lesquelles nous n'avons ici rapportées qu'en général, les états des dépenses de ladite marine durant quelques années, par lesquels se voit le ménage et l'ordre que le cardinal y a apportés, et l'état des armemens de mer ès années 1622, 1623, 1625, 1626, par lesquels il se voit la dépense ruineuse que Sa Majesté a supportée : toutes ces choses, un peu trop longues pour être rapportées dans le cours de cette histoire, seront mises à la fin de ce volume (1).

J'ajouterai ici seulement ce que je crois ne devoir pas être oublié, de plusieurs avis que M. le prince donna sur l'assemblée, les propositions qui y furent faites, et toutes les affaires présentes. Le cardinal avoit conseillé à Sa Majesté d'envoyer vers lui pour lui donner avis de ladite assemblée, lui communiquer l'état des affaires et des bons desseins de Sa Majesté, pour savoir son sentiment sur iceux. Il crut qu'il étoit convenable de rendre ce respect à sa qualité, et pour alléger le déplaisir qu'il avoit de son absence de la cour, afin que, s'il en étoit éloigné de présence, il ne le fût pas de la connoissance de ce qui s'y passoit. Guron lui fut dépêché pour ce sujet, qui rapporta à Sa Majesté, pour réponse de la part dudit seigneur le prince : que le cardinal étoit le plus heureux ministre qui eût jamais servi les rois, mais que c'étoit aussi un grand avantage à Sa Majesté que Dieu lui eût donné un tel ministre; que l'utile et excellente proposition qu'il faisoit à l'assemblée du rétablissement du commerce, et de rendre Sa Majesté forte sur la mer, lui faisoit reconnoître que l'avantage que les Espagnols avoient eu sur nous jusques ici, étoit remporté par Sa Majesté sur eux maintenant; que jusques ici ils s'avoient accoutumé, en leurs plus grandes entreprises, de représenter au monde une apparence qui amusoit un chacun, leur donnant sujet de parler diversement, mais de conserver en eux secrètement la fin à laquelle ils tendoient, sans que personne la pût pénétrer; que maintenant le cardinal leur avoit ravi cette prudence, qui lui peut véritablement être attribuée en ses desseins de la mer, dont les Anglais, les Espagnols et les Hollandais murmurent, chacun d'eux en leur particulier, ne considérant que la jalousie de la force du Roi qui s'élève, en sorte que bientôt elle sera plus grande que la leur, sans qu'eux ni les huguenots s'aperçoivent que le Roi, par le moyen de cette puissance maritime, se met en état de prendre La Rochelle quand il lui plaira, et se faire en un instant plus puissant en deniers que roi de la chrétienté, mettant la gabelle sur le sel dans la saline même d'où l'emporte l'étranger aussi bien que les Français, ce dont il tirera un revenu de dix millions d'or; que le Roi avoit été bien conseillé de retirer Brouage et le mettre entre les mains du cardinal, pour ce que, ce faisant, il rendoit la prise de La Rochelle assurée, et facilitoit l'exécution de cet autre grand dessein du sel, qui est l'unique moyen de soulager le peuple, qui, par tant de charges qu'il porte, se sent

(1) Ces pièces ne s'y trouvent pas.

accablé sous le faix, et ôteroit la gabelle des provinces exemptes par la diminution des tailles, qui seroit peu de chose au prix du profit présent que recevroit le Roi; qu'il louoit ce grand secret, qui ne lui étoit pas secret, parce qu'il savoit bien ce qu'il falloit faire, et que le cardinal se pouvoit souvenir qu'à Limours il lui dit qu'il falloit prendre M. de Vendôme, sans que le cardinal lui répondît sur cette matière; par où il se voit qu'il savoit bien ce qu'il falloit faire, encore qu'on ne lui dît pas; ainsi jugeoit-il des préparatifs qui se font, qu'il loue, qu'il approuve, et les tient les seuls capables de faire admirer le Roi et d'agrandir son Etat; que sous un autre gouvernement que celui d'à présent, il eût toujours trouvé l'entreprise de La Rochelle impossible; mais qu'il ne fait point de doute que le cardinal n'en vienne à bout, parce qu'il est si prévoyant et si heureux, que peu de choses lui faillent de celles qu'il entreprend; qu'on ne croyoit jamais qu'il pût démêler les affaires de la Valteline, qui sembloient porter Sa Majesté à une rupture avec les Espagnols; que le mariage d'Angleterre étoit traversé de toutes parts, et plus des Français que des Espagnols, qui appréhendent la grandeur du Roi; pour la paix des huguenots, on ne la tenoit pas impossible, mais bien de porter les Anglais et Hollandais contre eux. Mais là où la plupart du monde croyoit qu'il dût faire naufrage, c'est en ces dernières menées où il a tout mis pour en sortir Sa Majesté, s'étant mis de grands ennemis sur les bras, qu'il a méprisés, et sa vie pour servir le Roi.

Il proposa pour trouver de l'argent un autre expédient prompt et sans nécessité de vérification d'édit, non plus que celui du sel, lequel d'abord, disoit-il, semble avoir quelque face d'injustice, mais en effet n'en a point, qui est de s'emparer dès maintenant des rentes qui sont sur les tailles et sur le sel, qui montent à plus de quinze ou vingt millions, qui se prendroient dès le courant de l'année prochaine, et après on en assureroit le remboursement sur les avis proposés, et cependant on paieroit l'intérêt de la finance au denier vingt; qu'on crieroit de cela, mais aussi feroit-on de toutes choses qui iroient à nouvelles crues, partis extraordinaires, créations d'offices, à quoi le Roi doit prendre garde, parce que les parlemens s'y opposeront, et c'étoit chose à éviter de faire en toutes rencontres effort de sa puissance; qu'en ces deux moyens le Roi pouvoit cette année faire un fonds de 50,000,000, sans avoir besoin de l'assemblée, laquelle il conseilloit de licencier promptement, avec quelques édits favorables à tout le monde, et que les officiers s'en retourneroient contens en leurs provinces, pour éviter que Monsieur ne tirât avantage de leurs mécontentemens ; que Sa Majesté devoit apporter ordre à sa maison, pour ôter les abus de ceux qui en manient les deniers, mais de faire des retranchemens généraux, qu'il ne croyoit pas pour son service que cela se dût faire ; la conséquence ne sauroit aller à 1,500,000 livres, et cela ne vaut pas la peine d'offenser tant de grands et autres, et que cela pourroit produire des dépenses qui iroient au quadruple ; qu'il tient tous les autres inutiles pour un secours pressant d'argent, qu'il faut un grand temps devant qu'en tirer profit, les avances consomment tout, et jamais le Roi n'en reçoit le tiers ; qu'ils sont bons en l'abondance, parce qu'on a loisir d'attendre et de les bien examiner ; que pour toutes ces choses il faut de la résolution, et ne se soucier pas de ce qu'on dira ; qu'il sait bien que M. le cardinal a ses pensées fort élevées, mais qu'il sait aussi qu'il faut qu'il fasse tout, ou que rien ne se fait ; qu'il seroit pour se charger de toutes les commissions périlleuses ; que lorsqu'en présence de Sa Majesté les choses seroient résolues, elle verroit s'il auroit le talent de l'exécution, à quoi il prendroit grand plaisir, voyant qu'on ne procède pas lâchement comme autrefois, mais avec dignité et majesté ; qu'il se vantoit de seconder le cardinal en une grande action, comme il dit qu'il a témoigné en avoir le cœur en ce que, lorsqu'il servoit le Roi contre les huguenots, ses amis lui disoient qu'il faisoit comme un homme qui découvroit sa maison pour être noyé de la pluie et brûlé du soleil ; mais qu'il n'avoit jamais eu devant les yeux que la grandeur de son roi et de son État, et n'avoit jamais eu aucun égard à son particulier ; qu'on voit maintenant que les huguenots sont un peu affoiblis et que le cardinal a affermi l'autorité du Roi, qu'il est comme un particulier dans son gouvernement, et que sans cela il auroit tous les jours des courriers pour le rappeler, comme on faisoit à feu Monsieur, au roi de Navarre et à feu M. son père. Qu'ainsi le cardinal a fait un grand coup d'État pour le mariage de Monsieur. « Je le dis, disoit-il, il est contre moi, mais c'est un coup pour sauver l'État ; mais que le cardinal ne se trompe pas, c'est le plus méchant coup qu'il pouvoit faire pour lui, il le hait et le haïra toujours. » Qu'en cela le cardinal a regardé au présent pour le Roi, au présent et à l'avenir pour l'État, mais point au présent ni à l'avenir pour lui, car il se vengera tôt ou tard.

Que pour le présent il conseille de maintenir la paix avec les huguenots, et cela jusqu'à ce que le Roi soit en état d'y aller pour la dernière fois, et, cependant, ne se formaliser point ni des conseils de Nîmes et de Montauban, ni de choses semblables, leur laisser faire ce qu'ils voudront, jusqu'à ce qu'avec trente mille hommes on les aille réformer. Pour les grandes villes comme Paris, ne leur rien accorder de nouveau, et des choses acquises les y faire languir et ennuyer dans les poursuites pour les leur faire quitter, adoucir messieurs de Rohan, leur donner quelques commodités, et leur ôter le désespoir jusqu'à ce qu'on soit en état de paix. Que pour la sûreté de l'État, le Roi doit toujours avoir un corps de dix mille hommes de pied, et quinze cents chevaux pour aller au premier bruit, Sa Majesté à la tête ; que le corps doit être en lieu où le Roi le voie souvent pour le tenir complet, autrement que les troupes dispersées seront toujours dans la bourse des chefs et le Roi mal servi ; voudroit seulement quelques troupes en Poitou, aux Cevennes et Languedoc, et que pour leur marche il y eût des hommes qui seroient tenus avertis des routes, ou qui leur fourniroient de vivres, foin et avoine à certain prix, et que le plus de la valeur fût liquidé au conseil et payé par le Roi, dont seroit fait levée particulière après, par les endroits où auroient passé les troupes.

Qu'on décrie à Rome le cardinal comme hérétique, parce qu'on ne leur fait pas entendre le secret des affaires, et qu'il s'étonne qu'il ne procure envers le Roi un ambassadeur auquel on puisse confier ledit secret, et qui fasse valoir les bonnes intentions du cardinal. Que Béthune est frère de Sully qui ne l'aime point (1), n'est point content de sa fortune, et voudroit voir tous les jours les choses changées. Il importe par personne confidente éclaircir Rome sur plusieurs points, et du Roi et de son principal ministre. Que les mauvais desseins ne sont pas éteints, que le Roi doit prévoir et prévenir ; que ce sont deux paroles que Guron devoit bien peser et retenir, et les faire entendre au Roi comme très-importantes, et aussi au cardinal. Que le grand-prieur est un esprit dangereux, qu'il n'y a point de sûreté à le garder s'il est coupable, qu'il prie néanmoins qu'on ne l'accuse point de l'avoir dit. Pour le duc de Vendôme, qu'il a bien l'esprit porté à de petites redites de cour, mais que d'un grand dessein il n'en est pas capable, n'ayant point de cœur, haïssant la peine et aimant fort ses plaisirs. Et, particulièrement, que le cardinal se souvienne de faire garder soigneusement ledit grand-prieur, qu'il sait beaucoup de choses de leurs desseins, mais qu'il a peur qu'on le découvre ; que le cardinal a plus de raison de se

(1) Le cardinal.

garder que jamais ; qu'au lieu de vingt gardes il en doit avoir trente ; qu'à cela on n'y retourne pas deux fois ; que le Roi sait bien qu'il y a eu entreprise sur sa vie, qu'elle y est encore, et qu'il se doit garder de poison, et prendre garde à tout ce qui entre dans sa maison : chose dont il charge Guron, par plusieurs fois, de n'omettre pas à dire, qu'il doit plus que jamais songer à l'avenir pour sa sûreté, ce qu'il ne dit sans connoissance de cause ; que Monsieur est offensé et ne lui pardonnera point, qu'il attendra le temps de sa vengeance, que c'est l'ordinaire en telles occasions, que son humeur y est portée, qu'il ne parle point par cœur, étant en état de découvrir beaucoup de choses, pourvu qu'on ne le découvre point.

Puis ledit sieur prince, descendant des affaires générales aux siennes particulières, témoigna avoir grand désir d'être rappelé en la cour auprès de Sa Majesté, et être employé pour son service ; au moins voudroit-il qu'il lui fût permis de voir Sa Majesté, quand ce ne seroit que pour une heure, pour être hors de l'infamie de ne pouvoir approcher son maître comme font ses autres sujets. Que dans la solitude en laquelle il confessoit s'ennuyer beaucoup, il avoit trois partis à prendre : ou en sortir par une faction, ou revenir à la cour dans la bonne grâce du Roi, ou prendre patience comme il avoit fait jusqu'alors. Pour le premier, qu'il ne le fera jamais quand il devroit mille fois mourir, qu'il a tâté de ces folies-là, et que son expérience lui a appris à n'y vouloir jamais retourner. Pour le deuxième il le désire passionnément, et en supplie Sa Majesté. Qu'il croit que le temps viendra qu'on le rappellera à cause qu'il sera toujours homme de bien, et qu'on l'obligeroit grandement de l'anticiper, et qu'il serviroit encore de cela, de se charger de très-bon cœur de toutes les choses rudes, et ne laisser dans les opinions du peuple que les bonnes pour le Roi. Et qu'il acceptera volontiers son rappel avec cette condition, qu'en cas que Sa Majesté n'ait satisfaction de lui, il subira la peine de la prison, ou telle autre qu'il lui plaira.

Qu'il promet un fruit certain de son retour, qui est qu'il dépite toute sorte de factieux, de quelque qualité qu'ils soient, de jamais pouvoir rien attenter ni entreprendre, n'exceptant pas les huguenots, connoissant la portée de tous et les remèdes à toutes leurs folies, et les moyens de ruiner tous ceux qui s'en voudroient mêler. Que Sa Majesté peut juger s'il est homme de bien ; étant éloigné comme il est, il peut voir et écouter tout le monde, et néanmoins, par la grâce de Dieu, il n'a pas peur qu'on le puisse accuser de quoi que ce soit, l'ayant bien témoigné en ces derniers temps, où, partant de Dijon, il s'en vint avec trois gentilshommes à Limours. Enfin, qu'il est près de signer qu'il s'accommodera aux volontés du Roi en tout, que son exemple servira à beaucoup d'autres, et que quelques autres conditions que l'on désirera pour s'assurer de lui, il les signera de son sang. Pour le troisième parti, qui est de prendre patience, il y étoit tout résolu. Que quant au mariage du prince de Joinville avec sa fille, il désire l'accomplir quand elle sera en âge, mais que ce ne sera pas sans en demander la permission du Roi, et se remettre entièrement à la résolution que Sa Majesté en voudra prendre.

Il dit aussi qu'il croyoit que Monsieur auroit jalousie du voyage dudit Guron ; qu'il falloit respecter mondit seigneur, mais qu'il s'assuroit qu'en le bien traitant, et en lui raisonnable, il seroit facile de le contenir en son devoir. Et pour fin, il supplia Sa Majesté de l'exempter des poursuites que mondit seigneur faisoit contre lui, afin qu'au moins en son éloignement de la cour il pût jouir de son bien en repos. Et pour convier le cardinal à l'assister en ses désirs, il donna charge à Guron de lui dire qu'il avoit besoin d'un homme auprès du Roi pour faire voir les occasions de faire pour lui ; qu'il sait bien que nul ne feroit mieux cela que lui, sachant qu'il étoit homme à qui il falloit faire du bien sans qu'il le sût. Voilà les avis et réponses que M. le prince fit au Roi par Guron.

Tandis que le cardinal, touché de l'honneur de la France, essayoit, par tant de raisons démostratives, de persuader aux notables que le Roi se devoit faire fort sur la mer pour la sûreté de son Etat et la richesse de ses sujets, les Anglais, nos anciens ennemis, qui avoient plus de jalousie de ce dessein que tous les autres, et plus de crainte que le Roi l'exécutât, néanmoins, comme s'ils eussent été aveugles et furieux, agirent contre eux-mêmes et leur propre bien, et sans y penser firent voir à un chacun la nécessité de ce conseil, et obligèrent le Roi à l'appuyer, d'autant qu'ils lui firent connoître que sans cela, tant s'en faut qu'il fût redoutable à ses ennemis, il n'étoit pas même assuré en son Etat. Ils méprisèrent l'honneur que le Roi leur avoit fait de leur envoyer le maréchal de Bassompierre, pour leur demander raison des violences commises au préjudice du traité de mariage, et se sentant forts sur mer, et sachant notre foiblesse, il n'y eut sorte de voleries qu'ils n'exerçassent impudemment contre nos marchands, jusque-là qu'ils armèrent une flotte contre nous.

Mais, pour déduire ceci avec ordre, reprenons le maréchal de Bassompierre que nous avons laissé s'embarquant à Douvres pour passer à Calais. Dès le lendemain qu'il partit de Londres, il fut donné un commandement secret par toute l'Angleterre, d'arrêter tous les vaisseaux et marchandises des Français, et il fut fait défenses à tous les marchands de leur payer aucune chose qu'ils leur dussent. Le maréchal ne remportoit autre chose de toute sa négociation qu'une promesse de rétablissement de fort peu d'officiers français de la maison de la Reine, et encore cette promesse lui avoit été faite de telle façon, qu'il lui étoit aiser à juger qu'ils n'avoient pas dessein de tenir ce qu'ils promettoient. Mais lui, qui avoit plus de désir de paroître avoir fait quelque chose que de ferme dessein de remporter quelque solide avantage pour le service du Roi, s'en contenta, et disoit que le fait d'un ambassadeur étoit de porter et rapporter des paroles, non pas des effets.

C'est pourquoi les plus sages en Angleterre prévoyoient bien que son voyage seroit infructueux. Rosdorf, résident du Palatin, en écrivit en ces termes au chancelier de Suède, en décembre 1626. « Bassompierre n'a tiré autre effet de cette « pompeuse ambassade, sinon qu'il a fait une telle « quelle transaction sur le sujet du différend pro- « venu entre les deux couronnes pour le bannis- « sement des Français hors d'Angleterre, et a tiré « promesse de ce Roi qu'il en rétabliroit quelques- « uns en la maison de la Reine sa femme. Il s'est « contenté de cet honneur, et de la vaine gloire « de cette transaction, ne se souciant pas du suc- « cès de ce qui en arriveroit, et de l'exécution « des choses, et n'a osé approfondir les affaires « davantage. » De Calais, le maréchal de Bassompierre prit la poste pour aller à la cour, où il arriva après Noël. Il représente au Roi son traité; il le fait valoir tant qu'il peut; il assure de la bonne volonté du roi d'Angleterre, et fait tous ses efforts pour persuader le Roi d'avoir agréable que Buckingham vienne ambassadeur extraordinaire du Roi son maître, pour rétablir une bonne intelligence entre ces deux couronnes, se faisant fort qu'il viendra à ce dessein, et travaillera avec sincérité. Il y avoit de grandes raisons qui combattoient au contraire, et qui détournoient le Roi de condescendre à ce qu'il proposoit.

Le cardinal représenta au Roi que, pour délibérer mûrement d'une affaire, il en falloit considérer la fin et l'utilité qu'on en pouvoit tirer. Or, il sembloit que son arrivée étoit honteuse au Roi, préjudiciable au repos de cet État, et peu utile à la correspondance de ces deux couronnes; qu'il y avoit plus d'un an que, désirant dès lors venir en cette cour, le Roi lui fît témoigner par ses ambassadeurs, sur l'inexécution des traités, qu'il ne pouvoit approuver son dessein qu'on ne lui eût donné contentement sur les articles qui lui avoient été promis. Quelle raison d'y consentir présentement que les Français sont éloignés, et la religion ouvertement persécutée? Les rois doivent être jaloux de faire connoître qu'il y a force en leurs résolutions et fermeté en leurs conseils. Est à noter que le refus lui fut fait en un temps auquel, à cause de la guerre que nous avions dedans et dehors l'État, l'intelligence de ces deux rois sembloit utile où, maintenant que la paix est affermie, si nous voulons les effets d'une véritable amitié, nous n'avons pas besoin des apparences. Dans la réponse donnée au maréchal de Bassompierre par le conseil d'Angleterre, le roi de la Grande-Bretagne se plaint, en termes formels, des instances qu'on lui a faites en faveur des catholiques, vu que le Roi son père et les principaux ministres avoient assuré ses ambassadeurs, de bouche et par écrit, qu'ils ne prétendoient pas l'observation de cette clause, mais seulement la promesse pour obtenir la dispense du mariage. Si on reçoit avec accueil celui qui est auteur de ces artifices, que peut-on juger, si ce n'est que le Roi, en matière de religion, a traité de mauvaise foi, et cherché plutôt de la vanité que le soulagement de ces consciences affligées? A la vérité, il n'est pas raisonnable que le Roi entre en guerre avec les Anglais pour la passion des catholiques; il doit plus à ses sujets qu'à ses voisins. Il est engagé aux uns par nature, et aux autres seulement par affection; mais aussi n'est-il pas de sa dignité qu'il voie de bon œil celui qui est seul cause de leurs misères. Plusieurs personnes du conseil d'Angleterre et d'éminente condition se sont montrées, pour mériter les bonnes grâces du Roi, favorables aux intérêts de la Reine et des catholiques, qui en perdront la volonté s'ils voient que les personnes qui en ont avancé la ruine aient la meilleure part en ses faveurs.

Mais si sa venue fait contre la réputation du Roi, elle ne fait pas moins contre le repos de ses peuples. En l'état où est sa faveur, il y a peu d'apparence qu'il s'éloignât de son maître, si ce n'étoit pour faire quelque action qui le mît à couvert de la haine publique. Or, il n'y a qu'une voie pour arriver à cette fin, qui est de relever les espérances des huguenots et leur donner de nouvelles forces; car, comme le principal chef de ses accusations dans le parlement a été d'avoir contribué de vaisseaux à leur ruine, aussi n'y a-t-il point de doute qu'il ne reprît créance dans l'État s'il avoit avancé le rétablissement de leurs affaires. Il est donc à préjuger qu'il essaiera de faire cabale dans cette cour et se prévaloir du mécontentement des grands, afin de donner moyen aux hérétiques de profiter de ces divisions publiques, et que dans leur accroissement il trouve son salut. Car de croire qu'il vienne ici pour traiter des affaires d'Allemagne, c'est un abus : outre que leur nécessité ne leur permet d'y penser, il a été très-bien informé par les ambassadeurs du Roi qu'on veut entrer dans les effets, et non pas dans la ligue, qu'on veut soutenir les affaires d'Allemagne, et non pas les pousser. Joint qu'on n'a que trop de connoissance de la part qu'il avoit dans la dernière conjuration, et de la haine qu'il porte à celui qui, par son industrie et courage, a dissipé leur mauvais dessein et relevé l'autorité de son maître.

Si on dit que son arrivée liera ces deux Rois plus étroitement, on justifie que non, et par raisons et par exemples. Jamais favori ne pense avoir reçu les honneurs qu'il prétend avoir mérités ; la grande puissance qu'ils ont dans les États qu'ils gouvernent, leur fait trouver petits les respects qui ailleurs leur sont rendus ; et cette règle générale se vérifie en sa personne. A-t-il jamais pris commission étrangère qu'il n'en soit sorti peu satisfait, et offensé contre les princes vers lesquels il avoit été envoyé ? Il ne fut pas sitôt en Espagne qu'il rompit avec le favori (1), et engagea son maître dans une guerre ouverte pour venger ses passions. Le voyage de France, qui le devoit acquérir entièrement à cet Etat, l'en rendit ennemi, peu d'occasions s'étant passées depuis, où il n'ait témoigné le peu de respect qu'il portoit au Roi, et l'animosité qu'il avoit contre ses principaux ministres. L'ambassadeur de Hollande a dit qu'il ne fut pas sitôt arrivé à La Haye, qu'il essaya de rendre la personne du prince d'Orange odieuse, et troubler par diverses façons leur ancienne alliance. A ceci on pourroit ajouter que son voyage donnera moyen et facilité à son maître de conclure la paix avec l'Espagnol, qu'on doit traverser par toutes sortes de voies ; car la crainte que les Espagnols auront de l'union de ces deux Etats, fera qu'ils se pourront relâcher des conditions qu'ils ont jusqu'ici disputées.

Ces raisons, d'une part, et l'ardent désir de Buckingham de l'autre, firent que le Roi prit un conseil avec telle modération, que, sans agréer sa venue ni la refuser, il la détourna adroitement. Il commanda au maréchal de Bassompierre d'écrire à Buckingham que du Moulin avoit charge de Sa Majesté de lui faire entendre ce qu'elle désiroit sur le sujet du rétablissement des officiers françaais près de la Reine, qui étoit une chose si juste et de si petite considération, qu'il s'assuroit qu'il y emploieroit ses bons offices vers le Roi son maître, et que la chose réussiroit au contentement de Leurs Majestés. Pour ce qui est de l'envoi que le roi de la Grande-Bretagne propose de faire d'un ambassadeur en France, et peut-être de la personne dudit sieur duc, que, sur l'avis qu'il en avoit donné à Sa Majesté, elle lui avoit répondu qu'elle ne pouvoit avec honneur recevoir personne de la part du Roi son frère, que, premier, la contravention qui avoit été faite au traité de mariage par l'éloignement des officiers de la Reine, n'eût été réparée, d'autant que Sa Majesté ne vouloit pas avoir occasion de se plaindre, lorsqu'elle verroit auprès d'elle un ambassadeur du Roi son frère, et désiroit n'avoir à penser qu'à lui faire bonne chère.

Les Anglais, au lieu de répondre aux propositions si raisonnables de Sa Majesté, prenoient, par un secret complot entre eux, tous les vaisseaux des Français qu'ils pouvoient rencontrer en la mer, et ceux qui, à dessein ou par accident, relâchoient en leurs ports ou en leurs côtes. Ils viennent au Conquet, où ils prennent tous les vaisseaux marchands qu'ils trouvent à la côte. En celle de Normandie, ils font le même de tous les vaisseaux qui vont en Espagne. Ainsi le roi d'Angleterre, grand roi par sa naissance, devient pirate par les mauvais conseils d'un homme plus présomptueux que courageux, et qui se veut sauver dans la perte de son maître. Il fait gloire en même temps d'être mal avec les parlemens d'Angleterre, avec la France, et en Espagne il émeut tout ; mais le temps nous fera voir qu'il ne peut rien résoudre que sa perte. Le Roi, voyant que les Anglais ne se lassoient de violer le droit des gens et la foi publique, interdit tout commerce et trafic en Angleterre, et commença à faire armer vingt vaisseaux pour empêcher ces pirates d'écumer les mers impunément. Soubise étoit chez eux ; ils l'avoient reçu et entretenu depuis sa défaite. Ils avoient intelligence avec le duc de Rohan, de sorte qu'après tant de troubles évités et apaisés, lorsque la France pensoit que, n'ayant plus de guerre, il ne lui resteroit plus que d'en étouffer les semences pour plus long-temps jouir de la paix, un nouvel orage s'éleva, non moins grand que ceux qu'elle venoit de passer.

On avoit deux princes absens, M. le prince et M. le comte, deux autres prisonniers, M. de Vendôme et le grand-prieur. Il falloit terminer les affaires des uns et des autres ; on y avoit de la peine parce que les esprits, nourris dans les factions et les brouilleries, ne se reposoient pas, mais tâchoient de débaucher Monsieur. Ils se servent de l'Angleterre, laquelle piquée (pource

(1) Olivarès.

que celui qui offense ne pardonne pas) n'oublie rien de ce qu'elle peut pour conforter les huguenots et les factieux en leurs mauvais desseins, et y exciter ceux qui ne les ont pas encore. Ce misérable Soubise, dont le malheur, l'esprit et le courage sont également décriés, n'ayant autre art, pour couvrir ses hontes passées, que de s'en préparer de nouvelles, sollicite en Angleterre. Le sieur de Rohan, plus propre à être procureur dans un palais que chef d'un parti, les avantages duquel il faut procurer par courage en guerre, et en paix par franchise et ingénuité, ne pense à d'autres choses qu'à des vilenies insupportables à un souverain et odieuses à tout le monde, continue ses pratiques, et par mille factions fait connoître à un chacun qu'il fait aussi bien durant la paix tout ce qui peut apporter la guerre, comme durant la guerre tout ce qui semble ne convenir qu'à la paix. Durant la paix, son esprit est aussi peu en repos comme, durant la guerre, il hasarde peu sa personne. Il entretient intelligence avec tous les factieux du dedans du royaume, et avec tous les brouillons du dehors. Cependant, pour se couvrir, il en donne avis à la cour; il avertit que Savoie lui offre de l'argent, que l'Anglais lui offre des hommes. Ainsi il découvre ceux qui traitent avec lui, pour, à l'ombre d'une telle perfidie envers ses complices, avoir temps d'en commettre une plus grande contre sa patrie et son roi. On ne reçoit qu'avis de factions et brouilleries au dedans, de mauvais desseins et d'entreprises du dehors, de concerts et d'accords de tous les entrepreneurs. Un gentilhomme de M. de Rohan, nommé...., son domestique, envoie à Sommières un soldat que M. de Soubise avoit envoyé à M. de Rohan pour, sous prétexte de se rendre cuisinier du sieur de Serillac, prendre entrée en la place, et chercher lieu de la faire surprendre. Le soldat est pris, il confesse son dessein et celui de ceux qui l'avoient envoyé; sa confession est si véritable qu'il la soutient à la mort.

D'autre part, le Roi a avis certain que Savoie et Lorraine s'entremettent fortement pour faire la paix entre l'Angleterre et l'Espagne; l'Infante s'y emploie avec passion; Montaigu est envoyé d'Angleterre en Piémont, pour remettre cette affaire entre les mains de ce duc (1), qui, par là, se pense relever et se bien remettre avec Espagne, lui faisant voir combien il a su faire profit de l'amitié du roi de la Grande-Bretagne, pour en servir Espagne en meilleure manière qu'on n'eût pu attendre de lui. Cette affaire n'est point difficile à terminer, d'autant que l'Angleterre est si enragée contre la France, qu'elle se relâ-

(1) De Savoie.

che à des conditions honteuses pour y parvenir, jusque-là que le roi d'Angleterre se contente que l'affaire du Palatinat soit remise en ambassade et que le roi d'Espagne y fasse des offices, sans en garantir l'événement, qui est l'abandonner tout-à-fait et l'abandonner ouvertement. Pour le reste, les Anglais ne demandent que la confirmation d'un ancien traité signé à Londres par le feu connétable de Castille, et ils promettent même faire entrer en ce traité Hollande et Danemarck, et faire de leur part une suspension d'armes pour tant d'années que l'Espagne voudra. Le cardinal de La Cueva et Spinola pressent le conseil d'Espagne d'accepter ces conditions; cela ne se peut faire que la France n'y soit merveilleusement intéressée et en sa réputation et en ses propres forces. En sa réputation, car la France est offensée des Anglais par une outrecuidance extraordinaire en la face de la chrétienté et en un traité si solennel; est offensée de nouveau par leur insolence à ne pas montrer seulement aucune inclination à réparer leur offense, qui est un mépris insupportable. Il faut que le Roi en tire quelque raison.

Or, il n'est pas des injures reçues par les Etats comme de celles qui sont reçues par les particuliers; car le plus grand mérite des chrétiens est de pardonner sitôt qu'ils sont offensés. Mais la plus grande gloire des Etats, et ce qui les rend plus considérables, est de tirer raison des offenses reçues, et ne les pas laisser impunies, pour ne faciliter la hardiesse à entreprendre. La raison de cette différence vient d'un même principe, mais appliqué à deux sortes d'obligations différentes. La première, et la plus grande obligation de l'homme, est le salut de son âme qui doit laisser la vengeance à Dieu et ne la pas prendre. La plus grande obligation des rois est le repos de leurs sujets, la conservation de l'Etat en son entier et la réputation de leur gouvernement; à quoi est nécessaire de repousser si bien les injures faites à l'Etat, que la sévérité de la vengeance ôte la pensée d'y oser attenter une autre fois. Or si la paix d'Espagne et d'Angleterre se conclut maintenant, tout moyen est ôté au Roi de tirer raison du mépris qu'il a reçu du dernier. Outre l'intérêt que cette paix apporte à la réputation de la France, elle diminue encore ses forces et sa grandeur: deux ennemis puissans s'élèvent contre elle, et, d'autant qu'ils se fortifient par leur liaison, ils s'affoiblissent, et ne font cette liaison qu'à dessein de nous nuire quand bon leur semblera, et de nous mettre en état de ne leur pouvoir mal faire quand il leur plaira de nous offenser.

La même considération qui nous oblige à empêcher l'étendue de la puissance d'Espagne, nous doit aussi porter à travers celle de ses alliances; et les mêmes préjudices que nous avons autrefois cru et croyons recevoir du mariage (1) de l'Infante avec le roi d'Angleterre, les mêmes nous recevrons de cette réunion et accord entre eux, s'il se fait maintenant. Je dirai plus, que nous en recevrons davantage, d'autant que l'Angleterre s'est insinuée dans nos propres entrailles; leur liaison avec plusieurs de nos mauvais Français est connue, et leurs mauvais desseins sont publics et manifestes. Les huguenots, intéressés avec eux, n'attendent que cette réunion d'Espagne et d'Angleterre pour s'élever et faire mouvement dans la France, affoiblie par les guerres passées, délaissée des États voisins, regardée par l'Espagne, et non tranquille et assurée au dedans; et les grands de l'État n'ont autre désir et attente pour brouiller impunément et se rendre plus considérables au préjudice de l'autorité du Roi et du repos de l'État. Mais il y a ce bonheur que la mauvaise volonté de ceux de dehors et de ceux de dedans étant égale, ceux de dedans ne peuvent rien sans ceux de dehors, et ceux-ci n'osent rien entreprendre tandis qu'ils auront à craindre l'Espagne.

Toutes ces considérations donc obligeoient Sa Majesté de retarder tant qu'elle pourroit la conclusion de la paix entre ces deux royaumes; mais il ne s'y rencontroit pas peu de difficulté, d'autant que les Anglais offroient et recevoient toutes les conditions qu'Espagne vouloit. Tandis qu'on recherche les moyens de la vaincre, il sembla qu'une occasion inespérée s'en offrit. Le comte Olivarès, parlant en discours familiers avec le sieur du Fargis comme ambassadeur, étant venu à tomber sur le sujet des extravagances des Anglais envers nous, et de leur mauvaise foi en l'exécution de notre traité, au préjudice duquel, et contre la foi publique, ils maltraitoient les catholiques en leur île, de là il passa aux ressentimens que justement les deux couronnes en pourroient avoir pour l'intérêt de la religion, et quels moyens légitimes on pourroit trouver de pourvoir à ces violences, et obliger les Anglais à une réparation proportionnée à leurs mauvaises actions. Le Fargis repartit au comte que l'Espagne n'avoit pas moins été offensée par les Anglais que la France, et qu'elle l'avoit été la première; et enfin ils jetèrent entre eux quelques propos d'attaquer à armes communes l'Angleterre, chacun d'eux protestant de son côté que ce qu'ils disoient n'étoit que discours familiers, sans engager leurs maîtres. Le Roi, ayant eu avis (2) de ce pourparler, donna ordre à son ambassadeur de l'entretenir, reconnoissant bien l'avantage que son *service* recevroit de cette proposition si elle étoit exécutée, non-seulement *en ce qu'elle* retardoit l'accommodement d'Espagne avec l'Angleterre, mais les engageoit toutes deux en une guerre l'une contre, et délivroit la France *de celle* qu'elle étoit en danger de souffrir seule contre deux ennemis dans ses propres entrailles, *et la lui faisoit transporter au dehors, et outre cela faisoit assister la France* des forces d'Espagne contre l'Angleterre seule, sur *laquelle* par ce moyen nous *rejetions* et la perte et l'*opprobre* qu'elle avoit machinés contre nous.

Mais, d'autre part, parce que les infidélités espagnoles étoient connues au cardinal, qui savoit avec quelles astuces ils traitoient, et particulièrement qu'il se donnât bien de garde d'engager mal à propos le Roi, qui ne vouloit être obligé à rompre avec l'Angleterre qu'en juin de l'année suivante, pource que ce temps-là étoit nécessaire à Sa Majesté, et pour armer puissamment par mer, et être en état d'attaquer et se défendre, et cependant que le roi d'Espagne s'obligeât de déclarer présentement la guerre au roi d'Angleterre, et de faire, dès cette année, voir qu'il avoit assez de vaisseaux équipés pour un effet contre ladite Angleterre, digne de sa puissance. Mais que si le comte Olivarès jugeoit plus avantageux pour ledit dessein que le Roi, dès cette heure, fît quelque effort couvert contre l'Angleterre, Sa Majesté offroit, dès maintenant, de contribuer dix vaisseaux au même temps que le roi d'Espagne commenceroit son attaque, pour faire diversion ailleurs, selon qu'il seroit convenu entre Leurs Majestés, c'est-à-dire, six vaisseaux de trois cents tonneaux et quatre pataches. Et, parce que si peu de chose ne seroit pas digne de la grandeur de cette couronne, et que la France ne pourroit pas faire à présent un plus grand effort par mer, cet armement se feroit sous le nom de corsaires, pour faire le même effet sous un nom emprunté; et les deux couronnes se promettroient l'une à l'autre de ne faire aucun traité ni le su et consentement l'une de l'autre. Le Fargis ayant reçu ces ordres devoit suivre; mais son ardeur et impatience ordinaire dans les traités, qui l'avoit déjà fait précipiter et aller au-delà de sa puissance en celui de la paix d'Italie, lui fit faire la même faute en celui-ci.

Le comte Olivarès lui témoignoit une extrême

---

(1) Le mot *mariage* n'est pas dans le manuscrit, mais il est indispensable pour l'intelligence de la phrase.

(2) Cette phrase a été corrigée par Richelieu, les mots en italique sont de sa main.

passion en ce dessein, lui faisoit accroire que tout le conseil d'Espagne y étoit contraire, que le Roi son maître seul tomboit en son avis. A quelques jours de là, il lui dit que l'Infante avoit déjà envoyé les articles de la paix avec l'Angleterre; que le Roi son maître ne savoit quel moyen trouver pour se défendre pour les signer; qu'il seroit contraint d'antidater notre traité, pour mander à l'Infante qu'on eût signé le sien s'il ne fût arrivé trop tard, le nôtre étant déjà arrêté; et partant qu'il n'avoit pas loisir d'envoyer en France, et d'attendre la réponse sur les difficultés qui étoient entre lui et le conseil d'Espagne, à raison de quelques-uns de nos articles; qu'en une grande affaire comme celle-là, il ne falloit pas que peu de chose arrêtât, et que tout cela s'accommoderoit puis après facilement de gré à gré entre les deux couronnes. Le Fargis peu caut et fort chaud en ses désirs, se laissa tromper à ces belles paroles, et signa, le 20 mars 1627, un traité par lequel le roi d'Espagne ne s'obligeoit à rien plus que le Roi, mais déclaroit seulement à Sa Majesté qu'il avoit déjà guerre ouverte avec Angleterre, et exécuteroit, de toute la puissance de ses forces contre ses Etats, tous genres d'hostilités permises en guerre royale; ce que Sa Majesté promettoit aussi de faire, au plus tard dans le mois de juin de l'année 1628. Et quant à l'exécution et moyens qu'il faudroit employer pour arriver aux fins susdites, il se nommeroit, de la part du roi Catholique, un ou deux ministres qui conféreroient avec l'ambassadeur du roi Très-Chrétien qui résideroit en Espagne; le roi Très-Chrétien faisant en France la même chose, afin qu'avec tout le secret possible ces affaires se pussent traiter et avancer, dans lesquelles il étoit convenable, et de grande importance, que l'ennemi ne fût point averti, mais prévenu.

Bien que le Roi n'eût pas le traité agréable en cette manière-là, qui n'étoit celle qu'il avoit proposée, et que son ambassadeur, qui pour la troisième fois étoit retombé en pareille faute, méritât punition (1); néanmoins Sa Majesté étoit si offensée des indignités que ses sujets recevoient de l'Angleterre, qu'elle oublia l'offense de son ambassadeur, et ratifia le traité pur et simple, le 20 avril 1627; ce que le roi d'Espagne fit aussi de sa part. Le comte Olivarès proposa, incontinent après, que les forces d'Espagne n'étoient pas suffisantes pour faire une attaque royale en Angleterre pour cette année, si le Roi, de sa part, ne mettoit aussi une armée navale en mer; d'autant que d'ordinaire le succès des guerres dépend des premiers exploits, qui

(1) Remarquez que cette punition n'arrive jamais.

donnent la réputation aux princes. Davantage, qu'il étoit nécessaire que le Roi traitât auparavant une neutralité avec les états des Provinces-Unies des Pays-Bas en cette guerre; que le roi d'Espagne désiroit envoyer en Flandre don Diegue de Meria, général de la cavalerie, lequel, en passant en France, conféreroit avec les ministres du Roi, lequel il croyoit qu'il devoit au moins tenir, dès cette année, vingt-cinq vaisseaux en mer.

Le père de Bérulle, auquel le cardinal avoit commis la charge d'écrire au Fargis, et avoit charge particulière de ce traité, ne faisoit, du commencement, point de doute que les Espagnols n'y cheminassent d'un bon pied; mais ce changement le détrompa bientôt, et lui fit connoître que les Espagnols n'avoient mis en avant cette affaire que pour se moquer de la religion, et faire que le Roi se portât plus facilement à entrer en la guerre contre l'Angleterre, en laquelle ils vouloient l'abandonner. Ce qu'il avoua au cardinal, et par son commandement manda au Fargis qu'il dît au comte Olivarès que la France procédoit avec franchise, et qu'il paroissoit que l'Espagne reculoit, et témoignoit n'avoir franchement pour la religion fait ce traité, mais pour penser surprendre le Roi; qu'elle étoit la première offensée, et avoit plus de sujets de s'en ressentir; que le Roi, pour témoigner son zèle à la religion, accorderoit au-dessus de ce qui avoit été convenu tout ce qu'il pourroit; que les propositions d'Espagne sembloient faire voir qu'elle eût désiré faire ce traité, plutôt pour empêcher la France de s'accommoder avec Angleterre, et avoir temps de s'accommoder avec Hollande, que pour rien entreprendre dès cette année contre Angleterre, selon que porte le traité fait et les propos qui lui en avoient été souvent réitérés. Néanmoins, qu'il trouvoit bon le passage de don Meria, encore que cela dût raisonnablement porter les Anglais et Hollandais à une créance certaine du traité entre les deux couronnes, et ensuite les inciter à s'unir ensemble, et faire leurs efforts pour soulever les huguenots de France; que Sa Majesté ne refusoit pas de faire tous les offices possibles pour porter les Hollandais à une neutralité; qu'elle ne faisoit cependant pas difficulté de tenir vingt-cinq vaisseaux armés dans la Manche, pour favoriser les entreprises d'Espagne sur l'Angleterre; mais de joindre ces vaisseaux avec les forces d'Espagne pour faire une même entreprise, il ne sembleroit pas raisonnable, et n'est pas supportable que deux grands rois concourent en un même dessein, l'un avec trois fois autant de forces que l'autre.

Et pour témoigner que la France procède de

bonne foi, bien que par le traité la déclaration de France ne doive être faite que dans un an, Sa Majesté ne fera difficulté que l'union qui est entre ces deux couronnes sur le sujet d'Angleterre paroisse et soit connue de tout le monde, du jour que l'Espagne exécutera une entreprise. Joint que le Roi la fera bien paroître au même temps, étant avec vingt-cinq vaisseaux dans la Manche, pour combattre les Anglais qui se présenteront, et favoriser ouvertement l'Espagne. Presque en même temps Le Fargis conclut en Espagne un accord entre les deux couronnes touchant les deux salines des deux royaumes, qui, plusieurs années auparavant, avoit été proposé. Les nations septentrionales n'ayant point de sel, sont contraintes de le venir chercher en France ou en Espagne. Celui d'Espagne est trop âcre et consomme les chairs; celui de France aussi n'a pas tant d'acrimonie et de force, que quelquefois les chairs qui en sont salées ne se corrompent dans les voyages de long cours; mais l'un et l'autre, mêlés ensemble, sont tels qu'on les peut désirer. On ne laisse pas néanmoins en une nécessité de se servir de l'un à l'exclusion de l'autre. Cela fait que si en France le Roi hausse l'impôt sur le sel qui se vend aux salines, ils s'en vont tous fournir en Espagne. Si en Espagne on fait le même, ils en viennent quérir en France. Cela étant représenté en France et en Espagne, il fut proposé aux deux Rois de convenir ensemble de mettre l'un et l'autre même impôt sur le sel, sans le hausser ni baisser que par un commun consentement. La ratification en fut faite par les deux Rois réciproquement; mais l'Espagne, à son ordinaire, n'en effectua aucune chose, se privant de son propre avantage pour faire perdre à la France celui qu'elle en pouvoit recevoir de sa part.

On arrêta au même temps au conseil du Roi, mais sans effet pourtant pour les infidélités des partisans, les moyens d'introduire du sel en Suisse. Cette introduction avoit été résolue plusieurs fois, mais jamais exécutée. Auparavant, les Suisses tiroient leur sel de Hall, ville du Tyrol, d'Allemagne par Bavière, qui permettoit à ceux de Saltzbourg de le faire passer de Bourgogne et de Lorraine. Il étoit grandement important de détacher, autant qu'il seroit possible, les Suisses d'avec tous ceux dont ils tiroient cette commodité, et de les attacher en outre par la même voie. Qui plus est, introduisant le sel, la France en tiroit cette commodité, que son argent ne sortiroit plus de son sein, vu qu'on pourroit payer leurs pensions en sel. Le moyen qu'on trouva de cette introduction, fut de leur donner le sel à meilleur marché que tous les autres, étant certain que, pourvu qu'ils l'eussent à meilleur prix, étant meilleur comme il étoit, ils le prendroient indubitablement.

Parmi ces grandes affaires publiques, parlons d'une particulière qui mérite bien d'être mise en ce nombre pour la qualité des personnes, le funeste accident qui leur arriva, et l'effet salutaire qui s'en ensuivit. Le sieur de Bouteville, non content d'avoir violé vingt-une fois les édits (1), retombe en cette faute pour la vingt-deuxième fois, et ce dans Paris, à la vue du Roi, du parlement et de toute la France. Bouteville et La Frette se battirent en janvier; Bouteville se retira en Flandre vers l'Infante, et mena quant et lui Deschapelles, son cousin, fils du sieur de Molac, en Bretagne. Beuvron, qui vouloit tirer raison de Bouteville qui avoit tué Torigny en duel le carême de l'année précédente, s'en alla déguisé en Flandre pour se battre contre lui; il est reconnu en l'hôtellerie à Bruxelles et arrêté. Le Roi écrit à l'Infante, et la prie de ne les point laisser battre, mais de les accorder; Bouteville lui jure qu'il ne se battra point ès terres de son obéissance, et qu'il aimeroit mieux mourir que de lui donner ce mécontentement. Le marquis de Spinola invite Beuvron, Deschapelles et Bouteville, où il prie l'ambassadeur de France d'assister avec plusieurs grands de cette cour; il les accorde et s'embrassent l'un l'autre. Incontinent après, Beuvron dit à Deschapelles, puis à Bouteville même, qu'il ne seroit jamais content qu'il ne vît l'épée à la main. L'archiduchesse écrivit au Roi, et le supplioit de vouloir donner abolition à Bouteville. Sa Majesté ayant proposé à son conseil s'il le pouvoit faire en conscience, on lui répondit que non. Sur quoi elle manda à l'Infante que tout ce qu'il pouvoit faire pour l'amour d'elle étoit que, s'il venoit en France, il ne le feroit pas chercher où il seroit, mais qu'il se donnât garde de revenir à sa cour ou dans Paris.

Bouteville, piqué de cette réponse, se vante qu'il se battroit en France, et ce dans Paris, et en la Place-Royale; ce qu'il exécuta le 12 mai. Ils se battirent avec deux seconds; ils n'eurent point d'avantage l'un sur l'autre; mais Bussy-d'Amboise, qui étoit un des seconds de Beuvron, fut tué par Deschapelles; Beuvron s'enfuit en Angleterre. Bouteville et Deschapelles prirent la poste pour se retirer en Lorraine, mais ils furent reconnus et arrêtés à Vitry-le-Brûlé, et amenés à Paris à la Bastille, par le commandement du Roi, par le sieur de Gordes, capitaine de ses gardes.

Sa Majesté envoya quérir le parlement au Louvre, et leur commanda de leur faire et par-

(1) Contre les duels.

faire leur procès; mais elle permit à tous leurs parens et amis de voir les juges. M. le prince et madame la princesse, avec M. de Montmorency, firent, entre les autres, les plus grandes instances pour obtenir pardon du Roi, qui, craignant d'offenser Dieu, et d'être cause de la mort de plusieurs s'il leur donnoit la vie, avoit de la peine à se résoudre à la leur accorder. Le cardinal lui-même étoit bien agité en son esprit. Il étoit impossible d'avoir le cœur noble et ne plaindre pas ce pauvre gentilhomme, dont la jeunesse et le courage émouvoient à grande compassion. Tout le monde fait ce qu'il peut pour lui. Ceux qui sont éminens en quelque bonne qualité, quoiqu'ils en abusent, sont d'ordinaire, en cette considération, estimés et aimés de beaucoup de gens. Il appartenoit de près à la plupart des grands du royaume. On représentoit qu'en le sauvant on les obligeoit tous. Les services de son père et de ses oncles, qui ont toujours servi le feu Roi pendant qu'il étoit huguenot, quoiqu'ils fussent catholiques, sont considérables. A Saint-Jean il (1) eut un cheval tué sous lui; il fut enterré à la mine à Royan; à Montauban, il fit fort bien; à Ville-Bourbon, en la bataille navale, il se témoigna aussi vaillant sur l'eau que sur la terre. Il sembloit qu'il ne se pût jamais trouver une telle occasion pour faire voir la clémence du Roi, tant de fois offensé par le mépris qu'il avoit fait de son autorité. On pouvoit dire qu'il n'avoit jamais rien fait contre les lois de l'honneur du monde, ni pensé seulement à violer celles de l'humanité, vu qu'il n'avoit jamais exercé aucune cruauté contre ceux sur qui le sort des armes lui avoit donné l'avantage.

On pouvoit encore considérer que cet appétit déréglé des combats étoit une maladie de son esprit, qui avoit maintenant son période, et en seroit guéri par la maturité de l'âge auquel il étoit. Le marquis d'Hamilton, étant en Angleterre, et apprenant les fréquens duels de ce gentilhomme, dit au marquis d'Effiat une chose d'honnête homme : « Si cet homme, disoit-il, « m'envoyoit un billet, je ne le recevrois pas, « s'il n'étoit accompagné d'un autre de son mé« decin qui m'assurât que cette envie qu'il a de se « battre ne procède pas d'une maladie. » Le cardinal avoit en son particulier grande aversion de sa perte et grande inclination à porter le Roi à lui pardonner; mais il étoit retenu, quand il consideroit que conserver la vie de ce gentilhomme, qu'il avoit déjà fait perdre à plusieurs autres, l'ôteroit à la meilleure noblesse de cet Etat, qui estimeroient ne devoir pas être plus malheureux que lui en suivant son exemple. On

(1) Le fils.

représentoit qu'il n'avoit pas simplement contrevenu aux édits du Roi, mais qu'il en avoit toujours fait métier et marchandise, et qu'en cette dernière fois il avoit voulu violer, et les lois de l'Etat et la majesté de la justice, et l'autorité royale particulièrement, en tant que, de propos délibéré, il avoit commis son crime dans Paris, en lieu public, en la Place-Royale, pour être vu de tout le monde mépriser les lois, qui sont seules à craindre en un Etat, et qui sont l'unique bride par laquelle les hommes sont contenus en leur devoir.

Le cardinal reconnoissoit bien qu'il étoit impossible de lui donner la vie, sans ouvrir la porte aux duels et à toute sorte d'infractions des lois. Il voyoit bien que le sauver étoit, en effet, autoriser ce qu'on défendoit par ordonnance. On représentoit que par là on établissoit toute sorte d'impunité, et, en un mot, on perdoit l'autorité du Roi; qu'en pardonnant à une personne qui avoit enfreint vingt-deux fois l'édit, et avec des circonstances qui aggravoient extrêmement ses fautes, on ne sauroit plus justement punir ceux qui seroient si malheureux d'y tomber à l'avenir. Au reste, il étoit à craindre que l'impunité de ce gentilhomme ne fît autre effet sur son esprit que de le rendre plus insolent, la raison ayant eu jusques en ce temps-là si peu de pouvoir sur lui, qu'il n'y avoit pas grand lieu d'espérer qu'à l'avenir elle en dût avoir davantage. D'autre part, on devoit aussi appréhender que ceux qui entreprenoient de le sauver n'imputassent son salut à leur sollicitation plutôt qu'à la bonté du Roi, et que lui-même lui rendît plutôt hommage de sa vie qu'à celui qui seroit vrai et seul auteur de sa grâce. Qui plus est, ce pauvre gentilhomme étoit si aveuglé, qu'il estimoit mériter autant de récompenses par ses crimes, qu'il en eût dû attendre s'il eût rendu autant de témoignages de sa valeur en servant le Roi, qu'il avoit fait en violant les lois de son Etat et celles de Dieu même. Toutes ces considérations tenoient le cardinal en suspens, et l'empêchoient de penser à ce qu'il eût désiré; d'autant qu'ainsi que la clémence est une vertu des princes, la justice l'est des Etats, dont le salut est plus considérable que celui des particuliers.

Cependant il est vrai que le Roi lui pouvoit donner la vie, et que nul justement ne l'en sauroit blâmer, sa bonté devant quelquefois avoir autant d'étendue que sa puissance. Donner la vie à un homme, dont les prédécesseurs ont plusieurs fois employé la leur pour son service, se peut faire sans blâme. Au reste, s'il est vrai que les fautes de ce gentilhomme viennent d'une maladie, sa vraie peine est une prison; étant vrai que, comme l'échafaud est la peine des méchans, la prison le doit être des frénétiques. En un mot, il faut se souvenir de la pensée de Sénèque, *nihil gloriosius rege impune læso*; et comme cette action dépend de la seule puissance du Roi, elle doit venir de son seul mouvement. Etant prisonnier, il ne peut plus nuire à l'autorité du Roi, et si Sa Majesté lui pardonne, il servira de beaucoup à sa gloire.

Le cardinal, après avoir pesé toutes ces considérations en son esprit, donna au Roi sur cette affaire l'avis suivant : «L'affaire dont il s'agit est si importante, que, pour mon particulier, j'aime mieux en être rapporteur que juge, proposer les difficultés que les résoudre. Votre Majesté, qui nous surpasse autant en jugement qu'en puissance, saura bien d'elle-même, après en avoir ouï les raisons, prendre la résolution la plus utile à son Etat. Quelque parti qu'elle suive, elle profitera toujours de la faute de ceux qui sont condamnés; car ou le châtiment fera connoître et redouter votre justice, ou le pardon estimer et admirer la grandeur de votre clémence. Il n'y a point de doute qu'ils n'aient mérité la mort; il est certain qu'on ne peut leur donner la vie sans hasarder celle de plusieurs, qui, pensant ne devoir pas être plus malheureux qu'eux, suivront leur exemple. Il est difficile de les sauver sans autoriser en effet ce qu'on défend par ordonnance, sans ouvrir la porte aux duels, augmenter le mal par l'impunité, et rendre votre autorité et la justice pleine de mépris. Il ne s'agit plus d'une simple infraction des édits, mais d'une habitude à les rompre, d'une profession publique de mépriser l'autorité royale, de violer toute sorte de lois dont le respect est l'unique fondement des Etats. Il n'y a eu querelle depuis six ans dans la cour dont il n'aient été ou l'occasion ou la cause. Ils ont toujours fait les gladiateurs à gages, et réduit en art ce qui ne tend qu'à la destruction de la nature. Au lieu que, jusqu'ici, les duels n'ont été en usage que pour repousser les injures particulières, il semble que ces messieurs ne les aient recherchés que pour en faire au public, surtout en cette dernière occasion, où ils ont violé la dignité de votre présence, les lois du royaume et la majesté de la justice, où ils ont choisi Paris, un lieu public, la Place-Royale, pour jouer à la vue de la cour, du parlement et de toute la France, une sanglante et fatale tragédie pour l'Etat.

Tacite dit que rien ne conserve tant les lois en leur vigueur que la punition des personnes esquelles la qualité se trouve aussi grande que les crimes. Châtier pour des fautes légères, marque plutôt le gouvernement de cruauté que de justice, et met le prince en haine, et non en respect. Et quand on ne châtie que des personnes de basse naissance, la plus noble partie se rit de telles punitions, et les croit plutôt ordonnées pour les malheureux que pour les coupables. Que, si l'exécution tombe sur ceux dont les qualités sont aussi connues que les crimes, le crime diminue la compassion de la peine, et la qualité ôte aux autres la volonté de se perdre, parce qu'il ne leur reste aucune espérance de se sauver. Votre Majesté trouve en cette rencontre ces deux conditions : les prisonniers appartiennent de près aux plus illustres maisons de ce royaume; l'un d'eux a rompu vingt-deux fois les édits, c'est-à-dire autant de fois qu'il a hasardé sa vie il a mérité de la perdre. Leurs crimes sont si publics que nul n'en peut improuver le châtiment, et l'extraction si bonne, qu'en ne leur pardonnant pas vos édits seront dans un éternel respect. Il seroit même à craindre que l'impunité ne fît autre effet sur leurs esprits que de les rendre plus insolens, la raison ayant eu jusqu'ici si peu de pouvoir sur eux, qu'on peut, par les exemples du passé, conjecturer qu'elle n'en aura pas davantage à l'avenir. Les grands, qui ont entrepris de les sauver, pourroient imputer leur salut à leurs instantes sollicitations plutôt qu'à votre bonté, et eux-mêmes seroient capables de leur rendre plutôt hommage de leur vie qu'à Votre Majesté, qui seroit le vrai et seul auteur de leur grâce. Il est question de couper la gorge aux duels, ou aux édits de Votre Majesté. La punition de ces messieurs sera un moyen convenable, quoique non infaillible, pour le premier effet, et la grâce un très-assuré pour le second. Reste à voir s'il ne vaut pas mieux conserver grande quantité de noblesse par la punition de deux personnes de condition, que d'exposer mille gentilshommes à leur perte par le salut de deux particuliers. Au reste, il est à craindre et qui plus est à prévoir, comme chose assurée, que pour une ou deux personnes intéressées qui se plaindront maintenant de la sévérité du jugement qui pourra intervenir, tous ceux qui perdront à l'avenir leurs frères, leurs enfans et leurs maris, crieront bien davantage et imputeront leur sang à ceux qui auront contribué à la grâce de ces deux criminels. Et il y aura cette différence, que ceux qui se plaindront maintenant le feront sans raison, au lieu que la plainte des autres sera accompagnée de justice.

Cependant il est impossible d'avoir le cœur noble et n'être pas touché de leur misère; leur jeunesse et leur courage émeuvent même à compassion leurs ennemis. Ceux qui sont éminens en quelque qualité, quoiqu'ils en abusent, ne laissent pas d'en être estimés, parce que l'abus se peut corriger et la chose revenir à son légitime usage. Il ne se peut jamais présenter une telle occasion pour faire voir votre bonté, tant de fois offensée par le mépris qu'ils ont fait de votre autorité; toute la France parle en leur faveur; les grands, à qui Bouteville appartient, représentent qu'en lui sauvant la vie on conserve l'honneur de leurs familles. Les services de son père et de ses oncles, qui ont suivi les armes du feu Roi dans une religion contraire et dans un temps fort difficile, ne sont pas peu considérables. On doit à leur générosité le salut de Senlis, et à la défense de cette place la ruine de la ligue. On représente que Bouteville eut, au siége de Saint-Jean, un cheval tué sous lui pour votre service, qu'il fut enterré dans une mine à Royan, qu'on le vit des premiers aux attaques de Ville-Bourbon, qu'il se signala en la dernière bataille navale gagnée par Votre Majesté sur les ennemis de Dieu et du repos de vos sujets. On dit que jamais il n'a rien fait contre les lois de l'honneur du monde, ni pensé à violer celles de l'humanité, n'ayant jamais exercé aucune cruauté contre ceux de qui le sort des armes avoit soumis la vie à sa discrétion. On ajoute que cet appétit déréglé des combats est une maladie d'esprit, qui est maintenant en son période, et dont il guérira par la maturité de l'âge.

Mais ces raisons, pour parler nettement, si elles ne sont appuyées de votre bonté, émeuvent et ne persuadent pas; elles ne servent qu'à faire condamner avec larmes ceux-mêmes dont on voudroit racheter la vie par son propre sang. Bouteville, servant votre Majesté, a fait ce qu'il a dû; contrevenant à vos édits, il a fait ce qu'il n'a pu vouloir sans crime. Aussi n'allègue-t-on pas ses bonnes actions pour l'exempter du châtiment des mauvaises; mais on estime que votre Majesté, qui est l'image du grand Dieu, doit se gouverner à son exemple, et qu'ainsi que la miséricorde est souvent émue pas certaines actions qui ne sont capables de satisfaire à sa justice, ainsi votre bonté peut être touchée de ce qui n'est pas capable d'apaiser son courroux selon la rigueur de ses lois.

Tous les politiques ont estimé que les plus signalés services ne doivent pas être récompensés, en exemptant ceux qui les ont rendus, des peines qu'ils ont depuis méritées par quelques notables crimes, parce qu'on ne le peut faire sans péril pour l'État, mais que telles récompenses doivent être faites par des grâces qui marquent la bonté du prince sans donner atteinte à sa justice. Cependant la philosophie chrétienne apprend et requiert quelquefois que les rois en usent autrement; Dieu pardonne à Salomon en considération de David son père. Il est vrai cependant que votre Majesté peut lui sauver la vie sans être justement blâmée. La miséricorde des rois doit avoir quelquefois autant d'étendue que leur puissance. Les plus sévères ont souhaité ne savoir pas écrire, lors même qu'il étoit question de signer la condamnation de ceux-mêmes qui avoient attenté contre leurs personnes et leurs Etats; *nihil gloriosius rege impune læso.* Il n'y a rien de si grand qu'un prince qui, étant offensé, veut pardonner, et qui, ayant moyen de châtier, se contente de le pouvoir faire. Mais, comme cette action n'est pas propre qu'à des rois, elle doit aussi venir de leur seul mouvement. Seulement peut-on dire que, s'il est vrai que les fautes de ce gentilhomme viennent d'une maladie, sa vraie peine est une prison, étant vrai que, comme l'échafaud est la peine des méchans, la prison le doit être des frénétiques. En cet état, il ne pourra plus violer vos édits, et, ne pouvant nuire à votre autorité, il servira de beaucoup à votre gloire.

Entre les règnes des plus grands princes, les histoires remarquent pour les plus heureux ceux où il se trouve plus de menaces que de supplices, plus de prisons que d'échafauds, plus d'emplois des prévôts que de bourreaux. N'user jamais de clémence donne occasion d'imputer à dureté et trop grande rigueur les actions mêmes dont la justice est accompagnée de modération non ordinaire. La commutation de peine de ces deux criminels ne diminue pas leur punition; ils auront la mort en désir, et la vie en supplice. Les parens demeureront satisfaits, parce que l'infamie qui touche leurs maisons en sera ôtée, et que la punition ne tombera que sur les coupables. Le parlement ne se pourra plaindre avec raison, parce qu'il ne s'agit pas d'une absolution, mais d'une commutation de peine : la mort passe en un instant, la mémoire des crimes emporte celle de leur châtiment, au lieu qu'une prison perpétuelle fournit un exemple de justice aussi bon que sa durée. »

Ces raisons furent considérées et soigneusement pesées par Sa Majesté; mais les premières emportèrent la balance; l'amour que le Roi portoit à son État prévalut à la compassion de ces deux gentilshommes. Partant, le parlement les ayant jugés et condamnés à la mort, l'exécution de leur arrêt ne fut point empêchée. Mais il faut remarquer qu'en l'arrêt que la cour donnoit contre eux, il y eut trois choses bien injustes et qui offensèrent le Roi : l'une c'est que, condamnant les deux prisonniers, ils osèrent absoudre la mémoire du mort pour ce qu'il étoit fils de la femme du président de Mesmes; l'autre est qu'ils ne confisquèrent que le tiers du bien que les lois ordonnent être confisqué tout entier. En quoi ils donnoient à connoître qu'ils ne faisoient justice d'eux qu'à regret. En troisième lieu, ayant donné l'arrêt de mort, ils firent différer l'exécution jusqu'au lendemain, ou pour obliger le Roi, contre sa volonté, à se laisser aller aux instantes supplications qui lui seroient faites de leur pardonner, ou pour le charger de l'ennui et de la haine de leur mort.

Le Roi trouva ce procédé insupportable, et remarqua qu'ils faisoient paroître leurs mauvais desseins en toutes occasions. Absoudre la mémoire d'un mort, et condamner un vivant pour le même crime, montre leur injustice. Modérer la confiscation du bien qui devoit être entière au tiers, montre que les lois ne leur sont règles qu'en tant que bon leur semble, et qu'ils ne veulent pas seulement avoir l'exécution des lois, mais le pouvoir qui n'appartient qu'au Roi de faire et les changer comme bon lui semble. Suspendre un jugement contre toute coutume en la présence de Sa Majesté, fait voir clairement qu'ils veulent partager les grâces avec celui qui les doit faire, ou le charger de haine s'il ne le fait pas; et ce dessein est si clair qu'ouvertement on le disoit ainsi dans le palais. Au reste, un président, dès le soir auparavant, avoit promis la surséance qui a été donnée; ce qui montre que cela avoit été concerté. Il fait bon d'être parent de M. de Mesmes. Le jour de devant on disoit publiquement dans l'antichambre de la Reine, que le parlement avoit fait le Roi, et que si on passoit à l'exécution le Roi feroit le parlement. Un des parens même se lâcha à dire (1) ce qu'on pouvoit faire auprès d'un Roi où on ne trouve ni clémence ni argent. Qui ne voit que le parlement mérite une touche si la bonté du Roi ne le retenoit de la lui donner? Qui voudra connoître la raison, l'équité et les bonnes intentions qui se trouvent en cette compagnie, doit considérer qu'ils firent difficulté de vérifier l'édit quand il fut fait, parce qu'il étoit trop doux, et qu'à l'exécution ils en modérent non-seulement les peines, mais font ce qu'ils peuvent pour les annuler.

L'infâme genre de mort qu'ils furent contraints de subir (2), n'empêcha pas qu'ils ne fissent tout ce qu'ils devoient pour faire que leurs dernières actions la rendissent honorable. Jamais on ne vit plus de constance, moins d'étonnement, plus de force d'esprit, plus de cœur en ces deux gentilshommes; ils parurent et répondirent au parlement sans se troubler. Le comte Deschapelles lui parla avec éloquence, et déchargeant son cousin autant qu'il lui fut possible en se chargeant lui-même. On ne remarqua rien de foible en leurs discours, rien de bas en leurs actions. Ils reçurent la nouvelle de la mort avec même visage qu'ils eussent fait celle de la grâce. Trois jours auparavant leur condamnation ils s'étoient préparés à bien mourir; ils avoient quitté les pensées de la terre pour élever leur esprit au ciel; ils redoublèrent leur soin à cette nouvelle; leur repentir toucha le cœur de tous ceux qui en eurent connoissance; ils offrirent vingt fois à Dieu leur vie pour expiation de leurs fautes, témoignant à tous momens estimer leur sang justement épandu, et heureusement, s'il pouvoit affermir et cimenter l'autorité royale, éteindre l'ardente rage des duels, et guérir la frénésie des hommes qui, par cette voie, se sont jusqu'ici donnés à troupe au diable, au lieu de suivre, servir et se consacrer au grand Dieu. En un mot, ces deux gentilshommes finirent leurs jours en tel état, que l'évêque de Nantes et ceux qui les assistèrent à la mort souhaitoient d'être en même état lorsqu'ils seroient prêts à comparoître devant Dieu. Il y eut cette différence entre eux : Bouteville parut triste en cette dernière action, et le comte Deschapelles joyeux; Bouteville triste, pour les fautes qu'il avoit commises, et l'autre joyeux pour l'espérance qu'il avoit d'être bientôt en paradis, où toute joie abonde.

Toute la France vit en cette action mourir par l'épée la plus infâme du royaume, ceux qui en avoient toujours eu de si bonnes, qu'il n'y a personne qui se puisse offenser si on dit qu'il n'y en avoit point de meilleures au monde. On vit mourir comme des saints ceux qui avoient vécu en diables; on vit servir à l'extinction des duels ceux qui n'avoient eu autre soin que de les fomenter. Tant de combats que ce gentilhomme avoit faits sans être puni, fit que Sa Majesté se lassa de la punition que recevoient les enfans de M. le maréchal de Schomberg (3) pour un simple soupçon, et, en cette considération, prit résolution de les rappeler.

Tandis que le point d'honneur portoit les seigneurs de la cour à mépriser leur vie, la mort n'épargnoit pas celle des plus grandes princesses. La duchesse de La Valette (4) sortit de ce monde le 29 avril, avec ce malheur pour son mari, qu'en perdant une femme le bruit commun lui donna la réputation d'être devenu veuf plus par art que par nature, ce qu'on ne croit pas.

Mais, le 4 juin, il arriva un accident bien plus déplorable, et bien plus préjudiciable au bien de

---

(1) A demander.
(2) Le 22 juin.

(3) Son fils, le duc d'Halluin, et le sieur de Liancourt son gendre, pour l'appel fait à Crésias.
(4) Mademoiselle de Verneuil, fille naturelle de Henri IV.

cet Etat, en la personne de Madame, qu'on vit en dix mois femme d'un grand prince, belle-sœur des trois premiers et plus grands rois de la chrétienté, mère et morte tout ensemble. Cet accident fut déploré de tous les gens de bien. Monsieur se vit en un instant privé d'une princesse infiniment vertueuse; la Reine, d'une fille dont elle n'avoit désiré être mère que pour le salut de l'Etat; le Roi, d'une sœur qui lui promettoit des enfans et des neveux tout ensemble, et par conséquent assurance de sa personne et de son royaume. Les ennemis de l'Etat reçurent, en cette occasion, de la joie des larmes publiques. Cette princesse avoit sucé dès son enfance la vertu avec le lait; la piété de sa mère, connue à tout le monde, avoit toujours été un bon augure de la sienne, qui a depuis paru en toutes occasions, n'y ayant personne qui ne soit contraint d'avouer que, comme la pureté de sa vie est un vrai exemple de celle qu'on doit mener dans les grandeurs du monde, la brièveté d'icelle est une bonne instruction du peu d'état qu'on doit faire des vanités de la terre.

Incontinent que la nouvelle de cette mort fut arrivée en Espagne, le comte d'Olivarès remit de nouveau en avant la proposition qui avoit été faite par eux dès auparavant le mariage de Monsieur, de le marier avec une des filles de l'Empereur, regrettant qu'il n'y avoit en Espagne une autre infante pour la lui donner. Il fit instance au Fargis d'en écrire en France pour savoir la volonté du Roi, et, passant plus outre, lui dit que si Dieu bénissoit, ainsi qu'on pouvoit espérer, l'union de ces deux couronnes, on trouveroit aisément partage à ces jeunes princes, aux dépens des ennemis de Dieu et de ces couronnes. Le Fargis répliqua que ce marché-ci n'étoit pas à faire sur des espérances, et que d'attendre que ces desseins et progrès eussent effet, on n'en avoit en France, à son jugement, ni le dessein, ni le loisir. Il consentit à sa réponse, et dit que, pour ce sujet, il n'avoit pas voulu parler de la sorte dans le fort de la conférence; mais que, comme hors d'œuvre, il n'étoit pas mal à propos de faire ces considérations. Mais comme on savoit en France l'esprit avec lequel il faisoit cette proposition, on n'y fit pas de fondement.

Au même jour de la mort de cette princesse, le Roi fit arrêter un nommé Fancan, pour lui faire expier une partie des crimes qu'il avoit commis. De tout temps il s'étoit déclaré, plus ouvertement que ne pouvoit un homme sage, ennemi du temps présent; rien ne le contentoit que des espérances imaginaires d'une république, qu'il formoit selon le dérèglement de ses imaginations. Il n'en vouloit pas seulement au temps, mais à l'éternité, toutes les apparences faisant croire qu'il n'avoit point d'autre dieu que sa folie. Toutes ses fins étoient mauvaises, et les moyens dont il se servoit pour y parvenir, détestables et méchans; il n'y avoit point d'injuste et cruelle imagination propre à changer l'état des affaires, qui ne lui passât une fois le jour en son esprit. Son exercice ordinaire étoit de composer des libelles pour décrier le gouvernement; de rendre la personne du prince contemptible, les conseils odieux; exciter à sédition, à chercher de beaux prétextes pour troubler le repos de l'Etat, et, sous le nom de bon Français, procurer la perte du royaume. Le parti huguenot lui étoit en si grande recommandation, quoiqu'il fût ecclésiastique, que tous ceux qu'il estimoit être bons catholiques lui étoient en horreur. En cette considération, il avoit pris de tout temps intelligence avec les protestans étrangers, auxquels il servoit de fidèle espion, d'autant plus à craindre que sa condition le rendoit moins suspect. Il se servoit envers eux de l'entrée qu'il avoit en diverses maisons des ministres, pour, sous prétexte de bons avis, leur donner de fausses alarmes pour les armer contre l'Etat. Comme sectateur du diable, jamais la vérité n'étoit dans sa bouche, et ses faussetés n'avoient autre but que de semer des divisions entre les personnes dont l'union étoit nécessaire pour la paix de l'Etat. Sa malice a été jusqu'à ce point, que de chercher toutes sortes d'artifices pour séparer, en la maison royale, ce que la nature et le sacrement avoient étroitement uni. Le Roi se résolut de châtier justement un si méchant homme par un supplice conforme à son crime; mais le cardinal, dont les conseils vont toujours à augmenter les récompenses des services et diminuer la punition des fautes, supplia très-humblement Sa Majesté de se contenter d'en arrêter le mal par l'emprisonnement de sa personne.

Les Hollandais firent en ce temps-là une ouverture de renouvellement d'alliance plus étroite avec le Roi, comme ils avoient accoutumé les deux ou trois années précédentes; mais une difficulté les arrêtoit toujours, qui étoit qu'ils ne vouloient pas s'obliger à ne faire paix ni trève avec les Espagnols sans le consentement de Sa Majesté. Ils vouloient bien s'astreindre à ne la pas faire sans sa participation, communication et avis, mais ils ne vouloient pas exprimer le mot de consentement, ains seulement que, s'ils la faisoient sans son consentement, ils lui rendroient le million que tous les ans il leur envoyoit pour les assister. Le conseil du cardinal sur ce sujet, fut que messieurs les Etats se trouvoient fermes au traité qu'ils désiroient faire avec la France, pour trois raisons : ou pource qu'ils avoient envie de faire la trève avec l'Espagne, ou parce qu'ils appréhendoient que nous voulussions les embarquer à la guerre avec les Anglais, ou parce qu'ils se prévaloient de la brouillerie qui étoit entre nous et lesdits Anglais, et qu'ils pensoient que nous avions affaire d'eux. Que nulle de ces raisons n'étoit valable pour les empêcher de passer ce que Sa Majesté désiroit; car, s'ils vouloient faire la trève, au lieu de leur nuire on leur aideroit; qu'ils ne devoient pas craindre que par le traité nous les embarquassions à la guerre avec les Anglais, parce qu'il n'en portoit rien, ni directement, ni par conséquence; qu'ils ne devoient pas aussi faire plus les renchéris, pour être comme nous étions avec les Anglais, parce que, outre que les traités que nous avions avec eux les obligeoient, pour le temps de leur durée, à un contre-secours, quand même ils seroient finis, la nature de leurs affaires ne leur permettoit pas de jouer autre jeu entre les Anglais et nous que celui de neutres; ce qui nous suffiroit en tel cas, joint que nous n'ignorions pas que messieurs des Etats connoissoient trop la différence des secours qu'ils ont reçus de France, au respect de ceux d'Angleterre, pour ne pas faire pencher leur affection de notre côté; que le Roi seroit toujours prêt de les secourir quand ils en auroient besoin; qu'il contribueroit volontiers à quelque dessein qu'ils eussent, pourvu qu'il leur fût avantageux; que s'ils vouloient ou pouvoient faire une bonne trève, Sa Majesté en seroit bien aise, y interviendroit, et les assisteroit volontiers s'ils le désiroient ainsi; mais que de faire un traité avec eux, par lequel il s'obligeât à grande dépense pour les maintenir, sans que réciproquement ils fussent obligés à ne faire point de trève sans son intervention et son consentement, il ne le pouvoit et ne le feroit point; que s'ils vouloient passer le traité tel qu'il l'avoit envoyé, Sa Majesté donneroit pouvoir à son ambassadeur de le faire; que s'ils ne l'estimoient pas à propos, il ne leur pouvoit dire autre chose, sinon que quand ils auroient besoin de son secours il les recevroit à le demander, se conserveroit cependant la bonne volonté qu'ils sauroient désirer pour leur bien et avantage, sans s'engager à aucune chose par traité; que le Roi ne prétendoit aucune parole ni condition dans le traité qui leur pût préjudicier, et que celle qu'il désiroit, par laquelle ces messieurs s'engageassent à ne faire point de trèves sans le consentement de Sa Majesté, étoit ordinaire en tous traités qui se font entre égaux, lesquels souvent s'obligent clairement à ne pouvoir faire certaines choses portées par les articles passés entre eux, sans le consentement l'un de l'autre. Le Roi s'obligeoit à ne pouvoir, tant que messieurs les Etats seroient en guerre, manquer à leur fournir en don un million de livres, et eux s'obligeroient à ne pouvoir traiter de trèves sans son consentement. Qu'au reste, l'alternative qu'ils présentoient, que s'il manquoit aux conditions portées, dont celle ci-dessus est une, ils en seroient quittes pour devoir rendre à Sa Majesté l'argent qu'il leur auroit donné comme s'ils l'avoient reçu en prêt, les garantiroit de l'inconvénient qu'ils auroient à craindre de la clause que nous désirons, vu que par icelle ils se réserveroient le pouvoir de faire la trève sans le consentement du Roi, en lui rendant l'argent qu'il leur auroit donné. Que cet article avoit si peu de difficulté en soi-même, que M. Aersens l'avoit donné par écrit, couché comme il est dans le traité, et que feu M. le prince d'Orange, qui étoit fort entendu et zélé au bien de messieurs les Etats, manda au même temps que si on ne pouvoit passer le traité sans cette condition, il ne laissât pas de le faire. Toutes ces raisons enfin n'eurent point d'effet; les Hollandais ne voulurent rien conclure que simplement une ligue défensive : nos divisions avec l'Angleterre, et peut-être la connoissance qu'ils avoient de la part des Anglais qu'elles devoient passer plus avant, les en empêchoient.

Cependant le roi d'Angleterre dépêcha, au mois de mars, Montaigu en Lorraine sous divers prétextes, mais en effet pour sonder l'esprit de ce duc, et reconnoître s'il seroit capable d'entreprendre quelque chose contre le Roi, lui proposant qu'il y seroit aidé de plusieurs grands et princes du royaume, du parti des huguenots, et que d'autres princes étrangers y prendroient part aussi. Le duc de Lorraine, ardent et jeune, vain et inexpérimenté, se proposant follement de grandes conquêtes, reçut cette ouverture avec affection, et promit d'y faire de sa part plus que personne. La duchesse de Chevreuse, qui n'avoit pas peu de puissance sur lui, poussa dans le précipice ce jeune prince que déjà sa vanité y avoit ébranlé. Nous avons dit le sujet pour lequel elle s'étoit retirée de la cour en Lorraine, où elle n'eut pas fait longue demeure, que le Roi ne reçut avis qu'elle étoit préjudiciable à son Etat. Son mari s'y en alla, et l'en fit partir dès le mois d'avril et retirer à Bar, d'où encore elle fut peu de mois après rappelée pour s'en retourner par la Bourgogne en Auvergne, dont son mari étoit gouverneur.

Montaigu en partant de Lorraine s'en alla en Savoie, où étoit l'esprit le plus remuant de la cabale, qui se reconnoissoit lui-même pour être l'auteur de tous les troubles, et qui avoit avec lui le comte de Soissons, qui pour sa qualité étoit un moyen puissant à faire mal, et, déçu par de mauvais esprits, étoit en dessein de le faire. On avoit su nouvellement, par Vieuxpont, que ledit sieur comte tenoit chez lui de mauvais discours, qui témoignoient qu'il étoit ulcéré contre le gouvernement; que le chevalier de Senneterre(1) oyant quelqu'un qui disoit à M. le comte que le Roi ne vouloit plus que les arrêts du Dauphiné fussent expédiés sous le nom du gouverneur : « Oh! oh! dit-il, ce petit prince est donc bien en colère? » mais avec une façon de mépris qui servoit à donner l'interprétation à ces mauvaises paroles; que lui-même avoit un manifeste que le père Martin, jésuite, confesseur de M. le comte, lui avoit conseillé de faire; que le dit père parloit avec grande chaleur des affaires présentes, et fort licencieusement des ministres; que sa société feroit ce qu'elle pourroit pour le service dudit sieur comte, et qu'un ministre dont il redoutoit la puissance avoit tort de lui avoir ravi mademoiselle de Montpensier pour la donner à Monsieur, qui n'en vouloit point. Et passant plus avant, il dit encore que Senneterre voulant parler à son maître en particulier, comme on fit sortir un chacun, étant demeuré le dernier, il entendit en sortant que Senneterre dit à M. le comte qu'il ne falloit pas qu'il espérât plus de contentement tant que cet homme seroit au monde, parlant du cardinal. Que le chevalier de Senneterre lui dit encore qu'ils étoient comme les joueurs qui avoient plusieurs coups à faire, dont celui-là étoit le dernier, parlant d'assassiner le cardinal; que Coquet, frère du contrôleur général, lui en avoit dit autant.

Tout cela témoignoit une mauvaise disposition en M. le comte, laquelle s'augmentoit par les inductions du duc de Savoie, en qui les Anglais, pour ce sujet, avoient mis leur principale espérance. Montaigu y alla, et lui ayant communiqué ce qu'il avoit fait avec le duc de Lorraine, lia la partie contre la France. De là il passa à Venise pour l'y induire aussi, et pour ne rien oublier il avoit eu même, en passant en France, quelques pourparlers avec les huguenots. Le duc de Lorraine faisant comme ces méchans juges qui, exploitant mal, écrivent bien, incontinent après avoir tramé cette trahison contre la France, prit la poste le 18 avril, et s'en alla trouver le Roi à Paris pour l'assurer de sa fidélité.

Cependant les Anglais, qui n'avoient pas seulement de quoi fournir aux dépenses ordinaires de la maison du roi et de la reine d'Angleterre, qui avoient, dès dix-huit mois auparavant, en-

(1) Confident du comte.

gagé les bagues de la couronne aux Hollandais pour payer une partie de ce qu'ils fournissoient par mois au roi de Danemarck, qui avoient été contraints de faire une cueillette en leur Eglise pour payer le salaire des officiers de la Reine qu'ils renvoyèrent en France, et qui avoient tellement perdu leur crédit partout, que ni dedans, ni dehors leur État, ils ne pouvoient trouver d'argent pour le Roi, se saisirent injustement de tant de vaisseaux français, qui de bonne foi, sur la créance de la paix, relâchoient en leurs ports ou approchoient de leurs côtes pour suivre leur route, que par la vente des marchandises qu'ils en firent ils tirèrent une somme assez notable pour, avec tout le bien de Buckingham qu'il y engagea, équiper une armée de mer et venir descendre en la côte de France.

Le bruit de cette descente donna à penser au Roi; on avoit avis que leur dessein étoit de faire descente en Guienne et en Poitou, y étant conviés par les rebelles du royaume, et notamment par ceux de La Rochelle, qui avoient intelligence secrète avec eux. Sa Majesté, sur ce bruit, résolut d'aller en ces provinces-là pour empêcher leur entreprise. Il fit, de plusieurs endroits de son royaume, venir des régimens de gens de pied et des compagnies de chevau-légers ès quartiers du bas Poitou, pour les tenir prêts de se rendre promptement aux lieux où les Anglais aborderoient, avec résolution de s'y en aller lui-même, et mener M. le duc d'Orléans son frère, auquel il donna dès lors la charge de lieutenant général de son armée. Sa Majesté partit de Paris le 28 juin (2) 1627 pour aller coucher à Beaulieu, où Sa Majesté fut surprise d'une fièvre tierce, ensuite de laquelle elle se fit porter le lendemain à Villeroy. Elle fut suivie de plusieurs accès, et dégénéra en double tierce, dont les redoublemens furent accompagnés de périlleux accidens; ce qui donna occasion d'envoyer M. le duc d'Angoulême en Poitou, avec une armée de dix mille hommes, pour tenir le pays en sûreté. Il ne fut pas plutôt parti qu'il arriva un courrier à Escharcon, qui apporta la nouvelle au cardinal que l'armée anglaise avoit passé le Conquet; et peu de temps après, en arriva un autre de la part de M. de Toiras, qui donna avis qu'elle étoit arrivée à la rade de Ré, assurant que si les Anglais s'adressoient à lui il les recevroit en homme de bien, étant préparé à cela, et ajoutant qu'il craignoit fort qu'ils n'eussent pas le courage de s'attaquer à lui, y ayant apparence qu'ils donneroient plutôt à Brouage, Oleron, ou vers la rivière de Bordeaux.

(2) Le manuscrit porte : le 15 juillet, mais c'est une erreur de copiste.

Les batailles navales que le Roi gagna contre les Rochelois lui firent connoître la nécessité qu'il avoit de l'île de Ré pour mettre La Rochelle à la raison, et pour cet effet Sa Majesté y fit faire deux forts : l'un sur le bord de la mer, proche le bourg de Saint-Martin, à la rade qui en porte le nom; l'autre, dit le fort de La Prée, au lieu dit La Baie, bornant la rade de La Palisse. Le Roi apporta un grand soin de faire diligenter la construction de ces forts, et fit donner au sieur de Toiras, selon la confiance que Sa Majesté avoit en lui, tout ce qu'il demanda, qui monta en divers ordres jusqu'à près de 400,000 livres en l'année 1626, pour faire promptement dépêcher le tout, et pourvoir lesdites places de toutes munitions et choses nécessaires, dont Sa Majesté se voulut fier audit sieur de Toiras, lui faisant délivrer ces sommes par comptant (1), pour faire faire les ouvrages et provisions lui-même à sa diligence, afin que la longueur fréquente, et souvent ennuyeuse et dommageable des officiers, ne pût donner prétexte au retardement. Sa Majesté ayant, avec tant de soin, fait fournir tout ce qui étoit nécessaire pour la conservation de cette place, on ajoutoit facilement foi aux assurances que le sieur de Toiras donnoit par ses lettres; car on n'eût jamais cru qu'elle eût été si dépourvue de tout ce qui étoit nécessaire comme il se trouva qu'elle étoit, vu que, outre que M. de Toiras assuroit par ce même courrier qu'il ne craignoit qu'on l'attaquât, il avoit reçu peu auparavant 100,000 liv. pour faire mettre dans la citadelle quantité de munitions de guerre et de bouche, même qu'il pouvoit prendre celles qui étoient dans le bourg Saint-Martin, qui en étoit bien fourni.

Le 20 juillet, environ les six heures du matin, on vit de l'île de Ré quelque dix-huit ou vingt voiles du côté des Sables-d'Olonne. L'on estima au commencement que ce fussent vaisseaux dunkerquois qui attendissent une flotte de Flamands qui étoit pour lors en rade; mais, les voyant approcher peu à peu, et le nombre des vaisseaux grossir, sans que les Flamands en prissent alarme, on jugea bien que c'étoient Anglais, dont on fut assuré quelque temps après, qu'ils furent mouiller tout le jour à la rade au nombre d'environ six vingts voiles; le surplus de l'armée descendit vers le fort de La Prée, et passa tout le jour à tirer force coups de canon contre ce fort. Le 21, le duc de Buckingham, général de cette armée, étant encore à la rade de l'île de Ré, fit un manifeste par lequel il excusoit l'infidélité de son entreprise, et essayoit de lui donner quelque prétexte spé-

(1) On lit dans le manuscrit : *Contans;* c'est une bévue de copiste.

cieux, qui étoit que le Roi son maître étoit le protecteur et défenseur des prétendues églises réformées, à l'exemple des rois ses prédécesseurs, qu'il avoit contracté l'alliance avec le Roi pour les maintenir en France, qu'on en avoit abusé au contraire pour les détruire à la bataille de Ré avec ses propres vaisseaux; qu'il avoit ensuite moyenné la paix avec eux, laquelle nous n'avions observée, n'ayant fait démolir le fort de Saint-Louis près La Rochelle; que toutes ces choses l'avoient obligé d'armer et faire descendre son armée en Ré pour venger cette injure. Ces raisons parurent frivoles à toute la chrétienté, comme elles étoient; le traité de mariage de Madame avec lui faisoit foi quel en avoit été le dessein; il y étoit promis soulagement aux catholiques d'Angleterre, et n'est fait aucune mention des huguenots de France. Le Roi s'est servi contre les Rochelois de leurs vaisseaux (2) de leur bon gré, et en les payant bien chèrement, et n'a point employé leur entremise pour faire recevoir la paix à ses sujets, et n'a à répondre à personne qu'à Dieu du traitement qu'il leur faisoit.

Le 22 dudit mois, à la marée du soir, ils vinrent à la pointe de Samblanceau, où, avançant leurs vaisseaux près de terre, à laquelle ils tournoient le côté, ils commencèrent leur descente. Samblanceau est un bras de terre s'étendant en mer, de mille ou douze cents pas de long et trois cents pas de large, à l'extrémité duquel, pour aller où ils faisoient leur descente, il falloit que les nôtres fissent six ou sept cents pas à découvert, et essuyassent toute la mousqueterie et les canonnades de leurs vaisseaux qui portoient plus de deux mille canons, et au retour encore il falloit passer le même péril; car de demeurer là, qui est un lieu sans aucun abri, il n'étoit pas possible. Le sieur de Toiras, qui commandoit dans l'île et dans les forts pour le Roi, doutant que l'ennemi fît feinte de vouloir descendre là pour y attirer les nôtres avec un si grand désavantage, et eût dessein de descendre en quelque autre lieu, divisa ses forces, établit cinq compagnies dans le fort Saint-Martin, une en l'île de l'Oye, quatre en Ars, avec la moitié de sa compagnie de chevau-légers, et s'achemina avec le reste de son régiment et de sadite compagnie, le régiment de Navarre et bon nombre de volontaires, vers Samblanceau, où il se mit derrière de petites dunes; il avoit bien huit cents hommes de pied et deux cents chevaux, et disposa la cavalerie en sept escadrons, afin qu'étant divisés en plusieurs troupes, ils fussent moins en prise au canon des ennemis. Quand il vit que les Anglais avoient mis deux mille hommes en terre, et continuoient tou-

(2) Des Anglais.

jours à y en porter dans leurs chaloupes, étant lors assuré que c'étoit le lieu choisi pour leur descente, il commanda à cinq escadrons de donner et commencer la charge ; l'infanterie devoit suivre, et les deux escadrons restant avoient ordre de le soutenir. Ces cinq escadrons étoient partis au pas ; mais le péril leur fit bientôt prendre le galop, et incontinent on alla à toute bride.

L'on étoit tellement pressé du canon qui tonnoit de tous côtés, que la plupart des nôtres étoient hors de combat avant qu'être à l'ennemi ; qui étoit tué, qui blessé, qui n'avoit point de cheval : ils entrèrent néanmoins dans les bataillons ennemis, et les attaquèrent si courageusement qu'ils les repoussèrent jusque dedans l'eau ; mais, ne voyant ces premiers suivis de personne, ils se rassurèrent. L'infanterie donna, mais tard ; car elle ne pouvoit aller vite dans le sable, et les deux escadrons qui avoient ordre de la soutenir, ne vinrent point à cause que l'étonnement étoit tel, que Toiras oublia de leur donner le signal qui avoit été accordé de leur faire. Ainsi les nôtres se retirèrent et perdirent l'assurance d'empêcher leur descente. Les mousquetaires, dont ils avoient bordé leurs vaisseaux, et qu'ils avoient logés sur les hunes des navires, et les coups de canon à cartouches qu'on tiroit sur les nôtres, les mettoient bien plus en peine que les ennemis qu'ils avoient en tête. Nous y perdîmes de la cavalerie, Rostinclair, frère de Toiras, Chantal (1), Navailles et plusieurs autres gentilshommes et chevau-légers, jusqu'au nombre de soixante, et environ cent cinquante soldats. Les ennemis y perdirent quinze officiers principaux de leur armée et beaucoup d'autres lieutenans et enseignes, dont les nôtres emportèrent un drapeau, et plusieurs volontaires qu'ils estimoient beaucoup. Entre les autres, ils regrettèrent fort Saint-Blancard, du Languedoc, homme dont la mémoire sera à jamais en malédiction, qui avoit fait le voyage pour le duc de Rohan en Angleterre, et perdirent cinq ou six cents simples soldats. Aussi témoignèrent-ils bien qu'ils avoient fait une grande perte ; car ils n'avancèrent jamais un pas après les nôtres, ne voulant point abandonner l'abri de leurs vaisseaux, ains craignant qu'au lendemain on revint à eux, et qu'on les voulût encore combattre avec le reste des forces, comme nos soldats avoient crié.

Le lendemain, 23 juillet, ils achevèrent leur descente jusqu'à huit régimens de mille hommes chacun ; et, soit qu'ils ne fussent pas bien assurés, soit qu'ils ne sussent pas user de la victoire et bon succès qu'ils avoient eu en prenant terre, soit la crainte que l'on retournât à eux, soit que

(1) Père de madame de Sévigné.

la Providence divine souffrît cette entreprise pour la confusion de ceux qui la faisoient, et de ceux qui fondoient sur cela l'exécution des desseins qu'ils avoient de mettre le feu par toute la France, ils employèrent quatre jours à reconnoître l'île, sans faire plus grand chemin que jusqu'au bourg de La Flotte. Le 28 ils allèrent à Saint-Martin, où ils entrèrent sans résistance. Je ne puis ici oublier une action de valeur digne d'une éternelle louange, qui est que, les Anglais s'approchant de Saint-Martin, le sieur Despoulains, considérant leur ordre, vit trois hommes à soixante pas de leur gros, les va combattre, et les tua tous trois avec étonnement de leur armée. Le 26, le Roi étant au fort de sa maladie, arriva un courrier dépêché par le marquis de Brézé, qui apportoit toutes ces nouvelles.

Le cardinal ne jugea pas qu'on en dût rien faire savoir au Roi en l'état où il étoit, de peur que cette nouvelle n'accrût sa maladie, et fût encore le mal de la France, nous éloignant d'autant plus des moyens d'y remédier. Il est vrai qu'il falloit donner des ordres si puissans et si prompts pour pourvoir à cet orage, que cela méritoit bien qu'ils vinssent de la personne même du Roi, vu que, si les affaires n'eussent pas heureusement succédé, on eût dit qu'on eût oublié quelque chose de ce qui s'y pouvoit faire, et que, si le Roi en eût été averti, il y eût mieux pourvu. Mais le cardinal, qui sait qu'un serviteur ne fait compte de soi à l'égard de son maître, ayant à hasarder sa fortune et sa réputation, ou la personne du Roi, aima mieux se mettre en péril d'être blâmé ou ruiné en bien faisant que, pour se garantir, faire aucune chose qui pût être occasion de rengréger la maladie de Sa Majesté. Mille soins le travaillent et l'agitent en son esprit ; mais le plus grand de tous, et qui lui fait plus de peine, est de faire paroître au Roi qu'il n'a point de peur, afin que de là il ne puisse faire jugement de ce qui est arrivé. Il est tout le jour auprès de sa personne ; la nuit, le plus souvent il ne l'abandonne point. Il a néanmoins toujours l'esprit occupé aux ordres, que, d'heure à autre, il donne à la dérobée pour secourir l'île, et faire que les Anglais n'y puissent venir à bout de ce qu'ils prétendent.

Ce qui l'étonne et l'afflige le plus, est qu'avec la nouvelle de la descente des Anglais, on lui mande qu'il y a disette de toutes choses dans les forts de Ré, et que, s'ils ne sont secourus promptement, ils sont perdus. Le fort de Saint-Martin, commencé à construire depuis treize mois, sans que le Roi y eût épargné aucun argent, étoit lors du combat en tel état, que trente hommes de front pouvoient entrer par la porte. Il n'y avoit sur les bastions ni parapet ni barrique; il n'y avoit pas un muid de vin, nulle viande, peu de farine, et du biscuit seulement pour vingt jours; il y avoit du blé pour plus de deux mois. On avoit fait fournir au sieur de Toiras, dès l'an 1626, comme nous avons dit, 100,000 livres pour les munitions de guerre. Et, bien qu'il fût ordonné qu'on enverroit un lieutenant de l'artillerie pour passer les marchés, ledit sieur de Toiras ne le voulut souffrir, et les passa lui-même, disant qu'il feroit les choses bien à meilleur marché; et néanmoins il se trouva qu'il n'y en avoit point. Il avoit su la descente des Anglais trois mois auparavant, et, comme si c'étoit assez de parler, il se contentoit de se vanter qu'il ne manquoit de rien, et de refuser l'assistance de tout le monde, disant plusieurs fois au sieur de La Rochefoucauld que, si les Anglais alloient à lui, il se lieroit un bras, qu'il n'avoit besoin de troupes ni d'aucune chose. M. de Maillezais (1) y allant, six jours avant l'occasion, de la part du cardinal, pour savoir s'il n'avoit besoin de rien, il lui fit la même réponse, et qu'il tenoit des chaloupes et barques toutes prêtes pour aller secourir Oleron, sachant bien qu'ils ne l'attaqueroient pas, d'autant qu'ils n'ignoroient pas qu'il n'y avoit rien à gagner pour eux. Il écrivit plusieurs fois même langage à la cour.

Il pouvoit, par le loisir que les Anglais lui donnèrent depuis le jour de leur descente, se munir de toutes choses sans frais, et retirer dans la citadelle toutes les provisions qui étoient au bourg Saint-Martin; mais il étoit si troublé, et tous ceux qui étoient avec lui, qu'on eût dit qu'il ne vouloit pas gâter le logement de l'armée anglaise, mais leur laisser toutes choses nécessaires à leur arrivée. Il fit emporter une meule, pource qu'il n'y avoit qu'un moulin dans le fort qui n'étoit pas assez capable de moudre et faire les farines pour les gens qui y étoient. Il prit seulement du vin et de la viande pour nourrir deux cents volontaires sept ou huit semaines; il ne tenoit qu'à lui d'en faire entrer pour tous les soldats. Il n'eut pas seulement le soin de se munir de drogues d'apothicaire. On laissa dans le bourg grand nombre de vivres et de meubles qui eussent été très-utiles aux pauvres soldats, qui, faute d'en avoir, sont tombés malades pour coucher sur la terre. On y laissa deux boutiques d'apothicaire, dont depuis les malades et blessés eurent un extrême besoin, comme de plusieurs autres choses, entre autres, ce qui est à remarquer, du vin dont ils ont perpétuellement manqué, bien que les celliers de toute l'île en fussent pleins, et qu'elle ne soit abondante en autre chose, si ce n'est en sel, qui leur faillit encore sur la fin. Il laissa dans le bourg une si grande quantité de vin, que quand les Anglais en partirent ils y en laissèrent encore. Ce ne fut pas un trait de capitaine de n'avoir pas brûlé le bourg de Saint-Martin, dans lequel les ennemis étoient à couvert et à leur aise plus qu'ils n'eussent été en Angleterre dans leurs maisons. Que s'il dit que la pitié du peuple l'en empêcha, au moins ne peut-il pas apporter cette excuse à ce qu'il ne l'avoit pas fortifié ni ne l'a pas défendu un seul jour, donnant par ce moyen à son ennemi l'avantage d'être venu sans tranchées au pied de la citadelle.

Ce mauvais commencement faisoit craindre au cardinal une suite semblable et un pire événement, et la vanité inconsidérée de cet homme ne lui permettoit pas d'asseoir une ferme espérance d'une meilleure conduite à l'avenir. Mais, au milieu de toutes ces pensées différentes, il prit la résolution que la magnanimité donne toujours à un cœur généreux, qui est de faire de soi tout ce que la nature des choses peut porter, et de surmonter par sa vertu tous les manquemens d'autrui; de peur que, tandis que l'on s'arrête à s'affliger des fautes commises, on ne perde le temps qui doit être employé à les réparer. Il jugea qu'il falloit secourir cette place plus de vivres que d'hommes, afin de donner du temps aux préparatifs d'un plus puissant secours. Cela l'obligea d'envoyer par tous les ports pour avoir des vaisseaux propres à cet effet, et, quant et quant, il envoya argent et personne de créance vers le duc d'Angoulême, afin que, cependant que sa présence pourvoiroit aux affaires de la terre ferme, ils pourvussent aussi à ce que les embarquemens dudit secours fussent assistés de tout ce qui y étoit nécessaire. Et parce qu'il étoit à craindre qu'en ce temps de bonace les vaisseaux à voiles fussent inutiles, il donna ordre que quinze pinasses fussent conduites de Bayonne et Saint-Jean-de-Luz aux Sables-d'Olonne, pour servir à ce que ledit sieur duc d'Angoulême ordonneroit, avança trois mille livres du sien pour les payer, et manda au sieur de Grammont qu'il le supplioit de faire trouver argent pour payer tout ce qu'il faudroit pour les équiper, et qu'il lui en répondoit en son propre et privé nom. Ce qui fut suivi d'un si heureux succès, que, tous moyens étant tentés d'ailleurs inutilement, celui-ci seul réussit comme nous verrons ci-après. Il envoya au Havre 30,000 livres de son argent pource que celui du Roi n'eût pas été touché assez vite, et que lors il ne s'en trouvoit point à l'épargne, pour faire armer cinq cents dragons, suivant l'état du sieur d'Ocquerre, secrétaire des

(1) L'évêque de Maillezais, Sourdis.

commandemens. Il envoya d'autres courriers en Olonne, Brouage et autres lieux de ce côté-là, pour faire faire des farines et essayer, par tous moyens, quoi qu'il coûtât, de les faire passer aux assiégés ; fit partir Bigoteau, munitionnaire, passionné pour Toiras, homme entendu en la connoissance de toutes les côtes proches des îles de Ré et d'Olonne, homme de crédit parmi tous les matelots de ces quartiers-là, pour aller faire entrer des farines, pour le paiement desquelles il lui fit donner 10,000 écus ; dépêcha à Saint-Malo le sieur Destourelles, pour faire armer en diligence six vaisseaux pour servir au secours de l'armée navale qu'il faisoit préparer. Et sur ce que Saugeon, envoyé de Toiras, et l'évêque de Nîmes, son frère (1), demandoient que le sieur de Beaumont, premier maître-d'hôtel du Roi et mestre de camp d'un régiment entretenu, grand et singulier ami de Toiras, fût envoyé pour le secourir, et qu'il fût donné de l'argent audit Bigoteau pour lui faire passer des vivres, assurant que moyennant cela il n'en pouvoit manquer, et que l'on donnât audit sieur de Beaumont un pouvoir d'intendant sur toutes ces côtes pour ledit secours ; ledit sieur de Beaumont fut dépêché à l'instant, et ledit pouvoir lui fut envoyé le 5 d'août, pour aller sur les lieux solliciter, presser et accélérer ledit ravitaillement, et ne partit toutefois que le 31, à cause de ses affaires domestiques. Le duc d'Epernon dépêcha le sieur de Magnas vers Sa Majesté, et promettoit que, moyennant qu'on lui donnât une pareille commission pour prendre toutes les barques, galions et flinx de Garonne et Dordogne, et les blés dont il auroit besoin, avec commandement au sieur Treillebois de faire ce qu'il lui commanderoit, il secourroit Ré de vivres ; le même jour il partit avec la même commission, qui lui fut expédiée à l'instant, et porta lettres du cardinal audit Treillebois, comme étant sous sa charge, et audit sieur duc, pour l'encourager à ce secours par toutes les voies qu'il pourroit imaginer. Mais, pource que le cardinal ne peut avoir en son esprit trop d'assurance pour l'exécution des ordres en une chose de si grande importance, et qu'il sait qu'en matière d'Etat il ne faut jamais prendre ses mesures trop justes, ni se contenter d'ordonner simplement ce qui semble suffire à ce que l'on se propose, mais que, pour faire beaucoup, il se faut préparer à plus, il envoya l'abbé de Marsillac, qui étoit à lui, et est maintenant évêque de Mende, pour avoir l'œil à ce que tout s'exécutât ponctuellement, et qu'aucune occasion ne se perdît. En lui baillant de l'argent du sien, il le chargea, très-particulièrement, de faire en sorte, par ses diligences, inventions et artifices, que d'Olonne et de toute la côte, jusques à Chef-de-Baye, on pût faire tenir des farines et biscuits dans ledit fort, et faire, à quelque prix que ce fût, et quoi qu'il coûtât, hasarder les matelots pour y aller. Et, le même jour, il fit dépêcher un lieutenant de l'artillerie pour aller faire fournir onze pièces de canon de fonte, retirées de divers particuliers en Bretagne, moyennant 8,000 livres que le cardinal lui fit fournir de son argent. Il en envoya un autre en toutes les places de la rivière de Loire, pour en prendre quarante coulevrines et bâtardes pour l'armement des vaisseaux de Blavet, lesquels il prit à Orléans, Angers, Saumur, Nantes et Clisson ; il dépêcha aussi un courrier en Espagne pour accepter l'offre que le roi Catholique faisoit au Roi de l'assister de sa flotte contre les Anglais.

Le Fargis avoit écrit, du 3 juillet, que le comte d'Olivarès, ayant su que Buckingham étoit en mer à dessein d'attaquer l'île de Ré, l'avoit envoyé quérir cette nuit-là, et lui avoit dit que le Roi d'Espagne avoit résolu cette après-dînée de s'opposer avec toutes ses forces à cette entreprise, et que, dès à présent, il avoit commandé par courriers qui avoient été dépêchés en tous les ports d'Espagne, à ce que tous les navires et gens de guerre de la Corogne, Bilbao et Saint-Sébastien le joignissent, pour attendre les ordres qui leur seroient donnés de cette cour ; que, pour cette heure, ils n'avoient encore que vingt-cinq galions de prêts, mais que avant le retour du courrier il y en auroit trente ou trente-cinq, sur lesquels le Roi pourroit faire son compte ; qu'ils s'offroient de combattre les Anglais si le Roi le jugeoit possible et expédient, par les avis que le Roi pouvoit avoir des forces que lesdits Anglais avoient ensemble ; et que, s'il étoit jugé qu'on ne les pût combattre, le roi d'Espagne offroit de les faire suivre, et au cas qu'ils missent des gens en terre, et s'affoiblissent par conséquent, de prendre, s'il se pouvoit, l'occasion de les combattre avec cet avantage ; qu'au reste l'armée espagnole iroit, si le Roi l'avoit agréable, dans tel port de la France qu'on voudroit choisir, tiendroit la mer, et suivroit en tout et partout les ordres de la France, qui, comme plus proche des Anglais, pouvoit mieux juger la conduite qu'il falloit garder qu'on ne sauroit faire en Espagne. Et le comte d'Olivarès témoignoit avoir cette affaire si à cœur, qu'il vouloit que Le Fargis dépêchât un des siens afin qu'il retournât en toute diligence porter la réponse à Sa Majesté. L'ambassadeur d'Espagne fit en même temps les mêmes offres de la part du Roi son maître. Le cardinal, qui se défioit

---

(1) De Toiras.

toujours d'Espagne, et principalement offrant de servir et assister le Roi, ne fit pas grand fondement sur ses promesses : mais, néanmoins, il crut que le Roi ne les devoit pas refuser, pource qu'en quelque façon que ce fût il lui étoit avantageux d'en user ainsi, soit pour s'en prévaloir contre les Anglais, soit contre les Espagnols mêmes, mettant au jour leur infidélité.

Dès le premier jour d'août, il proposa et fit résoudre au conseil de Sa Majesté, que Pompée Targon, faisant profession d'entendre ce qui est des machines et artifices, connoissant la mer et les îles, et les moyens d'y aborder, seroit envoyé pour servir à l'armée du Roi, et trouver les moyens de secourir de victuailles le fort de Ré. Trois capitaines de mer, Beaulieu, Courcelles et Cantelou, partirent pour aller faire armer les vaisseaux en Olonne, et trouver le moyen de jeter des vivres en Ré, lesquels promirent d'y entrer ou se perdre. On envoya aussi querir le sieur d'Argencourt, gentilhomme fort expérimenté, qui étoit lors au Havre, et on le dépêcha pour aider à trouver invention de ce faire, et aller de là servir en l'armée de Sa Majesté. Beaulieu-Persac fut dépêché pour exécuter les propositions par lui faites, de brûler les vaisseaux anglais et jeter des vivres en la place assiégée. Un courrier fut envoyé pour amasser des barques et chaloupes autant qu'il pourroit, et faire couper les petits vaisseaux de ceux qui avoient été arrêtés sur les Anglais à Blaye, pour faire en sorte qu'ils pussent aller à rames et servir au secours de Ré. Un autre fut dépêché au Fort-Louis, ou Blavet, en Bretagne, portant ordre que tous les capitaines de mer étant audit lieu, eussent à s'assembler et tenir conseil, pour voir tout ce qu'ils pourroient faire pour empêcher la communication de l'armée anglaise étant aux îles, avec l'Angleterre, et, par quelque moyen, si quelque petit vaisseau bon voilier d'entre les leurs et particulièrement celui de Richardière, pourroit bien entreprendre de se jeter dans Ré avec des vivres par un bon vent. Et, pour l'importance de cette ouverture, la même dépêche fut réitérée le 7 août ensuivant. La Rivière-Puigrefié partit avec commission pour aller en Olonne amasser toutes les chaloupes, barques et vaisseaux qui vont à rames, pour la même fin d'empêcher ladite communication et jeter des vivres en Ré, et lui fut donné, par le marquis d'Effiat, surintendant des finances, ordre pour recevoir 30,000 livres sur les lieux : ce que nous remarquons ici, pource que tout l'argent que nous avons dit ci-dessus avoir été fourni a été avancé par le cardinal, qui le trouva sur son crédit. Et, sans vanité, on peut dire que les avis ci-dessus, et les résolutions qui furent prises, l'ont été sur ses propositions, procédant du soin infatigable qu'il avoit de cette affaire.

Le sieur du Chalart fut aussi dépêché pour aller à La Corogne en Espagne, qui est le port auquel étoit et s'assembloit l'armée navale d'Espagne, que l'ambassadeur d'Espagne leur envoyoit par le commandement de son maître, pour hâter leur partement. Le cardinal lui donna charge de faire acheter jusques à trente pinasses en Biscaye, et les faire venir en diligence bien armées et équipées, lui donnant promesses de l'en rembourser en son privé nom. Pareillement fut donné commission à son lieutenant, nommé Messignac, pour ramasser tous les flins, barques et bateaux à rames des rivières de Garonne et Dordogne, et les emmener pour servir à porter en Ré le secours des vivres qui étoient préparés à cette fin. On manda aussi en Hollande, par courrier exprès, au commandeur Desgoutes qui commandoit les vaisseaux du Roi, et aux sieurs Manuel et Larbrisses, qui avoient mené six cents hommes pour mettre dans lesdits vaisseaux, qu'ils les fissent partir en toute diligence; et au sieur Despesses, ambassadeur de Sa Majesté, qu'il s'obligeât aux marchands s'il en étoit besoin, et si les lettres de change que le marquis d'Effiat avoit envoyées ne suffisoient. Un autre courrier fut dépêché à Dunkerque pour porter la dépêche des ambassadeurs d'Espagne étant à Paris, pour faire partir les vaisseaux dunkerquois qui devoient joindre l'armée du Roi; et en même temps on dépêcha Chaban vers le maréchal de Thémines en Bretagne, pour mettre le port de Morbihan en état de recevoir l'armée d'Espagne, et envoyer des matelots et pilotes le long de la côte pour rencontrer ladite armée et la piloter, avec charge particulière de faire toute sorte d'accueil et de bonne réception aux chefs, et pour l'assurer du remboursement de toute la dépense qui s'y feroit.

Et le même jour, qui fut le 7 août, fut donné au duc de Guise le commandement de l'armée navale que Sa Majesté faisoit préparer en ses côtes, et lui en fut expédié le pouvoir, avec commandement de faire toute la meilleure réception qu'il se pourroit aux Espagnols, et que tous ceux qui seroient sur les vaisseaux du Roi vécussent avec eux avec toutes sortes de courtoisies, faisant punir sévèrement ceux qui y contreviendroient. Qu'il leur fît les présens ordonnés par Sa Majesté, priant premièrement celui qui leur commanderoit de l'avoir agréable, puisque le Roi ne le faisoit que pour le respect d'amitié qu'il portoit au Roi son frère, à qui ils appartenoient. Qu'il fît choix de personnes considérables, et d'ailleurs bien affectionnées à l'union et bonne intelligence des deux nations, pour leur donner charge de prendre garde à tout ce qui la pourroit amoindrir; qu'il sût que Sa Majesté avoit convenu avec le roi d'Espagne que les Espagnols salueroient les premiers dans les mers et ports de France, et ne feroient pas difficulté d'abattre le pavillon; les vaisseaux du Roi leur rendroient aussi le même compliment dans leurs mers et leurs ports; que Sa Majesté vouloit que, le général ayant pris sa place, il leur donnât dans les ports du Roi le meilleur lieu, comme on a accoutumé de faire envers les étrangers qu'on reçoit, et qu'on veut favorablement traiter; que si quelques-uns d'eux mettoient pied à terre et y faisoient quelque désordre en flagrant délit, ils fussent rendus à l'heure même à leurs capitaines, et que les officiers de la justice, en France, fussent avertis et commandés de n'en prendre aucune connoissance; que tous les vivres, munitions, équipages, poudres, armes, bois et toute autre chose dont ils auroient besoin, leur fussent fournis à même prix qu'à l'armée et aux gens du Roi, et que l'on donnât ordre partout où il seroit besoin à l'exécution de ces conventions; et que s'il leur arrivoit disgrâce ou naufrage dans nos côtes, ils fussent secourus, assistés et recueillis de même manière que le seroient les Français; et ce qui se pourroit sauver du naufrage, armes, artillerie, meubles, etc., leur fût rendu entièrement, sans que personne s'en pût approprier, sous quelque prétexte, droit ou prétentions que ce fût, et qu'ils eussent pouvoir de transporter le tout en telle partie d'Espagne et de Flandre qu'il leur plairoit, sans qu'on leur pût faire aucun empêchement, et en attendant le transport leur fût conservé dans les magasins ou du Roi ou des villes; qu'il appelât aux conseils de guerre qu'il tiendroit pareil nombre d'Espagnols que de Français, et que pour leur témoigner qu'on ne les vouloit pas embarquer à aucune entreprise contre les règles de la guerre, où ils pussent courir fortune sans apparence de victoire, il donnât en toutes les occasions la pointe aux Français, si ce n'étoit que lesdits Espagnols y demandassent part par honneur, auquel cas l'avant-garde seroit composée d'autant de vaisseaux espagnols que de français : quant au butin qui se pourroit faire, qu'il fût partagé par moitié, si ce n'étoit que les Espagnols voulussent que ledit partage fût fait au prorata du nombre de port de tonneaux qui seroit en chaque armée; qu'il essayât de contraindre l'armée anglaise de s'éloigner des côtes de France, et qu'il ne hasardât de donner bataille si la nécessité ne l'y obligeoit, et que les forts ne pussent être secourus par autre moyen. Et pour conserver le bien des sujets du Roi, des lettres-patentes furent expédiées, portant interdiction du commerce par mer de quelque marchandise que ce fût, afin de retenir les marchands français qui, sous une foible apparence de profit, hasardoient et perdoient leur bien mal à propos.

Il seroit impossible de rapporter toutes les dépêches qui furent faites, et tous les ordres qui, en moins de quinze jours, furent donnés sur le sujet de cette affaire durant la maladie du Roi, afin de pourvoir à tout ce qui étoit nécessaire et préparer toutes choses, en sorte que le Roi et la France en pussent recevoir le fruit qui en a été recueilli par après. Aussi le baron de Saugeon, qui fut dépêché de Toiras pour procurer le secours des vivres et autres choses nécessaires au fort, étant arrivé en cour, et ayant appris ce qui étoit fait et les ordres qui avoient été donnés, dit publiquement qu'il n'avoit rien à demander, mais qu'il étoit obligé de convertir en remercîmens toutes les demandes qu'il avoit charge de faire.

Cette grande application d'esprit que le cardinal avoit pour l'île de Ré, ne l'empêcha pas d'avoir toutes les autres nécessités de la côte présentes. Il fit donner ordre à M. d'Angoulême, de la part du Roi, de faire mettre tous les vaisseaux des Sables dans le petit port qui est à couvert du château de La Chaume, et voir si on pouvoit faire quelques retranchemens pour la sûreté du port; et au sieur de La Rochefoucauld, de tenir la main à faire armer vingt vaisseaux des Sables, les meilleurs, pour se joindre à ceux du Roi qui étoient à Blavet et ailleurs, et pour servir à jeter des vivres dans l'île. Il manda aussi au marquis de Brézé qu'il fît travailler avec une extraordinaire diligence aux fortifications d'Oleron, le munir bien de vivres, et se souvenir, si les Anglais y alloient, que ce qui a fait l'effet contre ceux de Ré n'a été que le canon, afin qu'en tels cas on cherchât toutes les inventions qu'il se pourroit pour s'en garantir; que, si on pouvoit prévoir les lieux où plus probablement on pût faire des descentes, il y faudroit faire des retranchemens pour loger la cavalerie et l'infanterie, en sorte qu'elle pût jouer son jeu à couvert. Il défendit aux troupes d'Oleron d'en partir, ordonnant qu'au moins il y demeurât toute l'infanterie, qu'on fortifieroit le plus qu'on pourroit, et deux cents gentilshommes, outre les compagnies de la Reine et de La Flosselière, vu qu'on craignoit et on prévoyoit que les Anglais, ayant pris un poste dans Ré, pourroient faire une attaque dans Oleron; et fit donner ordre au sieur de Drouet, gouverneur de Royan, d'y mettre promptement trois cents hommes, outre sa garnison, et lui fit assigner de l'argent à Poitiers pour sa recrue.

Retournons à Buckingham, et voyons ce qu'il fait à son arrivée à Saint-Martin. Le 28 (1), il s'en rendit maître sans combat. Il y prit son quartier avec cinq régiments et une compagnie de cavalerie; le reste fut départi au bourg de La Flotte, hormis Soubise, à qui le village de La Couarde échut en département; et quelques jours après ils commencèrent à ouvrir un retranchement, depuis le bourg jusqu'à la mer, pour enfermer la citadelle hors de la communication du fort de La Prée, en intention de la forcer par la faim, et non par les armes. Quelques huguenots se vinrent rendre à Soubise, qui donnoient avis à Buckingham de tout ce qu'il devoit faire. Le 2 août, ils commencèrent à tirer dès le point du jour dans le fort; ce qui mit en grande peine ceux de dedans, d'autant que les coups portoient sur le lieu où étoient les moulins, et peu s'en fallut qu'ils ne les ruinassent; mais on travailla si diligemment à les couvrir, et la batterie du fort tira si heureusement qu'elle démonta leurs pièces. Il ne resta qu'un canon en état, et ne firent autre mal que tuer un cordelier et un valet. Ils cessèrent de tirer sur les dix heures, et peu après remirent encore dix autres pièces; mais on les leur démonta derechef, avec la mort de plusieurs de leurs canonniers. Cette batterie cessa sur les cinq heures du soir. Le 5, ils ouvrirent une autre batterie, et faisoient quant et quant d'autres tranchées d'avance pour attaquer le fort, d'où on alloit aussi incontinent au devant par autres tranchées; et, dès qu'ils entreprenoient un travail, on y accouroit avec grande vigueur. Ce qu'on fit de mieux, fut d'avancer un travail de chaque côté de la citadelle sur le bord de la mer, qui tenoit un grand espace de rivage, lequel par ce moyen leur demeuroit libre pour y recevoir les barques de secours qui leur viendroient; car ils n'avoient point de havre, et avoient miné ces deux têtes, comme tous les autres travaux avancés; en sorte que, quand bien les ennemis les eussent gagnés, ils les eussent fait sauter tôt après, et c'eût été à recommencer. Treize gentilshommes en une chaloupe à douze rames, commandée par La Morissière, se hasardant de les aller secourir, ayant passé toute l'armée, furent découverts par des chaloupes qui étoient en garde, attaqués et contraints de retourner vers la grande terre; mais ils furent attrapés, la plupart inhumainement tués et jetés en mer, entre autres Artaignan et tous les matelots, hormis deux qui se sauvèrent à la nage. Jouy fut blessé et pris prisonnier. Buckingham fit pendre les ma-

(1) Juillet.

telots qui n'avoient pas voulu jeter en mer ledit Jouy. Ces cruautés, au lieu d'épouvanter, animoient les nôtres contre les ennemis. Et enfin le 8, Marsillac, que, comme nous avons dit, le cardinal avoit envoyé exprès pour faire passer des vivres en Ré, après avoir tenté par deux fois d'y en faire passer, et en ayant toujours été empêché par un vent contraire, ayant fait charger aux Sables trois barques et trois chaloupes de biscuit, farines, fèves, pois, beurre, vin et morue, deux desdites barques relâchèrent en la rivière de Saint-Benoît, et une chaloupe en la rivière de Marans; une autre chaloupe passa au fort de Saint-Martin, et une barque et une chaloupe passèrent au fort de La Prée si à propos qu'il n'y avoit de vivres que pour quatre ou cinq jours, et elles y en portèrent pour un mois. Buckingham commença lors à rabattre quelque chose de la confiance absolue qu'il avoit de se rendre maître du fort, ayant été si peu avisé qu'il avoit écrit au Roi son maître qu'il lui en répondoit. Et sur cela il fut fait un édit en Angleterre, par lequel tous les sujets de la Grande-Bretagne étoient conviés de venir demeurer en Ré, avec promesse de grands priviléges, et ordre d'en chasser tous les Français; mais quand ces nouvelles leur arrivèrent, ils en sursirent la publication.

Le Roi, en ce temps-là, commençant à se porter assez bien pour entendre, sans préjudice de sa santé, les nouvelles de ce qui se passoit, on les lui dit, et ce d'autant plus volontiers que les premières barques de secours, arrivées heureusement, ouvroient le chemin à d'autres, et faisoient connoître qu'on y pouvoit passer; ce qui lui causoit une grande consolation dans son déplaisir, puisqu'elle lui donnoit assurance que la continuation des soins qui lui avoient procuré ce grand service contre l'attente de tout le monde, feroit enfin réussir cette affaire à sa gloire et à la confusion de ses ennemis. On l'avertit quant et quant que les Rochelois avoient toujours assisté les Anglais, en Ré, de vivres, munitions et hommes, et de tout ce qu'ils pouvoient, attendant la prise du fort pour se déclarer; ce qui fit qu'elle envoya commandement au duc d'Angoulême d'empêcher qu'ils fissent plus entrer en leur ville les blés et bestiaux qu'ils avoient en la campagne, afin que, si par malheur l'île étoit prise, la peine qu'ils avoient d'avoir des vivres les empêchât de donner des leurs pour la ravitailler, et lui commanda de tailler en pièces les gens de guerre qui voudroient y entrer ou joindre les Anglais, et qui marcheroient en troupes, et faire entendre aux habitans qu'il les traiteroit comme rebelles s'ils communiquoient plus avec lesdits Anglais. Sa Majesté aussi lui donna ordre de faire raser les maisons de ceux qui les assisteroient et les iroient trouver, commençant par celle du sieur de Soubise. Il reçut aussi commandement de faire fortifier la pointe de Coreille, qui étoit un poste si important à La Rochelle, qu'on ne s'en fût jamais saisi en pleine paix sans que les huguenots s'en fussent remués. Mais maintenant il se pouvoit sans crainte, pource qu'ils étoient déjà attendant le seul événement de Ré pour prendre les armes, et que les Rochelois témoignoient en effet tant de mauvaise volonté qu'il ne se pouvoit davantage, et que les Anglais, qu'ils eussent en un autre temps pu appeler à leur secours, étoient occupés en l'île de Ré; joint que, si les Anglais prenoient l'île de Ré, comme l'insolence croît aux victorieux, ils eussent pu s'emparer de ce poste, auquel cas la France eût été en guerre pour longtemps sans qu'on en pût sortir que par une paix honteuse. A peu de jours de là Sa Majesté, voyant la continuation de la mauvaise volonté des habitans de La Rochelle, se résolut d'en entreprendre fortement le siège, et donna le commandement de cette armée à monseigneur son frère.

Cependant le cardinal ne laissoit passer un seul jour inutile sans faire de nouveaux efforts pour la conservation de l'île de Ré. Il faisoit dépêcher courriers sur courriers en Espagne, pour hâter le secours qui avoit été promis; à Bordeaux, à Bayonne, au Havre, à Brouage, en Olonne, en Bretagne, pour solliciter la prompte exécution de ce qui leur avoit été enchargé, promettant 10,000 écus de récompense à celui qui d'entre eux secourroit le fort de vivres pour deux mois. Outre son soin, il y employoit encore sa bourse et son crédit. Il sut que les matelots du Havre ne vouloient pas partir, à cause qu'ils n'avoient point été payés aux armemens des années passées, bien qu'ils eussent été payés pour trois mois, qui ne finissoient qu'à la fin de septembre. Il leur envoie l'évêque de Mende, avec 6,000 pistoles pour les faire partir, avec ordre de ne revenir point qu'il ne les vît à la voile, et de prendre le propre canon de la place pour mieux armer lesdits vaisseaux. Et pource qu'on ne pouvoit avoir de l'argent de l'épargne pour les dépenses les plus pressées, il emprunta 22,000 pistoles de messieurs les présidens de Flesselles, de Chevry, de Castille et du Houssay. Il donna 47,000 francs à la Grée de Bruc par avance pour l'armement de trois vaisseaux à Saint-Malo, et pour le fournissement des vivres de l'armée navale; envoya 100,000 francs en deniers et lettres de change en Oleron, pour acheter des vivres et des munitions pour quatre cents gentilshommes qui y étoient, pour les gens de pied, et pour les fortifications; outre que, depuis le 22 juillet, que les Anglais entrèrent dans Ré, il y avoit toujours eu en Oleron trois cents gentilshommes, dont le train faisoit pour le moins neuf cents chevaux et autant de valets, auxquels il avoit fait toujours donner, à ses frais, pain pour les valets, foin et avoine pour les chevaux, et il y avoit quatre mois et davantage que le régiment du Plessis-Praslin y étoit, auquel on donnoit toutes les semaines les prêts ordinaires en tel cas, et tout cela de deniers empruntés. Joint que les compagnies d'Angers, qui étoient en ladite île, n'étoient sur l'état qu'à cinquante hommes, et furent toujours à cent et à cent dix, et payés d'emprunt; et enfin, que la garnison de Brouage, qui n'étoit pas de quatre cents hommes pour l'ordinaire, avoit toujours été depuis plus de trois mois à huit et neuf cents.

Mais, pource que le soin de la conservation de l'île de Ré pour le service de l'Etat, ne devoit pas être arrêté à la simple pensée de la défense des forts qui y étoient, mais se devoit encore étendre à ce qui aideroit aux ennemis à la conserver s'ils l'avoient une fois prise, et à nous en rendre le recouvrement plus difficile, le cardinal n'oublia aucun moyen pour bien fortifier et défendre l'île d'Oleron. Cette île est distante de Ré de trois lieues; Ré a de bonnes rades et parages tout autour de l'île, et des forts qu'on y a bâtis. Oleron n'en a point; mais Ré n'a que du vin et du sel et point de blé. Oleron est abondant en blés, vins et bestiaux; de sorte que, bien que les ennemis eussent pris Ré, ils eussent eu bien de la peine à le pouvoir conserver, bien que les forts fussent excellens, parce qu'en cette île ne croissant que du vin et du sel, et La Rochelle investie n'étant pas en état de leur donner des blés et des chairs, il eût fallu qu'ils eussent apporté tous leurs vivres d'Angleterre; ce qui à la longue eût été de difficile exécution à un royaume nécessiteux. Mais, s'ils eussent eu Ré et Oleron tout ensemble, il eût été difficile de les empêcher de conserver ces deux îles qui se secourent l'une l'autre, Ré donnant les rades où les ennemis eussent tenu leurs vaisseaux, et Oleron, abondante en blés, en vins et en bestiaux, fournissant de vivres plus que suffisans pour leur garnison, étant certain que le revenu de cette île vaudroit à un conquérant plus d'un million de livres.

Il envoya donc une forte garnison dans ladite Oleron, et fit mettre quantité de grains dans le fort et les retranchemens de ladite île, et donna ordre qu'en cas d'extrémité, et qu'ils fussent forcés dans l'île, ils empoisonnassent les puits, gâtassent les sels, et brûlassent les vivres qu'ils ne pourroient emporter. Il étoit certain que si la perte d'Oleron pouvoit sauver Ré, c'eût été folie de ne pas abandonner Oleron, à cause de la situation en laquelle est Ré, à l'embouchure du canal de La Rochelle, des bonnes rades et parages qu'elle a. Mais aussi, si d'autre part il étoit inutile de hasarder la perte d'Oleron pour le salut de Ré, c'eût été une imprudence de le faire. Mais ne sauver pas Oleron, présupposé que Ré se perdît, c'eût été une faute irréparable et qui eût rendu, comme nous avons dit, la perte de Ré incapable de remède. D'autant plus donc que Ré étoit en hasard, d'autant plus falloit-il renforcer Oleron, qui, en ce cas, étoit de très-grande conséquence; outre que cette île tient l'embouchure des rivières de la Charente et de la Sendre, d'où on pourroit fort incommoder celle de la Garonne, qui seroit de très-grand préjudice aux fermes du Roi et au commerce; que dans ces deux îles les Anglais trouveroient assez de sel pour toute l'Angleterre, et, qui plus est, quasi pour les Flamands; ce qui priveroit, non-seulement le Roi de l'avantage qu'il tire maintenant de débiter le sel à tous les pays septentrionaux, mais en outre de celui qu'il en peut tirer à l'avenir; et que c'eût été une grande honte d'abandonner une chose qu'on pouvoit garder aisément, et l'abandonner en la présence du Roi, après l'avoir gardée en son absence. Et c'eût été bien une plus grande gloire aux Anglais, parmi les étrangers, de dire qu'ils auroient pris les îles que d'en avoir pris une.

Mais tous ces soins, si continuels et si étendus, et toutes ces veilles, employés pour la conservation des forts de Ré et délivrance des assiégés, ne leur pouvoient néanmoins pas donner un si prompt secours, que l'extrémité en laquelle où ils étoient, ou mandoient être, le sembloit requérir. Ils avoient faute d'eau; ils se servoient, en partie, d'un puits hors de la citadelle, que les ennemis empoisonnèrent; ils manquoient de vivres, et Buckingham, le 21 août, pour les affamer encore plus tôt, fit, avec la cruauté et inhumanité ordinaire aux hérétiques, ramasser toutes les femmes catholiques de l'île qui avoient leurs maris dans la citadelle, où est la grande terre, et leur firent passer les tranchées à coups de bâton, les chassant vers la citadelle, où, d'autant que du commencement on ne les vouloit pas recevoir, et qu'elles revenoient à eux, ils firent tirer sur elles et en tuèrent beaucoup, dont les soldats de la citadelle ayant compassion, ils leur ouvrirent les portes et les reçurent. Il y eut une de ces pauvres femmes, qui, étant tombée d'une mousquetade dans le corps, donnoit encore en cet état la mamelle à son enfant qu'elle avoit entre les bras, pour l'empêcher de crier; et, venant à mourir, l'enfant se trouva téter encore vivant lorsqu'on la fut querir. Mais cette action chrétienne de nos soldats, au lieu de leur consumer leurs vivres les leur multiplia, et leur attira de la bonté de Dieu une plus prompte délivrance.

Les ennemis les croyoient déjà à l'extrémité, et, afin d'ôter tout moyen de les pouvoir secourir, et leur en faire perdre toute espérance, ils échouèrent quantité de barques devant la citadelle, et les remplirent de pierres pour les rendre fermes et immobiles; mais la mer ne les y laissa pas long-temps, pource qu'il n'y avoit en cet endroit que la vive roche, où rien ne pouvoit arrêter à l'épreuve d'un grand vent de nord-est ou nord-ouest. Ils firent après une machine de deux ou trois fonds de grands navires attachés ensemble, sur quoi ils bâtirent une forme de fort où il y avoit sept ou huit pièces de canon, et la vinrent mettre à l'ancre plus près de la citadelle qu'ils n'en avoient pu approcher avec aucun vaisseau, pour servir de refuge aux chaloupes et galiotes qui iroient en garde de ce côté-là; outre que le canon, y étant logé comme à fleur d'eau, il battroit aussi à fleur d'eau toutes les barques qui y passeroient; ce qu'ils ne pouvoient faire des vaisseaux, d'où les canons ne tiroient que du haut en bas. Mais cette machine dura peu, car il s'éleva un vent de nord-est qui, dans une nuit, la rendit invisible. Enfin, ils firent une estacade de mâts de navires attachés ensemble avec des chaînes de fer, et, par les extrémités, liés de gros câbles à de grosses ancres, et étoit à mille pas de la citadelle en demi-cercle, dont un des bouts étoit attaché du côté de la fosse de l'Oye, et l'autre du côté de la flotte, et se rompoit quelquefois; mais ils la rhabilloient incontinent. Ils attachèrent aussi de gros câbles d'un vaisseau à l'autre, où ils enfilèrent des barriques et des pataches pour la soutenir sur l'eau. Cette invention devoit, ce semble, fermer tout passage pour arriver à la citadelle; de sorte que Buckingham se vantoit qu'il n'y avoit que les oiseaux qui en pussent approcher. Mais Dieu en disposa autrement.

Marsillac, qui avoit la principale charge du cardinal pour le secours de l'île, et y avoit déjà si heureusement réussi, fit charger, le 10 août, aux Sables-d'Olonne six barques de biscuit, farines, fèves, pois, vins, viande, beurre, morue, poudre et mèches, lesquelles il envoya peu de jours après en la rivière Saint-Benoît, pour partir avec sept autres que Richardière avoit chargées par l'ordre dudit cardinal. Mais les ennemis, ayant découvert cette entreprise par le moyen de ceux de la religion prétendue réformée du pays, envoyèrent dix ou douze vaisseaux à l'embouchure de ladite rivière; ce qui rendit ce secours inutile pour lors, dont Buckingham, enorgueilli, envoya convier Toiras de se rendre, et lui fit présent d'une douzaine de melons. Toiras lui manda n'être pas encore réduit à cette extrémité, et lui envoya, en revanche de ses melons, six bouteilles d'eau de fleurs d'orange et une douzaine de vases de poudre de Chypre, dont il avoit eu soin de mieux fournir sa citadelle que de poudre à canon contre ses ennemis, et de blé et de vin pour ses soldats. Néanmoins, se voyant réduit à de grandes incommodités, et principalement par les pluies qui commencèrent en septembre à être fréquentes, Toiras, désirant faire savoir au Roi l'état où il se trouvoit, proposa aux mariniers qui se trouvoient avec lui si quelqu'un d'eux s'oseroit hasarder d'aller à la nage à la terre ferme porter de ses nouvelles. Trois l'entreprirent; l'un se noya, l'autre n'en pouvant plus, s'alla rendre aux ennemis; le troisième, nommé Pierre, natif de Gascogne près Tonneins, passa heureusement. Il fit une partie du chemin en calme, fut suivi quelque temps d'une chaloupe des ennemis, qui ne savoit ce que c'étoit; car, lorsque la chaloupe approchoit, il faisoit le plongeon, se tenoit sous l'eau le plus long-temps qu'il pouvoit, avançant toujours; ce qu'ayant fait trois ou quatre fois, il fit perdre à ceux qui le suivoient la connoissance, ne sachant si c'étoit un homme ou un poisson; le reste du chemin, il le passa en orage, se laissant porter aux vagues, persécuté des poissons près d'une demi-lieue; enfin il arriva, et, prenant terre, il ne se put tenir sur ses pieds, mais fut contraint de marcher à quatre pattes. Il trouva quelque paysan qui le mena au Fort-Louis. Le Roi lui donna 100 écus de pension sur les gabelles, outre les gratifications qui lui furent faites à l'abord. L'avis que la lettre qu'il portoit donnoit de l'événement de la place, mettoit le cardinal en grande peine, pource qu'il savoit que le ravitaillement qui avoit été fait ne devoit ni ne pouvoit être encore consommé. On ne perdoit point de temps pour leur envoyer de nouveaux secours; mais cela dépendoit des vents et de la mer.

Tandis qu'il étoit en ces peines, le capitaine Vaslin arriva avec les pinasses que le cardinal avoit mandé qu'on lui ramassât et envoyât de la côte de Bayonne. Il aborda promptement aux Sables-d'Olonne, où étoit le sieur de Beaumont avec un secours préparé et prêt à passer, qui ne passa point néanmoins, quoiqu'il s'offrît de l'y servir et accompagner; mais Marsillac s'en servit réellement, et par son moyen secourut l'île.

C'est une chose bien digne d'étonnement, que Beaumont, confident de Toiras, et qui lui tenoit lieu de frère, ayant la principale charge du ravitaillement et plein pouvoir comme nous avons dit que le Roi lui avoit donné le 28 juillet, ayant reçu quantité d'argent pour cet effet, d'une part 57,000 tant de livres qu'il reçut de Bigoteau, de l'autre 3,750 que le cardinal lui envoya, et 12,000 livres que Monsieur, frère du Roi, ou M. d'Angoulême, lui fit délivrer, il n'ait jamais fait aucun effet, ni assisté la citadelle d'une seule barque de provisions, où, au contraire, Marsillac, qui n'avoit ordre du ravitaillement que par accessoire, a envoyé tous les secours qui ont été envoyés en Ré. Ce qui ne peut provenir que de la bonne intention des uns, et du mauvais dessein des autres, qui ne se soucioient pas de laisser perdre la place, pourvu qu'en apparence on ne leur en pût imputer la faute, espérant, par ce moyen, calomnier le cardinal, rejetant toute la cause de la guerre sur lui.

Vaslin donc étant arrivé aux Sables, Marsillac, dès la nuit même (1), fit charger seize pinasses, et mettre en chacune cinquante tonneaux de farine, pois, fèves, biscuit et morue, vingt barils de poudre grosse grenée et dix de menue grenée, avec quantité de mèches et plomb, et quantité de médicamens. Les huguenots débauchoient tous les matelots et leur faisoient refuser de s'embarquer, tant par raison de religion que par crainte, parce qu'ils voyoient plusieurs corps jetés par la mer à la côte, ayant un bras lié avec une jambe, qui étoient de nos matelots pris par les Anglais, et jetés à la mer en cette manière pour ne se pouvoir sauver. Ce spectacle les épouvantoit en sorte, avec lesdites subornations de ceux de la religion prétendue réformée des Sables, qu'ils ne vouloient en façon quelconque s'embarquer; de sorte que Vaslin fut contraint de faire mettre prisonniers treize maîtres et soixante-dix-huit matelots, qui est ce qu'il put trouver de deux cent quarante qu'il avoit amenés, et les tint six jours au pain et à l'eau, en les retira pour leur faire embarquer. Sur les six heures du soir, ils se disposent pour le partement; l'ordre fut arrêté que Saugeon iroit à la découverte quatre cents pas devant, Vaslin tiendroit la tête, même au milieu de l'armée ennemie; que, s'il étoit attaqué, les autres passeroient outre, afin que le secours arrivât en quelque manière que ce fût. A la nuit obscure, Vaslin se reconnut près de l'armée, n'ayant que quatre pinasses avec lui; il se mit à chercher les autres près d'une heure, et se résolut de montrer le fanal par trois fois, qui étoit le signal

(1) Le 5 septembre.

donné entre eux pour se rallier s'ils étoient écartés. Mais personne ne revenant, il fut contraint de retourner vers la grande terre à la tranche, où il rencontra sept de ses pinasses qu'il joignit aux cinq qu'il avoit.

Avec ces douze pinasses il alla reconnoître l'île du côté des Baleines vers la mer sauvage ; puis, approchant de l'armée ennemie, ils déployèrent toutes les grandes voiles, et furent incontinent découverts, n'étant pas à dix pas l'un de l'autre; force coups de canon et mousquetades furent tirés sur eux, qui ne blessèrent personne, mais seulement coupèrent quelques mâts, rompirent quelques voiles et percèrent une pinasse. Quittant les grands vaisseaux, ils tombèrent au milieu des pataches, chaloupes et galiotes des ennemis, qui étoient en grand nombre; mais ils ne purent aborder les pinasses qui alloient trop vite, et ne firent que tirer des mousquetades. Après cela ils rencontrèrent l'estacade que les ennemis avoient faite pour empêcher le passage; plusieurs des pinasses passèrent par-dessus à cause de leur vitesse et que la mer étoit fort haute; les autres se rencontrèrent aux endroits auxquels la tempête de la nuit précédente avoit rompu des mâts et fait ouverture, qui fut un trait singulier de la Providence divine, d'avoir laissé quelque temps cette barrière en son entier, et par ce moyen donné confiance aux ennemis que les nôtres ne pourroient entrer, et sur le point du passage, et en même temps qu'ils ne pouvoient avoir loisir de la réparer, avoir envoyé l'orage et la tempête, qui ouvrit une porte à ses serviteurs pour passer et aller secourir ces pauvres assiégés.

Ils abordèrent à l'île à deux heures de nuit; n'étant qu'à deux cents pas près, ils furent aperçus du fort, où, incontinent, on commença à crier vive le Roi! Ils allèrent échouer à l'un des bastions de la citadelle, et si avant que les ennemis ne les pouvoient endommager. Le matin, au jour levé, les matelots déchargèrent les pinasses dans le fort, sur lesquelles les ennemis tirèrent force canonnades sans blesser personne. Le fort étoit en grande extrémité, Toiras fort malade, les vivres manquant, les moulins presque rompus; on y avoit déjà mangé vingt chevaux. L'ordinaire des soldats augmenta dès lors de quatre onces de pain par jour, et d'une écuellée de fèves, et les soldats reprirent courage et espérèrent de recevoir d'autres secours à l'avenir Et les ennemis, au contraire, perdirent leur audace quand ils virent ce secret si important découvert, qu'il n'étoit pas impossible de jeter du secours dans le fort.

Deux jours après, le capitaine Vaslin partit à la marée de minuit, avec toutes ses pinasses chargées de malades et blessés, et de femmes catholiques que les ennemis avoient envoyées à la citadelle. Le Roi envoya une chaîne d'or de 1,000 écus audit Vaslin, et 1,300 écus pour les matelots des pinasses, et promit encore à Vaslin 4,000 écus ou une compagnie au régiment de Navarre, à son choix. Deux capitaines basques qui avoient bien fait furent reconnus chacun d'une chaîne d'or, et les matelots tous récompensés. Mais il ne suffisoit pas encore; car il falloit renouveler les secours, et y en envoyer d'autres si grands, que l'ennemi seroit hors de tout espoir de pouvoir affamer le fort; et pource que cela dépendoit des vents, il falloit toujours être prêt, et ne pas être un seul moment sans y travailler, et se préparer en plusieurs lieux tout à la fois, afin que si le secours ne pouvoit aller d'un lieu il partît de l'autre. Le cardinal, pour ce sujet, donna ordre à Marsillac de préparer les provisions nécessaires pour le secours en plusieurs ports et faire partir, au même temps qu'on voudroit faire effet, des barques de toutes les parts qu'il pourroit; qu'il séparât les munitions de guerre en toutes les barques, chaloupes et pinasses qu'il auroit, afin que, à quelque prix que ce fût, si tout n'y pouvoit passer, il en entrât une partie, et que ceux qui d'entre eux verroient ne pouvoir éviter de tomber entre les mains des ennemis, jetassent les vivres et munitions dans la mer. Marsillac travaille avec une affection incroyable à ce qui lui est commandé (1).

Monsieur, mal conseillé de quelques-uns des siens, avoit toujours remis de jour en jour son partement de Paris pour aller à l'armée. Le Coigneux donna avis au cardinal qu'il faisoit difficulté d'y aller s'il n'étoit assuré que le Roi n'iroit pas; comme si ce lui eût été chose honorable de prendre jalousie de la réputation et du courage de Sa Majesté, ou s'il lui eût été déshonorable d'y servir en sa présence et sous son commandement. Néanmoins enfin, le cardinal l'y fit résoudre, écrivant au Coigneux que ce seroit gloire à Monsieur d'y être avec le Roi; joint qu'il ne croyoit pas que les médecins lui pussent ni dussent bientôt permettre d'y aller, ni, quand ils lui permettroient, qu'il le pût encore faire, quoique sa passion y fût très-grande, et se portât fort bien, Dieu merci. Au reste, que si on formoit souvent en l'esprit de Monsieur des hydres imaginaires comme cela, il n'avoit rien à dire, sinon qu'il n'y auroit ni plaisir ni presse à se mêler de ses affaires. Quant à lui, qu'il feroit toujours ce qui est de son devoir. Enfin, le 28 août,

(1) Les trois paragraphes suivants, placés un peu plus loin dans le manuscrit, se trouvent intercalés de manière à outrager le bon sens; nous avons cru devoir les placer ici.

Monsieur partit en poste de Paris pour aller en l'armée devant La Rochelle, où le Roi l'avoit fait son lieutenant général, lui en ayant fait expédier un pouvoir très-ample.

Les Rochelois, qui avoient assisté les Anglais d'hommes, de vivres et de munitions, font enterrer solennellement les seigneurs anglais et les rebelles français qui moururent à la descente de Ré; font revenir Loudrières avec ce qui lui restoit de soldats; reçoivent Soubise qui assistoit en leurs assemblées de ville; chassent les deux intendans de la justice, et font plusieurs tels autres actes de rébellion en présence du ciel et de la terre, et furent si impudens, que s'osant encore qualifier d'innocens, ils firent un manifeste pour justifier leurs crimes et condamner la sincérité de la justice du Roi. C'est une chose bien digne de remarque, que le Roi avoit toujours été si généreux qu'il n'avoit voulu entendre à aucunes honteuses conditions de paix qui lui fussent présentées par ses ennemis, dont ceux mêmes qui lui avoient donné des conseils contraires, avouèrent que c'avoit été une manifeste bénédiction de Dieu; car, un mois après la descente des Anglais dans l'île, dès le 26 août, Laleu, bourgeois de La Rochelle, vint trouver Sa Majesté par la permission du duc d'Angoulême qui commandoit l'armée de terre du Roi, et lui proposa que les Anglais se retireroient pourvu que Sa Majesté fît raser le fort de Saint-Louis. Le duc d'Angoulême manda au Roi qu'il étoit d'avis qu'il reçût cette offre, et lui représenta la difficulté qu'il y avoit d'attaquer de force La Rochelle, que le blocus seroit long, et que le Roi seroit obligé de lever deux armées, l'une devant La Rochelle, l'autre pour s'opposer aux descentes des Anglais dans les côtes du Poitou et de la Saintonge, pource qu'il y avoit apparence et étoit quasi assuré qu'ils seroient bientôt maîtres de l'île de Ré et ensuite de celle d'Oleron; que Sa Majesté étoit encore foible sur mer, et que les Anglais y seroient les maîtres; que les Rochelois à l'extrémité les recevroient en leur ville pour les secourir, et que les Anglais, sous ombre de les secourir, s'en saisiroient, et que les vieilles guerres avec l'Angleterre recommenceroient; qu'il valoit mieux raser le fort avec un peu de désavantage pour la réputation du Roi, mais avec plus de sûreté, pour, à l'avenir, en une meilleure conjoncture, reprendre ses premiers desseins de se rendre maître de La Rochelle.

Sa Majesté trouva très-mauvais le conseil du duc d'Angoulême, et encore plus quand elle vit que c'étoit le dessein du duc de Buckingham, qui dépêcha, le 14 de septembre, le sieur de Saint-Surin (1) avec un nommé Halsburnin, qui lui proposèrent de raser le fort, et consentoient que ceux de Ré demeurassent en leur entier. Le cardinal dit à Sa Majesté que ce lui étoit une chose très-honteuse d'accorder par force ce qu'elle n'avoit jamais voulu accorder de bonne volonté; que la réputation est la principale force des rois et ne peut être rétablie quand elle est une fois perdue; ce qui faisoit qu'il valoit mieux se mettre en hasard de perdre par mauvaise fortune l'île de Ré, que non pas le fort par foiblesse de cœur préjudiciable à l'honneur du Roi; que cette paix seroit tout-à-fait glorieuse à l'Angleterre, qui n'avoit jamais eu autre fin que de faire raser le fort; qu'outre la honte qui en reviendroit à la France et la gloire qu'en recevroit présentement l'Angleterre, cette paix seroit encore très-préjudiciable à la France, en tant que le roi d'Angleterre seroit, ensuite d'une telle action, reconnu des huguenots pour leur protecteur; ce qui apporteroit en autre temps de pires conséquences que la perte du fort, vu que, par là, il mettroit la guerre quand il le voudroit dans l'État; que les huguenots, qui étoient lors abattus en France, seroient d'autant plus relevés qu'ils connoîtroient bien que ledit fort n'auroit été rasé que par foiblesse; que par ce moyen on redonnoit force, non-seulement aux huguenots, mais encore à tous les grands qui étoient capables, à raison de leur fortune, de faire faction en France; que, ce faisant, on perdoit pour jamais l'occasion et le moyen de prendre La Rochelle, étant certain que, bien que l'île de Ré fût beaucoup plus considérable en soi que le fort, ledit fort, et les autres commencés autour de La Rochelle, l'étoient beaucoup plus, en tant qu'ils préparoient la voie et étoient nécessaires pour la prendre; qu'on diroit peut-être que si on perdoit l'île de Ré, on auroit beaucoup de peine à la ravoir; qu'il l'avouoit, mais qu'il mettoit en avant, pour contre-balancer cette considération, que si on perdoit l'honneur on ne le recouvreroit jamais; qu'il disoit, de plus, qu'en ce cas il vaudroit mieux s'attacher à prendre La Rochelle, qu'à reprendre l'île de Ré, vu qu'il n'y auroit pas plus de peine à l'une qu'à l'autre, et que l'utilité étoit bien plus grande; qu'enfin les plus puissans monarques ne sauroient se garantir d'un mauvais événement et revers de fortune, lequel ils souffroient sans blâme, quand ils avoient fait ce qu'ils avoient pu pour s'en garantir; mais ils ne sauroient se laver du juste blâme qu'on leur donne pour les mauvais succès qui leur arrivent

(1) Gentilhomme huguenot, mais qui servait avec Toiras et avait obtenu congé.

par leur foiblesse et manque de fermeté et de cœur ès rencontres difficiles. Qui plus est, il soutenoit qu'au lieu d'éviter la guerre par ce moyen, on en préparoit une autre bien plus difficile, donnant pied et force à des gens pleins de mauvaise volonté pour cet Etat; que cette guerre étoit venue ensuite de l'affront que les Anglais avoient fait à la France, en chassant les Français contre la foi des contrats de mariage de la Reine, ensuite des sujets du Roi qu'ils avoient dépossédés contre la loi des anciennes alliances renouvelées depuis peu. Elle étoit venue pour n'avoir pas voulu permettre à Buckingham de venir en France; qu'il la recommenceroit volontiers pour le même sujet, puisque la même passion lui demeuroit; que les prétextes ne lui pouvoient manquer, et qu'il auroit plus de pouvoir et de crédit pour le faire; partant, qu'il étoit clair qu'on ajouteroit par cette paix honte sur honte, et qu'on acquerroit peu de repos pour cet Etat, si on ne vouloit encore se soumettre à une vergogne plus grande, qui consisteroit à permettre à Buckingham de venir triomphant en France apporter ses lauriers à ceux en faveur de qui il les auroit acquis.

Outre toutes ces choses, que le dessein de Buckingham pouvoit être de dégoûter les Espagnols, dont il savoit que nous devions avoir du secours, ou de connoître sûrement quelle confiance avoit Sa Majesté en ses forces, pour de là prendre ses mesures, et voir s'il avoit à continuer le siége ou se retirer; car il pouvoit philosopher ainsi: Si on accepte la proposition que je fais, c'est signe de foiblesse, je n'ai rien à craindre; si on la refuse, on croit sauver Ré par force; mais qu'il étoit plus croyable que cet envoi étoit un témoignage de sa foiblesse; qu'il avoit reçu un secours qui n'étoit pas considérable; qu'après cela s'il demandoit la paix, c'étoit signe qu'il ne se sentoit pas fort pour la guerre; que les Rochelois se voyant pressés, et voyant bien que les Anglais ne les sauroient garantir à la longue des forces du Roi qu'ils avoient attirées sur leurs bras, avoient grande raison de faire proposer la paix, puisque par la guerre ils prévoyoient leur ruine; que peut-être aussi Toiras malade, et ennuyé du siége, voudroit sortir d'affaires par un accommodement, et que, des entretiens qu'à diverses fois on avoit eus avec Saint-Surin, on avoit reconnu (bien qu'il ne se fût pas ouvert) que lui, qui avoit fait les allées et venues, avoit mis en ce point les parties d'accord.

Et qu'outre les conjectures que, par conclusions infaillibles, il y en avoit, cette vérité étoit clairement manifestée, par ce que le président Le Coigneux avoit mandé par homme exprès, en même temps que Saint-Surin arriva; que s'entretenant, Desplan et lui, du mauvais état du fort et des souhaits qu'ils faisoient, pour le service du Roi, que les affaires se pussent accommoder honorablement, il lui avoit proposé que s'il vouloit, pour ménager la réputation du Roi, Toiras, par forme de composition, sans en avoir charge, mais promettant le faire après agréer au Roi, proposeroit le rasement du Fort-Louis dans certain temps, en conservant le fort Saint-Martin, et estimoit ledit Desplan que cette proposition pourroit être reçue, si cette ouverture sembloit avantageuse à Sa Majesté, ou quelque autre semblable qui ne parût être faite avec ordre du Roi, mais à son desçu; que cette proposition convertissoit en science ce qu'on ne savoit que par conjecture; que si les Anglais, les huguenots et Toiras y trouvoient leur compte, Sa Majesté n'y trouvoit pas le sien; car il falloit pour le moins six semaines, quand les Anglais procéderoient de bonne foi, pour réduire cette proposition indigeste à quelque effet. Si la place n'avoit pas de vivres pour six semaines, et qu'on ne lui en pût fournir, ce pourparler ne pourroit faire autre chose qu'ajouter la honte à la perte. Si elle avoit des vivres comme elle en avoit, et qu'on lui en pût donner, il sembloit que ce remède proposé n'étoit pas nécessaire, vu que, dans ce temps, la saison, les vents et une armée navale, pouvoient chasser les Anglais.

Après lesquelles choses il ajouta que, s'il voyoit une bonne paix, sa condition l'obligeoit à la désirer et à la conseiller à Sa Majesté; mais quand on sortoit foiblement d'une brouillerie faite par un ennemi, on s'en préparoit une autre. Et partant, il étoit d'avis que Sa Majesté ne daignât pas seulement faire venir en sa présence Halsburnin, ni le faire voir par aucun de sa part, et qu'elle défendît à Saint-Surin de le lui amener, lui commandant de lui dire que le duc étant en armes dans son État, nul homme envoyé de sa part n'étoit le bien venu. Davantage, qu'au fond de l'affaire il croyoit, sur la relation de Taraube, que Ré n'étoit pas en état de se perdre, si les places soutiennent un siége quand les soldats ont pour vivre du pain, du beurre, des pois et des fèves. Bréda tint neuf mois sans autre chose, six mois durant, que du pain et de la petite bière. De plus, il ne faisoit point de doute qu'on ne la pût secourir d'hommes et de vivres, puisqu'on l'avoit déjà fait; que, si l'île de Ré se perdoit, il croyoit que Sa Majesté étoit obligée de s'attacher au blocus de La Rochelle, et qu'il se pouvoit faire avec succès; que, si les Anglais se retiroient, en ce cas, si Sa Majesté vouloit, elle pouvoit demander le châtiment de quelques mutins de La Rochelle, et pardonner au reste, et par ce moyen conserver la paix dans son royaume.

Cependant, pource que les Anglais avoient fait courir le bruit qu'il venoit pour traiter la paix, il croyoit que Sa Majesté devoit faire avertir nettement et promptement l'ambassadeur d'Espagne de tout ce qui se passoit, faire envoyer en Flandre et en Espagne à même fin, et assurer l'Espagne plus que jamais qu'elle ne manqueroit point à ce qui étoit arrêté; remettant enfin à Sa Majesté de prendre ses résolutions et ses mesures sur les sentimens de ceux de son conseil et non sur les siens, èsquels il avouoit qu'il se pouvoit tromper. Ledit Halsburnin dit à quelqu'un qui le visita, avec qui il avoit eu amitié lorsqu'en un autre voyage il étoit venu en France, que, si on lui eût fait quelque proposition, il en eût fait une douzaine qui eussent été agréables au Roi. Se voyant ainsi renvoyé, il demanda permission de s'en aller en Angleterre; à quoi le Roi n'eût pas fait difficulté pour la chose en soi, l'armée des Anglais ayant par la mer fréquente et facile communication avec l'Angleterre, et que cela ne leur pouvoit donner avantage. Mais Sa Majesté, prévoyant que ce voyage augmenteroit les bruits de quelque traité, en ce qu'il sembleroit que ledit Halsburnin allât porter au roi de la Grande-Bretagne les propositions qu'il diroit lui avoir été faites, et que ces bruits ne serviroient qu'à refroidir et dégoûter ses sujets au fait de cette guerre, dont il avoit tant à cœur de voir une heureuse issue, avisa de le renvoyer avec le même Saint-Surin audit Buckingham. Ledit Saint-Surin fut chargé d'une quantité de remèdes et onguens accommodés dextrement sur lui, par la prévoyance du cardinal, pour les blessés de la citadelle. Mais le duc de Buckingham le retint, et ne le laissa pas retourner au fort; qui fut une grande infidélité, étant parti sur son passe-port pour accompagner son parent. Le même Saint-Surin témoigna au Roi, en la présence de plusieurs, qu'il y avoit en ladite citadelle des vivres jusqu'à la fin de septembre; ce qui étoit bien vraisemblable, pource que, dès le 5 août auparavant, le baron de Saugeon avoit assuré le Roi qu'il y avoit des vivres pour jusqu'à la fin dudit mois de septembre, et depuis ce temps y étoient d'abondant entrés les vivres que nous avons rapportés ci-dessus.

Dès le lendemain que Saint-Surin partit du fort pour venir trouver le Roi, Toiras envoya Taraube exprès à Sa Majesté pour lui représenter que, pour secourir Ré plus assurément, il étoit nécessaire de faire entrer six mille hommes en l'île par le fort de La Prée, pour combattre les Anglais et les chasser par une bataille, et qu'il les falloit accompagner de vivres pour un mois, de planches pour se hutter, et de munitions à proportion, et faire provision de deux cents barques pour passer toutes les provisions. C'étoit une entreprise bien hardie : tenir La Rochelle investie, et ne la pas quitter, envoyer néanmoins les meilleures forces pour secourir une citadelle que les hommes tenoient à demi perdue, faire une descente en une île assiégée par une grande armée navale, mettre au hasard la meilleure partie de l'armée à la merci des vents et des vagues de la mer, des canons et vaisseaux anglais, où l'on ne pouvoit aborder en ordre et en armes, et partant on rendoit la victoire ou défaite plus facile aux ennemis, c'étoit se mettre en danger de ne pas chasser les Anglais, ni secourir le fort, et perdre l'armée. Et pour cela, aucuns disoient qu'il étoit plus à propos d'essayer à jeter des vivres dans le fort, puisqu'il n'y avoit rien à craindre par la force; que les ennemis se déferoient d'eux-mêmes, et par ce moyen l'on les chasseroit; que, quand bien les ennemis auroient pris le fort Saint-Martin et seroient maîtres de l'île, cela n'empêcheroit pas de continuer le siége de La Rochelle, fermer le port et leur ôter toute espérance de secours; que, La Rochelle prise, les Anglais ne pourroient pas subsister en l'île de Ré, et partant qu'il étoit meilleur et plus assuré de penser seulement au siége de La Rochelle, rebelle et ennemie, qui étoit la semence de la guerre et de tous les troubles depuis soixante ans, et que, par la réduction véritable de cette ville en l'obéissance du Roi, on mettroit la fin aux troubles de la France, on acquerroit la paix et le soulagement aux peuples, et en viendroient des biens indicibles, qu'il ne falloit pas hasarder facilement.

Mais le cardinal, considérant que l'importance de l'île de Ré étoit si grande qu'il falloit tenter tous moyens pour la conserver; que, si l'ennemi s'en rendoit maître, il pourroit aussi à l'instant emporter l'île d'Oleron, se fortifier dans l'une et dans l'autre, et ayant la liberté de la mer, il seroit secouru d'hommes et de vivres tant qu'il voudroit; qu'en la paisible possession de ces îles il tiendroit toutes ces côtes en sujétion, tireroit grand avantage des vins, blés et sels de ces îles; empêcheroit le transport des sels de Brouage et Marennes et autres côtes de ces quartiers, et des vins de Gascogne et de toutes les autres marchandises; feroit à tous propos des descentes en divers endroits de toutes ces provinces, et croîtroit tous les jours ses conquêtes; que le bon succès qu'il auroit sur l'île de Ré seroit suivi de plusieurs mauvais effets dans le royaume; qu'il ne falloit laisser emporter aucun avantage aux ennemis pour peu que ce fût; que Dieu, qui étoit protecteur de la France, ne l'étoit point à demi; que l'infidélité de l'Anglais étoit trop grande, et l'injure faite à Sa Majesté ne se pouvoit dissimuler; qu'il falloit tout tenter pour chasser l'Anglais, que, lui chassé, La Rochelle étoit grandement affoiblie, et la réduction d'icelle beaucoup plus facile; il fut d'avis qu'on mandât à monseigneur, frère du Roi, qui en avoit écrit à Sa Majesté, que, pour bien voir s'il étoit à propos de faire entrer six mille hommes en Ré, comme on proposoit de nouveau, il falloit considérer, si on ne pouvoit sauver Ré par autre voie, si celle-ci étoit possible et facile, et si, quand on exécuteroit ce que l'on désiroit, c'est-à-dire quand on chasseroit les Anglais de l'île, on ne se mettroit pas plus au hasard de perdre que de gagner; que Toiras avoit souvent écrit qu'il étoit impossible de le prendre de force; que, pourvu qu'il eût des vivres, il n'y avoit rien à craindre; partant, puisqu'il en avoit été secouru et que l'on lui pouvoit encore porter ce qu'il avoit besoin, l'autre secours n'étoit point nécessaire; qu'on savoit bien qu'il n'étoit pas impossible de faire entrer six mille hommes dans Ré; mais cependant il étoit vrai de dire que les difficultés n'étoient pas petites. Que, si on manquoit à arriver la nuit, et que les ennemis eussent connoissance de notre dessein, comme il étoit difficile de faire un si grand embarquement sans que les huguenots qui étoient espions dans l'armée ne le connussent, deux vaisseaux mettroient lesdits six mille hommes à fond sans péril. Supposé qu'ils passassent heureusement, il leur falloit des vivres pour un mois entier, autrement ils se déferoient d'eux-mêmes par la faim; qu'il falloit faire cet effet devant que le secours d'Angleterre arrivât, d'autant qu'étant renforcés de trois ou quatre mille hommes, il pourroit arriver que nous ne serions pas en état de défaire nos ennemis; que la meilleure issue de cette entreprise seroit que les Anglais se retirassent dans leurs vaisseaux, étant certain que, quand ils se verroient en état d'être combattus et défaits, ils se rembarqueroient; et en ce cas, demeurant à la rade comme à l'accoutumée, on n'auroit gagné autre chose, sinon que de leur faire quitter la terre, et leur donner lieu de nous affamer plus facilement, si l'on n'avoit porté des vivres suffisamment pour nourrir les gens entrés dans l'île et les assiégés; que, s'il arrivoit que les retranchemens et redoutes des Anglais fussent en état qu'ils devoient être, ils se pourroient difficilement emporter sans canon, lequel se trouveroit bien dans le fort de La Prée, mais l'on ne sauroit qu'avec incommodité passer dans l'île l'équipage pour le faire marcher; qui plus est, les Anglais rembarqués, ayant reçu leur secours, seroient en état de faire descente en tel autre lieu des terres que bon leur semblera, et ce sans aucune difficulté ni résistance, si l'on prenoit les six mille hommes que l'on vouloit mener en Ré du corps de l'armée, ou des lieux que l'on doit garder en tel cas, outre qu'il ne seroit pas facile de faire repasser lesdits six mille hommes dans la grande terre pour s'en servir contre les nouveaux desseins des ennemis; que si on vouloit dire que les six mille hommes ne pouvoient être affamés dans l'île, ni les Anglais descendre en tel lieu des terres qu'ils voudroient, parce que l'armée du Roi et celle d'Espagne seroient jointes pour le plus tard dans le 10 octobre, et contraindroient l'armée anglaise de se tenir toute en mer, où indubitablement ils la déferoient s'ils la trouvoient foible, on pourroit aussi dire, par la même raison, qu'il ne seroit point nécessaire de faire entrer les six mille hommes, parce que, le secours d'Espagne devant venir dans le temps susdit, les Anglais seroient infailliblement contraints de lever le siége:

Enfin, qu'en vain tente-t-on de faire une chose par divers moyens, quand on est assuré que l'un d'iceux est suffisant pour la fin qu'on se propose; que si Toiras étoit en péril entre ci et la venue de l'armée navale, il faudroit tenter le secours des six mille hommes et tout autre; mais que ses lettres, et le secours qu'on lui avoit donné, faisant connoître qu'il ne l'étoit pas, et qui plus est qu'il ne le pouvoit être, on n'estimoit pas cela nécessaire. Et partant, que supposé que ce secours pût être pris d'autres troupes que de celles qui étoient lors dans l'armée, et qui étoient destinées à garder les postes que l'on ne vouloit pas perdre; supposé que ceux qui étoient sur les lieux jugeassent en pouvoir faire la conduite, sans les faire perdre au passage, comme l'on présupposoit; supposé qu'ils pussent porter des vivres suffisamment avec eux, des pics, pelles, et autres instrumens nécessaires à faire un bon retranchement; supposé que l'effet que l'on vouloit faire pût être fait devant la venue du secours d'Angleterre, avec toutes les conditions que ceux qui proposoient ce secours écrivoient eux-mêmes être nécessaires, il étoit d'avis de le laisser tenter. Et, pour faciliter l'exécution de cette entreprise, il dit à Sa Majesté qu'il estimoit qu'il falloit recevoir la proposition d'Ambleville, qui étoit sorti de l'île et se promettoit de faire un régiment assez à temps pour cet effet, et une autre semblable proposition que faisoit le comte de Parabère; qu'il falloit aussi hâter les régimens de Ribérac, de Castel-Bayard et du Plessis-Juigné, pource qu'il suffiroit d'ajouter à toutes ces troupes nouvelles les vieux régimens de Chappes, Piémont et Beaumont; et par ce moyen, sans perdre aucun des postes qu'on gardoit, on pourroit tenter ce secours.

Le cardinal ayant représenté toutes ces choses à Sa Majesté qui les eut agréables, on donna rendez-vous à une grande partie desdites troupes destinées à cet effet, à Oleron, qui sembloit être un des lieux les plus propres pour partir. Et pource qu'il falloit bien deux cents barques pour passer six mille hommes, et qu'il n'y avoit point de fonds pour les trouver, le cardinal entreprit d'en faire fournir cent du côté de Brouage, dont il avanceroit les frais, et, en outre, donna six mille écus à l'évêque de Nîmes, pour aller en diligence amasser le reste sur les côtes de Poitou et de Bretagne.

Le Roi, qui n'épargnoit aucune dépense en cette occasion, qui lui étoit si à cœur qu'il ne refusoit aucune de toutes les propositions qui lui étoient faites pour en sortir à son honneur, étant contraint de rechercher tous les moyens possibles pour trouver de quoi subvenir aux frais extrêmes de cette guerre, après avoir reçu de son peuple tous les secours extraordinaires qu'il en pouvoit requérir, eut recours au clergé pour lui demander assistance en un si juste sujet, auquel il étoit particulièrement intéressé y allant de la religion, de la conservation de laquelle il devoit avoir le principal soin. Pour cet effet il s'adressa au Saint-Père, et commanda, par une dépêche du 24 septembre, au sieur de Béthune, de représenter à Sa Sainteté qu'il lui étoit impossible de fournir aux frais qu'il faisoit, tant contre La Rochelle que contre les Anglais, qui étoient deux affaires qui lui importoient, plus pour l'intérêt de l'Eglise que pour celui de son Etat, s'il n'étoit secouru de grande quantité de moyens extraordinaires; qu'il lui étoit impossible de les tirer tous par les voies accoutumées en France, c'est-à-dire par des avis, qui, quoiqu'on les qualifiât innocens, fouloient extrêmement le peuple. Partant, on estimoit que non-seulement pouvoit-on en conscience tirer du secours du clergé, mais que ledit clergé ne pouvoit en conscience, non-seulement en refuser, mais manquer d'en offrir un en cette occasion, où il s'agissoit de l'extirpation de l'hérésie en France. Qu'on proposoit de demander une aliénation, mais qu'on aimeroit mieux un autre secours, parce qu'il s'y commettroit plusieurs abus en l'exécution de telle grâce; que la concession d'une double décime pour deux ans sembleroit plus raisonnable, si on y joignoit la revente du bien déjà aliéné; qu'on pourroit tirer de ces deux natures de secours un million d'or, qui étoit un secours considérable, mais le moindre qu'on pût donner en une telle occasion, que le Roi vouloit entreprendre tout de bon; qu'il y en avoit qui estimoient que Sa Sainteté pourroit aussi accorder une bulle pareille à celle qui étoit en Espagne pour la croisade, pour laquelle, en considération de ce que le Roi, contraint de s'opposer aux mauvais desseins des Anglais et hérétiques rebelles de France, s'étoit résolu de témoigner son zèle contre les uns et les autres, Sa Sainteté accorderoit plénière indulgence à tous ceux qui serviroient personnellement à un si saint dessein, et ceux qui n'y pourroient aller auroient les mêmes grâces en contribuant à la même fin vingt sous par tête, et, en outre, permission de manger du fromage et œufs en carême; que le Roi se promettoit aussi que Sa Sainteté ne voudroit pas voir la France et l'Espagne embarquées en une guerre offensive contre les Anglais sans être de la partie, et y contribuer puissamment; que Sa Majesté désiroit savoir les intentions du Saint-Père sur tout ce que dessus, pour, selon sa réponse, se résoudre, ou à entendre conjointement avec l'Espagne à la paix dont les deux couronnes étoient recherchées, ou à conclure une forte guerre; que si Sa Sainteté, qui étoit le chef de l'Eglise, étoit froide en cette occasion, la meilleure qui eût jamais été, les deux couronnes ne pouvoient être blâmées si elles se conformoient à ses sentimens; mais si elle vouloit accorder tout ce que dessus, on entreprendroit avec fermeté le dessein qu'on avoit résolu.

Le même jour Sa Majesté, se portant très-bien, partit de Paris pour s'acheminer à son armée. Peu avant son partement, il arriva un courrier de Rome, qui apporta la nouvelle de la promotion du père de Bérulle au cardinalat. Sa Majesté, en partant, laissa à la Reine sa mère un pouvoir pour ordonner de toutes choses, en son absence, en ses provinces de deçà la Loire, et s'en alla avec un si grand désir de secourir Ré, qu'il n'en pouvoit perdre la pensée un seul moment. Elle manda de Monpipeau, près d'Orléans, à Toiras, le 28 septembre, qu'elle ne pouvoit ajouter foi aux avis qu'on lui donnoit qu'il y avoit des gens assez lâches dans le fort Saint-Martin pour parler de se rendre, tant qu'il y auroit dans de quoi manger et se défendre; et que tout ainsi qu'il n'y avoit honneur ni gratification qu'il ne fît à ceux qui endureroient courageusement les incommodités d'un long siége, aussi n'y avoit-il point de châtiment que ne méritassent ceux qui seroient cause qu'il reçût une si grande injure, que de voir prendre à sa vue une place qui ne couroit aucune fortune par la force de ses ennemis, et qui avoit des vivres assez pour s'empêcher de mourir de faim; qu'il étoit assuré qu'il n'y avoit pas un seul portant le titre de gentilhomme ou de brave soldat, qui lui donnât peine à lui persuader de souffrir toutes sortes d'incommodités pour lui rendre un si signalé service, et s'acquérir une si grande gloire; que, pour les autres, il en fît justice exemplaire, puisque aussi bien n'éviteroient-ils pas la sienne; qu'il s'en alloit en diligence donner ordre lui-même à tout ce qui étoit nécessaire pour sa conservation.

Cependant on travailloit incessamment à l'armée au ravitaillement de Ré, et le dernier dessein de secourir l'île, y faisant entrer six mille hommes de guerre, ne ralentissoit le premier(1) d'envoyer des rafraîchissemens nécessaires au fort de Saint-Martin. L'évêque de Mende et Marsillac, auxquels le cardinal envoyoit tous les jours de l'argent et des courriers, faisoient d'extrêmes diligences pour embarquer des vivres et en hasarder le passage. Le 12 septembre, Marsillac fit partir un vaisseau de soixante-dix tonneaux, nommé *le Poste*, conduit par Beaulieu de Normandie, avec une barque et une chate chargées de toutes sortes de vivres, munitions de guerre, médicamens, souliers, bas et chemises. Le vaisseau alla jusques à la portée du mousquet près de la citadelle, et toutefois il alla relâcher en la rivière de Marans, la barque et la chate furent prises par les Anglais, les capitaines blessés et prisonniers, et presque tous les matelots tués. Cela ne le découragea point; il fit encore partir, le 20, cinq chates chargées de farines, fèves, pois, morue, sardines, beurre et chandelles; mais elles furent chassées par les ennemis, et contraintes de relâcher en la rivière de Saint-Benoît. Mais, le 22, le capitaine Maupas, fils de La Richardière, arriva au fort, deux heures devant le jour, avec une barque chargée de plus de vingt-cinq tonneaux, portant provisions pour huit jours, et seule passée de sept que ledit Richardière père leur envoyoit, les autres six ayant relâché. Il y avoit encore en cette barque trente hommes du régiment de Chappes, commandés par le chevalier du Ménil. A l'instant que cette barque fut arrivée, les ennemis vinrent le long de la côte, lorsque la marée s'en retournoit, faire effort pour la brûler; mais ils y furent fort malmenés, et perdirent deux capitaines, deux lieutenans, un sergent, et quantité de soldats tués et blessés. Le colonel Borrach, lieutenant général en leur armée, fut aussi tué. Ils firent effort pour le retirer, et afin d'en venir à bout avec moins de péril, ils obscurcirent l'air d'une épaisse fumée, à la faveur de laquelle ils le retirèrent, et plusieurs autres avec lui. Ils laissèrent encore sur la place six morts et un blessé, qu'ils envoyèrent demander sur le soir, et leur fut permis de les emporter. La mort de ce colonel, avec les autres pertes qu'ils avoient faites, les piqua tellement, que, le jour étant venu, et la mer se trouvant fort calme, se rencontrant aussi que c'étoit le gros de l'eau que les vaisseaux pouvoient approcher plus près de terre, ils ôtèrent tous leurs pavillons en signe de deuil, et, ayant approché leurs vaisseaux le plus qu'ils purent, firent tirer tout le jour sans cesser plus de trois cents pièces de canon dans la place, ou sur la barque arrivée, de l'un desquels coups fut tué le sieur de Montferrier, brave et sage gentilhomme, frère du sieur de Toiras. Le dernier de septembre un autre secours de vivres, qui étoit conduit au fort, fut encore repoussé par les ennemis et contraint de relâcher; ce qui donna grande appréhension aux assiégés, entre lesquels Toiras témoignoit le plus de désir de se rendre.

Il donnoit à entendre qu'il étoit réduit à l'extrémité; et, n'ayant plus, à son dire, de vivres que pour quarante jours, il commença à parlementer : ce qui sembla bien étrange, vu les témoignages publics qui avoient été rendus, tout contraires à ce qu'il disoit, même en ce qui en avoit été rapporté à Sa Majesté de sa part, et vu encore la quantité de vivres qui, à plusieurs fois, lui avoient été apportés. Le cardinal, ayant appris cette nouvelle par une dépêche de Monsieur, et qu'il étoit nécessaire de tenter le secours du combat par terre, écrivit à Monsieur, le suppliant de prendre tous les gens de guerre qui étoient en Oleron et les faire passer en Ré pour le sauver. Enfin les affaires vinrent à cette extrémité, que le 6 octobre Toiras envoya Montendre demander à Buckingham, de sa part, quelle composition il lui voudroit donner. Il répondit qu'il savoit qu'ils étoient si gens de bien qu'ils avoient attendu l'extrémité, toutefois, qu'il traiteroit courtoisement; et promit de leur dire le lendemain sa volonté. Il faisoit en cela ce que les assiégés désiroient, qui étoit de tirer le temps en longueur; Dieu qui les vouloit conserver lui aveugloit le jugement. Un meilleur capitaine et plus prudent eût dès lors formé et conclu la composition, s'il eût pu, la resserrant à une seule réponse. Le sieur de Montendre étant devenu malade, les sieurs de Soubran et des Étangs al-

(1) On lit dans le manuscrit : *le pouvoir*; c'est *le premier* qu'il faut lire.

lèrent le lendemain trouver ledit duc pour apprendre de lui quelle composition il leur vouloit faire; mais il se ravisa, et leur dit que c'étoit à eux à proposer ce qu'ils demandoient; ils lui répondirent n'avoir autre charge de Toiras que de lui demander sa volonté. Sur cela il les renvoya, ne leur donnant que trois heures pour mettre leurs demandes par écrit. Étant de retour et ayant exposé leur négociation, il fut avisé de renvoyer un tambour à l'ennemi, pour lui faire savoir qu'il y avoit quatre corps dans la citadelle, les ecclésiastiques, les volontaires, les soldats et les habitans; que le temps étoit trop bref pour communiquer l'affaire à toutes ces personnes, qu'on le supplioit d'attendre au lendemain; dont il s'irrita grandement, disant qu'on l'abusoit, et fit tirer un coup de canon et jeter force grenades.

Ce jour du lendemain, qui étoit le 8, étoit attendu de ceux de la citadelle avec grande impatience, soit que l'extrémité ou l'ennui les pressât, et ils n'attendoient que le jour pour conclure la capitulation et rendre la place. Cependant le cardinal avoit fait donner si bon ordre de tous côtés, qu'il y avoit partout des convois de vivres prêts à passer en l'île; il ne restoit qu'à avoir le vent propre, lorsque la marée le seroit et la nuit obscure à même temps; et, pour faciliter le passage, le Roi avoit donné ordre à M. de Guise de faire sortir en mer les dragons de la Manche, qui étoient à Morbihan, avec le corps de l'armée navale et quelques vaisseaux à feu pour incommoder les ennemis, et leur donner de continuelles jalousies, pour, avec plus de commodité, faire secourir la place assiégée. Il est impossible d'insérer les dépêches qui furent faites pour hâter et préparer ce secours, y en ayant si grande quantité qu'on ne les sauroit rapporter; il suffit de dire qu'on a fait tant de diligence, que, bien que tout le monde estimât impossible de faire secourir la citadelle Saint-Martin, que le secours du sieur de Beaumont, conduit par M. de Cominges, très-brave homme, eût été défait, et qu'il rendît les choses plus difficiles par un général étonnement, M. de Mende et le sieur abbé de Marsillac, dépêchés de Paris à cette fin par le cardinal, la secoururent en cette extrémité, non sans un visible miracle de Dieu, qui voulut, par sa bonté, seconder une si grande affection et diligence du cardinal à secourir la France en cette importante occasion.

Le 6 octobre, qui étoit le même jour que Toiras avoit envoyé demander composition au duc de Buckingham, l'évêque de Mende et Marsillac, qui étoient aux Sables-d'Olonne de la part dudit cardinal avec les vaisseaux, provisions et munitions toutes prêtes pour partir au premier vent, ayant fait de bon matin dire une messe de Sainte-Magdeleine pour favoriser leur dessein, firent partir une flotte, composée de trente-cinq voiles, tant barques que flibots, traversiers et pinasses, avec quatre cents matelots, trois cents soldats et soixante gentilshommes choisis, dont il y en avoit aucuns de la maison du Roi, et qui étoient ordinairement proches de sa personne, lesquels on envoyoit exprès pour encourager un chacun à veiller sur ceux qui ne feroient pas leur devoir. Toute ladite flotte, en laquelle étoient les sieurs Desplan, de Beaulieu, Persac, Launay, Rasilly, Cahusac, Audouin et plusieurs autres capitaines particuliers, se mit en rade le même jour, sur les quatre heures du soir, pensant partir du temps qu'il faisoit, qui étoit nord-ouest assez frais, lequel vent se changea sur les sept heures du soir et sauta au sud-ouest, avec grande pluie qui dura toute la nuit, et grande tourmente en la mer. Le capitaine Audouin, avec les pinasses qu'il commandoit, entra dans le port des Sables; mais les barques, flibots et traversiers se tinrent à la rade et n'en partirent point, souffrant cette tourmente toute la nuit et tout le jour, qui étoit le jeudi 7 dudit mois. Les vents changèrent sur le midi, ravalèrent et vinrent au nord-ouest assez frais, lesquels sembloient leur être envoyés de Dieu pour leur donner le moyen de conduire le secours, qui étant tout assemblé, et les pinasses revenues, les vents continuant, et le mot donné *vive le Roi! passer ou mourir*, la flotte se remit sur les voiles entre sept et huit heures, un peu trop tôt; ce qui fit mettre le cap à la mer, et laisser passer quelques heures de temps pour attendre la marée, et prendre si bien les mesures que l'on ne manquât l'occasion du secours.

Ainsi la flotte partit le 7 octobre sur les dix heures du soir. Le jeune Richardière, dit le capitaine Maupas, qui, ayant passé et repassé à travers l'armée anglaise, en reconnoissoit mieux les détours, menoit l'avant-garde, et avec lui étoit le sieur Desplan. A la droite étoit Persac et Rasilly, et avec eux dans leurs barques les sieurs d'Anery, La Gagne, Roquemont, le commissaire Caloty. A la gauche, les sieurs de Brouilly, capitaine au régiment de Chappes, Cahusac, La Roque, Soutiers, Jonquières, et plusieurs autres gentilshommes volontaires. Après eux alloient quatre barques conduites par quatre bons pilotes, La Treille, Odouart, Masson et Martin. Suivoient après dix pinasses et dix autres traversiers de Brouage, conduites par le capitaine Audouin; et en l'arrière-garde étoit le flibot du sieur de Marsillac, bien armé et bien munitionné, sous la conduite du capitaine Cantelou avec Beaumont, nourri page dudit cardinal, suivi de cinq barques d'Olonne, auxquelles étoient plusieurs gentilshommes volontaires; et le sieur Lomerás, qui avoit déjà passé et repassé avec le capitaine Vaslin, y étoit aussi. Cette flotte rangea la côte de Poitou jusqu'à ce qu'elle eût la connoissance des feux de la citadelle, après lesquels elle ne tarda guère à voir l'armée ennemie.

Les Anglais étoient avertis de ce dessein, mais non pas de la route, l'ayant faite toute contraire à leur opinion et créance, qui étoit que l'on devoit aller vers les Baleines, qui est la pointe de l'île de Ré, et ranger toute la terre de l'île et passer sur le Couronneau; et c'étoit la résolution qui avoit été prise aux Sables, dont les mal affectionnés au service du Roi donnèrent avis aux ennemis, qui envoyèrent cent cinquante barques pour les y attendre. Mais Dieu, protecteur du Roi et conducteur de cette affaire, fit changer la résolution de la route, et, au lieu d'aller vers les Baleines et ranger l'île, il fut résolu de passer au travers de l'armée anglaise et souffrir leurs canonnades et mousquetades, lesquelles ne furent pas en petit nombre; mais le courage vainquit le péril, lequel ne fut pas assez puissant pour empêcher la résolution, qui étoit de passer ou mourir. Il arriva que la flotte cinglant en pleines voiles, pensant être déjà près de Saint-Martin, voici que tout à coup le vent cesse en telle sorte qu'ils demeurent près de deux heures sans pouvoir aller à droite ni à gauche, qui causa un grand étonnement, chacun croyant être à la merci des ennemis sitôt que le jour seroit levé. L'on se mit donc à prier Dieu, et tôt après il se lève un petit vent qui leur fit prendre leur route, et environ demi-heure après ils virent le feu que Toiras faisoit en la citadelle, et celui que l'évêque de Mende d'un côté, et Richardière le père de l'autre, faisoient faire à la côte selon l'ordre des signaux concertés entre eux. Ils passèrent ainsi à travers l'armée ennemie, et sous une grêle furieuse de canonnades et mousquetades, attaqués de plus de cent chaloupes.

Le chirurgien du capitaine Maupas y fut tué, la barque percée, son mât rompu; le capitaine Audouin coupa d'un coup d'épée le bras d'un Rochelois qui vouloit prendre son gouvernail, et combattirent si bien qu'ils passèrent, et eurent tant d'heur que, de trente-cinq voiles, il en arriva sous la citadelle vingt-neuf, et n'en relâcha que cinq. Une fut prise, où étoient Beaulieu et Launay, sur lesquels tomba tout le danger, et furent pris sur les hansières et câbles que les ennemis avoient attachés les uns aux autres aux beauprés de leurs navires, étant fort près les uns des autres, et faisant un cercle au devant de la citadelle. Ils firent jeter un homme à la mer avec une hache, qui coupa l'hansière et câbles, espérant, par ce moyen, se tirer d'entre les deux navires au milieu desquels ils étoient; mais, par malheur, le contre-maître du vaisseau du capitaine Maupas ayant coupé un grand câble qui empêchoit le passage de sa barque, ce câble tombant embarrassa le gouvernail de celle de Launay, Rasilly, et l'entraîna contre la ramberge où ce câble étoit attaché. Là il fut attaqué de plusieurs chaloupes; et, après un grand combat auquel le sieur La Guette, nourri page de la reine d'Angleterre, pourfendit un des ennemis, ils furent contraints de se rendre à composition, moyennant 10,000 écus de rançon qu'ils promirent. Les ennemis, qui tenoient prêtes des barques à feu, voyant que leurs efforts sur mer n'avoient su empêcher le passage du secours, en envoyèrent une à la queue de celles du convoi, qui, se mêlant parmi, vint échouer comme les autres sur le port. La nuit empêchoit de reconnoître si c'étoient amis ou ennemis, jusqu'à ce qu'on y vît allumer le feu, et trois Anglais qui demandoient la vie qu'on leur accorda, n'étant pas juste en un jour auquel ils recevoient une si grande grâce de Dieu de la refuser à personne. Ainsi, après les avoir retirés, on laissa achever de brûler la barque à feu, sans qu'elle fît effet sur les nôtres, qui se trouvèrent par bonheur avoir le dessus du vent.

Buckingham, qui attendoit l'heure de huit heures comme celle de sa félicité et du couronnement de ses travaux, fut outré de désespoir de la voir changée en celle de sa honte et de l'opprobre de sa nation. Dès le matin, pour toute réponse, on lui montra de la citadelle, au bout des piques, force bouteilles de vin, chapons, coqs d'Inde, jambons, langues de bœuf et autres provisions, et les nouveaux canonniers, arrivés avec la flotte, saluèrent de force canonnades leurs vaisseaux qui s'étoient approchés de trop près, sur la créance qu'ils avoient que ceux de dedans n'avoient plus de poudre. Il y avoit dans ces barques plus de deux cents tonneaux de farine, dont deux et demi suffisoient par jour pour le pain de ce qui étoit dans le fort. Il y avoit plus de soixante pipes de vin, du vin d'Espagne, trois coffres d'onguens et drogues pour les malades et blessés, des morues, des pois, des fèves en très-grande quantité, du verjus, du vinaigre, des jambons, soixante bœufs salés, plusieurs moutons vifs, des chemises, des chausses, des souliers en grand nombre, des manteaux de caban pour les soldats qui font la sentinelle, douze douzaines de gants, des fourreaux d'épée, tous les vaisseaux lestés de charbon de terre pour chauffer les soldats, un grand nombre de planches pour faire les logis, deux chirurgiens, seize canonniers, les gentilshommes, soldats et matelots que j'ai dit.

Le jour étant venu, les ennemis jetèrent quantité de grenades, balles à feu sur les barques, pour essayer encore de les brûler, mais en vain; et peu après, la marée se retirant laissa les vaisseaux à sec. Ce que voyant, les Anglais qui étoient dans l'île y vinrent en deux bataillons; mais ils furent repoussés avec perte de beaucoup des leurs et de prisonniers, lesquels, interrogés, dirent qu'il y avoit plus d'un mois que la barque à feu étoit préparée à cet effet. Sur les deux heures après midi, la marée revint, à la faveur de laquelle les Anglais vinrent derechef, avec un grand appareil de chaloupes, galiotes et pataches, et une autre barque à feu, pour brûler ce qui pouvoit être resté à débarquer. Il y eut une grande escopeterie, et quantité de coups de canon de part et d'autre, avec fort peu de perte d'hommes; et le brûlot, nonobstant les efforts des nôtres, fut amené parmi leurs barques; mais ils trouvèrent moyen de le dégager, et notre convoi fut garanti. Le sieur Desplan fut légèrement blessé de l'éclat d'un fût dans une hutte du fort; vingt barques des nôtres furent brisées et rendues inutiles; mais les provisions en avoient été ôtées, et servirent aux huttes et à brûler. Sur les neuf heures du soir, les ennemis firent jouer une mine à l'endroit du travail avancé de Saint-Martin; mais, comme ils n'avoient pas bien proportionné la quantité de poudre à la terre qu'il falloit enlever, la mine aussi n'étant pas assez avancée, elle ne réussit pas, et cela les empêcha de faire l'attaque qu'ils avoient entreprise.

En ce même temps le Roi reçut des avis de plusieurs parts qu'un orage se formoit en Allemagne sous le nom de l'Empereur, pour venir fondre en notre frontière de Champagne, sous prétexte des vieilles querelles de la protection de Metz, Toul et Verdun. Sa Majesté crut devoir tirer éclaircissement de cette affaire, non en écrivant en Allemagne, où les desseins seulement s'exécutoient, mais en Espagne, où en étoit la première origine; étant certain que c'étoit un trait de leur façon de faire accoutumée, de faire attaquer secrètement par des personnes supposées ceux avec lesquels ils font semblant d'entrer sincèrement en une étroite alliance. Le cardinal de Bérulle eut commandement d'en écrire au Fargis, ce qu'il fit, et lui manda que nous n'avions aucunes nouvelles de l'armée d'Espagne, qui devoit néanmoins être à Morbihan dès la fin d'août; que nous avions deux fois secouru Ré, et espérions continuer encore; que nous avions trente-cinq vaisseaux prêts à Morbihan; qu'il ne restoit à venir que ceux d'Espagne; que cela faisoit tort à leur réputation, à la liaison commencée entre les deux couronnes, à la confiance nécessaire aux plus grands desseins préparés pour l'année suivante; qu'on ne se relâchoit point de deçà, mais qu'on persévéroit dans les résolutions premières; qu'on refusoit la paix qu'on étoit venu offrir jusque dans le Louvre, et que chacun désiroit; que le Roi seul et ses ministres ne veulent pas seulement écouter; et cependant le secours d'Espagne, offert et attendu, nous manquoit; même qu'au lieu d'icelui on étoit battu des bruits et des avis qui venoient, que l'Empereur approchoit et vouloit attaquer Verdun, c'est-à-dire l'Espagne sous le nom de l'Empereur, puisque c'étoit une même maison et une même conduite; qu'on ne le pouvoit croire pource que c'étoit une tromperie insigne, peu honorable à l'Espagne, très-dommageable à la chrétienté, et enfin peu utile à l'Espagne même; qu'il y avoit cent ans que l'Espagne n'avoit rencontré une pareille disposition dans les affaires publiques, à celle qui se présentoit depuis un an, pour satisfaire conjointement au zèle qu'elle vouloit qu'on crût en la chrétienté qu'elle avoit vers la religion. Mais cependant, lorsque nous pensions recevoir les premiers effets d'une disposition si importante, nous voyions que l'armée ne s'avançoit pas du côté d'Espagne pour nous secourir, et elle s'avançoit, ce dit-on, du côté d'Allemagne pour nous attaquer; que cela étoit si hors de temps, de raison et de piété, qu'il ne le pouvoit croire; néanmoins, qu'en chose de telle conséquence il s'en falloit assurer, et que pour ce sujet il leur dépêchoit un courrier pour tirer d'eux les éclaircissements nécessaires. Qu'on sera en France bien fondé à croire que l'Espagne nous faisoit une querelle d'Allemand; que nous savions bien les voies ordinaires dont on pallioit semblables affaires, mais que nous savions bien aussi les voies d'y remédier; que le mal étoit que c'étoit au profit de l'Angleterre et de l'hérésie, et à la ruine des desseins projetés, et de meilleurs encore que Dieu alloit préparant par ses voies douces et secrètes, si les hommes n'empêchoient les conseils de Dieu par leurs mauvais conseils. Qu'enfin si la religion en pâtissoit, Dieu en demanderoit compte, à son avis, à l'Espagne et non à la France.

Il est incertain si cette dépêche fit quelque effet, et retarda quelque temps l'éclat de cet orage, qui n'éclata que l'année ensuivant, ou si le retardement provint de ce que l'Empereur ne put pas plus tôt exécuter son dessein.

Le Roi reçut la nouvelle de ce grand et dernier secours de Ré, le 9, sur le chemin de Niort, par le comte de La Rochefoucauld, qui la lui apporta à la dînée. Le lendemain il arriva à Surgères, où Monsieur le vint trouver, et l'accompagna le jour suivant à l'armée, qui étoit en bataille entre La Jarrie et Estré, où Sa Majesté prit son quartier; mais mondit seigneur, frère du Roi, ne tarda guère à s'ennuyer à l'armée depuis l'arrivée de Sa Majesté, et lui parla incontinent de lui donner son congé. Sa Majesté lui répondit qu'il ne savoit à quoi il pensoit quand il pensoit à s'en aller; qu'il ne lui en vouloit point de mal, parce qu'il savoit bien que c'étoient quelques-uns de ceux qui étoient auprès de lui qui le lui persuadoient. Quand il y seroit résolu qu'il ne l'en empêcheroit pas, voulant que toutes ses actions fussent libres; mais lui disoit-il qu'il feroit une action qui témoigneroit à tout le monde qu'il affectionnoit peu les affaires de la guerre, qu'il n'aimoit pas sa personne puisqu'il s'en éloignoit, et que ses desseins ne favorisoient pas le bien de l'Etat; que, quand après cela il voudroit partir, il le prieroit encore de ne le faire pas, mais néanmoins qu'il le laisseroit faire; que tout le monde verroit qu'il auroit tort, et qu'il connoîtroit un jour l'obligation qu'il avoit à ceux qui lui donnoient de si bons conseils.

Cependant, dès que Sa Majesté fut arrivée, sans se divertir à aucune autre chose, elle voulut reconnoître l'état de ses troupes, voir les forts, l'ordre des gardes, l'artillerie, les magasins des vivres et provisions de l'armée, et le nombre des hommes tant de cheval que de pied dont il se pouvoit assurer. Le cardinal se logea au Pont de la Pierre, qui est une maison sise sur le bord de la mer, éloignée de tout secours et sans aucun retranchement; ce qui donna sujet aux Rochelois de faire une entreprise par mer pour l'enlever la nuit dont il partit le jour pour aller en Brouage. Le Roi, en étant averti par un de l'entreprise sorti de La Rochelle, fit mettre ses mousquetaires dans la maison, et des régimens sur le ventre dans les dunes qui sont à l'avenue de la mer, et Sa Majesté demeura toute la nuit avec quelques compagnies de cavalerie derrière la maison, attendant les Rochelois, mais sans effet; car, bien qu'ils fussent venus à la rade pour exécuter leur dessein, ils n'osèrent se débarquer, et s'en retournèrent. Depuis, le cardinal pourvut à la sûreté de cette demeure par de bons retranchemens et fortifications à l'épreuve du canon.

Il arriva lors avis au Roi d'une action survenue en Hollande le premier jour d'octobre, action la plus infâme qui pût être, et portant un très-évident témoignage de l'infidélité des Hollandais envers le Roi. Despesses, ambassadeur du Roi en Hollande, avertit les États qu'on lui avoit rapporté que les Anglais avoient dessein d'enlever les vaisseaux que le Roi avoit fait faire en Hollande, et qui étoient encore en leurs ports. Ils témoignèrent que ce n'étoit pas chose qui se pût faire, et qu'ils l'en garantiroient. L'ambassadeur se repose sur cette assurance. Cependant il arrive que, le 7, trois ramberges et cinq autres vaisseaux entrent dans la rivière du Texel, et s'approchent du galion de Toiras, qui étoit bien une lieue dans la rivière, au milieu de huit vaisseaux de guerre des États et quantité d'autres grands navires hollandais bien armés. Le capitaine Regnier, à qui Gentillot qui étoit allé à Enckhuysen, avoit laissé la garde du vaisseau de Toiras, ne pouvant pas bien discerner le pavillon de la flotte anglaise à cause de l'obscurité, et qu'elle étoit encore un peu loin, envoya au bord des Hollandais pour en apprendre des nouvelles. Ils leur dirent que c'étoient vaisseaux hollandais revenant des Indes; il échappa néanmoins à un des leurs de dire que c'étoient Anglais. Aussitôt le capitaine Regnier se met en devoir de se défendre, et commande à cinquante matelots hollandais, qui étoient commis aux canons et aux poudres, de mettre l'artillerie aux sabots; ce qu'ils refusèrent, disant qu'ils étoient loués pour conduire le vaisseau en France, non pour combattre les Anglais. En ces entrefaites les Anglais s'abouchèrent avec les Hollandais qui leur montrèrent ledit vaisseau, lequel ils abordèrent et firent une décharge dessus de leurs canons et leurs mousquets. Les Français se voulant défendre trouvèrent que les Hollandais avoient, par méchanceté, vidé les charges de leurs bandoulières. Le maître canonnier d'entre eux, sitôt qu'il se put faire entendre, demanda quartier aux Anglais, les reçut par les sabots de la poupe, et lui livra le capitaine Regnier qui coupoit les ancres pour s'échouer. Sur le minuit étant arrivé un renfort aux Anglais, ils passèrent outre pour chercher les vaisseaux du Roi et de la Reine; mais le chevalier Desgoutes hasarda de les faire passer à travers les bancs, jusqu'auprès de la digue d'Enckhuysen, où ils furent en sauveté. Quelque poursuite que fît l'ambassadeur envers les États pour les obliger à faire rendre le vaisseau, ou combattant les Anglais, ou en ôtant les tonnes qui marquent les bancs en ladite rivière, il n'en put jamais venir à bout, disant que, par un des articles de leur traité de paix avec l'Angleterre, ils ont permission d'assaillir, dans les ports les uns des autres, les vaisseaux espagnols et de leurs adhérens, au nombre desquels les Anglais tenoient le Roi.

Le 15 octobre, Marsillac commença un autre embarquement de quinze barques et onze pinasses, qui furent chargées de toutes sortes de vivres pour le fort Saint-Martin, et dix-neuf chates pour passer au fort de La Prée. Ces deux convois ne se mirent à la rade que le 9 de novembre ; plusieurs échouèrent, d'autres relâchèrent et ne passèrent qu'après la retraite des Anglais. Le 16, le capitaine Audouin repassa du fort avec une partie des barques du grand secours, chargées de plusieurs malades et blessés qu'ils ramenèrent. Mais le lendemain le jeune Richardière, capitaine Maupas, en partant sur les huit heures du soir, fut abordé par plusieurs chaloupes et tué, se défendant courageusement sans s'être jamais voulu rendre. Toutes les nouvelles qui en venoient (1) disoient que les Anglais, en leur siége, se ruineroient eux-mêmes dans les pluies, les maladies et incommodités de l'hiver ; qu'ils (2) ne pensoient plus au grand secours que le sieur de Taraube, envoyé au Roi par M. de Toiras, avoit proposé, puisque la citadelle étoit rafraîchie de vivres pour long-temps. Néanmoins, Toiras manda par Saint-Preuil, le 25 octobre, qu'il n'avoit des vivres que jusques au 13 novembre, et que, ce temps-là passé, il rendroit la place aux ennemis. Cette nouvelle surprit extrêmement ; car il avoit donné charge au capitaine Odart, en partant de la citadelle peu auparavant, d'assurer le cardinal qu'il avoit assez de victuailles pour deux mois ; ce qu'il fit, et le donna par écrit, ajoutant que ledit Toiras lui avoit donné charge de dire que le plus grand secours que le Roi lui pourroit faire, seroit de lui envoyer cinq ou six mille hommes, afin de chasser les ennemis hors de l'île, à cause que les soldats étoient grandement fatigués. Cela fit hâter Sa Majesté de disposer toutes choses pour dresser ledit passage en Ré de six mille hommes de pied et trois cents chevaux, pour faire lever le siége aux Anglais et les chasser de l'île.

Elle avoit déjà donné le commandement et le pouvoir de son lieutenant général en cette expédition au maréchal de Schomberg, auquel elle avoit baillé Marillac pour maréchal de camp : mais il alloit lentement à cette entreprise, attendant que la pluie et l'hiver dans lequel on entroit affoiblissent toujours davantage l'armée de l'ennemi. Le cardinal, afin qu'on ne perdît désormais une seule heure de temps, se chargea de fournir barques, vivres et munitions pour l'embarquement de la plus grande partie en Oleron et Brouage. Le 17, il avoit envoyé en Oleron pour faire embarquer le régiment du Plessis-Praslin qui y étoit, avec ordre d'aller descendre au fort de La Prée, pour commencer les retranchemens hors d'icelui, et tirer quelques lignes et redoutes depuis ledit fort jusqu'à la mer, tirant vers Saint-Martin, pour favoriser l'entrée au

(1) De l'île.
(2) Les assiégés.

reste des troupes. Le régiment de Beaumont qui étoit au Plomb eut la même charge. Six jours après, huit cents hommes de ces deux régimens y entrèrent ; le reste, ne l'ayant pu faire à cause des vents et tempêtes, avoit relâché dans la rivière de Charente pour attendre le beau temps. Le cardinal, dès le même jour que ladite lettre de Toiras fut reçue, partit d'auprès le Roi pour aller en Brouage et Oleron faire embarquer le régiment de Navarre, celui de La Meilleraie, et cinquante gendarmes de la compagnie de la Reine. Il arriva le 28, et fit une grande diligence pour trouver des barques et des vivres, et faire embarquer les troupes. Cent vingt hommes du régiment de Beaumont, et cinq cent cinquante du régiment du Plessis-Praslin passèrent heureusement au fort de La Prée.

Sa Majesté envoya au Plomb, pour s'embarquer, huit cents hommes de ses gardes avec Canaples leur mestre de camp, quatre cents restant du régiment de Beaumont, et trente gendarmes de la compagnie de Sa Majesté. Elle commanda au maréchal de Schomberg d'y aller incontinent avec les mousquetaires de Sa Majesté, les volontaires et cinquante chevaux de sa garde, afin de passer dans les barques qui retourneroient du premier embarquement, et les trouver déjà un peu reposés dans l'île, pour être plus près à employer quand il arriveroit. Elle commanda à Marsillac d'aller en en Oleron, pour passer de ce côté-là avec ce que ledit sieur cardinal auroit préparé, avec les régimens de Navarre, ce qui restoit du régiment de La Meilleraie, cinquante des gendarmes de la compagnie de la Reine mère de Sa Majesté, et la compagnie des chevau-légers de Bussy-Lamet et les vivres. Elle eut encore le soin d'envoyer aux Sables-d'Olonne l'ordre pour faire embarquer six cents hommes de Vaubecourt et de Ribérac, et le régiment du Fresne d'Urbellière, avec cinquante gendarmes de la compagnie de monseigneur le duc d'Orléans, conduits par le sieur de La Ferté, et la compagnie des chevau-légers du sieur de La Borde, avec ordre à l'évêque de Nîmes de se joindre à Marsillac pour y tenir la main, et commandement au capitaine Richardière, bon homme de marine, de mettre toute la flotte de vaisseaux, jusques au nombre de cinquante-deux, en état de faire service.

Le cardinal ayant, par le commandement du Roi, pourvu au paiement de toutes les dépenses de cet embarquement, il n'y avoit plus que le vent à désirer. Ces troupes seules étoient d'hommes si choisis, qu'elles eussent été capables de combattre le double de ce qu'elles étoient, et les mousquetaires seuls, à trente-deux desquels Sa Majesté avoit fait prendre des armes à l'épreuve et des hallebardes, étoient en tel état, qu'il n'y avoit point de front de bataillon qu'ils n'eussent été capables de percer jusqu'à la queue. Mais Sa Majesté ne se contenta pas de cette prévoyance et de ces armes; il eut principalement recours à Dieu, commanda que chacun se mît en bon état, et particulièrement ses mousquetaires, qu'il fit confesser et communier avant que partir. La noblesse de la cour venant à la foule prendre congé de Sa Majesté, l'on voyoit dans leurs visages une telle gaîté, qu'il faut avouer n'être permis qu'à la nation française d'aller si librement à la mort pour le service de leur Roi, ou pour leur honneur, que l'on ne sauroit remarquer aucune différence entre celui qui la donne et celui qui la reçoit. Tous ces ordres donnés, le Roi de sa propre main fit ceux du combat, et en traça les dessins en plusieurs sortes, afin de s'en servir selon la situation des lieux, ou la disposition en laquelle les troupes ennemies seroient. Deux jours après, Marsillac partit pour s'en aller en Oleron, où il trouva que le cardinal avoit usé d'une si grande diligence, qu'encore que dans les ports de Brouage et Oleron, il n'eût pas trouvé à son arrivée trois barques prêtes, le régiment de Navarre, le reste de celui du Plessis-Praslin, celui de La Meilleraie, six cents hommes de Piémont et de Rambure, quatre-vingts hommes de la compagnie de la Reine mère du Roi, cinquante chevau-légers de Sa Majesté, cinquante de Bussy-Lamet, et soixante gentilshommes avec ledit Marsillac et les vivres, furent prêts à faire voile la nuit d'entre la Toussaint et les Morts.

Il arriva un accident qui pensa apporter beaucoup de confusion. Le maréchal de Schomberg, qui devoit passer au Plomb, ayant appris que le passage y étoit difficile et qu'il n'y pourroit passer, et qu'au contraire le passage étoit plus prompt en Oleron, le fit entendre au Roi, qui trouva bon qu'il y allât passer. Suivant cela il en prit le chemin et arriva à Marennes, entre Brouage et Oleron, avec les mousquetaires et grand nombre de noblesse, et de là il écrivit audit cardinal, le priant de lui envoyer des barques pour passer toutes ses troupes en Oleron. Le cardinal avoit suffisamment pourvu à tout ce qui étoit nécessaire pour l'embarquement des trois régimens qu'il avoit pris en charge de faire passer; mais cette arrivée du maréchal de Schomberg si à l'improviste en Oleron avec cinquante chevau-légers de la garde du Roi, cinquante de la compagnie de Bussy-Lamet, le sieur de Montalet avec les mousquetaires du Roi, quatre cents hommes du régiment de Piémont, autant de Rambure et plus de quatre cents gentilshommes volontaires, eût causé un grand désordre si sa prudence n'y eût pourvu; car, bien que cette surcharge fût plus grande que celle qu'il avoit entreprise, néanmoins le tout fut embarqué avec les munitions nécessaires le jour de la Toussaint, et toute cette flotte fit voile sur le soir pour se rendre au Saumonat, qui est une partie de l'île vers le sud-ouest, pour prendre le vent. Le même jour que le maréchal de Schomberg arriva en Oleron, qui fut le 30 octobre, les huit cents hommes des gardes, quatre cents du régiment de Beaumont et trente gendarmes, qui s'étoient embarqués au Plomb, arrivèrent au fort de La Prée à onze heures de nuit avec leurs vivres et munitions de guerre et trois canons. En même temps Sa Majesté envoya ses propres mulets pour faire apporter cent mille pains qu'elle avoit fait faire à Marans, avec une très-grande provision de foin et d'avoine pour la cavalerie.

A l'arrivée de ce secours, les ennemis étant avertis de leur passage, se résolurent de les venir attendre à la descente; et, de fait, s'y trouvèrent avec deux mille hommes choisis et six vingts chevaux. Le sieur de Saint-Preuil, duquel les services depuis l'attaque de la citadelle jusqu'à la défaite des Anglais sont dignes de louanges, ayant reconnu les troupes anglaises, en vint avertir M. de Canaples qui commandoit tout l'embarquement comme mestre de camp du régiment des gardes; mais, ne laissant pas de passer outre, sans suivre le conseil que lui donna Saint-Preuil, qui étoit d'attendre au jour à faire sa descente, parce que les canons du fort de La Prée l'eussent favorisé et eussent chassé les ennemis, ils donnèrent, mais lâchement. La barque de Fourrilles arriva la première, et celle du sieur de Canaples, mestre de camp du régiment des gardes, après. Dès lors qu'ils furent échoués, ceux du fort envoyèrent des gens pour les reconnoître; mais Canaples et Fourrilles, qui avoient déjà mis pied à terre, étant reconnus à leurs noms et à leurs voix, furent gaîment reçus par ceux du fort, et avertis que les ennemis étoient bien proches d'eux; ce qui fut cause que Canaples commanda à Fourrilles de faire descendre les soldats de sa barque, qui étoient environ quatre-vingts, et d'en faire un bataillon; les autres chefs reçurent pareil commandement à mesure qu'ils arrivoient. Ce que Fourrilles fit; et, après avoir formé son bataillon, il reçut commandement de s'avancer quelque quatre cents pas hors la contrescarpe, et de faire un peloton de huit enfans perdus pour les mener sur les avenues de l'ennemi, ce qu'il fit. Tilladet fit aussi un bataillon des soldats qui étoient dans sa barque et prit la main droite de Fourrilles, distant de quelques cents pas, et Porcheux prit la gauche à même distance. A deux heures de là on vit paroître l'ennemi. La sentinelle tira, et les enfans perdus de Fourrilles firent fort bien leur décharge sur le bataillon de l'ennemi, qui ne tira jamais qu'il ne fût à vingt pas du bataillon de Fourrilles auquel il alloit tout droit. Au feu des mousquetades, Fourrilles vit leur ordre, et, jugeant qu'il seroit plus à propos d'aller au devant que de les attendre, il commanda de donner, et s'avança dix ou douze pas, et va au devant. Mais en cette généreuse action il ne fut suivi que de Mansan, qui fut tué d'un coup de mousquet et de quatre coups de pique, de son enseigne, de Barilles et de Pensamont, qui fut tué aussi de quatre coups de pique. Le choc de ces cinq fut fait avec tant de vigueur qu'il sépara l'ennemi en deux, et n'y a point de doute que, si les soldats du bataillon eussent donné, qu'on eût défait le bataillon de l'ennemi ; mais ils se mirent à vau de route, et n'y eut que le premier rang des mousquetaires qui tira. Celui qui le vit dit qu'il ne vit jamais une épouvante si grande, soit que le passage de la mer eût étourdi les soldats, soit que le peu de connoissance qu'ils avoient du lieu où ils étoient les rendit peu préparés à recevoir un tel choc ; on fut plus d'une heure à rallier les soldats, car la plupart des chefs étoient encore dans les vaisseaux, même la cavalerie. Le nombre des morts fut plus grand des ennemis que des nôtres. Il y en eut cinquante de tués des leurs ; des nôtres, un capitaine du régiment de Beaumont, et son sergent-major, et cinq ou six soldats y demeurèrent.

Toute la nuit les nôtres furent sur leurs gardes, et, à la pointe du jour, la cavalerie étant descendue, celle des ennemis se vint promener tout contre la baie. Nos gendarmes montent à cheval, qui n'étoient que trente, les poursuivent, les chargent, en tuent cinq ou six, et amènent des prisonniers, et le reste se mit en fuite, qui étoient environ quarante maîtres. Le jour de la Toussaint, sur la nuit, Buckingham, croyant que les gardes du Roi attaqueroient le village de La Flotte où il tenoit cinq cents hommes, fit quitter les tranchées du côté d'Antioche, pour envoyer deux mille hommes au secours de cette garnison. Le lendemain, 2 novembre, la cavalerie anglaise venant fondre sur quelques soldats débandés, entre La Flotte et le fort de La Prée, trente gendarmes montèrent à cheval, douze desquels, venant aux mains avec les ennemis, en tuèrent plusieurs sur la place, et en prirent cinq prisonniers. Ces exploits, bien que petits, étoient grandement avantageux ; ils ôtoient le cœur aux ennemis, l'augmentoient aux nôtres, et ébranloient ceux de l'île à quitter le parti des Anglais et à prendre celui du Roi.

Un effet en parut dès le soir même ; car plusieurs personnes de La Flotte-Sainte-Marie vinrent donner des avis que les ennemis se rembarquoient. Ils avoient pris ce dessein huit ou dix jours auparavant ; de sorte qu'ils furent longtemps sans tirer de leurs tranchées, et en ôtoient leurs canons pour les rembarquer. Mais Lorbières, que Buckingham avoit envoyé en Angleterre, arriva, qui leur donna espérance d'un secours de six mille hommes, que le comte de Holland leur devoit amener. D'ailleurs le sieur de Soubise, qui étoit à La Rochelle, vint, accompagné de députés, pour supplier le duc de ne les pas abandonner, lui promettant beaucoup d'assistance et d'hommes et de vivres : ils promettoient plus qu'ils ne pouvoient tenir. Lors les ennemis changèrent de dessein, et, nonobstant les incommodités du temps et des maladies qui les pressoient fort, s'opiniâtrèrent de nouveau au siége. Mais, voyant les troupes du Roi arrivées en l'île, et sachant qu'il en devoit passer encore d'autres, ils reprirent leur premier dessein de s'embarquer. Toutefois, à la persuasion des Rochelois, ils se résolurent de donner un assaut général avant que de partir.

Pour cet effet, le vendredi 5 dudit mois, ils firent entrer leur garde plus forte que de coutume, sans faire relever celle qui y étoit déjà. Toiras, qui fut averti sur le minuit, par un soldat venu de La Prée, que les Anglais se préparoient à donner un assaut général, commanda que chacun se munit d'armes et de courage pour les repousser, mit ordre que chacun se trouvât à son poste, et leur ordonna ceux qu'ils devoient défendre. Au point du jour l'on vit encore filer quantité de soldats dans les tranchées ; on voyoit en des endroits quantité de bourguignotes, on voyoit aller et venir quelques chefs d'un quartier à l'autre, à cheval et assez vite ; ce qui confirma l'avis qu'on avoit eu. Peu après, sur les huit heures, qui vint un avis, du travail le plus avancé vers Saint-Martin, qu'on entendoit chanter des psaumes. A l'instant on tira trois coups de canon du camp des ennemis, qui étoit le signal de l'attaque. Toute leur armée donna en même temps de tous côtés sur les travaux avancés, contrescarpes et demi-lunes. Néanmoins leur attaque principale fut du côté du bourg de Saint-Martin sur le bord de la mer. Leur intention étoit de laisser la demi-lune droite et gagner le bastion de Toiras qui étoit le moins avancé. Il y avoit deux mille hommes destinés pour cette seule attaque ; les uns venoient par la contrescarpe de la demi-lune de la porte, les autres par le travail avancé qui étoit entre cette contrescarpe et la mer, et les autres du long de la côte, car c'étoit en basse marée, et dressèrent quarante échelles contre la falaise. Ils furent en peu de temps sur le bord du fossé de ce bastion, parce que, comme on vit que l'attaque étoit générale, nos gens ne s'amusèrent pas à garder les dehors, et fut aisé aux ennemis de s'avancer jusque-là. Mais c'est aussi tout ce qu'ils purent faire; car, depuis que les assiégés se furent un peu reconnus, les mousquetaires les malmenèrent si fort, et l'on retourna à eux avec tant de résolution, qu'ils furent contraints de lâcher le pied. Ils descendirent si vite par leurs échelles qu'ils ne touchoient qu'au premier échelon. Nargonne, qui étoit en garde dans la demi-lune, fut le premier qui alla à eux soutenu de Tibaut, et y firent fort vaillamment tous deux.

Une autre attaque principale fut au bastion d'Antioche, qui étoit bien plus revêtu et plus haut que l'autre, mais le fossé, à cause de la disposition du lieu, si peu creux, que qui étoit sur la contrescarpe avoit gagné le fossé. Il y avoit en cette attaque mille ou douze cents hommes, qui furent promptement les maîtres de la contrescarpe et du fossé de ce bastion, contre la pointe duquel ils firent un bataillon de cinq ou six cents hommes; le reste les soutenoit de chaque côté de la contrescarpe. Ceux des nôtres qui étoient aux travaux avancés de ce côté-là ne s'y amusèrent point, non plus que les autres de l'autre attaque; mais, s'étant jetés dans la fausse braie du bastion, firent ferme là avec ce qui y étoit déjà. Les ennemis faisoient effort pour y gagner le passage; mais comme ils le virent gardé avec tant de vigueur, et qu'on les assommoit des pans des demi-lunes par les mousquetades, et de la fausse braie à coups de cailloux, ils lâchèrent aussi le pied et prirent la fuite de tous côtés. Les nôtres furent après, les poursuivant jusque dans leurs tranchées. Des Etangs commandoit dans la fausse braie de ce bastion, Montaut à celui de Toiras, Cledié du côté de la mer pour la défense de la falaise, du Vigeau étoit à sa demi-lune; ce qu'il y avoit du régiment de Chappes gardoit une petite demi-lune du côté de la mer, et l'autre du même côté étoit à ceux du régiment de Chastelier. Chaque capitaine et officier étoit occupé à faire vigoureusement en son quartier, et comme c'étoit là la partie du tout, personne aussi ne s'y épargnoit. L'attaque avoit commencé partout en même temps; elle finit aussi en même temps presque partout, sinon au bastion de Toiras, où elle dura plus de demi-heure plus qu'aux autres.

Ce combat fut de bien près de deux heures avant que les ennemis fussent retournés en leurs tranchées; ils laissèrent trois cents hommes sur les contrescarpes ou dans les fossés, outre ceux qu'ils eurent moyen de retirer, particulièrement du côté de la mer à la faveur de la falaise. Ils y laissèrent toutes leurs échelles et cinquante prisonniers, capitaines, officiers ou soldats. Les habitans de Saint-Martin ont dit depuis qu'il mouroit quantité de blessés arrivant au logis; qu'il y en avoit qui avoient cinq et six mousquetades. Le reste des blessés, disent-ils, faisoit encore plus de deux cents. On fait état qu'ils perdirent en cet assaut pour le moins six cents hommes; et le bonheur des assiégés fut si grand, qu'ils n'y perdirent que dix-huit ou vingt soldats et un sergent. Saldaigne y reçut une mousquetade dans la tête, dont il mourut le lendemain; Graval, lieutenant en la mestre de camp, eut aussi une mousquetade au travers du corps, dont il mourut trois jours après; il y eut quelques autres blessés, mais de légères blessures.

Comme ce combat finissoit, l'on vit venir des gens des vaisseaux pour mettre pied à terre, que l'on douta s'ils n'avoient point envie de redonner; mais la suite fit voir que leur échec étoit si grand qu'ils se défioient de pouvoir bien garder leurs tranchées; de fait, ils en abandonnèrent la moitié dès l'heure. Le duc de Buckingham envoya bientôt après un gentilhomme vers le sieur de Toiras, pour demander les morts et savoir s'il y avoit des prisonniers. La liste lui en fut baillée pour les échanger avec ceux des nôtres qu'ils pouvoient avoir auparavant, et leurs morts leur furent accordés; mais ils ne les vinrent querir qu'au lendemain, et comme on les leur eut apportés sur le bord de leurs tranchées, ils ne leur firent autre fosse que de les jeter dedans et les couvrir de la terre de la tranchée même; ce qui fit assez remarquer que leur intention étoit de lever le siège. En cette occasion, les soldats de la citadelle témoignèrent un merveilleux courage; car ceux qui étoient malades et languissans dans leurs huttes se trouvèrent sur les bastions. Il y en avoit de si foibles, que, ne pouvant combattre, ils chargeoient les mousquets de leurs camarades, et d'autres qui, ayant combattu plus que leurs forces ne permettoient, n'en pouvant plus, disoient à leurs camarades : « Ami, je te donne mes hardes; je te prie, fais-moi ma fosse, » et s'y retirant mouroient.

Le vendredi au soir, 5 novembre, qui étoit la veille de cette attaque, on donna avis à Canaples que Buckingham avoit dessein de venir attaquer avec trois mille hommes de pied du côté de la terre, et qu'au même temps ils feroient échouer des barques parmi les nôtres qui crieroient *vive le Roi!* et se mêleroient parmi eux pour apporter plus de désordre. Cela fut cause que toute la nuit les troupes du Roi furent en armes; mais à la pointe du jour on les vint avertir que Buckingham avoit quitté La Flotte et ramassoit tous ses gens pour essayer d'emporter la citadelle d'assaut. A cette nouvelle on prit les armes, et, comme on se mettoit en ordre, on entendit une furieuse escarmouche qui se faisoit à la citadelle; ce qui obligea Canaples de mettre toutes ses troupes en bataille, qu'il divisa en cinq bataillons, et fit marcher droit vers Saint-Martin. La cavalerie marchoit quelque trois cents pas devant l'avant-garde, laquelle soutenant les enfans perdus, on fit halte du côté de La Flotte. Les Anglais avoient laissé toute leur cavalerie à l'entour de La Flotte, qui paroissoit d'environ cent ou six vingts chevaux, et se tenoit toujours en fort bon ordre devant la nôtre. L'attaque de la citadelle ayant cessé, M. de Canaples fit commencer sa retraite, et, en passant à La Flotte, envoya quinze ou vingt mousquetaires pour brûler quelques navires qui étoient à sec dans le port de La Flotte, ce qui fut fait.

Dès le lendemain de cette attaque générale, les ennemis commencèrent tout de bon à se vouloir retirer, ayant perdu toute espérance, s'ils vouloient emporter la place par famine, de pouvoir surmonter la diligence et l'adresse du cardinal à rafraîchir de vivres, de munitions et d'hommes les assiégés, et, s'ils vouloient la prendre de force, de pouvoir surmonter le courage des Français. Ils ne faisoient point difficulté de le dire tout haut, et Canaples ayant envoyé demander un passe-port à Buckingham pour faire passer à la grande terre deux ou trois gentilshommes qui avoient été blessés en descendant au fort de La Prée, lors du combat dont nous avons parlé, il lui récrivit que les malades auroient bientôt le passage libre, que son intention étoit de s'embarquer, sans attendre qu'il descendît plus de gens en l'île; qu'il ne vouloit point hasarder ses gens fatigués d'un long siége contre des gens frais : comme si les gens de guerre du Roi eussent été moins fatigués, qui étoient tous les jours dans la fange et dans l'eau, et la plupart du temps sans couvert. Le même jour il écrivit la même chose à Fiesque, qui étoit dans le fort de La Prée; et, pour montrer son extravagance, il ajouta qu'on le verroit encore bientôt entreprendre quelque chose sans raison. Mais le Roi, qui ne se fioit point en ses ennemis, et entre tous aux Anglais, desquels il avoit reçu, même étant amis, tant de témoignages d'infidélité et de mensonge, craignant qu'ils fissent courir ces bruits pour lui donner occasion de retarder le passage du reste de ses troupes, joint qu'ils se pouvoient embarquer et désembarquer de nouveau très-facilement, et qu'il connoissoit Buckingham être homme qui, pour n'avoir pas la force de se résoudre en une telle occasion, ne savoit ni combattre ni fuir, continua en sa première résolution, et pressa plus que jamais de faire plus promptement passer tous ceux qui restoient, afin de rencontrer les ennemis en terre, les combattre, et les faire à l'avenir trembler de crainte si on leur proposoit de faire une nouvelle descente en ses Etats.

Le sieur de La Meilleraie passa ce jour-là en Ré heureusement avec trois cents hommes de son régiment, quarante gentilshommes volontaires et vingt-deux gendarmes de la compagnie de la Reine. La nouvelle de ce passage réjouit le Roi et toute la cour, parce qu'ayant bien succédé il étoit aisé de voir que ce passage continuant d'être possible, cela échaufferoit un chacun à faire la même chose. Le Roi, qui étoit averti de l'heureux passage du Plomb et des occasions qui se passoient dans l'île, toutes à l'avantage de son service, sachant que M. de Schomberg n'avoit pas passé, donnoit les journées aux soins de conduire son entreprise jusqu'à la fin ; et les nuits, Sa Majesté avoit tant d'inquiétudes, que ses serviteurs demeuroient dans la peur que cela n'altérât sa santé. Et, parce que le vent n'étoit pas bon en Brouage, Sa Majesté délibéra de renvoyer querir Marillac et ses mousquetaires, étant nécessaire d'avoir un homme de commandement dans l'île, et désirant que sa compagnie des mousquetaires passât au Plomb, pour participer au bonheur ou au hasard de ce qui arriveroit, à ce qui étoit déjà passé. Ledit Marillac s'embarqua dans le canal de La Rochelle, et avec lui le commandeur de Souvré, les sieurs de Chappes, Tavannes, Villequier, le chevalier de Chappes et le quatrième frère, le vicomte de Melun, Eguilly, Mérinville et autres, jusques à trente gentilshommes et quinze mousquetaires, et passèrent sur deux chaloupes et deux pinasses à rames au travers de l'armée ennemie, la mer étant fort orageuse, et descendirent à la pointe de Samblanceau, dont ledit sieur de Marillac ne voulut partir qu'il n'eût fait mettre à terre tous les vivres et munitions qui étoient dans les vaisseaux; ce qu'étant fait, traversant l'île à pied sans faire rencontre, il alla jusques au fort de La Prée, où le sieur de Canaples avec les troupes l'attendoient.

Le maréchal de Schomberg et les autres troupes qui s'étoient embarquées à Oleron, furent à peine en mer que le vent changea, et il leur fut force de passer six jours et six nuits tantôt (1) sur le fer, tantôt sur les voiles, sans

(1) *Tantôt* est oublié dans le manuscrit.

pouvoir avancer chemin et en grand péril de se perdre. Ils furent contraints de relâcher, tantôt en Brouage, tantôt en Charente et en l'île d'Aix. La nuit d'entre le 7 et le 8 novembre, le maréchal de Schomberg étoit au désespoir de tarder tant à passer. Le capitaine Regnier, bon pilote, conclut d'aller échouer à la mer sauvage, dans un port nommé Chauveau, vis-à-vis de Sainte-Marie, où ledit sieur de Schomberg avoit donné ordre, par le commandeur de Valençai qu'il avoit envoyé devant avec une chaloupe au fort de La Prée, qu'il lui fît un signal si audit lieu de Sainte-Marie il n'y avoit point d'ennemis logés. La descente fut très-heureuse et sans hasard; toutes ses troupes descendirent en terre sans avoir mouillé le pied. Cahusac opinoit qu'il falloit droit aller à La Prée, et avertir ce qui y étoit de se tenir en bataille, afin de marcher et surprendre les ennemis, qui ne pouvoient avoir avis de cette nouvelle descente. Pour cet effet, il offrit d'aller audit fort, fondant son opinion que, si les ennemis gardoient le village de La Flotte, il seroit aisé de les emporter, sinon, et qu'ils fussent retirés à Saint-Martin, que leur retranchement n'étant que d'une simple ligne, ils ne la pouvoient défendre, et par conséquent la citadelle seroit secourue du côté de la mer. Il fut en partie cru, car le maréchal, marchant droit à La Prée, avertit toutes les troupes, par un de ses gardes, de son arrivée, et qu'il désiroit les trouver toutes en bataille.

Ce commandement étant exécuté, le maréchal commanda au sieur de Marillac de prendre toute la cavalerie et de s'avancer entre La Flotte et Saint-Martin, à dessein de tailler en pièces ce qu'il y auroit de troupes à La Flotte, sinon de voir la contenance des ennemis, soit dans leur retranchement, soit au devant, s'ils étoient résolus de venir au combat. Cependant il fit suivre l'infanterie, qu'il disposa en douze bataillons, et de ce pas marcha droit aux ennemis, plus en intention de faire lever le siége, comme étant l'avantage du service du Roi, que de hasarder un combat général où il y avoit autant à perdre qu'à gagner. Il ne se trouva plus d'ennemis à La Flotte, ils en étoient délogés dès deux heures devant jour; ce qui fit que Marillac passa outre avec la cavalerie, et s'avança vers le retranchement des ennemis, où n'ayant trouvé personne, il envoya Saint-Preuil dans la citadelle donner avis à Toiras de sa venue et de celle du maréchal, et de prendre langue de ce que les ennemis faisoient dans Saint-Martin. Toiras, qui ne pouvoit quasi croire cette nouvelle, sortit seul, et déjà ledit maréchal étoit arrivé, auquel il ne put lui dire aucune chose de ce que les ennemis faisoient dans Saint-Martin; bien présumoit-il qu'ils se préparoient à lever le siége sur la venue d'un tel secours, dont, dès la nuit, un habitant de l'île, huguenot, leur avoit donné la nouvelle. Quant au dehors, ils paroissoient déjà en deux escadrons de cinquante chevaux chacun, entre des moulins à vent, à la main gauche du bourg, faisant mine d'en vouloir défendre la venue.

Notre infanterie cependant s'acheminoit, et parce que le maréchal, en partant de La Prée, avoit ordonné de prendre et garder les logemens de La Flotte, pour tenir les ennemis plus serrés entre eux et la citadelle, du Plessis, sergent de bataille, fut envoyé pour lui choisir et faire prendre un poste avantageux à la tête dudit bourg; ce qu'il fît très-prudemment. Durant ce temps les ennemis, qui s'étoient promptement résolus à la retraite dans l'île d'Oye, pour de là s'embarquer à leur aise, filoient leurs bataillons hors le bourg Saint-Martin, sans bruit et sans désordre, par le côté qui regarde le village de La Couarde, et c'étoit pour les couvrir et les cacher de nous que leur cavalerie avoit pris le poste des moulins; mais nous en aperçûmes les drapeaux. Lors il fut temps de délibérer ce que l'on avoit à faire, soit que les ennemis fussent sortis de Saint-Martin pour se retirer, comme il y avoit grande apparence, soit qu'ils l'eussent fait pour nous venir combattre. Partant ledit maréchal appela quelques-uns au conseil, et beaucoup s'y trouvèrent d'eux-mêmes.

La plus générale opinion fut de n'attendre pas leur dessein, ains de les contraindre à la bataille; c'étoit celle de Toiras; mais elle ne fut pas suivie. Le maréchal de Schomberg considéra que déjà l'un des points pour lesquels le Roi les avoit envoyés, à savoir pour faire lever le siége, étoit accompli, puisque les ennemis avoient abandonné leurs tranchées; et que l'autre, à savoir de les chasser de l'île, sembloit assuré, puisqu'eux-mêmes prenoient le chemin d'en sortir. Que partant M. le maréchal devoit plutôt leur faire un pont d'or qu'une barrière de fer; que le succès des batailles est et avoit toujours été incertain, principalement où les forces étoient inégales; que l'accomplissement du dessein du Roi, et l'avantage de son service, étant clair et assuré par la retraite des ennemis, ce seroit crime de le hasarder par un combat de vanité; que c'étoit pour la gloire et le contentement des particuliers, desquels le courage étoit louable, et non pour celle du Roi, que le combat étoit proposé; mais que, pour l'intérêt de Sa Majesté et de la réputation de ses armes, il falloit attendre à le donner avec tel avantage que la victoire en fût certaine et assurée, comme elle seroit infailliblement si on se savoit bien servir des avantages qui se rencontrent ordinairement sur les retraites qu'une armée entreprend à la vue d'une autre; que les ennemis ayant à passer entre Saint-Martin et le canal de l'Oye, en quelque détroit, on pourroit prendre le temps de les combattre à demi passés, sinon au passage dudit canal.

Ces considérations firent arrêter qu'on devoit conserver le poste que notre infanterie avoit pris à la tête de La Flotte, auquel elle ne pouvoit être contrainte à la bataille que selon qu'il lui plairoit; que si les ennemis tournoient tête vers leur retraite, notre armée les suivroit en bon ordre, et toujours gardant l'avantage du terrain qu'elle rencontreroit : s'ils présentoient la bataille, on ne la recevroit point qu'avec avantage. S'ils passoient dans le village de La Couarde, on essaieroit de les charger à demi passés, ou quand ils arriveroient au canal de l'Oye. Qu'ils ne pouvoient passer qu'à notre vue; et enfin, qu'on prendroit tels avantages à les combattre, que la défaite d'une grande partie de leur armée y seroit assurée. Toiras voulant encore après importunément insister, par vanité, en son avis de donner la bataille, le maréchal n'y eut point d'égard, et lui dit qu'il préféroit le service de Sa Majesté à ses intérêts particuliers; que toute sa gloire étoit de combattre; que ses désirs le portoient à ce dessein; mais les raisons de l'Etat l'obligeoient à chasser les ennemis aussitôt qu'à les défaire, l'un étant plus sûr que l'autre; qu'il falloit prendre le parti de l'avantage du service, pour laisser celui de sa propre passion.

Ensuite, il donna charge à Marillac de se mettre devant avec l'escadron de Bussy-Lamet, qui étoit de trente chevaux, et les volontaires qui n'étoient que huit, avec ordre de ne s'engager, ni à escarmouche, ni à combat, sinon avec avantage certain; que le maréchal, à la tête du reste de la cavalerie, le suivroit et soutiendroit, et que du Plessis, sergent de bataille, seroit envoyé pour commander à l'infanterie, et la faire marcher et arrêter selon que feroit la cavalerie. Par ordre aussi dudit maréchal, Toiras fit sortir de la citadelle six cents hommes pour grossir son armée d'un bataillon. Dès la première démarche que Marillac fit avec son escadron, celui des ennemis, qui étoit entre les moulins de Saint-Martin, lâcha le pied, et leur infanterie tourna visage vers leur retraite, droit à La Couarde.

La plaine d'entre La Couarde et Saint-Martin étant longue et large d'une bonne lieue, ils la passèrent sans faire halte qu'une fois, et sans rompre ni changer leur ordre : à cette halte ils tournèrent tête, et firent contenance de présenter la bataille aux troupes du Roi, qui les suivoient en bon ordre; mais ce qu'ils en faisoient n'étoit que pour donner haleine à leurs soldats, auxquels ils firent incontinent reprendre leur chemin droit dans La Couarde; et, parce que les marais les empêchoient de passer à droite et à gauche, ils firent ferme à l'entrée du village, tournèrent tête une autre fois, et, ayant mis au devant de leurs bataillons un grand fossé plein d'eau, jetèrent bon nombre de mousquetaires derrière d'autres fossés, murailles et haies qui flanquoient très-avantageusement leur front de bataille, et, cela fait, commencèrent à filer au travers du village les bataillons qui faisoient tête à leur retraite, étant à couvert de ceux qui faisoient tête à l'armée du Roi; ce qui fit qu'on ne pouvoit pas reconnoître s'ils passoient outre, ou s'ils s'étoient logés dans ledit bourg; ce qui étoit le mieux qu'ils eussent su faire pour y attendre la nuit, à la faveur de laquelle ils pouvoient se retirer, et sans perte et sans désordre; mais ils ne choisirent pas ce parti, et continuèrent leur retraite, de laquelle les paysans dudit bourg venoient donner avis. Mais il y eut différence d'opinions quels chemins on devoit prendre pour les suivre; si on devoit passer par dedans le village ou par le dehors, d'autant qu'il y avoit des marais des deux côtés, et que le pays étoit inaccessible, particulièrement pour l'infanterie qui n'y pouvoit passer sans mouiller le pied. Toiras décida la question, assura qu'il y avoit un passage très-bon à la main droite, ce qui fit que la cavalerie évita le village; mais l'infanterie passa au travers, ce qui donna loisir aux ennemis de s'éloigner, et de mettre leurs troupes en bataille à la tête des dunes, et proche d'une maison où leur cavalerie avoit un espace de quatre cents pas. Ils marchoient en bon ordre vers le canal de l'Oye, qui étoit encore à une petite lieue de là. Quand le maréchal, qui s'étoit un peu avancé pour observer leur contenance, les vit arrivés en un détroit qui se fait par les dunes de la mer sauvage et les marais salans, près d'une maison appelée les Passes, et qu'il les y vit faire front de trois bataillons, et gagner par une partie de leur cavalerie le haut desdites dunes, pour ôter aux troupes du Roi, tant qu'ils pouvoient, la connoissance du chemin qu'ils avoient à faire, et que cependant les autres filoient à la suite de leurs canons vers une chaussée qui alloit droit à un pont qu'ils avoient fait sur ledit canal, il jugea que c'étoit le temps de les attaquer pour en avoir une facile victoire. Et pource que cette action est une des plus signalées qui se soient faites de notre temps, il ne sera peut-être pas hors de propos de décrire un peu plus particulièrement comme ce passage étoit fait.

Il y avoit une longue chaussée, large de dix-huit ou vingt pieds, bordée d'un grand fossé plein d'eau à chaque côté, et ayant à droite et à gauche des marais salans à perte de vue, aboutissant à un chemin qui, par une ligne droite de trois à quatre cents pas, conduisoit à un petit pont de bois qui coupoit ladite chaussée. Là elle faisoit un coude à la main droite, de quatre-vingts pas ou environ, puis elle retournoit à gauche en deux cents autres pas de longueur, où elle faisoit un autre coude environ de cent vingt pas, lequel arrivoit à un pont de bois fait par les ennemis, large pour six chevaux de front, sur un achenal qui sépare ladite île de celle de Ré, large environ de quarante pas. Au-delà du pont étoit un retranchement de trente toises de long, élevé de neuf pieds de haut, avec un bon fossé flanqué de deux demi-bastions, dans le pan d'un desquels étoit le passage. A l'entrée de cette chaussée et à la main droite étoit une maison fermée d'eau, et au devant d'elle une grande place fermée de fossés pleins d'eau, capable de tenir douze cents hommes en bataille. A la main gauche de la chaussée étoit une prairie fermée d'un fossé relevé, et au levant de ladite chaussée un grand champ de sable fermé de fossés secs.

Le canon des ennemis étoit arrivé au pont, deux bataillons l'avoient passé, trois étoient sur la chaussée, et deux attendoient en bataille dans le camp fermé de fossés, avec deux escadrons de cavalerie à leur main droite pour faire leur retraite. Mais le maréchal commanda que l'infanterie à droite et à gauche, et la cavalerie par le front, allassent à la charge aux ennemis, fit tirer des deux bataillons des gardes qui faisoient la tête de la bataille, deux corps d'enfans perdus conduits par Drouet et Pontségur, commanda aux bataillons de suivre en diligence, et à Bussy-Lamet de marcher au milieu des deux corps d'enfans perdus. Mais comme, en s'avançant, il eut reconnu qu'à la vue desdits enfans perdus les ennemis branlèrent pour gagner la chaussée et la maison susdite, où ils pouvoient faire tête plus avantageusement, et que notre infanterie, encore qu'elle allât au grand pas, n'y pourroit arriver assez à temps, il fit lâcher le bouton à l'escadron de Bussy-Lamet, et alla à la charge à toute bride. Cet escadron trouvant les ennemis dans la démarche et l'ébranlement, et étant soutenu comme il étoit par le reste de la cavalerie que le maréchal conduisoit en personne, choqua si furieusement les ennemis, que d'abord leur cavalerie, quoiqu'elle eût tourné fort hardiment, fut renversée, et l'infanterie, qui se préparoit à faire tête à l'entrée de ladite chaussée et de ladite maison, fut percée jusqu'aux drapeaux si rudement, que la moitié fut jetée à droite et à gauche dans les fossés. Le général des galères fut blessé d'une mousquetade à l'épaule, Villequier d'une autre dans le corps, Porcheus, capitaine du régiment des gardes, y eut une cuisse cassée, dont il mourut après. Toute la noblesse y fit si bien, qu'il est impossible d'en remarquer un seul aux actions duquel on pût trouver à redire. Ils jonchèrent la terre de corps morts des ennemis, et mirent entre eux un tel désordre et un si grand effroi, que notre infanterie les poussa tout du long de la chaussée jusqu'au-delà de leur pont, gagna leur retranchement et leur canon, et avança dans l'île d'Oye de plus de quatre cents pas, renversant tout ce qu'elle trouva devant elle. Mais les chefs s'étant aperçus que deux des bataillons ennemis, qui avoient passé les premiers, se ralliaient entre deux masures, que l'on ne pouvoit aller à eux que par une autre chaussée étroite, entre deux flancs, que leur mousqueterie avoit déjà gagnée, et que le pillage et les prisonniers arrêtoient grande partie des soldats, et mettoient le reste en désordre, ils jugèrent à propos de ne leur permettre pas de passer outre; et incontinent après, une telle épouvante se mit parmi eux, que, malgré leurs chefs, ils s'enfuirent jusqu'au pont.

Cela redonna aux ennemis assez de cœur pour s'ébranler à les suivre, et le firent piques basses; mais la hardiesse de Salligni, arrivé en même temps avec quelques mousquetaires des gardes, dont trois étoient valets de pied du Roi, fut assez grande pour leur faire tête, encore qu'ils fussent en deux bataillons formés, et les arrêter tout court. Ce service de Salligni et de cette noblesse fut grand et généreux : il donna temps aux nôtres de se rassembler, et au maréchal d'envoyer des troupes fraîches à leur secours. Puis, considérant les grands avantages que Dieu nous avoit donnés ce jour-là sur nos ennemis, que nous foulions aux pieds leurs armes, que la terre étoit jonchée de leurs corps et la mer rouge de leur sang, il crut que c'étoit assez, et qu'il ne falloit pas abuser de la victoire, et donna commandement aux troupes de se retirer un peu, et se servit du propre retranchement des ennemis contre eux-mêmes. Il fit retirer Salligni dans un de leurs bastions pour y faire ferme, et pour chasser le désordre que le pillage causoit aux environs du pont. Et parce que, de main droite et de main gauche, la mousqueterie ennemie venoit incommoder le pont par derrière des chaussées qu'ils avoient gagnées, il les envoya chasser, les uns par le sieur de La Meilleraie, mestre de camp, qui, tout malade, s'étoit fait porter sur le lieu, et les autres par Marsillac, capitaine de Piémont. Il arrêta les sieurs de Fontenay et de Beaumont pour garder la tête du pont, avec un bon corps de piquiers de leurs régimens; il fit passer le sieur de Rambure et Dampierre, avec quelques mousquetaires des siens, pour aller rafraîchir Salligni, et envoya des Estangs, capitaine de Champagne, Baure de Piémont, qui ayant été blessé en y allant, La Courbe passa à sa place, La Pasle, capitaine de Chappes, Fouquerolles de Rambure; La Meilleraie même à son tour, et Le Plessis Praslin au sien y furent. Ainsi chacun, par cet ordre, aida à conserver cette tête, et sans confusion, jusqu'à ce que les ennemis d'eux-mêmes quittant la leur, et tournant le reste de leurs drapeaux vers le bourg de l'Oye, leur donnassent loisir de se reposer.

Les ennemis perdirent en cette rencontre près de deux mille hommes, quatre canons et soixante drapeaux, tout le champ étoit semé de leurs armes, cinq colonels, deux cent cinquante capitaines ou officiers, vingt gentilshommes de qualité et trois lieutenans colonels; le milord Montjoie, général de la cavalerie, y fut pris prisonnier. Ils confessèrent qu'ils eussent été contraints de lever le siége bientôt à faute de vivres, et qu'ils avoient quasi perdu toutes leurs galiotes et chaloupes; ce qui étoit cause qu'ils ne pouvoient faire si bonne garde. Le jour même du combat, 8 du mois, fut encore envoyé audit fort un secours de vivres en quatorze vaisseaux, sous la conduite du capitaine Odart, par le sieur de La Richardière, selon l'ordre et l'argent à lui baillé par Sa Majesté, et le soin qu'elle prit de pourvoir abondamment aux secours des troupes qu'elle avoit ordonnées pour le secours. Les Anglais, dès la nuit même du combat, commencèrent à s'embarquer, et le furent tous le lendemain à huit heures du matin.

Il fut trouvé plusieurs papiers au logis de Buckingham, par lesquels l'intelligence des Espagnols avec eux paroissoit manifestement; et fut aussi trouvé un mémoire de lui, envoyé à un de ses confidens en Angleterre, pour colorer l'infidélité et la folie de son entreprise contre la France. Il disoit qu'il l'avoit faite avec prudence, parce que Gerbier lui avoit rapporté d'une part à laquelle il devoit ajouter foi (il entendoit madame de Chevreuse), qu'il le devoit faire ainsi; que, s'il venoit à bout de ce dessein, le Roi son maître seroit maître de tous les huguenots de France, comme dépendans lors nécessairement de sa puissance; ce qui obligeroit le Roi à s'entretenir toujours en bonne intelligence avec lui, pour avoir paix avec ses sujets; qu'en cette considération l'Espagne respecteroit aussi beaucoup davantage ledit Roi son maître, qui pourroit entretenir la guerre en France tant que bon lui sembleroit par les huguenots, comme le Roi fait par les Hollandais contre le roi d'Espagne. Davantage, qu'ayant les rades et les ports de Ré, ils auroient des ports à retirer leurs roberges, desquels ils seroient en quatre heures dans les ports d'Espagne; ce qui leur donneroit moyen de lui faire des maux indicibles, au lieu qu'ils étoient quelquefois trois mois sans que leurs vaisseaux pussent sortir de la Manche, à cause du péril et des vents nécessaires qui ne règnent pas souvent; que le feu roi d'Angleterre ayant été un prince pacifique, il lui avoit semblé bien à propos de faire commencer le règne du Roi son fils par des actions belliqueuses, et principalement qui étoient à l'avantage de leur religion, joint que la plupart des frais de cette grande armée avoient été faits sur l'engagement du bien qu'il avoit eu de la libéralité du Roi son maître. Il le prioit de faire courir ces raisons partout, comme si elles ne venoient pas de lui.

Ils demeurèrent quelque temps dans leurs vaisseaux, attendant le vent et l'eau fraîche qui leur manquoit, dont il leur vint à deux diverses fois provision de La Rochelle. Ils partirent le 17, emportant mille malades ou blessés dans leurs vaisseaux, et ne leur restant pas douze cents hommes de huit mille qu'ils avoient amenés, et de tous les renforts qui leur étoient venus depuis. En s'en allant ils jetèrent plus de trois cents hommes à la mer, qui les porta aux côtes de Bretagne; et, pour récompense et consolation de toutes leurs pertes, ils ramenèrent Soubise en Angleterre. On n'a point parlé de lui durant tout ce siége, pource que, lorsqu'il étoit question de traiter, on ne vouloit pas s'adresser à lui, mais seulement au duc. Quand il falloit combattre, il n'y vouloit point entendre. Le jour de la descente des Anglais il étoit à La Rochelle, depuis il fut logé à La Couarde, et toujours malade. On ne sait où il étoit lors de l'assaut, mais il étoit des premiers et des plus avancés à la déroute. Il s'embarqua dans le vaisseau qui l'avoit apporté, mais le duc le fit mettre dans un autre chargé de morue, où il le fit passer en Angleterre. Ainsi finit à leur malheur cette entreprise injuste contre la France, et ne leur apporta autre fruit que d'avoir été cause que le Roi ensuite attaqua La Rochelle et leur ôta en elle le moyen de plus rien jamais attenter contre la France.

Les huguenots et eux, quand ils descendirent

en Ré, publioient partout qu'on violoit la foi publique, mais faussement; car le traité fait en 1625 avec les huguenots, portoit en termes exprès que le Fort-Louis et les îles devoient demeurer entre les mains du Roi; et par cet article on dérogeoit clairement au traité de Montpellier qui en requéroit le rasement. Il n'y a point eu de contre-lettre à cela, ils ne l'osèrent aussi mettre en avant; mais ils prétendoient se pouvoir fonder en quelques paroles que proféra le chancelier, lorsque le Roi leur donna la paix, lesquelles, bien qu'elles ne signifiassent pas ce qu'ils prétendoient, néanmoins, se d soient-ils, les ambassadeurs anglais avoient déclaré à ceux de La Rochelle qu'elles devoient être ainsi interprétées. En vertu de quoi lesdits ambassadeurs avoient-ils le pouvoir d'expliquer à contre-sens, aux sujets du Roi, les paroles qu'il leur faisoit dire par un de ses principaux ministres? N'est-ce pas un crime d'en user ainsi? Le cardinal de Richelieu leur dit et répéta cent fois, leur parlant particulièrement, qu'il ne falloit qu'ils prétendissent qu'on se voulût engager en aucune façon à raser le fort, non-seulement en ce temps, mais en un autre; qu'il n'y avoit personne qui pût obtenir cette grâce du Roi, demandée par les Rochelois, qu'eux-mêmes, non par leurs paroles et prières, mais par leurs comportemens, quand ils rendroient une entière obéissance au Roi, en se remettant entre ses mains, comme les autres villes et les autres sujets de son royaume. L'évêque de Mende et le duc de Chevreuse même, comme leur confident, leur ont souvent envoyé pour leur tenir même langage et leur déclarer que s'ils pensoient se mêler de la paix, comme entremetteurs entre Sa Majesté et ses sujets, le Roi ne l'auroit pas agréable; mais que s'ils y vouloient travailler, déclarant à ses sujets rebelles que le roi leur maître, comme beau-frère et ancien allié de Sa Majesté, joindroit toutes ses forces avec celles de la France, s'ils ne vouloient se remettre en leur devoir envers le Roi, Sa Majesté ne refuseroit pas cette entremise parce que tous les souverains se la pouvoient et devoient rendre réciproquement les uns aux autres. Autant de fois qu'on leur tenoit ce langage, autant de fois répondoient-ils qu'ils ne prétendoient autre chose. Après cela faire une autre déclaration contraire, ne peut recevoir aucune excuse, si ce n'est qu'ils usent de la même extravagance envers Dieu, leur religion prétendue n'étant fondée qu'en l'explication de ses paroles à contre-sens de ce qu'elles signifient.

Tandis que cette grande armée navale qui vint descendre en l'île de Ré se préparoit en Angleterre, les Espagnols en Flandre furent en une merveilleuse crainte. Le bruit couroit bien que c'étoit pour France; mais, doutant que ce fût une feinte pour les tromper, ils tâchèrent de donner le meilleur ordre qu'il leur fut possible en tous les lieux où ils croyoient qu'elle pouvoit faire descente. Ce qui les effrayoit davantage étoit que les États faisoient équiper à Amsterdam, pour empêcher les courses des Dunkerquois, cinquante grands vaisseaux qu'ils craignoient être à dessein de se joindre avec l'armée anglaise (1) contre eux. Quand ils surent qu'elle étoit descendue en l'île de Ré, ils rassemblèrent toutes leurs forces, et firent un corps d'armée, et le 4 août partirent en intention de faire construire un fort à Santolet, entre l'île et Berg-op-Zoom, et envoyèrent une autre armée pour joindre le comte de Tilly. Mais le prince d'Orange, assiégeant en même temps la ville de Grole, leur fit révoquer cet ordre, et donner charge au comte Henri de Bergues de partir de Gueldres avec tout ce qu'il pourroit faire de gens de guerre, qui furent quinze mille hommes et deux mille chevaux, pour venir essayer de défendre cette place. Ce fut en vain, car elle se rendit par composition le 20 du mois, et par ce moyen les Hollandais délivrèrent une partie du duché de Gueldres, toute la Frise, Groningue, le pays d'Over-Yssel, Brante et Turante, des contributions qu'ils étoient contraints de donner pour se garantir des courses et ravages de la garnison de cette place, et s'affranchirent de l'entretènement de huit mille hommes qu'il leur falloit tenir en ces quartiers-là pour leur sûreté. Les Espagnols ne prirent pas si bien leurs mesures qu'eux; car, ayant projeté de longue main une entreprise sur l'île de Targouets, ils s'embarquèrent à Santolet pour l'exécuter, et la manquèrent par lâcheté. Après cela, les uns et les autres mènent leur armée en garnison.

Ce fut (2) en ce temps que les Anglais firent une extravagance contre les Hollandais, arrêtant trois de leurs navires revenant des Indes, valant un million d'or. Les Hollandais délivrèrent pour ce sujet en octobre une commission à l'amiral Dorbel, pour assembler des vaisseaux, pour les mener en l'île de Wight, pour les reprendre de force, dont les Anglais étant avertis, leur firent promettre par leur ambassadeur de les leur rendre volontairement, ce qu'ils firent.

Le roi de Danemarck, qui se voyoit mal assisté d'Angleterre, qui non contente de lui manquer de parole, empêchoit le Roi, son principal confédéré, de lui donner le secours qu'il eût bien

---

(1) On lit dans le manuscrit : *française*, mais il est évident qu'il faut lire *anglaise*.

(2) *Ce fut* est oublié dans le manuscrit.

désiré, lui en ôtant entièrement le moyen, et lui en diminuant sa volonté, essaya de se raccommoder avec l'Empereur par le moyen du duc de Saxe. Mais cela n'ayant pu réussir sitôt, il fut contraint de continuer la guerre. Il reçut en avril un secours de cinquante enseignes de gens de pied anglais, conduits par le colonel Morgant, et quatre mille volontaires français levés par divers seigneurs. Avec ce renfort, il fit une armée de quinze mille chevaux et vingt-quatre mille hommes de pied. Le comte de Tilly avoit assiégé Nienbourg, et bloqué Northeim, occupant toutes les places qui sont sur le Weser et l'Elbe, et sembloit que Neubourg ne pouvoit être secouru; mais le 8 avril le roi de Danemarck, à la faveur des glaces, le rafraîchit d'hommes, de vivres et de munitions de guerre. Et ceux de Northeim firent une sortie si courageuse, qu'ils rasèrent deux des forts de Tilly et lui enlevèrent trois pièces de canon. Sur la fin d'avril, les troupes impériales étant passées au-delà de Dessau, Danemarck se campa près de la rivière de Weser, fit bâtir trois forts aux deux rivages, et mit huit vaisseaux armés sur l'Elbe et le Weser, pour empêcher le passage aux Impériaux. Tilly en voulut attaquer un d'où il fut repoussé. En mai et en juin, se renouvela le pourparler d'accommodement. La proposition en fut faite par le comte d'Oldenbourg de la part de Danemarck; mais les conditions qu'il demandoit étoient telles, que l'Empereur ne les lui put accorder.

Peu après la ville de Northeim, qui s'étoit courageusement défendue, soutint un grand assaut, auquel le comte de Furstemberg, qui commandoit à ce siége, perdit quantité d'hommes; mais ne perdant courage pour cela, et se préparant à en donner un second, les assiégés demandèrent à parlementer le 2 juillet. Leur étant refusé, ils lui mandèrent par un trompette, que puisqu'on ne vouloit entendre à aucune composition avec eux, ils leur vendroient leur vie si chère qu'il auroit sujet de s'en repentir. Le comte en étant indigné, fit faire le 5 juillet une furieuse batterie, qu'il continua tout le jour sans intermission, et fit donner en même temps un autre assaut où il fut repoussé avec perte de six capitaines, huit enseignes, neuf capitaines blessés, et quantité de soldats demeurés morts sur la place. Il leur envoya demander à quelque heure la licence d'enlever les corps morts; ils lui répondirent que, puisqu'il leur avoit dénié tout traité, ils ne vouloient avoir nulle trêve d'armes avec lui. La nuit suivante, ils firent une sortie en laquelle ils dépouillèrent les morts et achevèrent de tuer ceux qui respiroient encore. Cette résolution si déterminée fit que les Impériaux, craignant la perte de leurs hommes, leur offrirent composition, laquelle ils reçurent; ils sortirent enseignes déployées, mèche allumée et balle en bouche. La perte de cette place fut fort sensible aux Danois et leur abattit le courage. Le comte de Tilly, incontinent qu'elle fut rendue, s'avança vers la rivière d'Elbe où étoit le roi de Danemarck, du côté du Holstein, et avoit fortifié le rivage de deçà de bons forts, avec nombre de canons, de soldats, de vivres et munitions de guerre. A l'arrivée de Tilly, les Danois qui étoient dans les forts les abandonnèrent lâchement, et se retirèrent de l'autre côté de la rivière. Il mena toujours le roi de Danemarck battant avec tant d'effroi des Danois, que tout se rendant devant lui il dépouilla le roi de Danemarck de tout ce qu'il tenoit de terre ferme.

Voilà l'effet que la folle entreprise des Anglais sur l'île de Ré causa à leurs confédérés en Allemagne, et le bien qui en revint au Palatin. Au temps de leur déroute en Ré, il leur arriva une autre disgrâce qui, après l'autre, étoit celle qui leur touchoit le plus au cœur; ce fut la prise de Montaigu (1), auquel Buckingham avoit confié tous ses mauvais desseins contre la France, l'ayant fait dépêcher deux fois en Lorraine et en Piémont pour y lier des intelligences contre le Roi. Au retour de son premier voyage, il trouva déjà Buckingham embarqué pour son entreprise de Ré; il se mit dans un petit vaisseau pour essayer de le rencontrer en mer; mais ne pouvant prendre la route, il fut contraint de s'en retourner à Londres, d'où le Roi son maître le fit incontinent repartir pour le même voyage et les mêmes desseins. Revenant de ce second voyage, plein d'instructions et de mémoires, et pour éviter de passer par la France, ayant pris le chemin des Suisses et de la Lorraine, il fut épié par Bourbonne, qui en avoit charge du Roi, et fut pris par lui en la Lorraine au lieu le plus proche des terres de l'obéissance du Roi que ledit Bourbonne put choisir en son passage.

M. de Lorraine se piqua grandement de cette capture, craignant qu'on découvrît ce qu'il vouloit cacher. Il envoie le sieur de Ville, premier gentilhomme de sa chambre, en qualité d'ambassadeur extraordinaire, trouver la Reine mère du Roi à Paris sur le sujet de cette prise, se plaignant comme si sa souveraineté, qui doit donner un asile aux étrangers, avoit été violée en cette action. Ensuite ledit duc eut recours à madame la duchesse douairière de Lorraine, qui envoya à Sa Majesté un gentilhomme nommé Saint-

(1) Désigné dans tous les mémoires du temps comme fils du lord Montagu

Belin pour lui remontrer la conséquence de cette affaire. Deux jours après, il arriva un courrier exprès audit ambassadeur qui, en l'audience qu'il eut de la Reine le vendredi 26 novembre, lui demanda deux choses, l'une que le Roi eût agréable de faire justice de Bourbonne, l'autre de rendre Montaigu à son maître. Pour fonder sa plainte en son instance, il apporta une information pour justifier que la prise de Montaigu a été faite en Lorraine. La réponse de Sa Majesté fut que, tant s'en faut que ce qu'il demandoit à l'égard de Bourbonne fût raisonnable, qu'au contraire il méritoit reconnoissance du service qu'il avoit rendu au Roi, par son commandement exprès; et que, pour le regard de Montaigu (posé qu'il eût été pris en Lorraine), il n'y avoit point d'apparence de penser que le Roi voulût rendre un homme qui tramoit et faisoit des menées, il y avoit quatre mois, contre son État, et que l'on avoit pris avec tant de soin; que l'ordre avoit été donné il y avoit longtemps, ne présupposant pas qu'il dût être pris en Lorraine, s'assurant que là il ne trouveroit point de lieu à faire des menées contre l'État; que, s'il avoit été pris deux ou trois lieues dans la Lorraine, tout ce qu'avoit pu faire Sa Majesté avoit été d'envoyer un gentilhomme, comme autrefois il s'étoit fait en semblables rencontres, pour donner compte à M. de Lorraine du commandement du Roi; et que, si Maillau, qu'elle y avoit dépêché à cette fin, eût été arrivé, Sa Majesté ne croyoit pas qu'il eût donné ordre de demander justice contre Bourbonne; qu'elle ne pouvoit faire autre chose que d'écrire au Roi ce qui se passoit.

Le samedi, 27 novembre, il arriva un gentilhomme dudit sieur de Bourbonne, avec lettre du 24 dudit mois, pour avertir la Reine du dessein que M. de Lorraine avoit eu de l'aller assiéger dans Coify; mais qu'ayant su qu'il avoit jeté dedans six cents soldats, force blé et vins, et tout ce qu'il avoit pu ramasser ès environs de Coify, et qu'il avoit pour soutenir six mois un siége, il avoit converti son dessein à tâcher de recourir Montaigu quand on en feroit la conduite; que, pour cet effet, il avoit fait avancer deux compagnies de chevau-légers de Cressias et d'un autre à demi-lieue de là, dans ses terres toutefois; outre cela, que le colonel Cratz, qui n'étoit qu'à cinq lieues de Coify, lui promettoit d'enlever le prisonnier avec mille chevaux. La Reine, mère du Roi, pour prévenir cet inconvénient, donna ordre de faire tenir jusqu'au nombre de trois cents chevaux prêts, pour rendre ces entreprises inutiles.

Cependant Montaigu ne plaignoit que ses papiers, et disoit que, s'il les avoit dans sa tête, il ne s'en soucieroit pas, et qu'il se laisseroit plutôt déchirer que de rien dire. La Reine, sans s'engager à aucune chose, assura madame la douairière de Lorraine, par le sieur de Saint-Belin qu'elle avoit envoyé, que son entremise seroit toujours fort agréable, et que, selon que le procédé de M. de Lorraine seroit dans la raison, il pourroit attendre du Roi toute démonstration d'affection et de bienveillance. Le gentilhomme que la Reine avoit envoyé à M. de Lorraine pour avouer Bourbonne de la prise de Montaigu, à son retour rapporta que d'abord M. de Lorraine avoit trouvé étrange l'aveu de la prise dudit Montaigu sur ses terres, et ne pouvoit digérer quelques termes de la lettre de la Reine, écrite par M. de La Ville-aux-Clercs, qui portoit qu'elle avoit été faite par l'exprès commandement du Roi, avec témoignage toutefois que l'on eût désiré qu'elle eût été faite ailleurs; que ledit sieur de Lorraine, ayant su la nouvelle de la retraite entière des Anglais, adoucit de beaucoup son style, parla avec bien plus de civilité et de respect qu'il n'avoit fait au commencement.

Le lundi, 28 novembre, le prince de Falsbourg (1) arriva à Paris comme de lui-même, sans en avoir, disoit-il, parlé au duc de Lorraine, mais seulement à la douairière et au duc de Chevreuse. La fin de son voyage fut d'essayer de remporter quelque bonne parole sur le sujet de Montaigu, pour le faire rendre à M. de Lorraine, après que le Roi, ayant vu et retenu ses mémoires et papiers, en auroit tiré ce qu'il auroit voulu. La Reine ne lui répondit autre chose, sinon qu'elle en écriroit au Roi, et que si le duc de Lorraine, par le changement de son procédé, lui donnoit sujet de contentement, elle continueroit, près de Sa Majesté, ce qu'elle pourroit pour le sien, soit pour cet article de Montaigu, soit en tout autre qui le regarderoit. La nouvelle étant venue de la prise de cet homme, et qu'il avoit été trouvé chargé de plusieurs lettres et papiers, l'ambassadeur de Venise ne se put tenir de dire qu'ils étoient tous ruinés, et qu'il s'étonnoit que la république s'intéressât avec des princes qui se servoient de bêtes. Il y avoit long-temps que le cardinal jugeoit bien que si le Roi le pouvoit avoir entre ses mains, il découvriroit beaucoup de choses qu'on soupçonnoit, desquelles il étoit important d'avoir une plus grande connoissance; mais, comme en tous ses voyages il se donnoit bien de garde de passer par la France, il étoit, et difficile de lui mettre la main sur le collet, et dangereux, pour ne pas offenser le prince sur les

(1) Beau-frère du duc de Lorraine, bâtard du cardinal de Guise, tué à Blois.

terres duquel il seroit pris. Pour la difficulté, il jugea qu'elle pouvoit être surmontée, le faisant prendre en quelque lieu qui ne fût distant que d'une journée, ou moins, des frontières de France, afin que d'une traite on le pût rendre en lieu de sûreté. Pour les terres du prince sur lesquelles on faisoit dessein de l'arrêter, il crut que celles du duc de Lorraine étoient de peu de considération, et pour sa foiblesse, et pour son intention envers le Roi, auquel, s'il ne rendoit point de desservice, ce n'étoit pas faute de mauvaise volonté, mais de pouvoir qui lui manquoit. Sur ce fondement, il jeta les yeux sur tous ceux qu'il connoissoit en ces frontières, qui seroient capables d'exécuter cette entreprise, et choisit Bourbonne, qui est à deux pas de la Lorraine, et a grande connoissance du pays, pour y avoir été nourri, et être fils d'un père qui étoit au service du duc de Lorraine, et avoir ses deux frères demeurant dans le pays. Bourbonne accepte la commission, envoie de ses gens jusques en Suisse, par où il savoit qu'il devoit passer, afin de le conduire de journée en journée, et le venir avertir quand il seroit à sa porte pour le prendre (1).

Aussitôt qu'il fut pris, Bullion et Fouquet furent envoyés par le Roi pour voir et examiner ses papiers et instructions, et l'interroger sur le contenu en icelles. On y trouva une instruction du Roi son maître, du 3 juillet, en laquelle il y avoit six choses à remarquer, dignes de considération. La première, qu'il se chargeoit de bien représenter au duc de Savoie qu'il seroit très-dangereux de se divertir, en aucune façon, des desseins qu'ils avoient faits contre la France, particulièrement si ce qu'il entreprendroit ailleurs pouvoit donner l'alarme et soupçon au reste du parti qu'ils avoient en ce royaume; mais qu'ils devoient assembler leurs forces, et, lors, regarder où le meilleur jugement et inclination de ceux de France, qui les y avoient menés et poussés, se porteroit. La seconde, qu'il témoignoit appréhender que la passion que le duc de Savoie avoit contre Gênes, ne le détournât de leurs desseins communs contre la France; ce qui le faisoit craindre de s'y engager trop avant. La troisième, qu'il remarquoit, pour chose arrêtée, que le comte de Soissons devoit être chef d'une armée de seize mille hommes, dont il devoit fournir une partie; qu'il chargeoit ledit Montaigu de le décharger par sa dextérité de ce fournissement, jusqu'à tant qu'il fût délivré des affaires qu'il avoit dans son royaume, représentant que la puissante armée navale qu'il faisoit lui doit tenir lieu de sa contribution. La quatrième, qu'il y avoit une proposition de mariage entre le comte de Soissons et la nièce du roi d'Angleterre, et fille ainée du roi de Bohême, et que Pugeol étoit le premier qui avoit manié cette négociation, et porté un portrait de ladite fille audit comte. La cinquième, que ledit comte avoit demandé une place sûre pour armer; que le roi d'Angleterre s'excusoit d'en donner, vu l'éloignement de son royaume; qu'il chargeoit Montaigu d'exhorter M. de Savoie à ce que ledit sieur comte armât en son pays, et, en tout cas, qu'il portât Brison à prendre Le Pousin et Valence, lieux où commodément le comte de Soissons pouvoit faire son armement. La sixième, il le chargeoit de voir M. de Lorraine et l'encourager à faire ce qu'il avoit promis pour la chose publique.

On lui trouva la copie d'une des lettres qu'il avoit écrites en Angleterre, rendant compte de ce qu'il avoit vu, traité et appris. Il mandoit qu'on ne s'étonnât pas si le comte de Soissons n'avoit encore rien entrepris; que la cause en étoit parce qu'il n'avoit pas encore de lieu de refuge en France; mais que maintenant il avoit tant de desseins en main pour avoir quelque place en Dauphiné, qu'il en viendroit bientôt à bout; qu'en ce cas il étoit résolu de former une accusation contre le cardinal de Richelieu, qui gouvernoit, à son compte, si mal l'Etat, qu'il espéroit le convaincre de crime de lèse-majesté; qu'il vouloit adresser son accusation à la cour de parlement, à laquelle, comme prince du sang, par prérogative particulière, il se devoit plaindre des crimes d'Etat; que si le parlement le refusoit, il auroit juste raison de prendre les armes pour se défendre contre les injures lesquelles il pouvoit attendre; que, par là, il coloreroit son affaire, et la partie qui avoit déterminé la ruine du cardinal prendroit, par ce moyen, un bon commencement. Montaigu ajoute que cette manière de procéder lui plaisoit beaucoup, d'autant qu'ils n'avoient intérêt qu'à son action, et non pas à la justice d'icelle. Il disoit encore que Senneterre l'assuroit que si la guerre continuoit seulement deux mois, le sieur le comte auroit fait un bon progrès en Dauphiné, et que jamais il ne s'accommoderoit avec le cardinal.

Par la même lettre, Montaigu se plaignoit de ce que l'on ne lui avoit pas envoyé un manifeste contre le cardinal, que le Roi son maître et l'abbé Scaglia lui avoient promis de faire suivre incontinent après lui, aussitôt qu'il seroit parachevé; que cette omission avoit été préjudiciable à la cause, parce que le duc de Savoie et le comte de Soissons étoient résolus d'en faire publier chacun

---

(1) Ici se trouve dans le manuscrit une lacune de deux pages, et l'on voit en marge la note suivante, au crayon : « Cette place est destinée à mettre, par le menu, le « discours de cette prise. »

un pour confirmer celui d'Angleterre, accusant tous de trahison le cardinal de Richelieu, lequel avoit désobligé tous les parens et alliés de France ; que cela eût servi à exciter les mécontens catholiques à se déclarer pour une nation étrangère, ce qu'ils ne pouvoient faire honnêtement, si elle n'avoit point d'autre querelle que pour la religion ; que le duc de Lorraine lui auroit envoyé un courrier exprès, pour lui donner avis qu'il avoit levé dix mille hommes et quinze cents chevaux, pour jouer son jeu de son côté ; qu'il espéroit six mille hommes de l'Empereur et mille chevaux ; que M. de Verdun formoit aussi une armée de son chef ; que toutes ces troupes étant jointes, on assiégeroit Verdun ; que ce tonnerre commençoit à faire bruit, mais que dans peu il tomberoit sur la France, et ne trouveroit rien qui lui résistât ; que le duc de Rohan, ayant été averti de son arrivée, lui avoit envoyé demander comment il plairoit au roi d'Angleterre disposer de sa personne, et si on poursuivroit le dessein qu'avoit Buckingham de descendre au Bec-d'Ambez, en quoi il accompliroit ce qu'il avoit promis ; que si l'entreprise de Ré avoit changé ses premières intentions, il ne seroit aucunement utile, ni pour l'Angleterre, ni pour la religion, de suivre ce dessein, n'étant pas capable seul de fortifier et maintenir ce passage, et pouvant avec plus de facilité s'avantager au bas Languedoc et aux places qu'il choisiroit ; que le gouverneur d'Orange qui l'avoit beaucoup assisté ne vouloit plus continuer faute d'argent ; qu'il avoit fait sonder le duc de Montmorency par le sieur de Candale qui l'avoit laissé en assez bon état, mais que, par l'importunité du parlement, il avoit été obligé à armer contre son gré ; que le duc de Savoie étoit prêt de faire partir un nommé Vignoles avec deux mille hommes de pied et quatorze cents chevaux, pour aller joindre le duc de Rohan, lorsque le courrier arriva, qui lui apporta la nouvelle que Halsburnin de la part du duc, et Saint-Surin de la part de Toiras, étoient arrivés à Paris pour faire quelques propositions d'accommodement ; ce qui lui donna appréhension de paix entre la France et l'Angleterre, et lui fit dire audit sieur Montaigu qu'il voyoit bien qu'il vouloit faire tomber sur lui tous les effets de la colère du Roi ; que le duc de Rohan s'excusoit sur ce manque, de ce qu'il n'étoit avec ses troupes allé joindre l'armée anglaise ; ce qu'il n'avoit osé entreprendre qu'il ne fût fort de dix mille hommes de pied et mille chevaux ; que ledit duc de Savoie étoit d'avis qu'il falloit se résoudre, ou de prendre les armes fortement contre le Roi, et essayer d'attirer à leur parti la Hollande et prendre prétexte de la liberté de la France et de la sûreté de la personne du Roi, qu'on veut tirer des mains de ceux qui le tyrannisent avec tout le royaume, ou faire un prompt accommodement pour éviter l'union de la France à l'Espagne, et les progrès de l'Empereur en Allemagne ; qu'étant avec Gênes et Espagne en l'état qu'il étoit, il ne pouvoit pas apporter à la cause commune tous les secours qu'il voudroit bien ; néanmoins, qu'il donneroit 20,000 écus par mois, comme il y étoit déjà obligé, et 10,000 davantage à tels marchands que le roi d'Angleterre lui nommeroit, pour en faire ce qu'il lui plairoit ; mais que si aussi son accord étoit fait avec Espagne et Gênes, en ce cas il se déclareroit ouvertement pour l'Angleterre, avec quatre mille hommes de pied et cinq cents chevaux, pourvu qu'on lui tînt la parole qu'on lui avoit donnée, qu'on ne viendroit jamais à aucun accord avec la France, que ce ne fût par son intervention, ni avec Espagne sans sa participation ; que madame de Rohan, et les ambassadeurs anglais et savoyards à Venise, avoient obtenu de cette république qu'elle contribueroit la solde de dix mille hommes de pied, pour autant de temps qu'il seroit nécessaire, jusques à ce que le Roi eût été forcé de confirmer le traité qu'il avoit fait avec les princes ses confédérés, et que ladite dame et sa fille se trouveroient là pour otages ; que les deniers seroient utilement employés sans tromperie, comme l'on avoit fait autrefois ; qu'ils avoient fait pressentir à Berne s'il y auroit moyen de les attirer à leur parti, et les autres cantons protestans, et leur avoient envoyé le manifeste de Buckingham, pour leur faire voir que la guerre que l'Angleterre avoit avec la France n'étoit que pour le sujet de la religion ; mais qu'ils avoient répondu que les progrès de l'Empereur en Allemagne les obligeoient à se tenir sur leurs gardes, et conserver leurs hommes pour leur propre défense.

Tous ces mémoires de Montaigu montroient l'horrible conspiration qui étoit faite contre la France, et ensuite la bénédiction que Dieu donnoit aux bonnes intentions et sages conseils de Sa Majesté. Elle avoit plusieurs de son royaume et tous ses alliés conjurés contre elle, et ce d'autant plus dangereusement que c'étoit secrètement, l'Angleterre déclarée et avec toute sa puissance maritime à nos côtes, le roi d'Espagne en apparence uni à Sa Majesté, mais, en effet, non-seulement lui donnant de vaines paroles, mais lui faisant sous le nom de l'Empereur une diversion du côté de l'Allemagne ; et néanmoins tous ces mauvais desseins se dissipèrent comme des nuées que le vent emporte, et comme des comètes que le feu qui les fait luire consume ; et le Roi, comme un vrai soleil, s'éleva au plus haut du ciel sur l'horizon de la chrétienté, et, par la lumière de sa justice, se rendit le maître de toutes ces tempêtes qui s'efforçoient d'obscurcir sa gloire.

Environ le temps de la déroute des Anglais en Ré, arriva la réponse de Sa Sainteté à la demande que le Roi lui avoit fait faire le 24 septembre, touchant le secours qu'il désiroit du clergé, et le désir qu'il eût eu que Sa Sainteté fût entrée en l'union qu'il avoit avec Espagne contre Angleterre. Elle envoya un bref au Roi, par lequel elle exhortoit le clergé d'assister Sa Majesté jusques à un million d'or, sans lui prescrire les moyens par lesquels il le pouvoit faire, ni lui donner autorité d'aliéner du fonds des biens ecclésiastiques pour faire cette somme. Le sieur de Béthune, ambassadeur de Sa Majesté, lui manda que Sadite Sainteté étoit inclinée à la double décime pour deux ans, plutôt qu'à la vente ou revente des biens déjà aliénés; qu'elle refusoit d'accorder une croisade, comme elle se lève en Espagne, où, si elle étoit aujourd'hui à concéder, elle se garderoit bien d'y consentir, pource que, bien que le premier fondement en eût été bon, il y avoit en la continuation de l'exécution beaucoup de choses à y reprendre et à blâmer. Il vouloit bien accorder plénière indulgence à ceux qui serviroient en cette guerre, mais non pas que ceux qui, n'y allant point, paieroient quelque chose par tête, y puissent participer, attendu que le concile de Trente avoit expressément retranché telles concessions, qui avoient tant donné d'occasion aux hérétiques de parler, et élevé Luther contre l'Eglise. Pour le regard même de tirer cette même contribution sur ceux qui voudroient manger du fromage et des œufs en carême, qu'il se souvenoit encore d'avoir connu une telle dévotion et si grande ferveur aux catholiques de France en l'observation du carême, qu'il se sentoit obligé à les confirmer en ce bon propos, étant bien juste d'entretenir les bonnes coutumes où elles se trouvent. Quant à l'union de France et d'Espagne contre Angleterre, il ne croyoit pas s'y devoir engager, ni y contribuer, tant pour, à ce qu'il disoit, n'en avoir les moyens, que pource que toutes les unions des grands princes ensemble contre un autre, produisent après les unions qui sont souvent de plus grande conséquence que n'est le bien espéré de l'entreprise ; de quoi celle du royaume de Naples du temps de Louis XII peut servir d'exemple, ayant après la séparation causé des guerres qui ont duré jusques après la mort de Henri II, la France procédant souvent de bonne foi et ne lui étant pas correspondu de même.

Qu'il estimoit que les Espagnols n'y alloient pas de bonne foi, et n'avoient dessein que de divertir Sa Majesté par une guerre étrangère, pour lui ôter l'occasion de se prévaloir des moyens que Dieu lui présentoit de ruiner l'hérésie en France, désirant que Sa Majesté fût toujours occupée chez soi ; qu'il étoit plus avantageux à Sa Majesté de faire la guerre à ses sujets rebelles, que de l'aller porter en Angleterre, et en aller chasser l'hérésie pendant que l'on la laisseroit en France. Qu'enfin ce qui, outre ces raisons, l'empêchoit principalement d'entrer en aucune déclaration de guerre contre le roi d'Angleterre, c'étoit parce que ce roi en prendroit une occasion de faire une telle persécution contre les catholiques en Angleterre, que cela seroit cause, sans une particulière assistance de Dieu, qu'il n'y en laisseroit pas un ; ainsi, en pensant avancer la religion, ce seroit la ruiner.

Le Roi, ayant cette réponse de Sa Sainteté, ne la sollicita pas davantage d'entrer en la ligue proposée, mais eût bien désiré qu'elle eût ordonné au clergé d'assister le Roi d'un million d'or, constituant 100,000 écus de rente sur les biens ecclésiastiques, excepté les hôpitaux, maladreries, les commanderies de Malte, toutes cures au-dessous de 100 écus de revenu, et tous bénéfices, comme prieurés, chapelles, églises collégiales, dont le revenu des prébendes est au-dessous de 100 livres; et à la charge que chaque bénéficier seroit tenu de racheter la rente de laquelle seroit chargé son bénéfice en dix années, savoir, en cinq ans la moitié, et en autres cinq ans l'autre moitié, étant libre toutefois à qui voudroit de racheter en un seul paiement et moindre temps ladite rente, auquel cas les héritiers du bénéficier qui l'auroit rachetée devant les dix ans, jouiroient de ladite rente pendant le temps qui resteroit des dix années, si le bénéficier venoit à mourir devant qu'elles fussent expirées. Par lequel moyen lesdits ecclésiastiques ne paieroient guères plus en dix ans que ce à quoi Sa Sainteté les exhortoit par son bref d'assister Sa Majesté, et ne se feroit point d'aliénation, qui étoit ce que Sa Sainteté appréhendoit et que le Roi ne désiroit pas ; et le temporel de l'Eglise seroit conservé en son entier. Mais enfin le Roi aima mieux, sans attendre autre bref du Pape, ni se servir de celui qu'il avoit déjà envoyé, assembler le clergé de France, et lui demander leur assistance en cette guerre si sainte, laquelle ils lui accordèrent libéralement, comme nous verrons en l'année suivante.

Puisque le duc de Rohan a, par ses menées, incité l'Anglais à venir en France, il est raisonnable qu'après avoir raconté ce que les Anglais y ont fait, nous montrions ce que, pendant leur séjour en Ré, Rohan a fait en Languedoc et Guienne pour soulever le parti huguenot. Au même temps de la descente des Anglais en Ré, il fit publier un manifeste séditieux en Languedoc, auquel il donna le titre de « déclaration « des raisons qui l'avoient obligé à implorer « l'assistance du roi de la Grande-Bretagne, et « prendre les armes pour la défense des églises « prétendues réformées de ce royaume. » En ce manifeste, il essayoit de colorer sa rébellion du nom d'une juste défense, et de rejeter sur l'inexécution des choses promises de la part du Roi la cause de ces troubles. Il avouoit avoir appelé les Anglais, et tâchoit de couvrir son crime par une fausseté qu'il mettoit en avant, que le Roi avoit eu agréable que les Anglais fussent médiateurs de la paix dernière qu'il avoit donnée à ceux de son parti; que, si le Roi a pu justement employer les armes des Hollandais pour les défaire, ils peuvent bien, à plus forte raison, appeler celles des Anglais leurs frères pour se défendre contre lui; que, quand leur secte commença à s'accroître en ce royaume, leurs chefs faisoient descendre du fond de l'Allemagne des déluges d'hommes pour combattre pour eux, et toutefois, par les édits des rois, ils étoient qualifiés fidèles et obéissans sujets; qu'on en vouloit à leurs vies, à leurs biens, à leur liberté et à leur religion; que la nécessité les obligeoit à se défendre; que, si de sa propre autorité il avoit traité avec les Anglais, sans en donner part au corps de leurs églises, il ne croyoit pas que personne de bon sens le lui imputât à faute, chacun sachant que, parmi les communautés, il n'y eût pas eu assez de résolution pour cela, et que nul n'eût osé entreprendre ce que tous en leurs consciences eussent désiré; joint que c'eût été éventer son dessein et perdre l'occasion que le découvrir en une si grande compagnie. Quant à ce qu'on pourroit dire qu'il valoit mieux souffrir le mal qu'on leur faisoit que de le repousser par la force, ceux d'entre les catholiques qui parloient ainsi le faisoient pour les tromper, et ceux d'entre eux qui tenoient ce langage le faisoient par foiblesse, ou pource qu'ils étoient corrompus par quelques pensions qu'ils tiroient du Roi. Quant à lui, qu'il aimoit mieux suivre l'exemple de ses pères qui en avoient ainsi usé, et avec bénédiction de Dieu et heureux succès pour leurs églises. Enfin, il concluoit par une prière à leurs églises de se joindre au roi d'Angleterre et à lui, et promettoit audit Roi de ne se détacher jamais du but général de ses armes par aucun accommodement particulier, mais persister avec lui jusqu'à obtenir conjointement avec lui une paix bonne et assurée pour les huguenots; protestant avec tout cela ne vouloir s'écarter présentement ni à l'avenir de l'obéissance et fidélité vers le Roi, à laquelle sa conscience et le devoir de sujet l'obligeoient.

Ce manifeste étoit tissu d'une continuelle fureur déguisée d'un ingénieux artifice, soutenu d'une impudence de démon. Il est inutile d'y répondre, le fil de l'histoire des choses passées et la lumière de la raison naturelle convainquent et confondent assez son auteur, et ce, d'autant plus qu'il semble qu'il ne ressente pas sa honte, puisqu'il ose bien confesser de sa propre bouche et signer de sa main qu'il a faussement emprunté le nom de ses prétendues églises, pour appeler l'étranger contre le Roi son maître, et qu'il est seul cause en ce royaume de ce dernier embrasement. Ensuite de ce séditieux écrit, soigneusement envoyé par toutes leurs prétendues églises, plusieurs se joignirent à lui, et le 10 septembre fut tenue une assemblée en la ville d'Uzès, où se trouvèrent les députés de Nîmes, d'Uzès, de Saint-Ambroix, d'Alais, d'Anduse, Le Vigan, Saint-Hippolyte, Saint-Jean-de-Gardoningue, Samens, La Salle et autres lieux, et plusieurs de la noblesse, tant des provinces de Languedoc, des Cevennes, que d'autres endroits de ce royaume. Là ils approuvèrent, d'un commun consentement, ce que ledit de Rohan avoit fait, l'en remercièrent, et, pour concourir tous à son dessein, ils l'élurent chef et général des prétendues églises de ladite province et des Cevennes, et en cette qualité lui donnèrent pouvoir de faire levée de gens de guerre, et tous exploits qu'il jugeroit à propos pour leur bien; le supplièrent de pourvoir au plus tôt à la convocation d'une assemblée générale, afin de fortifier leur parti, et que, cas avenant de paix, elle ne se traitât que de l'avis de tous les intéressés. Et pource qu'ils se promettoient que le roi d'Angleterre et ledit duc de Rohan n'entendroient jamais à aucun traité particulier, et ne feroient point de paix qu'elle ne fût générale, et où ils fussent tous compris, ils promirent aussi de leur part le semblable, le jurèrent, et envoyèrent leur serment à ceux de La Rochelle pour les encourager. Le duc de Rohan reçut la charge de général de leur parti, fit serment de s'en bien acquitter. Ils nommèrent des députés d'entre eux pour aller, de leur part, vers leurs églises en Languedoc, Guienne et autres lieux de ce royaume, les solliciter d'entrer avec eux en cette ligue. Et pour fin, comme se moquant de Dieu et des hommes, ils protestèrent de toute fidélité envers le Roi.

Sa Majesté, ayant avis de cette rébellion du

duc de Rohan qui avoit attiré celle de son parti, et qu'ensuite il s'étoit mis en campagne, jugea qu'il falloit de bonne heure remédier à ce mal, et se résolut d'y envoyer le prince de Condé, ennemi juré des huguenots, avec forces suffisantes, sinon d'étouffer la rébellion, au moins d'empêcher son avancement. Le duc de Montmorency, auquel, à raison de son gouvernement, il sembloit que cette commission dût être donnée, ne paroissoit pas y être propre, pource qu'en tous les mouvemens passés il n'avoit pas réussi contre le duc de Rohan, soit par mauvaise fortune ou manque de conduite, ou qu'il avoit dessein d'entretenir le parti huguenot que son père y avoit établi. Et on ne pouvoit, sans la ruine des affaires du Roi, envoyer en son gouvernement aucun autre pour y commander les armes de Sa Majesté que ledit sieur prince, à cause de sa qualité et pour l'alliance qui étoit entre eux.

Ledit sieur prince alla pour ce sujet à Richelieu, où étoit le cardinal, pour y recevoir, par sa bouche, le commandement et les ordres de Sa Majesté, et y arriva le 6 octobre. Il témoigna l'obligation qu'il avoit à Sa Majesté de l'emploi qu'elle lui donnoit contre les hérétiques rebelles, à la ruine desquels il conseilloit qu'on pensât à bon escient, et témoignoit avoir crainte qu'on ne voulût, à quelque prix que ce fût, faire la paix avec eux. Il approuvoit et admiroit la liaison offensive qu'on avoit faite avec Espagne, et plus encore celle qu'avec le consentement d'Espagne on avoit faite avec Hollande, par où l'on empêchoit que les deux plus grandes puissances de la mer se joignissent contre nous, et par où l'on avoit le secours d'Espagne sans perdre nos anciennes alliances, bien qu'ennemies particulières d'Espagne, laquelle aussi, de son côté, étoit portée à y consentir, pour le gain qu'elle faisoit en la neutralité des Hollandais en cette affaire. Il fut d'avis que, si l'Espagne marchoit d'un bon pied, on continuât le dessein de l'extermination du parti huguenot, sinon qu'il falloit faire la paix avec eux; qu'absolument, si on craignoit quelque chose au dedans, il falloit s'en assurer, et prendre prisonniers ceux qu'on auroit lieu de craindre; qu'il conseilloit qu'on fît le procès au duc de Vendôme et au grand-prieur son frère, puis qu'on pardonnât au premier, non pas à l'autre qu'il connoissoit pour très-méchant et violent, et en tout temps traître et brouillon; qu'à choses indifférentes Monsieur fût parfaitement bien traité, et que le Roi ne devoit pas regarder beaucoup de choses qui lui pourroient donner quelque jalousie, sans qu'elles pussent faire de mal, comme lui donner à commander une armée ainsi qu'on avoit fait; en quoi il n'y avoit point de difficulté, parce qu'avec deux doigts de papier, ou le manque du paiement d'un mois, on défaisoit ce qu'on avoit quand on vouloit, mais de gouvernemens et autres choses non. Il demanda d'abord beaucoup de troupes; mais sur ce que le cardinal lui répondit qu'on n'estimoit pas qu'il dût faire de grandes entreprises, mais seulement empêcher que le duc de Rohan ne pût faire aucun progrès, il avoua qu'il ne lui en falloit pas tant. Il demanda 10,000 écus pour se mettre en équipage, témoigna qu'il seroit bien aise d'avoir part à la confiscation des biens du sieur de Rohan, et s'offrit de faire vérifier, par sa présence, quelques édits ès chambres des comptes et cours des aides du Languedoc et Guienne, de solliciter ceux des parlemens, et, en un mot, faire tout ce qui lui seroit prescrit par Sa Majesté; mais il demanda 200,000 livres pour cela, 100,000 livres pour distribuer, et autant pour sa peine.

Après ces choses, s'étendant en discours familiers avec le cardinal, il lui avoua qu'il s'étoit opposé tant qu'il avoit pu au mariage de Monsieur, non à cause du mariage, mais à cause de l'union qu'il pensoit qu'on vouloit prendre avec la maison de Guise à son exclusion; et dit au cardinal que, quand il vit ce mariage, il ne le tint guère habile homme, d'autant que s'il fût arrivé faute du Roi, et que Monsieur fût venu en sa place, le duc de Guise, comme beau-père, l'eût mis sous le pied. Il dit qu'après les mouvemens d'Angers, on agita au conseil du connétable de Luynes si on devoit tuer M. du Maine qu'ils redoutoient; que Schomberg et le cardinal de Retz le conseilloient, contre la bonne foi de la paix, voulant qu'il fût poignardé dans l'antichambre du Roi; que lui et M. de Chaulnes alloient à la prison; Luynes et Modène conclurent à rien; qu'on le voulut envoyer, lorsque la Reine-mère étoit à Angers, avec cinq cents chevaux pour la prendre si elle alloit en Guienne, ce qu'il refusa, disant que le premier prince du sang n'offenseroit jamais une Reine mère du Roi jusqu'à ce point; qu'il avoit su, après la mort du maréchal d'Ancre, qu'on avoit proposé trois conseils au Roi : ou de faire mourir la Reine, ou de la mettre en prison, ou de l'envoyer en Italie; qu'il croyoit que c'étoit Deageant et du Vair; que les raisons pour lesquelles il alla en Italie étoient qu'il croyoit que M. de Schomberg demeurant auprès du Roi, lui et Caumartin qui étoient ses amis, le feroient rappeler et lui conserveroient sa place, et qu'il auroit cet avantage que tous les catholiques croiroient qu'il n'auroit point été d'avis de la paix; que le roi avoit fait Luynes à grand contre-cœur connétable, mais qu'enfin on l'avoit emporté par art ; qu'il savoit bien les oppositions que les ministres avoient faites à ce que la Reine fût du conseil, et la diligence avec laquelle ils avoient rempli la place du cardinal de La Rochefoucauld, de peur que le cardinal y fût appelé.

Après s'être ainsi entretenu de diverses choses avec le cardinal, il partit, le priant d'assurer le Roi qu'il le serviroit fidèlement. Mais, après qu'ils se furent séparés, la passion qu'il avoit contre les huguenots, et le désir d'avancer leur ruine, lui fit oublier ce dont il étoit convenu avec le cardinal, et écrire au Roi qu'il lui sembloit que le temps étoit venu d'attaquer à outrance tous les huguenots de son royaume à la fois; que ce ne seroit jamais fait de les prendre pièce à pièce; qu'il falloit se résoudre de ne jamais poser les armes que Sa Majesté ne tînt en sa main tout ce qui restoit de leurs villes; de boucher les oreilles à tout traité de paix, et principalement avec le duc de Rohan, Brison et autres, qui n'étoient dans la faction que pour leur profit particulier, et qui y étoient retombés si souvent; que les huguenots n'avoient pour ennemi que la seule personne du Roi; la noblesse, les villes, et une partie des gouverneurs mêmes, s'entendoient avec eux et favorisoient la maison, le frère et les parens de leurs serviteurs, et ainsi chacun se conservoit en particulier, tiroit son intérêt du public, et mettoit les affaires du Roi en impossibilité; qu'ils demandoient tous garnison chez eux, non pour se défendre, mais pour en mettre l'argent en leurs bourses. Il étoit d'avis de déclarer le duc de Rohan, Brison et autres adhérens, ennemis de l'Etat; ordonner que, sans délai, tous les biens de ceux qui le suivent soient confisqués et leurs maisons rasées. Que ce n'étoit assez de dire, il le falloit exécuter; et qu'à cet effet il falloit faire un rôle, par diocèse, de tous les rebelles, puis raser leurs maisons; que de là il arriveroit que les huguenots feroient le même aux maisons des catholiques, et lors ces demandeurs d'argent et de garnisons, qui vouloient la guerre pour leur profit au dommage public, voyant la guerre chez eux et leurs biens ruinés, feroient la guerre tout de bon pour leur propre intérêt; et quant aux rebelles, voyant qu'au lieu de gagner suivant leur but, la rébellion leur coûteroit leur ruine, ils changeroient de pensées et de conseils.

On lui répondit qu'il savoit bien ce que lui-même avoit jugé raisonnable parlant au cardinal, et que les moyens de se gouverner en cette guerre avec les huguenots, le Roi en ayant une autre grande sur les bras, devoient être différens de ceux qu'il faudroit prendre si Sa Majesté n'avoit point d'autre affaire que celle-là. Sa Majesté lui fit expédier à Niort, le 10 octobre, un pouvoir pour commander ses armes en Languedoc, Guienne, Dauphiné, Lyonnais, Forez et Beaujolais, en qualité de son lieutenant-général; et le 14, fit une déclaration contre le duc de Rohan et ses adhérens, portant qu'il fût poursuivi comme ennemi de l'Etat, et principal auteur des factions présentes, non-seulement par la voie des armes, mais encore par les peines portées par les lettres de déclaration qu'elle avoit fait faire, en août dernier, contre ceux qui favoriseroient les Anglais, et enjoignit au parlement de Toulouse de lui faire et parfaire son procès, nonobstant le privilége de la pairie, dont il étoit déchu et indigne, attendu l'énormité du crime notoire de rébellion, et l'attentat par lui témérairement avoué contre l'autorité royale et le repos de ce royaume. Plusieurs murmurèrent de cette déclaration, comme c'est l'ordinaire de trouver toujours à redire en ce que font les personnes publiques, et plus en France qu'en aucun autre Etat, tant à cause de la facilité naturelle à parler, que de la liberté, depuis un long temps prise et enracinée, de mépriser l'autorité royale et décrier le gouvernement.

Le sujet qu'ils prenoient de trouver à dire à cette commission, étoit que le duc de Rohan étoit pair de France, et que les pairs de France jouissent de ce privilége, que toutes les causes concernant leurs personnes, état ou honneur, ne peuvent être traitées qu'en la cour de parlement de Paris, garnie de pairs ou iceux appelés. Mais ils feignoient de ne voir pas que le duc de Rohan avoit perdu son privilége et étoit déchu par sa rébellion notoire, et partant n'avoit dû être considéré comme pair, mais comme personne privée, duquel le crime devoit être jugé et puni au lieu où il avoit été commis, suivant la règle ordinaire en tout crime, à plus forte raison en celui de lèse-majesté. En l'arrêt de 1562, contre l'amiral de Châtillon et ses complices, ils sont déclarés criminels de lèse-majesté au premier chef. Il est sans doute qu'il n'y a point de privilége qui ne se puisse perdre, et tous les docteurs sont d'accord que le privilége qui se convertit en abus doit être révoqué, et que les personnes qui abusent de leurs priviléges, sont déchues d'iceux et ne s'en peuvent servir. Le privilége des ecclésiastiques est grand, pour ne pouvoir être jugés que par les juges d'Église; néanmoins, il est certain qu'ils perdent leur privilége en plusieurs cas. Si un ecclésiastique est accusé de fausse monnoie, il perd le privilége de cléricature, et ne sera pas renvoyé devant son juge d'Église. Les officiers royaux clercs, délinquans au fait de leurs charges, sont privés de leurs priviléges, et sujets à la justice du Roi, même par les bulles des papes. Si, par le respect de l'autorité que le Roi doit avoir sur la police publique de son royaume, un privilége de telle qualité se perd ès cas mentionnés, qui oseroit dire qu'un privilége donné par les rois, quand il seroit donné, ne se peut perdre ès cas qui regardent son autorité, son état et le point le plus important qui se puisse dire?

Les rois, par la confession de tous les docteurs, non plus que les autres souverains, ne donnent jamais privilége contre eux-mêmes; de sorte que nul privilége ne peut ôter aux rois l'entière liberté d'user de leur autorité pour la punition des coupables, même de tels crimes, et de les faire juger en quel lieu et par quels juges il leur plaît. Les pairs de France sont particulièrement obligés à la fidélité envers le Roi, et lui doivent par la pairie l'hommage lige, qui est de les servir envers et contre tous, en telle sorte qu'ils ne s'en sont jamais voulu départir, non pas même du consentement des rois : ce qui arriva lorsqu'en l'accord entre Philippe-le-Long et les Flamands, fait en l'an 1329, le pape Jean XXII, qui étoit médiateur de cet accord, fit mettre une clause que les pairs de France s'obligeroient de ne point suivre le Roi s'il contrevenoit à l'accord. Le Roi les interpella de passer cette obligation; mais ils le refusèrent, disant que cela étoit indigne des pairs de France. On ne dira pas qu'un privilége qui n'a source que de la fidélité, ni existence qu'en icelle, puisse servir à l'infidélité, à la trahison, à la rébellion. Si la pairie est un fief, et si le pair en fait hommage, comme il est certain, personne ne dira que la félonie ne le confisque, et que la rébellion ne soit un crime qui passe toute félonie. On ne peut dire aussi qu'il faille que le pair soit, par jugement, déclaré déchu de son privilége avant que de l'en tenir privé; car cela est contre la coutume et l'ordre des jugemens de France, non-seulement pource qu'en lieu du monde ès choses notoires et publiquement manifestes, on n'a jamais requis la preuve ni le jugement, mais la punition prompte; mais aussi pource qu'en France la seule accusation fait le choix de la juridiction. Outre que la célérité est l'ame des procès intentés pour la punition des crimes, et qu'ès crimes de lèse-majesté, le seul acte du crime induit la perte de tous les biens au seul moment du crime commis, à plus forte raison la perte des priviléges.

Il y a une autre raison qui confirme cette vérité : un ecclésiastique peut perdre son privilége de cléricature, et néanmoins il n'y peut renoncer. Ce qui est tellement vrai, que si un ecclésiastique est accusé devant un juge royal pour un délit commun, pour lequel le renvoi au juge d'Église ne lui peut être dénié, s'il subit volontairement la juridiction du juge royal, et renonce à son privilége, il est en la puissance d'un autre ecclésiastique qui n'aura aucun intérêt au procès, de demander que l'autre soit renvoyé au juge de l'Église, ce qui lui sera accordé. Et est arrivé souvent à la Tournelle du parlement de Paris, qu'un prêtre étant sur la sellette pour un délit commun, subissant volontairement la juridiction de la cour, un des conseillers clercs de la même compagnie étant venu demander le renvoi pour lui à son juge d'Église, la cour y a déféré et l'a renvoyé. Si un ecclésiastique ne peut renoncer à son privilége, et néanmoins il le peut perdre, à plus forte raison un pair perdra-t-il le sien par crime, puisqu'il y peut renoncer et ne s'en servir s'il ne veut.

Jacques d'Armagnac, duc de Nemours, par l'accord qu'il fit avec Louis XI le 17 janvier 1469, renonça formellement à son privilége de pairie, et déclara qu'il vouloit être jugé comme personne privée s'il manquoit à l'obéissance du Roi. Cet acte nous apprend deux choses : l'une que le pair peut renoncer à son privilége, l'autre que la désobéissance prive le pair de son privilége. On pourroit peut-être dire que, bien que le pair perde son privilége, au moins devroit-il être jugé au parlement de Paris; mais cela est impertinent, car, n'ayant cette grâce que par la pairie, la perte du privilége d'icelle la lui ôte; mais il y a bien davantage, c'est que ce privilége prétendu par eux n'a aucun fondement ailleurs qu'en l'usage. Le roi Charles VII, voulant faire faire le procès à M. d'Alençon, envoya, en l'an 1458, M. Jean Fudert, maître des requêtes au parlement de Paris, demander à son parlement s'il y avoit quelque chose concernant les pairs en l'institution du parlement. A quoi la cour répondit que, ni par l'institution ni par aucune ordonnance, il n'y avoit aucune réservation des causes qui pouvoient toucher la personne et l'état des pairs de France; mais qu'ils en parloient selon l'usage, et qu'il étoit à remarquer que, par leur même avis, ils changeoient en quelques points ce qui avoit été fait autrefois; ce qui montroit que cet usage n'avoit rien d'absolument certain, et que ce privilége n'étoit fondé en aucun établissement, mais seulement en quelque observation. Ce fut la raison pour laquelle le comte d'Angoulême, ne se trouvant pas assuré en ce privilége par sa seule qualité de pair, obtint du roi Louis XI une déclaration du 13 octobre 1463, contenant qu'en ce qui concerneroit sa personne, il ne seroit tenu de répondre ailleurs qu'au parlement de Paris. S'il eût estimé être bien certain du privilége par la qualité de pair, il n'en eût pas désiré des lettres particulières, tant de diversités qui se trouvent en cet usage suffisant pour que la plus grande certitude soit en la volonté des rois. Au procès fait à Robert d'Artois en l'an 1317, il fut dit, par arrêt, que puisque le Roi étoit présent avec plusieurs prélats, barons et autres ses conseillers, il n'étoit pas besoin pour lors d'appeler les pairs; et par un autre arrêt de la cour, il fut dit que lorsque la cause touchoit au Roi, il n'étoit point astreint à certaines formes d'appeler les pairs; ce qui, en effet, étoit à dire que le Roi ne donnoit point de privilége contre soi-même.

Les pairs prétendent être seuls juges des autres pairs, même à l'exclusion du Roi, et qu'il n'y doit assister. Et lorsqu'il fut question du jugement du procès fait au roi de Navarre l'an 1386, ils en firent leur protestation par la bouche du duc de Bourgogne, doyen des pairs, comme ils avoient fait au procès du duc de Bretagne huit ans auparavant. Mais le Roi ne laissa pas de passer outre, témoignant qu'en sa seule volonté consistoit l'état et manière de ces priviléges, pour en user selon les occasions et les mérites. Le roi Édouard II d'Angleterre se plaignit en l'an 1311 au roi Philippe-le-Bel qu'il faisoit procéder contre lui par commissaires, pour les cas de ses gens de Guienne, et qu'étant pair de France il devoit être ajourné au parlement. Le Roi lui répondit que lorsqu'il y avoit nouvelleté ou surprise, cette voie ordinaire n'avoit lieu, mais que l'on s'enquéroit de la vérité par commissaires. Ainsi, même en fait civil, en cas de surprise, le privilége n'a pas lieu, à plus forte raison, en matière criminelle de faction, rébellion et trahison, ne doit-on prétendre qu'il ait lieu.

Mais, passant plus outre, non-seulement le privilége a été jugé incertain, n'avoir lieu en certain cas, être sujet à la volonté du Roi même où le fait le touche, mais aussi nous voyons que, pour le fait de rébellion et autres, les pairs en ont été expressément privés et déclarés déchus. Au jugement dudit duc de Bretagne, Jean de Montfort, il fut dit que le roi de Navarre n'y seroit appelé pource qu'il étoit rebelle. En la cause de Jean d'Alençon, auquel fut fait le procès criminel pour la seconde fois en l'an 1474 à Vendôme, où le Roi avoit fait venir une partie du parlement jusques à seize juges, il fut fait difficulté de la juger à cause que les pairs de France n'y étoient point. L'affaire mise en délibération, il fut résolu qu'il seroit jugé par le parlement seul sans les pairs à cause qu'il étoit accusé de rechute en crime de lèse-majesté. Or, par ces termes spécialement désignés, ils ont jugé la cause du duc de Rohan, et que, par ses fréquentes rechutes au crime de rébellion et soulèvement, il est déchu de tout privilége de pairie et autres. René d'Alençon, fils de celui-là, fut aussi accusé d'autres crimes, pour lesquels le Roi envoie commission au parlement pour l'interroger au bois de Vincennes où il étoit prisonnier. Il proposa son déclinatoire et son appel de ce que l'on procédoit contre lui sans que les pairs y fussent appelés; dont le Roi ayant été averti, il envoya par le comte de Castres, au parlement de Paris, ses lettres-patentes de l'an 1482, par lesquelles il déclara ledit René d'Alençon débouté de son déclinatoire et appel, et ordonna que son procès lui seroit fait comme à un simple gentilhomme. Ce qui fut fait; et les termes de simple gentilhomme, en un prince du sang et pair de France, sont à remarquer.

Par ces raisons et exemples, il appert combien justement le Roi a envoyé au parlement de Toulouse la commission pour faire faire le procès au duc de Rohan, auquel se rencontrent les crimes de désobéissance, de rébellion et rechute en crime de lèse-majesté, qui ont fait priver de ce privilége des princes du sang même plus considérables que lui, et ce encore d'autant plus que le Roi est sa vraie partie, auquel cas il a été jugé par plusieurs arrêts que tous les priviléges cessoient. Or, étant déchu de la pairie, il n'y avoit pas raison de le faire juger ailleurs qu'en la province en laquelle il a commis tant de crimes de lèse-majesté, même au premier chef; car c'est ainsi que le parlement de Paris appelle les crimes de rébellion et soulèvement, en l'arrêt contre l'amiral de Châtillon, ci-dessus rapporté. Et se trouve par une rencontre qui a quelque marque de présage, que le bisaïeul du duc de Rohan, Pierre de Rohan, seigneur de Gyé, maréchal de France, accusé de lèvement de troupes contre le service du Roi Louis XII, son procès lui ayant été fait à Paris, Dreux, Orléans et Amboise, fut envoyé au parlement de Toulouse pour y être jugé, comme il fut en l'an 1503. Enfin, outre les raisons, le droit et les exemples, il étoit fort convenable et nécessaire que la condamnation du duc de Rohan intervînt en la province en laquelle il faisoit de si grands maux, où la faction de la rébellion étoit plus puissante, où il restoit plus de villes, plus de noblesse et d'habitans rebelles, pour donner la terreur où le mal se commettoit, qui est le principal effet des supplices ordonnés au crime.

Le prince de Condé arriva au commencement de décembre à Lyon. Il en partit le 9 pour aller assiéger Soyons et Beauchâtel sur le Rhône. Il arriva à Soyons le 12 avec deux mille hommes de pied et deux cents chevaux; Brison s'y jeta le soir avec vingt chevaux, mais l'épouvante le prit; et, craignant que s'il tomboit entre les mains de M. le prince il le fît pendre, il s'enfuit la nuit à Beauchâtel. Sa fuite épouvanta la garnison, qui étoit de cinq cents des meilleurs hommes du Vivarais, et les fit aussi retirer la nuit à Beauchâtel, laissant tout leur butin et le reste de leurs munitions dans la place. M. le prince les poursuivit, et, dès le 13, investit Beauchâtel, d'où ils s'enfuirent tous par des lieux inaccessibles, où ils ne pouvoient être poursuivis. Il prit aussi Saint-Auban, où quarante hommes, qui y étoient en garnison, furent tous tués, fors six qui se sauvèrent. Après avoir ainsi nettoyé le Rhône, il s'avança en Languedoc; et, arrivant le 27 à Tarascon, eut avis que ceux de Nîmes, fortifiés de courage par la présence du duc de Rohan, qui avoit beaucoup de forces avec lui, s'étoient emparés des deux châteaux de Vauvert et de Coilla, assis sur la rivière du Vistre : il amasse ses troupes, se résout de les attaquer; ils prennent l'épouvante, et, la nuit du dernier décembre, abandonnèrent ces places, et se retirèrent avec si grande hâte, qu'une partie d'eux se noya en passant un marais. Ledit sieur prince fit raser Coilla pour punir le baron d'Aubais, à qui elle appartenoit, qui étoit lieutenant du duc de Rohan dans Nîmes.

Je ne puis oublier ici la bonté de Dieu en la conversion de tout le peuple de la ville d'Aubenas. Brison, comme nous venons de dire, fuyant devant les armes du Roi, surprit, par les menées du ministre du lieu, la place de Vals, distante d'une petite lieue d'Aubenas, appartenant à la maréchale d'Ornano. La ville d'Aubenas en prit l'alarme bien chaude, appela la noblesse d'autour pour l'assister; le sieur d'Ornano y fut envoyé par M. le prince, pour l'assurer au service du Roi; il y alla avec troupes qu'il mit dedans. Deux régens de la ville, qui étoient huguenots, le venant saluer, il leur ôta leurs chaperons, et les donna au premier régent, qui étoit catholique, leur disant que le Roi n'avoit pas sujet de se fier en eux. Ensuite, le temps de l'élection étant arrivé, il commanda au premier régent d'assembler le conseil, et faire élire le lendemain, qui étoit le premier jour de l'an, les trois régens tous catholiques. Il fit apporter les armes de tous les huguenots au château, leur commanda de ne point sortir de la ville, et ne faire assemblées, sur grandes peines, et fit loger les troupes qui étoient dans la ville chez les huguenots, en exemptant les catholiques. Incontinent, quinze ou vingt d'entre eux se convertirent, et abjurèrent leur hérésie. Ils furent bientôt suivis d'un plus grand nombre; tant qu'enfin deux cent cinquante familles se convertirent en moins de trois semaines. La plupart d'eux avouoient librement qu'ils avoient désiré une telle occasion de se réduire, les uns depuis six ans, les autres depuis dix, voire quelques-uns même depuis trente : tant les respects humains, bien que petits et foibles en considération de choses divines et de notre salut, sont quelquefois puissans, et quasi nécessaires pour notre conversion.

Le Roi avoit bien reconnu, en tous ces mouvemens des années précédentes, que les Hollandais ne marchoient pas avec lui du pied qu'ils devoient. La difficulté qu'il eut de les faire combattre en son armée navale, et le rappel qu'ils firent de l'amiral Haustein avec les vaisseaux qu'il commandoit, et, nouvellement, la trahison qu'ils avoient commise en la prise du vaisseau de Toiras dans le Texel, en servoient de preuves suffisantes. Mais, en ces derniers mouvemens, il apprit, de plus, que la ville d'Orange servoit comme de place d'armes et de réduit où se tramoient des entreprises contre son service, et où se donnoient les rendez-vous et se recevoient les intelligences des conjurés contre son Etat. Les papiers de Montaigu, comme nous avons dit ci-dessus, lui donnèrent une lumière certaine des avis incertains qu'il en avoit reçus. Cela l'obligea de rechercher le moyen de s'assurer de cette place, et ce, d'autant plus que la souveraineté de cette principauté appartient à la couronne, qui depuis plus de trois cents ans en çà en a reçu les hommages. Et si les princes d'Orange mettent en avant que les comtes de Provence leur ont autrefois remis ladite souveraineté, on leur répond qu'ils ne l'ont pu faire, puisqu'ils étoient eux-mêmes sujets de la couronne, à laquelle ils ne pouvoient préjudicier; que cette principauté, enclavée dans les terres du royaume, ne peut être censée d'autre qualité que les autres terres voisines, et qu'elle relève, et a toujours relevé du Dauphiné, aussi bien que faisoient le marquisat de Saluces, comté de Bresse et autres seigneuries, de sorte qu'inutilement on se vouloit servir de la remise des comtes de Provence. Pour le regard des traités, quand bien il y en auroit article au traité de Madrid, cela étoit en faveur de Philbert de Châlons, et ne pouvoit s'étendre qu'à ses enfans ou héritiers de son sang, et non aux collatéraux, au profit desquels il n'y avoit aucune stipulation, ceux de Nassau n'étant ni de l'ancienne race des Baux, ni de la famille des Châlons, auxquels ils sont tout-à-fait étrangers. Et, de plus, quand on voudroit s'arrêter auxdits traités, ils ne sont considérables, d'autant que ce fief dépend, comme dit est, du Dauphiné, qui est l'héritage des enfans mâles aînés des rois de France, lequel leur a été donné et substitué particulièrement; que le Roi n'a pu, par aucun traité, blesser lesdits droits; aussi, que de temps en temps les procureurs généraux de la cour de parlement de Grenoble, et ceux de la chambre des comptes, ont requis, agi et poursuivi contre lesdits princes d'Orange, pour leur faire rendre leurs devoirs et obéissance féodale; ce qui a conservé les droits du Roi contre une telle quelle liberté que prétendoient avoir ceux qui sont de ladite maison de Nassau. Mais, pource que ce seroit une chose longue de déduire ici toutes les raisons pour et contre, et déclarer cette affaire par le menu, nous en avons mis le discours à la fin de ce livre.

Le Roi, ayant résolu, pour les causes ci-dessus, de tenter tous les moyens qu'il pouvoit de se rendre maître de la ville d'Orange, donna charge à l'évêque d'Orange de sonder le gouverneur, et voir s'il pourroit le rendre serviteur de Sa Majesté. Ledit sieur évêque s'y comporta avec tant d'adresse, qu'après l'avoir secrètement converti à la foi catholique, il le fit serviteur du Roi, et passa un traité avec lui, par lequel ledit gouverneur promettoit de faire profession de la religion catholique, prêter serment au Roi et tenir la place pour Sa Majesté seule, et la faire reconnoître en toutes les villes, château et principauté d'Orange, ne se servant en sa garnison que de soldats et officiers catholiques, et de faire démolir, aux dépens de Sa Majesté, dans six mois, toutes les fortifications d'Orange et de La Vignasse, n'y laissant que ce qui seroit nécessaire pour rendre lesdites places hors de surprise contre les ennemis de Sa Majesté, au nom de laquelle ledit évêque lui promit quelque argent, et lui accorda la continuation au gouvernement desdites places et principauté, avec la survivance pour son fils. Sa Majesté ratifia ce traité le 18 décembre.

Mais il est temps que nous retournions trouver le Roi, que nous avons laissé plein de gloire et de contentement en son camp, rendant grâces à Dieu d'avoir vu ses ennemis fuir honteusement devant lui, et s'en retourner cacher dans les cavernes de leur île. Nous pouvons dire avec vérité que la justice marchoit toujours à la tête des armées du Roi, et toutes ses actions étant soutenues de la gloire de Dieu, sa divine bonté a voulu, en cette occasion si importante, tant honorer le Roi, qu'on ne peut nier que toute la gloire n'en soit à sa personne. Le passage de ses troupes en Ré a été fait par sa résolution, conduit par son jugement et exécuté par son bonheur. Le Roi envoya aussitôt à Paris donner avis aux Reines de cette victoire. Elles la firent savoir à l'hôtel de ville; les témoignages de joie universelle furent indicibles; et, pour rendre grâces à Dieu d'un si heureux succès, on chanta le *Te Deum* à Notre-Dame. Cependant on avertit M. de Guise et les gouverneurs des provinces maritimes du partement de l'armée anglaise, afin que le duc prît garde à celle du Roi qui étoit en Morbihan, et les autres aux côtes de leurs gouvernemens, afin que si les Anglais, par désespoir, vouloient entreprendre quelque chose contre raison, comme Buckingham avoit écrit qu'ils alloient faire, on les reçût si bien qu'on achevât de les ruiner.

Après cette célèbre victoire, le Roi en ayant rendu grâces à Dieu, et toute la France témoigné une incroyable joie, Sa Majesté dépêcha en Espagne le sieur de Bautru, pour empêcher qu'une grande armée navale qu'on lui avoit promise, il y avoit déjà long-temps, et qu'on différoit de quinze en quinze jours à lui envoyer, ne vînt inutilement après qu'il n'en auroit plus affaire. Cependant, pour témoigner de quel pied Sa Majesté marchoit en tous les traités qu'elle faisoit, elle donna charge audit Bautru d'offrir au Roi son frère trente vaisseaux qu'elle avoit pour se joindre à sa flotte, pour concourir à telle entreprise qu'il voudroit faire sur l'Angleterre ou sur l'Irlande, au cas qu'il eût quelque dessein prêt, selon que le marquis de Leganez avoit fait connoître en passant à Paris pour aller en Flandre. Cette offre fut d'autant plus à estimer, que Sa Majesté la fit en refusant Buckingham de la paix, lequel, ayant été battu, la demandoit avec tout avantage pour la France, qui, en la faisant, pouvoit gagner une seconde victoire, puisque ses ennemis montroient par là que leurs forces n'étoient pas seulement défaites, mais même qu'ils avoient le cœur vaincu. Mais, d'autre côté, en même temps, la prospérité étant souvent peu retenue, la plupart de sa cour parloient fort désavantageusement des Espagnols, et se moquoient de leur secours, dont ils avoient fait grand bruit sans qu'on en vît aucun effet. Le cardinal fit tout ce qui lui étoit possible pour arrêter le cours de cette liberté. Il représenta au Roi que, par cette voie, il étoit à craindre qu'on portât les Espagnols à s'accorder avec les Anglais, ce qu'il falloit éviter pour toutes sortes de raisons. Au lieu que s'il faisoit semblant de croire que les Espagnols n'avoient point manqué faute de bonne volonté, cela les obligeroit à mieux faire une autre fois pour couvrir leur honte, ou au moins à promettre plus que jamais un nouveau secours ; ce qui étoit capable d'empêcher que les Anglais ne revinssent promptement secourir La Rochelle, et cependant on prendroit le temps de barrer le canal pour les en empêcher de force par après. Et sur ce conseil, le sieur de Bautru eut commandement de faire de grands remercîmens au Roi d'Espagne de la volonté qu'il avoit eue d'envoyer son armée ; ce qui fit un fort bon effet.

Cependant Sa Majesté renvoya à la reine d'Angleterre sa sœur tous les prisonniers qui avoient été pris en Ré, tant pource qu'on ne savoit qu'en faire, l'argent qu'on en eût tiré n'étant pas considérable, que pource que les Anglais avoient emmené sept ou huit gentilshommes français que nous voulions ravoir, et que Sa Majesté désiroit obliger la Reine, et faire connoître à l'Angleterre que ce leur étoit bénédiction de l'avoir pour leur Reine, et étoit bien aise d'essayer de prendre occasion de lui faire parler par homme confident, et faire connoître certaines choses en Angleterre qu'on avoit besoin de savoir ; et enfin, pource qu'en effet en user ainsi étoit une seconde victoire, vu que celui qui les remenoit n'avoit charge que de voir la Reine et non le Roi, témoignant ouvertement que c'étoit à elle seule à qui les prisonniers avoient obligation de leur liberté.

En ces entrefaites, les Espagnols, qui sont aussi curieux à donner des apparences que peu religieux à donner des effets, envoyèrent cette flotte, dont ils avoient tant parlé, dans nos côtes. Elle arriva à Morbihan le 28 novembre, vingt jours après la défaite des Anglais. Ils demeurèrent trois ou quatre jours sans mettre pied à terre, durant lesquels ils furent traités par le duc de Guise avec grande abondance et magnificence ; et depuis encore, quand ils eurent mis pied à terre, le même traitement leur fut continué, dont ils ne pouvoient se lasser de se louer. Ils furent à Vannes voir le chef de Saint-Vincent, et partout reçus avec grand honneur et témoignage d'amitié. Chacun parloit diversement de cette flotte : les uns estimoient qu'ils l'avoient envoyée tard, parce qu'ils eussent été bien aises de voir prendre l'île de Ré, que l'expérience nous apprenoit que les secours d'Espagne sont toujours grands quand ils ne peuvent plus servir, c'est-à-dire qu'ils viennent après coup, puis tâchent de persuader qu'ils eussent fait merveille. D'autres, au contraire, pensoient que rien ne les avoit retardés que la nécessité si grande en laquelle ils étoient ; qu'après quatre mois de préparatifs, ils n'avoient su venir qu'avec des vivres pour trois semaines ; qu'il y avoit trop de raisons qui obligeoient l'Espagne à donner ce secours à temps pour y manquer. Premièrement, qu'ils l'avoient offert sans qu'on y pensât ; qu'ils avoient été cruellement offensés d'Angleterre, et craignoient que nous ne nous raccommodassions les Anglais et nous contre eux, dont ils savoient bien que Buckingham nous recherchoit ; qu'ils prétendoient, en nous donnant un secours utile, tâcher de nous dégager de l'assistance que nous donnons aux Hollandais ; ce que, bien qu'ils sussent que nous ferions difficilement, ils ne laissoient pas d'espérer. Quoi qu'il en soit, il est vrai qu'ils ne partirent d'Espagne qu'après qu'ils eurent la nouvelle de la défaite des Anglais.

Sa Majesté, sachant l'arrivée de cette armée, dépêcha de nouveau un courrier au sieur du Fargis son ambassadeur, avec particulière instruction pour presser le roi d'Espagne de consentir que la victoire obtenue contre les Anglais, ennemis communs de ces deux royaumes, fût chaudement poursuivie. On représentoit qu'il falloit considérer les Anglais comme gens battus, qui s'en étoient retournés remenant seulement huit cents soldats de dix mille qu'ils avoient amenés en France, où ils étoient tous morts par maladie ou par les armes du Roi ; que la nécessité d'Angleterre étoit incroyable, la haine en laquelle étoit Buckingham extrême, tout l'Etat crioit contre lui ; ce qui faisoit que, pour peu de péril qu'ils vissent dans leur royaume, il étoit à croire qu'ils en avanceroient la ruine ; que l'on jugeoit bien que la saison étoit difficile pour des entreprises, que les vents étoient forts l'hiver, et surtout dangereux dans la Manche ; mais qu'il y avoit deux choses à dire : l'une qu'ès mois d'octobre, novembre, mars et avril, la navigation est plus malaisée qu'ès mois de janvier et février, auxquels règnent d'ordinaire les vents du nord, qui sont unis et ne font point de tempête ; l'autre, qu'on pouvoit entreprendre en des lieux peu avancés dans la Manche, et où, ayant une fois pris un port, on demeureroit à couvert, quelque mauvais temps qu'il pût arriver ; que, si le roi d'Espagne approuvoit ce dessein, Sa Majesté désiroit qu'il envoyât un pouvoir à don Frédéric d'exécuter, conjointement avec les forces de France, ce qui seroit résolu entre lui, messieurs de Guise et l'évêque de Mende ; que les armées navales ne feroient pas moins de dépense dans les ports que si on leur donnoit de l'emploi ; que les soldats se retireroient ayant la commodité de la terre, et que nous ne ferions pas sitôt voile, que, pour s'opposer à nos entreprises, les ennemis ne se consommassent en dépense sans nous pouvoir nuire, d'autant que nous aurions fait ou failli sans péril ce que nous résoudrions d'entreprendre. On dépêcha quant et quant l'évêque de Mende à Morbihan à don Frédéric (1) pour lui représenter les mêmes choses.

Cependant Sa Majesté, considérant que les Anglais étant défaits, elle n'avoit plus affaire qu'à la Rochelle, se résolut de la bloquer de toutes parts, en sorte que rien n'y pût entrer tant par mer que par terre. Mais, pource que le peu d'affection avec laquelle le cardinal prévoyoit bien qu'un chacun travailleroit à cette entreprise lui donnoit quelque crainte, il se sentit obligé de prévenir le Roi, et l'informer au vrai de toutes les difficultés qui s'y rencontreroient. Il lui dit qu'il se trouvoit bien empêché en ce glorieux dessein que le Roi prenoit de réduire La Rochelle en son obéissance; que cette affaire étoit grande, mais que néanmoins elle ne l'étonnoit point quant à elle-même, que toute la difficulté étoit que la plupart n'y travailleroient que par manière d'acquit. Il apporta pour exemple les vivres et les couverts des soldats de l'armée, où on avoit usé de tant de négligence qu'on voyoit ouvertement qu'elle étoit à dessein; que ceux qui devoient répondre des exécutions les négligeoient; et cependant qu'il n'y avoit rien si aisé que d'avancer les travaux; qu'il avoit bien fait couvrir un corps de garde en trois jours, et avoit fait faire ses petites fortifications à un écu la toise, sans détourner un homme de l'armée, ayant fait venir cent hommes d'Oleron; que le marquis de Rosny lui auroit fait fournir quatre ou cinq charpentiers trois ou quatre jours durant, et quatre charrois les premières journées; s'il en avoit dit davantage, et qu'il plût à Sa Majesté le faire venir devant lui, elle seroit éclairée de la vérité; que chacun se contentoit de se décharger sur son compagnon, qu'un seul ne pouvoit faire tout, qu'il pouvoit bien conseiller ce qu'il falloit, mais non pas tout exécuter; que, pour contraindre aux exécutions, il falloit agir avec force et vigueur. Si un particulier le faisoit, on se plaindroit de sa violence, quoique ce ne fût que fermeté à bien faire servir le maître, et de là on prendroit prétexte de le ruiner en son esprit, comme si sa conduite nécessaire étoit préjudiciable au Roi. Si quelqu'un faisoit mal sa charge, on ne pouvoit y remédier qu'en le dépouillant ou y commettant. Si on usoit de ces remèdes, on seroit assez impudent pour dire qu'on feroit par passion ou par intérêt ce qui ne se feroit que pour le bien de l'Etat : exemple du marquis de Rosny, qui lui vint demander s'il vouloit sa charge, comme si sa condition étoit compatible avec cet emploi. Que ceux qui étoient dans la

(1) De Tolède, amiral d'Espagne.

confiance des rois étoient en butte à tout le monde, et ceux qui envioient leur fortune les ruinoient souvent pour des sujets qui eussent dû affermir leur autorité. Par exemple, que Sa Majesté savoit ce qu'il avoit fait pour le secours de Ré, et néanmoins, par l'ingratitude de celui qui l'avoit reçu (2), il avoit peu fait, et rien du tout si on ne le faisoit maréchal de France, et qu'on ne lui donnât 100,000 écus de rente; qu'il y a peu de fidélité en lui, et point de bornes en son ambition.

Qu'il fut (3) au commencement page de la vénerie de M. le prince, et depuis, étant en Flandre avec lui, il pensa qu'il feroit fortune auprès du feu Roi; il y fut le bien venu, et par le moyen de ce qu'il dit il se fit donner 2,000 livres de pension. Qu'après la mort du feu Roi, il se donna au sieur de Courtanvaux, le suivant ordinairement, vivant de son pain, montant ses chevaux, et faisant chasser ses chiens, puis le quitta et fut son ennemi. Sa Majesté avoit lors une meute de petits chiens, dont Haran et maître Jacques avoient la charge, lesquels venant à décéder, les lui donna en charge par grande grâce, et depuis il se donna au sieur de Luynes, lequel il trompa. A Montpellier il fut chargé de la conduite de quelques travaux, fut blessé d'une mousquetade à une jambe à trois cents pas de distance. Son frère fut employé en ce même temps à faire les allées et venues de la réduction de quelques places, dont Sa Majesté lui donna le gouvernement de Lunel et d'un autre château proche nommé Mervé. Qu'après cela, il demanda la permission de récompenser la compagnie aux gardes du commandeur de Frémigières, et par le secours du sieur de Claret, conseiller au parlement de Toulouse, son oncle, et de quelques autres ses amis, il en bailla dix mille écus; qu'Arnaut, gouverneur du Fort-Louis et mestre de camp du régiment de Champagne, venant à mourir, le Roi, pour éloigner honnêtement ledit Toiras, duquel il se trouvoit bien chargé à cause des intrigues et cabales qu'il faisoit parmi ceux de sa maison, lui donna la dépouille dudit Arnaut; qu'elle donna à son frère l'évêché de Nîmes, le prieuré de Longpont, l'abbaye de Saint-Gilles; à son oncle l'évêché de Saint-Papoul; à un autre de ses frères le château de Foix; à lui Amboise, la charge de maréchal de camp, le régiment de Champagne, le Fort-Louis, l'île de Ré, de l'utilité qu'elle est, et qu'après tout cela il se plaignoit encore.

Que les cabales recommençoient plus que jamais, le tout pour traverser le succès des affaires

(2) Toiras.
(3) Toiras.

du Roi, après quoi chacun craignoit de ne pouvoir faire ses affaires particulières comme il le désiroit; que Sa Majesté savoit ce qui s'étoit passé durant sa maladie, où on disposoit des charges, et chacun prenoit son parti aux dépens de qui il appartenoit; qu'elle savoit de plus, au moins La Forêt avoit dit le lui avoir fait entendre, comme Beaumont et Cominges n'avoient eu autre but que de faire croire à tout le monde que le cardinal désiroit faire perdre l'île de Ré, et cependant eux ne la secouroient point pour s'en prévaloir aux dépens de leur ami; que La Forêt leur représentant ce que ledit cardinal faisoit, par les ordres et commandemens du Roi, pour ledit secours de Ré, ce qui paroissoit par le bon succès qui en étoit arrivé, ils ne laissèrent pas de persister en la malice qui leur faisoit publier ces mauvais bruits, cherchoient tous les jours de nouvelles raisons pour les faire croire, les publioient dans l'armée, et leur malignité alloit jusqu'à ce point, que Cominges avoit voulu persuader qu'il falloit envoyer un manifeste par toute la France, aux parlemens et au Roi sur ce sujet, pour perdre le cardinal. Que ledit La Forêt qui savoit mille particularités de telle malice, disoit, qu'ayant amené des gens disposés à mener du secours dans la citadelle Saint-Martin, et qui estimoient la chose facile, Beaumont leur rendoit les choses impossibles, et les dégoûtoit tellement qu'ils n'y vouloient plus aller; ce qu'il vérifioit par le capitaine Martin, et plusieurs autres circonstances. Disoit de plus que le sergent La Garde lui avoit dit qu'ayant été envoyé de La Prée apporter la lettre par laquelle Toiras mandoit n'avoir plus de vivres que jusques au 15 de novembre, et demandoit un grand secours d'hommes en l'île, qui étoit désiré de tout le monde, Cominges enchargea au sergent La Garde de dire au Roi que la descente de La Prée étoit impossible; et, quoique ledit sergent connût tout le contraire, il ne laissa pas de le charger de le dire au Roi, afin d'empêcher le secours; ce qui fut rapporté à La Forêt par le petit contrôleur qui étoit au fort, et par ledit La Garde. Que La Forêt savoit cent histoires de cette nature, par lesquelles paroissoit le dessein formé qu'avoient ces gens de troubler les affaires du Roi; que Toiras même n'avoit point de bons desseins.

Qu'il témoigne ouvertement un chagrin incroyable, et n'avoit pas la joie qu'il devoit avoir de sa délivrance, d'autant qu'il craignoit que Sa Majesté prît La Rochelle, et que la prise de cette ville diminuât la considération de sa place, ou en attirât la ruine; qu'aussi étoit-il en aussi bonne intelligence avec Beaumont que jamais, quoiqu'il n'en eût point été secouru, et que ses frères lui eussent mandé la mauvaise satisfaction qu'ils avoient de lui; que l'évêque de Nîmes, parlant à celui de Mende, lui dit qu'il craignoit, si La Rochelle étoit prise, qu'elle n'emportât les îles avec elle, c'est-à-dire qu'on estimât qu'il fallût raser, ce qui montroit qu'on craignoit la prise de La Rochelle; que Toiras avoit mandé souvent au cardinal qu'il ne falloit guères tenir Sa Majesté en cet air-ci; qu'il n'étoit pas sain; ce qu'il ne pouvoit mander à autre fin, sinon pour détourner l'entreprise de La Rochelle; qu'il avoit grande jalousie que Brouage fût en main assurée pour le service du Roi, et que cette place fît contre-poids à son autorité en ces pays-ci, où il se voudroit rendre absolument nécessaire; qu'aussi avoit-il fait tout ce qu'il avoit pu pour la faire avoir à Beaumont, n'ayant autre but que s'établir puissant, et, à l'ombre de La Rochelle, subsister éternellement en grande considération; que ce dessein paroissoit de ce que Cominges avoit dit à l'évêque de Mende sur le sujet dudit Toiras, qui mandoit toujours qu'il étoit en état de ne rien craindre, et qu'il avoit tout ce qui lui étoit nécessaire de munitions et vivres, et quatre mille hommes de guerre; car Cominges dit que tout cela n'étoit point, que ce n'étoit que pour être en considération et avoir de l'argent; qu'il recherchoit tous les cabaleurs. Belingan avoit désiré le voyage de Paris, pour aller publier ses louanges dans le parlement; Desplan celui de Languedoc, pour y aller faire le même.

Il étoit vrai que si le Roi ne prenoit La Rochelle cette fois-ci, il ne la prendroit jamais, et les Rochelois et les huguenots seroient plus insolens que jamais, et que tous les ans on auroit la guerre par les huguenots et les grands factieux, la plupart desquels, et tous les petits qui vouloient faire fortune dans la confusion, appréhendoient qu'elle fût prise, autant que l'Angleterre, l'Espagne et tous les princes voisins; mais que si le Roi la prenoit, il auroit la paix pour jamais; que sa réputation passeroit celle de ses prédécesseurs; qu'il seroit le plus puissant roi de l'Europe, et arbitre des affaires de la chrétienté; que, sans doute, un tel dessein seroit beaucoup traversé, qu'il y trouveroit beaucoup de difficultés, mais qu'il étoit certain que, s'il persévéroit, il l'emporteroit, et lors il falloit raser la plupart des places de la France; ce qu'il ne falloit point dire; qu'il y avoit à craindre de tous côtés, et les bons et les mauvais succès; les mauvais, il aimeroit mieux mourir que de les voir, et pour le bien de Sa Majesté, et pour son honneur particulier; les bons, parce que, pensant faire plaisir à Sa Majesté, s'il arrivoit que l'on lui donnât quelque part en la gloire qui est due à Sa Majesté, d'autres essaieroient de lui persuader qu'elle diminuoit la sienne; qu'on étoit encore obligé, pour bien servir les princes, de combattre quelquefois leurs sentimens, et néanmoins il appréhendoit que, pour être serviteur utile, il ne se rendît désagréable; que l'affaire de Targon en étoit un exemple; qu'il appréhendoit, comme Sa Majesté, qu'elle ne réussît pas; mais en affaire si importante c'étoit une grande consolation de n'avoir rien négligé. Outre que les Rochelois, par le changement de ce conseil, prendroient espérance que, par impatience, on abandonneroit l'entreprise.

Sa Majesté, l'ayant ainsi ouï parler, l'encouragea à ne point craindre qu'il lui pût jamais mésavenir en le bien servant, ni que les paroles malicieuses de ses envieux, ennemis de son Etat, lui pussent jamais rien faire croire à son préjudice; qu'il avoit trop de signalées expériences de sa fidélité et de sa capacité, pour n'en faire pas l'état qu'il devoit, malgré tous ceux qui ne le trouveroient pas bon, lesquels, quand il n'en auroit pas d'autres preuves, il sauroit bien par là qu'ils n'étoient pas ses serviteurs. Alors on entreprit, à bon escient, le siége de La Rochelle.

Le duc d'Angoulême, les maréchaux de Bassompierre et de Schomberg, et les maréchaux de camp prirent la charge d'empêcher la communication de la terre, et le cardinal celle de la mer, par le moyen d'une digue de deux cents toises, avancée dans la mer des deux côtés, et des vaisseaux maçonnés, qui seroient enfoncés dans le milieu. Pompée Targon proposoit de barrer le canal avec des inventions particulières, dont il donnoit si peu de connoissance qu'il étoit impossible d'y avoir grande foi. Cependant, pour ne rien omettre, on lui laissa choisir le lieu de son travail. Il embarqua à un grand fort de terre pour soutenir son estacade, et enfin après plus de six mois de patience, ses desseins se trouvant chimériques, on fut contraint d'abandonner le travail du fort, qui étoit assis en mauvais lieu, et tracé contre les règles ordinaires. La digue, dont le cardinal s'étoit chargé, fut commencée le premier jour de décembre. Quant aux vaisseaux, le cardinal avoit commencé de les faire préparer à Bordeaux six semaines auparavant. Chacun commença à travailler, mais la saison étant mauvaise et les pluies grandes, quelque diligence qu'on pût faire on avançoit fort peu; la mer, par plusieurs fois, rompoit tout ce que l'on avoit fait. Les Rochelois demandèrent des passe-ports pour faire sortir les bouches inutiles qui étoient en leur ville, sous prétexte de la compassion de l'infirmité des femmes et enfans; mais il leur fut refusé, comme aussi à madame de Rohan celui qu'elle demanda pour elle et deux cents femmes.

Le Roi cependant attendait la réponse de l'envoi du sieur de Bautru en Espagne, et du sieur évêque de Mende qu'il avoit envoyé à Morbihan, pour voir ce que don Frédéric, général de l'armée d'Espagne, pouvoit et vouloit faire, lui faisant les mêmes propositions que Bautru étoit allé faire en Espagne pour la gloire des deux couronnes. Le sieur de Bautru fut plus de deux mois devant que d'avoir sa réponse. Le sieur de Mende ne tarda pas si long-temps. Il trouva en la personne de don Frédéric un cavalier extrêmement courtois, en sa flotte vingt-huit vaisseaux dépourvus de vivres, mal artillés, non fournis d'ancres et d'amarres comme ils eussent dû être, chargés de peu de bons soldats, tout pleins de misère et de nécessité. En général, don Frédéric ne publioit autre chose que d'être prêt d'obéir à tous les commandemens du Roi; mais, comme il ne trouvoit rien de trop difficile en apparence, rien n'étoit aisé au jugement de son conseil de guerre, ce qui fit connoître à tout le monde qu'ils vouloient nous donner des apparences et non des effets, plaire au Roi et non le servir. Il avoua ingénument qu'il n'étoit parti d'Espagne qu'après avoir su la défaite des Anglais, et qu'il avoit besoin d'amender le passé par le futur. Il témoigna que le plus expédient étoit de le laisser retourner en Espagne, avec obligation de revenir au printemps avec cinquante vaisseaux.

En effet leur voyage ne fut fait que pour tâcher de faire croire à tout le monde que l'Espagne avoit dessein d'aider la France; mais les plus clairvoyans connurent qu'elle n'en vouloit que l'apparat. Les Dunkerquois, qui étoient partis de Dunkerque pour venir en apparence secourir le Roi, rencontrant quelques vaisseaux anglais de leur déroute, se retirèrent sans vouloir combattre, le général Ribère, qui les commandoit, ne l'ayant jamais voulu, quoique les capitaines dunkerquois en fussent d'avis, et jugeassent le pouvoir faire sans péril. Le Roi, voyant que cette flotte d'Espagne ne vouloit rien faire, fut conseillé de la faire venir à La Rochelle pour s'en servir à la mode des Espagnols, c'est-à-dire se prévaloir de l'apparence pour étonner les Rochelois par l'union des deux couronnes, et arrêter, par le bruit de la venue des deux armées, un secours de vivres qu'on disoit que les Anglois vouloient envoyer aussitôt qu'ils seroient arrivés; mais ils ne se hâtèrent pas beaucoup. Le duc de Guise, s'étant embarqué le 21 décembre, conduisit l'avant-garde de l'armée du Roi, composée de douze grands vaisseaux, vers ladite La Rochelle, et alla mouiller l'ancre à l'embouchure du canal, où le cardinal l'alla recevoir avec grand témoignage de réjouissance de part et d'autre. Et, dès le lendemain, deux grandes barques de La Rochelle, chargées de provisions, furent prises par la galère et la galiote du cardinal, et peu après arriva l'armée d'Espagne, qui se vint mettre à la rade de l'île de Ré. Ils furent par après bien marris de s'être tant avancés; mais le discours en est réservé en l'année suivante.

Nous finirons celle-ci par la mort du seigneur Vincent, duc de Mantoue et de Montferrat, comme par une comète qui présage une sanglante guerre pour les années suivantes. Avant sa mort, il déclara le duc de Nevers son successeur èsdits duchés. L'Empereur, incité des Espagnols, prétendoit qu'on les dût mettre en sequestre entre les mains du comte Jean de Nassau, jusqu'à ce qu'il eût été informé des droits de tous les prétendans. Le duc de Savoie, comme un des principaux, est le fusil qui allume la guerre. La douairière de Lorraine, qui y prétend aussi quelque droit, envoie Florinville à l'Empereur pour le supplier de le lui conserver.

LIVRE XIX [1628].

Le cardinal entretient le Roi sur l'état présent de ses affaires et lui donne son avis sur la conduite qu'il doit tenir pour triompher de ses ennemis. — Les députés des Rochelois font un traité avec le roi d'Angleterre. — Le parlement attaque Buckingham. — Savignac, député de La Rochelle, est arrêté dans l'Albigeois. — Ses papiers sont saisis; aveux qu'on tire de lui. — Valquier, écossais, est aussi arrêté, et fait également des révélations. — Le duc de Rohan échoue dans une entreprise contre Montpellier. — Le parlement de Toulouse rend des arrêts contre les rebelles, déclare le duc de Rohan déchu des titres de duc et pair, et le condamne à être tiré à quatre chevaux. — Le prince de Condé poursuit les révoltés dans le Languedoc, et persiste à faire la guerre à sa manière. — La Milletière, agent du duc de Rohan, est arrêté et envoyé à la Bastille, puis conduit à Toulouse. — Le marquis de Spinola va trouver le Roi au camp de La Rochelle. — Vains efforts du cardinal pour retenir devant cette ville la flotte espagnole. — Il rejette les propositions qui lui sont faites de la part de l'Angleterre. — Le Roi s'ennuyant au camp retourne à Paris peu content du cardinal. — Celui-ci reste au siége de La Rochelle auquel il donne tous ses soins. — La mort du duc de Mantoue fait naître aux Espagnols l'envie d'envahir l'Italie. — Intérêts de l'Empereur dans l'affaire de la succession de ce duché qui revient au duc de Nevers. — Le duc de Savoie se lie avec l'Espagne à cette occasion. — Tentative du cardinal pour surprendre La Rochelle. — Pourquoi elle échoue. — Relations des Rochelois avec l'Angleterre découvertes. — Montaigu dévoile au Roi les causes de la mésintelligence entre le roi d'Angleterre et Sa Majesté. — Le cardinal conseille au Roi de faire revenir en France madame de Chevreuse et de délivrer Montaigu. — Le Roi revient au camp de La Rochelle. — Le cardinal lui fait en plein conseil un rapport sur l'état présent de ses affaires, et insiste sur la réduction de La Rochelle. — Le Roi fait à cette ville une sommation qui reste sans effet. — Ordres donnés par le cardinal à toute l'armée navale pour maintenir la discipline et surveiller l'arrivée de la flotte anglaise. — Mesures prises pour empêcher que la ville ne soit secourue. — Etat de la flotte française et de la flotte anglaise. — Retraite honteuse de cette dernière. — Extrémité où la ville est réduite. — Le comte de Soissons demande à rentrer dans les bonnes grâces du Roi, en renonçant à tous ses projets. — Le duc de Savoie offre de renouer avec le Roi. — Négociations du comte d'Olivarès avec le conseil du Roi au sujet du duché de Mantoue. — Portrait de la nation espagnole par le cardinal. — Le Roi charge le marquis de Créqui d'aller à la défense de Casal. — Conduite du marquis. — Les Rochelois pressent les Anglais de leur envoyer des secours. — Etat désespéré où ils se trouvent réduits. — Buckingham est assassiné. — Arrivée d'une nouvelle flotte anglaise. — Description de la digue construite par ordre du cardinal. — Les vaisseaux anglais se retirent à l'île d'Aix. — Les Rochelois demandent grâce et se soumettent au Roi, qui fait son entrée dans la ville, et en fait démolir les fortifications et les murs. — Factions et cabales à la cour et dans l'Etat contre le cardinal. — Le Roi fait négocier auprès de l'Empereur et du roi d'Espagne, au sujet du duché de Mantoue. — Instructions données à ses négociateurs. — Arrivée de Bautru en Espagne; ses conférences avec le comte d'Olivarès. — Le Roi fait marcher des troupes vers l'Italie d'après les conseils du cardinal.

[1628] L'année dernière a laissé la France en guerre avec l'Angleterre, et en une intelligence avec les Espagnols qui étoit feinte de leur part; tous nos hérétiques soulevés, un de nos princes (1) hors du royaume, qui se promettoit par ses pratiques faire beaucoup, principalement Monsieur étant environné de mauvais esprits, qui essayoient de pervertir son bon naturel, ou le décevoir par inventions malicieuses, et le faire entrer en mauvaise intelligence avec le Roi.

Cela tenoit toute l'Europe en suspens de ce qui arriveroit en celle-ci. Chacun, selon son désir, en pensoit diversement : les ennemis du Roi ne voyoient point, ce leur sembloit, d'issue prochaine à nos maux; ses amis en faisoient un meilleur présage; bien qu'ils ne vissent pas de fondement probable pour appuyer leur désir, leur affection leur donnoit de l'espoir. Mais quand ils descendoient à la considération particulière des choses, ils s'abattoient de courage et n'en osoient quasi mieux espérer que les autres.

Le seul cardinal, à qui Dieu donnoit bénédiction pour servir le Roi, et rendre à son Etat son lustre ancien, et à sa personne la puissance et l'autorité convenable à la majesté royale, qui est la seconde majesté après la divine, voyoit en

(1) Le comte de Soissons.

son esprit les moyens de devider toutes ces fusées, éclaircir ces nuages, et sortir à l'honneur de son maître de toutes ces confusions.

Sa Majesté, qui en étoit en peine continuelle, lui ayant commandé, au commencement de janvier, de l'entretenir de l'état présent de toutes ses affaires et lui en dire son avis; pour lui obéir, il lui dit que les papiers de Montaigu et plusieurs autres découvertes faisoient clairement voir que l'Angleterre, Savoie, Lorraine, l'Empereur, les hérétiques de France, étoient liés en un pernicieux dessein contre l'État, qu'ils vouloient attaquer par mer et par terre; par mer en Poitou et en Normandie; par terre en Champagne, attaquant Verdun avec les forces du duc de Lorraine et de l'Empereur, la Bourgogne avec celles du duc de Savoie; qu'il y avoit aussi grande apparence que Venise étoit aucunement de la partie, le voyage de madame de Rohan et du sieur de Candale le faisoit assez connoître, et que ce qu'on avoit su de Valquier, ministre écossais, et du gentilhomme du Languedoc, donnoit lieu de le croire; que les Hollandais avoient aussi fait voir par leurs actions, non-seulement leur connivence en cette affaire, mais qu'ils y adhéroient fortement; que la prise du vaisseau de Toiras et la retenue de ceux du Roi le justifioient nettement; que jusqu'ici nul n'eût pu croire que l'Espagne eût trempé en telles factions; mais que, présentement, leur dessein paroissoit assez clair; que la tardiveté de la venue de leurs vaisseaux, l'improbation que l'ambassadeur d'Espagne avoit faite de la découverte que la Reine avoit eu agréable de faire à la suscitation de Pelletier, de Fleury, et le langage que ledit ambassadeur avoit tenu à Ville, exagérant le mauvais traitement qu'il disoit que la France faisoit au duc de Lorraine, et l'animant à tenir bon, faisoient voir les aveugles en leurs intentions; joint que ce qui se découvroit des pensées de l'Empereur contre la France donnoit sujet de soupçonner l'Espagne, vu que ces deux couronnes vont toujours ensemble. Qu'à tout cela il falloit ajouter les projets arrêtés par M. le comte, de Valence, Montelimart et Le Puy, pour, par après, se joindre au duc de Rohan; qu'il falloit encore considérer que, bien que Monsieur ne fût pas de la partie, étant jeune et par conséquent sujet aux légèretés de son âge, mal content comme il professoit, n'étant retenu d'aucune considération, ni du Roi ni de la Reine, qui n'avoient pas lors grand pouvoir sur lui, il pourroit, en un instant, être porté, par mauvais conseil, à se mettre de la partie s'il la voyoit belle, et en ce cas les choses pourroient aller très-mal; qu'à tous ces maux le vrai et premier remède étoit de prendre La Rochelle promptement; et partant, qu'il y falloit tenter toutes les entreprises qu'on pourroit, sans en omettre aucune.

Si elles ne réussissoient, qu'il falloit barrer le port diligemment, continuer les forts et les lignes de circonvallation, et mettre La Rochelle en état que le blocus pût être continué en l'absence de Sa Majesté, si elle étoit contrainte de faire un tour au cœur de son royaume; que la deuxième chose qu'il falloit faire, étoit de remédier aux entreprises du dedans, garnir non-seulement Toul, mais toute la frontière de gens de guerre, étant nécessaire de fermer en telle occasion les yeux à la dépense; qu'il falloit aussi pourvoir aux côtes de Normandie, savoir est La Hogue, Granville, Cherbourg, Carentan et Quillebeuf; ce qui se pouvoit faire y envoyant promptement le régiment de Navarre, qui, composé de deux mille hommes, étoit capable d'assurer tous ces lieux; que, pour la Picardie, la vigilance du duc d'Elbeuf, qui y devoit toujours demeurer, et le régiment du sieur de Lemont, devoient mettre hors d'appréhension; qu'il falloit pourvoir à Ré, Brouage, Oleron, Royan, les Sables, ainsi qu'on sauroit bien faire à temps, Sa Majesté en étant proche, et avertir toutes les côtes de Bretagne, dont les communautés étoient capables de se garder d'elles-mêmes; que le principal du dedans du royaume étoit de pourvoir à Valence et au Puy; qu'il étoit aisé pour le Puy, puisque c'étoit du gouvernement du Languedoc; qu'il falloit avertir M. le prince et le duc de Montmorency, et les commettre pour y mettre ordre. Pour Valence, qu'il étoit plus difficile; qu'à son avis il s'en falloit fier au sieur de Créqui, lui mandant toute l'affaire, bien que le sieur du Passage fût son cousin, et lui donner charge de se rendre maître du château, et faire que ledit sieur du Passage et sa femme vinssent trouver le Roi, pour rendre compte de leurs actions; que, pourvoyant à tout ce que dessus, maintenant que les Anglais étoient défaits, devant qu'ils fussent revenus, on surprendroit les ennemis sans verd, et que M. le comte, qui avoit toutes ses espérances en ces deux places, seroit bas; que cependant il falloit toujours négocier avec madame la comtesse sa mère, jusqu'à tant qu'on eût mis ordre aux places que son fils regardoit, et qu'après il y eût lieu à le faire retourner, lorsqu'on jugeroit l'esprit de Monsieur si bien affermi qu'il ne pût le porter à se perdre; que, pour ce qui étoit du particulier de madame la comtesse, la Reine lui rendant réponse de la prière qu'elle lui avoit faite de demander congé au Roi pour que M. le comte vînt en son gouvernement, elle lui diroit franchement que le Roi lui avoit mandé que cela ne se pouvoit faire en aucune façon maintenant, et que ce n'étoit pas par là qu'il falloit commencer; puis, poursuivant son discours, elle la convieroit à lui parler franchement, et lui diroit si elle se pouvoit mêler sûrement des affaires dudit sieur le comte, c'est-à-dire si elle pouvoit répondre sûrement pour l'avenir de sa conduite, vu qu'il ne seroit pas raisonnable qu'elle se mêlât d'une affaire qui ne réussît pas bien; que Sa Majesté ajouteroit que, ou M. le comte, depuis qu'il étoit hors du royaume, ne trempoit en rien contre le service du Roi, ou, s'il y trempoit, elle désiroit savoir si c'étoit tout de bon qu'il s'en voulût détacher; qu'elle l'avoit toujours aimé et elle aussi; qu'elle lui ouvrît son cœur, qu'elle espéroit aller bientôt trouver le Roi, et tâcheroit de terminer son affaire à son contentement; que, par ce moyen, la Reine commenceroit une négociation à laquelle on donneroit tel cours que les affaires le requerroient, et qui pourroit arrêter M. le comte de prendre des résolutions extrêmes; que le cardinal de Bérulle agiroit conformément, par le commandement de la Reine, avec la comtesse et la Senneterre; qu'il falloit bien se donner de garde de faire connoître à madame la comtesse qu'on sût rien des desseins qu'on avoit eus sur Valence et sur Le Puy.

Quant aux desseins des étrangers, qu'il falloit tâcher de les découdre et les délier les uns des autres; que l'Espagne procédant comme elle faisoit, on estimoit qu'il ne falloit pas laisser retourner son armée navale. La raison étoit que, quoiqu'elle ne servît de rien en effet, elle porteroit grande ombre, et empêcheroit apparemment les Anglais de revenir de deçà; au lieu que, si elle s'en retournoit, il sembloit que le Roi seroit contraint d'enfermer la sienne dans ses ports, ou la laisser exposée à être défaite par les Anglais, qui étoit ce que demandoient les Espagnols; que, si on disoit qu'ils n'avoient point de vivres, il leur en falloit fournir; cette dépense étant un moindre mal que s'exposer à être battus au contentement de ces messieurs-là mêmes; qu'on estimoit qu'il falloit entretenir les Espagnols d'un grand dessein pour ruiner l'hérésie, soit en France, soit en Hollande, soit en Allemagne, et en cela agir avec eux, non par les ministres du Roi, mais par personnes interposées qui parleroient sans s'engager; de sorte toutefois que l'Espagne eût lieu de croire que ce fût la pensée du Roi et de ses ministres, afin qu'en les tenant en cette espérance ils agissent moins perfidement, et détournassent, par raison d'Etat, l'Empereur des entreprises que leur passion leur faisoit désirer qu'il fît contre nous; que le cardinal de Bérulle, nouvelle créature du Roi, confident des ministres, seroit très-propre à agir ainsi avec Mirabel, qui sans doute en donneroit avis à son maître en Flandre et en Allemagne; qu'on estime qu'il falloit commencer cette négociation par quelque espèce de plainte de leur lenteur à envoyer les vaisseaux d'Espagne; de ce que ceux de Dunkerque n'avoient pas achevé leur voyage; du passe-port de l'Infante donné pour assurer le passage de Montaigu, ennemi commun comme Anglais, et de ce que l'Empereur animoit, ce semble, le duc de Lorraine, et lui promettoit assistance en une querelle qui n'avoit autre fondement que le caprice de madame de Chevreuse; qu'il diroit ensuite qu'il savoit que le Roi désiroit fort savoir si, conformément au traité fait entre ces deux couronnes, l'Espagne vouloit agir tout de bon contre l'Angleterre, parce qu'il croyoit que, si le Roi étoit bien assuré de la fidélité et prompte exécution d'Espagne, il pousseroit, avec le temps, l'affaire plus avant contre l'hérésie en tout lieu, désignant la Hollande sans la nommer; sur quoi ledit cardinal donneroit plus à penser qu'il ne diroit, faisant en sorte toutefois qu'il fût bien entendu.

Qu'il représenteroit à l'ambassadeur que c'étoit l'Espagne la première qui avoit désiré cette union contre l'Angleterre, lui feroit connoître ensuite quel avoit été le procédé de la France, qui avoit refusé plusieurs occasions de paix sur la liaison d'Espagne, et qui, en outre, s'étoit rendu les Hollandais contraires, pour avoir fait signer à leur ambassadeur un acte de neutralité tel que l'Espagne avoit désiré; qu'il passeroit ensuite à l'accommodement du duc de Savoie avec les Génois, disant que le sieur de Bullion avoit charge de traiter, sous l'autorité de la Reine, cette affaire avec lui, et qu'on s'étonnoit qu'ils ne la finissoient; qu'il étoit bon que la Reine donnât charge au sieur de Breval de faire savoir au duc de Lorraine qu'ayant vu, par les papiers de Montaigu, les pensées qu'il avoit eues au préjudice de la France, elle avoit eu beaucoup de peine à les croire; que Sa Majesté avoit trouvé bon qu'elle s'en éclaircît, et sût franchement par cette voie amiable comme il vouloit vivre avec Sa Majesté; que, si le duc de Lorraine vouloit de gaîté de cœur se lier avec ceux qui étoient déclarés contre la France, on ne le vouloit pas empêcher; si aussi il vouloit suivre le train de ses prédécesseurs, Sa Majesté lui continueroit la protection qu'ils avoient toujours reçue des siens, et que ladite dame Reine seroit très-aise de voir le fond du sac, afin de chercher les remèdes propres à la guérison d'un tel mal; qu'il falloit que Breval n'oubliât rien de ce qu'il savoit bien qu'on pouvoit dire sur ce sujet, et assurât ledit duc de Lorraine que la Reine s'emploieroit volontiers à cette réconciliation, si elle avoit lieu de voir qu'il voulût franchement prendre un autre chemin qu'il n'avoit fait depuis six mois; que le sieur Bouthillier pouvoit sous-main faire connoître audit sieur de Breval qu'il ne lui étoit pas permis de parler en ces occasions; mais cependant qu'il pouvoit lui dire confidemment que le sieur de Chevreuse se conduisant bien en cette affaire, il bonifieroit grandement celle de sa femme, qui, faisant le bien après le mal, pourroit espérer de se revoir où elle se désiroit; que cet expédient, bien conduit, pouvoit opérer utilement, étant certain que, comme sa femme avoit fait le mal, elle pouvoit faire le bien. En effet, si, sur cette espérance générale d'accommoder l'affaire, M. de Chevreuse, animé par sa femme, en trouvoit l'invention, les Anglais abandonnant La Rochelle, il sembloit qu'il ne faudroit fuir l'accord; et il y avoit grande apparence que ledit sieur de Chevreuse le pourroit faire à deux conditions : l'une, du retour de sa femme, l'autre, de l'espérance d'un voyage de Buckingham à Paris après la paix, dont on tiendroit ce qu'on voudroit. Qu'en ces conjonctures il étoit nécessaire d'agir ainsi : si le duc de Chevreuse étoit de retour à Paris, il faudroit agir avec lui, au lieu qu'en son absence c'eût été avec Breval; que si La Rochelle se prenoit promptement, on feroit ensuite ce que l'on estimeroit plus à propos; si l'affaire alloit de longue, tels préparatifs se trouveroient avoir été inspirés du Ciel.

Que pour ce qui touchoit ledit sieur de Savoie, il seroit à propos que Sa Majesté, si elle l'avoit agréable, commandât au sieur Marini de se plaindre audit duc de ce que, par les papiers de Montaigu, on trouvoit qu'il avoit diverses pensées contre la France; que Sa Majesté avoit de la peine à le croire; mais cependant, qu'outre ces papiers, le procédé de ceux qui avoient agi pour elle en France depuis quelque temps, lui donnoit sujet d'y ajouter quelque foi; qu'elle se vouloit éclaircir du tout avec lui; que si, de gaîté de cœur, il vouloit se lier avec ses ennemis, il ne le vouloit pas empêcher; si aussi il avoit d'autres intentions telles que Sa Majesté le pouvoit désirer, il seroit bien aise d'en être assuré pour y correspondre de plus en plus; que ledit sieur Marini devoit avoir charge de pénétrer si ledit duc de Savoie étoit en état de revenir maintenant de toutes ses mauvaises pensées contre la France, afin qu'en ce cas il l'assurât de l'affection de Sa Majesté, comme il le pouvoit désirer, et qu'il lui en promît des effets, pourvu que ledit duc l'en recherchât et l'en pressât; qu'en ce cas Sa Majesté se résolvoit de lui donner une déclaration par laquelle elle s'engageroit, comme il falloit, à lui donner assistance si les Génois continuoient à ne vouloir lui rendre ce qu'ils possédoient du sien, par un bon accord, dont on avoit fait les projets en France avec Mirabel; qu'elle se résolvoit encore de donner une déclaration aux Grisons sur l'explication de leur traité, pour montrer à tous les alliés de cette couronne, et particulièrement aux Vénitiens, qui y prenoient intérêt, que le Roi n'abandonnoit point ses anciennes alliances.

Quant aux Hollandais, qui favorisoient les Anglais ouvertement, il falloit pour lors avoir patience, sans faire autre chose que demander fortement raison du vaisseau du sieur de Toiras, faire solliciter escorte pour les siens, leur témoignant fermeté en la continuation de leur alliance, pourvu qu'ils se comportassent comme ils devoient, et n'écouter aucune nouvelle proposition de leur part.

Qu'il falloit surtout bien traiter Monsieur, et lui donner part de ce qui se passoit, en sorte qu'il n'en pût mésarriver, retenant ce qu'on jugeroit qu'il découvriroit; que la Reine-mère, pour témoigner confiance à Monsieur, et arrêter son esprit, devoit lui dire, à son avis, que dans les papiers de Montaigu il paroissoit liaison d'Angleterre, de Lorraine, Soissons, Rohan et La Rochelle contre l'Etat; dessein de guerre et de soulevation; le tout suscité par la Chevreuse, qui agissoit en cela du consentement de la Reine régnante; qu'il paroissoit qu'ils étoient si sots de vouloir donner quelque espérance à M. le comte d'avoir un jour la couronne, comme si le Roi ne devoit point avoir d'enfans, auquel cas ils prétendoient que ledit sieur comte viendroit à la couronne; d'autant qu'ils pensoient qu'elle n'appartiendroit pas à M. le prince, pour les raisons souvent dites par madame la comtesse; que, pour cet effet, il y avoit dessein de s'opposer au mariage de Monsieur, y faisant trouver des difficultés de toutes parts. Qu'au même temps il s'étoit trouvé dessein de La Rochelle, formé pour attenter à la personne du Roi, de Monsieur et de M. le prince par trois soldats, ce qui étoit très-vrai; que l'un s'appeloit La Vallée, et pour les deux autres, qu'on verroit bientôt la désignation de leurs visages; qu'il se trouvoit, de plus, deux hommes passés à Amboise le jour de Noël, dont l'un avoit le même dessein sur le Roi, et l'autre sur le cardinal; qu'on étoit après à attraper tous ces gens-là, par la conspiration desquels il paroissoit qu'on en vouloit à la maison royale et à leurs serviteurs; que cela lui devoit faire prendre garde à lui, conservant sa personne, et penser à son mariage; qu'on voudroit bien le diviser d'avec le Roi pour le perdre, mais qu'il sauroit s'en garder; qu'on disoit que M. le comte se vouloit jeter avec les huguenots, en quoi il seroit bien mal conseillé; que la Reine devoit encore dire à Monsieur qu'elle voudroit que la paix fût faite avec les Anglais, pourvu qu'ils ne se mêlassent point des affaires de La Rochelle.

Qu'il croyoit qu'il falloit parler de tout ce que dessus au Coigneux, ce que le sieur Bouthillier pouvoit faire de la part de la Reine; autrement Monsieur le lui diroit, et l'autre penseroit qu'on se méfiât de lui. Quant au désir que Le Coigneux témoignoit avoir de s'éloigner de la personne de Monsieur par quelque emploi honorable, il falloit mander à la Reine que Sa Majesté ne pouvoit goûter l'ambassade qu'il proposoit, tant pource que lui-même, voyant qu'on lui donneroit une chose si disproportionnée, croiroit qu'on auroit grande envie de l'ôter de là où il étoit, que pource qu'il avoit dit souvent que, pendant son éloignement, on verroit les comportemens de Monsieur si étranges, qu'on seroit contraint de le regretter et le rappeler; de sorte qu'il y avoit lieu de croire qu'il vouloit prendre de deux chemins l'un, ou du commandeur de Sillery (1), ou du cardinal de Rambouillet (2). Et partant, qu'il sembloit qu'il faudroit lui dire que nul ne pouvoit servir en toutes ces occasions comme lui auprès de Monsieur; que la Reine le prioit d'y demeurer, pendant ces temps brouillés, à cette fin, et qu'après elle s'emploieroit à lui faire avoir une particulière reconnoissance de ses services : ce qu'il désiroit maintenant avoir comme une condition de sa sortie, laquelle elle ne pouvoit goûter. Qu'en ce faisant on lui témoigneroit confiance; désirant qu'il demeurât, on l'entretiendroit en espérance, et lui donneroit-on lieu d'empêcher qu'on ne fît mal. Sa Majesté éviteroit le blâme du monde qui condamneroit l'ambassade, si on la lui accordoit, comme une foiblesse, et qu'on ne lui pourroit donner qu'en donnant lieu à celui qui viendroit après lui de faire encore pis pour avoir mieux; qu'en un mot, la Reine devoit entretenir Monsieur, en lui disant confidemment beaucoup de choses dont il ne voudroit pas abuser, et que par là, elle le disposeroit mieux à son mariage et à ce qu'elle voudroit.

Voilà ce que dit le cardinal au Roi sur le sujet des affaires présentes de son Etat, et le chemin qu'il lui sembla qu'il falloit tenir pour venir

(1) Qu'on accusait d'avoir nui au gouvernement dans son ambassade.
(2) Charles d'Angennes, qui profita de son ambassade pour être cardinal.

au-dessus de ses ennemis, et mettre ses rebelles en leur devoir.

Dès le commencement de l'année, les Rochelois dépêchèrent vers le roi de la Grande-Bretagne, le suppliant de les prendre sous sa protection, et les assister jusques à ce qu'ils pussent être délivrés de l'oppression qu'ils disoient souffrir, remis en la bonne grâce du Roi, et jouir d'une bonne paix. Les Anglais qui avoient expérimenté en Ré la foiblesse de leurs armes et de leur prudence à l'encontre du Roi, ne perdirent pas pour cela leur espérance, ou plutôt leur présomption; mais les reçurent et firent un traité avec eux, par lequel le roi de la Grande-Bretagne promettoit de les secourir par mer et par terre à ses dépens, jusques à ce que les forts de Ré et ceux d'alentour de La Rochelle fussent rasés, et qu'ils eussent une bonne paix. En même temps il pensa aussi à affermir la ligue qu'il avoit faite en Italie et en Lorraine contre le Roi, et à traiter de paix avec le roi d'Espagne. Il envoya pour ce sujet un Ecossais nommé Word à l'Infante, lui demander passe-port pour le comte de Carlile, qu'il vouloit envoyer vers elle, et autres princes de la chrétienté. Ayant obtenu ce passe-port, Carlile partit en avril par la Hollande, et arriva en mai à Bruxelles.

Il assembla son parlement au même mois, pour demander secours à son peuple en cette guerre, qu'il disoit être du tout nécessaire, et qu'il y alloit de leur religion. Le parlement, de long-temps acharné contre Buckingham, l'attaqua de nouveau plus hardiment et plus rigoureusement qu'il n'avoit point encore fait. Il avoit avec lui un nommé le docteur Lame, qu'il avoit sauvé du gibet, et qu'on tenoit pour magicien public; le peuple le prit par la rue, le jeta en prison, et le maltraita si fort en le prenant, qu'il en mourut le lendemain. Ils demandèrent au Roi qu'il leur permît de faire le procès à son ministre, et qu'ils lui donneroient telle assistance qu'il pourroit requérir d'eux. Leur requête leur ayant été refusée, ils ne voulurent pas aussi lui donner contentement. Mais la chambre haute dudit parlement, qui est celle de la noblesse, ayant proposé d'accorder cinq subsides au Roi et l'ayant trouvé bon, la basse y apposa tant de conditions préjudiciables à son autorité, qu'il ne les pouvoit recevoir avec satisfaction.

Les Rochelois, qui avoient envoyé leurs députés au roi d'Angleterre pour les assister, dépêchèrent quant et quant, dès le 8 janvier, Savignac dit Vissouse à leurs frères des provinces de la Loire, pour les inciter à prendre tous les armes, divertir celles du Roi, et obliger Sa Majesté à lever le siége qu'elle avoit mis devant leur ville. Mais auparavant qu'il eût exécuté sa commission, il fut pris au mois de février près de Castelnau-de-Lévis, en Albigeois, conduit à Toulouse, et là gardé soigneusement en attendant la volonté du Roi. On trouva entre ses papiers une lettre de madame de Rohan la douairière, qui proposoit à son fils la devise qu'elle disoit être de la reine de Navarre: *Paix assurée, victoire entière, ou mort honnête*; un extrait de la résolution de Montauban du 25 janvier, de demeurer en l'obéissance du Roi sous le bénéfice des édits; mais quant et quant une lettre d'un nommé Durand de Montauban du 28 janvier à Dupuy, résident près le duc de Rohan, en laquelle il disoit que si les maréchaux de Châtillon et de La Force, et le sieur Galant, pensoient venir à Montauban, comme on disoit, pour faire désavouer le duc de Rohan, les Anglais et La Rochelle, ils ne croiroient, et que, nonobstant la résolution de l'assemblée de ville qui parloit avec modération, ils étoient résolus de se déclarer à l'arrivée des Anglais et se perdre avec eux; et une autre lettre des Rochelois au duc de Rohan, du dernier décembre, par laquelle ils l'informoient de la défaite de Ré, et lui donnoient avis de ne la pas appeler défaite ni déroute, mais retraite faite par le duc de Buckingham à cause des maladies de son armée, et de l'incertitude de la venue du secours; qu'en se retirant, ceux de la garnison de la citadelle, et quelques autres passés en Ré, le suivirent et prirent quelques prisonniers; que cet événement leur faisoit croire que les Anglais n'en seroient que plus obligés à les secourir, et qu'ils étoient en état de les attendre; que sous quelques prétextes on avoit voulu sonder leurs volontés; mais qu'il se devoit assurer qu'ils n'entreroient jamais en aucun traité de paix qu'avec lui et les communautés qui lui étoient jointes, et avec le gré et le consentement du roi d'Angleterre.

Ledit Savignac, prisonnier, confirma que ceux de Montauban se déclareroient à la descente des Anglais en Guienne, et en même temps aussi tous les huguenots de cette province devoient prendre les armes sous la conduite de quelques seigneurs, entre autres des sieurs de Duras, de Castelnau, des sieurs de Lusignan, du marquis de La Force, du marquis de Dissideuil frère aîné de Chalais, du baron de Montgaut, Nadaillan, et le baron de Lesle en Périgord; que l'entreprise de la ville du Puy étoit faite par Brisson et se devoit exécuter par l'entremise de Montmiral; que les Anglais avoient deux lieux désignés à leur descente: l'un étoit au Bec-d'Ambez, où ledit Savignac avoit lui-même reconnu le lieu de la descente, et avoit désigné le lieu du fort qu'ils y vouloient bâtir; l'autre étoit Libourne en Guienne; que Savignac devoit s'y trouver, et partir pour cela d'auprès du duc de Rohan pour les y recevoir et faire entrer par la grande église de ladite ville; qu'il avoit reconnu la place pour la pétarder, et que le lieu où devoit appliquer le pétard étoit marqué d'un cercle fait avec un ferrement contre la muraille d'une chapelle de ladite église; que les Anglais amèneroient des bateaux plats pour ce dessein, sur lesquels on pouvoit faire des batteries de canons pour entrer dans la rivière de Bordeaux, et laisser les grands vaisseaux à l'embouchure; qu'un nommé Ranuel devoit bientôt sortir de La Rochelle pour porter au duc de Rohan des nouvelles de ladite ville, des Anglais, et de ce que par leur ordre commun le duc de Rohan devroit faire, et qu'il apporteroit à ceux de Montauban des lettres de La Rochelle et du roi d'Angleterre; que ledit duc de Rohan avoit une entreprise sur la ville de l'Ile, qu'il devoit exécuter par le moyen d'un nommé La Rivière, demeurant en cette province près Salvagnac, et d'un nommé Girard, demeurant dans forêt de Gresine, et que l'on devoit faire plusieurs forts aux environs, pour faciliter le passage du sieur de Rohan de Réalmont à Montauban; que ledit duc croyoit pouvoir passer en Guienne pour y faire déclarer les huguenots, et joindre les Anglais par le moyen de la prise de l'Ile, d'où il ne croyoit point qu'on le pût empêcher de venir à Montauban, où étant, il tâcheroit d'amuser les troupes de M. le prince par une feinte d'attaquer Saint-Antonin ou autre lieu, et qu'après ayant fait amas de bateaux, à quoi dès cette heure travailloit Durand qui étoit à Montauban, et qui avoit 8,000 liv. entre les mains à cet effet, il pouvoit au mois de mars, la rivière étant grosse, embarquer partie de ses gens, les conduire jusques à la pointe de Moissac, et prendre en passant tous les bateaux qui s'y trouveroient; et lui, cependant, devoit couler par terre jusqu'à ladite pointe avec le reste de ses troupes, et se retrancher jusqu'à ce qu'il les eût embarquées dans les bateaux pour aller jusques à Tonneins, s'il n'étoit arrêté par une entreprise qu'il avoit sur Aiguillon, conduite par le ministre Béraut.

Au même temps de la prise de Savignac, il fut encore pris un Ecossais nommé Valquier, qui alloit de Réalmont à Montauban. On sut de lui, entre autres choses, que le comte de Soissons avoit dessein, avec l'assistance du duc de Savoie, de descendre en Dauphiné, et s'en rendre maître, en quoi il prétendoit trouver pour lui toute la noblesse, et catholique et huguenote; qu'il y avoit une entreprise sur Toulon pour se saisir des galères du Roi qui y étoient, et que Boyer, qui en étoit natif, et demeuroit avec M. le comte, étoit celui qui la conduisoit; qu'il y en avoit une autre sur Brescou par les vaisseaux anglais qui étoient en la Méditerranée; qu'étant allé trouver le duc de Rohan à Pamiers le 15 novembre, il l'avoit chargé de témoigner à Montaigu, qui étoit déjà parti de Piémont pour retourner en Angleterre, qu'il avoit vu signer l'union par tous les députés du haut Languedoc, excepté Castres et Puylaurens, et que ceux de Montauban feroient le semblable, auxquels il envoyoit Villemade à cette fin. Il dit aussi qu'étant allé trouver le duc de Rohan à Pamiers, il y avoit six semaines, il l'avoit prié de dire de vive voix au roi d'Angleterre et au duc de Buckingham que les Anglais ne devoient jamais faire la paix qu'au préalable ils n'eussent pris quelque place d'importance, laquelle il falloit tenir jusqu'à ce que le traité de paix fût effectué; autrement qu'on ne feroit jamais rien de ce qu'on promettroit. Qu'à son avis la meilleure descente qu'on pourroit jamais faire en terre ferme, étoit au pays de Médoc ou au Bec-d'Ambez, d'où il pourroit faire des galeries jusqu'à Montauban par les rivières de Garonne et Dordogne. Il dit aussi qu'étant en l'armée dudit sieur de Rohan, il avoit ouï dire hautement à plusieurs de ces capitaines et gentilshommes, et entre autres au sieur d'Alizon, lieutenant de sa compagnie de gendarmes, que ledit sieur de Rohan se pouvoit dire comte de Foix, et que, quand la paix se feroit, il pourroit retenir ledit comté pour son apanage du royaume de Navarre, lequel il ne pourroit jamais obtenir du Roi par autre voie que par les armes.

Le Roi ne reçut point ces avis-là inutilement et apporta les remèdes nécessaires aux mauvais desseins de ses ennemis.

Le duc de Rohan n'avoit point besoin d'éperon en la cause de la rébellion, et avoit déjà de lui-même, dès la fin de l'année passée, depuis l'assemblée d'Uzès, fait prendre délibération aux Eglises du bas Languedoc, en une autre assemblée tenue à Anduze, de joindre leurs armes avec celles d'Angleterre, et depuis y avoit engagé ceux du haut Languedoc en une autre assemblée tenue à Montauban au mois de décembre. Et pour bien commencer l'année, il fit, dès les premiers jours de janvier, une entreprise sur la ville et citadelle de Montpellier; mais les traîtres furent trahis, l'entreprise fut double; quand il la voulut exécuter, il pensa être pris lui-même, pource que le marquis de Fossé l'attendoit, et s'étoit préparé à le recevoir. Il y perdit trente-neuf hommes de commandement, cinquante autres, et treize gentilshommes ou capitaines prisonniers; et s'il n'eût changé l'ordre qu'il avoit pris le jour de devant, qui étoit de donner par les lignes de communication dans l'esplanade, il y eût perdu quatre mille hommes qu'il avoit avec lui. Après s'être honteusement retiré de là, il s'en alla en Vivarais et se saisit de quelques places sur le Rhône, et entre autres du Pouzin, lequel ayant été mal démoli, il ne lui fut pas difficile de le mettre bientôt en défense. Il espéroit qu'étant proche de Dauphiné, il donneroit le courage aux huguenots de faire quelque remuement; mais le maréchal de Créqui, lequel fut incontinent à la campagne, les retint, et le duc de Montmorency, qui alla droit au duc de Rohan, le chassa aussi vite de tout le Vivarais qu'il y étoit venu.

Les places qu'il avoit prises sur le Rhône se défendirent long-temps après sa retraite. On envoya de Lyon du canon à M. de Montmorency pour assiéger le Pouzin, qui se rendit enfin à composition sur la fin de mai. En même temps qu'il alloit en Vivarais, il essayoit de se rendre par intelligence maître de la ville de Briateste en Albigeois. Ceux de la ville découvrirent l'entreprise, et, bien qu'ils fussent huguenots, se saisirent d'un nommé Thouze qui la conduisoit, et lui firent trancher la tête. Un autre de ses suppôts, nommé Canazil, qui conduisoit les menées entre ceux de Montauban et lui, fut pris aussi au mois de février, et exécuté à mort; mais, en passant devant une église dédiée à Dieu en l'honneur de la Vierge, il fut touché, et abjura son hérésie avant de mourir. Le prince de Condé, que l'année précédente le Roi avoit dépêché en Guienne et en Languedoc pour commander ses armées, arriva à Toulouse le 18 janvier, accompagné des ducs de Montmorency et de Ventadour. Le duc d'Epernon s'y étoit rendu un jour auparavant. Après qu'ils eurent ensemble avisé à ce qui étoit convenable de faire pour le service de Sa Majesté, les ducs d'Epernon et de Ventadour se retirèrent chacun de son côté.

Le parlement, suivant la commission du Roi, travailla au procès des villes, communautés et personnes rebelles, et prononça des arrêts contre eux le 22 de janvier. Le 29, il en donna un autre contre le duc de Rohan, par lequel il fut déclaré déchu des titres de duc et pair de France, condamné à être traîné sur une claie avec ses armoiries par les rues et carrefours de la ville, à faire amende honorable en chemise, tête et pieds nus, la torche en main, la hart au col, de là conduit au lieu du supplice, être tiré à quatre chevaux jusques à être démembré, ses membres brûlés avec ses armoiries, réduits en cendres et jetés au vent. Cet arrêt fut exécuté en figure, et son effigie attachée et pendue à une potence.

Le 2 de mars, le prince de Condé fit ouvrir les Etats du Languedoc en la ville de Toulouse. Deux jours après, il partit pour aller en Foix, sur les nouvelles d'une citadelle que Beaufort, que le duc de Rohan avoit laissé pour son lieutenant en ce pays-là, faisoit bâtir en la ville de Pamiers, qui est une des plus grandes villes du ressort de Toulouse, et le siége épiscopal de la province. A l'arrivée dudit sieur le prince, ils firent résistance, se laissèrent battre du canon; la brèche étant faite fort grande, ils s'effrayèrent et se rendirent à discrétion, quoiqu'ils eussent reçu un secours de trois cents hommes. Beaufort, qui en étoit gouverneur, s'enfuit; mais le prince de Condé ayant fait courir après, il fut trouvé en un bois, pris prisonnier et envoyé à Toulouse, où il fut décapité avec Auros, gouverneur de Mazères, qui se convertit à la mort. Après ces choses, le prince de Condé, ne pensant pas que le service du Roi pût aller en ces quartiers-là comme il devoit, si on ne faisoit la guerre partout en ces provinces avec une extrême rigueur, sans épargner personne, et qu'on n'attaquât toutes les villes du Languedoc en même temps, il écrivit au Roi avec grande chaleur pour savoir sa volonté, et essayer de le faire incliner à son dessein. Sa Majesté fut bien marrie de voir que ledit sieur prince continuoit toujours en ce dessein d'assiéger des places en ces provinces-là, au lieu de suivre l'avis qu'elle lui avoit donné et le sujet pour lequel elle l'avoit envoyé, qui étoit d'empêcher simplement que les armes du duc de Rohan n'y pussent faire aucun progrès, la ruine de ces rebelles devant être réservée après la prise de La Rochelle; auquel temps seulement la victoire en seroit assurée et facile. Néanmoins, pource qu'il en témoignoit un si grand désir, Sa Majesté jugea à propos de ne s'y pas opposer si fortement qu'elle ne remît enfin à son jugement de procéder en cela comme il verroit bon être. Cependant elle lui envoya de surcroît les régimens de Picardie et de Normandie, lui manda qu'elle commandoit au maréchal de Créqui de l'assister contre le duc de Rohan, s'il approchoit du Vivarais : qu'au reste, il n'eût peur, ni que le duc de Savoie qui étoit assez empêché en Italie envoyât des forces au duc de Rohan, ni que les Anglais osassent faire descente, son armée devant La Rochelle étant de vingt-deux mille hommes effectifs et mille chevaux ; néanmoins qu'il étoit à propos qu'il se tînt avec ses troupes en tel lieu que le duc de Rohan ne pût joindre les Anglais en Guienne, si, contre la pensée qu'on en avoit, ils y descendoient.

M. le prince, poursuivant ses desseins, prit Réalmont et plusieurs autres places qu'il attaqua ainsi qu'il en étoit sollicité, ou de Toulouse, ou par les divers diocèses de Languedoc qui agissoient en cela selon leurs intérêts particuliers. On tâchoit toujours, tant qu'on pouvoit, à l'en dissuader de la cour. On lui manda diverses fois que toutes les villes qu'il vouloit attaquer n'étoient point d'importance au Roi; que rien ne ruinoit tant une armée que les siéges; que si la sienne se dissipoit une fois il auroit peine à la remettre, et que le Roi ne l'avoit destinée à autre fin que pour empêcher que M. de Rohan ne fît aucun progrès pendant qu'il prendroit La Rochelle, Sa Majesté étant fort assurée que, cette ville prise, elle auroit bientôt raison de M. de Rohan. Il fit plusieurs dépêches contre tous ces avis, et avec tant de chaleur, selon son naturel, et protestations de se décharger des mauvais événemens, au cas qu'on l'obligeât à agir contre son sens, que le Roi étoit contraint de lui laisser la carte blanche, sans toutefois changer d'avis, et lui peu après contraint d'avouer que de loin on avoit vu plus clair que lui de près; car deux mois ne se passèrent pas, qu'après avoir été contraint de lever le siége de Saint-Affrique qu'il avoit entrepris avec trop de chaleur, son armée ne fût absolument dissipée, que le duc de Rohan n'eût pris Mervé, place beaucoup meilleure que toutes celles qu'il avoit prises, et lui réduit à ce point qu'au lieu que, quand il alla en Languedoc, messieurs de Montmorency et d'Epernon étoient ceux dont il faisoit plus d'état en France, l'un comme ayant l'honneur d'être son beau-frère, et l'autre pour l'estime particulière qu'il en faisoit, ce furent ceux dont il se plaignoit davantage, et avec qui il lui fut impossible de compatir. La haine vint jusqu'à ce point que, pour éloigner M. de Montmorency de sa personne, il lui donna la moitié de son armée, avec laquelle il reprit Le Pouzin sur le Rhône, dont les ennemis s'étoient saisis, et fit le dégât à Nîmes lorsque la saison en fut venue. Quant à M. d'Epernon, il se retira d'avec lui de Saint-Affrique, les plaintes étant réciproques de part et d'autre. Et comme il arriva que ledit sieur duc d'Epernon ne réussit pas au dégât qu'il entreprit de Montauban, M. le prince s'estima prophète parce qu'il l'avoit prédit, imputant à sa volonté ce que M. d'Epernon attribuoit à son malheur et à une maladie qu'il manda au Roi lui être survenue.

C'est assez demeurer en ces provinces éloignées, il est temps de retourner à Paris, où la Reine mère du Roi étoit demeurée pour gouverner en l'absence du Roi les provinces de deçà la Loire, suivant le pouvoir que Sa Majesté lui en avoit donné, lorsque, les Anglais étant encore en

Ré, il s'en alla en son camp devant La Rochelle. Elle envoya, le 9 janvier, à Sa Majesté La Milletière, agent du duc de Rohan, lequel avoit été mis à la Bastille en juillet de l'année précédente. Le Roi, après l'avoir ouï, le fit envoyer à Toulouse. On trouva dans ses papiers une instruction, par laquelle il lui étoit commandé de représenter aux états des Provinces-Unies l'intérêt qu'ils avoient à leur manutention : premièrement, parce qu'il leur étoit commun par le lien de la religion, puis, pource que, ne leur donnant point de secours, ils s'affoiblissoient eux-mêmes, d'autant que leur parti tenoit ce royaume en tel état, qu'on ne pouvoit faire aucun dessein préjudiciable à leur république ni à la religion, et pour ces raisons, leur demander assistance de quatre mille hommes soudoyés pour quatre mois, et des vaisseaux de guerre, artillerie et autres munitions dont ils avoient besoin, pour éviter leur totale ruine ; qu'on leur promettoit de Sedan de mettre quinze mille hommes de pied à la campagne et quatre mille chevaux, en fournissant deux cent mille francs à Amsterdam ; qu'ils pouvoient leur donner cette assistance sans préjudicier à l'alliance de France, ainsi que le feu Roi avoit fait envers eux sans rompre celles d'Espagne, et le Roi d'aujourd'hui lorsqu'il avoit protégé le duc de Savoie ; joint que là où il s'agissoit de la religion, toutes autres considérations devoient cesser. Par autres papiers qu'on lui trouva, il paroissoit que les Hollandais ne leur avoient pas voulu donner audience, et ne les voulurent pas assister publiquement pour n'offenser le Roi, mais permirent seulement quelques collectes être faites en quelques-unes de leurs villes pour leur subvenir en leur nécessité. Ils demandoient aussi en Angleterre une collecte pour les aider en leur extrême nécessité, à l'exemple de celle qui avoit été accordée autrefois pour Genève. Il fut aussi trouvé un mémoire des moyens pour se saisir facilement des vaisseaux des ports de France, les armer en course, avec dessein, si la paix se faisoit, de prendre des bannières étrangères, et continuer leurs déprédations sur les Français. En une des lettres que le duc de Rohan lui écrivoit, faisant mention de Fancam, il disoit entre autres choses que sa prise leur donnoit mauvais augure, et qu'il voyoit bien que c'étoit un homme qui seroit sacrifié à la haine de Rome ; par lesquelles paroles paroissoit clairement l'intelligence qu'il avoit eue avec ceux de la religion.

Le 11 janvier, le marquis Spinola, qui alloit de Flandre en Espagne, arriva à Paris avec le marquis de Leganez, où, ayant été bien reçus de la Reine-mère, ils en partirent le 14 pour aller trouver le Roi au camp devant La Rochelle. A leur arrivée, le Roi envoya au-devant d'eux, à une lieue de son quartier, le maréchal de Schomberg pour les recevoir. Spinola fut émerveillé, et paroissoit tout transporté d'étonnement de voir le Roi en son armée avec tant de gaîté et d'attention à tous les ordres qu'il lui étoit nécessaire d'y donner, et si pratic et expérimenté, qu'il étoit bien aisé à voir que, dès sa première jeunesse, il avoit été nourri à ce métier, vraiment digne de sa qualité royale, et d'un rejeton de la tige glorieuse dont il est sorti. Il ne se put tenir de dire à Sa Majesté qu'il n'avoit autre regret en sa vie que de n'avoir jamais vu le Roi son maître honorer ses armées de sa présence, que la noblesse française étoit bien heureuse de se voir honorée de la sienne, qui la rendoit invincible dans les périls des combats auxquels elle se hasardoit pour l'amour d'elle. Qu'ainsi Alexandre, et César après lui, s'étoient rendus maîtres de la terre habitable, et d'une réputation immortelle, qui valoit mieux que leurs empires, non par leurs seuls courages et par les efforts de leurs seules mains, mais pource que leurs présences en leurs armées rendoient tous leurs soldats autant d'Alexandres et Césars. Ce qui montre bien que ce n'étoit pas sans sujet que le grand Antigonus, successeur d'Alexandre, répondit à celui qui lui disoit que les ennemis étoient en plus grand nombre qu'eux, « et moi, qui suis présent, pour combien me comptes-tu ? » Et que le même Antigonus, ayant nouvelle qu'Eumènes étoit malade, et ayant incontinent présenté la bataille à son armée, qu'il croyoit être destituée de chef, quand il vit que ce capitaine, foible de maladie, mais fort de courage, se faisoit porter en une litière par les rangs, donnant les ordres, encourageant par sa parole ses compagnons, et les assurant par sa présence, fit sonner la retraite, disant à ceux qui s'en étonnoient : « Ce n'est pas cette armée, mais c'est cette litière que je crains. » Voyant la digue, il en admira le travail, mais bien plus l'entreprise, avouant que c'étoit une chose qui lui eût semblé impossible s'il n'en eût vu le commencement déjà avancé.

Ils trouvèrent, à leur arrivée, l'armée d'Espagne, qui y avoit été conduite du Morbihan, dont ils tâchèrent à tirer honneur, et faire valoir la fidélité d'Espagne en son alliance avec la France, essayant de couvrir d'excuses plus spécieuses qu'ils purent, la tardiveté de son partement et de son arrivée. Mais ce peu de sujet de vanité qu'ils y prenoient ne dura guère ; car le 26 janvier, qui ne fut que trois ou quatre jours après leur venue, on eut nouvelle que les Anglais avoient préparé un secours de quatorze vaisseaux de vivres pour La Rochelle, et de huit vaisseaux de guerre, entre lesquels il y avoit cinq roberges qui les accompagnoient. Lors don Frédéric fut bien marri d'être parti de Morbihan, et les deux nouveau-venus bien étonnés; car, ayant un ordre secret de ne faire aucun effet pour la France, ils se trouvèrent obligés de demander permission de remener leur armée en Espagne. Ce leur fut une grande honte, et qui n'eût pu être supportée d'autre nation que de celle-là, qui se peut vanter de son impudence, comme faisoit le méchant empereur Caligula de la sienne. Le cardinal représenta de vive voix à don Frédéric, et aux marquis de Spinola et de Leganez, qu'il n'étoit pas à propos pour la réputation d'Espagne, qu'étant venus secourir la France depuis que l'occasion s'étoit passée en l'île de Ré, maintenant ils voulussent partir la veille d'une autre qui se présente; que jusqu'alors le vulgaire avoit cru qu'ils vouloient donner plus d'apparence que d'effets; mais que maintenant il seroit difficile aux judicieux de n'avoir cette pensée; que la gloire d'Espagne ne permettoit pas, non-seulement de se retirer en une occasion, mais de la perdre; que le besoin de la France requéroit ce secours; que le Roi désiroit qu'ils demeurassent, et les en prioit. Nonobstant toutes ces considérations, ils dirent clairement que, si le Roi ne consentoit leur retraite, ils ne laisseroient pas de se retirer.

On jugea qu'il étoit bon de les laisser se retirer sans que le Roi le consentît, mais qu'il falloit que tout le monde crût qu'il leur avoit donné congé, et avoit désiré qu'ils s'en allassent se préparer pour mettre, de part et d'autre, un grand armement au printemps. Et partant, la réponse qu'ils eurent de la part du Roi fut que Sa Majesté estimoit qu'ils devoient demeurer pour la réputation d'Espagne, pour satisfaire à l'union qui étoit entre leurs deux couronnes contre l'Angleterre; que l'occasion se présentoit d'avoir besoin de leur secours; qu'il le leur demandoit, les prioit de demeurer, offroit de leur donner vivres, habits et toutes leurs nécessités; mais que si, nonobstant tout cela, ils se vouloient retirer, Sa Majesté n'en auroit point de mécontentement, ne doutant point qu'ils ne le fissent pour se préparer pour le printemps fortement. Sur cela ils suivirent leur résolution : don Frédéric remena l'armée, Spinola et Leganez disant depuis à plusieurs qu'il s'en étoit allé contre leur avis. Ils ne laissèrent pas d'assurer le Roi que le roi d'Espagne demeureroit constamment dans le dessein de l'attaque d'Angleterre, mais eussent bien désiré néanmoins pour la faire, ce disoient-ils, plus puissamment, qu'on l'eût différée jusqu'à une autre année. Toutefois étant pressés de la part de Sa Majesté de satisfaire à ce à quoi ils s'étoient tant de fois obligés, ils demeurèrent enfin d'accord qu'au moins au mois de juin ils se mettroient en état de bien faire, et lors firent avec le cardinal un projet des articles dont il seroit à propos de convenir pour l'éclaircissement dudit traité contre l'Angleterre, qui avoit été ratifié par les deux Rois dès le 20 d'avril de l'année précédente. Que, sans sortir des termes et obligations dudit traité, ni déroger à aucune clause contenue en icelui, on estimoit à propos de convenir que les couronnes équiperoient deux armées navales de même nombre de vaisseaux; celle de France seroit composée d'un vaisseau amiral de mille tonneaux, vingt vaisseaux de cinq à six cents tonneaux, trente autres de deux à quatre cents tonneaux, dix autres moindres et six galères; que chacune flotte seroit fournie de munitions de bouche et de guerre pour cinq mois; chacune des deux couronnes, outre huit mille pilotes, matelots et soldats, qu'il falloit pour la mer, auroit dix mille hommes de pied et cinq cents chevaux pour trajeter en Angleterre; que le duc de Guise commanderoit l'armée navale, et le marquis Spinola celle de terre; les forces des deux Rois, étant acheminées pour ce dessein, ne se retireroient que du consentement commun de Leurs Majestés; que les armées de France et d'Espagne combattroient toute flotte qui s'opposeroit à leur dessein; qu'il n'étoit pas raisonnable que ni la France ni l'Espagne découvrissent les lieux particuliers par où ils vouloient faire leurs attaques, de peur que, si les ennemis le venoient à savoir, chacun soupçonnât son compagnon de l'avoir dit. Il suffiroit qu'étant joints en mer, ceux qui commanderoient les armées de Leurs Majestés s'en découvrissent les uns aux autres devant que rien entreprendre. Quant aux conquêtes, la meilleure que pussent faire les deux Rois étoit de rétablir la religion, se réservant chacun un port et descente en Angleterre, et de ce l'on en conviendroit par les mêmes personnes selon les diverses entreprises que l'on auroit; et que si on se résolvoit de faire deux attaques en Angleterre, on estimoit qu'il faudroit partager les armées des deux couronnes en sorte que chacune fût composée, moitié des forces de France et moitié de celles d'Espagne, auquel cas les deux Rois auroient à pourvoir de plus grand nombre de chefs que ce qui avoit été dit ci-dessus. Ce projet fut agréé et ratifié au commencement de juillet.

Cependant, comme le principal sujet de leur voyage en France étoit pour tâcher d'obtenir, par courtoisie du Roi, le débris de leurs caraques, ils traitèrent sérieusement de cette affaire-là. Le cardinal, après leur avoir fait avouer qu'il ne leur en étoit rien dû, et que c'étoit une action qui dépendoit de la pure bonté du Roi, s'il lui plaisoit de leur faire rendre, conseilla à Sa Majesté de leur donner contentement, et de leur remettre aussi le droit d'amiral, qu'il avoit ci-devant supplié Sa Majesté de faire recevoir pour être employé en son armement de mer. Les marquis reçurent cette grâce avec de grands témoignages du ressentiment de l'obligation que le Roi leur maître en auroit à Sa Majesté, et en donnèrent une déclaration, signée de leur main, avec promesse qu'on en useroit ainsi en Espagne envers la France en cas semblable. Après quoi leur furent envoyées toutes les expéditions nécessaires pour l'exécution de ce qui leur avoit été promis.

Bautru en ce temps arriva de son voyage d'Espagne, d'où, pour toute résolution, il rapporta une irrésolution de ce dont les Espagnols étoient convenus avec le Roi touchant l'Angleterre; ils faisoient de cette affaire une hydre, et y formoient de jour à autre de nouvelles difficultés, plus grandes que celles qu'on avoit terminées, pour ne venir jamais à une exécution de ce qu'on avoit promis. Ils feignirent avoir ombrage du voyage que Meaux avoit fait en Angleterre pour reconduire les prisonniers qu'on avoit pris en Ré; qu'il leur sembloit que le Roi ne se fortifioit pas assez sur mer, pour avoir intention de faire quelque chose de grand comme leur traité portoit. Et enfin ils s'arrêtoient sur la préséance, ne voulant pas que leurs généraux cédassent à ceux du Roi, ni n'osant pas aussi demander de précéder les nôtres, mais témoignant qu'il y avoit grande difficulté à trouver un expédient là-dessus. Toutes ces choses faisoient assez clairement voir la duplicité avec laquelle ils procédoient, et le peu de sincérité en leur union avec nous; mais, néanmoins, il nous étoit à propos de le dissimuler pour lors.

Le grand nombre de prisonniers et de personnes de qualité que le Roi, généreusement et sans rançon, envoya à la reine d'Angleterre sa sœur, peu après la défaite des Anglais en Ré, et leur retour en Angleterre, obligea le roi de la Grande-Bretagne à renvoyer aussi le petit nombre des Français qui avoient été pris en quelques barques, passant de la terre-ferme en l'île. Launay Razilly, qui en étoit un, eut congé de s'en venir devant. Il arriva au camp du Roi à la fin de janvier, et dit à Sa Majesté que la Reine sa sœur avoit eu grand soin de les faire traiter favorablement; qu'elle le supplioit de faire délivrer Montaigu, qui étoit fort aimé de Buckingham, lequel c'étoit perdre temps de penser pouvoir ruiner dans l'esprit de son maître. Il dit aussi que l'abbé Scaglia, ayant pris quelques familiarités avec lui, avoit fait connoître plusieurs mécontentemens réels qu'il avoit de Buckingham; qu'on avoit résolu d'envoyer en France un nommé Dorbières pour présenter à la Reine les prisonniers français qu'on y renvoyoit; mais, sur quelques avis qu'ils avoient eus qu'on avoit découvert ici quelque chose des mauvaises intentions dudit Dorbières, ils donneroient cette commission à un nommé Aquin, lequel ils chargeroient de faire un voyage au camp devant La Rochelle, sous prétexte d'aller demander quartier au Roi, mais, en effet, pour savoir en quel état étoit une cabale qu'ils avoient commencée avec Toiras, dès le temps que les Anglais étoient en Ré, pour perdre le cardinal, et pour savoir, par le moyen de certaines dames de France, si on désiroit la paix ou la guerre avec eux, et que toute cette affaire n'étoit qu'une pure passion dudit Buckingham; qu'il seroit chargé de beaucoup de manifestes imprimés, et traiteroit avec nombre des plus grands du royaume sur le sujet de ladite cabale. En partant, il le pria de savoir si le Roi et le cardinal étoient tellement irréconciliables avec lui, qu'il ne dût jamais espérer leurs bonnes grâces; qu'il pouvoit les servir puissamment; que les Anglais étoient impuissans; qu'ils désiroient la paix, et la feroient en abandonnant La Rochelle, si on vouloit. Il lui déclara même quelques confidens du duc qu'il avoit gagnés, par lesquels il savoit au vrai tous les desseins du duc, et le conjura de lui écrire quand il seroit arrivé près du Roi, l'assurant que s'il lui vouloit envoyer un homme, comme étant au comte de Vérue, il lui manderoit tout l'état d'Angleterre, et ce qu'ils pouvoient faire contre nous, et si leur secours étoit prêt.

Après avoir bien considéré tout ce que dessus, on fut d'avis, pour découvrir si leur secours étoit prêt, de faire faire réponse audit Scaglia. Launay, sous le nom de son frère, lui manda que, pour satisfaire à ce qu'il avoit instamment désiré de lui, il le pouvoit assurer que le Roi, la Reine et le cardinal ne lui vouloient aucun mal; que bien avoit-on eu mécontentement de ses actions passées, mais que si elles étoient telles à l'avenir qu'il les proposoit, il les considéreroit avec des yeux tels qu'il pouvoit souhaiter. Que quant à la paix, il n'étoit pas homme d'Etat; mais qu'il avoit bien pénétré que jamais elle ne se feroit, si on y vouloit comprendre La Rochelle et les huguenots; que c'étoit une affaire qui passoit sa portée; chaque chose avoit son temps, que quand le temps de celle-là seroit venu, Dieu la feroit conclure en un instant.

Cependant Scaglia, fourbe à sa manière accoutumée, faisoit croire aux Anglais qu'on le recherchoit pour moyenner la paix, et qu'il ne seroit pas difficile de la conclure étant désirée en France. Ensuite, par le courrier qui rapporta les nouvelles qu'on désiroit avoir d'Angleterre, du temps que leur secours pourroit être prêt, Scaglia écrivit à Launay que s'il pouvoit savoir du cardinal, et lui mander quelles conditions on désiroit en France accorder aux huguenots et aux Rochelois, il les feroit trouver bonnes de delà, et après on obligeroit les huguenots de les recevoir en France, où il faudroit que Buckingham vînt pour signer la conclusion du traité, et que si Razilly lui-même vouloit aller de delà, et être porteur de ces avis, ils tomberoient bientôt d'accord. Le cardinal commanda à Launay de lui écrire qu'arrivant il avoit faire entendre fidèlement ce dont il l'avoit prié; mais maintenant, le contenu de ses lettres étant du tout différent de ce qu'il lui avoit dit, il n'avoit rien à lui répliquer, sinon que les choses n'étoient pas en l'état qu'il pensoit; qu'il ne savoit pourquoi il le convioit d'aller de delà, n'y ayant aucune affaire; qu'en France on procédoit avec fermeté et réputation, et qu'on n'y écouteroit jamais parler de paix où il fût fait mention de La Rochelle ni des huguenots; que ce qu'il lui écrivoit étoit de son chef, et à son instante prière; au reste, que le canal de La Rochelle étoit en tel état, que le secours n'y pouvoit entrer, et qu'on ne le craignoit point.

Et parce qu'en même temps on proposoit en Hollande de leur part, et de celle du roi de Danemarck, quelque suspension d'armes entre le Roi et le roi d'Angleterre, qui eût pu servir de quelque acheminement à la paix, le cardinal manda à Bullion, qui étoit un des principaux conseillers demeurés auprès de la Reine-mère, qu'il étoit d'avis qu'après le retour du courrier qu'Aersens avoit dépêché sur ce sujet, on rompît tout commerce avec ces gens-là, qui impudemment supposoient des mensonges pour des vérités, et tâchoient de ne faire aucun établissement que par leur perfidie, et qu'il prît garde que les Anglais, sous prétexte de leur négociation avec Aersens et de cette supposition de Scaglia avec Razilly, ne donnassent une fausse impression en Espagne qu'on voulût entendre à la paix.

Cependant, tandis que le cardinal employoit tout l'esprit que Dieu lui avoit donné à faire réussir le siége de La Rochelle à la gloire divine et au bien de l'Etat, et y travailloit plus que les forces de corps que Dieu lui avoit départies ne lui sembloient permettre, on eût dit que la mer et les vents, amis des Anglais et des îles, s'efforçoient à l'encontre et s'opposoient à ces desseins.

Le 10 janvier le vent fut si furieux, qu'une partie de ce qui étoit commencé de la digue en fut emporté. Le cardinal, jugeant que cela provenoit de ce qu'elle n'avoit pas assez de talus, la fit promptement raccommoder et lui en donner davantage; il fit aussi le 21 échouer dans le canal douze vaisseaux maçonnés qui arrivèrent de Bordeaux. Et pource que la solde est l'ame du soldat, et l'entretien de son courage, qu'il semble perdre quand il n'est pas payé, afin qu'ils ne manquassent pas à l'être ponctuellement, il fit commettre autant de commissaires qu'il y avoit de régimens, et ordonna que la paie seroit distribuée par leurs mains aux soldats, et non à leurs capitaines, d'où il revint trois grands avantages à l'armée : que les soldats étoient effectivement payés; que les capitaines ne leur pouvant plus faire perdre leurs montres, ils ne pouvoient plus passer aucun passe-volant, et que le Roi savoit toutes les semaines le nombre effectif des soldats qu'il avoit en son armée; à faute de quoi les historiens remarquent que François I, pensant avoir beaucoup plus de troupes qu'il n'avoit, perdit la bataille de Pavie. Les capitaines s'y opposèrent tant qu'ils purent pour leur injuste intérêt; mais la fermeté du cardinal et la justice l'emportèrent. Au même temps, dans le même mois, arriva un autre effet de la prévoyance qu'on avoit eue pour le bien des mêmes soldats : c'est qu'il fut apporté en l'armée grande quantité d'habits que les principales villes du royaume avoient eu commandement de faire faire pour eux, et chacune d'elles l'exécuta à l'envi avec grand contentement. Et, afin qu'il y eût presse et honneur à se tenir dans les galiotes, barques et traversiers de l'armée de mer, qui étoit le poste le plus important et le plus hasardeux, le Roi commanda le même jour à ses carabins, mousquetaires et à tous les volontaires, d'y coucher les uns après les autres.

Cela fait, le Roi commença à s'ennuyer à La Rochelle, et son ennui vint jusqu'à tel point, qu'il estimoit sa vie être en péril s'il ne faisoit un tour à Paris. Le cardinal, ne sachant point la grande envie que Sa Majesté avoit de se retirer, s'y opposoit autant qu'il lui étoit possible, représentant qu'il y alloit de sa réputation s'il se retiroit. Cette vérité déplaisoit tellement au Roi qu'il s'en prenoit à celui qui la disoit, jusque-là qu'il tomba aucunement dans sa disgrâce. Le dégoût qu'il avoit de lui étoit tel qu'il se prenoit à lui de toutes choses. Le sieur de Bellegarde, employé dans l'armée du temps de Monsieur, demandoit la continuation de son emploi, en égalité avec les maréchaux de France, ce qui se pouvoit accommoder avec un tempérament qui eût contenté toutes les parties. Le cardinal en parla à Sa Majesté, lui témoignant que si elle mécontentoit le sieur de Bellegarde, elle mécontenteroit tout-à-fait Monsieur, ce qu'il falloit éviter. Sa Majesté se plaignit à quelqu'un de ses familiers, disant que le cardinal prenoit parti pour ledit sieur de Bellegarde contre lui : comme si prévoir et l'avertir de ce qui arriva depuis, eût été un crime et non un service. Le Roi étoit extrêmement animé contre Pompée Targon, qui promettoit beaucoup et faisoit peu. Le cardinal dit à Sa Majesté qu'il croyoit comme elle que Targon ne feroit rien, mais que si sur cette prévoyance bien fondée le Roi le chassoit, sans que son effronterie parût par le mauvais succès de son travail, il diroit partout que si on l'eût laissé faire il auroit fait des merveilles, et le simple peuple le croiroit. Que, partant, il estimoit qu'il le falloit laisser parachever, afin que chacun vît qu'on n'avoit rien omis d'imaginable pour le succès d'un si grand dessein comme celui de La Rochelle. Sa Majesté continua sur ce sujet à dire que le cardinal prenoit toujours parti contre lui. Cela lui donnoit lieu de n'ouvrir plus la bouche; mais cependant il n'en prenoit pas le dessein, aimant mieux être utile qu'agréable.

Pour remède à son mal, il prit sujet d'envoyer un matin au Roi un billet qui portoit que Sa Majesté devoit avoir l'esprit en repos sur le sujet de son voyage, étant certain qu'elle le pouvoit faire pour peu de temps sans que ses affaires en reçussent préjudice; que sa santé étant plus chère à la France qu'aucune autre chose, il en devoit avoir un très-grand soin; qu'il étoit certain que nul en son absence ne feroit aller si bien ses affaires que lui par sa propre présence; cependant qu'il s'offroit de demeurer pour empêcher, autant qu'il pourroit, qu'il n'arrivât aucun changement à ce qu'il avoit si bien commencé. Ce qu'il estimoit devoir être remède à son mal, fut une nouvelle cause qui l'augmenta et rengrégea tout-à-fait; car, parce que son billet portoit que nul ne pouvoit si bien soutenir ses affaires que sa propre personne, ce que toutes sortes de raisons et particulièrement celle de la modestie l'obligeoient à dire, le Roi estima que par là il vouloit l'empêcher de s'en aller, et s'en piqua contre lui plus que jamais. L'ayant découvert au bout de quelques jours, il adoucit cette piqûre le plus qu'il lui fut possible.

Enfin le Roi s'en alla le 10 février. Le cardinal, jugeant bien que, s'il s'en alloit, le siége de La Rochelle seroit ruiné s'il n'y demeuroit, vu la créance qu'on avoit en lui par l'honneur qu'il lui plaisoit de lui faire, il aima mieux, en y demeurant, s'exposer à sa perte, pour beaucoup de raisons, que de manquer à la prise de la ville. Il considéroit, d'une part, qu'il n'étoit point de la profession des armes; que ceux qui sont en la place où il étoit, sont assez exposés à l'envie, sans qu'il l'augmentât par cette voie; que tous les grands lui imputeroient, par leur malice, à crime ce qu'il ne consentiroit que pour servir; qu'une armée fatiguée se dissipe lorsqu'on attend un secours d'argent qu'on laisse manquer; que si, en la présence du Roi, tous les volontaires et beaucoup de chefs s'en étoient allés, que ne feroit-on point en son absence; que le vulgaire d'ordinaire rend responsable des événemens; qu'en cette occasion la tempête les pouvoit rendre mauvais sans que la prudence y pût remédier; qu'en telle humeur il pourroit être, qu'il ne falloit que quelqu'un qui lui allât dire qu'il (1) eût mieux fait de faire autrement pour qu'il en prît impression. D'autre part, il considéroit que le Roi s'en allant, s'il ne demeuroit, tout le monde estimeroit l'affaire abandonnée; que sans cet expédient tous les généraux ne se pouvoient accorder, ne se voulant céder les uns aux autres; que tel pouvoir demeurer seul, qui n'auroit pas l'autorité de contenir les choses comme elles devoient être, et tel qui ne le voudroit pas. Il considéroit que l'affaire du clergé, très-importante, requéroit la demeure du cardinal; car le clergé étoit lors établi à Fontenay pour délibérer du secours qu'il pourroit donner au Roi; que les affaires ne subsistent que par réputation, et qu'il ne faut qu'un moment pour faire tourner la barque; que de la prise de La Rochelle dépendoit le salut de l'Etat, le repos de la France, le bonheur et l'autorité du Roi pour jamais; que s'il demeuroit, l'opinion qu'on avoit de la bonne volonté que son maître lui portoit, feroit que tout le monde verroit bien qu'il ne le laisseroit pas pour abandonner l'affaire; qu'on croiroit de plus que le Roi reviendroit bientôt, nul ne pouvant penser que ledit cardinal s'en séparât pour long-temps; que l'armée penseroit aussi que l'argent ne manqueroit pas, et que sa vigilance et son ardeur feroient croire que les affaires subsisteroient comme on les auroit laissées. Il demeura donc pour toutes ces raisons.

Le Roi, qui au commencement n'avoit pas goûté sa demeure, eut tant de satisfaction de la résolution qu'il en prit, conformément à la volonté que les vœux de toute l'armée lui en donnèrent, qu'il lui fit plus de caresses qu'il n'eût su désirer, lui donna plus d'assurance de sa bienveillance et de sa protection que jamais; et le cardinal l'ayant accompagné deux lieues, il l'honora, à la séparation, de ses commandemens avec larmes. Non content de ce bon traitement,

(1) Lui, le cardinal.

après s'être retiré, le sieur de Guron voulant prendre congé de lui, il lui dit qu'il ne pouvoit parler, tant il avoit le cœur serré du regret de laisser le cardinal; qu'il lui allât dire de sa part qu'il n'oublieroit jamais le service qu'il lui rendoit de demeurer au siége; qu'il savoit bien que si ce n'eût été pour soutenir ses affaires il ne l'auroit pas fait, parce qu'il quittoit son repos, et s'exposoit à mille travaux pour le servir. Qu'au reste, il vouloit qu'il crû; qu'il continueroit toujours de l'aimer; qu'il n'allât point aux lieux périlleux où il alloit tous les jours; qu'il le prioit qu'il s'en abstînt pour l'amour de lui, et qu'il considérât combien sa personne lui étoit nécessaire, et combien il lui importoit de le bien conserver. Au reste, qu'il eût soin de sa santé, qu'il le reverroit bientôt, et plus tôt peut-être qu'il ne lui avoit dit; car il sentoit déjà qu'il auroit de grandes impatiences de revenir. Et Sa Majesté parloit avec un si grand sentiment, que dès le lendemain elle écrivit de Surgères les mêmes choses au cardinal qu'elle avoit commandé audit sieur de Guron de lui dire, avec des paroles si obligeantes qu'il n'étoit pas possible de plus. Cependant le cardinal, qui, l'étant allé accompagner quand il partit, n'avoit osé, par respect, prendre son parasol pour se garantir de l'ardeur du soleil qui étoit très-grande, fut, à son retour au Pont-de-La Pierre, surpris d'une fièvre tierce, dont Dieu lui fit la grâce de le délivrer après en avoir eu cinq accès.

Il prit un soin plus exact que jamais de toutes les affaires, pour réparer le défaut qu'apportoit l'absence de Sa Majesté. Et pource que Ré étoit de telle importance qu'elle avoit été le fondement de tous les troubles présens, n'étant pas moins nécessaire de la conserver qu'il avoit été de la défendre, vu que c'eût été une chose qui eût causé au Roi une honte éternelle, si, après l'avoir une fois délivrée, ne l'ayant pas pourvue de toutes choses nécessaires, ses ennemis y eussent fait un nouveau dessein avec un plus favorable succès, sa première pensée fut de mettre un tel ordre en cette place, qu'elle fût assurée contre l'effort de quelque armée navale qui la pût venir attaquer. Pour ce sujet il écrivit à Toiras, dès le 15 février, qu'il fît mettre dans la citadelle de Ré toutes les victuailles et munitions de guerre qui y seroient nécessaires pour six mois, à la charge qu'il commit quelqu'un fidèle qui tiendroit bon compte de la consommation desdites munitions pour le service de Sa Majesté, et que, moyennant cela, il promettoit de lui faire donner bonnes et valables assignations par Sa Majesté; et cependant qu'il lui prêtoit, de son argent, les trois montres que le Roi avoit accordées par gratification aux huit cents soldats qui étoient demeurés dans ladite citadelle pendant le siége, M. d'Effiat n'y ayant pas satisfait, comme aussi 25,000 francs, afin qu'il en fît faire la sixième montre du régiment de Champagne, sur le pied de six vingts hommes.

Quant au canal de La Rochelle, il n'y avoit encore que quatorze ou quinze vaisseaux qui y fussent enfoncés. Il en manquoit plus de cinquante pour le barrer entièrement, encore n'étoit-ce pas assez, vu qu'à tous les gros d'eau la mer passoit par-dessus tous les vaisseaux plus de six ou sept pieds. Mais il s'avisa, en cette extrémité, de faire, pour empêcher le passage, une estacade flottante de vaisseaux attachés ensemble par quantité de câbles et de haubans qui étoient entortillés de chaînes de fer, pour empêcher qu'ils ne fussent coupés. Chacun estimoit qu'il seroit impossible de la maintenir dans le canal, où les tempêtes sont souvent furieuses; mais l'expérience fit connoître que rien n'est impossible où l'on ne plaint point la dépense et la peine; car souvent les tempêtes mettoient trois et quatre de ces vaisseaux à fond; mais le mal n'étoit pas plutôt fait qu'on ne le réparât, ou en relevant lesdits vaisseaux, ou y en remettant d'autres. Car, prévoyant tels inconvéniens, il avoit dès auparavant arrêté tous les vaisseaux hollandais qui se trouvèrent dans nos côtes, et en avoit amassé, par ce moyen, tant de ceux-là que de français, jusques au nombre de cent, qui furent appréciés et payés, et employés à cet effet-là; et il en avoit fait un si bon amas, qu'il en resta assez pour faire une grande demi-lune du côté de la mer pour rompre son impétuosité. Il avoit soin de rendre un compte très-exact au Roi de ces choses, et généralement de tout ce qui se passoit en son armée, pour lui ôter les inquiétudes qu'il sembloit qu'il en prenoit, et fît travailler si puissamment aux travaux de la terre, que les forts, redoutes et lignes de communication, furent presque achevés un mois après que Sa Majesté fut partie; de sorte qu'il n'entroit plus rien dans La Rochelle par terre. Il fit aussi commencer les batteries de Coreille et de Chef-de-Baye, et du long du canal, où il y avoit en batterie quarante ou cinquante pièces de canon. Il fit mettre à fond, dix jours après le partement du Roi, vingt-quatre vaisseaux murés qui arrivèrent de Bordeaux, et, dès lors, le canal commença à être embarrassé de plus de quarante vaisseaux enfoncés. La digue n'étoit encore lors que de cent soixante pas, mais on la hâtoit avec une merveilleuse diligence, et continuellement on amenoit des traversiers et autres vaisseaux, pour se préparer et fortifier à recevoir les Anglais, qui se vantoient de devoir bientôt venir pour secourir et ravitailler La Rochelle.

Depuis le 23 jusques au 28, le vent, la pluie et la tempête rendoient la mer effroyable, sans néanmoins que les vaisseaux du Roi en fussent endommagés, ni même beaucoup l'estacade flottante. Tout le mal que fit la tempête tomba sur une machine chargée de fascines, que Pompée Targon avoit mise derrière son petit fort pour le couvrir de la mer, laquelle fut emportée vers La Rochelle, et échouée entre la porte des Deux-Moulins et le Fort-Louis. Les Rochelois voulurent profiter de ce débris de fascines, mais ce qu'ils en prirent leur coûta bien cher; les soldats du Fort-Louis en retirèrent la plus grande part.

Le cardinal étoit, par la grâce de Dieu, bien assuré de la prise de La Rochelle avec le temps; mais les Espagnols, et autres ennemis de ce royaume, y formoient tant de difficultés, par les diversions qu'ils y donnoient au Roi de tous côtés, qu'il sembloit que c'étoit prendre deux fois La Rochelle que de la prendre bientôt, et que gagner le temps étoit un plus grand gain que celui de La Rochelle même. Pendant que le Roi étoit occupé en ce siége, la mort de M. de Mantoue étant arrivée (1), les Espagnols, qui de long-temps avoient dessein d'envahir l'Italie, et ensuite le monde s'ils pouvoient, estimèrent qu'ils ne devoient pas perdre la coutume qu'ils ont de ne négliger aucune occasion en laquelle ils puissent procurer leur avantage, et principalement embrasser celle-ci, qui pouvoit troubler le Roi en son entreprise de la Rochelle. Ils sollicitent l'Empereur de dépouiller le duc de Nevers, légitime héritier des États du feu duc, par un décret impérial. L'empereur ne le voulant pas faire, ains, au contraire, ayant inclination à en investir ledit duc de Nevers, ils arrêtent par brigues cette investiture, et attaquent par armes les États qu'ils vouloient avoir, se doutant bien que, quand Sa Majesté impériale verroit le roi Catholique embarqué par armes ouvertes en cette guerre, il seroit contraint de suivre ses pensées en toutes choses, et d'adhérer à ses desseins. Saint-Chamont, que Sa Majesté avoit, avant la mort du duc, envoyé en ambassade extraordinaire à Mantoue, y étoit arrivé fort à propos, peu de jours auparavant qu'il expirât, pour empêcher les desseins qu'on avoit de se saisir de son État et de sa nièce (2) qui en étoit héritière, dès qu'il auroit l'œil fermé. Il découvrit que le duc de Guastalla, partisan d'Espagne, et qui prétendoit quelque chose à cette hérédité, avoit fait entrer dans Mantoue plusieurs personnes à sa dévotion,

(1) Le 26 décembre 1627.
(2) Fille du duc François.

et fait mettre en une maison secrète cinquante pétards, pour après la mort du duc se saisir du palais et des places fortes de la ville. Il les fit prendre et emporter, en plein midi, au palais du duc, qui, touché d'un juste ressentiment de ce mauvais procédé, et craignant qu'on eût dessein, non-seulement d'attendre, mais prévenir sa mort, fit testament en faveur du duc de Nevers, et, non content de cela, le fit, par ses lettres patentes, publier son unique et légitime successeur, et institua le duc de Rethelois, son fils aîné, son lieutenant général en son absence, et lui ordonna d'épouser la princesse Marie sa nièce avant son décès, en vertu de la dispense qu'il en avoit obtenue de Sa Sainteté; ce qui fut exécuté selon son désir; et enfin, il fit prêter serment aux gouverneurs des places importantes de les tenir, après son décès, pour le duc de Nevers, lequel partit de France en diligence, et arriva le 17 janvier à Mantoue, où il fut reçu avec un applaudissement universel.

Ainsi, la trop grande prévoyance du duc de Guastalla tourna à la ruine de ses propres affaires. Saint-Chamont, après avoir fait accomplir le mariage du duc de Rethelois avec la princesse de Mantoue, se doutant bien que cette nouvelle surprendroit et fâcheroit le duc de Savoie, qui désiroit la voir mariée en sa maison, dépêcha incontinent Sabran de Mantoue à Turin, pour excuser la promptitude nécessaire de ce mariage, lui promettre satisfaction de ses prétentions, et lui demander délai d'un mois, attendant l'arrivée du duc de Mantoue en ses États. Le duc lui accorda ce délai difficilement. Sabran s'en retourne; il est, incontinent après l'arrivée du duc de Mantoue, redépêché à Turin, avec pouvoir d'accorder avec le duc de Savoie l'exécution du traité fait, trois ans auparavant, entre lui et le feu duc Ferdinand, prédécesseur de Vincent. Le duc de Savoie le refuse, fait naître beaucoup de difficultés, fait des propositions injustes et extravagantes, desquelles il proteste ne se vouloir départir, et ne donne que quinze jours au nouveau duc de Mantoue pour se résoudre. Ce terme de quinze jours n'étant pas suffisant pour écrire en France et en recevoir la réponse, et le Roi étant aussi lors occupé à tant de grandes affaires, qu'il ne peut pas si promptement dépêcher celle-là, la résolution fut si tardive, que Saint-Chamont, n'arrivant que six semaines après à Turin, trouva qu'il y avoit trois jours que le duc de Savoie avoit pris parti, et achevé son traité avec les Espagnols, qui, pour empêcher le nom français de revivre en Italie, et y éteindre la réputation du Roi, le sollicitoient de long-temps de s'unir à eux. A quoi ils n'eurent pas grande difficulté de le faire résoudre, d'autant qu'il étoit ulcéré contre le Roi de ce que, sans avoir voulu entendre aux injustes propositions qu'il faisoit d'attaquer le Milanais pour le lui donner avec la qualité de roi, il s'étoit, à son déçu, accordé avec le roi d'Espagne des différends de la Valteline et de l'Italie par le traité de Monçon, outre que le roi d'Espagne et lui avoient un autre motif qui leur étoit commun et les unissoit en cette conjecture contre la France, qui étoit qu'il est certain qu'il n'y avoit rien que l'Espagne appréhendât tant, que le Roi fût universellement obéi dans ses États, et qu'ils eussent mieux aimé perdre une partie de ceux qu'ils occupent, que de voir le Roi absolu dans les siens. D'autre part, ils savoient assez par expérience que la France unie est invincible en elle-même, et qu'elle est capable de vaincre au dehors tout ce qu'elle voudra attaquer. Le duc de Savoie, voisin de ce grand royaume, avoit les mêmes craintes de son avantage, et les mêmes pensées de sa force. Ces considérations les lièrent ensemble, mais en intention de se tromper l'un l'autre s'il étoit possible, et cependant de profiter, ou empêchant que le Roi prît La Rochelle s'il vouloit secourir l'Italie, ou lui ôtant le moyen de rien entreprendre ci-après en Italie, s'ils pouvoient ruiner le duc de Mantoue, qui étoit françois, pendant que Sa Majesté étoit occupée ailleurs. Ce moyen sembloit être prudent pour arriver à l'une des deux fins, dont l'alternative ne pouvoit être qu'avantageuse à leurs affaires, et ne paroissant pas être une opposition directe au siége de La Rochelle, ne choquoit pas la principale maxime du gouvernement. Les Espagnols connoissoient trop bien l'humeur inquiète du duc de Savoie, pour faire grand fondement en son amitié, et savoient bien d'ailleurs que le partage qui se pourroit faire des choses usurpées sur le Montferrat, feroit naître de nouveaux dégoûts entre eux. Ils tenoient d'abondant pour certain qu'il eût été plus convenable à leur monarchie de perdre une province au profit de quelque autre potentat, que de consentir que ledit duc de Savoie eût ajouté à ce qu'il possédoit lors un seul pouce de terre. Et le duc, de son côté, savoit bien qu'il avoit trop offensé l'Espagne pour s'y pouvoir fier; il n'ignoroit pas qu'on ne pardonnoit point en ce climat-là, mais que l'on dissimuloit, et savoit-on attendre l'occasion. Il étoit prince trop clairvoyant pour ne voir pas que Casal entre les mains d'Espagne étoit sa ruine, puisque c'étoit une porte inexpugnable à la frontière de son pays, par laquelle on y pouvoit entrer plus facilement. Mais la puissance de la France étoit si odieuse à ces deux princes, qu'ils passèrent par-dessus toutes ces considérations pour s'y opposer.

Les Espagnols promirent au duc de Savoie quelques places du Montferrat jointes à ses Etats, et entre autres celle de Trino, moyennant quoi il s'obligea à tenir les Alpes fermées, pour empêcher le passage du secours de France tandis qu'ils entreprendroient le siége de Casal; et afin de tenir le duc de Mantoue occupé partout, les Espagnols ordonnèrent le comte de Montanègre avec une armée suffisante de gens de pied et de cheval, pour entrer au plus tôt dans le Mantouan. Ils couvroient tout cela du nom de l'Empereur, auquel ils disoient qu'il touchoit de décider à qui d'entre tous les prétendants cette hérédité devoit être adjugée, bien que Sa Majesté Impériale n'entrât pas volontiers en ces entreprises, qu'elle savoit être injustes, et qu'elle eût inclination d'en donner l'investiture au duc de Nevers, qui la lui avoit envoyé demander par l'évêque de Mantoue, son ambassadeur extraordinaire, et lui représenter les justes et nécessaires causes qu'il avoit d'être entré cependant en possession desdits duchés.

Ces choses étant passées entre le duc de Savoie et les Espagnols, Saint-Chamont ne put pas faire agréer les offres qu'il avoit à faire de la part du duc de Mantoue, qui étoient de 8,000 écus de rente en terres souveraines, sans distinction ni séparation de droits et terres, qui seroient au choix dudit duc de Mantoue; et pour les prétentions particulières dudit duc de Savoie, en 16,000 écus de rente annuelle à l'Infante (1) pour son douaire et revenu, non souverain, ou en pension à sa disposition. Il dépêcha en diligence Sabran au Roi pour lui donner avis de ce qui se passoit.

Cependant le duc de Savoie, accoutumé de long-temps à colorer ses tromperies de prétextes spécieux, fit courir un manifeste en forme de lettre qu'il feignoit avoir écrite à son ambassadeur en France, par laquelle il se plaignoit du duc de Nevers, qui avoit fait emprisonner en France le prêtre Galerati, par lequel il lui proposoit quelques partis d'accommodement raisonnable, au cas que la mort du duc Vincent arrivât; secondement, du marquis de Saint-Chamont, qui auroit fait épouser au duc de Rethelois la princesse de Mantoue sans le consentement de l'Infante sa mère, ni le sien, la tirant, disoit-il, du monastère par manière violente, nonobstant tout ce que put dire l'évêque de Mondevi, son ambassadeur. Davantage, que ledit Saint-Chamont, passant par ses Etats, avoit contesté avec lui trois partis d'accommodement fort raisonnables, desquels le

(1) Marguerite, veuve du duc François, petite-fille du roi d'Espagne, Philippe II, et fille du duc de Savoie.

duc de Nevers ne se servoit que pour s'établir en la possession du Montferrat, lui ayant envoyé un nommé Sabran sans pouvoir, et sans lui faire aucune proposition qu'en termes généraux, auquel néanmoins il avoit offert de se contenter que le traité fait avec feu Ferdinand fût observé, pourvu qu'on lui donnât quelque récompense en lieux plus voisins de Piémont; que celui de Trino étoit compris dans cette voisinance, et que c'étoit celui qu'il désireroit; que ledit Sabran avoit semblé partir satisfait, et lui avoit promis qu'en bref il auroit réponse. Cependant deux mois s'étoient passés sans qu'il en eût eu.

Incontinent que Sabran fut arrivé près de Sa Majesté, elle le renvoya promptement, avec pouvoir à Saint-Chamont d'accorder les 12,000 (1) écus de rente en terres souveraines, sans distinction de droits, au choix du duc de Mantoue. Mais il trouva, à son arrivée, que don Gonzalez, d'une part, et le duc de Savoie, de l'autre, étoient déjà entrés à main armée dans le Montferrat. Saint-Chamont et Guron allèrent néanmoins trouver le prince de Piémont, et lui demandèrent s'il étoit en état d'accepter le contentement que le Roi lui envoyoit. Le duc demandant quel il étoit, Saint-Chamont lui répondit que le Roi ne vouloit pas être refusé, et qu'il ne lui pouvoit pas faire l'offre de Sa Majesté, s'il ne savoit qu'il fût en liberté de traiter. Sur quoi le prince repartit qu'il avoit signé son traité avec Espagne, qu'il avoit donné sa parole, et qu'il la tiendroit.

Il parut peu après à Paris un petit discours français, imprimé à Turin, intitulé *Avertissement au Roi d'un bon et fidèle Français sur les troubles d'Italie*, qui étoit attribué au duc de Savoie, par lequel il essayoit de faire paroître que le Roi étoit mal conseillé de s'opposer à son injuste attentat contre le duc de Mantoue, et qu'il n'étoit pas assez puissant pour le forcer, étant assisté de l'Espagne et de l'Empereur, comme il étoit. Le cardinal lui fit faire une réponse qui découvroit ses artifices, et répondoit à ses mauvaises raisons, et prédisoit par une sage prévoyance ce qui lui en arriva depuis.

Ce mouvement, qui étoit grand, important à la France, et d'une longue suite, requéroit un prompt secours du Roi, qu'il ne pouvoit donner, étant employé à La Rochelle qui occupoit ses principales forces; ce qui faisoit que le cardinal recherchoit en son esprit tous les moyens qui pouvoient abréger ce siège, et estima devoir faire tenter l'entreprise que l'on avoit sur La Rochelle, il y avoit plus de quatre mois. Peu de

(1) On a lu plus haut 8,000 écus; le dernier chiffre paraît être le vrai.

temps après que le Roi fut venu en l'armée, plusieurs lui proposèrent diverses entreprises sur ladite La Rochelle, et combien qu'à l'abord il y eût lieu de croire qu'on ne les pourroit exécuter, sans de grandes difficultés, contre une ville assiégée, la même prudence qui faisoit concevoir ce doute, obligeoit de ne pas rejeter des ouvertures qui pouvoient prévenir les incommodités d'un si long siège, et qui étoient faites par des personnes que l'on savoit avoir une parfaite connoissance des lieux. Le Heaume, qui s'étoit retiré au service du Roi depuis quelques années, après avoir eu long-temps la charge de sergent-major dans La Rochelle dont il avoit reconnu les défauts, mit en avant le dessein de surprendre le port du bastion des Vases et la porte de Saint-Nicolas, et de donner en même temps à la porte des Deux-Moulins par une poterne qui en étoit fort proche et avoit sa sortie du côté de la mer. Cette proposition ne sembloit pas hors d'apparence, à cause principalement que tous ces lieux étant peu éloignés rendoient l'attaque plus facile; toutefois, après une diligente remarque de chacun en particulier, on ne la trouva pas bonne, et, à la vérité, c'eût été hasarder beaucoup de monde avec peu d'espoir. Cette considération porta le cardinal d'écouter plus volontiers un autre avis qui lui fut donné par un des principaux habitants de la ville, catholique et officier du Roi. Il dit avoir reconnu deux endroits qui se touchoient presque l'un l'autre, dont l'on pouvoit se promettre un heureux succès, ou au moins les tenter avec fort peu de perte. L'un de ces lieux étoit la porte de Maubec, laquelle n'étant pas faite pour servir ordinairement, et restant murée en temps de paix, l'on n'avoit pas pris tant de soin de fortifier comme les autres; que deux pétards y donneroient entrée, et que, de plus, à trente pas de là, dans la même courtine où se trouvoit la porte, il y avoit une fort grande voûte fermée d'une grille de bois, que l'on levoit pour faire passer dans la ville les bateaux chargés de sel, dont l'on fait quantité dans les marais salans qui de cette part l'environnent. En même temps le marquis d'Effiat, sans savoir chose quelconque de cet avis, fit voir au cardinal un homme de la fidélité duquel il s'assuroit, qui, ayant fait du séjour dans La Rochelle, disoit avoir fort considéré cette grille, et qu'à la voir elle donnoit envie d'y former une entreprise pour la facilité qui s'y rencontroit.

Sur la fin de novembre, le cardinal donna charge à cet officier du Roi de faire choix de paysans catholiques et fidèles, qui eussent habitude des lieux, et député quelqu'un de sa maison pour s'enquérir d'eux à loisir, sous prétexte d'autres desseins. Pour cet effet on se servit de quatre sauniers, qui n'avoient fait autre métier toute leur vie que de travailler aux marais proches de Maubec, savoient tous les chemins qui conduisoient à la porte et à la grille, et les détours d'un canal qui, entre les marécages, s'alloit rendre dans les fossés de la ville, et coule sous la voûte où la grille est posée. Ces gens, interrogés à part et à diverses fois, rapportèrent que, pour aller dans la ville par la porte Maubec, l'on passoit sur un pont dormant de sept à huit pieds de largeur, et aussi long que le fossé, qui pouvoit être de douze toises; qu'à l'entrée du pont dormant vers la contrescarpe, la nuit on levoit un pont-levis de huit pieds de longueur, qu'au bout du pont dormant vers la ville, sur lequel jusque-là le chemin étoit libre, on trouvoit un pont-levis, long de dix pieds, au devant de la première porte de la ville qui touchoit le derrière du pont, depuis laquelle s'étendoit une voûte de la longueur du rempart jusqu'à la dernière porte à l'entrée de la rue, sans qu'il y eût fossé ni barrière entre deux; qu'ils n'avoient point vu faire garde au dehors, ni sur le pont dormant, ni sur la porte, entre laquelle et la grille l'on mettoit sur le rempart un corps-de-garde de trente ou quarante hommes. Quant à la voûte fermée d'une grille, ils disoient avoir conduit fort souvent des bateaux sur le canal, qui, descendant des sources de Périgny le long de la Moulinette jusque dans le fossé, entroit sous cette voûte dans la ville, et à quelque trois cents pas de là s'alloit rendre dans le port, d'où le flux de la mer montoit par ce canal jusque dans le fossé, et bien loin au-delà; qu'en cet endroit le fossé étoit large de douze toises, et creux de quelque six pieds; qu'en basse mer l'eau n'y étoit pas plus haute que de trois ou quatre pieds; qu'il y avoit un peu de fange à l'entrée du fossé, en sorte toutefois que l'on marchoit aisément; qu'après avoir fait trois ou quatre pas on y trouvoit le roc et le gravier jusqu'à la voûte; et durant toute sa longueur, qui s'étendoit sous le rempart, le canal qui alloit au port continuoit d'avoir le terrain ferme, et l'eau de la même hauteur, avec cette commodité que, sortant de dessous la voûte pour entrer dans la ville, il y avoit sur le bord du canal une montée fort facile, d'où l'on se pourroit mettre à terre, pour y former des bataillons et se saisir du corps-de-garde qui en étoit fort près. Ces hommes assuroient avoir passé souvent à pied par tous ces lieux quand la mer s'étoit retirée, et quelques-uns disoient y être allés depuis deux mois, et avoir raccommodé quelques pièces rompues de la grille qui n'étoit que de bois, sans autres défenses que d'un gros mât attaché sous la voûte à deux pieds de la grille, d'un bout de la muraille à l'autre, avec des chaînes de fer qui lui donnoient l'ébat de flotter à fleur d'eau. Sur la fin de novembre, cet officier du Roi prit l'occasion de quelques affaires domestiques d'entrer dans la ville, sous le passe-port du maire, pour reconnoître s'il n'y avoit rien de changé depuis qu'il en étoit parti, et rapporta que non.

Après tant de témoignages, le cardinal, pour s'éclaircir encore mieux de cette affaire, envoya deux gentilshommes de sa maison, Saint-Germain et La Forêt, pour reconnoître si le rapport des paysans étoit véritable, qui, leur servant de guide, les menèrent la nuit jusque sur le bord de la contrescarpe, où ils demeurèrent et marchèrent long-temps vis-à-vis de la porte de la grille sans être aperçus, et trouvèrent les choses comme on les avoit dites. Quinze jours après, Marillac, maréchal de camp, fut la nuit visiter les lieux avec les mêmes gentilshommes et les mêmes paysans. La garde étoit si mauvaise qu'ils ne furent point découverts, encore qu'étant sur le bord de la contrescarpe, ils parlassent souvent ensemble pour mieux former leur avis sur ce qu'ils voyoient. La Forêt mit une jambe dans le fossé, et, avançant le bras, le sonda avec un bâton, et trouva qu'il n'y avoit que trois pieds d'eau, combien que la mer ne fût pas encore toute basse. Cependant il fallut trouver des pétards et des gens pour les exécuter, dont l'on manquoit en cette armée, pource qu'on ne s'étoit pas imaginé de rencontrer une occasion si favorable de s'en servir. Le sieur de Feuquières, qui s'offrit de conduire et soutenir les pétardiers, en alla quérir quelques-uns à Paris de sa connoissance par le commandement du cardinal, qui en fit aussi venir de Gascogne et de Bretagne, des plus habiles et des plus estimés. Il envoya fondre à Saintes quantité de pétards. Il en eut d'autres de l'Arsenal, et en fit faire chez lui plusieurs de bois, reliés de bandes de fer, pour la commodité d'être légers et forts. Il eut soin de recouvrer des ouvriers fort rares, pour forger toutes sortes de ferremens, et préparer les machines dont l'on pourroit avoir besoin en cette occasion.

Vers le 25 de janvier, le Roi s'étant résolu à cette entreprise, il donna l'ordre au cardinal de pourvoir à tout ce qui seroit requis. L'exécution fut principalement commise au maréchal de Schomberg et au sieur de Marillac, pour y faire sa charge de maréchal de camp; Feuquières devoit avoir la pointe avec les pétardiers et faire la première attaque. A ce sujet, le sieur de Marillac, qui n'avoit pu reconnoître la nuit distinctement les avenues, jugea expédient que Feuquières y allât le jour, mais de loin et autant que sa vue se pourroit étendre. Sur quoi le malheur voulut que La Forêt, qui avoit fait le chemin deux fois, s'étant offert de le guider, le mena dans une embuscade à mille pas de la ville. Ils aperçurent d'assez loin quelques soldats cachés dans des masures, que Feuquières jugea être des ennemis, leur voyant des fusils et longues arquebuses, et dit à La Forêt ce qu'il en pensoit. L'autre repartit qu'il connoissoit tout ce quartier, et que c'étoit un corps-de-garde que les nôtres avoient avancé; comme ils s'approchèrent d'eux ils leur firent une salve de douze coups, dont l'un frappa La Forêt à la tête et le porta par terre tout roide mort, le cheval de Feuquières, fort blessé à l'épaule, tomba sous lui; il se releva, et comme il vint mettre l'épée à la main, il vit qu'on lui présenta deux arquebuses contre l'estomac à bout portant; il les écarta si heureusement avec les deux bras qu'elles tirèrent à ses côtés sans le toucher. Soudain ses preneurs le menèrent à grands pas dans la ville, ayant vu quelques-uns des nôtres qui venoient pour le secourir, et emportèrent le corps de La Forêt. Il survint ensuite un nombre de rencontres défavorables et favorables, d'une considération non petite pour causer ou pour empêcher la ruine de cette importante entreprise. Sans doute elle courut un extrême hasard par la prise de Feuquières, pour la grande intelligence qu'il en avoit, comme l'un des premiers qui donna le dessein et l'estime; mais ce qui achevoit de détruire l'affaire, c'étoit que lors il portoit sur soi le nom et l'ordre de l'attaque des lieux et des troupes. Il se souvint de ce papier dès qu'il se vit entre les mains des ennemis, et le déchira par le chemin sous son manteau, sans qu'ils le vissent; ils le firent entrer par la porte de Maubec, de laquelle se voyant proche il se mit à marcher plus lentement, comme s'étant lassé d'avoir été mené si vite; il reconnut l'état de la grille et de la porte, et trouva moyen de faire savoir au cardinal qu'à son avis l'entreprise pouvoit réussir, et beaucoup mieux qu'il n'eût pensé auparavant. L'on crut, avec raison, qu'il falloit surseoir quelque temps, jusqu'à ce que l'on fût assuré que ceux de La Rochelle fussent entièrement hors du soupçon que les circonstances de la prise de Feuquières pouvoient leur faire concevoir.

Un mois après le cardinal trouva moyen de faire sortir un habitant de la ville, catholique et homme sûr, pour s'informer de lui sans lui rien découvrir ce que l'on y disoit, y ayant lieu de croire qu'une nouvelle de telle conséquence pour l'intérêt de tous ne se pourroit céler parmi le peuple. L'on apprit qu'on ne témoignoit aucune défiance, que l'on ne voyoit aucun changement ni dedans ni dehors aux lieux où l'on avoit dessein, que la garde s'y faisoit avec beaucoup de négligence, et qu'ordinairement on ne mettoit la nuit en cet endroit que vingt-cinq ou trente hommes, dont la plupart étoient valets tenant la place de leurs maîtres, qui s'en alloient chez eux dormir à leur aise vers les deux ou trois heures avant le jour. Le 7 de mars, le cardinal envoya les pétardiers, conduits par les mêmes guides dont nous avons parlé, pour voir les lieux de l'attaque et s'y préparer de loin; ils aperçurent quelques mèches sur leur chemin, ce qui les arrêta pour n'être découverts, et fît craindre que l'ennemi, ayant appris notre dessein, n'eût ce fût des gens de guerre sur les avenues, ou que ce fût une sortie par hasard : ce que l'on trouva être ainsi par l'événement. Pour ne rien tenter qu'à propos, et pour ne s'émouvoir aussi de vaine crainte, le jeudi 9 de mars, le cardinal envoya derechef sur les lieux Cahusac et Arnauld, avec les deux principaux pétardiers. Ils allèrent sans alarme sur la contrescarpe, y demeurèrent près de deux heures, eurent loisir de remarquer tout distinctement. Ils revinrent fort satisfaits, disant d'un commun accord, et spécialement les pétardiers, que s'étant trouvés en plusieurs entreprises de beaucoup moindre conséquence, ils n'en avoient point vu une plus raisonnable; que jamais ils n'eussent pu croire une si mauvaise garde pour une telle ville; que la commodité de l'approcher et de la retraite donnoit lieu de ne hasarder que fort peu de gens en une action dont l'effet ne se pouvoit acheter assez chèrement.

Enfin on se résolut à l'exécution, n'y ayant plus moyen de tenir cette affaire secrète, dont l'on n'avoit pu prendre une exacte connoissance sans donner sujet à plusieurs de s'en douter. Du commun avis des principaux chefs de l'armée, le temps fut pris entre la nuit du samedi au dimanche 12 de mars; il n'eût été possible d'en souhaiter une plus favorable, pour n'être ni trop claire ni trop obscure; la lune, qui luisoit jusque sur les dix heures du soir, donnoit la commodité de faire marcher de loin les troupes avec ordre, et puis les laissoit approcher sans alarme. Le cardinal trouva moyen de faire sortir de la ville, sur les cinq heures au soir du samedi, trois heures devant que l'on commençât l'entreprise, un habitant catholique, lequel apprit qu'il n'y avoit nul soupçon ni nul changement. Sur les sept heures du soir le cardinal alla à Périgny, où il avoit donné le rendez-vous aux chefs pour prendre leur avis sur les occurrences, ordonner des commandemens, et voir en quel état étoient les pétards et machines que l'on y avoit apportés, comme au quartier le plus proche des lieux de l'attaque, à laquelle on marcha selon cet ordre : à dix heures du soir, Cahusac, Charmassé, Saint-Germain, La Louvière et vingt autres gentilshommes de la maison du cardinal, avec nombre de ses gardes et autres soldats choisis, s'embarquèrent dans cinq chaloupes, sur le canal près de la Moulinette, pour conduire et soutenir les pétards que Banneville et Beauregard avoient charge d'appliquer à la grille, laquelle étant de bois on ne pouvoit manquer à rompre, non plus que le mât attaché à deux pieds de la grille sous la voûte; que si après le premier coup de pétard il fût resté quelque autre chose à faire, nos gens en avoient quantité d'autres, et de toutes sortes de tenailles, de marteaux et de haches pour faire promptement le passage, lequel étant ouvert, ces cinquante premiers, bien armés et fort résolus, s'en devoient rendre maîtres, et donner lieu aux troupes qui suivoient d'entrer avec sûreté, descendant, sans beaucoup de peine, du pied de la contrescarpe dans le fossé, où, pour le plus, il n'y avoit que trois pieds d'eau. Et pour marcher avec plus d'assurance, ceux qui étoient dans les chaloupes devoient sonder et montrer le chemin, et s'il se fût rencontré quelque fossé, on le pouvoit passer sur les bateaux et s'en servir comme de ponts.

Arnauld, mestre de camp des carabins, eut le commandement, avec sa troupe, de soutenir les pétardiers destinés pour la porte de Maubec, conduits par Saint-Ferjus. On avoit préparé un pont volant étroit, et long de quinze pieds, lequel, étant posé sur le bord de la contrescarpe, et appuyant son autre bout sur le pont dormant, gagnoit aisément le derrière du dernier pont-levis, d'où nos gens pouvoient aller droit au second et dernier pont-levis, et pétarder la première porte de la ville qui le touchoit. Or, comme ceux-là s'avanceroient, quelques autres avoient la charge de lever, par derrière, les serrures du premier pont-levis, avec des ferremens faits exprès pour l'abattre sans bruit et y faire passer les troupes, ou, s'il y eût été besoin, ils l'eussent pétardé pour rompre en même temps les deux ponts-levis et surprendre à coup les gardes; et, quant à la dernière porte de la ville, n'y ayant ni pont-levis ni herse, elle n'eût pas fait résistance. Le cardinal ordonna que ceux qui faisoient la pointe avec les pétardiers seroient soutenus de cinq cents hommes, séparés en diverses troupes, commandés par le sieur de Marillac, et qu'assez proche de là, le maréchal de Schomberg se tînt prêt pour donner avec quinze cents hommes, et que les premiers entrés par la grille, ou par la porte de Maubec, après avoir taillé en pièces le premier corps-de-garde, et dressé un corps de bataille en la place de la Ville-Neuve pour s'opposer aux ennemis, iroient ouvrir par dedans celle de Cogne, près de laquelle le cardinal feroit halte avec mille chevaux et quatre mille hommes de pied, pour faire le plus grand effet où il seroit plus de besoin.

Sur les onze heures du soir, ledit sieur de Marillac s'avance avec Arnauld, et se met à faire deux ponts pour faciliter le passage dans les marais, et attendit long-temps les pétards sur le dernier pont à trois cents pas de la contrescarpe; mais le malheur voulut que Saint-Ferjus, destiné pour l'attaque de la porte de Maubec avec Le Limousin et autres pétardiers, étant parti de Périgny, entre onze heures et minuit, avec tout l'équipage des pétards et machines, pour arriver au lieu de l'entreprise entre les deux et trois heures du matin, s'étant mis en chemin, se vit abandonné de la plupart de ceux que le maréchal de Schomberg, qui commandoit à ce quartier, avoit ordonnés pour lui aider, et lui fût impossible dans l'obscurité de les retrouver. De sorte que dans ce travail de chercher du secours, et de faire porter par peu de gens ce qui en requéroit quatre fois autant, il employa cinq heures à faire le chemin qu'il eût pu faire en deux fort à son aise, n'ayant à marcher qu'une demi-lieue. Sur cela le sieur de Marillac, n'entendant rien de cette part, alla chercher Cahusac qui avoit conduit ses bateaux, deux heures devant le jour, le long du canal de la Moulinette, à deux cents pas du fossé de la ville, et si près, que les sentinelles l'eussent aperçu s'il ne les eût rangés contre la rive, du côté où étoit ledit sieur de Marillac, lequel ne les put voir à cause qu'un ruisseau l'empêcha d'aller sur le bord du canal ; de sorte qu'ils n'eurent point de nouvelles les uns des autres; ce qui fit que Cahusac mit en terre quelques-uns de ses compagnons, qui demeurèrent plus d'une grosse heure sur la contrescarpe, allant et venant vis-à-vis de la grille et de la porte pour regarder la contenance des ennemis, et s'ils verroient paroître nos gens. Ils ne furent point découverts des sentinelles et des rondes qu'ils virent et ouïrent parler, sans reconnoître aucun bruit dans la ville, et ne retirèrent leurs bateaux qu'il ne fût jour.

En ces entrefaites, le sieur de Marillac étant retourné à ce dernier pont, Le Limousin, l'un des pétardiers de la porte, lui vint dire que son équipage étoit demeuré assez loin de là, et ne pouvoit arriver d'une heure, pour l'accident que nous avons représenté, et que l'on pourroit être surpris du jour avant que de commencer l'exécution. Sur ce doute, le sieur de Marillac fit remporter par des soldats le bois de ces deux ponts, et envoya Arnauld donner avis de cet événement au cardinal, qui s'étoit avancé à la tête des troupes à trois cents pas de la porte de Cogne, pour être prêt de donner au premier bruit, et y demeura jusqu'au grand jour avec impatience, attendant l'effet du pétard ou des nouvelles du sieur de Marillac, qui le laissa toujours en cette incertitude. La plupart crurent que Marillac, qui ne fut jamais hasardeux, saigna du nez en cette occasion, et n'osa se hasarder d'entrer en un lieu dont il ne voyoit pas la sortie.

Plusieurs marques de considération se rencontrèrent en cette entreprise : qu'elle fut conduite avec tant de secret durant quatre mois, qu'après avoir passé par les mains de plusieurs personnes dont l'on avoit besoin, et après que dix mille hommes avoient été en armes toute une nuit autour des murailles d'une telle ville de guerre, et dans le temps d'un siége si jaloux, les Rochelois n'en avoient eu connoissance que le jour suivant, par ceux des nôtres qu'ils prirent à l'attaque de Tadon; que l'on eût approché si près, et demeuré si long-temps, jusques au grand jour, sous la batterie de tant de canons sans avoir perdu un seul homme; que l'on eût pris ses mesures si justes pour reconnoître au vrai la facilité du succès, que même les ennemis furent contraints d'avouer qu'il étoit infaillible sans ce malheur. Tous ceux qui sortirent depuis pour diverses occasions le déclarèrent. Grossetière, qui fut pris à son retour d'Angleterre, le donna sous son seing. Aux voyages que plusieurs fois Arnauld fit à La Rochelle à leur prière, pour obtenir sûreté à leurs députés, les principaux de la noblesse et des gens de guerre reconnurent cette vérité, et le peuple réputa à miracle d'être échappé de ce danger. De vrai, il y eut bien quelque sorte de merveille en la conduite, et l'on n'en voit pas moins en la rupture de ce dessein si bien entrepris, lequel Dieu voulut changer en une autre manière de châtiment plus convenable à la malice des coupables, qui étoit si extrême qu'on ne leur pouvoit donner de bourreaux moins cruels et plus infâmes que les propres auteurs, se faisant mourir eux-mêmes par la faim et toutes sortes de misères.

Mais comme cette entreprise n'avoit point fait ralentir les travaux du siége, aussi quand elle fut faillie n'en fut-on point moins encouragé. Dès deux ou trois jours après, quatorze autres vaisseaux maçonnés arrivèrent de Bordeaux, et furent soudain coulés au fond dans le canal. D'autre part on continuoit la digue avec grande diligence. La prévoyance du cardinal étoit si grande à faire venir en l'armée toutes choses nécessaires, que les munitions de guerre, vivres, foins, avoines, y étoient en abondance, même l'argent n'y manquoit point aux nécessités, y employant son crédit et ses deniers lorsqu'il en étoit besoin. Il se faisoit presque tous les jours des escarmouches, où les Rochelois étoient toujours battus. Dix-huit chevau-légers de La Rochelle sortirent vers le Colombier-Rouge, où étoit en garde la compagnie de chevau-légers de La Roque-Massebaut, qui les chargea, en sorte que huit maîtres de ladite compagnie, qui se trouvèrent lors à cheval, repoussèrent les ennemis jusque dans les marais, et prirent un nommé Bonneval, et en tuèrent un autre et un cheval. Le 19 mars, ils furent encore battus proche le fort de Beaulieu, où le sieur de La Borde-Vely avec quinze maîtres de sa compagnie chargea trente des ennemis, en tua trois, prit un, et en blessa cinq ou six de leurs meilleurs hommes, qui se retirèrent à La Rochelle, entre lesquels étoit Jean Farine, qui en mourut quelques jours après.

Le cardinal maintenoit aussi un grand ordre parmi les gens de guerre; les prévôts de Fontenay, Saintes, Angoulême, Saumur et Angers, furent mis avec leurs compagnies sur les avenues de La Rochelle, et principalement sur les gués et passages de Marans, Nouaillé, Vrison, Allère, Millescu et Charroux, afin d'arrêter les soldats qui se retiroient de l'armée sans congé. Le régiment de La Meilleraie étoit d'ordinaire au fort de La Font, qui étoit fort proche de la porte de Cogne, par où les ennemis sortoient d'ordinaire. Un gentilhomme poitevin, nommé Contentier, qui étoit dans la ville, se battit avec ledit sieur de La Meilleraie, en pourpoint, entre ledit fort et la ville, avec le pistolet et l'épée; et parce qu'auparavant un pareil combat avoit été défendu au sieur de Roque-Massebaut, et que ledit sieur de La Meilleraie l'avoit fait sans permission, le cardinal le suspendit de sa charge, et l'interdit de l'armée pour trois mois, pour montrer l'exemple, bien que la plupart de ceux qui étoient au conseil de guerre fussent de contraire avis et autorisassent cette action plutôt que lui en donner du blâme; néanmoins, à cause qu'il étoit son parent il en usa ainsi.

Les huguenots de la campagne, voyant les choses aller de la sorte, commencèrent à croire à bon escient que le Roi viendroit à son honneur de ce siége et, ne pouvant souffrir sans un extrême regret de voir prendre cette ville, commencèrent à faire force assemblées secrètes dans les maisons de quelques gentilshommes; dont le cardinal étant averti, il fit trouver bon à

M. d'Angoulême d'aller en bas Poitou avec deux compagnies de cavalerie et ses gardes, pour les mouvemens qui pouvoient être de ce côté-là, et se saisir de la personne et maison de La Rolandière, ainsi que le Roi l'avoit résolu ; et le maréchal de Schomberg envoya en Saintonge et Angoumois, pour faire veiller aux actions des plus remuans et s'en saisir.

Le 22 mars, trois barques rochelloises, qui venoient d'Angleterre chargées de vivres, parurent, l'une de vingt-cinq tonneaux, l'autre de treize, et la troisième de dix, et se hasardèrent de tenter le passage de l'estacade, laquelle étoit seulement commencée, et bien loin de la perfection en laquelle elle fut par après. Le Roi n'avoit pas encore une armée navale formée, mais seulement quelques vaisseaux à l'embouchure du Chef-de-Baye. Le grand nombre de barques, chaloupes et galiotes armées, qu'il y eut depuis pour la garde du canal, n'y étoient pas encore, de sorte qu'ils espéroient facilement passer. Leur dessein, à l'aide du temps qui leur étoit favorable par la tempête qu'il faisoit et la nuit, leur réussit en partie, car il y en eut une qui passa vers le Fort-Louis, en un lieu où l'estacade flottante finissoit, en touchant néanmoins aux vaisseaux enfoncés ; mais le vent étant grand la porta jusque dans La Rochelle. La seconde voulut passer par le même endroit, mais elle fut prise par le sieur de Saint-Germain qui commandoit une galiote ; la troisième s'alla échouer auprès du fort de Tadon que les Rochelois gardoient. Marillac alla dès la nuit même pour s'en rendre maître avec quelques troupes qui étoient en garde au fort d'Orléans : il entra dans ladite barque et tua ce qui étoit dedans ; mais, faute de pétards et de haches pour la crever et rendre inutile, qu'il oublia de faire porter avec lui, la marée venant avec impétuosité par la tempête qu'il faisoit, le contraignit de l'abandonner, de sorte qu'elle fut poussée par ladite marée dans La Rochelle. Quelques-uns des nôtres voulurent l'empêcher d'y aller à force de galiotes et de chaloupes ; mais, sans le commandeur Desgoutes qui commandoit dans le canal, qui alla pour faire retirer nos gens qui étoient après ladite barque, la marée et le mauvais temps les eût tous emportés avec la barque dans la ville. Cette entrée fit beaucoup plus de bruit que d'effet, car en toutes les deux barques il n'y avoit que vingt-deux tonneaux de seigle, encore se trouva-t-il tout gâté, et le peuple conçut de mauvaises espérances de l'assistance d'Angleterre, voyant le petit secours qu'ils en avoient reçu après une si longue attente. Le Roi en tira ce profit, que les Rochelois qui étoient dans la première barque, se sentant toucher aux vaisseaux enfoncés, crurent être pris et jetèrent leurs papiers dans la mer, qui furent trouvés le lendemain et apportés au cardinal qui les fit déchiffrer, et, par ce moyen, connut particulièrement tous leurs desseins et négociations avec l'Angleterre, et quels secours ils en devoient espérer.

Leurs députés en Angleterre leur mandoient qu'il se préparoit un secours pour eux, mais que les difficultés qui se rencontroient aux préparatifs de vaisseaux, munitions de guerre, amas de matelots et de soldats étoient si grandes, que le temps dudit secours étoit fort incertain, outre que le Roi (1) étoit en une merveilleuse disette d'argent qui paroissoit en deux choses : l'une, que les vingt-deux tonneaux de seigle chargés dans les deux barques des capitaines Daniel et David, étoient pour le compte des Rochelois particuliers qui étoient en Angleterre, qui n'avoient jamais voulu les envoyer que sous la promesse qu'ils leur avoit faite qu'ils pourroient les débiter comme bon leur sembleroit sans payer aucuns droits ; l'autre, en ce que lorsqu'on parloit de leur envoyer nombre de vaisseaux chargés de blé, sous l'escorte du comte d'Embigh, c'étoit pour le compte de Buckingham, qui vouloit être assuré que le maire lui enverroit les deniers du prix que le blé seroit vendu dans La Rochelle ; qu'ils avoient cru néanmoins devoir passer un traité avec lui, selon le pouvoir qu'ils en avoient d'eux, par lequel ledit Roi promettoit de n'entendre à aucun accord, sans les y comprendre et conserver leurs priviléges. Et eux lui avoient promis qu'en revanche ils ne traiteroient point sans son consentement, et se mettroient ouvertement en sa protection, et seroient tellement attachés à lui, que toutes fois et quantes qu'il auroit la guerre avec la France, ils se déclareroient pour lui et l'assisteroient de leurs ports. Ils envoyoient le projet de traité, afin qu'ils le signassent à La Rochelle et qu'ils le pussent mettre entre les mains du roi d'Angleterre.

Ces nouvelles nous donnèrent courage, tant parce qu'elles nous apprenoient que nous avions du temps pour avancer la digue, nos estacades, et barrer le canal par toutes sortes d'inventions, que parce aussi qu'elles nous faisoient connoître la foiblesse et la nécessité d'Angleterre, et peut-être le peu de volonté qu'ils avoient de revenir au lieu où ils avoient été battus.

Le cardinal pensa lors à disposer encore une nouvelle estacade, en forme de demi-lune, au-devant de celle dont nous avons déjà parlé. Chacun estimoit qu'il seroit impossible de l'y faire

(1) D'Angleterre.

subsister; le cardinal avoit bien les mêmes pensées pendant les tempêtes, mais il se résolut à faire seulement provision de vaisseaux, et ne dresser cette estacade qu'à la fin d'avril, où les vents sont d'ordinaire passés, voyant par les avis que l'on avoit eus que les Anglais ne pouvoient venir qu'à la fin de mai. Et en effet, ce projet réussit avec fruit et approbation de tout le monde. Et pource qu'en matière de grandes affaires, qui veut faire assez doit vouloir trop, et ne refuser aucun moyen de tous ceux qui se proposent pour parvenir à ses fins, les chimères de Targon ayant donné lieu à plusieurs personnes de rechercher des inventions aussi solides pour barrer le canal, que les siennes avoient été vaines, Le Plessis-Besançon fit voir au cardinal un modèle de machine qu'il approuva grandement, et qui réussit fort bien; depuis, Vassal lui en proposa un autre qu'il accepta aussi.

Mais voyons ce que le Roi fit à Paris depuis son arrivée, qui fut le 24 février, jusques au 3 avril qu'il en partit pour retourner en son camp. Les ambassadeurs extraordinaires de Hollande y arrivèrent le 8 mars et le saluèrent le 13. Le maréchal de La Force y fit grande instance à Sa Majesté pour faire délivrer les comtes de La Suze et de Roussy qui avoient été mis à la Bastille le 21 janvier, pource qu'ils vouloient soulever les huguenots en Picardie. Sa Majesté lui défendit de lui en parler davantage, et qu'elle le tenoit en son particulier pour son serviteur. Le prince de Phalsbourg y vint aussi encore le 23 mars de la part du duc de Lorraine, pour la délivrance de Montaigu, qui, d'autre côté, étant averti que le Roi étoit à Paris, demanda congé de lui pouvoir écrire ses sentimens sur la mésintelligence du Roi son maître avec Sa Majesté, et les moyens faciles qu'il avoit de la faire cesser. Et lui étant permis, lui manda que le bon traitement qu'il recevoit de Sa Majesté l'obligeoit à désirer s'employer à la réconciliation du Roi son maître avec Sa Majesté; qu'il savoit qu'il n'y avoit point en toute cette guerre d'autre cause que la croyance que le Roi son maître avoit que Sa Majesté ne correspondoit pas à l'honneur et à l'amitié qu'il lui portoit, et l'opinion que Buckingham avoit d'être méprisé; que, ces opinions ôtées, il n'y avoit rien qui pût empêcher une bonne paix, laquelle assurément le Roi son maître feroit, s'il étoit assuré que le Roi la désirât de sa part, comme il faisoit de la sienne, et que Buckingham l'y porteroit si on lui vouloit témoigner faire compte de lui; que le mépris qu'on avoit fait de sa personne, lui refusant de venir en France, étoit cause de tout le mal; que si on lui eût permis de venir il y fût aussi souvent demeuré qu'en Angleterre, n'ayant autre désir que de moyenner la bonne intelligence entre les deux couronnes.

Il dit, de plus, au sieur du Tremblay, gouverneur de la Bastille, qu'il n'y avoit rien au monde qu'il estimât tant que le cardinal, ni qu'aussi il haït et enviât davantage, à cause qu'il n'avoit reçu traverse que de lui en ses desseins, et l'avoit toujours trouvé en tête pour résister à ce qu'il avoit désiré; que si Buckingham le haïssoit, l'abbé Scaglia et madame de Chevreuse ne l'aimoient pas davantage, la dernière le croyant la cause de son éloignement; que c'étoit une princesse aimée en Angleterre, à laquelle ce roi portoit une particulière affection, et qu'il la voudroit assurément comprendre en la paix s'il n'avoit honte d'y faire mention d'une femme; mais qu'il se sentiroit très-obligé si Sa Majesté ne lui faisoit point de déplaisir; qu'elle avoit l'esprit fort, une beauté puissante dont elle savoit bien user, ne s'amollissant par aucune disgrâce, et demeurant toujours en une même assiette d'esprit; qu'elle s'étoit mise en la protection du duc de Lorraine, qui n'en étoit pas moins passionné que le duc son père, qui n'avoient pas fait néanmoins ce qu'ils lui avoient promis ni l'un ni l'autre; puis, insinuant qu'elle avoit porté Buckingham à faire ce qu'il avoit fait, il dit que l'amour et la haine avoient grande puissance sur lui, et que, par promesse, il s'étoit engagé à faire ce qu'il avoit fait; qu'il ne manquoit pas d'intelligences en France, où il y avoit quantité de mécontens; que le sieur de Candale étoit du nombre, homme de dessein, et qui avoit créance parmi les étrangers; que le comte de Soissons étoit uni avec eux, et s'étoit engagé par écrit; que le duc de Savoie ne pouvoit nier qu'il n'eût traité, et ne se fût engagé d'entrer avec une armée par la Bourgogne, et qu'il l'eût fait s'il n'eût craint que la plupart de ses troupes, étant françaises, ne l'eussent quitté; qu'il savoit bien embarquer les autres et ne rien faire; qu'il ne secondoit pas son ambassadeur Scaglia, à qui il ne tenoit pas qu'on n'eût vu en France quantité d'armées contre le Roi, composées de ses propres sujets; que si les autres eussent été aussi prêts à exécuter ce qu'ils avoient promis, le duc de Lorraine eût donné beaucoup de peine à Sa Majesté; qu'en passant par Bruxelles avec passe-port de l'Infante, il avoit eu une longue conférence avec Spinola, qui avoit intelligence avec le Roi son maître; ce qui l'avoit fort étonné, quand il avoit su qu'on lui avoit fait une si bonne réception; que le Roi son maître ne craignoit point que l'Espagne fît rien contre lui, ni que son armée se mît en mer tandis qu'ils y seroient.

Le duc de Lorraine, qui, depuis la prise de Montaigu, avoit toujours sollicité sa délivrance, du commencement avec menaces vaines, puis avec paroles plus modestes et plus convenables à sa qualité, envoya pour la troisième fois à Paris le prince de Phalsbourg, pour supplier le Roi de lui faire cette grâce.

En un mot, le Roi trouva à Paris de grandes difficultés, et peu de loisir de se divertir au plaisir de la chasse, comme il désiroit pour sa santé. Il en trouva sur le mariage de Monsieur, à qui, par cabale forcée, on vouloit faire épouser la princesse, fille du duc de Mantoue, quoique, pour satisfaire à la Reine sa mère, il eût donné sa parole pour une des filles de Florence; du côté de l'Empereur, qui renouveloit les vieilles querelles de Metz, Toul et Verdun; sur le sujet du duc de Lorraine, qui, par une folle passion, s'éloignoit des intérêts de la France et des siens propres; sur la délivrance de Montaigu, que plusieurs raisons obligeoient à retenir, et d'autres à délivrer; les unes à le délivrer à certaines conditions, les autres absolument; sur le retour de la duchesse de Chevreuse, qui avoit fait beaucoup de mal, en pouvoit faire à l'avenir, et par la même raison pouvoit faire du bien, et apporter de l'avantage au service du Roi; sur le retour du comte de Soissons, qui étoit en Savoie au préjudice de son devoir; et enfin la plus grande difficulté étoit sur ce que les Espagnols passoient toujours plus avant contre M. de Mantoue, se servant de l'occasion pour le dépouiller, contre toute justice, de ses Etats. Car déjà l'Empereur lui avoit refusé l'investiture, sous prétexte des apparens droits des prétendans, et avoit, par un décret du 20 mars, établi le comte Jean de Nassau son commissaire impérial, pour prendre en séquestre le duché de Mantoue et du Montferrat. Et le duc de Mantoue avoit demandé secours au Roi, et permission de pouvoir faire levée de gens de guerre en son royaume pour sa défense.

Toutes ces affaires traînèrent pendant le voyage du Roi, et lui donnèrent beaucoup de peine. Il ne les résolut qu'à son retour avec le cardinal, qui estima qu'il falloit pourvoir à toutes fortement. Seulement résolut-il celle de madame de Chevreuse, qui étoit hors de France pour le même sujet qui avoit mis Chalais hors du monde. Elle ne perdoit point le temps avec le duc de Lorraine; elle négocioit avec lui comme elle avoit fait avec les Anglais. Cette affaire commença par amour, mais alloit plus loin; elle unit l'Angleterre et la Lorraine ensemble par un bon principe, que les choses qui sont unes en un tiers sont unes en elles-mêmes. Par le moyen de ces deux princes, Savoie, qui ne pouvoit demeurer en repos, entra en la cabale. Si elle négocioit au dehors du royaume, elle ne s'oublioit pas au dedans; elle unit autant qu'elle put toutes ces cabales étrangères avec ses parens (1), chefs des factions huguenotes qui se faisoient en France. Plusieurs femmes agissoient à ses fins dans la cour; on tâchoit d'en faire sortir Monsieur par toutes sortes d'artifices. Il demandoit une armée pour secourir Mantoue à contre-temps, sans considérer que l'occasion n'étoit pas bonne pour rompre avec Espagne, et que le Roi ne pouvoit pas entreprendre tant d'affaires à la fois. On nourrissoit la Reine en de perpétuels mécontentemens; on piquoit madame la comtesse, pendant que M. le comte étoit en Savoie, de plus en plus au jeu; on tâchoit de gagner un grand; on faisoit ce qu'on pouvoit pour en perdre un autre; jour et nuit on y travailloit.

Le cardinal manda au Roi que, s'il étoit difficile et hors d'espérance qu'elle pût jamais bien faire, étant si mal née, néanmoins, comme les planètes malignes augmentoient leur malignité quand elles étoient en une maison ennemie, et, au contraire, leurs aspects s'adoucissoient quand elles étoient en un lieu qui leur plaisoit, peut-être relâcheroit-elle quelque chose de la malignité de son esprit si on la retiroit de cet exil, joint qu'il étoit à propos de donner quelque chose aux instantes prières de son mari. Toutefois, que d'autant qu'en quelque lieu qu'elle fût elle nuisoit toujours, Sa Majesté, pour d'une part contenter son mari, et d'autre part ayant égard au repos de sa cour et au bien de son Etat, ne lui devroit permettre de retourner que sous quelques conditions qui empêchassent qu'elle ne pût faire tout le mal que son mauvais esprit pouvoit lui suggérer. Ces conditions furent qu'elle viendroit point à Paris, ni en lieu où le Roi et les Reines fussent, et qu'elle n'en approcheroit pas plus près qu'étoit l'abbaye de Jouare, en laquelle le Roi avoit agréable qu'elle pût demeurer avec madame de Jouare sa sœur, ainsi que partout ailleurs où elle voudroit, en égale distance ou plus éloignée de la cour et de Paris; et que quand la Reine mère de Sa Majesté seroit en son château de Monceaux, elle lui allât faire la révérence une fois seulement, comme Sa Majesté trouvoit bon que lorsqu'elle et les Reines ne seroient à Paris, elle pût venir en sa maison de Dampierre, et y faire séjour durant leur absence. Le duc de Chevreuse son mari en donna une reconnoissance signée de sa main, et quelques jours après vint trouver la Reine-mère, et lui dit que, pour lui faire connoître comme sa

(1) Les Rohan.

femme vouloit bien servir, il avertissoit Sa Majesté que la Reine (1) et Mirabel avoient sollicité le duc de Lorraine, autant qu'ils avoient pu, pendant son séjour à Paris, d'abandonner les intérêts de la France, et se joindre à ceux d'Espagne.

Les longs entretiens de Mirabel, non accoutumés auparavant, avec la Reine, ou avec les Espagnoles qui étoient chez elle ses confidentes, en devoient donner assez d'ombrage; joint que ledit Mirabel, qui auparavant blâmoit les comportemens de la Reine, étoit maintenant du tout changé; ce qui pouvoit donner juste sujet de croire que l'intérêt, qui en Espagne est toujours en plus grande considération que l'honneur, prévaloit en cette occasion. On en avoit eu même quelques avis conformes à celui-là; mais la chose étant si éloignée du devoir l'étoit de l'imagination des plus judicieux. On avoit su dès long-temps auparavant, par l'ambassadeur de Savoie (lorsque son maître n'étoit pas encore attaché aux intérêts d'Espagne), que les Anglais qui venoient en France, sous prétexte de rendre les prisonniers français qui avoient été pris durant le siége de Ré, y venoient en effet pour savoir des dames si elles voudroient que l'Angleterre fît paix avec la France ou avec l'Espagne; mais en cela on ne vouloit pas croire ce que l'on voyoit très-clairement. Maintenant ce dernier avis obligea d'y avoir davantage de foi.

Mais, nonobstant tous ces beaux semblans du duc de Chevreuse, sa femme gardoit toujours son cœur, et conservoit sa mauvaise volonté contre le Roi et le cardinal. Une demoiselle, qu'elle chassa peu après, donna avis que sa liaison avec la Reine régnante étoit plus étroite que jamais, et qu'elle lui disoit qu'elle n'avoit rien à craindre, ayant l'Empereur, l'Espagne, l'Angleterre, la Lorraine et beaucoup d'autres pour elle. Qu'elle disoit aussi que c'étoit un grand déplaisir que le cardinal n'eût plus sa maison de campagne (2), et qu'on lui eût donné un morceau en la sienne venant voisiner. Toutes ces choses étoient un grand témoignage de son mauvais courage; joint que quelque temps après le garde des sceaux dit au cardinal que la Reine régnante le faisoit solliciter sous main, par la Fargis, de lui faire toucher 100 ou 150,000 liv. sans que personne en sût rien.

Quant à Montaigu, le cardinal conseilla au Roi de le délivrer, non sous les conditions qu'aucuns proposoient à Sa Majesté, mais sans condition aucune, lui donnant pleine liberté,

(1) Femme du roi.
(2) Sans doute Limours.

et lui faisant la grâce entière. Il manda aussi à Sa Majesté qu'il falloit contenter M. de Lorraine, qui ne demandoit que satisfaction sur ce sujet pour se remettre bien tout-à-fait avec elle. Que son avis, pour cette raison, avoit toujours été qu'il falloit envoyer Montaigu au parlement, arrêtant le cours de son procès par l'autorité du Roi, aussitôt que la cour auroit eu connoissance de ses fautes et de ses complices. Que par ce moyen on eût fait connoître la justice qu'avoit le Roi en toutes ses affaires, et tout le monde eût vu clairement la continuation des cabales et monopoles des princes unis contre Sa Majesté. Le mauvais procédé de M. le comte eût paru, et eût-on empêché qu'il n'eût pu publier son éloignement, juste et raisonnable, tyrannique, ce qu'il feroit avec le temps; que le parlement l'eût jugé avoir besoin de grâce, le Roi la lui eût faite volontiers, et l'eût par ce moyen humilié et contenu par force; qu'après cela il eût voulu délivrer Montaigu purement et simplement, et le renvoyer en Angleterre. Et en effet, il estimoit que sa restitution eût été plus obligeante et plus agréable à M. de Lorraine qui eût vu qu'on le tiroit d'un notable péril pour lui. Qu'il estimoit que l'on eût fait une très-grande faute de le rendre, en lui faisant promettre de ne rien dire ni écrire contre le service du Roi pendant trois mois, et l'obligeant à demeurer ce temps en Lorraine, comme l'on avoit stipulé. Que la première condition étoit honteuse, en ce qu'elle témoignoit foiblesse et appréhension; elle étoit de plus inutile, pource qu'on savoit bien qu'elle ne seroit pas gardée, tant parce qu'elle étoit faite par un sujet qui devoit passer par-dessus toutes sortes de considérations pour son maître, que parce qu'elle étoit extorquée en prison, où les promesses n'étoient censées volontaires. La deuxième étoit tout-à-fait préjudiciable, puisque par icelle on établissoit par force, auprès de M. de Lorraine, un ambassadeur d'Angleterre, qui n'auroit autre soin que de porter M. de Lorraine aux fins de son maître. On retiroit madame de Chevreuse de ce pays, de peur que sa présence et son industrie animassent ce personnage, et on lui donnoit une personne qui étoit dans les intérêts de cette dame, et qui pourroit, par la force de son esprit, faire autant de mal auprès de ce prince, que la Chevreuse en avoit fait par d'autres voies. Qu'il falloit ôter Montaigu de Lorraine, et que si on l'avoit déjà obligé à ces deux conditions qu'il eût acceptées, il étoit d'avis que dès le lendemain on l'en dispensât, et qu'on lui témoignât qu'on ne les lui avoit proposées que pour après lui faire la courtoisie entière.

Le Roi trouva bon l'avis du cardinal, ensuite duquel le prince de Phalsbourg assurant Sa Majesté qu'au cas qu'on rendît Montaigu, le duc de Lorraine viendroit en personne pour remercier Sa Majesté, lui ouvrir son cœur, et s'unir avec la France plus que jamais, il fut résolu de délivrer ce prisonnier. Sur l'avis que le prince de Phalsbourg en donna en Lorraine, ledit duc partit de ses Etats pour venir à Paris. Etant en chemin, il rencontra Montaigu, qu'il renvoya en Angleterre, selon la liberté qu'il en avoit eue. Mais, un jour après que le duc de Lorraine eut été à Paris (1), le malheur voulut que trouvant Bourbonne dans le cabinet de la Reine, où Sa Majesté n'étoit pas pour lors, il commanda à son capitaine des gardes (2)..............

M. de Lorraine s'en étant retourné, M. le prince de Phalsbourg, qui avoit bien servi, poursuivit lors civilement qu'on eût agréable d'admettre la démission du gouvernement de Metz et Verdun, que M. de Vaudemont, son beau-père, vouloit faire en son nom. Le conseil qui étoit auprès de la Reine estimoit qu'il le falloit faire ; le cardinal fut d'avis contraire pour plusieurs raisons, et, entre autres, parce qu'il étoit Lorrain, beau-frère du duc de Lorraine, et qu'il étoit de très-périlleuse conséquence de donner des gouvernemens aux étrangers, principalement quand ils ont habitude et puissance ès frontières voisines. On alléguoit qu'il étoit bien intentionné présentement ; mais, en telles occasions, il estimoit qu'il falloit plus regarder le futur que le présent, p us ce qui pouvoit et devoit être par raison d'intérêt que ce qui étoit et seroit dans la chaleur du ressentiment qu'auroit le prince d'une obligation fraîchement reçue, au cas qu'on lui accordât ce qu'il demandoit.

Sa Majesté partit de Paris le 3 avril, surmontant beaucoup d'obstacles suscités par divers esprits pour l'arrêter. Elle étoit si impatiente de voir son armée et le siège de La Rochelle, qu'elle arriva à Surgères la veille de Pâques fleuries, où le cardinal, le duc d'Angoulême, le maréchal de Schomberg et les principaux officiers de l'armée, l'allèrent trouver et furent reçus avec

(1) Il y arriva le 13 mai, plus d'un mois après le départ du roi.

(2) Ici est une lacune qui, suivant une note à la marge du manuscrit, devait être remplie « par la narration de « ce qui se passa en cette affaire-là. » Cette narration manque. L'affaire dont il s'agit est que le duc de Lorraine, ayant trouvé le sieur de Bourbonne chez la reine mère, lui fit signifier, par son capitaine des gardes, qu'il eût à en sortir, menaçant de le faire jeter par les fenêtres. Le capitaine des gardes, appelé Lenoncourt, fut mis à la Bastille, et le duc de Lorraine fut obligé de demander pardon pour son grossier emportement.

grandes caresses. Le cardinal avoit fait faire les recrues d'hommes d'élite, de sorte que les compagnies étoient belles, plus que complètes et en bon ordre. L'armée qui n'étoit que de dix-huit mille hommes au plus quand le Roi partit, y comprenant beaucoup de soldats malades et languissans des travaux et froidures de l'hiver, il la trouva à son retour de vingt-cinq mille hommes effectifs, des meilleurs qu'il se pouvoit désirer ; les recrues ayant été faites, dans les provinces d'Anjou, Poitou, Saintonge, Angoumois, Limousin et Guienne, avec tant d'ordre et police, par le moyen des étapes, que le passage de ces troupes ne leur fut presque point à charge. Le soir de l'arrivée du Roi, on borda les lignes, forts et redoutes de mousquetaires qui avoient ordre au signal de faire une salve ; l'armée navale et les batteries avoient semblable commandement. Sa Majesté voulut donner le signal au fort de Bonne-Grene qui commença, et ensuite tous les autres en un même temps, d'autant qu'il étoit situé sur un lieu éminent. Il faisoit parfaitement beau voir ce témoignage de joie dans l'armée ; car on voyoit tous les travaux en feu, et avec tant d'ordre que le feu dura une demi-heure. Elle reçut un merveilleux contentement quand elle vit les travaux de terre en leur perfection, bien qu'ils eussent quatre lieues de circonférence, avec de grands forts royaux de mille pas en mille pas, et les redoutes fraisées de cent en cent pas, les lignes de six pieds de profondeur et autant de largeur. Mais, si ce travail s'avançoit puissamment, la digue ne demeuroit pas en arrière, étant l'ouvrage que le cardinal avoit particulièrement entrepris, qui étoit si difficile que personne que lui n'y eût osé penser, tant à cause de l'extrême dépense qu'il falloit avancer, que parce qu'une tempête ruinoit plus de besogne en un jour que l'on n'en pouvoit refaire en onze. L'argent, qui étoit le nerf de cette entreprise, ne manquoit point, le cardinal faisant fournir de ses deniers tous les deux jours 4,000 livres pour ce travail, et employant l'autorité qu'il avoit plu au Roi lui donner sur la mer, pour avoir tout ce qui y étoit nécessaire, tant barques et bateaux à porter de la pierre, que matelots et autres gens qui ont accoutumé de travailler à la mer.

Sa Majesté, dès qu'elle fut arrivée, demanda avis au cardinal sur une proposition qui lui avoit été faite à Paris, de prendre prisonnier le duc de Lorraine, dont le moyen assez facile lui étoit présenté par un nommé Blagny, capitaine d'une compagnie de chevau-légers, qui offroit de l'arrêter auprès de sa maison où il passoit souvent seul pour aller voir la duchesse de Chevreuse.

Il lui dit que, si La Rochelle étoit prise, et que le duc de Lorraine continuât à brouiller comme il faisoit, il ne feroit nulle difficulté de le prendre; mais qu'ayant cette grande affaire sur les bras, il craignoit que sa prise ne nous tirât d'aucune affaire et nous en excitât de nouvelles; car, sans doute, en tel cas l'Empereur, le roi d'Espagne et peut-être tous les princes souverains, interviendroient pour sa liberté. Si nous le délivrions, il demeureroit lié à nos ennemis et envieux, il seroit ulcéré jusqu'au dernier point, et, quelque parole qu'il nous donnât, il n'en tiendroit aucune. Si nous le gardions, le roi d'Espagne, qui voudroit bien faire remuer l'Empereur sur le sujet de Verdun si le temps le permettoit, auroit bien un plus beau prétexte. Qu'au reste il doutoit que la chrétienté jugeât qu'il y eût lieu de prendre un prince souverain avec qui nous n'avions point de guerre déclarée; si, en le prenant, nous nous rendions maîtres de son État, les considérations du monde seroient fortes; mais, en le prenant, son État demeuroit en son entier avec un père et un frère, à qui peut-être ferions-nous plaisir sans nous procurer aucun avantage.

Le Roi, après cela, lui commanda de lui donner un avis général sur l'état présent de toutes ses affaires. Pour obéir à Sa Majesté, il lui dit en plein conseil qu'encore que la France eût de grandes affaires sur les bras, il sembloit que l'on en pouvoit sortir avec conduite; que l'Angleterre avoit guerre ouverte avec nous; Savoie étoit liée avec elle; Venise, du même côté, y adhéroit par voie secrète; Lorraine avoit levé le masque, et avoit été portée par des voies assez connues, quoique secrètes, à se déclarer pour l'Anglais; qu'il se flattoit de l'assistance de l'Empereur, qui, au même temps qu'il nous voyoit des affaires, formoit des plaintes contre nous sur le sujet des Trois Evêchés; que M. le comte adhéroit ouvertement à ce mauvais parti, et quelques autres grands avoient les mêmes pensées, et désiroient le mauvais succès des affaires du Roi pour se déclarer; que les huguenots traversoient les forces du Roi, occupées par le siége de La Rochelle, et l'armée qu'avoit M. de Rohan en Languedoc; que les Hollandais, qui nous devoient assistance en cette occasion, favorisoient nos ennemis en ce qu'ils pouvoient; que l'Espagne, avec qui nous étions en traité particulier depuis peu pour attaquer conjointement l'Angleterre, n'avoit point satisfait aux conditions du traité; au contraire, elle reculoit pour donner temps aux Anglais d'allumer tellement le feu en France qu'il ne se pût éteindre; que son dessein avoit paru clairement en ce qu'elle ne nous avoit envoyé l'apparence du secours qu'elle nous avoit promis, qu'après que l'occasion étoit passée de s'en servir, et qu'elle l'avoit retiré, quelque instance qu'on lui fît au contraire, lorsqu'il y avoit eu lieu de s'en prévaloir pour empêcher que La Rochelle fût secourue; qu'il paroissoit encore, en ce qu'elle violoit le traité de Monçon, et s'emparoit de la Valteline contre sa foi, en ce qu'elle ne parachevoit point celui de Gênes et de Savoie, mais, par les difficultés qu'elle y apportoit, vouloit contraindre M. de Savoie de nous quitter absolument; qu'il paroissoit enfin, en ce qu'elle prenoit l'occasion de nos occupations pour spolier à main armée M. de Mantoue des Etats qui lui appartiennent légitimement, parce qu'il étoit Français, quoique, par le traité de Monçon, tous les différends qui arriveroient en Italie se devoient terminer par la négociation des rois, sans en venir aux armes; que toutes ces choses faisoient voir clairement que la France n'avoit pas peu d'affaires, et que sa maladie étoit de celles que les médecins appellent compliquées, dont la guérison étoit d'autant plus difficile que ce qui est bon à un genre de mal est préjudiciable à l'autre; que ce qui étoit le plus fâcheux, étoit que la gangrène, qui paroissoit extérieurement, venoit d'une cause interne assez connue, mais à laquelle on ne pouvoit toucher; que le vrai remède à tous ces maux étoit la prise de La Rochelle; si on venoit à bout de cette place promptement, les ennemis découverts déposeroient, non leur mauvaise volonté, mais leur hostilité; les secrets applaudiroient aux victoires du Roi qu'ils eussent bien désiré troubler, et nous aurions la paix partout si nous voulions; que La Rochelle ne se pouvoit sauver; si elle n'étoit point secourue dans peu de mois, le Roi en seroit le maître, et en ce cas tous les ennemis de la France ne nous sauroient faire mal; quand même elle seroit secourue, on ne pouvoit néanmoins démordre de ce dessein, sans ruiner pour jamais la France et les affaires particulières de la personne du Roi, et nous ne laisserions pas de l'avoir à la longue, étant certain que dans deux mois la digue seroit avancée; quand même il seroit maintenant impossible d'empêcher un premier secours, il seroit facile de s'opposer avec succès au second; qu'il y avoit trois ans que le Roi s'étoit opposé aux entreprises des Espagnols, et avoit dissipé les mauvais desseins de La Rochelle avec des vaisseaux hollandais, et l'apparence des forces d'Angleterre dont nous avions quelques ramberges. Depuis un an que les Anglais nous avoient attaqués, il avoit été utile et nécessaire d'empêcher que l'Espagne se joignît avec eux, par un traité que nous avions fait avec elle pour attaquer l'Angleterre ; que les Anglais et les Hollandais nous assistant contre les huguenots, ne désiroient pas que nous vinssions à bout de nos desseins, et cependant nous nous étions servis d'eux avec succès ; qu'il falloit faire le même des Espagnols, nous servir de leur ombre, nonobstant leur infidélité, et cependant, puisqu'elle nous étoit connue, de nous engager plus avant qu'il falloit avec eux ; que le but que nous devions avoir étoit de prendre La Rochelle et ruiner le parti huguenot en France, et pour en avoir plus de moyen faire la paix avec les Anglais.

Mais que, d'autant que nul bien n'est bien si on le reçoit avec quelque diminution d'honneur, il falloit venir à ces fins sans violer le traité que nous avions fait avec Espagne ; que ce traité obligeoit les Espagnols à faire, dès l'année passée, une attaque royale à l'Angleterre, et nous étions seulement obligés de les seconder au mois de juin de celle-ci ; que l'Espagne n'ayant point satisfait à cette obligation, nous pouvions prétendre n'être obligés à aucune chose ; mais encore que nous eussions raison de faire ainsi, beaucoup estimeroient que nous aurions pris trop aux cheveux l'occasion de manquer, et partant qu'il falloit agir plus loyalement ; que les Espagnols promettoient qu'au commencement de juin ils auroient soixante galions et six galères pour attaquer l'Angleterre, et que nous avions proposé d'en faire autant ; qu'il falloit faire un effort pour être au temps susdit avec cet armement effectif. Cela étant, il arriveroit de deux choses l'une : ou que les Espagnols manqueroient, ou que leur réputation les contraindroit de faire l'armement promis ; s'ils manquoient, comme il y avoit apparence de le croire, nous nous plaindrions d'eux devant Dieu et devant le monde, serions libres de notre parole, et, avec soixante vaisseaux et six galères, nous serions capables seuls de résister à l'Angleterre, leur donner appréhension de nos forces et faire une paix honorable. S'ils ne manquoient point, à la bonne heure, puisqu'en ce cas nous attaquerions si puissamment l'Angleterre, que nous n'aurions plus à craindre qu'ils assistassent nos huguenots ; que pour venir à ces fins, il falloit diligenter l'armement du Roi, qui seroit infailliblement prêt au temps susdit si l'argent qu'il y falloit dépendre étoit donné promptement et comptant ; au lieu que si on le donnoit tard, ou qu'on ne fournît que des assignations, il arriveroit que, l'armement n'étant pas prêt à temps, les Espagnols nous accuseroient avec prétexte de la faute qu'ils vouloient commettre en notre endroit en nous manquant ; nous ne pourrions nous dégager d'avec eux, et ne serions point en état d'attaquer l'Angleterre par eux ni par nous, ni même de résister à leur attaque par nos seules forces. Ainsi nous ne sortirions point de guerre, y serions engagés pour long-temps ; Sa Majesté feroit la même dépense pour son armement, quoiqu'inutilement, pour être tardive ; et, au lieu que si elle eût été prompte, c'eût été la dernière qu'il eût fallu faire, sa tardivité en engendreroit beaucoup d'autres, pour les diverses et mauvaises affaires qui nous tomberoient sur les bras de tous côtés. Cependant, que sans cela on ne pouvoit faire la paix avec honneur, ni la traiter sûrement, quand même on n'auroit pas d'égard au traité que l'on avoit fait avec les Espagnols, vu qu'il étoit à craindre que la négociation qu'on pourroit faire avec l'Angleterre, par quelque voie que ce pût être, ne servît à autre chose que de donner lieu aux Anglais, nonobstant qu'ils nous recherchoient de paix, de s'accorder en un instant avec les Espagnols qui y étoient portés par des voies aussi puissantes qu'elles devoient être tenues secrètes.

Quant à l'affaire de Mantoue, la première chose qui fut conseillée au Roi, fut d'exhorter M. de Mantoue de donner à M. de Savoie tout ce qu'il demandoit, qui consistoit en 12,000 écus de rente, avec la place de Trino, plutôt que de venir à une rupture ouverte. On estima aussi qu'il falloit échauffer l'Empereur, qu'on mandoit être favorable à M. de Mantoue en cette affaire, et lui témoigner que le Roi se porteroit d'autant plus à protéger M. de Mantoue par voies douces, qu'en cela il suivroit la raison et son jugement. Mais il ne se passa pas huit jours qu'on apprit que l'Empereur étoit changé, et que la rupture étoit ouverte. Les divers événemens changeant tous les jours les affaires, on apprit le décret de séquestre que l'Empereur avoit fait des Etats de M. de Mantoue et du Montferrat, envoyant le comte Jean de Nassau, comme commissaire impérial, accompagné de deux conseillers, pour signifier ledit décret au duc de Mantoue ; l'ordre qui fut donné à don Gonzalez d'attaquer par force les Etats de M. de Mantoue, au cas qu'il n'obéît audit décret ; la nouvelle armée avec laquelle don Gonzalez étoit déjà entré dans ses Etats d'une part, et M. de Savoie de l'autre ; le peu de moyen qu'il y avoit de les secourir, y ayant apparence que l'affaire devroit être faite avant que l'on pût être prêt pour aider le prince affligé ; le juste sujet qu'il y avoit de craindre que si le Roi secouroit M. de Mantoue, l'Empereur, à qui l'Espagne avoit depuis quelque temps fait former des plaintes contre la France pour prendre un prétexte de brouillerie, n'entrât en Champagne, sous couleur de retirer les Trois Evêchés, quoiqu'il ne demandât point Cambray ni Tournay, villes impériales détenues par l'Espagne ; la connoissance que le sieur du Fargis avoit donnée, par Lingendes, du déplaisir qu'auroit l'Espagne de la prise de La Rochelle, du désir qu'ils avoient qu'elle n'arrivât pas, qui étoit tel qu'ils lui avoient dit à lui-même qu'elle n'étoit pas encore prise, et qu'il y avoit beaucoup d'autres affaires en France ; toutes ces choses firent que le cardinal estima que le Roi ne pouvoit plus en aucune façon se déclarer.

C'étoit l'avis du Pape, qui, connoissant la mauvaise intention des Espagnols, conseilla au Roi de n'agir que par négociation, et encore sans chaleur, en cette affaire. Partant, il sembloit que s'il permettoit aux parens de M. de Mantoue de le secourir, c'étoit tout ce qu'il pouvoit faire. Qu'au reste il falloit agir par négociation. Pour cet effet, il crut qu'il falloit dépêcher au sieur du Fargis, lui donner charge expresse d'agir avec le comte d'Olivarès sur ce sujet, lui faire entendre que le Roi avoit beaucoup de sujet d'être offensé de M. de Mantoue pour les troubles passés, et pour le sujet récent des desseins de mariage avec Monsieur, comme lui insinuant en confiance le peu de sujet qu'avoit Sa Majesté de l'assister ; mais qu'elle n'entendoit pas comme ce mouvement pouvoit compatir avec le traité de Monçon, qui portoit que tout différend d'Italie seroit terminé par la négociation des deux Rois, sans en venir aux armes, ni avec le dessein qu'avoit l'Espagne au regard de l'Angleterre, selon le traité fait entre ces deux couronnes. Que cependant le Roi refusoit d'écouter ce que Lorraine, Hollande, Savoie et Danemarck lui offroient très-avantageux de la paix d'Angleterre, et ce qu'Angleterre même recherchoit, et offroit encore depuis peu par elle-même ; enfin que ledit sieur du Fargis tâcheroit de mettre l'affaire en négociation. Ce procédé témoigneroit confiance et donneroit lieu d'excuse, si, par après, on traitoit avec Angleterre, et ôteroit tout prétexte aux Espagnols d'entrer en Champagne et nous divertir de La Rochelle. Que cependant le Roi pourroit faire deux fortes dépêches, l'une à Rome, l'autre à Venise, pour faire savoir au Pape et à la République que s'ils vouloient se déclarer pour la protection de M. de Mantoue, le Roi feroit de même incontinent après la prise de La Rochelle qui arriveroit bientôt, et enverroit lors une si puissante armée en Italie, que, pourvu que Casal tînt encore, il seroit impossible de le prendre. Quant à la permission du Roi aux parens de M. de Mantoue de le secourir, et de lever en son nom des troupes en France pour cet effet, lesquelles ils commençoient déjà de lever, il l'estimoit inutile, pource que ce qui perdoit le plus souvent les affaires étoit que l'on les prenoit par les cheveux, et en parloit-on devant que les avoir bien examinées, d'où il arrivoit que quelquefois on conseilloit des choses impossibles parce qu'elles sont faciles en apparence, et qu'on en dissuadoit d'autres parce qu'on les tenoit très-difficiles, bien qu'on les pût faire réussir avec bonne conduite ; que jusqu'à présent on avoit parlé en cette sorte, à son avis, du secours de Mantoue. Devant que le résoudre, il falloit considérer si pour cela on avoit tout ce qui étoit nécessaire ; qu'il falloit au moins douze mille hommes de pied et deux mille chevaux ; il falloit la solde de ces gens de guerre pour trois mois, autrement ils se débanderoient tous devant que d'être au lieu où ils devoient faire effet ; qu'il falloit pourvoir à ce qu'ils ne pussent manquer de vivres en quelque part qu'ils allassent ; qu'il falloit dix canons, quatre cents chevaux d'artillerie, et au moins pour tirer six mille coups ; qu'il falloit voir quel chemin il faudroit tenir, si les passages étoient libres, et pourvoir à la sûreté du retour comme à celle du passage. Tout ce que dessous présupposé, on pouvoit secourir M. de Mantoue par ce moyen.

Mais si les principales choses manquoient, il ne réussiroit autre effet de cette entreprise, que la perte de ceux qu'on y enverroit, et une grande honte pour ceux qu'on penseroit y avoir contribué ; que le nombre des gens de guerre se pouvoit trouver ; ceux qui avoient été levés pour M. de Mantoue, et ceux que pouvoit fournir M. de Créqui, feroient le nombre de douze mille hommes et douze cents chevaux ; mais tant s'en faut qu'il y eût de l'argent pour les soudoyer et entretenir trois mois ni de la part du Roi, ni de M. de Mantoue, qu'il n'y avoit pas de quoi faire la première montre ; il n'y avoit ni artillerie suffisante, ni munitions de guerre, ni provisions pour les vivres, ni assurance pour le passage et pour le retour. Qu'au reste on étoit bien averti que Casal ne se pouvoit perdre que par manque de munitions de guerre et de vivres. Par le projet de ce secours on ne leur en portoit point, partant, quand il passeroit heureusement, allant en un pays nécessiteux, et où l'armée de don Gonzalez étoit presque affamée, ce secours ne feroit autre effet que de hâter la ruine de la place qu'on vouloit secourir. On diroit : Il fera lever le siége ; oui, mais d'où viendront les vivres ? l'armée ne peut demeurer là long-temps, d'autant qu'elle aura don Gonzalez, qui se fortifie du côté d'Allemagne, et M. de Savoie, qui, outre la nécessité du pays, lui empêcheroit les vivres ; si elle en part sans que la place soit remunie de poudres et fournie de blés, son voyage sera inutile. Partant, que ce secours ne sembloit pas pouvoir réussir si on n'y pourvoyoit plus puissamment qu'on n'avoit fait jusqu'alors; et que, selon son avis, en l'état présent des affaires M. de Mantoue ne pouvoit être secouru que par diversion, encore falloit-il bien penser si on le devoit entreprendre, en cas que La Rochelle ne se rendît pas promptement; avouant ingénument que, pour son particulier, La Rochelle n'étant pas rendue, il ne pouvoit conseiller une affaire qui embarquât le Roi à se défendre en même temps des forces d'Angleterre, d'Espagne et de l'Empire tout ensemble.

Que si on demandoit, que faut-il donc faire? il diroit franchement ce qui lui en sembloit; que les Espagnols vouloient avoir le Montferrat afin de se rendre maîtres de toute l'Italie, et en exclure tout passage aux Français. Et lui, qu'il voudroit faire une entreprise sûre qui lui conservât pour jamais un passage en Italie, passage dont la conquête et la conservation seroient d'autant plus faciles, qu'il seroit contigu aux Etats du Roi; que nous avions laissé la Valteline après l'avoir conquise, pource que nous ne la pouvions garder; que les Espagnols en seroient toujours maîtres parce qu'ils en sont voisins; que la même raison nous rendroit la conquête, en la conservation du passage qu'il prétendoit, facile; qu'il voudroit attaquer, ou Pignerol, ou le marquisat de Saluces, qu'on emporteroit indubitablement pourvu qu'on y allât avec un préparatif raisonnable, qu'on eût de quoi faire subsister l'armée, et une bonne provision pour l'artillerie; ce qui étoit aisé, vu que le marquisat est contigu au Dauphiné, d'où toutes provisions peuvent venir sans qu'on le puisse empêcher. Cette conquête étant faite, il voudroit s'y arrêter pour cette heure, l'occasion ne lui donnant ouvertement lieu de passer outre; qu'il voudroit fortifier les places du marquisat, en sorte que toutes les forces de la terre ne l'en pussent faire démordre; qu'il arriveroit de là, indubitablement, ou que M. de Savoie, qui étoit déjà ébranlé, penseroit à sa conscience et s'accorderoit avec nous, de peur d'être comme un pou entre deux singes; auquel cas, étant aux armes du Roi, nous pourrions faire quelque autre conquête, dont il se contenteroit, en échange du marquisat, et lors nous serions en état de faire restituer Casal, et M. de Savoie y contribueroit lui-même, puisque ce seroit son intérêt; ou, s'il demeuroit en l'état qu'il étoit, on ne laisseroit pas de le prendre à sa barbe, sans qu'il le pût empêcher; qu'il n'y avoit personne clairvoyant qui ne confessât que tout autre secours, supposé ce qui étoit dit cidessus, quoique plus apparent au vulgaire, ne pouvoit avoir aucun succès, au lieu que l'effet de celui-ci étoit indubitable, bien qu'il parût moins spécieux pour M. de Mantoue de première face, en ce qu'il sembloit qu'on se servît et des forces que le Roi lui avoit permis de lever en France, et de celles de Sa Majesté, pour augmenter cet Etat plutôt que pour conserver les siens; ce qui n'étoit pas en effet, puisqu'on n'attaqueroit Pignerol, ou le marquisat de Saluces, que pour s'assurer un passage pour toujours en Italie, et se mettre en état de faire ensuite restituer Casal, et garantir pour jamais les princes d'Italie des invasions des Espagnols; que c'étoit prévoyance de n'entreprendre que ce qu'on peut faire, et remettre chaque chose en son temps; que qui en usoit ainsi faisoit réussir la plupart de ses desseins, et qui faisoit autrement, précipitant ses entreprises, montroit avoir plus de cœur et d'ambition que de sagesse et de conduite; que, pour parvenir à ses fins, il voudroit, plus que jamais, faire assurer les Espagnols que les préparatifs que nous faisions n'étoient point pour Casal, afin d'empêcher qu'ils ne fissent infidèlement la paix avec les Anglais, contre le traité qu'ils avoient fait avec nous.

Ensuite, il prendroit sujet pour attaquer M. de Savoie, non l'entreprise injuste qu'il avoit tramée sur le Montferrat, mais les menées qu'il avoit faites en ce royaume, l'intelligence qu'il avoit avec M. de Rohan, dont il y avoit des preuves toutes claires; que, par ce moyen, l'Espagne ne se pourroit plaindre raisonnablement, et peut-être seroit-elle bien aise de voir humilier M. de Savoie pendant qu'elle songeroit à ses affaires; par ce moyen encore, ou M. de Savoie reviendroit d'abord à son devoir, et se joindroit aux armes du Roi, ouvrant toutes sortes de passages (auquel cas Casal pouvoit être secouru), ou, s'il ne le faisoit, il perdroit indubitablement Pignerol, le marquisat de Saluces, par le moyen duquel on feroit, avec le temps, ce que raisonnablement on ne pouvoit entreprendre lors par autre voie; qu'il estimoit qu'il falloit faire revenir M. le comte de Soissons, puisqu'il demandoit son retour avec instance, de peur que le désespoir le portât à se mettre entre les mains des Espagnols, qui eussent été bien aises de s'en prévaloir pour nous nuire, quoique c'eût été par sa perte, ce que le Roi devoit empêcher puisqu'il avoit l'honneur d'être de son sang.

Quant aux brouilleries de France, il représenta que le meilleur expédient étoit de dissimuler jusques à la fin du siège de La Rochelle, afin de n'embrasser pas tant d'affaires à la fois. Et, d'autant que du succès de cette entreprise dépendoit le bon événement qu'on pouvoit désirer des autres, il fut d'avis qu'on tentât toutes sortes de voies pour presser la prise de cette place. Pour cet effet, il proposa de sommer la ville, y ayant apparence qu'étant étonnée de la venue du Roi, et abattue de la nécessité qui les pressoit, le désir de sauver leurs biens, leur vie et leur liberté, leur feroit penser à leur conscience, et quitter leur rébellion. Il estima aussi qu'il falloit couper leurs eaux, et qu'il seroit bon de se disposer à les attaquer de force, commençant des tranchées et des travaux si bien conduits, que, sans hasarder personne, si par malheur la place venoit à être secourue, on se trouvât en même temps sur la contrescarpe de la ville, prêt à passer leur fossé. Il représenta qu'il y avoit des endroits très-avantageux pour faire des attaques, que la place n'avoit point de dehors et peu de gens de guerre pour la défendre. L'attaque de force fut négligée, le retranchement des eaux abandonné après l'avoir commencé; mais la sommation fut résolue sur-le-champ, étant jugé raisonnable de tous que Sa Majesté fît savoir son retour au siège de La Rochelle par un héraut. Cette sommation n'eut point d'effet, car elle fut refusée, non par ceux de la ville qui n'en surent rien, mais par le maire et les séditieux, qui cachèrent au peuple la venue dudit héraut, auquel ils avoient refusé les portes. Il ne se trouva point de roi d'armes ni de cottes-d'armes en l'armée pour lui donner, non plus que le roi Louis XI, comme Philippe de Commines remarque, n'en trouva en la sienne pour revêtir celui qu'il vouloit envoyer porter une parole de guerre aux Anglais. On en accommoda une en diligence, et prit-on un commis de l'épargne, nommé Boulanger, assisté de deux trompettes du Roi, pour les sommer de lui ouvrir les portes, auquel cas il useroit de sa clémence en leur endroit, sinon qu'ils n'eussent plus rien à espérer de sa miséricorde, mais attendre de sa justice la rigueur de la punition que leur félonie méritoit. Ils ne le voulurent point écouter, et le firent retirer; ce qui indigna bien fort le Roi, qui se résolut de les châtier comme ils méritoient.

En ce temps Lingendes, secrétaire du sieur du Fargis, ambassadeur du Roi en Espagne, arriva à la cour, qui apporta avis de nouvelles remises pour leur armée navale, comme aussi qu'Olivarès avoit détourné l'exécution de ce qui avoit été traité entre les deux couronnes, pour l'impôt sur le sel de France et d'Espagne, sur lequel les commissaires des deux Rois avoient trouvé bon qu'il fût mis un même impôt dans les salines, afin que les nations septentrionales qui en ont besoin, le trouvassent avec égal avantage en l'un et en l'autre royaume. En ce traité du sel, en l'affaire de M. de Mantoue, en celle d'entre Gênes et M. de Savoie au traité de Monçon, en ce qui s'étoit traité sur le sujet du Palatinat avec le roi d'Angleterre, il fut aisé à remarquer un pareil procédé et une égale foi, le seul art des Espagnols ayant été de donner force paroles, user de diverses remises pour prendre leur temps et violer leur foi à leur avantage, comme ils ont toujours fait.

Cependant on reçut avis de toutes parts qu'une armée navale étoit prête à partir d'Angleterre, pour accompagner et faire entrer dans La Rochelle un grand secours de vivres. Cette armée partit de Portsmouth au commencement de mai, sur ce que les Rochelois qui étoient sortis de La Rochelle auparavant, avoient fait entendre aux Anglais qu'ils passeroient à la digue sans obstacle, étant fort peu avancée, et n'y ayant à l'embouchure du canal que quinze ou seize petits dragons, qui s'enfuieroient à leur arrivée en Brouage ou dans la rivière de Charente. Cette armée étant arrivée, les Anglais pensoient d'abord entrer dans La Rochelle, ainsi qu'on leur avoit fait espérer; mais ils trouvèrent qu'il en étoit bien autrement, voyant tout le canal rempli de vaisseaux, et ces estacades flottantes qui le fermoient, et les vaisseaux de guerre du Roi en ordre de bataille entre la pointe de Chef-de-Baye et celle de Coreille, où il y avoit de fortes batteries; cela les épouvanta tellement qu'ils n'osèrent approcher, et allèrent mouiller dans le pertuis d'Antioche, qui est entre les îles de Ré et Oleron. Le cardinal, qui savoit qu'il n'y a point de plus dangereux péril que de n'en craindre point de la part de son ennemi, avoit dès long-temps auparavant donné ordre à toutes choses, comme si tous les jours les Anglais devoient arriver. Il fit faire défense à tous les matelots qui servoient et serviroient aux galiotes, barques, brigantins, traversiers et chaloupes, employés à la garde dudit canal de La Rochelle, de quitter et abandonner l'équipage où ils seroient engagés, sans congé de celui qui commanderoit à leurs vaisseaux, sous peine d'être pendus et étranglés, en quelque temps et lieu qu'ils fussent trouvés par après. Semblablement furent faites défenses à tous les susdits matelots de coucher hors de leurs bords, sur peine d'être coulés en mer. Comme aussi leur fut enjoint de se trouver tous les jours en leursdits bords, trois heures devant que la marée fût pleine, sans pouvoir sortir d'icelui qu'après qu'elle seroit plus que moitié retirée, sous peine, pour la première fois, d'être calés en mer, et de la vie pour la seconde. Pareillement fut défendu à tous capitaines de galiotes, barques et brigantins, traversiers et chaloupes, de s'éloigner de jour ou de nuit de la digue, en quelque temps que ce pût être, aux heures même non spécifiées ci-dessus, sans le congé du commandeur Desgoutes, qui avoit le commandement desdits vaisseaux; comme aussi aux matelots des susdits vaisseaux de s'en éloigner audit temps, sans congé des capitaines d'iceux, nonobstant lequel encore ils se rangeroient tous à leur bord au premier coup de canon d'alarme qu'ils entendroient tirer de la mer ou de la pointe de Coreille. Il fut aussi défendu à tous matelots et autres, de quelque condition qu'ils fussent, de couper aucuns câbles ou cordages, ou rompre aucune chose des vaisseaux enfoncés ou flottans sous peine de la vie.

Il fut donné un autre ordre au chevalier de Valençai, commandant les vaisseaux du Roi étant à la rade au Chef-de-Baye, lequel étoit étroitement observé : que les capitaines tiendroient avec soin leurs navires fournis de toutes choses nécessaires, en façon qu'ils se trouveroient prêts à exécuter tous les ordres qui leur seroient donnés par l'amiral ou leur chef d'escadre; que les capitaines auroient leurs vaisseaux mouillés à la longueur de deux câbles les uns des autres, partie au nord, partie au sud de l'amiral près leur chef d'escadre; que nul des navires ne se mettroit sous voiles sans permission de l'amiral ou de son chef d'escadre; nul des navires ne tireroit coup de canon pour occasion que ce fût, si ce n'étoit pour les signaux qui lui seroient ordonnés; que quand l'amiral voudroit appareiller, il défesteroit l'artimon, et mettroit une flamme sur le mât d'avant; alors tous les vaisseaux se prépareroient, mettroient la voile après l'amiral, feroient la même route et les mêmes manœuvres que lui ou leurs chefs d'escadre; que s'il arrivoit que le temps fut si plein de bruine que l'on ne pût s'entrevoir, de temps en temps les vaisseaux feroient battre leurs tambours, sonner leurs trompettes, pour se tenir ensemble, et, crainte de s'aborder, suivroient l'amiral, qui tireroit souvent des mousquetades sans balles, et s'il vouloit mouiller tireroit un coup de canon; quand l'amiral voudroit que le vice-amiral, contre-amiral et chef d'escadre vinssent à son bord, il pendroit une flamme à la vergue de bourset. Lorsque l'amiral voudroit que tous les capitaines vinssent à son bord, il mettroit sur son arrière une enseigne blanche; quand l'amiral voudroit avoir conseil à bord, il pendroit une flamme au bâton d'enseigne; alors les capitaines y viendroient avec leurs pilotes; que les vaisseaux qui seroient en garde hors des îles ou dans les terres, mouillés ou à la voile, quand ils découvriroient les vaisseaux à la mer, mettroient une flamme au haut du grand mât, et peu après feroient fumée; et s'ils avoient connoissance de nombre de vaisseaux ils feroient deux fumées, qu'ils continueroient jusques à ce qu'il leur eût été fait contresigne d'une fumée à la hune; quand les vaisseaux de l'armée viendroient de dehors, ils mettroient une flamme sur le haut du mât de devant, et leur enseigne à poupe, afin d'être connus. Les ordres donnés pour la nuit furent que quand l'amiral voudroit faire voile la nuit, il mettroit deux feux à poupe près l'un de l'autre, et les autres vaisseaux en mettroient chacun un, qu'ils n'ôteroient point que l'amiral n'ôtât l'un des siens, ou les deux ensemble; si l'amiral vouloit changer de bord, il montreroit deux feux aux haubans du grand mât; s'il vouloit que l'armée mouillât, il mettroit un feu de plus auprès de son fanal; alors les autres en mettroient chacun un, qu'ils ôteroient aussitôt qu'ils seroient mouillés; s'il vouloit parler au vice-amiral, contre-amiral et chefs d'escadre, il mettroit un feu au-dessus de son fanal; si quelque vaisseau avoit connoissance d'autres qui ne fussent pas de la flotte, il montreroit un feu en lieu qu'il pût être vu, et s'il en voyoit plusieurs, il en montreroit trois l'un sur l'autre; que le premier des vaisseaux de la flotte qui verroit le signal tireroit une fusée, et lors chacun prendroit garde de faire les mêmes manœuvres que feroit l'amiral; quand un vaisseau de l'armée se viendroit joindre de nuit aux autres, il mettroit un fanal à la hune afin d'être connu; que les vaisseaux qui seroient de garde en lieux où ils connoîtroient n'être vus ni ouïs du reste de l'armée s'approcheroient, et, lorsqu'ils jugeroient être assez près, ils tireroient un coup de canon, et peu après une fusée pour avertir s'ils avoient eu connoissance de quelques vaisseaux à la mer; l'on leur répondroit d'une fusée.

Pour l'ordre du combat, il fut ordonné que l'amiral ayant fait voile, tous les vaisseaux tâcheroient de gagner le vent sur les ennemis, se tenant de chaque escadre les uns avec les autres le plus près qu'ils pourroient, se gardant d'aborder où d'être abordés qu'ils ne fussent entre les pointes de Coreille et Chef-de-Baye. Mais aussi que chacun des capitaines se garderoit l'avantage de pouvoir aborder l'un des vaisseaux ennemis en ce lieu-là, et même jusque dans la chaîne de La Rochelle, sans craindre de perdre son navire, la perte en étant bien avouée, pourvu que l'on fît perdre avec soi l'un des ennemis. Lorsqu'un des nôtres auroit abordé un des vaisseaux, qu'il fît tout ce qu'il pourroit pour s'échouer à terre avec lui. Que l'on se donnât bien garde de sauter dans le bord ennemi, mais seulement combattre pour le couler à fond et échouer; empêcher qu'il ne se dessaisit; laisser tomber des ancres pour le retenir, si le vent et la marée nous poussoient trop vite avec lui dans le canal; bref, faire en sorte qu'il demeurât à sec avec nous.

On ordonna aussi des ordres pour la garde et conservation de la digue et palissade, tant enfoncée que flottante, dans le canal de ladite Rochelle. L'on régla ladite garde, en sorte que chacun savoit, en cas d'alarme, quel poste il devoit avoir, afin de s'y rendre sans attendre aucun autre commandement. Du côté de Chef-de-Baye, le premier poste de ladite garde fut vers le Port-Neuf, et la brigade fut de quatre traversiers ou barques, et de deux grosses chaloupes; le second poste, à l'endroit des pieux plantés, avec trois barques ou traversiers, et une grosse chaloupe; le troisième, vis-à-vis du château de Pompée, avec la galiote de Coquet, trois barques ou traversiers, et une grosse chaloupe; le quatrième, vers les pieux plantés devers Coreille, avec trois barques ou traversiers, et une grosse chaloupe; le cinquième, vis-à-vis du vaisseau nommé Lours, avec trois barques ou traversiers, et une grosse chaloupe; le sixième se tenoit avancé entre la première batterie de Coreille et la digue, de quatre traversiers et deux grosses chaloupes; le septième, composé de six pinasses ou barques, étoit proche des batteries de Coreille. Le sieur commandeur Desgouttes eut commandement d'être d'ordinaire sur la grande galiote, vers le château de Pompée, avec deux chaloupes légères, pour envoyer les ordres que bon lui sembleroit. Et d'autant que ce n'est pas assez de faire garde du côté de la mer, mais qu'il le convient faire du côté de La Rochelle, étant croyable que s'il venoit une attaque des ennemis par dehors, ceux de La Rochelle sortiroient en armes, seize barques ou traversiers, galiotes et chaloupes, furent destinées du côté de La Rochelle pour y faire garde; deux traversiers et deux fortes chaloupes entre le Fort-Louis et la digue; une galiote, deux traversiers et une forte chaloupe vers le fort de Pompée; deux traversiers et une forte chaloupe ou pinasse vis-à-vis la Licorne; deux traversiers et deux fortes chaloupes ou pinasses, entre la digue et la Licorne.

Mais, parce qu'il eût été inutile de mettre tout ce que dessus en garde ordinaire, et que les équipages n'eussent pu supporter la fatigue, le corps des vaisseaux fut divisé en trois, chacun desquels fut composé de dix barques ou traversiers, une galiote et cinq chaloupes pour faire la garde ordinaire, qui étoit que tous les soirs on envoyoit quatre chaloupes légères en sentinelle vers la chaîne, l'une au milieu plus avancée vers ladite chaîne, deux un peu plus reculées entre ladite chaloupe et le Gigot, et la quatrième entre ladite chaloupe et Tadon. Ces quatre chaloupes étoient soutenues de cinq grosses chaloupes armées qui entroient toutes les nuits en garde et étoient posées: deux proche la digue du Fort-Louis; deux au milieu du canal, et une vers Lours. Des dix traversiers qui toutes les nuits entroient en garde, il y en avoit chaque nuit quatre entre la digue et La Rochelle, qui se plaçoient diversement selon les divers vents, pour se pouvoir servir de leurs voiles. Les six autres étoient au dehors de la palissade, qui recevoient ordre tous les soirs dudit commandeur Desgouttes, du lieu où ils avoient à se placer selon les vents. Les quatre susdites chaloupes qui étoient en sentinelle gardoient cet ordre: que s'il sortoit barques, chaloupes et autres vaisseaux de La Rochelle, la première qui le découvriroit se devoit mettre derrière, faire fanal et le suivre; s'il y en avoit deux, elle devoit lever deux fois le fanal; si trois, trois fois, et ainsi selon le nombre qu'elle auroit découvert. S'il sortoit plusieurs vaisseaux, chaque chaloupe en devoit suivre, avec fanal pour enseigne aux vaisseaux de la garde où ils les devoient attendre et attaquer. Que si par hasard il sortoit quantité de barques ou chaloupes, et que, par le nombre des signaux qui seroient faits avec le fanal, on connût que les ennemis fussent plus forts que la garde ordinaire, toute ladite garde se devoit mettre ensemble aux meilleurs postes que le vent leur permettroit, pour prendre leur avantage et attendre que la garde extraordinaire, qui, à la première alarme, se mettroit à la mer incontinent, la pût joindre. Et, afin que toutes les gardes de la mer fussent promptement averties de se tenir en état de combattre, incontinent que la chaloupe et sentinelle auroit tiré son coup de mousquet pour donner l'alarme et fait fanal, le capitaine Martin devoit tirer un coup de canon pour avertir la batterie de la pointe de Coreille, qui aussitôt en tireroit un autre pour avertir le chevalier de Mailly et les dragons, lesquels au même temps appareilleroient. Outre ces signaux, quand tous les équipages entendroient trois chamades d'un trompette, et un coup de canon d'une galiote, tous se devoient retirer en leur bord et appareiller, sur peine, à qui ne le feroit pas, d'être mis en galère. Et d'autant que de La Rochelle il pouvoit sortir des vaisseaux à feu, en cas que les chaloupes des sentinelles s'en aperçussent, comme ils le doivent soupçonner, s'ils voyoient sortir un vaisseau à la voile, ils devoient faire signal avec une fusée au bout d'un bâton et lors les chaloupes devoient aller aborder ledit vaisseau, les uns pour tâcher de couper l'amarre de sa chaloupe, et les autres pour jeter le grappin et détourner ledit vaisseau. Que si, nonobstant ces précautions, les brûlots s'attachoient à quelques-uns des vaisseaux flottans, et mettoient le feu en sorte qu'ils ne se pussent garantir, en ce cas, celui qui y commanderoit devoit faire ouvrir le fond du vaisseau à coups de hache pour le couler à fond, puis se sauver aux autres vaisseaux, avec leurs chaloupes. Et, pource que les vents d'ouest et sud-ouest sont quelquefois si grands, que la garde qui devoit être du côté de la mer n'y pourroit tenir, en ce cas elle se devoit ranger, en cas d'alarme, une partie à l'abri de l'épaule du Port-Neuf, pour attaquer par poupe les vaisseaux qui auroient donné dans les câbles qui étoient tendus entre les vaisseaux flottans, l'autre partie vers La Rochelle, à l'abri de la digue et des vaisseaux flottans.

Les vaisseaux flottans eurent ordre que, lorsqu'ils verroient un vaisseau embarrassé dans leurs cordages, ils l'accrochassent avec leurs crocs et grappins qui leur avoient été baillés à cette fin, puis y jetassent des feux d'artifices, et, par après, sautassent dedans; auquel cas, la garde qui seroit du côté de La Rochelle se devoit séparer, pour accrocher aussi par la proue les vaisseaux qu'ils verroient être embarrassés dans les câbles, et ce avec tel ordre, que quand on verroit un vaisseau attaqué par un nombre suffisant pour le prendre, les autres barques et vaisseaux se réserveroient pour d'autres. Il fut, de plus, ordonné au commandeur Desgoutes de faire tenir à l'ancre, à l'abri de chaque vaisseau flottant, autant de barques qu'il y avoit de vaisseaux, tant pour être plus proches à s'opposer aux ennemis qui pourroient venir du côté de la mer et de la ville, que pour pouvoir, par ce moyen, plus facilement conserver leurs équipages en leur entier, et être moins sujettes au péril du canon, auquel elles seroient trop exposées si elles étoient en corps à l'abri de la digue. Il lui fut ordonné aussi, pour les mêmes raisons, de faire tenir le surplus des barques et traversiers à l'ancre du côté de la mer, lorsque le temps le permettroit, et, pour cet effet, choisir celles qui avoient de meilleures amarres. Quant aux soldats destinés à la défense de la digue, estacades et vaisseaux, ils furent répartis et ordonnés si à propos que rien n'y manquoit.

Tous ces ordres-là étoient donnés dès auparavant que les Anglais parussent; mais, dès qu'ils furent venus, le cardinal disposa toutes les choses si bien pour le combat et la défense du canal, qu'il n'étoit pas possible d'être sage et de croire que les ennemis pussent sans leur honte hasarder de passer. Les volontaires entroient en foule dans les vaisseaux de guerre, et ceux des estacades flottantes furent remplis de soldats pour les défendre. Le canal fut bordé des deux côtés de gens de guerre, et les gardes ordinaires redoublées; les Suisses demandèrent à être de la partie, et furent mis sur la digue et à la pointe de Coreille; de sorte que, si quelque vaisseau des ennemis se fût échoué, il ne se fût pas sauvé un seul de ceux qui eussent été dedans. L'ordre de l'armée et du combat, au cas que les Anglais eussent voulu tenter le passage, fut aussi donné avec grande prévoyance. Ce qui étoit le plus à craindre, étoit la confusion dans le canal lorsque les Anglais entreprendroient leur attaque, et les vaisseaux à feu des Anglais avec lesquels ils tenteroient de faire ouverture à l'estacade flottante, et de brûler des vaisseaux de guerre du Roi. On pourvoyoit à éviter ces deux inconvéniens par un bon ordre. On divisa la flotte du Roi, composée de vingt-huit grands vaisseaux et de dix hirondelles, en quatre escadres principales. La première, commandée particulièrement par le chevalier de Valençai, étoit composée de douze grands vaisseaux qui étoient divisés en deux corps, qui mouilloient tous deux séparément à l'entrée de la pointe de Chef-de-Baye, au-dessous des batteries. Et d'autant qu'il faut toujours couvrir le pavillon du Roi autant qu'il se peut, six vaisseaux de ladite escadre, commandés par le sieur de Miraumont, mouilloient entre les ennemis et le sieur de Valençai. La deuxième, commandée par le sieur de Poincy, étoit composée des sept dragons de la Manche, et mouilloit au-dessus de la pointe de Coreille, au sud-ouest de l'escadre du sieur commandeur de Valençai. La troisième, commandée par le sieur de Mailly, étoit composée encore de dix vaisseaux, et mouilloit justement à l'ouvert des deux pointes vis-à-vis de celle de Coreille. La quatrième étoit composée de dix hirondelles commandées par le sieur de Cahusac, et mouilloit entre l'escadre de Valençai et les terres de Chef-de-Baye.

Chacune de ces escadres savoit si bien ce qu'elle devoit faire au cas que les ennemis donnassent dans le canal, que la fumée ni aucun autre accident ne les eût pu troubler en leur ordre. Incontinent qu'on eut vu appareiller les ennemis, l'escadre du sieur de Poincy se devoit tenir en état, non de combattre les premiers vaisseaux qui viendroient, mais de mettre à la voile pour soutenir le second choc. Cette escadre devoit laisser passer les sept ou huit premiers vaisseaux des ennemis qui seroient à la tête. Ces sept ou huit premiers vaisseaux des ennemis qui auroient passé, devoient être attaqués vaisseau pour vaisseau par l'escadre du sieur de Mailly, qui, pour prendre mieux son avantage, se devoit mettre à la voile dans le milieu du canal aussitôt qu'elle verroit les ennemis s'approcher d'elle ; et, afin de les embarquer plus avant dans le canal pour laisser place à ceux qui devoient combattre après lui et les tirer en lieu où ils pussent échouer plus aisément, il devoit descendre devant les ennemis jusque vers le Port-Neuf devant que de commencer son combat, et se tenir toujours entre la demi-lune flottante et les ennemis, afin de la garantir de leur effort. Les capitaines de ladite escadre ne devoient avoir autre but que d'accrocher chacun un vaisseau des ennemis et le faire échouer. Les huit premiers vaisseaux des ennemis étant passés, l'escadre du sieur de Poincy devoit attaquer ceux qui suivroient, les attirant dans le canal, et, autant qu'ils pourroient, dans les terres vers la digue du côté de Coreille, où ils échoueroient plus aisément étant accrochés ; ce que chaque vaisseau devoit tâcher de faire vers celui qu'il entreprendroit. Cela fait, ce devoit être à l'escadre du commandeur de Valençai de soutenir le choc des ennemis qui se présenteroient, au cas qu'il jugeât qu'il fallût plus grande force pour résister à l'attaque du premier jour. Cependant, d'autant qu'il étoit à craindre que les ennemis prétendissent, par un premier combat fait avec partie de leur flotte, mettre celle du Roi en état de ne pouvoir soutenir un second choc qu'ils feroient à une seconde marée avec le reste de leurs forces, il fut estimé être du tout important de ne faire combattre, s'il se pouvoit, le premier jour, que la moitié des forces du Roi, l'autre se réservant fraîche pour le lendemain. C'est pourquoi le sieur de Valençai eut charge d'éviter autant qu'il pourroit de venir aux mains le premier jour ; ce qu'il pourroit faire en relâchant dans le canal vers la digue, au cas qu'il fût pressé des ennemis, là où ils ne pourroient l'attaquer qu'avec péril d'échouer promptement, si leurs vaisseaux étoient tant soit peu grands, et en essuyant le feu des dix-huit canons de Chef-de-Baye, ce qui leur eût été un grand désavantage ; que non-seulement il faudroit user de cette ruse pour la première fois, mais à toutes s'il se pouvoit, le dessein du Roi n'étant autre que d'empêcher ses ennemis d'entrer dans La Rochelle ; ce qui ne se pouvoit faire mieux qu'en leur faisant perdre inutilement des marées auxquelles ils le voudroient tenter. Si on étoit en pleine mer, le plus grand nombre de vaisseaux emporteroit le moindre par raison, mais dans le canal quinze vaisseaux pouvoient soutenir l'effort de trente, et encore avec avantage, vu qu'il n'y avoit pas tant d'endroits où l'on pût tenter le passage, et que, si les ennemis entroient en grand nombre dans le canal, ils ne sauroient s'aider de leurs canons qu'ils ne se tuassent les uns les autres ; et s'ils s'embarrassoient tant soit peu, n'ayant que trois heures de marée, ils n'auroient pas le temps de s'en retourner, et demeureroient échoués, et par conséquent perdus. Cahusac, avec ses hirondelles, eut ordre de demeurer d'abord en son poste, et n'en partir point qu'en deux cas. Le premier, si le combat s'attachoit aux dix vaisseaux du commandeur de Valençai par feu ou autrement, auquel cas lesdites hirondelles entreprendroient de secourir chacune un des vaisseaux attaqués. Le second, si les ennemis passoient jusqu'à l'estacade, auquel cas il devoit, avec toute son escadre, se mettre au milieu du canal pour s'opposer à leur retour, et particulièrement aborder les galiotes et vaisseaux à rames des ennemis ; les deux brigantins et la carvelle devoient faire le même. Lesdites hirondelles et brigantins devoient relâcher dans le canal, s'ils voyoient que le sieur de Valençai fît le semblable. À la tête du sieur de Cahusac, au devant de ses hirondelles et de l'escadre du sieur de Valençai, devoient mouiller deux escadres de chaloupes, commandées par les sieurs de L'Isle et de Sainte-Maure, pour accrocher les brûlots, les détourner, couper leurs chaloupes, et généralement faire tout ce qui seroit nécessaire pour empêcher leur effet.

Il fut très-particulièrement recommandé de garder l'ordre ci-dessus, qui consistoit principalement à faire combattre les vaisseaux plus proches de la digue les premiers, tant pource que, si les plus avancés combattoient les premiers dès l'entrée de la pointe, la fumée ôteroit le jugement de ceux qui seroient au-dessous, tirant vers la digue, que pource qu'en accrochant les ennemis comme il falloit faire, ils viendroient tomber et échouer sur ceux qui n'auroient point encore combattu : ce qui les mettroit en désordre, et en impuissance de faire leur devoir. Le sieur commandeur de Valençai fut aussi averti d'avoir pour but principal d'empêcher, avec les vaisseaux qu'il commandoit, les vaisseaux ennemis de quatre-vingts, cent, cent cinquante, deux cents et trois cents tonneaux, de passer jusqu'à la digue, et de faire le même s'il pouvoit des moindres, s'il ne s'en présentoit que de petits pour entrer dans le canal, mais quand ils passeroient, c'étoit aux barques, traversiers et autres vaisseaux armés dans la demi-lune à les combattre : ce qu'ils pouvoient faire facilement, car, outre les vingt-neuf grands vaisseaux, les dix hirondelles et les trois brigantins, et seize chaloupes mentionnées ci-dessus, il y avoit quarante-deux barques et traversiers armés dans le canal, et quatre pinasses désignées pour la garde des estacades du côté de la mer, commandées par le sieur Desgoutes. Ces quarante-deux barques et traversiers se devoient diviser en cinq corps, deux chacun de sept les plus légers traversiers, et deux pinasses en outre à leur tête ; deux autres encore de sept traversiers chacun, et le cinquième de quatorze les plus grandes barques. Celui qui seroit composé des quatorze les plus grandes barques, commandé par le sieur de Chairault, devoit mouiller dans la demi-lune flottante, en sorte que chaque intervalle des vaisseaux flottans, par où les ennemis pouvoient passer, fût garni d'une barque armée, demeurer à l'ancre, et ne bouger de son poste pour accrocher et combattre tous les vaisseaux qui se présenteroient : ce qu'ils pourroient faire d'autant plus aisément, que d'abordée les vaisseaux qui voudroient entrer rencontreroient les câbles de l'estacade flottante qui les arrêteroient, et que lesdits ennemis recevroient au même temps toute la décharge de la mousqueterie des vaisseaux flottans entre lesquels ils passeroient, et leurs feux d'artifices ; que ceux encore qui seroient sur lesdits vaisseaux flottans, jetteroient leurs grappins pour les empêcher de passer, et auroient des mousquetaires particulièrement affectés pour tirer à ceux qui tâcheroient de couper les câbles de l'estacade : ce qui ne pouvoit une fois être fait à une barque, que le passage ne fût toujours bouché par cet endroit pour toute autre qui se présenteroit ; de façon que le même ordre étant gardé en tous les intervalles par où les ennemis pouvoient tenter le passage, il étoit impossible qu'ils vinssent à bout de leur dessein et qu'ils perçassent seulement cette première estacade. Deux autres escadres de phelins, commandés par le sieur Desgoutes et de La Richardière, devoient mouiller vis-à-vis du premier vaisseau de la pointe de la demi-lune flottante, l'une du côté du Port-Neuf, et l'autre de Coreille, et si proche des terres que les grands vaisseaux des ennemis ne les pussent aborder, ni troubler le combat du sieur de Mailly qui se feroit au milieu d'eux. Lesdites escadres de phelins avoient pour but de s'opposer aux vaisseaux à feu ; ce qu'ils devoient faire leur jetant des grappins, et les nageant par après vers les terres, d'un côté ou d'autre, ou mouillant une ancre pour les arrêter, et les faire brûler loin de l'estacade, et devoient aussi, si les brûlots ne les occupoient pas, aborder dans l'estacade les vaisseaux des ennemis qui seroient de leur portée. Deux autres escadres de phelins, commandés par les sieurs de Charnassé et des Francs, devoient mouiller plus haut, tirant à la mer, aux deux côtés de la tête du sieur de Mailly, le plus proche des terres qu'ils pourroient, pour les raisons ci-dessus. Ils avoient aussi pour but de s'opposer aux vaisseaux à feu par les voies déduites, mais ils ne devoient point combattre ledit jour s'ils n'en avoient commandement exprès, si ce n'étoit pour s'opposer aux vaisseaux ennemis de leur portée, qui voudroient se retirer du canal après avoir tenté inutilement un effort. Et d'autant qu'il pouvoit arriver qu'il échouât de grands vaisseaux des ennemis qui seroient difficiles à pétarder et brûler en basse mer, on devoit tenir six brûlots entre Chef-de-Baye et le Port-Neuf, derrière le sieur de Valençai, pour s'en servir à brûler lesdits vaisseaux échoués avant qu'ils pussent revenir à flot, ce qui se pouvoit faire aisément, lesdits brûlots étant faits expressément de quarante tonneaux pour flotter, lorsqu'un vaisseau de cent, cent cinquante et deux cents tonneaux, seroit encore échoué. Cet ordre étoit donné sur la présupposition que le vent seroit nord-ouest lorsque les ennemis entreprendroient leur attaque, parce qu'il est d'ordinaire en cette saison-là ; mais s'il eût été est, sud ou de ses collatéraux, l'armée avoit ordre de ranger, avec le même ordre ci-dessus, plus devers Coreille que devers Chef-de-Baye, pour prendre l'avantage du vent. Pour défendre l'estacade du côté de La Rochelle, il y avoit vingt-six vaisseaux à rames, galiotes, brigantins et chaloupes, divisés en six escadres, auxquels, en cas d'alarme ou de combat, il fut ordonné quels postes ils devoient prendre, avec ordre d'attaquer seulement tous vaisseaux qui viendroient, soit de La Rochelle, soit du côté de la mer, s'ils n'étoient point agrafés par les vaisseaux d'entre deux les estacades lorsqu'ils passeroient à leurs postes, ou en l'espace qui seroit entre icelui ou celui de l'estacade prochaine, de ne s'avancer point au devant des vaisseaux de La Rochelle du côté de la ville, passé l'alignement marqué par un poteau du côté de Coreille ; et, de plus, qu'aucune escadre ne partît pour attaquer aucuns vaisseaux, s'ils ne passoient ès lieux spécifiés ci-dessus, ou qu'ils n'en eussent commandement du sieur Desgoutes ou de Ternes, et qu'elles auroient un grand soin, si elles voyoient venir des brûlots de La Rochelle, de les agrafer et détourner de l'estacade flottante.

La flotte anglaise étoit composée de soixante vaisseaux, huit roberges, vingt vaisseaux de guerre, et le reste de brûlots et de barques chargées de vivres. Le lendemain de leur arrivée, un Rochelois, nommé Vidault, entra dans La Rochelle dans un petit esquif de la Tamise qui ne pêchoit pas un pied d'eau. Ce Vidault avoit une lettre du comte d'Embigh au sieur de Bassompierre, pour, au cas qu'il fût pris, dire qu'il alloit au Port-Neuf, offrir de rendre quelques prisonniers qu'ils avoient pris le jour auparavant en l'île de Ré dans une barque. Mais son entrée ne profita à cette ville rebelle que pour leur faire savoir que, si elle ne leur rendoit le passage ouvert tel qu'ils l'avoient promis en Angleterre, leur secours s'en retourneroit. Ils eurent jusqu'au 17 le temps à souhait pour tenter le passage, le vent étant si grand que non-seulement il leur servoit, mais il nuisoit beaucoup à nos travaux faits dans la mer. Ils se contentèrent, durant ce beau temps, d'envoyer seulement un brûlot, qui vint échouer sous la batterie de Chef-de-Baye, et une chaloupe dans laquelle il y avoit un ingénieur qui avoit voulu pétarder quelque vaisseau de Toiras au Texel, et fit crever la chaloupe qui enfonça dans la mer, et, par ce moyen, tout ce qui étoit dedans fut noyé. Ce qui les divertit plus de hasarder le passage, ce furent les matelots qu'ils prenoient en mer, revenant de Brouage à la digue, qui leur figurèrent l'impossibilité de pouvoir exécuter leur dessein, et leur firent un plan de la digue, des estacades et des batteries du canal, ensemble de l'armée navale, des galères, galiotes, barques, chaloupes et brigantins qui défendoient ladite estacade et le canal : ce qui étonna fort le comte d'Embigh, amiral anglais, lequel, voyant qu'il ne pouvoit rien faire, fit signer pour sa décharge un acte aux capitaines rochelois qui l'avoient embarqué à ce dessein, par lequel ils déclarèrent qu'il étoit impossible de passer par mer à La Rochelle, et après fit voile, le 19 de mai sur les cinq heures du soir, et en fort bon ordre.

Les Rochelois, croyant qu'ils voulussent donner combat, pour les animer avoient arboré quantité de drapeaux sur les lieux éminens de leur ville, et sur le fort et moulins de Tadon que les Anglais gardoient, et tirèrent force canonnades en témoignage de joie ; mais ils l'eurent bien courte, voyant que cette armée s'éloignoit d'eux sans leur laisser qu'une vaine espérance de secours, et s'en retournoit par le pertuis d'Antioche. Le cardinal envoya des dragons pour la suivre, et apporter nouvelles de leur route, qui revinrent après l'avoir vue entrer dans la Manche. Il arriva en même temps dix matelots français que les Anglais avoient pris en mer, et renvoyés dans une chaloupe sans voiles, gouvernail, ni rames, qui confirmèrent cette nouvelle. Ils ne rapportèrent pas en Angleterre tous les vivres qu'ils en avoient apportés pour ravitailler La Rochelle, car le chevalier Guitault trouva moyen d'écarter un des vaisseaux qui les portoient et le prit ; le Roi lui donna la charge d'icelui, qui étoit prisée 10,000 écus. Il y avoit dans ce vaisseau des matelots bretons que Bregnaut, Rochelois, avoit pris à leur arrivée en l'île d'Aix, qui rapportèrent que les Anglais et les Rochelois avoient été en grande dispute du passage de La Rochelle, les Anglais soutenant qu'il étoit impossible, et Bregnaut assuroit impudemment le contraire et s'affronta à s'y hasarder le premier, mais les autres Rochelois ne furent pas de son opinion. Cette retraite anglaise pleine de honte, et leur secours qui n'avoit été reçu des Rochelois que par foi, comme ils font l'Eucharistie, les étonna si fort, qu'ils eussent volontiers incliné à se rendre, si madame de Rohan la mère, de qui l'espérance pour ses enfans étoit toute fondée en la conservation de cette ville, et le ministre Salvert (1), homme très-séditieux, ne les eussent repus de secours imaginaires qu'ils leur faisoient espérer. Ils leur promettoient qu'une nouvelle armée reviendroit dans peu de temps d'Angleterre, et par ce moyen donnèrent lieu aux séditieux de prévaloir contre ceux qui, en effet, étoient las de pâtir.

Cependant, pour se décharger toujours d'autant, le 24 mai ils mirent hors les femmes et les bouches inutiles ; mais le Roi commanda qu'on les rechassât de force ; et, de plus, sachant qu'ils avoient semé des fèves auprès des contrescarpes de leur ville, on les envoya couper comme elles commençoient à lever, et semblablement un peu de blé qu'ils avoient semé en quelques places sèches de leurs marais. Un chacun jugeoit qu'ils ne pouvoient passer le mois de juin, tous les avis étoient qu'il n'y avoit pas de vivres pour davantage, et en effet on n'eût pas été trompé en ce calcul, s'il y eût eu quelque humanité parmi les principaux de la ville, qui eurent bien la barbarie de voir mourir la plupart de leurs concitoyens de faim, sans leur donner du blé qu'ils se réservèrent pour eux-mêmes, fondés en cette maxime, qu'il étoit expédient que les trois quarts périssent pour sauver la ville ; de sorte que depuis la fin de juin, la moitié de la ville n'ayant plus de blé, ils vécurent de légumes, d'herbages et de coquillages ; les plus misérables étoient sustentés, les uns d'une folle espérance, les autres d'un désespoir prétendu de la miséricorde du Roi, de laquelle néanmoins on les envoya deux fois assurer par des hérauts, mais toutes les deux fois l'entrée leur fut refusée aux portes. Et bien que, le dernier de juin, le maire envoyât vers le cardinal pour savoir s'il voudroit bien implorer

(1) D'autres écrivent Salbert.

la bonté du Roi pour eux, et qu'il eût reçu réponse favorable et telle qu'il pouvoit désirer, il changea d'avis et s'affermit en son obstination, témoignant quelquefois au sieur de Feuquières avoir dessein de se remettre à son devoir; mais ou les volontés en étoient foibles, ou les difficultés si grandes par la multitude des têtes qui y devoient consentir, et particulièrement l'opiniâtreté de madame de Rohan, qu'on n'en voyoit aucun effet, bien que tous les jours grand nombre d'eux mourût de faim, la plus grande partie ne vivant que d'herbes et racines sauvages qu'elle prenoit dans les marais, et que la nécessité qui croissoit de jour en jour fût venue à tel point, que sur la fin de juillet ils commençassent à n'avoir plus rien de quoi sustenter leur misère, et fissent bouillir des parchemins et des cuirs de bœufs et autres animaux, avec un peu de suif et de cassonade, pour en faire du pain, et en fissent d'autres de racines de chardon, qu'ils appeloient du *pain chaudy*, et fussent contraints, quand la mer étoit basse, d'aller dans les vases recueillir le coquillage qu'ils y pouvoient trouver, lequel ils mangeoient tout cru comme si c'eût été quelque bonne viande; mais dès qu'on le sut on les en empêcha, et y avoit souvent de la batterie et des hommes tués, de sorte qu'enfin le cuisinier de madame de Rohan sortit de la ville et se laissa prendre, disant qu'il aimoit mieux être pendu que de retourner mourir de faim.

Mais autant que leurs nécessités étoient grandes, autant le camp du Roi étoit-il abondant en toutes choses nécessaires; tout le monde y étoit bien logé, les soldats bien huttés et bien payés, le camp étoit comme une foire, les vivres à meilleur marché que dans Paris, et peu de malades par le bon ordre qui étoit gardé. Et, d'autre part, bien que l'on reconnût l'impuissance et la timidité des Anglais, et que les Rochelois étoient extrêmement pressés, on ne laissoit néanmoins de continuer plus fort qu'auparavant le travail de la digue, en sorte que l'on avançoit plus en un mois que l'on avoit fait auparavant en deux, par le moyen des vaisseaux enfoncés, sur lesquels on faisoit des ponts que l'on remplissoit de pierres. On trouva encore une invention de machines nommées chandeliers, qui étoient faits et attachés l'un à l'autre, de sorte que par ce moyen, outre la digue et les estacades qui fermoient deux fois le canal, l'avenue en étoit encore impossible, par le moyen de ces machines qui faisoient deux rangs, et qui étoient si fortes qu'un vaisseau à pleines voiles y étoit arrêté et crevé, de sorte que les personnes non passionnées voyoient bien qu'il n'y avoit plus d'espérance pour les Rochelois d'un nouveau secours. L'inutilité du premier, et la honteuse retraite des Anglais, fût un coup de massue qui étourdit tous les autres ennemis du Roi et les mécontens qui cabaloient contre lui, fit tout aussitôt résoudre les conseillers du comte de Soissons à lui dire que le meilleur pour lui étoit de laisser à part toutes les demandes déraisonnables qu'ils lui avoient fait faire pour retourner en France, et demander à venir trouver Sa Majesté sans autre condition que celle de ses bonnes grâces.

Le cardinal conseilla au Roi de l'agréer. Sa Majesté en écrivit audit sieur comte par Senneterre, qui l'étoit venu trouver de sa part, et lui témoigna qu'elle recevroit contentement de son retour. Le Roi dit à Senneterre qu'il vouloit que ledit sieur le comte le vînt trouver la part où il seroit, avant que d'aller en autre lieu; qu'après avoir été quelques jours près de lui, il auroit agréable qu'il allât à Bonnestable voir madame sa mère pour un mois ou six semaines; que Sardini pourroit retourner librement en sa maison, avec espérance de revenir en la cour lorsque Sa Majesté seroit à Paris, et qu'il lui plairoit de lui permettre; que si Senneterre désiroit quelque acte de Sa Majesté, infirmatif du décret qui avoit été donné contre lui, il lui seroit accordé; et que Sa Majesté permettroit à Boyer de se retirer en Provence avec son père.

Avec cette réponse Senneterre fut content et assura que son maître en recevroit une entière satisfaction, et se viendroit rendre en son devoir auprès de Sa Majesté. Il avoua au cardinal, en la présence du sieur de Préaux, tout ce qu'ils avoient traité en Piémont contre le service du Roi; que l'évêque de Vintimille, Génois, l'étoit venu trouver de la part du roi d'Espagne, qui leur offroit toute assistance pour persuader à M. le comte de porter les armes contre la France, et se joindre particulièrement à M. de Rohan, pour empêcher la prise de La Rochelle; que les conditions particulières étoient que ledit Roi eût donné jusqu'à 100,000 livres par mois pour l'entretien des gens de guerre, avançant jusqu'à 4 ou 500,000 livres pour la levée; qu'il offroit une place de sûreté au Luxembourg pour ledit sieur comte et six mille Liégeois; que d'autre part l'Angleterre avoit fait lever vers Emden douze cents chevaux, qui devoient venir par la Champagne, pour faire une armée complète avec les hérétiques qui eussent pu monter à cheval; que pour fortifier ce dessein, ils avoient tâché d'acheter Jamets de M. de Lorraine, que Montaigu en avoit fait plusieurs négociations qui n'avoient pas réussi; qu'ils eurent un autre dessein, qui étoit de prendre Romans pour avoir le seul pont et passage qui est sur l'Isère, et qui peut donner communication de la Savoie au Dauphiné, et qu'ils prétendoient fortifier cette place et en faire une grande forteresse; que M. de Savoie devoit fournir des troupes, avec lesquelles ils devoient se joindre au duc de Rohan, qui vint une fois expressément jusqu'en Dauphiné; que par ce moyen ils prétendoient faire une grosse armée, croyant que tous les hérétiques y fussent joints, pour de là, passant dans tout le Languedoc par force, venir à La Rochelle au même temps que les Anglais y viendroient par mer, et ce toujours aux dépens du roi d'Espagne; que pour se fortifier du côté de Dauphiné, ils avoient fait tout ce qui leur avoit été possible pour acheter Orange, mais que le prince n'y avoit jamais voulu entendre; que le duc de Savoie avoit en son particulier promis au duc de Rohan, au commencement qu'il prit les armes, deux cents chevaux et trente mille écus, étant aussi industrieux à ne tenir pas comme hardi à promettre; mais que, quand il fut question de venir à l'exécution, il y trouva des difficultés inimaginables, en considération desquelles il fit contenter les députés du duc de Rohan qui étoient auprès de lui, de 25,000 écus sans cavalerie, parce qu'il n'en pouvoit donner sans se découvrir trop ouvertement. De 25,000, il se porta à se contenter de 16; et quand il fut question de payer cette somme, qui étoit presque comptée, il envoya interrompre le calcul, leur disant qu'il venoit de recevoir une furieuse plainte de l'ambassadeur de France qui avoit découvert cette affaire; qu'il n'avoit point d'autre moyen de s'en excuser, et faire croire que cela n'étoit pas, que de les faire mettre en prison, comme il fit, leur disant que ce n'étoit que pour avoir plus de moyens par après d'assister ledit sieur de Rohan et son parti; qu'ensuite ledit sieur de Savoie écrivit au duc de Rohan, se plaignant de ses gens qui avoient été si peu discrets que leur affaire avoit été découverte. Voilà ce que Senneterre dit des desseins du comte de Soissons.

Le duc de Savoie ne prenoit pas moins que ledit comte l'alarme de la retraite des Anglais, et eût bien désiré trouver quelque voie à l'accommodement. Il en avoit été dès le commencement en quelque résolution, et n'eut pas sitôt achevé son traité avec les Espagnols qu'il ne fût sur des épines. Il ne se fioit pas à l'Espagne; il trouvoit son compte en ses promesses et ne l'osoit espérer en ses effets; le Roi ne lui offroit pas tant d'avantages, mais ce n'étoit pas aussi avec tant de préjudice pour lui comme lui étoit la prise de Casal, qui lui mettoit les fers aux pieds. Il s'ouvrit à Guron, et lui dit qu'il renoueroit volontiers avec le Roi s'il l'avoit agréable. Guron manda au Roi en diligence, par un courrier exprès, que la paix étoit ès mains de Sa Majesté; qu'elle peut attacher pour jamais M. de Savoie et messieurs ses enfans, et tirer M. de Mantoue de l'affaire où il étoit, avec son contentement, pourvu que Sa Majesté assurât M. de Savoie du titre qu'il désiroit (1), lui donnant, non avant, mais après l'affaire faite; que M. de Savoie pouvoit faire ce qu'il proposoit avec son honneur, en ce qu'il avoit fait un traité avec Gonzalez, par lequel il étoit porté que s'il ne demeuroit dans les termes d'icelui il pourroit s'en retirer; que, pour cet effet, il falloit que le Roi armât en Dauphiné, et sur cela M. de Savoie témoigneroit de l'appréhension d'être attaqué et demanderoit secours; si Gonzalez le lui accordoit, le siège de Casal seroit levé, et s'il le lui refusoit, M. de Savoie seroit libre de faire ce qu'il plairoit au Roi pour contraindre à le lever par force.

On répondit que le duc de Savoie avoit trop d'expérience pour ne savoir pas qu'aidant à dépouiller M. de Mantoue, il aidoit à se ruiner lui-même; qu'il connoissoit trop la foi des Espagnols, savoit si bien ce qui s'étoit passé autrefois à Naples, qu'il ne pouvoit ignorer que la fin de la ruine de M. de Mantoue étoit le commencement de la sienne. On donna charge aussi audit Guron de représenter à M. de Savoie que si les Grisons, les Suisses et le reste des princes d'Italie, étoient dépossédés de leurs Etats, il falloit qu'il eût quelque secret particulier, inconnu à tout le monde, pour subsister par lui-même. Enfin le Roi commanda à Guron d'assurer M. de Savoie qu'il consentoit à son désir, pourvu que premièrement il s'accordât avec M. de Mantoue, à condition de Trino et 12,000 écus de rente sur le Montferrat, à quoi il le condamnoit; et qu'ensuite, par les voies qu'il avoit proposées, il donnât lieu à lever le siège de Casal; le tout à condition que l'exécution de cette affaire se feroit promptement, parce que les Espagnols avanceroient leur siège, et que le titre de roi ne seroit donné qu'après l'exécution de l'affaire, de peur qu'il semblât que le Roi fît, par la nécessité de ses affaires, ce qu'il feroit par bonne volonté.

Le comte Olivarès, ou pour amuser, ou vaincu par sa propre conscience, avoit proposé de lui-même, il y avoit quelque temps au Fargis, de terminer cette affaire par voie amiable. On lui répondit que le désir qu'avoit le Roi de maintenir la bonne amitié et correspondance qui étoit entre lui et l'Espagne faisoit qu'il y consentoit, pourvu qu'on entrât en celle qui étoit

(1) De roi.

proposée promptement et sincèrement. On lui représenta que le traité de Monçon obligeoit les deux Rois à terminer par négociation tout ce qui arrivera en Italie, et le traité fait entre eux contre l'Angleterre requéroit qu'on ne se divertît ailleurs; que ces considérations requéroient qu'on arrêtât promptement le cours des armes d'Italie, et que pour cet effet on donnât pouvoir au sieur du Fargis de passer un compromis avec lui, qui obligeât les deux Rois à terminer ce différend par la négociation, sans en venir aux armes, ensuite duquel on enverroit un courrier faire retirer Gonzalez. On lui manda que le marquis de Mirabel avoit proposé au cardinal de Bérulle un expédient pour sauver le décret de l'Empereur, et terminer l'affaire par négociation, qui étoit que le séquestre des Etats de Mantoue fût mis par l'Empereur entre les mains dudit sieur de Mantoue; qu'il y avoit une difficulté, savoir si on vouloit obliger le duc de Mantoue à recevoir par seul dépôt ce qui lui appartenoit légitimement. Mais on ne reçut aucune réponse à tout cela; la prise de La Rochelle se différant de jour en jour, la crainte d'Espagne cessa, et leur injuste dessein continua; car ils ne vouloient autre chose que gagner temps et empêcher que la France ne se mêlât de cette affaire à main armée.

A quelque temps de là, le même comte d'Olivarès, traitant avec la franchise naturelle à l'Espagne, et ordinaire à lui, fit dépêcher un nouveau courrier, en extrême diligence, par le sieur du Fargis, pour proposer un expédient pour sortir de cette affaire, qui étoit de faire une déclaration par laquelle il seroit porté que l'intention du Roi n'étoit pas de s'opposer à ce que la possession du Montferrat ne fût prise au nom de l'Empereur en quelque manière que ce pût être, fût par armes ou autrement, vu qu'il y avoit diverses personnes qui prétendoient y avoir droit; que Sa Majesté faisoit ladite déclaration, tant pour entretenir la bonne correspondance de ces couronnes, que par l'assurance qu'elle prenoit en la rectitude et équité, tant de l'Empereur que du roi Catholique, que ledit Montferrat seroit ci-après restitué et mis ès mains de celui auquel il appartiendroit par justice. Mais, d'autant que l'Etat de Mantoue n'étoit pas litigieux, Sa Majesté désiroit qu'il fût laissé libre au duc de Mantoue, et exempt des déclarations de l'Empereur, comme des entreprises et des armes du roi Catholique. Moyennant cette déclaration, le comte d'Olivarès offroit en passer une autre au nom de Sa Majesté catholique, par laquelle il seroit promis que ledit duc de Mantoue ne seroit inquiété, en façon quelconque, en la possession de la duché de Mantoue par Sa Majesté catholique, et que, directement ou indirectement, les ministres d'Espagne n'émouvroient rien contre ledit Etat; et que, quant au marquisat, il en seroit ci-après traité par l'intervention du Roi, pour être ce point terminé avec conditions justes et équitables.

Ledit comte, pour colorer son expédient, disoit que par ce moyen M. de Mantoue se conservoit plus de la moitié de son Etat, et que sans cela le tout couroit risque, ces affaires allant un train qu'on en pourroit venir au ban de l'Empire; et davantage, que l'Empereur et le roi d'Espagne se trouvant déjà engagés en cette affaire, par les déclarations faites de leur part contre le duc de Mantoue, tant par écrits que par armes, le Roi son maître se sentiroit obligé à la franchise et générosité du Roi s'il agréoit cet expédient. Puis, pour mieux dorer la pilule, il ajouta que le Roi son maître, sans faire préjudice aux autres desseins auxquels il étoit engagé avec le Roi, envoyant incontinent une partie de son armée navale joindre celle de Sa Majesté, pour s'opposer de conformité aux desseins que les Anglais pourroient avoir de secourir La Rochelle ou favoriser les rebelles de France, ils y ajoutoient une belle condition, savoir est qu'en faisant même ce que dessus, ils ne vouloient pas être garans des entreprises que l'Empereur pourroit faire sur Mantoue, mais simplement s'obligeoient d'employer leurs offices en son endroit.

Le Fargis trouvoit cette proposition fort bonne, et essayoit par vives raisons, par sa dépêche, de la faire agréer au cardinal, et par lui à Sa Majesté. Avec la même dépêche, il envoya un mémoire de quelque office qui s'étoit passé par écrit entre lui et l'ambassadeur de l'Empereur, ledit ambassadeur le priant de procurer qu'on n'envoyât de France personne à la défense du duc de Mantoue, de peur que cela n'émût la guerre entre le Roi et l'Empereur, et lui bailla sa demande par écrit. Le Fargis lui répondit que, bien qu'il ne doutât point de la justice de l'Empereur, néanmoins il y avoit à craindre que l'intérêt de sa maison, si le Montferrat venoit entre les mains d'Espagne, ne le fît un peu détourner de la droiture de son chemin; auquel cas Dieu ne béniroit peut-être pas les armes de l'Empereur, comme il avoit fait auparavant, et lui donna sa réponse par écrit.

Ces deux écrits ne plurent pas au Roi; celui de l'ambassadeur de l'Empereur, parce qu'il portoit une semblance de menace, de dénonciation de guerre, au cas que le Roi, Monsieur, ou autre prince de France portât les armes en Italie. Et bien que le comte de Franchambourg dit qu'il parloit sans charge, il ne laissoit néanmoins de dire ce qu'il disoit, et d'avoir acte de l'avoir dit, et ce d'autant plus qu'il en avoit réponse par écrit, ce que Le Fargis eût bien pu et dû se passer de faire. Quant à la dépêche de la proposition du comte Olivarès, le maréchal de Schomberg, auquel elle fut communiquée, dit qu'il falloit que Le Fargis fût bien malhabile homme s'il croyoit ce qu'il mandoit, ou s'il étoit habile homme, qu'il étoit bien méchant de ne se pas contenter de proposer simplement ce qu'on lui avoit dit, mais de le vouloir encore persuader; que cela méritoit, à son avis, que le cardinal lui en fît une rude réprimande, si ce n'étoit par écrit, au moins de bouche par Lingendes, et qu'il lui sembloit qu'il ne lui falloit point donner d'autre réponse sur ces impertinentes propositions, sinon que ce qui se faisoit en Italie, tant par les armes du roi d'Espagne que celles du duc de Savoie, étoit tout contraire aux bonnes intentions du roi d'Espagne, représenté par le comte Olivarès, et que lorsqu'il se proposeroit de leur part des conditions justes et raisonnables, Sa Majesté seroit toujours très-aise de contribuer ce qui dépendroit de ses offices pour aider à établir la paix dans la chrétienté et particulièrement en Italie. Et quant aux offres faites par ledit comte Olivarès d'envoyer l'armée navale d'Espagne pour secourir le Roi contre les Anglais, après lui en avoir fait des remercîmens bien honnêtes de la part du Roi, ledit sieur de Fargis pourroit dire que Sa Majesté estimoit que ces forces-là seroient bien mieux employées, si le roi d'Espagne vouloit continuer dans le dessein résolu entre les deux couronnes, lequel Sa Majesté étoit toute prête d'exécuter avec de fort grandes forces de mer, puisque le siège de La Rochelle ne la pouvoit pas tenir occupée davantage que pour tout le mois de juillet.

Le cardinal jugea que cette demande du comte d'Olivarès étoit proprement demander au Roi, non-seulement qu'il abandonnât le duc de Mantoue au Montferrat, mais qu'il déclarât le devoir faire par droit; que toutes les paroles d'honnêteté qu'il ajoutoit, étoient paroles dont celui qui les disoit se rioit lui-même après les avoir dites, et se rioit encore plus de celui qui les recevoit pour sincères, et que ce qu'il appeloit générosité au Roi, étoit en bon françois faire hommage au roi d'Espagne. Il se moqua de cette proposition comme honteuse et ridicule, témoigna au Fargis qu'on s'étonnoit de ce qu'il l'avoit approuvée, et n'étoit pas encore détrompé de la mauvaise foi des Espagnols; au reste, qu'il répondît beau langage à leur beau langage, et enchérît sur leurs bonnes intentions et sur la bonne correspondance qu'ils professoient, et qu'il falloit continuer à faire de nouvelles propositions sur le même style pour gagner temps. Cependant, parce que la plus grande finesse en matière d'État est de profiter de tout et de ne rompre jamais une négociation, si on n'a bien prévu et pourvu aux inconvéniens qui en peuvent arriver, et si on n'est en état d'obtenir par la voie de la force ce qu'injustement on dénie par négociation, son avis fut de faire une réponse qui pût convenir à tous les événemens qui pourroient arriver en cette affaire. Si la Rochelle eût été prise, et que le Roi eût pu faire avancer vingt mille hommes en Italie, il eût estimé qu'il eût fallu couper court, et ne prêter aucunement l'oreille aux injustes et déraisonnables propositions d'Espagne; mais étant incertain si Casal se pouvoit défendre jusqu'à ce que Sa Majesté le pût garantir par ses armes, il crut qu'il étoit à propos de ne déclarer pas aux Espagnols l'intention qu'on avoit de le secourir, mais leur faire une réponse qui leur en ôtât aucunement le soupçon, sans ôter la liberté de pouvoir faire en cas qu'on en eût le moyen. Pour cet effet, le sieur du Fargis eut charge de témoigner au comte Olivarès que la substance de ses propositions n'avoit pas été improuvée en France, en considération de quoi on lui envoyoit pouvoir de passer une déclaration dont on lui envoya copie, par laquelle le Roi déclaroit que, pour correspondre à la bonne intention en laquelle le sieur du Fargis lui avoit fait savoir qu'étoit le roi d'Espagne, d'empêcher que le feu commencé en Italie ne s'allumât davantage, Sadite Majesté n'avoit aussi autre intention, en ce qui étoit des diverses prétentions qu'on pouvoit avoir sur le Montferrat, pour raison desquelles on y étoit déjà entré en armes, que de tenir la main à ce que, soit que le décret de l'Empereur touchant le dépôt de Montferrat sortît son effet ou non, tous les différends et troubles nés à cette occasion se terminassent à l'amiable par une bonne négociation, qui fît remettre définitivement ledit Montferrat entre les mains de celui à qui il se trouveroit appartenir légitimement, ne voulant prendre autre intérêt en cette affaire que celui du repos de la chrétienté, auquel ledit roi d'Espagne voulant s'employer avec sincérité, promettoit à Sa Majesté réciproquement d'empêcher que le duc de Mantoue ne fût troublé en façon que ce fût en la possession de sa duché de Mantoue, soit par les armes de l'Empereur soit par les siennes, et que l'affaire de Montferrat se termineroit par l'intervention de Sadite Majesté promptement à l'amiable, en sorte qu'il demeureroit ou seroit remis entre les mains de qui il appartiendroit, selon que la raison et l'équité le requerroient, nonobstant que Casal et autres places du Montferrat fussent emportées par force ou autrement, en suite et exécution des décrets de l'Empire.

On envoya cette déclaration sur ce fondement que, si le comte Olivarès la recevoit, les choses se remettroient en train d'accommodement; et on jugeoit que par raison il la devoit recevoir, puisqu'en effet elle disoit ce qu'il pouvoit désirer, et que le Roi ne pouvoit pas davantage exprimer avec honneur, en ce que les Espagnols étant en armes, puissans et forts en Italie, c'eût été foiblesse de dire que le Roi se fût départi d'assister M. de Mantoue par ses armes; et on en disoit néanmoins assez pour faire paroître que Sa Majesté avoit cette volonté de ne s'embarquer pas par armes en cette affaire, ce qu'elle ne devoit pas dire ouvertement, parce qu'il y a des choses qu'il faut plutôt faire que dire. On considéroit, en outre, que tant s'en faut que cette déclaration liât les mains au Roi, qu'au contraire elle lui donnoit droit, après la prise de La Rochelle, de sommer les Espagnols, en quelque état que fût Casal, de restituer le Montferrat, et terminer l'affaire à l'amiable, faisant avancer au même temps une puissante armée pour rendre ses instances plus considérables. D'autre part, si le comte Olivarès n'approuvoit pas cette déclaration, toujours auroit-il eu lieu de connoître que nous ne refusions pas une négociation, et que l'intention de la France n'étoit pas d'entrer en armes en Italie, d'où le Roi tireroit ce profit, que, si Casal se prenoit, il auroit lieu de prétendre droit de faire remettre cette affaire en négociation, en vertu de la proposition faite par le comte Olivarès, et d'empêcher que le cours des armes des vainqueurs ne passât outre contre Mantoue : ce qu'il pouvoit faire d'autant plus facilement, que l'Espagne n'auroit point eu de connoissance ouverte que la France eût eu résolution de s'opposer à leurs desseins par armes. Par cet expédient on gagnoit temps, et les Espagnols s'obligeant, par la déclaration réciproque qu'ils offroient, à terminer cette affaire à conditions équitables, Sa Majesté pourroit étendre le sens de cette promesse indéfinie, selon le pouvoir ou la volonté où elle se trouveroit lorsqu'elle seroit sortie de ses affaires, et les Espagnols, qui entendoient que ces mots, *en sortir à conditions équitables*, signifioient en sortir par échange, se trouveroient peut-être trompés. Il fut jugé que cet expédient produiroit encore ce bon effet, que les Espagnols n'entendroient pas volontiers à s'accommoder avec les Anglais, ce qui nous ôteroit les grands obstacles que nous pourrions avoir à parachever la ruine des rebelles de France. Enfin, ne faisant rien par ce moyen que ce qu'il étoit impossible de ne faire pas, vu qu'on n'étoit pas présentement en état d'entreprendre autre chose, on n'estimoit pas qu'il en pût arriver inconvénient pour la France ni pour M. de Mantoue.

Les Espagnols furent de même avis; car, bien qu'ils eussent demandé une déclaration de la France, et que celle-ci contînt la substance de leur demande, la forme ne leur en plut pas, et ainsi leurs premières pensées demeurèrent sans effet. Ils ne laissoient pas néanmoins de faire toujours de nouvelles propositions, étant en beaucoup d'appréhensions des troupes du marquis d'Uxelles, ne sachant pas le mauvais ordre avec lequel elles étoient conduites, et le peu de prévoyance qu'avoit eu ledit marquis de munir cette armée de toutes les choses qui lui étoient nécessaires pour la faire subsister, ou le trop peu d'argent qu'avoit donné M. de Mantoue pour cet effet, et enfin le mauvais traitement qu'ils devoient recevoir par le maréchal de Créqui passant par le Dauphiné. Outre que le passage des Français en Italie les épouvantoit toujours, il donnoit une particulière crainte en cette affaire au comte Olivarès, pource qu'elle étoit sienne, et qu'il l'avoit entreprise et maintenue contre l'avis de tout le conseil d'Espagne, et partant, on craignoit d'autant plus le mauvais succès qu'il en étoit garant.

Cela étoit cause qu'il proposoit continuellement de nouvelles ouvertures pour nous arrêter, ou pour essayer de nous faire abandonner le Montferrat, nous assurant pour M. de Mantoue du Mantouan. Tantôt il nous offroit des vaisseaux contre les Anglais, puis il venoit indirectement aux menaces, disant que La Rochelle n'étoit pas prise, qu'il savoit ce qu'elle devoit tenir, qu'il y avoit des huguenots en France qui agiroient avec eux; mais on méprisoit ses offres, et on craignoit peu ses menaces. Il proposa, en juillet, au Fargis un accord qu'il essayoit par vives raisons de lui faire croire juste, et voulut qu'il l'envoyât au Roi par un courrier exprès. A quelques jours de là, ayant, selon l'avis du Fargis, changé quelque chose en ce projet, à peu près comme il lui sembloit qu'il seroit agréable en France, il l'obligea de l'envoyer en diligence. Cet accord portoit que le Roi déclareroit n'avoir autre intention, en ce qui étoit des diverses prétentions qu'on pouvoit avoir sur le Montferrat, que de tenir la main à ce que tous les différends et troubles nés à cette occasion, se terminassent à l'amiable par négociation, et nonobstant que Casal et autres lieux dudit Montferrat fussent occupés, par armes ou autrement, en suite et exécution des décrets de l'Empire, Sa Majesté ne vouloit prendre autre intérêt en cette affaire que celui du repos de chrétienté. Et d'autre part, le roi d'Espagne s'obligeroit aussi de ne rien entreprendre dans le Mantouan, et de faire des offices si efficaces près de l'Empereur, qu'il s'en promettoit un bon effet, en ce que lesdites armes de l'Empire n'entreprendroient non plus que celles d'Espagne sur ledit Etat de Mantoue, donnant au préalable satisfaction à l'autorité impériale de tout ce qui seroit passé depuis la naissance des affaires, où le respect qui lui est dû auroit manqué à être observé. Et davantage que les deux Rois, réciproquement, empêcheroient que rien ne fût intenté par armes par leurs vassaux, amis ou adhérens, le Roi dans le Montferrat, le roi d'Espagne dans le Mantoue. Ce qui proprement étoit abandonner le Montferrat au roi d'Espagne, et encore ne pas assurer le Mantouan à M. de Mantoue, et dissiper le secours qui avoit été levé pour lui être envoyé.

Sa Majesté trouva fort mauvais que Le Fargis eût écouté de telles propositions, et plus encore qu'il les lui eût envoyées. Cependant le marquis de Mirabel et don Ramirez, qui étoient à La Rochelle, faisoient d'autres propositions, par lesquelles ils vouloient une suspension d'armes, mais toujours à la charge que Casal seroit déposé entre les mains de l'Empereur par les armes d'Espagne. Cela étant rejeté comme injuste, ils en faisoient une plus recevable à leur avis. Ils vouloient une suspension d'armes, mais à condition que les gens de guerre de toutes parts demeureroient aux lieux où ils se trouveroient lors de la suspension; que le secours que M. de Mantoue attendoit de France y demeureroit sans passer; et les troupes d'Espagne qui investissoient Casal demeureroient en leurs postes sans tirer une mousquetade. Cette proposition encore fut rejetée comme déraisonnable, et telle qu'elle n'avoit autre but que de faire dissiper les troupes qui étoient préparées en France pour le duc de Mantoue, et consommer les vivres qui étoient dans Casal. Si on leur proposoit de donner des vivres à la ville pendant le temps de la suspension, ils répondoient qu'ils n'eussent osé y penser, le roi d'Espagne ayant avoir peur de déplaire à l'Empereur en le faisant. On leur répondit donc que le Roi étoit d'accord de procurer une bonne suspension d'armes, pourvu qu'elle fût à conditions raisonnables. Savoir est que don Gonzalez se retireroit dans le Milanais, comme il avoit été arrêté; que M. de Savoie feroit le même dans ses Etats; que pendant la suspension Casal seroit fourni de vivres; que la suspension seroit jusqu'à tant que l'affaire fût terminée définitivement; que les deux Rois seroient entremetteurs, et le Pape juge; que, pour cet effet, il se passeroit compromis entre les deux Rois de se soumettre au jugement de Sa Sainteté sur peine de perte d'honneur; que dans trois mois au plus tard l'affaire seroit terminée; que s'ils vouloient accepter ces conditions, Sa Majesté les enverroit promptement à M. de Mantoue, ne désirant rien plus que la paix en Italie.

Le marquis de Mirabel et Ramirez, ne pouvant bonnement excuser l'injustice de leurs propositions, trouvèrent bon que le cardinal leur dît en riant qu'il leur vouloit montrer son affection envers l'Espagne, et sa courtoisie en leur endroit, leur découvrant les moyens de défendre leur cause. Qu'ils devoient dire, à son avis, que leur nation, cuite et brûlée du soleil, est de la nature du feu qui convertit tout en sa substance. Qu'ainsi que la loi salique est fondamentale à ce royaume, sans qu'il s'en trouve rien d'écrit, ainsi avoient-ils pour loi fondamentale en Espagne de ne perdre aucune occasion de procurer leur avantage. Qu'au reste ils avoient une théologie particulière qui, leur enseignant que rien n'est à Dieu que ce qui est en leur possession, leur donnoit lieu de prendre et conquérir justement, sur qui que ce pût être, même sur l'Église, ce qu'ils estimoient leur être utile. Il ajouta qu'avoir Dieu et la Vierge en la bouche, la religion en apparence, un chapelet en la main, et les seuls intérêts temporels au cœur, étoit la première maxime d'État de leur nation superbe. Ces messieurs furent si aises de sa franchise, et trouvèrent si bon le portrait qu'il leur faisoit de leur nation, que don Lorenzo Ramirez la lui fit répéter par deux fois pour l'écrire au comte d'Olivarès, ce qu'il lui dit depuis avoir fait fort soigneusement.

Après cela, pour adoucir la France, ils tirèrent un paquet qu'ils avoient reçu d'Espagne, par lequel leur maître leur commandoit d'offrir au Roi sa flotte contre les Anglais, qu'on disoit venir secourir La Rochelle avec une puissante armée. Le cardinal exagéra, autant qu'il lui fut possible, le mérite de cette offre pour les y embarquer de plus en plus, puis les en remercia d'une façon qui leur fût agréable. Il leur dit que, comme il eût été malséant, à son avis, de demander un secours en cette occurrence, ne sachant si les affaires du roi d'Espagne lui pouvoient permettre de le donner, on ne pouvoit aussi le refuser sans faire tort à sa franchise, qui, faisant cette offre de son mouvement, la faisoit sans doute de bon cœur. Il ajouta que ce témoignage de bonne volonté ne toucheroit pas peu le Roi, qui se sentiroit d'autant plus obligé de l'effet, qu'il ne l'avoit pas recherché, et que moins le lui feroit-on attendre en cette occasion. Passant outre, il leur fit reconnoître que comme nous faisions très-grand cas de la générosité avec laquelle ils offroient à nous aider à défaire les Anglais, ils ne devoient pas faire peu d'état de ce que, bien que nous pensassions être assez forts pour châtier seuls la témérité desdits Anglais, nous leur voulions donner part à cette gloire. Ensuite il ajouta que, puisqu'ils avoient trouvé bonne sa franchise, il vouloit donner encore un coup de pinceau au portrait qu'il avoit commencé de leur nation. Ce qu'ayant agréé, il leur dit qu'il ne doutoit pas du secours qu'ils promettoient au Roi, mais qu'il étoit vrai que les Espagnols n'étoient ni forts ni utiles que pour eux-mêmes; que ce n'étoit pas qu'ils ne pussent avoir la même puissance pour autrui qu'ils avoient pour eux, mais qu'il leur étoit impossible de le vouloir, leur volonté étant tellement attachée à ce qui les touchoit, qu'elle n'étoit point capable d'avoir pour objet les intérêts d'autrui. Ils trouvèrent cette pensée aussi bonne que les premières; puis, après avoir bien ri, il leur dit ouvertement que si l'Espagne vouloit faire un traité qui terminât définitivement cette affaire, Sa Majesté y entendroit volontiers, mais non pas à aucune négociation de part et d'autre. Ils estimèrent cette résolution raisonnable, et tous ensemble dressèrent un traité, mais qu'ils ne signèrent point, les susdits deux ambassadeurs d'Espagne reconnoissant que s'ils eussent passé plus outre, ils eussent déplu au comte Olivarès, qui étoit auteur de l'entreprise d'Italie. Tous les articles dudit traité étoient équitables, et tendoient à un véritable et sincère accommodement, mais en Espagne ils n'avoient pas ce dessein.

Sa Majesté, en même temps, envoya en Savoie le comte de Nogent, pour porter à ce duc quelques articles dont Sa Majesté et le roi d'Espagne étoient convenus pour la pacification de ces différends publics. Mais le voyage dudit Nogent ne réussit à rien, comme fit aussi le projet du susdit traité qui fut envoyé en Espagne, pource qu'en ces entrefaites les troupes du marquis d'Uxelles, qui les tenoit en échec, furent défaites, et le jugement que le cardinal en avoit fait dès le commencement fut, à son grand regret, trouvé véritable : ce fut un parti aussitôt avorté que conçu. A peine parurent-elles qu'elles disparurent; elles ne joignirent pas sitôt les frontières de l'ennemi, qu'elles ne fussent défaites comme la neige qui seroit touchée du feu, et, au lieu d'aller jusqu'à l'État de Casal, elles ne purent passer les frontières de France; et, bien loin de donner des batailles, elles furent ruinées par une seule escarmouche, et ce, ou à faute de conduite et d'être bien fournies de chefs, de vivres et de munitions de guerre, ou par la bonne fortune de Savoie, qui toutefois, comme nous verrons ci-après, en eut une courte joie, ou, pour mieux dire, par la mauvaise fortune de Mantoue, qui, dans la disgrâce et les victoires, le poursuivit également. Dès le mois de juin, ledit marquis d'Uxelles avoit envoyé au duc de Savoie demander passage; Desplan y étoit allé aussi de la part du Roi. Le duc de Savoie le refusa, et ce par une déclaration du 27 juin, par laquelle il faisoit savoir que, Dieu lui ayant fait la grâce de joindre la partie de Montferrat, sur laquelle il avoit de justes prétentions, à son État, et le duc de Nevers ayant fait quelques levées de gens de guerre en France pour l'y venir troubler, il espéroit que Dieu, sa bonne cause, ses forces et l'assistance d'Espagne l'en garantiroient; et pour ce il alloit s'acheminer avec le prince son fils sur les frontières pour s'opposer à ses ennemis, et commandoit à tous ses sujets de se tenir armés pour les assister, et à ceux de la campagne de porter toutes leurs victuailles dans huitaine dans les villes, à peine de la vie. Ledit marquis, au lieu de s'acheminer promptement pour ne trouver pas encore l'ennemi fortifié sur ledit passage des montagnes, demeura un mois dans les bailliages d'Embrun, Gap et Briançon, à la ruine des sujets du Roi, qui, sur les plaintes qui en vinrent jusques à lui, y envoya Besançon, commissaire général des guerres, pour faire vivre les troupes en discipline. Besançon pressoit le marquis de partir, et lui représentoit que ces longueurs ruinoient son entreprise, découvrant le secret du dessein du lieu par où il vouloit passer, afin que le duc s'y fortifiât, et que tout le Piémont eût loisir d'accourir à son aide. Enfin il le fit résoudre; il partit le 27 juillet d'Embrun, et fit avancer ses troupes à Barcelonnette, et de là à Saint-Paul en Piémont et à Aiglezoles, passant jusques à la vallée de Meyronne, et chassant toujours les ennemis devant lui jusques à tant que ses troupes, ayant demeuré quatre ou cinq jours sans pain, et n'ayant plus de poudre, furent contraintes de se retirer. Le 7 août, les ennemis le suivirent jusques à leurs frontières, mais toujours avec perte.

Le maréchal de Créqui ne contribua pas peu à cette défaite, n'ayant pas assisté le marquis d'Uxelles comme il pouvoit, ni, du commencement, voulu recevoir la charge de cette armée, comme le Roi avoit désiré; car, quand Sa Majesté trouva bon qu'elle se levât en France pour le service dudit duc de Mantoue, Sa Majesté étant en termes de faire choix de quelque personnage de grande qualité à qui pût être donné le commandement en chef des troupes dudit duc, et des autres qui pouvoient être destinées pour aller au secours de Casal, et faisant, pour cet effet, considération sur la personne d'aucuns princes et officiers de sa couronne, le maréchal de Créqui envoya un gentilhomme exprès au Roi avec la lettre qu'il avoit reçue dudit duc de Mantoue, par laquelle il lui mandoit qu'il avoit ordre de lever huit mille hommes de pied et huit cents chevaux, et que, s'il avoit commandement de Sa Majesté de les mener à son secours, il se feroit bien un chemin pour se joindre audit duc. Cette dépêche ayant fait voir à Sa Majesté la bonne disposition que témoignoit ledit sieur maréchal d'entreprendre la conduite dudit secours, elle se résolut de la lui donner par préférence à tout autre. Pour cet effet elle lui manda, par sa lettre du 22 mai, qu'elle lui vouloit commettre le soin de cette glorieuse et importante entreprise; que son intention étoit d'y employer, outre les troupes levées au nom de M. de Mantoue, quatre mille hommes de pied et cinq cents chevaux, de celles qui étoient et se levoient en Dauphiné; qu'il le prioit de les faire tenir prêtes pour passer delà les monts avec les troupes de M. de Mantoue; d'emprunter sur son crédit les deniers nécessaires pour la montre desdits quatre mille hommes de pied et cinq cents chevaux, et pour les vivres et munitions de guerre, à la charge d'en être remboursé sur les premiers deniers qui se lèveroient en Dauphiné, et de faire dresser les étapes dans ledit Dauphiné pour les troupes dudit duc de Mantoue. Par la même dépêche, il étoit aussi mandé audit maréchal que l'intention de Sa Majesté étoit qu'il entreprît cette affaire comme ami et serviteur de M. de Mantoue, et en la même forme que le feu connétable avoit autrefois assisté M. de Savoie, sans y mêler le nom de Sa Majesté. Cette lettre étoit du 22 mai. En ce même temps le marquis d'Uxelles envoya le sieur de Roche, premier capitaine de son régiment, vers ledit maréchal, avec lettres et créance pleines de toute sorte de complimens et de soumissions, et pour faire instance de deux choses : l'une, qu'il lui plût donner adresse et avis audit sieur de Roche, pour aller reconnoître les passages du Dauphiné dans le Piémont; l'autre, de faire préparer les étapes en Dauphiné pour les troupes dudit sieur de Mantoue, qui commenceroient d'entrer en Dauphiné le 16 du mois de juin. Et ensuite ledit de Roche, ayant reconnu les passages de Piémont, fit voir audit maréchal qu'avec mille hommes il s'en pouvoit saisir et les garder, de quoi il le pria instamment; mais il n'y voulut point entendre.

Auparavant que le Roi eût réponse dudit maréchal sur la dépêche ci-dessus mentionnée du 22 mai, Sa Majesté lui en fit faire une autre du 2 juin, par laquelle elle l'exhortoit, le prioit et le pressoit, par toutes les raisons qui le pouvoient animer, d'embrasser cette entreprise du secours de Casal, d'y préparer toutes choses, lui témoignant que Sa Majesté avoit cette affaire grandement à cœur. Depuis, Sa Majesté reçut réponse dudit maréchal à sa dépêche du 22 mai, par une de ses lettres du 2 juin, faisant entendre à Sa Majesté qu'il recevoit à grâce le commandement qu'elle lui faisoit de passer les monts, mais la supplioit de lui donner un pouvoir signé sur toutes les troupes qui auroient à passer en Italie, et de pourvoir à l'argent nécessaire, ajoutant que, pour rendre les passages libres, l'on s'en reposât sur lui, pourvu qu'il n'y eût faute d'hommes, d'argent ni de munitions. Peu après que ledit maréchal eut fait cette dépêche au Roi, au lieu de se préparer à l'exécution des ordres de Sa Majesté, il s'en alla en Provence pour ses affaires particulières, sans lui en demander congé ni lui en donner avis. Ce fut audit pays que le sieur de Carville, qui avoit ordre d'aller trouver ledit sieur maréchal en Dauphiné, le trouva, et lui rendit une dépêche de Sa Majesté, du 10 juin, par laquelle elle lui mandoit qu'ayant eu avis que les assiégés de Casal étoient grandement pressés, elle désiroit qu'il fît toute la diligence possible pour y faire passer le secours.

Cependant les troupes de M. de Mantoue arrivent à Lyon, et se présentent pour passer en Dauphiné en l'absence dudit maréchal. Le marquis d'Uxelles a recours au comte de Sault pour les étapes et la route pour ses troupes. Ledit comte dit qu'il n'avoit aucun ordre dudit maréchal pour le passage desdites troupes, quoique le Roi lui en eût plusieurs fois écrit, et ne pouvoir permettre qu'elles entrassent en Dauphiné, si auparavant on ne s'obligeoit aux commis du pays pour le paiement des étapes. Pour vaincre cette difficulté, le marquis d'Uxelles s'obligea de 20,000 écus en son propre et privé nom, et offrit les bagues de sa femme et de la comtesse de Bury en gage. Sur cette obligation l'on dressa les étapes; mais toutes ces diligences n'empêchèrent pas qu'il ne fût contraint de faire séjour avec ses troupes à l'entrée du Dauphiné, à la foule du peuple. De plus, le munitionnaire qui avoit passé contrat pour la fourniture du pain, étant allé en Dauphiné pour faire les achats de blés, ledit comte de Sault lui en refusa la permission, et, après plusieurs instances, ne voulut la lui accorder pour plus de mille sacs de blé, au lieu de six mille dont il avoit besoin. Ce que ledit munitionnaire prit depuis pour excuse des manquemens qu'il fit en sa fourniture, disant qu'en même temps il n'avoit pu faire les magasins de grains et fournir l'armée de pain; ce qui fut l'une des causes principales de son débandement. Par dépêche du 17 juin, Sa Majesté, répondant à celle que ledit maréchal lui avoit écrite du 2, lui envoya le pouvoir scellé qu'il avoit demandé, et continua d'exhorter vivement ledit maréchal, comme par ses précédentes dépêches, de se mettre en état de secourir Casal, dont la conservation lui sembloit si importante, qu'elle lui mandoit ne pouvoir entendre aux diversions dans le marquisat de Saluces et dans la Savoie, ni à aucun autre dessein. Encore que les commandemens de Sa Majesté si souvent réitérés, et l'importance de l'entreprise commise audit maréchal, l'eussent dû assez obliger à vaincre les difficultés qui se présentoient en matière d'argent, néanmoins Sa Majesté, ayant su que ledit maréchal ne faisoit aucun effort pour ce sujet, se résolut d'envoyer le sieur de Percy avec les ordres nécessaires pour satisfaire aux dépenses qui avoient été jugées nécessaires par ledit maréchal, comme aussi l'achat des munitions de guerre; de quoi le sieur de Canaples, qui agissoit pour ledit maréchal, demeura content. Depuis, le Roi écrivit deux fois audit maréchal, et la dernière par le sieur Sanguin, l'un de ses ordinaires, lui donnant ordre exprès de passer au plutôt delà les monts avec les troupes.

Cependant le marquis d'Uxelles s'étoit rendu avec ses troupes sur la frontière, où il séjourna six semaines, tantôt pour attendre la résolution dudit maréchal, tantôt l'effet des choses qui devoient être fournies par les officiers de M. de Mantoue, comme la montre, les canons et munitions de guerre et de bouche, en tous lesquels points lesdits officiers ayant manqué, non-seulement pour le temps, mais encore pour la délivrance entière, et ledit marquis s'étant efforcé d'y suppléer, passant contrat avec les communautés de Briançon et de Gap, pour lui fournir les munitions nécessaires, à quoi elles manquèrent, ses troupes furent contraintes de se retirer dans le Dauphiné, après avoir, le 6 août, inutilement tenté et reconnu, par escarmouche, l'état des ennemis et des forts qu'ils avoient eu le loisir de faire pour empêcher lesdits passages. On peut attribuer les refus que le maréchal de Créqui fit de servir en cette occasion, et les remises et les retardemens dont il usa, à quelque jalousie d'honneur, parce qu'on ne lui avoit pas donné la charge de la levée de ces troupes. Ceux qui interpréteront plus favorablement son procédé, l'attribueront à prudence, et qu'il se défioit de pouvoir venir à son honneur de cette entreprise.

Le duc de Savoie s'enorgueillit beaucoup de cette victoire, si victoire peut être appelée où il n'y a point eu de combat, et où les soldats se retirent, non de crainte de l'ennemi, mais par mauvaise volonté et mésintelligence avec leur chef. Les Espagnols aussi conçurent lors, non plus une espérance certaine, mais une confiance assurée de la prise de Casal, et, d'autre part, espérance certaine que La Rochelle échapperoit au Roi par l'attente qu'ils avoient du secours que l'on préparoit en Angleterre. Ce qui fit qu'ils n'eurent plus de soin de continuer leurs propositions ordinaires d'accommodement, ou en faire de nouvelles, et que l'Empereur donna un décret le 16 août contre le duc de Mantoue, par lequel il protestoit qu'avec regret il en venoit aux extrêmes remèdes, qu'il lui donnoit encore trente jours pour tout délai, dans lesquels, s'il n'obéissoit, il l'y contraindroit par la force des armes, et le déclareroit avoir encouru la peine du ban impérial. Et en même temps lui envoya faire une dernière proposition par le secrétaire de l'évêque de Mantoue, dont la France n'avoit point encore eu de connoissance. Le sieur Priandi, agent dudit duc, vint trouver le Roi pour se plaindre du maréchal de Créqui, et supplier Sa Majesté d'avoir pitié de son maître, lui donnant un nouveau secours, qui, sans doute, seroit toujours sans effet s'il ne venoit ouvertement de sa main royale, et ensuite pour donner au Roi les derniers articles de paix que l'Empereur avoit envoyés à son maître, avec des menaces extraordinaires s'il ne les acceptoit, le suppliant d'honorer son maître de son avis sur ce sujet.

L'Empereur désiroit que le Montferrat et Casal fussent remis entre ses mains, et que moyennant cela il termineroit dans un terme bien court ledit différend, sans entendre néanmoins préjudicier par là à la proposition faite à Prague d'échanger ledit Montferrat avec le Crémonois. Ces articles ayant été vus, il lui fut répondu qu'il étoit difficile de donner conseil sur iceux, mais que M. de Mantoue le devoit prendre de la connoissance particulière qu'il avoit de ses affaires; que cependant Sa Majesté passoit jusque-là de lui dire que, si Casal pouvoit tenir trois mois, elle n'étoit point d'avis de ce traité, parce que dans ce temps il seroit en état de témoigner ouvertement son affection au bien du duc de Mantoue, et au repos de la chrétienté. Mais s'il ne pouvoit tenir ce temps, la nécessité n'avoit point de loi; qu'en ce cas elle lui conseilloit bien de faire que le dépôt que l'Empereur demandoit être entre ses mains, fût sous son nom ès mains du Pape ou du duc de Florence, ce qui rendroit son traité honorable et plus sûr qu'il ne seroit autrement.

Cependant que toutes ces choses se passoient, les députés rochelois qui étoient en Angleterre, voyant leur second secours qu'on leur promettoit tarder trop long-temps, avoient fait le 23 juillet remontrances au roi d'Angleterre, que s'il ne l'envoyoit promptement il ne seroit plus temps, qu'il l'avoit promis, que toute l'Europe le savoit, que ce lui seroit honte que de son temps cette ville fût perdue, et n'eût reçu de sa protection autre effet, sinon de s'être rendue irréconciliable à ceux desquels elle eût pu espérer une raisonnable composition; que les impossibilités prétendues étoient en la crainte et au peu d'affection de ses ministres, et non pas en la chose; qu'il le pouvoit juger de leurs instances, qu'ils ne feroient pas si pressantes s'ils croyoient que la concession leur en fût inutile; qu'ils vouloient prendre sur eux les premiers risques et montrer le chemin, qu'il commandât seulement qu'on les suivît, que ceux qui viendroient après eux le trouveroient facile; enfin, que c'étoit une action pleine de gloire pour l'Angleterre, et ne le seroit pas s'il n'y avoit point du tout de hasard. Que s'il lui plaisoit hâter le secours qu'ils lui demandoient, il étoit nécessaire que lui-même prît la peine d'aller jusqu'à Portsmouth, que sa présence aplaniroit toutes les difficultés, et encourageroit les siens, qui étoit ce dont ils avoient besoin.

Ils ne disoient pas que, si au premier secours le passage avoit été si difficile qu'ils n'avoient osé le hasarder, il étoit maintenant impossible par l'accomplissement des ouvrages commencés, et par les nouvelles inventions qui y avoient été ajoutées. Il y avoit quatorze cents pas de la digue parachevés, et l'ouverture entièrement fermée par les machines et par les chandeliers, contre lesquels les brûlots ne pouvoient rien avancer. Mais c'est la coutume des personnes éperdues, de demander secours, chercher des remèdes, et ne savoir ce qu'ils demandent, ni voir l'utilité qu'ils en peuvent ou n'en peuvent recevoir.

Cependant il s'étoit fait quelque mutinerie à La Rochelle, quelques-uns représentant qu'il valoit mieux se rendre à la miséricorde du Roi, que de demeurer exposés à la rigueur impitoyable de la faim. Mais le maire, ayant fait pendre promptement ceux qui avoient commencé cette émeute, avoit mis une telle terreur dans les esprits, qu'ils se laissoient mourir de faim sans oser parler. Feuquières même se ressentit de cette extrémité, et demeura quatre jours sans pain; le maire lui fit excuses et lui permit d'en faire venir du camp du Roi pour lui. Ils étoient cinquante ou soixante des plus mutins et des principaux de la ville, qui ne manquoient pas de vivres, et empêchoient qu'on ne fît enquête dans les maisons de ceux qui en avoient, pour le distribuer aux pauvres qui mouroient tous les uns après les autres, et toutefois refusèrent encore d'écouter une sommation que le Roi, le 16 août, leur envoya faire de se rendre. Ils sortoient de la ville par le canal, la mer étant basse, à centaines, de tout sexe et de tout âge. Les soldats pour du pain faisoient ce qu'ils vouloient des femmes, ce qui obligea à faire une défense étroite de laisser plus approcher des lignes de communication aucuns d'eux, mais de les faire retirer ou les tuer. Il arriva en ce temps qu'ils surent qu'un des leurs, nommé Grossetière, avoit été pris prisonnier et amené à l'armée du Roi, où il couroit fortune; ils eurent bien encore la hardiesse d'écrire au cardinal en sa faveur, le suppliant de ne permettre qu'il lui fût fait mal, vu qu'il y avoit quartier entre l'armée du Roi et eux, qu'il n'avoit rien fait qu'avec charge d'eux, et dont ils ne l'avouassent. Mais le cardinal leur répondit qu'empêchant comme ils faisoient la ville de recevoir les effets de la miséricorde du Roi, ils avoient mauvaise grâce de la rechercher pour des particuliers; qu'ils n'étoient de condition ni en état de traiter du pair avec leur maître, que la pensée en étoit criminelle, partant qu'il leur conseilloit de n'augmenter par cette voie le nombre de leurs fautes; qu'il ne savoit quelle étoit la volonté du Roi, dont la bonté étoit infinie, sur le sujet de La Grossetière, mais qu'il savoit bien qu'il ne pouvoit recevoir aucune peine qui ne fût moindre que ses démérites. Cette réponse les étonna, et dès le même jour ils firent demander par le sieur de Feuquières à parler à son beau-frère qui étoit dans l'armée, auquel ils avouèrent franchement qu'ils le faisoient pour voir si on pouvoit commencer quelques pourparlers. C'étoit horreur d'ouïr conter à ce tambour comme ils vivoient. Il fut pris un espion qu'ils envoyoient en Angleterre avec un billet dans une boîte d'argent, qu'il avala, par lequel ils disoient être à la dernière extrémité. Il fut pendu et quelques autres comme lui. Aucuns d'entre eux, espérant en la miséricorde du Roi, qui s'étoit fait paroître en tant d'occasions, se hasardoient, nonobstant les mousquetades, de se venir jeter dans les lignes de communication; on les faisoit tirer au billet, quelques-uns d'entre eux étoient pendus, et les autres renvoyés à La Rochelle. Ils dirent que le maire les animoit à tenir contre le Roi, leur disant qu'ils seroient tous pendus, et leurs femmes et leurs filles violées devant leurs yeux; qu'il valoit mieux mourir que voir cela; et, quant à lui, qu'il s'offroit au sort avec un autre à qui vivroit, ou à qui devoit être tué pour nourrir son compagnon de sa chair.

Toutefois, la ville étant de jour en jour plus pressée de faim et de toutes sortes de misères, ils commencèrent enfin à n'en pouvoir plus, toute la force naturelle de ses habitans fut la première consommée. Leur fureur enragée leur en donna une nouvelle, ou plutôt l'ire vengeresse de Dieu leur en fit subministrer une extraordinaire par son mauvais esprit, pour prolonger leurs maux et leur faire souffrir une peine plus proportionnée à l'excès de leurs crimes. Ils étoient déjà quasi à bout de celle-là, et les misères ne trouvoient plus en eux de sujet qui les pût appuyer et supporter : c'étoient squelettes, fantômes vains, morts respirant plutôt qu'hommes vivans.

Buckingham, qui étoit averti de cette extrémité, après avoir apporté tout le soin et l'artifice possible pour se concilier le parlement, et avoir conseillé au Roi son maître de faire, en leur faveur, une rigoureuse déclaration contre les catholiques, étoit lui-même allé à Portsmouth pour hâter, par sa présence, le secours qu'il préparoit, résolu de s'y embarquer, si, en étant sur le point, il n'en eût été empêché par l'attentat commis (1) à sa personne par un Anglais puritain, nommé Felton, fils d'un sergent, qui le tua d'un coup de couteau, dans sa salle, la veille de la Saint-Barthélemy, sans lui donner temps de dire autre chose, sinon en jurant : « traître, tu m'as tué ! » Le bruit s'épandit incontinent dans la maison que s'étoient les Français, et qu'il falloit faire main-basse sur eux. A ce bruit cet homme, qui étoit déjà sorti de la salle, revient, s'accuse lui-même, dit comme le couteau étoit fait, et montre en son chapeau un billet qu'il y avoit attaché exprès, afin que, s'il eût été tué faisant ce coup, on eût su que c'avoit été lui. Il dit qu'il y avoit quinze jours qu'il avoit pris cette résolution, sur la remontrance qu'il avoit su avoir été faite au Roi par le parlement, qui, se plaignant de beaucoup de désordres, en attribuoit la cause à Buckingham, et qu'il avoit cru faire un acte digne d'estime de sacrifier sa vie au bien de l'Etat. Il est vrai qu'ayant été lieutenant d'une compagnie, de laquelle la charge de capitaine avoit vaqué deux fois, on en avoit toujours préféré d'autres à lui : ce qui put bien avoir aidé à former en lui cette résolution.

Quoi qu'il en soit, Buckingham étoit un grand colosse contenant en soi toutes les prérogatives de la fortune assemblées en un sujet, qui fut abattu en un moment par la main d'un traître, accident digne de larmes, et qui montre évidemment la vanité de la grandeur. La fortune de cet homme fut d'autant plus étrange qu'ayant été faite par le père, elle ne diminua point sous le règne du fils, et continua, après sa mort, jusqu'à tel point, que le Roi honora sa mémoire par des pompes royales, prit le deuil, lui, sa femme et toute sa cour, paya 2,000,000 de livres auxquels il étoit obligé, et déclara avoir tous ses parens en sa protection comme s'il étoit vivant lui-même. La fortune, qui de sa nature est inconstante et légère, n'a pas accoutumé de continuer ses faveurs sous deux règnes ; en cette occasion-là elle fit un miracle. Le Roi fut blâmé de tout le monde d'avoir fait un si mauvais choix, et d'avoir commis ses affaires au seul soin d'une personne qui, n'ayant pas soumis toutes ses passions au bien du service de son maître, avançoit ou retardoit les affaires selon ses affections particulières ; mais il n'y eut personne de sain jugement qui ne lui donnât beaucoup de louange de ce qu'il rendoit à la mémoire d'un homme qu'il avoit aimé uniquement, des témoignages de son affection et de sa libéralité, contre l'ordinaire des princes, en la mémoire desquels les services du meilleur serviteur du monde meurent d'ordinaire avec sa personne (2).

Le Roi (3), craignant que la mort dudit Buckingham décourageât les Rochelois, essaya de la leur céler, faisant fermer les ports par tout son royaume, et prenant soigneusement garde qu'aucun vaisseau n'en sortît jusqu'à ce que l'armée que Buckingham apprêtoit ne fût partie, de laquelle il prit lui-même le soin à son défaut. Les ambassadeurs de Danemarck, qui avoient pris congé de lui, furent empêchés de partir, et l'ambassadeur ordinaire de Hollande, qui devoit conduire les navires des Indes qu'il leur avoit fait restituer, fut contraint aussi de demeurer à Porstmouth, bien qu'il y eût dix navires hollandais en cette côte pour lui servir de convoi, et qu'ils perdissent infructueusement le temps. La nouvelle de sa mort, nonobstant tout ce que put faire le roi d'Angleterre, arriva à Paris au commencement de septembre ; au premier avis la comtesse de Soissons, étant dans le carrosse de la Reine-mère, dit qu'elle n'en croyoit rien, parce que les favoris se font trop bien garder. Le soir, étant au cercle, elle dit qu'un almanach prédisoit qu'un favori seroit tué, ou mourroit dans un mois : sur quoi la

---

(1) Le 23 août.

(2) Il y a certainement ici une autre pensée que celle qui regarde Buckingham.

(3) D'Angleterre.

Reine-mère dit que la mort de Buckingham avoit anticipé, et que sans doute c'étoit lui. Le lendemain, étant encore au cercle, elle dit que le comte Olivarès avoit été tué de même. Un autre jour, au même lieu, elle ajouta qu'il avoit été tué par don Carlos : sur quoi la Reine dit que son frère n'avoit point fait cela, et que le comte n'étoit point mort.

Toutes ces paroles méritoient d'être pesées. Breval dit à Bouthillier que la duchesse de Chevreuse, sachant cette nouvelle, demeura évanouie, et la fallut saigner incontinent. L'avis en vint à Paris par un officier français de la reine d'Angleterre, qui se sauva pour apporter cette nouvelle; il dit qu'il l'avoit vu tuer à Portsmouth par un capitaine anglais. La Reine mère du Roi l'envoya à Sa Majesté, pour lui raconter cette histoire, que l'on ne pouvoit pas bien croire : ce qui donna sujet de faire prendre garde à lui jusqu'à ce que l'on en fût assuré. Trois ou quatre jours après, cette nouvelle étant confirmée de beaucoup d'endroits, Sa Majesté lui fit don de 1,000 écus pour sa récompense. Le Roi ne pouvoit perdre un plus envenimé ennemi ni plus fou. Ses entreprises sans raison furent exécutées avec malheur; mais elles ne laissèrent pas de nous mettre en grand péril, et de nous faire beaucoup de mal, la folie enragée d'un ennemi étant plus à craindre que sa sagesse, d'autant que le fou n'agit pas d'un principe commun avec les autres hommes. La raison y perd son escrime; on n'est jamais en sûreté contre lui; il tente tout, viole ses propres intérêts, et n'est retenu que par la seule impossibilité.

Cependant le cardinal, voyant que la misère extrême en laquelle étoient les Rochelois ne les retiroit pas encore de leur opiniâtreté, et qu'ils étoient résolus de mourir de faim les uns après les autres plutôt que de se rendre, trouva moyen de faire semer dans la ville plusieurs billets, par lesquels on leur représentoit que la résolution qu'ils avoient prise étoit une tyrannie injuste d'un petit nombre des plus puissans d'entre eux, lesquels, ayant seuls du blé dont ils se sustentoient, voyoient à leur aise mourir de faim tous les jours les pauvres, et auroient seuls enfin tout l'avantage de la composition qu'ils feroient avec le Roi; que, s'ils étoient bons citoyens, ils devoient prendre part à la misère commune, et distribuer de leur blé à tous les autres, et que, lorsque la nécessité seroit égale, les conseils seroient désintéressés. Ces billets, qui furent lus de plusieurs, mirent entre eux quelque division; ensuite ils envoyèrent des députés au cardinal pour parler de se rendre; mais comme on étoit sur le point de traiter, et que les députés sortoient de la porte de Cogne pour faire le traité, il entra dans La Rochelle un habitant de la ville, qui avoit passé à pied par la batterie de Sauvagère, et revenoit d'Angleterre, ayant descendu en la rivière de Bordeaux, qui les assura qu'il avoit vu l'armée prête à partir pour les secourir ou se perdre, et qu'elle devoit arriver huit jours après : ce qui fit que les députés retournèrent dans la ville, et qu'on se prépara du côté du Roi à recevoir cette armée, qui partit de Plymouth le 17 de septembre, fut vue aux rades d'Olonne le 28, le 29 vint mouiller l'ancre à Saint-Martin-de-Ré, et le 30 arriva à Chef-de-Baye, composée de cent quarante voiles, trois vaisseaux murés, et d'autres pleins de fumier, où ils devoient mettre le feu pour empêcher, par la fumée, de voir les vaisseaux qu'ils enverroient à la suite de ceux-là pour quelques entreprises.

Ils portoient six mille hommes de guerre sans les matelots. Dès qu'ils parurent, le cardinal en envoya donner avis au Roi à Surgères, d'où il vint en diligence reconnoître l'ennemi à La Leu, et fit avertir les volontaires, qui, ne trouvant pas de chevaux à la poste, y allèrent à pied. Quand ils furent arrivés on avoit peine à les retenir, tant ils se jetoient en foule dans les vaisseaux du Roi. Cette armée étoit tout l'effort d'Angleterre; car le parlement qui tenoit lors avoit accordé six millions de livres pour la dresser, afin de venger les affronts et ignominies que la nation anglaise avoit reçus en l'île de Ré, et depuis par la retraite honteuse de leur armée au mois de mai. Mais elle arriva trop tard, la digue étant parachevée et deux ou trois rangs de machines fermant le canal, outre trente-six vaisseaux de guerre, les palissades flottantes et la petite armée de galères, galiotes, brigantins, barques, traversiers et chaloupes qui défendoient l'avenue, de sorte qu'il n'y avoit nulle apparence que les Anglais y pussent faire aucun effet. Mais, afin d'en donner plus de connoissance, il est à propos de particulariser un peu ces choses.

La digue étoit divisée en deux : l'une commençoit au rivage devers Coreille, l'autre au rivage vers Chef-de-Baye, et s'avançoit de côté et d'autre jusques à cent toises, qui étoit ouverte au milieu pour le passage des marées; elle étoit en telle distance de la ville que le canon n'y pouvoit aller de point en blanc. Et pource que par l'ouverture le secours eût facilement pu entrer, on fit deux forts sur l'un et l'autre rivage où les deux digues commençoient, et deux autres encore aux deux têtes d'icelle, et on munit ces quatre forts de quantité de canons. Et, afin qu'aucun vaisseau du secours n'osât entreprendre d'y passer au hasard du canon, on fit un autre fort au milieu de ladite ouverture, un peu avancé dans la mer, nommé le fort d'Argencourt. Et pour fermer le passage à quelque petit vaisseau qui eût pu se couler, on y fit d'autres machines qui tenoient toute l'ouverture de la digue et beaucoup davantage, et étoient faites de grandes pièces de bois enfoncées et liées pardessus avec de la charpente. On appela ces machines-là chandeliers; on en fit d'autres encore au-devant dudit fort, de la même étendue que les chandeliers, et liées les unes aux autres avec du bois et du fer. Ces machines furent, du nom de celui qui les fit, appelées du Plessis-Besançon. Bien que la mer semblât être par ce moyen surmontée et son passage fermé aux ennemis, de crainte, toutefois, que les ennemis vinssent de nuit à ces machines et les rendissent inutiles, on mit devant la première machine vingt-quatre vaisseaux, les deux premiers desquels étoient sur les deux extrémités d'icelle, et tous les autres, l'un après l'autre, aboutissoient en un angle, et au côté desdits vaisseaux dix chaloupes couvertes, cinq de chaque côté pleines de pétards, et au-devant de tout cela toute l'armée navale disposée en bon ordre. Et pour défendre du côté de La Rochelle, le cardinal avoit fait mettre au-devant de l'ouverture de ladite digue, de leur côté, une palissade flottante composée de trente-sept grands vaisseaux de deux à trois cents tonneaux chacun, attachés les uns aux autres avec des câbles par les mâts, avec force canons et gens de guerre dessus, et après cette palissade il y avoit cinquante-neuf navires enfoncés en une ligne droite, répondant à l'ouverture de la digue, qui est ce qu'on appeloit estacade, et un fort de bois en triangle commencé par Pompée-Targon.

Toutes ces choses étant ainsi disposées, il est aisé à juger que le Roi étoit bien assuré contre tous les efforts qu'eussent pu faire les Anglais. Dès qu'on eut nouvelles d'eux, toute l'armée fut disposée pour les recevoir, et les petites galiotes du Roi les alloient provoquer au combat; mais elles ne les pouvoient attirer : ils ne firent que tirer force canonnades aux vaisseaux de Sa Majesté, lesquels étoient à l'ancre à l'embouchure du canal, et ils leur répondoient de même, sans qu'ils se fissent grand dommage les uns aux autres. Les Anglais envoyèrent quelques pétards flottans sur l'eau, qui jouoient par le moyen de ressorts qui se lâchoient à la rencontre d'un vaisseau ; mais ils furent tous pris sans faire mal. Ils firent aussi quelque mine de mettre pied à terre, mais ils ne l'osèrent exécuter, voyant qu'on se disposoit à les bien recevoir.

Enfin le mardi (1), sur les quatre heures du matin, ils vinrent avec vent et marée pour attaquer nos vaisseaux qui firent merveilles, et les étonnèrent tellement qu'ils n'en osèrent aborder aucun. Le Roi ne perdit en ce combat que vingt-huit hommes, les Anglais beaucoup davantage ; une de leurs roberges fut démontée, laquelle ils furent contraints d'envoyer raccommoder en l'île de l'Oye, deux de leurs barques perdues et un vaisseau. Cette honte les anima davantage, et les obligea à voir le lendemain s'ils pourroient entreprendre quelque chose qui leur fût plus avantageux ; ils envoyèrent neuf brûlots qu'ils firent suivre de vaisseaux qui venoient cachés à l'obscurité de leurs fumées ; mais nos hirondelles, armées de soldats qui craignoient aussi peu le feu que l'eau, allèrent courageusement au devant et les détournèrent. Cependant la batterie de Chef-de-Baye, en laquelle étoit le Roi, endommageoit de sorte leur flotte, qu'elle se retira et alla mouiller l'ancre vers l'île d'Aix, sans plus oser retourner faire effort. Le Roi, voulant donner avis aux Reines de la retraite des Anglais, fut contraint d'y envoyer un aumônier, n'ayant pu trouver aucun autre qui y voulût aller, pas un ne voulant partir tandis que les Anglais pouvoient encore attenter quelque chose : un chacun étoit ardent de s'y trouver, pour avoir part à la victoire de laquelle ils ne pouvoient douter.

Quand ils furent retirés vers l'île d'Aix, ils désirèrent faire une conférence avec quelques capitaines de l'armée navale du Roi, de chaloupe à chaloupe. On y envoya le sieur Treillebois, capitaine de la marine, huguenot, qui avoit été, dès le commencement de la descente des Anglais en Ré, remis en l'obéissance du Roi par le cardinal, avec le sieur de L'Isle pour l'assister, et lui fut commandé de prendre des matelots basques, afin qu'ils ne pussent entendre ce qu'ils diroient, d'ôter toute espérance à ses patriotes que La Rochelle reçût jamais pardon du Roi par l'entremise des Anglais. Et si on demandoit de le mener à l'amiral anglais, qu'il répondît n'avoir point cette permission-là ; mais que s'ils vouloient envoyer quelqu'un de qualité vers le Roi, ils le proposeroient au commandeur de Valençai, qui en parleroit au cardinal. Cette conférence ne produisit autre chose, sinon que le sieur de Montaigu, Anglais, obtiendroit permission de venir trouver le cardinal pour proposer quelque ac-

(1) 3 octobre.

commodement, ce qui fut fait (1); et après avoir vu le cardinal, il retourna en Angleterre pour savoir la dernière volonté du Roi son maître. Il demanda pardon pour les Rochelois, liberté de conscience et quartier à la garnison anglaise de La Rochelle. On lui dit que les Rochelois étoient sujets du Roi, qui savoit bien ce qu'il avoit à faire avec eux, et que le Roi d'Angleterre ne s'en devoit mêler. Quant aux Anglais, on leur feroit le même traitement que recevroient les Français qu'ils tenoient prisonniers.

Cependant on prenoit tous les jours force espions qui passoient les vignes, et furent tous pendus. Enfin l'extrémité des Rochelois étant en son dernier point, n'ayant plus d'herbe à manger sur leurs contrescarpes, de cuirs de bœuf ni de cheval, de courroies, de bottes, de souliers, de ceintures, de pendants d'épée, de pochettes dont ils faisoient des gelées avec de la cassonade et des bouillies sucrées qu'ils mangeoient pour se nourrir, et les plus riches d'entre eux à qui, à la venue des Anglais, il restoit encore quelque provision, sur l'espérance de l'effet de leur venue, la leur ayant vendue à haut prix, et se trouvant lors en égale nécessité que les autres, ils se résolurent d'envoyer tous leur demander miséricorde, et supplier le cardinal de faire agréer au Roi qu'ils lui envoyassent des députés pour se remettre à sa merci : ce qui leur ayant été accordé, ils les y envoyèrent le 27 octobre. Le jour de devant étoient arrivés aussi ceux des Rochelois qui étoient dans l'armée anglaise, sans qu'ils sussent rien les uns des autres. Le cardinal, pendant la conférence de ceux de La Rochelle avec lui, leur dit que leurs confrères qui étoient en l'armée anglaise avoient déjà obtenu grâce. Comme ils ne le vouloient pas croire, il leur fit venir Vincent et Gobert; ils s'embrassèrent avec larmes, n'osant parler d'affaires, pource qu'il leur avoit été défendu sur peine de la vie. Ce fait, ils s'en retournèrent en la ville, le cardinal leur ayant promis de faire, envers le Roi, en leur faveur tout ce qu'il pourroit.

L'audace qui accompagne toujours la rébellion étoit si profondément empreinte en l'esprit de ces misérables, que, quoiqu'ils ne fussent plus qu'ombres d'hommes vivans, et qu'il ne leur restât plus de vie qu'en la clémence du Roi dont ils étoient indignes, ils osèrent néanmoins bien encore proposer au cardinal qu'ils vouloient faire un traité général pour tous ceux de leur parti, et avoir la continuation de tous leurs anciens privilèges, franchises et immunités, fors ceux qui pouvoient donner ombrage de nouveaux troubles; que madame de Rohan fût comprise

(1) Le 14 octobre.

au traité; qu'elle fût remise en ses biens; M. de Soubise, comme les ayant particulièrement assistés, y fût compris aussi; qu'ils pussent donner part de ce qu'ils faisoient aux Anglais; qu'ils ne missent aucune chose dans le traité qui donnât lieu au rasement de la ville, ni au changement de leur gouvernement; que ce traité fût appelé traité de paix, et non pas un pardon et une grâce; que le maire fût maintenu; que les gens de guerre sortissent tambour battant, la mèche allumée. Le cardinal se moqua de leur impudence, leur dit qu'ils ne devoient rien espérer que simplement le pardon, lequel encore ne méritoient-ils pas. D'un côté il savoit bien que dans dix ou douze jours on les auroit la corde au cou; mais d'autre côté il considéroit qu'il falloit se hâter, pour éviter plusieurs inconvéniens, et pour que Montaigu trouvât la paix faite, que l'armée navale la vît faire sans son consentement, à sa vue, ce qui rendroit le reste des affaires du Roi plus facile, soit au regard de l'Angleterre, soit d'Espagne, soit au dedans du royaume.

Le 28, le traité, ou plutôt la grâce fut signée, par laquelle le Roi donnoit la vie et les biens à ceux des habitans de la ville qui lors y étoient, et l'exercice de la religion prétendue réformée en La Rochelle. Le 29, ils envoyèrent douze députés au Roi, lesquels le maréchal de Bassompierre à cheval, lui et toute sa suite, mena à pied au logis de Sa Majesté, où le cardinal les reçut et les présenta à Sadite Majesté, à laquelle ayant avoué leurs crimes et leurs fréquentes rechutes en la rébellion, et protesté en avoir regret et horreur, ils demandèrent miséricorde; témoignant ne la pas mériter, et ne l'oser espérer qu'en considération de leur véritable repentance, protestant une fidélité entière à l'avenir, et suppliant le Roi qu'il se souvînt qu'autrefois ils avoient rendu quelques services au Roi son père. Sa Majesté leur répondit qu'il prioit Dieu que ce fût de cœur qu'ils lui portassent honneur, et non pas par la nécessité où ils étoient; qu'il savoit bien qu'ils avoient toujours été malicieux, et qu'ils avoient fait tout ce qui leur avoit été possible pour secouer le joug de son obéissance; qu'il leur pardonnoit leurs rébellions, et que s'ils lui étoient fidèles sujets il leur seroit bon prince, et si leurs actions étoient conformes aux protestations qu'ils lui faisoient, il leur tiendroit ce qu'il leur avoit promis. Le 30, on envoya des gens de guerre se saisir du fort de Tadon, et d'autres à La Rochelle pour se saisir des portes, des tours, des places de la ville, et de leurs canons et munitions, et faire sortir leurs gens de guerre, qui ne se trouvèrent de Français que soixante-quatre, et d'Anglais que quatre-vingt-dix, tout le reste étant mort de misère. Le cardinal y entra aussi, où le maire s'étant présenté avec six archers pour le saluer, il lui fit commandement de congédier ses archers, et défense de se plus qualifier maire, sur peine de la vie.

On trouva la ville toute pleine de morts, dans les chambres, dans les maisons, et dans les rues et places publiques, la foiblesse de ceux qui restoient étant venue à tel point, et le nombre de ceux qui mouroient étant si grand, qu'ils ne se pouvoient enterrer les uns les autres, et laissoient leurs morts gisant où ils avoient expiré, sans que pour cela l'infection en fût grande dans la ville, pource qu'ils étoient si atténués de jeûnes, qu'étant morts ils achevoient plutôt de se dessécher qu'ils ne pourrissoient.

Le premier novembre au matin, le cardinal y dit la sainte messe en l'église de Sainte-Marguerite, où sont les pères de l'Oratoire, et après midi le Roi y fit son entrée, armé et à cheval, après y avoir auparavant fait entrer toutes sortes de vivres. En quoi est à remarquer la grande clémence du Roi, qui ne se contenta pas de leur donner la vie par sa grâce, mais encore, par sa charité, leur envoya du pain en suffisance pour les nourrir dans l'extrême nécessité où ils étoient, sans quoi la plupart de ceux qui étoient restés en cette ville-là fussent morts de faim deux jours après. Le cardinal conseilla au Roi d'envoyer le maire hors de la ville, à cause de la grande inhumanité dont il avoit usé envers ses citoyens, ayant mieux aimé les laisser misérablement périr de faim que d'avoir recours à la clémence du Roi pour mettre fin à leurs misères; d'envoyer à Niort madame de Rohan la douairière, comme étant indigne que Sa Majesté la vît, pour avoir été le flambeau qui avoit consumé ce peuple; et de renvoyer dans les vaisseaux anglais les députés des Rochelois qui étoient en ladite armée, afin qu'ils dissent des nouvelles de ce qu'ils avoient vu. Sa Majesté aussi, après cela, commanda qu'on fît démolir les fortifications et les murailles de cette ville si insigne en sa rébellion. Le méchant naturel de ses habitans, nés et nourris dans l'anarchie, et le châtiment exemplaire que le service de l'Etat requéroit qui fût pris d'eux, y sembla obliger Sa Majesté, qui fit ensuite raser la citadelle de Saintes et les châteaux de Saint-Maixent, Chinon, Loudun, Mirebeau, et les nouvelles fortifications des tours qui n'étoient plus nécessaires, et principalement la citadelle de Saint-Martin-en-Ré, qui étoit la plus belle fortification qui fût en France, et beaucoup plus forte que La Rochelle, et située en lieu bien plus dangereux et plus important, et la meilleure rade de toutes les côtes de France, où étant détachée de la terre ferme, elle se pouvoit dire comme imprenable, et celui qui en seroit gouverneur ne dépendroit pas davantage de la France que de l'Espagne ou de l'Angleterre; de sorte que de la conserver ayant pris La Rochelle, n'eût été faire autre chose que remédier aux maux qui avoient pris naissance sous les Rois prédécesseurs de Sa Majesté, et laisser un levain pour d'autres à ses successeurs, auxquels ils ne pourroient apporter remède. Joint que pour conserver ladite place, de la grandeur dont elle étoit, il falloit au moins deux mille hommes, ce qui eût été une dépense insupportable pour conserver une île, laquelle s'étoit toujours maintenue sans garnison, et se pouvoit garder avec cent hommes; outre que les droits de Sa Majesté n'avoient pu être établis jusqu'alors dans cette île; ce qui étoit de plus d'importance qu'on ne pouvoit penser. Sa Majesté fit néanmoins conserver le petit fort de La Prée, afin d'avoir toujours une porte assurée pour faire, quand elle voudroit, descendre des troupes dans l'île de Ré, si des ennemis y étoient entrés. Toiras s'y opposa tant qu'il put; mais les raisons qui furent mises en avant pour montrer qu'on la devoit raser étoient si évidentes, qu'il n'osa pas insister à y contredire: le Roi lui donna 100,000 écus de récompense. On eût pu accourcir le temps de la prise de cette ville (1) si on leur eût coupé leurs eaux, ce qui étoit aisé; si on eût fait un dégât fort exact des blés, légumes et vivres que les assiégés recueillirent sur le bord de leur contrescarpe, ce qui pouvoit être empêché, et fit subsister deux mois cette malheureuse ville par sa propre confession; si on eût commencé plus tôt à traiter avec rigueur ceux qui entroient ou sortoient de la ville, étant certain que l'exemple et le châtiment eussent arrêté ces misérables, qui, ne pouvant plus se sauver, et pâtissant tous dans la ville, eussent porté le gros à se rendre plus promptement; et si, au retour du Roi, qui fut en avril, on l'eût attaquée par force, cette ville étant destituée de gens de guerre, pleine seulement d'habitans peu accoutumés aux fatigues, et incapables de supporter celle d'une garde extraordinaire avec la misère de la faim. On s'étonnera peut-être que le cardinal, ayant le crédit qu'il avoit auprès du Roi, puisque ces choses pouvoient avancer le siège, ne les lui ait proposées et fait résoudre: à quoi il n'y a rien à répondre, sinon qu'il est fâcheux en un conseil d'emporter par autorité ce qu'on devroit céder à la raison, et se rendre garant d'un événement au mauvais succès duquel tout le monde contribue d'autant plus vo-

(1) La Rochelle.

lontiers, que le conseil a été pris contre leur jugement. Voilà les fautes qui arrivèrent depuis que le Roi fut venu en personne au siége; mais, auparavant, deux principales avoient été commises, bien plus notables que toutes les autres. Le duc d'Angoulême, que le Roi envoya, dès le commencement de sa maladie, pour s'opposer aux descentes que pourroient faire les Anglais, et favoriser le secours de Ré, ne fut pas plutôt arrivé, en juillet, devant La Rochelle, qu'on lui fit plusieurs dépêches pour empêcher que les Rochelois ne serrassent tous les blés qu'ils avoient dans leurs fermes et maisons des champs. Mais ce commandement, pour être réitéré plusieurs fois, n'en fut pas mieux exécuté, tous les habitans de la ville ayant serré leurs grains à leur aise, et un seul n'ayant reçu traverse en ce dessein, ce qui allongea le siége de plus de trois mois. L'autre fut d'avoir laissé fortifier Tadon, et n'en avoir pas pris l'éminence pour y faire un fort, au lieu de le faire à Coreille où il étoit inutile, étant certain que si on eût pris ce poste on eût pu ruiner les tours et l'entrée du port, qu'il commande tout-à-fait, battre la ville en ruine; et au cas qu'on eût voulu attaquer la place de force, il étoit fort aisé, en conduisant une attaque à la porte Saint-Nicolas qui est tout contre, et qui ne pouvoit faire aucune défense, supposé que Tadon fût pris. Pompée-Targon fut la principale cause de cette faute, préférant, par ses imaginations, le poste de Coreille inutile à celui-là, dont les ennemis connoissoient si bien l'importance qu'ils le fortifièrent, reconnoissant que de là dépendoit leur salut ou leur perte.

Mais, en quelque temps que Dieu en ait donné la victoire au Roi, elle apporta un découragement universel à ses ennemis, comme au contraire une grande espérance à ses alliés, qui regardoient la prise de cette ville comme la délivrance d'Italie, et l'assujétissement de ses rebelles sous la légitime domination du Roi, comme l'affranchissement général de toute l'Europe de dessous le joug injuste de la tyrannie de la maison d'Autriche. Quand ils en eurent les nouvelles à Casal ils reçurent la vie. Bien qu'ils fussent à l'étroit de vivres et de toutes commodités, et qu'ils souffrissent toutes les extrémités d'une ville de long-temps assiégée par un puissant ennemi, et abandonnée du secours de son prince trop faible pour la défendre, non-seulement ils reprirent courage, mais ils ne sentirent plus rien de tous leurs maux, trouvant abondamment en cette seule nouvelle tout ce dont ils avoient besoin. Les dames mêmes, sachant qu'il n'y avoit pas d'argent pour payer les soldats, apportèrent leurs bagues et leurs ornemens les plus précieux, pour être employés à subvenir à leurs soldes, prêtes encore à donner leurs propres cheveux s'il en eût été de besoin, comme les Carthaginoises coupèrent les leurs pour faire des cordes aux arcs de leurs maris contre les Romains. Mais cette réjouissance ne fut pas seulement publique à Casal, elle le fut même à Rome, où le Pape alla faire chanter le *Te Deum* à Saint-Louis, en apparence pour le seul sujet de la religion rétablie en cette ville-là, qui étoit l'ancien repaire de l'hérésie en France, ou plutôt la racine d'où, après qu'à la Saint-Barthélemy le tronc en fut coupé, elle repullula en ce royaume, et étendit ses branches infectes par toutes les provinces de cet Etat; mais, en effet, non moins pour le recouvrement de la liberté du Saint-Siége, assiégé jusqu'alors de la puissance orgueilleuse d'Espagne, qui, par la rébellion de cette ville, qui divisoit les forces du Roi, prévaloit, mais maintenant, par sa prise, étoit remise en équilibre et hors d'état de pouvoir plus opprimer la liberté des moindres Etats. On ne craignoit plus que par cette ville, comme par l'ouverture funeste d'un autre cheval de Troie, on pût faire entrer dans ce royaume des armées ennemies pour y mettre le feu, et y entretenir un long embrasement; et on ne faisoit point de doute que le parti huguenot ne fût ruiné, puisque la communication avec l'étranger lui étoit ôtée, et qu'il ne pouvoit plus tirer de nourriture et de soutien de dehors.

Mais le malheur vouloit que tout étoit plein de factions et de cabales dans la cour et dans l'Etat; ils en vouloient tous à l'autorité royale, et ensuite au cardinal qui l'affermissoit par ses conseils. Ils le haïssoient, premièrement pource qu'il étoit aimé de son maître, et que c'est chose ordinaire dans les cours des rois que, là où est l'amour et la confiance du prince, là soit aussi la haine des courtisans, en cela semblables aux démons, qui accourent et essaient de s'insinuer par leur malignité en l'ame en laquelle ils voient que Dieu habite par sa grâce. Ils le haïssoient par envie qu'ils portoient à sa gloire d'avoir si sagement prévu, si courageusement persévéré, si heureusement réussi en ses conseils contre leur intention et leur désir. Cette pensée leur ôtoit le repos, non comme à Thémistocle, que les trophées de Miltiade empêchoient de dormir, par émulation de l'imiter et égaler sa vertu, mais comme des ames viles et basses, qui, à la vue de la vertu d'autrui, se sentent déchirer les entrailles du désir d'anéantir, s'ils pouvoient, celui qu'ils voient riche des biens et des vertus dont ils sont défectueux. Ils le haïssoient d'autant qu'il ne s'accommodoit pas à leurs désirs, et qu'il ne regardoit leurs intérêts que dans le service de son maître, pource qu'étant auprès de lui pour veiller sans cesse à la conservation de son Etat, il ne vouloit pas que son cœur fût allumé d'autre affection que de la sienne, comme le feu des Vestales, qui étoit conservé toujours ardent pour la garde de l'Empire, étoit un feu tiré des purs rayons du soleil seulement. Mais ils le haïssoient encore principalement, pource qu'abhorrant comme ils faisoient l'établissement et affermissement de l'autorité royale, ils ne pouvoient voir celui qui contribuoit heureusement tout son soin et sa vie pour cela.

Et d'autant que les causes de leur haine étoient plus iniques, d'autant étoit-elle plus irréconciliable. Et il n'étoit pas en la puissance du cardinal d'y remédier ; au contraire, il étoit forcé de la faire accroître tous les jours, pource qu'elle procédoit et se nourrissoit de sa fidélité, étant en cela sa condition à plaindre, qu'au lieu qu'à la plupart des autres hommes les grandes actions et les heureux événemens de leurs entreprises sont la fin de leurs travaux, à lui ses plus grands dangers naissoient et s'augmentoient de ses plus grands services, par la malignité de ceux qui les eussent voulu détourner et portoient envie à sa gloire. Ils avoient accoutumé, dès long-temps, de vivre dans la confusion : ils ne pouvoient souffrir de se voir obligés à mener une autre vie ; ils ne savoient que c'étoit de la loi de Lycurgue, qui ne fit apprendre à ses citoyens autre science que d'obéir à leurs princes et commander à leurs ennemis. Ils ne reconnoissoient liberté qu'en la licence de commettre impunément toutes sortes de mauvaises actions ; il leur sembloit qu'on les gênoit de les retenir dans les équitables bornes de la justice et du devoir. Un d'entre eux eut bien la hardiesse de dire, voyant La Rochelle prise : « Nous pouvons bien dire que nous sommes tous perdus. » Voilà le principal sujet pour lequel ils pestoient et forcenoient contre le cardinal, qu'ils reconnoissoient pour le principal organe que Dieu avoit donné au Roi pour moyenner un si grand bien ; ils le vouloient chasser à quelque prix que ce fût ; il n'y avoit ruse qu'ils n'inventassent pour le mettre mal par calomnies et mensonges dans l'esprit de Sa Majesté, jusque-là même que, par tous moyens, ils essayoient de traverser la prospérité des affaires publiques, pour, le rendant garant des mauvais événemens, les lui imputer, et prendre sujet de médire de lui et de sa conduite. Pour cela il n'y avoit rien qu'ils ne fissent ; ils ne se contentoient pas de s'unir entre eux ; ils appelèrent les étrangers à être de la partie, et abusèrent même de la bonté de Monsieur, et, le trompant, l'y engagèrent, tant leur malice arriva jusqu'au dernier point.

Monsieur continuoit ses plaintes, et ramenoit en mémoire les vieux prétextes que les factieux lui avoient donnés pour feindre un mécontentement ; qu'il voyoit bien qu'on le traitoit en enfant, sans lui donner part des affaires ; qu'on l'avoit premièrement contraint de se marier par l'emprisonnement du colonel ; qu'on lui avoit depuis refusé Chaudebonne lorsqu'il l'avoit demandé, puis on lui avoit donné la liberté sans lui en parler ; que, durant la maladie du Roi, on avoit pourvu au secours de Ré sans lui en dire mot, et que c'étoit à lui à qui on en devoit parler, le Roi étant malade ; que l'on avoit traité avec Espagne sur l'occasion de Ré, dont il n'eût jamais été d'avis, chacun ayant vu qu'Espagne n'avoit rien fait ; que le Roi avoit gourmandé Desouches, l'étant allé trouver de sa part ; qu'à présent il n'étoit pas mieux traité, vu qu'on ne lui faisoit part d'aucune chose ; qu'on avoit fait revenir M. le comte sans lui en dire rien ; qu'il voyoit bien que maintenant, après la prise de La Rochelle, lui et les siens seroient mal menés ; qu'il ne pouvoit souffrir de voir que M. le prince eût un emploi, et qu'il n'en eût point, et que le cardinal témoignoit bien qu'il ne l'aimoit pas. Le Coigneux fut si osé que de dire au sieur Bouthillier, qu'il falloit ou que le cardinal quittât les affaires, ou qu'il fît mieux traiter Monsieur, ou que Monsieur se déclarât contre lui et procurât sa ruine ; et dit lui-même au cardinal que Monsieur avoit de la jalousie du Roi, et que, pour l'éviter, il avoit bien fait de s'en aller de devant La Rochelle incontinent après que Sa Majesté y arriva.

On sème ces plaintes dans la cour ; on en parle au comte de La Rochefoucauld, à un nommé Coman. Nonobstant les promesses que Monsieur avoit faites au Roi et à la Reine-mère de ne penser plus au mariage de la princesse Marie, il se fait plus de bruit et de menées de son consentement que jamais ; madame de Longueville (1) lui conseille de donner une promesse à la fille sans le su de la Reine ; il voit la fille en cachette, il y envoie souvent ; tous les jours il visite madame de Longueville, la Reine s'en plaint ; Monsieur nie avoir promis au Roi et à la Reine de n'y penser plus. Le Coigneux veut faire un voyage à la cour, et fait solliciter la Reine de conseiller à Monsieur de l'y envoyer ; il en faut passer par là. Il y vient, le Roi le traite fort bien, il en reçoit contentement ; il s'en retourne satisfait, remportant à la prière de la Reine le retardement du départ de mademoiselle de Nevers, à la charge

(1) Tante de la princesse.

que Monsieur promet de nouveau à la Reine de ne penser plus au mariage sans le consentement de Leurs Majestés. Au lieu de reconnoître cette grâce, M. de Bellegarde dit à la Reine, de la part de Monsieur, qu'il voyoit bien qu'elle ne l'aimoit point, résistant à ce qu'il affectionnoit le plus ; que sans elle il avoit obtenu du Roi, par Le Coigneux, le retardement du voyage de cette fille, dont il n'avoit point d'obligation à la Reine. Cette mauvaise harangue fut contredite par Le Coigneux à son arrivée devant M. de Bellegarde, reconnoissant que Monsieur n'avoit obtenu cette faveur du Roi que par l'entremise de la Reine, et que le Roi avoit une très-grande aversion à ce mariage comme il avoit témoigné.

On rapporte à la Reine-mère que Monsieur croyoit que le Roi n'avoit point d'aversion à ce mariage, parce que Campremy, étant à Paris, avoit dit que le Roi ne s'en soucioit pas : ce qui avoit été confirmé par une des parentes de M. de Saint-Simon qui demeuroit avec madame de Longueville. On ne vit jamais tant d'artifices. On crut que Le Coigneux, avant que de partir, avoit laissé par conseil à Monsieur de faire force rodomontades en son absence, pour montrer qu'il n'en étoit pas cause. Plusieurs fois, devant et après le voyage dudit Coigneux, M. de Bellegarde avertit la Reine que Monsieur étoit sur le point de se retirer chez lui. M. de Bellegarde dit à la Reine que Monsieur lui avoit dit que, quand il voudroit, il s'attacheroit M. le prince, en lui baillant sa fille en mariage pour son fils. Gondy dit à la Reine qu'il savoit de lieu très-assuré que Mirabel, depuis cinq ou six mois, voyoit non-seulement madame la comtesse, mais, qui plus est, qu'il encourageoit La Longueville au mariage, en lui promettant que son maître accommoderoit l'affaire de son frère ; qu'il savoit de plus que le même disoit que, par ce moyen, ou il empêcheroit du tout Monsieur de se marier, par l'aversion de la Reine-mère, ou feroit qu'il se marieroit avec La Nevers, qui seroit toujours mal avec ladite Reine, et qui peut-être n'auroit jamais lignée. Il ajouta que ce qu'il en disoit n'étoit que pour l'affection qu'il portoit à la Reine, et qu'on ne pensoit plus au mariage de Florence (1), au moins pour l'aînée, le duc de Parme ayant été mandé sur ce sujet.

On étoit averti que M. de Mantoue, sollicitant instamment le Roi de le secourir en son extrémité, et témoignant ne désirer pas le mariage de Monsieur contre la volonté du Roi, jouoit dessous main le double. Sennetere aussi étant à la cour pour traiter le retour de M. le comte avec des civilités incroyables, on eut avis que madame la comtesse faisoit de plus belles protestations à Monsieur que jamais, tâchoit d'aigrir son esprit et le jeter en cabale. Jamais on ne vit tant de cabales ; l'impunité en faisoit renaître. M. le prince, qui agissoit avec zèle, étoit sollicité par Le Caractère (2) à n'avancer pas les affaires du Roi. Montmorency étoit en même pensée, et lui en donnoit atteinte. Le Musque (3) lui témoignoit crainte des desseins de la cour, lorsque les affaires seroient en grande prospérité. Le Chaudron (4) travailloit sous main à ce que les bons succès ne vinssent pas en poste. Le Feu (5) agissoit si mal, qu'on connoissoit ouvertement sa mauvaise affection envers l'Etat.

Mais ce qui étoit plus dangereux, étoit que les personnes les plus proches du Roi étoient infectées de ce venin. Toiras même, à qui le Roi témoignoît tant de bonne volonté, et lui en avoit donné tant de preuves par les grands biens qu'il lui avoit faits, étoit un des principaux factieux. Il se plaignoit qu'on ne lui faisoit pas bon traitement, et qu'on ne tenoit compte de lui, comme si la citadelle de Ré qu'on lui avoit confiée étoit peu de chose. Si est-ce que Cominges dit à Bautru, allant visiter ladite citadelle le 22 août, que l'ambassadeur d'Espagne étant dans Ré, après l'avoir vue et considérée, dit une chose remarquable : « Qu'on dise ce qu'on voudra de M. de Toiras, que tantôt il est bien, que tantôt il est mal avec son maître, après avoir vu cette place, on jugera bien qu'il n'y peut être mal, et qu'au contraire il a une intelligence secrète avec lui, inconnue à toute la France, puisque nul ne peut voir la raison de cette grande fortification. » Le même dit qu'on ne connoissoit pas Toiras, qu'il se vouloit faire muguéter de l'Angleterre et de l'Espagne à cause de cette place. Sur le bruit que les Anglais devoient arriver vers le 15 août à La Rochelle, il fit demander permission au Roi par M. de Nîmes (6), qui donna en plein conseil un mémoire à cet effet par M. d'Herbaut, de traiter avec l'armée d'Angleterre avec courtoisie, les envoyant visiter, et en recevant quelques-uns à terre, sous prétexte de ceux qui avoient été prisonniers à l'autre fois. Le mémoire portoit qu'il estimoit par cette voie rendre meilleur service au Roi que par aucune autre. Le Roi fut étonné de cette demande, et tout son conseil comme lui, ajoutant à cela les négociations qui s'étoient faites pendant le siège de Ré avec Buckingham, le plus souvent par huguenots, et tout ce qu'on sut par l'abbé Scaglia devant qu'il fût révolté tout-à-

(1) Le grand-duc avait deux filles à marier.
(2) Ce doit être ici un mot de jargon.
(3) *Idem.*
(4) *Idem.*
(5) *Idem.*
(6) Son frère.

fait, par Gerbier, Launay-Razilly; toutes ces choses faisoient un amas de circonstances très-considérables. Quand le marquis de Mirabel et don Lorenzo de Ramirez, ambassadeur d'Espagne, furent visiter Ré, il avoit préparé six haquenées d'importance à leur donner, dont il fut détourné, de bonne foi, par le cardinal. On ne paya point de devoir du sel en tant qu'il y fut, il ne le voulut jamais souffrir. Le commerce étoit défendu pendant cette guerre d'Angleterre. Il trafiquoit en Hollande de toute sorte de marchandises défendues sans passe-ports, et en faisoit venir d'Angleterre comme bon lui sembloit. Après la prise de Mervé (1), on ne peut rapporter ce qu'il dit de M. le prince, duquel il avoit mangé le pain; et cependant il est vrai qu'apparemment la place fut rendue par la lâcheté ou trahison de ceux qui étoient dedans, qui y avoient été mis par son frère. Ils avoient promis, par lettres écrites à M. d'Arpajoux, de tenir encore trois semaines; ils avoient mandé à M. le prince qu'ils attendroient le secours au moins jusqu'au dimanche; et cependant, quand ils surent sa venue, ils se rendirent quatre jours devant, ayant des vivres pour plus de quinze jours, et des soldats bons et frais qui n'avoient aucune nécessité. Les pénétrans estimèrent qu'ils avoient pris cette occasion de médire de M. le prince, et le brouiller avec lui pour s'accommoder avec Monsieur, par le moyen de M. de Bellegarde, vers lequel son frère fit un voyage exprès trois mois auparavant. Cette conjecture se trouva vraie.

Au lieu de reconnoître, quand il fut hors de Ré, ce que le cardinal avoit contribué à son secours par le commandement du Roi, lui et ses affidés faisoient gloire d'en parler autrement; ils ne tenoient rien, à les ouïr dire, que de Dieu et l'épée. Il disoit qu'il connoissoit mieux le Roi que personne du monde, qu'il savoit bien comme il le falloit mener, qu'il ne falloit pas prendre garde à ses dégoûts, qu'il falloit toujours aller son chemin. Il avoit une cabale puissante dans la maison du Roi, connue de Sa Majesté, mais subsistant en cachette. Il se plaignoit qu'il n'étoit pas fait maréchal de France parce qu'il n'en avoit pas voulu prier, mais qu'il aimeroit mieux mourir que d'y venir par cette voie; qu'il étoit bien assuré qu'il le seroit sans cela; ce qui montroit le dessein qu'il avoit de se prévaloir de quelque occasion et nécessité de l'État. Il vouloit vendre Amboise, et tout ce qu'il avoit dans le cœur du royaume, pour porter tout son bien dans l'île de Ré. Bassompierre dit au cardinal, le 15 septembre, qu'il lui avoit dit que si le Roi donnoit La Rochelle à raser à un autre qu'à lui,

(1) Par le duc de Rohan.

il feroit merveille, et ne reconnoissoit point la Reine pour gouvernante de Ré. Environ ce même temps il envoya un homme à la dame du Vernet, qui le retint quelques jours, puis le lui renvoya. Campremy dit au cardinal, le 10 juillet, que Le Clerc avoit fait dire à M. le premier par Valins, que s'il vouloit s'accorder avec Toiras, ils mettroient bas la première faveur, qu'il expliquoit le cardinal, et feroient bien leurs affaires; il lui dit que M. le premier avoit rejeté cette proposition. Le lendemain 11, le Roi faisant l'honneur au cardinal de le venir voir, lui dit la même affaire que ledit sieur premier lui avoit racontée, et remarqua qu'il avoit dit audit sieur le premier que le même avoit autrefois voulu en la même manière gagner Baradas pour ruiner le cardinal. Le 13 du mois, le cardinal reçut une lettre du sieur du Plessis, qui étoit au duc d'Epernon, qui lui mandoit qu'un confident de Toiras avoit passé en Languedoc, qui avoit dit qu'il avoit été forcé de se jeter sous la protection de M. le premier, et que depuis peu de jours ils s'étoient promis de se bien défendre de leur ennemi commun, et qu'à Tonnay-Charente ils avoient commencé à sonder le gué.

Ledit Toiras envoya son frère à Paris, après que le duc de Bellegarde se fut retiré mal content, pour assurer Monsieur, par Bellegarde, de son service et se lier à lui. Ce qu'il avoit fait par le passé avec M. le prince, et depuis avec la Reine-mère, le justifioit. Pource qu'il lui sembloit qu'en la relation qui avoit été faite de l'île de Ré, on ne donnoit pas à lui seul toute la gloire, mais à la vigilance et résolution du Roi de faire secourir cette place, il s'emporta à dire qu'il eût bien voulu savoir qui étoit la bête et l'insolent qui avoit fait ce livre. Cependant il savoit fort bien que c'avoit été le garde des sceaux. Il eut une querelle avec un des gens du prince de Condé, pour se lier de plus en plus avec Monsieur, lui témoignant qu'il se détachoit dudit sieur prince qui ne l'aimoit pas. Le Roi dit au cardinal que Toiras lui avoit dit que le cardinal l'avoit voulu corrompre par argent, pour lui découvrir tout ce qu'il faisoit. Au demeurant, il disoit que le Roi écoutoit tout; partant qu'en déguisant bien les matières, on faisoit autant d'effet contre les innocens que contre les coupables. Qu'au reste, il ne se falloit pas enquérir de ce que l'on pouvoit dire, mais de ce que le Roi pouvoit croire; qui avoit plus de rapporteurs avoit plus d'avantage.

Les artifices jouoient de toutes parts. On jeta sur le lit du Roi à Surgères un papier mal fait en effet, mais dont le dessein et la substance étoient diaboliques, et Préaux avertit le cardinal que le bruit commun de la cour et de toute l'armée étoit que la cabale de Toiras y avoit fait jeter ce papier. Lorsque, par la confession de toute la France, le cardinal faisoit le mieux, il l'accusoit d'être perturbateur du repos public, lui imputoit les divertissemens du Roi, comme s'il étoit bien aise qu'il ne vaquât pas assidûment à ses affaires pour en être davantage maître. Ledit Préaux lui donna encore avis que Toiras publioit ouvertement qu'on ne prendroit point La Rochelle, et qu'on avoit pénétré par ceux de la chambre du Roi qui lui étoient attachés, qu'il continuoit toujours à vouloir gagner Saint-Simon contre lui, prétendoit qu'on lui dût donner le rasement de La Rochelle à faire, et qu'après il ôteroit le régiment de Champagne du fort de Ré, et y en mettroit un autre à sa dévotion. Ledit de Châteauneuf lui dit que tout le monde s'étonnoit des desseins de ce personnage, de son orgueil fondé sur la grande fortification de sa place, qui feroit un jour grande peine à la France. Ce gouvernement lui valoit 200,000 francs; car, en considération de ce qu'il ne souffroit point qu'on payât les droits du Roi, il prenoit de tous les tonneaux de vin qui se rendoient en l'île un écu, et autant de chaque muid de sel; et dès que la récolte des grains étoit faite en Ré, il les achetoit de tous ceux qui vouloient vendre, les gardoit six mois jusques au temps que la cherté vînt, puis les vendoit bien cher, les ayant payés à bon prix. D'autre part, Ambleville dit au cardinal que tous les amis de M. le premier étoient contre lui, et Préaux rapporta au père Joseph que Anery lui avoit dit que le cardinal ne favorisoit point la maison dudit sieur le premier, laquelle le craignoit grandement, et croyoit que sans lui ils s'avanceroient bien fort; et que Leiches avoit dit au duc d'Elbeuf qu'il se ressentiroit de ce que ledit cardinal n'avoit pas été pour lui en l'affaire de la compagnie des Roche-Baritaut; et que Campremy avoit dit à Mus que Montallet et Bautru l'avoient voulu ruiner à Surgères; que c'étoit le cardinal qui en étoit cause, mais qu'il le lui rendroit.

Ainsi les voix publiques louoient le cardinal, les particuliers tâchoient à le déchirer, les provinces entières le bénissoient, les factieux conjuroient contre lui. Les passagers qui sont en un même navire, ayant chacun leur intérêt à part, et leurs intentions différentes, ne communiquent ensemble qu'en la tourmente, en laquelle le soin du salut commun les réunit, et les fait conspirer à une même fin. Mais ceux-ci, nés en un même royaume, sujets d'un même roi, intéressés en sa gloire et en la grandeur de son Etat, au milieu des orages et des guerres qui l'assailloient de tous côtés, non-seulement se divisent et se séparent de celui qui gouverne comme premier ministre, mais augmentent et fomentent la tempête, et en empêchent les remèdes, ne se souciant pas de périr, pourvu qu'ils causent la ruine de celui contre lequel ils sont injustement acharnés. Le cardinal, au lieu de s'en plaindre se tait, se souvenant que le sage politique, législateur romain, estimoit cette qualité la première pour le gouvernement, et fit une loi entre les Romains, d'adorer, entre les déités, principalement celle du silence. Et, non-seulement il se tait, mais, en soi-même, il tire vanité de leur haine; étant bien aise qu'en tout temps les ennemis du Roi le persécutent, les vraies louanges du ministre d'Etat étant les plaintes que les méchans font de lui.

Néanmoins, tant de factions et de monopoles ne laissent pas de le tenir en quelque anxiété du conseil qu'il avoit lors à donner au Roi. Quand tous conspirent au service du maître, il y a plus de facilité de le faire réussir; mais quand les uns abattent ce que les autres édifient, il y a difficulté de recevoir honneur de ce que l'on entreprend. Davantage, qui peut être garant de tous les événemens? Quand on s'embarque en temps favorable, et avec vent et marée, on a sujet d'espérer bon voyage; néanmoins, bien souvent les tempêtes s'élèvent et trompent notre espoir. A combien plus forte raison doit-on avoir crainte, la mer émue et les mariniers n'étant pas bien d'accord pour le service du vaisseau? Le cardinal voit bien qu'on le veut rendre responsable de tout, qu'on n'a dessein que de le perdre. Mais, après avoir long-temps discouru en son esprit et consulté avec Dieu, il prit résolution de mépriser tout ce qui le regardoit, et s'abandonner à toute sorte de périls pour le service du Roi, reconnoissant que le fait d'un homme de courage n'est pas d'avoir recours à la pauvreté pour se défendre contre la crainte de la perte de ses biens, ni à la faute d'affection contre le hasard de perdre ses amis, ni à l'abandon des entreprises glorieuses au service de son maître contre ses malveillans, mais qu'il se faut pourvoir de la raison, et d'une humble soumission à la providence de Dieu contre tous accidens. Il conseilla donc au Roi de penser aux affaires d'Italie. Il l'en avoit auparavant diverti, estimant peu judicieux ceux qui croioient qu'il le dût faire pendant qu'il avoit une si grande affaire sur les bras. La seule cause qui faisoit peine en cette occasion étoit le peu de temps que Casal pouvoit tenir, selon les avis qui en venoient. Ce qui pouvoit divertir la France du secours d'Italie, étoit que la saison n'y étoit pas propre; que Casal étoit si pressé qu'il ne pourroit attendre; qu'on s'attireroit une guerre d'Espagne en France par la Picardie et la Champagne; que les armes de

France étoient harassées du siége de La Rochelle; que ses finances y avoient été épuisées; que les alliés de la France promettroient beaucoup et ne tiendroient rien. Mais, au contraire, aussi il y avoit à considérer que, si on laissoit perdre l'Italie, l'Espagnol seroit si puissant qu'il nous attaqueroit après comme il voudroit; que le péril étoit moindre maintenant qu'il ne seroit lors, si on se pouvoit bien ajuster avec les princes d'Italie, l'Angleterre et la Hollande.

Il fut donc résolu qu'on écriroit au sieur Davaux, ambassadeur du Roi à Venise, pour presser la République de secourir M. de Mantoue, et promettre que le Roi enverroit promptement en Italie une armée royale, composée de dix-huit mille hommes de pied et deux mille chevaux; qu'il étoit nécessaire que la République fît de sa part quelque notable effort, et eût sur pied, au même temps, quinze mille hommes de pied et quinze cents chevaux, pour employer où et quand il en seroit de besoin, et selon qu'ils en conviendroient; et cependant qu'elle donnât au duc de Mantoue cinq ou six mille hommes de pied et quelque cavalerie, payés pour trois mois. A Rome, au sieur de Béthune, pour savoir de Sa Sainteté ce qu'elle vouloit faire maintenant pour les intérêts de l'Italie, au cas que la France et Venise se déclarassent et joignissent ensemblement, comme ils le vouloient faire, pourvu que Sa Sainteté entrât en ladite union; que la dévotion d'Espagne ne céderoit pas à ses bénédictions, et qu'il ne falloit plus différer, mais prendre une bonne et prompte résolution; que France et Venise unies ensemble se disposoient à faire trente-cinq mille hommes de pied et quatre mille chevaux; Sa Sainteté n'y pouvoit moins contribuer de huit à dix mille hommes de pied et huit cents chevaux. A l'Empereur, pour lui donner part du succès des armes du Roi en la prise de La Rochelle à la vue de l'armée anglaise, et réitérer les instances que Sa Majesté lui avoit déjà fait faire en faveur de M. de Mantoue, avec ordre à Céberet, résident en cette cour-là, de les continuer.

Qu'on enverroit en Espagne un homme capable de parler et agir comme il falloit avec Olivarès; en Flandre aussi, où le choix d'un homme étoit moins important. Qu'on écriroit aussi à Marini, ambassadeur en Savoie, lui donnant charge de présenter celui que le Roi envoyoit au duc, pour lui donner avis de la prise de La Rochelle, et de prendre après l'occasion, en une audience, de dire audit duc que le Roi ne pouvoit oublier l'affection qu'il lui portoit, et qu'il s'assurât que volontiers il s'entremettroit pour lui assurer et garantir Trino, du consentement du duc de Mantoue, avec les 12,000 écus de rente en souveraineté, comme il avoit désiré; même que s'il restoit quelque chose à obtenir dudit sieur duc pour son plus grand contentement, le Roi essaieroit de le lui faire obtenir, la considération de madame sa sœur étant si forte, Sa Majesté l'aimant si étroitement, qu'il feroit tout ce qu'il pourroit en sa considération, pourvu que de sa part il lui en donnât lieu, et qu'il lui insinueroit aussi qu'il avoit appris que le Roi faisoit passer son armée pour hiverner le long du Rhône. Et qu'au cas que ledit duc de Savoie se disposât à entendre à la proposition susdite, il conclût, sans délai, son intelligence avec la France, qui devoit aboutir présentement au secours d'Italie. A quoi ledit duc pouvoit faire de deux choses l'une, ou se joindre ouvertement aux armes du Roi, ou accorder le passage libre à ses troupes, donnant à entendre aux Espagnols, lorsque les troupes passeroient seulement, ou après qu'elles seroient passées, qu'il ne l'avoit pu empêcher. Qu'il parlât de tout cela comme de lui-même, représentant au duc qu'il le faisoit pour les seules raisons de son intérêt, et de le maintenir en la bienveillance de Sa Majesté; néanmoins, s'il en demeuroit d'accord, qu'il ne craignît pas de lui faire connoître qu'il en avoit charge, et un courrier ajusteroit toutes choses en peu de temps. Qu'on écriroit au duc de Mantoue, pour l'assurer de la continuation de la bonne volonté du Roi à l'assister puissamment; qu'il avoit déjà donné les ordres nécessaires pour cela, afin que lui, de sa part, fît les choses qu'il avoit promises pour cet effet, et que, quelque négociation qu'il se proposât, elle ne retarderoit point cette entreprise.

En même temps le baron d'Anevou, ambassadeur de Mantoue, présenta au Roi, de la part de son maître, quelques articles qu'il dit lui avoir été proposés de la part de l'Empereur, et supplia très-humblement Sa Majesté de lui donner son avis sur iceux. Ces articles contenoient en substance, que ledit duc demeureroit paisible possesseur de l'État de Mantoue, et que dès à présent il en auroit l'investiture; qu'il ne seroit point obligé à rien donner à Guastalla, mais de lui faire justice sur ses prétentions; que le séquestre se feroit en main d'une personne confidente; que l'on ne parleroit plus de l'échange avec le Crémonois; que l'on mettroit dans le Montferrat garnison d'Allemands qui ne dépendroient que de l'Empereur; que ce dépôt dureroit peu de temps, et jusques à ce que la cause fût jugée; que Savoie et Espagne mettroient ce qu'ils avoient occupé en main non suspecte au duc de Mantoue; qu'on lui laisseroit l'administration libre du revenu et de la justice; que le nombre des garnisons seroit modéré; que, consentant au séquestre, Espagne et Savoie en feroient de même, suivant ce que l'Empereur s'étoit obligé; qu'il feroit arborer les étendards de l'Empire dans Casal avec ces conditions.

Le Roi, jugeant que ces articles étoient un conseil de l'Impératrice, et chose qui étoit désirée de l'Empereur, pour avoir prétexte de tirer le duc de Mantoue avec avantage de l'oppression que l'on lui faisoit, aussi que Sa Majesté craignoit que ceux de Casal ne lui pussent donner loisir de les secourir, ledit duc lui ayant fait entendre, par diverses fois, qu'il ne pouvoit tenir que jusqu'à la fin de novembre, fut d'avis qu'il envoyât promptement vers l'Empereur lui offrir le dépôt dudit Casal et terres qu'il tenoit au Montferrat, aux susdites conditions contenues dedans lesdits articles, et lui nommant Sa Sainteté, le duc de Bavière ou le grand duc de Toscane, pour gardien du dépôt, et non d'autres, Sa Sainteté ou le duc de Bavière semblant néanmoins être les meilleurs comme les plus puissans à maintenir ce qu'ils promettoient. Et qu'encore que par lesdits articles il fût dit que les Espagnols et le duc de Savoie déposeroient semblablement les places qu'ils tenoient, entre les mains d'une personne confidente audit duc de Mantoue, l'on n'estimoit pas néanmoins qu'il dût s'y arrêter, mais se contenter de ceux qu'ils nommeroient, pourvu qu'ils fissent le dépôt effectivement, d'autant que c'étoit toujours avantager sa condition, et changer l'état de la possession en laquelle ils étoient lors, devant suffire au duc de Mantoue d'arrêter présentement le cours du siége de Casal, et du progrès que faisoient les Espagnols au Montferrat, afin de donner loisir à Sa Majesté, maintenant qu'elle étoit libre par la prise de La Rochelle, de le pouvoir secourir et assister puissamment, soit par la force de ses armes, soit par l'autorité de son entremise. Et, semblablement, que ce qui étoit dit par l'un desdits articles, que, durant le séquestre, la justice s'exerceroit dans le Montferrat au nom dudit duc, et qu'il jouiroit du revenu, il sembloit difficile à croire que les Espagnols et le duc de Savoie voulussent consentir au séquestre des lieux qu'ils tenoient à ces conditions; mais que le duc de Mantoue n'y devoit point insister s'ils en faisoient difficulté, et qu'il suffisoit que la justice fût exercée au nom du dépositaire, et les revenus demeurassent séquestrés; que son principal but devant être lors de faire retirer les Espagnols du Montferrat, soit du siége de Casal et autres lieux qu'ils y occupoient, comme semblablement le duc de Savoie, et que les uns et les autres en étant dépossédés, il ne pouvoit en recevoir que très-grand avantage; qu'en tout cas, si l'Empereur ne vouloit se contenter des conditions ci-dessus, on pourroit proposer que la ville de Casal fût mise entre les mains de don Gonzalez avec garnison modérée, et le château en celles du Pape, à la charge que ledit Gonzalez s'obligeât, par écrit, à rendre ladite ville, selon que Sa Sainteté l'ordonneroit, cette condition étant si raisonnable, qu'avec justice on ne pouvoit la refuser. Le duc de Mantoue prit cet avis, dépêcha en diligence vers l'Empereur pour cela; mais les Espagnols détournèrent ce bon effet par leurs ruses ordinaires. Gonzalez même, sous divers prétextes, ne voulut pas que les étendards de Sa Majesté impériale fussent portés dedans Casal; et enfin ils détournèrent l'esprit de l'Empereur de ses premiers desseins.

Mais le Roi, qui ne s'étoit point relâché des siens, n'avoit point perdu temps; car, bien qu'il fît tout ce qui lui étoit possible pour engager les Espagnols à quelque traité raisonnable, ou au moins non du tout insupportable, il avoit fait quant et quant marcher diligemment une grande partie de ses forces vers le Dauphiné, où déjà Sa Majesté en avoit beaucoup, espérant que le temps pourroit apporter du changement en cette affaire, si Sa Majesté pouvoit avoir lieu de mettre une grande armée sur la frontière d'Italie, pour faire valoir les justes raisons du duc de Mantoue, puisqu'il n'y avoit nul autre moyen de mettre les Espagnols à la raison. Et afin de donner loisir à son armée d'y arriver, et avoir encore plus la justice et l'équité de son côté, elle dépêcha en diligence Bautru en Espagne, avec toutes sortes de partis imaginables pour contenter l'appétit déréglé du comte Olivarès, en laissant quelque lieu au duc de Mantoue de se repaître d'espérance là où ses ennemis auroient les effets, et lui donna des instructions qui pouvoient faire voir à tous ceux qui auroient des yeux les intentions que la France avoit toujours eues de terminer cette affaire à l'amiable, sans en venir aux armes.

Il eut ordre, après avoir donné part de la nouvelle de la prise de La Rochelle au roi d'Espagne, de prendre soigneusement garde au mouvement que ce bon succès des affaires de France causeroit en son esprit et en celui de ses ministres, et de témoigner aux uns et aux autres qu'une des causes du contentement que le Roi avoit de cette prise, étoit pour être en état de correspondre plus aisément aux bons desseins des couronnes qui lui étoient si proches comme étoit celle d'Espagne par la liaison qui étoit entre eux, ne doutant point que tous ensemble ne voulussent agir sincèrement pour la paix et le repos de la chrétienté. Qu'après avoir ainsi rendu ces témoignages généraux d'affection, il parleroit particulièrement au comte Olivarès du désir que tous les princes et potentats avoient de voir la paix en Italie, et des moyens qu'il y auroit d'accommoder les troubles et différends qui y avoient été mus depuis quelque temps; qu'il laissât passer les boutades dudit sieur comte, qui avoit une passion déréglée en cette affaire; et après lui feroit connoître que, par des moyens doux et convenables à la dignité de tous les princes qui y étoient embarrassés, on en pouvoit sortir au contentement de toutes les parties, en sorte qu'elle ne laissât aucune semence de plus grand trouble pour l'avenir, ce qui étoit à craindre; que ces moyens ne pouvoient être que de trois l'un : ou que Casal, et ce qui n'étoit point occupé du Montferrat, fût laissé entre les mains du duc de Mantoue, ou mis entre les mains de don Gonzalez, ou déposé en celles d'un tiers; les parties demeurant d'accord qu'en ce cas le différend fût promptement jugé, ou par l'Empereur, ou par le Pape, ou amiablement composé par la France et l'Espagne; qu'il sembloit que, si on vouloit sortir d'affaires, Casal ne devoit être laissé ès mains, ni de M. de Mantoue, ni de don Gonzalez, mais en celles d'un tiers, qui pouvoit être, ou le Pape, ou Florence, ou Bavière; et que le Pape, pour ôter tout soupçon, devoit être le juge de ce différend; qu'il feroit connoître au comte Olivarès que, si cette pierre d'achoppement étoit une fois levée, il ne pouvoit rien arriver qui pût troubler la bonne intelligence d'entre la France et l'Espagne; que le Roi ne vouloit prendre aucun intérêt aux affaires d'Italie, que celui de la paix et du repos; que quand l'Espagne gagneroit ce qu'elle prétendoit en cette occasion, elle perdroit beaucoup davantage, vu que la réputation de sa religion et de sa justice ne pouvoit subsister avec cette entreprise, qui n'avoit point de fondement que le désir d'occuper le bien d'autrui, et que nul ne se pourroit plus fier à leurs traités et en leurs paroles, vu qu'au lieu que, par le traité de Monçon, il étoit porté que tous les différends d'Italie se termineroient par les deux couronnes à l'amiable, ils avoient, de gaîté de cœur, entrepris de dépouiller par armes un prince souverain; qu'enfin il feroit l'impossible pour faire que les choses se pussent terminer par accord.

Que si le comte d'Olivarès, par la chaleur de son esprit, se plaignoit de la France, il lui repartiroit, civilement et vertement tout ensemble, ce qu'il verroit sur-le-champ être requis par l'occasion. S'il parloit de l'alliance des Hollandais, il lui feroit connoître la différence qu'il y avoit de l'assistance que nous leur avons rendue, avec les entreprises que l'Espagne faisoit contre le tiers et le quart, et lui diroit que, quand nous voudrions faire mieux pour l'Espagne en cette occasion, nous ne l'oserions faire, vu le peu de sûreté qu'il y avoit en sa parole; qu'ensuite ledit sieur de Bautru se plaindroit ouvertement du peu d'effet que la France avoit toujours trouvé en l'Espagne, vu que les Espagnols avoient violé en tout et partout le traité de la Valteline, empiétant plus que jamais les Valtelins, les maintenant dans leur rébellion, et empêchant qu'on n'exécutât ce qui y étoit porté en faveur des Grisons; que quelques traités qu'on eût proposés entre Savoie et Gênes, qui avoient été arrêtés avec leurs ambassadeurs ici, ils s'en étoient moqués, les avoient désavoués, et n'avoient rien tenu de ce dont on étoit convenu avec eux; que le traité de Monçon portoit que tous les différends qui arriveroient en Italie, seroient terminés à l'amiable par les deux couronnes, et, de gaîté de cœur l'Espagne avoit entrepris la guerre contre M. de Mantoue, sans autre droit ni prétexte que celui de la bienséance, c'est-à-dire que ses Etats étoient propres à l'Espagne; que, si on leur remontroit que c'étoit contre le traité de paix, on n'en recevoit aucune raison; qu'ils proposoient plusieurs traités ridicules, par lesquels l'Espagne vouloit obliger le Roi à ne point secourir M. de Mantoue; que lorsqu'on avoit ajusté un traité raisonnable en France avec les ambassadeurs d'Espagne, Mirabel et Ramirez, qui portoit cessation d'armes et décision du différend par les deux couronnes, et le Pape pour tiers, en Espagne ils s'en étoient moqués; qu'Espagne et France faisoient un traité contre l'Angleterre, par où l'Espagne devoit commencer un an devant la France une attaque royale contre les Anglais; ils n'en exécutoient aucune chose; qu'ils offroient au Roi, lorsque l'île de Ré étoit attaquée, avec une grande solennité, une flotte composée de quatre-vingts vaisseaux; l'arrivée de cette flotte s'étoit différée de quinze en quinze jours, jusque-là qu'elle ne partit d'Espagne que huit jours après qu'ils surent les Anglais avoir été défaits et être partis; et cette flotte de quatre-vingts vaisseaux fut réduite à quatorze galions qui avoient si peu pensé à venir, qu'ils ne purent arriver au Morbihan sans manquer de victuailles, dont il les fallut fournir, et étoient en outre sans gens; étant arrivés, le général voulut venir à La Rochelle; y étant il s'offroit à tout faire; mais huit jours ne furent pas passés, qu'étant venu un bruit que les Anglais revenoient avec un léger secours pour La Rochelle, ils demandèrent à s'en aller dès le lendemain, et, quelque prière qu'on leur fît de demeurer en cette occasion, jamais ils ne le voulurent, quoique le marquis de Spinola et Leganez leur témoignassent que l'honneur d'Espagne y étoit intéressé; que huit jours après, le secours que Buckingham devoit ramener à La Rochelle faisant du bruit par le monde, ils nous avoient fait, de nouveau, solennellement offrir une grande flotte par Mirabel et Ramirez; le Roi ayant répondu qu'il n'eût jamais voulu demander secours à l'Espagne, ne sachant pas en quel état étoient leurs affaires, mais que, puisqu'ils le lui offroient de si bonne volonté, il l'acceptoit, ils s'en étoient moqués, et, quoique leurs ambassadeurs nous eussent fait voir l'ordre qu'ils en avoient eu d'Espagne, ils avoient dit qu'ils l'avoient fait sans commission; que pendant nos divisions d'Angleterre et de la France, ils avoient fait toutes les courtoisies qu'ils avoient pu, par la Flandre, et de tous côtés, aux Anglais; donné passe-port à Carlile, traité avec lui, ouvert le commerce entre la Flandre et l'Angleterre; qu'ils avoient fomenté les passions de M. de Lorraine contre la France, et Mirabel avoit avoué au cardinal l'avoir empêché de venir à La Rochelle; qu'ils avoient, par une voie infidèle, détaché M. de Savoie d'avec la France, mettant sous le pied toute la haine qu'ils lui portoient pour le lier à eux;

Qu'enfin, pour couronnement de l'œuvre, M. du Fargis partant d'Espagne, le comte d'Olivarès lui avoit fait mille rodomontades, lui avoit dit qu'il ne lui donnoit pas assurance pour deux heures qu'il ne fît la paix avec Angleterre, qu'il prétendoit qu'il fût libre aux deux couronnes d'en user comme bon leur sembleroit, et que la France avoit son mal dans ses entrailles, par les divers mécontentemens qui y étoient, qu'il feroit jouer quand il voudroit en ayant le moyen; que le sieur du Fargis avoit trouvé par le chemin un gentilhomme anglais, qui alloit trouver le comte d'Olivarès pour traiter la paix, laquelle avoit été déjà traitée diverses fois à Bruxelles; et depuis être arrivé en France avoit reçu une lettre du comte Olivarès, qui portoit à peu près les choses qu'il lui avoit dites en partant; Olivarès formant des plaintes imaginaires de la France, pour prendre sujet de fausser sa foi; qu'entre autres choses il se plaignoit, sur le sujet du traité d'Angleterre, que l'on n'avoit point répondu au mémoire qu'il avoit donné au sieur de Bautru quand il y fut; ce qui étoit bien éloigné de la vérité, puisqu'on en avoit donné la réponse aux marquis de Spinola et de Leganez, et qu'on l'avoit ajustée encore plus ample avec Mirabel et Ramirez; qu'il a été pris à Saint-Jean-de-Luz un nommé Francisco de Massa, habitant de Saint-Ander en Espagne, qui, par son interrogatoire, avoit reconnu avoir été envoyé le 1er octobre dernier, par don Ferrando de Rivaredo, devant La Rochelle, porter une lettre au duc de Buckingham, écrite en anglais, avec un passe-port du gentilhomme anglais nommé Andimion Poster qui étoit en Espagne; lesquels lettre et passe-port il avoit déchirés avec les dents, et les avoit cachés dans sa chaloupe, selon l'ordre qu'il en avoit reçu dudit Rivaredo, alors qu'il se vit sur le point d'être arrêté; que cependant on avoit vu, par les pièces ramassées, que son voyage étoit pour lui rendre compte de la négociation dudit Andimion Poster avec Olivarès, et qu'il venoit pour animer de nouveau les Anglais contre la France; que le sieur de Rohan avoit fait savoir par diverses fois au Roi, qu'il étoit sollicité par Espagne de continuer en sa rébellion, avec promesse d'assistance; qu'outre cela le ministre Vincent, touché en sa conscience du déplaisir d'avoir trempé dans les rébellions, dit au cardinal le 18 novembre, dans La Rochelle, jour du partement du Roi, que lorsque la flotte d'Espagne vint en France, il avoit envoyé d'Angleterre en faire plainte au cardinal de La Cuéva, avec qui les Anglais et eux négocioient, pour s'accommoder tous ensemble contre la France. A quoi ledit cardinal de La Cuéva avoit répondu que l'armée d'Espagne avoit été envoyée en France lorsqu'elle n'y pouvoit servir, et en sortiroit avant qu'elle pût nuire à ceux qui voudroient secourir La Rochelle. Que ledit Vincent avoit, de plus, dit au cardinal de Richelieu que le colonel Peplis étant allé vers le comté d'Emden et pays neutres, pour lever mille chevaux qui devoient entrer en Champagne sous la conduite du seigneur Danse, il l'avoit assuré que du côté de Flandre ils ne recevroient aucun empêchement, et que tout nouvellement étoit arrivée une dépêche du secrétaire Lingendes qui étoit en Espagne, qui portoit, en termes exprès, que les Espagnols avoient reçu fraîchement un gentilhomme de la part de M. de Rohan, qu'ils avoient bien traité et dépêché sans délai. La dépêche étoit du 6 novembre, et portoit que la rage des Espagnols étoit telle, qu'ils étoient résolus d'employer argent et hommes pour empêcher les progrès du Roi contre les huguenots.

Qu'après toutes ces plaintes ledit sieur de Bautru diroit audit comte qu'il étoit nécessaire de voir de part et d'autre ce qu'on pouvoit faire, soit pour l'Italie, soit pour l'Angleterre. Que pour l'Italie, la France étoit prête de contribuer actuellement à faire que les choses se terminassent sans guerre, et ce en sorte que l'Espagne en eût contentement, Sa Majesté demeurant d'accord de passer un accord avec l'Espagne par lequel Casal seroit déposé en main tierce, jusqu'à tant que le Pape, qu'on établiroit juge, ordonnât à qui il appartiendroit; qu'à toute extrémité, la France pourroit même consentir que la ville de Casal fût déposée entre les mains d'une modérée garnison espagnole, et moyennant que la citadelle et les châteaux fussent mis entre les mains du Pape; ce qui étoit du tout avantageux pour l'Espagne, qui, en ce cas, promettroit par écrit authentique de faire remettre ladite ville entre les mains de celui à qui définitivement elle seroit adjugée. Que pour ce qui étoit de l'Angleterre, la fin du sieur de Bautru seroit d'empêcher que l'Espagne ne fît la paix avec elle; ce qu'il falloit faire en faisant connoître, sans le dire ouvertement s'il se pouvoit, que nous ne la ferions point; que sur cela il faudroit qu'il rendît compte audit sieur comte Olivarès de tout ce qui s'étoit passé avec Montaigu, sans dire rien qui offensât l'Angleterre, mais rapportant la chose en sorte qu'il connût, comme c'étoit la vérité, les recherches qu'elle nous avoit faites, dont nous étions débarrassés en prenant La Rochelle; qu'il lui falloit dire comme d'abord, en arrivant sur l'occasion de faire quartier entre les Anglais et les Français, il vit le cardinal une ou deux fois; sur quoi il lui fit quelques propositions pour lui faire agréer de remettre La Rochelle entre les mains des Anglais, ce que nous ne voulûmes accepter; que voyant cela, et reconnoissant que la digue ne se pouvoit forcer pour secourir La Rochelle, il avoit désiré aller en Angleterre, pour trouver quelque prétexte à la retraite (*de la flotte*) qui ne pouvoit faire aucun effet; qu'à son retour trouvant La Rochelle prise, le prétexte de leur retraite a été trouvé par la réduction de la place qui avoit vidé toute l'affaire.

Le Roi lui donna aussi commandement que s'il se passoit quelque acte entre ledit sieur Olivarès et lui pour apaiser les troubles d'Italie, il l'envoyât en toute diligence, comme aussi l'Espagne l'enverroit en Italie par un courrier exprès, pour faire cesser toute action d'hostilité, et qu'en tous cas ledit sieur de Bautru feroit valoir au comte Olivarès que, puisque le Roi désiroit l'accommodement des affaires incontinent que La Rochelle étoit prise, il pouvoit bien voir qu'auparavant il n'avoit jamais désiré d'intervenir par armes; que si le comte d'Olivarès repartoit que les troupes du marquis d'Uxelles justifioient le contraire, la réponse étoit aisée, y ayant grande différence entre permettre à M. de Mantoue de lever des troupes dans les terres qu'il avoit en France, que l'honnêteté ne pouvoit dénier, et secourir ledit sieur de Mantoue de la part du Roi; que s'il lui disoit que M. de Créqui avoit eu ordre de se mêler en cette affaire, il répondroit que M. de Mantoue l'avoit employé comme son ami, joint que le Roi avoit des mécontentemens particuliers de M. de Savoie, pour s'être entendu avec M. de Rohan, qui ne touchoient point l'Espagne; que si le comte Olivarès lui parloit de l'entretenue de M. de Châteauneuf et de madame de Chevreuse, il n'avoit rien à dire, sinon que si elle vouloit leur envoyer la lettre que ledit sieur de Châteauneuf lui avoit écrite à son retour en l'armée, pour réponse aux propositions qu'elle lui avoit faites, ils verroient qu'on n'avoit pas voulu entendre au traité dont elle vouloit s'entremettre; qu'enfin si ledit sieur comte vouloit pénétrer ce que la France vouloit faire avec les Anglais, il lui répondroit qu'il lui seroit bien difficile de l'en éclaircir, vu qu'au procédé que la France avoit gardé jusqu'à présent, il étoit aisé à voir qu'elle ne vouloit faire autre chose que ce qu'elle avoit fait depuis quatorze mois. Ensuite de quoi ledit sieur de Bautru lui diroit qu'il sembloit que les intentions d'Espagne étoient du tout contraires; que la France attendoit de le voir en effet, étant résolue de ne rien faire qui ne compatît avec son honneur; qu'il ajouteroit encore que, s'il en étoit cru, les deux Rois déclareroient franchement l'un à l'autre leurs intentions sur ce sujet, ou pour faire la guerre conjointement, ou la paix.

Le Roi, après avoir donné cette instruction au sieur de Bautru, lui dit encore de vive voix que la principale fin de son envoi étoit de faire en sorte, avec le comte Olivarès, que le différend de Casal et troubles d'Italie se terminassent à l'amiable par l'entremise des deux couronnes; et, pour cet effet, qu'après l'avoir entretenu à diverses fois des choses ci-dessus, s'il jugeoit de ses discours qu'il fût pour entrer en accommodement sur lesdits différends, il se pourroit laisser entendre qu'il avoit pouvoir du Roi d'écouter et arrêter un traité avec lui, si, icelui fait, dès à présent ils vouloient arrêter le cours de leurs armes en Italie, et exécuter ce qui auroit été traité entre eux, le plus grand désir de Sa Majesté étant de voir la paix établie dedans l'Italie, et les deux couronnes en parfaite union et intelligence ensemble pour le bien général de la chrétienté; qu'il tâchât, après s'être ainsi déclaré, à faire que le comte Olivarès se voulût déclarer le premier de son intention, et des conditions avec lesquelles il voudroit parvenir à un traité, pour d'autant mieux juger de son dessein. Mais en cas qu'il le pressât de se vouloir déclarer, le premier, des intentions de Sa Majesté, comme étant envoyé avec quelque charge, il dit que les mêmes choses ayant déjà été négociées et traitées de deçà entre le cardinal, le 23 juillet dernier, et le marquis de Mirabel et don Lorenzo, qu'il estimoit qu'il seroit à propos de prendre les mêmes erremens, et confirmer ce que lesdits sieurs avoient lors traité et arrêté, les intérêts de toutes les parties y étant si bien considérés et conservés, qu'il n'y avoit rien à ajouter. Qu'il insisteroit sur la confirmation dudit traité autant qu'il pourroit; mais, au cas qu'il n'y pût parvenir, il viendroit à une seconde proposition, savoir : que le Roi promettroit de faire consentir le duc de Mantoue de déposer Casal, ville, citadelle et châteaux, ès mains de Sa Sainteté, du duc de Bavière, ou du grand-duc de Toscane, au choix des Espagnols; que, durant le séquestre, la souveraineté, la justice et le maniement des revenus s'exerceroient sous le nom du séquestre, qui y pourroit établir telle garnison qu'il verroit bon être, pourvu que ce ne fussent point des sujets des deux Rois ou dudit duc de Mantoue, ni des Allemands sujets de la maison d'Autriche, moyennant que le roi d'Espagne, de sa part, consentit à déposer semblablement les lieux qu'il tenoit audit Montferrat, entre les mains de celui des trois susdits qu'il auroit choisi pour dépositaire de Casal et lieux que tenoit ledit duc, et promît de faire faire le semblable par le duc de Savoie, des lieux et places qu'il avoit semblablement occupés dedans de Montferrat depuis ce dernier mouvement, ce qui sembloit qu'il ne pouvoit refuser, puisqu'il avoit le choix du dépositaire. Néanmoins, s'il faisoit difficulté de consentir de déposer les lieux que le roi d'Espagne et le duc de Savoie avoient occupés audit Montferrat, entre les mains de l'un des trois ci-dessus nommés, pour être dépositaire de Casal, il pourroit, après y avoir long-temps insisté, se relâcher à consentir qu'Espagne et Savoie déposassent les lieux qu'ils occupoient lors audit Montferrat, ès mains d'un tiers nommé par l'Empereur, autre que le roi d'Espagne, ou duc de Savoie, ou leurs enfans et sujets, pourvu qu'il promît d'exécuter ledit dépôt de bonne foi, aux mêmes conditions et au même temps que le duc de Mantoue feroit celui de Casal entre les mains d'un des trois princes susdits.

Que si le comte Olivarès refusoit d'entrer en cette seconde proposition, qui sembloit très-équitable, voire très-avantageuse pour les Espagnols, puisqu'en effet M. de Mantoue se dépouilloit de son propre, et se dessaisissoit de la possession en laquelle il étoit, et les Espagnols et Savoie demeuroient aucunement saisis de ce qu'ils avoient occupé, le déposant en la sorte susdite, il lui offriroit pour dernier moyen, et témoignage de la droite et sincère intention de Sa Majesté qui ne tendoit qu'à la paix et de faire cesser les troubles d'Italie, que Sa Majesté feroit consentir le duc de Mantoue de remettre la ville de Casal en forme de dépôt entre les mains de don Gonzalez, ou tel qu'il plairoit au roi d'Espagne de nommer, et de déposer la citadelle et les châteaux et autres lieux que tenoit ledit duc, entre les mains de Sa Sainteté, à condition que ledit don Gonzalez, ou celui qu'auroit nommé le roi d'Espagne déclareroit, par acte authentique, qu'il tenoit ladite ville de Casal et autres lieux que tenoit de présent le roi d'Espagne au Montferrat, par forme de dépôt, en vertu du traité fait entre les deux Rois; que le roi d'Espagne promettroit aussi que le duc de Savoie feroit le semblable des places qu'il tenoit dans le Montferrat, et déclareroit qu'il les tenoit par forme de dépôt, et promettroient tous, tant celui qui seroit dépositaire des places que tenoit le duc de Mantoue, que celui qui seroit nommé par le roi d'Espagne, pour recevoir la ville de Casal et les autres places que tenoit le duc de Savoie, de remettre tous lesdits lieux et places entre les mains de qui et ainsi qu'il seroit ordonné par les deux Rois, lesquels seroient tenus, en ratifiant le susdit traité, de nommer, par leurs lettres de ratification, les commissaires qu'ils voudroient députer, qu'ils seroient tenus faire trouver dedans un mois après à Casal, lieu qui seroit accordé pour terminer les différends, tant dudit Montferrat qu'autres; lesquels les deux Rois promettroient de terminer et juger trois mois après. Et au cas que les deux Rois ne pussent convenir et demeurer d'accord de leur jugement, ils promettroient d'envoyer à Sa Sainteté les points desquels ils n'auroient pu convenir, afin qu'elle eût agréable de les terminer absolument et définitivement dans trois mois après pour tout délai. (Cet article est conçu ainsi qu'il est, parce qu'on a eu avis de Casal, et de la propre main de M. de Mantoue, que la ville ne peut tenir que jusqu'au 15 décembre. Ce qui fait que la France, ne pouvant la secourir dans le temps, pense beaucoup gagner pour M. de Mantoue de livrer par accord à l'Espagne ce qu'on ne peut empêcher qu'elle emporte de force, vu que, par ce moyen, le traité qui sauvera la citadelle et le château conserve une porte à Casal, et donne temps au Roi, pendant la négociation, de se mettre en état, entrant en Italie par armes, de réparer, par arrêt définitif, le préjudice que par nécessité il aura fallu consentir par arrêt interlocutoire). Que les deux Rois s'obligeroient de faire agréer le traité qui seroit fait, savoir, l'Espagne à l'Empereur, et la France au duc de Mantoue, et ce dans six semaines après qu'il auroit été arrêté, sans retardation néanmoins du dépôt de la ville de Casal, qui seroit fait sans délai quelconque, le roi d'Espagne faisant au même temps retirer ses troupes du siége de Casal et environs; de sorte que les vivres entrassent librement dedans la citadelle et châteaux, pour le temps stipulé ci-dessus pour avoir l'acceptation dudit traité par l'Empereur; qu'après la ratification de l'Empereur, le Roi promettroit de faire exécuter, incontinent et sans délai par M. de Mantoue, le dépôt de ladite citadelle et châteaux ès mains du Pape, en faisant aussi Sa Majesté Catholique donner les actes nécessaires par ledit Gonzalez, ou tel autre qu'elle nommeroit, et par le duc de Savoie, pour faire voir qu'ils ne tiendroient qu'en dépôt Casal et autres lieux qu'ils occuperoient audit Montferrat. Tous les dépositaires du Montferrat, tant des places qu'occupoit lors le roi Catholique que de la ville de Casal, comme aussi M. de Savoie pour ce qu'il tenoit audit Montferrat, et celui qui seroit pour Sa Sainteté dépositaire de la citadelle et châteaux de Casal, promettant tous de bonne foi, par l'acte qui les établiroit dépositaires, de garder lesdits lieux sous l'autorité de l'Empereur, et de les remettre et déposer incontinent et sans délai à qui et ainsi qu'il seroit ordonné par le jugement des deux Rois ou celui de Sa Sainteté, et que, quelque traité ou accord que fît ledit sieur de Bautru avec ledit comte Olivarès, ce seroit toujours à condition que le roi d'Espagne s'obligeroit de faire donner, dès à présent, au duc de Mantoue l'investiture du Mantouan par l'Empereur sans aucune condition. Et surtout que ledit sieur de Bautru se souviendroit de mettre un article dans la fin du traité, par lequel il fût dit que si, après la signature dudit traité, et avant l'exécution du dépôt promis par icelui, la ville de Casal ou autre place étoit prise par force et capitulation, cela n'empêcheroit pas que ceux qui s'en seroient rendus maîtres par cette voie ne fussent tenus de les restituer, selon qu'il seroit ordonné par le jugement des deux Rois ou de Sa Sainteté.

Il arriva le 26 à Madrid, où d'abord il trouva que la nécessité étoit si grande, que le comte Olivarès chercha prétexte pour se délivrer de l'obligation de le faire traiter aux dépens d'Espagne, comme jusqu'alors on avoit accoutumé de faire aux ambassadeurs extraordinaires. Le lendemain 27, Bautru le vit, mais en secret et incognito, n'étant pas l'usage de commencer par autre visite publique que celle du Roi. Et pource qu'il est important de savoir avec quelle modération les ministres du Roi traitent, et, au contraire, la violence de ceux d'Espagne, je crois qu'il sera ici à propos de rapporter les mêmes paroles qui se passèrent entre Bautru et le comte Olivarès en cette audience.

Entrant au discours de La Rochelle, Olivarès lui dit qu'il falloit avouer que cette action-là le gagnoit sur tout ce qui s'étoit fait depuis plusieurs siècles, et qu'il s'étonnoit que le cardinal ne fût fou de joie de voir son maître dans La Rochelle, ayant la part qu'il avoit l'honneur d'avoir dans sa confidence et dans ses conseils. Il répéta par trois fois : « *Yo me espanto que no se aya buelto loco.* » Bautru lui répondit qu'il avoit eu souvent peur que le peu de santé dont il jouissoit lui fît rendre l'esprit; mais que, grâce à Dieu, il avoit le front fait d'une construction que l'on rencontroit souvent dans les médailles des illustres, mais jamais dans cette galerie par où il avoit passé en entrant dans son cabinet : c'étoit une petite galerie toute pleine de portraits de fous et toute sorte de manies. Le rire passé, il lui dit que la prise de La Rochelle donnoit véritablement une grande joie à Sa Majesté Très-Chrétienne, principalement pource qu'il se voyoit en état de correspondre plus aisément aux bons desseins des couronnes qui lui étoient si proches comme celle d'Espagne, par la liaison qui étoit entre elles, ne doutant pas que tous ensemble ne voulussent agir sincèrement pour le repos de la chrétienté; mais qu'il rendoit grâce à Dieu avec bien plus de ferveur de ce qu'il avoit plu à sa divine bonté de lui donner la tempérance en la modération d'esprit, qu'il estimoit plus que la prise de mille Rochelles; que les rois barbares et infidèles savoient prendre des places fortes et gagner des batailles, mais que le christianisme seul apprenoit aux hommes à borner leurs volontés et leurs ambitions dans les limites de la justice et de la charité, et qu'il avoit souvent ouï dire au cardinal que le plus sensible contentement qu'il eût dans les bonnes grâces et dans la confiance de Sa Majesté Très-Chrétienne, étoit de servir un roi composé de telle façon, qu'il ne sauroit définir une vertu chrétienne ou morale sans faire la description de quelqu'une des qualités de son maître.

Le comte lui répondit que cette modération d'esprit, que Sa Majesté Très-Chrétienne estimoit tant, étoit véritablement la plus belle et la plus digne d'estime de toutes les vertus qui puissent tomber dans l'esprit d'un roi, et que la louange de cette même vertu faisoit la plus grande part de l'entretien qu'il avoit avec le Roi son maître, y étoit naturellement porté. Bautru lui repartit que sa grande intelligence dans toutes les sciences, dont elle étoit abondamment douée, ne pouvoit qu'elles n'engendrassent de très-beaux discours sur un si beau sujet; mais, quant à la pratique, le pauvre M. de Mantoue ne pouvoit pas être persuadé par tous les livres de rhétorique d'Aristote qu'elle fût de son côté.

Sur quoi ledit comte lui dit qu'il ne parlât point de ce duc de Nevers, qu'il avoit fait les deux plus sanglans et plus impudens affronts au Roi son maître, qu'eût jamais reçus la couronne de Castille, et qu'il s'étonnoit bien qu'un si bon roi de France, si saint et si catholique, n'aidât au Roi son bon frère à en avoir la raison. Bautru lui repartit que les nouvelles n'en étoient pas venues en France quand il étoit parti, et qu'il pouvoit l'assurer, au péril de sa vie, que non-seulement le duc de Mantoue, mais quelque prince que ce fût qui offensât Sa Majesté Catholique, le Roi son maître emploieroit dès lors vingt mille hommes de pied et trois mille chevaux, qu'il avoit retenus de son armée de La Rochelle, pour achever de châtier le duc de Rohan, et en faire une justice exemplaire. « *Segnor digo de veras*, dit le comte; il a marié son fils à la fille de Mantoue, qui a l'honneur d'être nièce du Roi, sans lui en donner avis, et de plus, il y a huit mois qu'il soutient ce siège de Casal contre les armes d'Espagne. »

« — Il n'a pas été, lui dit Bautru, en la puissance du duc de Mantoue de commettre cette incivilité, puisqu'il étoit en France lorsque le duc Vincent fit exécuter ce mariage, peu de jours avant sa mort, dans Mantoue. Et quand même il auroit manqué à ce compliment, ce seroit une jurisprudence bien nouvelle que de condamner la mariée, princesse mineure d'ans, à perdre tout son bien pource que son beau-père n'avoit pas invité Sa Majesté Catholique à ses noces. Et Sa Majesté Très-Chrétienne auroit reçu un bien plus grand affront, si ainsi se devoit appeler, que Sa Majesté Catholique, n'avoit eu non plus aucune nouvelle de ce mariage, vu que M. de Mantoue est né son sujet, son vassal, son officier, comme gouverneur de Champagne, et la princesse sa parente au même degré que de Sa Majesté Catholique. Mais il donne volontiers tous ces sentimens-là, et en donneroit de beaucoup plus grands au repos de la chrétienté. » Il ajouta que jamais homme n'avoit soutenu qu'il y eût raison ni équité de juger un prince criminel pour avoir fermé les portes de ses forteresses à un roi qui n'avoit aucun titre, non pas même un prétexte d'y vouloir faire entrer ses armes.

Le comte lui repartit que c'étoient les armes de l'Empereur, que le Roi son maître n'étoit que simple exécuteur des volontés de Sa Majesté Césarée; mais qu'il vaudroit mieux qu'il eût perdu Madrid que d'avoir manqué à châtier le duc de Nevers, qui, à la vérité, avoit envoyé un sien vassal avec un commissaire de l'Empire, pour mettre les bannières impériales dans Casal, ce que don Gonzalez n'avoit pas permis, disant que ce n'étoit pas assez que les bannières impériales fussent sur les bastions, et qu'il falloit que ses armes entrassent dedans; ce qui avoit été fort approuvé par Sa Majesté Catholique, qui avoit mandé depuis peu, par courrier exprès en Allemagne, qu'on ne prît aucune sorte d'accommodement en la cour impériale sur l'affaire du Monferrat. A quoi Bautru répondant qu'on ne pourroit donc plus se fier aux paroles des deux Rois ni en leurs traités, puisque, par celui de Monçon, il étoit très-expressément porté que tous les différends d'Italie se termineroient par les deux couronnes à l'amiable, et que leur procédé étoit entièrement contraire à cet article essentiel, il vint retomber sur ce que l'Empereur étoit seul juge de cette affaire, comme s'agissant d'un fief de l'Empire, qu'il n'en falloit point chercher d'autres, et que le duc de Nevers en passeroit par où il plairoit à l'Empereur. A quoi il lui dit que M. de Mantoue étoit véritablement feudataire et vassal de l'Empereur; que le Roi ne disputoit en façon quelconque son autorité, mais qu'il étoit suspect, par les moyens du droit, dans les intérêts de la maison d'Espagne, qui usurpoit véritablement le bien de ce pauvre prince; que Sa Majesté Césarée avoit tiré l'affaire des termes de procès, avouant les armes de Castille que Sa Majesté Catholique, contre ce traité de Monçon, mettoit en Italie, et faisoit la guerre pour des pointilles imaginaires que l'Empereur tiendroit pour ridicules sans l'intérêt qu'y prenoit l'Espagne; qu'il y alloit, de plus, de l'intérêt de la république chrétienne à ne pas souffrir la spoliation d'un souverain catholique qui n'avoit commis aucun crime digne de confiscation d'un pouce de terre; et que l'Empereur n'étoit pas juge de cet intérêt général, principalement étant cadet de la maison d'Espagne. Il répondit que si Dieu vouloit que l'Empereur fût de la maison d'Autriche, qu'il n'y pouvoit pas que faire, et que pour cela il n'étoit pas moins juge de ces affaires, et que Dieu même ne lui pouvoit pas ôter ce droit-là.

Bautru passa sans répondre à ce blasphème que la colère lui extorqua, et repartit que tous les jours du monde, dans les procès ordinaires qui se décidoient dans les voies de droit et de raison, Dieu vouloit que les fils et les frères eussent des différends où les pères et les frères étoient juges, mais qu'il vouloit aussi que les parties les pussent récuser par les lois chrétiennes et civiles;

qu'il y avoit dans la chrétienté d'autres princes, qui n'étoient parens ni alliés des parties, qui pourroient garder les choses débattues, attendant la décision définitive par des moyens doux et amiables, ce qui ne blesseroit l'autorité de Sa Majesté Césarée en façon quelconque; qu'il s'assuroit que l'Empereur étoit prince si plein d'équité, qu'il s'abstiendroit lui-même de ce jugement, si on le lui mettoit *in religione*.

A cela il (1) répondit vertement et détroussement que l'Empereur n'étoit point récusable, et qu'il étoit juge naturel de tous les princes chrétiens. Il (2) ne fut pas long-temps sans répondre qu'il y avoit plus de seize cents ans que le juge naturel du Roi avoit été crucifié en Jérusalem; qu'il n'envoyoit ni à Prague ni à Vienne pour juger ses différends, ne reconnoissant autres arrêts capables d'en décider que ceux du Ciel; mais que la religion, la justice et l'équité, lui soumettoient l'esprit à souffrir tout ce que les lois pouvoient sur ceux qui n'étoient pas de sa condition; qu'il aimoit, chérissoit et honoroit l'Empereur, reconnoissant que l'ordre établi de tout temps parmi les potentats chrétiens lui donnoit la première place, comme à Sa Majesté Très-Chrétienne la seconde; qu'il ne seroit jamais auteur d'aucune novation, mais qu'il tâcheroit de conserver l'honneur que ses prédécesseurs lui avoient laissé, et celui que, sans faire le fanfaron, il croyoit que son épée lui avoit acquis, qu'il tiendroit entièrement perdu s'il souffroit l'oppression du foible par le fort.

Ce discours jeta un peu d'eau froide dans les bouillons de la colère du comte, et le tourna tout d'un coup à lui demander quels moyens il vouloit proposer. Il lui répondit que c'étoit à lui à commencer, qu'il lui avoit dit les intentions du Roi son maître, et lui qu'il lui dît celles du sien. Il y avoit déjà plus de deux heures que la conversation duroit; et néanmoins, conformément à son instruction, il lui fit la première proposition, d'en demeurer à ce qui avoit été arrêté en juillet dernier entre le cardinal, le marquis de Mirabel et don Lorenzo Ramirez de Prado. Il répondit (3), en levant le nez, qu'il savoit bien qu'il n'étoit pas venu sans quelque nouvelle proposition. Il (4) lui répondit que ce qui étoit juste en ce temps-là l'étoit encore à cette heure; et après quelques autres discours, il lui fit la proposition du séquestre, avec les préambules qu'il crut nécessaires. A quoi il (5)

(1) Le comte.
(2) Bautru.
(3) Le comte.
(4) Bautru.
(5) Le comte.

répondit qu'il étoit bien aise qu'il lui eût fait cette proposition en particulier, et non pas au Roi ou dans son conseil; qu'ils l'auroient prise pour un signalé affront à Sa Majesté Catholique. Bautru le supplia de lui conserver sa bienveillance pour excuser quelque autre faute qu'il seroit bien capable de faire; mais qu'en cette proposition il ne croyoit pas avoir choqué le respect qu'il devoit à Sa Majesté Catholique, et qu'il n'y avoit aucun juste estimateur des choses qui prît pour un affront une proposition pleine de modération et d'équité; que, soit qu'il eût l'honneur de parler à Sa Majesté, ou qu'il conférât avec ceux de son conseil, il diroit librement ce que le roi Très-Chrétien lui avoit commandé; et que, grâce à Dieu, il avoit l'honneur d'être là de la part d'un maître dont les actions faisoient trop de bruit pour que des ministres dussent parler bas; qu'il le prioit de traiter avec lui comme venant du lieu d'où il venoit, et comme avec un homme qui n'étoit pas tout-à-fait sans connoissance des choses du monde; que jusques alors il lui avoit parlé avec des exagérations hyperboliques, que, sans le respect particulier qu'il lui portoit, il nommeroit de quelque nom qui leur seroit convenable. Il (6) baissa le ton, et Bautru remarqua que toutes les fois qu'il parloit vertement et ouvertement, il caloit aucunement, et lorsqu'il traitoit avec des paroles plus civiles et plus basses, il se gendarmoit, et s'évaporoit dans des discours dignes de la scène.

Ledit comte lui répondit alors qu'ils avoient déjà maintes fois refusé cette proposition; mais, puisqu'il jugeoit convenable de la faire, qu'il la donnât par écrit, ce qu'il promit de faire à la première audience s'il le trouvoit bon. Il (7) en demeura d'accord, et sauta tout d'un coup sur les affaires d'Angleterre. Bautru lui dit qu'il devoit être bien averti de tout ce qui se passoit en ce pays-là, car il y avoit long-temps qu'ils traitoient ensemble; témoin le passage du comte de Carlile en Flandre, et le séjour de don Andimion Porter en cette cour. Il (8) fit de grands sermens qu'il ne savoit point que le commerce de Flandre avec les Anglais fût remis, et, sur sa vie, qu'il n'en étoit rien; et quant au passe-port envoyé par Rivaredo, qu'il n'étoit signé que de Andimion Porter et de Rivaredo, sans que le Roi en sût rien; et néanmoins il pria Bautru de faire instance pour faire délivrer ces pauvres prisonniers qu'on détenoit à Saint-Jean-de-Luz. Il ajouta qu'il ne savoit pas si le Roi vouloit faire la paix avec l'Anglais, mais qu'il savoit bien qu'il

(6) Le comte.
(7) Bautru.
(8) Le comte.

n'étoit pas en la puissance du roi d'Angleterre de la faire sans se rendre le plus infâme et le plus déshonoré de tous les vivans, Sa Majesté ayant vaincu trois de ses armées de mer, et défait entièrement une armée de terre depuis quinze mois. Bautru lui répondit qu'il seroit toujours très-aise que tous ceux qui vouloient mal au Roi, eussent le même sujet de ne pas se réconcilier avec lui ; qu'aussi jusques alors le pouvoit-il assurer qu'il n'y avoit autre traité de paix que ce qu'il lui avoit dit, et que si les Espagnols avoient tant été recherchés comme il disoit, la France n'avoit pas été méprisée, mais que, La Rochelle prise, nous étions débarrassés de toutes leurs recherches.

Quatre jours après, qui fut le 1er décembre, Bautru eut audience du roi d'Espagne, laquelle finie, ledit Bautru alla trouver le comte Olivarès et fit lire devant lui le traité de Monçon très-exprès et positif. Le comte voulut soutenir que M. de Nevers n'étoit point prince d'Italie, n'ayant pas l'investiture de l'Empereur, et par conséquent que cet article ne s'entendoit que pour M. de Savoie, notre couronne n'ayant point d'autre allié en Italie en ce temps-là, et que quand le duc de Nevers seroit en possession de ce qu'il prétendoit, qu'il ne pouvoit être autre que allié d'Espagne, et en parlant il prit fort l'essor. Bautru lui répondit modestement qu'il le prioit de lui pardonner s'il lui disoit qu'il n'y avoit plus moyen de traiter avec la couronne d'Espagne, puisqu'il falloit que toutes les raisons divines et humaines, traités et accords cédassent à leurs passions; qu'il savoit bien que par toutes les lois du monde, et par celles des fiefs, que l'héritier présomptif n'ayant rien commis contre son seigneur, et n'étant point *in morá* de rendre les obéissances dues, qu'il n'y avoit nulle difficulté qu'il ne fût juste et légitime possesseur, que M. de Mantoue étoit en ces termes. De dire que ce traité ne comprenoit point d'autre allié que M. de Savoie, notre couronne n'en ayant point d'autre en Italie que ledit duc, cela étoit entièrement répugnant aux paroles dudit traité, où ils reconnoissoient le contraire par ces mots : *Contra ningunos de los aliados del otro*; outre qu'il n'y avoit souverain en Italie qui ne fût conjoint de consanguinité avec Sa Majesté Très-Chrétienne, et par conséquent allié, qui étoient les vrais termes dont nous traitions avec nos amis; mais que pour Espagne ce mot n'étoit plus bon, qu'il falloit user de celui d'esclave.

Il (1) passa avec de grands témoignages d'aigreur sur l'assistance que nous donnions aux Hollandais, qui leur coûtoit tous les ans 4 millions d'or, qu'il étoit impossible qu'il y eût jamais une affection vraiment cimentée entre ces couronnes, tant qu'il y auroit cette pierre de scandale. Il (2) lui répondit qu'il y avoit une grande différence entre l'assistance que nous faisions aux Hollandais, avec les entreprises que l'Espagne faisoit tous les jours contre le tiers et le quart, et quand nous voudrions mieux faire pour elle en cette occasion nous ne le pourrions faire, vu le peu de sûreté qu'il y avoit en leurs traités et en leurs paroles, que celui de la Valteline étoit entièrement sans exécution, les Valtelins étant maintenus dans leur rébellion par cette couronne. (*Nota* que le comte a offert depuis de donner telle satisfaction qu'on voudra sur cet article).

Il (3) lui répondit qu'il lui avoit dit plusieurs fois, dès l'autre voyage, qu'il falloit faire accepter le traité aux Grisons. Et Bautru lui repartit qu'il l'avoit rapporté au cardinal, qui lui avoit répondu que par le même traité il étoit dit que les deux Rois feroient conjointement exécuter et accepter ledit traité; ce que nous avions toujours offert et offrions encore ; que c'étoit le vrai et unique moyen de mettre le repos parmi tous nos alliés. Que pour ce qui touchoit les Hollandais, notre assistance alloit en pyramide; qu'elle avoit toujours été moindre pendant ce règne que sous le feu Roi, fort petite l'année passée et nulle cette année ; que le Roi avoit trouvé cet établissement quand il étoit venu à la couronne, mais qu'on ne le pouvoit accuser d'aucune innovation, et que plût à Dieu qu'il prît envie au Roi Catholique d'acquitter avec nous les ames de ses pères; que la Navarre, le Milanais, Naples et beaucoup d'autres choses reviendroient à leur juste seigneur. Qu'il voyoit bien à ses discours qu'il vouloit payer avec les anciennes plaintes, par-dessus lesquelles on avoit si souvent passé et traité leurs nouvelles usurpations ; qu'il n'avoit plus rien à lui demander, sinon qu'il lui procurât un prompt retour auprès du Roi, qui le lui avoit ainsi commandé.

Il lui dit lors, brusquement, qu'en un mot le roi d'Espagne ne vouloit pas que le loup entrât dans l'Italie. Bautru lui répondit à l'instant que l'Espagnol étoit le loup, le Français le chien, et le pauvre M. de Mantoue l'agneau, et qu'il en falloit croire le pasteur Jésus-Christ qui avoit dit : « Paix, mes brebis; » qu'il seroit très-injuste d'appeler loup celui qui vouloit mettre l'agneau entre les mains du berger. Il (4) répondit que le Pape étoit bon *para indulgencias y bulas*, mais qu'il avoit ses intérêts temporels, et n'étoit con-

(1) Le comte.
(2) Bautru.
(3) Le comte.
(4) Le comte.

sidérable ici que comme un autre prince. Bautru reprit ce mot de *bulas*, et lui dit qu'il vouloit dire *burlas* (1), les Espagnols s'étant toujours servis de l'autorité pontificale *para burlas* envers tous les princes chrétiens; que, lorsqu'il étoit question d'usurper la Navarre, il disposoit des couronnes à son plaisir; qu'à cette heure qu'il étoit d'autre avis sur le Montferrat, il n'avoit pouvoir que de bénir les choux; qu'ils commençoient à ne pas vouloir seulement que les hommes devinssent leurs esclaves, mais encore les lois divines et humaines, qu'ils soutenoient, il n'y avoit pas long-temps, que le Montferrat appartenoit à l'héritière de Mantoue; qu'ils en avoient fait faire des volumes tout entiers, et qu'aujourd'hui elle n'y avoit plus de droits, n'y ayant autre raison de ce changement, sinon qu'ils n'avoient pu encore imaginer contre elle un crime digne de confiscation.

Il lui répondit en colère qu'il falloit s'en remettre à l'Empereur, et lui que l'Empereur n'étoit ici que partial pour leurs intérêts; qu'ils l'avoient forcé à se déclarer, et qu'ils violentoient le bon naturel de ce prince pour servir à leurs passions. A quoi le comte repartit qu'ils lui fournissoient de gens et d'argent, et lui il leur fournissoit de prétexte. « A la bonne heure, dit alors Bautru, à la fin la vérité vous a forcé. Nous savons, il y a long-temps, que l'aigle impériale sert à Sa Majesté Catholique de ce que le faucon sert au fauconnier; il le fait voler pour prendre la proie, et puis la lui ôte. »

« — Mais dites-nous, dit lors en riant le comte, que nous fera le roi Très-Chrétien si nous ne nous accommodons? quel dessein a-t-il présentement? — Le dessein qu'il a, répondit Bautru, est d'aller prier Dieu à Paris qu'il donne d'aussi bonnes intentions pour le repos de la chrétienté au Roi son frère comme à lui. » Puis il ajouta que le Roi étoit par leur confession même un saint, plusieurs Espagnols lui ayant dit, et même de ceux du conseil, que, de vingt rois en vingt rois, ils étoient toujours canonisés en France, et qu'il avoit ouï dire à Sa Majesté, et même depuis la prise de La Rochelle, qu'il voudroit avoir fait un accord avec Sa Majesté Catholique que ni l'un ni l'autre, durant le cours de leur règne, ne tireroient l'épée que sur trois sortes de gens, les Turcs, les hérétiques et les oppresseurs des plus foibles.

Bautru eut plusieurs autres audiences durant le reste de l'année; mais il ne put, en aucune façon, tirer du comte Olivarès des réponses équitables. Il demeuroit toujours ferme à vouloir que la citadelle de Casal fût déposée entre les mains

(1) *Bulas* bulles, *burlas* tromperies.

de l'Empereur, et qu'il demeurât juge par lui-même de tout ce différend. Bautru insistoit au contraire, et lui soutenoit que le Roi ne blessoit en aucune façon les droits de l'Empire, laissant à l'Empereur l'autorité de nommer les dépositaires, qu'il pouvoit choisir dans tous les souverains catholiques qui n'étoient pas de la maison d'Autriche ni de celle de Savoie, et que par ainsi toute l'autorité que l'Empereur pouvoit prétendre, où il alloit des intérêts de sa maison, et sur lesquels il s'étoit déclaré par tant de préjugés, étoit conservée et au-delà de ce qui s'étoit pratiqué même par l'empereur Charles-Quint en choses de plus grande conséquence et de même nature que le Montferrat; que, sans la passion démesurée que l'Espagne montroit dans ses desseins d'usurper Casal, le Roi ne consentiroit pas seulement, mais solliciteroit toute la chrétienté que Sa Majesté Césarée fût juge et dépositaire tout ensemble des choses disputées; mais que s'étant si avant déclarée, que l'on pouvoit dire avec une vérité qui passoit en notoriété que, se dépouillant de la personne de juge, elle s'étoit revêtue de celle d'ami, il étoit de sa modestie, de la disposition des lois et de la pratique universelle, de ne pas désirer d'en demeurer juge, mais bien d'en nommer, qui est le suprême degré de juridiction, qui ne pussent être suspects aux parties, de dignité convenable, et capables d'administrer et gouverner les choses litigieuses par forme de séquestre, en attendant le jugement définitif, qui interviendroit le plus promptement que faire se pourroit par Sa Sainteté, que l'Empereur reconnoissoit pour père commun et sans aucun intérêt de consanguinité vers nulle des parties.

Les nouvelles que ledit comte avoit que les troupes du Roi s'avançoient vers le Dauphiné le mettoient en quelque peine; il ne le céla pas à Bautru, qui lui répondit qu'il pourroit bien être que le Roi envoyât des troupes en Languedoc pour y achever de ruiner le duc de Rohan. Mais, néanmoins, il ne venoit point à condescendre à aucune condition raisonnable; ce qui obligea Bautru, quand il lui eut fait la dernière proposition qu'il avoit à lui faire, de demander congé de s'en retourner, lequel le comte essayoit de différer, lui disant que, s'il vouloit négocier, il falloit demeurer davantage, l'affaire étant trop importante pour la pouvoir terminer en si peu de temps, et qu'il estimeroit à grande gloire de servir à mettre en une bonne union les deux Rois. Bautru lui repartit que, s'il avoit ce désir, il falloit commencer par faire partir un courrier en Italie, pour faire suspendre les armes et retirer les canons que le cardinal, par les devises qu'il avoit mises sur tous ceux qu'il avoit fait fondre pour la mer, baptisoit du nom de *Ratio ultima regum*, et que, puisqu'il le voyoit en chemin de n'en pas venir à cette dernière, il croyoit que sa proposition attiroit la conséquence de la sienne. Il se sentit piqué dans le vif, et, changeant de thème, comme c'étoit sa coutume, « *Quittemos las mancebas* (1), dit-il, quittez vos Hollandais, et je vous donnerai un blanc seing, sur lequel vous mettrez tout ce qu'il vous plaira, tant pour les affaires d'Italie que pour votre union, qui ne peut être bonne tant que cette pierre d'achoppement durera. — De très-bon cœur, dit Bautru, rendez-nous Naples, Milan, la Navarre et l'Artois, et à l'heure *dejaremos todas las mancebas* (2). » Puis commença à le presser de nouveau de lui donner son congé.

Il insistoit vivement au contraire, disoit que toute la chrétienté prendroit son départ pour une rupture, que la guerre avoit différens succès, que les armes de France réussiroient peut-être, et peut-être que non; qu'il y regardât, au nom de Dieu, de bien près. Et Bautru, qu'il avoit ses ordres et des lettres très-pressantes auxquelles il n'avoit rien à répondre qu'avec une obéissance aveugle; que, s'il avoit envie de donner quelque satisfaction au Roi, depuis quinze jours qu'il étoit en cette cour-là à le presser avec tant d'importunité, il s'en seroit ouvert avec lui. Il (3) lui dit là-dessus que nous avions encore d'autres affaires, celles de Gênes et Savoie, de la Valteline et des Grisons dont il leur avoit parlé, que tout cela ne se jetoit pas au moule; et lui (4), qu'ils ne lui avoient donné ombre de satisfaction sur aucune. Il lui répondit que, pour celle de la Valteline, il y avoit peu à faire. « Il n'y a, lui dit Bautru, qu'à faire obéir les sujets à leurs supérieurs, conformément au traité de Monçon, auquel les Rois s'étoient obligés, par les articles sixième et septième, et par un des articles secrets, d'employer, de conformité, toutes sortes de voies dues et raisonnables pour le faire effectuer. » Et le comte repartant qu'il étoit d'accord qu'on reprît les mêmes termes, et qu'on nommât des commissaires qui fissent ensemble accepter la capitulation aux Grisons et aux Valtelins, et qui de même pussent contraindre lesdits Valtelins de payer aux Grisons la somme annuelle qui leur avoit été accordée, et lui répondit que cela étoit fort bien, et que puisqu'il avoit une si bonne intention pour faire entretenir les choses traitées,

(1) Abandonnons les commerces illicites.
(2) Nous renoncerons à tout commerce illicite.
(3) Le comte.
(4) Bautru.

qu'ils fissent partir leur commissaire de Milan, avec les ordres conformes à ce qu'il lui disoit, pour les faire exécuter avec l'ambassadeur que Sa Majesté avoit aux Grisons. Ils demeurèrent pour lors d'accord sur ce sujet; et de là le comte reprit l'union, et lui demanda s'il ne lui disoit plus rien d'Angleterre. Bautru lui répliqua qu'il lui en avoit dit tout ce qu'il pensoit en pouvoir dire, mais qu'il ne lui avoit encore rien répondu sur quoi il pût voir en quelle intention ils étoient; que les nôtres étoient bien claires, à voir comme nous avions vécu avec eux depuis quatorze ou quinze mois; que, s'il lui étoit permis d'en dire son avis selon son petit sens, il jugeroit bien à propos que les deux Rois s'en ouvrissent franchement et fraternellement l'un à l'autre. Il répondit : « Faisons un accommodement général sur tout au nom de Dieu. » Bautru lui dit qu'il croyoit lui en avoir dit le vrai chemin, et qu'il n'en savoit plus d'autre que celui de France pour s'en retourner, qu'il le supplioit de lui donner congé.

Enfin, le 8 décembre, Bautru demandant toujours son congé, « Vous voudriez donc, dit-il, partir et laisser nos maîtres en état d'en venir aux mains ? » A quoi Bautru répondit qu'il n'avoit point ouï dire en France que le sien fût en délibération d'en venir là avec le Roi son frère; et lui, qu'il en savoit davantage, que Toiras menoit les troupes en Dauphiné, et non pas en Languedoc. Bautru repartit qu'il n'en avoit nul avis, mais qu'il n'étoit rien si aisé que de savoir ce que feroit le roi Très-Chrétien; que quiconque savoit le devoir d'un homme d'honneur, savoit tout ce que feroit Sa Majesté; qu'il n'avoit plus rien du tout lui dire qu'adieu, et qu'il le supplioit de l'expédier; qu'il lui avoit montré le commandement exprès qu'il avoit du Roi de s'en aller promptement, et qu'il savoit ce que devoit une obéissance aveugle. Il lui répondit que ce n'étoit pas la forme de négocier en affaire de si grande importance; qu'il procureroit de le dépêcher le plus promptement qu'il lui seroit possible, mais qu'il le supplioit d'y penser plus d'une fois, répétant souvent, battant son estomac, « Faisons la paix, faisons la paix, » et que, pour savoir si le Pape ou l'Empereur entreroient dans une petite citadelle de Casal, ils ne consentissent pas qu'une guerre irréconciliable s'allumât. Il lui répondit qu'il lui avoit ouvert le seul chemin qu'il savoit pour empêcher ce désordre, qu'il le prioit de lui ouvrir celui de Paris.

Le 23 décembre, il eut encore une autre audience qui ne fit point plus de fruit que les autres. Le comte se transportant de colère dit que si les Français en venoient aux mains avec eux, ils n'auroient pas affaire à des bisognes anglais. Sur quoi Bautru lui répondit que des gens qui venoient de prendre La Rochelle en quatorze mois, n'auroient grand peur de ceux qui assiégeoient Casal, il y en avoit dix, sans avoir encore gagné nul avantage sur ceux de dedans.

Cependant quelques gentilshommes du duc de Rohan arrivèrent à Madrid, ce que le comte nioit tant qu'il pouvoit; mais néanmoins si sut-on depuis, et par lettres interceptées de l'abbé Scaglia, un des ambassadeurs du duc de Savoie en Espagne, car il y en avoit quatre différens, un théatin, l'évêque de Vintimiglia, le président Montou et ce vénérable abbé, qu'il les avoit contentés, et avoit envoyé au duc de Savoie pouvoir de traiter, aux dépens d'Espagne, avec ledit duc pour persister en sa rébellion. En même temps tout étoit plein à Madrid de mauvais discours contre le gouvernement, et prophéties que la fin de la monarchie d'Espagne étoit arrivée, de satires et de pasquins contre le comte, de discours où ils élevoient la conduite du cardinal Ximenès, et se disoit tout haut que tout malheur arrivoit à cet Etat depuis la prise des injustes armes au Montferrat. Il leur arriva mauvaises nouvelles de leurs flottes, des inondations arrivèrent à Séville et à Malaga; mais toutes ces disgrâces et mécontentemens universels ne faisoient point changer le comte Olivarès, qui demeuroit toujours aheurté à ce qu'il n'y eût autre juge ni séquestre du Montferrat que l'Empereur, quoique les armes du Roi, qui s'approchoient de la frontière de l'Italie, leur donnassent grand'peur; mais ils se flattoient de l'espérance qu'elles seroient plutôt employées au Languedoc qu'en Italie.

Joint qu'ils étoient enorgueillis qu'en Allemagne les affaires prospéroient pour la maison d'Autriche; Walstein avoit défait le roi de Danemarck à Volgast, et chassé dedans ses îles, et assiégé Stralsund, qui fut contrainte de se mettre en la protection du roi de Suède, lequel osa bien en une assemblée à Stockholm déclarer la guerre à la maison d'Autriche, jusqu'à ce que le duché de Mecklembourg, que l'Empereur avoit donné à Fritland, fût rendu à ses premiers possesseurs. Mais ils l'estimoient être si éloigné d'eux qu'ils ne l'avoient en aucune considération, et Fritland le fit déclarer, lui et ses amis, ennemis de l'Empire. Néanmoins le Roi de Suède fut assez fort pour défendre Stralsund, où il envoya trente-un navires avec douze enseignes de gens de pied et quatre cornettes de cavalerie, leur promettant de les secourir à ses frais; ce que voyant Fritland, il confisqua tout ce que lesdits habitans possédoient en Poméranie et Mecklembourg, et fit venir à ce siége Colalte avec toute la cavalerie qu'il avoit en la haute Allemagne, quoique l'Empereur lui eût commandé de la licencier.

Le Roi cependant pensoit, à bon escient, et à l'Italie et au Languedoc. Pour l'Italie, le cardinal dit à Sa Majesté, le 10 décembre, que Deslandes-Payen assuroit que la ville de Casal pouvoit tenir jusqu'à la fin du mois, et se laissoit entendre que si elle espéroit secours, elle pouvoit aller jusqu'à la fin de janvier; que Guron, par lettre du 20 novembre, confirmoit la même chose. De Savoie, de Venise et de Rome, on écrivoit qu'elle pouvoit aller jusqu'à Pâques; que tous convenoient que le secours de cette place étoit extraordinairement pressé, en ce que ceux qui donnoient plus d'étendue à cette résistance, ne la fondoient que sur l'espérance assurée qu'elle auroit du secours, qu'il étoit partant nécessaire de hâter autant qu'on pourroit; que tous les pays étrangers demandoient la personne du Roi sur la frontière, pour rendre par sa présence le succès de ce secours infaillible; que ceux qui sont en peine proposent hardiment tout ce qu'ils estiment les pouvoir soulager, sans en examiner les conséquences; mais que le grand voyage que le Roi venoit de faire s'opposoit à en entreprendre un de nouveau; que la saison y étoit contraire, la peste de Lyon en détournoit; l'incertitude de l'événement de cette affaire y devoit faire aller avec retenue, n'étant pas à propos d'embarquer Sa Majesté, après l'heureux succès de La Rochelle, à une entreprise douteuse et incertaine; que d'abandonner aussi Casal, s'il étoit capable d'être secouru, il n'y avoit pas d'apparence. Partant il sembloit qu'il n'y avoit que deux expédiens à prendre: l'un, que M. de Guise entreprît d'embarquer huit mille hommes et huit cents chevaux à Tapan, qui est l'embouchure du Rhône, selon qu'il le proposoit, et débarquer ladite armée à Aresse, plage de l'Etat des Génois, proche de l'île d'Albingue, distante de Casal de quinze ou vingt milles; l'autre, que Monsieur s'avançât dès cette heure à Valence, pourvu de bons officiers pour commander en son absence, et sous lui une armée composée de douze mille hommes et quinze cents chevaux, outre les gens de guerre de M. de Guise, pour qu'avec ladite armée Monsieur entrât au commencement de janvier dans la Savoie et le Piémont, par tels endroits, et ainsi qu'il seroit jugé plus à propos; que si Monsieur, à qui le Roi, à son avis, devoit faire cette offre, l'acceptoit, il étoit de son honneur et de sa réputation de bien penser à n'entreprendre pas une action si importante à cet Etat, au bien de la chrétienté et à sa gloire particulière, sans la faire réussir; s'il ne l'acceptoit pas, et que Sa Majesté voulût, à quelque prix que ce fût, tenter ce secours, c'étoit à elle à voir si elle estimeroit à propos d'en donner le commandement à M. de Créqui, usant d'une extraordinaire bonté, en lui donnant lieu par ce moyen de réparer la faute qu'il avoit faite, ainsi qu'il témoignoit de vouloir faire.

Qu'en ce cas il faudroit envoyer diligemment commandement aux troupes de lui obéir et s'avancer, argent pour les payer, et les officiers nécessaires : savoir est maréchaux de camp, un intendant, deux maréchaux d'armée, et faire partir en poste l'argent nécessaire pour la montre de cette armée, publiant à tout le monde que cette armée étoit plutôt destinée pour le Languedoc que pour l'Italie, afin que si, lorsqu'elle seroit avancée, on avoit des nouvelles qui obligeassent à changer de dessein, on ne connût point qu'on en eût eu d'autre que celui du Languedoc, auquel on pouvoit et devoit-on travailler dès la mi-janvier, selon le dessein qu'en prendroit Sa Majesté; que le meilleur expédient seroit qu'on crût que Sa Majesté voulût aller au printemps sur la frontière d'Italie, pour de là faire passer les Monts à Monsieur, et qu'on pensât maintenant qu'elle n'eût point de pensée de faire secourir l'Italie présentement, et cependant envoyer en toute diligence pouvoir à M. de Créqui d'entrer avec ce qu'il avoit et ce qui étoit en Auvergne; que par ce moyen le duc de Savoie ne se prépareroit point à faire l'opposition qu'il pourroit faire aux troupes de Sa Majesté, et on le pourroit aucunement surprendre et faire effet; que si on faisoit autrement, et que Monsieur voulût faire la première entrée, l'occasion et Casal seroient perdus; au reste, que ce n'étoit pas faire prudemment de commettre sa réputation et ses premières armes à un événement si douteux comme étoit celui-là; au lieu que le premier chemin étant frayé, il pourroit avec réputation et succès avoir la gloire de la fin de l'exécution; que, quant au Languedoc, il leur falloit faire entendre que l'Angleterre nous recherchoit de paix, et que, la faisant avec elle, ils demeureroient abandonnés à la rigueur de la justice de Sa Majesté et de ses armes, faisant voir pour ce sujet les copies de lettres de la reine de la Grande-Bretagne à la Reine sa mère, qu'elle sollicitoit à la paix.

Le Roi trouva bon ce conseil du cardinal. Nous verrons l'année suivante ce qui en réussit.

LIVRE XX (1629).

Apologie de la justice du Roi dans la défense du duc de Mantoue. — Discours du cardinal dans le conseil, sur la nécessité de secourir promptement Casal. — Entretien remarquable du même cardinal, dans lequel il donne à Sa Majesté, en présence de la Reine-mère et du père Suffren, des conseils sur sa conduite à l'égard des affaires de l'État et sur sa conduite privée. — Le cardinal demande à se retirer des affaires, offrant de rester auprès du Roi pour l'aider quelquefois de ses avis. — Le Roi refuse de lui accorder sa retraite. — Il tient un lit de justice où il fait lire et publier un recueil de diverses ordonnances. — Longs débats entre le parlement et le garde des sceaux au sujet de l'enregistrement de ces lois. — Comment ils se terminent. — Nouveau débat du parlement à l'occasion de l'entérinement des lettres d'abolition accordées par le Roi en faveur du duc de Vendôme. — Mort du grand-prieur. — Le cardinal refuse les deux abbayes de Marmontier et de Saint-Lucien de Beauvais, que le Roi veut lui donner; honorable motif de son refus. — Le Roi part pour se rendre en Piémont. — Il permet à M. le prince de le venir voir à Bray. — Détails sur cette entrevue. — Résultat des négociations de Bautru en Espagne. — La conduite ferme de ce négociateur déconcerte le comte d'Olivarès. — Propositions inadmissibles faites pour l'Espagne. — Le Roi force le pas de Suse. — Le cardinal qui l'accompagne se voit chargé seul de pourvoir à tous les besoins de l'armée. — Négociations entamées avec le duc de Savoie pour obtenir le passage des troupes du Roi. — Le duc cherche tous les moyens de retarder ce passage qu'il n'ose refuser ouvertement. — La fermeté du cardinal rend tous ses efforts inutiles. — La ville de Suse est emportée d'assaut; le château est rendu. — Le duc de Savoie fait un traité avec le Roi, et s'engage à le seconder dans son entreprise. — Conditions du traité. — Projet de ligue entre le Roi et les puissances de l'Italie pour se soustraire à l'oppression des Espagnols. — La ville de Casal est délivrée. — Le Roi refuse de faire aucune conquête en Italie. — Propositions du duc de Savoie rejetées. — Opinion du cardinal sur le projet de soumettre Gênes. — Le Roi force les Espagnols à quitter quelques places voisines de Casal. — Ruses et artifices du duc de Savoie pour engager le Roi à une grande guerre avec l'Espagne. — Le Roi fait assembler et tenir des forces à l'entrée de la Savoie pour tenir le duc en respect. — Il se rend en Languedoc. — Le cardinal lui donne en partant des conseils sur les moyens de soumettre les huguenots de cette province. — Il reste en Italie avec plein pouvoir. — Il termine par un traité tous les différends des ducs de Savoie et de Mantoue. — Pourvoit à la sûreté de l'Italie et va rejoindre le Roi en Languedoc. — Tous les États de l'Europe se rapprochent du Roi et recherchent son alliance. — L'Angleterre fait la paix. — Le Danemarck s'arrange avec l'Empereur. — La ville de Privas est assiégée et emportée d'assaut. — Le fort de Colon est pris et brûlé. — Marillac obtient le grade de maréchal par le crédit du cardinal. — Les Cevennes se soumettent au Roi. — Efforts du duc de Rohan pour soutenir les huguenots dans leur rébellion. — Raisons qui déterminent le cardinal à écouter les propositions des rebelles. — Comment le duc de Rohan, après avoir été bercé d'espérances et de promesses par l'Angleterre, l'Espagne et le duc de Savoie, se voit réduit à implorer le pardon du Roi. — La paix est conclue; à quelles conditions. — Le Roi fait son entrée à Nîmes et autres villes soumises, et retourne à Paris. — Le duc de Rohan s'embarque à Toulon d'où il écrit au Roi une lettre pleine de repentir. — Le cardinal se rend à Montpellier où il établit des élus et réunit en un seul corps la chambre des comptes et la cour des aides. — Il dissout les états réunis à Pésenas. — Entre successivement à Alby et à Montauban où il est reçu avec de grands honneurs et fait bénir sa présence. — Les ministres des huguenots viennent de toutes parts le complimenter. — Tous les évêques viennent le visiter. — Le cardinal s'attache à faire respecter l'autorité du Roi et à lui gagner tous les cœurs en publiant partout sa gloire. — Mécontentement de Monsieur. — Nommé lieutenant général de l'armée d'Italie, il refuse d'aller la commander. — Sa jalousie contre le Roi; par qui elle est entretenue. — Il veut épouser la princesse Marie, fille du duc de Mantoue, qui se retire auprès de madame de Longueville sa tante. — Ces deux dames sont envoyées par la Reine-mère au donjon de Vincennes. — Intrigues à l'occasion du projet de mariage. — Lettre du cardinal de Richelieu au cardinal de Berule sur ce sujet. — Les conseillers de Monsieur demandent pour lui le gouvernement de la Bourgogne et de la Champagne. — La Reine-mère se refroidit pour le cardinal. — Lettre qu'il lui adresse. — Monsieur évite la rencontre du Roi et se retire en Lorraine. — Le cardinal demande au Roi à quitter les affaires. — Il écrit à la Reine-mère pour lui exprimer son chagrin de lui avoir déplu. — Le cardinal de Berule soupçonné d'être la cause de cette brouillerie. — Conduite équivoque de ce cardinal dans les affaires. — Négociations entamées pour ramener Monsieur en France. — A quelles conditions il y revient. — Son éloignement pour le cardinal. — Mission du baron de Charnacé auprès des électeurs et du roi de Danemarck. — Il est envoyé auprès des rois de Suède et de Pologne. — Détails sur cette mission. — Il devient le médiateur de la paix entre eux. — Sa fermeté à soutenir la dignité du Roi. — Sujets de mécontentement du roi de Suède de la part de l'Empereur. — Tentative de Charnacé pour engager le roi de Suède à faire un traité d'alliance avec la France. — Affaires de Hollande. — Politique du cardinal envers les Hollandais. — Ceux-ci surprennent Wesel et chassent les Espagnols de Bois-le-Duc. — Négociations pour renouveler le traité d'alliance entre la France et la Hollande. — Ambassade de Châteauneuf en Angleterre. — Difficultés et pointilleries qu'il y éprouve. — Négociations au sujet des prêtres attachés à la chapelle de la reine d'Angleterre. — De quelques articles concernant la liberté du commerce, et de la restitution de vaisseaux. — Expédition de Cabusac dans l'île de Saint-Christophe. — Châteauneuf essaie d'amener les Anglais à un traité d'alliance avec la France contre l'Espagne. — Désespoir d'Olivarès et du conseil d'Espagne en apprenant la capitulation de Casal. — Éloge que le peuple espagnol fait du roi de France. — L'Empereur, à la sollicitation du cabinet de Madrid, lève des troupes qu'il fait entrer en Italie. — Le duc de Savoie principal auteur de la guerre qui s'y renouvelle. — Ses intrigues. — Ambassade de Sabran auprès de l'Empereur; peu de succès qu'il y obtient. — Le Pape est sollicité par les puissances d'Italie de se déclarer contre les ennemis de la paix. — Conduite du Pape et des Vénitiens. — Le duc de Savoie redemande la ville de Suse et se met en état d'hostilité avec la France. — Lettre du cardinal au commissaire Marini. — Préparatifs de guerre ordonnés par le Roi. — Le maréchal de La Force est envoyé avec une armée sur les frontières de Savoie. — Efforts des Espagnols auprès des Treize-Cantons pour les engager à ne pas s'opposer aux entreprises de l'Empereur. — Efforts du roi de France pour les mettre dans son parti. — Spinola attaque ouvertement le Mantouan et entre dans le Montferrat. — Lettre du duc de Savoie au Roi. — Projet de suspension d'armes. — Instructions données par le cardinal à Barault, ambassadeur en Espagne. — Toute voie d'accommodement est rejetée par les Espagnols et les Allemands. — Nouvelles tentatives du Roi pour prévenir la guerre. — Il envoie le cardinal à l'armée. — Discours du cardinal avant son départ. — Terreurs des Pays-Bas. — Craintes du duc de Savoie. — Le cardinal envoie Deshayes en Moscovie pour y traiter de la liberté du commerce. — Mort de Bettlem Gabor; son histoire. — Edmond Richer, auteur d'un livre pernicieux, abandonne ses erreurs après avoir argumenté avec le cardinal.

[1629] Au commencement de cette année, toute l'Europe regardoit ce qui, après le siége de La Rochelle, arriveroit de celui de Casal. Le roi d'Espagne n'en désiroit pas moins venir à bout que le Roi avoit fait de La Rochelle; elle n'importoit pas tant à la paix de ses États, mais elle étoit de plus d'importance à son ambition, et pource qu'elle le rendoit seigneur absolu de l'Italie, et pource qu'il l'avoit entrepris avec tant de détermination et d'audace, qu'ayant lâché à Spinola la parole qu'il la prît, il lui sembloit que c'étoit non-seulement relâcher, mais perdre la réputation espagnole que de ne la prendre pas. Si nous ajoutons à cela l'extrémité en laquelle étoit cette place, le peu qu'il s'en falloit qu'elle ne fût prise, la nouvelle qu'ils en attendoient de jour en jour, il ne manquera rien à tout ce qui leur en pouvoit enflammer le désir. Le Roi, d'autre côté, tiroit de ses victoires passées un désir nouveau d'en acquérir des nouvelles, et des grâces que Dieu lui avoit départies contre ses rebelles, une confiance certaine qu'il ne les lui dénieroit pas contre les tyrans de la liberté des États. Le titre que les Espagnols avoient sur le Montferrat étoit celui seul de bienséance, et leur ordinaire licence et injustice accoutumée, sur laquelle ils se fondent comme sur un droit bien équitable. Le titre que le Roi avoit de défendre le duc de Mantoue étoit l'ancien droit de ce royaume qui en retient le nom, d'affranchir de tyrannie ceux qu'une puissance étrangère asservit injustement, l'obligation naturelle aux princes de défendre ceux que Dieu a fait naître sous l'abri de leur puissance; et l'extrémité des assiégés, et la proximité de leur perte, animoient encore davantage, par une juste indignation, le courage du Roi. Pour les Espagnols, étoient les deux tiers de l'Italie dont ils sont possesseurs, et, hormis les seuls Vénitiens, tous les autres princes et Etats de cette province par crainte, et le duc de Savoie par une ambition démesurée de profiter de la dépouille du Montferrat; l'Empereur y couchoit de son reste, et y employoit toutes les forces d'Allemagne; l'Anglais étoit pour eux, et nos hérétiques encore les favorisoient et étoient à leur solde, méprisant, après avoir faussé la foi à Dieu, de la tenir aux hommes. Le Roi n'étoit secouru en la terre que de son épée et de son conseil; mais la justice de sa cause mettoit Dieu de son côté, qui environnoit son camp d'une garde de feu, et lui donnoit des escadrons invisibles de combattans, contre lesquels ses ennemis ne pouvoient faire de défense.

Nous avons dit qu'incontinent après La Rochelle prise, le Roi, pour n'omettre aucun moyen de faire cesser, sans une guerre nouvelle, tous les troubles de l'Italie, envoya Bautru en Espagne sous prétexte de donner part au Roi son frère du succès de ce siége, mais, en effet, pour essayer de convenir avec lui de quelque bon accommodement. Mais les Espagnols, qui n'étoient pas dans le même sentiment, le retardèrent trois mois sans résolution quelconque. On use de remises avec lui, inouïes entre deux couronnes égales. Le comte Olivarès lui fait quelques rodomontades insupportables, qu'il souffre toutefois comme celles de la comédie, où beaucoup de paroles du capitan (1) ne sont suivies d'aucun effet; il eut plusieurs fois sujet de s'en revenir avec rupture ouverte pour cette affaire; mais la prière du nonce et autres ambassadeurs, et le désir qu'il sait que la France a de ne venir à aucune autre voie que celle d'une amiable composition l'arrêtent. Cependant il informe si ponctuellement le Roi de tout ce qui se passe, que Sa Majesté, voyant par ses avis qu'il n'y avoit plus d'espérance que l'Espagne voulût modérer sa passion en ce sujet, et étant avertie que Casal lui pourroit donner temps de le secourir, se résolut de s'avancer en personne en Dauphiné, où elle commençoit d'avoir une armée puissante.

Devant que prendre cette résolution on tint plusieurs conseils, où l'on n'oublia aucune chose de ce qui se pouvoit représenter sur ce sujet. Le cardinal dit au Roi que c'étoit une affaire où il devoit prendre sa résolution lui-même, parce que les suites et les conséquences en pouvoient être grandes; qu'il pouvoit arriver que l'Espagne, se sentant piquée jusqu'au vif par l'opposition que le Roi feroit en ce sujet à ses desseins, quoique très-injustes, tâchât de s'en revancher, faisant descendre à nos frontières des troupes d'Allemagne, où elle en avoit grand nombre; qu'il n'y avoit pas grande apparence qu'elle fût en état de nous faire beaucoup de mal, mais qu'il étoit bon de mettre les choses au pis pour ne se tromper point en ses mesures. Il ajouta que la paix d'Angleterre n'étoit point conclue, et que partant il falloit prendre garde qu'entreprenant cette affaire, on ne portât l'Espagne à radoucir sa fierté et abaisser son orgueil en sorte envers l'Angleterre, que ces deux couronnes s'accordassent contre nous et se servissent de la rébellion des huguenots qui n'étoit point apaisée, pour divertir Sa Majesté d'un si bon dessein; qu'il y

(1) On sait qu'alors toutes les comédies avaient pour principal personnage un fanfaron ou capitan.

avoit aussi à considérer que nous n'étions pas encore assurés que les Hollandais ne fissent point la trève avec l'Espagne, et que l'attaquer en Italie pouvoit la porter à se relâcher à des conditions supportables pour les Hollandais. Qu'on avoit sujet d'en entrer en appréhension, parce que les Hollandais ne vouloient point s'obliger, par le renouvellement de l'alliance, à ne faire trève avec l'Espagne sans le consentement de la France. Que cependant la suite et le temps avoient fait connoître que la difficulté qu'ils en faisoient n'étoit pas qu'ils en eussent envie, mais bien qu'ils n'osoient renouveler une alliance avec la France pendant qu'elle étoit en guerre avec l'Angleterre, qu'ils considéroient plus que nous en certain sens, en tant que leur subsistance venoit de la mer, en laquelle ils pouvoient recevoir beaucoup plus de mal des Anglais que de nous, tant à cause de la situation de leur île, voisine et opposée à toutes leurs côtes, et de leurs ports, que parce que nous n'étions pas encore puissans en vaisseaux; que toutes ces considérations n'étoient pas de peu de poids, mais qu'il y en avoit d'autres au contraire qui n'étoient pas moins fortes; que la gloire n'étoit pas un motif peu puissant pour porter le Roi au secours de M. de Mantoue, délivrer un prince injustement réduit à l'extrémité par la puissance qui prétendoit être la plus grande de l'Europe, le délivrer après une si grande action comme étoit celle de la prise de La Rochelle, célèbre à toute la chrétienté; entreprendre de passer les monts en une saison qui ne permettoit pas même de faire la guerre ès plus beaux pays du monde; s'embarquer à cette entreprise nonobstant les autres affaires que le Roi avoit dans son royaume, et la faire avec la diligence à laquelle la nécessité des assiégés obligeoit, étoit une action qui passeroit toutes les plus grandes expéditions des Romains, et qui ne pouvoit avoir assez de prix en la réputation des hommes; qu'il y avoit en outre à considérer que si l'Espagne dépouilloit M. de Mantoue, elle seroit absolument maîtresse en Italie, étant certain que tous les potentats qui étoient au-delà des Alpes, pleins d'affection pour la France et de mauvaise volonté pour l'Espagne, seroient esclaves de sa grandeur tyrannique si elle venoit à bout de son dessein; qu'il falloit craindre avec raison qu'après cette conquête les Espagnols voudroient joindre l'Allemagne et l'Italie, se rendant maîtres, sinon de toute la république helvétique, au moins des Grisons, ce qui leur suffiroit à cette fin, et où ils étoient déjà si puissans par faction que leur puissance y auroit double force; qu'il falloit encore prévoir que, si une fois l'Espagne venoit à bout de tous ces desseins-là, elle n'auroit plus moyen de continuer ses conquêtes, qui étoit le seul but de ses desseins, qu'en nous arrachant quelques plumes; ainsi que la Navarre, le comté de Namur, l'Artois, la Flandre et autres pays appartenant à cet État, sans parler de l'Italie, le témoignoient.

Le cardinal ayant représenté tout ce que dessus à Sa Majesté, il la supplia de se résoudre d'elle-même, et se contenter que, sans lui donner aucun conseil, il la servît puissamment en ce qu'elle auroit résolu. Sa Majesté fut un peu fâchée contre lui de ce procédé, et, après lui avoir dit qu'elle étoit déjà toute résolue au secours de M. de Mantoue, elle lui commanda de lui en dire librement son avis. Il la supplia premièrement de se souvenir que c'étoit d'elle-même qu'elle avoit pris cette résolution, afin qu'à l'avenir elle ne lui imputât pas ce conseil, s'il se trouvoit des difficultés qu'il prévoyoit grandes en son exécution. Puis il lui dit qu'il se soumettoit volontiers au commandement qu'elle lui faisoit de lui dire son avis en cette affaire, et le lui diroit, et sur cette affaire et sur toutes les autres de son État, pourvu qu'elle eût agréable de lui donner une heure de temps devant son voyage, pour le lui dire en particulier, en présence seulement de la Reine sa mère, et du père Suffren.

Cependant, pour obéir sans délai à ses volontés, il lui avouoit qu'il estimoit que Sadite Majesté eût pris une bonne résolution; que les plus grandes affaires n'avoient souvent qu'un instant, qui ne revenoit plus lorsqu'il étoit passé; que l'Espagne n'avoit jamais été en plus grande nécessité; que les grandes guerres qu'elle avoit de tous côtés et la perte de leur flotte, l'avoient réduite en cet état; que les Espagnols étoient fort foibles devant Casal; qu'on avoit nouvelles qu'il n'y avoit pas plus de huit mille hommes; que tout ce qui étoit à considérer étoit si, du côté de la Flandre et de l'Allemagne, les Espagnols ne pouvoient pas entrer en Champagne ou en Picardie, et ainsi prendre leur revanche et faire une révulsion, et si les Anglais, avec qui nous n'aurions pas conclu la paix, ne pouvoient pas nous attaquer en Normandie; mais qu'apparemment ils (1) n'étoient pas en cet état, vu qu'en Flandre ils n'avoient point d'argent; qu'il étoit dû à leurs troupes plus de dix montres; ce qui faisoit que non-seulement craignoient-ils qu'ils se mutinassent par la campagne, mais même dans les garnisons, ce qui jusque-là n'avoit jamais été. Qu'au reste, le marquis de Spinola, qui étoit l'âme des armes de Flandre, n'étoit point encore de retour d'Espagne, et, par les nouvelles qu'on apprenoit, il n'étoit pas en état de revenir sitôt, vu qu'il étoit fort mal content de ce qu'on ne pourvoyoit point, ni au remboursement de plusieurs avances qu'il avoit faites, ni aux provisions qu'il lui falloit pour l'avenir; qu'on étoit encore fort assuré que les Hollandais, connoissant le mauvais état des affaires d'Espagne, se préparoient à faire une puissante attaque au printemps, ce qui faisoit qu'étant occupés de ce côté-là ils ne pourroient pas nous faire grand mal en Picardie. Qu'ils pouvoient plus aisément nous attaquer du côté de la Champagne, mais qu'il sembloit que les affaires ne le leur permissent pas commodément, vu que, s'ils s'attachoint à la France, ils se mettroient au hasard de perdre la meilleure partie des conquêtes qu'ils avoient faites en Allemagne depuis peu, étant certain que en ce cas Danemarck ne perdroit pas temps; que beaucoup de princes d'Allemagne, outrés de la tyrannie dont on usoit envers eux, se joindroient à lui pour tâcher de se relever en cette occasion; que Gabor, qui ne demandoit qu'à s'accroître aux dépens d'autrui, ne seroit pas les bras croisés en cette rencontre; que Bavière (1) étant ménagé n'agiroit pas contre la France, s'étant déjà assez fait sentir qu'il étoit en cette disposition. Il ajouta que, pour l'Angleterre, leur nécessité étoit si grande, que, par raison, ils ne devoient songer qu'à se rétablir; que la mort de Buckingham changeoit les affaires; que ceux qui auroient puissance à l'avenir prendroient le contre-pied de son gouvernement; qu'il avoit perdu les affaires d'Angleterre, sa fortune et sa personne par la guerre; qu'ils voudroient assurer ces trois choses par la paix; que pour faire une grande guerre contre nous, il falloit qu'ils fissent la paix avec Espagne, ce qu'ils ne pouvoient par raison avec honneur, vu l'intérêt du Palatinat et des États du roi de Danemarck; que la maison d'Autriche ne relâchoit jamais ce qu'elle avoit en ses mains, et que l'Angleterre ne pouvoit faire la paix sans une honte immortelle, si l'on ne lui faisoit raison sur ces deux points, où il s'agissoit de la confirmation de la ruine totale de son beau-frère et de son oncle. Il n'oublia pas à représenter qu'il n'ignoroit pas que l'Angleterre agissoit souvent contre toutes règles de raison et de prudence; mais, attribuant plutôt ce défaut au déréglement des particuliers qui gouvernoient quelquefois trop absolument, qu'à la nation, il ne pouvoit croire qu'au commencement d'un nouveau gouvernement qui voudroit donner bonne impression de sa conduite, on pût passer par-dessus toutes règles de prudence, joint qu'il ne voyoit pas quel profit ils en pouvoient retirer.

---

(1) Les Espagnols.

(2) Pour le duc de Bavière.

Enfin il mit en avant une raison qui lui sembloit invincible, savoir que le Roi avoit le temps de secourir Casal devant que ses ennemis fussent en état de lui faire mal. Sa raison étoit que Casal seroit secouru dans le 15 mars ou jamais, ainsi que la nécessité de cette place le requéroit ; qu'ainsi le Roi pourroit être de retour à la fin d'avril en ses Etats ; et que quand les Espagnols et les Anglais auroient dès cette heure un dessein formé contre la France, il ne sauroient, plus de deux mois après ce terme, être en état de le commencer, n'y ayant personne qui ne sût le temps qu'il faut aux Espagnols dont l'humeur est lente, et aux Anglais dont la puissance n'est pas grande, pour faire de grands armemens, principalement en ce temps où ces deux nations étoient accablées de nécessités, et n'avoient pas peu d'affaires ailleurs. Il dit, en outre, qu'il croyoit qu'on trouveroit plus de facilité à regagner M. de Savoie qu'on ne pensoit, quand il verroit le Roi puissamment armé proche de ses Etats qui n'avoient jamais résisté à la France, et qu'il estimoit qu'il le falloit faire, parce que, autrement, son humeur inquiète exciteroit toujours de nouveaux troubles, et empêcheroit qu'on ne pût établir un assuré repos pour M. de Mantoue. Il conclut enfin en disant que si Sa Majesté étoit contrainte de s'embarquer en Italie, outre le secours de Casal, elle devroit avoir pour fin de s'acquérir une porte en Italie, pour y secourir ses alliés en toutes occasions, ce que Sa Majesté pouvoit faire ou de gré ou de force.

Le Roi se résolut de partir deux jours après, et, pour satisfaire à la supplication que le cardinal lui avoit faite de lui donner une heure où il lui pût parler en particulier, il lui commanda de le venir trouver le soir, ce qu'il fit ; et lors, en la présence de la Reine sa mère et du père Suffren (1), il lui lut quelques mémoires qu'il avoit faits à ce sujet, lui faisant particulièrement entendre la conséquence de chaque article. Il représenta à Sa Majesté que, maintenant que La Rochelle étoit prise, si elle vouloit se rendre le plus puissant monarque du monde, et le prince le plus estimé, elle devoit considérer devant Dieu et examiner soigneusement et secrètement, avec ses fidèles créatures, ce qui étoit à désirer en sa personne, et ce qu'il y avoit à réformer en son Etat ; que l'action de grâces qui étoit due à la bonté de Dieu pour un tel succès, ne le convioit pas seulement, mais le contraignoit à faire cette proposition à Sa Majesté, et, à son avis, elle obligeoit Sadite Majesté à l'embrasser et à la suivre ;

Que les intérêts de son Etat étoient divisés en

(1) Jésuite, confesseur de la reine-mère et du roi.

deux chefs : l'un qui concernoit le dedans, et l'autre le dehors ; qu'en ce qui touchoit le premier, il falloit sur toutes choses achever de détruire la rébellion de l'hérésie, prendre Castres, Nîmes, Montauban, et tout le reste des places de Languedoc, Rouergue et Guienne, puis entrer dans Sedan et s'assurer d'argent ; qu'il falloit raser toutes les places qui n'étoient pas frontières, ne tenant point les passages des rivières, ou ne servant point de bride aux grandes villes mutines et fâcheuses ; parfaitement fortifier celles qui étoient frontières, et particulièrement une place à Commercy ; qu'il falloit acquérir, décharger le peuple, ne rétablir plus la paulette quand elle seroit expirée dans un an, abaisser et modérer les compagnies qui, par une prétendue souveraineté, s'opposoient tous les jours au bien du royaume ; faire que Sa Majesté fût absolument obéie des grands et des petits ; remplir les évêchés de personnes choisies, sages et capables ; racheter le domaine du royaume, et augmenter son revenu de la moitié, comme il se pouvoit par moyens innocens ; qu'il resteroit encore, outre cela, d'autres désordres à régler, mais que c'étoit assez, pour la première fois, de remédier aux principaux ;

Que, pour le dehors, il falloit avoir un dessein perpétuel d'arrêter le cours du progrès d'Espagne ; et, au lieu que cette nation avoit pour but d'augmenter sa domination et étendre ses limites, la France ne devoit penser qu'à se fortifier en elle-même, et bâtir et s'ouvrir des portes pour entrer dans tous les Etats de ses voisins, et les pouvoir garantir de l'oppression d'Espagne, quand les occasions s'en présenteroient ; que, pour cet effet, la première chose qu'il falloit faire, c'étoit de se rendre puissant sur la mer, qui donne entrée à tous les Etats du monde ; qu'ensuite il falloit penser à se fortifier à Metz, et s'avancer jusqu'à Strasbourg, s'il étoit possible, pour acquérir une entrée dans l'Allemagne ; ce qu'il falloit faire avec beaucoup de temps, grande discrétion, et une douce et couverte conduite ; qu'il falloit faire une grande citadelle à Versoix pour se rendre considérable aux Suisses, y avoir une porte ouverte, et mettre Genève en état d'être un des dehors de la France ; qu'on pourroit aussi penser à acquérir de M. de Longueville la souveraineté de Neufchâtel, qui, étant dans la Suisse, y donne plus de pied et plus de lieu d'y être considéré par des gens grossiers, qui ne voient rien mieux que ce qui est proche de leurs yeux ; et n'y avoit personne, bien sensé et affectionné à la France, qui n'estimât que ces étrangers étoient ceux dont Sa Majesté devoit conserver plus soigneusement l'alliance, tout parce qu'ils séparent l'Allemagne de l'Italie, que parce que, faisant profession de la guerre, ce n'est pas peu de les acquérir et en priver ses ennemis; qu'il falloit penser au marquisat de Saluces, soit par accommodement avec M. de Savoie, si son humeur changeante le faisoit revenir au service de Sa Majesté, en lui donnant quelques plus grandes conquêtes en Italie, soit en profitant de la mauvaise intelligence qui étoit entre les sujets dudit marquisat et lui, et le reconquérant; ce qu'il ne pouvoit empêcher quand on le voudroit entreprendre puissamment, non plus que (1) de garder cette conquête, qui, étant contiguë à nos Etats, se conserveroit facilement en y faisant une grande et forte place au lieu qui seroit estimé le plus propre à cet effet; que, pour se mettre encore plus en état d'être considéré par force en Italie, l étoit besoin d'entretenir trente galères, et les faire commander par commission, changeant tous les trois ans ceux qui en auroient la charge, afin que chacun eût passion à signaler son emploi, et non pas à demeurer dans les ports pour profiter, à la honte de la France, de leur séjour, comme on avoit fait jusqu'alors; qu'on pourroit encore penser à la Navarre et à la Franche-Comté comme nous appartenant, étant contiguës à la France, et faciles à conquérir toutes fois et quantes que nous n'aurions autre chose à faire; mais qu'il n'en parloit point, d'autant que ce seroit imprudence d'y penser si premièrement ce qui étoit cidessus n'avoit réussi, parce, en outre, qu'on ne le pouvoit faire sans allumer une guerre ouverte avec Espagne, ce qu'il falloit éviter autant qu'on pourroit.

Quant à la personne du Roi (2), il avoit tant de bonnes qualités, que difficilement en trouveroiton quelqu'une à redire; mais d'autant que les péchés des rois consistent principalement en omissions, ce ne seroit pas merveille s'il y avoit quelque chose à remarquer en ce genre, non par manque des parties nécessaires à un prince, mais par faute de les mettre en exercice; qu'un prince devoit donner permission à ses familiers de l'avertir de ses défauts; qu'au temps de Tibère on tenoit le doigt à la bouche; mais Auguste permettoit qu'on lui dît ses défauts, et remercioit ceux qui les lui faisoient entendre, témoignant que ce lui étoit chose très-agréable, puisqu'il leur faisoit du bien; que Sa Majesté étoit trèsbon, vertueux, secret, courageux et amateur de gloire; mais qu'on pouvoit dire avec vérité qu'il étoit extrêmement prompt, soupçonneux, jaloux, quelquefois susceptible de diverses aversions passagères, et des premières impressions au préjudice du tiers et du quart, enfin sujet à quelque variété d'humeurs et diverses inclinations, dont il lui seroit plus aisé de se corriger qu'il ne lui seroit (3) facile de les rapporter, étant si accoutumé à publier ses vertus à tout le monde, qu'à peine pourroit ledit cardinal remarquer ses défauts, bien que ce ne fût qu'à lui-même; que le jugement de Sa Majesté est tel, qu'il s'apercevroit fort bien, sans l'aide de ses serviteurs, de ce qui pouvoit être désiré en sa personne par ceux qui étoient du tout attachés à son service, et les plus passionnés pour sa grandeur et pour sa gloire; que tel est prompt de sa nature, que le temps et l'expérience rendent fort modéré; que le changement qui étoit à désirer en Sa Majesté sur ce sujet étoit aisé à faire, et qu'il pouvoit dire avec vérité qu'il y avoit grand lieu de l'attendre. Quant aux soupçons auxquels elle étoit sujette, il étoit vrai qu'ils étoient quelquefois tels, que, si deux personnes parloient ensemble, il en entroit en ombrage; ce qui ne compatit pas avec l'emploi des affaires, qui requiert que l'on puisse parler et faire caresses à tout le monde, pour pénétrer et découvrir ce qu'on estime nécessaire au service de son maître, et par une bonne chère arrêter le cours de beaucoup de mécontentemens que la cour produit tous les jours, et auxquels les hommes se portent ordinairement quand on ne les paie ni d'effets ni de bonne mine; qu'il pouvoit aussi arriver beaucoup d'inconvéniens de la jalousie de Sa Majesté, qui devoit tenir pour assuré que, si elle ne prenoit résolution de la perdre au respect de Monsieur, son frère, en sorte qu'elle se résolût de lui donner toute sorte de contentement ès choses qui n'intéressoient point son Etat, il étoit impossible, quoique La Rochelle fût prise et que le parti des huguenots n'eût plus de lieu, qu'enfin le peu d'intelligence entre Sa Majesté et lui ne causât quelque désordre dans le royaume; que, pour éviter ces maux, Sa Majesté devoit trouver bon que ceux qui la serviroient dans ses conseils, le fissent souvenir en toutes occasions de ce qui pouvoit tenir l'esprit de Monsieur content, sans prendre ombrage de ceux qui lui en donneroient avis; autrement nul ne l'oseroit faire, et une omission en chose qui ne préjudicioit point à Sa Majesté pouvoit porter ce prince au désespoir; que, contenter Monsieur en tout ce qui n'étoit point préjudiciable à l'État, et lui résister en ce qui pourroit donner atteinte à l'autorité de Sa Majesté, étoient les deux maximes qu'il falloit pratiquer avec ce prince, qui, étant traité honorablement, n'entre-

(1) Empêcher.
(2) Il faut se rappeler ici que deux personnes sont présentes à ce discours tenu par un sujet à son roi.
(3) A celui qui parle.

prendroit jamais rien contre le repos du royaume, mais demeureroit dans les termes de son devoir, et dans les vrais intérêts de l'État, qu'il affectionnoit si naturellement, que, lors même qu'il avoit eu du mécontentement, le cardinal lui avoit toujours vu prendre les plus saines résolutions pour le bien public; que Sa Majesté, ayant les avantages que la nature lui avoit donnés sur Monsieur, son frère, lui devoit, en cette considération, servir de père, et compatir aux défauts de son âge, les couvrant et les cachant à tout le monde. En ce faisant, il ne feroit pas peu pour lui, étant vrai qu'il arrive beaucoup de mal aux princes qui se plaisent à relever les défauts des grands, en ce que plusieurs pour leur plaire les exagèrent autant qu'il leur est possible, et, par après, pour éviter le mal qu'il leur pourroit arriver du crime de leur langue, par une insigne trahison, ils avertissent ceux qu'ils ont intéressés en leurs médisances, et les imputent tout entières à leur maître; d'où naissent tant de mauvaises rencontres, qu'on peut dire à bon droit que la langue des princes leur fait souvent plus de mal que l'épée de leurs ennemis; que, pource aussi que les jeunes princes sont souvent plutôt touchés par les satisfactions ou mécontentemens de ceux qui sont près d'eux que par les leurs propres, il seroit de la prudence de Sa Majesté de s'abstenir de dire aucune chose de ceux qui étoient auprès de Monsieur, son frère, qui leur pût être rapportée en mauvaise part, l'expérience ayant déjà fait connoître plusieurs fois en ce même sujet que telles rencontres sont capables de produire de grands inconvéniens; que, si Sa Majesté, passant plus outre, vouloit fermer la bouche à tous ceux qui voudroient parler en sa présence au désavantage de telles gens (ce qui d'ordinaire ne se faisoit à autre fin que pour tirer quelque parole d'elle qui pût piquer les autres), elle en recevroit un grand profit, et non-seulement cette conduite lui seroit-elle décente, honorable et utile en cette occasion, mais en toute autre semblable qui se pourroit présenter, l'histoire et l'expérience du temps faisant dire, avec vérité, que beaucoup de troubles avoient tiré leur être de ce principe; que rien n'étoit plus séant à un prince que de parler avec retenue, et imiter le roi des abeilles, qui ne porte point d'aiguillon pour ne piquer personne, et que c'étoit un grand secret à un prince d'avoir auprès des grands quelque personne puissante sur leur esprit, qui empêchât qu'ils ne sortissent de leur devoir, et qu'il ne devoit point plaindre le bien qu'il faisoit à telles gens pour une si bonne fin; le feu comte de Vérue, grand homme d'État, disoit qu'il étoit aisé de servir les princes, mais qu'il étoit quelquefois très-difficile de les persuader de se laisser servir comme il faut;

Que Sa Majesté devoit encore éviter comme la mort une certaine jalousie qui portoit souvent les princes à ne pouvoir souffrir que leurs serviteurs fissent pour eux certaines choses qui leur étoient du tout nécessaires, et qu'ils ne vouloient et ne pouvoient pas faire eux-mêmes; que, autrement, il n'y avoit personne, pour affectionné qu'il fût, qui osât travailler selon l'étendue de sa puissance, ce qui est dangereux, vu qu'il y a beaucoup d'occasions où, bien qu'il soit impossible de remédier aux maux par des voies retenues et tempérées, il est aisé de le faire par des moyens forts et puissans que l'appréhension empêche de tenter, y ayant peu de gens qui veulent se mettre au hasard d'encourir l'indignation de leur maître pour l'avoir trop bien servi; qu'à ce propos il diroit franchement qu'il falloit, ou que Sa Majesté se résolût de vaquer à ses affaires avec assiduité et autorité tout ensemble, ou qu'elle autorisât puissamment quelqu'un qui les fît avec ces deux qualités; autrement elle ne seroit jamais servie, et ses affaires périroient; que plusieurs exemples lui faisoient croire que ce dernier genre de jalousie pouvoit faire perdre beaucoup de bonnes occasions, ayant remarqué Sa Majesté capable d'entrer non-seulement en ombrage de ceux qui lui en pouvoient donner comme approchant plus de sa qualité, mais, en outre, de ses propres créatures, qui ne pouvoient penser qu'à le servir, et qu'il connoissoit par expérience n'avoir jamais eu autre dessein; et qu'en cela il sembloit que Sa Majesté fût à son préjudice jaloux de son ombre, puisque, comme les astres n'ont autre lumière que celle qu'ils tirent du soleil, c'étoit elle seule qui donnoit force à ses créatures, qui, en effet, n'avoient éclat que par sa lumière, et n'étoient considérées que pour l'amour de l'affection qu'il leur portoit et des signalés services qu'ils lui rendoient; qu'il se condamneroit lui-même s'il ne considéroit que ceux en qui il avoit plus de confiance avoient autant d'intérêt à sa conservation que lui-même, vu que leur subsistance en dépendoit absolument, n'y ayant personne qui ne reconnût que, si le bonheur de Sa Majesté changeoit, le leur ne pourroit continuer, et que, si Dieu le tiroit du monde, ils seroient exposés aux haines qu'ils avoient acquises pour le bien servir, et à l'ambition de plusieurs, qui, aux grands changemens, ne perdent jamais l'occasion de s'élever et de faire leur fortune par la ruine d'autrui; qu'il y avoit quelquefois des princes sous le règne desquels on couroit plus de fortune de se perdre pour trop bien faire que pour ne pas faire ce à quoi on étoit obligé, et que cela arrivoit d'ordinaire quand ceux à qui l'on avoit affaire étoient jaloux de leur nature, vu que la réputation de celui qui faisoit fort bien émouvoit quelquefois le sentiment de leur jalousie, au lieu que celui qui ne s'acquittoit pas de son devoir ne préjudicioit qu'à l'intérêt public, auquel souvent ils n'étoient pas si sensibles qu'à leurs propres passions;

Que Sa Majesté étoit aussi sujette à prendre des aversions de diverses personnes, qui lui pouvoient causer beaucoup de mal, et que, si elle n'y prenoit garde, elle en auroit souvent; la malice de la cour étant telle qu'à chacun fomentoit les passions de son prince, quoiqu'elles lui fussent préjudiciables ce qui faisoit qu'il ne sauroit témoigner si peu d'aversion contre quelqu'un, que, dans quatre jours, elle ne fût beaucoup plus grande par l'art que chacun apportoit à l'augmenter; que ces aversions pouvoient monter jusqu'à tel point, que, par ce moyen, Sa Majesté se procureroit plus de mal que personne ne lui en sauroit faire; ce qui arriveroit indubitablement si Sa Majesté en concevoit des principaux et plus puissans de son Etat; étant certain qu'entre les personnes de cette qualité, il y en avoit qui n'en auroient pas plutôt connoissance qu'ils ne cherchassent parti, et tâchassent, en troublant le repos du royaume, de se venger de leur mauvaise fortune aux dépens du public; que, de long-temps, on avoit remarqué qu'il n'y avoit rien dont un sensible dépit ne fût capable, et que tout prince qui n'avoit point d'enfant pour héritier, mais voyoit un successeur qui lui marchoit sur les talons, devoit avoir grand soin de ne mépriser et mécontenter personne sans sujet;

Qu'il étoit de la prudence de Sa Majesté de se contraindre à faire bonne chère aux grands, et, bien que ce lui fût une gêne, il la devoit supporter avec patience, se représentant que, comme c'étoit une charge, c'étoit aussi prérogative de la royauté d'avoir des personnes de cette qualité sous lui; que si ceux de ce royaume s'étoient attachés à d'autres princes qu'à leur roi, c'avoit été, à leur compte, pour n'avoir pas été bien vus de sa personne; qu'il falloit donc ci-après en faire plus d'état, et, si on ne pouvoit satisfaire à leurs appétits déréglés, les payer au moins d'un bon visage, les inconvéniens passés enseignant les précautions qu'il falloit prendre à l'avenir; qu'il étoit dangereux d'oublier le péril et un mal passé quand l'on en étoit sorti, vu qu'on ne pouvoit en perdre la mémoire sans se mettre au hasard de retomber en quelque autre semblable, dont il seroit d'autant moins aisé de se tirer, que la malice des hommes est ingénieuse, et s'étudie aussi bien tous les jours à trouver des moyens de ne succomber pas en leurs mauvais desseins, comme les gens de bien s'efforcent d'apprendre à se maintenir en ceux qui leur sont suggérés par la raison. En un siècle foible ou corrompu, un homme de bien, vertueux et fort, aura plus de peine à subsister qu'un méchant et artificieux.

Quant aux impressions dont les rois se rendent quelquefois trop facilement susceptibles, que la conséquence n'en étoit pas peu importante, principalement s'ils l'étoient jusqu'à ce point qu'on estimât qu'il se trouvoit en eux peu de différence entre écouter et être persuadé, lorsqu'il étoit question de quelque calomnie, vu que, par ce moyen, la ruine du plus homme de bien dépendroit de la malice ou de l'artifice de quelque rusé courtisan, qui ne craindroit point de se hasarder pour perdre le plus assuré serviteur de Sa Majesté; que les princes qui veulent être bien servis, doivent choisir des ministres qui ne connoissent que la raison et n'épargnent personne; mais que telles gens sont en un état bien périlleux, parce que tel est impuissant à faire bien qui est très-puissant à mal faire, et que beaucoup de princes, quoique forts en eux-mêmes, ne le sont pas à se garantir des impressions qu'on leur donne contre ceux qui les servent le mieux et à qui ils doivent plus de protection; que les rois peuvent tout écouter si bon leur semble, mais ensuite ils doivent examiner à loisir, avec des gens de bien, ce qu'on leur a dit, et châtier sévèrement les calomniateurs lorsqu'ils sont avérés tels; que cependant il y a des personnes dont la fidélité est si éprouvée, et les services si signalés, que ceux qui voudroient parler à leur désavantage ne doivent rien trouver d'ouvert en leur maître, que leur bouche pour les menacer d'un tel châtiment qu'ils n'osent plus retourner une seconde fois à semblable malice; que les diverses impressions pourroient même faire craindre que Sa Majesté se pût dégoûter aisément de ceux qui la serviroient le mieux; ce qu'elle devoit éviter avec soin, comme aussi s'étudier à faire perdre l'opinion que beaucoup avoient qu'un service rendu à Sa Majesté étoit tellement perdu en sa mémoire, qu'elle ne s'en souvenoit plus trois jours après, attendu qu'il y avoit peu de gens qui voulussent travailler la plus grande partie de leur vie, pour qu'on leur en sût gré si peu de temps; que perdre bientôt la mémoire d'un bienfait étoit le vice des Français, que César avoit écrit ne se souvenir des grâces ni des injures; ce que les Italiens nous imputoient à un grand défaut; que cette nation avoit beaucoup de défauts selon Dieu, mais que, selon le monde, ils étoient si grands politiques, qu'ils aimoient mieux conserver la mémoire des injures, ce que la loi chrétienne leur défend, que de perdre celle des bienfaits, ce que la raison et la prudence ne leur pouvoient permettre; qu'en cette considération Sa Majesté prendroit soin, s'il lui plaisoit, de faire à l'avenir grand état de ceux qui faisoient bien, et ne se laisser pas aller à beaucoup de gens qui quelquefois la portoient insensiblement à blâmer quelque circonstance d'une action dont l'effet méritoit grande louange : la suppliant, en cette occasion, de se ressouvenir que les hommes font plus de cas de l'estime que de tous les biens du monde; ce qui fait qu'une mauvaise parole de son maître dégoûte et refroidit plus un bon courage, que tous les bienfaits qu'il lui sauroit faire ne sauroient l'échauffer à le servir; qu'un sujet s'estime être en fort mauvais état quand il croit que son honneur n'a point de prix en la bouche de son prince; qu'il pense que son maître se plaît beaucoup plus à trouver à redire qu'à bien dire de sa personne; et, qu'au lieu qu'un chef doit toujours excuser les défauts de ceux qui sont sous sa charge, il les relève et ravale les bonnes actions qu'il devroit faire valoir; que Sa Majesté prendroit, s'il lui plaisoit, garde à ce défaut, capable de lui faire perdre autant de cœurs que la fécondité de son royaume lui en sauroit faire naître;

Que beaucoup pensent, et non sans sujet, que Sa Majesté, de son naturel, ne s'appliquoit pas volontiers aux affaires, et qu'elle se dégoûtoit aisément de celles qui étoient de longue haleine, quoiqu'elles fussent de très-grand fruit; que si cela étoit, Sa Majesté devoit résister aux aversions qui lui pouvoient arriver en pareilles occasions; étant vrai qu'il n'y avoit homme assez hardi pour entreprendre de servir un prince en quelque grand dessein, s'il avoit sujet de craindre qu'il s'en dégoûtât avant que d'en être au milieu, et qu'on lui en imputeroit l'événement, si le succès en étoit mauvais faute de le bien poursuivre, bien que le conseil en eût été bon et nécessaire; qu'il étoit impossible d'entreprendre de grandes affaires sans être assuré, non-seulement d'y être supporté, mais qu'on en sauroit le gré qu'on en devoit justement espérer;

Qu'il y avoit plus : que Sa Majesté donnoit si peu d'attention à ses affaires, et improuvoit si facilement les expédiens qu'on lui proposoit pour faire réussir celles qu'il entreprenoit, qu'il étoit à craindre qu'à l'avenir il y eût bien de la difficulté à le servir, le respect qu'on lui portoit et la crainte que l'on avoit de choquer ses sens, étouffant les meilleurs desseins dans l'esprit et le cœur de ceux qui étoient les plus capables; qu'ainsi on ne pouvoit rien entreprendre en sa présence, et à peine un homme sage le devoit-il faire en son absence, puisqu'il falloit répondre des mauvais événemens comme si on en eût été coupable; qu'il s'étoit quelquefois trouvé des princes qui vouloient les fins et non les moyens, c'est-à-dire qui désiroient que leurs affaires allassent bien, sans vouloir faire ce qui étoit nécessaire à cet effet; mais que, suivant ce principe, les bons succès ne pouvoient arriver que par hasard; qu'il y en avoit d'autres encore qui étoient de cette nature, que, quand leurs affaires alloient mal, ils en avoient beaucoup de déplaisir, faisant grand cas de ceux qui pouvoient y apporter remède, et se proposoient de se gouverner comme il falloit à cette fin; mais, le péril étant passé, ils ne se souvenoient plus des bonnes résolutions qu'ils avoient prises; et lorsqu'ils avoient de la prospérité ils n'en recevoient pas de satisfaction, et ne savoient pas assez de gré à ceux qui en étoient cause. Il semble qu'ils estimoient que ce qui étoit arrivé par bonne conduite fût survenu par hasard, et ainsi ne croient pas être redevables du bon succès dont ils jouissoient, ni à leur prudence, ni à celle de leurs serviteurs : ce qui faisoit que les meilleurs événemens leur étoient indifférens; que tel défaut n'étoit pas de petite importance, et, par conséquent, Sa Majesté s'empêcheroit, s'il lui plaisoit, d'y tomber; qu'il est si dangereux en un Etat d'agir avec indifférence en l'exécution des lois, qu'il ne pouvoit qu'il ne remarquât qu'il sembloit que Sa Majesté n'avoit pas assez de chaleur et de fermeté pour l'observation des siennes, particulièrement de l'édit des duels; qu'on pouvoit dire avec vérité que Sa Majesté et son conseil répondroient de toutes les ames qui se perdroient par cette voie diabolique, s'ils avoient pu les empêcher par la rigueur de peines dues à tel crime;

Qu'il n'y avoit rien si ordinaire que de commettre une faute en matière d'Etat, que de désobéir à un commandement de Sa Majesté, que de traverser l'exécution de ses édits, de ses ordonnances et des arrêts de sa justice; que, jusqu'alors, tels désordres avoient été commis impunément, et que cependant les manquemens de cette nature étoient de telle conséquence, par l'exemple et la suite qu'ils tiroient après eux, que si l'on n'étoit extraordinairement sévère à les châtier, les Etats ne pouvoient subsister;

Qu'autres sont les péchés des rois, et autres les fautes qu'ils commettent comme simples hommes; ils sont sujets, comme hommes, à tout ce à quoi Dieu a voulu assujettir les humains; comme rois, ils sont obligés d'user soigneusement de leur puissance aux fins auxquelles ils l'ont reçue du Ciel, et, qui plus est, de n'en abuser pas, étendant l'exercice de leur royauté au-delà des bornes qui leur sont prescrites ; que les rois qui se servent de leur autorité pour dépouiller ou opprimer ceux qui leur sont inférieurs en force, sans autre droit que celui de leurs armes, se perdent par abus et excessive étendue de leur puissance ; ceux qui négligent de se servir de leur autorité pour contenir leurs Etats en la règle où ils doivent être, sont aussi bien coupables devant Dieu par omission de ce qu'ils doivent, comme les autres par commission de ce qu'ils ne peuvent pas légitimement ; que si un roi souffre qu'entre ses sujets le fort opprime impunément le foible par exactions ou violences, et qu'on trouble le repos de ses Etats, qu'il est obligé de conserver autant qu'il peut, il se perd assurément, et qu'ainsi tel paroîtra saint comme homme, qui ne laissera pas de se damner comme roi ; qu'en Espagne l'orgueil et la fierté de la nation étoient cause que les rois étoient souvent sujets à ce premier genre de faute ; en France, l'indulgence et la facilité qui nous est naturelle, faisoit que les nôtres se laissoient d'ordinaire aller au second ; que c'étoit à quoi il plairoit à Sa Majesté de prendre garde, particulièrement à ne manquer pas de punir les crimes dont la suite étoit de conséquence. Par exemple, il pouvoit pardonner à quelqu'un une pensée passagère de troubler l'Etat, s'il en étoit vraiment repentant, et qu'il y eût apparence qu'il ne dût pas retomber en cette faute ; mais où il connoissoit qu'il continuât en ce mauvais dessein, il étoit obligé en conscience de le châtier, et ne pouvoit ne le faire pas sans péché ; qu'il pouvoit remettre une désobéissance d'un de ses sujets ; mais si, par raison, on prévoyoit qu'abusant de ce pardon il mépriseroit à l'avenir plus hardiment ses commandemens ; si on avoit lieu d'appréhender que l'oubli de cette faute donnât lieu à d'autres de désobéir, à son exemple, au préjudice du repos de l'Etat, il étoit obligé de punir ce crime, et ne pouvoit s'en exempter sans en commettre un plus grand ;

Que Sa Majesté, appliquant ces principes généraux aux occasions particulières qui se présenteroient, se garantiroit de plusieurs inconvéniens, qui apporteroient grand préjudice à son Etat et à sa conscience ; qu'un chrétien ne sauroit trop tôt oublier une injure et pardonner une offense, ni un roi, un gouverneur et magistrat, trop tôt les châtier, quand les fautes sont d'Etat ; que cette différence étoit grande, mais la raison en étoit prompte, et avoit son fondement en un même principe ; pource que Dieu n'a pas voulu laisser la vengeance ès mains des particuliers, à cause que, sous ce prétexte, chacun eût exercé ses passions et eût troublé la paix publique ; mais, d'autre part, il l'a mise ès mains des rois et magistrats selon les règles qu'il en a prescrites, parce que, sans l'exemple et le châtiment, il n'y a point d'injustice et de violence qui ne se commît impunément au préjudice du repos public ; que le salut des hommes s'opère définitivement en l'autre monde, et partant ce n'est point merveille si Dieu veut que les particuliers lui remettent la vengeance des injures, qu'il châtie par ses jugemens en l'éternité ; mais les Etats n'ont point de subsistance après ce monde, leur salut est présent ou nul ; et partant les châtimens nécessaires à leur subsistance ne peuvent être remis, mais ils doivent être présens. Plutarque compare ceux qui n'agissent bien qu'en tant qu'ils y sont portés par passion, à l'encens qui ne sent bon que lorsqu'il est dans le feu.

Qu'au reste, il falloit faire la justice sans passion, et qu'il étoit vrai qu'un prince qui la feroit exercer avec acception de personnes, poursuivant chaudement ceux qui lui seroient désagréables, et excusant et exemptant ceux qui seroient si heureux que d'avoir ses bonnes grâces, en devroit compte au tribunal de la justice divine, qui est par dessus le sien ; qu'il falloit se munir soigneusement contre ce défaut, qui rendroit la justice injuste et criminelle pour les souverains, qui sont obligés de la rendre en tout temps avec égalité, à l'égard de quelque personne que ce puisse être ;

Que les rois étant les vraies images de Dieu, en ce que toutes sortes de bienfaits doivent sortir de leurs mains, ils ne sauroient être trop soigneux d'acquérir par bons effets la réputation d'être libéraux ; que c'étoit le vrai moyen de gagner les cœurs ; mais qu'il le falloit être, non par faveur, mais par la considération du mérite et des services des personnes, étant certain qu'il y a fort peu de gens qui aiment la vertu toute nue, c'est-à-dire qui s'étudient à bien faire s'ils n'espèrent quelque récompense, et que c'est une maxime des grands princes, de faire bien à ceux qui servent dignement dans les Etats ; que c'est mettre son argent à intérêt à plus de mille pour cent, en ce que le fruit du service de telles gens, comme fait au public, est ressenti de tout le monde, au lieu que le bien qu'ils reçoivent de leurs maîtres n'étant perçu que d'eux est particulier ; que M. de Luynes avoit souvent dit qu'il avoit remarqué que Sa Majesté, de son inclination naturelle, se portoit plus volontiers aux sévérités qu'aux grâces, et qu'il avoit plus d'aversion de faire du bien que du mal ; qu'il n'avoit jamais fait cette remarque, mais le mal étoit que beaucoup avoient cette croyance; ce qui obligeoit les serviteurs de Sa Majesté de l'en avertir, afin qu'elle pût faire perdre cette mauvaise opinion qui en effet n'avoit pas de fondement; que les rois devoient être sévères et exacts à faire punir ceux qui troubloient la police et violoient les lois de leurs royaumes, mais qu'il ne falloit pas y prendre plaisir; qu'ils devoient être réglés et retenus aux grâces et aux bienfaits qu'ils départoient, mais qu'ils s'y doivent gouverner en sorte que, quand ils dénient quelques grâces, on juge que leur cœur est bien fâché de ce que la raison ne leur peut permettre de passer par-dessus les bornes que le bien public leur a prescrites. Le grand-duc Ferdinand disoit qu'il aimoit mieux un homme corrompu que non pas un qui étoit facile en toutes choses, parce, disoit-il, que le corrompu n'est sujet à être attaqué et vaincu que par ses intérêts qui ne se rencontrent pas toujours, là où le facile est attaqué de tout le monde qui l'entreprend, d'autant plus volontiers que chacun sait qu'il ne peut résister.

Que Sa Majesté devoit aussi prendre soin de se fortifier contre une certaine honte, en vertu de laquelle beaucoup de princes ne peuvent dénier une chose, quoique mauvaise, lorsqu'on la leur demande en face, et évitent à prononcer de leur bouche ce qu'ils croient devoir déplaire à quelqu'un, quoique sans raison, et que la chose soit nécessaire pour le public; que, du premier point, il arrivoit que beaucoup de gens ne se tenoient pas éconduits de leurs prétentions injustes, quand même on les avoit refusés, parce qu'ils estimoient pouvoir emporter par importunité, en s'adressant à Sa Majesté, ce que la raison leur dénioit; que, du second, on voyoit souvent que ceux qui ne connoissoient pas le naturel de Sa Majesté attribuoient à foiblesse ce qui provenoit d'une pure bonté, et faisoient moins d'état des choses qui leur étoient défendues, parce qu'ils ne croient pas que Sa Majesté eût fermeté et résolution à les maintenir si on l'inquiétoit pour la faire changer;

Qu'il falloit être fort par raison et non par passion; que cependant beaucoup étoient comme ceux qui avoient la fièvre chaude; tandis que la chaleur de leur mal agitoit et échauffoit leur tête, ils se portoient avec violence à tout ce que leur cerveau leur suggéroit; mais la chaleur de la fièvre n'étoit pas plutôt passée, qu'ils demeuroient foibles, languissants, sans parole et sans action. Qu'ainsi plusieurs, animés de passion, parloient et agissoient avec vigueur et rigueur tout ensemble; mais, s'ils étoient dépouillés du feu qui les animoit, ils laissoient aller toutes choses à l'abandon, et ne parloient et n'agissoient point; qu'en leur passion, ils passoient les bornes de la justice, faisant souvent plus qu'elle ne permettoit, et lorsqu'ils étoient privés de ce feu qui les mouvoit, ils faisoient beaucoup moins que ce à quoi elle les obligeoit; ce qui faisoit que la force et la foiblesse étoient également vicieuses en tels esprits, en qui elle ne paroissoit jamais qu'à contre-temps, étant animés de passion: ils devroient être retenus, et, ne l'étant point, ils devroient être forts et vigoureux, ce qui n'étoit pas; que Sa Majesté auroit soin, s'il lui plaisoit, de se garantir de ce genre de défauts, qui seroit non-seulement préjudiciable au bien de ses affaires, mais à sa conscience; qu'en un mot, ceux qui agissent plus par leurs mouvemens et impétuosités naturelles que par la raison, sont sujets à faire de grandes fautes, qui souvent ne peuvent être réparées, ni par le temps, ni par prudence ni par aucun art. Au bout du compte, si les princes ont créance à quelqu'un, on impute souvent à conseil ce qui n'est dû qu'au mouvement de leurs maîtres, qui ensuite ont quelquefois bien de la peine à maintenir un serviteur contre les ennemis qu'il acquiert par ce moyen, sans le mériter.

Qu'une des choses qui préjudicioient autant au règne de Sa Majesté, étoit qu'on pensoit qu'elle n'agissoit pas d'elle-même, qu'elle s'attachoit plus volontiers aux choses petites qu'aux grandes et importantes, et que le gouvernement de l'État lui étoit indifférent; que, pour faire perdre cette opinion, il étoit nécessaire, lorsqu'il arrivoit quelque chose qui intéressoit son autorité, qu'elle en témoignât grand ressentiment devant qu'aucun de ses serviteurs l'eût abordée; que, lorsqu'on lui rendoit quelques services, elle exaltât l'action, et témoignât en vouloir faire la reconnoissance, sans qu'on pensât que ce fût par l'avis de son conseil. Enfin qu'elle parlât souvent de ses affaires avec le tiers et le quart, et fît reconnoître, en diverses occasions, qu'elle affectionnoit celles qui seroient sur le tapis importantes à l'État;

Que ce qui étoit à noter, étoit qu'il falloit témoigner ces sentimens par une suite d'actions et occasions qui le requéroient: en quoi il étoit à craindre que, puisque les inclinations prévaloient d'ordinaire aux résolutions qui se prenoient par raison et persuasion, Sa Majesté oubliât dans peu de jours ce qu'elle se promettroit à elle-même, et retomberoit, par ce moyen, dans ses premières habitudes; qu'il étoit d'autant plus à craindre, que, bien qu'il fût aisé de porter quelqu'un à faire une action contre son sens, il n'en étoit pas de même d'une conduite, qui, requérant une suite continue, sembloit aussi, pour n'être point interrompue, requérir le genre de celui qui la conseilloit; mais ce qui étoit difficile n'étoit pas impossible; que si Sa Majesté le trouve bon, on l'avertiroit si dextrement sous main, qu'il sembleroit que tout fût de son mouvement; qu'il pouvoit arriver un grand bien de la franchise dont la conscience du cardinal et la passion qu'il avoit pour le service de Sa Majesté le faisoient user, en l'avertissant fidèlement de ce qui étoit à souhaiter en sa conduite pour le rendre le plus grand prince du monde; mais il se peut faire aussi qu'il n'en réussiroit que du mal; ce qui arriveroit indubitablement si Sa Majesté tenoit à l'avenir, à raison de cet avis, ses sentiments cachés et couverts à ses créatures; qu'en ce cas ils rougeroient son esprit, lui causeroient mille chagrins, dont il ne pouvoit être déchargé qu'en ouvrant son cœur, et disant toutes les pensées qui lui feroient peine; que Sa Majesté remarqueroit, s'il lui plaisoit, que pour marque et peine du péché du premier homme, nul de ceux qui viendroient de lui ne pouvoit être parfait. Elle se représenteroit aussi qu'il y avoit peu de personnes qui n'eussent autant de vices qu'il se remarquoit de légers défauts en la sienne; enfin qu'il étoit des défauts de l'homme comme des plaies du corps, qui ne guérissent jamais si elles ne sont ouvertes.

Après cela il supplia Sa Majesté de lui dire ce dont il vouloit qu'il se corrigeât, afin qu'il pût être plus à son gré; que la raison qui l'avoit convié de l'avertir de ce que dessus, l'obligeoit à s'examiner soi-même et se corriger de ses défauts, qu'il y étoit très-résolu, et pensoit savoir à peu près ce dont il avoit à se châtier devant Dieu; mais il ne pouvoit apprendre que de Sa Majesté ce qu'il avoit à changer pour être plus à son goût, ce qu'il désiroit avec passion; que, s'il lui étoit aussi aisé de remédier aux défauts de son corps, comme il pouvoit corriger ceux de son esprit, ce lui seroit une extrême consolation, puisqu'il ne seroit contraint de supplier Sa Majesté de considérer la débilité de sa personne, dont les forces usées diminuoient tous les jours de telle sorte, qu'elles ne lui permettoient plus de pouvoir supporter les incroyables peines que requéroient les entreprises qu'il falloit faire pour la conservation d'un grand Etat, particulièrement quand il arrivoit que ces peines corporelles étoient accompagnées de grands travaux, de grandes inquiétudes et de grandes afflictions d'esprit; que les grands travaux d'esprit accompagnoient toujours les corporels qu'il falloit prendre au service de l'Etat, puisqu'il étoit impossible que le corps travaillât que par la conduite de l'esprit, qui, par conséquent, devoit agir fortement pour mener les affaires au but qu'on se proposoit; quant aux grandes inquiétudes et afflictions d'esprit, elles n'étoient pas nécessairement conjointes aux peines qu'il falloit prendre pour la conduite d'un Etat; mais il sembloit qu'elles fussent inséparables de la direction de celui-ci, pour les raisons qu'il avoit ci-dessus touchées; qu'au moins avoit-il toujours été si malheureux que d'en rencontrer depuis qu'il y avoit quelque emploi; tantôt il étoit bien avec la Reine (1), tantôt mal, tantôt d'extrêmes satisfactions de lui, tantôt il en prenoit quelque dégoût; que cela affligeoit tellement un esprit sincère et ardent aux choses qu'il entreprenoit pour le service de ses maîtres, qu'il n'y avoit force au monde qui pût résister à la douleur que l'on concevoit par de tels sujets de déplaisir, et qu'outre le mal qu'il recevoit, il en arrivoit cet inconvénient, que cela l'empêchoit de pouvoir s'appliquer tout entier, comme il pourroit faire, aux affaires dont il étoit chargé; que les changements de la Reine venoient de son naturel, à son avis, qui de soi-même étoit ombrageux, et qui, ferme et résolu aux grandes affaires, se blessoit aisément pour peu de chose; ce qu'on ne pouvoit éviter, parce qu'il étoit impossible de prévoir ses désirs, joint que souvent les considérations d'Etat requièrent qu'on passe par dessus la passion des princes; que les dégoûts du Roi pouvoient provenir de diverses causes, et du même naturel soupçonneux et ombrageux de la Reine, de qui, par raison naturelle, il devoit tenir, et de ce que ceux qui sont en quelque considération dans le monde, ont toujours force gens qui, directement ou indirectement, par moyens cachés et couverts, les chargent et tâchent d'en faire concevoir du dégoût, et particulièrement que Sa Majesté, de son inclination, s'ennuyoit si promptement d'une grande affaire, que quelque fruit qu'il en pût recueillir ne pouvoit empêcher qu'il n'en fût dégoûté avant que d'en être au milieu; qu'il étoit impossible que la première cause le mît mal avec le Roi, n'étant pas croyable qu'il pût entrer en soupçon et ombrage d'une personne qui l'avoit servi fort utilement, et qui n'avoit point craint de choquer beaucoup de grands, ni d'acquérir pour son seul respect force ennemis, qui tôt ou tard vouloient trouver l'occasion de le ruiner. Mais que les deux dernières étoient cause de son mal, quand il lui en arrivoit.

Par exemple, les bons offices du commandeur de Souvré, qui volontiers, par la conduite (2) de Toiras, chargeoit ouvertement le marquis de

(1) La reine-mère, présente à l'entretien.
(2) Par l'instigation.

Brézé (1), pour que le contre-coup vînt sur lui, aidoient à le mettre mal à La Rochelle ; et le dégoût que le Roi prenoit en la longueur de ce siége achevoit tout-à-fait ; étant vrai que, parce que le cardinal craignoit que l'absence de Sa Majesté perdît cette entreprise, sans le bon succès de laquelle le Roi n'étoit point roi, ledit cardinal étoit criminel jusque-là, que qui l'eût lors soufflé l'eût peut-être jeté par terre, et cependant qu'il contribuoit tout ce qu'il lui étoit possible au plus signalé service que serviteur pût rendre à maître. Voyant que le Roi s'en vouloit aller, il jugea unanimement avec tout le monde, que le seul moyen d'empêcher que l'absence de Sa Majesté ne ruinât son premier dessein, étoit qu'il demeurât. Il n'estimoit pas en son particulier valoir plus que les autres ; il se fondoit sur l'opinion qu'on avoit prise qu'il ne s'attachoit pas aisément à des desseins qui ne pouvoient réussir, et sur ce qu'étant auprès du Roi comme on estimoit qu'il fût, on ne jugeoit pas qu'il voulût abandonner cette entreprise en l'y laissant pour la conduire ; qu'il savoit bien qu'en se tenant absent de Sa Majesté il s'exposoit ouvertement à sa perte, connoissant assez les offices qu'on peut rendre aux absens : cependant cette considération de son intérêt ne l'empêcha point de choisir le parti le plus utile à Sa Majesté ; que ce remède unique, comme l'événement l'avoit fait paroître, lui avoit été un nouveau crime, le Roi en oyant parler, l'ayant improuvé tout-à-fait, et s'étant laissé aller jusque-là que de dire que son armée ne le respecteroit non plus qu'un marmiton ; que cependant il étoit vrai qu'elle n'avoit jamais tant considéré personne subalterne ; que ce dégoût avoit donné lieu au Roi de se décharger tout-à-fait contre lui, et qu'à cause de la charge de capitaine des gardes qu'il avoit donnée au marquis de Brézé, il s'étoit relâché à dire que ledit cardinal étoit trop intéressé pour les siens ; ce qui lui fut un déplaisir sensible de voir que la passion de Sa Majesté contre lui fût telle, qu'elle l'eût portée à dire une chose que sa bonté avoueroit bien en un autre temps n'avoir pas de fondement ; qu'il n'eût jamais estimé que, pour accepter cette charge que le Roi ne pouvoit garder, qu'il ne pouvoit vendre par raison, puisque le soin de sa personne y est attaché, et qu'il devoit mettre entre les mains de personnes confidentes, il eût pu avoir la réputation d'être intéressé ; que jamais il ne l'avoit demandée ; au contraire, lui faisant savoir par un tiers que si Sa Majesté avoit la volonté d'en gratifier son beau-frère, comme on disoit, il s'en sentiroit fort obligé, il lui avoit

(1) Beau-frère du cardinal.

fait connoître au même temps que, si Sa Majesté avoit quelque autre pensée, il la supplioit de la suivre ; que toutes ces considérations le purgeoient, à son avis, du soupçon de cette tache ; mais, quoiqu'il fût innocent, il avoit contre lui l'humeur du Roi, qui le portoit à aimer mieux faire du bien à des personnes presque inconnues qu'à des proches, alliés ou amis de ceux qui avoient l'honneur de le servir auprès de sa personne ;

Qu'on ne l'estimeroit pas à son avis intéressé, si on considéroit qu'il avoit refusé cent mille pistoles des financiers qui les lui offroient, sans diminution d'un sou du traité qu'ils faisoient avec Sa Majesté, grâces que le feu Roi avoit souvent accordées en occasions semblables, prenant le temps à faire du bien à ses serviteurs sans qu'il lui en coutât rien ; qu'il pria même la Reine de ne prendre point ce qu'ils lui vouloient donner, de peur qu'on pensât qu'à l'ombre de sa bonté il y eût part ; qu'il avoit refusé vingt mille écus de pension extraordinaire qu'il avoit plu au Roi lui offrir, quoiqu'il dépensât grandement, et ne subsistât que par les libéralités de la Reine sa mère ; qu'au lieu de prendre une abbaye qu'il avoit plu lui donner, il l'avoit laissée au chancelier qui ne servoit pas mieux que lui, et en avoit donné une autre pour contenter le président Séguier, qui prétendoit avoir cette première abbaye ; que si c'étoit être intéressé de n'avoir rien pris, pour la considération du Roi, du débris des carraques dont il lui appartenoit plus de cent mille écus, et dont on lui offroit deux cent mille livres comptant, d'avoir renoncé aux gages de l'amirauté, qui valoient plus de quarante mille livres, avoir emprunté plus d'un million de livres pour faciliter le secours de Ré et le dessein de La Rochelle, il avouoit qu'il l'étoit ; que Sa Majesté lui avoit donné Le Havre, mais il s'assuroit qu'elle savoit bien qu'il ne valoit pas un sou de revenu, et il laissoit à juger à tout le monde s'il y avoit intérêt à se mettre mal avec tous les grands, et Monsieur particulièrement, qui pouvoit être son maître par le malheur de la France, pour après être réduit à s'enfermer dans une place de sûreté contre un souverain contre lequel on n'en peut trouver : aussi, dit lors très-sagement le président de Bellièvre en plein parlement, que peu de personnes eussent voulu l'avoir acquis à ce prix-là ; qu'il avoit conseillé au Roi d'ôter Brouage des mains du sieur de Saint-Luc, qui étoit au hasard de se perdre, mais qu'on ne diroit pas que ce fût pour son intérêt, puisque la prise de La Rochelle, qui étoit une des fins de ce changement, s'en étoit ensuivie, et que, par ce moyen, le Roi étoit près d'augmenter son revenu de 4,000,000, sans nouvelle imposition sur ses sujets; qu'on lui feroit plaisir de l'estimer intéressé à cause de cette affaire, puisqu'on ne le pouvoit sans reconnoître que ses seuls intérêts étoient ceux du public. Quant à la charge de la mer, il protestoit devant Dieu n'en avoir jusques alors touché un seul sou, quoique, légitimement, il en eût pu avoir plus de 100,000 écus; qu'à l'avenir, le commerce étant bien établi, elle ne seroit pas infructueuse. Qu'il pouvoit dire qu'il paroissoit comme il étoit intéressé, en ce qu'il avoit entretenu trente gardes à ses dépens depuis deux ans, pour se garantir de la haine de beaucoup d'ennemis que la seule considération de l'Etat lui avoit mis sur les bras; qu'il pouvoit encore dire avec vérité que, depuis qu'il étoit appelé aux affaires, il dépensoit quatre fois autant qu'il faisoit auparavant, sans avoir beaucoup augmenté de revenu; qu'il pouvoit dire aussi qu'il avoit servi dans l'armée en qualité de général, sans en prendre les appointemens ordinaires; et il n'y avoit personne dans le conseil, au-dessous de lui, qui ne tirât de Sa Majesté trois fois plus d'appointemens qu'il ne faisoit; que c'étoit, d'ordinaire, la grandeur et le bien même des grands princes, que ceux qui avoient les premières charges de leurs Etats, et le plus de part en leur confiance, fissent une honnête fortune, et laissassent après eux des marques de la magnificence de leurs maitres, et de la reconnoissance de leurs services; qu'en cette considération l'empereur Charles-Quint avoit recommandé, par testament, à son fils de se rendre soigneux de faire les affaires de ceux qui feroient bien les siennes; que le Roi, par sa bonté, lui avoit fait plus de bien qu'il ne valoit, depuis qu'il avoit eu l'honneur de le servir. Il lui avoit donné six abbayes : lorsqu'il étoit venu au service de la Reine sa mère, il n'avoit que 25,000 livres de rente en bénéfices, et, par le malheur de sa maison (1), il lui en étoit resté autant en fonds de terre. Tout ce qu'il avoit de plus, qui n'étoit pas peu, il le tenoit des libéralités et des grâces de Leurs Majestés, desquelles, devant Dieu, il étoit extraordinairement content, comme il avoit tout sujet de l'être.

Qu'il y avoit quelque temps que le sentiment de ces disgrâces qui lui étoient arrivées lui eussent fait souhaiter sa retraite, mais que lors il en étoit tellement guéri, qu'il n'y avoit que sa mauvaise santé qui le contraignît de les supplier qu'en demeurant toujours attaché auprès de leurs personnes, dont jamais il ne s'éloigneroit, il fût déchargé du faix des affaires; que, le Roi

(1) Sans doute par la mort de son frère.

lui accordant cette grâce, il auroit l'esprit en repos, et s'aideroit mieux de sa foiblesse; il seroit en état de se conserver plus long-temps pour mettre sa vie en quelque bonne occasion pour son service; au lieu que, faisant autrement, il ne feroit rien qui leur fût avantageux, et se perdroit très-assurément; qu'il avoit dit en général tout ce qu'il estimoit qu'il falloit faire : ceux qui resteroient après lui se serviroient de ses conseils comme ils l'estimeroient à propos; qu'il savoit bien que dans l'exécution des grandes entreprises il arrivoit beaucoup d'inconvéniens où il falloit et tête et cœur pour n'estimer pas que tout fût perdu et ne perdre pas courage, où il falloit lumière et pénétration pour trouver les remèdes, adresse et dextérité pour en savoir user; qu'il savoit encore qu'il y avoit peu de gens capables de desseins plus relevés, parce qu'il n'y en avoit point qui n'eussent beaucoup de difficulté, et qu'à beaucoup d'esprits ce qui étoit difficile paroissoit impossible; mais, en ce cas, outre qu'il lui seroit mal séant d'avoir meilleure opinion de soi que de beaucoup d'autres, il vouloit croire que Dieu donneroit à ceux qu'il plairoit au Roi commettre le soin de ses affaires, la lumière et les moyens de les conduire; qu'il savoit bien que l'opinion qu'un malade avoit d'un médecin ne servoit pas peu à sa guérison; qu'il avouoit que l'honneur qu'il avoit plu au Roi lui faire en l'employant, lui avoit fait acquérir cette réputation dans le monde, que les grands, les parlemens, les communautés, les peuples et les étrangers, l'avoient en quelque considération, ou d'amour, ou d'estime; qu'il savoit, de plus, qu'il importoit grandement au prince qui vouloit être aimé et estimé de ses sujets, de donner les principales charges de son Etat à des personnes qui fussent aimées, et dans le mérite desquelles on pût trouver la cause de leur élévation; mais, nul n'étant tenu à l'impossible, c'étoit avec grand déplaisir qu'il ne prévoyoit pas pouvoir continuer à la charge qu'il avoit; qu'il n'avoit jamais été au milieu des grandes entreprises qu'il avoit fallu faire pour l'Etat, qu'il ne se fût senti comme à la mort, témoin quand le légat étoit auprès du Roi; qu'il y avoit encore à considérer que Monsieur, en l'estimant plus qu'il ne valoit, le haïssoit extraordinairement, et que souvent on lui donnoit des conseils violens contre lui, qui enfin pouvoient avoir leur effet, puisqu'il n'y a rien d'assuré en un jeune prince à qui l'impétuosité de l'âge ne permet pas de se proposer la raison pour règle, ni d'être détourné d'un mauvais conseil par la considération de la conscience; qu'il falloit aussi mettre en ligne de compte qu'il étoit difficile que les choses demeurassent toujours en France en même état, et qu'y ayant long-temps qu'il avoit l'honneur d'être bien auprès de Leurs Majestés, il devoit, par la raison générale de la vicissitude des choses, appréhender d'y tomber mal tout-à-fait ; ce qui seroit une mauvaise récompense finale ; que beaucoup estimoient que l'humeur particulière de Sa Majesté lui faisoit quelquefois aimer le changement, mais qu'il ne voyoit pas que sa ruine pût être fondée en ce principe, les passions, comme excessives et violentes, n'étant pas, de leur nature, de longue durée ; et, comme elles n'ont pas de fondement, n'étant aussi pas solides, que, dès leur naissance, elles sont aveugles, et par conséquent chancelantes et non fermes, et que c'étoit en ce genre d'affection que le Roi avoit quelquefois changé ; ce qui lui faisoit croire être exempt de ce péril, vu que la bienveillance dont il plaisoit au Roi l'honorer étoit d'une autre nature, en tant qu'elle étoit fondée en raison et en la connoissance que Sa Majesté avoit de sa fidélité et de son service ; ce qui faisoit que, ce fondement étant d'éternelle durée, la bienveillance de Sa Majesté ne fluiroit point, à son avis, de son mouvement ; qu'il avoit bien plus à craindre diverses cabales, qui n'avoient autre but que sa perte, celle des étrangers, celle des femmes, celle des grands du royaume, celle de Toiras, dont le Roi avoit particulière connoissance, et qui avoient eu de si mauvais desseins contre lui, que par raison on en devoit appréhender quelque mauvais événement à l'avenir ; qu'il savoit bien que la fermeté du Roi lui seroit un remède assuré contre telles entreprises, s'il étoit assez heureux pour ne vivre pas plus que lui ; mais qu'il n'y avoit personne qui n'avouât que, bien qu'un bon courage pensât être aimé à l'épreuve, il ne laissoit pas d'avoir quelque émotion d'esprit capable de le troubler, lorsqu'en une occasion il voyoit quantité de mousquetaires expressément affûtés pour le tirer ; qu'il étoit très-satisfait et de la bonté du Roi et de celle de la Reine ; (*mais*) que Sa Majesté n'ayant point d'enfans, il lui restoit encore des maux à prévoir et appréhender, dont sa bonté et sa fermeté ne pouvoirent le garantir s'ils arrivoient ; la seule voie de son salut seroit, en cela, que Dieu l'appelât du monde, mais que la mort, qui ne vient pas toujours à souhait, pour n'être pas en la disposition des chrétiens, ne pourroit le servir à coup près ; que, partant, il n'y avoit que sa retraite qui le pût mettre à couvert, encore la falloit-il faire à temps, tels maux pouvant bien être prévenus, mais non pas guéris quand ils étoient nés, à cause de leur violence ; que la Reine avoit douze ans d'expérience pour connoître sa fidélité ; le Roi en avoit autant, puisque servir la mère étoit servir le fils, et particulièrement cinq ans qu'il y avoit qu'il le servoit dans ses conseils. Jamais il ne s'étoit trouvé de plus grandes affaires qu'en ce temps ; qu'elles avoient toutes succédé heureusement, et contre la créance de tout le monde ; et ce qui étoit à considérer, étoit que le Roi se souviendroit que, devant que les entreprendre, il lui en avoit prédit le succès, témoin la prise de La Rochelle, lors même qu'on tenoit Ré désespéré ; qu'il ne pouvoit prendre un meilleur temps de retraite que celui-ci, auquel Leurs Majestés lui savoient gré de ses services ; ce qui lui donnoit lieu d'espérer la conservation de leurs bonnes grâces ; qu'aussi bien à l'avenir craindroit-il ne valoir pas la moitié de ce qu'il avoit fait ci-devant ; car, bien qu'il voulût croire que ce qui étoit passé l'étoit tellement qu'il ne pouvoit plus arriver chose pareille, il lui seroit toutefois difficile de n'appréhender pas d'être encore si malheureux que de déplaire à des personnes dont il désiroit le contentement et la prospérité plus que sa propre vie, ce qui lui ôteroit la liberté d'agir comme il falloit ; qu'il lui seroit impossible de prendre la hardiesse de dire ingénument ses avis ; il appréhenderoit toujours avec raison de tomber en quelque soupçon du Roi ou de la Reine, de choquer quelqu'une de leurs passions ; et cependant, en matière d'État, il falloit que les princes trouvassent bon qu'on passât souvent par-dessus, et qu'ils postposassent leurs sentimens à leurs intérêts, et qu'en effet on ne pouvoit si peu se détourner de son chemin qu'enfin on ne se trouvât bien loin du lieu où on vouloit aller ; que les succès des conseils étant d'ordinaire si incertains que les anges mêmes n'en sauroient répondre, il craindroit de n'y être pas toujours heureux ; qu'il auroit toujours devant les yeux que s'il en donnoit quelqu'un, quoique nécessaire, qui ne réussît pas, non par sa faute, mais parce que les moyens qu'il auroit proposés à cette fin ne seroient pas suivis, il perdroit peut-être les bonnes grâces de Leurs Majestés, qu'il vouloit conserver plus que sa vie ; que d'autre part, il devoit considérer que si l'on n'est hardi à dire ses pensées pour étouffer les maux avant qu'ils soient nés, on perd l'occasion de rendre de très-grands services, et que telles omissions attirent de mauvaises suites ; qu'il n'y a rien si caché que les effets de la prudence, vu qu'ils consistent principalement à éviter les maux en les prévenant, et que quand ils n'arrivent pas pour avoir été prévenus, peu de gens peuvent connoître qu'ils fussent arrivés ; ce qui fait que souvent on n'estime pas beaucoup les services de ce genre, lesquels néanmoins sont les plus grands qui se puissent rendre, étant clair qu'ainsi que le médecin oblige plus en prévenant une maladie qu'en la guérissant, ainsi les ministres d'un Etat méritent davantage s'ils empêchent les troubles et soulèvemens, qu'en les détruisant lorsqu'ils sont arrivés; qu'il craindroit que le Roi s'embarquât en de grands desseins auxquels, de son naturel, il ne se plaisoit pas, et pendant lesquels il étoit toujours chagrin contre ceux qui l'y servoient, comme si c'étoient eux et non la nécessité de ses affaires qui l'y eussent engagé; et cependant toutes celles qui restoient lors à vider étoient de cette nature; qu'en vérité toutes ces considérations rendroient un autre, quoique de moindre force, égal à lui, et peut-être (*qu'il*) réussiroit mieux, en ce que, n'étant pas prévenu de ces craintes, il diroit librement ses pensées et agiroit avec hardiesse; qu'au reste, quand le Roi seroit accoutumé à celui qu'il choisiroit pour mettre en sa place, l'habitude avoit tant de pouvoir sur les princes, qu'il penseroit plutôt avoir gagné que perdu au change.

Après tout cela, quand même il pourroit passer par-dessus toutes ces considérations, Dieu savoit que sa santé ne lui permettoit pas d'entreprendre un travail qui n'avoit point de proportion avec ses forces; que s'étant donné au Roi et à la Reine, ils pouvoient disposer de lui comme il leur plairoit, mais ils auroient agréable de se souvenir que quand ils lui imposeroient plus de charge qu'il n'en pourroit porter, il périroit pour leur complaire, avec cette consolation toutefois qu'il n'iroit pas à la mort comme à la peine de ses fautes, mais bien du mérite que Leurs Majestés avoient pensé qui fût en lui.

Après que le Roi eut tout entendu avec autant de patience que l'humeur de la plus grande part des grands en donne aux plus importantes affaires, il dit au cardinal qu'il étoit résolu d'en faire profit, mais qu'il ne falloit point parler de sa retraite. Cela fait, avant que partir, afin de pourvoir à la sûreté du dedans de son royaume, et empêcher les troubles, il confia à la Reine sa mère, en son absence, le gouvernement des provinces de deçà Loire. Puis, ayant quelque temps auparavant commandé qu'on dressât un édit sur les remontrances et avis des assemblées des Etats en 1614, et des notables en 1617 et 1626, composés par les plus capables gens de son Etat convoqués à cette fin, Sa Majesté, le 15 janvier, alla au palais où elle tint son lit de justice, et là le fit lire et publier en sa présence. Le garde des sceaux dit de la part de Sa Majesté au parlement que, si en cet édit il y avoit quelque article que la cour estimât avoir besoin d'interprétation ou modification, Sa Majesté avoit agréable d'en être avertie, sans retardement néanmoins de l'observation de son ordonnance jusqu'à tant qu'il en eût été autrement ordonné; tant le garde des sceaux étoit affectionné à cet ouvrage, qui étoit sien, qu'il vouloit absolument qu'il passât contre toutes les formes, et fût observé sans délai (1).

En même temps (2), afin que les ennemis de l'Etat ne pussent, par faux bruits et terreurs paniques, faire soulever contre le service de Sa Majesté les huguenots de son royaume qui n'étoient pas dans la rébellion, ou y affermir les autres, Sa Majesté fit une déclaration qui portoit que plusieurs de ses sujets de la religion prétendue réformée étant, nonobstant ses déclarations précédentes, demeurés dans la rébellion par l'engagement qu'ils avoient avec ceux de La Rochelle, maintenant que Dieu avoit réduit cette ville en son obéissance, elle avoit encore bien voulu leur déclarer de nouveau que ceux de ses sujets rebelles qui, dans quinze jours après la publication des présentes, poseroient les armes, se remettroient dans leur devoir, et en feroient passer les déclarations en bonne forme par-devant les cours de parlemens ou sièges présidiaux les plus prochains de leur demeure, seroient par Sa Majesté reçus en sa grâce et maintenus en la jouissance de leurs biens et liberté de leur religion prétendue réformée. Mais, au cas qu'ils continuassent dans leur rébellion, elle les déclaroit dès lors criminels de lèse-majesté au premier chef, et vouloit que, comme tels, il fût procédé contre eux selon la rigueur de ses ordonnances.

Au sortir du palais, le Roi alla au Louvre, et partit de Paris le même jour. Il ne fut pas plutôt parti de Paris que le parlement ne témoignât n'être pas content de l'édit ou cahier d'ordonnances compilé par le garde des sceaux, que Sa Majesté y avoit fait vérifier en sa présence. Ils firent refus de mettre dessus le *registré*, non tant pour la promptitude extraordinaire dont l'on avoit usé à passer cette affaire, ni pour l'intérêt qu'avoit l'Eglise, le public et eux aussi en leur particulier, en aucunes desdites ordonnances, que pource que les passer ainsi sembloit choquer leur prétendue souveraine autorité; passant comme une loi fondamentale du royaume, que toutes les publications faites par le Roi,

(1) Cet édit, composé de 461 articles, fut dérisoirement appelé le code Michaud, du prénom du garde des sceaux qui l'avait dressé. Le parlement, sans examiner ce qu'il contenait de bon ou de mauvais, persista toujours à ne pas en considérer les articles comme lois du royaume, et l'on voit ici le cardinal blâmer lui-même son collègue du ministère, pour l'extrême attachement qu'il portait à son œuvre. On trouvera bientôt la cause de cette censure.

(2) Le même jour.

même présent, ne valent sinon autant qu'ils les approuvent par après, ce qui est soumettre entièrement l'autorité du Roi à la leur, et en un point qui est si souvent nécessaire à l'Etat. Ils vouloient délibérer sur lesdites ordonnances, et, s'ils y trouvoient quelque chose à redire ou à modifier, faire leurs remontrances au Roi sur ce sujet, et que, jusqu'à ce que cela fût fait et qu'ils en eussent réponse de Sa Majesté, l'exécution en fût sursise. Le garde des sceaux, qui étoit affectionné à cette affaire comme à son ouvrage, faisoit bouclier de l'autorité du Roi contre eux, animoit la Reine-mère, et écrivoit au Roi avec chaleur. Il soutenoit qu'il avoit été prononcé, lorsque Sa Majesté fut au parlement, que ledit cahier d'ordonnances seroit observé nonobstant que Sa Majesté leur permît de le voir et examiner, et lui faire leurs remontrances si le cas y échéoit. Eux, au contraire, représentoient l'arrêt que le greffier avoit écrit, portant que le garde des sceaux venant prendre l'avis des présidens, il lui avoit été dit que, pour les déclarations qui concernoient les sujets du Roi de la religion prétendue réformée, ils étoient d'avis de l'enregistrement ainsi qu'il étoit accoutumé; mais que, pour le regard des cahiers contenant les articles qui avoient été vus aux assemblées des notables ès années 1614, 1617 et 1626, ils supplient le Roi d'en surseoir l'envoi par les provinces, cela étant inutile puisqu'il trouvoit bon que son parlement vît lesdits articles pour en délibérer et lui en faire remontrances, et que le garde des sceaux pouvoit prononcer, à la charge toutefois du *retentum* tel que dessus, dont seroit fait registré; ce qui avoit été approuvé par ledit sieur garde des sceaux, et même dit qu'il le signeroit si on lui envoyoit le registré, et que c'étoit l'intention du Roi et de son conseil. Le garde des sceaux disoit que le greffier rapportoit ce qui ne pouvoit être de sa science, sans dire par qui il le savoit; que ce mot d'*envoyer par les provinces* étoit mis avec ruse et finesse, pour ôter à toutes personnes la communication desdites ordonnances, d'autant que l'envoi accoutumé s'en faisoit par les bailliages et sénéchaussées; que ces paroles aussi, comme étant inutiles, étoient insérées pour donner à entendre qu'il ne falloit pas obéir à cette ordonnance qu'ils n'eussent fait leurs remontrances; ce qui importoit plus qu'il ne sembloit, et étoit proprement rendre le Roi dépendant d'eux, et enfin qu'il n'avoit point pris d'eux la loi de prononcer, mais du commandement du Roi; bien moins l'auroit-il prise d'eux à la charge d'aucun *retentum*.

Il écrivit au Roi sur ce sujet le 23 janvier, et manda à Sa Majesté que le soin de ce qui concernoit la dignité et autorité royale, l'empêchoit de se rendre auprès d'elle sitôt qu'il devoit et qu'il eût bien désiré, pource que sa cour de parlement différant et refusant toujours de remettre l'arrêt de Sa Majesté sur l'ordonnance qu'il lui avoit plu faire, et cela tournant au préjudice du respect qui lui étoit dû, l'obligeoit d'y pourvoir, et donnoit avis à Sa Majesté des moyens qui lui sembloient plus convenables. Cet avis étoit qu'il plût au Roi commander au sieur de La Ville-aux-Clercs, l'un de ses secrétaires d'État, de mettre ledit arrêt sur son ordonnance, étant chose convenable à sa charge et à la présence de Sa Majesté, par lequel moyen la publication d'une ordonnance fort utile à son peuple ne seroit plus long-temps différée, et Sa Majesté feroit que son autorité ne demeureroit blessée ni dépendante d'autrui. Il demandoit au Roi qu'il écrivît à la Reine sa mère qu'elle donnât ce commandement audit sieur de La Ville-aux-Clercs. Cependant il fit que la Reine envoya querir le président Le Jay, qui, comme second président, tenoit la place du premier qui étoit lors vacante (1), et lui dit, et à ceux qui l'accompagnoient, que le Roi seroit grandement offensé que l'on mît en délibération si le régistré seroit mis sur l'édit. Le lendemain, ayant fait rapport au parlement de ce qu'il avoit plu à la Reine lui dire, il ne laissa pas de faire délibérer de nouveau la même question; à quoi ils travaillèrent toute la matinée du mercredi, et la conclusion en fut remise au samedi suivant. La Reine envoya, le vendredi, le sieur de La Ville-aux-Clercs vers le président Le Jay, pour lui faire entendre le même intérêt de Sa Majesté et de son autorité, et l'induire à faire arrêter le cours de cette affaire qui lui étoit désagréable, et ce d'autant plus que, lorsqu'ils vinrent trouver la Reine, ils lui dirent que cela étoit fait et qu'il n'y avoit aucune difficulté. Il manda, le 4 février, au cardinal que cette action du parlement étoit de si grande conséquence, qu'il sembloit qu'il ne suffisoit pas d'en empêcher présentement l'effet, mais qu'il étoit à propos d'y pourvoir par une bonne patente qui exprimât vivement le sentiment que Sa Majesté en avoit, et en réprimât la suite par une forte exagération du mal qu'elle contenoit, et que cette patente fût portée au parlement par un prince qui fût pair de France, qui entrât au parlement pour la leur présenter et la faire lire en sa présence.

Mais le parlement continua si opiniâtrement en cette résolution qu'il avoit prise, que la Reine

(1) Par la mort du p. p. de Haqueville, mort le 4 novembre 1628. Son prédécesseur de Verdun était mort le 16 mars 1627. Il eut pour successeur Bochart de Champigny.

enfin fut contrainte de le .eur défendre par lettres qu'elle en écrivit au président Le Jay en vertu de son pouvoir, qu. avoit été enregistré peu de jours auparavant. Lors ils discontinuèrent leur délibération, mais ne voulurent pas lire les lettres de Sa Majesté; et cette discontinuation fut sans qu'ils missent l'arrêté, ce qui étoit pour dissiper l'opposition de la Reine et conserver en leur puissance le moyen de reprendre cette affaire quand ils l'auroient en fantaisie. Le garde des sceaux écrivit cette action au Roi et au cardinal, et auquel il manda particulièrement qu'ils n'avoient pas voulu seulement ouvrir les lettres de la Reine, ni partant les lire, et que le président Le Jay, à qui il échéoit de le faire faire, ne l'avoit voulu faire; ce qui étoit un mépris bien indigne d'officiers du Roi, dont il n'étoit pas mauvais de se souvenir à son avis; que la licence avoit été fort grande aux opinions; que le sieur Thelis, fils de Thelis, procureur de la cour, avoit dit dudit garde des sceaux, le nommant d'Espagne, d'inquisition, d'entreprise, qu'il ne vivroit pas toujours, qu'il avoit deux enfans qui pourroient venir au parlement, et que l'on s'en souviendroit; mais qu'il avoit encore dit, ce qui étoit le pis, que ci-devant on avoit voulu engager la couronne, et qu'à présent on la vouloit vendre à forfait, et qu'il falloit exciter les princes et les grands pour s'assembler et y pourvoir; qu'un autre avoit dit à la buvette qu'il ne falloit pas tirer conséquence du règne du feu Roi à celui-ci, pource que le feu Roi savoit ce qu'il commandoit et le faisoit de lui-même, qu'à présent il falloit faire tout ce qu'il plaisoit au cardinal et au garde des sceaux; que le président Le Jay étoit blâmé partout d'être cause de tout, et que tous les présidens, hormis lui, avoient bien fait; que les autres présidens avoient découvert qu'il faisoit écrire dans les feuilles des expéditions de la cour, où l'on mettoit le nom des assistans, M. Le Jay faisant la charge de premier président, dont ils s'étoient fort offensés, et que sur ce sujet le président de Novion avoit eu de grosses paroles avec lui sur leurs qualités et naissance, et entre autres choses lui avoit dit que la corruption du siècle l'avoit mis au parlement, et que ce seroit justice de l'en ôter.

Nonobstant cette grande aversion du garde des sceaux vers le parlement, il ne laissa pas en même temps, pour les amadouer, dès qu'ils eurent rompu leur assemblée et interrompu leur délibération, de leur octroyer lettres par lesquelles Sa Majesté permettoit que le père et le fils pussent être en même temps dans les charges du parlement. Les lettres ne reçurent guère de difficulté à être enregistrées, vu qu'il y avoit long-temps qu'ils les désiroient et les poursuivoient avec grande instance, non-seulement pour le père et le fils, mais aussi pour les deux frères, et l'oncle et le neveu. Ledit garde des sceaux jusqu'alors s'y étoit toujours opposé, mais enfin il se relâcha en cette occasion pour le père et le fils, qui est le plus dangereux et de plus injuste; mais, parce qu'il en vouloit particulièrement au président Le Jay, qu'il croyoit s'être le plus mal conduit en cette affaire, il ne voulut pas se relâcher pour l'oncle et le neveu; ce que ledit président désiroit avec beaucoup d'affection, et se plaignoit, il y avoit long-temps, de ne le pouvoir obtenir. Il pensoit être venu à bout de cette affaire, et manda au cardinal, le 7 février, que ce qui restoit pour le registré étoit office de greffier, lequel ne pouvoit dire qu'il en eût défense, et partant pouvoit être contraint à l'y mettre, et, s'il étoit besoin, la Reine pouvoit l'envoyer quérir pour le lui faire mettre en sa présence, ou le traiter comme il méritoit s'il le refusoit, y ayant exemple que le chancelier, dans le parlement même, avoit fait mettre le registré au greffier du parlement, sans prendre les avis du parlement, et contre le parlement même, qui y résistoit. Mais il fut étonné que ce feu se rallumât tout de nouveau; car, le matin du 8 février, la cour de parlement, à la réquisition des enquêtes, soit de son mouvement, ou sollicitée par autrui, arrêta d'assembler les chambres, le lendemain matin 9, pour reprendre et continuer la délibération sur le registré de l'édit.

Le garde des sceaux en avertit promptement la Reine, et lui conseilla de les envoyer quérir; ce qu'elle fit dès le soir même; les présidens Le Jay et de Bellièvre, quatre ou cinq conseillers et les gens du Roi la vinrent trouver. La Reine leur dit qu'ayant su qu'ils devoient assembler le lendemain les chambres, elle désiroit savoir pourquoi c'étoit. Le président Le Jay lui dit que c'étoit pour continuer la délibération, et que les enquêtes étoient venues le demander. Sur ce, la Reine leur dit qu'elle leur avoit écrit afin qu'ils n'eussent point à continuer cette délibération, mais qu'ils n'avoient pas voulu voir ses lettres; qu'elle les avoit envoyé quérir afin de leur dire de bouche ce qu'elle leur écrivoit, et qu'ils n'en doutassent point, et qu'elle leur défendoit de délibérer davantage de cette affaire, et que le Roi en seroit extrêmement offensé. Ils répondirent qu'ils le diroient à la compagnie. Dans les discours qu'ils tinrent à la Reine, voulant rendre raison de ce qu'ils faisoient, le président Le Jay dit à Sa Majesté qu'aux opinions ils avoient désiré du garde des sceaux que l'édit ne fût point imprimé ni envoyé aux provinces qu'ils n'eussent fait leurs remontrances, et qu'au préjudice de cela il l'avoit fait imprimer et envoyé aux autres parlemens. Il leur répliqua qu'il ne trouvoit pas d'inconvénient de surseoir pour un mois ou deux l'envoi aux bailliages et sénéchaussées, si dans ce temps ils faisoient leurs remontrances, l'ordonnance demeurant néanmoins en sa force et vertu jusques à ce que par le Roi en eût été ordonné autrement, et qu'il avoit dit cela au Roi qui l'avoit trouvé bon, mais qu'ils ne lui avoient jamais parlé de ne le point faire imprimer. Le président Le Jay lui soutint le contraire, et qu'ils l'avoient stipulé expressément, et qu'il le leur avoit accordé, ce qu'il dénia. Il en fallut venir à la preuve, et voir ce que la feuille du registre portoit. Le garde des sceaux avoit, de bonne fortune, cette feuille en original, arrêtée par ledit président, qui la lut devant toute la compagnie. Il ne se trouva rien de ce que ledit président disoit, dont il demeura fort peu confus, vu qu'il étoit hardi; mais le garde des sceaux fut délivré d'une grande confusion, où il fût tombé si ce qu'il dénioit si affirmativement se fût trouvé véritable.

Entre autres choses, le président Le Jay s'échappant plus que la bienséance ne requéroit devant la Reine-mère, dit qu'il y en avoit qui ne savoient pas porter à la cour l'honneur qui lui étoit dû; que ceux qui l'opprimoient se devoient souvenir qu'elle étoit immortelle; qu'ils avoient fait le procès à toutes sortes de personnes et de toutes conditions, princes, ducs, pairs, officiers de la couronne, connétables et chanceliers, et que son pouvoir étoit grand; que les désordres et confusions arrivés en cette affaire, provenoient de ce qu'on n'avoit pas donné au Roi les conseils de ce qui étoit à faire, et que, plein de justice comme il étoit, il ne vouloit pas renverser les lois fondamentales du royaume. Quelques-uns disent que le garde des sceaux répondit brusquement qu'il vivoit de sorte qu'il ne lui faudroit point d'abolition, et qu'il ne craignoit point leur puissance. Autres disent qu'il répondit simplement qu'en toutes ces choses il agissoit par commandement du Roi, auquel il espéroit donner telle satisfaction de ses actions, qu'il lui feroit l'honneur de les avoir agréables. Leurs discours montroient clairement qu'ils ne vouloient tenir pour ordonnance ou volonté du Roi que ce qu'ils auroient approuvé, et combattroient à l'extrémité pour renverser cet exemple de l'autorité royale, et n'y être soumis.

Cette affaire enfin aboutit à ce point, que de deux mois l'édit ne seroit envoyé aux bailliages et sénéchaussées, et que, durant ce temps, la cour travailleroit à leurs remontrances, l'édit étant néanmoins toujours observé en toutes occasions.

Si cette opposition de la cour fut difficile à surmonter, celle qu'ils firent sur le sujet de l'entérinement de l'abolition du duc de Vendôme ne le fut guère moins. Le Roi, quand il fut sur le point de partir de Paris, crut que, pour rendre Dieu favorable à ses justes vœux et à la défense qu'il entreprenoit d'un innocent, il devoit pardonner à un coupable; et, pour cet effet, voulut que M. de Vendôme, à qui il avoit fait expédier une abolition de ses fautes dès l'année 1627, jouît de la grâce qu'il lui avoit accordée, et qu'absolument la cour de parlement l'entérinât. Et pour ce, afin de procéder à l'entérinement, il étoit nécessaire qu'il fût ouï auparavant sur le contenu en sa déclaration qu'il avoit donnée dès l'an 1627, et des lettres de ladite abolition, obtenues ensuite d'icelle. Le Roi, par ses lettres patentes, en date du 14 juin 1629, nomma des commissaires pour l'aller trouver à ce sujet. M. de Vendôme fit poursuivre cet entérinement tant qu'il put, sa femme le poursuivoit elle-même; l'évêque de Nantes, qui étoit tout de cette maison-là, le sollicita aussi en leurs noms; mais ils n'en pouvoient venir à bout; la cour s'y opposoit, non pour l'intérêt du Roi ou de la justice, mais pour celui de leurs prétentions. Madame de Vendôme en écrivit au cardinal le 11 février, et lui manda qu'elle avoit sollicité trois et quatre fois messieurs du parlement; que ceux qui faisoient ses affaires étoient continuellement à leurs portes et assistoient presque tous les jours à leurs entrées; que la difficulté qui en arrêtoit la vérification ne venoit point d'elle; qu'il sembloit qu'elle n'étoit née que pour prolonger ses maux, et qu'elle le supplioit, au nom de Dieu, d'empêcher l'opinion qui s'en alloit presque commune que c'étoit pour les perpétuer, et qu'elle le supplioit très-humblement de croire qu'outre que la récompense des œuvres de compassion et de piété qu'il exerçoit en son endroit lui seroit rendue au ciel, il en acquerroit une gloire immortelle sur la terre, et obligation très-particulière d'une maison qui se dédieroit entièrement au service de la sienne.

Ils ne trouvoient pas bon que le Roi eût nommé des commissaires pour cet interrogatoire; ils vouloient avoir la gloire de les nommer eux-mêmes; ils ne vouloient nulle contrainte ni restriction de leur autorité, laquelle ils disoient être celle du Roi, mais ne vouloient pas que Sa Majesté en eût une plus grande qui la bornât. Ils méprisoient la nomination faite par le Roi, bien qu'elle fût des personnes principales de leur corps, et que l'exemple immédiatement précédent les condamnât, et, s'il falloit rétrograder davantage, qu'il y en eût tant, et de si particuliers, que ce fût honte d'en douter. Quelqu'un de la compagnie eut bien l'effronterie de demander au garde des sceaux, si la cour en corps vouloit ouïr M. de Vendôme, comme il faudroit faire, voulant inférer qu'il seroit besoin de le faire venir. Il lui répondit que, pour M. d'Alençon, le parlement fut en corps, c'est-à-dire quinze ou vingt à Vincennes, et pour le connétable Saint-Paul à la Bastille, et qu'il en faudroit faire autant. Enfin il fallut composer, et ils voulurent partir l'autorité du Roi; et, pour ne montrer pas avoir cédé, ils firent comme s'ils ignoroient la susdite nomination des commissaires, et, par un arrêt du 16 janvier, nommèrent des commissaires pour l'aller interroger. Mais, pour ne s'opposer à l'autorité du Roi, ils nommèrent les mêmes que Sa Majesté avoit nommés. Ensuite de cet arrêt ils l'allèrent interroger le 26 janvier, où il avoua la déclaration qu'il avoit faite au Roi; que tant les lettres d'abolition que tout le contenu en ladite déclaration étoient véritables, qu'il avoit donné charge de les obtenir, qu'il s'en vouloit aider, qu'il prenoit droit par icelles, qu'il demandoit à la cour l'entérinement desdites lettres, et qu'il avoit signé la requête qui leur avoit été présentée, par laquelle il leur demandoit ledit entérinement.

Tandis que cette affaire se poursuivoit, son frère le grand-prieur vint en une grande extrémité de maladie; il languissoit dès l'année précédente. Il avoit le cœur si grand qu'il ne vouloit recevoir en sa prison aucune consolation; de sorte que le médecin Riolant déclara, par un écrit qu'il donna signé de sa main le 16 août 1628, que, dès le 10 septembre 1626, il fut saisi d'une fièvre double-tierce qui se convertit en tierce jusques en janvier 1627, ayant la rate grosse et le foie enflé, et étant ladite rate demeurée toujours dure, quelques remèdes apéritifs qu'il eût pu lui donner, ce qui lui causoit souvent la fièvre; que de cette mauvaise disposition de rate provinrent depuis de fâcheux accidents; que ses poumons furent travaillés de toux et de fluxions, et souvent la fièvre revenoit avec violence et continue quelquefois quatre et cinq jours, pour l'extinction de laquelle il le falloit souvent saigner, ce qui n'empêcha pas qu'à la longue elle ne se rendît plus fréquente, revenant presque tous les quinze jours; puis survinrent des battemens de cœur et des vertiges fort grands, jusqu'à le faire tomber s'il n'eût été retenu; qu'enfin la pesanteur de sa rate rendit son corps si débile qu'il ne pouvoit plus faire d'exercice. Puis il fut attaqué d'une grande colique, partie d'humeurs, partie de vents, pour laquelle on lui fit boire des eaux pour lesquelles, afin qu'elles lui fussent plus utiles, le Roi lui permit qu'il se promenât dans les jardins, dont madame de Vendôme rendit, par sa lettre du.... de grands remercîmens au cardinal, par le moyen duquel elle croyoit avoir reçu cette grâce de Sa Majesté.

Mais que, nonobstant cela, ces eaux ne lui servirent de rien, la rate étant devenue plus douloureuse au bas des fausses côtes, s'allongeant jusques au rein gauche, de sorte qu'on n'y pouvoit toucher sans douleur, s'élargissant jusques au cartilage xiphoïde, ce qui fit douter qu'elle se fît squirrheuse, et que par voisinage touchant au foie comme elle faisoit, ou par un reflux d'humeurs, elle l'offensât et lui produisît une hydropisie de laquelle il avoit été travaillé dès l'âge de quatre ans; que depuis le mois d'août de ladite année son mal accrut toujours, à raison de l'extrême mélancolie de son esprit; que le 7 février 1629 il fut à l'extrémité et reçut ses sacremens; l'évêque de Nantes y fut envoyé de la part de la Reine-mère pour le consoler, comme lui étant très-agréable. Il dit à Castelnau, en mourant, qu'il le prioit de dire au Roi qu'il le supplioit de lui pardonner, et qu'il le prioit de n'y pas faillir; que ni de fait ni de pensée il n'avoit jamais eu intention d'offenser sa personne, ayant soin, en cette extrémité, de faire savoir au Roi qu'au moins, s'il l'avoit desservi en son Etat par ses cabales, il n'avoit jamais été de ceux qui eussent rien entrepris contre sa personne. Il mourut le 8 février, entre deux et trois heures après midi, fort repentant et fort heureux, puisque l'heur de cette vie ne dépend que du dernier moment (1).

Le garde des sceaux écrivit le même jour au cardinal que l'évêque de Nantes, qui l'avoit assisté soigneusement et utilement au salut de son ame, après avoir vu le lieu de sa demeure et l'ordre de la garde et du service, fut étonné et dit tout haut qu'il rejetteroit bien les calomnies que l'on disoit que ces deux frères étoient en vilains lieux, mal servis et mal assistés. M. de Vendôme désira que ledit sieur évêque l'allât voir pour le consoler, ce que la Reine-mère trouva bon, sachant que le Roi auroit agréable qu'on ne leur déniât rien de ce que raisonnablement on leur pouvoit donner de consolation et d'assistance. Le garde des sceaux, qui étoit à Paris, permit que le corps du grand-prieur fût ouvert, selon que M. et madame de Vendôme désiroient, pour être embaumé et transporté au lieu où ils vouloient l'envoyer. Le procès-verbal en fut fait

(1) On comprend à quelle fin est rapporté ici tout le détail technique de la maladie; il y avoit bruit et croyance de poison.

par ceux qui l'ouvrirent, et envoyé par le garde des sceaux au cardinal pour le montrer au Roi. Ils trouvèrent son foie fort ample, occupant l'hypocondre, et que le flanc gauche s'étoit fort étendu, et comme devenu squirrheux et tout blanchâtre dedans et dehors, sans aucune marque rouge; que sa rate étoit de bonne figure et grosseur, mais fort livide et comme pourrie; que que le rein droit étoit assez bon, le gauche avoit une pierre branchue et grosse placée dans le bassin, l'espace fort petit et sans pierre, les intestins fort dilatés, et que dans la capacité du ventre il y avoit environ trois demi-setiers d'eau, la vésicule du fiel toute vide; que montant à la poitrine ils avoient trouvé les côtes toutes asséchées, sans aucune portion cartilagineuse proche le bréchet; que dans le péricarde il y avoit bien un poisson d'eau contenue; que son cœur étoit fort bon et très-ferme en sa consistance. Les ventricules et valvules des vaisseaux du cœur, savoir la droite et la veine cave, étoient remplies de morceaux de sang caillé et comme charnu, avec des morceaux de graisse en forme de morceaux de sain-doux. Les poumons étoient assez beaux, fors que le droit, du côté du foie, étoit un peu livide.

L'affliction de la mort du grand-prieur n'étonna point tant M. de Vendôme, qu'il ne pensât aux bénéfices qu'il possédoit, et ne fît prier le Roi, avec grande instance, de les donner au cadet de ses enfans, lequel il avoit destiné à être chevalier de Malte. Le Roi, pour plusieurs raisons, ne jugea pas à propos de les lui accorder, mais particulièrement encore parce que le grand-prieuré ayant déjà été donné par le feu Roi au défunt contre les statuts et lois de l'Ordre, Sa Majesté ne voulut pas les enfreindre, mais le laisser venir à celui qui, par mérite et par ancienneté, y devoit être appelé. L'évêque de Verdun (1), qui n'étoit pas beaucoup affectionné à sa profession, et qui commençoit à être las des violences et extravagances qu'il avoit commises contre le service du Roi, lesquelles ne lui avoient pas bien réussi, se laissa entendre qu'il permuteroit volontiers son évêché pour ledit grand-prieuré et quelqu'une de ces pièces-là; mais la raison susdite retint Sa Majesté. De quatre abbayes qu'il avoit, le Roi donna les deux meilleures, savoir est Marmoutier et Saint-Lucien de Beauvais, au cardinal; mais il supplia le Roi de l'excuser de les recevoir, et lui manda qu'ainsi qu'on ne pouvoit sans faute se rendre à charge aux grands rois par demandes importunes, on ne devoit pas aussi refuser les effets de leurs libéralités. Cependant, s'étant garanti jusqu'alors du premier inconvénient, il étoit, à son grand regret, contraint de tomber au dernier, suppliant très-humblement Sa Majesté de trouver bon qu'il ne reçût pas les deux abbayes dont il lui avoit plu lui faire don; que, s'il lui faisoit cette supplication sans cause, il avouoit que sa retenue seroit un crime; mais, étant fondée en raison, il s'assuroit qu'elle l'approuveroit pource qu'elle provenoit de ces deux pièces qui vaquoient par la mort du grand-prieur; et qu'ayant été dans ses conseils lorsque les intérêts de son Etat l'avoient contraint de faire arrêter sa personne, il lui sembloit qu'il contreviendroit au cœur qu'il avoit plu à Dieu lui donner, s'il profitoit de son malheur et prenoit part à sa dépouille; qu'il avoit déjà reçu beaucoup d'effets de la bonté de Sa Majesté, dont il lui étoit infiniment redevable; et comme elle lui avoit témoigné en cette occasion, qu'elle avoit volonté de lui en départir d'autres, il la pouvoit assurer qu'il ne seroit jamais si malavisé de les refuser si son service ne l'y obligeoit, ainsi que ses sentimens l'y contraignoient en cette rencontre; qu'il la conjuroit d'agréer ces considérations et de croire que les seuls intérêts qu'il auroit toute sa vie seroient les siens, et l'honneur qu'on pouvoit acquérir en servant un si grand prince, de qui il seroit éternellement très-fidèle serviteur. Ce refus fut très-bien pris de Sa Majesté et loué de toute la cour, où semblables actions ne sont pas vues d'ordinaire. Elles furent, par son avis, données par Sa Majesté au cardinal de Bérulle. Le garde des sceaux lui en écrivit le 25 février, et lui manda que l'action qu'il avoit faite pour ces bénéfices-là avoit deux bonnes qualités, l'une de générosité singulière, l'autre de grande et droite charité dépouillée d'intérêt; qu'elle étoit grandement louée, et faisoit dans les esprits plusieurs effets fort avantageux, pour témoigner l'affection qu'il portoit au cardinal de Bérulle et l'estime qu'il en faisoit; ce qui dissipoit les malices que l'envie de la prospérité des affaires du Roi et du bon gouvernement mettoit en plusieurs des sages du temps. Le corps du grand-prieur fut envoyé à Vendôme, en l'église des pères de l'Oratoire, que le duc de Vendôme y avoit établis en une maison qui est d'ancienne fondation des ducs ses prédécesseurs. La mort du grand-prieur occupa quelque temps M. de Vendôme et les siens, et ne leur donna pas le temps de solliciter si continuellement l'entérinement de son abolition qu'ils eussent fait sans cela; elle fut néanmoins entérinée le 23 mars ensuivant.

En ce temps l'évêque de Verdun revenant à soi, et se repentant de s'être, par son ambition, opposé sans sujet au service du Roi en la ville de Verdun, et n'ayant pas trouvé son compte au

(1) François de Lorraine, nommé plus haut.

secours qu'il avoit recherché de l'Empereur et des princes d'Allemagne, et aussi se trouvant court des finances, le revenu de ses abbayes et de son évêché lui étant arrêté depuis sa faute, et mis entre les mains du Roi, écrivit à Sa Majesté, et lui envoya Mageron, vicaire général de son évêché, pour le supplier très-humblement de le recevoir en sa grâce. Ce que Sa Majesté, par l'avis du cardinal, accorda très-volontiers à cause de sa qualité ecclésiastique; et pource que la magnanimité se plaît à faire de grands biens à ceux mêmes qui ne l'ont pas mérité, elle lui fit rendre tous les deniers qui avoient été reçus de ses bénéfices depuis le premier jour qu'ils furent saisis, sans que ses juges permissent qu'il lui en fût soustrait aucune chose; dont il rendit lors témoignage très-grand de reconnoissance à Sa Majesté.

Après avoir raconté les oppositions et débats du parlement contre l'autorité royale et sur le sujet du cahier des ordonnances, et en celui des commissaires députés par Sa Majesté pour interroger le duc de Vendôme et procéder à l'entérinement de son abolition, revenons maintenant au voyage du Roi et à ce qui s'y passa à la gloire de ses armes contre ceux qui portoient envie à sa grandeur et à sa réputation. Partant de Paris le 15 janvier, le grand chemin de Lyon étant infecté de peste, Sa Majesté prit celui de Champagne : passant à Bray, elle y vit M. le prince, suivant la permission qu'elle lui avoit donnée de le venir trouver. Il la supplia d'avoir agréable de se servir de lui où il lui plairoit, en tant d'occasions qu'elle avoit d'employer ses serviteurs, et de trouver bon qu'à son retour il lui fût libre d'aller à la cour et à Paris comme les autres princes, avec cette retenue toutefois d'y aller et venir sans y faire résidence perpétuelle, et s'y gouvernant ainsi que Sa Majesté lui feroit dire à l'oreille, sans disputer aucune chose; se soumettant à telle peine qu'il lui plairoit s'il manquoit à la moindre de ses volontés; étant en sa puissance de la lui faire souffrir. De là il (1) alla aux eaux à deux lieues de Nogent, où il vit le cardinal ; et lui disant son avis sur toutes choses, il lui dit, touchant M. de Vendôme, que son sentiment étoit qu'après son abolition entérinée et l'échange de son gouvernement, le Roi lui pouvoit donner liberté en toute sûreté. Quant au grand-prieur qui n'étoit pas encore mort, car on n'étoit encore lors qu'en janvier, il dit qu'il étoit méchant pour le Roi, pour l'Etat et pour tout; qu'il pouvoit porter Monsieur et M. le comte à toutes sortes d'extravagances, et méritoit puni-

tion ; qu'il falloit finir l'affaire de ces mauvais prisonniers en l'absence du Roi, et à son retour donner liberté aux autres envers lesquels on voudroit user de grâce; que les grands avoient été surpris en la prise de La Rochelle, laquelle ils croyoient qui ne se prendroit pas, que le cardinal trébucheroit, et qu'ils brouilleroient de nouveau; que le Dauphiné, le Languedoc et la Guienne avoient besoin d'ordre, le Roi n'y étant pas roi; qu'il avoit été sollicité par le duc de Montmorency de se joindre avec M. le comte, et lui donner sa fille en mariage; qu'il lui en avoit parlé plusieurs fois, jusque-là que Clausel de Montpellier étoit venu trouver ledit duc de Montmorency pour achever cette affaire, qui alloit à réunir messieurs le comte, Longueville et ledit Montmorency avec lui, et tous ensemble avec Monsieur; que ledit sieur de Montmorency lui avoit fait dire en ce temps-là, par l'évêque d'Alby, qu'il viendroit à Béziers si toutes choses s'accommodoient; que madame la princesse sa femme s'entendoit parfaitement avec madame la comtesse, et désiroit avec passion ce mariage ; que Pugeols étoit venu trouver le duc d'Epernon de la part de Monsieur et de madame la comtesse, de laquelle il avoit apporté une lettre qu'il avoit vue et lue, et par laquelle, sous un nom tiers, elle le sollicitoit de s'unir à son fils; que ledit Pugeols avoit fait plusieurs autres négociations qu'il ne savoit pas; que ledit duc d'Epernon l'avoit souvent pressé de n'achever pas les affaires contre les huguenots, au contraire d'aller bride en main pour voir les événemens des choses; qu'il lui représentoit que c'étoit son avantage, et que si une fois le Roi prenoit La Rochelle, le cardinal lui conseilleroit de faire raser toutes les places que tenoient tous les grands, et encore des têtes ; et enfin que l'évêque d'Alby lui avoit dit avoir charge du duc de Montmorency de l'avertir que le cardinal le tromperoit, qu'il l'amusoit de belles paroles afin que cependant les affaires du Roi se parachevassent, et que, puis après, on se moqueroit de lui, et tout ce qui pouvoit se dire de malicieux contre le service du Roi et contre le cardinal. Le Roi permit audit sieur le prince d'aller faire un tour à Paris, y voir madame la princesse sa mère, et n'y faire pas long séjour, jusqu'au retour de Sa Majesté, qui lui en donneroit lors plus ample permission.

De là le Roi s'avança à Troyes, puis, passant en Bourgogne, alla à Dijon et à Châlons, où le duc de Lorraine arriva le soir auparavant que le Roi en partît, et présenta à Sa Majesté des chiens de chasse, desquels elle lui dit que, pour le présent, ils étoient hors de saison, pource qu'elle

(1) Le prince.

n'employoit point le temps à la chasse que quand elle n'avoit à faire autre chose. De Châlons Sa Majesté alla à Mâcon et à Lyon, et de là à Grenoble, et tout cela en telle diligence qu'elle y arriva le 14 février; toutes les villes par où elle passa lui firent de superbes entrées. Le Roi fut seul en tout le chemin, peu de gens pouvant, après un si long voyage que celui de La Rochelle, être prêts de repartir pour passer en pays étranger, principalement en une saison si incommode comme celle du cœur de l'hiver. Le maréchal de Schomberg et le cardinal furent les seuls qui pussent suivre le Roi dès le commencement de tout son voyage; tout le reste du conseil demeura à Paris; encore, le malheur voulut que M. de Schomberg fût surpris de la goutte à Troyes où il demeura près d'un mois, de façon que le cardinal demeura seul auprès du Roi.

Le Roi ne fut pas sitôt arrivé à Grenoble qu'il reçut une dépêche de la Reine sa mère, qui l'avertissoit que l'ambassadeur d'Espagne, qui étoit demeuré à Paris, l'étoit allé trouver pour lui dire que l'affaire qui menoit le Roi en Italie avoit été terminée en Espagne avec Bautru. Ledit ambassadeur ne se contenta pas d'assurer cette nouvelle à la Reine, mais il la publia par tout Paris; il la donnoit à tout le monde avec autant d'assurance que si elle eût été véritable. Cependant sa nouvelle étoit si fausse, que, par son même courrier, Bautru écrivoit au Roi qu'il partoit d'Espagne, après y avoir demeuré trois mois, sans pouvoir porter le comte Olivarès à aucun accord raisonnable. Tout le point du différend entre la France et l'Espagne consistoit en ce que nous allions de bonne foi en notre traité, et voulions trouver aux affaires un bon et réel accommodement. Les Espagnols rusoient et dilayoient pour gagner temps, et tâchoient d'esquiver de condescendre à aucune chose qui mît les affaires en état que l'exécution de leurs injustes desseins ne demeurât pas en leur puissance. Bautru leur avoit dit de la part du Roi que Sa Majesté, désirant faire voir à tout le monde l'ardent désir qu'il avoit de procurer le repos de l'Italie, n'étoit pas seulement résolu d'en demeurer aux termes qu'avoient concertés et arrêtés ses ministres avec les ambassadeurs d'Espagne au mois de juillet dernier, durant la plus grande vigueur du siége de La Rochelle; mais, pour montrer avec quelle légalité et sincérité il procédoit en cette affaire, après l'expulsion de l'armée anglaise, reddition de Ladite Rochelle et autres accidens qui sembloient être avantageux aux desseins d'un prince qui n'auroit pas la crainte de Dieu pour but principal en ses actions, en considération de l'engagement où se trouvoient les armes de son bon frère le roi Catholique duquel il souhaitoit le contentement à l'égal du sien propre, Sa Majesté Très-Chrétienne promettoit de faire consentir dès lors au duc de Mantoue de remettre la ville de Casal en forme de dépôt entre les mains de don Gonzalez de Cordoue, ou de tel autre qu'il plairoit au roi d'Espagne de nommer, et de déposer la citadelle, château et autres lieux que tenoit ledit duc audit Montferrat, entre les mains de Sa Sainteté, avec les conditions que nous avons dites ci-devant. Ces paroles, qui servoient comme d'avant-propos au traité que Bautru proposoit, furent par lui mises en avant, sur ce qu'il avoit su qu'Olivarès avoit dit à tous les ambassadeurs que le Roi les traitoit maintenant en victorieux, le bâton haut, et que ce n'étoit pas en user en beau-frère et en roi Très-Chrétien; et que si, dans les avantages que nous prétendions avoir lors dans les désordres de leurs affaires, nous les contraignions à des conditions qui ne leur fussent pas honorables, ils s'en vengeroient de là à dix ans, y dussent-ils engager foi et honneur.

Un des principaux conseillers d'Etat d'Espagne dit à Bautru qu'ils viendroient plus volontiers à consentir que le cardinal fût choisi par l'Empereur, pour décider en dernier ressort cette affaire, le cardinal ayant meshuy tant d'honneur et de réputation dans le monde, qu'ils n'avoient point à craindre qu'un personnage de sa trempe fît, par considération quelconque, brèche à la haute estime en laquelle il est maintenant. Il dit tout haut, en plein conseil d'Etat, que ledit cardinal étoit le plus grand favori qui eût été depuis celui de Trajan; qu'il ne portoit le Roi son maître que dans des actions de piété et de valeur, et que, pour le menu des affaires, il le tient au-dessous de soi. Olivarès n'eut pas agréable ce discours, et témoigna qu'il trouvoit mauvaise cette trop naïve liberté.

Olivarès insistoit encore fort sur ce que la citadelle et château ne fussent pas déposés entre les mains de Sa Sainteté, mais entre celles de quelque autre prince qui fût absolument en leur dépendance, et demandoit à Bautru pourquoi Parme et Modène n'étoient pas bons. Il (1) lui dit qu'ils étoient tous très-bons, mais qu'il n'avoit pas ordre de les nommer. Il (2) répondit que c'étoit une chose bien cruelle que la France leur voulût donner leur leçon par écrit, et qu'ils n'avoient pas accoutumé de prendre les ordres d'autrui. Bautru lui dit qu'en France on les prenoit de qui que ce fût au monde, pourvu qu'ils fus-

(1) Bautru.
(2) Olivarès.

sent justes. Il (1) témoigna alors que quand il n'y auroit autre difficulté en l'affaire, qu'ils en viendroient à Florence ou à Bavière; et est à noter que c'est la première fois qu'il s'étoit ouvert pour vouloir souffrir que ce fût autre que l'Empereur qui entrât dans la citadelle.

Les nonces du Pape furent appelés par le comte Olivarès, qui leur exagéra le tort qu'il prétendoit que cette proposition faisoit à Sa Majesté Catholique, qu'il souffriroit volontiers en son particulier pour le bien de la république chrétienne, mais que pour celui de l'Empereur il perdroit plutôt mille couronnes. Les nonces vinrent trouver Bautru, et lui dirent qu'ils avoient absolue défense de Sa Sainteté d'accepter ledit dépôt ni jugement, et le supplièrent de se déclarer à eux, sans aucune sorte d'engagement toutefois, s'il n'y avoit pas moyen d'adoucir les termes du jugement définitif du Pape, et trouver quelque équivalent. Ils mirent le mot de terminer à la charge de ratification de l'Empereur; c'étoit en effet la même chose, puisque la ratification y étoit énoncée. Ils passèrent, de plus, par forme de conversation, si le château, qui n'étoit qu'une maison de plaisance, ne pourroit pas être mis entre les mains de don Gonzalez de Cordoue, parce que ce mot de château donneroit quelque chose de satisfaction aux Espagnols. Il leur répondit (2) que si toute l'affaire ne tenoit qu'à une maison de plaisance, il s'offroit de faire office pour que ce consentement leur fût donné; qu'il sauroit en peu d'heures, de l'ambassadeur de Mantoue, ce que c'étoit, et qu'après il leur répondroit; que néanmoins il avoit très-précisément dans ses ordres de mettre entre les mains du dépositaire de la citadelle, et en même temps il leur montra l'article de son instruction qu'il avoit sur lui, qui portoit nommément ce qu'il leur avoit dit ci-dessus. Ils le pressèrent d'envoyer un courrier en France, sur la difficulté de l'acceptation de Sa Sainteté, et à ce qu'il disoit avoir ordre de ne plus écrire, mais de partir. Ils lui répondoient que si la difficulté venoit d'Espagne il auroit raison, mais que, provenant d'eux, c'étoit un cas auquel le ministre devoit donner avis à son maître. Il leur répondit que la plus grande louange qu'il cherchoit étoit de savoir bien obéir, et que les heureux succès qu'on obtenoit contre les ordres des maîtres, passoient pour des crimes dans l'opinion des plus sages; qu'il étoit au pouvoir de Sa Sainteté de refuser l'acceptation des propositions de Sa Majesté Très-Chrétienne, mais qu'il n'étoit pas au sien de se dispenser de ses ordres. Il leur ajouta encore que, lorsque le comte de Gondemar étoit ambassadeur en Angleterre, il arrivoit fort souvent nouvelles au roi Jacques de la prise de quelque place au Palatinat; que ledit comte de Gondemar s'en alloit en même temps se conjouir avec ledit roi d'Angleterre, lui disant que tant plus il y auroit de places prises, d'autant plus le pouvoir de Sa Majesté de la Grande-Bretagne se feroit paroître, puisqu'avec quatre lignes de sa main il les feroit toutes rendre; que le roi Très-Chrétien étoit d'autre humeur que ce bon vieux prince, étant de tel naturel qu'il n'étoit pas en son pouvoir de savoir que les canons des princes ses voisins tirassent contre les places de ses amis, sans se vouloir éclaircir si sa poudre étoit aussi bonne que la leur; que si tous ces messieurs jugeoient à propos que l'affaire requît qu'il envoyât un courrier en France, il étoit prêt de leur obéir, à la charge que Sa Majesté Catholique en feroit partir un avec le sien, pour commander à don Gonzalez de retirer ses armes du Montferrat, étant, à son avis, bien raisonnable que si Sa Majesté Catholique vouloit mettre l'affaire en négociation, toutes les voies de violence fussent ôtées de part et d'autre. Ils lui proposèrent une suspension d'armes jusques au retour de son courrier, s'il la vouloit demander. Il répondit que ce n'étoit pas à un ministre d'un prince qui étoit à cheval à demander suspension d'armes à un autre qui n'étoit pas dans cet état-là; néanmoins qu'il signeroit celle qui avoit été concertée le 23 juillet entre les ministres du roi Très-Chrétien, le marquis de Mirabel et don Lorenzo Ramirez de Prado; ce qu'ils ne voulurent pas accepter.

Cependant il pressoit toujours son audience pour s'en aller; et en faisant instance au comte Olivarès, le 20 janvier, ledit comte lui dit que, si le Roi passoit en Italie, ainsi que l'on disoit, Sa Majesté Catholique pensoit être obligée de l'aller recevoir, et que, dans tous ses Etats, il ne jugeoit pas qu'il y eût un assez honnête homme pour recevoir un si bon hôte. Il lui répondit que nous avions grand'peur que le changement de climat, et le mauvais air qui suit toujours les armées, et qui ne respecte aucune dignité, n'intéressât la santé de Sa Majesté Catholique; que le Roi son maître y étoit tellement accoutumé, qu'en tant de sièges et tant d'armées où il avoit eu l'honneur de l'accompagner, où tant de personnes étoient mortes de maladie, que, par la grâce de Dieu, il ne lui avoit jamais vu un accès de fièvre. Il (3) passa doucement cette réponse, et se mit sur les intérêts de l'Empereur, et fut tellement prolixe sur ce discours,

(1) Olivarès.
(2) Bautru.
(3) Olivarès.

38.

et tellement agité, qu'il changea plus de six fois de siége. Et après que la lassitude, plutôt que la satiété de parler, l'eut fait taire, il (1) lui répondit qu'il n'eût jamais cru que les hivers d'Espagne eussent été si violens. Il (2) se mit en fougue; et lui dit que le roi Très-Chrétien *tenia pocas cabeças d'exercitos* (3), et que le roi Catholique en avoit une grande quantité. Il (4) lui répondit qu'après le marquis Spinola il en connoissoit fort peu qui eussent beaucoup de nom.

Puis continua à presser le congé pour partir, lequel il lui promit dans peu de jours, durant lesquels messieurs les nonces lui mirent en avant l'échange du Crémonois avec le Montferrat, et que jamais la conjoncture ne fut si bonne pour cet effet. Il leur dit qu'il n'étoit pas là pour ouïr de nouvelles propositions, sur lesquelles il n'avoit nulle charge. Le patriarche Panfilio lui dit que puisqu'il étoit venu pour négocier en Espagne, qu'il falloit qu'il se mît Job devant les yeux pour modèle de patience. Il lui répliqua qu'il ne ressembloit pas seulement à Job en la conformité de patience et de déplaisirs, mais qu'il les souffroit au même lieu où Job les avoit soufferts, en Arabie, et encore pis, puisque c'étoit en la déserte, et qu'il vivoit en l'heureuse.

Comme il continuoit toujours à presser son congé, le comte s'échappa, et dit à celui par lequel il le lui envoyoit demander, que c'étoit se rendre importun, qu'il l'auroit plutôt qu'il ne voudroit; que quand le Roi ne lui voudroit donner de deux mois, il étoit obligé de l'attendre, et qu'il n'étoit pas ambassadeur, mais un ministre du cardinal de Richelieu, qui avoit commencé *con buenas palabras a decir nos pesadombres* (5). Bautru alla trouver les nonces, et, après leur avoir montré exactement toute cette histoire, les pria de lui faire cette faveur, dans la visite qu'ils faisoient le lendemain au comte, de l'assurer qu'il les avoit suppliés de lui dire qu'il ne désiroit plus d'audience de Sa Majesté, sachant que la personne des rois étoit tellement sacrée qu'il ne falloit jamais les importuner, et que, pour répondre particulièrement au comte, il avoit parlé au sieur de Lingendes, non-seulement contre la courtoisie de cavalier et devoir de ministre de roi à ministre de roi, mais contre le sens commun, puisque le mot d'importun ne signifie jamais celui qui désire s'en aller plus tôt qu'on ne le veut, mais bien celui qui demeure plus qu'on ne souhaite; qu'il n'avoit demandé aucune audience au Roi depuis deux mois qu'il étoit en cette cour, que celle de l'arrivée, qui lui avoit été différée par plusieurs jours, et celle du partement, qu'il y avoit plus de vingt jours qu'il demandoit avec instance, ayant commandement très-exprès du Roi son maître de le faire; que pource qu'il pensoit bien l'offenser disant qu'il étoit ministre du cardinal de Richelieu, il avoit l'honneur d'être ministre du roi Très-Chrétien, et que, hors cet honneur, il ne pouvoit lui en faire un plus grand que l'appelant très-humble serviteur dudit seigneur, dont il faisoit très-haute et très-claire profession; que, grâces à Dieu, c'étoit un personnage auquel toutes les vertus qui pouvoient mettre un homme au-dessus des autres se rencontroient abondamment, et que nul des vices qui peuvent obscurcir l'éclat de ses hauts mérites ne se pouvoit remarquer en lui-même par ses ennemis; qu'en une seule chose ne lui donnoit-il pas grande louange, savoir, à ne lui voir aucune envie sur ceux qui tenoient le même poste que lui auprès des rois de la chrétienté; qu'il n'avoit jamais porté son maître par ses conseils à faire la guerre qu'à des rebelles et à des hérétiques; et que, encore que sa profession le dispensât de se rencontrer dans les occasions, il n'avoit jamais voulu, lorsqu'il étoit question de l'exécution, faire une guerre de banquier par lettres de change et par des partis, mais bien avoit été depuis quinze mois général de l'armée du Roi son maître; qu'il avoit secouru la citadelle de Saint-Martin de Ré, débellé entièrement l'armée de Buckingham, empêché celle du comte d'Emby de secourir La Rochelle, repoussé trois fois celle du comte de Lincé (6), fait une digue sur la mer océane, qui avoit autant surpassé celles de Tyr, de Carthage et de Bronduse, que la mer océane la Méditerranée, pris La Rochelle, la plus forte place de l'Europe, et peut-être la meilleure qui jamais eût été assiégée; qu'il ne voyoit pas beaucoup de honte à être tenu dans le monde pour serviteur très-humble d'un tel homme.

Le comte lui en envoya faire le lendemain de grandes excuses par son secrétaire le plus confident, remettant la faute sur ce que celui qui lui avoit rapporté ses paroles, n'étant pas Espagnol, ne les avoit pas bien entendues, et qu'il n'avoit eu aucune intention de l'offenser, et que si en la chaleur de ce discours il lui étoit échappé quelque parole que ledit Bautru eût interprétée contre son intention, il lui en demandoit pardon. Bautru, recevant courtoisement ses excuses, finit par demander encore, avec instance, au-

---

(1) Bautru.
(2) Olivarès.
(3) Avait peu de généraux d'armée.
(4) Bautru.
(5) Avec de belles paroles à nous dire des choses désagréables.
(6) Lindsey.

dience de Sa Majesté Catholique pour prendre congé d'elle. On lui répondit qu'il l'auroit quand il lui plairoit, que seulement son maître le supplioit de lui donner ce seul jour pour achever un papier qu'ils désiroient envoyer au Roi par lui, qui approchoit fort des intentions de Sa Majesté Très-Chrétienne, et qu'il en auroit contentement. Néanmoins, ils l'arrêtèrent encore par diverses remises de jour à autre. Enfin, le 30 il alla au palais trouver le comte Olivarès, qui lui bailla le papier qu'ils avoient été vingt jours à dresser. Il fit force cérémonies avant que de le délivrer, et lui dit qu'il avoit été arrêté au conseil d'Espagne qu'il ne le lui bailleroit point s'il ne le vouloit signer présentement. Il lui répondit que non-seulement ne le lui demandoit-il pas, mais qu'il voudroit qu'il se pût faire qu'il n'en eût pas ouï la lecture, et que puisqu'il n'étoit pas conforme à son papier du 8, qu'il n'avoit ni à le prendre ni à y répondre. Il (1) lui répondit qu'il s'en fioit en lui, et qu'il n'en prît point de copie, parce qu'au cas qu'ils ne s'accordassent pas, ce seroit un trop grand avantage pour nous et une trop grande honte pour eux; que jamais homme n'avoit traité avec tant d'avantage que lui, qu'il leur avoit toujours donné ses propositions de plus rigoureuses en plus rigoureuses; que les traités se faisoient de conformité entre les parties, mais que de demeurer fixe dans les premières propositions, que c'étoit traiter comme de maître à valet. Il (2) lui répondit que d'abord nous allions aux choses justes, et ne nous en départions pour considération quelconque, le conseil de Sa Majesté Très-Chrétienne n'ayant jamais d'autre visée que de mettre les choses dans la justice et dans l'équité. Il est certain qu'il en fût venu à tout ce que désiroit le Roi, n'étoit qu'ils eurent nouvelles que l'embarquement de Provence n'alloit pas bien, et que le duc de Guise n'avoit pas le soin d'exécuter ce qu'il avoit promis. Ledit comte Olivarès passa outre, et lui dit que le roi Très-Chrétien alloit engager son estime dans le monde, pour n'être pas cru bon frère, puisqu'il alloit faire la guerre en même temps à trois beaux-frères, et tenoit deux frères naturels prisonniers dans Paris. Il lui répondit que, pour les beaux-frères de son maître, ils avoient attaqué ses États, ou ceux de ses amis, témoin la descente en l'île de Ré et le siége de Casal, et les prises d'Alve et de Trino; et pour ses frères naturels, qu'ils avoient des crimes qui pouvoient ôter le nom de Juste au Roi pour lui donner celui de Clément; et que, puisqu'il accusoit le Roi son maître d'être mauvais frère, qu'il pouvoit bien accuser le sien d'être mauvais fils, puisqu'il ne vouloit pas croire le Pape, qui est père commun de tous les princes chrétiens, ni la Reine-mère, qui est mère de tous les principaux rois de l'Europe, et ainsi qu'il ne déféroit à père ni à mère. Ledit comte ajouta qu'ils avoient des consultes de théologiens très-célèbres, qui leur permettoient d'aider nos huguenots rebelles puisque nous supportions les leurs.

Après tous ces discours, Bautru fit nouvelles instances d'avoir audience du Roi pour partir. Elle lui fut promise pour le lendemain, et le lendemain pour celui d'après; durant lequel temps les nonces faisoient tous les offices possibles envers Bautru, afin qu'il dépêchât un courrier avec ce papier; et le 2 de février il fut répondu à celui par lequel il demandoit son audience, qu'on trouvoit bien étrange qu'il la demandât, n'ayant encore fait aucune réponse audit papier. A quoi ledit Bautru répondit que, par écrit signé de sa main, que par serment, par montre de ses instructions, il leur avoit donné assurance qu'il n'ajouteroit pas une syllabe au papier du 8, et que c'étoit en vain qu'on attendoit autre chose de sa part, qu'il ne falloit plus attendre qu'autre que lui portât de ses nouvelles en France. Lors ils promirent audience pour le lendemain à quatre heures. Le jour venu, on lui envoya, dès neuf heures du matin, un garde pour lui dire que Sa Majesté l'attendoit et qu'il allât à l'audience; le carrosse de la Reine, qui avoit accoutumé de venir tous les jours, n'étoit point à sa porte. Il envoya consécutivement trois de ses gens, en moins de demi-heure, à l'écurie de la Reine, qui furent tous trois refusés par le premier écuyer, don Juan de Bargas, avec paroles d'outrages; ce que voyant, et jugeant qu'ils diroient qu'il avoit fait attendre le Roi, et prendroient prétexte de la lui refuser puis après tant qu'il leur plairoit, il partit à pied de son logis, et entra au palais comme dix heures sonnoient. Le duc (3) en étant averti fit semblant de s'en mettre en si grande colère, qu'on l'entendoit crier de quatre chambres après la sienne, et donna tel ordre pour les carrosses, qu'il trouva, en sortant, deux carrosses du Roi à six mules, deux de la Reine et le sien, qui l'attendoient à la porte du palais pour son retour. Depuis ce jour ils le tinrent encore jusqu'au 12 à lui donner ses expéditions, et entre autres son passe-port, lequel dès qu'il eut, il partit sans attendre un seul jour pour revenir trouver Sa Majesté.

Par ce procédé il se voit qu'ils ne traitoient pas avec sincérité, mais essayoient, par sou-

(1) Olivarès.
(2) Bautru.

(3) Le comte d'Olivarès.

plesse, de gagner du temps et entretenir le Roi par diverses propositions, sans venir à tomber d'accord d'aucunes raisonnables, pour cependant donner loisir de prendre Casal. Quant à ce papier, qu'après un si long temps ils donnèrent à Bautru, c'est celui que le marquis de Mirabel disoit à la Reine-mère contenir un entier accommodement de toutes les affaires : ce qui tant s'en faut qu'il fût, qu'au contraire il étoit plein de captieuses propositions, et s'éloignoit de toutes les essentielles et raisonnables qui avoient été proposées par Sa Majesté. Premièrement, Sa Majesté accordant que la ville de Casal fût déposée entre les mains de don Gonzalez, ou autre nommé par l'Espagne, elle promettoit de faire que le duc de Mantoue déposeroit la citadelle et les châteaux entre les mains de Sa Sainteté ; ce qui avoit été restreint expressément en la personne du Pape, pour balancer et tempérer en quelque sorte le désavantage du duc de Mantoue, déposant la ville entre les mains de l'Espagne, par la confiance qu'il pouvoit avoir au Pape, tant à cause de son autorité que de son affection, beaucoup plus qu'en nul autre qu'on pourroit nommer. Et dans le papier que présentoient les Espagnols, il étoit porté que les châteaux et citadelle de Casal seroient remis entre les mains du Pape, Florence ou Bavière, au choix de l'Empereur, vers lequel ils feroient office pour le prier de consentir à un de ces trois. En quoi l'Espagne étoit trop avantagée, en ce qu'on se remettoit à elle de faire l'office vers l'Empereur pour le choix du dépositaire, outre qu'ils montroient bien par là que l'élection ne tomberoit pas en la personne du Pape, qui étoit celui seul qu'on désiroit, mais d'un des deux autres qui ne nous étoit pas en la même considération. Il y avoit apparence que l'Espagne avoit intention de choisir le duc de Florence, lequel, étant disposé de se mettre du côté des plus forts, voyant que l'Espagne tenoit la ville et les autres places du Montferrat, ne montreroit pas peut-être la vigueur nécessaire contre les artifices et les violences d'Espagne en la suite de ces différends ; ce qui affoibliroit beaucoup le Pape, lequel ne se trouvant point engagé, et n'étant point dépositaire, se retireroit de cette affaire entièrement ; outre que Sa Sainteté ne devoit pas être mise en parallèle avec Bavière et Florence, cela n'étant pas de sa dignité ; bien moins encore qu'étant mise en parallèle avec eux elle ne fût pas choisie, mais un des deux autres lui fût préféré. Et davantage, ils ne parloient que de la citadelle, prétendant que le château dût être remis entre les mains de don Gonzalez, lequel château n'étoit point de si petite importance qu'on y dût si facilement consentir, quand ce n'eût été que pour la réputation, que le Roi avoit autant d'intérêt de conserver que le roi d'Espagne. Secondement, ils vouloient que M. de Mantoue tînt Mantoue comme dépositaire de l'Empereur, bien qu'il lui en eût plusieurs fois offert l'investiture en cas de la déposition de Casal entre ses mains ; ce qui donnoit assez à connoître que les Espagnols avoient dessein de la traverser, pour accrocher par ce différend celui du Montferrat, et de faire de tous les deux une cote mal taillée. Troisièmement, le Roi demandoit que le roi d'Espagne et le duc de Savoie déclarassent et donnassent les actes nécessaires pour cet effet, qu'ils tenoient par forme de dépôt les places du Montferrat, et promissent de remettre toutes lesdites places entre les mains de qui, et ainsi qu'il seroit ordonné par les deux Rois ; ce que déclareroient aussi les dépositaires desdits lieux. Et, en l'écrit envoyé d'Espagne, il étoit fait mention seulement de la déclaration que feroient les dépositaires et le duc de Savoie, et n'étoit point dit que le roi d'Espagne feroit le même. Quatrièmement, Sa Majesté proposoit que les places seroient remises selon qu'il en seroit ordonné par jugement des deux Rois ou du Pape. Les Espagnols ne spécifioient point par qui seroit donné le jugement ; ce qui pouvoit donner lieu à des subterfuges quand il seroit question de remettre les places, pource que les Rois ou le Pape n'intervenoient en ce traité que comme amiables compositeurs. Cinquièmement, ils prolongeoient le terme de trois mois que le Roi prescrivoit aux commissaires des deux couronnes, pour juger et terminer lesdits différends, et en mettoient six, faisant encore ouverture de quelques prolongations si l'affaire le requéroit. Sixièmement, le Roi désiroit que les deux couronnes fissent office vers le Pape, à ce qu'il eût agréable de terminer absolument et définitivement, trois mois après pour tout délai, les différends dont les deux Rois n'avoient pu demeurer d'accord. En l'écrit envoyé d'Espagne, le temps n'y est point limité, et le Pape y intervenoit comme un tiers et entremetteur, sans qu'il lui fût donné pouvoir de donner un jugement absolu et définitif ; et il y avoit lieu de caviller et tirer les choses en longueur, si l'on ne convenoit d'un dernier moyen décisif et définitif de tous les différends ; ce qui sembloit ne pouvoir mieux appartenir qu'au Pape et non à l'Empereur, s'étant montré si partial et intéressé. Septièmement, le Roi demandoit que le roi d'Espagne s'obligeât de faire agréer le traité à l'Empereur ; et en l'écrit envoyé d'Espagne, il étoit dit seulement qu'il feroit offices efficaces vers l'Empereur, lequel terme n'étoit si précis que si l'Espagne demeuroit obligée à faire ratifier l'Empereur.

Ces façons de parler étoient autant d'ouvertures qui sembloient être affectées par les Espagnols, pour préparer des subterfuges et longueurs, usant partout de plusieurs termes vagues, indéterminés et équivoques; ce qui, au lieu de faire dès lors la paix avec honneur et avantage, nous pouvoit jeter dans de longues et incertaines guerres. Enfin les Espagnols demandoient précisément que les troupes de France s'éloignassent de nos frontières; ce qui étoit vouloir que l'exécution du traité fût entièrement remise à la discrétion des Espagnols, le Roi n'ayant plus, pour la sûreté du traité, ses troupes sur ses frontières, d'où même elles n'étoient pas de beaucoup si proches de Casal que les troupes d'Espagne, quand elles seroient retirées dans le Milanais. Au demeurant, il étoit très-important encore que le Roi, par ce moyen, demeurât assuré que les vivres seroient fournis à ceux qui demeureroient dans la citadelle; à faute de quoi ils seroient contraints de se rendre. Et en un mot, il eût été en la liberté de don Gonzalez d'alléguer des prétextes, et de feindre quelque nécessité de savoir plus amplement la volonté d'Espagne et de l'Empereur, pour l'explication desdits termes indécis dans le traité ou autres telles causes, dans lequel temps Casal se fût trouvé tellement pressé, que la citadelle et la ville eussent été perdues, et n'eût plus été besoin de traité; y ayant grande apparence que le dessein d'Espagne dans cet écrit, qu'elle n'avoit accordé qu'à l'extrémité et avec termes ambigus, ne tendoit qu'à détourner l'orage qu'elle craignoit des armes de France et des autres princes ses alliés, pour faire après ce qu'il lui plairoit; ainsi que, de nouveau, il s'étoit vu que l'Empereur et les Espagnols avoient offert au duc de Mantoue, pour arrêter le passage des troupes du marquis d'Uxelles, de telles conditions que le duc de Mantoue y eût pu consentir avec l'approbation du Roi, desquelles conditions après ils s'étoient moqués, encore que l'Empereur les eût promises par écrit.

Sa Majesté ayant reçu, avec la dépêche de Bautru, ce papier présenté par le comte Olivarès, si captieux et si éloigné de celui que Bautru lui avoit donné dès le 8 janvier, selon les instructions qu'il en avoit, et ayant encore découvert, par dépêches espagnoles interceptées, les intentions d'Espagne contraires aux apparences de paix dont on écrivoit au marquis de Mirabel, il ne crut pas devoir, par raison, changer de résolution, attendu qu'il ne vouloit pas faire la guerre à personne; que son dessein étoit seulement de rétablir les choses comme elles étoient auparavant qu'on eût entrepris de dépouiller le duc de Mantoue, et assurer la paix en Italie, en quoi il espéroit que Dieu le favoriseroit. Sa Majesté reçut encore bientôt après une autre assurance indubitable qu'il ne se trompoit point en l'opinion qu'il avoit de la mauvaise intention d'Espagne et de ses ruses, auxquelles il ne se vouloit pas laisser surprendre; car il ne fut pas sitôt en Italie qu'il reçut une lettre, que le duc de Mantoue lui écrivit le premier mars, par laquelle il avertissoit Sa Majesté de se donner garde d'entendre à quoi que ce pût avoir négocié Espagne avec Bautru, pource qu'ils traitoient avec fraude, et que, tandis qu'ils promettoient d'un côté, ils faisoient que de l'autre l'Empereur s'opposoit à ce qu'ils avoient promis, et protestoit n'en vouloir rien tenir, lui faisant proposer à Mantoue par son commissaire impérial, et le pressant de recevoir des articles tout autres que ceux qui avoient été concertés avec les ministres des deux couronnes. Et afin que Sa Majesté n'en pût douter, il obligea ledit commissaire de lui donner par écrit ce qu'il lui disoit de la part de l'Empereur, et l'envoya à Sa Majesté.

Sa Majesté partit de Grenoble le 22 février, et arriva le dernier du mois au mont Genèvre, et le lendemain premier mars à Oux, quoique le temps fût très rigoureux; mais rien ne pouvoit arrêter le courage de Sa Majesté, et la fermeté de sa résolution au secours de ses alliés. On avoit envoyé à Sa Majesté plusieurs avis pour entrer en Piémont, les uns tendant à prendre un passage, les autres un autre. Tous convenoient qu'il étoit absolument nécessaire d'en franchir quelqu'un, et faire une route assurée pour tenir les chemins ouverts du Dauphiné à Casal; ce qui étoit d'autant plus important, qu'on étoit bien averti que le duc de Savoie avoit fait serrer dans ses forteresses tous les blés et autres commodités de son pays, et que le secours de Casal consistoit principalement à y donner des vivres; mais il se trouvoit tant de difficultés en chacun des passages, qu'il étoit malaisé de dire celui lequel on devoit choisir. Le maréchal de Créqui manda qu'il y avoit quatre passages : celui de Pignerol et des Portes qui est le même; celui de Saint-Germain, de Luzerne et de La Pérouse; celui de Château-Dauphin et sa vallée; celui de Suse par Méane. Il lui sembloit que les deux plus propres étoient celui de Luzerne par La Pérouse et celui de Château-Dauphin, à cause qu'il ne falloit passer aucune rivière pour aller à Casal. Le cardinal crut qu'il valoit mieux suivre l'exemple du passage du grand-maître de Montmorency, quand il conquit le Piémont sous François Ier : exemple qui étoit de bon augure, et qu'on devoit espérer qui réussiroit heureusement au Roi. Sa Majesté l'eut agréable, et ensuite fit choix du passage de Suse par le mont Genèvre.

Elle passa ladite montagne le premier jour de mars, et alla coucher à Oux, où étant arrivée, comme nous avons dit ci-dessus, elle écrivit au duc de Mantoue qu'elle jugeoit à propos qu'il s'acheminât avec les troupes qu'il avoit vers Casal, pour concourir au secours de la place sans s'arrêter à aucun autre dessein, faisant faire la plus grande provision de vivres qu'il lui seroit possible pour le ravitaillement de la ville de Casal, qui, par ce moyen, seroit indubitablement et promptement secourue; car, si le duc de Savoie ne s'accommodoit avec Sa Majesté, les Espagnols viendroient avec leurs forces et les siennes s'opposer à son passage; auquel cas les troupes dudit duc, ni celles de la république, ne recevroient aucun obstacle. Que si les Espagnols marchoient contre lui, Sa Majesté n'en recevroit point aussi à son passage, et, s'ils demeuroient pour conserver le Milanais, en ce cas nous ne recevrions, ni les uns ni les autres, aucun empêchement à l'effet du dessein commun; mais que pour le regard de Sa Majesté, quelque opposition qu'elle trouvât, elle ne laisseroit pas de la surmonter et passer, et espéroit que Dieu favoriseroit ses armes, puisqu'elles étoient employées en une si juste cause. Nous ne devons oublier ici un témoignage signalé de la bénédiction de Dieu en Sa Majesté lorsqu'elle passa par la ville de Die en Dauphiné. On fut contraint, pour lui faire entendre messe, de dresser un autel de bois dans les masures de l'église qui a été ruinée aux vieilles guerres des huguenots. Celui qui avoit été député du corps de la ville pour venir saluer Sa Majesté, s'y trouva quand elle vint entendre la messe; et ayant toujours les yeux fixés et arrêtés sur elle, comme nous avons accoutumé de faire sur ce que nous aimons et admirons, il remarqua une si grande tendresse de dévotion avec laquelle il prie Dieu, qu'il se sentit soudainement touché et se convertit, et fut suivi de plusieurs autres qui firent le semblable.

Le Roi, arrivant au Dauphiné, croyoit trouver beaucoup de choses commencées, beaucoup de munitions de guerre, le canon passé, les étapes établies, des magasins de vivres faits pour la nourriture de l'armée; mais toutes ces espérances furent vaines, rien n'étoit prêt ni commencé à préparer. Les intendans des vivres, qui avoient reçu par avance 200,000 livres comptant, et étoient obligés de commencer les fournitures de l'armée le 8 février, avoient seulement envoyé un jeune homme ignorant en sa charge avec 15,000 livres, qui, au 15 de février, n'avoit pas un grain de blé; les étapes n'étoient fournies d'aucune chose; seulement avoit-on passé un contrat au double du prix de la valeur des denrées, où les principaux du pays étoient intéressés. Le canon n'étoit pas seulement monté, et on n'avoit commencé à y travailler que lorsque l'on sut que le Roi étoit à Dijon. Il n'y avoit aucuns blés amassés pour porter à Casal; seulement avoit-on fait un marché avec un officier du feu connétable pour onze cents mulets et leur charge, qu'il ne fournit pas au 15 mars, quoiqu'il y fut obligé au 24 février. Il n'y avoit d'officiers de l'artillerie qu'un seul, qui, pour sa vieillesse, n'avoit plus l'action nécessaire à son métier. Le garde des sceaux et le surintendant étoient demeurés; les secrétaires d'Etat étoient derrière, et n'arrivèrent qu'un mois après; aucun du conseil n'étoit venu.

Ainsi le cardinal se trouva chargé d'un grand faix, sans secours, et en une saison étrange pour passer les monts, en cette année particulièrement, où l'on ne trouvoit rien que de la neige, qui augmentoit tous les jours à vue d'œil, vu que, outre que la cueillette avoit été mauvaise, les troupes du marquis d'Uxelles avoient tout ruiné. Cependant il ne falloit pas perdre courage, et, passant par Dijon, il acheta pour 50,000 écus de blé, qu'il fit venir à Valence; il fit hâter des munitions de guerre qui étoient demeurées en chemin. Etant arrivé à Grenoble, dans trois jours l'on donna ordre à faire monter l'artillerie à graisse d'argent; on fit faire amas de blé de tous côtés vers la frontière; on acheva le marché des étapes, quoiqu'il fût mauvais; on fit avancer les troupes que le maréchal de Créqui avoit fait reculer avant l'arrivée du Roi, sous prétexte d'épargner le Dauphiné, qui l'avoit été trop peu auparavant. Enfin, on fit une telle diligence, que le 4 de mars une grande partie de l'armée fut à Chaumont, dernier lieu des frontières de la France.

Avant que de passer outre il faut savoir que le Roi, s'étant résolu à Paris, après la prise de La Rochelle, de secourir Casal si le temps le lui permettoit, se résolut au même temps de faire ce qui lui seroit possible pour conduire cette entreprise à sa fin, sans être contraint de faire aucune chose contre M. de Savoie, par les Etats duquel il falloit de nécessité que son armée passât. Pour cet effet, il envoya le sieur commandeur de Valençai pour le disposer à lui donner passage, avec toutes les conditions qui l'y devoient porter. Il donna charge audit commandeur, après avoir assuré M. de Savoie de l'affection du Roi à son bien, et lui avoir offert, pour ses prétentions, la ville de Trino avec 12,000 écus de rente en souveraineté, comme il avoit ci-devant désiré, de lui dire que s'il restoit quelque chose à obtenir dudit sieur de Mantoue pour le plus grand contentement de M. de Savoie, la considération de madame sa sœur lui étoit si forte, le Roi l'aimant chèrement, qu'il feroit tout ce qu'il pourroit, en sa considération, pour le lui faire obtenir dudit sieur duc de Mantoue, pourvu que ledit duc de Savoie, de son côté, donnât lieu à Sa Majesté de l'assister, et voulût entendre aux propositions qui lui seroient faites de sa part, et s'unir en une parfaite intelligence avec elle, pour le secours et repos de l'Italie contre ceux qui le troubloient, ses desseins n'aboutissant qu'à cela; à quoi ledit duc de Savoie pouvoit contribuer en deux sortes: l'une, se joignant ouvertement et toutes ses forces à celles de Sa Majesté; l'autre, en accordant le passage libre par ses Etats aux troupes du Roi; donnant à entendre aux Espagnols, lorsque les troupes passeroient seulement, et après qu'elles seroient passées, qu'il ne l'avoit pu empêcher.

Pour réponse à tout ce que le commandeur lui dit de la part du Roi, il (1) représentoit qu'il ne pouvoit et ne devoit croire que Sa Majesté voulût rien diminuer de ce qu'il possédoit avec tant de raison, après l'avoir occupé avec de si grands frais, et aussi supporté, aux frontières de ses Etats, tant de dégats et brûlemens, comme les troupes du marquis d'Uxelles les y avoient faits, n'ayant jamais consenti, ni avec le sieur de Saint-Chamont ni autre, à une si désavantageuse condition comme celle de Trino et 12,000 écus de rente que l'on proposoit lors; qu'il espéroit, au contraire, que la considération de Madame lui apporteroit beaucoup plus d'avantages, témoignant Sa Majesté de l'aimer tant comme elle faisoit, et que non-seulement elle la favoriseroit de procurer, par son autorité, de ne diminuer en rien ce qu'il possédoit, mais lui en ajouteroit davantage, sans aucune condition et par pure libéralité; qu'il étoit lors obligé avec les Espagnols en l'occasion du Montferrat, pour ravoir ce qui lui appartenoit, ne pensant en cela avoir fait chose qui pût déplaire à Sa Majesté, n'appartenant aucunement cet Etat-là à la couronne de France; que Sa Majesté ne lui devoit demander de fausser sa parole, qui lui étoit d'autant plus chère que s'il y manquoit Sa Majesté ne l'estimeroit pas; que ces mouvemens s'accommoderoient bien plus glorieusement par une bonne paix que par le passage de son armée, qui étoit si grande qu'elle ne pourroit traverser ses Etats

(1) Le duc de Savoie.

sans leur totale ruine; attendu même qu'en cette année passée il n'y avoit eu que si peu de denrées, qu'à peine étoient-elles suffisantes pour nourrir les propres sujets dudit pays, et faudroit, à dos de mulet, porter tous les vivres pour un si grand nombre de gens de guerre qui devroit passer pour un tel exploit, qu'il sembloit plutôt impossible que faisable à tous ceux qui avoient connoissance de ces passages; qu'il désireroit bien que ses Etats ne servissent pas de tablier ni aux uns ni aux autres, puisque, sans doute, les Espagnols voyant passer les armées de Sa Majesté en ses quartiers le viendroient rencontrer en iceux; ce qui seroit du désavantage et de la ruine à ses Etats, qui se pouvoit beaucoup plus imaginer qu'écrire; qu'il ne lui sembleroit pas être séant qu'ayant l'honneur d'avoir Madame en sa maison, Sa Majesté lui fît ce tort et à son mari, pour favoriser si ouvertement le duc de Nevers à l'encontre d'eux; d'autant plus que, sur le décret de l'Empereur, pour l'accommodement de ces différends du Montferrat, le comte Jean de Nassau, commissaire impérial, étoit allé à Mantoue pour l'achever et résoudre, ou bien lui déclarer le ban impérial; tellement, que l'on ne croyoit pas que ledit duc fût pour s'y rendre difficile, étant les choses aux termes qu'elles étoient; que pour le traité que l'on proposoit avec le duc de Nevers, il sembloit qu'il seroit du tout inutile, puisque ses prédécesseurs en cet Etat-là, quoique légitimes possesseurs d'icelui, n'avoient jamais pu en disposer sans la particulière permission de l'Empereur, ni ne seroit assuré pour ceux qui le feroient sans son congé; que pour fin, après toutes ces choses, il donnoit à Sa Majesté toute assurance de son affection à son service, et offroit non-seulement le passage, mais de joindre ses armes à celles de Sa Majesté, pourvu qu'il voulût non-seulement secourir Casal, mais ensuite rompre avec Espagne en attaquant le duché de Milan.

Le commandeur avoit mené avec lui à Turin le sieur de Lisle pour le renvoyer incontinent apporter des nouvelles de ce qu'il auroit traité auparavant que lui-même pût partir; mais le duc le retint long-temps sous divers prétextes de retardemens qu'il faisoit naître de jour à autre à lui donner ses dépêches, pour cependant avoir loisir d'avertir son ambassadeur des affaires, et lui donner moyen de surprendre le Roi. Ledit de Lisle partit néanmoins enfin le 8 janvier, et rapporta à Sa Majesté les susdites réponses dudit duc. Le commandeur, qui arriva peu de jours après, accompagna ces réponses du duc de Savoie d'une assurance certaine qu'il donna au cardinal que la ville de Casal pouvoit encore tenir tout le mois de février, et la citadelle trois mois davantage; qu'assurément les troupes du Roi passeroient du gré du duc ou par force, mais qu'il valoit bien mieux essayer à le gaguer, comme le Roi faisoit, pource que, ne le gagnant pas, on pourroit difficilement aller jusques à Casal, et que les Etats du duc, où il faudroit par diversion faire la guerre, en pâtiroient; mais que cependant Casal se perdroit avec beaucoup de gloire pour Espagne; qu'il seroit bien plus à propos de se résoudre d'entrer dans le Milanais et se joindre au duc, que non pas de se contenter de secourir Casal et faire la paix; que faisant le premier nous avions toute l'Italie pour nous, qui voudroit voir l'Espagne hors de Milan; faisant le second, nous les avions tous ennemis, et que l'Espagne prendroit son temps de quelque diversion en France, et se rendroit maître de Casal; qu'entreprenant sur le Milanais, le duc joindroit ses armes à celles du Roi, feroit une paix avec l'Angleterre, et feroit mettre les armes bas à nos huguenots. Quant à lui, qu'il étoit parti de Piémont si promptement, à dessein de montrer au duc et au prince qu'il falloit qu'il retournât bientôt à l'armée qui étoit en état d'exécuter les commandemens de Sa Majesté, et que sa négociation étoit à tel point qu'ils pouvoient facilement la terminer, étant informés des forces et de la volonté de Sa Majesté. Le commandeur n'eut pas plutôt le dos tourné que le prince Thomas vint de Savoie à Turin, et là se passèrent beaucoup de conférences entre leurs altesses. Le prince de Piémont alla à Trino pour communiquer avec don Gonzalez, et lui donner part des conditions avantageuses qui lui avoient été offertes par ledit commandeur de la part du Roi, pour essayer d'en tirer davantage d'Espagne.

Le Roi, peu de jours après que ledit commandeur fut arrivé, renvoya le sieur de Lisle pour faire savoir audit duc qu'il n'avoit présentement autre dessein que le secours de la place assiégée; qu'il ne vouloit point attaquer le Milanais; qu'il le prioit de lui donner passage, en payant, par tous ses Etats; qu'il étoit d'autant plus obligé à le faire, que le Roi lui vouloit adjuger ce qu'il pouvoit prétendre sur le Montferrat, et ce dont il étoit demeuré d'accord avec le sieur de Saint-Chamont; savoir est Trino et 12,000 écus de rente; que Bautru, incontinent après la prise de La Rochelle, avoit eu charge d'aller en Espagne, et y faire diverses propositions qu'ils n'avoient point acceptées, et que le Roi ne vouloit plus aussi maintenant; puisqu'il s'étoit acheminé avec son armée vers l'Italie, il étoit de son honneur de secourir Casal ouvertement, et non point par un simple accommodement avec Espagne; qu'il vouloit oublier les mécontentemens qu'il avoit juste sujet d'avoir dudit duc pour ce qui s'étoit passé avec les Anglais et huguenots, pourvu qu'il lui en donnât sujet par ses actions à venir; qu'il vouloit entreprendre les affaires d'Italie en temps et lieu, et en conférer avec lui.

Ledit sieur de Lisle eut charge de dire franchement au prince de Piémont que le Roi s'étoit trouvé piqué des lettres que M. de Savoie lui avoit écrites, après que le dessein du marquis d'Uxelles n'eut pas réussi, mais que l'entrevue remédieroit à tout comme on l'espéroit; qu'il étoit question d'arrêter promptement avec le duc ou lui ce qu'ils vouloient faire, parce que si le Roi entroit en Piémont comme en pays ami, et concourant au dessein de Sa Majesté, il n'y entreroit qu'avec dix ou douze mille hommes, au lieu qu'autrement il y mèneroit toutes ses forces; que Sa Majesté ne doutoit point que M. de Savoie ne lui ouvrît son passage, et pour le respect qu'il lui portoit, et pour ses intérêts qui l'y convioient; cependant elle s'étoit étonnée qu'il ne lui en eût donné une ouverte assurance; que s'il l'eût fait de cette heure, Sa Majesté lui eût mandé ouvertement toutes les pensées qu'elle avoit pour l'Italie, ce qu'elle remettoit à faire lorsqu'elle seroit sur la frontière, et que ledit sieur duc lui auroit donné l'assurance qu'elle lui demandoit pour l'ouverture de ses passages; que cependant elle vouloit déterminément un oui ou un non, et s'acheminoit à Valence. Ledit sieur de Lisle eut ordre d'avertir, en passant, le maréchal de Créqui de tenir toutes ses troupes prêtes, et tout ce qui lui étoit nécessaire pour faire par force ce qu'on ne pourroit obtenir de gré; et que, dès que ledit sieur maréchal seroit en état de faire exécution, il n'attendît aucun nouvel ordre du Roi pour le faire, Sa Majesté ne désirant autre chose sinon que Casal fût secouru.

Le duc de Savoie tenoit le cardinal pour sage et prudent, et croyoit que, pour le menacer seulement, il avoit fait avancer jusque sur la frontière l'armée du Roi, ayant en effet dessein de l'employer contre les huguenots. Mais il ne connoissoit pas encore une prudence avec un si égal mélange de générosité, qu'elle lui fît concevoir les moyens et l'espérance d'entrer en Italie et secourir Casal, et être encore à temps de retour aux huguenots pour les défaire. Il y a différence entre la prudence civile et la politique, et si grande, que la morale enseigne que ce sont deux vertus séparées; mais il y en a bien autant entre celle qui est pour la conduite d'un petit Etat et celle qui est pour le gouvernement d'une grande monarchie. Le duc mesuroit les desseins du Roi aux règles de la prudence d'un duc de Savoie, non pas à celle d'un monarque de France, et ne pensoit pas qu'il dût faire tout de bon les deux entreprises ensemble; qu'y ayant à son compte plus ou autant de raison de craindre que d'espérer, il préféreroit l'assurance à son désir. Mais il fut trompé en ses mesures; le Roi pénétroit plus avant que lui, et, voyant ce dont il ne s'apercevoit pas, considéroit son armée victorieuse; qu'il la falloit employer dans la chaleur des heureux succès passés, auparavant qu'elle fût refroidie; tenir pour une victoire assurée la plus prompte occasion de combattre, et considérer que nous n'avions pas affaire avec un Annibal vainqueur, contre lequel il fallût, après beaucoup de disgrâces reçues, différer et épier à loisir le temps et le lieu avantageux pour l'attaquer, mais avec des ennemis déjà vaincus par le simple effroi de nos armes; n'étant pas de moindre prudence à un prince que le bonheur accompagne, de ne pas défaillir à sa propre fortune, qu'il l'est à celui qui est en adversité d'y remédier en temporisant. Sa Majesté considéroit encore la grande gaîté avec laquelle un chacun alloit à cette entreprise; que le tout consistoit à forcer deux ou trois retranchemens seulement; que la fureur de l'attaque française est invincible; que leurs premiers efforts ne peuvent être soutenus; que la terreur que le bruit de ce passage donneroit à toute l'Italie seroit telle, que les Espagnols trembleroient devant Casal, où ils étoient si foibles qu'il n'y oseroient attendre le Roi; qu'ils craindroient pour le Milanais; et vu la froideur naturelle de cette nation, qui les fait toujours aller au plus certain, et ne leur permet jamais de rien hasarder en l'extrémité, ils préféreroient l'utile au plus honorable, et lèveroient d'eux-mêmes le siége, et recevroient toutes les conditions que le Roi leur voudroit présenter, et par conséquent que Sa Majesté auroit tout loisir de retourner à ses rebelles, ou pousser plus avant sa fortune en Italie, selon que le temps et les affaires le requerroient. Le duc, qui ne pénétroit pas si avant, espéroit toujours qu'on n'iroit pas à lui, et, après avoir reçu la juste et généreuse réponse du Roi à ses iniques demandes, donna de bonnes paroles au sieur de Lisle; manda par lui à Sa Majesté force honnêtetés, disant qu'il rendoit grâces à Sa Majesté de lui avoir voulu faire savoir son acheminement à Valence, et de l'assurance qu'il lui avoit plu lui donner de l'honneur qu'elle lui faisoit, et à sa maison, de la continuation de ses bonnes grâces, lesquelles étoient si précieuses, qu'il auroit toujours un très-grand soin de les conserver par ses très-humbles services qu'il procureroit toujours de lui rendre; qu'il eût été bien heureux de pouvoir faire cet office de vive voix, si son âge, la saison où il étoit, et le mal qu'il avoit, lui eussent permis d'avoir l'honneur de lui aller promptement baiser les mains, encore qu'il ne voulût pas du tout désespérer qu'il ne pût avoir ce bonheur si les occasions présentes secondoient l'extrême envie qu'il en avoit. Mais, nonobstant toutes ces belles paroles, il ne se souscrivit au cardinal que *très-affectionné à vous faire service*, au lieu qu'il avoit accoutumé d'écrire *serviteur*; ce qui montroit que son esprit étoit déjà détaché du service du Roi, et qu'il le vouloit faire paroître, changeant, de propos délibéré, la façon de traiter avec son principal ministre.

Sa Majesté trouva bon de lui renvoyer le même sieur de Lisle pour lui demander, pour la dernière fois, une réponse précise à ce qu'elle désiroit de lui. Lors il parla en apparence un peu plus déterminément, et offrit au Roi ses passages, mais avec des conditions non recevables. Il insistoit particulièrement que le Roi lui permît d'attaquer Gênes, en l'aidant de quelques troupes pour ce faire, et que, moyennant cela, il accorderoit le passage. Le maréchal de Créqui et le sieur de Valençai écrivirent au cardinal qu'ils étoient d'avis qu'on lui promît tout ce qu'il demandoit, pour l'engager à la prise de ses passages, à condition de lui tenir, quand on seroit dans ses Etats, ce qui seroit seulement utile au service du Roi. Mais le cardinal ne voulut jamais consentir à cette ouverture, qui en eût fait une trop grande à la réputation du Roi. Il leur manda qu'ils se donnassent bien garde d'en user ainsi, et qu'un tel procédé non honorable seroit, en effet, à l'avenir plus préjudiciable au Roi qu'il n'en recevroit d'utilité présente.

A peu de jours de là, le Roi étant à Embrun le 27 février, tenant conseil pour résoudre ce qu'il devoit faire sur les propositions que ledit de Lisle lui avoit apportées de la part dudit duc, après que les sieurs de Bullion, de Valençai, de Bassompierre et de Créqui eurent dit leur avis, le cardinal représenta que la principale chose que chacun devoit avoir en recommandation étoit d'agir conformément à sa dignité, et selon le cœur que tout homme d'honneur doit avoir; que le duc de Savoie avoit excité et fomenté tant qu'il avoit pu la guerre des Anglais contre la France; fourni sous main argent et hommes au duc de Rohan avec qui il étoit en intelligence; mugueté toutes les places du Roi frontières de ses Etats, Valence, Toulon, Montelimart; n'avoit rien oublié de ce qu'il avoit pu pour faire entrer M. le comte avec armée dans le royaume; avoit porté le duc de Lorraine à en faire autant; avoit envoyé un ambassadeur exprès en Hollande pour détacher les Etats de la France, et les joindre aux Anglais et à l'Empereur tout ensemble; n'avoit rien omis de ce qu'il avoit pu pour unir l'Espagne et l'Angleterre au préjudice de la France; avoit écrit des lettres au Roi sur le sujet du débandement des troupes que commandoit le marquis d'Uxelles, insolentes au dernier point pour tout particulier, et partant insupportables pour un Roi; lui avoit écrit comme si les clefs de l'Italie eussent été en ses mains seulement, et comme s'il eût été victorieux de la France et de son Roi, et comme s'il eût pardonné et à l'un et à l'autre; qu'après avoir différé à répondre sur l'ouverture de ses passages, tant qu'il avoit pensé que le Roi n'y viendroit point, ou qu'il viendroit si lentement que Casal auroit temps de se perdre, maintenant qu'il le voyoit à sa porte avec trente-cinq mille hommes et trois mille chevaux, la nécessité le contraignoit d'offrir ce qu'il ne pouvoit dénier, qu'encore le faisoit-il avec des conditions captieuses; qu'il offroit de se joindre au Roi avec ses forces et attaquer le premier le duché de Milan, pourvu que le Roi voulût rompre ouvertement avec Espagne; et si le Roi ne vouloit cette rupture en Espagne, il proposoit que Sa Majesté lui commandât d'aller attaquer Gênes, ce qui lui donnoit lieu d'ôter ses troupes de son chemin; que si cette seconde proposition n'étoit agréable, il désiroit que le Roi lui commandât de conseiller aux Espagnols de quitter le siége de Casal; ce qu'il feroit pour complaire à Sa Majesté, ne doutant point que lesdits Espagnols ne suivissent son avis; que ses trois propositions n'étoient nullement raisonnables; la première, parce que le Roi ayant les affaires du Languedoc, il seroit mal conseillé de rompre de gaîté de cœur avec l'Espagnol; la seconde, parce que Gênes étant lors fort mal satisfaite d'Espagne, comme elle avoit témoigné en chassant un ambassadeur depuis un mois, la laisser attaquer par M. de Savoie étoit le vrai moyen de la donner, par nécessité, à ceux qu'ils haïssoient d'inclination; parce, en outre, qu'en attaquant Gênes il ne rompoit pas directement avec les Espagnols, attendu que, par le traité il avoit fait avec eux pour l'attaque du Montferrat, il ne s'étoit pas obligé à ne vider pas par armes le différend qu'il avoit avec cette république; de façon qu'en l'attaquant ainsi il nous feroit perdre assurément leur cœur, et peut-être ne perdroit pas la liaison qu'il avoit avec les Espagnols; la troisième, parce qu'il sembleroit que le secours de Casal se feroit par la conduite dudit duc et par la retraite qu'il auroit négociée des Espagnols, qui, en effet, ne se retireroient pas si la nécessité ne les y contraignoit.

Tout ce que dessus considéré, le cardinal estima que le Roi devoit répondre à M. de Savoie qu'il n'avoit point besoin de rompre avec l'Espagne, qu'il étoit trop civil pour lui commander ou conseiller d'attaquer Gênes inutilement, comme il feroit sans doute, et que ce n'étoit pas chose digne de son courage de désirer de lui qu'il conseillât aux Espagnols de quitter l'entreprise; que son dessein étoit de secourir Casal, qu'il désiroit qu'il y contribuât, en la considération de son propre bien et du repos de l'Italie, tout ce qu'il pourroit, mais qu'il le laissoit libre de s'y comporter ainsi qu'il l'estimeroit meilleur. Cependant que Sa Majesté devoit faire avancer en toute diligence ses troupes et se saisir des passages de Suse s'il se pouvoit, devant que le prince de Piémont le vînt trouver, afin que tout le monde vît que la nécessité seule réduisoit M. de Savoie à son devoir, et qu'au contraire on ne pût faire croire aux simples que son concours fût nécessaire au secours de Casal; que les troupes du Roi étant dans Suse, Sa Majesté devoit traiter civilement le duc de Savoie et le prince de Piémont, parce que lors il seroit maître de leurs Etats, ainsi que l'avoit toujours été la France quand elle avoit voulu l'entreprendre avec une force royale. Il ajouta que deux autres considérations devoient encore porter Sa Majesté à bien traiter ces princes en ce cas; le respect de Madame en premier lieu, et parce que autrement, lorsque le Roi seroit retiré de leurs Etats, ils se rattacheroient aux Espagnols.

On prit résolution conforme à ce que dessus. Cependant le cardinal, appréhendant que si les choses se portoient à la guerre, quelques-uns eussent cru qu'on pouvoit éviter ce malheur en prolongeant la négociation, pour éviter le blâme qu'il eût pu recevoir sans l'avoir mérité, il estima qu'on pouvoit encore envoyer le sieur de Valençai à M. de Savoie, afin qu'il ne dît pas qu'on le voulût surprendre, et qu'on eût tenté toutes voies de douceur avant que de venir à celle de la force. On avoit lieu d'estimer que M. de Savoie se détacheroit aisément d'Espagne, vu que ni ses forces, ni celles que l'Espagne avoit lors en Italie, n'étoient pas en état de résister aux armes présentes de Sa Majesté, et que M. de Savoie ne voudroit pas se mettre au hasard de perdre ses Etats, dont la France s'étoit déjà rendue deux fois maîtresse, pour garder aux Espagnols sa parole dont il ne fit jamais d'état. Mais tous ces voyages, et la civilité extraordinaire avec laquelle Sa Majesté traitoit avec lui, n'aboutirent à autre fin qu'à donner lieu à ce prince envenimé de tâcher d'amuser et tromper Sa Majesté, vers laquelle il dépêcha à l'extrémité le comte de Vérue, sous prétexte qu'il étoit nécessaire qu'il sût promptement les dernières résolutions de Sa Majesté, afin qu'il pût la mieux servir, et que le prince son fils, arrivant vers elle, lui en pût donner les assurances qu'il désiroit, et qu'il le supplioit d'avoir toute confiance audit comte de Vérue, et lui donner ses sentiments sur le tout, afin qu'il pût exécuter les volontés de Sa Majesté et la servir comme il étoit obligé. Il savoit les projets d'Espagne et les affaires qu'elle préparoit au Roi de tous côtés pour le détourner de cette entreprise, ou la rendre sans fruit. Le duc, pour ce sujet, avoit un seul dessein, de porter le temps en avant par toute sorte de ruses. Le Roi, au contraire, ne vouloit pas donner loisir aux nuages qui se formoient de s'assembler, se grossir et se crever en un orage contre son État. Le comte de Vérue joignit Sa Majesté à Embrun, lui offrit tout de la part de ses maîtres, insistant à l'entreprise de Gênes, et demandant que Sa Majesté l'assistât ouvertement ou couvertement de dix mille hommes à cet effet. Il demanda, en outre, qu'on permît l'achat de Neufchâtel, et qu'on le payât de quelque argent qu'il prétendoit lui être dû à cet effet; qu'on ne secourût point Genève quand il auroit lieu de l'attaquer, et qu'on lui adjugeât plus de 12,000 écus de rente sur le Montferrat avec Trino. Sa Majesté refusa l'attaque de Gênes et l'abandonnement de Genève, et, lui accordant le reste, consentit à tout ce que l'honneur lui pouvoit permettre.

Cependant le Roi avançoit toujours; il passa le Mont-Genèvre le 1er mars, et prit son logement à Oux. Le comte de Vérue s'y rendit le même jour, et fit encore des propositions auxquelles Sa Majesté ne voulut point entendre. Cependant le Roi avoit fait avancer les premières troupes de son armée, composée du régiment de ses gardes, qui étoit de quatre mille hommes, et des Suisses qui étoient de deux mille, quatre cents du régiment du comte de Sault et de Navarre, qui étoient de trois mille hommes, et de cinq cents chevaux, avec une partie de son artillerie jusqu'à Chaumont, sous la conduite des sieurs de Créqui et de Bassompierre, en intention de ne point différer de tenter les passages. Néanmoins, pour donner temps et moyens à M. de Savoie de s'accommoder à ses intentions, le disposer à consentir volontairement le passage pour aller au secours de Casal, et, le comblant de courtoisie, faire qu'à l'avenir il ne pût absolument se prendre de son malheur qu'à lui-même, Sa Majesté lui dépêcha encore une fois, comme il avoit été résolu, le commandeur de Valençai, avec charge de lui dire que, par son envoi, le Roi vouloit user de cette franchise avec lui, de l'avertir de ses desseins, afin qu'il ne pensât pas qu'on les lui célât et qu'on le voulût surprendre; que le Roi avoit quelque opinion qu'il le vouloit amuser; que, pour cet effet, il lui avoit commandé de lui dire nettement que son dessein étoit de passer; que c'étoit la dernière fois qu'il auroit des nouvelles du Roi, qui, venu ès lieux de la puissance dudit sieur duc, enverroit voir si on fermeroit les portes à ses maréchaux des logis ou non, voulant tenter toutes voies de civilité avant que penser aux autres.

Sa Majesté reçut en même temps des nouvelles de Casal, que Gonzalez, en une nuit pluvieuse, avoit fait retirer leur canon de la batterie de la colline, et peu après les Trentins qui le gardoient, et avoit mis des Italiens en leur place; ce qui étoit proprement commencer à lever le siége, qu'ils se tenoient prêts d'achever à lever au premier jour que le Roi paroîtroit; et que pour un témoignage certain qu'ils étoient en cette pensée, toutes leurs troupes étoient averties de se tenir prêtes au premier commandement de partir, et avoient déjà envoyé leur bagage vers le Milanais, avoient fait partir, il y avoit quelques jours, leur cavalerie vers le Crémonois, la Valteline et le Piémont, et publioient vouloir envoyer bientôt après toute leur infanterie, et ne laisser que des milices dans les forts de Casal. Ces nouvelles animèrent encore davantage le Roi à passer promptement, si toutefois il pouvoit l'être (1) plus qu'il l'étoit, voulant rendre véritable le sujet de la crainte de ses ennemis, de la confiance de ses alliés, et les faire tous deux vrais prophètes, les uns de leur disgrâce, les autres de leur bonheur et liberté.

Le commandeur de Valençai, que le Roi avoit encore envoyé vers le duc de Savoie, revint à Oux le 3 du mois de mars, ayant rapporté à Sa Majesté qu'il avoit trouvé le duc en disposition de lui donner tout contentement, et que le prince de Piémont le viendroit trouver. Le cardinal de Richelieu partit ledit jour, 3 mars, pour aller à Chaumont pourvoir à toutes choses nécessaires pour le passage de l'armée. Le lendemain 4, le prince de Piémont y arriva. Il témoigna être venu pour offrir au Roi tout ce qui dépendoit des États de M. de Savoie, et que lui ne désiroit autre chose que d'ajuster avec ledit sieur cardinal un moyen honorable pour se dégager d'avec les

(1) Animé.

Espagnols ; qu'il avoit moins de volonté que le Roi qu'ils prissent Casal ; que c'étoit l'avantage de l'Italie qu'ils ne le prissent point, mais qu'il ne cherchoit pour les empêcher qu'un moyen apparent pour dégager le duc de sa parole. Sur cela le cardinal dit qu'il estimoit, et que tout le monde le jugeoit ainsi, qu'ils sortiroient avec honneur de l'engagement qu'ils avoient avec Espagne, s'ils mandoient à don Gonzalez que le Roi étoit extrêmement fort ; qu'il étoit en personne à une lieue de Suse avec une armée victorieuse ; que, pour y résister, il lui faudroit trente mille hommes qu'il n'avoit pas et qu'il ne lui pouvoit fournir ; qu'en cette extrémité il pensoit avoir beaucoup fait de s'être éclairci que Sa Majesté n'avoit point de dessein d'attaquer les Etats du roi d'Espagne en Italie ; que s'il eût reconnu que la France eût la pensée d'y entreprendre, il eût hasardé sa perte pour satisfaire à son engagement envers l'Espagne ; mais que, sachant qu'elle n'avoit autre but que le secours de Casal et la délivrance du Montferrat, il avoit cru que Sa Majesté Catholique approuveroit qu'il se garantît de l'effort d'une grande puissance présente telle qu'étoit celle du Roi, en faisant volontairement ce à quoi il ne sauroit éviter d'être contraint, puisqu'il n'y avoit lors aucunes forces en Italie suffisantes pour les exempter ; que, par ce moyen, l'Espagne ne pouvoit prétendre que M. de Savoie lui manquât, puisqu'il ne faisoit que ce qui lui étoit impossible de ne faire pas ; qu'au reste il trouvoit son compte, le Roi étant content de lui adjuger Trino avec 12,000 écus de rente, voire même jusques à 15,000 écus. Ainsi il sortit avec tout contentement de cette affaire, puisque c'étoit avec utilité et honneur tout ensemble. Ledit prince l'approuva et s'en retourna disant que son altesse venoit coucher à deux lieues de Suse, et que le lendemain il rendroit résolution au contentement du Roi, et verroit Sa Majesté même.

Le lendemain, le prince de Piémont écrivit une lettre au cardinal, qui portoit que, n'ayant trouvé son altesse à Suse, il lui falloit plus de temps pour savoir sa résolution et lui rendre sa réponse. Le cardinal, qui jugea qu'ils vouloient gagner temps, lui fit promptement réponse que, connoissant l'humeur du Roi comme il faisoit, ayant eu l'honneur de le servir il y avoit long-temps, il lui pouvoit dire que Sa Majesté, après avoir attendu cinq jours, contre son inclination, tiendroit le délai qu'il prenoit, s'il passoit cette journée-là, pour un refus. Sur le soir, le comte de Vérue revint trouver le cardinal, pour lui dire que M. de Savoie offroit tout au Roi, moyennant qu'il lui plût lui donner en don tout ce qu'il tenoit du Montferrat, savoir est Trino, Albe, Moncalve et tous les villages, terres et possessions en dépendantes, et qui étoient occupées par ses forces, enfin tout ce qu'il tenoit du Montferrat. On lui représenta que cette demande n'étoit pas honnête, que le Roi ne pouvoit donner le bien d'autrui, que Sa Majesté n'étoit pas venue pour dépouiller les princes d'Italie, mais bien pour leur conserver ce qui leur appartenoit ; que le secours que le Roi donneroit à M. de Mantoue le ruineroit au lieu de le conserver. Pour toutes raisons, il alléguoit que M. de Savoie le demandoit pour Madame qui étoit grosse, et qu'en cette considération le Roi lui devoit donner ; et que, ce point étant accordé, M. de Savoie étoit venu à Suse pour ajuster tout le reste, savoir est les étapes dans son Etat et tout ce qui s'ensuit. Cependant, qu'ayant su que le Roi ne désiroit pas aller en personne à Casal, il avoit pensé que Bussoles, village tout ouvert à trois lieues de Suse, seroit un lieu propre pour sa demeure, où il recevroit tous les services imaginables de son altesse.

Le cardinal lui répondit qu'il faisoit une ouverture de la demeure du Roi, à laquelle on n'avoit point encore pensé ; mais que c'étoit chose hors d'apparence de lui proposer un village de Piémont, séparé de ses Etats, pour une ville comme Suse et trois châteaux qui y étoient ; qu'un grand roi ne vouloit jamais dépendre d'autre prince ; que, s'il arrivoit mauvaise fortune à l'armée qui alloit à Casal, Sa Majesté seroit ainsi ès mains de M. de Savoie, dont la pensée étoit ridicule ; que Suse, bien qu'il ne valût rien et fût de nulle considération, où il n'y avoit pas seulement des fossés, étoit bien un lieu plus propre pour la demeure du Roi, puisque cette ville étoit du tout contiguë à ses Etats ; joint qu'une grande armée qui entroit dans un pays étranger, devoit toujours tenir un lieu assuré pour son retour. Après avoir long-temps disputé ces articles il (1) témoigna qu'il croyoit que M. de Savoie donneroit volontiers la ville pourvu qu'on ne prît point le château, et que, pour sûreté de la restitution de ladite ville, on lui donnât une des meilleures places de France. Le cardinal, entendant cette proposition, se prit à rire, et lui offrit, en se moquant, Orléans ou Poitiers, lui témoignant, par après, que M. de Savoie traitoit avec le Roi comme s'il avoit cinquante mille hommes et le Roi dix ; que ce procédé n'étoit pas honorable, et le prioit de le changer ; qu'en un mot le Roi ne pouvoit entendre à des propositions si injustes ; que s'il lui vouloit donner Suse entre les mains, Sa Majesté s'obligeroit de la rendre et ne prendre point le château, se contentant seulement que des Suisses de M. de Savoie fussent dedans,

(1) Le comte de Vérue.

après avoir fait serment entre les mains du maréchal de Bassompierre, colonel général des Suisses, qu'ils ne feroient rien contre le service du Roi pendant son voyage en Italie. Il (1) demandoit du temps encore pour faire cette proposition à M. de Savoie, présupposant toujours qu'il ne feroit rien si on ne lui donnoit en propre le susdit bien qu'il tenoit au Montferrat.

Sur cela le cardinal tient conseil avec les maréchaux de Créqui et de Bassompierre, les sieurs de Toiras et de Valençai, maréchaux de camp. Tous eussent désiré un bon accommodement; mais après que le cardinal eut représenté, comme il fit le plus efficacement qu'il lui fut possible, que Casal ne pouvoit tenir que jusques au 20 de mars tout au plus, que M. de Savoie ne cherchoit qu'à allonger le temps, ce qui pouvoit être à trois fins, ou pour amuser le Roi, en sorte que, quand il ouvriroit les passages, il ne pût être à temps à Casal, ou pour fortifier de plus en plus les tranchées qu'il avoit faites proche de Suse, pour s'opposer au passage par un lieu où il falloit passer nécessairement, ou pour se fortifier de troupes qui lui venoient tous les jours de divers côtés, ou pour toutes les trois raisons ensemble; il fut avisé qu'il ne falloit point différer davantage, mais qu'il lui falloit déclarer qu'il n'y avoit plus de négociations, et entreprendre de tenter le lendemain le passage, après toutes les civilités qui se pouvoient imaginer. Pour cet effet, devant toute la compagnie, le cardinal lui (2) fit cette déclaration, lui témoignant qu'on voyoit bien que le duc n'avoit autre dessein que de temporiser pour mieux fortifier ses passages, et se prévaloir du mauvais temps de neige qu'il avoit fait sur la montagne, et des nouvelles troupes qui venoient à lui.

Le cardinal, ayant averti le Roi de tout cela, monta incontinent à cheval, et partit d'Oux à onze heures du soir, et s'en alla à Chaumont, qui en est distant de trois lieues. Le maréchal de Schomberg l'accompagna, et Sa Majesté fit telle diligence qu'elle y arriva plus de trois ou quatre heures devant jour. Ce jour-là, qui étoit le 6, sur les huit heures du matin, le Roi étant à cheval et toutes les troupes en bataille, Cominges fut envoyé à ceux qui commandoient aux barricades pour leur dire que le Roi étoit là en personne, qui désiroit savoir si on lui vouloit ouvrir le passage, et M. de Savoie le recevoir comme ami ou ennemi dans ses Etats. Le comte de Vérue répondit que, puisqu'on en étoit venu si avant, il falloit que le sort des armes décidât cette affaire, et que nous n'avions pas affaire à des Anglais. Incontinent après, les barricades furent attaquées; l'avant-garde du Roi, qui étoit composée des gardes, des Suisses, du régiment de Navarre, de celui de Sault et d'Estissac, avoit été mise en bataille entre Chaumont et le lieu qu'il falloit attaquer dès trois heures après minuit. Les gardes, les Suisses, Navarre et Estissac, furent destinés pour attaquer les barricades par le front. Le régiment de Sault, dont les officiers connoissoient mieux le pays qu'aucuns autres, parce qu'ils en étoient la plupart, furent destinés pour, avec de bons guides, prendre un chemin particulier, par lequel ils pouvoient gagner le derrière des barricades, afin de les attaquer à même temps de tous côtés. Les enfans perdus furent mis en trois troupes, pour prendre en même temps le front des susdites barricades par le milieu et par les deux côtés. Celle du milieu, de cent mousquetaires, étoit composée de cinquante soldats des gardes et d'autant des mousquetaires du Roi. Celle de main droite étoit toute de cinquante soldats des gardes, et celle de main gauche d'autant du régiment de Navarre. Ces trois corps étoient soutenus de trois autres de cent hommes chacun des mêmes régimens que dessus. Après, suivoit un bataillon de volontaires commandé par M. de Longueville, où il avoit près de trois cents gentilshommes, dont beaucoup étoient de qualité. Après, marchoient cinq cents hommes de Navarre. Ainsi que le régiment de Sault étoit ordonné pour aller par main droite tâcher de prendre les barricades par derrière, celui d'Estissac fut commandé de monter sur une montagne qui étoit sur la main gauche, et qui commandoit sur la barricade des ennemis, lesquels, pour cet effet, avoient, de leur côté, bordé cette éminence de mousquetaires que les susdits cinq cens hommes, moitié piques, moitié mousquets, avoient ordre d'en chasser, pour, par après, tirer sur ceux qui seroient derrière les barricades pour les défendre, ce qui succéda fort heureusement. Ensuite marchoient une couleuvrine et deux moyennes pour battre la barricade, avec cinquante pionniers. Après suivoient deux corps, des gardes et des Suisses, chacun de cinq cents hommes. Pour le reste des troupes, qui étoit de quatre mille, ils étoient en bataille pour recevoir les commandemens qui leur seroient donnés, soit pour rafraîchir les attaques, selon qu'il en seroit besoin, soit pour s'acheminer plus outre lorsque le passage seroit ouvert.

L'attaque commença sur les huit heures et dura fort peu, tant à cause de la furie française que parce que les ennemis, se voyant pris de tous côtés, lâchèrent le pied après avoir fait leur première décharge. On peut dire avec vérité que

(1) Le comte.
(2) Au comte.

tous firent bien en cette occasion; cependant tout l'ordre qui eût été à désirer, et qui avoit été résolu, n'y put être gardé, tant à cause de la difficulté des lieux qui étoient âpres et étroits, séparés, de cent en cent pas, de petites murailles de pierre sèches qui, par force, rompoient les bataillons, que parce que le naturel des Français, qui a toujours été d'être estimés plus courageux que sages, porta un chacun à marcher à l'envi; ce qui pouvoit apporter beaucoup de préjudice au service du Roi. En cette considération, les maréchaux de Créqui, de Bassompierre et de Schomberg, et les maréchaux de camp étoient tous ensemble à la tête des volontaires, contre la raison qui vouloit qu'ils fussent séparés en divers lieux, pour donner les ordres en tous endroits. Le maréchal de Schomberg y reçut une mousquetade favorable dans le côté, dont il fut guéri en quinze jours; le commandeur de Valençai en reçut une dans la cuisse, qui ne l'empêcha pas d'agir tout du long du combat, où il témoigna et courage et conduite, ayant fait monter des Suisses par un lieu difficile de la montagne, qui servit beaucoup pour en chasser les ennemis.

Devant que passer outre, je ne veux pas oublier de rapporter le mal que causa la jalousie qui se mit entre les maréchaux de Créqui et de Bassompierre (1); cet inconvénient n'empêcha pas que le Roi n'eût la victoire, qui en effet fut suivie si chaudement, que M. de Savoie et le prince de Piémont, qui se trouvèrent en personne aux barricades, cuidèrent être pris; un estafier de son altesse fut tué à son étrier, et s'il n'eût fait faire ferme à un capitaine espagnol, qui fut blessé et pris, il n'eût su éviter la même fortune. En cette entremise ils n'eurent autre recours qu'à se retirer, ce qu'ils firent sans étonnement; plusieurs actions faisant avouer à la chrétienté que, si ces princes étoient aussi justes et loyaux qu'ils sont courageux, ils seroient accomplis. On rapporta que le duc, étant averti que l'armée marchoit pour tenter le passage, s'en émut fort peu, et dit qu'il les attendoit il y avoit long-temps. Tôt après, sachant que les Français attaquoient furieusement les barricades, il répondit qu'il y avoit des gens pour les recevoir; et, voyant la déroute des siens, il dit qu'il n'y avoit pas moyen de résister à la furie des Français; et enfin, se retirant et rencontrant des Français qui le servoient, il leur dit sans aucune émotion : « Laissez-moi passer, messieurs, vos gens sont en colère. »

Pendant que le front du pas de Suse fut ainsi attaqué, le comte de Sault ne perdit pas temps; car, ayant rencontré le régiment de Belon milanais, il le tailla en pièces, jusqu'à ce point qu'il en apporta au Roi neuf drapeaux, qui furent accompagnés de dix capitaines, lieutenans ou enseignes. Le marquis de Ville, général de la cavalerie du duc, et l'un de ses meilleurs hommes, reçut, en cette occasion, une mousquetade qui lui cassa le bras et l'épaule. Nous perdîmes fort peu de gens, cinq ou six officiers y furent blessés, et il n'y eut pas plus de trente morts. Grand nombre de nos soldats entrèrent dans la ville de Suse parmi ces fuyards; mais nous les fîmes sortir, parce que la place, mauvaise de soi-même, ne se pouvant défendre, on aima mieux l'avoir par composition, vingt-quatre heures après, sans désordre, que de l'emporter d'emblée; ce qui ne se pouvoit faire sans l'exposer au pillage et aux désordres inévitables aux places qu'on emporte par force; ce que Sa Majesté avoit fort recommandé d'éviter, pour ne décrier pas ses armes en Italie, où l'on estimoit les Français aussi braves que peu réglés. Le château de la ville se rendit le lendemain, mais il n'en fut pas de même de la citadelle ni d'un fort nommé Tallasse. Jamais chose ne fut entreprise plus à propos, ni exécutée plus heureusement que cette attaque du pas de Suse; car on découvrit par après qu'on avoit fort bien jugé le dessein du duc de Savoie, qui n'avoit autre but que d'amuser, par une négociation apparente, pour augmenter la fortification du passage, et se renforcer par la venue des troupes espagnoles, dont il étoit arrivé quelque partie la nuit dont l'attaque fut le matin, et on avoit bien jugé qu'un courage fier, orgueilleux et nourri dans les ruses comme le sien, ne devoit point être marchandé, et qu'on n'en auroit jamais raison qu'il ne fût premièrement humilié.

Le Roi avoit une grande armée en Provence, dont il avoit donné le commandement au duc de Guise, et moyen et ordre de la faire passer, par mer ou par terre, dans le Montferrat, et, au cas qu'il ne le pût faire, de l'amener le rencontrer en Piémont, afin que les forces d'Espagne et de Savoie étant divisées eussent moins moyen de s'opposer à son passage; mais, bien que cette entreprise fût faite avec grande prudence, et que le Roi n'eût épargné aucune dépense pour la faire réussir, néanmoins le peu de soin de ceux à qui elle étoit commise la rendit inutile; de sorte qu'il fallut que le Roi supportât tout l'effort, sans qu'il en fût aucunement assisté, non pas même par diversion de la moindre partie des forces du duc de Savoie, qui n'en eut besoin d'autres pour s'opposer audit duc de Guise que de celles seulement de la milice de son pays, tant cette entreprise fut conduite lentement, et avec peu de force et de vigueur. Et pource que, non-seulement les

---

(1) Il y a évidemment ici une lacune.

grandes choses qui ont réussi par le courage et la bonne fortune, mais celles encore dont on espéroit un grand effet et ont été inutiles, sont nécessaires à l'histoire, il est à propos que nous déduisions ici le commencement, le progrès et la fin de cette affaire.

Quelque temps auparavant la prise de La Rochelle, peu après que les troupes du marquis d'Uxelles furent défaites, le duc de Mantoue, se voyant réduit à l'extrémité, croyant que Casal ne pouvoit plus tenir que quelques mois, supplia Sa Majesté que, puisque le secours que l'État du Montferrat pouvoit attendre du côté de la terre, ne pouvoit être que tardif pour empêcher la perte de Casal qui n'en pouvoit plus, elle eût agréable lui accorder deux mille hommes de pied et sept galères; qu'il faisoit état de jeter lesdits deux mille hommes que le Roi lui donneroit, avec autant qu'il faisoit lever, qui seroient en tout quatre mille, dans des places qui tenoient encore pour ledit duc dans le Montferrat, entre autres Paretto, où il se ramasseroit en même temps tout ce qui étoit des Montferrins affectionnés à sadite altesse, et qui étoient en bon nombre; qu'avec cette infanterie il faisoit état de jeter encore ce qu'il avoit, et s'y joindre lui-même s'il se pouvoit, n'y ayant pas de grands obstacles ou point du tout par le Parmesan et le Génois. Sa Majesté lui accorda lesdits deux mille hommes, et commanda au général de ses galères d'en tenir prêtes; mais toutes ces choses allèrent si lentement que le Roi eut loisir de prendre La Rochelle. Et lors, prenant dessein de secourir Casal avec une puissante armée où elle seroit en personne, elle se résolut de tenter le même secours par la Provence avec une armée de mer et de terre, dont elle donneroit le commandement au duc de Guise et au maréchal d'Estrées.

Pour ce sujet, en même temps que Sa Majesté ordonnoit de son armée pour le Dauphiné, elle dépêcha Sanguin au duc de Guise pour lui proposer son dessein, et savoir déterminément de lui si, avec six régiments du Dauphiné ajoutés aux deux mille hommes qu'avoit levés et commandoit le chevalier de La Valette, et quelques autres levées de cavalerie et infanterie que ledit duc pourroit faire en Provence, il s'oseroit promettre de produire promptement quelque bon effet pour le secours de Casal, soit par mer avec les galères du Roi, galions dudit duc de Guise et ce qu'il pourroit amasser d'autres vaisseaux, grands et petits, en la côte de Provence, pour faire descente ès terres de Savoie et de Gênes, et de là aller à Casal et la ravitailler; ou, si ledit secours ne se pouvoit faire par cette voie, si toutes lesdites troupes, jointes ensemble, ne pourroient point entrer utilement dans les États de M. de Savoie par les comtés de Nice, Bucil, Tende, pour venir joindre le Roi dans le Piémont au plus tard dans la fin de février, auquel temps le Roi faisoit état de faire entrer ses troupes du côté du Dauphiné. Le duc de Guise manda au Roi qu'il exécuteroit l'un ou l'autre de ses ordres sans aucun doute; qu'il croyoit être à Casal avant que Sa Majesté fût en Piémont; qu'en cette occasion il conserveroit la réputation des armes du Roi, et s'acquerroit à lui-même de la gloire. Il demanda l'argent dont il avoit besoin, et les vivres qu'il lui falloit pour ravitailler Casal; on lui fournit tout ce qui lui étoit nécessaire, et on lui délivra à Marseille mille charges de blé.

Nonobstant toutes ces choses, retardant de jour en jour, il trouvoit ou faisoit naître d'heure à autre des difficultés. Il remettoit la faute tantôt sur Besançon qui s'en déchargeoit sur lui, tantôt sur d'autres; tant qu'enfin le Roi, étant déjà sur le chemin de Lyon, fut contraint de lui redépêcher, le 30 janvier, un des siens, non-seulement pour le presser d'effectuer sa parole, mais pour lui mander que, si aucun des desseins qu'il avoit souvent trouvés faisables et promis de les exécuter, ne se pouvoit plus accomplir pour quelques difficultés survenues, il fît lors remonter ses troupes à Valence au devant de Sa Majesté, et qu'il prît si bien ses mesures que son embarquement fût fait le 15 février, et que les troupes entrassent dans ce temps-là dans les États de M. de Savoie par les lieux susnommés, ou que, s'il jugeoit ne le pouvoir faire, lesdites troupes fussent audit temps remontées à Valence. Ledit duc écrivit de sa main pour réponse au Roi, le 4 février, que, pour conclusion, il assuroit Sadite Majesté que, dans le 21 dudit mois, il seroit hors du royaume. Mais il s'en fallut beaucoup qu'il y fût dans ce temps-là, de sorte que toute cette entreprise-là fut inutile. Si elle eût été bien conduite elle eût produit un grand effet, et le Roi fût entré avec une bien plus grande facilité en Italie, en laquelle les Espagnols et leurs alliés trembloient, se voyant attaqués, et si puissamment, de tant de parts.

Mais revenons au Roi que nous avons laissé à Suse après en avoir glorieusement forcé le passage, pris la ville et avoir mis en sa discrétion la campagne du Piémont. Après cette victoire Sa Majesté fut conseillée d'envoyer promptement vers le duc, pour lui témoigner qu'elle étoit bien fâchée qu'il l'eût contrainte de prendre par force ce qu'il lui devoit accorder par courtoisie à sa prière; cependant qu'il lui vouloit faire voir que les plus grands rois ne se prévaloient point des avantages qu'ils avoient sur des princes moindres qu'eux, que pour leur propre bien ; que, pour cet effet, s'il vouloit vivre avec Sa Majesté comme il devoit, il lui donnoit parole de ne rien entreprendre contre ses États, où il ne vouloit que passer en payant, et vivre en ami et non comme ennemi. Le sieur de Senneterre y fut envoyé à cet effet ; et après deux différens voyages qu'il fit, après l'envoi du comte de Vérue et une seconde entrevue du prince de Piémont avec le cardinal, après beaucoup de difficultés, le duc enfin se mettant à la raison, le cardinal convint au nom de Sa Majesté avec ledit prince de Piémont au nom du duc son père, que présentement il donneroit passage sur ses Etats à l'armée de Sa Majesté qui alloit au Montferrat, fourniroit d'étapes, tant pour ledit passage que pour le retour desdites troupes, et contribueroit tout ce qui lui seroit possible pour le ravitaillement de la ville de Casal, soit en fournissant des vivres, munitions de guerre et autres choses nécessaires, en les payant, par Sa Majesté, au prix des trois derniers marchés ; qu'en outre il donneroit de là en avant sûr et libre passage à tous les vivres, munitions de guerre et autres choses nécessaires que Sa Majesté voudroit faire passer à l'avenir au Montferrat, par quelque endroit que ce pût être de son pays, comme aussi à tel nombre de gens de guerre que Sa Majesté jugeroit nécessaire pour la sûreté dudit Montferrat, au cas qu'il fût attaqué ou qu'on jugeât qu'il le dût être ; que pour sûreté de l'exécution de ce que dessus, il remettroit présentement la citadelle de Suse et château de Saint-François entre les mains de Sa Majesté, laquelle y mettroit garnison de ses Suisses, commandés par tel qu'il lui plairoit, lesquels feroient serment, par commandement de Sa Majesté, à M. de Savoie de lui remettre ladite citadelle et château entre les mains, aussitôt que les choses promises et accordées par lesdits articles auroient été exécutées, et cependant garderoient ladite place pour le service du Roi. Sa Majesté y mit le sieur de Rhédin, capitaine au régiment des Suisses de sa garde.

Moyennant ce, Sa Majesté promit à M. de Savoie de lui faire délaisser par M. de Mantoue, pour tous les droits que M. de Savoie pouvoit prétendre sur le Montferrat, en propriété la ville de Trino avec quinze mille écus d'or de rente, de la même nature et qualité que l'on lui avoit accordé les douze mille écus ci-devant, et consentoit, jusques à ce que les choses promises par ces présentes fussent effectuées, que M. de Savoie retînt tout ce qu'il tenoit au Montferrat, qu'il restitueroit audit sieur duc de Mantoue en même temps que Sa Majesté lui remettroit la ville et citadelle de Suse et château de Saint-François entre les mains ; délaissant cependant toute liberté à M. de Mantoue de jouir des droits qui se percevoient dans ce qu'il tenoit dudit Montferrat, fors et excepté des quinze mille écus promis par le présent traité. Sa Majesté promit en outre de n'entreprendre rien contre les Etats de M. de Savoie, et au cas que, du côté de Nice ou de Savoie, ses armes eussent fait quelques progrès et occupé quelques places appartenant audit sieur duc, de faire rétablir toutes choses comme elles étoient auparavant, et faire retirer ses armes desdits pays. Sa Majesté donna encore sa parole royale de défendre la personne du duc de Savoie et ses Etats contre qui que ce fût qui voudroit, pour raison du présent traité ou autre prétexte, entreprendre sur iceux à son préjudice. Il fut aussi dès lors passé un article secret entre le cardinal au nom du Roi et le prince de Piémont au nom du duc son père, par lequel ledit prince s'obligeoit de faire entrer dans Casal, dedans le 15 dudit mois de mars, mille charges de blé froment et cinq cents charges de vin, et ensuite le Roi promettoit, jusques audit jour 15 dudit mois, ne faire avancer ses troupes au-delà de Bussoles. Ce que Sa Majesté accorda à la prière dudit prince, pour donner temps aux Espagnols de se retirer de devant Casal ; ce qu'ils promirent faire sans difficulté dès qu'ils surent le passage du Roi, ayant sur ce sujet été passé un article secret, signé de Sa Majesté et du duc de Savoie, par lequel étoit dit que Sa Majesté ayant connu que l'intention du roi Catholique n'avoit jamais été de dépouiller le duc de Mantoue de ses Etats, et que pour cet effet don Gonzalez de Cordoue, gouverneur de l'État de Milan, avoit promis de laisser ledit duc de Mantoue libre possesseur de ses États de Mantoue et Montferrat, faisant à cet effet sortir présentement dudit Montferrat et de toutes les places qui étoient en icelui toutes les troupes qu'il y commandoit, pour demeurer lesdits lieux libres audit duc de Mantoue et les siens ; promettant aussi don Gonzalez qu'il n'attenteroit aucune chose contre les États de Mantoue, et que, dedans six semaines, il fourniroit la ratification du présent article du roi Catholique, avec une promesse dudit Roi de ne rien entreprendre à l'avenir qui pût troubler ledit duc de Mantoue en la possession des duchés de Mantoue et Montferrat ; Sa Majesté assuroit aussi ledit don Gonzalez qu'elle n'avoit ni n'avoit eu aucune intention d'envahir ni endommager les Etats de Sa Majesté Catholique ; ainsi qu'elle désiroit vivre avec elle avec toute sorte d'amitié et bonne correspondance, donnant, à cet effet, sa parole royale de n'attaquer point ses Etats, ni des princes ses confédérés, mais seulement d'assister ses alliés.

Il fut accordé, par un autre article secret entre Sa Majesté et le duc, qu'au cas que ledit don Gonzalez ou le roi Catholique contrevinssent en aucune façon, directement ou indirectement, à ce qui avoit été promis et traité par le précédent article, que Sa Majesté et le duc de Savoie joindroient leurs forces pour faire exécuter et réparer tout ce qui seroit fait au contraire; même le duc de Savoie, en cas de contravention au susdit article, promit à Sa Majesté de donner libre passage par ses Etats aux troupes de Sa Majesté pour entrer dans le Montferrat, et de fournir d'étapes nécessaires pour leur nourriture, aux frais et dépens toutefois de Sa Majesté. Toutes ces choses accordées par le prince de Piémont, au nom du duc son père, le onzième jour de mars, furent par lui ratifiées le dix-huitième jour dudit mois. Et pource qu'il ne suffisoit pas de délivrer pour lors Casal et tous les Etats du duc de Mantoue de l'attaque des Espagnols, si on ne les assuroit encore à l'avenir contre leurs entreprises, Sa Majesté prévoyant bien que dès qu'elle auroit ramené son armée en France, ils reviendroient l'attaquer avec de nouvelles forces, sans égard à toutes les promesses qu'ils pourroient avoir faites au contraire, vu qu'il ne leur manque jamais de prétextes pour les fausser, le cardinal, au nom du Roi, convint avec le prince de Piémont, au nom du duc son père, les nonces et les ambassadeurs de Venise et de Mantoue, d'une ligue pour la défense de l'Italie, au cas qu'elle fût de nouveau attaquée par les Espagnols.

Le projet de cette ligue portoit que l'oppression faite par les Espagnols au duc de Mantoue, ayant contraint le Roi de quitter ses affaires propres pour venir en personne, avec trente-cinq mille hommes de pied et trois mille chevaux, secourir ledit sieur duc, ainsi qu'il y avoit été convié par plusieurs princes de la chrétienté, et particulièrement par ceux qui tenoient les principaux États d'Italie, qui, réciproquement, lui avoient promis d'y concourir de leur part avec leurs forces et leurs armes, Sa Sainteté, le Roi et la république de Venise, unis pour le secours dudit duc sans autre intérêt que de protéger leurs alliés et procurer le repos de l'Italie et de toute la chrétienté, considérant qu'il ne suffisoit pas d'unir présentement leurs armes pour le secours des Etats dudit sieur duc de Mantoue, mais qu'il étoit du tout nécessaire d'empêcher qu'à l'avenir il ne pût plus arriver de semblables inconvéniens, au préjudice de la sûreté de tous les princes et de la paix de la chrétienté, avoient estimé du tout important de faire ladite ligue et union entre eux et ledit duc de Mantoue, par laquelle ils seroient tous tenus et obligés, au cas que l'un d'eux fût offensé hostilement en ses États par qui que ce pût être, et notamment par la maison d'Autriche, en conséquence de la présente union et prise d'armes, ou autre cause, d'employer leurs forces pour la défense l'un de l'autre, et de n'abandonner jamais la défense de celui qui seroit attaqué, jusques à ce que l'hostilité cessât entièrement; qu'en ce cas, Sa Sainteté contribueroit huit mille hommes de pied et huit cents chevaux, le Roi vingt mille hommes de pied et deux mille chevaux, la république de Venise douze mille hommes de pied et douze cents chevaux, et ledit duc de Mantoue cinq mille hommes de pied et cinq cents chevaux; et afin que celui d'entre eux qui seroit attaqué fût plus tôt secouru, ceux qui en seroient proches lui fourniroient sans délai toute l'assistance qu'ils pourroient, à raison des choses ci-dessus spécifiées, d'hommes, de vivres, d'artillerie, munitions de guerre et argent, sans attendre le secours de ceux qui en seroient les plus éloignés, lesquels, néanmoins, seroient tenus de contribuer, avec toute la diligence possible, ce à quoi ils seroient obligés; et que tous les autres princes et potentats de la chrétienté qui y avoient intérêt commun, seroient invités d'entrer le plus promptement et le plus efficacement qu'il se pourroit en ladite confédération, en laquelle ils seroient reçus dans six mois aux conditions de contribuer à la susdite fin au prorata, selon qu'il seroit arrêté.

Les Espagnols firent tout l'effort qu'ils purent pour traverser la signature de cette ligue. Ils firent, pour ce sujet, agir le grand-duc, qui envoya exprès en grande hâte un résident à Venise, qui, dès le lendemain de son arrivée, demanda audience à huis clos, où il exposa, de la part du grand-duc, que le roi d'Espagne désiroit bien vivre avec ladite république, que si elle en vouloit des assurances ledit duc lui feroit donner de telles que ladite république en demeureroit satisfaite. Deux jours après, l'ambassadeur d'Espagne fit la même offre et protestation à la république de la part de son maître, et dit qu'il se tenoit obligé à la république de ce que, par sa maturité et affection, elle n'avoit pas voulu prêter la main à l'invasion de l'État de Milan. La république ne fit réponse à ses offres qu'en paroles générales, et le prince dit deux fois à d'Avaux que les Espagnols avoient grand'-peur, et qu'ils travailloient à faire une autre union avec le grand-duc, Parme, Modène et le Pape. Ladite république entra en ladite ligue et la ratifia le 8 avril, la déterminant au nombre

39.

de six ans, sauf à les prolonger puis après selon le bon plaisir des confédérés. Ils avoient grand désir de restreindre ladite union pour et au dedans de l'Italie, afin de n'être point tenus de secourir réciproquement la France au cas qu'elle fût attaquée, si les termes du traité n'eussent été si exprès qu'il n'y a point de lieu d'en douter. Ils essayèrent de changer ce sens-là sous prétexte de changer seulement quelques paroles, pour expliquer mieux, disoient-ils, la fin de la cause de la ligue; mais d'Avaux, ambassadeur du Roi, s'étant avisé de leur dessein, ne fit pas semblant de les entendre, de peur de former une nouvelle difficulté, pour à laquelle couper chemin, et à toutes autres, il déclara ne pouvoir altérer aucune parole dudit traité; ce qui les fit résoudre à y mettre la dernière main. La république ayant signé ladite ligue le 8 avril, Alexandre Strigi la signa le 11 mai pour le duc de Mantoue, en vertu du pouvoir spécial qu'il lui en avoit donné du 7 avril. Le duc de Savoie la signa aussi, et d'autant plus librement qu'il ne tenoit compte de garder sa parole. Sa Sainteté, bien qu'elle eût témoigné en avoir beaucoup de désir, ne put néanmoins jamais être persuadée de la signer, sous prétexte qu'elle devoit demeurer neutre entre les parties, pour avoir lieu d'intervenir plus facilement pour une bonne paix.

Le duc de Savoie trouvoit beaucoup de choses à dire aux traité et articles qu'il avoit passés avec le Roi, et eût bien voulu ajuster les affaires comme s'il en eût été le maître; mais les grandes forces du Roi lui firent agréer le tout par force. Don Gonzalez trouva aussi beaucoup de choses amères et de difficile digestion en celui qui le concernoit; mais sa foiblesse étoit si grande que tout lui sembla doux, pourvu que, par industrie, il pût garantir les Etats de son maître, qu'il ne pouvoit défendre par les armes. Il ratifia le tout avec un extrême regret, et en français, contre l'ordinaire de sa nation; et prenant qualité de gouverneur de l'Etat de Milan pour Sa Majesté Catholique, et capitaine général de ses armées en Italie, il avoua qu'ayant vu les articles ci-dessus, il promettoit ès qualités exprimées d'exécuter de bonne foi le contenu en iceux pour ce qui le regardoit, comme aussi d'obtenir et fournir, dans le temps porté par lesdits articles, une déclaration du Roi son maître par laquelle il promettroit en parole de roi d'accomplir ce qui auroit été arrêté par lui en iceux. Bien que M. le prince de Piémont eût promis pour ledit Gonzalez qu'il feroit cette déclaration un peu autrement, néanmoins ledit Gonzalez ayant envoyé un blanc seing, consentant qu'on y mît ce qu'on voudroit, priant toutefois qu'on se contentât de retrancher quelque chose du modèle qu'on lui avoit envoyé, et de l'accepter ainsi qu'il est énoncé ci-dessus, Sa Majesté condescendit à ses prières, n'y ayant rien plus digne d'un grand cœur, lorsqu'on a l'avantage, que d'en user modérément. On croyoit bien que l'Espagne ne ratifieroit pas cet article; cependant ce n'étoit pas peu de le faire signer au capitaine général de ses armées, vu qu'ensuite ils ne pouvoient y contrevenir sans quelque marque d'infidélité. On jugeoit bien encore que l'Empereur seroit diverti par les Espagnols de donner l'investiture à M. de Mantoue, comme il étoit porté par l'article; mais c'étoit quelque chose de les obliger par écrit à la procurer.

Si le Roi n'eût point eu les affaires de Languedoc, la conquête de l'Etat de Milan ne lui eût pas été grandement difficile. Tous les princes d'Italie désiroient qu'il fît cette entreprise; plusieurs l'y convioient hautement; les sollicitations de Venise étoient ouvertes sur ce sujet; M. de Savoie en pressoit extraordinairement, et vouloit, en ce cas, commencer le premier l'attaque des Etats du roi d'Espagne. Les Montferrins, presque ruinés, offroient le reste de leurs biens pour cette conquête. M. de Mantoue y étoit porté avec autant de chaleur que la vengeance d'une injure fraîchement reçue lui en pouvoit donner. Le Pape, dont le nom fait grande ombre, et qui porte toujours grande bénédiction aux partis qu'il favorise, souhaitoit avec raison de voir les Espagnols abaissés en Italie; les peuples accablés de la tyrannie d'Espagne ne demandoient qu'à secouer le joug; on recevoit tous les jours nouvelles assurances de la facilité de ce dessein. Mais le Roi résista sagement à toutes ces tentations. En une même année il assiége et prend La Rochelle, défait les Anglais qui la veulent secourir, dompte les forts et les passages de Savoie, que la nature a fortifiés et l'art munis, et que l'Espagne et l'Allemagne avec l'Italie défendent; délivre Casal par le seul vent de la renommée de ses armes, et par cette tempête rassérène le ciel de l'Italie, et en assure l'état et le repos. Il en peut entreprendre la conquête, laquelle se semble plutôt offrir à lui qu'il ne la cherche; ayant donné des effets de sa puissance, il en veut donner de sa bonté, et faire voir à toute la chrétienté que la justice et la piété ont assez de force en son ame pour l'arrêter en un si beau chemin, où nul ennemi ne se présente pour lui faire obstacle. En effet, il donne la paix, vu qu'il est en son pouvoir de faire la guerre. Il ne se peut imaginer au monde un procédé plus glorieux que celui de ce prince en cette occasion. Il ne peut souffrir qu'on dépouille un de ses alliés; il le délivre d'oppression, ainsi que saint Pierre guérissoit les malades par sa seule ombre. Il peut dépouiller s'il veut ceux qui avoient voulu se vêtir des États d'autrui : tout le monde l'y convie, cependant il ne le veut pas. Il le pouvoit faire justement, non-seulement par la loi fondamentale de la France, qui veut que ce qui a une fois été uni à la couronne n'en puisse jamais être aliéné, mais, en outre, par la règle qui veut que *arma tenenti omnia dat qui justa negat;* les bornes d'une juste modération l'arrêtent.

Dès que le Roi, victorieux de Suse, eut passé accord avec le duc de Savoie, il dépêcha promptement au duc de Guise pour lui en donner avis; mais au lieu qu'il croyoit que sa dépêche le trouveroit bien avancé dans les États du duc de Savoie, elle le trouva arrivant seulement à Nice. Sa Majesté lui commandoit de passer à Casal, comme ami, par les terres du duc, et ravitailler la place; mais de mille charges de blé qui lui avoient été envoyées, il se trouva qu'il n'en avoit fait porter que deux cents charges à Villefranche, les huit cents autres ayant été diverties autre part. Son armée étoit campée non à couvert et si mal logée qu'il en tomboit quantité de malades, nonobstant que le cardinal lui eût mandé de la part du Roi qu'il se donnât bien garde de se dessaisir de ses vivres et munitions de guerre, et fît loger l'armée en de bons logemens, n'étant pas raisonnable que, pour la considération de l'accord fait avec le duc de Savoie, elle campât en une saison si rude comme étoit celle en laquelle elle étoit, lorsqu'il y avoit des quartiers où elle pût être commodément. Ces choses mirent ladite armée en tel état qu'elle fut incontinent ruinée, Sa Majesté se servant seulement de quelque reste de troupes, au retour qu'elle fit après en Languedoc.

Ceux de Casal furent délivrés du siége des Espagnols dès le 18 de mars, auquel jour entrèrent dans la ville mille charges de blé et provision de vin. Dès le lendemain ils députèrent vers le Roi, comme à leur libérateur, pour lui rendre les grâces très-humbles qu'ils pouvoient, non-seulement de la liberté qu'il leur avoit rendue, mais de la vie qu'ils étoient résolus de perdre plutôt que de subir le joug des Espagnols, qu'ils virent, avec larmes de joie, se retirer mornes, n'ayant plus cet orgueil qu'ils avoient accoutumé de porter sur le visage, regardant toujours derrière eux, non tant de déplaisir de ce qu'ils quittoient que de crainte que l'épée vengeresse du Roi les suivît et leur vînt donner le coup de la mort. Ils commencèrent leur retraite après minuit; à la pointe du jour, ceux de Casal furent maîtres de tous les forts qu'ils laissèrent tout entiers. La tête de leur troupe avoit le visage tourné vers le Milanais; leur arrière-garde fut jusques à midi à la vue de la ville. Guron en alla le lendemain porter les nouvelles au Roi, accompagné des lettres des principaux habitans et du gouverneur de la place au Roi et au cardinal, nommant le Roi le dompteur de ses ennemis, et le cardinal celui de leurs favoris, ayant mis à la raison la folie de Buckingham, et réduit dans les termes la présomption d'Olivarès.

Le duc de Mantoue, ayant appris cette heureuse nouvelle, s'en alla de Viadana où il étoit, à Mantoue, payer le tribut à Dieu d'un si grand bien, et lui en rendre grâces publiques avec le concours et la joie de tout son peuple; et, le jour ensuivant, envoya au Roi en ambassade extraordinaire le marquis de Canossa, général de ses armées dans le Montferrat, et le comte de Guiscardi, son grand chancelier, pour, mandoit-il au cardinal, faire paroître à tout le monde qu'après la Divine Majesté, il ne devoit reconnoître ce grand bienfait de personne que du Roi son seigneur, par le moyen de son éminence; protestant que, si la difficulté du passage par le Milanais lui permettoit de dépêcher quelqu'un de Mantoue, lui-même ou un de ses enfans auroit été l'ambassadeur.

Il fut jugé à propos, dans le conseil du Roi, d'envoyer promptement quelqu'un de la part de Sa Majesté à Gênes, afin qu'ils ne prissent l'alarme du passage de Sa Majesté en Italie, et qu'ils sussent qu'y étant venue pour délivrer les uns, elle n'avoit pas dessein d'opprimer les autres. La bonne et étroite intelligence du duc de Savoie avec les Espagnols, qui avoient un grand intérêt de la conserver, et l'irréconciliable haine de ce duc vers leur république, les mettoient en défiance d'Espagne, laquelle il étoit nécessaire, pour le service du Roi, d'entretenir et augmenter, et non pas de la diminuer par la jalousie de nos armes. Pour ce sujet principalement, le Roi leur dépêcha Sabran, avec ordre d'assurer ladite république de la bonne volonté de Sa Majesté en son endroit; qu'elle n'étoit venue en Italie que pour le bien et le repos de tous les princes et potentats de la province, et pour le leur en particulier, et qu'ils ne devoient entrer en aucune jalousie des armes qui étoient commandées par M. le duc de Guise, non plus que de celles de Sa Majesté, parce qu'elles ne tendoient qu'à rétablir le repos et la liberté en toute l'Italie. Cette république reçut avec témoignage d'une singulière joie les assurances que le Roi leur donnoit de sa bienveillance, et résolurent d'envoyer un ambassadeur au Roi pour lui en rendre très-humbles grâces, et se conjouir avec lui de son glorieux passage en Italie. Et afin qu'il fût mieux reçu, ils écrivirent premièrement au cardinal, le suppliant de faire trouver bon à Sa Majesté le dessein qu'ils avoient pris, et disposer Sa Majesté à recevoir favorablement leur ambassadeur. Dès qu'ils surent qu'elle l'auroit agréable, ils firent incontinent partir le sieur Augustin Palavicino, qui vint rendre à Sa Majesté, à Suse, tout le devoir et respect qu'elle pouvoit attendre de cette république.

La plupart des princes d'Italie écrivirent aussi à Sa Majesté et lui envoyèrent des ambassadeurs. Le Pape fut un des premiers qui, avec paroles dignes, et de son affection paternelle, et de son éloquence, élevoit jusques au ciel les actions du Roi.

Cependant la retenue avec laquelle, comme nous avons dit ci-dessus, le Roi procédoit en sa victoire, fit naître beaucoup de difficultés en l'exécution de ce qui avoit été si heureusement commencé; car, comme M. de Savoie vit qu'il ne vouloit point rompre avec Espagne, il entra en de grandes méfiances, qui plusieurs fois cuidèrent produire une rupture entière avec lui. Sa vanité, en outre, le porta à faire venir ses troupes à Veillane, et y fortifier un camp pour tâcher de réparer en l'imagination du monde l'affront qu'il estimoit avoir reçu au passage. Il vouloit par là persuader aux Espagnols qu'il faisoit tête à l'armée du Roi, et empêchoit qu'elle ne pût aller plus avant pour endommager les Etats du Roi leur maître. Madame la princesse de Piémont étant venue saluer le Roi, Sa Majesté, pour la recevoir avec plus d'honneur, fit mettre en bataille devant elle l'avant-garde et la bataille de son armée seulement, et toute sa cavalerie. Le duc, huit jours après, au retour de la princesse à Veillane, voulut, comme un singe des grands rois, en faire autant. Pour cet effet, afin de donner grande opinion de ses forces, qui n'étoient pas grandes, il fit monter à cheval toutes les milices de ses Etats et tous les bourgeois de Turin; en sorte qu'il fit deux mille chevaux, dont la moitié n'avoit autres armes que l'épée et quelques pistolets empruntés. Quant à ses gens de pied, qui n'étoient pas plus de six mille, pour les faire paroître plus grand nombre, Madame arrivant la nuit, il fit faire quantité de feux sur les coteaux proche de Veillane, pour faire croire que tous les lieux étoient pleins d'infanterie, ce qui n'étoit pas.

Il donnoit espérance tous les jours qu'il viendroit voir Sa Majesté, et cependant ne le faisoit pas, tantôt pour se faire valoir aux Espagnols, autres fois à cause des appréhensions et des craintes qu'il avoit qu'on se saisît de sa personne. Plus de quinze jours se passèrent en tels procédés; ce qui ne piquoit pas peu l'esprit du Roi, et ne lui donnoit pas peu d'envie d'apprendre à ce duc, à ses dépens, que les grands rois ne doivent pas être traités de la sorte par les princes leurs inférieurs. Pour réduire ce prince à raison, et l'humilier comme il le méritoit, le cardinal proposa une entreprise qui fut jugée infaillible, et par laquelle à peine pouvoit-il éviter de tomber en personne entre les mains de Sa Majesté (1). Ce dessein devoit être exécuté le lendemain, si le duc, le soir, n'eût satisfait le Roi en beaucoup de choses où auparavant il faisoit le difficile, quoiqu'il y fût obligé par la signature de son fils.

Son esprit n'étoit pas plutôt délivré d'appréhension et de crainte, que son ambition ordinaire le saisissoit, et le portoit à mille pensées qui, en son imagination, n'avoient autre fin que sa grandeur, et qui en effet ne pouvoient aboutir qu'aux troubles de la chrétienté. Il remettoit sur le bureau la conquête du Milanais, tantôt celle de Gênes, tantôt de Genève; il proposoit ensuite qu'on lui fît tomber le Montferrat entre les mains. D'un côté il représentoit la foiblesse d'Espagne en Italie, pour inciter le Roi à ses entreprises; de l'autre, sachant que le Roi désiroit avoir une entrée en Italie, pour pouvoir secourir ses alliés en temps et lieu quand ils en auroient besoin, il offroit au Roi en contre-échange du Milanais, après qu'il seroit conquis, ou de l'Etat de Gênes, les quatre vallées de Barcelonnette, Stura, Maire, Belin et Pau, et le marquisat de Saluces, auquel elles donnoient entrée. Cependant, s'il pensoit que le Roi voulût entendre à l'une de ces conquêtes, il proposoit de retenir Carmagnole du marquisat de Saluces, donnant l'équivalent en autres places, si le Roi acceptoit sa proposition. Il proposoit pour équivalent Santal, qui n'est qu'un grand village, que, depuis vingt ans, il a usurpé à des seigneurs qui l'avoient toujours possédé, tant que le marquisat étoit de la France, et auxquels il appartenoit légitimement. Il vouloit aussi porter la France à tout entreprendre, vouloit avoir toutes ses conquêtes, et ne lui donner aucune chose de considération; son esprit ne pouvoit avoir repos, et, allant plus vite que les mouvemens rapides des cieux, il faisoit tous les jours plus de trois fois le tour du monde, pensant à mettre en guerre tous les rois, princes et potentats les uns avec les autres, pour retirer seul le profit de leurs divisions. S'il pénétroit qu'on fît difficulté de s'embarquer en des affaires de si longue suite, il mettoit en avant l'entreprise de

(1) Cette entreprise n'est expliquée nulle part, et la proposition ne paraît avoir eu aucune suite.

Genève, ne demandant autre chose sinon que le Roi lui promît de ne le secourir pas et l'assistât de 3 à 400,000 écus; moyennant ces conditions, il offroit les quatre vallées susdites, trois forts de quelque considération qui sont en icelles, de Lauset, Démon et Roche-Epervière, et un lieu nommé de Romaire, qui est moins que ville et plus que bourg. Pour avoir le Montferrat, il proposoit que le Pape donnât en échange le comtat d'Avignon à M. de Mantoue; que le Pape, le Roi et lui entrassent en ligue pour conquérir Gênes; que, par après, le Pape reçût cet Etat pour récompense du Montferrat, qui, par ce moyen, lui demeureroit pour partage, Sa Majesté recevant de lui, pour sa part, les susdites vallées et le marquisat de Saluces, à l'exception de Carmagnole. Une autre fois il offroit Pignerol, et on en étoit venu si avant qu'on tenoit quasi la chose faite.

Cet esprit ayant fait tous ces tours, le Roi fut conseillé de lui répondre nettement qu'il ne vouloit point rompre maintenant avec l'Espagne, attaquant l'Etat de Milan; que, pour l'échange du Montferrat, Sa Majesté y voyoit tant de difficultés, qu'il n'y avoit point d'apparence d'y penser par les retours qui avoient été proposés; qu'il restoit donc seulement à voir ce qui se pourroit faire en l'entreprise de Gênes ou de Genève; que Sa Majesté, pour y prendre une meilleure résolution, vouloit en délibérer avec son conseil, pour, puis après, lui en rendre une absolue réponse.

Le lendemain le Roi assembla le sieur de Schomberg et les sieurs de Bullion et de Châteauneuf, qui étoient employés en ces négociations, et commanda à un chacun de lui dire librement ses pensées. Ils convinrent tous en un point : qu'il étoit difficile d'assurer la délivrance du Montferrat, et empêcher qu'après que le Roi seroit en Languedoc les Espagnols ne l'attaquassent de nouveau, si on ne détachoit M. de Savoie d'avec eux, et si on ne l'embarquoit en quelque affaire dont il estimât retirer plus d'utilité que de leur liaison. Ils demeurèrent encore tous d'accord que les paroles, les sermens et les écrits de M. de Savoie, ne le tiendroient nullement attaché, mais seulement ses intérêts.

La facilité qu'il y avoit à s'accommoder avec lui sur le fait de Genève, donna lieu à quelqu'un de penser d'abord qu'il falloit choisir l'expédient qu'il proposoit en cette occasion, pour l'attacher; mais d'autres raisons firent que, tout d'un accord, on prit une résolution contraire. On considéra premièrement que la France avoit toujours jugé avoir intérêt à la conservation de cette place; que le duc Charles, grand-père de M. de Savoie d'à présent, l'ayant assiégée, le roi François Ier l'avoit secourue soigneusement, et y avoit porté les Suisses avec lui; que cette ville étoit très-importante à la France, à cause de sa situation au bout du lac Léman duquel sort le Rhône, comme aussi à cause de son voisinage de Savoie, de la Franche-Comté et des Suisses; qu'elle pouvoit grandement faciliter l'entrée d'Italie du côté du Valais, qu'elle étoit très-importante pour assurer le passage des Suisses en France, qui, par ce côté, pouvoient entrer du canton de Berne par le bailliage de Gex. Et bien que lesdits Suisses ne prissent pas maintenant ce chemin, venant en France au service du Roi, mais bien par la Franche-Comté qui étoit demeurée à cet effet en neutralité entre l'Espagne et la France, néanmoins si Genève étoit entre les mains de M. de Savoie et que le roi d'Espagne vînt à rompre de mauvaise foi la neutralité de la Franche-Comté, comme ses affaires l'y pourroient obliger, on tomberoit en cet inconvénient, qu'il seroit presque impossible de faire passer des Suisses en France sans le consentement de M. de Savoie, qui changeoit si souvent de disposition que le secours que l'on pourroit attendre de cette nation ne seroit jamais assuré. On considéroit encore que, si M. de Savoie avoit cette place, il pourroit aisément rentrer dans le pays de Vaux, et s'étendre jusque dans les portes de Berne, Fribourg et Soleure, et ainsi tenir tous les Suisses en bride au préjudice de leurs alliés, comme il faisoit déjà, autant qu'il lui étoit possible, le pays de Valais contigu à ses États; que le duc Philibert, père de M. de Savoie, avoit fait l'impossible, pendant qu'on traitoit mal les huguenots en France, pour attirer cette ville à sa dévotion, leur promettant toute sorte de libertés et tous avantages; qu'en ce temps le sieur de Hautefort, puis le sieur de Sancy, ambassadeur du roi Henri III en Suisse, avoient été très-soigneux de s'opposer à ses desseins, et avoient, au nom de leur maître, contracté une alliance particulière avec les cantons de Berne et de Soleure, par laquelle le Roi et eux s'obligeoient à maintenir cette ville en ses libertés, et empêcher que M. de Savoie ne s'en emparât; que cette alliance avoit été renouvelée par le feu roi Henri IV, par la Reine régente et par le Roi à présent régnant; ce qui faisoit qu'on ne pouvoit entendre au dessein de M. de Savoie, sans contrevenir aux maximes qu'on avoit toujours tenues sur ce sujet, et sans violer la foi publique; qu'il y avoit encore une autre raison très-puissante pour le temps, qui étoit que tant s'en fallût que M. de Savoie, faisant cette entreprise, rompît avec l'Espagne, qui étoit la principale fin qu'on devoit avoir en cette occasion, qu'au contraire on avoit connu, par une dépêche interceptée, que l'Espagne étoit d'accord de l'assister en ce dessein, qui, partant, lui eût été bien favorable, puisque, par ce moyen, il se fût entretenu avec les deux couronnes. Ces raisons portèrent le Roi à se résoudre d'ôter à M. de Savoie les espérances qu'il avoit sur Genève.

Quant au dessein de Gênes, il n'y avoit pas à douter que le Roi le pût faire justement, vu que Gênes est une dépendance du duché de Milan, qui appartient si clairement à la France, qu'en tous les traités qui se font encore avec les Suisses, les rois prennent toujours la qualité de ducs de Milan et seigneurs de Gênes; que cette république n'avoit été rendue souveraine que par l'empereur Charles V, qui, ayant dépouillé le roi François Ier du duché de Milan, avoit renoncé expressément à la souveraineté de cette république pour la porter contre la France. Outre la justice, on considéra l'importance de ce dessein. On voyoit bien qu'ôter Gênes à l'Espagne étoit lui ôter tout moyen de secourir l'Italie, et même la Flandre, d'argent, vu que, bien que le roi d'Espagne se servît lors des Portugais et de Nuremberg pour faire transporter les parties qu'il envoyoit ès susdits Pays-Bas, Gênes étoit toujours la principale et plus puissante banque de toutes les affaires. On considéra encore qu'ôter Gênes des mains d'Espagne, étoit leur ôter le moyen de secourir l'Italie par galères, qui avoient besoin d'un port entre l'Espagne et le reste de l'Italie pour se rafraîchir et faire aiguade, étant certain d'ailleurs que, de trente galères qui entreprendroient de faire canal pour passer le golfe de Lyon, une partie se perdroit assurément. Toutes ces raisons étoient pressantes; mais il falloit voir si le temps étoit propice à ces entreprises. On devoit craindre de le faire sans succès, vu que le Roi hasardoit par là sa réputation, qu'il avoit mise à si haut point par la prise de La Rochelle et le secours de Casal, et que les affaires du Languedoc ne permettoient pas à Sa Majesté d'y porter toutes ses forces, et donneroient occasion aux Espagnols de nous divertir en quelque autre lieu. D'autre part aussi, il y avoit à considérer, comme on a dit ci-dessus, que si on n'embarquoit point M. de Savoie à quelque autre dessein qui le portât à rompre avec Espagne, il se rallieroit avec elle pour attaquer de nouveau le Montferrat. Toutes ces considérations bien balancées, le Roi se résolut d'offrir à M. de Savoie d'entendre à cette entreprise, sur ce que l'Espagne s'y voulant opposer, comme elle feroit indubitablement, et étant occupée en Flandre, comme on savoit certainement que les Hollandais se préparoient à quelque grand dessein, il n'y avoit pas apparence que l'Espagne pût rien entreprendre de considération contre nous, principalement parce que, outre cette affaire, elle n'étoit pas sans exercice en Allemagne, où quelques princes des plus considérables et des plus puissans, qui jusqu'alors avoient toujours favorisé l'Espagne, nous donnoient espérance de ne concourir pas avec eux aux mauvais desseins qu'ils pourroient prendre contre nous.

Mais tout cela enfin se réduisit à rien, à cause de l'irrésolution de l'esprit du duc de Savoie, foible et rusé, qui donnoit toutes sortes d'ouvertures et ne résolvoit aucune chose. Comme il vit que le Roi condescendoit à cette entreprise, il demanda le double des forces qu'il avoit fait auparavant pour y entendre, et ayant offert Pignerol et le marquisat, hormis Carmagnole, ne voulut plus donner Pignerol, s'aheurtoit aussi à ne vouloir plus donner Carmagnole, ni Savigliano, ni Coni, qu'on lui demandoit pour laisser cette place-là; de sorte qu'on fut contraint de rompre ce dessein avec lui, et lui représenter qu'il valoit mieux vider déterminément l'affaire du Montferrat, que s'amuser à d'autres entreprises.

Cependant ledit duc n'observoit rien de ce qu'il avoit promis pour le soulagement de Casal, où il n'étoit point entré de blé depuis le 18 mars; et les Espagnols se fortifiant en quelques lieux dudit Montferrat, et courant un bruit sourd qu'ils attendoient des Allemands, Argencourt fut dépêché pour voir ce que c'étoit, et rapporter en quel état étoient toutes les places du Montferrat. Le duc fut sollicité d'envoyer avec lui un gentilhomme pour l'accompagner, et, en passant, presser les Espagnols de se retirer, les menaçant de la colère du Roi, duquel enfin lui-même eut crainte. Don Gonzalez répondit qu'il ne pouvoit faire sortir ses garnisons qu'il n'eût fait auparavant emporter toutes les munitions qu'il avoit dans les places; à quoi il ne perdroit aucun temps pour la satisfaction de Sa Majesté. Mais enfin le Roi ayant reçu nouvelles du marquis de Canossa, sur la fin de mars, que les Espagnols tenoient encore Rosignano, Saint-Salvador et le château de Pomare, place proche de Casal, et tout l'autre côté de la rivière de Tanaro, qui sont les quartiers de Nice, Acqui et Pousonne, et que, bien qu'ils parlassent de se retirer des lieux proches de la ville, néanmoins il sembloit qu'ils eussent quelque pensée de retenir les autres places qui sont au-delà de ladite rivière, jusques à ce que Savoie eût rendu celles qu'il tenoit; et que d'autre part Savoie continuoit à faire des courses dans le Montferrat, rançonner tout le pays et le ruiner, arracher même les arbres sous ombre de leur envoyer du bois, et faisoit enlever toutes les provisions dans ses Etats, avec défense très-étroite de les emporter dans la ville ; Sa Majesté, pour remédier à tous ces désordres et infidélités, se résolut d'y envoyer partie de son armée pour faire observer par la force ce qui avoit été promis, et passa, le dernier mars, deux articles avec le duc de Savoie, qui s'y porta avec promptitude, pour empêcher le Roi d'aller audit Montferrat, où il avoit pris résolution de s'avancer en personne, pour remédier aux inégalités de ce prince.

Par le premier, le duc promettoit déterminément au Roi, et se rendoit absolument garant envers Sa Majesté, que, dans le 4 avril prochain, pour tout délai, don Gonzalez de Cordoue auroit fait partir du Montferrat et de toutes les places qu'il occupoit en icelui, toutes les troupes qu'il commandoit pour e roi Catholique son maître ; ou autrement, et au cas qu'il ne le fît de bon gré, qu'il joindroit incontinent et sans délai toutes ses forces avec celles du Roi pour l'y contraindre ; que lesdites troupes dudit don Gonzalez ne dégraderoient en aucune façon les places, villes et autres lieux qu'ils détenoient dans ledit Montferrat ; et qu'à l'avenir celles dudit duc ne feroient aucun acte d'hostilité contre M. de Mantoue et ses sujets, ainsi laisseroient le commerce entièrement libre, et seroit permis à un chacun de porter toutes sortes de vivres dans Casal et autres lieux du Montferrat. Par le second article, il convint qu'au cas que de là en avant le roi d'Espagne, ou qui que ce fût, entreprît contre les Etats du duc de Mantoue, soit dedans le duché de Mantoue ou de Montferrat, que le Roi et lui seroient obligés de protéger et défendre les duchés dudit Mantoue et de Montferrat ; savoir, que pour le Montferrat, ledit duc étant plus proche promettoit, aussitôt qu'il seroit attaqué, de le secourir incontinent et sans délai avec dix mille hommes de pied et douze cents chevaux. Comme aussi Sa Majesté promettoit qu'aussitôt qu'elle en seroit avertie, elle enverroit au secours dudit Etat quatorze mille hommes de pied et quinze cents chevaux, et assisteroit ledit duc de Savoie de plus grandes forces, s'il en avoit besoin, au cas que ses Etats fussent attaqués pour raison du secours qu'il auroit donné audit État de Montferrat. Et au cas que le duché de Mantoue fût attaqué, soit par le roi d'Espagne ou qui que ce fût, ledit sieur duc promettoit de joindre les mêmes dix mille hommes de pied et douze cents chevaux aux quatorze mille hommes de pied et quinze cents chevaux que le Roi enverroit en Italie, soit pour secourir ledit duché de Mantoue, ou faire telle diversion que Sa Majesté jugeroit nécessaire. Pour cet effet, ledit sieur duc promettoit de donner libre passage, et faire établir les étapes nécessaires dans ses Etats pour les troupes que Sa Majesté feroit passer en Italie, comme aussi aux six mille hommes de pied et trois cents chevaux que Sa Majesté entendoit faire passer présentement de son armée au Montferrat, pour la conservation d'icelui, et mettre en garnison ès lieux qui seroient jugés nécessaires. Ensuite des articles susdits, le 4 avril, le Roi fit partir quatre mille hommes et trois cents chevaux conduits par le sieur de Toiras, pour s'en aller en garnison à Nice-de-la-Paille, à Pousonne, Pondesture, Rosignano et Frassine, qui étoient les lieux principaux que les Espagnols occupoient au Montferrat.

M. de Savoie vint le lendemain visiter Sa Majesté, qui le reçut avec grande courtoisie, allant au devant de lui sous prétexte de se promener à l'heure de son arrivée. Il se comporta de sa part avec tout le respect qu'il se put imaginer ; en saluant Sa Majesté il mit le genou en terre. Cette entrevue ne se passa qu'en civilités et complimens. Le cardinal vit par après ledit sieur duc de qui il reçut force assurances d'amitié et d'estime, et tâcha de lui en rendre avec usure. Cela faisoit espérer que ledit duc procéderoit à l'avenir avec franchise ; mais la malice de son naturel surmontoit toutes ses bonnes résolutions, et le fit revenir à ses premières ruses et artifices, toutes tendantes à embarquer le Roi à une grande guerre avec l'Espagne, et à trouver son compte dans la division de ces deux couronnes.

M. le prince de Piémont fait de nouvelles propositions. Il savoit bien que le Roi désiroit un passage en Italie ; le cardinal l'en avoit entretenu, et lui avoit montré que c'étoit son avantage de laisser pour toujours entre les mains du Roi des places qui lui assurassent l'entrée d'Italie, pour plusieurs raisons. Premièrement, d'autant que par ce moyen il donneroit sûreté de lui et de ses intentions, qu'on estimoit être sujettes à changement, et obligeroit Sa Majesté par cette confiance à croire que jamais il ne vouloit avoir de pensées contraires à la France, chose du tout nécessaire pour porter Sa Majesté aux entreprises qu'il désiroit pour son accroissement ; secondement, qu'il engageroit le Roi à sa protection en toute rencontre de la guerre d'Italie, en temps et lieu, puisque Sa Majesté ne recevroit ces places qu'en cette considération, non-seulement à cause de l'entrée, mais, en outre, pour avoir un lieu au-delà des monts propre à faire amas de vivres et munitions de guerre, si à propos qu'il n'en pût manquer en un grand dessein ; troisièmement, qu'il convieroit le Roi par ce moyen à lui procurer un plus grand partage au Montferrat pour récompense, et donneroit lieu à M. de Mantoue d'y consentir d'autant plus volontiers, le Roi s'en conservant une porte en Italie, qu'il se verroit assuré par cette voie; quatrièmement, que, par ce moyen encore, le Pape, les Vénitiens et tous les princes d'Italie, connoîtroient que Sa Majesté vouloit tout de bon penser à leurs affaires, s'y engageroient plus hardiment, et commenceroient à lever la tète sans peur contre l'Espagne; au lieu que si le Roi, ayant secouru Casal, retiroit toutes ses forces, sans conserver une porte pour leur secours, quand même on les pourroit garantir du mal, on ne sauroit leur ôter la peur qui leur ôteroit le courage, et les asserviroit plus que jamais à l'Espagne.

Il ajouta (1) qu'il étoit certain que l'Espagne ne pardonneroit jamais audit duc de Savoie la faute qu'elle pensoit qu'il eût commise en ne se perdant pas pour elle de gaîté de cœur; et partant, que c'étoit son intérêt de se lier tellement à la France, qu'elle fût obligée de la garantir en tout temps; que, pour cet effet, il lui étoit avantageux que l'Espagne vît que la France avoit une porte ouverte en Italie, vu que par ce moyen elle seroit retenue de faire de nouvelles entreprises contre les potentats d'Italie, et particulièrement contre ses Etats. Qui plus est, qu'étant chose bien assurée que M. de Savoie ne pouvoit prendre la France, quelque secours qu'il pût avoir d'Espagne, quand même elle seroit fidèle, il étoit clair que tous ses intérêts ne pouvoient aller qu'à s'augmenter en Italie; ce qu'absolument il ne pouvoit faire que par la France, qui avoit intérêt que l'Espagne y fût diminuée, et qui, n'étant pas propre à conserver ses conquêtes, ne vouloit, par raison d'Etat, augmentation en ce pays-là que pour ses voisins, et particulièrement pour Savoie, vu l'alliance et singulière affection que le Roi avoit pour madame la princesse de Piémont. Il représenta encore que, quand même le Roi n'auroit point de places en Italie, ledit duc savoit bien, en sa conscience, qu'il ne sauroit empêcher Sa Majesté de passer en Piémont, quand il le voudroit entreprendre avec une force royale; ce qui faisoit que, mettant une place entre les mains de Sa Majesté, il ne rendoit pas la France plus puissante contre lui, mais la lioit étroitement à ses intérêts, et donnoit plus de facilité de les procurer. Que si on disoit que le Roi n'ayant point de pied en Italie, M. de Savoie, étant assisté d'Espagne, pourroit empêcher l'entrée de ses Etats, outre que la question étoit fort douteuse, et que ses

(1) Le cardinal.

prédécesseurs, étant secourus des armes de l'Empereur, ne l'avoient pu faire en cas pareil contre l'armée du Roi commandée par le connétable Anne de Montmorency, il étoit clair que si M. de Savoie en étoit jamais réduit à ce point-là, son salut seroit sa perte, vu qu'en ce cas le secours des Espagnols seroit un nouveau feu qu'on mettroit au derrière de sa maison pour éteindre celui qui en brûleroit le devant; qu'il étoit certain encore qu'en cette occasion l'Espagne lui ôteroit tout lieu de retomber une autre fois en pareil inconvénient, et entreprendroit la garantie de ses Etats, comme elle vouloit faire de ceux de M. de Mantoue et avoit fait de plusieurs princes d'Allemagne. Il le pria encore de considérer qu'il ne romproit point ouvertement avec Espagne, pour livrer quelqu'une de ses places entre les mains de la France, pouvant dire pour excuse qu'il n'avoit consenti à ce dépôt que parce qu'il ne pouvoit faire autrement, le Roi ne lui ayant parlé de ce dessein que lorsqu'il avoit été le plus fort dans ses Etats et dans une place qui lui étoit du tout importante, ce qui lui faisoit craindre pis, l'Espagne n'étant pas lors en état de le garantir. Il ajouta encore qu'on pourroit aussi couvrir le dessein général du Roi et des collègues contre la grandeur d'Espagne en Italie, faisant entendre que la France n'avoit désiré cette porte que pour la méfiance qu'elle avoit de Savoie avec Espagne; ce qui lui avoit fait craindre que, comme le Roi seroit bien occupé en Languedoc, ils attaquassent de nouveau Casal et M. de Mantoue si puissamment, que Sadite Majesté, trouvant difficulté au passage, ne le pût secourir. Pour conclusion, il lui avoit dit clairement plusieurs fois qu'il ne falloit pas qu'il s'imaginât que le Roi voulût s'embarquer aux grandes affaires où il le vouloit porter, sans en recevoir quelque utilité qu'il ne pouvoit refuser sans une grande injustice, vu qu'elle n'avoit d'autre but que de mettre Sa Majesté en état de lui pouvoir procurer de plus grands avantages à l'avenir, et que ledit sieur duc ne pouvoit rien craindre, puisque Madame, qui avoit empêché qu'on ne prît pied dans ses Etats lorsque l'on le pouvoit facilement et justement faire, lui demeuroit entre les mains; ce qui le garantissoit non-seulement d'appréhension pour l'avenir, mais l'assuroit que ne lui ayant point fait de mal lorsqu'on le pouvoit légitimement, on ne manqueroit pas de lui faire du bien lorsqu'on y seroit obligé par traité.

Le prince de Piémont, témoignant trouver ces raisons-là bonnes, fit diverses ouvertures à ce sujet, entre lesquelles, enfin, il proposa de rendre au Roi le marquisat de Saluces. Sa Majesté est conseillée d'y entendre. On estime l'affaire conclue, on envoie visiter les places qu'il devoit donner; mais devant que cette visite fût faite, M. de Savoie, qui changeoit à tout moment de résolution, témoigna n'être plus en cette humeur, et donna lieu de croire qu'il avoit fait quelque nouvelle liaison avec Espagne et avec nos rebelles huguenots, parce qu'on apprit qu'il avoit reçu un courrier de la part de l'abbé Scaglia, son ambassadeur en Espagne, et que Clausel, député du duc de Rohan en Espagne, avoit été débarqué à Nice par des galères qui en venoient, et étoit caché dans Turin. Ce procédé, du tout contraire à la sincérité promise par ledit duc, avec plusieurs autres manquemens qu'on remarquoit en toutes ses promesses, et particulièrement au ravitaillement de Casal, où, bien qu'il fût obligé de rendre six mille sacs de blé dans le 24 mars, et quatre autres mille dans le 15 avril, cette fourniture ne fut faite, quelque sollicitation qu'on fit, qu'au commencement de mai, obligea le Roi à prendre des pensées du tout contraires à celles qu'il avoit eues depuis le 11 mars, qui étoit le temps auquel il avoit traité avec ledit duc.

Sa Majesté donc ayant sujet de croire que ledit duc avoit dessein de la tromper, non-seulement par les manquemens remarqués ci-dessus, mais en outre parce que, bien qu'il lui eût promis plusieurs fois de retirer une méchante armée qu'il tenoit à Veillane, pour faire croire aux Espagnols et aux aveugles d'Italie qu'il faisoit tête aux forces du Roi, bien que ses forces et gens de guerre ne fussent pas capables de résister à l'avant-garde de l'armée de Sa Majesté, se résolut d'envoyer le maréchal de Schomberg en Dauphiné, pour, après la prise de Soyons, assembler les forces que Sa Majesté avoit en ces quartiers, et les tenir à l'entrée de la Savoie, pour emporter cette province, si ledit duc donnoit nouvelle occasion de rupture. Et au même temps elle fut conseillée de se retirer en son royaume le plus tôt qu'elle pourroit, tant pour ce qu'il y avoit grande apparence que le duc de Savoie, qui étoit en intelligence avec les rebelles hérétiques dudit royaume, et avec les Espagnols qui les favorisoient ouvertement, comme le retour de Clausel le justifioit, ne demandoit pas mieux que de faire consommer l'été à Sa Majesté en Italie, sans attaquer les huguenots, qui, par ce moyen, restoient en leurs forces pour favoriser par une diversion les desseins de l'Espagne et du duc, que pource que, s'il falloit venir en rupture avec ledit duc, il n'y avoit point d'apparence que Sa Majesté fût à la tête; ce qui rendroit par raison son armée inutile, n'y ayant personne auprès de lui qui voulût consentir de tenter aucun effet, lorsqu'il seroit question de hasarder la personne d'un si grand prince, qui devoit avoir plus de soin de se conserver que beaucoup d'autres, vu qu'il n'avoit point d'enfans.

Sur cela le maréchal de Schomberg partit et s'acquitta promptement de ce qui lui étoit ordonné, assemblant les forces du Roi au Pont-de-Beauvoisin. Sa Majesté partit dix jours après, laissant le cardinal avec toute son armée pour achever les affaires en Italie. Et pource qu'elle voulut avoir son avis sur celles de Languedoc, il lui dit qu'il étoit impossible de donner de Suse un avis certain à Sa Majesté de ce qu'elle devoit faire à son arrivée audit Languedoc, parce que peut-être apprendroit-elle des dispositions autres qu'elles ne se pouvoient imaginer, et telles en certaines villes rebelles, qu'elle seroit obligée de commencer ses progrès par là; que le garde des sceaux, le maréchal de Schomberg et le surintendant, sauroient bien l'informer de ce qu'ils sauroient de particulier digne de considération; que cependant on pouvoit dire, en général, que la première chose que Sa Majesté devoit faire, quand elle seroit arrivée à Valence, étoit de faire assembler promptement toutes les troupes qui avoient été commandées par le duc de Montmorency, et celles que le maréchal d'Estrées avoit ramenées de Provence; qu'il falloit, par nécessité, rendre ces troupes complètes, et, pour cet effet, il falloit mander, dès cette heure, à ceux qui les commandoient, qu'incontinent après l'arrivée du Roi, qui étoit parti, on leur vouloit faire faire la montre générale, et les mettre dans l'armée de Sa Majesté; qu'il y alloit de leur honneur et de leur profit que leurs régimens fussent complets au point auquel le Roi avoit accoutumé de les payer; qu'il estimoit ensuite que, dès ledit Valence, il seroit à propos que Sa Majesté donnât les ordres nécessaires pour les recrues de ses troupes d'Italie, et ce ès provinces peu éloignées, afin que dans un mois elles ne se trouvassent pas à néant, mais qu'on eût de quoi les rafraîchir; qu'il eût souhaité que le reste de cette année le Roi eût pu avoir cinquante mille hommes effectifs dans le Languedoc, afin de pouvoir faire en même temps deux puissantes attaques, mettre par ce moyen les rebelles au désespoir, et contraindre ce qui resteroit, après la prise de deux villes notables, de se rendre; que, partant, sa pensée iroit à donner de nouvelles commissions aux hommes que le Roi connoîtroit, par son expérience, être plus propres à faire des levées au haut Languedoc, Guienne et autres provinces adjacentes; que peut-être cet avis lui seroit-il particulier; mais il l'estimoit, non-seulement utile, ains nécessaire pour abréger le temps, et ôter les moyens aux étrangers, ennemis de l'État, de se servir de ce qui resteroit de la rébellion, comme d'un grain de moutarde qu'ils voudroient faire croître selon les diverses occurrences qui se pourroient présenter à l'avenir si l'affaire duroit long-temps: ce qui ne pouvoit avoir lieu si on terminoit le tout cette année; que les ordres nécessaires aux fins que dessus étant donnés, comme il se pouvoit faire en une après-dînée, il croyoit que le Roi devoit commencer par Privas, que beaucoup pensoient qui ne tiendroit pas; qu'au même temps qu'on iroit assiéger Privas, Sa Majesté devoit avoir quatre mille hommes de ceux qui viendroient de Provence, cinq cents chevaux et quatre canons, pour prendre Barjac, Le Vignan, La Bastide, la tour de Salavas, qui étoit sur la rivière d'Ardèche, Vallon et La Gorse, attendu que par ce moyen le Roi ôteroit toute communication du Vivarais avec les Cevennes et le bas Languedoc; ce qui feroit qu'aucun ne pourroit tenter de secourir Privas, et que le siége se feroit sans appréhension de recevoir aucune alarme de dehors; que toutes ces petites places ne tiendroient point, si ce n'étoit Barjac et La Gorse, qui pourroient faire quelque légère résistance. Tous ces passages pris, il les faudroit garder jusques à la prise de Privas; après, il falloit raser non-seulement les fortifications, mais les villages. Privas pris, il estimoit que Sa Majesté pouvoit aller prendre ou recevoir par composition (si ce qu'on avoit mandé étoit véritable) Saint-Ambroix, Alais, et attaquer Anduze; après quoi, il faudroit aller à Sauves, Saint-Hippolyte, Ganges et Sumène, qui se rendroient, et de là à Uzès, pour rendre Nîmes tout-à-fait séparé de toute communication ennemie; ce qui feroit qu'en faisant le dégât, avec deux ou trois régimens et quatre cents chevaux, de cette place, par nécessité, dans peu de temps elle se rendroit; qu'on préféroit pour la personne du Roi cette entreprise à toute autre, parce que le pays étoit frais pendant les chaleurs, y ayant force eaux et couverts, et étoit plus éloigné des lieux contagieux; joint que, si on s'attachoit au siége des grandes villes, outre la difficulté qui s'y trouveroit, pendant qu'on en prendroit une on en fortifieroit six autres meilleures; que Sa Majesté remarqueroit, s'il lui plaisoit, que, pour ruiner les huguenots cette année, il falloit faire les dégâts de toutes les places qu'il ne pourroit attaquer; que celui de Nîmes devoit être fait au plus tard dans le 15 juin; celui de Castres et Moutauban dans la fin dudit mois, la saison étant un peu plus tardive. Pour faire le dégât de Castres, trois mille hommes et quatre cents chevaux, les huguenots étant divertis en plusieurs autres lieux, le feroient aisément; le dégât de Castres pourroit être fait par le maréchal d'Estrées et les troupes qu'on lèveroit de nouveau. Pour le dégât de Montauban, quatre mille hommes, six cornettes de cavalerie et la noblesse qui seroit mandée exactement, y suffiroient, pourvu que quelque personne de commandement et fidèle eût cet emploi; qu'il estimoit que le dégât de Montauban ne pouvoit être mieux fait par personne que par M. le prince, tant parce qu'il le feroit avec affection, que parce que nul n'étoit capable de mieux s'accommoder avec M. d'Epernon et faire venir la noblesse; joint aussi qu'il mépriseroit toutes les nécessités que l'armée qui seroit employée à cet effet pourroit avoir, ce que ne feroit pas un autre; qu'il étoit à noter que tous les dégâts se devoient faire en fauchant le blé quand il étoit encore vert; car, si on attendoit à le brûler quand il seroit mûr, le feu ne brûleroit que la paille et le blé demeureroit; que Sa Majesté se souviendroit, s'il lui plaisoit, que, tant que ses armes seroient en Italie, le poste du sieur du Hallier devoit être soigneusement gardé; et qu'il seroit bon de hâter les levées nouvelles, afin d'avoir toujours proche de la frontière une armée prête à entrer en Savoie, si on étoit contraint de venir à rupture; que Sa Majesté ne devoit faire, à son avis, aucune difficulté de recevoir toutes les villes qui voudroient se rendre; toutes les conditions qu'elles proposeroient seroient bonnes, pourvu qu'elles se remissent absolument en l'obéissance de Sa Majesté, en sorte que leurs fortifications fussent rasées, et qu'elles demeurassent aux mêmes termes que toutes les autres villes de France; qu'il ne faudroit pas plaindre l'argent, s'il facilitoit et avançoit la conversion des pécheurs, et que ceux qui seroient auprès du Roi auroient soin, si la peste, par malheur, se mettoit en quelque quartier de son armée, de le supplier de se retirer en quelque ville voisine exempte de mal. Quand cet avis fut, quelque temps après, montré au maréchal de Schomberg qui se trouva à l'entrée que le Roi fit dans le Languedoc, il dit au Roi que les qualités éminentes de l'esprit du cardinal lui avoient fait juger de loin, et dans les pays qu'il n'avoit jamais vus, les mêmes choses que ceux qui avoient le plus de connoissance des choses pouvoient dire.

Sa Sainteté eut une grande joie de la résolution du Roi de passer à la guerre du Languedoc, outre qu'elle jugea bien qu'il n'étoit pas de sa dignité de séjourner plus long-temps à Suse inutilement; mais, bien que les princes d'Italie avec Sa Sainteté jugeassent ce partement de Sa Majesté très-bien fondé, si n'en eussent-ils pas appris la nouvelle avec contentement, s'ils n'eussent su, en même temps, que Sa Majesté avoit laissé le cardinal pour agir avec pleine puissance. Quant aux Vénitiens, d'Avaux manda, par sa dépêche du 9 mai, qu'ils ne pouvoient goûter cette résolution, s'ils n'eussent su que le cardinal y demeuroit en l'absence de Sa Majesté, et que si toute la France y fût demeurée au lieu de lui, ils n'eussent pas été consolables. Et, sur le bruit que Sa Majesté en devoit partir, jugeant que le cardinal la suivroit partout, ils avoient déjà fait de grandes remontrances à d'Avaux, pour le supplier instamment de ne s'éloigner pas, et maintenoient audit sieur d'Avaux qu'il n'y avoit point d'ordre ni de commandement qui pût suppléer à son défaut. Quant au duc de Savoie, il ne trouva pas cette nouvelle à son goût, encore moins quand il sut que, le même jour du partement du Roi, le cardinal avoit dit clairement aux princes de Piémont et Thomas (1), qui étoient à Suse, que les mêmes ombrages que M. de Savoie donnoit à Sa Majesté le portoient à retenir Suse jusques après la récolte.

Si le père trouva cette nouvelle de difficile digestion, les enfans jetèrent feu et flamme quand ils l'entendirent. Il laissa passer leur première fougue, et leur dit par après qu'il s'étonnoit grandement de les avoir vus en cette humeur, vu qu'ils n'en avoient aucun sujet; que le Roi ne pouvoit prendre autre résolution que celle qu'il leur avoit dite, pour plusieurs raisons; que l'accord entre messieurs de Savoie et de Mantoue pour le partage du Montferrat n'étoit point fait; que les munitions qu'on devoit rendre dans Casal n'y étoient pas; que sept ou huit mille sacs de blé ne ravitailloient pas un pays ruiné comme le Montferrat, qui ne pouvoit être suffisamment ravitaillé que par la récolte, dont le terme n'étoit pas si éloigné qu'il s'en dût plaindre; qu'il ne seroit pas juste que le Roi, ayant demeuré deux mois en Italie par les longueurs et délais que M. de Savoie donnoit aux affaires, il se retirât sans rien déterminer définitivement, et laissant lieu à M. de Savoie de se rallier avec les Espagnols pour entreprendre quelque chose contre le Montferrat devant la récolte, où toutes les attaques seroient mortelles, vu l'extrême misère où ils étoient; que l'inconstance ordinaire dont on accusoit son altesse, et les changemens qu'il avoit témoignés en cette occasion, donnoient lieu au Roi d'appréhender un tel accident, et, le prévoyant, y pourvoir

(1) Le prince Thomas était frère puiné du prince de Piémont.

tout ensemble; qu'un jour il avoit voulu se lier à la France tout-à-fait par un nouvel échange du marquisat de Saluces; trois jours après il avoit perdu cette résolution sans qu'on en connût la cause; qu'il avoit promis plusieurs fois au Roi de licencier son armée prétendue de Veillane, sans que depuis un mois il eût pu se résoudre à faire voir l'effet de ses paroles; qu'il avoit supplié le Roi de l'excuser des négociations que, par le passé, il avoit faites avec les huguenots rebelles, protestant n'y en vouloir plus à l'avenir; et cependant on avoit découvert, sans qu'il en avertît, que Clausel, revenant d'Espagne, étoit caché dans Turin, chargé de propositions contre la France; qu'il lui étoit envoyé pour les résoudre avec don Gonzalez, et qu'au lieu de rejeter les susdites propositions, et remettre Clausel entre les mains du Roi, comme le prince de Piémont l'avoit promis, il feignoit qu'il s'étoit sauvé à Milan, quoiqu'on sût certainement qu'il étoit chez l'ambassadeur d'Angleterre; que le Roi, en outre, étoit bien averti que depuis six jours ledit sieur duc ayant clairement connu que le Roi ne vouloit point entendre à attaquer le Milanais ni Gênes, comme plusieurs fois il lui avoit persuadé, avoit envoyé vers don Gonzalez pour lui persuader que la France l'avoit voulu et qu'il l'avoit empêché; qu'il les prioit de lui dire si un tel procédé, qu'ils savoient être véritable, n'obligeoit pas le Roi à prendre sûreté en lui-même particulièrement, puisqu'il le pouvoit sans violer aucune chose du traité qui avoit été fait le 11 mars, qui mettoit Suse entre les mains de Sa Majesté pour sûreté des promesses de M. de Savoie, et pour assurance que le Montferrat et le duc de Mantoue demeureroient en repos.

Ces considérations convainquirent la raison de ces messieurs, mais non pas leurs sentimens; ce qui obligea le cardinal d'ajouter à ce que dessus, que le Roi étant résolu de garder Suse, comme il étoit obligé, c'étoit à M. de Savoie à consentir à une résolution si juste ou à s'y opposer en effet; que s'il y consentoit, les choses se passeroient avec douceur; s'il désiroit faire le contraire, il demeureroit avec l'armée du Roi, non-seulement pour empêcher son dessein par la défensive, mais pour aller au devant de ceux qui voudroient entreprendre une chose si injuste. Partant qu'il le prioit, après qu'il auroit vu son père, le Roi étant parti, de lui faire savoir ses résolutions. Le dernier discours apaisa toutes les fumées, et le prince de Piémont, beaucoup plus sage que son père, lui promit de lui faire entendre de ses nouvelles dans trois jours. Ce terme étant expiré, il vint lui-même à Bussoles où étoit logée l'avant-garde de l'armée du Roi. Sa réponse fut que M. de Savoie étoit bien fâché de n'avoir pas contenté le Roi en toutes choses; que, pour lui témoigner, il licencioit l'armée de Veillane, et eût désiré l'avoir fait plus tôt; qu'il consentoit que le Roi gardât Suse jusques à la récolte, et feroit fournir aux troupes qui demeureroient toutes les commodités dont elles auroient besoin du Piémont; qu'ils avoient trouvé Clausel, et étoient prêts de lui remettre entre les mains, pourvu qu'il promît, de la part du Roi, qu'on ne lui feroit aucun mal, et qu'en ce cas ledit Clausel porteroit M. de Rohan à se remettre en l'obéissance de Sa Majesté. Le cardinal le remercia de la part du Roi de sa courtoise réponse, sans vouloir accepter la remise de Clausel, lui disant que le Roi l'avoit demandé, non pource qu'il en eût affaire, mais pour faire connoître les intentions de M. de Savoie, qu'il avoit connues mauvaises en son endroit par le refus qu'il lui en avoit fait, quoiqu'il ne le pût par raison; que pour ce qui étoit de son entremise envers M. de Rohan, Sa Majesté avoit des raisons meilleures que les siennes, puisqu'elles consistoient en la force, qui seule étoit puissante sur de si mauvais esprits.

Le cardinal proposa aussi au prince de Piémont d'ajuster ensemble un traité pour terminer tous les différends des ducs de Savoie et de Mantoue. Il fut proposé, par les députés de Mantoue, quatre partis, à un desquels seul le prince s'arrêta, qui fut de prendre et avoir la ville de Trino avec les lieux et villages de proche en proche vers ses Etats, jusqu'à la concurrence de 15,000 écus d'or de revenu; mais ils ne pouvoient s'accorder, en ce que lesdits députés vouloient que ce revenu fût en toutes sortes de rentes, comme tailles ordinaires et extraordinaires pour la citadelle, fatigage des soldats, et pour la dot des princesses, daces, gabelles, greffes, enregistremens et domaines. Et le prince de Piémont ne vouloit qu'aucun autre revenu entrât au compte desdits 15,000 écus d'or de rentes, que les rentes seigneuriales et droits de souveraineté, comme les tailles, les gabelles, les greffes, enregistremens et autres revenus anciens. Le prince vouloit aussi avoir, entre les lieux proches de Trino, Livourne et Blansai; ce que les autres refusoient d'accorder, pource que c'étoient les principaux bourgs de deçà le Pô, et d'où ils tiroient tous les blés pour l'entretènement de Casal et de tout le Montferrat; joint que le traité étoit relatif aux traités précédens, et que, par celui fait avec le feu duc Ferdinand, il étoit loisible audit sieur duc de donner tels lieux du Montferrat que bon lui sembleroit.

Enfin le cardinal les fit convenir que tous les revenus des terres seroient comptés, hormis celui de la taille, pour la dot des princesses de Montferrat et fatigage des soldats, et que Livourne et Blansai demeurant au duc de Mantoue, il seroit nommé trois commissaires, deux par les deux ducs et un par le cardinal au nom du Roi, qui commenceroient au plus tôt d'informer de la valeur des revenus et rentes ci-dessus spécifiés, par le lieu appelé de Rocca di Siglie, et le continueroient par les terres de Garanna, Saint-Damien, Isala, Castiglion et tous les autres lieux, depuis ledit Castiglion le long du Pô jusqu'à Vérue, et après par les lieux qui sont du Canavèse, et dudit Canavèse par Saluces jusqu'à Trino, icelui compris, et autres lieux de deçà le Pô, et de tout dresseroient leurs procès-verbaux, pour, iceux vus et rapportés à Sa Majesté, terminer lesdits différends le plus justement qu'il se pourroit, au gré et contentement des parties; en sorte que, n'y ayant plus rien à démêler entre leurs deux maisons, ils pussent vivre à l'avenir en une parfaite union et bonne intelligence ensemblement; et que cependant ledit sieur duc de Savoie ne pourroit tenir garnison en d'autres lieux qu'à Trino, Livourne, Saint-Damien, Albe et Montcalve, où ils vivroient en un tel ordre que le pays n'en reçût point de foule, et que tous actes d'hostilité cesseroient de part et d'autre, et le commerce et passage seroient libres entre les sujets des deux princes dans les Etats l'un de l'autre; comme aussi tous ceux qui auroient été arrêtés prisonniers durant la guerre, et depuis le 11 mars dernier, seroient mis en pleine liberté. Et pour la jouissance et perception des rentes et revenus des lieux tenus par ledit duc de Savoie, y seroit établi par Sa Majesté un receveur pour recevoir lesdites rentes et revenus, et délivrer audit sieur duc de Savoie les 15,000 écus de rentes, conformément au traité du 11 mars dernier, et le surplus desdites rentes et revenus audit sieur duc de Mantoue. Ce traité fut incontinent ratifié, et ensuite le cardinal nomma, pour et au nom du Roi, le sieur de Servien, conseiller au conseil privé de Sa Majesté et maître des requêtes de son hôtel; le prince de Piémont pour le duc de Savoie, le sieur de Bains, président du marquisat de Saluces et au sénat de Piémont; et, de la part du duc de Mantoue, fut nommé le sieur comte Alexandre Grisolle, président au sénat de Montferrat.

En même temps le cardinal, ayant avis qu'il restoit encore des garnisons espagnoles dans l'Altare et Roque Vigniole, écrivit à l'archevêque de Pise que, puisqu'il avoit désiré qu'on lui fît savoir exactement tout ce qu'on désireroit de don Gonzalez, pour établir et affermir de plus en plus une bonne intelligence entre les deux couronnes, il le prioit d'avertir don Gonzalez que, conformément à ce qui avoit été arrêté, il retirât lesdites garnisons s'il étoit vrai qu'il y en eût encore quelques-unes des siennes. L'archevêque fit réponse que ces places appartenoient au marquis de Grana, qui montroit une déclaration de l'Empereur, par laquelle il apparoissoit que c'étoient des fiefs immédiats de l'Empire, et que, dès le commencement de la guerre, ledit Gonzalez avoit donné audit marquis quelques soldats allemands qu'il y mit en son nom, et les y avoit toujours tenus depuis; toutefois qu'à l'extrémité, si le cardinal vouloit qu'il les ôtât, il les ôteroit. Le cardinal ayant reçu ces lettres-là, et se doutant bien que le duc de Savoie faisoit, sous main, naître ces difficultés, comme aussi couvertement l'archevêque de Pise l'en avertissoit, fit instance qu'absolument don Gonzalez les retirât. Et, parce que ledit archevêque n'étoit plus près de lui, il s'adressa au résident de Florence à Milan, et lui en écrivit de bonne encre. Ledit résident lui répondit, le 7 mai, d'Alexandrie-de-la-Paille où il étoit, qu'ayant représenté ce qu'il lui avoit ordonné à don Gonzalez, et remontré que les prédécesseurs du marquis de Grana et lui-même avoient toujours rendu hommage desdites deux places au duc de Montferrat, et celui-ci au duc de Mantoue présent, et partant que, pour demeurer dans les termes du traité, il étoit raisonnable qu'il en ôtât les garnisons, ledit Gonzalez avoit incontinent envoyé commandement exprès aux officiers qui commandoient les troupes du comte de Salin, desquelles lesdites garnisons étoient tirées, qu'elles se retirassent promptement, et quant et quant avoit donné avis au marquis de Grana dudit commandement, afin qu'il donnât ordre à ses affaires comme il l'entendroit. Mais cela ne fut pas néanmoins exécuté de quelques jours, par les infidélités du duc de Savoie, qui, nonobstant ses paroles et son traité, étoit toujours Espagnol et ne pouvoit surmonter le dépit qu'il avoit d'avoir paru si foible devant les armes du Roi, contre lequel il étoit tellement animé, qu'il faisoit passer par Gênes les courriers secrets qu'il dépêchoit en Espagne, pour s'exempter de passer par les terres du Roi, ce dont on avoit avis par Sabran, résident de Sa Majesté audit Gênes. Ledit duc représentoit qu'il étoit pressé par le marquis de Grana, qu'au cas que don Gonzalez retirât ses troupes de l'Altare, Roque Vigniole et Millesimo, il voulût, comme vicaire de l'Empire, l'assister des siennes, pour faire valoir le titre et la concession qu'il en avoit de l'Empereur; qu'encore qu'il fût obligé, par sa charge, de défendre les droits de l'Empire, néanmoins il ne se mêleroit point de cette affaire, mais qu'il croyoit que l'on y devoit procéder avec retenue pour n'offenser pas l'Empereur, duquel on avoit besoin présentement pour les investitures de Mantoue et du Montferrat, et qui avoit déjà reçu le principal préjudice de tout ce qui s'étoit passé dans ces dernières occasions en Italie ; que ces trois terres avoient toujours immédiatement dépendu de l'Empereur, au préjudice duquel le marquis de Grana soutenoit que l'adhérence n'en avoit pu être faite au Montferrat, et partant, ledit duc étoit d'avis qu'on laissât les choses en état, et qu'on n'y mît point de gens de guerre lorsque don Gonzalez auroit retiré ses troupes ; ce qu'il offroit tous les jours de faire. Toute l'intention du duc paroissant être qu'on n'y logeât point de garnison française, le cardinal, pour le contenter en ce qui ne pourroit apporter de préjudice, manda qu'encore qu'il y pût mettre des garnisons s'il vouloit, néanmoins Sa Majesté trouvoit bon, pourvu qu'il n'y en eût d'autres, de lui donner ce contentement; mais que si d'autre part M. de Mantoue s'opiniâtroit à y en désirer, on y en pourroit mettre qui ne seroient pas Français, pour contenter les uns et les autres, bien que cela ne contentât pas le duc de Savoie, pource que son dessein étoit que les garnisons de don Gonzalez s'étant retirées, et Sa Majesté n'y en faisant point mettre d'autres de sa part ni du duc de Mantoue, le marquis de Grana, qui dépendoit de lui et étoit à sa dévotion, en demeureroit possesseur ; qui eût été un acte de possession préjudiciable au duc de Mantoue. Ledit résident envoya aussi au cardinal deux passe-ports de don Gonzalez, par lesquels il étoit permis aux sujets de Mantoue et du Montferrat de trafiquer librement dans le Milanais, ainsi que le cardinal avoit désiré de lui, en suite de la liberté que les sujets des Etats du roi d'Espagne en Italie avoient de trafiquer aussi librement dans lesdits pays, par la permission que le duc leur maître leur en avoit donnée.

Toutes ces choses étant faites, et n'y ayant plus rien qui dût arrêter davantage le cardinal en Italie, il fit revue de toute l'armée du Roi, qui se trouva, le 3 mai, de seize mille hommes de pied et quinze cents chevaux, outre la cavalerie et infanterie qui avoient été envoyées à la garde du Montferrat. De tout cela il laissa au maréchal de Créqui six mille six cent cinquante-neuf hommes de pied effectifs dans les régimens de Navarre, Estissac, Vaubecour, Sault, La Bergerie et Pompadour, et cent cinquante chevaux seulement, la cavalerie lui étant inutile, à Suse, et ramena avec lui au Roi le surplus, ayant laissé des vivres dans Suse et les châteaux jusqu'à la fin d'août, et toutes sortes de munitions de guerre, de l'argent pour payer les troupes jusqu'au même temps, et tiré des Suisses qu'il laissa à la garde de la citadelle de Suse et du fort de Jalasse, un serment par lequel ils promettoient de ne rendre au duc de Savoie, ni autre quel qu'il fût, lesdites places, que le maréchal de Créqui, ou autre ayant pouvoir de Sa Majesté, ne leur eût mis entre les mains une déclaration du Roi signée de Sa Majesté, contre-signée d'un secrétaire d'Etat, scellée du grand scel, qui portât que le traité fait entre Sa Majesté et le duc de Savoie le 11 mars dernier, étoit pleinement et entièrement exécuté. Il laissa aussi au maréchal de Créqui un état et devis des fortifications qui devoient être faites, au cas que M. de Savoie changeât de résolution, lui recommanda de bien garder les places qu'il lui laissoit, de faire vivre les troupes avec tel ordre qu'on n'en pût recevoir aucune plainte, de vivre en son particulier en bonne intelligence et avec toute amitié avec le duc de Savoie et toute sa maison, et rendre tous respects possibles à Madame, afin que lesdits sieurs duc et prince de Piémont reconnussent l'obligation qu'ils lui avoient. Le cardinal mit aussi ordre à tout ce qui étoit nécessaire pour faire vivre les troupes du Roi qui étoient dans le Montferrat, et fit munir Casal abondamment de vivres et de munitions de guerre pour soutenir un siége. Ayant eu avis, quelques jours auparavant, que don Gonzalez faisoit venir des troupes d'Allemagne et de Naples, il lui manda qu'il appréhendoit que cela donnât lieu au Roi de ne retirer pas le corps de son armée de l'Italie, ains, au contraire, la lui fît augmenter. Étant arrivé deux mille Napolitains sur les galères sur lesquelles ils étoient déjà embarqués quand il reçut cet avis du cardinal, il lui manda qu'il ne vouloit pas les débarquer qu'avec le gré de Sa Majesté. Le cardinal, voyant sa civilité, estima qu'il étoit de la dignité de Sa Majesté de l'enchérir davantage; ce qu'il fit en lui mandant que rien ne pouvoit donner ombrage aux armes du Roi, et qu'il seroit bien aise qu'il les débarquât et les mît aux lieux où il connoissoit que les Etats du Roi son maître en avoient le plus de besoin. Et telle vénération étoit en Sa Majesté par toute la chrétienté, que son seul nom faisoit que toutes choses se passoient selon qu'elle pouvoit désirer. Cette courtoisie avec laquelle, dans l'avantage des armes du Roi, il avoit vécu avec don Gonzalez qui s'en publioit être son obligé, lui fit croire qu'il étoit de la bienséance de lui écrire le jour de son partement, le remerciant de la courtoisie et de la netteté de son procédé, en ce qui pouvoit établir et affermir de plus en plus le repos de l'Italie et de la chrétienté, qui devoit être désiré de tout le monde, et l'assurant que rien ne l'avoit convié davantage de ramener en France la plus grande partie de l'armée de Sa Majesté que sa franchise.

C'est une chose digne d'être sue, que, bien que M. de Savoie n'oubliât aucun artifice pour empêcher que les Français et les Espagnols qui étoient en Italie, ne se fissent savoir de leurs nouvelles par une autre voie que la sienne, il ne sut toutefois l'empêcher; car don Gonzalez ayant mandé force civilités au cardinal par l'archevêque de Pise, ambassadeur de Florence, qui vint trouver le Roi, et par le secrétaire Navache qui résidoit, de la part du roi d'Espagne, auprès de Sa Majesté en l'absence d'un ambassadeur, le cardinal, pour ne se laisser pas vaincre de courtoisie, lui manda force complimens qui le contentèrent jusques à ce point, qu'il le pria ensuite de lui faire savoir directement, sans passer par M. de Savoie, ce que Sa Majesté pourroit désirer de lui pour son contentement. Sur cela le Roi ne fut pas plutôt parti que le cardinal, comme nous avons dit ci-dessus, ne lui manda qu'il le prioit de faire déloger quelques garnisons qui étoient demeurées, à la prière du marquis de Grana, à l'Altare et à Roque Vigniole, lieux du Montferrat, et qu'il désiroit aussi savoir de lui à quelle intention, depuis l'article qui avoit été signé entre la France et lui pour l'Espagne, il faisoit venir de nouvelles troupes de Naples. Il le pria encore de lui envoyer des passe-ports pour faire passer, dans le Montferrat et le Mantouan, tous les vivres et autres munitions dont le duc de Mantoue auroit besoin. Il n'eut pas plutôt reçu ces prières qu'il ne fit tout ce qu'on désiroit de lui. M. de Savoie fut si fâché de ces civilités réciproques, qu'il empêcha un secrétaire espagnol, que don Gonzalez envoyoit au cardinal pour les lui faire de vive voix, de venir à Suse pour lui faire croire que c'étoit lui qui les lui avoit moyennées; mais il les savoit déjà par autre voie, et y avoit fait réponse.

FIN DU TOME SEPTIÈME.

www.ingramcontent.com/pod-product-compliance
Lightning Source LLC
Chambersburg PA
CBHW051325230426
43668CB00010B/1146